DIREITO EMPRESARIAL

ESQUEMATIZADO

www.editorasaraiva.com.br/direito
Visite nossa página

Histórico da Obra

- **1.ª edição:** ago./2014
- **2.ª edição:** fev./2015
- **3.ª edição:** jan./2016; 2.ª tir., abr./2016
- **4.ª edição:** jan./2017; 2.ª tir., maio/2017
- **5.ª edição:** jan./2018; 2.ª tir., set./2018
- **6.ª edição:** dez./2018
- **7.ª edição:** fev./2020
- **8.ª edição:** mar./2021

Edilson Enedino das Chagas

Mestre em Direito e Políticas Públicas pelo UniCEUB e
Juiz de Direito de Vara Cível de Brasília

DIREITO EMPRESARIAL

ESQUEMATIZADO

Coordenador
Pedro Lenza

8ª edição
2021

saraiva jur

saraiva EDUCAÇÃO | saraiva jur

Av. Paulista, 901, 3º andar
Bela Vista – São Paulo – SP – CEP: 01311-100

SAC | sac.sets@somoseducacao.com.br

Direção executiva	Flávia Alves Bravin
Direção editorial	Renata Pascual Müller
Gerência de projetos e produção editoriais	Fernando Penteado
Planejamento	Josiane de Araujo Rodrigues
Novos projetos	Sérgio Lopes de Carvalho Dalila Costa de Oliveira
Gerência editorial	Isabella Sánchez de Souza (coord.)
Edição	Liana Ganiko Brito
Produção editorial	Daniele Debora de Souza (coord.) Daniela Nogueira Secondo
Arte e digital	Mônica Landi (coord.) Camilla Felix Cianelli Chaves Claudirene de Moura Santos Silva Deborah Mattos Guilherme H. M. Salvador Tiago Dela Rosa
Projetos e serviços editoriais	Daniela Maria Chaves Carvalho Kelli Priscila Pinto Laura Paraíso Buldrini Filogônio Marília Cordeiro Nicoly Wasconcelos Razuk
Diagramação	Gledson Zifssak – Kalima Editores
Revisão	Denise Dognini
Capa	Aero Comunicação/Danilo Zanott
Produção gráfica	Marli Rampim Sergio Luiz Pereira Lopes
Impressão e acabamento	Edições Loyola

DADOS INTERNACIONAIS DE CATALOGAÇÃO NA PUBLICAÇÃO (CIP)
VAGNER RODOLFO DA SILVA - CRB-8/9410

C433d Chagas, Edilson Enedino das

Direito Empresarial / Edilson Enedino das Chagas / coord. Pedro Lenza. – 8. ed. – São Paulo: Saraiva Educação, 2021. (Coleção Esquematizado®)

1304 p.

ISBN 978-65-5559-548-2 (Impresso)

1. Direito. 2. Direito empresarial. I. Lenza, Pedro. II. Título. III. Série.

2021-246 CDD 346.07
CDU 347.7

Índices para catálogo sistemático:

1. Direito empresarial 346.07
2. Direito empresarial 347.7

Data de fechamento da edição: 2-3-2021

Dúvidas? Acesse www.editorasaraiva.com.br/direito

CL 606815 CAE 759419

HOMENAGEM

À minha querida esposa, Su, e aos nossos filhos, Rafa, Hellen e Leo, pelo amor e carinho de costume, sem o apoio dos quais, certamente, seria mais difícil sorrir do mesmo modo todos os dias e, ao contemplar a chegada dos primeiros cabelos brancos, constatar ter valido a pena cada um deles.

Tinha 20 anos, quando assumi o maior compromisso da minha vida. Não imaginava como seriam os anos seguintes. Pensava que seriam bons, pois casara com a pessoa mais linda da Terra. Enganei-me, os anos foram fantásticos, indescritíveis, e não apenas bons. Entendi que a minha vida não foi somada à de outra pessoa, mas sim integrada por tudo que nela faltava. Constatei que não recebera de presente a pessoa mais linda da Terra, mas, sim, o mais perfeito anjo de Deus. Sou grato a Ele por me emprestar uma tão preciosa filha. Sou grato a você, Su, por ter decidido por mim. Da minha parte, a decisão é eternamente uma: VOCÊ. Amo-te, sempre.

Meu Rafael. Primeiro filho, promessa de Deus. Corajoso, firme, forte, solidário e, agora, advogado. Não pude ter todo o tempo que quis ao teu lado. Tantos afazeres, tantos assuntos. Porém, o que mais importa é saber que um homem de caráter cresceu ao meu lado, alguém com quem eu posso contar. Alguém para quem eu posso dizer: conte sempre comigo. Mais que um filho, um amigo. Ao chamar-te corajoso, não sabia estar falando de um herói. Em junho de 2016, quando o Leo estava sendo eletrocutado no alambrado da quadra de basquete, você não temeu o risco, arrancou-o dali e viu o milagre da ressurreição do teu irmão. O milagre começou por você. Deus te guarde e recompense sempre, como fez agora em 30 de março de 2018, presenteando-te com a Rebeca, sua linda esposa.

Minha Hellen. Garota brilhante, alegre, determinada. Você chegará aonde quiser, pois não mede esforços diante de um sonho. Mais que isso, não teme dar passos de fé. Cada semente que você planta com o seu otimismo trará um fruto de festa e realização. Todas as suas orações serão respondidas. Basta ver o estágio em Direito que Ele te deu. Existe outro igual? Espero ser um presente de Deus para você, assim como você é para mim, mesmo que não goste tanto do Direito. O importante é amar o Thalles, seu talentoso marido, que nos foi presenteado, no dia 19 de abril de 2019, no casamento inundado de alegria e festa.

Meu Leo. Criança linda. Sempre uma criança. Seu carinho é algo sobrenatural, de Deus mesmo. Meigo, cordial, altruísta. Que o seu coração seja sempre conservado assim, puro e jubilante. Todos os dias conto com os teus abraços e todos os dias te abraçarei. Mantenha-te confiante e arrojado, é assim que se forma um conquistador.

Conquistou-me. Tua vida é tão preciosa que nem os 30 minutos de óbito puderam findá-la. O Leo faleceu, mas ressuscitou, ou como constou da alta médica, depois de 10 dias de UTI e 2 dias de coma: óbito abortado. Um nome científico para expressar: ressuscitado por Deus. E, agora, estudante de Direito.

Querida esposa e cinco lindos filhos, não há páginas no mundo capazes de registrar tudo o que eu poderia dizer de vocês e para vocês. Contento-me em dizer que sou o homem mais feliz desta Terra, não pelo que tenho, mas por quem tenho. Tenho vocês, e isso é insuperável. Meu eterno amor e cuidado.

AGRADECIMENTOS

Agradeço, antes de tudo, a Deus, pela proteção em todos os momentos.

Agradeço a Jesus Cristo, primeiro porque dignificou o ser humano, ao sintetizar a lei em apenas duas prescrições: "Amai a Deus e Amai ao próximo como a ti mesmo". Segundo, porque foi e é professor de seus discípulos, entre os quais me incluo.

Agradeço aos meus pastores, familiares e amigos, pela presença constante, pelo estímulo e apoio.

Agradeço ao colega de magistério e Coordenador desta Coleção, o professor Pedro Lenza, pela confiança, pelo exemplo de dedicação e pela responsabilidade.

METODOLOGIA ESQUEMATIZADO

Durante o ano de 1999, pensando, naquele primeiro momento, nos alunos que prestariam o exame da OAB, resolvemos criar uma **metodologia** de estudo que tivesse linguagem "fácil" e, ao mesmo tempo, oferecesse o conteúdo necessário à preparação para provas e concursos.

O trabalho foi batizado como ***Direito constitucional esquematizado***. Em nosso sentir, surgia ali uma metodologia **pioneira**, idealizada com base em nossa experiência no magistério e buscando, sempre, otimizar a preparação dos alunos.

A metodologia se materializou nos seguintes "pilares":

- **esquematizado:** a parte teórica é apresentada de forma objetiva, dividida em vários itens e subitens e em parágrafos curtos. Essa estrutura revolucionária rapidamente ganhou a preferência dos concurseiros;
- **superatualizado:** doutrina, legislação e jurisprudência em sintonia com as grandes tendências da atualidade e na linha dos concursos públicos de todo o País;
- **linguagem clara:** a exposição fácil e direta, a leitura dinâmica e estimulante trazem a sensação de que o autor está "conversando" com o leitor;
- **palavras-chave (*keywords*):** os destaques na cor azul possibilitam a leitura "panorâmica" da página, facilitando a fixação dos principais conceitos. O realce colorido recai sobre os termos que o leitor certamente grifaria com a sua caneta marca-texto;
- **recursos gráficos:** esquemas, tabelas e gráficos favorecem a assimilação e a memorização dos principais temas;
- **questões resolvidas:** ao final de cada capítulo, o assunto é ilustrado com questões de concursos ou elaboradas pelos próprios autores, o que permite conhecer as matérias mais cobradas e também checar o aprendizado.

Depois de muitos anos de **aprimoramento**, o trabalho passou a atingir tanto os candidatos ao **Exame de Ordem** quanto todos aqueles que enfrentam os concursos em geral, sejam das **áreas jurídica** ou **não jurídica**, de **nível superior** ou mesmo os de **nível médio**, assim como os **alunos de graduação** e demais **profissionais**.

Ada Pellegrini Grinover, sem dúvida, anteviu, naquele tempo, a evolução do *Esquematizado*. Segundo a Professora escreveu em 1999, "a obra destina-se, declaradamente, aos candidatos às provas de concursos públicos e aos alunos de graduação, e, por isso mesmo, após cada capítulo, o autor insere questões para aplicação da parte teórica. Mas será útil também aos operadores do direito mais experientes, como fonte de consulta rápida e imediata, por oferecer grande número de informações buscadas em diversos autores, apontando as posições predominantes na doutrina, sem eximir-se de criticar algumas delas e de trazer sua própria contribuição. Da leitura amena surge um livro 'fácil', sem ser reducionista, mas que revela, ao contrário, um grande poder de síntese, difícil de encontrar mesmo em obras de autores mais maduros, sobretudo no campo do direito".

Atendendo ao apelo de "concurseiros" de todo o País, sempre com o apoio incondicional da Editora Saraiva, convidamos professores das principais matérias exigidas nos concursos públicos das *áreas jurídica* e *não jurídica* para compor a **Coleção Esquematizado®**.

Metodologia pioneira, vitoriosa, consagrada, testada e aprovada. **Professores** com larga experiência na área dos concursos públicos. Estrutura, apoio, profissionalismo e *know-how* da **Editora Saraiva**. Sem dúvida, ingredientes indispensáveis para o sucesso da nossa empreitada!

Para o **direito empresarial**, tivemos a honra de contar com o vitorioso trabalho de **Edilson Enedino das Chagas**, que soube, com maestria, aplicar a **metodologia "esquematizado"** à sua vasta e reconhecida experiência profissional como festejado professor e admirado juiz de direito do TJDFT.

Como destaca Enedino, seu primeiro trabalho foi como "flanelinha" e vendedor de bananas. Perseverante, aliás, e exemplo para todos, depois que se formou em direito, passou em **8 (oito) concursos**, destacando-se os de auditor fiscal do trabalho, defensor público do DF e, naturalmente, juiz de direito, tendo sido aprovado em **primeiro lugar**.

Lembro que Enedino foi **juiz titular** da **Vara de Falências, Recuperações Judiciais, Insolvência Civil e Litígios Empresariais do Distrito Federal** por 7 anos, o que, sem dúvida, torna o livro ainda mais interessante, pois o seu autor não escreve apenas em teoria, mas também, certamente, iluminado por sua experiência de magistrado especializado no tema. Como coordenador da Coleção Esquematizado®, fico muito feliz e confiante por ter Enedino à frente do direito empresarial.

Mestre em Direito, Enedino também é doutor em Psicanálise.

O grande desafio de tornar o direito empresarial mais acessível e com conteúdo extraordinário, em nossa opinião, foi concretizado com **perfeição** pelo autor durante esses **mais de 6 anos de elaboração do livro**, servindo não apenas como precioso material para os concursos públicos e fonte segura para a graduação, mas também como indispensável ferramenta para todos os operadores do direito que militam na área do direito empresarial.

Não temos dúvida de que este livro contribuirá para "encurtar" o caminho do ilustre e "guerreiro" concurseiro na busca do "sonho dourado"!

Esperamos que a **Coleção Esquematizado®** cumpra o seu papel. Em constante parceria, estamos juntos e aguardamos suas críticas e sugestões.

Sucesso a todos!

Pedro Lenza

Mestre e Doutor pela USP

Visiting Scholar pela Boston College Law School

pedrolenza@terra.com.br

https://twitter.com/pedrolenza

http://instagram.com/pedrolenza

http://www.periscope.tv/pedrolenza

https://www.facebook.com/pedrolenza

https://www.youtube.com/pedrolenza

http://www.saraivajur.com.br/esquematizado

APRESENTAÇÃO

É com grande alegria e satisfação que apresento o livro do querido professor Edilson Enedino. Das coincidências agradáveis na vida, a convivência com o professor Enedino contextualizou na minha vida profissional o pensamento do educador Paulo Freire: "Ensinar não é transferir conhecimento, mas criar as possibilidades para a sua própria produção ou a sua construção"[1].

Assim, o professor Enedino ganhou espaço, admiração e respeito como educador e juiz de direito. Conforta-me saber que contribuí para sua formação. Foi ele um dos meus alunos durante sua preparação para a carreira da magistratura. Aprovado, mostrou-se um juiz dedicado e preocupado com a celeridade e a efetividade da prestação jurisdicional. Depois de cumprir seu período como juiz substituto, foi meu auxiliar na 1ª Vara Criminal de Brasília, quando fui promovida à condição de desembargadora. Herdou, por assim dizer, a Vara em que atuava, porque nela passou a ter exercício pleno. Tornou-se meu colega de magistério na Escola da Magistratura e no Instituto dos Magistrados no Distrito Federal e, agora, depois de 15 anos como professor e magistrado, brinda-nos com uma obra didática na área em que se especializou e que guarda sintonia com sua atual lotação: o Direito Empresarial.

A obra que se ora apresenta tem as marcas de seu autor: simplicidade; objetividade; e linguagem de fácil compreensão. Percebe-se em seu trabalho a preocupação com que estudantes e "concurseiros" mantenham-se em contato com a doutrina e a jurisprudência atualizadas, bem como sejam experimentados em relação aos desafios que virão, quando do enfrentamento de concursos jurídicos de várias fases.

As tabelas, os gráficos e os fluxogramas no corpo de cada capítulo, bem como a síntese do conteúdo ao final deles, com quadros sinóticos e questões objetivas e subjetivas, configuram um ferramental capaz de vencer a dificuldade de abstração dos alunos da graduação e de propiciar a recordação de conceitos basilares àqueles da pós-graduação, servindo como bibliografia básica para o corpo discente iniciante e de renovo para os egressos do curso de Direito, especificamente em relação ao direito empresarial.

Esta obra, ainda, mesmo que de forma sucinta, atualiza-nos com o direito projetado, isto é, com os projetos em tramitação no Congresso Nacional para a criação de

[1] *Pedagogia da autonomia* — saberes necessários à prática educativa. 43. ed. São Paulo: Paz e Vida, 2011, p. 25.

um novo Código Comercial (PLC 1.512/2011 e PLS 487/2013). Assim, tenho para mim que este *Direito Empresarial Esquematizado* contribuirá de forma relevante para a aprendizagem da matéria e também servirá à atuação dos operadores do direito que, no dia a dia forense, lancem-se ao debate e à aplicação de institutos desse sub-ramo do direito privado. Ao professor Edilson Enedino, parabenizo e desejo, agora como autor, todo sucesso que, por mérito, já alcançou na vida acadêmica e profissional.

Brasília, julho de 2014.

Ana Maria Duarte Amarante Brito
Desembargadora do TJDFT.
Conselheira do CNJ.

NOTA DO AUTOR À 8ª EDIÇÃO

Reitero a esperança de que em 2021 continuemos a contribuir para o estudo do direito empresarial com a 8ª edição do nosso *Direito Empresarial Esquematizado.*

Nesta 8ª edição, a exemplo das edições anteriores, agregamos ao texto a atualização da jurisprudência no âmbito do STJ, por meio dos informativos veiculados em 2020. Acrescentamos ainda questões objetivas também do ano de 2020, com destaque para o exame da OAB.

Pontuamos ainda as alterações legislativas resultado do regime jurídico adaptado às medidas de isolamento refratárias da pandemia da COVID-19, com reflexos no Direito Societário (direito de reunião, deliberação e publicidade da contabilidade) e incentivo/recuperação do crédito em relação às micro e pequenas empresas, entre as inovações mais relevantes: Leis n. 13.999/2020; 14.010/2020; 14.019/2020 e 14.030/2020. De se salientar a convolação da MPV n. 897/2019 em Lei (de n. 13.896/2020) e MPV que criou a CIR — Cédula Imobiliária Rural; e ainda a edição da Instrução Normativa do DREI de n. 81/2020, que cuidou de simplificar e consolidar as medidas desburocratizantes pertinentes ao registro, com destaque para a possibilidade de que o registro se dê exclusivamente por meio digital.

O Direito Recuperacional e Falimentar, assentado no microssistema componente da Lei n. 11.101/2005, alterada substancialmente pela Lei n. 14.112/2020, positivou novos institutos. Em razão disso, além da atualização necessária do texto dos capítulos 21 a 28, decidimos escrever nossas primeiras impressões sobre a denominada Insolvência Transnacional (arts. 167-A — 167-U), como um capítulo autônomo. Capítulo este, a partir desta edição, correspondente ao de n. 28, sendo que o capítulo 28 antigo — correspondente ao comentário das disposições penais e transitórias da Lei n. 11.101/2005 — recebeu o n. 29.

No capítulo 22 há a menção sobre as normas específicas de mediação e conciliação aplicáveis aos procedimentos delimitados pela Lei n. 11.101/2005 (art. 20-A — 20-D). No mesmo capítulo 22, incluímos o item 22.2.2.3 (Consolidação Processual e Substancial em caso de Recuperação Judicial, arts. 69-G — 69-L, da Lei n. 11.101/2005).

No capítulo 23, o destaque correspondeu à inserção do item referente ao Incidente de Classificação de Crédito Público, item 23.1.2.4.2.

No capítulo 24 — sobre a Falência — houve alterações na ordem concursal, com a aglutinação em uma única classe dos créditos com privilégio geral e especial e quirografários. Renovadas as formas de alienação de bens. Ressurgiu a figura da falência frustrada. Diminuição do percentual e do prazo para consideração de extinção das obrigações do falido em caso de pagamento parcial após a realização do ativo.

No capítulo 25 — sobre Recuperação Judicial —, destacamos o acréscimo de novos requisitos para a petição inicial, como o relatório detalhado do passivo fiscal; a incorporação ao procedimento da denominada constatação prévia, antes da decisão de processamento, como efeito da recepção pelo legislador da Recomendação n. 57/2019, do CNJ, ainda que parcialmente. A prorrogação do *stay period* — já reconhecida pela jurisprudência — foi enfim estabelecida no texto legal. Aos meios para promoção da reestruturação do devedor acrescentou-se a possibilidade de conversão de dívida em capital social, a aproximar nosso sistema do direito norte-americano. Em caso de rejeição do PRJ original pelo credores, estes, cumpridos os requisitos legais, poderão propor em assembleia a votação de Plano Alternativo. As deliberações em assembleia poderão ser substituídas por Termo de Adesão. Foram agregadas duas novas formas de convolação da recuperação judicial em falência: contextualização de PRJ a ocasionar o esvaziamento patrimonial do empreendimento, em detrimento dos credores não sujeitos ao PRJ e inadimplência de parcelamento ou transação a respeito de créditos fiscais.

No capítulo 27, destacamos a redução do quorum a contextualizar a recuperação extrajudial majoritária (antes mais de 3/5, hoje mais da metade).

No capítulo 29, salientamos a tipificação de eventual distribuição de lucros e dividendos em contradição com a tramitação de procedimento de recuperação judicial anterior.

Algumas alterações efetuadas pela Lei n. 14.112/2020 acabaram também por ser referenciadas em outros capítulos, a exemplo da exceção legal de funcionamento obrigatório do Conselho Fiscal nas Sociedades Anônimas de Capital Aberto (Capítulo 9, em que se comentou o art. 48-A) durante a tramitação do procedimento de Recuperação Judicial.

A Lei n. 14.112/2020 reformulou substancialmente o microssistema componente da Lei n. 11.101/2005. A *vacatio legis* de apenas 30 (trinta) dias talvez seja insuficiente para a ambientação e tratamento de todas as alterações em relação aos processos pendentes. Seja como for, estaremos atentos à aplicação de tais alterações.

Edilson Enedino das Chagas

enedinotjdf@msn.com

(atualizações até 2-3-2021)

SUMÁRIO

1

INTRODUÇÃO AO DIREITO EMPRESARIAL

■ 1.1. DIREITO DE EMPRESA COMO DIREITO DIFUSO

O Direito de Empresa **cuida da atividade econômica organizada** presente no cotidiano das pessoas, uma vez que, se **todos somos consumidores**, conforme discurso célebre do então presidente norte-americano John Kennedy, inegável que existem outros que **se lançam à produção, à distribuição e à comercialização** do que consumimos. Na verdade, há interdependência entre consumidores e fornecedores, não se podendo deixar de destacar que a atividade empresarial não se restringe aos interesses imediatos e particularizados de consumidores e fornecedores, mas, em torno de tal atividade, como fato jurídico relevante, atividade dinâmica, perene e necessária, pais e mães de família se sustentam, tributos são auferidos, a livre-concorrência se estabelece, os negócios entre empresários incrementam-se, os produtos tornam-se cada vez mais eficientes e duráveis, a oferta aproxima-se da demanda, reduzindo a escassez, e negócios jurídicos se concluem no mundo real e virtual, propiciando, por meio de uma rede de interesses sobrepostos, **trabalho, emprego, renda e cidadania**.

■ 1.1.1. A empresa como vetor de interesses públicos e privados

A conclusão a que se chega é a de que a empresa corresponde a vetor de interesses públicos e privados, subclassificação que, às vezes, é meramente teórica e superficial, já que, como se disse, os interesses sobrepõem-se. Melhor, então, será identificar a empresa como **fato jurídico relevante, direito difuso, constitucionalmente protegido**, nos termos do art. 170 da Constituição Federal (CF).

■ 1.1.2. A classificação decimal de direito

A tradicional **dicotomia entre Direito Público e Privado**, com base na predominância do interesse (coletivo ou particular), tem o mérito de, didaticamente, reunir em dois grandes grupos os sub-ramos do fenômeno jurídico. A cultura e o conhecimento humanos, a propósito, têm sido classificados pelas bibliotecas mundo afora, destacando-se o trabalho pioneiro de **Melvil Dewey, que imaginou um sistema a ser construído pela combinação dos 10 algarismos (0-9) por meio de classes e subclasses**[1]. Nesse sentido, enumeram-se como classes fundamentais as seguintes:

---

[1] No âmbito do Ministério da Fazenda, a bibliotecária e bacharela em direito Doris de Queiroz Carvalho, especificamente em relação à classe 340 (Direito), detalhou-o, trabalho que recebeu o título

CLASSIFICAÇÃO DECIMAL DE DIREITO — CLASSES PRINCIPAIS			
■ **000**	■ Obras gerais	■ **500**	■ Ciências puras
■ **100**	■ Filosofia	■ **600**	■ Ciências aplicadas
■ **200**	■ Religião	■ **700**	■ Belas-artes
■ **300**	■ Ciências sociais	■ **800**	■ Literatura
■ **400**	■ Filologia	■ **900**	■ História

E, **entre as ciências sociais, o Direito** (subclasse 340), seguindo-se a divisão entre Direito Público e Privado e, especificamente, em relação ao Direito Privado, entre **suas espécies o Direito Comercial** (Empresarial):

CLASSIFICAÇÃO DECIMAL DE DIREITO — SUBCLASSE DIREITO (340)	
341 — DIREITO PÚBLICO	■ Direito Internacional Público, Direito Constitucional, Direito Administrativo, Direito Processual, Direito Penal, Direito Previdenciário, Direito Militar e Direito Aéreo.
342 — DIREITO PRIVADO	■ Direito Civil, Direito Comercial, Direito Internacional Privado, Direito do Consumidor e Direito do Trabalho.

Trata-se de especificar o **fenômeno jurídico em sub-ramos, para fins acadêmicos**, pois, no dia a dia, uma relação jurídica predominantemente privada, isto é, a envolver interesses entre particulares, poderá, concomitantemente, encerrar uma relação de **caráter público, ainda que reflexamente**. Assim, a **compra e venda de um imóvel entre particulares** apresenta-se como exemplo de **negócio jurídico** formal, porque, para além do consenso entre as partes, a conclusão do referido negócio necessitará do competente **registro em cartório**. A transferência da propriedade, porém, dependerá do **recolhimento dos impostos** incidentes sobre a operação, destacando-se, nesse particular, o ITBI (Imposto de Transmissão sobre Bens Imóveis). Portanto, poderá haver a concorrência de relações jurídicas autônomas sobre um mesmo fato, devendo o intérprete da norma se familiarizar com tal fenômeno e harmonizar as fontes jurídicas, ainda que de sub-ramos diversos. No citado exemplo, sobre o negócio privado **incidiram os sub-ramos do Direito Civil, Direito Administrativo e Direito Tributário**.

Por sua vez, como bem salienta o professor Pedro Lenza[2], **no positivismo da pós-modernidade, o direito privado se constitucionalizou**, pois a orientar mesmo as relações econômicas entre particulares o "princípio da dignidade da pessoa humana, fundamento da República Federativa do Brasil e princípio-matriz de todos os direitos fundamentais (art. 1º, inc. III, da CF/88)". Assim, continua o professor Pedro Lenza, "parece mais adequado, então, falar em um **direito civil-constitucional**, estudando o direito privado à luz das regras constitucionais e podendo, inclusive, em

"Classificação Decimal de Direito", publicado em 1953, 1977 e 2002, por iniciativa da Subchefia para Assuntos Jurídicos da Casa Civil da Presidência da República, e disponível no seguinte endereço eletrônico: <http://www4.planalto.gov.br/centrodeestudos/galeria-de-fotos/arquivos-importados/arquivos-pdf/classificacao-decimal>.

2 *Direito constitucional esquematizado*, 17. ed., p. 56.

muitos casos, reconhecer a aplicação direta dos direitos fundamentais nas relações privadas **(eficácia horizontal dos direitos fundamentais)**".

Na especialização dos diplomas legais a depender do conteúdo das normas jurídicas e dos sujeitos de direito que tencionem proteger (discriminação positiva), perceptível o fenômeno da descodificação do direito privado, como referido pelo mesmo professor, e da **descodificação** que se revela pela **edição de microssistemas de direito**, de que são exemplos o CDC, a Lei de Locações, o ECA, o Estatuto do Idoso. "Todos esses microssistemas encontram o seu fundamento na Constituição Federal, norma de validade de todo o sistema, passando o direito civil por um processo de **'despatrimonialização'**"[3].

A despatrimonialização referida não deve ser confundida com a desnecessidade de regulação da atividade econômica, tendo em vista que a atividade econômica organizada, baseada na livre-iniciativa, na concorrência não predatória, no pleno emprego e no respeito aos consumidores significa a adoção de um sistema econômico capitalista, mas um **capitalismo comprometido com o desenvolvimento social e com a redistribuição das fontes de riqueza**. O conceito de IDH (Índice de Desenvolvimento Humano) não foi criação de juristas, mas sim de economistas, razão pela qual o princípio da **dignidade da pessoa humana (conceito jurídico aberto, contextualizável como um piso vital mínimo de direitos) também deve ser medido pelo incremento da renda e do consumo**, do usufruir de bens e serviços particulares e públicos basilares, como alimentação, moradia, educação e saúde.

Logo, a dignidade da pessoa humana, nos casos concretos, certamente estará também relacionada **à aquisição e à utilização de bens e serviços**. Assim, o direito empresarial trata-se do direito que define, regula, organiza e interpreta a atividade econômica organizada, isto é, **direito especializado, que merece microssistema próprio**, não se podendo restringir ou se entender o direito de empresa como apenas um "livro" da parte especial do Código Civil.

Nesse sentido, elogiáveis as iniciativas para criação de **um novo Código Comercial**, paralelamente, no parlamento brasileiro, nas duas casas legislativas. Assim, na fase constitutiva do processo legislativo, interessantes o acompanhamento e o debate do **PLC 1.572/2011 (da Câmara dos Deputados)**, bem como do **PLS 487/2013 (do Senado Federal)**.

O **PLC n. 1.572/2011**, após a aprovação de relatório em Comissão Mista, **ultimou arquivado**, diante da mudança de legislatura, nos termos do art. 105 do Regimento Interno da Câmara dos Deputados (informação datada de 31/01/2019).

Encerrou-se em 26 de novembro de 2019 o prazo para apresentação de emendas ao PLS n. 487/2013, que propõe a Reforma do Código Comercial. Foram apresentadas as Emendas n. 17 a 33-CTRCC.

A matéria volta à Comissão Temporária da Reforma do Código Comercial, para exame do Projeto e das emendas (informação datada de 27/11/2019).

---

[3] *Direito constitucional esquematizado*, 17. ed., p. 17.

Recentemente, merece referência também a denominada MP da Liberdade Econômica (MPV n. 881/2019). Convolada na Lei n. 13.874/2019, reafirmou como **sistema econômico prevalente, no Brasil, o "capitalismo**, baseado principalmente nos postulados da **propriedade privada** dos meios de produção e no lucro como elemento de incentivo à prosperidade geral"[4].

O vanguardismo da Iniciativa Privada na produção de bens e serviços, de acordo com o referido sistema econômico, recomenda a **intervenção estatal de modo subsidiário** e uma regulação — repise-se — tendente ao **aprimoramento da atividade econômica e não sua burocratização**. Por isso, na exposição de motivos da MPV n. 881/2019, expressamente, cuidou-se de pontuar a errônea percepção de alguns setores da sociedade, no sentido da existência de um "**Estado irracionalmente controlador**". A iniciativa legislativa para debelar tal percepção cuidou de estabelecer direitos aos que já exercem a atividade empresarial, bem assim aos que a ela decidam se lançar e direitos que "afetam relações microeconômicas específicas, que repercutirão macroeconomicamente, especialmente **em favor dos mais vulneráveis, por sua expansividade** por todos os setores: nada foi enunciado de maneira a privilegiar um em detrimento do outro, como o espírito da verdadeira economia de mercado demanda"[5].

Além da enumeração de **princípios a reforçar a livre iniciativa**, da declaração de **direitos básicos aos empreendedores** e do estabelecimento de **diretrizes para eventual renovação do marco regulatório**, destacaram-se no que diz respeito aos sub-ramos do Direito Empresarial: as alterações legislativas pertinentes à caracterização das **hipóteses de desconsideração da personalidade jurídica** (art. 50, §§ 1º ao 5º, do CC); dispositivos sobre a **interpretação de contratos** civis e empresariais (art. 113, § 1º e 2º, c/c art. 421 e art. 421-A, todos do CC); a possibilidade de que a **sociedade limitada seja estruturada de forma unipessoal**; a consideração dos **fundos de investimento como condomínios especiais** e a responsabilidade limitada dos investidores; alteração do modo de **registro da subscrição de ações** de acordo com a Lei n. 6.404/76; a possibilidade de **ampliação das atividades consideradas de baixo risco**, nos termos da Lei n. 11.598/2007, sobre a **simplificação e integração do processo de registro** e legalização de empresários e pessoas jurídicas; a **equiparação dos efeitos de documentos digitalizados** aos escritos ou microfilmados, nos termos da Lei n. 12.682/2012; o registro e o **armazenamento de documentos em meio eletrônico**, com a adição do § 3º, ao art. 1º, da Lei n. 6.015/73; e novas alterações na Lei de Registros Públicos de Empresas Mercantis e atividades afins, nos termos da Lei n. 8.934/94[6].

---

[4] FRIEDE, Reis. *Curso de teoria de ciência política e teoria geral do estado*. 4. ed. Rio de Janeiro: Forense Universitária, 2010, p. 359.

[5] *Vide* item 9 da Exposição de Motivos da MPV n. 881/2019.

[6] Houve ainda a extinção do Fundo Soberano do Brasil (FSB), nos termos da Lei n. 11.887/2008; a revogação da Lei Delegada n. 4/62; a determinação de uniformização de decisões administrativas no âmbito da Procuradoria da Fazenda Nacional, nos termos da Lei n. 1.522/2002; e a instituição da Carteira de Trabalho por meio eletrônico, com as respectivas alterações na CLT.

■ 1.2. DIREITO DE EMPRESA OU DIREITO COMERCIAL?

O PLC, em seu art. 2º, repetindo o atual art. 966, do CC, diz: "**Empresa é a atividade econômica organizada para a produção ou circulação de bens e serviços**". O PLS, por sua vez, também em seu art. 2º, tem redação idêntica. O conteúdo de tal atividade econômica, no PLS, por exemplo, é especificado como: "no âmbito do direito privado, a organização e exploração da empresa e matérias conexas, incluindo o direito societário, o direito contratual empresarial, o direito cambial, o direito do agronegócio, o direito comercial marítimo e o direito processual empresarial".

Portanto, percebe-se que o **Direito Comercial, hoje, não se restringe à atividade própria do comerciante**, mas também envolve o prestador de serviços, por exemplo, e, em escala mundial, outras atividades conexas à intermediação de bens e serviços pelos fornecedores diretos (os comerciantes); trata-se, pois, de estudar o direito aplicável aos conglomerados multinacionais, mas também ao microempreendedor, sendo que **o direito do comerciante é espécie do direito de empresa, gênero** que, por isso, merece consideração da doutrina e da jurisprudência, ainda que, pela força do uso, indistintamente utilizem-se as expressões direito de empresa e direito comercial como locuções equivalentes.

Esquematizando o **direito de empresa**:

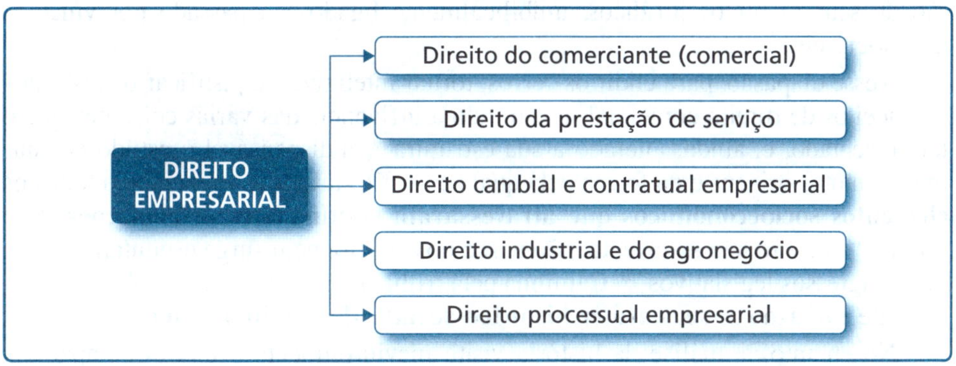

■ 1.2.1. Evolução histórica

A afirmação e a **expansão do capitalismo** se deram, em grande medida, **por meio do comércio**. Primeiro, comércio interior, terrestre; depois, comércio internacional, além-mar; e, hoje, a navegação suplantou o tempo e o espaço e existe o *e-commerce*, já que os comerciantes das pós-modernidade aproveitam a **"vazante da infomaré[7]" para alavancar suas carteiras de clientes**, repetindo pelo menos parte do discurso da célebre frase do general romano Pompeu, "navegar é preciso, viver não é preciso", que assim se pronunciou para justificar, apesar dos perigos do comércio marítimo do século I, a expansão territorial e econômica do império que representava.

7 Da música de Gilberto Gil, "Pela internet".

Assim, no século XXI, o empresário navega pelo **mar internáutico** porque isso se demonstra necessário para o incremento de sua atividade negocial. Para o **MEI (microempreendedor individual), a formalização ocorre diretamente pela internet, sem burocracia**; ao se cadastrar, receberá um número de CNPJ (Cadastro Nacional de Pessoa Jurídica), o NIRE (Número de Identificação do Registro de Empresas) da junta comercial e, ainda, uma licença provisória para o desenvolvimento de sua atividade — ou seja, para o MEI, o navegar pela rede é preciso[8].

A evolução e a especificação do direito que tratam da atividade empresarial serão estudadas nesta obra. Assim, convidamos o prezado leitor para uma viagem que lhe proporcionará navegar pelo mar do conhecimento sobre o direito empresarial. Iniciemos a viagem pela evolução histórica do direito empresarial. E esperamos que essa navegação lhe seja agradável.

■ *1.2.1.1. Fase primitiva (Antiguidade)*

O direito comercial, como qualquer outro ramo do direito, **é um fato social, desenvolvido no terreno social**, em um ambiente histórico conforme o grau de civilização, os usos, os costumes e a organização política dos Estados.

O conhecimento da história e dos acontecimentos relevantes para a evolução do Direito Comercial, **desde sua fase primitiva**, contribui para uma melhor compreensão de seus institutos jurídicos, umbilicalmente ligados ao passado por vínculos indissociáveis.

Nesse diapasão, para elidir os "erros, tornar inteligíveis e justificar os institutos e conceitos de direito comercial, mostrando a influência das várias correntes que o têm orientado, e, ainda, alterado a sua estrutura"[9], indispensável o estudo de suas mais remotas origens e da forma pela qual se manifestava, compreendendo todos os **elementos socioeconômicos que atravessaram contínuas transformações**. Isso porque "o direito não se inventa, não nasce do arbítrio, nem surge espontaneamente dos congressos legislativos"[10]. Caminha pela trilha da história e dela se abastece justamente em razão de seu **caráter histórico-social e de seu dinamismo**.

No entanto, a análise da história visita inevitavelmente o direito comparado, porquanto "o **direito comercial não se formou em uma só época, nem no meio de um só povo**. A cooperação de todos os povos em tempos sucessivos, firmada fundamentalmente nas bases econômicas, é que o constituíram e lhe imprimiram **o caráter autônomo**"[11].

Noutro giro, a **evolução do comércio revela um inegável e natural paralelismo com a do Direito Comercial**[12]. Razão da tentativa da doutrina de buscar a origem primitiva do comércio.

---

[8] Resoluções 23/2009 e 26/2010 — CGSIM (Comitê para Gestão da Rede Nacional para Simplificação do Registro e da Legalização de Empresas e Negócios).

[9] MENDONÇA, Carvalho. *Tratado de direito comercial brasileiro*, v. I, p. 46-47.

[10] MENDONÇA, Carvalho. *Tratado de direito comercial brasileiro*, v. I, p. 47.

[11] MENDONÇA, Carvalho. *Tratado de direito comercial brasileiro*, v. I, p. 47.

[12] FAZZIO JR., Waldo. *Manual de direito comercial*, p. 27-28.

Inexistiu o comércio nos antiquíssimos tempos da família patriarcal. O **chefe totalizava em suas mãos e vontade todos os poderes**. Distribuía o trabalho. Recolhia o produzido. Partilhava-o, a seu arbítrio[13].

Na mesma linha, assevera Fran Martins que, no início da civilização, os grupos sociais procuravam bastar-se a si mesmos, produzindo ou se utilizando de material de consumo de que tivessem necessidade[14].

Entretanto, a predominância do princípio da autoridade patriarcal, peculiar à economia dirigida, tão antiga quanto o mundo, não foi capaz de impedir que **o direito comercial se manifestasse sob a forma primária da troca**[15].

É que o natural crescimento das populações logo mostrou a impossibilidade do sistema anterior, viável apenas nos pequenos aglomerados humanos. Passou-se, então, **à troca dos bens desnecessários, excedentes ou supérfluos para certos grupos, mas necessários a outros**. E a troca melhorou a qualidade de vida de vários grupos humanos, especialmente os mais povoados, a partir da facilidade para adquirir bens de que necessitavam, trocando-os por eventuais excedentes[16].

Eis porque afirma Waldemar Ferreira que "econômica e historicamente, o comércio é a forma evolutiva da troca, encontrada no período pré-comercial da civilização"[17]. E o comércio destinava-se a facilitar e promover as trocas.

Apesar de a troca de bens revelar-se fato econômico de inegável importância histórica, logo sua forma primeira sucumbiu ante as dificuldades que surgiram.

Nem sempre o que era desnecessário a um grupo se mostrava útil a outro, que, entretanto, podia dispor de bens necessários aos primeiros. As **trocas, desse modo, de bens por bens não se realizavam por falta de equivalência de utilidade** para as partes interessadas.

Em socorro a essa dificuldade, no mais das vezes invencível, de efetivar-se a troca de bens por bens, surgiu a moeda. A troca primitiva ganhou, assim, nova qualificação e feitio com o surgimento da moeda, a saber, compra e venda.

Aliás, a expressão "comércio" origina-se do latim *commutatio mercium*, que significa troca de mercadoria. A troca era a versão original do comércio, a qual evoluiu para a modalidade de compra e venda e intermediação, decorrente do surgimento da moeda. Moeda que, inicialmente, consistia em um bem ou mercadoria capaz de ser trocado por qualquer outro, e não apenas, como acontecia na troca, por um bem determinado, servindo de **padrão para as trocas e possuindo valor intrínseco**[18].

E a moeda viabilizou a compra e venda em larga escala, facilitando a circulação de mercadorias. **E à atividade de pôr em circulação mercadorias, por meio da**

---

13 FERREIRA, Waldemar. *Tratado de direito comercial,* v. I, p. 14.

14 MARTINS, Fran. *Curso de direito comercial*, p. 13.

15 FERREIRA, Waldemar. *Tratado de direito comercial,* v. I, p. 14.

16 MARTINS, Fran. *Curso de direito comercial*, p. 13.

17 FERREIRA, Waldemar. *Tratado de direito comercial,* v. I, p. 14.

18 MARTINS, Fran. *Curso de direito comercial*, p. 14.

compra e venda, deu-se o nome de *comércio*[19], que tem por protagonistas as pessoas que servem de **intermediárias entre os produtores e consumidores**, isto é, pessoas que adquirem dos produtores aquilo de que eles dispõem e colocam esses bens à disposição dos consumidores, trocando-os por dinheiro[20].

Os intermediários, também denominados *comerciantes* ou *mercadores*, **adquiriam bens e mercadorias por preço menor e os vendiam por preço maior, a fim de auferir lucro** e com intuito profissional. Na evolução dos tempos, esses comerciantes passaram a constituir uma classe poderosa, diferente das demais pela natureza específica de sua atividade.

Poderosos porque a compra de mercadorias por um preço menor e a venda por um preço maior, inerentes à ideia de lucro, não beneficiavam tão só o comerciante, mas os que lhe prestavam o serviço, também remunerados a partir dos lucros, favorecendo, ainda, o emprego do capital, otimizando a utilização produtiva dos bens e amparando o Estado pelo pagamento de tributos. Daí concluir-se que a **atividade comercial é sempre especulativa, é dizer, o comerciante sempre busca vender por mais o que adquiriu por menos**, conquanto ora e outra não obtenha lucros, e sim prejuízos[21].

Mas o Estado não podia ficar alheio à atividade comercial, especialmente porque tem ela finalidade de obter lucro, o que facilita a prática de atos prejudiciais aos interesses das comunidades, como uma **margem exorbitante de lucros, que poderia redundar no empobrecimento dos que necessitassem das mercadorias**[22].

O ativismo estatal na regulação do direito comercial não se restringiu ao direito consuetudinário. Porém, digladia-se a doutrina acerca do primeiro código a tratar do direito comercial. Fazzio Júnior leciona que **uma espécie de pré-história do direito comercial pode ser reconstituída com base no *Corpus Juris Civilis***, diploma em que Justiniano congregou as principais contribuições mercantis das civilizações antigas, entre as quais a *Lex Rhodia de Jactu* (alijamento) e o *Nauticum Foenus* (mútuo e seguro marítimo)[23].

Gladston Mamede salienta outros momentos históricos, nos quais é importante destacar o **Código Legal, instituído por Ur-Nammu**[24]**, entre os séculos XXII e XXI a.C., de grande influência sobre o Código de Hamurabi**, compilado cerca de três séculos depois (algo em torno dos séculos XX e XIX a.C.), que igualmente normatizava a atividade comercial[25].

---

19 "Comerciar é trocar; e o comércio, a arte e prática das trocas" (Yves Guyot, citado por FERREIRA, Waldemar. *Tratado de direito comercial,* v. I, p. 18).

20 FERREIRA, Waldemar. *Tratado de direito comercial,* v. I, p. 14.

21 FERREIRA, Waldemar. *Tratado de direito comercial,* v. I, p. 15.

22 FERREIRA, Waldemar. *Tratado de direito comercial,* v. I, p. 15.

23 FAZZIO JR., Waldo. *Manual de direito comercial*, p. 28.

24 "O Código de *Ur-Nammu* fixa relações estáveis entre diversas unidades monetárias (como a prata e o bronze), afastando fraudulentos e prevaricadores." Havia também uma larga proteção dada às fontes de produção, então designadamente agrárias, deixando claro que o Estado, por seus detentores, preocupa-se com a preservação das fontes que abastecem e garantem o mercado (MAMEDE, Gladston. *Manual de direito empresarial*, p. 10).

25 MAMEDE, Gladston. *Manual de direito empresarial*, p. 10.

1.2.1.2. *Fase primitiva (Idade Média)*

O direito comercial, enquanto conjunto organizado de regras reguladoras da atividade comercial, surgiu na Idade Média, ao passo que o comércio em si, como vimos, data de muito antes, uma vez que essa atividade é inerente à própria concepção de atividade organizada.

Destarte, somente na **Idade Média o direito comercial ganhou os contornos atuais** e as práticas mercantis medievais foram sistematizadas. Daí porque concluiu Fran Martins que o direito comercial, como um conjunto de normas especiais, diversas das do direito civil, para regular as atividades profissionais dos comerciantes, tem a sua origem na Idade Média[26].

Desenvolvendo-se o comércio marítimo no Mediterrâneo, as cidades que ficavam situadas à beira-mar tornaram-se centros comerciais importantes e poderosos. Os ricos proprietários feudais abandonavam suas terras, transferindo-se para as cidades, e os servos passaram à condição de meeiros, entregando aos antigos senhores a metade da produção dos campos. **Formaram-se núcleos comerciais poderosos, como Lyon**, situada à ilharga da grande estrada que ia do Reno ao Mediterrâneo[27].

Nesse período, **em virtude da intensificação do comércio, organizaram-se feiras e mercados**, centros nos quais eram realizados grandes negócios e se reuniam os comerciantes distantes para o exercício da mercancia. **O Estado, que usufruía de impostos nas feiras, estimulava-as e criava normas de proteção aos seus praticantes**.

E os feirantes passaram a se reunir em **corporações, criando seus próprios regulamentos e uma jurisdição particular** presidida por juízes eleitos. Esses regulamentos foram os documentos que primeiro estruturaram o direito comercial da forma pela qual o conhecemos atualmente.

Os primeiros institutos de direito comercial, apontados por Fran Martins, foram as normas que regiam os bancos, a letra de câmbio e a melhor estrutura do processo de falência[28].

A doutrina divide o direito comercial em três fases. Essa divisão tripartite se baseia especialmente nos sujeitos envolvidos. **A primeira fase foi a subjetiva, na qual o sujeito era o burguês, ou melhor, os matriculados nas corporações de ofício. A segunda fase foi a objetiva (teoria dos atos de comércio), na qual o sujeito passou a se chamar comerciante. Na terceira (subjetiva moderna), ora vigente, o sujeito do direito comercial passou a se chamar empresário.** Vejamos, em breve síntese, cada fase.

1.2.1.3. *Fase subjetiva*

Surge, como vimos, na Idade Média, quando a Europa estava fragmentada. Tratava-se de um direito essencialmente de classe, especificamente das corporações de

26 MARTINS, Fran. *Curso de direito comercial*, p. 19.

27 MARTINS, Fran. *Curso de direito comercial*, p. 20.

28 MARTINS, Fran. *Curso de direito comercial*, p. 21.

ofício, e cuidava especialmente da mercancia. **O direito comercial dessa fase era criado por essas corporações de ofício**, as quais, por terem uma estrutura corporativa e classista, tiveram força política e econômica necessárias ao estabelecimento de regras próprias para os comerciantes.

O marco político foi — reitere-se — a fragmentação da Europa em feudos, o que constituía um obstáculo ao comércio, pois as fronteiras, desde aquele tempo, impediam o desenvolvimento da mercancia. Isso porque a referida fragmentação em feudos dividia a autoridade, porquanto cada feudo era governado por um senhor feudal, bem como **a legislação, os costumes, a jurisprudência, a moeda etc.**, razão pela qual os mercadores se reuniam em feiras (ou em *hansas*, *guildas*, *frattelanzas*, *maitrisses*) e passavam a discipliná-las e a regulamentar as atividades mercantis. **Criavam sua própria jurisdição e ultimaram por romper com o direito civil, editando normas especiais, pautadas pelos usos e costumes** do tráfego mercantil, do que resultou o direito comercial. É que o direito civil não se revelava apto a regular a atividade mercantil, pelo que surgiu o direito comercial, pautado pelas práticas comerciais e pela equidade, com o fim de proteger os comerciantes do risco da atividade econômica.

À luz da explicação do professor Rubens Requião[29], reunidos, esses mercadores passaram a financiar o monarca para unificar os feudos, de molde a formar o que hoje se denomina Estado Moderno. Em troca dos financiamentos, **o monarca editava como lei os regulamentos das corporações de ofício** daqueles mercadores financiadores da referida unificação. Desse processo, surgiu a França, a Espanha etc.

Logo, com o aparecimento dos Estados modernos e a tendência centralizadora do poder do monarca, deu-se a **intervenção do Estado na vida econômica pela edição de normas para regulá-la**, pois o direito então vigente não satisfazia o interesse dos comerciantes.

Nesse momento, passou-se de um direito criado, interpretado e aplicado pelos comerciantes (consuetudinário e internacional) para **um direito nacional e legislado por um poder superior, estranho ao controle dos comerciantes**[30].

Assim, nascia o direito comercial, então regulado por leis esparsas. Noutras palavras, o direito comercial **surgiu quando o rei tornou lei os regulamentos das corporações de ofício** que haviam financiado a unificação dos Estados europeus.

E as normas comerciais desse período tinham **dois escopos essenciais**: 1º) assegurar **privilégios à classe burguesa**, representada, notadamente, pelas corporações de ofício; e 2º) assegurar o **oligopólio no exercício das profissões**.

Nessa fase, o **comerciante era aquele que se matriculava na corporação de ofício** relacionada a sua atividade. Por isso, essa fase é chamada de subjetiva, porque dirige o olhar ao sujeito, o qual se reputaria comerciante se estivesse matriculado em uma corporação, independentemente da atividade praticada. **O direito comercial era, pois, o direito dos matriculados nas corporações de ofício e só a eles alcançava.** Essa fase foi substituída pela fase objetiva, notadamente a partir do Código Napoleônico.

---

29 REQUIÃO, Rubens, *Curso de direito comercial*, 30. ed., v. 1.

30 GONÇALVES NETO, Alfredo de Assis. *Direito de empresa*, 4. ed., p. 51.

1.2.1.4. *Fase objetiva (teoria dos atos de comércio)*

Os fatos históricos que marcaram essa teoria foram a Revolução Francesa e o período do império napoleônico. Os ideais da Revolução Francesa (liberdade, igualdade e fraternidade) não se compatibilizavam com um ramo do direito que se preocupasse exclusivamente com a garantia de privilégios classistas aos matriculados nas corporações de ofício.

O direito comercial então vigente, que visava proteger os matriculados nas corporações de ofício dos riscos da atividade econômica, revelava-se **demasiadamente classista, opondo-se ao ideal de igualdade** da Revolução Francesa.

Daí o embate: como normatizar o comércio, atividade essencial para o desenvolvimento de uma nação, sem privilegiar uma classe, algo inconcebível naquele período?

Em resposta, apareceu o **primeiro Código Comercial**[31], promulgado por Napoleão em 15 de setembro de 1807, que retirou o foco de proteção do direito comercial de uma classe (dos matriculados nas corporações de ofício) e o transferiu aos atos de natureza comercial, enumerados pela lei. **Tornou-se *objetivo* o direito comercial, é dizer, transformou-se em um ramo do direito aplicável a determinados atos, não a determinadas pessoas**[32].

Assim, persistia a proteção ao comércio, atividade de suma importância que melhora a tecnologia, desenvolvendo novos produtos e serviços, além de gerar empregos e receitas ao Estado.

Eis o marco histórico sob cuja vigência surgiu a teoria objetiva dos atos de comércio, pela qual a **legislação comercial enumerava uma série de atos de comércio**, tão imprescindíveis para o desenvolvimento do Estado que mereceram uma proteção especial.

Essa foi a forma de não privilegiar diretamente a burguesia, sem desprotegê-la. Contudo, o oligopólio próprio da teoria subjetiva sucumbiu paulatinamente, à medida que o objeto do direito comercial deixou de ser uma classe e passou a envolver atos relevantes prescritos na lei.

Nesse **período objetivo, era prescindível o registro na corporação de ofício** para alcançar a proteção do direito comercial. Note-se, porém, que o direito comercial, apesar dessa tendência de expansão, continuava a ser o *direito dos comerciantes*. Alargava-se somente **quanto ao modo pelo qual se determinava a qualidade de comerciante**; esta não dependia mais da matrícula na corporação.

Era natural que, com o desenvolvimento ulterior, surgisse o **conceito de ato de comércio**, o que, de certo, veio pôr em foco a objetivação do direito comercial, que, **ao invés do direito profissional dos comerciantes, passou a ser o direito do comércio**[33].

---

[31] No sentido estrito da palavra, pois até então existiam apenas compilados de normas que regulavam as atividades mercantis.

[32] COELHO, Fábio Ulhoa. *Curso de direito comercial,* v. 1, p. 14.

[33] MENDONÇA, Carvalho de. *Tratado de direito comercial brasileiro*, p. 57.

Ademais, sob a égide dessa teoria, **as corporações de ofício deixaram de existir**, pois eram consideradas resquícios de uma sociedade feudal e, ainda, porque assumiram grande poder nas cidades em toda a Europa, suscitando descontentamento[34].

O Código Comercial de Napoleão alcançou influência decisiva em toda a legislação mercantil contemporânea, inclusive sobre o **Código Comercial do Brasil de 1850**. A fase objetiva dos atos de comércio deu lugar à fase subjetiva moderna, ao período empresarial.

■ *1.2.1.5. Fase subjetiva moderna ou empresarial (teoria da empresa)*

Em 1942, na Itália, inaugurou-se um novo período histórico do direito comercial, com a edição do *codice civile,* pelo qual a proteção do direito comercial **deixa de recair sobre os atos de comércio e passa a recair sobre a empresa**. Eis o surgimento da teoria da empresa.

Essa teoria, cujo maior expoente é o italiano Asquini, propõe a superação da vinculação entre sujeito e objeto do direito comercial, pois é possível que o objeto (empresa) sobreviva independentemente do destino do sujeito (empresário). Para o autor, a proteção do direito comercial deve recair mormente sobre a empresa, que significa atividade empresarial, com fim lucrativo, organizada para a produção ou circulação de bens e serviços. Nesse passo, o que deve ser preservado, como importante instrumento de desenvolvimento de um Estado, é a empresa. Por sua vez, essa fase possui conteúdo subjetivo, pois a legislação regula a atividade (a empresa), mas incide sobre o sujeito (empresário). Eis porque da denominação fase subjetiva moderna.

Essa fase retoma a proteção do direito comercial sobre os empresários, antigos comerciantes, pois superado o ideal francês de que **o direito não pode privilegiar certas classes**. Tanto que, hodiernamente, abarcando um gênero de pessoas comuns, têm-se os direitos do consumidor, do trabalhador etc. Embora tenha reavivado o papel do direito comercial, como garante dos direitos dos empresários, **infirmou o oligopólio**, próprio da fase subjetiva, mas incisivamente combatido pelo Estado moderno. Como se verá, a legislação brasileira parece ter adotado a Teoria da Empresa.

Esquematizando as fases históricas do Direito Comercial:

FASES HISTÓRICAS DO DIREITO EMPRESARIAL	
PRIMITIVA: ANTIGUIDADE	■ A troca era a versão original do comércio, a qual evoluiu para a modalidade de compra e venda e intermediação, decorrente do surgimento da moeda. ■ O Código Legal (instituído por Urnamu), o Código de Hamurabi e o *Corpus Juris Civilis* são exemplos de ativismo estatal na regulação do comércio.
SUBJETIVA	■ O direito comercial dessa fase era criado por corporações de ofício, as quais, por terem uma estrutura corporativa e classista, tiveram a força política e a econômica necessárias ao estabelecimento de regras próprias para os comerciantes. ■ Comerciante era quem estava matriculado em uma corporação de ofício.

34 NEGRÃO, Ricardo. *Manual de direito comercial & empresa*, 3. ed., v. 1, p. 24.

OBJETIVA	■ Transformou-se em um ramo do direito aplicável a determinados atos, não a determinadas pessoas. Tais atos estariam elencados em legislação comercial e quem fizesse da sua profissão o exercício deles seria alcançado pelo direito comercial.
SUBJETIVA MODERNA OU EMPRESARIAL	■ O direito empresarial incide na atividade tida como econômica. O objeto do direito é estável, a atividade (empresa). Todavia, apesar de incidir sobre a empresa (objeto), os reflexos jurídicos dos negócios recairão sobre os sujeitos titulares das empresas (empresários e sociedades empresárias).

■ *1.2.1.6. Breve histórico do direito comercial no Brasil*

A **instalação da corte portuguesa no Brasil e a abertura dos portos ao comércio estrangeiro**, decretada pela Carta Régia de 28 de janeiro de 1808[35], marcaram o início da história do direito comercial brasileiro.

Com a independência do Brasil, que veio a ocorrer em 1822, surgiu a necessidade inadiável de uma legislação própria. Diante disso, a Assembleia Constituinte e Legislativa, eleita em 1823, para suprir a carência de leis nacionais sobre o comércio no território nacional, **determinou a aplicação da legislação comercial de Portugal**, a qual, por sua vez, determinava que se aplicassem supletivamente as normas legais "das nações cristãs iluminadas e polidas, que com elas estavam resplandecendo na boa, depurada e sã jurisprudência". Razão por que a legislação mercantil brasileira era formada, fundamentalmente, **pela junção da legislação portuguesa, espanhola e francesa** (Código Comercial francês de 1807), e, ainda, complementada pelo direito romano, recepcionado em caso de lacuna da legislação **(Lei da Boa Razão)**.

Porém, o Brasil desse período vivia uma notável ascensão econômica. O tráfego mercantil tomava proporções, e não havia uma legislação homogênea o bastante para garanti-lo. **Exigia-se um código comercial** que pudesse suprir as lacunas da legislação esparsa então existente e capaz de assegurar a regularidade dos tratos comerciais[36].

Antes mesmo da proclamação da independência, a *Real Junta de Comércio, Agricultura, Fábricas e Navegação* encarregou José da Silva Lisboa, o mais autorizado entre seus membros e também deputado, de organizar o projeto de Código de Comércio nacional. O emérito jurisconsulto, então, apresentou a primeira parte do projeto, mas seu trabalho não proporcionava elementos para a desejada codificação[37].

---

[35] COELHO, Fábio Ulhoa. *Curso de direito comercial,* 12. ed., v. 1, p. 21.

[36] MENDONÇA, Carvalho de. *Tratado de direito comercial brasileiro*, p. 74-75, cita Pereira da Silva, então deputado da Câmara dos Deputados, *in verbis*: "Qual é a nossa legislação comercial? A lei de 18 de agôsto de 1769, com alguns alvarás, dispõe pequenas medidas, e manda em todos os casos omissos reger-se pela legislação dos povos cultos. Ora, quase todos os casos são omissos, e os que o não são já as luzes do século presente prescreveram; as nações estrangeiras, pelos seus hábitos e costumes, têm diferenças mais ou menos sensíveis em suas leis. E o que acontece? É que cada magistrado, ao proferir sentença sôbre causas comerciais, dá como lhe parece. Não há homogeneidade, não há conhecimento fixo e determinado de todos os estilos e usos das praças de comércio, que muito devem influir nos julgamentos. As questões de seguro, das preferências dos credores, dos contratos de riscos, das quebras e bancarrotas fraudulentas, não tendo legislação, são decididas e julgadas tão diferentemente quantos são os magistrados que tomam delas conhecimento".

[37] MENDONÇA, Carvalho de. *Tratado de direito comercial brasileiro*, p. 83.

Mais adiante, em 1832, foi nomeada uma comissão[38] para a elaboração do Código Mercantil. Após trabalhar com afinco, a comissão ultimou o projeto aos nove dias do mês de agosto de 1834. O código projetado continha 1.299 artigos, compreendidos em **três partes: a primeira tratava das pessoas do comércio, dos contratos e das obrigações; a segunda, do comércio marítimo; e a terceira, das quebras**.

O projeto foi enviado à Câmara dos Deputados. Após apresentação de pareceres e propostas de emendas, além de ser submetido ao crivo de duas comissões, em 17 de julho de 1845, o projeto foi encaminhado ao Senado. Em 20 de setembro de 1848, foram aprovadas as emendas do Senado ao projeto da Câmara, retornando a essa casa. Finalmente, em 1850 a Câmara aceitou as emendas do Senado e enviou, em maio daquele ano, o projeto à sanção. **Somente em 1º de julho de 1850, foi publicado o Código Comercial**[39].

O código acolhia implicitamente a teoria dos atos de comércio. Tanto que o Regulamento n. 737 de 1850 enumerou as atividades sujeitas aos tribunais do comércio. Mantinha-se a separação entre direito civil e direito comercial, de molde que as atividades com fins lucrativos, descritas como atos de comércio, submetiam-se ao direito comercial, ao passo que as demais, lucrativas ou não, submetiam-se ao direito civil.

A teoria dos atos de comércio reinou até o Código Civil de 2002, quando passou a vigorar a teoria da empresa, de origem italiana. Mas, já **antes dessa data, a doutrina e a jurisprudência referiam-se à teoria da empresa**, de há muito influente.

Na pós-modernidade, a atividade econômica organizada — **a empresa — pode ser analisada sob vários ângulos ou aspectos, como que a revelar as faces regulares de um poliedro**. Trata-se de enxergar a atividade empresarial em bloco, delimitando suas faces apenas para fins didáticos. Interessa hoje não só proteger e incentivar os vocacionados à atividade empresarial, aqueles que pretendam o lucro com tal atividade, e que concentram o ***aspecto subjetivo*** do fenômeno empresa, mas também o conjunto de bens hábeis ao desenvolvimento da atividade (sejam materiais ou imateriais) — ***aspecto objetivo ou patrimonial*** —, destacando-se ainda a óptica ***corporativa ou institucional*** que percebe no fenômeno o potencial de instituição a agregar esforços dos dirigentes da atividade e de seus colaboradores, sejam eles subordinados (trabalhadores, empregados), sejam independentes (auxiliares técnicos e parceiros empresariais), e, ainda, o perfil ***funcional*** que apresenta a atividade como fonte propulsora de movimentação de riqueza e renda[40]. Em linhas gerais, esse entendimento corresponde à denominada teoria da empresa, que, apesar de construída no auge da ideologia fascista, conseguiu sustentar-se até os dias atuais, exatamente por seu caráter eclético, permitindo perceber a **atividade empresarial como direito difuso, em torno do qual gravitam interesses de vários setores da sociedade**.

---

38 Composta por Antônio Paulino Limpo de Abreu, José Antônio Lisboa, Inácio Ratton, Guilherme Midosi e Lourenço Westin.

39 MENDONÇA, Carvalho de. *Tratado de direito comercial brasileiro*, p. 89-93.

40 Nesse sentido, Rubens Requião explica a teoria da empresa, elaborada por Asquini. *Direito comercial*, 30. ed., v. 1, p. 81.

Esquematizando os **perfis da empresa**, segundo a teoria de Asquini[41]:

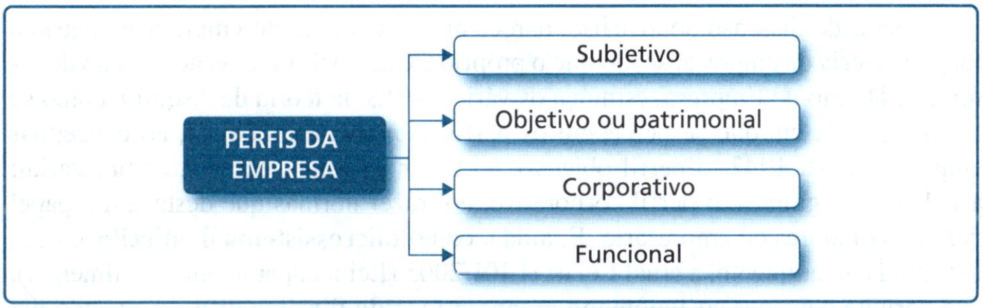

Marlon Tomazette — apesar de advertir que a teoria da empresa encontra-se superada, destacando exatamente a ausência de técnica em relação ao perfil corporativo (que somente se sustentou diante da ideologia fascista que influenciou o Código Italiano de 1942) — reconhece os méritos do fracionamento do fenômeno empresarial nos demais perfis, quais sejam "**a empresa, o empresário e o estabelecimento**"[42].

Fábio Ulhoa Coelho salienta que a teoria da empresa corresponde ao **marco último da evolução do direito comercial**, distante das noções incompletas de um direito exclusivo dos comerciantes ou mesmo das amarras da teoria dos atos de comércio. Assim, apesar de subsidiar uma ideologia política hoje ultrapassada, a teoria da empresa desvencilhou-se dela e sobreviveu à redemocratização da própria Itália, servindo de inspiração para as inovações legislativas de outros países, como a Espanha, em 1989, e o Brasil, em 2002[43].

Tecnicamente, defende-se que a empresa seja designação a indicar fato jurídico que se identifica com o aspecto funcional da atividade negocial, hábil a fomentar a produção e circulação dos bens e serviços tão comuns e tão necessários a todos nós. **Não seria recomendável**, portanto, utilizar-se o **vocábulo empresa como sinônimo de sujeito de direito**, pois, para tanto, há, no caso brasileiro, os conceitos de **empresário e sociedade empresária**; nem também **como objeto de direito**, pois há designativo específico a denominar o conjunto de bens que se fazem presentes na atividade empresarial e se integram no **conceito de estabelecimento**. Por sua vez, o próprio legislador, apesar de dar ênfase ao perfil funcional, que se extrai da ideia de atividade organizada para produção ou circulação de bens e serviços, a exemplo do que se lê no art. 966, do CC, **em outros livros, refere-se à empresa como sujeito de direito**,

---

[41] Como esclarecido por Ronaldo Sharp Junior, o trabalho do professor Asquini, *Perfis da empresa*, chegou até nós, primeiramente, pela tradução do professor Fábio Konder Comparato, publicada na *Revista de Direito Mercantil* n. 104. Sobre a referida teoria também se debruçou o professor Arnoldo Wald, por exemplo, quando elaborou parecer encomendado pelo Registro Civil das Pessoas Jurídicas da Cidade do Rio de Janeiro, trabalho disponível por meio do link: <www.rcpj-rj.com.br>, na aba "Informações" e subtítulo "Pareceres". Acesso em: 15 nov. 2014, às 14:00.

[42] TOMAZETTE, Marlon. *Curso de direito empresarial. Teoria geral e direito societário*, 5. ed., v. 1, p. 38.

[43] COELHO, Fábio Ulhoa. *Manual de direito comercial,* 14. ed., p. 8-11.

como, a título de ilustração, infere-se da leitura do art. 931, do CC, ao tratar de responsabilidade civil[44].

Apesar do dissenso doutrinário, parece presente no direito empresarial pátrio a força da teoria da empresa, sendo que o próprio CC, ao delimitar as normas do denominado Direito de Empresa, esmiúça os vários perfis da teoria de Asquini, como se lê no art. 966, em que se percebem os perfis subjetivo e funcional, ao conceituar empresário; art. 1.142, o perfil objetivo, ao tratar do estabelecimento empresarial; art. 1.169 e seguintes, o perfil corporativo, ao trazer normas que destacam o papel dos colaboradores do empresário. E, ainda, como **microssistema de direito**, e a reforçar tal entendimento, a atual Lei n. 11.101/2005 (Lei recuperacional e falimentar), que permite perceber no **fenômeno empresa foco de direitos difusos**, quando diz das normas-princípio que orientam o instituto da recuperação judicial. Fala-se expressamente dos interesses dos colaboradores subordinados (trabalhadores) e intuitivamente dos parceiros empresariais e consumidores, ainda que alocados no vocábulo credores, ressaltando o empreendimento como fonte produtora de emprego e renda, razão pela qual de grande relevância sua preservação[45].

Com a teoria da empresa, assim, houve uma **mudança até mesmo da nomenclatura do direito**, que, de direito comercial, passou a se chamar direito empresarial, expressão mais abrangente que abarca outros setores da atividade econômica além do comércio, mas igualmente importantes para a economia, como o setor de prestação de serviços. Esquematicamente, **os períodos marcantes do direito comercial** (empresarial) podem ser descritos de acordo com a tabela seguinte:

EVOLUÇÃO HISTÓRICA DO DIREITO COMERCIAL — PERÍODOS				
PERÍODO	■ Primitivo	■ Subjetivo	■ Objetivo	■ Subjetivo-Objetivo
TEMPO	■ Antiguidade	■ Idade Média	■ Idade Moderna	■ Idade Contemporânea
CARACTERÍSTICAS	■ COMÉRCIO ■ Pela troca; com a criação da moeda, vieram a compra e venda	■ COMÉRCIO ■ Escopos: *i)* garantir o oligopólio; *ii)* assegurar privilégios à burguesia ■ Sujeito do Direito Comercial: os matriculados nas corporações de ofício ■ Objeto: definido pela qualidade do sujeito	■ COMÉRCIO E ATIVIDADES AFINS ■ Escopo: proteger a relevante atividade comercial, sem favorecer uma classe ■ Sujeito: todo aquele que pratica com habitualidade e profissionalismo atos de comércio	■ COMÉRCIO E ATIVIDADES AFINS ■ Escopo: preservação da empresa ■ Empresa como sinônimo de atividade econômica organizada ■ Empresa — Perfil Subjetivo

[44] Nesse sentido, esclarece Alfredo de Assis Gonçalves Neto, que não há heresia em se utilizar o termo empresa como sinônimo de empresário ou sociedade empresária, porque, apesar da imprecisão terminológica, a própria Constituição Federal permitiria tal uso, pois em seu texto o legislador constituinte teria utilizado as expressões "empresa estatal, empresa pública, microempresa, empresa de pequeno porte, etc." (*Direito de empresa*, 4. ed., p. 74-75).

[45] Eis a íntegra do referido artigo: "Art. 47. A recuperação judicial tem por objetivo viabilizar a superação da situação de crise econômico-financeira do devedor, a fim de permitir a manutenção da fonte produtora, do emprego dos trabalhadores e dos interesses dos credores, promovendo, assim, a preservação da empresa, sua função social e o estímulo à atividade econômica" (LFRE). Disponível em: <http://www.planalto.gov.br/ccivil_03/leis/2005011101htm>. Acesso em: 20 abr. 2013, às 14:00.

CARACTERÍSTICAS		■ que o pratica	■ Objeto: definido pela natureza do objeto que é praticado	■ Empresa — Perfil Objetivo ■ Empresa — Perfil Corporativo ■ Empresa — Fato Jurídico
DOUTRINA	■ Pareceres dos Jurisconsultos	■ Estatuto das Corporações de Ofício	■ Teoria dos Atos de Comércio	■ Teoria da Empresa
LEGISLAÇÃO	■ Código Legal Instituído por Ur-Nammu (séculos XXII a XXI a.C.) ■ Código de Hamurabi (séculos XX e XIX a.C.) ■ *CorpusJurisCivilis* (século VI d.C.)	■ Estatutos das Corporações de Ofício	■ Código Comercial Francês (1807)	■ Código Civil Italiano (1942)

■ 1.3. AUTONOMIA DO DIREITO EMPRESARIAL

Embora o Código Civil de 2002 tenha disciplinado normas de direito empresarial (unificação formal), ainda sobrevive **a autonomia científica do direito empresarial**. E o argumento, invencível, **em favor da autonomia é a ética do empresário, o qual atua movido pelo individualismo e pela onerosidade presumidos** em suas relações empresariais. Ao contrário do direito civil moderno, pautado pela boa-fé objetiva, o direito empresarial disciplinado pelo Código Civil não ignora a ética empresarial, tanto que exclui certas atividades profissionais do conceito de empresa, além de proibir alguns agentes públicos de exercerem a mercancia.

Isso porque o Código Civil não admitiu que algumas pessoas e atividades fossem "contaminadas" pela ética empresarial. E um exemplo disso é a disciplina diferenciada da **insolvência civil, aplicável ao devedor não empresário**[46], quando comparada à legislação falimentar, esta aplicável ao devedor empresário. Sustentando a autonomia científica do direito empresarial, especialmente com apoio nos princípios marcantes desse ramo do direito, que não coincidem com os do direito civil, tem-se o **Enunciado 75 da I Jornada de Direito Civil do Conselho de Justiça Federal: "a disciplina de matéria mercantil no novo CC não afeta a autonomia do direito comercial"**.

Fábio Ulhoa Coelho, entre outros, rememora que a autonomia do direito empresarial, ainda que referido como direito comercial, deriva de sua inscrição como sub-ramo categoricamente enumerado como competência legislativa privativa da União (art. 22, inc. I).

[46] O Código Civil de 1973 regulou o processo de execução contra o devedor insolvente, cf. arts. 748 e 786-A. O CPC (Lei n. 13.105/2015), por sua vez, trouxe regra de transição a aproveitar o referido procedimento do diploma revogado até que sobrevenha lei específica, nos termos de seu art. 1.052: "Até a edição de lei específica, as execuções contra devedor insolvente, em curso ou que venham a ser propostas, permanecem reguladas pelo Livro II, Título IV, da Lei n. 5.869, de 11 de janeiro de 1973".

Em 2011, o Deputado Federal Vicente Cândido **apresentou proposta legislativa perante a Câmara Federal (PLC n. 1.572), para a criação de um novo Código Comercial**, o que, de certo modo, reafirmou o Direito Empresarial como sub-ramo do direito privado, que detém autonomia legislativa e científica, sendo louvável a referida proposta, porque, apesar da aludida autonomia, hoje, o "direito comercial brasileiro está abrangido por **legislação fragmentada, fruto de momentos históricos distintos**, o que dificulta sua compreensão e aplicação e afeta, por conseguinte, a segurança jurídica no âmbito empresarial"[47].

No segundo semestre de 2012, de se registrar também a iniciativa do Centro de Estudos Judiciários (CEJ) do **Conselho da Justiça Federal (CJF) que realizou a I Jornada de Estudos de Direito Comercial**[48], quando juristas de renome nacional e internacional reuniram-se em **quatro comissões temáticas** (I — crise da empresa, falência e recuperação; II — empresa e estabelecimento; III — direito societário; IV — obrigações empresariais, contratos e título de crédito) e predispuseram-se a analisar o direito empresarial descrito no Código Civil e também na legislação esparsa, sendo que, ao final dos estudos, **aprovaram-se 57 (cinquenta e sete) enunciados** a representar importante contribuição doutrinária, para a **interpretação e aplicação do direito empresarial, distinto do direito civil e do direito do consumidor**. Tal experiência proveitosa foi repetida em fevereiro de 2015, com a II Jornada de Direito Empresarial, com a aprovação de mais 24 (vinte e quatro enunciados) iniciativas do CEJ, portanto, que indiretamente ratificam a necessidade de um direito empresarial autônomo.

Em 2013, dessa vez no Senado Federal, por iniciativa do Senador Renan Calheiros, foi apresentada uma **segunda proposta para criação de um novo Código Comercial (o PLS 487/2013)**. Mais uma vez, a autonomia do direito empresarial parece recomendar a atualização normativa da atividade econômica organizada.

Portanto, a vasta legislação existente sobre o direito de empresa e as propostas de criação de um novo **Código Comercial revelam sua autonomia normativa**, sendo que a doutrina e a jurisprudência, quando da aplicação da legislação especializada, têm reafirmado a autonomia do direito empresarial.

■ 1.4. PRINCÍPIOS DO DIREITO EMPRESARIAL

Os princípios, sob a égide do pós-positivismo, têm um papel **basilar na ordem jurídica**. Nos primórdios, sob o pálio do jusnaturalismo, os princípios estavam fora do direito (situados em uma esfera metafísica), e traduziam-se em **conselhos ao legislador**, desprovidos de imperatividade, consubstanciando apenas os valores de uma nação (dimensão ético-valorativa do direito).

---

[47] Assim se pronunciou o Ministro do STJ João Otávio de Noronha ao apresentar a I Jornada de Direito Comercial de iniciativa do Centro de Estudos Judiciários (CEJ) do Conselho da Justiça Federal (CJF). Disponível no endereço eletrônico seguinte: <http://www.cjf.jus.br>.

[48] Seguiram-se, posteriormente, as Jornadas II e III, com enunciados aprovados, respectivamente, em fevereiro de 2015 e junho de 2019.

Já **sob o império do positivismo**, cujo foco era a segurança jurídica, os princípios possuíam funções subsidiárias, invocados tão somente quando existissem lacunas nas leis, de molde que não **eram providos, *per si*, de normatividade**, pois apenas a norma que admitia a aplicação dos princípios para colmatar as lacunas revestia-se dessa característica.

Superado o positivismo, com o surgimento do **pós-positivismo ou neopositivismo, os princípios foram elevados à condição de espécie do gênero norma**. Não apenas isso, os princípios passaram a ter total **hegemonia e preeminência**, denominados pela doutrina de mandamentos de otimização, é dizer, normas que ordenam que algo seja cumprido na maior medida possível, à luz das possibilidades fáticas e jurídicas existentes. **Apontam as direções** que as normas devem trilhar. **Iluminam a interpretação** da norma-regra e fazem aflorar sua inteligência, sua essência.

As normas-regra, por seu turno, aplicam-se de forma automática, pois possuem reduzido campo de indeterminação. Seguem a lógica do tudo ou nada. As normas-princípio, justamente por força de sua maior abstração, permitem que o **operador do direito molde-as no interesse da justiça**, conquanto, em contrapartida, isso possa resultar em insegurança jurídica. Mais adiante, quando estudarmos a parte geral dos contratos empresariais, voltaremos ao assunto que tem relação com a doutrina dos conceitos jurídicos indeterminados e com a técnica legislativa das cláusulas gerais. Por ora, é importante frisar que a **norma-princípio significa um padrão moral de acordo com uma escala de valores sociais bem definida**, isto é, norma-princípio é juízo de valor positivado. Vejamos alguns dos princípios no campo empresarial, que, como tais, são dotados de um papel fundamental no ordenamento que rege esse ramo do direito. Antes, mais uma observação se demonstra necessária. **Tanto o PLC 1.572/2011 quanto o PLS 487/2013 encartaram normas-princípio gerais e específicas**, isto é, normas-princípio na parte geral das propostas, bem como objetivos específicos a anteceder cada livro da parte especial do direito de empresa[49].

---

[49] No PLS: "Art. 5º. São princípios do direito comercial comuns a todas as suas divisões: I — Liberdade de iniciativa empresarial; II — Liberdade de competição; III — Função econômica e social da empresa; e IV — Ética e boa-fé. Art. 6º. Decorre do princípio da liberdade de iniciativa empresarial o reconhecimento: I — da imprescindibilidade, no sistema capitalista, da empresa privada para o atendimento das necessidades de cada um e de todos; II — do lucro obtido com a exploração regular e lícita de empresa como o principal fator de motivação da iniciativa privada; III — da importância, para toda a sociedade, da proteção jurídica assegurada ao investimento privado feito com vistas ao fornecimento de produtos e serviços, na criação, consolidação ou ampliação de mercados consumidores, na inovação e no desenvolvimento econômico do país; e IV — da empresa privada como importante polo gerador de postos de trabalho e tributos, bem como fomentadora de riqueza local, regional, nacional e global. Art. 7º. No âmbito deste Código, a liberdade de iniciativa empresarial e de competição é protegida mediante a coibição da concorrência desleal e de condutas parasitárias. Art. 8º. A empresa cumpre sua função econômica e social ao gerar empregos, tributos e riqueza, ao contribuir para o desenvolvimento econômico da comunidade em que atua, ao adotar práticas empresariais com observância de toda legislação aplicável à sua atividade, em especial aquela voltada à proteção do meio ambiente, dos direitos dos consumidores e da livre competição. Art. 9º. Pelo princípio da ética e boa-fé, o empresário deve buscar a realização de seus interesses na exploração da atividade empresarial cumprindo rigorosamente a lei e adotando constante postura proba, leal, conciliatória e colaborativa".

■ 1.4.1. Princípio da função social da empresa

Hodiernamente, muito se fala no fenômeno da **funcionalização do direito, que conduz inexoravelmente à constitucionalização** de seus diversos ramos e à superação da dicotomia público-privado. A função social do direito comercial permite sua constitucionalização, de molde que o **interesse público limita o exercício do interesse privado**, evitando o abuso do poder econômico ou a inércia do poder público.

A função social da empresa **não protege somente a pessoa jurídica contra atos ruinosos de seus sócios** (impondo-se como poder-dever uma condução dos objetivos sociais compatível com o interesse da coletividade), senão também **impondo ao poder público a preservação da atividade empresarial**, tão necessária ao desenvolvimento econômico. A função social da empresa busca assegurar ainda a utilização dos bens de produção segundo sua função social, de modo que deverá haver, sob pena de violação a esse princípio, **responsabilidade social na atividade empresarial**.

Vale dizer, por força da função social, ganha destaque o princípio constitucional da solidariedade no campo empresarial, de forma que não haverá obediência à função social quando a empresa negar efetividade ao princípio da solidariedade, quando sua atuação não for solidária. Mas forçoso convir que a empresa só atuará conforme o princípio da solidariedade quando gerar empregos, experimentar resultados positivos (o que possibilitará aos empreendedores o giro e capital, o circular da riqueza e desenvolvimento de novas tecnologias), **respeitar o meio ambiente e a integridade física e moral do trabalhador, bem assim assegurar uma existência digna às pessoas** (atuando em busca do bem-estar social), ainda que em detrimento de uma maior rentabilidade.

E esse princípio se impõe de tal forma que, na atualidade, não só o direito contratual como um todo se encontra pautado pela função social, mas também todos os institutos jurídicos do direito empresarial, os quais deverão ser interpretados de modo a preservar a referida função social.

Nesse passo, o Conselho de Justiça Federal manifestando-se, na I Jornada de Direito Civil, no **Enunciado 53**, realçou o princípio sob exame, ao preceituar: "**deve-se levar em consideração o princípio da função social na interpretação das normas relativas à empresa, a despeito da falta de referência expressa**".

Essa conclusão do Conselho de Justiça Federal harmoniza-se com a ideia de eficácia horizontal dos direitos fundamentais, segundo a qual **os direitos fundamentais também deverão ser observados nas relações privadas, ainda que empresariais**, quer de forma imediata, quer pelas portas do princípio da função social (mediata). Isso porque também nas relações empresariais há assimetria entre as partes envolvidas, o que, potencialmente, poderá revelar-se como **abuso do poder econômico**. Razão por que **cabe ao ordenamento jurídico impor desigualdade jurídica** (discriminando positivamente o vulnerável) **sempre que houver desigualdade econômica**.

Nesse diapasão, o Supremo Tribunal Federal não cansa de conclamar que **os direitos fundamentais possuem eficácia horizontal**, haja vista que não só perante o Estado há relações de desequilíbrio, senão também perante particulares. Confira-se, por todos, **o Informativo 405**:

> A Turma, concluindo julgamento, negou provimento a recurso extraordinário interposto contra acórdão do Tribunal de Justiça do Estado do Rio de Janeiro que mantivera decisão que reintegrara associado excluído do quadro da sociedade civil União Brasileira de Compositores — UBC, sob o entendimento de que fora violado o seu direito de defesa, em virtude de o mesmo não ter tido a oportunidade de refutar o ato que resultara na sua punição — v. Informativos 351, 370 e 385. Entendeu-se ser, na espécie, hipótese de aplicação direta dos direitos fundamentais às relações privadas. Ressaltou-se que, em razão de a UBC integrar a estrutura do ECAD — Escritório Central de Arrecadação e Distribuição, entidade de relevante papel no âmbito do sistema brasileiro de proteção aos direitos autorais, seria incontroverso que, no caso, ao restringir as possibilidades de defesa do recorrido, a recorrente assumira posição privilegiada para determinar, preponderantemente, a extensão do gozo e da fruição dos direitos autorais de seu associado. Concluiu-se que as penalidades impostas pela recorrente ao recorrido extrapolaram a liberdade do direito de associação e, em especial, o de defesa, sendo imperiosa a observância, em face das peculiaridades do caso, das garantias constitucionais do devido processo legal, do contraditório e da ampla defesa. Vencidos a Min. Ellen Gracie, relatora, e o Min. Carlos Velloso, que davam provimento ao recurso, por entender que a retirada de um sócio de entidade privada é solucionada a partir das regras do estatuto social e da legislação civil em vigor, sendo incabível a invocação do princípio constitucional da ampla defesa (RE 201.819/RJ, Rel. Min. Ellen Gracie, rel. p/ acórdão Min. Gilmar Mendes, 11/10/2005).

Se na sociedade civil, em que se desempenha atividade não econômica e de menor risco, deve ser respeitado o devido processo legal, com maior razão na sociedade empresarial. A **proteção da empresa, como atividade econômica organizada, destacada dos titulares que a exercem, impõe-se como exigência do princípio da função social do empreendimento**.

Não se trata apenas da proteção do empresário, nem exclusivamente da sociedade empresária, mas **proteção da comunidade e do Estado que se beneficiam** — no mínimo, indiretamente — com a produção de riquezas. Aliás, não apenas o empreendedor, o empresário, mas também os terceiros que mantenham relações negociais com a empresa, os quais detêm direitos e interesses que merecem igual proteção, portanto, **ampla proteção, característica da função social da empresa**[50].

A moderna teoria da empresa trouxe importante inovação, facilitando a eficácia do princípio em apreço, ao distinguir o sujeito de direito (empresário ou sociedade empresária) do fato (empresa). Assim, **é possível que a empresa continue a exercer sua função social ainda quando o sujeito não tenha mais condições de subsistir na condição de empresário**, seja pela morte, seja pela falência. Isso porque a empresa é atividade exercida pelo empresário, mas que também pode ser exercida por terceiros.

Por sua vez, a Constituição vigente, ao consagrar a função social da propriedade, englobou a empresa que se enquadra no conceito de propriedade no sentido abrangente do termo, traduzido em direito patrimonial, isto é, empresa como sinônimo de estabelecimento empresarial. Além do que, ainda que não se acolha esse sentido

[50] MAMEDE, Gladston. *Manual de direito empresarial*, p. 55.

amplo de propriedade, tem-se que o Código Civil, em seu art. 421, quando consagrou a função social do contrato, também alcançou o direito empresarial, pois uma empresa nasce por um contrato de sociedade[51]. E o princípio da função social tem por corolário o princípio da preservação da empresa, que será comentado no próximo item.

■ 1.4.2. Preservação da empresa

A conservação da empresa embasa-se na importância da **continuidade das atividades de produção de riquezas pela circulação de bens ou prestação de serviços** como um valor a ser protegido, e reconhece os efeitos negativos da extinção de uma atividade empresarial, que acarreta prejuízos **não só aos investidores, como a toda a sociedade**.

Não se pode esquecer a relevância da empresa para o desenvolvimento da sociedade. Quer no campo da geração de empregos, quer no campo do desenvolvimento tecnológico, ou ainda na área do desenvolvimento econômico do Estado, a empresa desempenha papel ímpar. Sobressaem-se os efeitos negativos da extinção das atividades empresariais que, mais do que prejudicar isoladamente o empresário ou a sociedade empresária, bem como seus parceiros negociais diretos (trabalhadores, fornecedores, clientes), **prejudica a sociedade em geral**[52].

O Código Civil tanto buscou proteger a atividade empresarial que permitiu **ao incapaz continuar a atividade em caso de sucessão hereditária**[53]. Na mesma linha, a Lei de Recuperação de Empresas e de Falências tem por escopo a preservação da empresa, sendo que eventuais conflitos, em se tratando de direito empresarial, poderão ser superados com a interpretação e a aplicação dessa metanorma.

Cabe, porém, ressaltar que a preservação da atividade empresarial não se confunde com a preservação da sociedade empresária. É que a teoria da empresa consagrou a distinção estanque entre empresa e empresário. E **é a atividade desenvolvida (empresa) que merece proteção especial do Estado em razão de todos os benefícios que produz**. Logo, há inequívoca primazia da empresa sobre o empresário, que poderá, inclusive, ser afastado se restarem provados malversação, fraude ou desvio patrimonial[54].

E o instituto da **recuperação tem por objetivo preservar justamente a empresa, não o empresário** isoladamente, ao contrário da falência, que é desfavorável tanto ao empresário quanto ao empreendimento, permitindo-se a continuidade da atividade empresarial com a substituição dos antigos dirigentes, por exemplo, quando houver a "alienação da empresa, com a venda de seus estabelecimentos em bloco" (art. 140, inc. I, da Lei n. 11.101/2005).

---

[51] A Função Social da Empresa como Princípio do Direito Civil Constitucional, Maiana Alves Pessoa. <http://www.oab-ba.com.br/novo/Images/upload/File/Artigos/maiana-alvez-pessoa-a-funcao-social-da-empresa.pdf>.

[52] MAMEDE, Gladston. *Manual de direito empresarial*, p. 57.

[53] MAMEDE, Gladston. *Manual de direito empresarial*, p. 57.

[54] OLIVEIRA, James Eduardo de. *Código de Defesa do Consumidor*, p. 22.

A **extinção da empresa deve ser vista como última *ratio***, mas esse princípio não pode ser invocado para acobertar torpezas. É dizer, atividades espúrias, ainda que relevantes economicamente ou para a cultura da sociedade, não são alcançadas pelo princípio sob exame[55]. Com efeito, o juiz, na apreciação do caso concreto, deverá contextualizar essa cláusula geral segundo as circunstâncias que a cercarem.

Preservar a empresa **significa resguardar os mercados** de fatores de produção e de consumo do local, da região, do estado e do país em que ela se encontra.

■ 1.4.3. Livre-iniciativa

Trata-se de um princípio fundamental previsto pela Constituição da República de 1988, no art. 1º, inc. IV, dotado de **eficácia positiva e negativa**, como toda norma constitucional.

Negativa porque todos os atos normativos estatais que repugnarem os princípios constitucionais submetem-se à censura dos tribunais, de molde que são considerados írritos, nulos e destituídos de qualquer validade.

Positiva porque **espraia sua força normativa por todo o ordenamento jurídico**, de tal maneira que todas as normas devem ser interpretadas à luz dos princípios constitucionais, fontes de inspiração do hermeneuta sob a égide da Constituição vigente, e qualquer delas que contrariar o núcleo essencial dos princípios fundamentais padecerá de inconstitucionalidade irremediável. A eficácia positiva é **também chamada de eficácia irradiante**.

Ademais, de se ver que mesmo as normas programáticas possuem eficácia positiva, o que impõe ao legislador o dever de cumprir os programas estipulados, com a **regulamentação das normas constitucionais**, pois a interpretação da norma programática não pode transformá-la em promessa constitucional inconsequente[56].

Tal princípio é considerado fundamento da ordem econômica, conferindo à **iniciativa privada o papel de protagonista na produção ou circulação de bens e serviços**. Não reduz seu alcance apenas às empresas, senão também às indústrias e aos contratos em geral.

Mas a livre-iniciativa, expressão da liberdade de exercício de qualquer atividade econômica, **tem limites**[57]. É que a história é testemunha dos **efeitos negativos de um liberalismo extremado**, esbarrando a livre-iniciativa nos limites da função social. O que ocorre é que o princípio da livre-iniciativa, inserido no *caput* do art. 170 da Constituição Federal, nada mais é do que uma **cláusula geral cujo conteúdo será preenchido** com a contextualização dos incisos do mesmo artigo. Esses princípios claramente definem a liberdade de iniciativa **não como uma liberdade anárquica, porém social**, e que pode, consequentemente, ser limitada[58].

---

55 MAMEDE, Gladston. *Manual de direito empresarial*, p. 58.

56 RE 271.286-AgR, Rel. Min. Celso de Mello, julgamento em 12/09/2000, *DJ* 24/11/2000. No mesmo sentido: RE 393.175-AgR, Rel. Min. Celso de Mello, julgamento em 12/12/2006, *DJ* 02/02/2007.

57 MAMEDE, Gladston. *Manual de direito empresarial*, p. 45.

58 AC 1.657-MC, voto do Min. Cezar Peluso, julgamento em 27/06/2007, *DJ* 31/08/2007.

Sobre o tema, rogamos vênia para transcrever *in verbis* trecho do voto do **Ministro Eros Grau do STF**, proferido no julgamento da ADI 1.950:

> É certo que a ordem econômica na Constituição de 1988 define opção por um sistema no qual joga um papel primordial a livre-iniciativa. Essa circunstância não legitima, no entanto, a assertiva de que o Estado só intervirá na economia em situações excepcionais. Mais do que simples instrumento de governo, a nossa Constituição enuncia diretrizes, programas e fins a serem realizados pelo Estado e pela sociedade. Postula um plano de ação global normativo para o Estado e para a sociedade, informado pelos preceitos veiculados pelos seus arts. 1º, 3º e 170. A livre-iniciativa é expressão de liberdade titulada não apenas pela empresa, mas também pelo trabalho. Por isso a Constituição, ao contemplá-la, cogita também da "iniciativa do Estado"; não a privilegia, portanto, como bem pertinente apenas à empresa. Se de um lado a Constituição assegura a livre-iniciativa, de outro determina ao Estado a adoção de todas as providências tendentes a garantir o efetivo exercício do direito à educação, à cultura e ao desporto [arts. 23, inc. V, 205, 208, 215 e 217, § 3º, da Constituição]. Na composição entre esses princípios e regras há de ser preservado o interesse da coletividade, interesse público primário[59].

Esclarecedora igualmente a lição da moderna **doutrina de Mamede**, que, pela precisão, passamos a transcrever *in litteris*:

> O Direito Empresarial constrói-se sobre a sombra da liberdade de ação econômica. O empresário e a sociedade empresária desenvolvem suas atividades protegidos constitucionalmente, desde que sejam lícitos os seus objetos sociais, de direito (aquele que foi inscrito em seus atos constitutivos) e de fato (aqueles que são efetivamente realizados no cotidiano da empresa). Essa proteção constitucional, afirmada sob a forma de fundamento do Estado Democrático de Direito (art. 1º, IV) e da ordem econômica nacional (art. 170, *caput*), traduz a regularidade da finalidade econômica da empresa, ou seja, do fim genérico de todas as empresas, que é a produção de sobrevalor, de lucro, e, mais do que isso, a constitucionalidade do investimento de capital, mesmo sem desempenho de trabalho, com o fito de remunerar-se a partir do lucro legítima e licitamente verificado no exercício da empresa, por meio da respectiva *distribuição de dividendos* (...).

A Lei n. 13.874/2019 (derivada da MP 881/2019 — MP da Declaração de Direitos da Liberdade Econômica) — cuidou de **ratificar a importância da livre-iniciativa** para o desenvolvimento da atividade empresarial e livre-iniciativa que deverá ser **protegida de eventuais embaraços** criados pela burocracia governamental (art. 1º, *caput*). Assim, para incrementar o empreendedorismo — sobretudo em relação aos pequenos negócios — o art. 2º, da referida lei, estabeleceu como sub-princípios: "*I — a* ***liberdade*** *como uma garantia no exercício de atividades econômicas; II — a* ***boa-fé do particular*** *perante o poder público; III — a* ***intervenção subsidiária e excepcional do Estado*** *sobre o exercício de atividades econômicas; e IV — o reconhecimento da* ***vulnerabilidade do particular*** *perante o Estado*".

[59] ADI 1.950, Rel. Min. Eros Grau, julgamento em 03/11/2005, *DJ* 02/06/2006.

Da leitura conjunta do rol de princípios contidos no art. 2º com os direitos declarados nos incisos do art. 3º, da mesma lei, infere-se a **postura estatal de incentivo e proatividade para que se estabeleçam no país novos negócios e empresas**, criando-se ambiente desburocratizado para o desenvolvimento das atividades correlatas:

> "Art. 3º São direitos de toda pessoa, natural ou jurídica, **essenciais para o desenvolvimento e o crescimento econômicos do País**, observado o disposto no parágrafo único do art. 170 da Constituição Federal:
>
> I — desenvolver atividade econômica de baixo risco, para a qual se valha exclusivamente de propriedade privada própria ou de terceiros consensuais, **sem a necessidade de quaisquer atos públicos de liberação da atividade econômica**;
>
> II — desenvolver atividade econômica **em qualquer horário ou dia da semana, inclusive feriados**, sem que para isso esteja sujeita a cobranças ou encargos adicionais, observadas:
>
> a) as **normas de proteção ao meio ambiente**, incluídas as de repressão à poluição sonora e à perturbação do sossego público;
>
> b) as **restrições advindas** de contrato, de regulamento condominial ou de outro negócio jurídico, bem como as decorrentes das normas de direito real, incluídas as de direito de vizinhança; e
>
> c) a **legislação trabalhista**;
>
> III — **definir livremente**, em mercados não regulados, o preço de produtos e de serviços como consequência de alterações da oferta e da demanda;
>
> IV — receber **tratamento isonômico de órgãos e de entidades** da administração pública quanto ao exercício de atos de liberação da atividade econômica, hipótese em que o ato de liberação estará vinculado aos mesmos critérios de interpretação adotados em decisões administrativas análogas anteriores, observado o disposto em regulamento;
>
> V — gozar de **presunção de boa-fé nos atos praticados** no exercício da atividade econômica, para os quais as dúvidas de interpretação do direito civil, empresarial, econômico e urbanístico serão resolvidas de forma a preservar a autonomia privada, exceto se houver expressa disposição legal em contrário;
>
> VI — **desenvolver, executar, operar ou comercializar novas modalidades de produtos e de serviços** quando as normas infralegais se tornarem desatualizadas por força de desenvolvimento tecnológico consolidado internacionalmente, nos termos estabelecidos em regulamento, que disciplinará os requisitos para aferição da situação concreta, os procedimentos, o momento e as condições dos efeitos;
>
> VII — (VETADO);
>
> VIII — ter a garantia de que os **negócios jurídicos empresariais paritários serão objeto de livre estipulação** das partes pactuantes, de forma a aplicar todas as regras de direito empresarial apenas de maneira subsidiária ao avençado, exceto normas de ordem pública;
>
> IX — ter a garantia de que, nas solicitações de atos públicos de liberação da atividade econômica que se sujeitam ao disposto nesta Lei, apresentados todos os elementos necessários à instrução do processo, o particular será cientificado expressa e imediatamente do **prazo máximo estipulado para a análise de seu pedido e de que, transcorrido o prazo fixado, o silêncio da autoridade competente importará aprovação tácita** para todos os efeitos, ressalvadas as hipóteses expressamente vedadas em lei;
>
> X — arquivar qualquer documento por meio de microfilme ou por meio digital, conforme técnica e requisitos estabelecidos em regulamento, hipótese em que se **equiparará**

a documento físico para todos os efeitos legais e para a comprovação de qualquer ato de direito público;

XI — **não ser exigida medida ou prestação compensatória ou mitigatória abusiva**, em sede de estudos de impacto ou outras liberações de atividade econômica no direito urbanístico, entendida como aquela que:

a) (VETADO);

b) requeira medida que já era planejada para execução antes da solicitação pelo particular, sem que a atividade econômica altere a demanda para execução da referida medida;

c) utilize-se do particular para realizar execuções que compensem impactos que existiriam independentemente do empreendimento ou da atividade econômica solicitada;

d) requeira a execução ou prestação de qualquer tipo para áreas ou situação além daquelas diretamente impactadas pela atividade econômica; ou

e) mostre-se sem razoabilidade ou desproporcional, inclusive utilizada como meio de coação ou intimidação; e

XII — **não ser exigida** pela administração pública direta ou indireta **certidão sem previsão expressa em lei**."[60]

Intrinsecamente ligado ao princípio da livre-iniciativa, tem-se o princípio da livre-concorrência. Ambos são complementares, mas, enquanto a **livre-iniciativa** aponta para a **liberdade política**, que lhe serve de fundamento, a **livre-concorrência** significa a possibilidade de os agentes econômicos poderem atuar sem embaraços juridicamente justificáveis, em determinado mercado.

■ 1.4.4. Livre-concorrência

O princípio da livre-concorrência, introduzido na ordem constitucional pela carta de 1988, preceitua que **todos podem livremente concorrer, com lealdade, no mercado, visando à produção, à circulação e ao consumo de bens e serviços**. Possui caráter instrumental, assegurando que a fixação dos preços das mercadorias e serviços não deve resultar de atos cogentes da autoridade administrativa, mas sim do livre jogo das forças na disputa de clientela, conforme o oscilar da economia de mercado.

A livre-concorrência opõe-se ao oligopólio, bem como ao monopólio, no exercício da atividade empresarial, infirmando, ainda, a ideia de concorrências desleais. **Ergue-se contra o abuso do poder econômico, contra a dominação do mercado, contra os cartéis**, derivados do capitalismo monopolista, o qual poderá provocar a elevação arbitrária dos preços e dos lucros.

Tal princípio visa a impedir que o poder econômico domine o mercado, que a avalanche capitalista, impulsionada pelo lucro, concentre o poder econômico de maneira antissocial e, pois, abusiva. Com efeito, esse princípio ultima por **exigir do**

[60] Para aprofundamento do viés de proteção incorporado pela proposta legislativa recomenda-se a leitura do inteiro teor da exposição de motivos da MPV 881/2019, disponível no site seguinte: <http://www.planalto.gov.br/ccivil_03/_Ato2019-2022/2019/Exm/Exm-MP-881-19.pdf>.

Estado uma atitude proativa no mercado para coibir excessos por meio de tratamento desigual aos desiguais, na medida em que se desigualam, porquanto um tratamento uniforme, por exemplo, a empresas de grande e de pequeno porte, ocasionará concorrência desleal.

Os direitos dos consumidores, dos trabalhadores, o meio ambiente, no entanto, não podem ser malferidos pela livre-concorrência. Os valores devem conviver de forma harmônica.

Assegurando a força normativa da Constituição a respeito do princípio sob análise, **sumulou o STF**:

> Enunciado **Sumular 646 do STF**: Ofende o princípio da livre-concorrência lei municipal que impede a instalação de estabelecimentos comerciais do mesmo ramo em determinada área.

1.4.5. A boa-fé objetiva

A boa-fé, como explicitado no PLS, impõe ao empresário e à sociedade empresária o dever de "buscar a realização de seus interesses na exploração da atividade empresarial **cumprindo rigorosamente a lei e adotando constante postura proba, leal, conciliatória e colaborativa**". Há, por assim dizer, legítima expectativa de que os empresários (em sentido amplo), entre si e em relação a seus consumidores, construam um padrão de conduta a permitir a conclusão dos objetivos dos negócios jurídicos que entabularem cotidianamente. **Deverá haver probidade e cooperação** na fase pré-contratual (da oferta), durante a execução do contrato, fase contratual propriamente dita, bem como na fase pós-contratual. Um consumidor satisfeito, potencialmente, incorporar-se-á à carteira de clientes de determinado fornecedor, se este tiver se portado de maneira cooperativa com o referido cliente. Como lembrado anteriormente, o direito privado se constitucionalizou, sendo que, conforme doutrina Nelson Rosenvald[61], o "**princípio da boa-fé atuará como modo de enquadramento constitucional do direito das obrigações**". Referido autor esclarece que há entrelaçamento entre o princípio da **boa-fé objetiva e o princípio da dignidade da pessoa humana**:

> (...) na medida em que a consideração pelos interesses que a parte contrária espera obter de uma dada relação contratual mais não é que o respeito à dignidade da pessoa humana em atuação no âmbito negocial. Os três grandes paradigmas do CC/2002 são eticidade, socialidade e operabilidade. A boa-fé é a maior demonstração de eticidade da obra conduzida por Miguel Reale. No CC/2002, o neologismo eticidade se relaciona de forma mais próxima com uma noção de moralidade, que pode ser conceituada como uma forma de comportamento suportável, aceitável em determinado tempo e lugar. Destarte, a boa-fé servirá como um parâmetro objetivo para orientar o julgador na eleição das condutas que guardam adequação com o acordado pelas partes, com correção objetiva entre meios e fins.

[61] ROSENVALD, Nelson. *Código Civil comentado,* 7. ed., p. 476.

Como se verá, oportunamente, no *capítulo 13*, a boa-fé objetiva é cláusula geral a orientar a interpretação e execução dos contratos empresariais, no sentido de que, como conceito jurídico aberto, poderá apresentar-se como vetor de consequências jurídicas diversas, no intuito de se **alcançar no caso concreto a solução que mais se aproxime da legítima expectativa das partes**, principalmente para favorecer o contratante eventualmente vulnerável, por exemplo, vulnerável economicamente. Assim, a boa-fé poderá projetar a **necessidade de revisão do contrato para que seja possível sua conservação**. Por sua vez, se, em perspectiva, a revisão se demonstrar contraproducente ou insuficiente para afastar a nulidade do próprio negócio jurídico, a boa-fé imporá a resolução do contrato.

A boa-fé objetiva, para além das obrigações principais do contrato, **impõe deveres laterais ou acessórios de conduta**. Nesse sentido, mais uma vez, a doutrina de Nelson Rosenvald[62]:

> O conteúdo da relação obrigacional é dado pela vontade e integrado pela boa-fé. Com isso, estamos afirmando que a prestação principal do negócio jurídico (dar, fazer e não fazer) é um dado decorrente da vontade. Os deveres principais constituem o núcleo dominante, a alma da relação obrigacional (...) outros deveres se impõem (...) deveres de conduta, também conhecidos como deveres anexos, deveres instrumentais, deveres laterais, deveres acessórios, deveres de proteção e deveres de tutela (...) destinando-se a resguardar o fiel processamento da relação obrigacional em que a prestação se integra. Eles incidem tanto sobre o devedor quanto sobre o credor, mediante resguardo dos direitos fundamentais de ambos, a partir de uma ordem de cooperação, proteção e informação, em via de facilitação do adimplemento, tutelando-se a dignidade do devedor e o crédito do titular ativo.

Se se contextualizar a **inexecução total ou parcial das obrigações** principais do contrato, tais fenômenos receberão, respectivamente, a denominação de **inadimplemento ou mora**. Por sua vez, ainda que o contratante **cumpra suas obrigações principais**, poderá fazê-lo (e assim percebe-se um agir, logo, um comportamento positivo) **descumprindo os deveres laterais ou acessórios**, entre os quais o de informar sobre os riscos de determinado negócio jurídico, inclusive porque a informação adequada poderá ser, a depender do contexto, decisiva para a conclusão do contrato. Em tais circunstâncias, ocorrerá a **denominada violação positiva do contrato**[63] e, apesar do adimplemento quanto ao núcleo da avença, eventuais perdas e danos rema-

[62] ROSENVALD, Nelson. *Código Civil comentado*, 7. ed., p. 477.

[63] Rogério Ferraz Donnini rememora que "a violação positiva do contrato surgiu na Alemanha, por intermédio de Staub, segundo narra António Manuel da Rocha e Menezes Cordeiro, da seguinte forma: '... o BGB regula, no § 280, a obrigação do devedor de indenizar o credor cuja obrigação impossibilite e no § 286, a de indenizar o credor pelos danos advenientes de mora sua. O que é dizer: o devedor responde pela não realização da prestação. Em compensação, o BGB nada manda quanto aos casos, na prática numerosos, em que o devedor viole a adstrição através de uma atuação positiva, isto é, fazendo o que devia omitir ou efetuando a conduta devida, mas em termos imperfeitos esqueceu as violações positivas do contrato'" (*Responsabilidade pós-contratual*, p. 86).

nescerão possíveis por violação do princípio da boa-fé objetiva. Ação e omissão conjugadas. Uma ação que oculta uma omissão. A ação, o comportamento positivo, lança-se ao cumprimento da obrigação principal. A omissão, comportamento negativo, diz respeito, por exemplo[64], ao defeito de informação. Os **opostos estão unidos no comportamento de um dos contratantes**, por assim dizer, um comportamento dúbio, andrógino[65].

Para humanizar a teoria, suponha-se, como exemplo, um contrato de prestação regular de serviços educacionais em determinada instituição de ensino superior. A obrigação principal do contrato da instituição de ensino será providenciar os meios materiais e humanos para que as aulas sejam ministradas, de acordo com a grade curricular, o plano de ensino e a carga horária do curso que o universitário tenha

---

[64] Trata-se de caso concreto julgado pelo TJES, Classe: Apelação Cível, 24100273697, Relator: JOSÉ PAULO CALMON NOGUEIRA DA GAMA — Relator Substituto: VÂNIA MASSAD CAMPOS, Órgão julgador: SEGUNDA CÂMARA CÍVEL, Data de Julgamento: 11/10/2011, Data da Publicação no Diário: 24/10/2011, ementado da seguinte maneira: DIREITO CIVIL. APELAÇÃO CÍVEL. AÇÃO DE COBRANÇA. MENSALIDADE. CURSO NÃO RECONHECIDO PELO MINISTÉRIO DA EDUCAÇÃO. VIOLAÇÃO POSITIVA DO CONTRATO. DEVERES ANEXOS. INADIMPLEMENTO. IMPOSSIBILIDADE DE COBRANÇA PELAS AULAS NÃO CURSADAS. RECURSO IMPROVIDO. 1) Antes de celebrar o contrato de prestação de serviços educacionais, é dever da instituição de ensino informar aos alunos as reais condições do curso oferecido, principalmente o fato de que o curso não possui registro junto ao MEC, circunstância que pode tornar absolutamente inútil o serviço prestado. 2) Olvidando-se a faculdade do seu dever de se comportar com a mais estrita lealdade, de agir com probidade, de informar o outro contratante sobre todo o conteúdo do negócio, há de se reconhecer a violação positiva do contrato, hipótese de inadimplemento apto a imputar responsabilidade contratual objetiva àquele que viola um desses direitos anexos, nos termos do enunciado número 24 do Conselho Superior da Justiça Federal, aprovado na I Jornada de Direito Civil. 3) Reconhecido o inadimplemento contratual (violação positiva do contrato), o abandono do curso por parte do aluno não poderá ensejar a cobrança das mensalidades referentes a um período que sequer esteve presente em sala de aula. Precedentes do STJ. 4) Recurso improvido. ACORDA a Egrégia Segunda Câmara Cível, em conformidade da ata e notas taquigráficas da sessão, que integram este julgado, à unanimidade de votos, negar provimento ao recurso. Vitória, 11 de outubro de 2011.

[65] Ser mitológico referido por Platão em sua obra *O banquete*. Este ser em si compunha-se dos dois gêneros, opostos, portanto, homem e mulher ao mesmo tempo. Eis um trecho da referida obra: "Em primeiro lugar, três eram os gêneros da humanidade, não dois como agora, o masculino e o feminino, mas também havia a mais um terceiro, comum a estes dois, do qual resta agora um nome, desaparecida a coisa; andrógino era então um gênero distinto, tanto na forma como no nome comum aos dois, ao masculino e ao feminino, enquanto agora nada mais é que um nome posto em desonra. Depois, inteiriça era a forma de cada homem, com o dorso redondo, os flancos em círculo; quatro mãos ele tinha, e as pernas o mesmo tanto das mãos, dois rostos sobre um pescoço torneado, semelhantes em tudo; mas a cabeça sobre os dois rostos opostos um ao outro era uma só, e quatro orelhas, dois sexos, e tudo o mais como desses exemplos se poderia supor". Disponível em: <http://www.educ.fc.ul.pt/docentes/opombo/hfe/protagoras2/links/O_banquete.pdf>. Acesso em: 04 abr. 2013, às 14:00. De modo semelhante, opostos também serão o adimplemento quanto à obrigação principal (comportamento positivo) e descumprimento de dever lateral (comportamento negativo consistente em omissão, deixar de fazer o necessário esclarecimento, de prestar a informação devida).

escolhido. A obrigação principal do universitário corresponderá ao pagamento da mensalidade. Ao final do semestre letivo, porém, pressuponha-se que, para surpresa do universitário, não lhe seja possível renovar a matrícula, em razão de descredenciamento da instituição de ensino pelo Ministério da Educação e Cultura — MEC, como sanção pelo desempenho deficitário dos alunos anteriores no exame nacional de cursos. Em tal hipótese, **contextualizado o adimplemento do contrato pela IES quanto à sua obrigação principal**, porém, também igualmente contextualizado o defeito de informação, isto é, a IES ultimou por **omitir a ameaça de descredenciamento junto ao MEC**, o que impediu aos estudantes prejudicados avaliarem os riscos do contrato quanto à interrupção do curso. Em outras palavras, a legítima expectativa dos estudantes englobou, no momento da assinatura do contrato, não só o cursar do primeiro semestre, mas também a possibilidade de concluir o curso na referida IES. Se, antes da assinatura do contrato, os estudantes tivessem sido informados sobre a possibilidade de interrupção do curso em virtude de potencial descredenciamento da IES, provavelmente, não se predisporiam a efetuar suas matrículas. **O agir da IES (comportamento positivo) coligado com um não agir (comportamento negativo) revelou-se como exemplo da denominada violação positiva do contrato**.

O exemplo anterior pretendeu explicar a violação positiva do contrato por frustração da legítima expectativa dos universitários (**legítima expectativa como uma das expressões da boa-fé objetiva**) em que perceptível uma relação de consumo. Por sua vez, mesmo em um contrato que venha a envolver pessoas jurídicas, sociedades empresárias, por hipótese, demonstra-se também possível a cogitação de circunstâncias que venham a configurar a violação positiva do contrato.

Em um segundo exemplo[66], imagine-se também uma IES que, para alcançar agilidade na entrada e saída do corpo de alunos de seu estabelecimento, contrate uma empresa de informática para a implementação de um sistema biométrico de identificação. No contrato, por hipótese, não se minudenciou o tempo necessário para efetuarem-se a identificação e a liberação da catraca eletrônica, constatando-se, após a implantação do sistema, em média, um tempo de espera de 1 minuto para cada acesso dos alunos, o que ocasionou transtornos, filas e frustração de expectativa da

---

66 Trata-se de caso concreto julgado pelo TJDFT, Acórdão n. 510.405, 20040110465015APC, Relator: FLAVIO ROSTIROLA, Revisor: LÉCIO RESENDE, 1ª Turma Cível, Data de Julgamento: 01/06/2011, Publicado no *DJE* 08/06/2011, p. 70, cuja ementa segue: "PROCESSUAL CIVIL. CIVIL. PRETENSÃO INDENIZATÓRIA. RESCISÃO DO CONTRATO. MÁ PRESTAÇÃO DOS SERVIÇOS DE INFORMÁTICA. BOA-FÉ OBJETIVA DA RELAÇÃO NEGOCIAL. PESSOA JURÍDICA. INDENIZAÇÃO POR DANOS MORAIS. AUSÊNCIA. 1. Em uma relação jurídica, os contratantes devem pautar-se em certo padrão ético de confiança e lealdade, em atenção ao princípio da boa-fé, que orienta as atuais relações negociais pela probidade, moralidade e honradez. 2. Comprovada a violação positiva do contrato, com patente desrespeito ao seu conteúdo ético, a rescisão do acordo é medida que se impõe. 3. Consoante restou sedimentado no Enunciado n. 227 do colendo Superior Tribunal de Justiça, a pessoa jurídica pode sofrer dano moral. Todavia, a configuração desse depende de que a imagem daquela sofra algum abalo no meio em que desempenha as suas atividades ou, em outras palavras, que o seu 'bom nome' seja negativamente afetado — honra objetiva — o que não foi demonstrado na hipótese em análise. 4. Apelações não providas. Sentença mantida".

IES contratante, pois, pelo sistema anterior, pressupunha-se, o tempo de espera não chegava a ultrapassar 10 segundos. Em tais circunstâncias, depois de inclusive ajuizada ação cível em que a IES pleiteou perdas e danos, a defesa da empresa de informática baseou-se no fato de que o sistema biométrico foi devidamente implantado, sendo que no contrato correlato não se estipulou tempo inferior a 1 minuto para a identificação dos alunos.

De se observar que, no caso hipotético ora analisado, é possível supor que, se a IES tivesse sido informada a respeito de um tempo de espera superior àquele que sabia haver para a identificação por meio de cartões de acesso, não teria contratado o serviço de identificação biométrica. Mais uma vez, percebe-se um comportamento positivo associado a um comportamento negativo. O comportamento positivo relacionado à obrigação principal do contrato. O comportamento omissivo relacionado ao dever lateral de informação suficiente, sendo que, no caso, a informação deficitária, apenas revelada durante a execução do contrato, frustrou a legítima expectativa da IES, que, objetivamente, buscou modernizar o acesso a seu estabelecimento, pelo sistema biométrico, pretensamente mais ágil e seguro do que a sistemática anterior. Portanto, apesar do adimplemento do contrato quanto à obrigação principal — implantação efetiva do sistema biométrico —, houve reversão de expectativa quanto ao tempo de espera e omissão a respeito da empresa de informática, restando, por isso, malferido o princípio da boa-fé objetiva e, em consequência, possível a condenação da empresa de informática em perdas e danos.

Esquematizando os princípios do direito empresarial:

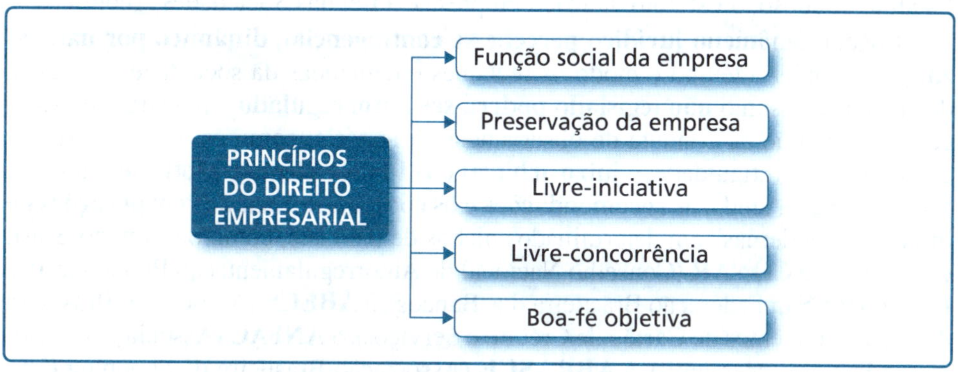

▪ 1.5. FONTES DO DIREITO EMPRESARIAL

O significado de fonte, em sentido comum, guarda correspondência com a água proveniente de alguma nascente. Percebe-se, então, que a fonte produz a água, recurso natural essencial à vida material, correspondente a bem de uso comum, cuja prevenção de escassez se demonstra imprescindível para a manutenção da qualidade de vida das pessoas. **A fonte (em sentido estrito) pode ser considerada um dos canais** terrestres para a captação de água, mais especificamente do subsolo. Existem outros canais de captação da água, de acordo com o que os especialistas denominam ciclo hidrológico, sistema estabelecido com a troca contínua de água da hidrosfera (água dos mares, rios, lagos etc.) entre a atmosfera (entre os gases da atmosfera, a água que evapora e se condensa nas nuvens), a água da superfície do solo e, ainda, a água proveniente das plantas.

O fenômeno físico denominado ciclo hidrológico, portanto, pode ser considerado um sistema em que é perceptível a atividade de **produção da água por várias de suas fontes (em sentido amplo)**.

O fenômeno jurídico, comparativamente, também pode ser entendido como sistema em que há, por meio das atividades legislativa, jurisdicional e científica, a produção regular das normas jurídicas do direito, em geral, e do direito comercial (empresarial), em particular. Tais fontes jurídicas são consideradas fontes formais do direito, pois se constituem de acordo com o procedimento, a forma preestabelecida pelo direito positivo. A par das fontes formais, a doutrina faz referência às fontes materiais do direito, correspondentes aos fatos sociais relevantes de ordem política, religiosa, de segurança pública, econômica, climática, entre vários outros aspectos que corporificam as demandas da sociedade como um todo.

Pode-se dizer que, no interesse da **coletividade, plural quanto ao objeto**, porque abstratamente se demonstra indivisível, concretamente há a natural discriminação positiva do direito, para atender demandas específicas. As necessidades de uma criança, por exemplo, não são as mesmas das de um idoso. A **atividade econômica desenvolvida por um microempreendedor em uma feira popular não tem, por óbvio, isoladamente, a mesma repercussão que a atividade econômica desenvolvida por uma multinacional**, como a Companhia Vale do Rio Doce. Por isso, há diplomas legais específicos para o atendimento de demandas pontuais, o ECA e o Estatuto do Idoso, o Estatuto da Microempresa e a Lei das Sociedades Anônimas.

Logo, o **fenômeno jurídico percebe-se contingencial, dinâmico por natureza**, para atender a tempo e modo os reclames e demandas da sociedade. Às vezes, determinado assunto **não legislado poderá ser autorregulado** e passará a prevalecer como padrão de conduta de observância obrigatória, como os usos e costumes comerciais da Antiguidade; o **juízo arbitral das Idades Média e Moderna**, também possível hoje, e, ainda, as **recomendações e os códigos de ética de "corporações de ofício** pós-modernas" em determinados nichos de mercado, como ocorreu no Brasil em relação ao **CONAR** (Conselho Nacional de Autorregulamentação Publicitária), à **FEBRABAN** (a Federação Brasileira dos Bancos), à **ABECS** (Associação Brasileira de Estabelecimentos de Cartão de Crédito e Serviços), à **ANFAC** (Associação Nacional de Fomento Mercantil), à **ABRASCE** (Associação Brasileira de Shopping Centers) e à **ANBIMA** (Associação Brasileira das Entidades dos Mercados Financeiro e de Capitais), entre outras associações.

A instantaneidade e a recorrência das relações privadas empresariais fazem do **Direito Empresarial um "Direito rebelde a tudo, (...) Direito realista, que elabora as próprias normas e impulsiona a sociedade"**, nas palavras do Ministro Sidnei Beneti[67], do STJ, que, com lucidez, defendeu, inclusive, a dificuldade de codificação do direito empresarial:

---

67 Palestra intitulada "O Direito Comercial na Jurisprudência do STJ", painel I, da I Jornada de Estudos de Direito Empresarial do Conselho da Justiça Federal, por meio de seu Centro de Estudos Ju-

> Na verdade, temos uma pujança do Direito Comercial nas leis comerciais extravagantes, felizmente, incodificáveis, embora não faltará, provavelmente, no futuro, alguém que venha fazer uma tentativa de inserir isso no Código, essa ideia antiga, já superada pelo progresso da civilização jurídica, de segurar algumas coisas numa realidade escrita, quando esta se muda em fração de segundos, em função da atividade cibernética da atualidade. As leis comerciais são incodificáveis, e muitas delas surgem agora, em período posterior à criação do Superior Tribunal de Justiça, de forma que, para os ombros desse órgão, resta a aplicação da consequencialidade dessas leis em conjunto com as normas do Código Civil e com outras normas que são novas para a interpretação do âmago do Direito Comercial, que é a relação contratual.

Apesar dos regimes jurídicos paralelos em matéria empresarial, decorrência da especialidade de determinados nichos de mercado, sigo otimista quanto à possibilidade de codificação ou de microssistematização, para que haja a atualização da legislação empresarial como um todo. Quanto às fontes do direito empresarial, de se destacar a própria Constituição Federal, que, a partir do seu art. 5º, ao referir-se às empresas, trouxe normas protetivas quanto ao nome do empreendimento (art. 5º, inc. XXIX) e à possibilidade de gestão compartilhada com os colaboradores (art. 5º, inc. XI), por exemplo, identificando-se outras cinquenta e sete incidências da palavra empresa em seu texto, a denotar que a atividade econômica organizada, garantida pelo art. 170, *caput*, da Constituição Federal, ao referir-se à livre-iniciativa e à livre-concorrência (art. 170, inc. IV), corresponde a interesse difuso, porque imprescindível para o desenvolvimento econômico e social do País.

Além dos princípios e normas explicitados no texto da Constituição Federal, há a legislação infraconstitucional codificada (**Código Comercial e o Código Civil**), bem como a legislação extravagante (**Lei das Sociedades Anônimas, Estatuto da Microempresa, "Lei" das Letras de Câmbio e Notas Promissórias, Lei do Cheque, Lei das Duplicatas, Lei do Contrato de Concessão Mercantil para Veículos Automotores, Lei de Locações, Lei de Falências e Recuperação**), mencionada parcialmente e nessa ordem, propositalmente, para que seja possível ao intérprete visualizar o **direito empresarial estruturado numa parte geral e em partes especiais** (**societário, títulos de crédito, contratos mercantis, falimentar e de recuperação**). A complementar, o direito legislado, de se destacar que também compõem **fontes do direito empresarial**: "tratados e convenções[68]; princípios positivados na lei (como o da preservação da empresa, art. 47, da Lei n. 11.101/2005), as regras prescritas pelos decretos, instruções e regulamentos editados pelas autoridades competentes (como as

---

diciários. Disponível no seguinte sítio eletrônico: <http://www.cjf.jus.br/cjf/CEJ-Coedi/jornadascej/LIVRETO%20%20I%20JORNADA%20DE%20DIREITO%20COMERCIAL.pdf>. Acesso em: 03 abr. 2014, às 14:00.

[68] Recentemente, promulgou-se por meio do Decreto n. 9.039/2017 a "Convenção sobre a Obtenção de Provas no Estrangeiro em Matéria Civil e Comercial", diploma legal importante na perspectiva de que alguns conglomerados empresariais têm atuação transnacional, sendo, por isso, salutar que haja colaboração jurisdicional entre o país da sede de determinada sociedade empresária, por exemplo, e os países em que tal sociedade tenha constituído filiais ou subsidiárias.

resoluções do Conselho Monetário Nacional e as Circulares do Banco Central); as de autorregulação (como o Código de Ética do Conselho Nacional de Autorregulamentação Publicitária) e, ainda, as normas consuetudinárias". **Tal rol** percebe-se coerente com o conjunto de princípios e normas invocáveis para a regulação e a resolução de eventuais conflitos empresariais, destacando-se que **aqui foi reproduzido, na ordem acima, tendo em vista o teor do art. 4º, do PLS 487/2013** (proposta legislativa para a criação de um novo Código Comercial em trâmite no Senado Federal).

■ 1.6. ESQUEMA

INTRODUÇÃO AO DIREITO EMPRESARIAL	
CONCEITO	■ O Direito Empresarial compõe-se sub-ramo do direito privado, constituído de princípios e normas que disciplinam a empresa, entendida como atividade econômica organizada, interesse difuso protegido pela Constituição Federal (art. 170).
FASES	■ SUBJETIVA — Idade Média — Das Corporações de Ofício. ■ OBJETIVA — Idade Moderna — Da Teoria dos Atos de Comércio. ■ SUBJETIVA-OBJETIVA — Da Teoria da Empresa.
AUTONOMIA	■ A Autonomia do Direito Empresarial impõe-se normativamente, tendo em vista tratar-se de uma das competências privativas da União, conforme se lê no art. 21, inc. I, da CF. Há autonomia científica igualmente, diante de uma doutrina especializada em se tratando de direito empresarial, bem como do estudo da disciplina direito comercial ou direito empresarial, como disciplinas destacadas nas grades curriculares dos nossos cursos de Direito.
CARACTERÍSTICAS	■ Cosmopolita, fragmentado, presumivelmente oneroso, informal e célere[69].
PRINCÍPIOS	■ Função social da empresa; ■ Preservação da empresa; ■ Livre-iniciativa; ■ Livre-concorrência; e ■ Boa-fé objetiva.
FONTES[70]	■ Princípios e regras da Constituição Federal aplicáveis; ■ O Código Comercial, o Código Civil, bem como tratados e convenções sobre matéria empresarial; ■ Normas-princípio expressamente enunciadas, como a função social do contrato e a preservação da empresa; ■ As regras prescritas pelos decretos, instruções e regulamentos editados pelas autoridades competentes; ■ As normas provenientes de autorregulação e as consuetudinárias.
REFERÊNCIAS LEGISLATIVAS[71]	■ CÓDIGO COMERCIAL ■ CC ■ LEI DE FALÊNCIAS ■ PLC 1.572/2011 e PLS 487/2013 (Propostas para um novo Código Comercial).

[69] Didaticamente enumeradas por Ronald Sharp Jr., *Aulas de direito comercial e de empresa*, p. 2-3.

[70] As fontes assim elencadas, com primazia do direito legislado, sem prejuízo das normas infralegais, bem como da autorregulação e das normas consuetudinárias. De se destacar, ainda, a importante atualização das normas jurídicas por meio da atividade jurisdicional e, igualmente, das contribuições da doutrina (atividade científica).

[71] Destacaram-se o Código Comercial, por sua longevidade, o CC, por tratar hoje da parte geral de direito empresarial, bem como do direito societário das sociedades contratuais, e a Lei de Falências

1.7. QUESTÕES SUBJETIVAS

1.7.1. Questão-homenagem

(ESAF — 2001 — SEFAZ-PI — adaptada) Julgue falso ou verdadeiro e justifique. Ato de comércio é:

a) ( ) aquele que o legislador considera mercantil;
b) ( ) o que define a atividade mercantil;
c) ( ) o praticado por mercador esporadicamente;
d) ( ) o que é típico de empresa individual;
e) ( ) ato de intermediação em geral.

Resposta: a) (V). De acordo com a teoria dos atos de comércio, incorporada pelo direito brasileiro, nos termos do Regulamento 737/1850, os atos de comércio corresponderiam aos descritos naquele regulamento como tais. Assim, não só atos próprios dos comerciantes, mas também outras atividades naquele diploma legal relacionadas, como "as questões entre particulares sobre títulos de dívida pública" (art. 20, § 1º, do Regulamento 737/1850).

b) (F) e e) (F). A atividade mercantil corresponde aos atos de intermediação em geral, de certo modo confundindo-se com a atividade comercial. O ato de comércio lança-se a outras atividades, para além do comércio, relacionando-se aos negócios bancários, por exemplo.

c) (F). O ato praticado esporadicamente não se reveste da habitualidade própria da atividade mercantil, caracterizando-se como ato civil.

d) (F). Restringir o ato de comércio a ato típico de empresa individual não se demonstra razoável porque o ato de comércio relaciona-se, genericamente, à atividade econômica organizada para produção de bens e serviço. A teoria dos atos de comércio foi incorporada pelo Código Comercial de 1807, diploma legal revogado somente em 2000, pelo novo Código Comercial Francês, que explicitou quais atos seriam considerados mercantis, bem como as atividades paralelas hábeis a atrair o regime jurídico comercial: "A lei considera atos comerciais: 1º Qualquer compra de bens pessoais para revenda, em espécie ou depois de ter trabalhado e implementado; 2º Qualquer compra de imóveis para revenda, a não ser que o comprador agiu de construir um ou mais edifícios e vender a granel ou instalações; 3º Todas as operações de intermediação para a compra, subscrição ou venda de imóveis, ativos de negócios, ações ou participações em sociedades imobiliárias; 4º Qualquer aluguel de móveis da empresa; 5º Qualquer negócio de fabricação, comissão, transporte por terra ou por água; 6º Quaisquer fontes do negócio, escritórios comerciais, leilões residenciais, apresentações públicas; 7º Qualquer câmbio, bancos, corretoras, de atividade e de gerenciamento de IPO de moeda eletrônica e pagamento de qualquer serviço; 8º Todas as operações dos bancos públicos; 9º Todas as obrigações entre os comerciantes, mercadores e banqueiros; 10º De todos personagens das letras de câmbio (...) A lei equipara aos atos comerciais: 1º Qualquer empresa de construção, e todas as compras, vendas e revendas de edifícios para navegação interior e exterior; 2º Todas as expedições marítimas; 3º Qualquer compra e venda de equipamento, artes e abastecimento; 4º Quaisquer fretados ou *charter*, empréstimos contraídos ou concedidos a grandes; 5º Todos os seguros e outros contratos relativos ao comércio marítimo; 6º Todos os acordos e convenções para salários e contratação de tripulações; 7º Todos os compromissos marítimos ao serviço edifícios comerciais"[72].

1.7.2. Questão-desafio

CONTRATO DE INTERMEDIAÇÃO. CONCESSÃO COMERCIAL. RAÇÃO PARA ANIMAIS. CONTRATO ATÍPICO. RESOLUÇÃO CUMULADA COM INDENIZAÇÃO POR PERDAS E DANOS. VIOLAÇÃO POSITIVA DO CONTRATO. CONFIGURAÇÃO. Preliminar. Nulidade. Julgamento *ultra petita*. Ino-

---

e Recuperação, como microssistema de direito hábil a debelar a crise financeira dos empreendimentos. Porém, deve-se destacar que a legislação esparsa continuará como característica marcante do direito empresarial, diante das várias expressões da atividade econômica organizada.

72 Tradução livre da Lei Francesa n. 100, de 28 de janeiro de 2013, que atualizou o Código Comercial vigente naquela nação amiga. Disponível em: <http://www.legifrance.gouv.fr/affichCode.do;jsessionid=095891741EA3F47EE59859F2A6971C58.tpdjo01v_1?idSectionTA=LEGISCTA000006133171&cidTexte=LEGITEXT000005634379&dateTexte=20140404>. Acesso em: 02 abr. 2014, às 14:00.

corrência. A despeito de ser inaplicável por analogia a Lei n. 6.729/79, o fundamento jurídico apontado pela parte não vincula o julgador, conforme o princípio da substanciação. Mérito. Condutas abusivas da fornecedora. Configuração. Inadimplemento. Violação positiva do contrato. A obrigação constitui vínculo de cooperação complexo composto por deveres e direitos a ambas as partes, da qual emanam deveres fiduciários que conformam a qualidade da prestação ao interesse do credor. Quantificação. Indenização devida em decorrente da violação positiva do contrato. Limitação do termo final do lucro líquido devido. Perdas e danos a serem apuradas em liquidação. Recurso parcialmente provido (TJSP, Apelação 9049922-42.2009.8.26.0000, 32ª Câmara de Direito Privado, Rel. Des. Hamid Bdine, Julgado em 30/01/2014).

Tendo em vista os princípios reitores do direito empresarial, conceitue a locução sublinhada.

■ 1.8. QUESTÕES OBJETIVAS

1. (OAB/MT — 2003 — adaptada) Pelo novo Código Civil, NÃO será considerada empresarial a atividade de:

a) Produção rural.
b) Siderurgia.
c) Construtoras.
d) Incorporadoras de imóveis.

2. (OAB/SC — 04.2003) Analise as afirmativas abaixo. O advento do Código Civil/2002:

I. Determina a revogação de todo o Código Comercial.
II. Determina a revogação da primeira parte do Código Comercial (comércio em geral), permanecendo em vigor a segunda parte (comércio marítimo).
III. Mantém integralmente em vigor o Código Comercial, regendo este as relações mercantis e, aquele, as relações civis.
IV. Não revoga a legislação falimentar (Dec.-lei n. 7.661/1945).

Assinale a alternativa CORRETA:

a) Somente as afirmativas I e IV estão corretas.
b) Somente as afirmativas II e IV estão corretas.
c) Somente a afirmativa II está correta.
d) Somente as afirmativas III e IV estão corretas.

3. (CESPE — TJDFT — Analista Judiciário — 2003) De acordo com a "teoria da empresa" adotada pelo Código Civil é correto afirmar:

a) A exploração profissional, individual, direta, habitual e com fins lucrativos de uma atividade econômica será, necessariamente, uma atividade empresarial.
b) O profissional liberal que exerça atividade intelectual de natureza científica e cuja atividade constitui elemento de empresa será considerado empresário.
c) O exercente de atividade rural organizada, com mão de obra assalariada, será considerado empresário rural independentemente de registro.
d) As cooperativas, desde que explorem atividade econômica organizada para produção ou circulação de bens ou serviços, submeter-se-ão ao regime jurídico-empresarial.

4. (TJSC — 2009 — Magistratura Estadual) No que respeita ao empresário e ao estabelecimento comercial, é correto afirmar:

I. Não se considera empresário comercial quem exerce profissão intelectual, de natureza científica, literária ou artística, ainda que com o concurso de auxiliares ou colaboradores, mesmo quando o exercício da profissão constituir elemento da empresa.
II. O aspecto econômico da atividade comercial tem três acepções distintas: o intuito lucrativo, a assunção de riscos econômicos e a consecução de um fim.
III. Um artista que exerce uma profissão intelectual e que tenha sob suas ordens três funcionários é qualificado como empresário comercial, segundo a dicção do Código Civil.
IV. As perspectivas de lucro não constituem elemento a ser considerado na avaliação do estabelecimento comercial.
V. O trespasse ou transpasse do estabelecimento comercial é admitido no Direito brasileiro.

a) Somente as proposições I e II estão corretas.
b) Somente as proposições I e IV estão corretas.

c) Somente as proposições I e V estão corretas.
d) Somente as proposições II e V estão corretas.
e) Somente as proposições II, III e IV estão corretas.

5. (CONSULPLAN — 2009 — Prefeitura de Guarapari/ES) Partindo da noção econômica de empresa, o direito toma a figura considerando-a:

a) conjunto dos fatores da produção;
b) atividade de pessoa ou grupos de pessoas;
c) equivalente à sociedade mercantil;
d) conjugação de pessoas e bens para obtenção de lucros;
e) atividade econômica organizada.

6. (CESPE — MPE/AC — Promotor — 2014) Considerando a evolução histórica do direito empresarial, assinale a opção correta

a) A teoria dos atos de comércio foi adotada, inicialmente, nas feiras medievais da Europa pelas corporações de comerciantes que então se formaram.
b) A edição do Código Francês de 1807 é considerada o marco inicial do direito comercial no mundo.
c) Considera-se o marco inicial do direito comercial brasileiro a lei de abertura dos portos, em 1808, por determinação do rei Dom João VI.
d) É de origem francesa a teoria da empresa, adotada pelo atual Código Civil brasileiro.
e) O direito romano apresentou um corpo sistematizado de normas sobre atividade comercial.

7. (IF-RS — Professor — Direito — 2015) Aquele que exerce profissionalmente atividade econômica organizada para a produção ou circulação de bens ou serviços denomina-se:

a) profissional liberal.
b) comerciante.
c) agricultor.
d) empresário.
e) incorporador.

8. (FCC — Eletrobrás — Eletrosul — Direito — 2016) Analise os seguintes enunciados em relação à atividade empresarial:

I. Considera-se empresário quem exerce profissionalmente atividade econômica organizada para a produção ou a circulação de bens ou de serviços.
II. Considera-se empresário quem exerce profissão intelectual, de natureza científica, literária ou artística, ainda com o concurso de auxiliares ou colaboradores, salvo se o exercício da profissão constituir elemento de empresa.
III. É facultativa a inscrição do empresário no Registro Público de Empresas Mercantis da respectiva sede, antes do início de sua atividade.
IV. Faculta-se aos cônjuges contratar sociedade, entre si ou com terceiros, desde que não sejam casados sob o regime da comunhão universal de bens, ou no da separação obrigatória.

Está correto o que se afirma APENAS em

a) II, III e IV.
b) I, III e IV.
c) II e III.
d) I e IV.
e) I e II.

9. (CONSULPLAN — TJMG — Titular de Serviços de Notas e de Registros — Remoção — 2017) O Código Civil brasileiro adotou, de forma indireta, uma definição para o termo jurídico "empresa". Levando em conta, esta definição, amplamente aceita e adotada pela doutrina pátria, a palavra-chave que está presente nesta definição é

a) atividade.
b) pessoa.
c) coisa.
d) instituição.

10. (VUNESP — Juiz Substituto — TJSP — 2017) Quais dos elementos indicados a seguir são considerados indispensáveis para a existência de uma empresa?

a) Lucro, sociedade e aviamento.
b) Produção racional, comercialização dos produtos e função social.

c) Eficiência, registro no órgão competente e estabilidade.
d) Atividade, empresário e estabelecimento.

11. (IESES — TJ-SC — Titular de Cartório de Notas — 2019) Quando se trata da origem e evolução do direito comercial, nos é apontado pela doutrina que:

a) O Código Civil Italiano de 1942 estabeleceu um regime para todas as formas de atividades econômicas, restabelecendo o sistema objetivo de identificação daqueles que se dedicavam ao comércio.
b) O Código Comercial Brasileiro de 1850 tinha um caráter marcadamente subjetivista de identificação do comerciante: seria comerciante aquele que arquivasse os atos constitutivos no Registro Público de Empresas.
c) Os ideais da Revolução Francesa acompanharam o surgimento de um direito unificado, regulando tanto os atos de comércio, que só poderiam ser praticados pelos comerciantes, como os atos de natureza civil.
d) A teoria subjetiva somente considerava comerciantes aqueles que estivessem matriculados em uma das corporações de ofício, os quais dispunham de uma atividade jurisdicional especializada.

■ GABARITO ■

1. "a". Em princípio, nos termos do art. 971, do CC, a produção rural, principalmente, ao se tratar do pequeno produtor, não será considerada atividade empresarial. Porém, o empreendedor rural poderá optar por se registrar como empresário, hipótese em que, "depois de inscrito, ficará equiparado, para todos os efeitos, ao empresário sujeito a registro" (art. 971, do CC).

2. "b". O art. 2.045, do CC, de forma expressa, revogou o Código Comercial (Lei n. 556/1850) em parte, exatamente como referido no item II, o que, por consequência, impõe a incorreção dos itens I e III. À época da edição do Código Reale (Código Civil/2002), ainda estava em vigor a antiga lei de falências — o Decreto-lei n. 7.661/45 —, legislação especial em relação ao Código Civil. Acrescente-se, entretanto, que o Decreto-lei n. 7.661/45 foi revogado expressamente pela atual Lei de Falências (Lei n. 11.105/2005, art. 200), ressalvando-se a ultra-atividade da antiga lei de falências, para aqueles processos que iniciaram sob sua vigência: "Esta lei não se aplica aos processos de falência ou concordata ajuizados anteriormente ao início de sua vigência, que serão concluídos nos termos do Decreto-lei n. 7.661, de 21 de junho de 1945" (art. 192, *caput*, da Lei n. 11.101/2005). Portanto, **corretos** apenas os itens II e IV, e, por isso, exata a alternativa "b".

3. "b". Tal alternativa reproduziu a letra do parágrafo único, do art. 966, do CC.

4. "d". Portanto, no conjunto, corretos apenas os itens II e V. Os itens I e III estão incorretos. Por exceção, ainda que se trate de atividade intelectual, a organização do empreendimento poderá suplantar o caráter personalíssimo da prestação do serviço. Numa sociedade de advogados, por exemplo, ainda que seu fundador tenha sido um renomado jurista, a depender do porte do escritório, com centenas de associados por hipótese, perceptível a atividade intelectual como elemento de empresa[73], porque a clientela estará a buscar o serviço prestado pelo conjunto dos

---

[73] Para fins de aprofundamento dos estudos, recomendáveis a leitura e análise dos seguintes enunciados do Centro de Estudos Judiciários (CEJ) do Conselho da Justiça Federal:

"193 — Art. 966. O exercício das atividades de natureza exclusivamente intelectual está excluído do conceito de empresa.

194 — Art. 966. Os profissionais liberais não são considerados empresários, salvo se a organização dos fatores de produção for mais importante que a atividade pessoal desenvolvida.

195 — Art. 966. A expressão 'elemento de empresa' demanda interpretação econômica, devendo ser analisada sob a égide da absorção da atividade intelectual, de natureza científica, literária ou artística, como um dos fatores da organização empresarial.

196 — Arts. 966 e 982. A sociedade de natureza simples não tem seu objeto restrito às atividades intelectuais".

associados e demais colaboradores, e não apenas o serviço de determinado associado. Trata-se de assimilação pelo direito positivo da teoria da empresa, a significar, o empresário será aquele que, profissionalmente, concatenar os fatores de produção, entre os quais a mão de obra alheia. O Código Civil, expressamente, dispõe que "Não se considera empresário quem exerce profissão intelectual, de natureza científica, literária ou artística, ainda com o concurso de auxiliares ou colaboradores, salvo se o exercício da profissão constituir elemento de empresa". O item II está correto. A usual diferença entre associação e sociedade empresária refere-se ao objetivo principal do empreendimento. No primeiro caso, o lucro seria um meio para atingir determinado objetivo principal. Por exemplo, uma ONG que se predisponha a custear o tratamento de dependentes químicos e que, para angariar fundos, dedique-se ao comércio de biojoias. No segundo, um joalheiro poderia adquirir a produção de biojoias de um artesão de determinado município para revendê-las, com o objetivo específico e principal de lucrar com tal atividade. Logo, o lucro como um fim em si mesmo é uma das características principais da atividade empresarial, sendo que ao empresário caberá sopesar o risco do empreendimento, para avaliar se é viável economicamente o negócio. O trinômio custo-lucro-risco corresponde à preocupação recorrente do empresário (interpretação do art. 966, do CC). O item IV está incorreto por contradizer o item II (interpretação *a contrario sensu* do art. 966, do CC). O item V está correto. O trespasse corresponde à possibilidade de alienação do estabelecimento empresarial e tem regime jurídico entre os arts. 1.144 e 1.149, do CC.

5. "e". Pela teoria da empresa, a atividade econômica organizada é fenômeno social multifário, isto é, que pode ser visualizado de vários ângulos, destacando-se, entre seus sentidos (subjetivo, objetivo, corporativo e factual), o de se apresentar como fato juridicamente relevante, atividade econômica organizada para a produção de bens e serviços, em torno da qual gravitam interesses que se sobrepõem. Nesse sentido, a Lei de Falências e Recuperação de Empresas destaca a necessidade de permanência do empreendimento, nos termos do seu art. 47: "A recuperação judicial tem por objetivo viabilizar a superação da situação de crise econômico-financeira do devedor, a fim de permitir a manutenção da fonte produtora, do emprego dos trabalhadores e dos interesses dos credores, promovendo, assim, a preservação da empresa, sua função social e o estímulo à atividade econômica".

6. "c". Releia-se o *item 1.2.1.6.*

7. "d". Compatível com o *caput*, do art. 966, do CC.

8. "d". Fundamento: arts. 966, *caput*, e seu parágrafo único, e 977, ambos do CC.

9. "a". O direito empresarial tem por objeto a atividade econômica organizada para a produção de bens e serviços, fato jurídico relevante para toda a coletividade, nos termos do parágrafo único do art. 170, da CF, e art. 966, *caput*, do CC.

10. "d". A alternativa "d" separa os conceitos de atividade, empresário e estabelecimento, os quais guardam sintonia, respectivamente, com os perfis funcional, subjetivo e objetivo da denominada teoria da empresa, conforme anotado no *item 1.2.1.6.* As demais alternativas encontram-se incorretas, diante do caráter restritivo das proposições. Pode haver o desenvolvimento da atividade empresarial individualmente, sendo dispensável no caso a constituição de uma sociedade; a comercialização de produtos se apresenta apenas como um dos ramos possíveis de exploração, sendo que o setor de prestação de serviços, sem a comercialização de produtos, portanto, poderá corresponder ao objeto social de desenvolvimento; o registro permitirá a formalização da atividade, porém, mesmo sem o registro, poderá haver o desenvolvimento da atividade, bastando lembrar, por exemplo, das denominadas sociedades irregulares, como estudaremos no momento oportuno.

11. "d". Em sintonia com conteúdo do item 1.2.1 acima estudado. A alternativa "a" trouxe conclusão que não condiz com a teoria da empresa (fase subjetiva moderna) e que foi encampada pelo Código Civil Italiano de 1942. O Código Comercial de 1850 incorporou a Teoria dos Atos de Comércio, com perfil objetivo e não subjetivo e, por isso, incorreta a alternativa "b". Os ideais da Revolução Francesa com o liberalismo econômico e político ultimaram por ser incorporados pelos Códigos Napoleônicos, época em que as obrigações civis e comerciais foram disciplinadas em diplomas legais autônomos, contrariamente à unificação afirmada na alternativa "c".

2

EMPRESA — PERFIL SUBJETIVO

■ 2.1. INTRODUÇÃO

No capítulo anterior, defendeu-se a incorporação da teoria da empresa no direito brasileiro. E, assim, reafirme-se que a análise da atividade econômica organizada — a empresa — poderá ser efetuada por **vários ângulos: subjetivo, objetivo, corporativo e funcional**. Neste capítulo, estudaremos o fenômeno empresa tendo em vista seu **aspecto subjetivo, mais especificamente em relação ao empresário individual**, bem como as figuras normativas afins, uma vez que as sociedades serão mais bem estudadas em capítulos próprios. O **regime jurídico do empresário** foi estabelecido no Código Civil entre seus **arts. 966-980**.

O empresário caracteriza-se como o **empreendedor que, individualmente, predispõe-se a exercer a atividade empresarial**. O risco de tal escolha se apresentará patente em caso de insucesso do empreendimento, hipótese em que **o patrimônio particular do empreendedor também responderá pelo passivo a descoberto da atividade empresarial**. Em outras palavras, em relação aos credores do empreendimento, o empresário não poderá invocar o princípio da separação patrimonial.

Para relativizar referido risco, a **Lei n. 12.441/2011 criou a EIRELI (Empresa Individual de Responsabilidade Limitada)** em que é possível ao empreendedor beneficiar-se do princípio da separação patrimonial, ainda que a exercer a atividade individualmente, cumprindo-se os requisitos legais, entre os quais a **integralização prévia de capital igual ou superior a 100 (cem) vezes o salário mínimo**. Anteriormente, a **Lei Complementar n. 128/2008** disciplinou o regime jurídico do **MEI (Microempreendedor Individual)**, inovação legislativa que pretendeu afastar da informalidade pequenos empreendimentos, facilitando-se o cadastramento dos microempreendedores como se estudará adiante, sendo que a incorporação do MEI no CC ocorreu com a edição da referida Lei Complementar. Assim, o empreendedor que se predisponha a exercer a atividade empresarial, individualmente, poderá fazê-lo como empresário individual, como MEI e por meio de uma EIRELI.

Esquematicamente:

EMPRESA — PERFIL SUBJETIVO — E EXERCÍCIO INDIVIDUAL DA ATIVIDADE EMPRESARIAL	
Figura Normativa	**Regime Jurídico**
EMPRESÁRIO	■ Arts. 966-980, CC
MEI	■ Lei Complementar n. 128/2008
EIRELI	■ Art. 980-A, CC, introduzido pela Lei n. 12.441/2011

2.2. O EMPRESÁRIO

O empresário individual de hoje, no Brasil, é figura normativa recente, já que conceituado somente em 2002 pelo Código Civil. De forma sucinta e doutrinariamente, pode ser entendido como **o agente econômico capaz de gerenciar a produção e a circulação de bens e serviços** (art. 966, do CC). Empreendedor, como gênero, do qual é espécie o empresário individual, em sentido estrito, e, mais recentemente, o Microempreendedor Individual (MEI), nos termos da Lei Complementar n. 128/2008.

Antes da edição do Código Civil, estava em vigor o Código Comercial (1850), de longevidade considerável, editado sob a vigência da Constituição Imperial (1824). E Constituição que, em seu **art. 179, já garantia, com ampla liberdade à iniciativa privada, o exercício da atividade econômica e rompia com a fase exclusivista e subjetiva do direito comercial**, para trazer, ainda no tempo da escravidão, liberdade profissional, ao dispor: "XXIV. Nenhum genero de trabalho, de cultura, industria, ou commercio póde ser prohibido, uma vez que não se opponha aos costumes publicos, á segurança, e saude dos Cidadãos. XXV. Ficam abolidas as Corporações de Officios, seus Juizes, Escrivães, e Mestres".

Infraconstitucionalmente, para guardar compatibilidade e regulamentar a atividade econômica já naquela época, o Código Comercial e o Regulamento 737, ambos de 1850, também **incorporaram a fase objetiva do direito comercial, baseada na teoria dos atos de comércio**, prenúncio do direito empresarial, porque o que passou a determinar a aplicação do regime mercantil, em vez da vontade dos que, inscritos em órgãos de classe próprios, reconheciam-se comerciantes (autorregulação), foi a vontade estatal, eis que na **lei, positivaram-se e descreveram-se quais as atividades deveriam ser consideradas mercantis**. A teoria dos atos de comércio se apresentou, assim, como importante modelo teórico, de transição, acomodando-se às características do Direito Comercial, que, relacionado à atividade econômica, plural e em expansão, tem **como marca o dinamismo**. Por isso, para entender o conceito jurídico de empresário, recomendável que se rememore antes o regime dos atos de comércio. Sigamos em frente.

2.2.1. A caracterização do conceito de empresário — contribuições do sistema francês

Conforme exposto anteriormente, o Código Comercial de 1850 marcou a história do direito comercial brasileiro por ter sido o **primeiro código próprio do país a dispor, em um único documento, sobre o comércio**. Acolheu a **teoria dos atos de comércio**, embora não tenha enumerado, em um primeiro momento, quais seriam esses atos. Não era necessário o registro para se incluir no conceito de comerciante, **bastava a realização de atos de comércio**.

A fase subjetiva, que precedeu a objetiva, exigia o registro nas corporações de ofício para receber a proteção do direito comercial, de modo que o registro possuía caráter constitutivo. Por sua vez, para a teoria dos atos de comércio, o registro continha natureza meramente declaratória.

Nesse passo, o Código Comercial de 1850 atribuía natureza meramente declaratória ao registro, em seu art. 4º, ainda que, a **partir da formalização da matrícula, a lei presumisse o efetivo exercício** da atividade comercial (art. 9º):

> Art. 4º Ninguém é reputado comerciante para efeito de gozar da proteção que este Código liberaliza em favor do comércio, sem que se tenha matriculado em algum dos Tribunais do Comércio do Império, e faça da mercancia profissão habitual.
>
> Art. 9º O exercício efetivo de comércio para todos os efeitos legais presume-se começar desde a data da publicação da matrícula.

Segundo os primados do sistema objetivo, em que perceptíveis os atos de comércio, ali presente o direito comercial, pelo qual **se considerava comerciante todo aquele a praticar ato de comércio**. Contudo, o Código Comercial — reitere-se — não elencou os atos de comércio, o que somente foi feito pelo Decreto n. 737/1850.

Tal diploma legal, outrossim, estabeleceu um divisor de águas para **distinguir os atos de comércio dos atos civis**. E a solução apresentada foi a de **separar as atividades sem fins lucrativos das atividades lucrativas**. Aquelas consistiriam sempre em atos civis. Estas, por seu turno, tanto poderiam ser atos civis como de comércio. **Se descritas na lei como atos de comércio, seriam assim classificadas**, à luz da teoria dos atos de comércio então vigente.

Se não descritas na lei como atos de comércio, seriam consideradas atos civis. Entretanto, se a lei civil não disciplinasse certa atividade, ela seria considerada ato de comércio. Logo, o que não fosse objeto do direito civil seria objeto do direito comercial, reputando-se que os atos civis regiam-se pela reserva legal, e os atos comerciais, por uma definição também residual. Tal natureza somente encontrava necessidade de distinção, repita-se, nas atividades com fins lucrativos.

Noutro giro, a tarefa de definir o que seria ato de comércio não se resolveu de imediato. E o ato de comércio, em uma concepção descritiva, foi classificado em:

- **Subjetivo**: praticado pelo comerciante no exercício de sua profissão;
- **Objetivo**: todo ato **previsto na legislação comercial** (como a emissão de cheque, regida pela lei do cheque — direito comercial), mesmo que praticado por não comerciante;
- **Acessório ou por conexão**: referiam-se aos atos que, em regra, seriam civis, mas que eram considerados **comerciais porque destinados a facilitar ou promover o exercício do comércio** (como a compra de um balcão para uma loja, a locação mercantil);
- **Bilateral (ou bifronte)**: a significar todo ato mercantil em que **ao menos uma das partes pudesse ser considerada comerciante** (como a locação não residencial de imóvel, em que o locador ainda hoje escolhe o imóvel para fixar seu estabelecimento, levando em conta a localização geográfica que lhe seja mais favorável). A localização geográfica corresponde ao denominado ponto empresarial, sendo que, a depender de onde se instale o empreendimento, potencialmente maior ou menor a clientela em perspectiva.

O conjunto exposto englobou a moderna concepção sobre o ato de comércio de conteúdo, portanto, variado e a concepção aplicada em nosso ordenamento jurídico até o advento do Código Civil de 2002, constituindo-se em **arcabouço teórico que se aproximou da teoria da empresa**.

2.2.2. A caracterização do conceito de empresário — contribuições do sistema italiano

Enquanto, no **sistema francês (atos de comércio)**, o fundamento da atividade econômica concentrou-se na **democratização da atividade comercial**, acessível a todos, superada a fase do subjetivismo corporativista da Idade Média, cujo fundamento era assegurar o oligopólio, **a teoria da empresa aumentou a importância do ente gerador de riquezas e passou a considerá-lo agente distinto da pessoa física do empreendedor, deslocando o foco de proteção mais para a empresa** (atividade econômica organizada) e menos para os seus dirigentes.

Noutro passo, com o advento da teoria da empresa no Brasil, no limiar do século XXI, consagrada pelo Código Civil, **desapareceu a dicotomia atos civis/atos comerciais**, de modo que a atividade passou a ser vista como "**empresarial ou não empresarial**; as sociedades constituídas segundo a nova legislação ou são empresárias ou, não o sendo, serão denominadas como sociedades simples, expressão inócua que se buscou para evitar sua adjetivação como sociedade civil"[1].

2.2.3. Para ser empresário é imprescindível o registro?

A teoria subjetiva tem como foco o sujeito de direito que desenvolve a atividade empresarial. Entretanto, para que alguém seja caracterizado como empresário, seria imprescindível o registro do empreendimento em órgão governamental?

A resposta parece ser negativa. Isso porque o direito empresarial brasileiro, cuja teoria encontra-se sedimentada no Código Civil, atribuiu **eficácia meramente declaratória ao registro, à luz de uma interpretação sistemática** da normativa regente.

No entanto, uma interpretação lógico-formal do art. 967 do novo Código Civil poderia, deveras, levar a uma conclusão diversa. É que tal dispositivo **preceitua ser obrigatória a inscrição do empresário** no Registro Público de Empresas Mercantis antes do início de sua atividade.

Porém, a literalidade do texto de lei permite a interpretação de que o **registro é meramente declaratório, ao asseverar que é obrigatória a inscrição do empresário**. Ora, se existe essa obrigatoriedade, isso significa que o sujeito do direito (empresário) poderá se apresentar diante de terceiros como tal, a significar isso o cuidar da organização do empreendimento, por exemplo, quando se predispuser, antes mesmo do registro, ao contrato do imóvel onde desenvolverá o objeto social.

Após o debate acadêmico sobre o tema, concluiu o Conselho de Justiça Federal, coroando a tese de que o registro é meramente declaratório, no Enunciado 197 da III

1 NEGRÃO, Ricardo. *Manual de direito comercial & empresa*, 3. ed., v. 1, p. 25.

Jornada de Direito Civil, que "a inscrição do empresário na Junta Comercial não é requisito para a sua caracterização, admitindo-se o exercício da empresa sem tal providência. O empresário irregular reúne os requisitos do CC, art. 966, sujeitando-se às normas do CC e da legislação comercial, salvo naquilo em que forem incompatíveis com a sua condição ou diante de expressa disposição em contrário".

No mesmo sentido, o Enunciado 199, também da III Jornada de Direito Civil, do Conselho da Justiça Federal, reitera que "a inscrição do empresário ou sociedade empresária é requisito delineador de sua regularidade, e não de sua caracterização".

E, a apoiar a conclusão anterior, leia-se o disposto no art. 105, inc. IV, da Lei de Falências e Recuperação, Lei n. 11.101/2005: "Art. 105. O devedor em crise econômico-financeira que julgue não atender aos requisitos para pleitear sua recuperação judicial deverá **requerer ao juízo sua falência**, expondo as razões da impossibilidade de prosseguimento da atividade empresarial, acompanhadas dos seguintes documentos: (...) IV — **prova da condição de empresário**".

Destarte, não é a inscrição que confere a qualidade de empresário, e sim **o exercício da atividade empresarial**. O mesmo inciso da Lei n. 11.101/2005 dispõe que, se não houver prova da condição de empresário, o **requerente da falência deverá qualificar quem são os titulares da empresa**.

Há, contudo, uma **exceção**. Uma **hipótese em que o registro terá natureza constitutiva**, qual seja, a do **ruralista**. Isso porque aquele que se predispuser a exercer a atividade rural, em regra, não será qualificado como empresário, por força do art. 971, do Código Civil. Mas **poderá ser equiparado ao empresário se exercer atividade rural empresarialmente e, além disso, optar por se inscrever no Registro Público de Empresas Mercantis**, sujeitando-se, desde o momento da inscrição, então, ao regime próprio das empresas, com todos os benefícios e deveres.

Em abono a essa ilação, tem-se o **Enunciado 202 da III Jornada de Direito Civil** do Conselho de Justiça Federal: "202 — Arts. 971 e 984: O registro do empresário ou sociedade rural na Junta Comercial **é facultativo e de natureza constitutiva**, sujeitando-o ao regime jurídico empresarial. É inaplicável esse regime ao empresário ou sociedade rural que não exercer tal opção".

■ 2.2.4. Da importância do registro

Por outro lado — repise-se — ainda que o **registro não seja essencial para a caracterização da condição de empresário, o será para sua regularidade**, com as benesses disso advindas (como acesso a crédito, benefícios previdenciários, entre outros), razão pela qual a formalização e o registro realmente devem ser incentivados. A Lei n. 8.934/94 disciplina a atividade de registro, sendo recentemente alterada pela **Lei n. 13.833/2019, que transferiu da União para o Distrito Federal a Junta Comercial** desta unidade da federação. Renomeou o Departamento Nacional de Registro de Comércio como Departamento Nacional de Registro Empresarial e Integração (**DREI**), órgão central do Sistema Nacional de Registro de Empresas Mercantis — SINREM (art. 3º).

O DREI tem atribuições de **coordenação, monitoramento, e regulamentação** dos atos de registro, bem assim atribuição recursal (*vide* art. 4º, da Lei n. 8.934/94, com a redação da Lei n. 13.874/2019, vinculado ao Ministério da Economia).

As **Juntas Comerciais**, como órgãos locais, continuarão a exercer as "**funções executora e administradora dos serviços de registro**".

Tanto a Lei n. 13.833/2019, quanto a Lei n. 13.874/2019 (derivada da MPV n. 881/2019, cognominada como MPV dos direitos da liberdade econômica) demonstram-se inclinadas à **desburocratização dos atos de registro**, de modo a incentivar a formalização e a manutenção de empresas em atividade.

Dentre as **inovações**, destacam-se:

- **Desnecessidade de apresentação de qualquer licença** para atividades de baixo risco, como agências de notícias; consultoria e auditoria contábil e tributária; psicologia e psicanálise; cabeleireiros, manicure e pedicure; bares; ensino de dança, música e idiomas; serviços de borracharia para veículos automotores (*vide* Resolução n. 51/2019 – CGSIM);
- **Extinção da obrigatoriedade do NIRE**;
- **Registro automático**, se os empreendedores se adequarem ao requerimento padrão estabelecido pelo DREI;
- Registro de atos societários **independentemente de autorização prévia**, sem prejuízo de fiscalização *a posteriori*;
- **Extinção da taxa** para inserção de informações no Cadastro Nacional de Empresas (CNE);
- Estabelecimento do **DREI como última instância** do processo revisional de registro;
- **Publicidade de atos societários por meio eletrônico**;
- **Isenção de custos para extinção** do registro de MEI, EIRELI ou LTDA, de modo a prevenir o encerramento irregular;
- A **criação da LTDA unipessoal** ou sua continuidade sem a necessidade de recomposição da pluralidade de sócios, de modo a afastar também a irregularidade de tais sociedades, mesmo em caso de unipessoalidade superveniente.

Infralegalmente, como destacamos na edição anterior, o **DREI editou, no ano de 2019, várias instruções** tendentes a desburocratizar o registro de empresas, sendo que em 2020 ultimou por consolidá-las por meio da Instrução Normativa n. 81/2020, com destaque para a possibilidade do registro, perante as Juntas Comerciais, exclusivamente por meio digital, sem prejuízo da coexistência dos métodos tradicionais[2].

[2] Confiram-se as seguintes:

IN n. 54, de 17/01/2019 — Instrumentaliza a possibilidade de exclusão do minoritário pelo majoritário, por meio do arquivamento correlato, em caso de justa causa devidamente prevista no contrato social, sem a necessidade de reunião ou assembleia.

IN n. 55, de 08/03/2019 — Permite a incapaz seja titular de EIRELI, desde que devidamente representado ou assistido.

2.2.5. A diferença entre empresário e o sócio do empreendimento

Noutro plano, firmada a premissa de que para ser empresário o registro, em regra, é prescindível, convém **diferenciar o empresário do sócio, e ambos do mandatário** (administrador). **O sócio de sociedade empresária não é empresário, senão um empreendedor**. Assim como o **administrador de sociedade empresária não é empresário, e sim mandatário** da pessoa jurídica empresária (art. 1.011, do Código Civil).

De se destacar, igualmente, que o **empresário (individual) não é pessoa jurídica**. E a inscrição não lhe atribuirá a qualidade de pessoa jurídica. Essa inscrição não cria nenhuma figura jurídica distinta da pessoa natural do empresário. É que, para a ordem jurídica vigente, **pessoa jurídica é um ente que se comporta perante o direito como se**

IN 56, de 12/03/2019 — Disciplina *o arquivamento de ato de empresa, sociedade ou cooperativa do qual conste participação de imigrante no Brasil. As regras previstas para os imigrantes também serão aplicadas ao refugiado, bem como ao solicitante de reconhecimento da condição de refugiado, nos termos da Lei 9.474/97, mediante apresentação do protocolo de solicitação de refúgio ou Documento Provisório de Registro Nacional Migratório.*

IN 57, de 26/03/2019 — ratifica e incentiva o intercâmbio do arquivamento de documentos eletrônicos, estabelecendo que "deverão ser assinados digitalmente pelos seus signatários, com qualquer certificado digital emitido por entidade credenciada pela Infraestrutura de Chaves Públicas Brasileira — ICP-Brasil".

IN 58, de 22/03/2019 — Trouxe diretriz para a consideração de que Fundo de Investimento em Participações — FIP possa integrar o quadro de sociedade limitada.

IN 59, de 15/04/2019 — Simplificação do procedimento para que sociedade empresária estrangeira estabeleça filial, sucursal, agência ou estabelecimento no Brasil, sendo que o requerimento correlato deverá ocorrer por meio eletrônico.

IN 60 DREI, de 26/04/2019 — Conferiu a possibilidade de que contadores e advogados atestem a autenticidade de documentos a serem arquivados.

IN 61 DREI, de 10/05/2019— Inclusão de diretrizes para registro da Empresa Simples de Crédito.

IN 62 DREI, de 10/05/2019 — Estabeleceu o procedimento para o deferimento automático do arquivamento de atos constitutivos de Empresário Individual, Empresa Individual de Responsabilidade Limitada e Sociedade Limitada.

IN 63 DREI, de 11/06/2019 — Adapta o registro para/alterações de registro para a LTDA unipessoal, nos termos da MPV n. 881/2019, convolada na Lei n. 13.874/2019.

IN 66 DREI, de 06/08/2019 — Estabeleceu que "*os atos relativos à abertura, alteração, transferência e extinção de filial em outra Unidade da Federação serão promovidos exclusivamente pela Junta Comercial da sede. Após o deferimento do ato, os dados relativos à filial deverão ser encaminhados eletronicamente para a Junta Comercial da outra Unidade da Federação onde estiver localizada a respectiva filial apenas para a recepção dos dados e o seu armazenamento. A alteração do nome empresarial da sede estende-se, automaticamente, às suas filiais, caso sejam apresentadas conjuntamente as respectivas viabilidades concluídas*".

IN 67/2019 — Monitoramento de publicações, para as sociedades anônimas, por meio da Comissão de Valores Mobiliários. Trecho de destaque: "*a) no caso de companhia aberta: no Sistema Empresas.NET, nos termos da Deliberação CVM n. 829, de 27 de setembro de 2019; ou b) no caso de companhia fechada: na Central de Balanços (CB) do Sistema Público de Escrituração Contábil (SPED), nos termos da Portaria ME n. 529, de 26 de setembro de 2019.*"

fosse uma pessoa natural; daí se lhe reconhecer personalidade jurídica. Ora, o comerciante individual é uma só pessoa tanto em família como na frente de seus negócios. Quem age é ele, e não um ente por ele, sujeito de direitos ou obrigações diversas.

Fosse o comerciante individual — ou, se preferir, a firma individual — pessoa jurídica, ter-se-ia de admitir o absurdo de que a pessoa natural do comerciante envolver-se-ia em relações jurídicas com sua própria firma individual.

Assim como o profissional liberal é uma só e mesma pessoa quando pratica atos de interesse pessoal ou atua na sua profissão, também o comerciante, em casa ou em sua loja, não pode ser enfocado com dupla personalidade[3].

Conforme ensina Alfredo de Assis Gonçalves Neto, **a discussão acerca da separação do patrimônio** da pessoa natural, enquanto, de um lado, pessoa física a entabular negócios jurídicos como civil e, de outro lado, empresário, como titular de negócios empresariais, **surgiu porque a legislação tributária a equiparou à pessoa jurídica tão só para fins fiscais**, exigindo-se que a pessoa natural se inscrevesse no cadastro nacional de pessoa jurídica (CNPJ). O que, contudo, não tornou o empresário individual pessoa jurídica.

Por fim, embora **o objeto do direito empresarial seja a empresa**, tal ramo do direito, com todos os seus princípios próprios, aplica-se ao empresário. Não por outro motivo, o Código Civil, em vez de definir a atividade desenvolvida pelo empresário (empresa), **conceituou o próprio empresário**, sobre quem incidirá o microssistema empresarial.

Se assim o é, por que não dizer que o direito comercial, sob a égide da teoria da empresa, voltou a ser o direito dos comerciantes ou, na nova linguagem, **o direito dos empresários[4]?**

Daí por que relevante o estudo do empresário no direito empresarial, tal qual importante é o estudo do consumidor no direito do consumidor ou do empregado no direito do trabalho. Essa é a razão pela qual a teoria da empresa é também considerada uma teoria subjetiva. E o Código Civil tratou de conceituar empresário no primeiro artigo que tratou da matéria (art. 966), para privilegiar o aspecto subjetivo atribuído ao direito empresarial, mas afastando certas atividades de tal conceito. Com efeito, impende desenvolvermos um estudo criterioso sobre o conceito de empresário.

■ 2.2.6. O conceito de empresário à luz do Código Civil

Segundo o Código Civil, o empresário (antigo comerciante) **é quem exerce profissionalmente uma atividade econômica organizada para a produção ou a circulação de bens e serviços** (art. 966, do CC). Tal conceito encontra-se também consagrado no Código Civil italiano (art. 1.942), que serviu de inspiração ao moderno direito empresarial brasileiro.

---

3 GONÇALVES NETO, Alfredo de Assis. *Direito de empresa,* 4. ed., p. 74.

4 GONÇALVES NETO, Alfredo de Assis. *Direito de empresa,* 4. ed., p. 50.

Referido conceito merece ser desdobrado, sendo que para uma melhor compreensão de seu conteúdo, extraem-se **cinco requisitos característicos do empresário**:

- exercício de uma atividade;
- finalidade econômica (objetivo de lucro);
- organização da atividade;
- profissionalidade do exercício de tal atividade (elemento teleológico subjetivo);
- finalidade de produção ou troca de bens ou serviços destinados ao mercado (elemento objetivo).

2.2.6.1. O exercício da atividade

À atividade exercida pelo empresário dá-se o nome de empresa, que constitui o objeto do direito empresarial. No entanto, essa atividade **deve ser exercida de maneira reiterada, constante, marcada pela realização ao longo do tempo de uma série de atos concatenados e voltados para uma finalidade empresarial**. Pois, caso se trate da realização de negócio eventual, como uma compra e venda ocasional, tal ato isolado não caracterizará o exercício da atividade empresarial.

Enquanto o ato, uma vez praticado, exaure-se em si mesmo na sua finalidade, a atividade se caracteriza pela insuficiência de um ou alguns atos, pela incompletude no sentido da realização do objetivo, pela falta de se alcançar o resultado. Tudo isso somente ocorrerá na sequência orgânica dos atos praticados, ou seja, na atividade que se prolonga no tempo.

2.2.6.2. O lucro como objetivo principal

O termo atividade econômica **traduz-se em finalidade de obtenção de lucro**, ainda que, em vez de lucro, haja prejuízo. Porquanto, o que integra substancialmente o conceito de empresário é o ***animus lucrandi*, o aspecto subjetivo do lucro, não o aspecto objetivo**.

O termo econômico traduz uma **atividade criadora de riqueza** (como objetivo principal) e, pois, hábil a incentivar e a compensar a produção de bens e a prestação de serviços, que **não se confunde com outras atividades** previstas no Código Civil, **como a intelectual, a científica, a literária ou a artística, atividades associativas, fundacionais de fins religiosos, morais, culturais, de assistência, de proteção ao meio ambiente** etc., ainda que, indiretamente, em tais atividades se prospectem e almejem-se resultados econômicos positivos.

2.2.6.3. A organização da atividade

Por isso, não é suficiente o exercício de uma atividade econômica para a caracterização do empresário, pois imprescindível a organização da atividade, ou seja, organização dinâmica dos fatores de produção, quais sejam: 1) capital; 2) trabalho; 3) natureza; e, modernamente, 4) a tecnologia.

A organização pode ser, em conjunto, de trabalho alheio, de bens e de recursos materiais e humanos. Normalmente, a organização não significa a presença de habilidades técnicas ligadas à atividade-fim, mas sim uma **qualidade de iniciativa, de decisão, capacidade de escolha de homens e bens, de intuição**, entre outros dados.

Essa organização pode limitar-se à escolha de pessoas que, por determinada remuneração, coordenam, organizam e dirigem a atividade, isto é, a organização a cargo do empresário pode significar simplesmente a seleção de pessoas para efetivamente organizar os fatores de produção. Ainda assim, temos uma organização essencial na atividade, para diferenciar o empresário dos trabalhadores autônomos e das sociedades simples[5].

Com o **devido respeito aos que defendem tese diversa**, a exploração da mais-valia **(trabalho alheio) não é elemento essencial da organização da atividade**. Noutras palavras, não é necessário o concurso do trabalho de outras pessoas além do empresário para que uma atividade seja considerada organizada. Um empresário individual ou uma sociedade empresária formada por dois sócios, exclusivamente, sem a presença de outros colaboradores subordinados (empregados), poderão exercer atividade inteiramente automatizada, seja por recorrerem integralmente a robôs, seja pela utilização exclusiva de computadores, sem contar com qualquer colaborador ou prestador de serviços. Mesmo em tais hipóteses, deve ser reconhecida a existência da empresa (atividade econômica organizada), desde que presentes os demais elementos essenciais.

■ *2.2.6.4. A profissionalidade*

A atividade, contudo, há de ser exercida com profissionalidade, ou seja, **de forma habitual e com intento lucrativo**, de molde que o empresário assuma em nome próprio os riscos de sua empresa, organizando-a, técnica e economicamente. No entanto, a habitualidade não deve ser tomada em sentido absoluto. Um estabelecimento hoteleiro pode ficar fechado boa parte do ano, abrindo apenas na temporada própria. Nesse caso, o que caracteriza a **habitualidade é o fato de que a atividade ali exercida ocorra em períodos regulares de tempo**, dentro dos quais ocorra um suficiente grau de estabilidade.

■ *2.2.6.4.1. A capacidade para o exercício da atividade empresarial como tema correlato à profissionalidade*

A profissionalização do empresário tem como **pressuposto a sua capacidade para o exercício da atividade empresarial**. Nos termos do art. 972, *caput*, trata-se de uma capacidade qualificada, para além da capacidade civil, também a **ausência de impedimentos**. A profissionalização presume o exercício regular da atividade. Apesar disso, no caso do exercício da atividade empresarial por pessoa que legalmente se deveria abster de tal exercício, válidos serão os atos perpetrados pelo impedido, tanto que, por eles, responderá perante terceiros, nos termos do art. 973, do CC.

A **capacidade civil se impõe como primeiro pressuposto** para o exercício da atividade empresarial. Entretanto, como medida a preservar o empreendimento e a

---

[5] Justificativa apresentada ao Enunciado 194, aprovado na III Jornada de Direito Civil, do CJF, pelo professor Marlon Tomazetti, Procurador do DF.

prestigiar o esforço do empresário, quando lhe sobrevier a incapacidade civil, portanto, incapacidade superveniente, permite a lei o continuar do desenvolvimento da atividade empresarial por quem seja constituído como representante (curador) do empresário incapacitado. Em caso de falecimento do empresário, **seu herdeiro, ainda que incapaz, poderá, igualmente, dar continuidade** ao empreendimento iniciado pelo autor da herança, desde que assistido (menor púbere) ou representado (menor impúbere) por quem legalmente lhe complemente a capacidade ou, em seu benefício, por ele, administre seus interesses e seu patrimônio. Em ambas as hipóteses, do incapaz superveniente e do herdeiro incapaz, **o exercício da atividade empresarial deverá ser precedido de autorização judicial, não respondendo os bens particulares do incapaz** pelos resultados da empresa, tudo conforme art. 974, do CC.

2.2.6.4.2. Dos impedimentos

A profissionalização do exercício da atividade empresarial **impõe ao empreendedor empenho, dedicação, capacidade gerencial**, não sendo razoável permitir a quem tenha sido condenado por crime falimentar, por exemplo, o continuar do desenvolver da atividade empresarial sem ressalva, quando se tenha demonstrado sua inabilidade dolosa para a gestão de atividade que, como se sabe, a representar interesse difuso. No caso de **condenação por crime falimentar**, um dos efeitos da condenação poderá corresponder à "**inabilitação para o exercício de atividade empresarial**, desde que devidamente motivada na sentença condenatória" (art. 181, inc. I, da Lei n. 11.101/2005). O desenvolvimento da atividade empresarial também foi reservado à iniciativa privada, ainda que o Estado também se dedique, excepcionalmente, à produção de bens e à prestação de serviços, deverá fazê-lo de forma comedida, sendo de todo recomendável que agentes públicos em sentido amplo não gerenciem empreendimentos privados, para que não haja confusão entre os setores, favorecimento indevido do empreendimento particular, quando de eventual licitação, ou mesmo o desvio de recursos públicos para o setor privado.

Nesse sentido, aos parlamentares, juízes, promotores de justiça e funcionários públicos federais proibiu-se o exercício da atividade empresarial diretamente, relativizando-se tal proibição com a possibilidade de que se associem aos empreendimentos como acionistas, sócios cotistas, investidores, sem poderes de administração ou gerência. Assim, a título de ilustração, leia-se o disposto no inc. X, do art. 117, da Lei n. 8.112/90: "Art. 117. A servidor é proibido (...) X — participar de gerência ou administração de sociedade privada, personificada ou não personificada, exercer o comércio, **exceto na qualidade de acionista, cotista ou comanditário**". De modo semelhante, o texto constitucional, expressamente, colaciona impedimento em relação aos parlamentares, ao dispor que "Os Deputados e os Senadores não poderão (...) desde a posse (...) ser proprietários, controladores ou diretores de empresa que goze de favor decorrente de contrato com pessoa jurídica de direito público, ou nela exercer função remunerada" (art. 54, inc. II, alínea "a", da CF/88); implicitamente, aos juízes o texto constitucional também proíbe a gestão empresarial, porque a administração do empreendimento deve ser remunerada — o administrador receberá, *pro labore*, remuneração direta pela gestão empresarial, sendo que o texto constitucional infirma qualquer remuneração proveniente de "*entidades (...) privadas*" (art. 95, parágrafo único, inc. IV, da CF/88); aos membros do Ministério Público, o texto constitucional veda "a participação em sociedade comercial" e a percepção de "contribuições (...) de entidades privadas" (art. 128, § 5º, inc. II, alíneas "c" e "f", respectivamente, da CF/88). Infraconstitucionalmente, compatibilizam-se com as vedações em relação aos juízes e promotores, respectivamente, o art. 36, I, da LC n. 35/79 (Lei Orgânica da Magistratura Nacional, LOMAN), e o art. 44, inc. III, da Lei n. 8.625/93 (Lei Orgânica Nacional do Ministério Público).

■ 2.2.6.5. A finalidade da produção

Por fim, de se ressaltar que a atividade deverá **voltar-se à produção ou à circulação de bens ou serviços fornecidos ao mercado**, ainda que dirigidos a um único tomador.

A produção e a troca não devem, entretanto, estar destinadas necessariamente ao mercado em geral; pode ser suficiente sua **destinação a um âmbito restrito** (sempre que não seja familiar) ou só a uma pessoa determinada (como para uma atividade consistente em produtos reservados exclusivamente a um só adquirente) ou a um mercado predeterminado, como sucede para uma cooperativa de consumo (expressamente definida como sociedade no Código) que se dedique exclusivamente à aquisição de gêneros para os cooperados[6].

O Código Civil, após conceituar empresário, **exclui da abrangência do conceito certas atividades**, tais sejam: **a) atividade intelectual; b) cooperativa; e c) ruralista** (que pode optar pela sujeição ao regime empresarial, como já visto, bastando registrar-se em uma Junta Comercial). Estas são consideradas sociedades de natureza simples. Tratemos, primeiro, da atividade intelectual.

■ 2.2.6.6. Da atividade intelectual como elemento de empresa

O Código Civil prescreveu que **não se considera empresário quem exerce profissão intelectual, de natureza científica, literária ou artística**, ainda que com o concurso de auxiliares ou colaboradores (ou seja, de forma organizada), salvo se o exercício da profissão constituir elemento de empresa.

Pela ressalva transcrita, **quem só tem por profissão o agir do intelecto não é considerado empresário**, salvo se o exercício da profissão constituir elemento de uma atividade organizada sob a forma de empresa[7]. Nesse diapasão, tem-se o **Enunciado 193 da III Jornada** de Direito Civil do Conselho da Justiça Federal: "193 — Art. 966: O exercício das atividades de natureza exclusivamente intelectual está excluído do conceito de empresa".

Mas no que consiste a expressão **elemento de empresa**?

A doutrina apresenta **teses variadas**. Eis, antes de uma definição científica, a crítica a algumas posições doutrinárias sobre o conceito de elemento de empresa, proferida na III Jornada de Direito Civil do Conselho da Justiça Federal.

---

6 NEGRÃO, Ricardo. *Manual de direito comercial & empresa*, p. 47.

7 GONÇALVES NETO, Alfredo de Assis. *Direito de empresa*, 4. ed., p. 70.

Há o entendimento de que a definição de empresa depende da dimensão da atividade desenvolvida. Assim, uma pequena clínica médica não exerceria o papel de empresa, ao passo que um empreendimento da mesma natureza, de grande porte, seria empresarial. Como classificar as atividades de médio porte? No caso de ampliação das atividades, como definir o exato momento em que estas se tornaram empresárias, devendo registrar-se perante a Junta Comercial? Constata-se, portanto, que esse entendimento não confere segurança jurídica por não estabelecer critério objetivo para a interpretação do dispositivo legal.

Outra concepção sugere que o **caráter empresarial se prende à impessoalidade**. Seria considerada empresa a atividade que não depende de participação direta do empresário individual ou de sócios da sociedade empresária. Por sua vez, o envolvimento direto destes desconfiguraria a natureza empresarial da atividade. Mas qual o fundamento legal que permite descaracterizar a natureza empresarial da atividade simplesmente pela participação de sócios? Fosse essa a intenção do legislador, por que não teria ele mencionado a impessoalidade como elemento de empresa, no *caput* do art. 966? Esse entendimento também não confere segurança jurídica, uma vez que propõe **interpretação em desacordo com o texto legal**[8].

Apreciando o tema, Alfredo de Assis Gonçalves Neto critica o entendimento segundo o qual poderão ser classificadas como atividade empresarial aquelas em que **o seu titular efetivamente organize o trabalho de terceiros**, em uma clara **organização dos fatores de produção, que nada mais é do que o elemento de empresa**. Critica ainda o entendimento que exige para a caracterização da atividade intelectual como elemento de empresa **a natureza econômica**, é dizer, estar voltada para a produção ou trocas de serviços destinados ao mercado. Segundo o autor, não são escorreitas essas opiniões.

Em primeiro lugar, vale insistir que é **precisamente da atividade intelectual organizada com finalidade econômica que cuida a primeira parte do enunciado** do parágrafo único do art. 966 para afastá-la do conceito de empresário; se econômica e organizada não fosse, já estaria excluída do próprio *caput*.

Por um critério científico, **só a atividade intelectual que consubstancia um dos vários elementos em que se decompõe determinada empresa** pode ser considerada empresarial. Ademais, é preciso que a atividade intelectual constitua-se em um elemento, vale dizer, como um componente (talvez o mais importante) do conjunto que identifica uma empresa[9]. Noutras palavras, como uma parcela do produto ou serviço fornecido pela empresa, jamais o próprio produto ou o serviço. Tal como o oxigênio e o hidrogênio são elementos que compõem a água, **a atividade intelectual será considerada elemento da empresa quando, somada a outros elementos, formar sua composição.**

---

8 Autores: Sérgio Mourão Corrêa Lima, Professor de Direito Comercial da UFMG; Leonardo Netto Parenton, Mestrando em Direito Comercial na UFMG; Rafael Couto Guimarães, Professor de Direito Comercial da PUC/MG; Daniel Rodrigues Martins, Bacharel em Direito pela Faculdade de Direito Milton Campos.

9 GONÇALVES NETO, Alfredo de Assis. *Direito de empresa,* 4. ed., p. 72.

A atividade-fim há de ser empresarial para que haja a absorção da atividade intelectual, pois, se a atividade intelectual for área fim, não haverá tal absorção. Seguindo essas diretrizes, têm-se os **Enunciados 54 e 195 das Jornadas de Direito Civil**:

> Enunciado 54 — Art. 966: é caracterizador do elemento empresa a declaração da atividade-fim, assim como a prática de atos empresariais.
>
> 195 — Art. 966: A expressão "elemento de empresa" demanda interpretação econômica, devendo ser analisada sob a égide da absorção da atividade intelectual, de natureza científica, literária ou artística, como um dos fatores da organização empresarial.

Haroldo Malheiros[10] também comunga o entendimento de que a **atividade intelectual, em sentido amplo, poderá se pulverizar e integrar-se à organização do empreendimento, absorvendo-a**. Para o autor, a atividade intelectual leva o seu titular a ser considerado empresário se ela estiver integrada em um objeto mais complexo, próprio da atividade empresarial. Razão por que conclui que a ressalva deveria estar mais bem formulada, substituindo-se a redação vigente por outra, a saber, **salvo se o exercício da profissão constituir parte do objeto da empresa**.

Em arremate, esclarecedores os exemplos colacionados por José Edwaldo Tavares Borba[11], os quais rogamos vênia para transcrever *in verbis*:

> Uma **sociedade de pesquisa científica pura seria uma sociedade simples**. Se, no entanto, a pesquisa se destina ao aperfeiçoamento dos produtos desenvolvidos industrialmente pela sociedade, o trabalho intelectual não passaria de um componente — elemento de empresa — e a sociedade seria empresária.
>
> A sociedade que **concebe roteiros para a televisão desenvolve um trabalho literário**, próprio de sociedade simples, mas se esse trabalho é produzido pela própria sociedade que, concomitantemente, é uma emissora de televisão, a criação literária seria elemento da empresa, e a sociedade seria empresária, posto que o produto final não seria a criação intelectual propriamente dita.
>
> Uma sociedade que **reúna artistas plásticos**, inclusive contratados, e que pintem e exponham apoiados em uma organização, seria simples, mas a sociedade que, a partir desse trabalho intelectual, promovesse a sua **reprodução em série para distribuição no mercado, seria empresária**.
>
> Uma sociedade que fosse detentora de uma **orquestra sinfônica — o trabalho artístico** — e explorasse as suas exibições, seria simples, mas uma sociedade voltada para a **exploração fonográfica dessas "performances"** estaria utilizando o trabalho artístico como elemento de empresa, e seria empresária.
>
> Uma sociedade dedicada à **elaboração de projetos de engenharia** seria uma sociedade simples — trabalho científico; a que se dedicasse também, e de forma preponderante, à **execução desses projetos seria empresária**, tanto que o trabalho científico dos engenheiros seria um elemento da empresa, cujo produto final seria, não o esforço de criação dos engenheiros, mas, em vez disso, a obra realizada, com seus vários componentes.

10 VERÇOSA, Haroldo Malheiros Duclerc. *Curso de direito comercial*, v. 2, 2010.

11 BORBA, José Edwaldo. *Parecer*. Brasil, 2005. Disponível em: <http://www.irtdpjbrasil.com.br/parecerborba.htm>. Acesso em: 10 maio 2014, às 14:00.

Uma sociedade **aplicada ao ensino**, qualquer que fosse a dimensão da organização, seria necessariamente simples, considerando que o **produto oferecido pela entidade é o próprio conhecimento**. Ainda que dotada de internato e, por conseguinte, de alguma hotelaria, esta seria de molde puramente subsidiário e auxiliar, não interferindo na qualificação do objeto social da sociedade, nem tampouco deslocando o trabalho intelectual para a posição de elemento da empresa.

Por fim, conceituar sociedade empresária pressupõe o conhecimento do conceito e do alcance jurídico do termo empresário, porquanto o art. 982, do CC, estabelece que, salvo as exceções expressas (nas quais se inclui a atividade intelectual), considera-se **empresária a sociedade que tem por objeto o exercício de atividade própria de empresário**.

É, pois, na absorção da atividade intelectual pela atividade empresarial que se embasa a distinção entre o trabalhador autônomo e o empresário, e entre a sociedade empresária e a sociedade simples.

A **sociedade de advogados**, contudo, ainda que a atividade intelectual seja mero elemento de empresa, **não será empresarial, por força de expressa previsão legal** (Estatuto da OAB)[12].

Erigiu-se do Código Civil de 2002 uma nova classificação das sociedades, que **podem ser empresárias ou simples**, conforme estudo que se fará no capítulo do direito societário. Por ora, adiante-se que serão sociedades simples aquelas que não tenham por objeto o exercício de uma atividade própria de empresário[13].

▪ 2.3. A EIRELI — EMPRESA INDIVIDUAL DE RESPONSABILIDADE LIMITADA E O MEI — MICROEMPREENDEDOR INDIVIDUAL

Na linha da responsabilização limitada, a **Lei n. 12.441/2011 criou o instituto da Empresa Individual de Responsabilidade Limitada, a EIRELI**. A ideia inicial era trazer para a formalidade os microempreendedores individuais informais, a exemplo dos tapeceiros, mecânicos, estofadores, vendedores ambulantes, entre outros.

A leitura da proposta do então PL 4.605/2009[14] não deixa dúvidas quanto a isso. Primeiro, **não trazia um limite mínimo para o capital social** (100 salários mínimos) e um mínimo hoje — repise-se — **relativamente elevado para a grande maioria dos pequenos empreendedores**, os quais poderão optar por continuar a formalizar "sociedades-de-faz-conta", referidas na justificativa daquele PL e entendidas como aquelas em que figuram como sócios pessoas com um percentual insignificante do capital social, por exemplo, de 1%, e que não têm ingerência sobre o desenvolvimento do objeto social; **são pseudosócios**.

---

[12] "Art. 15. Os advogados podem reunir-se em **sociedade civil** de prestação de serviço de advocacia, na forma disciplinada nesta Lei e no Regulamento Geral." *Vide* também o art. 16, em que há vedação expressa à adoção da forma mercantil ao exercício da atividade advocatícia (Lei n. 8.906/94).

[13] Eis o Enunciado 196 da III Jornada de Direito Civil do CNJ: 196 — Arts. 966 e 982: A sociedade de natureza simples não tem seu objeto restrito às atividades intelectuais.

[14] Disponível em: <http://www.camara.gov.br/proposicoesWeb/prop_mostrarintegra?codteor=631421&filename=Tramitacao-PL+4605/2009>. Acesso em: 25 ago. 2013, às 8:00.

Os pequenos empreendedores, que não alcançarem a renda mínima para constituição do empreendimento como EIRELI, assim, poderão, ao perseguir a limitação da responsabilidade, sujeitar-se à **constituição e manutenção de sociedades faticamente fictícias,** como primeira alternativa; **decidir-se pela firma individual**, ainda que, de acordo com essa segunda alternativa, **possam responder ilimitadamente pelas dívidas contraídas em função da atividade de empresário;** ou, como terceira via, **continuar na informalidade**, sem regularizar os postos de trabalho de seus colaboradores subordinados, sem recolher tributos e também sem a segurança jurídica que a formalização, em perspectiva, poderia proporcionar.

Para os pequenos empreendedores individuais, formalizado ou não formalizado o exercício da empresa, não há que se falar em desconsideração da personalidade jurídica, pois a confusão patrimonial autorizará aos credores não satisfeitos requererem a constrição de tantos bens quantos bastem para a satisfação de seus créditos, sendo que, indistintamente, na perspectiva de um patrimônio deficitário, poderão ser contristados bens utilizáveis no empreendimento ou bens de uso particular.

A responsabilidade limitada do empresário individual, independentemente de constituição de uma sociedade empresária, seria o grande atrativo para a regularização do pequeno negócio. A legislação inovou a ponto de reconhecer uma **dupla personalidade jurídica à EIRELI**, considerando, ao mesmo tempo, o **patrimônio da pessoa natural** (quando se lida com negócios particulares, pessoais ou familiares) **e da pessoa jurídica** (no desempenho de atividade com fins lucrativos, empresarial e econômica, portanto).

É dizer que, em princípio, um ente coletivo poderia constituir uma EIRELI, pois a lei, expressamente, não excluiu tal possibilidade. Tal interpretação poderia facilitar os investimentos e a internalização de capital estrangeiro, "pois as **sociedades estrangeiras ou transnacionais poderiam constituí-las como assemelhadas à subsidiária integral**, sem, todavia, submeter-se ao rígido controle"[15] da LSA. O CJF, por meio de seu centro de estudos judiciários, encampou tal entendimento **ao declarar que a EIRELI não se tratava de sociedade unipessoal** (prevista na LSA, na figura da subsidiária integral, arts. 251, 252 e 253), nem empresário individual (art. 966, do CC). Nesse sentido, o Enunciado n. 3 da I Jornada de Direito Empresarial[16]. Infralegalmente, o então Departamento Nacional de Registro do Comércio, por meio da Instrução Normativa n. 117/2011 impedia a constituição de uma EIRELI por meio de titular pessoa jurídica. Porém, recentemente, aquela orientação foi abandonada, diante da revogação da IN n. 117/2011 pela Instrução Normativa n. 38/2017, sendo que hoje o Departamento de Registro Empresarial e Integração – DREI, expressamente,

---

15 MAY, Yduan de Oliveira. EIRELI: o espírito do legislador brasileiro deturpado por sua própria escrita; e comparações com o modelo chileno. *Amicus Curiae*, v. 9, n. 9, 2012. ISSN 2237-7395. Disponível em: <http://periodicos.unesc.net/index.php/ amicus/article/viewFile/877/831>. Acesso em: 25 ago. 2013, às 08:00.

16 "Enunciado 3. A Empresa Individual de Responsabilidade Limitada — EIRELI não é sociedade unipessoal, mas um novo ente, distinto da pessoa do empresário e da sociedade empresária." Disponível em: <http://www.cjf.jus.br/cjf/CEJ-Coedi/jornadas-cej/LIVRETO%20-%20I%20JORNADA%20DE%20DIREITO%20COMERCIAL.pdf>. Acesso em: 25 ago. 2013, às 8:00.

permite que uma EIRELI seja titularizada por pessoa jurídica (cf. https://mapajuridico.files.wordpress.com/2017/03/in-drei-38-2017.pdf).

Por outro lado, o legislador reconheceu expressamente a necessidade de motivar o pequeno negócio, criando a figura da EIRELI, todavia **o fez excluindo justamente o pequeno investidor da possibilidade de se firmar formalmente no mercado**. E isso porque a Lei n. 12.441/2011 exigiu um capital inicial (social) mínimo de **100 (cem) salários mínimos, os quais deverão ser completamente integralizados antes do início da atividade**. Em números de hoje, somente pode constituir-se como EIRELI o microempreendedor que puder depositar na conta da empresa o **valor mínimo de R$ 104.500,00** antes de iniciar a atividade empresária[17]. Vida dura para o pequeno empreendedor, portanto.

Juridicamente, **não haveria incompatibilidade absoluta entre a EIRELI e o microempreendedor**, figura definida pela sigla MEI — microempreendedor individual, conforme disposto no art. 18-A, da LC n. 123/2006, assim caracterizado se sua **renda bruta anual não vier a superar R$ 81.000,00**. Entretanto, se alguém se predispusesse à atividade empresarial e individualmente pudesse investir em uma EIRELI (no mínimo R$ 104.500,00), poderia projetar para o primeiro exercício a meta de lucrar a quantia de R$ 81.000,00. Por estimativa, poderia ser auxiliado nos cálculos pela **calculadora do cidadão disponibilizada pelo BACEN, no verbete "Valor futuro de um capital"**, nos termos seguintes:

VALOR FUTURO DE UM CAPITAL	
SIMULE O VALOR FUTURO DE UM CAPITAL	
Número de meses	12
Taxa de juros mensal	4,898423%
Capital atual	104.500,00
Valor obtido ao final	185.500,00

Fonte: BACEN e o autor.

[17] O capital social representa o patrimônio inicial do empreendimento. Em caso de resultados positivos, e a depender de projeções para o futuro, existem diversas fórmulas para estimar o valor da empresa. Tal processo a matemática financeira denomina "Valuation", sendo certo que, entre os métodos possíveis, "o fluxo de caixa descontado e o lucro econômico descontado são os mais precisos, embora mais complexos de se implantar. Não há método exato, pois os cálculos são baseados em previsões e estimativas. O que se pode é tentar reduzir incertezas e, com isso, o grau de risco. Analisando as variáveis de cada modelo, é possível direcionar esforços da empresa para melhorar seu desempenho e consequentemente aumentar seu valor patrimonial" (KATO, Jerry. *Curso de finanças empresariais*, p. 295-306).

Pela figura, percebe-se que **alguém que dispusesse da quantia mínima exigida para compor uma EIRELI**, para alcançar uma renda bruta, no primeiro ano, **equivalente a R$ 81.000,00** (limite para o enquadramento do MEI), deveria projetar para seu negócio uma **taxa mensal de crescimento superior a 4%**. Ora, a poupança tem rendimento de 0,5% a.m. mais a TR; a taxa Selic não tem ultrapassado 1% a.m., fundos de renda fixa, outros investimentos e nem a bolsa projetam resultados que alcancem cerca de 4% a.m. Assim, se as instituições financeiras e as corretoras especializadas não conseguem oferecer uma taxa tão rentável, seria ingenuidade ou ignorância qualificada — por que não dizer irracionalidade? — empreender, apesar dos riscos de insucesso da atividade, e não especular, investir em operações com retorno garantido. Algumas operações, inclusive, com isenção de imposto de renda. Em conclusão, **não se demonstra factível que um MEI, pelo menos no início de suas atividades, opte pela estrutura da EIRELI**.

O Partido Popular Socialista (PPS) ajuizou perante o Supremo Tribunal Federal (STF) ação direta de inconstitucionalidade **(ADI) n. 4.637** que questiona a **validade da vinculação do capital social mínimo para a constituição de uma EIRELI à quantidade de salários mínimos**, tendo em vista a parte final do art. 7º, inc. IV, da CF, que esclarece a abrangência do salário mínimo e, expressamente, **proíbe "sua vinculação para qualquer outro fim"**, vale dizer, sua eleição como um indexador de operações econômicas. Alexandre de Moraes[18] anota precedente do STF em que se decidiu pela inconstitucionalidade de lei municipal que vinculava o valor de multa administrativa ao salário mínimo (STF, ADIN 1.425/PE — *DJU* 26/03/1999). Logo, se eventualmente o valor estipulado para o cálculo do patrimônio social da EIRELI, ainda que indiretamente, escalone eventual taxa administrativa, **defensável a tese de inconstitucionalidade**.

Contudo, o **CJF, por meio do Enunciado n. 4, sinalizou, indiretamente, a constitucionalidade da EIRELI**, ainda que com capital social mínimo e atrelado à quantidade de salários mínimos, quando destacou que o critério quantidade de salários mínimos serviria para caracterizar a EIRELI somente quando de sua constituição, sem efeitos futuros[19]. Seja como for, no aguardo do julgamento da ADIN pelo STF, talvez mais producente fosse revogar a limitação do teto mínimo para o capital social ou até estabelecer um teto máximo, tendo em vista o espírito da lei que deveria favorecer os pequenos empreendedores.

Por oportuno, saliente-se que, se a proposta inicial não tivesse sido desvirtuada, exatamente com o estabelecimento de um teto mínimo para o capital social da EIRELI, **os pequenos empresários poderiam optar pela nova estrutura, limitando**

---

[18] MORAES, Alexandre de. *Constituição do Brasil interpretada*, 2006.

[19] "Enunciado 4. Uma vez subscrito e efetivamente integralizado, o capital da empresa individual de responsabilidade limitada não sofrerá nenhuma influência decorrente de ulteriores alteração no salário mínimo." Disponível em: <http://www.cjf.jus.br/cjf/CEJ-Coedi/jornadas-cej/LIVRETO%20-%20I%20JORNADA%20DE%20DIREITO%20COMERCIAL.pdf>. Acesso em: 25 ago. 2013, às 8:00.

suas responsabilidades, em caso de eventual insucesso do empreendimento, sendo defensável, por essa linha de raciocínio, a redação do § 4º, do art. 980-A, do CC, pois esta revelava **uma preocupação com o não comprometimento do patrimônio particular do pequeno empreendedor** ao declarar que somente "o patrimônio social da empresa responderá pelas dívidas da" EIRELI, "não se confundindo em qualquer situação com o patrimônio da pessoa natural que a constitui, conforme descrito em sua declaração anual de bens entregue ao órgão competente"[20]. Tal dispositivo, entretanto, foi vetado.

Nas razões do veto[21], ponderou-se que a blindagem do patrimônio particular do empreendedor "em qualquer situação" seria incompatível com as cláusulas gerais previstas no art. 50, *caput*, do CC; exatamente as hipóteses gerais que poderão deflagrar o pedido e eventual deferimento da desconsideração da personalidade jurídica do ente coletivo (desvio de finalidade e confusão patrimonial). Ora, nada de surreal haveria nisso, porque, **para o pequeno empreendedor, deveria haver um tratamento mais benéfico, sendo discriminado positivamente, tendo em vista um microssistema de direito que incentivasse sua permanência no mercado**. Impedir objetivamente a desconsideração da personalidade jurídica em tal hipótese seria o outro "lado da moeda" em relação à possibilidade objetiva e geral de declaração da desconsideração da personalidade jurídica como dispôs, por exemplo, o § 5º, do art. 28, do CDC.

Sem responsabilidade limitada, o pequeno empreendedor assume riscos que vão além da sua própria compreensão da responsabilidade empresarial. Formalizar-se somente compensaria caso houvesse garantia da preservação da autonomia da pessoa jurídica e respeito à responsabilidade limitada. O Estatuto Nacional da Microempresa e a legislação sobre a EIRELI e a LTDA reconhecem a necessidade de limite à responsabilidade pessoal como crucial ao exercício da atividade de produção ou circulação de bens e serviços, mas, ao mesmo tempo e paradoxalmente, permitem a desconsideração da personalidade jurídica de forma objetiva e, por vezes, igualam a responsabilidade dos sócios de forma solidária à da pessoa jurídica.

Contrariando a necessidade de preservação da responsabilidade limitada, o art. 9º da referida LC n. 123/2006 sepulta a autonomia da pessoa jurídica e impõe responsabilidade pessoal e ilimitada aos microempreendedores pelos tributos não quitados com o patrimônio empresarial, em caso de baixa da empresa[22]. Mais um paradoxo.

---

[20] Disponível em: <http://www.planalto.gov.br/ccivil_03/_Ato2011-2014/2011/Msg/VEP-259.htm>. Acesso em: 25 ago. 2013, às 8:00.

[21] Mensagem 259, de 11/07/2011 (...) Razões do veto: "Não obstante o mérito da proposta, o dispositivo traz a expressão 'em qualquer situação', que pode gerar divergências quanto à aplicação das hipóteses gerais de desconsideração da personalidade jurídica, previstas no art. 50 do Código Civil. Assim, e por força do § 6º do projeto de lei, aplicar-se-á à EIRELI as regras da sociedade limitada, inclusive quanto à separação do patrimônio". Disponível em: <http://www.planalto.gov.br/ccivil_03/_Ato2011-2014/2011/Msg/VEP-259.htm>. Acesso em: 25 ago. 2013, às 8:00.

[22] Art. 9º O registro dos atos constitutivos, de suas alterações e extinções (baixas), referentes a empresários e pessoas jurídicas em qualquer órgão envolvido no registro empresarial e na abertura da empresa, dos 3 (três) âmbitos de governo, ocorrerá independentemente da regularidade de obriga-

Ao mesmo tempo em que a Lei da Microempresa veio para estimular a atividade dos pequenos negócios, tal diploma legal estabeleceu a responsabilização ilimitada dos sócios pelas dívidas tributárias da sociedade e, também, da própria EIRELI, criada após a vigência da LC n. 123/2006[23].

A prevalecer o texto legal, todo reconhecimento da necessidade de incentivo ao pequeno negócio, de promoção da mobilidade social, de democratização do capital e da propriedade (com sua respectiva função social) é lançado por terra. Reconhecer o abismo existente entre os pequenos e os grandes empreendedores, lançando mão de objetivos constitucionais claros a buscar a redução desse fosso, não é suficiente para estimular o microempreendedorismo, mesmo com um Estatuto Nacional da Microempresa, ou com a criação da EIRELI. É preciso mais. **Dimensionar o limite do risco a que se lança o empreendedor. Respeitar a autonomia da pessoa jurídica. Tornar excepcional eventual desconsideração da personalidade jurídica. Para o pequeno, esses são os maiores estímulos, incentivos.** É a economia a serviço do direito que tem objetivos constitucionais a cumprir. E é o direito a serviço da justiça social ao favorecer a plena democratização do capital.

Com a MPV n. 881/2019, convolada na Lei n. 13.874/2019, **a possibilidade de LTDA unipessoal reafirma a limitação de responsabilidade do empreendedor e o princípio da autonomia patrimonial**, o que, sem dúvida, poderá repercutir positivamente na formalização e criação de novas empresas.

De se destacar, também no contexto de apoio ao empreendedorismo, a **REDESIM** — Rede Nacional para a Simplificação do Registro e da Legalização de Empresas e Negócios, criada pela Lei n. 11.598/2007. Trata-se de uma **rede integrada de serviços, a congregar esforços para facilitar o registro, as alterações contratuais** durante a vida do empreendimento e sua eventual baixa, de modo que haja não só o

---

ções tributárias, previdenciárias ou trabalhistas, principais ou acessórias, do empresário, da sociedade, dos sócios, dos administradores ou de empresas de que participem, sem prejuízo das responsabilidades do empresário, dos sócios ou dos administradores por tais obrigações, apuradas antes ou após o ato de extinção. (...)

§ 3º No caso de existência de obrigações tributárias, previdenciárias ou trabalhistas referidas no *caput*, o titular, o sócio ou o administrador da microempresa e da empresa de pequeno porte que se encontre sem movimento há mais de 12 (doze) meses poderá solicitar a baixa nos registros dos órgãos públicos federais, estaduais e municipais independentemente do pagamento de débitos tributários, taxas ou multas devidas pelo atraso na entrega das respectivas declarações nesses períodos, observado o disposto nos §§ 4º e 5º.

§ 4º A baixa referida no § 3º não impede que, posteriormente, sejam lançados ou cobrados impostos, contribuições e respectivas penalidades, decorrentes da simples falta de recolhimento ou da prática comprovada e apurada em processo administrativo ou judicial de outras irregularidades praticadas pelos empresários, pelas microempresas, pelas empresas de pequeno porte ou por seus titulares, sócios ou administradores.

§ 5º A solicitação de baixa na hipótese prevista no § 3º deste artigo importa responsabilidade solidária dos titulares, dos sócios e dos administradores do período de ocorrência dos respectivos fatos geradores.

[23] O § 3º foi revogado pela LC n. 147/2014. Porém, manteve a possibilidade subsidiária dos sócios mesmo após a desativação do empreendimento.

controle do setor, mas, igualmente, a proteção dos empreendedores, principalmente dos denominados microempreendedores. As três esferas de governo (União, Estados e Municípios) deverão compartilhar dados e **facilitar a formalização do MEI**.

A caracterização do MEI e o procedimento administrativo eletrônico para sua formalização desburocratizada merecem elogios, **pois o que se espera é que a atividade empresarial seja mesmo incentivada**. Nos termos da Portaria CGSIM n. 16/2009, além do faturamento bruto não superior ao montante de R$ 81.000,00, para que o **empresário individual seja reconhecido como microempreendedor**, ele também deverá cumprir os requisitos seguintes (art. 2º, da CGSIM n. 16/2009):

- seja optante pelo Simples Nacional;
- exerça tão somente atividades permitidas para o Microempreendedor Individual, conforme Resolução do Comitê Gestor do Simples Nacional[24];
- não possua mais de um estabelecimento;
- não participe de outra empresa como titular, sócio ou administrador;
- possua até um empregado que receba exclusivamente um salário mínimo ou o piso salarial da categoria profissional.

Quanto ao procedimento eletrônico, trata-se de **iniciativa de vanguarda e compatível com o princípio da eficiência** preconizado pelo art. 37, *caput*, da CF, porque simplificou o acesso do empreendedor aos órgãos de registro, concentrou **em um único procedimento a consecução de cadastro junto à Receita Federal, registro na Junta Comercial e, ainda, alvará de funcionamento provisório**. De se destacar também a desoneração fiscal e, para tanto, o apoio da classe dos profissionais da contabilidade, obrigados a auxiliar os microempreendedores no cadastramento do novo regime fiscal (cf. Portaria CGSIM n. 17/2009). A Lei de Acesso à Informação (Lei n. 12.527/2011) trouxe como **princípio a publicidade** como regra e o sigilo das informações como exceção. Determinou a "divulgação de informações de interesse público, independentemente de solicitações" e a "utilização de meios de comunicação viabilizados pela tecnologia da informação", diretrizes satisfatoriamente observáveis em relação à disponibilização do **serviço de inscrição do MEI pela internet**, inclusive com o detalhamento das informações, precedentemente, pelo portal do empreendedor mantido pela REDESIM. A transparência do serviço e a inteligibilidade das informações prestadas merecem ser destacadas. Quanto à desoneração tributária, esclarece-se ao microempreendedor o custo mensal da formalização, nos seguintes termos:

A contribuição do MEI — Microempreendedor Individual, para 2020 será de:			
MEIs — Atividade	INSS R$	ICMS/ISS R$	Total R$
Comércio e Indústria — ICMS	55,00	1,00	56,00
Serviço — ISS	55,00	5,00	60,00
Comércio e Serviços — ICMS e ISS	55,00	6,00	61,00

[24] *Vide* Resolução CGSN n. 140/2018.

O Microempreendedor Individual (MEI) poderá optar pela formalização[25] e, assim, incrementar seus negócios, por exemplo, com acesso ao crédito — documentalmente receberá, após a formalização eletrônica, o certificado de adesão (CCMEI), a contabilidade formal não lhe será exigida, bastando-lhe o preenchimento mensal de relatório em que minudenciará a receita bruta, sendo-lhe exigível também, ao final do exercício, a declaração anual do simples nacional para o MEI (DASN-SIMEI). Também condizente com a estrutura simplificada do negócio, houve o reconhecimento legal de que o domicílio empresarial (ou local do estabelecimento) coincida com a residência do microempreendedor, desde que não seja "indispensável a existência de local próprio para o exercício da atividade", nos termos do art. 1º, da **LC n. 154/2016**.

O Governo Federal, por meio de portal na Internet (<https://www.portaldoempreendedor.gov.br>), **incentiva a formalização do microempreendedor**, destacando-se a força do microempreendedorismo, o fortalecimento das economias locais, a formalização dos postos de trabalho do colaborador do MEI, o crescimento e o incremento da atividade econômica direcionada aos empreendimentos de menor porte, a tão perseguida distribuição de renda e a contribuição inexorável para a redução das desigualdades regionais, sociais e econômicas.

■ 2.4. O EMPRESÁRIO SEGUNDO AS PROPOSTAS LEGISLATIVAS PARA CRIAÇÃO DE UM NOVO CÓDIGO COMERCIAL

A proposta para a criação de um novo Código Comercial, **PLS n. 487/2013 (arts. 66-85)**, manteve a **inscrição do empresário individual como obrigatória**, mas destacou a figura do **empresário informal**, salientando-se a necessidade de incentivar sua formalização, como hoje já ocorre em relação ao MEI. A capacidade qualificada do empresário foi também mantida (**capacidade civil e ausência de impedimentos**). A proposta, contudo, inovou quando facultou ao empresário individual o **exercício da atividade empresarial em regime fiduciário**, sendo vantajosa essa opção, porque por tal proposta lhe será possível **destacar um patrimônio de afetação**, destinado exclusivamente ao desenvolvimento do empreendimento, **blindando seu patrimônio particular** em caso de eventual insucesso financeiro. A **incomunicabilidade das dívidas particulares e das dívidas do empreendimento** poderá ser alcançada, nos termos do art. 85, *caput*, e parágrafo único, do PLS n. 487/2013.

[25] A LC n. 147/2014 incentivou ainda mais a formalização do MEI ao estabelecer: "Ressalvado o disposto nesta Lei Complementar, ficam reduzidos a 0 (zero) todos os custos, inclusive prévios, relativos à abertura, à inscrição, ao registro, ao funcionamento, ao alvará, à licença, ao cadastro, às alterações e procedimentos de baixa e encerramento e aos demais itens relativos ao Microempreendedor Individual, incluindo os valores referentes a taxas, a emolumentos e a demais contribuições relativas aos órgãos de registro, de licenciamento, sindicais, de regulamentação, de anotação de responsabilidade técnica, de vistoria e de fiscalização do exercício de profissões regulamentadas" (art. 4º, § 3º).

2.5. ESQUEMA

EMPRESA — PERFIL SUBJETIVO	
CONCEITO DE EMPRESÁRIO	▪ O Empresário é o empreendedor individual que, com habitualidade, profissionalidade e o objetivo principal de lucro, predispõe-se à produção de bens e/ou de serviços, organizando e concatenando os fatores de produção (capital, insumos e tecnologia), com ou sem o auxílio de trabalhadores subordinados.
EXPRESSÕES DA ATIVIDADE EMPRESARIAL INDIVIDUAL	▪ MEI — Microempreendedor Individualidade; ▪ Empresário Individual; e, ▪ EIRELI — Empresa Individual de Responsabilidade Limitada[26].
CAPACIDADE EMPRESARIAL	▪ Abrange a capacidade civil e a ausência de impedimentos.
REGISTRO	▪ Declaratório para caracterização e constitutivo para regularização.
REFERÊNCIAS LEGISLATIVAS[27]	▪ CÓDIGO CIVIL (arts. 966-980-A); LC n. 123/2006; Lei n. 11.598/2007; Decreto n. 6.884/2009; Portaria CGSIM 17/2009; PLC 1.572/2011 (arts. 14-32) e PLS 487/2013 (arts. 66-85) — Propostas para um novo Código Comercial.

2.6. QUESTÕES SUBJETIVAS

2.6.1. Questão-homenagem

O registro na Junta Comercial, nos termos do art. 967, do Código Civil, tem natureza declaratória ou constitutiva?

Resposta: O empresário ou sociedade empresária, para usufruir dos benefícios legais, necessariamente deverá formalizar-se, isto é, cadastrar-se nos órgãos competentes. Tal formalização significará a imposição de determinadas obrigações, como submeter-se, quando o caso, à escrituração de suas operações, e recolher tributos. Todavia, uma vez registrado, poderá gozar dos benefícios da lei, como a isenção de determinados tributos e a possibilidade de, em situação de crise financeira, valer-se da recuperação judicial ou extrajudicial, nos termos da Lei 11.101/2005. A formalização por meio do registro, assim, não impede o exercício da atividade, mas, por sua vez, é pressuposto da regularidade do empreendimento. E, por isso, o registro tem natureza declaratória quanto à caracterização da condição de empresário, e, concomitantemente, constitutiva da regularidade do negócio, para que o empresário possa beneficiar-se do microssistema de direito reservado à atividade empresarial. Os Enunciados 198 e 199 do Conselho da Justiça Federal reforçam tal entendimento:

> Enunciado 198 — Art. 967: A inscrição do empresário na Junta Comercial não é requisito para a sua caracterização, admitindo-se o exercício da empresa sem tal providência. O empresário irregular reúne os requisitos do art. 966, sujeitando-se às normas do Código Civil e da legislação comercial, salvo naquilo em que forem incompatíveis com a sua condição ou diante de expressa disposição em contrário.
>
> Enunciado 199 — Art. 967: A inscrição do empresário ou sociedade empresária é requisito delineador de sua regularidade, e não de sua caracterização.

O exercício informal da atividade empresarial é fenômeno comum no Brasil, tanto que a inclusão formal dos hoje microempreendedores no microssistema empresarial tem sido facilitada pela for-

[26] A EIRELI também poderá ser opção de pessoa jurídica. Portanto, a pessoa natural poderá desenvolver a atividade empresarial por meio da EIRELI, mas isso não significa que tal estrutura seja permitida somente ao empresário individual pessoa física.

[27] Destacaram-se o Código Comercial, por sua longevidade, o CC, por tratar hoje da parte geral de direito empresarial, bem como do direito societário das sociedades contratuais, e a Lei de Falências e Recuperação, como microssistema de direito hábil a debelar a crise financeira dos empreendimentos. Porém, deve-se ressaltar que a legislação esparsa continuará como característica marcante do direito empresarial diante das várias expressões da atividade econômica organizada.

malização por meio eletrônico, sem burocracia, sem intermediários, possibilitando ao empreendedor informal, depois de um autocadastro, a disponibilização automática de um CNJP para o empreendimento, NIRE perante a Junta Comercial, um alvará provisório de funcionamento e a isenção fiscal de tributos. Por isso, o registro se apresenta com uma opção para o microempreendedor, reafirmando-se a natureza declaratória do registro para a caracterização da condição de empresário. O empresário se caracterizará como tal quando concatenar os fatores de produção, ainda que parcialmente, e fornecer bens e serviços no mercado. Se não se formalizar, como se formalizado estivesse, responderá pelo passivo a descoberto do empreendimento, entretanto sem limitação patrimonial — isto é, não há separação entre o patrimônio da pessoa física como particular e o patrimônio que reservou para o desenvolvimento do empreendimento. A falência do empreendimento acarretará a responsabilidade solidária e ilimitada dos empresários informais (art. 990, do CC), razão pela qual a aplicação da Lei de Falências em tal hipótese reafirma a natureza declaratória do registro quanto à caracterização e sua natureza constitutiva quanto à regularização. Por fim, a atividade rural, tanto para a caracterização quanto para a regularização empresarial, dependerá de registro, pois, segundo o CC, somente a partir do registro na Junta Comercial é que será tida como empresarial.

■ 2.6.2. Questão-desafio

(OAB — VIII Exame Unificado — Direito Empresarial — 2ª Fase — Exame Prático-Profissional — 2012) Pedro, 15 anos, Bruno, 17 anos, e João, 30 anos, celebraram o contrato social da sociedade XPTO Comércio Eletrônico Ltda., integralizando 100% do capital social. Posteriormente, João é interditado e declarado incapaz, mediante sentença judicial transitada em julgado. Os sócios desejam realizar alteração contratual para aumentar o capital social da sociedade. A respeito da situação apresentada, responda aos itens a seguir, utilizando os argumentos jurídicos apropriados e a fundamentação legal pertinente ao caso. A) João poderá permanecer na sociedade? Em caso positivo, quais condições devem ser respeitadas? B) Quais critérios legais a Junta Comercial deve seguir para que o registro da alteração contratual seja aprovado?

■ 2.7. QUESTÕES OBJETIVAS

1. (CESPE — TJMA — Juiz — 2013) Assinale a opção correta referente ao direito de empresa.

a) O adquirente de um estabelecimento responde pelo pagamento dos débitos anteriores à transferência do bem, desde que regularmente contabilizados, continuando o devedor primitivo solidariamente obrigado, pelo prazo de seis meses, a pagar os créditos vencidos a partir da publicação, e os demais, a partir da data do vencimento.
b) De acordo com disposição expressa do novo Código Civil, o incapaz não pode exercer atividade empresarial.
c) De acordo com o Código Civil, considera-se empresário quem exerce profissionalmente atividade econômica organizada para a produção ou a circulação de bens ou serviços. Segundo a doutrina, organização é entendida como a cumulação necessária de capital, mão de obra, insumos e tecnologia.
d) O Código Civil reconhece a figura da empresa individual de responsabilidade limitada, constituída por uma única pessoa natural titular da totalidade do capital social subscrito, que deverá ser igual ou superior a cem vezes o maior salário mínimo vigente no país.

2. (TJMT — Juiz — 2014) Quanto ao incapaz, é correto dizer que, se for sócio de sociedade empresária,

a) só poderá exercer a administração por meio de seu representante legal.
b) esta deverá ter o capital totalmente integralizado.
c) esta deverá ter sempre um gerente nomeado com aprovação do juiz.
d) a sua participação depende de autorização judicial.
e) esta deverá ter sempre a forma de sociedade anônima.

3. (FCC — TJAP — Juiz — 2014) O empresário, cuja atividade rural constitua sua principal profissão

a) está sujeito à falência, independentemente de qualquer registro público.
b) é obrigado a inscrever-se no Registro Público de Empresas Mercantis.

c) é obrigado a inscrever-se no Registro Público de Pessoas Jurídicas.
d) pode requerer inscrição no Registro Público de Empresas Mercantis.
e) não pode constituir empresa individual de responsabilidade limitada.

4. (TJPB — Tabelião — Provimento — 2014) Analise as assertivas abaixo e, de acordo com o que dispõe a legislação vigente, assinale a alternativa correta:

I. O registro é declaratório para a condição de sociedade e constitutivo para a condição de personalidade jurídica.
II. O exercício de atividade médica caracteriza-se como profissão intelectual e, portanto, não é considerada empresária, independentemente da forma como a atividade é exercida e organizada.
III. A pessoa física capaz pode ser sócia de mais de uma sociedade, mas titular de apenas uma EIRELI — empresa individual de responsabilidade limitada.
IV. O empresário individual poderá admitir sócios e requerer ao Registro Público de Empresas Mercantis a transformação do seu registro para sociedade, obedecidas as demais formalidades legais.

a) As assertivas II e IV estão incorretas.
b) Apenas a assertiva II está incorreta.
c) Todas as assertivas estão incorretas.
d) Todas as assertivas estão corretas.

5. (FGV — OAB — XIII Exame — 2014) Olímpio Noronha é servidor público militar ativo e, concomitantemente, exerce pessoalmente atividade econômica organizada sem ter sua firma inscrita na Junta Comercial. Em relação às obrigações assumidas por Olímpio Noronha, assinale a alternativa correta.

a) São válidas tanto as obrigações assumidas no exercício da empresa quanto estranhas a essa atividade e por elas Olímpio Noronha responderá ilimitadamente.
b) São nulas todas as obrigações assumidas, porque Olímpio Noronha não pode ser empresário concomitantemente com o serviço público militar.
c) São válidas apenas as obrigações estranhas ao exercício da empresa, pelas quais Olímpio Noronha responderá ilimitadamente; as demais são nulas.
d) São válidas apenas as obrigações relacionadas ao exercício da empresa e por elas Olímpio Noronha responderá limitadamente; as demais são anuláveis.

6. (FGV — OAB — XV Exame Unificado — 2014) Alfredo Chaves exerce, em caráter profissional, atividade intelectual de natureza literária, com a colaboração de auxiliares. O exercício da profissão constitui elemento de empresa. Não há registro da atividade por parte de Alfredo Chaves em nenhum órgão público. Com base nessas informações e nas disposições do Código Civil, assinale a afirmativa correta.

a) Alfredo Chaves não é empresário, porque exerce atividade intelectual de natureza literária.
b) Alfredo Chaves não é empresário, porque não possui registro em nenhum órgão público.
c) Alfredo Chaves é empresário, independentemente da falta de inscrição na Junta Comercial.
d) Alfredo Chaves é empresário, porque exerce atividade não organizada em caráter profissional.

7. (FGV — OAB — XV Exame Unificado — 2014) Almino José consultou seu advogado com o intuito de constituir uma Empresa Individual de Responsabilidade Limitada — EIRELI. Com base na legislação aplicável à EIRELI, assinale a opção que apresenta a resposta correta dada pelo advogado.

a) O administrador da EIRELI deverá ser nomeado no ato constitutivo e será apenas o sócio, seu cônjuge ou parente até o 3° grau dessas pessoas.
b) O ato constitutivo da EIRELI deverá ser arquivado no Registro Civil de Pessoas Jurídicas, independentemente do objeto.
c) As deliberações infringentes da lei que Almino José vier a tomar acarretarão sua responsabilidade ilimitada pelas obrigações da pessoa jurídica.
d) Caso a receita bruta anual da EIRELI seja inferior a R$ 100.000,00 (cem mil reais), será possível enquadrá-lo como microempreendedor individual (MEI).

8. (FUNDEP — Defensor Público — MG — 2014) A respeito da capacidade do empresário, analise as afirmativas a seguir.

I. Se o representante ou assistente do incapaz for pessoa que, por disposição de lei, não puder exercer atividade de empresário, nomeará, com a aprovação do juiz, um ou mais gerentes.
II. Poderá o incapaz, por meio de representante ou devidamente assistido, iniciar ou continuar a empresa antes exercida por ele enquanto capaz, por seus pais ou pelo autor de herança.
III. Faculta-se aos cônjuges contratar sociedade, entre si ou com terceiros, desde que não tenham se casado no regime da comunhão universal ou comunhão parcial de bens.
IV. Qualquer que seja o regime de bens, o empresário casado pode, sem necessidade de outorga conjugal, alienar os imóveis que integrem o patrimônio da empresa ou gravá-los de ônus real.

Estão CORRETAS as afirmativas

a) III e IV apenas.
b) I e IV apenas.
c) I e II apenas.
d) II e III apenas.

9. (FCC — TRT — 23ª Região — MT — Juiz do Trabalho Substituto — 2015) Antônio é empresário individual, como tal inscrito no Registro de Empresas e no CNPJ há mais de dez anos. Com exceção daqueles legalmente impenhoráveis, respondem pelas dívidas contraídas por Antônio no exercício da atividade empresarial

a) somente os seus bens afetados à atividade empresarial, mas limitadamente ao valor do capital da empresa.
b) todos os seus bens, inclusive os não afetados à atividade empresarial, desde que deferida judicialmente a desconsideração da personalidade jurídica da empresa.
c) todos os seus bens.
d) todos os seus bens, mas limitadamente ao valor do capital da empresa.
e) somente os seus bens afetados à atividade empresarial.

10. (FMP — DPE-PA — Defensor Público Substituto — 2015) Em relação à empresa individual de responsabilidade limitada, examine as assertivas seguintes:

I. A empresa individual de responsabilidade limitada será constituída por uma única pessoa titular da totalidade do capital social, devidamente integralizado, que deverá ser superior a 100 (cem) vezes o maior salário mínimo vigente no País.
II. A pessoa natural que constituir empresa individual de responsabilidade limitada somente poderá figurar em uma única empresa dessa modalidade.
III. A empresa individual de responsabilidade limitada também poderá resultar da concentração das quotas de outra modalidade societária num único sócio, independentemente das razões que motivaram tal concentração.

a) Os itens II e III são verdadeiros.
b) O item I é verdadeiro.
c) O item III é verdadeiro.
d) Os itens I e II são verdadeiros.
e) Os itens I e III são verdadeiros.

11. (FGV — OAB — XIX Exame Unificado — 2016) Xerxes constituiu uma Empresa Individual de Responsabilidade Limitada (EIRELI) com sede na zona rural do município de Vale Real para fabricação de laticínios, cuja matéria-prima será adquirida de produtores rurais da região ou de cooperativas de produtores rurais. A pessoa jurídica será administrada por sua cunhada Ceres e seu instituidor pretende adotar como nome empresarial a espécie denominação. Com base nessas informações e na disciplina legal da EIRELI, assinale a afirmativa correta.

a) A administração da EIRELI deverá ser exercida em caráter privativo por Xerxes, que poderá designar mandatário em ato separado.
b) Para a constituição da EIRELI não há capital mínimo, no entanto esse deve estar previamente integralizado.
c) A EIRELI em questão adquire personalidade jurídica com a inscrição do ato de constituição no Registro Público de Empresas Mercantis, a cargo das Juntas Comerciais.
d) A EIRELI deverá adotar firma como espécie de nome empresarial, formada pelo patronímico do titular, acrescido do objeto da empresa e da expressão "EIRELI".

12. (FEPESE — JUCESC — Analista Técnico Administrativo — 2017) Assinale a alternativa correta:

a) O exercício de atividade ou profissão intelectual, de natureza científica, literária ou artística, deverá, sempre, ser reconhecida como empresarial.
b) O empresário que desenvolve atividade rural deverá se inscrever, obrigatoriamente, no Registro Público de Empresas Mercantis da respectiva sede.
c) É vedado à lei conferir tratamento favorecido, diferenciado e simplificado ao empresário rural e ao pequeno empresário quanto à inscrição e aos efeitos dela decorrentes.
d) A inscrição do empresário no Registro Público de Empresas Mercantis da respectiva sede deverá ocorrer até trinta dias após o início de sua atividade.
e) Considera-se empresário quem exerce profissionalmente atividade econômica organizada para a produção ou a circulação de bens ou de serviços.

13. (CESPE - ABIN - Oficial Técnico de Inteligência - Área 2 - 2018) Em relação ao conceito e à natureza do estabelecimento, ao fundo de comércio e à sucessão comercial, à natureza e às espécies de nome empresarial e ao registro de empresas, julgue o item a seguir.

Os exercentes de atividade econômica rural estão obrigados a realizar a sua inscrição no registro público de empresas mercantis, como empresários ou sociedade empresarial.

( ) Certo ( ) Errado

14. (CESPE — TJ-PR — Juiz Substituto — 2019) Conforme o Código Civil, equipara-se à condição de pessoa empresária

a) um grupo de pessoas que pretenda constituir uma cooperativa para intermediar a venda de produtos fabricados em determinada comunidade.
b) um casal que resolva criar um instituto exclusivamente para difundir informações sobre determinada causa social.
c) um empresário rural cuja principal atividade seja a agricultura e que esteja devidamente inscrito no Registro Público de Empresas Mercantis.
d) um artista plástico famoso que angarie grandes valores com a venda de obras plásticas por ele confeccionadas.

■ GABARITO ■

1. "c", nos termos do art. 966, do CC. Revise-se ainda o *item 2.2.5* estudado.

2. "b", nos termos do art. 974, § 3º, inc. II, do CC.

3. "d". Tal alternativa reproduziu a letra do art. 971, do CC.

4. "b". Portanto, no conjunto, corretos os itens I, III e IV. O item I se encontra em sintonia com o disposto no art. 985, do CC. O item III em correspondência com o § 2º, 980-A, do CC; e o item IV com fundamento no art. 968, § 3º, do CC. Por exceção, a atividade intelectual poderá ser considerada empresária desde que se constitua não em elemento autônomo (*intuitu personae*), mas se agregue à determinada organização econômica. Além disso, de se notar que o exercício de atividade de serviços médicos por meio de uma sociedade anônima caracterizará a referida sociedade como empresária, independentemente de a atividade corresponder a atividade intelectual ou não. Nesse sentido, a parte final, do parágrafo único, do art. 966, do CC, combinado com o parágrafo único do art. 982, também do CC.

5. "a", nos termos do art. 973, do CC.

6. "c". Rememore-se o quanto estudado no *item 2.2.5.6* e leia-se o teor do art. 966, *caput* e seu parágrafo único, do CC: "Art. 966. Considera-se empresário quem exerce profissionalmente atividade econômica organizada para a produção ou a circulação de bens ou de serviços. Parágrafo único. Não se considera empresário quem exerce profissão intelectual, de natureza científica, literária ou artística, ainda com o concurso de auxiliares ou colaboradores, salvo se o exercício da profissão constituir elemento de empresa."

7. "c". A sociedade limitada tem regime jurídico no CC, arts. 1.052 a 1.087. O art. 1.080 dispõe: "As deliberações infringentes do contrato ou da lei tornam ilimitada a responsabilidade dos que expressamente as aprovaram". Tal dispositivo se aplica aos sócios da sociedade limitada. Porém, diante da regra de extensão descrita no art. 980-A, § 6º, do CC, que manda aplicar as regras da Ltda. à EIRELI, conclui-se que eventual deliberação infringente à lei tomada por Almino José acarretará sua responsabilidade ilimitada pelos prejuízos correlatos.

8. "b". Fundamento: arts. 973, 975, 978 e 979 do CC.

9. "c". Em caso de execução singular, eventual penhora recairá sobre os bens do devedor. De modo semelhante, no caso de execução coletiva (falência), os bens do falido estarão sujeitos à arrecadação. A exceção, em ambos os casos, diz respeito aos bens absolutamente impenhoráveis. Fundamento: art. 789 do CPC e, ainda, art. 108, *caput*, e seu § 4º, da Lei n. 11.101/2005.

10. "a". Item I incorreto, de acordo com a letra do *caput*, do art. 980-A, do CC. O texto legal diz que no caso da EIRELI, o capital social, devidamente integralizado, "não será inferior a 100 (cem) vezes o maior salário mínimo vigente no país". Item II correto, nos termos do § 2º, do art. 980-A, do CC. Item III correto, nos termos do permissivo constante do § 3º, do referido art. 980-A.

11. "c". Fundamento: arts. 980-A, § 6º, 983, 984 e 985, todos do CC.

12. "e". Em sintonia com a literalidade do art. 966, *caput*, do CC.

13. Errado. O empreendedor que desenvolva atividade rural poderá inscrever-se facultativamente, nos termos do art. 971 do Código Civil.

14. "c". Em sintonia com a literalidade do art. 971, do Código Civil: "O empresário, cuja atividade rural constitua sua principal profissão, pode, observadas as formalidades de que tratam o art. 968 e seus parágrafos, requerer inscrição no Registro Público de Empresas Mercantis da respectiva sede, caso em que, depois de inscrito, ficará equiparado, para todos os efeitos, ao empresário sujeito a registro".

3

EMPRESA — PATRIMÔNIO TANGÍVEL E INTANGÍVEL

3.1. INTRODUÇÃO

O ser humano, desde a concepção, para alguns, juridicamente, pode ser entendido como um vetor de direitos e obrigações. Alguns direitos aninham-se no próprio indivíduo, correspondentes aos **direitos da personalidade** (arts. 11-21, do CC)[1]. Outros decorrem da ingerência que alguém tenha sobre determinadas coisas, como o **direito de propriedade** sobre sua residência. E outros, ainda, revelam-se presentes nas relações que o indivíduo, cotidianamente, constrói com seus semelhantes ou com pessoas físicas e jurídicas profissionais (empresários ou sociedades empresárias), ao contratar serviços básicos, entre os quais o transporte público, a título de ilustração. São, dessa forma, direitos de personalidade, direitos reais (*res* = coisa) e **direitos pessoais**, respectivamente.

Naturalmente, portanto, cada um de nós, mesmo que não se dê conta de tal fato, ao longo da vida, **acumulará direitos, bens e obrigações**. Contábil e matematicamente, tem-se a noção de que os direitos e os bens representam a porção positiva de um conjunto — ao passo que as obrigações correspondem ao aspecto negativo do mesmo conjunto. A declaração anual de ajuste do imposto de renda da pessoa física, por exemplo, estará a relacionar **tanto os direitos e bens do contribuinte quanto suas dívidas e ônus reais**. Ao final, do encontro dos valores positivos e negativos, possível o cálculo no período de um ano da **variação patrimonial**, isto é, economicamente, um saldo positivo, sem variação ou negativo. O referido conjunto, desde os romanos, é **denominado patrimônio**.

O patrimônio pode ser classificado **como positivo, subconjunto dos direitos e bens**, ou **negativo, subconjunto correspondente às obrigações**. A variação do patrimônio de uma pessoa física, portanto, demonstra-se algo comum.

Especificamente em relação ao empresário, como se estudou no capítulo anterior, é possível que explore a atividade econômica organizada individualmente. Ao assim decidir, tendo em vista tratar-se de profissional que deve sopesar o custo, o risco e os benefícios de tal decisão, **deverá organizar o patrimônio destinado ao desenvolvimento da atividade, sem prejuízo da manutenção de patrimônio particular** para satisfação de suas necessidades básicas.

---

[1] Nesse sentido, confira-se a doutrina de Álvaro Vilaça de Azevedo, *Teoria geral das obrigações*, 2008.

O que a prudência recomenda e o que se esclarece aos que pretendem se tornar empreendedores quanto ao custo da atividade, basicamente, diz respeito ao **cuidado que se deve ter em relação ao controle da variação patrimonial do empreendimento**, quer dizer, deverá haver a preocupação com um fluxo de caixa controlado para que não haja comprometimento do patrimônio particular do empresário em virtude das dívidas do empreendimento ou comprometimento das obrigações da empresa em razão do descontrole das finanças pessoais do empresário.

Faticamente, em outras palavras, **poderá haver confusão patrimonial** e se financeiramente, bem como contabilmente, recomendável a separação dos patrimônios, juridicamente, **perante terceiros credores, não se poderá invocar tal separação**, razão pela qual se contextualizará o **risco do desenvolvimento empresarial, em caso de patrimônio deficitário**, pois, em relação ao **empresário individual, o conjunto de bens que tenha acumulado responderá "pelas dívidas do empreendimento, como garantia única da universalidade dos credores: civis, trabalhistas, tributários ou empresariais"**[2].

Logo, imprescindível para o exercício da atividade empresarial o **gerenciamento do patrimônio da empresa**, correspondente ao conjunto de direitos, bens e obrigações, um todo em que se especificará o patrimônio ativo e o patrimônio passivo, sendo possível estimar o denominado patrimônio líquido do empreendimento, do confronto do ativo com o passivo.

■ 3.2. DO ESTABELECIMENTO EMPRESARIAL

A especificação do conjunto de direitos, bens e obrigações, correspondentes ao patrimônio da empresa, compõe a tarefa deste capítulo. O conjunto patrimonial tem regime jurídico entre os arts. 1.142 e 1.149, do Código Civil, entendido como o conjunto de bens tangíveis e intangíveis a permitir o desenvolvimento de determinada atividade empresarial.

Disse-se patrimônio tangível ou intangível, porque **alguns bens do estabelecimento são palpáveis, como máquinas, mercadorias em estoque, o imóvel** em que se localiza a sede da empresa (bens móveis e imóveis etc.). Esse subconjunto, o patrimônio tangível, objeto de valoração, depreciação e que compõe parte importante do patrimônio da empresa, principalmente porque **será este o patrimônio que, em caso de falência, será arrecadado** para, depois de liquidado, isto é, avaliado, leiloado, enfim, transformado em dinheiro, ser disponibilizado à massa de credores para saldar pelo menos parte de seus créditos.

Por sua vez, para além do patrimônio tangível, material, paralelamente, constrói-se um patrimônio também valioso, mas intangível, a começar pelo nome do empreendimento. De tal patrimônio intangível também fazem parte o ponto empresarial, o título do estabelecimento, o endereço eletrônico[3], no caso de estabelecimento virtual,

---

2 Assim se posiciona Ricardo Negrão, *Manual de direito comercial & empresa,* 3. ed., v. 1, p. 86.

3 Também agregará valor ao empreendimento eventual perfil que utilize profissionalmente, nos termos do enunciado 95 da III Jornada de Direito Comercial: "Os perfis em **redes sociais**, quando

as patentes, as marcas e a prospecção sobre os resultados futuros do empreendimento, tendo em vista o histórico dos resultados vivenciados e que, atuarialmente, por estimativa, projetam-se como prováveis; trata-se de legítima expectativa para o futuro.

Assim, podemos concluir ser o estabelecimento o **conjunto de bens corpóreos e incorpóreos que compõem o acervo da empresa**, servindo-lhe para o alcance de sua finalidade produtiva e lucrativa, bem como servindo de garantia ao pagamento das obrigações empresariais.

■ 3.2.1. Do nome empresarial

Ainda que haja dissenso a respeito da natureza jurídica do nome empresarial, diante da adoção da teoria da empresa, **o nome empresarial integra sim o conceito de estabelecimento**, ainda que tenha a função de identificar o titular ou sujeito de direito que exerça a atividade. A propósito, entre outros, o pensamento de Rubens Edmundo Requião[4]:

> Pela lição de Garrigues, que coloca o estudo do nome comercial na doutrina da empresa sob uma dupla razão: primeiro, porque veio a ser um dos elementos do patrimônio mercantil, de valor econômico e substancialmente jurídico; segundo, porque designa não certamente a pessoa do comerciante isolado, senão o comerciante como titular da empresa. Por isso serve para diferençar tanto a pessoa como a organização por ela criada, isto é, **imediatamente designa o comerciante e mediatamente a sua empresa**. O Código Civil segue o padrão da legislação mais recente e adota a expressão nome empresarial, pois o faz para designar o exercício da empresa.

A regra da inalienabilidade do nome empresarial (art. 1.164, *caput*, do CC) não afasta sua importância como elemento potencialmente integrante do estabelecimento, pois, mesmo após a cessação do exercício da atividade por determinado empresário, seu nome poderá remanescer agregado ao mesmo empreendimento, ainda que gerenciado pelo adquirente do estabelecimento, tendo em vista que o adquirente poderá "se o contrato o permitir, usar o nome do alienante, precedido do seu próprio, com a qualificação de sucessor" (art. 1.164, parágrafo único, do Código Civil).

Além disso, poderá haver colidência entre nome e marca semelhantes ou coincidentes, mas como atributos e sinais distintivos relacionados a empresários ou empreendimentos diversos, percebendo-se que tais sinais, por individualizar os empreendimentos, tornam-se importantes do ponto de vista econômico, porque hábeis a atrair a clientela. Portanto, o nome e a marca são intangíveis, em perspectiva, passíveis de valoração econômica.

A **Constituição Federal aproximou os institutos nome empresarial e marca**, ao conferir-lhes proteção: "a lei assegurará (...) à propriedade das marcas, aos nomes de empresas e a outros signos distintivos, tendo em vista o interesse social e o desen-

---

explorados com finalidade empresarial, podem se caracterizar como **elemento imaterial** do estabelecimento empresarial".

4 *Curso de direito comercial*, 26. ed., v. 1, p. 228-229.

volvimento tecnológico e econômico do País" (art. 5º, inc. XXIX). De igual modo, a Lei atual sobre a Propriedade Industrial (Lei n. 9.279/96), ao **impedir o registro de marcas que componham a "reprodução ou imitação de elemento característico ou diferenciador** de título de estabelecimento ou nome de empresa de terceiros, suscetível de causar confusão ou associação com estes sinais distintivos" (art. 124, inc. V, da Lei n. 9.279/96). Por isso, **nome empresarial e marca** — reitere-se —, ainda que não se confundam, podem ser considerados **espécies de bens intangíveis componentes do estabelecimento empresarial**[5].

Reafirme-se que o nome empresarial, minimamente, de tema correlato ao estabelecimento empresarial se trata, porque a proteção do nome, por exemplo, quando houver colidência entre nome e marca, poderá ser invocada para prevenir ou impedir desvio de clientela e, logicamente, os prejuízos econômicos advindos de tal desvio. Portanto, não se trata de preservar estritamente a honra objetiva de determinado empresário ou sociedade empresária, mas da própria organização por eles gerenciada.

■ *3.2.1.1. Espécies de nome empresarial*

O art. 1.155, *caput*, do Código Civil descreve as **duas espécies de nome empresarial**:

- firma; ou
- denominação.

A diferença básica entre ambas estabelece-se pelo fato de que, na firma (individual ou coletiva), o nome empresarial se formará pela utilização dos nomes pessoais dos empreendedores, completos ou abreviados, acrescentando-lhes, ainda, "designação mais precisa" de suas pessoas "ou do gênero de atividade" (art. 1.156, do CC), enquanto, na denominação, em vez do nome dos empreendedores, o que a caracterizará será o objeto social, ou seja, a atividade desenvolvida (art. 1.160, *caput*, 1ª parte, do CC).

De se perceber, entretanto, que a **mistura entre o nome dos empreendedores e o ramo de atividade será possível tanto na firma quanto na denominação**. No primeiro caso, para especificar o objeto social, reafirme-se. No segundo caso, para homenagear o "nome do fundador, acionista, ou pessoa que haja concorrido para o bom êxito da formação da empresa" (parágrafo único do art. 1.160, do CC). Haverá, por assim dizer, preponderância, bem como **concorrência, entre os elementos "nomes pessoais dos empreendedores" e "ramo de atividade" para a formação do nome empresarial**.

Além da especificação do empreendimento e dos titulares que o organizaram e o desenvolverão, destaca-se como **função do nome empresarial também, indiciariamente, precisar a responsabilidade dos empreendedores**. Como se verá (no *capítulo 7*), a depender do tipo de sociedade escolhido, os sócios responderão de forma limi-

---

5 Marlon Tomazette salienta, inclusive, que o título do estabelecimento e o nome empresarial poderão coincidir. Entretanto, às vezes, o título do estabelecimento possui designação distinta, caso em que fala-se em "nome de fantasia" a identificar "apenas o local do exercício da atividade empresarial". (*Curso de direito empresarial. Teoria geral e direito societário*. 5. ed. São Paulo: Atlas, 2012, p. 141.

tada ou ilimitada pelo passivo a descoberto do empreendimento, isto é, pelas obrigações pendentes da sociedade não saldadas com o patrimônio dela. O art. 1.157, do CC, por exemplo, determina que **os nomes dos sócios de responsabilidade ilimitada deverão compor o nome da firma social**, sendo que o parágrafo único do mesmo artigo impõe a **solidariedade pelo passivo social em relação a todos os sócios que tenham contribuído com seus nomes pessoais** para a formação da firma da sociedade.

A inserção da palavra limitada (própria da sociedade limitada) estará a restringir a responsabilidade dos sócios do empreendimento, ao passo que a **omissão da mesma palavra poderá determinar "a responsabilidade solidária e ilimitada** dos administradores que assim empregarem a firma ou a denominação da sociedade" (art. 1.158, § 3º, do CC).

O empresário individual que se estruture como empresa individual de responsabilidade limitada, por expressa disposição de lei, **poderá optar por identificar o empreendimento por meio de firma ou denominação, mas deverá acrescentar ao nome escolhido a expressão EIRELI** (art. 980, § 1º, do CC).

O porte do empreendimento[6] **merecerá menção também no nome empresarial**, como no caso das "**Microempresas**" e das "**Empresas de Pequeno Porte**", as quais deverão acrescentar ao nome escolhido as locuções aqui referidas ou as **abreviaturas ME e EPP**, desde que se enquadrem nos limites legais, assim verificáveis por suas receitas brutas anuais, que, para as microempresas, não poderão ser superiores a R$ 360.000,00 e, para as empresas de pequeno porte, não poderão exceder o montante de R$ 4.800.000,00 (art. 3º, incs. I e II, c/c art. 72, ambos da LC n. 123/2006, com redação dada pela LC n. 155/2016).

Infralegalmente, destacam-se as **instruções normativas** do Departamento Nacional de Registro de Comércio **(DNRC), hoje, Departamento de Registro Empresarial e Integração (DREI)**, as quais orientam os empreendedores sobre os atos sujeitos a registro, inclusive sobre a formação do nome empresarial. A título de exemplo, a Instrução Normativa DREI n. 6, de 5 de dezembro de 2013, regulamentou o registro das denominadas empresas binacionais, de capital transnacional, entre argentinos e brasileiros, que, especificamente em relação ao nome empresarial, "**deverão ter seu nome (...) acrescido da expressão 'Empresa Binacional Brasileiro-Argentina' ou as iniciais 'E.B.B.A.' ou 'E.B.A.B.'**" (art. 3º, inc. II).

Como se disse, a variação patrimonial dos empreendimentos é característica comum, sendo que as alterações patrimoniais correspondentes, bem como a transformação da estrutura do tipo empresarial e a modificação do quadro societário, **determinarão a atualização do nome empresarial**. A Instrução Normativa do DNRC n. 99/2005, em seu art. 1º, esclarece: "Nome empresarial **é aquele sob o qual o empresário e a sociedade empresária exercem suas atividades e se obrigam nos atos a elas pertinentes**". Tal artigo, assim, resume as **duas grandes funções do nome empresarial, quais sejam, a**

---

6 Em tempos de pandemia, de se aplaudir o esforço governamental (Estado-Legislativo e Executivo) com a formalização de novas linhas de crédito, para socorro financeiro das microempresas e empresas de pequeno porte, de que é exemplo o denominado Pronampe, Lei n. 13.999/2020.

identificação do empreendimento e a delimitação dos que se obrigam por sua titularidade, razão pela qual a regularidade do registro e sua atualização protegerão os empreendedores e todos os que com eles negociarem. As prerrogativas decorrentes do registro serão examinadas no item seguinte. Antes, porém, esquematicamente, cabe a delimitação das hipóteses legais a permitir a opção pelo uso da firma ou denominação, a restrição de uma das duas espécies ou mesmo a proibição de ambas:

AS ESPÉCIES DE NOME EMPRESARIAL NO CÓDIGO CIVIL		
Empreendedor Individual ou Coletivo	**Espécie de Nome Empresarial**	**Regime Jurídico**
MEI — MICROEMPREENDEDOR INDIVIDUAL	■ Firma (dispensável)	■ art. 968, *caput*, inc. I, e § 5º, do CC
EIRELI — EMPRESA INDIVIDUAL DE RESPONSABILIDADE LIMITADA	■ Firma ou Denominação	■ art. 980-A, § 1º, do CC
EMPRESÁRIO (QUE NÃO SE ENQUADRE COMO MEI OU SE ESTRUTURE COMO EIRELI)	■ Firma Individual	■ art. 968, *caput*, inc. I, e art. 1.156, ambos do CC
LTDA — SOCIEDADE LIMITADA	■ Firma Social ou Denominação	■ art. 1.158, do CC
S/A — SOCIEDADE ANÔNIMA	■ Denominação	■ art. 1.160, do CC e art. 3º, da Lei n. 6.404/76
SOCIEDADE EM NOME COLETIVO	■ Firma Social	■ art. 1.157 c/c art. 1.039, ambos do CC
SOCIEDADE EM COMANDITA SIMPLES	■ Firma Social	■ art. 1.157 c/c art. 1.045, ambos do CC
SOCIEDADE EM COMANDITA POR AÇÕES	■ Firma Social ou Denominação	■ art. 1.090, do CC
COOPERATIVA	■ Denominação	■ art. 1.155, parágrafo único, c/c art. 1.159, ambos do CC
SOCIEDADE EM CONTA DE PARTICIPAÇÃO	■ Não poderá utilizar nem firma, nem denominação	■ art. 1.162, do CC

■ 3.2.1.2. *Do registro do nome empresarial*

A identificação do empresário individual ou coletivo, após o regular registro, conferirá ao empreendedor a prerrogativa do uso exclusivo do sinal distintivo, nos limites geográficos da inscrição, isto é, no território correspondente ao Estado em que efetuada a inscrição (princípio da territorialidade) e, até mesmo, nacionalmente, se houver registro especial posterior, nos termos do art. 1.166, parágrafo único, do Código Civil.

Diante disso, **como pressuposto para a referida inscrição, tem-se o princípio da novidade**, pois o nome escolhido deverá "distinguir-se de qualquer outro já inscrito no mesmo registro" (art. 1.163, *caput*, do CC). A Instrução Normativa DNRC n. 99/2005, expressamente, refere-se ao **princípio da novidade** em seu art. 4º. Tal instrução alude também ao **princípio da veracidade**[7], que **vincula a formação do**

---

[7] Rubens Requião ensina que, além do sistema da veracidade ou da autenticidade, próprio do direito brasileiro, o qual "impõe que a firma seja constituída sob o patronímico do empresário individual e, quando firma social, sob o de sócios que a compõem", há o sistema da liberdade plena, em que a referida vinculação não é exigível, como ocorre nos Estados Unidos, e o sistema eclético, em que a

nome empresarial aos nomes dos empreendedores, principalmente nos tipos societários em que haja responsabilidade ilimitada e solidária por eventual passivo social, exigindo-se, inclusive, a **atualização do nome empresarial, em caso de falecimento, exclusão ou retirada de sócio**, nos termos do art. 1.165, do CC.

A **inscrição de nome empresarial em discordância** com os ditames legais ou com as informações do contrato social **poderá ser anulada**, nos termos do art. 1.167, do CC, sendo que a **desativação do empreendimento**, fática ou formalmente, poderá ocasionar o **cancelamento da inscrição regular**, nos termos do art. 1.168, também do CC. E isso sem prejuízo dos eventuais danos causados aos empreendedores prejudicados.

A **Lei n. 8.934/94**, Lei do Registro Público de Empresas Mercantis, regula o **registro empresarial e a proteção ao nome empresarial**, título do estabelecimento, e ao nome de fantasia. Já a **Lei n. 9.279/96**, Lei de Propriedade Industrial, regula o **registro de marcas e patentes**. As **Juntas Comerciais**, órgãos estaduais que são, ao promoverem o registro do nome empresarial e de fantasia, conferirão **proteção em âmbito estadual e no ramo de atividade** a referidos signos. **O INPI** (Instituto Nacional da Propriedade Industrial), órgão federal, promoverá o **registro das marcas e patentes**, conferindo-lhes **proteção nacional**.

Nomes, marcas e patentes gozarão, ainda, de **proteção internacional**, em razão de o Brasil ser signatário da **Convenção Internacional de Paris (CUP) de 1883** (o Brasil foi um dos 14 países signatários originais) sobre o registro e a proteção de marcas e patentes, hoje com a redação dada em Estocolmo, em 1967, tendo 173 países signatários atualmente. Nela, os países comprometem-se a respeitar o princípio da novidade no âmbito dos seus territórios de marcas, patentes e nomes registrados em qualquer um dos países signatários.

A inscrição regular do nome empresarial, se **respeitados os princípios da novidade e da veracidade, poderá prevenir a captação indevida de clientela**, uma das expressões da concorrência desleal, que se poderá contextualizar por meio do uso indevido do nome de um empreendedor, relacionando-o a produtos destinados à venda por outro. Tal prática, se verificada, constituirá **causa jurídica para pedido de indenização**, nos termos do art. 209, da Lei de Propriedade Industrial, Lei n. 9.279/96.

A Instrução Normativa DNRC n. 99/2005 estabelece os seguintes **critérios, para afastar a coincidência de nomes empresariais**: "Art. 8º Ficam estabelecidos os seguintes critérios para a análise de identidade e semelhança dos nomes (...) I — entre firmas, consideram-se os nomes por inteiro, havendo identidade se homógrafos e semelhança se homófonos; II — entre denominações: *a)* consideram-se os nomes por inteiro, quando compostos por expressões comuns, de fantasia, de uso generalizado ou vulgar, ocorrendo identidade se homógrafos e semelhança se homófonos; *b)* quando contiverem expressões de fantasia incomuns, serão elas analisadas isolada-

---

veracidade do registro será exigível no momento da criação da firma, flexibilizando-se tal exigência em caso de sucessão do empreendimento, por ato *inter vivos* ou *causa mortis*, como ocorre na Alemanha (*Curso de direito comercial*, 26. ed., v. 1, p. 235-236).

mente, ocorrendo identidade se homógrafas e semelhança se homófonas. Art. 9º **Não são exclusivas, para fins de proteção, palavras ou expressões que denotem**: *a)* denominações genéricas de atividades; *b)* gênero, espécie, natureza, lugar ou procedência; *c)* termos técnicos, científicos, literários e artísticos do vernáculo nacional ou estrangeiro, assim como quaisquer outros de uso comum ou vulgar; *d)* nomes civis. Parágrafo único. **Não são suscetíveis de exclusividade letras ou conjunto de letras**, desde que não configurem siglas".

Esquematizando o regime legal e o âmbito de proteção conferida pelo registro:

REGIME LEGAL E ÂMBITO DE PROTEÇÃO CONFERIDA PELO REGISTRO DE NOME EMPRESARIAL E MARCAS		
Registro	**Regime Legal**	**Âmbito de Proteção**
NOME EMPRESARIAL E DE FANTASIA	■ Lei n. 8.934/94	■ Estadual e no ramo de atividade.
MARCA	■ Lei n. 9.279/96	■ Nacional e no ramo de atividade, salvo marca de alto renome (protegida em todos os ramos).
PATENTE	■ Lei n. 9.279/96	■ Nacional, por prazo determinado.

■ *3.2.1.3. Da colidência entre nome empresarial e marca*

Quando houver **colidência entre nome empresarial e marca**, no caso concreto, para decidir-se pela prevalência de um ou outro sinal distintivo, ambos componentes de estabelecimentos empresariais diversos, deverá haver a **consideração de princípios concorrentes**.

Em primeiro lugar, o **princípio da novidade ou anterioridade** dos registros servirá de parâmetro inicial para verificar a possibilidade de concorrência de ambos os sinais distintivos.

Para humanizar a teoria, tenha-se em mente o **registro regular de uma sociedade empresária** que veio a explorar a prestação de serviços educacionais, sob a denominação **Colégio Vera Cruz Ltda**., no Estado do **Pará, isso em 1957**. Posteriormente, outra sociedade empresária, uma Instituição de Ensino Superior, denominada **Associação Universitária Interamericana, com sede em São Paulo**, e a atuar nesta unidade da federação, **registrou a marca Vera Cruz** (sinal distintivo do material didático por ela distribuído), junto ao INPI, **em 1979**.

De acordo com a Lei de Propriedade Industrial, vigente à época, **a proteção da marca conferiria a seu titular exclusividade em todo o território nacional**, mandamento legal repetido no art. 129, da Lei n. 9.279/96, Lei de Propriedade Industrial, hoje vigente. A Instituição de Ensino Superior ao tomar conhecimento de produtos comercializados pelo colégio com o nome "Vera Cruz" entendeu desrespeitado seu direito de propriedade industrial e notificou o referido colégio da necessidade de se abster do uso do nome "Vera Cruz" em seus produtos. O colégio não atendeu à notificação extrajudicial, razão pela qual a IES ajuizou **ação de abstenção de ato cumulada com pedido de indenização pelo uso indevido de sua marca**.

No caso em questão, a **anterioridade do registro do nome empresarial** "Vera Cruz" conferiu **proteção regional à denominação** escolhida e explorada pelo colégio. E, apesar de o registro junto ao INPI da **marca "Vera Cruz"** possuir abrangência em todo o território nacional, isso não significou a necessidade de alteração do nome empresarial do "Colégio Vera Cruz", diante da anterioridade do registro do nome, bem como em virtude de outro princípio, o da **especialidade**, a afastar a confusão entre o nome e a marca, por identificarem **objetos sociais com públicos-alvo distintos**, ainda que ambos relacionados à educação.

Tal exemplo retratou a **superação da colidência entre nome empresarial e marca** pelo diálogo entre os princípios da anterioridade, territorialidade e especialidade. E trata-se de caso concreto julgado pelo Superior Tribunal de Justiça, mais precisamente o REsp 1.191.612/PA, 3ª Turma, Rel. Min. Paulo de Tarso Sanseverino, *DJe* 28/10/2013. Ficou assentado que o **nome empresarial teria sua exclusividade reconhecida no âmbito territorial do estado** onde realizado seu registro (Junta Comercial, Pará, 1957), enquanto a **marca poderia ser explorada no restante do país** pela IES (INPI, São Paulo, 1979)[8].

Como será pontuado no *capítulo 4 (item 4.5.4)*, a própria **lei previne a ocorrência de colidência** entre nome empresarial e marca ao dispor que "**não são registráveis como marca (...) reprodução ou imitação de elemento característico ou diferenciador de título de estabelecimento ou nome de empresa** de terceiros, suscetível de causar confusão ou associação com estes sinais distintivos" (art. 124, inc. V, da LPI), sendo que há precedente do STJ a interpretar que somente haverá eventual **colidência se a proteção do registro do nome empresarial** (em princípio restrito ao âmbito estadual de sua sede) **tenha sido alcançado em todo o território nacional** (art. 1.166, parágrafo único, do CC integrado pela Lei n. 8.934/94, regulamentada pelo Decreto Federal n. 1.800/96, art. 61, § 2º)[9], **rivalizando-se tal**

---

[8] Eventual modulação da abrangência da proteção do uso do signo distintivo (nome ou marca) por concessão entre as partes por acordo extrajudicial não poderá ser oposta aos órgãos públicos de registro. Nesse sentido, o Enunciado 60 da II Jornada de Direito Empresarial: "Os acordos e negócios de abstenção de uso de marcas entre sociedades empresárias não são oponíveis em face do Instituto Nacional de Propriedade Industrial — INPI, sem prejuízo de os litigantes obterem tutela jurisdicional de abstenção entre eles na Justiça Estadual".

[9] Decreto n. 1.800/96: "Art. 61. A proteção ao nome empresarial, a cargo das Juntas Comerciais, decorre, automaticamente, do arquivamento da declaração de firma mercantil individual, do ato constitutivo de sociedade mercantil ou de alterações desses atos que impliquem mudança de nome. § 1º A proteção ao nome empresarial circunscreve-se à unidade federativa de jurisdição da Junta Comercial que procedeu ao arquivamento de que trata o *caput* deste artigo. § 2º A proteção ao nome empresarial poderá ser estendida a outras unidades da federação, a requerimento da empresa interessada, observada instrução normativa do Departamento Nacional de Registro do Comércio — DNRC". E, nos termos do § 1º do artigo 13 da IN/DNRC n. 53, de 6 de março de 1996, "a proteção ao nome empresarial na jurisdição de outra Junta Comercial decorre, automaticamente, da abertura de filial nela registrada ou do arquivamento de pedido específico, instruído com certidão da Junta Comercial da unidade federativa onde se localiza a sede da empresa mercantil interessada".

proteção com a da marca concorrente, como se sabe, de abrangência nacional (REsp 1.204.488/RS, 3ª Turma, Rel. Min. Nancy Andrighi, *DJe* 02/03/2011)[10-11-12].

Esquematizando os princípios aplicáveis ao registro de nomes empresariais e marcas:

PRINCÍPIOS DO REGISTRO DE NOME EMPRESARIAL E MARCAS	
Princípio	**No que consiste**
NOVIDADE OU ANTERIORIDADE	■ O nome e a marca têm de ser novos, originais. Não podem repetir outro já registrado no mesmo ramo e território.
VERDADE OU VERACIDADE	■ A formação do nome empresarial deve coincidir com os nomes dos empreendedores e com a situação real da empresa.
ESPECIALIDADE	■ A proteção se dá no ramo de atividade e tipo de produto oferecido.
TERRITORIALIDADE	■ A proteção se dará no âmbito do território: a) estadual, para o nome empresarial; b) nacional, para as marcas.

[10] Na mesma linha de raciocínio, confira-se o Enunciado n. 2, da I Jornada de Direito Comercial, promovida pelo CJF: "A vedação de registro de marca que reproduza ou imite elemento característico ou diferenciador de nome empresarial de terceiros, suscetível de causar confusão ou associação (art. 124, V, da Lei n. 9.279/1996), deve ser interpretada restritivamente e em consonância com o art. 1.166 do Código Civil".

[11] Com a popularização do comércio eletrônico, perceptível o crescimento de estabelecimentos empresariais virtuais, sendo que o "nome do domínio" na internet identifica o referido estabelecimento virtual e também se destaca como intangível que compõe o conceito de estabelecimento empresarial. Nesse sentido, o Enunciado n. 7 da I Jornada de Direito Comercial, promovida pelo CJF: "o nome de domínio integra o estabelecimento empresarial como bem incorpóreo para todos os fins de direito". O registro do "nome de domínio", no Brasil, atribuição do CGI.br (Comitê Gestor da Internet no Brasil, Decreto Federal 4.829, de 03/09/2003) será conferido a quem "primeiro (...) satisfizer, quando do requerimento, as exigências para o registro do mesmo, conforme as condições descritas" na Resolução CGI.br/RES/2008/008/P, princípio doutrinário e jurisprudencial conhecido pela locução "First Come, First Served" (cf. REsp 658.789/RS, 3ª Turma, Rel. Min. Ricardo Villas Bôas Cueva, *DJe* 12/09/2013).

[12] Por identidade de razões, o diálogo de princípios referidos na colidência entre nome empresarial e marca (anterioridade, territorialidade e especialidade) também deverá ser cotejado em caso de colidência de outros signos distintivos com o "nome de domínio". Registre-se que o projeto para a criação de um novo Código Comercial no Senado (PLS 487/2013) tratou do "nome do domínio" nos termos seguintes: "Art. 117. O nome de domínio do empresário é elemento de seu estabelecimento empresarial. § 1º Configura conduta parasitária o registro de nome de domínio, em que o núcleo distintivo do segundo nível reproduz marca registrada alheia, salvo se feito por quem for também titular, em razão da especialidade, do registro de igual marca. § 2º Configura ato ilícito qualquer pessoa promover o registro de nome de domínio cujo núcleo distintivo de segundo nível tenha o potencial de prejudicar a imagem ou os negócios de um empresário. § 3º Na hipótese dos parágrafos antecedentes, o prejudicado pode pedir em juízo a imediata transferência, para ele, do registro do nome de domínio, além de perdas e danos, ou a imediata suspensão ou bloqueio do domínio, nos casos em que não tiver interesse de os utilizar. § 4º O empresário interessado em utilizar nome de domínio inativo por mais de três anos pode notificar o titular, no endereço físico ou no eletrônico disponibilizado pela entidade responsável pelo registro, para que comprove o uso ou justifique o desuso. § 5º Na hipótese do parágrafo anterior, não sendo apresentadas, no prazo de dez dias, provas de efetivo uso ou razões legítimas para o desuso, o autor da notificação tem direito à adjudicação judicial do nome de domínio inativo".

3.2.2. Patentes e marcas

Além das marcas a identificar determinado produto ou serviço, o gênio humano, por meio de invenções, possivelmente projetará ideias formidáveis, as quais poderão se transformar em **novos produtos ou serviços**. Tais **invenções também poderão compor o patrimônio do empreendimento**. Por se tratar de bem intangível com regime próprio (Lei n. 9.279/96), serão especificadas no *capítulo 4*.

3.2.3. Ponto comercial

O ponto comercial ou, modernamente, o **ponto empresarial diz respeito ao local onde o empresário ou sociedade empresária fixa seu estabelecimento**, escolhendo-o estrategicamente, diante do esperado fluxo de clientes. Assim, o ponto empresarial contribui para **estimar a clientela**, sendo esta localização geográfica **intangível ou bem incorpóreo que passa a fazer parte do estabelecimento empresarial**.

Fábio Ulhoa Coelho define o ponto comercial como "local em que o empresário se estabelece. É um dos fatores decisivos para o sucesso do seu empreendimento"[13].

A **manutenção do domicílio do estabelecimento em determinado local se impõe como questão relevante**, devendo-se indagar se o imóvel correspondente faz parte do ativo imobilizado do empreendimento ou se **é propriedade de terceiro-locador**.

No último caso, a preservação do ponto empresarial[14] poderá ser alcançada com a renovação sucessiva e até mesmo obrigatória do contrato de locação. O regime jurídico da ação renovatória de aluguel percebe-se entre os **arts. 51 e 57, da Lei n. 8.245/91**.

A lei declara em caso de locação não residencial, sendo locatários o empresário, a sociedade empresária e a sociedade simples, ser direito do locatário "a renovação do contrato, por igual prazo, desde que, **cumulativamente**: I — o contrato a renovar tenha sido celebrado por escrito e com prazo determinado; II — o prazo mínimo do contrato a renovar ou a soma dos prazos ininterruptos dos contratos escritos seja de cinco anos; III — o locatário esteja explorando seu comércio, no mesmo ramo, pelo prazo mínimo e ininterrupto de três anos". O STJ pacificou entendimento no sentido de permitir, para o alcance do prazo mínimo de 5 (cinco) anos, a **soma do prazo de contratos** com menor duração, **desde que sucessivos** ou, pelo menos, desde que não se contextualize um intervalo de tempo muito longo entre os contratos de locação cuja soma se queira perfazer. Nesse sentido, o precedente seguinte:

> LOCAÇÃO COMERCIAL. AÇÃO RENOVATÓRIA. PRAZO. NOVO CONTRATO. O prazo do novo contrato, prorrogado por conta de ação renovatória, deve ser fixado na mesma base da avença anterior. A soma dos prazos dos diversos contratos sucessivos, *acessio temporis*, é admitida apenas para facultar ao locatário o uso da renovatória. Precedentes do STJ. Recurso provido (STJ, REsp 547.369/MG, 5ª Turma, Min. Félix Fisher, à unanimidade, *DJ* 10/05/2004, p. 335).

---

[13] COELHO, Fábio Ulhoa. *Curso de direito comercial,* 12. ed., v. 1, p. 102.

[14] O professor Fábio Ulhoa Coelho nomeou o direito do empresário à permanência de seu estabelecimento empresarial em determinado imóvel de direito de inerência (*Curso de direito comercial,* 12. ed., v. 1, p. 102).

Pela leitura do precedente acima, percebe-se que o **prazo da nova locação** corresponderia ao do último contrato. Entretanto, a 3ª Turma do STJ, em precedente mais recente, construiu **tese mais favorável ao locatário**, ao estabelecer que o prazo mínimo para o ajuizamento da renovatória também deve servir como **prazo mínimo de duração da locação renovada**, ainda que na hipótese de contratos sucessivos. Tal decisão realçou a importância do direito de inerência do locatário empresário e, assim, revelou as grandezas **espaço físico e tempo** como basilares para se estimar a expressão econômica do **fundo de comércio ou *goodwill*** (tema que estudaremos no *item 3.2.5*). Confira-se, então, a ementa do julgado aqui referenciado:

> RECURSO ESPECIAL. AÇÃO RENOVATÓRIA DE CONTRATO. LOCAÇÃO COMERCIAL. *ACCESSIO TEMPORIS*. PRAZO DA RENOVAÇÃO. ARTIGOS ANALISADOS: ART. 51 da Lei 8.245/91.
>
> 1. Ação renovatória de contrato de locação comercial ajuizada em 09.06.2003. Recurso especial concluso ao Gabinete em 07.12.2011.
>
> 2. Discussão relativa ao prazo da renovação do contrato de locação comercial nas hipóteses de "accessio temporis".
>
> 3. A Lei 8.245/91 acolheu expressamente a possibilidade de "accessio temporis", ou seja, a soma dos períodos ininterruptos dos contratos de locação para se alcançar o prazo mínimo de 5 (cinco) anos exigido para o pedido de renovação, o que já era amplamente reconhecido pela jurisprudência, embora não constasse do Decreto n. 24.150/1934.
>
> 4. A renovatória, embora vise garantir os direitos do locatário face às pretensões ilegítimas do locador de se apropriar patrimônio imaterial, que foi agregado ao seu imóvel pela atividade exercida pelo locatário, notadamente o fundo de comércio, o ponto comercial, também não pode se tornar uma forma de eternizar o contrato de locação, restringindo os direitos de propriedade do locador, e violando a própria natureza bilateral e consensual da avença locatícia.
>
> 5. O prazo 5 (cinco) anos mostra-se razoável para a renovação do contrato, a qual pode ser requerida novamente pelo locatário ao final do período, pois a lei não limita essa possibilidade. Mas permitir a renovação por prazos maiores, de 10, 15, 20 anos, poderia acabar contrariando a própria finalidade do instituto, dadas as sensíveis mudanças de conjuntura econômica, passíveis de ocorrer em tão longo período de tempo, além de outros fatores que possam influenciar na decisão das partes em renovar, ou não, o contrato.
>
> 6. Quando o art. 51, *caput*, da Lei 8.245/91 dispõe que o locatário terá direito à renovação do contrato "por igual prazo", ele está se referido ao prazo mínimo exigido pela legislação, previsto no inciso II do art. 51, da Lei 8.245/91, para a renovação, qual seja, de 5 (cinco) anos, e não ao prazo do último contrato celebrado pelas partes.
>
> 7. A interpretação do art. 51, *caput*, da Lei 8.245/91, portanto, deverá se afastar da literalidade do texto, para considerar o aspecto teleológico e sistemático da norma, que prevê, no próprio inciso II do referido dispositivo, o prazo de 5 (cinco) anos para que haja direito à renovação, a qual, por conseguinte, deverá ocorrer, no mínimo, por esse mesmo prazo.
>
> 8. A renovação do contrato de locação não residencial, nas hipóteses de "acessio temporis", dar-se-á pelo prazo de 5 (cinco) anos, independentemente do prazo do último contrato que completou o quinquênio necessário ao ajuizamento da ação. O prazo máximo da renovação também será de 5 (cinco) anos, mesmo que a vigência da avença locatícia, considerada em sua totalidade, supere esse período.

9. Se, no curso do processo, decorrer tempo suficiente para que se complete novo interregno de 5 (cinco) anos, ao locatário cumpre ajuizar outra ação renovatória, a qual, segundo a doutrina, é recomendável que seja distribuída por dependência para que possam ser aproveitados os atos processuais como a perícia.

10. Conforme a jurisprudência pacífica desta Corte, havendo sucumbência recíproca, devem-se compensar os honorários advocatícios. Inteligência do art. 21 do CPC c/c a Súmula 306/STJ.

11. Recurso especial parcialmente provido (STJ, REsp 1.323.410/MG, 3ª Turma, Rel. Min. Nancy Andrighi, *DJe* 20/11/2013).

Uma vez cumprido o **requisito temporal** relativo ao prazo mínimo da locação no mesmo imóvel **por 5 (cinco) anos**, se **não houve alteração do objeto social** desenvolvido pelo locatário, percebe-se que o requisito pertinente à prova de que desenvolveu um **mesmo ramo de atividade no local restará suprido**. Por outro lado, a depender do caso concreto, o locatário poderá alugar determinado imóvel e desenvolver **atividades conexas**, relacionadas a seu objeto social, mas não necessariamente coincidentes. Assim, se um atacadista locar determinado imóvel e em tal local acondicionar seu estoque, possível que por um tempo receba seus clientes nele e lhes forneça as mercadorias por meio de sucessivos contratos de compra e venda (3 anos de acordo com um primeiro contrato de locação). Entretanto, imagine-se que, como estratégia de diminuição dos custos da atividade, passe a utilizar o imóvel apenas como depósito (conforme um segundo contrato assinado imediatamente após o término do primeiro, sem solução de continuidade), mantendo seu estoque acondicionado no mesmo imóvel, mas efetuando as compras e vendas apenas por meio de estabelecimento virtual. Em tal hipótese, perceptível a **possibilidade de soma dos prazos dos dois contratos** para atingir o prazo mínimo de 5 (cinco) anos — a **denominada *acessio temporis*** — não se podendo afirmar que o requisito pertinente ao exercício pelo locatário no mesmo ramo de atividade tenha sido descumprido, pois o inquilino permaneceu como atacadista e **apenas modulou o uso** do imóvel locado, que continuou a servir para o desenvolvimento do **mesmo objeto social**, qual seja, varejo de mercadorias. Para fins de humanização da teoria, recomenda-se a leitura do inteiro teor do precedente seguinte:

RECURSO — APELAÇÃO — LOCAÇÃO DE IMÓVEIS — RENOVATÓRIA.

1. Ação renovatória. Contrato de locação escrito não residencial. Inicial que preencheu os requisitos previstos no artigo 71 da Lei 8.245/91, com as alterações introduzidas pela Lei 12.112/09.

2. Direito à renovação do contrato demonstrado. Ausência de Seguro contra incêndio. Circunstância considerada falta leve que não impede a renovação contratual. Infração não configurada.

3. Fundo de comércio. Requisito, Preenchimento. Contrato de locação firmado para mesma atividade, uma loja para venda direta ao consumidor e outra como depósito de mercadorias, fica evidenciado que o local de depósito configura extensão de um fundo de comércio único, passível, pois, de renovação contratual. Negócio jurídico vinculado que demonstra a indissociabilidade da locatícia celebrada como mesmo intuito e finalidade.

4. Valor locatício. Aluguel fixado em valor justo e moderado. Admissibilidade. Solução que atende os limites da proporcionalidade e razoabilidade. Procedência. Sentença mantida. Recurso improvido (TJSP, Apelação n. 0104641-40.2008.8.26.0005, 25ª Câmara de Direito Privado, Rel. Des. Marcondes D'Angelo, julgado em 30/01/2013).

Esquematizando os requisitos para a ação renovatória da locação:

O direito à renovação compulsória será **extensível aos cessionários ou sucessores da locação**, nos termos do § 1º, do art. 51, da Lei de Locações. Mais uma vez, destaca-se a **teoria da empresa que separa a pessoa do empresário ou sociedade empresária** do seu conjunto de bens, perfis subjetivo e objetivo, respectivamente, razão pela qual natural a transferência do estabelecimento por ato *inter vivos*, **por meio do trespasse** (a alienação do estabelecimento como se especificará no *item 3.3.2*) ou sucessão *mortis causa* com a assunção do negócio pelos herdeiros de determinado empresário. Em tais hipóteses, haverá **legítimo interesse na preservação do estabelecimento** onde originariamente se constituiu, razão pela qual o direito à renovação transfere-se aos sucessores.

Os requisitos elencados no art. 51 da Lei de Locações podem ser esquematicamente classificados como:

- **Requisito Subjetivo** — Locador não Residencial — Empresário, Sociedade Empresária ou Sociedade Simples.
- **Requisito Formal** — Contrato Escrito e por Prazo Determinado.
- **Requisito Temporal** — a fixação do estabelecimento no local pelo prazo mínimo e ininterrupto[15] de cinco anos e no mesmo ramo por três anos.

Preenchidos tais requisitos, como determina a lei, a renovação se impõe como direito do locatário. Por sua vez, o **direito à permanência no imóvel, para preservação do ponto empresarial poderá ser relativizado ou excepcionado** nos casos expressamente também delimitados na lei, caso em que o **direito de propriedade do locador merecerá consideração e prevalecerá sobre o direito à renovação**.

[15] Requisito relativizado pela denominada *acessio temporis* quando a dissolução de continuidade se apresentar por curtos intervalos de tempo.

Tais hipóteses legais, contidas nos incs. I e II, do art. 52, correspondem à locução doutrinária exceção de retomada, caso em que o locador não estará obrigado a renovar o contrato se:

> I — por determinação do Poder Público, tiver que **realizar no imóvel obras** que importarem na sua radical transformação; ou para **fazer modificações** de tal natureza que aumente o valor do negócio ou da propriedade [— diga-se, caso pretenda reformar o imóvel; ou]
>
> II — o imóvel vier a ser utilizado por ele próprio ou para transferência de fundo de comércio existente há mais de um ano, sendo detentor da maioria do capital o locador, seu cônjuge, ascendente ou descendente.

Pode-se afirmar que a Lei de Locações, ao conciliar a preservação do estabelecimento empresarial, interesse do empresário-locatário, com o direito de propriedade do locador, propõe-se como diploma legal a implementar a **função social da propriedade**, nos termos do art. 170, inc. II, da CF, tanto que, uma vez julgada procedente a exceção de retomada, e o proprietário reformar o imóvel como havia alegado ou locá-lo por melhor preço, tal contexto fático **autorizará o empresário e ex-locatário prejudicado a requerer indenização pelos danos emergentes e lucros cessantes**, sendo oportuna a transcrição, nesse sentido, do § 3º, do art. 52, da Lei de Locações: "O locatário terá direito a **indenização para ressarcimento** dos prejuízos e dos lucros cessantes que tiver que arcar com mudança, perda do lugar e desvalorização do fundo de comércio, se a renovação **não ocorrer em razão de proposta de terceiro, em melhores condições**, ou se o locador, no prazo de três meses da entrega do imóvel, não der o destino alegado ou não iniciar as obras determinadas pelo Poder Público ou que declarou pretender realizar". Esquematizando as possíveis defesas da exceção de retomada:

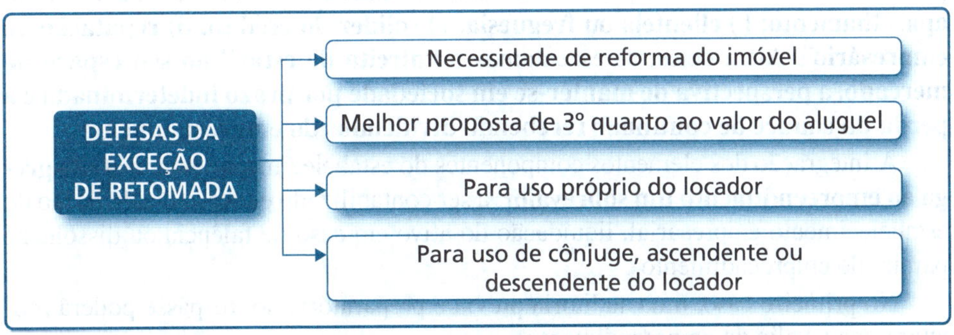

A possível desvalorização do fundo de comércio, como efeito da perda do ponto empresarial, confirma o ponto empresarial como um dos elementos do estabelecimento empresarial, ainda que intangível.

▪ 3.2.4. Carteira de clientes

A clientela, ainda que não possa ser considerada objeto de relações jurídicas, indiretamente poderá **compor o conjunto de bens incorpóreos** do estabelecimento empresarial, sob a perspectiva da projeção de novos negócios. Além disso, há legítima expectativa na manutenção de uma carteira de clientes nos casos de concentração empresarial, sendo que a **manipulação de carteiras de clientes** poderá ser inclusive considerada **infração** à ordem econômica: "a divisão de partes ou segmentos de um mercado atual ou potencial de bens ou serviços, mediante, dentre outros, a distribuição de clientes, fornecedores, regiões ou períodos", nos termos da alínea "c", do inc. I, § 3º, do art. 36, da Lei n. 12.529/2011.

Ou, ainda, tem-se a carteira de clientes como intangível relevante, diante da **tipificação do desvio de clientela como fato típico**, nos termos do art. 195, inc. III, da Lei de Propriedade Industrial: "Art. 195. Comete crime de concorrência desleal quem (...) III — emprega meio fraudulento, para desviar, em proveito próprio ou alheio, clientela de outrem; (...) Pena — detenção, de 3 (três) meses a 1 (um) ano, ou multa".

Em caso de contratos de trato sucessivo, como nos de prestação de serviços, possível estimar o valor dos contratos em curso, mas também **projetar para o futuro contratos novos, exatamente em razão da fidelização da carteira de clientes**. Assim, a carteira de clientes afirma-se como elemento incorpóreo do estabelecimento empresarial. Tal assertiva **deve ser lida com *grano salis***, uma vez que referido intangível deve ser considerado assim apenas quando a clientela estiver conjugada com outro bem do estabelecimento, como nos casos de **trespasse, franquia, venda do ponto e disponibilização de exploração da marca**, por exemplo.

3.2.5. Fundo de comércio ou *goodwill*

A integração dos elementos componentes do estabelecimento empresarial lhe confere mais-valia, a que a doutrina denomina aviamento, fundo de comércio ou *goodwill*.

Nesse sentido, Sérgio Campinho[16] destaca que "**determinados ingredientes**", paulatinamente, concorrem para a referida mais-valia, enumerando os seguintes: "**a) aparelhamento; b) clientela ou freguesia; c) solidez do crédito; d) reputação do empresário**". Além deles, acrescentamos o **"direito de estar" no seu espaço no mercado, a perspectiva de manter-se em sociedade por prazo indeterminado e a perda da chance de continuar recebendo dividendos do empreendimento**.

A integração dos elementos componentes do estabelecimento empresarial **agrega ao empreendimento um sobrevalor**, a ser contabilizado em caso de alienação do estabelecimento empresarial, liquidação do ativo em caso de falência ou dissolução parcial do empreendimento.

No primeiro caso, uma auditoria prévia e preparatória do trespasse poderá projetar a mais-valia do empreendimento.

No segundo caso, a Lei de Falências, em seu art. 140, indiretamente, **reconhece a referida mais-valia ao estabelecer uma ordem de preferência no que diz respeito à realização do ativo**: "Art. 140. A alienação dos bens será realizada de uma das seguintes formas, observada a seguinte ordem de preferência: I — alienação da empresa, com a venda de seus estabelecimentos em bloco; II — alienação da empresa,

[16] *O direito de empresa à luz do novo Código Civil*, 6. ed., p. 318.

com a venda de suas filiais ou unidades produtivas isoladamente; III — alienação em bloco dos bens que integram cada um dos estabelecimentos do devedor; IV — alienação dos bens individualmente considerados".

Na terceira hipótese, **a importância do balanço de determinação, como imposição legal** (art. 1.031, do CC), deverá levar em conta o *goodwill* para que o sócio retirante não seja alijado de patrimônio considerável, sob a advertência de que, em sentido contrário, a **não consideração do *goodwill* poderá significar o enriquecimento ilícito** dos sócios remanescentes.

■ 3.3. QUANTO VALE UMA EMPRESA?

A **avaliação do empreendimento será variável, contingencial, a depender do contexto**. Como se viu no item anterior, enquanto empreendimento sólido, hábil a gerar negócios e lucros futuros, o valor de mercado do empreendimento **dependerá da estimativa que se construa em torno das receitas e das despesas do empreendimento**. A proeminência do ativo ou do passivo do empreendimento e as circunstâncias que interfiram na liquidação do ativo, por exemplo, em razão da autonomia das partes (em caso de alienação extrajudicial) ou de imposição legal (por determinação judicial), resultarão em **avaliações não coincidentes**.

■ 3.3.1. Conceito de *valuation*

Os analistas financeiros se utilizam de **diversos métodos para avaliar o valor das empresas**, o que poderá projetar o valor dos estabelecimentos empresariais em perspectiva. Para o cumprimento de tal tarefa, elencam-se os métodos a seguir[17]:

a) Valor Contábil do Patrimônio Líquido;

b) Valor dos Ativos;

c) Fundo de Comércio ou *Goodwill*;

d) Valor de Reposição ou Valor de Liquidação;

e) Múltiplos de Mercado;

f) Fluxo de Caixa Descontado.

Resumidamente, o ***valuation* de determinada empresa**, isto é, a **estimativa de seu valor**, concentrar-se-á nos **ativos passíveis de liquidação potencial, confrontando-os com o passivo** (alínea "a"), avaliando-se somente os ativos (alínea "b"), projetando-se o valor da empresa em caso de dissolução total (alínea "d") ou **fazendo-se acrescer à avaliação a projeção atuarial de lucros futuros** (já contabilizados como recebíveis, alínea "f" ou mais-valia em perspectiva, alínea "c") e, ainda, tomando-se por **parâmetro o valor das empresas concorrentes e de porte semelhante** (alínea "e"). Percebe-se, assim, que, entre os vários métodos de avaliação de uma empresa, destacam-se como **elementos individualizadores os contratos entabulados pela pessoa jurídica**, sobretudo aqueles de execução continuada, porque contextualizam o dinamismo da atividade empresarial e sua capacidade para geração de lucro.

---

[17] Nesse sentido, o pensamento de Jerry Kato, *Curso de finanças empresariais*, p. 287-305.

■ 3.3.2. Trespasse

O trespasse **corresponde à alienação do estabelecimento empresarial** e tem seu regime jurídico entre os arts. 1.144-1.149, do Código Civil.

Trata-se de negócio jurídico permeado de cautelas, porque a envolver o conjunto patrimonial que, em princípio, poderá constituir-se no **patrimônio a ser contingenciado para pagamento dos credores**.

Assim, o trespasse autorizado e regular dependerá da publicização do negócio entre alienante e adquirente, exigindo-se sua averbação no Registro Público de Empresas, para que produza efeitos em relação a terceiros (art. 1.144, do CC), sob pena de ineficácia em relação aos credores do alienante.

A eficácia do negócio também será condicionada à **solvabilidade do alienante ou da concordância de seus credores**. Nesse sentido, a literalidade do art. 1.145, do CC: "Se ao alienante não restarem bens suficientes para solver o seu passivo, a **eficácia da alienação do estabelecimento depende do pagamento de todos os credores, ou do consentimento destes**, de modo expresso ou tácito, em trinta dias a partir de sua notificação".

A sucessão empresarial[18] também importará **solidariedade entre adquirente e alienante** pelas obrigações contraídas em prol do empreendimento e anteriores ao trespasse, pelo **prazo de 1 (um) ano**, contado quanto aos créditos **vencidos** a partir da **publicação** da averbação do negócio e quanto aos **vincendos a partir da data dos respectivos vencimentos**. Apenas créditos de terceiros **devidamente contabilizados**, nos termos do art. 1.146, do Código Civil.

Questão de complexidade factível ocorrerá na **ausência de formalização do trespasse**, em que um ente coletivo venha a ocupar o mesmo estabelecimento empresarial antes explorado por outro.

Na perspectiva dos credores do devedor-alienante, buscaram eles demonstrar a ocorrência da **solidariedade passiva das obrigações em relação ao possível sucessor**, como medida hábil a minimizar seus prejuízos.

Porém, na II Jornada de Direito Comercial, que promoveu o Centro de Estudos do Conselho da Justiça Federal, em consonância com o que dispõe o art. 265 do CC ("a solidariedade não se presume"), pontuou: "A **mera instalação de um novo estabelecimento, em**

---

[18] Especificamente em relação à satisfação do crédito tributário, leia-se o disposto no art. 133 do Código Tributário Nacional: "Art. 133. A pessoa natural ou jurídica de direito privado que adquirir de outra, por qualquer título, fundo de comércio ou estabelecimento comercial, industrial ou profissional, e continuar a respectiva exploração, sob a mesma ou outra razão social ou sob firma ou nome individual, responde pelos tributos, relativos ao fundo ou estabelecimento adquirido, devidos até à data do ato: I — integralmente, se o alienante cessar a exploração do comércio, indústria ou atividade; II — subsidiariamente com o alienante, se este prosseguir na exploração ou iniciar dentro de seis meses a contar da data da alienação, nova atividade no mesmo ou em outro ramo de comércio, indústria ou profissão". Nitidamente, trata-se de norma a inibir o esvaziamento patrimonial da sociedade alienante ou trespasse irregular em relação ao Fisco. A propósito, leia-se também o enunciado da **Súmula n. 554 do STJ**: "Na hipótese de sucessão empresarial, a responsabilidade da sucessora abrange não apenas os tributos devidos pela sucedida, mas também as multas moratórias ou punitivas referentes a fatos geradores ocorridos até a data da sucessão".

lugar antes ocupado por outro, ainda que no mesmo ramo de atividade, não implica responsabilidade por sucessão prevista no art. 1.146 do CCB" **(Enunciado n. 59)**.

A relativizar tal entendimento, disporão os credores prejudicados, reunidos como massa falida, da **ação de responsabilidade civil, para ampliação da responsabilidade dos sócios de direito** (alienantes) em relação à pessoa jurídica alegadamente sucessora e os sócios dela como indiciariamente sócios de fato do empreendimento sucedido, inclusive com a indisponibilidade do patrimônio dos réus, nos termos do art. 82, § 2º, da Lei n. 11.101/2005.

Nos termos do art. 1.147, também do Código Civil, salvo deliberação expressa e em sentido contrário, em todo contrato de trespasse agregar-se-á uma **obrigação implícita de não fazer (cláusula de não restabelecimento)**, correspondente ao compromisso do alienante em **não fazer concorrência ao adquirente nas proximidades do estabelecimento transferido, por um período de 05 (cinco) anos**.

A transferência do estabelecimento também **se estenderá aos contratos** efetuados pelo alienante, pois, em relação a tais contratos, há **direito de sub-rogação pelo adquirente** (art. 1.148), ressaltando-se, ainda, como direito do adquirente a **percepção dos créditos cedidos, pois** componentes do estabelecimento, transferido conforme preceitua o art. 1.149, do CC.

▪ 3.4. ESQUEMA

EMPRESA — PATRIMÔNIO TANGÍVEL E INTANGÍVEL	
CONCEITO DE ESTABELECIMENTO EMPRESARIAL	▪ Conjunto de bens corpóreos e incorpóreos que permitem ao empresário o desenvolvimento do objeto do empreendimento (art. 1.142, do CC).
ESTABELECIMENTO TANGÍVEL E INTANGÍVEL	▪ Intangível — incorpóreo como o nome empresarial e as marcas. ▪ Tangível — Bens perceptíveis pelos sentidos, móveis e imóveis, por exemplo.
NOME EMPRESARIAL (ESPÉCIES E PRINCÍPIOS)	▪ Espécies: firma ou denominação. Firma estrutura-se sobre o nome individual dos sócios, enquanto a denominação lança-se à descrição da atividade. ▪ Princípios: Anterioridade: há precedência de quem primeiro registrar-se no órgão competente. Em caso de eventual colidência, poderá haver a convivência de homônimos desde que em ramos de atividade distintos, ao que a doutrina denomina princípio da especialidade.
PONTO EMPRESARIAL E AÇÃO RENOVATÓRIA	▪ Ponto. Localização geográfica do estabelecimento hábil a atrair clientela. A permanência do domicílio empresarial em imóvel local poderá gerar direito de "inerência" (renovação compulsória), nos termos do art. 51, da Lei de Locações (Lei n. 8.245/91).
TRESPASSE	▪ Negócio Jurídico que permite a alienação do estabelecimento empresarial (art. 1.142, do CC).
REFERÊNCIA LEGISLATIVA	▪ Código Civil.

▪ 3.5. QUESTÕES SUBJETIVAS

▪ 3.5.1. Questão-homenagem

O direito à renovação obrigatória de locação não residencial pode ser considerado um direito potestativo do empresário?

Resposta: Não. Ainda que seja direito do empresário, em caso de locação não residencial, a renovação do contrato de locação, se preenchidos os requisitos do art. 51, da Lei n. 8.245/91, referido direito poderá ser obstado se contextualizadas as hipóteses referentes à exceção de retomada, também expressamente delimitadas pela referida lei (art. 52), por exemplo, quando "o imóvel vier a ser utilizado" pelo próprio locador "para transferência de fundo de comércio existente há mais de um ano, sendo detentor da maioria do capital o locador, seu cônjuge, ascendente ou descendente".

■ 3.5.2. Questão-desafio

(OAB — XI Exame — 2ª Fase, Exame Prático-Profissional — 2013) Damião, administrador da sociedade Gado Bravo Pecuária Ltda., consultou o advogado da sociedade sobre aspectos jurídicos referentes ao trespasse de um dos estabelecimentos, em especial os seguintes itens:

a) O eventual adquirente é obrigado a assumir as obrigações decorrentes de contratos celebrados pela sociedade para a exploração da empresa, como, por exemplo, prestação de serviços médicos-veterinários para o rebanho? Justifique.
b) O aviamento pode ser incluído no valor do trespasse do estabelecimento? Justifique.

■ 3.6. QUESTÕES OBJETIVAS

1. (Magistratura Estadual — CESPE — TJPI — 2007) Acerca da disciplina jurídica do estabelecimento empresarial, julgue os itens que se seguem.

I. Constitui o aviamento, ou *goodwill of a trade*, a mais-valia do conjunto de bens do empresário em relação à soma dos valores individuais, relacionado à expectativa de lucros futuros.
II. O trespasse implica a transferência dos bens que compõem o estabelecimento empresarial e, por conseguinte, a transferência do aviamento.
III. A clientela, produto da melhor organização da atividade empresarial, não se inclui entre os elementos que compõem o estabelecimento.
IV. No caso de alienação de estabelecimento empresarial, o alienante não pode, sem expressa autorização, fazer concorrência ao adquirente nos cinco anos subsequentes à transferência.

A quantidade de itens certos é igual a

a) 0.
b) 1.
c) 2.
d) 3.
e) 4.

2. (OAB — CESPE — 2007) Assinale a opção incorreta em relação ao nome empresarial.

a) As sociedades que tiverem exclusivamente sócios com responsabilidade ilimitada somente podem operar sob firma que ostente o nome de pelo menos um deles.
b) O nome empresarial é próprio das sociedades empresárias, não havendo proteção legal à denominação adotada pelas sociedades simples.
c) A alienação do estabelecimento não importa em concessão de uso do nome empresarial, salvo disposição contratual diversa.
d) É vedada a alienação pura e simples do nome empresarial.

3. (FGV — OAB — XII Exame Unificado — 2013) No contrato de alienação do estabelecimento da sociedade empresária Chaves & Cia Ltda., com sede em Theobroma, ficou pactuado que não haveria sub-rogação do adquirente nos contratos celebrados pelo alienante, em vigor na data da transferência, relativos ao fornecimento de matéria-prima para o exercício da empresa. Um dos sócios da sociedade empresária consulta sua advogada para saber se a estipulação é válida. Consoante as disposições legais sobre o estabelecimento, assinale a afirmativa correta.

a) A estipulação é nula, pois o contrato de alienação do estabelecimento não pode afastar a sub-rogação do adquirente nos contratos celebrados anteriormente para sua exploração.
b) A estipulação é válida, pois o contrato de alienação do estabelecimento pode afastar a sub-rogação do adquirente nos contratos celebrados anteriormente para sua exploração.
c) A estipulação é anulável, podendo os terceiros rescindir seus contratos com a sociedade empresária em até 90 (noventa) dias a contar da publicação da transferência.

d) A estipulação é considerada não escrita, por desrespeitar norma de ordem pública que impõe a solidariedade entre alienante e adquirente pelas obrigações referentes ao estabelecimento.

4. (Fiscal de Rendas — RJ — 2009) Assinale a alternativa correta.

a) Bom de Roda Ltda. tem como objeto social a prestação de serviços automotivos e comercialização de pneus. O registro do seu ato constitutivo e dos demais atos societários deve ser realizado no Registro Civil de Pessoa Jurídica.
b) Pereira Advogados é uma sociedade de advogados que presta serviços jurídicos na área de direito de mercado de capitais. O registro do seu ato constitutivo e dos demais atos societários deve ser realizado no Registro Público de Empresas Mercantis.
c) O objeto social de Escola ABC S.A. é o ensino elementar e a prestação de serviços educacionais. O registro do seu ato constitutivo e dos demais atos societários deve ser realizado no Registro Público de Empresas Mercantis a cargo das Juntas Comerciais.
d) Jorge Silveira exerce atividade de comercialização de joias e materiais ornamentais. Para ser empresário individual deve inscrever-se no Registro Civil de Pessoas Físicas.
e) Cooperativa de Leite Vaquinha Ltda., com sede na cidade do Niterói, deve ter o seu ato constitutivo e os demais atos societários registrados no Registro Público de Empresas Mercantis da cidade do Rio de Janeiro.

5. (FGV — OAB — X Exame Unificado — 2013) Lavanderias Roupa Limpa Ltda. ("Roupa Limpa") alienou um de seus estabelecimentos comerciais, uma lavanderia no bairro do Jacintinho, na cidade de Maceió, para Caio da Silva, empresário individual. O contrato de trespasse foi omisso quanto à possibilidade de restabelecimento da "Roupa Limpa", bem como nada dispôs a respeito da responsabilidade de Caio da Silva por débitos anteriores à transferência do estabelecimento. Nesse cenário, assinale a afirmativa correta.

a) O contrato de trespasse será oponível a terceiros, independentemente de qualquer registro na Junta Comercial ou publicação.
b) Caio da Silva não responderá por qualquer débito anterior à transferência, exceto os que não estiverem devidamente escriturados.
c) Na omissão do contrato de trespasse, Roupa Limpa poderá se restabelecer no bairro do Jacintinho e fazer concorrência a Caio da Silva.
d) Não havendo autorização expressa, "Roupa Limpa" não poderá fazer concorrência a Caio da Silva, nos cinco anos subsequentes à transferência.

6. (FCC — TJ-PE — Juiz Substituto — 2015) Acerca do nome empresarial, é correto afirmar:

a) O nome de sócio que vier a falecer pode ser conservado na firma social.
b) É vedada a alienação do nome empresarial.
c) A inscrição do nome empresarial somente será cancelada a requerimento do seu titular, mesmo quando cessado o exercício da atividade para que foi adotado.
d) Independentemente de previsão contratual, o adquirente de estabelecimento, por ato entre vivos, pode usar o nome empresarial do alienante, precedido do seu próprio, com a qualificação de sucessor.
e) A sociedade em conta de participação pode ter firma ou denominação.

7. (CESPE — TJ-PB — Juiz Substituto — 2015) No que se refere a nome empresarial, marca e propriedade industrial, assinale a opção correta com base na jurisprudência do STJ.

a) De acordo com o princípio *first come, first served*, com base no qual se concede o domínio eletrônico ao primeiro requerente que satisfizer as exigências para o registro de nomes comerciais na rede mundial de computadores, é incabível contestação do titular de signo distintivo similar ou idêntico que anteriormente tenha registrado o nome ou a marca na junta comercial e no INPI.
b) Para que a reprodução ou imitação de elemento característico ou diferenciado de nome empresarial de terceiros constitua óbice ao registro de marca — que possui proteção nacional —, é necessário que a reprodução ou imitação seja suscetível de causar confusão ou associação com esses sinais distintivos e que a proteção ao nome empresarial não goze somente de tutela restrita a alguns estados, mas detenha a exclusividade sobre o uso do nome em todo o território nacional.

c) As formas de proteção ao uso das marcas e do nome de empresa têm como único propósito resguardar a marca ou o nome da empresa contra usurpação.
d) No caso de colidência entre denominações e marcas de sociedades empresárias diversas, o conflito deve ser dirimido com base no princípio da anterioridade, que prepondera em princípio da especificidade.
e) O pedido de arquivamento dos atos constitutivos da empresa nas juntas comerciais das demais unidades da Federação, de forma complementar ao registro inicialmente realizado, não induz à possibilidade de proteção nacional ao seu nome comercial.

8. (CESPE — PC-PE — Delegado de Polícia — 2016) A respeito de estabelecimento empresarial, aviamento e clientela, assinale a opção correta.
a) Estabelecimento empresarial corresponde a um complexo de bens corpóreos organizados ao exercício de determinada empresa.
b) O estabelecimento empresarial não é suscetível de avaliação econômica e, por consequência, não pode ser alienado.
c) Aviamento refere-se à aptidão que determinado estabelecimento empresarial possui para gerar lucros.
d) De acordo com a doutrina, aviamento e clientela são sinônimos.
e) Na legislação vigente, não há mecanismos de proteção legal à clientela.

9. (VUNESP — TJ-SP — Juiz Substituto — 2017) Considerando a definição de "estabelecimento" contida no artigo 1.142 do Código Civil e a possibilidade, prevista nos artigos 1.143 e seguintes, a natureza jurídica desse instituto jurídico, adotada pelo nosso legislador, é aquela de
a) pessoa jurídica.
b) universalidade de direito.
c) sociedade de fato.
d) núcleo patrimonial provisório.

10. CESSGRANRIO – Petrobras – Advogado Júnior – 2018) Uma empresária do ramo de moda alienou o seu estabelecimento para um primo, que ali deu continuidade à exploração da mesma atividade. Nesse caso, de acordo com o Código Civil de 2002
a) a empresária não pode fazer concorrência ao primo, nos cinco anos subsequentes à transferência, se não houver autorização expressa.
b) a empresária não pode fazer concorrência ao primo, nos três anos subsequentes à transferência, se não houver autorização expressa.
c) o rapaz não responde por débitos anteriores à transferência, desde que regularmente contabilizados, conforme consta no contrato de trespasse.
d) o primo responde com exclusividade pelas dívidas vencidas, regularmente contabilizadas, pelo prazo de um ano a partir da publicação do contrato, conforme o contrato de trespasse.
e) os dois respondem solidariamente pelas dívidas vencidas, regularmente contabilizadas, pelo prazo de dois anos a partir da publicação do contrato, conforme o contrato de trespasse.

11. (VUNESP — TJ-RS — Titular de Serviços de Notas e de Registros — 2019) Em relação ao estabelecimento empresarial, é correto afirmar:
a) Pode o estabelecimento ser objeto unitário de direitos e de negócios jurídicos, translativos ou constitutivos, que sejam compatíveis com a sua natureza.
b) Não havendo autorização expressa, o alienante do estabelecimento não pode fazer concorrência ao adquirente, nos dois anos subsequentes à transferência, aplicando-se tal proibição no caso de cessão, arrendamento ou usufruto do estabelecimento, pelo prazo de três anos.
c) Independentemente de não restarem bens suficientes para solver o passivo do alienante, a eficácia da alienação do estabelecimento depende do pagamento de todos os credores, ou do consentimento destes, de modo expresso em 60 dias a partir de sua notificação.
d) A transferência não importa a sub-rogação do adquirente nos contratos estipulados para exploração do estabelecimento, mesmo se não tiverem caráter pessoal, podendo os terceiros rescindir o contrato em trinta dias a contar da assinatura do instrumento.
e) O adquirente do estabelecimento responde pelo pagamento dos débitos anteriores à transferência, desde que regularmente contabilizados, continuando o devedor primitivo solida-

riamente obrigado pelo prazo de dois anos, a partir, quanto aos créditos vencidos, da publicação, ficando exonerado perante os devedores, em relação aos vincendos.

12. (MPT - Procurador do Trabalho - 2020) Sobre o estabelecimento empresarial, analise as seguintes assertivas:

I. A compra e venda do estabelecimento empresarial, denominada trespasse, é exemplo de negócio jurídico translativo e está expressamente prevista pelo Código Civil.

II. A transferência do estabelecimento empresarial importa a sub-rogação do adquirente nos contratos estipulados para exploração do estabelecimento, se não tiverem caráter pessoal, podendo os terceiros rescindir o contrato em 90 (noventa) dias a contar da publicação da transferência, se ocorrer justa causa, ressalvada, neste caso, a responsabilidade do alienante.

III. O estabelecimento é considerado todo complexo de bens organizado, para exercício da empresa, por empresário, ou por sociedade empresária, confundindo-se com o conceito de empresa enquanto atividade econômica organizada para a produção ou a circulação de bens ou de serviços.

IV. O contrato que tenha por objeto a alienação, o usufruto ou arrendamento do estabelecimento, somente produzirá efeitos quanto a terceiros depois de averbado à margem da inscrição do empresário, ou da sociedade empresária, no Registro Público de Empresas Mercantis, ainda que não publicado na imprensa oficial.

Assinale a alternativa CORRETA:

a) Todas as assertivas estão corretas.
b) Apenas as assertivas III e IV estão corretas.
c) Apenas as assertivas I, II e IV estão corretas.
d) Apenas as assertivas I e II estão corretas.

13. (FGV — OAB — XXXI Exame Unificado — 2020) As sociedades empresárias Y e J celebraram contrato tendo por objeto a alienação do estabelecimento da primeira, situado em Antônio Dias/MG. Na data da assinatura do contrato, dentre outros débitos regularmente contabilizados, constava uma nota promissória vencida havia três meses no valor de R$ 25.000,00 (vinte e cinco mil reais). O contrato não tem nenhuma cláusula quanto à existência de solidariedade entre as partes, tanto pelos débitos vencidos quanto pelos vincendos. Sabendo-se que, em 15/10/2018, após averbação na Junta Comercial competente, houve publicação do contrato na imprensa oficial e, tomando por base comparativa o dia 15/01/2020, o alienante

a) responderá pelo débito vencido com o adquirente por não terem decorrido cinco anos da publicação do contrato na imprensa oficial.
b) não responderá pelo débito vencido com o adquirente em razão de não ter sido estipulada tal solidariedade no contrato.
c) responderá pelo débito vencido com o adquirente até a ocorrência da prescrição relativa à cobrança da nota promissória.
d) não responderá pelo débito vencido com o adquirente diante do decurso de mais de 1 (um) ano da publicação do contrato na imprensa oficial.

■ GABARITO ■

1. "d". À exceção do item III, os demais se encontram corretos. A clientela, ainda que seja considerada no cálculo do *goodwill*, não pode ser confundida como objeto de direito, tendo em vista tratar-se de conceito aberto, a projetar a preferência dos consumidores. Rememore-se o que foi estudado no *item 3.2.5*, bem como o teor do art. 1.147, do CC, que estabeleceu a cláusula de não restabelecimento.

2. "b". A alternativa "b" encontra-se incorreta porque contraria a literalidade do parágrafo único, do art. 1.156, do CC, que equipara, para fins de proteção legal, ao nome empresarial a "denominação das sociedades simples, associações e fundações".

3. "b". A sub-rogação é direito expresso no adquirente do estabelecimento, nos termos do art. 1.148, do CC: "Salvo disposição em contrário, a transferência importa a sub-rogação do adquirente nos contratos estipulados para exploração do estabelecimento". Logo, a regra geral corresponde à sub-rogação, mas que, entretanto, poderá ser excepcionada, de acordo com os interesses das partes. E, assim, a validade da referida ressalva faz da alternativa "b" a única correta.

4. "c". Art. 1.150, do CC: "O empresário e a sociedade empresária vinculam-se ao Registro Público de Empresas Mercantis a cargo das Juntas Comerciais, e a sociedade simples ao Registro Civil das Pessoas Jurídicas, o qual deverá obedecer às normas fixadas para aquele registro, se a sociedade simples adotar um dos tipos de sociedade empresária".

5. "d". A alternativa "d" guarda correspondência com o art. 1.147, do CC: "Não havendo autorização expressa, o alienante do estabelecimento não pode fazer concorrência ao adquirente, nos cinco anos subsequentes à transferência", do Código Civil.

6. "b". Fundamento: art. 1.164, do CC: "O nome empresarial não pode ser objeto de alienação".

7. "b". Fundamento: art. 124, inc. V, da Lei n. 9.279/96. Recomenda-se, ainda, a leitura do inteiro teor do REsp 1.204.488/RS.

8. "c". Confira-se o quanto estudado no *item 3.2.5*.

9. "d". Estabelecimento empresarial, por definição legal, complexo de bens hábeis ao desenvolvimento de determinada atividade empresarial, expressão do patrimônio corpóreo e incorpóreo do empreendimento (art. 1.142, do CC).

10. "a". Em sintonia com a literalidade do art. 1.147, do Código Civil: "Art. 1.147. Não havendo autorização expressa, o alienante do estabelecimento não pode fazer concorrência ao adquirente, nos cinco anos subsequentes à transferência".

11. "a". Em conformidade com a literalidade do art. 1.143, do Código Civil: "Pode o estabelecimento ser objeto unitário de direitos e de negócios jurídicos, translativos ou constitutivos, que sejam compatíveis com a sua natureza".

12. "d". A assertiva "I" encontra-se correta, eis que compatível com a redação dos artigos 1.143 e 1.144, ambos do Código Civil: "Art. 1.143. Pode o estabelecimento ser objeto unitário de direitos e de negócios jurídicos, translativos ou constitutivos, que sejam compatíveis com a sua natureza. Art. 1.144. O contrato que tenha por objeto a alienação, o usufruto ou arrendamento do estabelecimento, só produzirá efeitos quanto a terceiros depois de averbado à margem da inscrição do empresário, ou da sociedade empresária, no Registro Público de Empresas Mercantis, e de publicado na imprensa oficial". A assertiva "IV" encontra-se incorreta por contrariar o disposto no referido art. 1.144. A assertiva II está correta por repetir o disposto no art. 1.148, do Código Civil: "Salvo disposição em contrário, a transferência importa a sub-rogação do adquirente nos contratos estipulados para exploração do estabelecimento, se não tiverem caráter pessoal, podendo os terceiros rescindir o contrato em noventa dias a contar da publicação da transferência, se ocorrer justa causa, ressalvada, neste caso, a responsabilidade do alienante". A assertiva III está incorreta por não se alinhar com a teoria da empresa.

13. "d". Em sintonia com a literalidade do art. 1.146, do Código Civil: "O adquirente do estabelecimento responde pelo pagamento dos débitos anteriores à transferência, desde que regularmente contabilizados, continuando o devedor primitivo solidariamente obrigado pelo prazo de um ano, a partir, quanto aos créditos vencidos, da publicação, e, quanto aos outros, da data do vencimento".

4

EMPRESA — PROPRIEDADE INDUSTRIAL

4.1. INTRODUÇÃO

A **propriedade industrial corresponde à especificação do patrimônio intangível do empreendimento**. E patrimônio intangível como um dos subconjuntos do perfil objetivo do fenômeno empresa, conforme salientado no *capítulo 3* desta obra. Por sua vez, a propriedade industrial também pode ser visualizada como sub-ramo do direito intelectual. Assim, a **propriedade industrial abarcará as invenções e as marcas, por exemplo, que certamente correspondem a obras do gênio humano**. E, de forma semelhante, uma composição musical, um romance ou um programa de computador também são expressões da imaginação e da criatividade do ser humano.

Entretanto, a diferenciar as referidas expressões do intelecto humano, o regime jurídico aplicável. **Para a propriedade industrial, a Lei n. 9.279/96**. Para as **obras literárias**, por exemplo, os direitos autorais, com regime jurídico na **Lei n. 9.610/98**, sendo possível a aproximação aqui referida, diante da ressalva posta no inc. VII, do art. 8º, da Lei n. 9.610/98, **excluindo de seu espectro de proteção "o aproveitamento industrial ou comercial das ideias contidas nas obras"**. Os **programas de computador**, por sua vez, correspondem a espécie de direito autoral protegido por lei especial, mais precisamente a **Lei n. 9.609/98**[1].

Assim, então, podemos listar os Regimes Jurídicos aplicáveis à propriedade intelectual:

1) Para a **propriedade industrial tradicional** (marcas, patentes e modelo de utilidade), a **Lei n. 9.279/96** — Lei de Propriedade Industrial.

2) Para as **obras literárias**, direitos autorais, regime jurídico na **Lei n. 9.610/98**.

3) Para os **programas de computador**, como espécie de direito autoral, a **Lei n. 9.609/98**.

Quanto ao **registro**, de se ressaltar que, para a **propriedade industrial, tem natureza constitutiva**, nos termos dos arts. 7º e 129, da LPI, sendo que o registro competente deverá

[1] Nos termos do art. 1º, da Lei n. 9.609/98, programa de computador "é a expressão de um conjunto organizado de instruções em linguagem natural ou codificada, contida em suporte físico de qualquer natureza, de emprego necessário em máquinas automáticas de tratamento da informação, dispositivos, instrumentos ou equipamentos periféricos, baseados em técnica digital ou análoga, para fazê-los funcionar de modo e para fins determinados".

ser alcançado junto ao Instituto Nacional de Propriedade Industrial (INPI)[2]. Para os **direitos autorais**, contudo, o **registro trata-se de faculdade**, nos termos do art. 18, da Lei n. 9.610/98, cuja **ausência não afasta a proteção legal**: "A proteção aos direitos de que trata esta Lei independe de registro". E, ao se **optar pelo registro**, deverá ser formalizado nos termos do art. 17, da Lei n. 5.988/73: "o autor da obra intelectual poderá **registrá-la**, conforme sua natureza, na **Biblioteca Nacional, na Escola de Música, na Escola de Belas Artes da Universidade Federal do Rio de Janeiro, no Instituto Nacional do Cinema, ou no Conselho Federal de Engenharia, Arquitetura e Agronomia**".

Pelo exposto, o gênero direito intelectual se subdivide em espécies, sendo que o direito industrial, isto é, o direito que regula propriedade industrial pode ser definido como **"divisão do direito comercial que protege os interesses dos inventores, designers e empresários em relação às invenções", modelos de utilidade, desenhos industriais e marcas**[3].

■ 4.2. INVENÇÕES E MODELOS DE UTILIDADE

A **constituição do direito de propriedade** sobre as invenções e os modelos de utilidade se operacionalizará por meio de **procedimento perante o INPI**. Os **modelos de utilidade** podem ser definidos como "**invenções melhoradas**", sendo que o art. 9º, da Lei n. 9.279/96, a eles se refere como objetos "de uso prático, ou parte deste, suscetível de aplicação industrial, que **apresente nova forma ou disposição**, envolvendo ato inventivo, que resulte em **melhoria funcional** no seu uso ou em sua fabricação". Por exemplo, a invenção pioneira do automóvel, utilizando-se apenas de combustíveis não renováveis e, posteriormente, outros modelos de automóveis a empregar também recursos renováveis ou ecologicamente não poluentes, como **automóveis híbridos** que se movimentam pela conversão da luz solar em energia elétrica.

■ 4.2.1. Requisitos

São **requisitos para o deferimento do pedido de patente**, nos termos do art. 11, da Lei n. 9.279/96:

- a novidade;
- a capacidade inventiva;
- a aplicação industrial;
- desimpedimento.

O requisito da **novidade** pode ser entendido como o **pressuposto de determinada invenção ou modelo de utilidade** que o qualifique como inédito no campo específico de determinado ramo do conhecimento. Diz respeito à **divulgação científica da referida invenção ou modelo de utilidade**, inclusive perante os órgãos de registro. Nos termos do art. 11, da Lei de Propriedade Industrial, a "invenção e o modelo de utilidade são considerados novos quando não compreendidos no estado da técnica", sendo que

---

[2] Os programas de computador também poderão ser registrados, nos termos do art. 3º, da Lei n. 9.609/98, sendo que o Decreto Federal n. 2.556/98 atribuiu ao INPI também esse registro.

[3] Nesse sentido, ensina Fábio Ulhoa Coelho, *Curso de direito comercial*, 12. ed., v. 1, p. 136.

seu § 1º esclarece que o "**estado da técnica é constituído por tudo aquilo tornado acessível ao público antes da data de depósito do pedido de patente, por descrição escrita ou oral, por uso ou qualquer outro meio, no Brasil ou no exterior**".

A avaliação de tal requisito se dará por meio de busca especializada pelo órgão de registro, consultando-se a documentação **disponível em banco de dados no INPI, bem como em bases de dados disponíveis internacionalmente**. Uma consulta prévia poderá, inclusive, ser requerida pelo próprio interessado, que poderá agendá-la presencialmente, por intermédio do corpo técnico do INPI ou até mesmo por meio eletrônico.

A **divulgação científica do invento ou do modelo de utilidade**, para fins de apuração do estado da técnica, dentro de período igual ou inferior a 12 (doze) meses que precederem "a data de depósito ou a da prioridade do pedido de patente", não afastará a novidade da criação, desde que efetuadas pelo próprio inventor, por terceiros que, por intermédio do inventor, tenham tido acesso às informações sobre a criação ou, ainda, por meio de publicação oficial do INPI. Não deixará de ser considerado novo o invento ou o modelo, portanto, em tais circunstâncias temporais, ao que se denomina **período de graça** (art. 12, da Lei n. 9.279/96).

A atividade inventiva, por sua vez, para além da divulgação do invento ou do modelo de utilidade, deverá corresponder à **ideia original, e não apenas derivada de criações anteriores**. Trata-se de conceito que gravita também em torno do estado da técnica, do conhecimento científico compartilhado e documentado. De acordo com o texto legal, a "**invenção é dotada de atividade inventiva sempre que, para um técnico no assunto, não decorra de maneira evidente ou óbvia do estado da técnica**" (art. 13). De modo semelhante, o "**modelo de utilidade é dotado de ato inventivo sempre que, para um técnico no assunto, não decorra de maneira comum ou vulgar do estado da técnica**" (art. 14). Evidentemente, para que haja destaque da criação ou originalidade do invento ou modelo de utilidade, **há que se identificar pesquisa e desenvolvimento não coincidentes com outros estudos já divulgados e experimentados**.

De se destacar, inclusive, que, ainda que haja o deferimento da patente, a **constatação posterior de ausência de atividade inventiva poderá anular o referido direito industrial**, o que demandará perícia judicial a desautorizar as conclusões anteriores dos técnicos do INPI. Nesse sentido, o julgado seguinte:

> PROPRIEDADE INDUSTRIAL — NULIDADE DE REGISTRO DE PATENTE DE INVENÇÃO — "SISTEMA DE AUTORIZAÇÃO REMOTA DE PROCEDIMENTOS MÉDICOS" — AUSÊNCIA DE ATIVIDADE INVENTIVA. — Apelações e remessa em face de sentença que julgou procedente, em parte o pedido, para declarar a nulidade do registro da Patente de Invenção n. PI 9601377-0, intitulado "SISTEMA DE AUTORIZAÇÃO REMOTA DE PROCEDIMENTOS MÉDICOS", de titularidade do Apelante. — Ante a complexidade da matéria, merece acolhida a prova técnica juntada aos autos, consistente no reexame da Diretoria de Patentes, nos termos do parecer técnico do INPI, cuja função é de órgão máximo em matéria patentária no Brasil. — Precedentes. — Segundo o artigo 13, da LPI, uma invenção é desprovida de atividade inventiva quando um técnico no assunto, com a ajuda de seus conhecimentos profissionais e por um jogo de simples operações de execução, pode perceber a solução trazida pela invenção, pela combinação dos meios divulgados

no estado da técnica. — Restou constatado nos autos a ausência de atividade inventiva, bem a patente contrariar o artigo 32, da LPI, na medida que as modificações excederam a matéria originalmente revelada, ampliando o escopo da invenção, devendo ser mantida a sentença, no sentido de julgar procedente a nulidade da patente de invenção PI 9601377-0. — O artigo 46 da Lei 5.010/66, o artigo 9º, inciso I, da Lei 6.032/74, assim como também o artigo 24-A da Medida Provisória 2180-35/2001, conferem ao INPI a isenção das custas judiciais, porém não o isentam do reembolso dos valores adiantados a esse título pela empresa-autora, no caso de sucumbência. — Não é cabível a exclusão da condenação imposta à autarquia nas verbas sucumbenciais. Inteligência do princípio da sucumbência adotado no nosso sistema processual e consagrado no artigo 20 do CPC, uma vez que a causa teve que ser trazida a Juízo para sua solução. — Recursos e remessa desprovidos (TRF-2ª Região, 1ª Turma Especializada, Remessa Oficial 201251010587640, Rel. Des. Federal Paulo Espírito Santo, *DJe* 18/03/2014).

O terceiro requisito para a concessão da patente, a "**industriabilidade**"[4] (art. 15, da Lei n. 9.279/96), condiciona a concessão da patente à possibilidade de que **a ideia possua viabilidade econômica, no sentido de probabilidade de sua produção**, por exemplo. O INPI, por meio de sua Diretoria de Patentes, publicou as diretrizes que deverão ser observadas por seus técnicos para a avaliação dos pedidos de patente, destacando em relação ao requisito da **aplicação industrial o seguinte**: "O conceito de aplicação industrial deve ser analisado com a **devida flexibilidade quanto a seu significado, sendo aplicável também às indústrias agrícolas e extrativas e a todos os produtos manufaturados ou naturais**. O termo indústria deve ser compreendido, assim, como incluindo **qualquer atividade física de caráter técnico, isto é, uma atividade que pertença ao campo prático e útil, distinto do campo artístico**"[5]. Assim, mais uma vez, também este requisito merecerá avaliação técnica.

Além dos requisitos de ordem técnica, a revelar o exame substancial do pedido de patente, a doutrina também elenca como requisito para o reconhecimento da patente a **ausência de impedimento**, desdobramento do exame formal do pedido, tendo em vista **a enumeração dos impedimentos nos termos do art. 18, da Lei n. 9.279/96, não sendo patenteável**: "o que for contrário à moral, aos bons costumes e à segurança, à ordem e à saúde públicas; as substâncias, matérias, misturas, elementos ou produtos de qualquer espécie, bem como a modificação de suas propriedades físico-químicas e os respectivos processos de obtenção ou modificação, quando resultantes de transformação do núcleo atômico; e o todo ou parte dos seres vivos, exceto os **micro-organismos transgênicos que atendam aos três requisitos de patenteabilidade — novidade, atividade inventiva e aplicação industrial — previstos no art. 8º e que não sejam mera descoberta**".

Esquematizando os pressupostos de deferimento de uma patente:

---

4 Como referido por Ricardo Negrão, *Manual de direito comercial & empresa,* 3. ed., v. 1, p. 142.

5 Disponível em: <http://www.inpi.gov.br/images/stories/Diretrizes_doc_20_de_dez_verso_final_26_dez.pdf>. Acesso em: 28 abr. 2014, às 20:00.

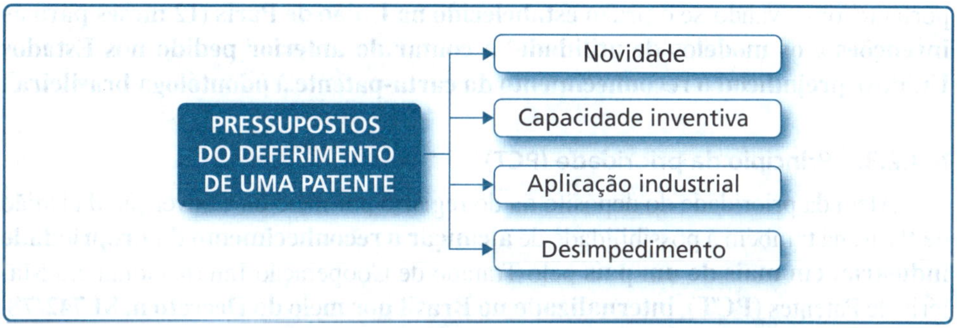

■ 4.2.2. Princípio da prioridade (CUP)

Disse-se que **a divulgação da invenção ou do modelo de utilidade pelo inventor não afastará o requisito da novidade**, de acordo com a atual Lei de Propriedade Industrial, desde que **não decorrido prazo superior a 12 (doze) meses**, tomando-se como marcos temporais o depósito do pedido de patente ou da prioridade do pedido (art. 12, da Lei n. 9.279/96). A **prioridade** referida pela lei diz respeito **à compatibilização do pedido de registro efetuado em outro país**, que se queira tenha efeitos também no território nacional.

O **Brasil é signatário da Convenção da União de Paris (CUP)**, Convenção Internacional sobre Propriedade Industrial, que se tornou **direito interno** pelo Decreto n. 75.572/75, sendo que o art. 4º, do Anexo do referido decreto, dispõe: "Aquele que tiver devidamente **apresentado** pedido de patente de invenção, de depósito de modelo de utilidade, de desenho ou modelo industrial, de registro de marca de fábrica ou de comércio **num dos países da União**, ou o seu sucessor, **gozará**, para apresentar o pedido nos outros países, do **direito de prioridade** durante os prazos adiante fixados".

Assim, quando concorrerem pedidos de patente relacionados às invenções e aos modelos de utilidade, ou pedidos de registro de desenhos industriais e às marcas entre países signatários da convenção internacional, **a anterioridade do depósito ou do pedido internamente poderá ser superada pela prioridade de pedido similar, que se tenha operacionalizado internacionalmente, mas em data anterior**. O princípio da prioridade, logo, também favorecerá o **interessado que, cronologicamente, primeiro efetuar o depósito do pedido**, porém propõe-se como pedido anterior com eficácia prorrogada para além do território onde efetuado o primeiro pedido.

Por hipótese, suponha-se que uma odontóloga brasileira tenha imaginado um modelo de escova de dentes com o formato das cerdas inclinado e não perpendicular ao cabo (como se concebeu originalmente), **inovação a permitir uma eficiência maior na escovação**, e tenha efetuado o **depósito do modelo de utilidade na data de 26/03/2005 perante o INPI** (Instituto Nacional de Propriedade Industrial). Suponha-se que ideia similar tenha sido cogitada e, **anteriormente, constituído objeto de depósito, entretanto, nos Estados Unidos**, efetuado perante o órgão competente naquele país, o USPTO (*United States Patent and Trademark Office*) por um laboratório especializado em produtos de odontologia **em 03/07/2004**. Assim, a superveniência de pedido de depósito pelo referido laboratório também no Brasil em 26/05/2005, portanto, observando-se o **prazo estabelecido na União de Paris (12 meses para as invenções e os modelos de utilidade**[6] **a contar do anterior pedido nos Estados Unidos), prejudicou o reconhecimento da carta-patente à odontóloga brasileira**[7].

■ 4.2.3. Princípio da prioridade (PCT)

Além da prioridade do depósito ou do registro por meio da Convenção da União de Paris, há também a possibilidade de **alcançar o reconhecimento da propriedade industrial em mais de um país** pelo Tratado de Cooperação Internacional em Matéria de Patentes **(PCT), internalizado no Brasil por meio do Decreto n. 81.742/78**.

Dessa maneira, simultaneamente, um **procedimento escalonado poderá conferir proteção internacional à determinada invenção**. O PCT é monitorado pela OMPI/WIPO (Organização Mundial da Propriedade Intelectual). De acordo com o portal de notícias do INPI, revela-se como principal objetivo do referido tratado "**simplificar e tornar mais econômica a proteção das invenções quando a mesma for pedida em vários países**".

■ 4.2.4. Procedimento perante o INPI

A Lei n. 9.279/96, entre seus arts. 19-37, delimitou o **procedimento necessário para alcançar o deferimento do pedido de patente**. Percebem-se como momentos ou etapas importantes de tal procedimento:

- o depósito do pedido;
- o pedido de exame;
- a elaboração do relatório após a feitura do exame.

O **depósito do pedido** corresponde ao **termo *a quo* da prioridade** sobre pedidos idênticos em outros países, conforme explanado anteriormente. Nos termos do art. 19, perante o INPI, o interessado deverá **por escrito instruir o pedido** com requerimento, relatório descritivo, reivindicações, desenhos, se for o caso, resumo e comprovante do pagamento da retribuição relativa ao depósito.

O pedido trata-se, portanto, de **arrazoado em que o inventor deverá pormenorizar os detalhes de sua invenção**, para possibilitar ao tecnólogo avaliar a possibilida-

---

[6] Diz o texto do anexo da Convenção de Paris: "C) 1. Os prazos de prioridade acima mencionados serão de 12 meses para as invenções e os modelos de utilidade e de seis meses para os desenhos ou modelos industriais e para as marcas de fábrica ou de comércio. 2. Estes prazos correm a partir da data da apresentação do primeiro pedido; o dia da apresentação não é contado. 3. Se o último dia do prazo for feriado legal (...) o prazo será prorrogado até o primeiro dia útil seguinte".

[7] O exemplo aqui construído foi inspirado em julgado do TRF da 2ª Região (AC 20851 91.02.04509-5, 2ª Turma, Relator Desembargador Federal Paulo Espírito Santo, *DJU* 15/04/2002). Esclareça-se, entretanto, que as datas foram alteradas e que a lei de regência do caso concreto correspondeu ao antigo Código de Propriedade Industrial (Lei n. 5.772/71) e que a carta-patente foi concedida pelo INPI à odontóloga brasileira e posteriormente anulada judicialmente não com base no princípio da prioridade, mas sim por ausência de novidade diante do reconhecimento anterior da patente nos Estados Unidos.

de de sua execução, o que se tornará possível com o relatório descritivo. As **reivindicações** comporão, por exemplo, a **exclusividade de exploração e desenvolvimento da invenção**. Os desenhos servirão para esmiuçar e esclarecer o relatório apresentado, sendo que a retribuição compensará parte do custo administrativo da avaliação do pedido. Efetuado o depósito, haverá **exame preliminar**, e eventual **irregularidade** quanto à instrução do pedido poderá ser **corrigida em um prazo de 30 (trinta) dias**, sob pena de arquivamento do procedimento (arts. 20 e 21).

Uma **vez admitido o depósito, será mantido em sigilo pelo prazo de 18 (dezoito) meses**, findo o qual será publicado (art. 30), salvo tratar-se de pedido de patente de interesse nacional, cujo processamento, por **razões de segurança, não será publicizado** (art. 75). A divulgação oficial da invenção ou do modelo de utilidade proporcionará a discussão técnica sobre eles, inclusive a contestação dos requisitos de sua constituição. A lei delimitou um período, não inferior a 60 (sessenta dias) a partir da publicação, nem superior a 36 (trinta e seis meses) da **data do depósito, para que os interessados requeiram o exame do pedido, sob pena, novamente, de arquivamento do procedimento** (art. 33). Poderá haver necessidade de instrução complementar, como comprovação documental de alegada prioridade (art. 34).

Finalmente, **será elaborado o relatório sobre a viabilidade do pedido**, comparando-o a outros de teor semelhante em outros órgãos de registro por meio do que a lei denomina "**relatório de busca**", oportunidade em que se esclarecerá sobre "**a patenteabilidade do pedido; a adaptação do pedido à natureza reivindicada; a reformulação ou exigências técnicas**" (art. 35). Referido relatório poderá, além de recomendar o cumprimento de eventuais exigências, **sinalizar, inclusive, para o indeferimento do pedido, facultando-se ao interessado cumprir as exigências ou contestar a conclusão preliminar**, em um prazo de 90 (noventa) dias. Mantendo-se inerte sobre as exigências, o pedido será arquivado. E contestada ou não a conclusão preliminar, o procedimento caminhará para sua conclusão, elaborando-se **relatório final pelo deferimento ou indeferimento do pedido** (arts. 36 e 37).

■ 4.2.5. Da vigência

Deferido o pedido, será concedida a carta-patente, desde que o interessado se predisponha ao pagamento da retribuição correlata. O valor básico da retribuição, nos termos do Anexo da Resolução INPI/PR n. 251[8], de 2 de outubro de 2019, corresponde a R$ 175,00. A **carta-patente corresponde ao documento necessário para se possa avaliar a amplitude do direito industrial** reconhecido e relacionado à determinada invenção ou modelo de utilidade. Nesse sentido, o art. 39, da LPI: "Da carta-patente deverão constar o número, o título e a natureza respectivos, o nome do inventor, observado o disposto no § 4º do art. 6º, a qualificação e o domicílio do titular, o prazo de vigência, o relatório descritivo, as reivindicações e os desenhos, bem como os dados relativos à prioridade".

[8] Atualizada pelas Resoluções INPI 188/2017 e 228/2018.

De acordo com a LPI, as **patentes de invenções e de modelos de utilidade correspondem a direitos de natureza temporária**, pois sua exploração exclusiva por seus titulares será exercida **nos prazos delimitados pela lei**. Diz-se exploração exclusiva ou cessão, bem como licença de exploração, nos termos dos arts. 59-63.

Assim, primeiro, as patentes de invenção terão vigência de 20 (vinte) anos, e aquelas referentes aos modelos de utilidade, 15 (quinze) anos a contar do depósito (art. 40).

Por sua vez, **estabeleceu a lei prazos paralelos**, ainda que menores, garantidores da efetiva exploração do direito industrial reconhecido, a partir da efetiva concessão, considerando-se eventual morosidade do procedimento administrativo ou mesmo decorrente de eventual contestação ou impugnação por terceiros[9-10] (art. 40, parágrafo único): "O **prazo de vigência não será inferior a 10 (dez) anos para a patente de invenção e a 7 (sete) anos para a patente de modelo de utilidade, a contar da data de concessão**".

Esquematizando os prazos de vigência das **patentes de invenções e modelos de utilidade** e, para uma visão de conjunto, também do registro dos desenhos industriais e das marcas:

PRAZO DE VIGÊNCIA DAS PATENTES		
Registro	**Prazo do Depósito**	**Prazo Suplementar**
INVENÇÕES	■ 20 anos	■ ou 10 anos da concessão
MODELOS DE UTILIDADE	■ 15 anos	■ ou 07 anos da concessão
DESENHO INDUSTRIAL	■ 10 anos	■ prorrogável por três períodos sucessivos de 05 anos
MARCAS	■ 10 anos da concessão	■ prorrogável por períodos sucessivos

■ 4.2.6. Da extinção

A **extinção natural dos direitos de patente ocorrerá com a expiração do prazo de vigência**; a partir de então, outros interessados poderão explorar economicamente as invenções e os modelos de utilidade, sem licença de seus inventores, pois diz-se que **"caem no domínio público"**. Além de finda a vigência, também são causas de extinção, expressamente delimitadas pelo art. 79, da LPI, as seguintes:

- ■ a **renúncia de seu titular**, ressalvado o direito de terceiros;
- ■ a **caducidade** (nos termos do art. 80 e a depender de procedimento administrativo instaurado pelo INPI: Art. 80. Caducará a patente, de ofício ou a requerimento de qualquer pessoa com legítimo interesse, se, decorridos 2 (dois) anos da concessão da primeira licença compulsória, esse prazo não tiver sido suficiente para prevenir ou sanar o abuso ou desuso, salvo motivos justificáveis);

---

[9] Nesse sentido, pondera Sérgio Campinho, *O direito de empresa à luz do novo Código Civil*, 6. ed., p. 308.

[10] Tal benesse legal não se coadunará com eventual comportamento abusivo do próprio depositante, nos termos do enunciado 107, da III Jornada de Direito Comercial: "O fato gerador do **parágrafo único** do art. **40** da Lei n. **9.279**/96 não engloba a hipótese de mora administrativa havida em concausa ou perpetrada pelo depositante do pedido de patente, desde que demonstrada conduta abusiva deste".

- a **falta de pagamento da retribuição anual**[11];
- a **inobservância da exigência constante do art. 217**, da LPI, que corresponde à designação de procurador para o titular de patente domiciliado no exterior.

De se registrar também a possibilidade de **extinção da patente em virtude de sua anulação**, seja por meio de processo administrativo ou judicial[12], nos termos dos arts. 56 e 57, da LPI.

Esquematizando a extinção dos direitos de patente:

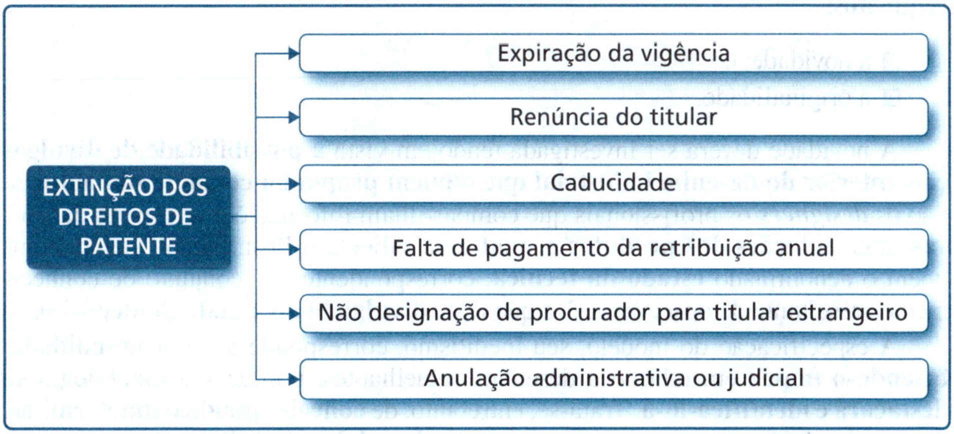

▪ 4.3. DESENHOS INDUSTRIAIS

O **desenho industrial** foi definido pelo art. 95, da Lei n. 9.279/96, como "a **forma plástica ornamental** de um objeto ou o conjunto ornamental de linhas e cores

---

[11] Coerentemente, salutar que antes de eventual extinção da patente por inadimplemento da retribuição anual, o titular do direito seja notificado a respeito: "Propriedade industrial. Patentes. Falta de pagamento de retribuição anual. Obrigatoriedade de notificação do arquivamento do pedido ou da extinção da patente. Restauração garantida pelo art. 87 da Lei n. 9.279/96 até três meses contados da notificação (...) Para arquivamento de pedido ou extinção de patente por falta de pagamento da retribuição anual prevista no art. 84 da Lei n. 9.279/1996, exige-se notificação prévia do respectivo depositante ou titular" (REsp 1.669.131-RJ, Rel. Min. Paulo de Tarso Sanseverino, por unanimidade, julgado em 27/6/2017, *DJe* 1/8/2017 — Informativo 608).

[12] A III Jornada de Direito Comercial cuidou de fazer um diálogo entre a Lei de Propriedade Industrial e o CPC, no que diz respeito a eventual ação de nulidade, por meio dos enunciados seguintes: ENUNCIADO 108 — Não cabe a condenação do INPI em sucumbência, nos termos do art. **85** do **CPC**, quando a matéria não for de seu conhecimento prévio e não houver resistência judicial posterior; ENUNCIADO 109 — Os pedidos de abstenção de uso e indenização, quando cumulados com ação visando anular um direito de propriedade industrial, são da competência da Justiça Federal, em face do art. **55** do **CPC**; ENUNCIADO 111 — Nas ações de nulidade de indeferimento de pedido de registro de marca, o titular do registro marcário apontado como anterioridade impeditiva é litisconsorte passivo necessário, à luz do que dispõe o art. **115** do **CPC**; ENUNCIADO 113 — Em ações que visam anular um direito de propriedade industrial, a citação do INPI, para se manifestar sobre os pedidos, deve ocorrer apenas após a contestação do titular do direito de propriedade industrial.

que possa ser aplicado a um produto, proporcionando resultado visual novo e original na sua configuração externa e que possa servir de **tipo de fabricação industrial**".

A apresentação e a estética do produto certamente influenciarão a preferência da clientela, razão pela qual o **registro do desenho industrial conferirá a seu autor direito temporário a sua exploração exclusiva**.

■ 4.3.1. Requisitos

Do conceito estabelecido no art. 95, da LPI, colhem-se também **dois de seus requisitos**:

- ■ a novidade; e
- ■ a originalidade.

A novidade deverá ser investigada tendo em vista **a possibilidade de divulgação anterior do desenho industrial que alguém proponha como de sua autoria**. São os ***designers*** os profissionais que compartilham informações a respeito das **novas apresentações dos produtos** e, conforme salienta o Prof. Fábio Coelho, compõem o denominado **estado da técnica**, correspondente ao "conjunto de conhecimentos resultante de observações" e que reste **divulgado até a data do depósito**.

A especificação do modelo, seu ineditismo, corresponde a sua **originalidade, fazendo-o ímpar** em relação a desenhos semelhantes, porque sua **morfologia se destacará e identificá-lo-á**. Trata-se, entretanto, de **conceito jurídico indeterminado**, no sentido de que somente a **prova pericial e o labor** jurisdicional preencherão, nos casos concretos, tal requisito. Nesse sentido, o "desenho industrial resta caracterizado pelo *design* do produto, é aquilo que se vê, ficando caracterizada a **ausência de novidade se é inegável a similaridade morfológica**, independentemente de outros fatores de distinção, como material utilizado ou pequenas diferenças estruturais" (TRF 3ª Região, AC 407.462, Rel. Juíza Marisa Santos, *DJU* 04/10/2001).

A leitura do art. 95, da Lei de Propriedade Industrial, em conjunto com a dos arts. 98 e 100, do mesmo diploma legal, permite a identificação dos seguintes **requisitos para o registro** do desenho industrial:

- ■ a **industriabilidade** (a utilidade e a vocação do desenho industrial para exploração econômica);
- ■ a **ausência de impedimentos** legais.

Nesse sentido, "**não se considera desenho industrial qualquer obra de caráter puramente artístico**" (art. 98) e "**não é registrável** como desenho industrial o que for **contrário à moral e aos bons costumes** ou que **ofenda a honra ou imagem** de pessoas, ou **atente contra liberdade de consciência, crença, culto religioso ou ideia** e sentimentos dignos de respeito e veneração, e a **forma necessária comum ou vulgar do objeto** ou, ainda, aquela determinada essencialmente por considerações técnicas ou funcionais" (art. 100).

■ 4.3.2. O princípio da prioridade

De acordo com a Convenção da União de Paris (CUP), como expressamente consta do item C.1, **o pedido de registro em um dos países signatários conferirá ao in-**

teressado a possibilidade de estender a proteção que lhe foi conferida nos outros países signatários, dentro de um prazo de 06 (seis) meses, mesmo que o pedido de extensão seja posterior a pedido anterior e similar no país em que se pleitear a extensão. Trata-se do **princípio da prioridade** que, de forma semelhante, também se aproveita às invenções e aos modelos de utilidade (conforme estudado no *item 4.2.2*).

4.3.3. Do procedimento de registro

O **processo de registro** do desenho industrial, comparativamente ao das patentes de invenção e modelos de utilidade, tem **desenvolvimento mais simples**, diante da **análise, *a posteriori***, dos requisitos legais, tanto que a lei declara que, uma vez **depositado o pedido, "será automaticamente publicado** e simultaneamente **concedido o registro**, expedindo-se o respectivo certificado" (art. 106, da Lei n. 9.276/96).

4.4. VIGÊNCIA E EXTINÇÃO

A Lei de Propriedade Industrial, em seu art. 108, dispõe que "O registro **vigorará** pelo prazo de **10 (dez) anos contados da data do depósito, prorrogável por 3 (três) períodos sucessivos de 5 (cinco) anos cada**". Portanto, a lei estabeleceu, como prazo máximo de vigência, um período equivalente a **25 (vinte e cinco) anos**.

Trata-se de **direito temporário**, tendo em vista que se extinguirá após o decurso do prazo de vigência. Além disso, antes da expiração do prazo de vigência, o direito de propriedade do desenho industrial poderá ser extinto em virtude de eventual anulação, administrativa (arts. 113-117) ou judicialmente (art. 118). Também são causas de extinção do direito de propriedade industrial (art. 119): a "renúncia de seu titular (...) a falta de pagamento da retribuição e inobservância do disposto no art. 217". Rememore-se que, caso o **direito industrial seja reconhecido à pessoa domiciliada no exterior, o exercício e a manutenção do privilégio referente ao direito industrial dependerão da nomeação de procurador**: "a pessoa domiciliada no exterior deverá constituir e manter procurador devidamente qualificado e domiciliado no País, com poderes para representá-la administrativa e judicialmente, inclusive para receber citações" (art. 217).

4.5. MARCAS

4.5.1. Conceito

As marcas correspondem a **sinais gráficos que se agregam a determinado produto ou serviço**, especificando-os, a consolidar determinada clientela, a registrar determinado padrão de qualidade (marca de certificação) ou, ainda, a **distinguir determinado empresário ou sociedade empresária** (marca coletiva), nos termos dos arts. 122 e 123, da Lei n. 9.279/96.

4.5.2. Requisitos

O magistério de Fábio Ulhoa Coelho identifica **três requisitos para as marcas**:

- "novidade relativa";
- "não colidência com marca notória";
- "desimpedimento".

A **novidade relativa** diz respeito ao uso do sinal linguístico ou visual que se tenha utilizado para a identificação de determinado produto ou serviço, **pois até mesmo poderá haver coincidência de nomes ou de símbolos, o que se verificará tolerável se for possível distinguir os produtos ou serviços referidos**. Assim, o nome **"MYOFER" pode ter sido escolhido para identificar determinado medicamento**. A utilização simultânea do mesmo nome, para identificar produtos perfeitamente distintos, por empresários diferentes, será razoável se possível a distinção do produto "MYOFER", de uso farmacêutico, indicado para seres humanos, de outro produto também de nome **"MYOFER", de uso estritamente veterinário**[13]. Por esse exemplo, percebeu-se que a novidade relativa flexibilizou o uso do nome escolhido, não se referindo à exclusividade do uso do nome, **mas do nome jungido à determinada classe de produto**, raciocínio também aproveitável em relação a determinado ramo de atividade ou serviço. Uma interpretação extensiva do art. 124, inc. X, da LPI, permite tal conclusão, pois, em princípio, **para um mesmo titular não se permitirá a dualidade de marcas sobre um mesmo produto ou serviço**, "salvo quando, no caso de marcas de mesma natureza, se **revestirem de suficiente forma distintiva**".

O que se deve ter em conta é que **a distinção** que se almeja, ainda que relativa, deve ser suficiente para **evitar "confusão entre os produtos ou serviços a que se referem"**[14]. A tal princípio a doutrina denomina "**especificidade**".

Internacionalmente, os produtos e serviços vêm sendo classificados — **o INPI "utiliza a Classificação Internacional de Produtos e Serviços de Nice**, que possui uma lista de 45 classes com informação sobre os diversos tipos de produtos e serviços e o que pertence a cada classe". Tal classificação se consolidou como parte da Convenção da União de Paris.

O INPI disponibiliza pela internet consulta às referidas classes. Como exemplo, nas classes nacionais 1 e 5, respectivamente, encontram-se as resinas e os medicamentos em geral; as quais têm correspondência com a classificação internacional[15].

4.5.3. A marca de alto renome e a marca notoriamente conhecida

A **marca de alto renome e a marca notoriamente conhecida** se aproximam conceitualmente diante da **proteção especial** conferida a ambas pela lei, mas não correspondem a intangíveis sinônimos, pois, no caso da **marca de alto renome**, sua

---

[13] Cf. o inteiro teor da Apelação Cível AC 29053 91.02.18888-0, TRF 2ª Região, 2ª Turma Especializada, Rel. Des. Federal André Fontes, *DJU* 23/04/2007.

[14] Mais uma vez, o pensamento de Fábio Ulhoa Coelho, *Curso de direito empresarial*, 12. ed., v. 1, p. 158-159.

[15] A lista completa poderá ser consultada no seguinte endereço: <http://www.inpi.gov.br/images/stories/downloads/marcas/pdf/cla_nain.pdf>.

proteção especial **pressupõe registro no Brasil**, enquanto em relação à marca **notoriamente conhecida** sua proteção se dará com base na Convenção da União de Paris, **independentemente de registro interno**. De acordo com a doutrina e a jurisprudência, no caso da marca de **alto renome**, há a relativização do **princípio da especificidade**; enquanto em relação à marca **notoriamente conhecida**, haverá também o abrandamento do **princípio da territorialidade**.

Como se disse anteriormente, a Convenção da União de Paris (internalizada ao direito pátrio pelo Decreto n. 75.752/75) refere-se à **marca notoriamente conhecida como "já marca de uma pessoa amparada pela presente Convenção**, e utilizada para produtos idênticos ou similares. O mesmo sucederá quando a parte essencial da marca notoriamente conhecida ou imitação suscetível de estabelecer confusão com esta". Percebe-se, assim, que a repercussão da marca notoriamente conhecida e a carteira de clientes construída em torno dela superam os mesmos atributos da marca de **alto renome**, a qual de acordo com o art. 125, da LPI, **detém proteção especial "em todos os ramos de atividade"**.

Perceba-se, mais uma vez, tratar-se de conceitos jurídicos indeterminados a serem contextualizados nos casos concretos — primeiro nos órgãos de registro, como o INPI, mas também por meio da jurisprudência, tendo em vista não haver uma definição legal para as **locuções marca de alto renome**[16] **(ex.: "Pirelli", "Kibon", "Natura"**[17]**) e marca notoriamente conhecida (ex.: "Absolut", "Ferrari")**, enten-

---

16 No caso da marca de alto renome, sua proteção, precedentemente, deverá ser alcançada por meio de procedimento administrativo, ou seja, do registro perante o INPI, destacando-se, nesse sentido, infralegalmente, a Resolução 125/05-INPI, que considera "alto renome a marca que goza de uma autoridade incontestável, de um conhecimento e prestígio diferidos, resultantes da sua tradição e qualificação no mercado e da qualidade e confiança que inspira, vinculadas, essencialmente, à boa imagem dos produtos ou serviços a que se aplica, exercendo um acentuado magnetismo, uma extraordinária força atrativa sobre o público em geral, indistintamente, elevando-se sobre os diferentes mercados e transcendendo a função a que se prestava primitivamente, projetando-se apta a atrair clientela pela sua simples presença". Logo, sem o reconhecimento prévio pelo INPI, não há que se falar em marca de alto renome. Nesse sentido, recomenda-se, para humanização da teoria, a leitura do inteiro teor do REsp 951.583/MG, cuja ementa ora se transcreve: "Propriedade industrial. Recurso Especial. Ação cominatória. Proibição ao uso de marca de alto renome. Exceção ao princípio da especialidade. Impossibilidade de associação entre produtos e serviços. Irrelevância. Declaração do INPI reconhecendo a marca de 'alto renome'. Imprescindibilidade. O direito de propriedade da marca é limitado, entre outros, pelo princípio da especialidade/especificidade, o qual é previsto, de forma implícita no art. 124, XIX, da Lei 9.279/96. O princípio da especialidade não se aplica às marcas de alto renome, sendo assegurada proteção especial em todos os ramos da atividade, nos termos do art. 125 da Lei 9.279/96. — É irrelevante, para fins de proteção das marcas de alto renome, a discussão a respeito da impossibilidade de confusão pelo consumidor na aquisição de produtos ou serviços. — Para se conceder a proteção conferida pelo art. 125 da Lei 9.279/96, é necessário procedimento junto ao INPI, reconhecendo a marca como de 'alto renome'. Recurso especial a que nega provimento" (STJ, 3ª Turma, Rel. Min. Nancy Andrighi, *DJ* 17/11/2009).

17 O INPI disponibiliza lista com as marcas reconhecidas como de alto renome por meio do seguinte endereço eletrônico: <http://www.inpi.gov.br/images/docs/inpi_marcas__de_alto_renome_em_vigencia_2013_09_11.pdf>. Acesso em: 02 maio 2014, às 14:00.

didas, doutrinariamente, como aquelas **que alcançaram a confiança e a respeitabilidade do público consumidor**, fama construída e agregada como bem intangível, em nível nacional, no primeiro caso, e internacionalmente, no segundo. Nesse sentido, o precedente seguinte: "O alto renome de uma marca é situação de fato que decorre do amplo reconhecimento que o signo distintivo goza junto ao público consumidor, motivo pelo qual **não pode o juiz substituir o povo no seu pensamento e impressão e declarar, de modo permanente e irrestrito, a sua fama**" (STJ, REsp 1.162.281/RJ, 3ª Turma, Rel. Min. Nancy Andrighi, *DJe* 25/02/2013).

Esquematizando as marcas especiais:

MARCAS ESPECIAIS		
Marca Especial	**Motivo**	**Proteção/Princípio Mitigado**
ALTO RENOME	■ Conhecida do público e registrada no Brasil	■ Todos os ramos de atividade ■ Mitiga a especificidade
NOTORIAMENTE CONHECIDA	■ Conhecida do público e não registrada no Brasil	■ Somente no seu ramo de atividade ■ Mitiga a territorialidade

■ 4.5.4. Os impedimentos

O requisito denominado **desimpedimento será alcançado *a contrario sensu***, isto é, os impedimentos correspondem às proibições legais indicadas nos incisos do art. 124, do LPI, que afirma **que não são registráveis como marca**:

> Brasão, armas, medalha, bandeira, emblema, distintivo e monumento oficiais, públicos, nacionais, estrangeiros ou internacionais, bem como a respectiva designação, figura ou imitação; letra, algarismo e data, isoladamente, salvo quando revestidos de suficiente forma distintiva; expressão, figura, desenho ou qualquer outro sinal contrário à moral e aos bons costumes ou que ofenda a honra ou imagem de pessoas ou atente contra liberdade de consciência, crença, culto religioso ou ideia e sentimento dignos de respeito e veneração; designação ou sigla de entidade ou órgão público, quando não requerido o registro pela própria entidade ou órgão público; reprodução ou imitação de elemento característico ou diferenciador de título de estabelecimento ou nome de empresa de terceiros, suscetível de causar confusão ou associação com estes sinais distintivos; sinal de caráter genérico, necessário, comum, vulgar ou simplesmente descritivo, quando tiver relação com o produto ou serviço a distinguir, ou aquele empregado comumente para designar uma característica do produto ou serviço, quanto à natureza, nacionalidade, peso, valor, qualidade e época de produção ou de prestação do serviço, salvo quando revestidos de suficiente forma distintiva; sinal ou expressão empregada apenas como meio de propaganda; cores e suas denominações, salvo se dispostas ou combinadas de modo peculiar e distintivo; indicação geográfica, sua imitação suscetível de causar confusão ou sinal que possa falsamente induzir indicação geográfica; sinal que induza a falsa indicação quanto à origem, procedência, natureza, qualidade ou utilidade do produto ou serviço a que a marca se destina; reprodução ou imitação de cunho oficial, regularmente adotada para garantia de padrão de qualquer gênero ou natureza; reprodução ou imitação de sinal que tenha sido registrado como marca coletiva ou de certificação por terceiro, observado o disposto no art. 154; nome, prêmio ou símbolo de

> evento esportivo, artístico, cultural, social, político, econômico ou técnico, oficial ou oficialmente reconhecido, bem como a imitação suscetível de criar confusão, salvo quando autorizados pela autoridade competente ou entidade promotora do evento; reprodução ou imitação de título, apólice, moeda e cédula da União, dos Estados, do Distrito Federal, dos Territórios, dos Municípios, ou de país; nome civil ou sua assinatura, nome de família ou patronímico e imagem de terceiros, salvo com consentimento do titular, herdeiros ou sucessores; pseudônimo ou apelido notoriamente conhecidos, nome artístico singular ou coletivo, salvo com consentimento do titular, herdeiros ou sucessores; obra literária, artística ou científica, assim como os títulos que estejam protegidos pelo direito autoral e sejam suscetíveis de causar confusão ou associação, salvo com consentimento do autor ou titular; termo técnico usado na indústria, na ciência e na arte, que tenha relação com o produto ou serviço a distinguir; reprodução ou imitação, no todo ou em parte, ainda que com acréscimo, de marca alheia registrada, para distinguir ou certificar produto ou serviço idêntico, semelhante ou afim, suscetível de causar confusão ou associação com marca alheia; dualidade de marcas de um só titular para o mesmo produto ou serviço, salvo quando, no caso de marcas de mesma natureza, se revestirem de suficiente forma distintiva; a forma necessária, comum ou vulgar do produto ou de acondicionamento, ou, ainda, aquela que não possa ser dissociada de efeito técnico; objeto que estiver protegido por registro de desenho industrial de terceiro.

Portanto, do **exame do sinal linguístico ou do símbolo** que se queira registrar como marca com os impedimentos expostos, expressamente, indicados na lei, possível inferir o **requisito da ausência de impedimento**, sempre por exclusão.

4.5.5. Do princípio da prioridade

A proteção da **marca já registrada** de acordo com a CUP no estrangeiro será **extensível no território nacional**, nos termos do princípio da prioridade, detalhado no *item 4.2.2*. Rememore-se que o prazo da prioridade para as marcas é de **06 (seis) meses a contar do depósito** no órgão de registro no estrangeiro. E a lei brasileira (Lei n. 9.279/96), expressamente, a tal princípio faz referência em seu art. 127: "Ao pedido de registro de marca depositado em país que mantenha acordo com o Brasil ou em organização internacional, que produza efeito de depósito nacional, será assegurado **direito de prioridade**, nos prazos estabelecidos no acordo, não sendo o depósito invalidado nem prejudicado por fatos ocorridos nesses prazos".

4.5.6. Do procedimento de registro

O procedimento administrativo que oportunizará o registro da marca se percebe indicado entre os arts. 155-164, da LPI. Na fase preliminar, faz-se o **pedido que deverá conter os seguintes documentos: "requerimento; etiquetas, quando for o caso; e comprovante do pagamento da retribuição relativa ao depósito"**; e, estando o pedido em termos, este será recebido (arts. 155-156).

Haverá, posteriormente, a publicação do pedido, com a possibilidade da apresentação de oposição por terceiros que se tenham por prejudicados, indicando-se, para tanto, o **prazo de 60 (sessenta) dias**. Em igual prazo, poderá **o requerente do**

registro impugnar a oposição. E, também em 60 (sessenta) dias, o exame ser efetuado pelo INPI, deferindo ou indeferindo-se o registro da marca (arts. 158-160).

4.5.7. Da vigência e da extinção

Trata-se de **direito, em princípio, temporário**, tendo em vista que se extinguirá após o decurso do prazo de vigência, **salvo prorrogação**, nos termos do art. 133, da LPI: "O registro da **marca vigorará pelo prazo de 10 (dez) anos**, contados da data da concessão do registro, **prorrogável por períodos iguais e sucessivos**".

Além disso, antes da expiração do prazo de vigência, o direito de propriedade da marca **poderá ser extinto em virtude de eventual anulação**, administrativa (arts. 162-178) ou judicialmente (arts. 173-175). Também **são causas de extinção do direito marcário**: "a **renúncia**, que poderá ser total ou parcial em relação aos produtos ou serviços assinalados pela marca; pela **caducidade**; pela **inobservância do disposto no art. 217**[18]".

A **caducidade, por sua vez, relaciona-se ao não exercício ou à interrupção do uso da marca**, conforme dispõe expressamente o art. 143, da Lei n. 9.279/96. Melhor seria a cessão (arts. 134 e 135, da LPI) ou o licenciamento da marca, voluntariamente, na perspectiva do proveito econômico do direito industrial reconhecido (arts. 139-141, da LPI).

4.5.8. As indicações geográficas

Especificam a procedência ou origem de determinado produto ou serviço. Tal discriminação agregará valor ao produto ou serviço, bem como poderá cativar os consumidores. Nos termos do art. 177, da LPI: "Considera-se **indicação de procedência o nome geográfico de país, cidade, região ou localidade de seu território, que se tenha tornado conhecido como centro de extração, produção ou fabricação de determinado produto ou de prestação de determinado serviço**". Por exemplo, produtos provenientes da Zona Franca de Manaus. Infralegalmente, a **Resolução INPI n. 75/2000 regulamentou o registro das indicações geográficas**.

4.6. ESQUEMA

EMPRESA — PROPRIEDADE INDUSTRIAL	
EMPRESA — PROPRIEDADE INDUSTRIAL	■ O patrimônio intangível do fenômeno empresa se especifica pelo denominado direito industrial, classificado como sub-ramo do direito intelectual, capaz de criar inovações voltadas para a atividade econômica e com regime próprio: Lei n. 9.279/96.

[18] Rememore-se que, caso o direito industrial seja reconhecido à pessoa domiciliada no exterior, o exercício e a manutenção do privilégio referente ao direito industrial dependerão da nomeação de procurador: "a pessoa domiciliada no exterior deverá constituir e manter procurador devidamente qualificado e domiciliado no País, com poderes para representá-la administrativa e judicialmente, inclusive para receber citações" (art. 217).

ESPÉCIES DE DIREITO INDUSTRIAL	■ Invenções. ■ Modelos de Utilidade. ■ Desenhos Industriais. ■ Marcas.
REQUISITOS	■ Invenções e Modelos de Utilidade (novidade, capacidade inventiva, aplicação industrial, desimpedimento). ■ Desenhos Industriais (novidade, originalidade, aplicação industrial, desimpedimento). ■ Marcas (novidade relativa, não colidência com marca notória, desimpedimento).
PRINCÍPIOS	■ Anterioridade. ■ Territorialidade. ■ Prioridade. ■ Especificidade.
PROCEDIMENTOS	■ Depósito do Pedido-Exame Formal-Pedido de Exame-Eventual Oposição-Exame Substancial-Deferimento ou Indeferimento-Pagamento da Retribuição-Expedição da Carta--Patente ou Certificado do Registro.
VIGÊNCIAS	■ Invenções (20 anos, da data do depósito ou, pelo menos, 10 anos da data da concessão). ■ Modelos de Utilidade (15 anos, da data do depósito, ou, minimamente, 7 anos da data da concessão). ■ Desenho Industrial (10 anos, a contar do depósito, prorrogáveis por até 03 períodos sucessivos de 05 anos). ■ Marcas (10 anos, a partir da concessão, prorrogáveis por períodos sucessivos).
EXTINÇÃO	■ Expiração do Prazo de Vigência. ■ Anulação Administrativa ou Judicial. ■ Renúncia. ■ Ausência de Pagamento da Retribuição. ■ Defeito de Representação em caso de Titular domiciliado no Exterior. ■ Caducidade.
REFERÊNCIAS LEGISLATIVAS	■ Lei de Propriedade Industrial — Lei n. 9.279/96. ■ Convenção da União de Paris (CUP), internalizada pelo Decreto n. 75.572/75. ■ Tratado de Cooperação Internacional em Matéria de Patentes (PCT), internalizado no Brasil por meio do Decreto n. 81.742/78.

■ 4.7. QUESTÕES SUBJETIVAS

■ 4.7.1. Questão-homenagem

(VI Exame de Ordem Unificado — Prova Prático-Profissional — Direito Empresarial — 2012) Jaqueline trabalha desenvolvendo cadeiras de vários estilos, sendo titular de diversos registros de desenhos industriais. Recentemente, Jaqueline realizou um trabalho com o intuito de inovar, de criar uma cadeira com forma inusitada, o que culminou no desenvolvimento de um móvel vulgar, mas que poderia servir para a fabricação industrial. De acordo com o enunciado acima e com a legislação pertinente, responda às questões abaixo, indicando o(s) respectivo(s) fundamento(s) legal(is):

a) Jaqueline pode registrar a cadeira, fruto de seu mais recente trabalho, como desenho industrial?

b) Na mesma oportunidade, Jaqueline faz a seguinte consulta: havia solicitado a prorrogação de registro de desenho industrial de uma outra cadeira por mais cinco anos, dez anos após tê-la registrado. Contudo, esqueceu-se de realizar o pagamento da retribuição devida. Passados três meses do prazo de pagamento, Jaqueline se lembrou, mas não sabe quais são as consequências de tal lapso. Qual(is) é(são) a(s) consequência(s) do atraso deste pagamento?

Resposta: a) Entre os requisitos do desenho industrial, expressamente, a novidade e a originalidade, nos termos do art. 95, da LPI. Por novidade, entende-se o desenho industrial que não tenha sido divulgado no meio técnico, profissional dos *designers*. Já a originalidade será alcançada quando o novo aspecto de determinado produto seja capaz de especificá-lo em relação a objetos similares e anteriores (arts. 96 e 97, igualmente da LPI). Incompatível com a noção de originalidade será o objeto comum, vulgar, que não se destaque e não se perceba inédito morfologicamente. É bem verdade que tal avaliação necessitará da comparação com outros objetos, o que se completará somente nos casos concretos, por meio de eventual exame ou perícia, perante o INPI ou mesmo judicialmente. Mas, mesmo assim, o legislador estabeleceu não ser registrável como desenho industrial: "a forma necessária comum ou vulgar do objeto ou, ainda, aquela determinada essencialmente por considerações técnicas ou funcionais" (art. 100, inc. II, da LPI), razão pela qual Jaqueline não conseguiria êxito no registro do desenho industrial da cadeira, exatamente por esta se tratar de um móvel vulgar, a atrair o indeferimento do pedido, nos termos do art. 106, § 4º, também da LPI.

b) A vigência do desenho industrial foi firmada pelo legislador em 10 anos, prorrogável por mais 03 (três) vezes, por período equivalente a 05 (cinco) anos (art. 108, da LPI), devendo a prorrogação ser requerida no último ano do prazo a expirar (art. 108, § 1º). Em caso de não observância de tal procedimento, poderá o interessado, 180 dias depois de expirado o prazo, requerer a prorrogação do direito industrial, sendo que a consequência jurídica pela inobservância do prazo legal será a obrigatoriedade de pagamento da retribuição adicional (art. 108, § 2º, da LPI).

■ 4.7.2. Questão-desafio

(INPI — Mestrado Profissional em PI e Inovação — Exame de Seleção 2013 — adaptada) "No mundo moderno, em pleno desenrolar da 'revolução tecnológica', o capitalista não é mais necessariamente o dono da fábrica, das máquinas e da matéria-prima necessária para a produção de uma mercadoria, mas também, e cada vez mais, o titular do direito de exclusividades sobre a informação. Um exemplo dessa transformação é o modelo de negócio chamado de *franchising*, onde o capitalista é, em primeira linha, o 'dono' de uma ideia de negócio, e não necessariamente o 'dono' de bens materiais. Nessas circunstâncias o direito de propriedade intelectual exerce um papel de organizador das relações econômicas que envolvem bens intelectuais. Some-se a isso a globalização dos mercados e a tendência de internacionalização das regras comerciais, e a importância do estudo do direito da propriedade intelectual resta evidente".

Comente, baseado nos seus conhecimentos de Propriedade Intelectual, o parágrafo da autora Karin Grau-Kuntz, destacando a diferença entre direito intelectual e propriedade industrial.

■ 4.8. QUESTÕES OBJETIVAS

1. (FGV — OAB — VI Exame Unificado — 2011) A respeito das invenções ou modelos de utilidade, é correto afirmar que

a) podem incluir os programas de computador em si.
b) podem consistir em técnicas e métodos operatórios ou cirúrgicos.
c) bastam atender aos requisitos de novidade e atividade inventiva para serem patenteáveis.
d) são considerados novos quando não compreendidos no estado da técnica.

2. (FGV — OAB — VII Exame Unificado — 2012) Sobre as marcas, é correto afirmar que

a) a marca de alto renome é sinônimo de marca notoriamente conhecida.
b) a vigência do registro da marca é de 5 (cinco) anos, sendo prorrogável por períodos iguais e sucessivos.
c) é permitida a cessão do pedido de registro de marca, caso o cessionário atenda aos requisitos legais.
d) a marca de produto ou serviço é aquela usada para identificar produtos ou serviços provindos de membros de uma determinada entidade.

3. (FGV — OAB — XII Exame Unificado — 2013) Sobre a licença compulsória, assinale a afirmativa correta.

a) É a hipótese em que o Estado outorga o direito de patente ao autor da invenção sem a sua iniciativa.
b) É cabível sua concessão se a comercialização não satisfizer às necessidades do mercado.

c) Pode ser concedida com exclusividade, a critério do Instituto Nacional da Propriedade Industrial.
d) É admitido o sublicenciamento, com a concordância prévia do licenciante.

4. (TJ-PR — Juiz — 2012) Assinale a alternativa correta.

a) O desenho industrial se refere a resultado visual novo e original que tenha aplicação industrial e permita uma melhor fruição do produto.
b) O pedido de registro de desenho industrial pode ser feito de modo a incluir ilimitadas variações sobre o resultado visual, desde que se destinem ao mesmo propósito e contenham a mesma característica preponderante.
c) A marca de produto se destina a distinguir um produto de outro idêntico ou semelhante, podendo, para tanto, utilizar-se de cores, indicações geográficas ou letras.
d) O detentor de marca notória em seu ramo de atividade pode pretender que seja indeferido pedido, de terceiro, de registro de sua marca, mesmo não tendo registrado ou depositado sua marca no Brasil.

5. (TJ-SC — Juiz — 2013) Analise as proposições abaixo sobre marcas e patentes e assinale a alternativa correta:

I. São requisitos mínimos para a constituição de uma marca válida: a) cunho distintivo; b) novidade; c) veracidade; e, d) caráter lícito.
II. A marca registrada é potencialmente eterna, já que o seu registro é concedido pelo prazo de dez anos, prorrogável por iguais períodos, enquanto o titular da marca tiver interesse e efetuar o pagamento das retribuições devidas para a sua manutenção.
III. Não se consideram invenção nem modelo de utilidade: método matemático, regras de jogo e técnica cirúrgica.
IV. O pedido de patente será mantido em sigilo durante dezoito meses, contados da data do depósito ou da prioridade mais antiga, quando houver, após o que será publicado, a exceção do caso em que se caracterize a patente objeto de interesse à defesa nacional.

a) Somente as proposições I, II e III estão corretas.
b) Somente as proposições II, III e IV estão corretas.
c) Somente as proposições I, III e IV estão corretas.
d) Somente as proposições I, II e IV estão corretas.
e) Todas as proposições estão corretas.

6. (FCC — TRT — 1ª Região — Juiz do Trabalho Substituto — 2015) Segundo o disposto no art. 2º da Lei n. 9.279/1996, a proteção dos direitos relativos à propriedade industrial, considerado o seu interesse social e o desenvolvimento tecnológico e econômico do País, pode efetuar-se mediante

a) concessão de registro de invenção.
b) repressão às falsas indicações geográficas.
c) concessão de patente de desenho industrial.
d) concessão de patente de marca.
e) concessão de registro de modelo de utilidade.

7. (TRF — 4ª Região — Juiz Federal Substituto — 2016) Assinale a alternativa INCORRETA. Com base nas teses firmadas pelo Superior Tribunal de Justiça a respeito da propriedade intelectual:

a) A marca de alto renome (assim definida em lei) é exceção ao princípio da especificidade e tem proteção especial em todos os ramos de atividade, desde que previamente registrada no Brasil e assim declarada pelo INPI — Instituto Nacional de Propriedade Industrial.
b) Marcas fracas ou evocativas, constituídas por expressões comuns ou genéricas, não possuem o atributo da exclusividade, podendo conviver com outras semelhantes.
c) Para se conceder a proteção especial da marca de alto renome em todos os ramos de atividade, é dispensável procedimento administrativo junto ao Instituto Nacional de Propriedade Industrial.
d) Para a caracterização da colidência entre marcas, devem ser utilizados os seguintes parâmetros: (i) as marcas devem ser apreciadas sucessivamente, de modo a se verificar se a lembrança deixada por uma influencia na lembrança deixada pela outra; (ii) as marcas devem ser

avaliadas com base nas suas semelhanças, e não nas suas diferenças; e (iii) as marcas devem ser comparadas pela sua impressão de conjunto, e não por detalhes.

e) Vige no Brasil o sistema declarativo de proteção de marcas e patentes, que prioriza aquele que primeiro fez uso da marca, constituindo o registro no órgão competente mera presunção, que se aperfeiçoa pelo uso.

8. (FCC — TJ-SC — Juiz Substituto — 2017) São patenteáveis

a) as descobertas, teorias científicas e métodos matemáticos.
b) os microrganismos transgênicos que atendam aos requisitos de novidade, atividade inventiva e aplicação industrial, e que não sejam mera descoberta.
c) as obras literárias, arquitetônicas, artísticas e científicas e qualquer criação estética.
d) as técnicas cirúrgicas e métodos terapêuticos e de diagnóstico para aplicação no corpo animal, mas não no corpo humano.
e) apenas as invenções que atendam aos requisitos de novidade, atividade inventiva e aplicação industrial.

9. (VUNESP – TJ-RS – Juiz de Direito Substituto – 2018) De acordo com o artigo 11 da Lei n. 9.279/96 (Lei de Propriedade Industrial), a invenção e o modelo de utilidade são considerados novos quando não compreendidos no estado da técnica.

Assinale a alternativa que corresponde ao conceito legal de estado da técnica.

a) O estado da técnica é constituído por tudo aquilo tornado acessível ao público antes da data de depósito do pedido de patente, por descrição escrita ou oral, por uso ou qualquer outro meio, no Brasil ou no exterior, ressalvado o disposto nos arts. 12, 16 e 17.
b) O estado da técnica é constituído por tudo aquilo tornado acessível ao público antes da data de depósito do pedido de patente, por descrição escrita ou oral, por uso ou qualquer outro meio, no Brasil, ressalvado o disposto nos arts. 12, 16 e 17.
c) O estado da técnica é constituído por tudo aquilo tornado acessível ao público antes da data de depósito do pedido de patente, por descrição escrita ou oral, por uso ou qualquer outro meio, no exterior, ressalvado o disposto nos arts. 12, 16 e 17.
d) O estado da técnica é constituído por tudo aquilo tornado acessível ao público após a data de depósito do pedido de patente, por descrição escrita ou oral, por uso ou qualquer outro meio, no Brasil ou no exterior, ressalvado o disposto nos arts. 12, 16 e 17.
e) O estado da técnica é constituído por tudo aquilo tornado acessível ao público antes da data de depósito do pedido de patente, por descrição escrita ou oral, no Brasil ou no exterior, ressalvado o disposto nos arts. 12, 16 e 17.

10. (VUNESP — TJ-RS — Titular de Serviços de Notas e de Registros — Remoção — 2019) Assinale a alternativa que preenche corretamente o quadro a seguir:

	I Propriedade Intelectual	II Requisito Legal para sua Proteção	III Prazo da Proteção (direitos patrimoniais)
1)	Invenção	Concessão de patente pel INPI	
2)	Modelos de utilidade	Concessão de patente pel INPI	15 anos contados da data de depósito (não inferior a 7 anos contados da data da concessão)
3)	Desenho industrial	Registro no INPI	prazo de 10 anos contados da data do depósito, prorrogável por 3 períodos sucessivos de 5 anos cada
4)	Marca	Registro no INPI	
5)	Nome Empresarial		Enquanto subsistir a firma individual ou sociedade
6)	Direito de Autor		
7)	Programas de Computador		50 anos contados do ano subsequente ao da sua publicação

a) 1.III — 20 anos contados da data de depósito (não inferior a 10 anos contados da data da concessão); 4.III — 10 anos, prorrogável por 3 períodos sucessivos de 5 anos cada; 5.II — Registro dos atos constitutivos da firma individual ou sociedade na Junta Comercial; 6.II — Independe de registro; 6.III — 50 anos contados do ano seguinte ao do falecimento do autor; e 7.II — Independe de registro.
b) 1.III — 20 anos contados da data de depósito (não inferior a 10 anos contados da data da concessão); 4.III — 10 anos, prorrogável por períodos iguais e sucessivos; 5.II — Registro dos atos constitutivos da firma individual ou sociedade na Junta Comercial; 6.II — Independe de registro; 6.III — 70 anos contados do ano seguinte ao do falecimento do autor; e 7.II — Independe de registro.
c) 1.III — 15 anos contados da data de depósito (não inferior a 7 anos contados da data da concessão); 4.III — 10 anos, prorrogável por períodos iguais e sucessivos; 5.II — Registro dos atos constitutivos da firma individual ou sociedade na Junta Comercial; 6.II — Independe de registro; 6.III — 70 anos contados do ano seguinte ao do falecimento do autor; e 7.II — Registro no INPI.
d) 1.III — 20 anos contados da data de depósito (não inferior a 10 anos contados da data da concessão); 4.III — 10 anos, prorrogável uma vez por igual período; 5.II — Registro dos atos constitutivos da firma individual ou sociedade na Junta Comercial; 6.II — Registro, a depender da natureza da obra (literária, artística ou científica), no órgão ou entidade competente; 6.III — 70 anos contados do ano seguinte ao do falecimento do autor; e 7.II — Registro no INPI.
e) 1.III — 15 anos contados da data de depósito (não inferior a 7 anos contados da data da concessão); 4.III — 10 anos, prorrogável por períodos iguais e sucessivos; 5.II — Independente de registro; 6.II — Independe de registro; 6.III — 70 anos contados do ano seguinte ao do falecimento do autor; e 7.II — Independe de registro.

11. (FCC – TJ-MS – Juiz de Direito Substituto – 2020) Considere as seguintes proposições acerca da propriedade industrial:

I. Não são patenteáveis o todo ou parte dos seres vivos, com exceção dos microrganismos transgênicos que atendam aos requisitos legais de patenteabilidade e que não sejam mera descoberta.
II. À pessoa de boa-fé que, antes da data de depósito ou de prioridade de pedido de patente, explorava seu objeto no País, será assegurado o direito de continuar a exploração, sem ônus, na forma e condição anteriores.
III. Se dois ou mais autores tiverem realizado a mesma invenção ou modelo de utilidade, de forma independente, o direito de obter patente será assegurado àquele cuja invenção ou criação for mais antiga, independentemente da data do depósito.
IV. Quando se tratar de invenção ou de modelo de utilidade realizado conjuntamente por duas ou mais pessoas, a patente somente poderá ser requerida por todas elas, em conjunto, vedado o requerimento individual.
V. É patenteável a invenção que atenda aos requisitos de novidade e atividade inventiva, ainda que desprovida de aplicação industrial.

De acordo com a atual redação da Lei nº 9.279/1996, está correto o que se afirma APENAS em

a) I e II
b) I e III
c) II e IV
d) III e V
e) IV e V

■ GABARITO ■

1. "d". O art. 8º, da LPI, estabelece três requisitos para que determinada invenção seja patenteável: "novidade, atividade inventiva e aplicação industrial". O art. 11, quanto à novidade, esclarece que "a invenção e o modelo de utilidade são considerados novos quando não compreendidos no estado da técnica". Portanto, a letra "d" se encontra em sintonia com o texto legal.

2. "c". Nos termos da Lei de Propriedade Industrial (Lei n. 9.279/96, LPI), em seu art. 129, a "propriedade da marca adquire-se pelo registro validamente expedido, conforme as disposições desta Lei, sendo assegurado ao titular seu uso exclusivo". Por sua vez, trata-se de direito negociável e disponível, podendo ser, mesmo antes de seu registro, objeto de cessão. Especifica o art. 130, também da LPI: "Ao titular da marca ou ao depositante é ainda assegurado o direito de: I — ceder seu registro ou pedido de registro", dispositivo complementado pelo art. 134, também da LPI: "O pedido de registro e o registro poderão ser cedidos, desde que o cessionário atenda aos requisitos legais para requerer tal registro". Assim, a alternativa "c" se apresenta verdadeira porque de acordo com a literalidade do art. 129, inc. II, c/c art. 130, ambos da LPI.

3. "b". Em sintonia com a literalidade do inc. II, § 1º, do art. 68, da LPI: "**§ 1º Ensejam, igualmente, licença compulsória: (...) II** — a comercialização que não satisfizer às necessidades do mercado".

4. "c". Tal alternativa reproduziu o teor do art. 122, da Lei n. 9.279/96 (LPI).

5. "e". Todos os itens encontram-se em harmonia com a letra da LPI. Item I (art. 122 c/c art. 124); item II (art. 133); item III (art. 10, incs. I, VII e VIII); item IV (art. 30). Recomenda-se, ainda, a releitura do *item 4.2.1* sobre os requisitos contidos na lei para o deferimento das patentes.

6. "b". Fundamento: art. 2º, inc. V, da LPI.

7. "c". Fundamento: art. 125, *caput*, da Lei n. 9.279/96.

8. "b". Alternativa "b" de acordo com a literalidade do art. 18, inc. III, da LPI — Lei n. 9.279/96. As alternativas "a", "c" e "d" correspondem a eventos que, expressamente, o art. 10 da LPI não considera invenção, nem modelo de utilidade, respectivamente, incs. I, IV e VIII. A alternativa "e" restringiu a patenteabilidade às invenções, pois o "apenas" do enunciado excluiu sutilmente os modelos de utilidade, também patenteáveis.

9. "a". Em sintonia com a literalidade do § 1º, do art. 11, da LPI.

10. 'b". Em conformidade com os artigos 40 e 133, ambos da LPI: "Art. 40. A patente de invenção vigorará pelo prazo de 20 (vinte) anos e a de modelo de utilidade pelo prazo 15 (quinze) anos contados da data de depósito.

Parágrafo único. O prazo de vigência não será inferior a 10 (dez) anos para a patente de invenção e a 7 (sete) anos para a patente de modelo de utilidade, a contar da data de concessão, ressalvada a hipótese de o INPI estar impedido de proceder ao exame de mérito do pedido, por pendência judicial comprovada ou por motivo de força maior (...) Art. 133. O registro da marca vigorará pelo prazo de 10 (dez) anos, contados da data da concessão do registro, prorrogável por períodos iguais e sucessivos."

11. "a". As invenções serão patenteáveis, primeiro, se preenchidos os requisitos legais de novidade, atividde inventiva e aplicação industrial, e não haja restrição legal para seu reconhecimento, o que ocorre, como regra, em relação aos seres vivos, ressalvados os transgênicos, nos termso do art. 8º e art. 18, inc. III, ambos da Lei de Propriedade Industrial: "Art. 8º É patenteável a invenção que atenda aos requisitos de novidade, atividade inventiva e aplicação industrial (...)Art. 18. Não são patenteáveis: (...) III - o todo ou parte dos seres vivos, exceto os microorganismos transgênicos que atendam aos três requisitos de patenteabilidade - novidade, atividade inventiva e aplicação industrial - previstos no art. 8º e que não sejam mera descoberta". Portanto, correto o item I e incorreto o item V. O item II está correto, pois em sintonia com a literalidade do art. 45, da LPI: "À pessoa de boa fé que, antes da data de depósito ou de prioridade de pedido de patente, explorava seu objeto no País, será assegurado o direito de continuar a exploração, sem ônus, na forma e condição anteriores". O item III encontra-se incorreto, pois, no caso, de desenvolvimento independente de determinado invento, será o depósito mais antigo o critério para definir a titularidade do invento e disso, rememore-se, o caráter constitutivo do registro. Leia-se, nesse sentido, o teor do art. 7º da LPI: "Art. 7º Se dois ou mais autores tiverem realizado a mesma invenção ou modelo de utilidade, de forma independente, o direito de obter patente será assegurado àquele que provar o depósito mais antigo, independentemente das datas de invenção ou criação". O item IV também se encontra incorreto, pois, no caso, de cotitularidade da invenção, qualquer dos cotitulares poderá postular o registro, nos termos do § 3º, do art. 6º, da LPI: "Quando se tratar de invenção ou de modelo de utilidade realizado conjuntamente por duas ou mais pessoas, a patente poderá ser requerida por todas ou qualquer delas, mediante nomeação e qualificação das demais, para ressalva dos respectivos direito".

5

EMPRESA — PERFIL CORPORATIVO

5.1. INTRODUÇÃO

O empresário pode ser considerado o profissional que **detém conhecimentos específicos para sopesar o risco do insucesso e o lucro do sucesso de determinado empreendimento**. Nitidamente, sobressaem-se como inerentes à atividade empresarial os potenciais lucros, mas, igualmente, os eventuais prejuízos. O bônus e o ônus, paralelamente, projetam-se nas mentes dos futuros empreendedores, sendo, por isso, importante rememorar a observação de Fábio Ulhoa Coelho, no sentido de que "**boa parte da competência característica dos empresários vocacionados diz respeito à capacidade de mensurar e atenuar riscos**"[1].

E, para tanto, na empreitada de relativizar o risco e maximizar o lucro, necessariamente, o empresário (individual ou coletivo) deverá desenvolver **habilidades específicas para estimar o custo total da atividade** econômica, principalmente em tempos de globalização.

Tal perspectiva, a propósito, foi explanada por Arnoldo Wald, quando defendeu que **a própria economia atual demanda um tipo especial de empresário**, o qual deverá corresponder a um gerente, um organizador da produção e da comercialização. Nos grandes empreendimentos, também a necessidade de um empresário-executivo, que deverá cultivar, **além da racionalidade e da audácia, a intuição, a ponderação, bem como as técnicas de informação e comunicação**[2].

É natural, portanto, que, diante das exigências relacionadas ao empresário do século XXI, haja a contribuição concomitante de colaboradores subordinados e independentes, democratizando-se a gestão dos empreendimentos, entre eles juristas e contadores. Os primeiros auxiliarão o empresário no identificar dos tipos e arranjos societários hábeis à mensuração dos riscos sobre o capital investido, e os segundos na avaliação dos custos (explícitos e implícitos) que modularão o comportamento da empresa.

Os **contadores se apresentam como colaboradores autônomos de grande importância**, porque responsáveis pelo registro formal da contabilidade do empreendimento, obrigatório nos termos do art. 1.179, do Código Civil.

---

1 COELHO, Fábio Ulhoa, *Manual de direito comercial*, 14. ed., p. 4.

2 WALD, Arnoldo. *O empresário, a empresa e o Código Civil*, 2. ed., p. 876.

Este capítulo, assim, pretende especificar o perfil corporativo do fenômeno empresa, tendo em vista a contribuição necessária de **colaboradores subordinados (empregados) e não subordinados** (advogados, contadores, entre outros).

■ 5.2. DO REGIME JURÍDICO

O **regime jurídico** dos colaboradores do empresário concentra-se entre os arts. **1.169-1.195**, do Código Civil. O **colaborador que substituir o empresário** na organização do empreendimento, administrando-o pontualmente por ele, denomina-se **preposto**. Deverá **agir em nome e nos limites dos poderes** que lhe forem autorizados por escrito, sob pena de responsabilidade pessoal (arts. 1.169-1.171, do CC).

■ 5.2.1. Do preposto e do gerente

O **preposto regular será qualificado como gerente**, nos termos do art. 1.172, do CC. De acordo com o texto legal, **em relação ao gerente, trata-se de preposto permanente**, a quem, por presunção normativa, são conferidos os poderes necessários para o desenvolvimento regular do objeto social (art. 1.173, também do CC). **Eventuais restrições ou poderes especiais deverão**, por segurança jurídica, ser **averbados perante o Registro Público de Empresas** Mercantis (art. 1.174, parágrafo único).

Entre o empresário (proponente) e o gerente (preposto), há solidariedade, sendo que ao segundo também se reconhece a possibilidade de representação do empreendimento pelo primeiro em juízo (arts. 1.175 e 1.176, do CC).

■ 5.2.2. Do contador e da escrituração

A **aferição dos custos do objeto social, antes e durante a execução do empreendimento, compõe ponto sensível de seu gerenciamento**. A contabilidade formal, assim, projetará a saúde financeira do empreendimento ou sinalizará a necessidade de sua recuperação judicial ou extrajudicial. A contabilidade formal — como se afirmou — **é obrigatória nos termos do art. 1.179, do CC**. Entretanto, o § 2º, do mencionado artigo, excepciona tal regra ao estabelecer que "É dispensado das exigências deste artigo o pequeno empresário a que se refere o **art. 970**". Nessa condição, por exemplo, o **Microempreendedor Individual**, com receita bruta anual não superior a R$ 81.000,00 (MEI, art. 18-A, da Lei Complementar n. 123/2006), e mesmo **os microempresários ou empresário de pequeno porte** não optantes do Sistema Integrado de Pagamento de Impostos e Contribuições das Microempresas e Empresas de Pequeno Porte (SIMPLES)[3].

A admissibilidade do pedido de **recuperação judicial pressupõe a análise da contabilidade formal da empresa** em situação de crise econômico-financeira, bastando a tanto a leitura do art. 51, inc. II, da Lei n. 11.101/2005, que exige entre os **documentos que devem instruir o pedido de recuperação judicial, os seguintes**: "as

---

[3] Os microempresários e os empresários de pequeno porte optantes do simples estão dispensados da escrituração usual, desde que mantenham os livros Caixa e Registro de Inventário, nos termos das alíneas "a" e "b", do § 1º, do art. 7º, da Lei n. 9.317/96.

demonstrações contábeis relativas aos 3 (três) últimos exercícios sociais e as levantadas especialmente para instruir o pedido, confeccionadas com estrita observância da legislação societária aplicável e compostas obrigatoriamente de: *a)* balanço patrimonial; *b)* demonstração de resultados acumulados; *c)* demonstração do resultado desde o último exercício social; *d)* relatório gerencial de fluxo de caixa e de sua projeção".

Comumente, ainda, a **alteração do quadro societário**, com a retirada ou substituição de algum sócio, **reclamará, igualmente por imposição legal, a elaboração de balanço de determinação**, para que seja possível apurar os haveres do sócio retirante ou substituído (art. 1.031, do CC).

Percebe-se, portanto, que as demonstrações financeiras **refletirão o fluxo de caixa e a variação patrimonial do empreendimento**, sendo recomendável que o empresário não se descuide da contratação de contador ou escritório de contabilidade de sua confiança.

É preciso lembrar que a contabilidade formal do empreendimento **poderá ser objeto de fiscalização interna e externa**[4]. Os próprios sócios, quando apenas investidores, por exemplo, poderão auditar as contas da empresa e, em caso de discordância com as contas apresentadas, propor ação de prestação de contas, nos termos dos arts. 914-919, do CPC.

■ 5.2.3. Espécies de livros

Os livros **classificam-se em obrigatórios ou facultativos**. Os primeiros deverão ser mantidos por expressa previsão legal. Os segundos serão confeccionados para auxiliar no gerenciamento do empreendimento. Os **obrigatórios, por sua vez, subdividem-se em comuns ou especiais**, a depender do tipo societário ou das peculiaridades do objeto social. Assim, tem-se como ***livro comum obrigatório o diário***, referido no art. 1.180, do Código Civil, podendo ser lembrados como **livros especiais e obrigatórios, exemplificativamente, o de Registro de Duplicatas**, nos termos do art. 19, da Lei n. 5.474/68, para os empresários ou sociedades empresárias que optarem pela operacionalização de suas compras e vendas por meio da emissão daquele específico título de crédito (duplicata), bem como será obrigatória a escrituração dos **livros referidos pela Lei das Sociedades Anônimas (Lei n. 6.404/74), mais especificamente em seu art. 100: "o livro de Registro de Ações Nominativas (...) o livro de 'Transferência de Ações Nominativas' (...) o livro de Atas das Assembleias-Gerais; o livro de Presença dos Acionistas; os livros de Atas das Reuniões do Conselho de Administração, se houver, e de Atas das Reuniões de Diretoria; o livro de Atas e Pareceres do Conselho Fiscal"**.

■ 5.2.4. Da escrituração por meio eletrônico

O ferramental trazido pelas tecnologias de informação tem facilitado o registro e a fiscalização da contabilidade formal. O Decreto Federal n. 6.022/2007 estabeleceu

---

4 Fábio Ulhoa Coelho fala de três funções básicas da escrituração: "gerencial, documental e fiscal". *Curso de direito comercial*, 12. ed., v. 1, p. 80.

o **Sistema Público de Escrituração Digital (SPED)**, definido como "instrumento que unifica as atividades de recepção, validação, armazenamento e autenticação de livros e documentos que integram a escrituração contábil e fiscal dos empresários e das pessoas jurídicas, inclusive imunes ou isentas, mediante fluxo único, computadorizado, de informações" (art. 2º).

Na era da "despapelização", do acesso à informação, salutar que as obrigações referentes à escrituração, bem como às obrigações fiscais do empresário ou sociedade empresária **concentrem-se em sistema de informações unificado**.

Segurança jurídica e desburocratização do sistema são substantivos que se percebem presentes no SPED[5-6-7], valendo lembrar que tal sistema estará a **prevenir o extravio ou a perda da escrituração**. Apesar do entrelaçamento de obrigações de várias ordens (de registro, contábeis, trabalhistas, previdenciárias e tributárias), a fonte única das informações possibilitará uma fiscalização mais eficaz, nitidamente um avanço, valendo ressaltar, mais uma vez, o magistério de Fábio Ulhoa Coelho[8], ao rememorar que, hoje, tanto a lei (art. 1.193, do CC) quanto a jurisprudência (Súmula 439, do STF) **excepcionam o princípio do sigilo dos livros comerciais**.

Ricardo Negrão elenca, além do **sigilo**, como princípios próprios da contabilidade empresarial a **fidelidade e a liberdade**. Por **fidelidade, entende uma contabilidade que espelhe a real situação financeira do empreendimento**, de modo a facilitar a mensuração do patrimônio da empresa, a tomada e a fiscalização de suas contas, bem **como a prova "em Juízo quando em litígio contra outro empresário"**. Fidelidade inclusive que deverá ser reflexo da documentação que subsidiar os negócios jurídicos e as obrigações tributárias do empreendimento, nos termos do art. 1.179, do CC.

E a liberdade a que faz referência tem correspondência com o **direito de escolha dos empresários** "do sistema de contabilidade a ser utilizado, bem como dos livros" para o cumprimento da obrigação legal de escrituração.

---

5 Nos termos do art. 2º, do **Decreto Federal n. 8.683/2016**, a autenticação efetuada pelo SPED será considerada válida, mesmo que os livros digitais não tenham sido submetidos ao crivo da Junta Comercial.

6 Tal sistemática tornou-se possível também a pessoas jurídicas não sujeitas ao Registro de Comércio, nos termos do Decreto n. 9.555/2018.

7 Ao tangenciar e a ratificar o tratamento eletrônico da escrituração e outros documentos de interesse do empresário ou sociedade empresária, anote-se que a Lei n. 13.874/2019 equiparou os documentos digitalizados aos registrados em papel, ao inserir o art. 2º-A, da Lei n. 12.682/2012: "Art. 2º-A. Fica autorizado o armazenamento, em meio eletrônico, óptico ou equivalente, de documentos públicos ou privados, compostos por dados ou por imagens, observado o disposto nesta Lei, nas legislações específicas e no regulamento. § 1º Após a digitalização, constatada a integridade do documento digital nos termos estabelecidos no regulamento, o original poderá ser destruído, ressalvados os documentos de valor histórico, cuja preservação observará o disposto na legislação específica. § 2º O documento digital e a sua reprodução, em qualquer meio, realizada de acordo com o disposto nesta Lei e na legislação específica, terão o mesmo valor probatório do documento original, para todos os fins de direito, inclusive para atender ao poder fiscalizatório do Estado."

8 *Curso de direito comercial*, 12. ed., v. 1, p. 87.

5.2.5. Da força probatória dos livros comerciais

É no Código de Processo Civil que se tem o **regime jurídico da força probante dos livros comerciais**. Mais especificamente em seus arts. **417-421**[9]. Assim, o CPC delimita que, contra o escriturante, deverão valer os registros, que também deles se aproveitará (art. 418), desde que **respeitada a forma legal de escrituração**. A lei processual também declara a **indivisibilidade da escrituração**, não se podendo por isso considerar apenas os lançamentos que sejam favoráveis ao escriturante (art. 419, do CPC). Em qualquer caso, **será possível contestar e afastar a presunção de veracidade dos registros contábeis por meio, por exemplo, de perícia judicial**.

O **Código Civil, no art. 226**, também regulou a matéria, nos seguintes termos: "Os livros e fichas dos empresários e sociedades **provam contra as pessoas a que pertencem, e, em seu favor**, quando, **escriturados sem vício extrínseco ou intrínseco**, forem **confirmados por outros subsídios**. Parágrafo único. A prova resultante dos livros e fichas **não é bastante nos casos em que a lei exige** escritura pública, ou escrito particular revestido de requisitos especiais, e pode ser ilidida pela comprovação da falsidade ou inexatidão dos lançamentos".

Esquematizando os princípios do registro contábil empresarial:

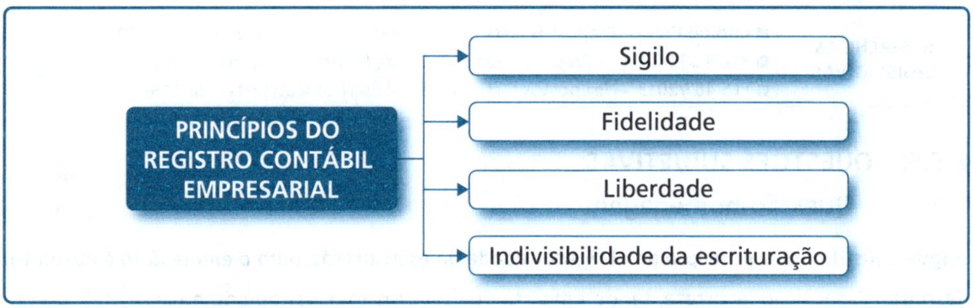

5.3. A ESCRITURAÇÃO NAS PROPOSTAS PARA UM NOVO CÓDIGO COMERCIAL

O PLS n. 487/2013 **repete a contabilidade formal como obrigação do empresário ou sociedade empresária**. A matéria é tratada entre seus arts. 120-148. Ao contrário do Código Civil, **em vez de dispensarem o pequeno empresário da necessidade de escrituração, atualizou a matéria para ressaltar a necessidade de se observar em relação a este uma escrituração particular ou especial**.

Frisou-se na proposta que a **contabilidade formal deverá ser confeccionada por profissional habilitado**, inclusive buscando-se uma **padronização dos registros** pelas normas e **resoluções do Conselho Federal de Contabilidade**. O **princípio do sigilo da escrituração foi preservado**, ressalvada as hipóteses de fiscalização e intervenção judicial.

[9] O novo CPC (Lei n. 13.105/2015, arts. 417-421) manteve, em linhas gerais, as diretrizes do CPC de 1973.

Na proposta, coerentemente, **o valor probante dos livros contábeis foi tratado em seção específica, deixando de ser matéria meramente avulsa** e tratada no Código de Processo Civil. Normas gerais sobre as **demonstrações financeiras** também foram repisadas, mantendo-se no mais o arcabouço jurídico construído pelas normas atuais do Código Civil.

■ 5.4. ESQUEMA

EMPRESA — PERFIL CORPORATIVO	
EMPRESA — PERFIL CORPORATIVO	■ Aspecto que leva em conta o fenômeno empresa como organismo que agrega competências múltiplas. O empresário mantém sua posição de organizador dos fatores de produção, mas deverá delegar competências e, necessariamente, será auxiliado no desenvolvimento de sua atividade por colaboradores subordinados (empregados) e colaboradores não subordinados (profissionais liberais, por exemplo, advogados e contadores).
ESCRITURAÇÃO (PRINCÍPIOS)	■ Sigilo, Fidelidade e Liberdade. ■ Obrigatoriedade — Regra. ■ Dispensa — Exceção (microempresa, empresa de pequeno porte e microempreendedor individual).
ESCRITURAÇÃO (LIVROS)	■ Obrigatório Comum, por imposição do Código Civil (Diário). Obrigatório Especial (ramo de atividade ou tipo societário). ■ Facultativos (para auxiliar no gerenciamento da atividade).
REFERÊNCIAS LEGISLATIVAS	■ Código Civil — Prepostos (arts. 1.169-1.178); Escrituração (arts. 1.179-1.195). ■ PLC 1.572/2011 — Prepostos (arts. 269-270; Escrituração (arts. 53-85). ■ PLS 487/2013 — Prepostos (arts. 382-383); Escrituração (arts. 120-148).

■ 5.5. QUESTÕES SUBJETIVAS

■ 5.5.1. Questão-homenagem

Julgue e justifique: O princípio da obrigatoriedade da escrituração para o empresário é absoluto.

Resposta: Proposição incorreta, tendo em vista que tal princípio, estipulado no art. 1.179, do CC, foi excepcionado por seu § 2º, que expressamente dispensa a escrituração para o pequeno empresário. Atualmente, assim, poderão ser dispensados da escrituração o micro e os pequenos empresários não optantes do SIMPLES, bem como o microempreendedor individual, nos termos da Lei Complementar n. 123/2006.

■ 5.5.2. Questão-desafio

(BACEN — Analista — Discursiva — 2010) "'O que é Projeto SPED? O Projeto SPED — Sistema Público de Escrituração Digital, oficializado em Jan/2007, é uma solução tecnológica que oficializa os arquivos digitais das escriturações fiscal e contábil dos sistemas empresariais dentro de um formato digital específico e padronizado. Dessa forma, o SPED irá contribuir para a redução dos custos com o armazenamento de documentos e também para minimizar os encargos com o cumprimento das obrigações acessórias, além de possibilitar maior segurança.' Você considera que o SPED é vantajoso para o país? Que benefícios a substituição da emissão de livros contábeis em papel pela sua versão digital pode trazer para a sociedade e para as empresas? Qual o papel da área de Contabilidade diante desse novo sistema? Construa um texto argumentativo sobre o tema proposto, com o mínimo de 45 e o máximo de 50 linhas, tendo por base o texto acima, que deve ser utilizado, apenas, como referência para uma reflexão sobre o tema, não podendo ser transcrita qualquer passagem do mesmo. Lembre-se de que não há uma resposta certa ou errada. O importante é que você apresente as suas ideias sobre o assunto fundamentando-as devidamente."

■ 5.6. QUESTÕES OBJETIVAS

1. (FGV — 2011 — SEFAZ-RJ — Auditor Fiscal da Receita Estadual — adaptada) O empresário individual e as sociedades empresárias são obrigados, por lei, a seguir um sistema de contabilidade, mecanizado ou não, com base na escrituração uniforme de seus livros, em correspondência com a documentação respectiva, e a levantar anualmente o balanço patrimonial e o de resultado econômico. A respeito dos livros comerciais, é INCORRETO afirmar que

a) salvo disposição especial de lei, os livros obrigatórios e, se for o caso, as fichas, antes de postos em uso, devem ser autenticados no Registro Público de Empresas Mercantis.
b) o Microempreendedor Individual não poderá ser dispensado da escrituração do Livro Diário.
c) o juiz só poderá autorizar a exibição integral dos livros e papéis de escrituração quando necessária para resolver questões relativas a sucessão, comunhão ou sociedade, administração ou gestão à conta de outrem, ou em caso de falência.
d) a filial localizada no Brasil, de sociedade empresária com sede em país estrangeiro, fica subordinada às mesmas disposições relativas à escrituração dos livros comerciais, previstas no Código Civil brasileiro.

2. (FGV — 2010 — SEFAZ-RJ — Fiscal de Rendas) Com relação aos livros comerciais, desconsiderando a categoria dos microempresários e empresários de pequeno porte, analise as afirmativas a seguir.

I. O livro "Diário", ou os instrumentos contábeis que legalmente o substituem (as fichas de lançamentos e o livro "Balancetes Diários e Balanços"), é o único livro de escrituração obrigatória para todos os empresários.
II. Em demanda entre empresário contra não empresário, o livro comercial faz prova irrefutável a favor do seu titular, desde que atendidos todos os requisitos intrínsecos e extrínsecos de regularidade do livro.
III. As sociedades limitadas, regidas supletivamente pelas normas da sociedade simples, estão dispensadas da escrituração do livro "Registro de Duplicatas".

Assinale:
a) se somente a afirmativa I estiver correta.
b) se somente a afirmativa II estiver correta.
c) se somente as afirmativas I e II estiverem corretas.
d) se somente as afirmativas I e III estiverem corretas.
e) se somente as afirmativas II e III estiverem corretas.

3. (Tabelião — Acre — FMP — 2012) No que diz com a escrituração empresarial, assinale a afirmativa correta.

a) O juiz só poderá autorizar a exibição integral dos livros e papéis de escrituração, quando necessária para resolver questões relativas a sucessão, comunhão ou sociedade, administração ou gestão à conta de outrem, ou em caso de falência.
b) Os livros da escrituração do empresário ou da sociedade empresária não podem ser objeto de apreensão judicial.
c) Não se admite a escrituração resumida no Diário.
d) O empresário e a sociedade empresária são obrigados a seguir um sistema de contabilidade necessariamente mecanizado.

4. (AFRF — ESAF — 2012) Sobre a disciplina escrituração empresarial prevista no Código Civil, assinale a opção incorreta.

a) O empresário e a sociedade empresária são obrigados a seguir um sistema de contabilidade, mecanizado ou não, com base na escrituração uniforme de seus livros, em correspondência com a documentação respectiva, e a levantar anualmente o balanço patrimonial e o de resultado econômico.
b) A escrituração será feita em idioma e moeda corrente nacionais e em forma contábil, por ordem cronológica de dia, mês e ano, sem intervalos em branco, nem entrelinhas, borrões, rasuras, emendas ou transportes para as margens, sendo permitido o uso de código de números ou de abreviaturas, que constem de livro próprio, regularmente autenticado.
c) O empresário ou sociedade empresária que adotar o sistema de fichas de lançamentos poderá substituir o livro Diário pelo livro Balancetes Diários e Balanços, observadas as mesmas formalidades extrínsecas exigidas para aquele.

d) O empresário e a sociedade empresária são obrigados a conservar em boa guarda toda a escrituração, correspondência e mais papéis concernentes à sua atividade, enquanto não ocorrer prescrição ou decadência no tocante aos atos neles consignados.
e) O juiz ou tribunal pode autorizar a exibição integral dos livros e papéis de escrituração empresarial quando necessária para resolver qualquer questão de caráter patrimonial.

5. (Tabelião — Mato Grosso — FMP — 2014) Quanto aos livros comerciais é correto dizer:
a) sempre fazem prova a favor do empresário.
b) não podem assumir a forma de fichas ou microfilmagem.
c) sempre fazem prova contra o empresário.
d) devem ser guardados por cinco anos.
e) devem obedecer a requisitos intrínsecos como os definidos na técnica contábil.

6. (FCC — TJ — GO — Juiz Substituto — 2015) Acerca dos livros e fichas dos empresários e sociedades, é correto afirmar:
a) não fazem prova senão depois de homologados pela Junta Comercial.
b) fazem prova contra as pessoas a que pertencem, mas não em seu favor.
c) a prova deles resultantes é bastante mesmo nos casos em que a lei exige escritura pública, já que se equiparam a documentos públicos.
d) quando escriturados sem vício extrínseco ou intrínseco, fazem prova a favor das pessoas a que pertencem, mas desde que confirmados por outros subsídios.
e) a prova deles resultantes pode ser ilidida pela comprovação da falsidade dos lançamentos, mas não da sua inexatidão.

7. (CESPE — TJ-AM — Juiz Substituto — 2016) No que se refere às espécies de empresário, seus auxiliares e colaboradores e aos nomes e livros empresariais, assinale a opção correta.
a) É suficiente autorização verbal do empresário para que seu preposto possa fazer-se substituir no desempenho da preposição.
b) Caso crie o chamado caixa dois, falsificando a escrituração do empresário preponente, o contabilista responderá subsidiariamente ao empresário pelas consequências de tal conduta.
c) São livros empresariais todos os exigidos do empresário por força das legislações empresarial, trabalhista, fiscal e previdenciária.
d) A empresa individual de responsabilidade limitada será constituída por uma única pessoa e seu nome empresarial será necessariamente a firma seguida da sigla EIRELI.
e) Em observância ao princípio da veracidade, o nome do sócio que falecer não pode ser conservado na firma social.

8. (CESGRANRIO – Petrobras – Advogado Júnior – 2018). Os funcionários de uma empresa terminaram o ano de 2017 muito insatisfeitos com os valores que lhes eram pagos a título de participação nos lucros da sociedade. Decidiram, então, ajuizar ação cautelar para exibição integral dos livros e papéis da escrituração empresarial.

Nesse caso, o juiz só pode autorizar a exibição integral dos livros e papéis da empresa se for necessária para
a) decretar falência, exclusivamente.
b) resolver questões relativas à sucessão, comunhão ou sociedade, administração ou gestão à conta de outrem, ou em caso de falência.
c) apurar se a atividade empresarial gerou lucros no exercício financeiro.
d) verificar se a empresa pagou corretamente os tributos incidentes sobre sua atividade empresarial.
e) resolver questões relativas à sucessão, comunhão ou sociedade, apenas.

9. (VUNESP — TJ-RS — Titular de Serviços de Notas e de Registros — Provimento — 2019) Em relação à escrituração empresarial, é correto afirmar:
a) A escrituração será feita em idioma e moeda corrente nacionais e em forma contábil, por ordem cronológica de dia, mês e ano, sem intervalos em branco, nem entrelinhas, borrões, rasuras, emendas ou transportes para as margens, salvo se devidamente ressalvadas, sendo vedado o uso de código de números ou de abreviaturas.
b) Além dos demais livros exigidos por lei, é indispensável o Diário, que pode ser substituído

por fichas no caso de escrituração mecanizada ou eletrônica, ficando dispensado em tal circunstância o uso de livro apropriado para o lançamento do balanço patrimonial e do de resultado econômico.

c) O empresário ou sociedade empresária que adotar o sistema de fichas de lançamentos poderá substituir o livro Diário pelo livro Balancetes Diários e Balanços, observadas as mesmas formalidades extrínsecas exigidas para aquele.

d) A escrituração ficará sob a responsabilidade de contabilista, administrador ou economista legalmente habilitado, podendo ser substituído por sócio que apresente uma das referidas qualificações, sendo lançados no Diário o balanço patrimonial e o de resultado econômico, podendo ser assinado por bacharel em Ciências Contábeis legalmente habilitado, ficando dispensada, nesse caso, a anuência do empresário ou sociedade empresária.

e) O juiz poderá autorizar a exibição integral dos livros e papéis de escrituração quando necessária para resolver quaisquer pendências judiciais, mediante requerimento fundamentado da parte adversa cuja recusa tipifica crime de desobediência e de responsabilidade fiscal.

■ GABARITO ■

1. "b". Apesar de obrigatória, dispensável a Escrituração em relação ao MEI, por força do § 2º, do art. 1.179, do CC.

2. "a", por reproduzir a literalidade do art. 1.180, do CC.

3. "a" (cf. art. 1.191, do CC).

4. "e". Alternativa incorreta por confrontar o art. 1.191, do CC.

5. "e". *Vide itens 5.2.2* a *5.2.5* anteriormente estudados.

6. "d". Fundamento: art. 226, *caput*, do CC: "Os livros e fichas dos empresários e sociedades provam contra as pessoas a que pertencem, e, em seu favor, quando, escriturados sem vício extrínseco ou intrínseco, forem confirmados por outros subsídios".

7. "e". Alternativa em consonância com o disposto no art. 1.165, do CC. As demais alternativas encontram-se incorretas; "a", o preposto somente poderá fazer-se substituir por meio de autorização expressa (art. 1.169, do CC, *a contrario sensu*); "b", o contador que se predispuser à contabilidade paralela ("caixa 2") agirá dolosamente e, por isso, perante terceiros, responderá solidariamente com o preponente-empresário, nos termos do parágrafo único, do art. 1.177, *caput*, do CC; "c", tem-se como livro obrigatório empresarial o diário, nos termos do art. 1.180, do CC, não se podendo, genericamente, classificar os demais livros exigidos por lei como empresariais; "d", a denominada EIRELI poderá identificar-se por meio de firma ou denominação, nos termos do § 1º do art. 980-A, do CC.

8. "b". Alternativa de acordo com a literalidade do art. 1.191, do Código Civil.

9. "c". Em conformidade com o teor dos artigos 1.180 e 1.185, ambos do Código Civil: "Art. 1.180. Além dos demais livros exigidos por lei, é indispensável o Diário, que pode ser substituído por fichas no caso de escrituração mecanizada ou eletrônica.

Parágrafo único. A adoção de fichas não dispensa o uso de livro apropriado para o lançamento do balanço patrimonial e do de resultado econômico (...) Art. 1.185. O empresário ou sociedade empresária que adotar o sistema de fichas de lançamentos poderá substituir o livro Diário pelo livro Balancetes Diários e Balanços, observadas as mesmas formalidades extrínsecas exigidas para aquele".

6

EMPRESA — PERFIL FUNCIONAL

6.1. INTRODUÇÃO

A opção por este capítulo de repisar o perfil funcional do fenômeno empresa, ou seja, a empresa como **fato juridicamente relevante, imprescindível para o sistema de produção capitalista e hábil a fornecer os produtos e serviços** de que todos necessitamos, justificou-se diante da estrutura da parte geral do PLC n. 1.572/2011 e do PLS n. 487/2013 que, nesta obra, buscou-se, com algumas adaptações, reproduzir.

Além das propostas para a criação de um novo Código Comercial, no ordenamento jurídico pátrio, a começar pelo texto constitucional, possível inferir o fenômeno empresa como fato jurídico, como **valor constitucionalmente protegido, nos termos do art. 170, *caput*, incs. II, III e IV**, ao garantir a lei maior a livre-iniciativa, a propriedade privada, a função social de propriedade e liberdade no desenvolver a atividade econômica.

O microssistema estabelecido pela atual Lei de Falências e Recuperação de Empresas, ao prestigiar a preservação da atividade, mais especificamente, em seu art. 47, novamente afirmou a empresa como fato jurídico, como **exemplo de interesse difuso, pois, simultaneamente, a atrair interesses de vários setores da sociedade**: "A recuperação judicial tem por objetivo viabilizar a superação da situação de crise econômico-financeira do devedor, a fim de permitir a manutenção da fonte produtora, do emprego dos trabalhadores e dos interesses dos credores, promovendo, assim, a preservação da empresa, sua função social e o estímulo à atividade econômica".

A Lei n. 13.874/2019 (derivada da denominada MPV da Liberdade Econômica) repisou como **subprincípios a proteger a iniciativa privada** contra eventuais desmandos do Estado-regulador os seguintes (art. 2º):

- a **liberdade** como uma garantia no exercício de atividades econômicas;
- a **boa-fé do particular** perante o poder público;
- a **intervenção subsidiária e excepcional do Estado** sobre o exercício de atividades econômicas; e
- o reconhecimento da **vulnerabilidade do particular** perante o Estado.

Os postulados acima correspondem a **salvaguardas hábeis a incentivar o desenvolvimento da atividade empresarial** e a diretrizes importantes para o Estado, como o dever de regular tal atividade, mas a fazê-lo por meio de uma **fiscalização menos burocratizada**. E tal esforço se alinha com a expectativa de que o ambiente de negócios no Brasil se faça mais atraente, diante de indicadores internacionais que mensuram a liberdade econômica: "**direitos de propriedade, integridade e gastos do Governo, carga tributária, saúde fiscal, liberdade comercial, tributária, monetária, de investimento**", dentre outros.

A liberdade no desenvolver da atividade empresarial reclama também um sistema jurídico a **reprimir práticas anticoncorrenciais**.[1] Nesse sentido, o prof. Fábio Ulhoa Coelho esclarece que "há duas formas de concorrência que o direito repudia, para fins de prestigiar a livre-iniciativa: **a desleal e a perpetrada com abuso de poder**". A Lei de Propriedade Industrial foi diploma legal que tipificou **criminalmente condutas consideradas desleais**, delito de conteúdo variado ou ação múltipla, nos termos do art. 195, incs. I a XIV, da LPI: "Comete **crime de concorrência desleal** quem":

- **publica, por qualquer meio, falsa afirmação, em detrimento de concorrente**, com o fim de obter vantagem; presta ou divulga, acerca de **concorrente, falsa informação**, com o fim de obter vantagem; emprega **meio fraudulento, para desviar, em proveito próprio ou alheio, clientela de outrem**;
- **usa expressão ou sinal de propaganda alheios**, ou os imita, de modo a criar confusão entre os produtos ou estabelecimentos; **usa, indevidamente, nome comercial**, título de estabelecimento ou insígnia alheios ou vende, expõe ou oferece à venda ou tem em estoque produto com essas referências;
- **substitui, pelo seu próprio nome ou razão social, em produto de outrem, o nome ou razão social deste**, sem o seu consentimento; atribui-se, como meio de propaganda, recompensa ou distinção que não obteve;
- **vende ou expõe ou oferece à venda, em recipiente ou invólucro de outrem, produto adulterado ou falsificado**, ou dele se utiliza para negociar com produto da mesma espécie, embora não adulterado ou falsificado, se o fato não constitui crime mais grave; **dá ou promete dinheiro ou outra utilidade a empregado de concorrente**, para que o empregado, faltando ao dever do emprego, lhe proporcione vantagem; recebe dinheiro ou outra utilidade, ou aceita promessa de paga ou recompensa, para, faltando ao dever de empregado, proporcionar vantagem a concorrente do empregador; **divulga, explora ou utiliza-se, sem autorização, de conhecimentos,**

---

1 A pandemia pertinente à COVID-19 repercutiu negativamente no desenvolvimento da atividade empresarial, com a desativação de empreendimentos e com a consequente extinção de postos de trabalho. De modo a atenuar as dificuldades enfrentadas pela população, em geral, e pelos empreendedores, em particular, editou-se a Lei n. 14.010/2020 — o denominado Regime Jurídico Emergencial e Transitório das relações Jurídicas de Direito Privado —, diploma legal que em seu art. 14 recomendou durante o estado de calamidade pública parcimônia na caracterização dos atos de concorrência desleal e flexibilização na fisclização dos atos de concentração. Excepcionou-se a "eficácia os incisos XV e XVII do § 3º do art. 36 e o inciso IV do art. 90 da Lei n. 12.529, de 30 de novembro de 2011, em relação a todos os atos praticados e com vigência de 20 de março de 2020 até 30 de outubro de 2020 ou enquanto durar o estado de calamidade pública reconhecido pelo Decreto Legislativo n. 6, de 20 de março de 2020".

informações ou dados confidenciais, utilizáveis na indústria, comércio ou prestação de serviços, excluídos aqueles que sejam de conhecimento público ou que sejam evidentes para um técnico no assunto, a que teve acesso mediante relação contratual ou empregatícia, mesmo após o término do contrato; **divulga, explora ou utiliza-se, sem autorização, de conhecimentos ou informações** a que se refere o inciso anterior (XI) obtidos por meios ilícitos ou a que teve acesso mediante fraude; ou **vende, expõe ou oferece à venda produto, declarando ser objeto de patente depositada**, ou concedida, ou de desenho industrial registrado, que não o seja, ou menciona-o, em anúncio ou papel comercial, como depositado ou patenteado, ou registrado, sem o ser; **divulga, explora ou utiliza-se, sem autorização, de resultados de testes** ou outros dados não divulgados, cuja elaboração envolva esforço considerável e que tenham sido apresentados a entidades governamentais como condição para aprovar a comercialização de produtos.

A concentração empresarial abusiva[2], como o oligopólio predatório, poderá ser reprimida administrativa e civilmente, delimitando a lei as condutas decorrentes de um também abusivo poder econômico. Nesse sentido, nossa **atual lei antitruste (Lei n. 12.529/2011)** estabeleceu, por presunção, um percentual **mínimo de 20% (vinte por cento) sobre determinado nicho de mercado, como mercado relevante**, sobre a posição de destaque de tal fornecedor, que, pelo alcance do percentual referido, prospectivamente, poderá exercer posição dominante a ponto de **fixar unilateralmente os preços no setor** em que se encontre, entre outras práticas anticoncorrenciais (§ 2º, do art. 36, da Lei n. 12.529/2011). Nossa lei antitruste estabeleceu rol exemplificativo de práticas consideradas anticoncorrenciais, demonstrando-se oportuna a enumeração das hipóteses legais (art. 36, incs. I, II, III e IV):

- **limitar, falsear ou de qualquer forma prejudicar a livre-concorrência ou a livre-iniciativa;**
- **dominar mercado relevante de bens ou serviços;**
- **aumentar arbitrariamente os lucros; e**
- **exercer de forma abusiva posição dominante.**

A contextualização da prática anticoncorrencial poderá ocasionar **multa pecuniária**, cuja dosimetria será estabelecida tendo em vista o **intervalo percentual entre "0,1% (um décimo por cento) a 20%** (vinte por cento) do valor do faturamento bruto da empresa, grupo ou conglomerado obtido, no último exercício anterior à instauração do processo administrativo" (art. 37, inc. I) ou, prejudicado o cálculo pelo critério anterior, a possibi-

---

2 Destaque-se que a concentração empresarial, ainda que não necessariamente abusiva, a depender do vulto da operação, merecerá controle prévio perante o CADE, conforme estabele os arts. 88 e seguintes da Lei n. 12.529/2011. A dominação de mercado relevante, repise-se, e, diante disso, a possível eliminação da concorrência justificam tal cautela. Reitere-se que, objetivamente, apenas a expressividade monetária da concentração empresarial diante do volume de operações dos contratantes recomenda o controle prévio.

lidade de fixação de multa tomando-se por parâmetro o **intervalo entre "R$ 50.000,00 (cinquenta mil reais) e R$ 2.000.000.000,00** (dois bilhões de reais)" (art. 37, inc. II).

Paralelamente às infrações administrativas, a Lei n. 12.529/2011 estabeleceu a **possibilidade de reparação civil ao conjunto de lesados**, pelo ajuizamento de ação de titularidade concorrente, inclusive por iniciativa do MP, inferindo-se de tal possibilidade a natureza coletiva e o perfil funcional do fenômeno empresa, a atividade como fato, e seu exercício a provocar danos comuns, coletiva e independentemente de culpa (art. 36 c/c art. 47, da Lei n. 12.529/2011).

■ 6.2. O SISTEMA BRASILEIRO DE DEFESA DA CONCORRÊNCIA

A **Lei n. 12.529/2011** estruturou o **Sistema Brasileiro de Defesa da Concorrência — SBDC**, que merecerá estudo aprofundado nas aulas de direito econômico. Por ora, de se ver que tal sistema se compõe do **CADE — Conselho Administrativo de Defesa Econômica, órgão judicante**, nos termos da lei (art. 4º), ainda que corresponda à **autarquia federal** e não componha a estrutura do Poder Judiciário. As decisões do CADE, relacionadas aos procedimentos administrativos de sua competência, terão natureza de **título administrativo extrajudicial** (art. 93). O CADE, resumidamente, é autarquia especial com **atribuições de julgamento dos feitos administrativos, instrução dos mesmos procedimentos, além de estudos técnicos relacionados à defesa da concorrência**. E, assim, para o exercício de tais funções, esse órgão conta com um **Tribunal Administrativo de Defesa Econômica** (art. 5º, inc. I), uma **Superintendência-Geral** (art. 5º, inc. II) e um **Departamento de Estudos Econômicos** (art. 5º, inc. III). Junto ao CADE funcionam, ainda, uma **Procuradoria Federal especializada e o Ministério Público** (art. 15).

Esquematicamente:

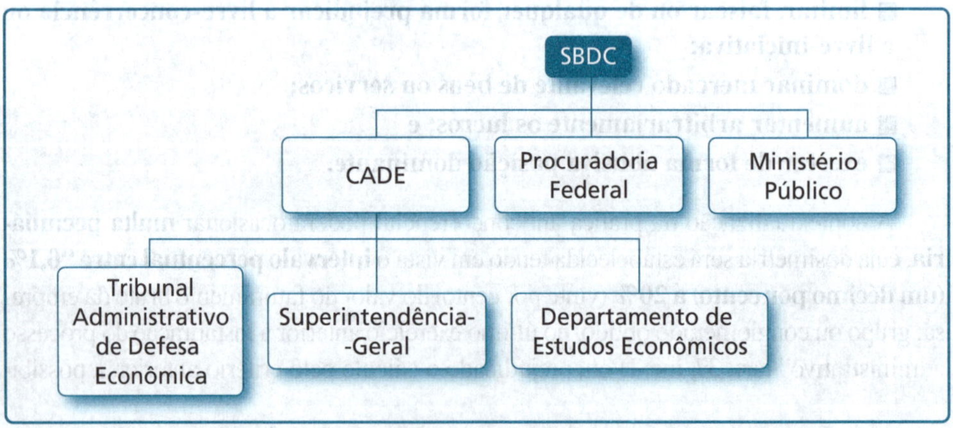

■ 6.3. A CONCORRÊNCIA DESLEAL NAS PROPOSTAS LEGISLATIVAS PARA A CRIAÇÃO DE UM NOVO CÓDIGO COMERCIAL

O direito projetado no PLS 487/2013 (art. 149), estabeleceu que, uma vez constatada conduta ou atividade reveladora de concorrência desleal, os empresários que a perpetrarem poderão **ser responsabilizados civil, penal e administrativamente**, corroborando em um único e futuro diploma legal, o que o diálogo de fontes permite concluir por meio da legislação especial hoje vigente.

As propostas para a criação de um novo Código Comercial exemplificaram **hipóteses de concorrência desleal**. A título ilustrativo, o art. 151, do PLS 487/2013:

- divulgação de informação falsa em detrimento da imagem de concorrente;
- divulgação de informação falsa em proveito de sua própria imagem;
- aliciamento, mediante recompensa de dinheiro ou outra utilidade, de empregado ou colaborador de concorrente para obter informação reservada, confidencial, sigilosa ou estratégica ou qualquer outro proveito indevido; e
- utilização de informação reservada, confidencial, sigilosa ou estratégica de um empresário, à qual teve acesso lícita ou ilicitamente, na exploração de empresa concorrente.

Também compromete a livre-concorrência, o que as propostas legislativas definiram como **concorrência parasitária**, cláusula geral a congregar hipóteses em que um empresário aufere vantagem indevida ou derivada da organização empresarial de outro. Também em rol meramente exemplificativo, enumeram-se as seguintes hipóteses (art. 152, incs. I e II, do PLS 487/2013):

- a equiparação do produto ou serviço ao de outro empresário, concorrente ou não, feita com o propósito de difundir informação, insuscetível de comprovação objetiva, sobre as qualidades dos que oferece ao mercado;
- a utilização de qualquer elemento de estabelecimento empresarial de outro empresário, concorrente ou não, especialmente os intangíveis, que possibilite a vantagem indevida de não ter que realizar determinado investimento na própria empresa.

■ 6.4. ESQUEMA

EMPRESA — PERFIL FUNCIONAL	
EMPRESA — PERFIL FUNCIONAL	■ Aspecto que leva em conta o fenômeno empresa como fato jurídico relevante, direito difuso constitucionalmente protegido, destacando-se os subprincípios da livre-iniciativa, da livre-concorrência e da preservação da atividade empresarial. Atividade econômica organizada para produção de bens e serviços, imprescindíveis à vida em coletividade.
PROTEÇÃO	■ Civil ■ Administrativa ■ Penal
REFERÊNCIAS LEGISLATIVAS	■ Constituição Federal (art. 170) ■ Lei n. 9.279/96 (art. 195) ■ Lei n. 11.101/2005 (art. 47) ■ Lei n. 12.527/2011 (art. 36) ■ PLC 1.572/2011 (arts. 89-94) ■ PLS 487/2013 (arts. 149-154)

6.5. QUESTÕES SUBJETIVAS

6.5.1. Questão-homenagem

O marketing por emboscada seria exemplo de concorrência desleal?

Resposta: Sim. O controle da publicidade no Brasil é misto, significando isso que é controlado pelo próprio setor por meio do Conselho Nacional de Autorregulamentação Publicitária — CONAR, correspondente a uma organização não governamental que, por meio da autorregulamentação, ou seja, de um Código de Ética, previne a concorrência desleal entre os fornecedores de produtos e serviços e protege o público consumidor. Paralelamente, também há o controle da publicidade pelas leis ordinárias, como o Código de Defesa do Consumidor e a Lei de Propriedade Industrial.

O Código de Ética do CONAR dispõe expressamente em seu art. 31 sobre o marketing por emboscada: "Artigo 31. Este Código condena os proveitos publicitários indevidos e ilegítimos, obtidos por meio de 'carona' e/ou 'emboscada', mediante invasão do espaço editorial ou comercial de veículo de comunicação. Parágrafo único. Consideram-se indevidos e ilegítimos os proveitos publicitários obtidos: a. mediante o emprego de qualquer artifício ou ardil; b. sem amparo em contrato regular celebrado entre partes legítimas, dispondo sobre objeto lícito; c. sem a prévia concordância do Veículo de comunicação e dos demais titulares dos direitos envolvidos".

Mundo afora, noticiaram-se casos de propaganda por emboscada, em grandes eventos esportivos, em que os patrocinadores oficiais foram vítimas de concorrentes não patrocinadores. "Um dos exemplos mais célebres do que vem sendo chamado de marketing de emboscada, entre empresas instaladas no Brasil, ocorreu durante a Copa do Mundo de Futebol, de 1994. Segundo noticiado pela revista Exame (22/06/04), a celeuma envolveu, por um lado, a Rede Globo e a McCann-Erickson, agência da Coca-Cola e da General Motors, patrocinadoras oficiais da transmissão dos jogos pela Globo; por outro, a Fischer Justus, agência da Brahma. Ao não conseguir ser patrocinadora oficial da transmissão dos jogos pela Globo, já que a rede dera preferência à Kaiser, patrocinadora da Copa de 1990 (...), a Brahma investiu US$ 25 milhões em torcidas organizadas, estandartes, painéis e demais materiais promocionais, concentrando seus esforços nos campos de futebol e, com isso, apareceram muito mais nas telas do que a própria Kaiser"[3].

A Lei Geral da Copa de 2014, Lei n. 12.663/2012, em seu art. 16, expressamente, buscou coibir o marketing de emboscada: "Art. 16. Observadas as disposições da Lei n. 10.406, de 10 de janeiro de 2002 (Código Civil), é obrigado a indenizar os danos, os lucros cessantes e qualquer proveito obtido aquele que praticar, sem autorização da FIFA ou de pessoa por ela indicada, entre outras, as seguintes condutas: I — atividades de publicidade, inclusive oferta de provas de comida ou bebida, distribuição de produtos de marca, panfletos ou outros materiais promocionais ou ainda atividades similares de cunho publicitário nos Locais Oficiais de Competição, em suas principais vias de acesso, nas áreas a que se refere o art. 11 ou em lugares que sejam claramente visíveis a partir daqueles; II — publicidade ostensiva em veículos automotores, estacionados ou circulando pelos Locais Oficiais de Competição, em suas principais vias de acesso, nas áreas a que se refere o art. 11 ou em lugares que sejam claramente visíveis a partir daqueles; III — publicidade aérea ou náutica, inclusive por meio do uso de balões, aeronaves ou embarcações, nos Locais Oficiais de Competição, em suas principais vias de acesso, nas áreas a que se refere o art. 11 ou em lugares que sejam claramente visíveis a partir daqueles".

De maneira geral, nos termos das propostas legislativas para a criação de um novo Código Comercial espécie de Concorrência Desleal é a concorrência parasitária, que consiste no "aproveitamento, sem a devida autorização, do potencial de resultados econômicos de marca, nome empresarial ou outros sinais distintivos alheios, de apelo publicitário notoriamente associado a outra empresa ou, por qualquer meio, de investimentos realizados por outrem na exploração de sua atividade econômica". A Lei de Propriedade Industrial, Lei n. 9.279/96, em seu art. 191, tipificou como crime o uso de sinal de propaganda alheio, sendo que o art. 209, do mesmo diploma legal, garante ao prejudicado pleitear perdas e danos em função de eventual concorrência desleal que venha a sofrer. Diante do exposto, o empresário que, eventualmente e de forma desautorizada, queira se promover à custa da

---

[3] *Marketing de emboscada:* e depois de tudo, quem leva a culpa? Artigo de Ana Carla Fonseca Reis (Pós-Graduação da FEA-USP). Disponível pelo endereço seguinte: <http://www.ead.fea.usp.br/cad-pesq/arquivos/C02-art05.pdf>. Acesso em: 06 maio 2014, às 18:00.

propaganda de outro estará a praticar o marketing por emboscada, que se apresenta com uma das expressões da concorrência desleal, e poderá eventualmente ser condenado por perdas e danos.

6.5.2. Questão-desafio

(TJ-PR — Magistratura — 1ª Fase — 2013 — adaptada) Julgue e justifique. Não é possível o reconhecimento de concorrência desleal e desvio de clientela por conflito entre nome comercial e marca utilizada em produtos de empresas, que atuam no mesmo mercado e atividade, porque a Lei da Propriedade Industrial não protege o nome empresarial.

6.6. QUESTÕES OBJETIVAS

1. (FGV — 2008 — SEFAZ RJ — Fiscal de rendas) Pela teoria da empresa, adotada pelo novo Código Civil, pode-se afirmar que o principal elemento da sociedade empresarial é:

a) o trabalho.
b) o capital.
c) a organização.
d) o ativo permanente.
e) o maquinário.

2. (FCC — 2009 — PGE-SP — Procurador) O fato de a ordem econômica na Constituição Federal de 1988 ser informada pelos princípios da livre-iniciativa e da livre-concorrência significa que

a) existe ampla liberdade de empreendimento em todos os setores da economia, inclusive por parte do Estado, cuja atuação empresarial não sofre restrições.
b) não se admite a regulação da atividade econômica privada com o fito de implementar políticas públicas redistributivas.
c) o planejamento centralizado da atividade econômica não pode substituir os estímulos de mercado como principal indutor das decisões dos agentes econômicos.
d) os serviços públicos delegados a particulares não podem ter caráter exclusivo, mas pressupõem a prestação simultânea por vários concorrentes.
e) a política industrial baseada em instrumentos de fomento não pode promover setores específicos da economia.

3. (TJ-RJ — Juiz — VUNESP — 2012) Sobre a tutela da concorrência, é correto afirmar que

a) a estrutura de mercado em oligopólio caracteriza *per se* um ato de deslealdade competitiva que deve ser punido após processo administrativo no CADE.
b) a concorrência é apenas um dos marcadores de eficiência no mercado, de modo que uma estrutura de mercado em monopólio pode ser considerada lícita.
c) as práticas de concorrência desleal dependem de algum ato de abuso de poder econômico para ocorrer.
d) o poder de mercado é um fenômeno que deve ser coibido pelas legislações antitrustes, devido a sua potencialidade de ilicitude.

4. (TRF — 5ª Região — Juiz Federal — CESPE — 2013) Com relação às normas brasileiras de proteção à livre-iniciativa e à livre-concorrência, assinale a opção correta.

a) O abuso de posição dominante não implica, necessariamente, restrição à livre-concorrência e à livre-iniciativa ou aumento arbitrário de lucros.
b) Estão sujeitos à Lei Antitruste brasileira pessoas físicas ou jurídicas de direito público ou privado, associações de entidades ou de pessoas, desde que suas atividades tenham fins lucrativos.
c) As condutas passíveis de caracterizar infração à ordem econômica são apenas as descritas expressamente na Lei Antitruste.
d) É possível que um ato que não tenha chegado a existir no mundo jurídico configure infração à ordem econômica.
e) Toda restrição à livre-concorrência ou à livre-iniciativa é domínio de mercado ou abuso de posição dominante.

5. (TJ-RS — 2013 — Titular de Serviços de Notas e de Registros — Provimento) Segundo a doutrina, os princípios do direito comercial podem ser classificados segundo critérios de hierarquia, abrangência ou positivação. De acordo com o critério da hierarquia, os princípios podem ser constitucionais ou legais. Conforme o critério da abrangência, os princípios podem ser gerais ou especiais. Por fim, em função do critério da positivação, os princípios podem ser explícitos (diretos ou positivados) ou implícitos (indiretos ou não positivados). Considerando essa classificação, assinale a alternativa correta.

a) O princípio da autonomia patrimonial da sociedade empresária é legal, geral e explícito, da mesma forma que o princípio da proteção do sócio minoritário.
b) Os princípios da liberdade de iniciativa, da liberdade de concorrência e da função social da empresa são constitucionais, especiais e explícitos.
c) O princípio da liberdade de associação e da preservação da empresa são constitucionais, gerais e explícitos.
d) O princípio majoritário nas deliberações sociais é legal, especial e explícito.

6. (TRF — 4ª Região — Juiz Federal Substituto — 2014) Dadas as assertivas abaixo, assinale a alternativa correta. Conforme a legislação brasileira antitruste atualmente em vigor:

I. Compete à Secretaria de Acompanhamento Econômico — SDE impor sanções administrativas por infrações à ordem econômica.
II. O Conselho Administrativo de Defesa Econômica — Cade — é uma entidade judicante com jurisdição em todo o território nacional e decide sobre a existência de infração à ordem econômica, aplicando as penalidades previstas em lei.
III. O membro do Ministério Público Federal designado junto ao Conselho Administrativo de Defesa Econômica — Cade emitirá parecer nos processos administrativos para imposição de sanções administrativas por infrações à ordem econômica.

a) Está correta apenas a assertiva I.
b) Está correta apenas a assertiva II.
c) Estão corretas apenas as assertivas I e III.
d) Estão corretas apenas as assertivas II e III.
e) Estão corretas todas as assertivas.

7. (TRF — 4ª Região — Juiz Federal Substituto — 2016) Assinale a alternativa correta. Acerca dos institutos de Direito Econômico e Concorrencial:

a) A Lei n. 12.529/2011 (Lei Antitruste) aplica-se quando os atos de concentração econômica realizados no exterior produzam ou possam produzir efeitos significativos no mercado interno brasileiro.
b) Admite-se a possibilidade de restrições ao comércio internacional com o fito de proteger o comércio doméstico somente quando consumado o prejuízo frente às importações, por meio de medidas de salvaguarda.
c) A dominação de mercado relevante de bens ou serviços constitui infração contra ordem econômica apenas quando comprovada a culpa do agente ativo.
d) As empresas públicas prestadoras de serviços públicos que atuam diretamente na atividade econômica não podem gozar de privilégios fiscais não extensivos às do setor privado, haja vista a manifesta afronta ao princípio da livre-concorrência.
e) A prática de truste consiste na associação entre empresas do mesmo ramo de produção com objetivo de dominar o mercado e disciplinar a concorrência, implicando prejuízo da economia por impedir o acesso do consumidor à livre-concorrência.

8. (TRF — 2ª Região — Juiz Federal Substituto — 2017) A rede "Pães e Amor Ltda", com faturamento bruto, no ano anterior, de R$ 15.000.000,00 (quinze milhões de reais), pretende adquirir dois outros estabelecimentos, com faturamento anual, somado, de um terço da cifra anterior. Em documentos escritos, os sócios expressam plano para, em até um ano, dominarem o mercado de padarias de dois bairros e, em até 5 anos, dominarem 50% do mercado da cidade, com base em estratégias de barateamento de custos, diminuição de preços, atendimento domiciliar e melhor gestão global. À luz de tais dados, assinale a opção correta:

a) É necessária a aprovação da aquisição dos estabelecimentos pelo Conselho Administrativo de Defesa Econômica (CADE);
b) Não é necessária a aprovação da aquisição dos estabelecimentos, bastando mera comunicação ao Conselho Administrativo de Defesa Econômica, cuja ausência configura infração à ordem econômica, passível de multa.
c) A falta de comunicação à autarquia não é ilícito, mas os documentos que expressam a intenção de dominar o mercado de bairros e, depois, 50% do mercado da cidade, indicam infração à ordem econômica e à concorrência.
d) Ainda que não haja comunicação e que os documentos escritos venham a público, não há, no descrito, infração à ordem econômica ou à concorrência.
e) É o concerto de condutas, da compra dos estabelecimentos (caso não seja comunicada) à intenção de dominar mercado relevante, que caracteriza a infração à ordem econômica e submete a rede de padaria às sanções da Lei n. 12.529/2011 (Lei de Defesa da Concorrência).

9. (VUNESP – ARSESP – Analista de Suporte à Regulação I – 2018) Acerca dos atos de concentração, é correto afirmar que

a) o Conselho Administrativo de Defesa Econômica regulamentará, por meio de Decreto, a análise prévia de atos de concentração realizados com o propósito específico de participação em leilões, licitações e operações de aquisição de ações por meio de oferta pública.
b) as mudanças de controle acionário de companhias abertas e os registros de fusão, sem prejuízo da obrigação das partes envolvidas, devem ser comunicados ao Conselho Administrativo de Defesa Econômica pela Comissão de Valores Mobiliários – CVM e pelo Departamento Nacional do Registro do Comércio do Ministério do Desenvolvimento, Indústria e Comércio Exterior, respectivamente, no prazo de 15 (quinze) dias úteis para, se for o caso, serem examinados.
c) os atos que se subsumirem ao *caput* do artigo 88 da Lei n. 12.529/2011 não podem ser consumados antes de apreciados, nos termos deste artigo e do procedimento previsto no Capítulo II do Título VI desta Lei, sob pena de nulidade, sendo ainda imposta multa pecuniária e aberto processo administrativo, se for o caso.
d) o controle dos atos de concentração será prévio e realizado em, no máximo, 360 (trezentos e sessenta) dias, a contar do protocolo de petição ou de sua emenda.
e) serão permitidos os atos de concentração que impliquem eliminação da concorrência em parte substancial de mercado relevante, que possam criar ou reforçar uma posição dominante ou que possam resultar na dominação de mercado relevante de bens ou serviços.

10. (MPE-PR — Promotor de Justiça Substituto — 2019) Analise as assertivas abaixo e assinale a alternativa correta:

Constituem infração a ordem econômica, conforme a Lei n. 12.529/11 (que estrutura o Sistema Brasileiro de Defesa da Concorrência e dispõe sobre prevenção e repressão às infrações contra a ordem econômica), independentemente de culpa, os atos sob qualquer forma manifestados, que tenham por objeto ou possam produzir os seguintes efeitos, ainda que não sejam alcançados:

I. Limitar, falsear ou de qualquer forma prejudicar a livre concorrência ou a livre iniciativa.
II. Condicionar o fornecimento de produto ou de serviço ao fornecimento de outro produto ou serviço, bem como, sem justa causa, a limites quantitativos.
III. Impedir o acesso de concorrente às fontes de insumo, matérias-primas, equipamentos ou tecnologia, bem como, aos canais de distribuição.
IV. Colocar, no mercado de consumo, qualquer produto ou serviço em desacordo com as normas expedidas pelos órgãos oficiais competentes ou, se normas específicas não existirem, pela Associação Brasileira de Normas Técnicas ou outra entidade credenciada pelo Conselho Nacional de Metrologia, Normalização e Qualidade Industrial (CONMETRO).

a) Somente as assertivas I e II estão corretas.
b) Somente as assertivas I e III estão corretas.
c) Somente as assertivas II e III estão corretas.
d) Somente as assertivas III e IV estão corretas.
e) Todas as assertivas estão corretas.

■ GABARITO ■

1. "c". O desenvolvimento da atividade empresarial pressupõe a organização dos fatores de produção: capital; insumos; mão de obra; e tecnologia. Por isso, a organização sobrepõe-se aos referidos fatores isoladamente. Inclusive, em caso de falência, priorizar-se-á a realização do ativo em bloco, a preservar justamente a organização do empreendimento, nos termos do art. 140, inc. I, da Lei de Recuperação e Falência.

2. "a". Em sintonia com o disposto no art. 173, da CF.

3. "b". A concorrência no setor empresarial mantém-se como princípio importante. Entretanto, não se trata de princípio absoluto, pois será relativizado quando houver, em determinado mercado, um processo natural de dominação, sendo possível imaginar a contextualização de oligopólios ou monopólios sem que ocorra infração à ordem econômica. Nesse sentido, leia-se o § 1º, do art. 36, da Lei n. 12.529/2011: "A conquista de mercado resultante de processo natural fundado na maior eficiência de agente econômico em relação a seus competidores não caracteriza o ilícito previsto no inciso II do *caput* deste artigo".

4. "a". A lei que estruturou o Sistema Brasileiro de Defesa da Concorrência (Lei n. 12.529/2011) será aplicada às pessoas jurídicas de um modo geral, sociedades empresárias ou não empresárias, inclusive associações, desde que se constate a existência de monopólio legal, nos termos da última parte do art. 36, *caput*, razão pela qual incorreta a alternativa "b". As infrações à ordem econômica, de acordo com a mencionada lei, apresentam-se em rol meramente exemplificativo, nos termos do § 3º, do art. 36 e, por isso, também incorreta a alternativa "c". A competência administrativa dos órgãos relacionados ao SBDC se associa a procedimentos administrativos que apurarão se atos concretos, portanto, realizados parcialmente, poderão, potencialmente, ocasionar infrações à ordem econômica (art. 48). Logo, ainda que seja possível perceber uma atuação preventiva do CADE, até mesmo porque poderá desaprovar determinado ato de concentração empresarial, isso não significa um controle abstrato, razão por que incorreta a alternativa "d". Nem toda restrição à livre-concorrência ou à livre-iniciativa decorrerá do domínio de mercado ou de posição dominante, pois será possível evitar a dominação de mercado por meio de procedimento administrativo; portanto, também incorreta a alternativa "e". Enfim, remanescente a alternativa "a", que se encontra correta, tendo em vista que o abuso do poder econômico poderá ser mensurado objetivamente, por exemplo, com a constatação de que determinada pessoa jurídica possui percentual igual ou superior a 20% de algum nicho de mercado, nos termos do art. 36, § 2º, 2ª parte, da Lei n. 12.529/2011.

5. "d". Se o contrato social ou a lei não dispuserem de forma diferente, regra geral, a vontade do ente coletivo será construída pela maioria, nos termos do art. 1.019, do CC. Trata-se de princípio especial, legal e expresso.

6. "d". Item I incorreto (cf. arts. 12 e 19 da Lei n. 12.529/2011). Item II correto (art. 4º, *caput*, arts. 5º, inc. I, e 9º, inc. II, todos da Lei n. 12.529/2011). Item III correto (art. 20, *caput*, da Lei n. 12.529/2011).

7. "a". Fundamento: art. 2º, da Lei n. 12.529/2011.

8. "d". Ainda que, regra geral, os atos tendentes a dominar mercado relevante de bens ou serviços sejam tipificados como infração da ordem econômica, nos termos do art. 36, inc. II, da Lei n. 12.529/2011, tal dominação será lícita quando decorrer de "processo natural fundado na maior eficiência de agente econômico em relação a seus competidores" (§ 1º, do referido art. 36). Além disso, os atos de concentração que contextualizarem a dominação de mercado, em princípio, pelo critério do faturamento, somente serão submetidos ao CADE se os entes envolvidos da operação tiverem registrado faturamento bruto anual ou volume de negócios equivalente ou superior a R$ 30.000.000,00 (art. 88, inc. II, da Lei n. 12.529/2011).

9. "c". Em sintonia com a literalidade do § 3º, do art. 88, da Lei n. 12.529/2011

10. "b". Em conformidade a literalidade do art. 36, inc. I e V, da Lei n. 12.529/2011. Os itens II e IV correspondem, respectivamente, a hipóteses de práticas abusivas, nos termos do art. 39, I e VIII, do CDC.

7

DIREITO SOCIETÁRIO — NOÇÕES GERAIS

7.1. NOÇÕES PRELIMINARES

Este capítulo tratará da **especificação do perfil subjetivo do fenômeno empresa** ao cuidar do histórico, do conceito, dos princípios, da classificação, entre outros aspectos, relacionados ao empresário coletivo, ou seja, **da sociedade empresária**. Regra geral, a sociedade empresária pode ser considerada **espécie de pessoa jurídica**, entidade que, ao adquirir a personalidade jurídica, **não poderá ser confundida com seus membros**.

A Constituição Federal de 1988 elencou como direito fundamental a "**liberdade de associação**" (art. 5º, inc. XVII), sendo possível relacionar referida prerrogativa com a **constituição de pessoas jurídicas que se estabelecem pela conveniência de seus membros** e que se **especificam pelo objeto** que seus componentes se predisponham a desenvolver. Assim, para fins de caridade ou altruísmo, poderá ser criada uma pessoa jurídica, uma associação em sentido estrito, que se dedique à recuperação de dependentes químicos. Em outra hipótese, **com o intuito de lucro como fim principal**, poderá ser **constituída uma pessoa jurídica que comercialize produtos variados no varejo, de forma contínua, profissional, com a colaboração de empregados e que, assim, será qualificada sociedade empresária**. O Código Civil enumerou nos incisos de seu **art. 44 as espécies do gênero pessoa jurídica de direito privado**:

- Associações (arts. 53-61).
- Sociedades (arts. 981-985).
- Fundações (arts. 62-69).
- Organizações Religiosas (art. 44, inc. IV).
- Partidos Políticos (art. 44, inc. V).
- Empresas Individuais de Responsabilidade Limitada (art. 980-A).

As **organizações religiosas** podem ser consideradas **associações de caráter especial, assim como os partidos políticos**, os quais inclusive se regem por lei específica (art. 44, § 3º, do CC, e Lei n. 9.096/95).

A EIRELI, por exemplo, diante da **particularidade de ser titularizada e gerenciada por uma única pessoa natural**[1], nos termos do art. 980-A, do CC, mereceu consideração no *item 2.3* desta obra, quando se tratou do **perfil subjetivo do empresário individual**, para o qual remetemos o prezado leitor.

A diferença entre associações e sociedades foi estabelecida pela lei. Assim, expressamente, o art. 53, do CC, em relação às **associações**, afirma uma comunhão de esforços para o desenvolvimento de atividade de **fins não econômicos**[2], enquanto o art. 981, também do CC, em sentido diametralmente oposto, para as **sociedades**, afirma que a comunhão de esforços tem por finalidade **atividade econômica**. As sociedades, por sua vez, poderão ser **consideradas simples ou empresárias**, diferenciando-se, doutrinariamente, **pelo grau de organização e pela proeminência ou não do lucro** como móvel principal do empreendimento. Desse modo, exemplo de **sociedade simples é a cooperativa**, que tem regime jurídico disciplinado na Lei n. 5.764/71, bem como no Código Civil (arts. 1.093-1.096). O art. 3º da Lei n. 5.764/71, **expressamente, exclui o lucro dos objetivos do empreendimento**: "Celebram contrato de sociedade cooperativa as pessoas que reciprocamente se obrigam a contribuir com bens ou serviços para o exercício de uma atividade econômica, de proveito comum, **sem objetivo de lucro**".

Miguel Reale[3], didaticamente, estabeleceu como **elementos diferenciadores das sociedades simples e sociedades empresárias o grau de organização da atividade negocial e a prestação pessoal dos serviços.**

Assim, nas denominadas sociedades empresárias, mesmo diante da ausência de conceito legal explícito, **possível inferir do conceito legal de empresário**, as características daquelas sociedades, ao tomar-se como norma de extensão o disposto no art. 966, do CC. Por consequência, possível perceber que as sociedades empresárias corres-

---

1 Apesar de nosso posicionamento pessoal, defende-se a possibilidade de que uma EIRELI seja titularizada também por pessoa jurídica. Neste sentido, leia-se o teor do enunciado 92 da III Jornada de Direito Empresarial: "A Empresa Individual de Responsabilidade Limitada (EIRELI) poderá ser constituída por pessoa natural ou por pessoa jurídica, nacional ou estrangeira, sendo a limitação para figurar em uma única EIRELI apenas para pessoa natural".

2 A atividade econômica organizada — tecnicamente, a empresa — não se deve confundir com o sujeito de direito que titularize ou gerencie o empreendimento. Daí a advertência doutrinária de que não se deveria usar, ao menos no meio jurídico, o termo empresa no lugar de sociedade. Apesar de tal ressalva, exemplos de associações, hoje, são as denominadas "empresas juniores" (**Lei n. 13.267/2016**): "Art. 1º Esta Lei disciplina a criação e a organização das associações denominadas empresas juniores, com funcionamento perante instituições de ensino superior. Art. 2º Considera-se empresa júnior a entidade organizada nos termos desta Lei, sob a forma de associação civil gerida por estudantes matriculados em cursos de graduação de instituições de ensino superior, com o propósito de realizar projetos e serviços que contribuam para o desenvolvimento acadêmico e profissional dos associados, capacitando-os para o mercado de trabalho. § 1º A empresa júnior será inscrita como associação civil no Registro Civil das Pessoas Jurídicas e no Cadastro Nacional da Pessoa Jurídica. (...) Art. 5º A empresa júnior, cujos fins são educacionais e não lucrativos (...)". Logo, "as empresas juniores", apesar da denominação, não se confundem com sociedades empresárias, não se aplicando a elas, por exemplo, a Lei de Recuperação e Falência.

3 *A sociedade simples e empresária no Código Civil*. Disponível em: <www.miguelreale.com.br>. Acesso em: 14 nov. 2014, às 12:00.

pondem aos **entes coletivos capazes de concatenar os fatores de produção (capital, insumos, mão de obra e tecnologia), com habitualidade, profissionalidade, bem como com o objetivo principal de lucro, assumindo os riscos correlatos, e se predispondo a fornecer à coletividade bens e serviços.**

Nas **sociedades simples**, por sua vez, a **complexidade inferior do negócio, proporcionalmente, reclama um grau menor de organização**, inclusive, com a possibilidade de que **a sociedade dispense mão de obra alheia**, diante da **prestação pessoal dos serviços pelos sócios**. Nas palavras do saudoso professor Miguel Reale, sociedades simples de "cabeleireiros ou pedreiros a advogados ou engenheiros".

Logo — repise-se —, **o grau de organização permite diferenciar sociedades empresárias de sociedades simples**, mas é importante não esquecer que se trata de **espécies do mesmo gênero**. No caso, **sociedades, que se enxergam como estruturas técnico-jurídicas** concebidas com o iniciar da atividade economicamente organizada e que se **exteriorizarão por meio de um conjunto de bens (o estabelecimento empresarial), sob o comando de sujeitos de direito** específicos.

Esquematicamente:

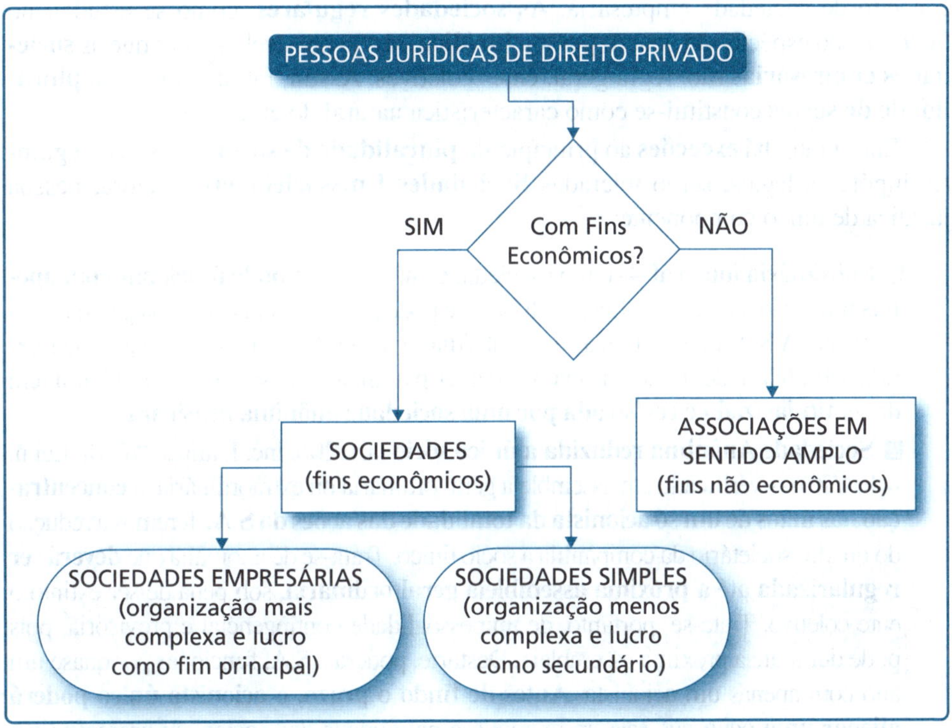

■ 7.2. CONCEITO

Podemos conceituar a sociedade como a entidade resultante do **acordo de vontade** de **duas ou mais pessoas** que se comprometem a **reunir capital e trabalho** para a realização de **operações com fins lucrativos**. Se a sociedade realiza seu **re-**

gistro no órgão competente, torna-se, então, **pessoa jurídica**. Marcantes na sociedade estão **quatro elementos**:

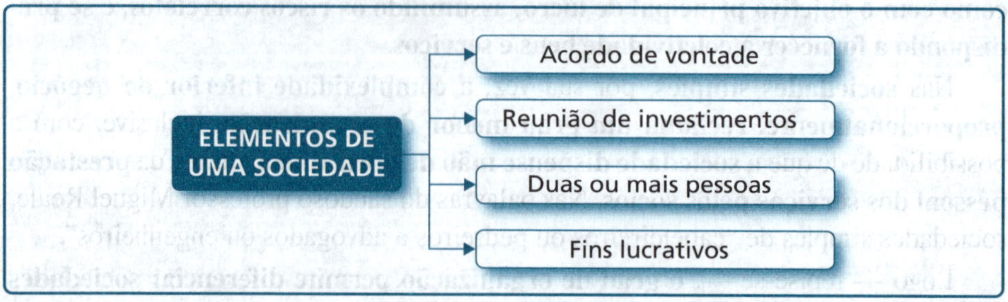

O art. 982, do CC, conceitua **sociedade empresária** como "**a sociedade que tem por objeto o exercício de atividade própria de empresário sujeito a registro**". Podemos concluir, a partir do texto legal, que a sociedade empresária é aquela entidade resultante do acordo de vontades de duas ou mais pessoas que reúnem capital e trabalho para exercer atividade econômica organizada para a produção ou circulação de bens e serviços.

A comunhão de esforços, pessoais e patrimoniais, constitui elemento nuclear do conceito de sociedade empresária. As **sociedades regulares**, como se estudou no ***item 7.1***, são espécies do gênero **pessoa jurídica**, sendo possível afirmar que as **sociedades empresárias** são, regra geral, entes coletivos. Assim, intuitivamente, a **pluralidade de sócios** constitui-se como característica natural do ente coletivo.

Entretanto, há **exceções** ao princípio da **pluralidade de sócios**, pois, nas seguintes hipóteses legais, serão toleradas **Sociedades Unissocietárias** e, agora, pessoa jurídica de único componente:

- **Subsidiária integral** — é uma sociedade anônima que **pode funcionar com apenas um sócio** (art. 251, da Lei n. 6.404/76) e pode permanecer nessa situação indefinidamente. A S.A. que titularizar uma subsidiária integral poderá alienar ações da referida subsidiária, de modo que ela passe a ter pluralidade de sócios. A subsidiária tem de ser **titularizada e registrada por uma sociedade anônima brasileira**.
- **Sociedade Anônima reduzida a único sócio** (art. 206, inc. I, alínea "d", da Lei n. 6.404/76) — verificada em assembleia geral ordinária ou extraordinária, a **concentração nas mãos de um só acionista da totalidade das ações da S.A.**, teremos a redução do quadro societário da companhia a sócio único. Trata-se de anomalia que **deverá ser regularizada até a próxima assembleia geral ordinária**, sob pena de ser extinto o ente coletivo. Trata-se, portanto, de unipessoalidade contingencial e provisória, pois pode durar até a próxima assembleia. Destarte, poderá a S.A. funcionar por quase um ano com apenas um acionista. **Antes de findo o prazo, o acionista único poderá alienar uma ação** que seja, restaurando a pluralidade dos sócios, ou promover sua transformação em empresário individual, em EIRELI ou **LTDA unipessoal** (art. 1.052, § 1º, do CPC). Caso não se regularize, tornar-se-á sociedade em comum, irregular, submetendo-se às consequências do art. 990, do CC.
- **Demais Sociedades reduzidas a sócio único**, pelo prazo de até 180 dias — art. 1.033, inc. IV, do CC. Desde o Código Civil de 2002, possível a **sobrevida**

jurídica de sociedade reduzida a sócio único por até 180 dias. Nos termos do inc. IV, do art. 1.033, do CC, a ausência de pluralidade de sócios é causa de extinção da sociedade, desde que não reconstituído o quadro de sócios no prazo de 180 dias. Desse modo, concluímos que, **durante 180 dias, a sociedade reduzida a sócio único poderá continuar funcionando regularmente**. Até o fim do mencionado prazo, o sócio remanescente poderá **alienar uma quota** que seja, restaurando a pluralidade dos sócios, ou **promover sua transformação em empresário individual ou em EIRELI** (art. 1033, parágrafo único, do CC). Caso não se regularize, tornar-se-á sociedade em comum, irregular, submetendo-se às consequências do art. 990, do CC. A determinações sobre o destino das sociedades unissocietárias **não se aplicam à Sociedade Limitada**, ante a inovação legislativa que criou a Sociedade Limitada Unipessoal, Lei n. 13.974/2019.

▪ **A Empresa Individual de Responsabilidade Limitada**, espécie de pessoa jurídica (art. 44, inc. VI, do CC) que poderá resultar da concentração "das quotas de outra modalidade societária num único sócio" (art. 980-A, § 3º, do CC). Trata-se de **unipessoalidade superveniente**, semelhantemente ao que poderá ocorrer em relação à incorporação da totalidade das ações de uma sociedade anônima por outra, nos termos do art. 252, da Lei n. 6.404/76.

▪ **LTDA unipessoal**. Importante salientar que a Lei n. 13.874/2019 (derivada da MPV n. 881/2019) **flexibilizou a pluralidade de sócios** para o caso da Limitada, eis que poderá desde a origem ser formada por um único sócio, diante da inserção dos §§ 1º e 2º, ao atual art. 1.052, do Código Civil: "§ 1º A sociedade limitada pode ser constituída por 1 (uma) ou mais pessoas. § 2º Se for unipessoal, aplicar-se-ão ao **documento de constituição do sócio único, no que couber, as disposições sobre o contrato social**". A Limitada unipessoal poderá decorrer, ainda, da redução quadro social de uma **Limitada convencional a sócio único.**

▪ De se salientar, por outro lado, o **veto** do dispositivo da referida lei que havia revogado como causa de extinção de **qualquer tipo societário a ausência de pluralidade de sócios por mais de 180 dias**, nos termos do inc. IV, do art. 1.033, do Código Civil. Apesar da possibilidade da unipessoalidade para as limitadas, isso, por si só, não se especificou em relação aos denominados tipos societários menores, razão pela qual entendemos acertado o referido veto.

Esquematizando as pessoas jurídicas de sócio único (unissocietárias):

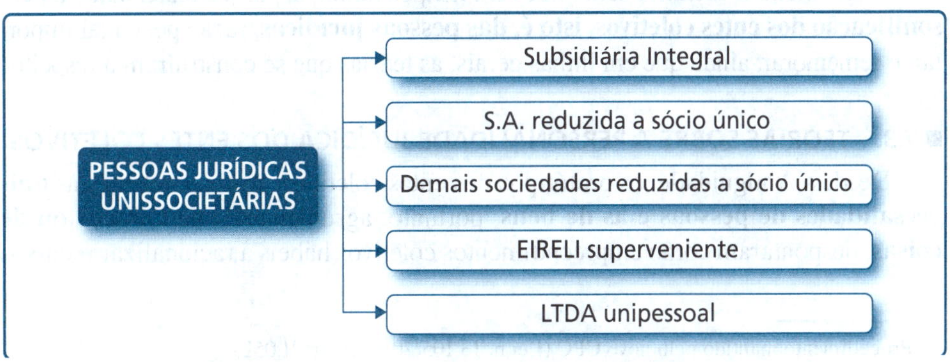

Para efeito de uma **distinção inicial entre sociedade** empresária (regida pelo direito empresarial) e não empresária (regida pelo direito civil), podemos observar, a título de exemplo, que a exploração de **serviços educacionais poderá ser objeto social de uma cooperativa ou de uma sociedade empresária**.

Em ambos os casos, naturalmente, deverão ser **perseguidos resultados positivos para o empreendimento**. Entretanto, no caso da sociedade, o lucro comporá objetivo principal.

Em caso de crise do empreendimento e da constatação de insolvabilidade, a **cooperativa** (sociedade simples, por equiparação legal, art. 982, parágrafo único, do CC) **poderá ser dissolvida extrajudicialmente** (arts. 63-78, da Lei n. 5.764/71) **ou judicialmente, pelo rito da insolvência civil** (arts. 748-786-A, do Código de Processo Civil[4]), ao passo que a crise financeira da **sociedade empresária tem regime jurídico na Lei de Falências** (Lei n. 11.101/2005).

Esquematizando algumas **diferenças entre uma sociedade cooperativa e uma sociedade empresarial**:

ALGUMAS DIFERENÇAS ENTRE UMA SOCIEDADE EMPRESARIAL E UMA COOPERATIVA (SOCIEDADE SIMPLES, NÃO EMPRESARIAL)		
Aspecto	**Sociedade Empresária**	**Sociedade Não Empresária (Cooperativa)**
REGIME JURÍDICO	■ Código Civil, Lei n. 6.404/76, Lei n. 11.101/2005.	■ Código Civil, especialmente regras da sociedade simples. Lei n. 5.764/71.
DELIBERAÇÕES DOS MEMBROS	■ Voto proporcional à participação no capital social.	■ Cada sócio, um voto; não importa o valor, investimento ou quantidade de quotas.
SUBSTITUIÇÃO DE SÓCIOS	■ Transferibilidade das quotas.	■ Intransferibilidade das quotas.
CRISE ECONÔMICO-FINANCEIRA	■ Recuperação Extrajudicial, Judicial e Falência.	■ Dissolução Extrajudicial ou Insolvência Civil.

De se observar, entretanto, que, **paralelamente ao princípio da especialidade, deve-se buscar o exercício do diálogo entre as fontes normativas**, porque o próprio legislador, por exemplo, determinou, subsidiariamente, a aplicação do **regime jurídico das sociedades simples** (arts. 997-1.051) **à sociedade limitada**, tipo societário mais comum entre as sociedades empresárias no meio empresarial brasileiro.

O fenômeno associativo tem raízes em tempos remotos, porque relacionado à **personificação dos entes coletivos, isto é, das pessoas jurídicas**, razão pela qual importante rememorar, ainda que em linhas gerais, as teorias que se construíram a respeito.

■ 7.3. TEORIAS SOBRE A PERSONALIDADE JURÍDICA DOS ENTES COLETIVOS

Desde a Antiguidade, os protótipos dos entes coletivos, correspondentes às **universalidades de pessoas e às de bens**, portanto, agrupamentos de **homens ou de coisas**, despontaram como empreendimentos coletivos hábeis a racionalizar recursos

---

[4] Procedimento mantido pelo novo CPC (Lei n. 13.105/2015, cf. art. 1.052).

escassos, materializar interesses comuns, bem como validar a natureza do ser humano como naturalmente gregária.

A **conjugação de vontades e de bens, para o desenvolvimento da atividade econômica, com a perspectiva de ganhos, sempre movimentou a economia**, ainda que, inicialmente, instrumentalizada por meio de contratos de mútuo — por exemplo, no Código de Hamurabi (historicamente monumento jurídico correspondente à compilação das fontes ou formas protojurídicas das normas de convivência da sociedade babilônica do século XVIII a.C.). O **capital investido no negócio de outrem deveria ser recuperado, a não ser que fosse extraviado sem culpa do devedor**. Tal afirmação se infere da interpretação dos arts. 102 e 103, ambos do Código de Hamurabi[5].

No primeiro caso, de acordo com o art. 102, o empreendedor-mutuário, em princípio, mesmo que viesse a sofrer um dano, seria obrigado a restituir a quantia emprestada. Por sua vez, em se tratando de caso fortuito ou força maior, como na hipótese de um ataque perpetrado por um inimigo, a dívida seria perdoada. Por esses exemplos, percebe-se como **inerente à atividade econômica o risco do empreendimento ou do investimento**.

Assim, durante o longo processo histórico que reconheceu personalidade jurídica aos empreendimentos econômicos, **mitigou-se o risco dos empreendimentos por meio do princípio da autonomia patrimonial, a delimitar e identificar o patrimônio social, diferenciando-o do patrimônio de seus sócios**. Tal garantia teve, e tem, sua razão de ser no limite de sacrifício (financeiro) a ser exigido de quem se predisponha à produção de bens e serviços.

Em outras palavras, o **custo total da atividade não poderá superar os lucros, pois, do contrário, será irracional o desenvolvimento de eventual empreendimento**. Por isso, importante a revisão dogmática do tema referente à personalização dos entes coletivos empresariais (e seus desdobramentos, autonomia patrimonial e limitação da responsabilidade), mas igualmente relevante a investigação das justificativas econômicas do mesmo instituto.

Ao rememorar-se que o ordenamento jurídico brasileiro é exemplo de sistema jurídico que prioriza a lei em sentido amplo como primeira fonte do direito, **possível a afirmação de que nosso Direito tem suas raízes no direito romano-germânico**[6]. Assim, **já entre os romanos, a distinção entre pessoas naturais e jurídicas**. Pessoa como **qualquer entidade suscetível de direitos e obrigações** na ordem constitucional, distinguindo-se as pessoas naturais como seres humanos detentores de determinados atributos ou *status* a lhes conferir capacidade jurídica. De se advertir, por isso, que, entre os romanos, nem todo ser humano poderia ser considerado pessoa, eis que aos escravos, por exemplo, não se reconheciam direitos (*servus est res*).

---

5 Fonte: <http://www.dhnet.org.br>. Acesso em: 20 ago. 2013, às 13:00.

6 Nesse sentido, as observações do Prof. José Cretella Junior, ao salientar que, quando do descobrimento do Brasil, vigentes e assimilados em Portugal institutos antes construídos pela civilização romana, entre os quais o da Ocupação, que serviu para legitimar e justificar a posse das terras então recém-descobertas (*Direito romano moderno,* 2006, p. 10).

Além do homem (conceito biológico) acompanhado de atributos no meio social e familiar (liberdade, cidadania romana e independência financeira) a revelar a capacidade plena do indivíduo, **também presentes as pessoas morais, conjunto de coisas ou de pessoas**, aos quais os romanos reconheciam **autonomia**, delimitando-a ou **separando-a da personalidade dos indivíduos** que viessem a compor ou constituir um grupo e a "personalidade" do próprio grupo. Como ensina Cretella Junior[7]: "O agrupamento (*universitas*) constitui uma *persona*, um corpo (*corpus*), distinto da *persona* individual de cada um de seus membros (*singuli*)".

Ulpiano parece ter prenunciado a autonomia da pessoa jurídica (como princípio) em relação à pessoa física ao registrar que: **"se se deve algo à 'universitas', não se deve a cada um de seus membros, nem o que a 'universitas' deve, seus membros devem"**[8].

A comunhão de esforços e o **reconhecimento jurídico de conjuntos de pessoas e de bens como úteis à sociedade romana** — e sociedade romana que perdurou por doze séculos, sendo, por isso, justificável que a organização política desenvolvida por tal sociedade tenha **marcado a Antiguidade e a Idade Média**[9] — parecem ter criado ambiente propício a recepcionar nas Idades Moderna e Contemporânea, com a crescente complexidade das relações sociais, uma categoria jurídica a açambarcar o desenvolvimento dos espaços de produção e cultura, incluídos os esforços da **sociedade civil organizada e da igreja, instituições colegiadas, associações e sociedades, portanto categorias jurídicas a sistematizar o gênero pessoas jurídicas**[10].

O referido reconhecimento da importância das pessoas jurídicas atraiu a **proteção legal** e, como **pressuposto para esta, a personificação do ente coletivo**. É dizer, o *status* de pessoa — a exemplo da capacidade, atributo da pessoa natural, declarando-a e percebendo-a suscetível de direitos e deveres — **projetou em relação à pessoa moral responsabilidade destacada de eventual responsabilidade de seus integrantes, protegeu o patrimônio social**, ainda que a incentivar a soma de economias, tendo em vista suas finalidades específicas. Fins amplos, identificáveis com o interesse coletivo (do Estado, do Município), ou fins mais restritos, como o lucro lícito das associações particulares, entre as quais as atuais sociedades empresárias[11]. Na era da globalização, a sociedade civil organizada (como universo das pessoas jurídicas de direito privado) tem papel fundamental no desenvolvimento econômico e social.

---

[7] *Direito romano moderno*, 2006, p. 54.

[8] *Si quid universitati debent, singulis non debetur, nec quod debet universitas, singuli debent. Digesto* III, 4, 7, 1.

[9] José Cretella Junior diz da importância da Civilização e do Direito Romano. *Direito romano moderno*, 2006, p. 15.

[10] Paulo Nader, nesse sentido, qualifica as pessoas jurídicas como instrumento jurídico de avanço social. *Curso de direito civil*, 2006, Parte Geral, v. 1, p. 222.

[11] PEREIRA, Caio Mário da Silva. *Instituições de direito civil*, v. 1, p. 186.

Por oportuno, atenção especial merece o entrelaçamento entre o **desenvolvimento econômico dos povos e a capacidade da iniciativa privada em impulsionar tal desenvolvimento** de maneira criativa e eficaz por meio da formação de tipos ou grupos societários. De sociedades familiares, em um passado de incipiente tecnologia (em um tempo em que predominou o comércio terrestre desenvolvido pelo mercador), para, posteriormente, com os avanços tecnológicos, formarem-se **sociedades para grandes empreitadas** (como o comércio além-mar), bem como sociedades representativas das grandes indústrias com a inserção da **produção em série** (primeira revolução industrial) até os **complexos conglomerados empresariais de hoje** (com empresas a atuar em vários países), sendo que a economia livre do **Estado Liberal (puro) de ontem foi substituída por uma economia de intervenção do Estado de Bem-Estar Social** ou, ao menos, uma economia de regulação e fiscalização do Estado Neoliberal, modelos de Estado pretensamente atuais[12].

Esquematizando as **mudanças na postura social, a reclamar o reconhecimento da personalidade jurídica dos entes coletivos**:

MOTIVOS QUE RECOMENDAM O RECONHECIMENTO DOS ENTES COLETIVOS		
Inicialmente	**Intermediariamente**	**Hoje**
▪ Sociedades Familiares	▪ Avanço tecnológico	▪ Sociedades para grandes empreitadas
▪ Sociedades representativas de grandes indústrias	▪ Produção em série	▪ Complexos conglomerados empresariais modernos
▪ Economia do Estado Liberal Puro	▪ Economia de regulação e fiscalização pelo Estado	▪ Estado de Bem-Estar Social
▪ Atuação em sociedades cooperativas	▪ Atuação em sociedades simples	▪ Atuação em sociedades empresárias

7.3.1. Entre a afirmação e a negação da personificação (o debate entre ficcionistas e realistas)

Uma revisão bibliográfica acerca do reconhecimento da personificação dos entes coletivos permite identificar, entre as teorias conflitantes, dois grupos hegemônicos: **teorias negativistas e afirmativistas**. No primeiro rol — das teorias negativistas —, a argumentação se construiu de forma a **não reconhecer as pessoas morais como sujeitos de direito**; percebe-se, por seus defensores, uma preocupação exagerada com o patrimônio constituído para a consecução do objeto social, pois, para os adeptos de tal grupo de teorias, **o cerne da associação se reduziria a um conjunto de bens a proporcionar um fim específico, com repercussão estritamente no âmbito dos seus fundadores**, razão pela qual destituída a associação de personali-

[12] Pablo Stolze Gagliano e Rodolfo Pamplona Filho assim ponderam a necessidade de intervenção do Estado na Economia, exatamente para coibir eventuais abusos (*Novo curso de direito civil*, 8. ed., v. 1, p. 182).

dade. Ou, ainda, em vez do ente coletivo como pessoa autônoma, mais uma vez, **mero conjunto de bens em copropriedade**[13].

Como expoente do grupo dos negativistas, refutando a existência material da pessoa jurídica, tem-se Rudolf von **Ihering** (1818-1892), para quem a pessoa moral seria **mera projeção das prerrogativas e interesses de pessoas naturais reunidas. Mera aparência, destituída de personalidade própria**, porque estaria apta a beneficiar somente aqueles que a conceberam, eis que, essencialmente, criada com tal finalidade. Teoria de certa forma egoística, a qual foi batizada pela doutrina de individualista, que **não explicaria a natureza das organizações beneficentes, pois os eventuais resultados financeiros positivos não se incorporariam ao patrimônio particular de seus criadores**. Tal crítica Ihering contornou ao afirmar que o ente coletivo ultimaria por beneficiar sujeitos de direito indeterminados, em favor dos quais foi pensado e constituído o ente coletivo, como pobres, enfermos, viúvas e órfãos[14].

Entre nós, Clóvis Beviláqua (1859-1944), ainda que partidário das ideias de Ihering — e aproveitando-se da explicação dada em relação aos sujeitos de direito indeterminados —, apresentou como ressalva o raciocínio de que, no caso de uma fundação, para defesa de seus direitos, na verdade de beneficiários potenciais (pobres e órfãos, por hipótese), **uma vez reconhecido o direito de ação, naturalmente deveria tal prerrogativa decorrer da personalização**. Pareceu-lhe, ainda, contraditório cogitar da legitimidade passiva *ad causam* em relação aos administradores da fundação, que ultimariam por representar o ente coletivo, carecendo, portanto, de direitos próprios a serem defendidos. **Logo, a objeção em si apontava um caminho de solução: o reconhecimento da personalidade ao ente coletivo**[15].

Além de Rudolf von Ihering (1818-1892), August Immanuel Bekker (1785-1871), Alois von Brinz (1820-1887), Marcel Planiol (1855-1912) e Léon Duguit (1859-1928) são lembrados como expoentes do grupo dos negativistas, isto é, daqueles que **se opuseram à personificação dos entes coletivos**[16]. De se ver que, aqui, propositadamente, fez-se questão de indicar o tempo dos referidos juristas, o qual coincide **com o momento econômico de um mundo que refletia uma sociedade essencialmente patrimonialista, mas não massificada, de um capitalismo ainda emergente e que correspondeu à ideologia do denominado Estado mínimo ou Estado Liberal Puro**, longe, portanto, da realidade atual, em que à pessoa jurídica, em geral, e à sociedade empresária, em particular, imputa-se responsabilidade social, porque em torno da atividade desenvolvida gravitam interesses não só daqueles que gerenciam o empreendimento, mas também daqueles a quem empregam, dos fornecedores (seus parceiros empresariais), dos consumidores e do Estado-fisco e, de igual forma, das

---

[13] GAGLIANO, Pablo Stolze; PAMPLONA FILHO, Rodolfo. *Novo curso de direito civil*, 8. ed., v. 1, p. 184.

[14] Paulo Nader rememora a referida objeção (*Curso de direito civil*, v. 1, p. 238).

[15] NADER, Paulo. *Curso de direito civil*, v. 1, p. 238.

[16] GAGLIANO, Pablo Stolze; PAMPLONA FILHO, Rodolfo. *Novo curso de direito civil*, 8. ed., v. 1, loc. cit.

entidades beneficentes, para as quais venham a contribuir ou mesmo daquelas fundações que vierem a criar.

Mais do que o reconhecimento de sua autonomia jurídica — a **personificação legal** —, naquilo que for possível, como no direito brasileiro, a pessoa jurídica **reclama equiparação de direitos em relação à pessoa natural, no que for pertinente a sua reputação, bom nome, solidez, confiabilidade**, entre outros fatores, como que a preservar o mesmo nicho de direitos que se aninham na pessoa natural em si, **direitos denominados direitos da personalidade**, nos termos do art. 11 *usque* 21 c/c art. 52, todos do CC atual[17].

Entretanto, antes da equiparação legal efetuada pelo CC, tornando possível o reconhecimento dos direitos de personalidade à pessoa jurídica, percorreu-se um longo caminho, sendo de todo recomendável, ainda que de forma sucinta, trazer à baila as **teorias que buscaram justificar a personalização dos entes coletivos, isto é, as teorias afirmativistas.** Nesse contexto, Friedrich Karl von **Savigny** (1779-1861) destacou-se entre os afirmativistas, capitaneou a denominada **teoria da ficção legal, argumentando que, sendo o ser humano, naturalmente, um feixe de direitos e obrigações**, somente **por ficção do direito positivo** — restrito à lei — é que se poderia, **por um raciocínio de aproximação das categorias, também reconhecer o ente coletivo (conjunto de pessoas ou de bens) como ente autônomo, sujeito de eventual relação jurídica** ou titular de direitos subjetivos.

Esquematizando as **duas correntes sobre a personificação dos entes coletivos**:

CORRENTES DOUTRINÁRIAS SOBRE A PERSONIFICAÇÃO DOS ENTES COLETIVOS		
Aspecto	**Teorias Negativistas**	**Teorias Afirmativistas**
PRINCIPAL DEFENSOR	▪ Rudolf von **Ihering**	▪ Friedrich Karl von **Savigny**
A PESSOA JURÍDICA É	▪ Mera projeção das prerrogativas e interesses de pessoas naturais reunidas	▪ Ente autônomo, sujeito de eventual relação jurídica ou titular de direitos subjetivos
FINALIDADE	▪ Atender aos interesses egoísticos de seus titulares	▪ Construção doutrinária para acomodar a realidade às necessidades de alguns grupos

Constrói-se no mundo do dever ser, no mundo ideal, um conceito (uma ficção jurídica) capaz de justificar a atribuição de direitos a um grupo de pessoas físicas[18]. Entre os doutrinadores brasileiros, Orlando Gomes defendeu a pessoa jurídica como ficção legal, ainda que a salientar que se **tratava de uma necessidade, pois a se apoiar na realidade social**. Reconhecer a personalidade ao agrupamento de indivíduos corresponderia a um **processo técnico de ficção, pois o grupo espelharia um**

[17] A jurisprudência federal consolidada por meio do Enunciado da Súmula 227 do STJ, antes mesmo da vigência do atual Código Civil, sinalizava para tal entendimento: "A pessoa jurídica pode sofrer dano moral".

[18] GONÇALVES, Carlos Roberto. *Direito civil brasileiro,* 6. ed., p. 184.

indivíduo em seus direitos e obrigações, e, de tal aproximação, a conclusão de que **a personalização seria uma ficção**[19].

Uma variante da teoria da ficção legal corresponde à teoria da ficção doutrinária, para a qual o conceito de **pessoa jurídica traduz o que pensou e projetou o gênio humano, ato de inteligência e, portanto, construção doutrinária para acomodar a realidade às necessidades de alguns grupos**. A crítica que se faz hoje às teorias da ficção é de que seria um contrassenso argumentar-se que a pessoa jurídica corresponde à mera ficção, com apoio na lei, pois o Estado — como pessoa jurídica, entidade predominantemente produtora das normas jurídicas e da lei, e que reconhece a existência dos entes coletivos — também deveria ser considerado uma ficção. Em arremate, **"dizer-se que o Estado é uma ficção legal ou doutrinária é o mesmo que dizer que o direito, que dele emana, também o é"**[20].

Em reação às teorias ficcionais, surgiram as teorias da realidade, que se concentram na constatação de que os entes coletivos **são "organismos vivos", perceptíveis no cotidiano**, com necessidades próprias e que, por isso, merecem ser considerados **sujeitos de direitos, e não simples abstração.**

Entre as teorias da realidade, destacou-se a denominada **teoria da realidade objetiva ou orgânica**, desenvolvida por Otto von **Gierke** (1841-1921), que acentua a pessoa jurídica como resultado das pressões sociais, como **fenômeno ou realidade sociológica**, apta a realizar empreitadas coletivas, inclusive com **vontade própria, distinta das vontades das pessoas naturais que a organizaram e revelada pelos órgãos de decisão ou administração da pessoa jurídica**. Particularmente, em relação a esta última observação residiria, para alguns (destacando-se o pensamento de Maria Helena Diniz), a dificuldade de aceitação dessa teoria, pois a vontade da pessoa jurídica corresponderia a uma ficção, tendo em vista sua inaptidão para traduzir elemento psicológico próprio das pessoas naturais, qual seja, a vontade humana, conceito, por isso, avesso ou não condizente com o ente coletivo[21].

Entretanto, é preciso que se entenda que **a vontade da pessoa jurídica não é mesmo psicológica, e sim funcional**, pois inerente e **resultante da plurissubjetividade — entendida como convergência de vontades**, seja por meio da unanimidade, seja por meio da maioria ou de outro quórum qualificado. É o que se percebe, por exemplo, em relação às sociedades de responsabilidade limitada, no Brasil, tendo em vista a necessidade de observância de quórum diferenciado para as deliberações sociais, nos termos do art. 1.076, do CC. A **aproximação da vontade da pessoa natural com a vontade da pessoa jurídica de analogia se trata, e não de equiparação perfeita**, razão por que o voluntarismo não pode ser alçado a obstáculo intransponível.

Essa vontade construída pelo ente coletivo depende da necessária conjugação de vontades dos administradores, associados ou sócios de determinado ente coletivo

---

19 Orlando Gomes citado por Paulo Nader, *Curso de direito civil*, v. 1, p. 236.

20 GONÇALVES, Carlos Roberto. *Direito civil brasileiro*, 6. ed., loc. cit.

21 DINIZ, Maria Helena. *Curso de direito civil*, 25. ed., p. 233.

antes mesmo da formalização do empreendimento, e tem sintonia com a **teoria da instituição formulada por Maurice Hauriou** (1856-1929). Para esse autor, a personificação seria a etapa culminante de um processo natural. Identificava como **característica essencial dos entes coletivos a ideia da obra a ser realizada**. Deveria ser investigado, então, o propósito principal do ente coletivo. Detectando-se o lucro, a filantropia ou a associação política para a consecução do interesse público, possível precisar-se o ente coletivo que se buscou constituir.

A sociedade empresária tem como objetivo primeiro o lucro; uma instituição de caridade, a assistência aos necessitados; o Estado — como nação politicamente organizada — deveria ter como finalidade e desafio a promoção do bem comum. Portanto, a consciência do projeto comum alinha as vontades subjetivas e conforma e constrói a convergência, a **plurissubjetividade funcional**. Interioriza-se o propósito comum e organizam-se materialmente para alcançá-lo (com a aquisição de bens a título de exemplo), mas também com a possibilidade de se criarem ou se estabelecerem normas próprias de acordo com a referida plurissubjetividade, a significar uma espécie de ordenamento interno (contido nos estatutos ou contratos sociais) — a vida interior da instituição[22].

Assim, depois de implementada a organização, perceber-se-ão, paulatinamente, as relações que se estabelecerão entre a instituição (sujeito de direito) e outros sujeitos de direito por meio de negócios jurídicos ou deveres decorrentes da lei, **o que destacará a vida exterior do ente coletivo**[23]. Além disso, em caso de conflitos de interesses, destaca-se a capacidade do ente coletivo para a **defesa de suas pretensões em Juízo**, o que, inegavelmente, qualifica-o como **sujeito de direito autônomo, real, ser distinto das pessoas que o administrem ou que o componham como membros**, associados ou sócios[24].

---

22 O art. 997, *caput*, do CC, permite inferir a liberdade dos sócios das sociedades empresárias contratuais na formulação de suas normas internas, ainda que haja, concomitantemente, a obrigação de previsão das cláusulas mínimas impostas pela própria lei: "Art. 997. A sociedade constitui-se mediante contrato escrito, particular ou público, **que além das cláusulas estipuladas pelas partes**, mencionará (...)". Destaque nosso.

23 Vicente Ráo explicita seu pensamento: "Ao exercer essa atividade exterior, a coletividade age como pessoa jurídica, pois tal personalidade já possuía na ordem interna; e, assim, a personalidade jurídica das coletividades e das fundações é uma realidade. É nesse sentido que Hauriou (...) sustenta que a instituição, quando alcança certo grau de concentração e de organização, torna-se automaticamente pessoa jurídica. Considerada sob o aspecto de sua vida interna, a pessoa jurídica cria um ordenamento jurídico próprio, estatutário, subordinado, embora, ao ordenamento jurídico geral (*O direito e a vida dos direitos*, 4. ed., p. 740-741).

24 O CPC, em seu art. 12, inc. VII, consubstancia tal entendimento: "Art. 12. Serão representados em juízo, ativa e passivamente: (...) VII — as sociedades sem personalidade jurídica, pela pessoa a quem couber a administração dos seus bens (...)". O novo CPC trouxe dispositivo idêntico (art. 74, inc. IX). A representação de alguém em Juízo pressupõe a defesa de direito alheio, alguém a representar e, no caso, o representado será o ente coletivo. Logo, trata-se de sociedade em comum de sujeito de direito, por não se confundir com a pessoa de seu representante.

Francisco Amaral, ao tecer comentários sobre a teoria organicista, entende que tal teoria acabaria por **amesquinhar a importância do Estado**, reduzindo-o a mero "conhecedor de realidades já existentes, desprovido de maior poder criador"[25].

7.3.2. A teoria da realidade técnica e sua aproximação com a teoria da empresa

É possível eleger como **caminho do meio, a atrair elementos tanto da teoria ficcionista quanto da teoria orgânica**, a elaboração da teoria da realidade técnica ou jurídica, da qual são expoentes Raymond Saleilles (1855-1912), François Gény (1861-1959) e Léon Michoud (1855-1916)[26], entre outros. Por tal perspectiva, o Estado, ou mais tecnicamente, as atividades estatais seriam as fontes das normas jurídicas, inclusive com primazia nos sistemas — como o nosso — que têm a lei em sentido amplo como primeira fonte. E, por isso, **tal teoria recupera a centralidade do Estado como produtor das normas jurídicas, apto a coibir abusos de determinados entes coletivos**, ainda que presentes no mundo real, no cotidiano, reconhecendo-os como pessoas jurídicas desde que mereçam a proteção estatal, por corresponderem a entes coletivos com fins lícitos.

No caso brasileiro, com a constitucionalização do direito privado, em que, regra geral, percebe-se como **livre o direito de associação**[27], ao mesmo tempo verifica-se tal norma como de **eficácia contida**, isto é, **não se trata de direito absoluto**, pois a ser temperado infraconstitucionalmente, nos termos da lei, portanto.

Luiz Amaral — ao tecer comentários sobre a teoria da realidade técnica —, argumenta que determinados fatos da vida necessitam de solução a ser alcançada em ramo específico da ciência. Seria contraproducente e incoerente, por exemplo, explicar e apontar o enfrentamento de uma arritmia cardíaca sem os conhecimentos e a experiência proporcionados pela ciência médica, mais especificamente, a Cardiologia. De modo similar, **a realidade que reconhece direitos e estabelece deveres em relação aos entes coletivos não é coincidente com a realidade estritamente física, material, mas sim uma realidade que depende da lógica, da realidade formal**[28] ou técnico-jurídica. E essa lógica deve ser necessariamente traduzida e construída pela ciência jurídica, seja pela inovação do ordenamento, seja pela aplicação do direito aos casos concretos.

---

[25] Francisco Amaral citado por Carlos Roberto Gonçalves, *Direito civil brasileiro,* 6. ed., p. 185.

[26] Citados por GAGLIANO, Pablo Stolze; PAMPLONA FILHO, Rodolfo. *Novo curso de direito civil,* 8. ed., v. 1, p. 186.

[27] O art. 5º, da CF, permite tal inferência: "Art. 5º (...) XVII — é plena a liberdade de associação para fins lícitos, vedada a de caráter paramilitar; XVIII — a criação de associações e, na forma da lei, a de cooperativas independem de autorização, sendo vedada a interferência estatal em seu funcionamento; XIX — as associações só poderão ser compulsoriamente dissolvidas ou ter suas atividades suspensas por decisão judicial, exigindo-se, no primeiro caso, o trânsito em julgado; XX — ninguém poderá ser compelido a associar-se ou a permanecer associado; XXI — as entidades associativas, quando expressamente autorizadas, têm legitimidade para representar seus filiados judicial ou extrajudicialmente".

[28] AMARAL, Luiz Otávio Oliveira. *Teoria geral do direito,* 2. ed., p. 285.

Silvio Rodrigues entende que, apesar das várias teorias a respeito do tema personificação dos entes coletivos, cada qual, a seu modo, conseguiu alcançar e explicar parcialmente o fenômeno, de modo que **sem sentido apontar os acertos ou desacertos dessa ou daquela teoria**. Defende que, no caso brasileiro, a teoria que mais se aproxima do nosso direito positivo, pela interpretação do art. 45, do CC, **é a teoria da realidade técnica, pois a personificação e os direitos de proteção dela decorrentes exigem, regra geral, o registro do ente coletivo e figuram na lei**[29].

Na atualidade, de um mundo de aproximação dos mercados, e também de convergência dos ordenamentos jurídicos, no âmbito do MERCOSUL, que aqui se destaca por envolver o Brasil, os Códigos Civis de Argentina, Paraguai e Uruguai, também **parecem ter encampado a teoria da realidade técnica**. A leitura sequencial de tais ordenamentos permitirá tal conclusão[30-31-32-33].

A teoria da realidade técnica, apesar de eventuais críticas — engendradas por se entremearem em críticas ao direito positivo —, realmente, **é a teoria que pode proporcionar segurança jurídica aos que se propõem à formalização dos entes coletivos, tendo em vista os efeitos de tal formalização decorrentes, destacando-se como regra a incomunicabilidade** de direitos e obrigações entre a pessoa jurídica e os administradores, associados ou sócios[34].

---

29 RODRIGUES, Silvio. *Direito civil*. Parte geral, 34. ed., v. 1, p. 89.

30 "Art. 45. Começa a existência legal das pessoas jurídicas de direito privado com a inscrição do ato constitutivo no respectivo registro, precedida, quando necessário, de autorização ou aprovação do Poder Executivo, averbando-se no registro todas as alterações por que passar o ato constitutivo. Parágrafo único. Decai em três anos o direito de anular a constituição das pessoas jurídicas de direito privado, por defeito do ato respectivo, contado o prazo da publicação de sua inscrição no registro (CC)." Disponível em: <http://www.planalto.gov.br/ccivil_03/leis/2002/l10406.htm>. Acesso em: 20 abr. 2013, às 14:00.

31 "Art. 45. Comienza la existencia de las corporaciones, asociaciones, establecimientos, etcétera., con el carácter de personas jurídicas, desde el día en que fuesen autorizadas por la ley o por el Gobierno, con aprobación de sus estatutos, y confirmación de los prelados en la parte religiosa. Las decisiones administrativas en esta materia podrán ser revocadas judicialmente por vía sumaria, en caso de ilegitimidad o arbitrariedad." *(Párrafo incorporado por art. 1° de la* ***Ley N. 17.711*** *B.O. 26/4/1968. Vigencia: a partir del 1° de julio de 1968.) (Código Civil Argentino.)* Disponível em: <http://www.codigocivilonline.com.ar/codigo_civil_online_30_50. html>. Acesso em: 20 abr. 2013, às 14:00.

32 "21. Son personas todos los individuos de la especie humana. Se consideran personas jurídicas y por consiguiente capaces de derechos y obligaciones civiles, el Estado, el Fisco, el Municipio, la Iglesia y las corporaciones, establecimientos y asociaciones reconocidas por la autoridad pública. (Código Civil Uruguayo)." Fonte: <http://www.parlamento.gub.uy/htmlstat/pl/codigos/CodigoCivil/2002/L1t1.htm>. Acesso em: 20 abr. 2013, às 14:30.

33 "Art. 93. Comenzará la existencia de las personas jurídicas previstas en los incisos e), f), h) e i) del artículo 91, desde que su funcionamiento haya sido autorizado por la ley, o por el Poder Ejecutivo. Las decisiones administrativas que hagan o no lugar al reconocimiento podrán ser recurridas judicialmente.

Art. 94. Las personas jurídicas son sujetos de derecho distintos de sus miembros y sus patrimonios son independientes. (Código Civil Paraguayo)." Disponível em: <http://www.oas.org/dil/esp/Codigo_Civil_Paraguay.pdf>. Acesso em: 20 abr. 2013, às 15:00.

34 GONÇALVES, Carlos Roberto. *Direito civil brasileiro,* 6. ed., p. 186.

Especificamente em relação aos empresários e sociedades empresárias, de se destacar que a atividade desenvolvida poderá ser **analisada sob vários ângulos**, como que a revelar as faces regulares de um poliedro. Trata-se de **enxergar a atividade empresarial em bloco, delimitando suas faces** apenas para fins didáticos. Interessa hoje não só proteger e incentivar os **vocacionados** à atividade empresarial, aqueles que pretendam o lucro com tal atividade, que concentram o ***aspecto subjetivo*** do fenômeno empresa, mas também o **conjunto de bens hábeis ao desenvolvimento da atividade** (sejam materiais ou imateriais) — ***aspecto objetivo ou patrimonial*** —, destacando-se, ainda, a **óptica *corporativa*** que percebe no fenômeno o **potencial de instituição a agregar esforços dos dirigentes da atividade e de seus colaboradores**, sejam eles subordinados (trabalhadores, empregados), sejam independentes (auxiliares técnicos e parceiros empresariais), e, ainda, o **perfil *funcional*** que apresenta a **atividade como fonte propulsora de movimentação de riqueza e renda**[35]. Em linhas gerais, esse entendimento corresponde à denominada **teoria da empresa**, que, apesar de construída no auge da ideologia fascista, conseguiu sustentar-se até os dias atuais, exatamente por seu caráter eclético, permitindo perceber a atividade empresarial como direito difuso, em torno do qual gravitam interesses de vários setores da sociedade.

Esquematizando a **aproximação entre a teoria da realidade técnica e a da empresa, com seus perfis**:

APROXIMAÇÃO ENTRE A TEORIA DA REALIDADE TÉCNICA E A DA EMPRESA	
PERFIL SUBJETIVO	■ Vocacionados à atividade empresarial aqueles que pretendam o lucro com tal atividade.
PERFIL OBJETIVO OU PATRIMONIAL	■ Conjunto de bens hábeis ao desenvolvimento da atividade (sejam materiais ou imateriais).
PERFIL CORPORATIVO	■ Percebe no fenômeno o potencial de instituição a agregar esforços dos dirigentes da atividade e de seus colaboradores, sejam eles subordinados (trabalhadores, empregados), sejam independentes (auxiliares técnicos e parceiros empresariais).
PERFIL FUNCIONAL	■ Apresenta a atividade como fonte propulsora de movimentação de riqueza e renda.
TEORIA DA REALIDADE TÉCNICA	■ Pode proporcionar segurança jurídica aos que se propõem à formalização dos entes coletivos, tendo em vista os efeitos de tal formalização decorrentes, destacando-se como regra a incomunicabilidade de direitos e obrigações entre a pessoa jurídica e os administradores, associados ou sócios.

Possível perceber que **a teoria da realidade técnica e a da empresa se aproximam**, ao defenderem para as pessoas jurídicas, em geral, e para o empresário coletivo, em particular, **a personificação e os direitos dela decorrentes**, inclusive regime jurídico próprio para os últimos, sendo que, diante da complexidade do fenômeno empresa, **a le-**

35 Nesse sentido, Rubens Requião explica a teoria da empresa, elaborada por Asquini (*Direito comercial*, 30. ed., v. 1, p. 81.

gislação não se deve apresentar meramente simbólica, distante da realidade social e econômica, nem contraditória, no sentido de incorporar um intervencionismo estatal direto, que, sob o pretexto de resguardar interesses de determinados grupos da sociedade, ultime por desestimular ou, reflexamente, negar a personificação, com a eleição de cláusulas gerais a contextualizar a desconsideração da personalidade jurídica de forma meramente objetiva (conforme se explanará no *capítulo 10* desta obra).

Manutenção da fonte produtora, emprego dos trabalhadores e interesse dos credores visando promover a função social da empresa e estimular a atividade econômica parecem termos de fácil compreensão, mesmo diante de enormes percalços linguísticos que se possam alegar. E mais, termos que apontam uma elevada preocupação com a situação real em que se insere a empresa, **catalisadora privada de solução ao principal problema da vida em coletividade, a escassez**. A realidade que aponta para a necessidade de estímulo à iniciativa empresarial reconhece a imprescindibilidade dos entes privados na produção e circulação dos bens, pessoas jurídicas distintas de seus sócios.

■ 7.4. PRINCIPIOLOGIA

A personificação das sociedades empresárias se alcançará com a **inscrição dos atos constitutivos no registro próprio e na forma da lei**, nos termos do art. 985, do CC. As sociedades denominadas contratuais, como se verá, são aquelas que têm regime jurídico no próprio Código Civil, destacando-se, entre os tipos possíveis, a sociedade limitada, que será detidamente detalhada no *capítulo 8*. A Sociedade Anônima tem regime jurídico na Lei n. 6.404/76 e é considerada estatutária, tendo em vista sua estruturação por meio de sistema de constituição complexo, se comparado ao contrato social dos demais tipos societários. Em qualquer hipótese, a personificação das sociedades empresárias dependerá de procedimento administrativo que culminará com a **inscrição dos atos constitutivos no "Registro Público das Empresas Mercantis a cargo das Juntas Comerciais"**, nos termos do art. 1.150, do CC.

Em relação à sociedade empresária regular, como efeito da personificação, deverão ser **observadas as seguintes normas-princípio**:

- liberdade de associação;
- autonomia da sociedade empresária;
- subsidiariedade da responsabilidade dos sócios pelas obrigações sociais;
- limitação da responsabilidade dos sócios pelas obrigações sociais como proteção do investimento;
- prevalência da vontade ou entendimento da maioria nas deliberações sociais;
- proteção dos sócios minoritários.

As **normas-princípio aqui delimitadas correspondem às garantias mínimas que empreendedores ou investidores têm como pressupostos para o desenvolvi-**

mento da atividade econômica. Tais diretrizes constavam expressamente da proposta para criação de um novo Código Comercial na Câmara Federal (art. 113, do PLC 1.572/2011), mas, ainda que de forma esparsa ou fragmentada, têm também **base no direito vigente**.

Tais diretrizes igualmente coincidem, desde os romanos, com os elementos do contrato de sociedade, conforme magistério de Cretella Junior: "1º) **contribuição pessoal de cada sócio**, a qual pode consistir ou numa soma em dinheiro, numa propriedade, na atividade duma pessoa; 2º) **interesse comum**, ou seja, cada sócio tem direito a parte dos benefícios. Do contrário, haveria uma sociedade leonina[36] (...), em que uma ou algumas partes seriam favorecidas com a parte de leão, em detrimento de outras; 3º) **intenção de constituir sociedade** (*affectio societatis*), do contrário, haveria apenas uma indivisão; 4º) **finalidade lícita**".

7.4.1. A liberdade de associação

A *affectio societatis*, correspondente ao **elemento psicológico a aproximar os empreendedores**, pode ser contextualizada na **confiança mútua e na expectativa de reciprocidade relacionada à comunhão de esforços e na partilha dos resultados**, condicionantes que expressamente se leem no art. 981, do CC. A *affectio societatis* compõe pressuposto não só da constituição, mas igualmente da permanência do empreendimento comum, tendo em vista que seu **esmaecimento superveniente poderá ser causa para a dissolução total ou parcial da sociedade**. Logo, presente a *affectio societatis*, livres serão os empreendedores para constituir a sociedade (liberdade de associação em sentido positivo), mas seu desaparecimento permitirá a desconstituição do vínculo associativo (liberdade de associação em sentido negativo).

---

[36] Tal expressão se originou de uma fábula grega da Antiguidade atribuída a Esopo: "O leão, a vaca, a cabra e a ovelha (...) Um leão, uma vaca, uma cabra e uma ovelha combinaram caçar juntos e repartir o que conseguissem. Correndo pelo campo, encontraram um veado, que cercaram, derrubaram e conseguiram matar. Logo repartiram a carne em quatro partes. Então o leão se apossou da primeira parte, dizendo: — Esta é minha, como combinamos. Apossou-se então da segunda: — Esta é minha porque eu sou o mais valente. Tomou então a terceira parte: — Esta é minha também porque sou o rei dos animais. E tomando a quarta concluiu: — E esta é minha, porque se alguém mexer vai se ver comigo. Os parceiros viram logo que não era bom negócio fazer sociedade com alguém muito mais forte". Disponível em: <http://universodasfabulas.blogspot.com.br/2013/10/o-leao-vaca-cabra-e-ovelha.html>. Acesso em: 10 maio 2014, às 13:00. Percebe-se que se trata de sociedade "leonina" a pseudossociedade, porque a exclusão dos sócios dos resultados do empreendimento malfere a legítima expectativa que construiu a *affectio societatis*. O bônus e o ônus, o sucesso ou o insucesso da atividade empresarial devem ser compartilhados entre os membros das sociedades empresárias, tendo em vista comunhão estabelecida, minimante patrimonial. O Código Civil, expressamente, em seu art. 1.008, em relação às sociedades contratuais, protege a comunhão de esforços e previne o abuso de direito no contrato de sociedade ao estabelecer que "É nula a estipulação contratual que exclua qualquer sócio de participar dos lucros e das perdas".

7.4.2. A autonomia da sociedade empresária

A autonomia da sociedade empresária significa **o reconhecimento de que o ente coletivo é sujeito de direito distinto das pessoas de seus membros**, conforme dispunha o art. 20, do Código Civil de 1916, sem correspondência no CC atual **até a vigência da Lei n. 13.874/2019**, a qual incluiu o art. 49-A no texto do referido Código, com a seguinte redação: "Art. 49-A. A **pessoa jurídica não se confunde com os seus sócios**, associados, instituidores ou administradores. Parágrafo único. A **autonomia patrimonial das pessoas jurídicas** é um instrumento lícito de **alocação e segregação de riscos**, estabelecido pela lei com a finalidade de **estimular empreendimentos**, para a geração de empregos, tributo, renda e inovação em benefício de todos."

A sociedade empresária — pessoa jurídica — e seus sócios — pessoas naturais ou pessoas jurídicas — **são sujeitos de direito que se inter-relacionam**, mas os ciclos vitais da sociedade e dos sócios não serão em tudo coincidentes, bastando lembrar que, em relação às sociedades de prazo indeterminado, a **permanência do empreendimento poderá superar mais de uma geração de sócios (pessoas naturais), inclusive com a substituição do sócio falecido por seus herdeiros**, nos termos do art. 1.028, inc. III, do CC.

Entre os **elementos que exteriorizam a autonomia do ente coletivo** em relação a seus sócios, destacam-se os seguintes:

- **Nome próprio**: firma ou denominação social (conforme estudamos no *item 3.2.1*). A **pessoa jurídica obriga-se em seu próprio nome**, contando somente com a assinatura do seu presentante legal (a pessoa jurídica seria presentada, e não representada, porque não é incapaz — Pontes de Miranda), que **pode ser um sócio administrador ou um diretor**. O administrador que assina pela pessoa jurídica não assume qualquer obrigação em seu nome.
- **Domicílio próprio**: a pessoa jurídica é **domiciliada no local onde são registrados os seus atos constitutivos**, não importando qual seja o domicílio dos sócios (art. 997, inc. II, do CC).
- **Nacionalidade própria**: registrada **no Brasil é brasileira**, não tendo qualquer influência sobre a pessoa jurídica a nacionalidade de seus membros.
- **Capacidade processual própria**: a sociedade **tem legitimidade para estar em Juízo**, na qualidade de requerente ou requerida de determinada demanda, sendo que, em tal hipótese, será **representada por quem tiver sido indicado no contrato social** (art. 75, inc. VIII, do CPC).
- **Imputabilidade própria**: A pessoa jurídica **pode cometer duas espécies de crime**: 1) **contra o meio ambiente** (art. 225, § 3º, CF); e 2) **contra a ordem econômica e financeira** e **a economia popular** (art. 173, § 5º, CF). Nessas hipóteses, a **pena pecuniária recairá sobre o patrimônio social** e poderá alcançar o patrimônio pessoal dos sócios.
- **Patrimônio próprio**: a pessoa jurídica **responde com seu patrimônio por todas as obrigações** assumidas em seu nome. O patrimônio dos **sócios somente poderá ser alcançado depois** de esgotado o patrimônio da sociedade (art. 1.024, do CC).

A **separação patrimonial ou princípio da autonomia patrimonial** corporifica a **distinção entre bens e obrigações da sociedade empresária, não confundíveis com bens e obrigações particulares de seus sócios.** A sociedade empresária, ente autônomo que é, responderá diretamente pelas obrigações que contrair com terceiros, por exemplo, com seus fornecedores, sendo que, em caso de inadimplência, **primeiro será o patrimônio da sociedade que deverá tornar-se objeto de constrição judicial**.

A Lei n. 13.874/2019 cuidou, em seu art. 7º, de reafirmar o princípio da **autonomia patrimonial**[37], com a adição do art. 49-A, ao texto do Código Civil: "Art. 49-A A pessoa jurídica **não se confunde com os seus sócios**, associados, instituidores ou administradores. Parágrafo único. A autonomia patrimonial das pessoas jurídicas é um **instrumento lícito de alocação e segregação de riscos**, estabelecido pela lei com a finalidade de **estimular empreendimentos**, para a geração de empregos, tributo, renda e inovação em benefício de todos."

Esquematizando os **efeitos da autonomia da pessoa jurídica nas sociedades empresariais**:

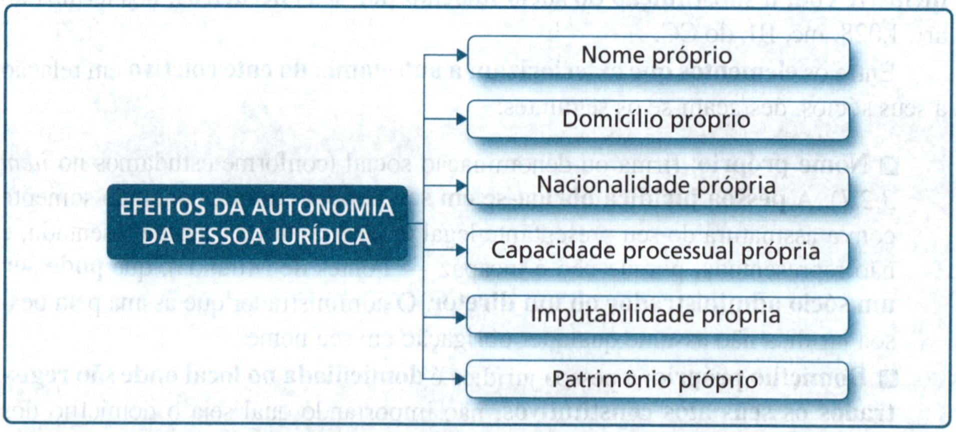

■ 7.4.3. A subsidiariedade da responsabilidade dos sócios pelas obrigações sociais

Apenas, indiretamente, subsidiariamente, portanto, esgotado o patrimônio da sociedade empresária — reafirme-se —, é que, em princípio, **o patrimônio dos sócios poderá ser alcançado** para pagamento de dívidas da sociedade, a depender do tipo societário[38] escolhido. No direito material, a regra da

---

[37] Também em relação à EIRELI, a Lei n. 13.874/2019 tratou de incluir norma de proteção ao patrimônio particular de seus titulares com a inserção do § 7º, ao art. 980-A, do Código Civil: "§ 7º Somente o patrimônio social da empresa responderá pelas dívidas da empresa individual de responsabilidade limitada, hipótese em que não se confundirá, em qualquer situação, com o patrimônio do titular que a constitui, ressalvados os casos de fraude".

[38] Tradicionalmente, um dos critérios para diferenciação das sociedades corresponde à limitação ou não da responsabilidade patrimonial dos sócios pelo passivo a descoberto da sociedade. O tipo es-

subsidiariedade assenta-se no **art. 1.024, do Código Civil**, o qual afirma que o patrimônio dos sócios não responde por dívidas da sociedade, senão depois de esgotado o patrimônio social. O **art. 795, *caput*, e seu § 1º, do CPC**, processualmente, consagra a referida subsidiariedade dos sócios pelas obrigações sociais (obrigações da sociedade): "Os bens particulares dos sócios não respondem pelas dívidas da sociedade senão nos casos previstos em lei[39]; o sócio, demandado pelo pagamento da dívida, tem direito a exigir que sejam primeiro excutidos os bens da sociedade".

Esquematizando a **subsidiariedade da responsabilidade dos sócios**:

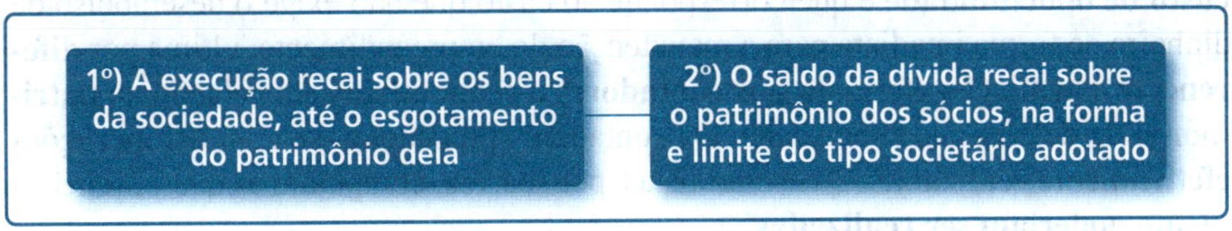

7.4.4. A limitação da responsabilidade dos sócios pelas obrigações sociais como proteção do investimento

A **maximização do lucro**, no caso de sucesso da atividade econômica[40], ou a **minimização do prejuízo**, em caso de eventual insucesso, continuam sendo **elementos básicos para a explicação do comportamento dos empreendedores**. Nessa perspectiva, ensinam os economistas que o cálculo do lucro se estima pela mensuração da receita total diminuída do somatório do custo total. A receita total em relação a uma sociedade empresária que comercialize determinado produto, por exemplo, será alcançada pela multiplicação da quantidade de unidades do produto produzido pelo preço de cada um. Por sua vez, para o cálculo do custo total, necessário um raciocínio mais elaborado, partindo-se do pressuposto de que "**o custo de alguma coisa é aquilo de que você desiste para obtê-la**"[41].

colhido, ou nos termos do art. 10, inc. II, do PLS 487/2013, o princípio da tipicidade, vincula a constituição das sociedades ao rol previamente estabelecido pela lei. Princípio inscrito no art. 983, do CC, elencando-se entre os arts. 1039-1092, os tipos societários possíveis: Sociedade em Nome Coletivo; Sociedade em Comandita Simples; Sociedade Limitada; Sociedade Anônima; e Sociedade em Comandita por Ações.

39 Exemplo de norma legal a excepcionar a subsidiariedade pelas obrigações do ente coletivo corresponde ao inc. III, do art. 135, do Código Tributário Nacional: "Art. 135. São pessoalmente responsáveis pelos créditos correspondentes a obrigações tributárias resultantes de atos praticados com excesso de poderes ou infração de lei, contrato social ou estatutos (...) III — os diretores, gerentes ou representantes de pessoas jurídicas de direito privado".

40 O sucesso da atividade aproveitará não somente ao empresário ou à sociedade empresária, razão pela qual, por princípio, o empreendimento deverá ser preservado. Nesse sentido, o PLS 487/2013 estabeleceu como norma-princípio do direito societário a "preservação da empresa economicamente viável" (art. 10, inc. III).

41 MANKIW, Gregory. *Introdução à economia*, p. 269.

Por essa linha de raciocínio, **além dos custos explícitos**, representados pelos valores pagos pelos insumos do negócio, os economistas analisam também **custos implícitos — os denominados custos de oportunidade** —, correspondentes a outras opções de investimento, por exemplo. Em outras palavras, deve-se avaliar o que seria mais vantajoso, do ponto de vista econômico, **para se escolher entre duas opções**: a) **especular no mercado financeiro;** ou b) **inserir-se produtivamente em determinado mercado**. Ao optar-se pela organização produtiva, estima-se que a especulação financeira seja menos vantajosa do ponto de vista atuarial e matemático.

Interessante que o conceito de custo implícito, que tem como forte exemplo o **custo de oportunidade** e que corresponde ao custo que não exige o desembolso de dinheiro de forma imediata para a manutenção do empreendimento, ultima por **diferenciar a avaliação efetuada por contadores e economistas em relação ao patrimônio** de determinada sociedade. Os contadores preocupam-se com as **operações efetivamente realizadas**. Os economistas, por sua vez, computam as que **potencialmente poderiam ser realizadas**[42].

Com efeito, possível a diferenciação entre **lucro econômico e lucro contábil, pois, no último caso, não se deduz o custo implícito**. Haverá, assim, um custo indireto do aporte de capital, a ser integralizado, na constituição de determinada sociedade empresária. Esse custo indireto é exemplo de custo implícito, pois o **capital que venha a ser integralizado poderia ser investido em uma aplicação financeira**, sendo que os juros em perspectiva advindos de tal aplicação (que não será possível em virtude da integralização) deverão **apresentar-se menos atrativos do que os potenciais resultados positivos do desenvolvimento da atividade**. A limitação da responsabilidade dos sócios pelas eventuais obrigações pendentes da sociedade protege o capital investido, pois, do contrário, a indeterminação do custo implícito acabaria por não recomendar o desenvolvimento da atividade econômica[43].

Logo, a **limitação da responsabilidade dos sócios pelas obrigações sociais representa um estímulo ao empreendedor**, que, em perspectiva, avaliará a con-

---

[42] "Essa distinção entre custos explícitos e custos implícitos aponta para uma diferença importante entre as maneiras como os economistas e os contadores analisam as empresas. Os economistas estão interessados em estudar como as empresas tomam decisões de produção e de determinação de preço. Como essas decisões se baseiam em custos tanto explícitos como implícitos, os economistas incluem os dois tipos ao calcular o custo das empresas. Os contadores, por outro lado, têm por função acompanhar o fluxo de dinheiro que entra e sai da empresa. Por isso, eles medem os custos explícitos, mas geralmente ignoram os implícitos" (MANKIW, Gregory. *Introdução à economia*, p. 269).

[43] Gregory Mankiw de forma didática imagina o seguinte exemplo: "Suponhamos, por exemplo, que Helen tenha usado $ 300 mil de suas economias para comprar a fábrica de biscoitos do proprietário anterior. Se ela tivesse deixado o dinheiro em uma conta de poupança a juros de 5% ao ano, ganharia $ 15 mil por ano. Portanto, para ser proprietária da fábrica de biscoitos, Helen abre mão de $ 15 mil em renda de juros por anos. Esses $ 15 mil de que ela abre mão são um dos custos de oportunidade implícitos do negócio de Helen (...) Um economista verá os $ 15 mil em renda de juros de que Helen abre mão a cada ano como um custo de sua empresa, muito embora seja um custo implícito. O contador contratado por ela, contudo, não lançará esses $ 15 mil como custo porque não sai dinheiro da empresa para pagar por eles" (*Introdução à economia,* p. 270).

veniência ou não de constituir determinada sociedade empresária. Sem referida garantia, ou seja, **se ilimitado o risco de comprometimento do patrimônio pessoal** (em caso de eventual insucesso econômico do empreendimento), além daquele que foi separado e passou a integrar o patrimônio da sociedade empresária, **improvável que alguém se lançasse ao desenvolvimento da atividade econômica**, pois preferível em vez de empreender apenas especular no mercado financeiro.

7.4.5. A prevalência da vontade ou entendimento da maioria nas deliberações sociais

O desenvolvimento do objeto social demandará, cotidianamente, a **necessidade de deliberação dos sócios sobre os rumos** da atividade econômica. Naturalmente, são possíveis eventuais divergências entre os sócios, sendo que, democraticamente, **a vontade da maioria deverá prevalecer**, salvo quórum qualificado estabelecido na lei ou no contrato social. A maioria percentual é **calculada proporcionalmente ao capital investido e convertido em capital social**. Não sendo necessária a maioria percentual, em caso de **empate**, poderá prevalecer a maioria numérica, isto é, **a vontade da maior quantidade de sócios** (art. 1.010, § 2º, do CC).

Imagine-se, por exemplo, uma **sociedade limitada** composta por 5 (cinco) sócios, que, ao deliberarem sobre a manutenção do sócio administrador, tenham chegado ao empate[44], de acordo com o quadro a seguir:

MAIORIA NUMÉRICA EM CASO DE EMPATE		
Sócio	**Percentual**	**Votos**
A	12,5	sim
B	12,5	sim
C	25	sim
D	25	não
E	25	não

Na hipótese, acrescente-se que o **contrato social não estabeleceu quórum específico para a referida deliberação**. Assim, no silêncio da lei e do contrato social,

[44] Esse exemplo foi inspirado no caso concreto julgado, conforme a ementa abaixo:
EMENTA: **SOCIEDADE EMPRESÁRIA.** Alegação de cerceamento de defesa. Desnecessidade de dilação probatória. Documentos apresentados suficientes para o deslinde da causa. No mérito, contrato social que prevê *quorum* qualificado para aprovação do "Planejamento Estratégico" da empresa. Alegação de ocorrência de impasse. Inadmissibilidade. Problemas entre os sócios capazes de causar prejuízos econômicos e a paralisação da própria empresa. Constatação da existência de sociedade de pessoas, cujos conflitos geram **empate** e não impasse. Aplicação do disposto no **art. 1.010, § 2º, do CC** para solucionar a questão, confirmando a aprovação do "Planejamento Estratégico". Decisão mantida. PRELIMINAR REJEITADA E RECURSO DESPROVIDO. (TJSP, Apelação Cível 0009649-97.2010.8.26.0564, 6ª Câmara de Direito Privado, Rel. Des. Paulo Alcides, julgamento 23/08/2012, sem grifos no original).

supletivamente, de se recorrer ao art. 1.010, § 2º, do CC, que, apesar de trazer regra aplicável às **sociedades simples**, poderá ser aplicado subsidiariamente ao caso, tendo em vista o que dispõe o art. 1.053, *caput*, também do CC: "Art. 1.053. A sociedade limitada rege-se, nas omissões deste Capítulo" (arts. 1.052-1.087), "pelas normas da sociedade simples". Alerte-se, somente, que aplicada a regra do art. 1.053, parágrafo único, do CC, isto é, **se a sociedade limitada optar pelo regime supletivo das S.A.**, por disposição expressa do seu contrato social, **o empate imporá a designação de nova data para deliberação sobre o tema**, pouco importando a quantidade de sócios que tenham votado em uma ou outra proposição.

Por isso, tendo em vista que, apesar do **empate, constatou-se a "maioria de cabeças"**, a permanência do sócio administrador restou estabelecida, tendo em vista que os **três votos favoráveis prevaleceram contra os dois dissidentes**. De se perceber que o critério de desempate somente se demonstrará possível quando **não se estabeleça na lei ou no contrato a maioria absoluta ou superior**. A depender da matéria a ser deliberada — como a **eleição de sócio não administrador**, depois de integralizado o capital social, no caso de sociedade limitada (art. 1.061, do CC) a título de ilustração —, **mesmo que haja empate**, não será possível, extrajudicialmente, fazer prevalecer a "maioria de cabeças", pois para tal hipótese se estabeleceu o critério majoritário, inclusive, **maioria qualificada, "2/3 (dois terços)"**. Nesse caso, prejudicado o empate por verdadeiro impasse, o que poderá, inclusive, revelar a perda superveniente da *affectio societatis* entre os sócios, recomendando-se, por isso, a dissolução parcial ou total da sociedade.

Esquematizando as **possíveis soluções em caso de empate nas deliberações societárias**:

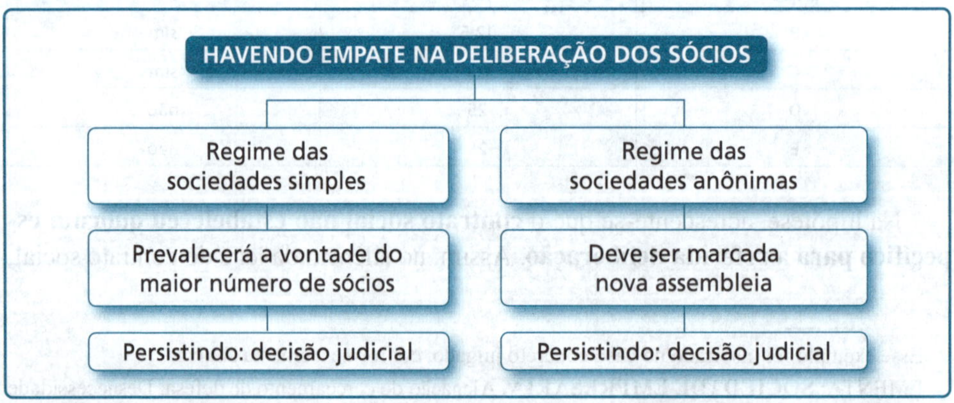

■ 7.4.6. A proteção dos sócios minoritários

A vontade da maioria, regra geral, deverá prevalecer em proveito do empreendimento comum. Entretanto, isso **não significa desproteger os sócios minoritários, que poderão, judicialmente, afastar o sócio majoritário** que vier a cometer falta grave no exercício de suas atribuições, nos termos do art. 1.030, do CC. De se perceber, ainda, que **o exercício do poder de controle, quando se tornar abusivo, pode-**

rá ocasionar a responsabilidade do majoritário pelas perdas e danos ao minoritário, conforme expressamente dispõe o art. 117, da Lei n. 6.404/76 (Lei das Sociedades Anônimas), princípio incorporado pelas propostas de criação de um novo Código Comercial, nos seguintes termos:

- O investimento do sócio minoritário é protegido mediante a **responsabilização do majoritário no caso do exercício abusivo** dos direitos societários (art. 120, do PLC 1.572/2011).
- A proteção do sócio não controlador decorre do reconhecimento (...) dos seus direitos essenciais, insuscetíveis de alteração sem sua anuência expressa e pela **responsabilização do controlador em caso de exercício abusivo** do seu poder (art. 16, do PLS 487/2013).

7.5. CLASSIFICAÇÃO

Há vários critérios para a classificação das sociedades empresárias. **Didaticamente, sequenciá-los, de acordo com o prospectivo ciclo vital dos empreendimentos**, facilitará a assimilação da matéria.

7.5.1. Quanto à personalidade jurídica

Antes da formalização do empreendimento, **antes de seu nascimento legal, a sociedade poderá faticamente desenvolver seu objeto social**. E, assim, possível a constatação de sociedades:

7.5.1.1. Não personificadas

Sociedades em Comum (arts. 986 a 990, do CC):

1) **Sucessoras das Sociedades Irregulares** — aquelas organizadas de acordo com um contrato social já produzido, mas ainda não registrado, ou registrado, mas sem eficácia; e

2) **De Fato** — são sociedades informais, onde **resta prejudicada eventual personificação** diante da inexistência do instrumento contratual.

São as **sociedades irregulares** do PLC 1.572/2011 (arts. 112-137) e **as sem registro** do PLS 487/2013 (arts. 204-210). Em todas as hipóteses, os **sócios responderão *pessoal e ilimitadamente*** *pelas obrigações da sociedade.*

7.5.1.2. Personificadas

São as **sociedades regulares, que possuem personalidade jurídica: aquelas cujo ato constitutivo tenha sido registrado** no órgão competente.

7.5.2. Quanto à natureza jurídica

7.5.2.1. Empresárias

As sociedades **empresárias são aquelas regidas pelo Direito Empresarial**.

■ *7.5.2.2. Não empresárias*

As **sociedades não empresárias são regidas pelo Direito Civil**. Nessa classe, estão as Sociedades Simples, das quais são exemplos as Sociedades Cooperativas (por definição legal — art. 982, parágrafo único, do CC).

O que **diferenciará uma atividade empresarial de uma não empresarial é a possibilidade ou não da substituição de quem organizou** tal atividade, sem prejuízo dela.

Assim, toda vez que a atividade com fins lucrativos for organizada de tal maneira que os **sócios ou a pessoa física individual sejam substituíveis, sem prejuízo do alcance da finalidade**, estaremos diante de uma empresa, ou seja, de um empresário ou de uma sociedade empresária. Por isso, a Sociedade por Ações é sempre empresarial, **já que seus sócios podem ser substituídos facilmente, sem prejuízo da atividade**.

Todavia, se a saída do sócio ou do empreendedor individual inviabilizar o negócio, isso não é empresa, já que a atividade **não alcança, sem o retirante**, a finalidade para a qual foi constituída (art. 966, parágrafo único, do CC).

■ 7.5.3. Quanto ao ato constitutivo

A formalização da sociedade empresária depende de **documento escrito e de procedimento administrativo regular junto ao Registro Público de Empresas**, que arquivará "os documentos relativos à constituição, alteração, dissolução e extinção de firmas mercantis individuais, sociedades mercantis e cooperativas" (art. 32, inc. II, alínea "a", da Lei n. 8.934/94). **O princípio da tipicidade determinará o regime jurídico aplicável e este diferencia as sociedades em**:

■ *7.5.3.1. Contratuais*

As **Sociedades Contratuais** são estabelecidas e regidas a partir de um contrato social, sendo que o instrumento correlato, obrigatoriamente, **deverá observar as cláusulas descritas no art. 997, do CC**:

- nome, nacionalidade, estado civil, profissão e residência dos sócios, se pessoas naturais, e a firma ou a denominação, nacionalidade e sede dos sócios, se jurídicas;
- denominação, objeto, sede e prazo da sociedade;
- capital da sociedade, expresso em moeda corrente, podendo compreender qualquer espécie de bens, suscetíveis de avaliação pecuniária;
- a quota de cada sócio no capital social, e o modo de realizá-la;
- as prestações a que se obriga o sócio, cuja contribuição consista em serviços;
- pessoas naturais incumbidas da administração da sociedade, e seus poderes e atribuições;
- a participação de cada sócio nos lucros e nas perdas;

- se os sócios respondem, ou não, subsidiariamente, pelas obrigações sociais.

■ 7.5.3.1.1. *Quanto ao prazo de duração*

Os sócios poderão **estabelecer prazo certo** para o desenvolvimento do objeto social, caso em que as pessoas jurídicas por eles criadas serão classificadas como **de prazo determinado. Sem a referida limitação temporal** estabelecida no contrato social, presume-se o interesse dos sócios em fazerem permanecer a atividade e o ente coletivo **por tempo indeterminado**, sendo assim referidas as sociedades correspondentes. O prazo de funcionamento do ente coletivo (determinado ou indeterminado), portanto, compõe circunstância que, como se verá, será **relevante para o exercício do direito de retirada *(item 7.6.3.5.1)***.

■ 7.5.3.2. *Institucionais*

As **Sociedades Institucionais são aquelas regidas por um estatuto**, de acordo com a Lei n. 6.404/76, sendo que o estatuto assemelhar-se-á ao contrato social, nos termos do art. 83, da LSA: "O projeto de estatuto deverá satisfazer a todos os requisitos exigidos para os contratos das sociedades mercantis em geral e aos peculiares às companhias, e conterá as normas pelas quais se regerá a companhia". **O estatuto, funcionalmente, se aproximará do contrato social.** Entretanto, aos requisitos exigidos para a formalização das sociedades contratuais deverão ser observados outros, específicos das sociedades institucionais, como **a especificação do capital social em ações**.

Infralegalmente, destaca-se a **Instrução Normativa n. 100/2006 — DNRC**, que aprovou o **"Manual de Atos e Registro Mercantil das Sociedades Anônimas", a padronizar o registro das S.A.** perante as juntas comerciais, a especificar as peculiaridades referidas pela LSA. O referido **manual elencou no item 1.2.15** as cláusulas que, necessariamente, devem constar do Estatuto Social da S.A. Confira-se:

- denominação social (art. 3º, Lei n. 6.404/76, e art. 1.160, CC/2002);
- prazo de duração;
- sede: município;
- objeto social, definido de modo preciso e completo (§ 2º, art. 2º, Lei n. 6.404/76);
- capital social, expresso em moeda nacional (art. 5º, Lei n. 6.404/76);
- ações: número em que se divide o capital, espécie (ordinária, preferencial, fruição), classe das ações e se terão valor nominal ou não, conversibilidade, se houver, e forma nominativa (art. 11 e seguintes, Lei n. 6.404/76);
- diretores: número mínimo de dois, ou limites máximo e mínimo permitidos; modo de sua substituição; prazo de gestão (não superior a três anos); atribuições e poderes de cada diretor (art. 143, Lei n. 6.404/76);
- conselho fiscal, estabelecendo se o seu funcionamento será ou não permanente, com a indicação do número de seus membros — mínimo de três e máximo de cinco membros efetivos e suplentes em igual número (art. 161, Lei n. 6.404/76);

- término do exercício social, fixando a data[45].

7.5.4. Quanto à pessoa dos sócios

7.5.4.1. De pessoas

O **elemento mais importante do ente coletivo corresponde à pessoa do sócio**. Essa sociedade forma-se com a **escolha *intuitu personae* de cada sócio**, ou seja, é uma escolha personalíssima que os sócios fazem entre si. A ***affectio societatis*, que é a aptidão, o desejo de exercer a atividade em grupo**, estabelece-se a partir de uma escolha direcionada a pessoas específicas. Há legítima expectativa sobre a idoneidade moral, a capacidade gerencial e intelectual dos sócios entre si. A contribuição patrimonial, ainda que presente e a impor a partilha dos resultados do empreendimento, não se constitui no aspecto predominante para o ingresso na sociedade.

No que diz respeito às sociedades contratuais, Fábio Ulhoa Coelho[46] propõe como critério para a identificação das sociedades de pessoas a **possibilidade ou não da alienação da participação societária** sem oposição dos demais sócios. E, assim, **quando houver vedação no contrato social, restará caracterizada uma sociedade de pessoas**, em que priorizados os atributos pessoais dos sócios. **Se não houver a vedação**, contudo, **a sociedade contratual será considerada de capital**, pois o patrimônio investido e a negociação da participação societária dele decorrente poderão modificar o quadro societário.

A **Sociedade em Nome Coletivo, nitidamente, apresenta-se como sociedade de pessoas naturais**, diante da determinação legal de que a **administração do empreendimento seja confiada exclusivamente aos sócios** (art. 1.042, do CC) e da particularidade de que todos os sócios poderão **responder ilimitadamente** com seu patrimônio pessoal em caso de obrigações não saldadas pelo patrimônio da sociedade (art. 1.039).

7.5.4.2. De capital

Nessa classe de sociedades, os sócios respondem, regra geral, **apenas pelo valor de suas ações**, nos termos do art. 1º, da LSA: "A companhia ou sociedade

---

45 O Manual de Atos e Registro Mercantil das Sociedades Anônimas esclarece ainda: "São necessários dispositivos específicos, quando houver: a) ações preferenciais: indicação de suas vantagens e as restrições a que ficarão sujeitas; b) aumento do 'quorum' de deliberações: especificação, além do percentual, das matérias a ele sujeitas; c) conselho de administração: número de membros ou limites máximo ou mínimo de sua composição, processo de escolha e substituição do presidente do Conselho, o modo de substituição dos conselheiros, o prazo de gestão (não superior a três anos) e normas sobre convocação, instalação e funcionamento (art. 140, Lei n. 6.404/76); Observação: as companhias abertas, as de capital autorizado e as de economia mista terão, obrigatoriamente, conselho de administração (arts. 138 e 239, Lei n. 6.404/76) — O estatuto não pode conter dispositivos que: a) sejam contrários à lei, à ordem pública e aos bons costumes; b) privem o acionista dos direitos essenciais; c) atribuam voto plural a qualquer classe de ação; e d) deleguem a outro órgão as atribuições e poderes conferidos pela lei aos órgãos de administração".

46 COELHO, Fábio Ulhoa. *Manual de direito comercial,* 14. ed., p. 122-123.

anônima terá o capital dividido em ações, e a responsabilidade dos sócios ou acionistas será **limitada ao preço de emissão das ações subscritas ou adquiridas**". Por isso, pouco interessa quem sejam seus pares, **já que não respondem por eles**. Destarte, **qualquer pessoa poderá participar** da sociedade, desde que assuma pagar pelas ações adquiridas, ou seja, não importa quem seja o sócio, suas qualidades pessoais, mas, sim, a **disposição de investir dinheiro na sociedade**, principalmente nas sociedades de capital aberto, em que as ações são negociadas nas bolsas de valores.

▪ 7.5.5. Quanto à responsabilidade subsidiária dos sócios pelas obrigações sociais

▪ *7.5.5.1. Sociedades em que a responsabilidade é limitada ao capital investido*

Uma vez integralizado ou subscrito o capital social, em caso de insucesso do empreendimento, o passivo a descoberto, salvo desconsideração da personalidade jurídica, **não poderá alcançar o patrimônio pessoal dos sócios**.

▪ *7.5.5.2. Sociedades em que a responsabilidade subsidiária dos sócios é ilimitada*

Em caso de **crise econômico-financeira do empreendimento**, execução singular ou até falência, se não houver patrimônio penhorável ou arrecadável e, ainda, insuficiente para saldar as obrigações pendentes da sociedade, o **patrimônio particular dos sócios poderá ser objeto de constrição judicial** para satisfação dos credores da sociedade.

▪ *7.5.5.3. Sociedades mistas*

Sociedades em que a **responsabilidade subsidiária é ilimitada para alguns sócios e limitada para outros**, como a sociedade em **comandita por ações**, que tem regime jurídico na LSA, aplicando-se aos acionistas a limitação da responsabilidade ao valor das ações, exceto em relação aos acionistas diretores que "responderão subsidiária e ilimitadamente pelas obrigações da sociedade" (art. 1.091, do CC).

▪ 7.5.6. Quanto à nacionalidade

▪ *7.5.6.1. Sociedades nacionais*

São aquelas **constituídas de acordo com o ordenamento jurídico brasileiro, bem como domicílio sede no território nacional** (art. 1.126, do CC). Interessante notar que, em princípio, o gênero sociedade brasileira poderá comportar as espécies sociedade brasileira de capital nacional e sociedade brasileira de capital com origem estrangeira, mas tal circunstância — a origem do capital — não será impedimento para a exploração de determinado nicho de mercado. Nesse sentido, o seguinte precedente do STJ:

"DIREITO ADMINISTRATIVO, CONSTITUCIONAL E EMPRESARIAL. TEMA. Sociedade de segurança privada controlada parcial e indiretamente por empresa de capital estrangeiro. Interpretação do art. 11 da Lei n. 7.102/1983 conforme a alteração promovida na Constituição pela Emenda n. 6" (MS 19.088-DF, Rel. Min. Herman Benjamin, por maioria, julgado em 14/12/2016, *DJe* 3/2/2017 — Informativo 596).

■ 7.5.6.2. *Sociedades estrangeiras*

São exemplos de **sociedade que dependem de autorização para que possam desenvolver seu objeto social em nosso país.** Por meio de procedimento administrativo regular, o Poder Público verificará se preenchidos os requisitos formais para o deferimento da referida autorização, os quais serão aferíveis pelos documentos exigidos pelo legislador, **autenticados no consulado brasileiro e traduzidos para o português** (art. 1.134, § 1º, incs. I a V, do CC):

- prova de se achar a sociedade constituída conforme a lei de seu país;
- inteiro teor do contrato ou do estatuto;
- relação dos membros de todos os órgãos da administração da sociedade, com nome, nacionalidade, profissão, domicílio e, salvo quanto a ações ao portador, o valor da participação de cada um no capital da sociedade;
- cópia do ato que autorizou o funcionamento no Brasil e fixou o capital destinado às operações no território nacional;
- prova de nomeação do representante no Brasil, com poderes expressos para aceitar as condições exigidas para a autorização;
- último balanço.

■ 7.5.7. Quanto à concentração empresarial

■ 7.5.7.1. *Não concentradas*

São aquelas sociedades empresárias **que não detêm participação societária entre outros entes coletivos**, nem têm em seus quadros como sócios outras sociedades empresárias.

■ 7.5.7.2. *Concentradas*

São aquelas que detêm participação societária em outras ou **as que possuem como sócios outras sociedades** — isto é, pessoas jurídicas antes construídas como entes coletivos, o que pressupõe a pluralidade de sócios, e que também se predispuseram a ocupar a função de membros (sócios) na formação de outros entes coletivos.

É interessante perceber que, no mundo empresarial moderno, a concentração empresarial se tem demonstrado fenômeno bastante comum, seja em razão da diversificação dos empreendimentos, de investimentos e mesmo conveniência operacional e financeira. **Há grupos de sociedades que se organizam em torno de uma socie-**

dade principal, que tem participação em outras sociedades empresárias e participação majoritária, com poderes de decisão sobre os rumos e as estratégias dos empreendimentos, **em função do poder de controle**, comumente identificado com a "maioria de votos nas deliberações dos quotistas", nos termos do art. 1.098, inc. I, do CC. As sociedades concentradas se **especificam em quatro posições**:

- Controladoras;
- Controladas;
- Filiadas ou Coligadas;
- De Simples Participação.

7.5.7.2.1. Controladoras e controladas

As sociedades controladoras **são aquelas que detêm percentual do capital social de outra, de modo a fazer prevalecer sua opinião ou vontade nos rumos desta outra sociedade**. A vontade da pessoa jurídica é funcional. A vontade da sociedade controlada será, portanto, a do sócio ou grupo de sócios que a controlar, ou seja, quando ambas as vontades coincidirem.

7.5.7.2.2. Coligadas ou de simples participação

Se não houver relação de controle, ainda haverá influência entre os entes coletivos concentrados, entretanto, esta será relativamente menor. Se houver participação societária de uma **sociedade empresária em relação a outra com percentual igual ou superior a 10%, tais sociedades serão denominadas coligadas** (ou filiadas, nos termos do art. 1.099, do CC). Se a **participação, todavia, for inferior a 10%** (dez por cento), a sociedade que tenha em seu quadro societário outra sociedade com tal percentual **será denominada de simples participação** (art. 1.100, também do CC).

A Companhia Vale, uma sociedade anônima de capital aberto, tem seu capital social distribuído entre **sócios pessoas jurídicas e pessoas físicas, investidores nacionais e estrangeiros**, em que se percebe o controle acionário pela VALEPAR S/A (com 33,7% do capital votante), que tem como acionistas os seguintes: "Litel/Litela (fundos de investimentos administrados pela Previ) com 49% das ações, Bradespar com 17,4%, Mitsui com 15%, BNDESpar com 9,5%, Elétron (Opportunity) com 0,03%", informação que se colheu do site daquela companhia, que se impõe como **exemplo de multinacional, conforme será estudado no *item 7.7.1***. É preciso salientar que a maioria nas deliberações poderá ser alcançada mesmo que não haja mais da metade do percentual do capital social.

Assim, perceptível o fenômeno da concentração empresarial entre a Companhia Vale e seus sócios pessoas jurídicas, sociedades empresárias, destacando-se que a **sócia VALEPAR S/A é a sociedade controladora em relação à sociedade Companhia Vale, a sociedade controlada**. Por sua vez, a sociedade VALEPAR S/A em relação a seus sócios ocupa as demais posições no fenômeno concentração empresarial. Esquematizando:

SÓCIOS DA VALEPAR S/A

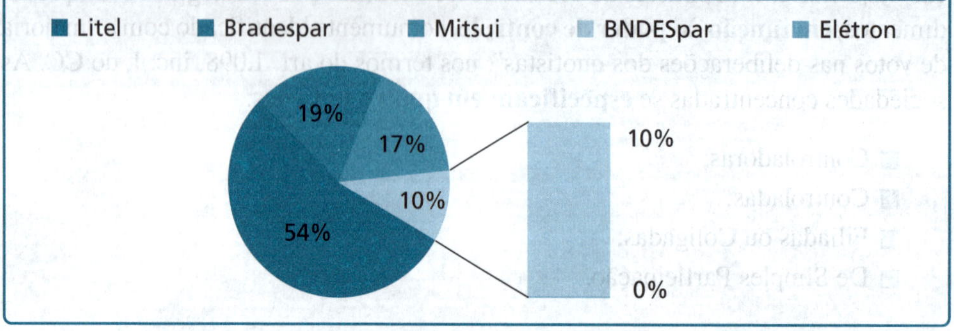

Pelo gráfico apresentado e pelos critérios do CC, regime jurídico subsidiário em relação às Sociedades Anônimas, pode-se afirmar, para fins didáticos, que a VALEPAR S/A corresponde a uma sociedade que, concomitantemente, portanto, **exemplifica uma sociedade que é controlada, coligada e de simples participação**. A VALEPAR S/A é, assim, uma sociedade controlada pela LITEL, cuja participação social corresponde à parte mais escura do gráfico e que lhe possibilitará o poder de controle, ou seja, maioria percentual em relação aos demais sócios nas deliberações sociais.

Por sua vez, a VALEPAR S/A **é coligada (ou filiada) das sociedades Bradespar e Mitsui**, diante dos percentuais de que **são detentoras, superiores a 10%, como se vê na parte central do gráfico**. E, por fim, a VALEPAR S/A **é de simples participação em relação às sócias BNDESpar e Elétron, as quais detêm participações inferiores a 10% (dez por cento) do capital social** da VALEPAR. Tal diferenciação se demonstrará importante, por exemplo, na aferição da **responsabilidade patrimonial entre as sociedades empresárias de um mesmo grupo**. Nas relações de consumo, as sociedades controlada e controladora responderão, subsidiariamente, pelas obrigações de uma pela outra e isso objetivamente (art. 28, § 2º, do CDC). As sociedades que a elas sejam coligadas, também nas relações de consumo, somente responderão a título de culpa (art. 28, § 4º, do CDC).

Esquematizando **a classificação das sociedades:**

DIREITO SOCIETÁRIO — CLASSIFICAÇÃO DAS SOCIEDADES	
QUANTO À PERSONALIDADE JURÍDICA	▪ Personificadas ▪ Não personificadas
QUANTO À NATUREZA JURÍDICA	▪ Empresárias ▪ Não empresárias
QUANTO AO ATO CONSTITUTIVO	▪ Contratuais ▪ Institucionais
QUANTO À PESSOA DOS SÓCIOS	▪ De pessoas ▪ De capital
QUANTO À RESPONSABILIDADE SUBSIDIÁRIA DOS SÓCIOS PELAS OBRIGAÇÕES SOCIAIS	▪ Limitada ao capital social ▪ Limitada ao valor da ação ou da quota ▪ Ilimitada ▪ Mista

QUANTO À NACIONALIDADE	▪ Nacionais ▪ Estrangeiras

QUANTO À CONCENTRAÇÃO EMPRESARIAL	▪ Não concentradas
	▪ Concentradas
	  ▪ Controladoras e controladas
	  ▪ Coligadas ou de simples participação

QUANTO AO PRAZO DE DURAÇÃO	▪ De prazo determinado ▪ De prazo indeterminado

7.6. TIPOS SOCIETÁRIOS

7.6.1. Princípio da tipicidade

O regime jurídico da sociedade empresária estará condicionado ao tipo societário escolhido para a estruturação do empreendimento. **O Código Civil elencou 5 (cinco) tipos**, sendo que a formalização do empreendimento se efetuará, necessariamente, por meio de um dos tipos listados (rol taxativo) a seguir, ao que a **doutrina denomina princípio da tipicidade**:

- Sociedade **em Nome Coletivo** (arts. 1.039-1.044, do CC).
- Sociedade **em Comandita Simples** (arts. 1.045-1.051, do CC).
- Sociedade **em Comandita por Ações** (arts. 1.090-1.092, do CC).
- Sociedade **Limitada** (arts. 1.052-1.087, do CC).
- Sociedade **Anônima** (arts. 1.088 e 1.089, do CC, e Lei n. 6.404/76).

A especialidade dos tipos societários não impede a aplicação subsidiária das normas de outros tipos societários em caso de omissão da lei ou do contrato social.

A **Lei Complementar n. 167/2019** inovou o ordenamento jurídico com a possibilidade da instituição de "**Empresas Simples de Crédito**" — **ESC**, a ser estruturada, obrigatoriamente, como "**empresa individual de responsabilidade limitada (Eireli), empresário individual ou sociedade limitada constituída exclusivamente por pessoas naturais**" (art. 2º).

Trata-se de nicho de mercado a se aproximar da **atividade desenvolvida pelas sociedades de *factoring***, e a ampliar a possibilidade de **oferta de crédito** aos empreendimentos de porte menor, **sem a caracterização de eventual usura** por infringência à limitação dos juros remuneratórios, e limitação, há muito, inexistente em relação às instituições financeiras.

Para guardar fidelidade com o propósito da coleção esquematizado, pontuamos as **principais características de uma ESC** por meio do quadro sinótico seguinte:

1)	Objeto	Empréstimo, financiamento e desconto de títulos de crédito	Art. 1º
2)	Limitação Geográfica	Âmbito local, restrito à municipalidade ou municípios limítrofes	Art. 1º
3)	Público-alvo	Contrapartes: microempreendedores, ME e EPP nos termos da LC n. 123/2006	Art. 1º

4)	Estrutura	EIRELI ou LTDA, cujos sócios somente poderão corresponder a pessoas naturais; Sociedade empresária sujeita ao microssistema componente da Lei de Recuperação e Falências e obrigada a manter escrituração formal	Art. 2º, Art. 7º e Art. 8º
5)	Especificação do Nome	Identificação pela expressão "Empresa Simples de Crédito" de modo a evitar captação de cliente própria dos bancos	Art. 2º, § 1º
6)	Lastro do Capital	Integralização em moeda corrente e volume de operações não superior ao capital realizado	Art. 2º, §§ 2º e 3º
7)	Vedações	Proibição de captação de recursos, operação, à evidência, permitida às instituições financeiras; impossibilidade de operações de crédito com órgãos públicos (administração direta, indireta e fundacional)	Art. 3º
8)	Diretrizes p/ operações	Encargos restritos a apenas juros remuneratórios, sem os limites da Lei de Usura; necessidade de registro das operações e monitoramento por meio de banco de dados, sendo que em caso de descumprimento das obrigações pertinentes à identificação de clientes/manutenção de registros e comunicação das operações, a ESC se sujeitará às sanções administrativas previstas na Lei de Lavagem de Dinheiro (Lei n. 9.613/1998); possibilidade de garantir os empréstimos por meio de alienação fiduciária;	Art. 5º e Art. 9º, parágrafo único, inc. V, da Lei n. 9.613/98
9)	Observações tributárias	Impossibilidade de fazer uso do SIMPLES NACIONAL; Sujeição ao Imposto de Renda Pessoa Jurídica (IRPJ) e Contribuição Social sobre o Lucro Líquido (CSLL)	Art. 17, inc. I, da LC n. 123/2006
10)	Tipo criminal	A atuação dos prepostos da ESC em desconformidade com o art. 1º, § 3º, art. 2º, art. 3º, *caput*, e art. 5º, da LC n. sujeitará os infratores à reclusão de 1 (um) a 4 (quatro) anos, e multa.	Art. 9º

7.6.2. Tipos societários em desuso

As **Sociedades em Nome Coletivo, as Sociedades em Comandita Simples e mesmo as Sociedades em Comandita por Ações** demonstram-se opções de preferência duvidosa, tendo em vista que trazem, expressamente, a previsão de **responsabilidade subsidiária e ilimitada** pelo passivo a descoberto da sociedade. As **Sociedades em Nome Coletivo e as Sociedades em Comandita Simples desenvolveram-se em momento histórico em que ausente no mundo jurídico a Sociedade Limitada**.

Ensina Ricardo Negrão[47] que a Sociedade em Nome Coletivo tem sua origem na "*compagnia*, sociedade familiar, assim identificada pelo próprio nome: pão (*cum panis*), isto é, entre aqueles que compartilham o alimento cotidiano". As Sociedades em **Nome Coletivo surgiram ainda na Antiguidade**, período em que **não consolidado ainda o princípio da autonomia patrimonial**.

O referido autor[48], em relação às Sociedades em Comandita, esclarece que surgiram durante a Idade Média, para o financiamento das expedições marítimas, derivadas "do **empréstimo marítimo (ou empréstimo de grande risco), no qual um financiador empresta dinheiro a um capitão de navio por uma ou várias viagens determinadas**. Na *commenda* (de *commendare* = confiar, emprestar), **o**

---

[47] *Manual de direito comercial & empresa*, 9. ed., v. 2, p. 379.

[48] *Manual de direito comercial & empresa*, 9. ed., v. 2, p. 385.

financiador (comanditário) associa-se ao capitão do navio (comanditado); partilha com ele os lucros, mas não suporta as perdas senão até ao limite do seu contributo em capital".

Atualmente, **não se justifica o incremento do risco para alguns sócios em detrimento de outros**, ainda que apenas alguns deles administrem o empreendimento. A **sociedade limitada**, ao prever a limitação da responsabilidade dos sócios ao capital integralizado, apresenta-se como **tipo societário preferível**.

As Sociedades em Nome Coletivo, em Comandita Simples, em Comandita por Ações constituem-se em tipos societários formalmente possíveis, mas **dificilmente utilizáveis**, cujas normas jurídicas correspondentes **se encontram em desuso**.

Nesse particular, das propostas para criação de um novo Código Comercial, o PLC 1.572/2011 (art. 122, incs. I-V) **manteve inalterado o rol dos tipos societários** hoje constantes do CC, enquanto o PLS 487/2013 (art. 184, incs. I-IV) **suprimiu do referido rol a sociedade em comandita simples**.

No próximo tópico, ainda em uma visão de conjunto, empreenderemos uma análise compartilhada dos tipos societários, sendo que a **proeminência das sociedades limitadas e das sociedades anônimas**, como os tipos societários que efetivamente correspondem ao empresariado brasileiro, determinou sua análise separada nos *capítulos 8 e 9* deste trabalho.

■ 7.6.3. Tipos societários nas sociedades contratuais — elementos coincidentes e dessemelhanças

■ *7.6.3.1. A responsabilidade direta da sociedade e a responsabilidade indireta*

Na escolha dos tipos societários, percebe-se, no direito brasileiro, o **princípio da autonomia patrimonial como ponto de convergência ou semelhança, a atrair para os empreendedores** que se organizarem em sociedade a garantia do benefício de ordem, isto é, em caso de insucesso patrimonial da atividade escolhida, a sociedade, sujeito de direito autônomo que é, deverá responder ilimitadamente por suas obrigações, com a totalidade de seu patrimônio. Assim, **se houver patrimônio suficiente para saldar as obrigações sociais**, não há que se falar em responsabilidade subsidiária dos sócios. Ou, incisivamente, a responsabilidade direta pelas obrigações sociais, regra geral, será do ente coletivo.

Por sua vez, em caso de **patrimônio negativo do ente coletivo, a depender do tipo societário e da espécie de sócio**, poderá **responder subsidiariamente pelo passivo a descoberto**. Como direito e garantia decorrentes da personificação, o **patrimônio particular dos sócios não poderá ser atingido para satisfação das obrigações sociais**, constatando-se haver patrimônio suficiente do ente coletivo para saldá-las. O CPC, mais especificamente seu art. 795, fundamenta o **princípio da separação dos patrimônios**.

O CC, precisamente **no seu art. 1.024**, também impõe o princípio da separação dos patrimônios. A Lei n. 11.101/2005 **repisa o princípio da autonomia patrimo-**

nial e a responsabilidade direta da sociedade, quando dispõe que não são oponíveis à massa "os valores decorrentes de direito de sócio ao recebimento de sua parcela do capital social na liquidação da sociedade" (art. 83, § 2º). Já no art. 82 da mesma LFRE, mais uma vez é reiterada a separação dos patrimônios, pois **somente depois de ação própria, a ser intentada pelo rito ordinário, em caso de procedência é que será possível alcançar o patrimônio particular dos sócios**.

Ives Gandra da Silva Martins Filho nomeia a responsabilidade subsidiária, em caso de **passivo a descoberto do ente coletivo, de responsabilidade ordinária**. Esclarece tratar-se de responsabilidade decorrente da lei, ou seja, das normas predispostas para o tipo societário escolhido. Trata-se de **responsabilidade que se atribui aos sócios, independentemente da apuração de comportamento fraudulento ou abusivo do sócio, de ato doloso ou culposo** que se lhe imputem. É efeito *ex lege*.

Nesse sentido, na sociedade limitada, os **sócios somente responderão** ordinária e subsidiariamente com seus bens particulares **se o patrimônio da sociedade não houver sido integralizado**. Vale dizer, **se os sócios não conseguirem comprovar** que a contribuição indicada no contrato social realmente foi incorporada ao patrimônio social. Diz a lei: "Na sociedade limitada, a responsabilidade de cada sócio é restrita ao valor de suas quotas, mas todos respondem solidariamente pela integralização do capital social" (art. 1.052, do CC).

Nas sociedades em comandita, misto de sócios com responsabilidade limitada e ilimitada, os **comanditários ou acionistas eventualmente responderão com seus patrimônios particulares, pelas dívidas sociais remanescentes, até o limite dos fundos ou ações a que se comprometeram** (arts. 1.045 e 1.091, do CC). Por sua vez, os sócios comanditados ou acionistas administradores pelas mesmas obrigações remanescentes **poderão responder integralmente**, pelo saldo total a descoberto, sem limitação preestabelecida, portanto.

De igual modo, **na sociedade em comum e na sociedade em nome coletivo**, a responsabilidade subsidiária também não encontra teto, pois os sócios pelo passivo social a descoberto respondem com a totalidade de seus bens particulares, ou seja, **ilimitadamente** (arts. 990 e 1.039, ambos do CC).

Na **sociedade simples**, o patrimônio particular dos sócios estará **parcialmente "blindado"**, pois somente responderão pelas obrigações sociais — subsidiariamente repise-se — **até o limite de suas participações no capital social** (arts. 1.023, 1.024, 1.025 e 1.032, do CC). No caso dessa sociedade, a responsabilidade dependerá de expressa disposição no contrato social, como determina o art. 997, inc. VIII, do CC.

Nos contratos de investimento, a que a lei denomina **sociedades em conta de participação** (tema de estudo do *capítulo 19*), o **sócio ostensivo detém responsabilidade ilimitada** pelo passivo a descoberto, enquanto o sócio oculto, em princípio, responde com seus bens particulares **somente pelo saldo que ofertou** para o desenvolvimento do objeto social, **a não ser que venha a intervir no negócio**, quando ultimará por se **responsabilizar solidariamente** pelas obrigações eventualmente pendentes (art. 991 e art. 993, parágrafo único, do CC).

Nas **sociedades anônimas**, a responsabilidade subsidiária **encontrará limite no preço de emissão das ações** subscritas (art. 1.088, do CC).

Diante de tal quadro, a **opção pela sociedade limitada** se apresenta como a menos arriscada **para os empreendimentos menores**. É dizer, a responsabilidade ordinária restará afastada se houver a regular integralização do patrimônio. Como salienta Fábio Ulhoa[49], **"o limite da responsabilidade subsidiária dos sócios pode ser 'zero'"**. Para **grandes investidores, a opção pela sociedade anônima** será a menos arriscada, ante o limite de responsabilidade engessado no **valor de emissão das ações** que adquirir.

7.6.3.2. Da eventual distribuição de dividendos

A sociedade empresária se propõe como **fonte de renda para seus sócios**, razão por que a participação nos resultados positivos do empreendimento é circunstância esperada e comum, independentemente do tipo societário (cf. art. 981, *caput*, parte final, do CC), **não podendo tal direito ser suprimido dos sócios**. Ao final de cada exercício social, os eventuais resultados positivos do empreendimento **poderão ser reinvestidos** no desenvolvimento do objeto social para prover o capital de giro do negócio ou contingenciar despesas (reservas), **sem prejuízo da distribuição de lucro**, salvo disposição em sentido contrário no contrato social. Para as sociedades contratuais, deve ser observada a regra estabelecida no art. 1.007, do CC, no sentido de que **o sócio participará dos lucros e das perdas na proporção de suas quotas**.

Fábio Ulhoa Coelho[50] observa que não há norma específica sobre a distribuição de dividendos no Código Civil, sendo, por isso, salutar a aplicação supletiva neste particular da Lei das Sociedades Anônimas, desde que o contrato social seja omisso a respeito. Assim, o art. 202, da LSA, que determina a distribuição de **metade do lucro líquido** computada neste percentual, para menos, a reserva legal e a importância destinada à reserva de contingências ou, para mais, a reversão do montante relativa à reserva de contingências de exercícios anteriores.

7.6.3.3. Da administração

A **vontade do ente coletivo é funcional e será construída pelo consenso entre os sócios**. O desenvolvimento do objeto social necessita de gerenciamento a ser efetuado pelos próprios sócios ou por alguns deles, se não preferirem delegar tal função a um administrador não sócio, salvo no tipo societário em que a lei proibiu tal delegação. A doutrina estabeleceu como elementos de **diferenciação entre a sociedade empresária e a sociedade simples o grau de organização do empreendimento** (*item 7.1*). Entretanto, de se notar que o regime jurídico reservado às **sociedades simples contém normas gerais** que poderão suprir as omissões dos contratos sociais

[49] COELHO, Fábio Ulhoa. *Manual de direito comercial,* 14. ed., p. 156.

[50] COELHO, Fábio Ulhoa. *Manual de direito comercial,* 14. ed., p. 156.

e as lacunas das normas especiais do tipo societário possível e escolhido para a constituição de determinada sociedade contratual.

Assim, as regras pertinentes às **sociedades simples** no que **dizem respeito à Administração do empreendimento**, disjuntiva e concorrente, nos termos do art. 1.017, do CC, por exemplo, aplicam-se à **Sociedade em Nome Coletivo**, salvo disposição em sentido contrário no contrato social, pois o art. 1.040, do CC, ampliou o campo de aplicação das normas referentes às sociedades simples, tornando-as, em conjunto, **regime jurídico supletivo das Sociedades em Nome Coletivo**. Indiretamente, o regime próprio das sociedades simples também poderá ser aproveitado em relação às **Sociedades em Comandita Simples**, pois o art. 1.046, do CC, determina que "Aplicam-se à sociedade em comandita simples as normas da sociedade em nome coletivo".

As **sociedades limitadas poderão ter seu regime jurídico** complementado também pelas normas da sociedade simples, tendo em vista o disposto no art. 1.053, *caput*, do CC. Referido dispositivo legal, expressamente, dispõe que, se houver omissão do capítulo pertinente às sociedades limitadas, o **suprimento da omissão poderá ocorrer pela aplicação de norma própria da sociedade simples**. As regras das sociedades simples se demonstram extensíveis aos demais tipos societários como em uma espiral, na qual as normas da sociedade simples se encontram como núcleo básico de gerenciamento das sociedades contratuais, sendo que a constituição de uma sociedade simples poderá aproveitar as normas específicas reservadas aos tipos Sociedade em Nome Coletivo, Sociedade em Comandita por Ações e Sociedade Limitada, tendo em vista a **permissão legal descrita no art. 983, *caput*, 2ª parte, do CC**. Tal fenômeno referente à comunicabilidade das normas entre os tipos societários contratuais se repetiu nas propostas para a criação de um novo Código Comercial. Entretanto, o modelo será o regime jurídico eventualmente implementado pela sociedade limitada, nos termos do art. 236, do PLC 1.572/2011, ou pela sociedade por quotas, que terá como espécies as limitadas e as em nome coletivo, conforme disposto nos arts. 303 e 313, do PLS 487/2013.

O **caminho do diálogo das fontes normativas ou de regimes jurídicos supletivos** busca a harmonização do direito positivo para que seja possível a **superação dos conflitos de interesses no cotidiano** dos empresários e sociedades empresárias. Por se tratar o direito societário de um dos sub-ramos da parte especial do direito empresarial, de se aplaudir o esforço de interação entre as normas concorrentes ainda que positivadas em diplomas legais esparsos. Nesse sentido, perceba-se que a **Lei das Sociedades Anônimas não afasta o regime jurídico das sociedades contratuais**, muito ao contrário, e, expressamente, o Código Civil, a par de preservar a legislação especial, suprirá as omissões de tal legislação **(art. 1.089, do CC)**. Como se vê, a **permeabilidade entre as normas dos regimes jurídicos societários se apresenta como mecanismo de hermenêutica que aproxima as espécies do gênero sociedade**: sociedades simples (não empresárias); sociedades empresárias contratuais (com regime jurídico prioritário no CC); e sociedades empresárias institucionais (com regime jurídico predominante na LSA). A figura demonstra o diálogo entre os regimes supletivos.

Esquematizando:

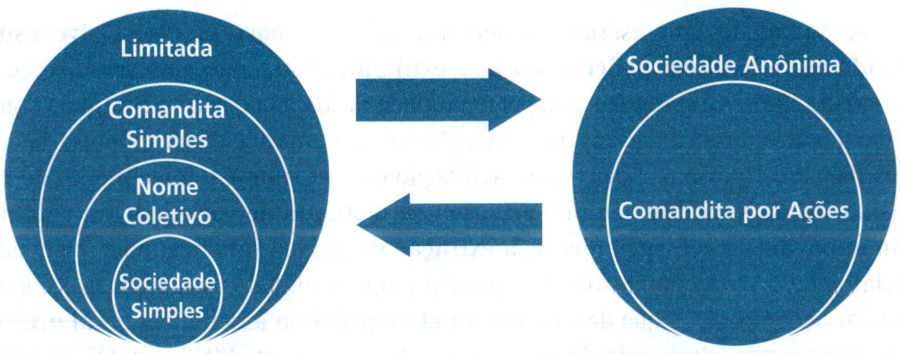

O fenômeno da **extensão das normas jurídicas de um regime societário em relação a outro** pode ser visualizado também no quadro a seguir, que salientou as dessemelhanças entre os tipos respectivos perceptíveis em relação ao nome empresarial, à administração dos empreendimentos e à responsabilidade subsidiária dos sócios de acordo com o passivo a descoberto da sociedade.

■ *7.6.3.4. Quadro Comparativo dos Tipos Societários*

QUADRO COMPARATIVO DAS SOCIEDADES EMPRESÁRIAS NO DIREITO BRASILEIRO							
Tipo	**Regime Jurídico**	**Regime Supletivo**	**Nome**	**Sócios**	**Administração**	**Responsabilidade Subsidiária**	**Novo Código Comercial**
Em Nome Coletivo — N/C	CC — arts. 1.039-1.044	SS — arts. 997-1.038	Firma	Comuns (apenas pessoas físicas)	Exclusiva dos Sócios	Solidária e Ilimitada para todos os sócios	PLC — arts. 234-236 PLS arts. 310-313
Em Comandita Simples — CS	CC — arts. 1.045-1.051	SS e arts. 1.039-1.044	Firma	Comanditados (apenas pessoas físicas) e Comanditários	Exclusiva dos Sócios Comanditados	Solidária e Ilimitada para os Comanditados e Individual e Limitada para os Comanditários	PLC — arts. 234-236 PLS — Sem previsão deste tipo societário
Limitada — LTDA	CC — arts. 1.052-1.087	SS Arts. 1.045-1.051 ou Lei das SA	Firma ou Denominação	Quotistas	Por sócios ou não sócios	Solidária e Limitada para todos os sócios até o valor do capital social não integralizado	PLC — arts. 170-233 PLS — arts. 302-309
Comandita por Ações	Lei das SA e CC	Lei das SA	Firma ou Denominação	Acionistas	Exclusivamente por Acionista que será o Diretor	Solidária e Ilimitada para os Diretores e Limitada para os Acionistas	PLC — arts. 237-239 PLS — art. 1.019
Sociedade Anônima	Lei das SA e art. 1.088 do CC	CC	Somente Denominação	Acionistas	Conselho de Administração e a Diretoria ou somente a Diretoria	Individual e Limitado ao valor de emissão das ações ainda não integralizado	PLC — arts. 144-169 PLS — arts. 322-323

■ 7.6.3.5. *Da dissolução parcial*

As sociedades empresárias possuem um ciclo vital: **nascem; desenvolvem suas atividades; e também poderão vir a se extinguir**. Entretanto, rememore-se que a sociedade empresária regular tem personalidade jurídica que não se confunde com a personalidade jurídica de seus membros. Assim, em uma sociedade empresária com dois membros (pessoas físicas para facilitação do raciocínio), **o falecimento de um dos sócios da sociedade empresária, em se tratando de sociedade de capitais, não importará, necessariamente, a extinção da pessoa jurídica**, pois seu quadro social poderá ser recomposto para vencer a unipessoalidade momentânea e contingencial (recomposição que deverá ocorrer **até a próxima assembleia geral ordinária**). **Caso a sociedade seja de pessoas**, nos termos do art. 1.033, inc. IV, do CC, a unipessoalidade poderá ser **contornada em um prazo de 180 dias**, devendo o sócio remanescente admitir outro sócio no quadro societário, ou transformar-se em empresário individual ou em EIRELI (parágrafo único, do art. 1.033, do CC).

Esquematizando **a solução para a sociedade unissocietária**:

SOLUÇÕES LEGAIS PARA A SOCIEDADE REDUZIDA A ÚNICO SÓCIO		
Sociedade	**Prazo/Fundamento**	**Soluções**
SOCIEDADE ANÔNIMA	■ Até a próxima Assembleia Geral Ordinária — art. 206, inc. I, alínea "d", da Lei n. 6.404/76	1. Recompor a pluralidade, vendendo-se uma ação que seja 2. Tornar-se subsidiária integral (art. 251, LSA)
DEMAIS SOCIEDADES	■ Até 180 dias após a data em que ocorreu a redução a sócio único — art. 1.033, inc. IV, do CC	1. Recompor a pluralidade, vendendo-se uma quota que seja 2. Transformar-se em empresário individual ou em EIRELI (parágrafo único, art. 1.033)

Em outro exemplo, por conveniência de um dos sócios, resolveu ele não mais fazer parte do quadro societário e, assim, **retirou-se do empreendimento**. Também nessa hipótese, **a sociedade não será extinta**. O sócio remanescente tem o legítimo interesse na continuação do empreendimento, sendo de salientar ainda o **princípio da preservação da empresa** como fonte de renda e de riqueza, não só para os sócios, mas para o restante da coletividade em virtude dos postos de trabalho que vier a criar, das relações da sociedade com fornecedores, com clientes e também com o Estado, sobretudo no que diz respeito às receitas tributárias que vier a gerar com o regular recolhimento de impostos.

Por isso, a **dissolução da sociedade em relação a um sócio** poderá e, a depender do contexto, deverá ocorrer sem que a sociedade deixe de existir. A lei elencou as hipóteses em que a dissolução parcial terá lugar (arts. 1.028-1.032, 1.085 e 1.086, do CC), as quais podem ser estudadas na seguinte ordem:

- morte de sócio;
- vontade dos sócios;
- retirada de sócio; e
- exclusão de sócio.

7.6.3.5.1. *Dissolução parcial e extrajudicial*

Há na lei **quatro possibilidades de exclusão extrajudicial, ou de saída de sócio** de uma sociedade empresária. Tais hipóteses causarão a nominada **dissolução parcial da sociedade**, termo adotado pela doutrina e pela jurisprudência anteriores ao atual Código Civil, quando a legislação previa apenas a dissolução total. Hoje, melhor a **adoção da expressão resolução da sociedade em relação a um dos sócios**, generalizando a indicação do título V, inaugurado pelo artigo 1.028, do CC. Confiram-se o esquema e as explicações:

QUATRO HIPÓTESES DE DISSOLUÇÃO PARCIAL EXTRAJUDICIAL

- Sócio falecido
- Sócio retirante
- Sócio remisso
- Excluído por justa causa

1ª) **Sócio falecido** — Em caso de **falecimento do sócio**, a lei determina: a) dissolução parcial da sociedade seguida da **liquidação da quota-parte do falecido**; b) a não ser que **o contrato disponha de forma diferente**; c) se não se preferir **a dissolução do total**; d) ou, ainda, a possibilidade de que **os herdeiros assumam a posição** deixada pelo *de cujus* (art. 1.028, incs. I, II e III, do CC).

2ª) **Sócio retirante** — A dissolução parcial e extrajudicial poderá ocorrer **por consenso entre os sócios**, por meio de regular distrato (art. 1.029, *caput*, 1ª parte, do CC). Porém, em se tratando de sociedade por **prazo indeterminado**, a dissolução parcial de algum dos sócios **poderá contextualizar direito potestativo**[51] **e que se imporá imotivadamente**, devendo o sócio que se pretender desligar do empreendimento apenas **notificar os demais sócios**, com antecedência mínima de **60 (sessenta) dias**, nos termos do art. 1.029, do CC.

3ª) **Sócio remisso** — A **falta de integralização das quotas sociais** também significará hipótese de dissolução parcial e extrajudicial, na **modalidade de exclusão**, nos termos do art. 1.004, parágrafo único, do CC. O **sócio remisso**, ou seja, o sócio omisso em relação à obrigação de contribuir a tempo e modo para a formação do capital social, depois de notificado pelos demais sócios, se ainda permanecer **inerte quanto a tal obrigação, poderá ser excluído** pelos demais sócios, **salvo preferên-**

[51] O Informativo 595 do STJ trouxe precedente que reafirmou o direito de retirada como exemplo de direito potestativo, sendo que, no caso de notificação regular, a data da apuração de haveres corresponderá ao sexagésimo dia seguinte ao recebimento, pela sociedade, da referida notificação extrajudicial e não a data do ajuizamento da ação de dissolução, entendimento jurisprudencial que, assim, observou o disposto no inc. III, do art. 605, do CPC: "Dissolução parcial e extrajudicial da sociedade limitada constituída por tempo indeterminado. Direito de recesso. Momento da apuração dos haveres (...) Na hipótese em que o sócio de sociedade limitada constituída por tempo indeterminado exerce o direito de retirada por meio de inequívoca e incontroversa notificação aos demais sócios, a data-base para apuração de haveres é o termo final do prazo de sessenta dias, estabelecido pelo art. 1.029 do CC/2002" (REsp 1.602.240-MG, Rel. Min. Marco Aurélio Bellizze, por unanimidade, julgado em 6/12/2016, *DJe* 15/12/2016).

cia por se indenizarem dos prejuízos causados em função do retardamento da integralização **ou se optarem pela redução da participação societária** do sócio que se encontrava em mora ao valor que ele já tenha integralizado. **Esquematizando**:

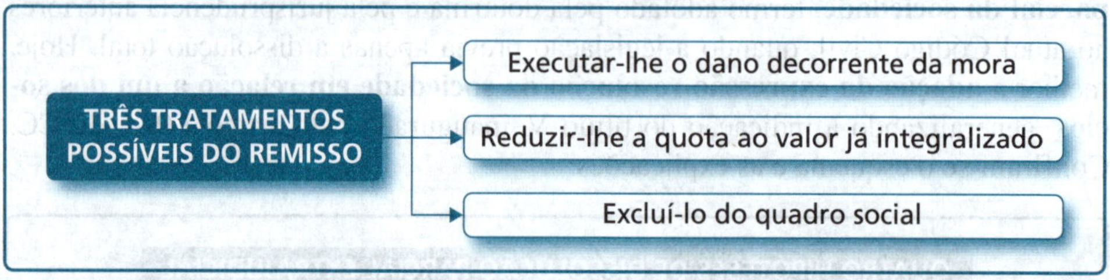

4ª) **Exclusão por justa causa** — Sob o regime da sociedade limitada, de acordo com o art. **1.085, *caput*, do CC**, "quando a **maioria dos sócios**, representativa de **mais da metade do capital social**, entender que um ou mais sócios estão **pondo em risco a continuidade da empresa**, em virtude de **atos de inegável gravidade**, poderá **excluí-los da sociedade**". Entretanto, costumeiramente, os assim excluídos costumam contestar a exclusão extrajudicial judicialmente, tendo em vista que a locução "**justa causa**" (que deverá ter sido antes prevista no contrato social) é **conceito jurídico indeterminado**, vago, a ser preenchido e contextualizado pelas circunstâncias do caso concreto, sem prejuízo da avaliação judicial a respeito, diante de interpretação divergente do excluído. A **exclusão dar-se-á em reunião** previamente convocada para essa finalidade, ciente o **sócio acusado, para que compareça e se defenda**.

Em todas as hipóteses de exclusão, **consumada a saída** do retirante/excluído, **seus haveres deverão ser levantados**, por meio de um **balanço de determinação**. Não havendo consenso quanto ao valor dos haveres, poderá ser ajuizada uma ação autônoma de apuração de haveres. **Esquematizando**:

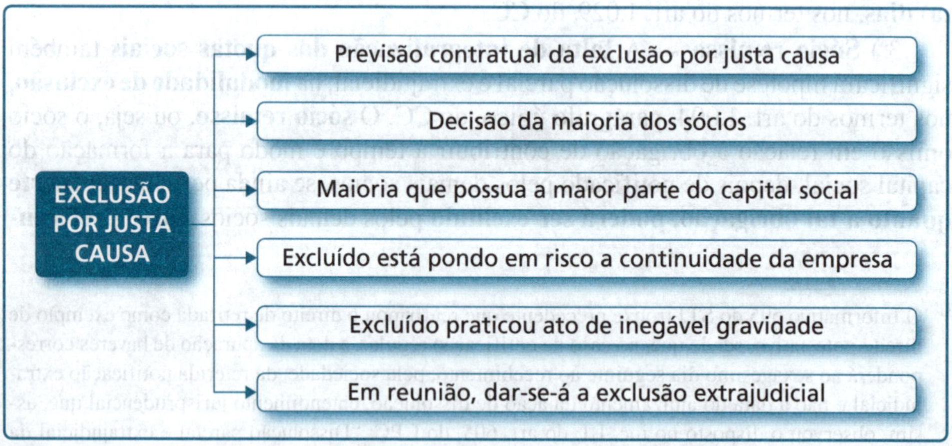

■ *7.6.3.5.2. Dissolução parcial e judicial*

Pela **via judicial**, além de disputas que envolvam diversas situações que levem à exclusão de sócio (divórcio ou fim da *affectio societatis*, por exemplo), a **lei traz cinco hipóteses em que a exclusão percorrerá o caminho judicial**. Confira-se:

1ª) **Retirada do sócio, em caso de sociedade por prazo determinado** — Diferentemente do que ocorre na sociedade de prazo indeterminado, se houve a criação de legítima expectativa em relação à permanência do empreendimento, **por prazo determinado**, a **desconstituição do vínculo dependerá de avaliação judicial**, devendo **o retirante demonstrar justa causa** para que seja juridicamente possível a dissolução parcial da pessoa jurídica (art. 1.029, *caput*, parte final).

2ª) **Por falta grave** — O **art. 1.030, *caput*, do CC**, estabeleceu a possibilidade de **exclusão judicial de sócio** que se tenha comportado **de modo a comprometer o objeto social**, devendo ser avaliado no caso concreto se houve o cometimento de **falta grave** pelo sócio que se pretenda excluir. **Falta grave é conceito aberto** a ser preenchido pelo aplicador da norma. **Não existe um rol legal** das supostas faltas graves, todavia a jurisprudência, entre outras situações, tem considerado falta grave: a) a **concorrência desleal** do sócio com a sociedade; b) a **revelação de segredo** empresarial pelo sócio; c) a **difamação da sociedade** pelo sócio.

3ª) **Por incapacidade superveniente** — O mesmo **art. 1.030, *caput*, do CC**, contempla ainda a **exclusão judicial por incapacidade superveniente**. Apesar de algumas desconfianças quanto à constitucionalidade de referido dispositivo (pois estaria atentando contra a dignidade da pessoa humana, a livre-iniciativa, o exercício de uma profissão, bem como o melhor interesse de vulnerável), é a possibilidade da **incompatibilidade entre o curador do incapaz superveniente e os demais sócios** que justifica a referida exclusão. É que a **afeição social com o sócio tornado incapaz pode não se refletir no curador**. Aliás, o **curador poderá representar risco à continuidade da empresa**. Os sócios remanescentes terão, então, que demonstrar justamente eventual **incompatibilidade com o curador**, sendo este o **fundamento da exclusão**.

O **art. 1.030, parágrafo único, do CC**, prevê duas outras hipóteses de exclusão **decorrentes de decisões judiciais**, as exclusões de pleno direito. São elas: a) **exclusão do sócio declarado falido**; b) **exclusão do sócio cuja quota tenha sido liquidada** nos termos do parágrafo único do art. 1.026, do CC.

4ª) **Exclusão do sócio declarado falido** — O art. 123, da Lei n. 11.101/2005, determina que: "Se o **falido fizer parte de alguma sociedade como sócio comanditário ou cotista**, para a massa falida entrarão somente os **haveres que na sociedade ele possuir e forem apurados** na forma estabelecida no contrato ou estatuto social. § 1º Se o contrato ou o estatuto social nada disciplinar a respeito, **a apuração far-se-á judicialmente**, salvo se, por lei, pelo contrato ou estatuto, a sociedade tiver de liquidar-se, caso em que os haveres do falido, somente após o pagamento de todo o passivo da sociedade, **entrarão para a massa falida**". Considerando que a **quota do sócio falido será liquidada** para pagar as dívidas da massa falida, logo que liquidada, **o falido deixa de ser sócio de pleno direito**.

5ª) **Exclusão do sócio cuja quota tenha sido liquidada nos termos do parágrafo único do art. 1.026**. Aqui, opera a mesma regra quanto ao sócio falido, todavia, em lugar da massa falida ser a credora, apenas um credor demonstrou não estar conseguindo receber do devedor, em face da ausência de patrimônio dele. Para receber o crédito particular, o **credor particular exigiu o quinhão do devedor na sociedade**. Liquidada a quota, o sócio deixa o quadro social, de pleno direito.

Esquematizando **a exclusão judicial parcial**:

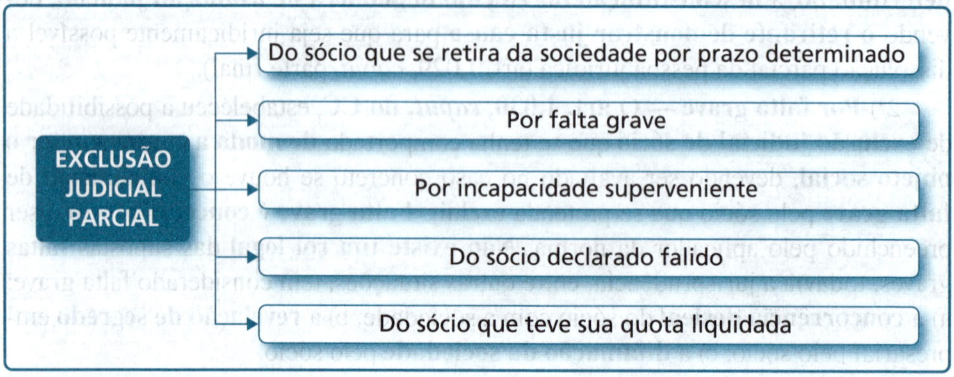

Outro assunto a ser tratado é a **diferenciação do que seja falta grave**, exigida para a **exclusão judicial**, do art. 1.030, **em relação** ao que seja **a justa causa**, exigida para a exclusão que ostenta tal designação, art. 1.085, ambos do CC.

O art. 1.085, *caput*, do CC, ressalvou o art. 1.030, do CC, sendo que **esta hipótese se demonstra mais abrangente que o disposto no art. 1.085**, sendo relevante a transcrição dos dispositivos de lei para uma análise mais detalhada:

> Art. 1.030. Ressalvado o disposto no **art. 1.004** e seu parágrafo único, pode o sócio ser excluído judicialmente, mediante iniciativa da maioria dos demais sócios, **por falta grave** no cumprimento de suas obrigações, ou, ainda, por incapacidade superveniente.
>
> Art. 1.085. Ressalvado o disposto no art. 1.030, quando a maioria dos sócios, representativa de mais da metade do capital social, entender que um ou mais sócios estão pondo em risco a continuidade da empresa, em virtude de atos de inegável gravidade, poderá excluí-los da sociedade, mediante alteração do contrato social, desde que prevista neste a exclusão **por justa causa**.
>
> Parágrafo único. A exclusão somente poderá ser determinada em reunião ou assembleia especialmente convocada para esse fim, ciente o acusado em tempo hábil para permitir seu comparecimento e o exercício do direito de defesa.

Em primeiro lugar, nitidamente, percebe-se que o **art. 1.030 refere-se à hipótese judicial de dissolução** parcial de sociedade, **enquanto o art. 1.085 disciplina hipótese extrajudicial de dissolução** de sociedade, ainda que também parcial.

Assim, em segundo lugar, **caso não haja questionamento judicial da exclusão por justa causa**, a **avaliação realizada pelos sócios** que excluíram o minoritário restará definitiva. Desse modo, pode-se afirmar que **a definição do que seja falta grave é exclusiva do juiz**, enquanto **a justa causa poderá ser definida apenas pelos sócios** que excluem o minoritário, desde que não haja questionamento judicial da exclusão.

Em terceiro lugar, o **art. 1.030 refere-se à falta grave** como motivo para o desligamento do sócio do empreendimento, enquanto o **art. 1.085 destaca a ocorrência**

de justa causa para a exclusão do sócio. Em um como no outro caso, as locuções sublinhadas correspondem a exemplos de **conceitos jurídicos indeterminados**, cuja contextualização, no caso concreto, corresponderá à **atividade intelectual do julgador**, o qual, diante das circunstâncias e dos elementos de prova produzidos pelas partes, **complementará a atividade legislativa** e concluirá pela ocorrência ou não da falta grave ou da justa causa.

Nos termos do art. 1.030, **possível a exclusão do majoritário pelos minoritários**, porque a interpretação da maioria a que se refere o art. 1.030 excluirá o majoritário quando for ele o perpetrador da falta grave, isto é, a ação judicial será intentada **por "iniciativa da maioria dos demais sócios"**[52], quer dizer, eventualmente uma maioria em relação à minoria remanescente e potencialmente prejudicada pelo majoritário. Nesse sentido, **doutrina Arnoldo Wald**: "O artigo 1.030 trouxe inovação no que diz respeito ao poder da minoria. Isto porque, de acordo com a redação do artigo, 'pode o sócio ser excluído judicialmente, mediante iniciativa da maioria dos demais sócios'. Ou seja, a maioria será computada excluindo-se do cálculo o sócio que se pretende jubilar. Se o sócio a ser **excluído detém a maioria do capital social** da sociedade, a sua exclusão poderá, em tese, **se dar por decisão dos sócios restantes**, ou seja, por decisão dos sócios minoritários"[53].

Há também **precedente do STJ** que encampou o mesmo entendimento:

> EMENTA: PROCESSUAL CIVIL. COMERCIAL. AÇÃO DE DISSOLUÇÃO PARCIAL DE SOCIEDADE LIMITADA. CITAÇÃO DA PESSOA JURÍDICA. DESNECESSIDADE. PARTICIPAÇÃO DE TODOS OS **SÓCIOS**. ALEGAÇÃO DE OFENSA A DISPOSITIVOS DE LEI FEDERAL. AUSÊNCIA DE PREQUESTIONAMENTO. INCIDÊNCIA DAS SÚMULAS N. 282 e 356/STF. **EXCLUSÃO** DO **SÓCIO MAJORITÁRIO**. POSSIBILIDADE NO CASO CONCRETO. PRINCÍPIO DA PRESERVAÇÃO DA EMPRESA. TEORIA DO FATO CONSUMADO. ALEGAÇÃO DE VIOLAÇÃO DOS PRINCÍPIOS DA RAZOABILIDADE E PROPORCIONALIDADE. IMPOSSIBILIDADE. 1. Na ação de dissolução parcial de sociedade limitada, é desnecessária a citação da pessoa jurídica se todos os que participam do quadro social integram a lide. 2. A ausência de prequestionamento nas instâncias ordinárias inviabiliza o conhecimento de recurso especial fundado em violação de lei federal. Incidência das Súmulas n. 282 e 356/STF. 3. Em circunstâncias excepcionais, é possível a **exclusão** do sócio majoritário a pedido de minoritário, a fim de prestigiar o princípio da preservação da empresa. Teoria do fato consumado que se adota como fundamento para manter o **sócio** minoritário no quadro societário. 4.

---

[52] A encampar entendimento semelhante, decidiu o STJ:

"Sociedade limitada. Ação de dissolução parcial. Sócio majoritário. Prática de falta grave. Exclusão. Iniciativa dos sócios minoritários. Dispensa da maioria de capital social. Possibilidade." (REsp 1.653.421-MG, Rel. Min. Ricardo Villas Bôas Cueva, por unanimidade, julgado em 10/10/2017, *DJe* 13/11/2017, Informativo 616)

[53] TEIXEIRA, Sálvio de Figueiredo (Coord.). *Comentários ao novo Código Civil*, v. XIV, Livro II, do direito de empresa, p. 237.

> Não se conhece de recurso especial por violação dos princípios da razoabilidade e proporcionalidade, naturalmente vagos e imprecisos. Somente quando os princípios jurídicos se apresentam como norma de direito positivo é que se abre espaço para o conhecimento do recurso constitucional fundamentado na violação da lei que os abriga. 5. Recursos especiais não conhecidos (STJ, **REsp 1.121.530/RN**, 4ª Turma, Rel. Min. Marco Buzzi, *DJe* 26/04/2012).

Logo, **temerária eventual interpretação** no sentido de que **a minoria**, mesmo havendo justo motivo, **não possa excluir o sócio majoritário do empreendimento comum**, ainda mais tendo em vista a necessidade de **preservação da empresa**, norma-princípio descrita no art. 47, da Lei n. 11.101/2005.

Esquematizando **as diferenças entre as exclusões por falta grave e por justa causa**:

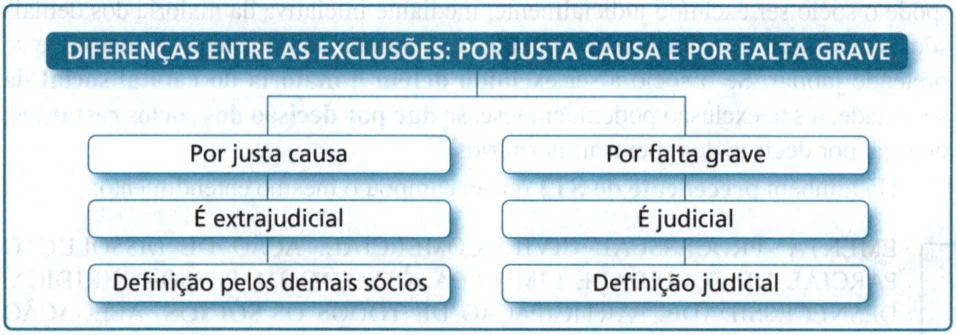

■ *7.6.3.6. Da dissolução total*

A dissolução total também poderá ocorrer **extrajudicial ou judicialmente**. Tal fenômeno corresponderá à **mortalidade do empreendimento**. As hipóteses legais foram devidamente delimitadas. Empiricamente, possível dimensionar as causas da "Sobrevivência das Empresas no Brasil" e do fenômeno que constitui seu contraponto, correspondente ao tema ora tratado: a mortalidade dos empreendimentos.

De acordo com relatório circunstanciado do SEBRAE, publicado em 2013, que recuperou e cruzou dados referentes a empresas **"recém-nascidas", "em atividade" e "encerradas" entre 2005 e 2007** (dois exercícios), percebeu-se uma taxa média de **sobrevivência equivalente a 75%** e, em consequência, uma **taxa de mortalidade em torno de 25%**. O relatório também trouxe estimativas internacionais, destacando pesquisa efetuada, no mesmo período analisado, isto é, entre 2005 e 2007, pela Organization for Economic Cooperation and Development (OECD).

Comparando-se os dados obtidos pela pesquisa do SEBRAE e a efetuada pela OECD, houve uma aproximação das **taxas de sobrevivência/mortalidade das empresas no Brasil** e das empresas domiciliadas em outros países, principalmente pertencentes à União Europeia. A diferença é que, pela metodologia utilizada pelo SEBRAE, a variável que permite a avaliação de criação/encerramento do empreendimento é sua situação perante o fisco, enquanto a metodologia utilizada pela OECD marca o encerramento da empresa "quando ela deixa de ter empregados".

No Brasil, portanto, existem empresas **em atividade com "zero empregado"**, bastando lembrar os pequenos empreendedores que, além de dirigirem seus negócios, ultimam por **ocupar as funções de possíveis colaboradores subordinados**. Nas considerações finais do referido relatório, os resultados da pesquisa permitiram a conclusão de que **houve aumento da sobrevivência das empresas no Brasil**, sendo que "a tendência ao aumento da sobrevivência (...) identificada está em sintonia com os avanços verificados tanto no âmbito dos negócios (p. ex. com a tendência à melhoria na legislação em favor das MPE), quanto no que diz respeito à evolução das características dos próprios empreendedores brasileiros (p. ex. aumento de escolaridade e dos esforços e capacitação)"54. De todo, então, **recomendável desestimular a mortalidade das empresas, evitando-se quanto possível a dissolução total**.

▪ *7.6.3.6.1. Dissolução total e extrajudicial*

O **art. 1.028, inc. II, do CC**, expressamente, dispõe que o **falecimento de um dos sócios facultará aos remanescentes**, em vez da dissolução parcial, a **dissolução de todo o empreendimento**. Também são causas de dissolução total e extrajudicial as seguintes (art. 1.033, *caput*, incs. I, II, II, IV e V, do CC):

- o **vencimento do prazo de duração**, salvo se, vencido este e sem oposição de sócio, não entrar a sociedade em liquidação, caso em que se **prorrogará por tempo indeterminado**;
- o **consenso unânime** dos sócios;
- a deliberação dos sócios, **por maioria absoluta, na sociedade de prazo indeterminado**;
- a **falta de pluralidade de sócios, não reconstituída no prazo de cento e oitenta dias**;
- a **extinção, na forma da lei, de autorização para funcionar**.

Os requisitos de tais causas se extraem objetivamente do decurso do tempo, da vontade da maioria dos membros da sociedade empresária, da unipessoalidade superveniente e mesmo por imposição legal. **Esquematizando**:

54 Relatório SEBRAE Nacional. Sobrevivência das Empresas no Brasil. Coleção Estudos e Pesquisas. Julho/2013. Disponível em: <http://bis.sebrae.com.br/GestorRepositorio/ARQUIVOS_CHRONUS/bds/bds.nsf/93772f4f62b0716c573d3a9ed5a6a3aa/$File/4456.pdf>. Acesso em: 25 ago. 2013, às 10:00.

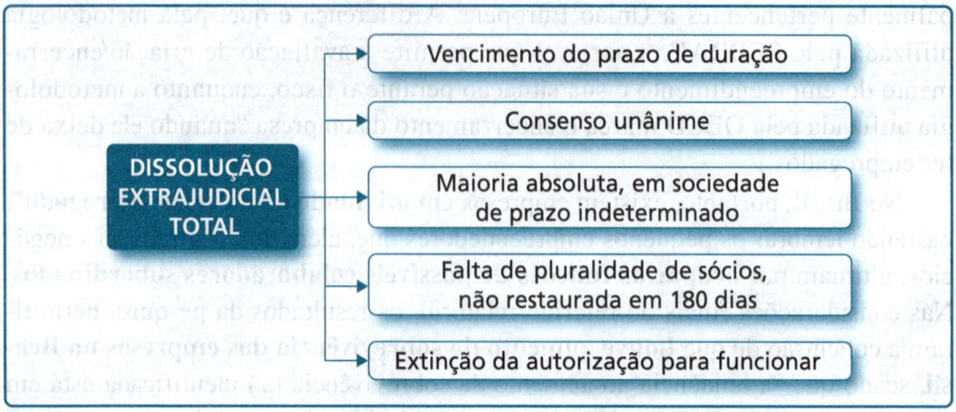

■ *7.6.3.6.2. Dissolução total e judicial*

As hipóteses encontram-se **postas no art. 1.034 (incs. I e II)**, do CC:

- **anulada a sua constituição**;
- **exaurido o fim social** ou **verificada a sua inexequibilidade**.

1ª) **Anulação da constituição** — são relativamente frequentes os casos em que **empregados de empresários** com dificuldades cadastrais tomam **"por empréstimo" os nomes de seus funcionários**, que, conivententemente, predispõem-se a fazer parte de quadro de sociedades que, no seu dia a dia, possuem administradores de fato. Assim, depois de formalizada a sociedade, **sua desativação fática por má gestão** poderá ocasionar **restrição cadastral por inadimplemento** de **dívidas dos "sócios de direito"**, que, por conta disso, buscam provimento **judicial para anulação do contrato** que alegam ter assinado sem ler ou por terem sido ludibriados por seus patrões. Assim, por **vício de consentimento, buscam a anulação dos contratos sociais** de sociedades, das quais declaram nunca terem participado.

2ª) **Exaurimento do fim social** — um exemplo de exaurimento do fim social seria a **não renovação de concessão de serviço público** à sociedade empresária que tivesse como objeto social, exclusivamente, a **prestação do serviço de transporte público por concessão**. O objeto deixaria de existir.

3ª) **Inexequibilidade do objeto social** — diferentemente, a inexequibilidade do objeto social estaria na **impossibilidade material de dar cumprimento ao contrato de concessão**, relativamente a **"aumento da concorrência** e **da carga tributária, dificuldade de acesso a capital de giro** e **perda de mão de obra para concorrentes"**[55]. De qualquer sorte, o fim do objeto ou a impossibilidade de desenvolvê-lo **desfiguram uma cláusula essencial** do contrato de sociedade, razão pela qual, coerentemente, o legislador que impôs a referida condição de criação e personificação da

---

[55] Para humanizar a teoria, recomenda-se a leitura do inteiro teor da Apelação Cível 276.627/TJSC, julgada em 22/07/2010.

pessoa jurídica, no caso desaparecimento do referido pressuposto, **trouxe a previsão de extinção do ente coletivo**.

De se salientar que as **hipóteses de dissolução constantes da lei** se apresentaram em **rol *numerus apertus (rol aberto)*, exemplificativo**, tendo em vista que **o contrato social** poderá prever outras causas para a dissolução da sociedade, que poderão ser contestadas em Juízo pelos sócios alegadamente prejudicados, nos termos do art. 1.035, do CC. **Esquematizando**:

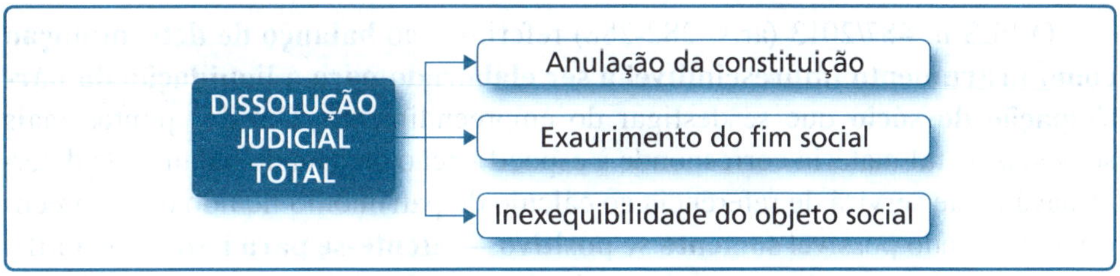

■ *7.6.3.6.3. Do balanço de determinação*

Em caso de **dissolução parcial ou de dissolução total, imprescindível o levantamento do patrimônio do empreendimento**, para que se possa calcular, proporcionalmente ao capital investido pelo **sócio retirante, excluído ou ex-sócios, se possuem direitos a eventuais haveres** — isto é, como se estudou no *capítulo 2*, o conjunto de bens da pessoa jurídica corresponde ao termo estabelecimento empresarial (conceito que se extrai do art. 1.142, do CC). Assim, **matematicamente, três serão os resultados possíveis** entre o confronto do ativo e do passivo da sociedade: 1º) **saldo positivo**; 2º) **saldo nulo**; e 3º) **saldo negativo**. Nos **dois últimos casos, não há se falar em liquidação de haveres**. No primeiro caso, entretanto, uma vez **calculado o patrimônio líquido**, da operação correspondente deverá ser computado o valor em dinheiro que a sociedade deverá **disponibilizar ao sócio que dela se desligar** (na hipótese de dissolução parcial) ou o **rateio do saldo positivo em relação a todos os sócios**, na proporção de seus percentuais no capital social (na hipótese de dissolução total).

A **análise contábil deverá ser o mais detalhada possível**, na elaboração do denominado balanço de determinação, a que o legislador chamou de **"balanço especialmente levantado à data da resolução"**, nos termos do art. 1.031, *caput*, do CC. A lei estabeleceu o **prazo de 90 (noventa) dias** "a partir da liquidação, salvo acordo, ou estipulação contratual em contrário" **para o pagamento dos haveres** correspondentes à liquidação das quotas.

Quando se tratar de **dissolução extrajudicial, permeada por notificação anterior**, documentalmente, fácil será a determinação da data da resolução da sociedade em relação a determinado sócio.

Porém, em caso de **dissolução judicial**, principalmente em situações nas quais houver lapso de tempo considerável entre o afastamento fático do sócio do empreendimento e seu desligamento formal, após o trânsito em julgado de sentença que julgar procedente o pedido de dissolução parcial, será importante **estabelecer-se uma data para o denominado balanço de determinação**, para prevenir fraude ou dilapidação do patrimônio da sociedade contra aquele que dela se pretenda desligar, bem como o enriquecimento sem causa do sócio-administrador que se decidiu afastar do quadro societário. A I Jornada de Direito Empresarial do CJF salientou a importância do balanço de determinação, nos seguintes termos: **"Enunciado 13. A decisão que decretar a dissolução parcial da sociedade deverá indicar a data de desligamento do sócio e o critério de apuração de haveres"**.

O PLS n. 487/2013 (arts. 282-288) referiu-se ao **balanço de determinação como instrumento imprescindível a ser elaborado para a liquidação da participação do sócio** que se desligar do empreendimento. Um dos pontos mais sensíveis de tal matéria corresponde à especificação da data do balanço de determinação, que servirá de referência ao cálculo do patrimônio líquido do empreendimento, sendo possível **somente se positivo — atente-se para isso** — quantificar com exatidão o valor em dinheiro dos haveres do sócio que se tiver desligado da sociedade.

De minha experiência profissional como magistrado, em se tratando de pedido de dissolução parcial de sociedade, tenho como **critério razoável para a fixação da data da resolução** da sociedade, em relação aos demais sócios, a data em que for formalizado o pedido de dissolução, ou seja, a **data do ajuizamento da ação de dissolução parcial de sociedade**, pois a instauração do processo, indiciariamente, estará a demonstrar que o diálogo e a **relação de confiança entre os sócios não mais se fazem presentes** no desenvolvimento compartilhado da atividade econômica escolhida, o que estará a presumir o afastamento do sócio retirante das atividades da empresa.

Entretanto, a **lacuna legislativa sobre a data do balanço de determinação foi debelada** no CPC (Lei n. 13.105/2015), que estabeleceu rito especial para a ação de dissolução parcial de sociedade (arts. 599-609, como estudaremos no *item 7.6.3.6.4.7*), regulando a **data da resolução da sociedade** (art. 605), que também servirá como referência para a **data do balanço de determinação** (art. 606, *caput*), nos termos seguintes:

> **Art. 605. A data da resolução da sociedade será:**
>
> **I — no caso de falecimento do sócio, a do óbito;**
>
> **II — na retirada imotivada, o sexagésimo dia seguinte ao do recebimento, pela sociedade, da notificação do sócio retirante;**
>
> **III — no recesso, o dia do recebimento, pela sociedade, da notificação do sócio dissidente;**
>
> **IV — na retirada por justa causa de sociedade por prazo determinado e na exclusão judicial de sócio, a do trânsito em julgado da decisão que dissolver a sociedade; e**
>
> **V — na exclusão extrajudicial, a data da assembleia ou da reunião de sócios que a tiver deliberado.**

Saliento que plausível o entendimento de que a **data da resolução deva corresponder à data do balanço de determinação**, tendo em vista que, regra geral, a data do afastamento do favorecido com a apuração de haveres do empreendimento justifica a **não comunicação a ele dos resultados da empresa** da qual se desligou, sejam resultados positivos ou negativos, pois o contrário seria o condescender-se com o **enriquecimento ilícito**, de qualquer das partes.

Enriquecimento ilícito da **sociedade parcialmente dissolvida** (que quisesse impor ao sócio afastado ou a seus herdeiros obrigações da pessoa jurídica com as quais não aquiesceu) ou **do ex-sócio** (quando argumentasse ele direito sobre o resultado superavitário[56] do empreendimento após seu afastamento). A reforçar tal entendimento, leia-se o que expressamente dispõe o art. 608, *caput*, e seu parágrafo único, do novo CPC: "Art. 608. **Até a data da resolução**, integram o valor devido ao ex-sócio, ao espólio ou aos sucessores **a participação nos lucros ou os juros sobre o capital próprio** declarados pela sociedade e, se for o caso, a remuneração como administrador. Parágrafo único. **Após a data da resolução**, o ex-sócio, o espólio ou os sucessores terão **direito apenas à correção monetária** dos valores apurados e aos juros contratuais ou legais".

Por outro lado, a **data do balanço de determinação poderá ser revista**, para atender às peculiaridades do **caso concreto** e, reitero, prevenir eventual enriquecimento ilícito dos litigantes, nos termos do art. 607, do CPC, até o início da perícia.

■ 7.6.3.6.4. Do procedimento judicial

■ 7.6.3.6.4.1. Na dissolução total (CPC de 1939)

A propósito, o **caminho legal para a dissolução total da sociedade** foi disciplinado pelo **antigo Código de Processo Civil (1939)**, que continuou em vigor por aproveitamento do procedimento nele previsto, nos termos do **art. 1.218, inc. VII, do Código de Processo Civil de 1973**, porém somente até o fim da *vacatio legis* do novo

---

[56] Ao afastar-se do empreendimento, o sócio, para compensar a impossibilidade de participar dos resultados positivos em perspectiva, poderá estimar o *goodwill* do negócio, razão pela qual o balanço de determinação não se deve restringir ou confundir com mero balanço contábil, devendo-se estabelecer método auxiliar a projetar o referido *goodwill*, como, por exemplo, o "fluxo de caixa descontado" (*item 3.3.1*). A propósito, recomenda-se a leitura do inteiro teor do precedente seguinte: "DIREITO EMPRESARIAL. DISSOLUÇÃO PARCIAL DE SOCIEDADE POR QUOTAS DE RESPONSABILIDADE LIMITADA. SÓCIO DISSIDENTE. CRITÉRIOS PARA APURAÇÃO DE HAVERES. BALANÇO DE DETERMINAÇÃO. FLUXO DE CAIXA. 1. Na dissolução parcial de sociedade por quotas de responsabilidade limitada, o critério previsto no contrato social para a apuração dos haveres do sócio retirante somente prevalecerá se houver consenso entre as partes quanto ao resultado alcançado. 2. Em caso de dissenso, a jurisprudência do Superior Tribunal de Justiça está consolidada no sentido de que o balanço de determinação é o critério que melhor reflete o valor patrimonial da empresa. 3. O fluxo de caixa descontado, por representar a metodologia que melhor revela a situação econômica e a capacidade de geração de riqueza de uma empresa, pode ser aplicado juntamente com o balanço de determinação na apuração de haveres do sócio dissidente. 4. Recurso especial desprovido" (STJ, **REsp 1.335.619/SP**, 3ª Turma, Relator p/ Acórdão Ministro João Otavio de Noronha, *DJe* 27/03/2015).

CPC (Lei n. 13.105/2015), o que se deu no dia 17 de março de 2016[57] e, também, em **relação às ações propostas e não sentenciadas** até o início da vigência do novo CPC (art. 1.046, § 1º). Para as **novas ações** de dissolução total de sociedade, ajuizadas após o dia 17 de março de 2016, adotou-se o **rito comum** (art. 1.046, § 3º, do novo CPC).

Esquematicamente:

DISSOLUÇÃO TOTAL	Rito Especial do CPC de 1939 até 17/03/2016
DISSOLUÇÃO TOTAL	Após, Rito Comum, art. 1.046, § 3º, da Lei n. 13.105/2015

Destaque-se, inicialmente, que, de acordo com o CPC de 1939 (Decreto n. 1.608/39, arts. 655 a 674), o procedimento para dissolução de sociedade primava pela celeridade, **a prevenir a dilapidação do patrimônio da sociedade a ser dissolvida** pelo sócio que administrasse o empreendimento, para proteção, assim, dos **interesses dos credores** do ente coletivo, bem como os **eventuais haveres dos sócios** não administradores.

A lei (art. 656) determinava que o contrato social da pessoa jurídica a ser dissolvida deveria acompanhar a petição inicial. Por cautela, para verificar se o referido documento condiz com as informações registradas na Junta Comercial, determino, nos processos de minha competência, que a petição seja emendada, para que a parte junte aos autos **certidão simplificada e atualizada expedida pela junta comercial**[58] a respeito da sociedade que se pretenda dissolver, inclusive para aferir sua regularidade e confirmar o nome do representante legal da pessoa jurídica, informação relevante no caso de dissolução parcial, pois a **citação do ente coletivo será efetuada na pessoa de seu representante legal**.

As hipóteses legais que recomendam a dissolução total em relação às sociedades contratuais foram estudadas no *item 7.6.3.6.2*. Assim, a petição inicial deverá **descrever panorama fático** que contextualize **uma daquelas hipóteses**, por exemplo, a inexequibilidade do objeto social.

Apesar disso, **comum a iniciativa judicial de apenas alguns sócios** pela extinção do empreendimento, pois em caso de consenso em relação à extinção da pessoa

---

[57] O art. 1.045 do novo CPC estabeleceu o prazo de 1 (um) ano da data de sua publicação (que ocorreu em 17/03/2015) para o início de sua vigência. Logo, por força do que dispõe o art. 1º da Lei n. 810/49, que define o ano civil ("período de doze meses contado do dia do início ao dia e mês correspondentes do ano seguinte"), o referido prazo findará em 17/03/2016 (quinta-feira, dia útil), dispositivo que combinado com o § 1º, do art. 8º, da Lei Complementar 95/98, permite a conclusão de que o novo CPC entrará em vigor no dia 18/03/2016 (sexta-feira). Confira-se o teor deste último dispositivo legal: "Art. 8º (*omissis*) § 1º A contagem do prazo para entrada em vigor das leis que estabeleçam período de vacância far-se-á com a inclusão da data da publicação e do último dia do prazo, entrando em vigor no dia subsequente à sua consumação integral".

[58] No DF, a Junta Comercial disponibiliza, de forma gratuita e *on-line*, a consulta de tal certidão no seguinte endereço eletrônico: <http://siarco.jcdf.smpe.gov.br/certidao/>.

jurídica, em vez do procedimento judicial, é **preferível o distrato**, ou seja, a dissolução extrajudicial.

Porém, a **judicialização** do processo de extinção tem-se observado corriqueira, diante do dissenso que se estabelece, não em função da necessidade da extinção da pessoa jurídica, e sim **em torno do patrimônio** do ente coletivo, muitas vezes patrimônio líquido até mesmo potencialmente deficitário, ou seja, negativo.

Em tal circunstância, o que se tem constatado é que os sócios, com interesses contrapostos em juízo, esquecem-se de que, quando da formalização da sociedade, **assumiram os riscos do empreendimento**, tanto que uma das cláusulas essenciais do contrato social corresponde à "participação dos sócios nos lucros e nas perdas" (art. 997, inc. IV, do CC). Os sócios, então, **resistem em relação ao partilhar das perdas**, cada qual buscando isentar-se de responsabilização pelo insucesso do empreendimento, inclusive cumulando com o pedido de dissolução total, **pedido de indenização pelo que tenham investido** no ente coletivo.

Percebe-se, assim, o **desaparecimento superveniente da *affectio societatis***, coincidente com a crise econômico-financeira do empreendimento. A confiança mútua entre os sócios se deteriora. Em consequência, ainda que haja **consenso em relação à necessidade de dissolução total**, remanescerá pendente a **liquidação do patrimônio** do empreendimento, que **dependerá de perícia contábil** para calcular e discriminar o patrimônio da pessoa jurídica a ser totalmente dissolvida.

Logo, ainda que as hipóteses legais de dissolução total sejam plúrimas, fato é que o desaparecimento da *affectio societatis* contextualiza-se como fundamento para o exercício do **direito constitucional de não se manter associado**, revelando-se como espécie de direito potestativo.

Nas audiências de conciliação em que atuo como magistrado, titular de vara judicial especializada em litígios empresariais, por dever de ofício, esclareço às partes (facilitado o entendimento, quando a sociedade possui apenas dois sócios) que a ação de dissolução de sociedade **assemelha-se a uma ação de divórcio**, porque, em caso de divórcio, será **direito potestativo** de um dos cônjuges a opção de **romper o vínculo** matrimonial, sem que o outro se possa opor a isso. Eventuais **questões sobre o patrimônio comum poderão ser objeto de partilha** posterior.

Na ação de dissolução de sociedade, de modo semelhante, **o direito de retirada** de um dos sócios do empreendimento, por exemplo, **não depende da anuência do outro**. Assim, no caso de dissolução da sociedade, o **desentendimento dos sócios sobre a distribuição do patrimônio** líquido da sociedade a ser dissolvida deverá ser discutido em sede de **liquidação de sentença, quando da apuração de haveres** a ser orientada por perícia técnica.

O exercício do **direito potestativo** se evidenciará pelo provimento da ação judicial correspondente, causa, em ambas as lides, que terá como consequência patrimonial a **possibilidade de discussão** posterior sobre a **distribuição dos bens** que tiverem sido resultado, respectivamente, da sociedade conjugal e da sociedade empresarial. A inexistência de patrimônio líquido positivo, logicamente, prejudicará a referida distribuição de bens. Esquematicamente:

SOCIEDADE	DIREITO POTESTATIVO	AÇÃO JUDICIAL	DISCUSSÃO EVENTUAL SOBRE O PATRIMÔNIO
■ Conjugal	■ De romper o vínculo matrimonial[59]	■ Divórcio Direto[60]	■ Partilha
■ Empresarial	■ De liberdade de associação (que engloba o direito de extinção do ente coletivo criado) ou de retirada[61]	■ Dissolução Total ou Parcial	■ Liquidação ou Apuração de Haveres

Natural que no divórcio litigioso o diálogo se torne difícil, diante do desgaste da vida em comum que faz surgir ressentimentos entre os parceiros conjugais, portanto, um deles pode, em função de questões mal resolvidas, inclusive escolhas patrimoniais, querer **condicionar a dissolução do vínculo** matrimonial a **eventual acordo que se lhe apresente mais vantajoso** do ponto de vista econômico-financeiro, como uma espécie de **compensação pelos desencontros** ocorridos durante o período de permanência da sociedade conjugal. Entretanto, o direito de romper o vínculo matrimonial — repise-se — independe da vontade do outro consorte e não se condiciona à solução de distribuição prévia dos bens comuns.

O mesmo raciocínio se aplica no que diz respeito à possibilidade do **direito de retirada imotivado**, no caso de dissolução de sociedade, diante do **enfraquecimento da afeição social** até o seu desaparecimento superveniente, contexto em que **um dos sócios não poderá se opor ao desejo do outro de se desligar** do empreendimento, sob a alegação de que primeiro deveriam ser resolvidas questões patrimoniais pendentes durante a permanência do vínculo empresarial.

E isso porque se esclarece às partes que a ação de dissolução de sociedade se propõe a **definir o destino do ente coletivo** a partir da data estabelecida para o **balanço de determinação**, isto é, tecnicamente a sentença que julgar procedente o pedido terá **carga constitutivo-negativa**, para afastar do objeto da lide questões relacionadas à prestação de contas e indenização de um sócio em relação a outro por danos morais, a título de ilustração[62]. Em apoio a tal linha de pensamento, o precedente que se segue:

---

[59] CF/1988. Art. 226 (...) § 6º O casamento civil pode ser dissolvido pelo divórcio.

[60] Súmula 197 do STJ: "O divórcio direto pode ser concedido sem que haja prévia partilha dos bens".

[61] CF/1988. Art. 5º (...) inc. XX — ninguém poderá ser compelido a associar-se ou a permanecer associado.

[62] No âmbito do TJDFT, a Resolução n. 23/2010, ao estabelecer um rol taxativo, para litígios empresariais, destacando-se os casos de dissolução parcial e total de sociedade, indiretamente, reforçou o entendimento de que o rito especial para os casos de dissolução não se compatibiliza com outros pedidos, os quais poderão ser discutidos em ação autônoma, e, no caso do DF, pelo Juízo Cível comum. Leia-se tal conclusão no precedente seguinte: "CONFLITO NEGATIVO DE COMPETÊNCIA. VARA DE FALÊNCIAS, RECUPERAÇÕES JUDICIAIS, INSOLVÊNCIA CIVIL E LITÍGIOS EMPRESARIAIS VS. VARA CÍVEL. AÇÃO DE INDENIZAÇÃO POR DANOS MATERIAIS E MORAIS C/C OBRIGAÇÃO DE FAZER. INEXISTÊNCIA DE LITÍGIO EMPRESARIAL. COMPETÊNCIA DA VARA CIVIL. 1. A competência da Vara de Falência, Recuperações Judiciais, Insolvência Civil e Litígios Empresariais do DF limita-se aos feitos cujos objetos

> Dissolução parcial de sociedade e apuração de haveres c.c. indenização. Rito específico que não se coaduna com a pretensão indenizatória por atos ilícitos que teriam sido praticados pela sócia e terceiros, devendo ser obtidos em ação própria, mediante dilação probatória específica. Decisão acertada. Recurso improvido.
> (TJSP, Agravo n. 2166345-34.2014.8.26.0000, 1ª Câmara Reservada de Direito Empresarial, Rel. Des. Maia da Cunha, julgado em 04/11/2014).

A **tentativa de autocomposição**, já insinuada quando do recebimento da inicial, esclarecendo-se o rito a ser observado, lembrando-se de que eventual contestação deveria ser apresentada no prazo de 5 (cinco) dias (art. 655, § 2º, do CPC/39), ainda que não imune a críticas, empreendia o **abreviar de litígios sobre a dissolução de sociedades** na fase inicial do procedimento judicial. E, nesse particular, é necessário esclarecer que a designação de audiência, logo após a citação do requerido, não constava expressamente como etapa do rito especial para a dissolução total. Entretanto, por meio de uma interpretação lógico-sistemática, para fazer valer o direito fundamental à **conclusão do procedimento em um tempo razoável** (art. 5º, inc. LXXVIII, da CF), era possível agregar ao rito especial o disposto nos incs. II e IV, do art. 125, do CPC de 1973[63]:

> "Art. 125. O Juiz dirigirá o processo conforme as disposições deste Código, competindo-lhe:
> (...) II — velar pela rápida solução do litígio;
> (...) IV — tentar, a qualquer tempo, conciliar as partes."

A **autocomposição** mediada em juízo se apresentava e se apresenta como alternativa ao prolongar do procedimento adversarial, com resultados positivos, porque, em caso de acordo homologado pelo magistrado, o consenso relativo alcançado abreviará a solução do litígio, pois desnecessárias as fases instrutória, de saneamento, julgamento, recursal e de liquidação de sentença.

Contudo, frustrada a tentativa de autocomposição, o julgador deveria avaliar a necessidade de produção de outras provas, podendo designar audiência de instrução e julgamento (art. 655, § 2º, última parte). Se entendesse dispensável a dilação probatória, deveria, então, prolatar sua sentença. E, de tal ***decisum*, poderiam apelar** as partes.

---

digam respeito às matérias elencadas no rol taxativo previsto no art. 2º da Resolução 23/2010 — TJDFT. 2. Embora a questão tratada no caderno processual tangencie matéria de natureza empresarial, o objeto da demanda — obrigação de fazer com base em contrato inadimplido, além de condenação em danos materiais e morais — não se subsume a nenhuma das hipóteses legais previstas na aludida resolução. 3. Conflito negativo de competência conhecido, para declarar competente o Juízo Cível para julgar o feito". (TJDFT, Conflito de Competência 2014 00 2 010950-3, 2ª Câmara Cível, Rel. Des. J. J. Costa Carvalho, Acórdão n. 820.043, *DJe* 19/09/2014)

63 No novo CPC leia-se o mesmo: "Art. 139. O juiz dirigirá o processo conforme as disposições deste Código, incumbindo-lhe: (...) II — velar pela duração razoável do processo; (...) V — promover, a qualquer tempo, a autocomposição, preferencialmente com auxílio de conciliadores e mediadores judiciais".

■ 7.6.3.6.4.2. Na dissolução total (no novo CPC — Lei n. 13.105/2015)

Nos termos do novo CPC (art. 1.046, § 3º), "os processos mencionados no **art. 1.218 da Lei n. 5.869, de 11 de janeiro de 1973**, cujo procedimento ainda não tenha sido incorporado por lei submetem-se ao procedimento comum", portanto, **entre os ritos mencionados** no referido art. 1.218 do CPC de 1973, exatamente o rito especial da dissolução total, sendo que as lides ajuizadas na vigência do novo CPC e que contextualizem pedido de dissolução total devem — numa interpretação inicial — ser processadas de acordo com o **rito comum** (ordinário) do novo CPC.

Assim, comparativamente, como já havia salientado na segunda edição deste livro, a inovação legislativa **ampliou o prazo de defesa para 15 dias**, sendo de se salientar a contagem do prazo em dias úteis (art. 219). Tais alterações **se demonstraram não condizentes com a celeridade do procedimento** em que, eventualmente, presente uma **pluralidade de interesses**, não só dos sócios em litígio, mas também dos credores do empreendimento, pois a dissolução total da sociedade, em perspectiva, projetará a **realização de seu ativo e nas forças deste a liquidação de seu passivo**.

E, ao se adotar o rito ordinário, perceptíveis suas fases: postulatória, ordinatória, probatória, decisória, seguindo-se, ainda, o cumprimento da sentença. Como novidade da fase postulatória, da petição inicial deverá constar "a **opção do autor pela realização ou não de audiência de conciliação ou de mediação**" (art. 319, inc. VII, da Lei n. 13.105/2015) e, se assim o requerer, o Juiz, ao receber a inicial, "designará audiência de conciliação ou de mediação com antecedência mínima de 30 (trinta) dias, devendo ser citado o réu com pelo menos 20 (vinte) dias de antecedência" (art. 334).

Em caso de **desinteresse do autor pela autocomposição**, ainda assim poderá o **réu, quando da contestação, requerer ao Juiz a realização de audiência de conciliação**, pois a referida audiência somente não se realizará se houver manifestação em sentido contrário de ambas as partes (art. 334, § 4º, inc. I). Elogiável a inclusão de tal audiência, ainda no limiar do procedimento, tendo em vista a possibilidade de se **abreviar o litígio** em caso de autocomposição a ser homologada por sentença (art. 334, § 11).

As partes continuarão a depender da imprescindível orientação de seus advogados, sendo de se ressaltar o que dispõe o **Código de Ética da Advocacia**, que enumera, expressamente, entre os deveres do advogado "**estimular a conciliação** entre os litigantes, prevenindo, sempre que possível, a instauração de litígios" (art. 2º, inc. VI). Logo, a vontade processual, técnica, proveniente da capacidade postulatória dos advogados se deve sobrepor a vontade meramente psicológica de seus clientes, pois muitas vezes imbuídos por ressentimentos **não conseguem perceber os benefícios de um eventual acordo**.

E isso porque priorizar a **solução não adversarial** do conflito, nos termos do novo CPC, compõe **princípio norteador de um Poder Judiciário célere e eficiente** (arts. 1º, 2º e 3º, §§ 2º e 3º, do novo CPC)[64], racionalizando-se os recursos materiais e huma-

---

[64] Art. 1º O processo civil será ordenado, disciplinado e interpretado conforme os valores e as normas fundamentais estabelecidos na Constituição da República Federativa do Brasil, observando-se as disposições deste Código. Art. 2º O processo começa por iniciativa da parte e se

nos, para evitar o prosseguimento de um litígio de **duvidoso benefício econômico** para as partes, principalmente em caso de **dissolução total** de sociedade, que tenha por causa a **inexequibilidade do objeto social em razão de patrimônio deficitário**.

Por outro lado, por meio de uma **interpretação lógico-sistemática** do rito estabelecido para a dissolução parcial de sociedade, também no novo CPC (arts. 599-609), não haverá prejuízo às partes se aquele procedimento for **adaptado aos casos de dissolução total**. Em primeiro lugar, apesar da judicialização do pedido, **se não houver oposição à dissolução total** do empreendimento, perfeitamente compatível com a tutela jurisdicional pretendida, de logo **seguir-se a liquidação da pessoa jurídica**, nos termos do art. 603: "Havendo manifestação expressa e unânime pela concordância da dissolução, o juiz a decretará, passando-se imediatamente à fase de liquidação".

E para a construção de eventual autocomposição, em que se alcance o consenso e a unanimidade referida na lei, de se destacar a possibilidade de agregar-se ao procedimento, de rito especial, a **designação de audiência de conciliação**, de ofício, pelo próprio juiz, nos termos do art. 139, inc. V, do novo CPC: "O juiz dirigirá o processo conforme as disposições deste Código, incumbindo-lhe (...) promover, a qualquer tempo, a autocomposição, preferencialmente com auxílio de conciliadores e mediadores judiciais".

A **adoção ou adaptação do rito especial** da dissolução parcial para o caso de **dissolução total** possibilitará a contextualização do cumprimento da função jurisdicional em um **tempo razoável de duração do processo**, direito fundamental (art. 5º, inc. LXXVIII, da CF) e norma-princípio inscrita no novo CPC (art. 4º, *caput*)[65].

O caminho inverso, tendo em vista a mesma principiologia (Judiciário célere e eficiente a promover a pacificação social), isto é, a possibilidade de que **normas do rito comum sejam incorporadas ao rito especial** tem sua previsão expressa no texto legal, diante da **subsidiariedade do rito comum em relação aos ritos especiais**, conforme dispõe o parágrafo único, do art. 318, do novo CPC.

Na **dissolução parcial**, inclusive, de se destacar que, em caso de ser **contestado o pedido**, o caminho legal a ser observado será o **rito ordinário**, nos termos do § 2º do art. 603. Com o novo CPC (Lei n. 13.105/2015), ainda que possível a adoção do rito da dissolução parcial (como estudaremos no *item 7.6.3.6.4.7*) no caso de dissolução total, sendo que o rito especial especificou a data do balanço de deter-

---

desenvolve por impulso oficial, salvo as exceções previstas em lei. Art. 3º Não se excluirá da apreciação jurisdicional ameaça ou lesão a direito. § 1º É permitida a arbitragem, na forma da lei. § 2º O Estado promoverá, sempre que possível, a solução consensual dos conflitos. § 3º A conciliação, a mediação e outros métodos de solução consensual de conflitos deverão ser estimulados por juízes, advogados, defensores públicos e membros do Ministério Público, inclusive no curso do processo judicial.

[65] Art. 4º As partes têm o direito de obter em prazo razoável a solução integral do mérito, incluída a atividade satisfativa.

minação (cf. *item 7.6.3.6.3*), cuidando, ainda, de salientar que a apuração de haveres deverá respeitar o que eventualmente dispuser o contrato social, **nada se dispôs** sobre as medidas a serem adotadas quanto à eventual **necessidade de liquidação de todo o acervo da sociedade**. Assim, por analogia, poderão ser observadas as diretrizes adotadas para o caso de liquidação extrajudicial, nos termos dos arts. 1.102 a 1.110, do CC.

Saliente-se, ainda, a **cautela necessária** dos eventuais litigantes, ao **projetarem a avaliação do acervo social**, pois em caso de patrimônio líquido potencialmente **negativo**, insistir-se na feitura de perícia será contraproducente, porque apenas **incrementará o passivo** do empreendimento.

Como **medida paliativa para arrefecer a resistência dos litigantes** quanto à desnecessidade ou inutilidade da **prova pericial**, porque a prospectar um resultado que contextualizará a perda superveniente do objeto da liquidação, na perspectiva de um patrimônio líquido negativo, **em vez da perícia tradicional**, o novo CPC introduziu a denominada **prova técnica simplificada**, consistente na "inquirição de especialista, pelo juiz, sobre ponto controvertido da causa que demande especial conhecimento científico ou técnico" (art. 464, § 3º). Ou seja, a **oitiva do especialista em audiência poderá substituir a formalização do laudo pericial**, o que diminuirá o custo de seus honorários.

Por outro lado, na perspectiva de um **patrimônio líquido positivo, salutar a elaboração de perícia técnica**. Porém, com a revogação do rito do CPC de 1939 para a dissolução total, na ausência de delimitação do procedimento de liquidação no próprio contrato social ou de consenso das partes sobre a forma de operacionalização da liquidação, por analogia ao procedimento em caso de falência, **poderá o perito nomeado cumular as atribuições de Administrador Judicial**, para "arrecadar os bens (...) avaliar os bens arrecadados contratar avaliadores, de preferência oficiais, mediante autorização judicial, para a avaliação dos bens caso entenda não ter condições técnicas para a tarefa; praticar os atos necessários à realização do ativo e ao pagamento dos credores" (art. 22, inc. III, alíneas "g", "h" e "i", da Lei n. 11.101/2005). Ao final, depois de considerados os seus honorários e outras despesas, o **produto da liquidação que ainda remanescer deverá ser distribuído aos ex-sócios na proporção do capital** que mantinham em relação à pessoa jurídica.

■ *7.6.3.6.4.3. Fluxograma — Fase de conhecimento*

Em sintonia com a proposta de fixação dos conteúdos estudados, segue fluxograma do **procedimento em caso de dissolução total** até a fase de liquidação, conforme dispunha o CPC de 1939. Perceba-se que a descrição do procedimento pelo fluxograma abaixo também se aproveita em relação ao rito de dissolução parcial no novo CPC (arts. 599-609), à exceção do prazo de contestação (15 dias úteis), sendo que em caso de concordância com o pedido, no prazo da contestação, seguir-se-á a fase de cumprimento de sentença:

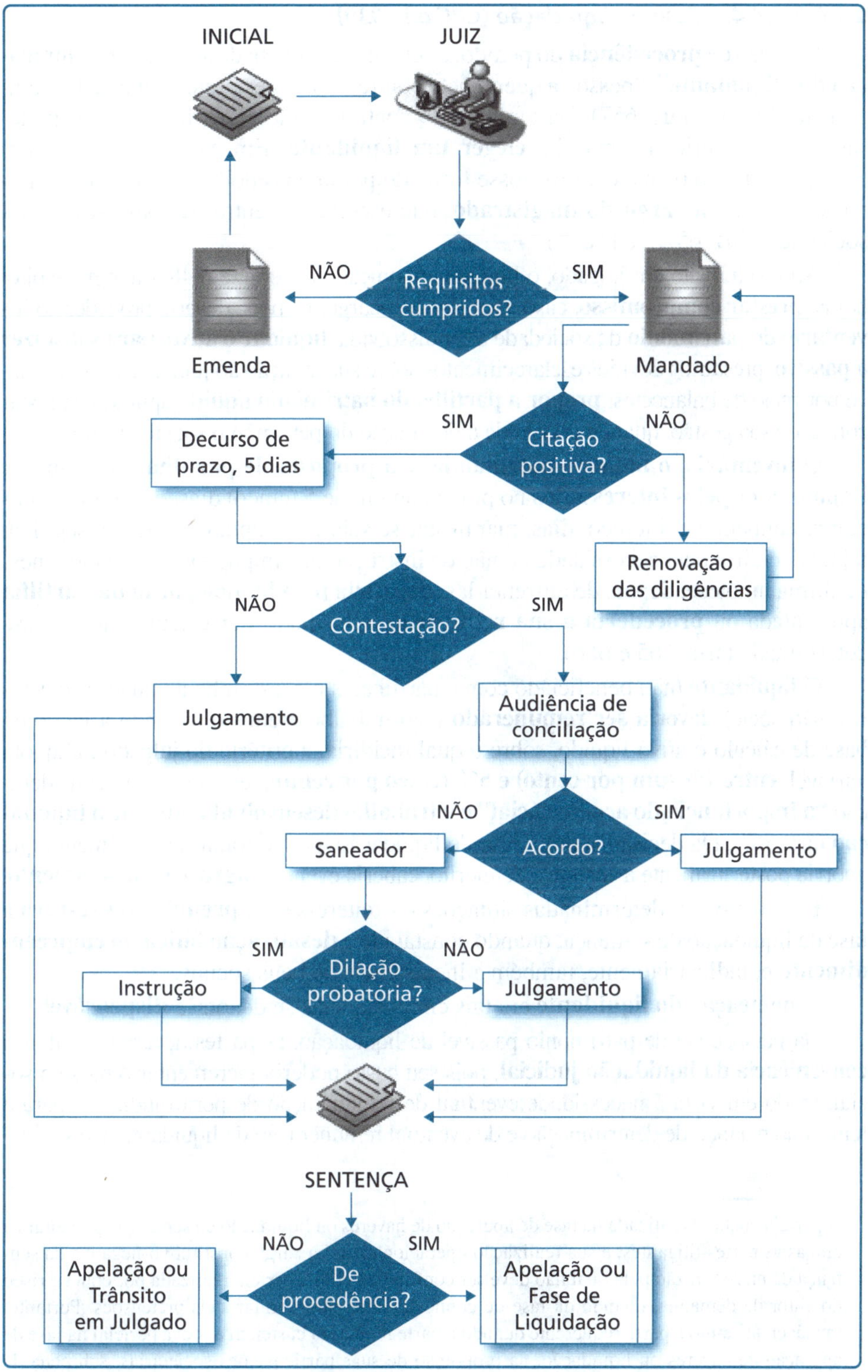
INICIAL
JUIZ
NÃO
Requisitos cumpridos?
SIM
Emenda
Mandado
SIM
Citação positiva?
NÃO
Decurso de prazo, 5 dias
Renovação das diligências
NÃO
Contestação?
SIM
Julgamento
Audiência de conciliação
NÃO
Acordo?
SIM
Saneador
Julgamento
SIM
Dilação probatória?
NÃO
Instrução
Julgamento
SENTENÇA
NÃO
De procedência?
SIM
Apelação ou Trânsito em Julgado
Apelação ou Fase de Liquidação

■ *7.6.3.6.4.4. Fase de liquidação (CPC de 1939)*

Em caso de **procedência** do pedido, a sentença correlata deveria trazer a **nomeação do "liquidante"**, "pessoa a quem, pelo contrato, pelos estatutos, ou pela lei competir tal função" (art. 657). Na omissão do contrato e da lei, os interessados poderiam, pelo critério da maioria, **eleger um liquidante**. Em caso de empate (por exemplo, quando o ente coletivo fosse formado por apenas dois componentes), a nomeação ficaria **a cargo do magistrado**, que escolheria "entre pessoas estranhas à sociedade" (art. 657, §§ 1º e 2º).

Após o trânsito em julgado, o liquidante nomeado deveria, em 48 (quarenta e oito) horas, **prestar compromisso**, caso aceitasse o encargo. Depois, deveria proceder ao **inventário do patrimônio** da sociedade a ser dissolvida, **liquidar o ativo, para satisfazer o passivo**, prestar os devidos esclarecimentos sobre sua atuação ao juiz da causa, inclusive por meio de balancetes, **propor a partilha do patrimônio líquido** apurado e prestar contas de sua gestão, quando concluída a liquidação do patrimônio social (art. 660).

O **inventário, o balanço patrimonial e a proposta de partilha** poderiam ser **impugnados pelos interessados** no prazo comum de 5 (cinco) dias, devendo o liquidante, também em 5 (cinco) dias, manifestar-se sobre as impugnações. Em seguida, o juiz decidiria pela necessidade ou não de instrução das impugnações, quando, nesta última hipótese, depois de enfrentá-las, **decidiria pela homologação da partilha** apresentada ou **procederia a sua retificação**, subsidiado por cálculos que tivesse determinado (arts. 665 e 666).

O **liquidante** (não beneficiado com a partilha, isto é, estranho ao quadro societário, não sócio) **deveria ser remunerado** pelo trabalho efetuado, fixando a lei como base de cálculo o ativo líquido, sobre o qual incidiria, a critério do julgador, alíquota variável, **entre 1% (um por cento) e 5% (cinco por cento)**, levando-se em consideração **"a importância do acervo social" e o trabalho desenvolvido durante a liquidação** (art. 667). Da decisão sobre a fase de liquidação, por se tratar de provimento que ocorria posteriormente à sentença de mérito, caberia eventual **agravo de instrumento**.

Entretanto, em determinadas situações — reitere-se —, **prejudicada restava** a fase de liquidação de sentença, quando constatada a **desativação fática do empreendimento** e, indiciariamente, também a inexistência de bens sociais.

A **nomeação do liquidante** em tais circunstâncias se denotava **dispensável**.

Na perspectiva de patrimônio passível de liquidação, as partes deveriam avaliar a **conveniência da liquidação judicial**, pois seu custo poderia incrementar o passivo social, tendo em vista a necessidade eventual de remuneração de perito judicial[66] para a feitura do balanço de determinação e de eventual remuneração de liquidante não sócio.

---

[66] A perícia contábil realizada na fase de apuração de haveres ou liquidação de sentença aproveitará a ambas as partes litigantes, e sua realização operacionalizará a carga constitutivo-negativa da sentença de mérito, razão pela qual não deve ser confundida com a perícia realizada por conta e risco do autor da demanda, quando da fase de conhecimento, para validar suas pretensões. Portanto, razoável que tanto a parte requerente quando a parte requerida custeiem a prova pericial na fase de apuração de haveres ou liquidação, na proporção de suas participações societárias, sob pena de enriquecimento ilícito da parte que se negar a custear a perícia. Os honorários periciais correspondem

Por isso, se, por equívoco, os sócios superestimassem o acervo social, a insistência na liquidação judicial **poderia redundar na perda superveniente do objeto** da fase de liquidação, e o liquidante não sócio nomeado, inclusive, deveria opinar pela extinção do feito (art. 267, incs. IV e VI, do CPC[67]) e, apesar do trabalho realizado, prejudicada restava a fixação de remuneração a favorecê-lo. De se salientar que, se para a **sociedade anônima, depois de liquidado e partilhado seu ativo** — o que pressupõe patrimônio líquido positivo — **não será decretada a falência** (§ 2º, do art. 96, da Lei n. 11.101/2005), parecia e remanesce sem cabimento eventual ajuizamento de pedido de falência de sociedade contratual formalmente extinta e com patrimônio deficitário.

Em tal hipótese, eventuais prejuízos que os ex-sócios imputassem uns aos outros poderiam ser discutidos em ação autônoma, sem vinculação do magistrado que tivesse julgado a dissolução da sociedade, diante do exaurir de sua jurisdição. Em apoio às conclusões acima, o precedente seguinte:

> APELAÇÃO CÍVEL. DISSOLUÇÃO E LIQUIDAÇÃO DE SOCIEDADE. AÇÃO DE DISSOLUÇÃO PARCIAL. APURAÇÃO DE HAVERES. PERÍCIA TÉCNICA. PATRIMÔNIO LÍQUIDO NEGATIVO (...)
>
> 1. A existência de sociedade por quotas de responsabilidade limitada mantida entre as partes, pois evidenciada a comunhão de esforços organizada para a consecução do objetivo comum, a fim de auferir lucro, assim como a sua dissolução parcial já foram objeto de reconhecimento na decisão de primeiro grau.
>
> 2. O recurso na ação de dissolução cinge-se à apuração de haveres, postulando a parte autora que na liquidação de suas quotas apure os haveres considerando todos os bens corpóreos e incorpóreos, além das dívidas já adimplidas pelos sócios retirantes, elementos estes determinantes para avaliar a sociedade empresária.
>
> 3. O laudo pericial inserto nos autos foi conclusivo acerca da existência de balanço negativo, porquanto apurado o total de seu ativo e passivo, o resultado apontou o valor de R$ –1.346,81. Note-se que o referido trabalho técnico levou em consideração todos os bens corpóreos e incorpóreos, salientando que o estabelecimento comercial da empresa é locado.
>
> 4. Assim, tendo a perícia concluído que o patrimônio líquido da empresa era deficitário, não há falar em apuração de haveres, pois os sócios retirantes nada têm a receber (...) (TJ-RS, Apelação Cível 70047498902 RS, 5ª Câmara Cível, Rel. Des. Jorge Luiz Lopes do Canto, julgado em 25/04/2012).

---

a uma despesa necessária para a apuração do patrimônio líquido. Nesse sentido, confira-se o precedente seguinte: "PROCESSUAL CIVIL. AGRAVO REGIMENTAL. NEGATIVA DE SEGUIMENTO A AGRAVO DE INSTRUMENTO. DISSOLUÇÃO PARCIAL DE SOCIEDADE ANÔNIMA. APURAÇÃO DE HAVERES. REALIZAÇÃO DE PERÍCIA CONTÁBIL. ÔNUS DOS SÓCIOS NA PROPORÇÃO DE SUAS COTAS. RECURSO DESPROVIDO. 1 — É entendimento assente nesta Corte que, uma vez decretada a resolução parcial da sociedade, apuram-se os haveres por intermédio de perícia contábil, que deve ser custeada pelos sócios, na proporção das cotas que cabem a cada um deles, e não somente pelos sócios retirantes. Entende-se que na dissolução parcial de sociedade, é interesse de todos os sócios a correta apuração de haveres, razão pela qual devem arcar com os honorários do perito proporcionalmente à sua participação acionária (...)." (TJDFT, Agravo de Instrumento 2014 00 015293-0, 1ª Turma Cível, Rel. Des. Alfeu Machado, Acórdão n. 811.422, *DJe* 19/08/2014).

[67] Dispositivos repetidos no novo CPC (Lei n. 13.105/2013, cf. art. 485, inc. IV e VI).

■ 7.6.3.6.4.5. *Fluxograma — Fase de liquidação (CPC de 1939)*

Esquematicamente, o fluxograma seguinte apresenta a segunda fase do hoje revogado procedimento de dissolução total, ou seja, **a fase de liquidação**:

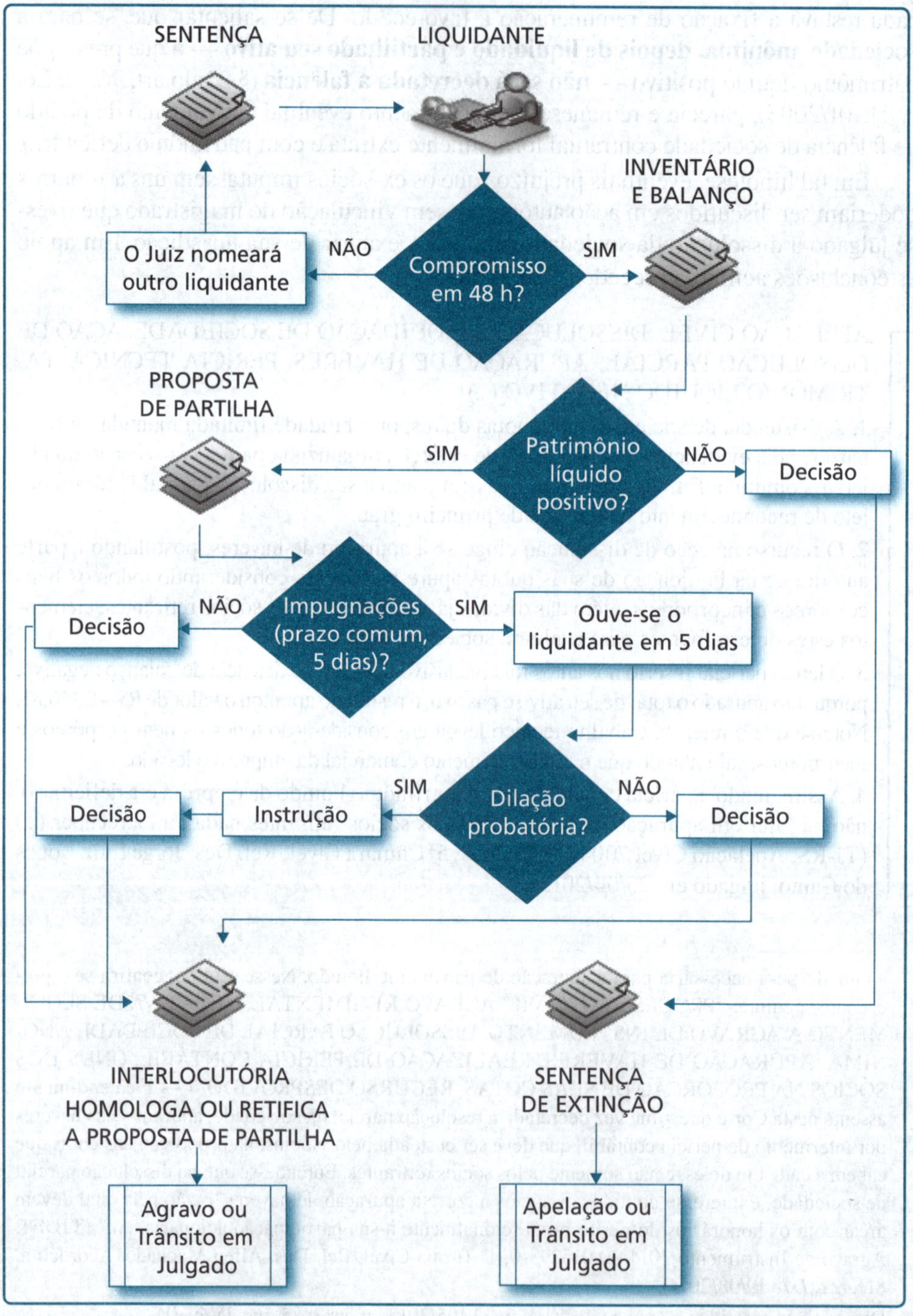

7.6.3.6.4.6. Na dissolução parcial (CPC de 1939)

Em caso de dissolução parcial, a **crise interna entre os sócios** que pretendessem continuar o empreendimento e aqueles que decidissem se desligar dele merecia **solução jurídica o quanto antes** para que não se comprometesse a continuação da atividade desenvolvida. O princípio da preservação da empresa como interesse difuso (art. 47, da Lei n. 11.101/2005) deveria ser levado em conta pelo julgador.

A pessoa jurídica — não faz mal rememorar — não se confunde com seus sócios, pois ela detém personalidade jurídica, nome e patrimônio próprios, e **vontade funcional** nem sempre coincidente com a vontade psicológica de seus sócios. Por isso, quando instaurado o litígio em torno da dissolução total ou parcial da pessoa jurídica empresarial, **deveria e deverá o ente coletivo integrar um dos polos** da demanda, ao lado dos **empreendedores que decidissem ou decidirem pela continuação** do empreendimento. Trata-se de litisconsórcio necessário[68].

Afinal, a sentença que eventualmente julgar procedente o pedido de **dissolução parcial importará na diminuição potencial do capital social do empreendimento**, o que, reflexamente, significará, proporcionalmente, a redução do valor patrimonial da participação societária dos sócios remanescentes.

Por cautela, quando o litígio respeitante à dissolução de sociedade empresarial envolver, em lados opostos, sócios que **detenham meio a meio a participação societária**, isto é, 50% *versus* 50%, e ainda **administrem conjuntamente** o empreendimento, os interesses da pessoa jurídica em juízo poderão ser **defendidos por um curador especial**, diante da colidência de interesses de seus representantes. Assim, nos casos submetidos a minha jurisdição, tenho nomeado para defesa dos interesses da pessoa jurídica a Defensoria Pública ou os Núcleos de Prática Jurídica de faculdades e centros universitários. O fundamento jurídico para tal proceder se encontra na aplicação, por analogia, do disposto no **art. 72º, inc. I, 2ª parte, do CPC**.

Por meio de uma **interpretação literal e restritiva** do CPC de 1939, o rito estabelecido em seus arts. 655 a 674 **somente se aplicava aos casos de dissolução total** de sociedade, tanto que a 3ª Turma do STJ, no julgamento do REsp 1.139.593/SC (*DJe* 02/05/2014), concluiu que em **caso de dissolução parcial** de sociedade, diante de ausência de previsão legal, o rito a ser adotado devia ser o **ordinário**.

Contudo, o **CPC de 1939 trazia a previsão de dissolução apenas parcial**, razão pela qual, ainda que ponderáveis os argumentos alinhavados no precedente acima, permito-me divergir daquela interpretação. Dizia o art. 668 do CPC de 1939: "Se a **morte ou a retirada de qualquer dos sócios não causar a dissolução da sociedade**, serão apurados exclusivamente os seus haveres, fazendo-se o pagamento pelo

---

68 Nesse sentido, colacionam-se os seguintes precedentes: TJDFT (Acórdão 548.179, *DJe* 24/11/2011); TJSP (Apelação 2141573-07.2014.8.26.0000, 1ª Câmara Especializada em Direito Empresarial, julgada em 11/10/2014; Apelação 1001413-03.2014.8.26.0564, 2ª Câmara Especializada em Direito Empresarial, julgada em 15/10/2014).

modo estabelecido no contrato social, ou pelo convencionado ou, ainda, pelo determinado na sentença". Pela leitura do dispositivo legal, perfeitamente **possível que a sociedade não fosse totalmente dissolvida**, apesar do exercício do direito de retirada por algum dos sócios. Logo, o dispositivo legal, ainda que não o dissesse expressamente, **tratou da possibilidade de dissolução parcial** do ente coletivo.

Além disso, tendo em vista o mandamento constitucional que impõe a **conclusão do procedimento judicial em um tempo razoável**, parece-nos que o rito especial adotado para a dissolução total (no CPC de 1939) tinha sua **essência na celeridade**, priorizando-se os interesses dos credores da sociedade a ser dissolvida, incluindo-se as verbas rescisórias dos trabalhadores que perdessem seus postos de ocupação com a extinção do empreendimento, bem como o **interesse dos empreendedores quanto ao rateio do patrimônio líquido** se eventualmente positivo.

Ora, se a **celeridade da dissolução total** tinha como razão de ser a pluralidade de interesses em torno da extinção do empreendimento, como maior razão ou com **mais força ainda, a celeridade** deveria ser contextualizada **em relação à dissolução parcial**, pois em atenção ao princípio da preservação da empresa, protraía e protrairá no tempo a pluralidade de interesses com a **continuidade do empreendimento**, depois de debelada a crise momentânea no perfil subjetivo do ente coletivo, com o afastamento do sócio dissidente. Se a **pluralidade momentânea** de interesses (*minus*), no caso da dissolução total, atraía o **rito especial**, *a fortiori*, a **pluralidade perene** de interesses (*plus*), no caso da **dissolução parcial**, também deveria atrair **o mesmo rito especial**. Esquematicamente:

DISSOLUÇÃO JUDICIAL	PLURALIDADE DE INTERESSES	NORMAS-PRINCÍPIO	RITO (CPC de 1939, arts. 655 a 674)
TOTAL	■ Momentânea (*minus*)	■ Duração razoável do processo	■ Especial — por expressa disposição de lei
PARCIAL	■ Duradoura (*plus*)	■ Duração razoável do processo + Princípio da Preservação da Empresa	■ Especial — por construção doutrinária e jurisprudencial

De se destacar que a **dissolução parcial**, comumente, se fundamentava e se fundamenta no **exercício do direito potestativo de retirada, diante do desaparecimento da *affectio societatis*, prescindível dilação probatória**, característica predominante do rito ordinário, o que, também por tal motivo, recomendava a **adoção do rito especial (do CPC de 1939), mais simples e célere** se comparado ao rito ordinário do CPC de 1973.

■ *7.6.3.6.4.7. Na dissolução parcial (no novo CPC — Lei n. 13.105/2015)*

Com o novo CPC (Lei n. 13.105/2015), inverteu-se a polêmica referida no item acima, pois este diploma legal delimitou, entre seus arts. 599-609, **rito especial, que deverá regular a dissolução parcial da sociedade**, enquanto a **dissolução total tramitará pelo rito ordinário**. Em primeiro lugar, percebem-se dois momentos ou **duas fases bem distintas** no referido procedimento. Na **primeira fase**, há que se definir sobre a **resolução da sociedade**, para depois, numa **segunda fase, se projetarem eventuais haveres**. Tanto isso é verdade que o inc. III, do art. 599, do novo CPC dispõe: "somente a resolução **ou** a apuração de haveres".

Há por assim dizer um escalonamento bastante lógico. Na **primeira fase**, como se argumentou no *item 7.6.3.6.4.1*, o **direito de se desvencilhar de determinada sociedade pode ser considerado direito potestativo**, tendo em vista que, mesmo sem declinar os motivos de sua decisão, o **sócio poderá exercer seu direito de retirada** nas sociedades contratuais de prazo indeterminado. Seu **afastamento deve ser comunicado** aos demais sócios, com a **antecedência de 60 (sessenta) dias**, prazo em que os sócios remanescentes deverão iniciar as tratativas para formalizar o desligamento do sócio retirante, inclusive com a liquidação de seus haveres. Nos termos da lei, o **direito de retirada contextualiza hipótese de dissolução extrajudicial**.

Porém, se **houver dissenso** dos sócios remanescentes, mesmo depois de notificados, a **solução do impasse será a judicialização** da primeira fase do procedimento (formalização da retirada) ou apenas da segunda fase (apuração de haveres), quando, apesar do consenso sobre o afastamento do sócio, houver discordância quanto ao cálculo de seus haveres.

A **segunda fase** poderá, inclusive, demonstrar-se — reitere-se — **inútil**, se a estimativa do patrimônio líquido da sociedade apresentar-se em **montante negativo**. Isto é, a sociedade possua obrigações pendentes, mesmo depois de realizado todo seu ativo (ainda que em perspectiva). Não haverá dividendos a considerar, nem saldo positivo. Sobrarão **apenas obrigações** da pessoa jurídica, que, em princípio, **não poderão ser exigidas dos sócios** se, por exemplo, tratar-se de sociedade do tipo limitada e constatar-se que o capital social tenha sido devidamente integralizado.

De se notar, além do direito potestativo de retirada, a possibilidade de que **haja a dissolução parcial por vontade dos sócios remanescentes** em caso de **exclusão** ou em razão de **falecimento** de um dos sócios. Assim, as hipóteses de dissolução parcial previstas no Código Civil foram referidas também no novo CPC.

O § 1º, do art. 599, trouxe o **contrato social consolidado como documento indispensável** para a propositura da ação de dissolução parcial, sendo de se salientar que tal requisito se verificará com o registro de todas as alterações do contrato social na junta comercial, o que possibilitará a comprovação da consolidação. Em razão disso, a complementar aquele requisito, a **juntada aos autos de certidão simplificada**[69] **e expedida pela junta comercial** será providência útil, para se evitar a propositura de ações **temerárias com base em contrato social desatualizado**.

Tanto no contrato social, quanto na referida certidão deverão constar **o nome de quem responderá pela pessoa jurídica, além da indicação de sua sede**. Essa qualificação mínima se demonstrará imprescindível, para se eleger **o foro competente**, ou seja, o lugar em que deva ser ajuizada a ação judicial, já devidamente indi-

---

69 Reitere-se que no DF, a certidão simplificada pode ser consultada gratuitamente e *on-line* no seguinte endereço: <http://siarco.jcdf.smpe.gov.br/certidao/>.

cado no próprio contrato social, sendo de se destacar que, diante das peculiaridades de tal ação, notadamente eventuais **diligências para constrição e avaliação do patrimônio da sociedade**, para facilitação de tais diligências que se atente para o que expressamente dispõe o art. 53, inc. III, alínea "a", também do novo CPC: "Art. 53. É **competente o foro: (...) III — do lugar: a) onde está a sede**, para a ação em que for ré pessoa jurídica;"[70].

Apesar da recomendação do parágrafo anterior e da jurisprudência consolidada, inclusive por meio de precedentes do STJ, o **litisconsórcio passivo necessário** entre a **pessoa jurídica e os sócios remanescentes**, na ação de dissolução parcial de sociedade, foi **relativizado pelo legislador**, tendo em vista que, se na referida ação, **todos os sócios remanescentes forem citados, dispensável a citação da pessoa jurídica** (art. 600, parágrafo único).

A **bem da celeridade do procedimento**, diante de eventual **colidência de interesses** entre os administradores da pessoa jurídica, a referida norma do parágrafo único do art. 600, do novo CPC, demonstra-se **coerente com o princípio de duração razoável do processo**. Porém, de se destacar que o **patrimônio da pessoa jurídica não se confunde com o patrimônio particular de seus sócios**. Em caso de dissolução parcial, a liquidação dos haveres deverá ocorrer em relação ao patrimônio da pessoa jurídica como regra geral, tanto que aquela norma, **apesar da dispensa de citação**, adverte que a **pessoa jurídica "ficará sujeita aos efeitos da decisão e à coisa julgada"**.

O **prazo para eventual defesa**, comparando-se com o CPC de 1939, foi bastante **ampliado, de 5 (cinco) para 15 (quinze) dias**, além da contagem do prazo no novo CPC **em dias úteis** (art. 601, *caput*, c.c. art. 219, ambos da Lei n. 13.105/2015).

Em caso de **aquiescência ao pedido**, mesmo que a parte requerida tenha dado causa à demanda, percebe-se que o novo CPC **excepcionou o princípio da causalidade**, ao regulamentar que "**não haverá condenação em honorários** advocatícios de nenhuma das partes, e as **custas serão rateadas** segundo a participação das partes no capital social" (art. 603, § 1º).

Por outro lado, em caso de **não concordância, seguir-se-ão as demais fases** do procedimento ordinário (art. 603, § 2º). E, quando da **contestação, a sociedade poderá formular pedido de indenização** a ser compensado com eventuais haveres que tenha que disponibilizar ao requerente (art. 602). Imagine-se, por exemplo, a **alegação de concorrência desleal** perpetrada pelo sócio retirante, valendo-se de negócios realizados com a carteira de clientes da sociedade. Assim, uma vez comprovado o prejuízo, bem como calculado seu montante, o valor correspondente poderá ser **descontado dos eventuais haveres devidos à parte requerente** (sócio retirante).

De todo modo, deverá haver cautela na interpretação de tal dispositivo, pois **não deverão ser englobadas** nas pretensões da sociedade questões que se confundam com **meros desentendimentos entre os sócios**, como, por exemplo, eventual pedido

---

[70] Dispositivo, inclusive, antes previsto no CPC de 1973, com redação idêntica, como se lê no art. 100, inc. IV, alínea "a".

de **indenização por danos morais entre eles sem relação com a reputação da pessoa jurídica**.

De minha experiência profissional como titular de vara especializada em litígios empresariais, **ao receber iniciais de dissolução parcial de sociedade** empresária, tenho **determinado a emenda** destas, quando, paralelamente a pedido de exclusão de algum dos sócios, a sociedade a ser parcialmente dissolvida, incidentalmente, efetua **pedido genérico de indenização** contra o sócio excluído.

E assim entendo, porque o **rito especial** estabelecido — ao que parece — deve **propiciar, em tempo razoável, a definição sobre o quadro societário** do empreendimento, com a continuidade da atividade econômica desenvolvida, ou nos termos do art. 47, da Lei n. 11.101/2005 — a preservação da empresa — como fonte produtora de emprego e renda.

Em razão de tal princípio, impõe-se, assim, a **estrita observância do rito especial**, que não pode ser comprometido com pedido genérico de indenização da sociedade em relação ao sócio que dela se desligue.

E mesmo uma **interpretação meramente literal do art. 602**, *caput*, do CPC **não se compatibiliza com referido pedido genérico**, pois eventual indenização deverá ser compensada com os eventuais haveres daquele que vier a ser afastado da sociedade.

Nessa linha de raciocínio, tal pedido de **indenização deve se restringir a fatos contemporâneos** ao afastamento do sócio, que redundem em prejuízo do empreendimento, pois do contrário e, reflexamente, o pedido acessório de indenização, na verdade, tomará a proporção de amplíssima ação de exigir contas, a **comprometer a celeridade do procedimento** de dissolução parcial e até **desvirtuar a essência de referido primeiro procedimento especial**, pois, em vez de **proteção da pessoa jurídica**, cada um dos sócios acabará por defender interesses meramente patrimoniais, como se a pessoa jurídica, autonomamente, jamais tenha existido.

E o magistrado, em perspectiva, se não **cuidar de limitar o pedido de indenização**, acabará por, indiretamente, encampar tese jurídica contrária a dispositivos legais que impedem a blindagem patrimonial de um dos sócios em relação ao outro e também a solidariedade quanto a resultados positivos fictícios, isto é, tese jurídica que contrasta com os arts. 1.008 e 1.009, do CC, *in verbis*:

> "Art. 1.008. É nula a estipulação contratual que exclua qualquer sócio de participar dos lucros e das perdas.
>
> Art. 1.009. A distribuição de lucros ilícitos ou fictícios acarreta responsabilidade solidária dos administradores que a realizarem e dos sócios que os receberem, conhecendo ou devendo conhecer-lhes a ilegitimidade."

Ou pior, o magistrado poderá **referendar eventual pedido de dissolução parcial de sociedade em estado falimentar**, o que se demonstra incompatível com o direito de eventuais credores da sociedade, porque em tal situação — patrimônio líquido deficitário — **prejudicado remanescerá o pedido de apuração de haveres ou eventual indenização** a ele reflexa, enquanto pendente o passivo a descoberto da sociedade, diante do que dispõe o § 2º, do art. 83, da Lei n. 11.101/2005: "Não são oponíveis à massa os valores decorrentes de direito de sócio ao recebimento de sua parcela do capital social na liquidação da sociedade".

Além disso, sendo comum o enfrentamento de pedidos de **dissolução apenas em relação a sociedades do tipo limitada**, o regime jurídico de tal tipo societário recomenda aos sócios, ao menos uma vez por ano, **"nos 4 (quatro) meses seguintes ao término do exercício social", reunirem-se para deliberar sobre "as contas dos administradores** e deliberar sobre o balanço patrimonial e o de resultado econômico" do empreendimento (art. 1.078, inc. I, do CC).

Logo, razoável entender que o **pedido de indenização** efetuado pelo ente coletivo, quando de eventual ação de dissolução parcial, **não deva retroagir a mais de um exercício social**, pois, para a prestação/exigência de contas de exercícios anteriores, há procedimento também específico.

Trata-se de mera **racionalização dos provimentos judiciais e mitigação da litigiosidade** entre os sócios. Antes da dissolução da sociedade, **contas pendentes** deverão ser supridas pelo **procedimento de exigir contas**. Quando da resolução da sociedade em relação a um dos sócios, o procedimento correlato corresponderá ao de dissolução parcial de sociedade.

Além disso, o **procedimento comum**, em caso de conveniência/desídia das partes, poderá ser **utilizado em outras situações** que não se enquadrem no rito da ação de exigir contas, porém também respeitando os prazos prescricionais, como, por exemplo, o trienal, para "a pretensão para receber prestações temporárias ou vitalícias" e a "pretensão de restituição dos lucros ou dividendos recebidos de má-fé correndo o prazo da data em que foi deliberada a distribuição" (incs. II e VI, do § 3º, do art. 206, do CC), valendo ainda a observação do inc. VII, do mesmo parágrafo, sobre o **início da contagem do prazo prescricional para os sócios:** "a pretensão contra as pessoas em seguida indicadas por violação da lei ou do estatuto, contado o prazo (...) b) para os administradores, ou fiscais, da apresentação, aos sócios, do balanço referente ao exercício em que a violação tenha sido praticada, ou da reunião ou assembleia geral que dela deva tomar conhecimento".

Assim, reafirmo a necessidade de uma **interpretação restritiva do pedido de indenização** constante do art. 602, do CPC, para **não comprometer a celeridade do procedimento especial** de dissolução parcial de sociedade.

Como medida a abreviar o litígio, possível agregar ao procedimento da dissolução parcial de sociedade a determinação de **realização de audiência de conciliação**, oportunidade em que será possível ao conciliador judicial ou ao juiz da causa construir eventual acordo, nos termos do art. 139, inc. V, do novo CPC.

Finda a fase de conhecimento, o desafio corresponderá, salvo eventual acordo, **à apuração de haveres**, dependente de **perícia técnica, balanço de determinação** (comentado no *item 7.6.3.6.3*) e "avaliando-se bens e direitos do ativo, tangíveis e intangíveis, a preço de saída, além do passivo também a ser apurado de igual forma" (art. 606, *caput*, última parte). A nomeação do perito, preferencialmente, recairá sobre **especialista em avaliação de sociedades** (art. 606, parágrafo único).

A **perícia** tomará por base a **contabilidade formal do empreendimento**, sendo que em caso de patrimônio líquido positivo, do montante correlato, **possível mero cálculo aritmético** dos haveres da parte requerente, sem prejuízo de ajustes posteriores, sendo que "o juiz determinará à sociedade ou aos sócios que nela permanecerem que **depositem em juízo a parte incontroversa** dos haveres devidos" (art. 606, § 1º).

Após a realização da perícia, e homologação por meio de decisão judicial, declarando líquidos os haveres, são comuns as impugnações, por meio de **agravo de instrumento**, o que se repetirá com o novo CPC, diante do que expressamente dispõe o parágrafo único, de seu art. 1.015: "Também caberá agravo de instrumento contra decisões interlocutórias proferidas na fase de liquidação de sentença ou de cumprimento de sentença".

▪ *7.6.3.6.4.8. Cabe reconvenção em sede de ação de dissolução parcial de sociedade?*

Para aqueles que entendiam (entre os quais me incluo) mais razoável a adoção do rito do CPC de 1939 para a ação de dissolução parcial de sociedade, um tema que merecia investigação acadêmica e correspondia à indagação sobre a **aceitação de eventual reconvenção**, quando o juiz, em vez de receber o feito no rito ordinário, **adotava o rito especial**. Em outras palavras, a **reconvenção seria instituto incompatível** com aquele rito especial?

Não. Apesar de a reconvenção corresponder a uma espécie de contra-ataque à disposição do demandado, no contexto do rito ordinário, entendíamos e entendemos (com o rito especial do novo CPC) possível ao **requerido reconvir**, para, em vez de ser afastado do empreendimento, continuar a desenvolver determinada atividade empresarial, sem a presença dos sócios que principiaram a discussão sobre a necessidade de dissolução parcial do ente coletivo. Porém, desde que a **pretensão do reconvinte não envolva outros pedidos incompatíveis com o rito especial**. Não parece razoável — reitere-se — querer discutir em sede de reconvenção a pedido de dissolução parcial de sociedade eventual indenização por danos morais, pois isso significaria, indiretamente, convolar o rito especial em rito ordinário, diante da necessidade de ampliar a instrução da causa, o que acabaria por **comprometer a celeridade do rito especial**.

Com o novo CPC, entretanto, como novidade do procedimento, quando um dos sócios buscar judicialmente seu afastamento do ente social cumulando o pedido com eventuais haveres, **desnecessária a instauração de eventual reconvenção**, tendo em vista que contra ele será possível reclamar, em sede de contestação, **pedido contraposto**, pois a "sociedade poderá formular **pedido de indenização** compensável com o valor dos haveres a apurar" (art. 602, *caput*).

▪ *7.6.3.6.4.9. Diferenças entre prestação de contas e apuração de haveres*

Entendemos também **incompatível com o rito da dissolução parcial** de sociedade a confusão que alguns juristas insistem em impor, ao pretenderem a **discussão ampla**

e irrestrita da contabilidade formal da sociedade em relação a exercícios anteriores ao estabelecido para a data do balanço de determinação. A via adequada para tal providência deveria ser alcançada quando da fiscalização do empreendimento pelos sócios não administradores por meio da **ação de prestação de contas** em relação aos administradores do empreendimento (sócios ou não). Ação de prestação de contas com rito próprio. Assim, **convenientemente, condescender com a administração** do ente coletivo (inclusive sem se insurgir contra a eventual **distribuição de dividendos**), durante o período de permanência do vínculo associativo, para **desdizer-se a respeito** quando posteriormente **ajuizada ação de dissolução parcial** de sociedade não se demonstra aceitável, porque contextualiza exemplo de **abuso de direito, voltando-se os sócios antes beneficiados contra os próprios passos**.

O **resultado da ação de prestação de contas**, se as contas forem julgadas boas, **não influenciará na apuração de haveres** em favor do sócio que decidir retirar-se do empreendimento, porém a cumulação indevida de prestação de contas com apuração de haveres, no contexto da dissolução parcial, poderá **encarecer em muito o custo da perícia** necessária para a feitura do balanço de determinação, bem como retardar a solução do litígio.

A **perícia contábil na ação de prestação de contas** terá o objetivo de **desvendar eventuais omissões e incorreções** respeitantes à distribuição de dividendos decorrentes da atividade desenvolvida, **indenizando-se o autor** da ação se as contas forem julgadas inconsistentes. A **prova técnica na ação de dissolução parcial** de sociedade, por outro lado, concentrar-se-á na **estimação do patrimônio líquido** (tangível e intangível) do empreendimento, destacando-se no **balanço de determinação** o cálculo do denominado ***Goodwill***. Logo, a perícia, no caso da ação de prestação de contas, operacionalizará eventual carga condenatória da sentença correlata com alcance menor, pois a perícia na ação de dissolução parcial de sociedade será pautada na **avaliação geral do patrimônio**, com um alcance maior, ainda que se defina uma data para o balanço de determinação. Esquematicamente:

AÇÃO	SENTENÇA	PERÍCIA	RITO
■ Prestação de Contas	■ Carga eventualmente condenatória	■ Volta-se para o passado ■ Durante o vínculo associativo	■ Especial (arts. 914 a 919 do CPC de 1973 e arts. 550-553 do novo CPC)
■ Dissolução Parcial de Sociedade	■ Carga constitutivo-negativa	■ Estabelece-se em data certa com reflexo para o futuro ■ Depois de rompida a *affectio societatis*	■ Híbrido (art. 698 do CPC/39 c/c art. 457-C, inc. II, e art. 475-D, também do CPC) ■ No novo CPC, rito Especial, arts. 599-609

■ *7.6.3.6.4.10. A ação de superação de impasse como alternativa à ação de dissolução parcial de sociedade*

E quando a desinteligência entre os sócios inviabilizar a continuação da atividade empresarial? Como **alternativa à dissolução total ou parcial** do empreendimento, o PLS 487/2013 trouxe a previsão de uma espécie de **ação autônoma ou incidente paralelo** à dissolução parcial que se orientará, em vez de perícia técnica, pela reestruturação do quadro societário por meio da **cessão das quotas entre os sócios**, aos quais será facultado estimar o preço das quotas do empreendimento, por propostas fechadas, sendo o maior lance parâmetro para que um sócio se proponha a adquirir ou a vender sua participação societária, e o resultado será homologado pelo juiz.

Tal **inovação demonstra-se elogiável** porque **dispensará a realização de perícia técnica** para aferir o patrimônio líquido da sociedade. E se, eventualmente, aquele que teve a preferência na aquisição ou na venda da participação societária voltar-se contra os próprios passos, quando como comprador não pagar o preço ou como vendedor não transferir as cotas, tornando-se, assim, inadimplente em relação aos demais sócios, **poderá, então, ser expulso da sociedade**[71].

▪ *7.6.3.6.4.11. Aspectos conclusivos*

Apesar das inovações trazidas pelo novo CPC, **criticável a extensão do prazo para contestar, de 5 (cinco) dias corridos para 15 (quinze) dias úteis**, em comparação com o prazo previsto no revogado CPC de 1939. A **celeridade** na solução do procedimento de dissolução parcial restou **desprestigiada**.

E a bem da referida celeridade, diante dos **princípios do tempo razoável do processo e da preservação da empresa**, entendemos perfeitamente possível a **adoção do procedimento da dissolução parcial, previsto no novo CPC (arts. 599-609), também nos casos de dissolução total**, com as seguintes observações:

- a petição inicial, além do contrato social, deverá ser instruída com **certidão expedida pela junta comercial**;
- após a citação da parte requerida, recomendável a designação de **audiência de conciliação**;
- o pedido contraposto (art. 602, *caput*, do novo CPC) **será admitido** desde que compatível com o pedido principal de dissolução parcial da sociedade;
- o **dispositivo da sentença**, em caso de procedência do pedido, deverá **indicar a data do balanço de determinação**, coincidente com a data do ajuizamento da ação na ausência de outro parâmetro a firmar no tempo a data do rompimento definitivo da *affectio societatis*;
- na fase de **liquidação de sentença**, não sendo voluntariamente cumprida a apuração de haveres, será **nomeado perito para a elaboração do balanço de determinação**, e seus **honorários** serão custeados pelas partes envolvidas na demanda, **na proporção de suas quotas** no contrato social;
- em caso de **patrimônio líquido negativo**, o feito será extinto por **perda superveniente do objeto da fase de liquidação** de sentença.

---

71 Para familiarização sobre o incidente ou a ação de "Superação de Impasse", recomenda-se a leitura dos arts. 981 a 991 do PLS 487/2013.

■ 7.7. OS GRUPOS SOCIETÁRIOS

■ 7.7.1. Noções preliminares

Os arranjos interempresariais, com a aproximação de pessoas jurídicas autônomas, são bastante comuns em tempos de uma economia globalizada, sendo que os organismos sociais de grande porte estendem seus interesses para além de seus países de origem, **formando conglomerados multinacionais**. As empresas transnacionais, assim, são uma realidade no mundo, sendo critérios para mensuração de tal realidade os **ativos, as receitas provenientes de *royalties*, bem como a quantidade de postos de trabalho mantidos pelo empreendimento no exterior** em comparação com as mesmas rubricas (ativos, receitas e postos de trabalho) que mantenha no seu país de origem. Em um *ranking* dos grupos plurissocietários brasileiros mais influentes no globo, possível ordená-los pelo faturamento (de até 1 bilhão de reais) ou pela quantidade de subsidiárias.

O alcance multinacional de referidos conglomerados é reflexo da mesma prática já sedimentada nos mercados nacionais, inclusive o brasileiro. A **dinâmica empresarial fomenta aquisições e o consequente controle acionário de pessoas jurídicas** por outras em um mesmo nicho de mercado. A **Metalfrio**, por exemplo, ao encabeçar o *ranking* das mais rentáveis transnacionais brasileiras, de acordo com a pesquisa efetuada pela Fundação Dom Cabral (em 2012), **estrutura-se como uma S/A que detém o controle acionário de outras 17 sociedades** (entre sociedades anônimas e limitadas), distribuídas no Brasil e em 6 países (EUA, México, Bahamas, Rússia, Dinamarca e Turquia).

A Companhia Vale, líder, de acordo com a Fundação Dom Cabral (no ano de 2012), tendo em vista sua dispersão geográfica pelos 5 continentes, presente em 38 países, além do Brasil, também é S.A. de capital aberto, com seus papéis negociados nas bolsas de São Paulo, Nova York, Madrid, Paris e Hong Kong, cujo capital social distribui-se entre sócios pessoas jurídicas e físicas, investidores nacionais e estrangeiros, em que se percebe o controle acionário pela VALEPAR S/A (com 33,7% do capital votante), que tem como acionistas os seguintes: "Litel/Litela (fundos de investimentos administrados pela Previ) com 49% das ações, Bradespar com 17,4%, Mitsui com 15%, BNDESpar com 9,5%, Elétron (Opportunity) com 0,03%".

A Companhia Vale detém o controle acionário de outras sociedades e se mantém coligada com pessoas jurídicas que se lançam a objetos similares aos que explora com proeminência (extração de minérios), mas também tem diversificado suas operações, tendo em vista a produção de fertilizantes, a operação de malhas ferroviárias (logística para o transporte de mercadorias) e siderurgia. Ao todo, conta **participação societária em 37 outras sociedades (entre sociedades anônimas e limitadas)**.

Os exemplos Metalfrio e Vale bem ilustram, pragmaticamente, a complexidade e a permanência dos grupos empresariais. Tais grupos se projetam como **possibilidade de alterações do perfil subjetivo dos empreendimentos**, com a correlata modificação dos quadros societários, quando pessoas jurídicas tornam-se sócias de outras pessoas jurídicas, **estabelecendo-se entre os entes coletivos relações de hierarquia ou de participação**, tendo em vista a necessidade de racionalização da exploração empresarial, para reunir em torno de um **ente coletivo principal (*holding*) a administração de várias sociedades** ou sociedades que se coordenem como parceiras, tendo em vista a necessidade de clivagem de capital ou oportunidade de investimento.

7.7.2. Grupos de direito e grupos de fato

Historicamente, foi **no direito alemão que o fenômeno da concentração empresarial positivou-se**, reconhecendo-se que pessoas jurídicas autônomas poderiam **submeter-se à direção única**. A coincidência de gestão ou administração, de acordo com lei alemã que trata das sociedades anônimas (de 1965), poderá se estabelecer **por convenção ou como efeito do poder de controle**. No primeiro caso, a convenção ou o contrato depende de **formalização junto aos órgãos de registro** das atividades empresariais. No segundo caso, o liame de subordinação, de influência recíproca, **concentra-se no poder de ingerência de uma sociedade em relação a outra e a decorrer de sua participação no capital social**. A LSA inspirou-se na legislação alemã e também prevê um **sistema dualista para o reconhecimento dos grupos empresariais**, sendo que a doutrina encarregou-se de classificá-los em **grupos de direito e de fato**.

7.7.2.1. Sociedades controladora e controlada

Os grupos de direito **reclamam uma estrutura administrativa paralela** aos órgãos já existentes em relação à sociedade de comando e a suas filiadas (art. 269, inc. VI, da LSA), destacando-se como requisito básico para a constituição do grupo de direito, **a indicação expressa da sociedade *holding***. Já nos grupos de fato, prescindível o registro, sendo possível inferir de maneira implícita o poder de controle, ao constatar-se que **uma sociedade (controlada) ultimará dirigida por outra (controladora)**, quando, "diretamente ou através de outras controladas", tornar-se **"titular de direitos de sócio que lhe assegurem, de modo permanente, preponderância nas deliberações sociais e o poder de eleger a maioria dos administradores"** (art. 243, da LSA).

7.7.2.2. Sociedades coligadas

A **Lei n. 11.941/2009**, que atualizou a LSA, deixou de caracterizar as sociedades coligadas apenas pelo percentual de participação no capital social de um ente coletivo em relação a outro (antes maior ou igual a 10%), tendo em vista que **hoje serão consideradas coligadas, independentemente de um percentual mínimo, se caracterizada influência significativa da sociedade investidora em relação à sociedade em que se investiu** e influência significativa que se contextualizará quando "a **investidora detém ou exerce o poder de participar nas decisões das políticas financeira ou operacional da investida, sem controlá-la**" (art. 243, § 4º, da LSA).

Por sua vez, saliente-se que, em relação **às sociedades contratuais**, com regime jurídico concentrado no CC, o **percentual mínimo de 10% de participação de uma sociedade em relação à outra se mantém como critério para a definição de coligação** (art. 1.099, do CC).

No grupo societário — de direito ou de fato —, de acordo com a sistemática inaugurada pela LSA, **deveria ser mantido o princípio da autonomia patrimonial em relação às sociedades integrantes do grupo**, tendo em vista não só o fortalecimento e o incremento das relações intersocietárias, mas também para **trazer segurança jurídica aos eventuais investidores**. Da leitura do art. 266 da LSA, possível inferir tal perspectiva, destacando-se a autonomia de cada ente coletivo, frisando-se, expressamente, a **conservação de patrimônios distintos**.

Entretanto, a desmerecer ou diminuir a efetividade da garantia da separação de patrimônios, percebe-se que o **direito pátrio excepcionou tal garantia ao prever a responsabilidade solidária**, diante de obrigações **trabalhistas (CLT, art. 2º, § 2º), previdenciárias (Lei n. 8.212/91, art. 30, inc. IX) ou decorrentes de infrações à ordem econômica (art. 33, da Lei n. 12.529/2011)**. Nas **relações de consumo**, há também a previsão de responsabilidade subsidiária das sociedades integrantes de grupos econômicos (CDC, art. 28, § 2º).

A **independência de gestão e de patrimônios não deveria conduzir à unificação de responsabilidades das pessoas jurídicas** — o que se apresentaria **admissível somente em casos de fraude ou abuso do poder de controle** —, pois a solidariedade juridicamente imposta revela **ingerência negativa na economia**, propensa a comprometer as atividades de entes coletivos autônomos e viáveis financeiramente. As **hipóteses legais de solidariedade fazem presumir confusão patrimonial entre os entes integrantes dos grupos econômicos**, o que se apresenta como incremento do risco inerente à atividade empresarial e, atuarialmente, poderá ser cotado como **custo adicional** do empreendimento.

A inflação legislativa, ao impor **hipóteses objetivas de responsabilidade solidária** (inclusive entre empresas parceiras), mais uma vez **desprestigia a autonomia da pessoa jurídica** e, portanto, a responsabilidade limitada. Tal opção jurídica, que não exige prova de fraude ou de prática de abuso de direito para responsabilizar todo o grupo solidariamente, **mostra-se ineficiente**, pois **eleva sobremaneira os custos de transação** e acaba alocando para quem menos interessa a preservação da empresa o direito ao recebimento do seu crédito, não importando quem seja o devedor direto da obrigação, muito menos eventual contaminação e derrocada da empresa saudável.

Paradoxal e criticável tal inflação legislativa, pois a **LSA trouxe mecanismos a impedir os abusos decorrentes de uma gestão econômica unitária** a envolver as sociedades dos grupos. Além da autonomia jurídica, expressamente a lei brasileira **prevê a configuração do abuso do poder de controle**, na perspectiva de **prejuízos às controladas ou coligadas** (arts. 115, 245 e 246, da LSA)[72-73].

---

[72] Diz a lei brasileira das sociedades anônimas: "Abuso do Direito de Voto e Conflito de Interesses — Art. 115. O acionista deve exercer o direito a voto no interesse da companhia; considerar-se-á

7.7.3. Alteração da estrutura jurídica das sociedades empresárias como efeito da concentração patrimonial

Os arranjos interempresariais, como se afirmou no *item 7.7.1*, são bastante comuns, tendo em vista a necessidade de **dinamizar os recursos disponíveis para o desenvolvimento de determinada atividade**. Além da participação societária, talvez seja mais vantajoso aos empresários **remodelarem a estrutura jurídica da sociedade** que compõem, tendo em vista a possibilidade de que, após as alterações do tipo de sociedade, o capital da sociedade reste fortalecido, **a capacidade de gerenciamento tenha sido incrementada**, mesmo que a concentração empresarial econômica, do ponto de vista objetivo, **resulte no desaparecimento da personalidade jurídica de algum dos entes** coletivos envolvidos nas operações de concentração de sociedades empresárias.

---

abusivo o voto exercido com o fim de causar dano à companhia ou a outros acionistas, ou de obter, para si ou para outrem, vantagem a que não faz jus e de que resulte, ou possa resultar, prejuízo para a companhia ou para outros acionistas.

§ 1º O acionista não poderá votar nas deliberações da assembleia-geral relativas ao laudo de avaliação de bens com que concorrer para a formação do capital social e à aprovação de suas contas como administrador, nem em quaisquer outras que puderem beneficiá-lo de modo particular, ou em que tiver interesse conflitante com o da companhia.

§ 2º Se todos os subscritores forem condôminos de bem com que concorreram para a formação do capital social, poderão aprovar o laudo, sem prejuízo da responsabilidade de que trata o § 6º do artigo 8.

§ 3º O acionista responde pelos danos causados pelo exercício abusivo do direito de voto, ainda que seu voto não haja prevalecido.

§ 4º A deliberação tomada em decorrência do voto de acionista que tem interesse conflitante com o da companhia é anulável; o acionista responderá pelos danos causados e será obrigado a transferir para a companhia as vantagens que tiver auferido.

Art. 245. Os administradores não podem, em prejuízo da companhia, favorecer sociedade coligada, controladora ou controlada, cumprindo-lhes zelar para que as operações entre as sociedades, se houver, observem condições estritamente comutativas, ou com pagamento compensatório adequado; e respondem perante a companhia pelas perdas e danos resultantes de atos praticados com infração ao disposto neste artigo.

Sociedade Controladora

Art. 246. A sociedade controladora será obrigada a reparar os danos que causar à companhia por atos praticados com infração ao disposto nos artigos 116 e 117.

§ 1º A ação para haver reparação cabe:

a) a acionistas que representem 5% (cinco por cento) ou mais do capital social;

b) a qualquer acionista, desde que preste caução pelas custas e honorários de advogado devidos no caso de vir a ação ser julgada improcedente.

§ 2º A sociedade controladora, se condenada, além de reparar o dano e arcar com as custas, pagará honorários de advogado de 20% (vinte por cento) e prêmio de 5% (cinco por cento) ao autor da ação, calculados sobre o valor da indenização". Disponível em: <http://www.planalto.gov.br/ccivil_03/leis/l6404consol.htm>. Acesso em: 08 maio 2013, às 09:30.

[73] Viviane Muller Prado ressalta: "Além dos grupos convencionais, foi reconhecido o poder de controle empresarial e previu-se expressamente a possibilidade de participação de sociedade no capital de outra e o conceito de sociedades controladora e controlada. Apesar desta possibilidade de participa-

■ *7.7.3.1. Transformação*

Na transformação, **a sociedade empresária não será dissolvida ou liquidada. Apenas optará pela modificação do tipo societário por conveniência.** Por exemplo, uma sociedade limitada que, diante do vulto de seus negócios e da popularidade que tenha alcançado no mercado, confie que, transformada em uma sociedade anônima de capital aberto, as **ações e valores mobiliários que vier a disponibilizar sejam bem-aceitos**. Nos termos do art. 1.113, do CC: "O ato de transformação independe de dissolução ou liquidação da sociedade, e obedecerá aos **preceitos reguladores da constituição e inscrição** próprios do tipo em que vai converter-se". **Exige-se unanimidade entre os sócios**, a não ser que o **contrato social previamente já tenha estabelecido a possibilidade de alteração do quadro societário**, sendo que o sócio que não concorde com a operação, sócio, portanto, **dissidente, poderá exercer seu direito de retirada** (art. 1.114).

■ *7.7.3.2. Incorporação*

Na incorporação, o ato de concentração patrimonial **importará na extinção de uma ou mais pessoas jurídicas que terão seus patrimônios absorvidos pela incorporadora** (art. 1.116). Haverá concentração patrimonial e extinção de uma ou mais pessoas jurídicas.

■ *7.7.3.3. Fusão*

Na fusão, **haverá não só a concentração patrimonial, mas também a criação de um sujeito de direito novo**: "Art. 1.119. A fusão determina a extinção das sociedades que se unem, para formar sociedade nova, que a elas sucederá nos direitos e obrigações" (CC). Nesta hipótese, as sociedades somam-se e somem, em seguida, dando lugar a uma empresa nova.

■ *7.7.3.4. Cisão*

Na cisão, **haverá a diluição do patrimônio da sociedade cindida e sua extinção jurídica se todo seu capital social for vertido para outra sociedade.** Diz o art. 229 da Lei das Sociedades Anônimas (Lei n. 6.404/76): "A cisão é a operação pela qual a companhia transfere parcelas do seu patrimônio para uma ou mais sociedades, consti-

---

ção de uma pessoa no capital de inúmeras sociedades, direta ou indiretamente, o nosso sistema não permite propriamente uma direção econômica unificada, na medida em que exige a manutenção da autonomia jurídica da sociedade, que está expressa de forma bastante abrangente com a obrigação de controladores, acionistas e administradores de agirem sempre no interesse da companhia. Nos grupos de fato, então, o interesse da sociedade isolada deve ser respeitado, sob pena de configurar abuso do poder de controle e conflito de interesses (arts. 246 e 115). Por outro lado, os administradores não podem atuar em prejuízo da companhia, favorecendo sociedade coligada, controladora ou controlada, devendo sempre observar condições comutativas nas operações entre sociedades ou providenciar pagamento compensatório adequado (art. 245)" (*Grupos societários*: análise do modelo da Lei 6.404/76). Disponível em: <http://bibliotecadigital.fgv.br/dspace/bitstream/handle/10438/9651/Viviane%20Muller%20Prado.pdf?sequence=1>. Acesso em: 08 maio 2013, às 10:00.

tuídas para esse fim ou já existentes, extinguindo-se a companhia cindida, se houver versão de todo o seu patrimônio, ou dividindo-se o seu capital, se parcial a versão".

De se salientar que as **operações de concentração patrimonial não poderão prejudicar o crédito de terceiros**. As novas pessoas jurídicas que surgirem em decorrência das operações de concentração patrimonial **sucederão as que se extinguirem nas obrigações contraídas por elas e eventualmente ainda pendentes de satisfação** depois das alterações societárias. Paralelamente ao Código Civil, a Lei das Sociedades Anônimas também disciplina as operações de transformação, fusão e cisão (arts. 220-234, da Lei n. 6.404/76).

7.8. ESQUEMA

DIREITO SOCIETÁRIO — NOÇÕES GERAIS	
PRINCÍPIOS	■ Liberdade de Associação. ■ Autonomia. ■ Responsabilidade Limitada como Incentivo. ■ Tipicidade.
AFFECTIO SOCIETATIS	■ Elemento Psicológico do Contrato de Sociedade e que se traduz na legítima expectativa de que os sócios se portarão, uns em relação aos outros de maneira a compartilhar os resultados positivos, desde que tenham contribuído para o capital do ente coletivo.
CONCEITO DE SOCIEDADE EMPRESÁRIA	■ Sociedade Empresária corresponde ao sujeito de direito plural composto por membros pessoas físicas e/ou pessoas jurídicas (a depender do tipo societário) que organiza os fatores de produção (ativos, matéria-prima, colaboradores subordinados), priorizando o lucro e atuando profissionalmente, a fornecer produtos ou serviços.
TIPOS SOCIETÁRIOS	■ Sociedade em Nome Coletivo — N/C. ■ Sociedade em Comandita Simples. ■ Sociedade Limitada — LTDA. ■ Sociedade Anônima — S/A. ■ Sociedade em Comandita por Ações — C/A.
INSTRUMENTOS DE CONSTITUIÇÃO DAS SOCIEDADES	■ CONTRATO SOCIAL ou ■ ESTATUTO.
CLASSIFICAÇÃO DAS SOCIEDADES (CRITÉRIOS E SUBTIPOS)	■ Quanto à Personalidade Jurídica (Personificadas ou Não Personificadas). ■ Quanto à Natureza Jurídica (Empresárias ou Não Empresárias). ■ Quanto ao Ato Constitutivo (Contratuais ou Institucionais). ■ Quanto à pessoa dos sócios (de pessoas e de capitais). ■ Quanto à Responsabilidade Subsidiária (Limitada, Ilimitada e Mista). ■ Quanto à Nacionalidade (Nacionais ou Estrangeiras) ■ Quanto à Concentração (Controladoras, Controladas; Coligadas ou Filiadas e de Simples Participação). ■ Quanto ao prazo de duração (De prazo determinado ou De prazo indeterminado).
DIREITOS DOS SÓCIOS	■ Participação nos resultados positivos da sociedade empresária; direito de contribuir para a formação da vontade do ente coletivo por meio do poder de deliberação; fiscalização do empreendimento e administração conjunta ou disjuntiva; entre outros direitos.
DISSOLUÇÃO PARCIAL	■ **Conceito.** A dissolução parcial do ente coletivo ocorrerá em caso de afastamento dos quadros da sociedade de parte de seus membros por motivos previstos no contrato social ou na lei.

DISSOLUÇÃO PARCIAL	■ **Motivada** (em virtude de falecimento de sócio, justa causa ou falta grave) ou **Imotivada** (devendo o retirante apenas comunicar formalmente aos demais sócios seu desejo de se desligar do empreendimento com antecedência mínima de 60 dias). ■ **Extrajudicial ou Judicial.** ■ **Rol exemplificativo.**
DISSOLUÇÃO TOTAL	■ Ocorre em caso de extinção do ente coletivo. ■ Causas legais ou contratuais. ■ Judicial ou Extrajudicialmente.
BALANÇO DE DETERMINAÇÃO	■ Documento contábil que servirá para avaliar o patrimônio líquido da sociedade empresária e terá como referência a data em que o sócio retirante se afastar das atividades regulares do empreendimento. Se positivo o patrimônio líquido, o percentual correspondente à participação do retirante deverá ser liquidado, devendo a sociedade efetuar o pagamento a ele dos haveres correlatos.
PROCEDIMENTO JUDICIAL	■ CPC de 1939 e novo CPC, Lei n. 13.105/2015, arts. 599-609.
ALTERAÇÃO DOS TIPOS SOCIETÁRIOS	■ **Transformação** — Alteração do tipo societário sem extinção da personalidade jurídica. ■ **Incorporação** — Concentração patrimonial com a absorção do estabelecimento de uma sociedade por outra, mediante aprovação de seus sócios, com a extinção da pessoa jurídica que teve seu patrimônio absorvido. ■ **Cisão** — Desconcentração patrimonial, com a versão do patrimônio de uma sociedade para outros entes coletivos, já existentes ou especialmente criados para tal fim. Se houver a difusão total do patrimônio, isso acarretará a extinção da pessoa jurídica cindida. ■ **Fusão** — Concentração patrimonial, com a união de dois ou mais entes coletivos para formação de um novo, extinguindo-se as sociedades preexistentes.
REFERÊNCIAS LEGISLATIVAS	■ CC (Livro II). ■ LSA (Lei n. 6.404/76).

■ 7.9. QUESTÕES SUBJETIVAS

■ 7.9.1. Questão-homenagem

(TJDFT — Juiz — 2ª Fase — Prova de Direito Administrativo, Direito Empresarial, Econômico e Processual Civil — 2009) Sociedade limitada estabelecida por prazo indeterminado, constituída por três sócios. Um dos sócios se afastou da vida societária e, exercendo seu direito de retirada, no mesmo dia, ajuizou ação para recebimento de valores referentes às suas cotas. Transcorridos 18 (dezoito) meses, foi prolatada a sentença julgando procedente a demanda e determinando a dissolução parcial da sociedade (retirada do sócio) e apuração dos haveres. O sócio nada recebeu durante o tempo da ação judicial e a sociedade apresentou fabuloso lucro nesse período. Pergunta-se: Qual a data-base da apuração de haveres? O balanço especial de apuração de haveres deve considerar a mutação patrimonial gerada no período da ação judicial? Justifique sua resposta.

Resposta: O caso hipotético tem relação com a dissolução parcial de uma sociedade empresária, sendo que, em se tratando de sociedade por prazo indeterminado, possível o desligamento do sócio retirante de maneira imotivada. Entretanto, o sócio retirante deveria ter notificado os demais sócios, com antecedência mínima de 60 (sessenta) dias, tendo em vista o que dispõe expressamente o art. 1.029, *caput*, do Código Civil. Tal notificação marca o prazo legal para que os sócios remanescentes se decidam pela continuação do empreendimento sem o sócio retirante ou, se preferirem, optem pela dissolução total do empreendimento, em um prazo de 30 (trinta) dias a contar da notificação, nos termos do parágrafo do referido art. 1.029.

A notificação prévia ainda se faz necessária para que haja tempo hábil à preparação do balanço de determinação a que a lei denomina balanço especialmente "levantado à data da resolução", nos termos do art. 1.031, *caput*, do CC.

A data do balanço de determinação deveria coincidir com a data da notificação dos sócios remanescentes, tendo em vista que, por presunção, nela os mencionados sócios seriam cientificados do desejo do sócio retirante de se desligar da sociedade. Porém, como o sócio retirante preferiu o ajuizamento de ação para a apuração de seus haveres, a jurisprudência tem buscado suprir a lacuna legal, ao estabelecer como parâmetro para a fixação da data do balanço de determinação a data do ajuizamento da ação judicial, pois, nesta, perante o Judiciário, o retirante especificou formalmente seu desejo de se retirar do empreendimento. Nesse sentido, recomenda-se a leitura do inteiro teor do julgamento do REsp 646.221/PR, cuja relatoria para acórdão se deu pelas mãos da Ministra Nancy Andrighi:

> EMENTA. Direito societário. Recurso especial. Dissolução parcial de sociedade limitada por tempo indeterminado. Retirada do sócio. Apuração de haveres. Momento. — A data-base para apuração dos haveres coincide com o momento em que o sócio manifestar vontade de se retirar da sociedade limitada estabelecida por tempo indeterminado. — Quando o sócio exerce o direito de retirada de sociedade limitada por tempo indeterminado, a sentença apenas declara a dissolução parcial, gerando, portanto, efeitos *ex tunc*. Recurso especial conhecido e provido (STJ, 3ª Turma, julgado em 30/05/2005). (Grifos nossos.)

Há precedentes que consideram razoável a data da citação válida, tendo em vista o que dispõe o art. 219, *caput,* do Código de Processo Civil, ao afirmar que a citação válida "faz litigiosa a coisa". Em outras palavras, a citação seria ato judicial que cumpriria a mesma função da notificação extrajudicial, no sentido de comunicar aos sócios remanescentes a intenção do sócio retirante se desligar do empreendimento, aguardando, para logo, a liquidação de suas quotas e o recebimento do montante em dinheiro representativo do valor delas e, isso, minimamente no prazo de 90 (noventa) dias, nos termos do art. 1.031, § 1º, do CC.

Aguardar-se a citação válida, em determinadas hipóteses, seria potencialmente prejudicial ao sócio retirante, porque, enquanto não citados, os sócios poderiam dilapidar o patrimônio do empreendimento.

Como salientado na ementa apresentada, ainda que a formalização da retirada do sócio se opere somente com trânsito em julgado da sentença que julgar procedente o pedido de **dissolução parcial da sociedade**, desconstituindo o vínculo jurídico estabelecido entre os sócios e a sociedade, certo é que os efeitos deste provimento judicial deverão alcançar situação anterior (**efeitos retroativos, *ex tunc***), momento em que, faticamente, houve o rompimento do vínculo societário, deixando o sócio retirante de contribuir para o desenvolvimento do objeto social.

No caso, sem que o sócio retirante tenha concorrido para os resultados experimentados pela sociedade depois de sua retirada, não poderia colher o que não semeou, caso contrário isso denotaria enriquecimento sem causa do sócio retirante. Contudo, uma ressalva a respeito há que se fazer. No caso concreto, nada se disse sobre eventuais contratos pendentes em favor da sociedade quando do desligamento fático do sócio retirante do empreendimento, nem se mencionou eventual capacidade de lucros futuros (o *goodwill,* tema de estudo no *capítulo 3* desta obra). Assim, a mutação patrimonial posterior ao desligamento fático do sócio retirante poderá sim ser considerada, para fins de haveres, desde que para confrontar a prospecção relacionada a eventual *goodwill.* O *goodwill* seria mais-valia relacionada à capacidade de geração de resultados positivos, tendo em vista a organização do negócio pela pessoa jurídica. Interessante que, entre os métodos possíveis para seu cálculo, projeta-se a capacidade de geração de lucros futuros, com base no desempenho da sociedade em exercícios anteriores.

Se não houver demora na elaboração do balanço de determinação, deverá prevalecer o cálculo atuarial, a estimativa de lucro correspondente ao *goodwill* efetuada com base na contabilidade da sociedade e por contador devidamente habilitado. Por sua vez, a depender do tempo do processo judicial, a estimativa poderá ser desmentida pela realidade, sendo de se ponderar da existência ou não do intangível denominado *goodwill,* sobre o qual, em princípio, deverá incidir a apuração de haveres.

O Conselho da Justiça Federal na **I Jornada de Direito Empresarial** referenciou a necessidade de fixação da data do balanço de determinação pelo juiz quando da prolação da sentença que julgar procedente o pedido de dissolução parcial de sociedade: **"13. A decisão que decretar a dissolução parcial da sociedade deverá indicar a data de desligamento do sócio e o critério de apuração de haveres".**

As propostas para criação de um novo Código Comercial **(PLC 1.572/2011, arts. 215-225, e PLS 487/2013, arts. 282-288)**, expressamente, estabeleceram que a **data do balanço de determinação**, no caso de retirada de sócio componente de sociedade por prazo indeterminado, deverá coincidir com a da notificação que deverá continuar a ser efetuada em relação aos sócios remanescentes. Entretanto, **em caso da ausência de notificação,** hipótese que não chegou a ser ventilada nas propostas, o parâmetro deverá ser o critério estabelecido para a data do balanço de determinação em caso de exclusão de sócio, sendo que as propostas estabeleceram que, nessa hipótese, **o juiz da causa é que deverá fixar uma data para o balanço.** Assim, no aguardo da aprovação de uma das propostas legislativas com eventuais alterações, de se salientar a data do ajuizamento da ação de dissolução pelo requerente como a data do balanço para a futura apuração de haveres, em caso de omissão do sócio retirante no que diz respeito à notificação extrajudicial referida no art. 1.029, do CC.

■ 7.9.2. Questão-desafio 1

(FCC — MPE — CE — Promotor de Justiça — 2010) O que significam a incorporação, fusão, cisão e transformação de sociedades, e em que se distinguem da dissolução e da dissolução parcial da sociedade?

■ 7.9.3. Questão-desafio 2

(OAB — 2ª fase — XXII Exame — 2017) Cotegipe, Ribeiro e Camargo, brasileiros, pretendem constituir uma sociedade empresária para atuar na exportação de arroz. Cotegipe, domiciliado em Piratini/RS, será o sócio majoritário, com 75% (setenta e cinco por cento) do capital. Os futuros sócios informam a você que a sociedade será constituída em Santa Vitória do Palmar/RS, local da sede contratual, e terá quatro filiais, todas no mesmo estado. A administração da sociedade funcionará em Minas, cidade da República Oriental do Uruguai, domicílio dos sócios Ribeiro e Camargo, mas as deliberações sociais ocorrerão em Santa Vitória do Palmar/RS. Considerados esses dados, responda aos questionamentos a seguir.

a) A sociedade descrita no enunciado poderá ser considerada uma sociedade brasileira?

b) Diante do fato de o domicílio do sócio majoritário, bem como o lugar da constituição e as filiais serem no Brasil, a sociedade precisa de autorização do Poder Executivo para funcionar?

■ 7.10. QUESTÕES OBJETIVAS

1. (OAB/BR — Jan./2010 — CESPE/UnB) A respeito da classificação das sociedades em simples e empresárias, bem como da relação prevista em lei entre os tipos societários pertencentes a cada um desses grupos, é correto afirmar que as regras legais relativas à sociedade simples

a) são subsidiárias às da sociedade cooperativa, e as regras relativas à sociedade limitada são subsidiárias às demais sociedades empresárias, especialmente a sociedade anônima.
b) são subsidiárias a todos os tipos societários.
c) aplicar-se-ão à sociedade limitada se o respectivo contrato social não estabelecer a regência supletiva das normas sobre sociedade anônima.
d) são subsidiárias apenas à sociedade em nome coletivo e à sociedade em comandita simples.

2. (OAB/SP — Ago./2007 — CESPE/UnB) A sociedade formada por duas categorias de sócios, na qual uma delas responde solidária e ilimitadamente pelas obrigações sociais, e a outra somente pelo valor de suas quotas, é denominada sociedade em

a) conta de participação.
b) comandita por ações.
c) nome coletivo.
d) comandita simples.

3. (OAB/SP — Ago./2007 — CESPE/UnB) No tocante à sociedade simples, assinale a alternativa correta.

a) O contrato social deverá mencionar, necessariamente, as prestações a que se obriga o sócio cuja contribuição consista em serviços.
b) Na sociedade com prazo indeterminado, a dissolução somente é permitida quando aprovada por unanimidade dos sócios.
c) A alteração da denominação social não depende do consentimento de todos os sócios.

d) É permitida a estipulação contratual que exclua um dos sócios de participar dos lucros e das perdas.

4. (OAB/SP — Ago./2007 — CESPE/UnB) No tocante à transformação, incorporação, fusão e cisão de sociedades, é correto afirmar que

a) o credor anterior à fusão, cisão ou incorporação, que se sentir prejudicado por tal ato, poderá, no prazo de 02 (dois) anos após a publicação do ato, promover sua anulação judicial.
b) o ato de transformação independe de dissolução ou liquidação da sociedade.
c) a transformação, em qualquer hipótese, pode ser aprovada por 3/4 (três quartos) dos sócios.
d) na incorporação, a incorporadora só responde pelas obrigações contraídas pela incorporada nos 02 (dois) anos anteriores ao ato de incorporação.

5. (OAB/SP — Maio/2008 — CESPE/UnB) De acordo com a legislação em vigor, em regra, o vencimento do prazo de duração da sociedade, sem oposição de sócio e sem que entre em liquidação, prorroga-a por tempo indeterminado. Entretanto, não se sujeita a essa prorrogação automática a sociedade

a) cooperativa.
b) em comandita por ações.
c) simples.
d) em nome coletivo.

6. (OAB/SP — Set./2008 — CESPE/UnB) Assinale a opção correta com relação à sociedade em comum.

a) Enquanto não forem arquivados os atos constitutivos, a sociedade anônima rege-se pelas normas da sociedade em comum.
b) A sociedade em comum constitui um tipo societário elegível pelas partes e passível de ser levado a registro como tal.
c) Enquanto não levados a registro os atos constitutivos de uma sociedade simples, a esta se aplicam as normas da sociedade em comum.
d) Os bens e dívidas da sociedade em comum constituem patrimônio especial, titularizado e gerido exclusivamente pelo respectivo sócio-administrador.

7. (OAB/SP — Set./2008 — CESPE/UnB) Não constitui elemento do contrato de sociedade referido no Código Civil

a) o exercício de atividade econômica.
b) a partilha dos resultados.
c) a contribuição dos sócios consistente apenas em bens.
d) a *affectio societatis*.

8. (OAB/SP — Set./2008 — CESPE/UnB) O menor de 18 anos de idade pode ser sócio em

a) sociedade em nome coletivo.
b) sociedade anônima, desde que não haja no respectivo ato constitutivo a previsão de capital autorizado.
c) sociedade limitada, desde que o capital esteja integralizado.
d) sociedade subsidiária integral.

9. (OAB/MG — Ago./2007 — OAB/MG) Sobre a responsabilidade do sócio, na sociedade simples, é correto afirmar:

a) até doze anos depois de averbada a modificação do contrato, responde o cedente solidariamente com o cessionário, perante a sociedade e terceiros, pelas obrigações que tinha como sócio.
b) até cinco anos depois de averbada a modificação do contrato, responde o cedente solidariamente com o cessionário, perante a sociedade e terceiros, pelas obrigações que tinha como sócio.
c) até dois anos depois de averbada a modificação do contrato, responde o cedente solidariamente com o cessionário, perante a sociedade e terceiros, pelas obrigações que tinha como sócio.
d) até um ano depois de averbada a modificação do contrato, responde o cedente solidariamente com o cessionário, perante a sociedade e terceiros, pelas obrigações que tinha como sócio.

10. (OAB/MG — Ago./2007 — OAB/MG) Sobre a sociedade em nome coletivo, é correto afirmar:

a) somente pessoas naturais podem tomar parte, respondendo todos os sócios, solidária e ilimitadamente, pelas obrigações sociais.
b) somente pessoas jurídicas podem tomar parte, respondendo todos os sócios, solidária e ilimitadamente, pelas obrigações sociais.
c) pessoas físicas e jurídicas podem tomar parte, respondendo todos os sócios, solidária e ilimitadamente, pelas obrigações sociais.
d) não mais existe desde a vigência do atual Código Civil.

11. (OAB/MG — Ago./2007 — OAB/MG) Na sociedade em comandita simples tomam parte sócios:

a) de quatro categorias.
b) de três categorias.
c) de duas categorias.
d) de uma categoria.

12. (OAB/MG — Dez./2008 — OAB/MG) A sociedade empresária adquire personalidade jurídica:

a) com a inscrição de seus atos constitutivos na Junta Comercial.
b) com a assinatura do contrato social.
c) com o início de suas atividades, previsto no contrato social.
d) com o acordo de vontades dos sócios, ainda que verbal.

13. (OAB/MG — Dez./2008 — OAB/MG) São cláusulas obrigatórias do contrato social da sociedade simples, EXCETO:

a) indicação dos sócios, com seu nome e qualificação e a cota de cada sócio no capital social, como a referência ao modo de sua realização.
b) a participação de cada sócio nos lucros e perdas e as pessoas naturais incumbidas da administração, com seus poderes e atribuições.
c) o capital social, expresso em moeda corrente e a denominação da sociedade.
d) o objeto, sede, prazo da sociedade e os direitos conferidos aos titulares de cada uma das espécies de cotas.

14. (FGV/OAB — V Exame Unificado) Em relação à incapacidade e proibição para o exercício da empresa, assinale a alternativa correta.

a) Caso a pessoa proibida de exercer a atividade de empresário praticar tal atividade, deverá responder pelas obrigações contraídas, podendo até ser declarada falida.
b) Aquele que tenha impedimento legal para ser empresário está impedido de ser sócio ou acionista de uma sociedade empresária.
c) Entre as pessoas impedidas de exercer a empresa está o incapaz, que não poderá exercer tal atividade.
d) Por se tratar de matéria de ordem pública e considerando que a continuação da empresa interessa a toda a sociedade, quer em razão da arrecadação de impostos, quer em razão da geração de empregos, caso a pessoa proibida de exercer a atividade empresarial o faça, poderá requerer a recuperação judicial.

15. (FGV/OAB — V Exame Unificado) A respeito da sociedade em comum, é correto afirmar que

a) os sócios respondem individual e ilimitadamente pelas obrigações sociais.
b) são regidas pelas disposições das sociedades simples.
c) na relação com terceiros, os sócios podem comprovar a existência da sociedade de qualquer modo.
d) os sócios são titulares em comum das dívidas sociais.

16. (TJRJ — Juiz — 2012) Quanto ao nome empresarial, assinale a alternativa correta.

a) Nas sociedades limitadas, os administradores que omitirem a palavra "limitada" no uso da firma ou denominação social serão responsáveis solidariamente, desde que ajam com dolo comprovado e assumam obrigações com valor superior a 10 salários mínimos vigentes no país.
b) A inscrição do empresário, ou dos atos constitutivos das pessoas jurídicas, ou as respectivas averbações, no registro próprio, asseguram o uso exclusivo do nome nos limites do território nacional, independentemente de registro na forma da lei especial.

c) É de 4 (quatro) anos o prazo para o prejudicado intentar ação para anular a inscrição do nome empresarial feita com violação da lei ou do contrato.
d) Equipara-se ao nome empresarial, para efeitos de proteção legal, a denominação das sociedades simples, associações e fundações.

17. (FGV/OAB — XI Exame Unificado) Cinco pessoas naturais residentes no município X decidiram constituir uma sociedade cooperativa e procuraram uma advogada para a elaboração do estatuto social. Com base nas disposições para esta espécie societária previstas no Código Civil, é correto afirmar que

a) o estatuto deverá conter cláusula indicativa do valor do capital social, que será fixo durante toda a existência da sociedade.
b) aplicam-se às cooperativas as disposições do Código Civil referentes às sociedades anônimas, na omissão da legislação especial.
c) os sócios responderão sempre de forma solidária, ilimitada e subsidiária pelas obrigações sociais, por ser a cooperativa uma sociedade de pessoas.
d) se a cooperativa possuir capital social, as quotas serão intransferíveis a terceiros estranhos à sociedade, ainda que por direito hereditário.

18. (TJDFT — Juiz — Jun./2011) Considere as proposições formuladas abaixo e assinale a incorreta:

a) Na sociedade em comandita por ações, somente o acionista tem qualidade para administrar a sociedade e, como diretor, responde subsidiária e ilimitadamente pelas obrigações da sociedade;
b) A falência da sociedade transformada somente produzirá efeitos em relação aos sócios que, no tipo anterior, a eles estariam sujeitos, se o pedirem os titulares de créditos anteriores à transformação, e somente a estes beneficiará;
c) Em se tratando de sociedade limitada, a responsabilidade de cada sócio é restrita ao montante de suas quotas. Por consectário lógico, não se lhes exige a responsabilização solidária pela integralização do capital social;
d) Na liquidação da sociedade, incumbe ao liquidante representar a sociedade e praticar todos os atos necessários a tal propósito, inclusive alienar bens móveis ou imóveis, transigir, receber e dar quitação.

19. (FCC — TJAP — 2014) A sociedade simples pode assumir qualquer dos tipos societários, exceto:

a) o da limitada e o da sociedade anônima.
b) o da sociedade limitada.
c) o da sociedade anônima por ações ou em comandita por ações.
d) o da sociedade limitada, o da anônima e o da empresa individual de responsabilidade limitada.
e) o da sociedade limitada e o da empresa individual de responsabilidade limitada.

20. (TJPB — Tabelião — Provimento — 2014) Analise as assertivas abaixo e, de acordo com o que dispõe a legislação vigente, assinale a alternativa correta:

I. A sociedade simples poderá adotar a forma de sociedade limitada.
II. A sociedade em conta de participação não possui personalidade jurídica, ainda que o respectivo contrato seja levado ao registro.
III. As cooperativas são consideradas sociedades simples, independentemente do seu objeto.
IV. A operação de transformação da sociedade não modifica os direitos dos credores.

a) Apenas as assertivas II e III estão incorretas.
b) Todas as assertivas estão corretas.
c) Apenas a assertiva II está incorreta.
d) Apenas a assertiva IV está incorreta.

21. (FCC — TJ-AL — Juiz Substituto — 2015) A Sociedade Anônima

a) tem como pressuposto essencial os valores mobiliários de sua emissão admitidos necessariamente à negociação em bolsa de valores ou no mercado de balcão.
b) é sempre empresária, mesmo que seu objeto seja atividade econômica civil, por exemplo, uma companhia constituída só por dentistas para a prestação de serviços de odontologia pelos próprios acionistas.

c) é a única modalidade de sociedade por ações prevista no direito brasileiro.
d) não admite a penhora de suas ações em execução promovida contra um acionista, em razão do interesse patrimonial dos demais acionistas.
e) é formada por ações, cujo preço de emissão confunde-se com seu valor nominal ou de negociação em bolsa de valores.

22. (FGV — OAB Nacional — XVI Exame 1ª Fase — 2015) Terezinha, sócia minoritária e administradora da sociedade Z & Cia. Ltda., com participação de 23% no capital social, foi excluída da sociedade por ter se apropriado de bens sociais e alienado-os de forma fraudulenta. A exclusão extrajudicial observou todos os requisitos legais, tendo sido inclusive, aprovada em assembleia própria, com quórum superior à metade do capital social. Após a deliberação, foi alterado o contrato social com a nova composição societária e realizado o arquivamento na Junta Comercial. Efetuado o registro da alteração contratual, deverá

a) realizar a liquidação das quotas de Terezinha, com base no último balanço aprovado; a ex-sócia não responderá pelas obrigações sociais anteriores porque, na sociedade limitada, sua responsabilidade é restrita ao valor do capital social.
b) ser dissolvida, cabendo aos sócios remanescentes investir o liquidante em suas funções; a ex-sócia receberá o valor de suas quotas, apurado com base em balanço especial, no curso da liquidação, após o pagamento aos credores.
c) reduzir compulsoriamente o capital, sendo vedado aos demais sócios suprir o valor da quota de Terezinha; esta responderá subsidiariamente pelas obrigações sociais até dois anos contados da data da deliberação que a excluiu da sociedade.
d) realizar a liquidação das quotas de Terezinha, com base em balanço especial; a ex-sócia responderá pelas obrigações sociais anteriores, até dois anos após a averbação da resolução da sociedade na Junta Comercial.

23. (CESPE — PC-PE — Delegado — 2016) Assinale a opção que apresenta, respectivamente, as espécies societárias que somente podem ser consideradas, a primeira, como sociedade empresária e, a segunda, como sociedade simples, em razão de expressa imposição legal.

a) sociedade comandita por ações / sociedade comandita simples.
b) sociedade anônima / sociedade cooperativa.
c) sociedades estatais / associações.
d) sociedade anônima / sociedade limitada.
e) sociedade em nome coletivo / sociedade limitada.

24. (OAB — FGV — XXIII Exame Unificado — 2017) Em 11 de setembro de 2016, ocorreu o falecimento de Pedro, sócio de uma sociedade simples. Nessa situação, o contrato prevê a resolução da sociedade em relação a um sócio. Na alteração contratual ficou estabelecida a redução do capital no valor das quotas titularizadas pelo ex-sócio, sendo o documento arquivado no Registro Civil de Pessoas Jurídicas, em 22 de outubro de 2016. Diante da narrativa, os herdeiros de Pedro são responsáveis pelas obrigações sociais anteriores à data do falecimento, até dois anos após

a) a data da resolução da sociedade e pelas posteriores e em igual prazo, a partir de 11 de setembro de 2016.
b) a data do arquivamento da resolução da sociedade (22 de outubro de 2016).
c) a data da resolução da sociedade em relação ao sócio Pedro (11 de setembro de 2016).
d) a data do arquivamento da resolução da sociedade e pelas posteriores e em igual prazo, a partir de 22 de outubro de 2016.

25. (FCC – DPE-AP – Defensor Público – 2018) Cleber e Maurício estabelecem uma sociedade, mas os atos constitutivos dessa sociedade, embora elaborados e subscritos pelos interessados, não foram levados a registro. Maurício realizou contrato com terceiro em nome da sociedade, sem que Cleber tenha participado da negociação. Nesta situação,

a) somente Maurício tem responsabilidade pelas obrigações contraídas e não tem direito ao benefício de ordem.
b) somente Maurício tem responsabilidade pelas obrigações contraídas, mas é lhe assegurado o benefício de ordem.

c) ambos os sócios respondem solidária e ilimitadamente pelas obrigações contraídas, mas somente Maurício está excluído do benefício de ordem.
d) ambos os sócios respondem solidária e ilimitadamente pelas obrigações sociais e ambos têm assegurado o benefício de ordem.
e) ambos os sócios respondem solidária e ilimitadamente pelas obrigações sociais, mas nenhum deles tem assegurado o benefício de ordem.

26. (VUNESP — Prefeitura de São José do Rio Preto — Procurador — 2019) São exemplos de sociedades que podem qualificar-se como sociedades empresárias ou, a depender de seu objeto, não-empresárias:

a) a sociedade anônima e a sociedade limitada
b) a sociedade limitada e a sociedade em comandita simples.
c) a cooperativa e a empresa individual de responsabilidade limitada.
d) a associação e a sociedade em comandita simples.
e) a sociedade simples e a sociedade em nome coletivo.

■ GABARITO ■

1. "c". *Vide item 7.6.3.3.* As sociedades simples possuem normas gerais, que poderão suprir as lacunas dos regimes jurídicos dos tipos societários constantes do CC e, até mesmo, da LSA.

2. "d", nos termos do art. 1.045, do CC: "Na sociedade em comandita simples tomam parte sócios de duas categorias: os comanditados, pessoas físicas, responsáveis solidária e ilimitadamente pelas obrigações sociais; e os comanditários, obrigados somente pelo valor de sua quota".

3. "a". Nos termos do art. 997, inc. V, do CC: "Art. 997. A sociedade constitui-se mediante contrato escrito, particular ou público, que, além de cláusulas estipuladas pelas partes, mencionará: (...) as prestações a que se obriga o sócio, cuja contribuição consista em serviços".

4. "b", nos termos do art. 1.113, do CC: "O ato de transformação independe de dissolução ou liquidação da sociedade, e obedecerá aos preceitos reguladores da constituição e inscrição próprios do tipo em que vai converter-se".

5. "b", nos termos do art. 1.092, do CC, pois a prorrogação dependerá de autorização expressa: "A assembleia geral não pode, sem o consentimento dos diretores, mudar o objeto essencial da sociedade, prorrogar-lhe o prazo de duração, aumentar ou diminuir o capital social, criar debêntures, ou partes beneficiárias".

6. "c", nos termos do art. 986: "Art. 986. Enquanto não inscritos os atos constitutivos, reger-se-á a sociedade, exceto por ações em organização, pelo disposto neste Capítulo, observadas, subsidiariamente e no que com ele forem compatíveis, as normas da sociedade simples".

7. "c", a *contrario sensu*, nos termos do art. 997, do CC: "Art. 997. A sociedade constitui-se mediante contrato escrito, particular ou público, que, além de cláusulas estipuladas pelas partes, mencionará: I — nome, nacionalidade, estado civil, profissão e residência dos sócios, se pessoas naturais, e a firma ou a denominação, nacionalidade e sede dos sócios, se jurídicas; II — denominação, objeto, sede e prazo da sociedade; III — capital da sociedade, expresso em moeda corrente, podendo compreender qualquer espécie de bens, suscetíveis de avaliação pecuniária; IV — a quota de cada sócio no capital social, e o modo de realizá-la; V — as prestações a que se obriga o sócio, cuja contribuição consista em serviços; VI — as pessoas naturais incumbidas da administração da sociedade, e seus poderes e atribuições; VII — a participação de cada sócio nos lucros e nas perdas; VIII — se os sócios respondem, ou não, subsidiariamente, pelas obrigações sociais".

8. "c". Em sintonia com o disposto nos incisos do § 3º, do art. 974, do CC: "O Registro Público de Empresas Mercantis a cargo das Juntas Comerciais deverá registrar contratos ou alterações contratuais de sociedade que envolva sócio incapaz, desde que atendidos, de forma conjunta, os seguintes pressupostos: o sócio incapaz não pode exercer a administração da sociedade; o capital social deve ser totalmente integralizado; o sócio relativamente incapaz deve ser assistido e o absolutamente incapaz deve ser representado por seus representantes legais".

9. "c", nos termos do art. 1.032, do CC.

10. "a", nos termos do art. 1.039, do CC: "Somente pessoas físicas podem tomar parte na sociedade em nome coletivo, respondendo todos os sócios, solidária e ilimitadamente, pelas obrigações sociais".

11. "c", na sociedade em comandita simples percebem-se os sócios comanditados e os comanditários, nos termos do art. 1.045.

12. "a", nos termos do art. 985, do CC: "Art. 985. A sociedade adquire personalidade jurídica com a inscrição, no registro próprio e na forma da lei, dos seus atos constitutivos (arts. 45 e 1.150)". O art. 1.150 refere-se ao registro público de empresas mercantis a cargo das juntas comerciais: "O empresário e a sociedade empresária vinculam-se ao Registro Público de Empresas Mercantis a cargo das Juntas Comerciais, e a sociedade simples ao Registro Civil das Pessoas Jurídicas, o qual deverá obedecer às normas fixadas para aquele registro, se a sociedade simples adotar um dos tipos de sociedade empresária".

13. "d". A *contrario sensu* do disposto no art. 997, do CC.

14. "a". Na eventualidade de alguém, mesmo impedido legalmente, exercer a atividade empresarial, "responderá pelas obrigações contraídas" (art. 973, do CC).

15. "d", nos termos do art. 988, parágrafo único, do CC: "Os bens e dívidas sociais constituem patrimônio especial, do qual os sócios são titulares em comum".

16. "d", nos termos do art. 1.155, parágrafo único, do CC, "Equipara-se ao nome empresarial, para os efeitos da proteção da lei, a denominação das sociedades simples, associações e fundações".

17. "d", nos termos do art. 1.094, inc. IV: "intransferibilidade das quotas do capital a terceiros estranhos à sociedade, ainda que por herança".

18. "a". A alternativa repetiu o texto de lei (art. 1.091, do CC).

19. "c", tendo em vista o disposto nos arts. 982, parágrafo único, e 983, *caput*, ambos do CC.

20. "b". Os itens I e II encontram-se em sintonia com a letra da lei, respectivamente, art. 983 e art. 993, ambos do Código Civil, devendo-se optar pela alternativa que considerou todas as alternativas corretas, por ser a única a abranger os itens I e II conjuntamente, repise-se, a letra "b".

21. "b". Fundamento: parágrafo único, do art. 982, do CC.

22. "d". Fundamento: arts. 1.085 e 1.086, ambos do CC.

23. "b". Art. 982, parágrafo único, do CC.

24. "b". Nos termos da primeira parte do disposto no art. 1.032, *caput*, do CC: "A retirada, exclusão ou morte do sócio, não o exime, ou a seus herdeiros, da responsabilidade pelas obrigações sociais anteriores, até dois anos após averbada a resolução da sociedade; nem nos dois primeiros casos, pelas posteriores e em igual prazo, enquanto não se requerer a averbação".

25. "c". Fundamento: art. 986 e art. 990, ambos do Código Civil: "Art. 986. Enquanto não inscritos os atos constitutivos, reger-se-á a sociedade, exceto por ações em organização, pelo disposto neste Capítulo, observadas, subsidiariamente e no que com ele forem compatíveis, as normas da sociedade simples. (...) Art. 990. Todos os sócios respondem solidária e ilimitadamente pelas obrigações sociais, excluído do benefício de ordem, previsto no art. 1.024, aquele que contratou pela sociedade".

26. "b". Em conformidade com o disposto no art. 983, do Código Civil: "A sociedade empresária deve constituir-se segundo um dos tipos regulados nos arts. **1.039 a 1.092**; a sociedade simples pode constituir-se de conformidade com um desses tipos, e, não o fazendo, subordina-se às normas que lhe são próprias".

8

SOCIEDADE LIMITADA — LTDA.

■ 8.1. NOÇÕES PRELIMINARES

A Sociedade Limitada corresponde ao **tipo societário que proporciona a limitação da responsabilidade** dos sócios, reduzindo o risco da atividade, razão pela qual é o mais atrativo, correspondendo à maioria dos registros de sociedades empresárias no Brasil[1].

Pode **ser conceituada como** a sociedade empresária, de natureza contratual e *intuitu personae*, na qual os sócios são imunes às obrigações sociais, **obrigando-se tão só pelo pagamento de suas quotas e pela integralização do capital social**, pela falta de realização da totalidade das entradas prometidas pelos sócios e pelo excesso de valor atribuído a bens aportados para a sua formação[2].

Esquematizando a **responsabilidade do sócio da sociedade limitada**:

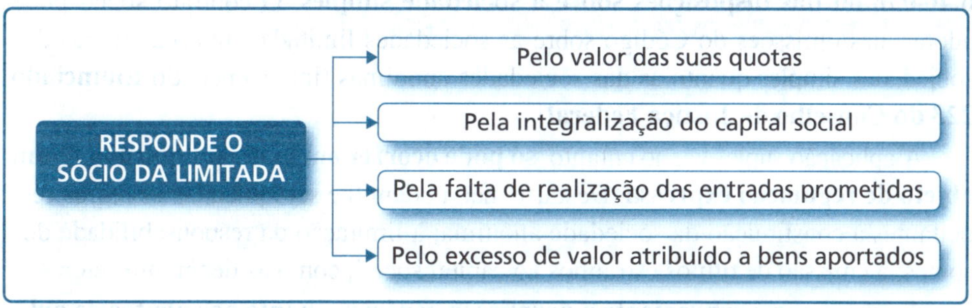

As principais características desse tipo societário são a **responsabilidade limitada dos sócios e a contratualidade**. **Nela, a responsabilidade de cada sócio é restrita ao valor de suas quotas, mas todos respondem solidariamente pela integralização do capital social.** Assim, eventuais perdas decorrentes do insucesso da empresa são limitadas ao valor de suas quotas, ressalvada a solidariedade pela integralização do capital social. **Funciona assim**: o sócio **é devedor do valor da sua quota** e **garante do pagamento das quotas dos demais sócios** que ainda não as

---

1 Confiram-se, neste sentido, os dados estatísticos disponibilizados pelo site: <empresometro.com.br>.

2 GONÇALVES NETO, Alfredo de Assis. *Direito de empresa*, 2. ed., p. 309.

tenham integralizado — isto é, uma vez que nenhum dos sócios integralizou suas quotas, todos respondem pelo total do capital social.

A outra característica é a **contratualidade, pela qual a relação entre os sócios pode pautar-se por suas disposições de vontade**, sem os rigores ou limites próprios do regime legal das sociedades institucionais, por exemplo, conferindo-se **maior margem para negociações entre eles**[3].

Da socialização dos riscos emergirá a opção ou **não pelo exercício da atividade empresarial em parceira com outrem**. Entretanto, na atualidade, diante da **possibilidade de formação de LTDA unipessoal desde a origem**, nos termos dos §§ 1º e 2º, do art. 1.053, do Código Civil (conforme alteração da Lei n. 13.874/2019), de se notar que a **separação patrimonial e a limitação de responsabilidade se sobrepõem até à característica da contratualidade.**

As **sociedades limitadas regem-se pelo Código Civil** em vigor, especificamente pelo disposto no Título II, Capítulo IV, e, **nas omissões** deste, pelas **normas que disciplinam a sociedade simples**. O **contrato social**, contudo, **pode prever a regência supletiva da sociedade limitada pelas normas da sociedade anônima**.

Assim, o seu **regime jurídico pode se aproximar** tanto das sociedades simples, **de pessoas**, quanto das sociedades anônimas, **de capital**, diante da liberdade contratual de constituição albergada pelo Código Civil.

Ante o caráter contratual de que se reveste a sociedade limitada, forçoso convir que o parágrafo único do art. 1.053 **não significa a aplicação em bloco da Lei n. 6.404/76 ou das disposições sobre a sociedade simples**. O contrato social pode adotar, nas omissões do Código sobre as sociedades limitadas, tanto as regras das sociedades simples quanto as das sociedades anônimas (inteligência do **Enunciado 223 do Conselho de Justiça Federal**).

A aplicação supletiva, no entanto, **só pode ocorrer em matérias que não sejam objeto de regulação expressa**. Destarte, não podem lhe ser aplicadas as regras respeitantes à constituição da sociedade anônima; à limitação da responsabilidade dos sócios; à emissão de títulos estranhos ao capital social, como as debêntures etc.

Também **não é conveniente a permissão genérica quanto aos pontos de aplicação das normas atinentes à sociedade anônima**. A **previsão deve ser clara e objetiva**, estabelecendo o assunto ao qual se devem aplicar as normas supletivas.

Forçoso convir, pois, que a limitada pode ser considerada **um tipo *intermediário* entre as sociedades de capital e as sociedades de pessoas**, já que, por um lado, possui normas que a aproximam das sociedades de capital, por cujo regime pode optar a modo supletivo, e, por outro, é marcada pelo caráter *intuitu personae* inerente às sociedades contratuais[4]. **Esquematizando**:

---

3 COELHO, Fábio Ulhoa. *Manual de direito comercial*, 14. ed., p. 153.

4 GONÇALVES NETO, Alfredo de Assis. *Direito de empresa*, 2. ed., p. 309.

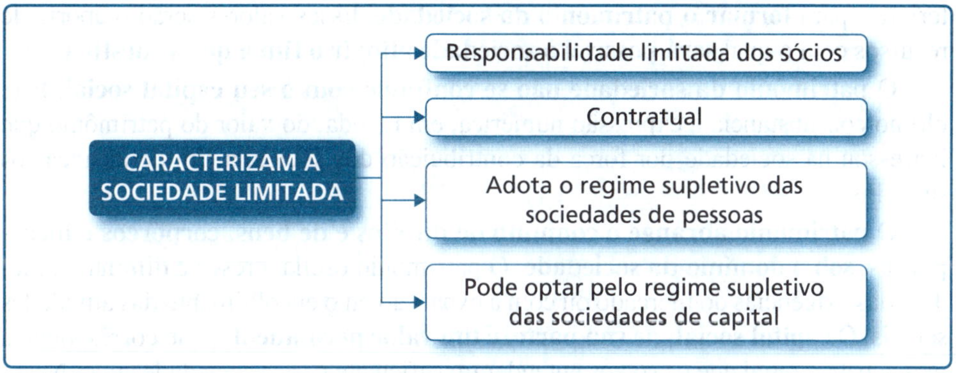

▪ 8.2. CONTRATO SOCIAL

Como já dito, uma das principais características da sociedade limitada é a **contratualidade**, uma vez que somente pode ser constituída por contrato social. Este documento possui natureza jurídica de **contrato propriamente dito**, embora seja um **contrato *sui generis* e plurilateral**, pautado **pela *affectio societatis***.

Sob o regime do Decreto n. 3.708/1919, era **imperativo constar do contrato social cláusula limitando a responsabilidade dos sócios à importância do capital social**. Omisso o contrato social quanto à limitação da responsabilidade, aplicava-se o regime da responsabilidade ilimitada. Atualmente, **sob a vigência do Código Civil de 2002, é prescindível constar do contrato cláusula dispondo sobre a responsabilidade dos sócios** para que incida o regime da responsabilidade limitada, **bastando, a tanto, a adoção ao tipo societário**.

Noutro viés, assim como no regime legal anterior, **é imperiosa a menção, no contrato social, do nome da sociedade, acrescido de expressão que revele o tipo societário**. Assim, seja firma ou denominação, o nome da sociedade limitada deverá ser acrescido da expressão "**Limitada**" ou pela sigla "**Ltda.**".

A sociedade limitada pode adotar como **nome empresarial tanto uma firma social quanto uma denominação**, o que, mais uma vez, ressalta o seu caráter intermediário. A **firma social** é caracterizada pelo **uso do patronímico de todos ou de alguns sócios**, acrescida da expressão "limitada", por extenso ou abreviada (Ltda.). A **denominação é objetiva**, porquanto não menciona o nome dos sócios, mas também deve estar acompanhada da expressão "limitada", por extenso ou abreviada (Ltda.). A denominação **deve dar a conhecer o objeto da sociedade**, *ex vi* do disposto no art. 1.158, § 2º, do Código Civil.

A **obrigatoriedade da indicação da expressão "limitada"** deve-se ao fato de que o nome da sociedade limitada é de fundamental importância para que os **terceiros que pretendam contratar com ela saibam, de plano, o tipo societário** e, com isso, o limite da responsabilidade dos sócios. **Ausente a expressão, a responsabilidade dos sócios passa a ser ilimitada e solidária** (art. 1.158, § 3º, do CC).

O **capital social traduz-se na soma dos valores dos bens ou em dinheiro que os sócios aplicam**, no momento da constituição ou por virtude de deliberações posteriores, para **formar o patrimônio da sociedade**. Esses valores serão o aporte de recursos com o qual **será possível à sociedade atingir o fim a que se destina**.

O **patrimônio da sociedade não se confunde com o seu capital social**. Este último consubstancia a expressão numérica, em moeda, do valor do patrimônio que ingressou na sociedade por força da contribuição dos sócios, a fim de alcançar os seus fins.

O **patrimônio abrange o conjunto de direitos e de bens, corpóreos e incorpóreos, sob o domínio da sociedade**. O patrimônio oscila, cresce e diminui, à medida das exigências do mercado ou com a expansão ou o encolhimento das atividades sociais. O **capital social, de sua parte, é um valor permanente**, que corresponde à massa patrimonial que os sócios entenderam suficiente para a sociedade atuar. Nesse passo, enquanto, normalmente, **patrimônio e capital social se equivalem no momento da constituição, a tendência é a de que, no decorrer da vida social, eles se distanciem**[5]. O capital social é o primeiro patrimônio da sociedade.

Cesare Vivante compara o capital social a um recipiente medidor de grãos, e o **patrimônio aos grãos**, que **podem superar a medida (hipótese em que haverá lucro)** ou **não a alcançar (quando haverá perda)**. Assim, o **capital social** também **é parâmetro para aferir se os resultados financeiros são positivos ou negativos**. Além disso, serve como base de cálculo de impostos. Porém, sua principal função no âmbito externo é de **garantia indireta (ou de 2º grau) dos credores** que contratam com a sociedade. Garantia indireta porque não corresponde a bens concretos que constem do patrimônio, mas a uma **cifra que bloqueia ou retém uma parte do patrimônio social**, na perspectiva de que os sócios nada poderão auferir enquanto o patrimônio social não superar a cifra do capital social. **Esquematizando**:

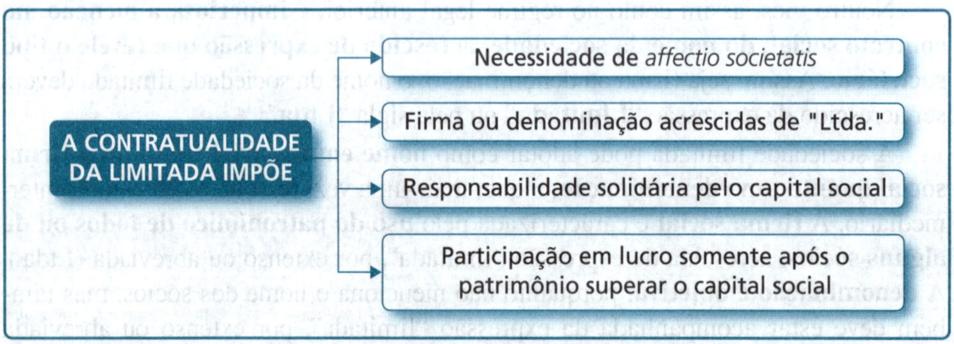

8.2.1. Efetividade e intangibilidade do capital social

Há dois **princípios reitores do capital social**: 1) **efetividade**; e 2) **intangibilidade**.

O capital social **deve ser efetivo**, é dizer, **precisa corresponder exatamente ao valor em dinheiro ou em bens que os sócios trouxeram para a sua formação**. Eis porque dispõe o Código Civil vigente, no art. 1.055, § 1º, que, **pela exata estimação**

5 GONÇALVES NETO, Alfredo de Assis. *Direito de empresa*, 2. ed., p. 318.

dos bens conferidos ao capital social, respondem solidariamente todos os sócios, até o prazo de 05 (cinco) anos da data do registro da sociedade. O dispositivo objetiva assegurar a realidade do capital social, recomendando aos sócios que avaliem devidamente todos os bens integralizados, sob pena de **responsabilidade solidária pela diferença constatada na estimação.**

A **responsabilidade solidária** nos casos de inexatidão da estimativa dos bens **abrange os casos de constituição e aumento do capital social e cessa após o prazo de 05 (cinco) anos** da data do respectivo registro (**Enunciado 224** das jornadas de direito civil do Conselho de Justiça Federal).

Pelo **princípio da intangibilidade**, esse **capital social deve permanecer inalterado**, salvo se o contrário exigir a lei ou decidirem os sócios. Com efeito, tem-se que o **capital social pode ser aumentado ou reduzido, modificando-se o contrato social, desde que, nesse sentido, deliberem os sócios.** Os sócios **têm preferência na aquisição de novas quotas**, na proporção dos quinhões de que são titulares. O direito de preferência poderá ser exercido no **prazo de 30 (trinta) dias, a contar da deliberação.**

O **capital social também pode ser reduzido**, igualmente com a respectiva modificação do contrato social: 1) depois de integralizado, se houver perdas irreparáveis; ou 2) se excessivo em relação ao objeto da sociedade.

A **contribuição de cada sócio** pode ser realizada em **dinheiro ou em bens corpóreos ou incorpóreos**, mas **não em prestação de serviços** (art. 1.055, § 2º, do CC). Cada sócio **subscreverá uma parte do capital** (quota), ficando, por consequência, **responsável pela sua respectiva integralização.**

Destarte, **o sócio tem a obrigação de aportar dinheiro ou outra espécie de bem** para a formação do capital social. A lei de regência **não exige que a integralização do capital social ocorra no ato da constituição** da sociedade, **tampouco que o contrato social estabeleça prazo** para que a obrigação seja cumprida. **Não havendo prazo certo** para a integralização, para constituir o sócio (que não integraliza as quotas que subscreveu) **em mora**, o administrador deve **convocar uma reunião de sócios** e, **após deliberação, notificar o inadimplente** a cumprir a obrigação no prazo que lhe for assinalado (**não inferior a 30 dias**), a contar do dia do recebimento da notificação. Findo o prazo, sem o cumprimento da obrigação, o sócio estará em mora.

Esquematizando:

PRINCÍPIOS APLICÁVEIS AO CAPITAL SOCIAL DA LIMITADA		
Efetividade	**Intangibilidade**	**Contribuição de cada Sócio**
■ Deve corresponder ao valor em dinheiro que os sócios se comprometeram a integralizar.	■ A regra afirma que o capital social deve permanecer inalterado. Todavia, poderá ser alterado por força de lei ou deliberação dos sócios.	1) A contribuição de cada sócio pode ser feita em dinheiro ou bens, não em serviços. 2) Cada sócio subscreverá uma parte do capital social, ficando responsável pela sua integralização.
■ Se foram integralizados bens, todos os sócios respondem por 5 anos pela diferença da inexata estimativa do valor deles.	■ Poderá ser reduzido em duas situações: 1) depois de integralizado, se houver perdas irreparáveis; ou 2) se excessivo em relação ao objeto da sociedade.	1) Se houver prazo para integralização, ele deve ser cumprido. 2) Se não houver, notificado, o sócio tem prazo mínimo de 30 dias para depositar. 3) Caso aumente o capital social, o sócio tem 30 dias para exercício de direito de preferência.

8.2.2. A não integralização do capital social e o sócio remisso

O **sócio constituído em mora** quanto à integralização do capital social é **denominado sócio remisso** e, como tal, sujeita-se ao cumprimento coercitivo da obrigação, exsurgindo as seguintes alternativas:

- a sociedade pode promover **ação de execução contra o sócio remisso**, por quantia certa, para que ele pague o dano decorrente da sua mora;
- a sociedade poderá, após deliberar nesse sentido, **tomar para si a quota do sócio remisso**, ou transferi-la a terceiros, **excluindo-o do quadro societário**. A deliberação deve ser tomada por sócios que representem a maioria das quotas que compõe o capital social, não computadas as do sócio em mora. A normativa confere ao sócio remisso o exercício do contraditório durante a deliberação. Inexistindo comprador ou, ainda, se a sociedade não estiver em condições para a aquisição, **ela deverá promover a liquidação das quotas do sócio remisso, cancelando-as e reduzindo** proporcionalmente seu capital;
- a sociedade poderá **reduzir a quota do sócio remisso ao montante por ele integralizado**.

O sócio remisso, assim, terá direito a receber as entradas integralizadas. **Esquematizando**:

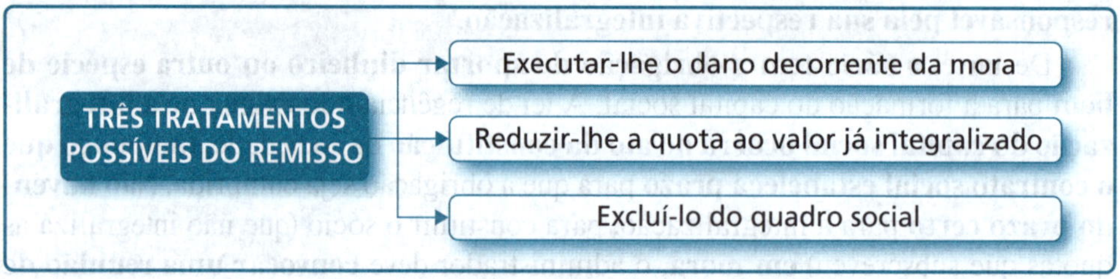

8.2.3. As quotas sociais

O **capital social da limitada divide-se em quotas, iguais ou desiguais**, cabendo uma ou diversas a cada sócio (art. 1.055, do CC). **Uma quota, no entanto, não pode ser dividida pelo sócio titular**, salvo para efeito de transferência, hipótese na qual haverá um condomínio de quota. Os **condôminos de quota indivisa respondem solidariamente** pelas prestações necessárias à sua integralização (art. 1.056, § 1º, do CC).

8.2.3.1. A cessão das quotas

As quotas **podem ser cedidas por seus titulares, seja para outro sócio, seja para um sujeito estranho** ao quadro societário. Se o cessionário for **outro sócio, dispensa-se a autorização dos demais sócios** para que a cessão da quota se opere. Porém, se o cessionário **for terceiro**, a cessão ocorrerá desde que **não haja oposição dos sócios que representem mais de 1/4 (um quarto) do capital social**.

O artigo que rege a matéria **permite que o contrato social estabeleça quórum inferior** para que a cessão de quotas a terceiro se efetive, **ou mesmo dispense o quórum legal**, isso porque a regra **do art. 1.057, do CC**, somente é aplicável no silêncio do contrato. É que a sociedade **limitada pode ser *intuitu personae* ou *intuitu pecuniae***. No **segundo caso**, revela-se **desimportante que os sócios identifiquem e aceitem os demais sócios**. No primeiro caso, de seu turno, a **anuência da maioria qualificada é exigida** justamente para que se preserve o vínculo intersubjetivo entre os sócios, imprescindível à continuidade da atividade.

A cessão, entretanto, **só terá eficácia contra terceiros a partir da averbação** do respectivo instrumento na Junta Comercial, subscrito pelos sócios anuentes.

Registre-se que, "na omissão do contrato social, a cessão de quotas sociais de uma sociedade limitada pode ser feita por instrumento próprio, **averbado junto ao registro da sociedade**, independentemente de alteração contratual, nos termos do art. 1.057 e parágrafo único, do Código Civil" (**Enunciado 225 do CJF**). **Esquematizando**:

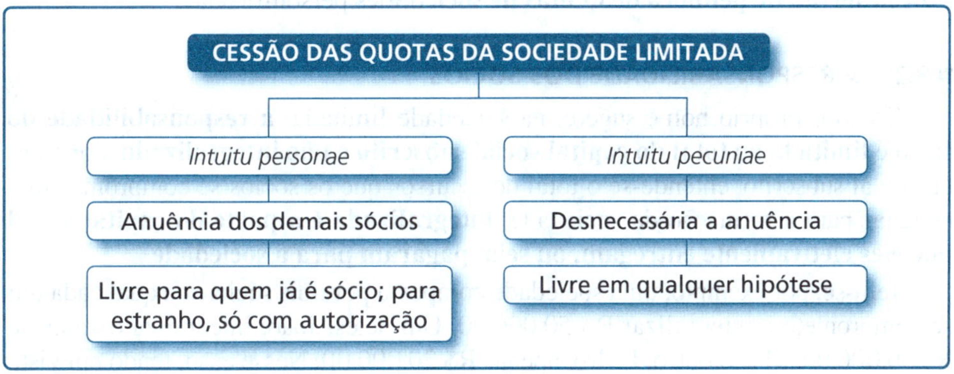

■ *8.2.3.2. A possibilidade de penhora das quotas sociais*

Noutro giro, indaga-se se é **possível a coexistência da penhora de quotas com o caráter *intuitu personae*** de que se revestem as sociedades limitadas. Uma primeira corrente, mais antiga, sustentava que **não seria possível a penhora**, porque ela resultaria no ingresso de um **terceiro desconhecido e indesejado nos quadros societários**, rompendo a *affectio societatis*.

Posteriormente, a jurisprudência foi alterada, **autorizando a penhora**, mas possibilitando à **sociedade remir a execução**, ou permitir-se aos **demais sócios a preferência na aquisição das quotas, a tanto por tanto**, a fim de impedir a entrada do estranho no quadro da sociedade[6].

O Código Civil vigente, por outro lado, **deu fim à celeuma**, ao prescrever, no **art. 1.026**, que "o credor particular de sócio pode, na insuficiência de outros bens do devedor, **fazer recair a execução sobre o que a este couber nos lucros da socieda-**

[6] STJ, REsp 234.931/MG, Rel. Min. Carlos Alberto Menezes Direito, 3ª Turma, julgado em 23/10/2000.

de, ou na parte que lhe tocar em liquidação". O artigo aponta no sentido de que **é possível a penhora de quotas, e não somente delas, mas do próprio patrimônio** da sociedade proporcional ao valor delas. O STJ, na esteira do entendimento adotado pelo artigo transcrito, decidiu:

> EMENTA: LOCAÇÃO E PROCESSUAL CIVIL. EXECUÇÃO. PENHORA DE QUOTAS. SOCIEDADE LIMITADA. POSSIBILIDADE. PRECEDENTES. PRETENSÃO DE PREQUESTIONAR DISPOSITIVOS CONSTITUCIONAIS. IMPOSSIBILIDADE NA VIA ESPECIAL. 1. A jurisprudência do Superior Tribunal de Justiça firmou-se no sentido de que é possível a penhora de cotas de sociedade limitada, seja porque tal constrição não implica, necessariamente, a inclusão de novo sócio; seja porque o devedor deve responder pelas obrigações assumidas com todos os seus bens presentes e futuros, nos termos do art. 591 do Código de Processo Civil (...). (STJ, **AgRg no Ag 1164746/SP**, Rel. Min. Laurita Vaz, 5ª Turma, julgado em 29/09/2009, *DJe* 26/10/2009).

Atente-se, ainda, para o quanto disposto no art. 861, do CPC, a disciplinar o **procedimento de penhora de quotas de sociedades** personificadas.

8.3. A RESPONSABILIDADE DOS SÓCIOS

Como o próprio nome sugere, na sociedade limitada, **a responsabilidade do sócio é limitada ao total do capital social subscrito e não integralizado**. Por capital social subscrito, entende-se o total de recursos que os sócios se comprometem a entregar para a formação da sociedade; **integralizada é a parte do capital social que eles efetivamente entregam, ou seja, pagaram para a sociedade**[7].

Tem-se, por exemplo, uma sociedade composta por dois sócios, na qual cada um se compromete a integralizar R$ 50.000,00. Um deles, João, integraliza o valor de R$ 50.000,00. Mas o outro, Pedro, apenas R$ 20.000,00. Nesse caso, tendo em vista que o capital social subscrito é de R$ 100.000,00, e o integralizado é de R$ 70.000,00, os credores podem cobrar o que falta a integralizar do capital social **tanto de João quanto de Pedro, porquanto ambos são solidariamente responsáveis pela integralização do capital social**, no caso, mais R$ 30.000,00.

Assim, **o princípio da autonomia patrimonial** será mitigado nas hipóteses em que o patrimônio social **não for inteiramente integralizado**, na medida em que, nesses casos, haverá a **responsabilidade pessoal e solidária dos sócios pelo montante que falta para a total integralização do capital social**. Se **inteiramente integralizado o capital social, não haverá responsabilidade pessoal** dos sócios, **salvo se ocorrer a desconsideração da personalidade jurídica da sociedade**.

A limitação da responsabilidade é **mecanismo de contenção dos riscos de insucesso inerentes à atividade empresária, com o escopo de estimular empreendedores e investidores a aderirem à exploração empresarial dos negócios**. Ora, obviamente, a responsabilização ilimitada dos sócios seria um notório desestímulo aos empreendedores e desaguaria na elevação dos preços, já que o aumento dos ris-

7 COELHO, Fábio Ulhoa. *Manual de direito comercial,* 14. ed., p. 156.

cos da atividade traz consigo a necessidade de aumento dos lucros. É que, quanto **maiores os riscos, maiores devem ser os lucros para compensá-los**, sendo esta a lógica de mercado.

Há, no entanto, **exceções à regra da limitação da responsabilidade dos sócios**, nas quais os sócios responderão ilimitadamente pelas obrigações da sociedade. Confira-se:

- Nas **hipóteses legais de desconsideração da personalidade jurídica**.
- Nos casos de **atos *ultra vires***, ou seja, quando os **sócios deliberarem de forma contrária ao contrato ou à lei**, tornar-se-ão **ilimitadamente responsáveis** pelas obrigações relacionadas às deliberações ilícitas. Se a sociedade limitada adotar supletivamente o regime das sociedades anônimas, no que se refere aos atos *ultra vires*, a responsabilidade dos sócios será subsidiária, porque primeiro devem ser excutidos os bens da sociedade (por força da aplicação da teoria da aparência) e, **somente se esgotados estes bens, deve ser perseguido o patrimônio dos sócios**.
- **Sociedades maritais** (compostas apenas por marido e mulher) **não autorizadas pelo art. 977 do Código Civil**, quais sejam, aquelas firmadas por **cônjuges casados no regime de comunhão universal ou de separação obrigatória de bens**.
- Procedência de **ação de responsabilização dos sócios**, em caso de falência (art. 82, da Lei n. 11.101/2005).

Esquematizando:

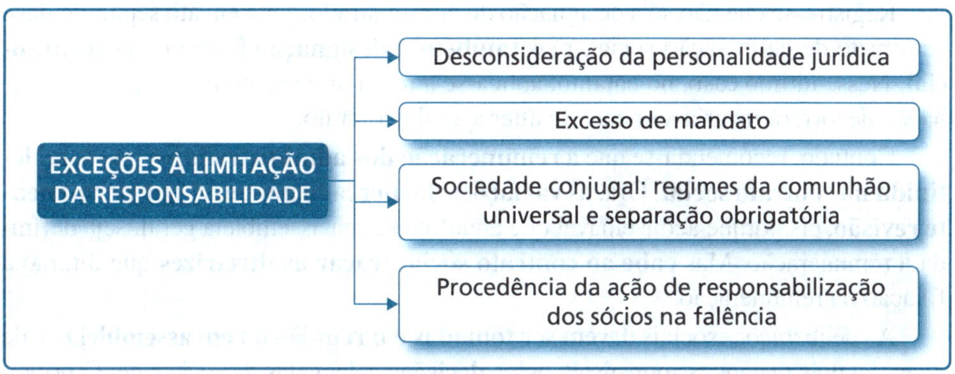

▪ 8.4. AS DELIBERAÇÕES DOS SÓCIOS

Os administradores da sociedade são instados, com frequência, a decidir sobre questões relacionadas à sociedade, **porquanto compõem o órgão responsável por concretizar a vontade social inserta no contrato**. São eles que determinam, à luz do contrato social, o modo de agir no cotidiano, a fim de desenvolver a atividade econômica. Não obstante, os sócios também participam do dia a dia da empresa e, juntos, decidem questões corriqueiras respeitantes ao seu desenvolvimento. **Em casos tais, dispensa-se qualquer formalidade.**

Há, no entanto, **decisões de maior complexidade** que, por virtude da relevância de que se revestem para a sociedade e da repercussão nos direitos dos sócios e de terceiros[8], **não podem ser tomadas unilateralmente pelos administradores ou pelos sócios**, impondo-se a obediência a certas formalidades legalmente preestabelecidas. Nesses casos, os sócios são chamados a **tomar decisões colegiadas**, em complemento das disposições contratuais não inseridas nas atribuições do órgão de administração. Os administradores apenas executam o que consta no contrato social, ao passo que, em **determinadas matérias, é preciso definir ou formar a vontade social, o que deve ser feito, em conjunto, pelos sócios**[9]. O ato pelo qual a vontade social se manifesta é a **deliberação social**.

O Código Civil vigente, no art. 1.071, elencou, em rol meramente exemplificativo, algumas **matérias sujeitas à deliberação colegiada**:

- aprovação das **contas da administração**;
- a **designação dos administradores**, quando feita em ato separado;
- a **destituição dos administradores**;
- o **modo de sua remuneração**, quando não estabelecido no contrato;
- a **modificação do contrato social**;
- a **incorporação, a fusão e a dissolução** da sociedade, ou a cessação do estado de liquidação;
- a **nomeação e destituição dos liquidantes e o julgamento das suas contas**;
- o **pedido de concordata (hoje recuperação judicial)**.

Registre-se que não só a designação do administrador feita em ato separado deve ser objeto de deliberação social, mas **também a designação feita no contrato social**. Nesse último caso, no entanto, aplica-se a regra prevista no inc. V, pois a designação decorrerá invariavelmente de alteração do contrato.

Contudo, recomenda-se que a **remuneração dos administradores não seja definida no contrato social**. Ora, as **variações do mercado podem exigir permanente revisão**, eis porque aconselhável que anualmente, na assembleia geral, seja definida a remuneração. Mas **cabe ao contrato social traçar as diretrizes** que ditarão a fixação da remuneração.

As deliberações sociais **devem ser tomadas em reunião ou em assembleia**. Vale dizer, há **dois órgãos responsáveis pelas decisões** colegiadas da sociedade. O principal deles é a **assembleia**. Contudo, nas **sociedades limitadas com até 10 sócios**, a normativa regente admitiu a **substituição da assembleia pela reunião de sócios**. Havendo maior número de sócios, tornar-se-á imperativa a deliberação em assembleia.

A distinção entre a **assembleia e a reunião** de sócios reside do fato de **a primeira exigir maiores solenidades concernentes à convocação e à instalação**. Entre-

[8] COELHO, Fábio Ulhoa. *Manual de direito comercial,* 14. ed., p. 159.

[9] GONÇALVES NETO, Alfredo de Assis. *Direito de empresa*, 2. ed., p. 364.

tanto, inexistindo regras no contrato sobre a convocação e instalação da reunião, esta seguirá o regime assemblear, arredando-se as diferenças entre elas.

A assembleia deve ser convocada com a observância das **seguintes formalidades**:

- o **anúncio de convocação** da assembleia de sócios será **publicado por três vezes**, ao menos, devendo mediar, entre a data da primeira inserção e a da realização da assembleia, o prazo mínimo de 8 (oito) dias, para a primeira convocação, e de 5 (cinco) dias, para as posteriores (art. 1.152, § 3º, do CC);
- o **quórum de instalação**: a assembleia dos sócios instala-se com a presença, em primeira convocação, de titulares de no mínimo **três quartos do capital social** e, em segunda, com qualquer número;
- o **sócio pode ser representado na assembleia por outro sócio**, ou por advogado, mediante outorga de mandato com especificação dos atos autorizados, devendo o instrumento ser levado a registro, com a ata;
- dos trabalhos e deliberações **será lavrada, no livro de atas da assembleia, ata assinada pelos membros da mesa** e por sócios participantes da reunião, quantos bastem à validade das deliberações, mas sem prejuízo dos que queiram assiná-la.

Em regra, o quórum de votação é **de maioria absoluta**, isto é, pelos **sócios que representem mais da metade das quotas que compõem o capital social**. Excepcionalmente, contudo, a lei de regência exige quórum diferenciado. Eis as hipóteses:

- **Unanimidade:** para designar administrador sócio nomeado no contrato social, se não previsto neste um quórum diverso;
- **Unanimidade:** para designar administrador não sócio, se o capital social não está totalmente integralizado;
- **Unanimidade:** para dissolver a sociedade por prazo determinado;
- **3/4 do capital social:** para modificar o contrato social, salvo quanto às matérias sujeitas a quórum diferente;
- **3/4 do capital social:** para aprovar incorporação, fusão, dissolução de sociedade ou levantamento da liquidação;
- **2/3 do capital social:** para designar administrador não sócio, se o capital social está totalmente integralizado;
- **Mais da metade do capital social:** para designar administrador em ato separado do contrato social;
- **Mais da metade do capital social:** para destituir administrador sócio designado no contrato social ou em ato separado do contrato social;
- **Mais da metade do capital social:** para destituir administrador não sócio;
- **Mais da metade do capital social:** para expulsar sócio minoritário, se permitido no contrato social;
- **Mais da metade do capital social:** para dissolver a sociedade contratada por prazo indeterminado[10].

[10] COELHO, Fábio Ulhoa. *Manual de direito comercial,* 14. ed., p. 161-162.

Há casos em que o Código Civil **dispensa a reunião ou a assembleia para a validade das deliberações**, bastando que **todos os sócios decidam, por escrito, sobre a matéria objeto de deliberação, apondo, todos eles, mesmo os vencidos, a assinatura no documento que contém a decisão.**[11] Não se exige, contudo, que todos tenham votado no mesmo sentido, já que é suficiente que seja atingido o quórum de aprovação.

Isso permite dizer que a **deliberação será também válida se tomadas as manifestações de todos os sócios** em documento separado e individual de cada qual deles. O conjunto de documentos satisfaz a exigência contida no art. 1.072, § 3º, do CC[12].

O art. 1.074, § 4º, do CC, traz mais uma ressalva, segundo a qual é dispensada a reunião ou a assembleia quando a sociedade estiver em crise econômico-financeira e **houver urgência de obter-se a autorização para requerer a recuperação judicial ou para formalizar a recuperação extrajudicial**, hipóteses em que bastará a manifestação nesse sentido dos sócios que representem mais da metade do capital social. Aplica-se tal regra igualmente ao **pedido de autofalência**. **Esquematizando**:

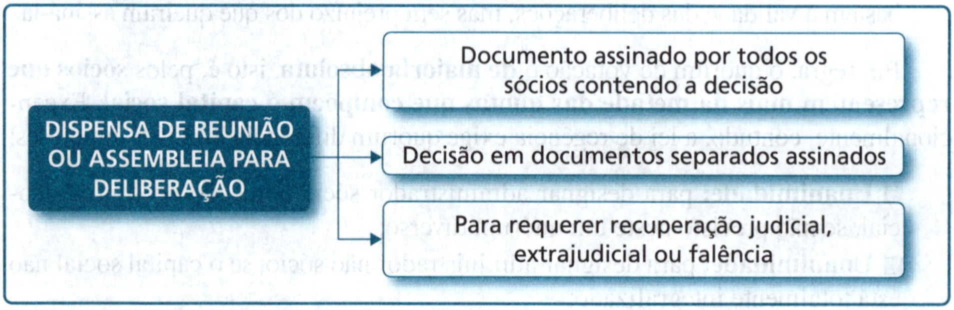

■ 8.5. A ADMINISTRAÇÃO DA SOCIEDADE LIMITADA

■ 8.5.1. Noções introdutórias

A sociedade limitada **pode ser administrada por uma ou mais pessoas designadas no contrato social ou em ato separado** (art. 1.060, do CC). O administrador pode ser um **sócio, ou um não sócio**. A vontade da sociedade limitada se exterioriza na pessoa do administrador, que não é só um representante, mas sim um presentante, já que a pessoa jurídica não é incapaz.

Se a administração for **atribuída no contrato a todos os sócios**, aqueles que posteriormente adquirirem essa qualidade **não serão considerados automaticamente administradores**. Por sua vez, **havendo pluralidade de administradores**,

---

[11] Diante das medidas restritivas para circulação de pessoas, de modo a evitar aglomerações, recomendável o evitar-se de reuniões presenciais, razão pela qual preferível que eventuais reuniões ocorram por meio de teleconferência, esforço consentâneo, portanto, com as medidas de combate à propogação da COVID-19. Assim, a Lei n. 14.010/2020 e a Lei n. 14.030/2020 positivaram a possibilidade de assembleias/reuniões por meio digital.

[12] GONÇALVES NETO, Alfredo de Assis. *Direito de empresa*, 2. ed., p. 370.

sem a designação no contrato dos poderes conferidos a cada um deles, deve-se concluir que **todos podem gerir**, individualmente, a sociedade (art. 1.013 c/c art. 1.053, ambos do CC).

Conquanto possam ser sócios, **há impedimento ao exercício da administração aos incapazes, aos falidos** e às demais pessoas que tenham sofrido condenação penal por crime que acarrete objeção ao exercício de atividade econômica.

■ 8.5.2. A sociedade limitada pode ser administrada por pessoa jurídica?

A doutrina **não é pacífica**. A primeira corrente sustenta que a **administração deverá ser feita por pessoa natural, descartando a possibilidade de a função ser desempenhada por pessoa jurídica**, ao argumento de que inexiste previsão nesse sentido. Essa posição doutrinária pauta-se no disposto no art. 1.054, do CC, que remete ao art. 997, do mesmo diploma legal, pelo qual os **administradores devem ser pessoas naturais**, à luz do disposto no inc. VI. Acrescentam os defensores dessa tese que o art. 1.062, § 2º, do CC, ao cuidar do ato de posse do administrador designado por ato separado, refere-se a elementos de qualificação próprios de pessoas físicas, como estado civil, exibição de documento de identidade, entre outros.

Corrobora essa corrente o **Enunciado 66 das jornadas** de direito civil do Conselho de Justiça Federal: "Art. 1.062: a teor do § 2º do art. 1.062 do Código Civil, **o administrador só pode ser pessoa natural**".

A **segunda corrente** defende que a **sociedade limitada pode ser administrada por pessoa jurídica**, ao argumento de que **não há vedação expressa**. Acrescenta-se que o art. 1.060 prevê apenas que a sociedade limitada deve ser administrada por uma ou mais pessoas, não discriminando as pessoas jurídicas.

Defensor dessa corrente, Gonçalves Neto[13] vaticina que "a regra do art. 997 do Código Civil dirige-se à sociedade simples e se aplica à sociedade limitada com as adaptações próprias do respectivo regime jurídico — ou, mais precisamente, por fidelidade ao seu texto, 'no que couber'".

Sustenta essa corrente que não há incompatibilidade com tal tese o disposto no art. 1.062, que trata apenas do administrador designado em ato separado, **notadamente porque a pessoa jurídica sempre se fará presentada por uma pessoa física**, a qual atenderá às exigências legais.

Filio-me à segunda corrente, consentânea com o direito comparado e a tendência de empregar, na administração da sociedade, um caráter preponderantemente técnico, o que se extrai da permissão legal atribuída a terceiros para exercerem a administração da limitada (art. 1.061, do CC).

Esquematizando:

---

[13] GONÇALVES NETO, Alfredo de Assis. *Direito de empresa*, 2. ed., p. 338.

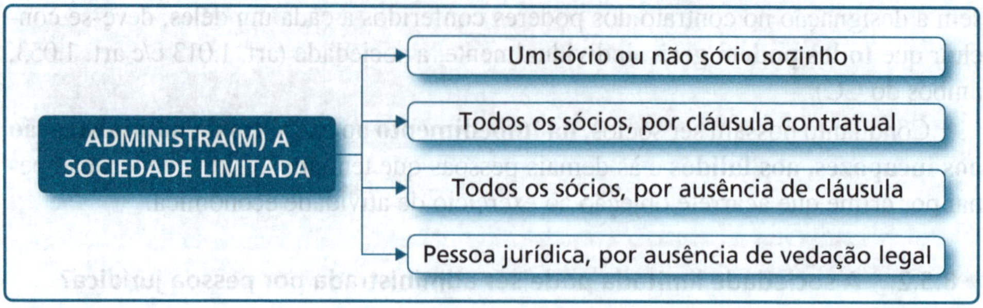

■ 8.6. A RESPONSABILIDADE DO ADMINISTRADOR

■ 8.6.1. A vontade funcional da sociedade empresária exteriorizada pelo administrador

A sociedade manifesta sua **vontade por intermédio de seus administradores**. Assim, os atos praticados por eles vinculam a sociedade.

Noutro passo, aplicam-se ao tema responsabilidade do administrador da sociedade limitada as **disposições concernentes à sociedade simples**.

Com efeito, se, de um lado, os **atos dos administradores vinculam a sociedade limitada**, de outro, os administradores, atuando nos limites dos poderes que lhes foram outorgados e com atenção aos deveres de cuidado objetivo, estão **livres de responsabilidade pessoal por tais atos**. A **imunidade do administrador**, pois, será mantida **enquanto este não agir fora dos poderes** que lhe foram conferidos, com violação à lei ou ao contrato social ou com culpa.

À luz das regras aplicáveis à espécie, tem-se que, no silêncio do contrato, **os administradores podem praticar todos os atos pertinentes à gestão da sociedade** (art. 1.015, do CC). Veja-se que o contrato pode delimitar os poderes outorgados ao administrador, mas pode também manter-se silente.

■ 8.6.2. A responsabilidade pessoal do administrador e a teoria *ultra vires*

Quando, então, haverá responsabilidade pessoal do administrador? Em quais hipóteses será excluída a responsabilidade da sociedade pelos atos praticados por ele? E quando haverá responsabilidade do administrador perante a sociedade pelos atos que praticar?

As respostas se extraem dos arts. 1.015, 1.016 e 1.017, do CC, que traçam as **hipóteses de excesso de poder e positivam a teoria *ultra vires*** no direito brasileiro. Tal **teoria reza que, quando a sociedade atua fora do objeto social a que se propõe realizar, deve-se concluir que ela não atuou**. Logo, a capacidade de obrigar-se da pessoa jurídica só existe enquanto ela atua em busca dos fins para os quais foi constituída[14].

A **regra** é de que **a sociedade responde perante terceiros pelos atos praticados pelos administradores**. A **exceção é a irresponsabilidade da sociedade** pelos atos dos administradores que descumprem as **limitações contratuais** (inc. I), **estranhos**

[14] GONÇALVES NETO, Alfredo de Assis. *Direito de empresa*, 2. ed., p. 213.

aos negócios da sociedade (inc. III), **praticados de forma fraudulenta junto a terceiros** (inc. II) ou **por culpa no desempenho de suas funções**. Afora essas hipóteses, ainda que haja excesso, a sociedade responderá pelas obrigações daí decorrentes, assistindo-lhe o direito de ingressar com ação regressiva contra os administradores.

Entre as hipóteses de não aplicação da regra, a primeira é a prevista **no inc. I, do art. 1.015, do CC**: "se a limitação de poderes estiver inscrita ou averbada no registro próprio da sociedade". Excluir a responsabilidade da sociedade em casos tais, muito embora permitido pelo Código Civil, **afigura-se temerário**. Não é razoável exigir do terceiro que contrata com a sociedade que confira se o administrador tem poderes inscritos ou averbados no livro próprio da Junta Comercial para praticar determinados atos. Conquanto o registro implique na publicização do ato, é notório que **os terceiros que contratam com a sociedade não têm, normalmente, a diligência de analisar os poderes conferidos ao administrador**, em cada operação. Os contratantes — pressupõe-se — acreditarão na palavra do presentante da sociedade, de molde que a solução acolhida pela lei de regência, indiretamente, terminou por malferir a boa-fé dos credores, sendo também atentado contra a teoria da aparência.

O Código Civil, não obstante, houve por bem exigir que o terceiro assim proceda e tenha o cuidado de **se informar, antes de firmar contratos, sobre os poderes que socorrem aos administradores**, sob pena de, não o fazendo, ficar tolhido do direito de exigir, da sociedade, o cumprimento das obrigações pactuadas com os administradores respectivos.

A segunda hipótese está prevista no art. 1.015, inc. II, do CC: "provando-se que **era conhecida do terceiro**", ou seja, se o terceiro **sabia que o administrador agia fora dos limites** que lhe foram conferidos. Não haverá responsabilidade da sociedade mesmo que os poderes não estiverem inscritos ou averbados no livro próprio. Nesse caso, **há, obviamente, fraude, conluio entre o terceiro e o administrador, a fim de prejudicar a sociedade**. No entanto, o ônus da prova quanto à fraude incumbe à sociedade.

O terceiro caso (art. 1.015, inc. III, do CC) trata das **operações evidentemente estranhas aos negócios da sociedade**, consubstanciando a incidência da teoria *ultra vires*. Nos dois primeiros casos, os poderes dos administradores existem, mas são excedidos na prática de certos atos (excesso de poder). No caso da aplicação da teoria *ultra vires*, na hipótese do inc. III, **ocorre o desvio de finalidade**, porque os administradores atuam de maneira estranha ao objeto a que se destina a sociedade. Nessa situação, presume-se o desvio de finalidade sempre que o negócio jurídico inequivocamente **não corresponder ao objeto social da sociedade**, na medida em que bastaria ao credor, com um mínimo de diligência, avaliar a compatibilidade entre o objeto do contrato e o objeto da sociedade.

A **teoria *ultra vires* — reitere-se — será contextualizada quando a sociedade atuar fora do objeto social, a que se propôs realizar; deve-se concluir, entretanto, que o ente coletivo, em tal hipótese, acabará por ser utilizado abusivamente**. Logo, a capacidade de obrigar-se da pessoa jurídica só existirá enquanto atuar em busca dos fins para os quais foi constituída[15].

---

[15] GONÇALVES NETO, Alfredo de Assis. *Direito de empresa*, 2. ed., p. 213.

Há uma tendência mundial de **adaptar a teoria *ultra vires* ao princípio da boa-fé e à teoria da aparência**, a fim de não desonerar a sociedade em tais casos, mas simplesmente permitir que esta tenha ação regressiva contra o administrador nas hipóteses em que o terceiro agir de boa-fé.

Nas jornadas de direito civil do Conselho de Justiça Federal, chegou-se à conclusão de que **a teoria *ultra vires* foi acolhida pelo Código Civil, mas com temperamentos**. Um deles é a **possibilidade de ratificação**, pela sociedade, dos atos excessivos ou abusivos. Outro temperamento é no sentido de que a teoria foi amenizada porque o Código Civil **admitiu que os administradores possuem poderes implícitos para realizar negócios acessórios ou conexos ao objeto social**, os quais não constituem operações evidentemente estranhas aos negócios da sociedade.

Nesse sentido, analise-se o teor do **Enunciado 219 do Conselho** de Justiça Federal:

> 219 — Art. 1.015: Está positivada a teoria *ultra vires* no Direito brasileiro, com as seguintes ressalvas: (a) o ato *ultra vires* não produz efeito apenas em relação à sociedade; (b) sem embargo, a sociedade poderá, por meio de seu órgão deliberativo, ratificá-lo; (c) o Código Civil amenizou o rigor da teoria *ultra vires*, admitindo os poderes implícitos dos administradores para realizar negócios acessórios ou conexos ao objeto social, os quais não constituem operações evidentemente estranhas aos negócios da sociedade; (d) não se aplica o art. 1.015 às sociedades por ações, em virtude da existência de regra especial de responsabilidade dos administradores (art. 158, II, Lei n. 6.404/76).

Por fim, **haverá responsabilidade pessoal e solidária dos administradores, perante a sociedade e terceiros prejudicados**, pelos atos culposos por eles praticados no desempenho de suas funções. É o que preceitua o art. 1.016, do CC, que se aplica às sociedades limitadas. Nesse sentido, o **Enunciado 220, das jornadas** de direito civil do Conselho de Justiça Federal: "É obrigatória a aplicação do art. 1.016, do Código Civil de 2002, que regula a responsabilidade dos administradores, a todas as sociedades limitadas, mesmo àquelas cujo contrato social preveja a aplicação supletiva das normas das sociedades anônimas".

Não haverá se falar em responsabilidade solidária de todos os administradores, no entanto, se a administração da sociedade ocorrer de **forma disjuntiva**, na qual cada administrador tem poderes específicos e independentes.

Não se pode esquecer que a administração **é uma atividade de risco**, a que o bom administrador deva estar disposto a suportar, pelo que, na aferição da culpa, em qualquer de suas modalidades (*in vigilando* ou *in eligendo*, por imprudência, negligência ou imperícia), será **preciso muita cautela para não inviabilizar o exercício de tal função**[16].

Por fim, necessário fazer escapar da aplicação da *ultra vires* **as sociedades regidas pela Lei n. 6.404/76**. É que a LSA **não traz em seu texto a invocação à aplicação da *ultra vires***. Ao contrário, determina que a S.A. **responde pelos atos praticados por seus administradores**, podendo regressar contra eles, no caso de prejuízo causado a ela. Assim, a **Sociedade Anônima, a Comandita por Ações e a**

[16] GONÇALVES NETO, Alfredo de Assis. *Direito de empresa*, 2. ed., p. 216.

Limitada (quando aplicado o regime supletivo das SAs) não se submetem à teoria *ultra vires*, de modo que responderão com o administrador que excedeu. Já a Sociedade **Em Nome Coletivo, a Comandita Simples e a Limitada (quando aplicado o regime da SS)** submetem-se aos ditames da *ultra vires*, de modo que apenas o administrador que excedeu responderá pelo excesso. **Esquematizando**:

INTANGIBILIDADE	CONTRIBUIÇÃO DE CADA SÓCIO
■ Aplica-se a teoria da aparência, e não a *ultra vires* — respondem a sociedade e o sócio que excedeu	■ Aplica-se a teoria *ultra vires* — responde apenas o sócio que excedeu
■ **Sociedade Anônima**	■ Em Nome Coletivo
■ **Comandita por Ações**	■ Comandita Simples
■ **Limitada (quando aplicado o regime supletivo das SAs)**	■ Limitada (quando aplicado o regime da Sociedade Simples)

■ 8.7. DO CONSELHO FISCAL

■ 8.7.1. Órgão facultativo

O contrato social da **sociedade limitada pode instituir o conselho fiscal**. Normalmente, apenas as sociedades de grande porte, formadas por número significativo de sócios, optam por criar o conselho fiscal. Este deve ser formado por, **no mínimo, três membros efetivos e respectivos suplentes**, que podem ser ou não sócios. Os seus membros serão **escolhidos na assembleia geral anual**, assegurando-se aos sócios minoritários, que representem pelo menos 1/5 (um quinto) do capital social, o direito de **eleger, separadamente, um dos seus membros e o respectivo suplente**.

■ 8.7.2. Atribuições

Eis algumas das atribuições que **competem, exclusivamente, ao conselho fiscal** e se encontram elencadas no rol exemplificativo do art. 1.069, do CC:

- **examinar**, pelo menos trimestralmente, **os livros e papéis da sociedade e o estado da caixa** e da carteira, devendo os administradores ou liquidantes prestar-lhes as informações solicitadas;
- **lavrar no livro de atas e pareceres** do conselho fiscal o resultado dos exames referidos no inc. I deste artigo;
- **exarar no mesmo livro e apresentar à assembleia anual dos sócios parecer** sobre os negócios e as operações sociais do exercício em que servirem, tomando por base o balanço patrimonial e o de resultado econômico;
- **denunciar os erros, fraudes ou crimes** que descobrirem, sugerindo providências úteis à sociedade;
- **convocar a assembleia dos sócios se a diretoria retardar** por mais de trinta dias a sua convocação anual, ou sempre que ocorram motivos graves e urgentes;
- **praticar, durante o período da liquidação da sociedade, os atos a que se refere este artigo**, tendo em vista as disposições especiais reguladoras da liquidação.

8.8. A RESOLUÇÃO DA SOCIEDADE COM RELAÇÃO A UM SÓCIO

A **sociedade limitada pode ser resolvida quanto a um dos sócios**, como antecipamos nos *itens 7.6.3.5.1* e *7.6.3.5.2* desta obra. Trata-se de **sinônimo da expressão doutrinária dissolução parcial**. Além das hipóteses convencionais, previstas no contrato social, o **Código Civil elenca as hipóteses legais de exclusão**. Confira-se:

- pela **morte** de um dos sócios;
- pelo exercício do **direito de retirada** (direito de recesso) **mediante notificação** prévia, com antecedência mínima de 60 (sessenta dias), se de prazo indeterminado, ou provando judicialmente **justa causa, se de prazo determinado** (art. 1.029);
- por **exclusão judicial**:
  a) Mediante iniciativa da maioria dos demais sócios, por **falta grave** no cumprimento de suas obrigações;
  b) Em caso de **incapacidade superveniente**;
- **de pleno direito** (*ex legis*), o sócio **declarado falido** ou aquele cuja **quota tenha sido liquidada** por um credor (art. 1.026, parágrafo único, do CC);
- quando a maioria dos sócios, representativa de mais da metade do capital social, entender que um ou mais sócios minoritários estão pondo em risco a atividade da empresa, em virtude de atos de inegável gravidade, poderá haver a exclusão **por justa causa**, mediante alteração do contrato social, desde que autorizada neste (art. 1.085, *caput*, do CC), respeitado o direito de defesa[17].

Portanto, **há cinco hipóteses de resolução parcial da sociedade**, mas em todas aplicar-se-á o disposto no art. 1.031, segundo o qual o **valor da quota do sócio retirante deve ser liquidado pelo montante efetivamente realizado**, com base na situação patrimonial da sociedade, salvo se o contrário estiver estabelecido no contrato social. É que neste **pode constar a renúncia do sócio dissidente ao valor que lhe cabia**, por exemplo, nos casos de falta grave, ou mesmo a restrição da liquidação a determinados bens.

Registre-se, também, que, **mesmo no caso de morte ou de culpa do excluído**, o valor da quota há que ser liquidado **em favor do excluído ou dos herdeiros**. O exercício do **direito de recesso ou de retirada** consiste no ato unilateral do sócio que não quer mais permanecer na sociedade, **por ter sido voto vencido em deliberação**.

É inequívoco que o Código Civil vigente **permitiu ao sócio o exercício do direito de retirada, também, nas hipóteses de quebra da *affectio societatis***. A

---

[17] Quanto se tratar de sociedade composta por apenas dois sócios, o denominado direito de defesa será mitigado pela desnecessidade de convocação de reunião em que poderia ocorrer. Neste sentido, a atual redação do parágrafo único, do art. 1.085, do Código Civil, nos temos da Lei n. 13.792/2019: "Parágrafo único. Ressalvado o caso em que haja apenas dois sócios na sociedade, a exclusão de um sócio somente poderá ser determinada em reunião ou assembleia especialmente convocada para esse fim, ciente o acusado em tempo hábil para permitir seu comparecimento e o exercício do direito de defesa".

discussão paira sobre a possibilidade de exclusão judicial por tal motivo. No entanto, por força de uma interpretação sistemática, há que se incluir entre as *fattispecies* legais de **exclusão judicial os casos em que ocorre a quebra da *affectio societatis*, ainda que não caracterizada falta grave**. Tal exegese é coerente com o princípio da preservação da sociedade entre os demais sócios, já que **não é lícito compelir duas ou mais pessoas a permanecerem como sócias**.

Assim, **para a exclusão judicial, em vez de falta grave, deve-se exigir justa causa**, incluindo-se nesse conceito o **rompimento da *affectio societatis***, desde que não se permita que os sócios minoritários sejam expulsos ao arbítrio dos majoritários, a fim de, por exemplo, tolhê-los dos grandes lucros que estiverem por vir.

A comunidade que se beneficia dos bens e serviços originários da atividade de determinada sociedade empresarial, indiretamente, tem direito e legítimo interesse em **preservar uma convivência harmônica**, na qual todos os sócios daquela empresa atuem a bem da realização do objeto social. Em outras palavras, tem direito à manutenção da *affectio societatis*, pois o atuar de algum dos sócios contrariamente aos interesses da sociedade da qual é componente, reflexamente, **significará que trabalha contra a coletividade**[18].

No entanto, muito embora a **quebra da afeição social possa justificar a exclusão judicial do sócio** (ou, como preferem alguns, a dissolução parcial da sociedade), tem-se que ela **não pode fundamentar a exclusão do sócio minoritário**, inserta no art. 1.085, do CC, que pressupõe, invariavelmente, que este pratique atos de inegável gravidade, aptos a expor a continuidade da empresa a risco relevante. Nesse mesmo sentido, concluiu o Conselho de Justiça Federal, no **Enunciado 67 das jornadas** de direito civil: "Arts. 1.085, 1.030 e 1.033, III: **A quebra da *affectio societatis* não é causa para a exclusão do sócio minoritário, mas apenas para dissolução (parcial) da sociedade**".

Questão tormentosa na doutrina e jurisprudência é a **imprescindibilidade, ou não**, da presença **da pessoa jurídica em um dos polos da ação** na qual se busca a exclusão judicial do sócio ou na qual este busca, judicialmente, exercer o direito de recesso (retirada).

Primeiro, cumpre registrar que o **litisconsórcio poderá ser ativo ou passivo**.

Nos casos de exercício do **direito de retirada**, o **litisconsórcio será passivo**, devendo figurar como réus tanto a pessoa jurídica quanto os sócios.

Nos casos de **exclusão judicial** do sócio, a posição da **pessoa jurídica poderá ser no polo ativo ou no passivo**. Se o sócio ou os sócios **majoritários pretenderem excluir o sócio minoritário, haverá litisconsorte ativo** entre os sócios e a pessoa jurídica. **Se o sócio minoritário pretender excluir o sócio majoritário, haverá litisconsorte passivo entre o sócio e a pessoa jurídica.**

[18] MAMEDE, Gladston. *Direito empresarial brasileiro,* p. 151.

É convergente a jurisprudência no sentido que **o litisconsórcio é necessário entre todos os sócios**, salvo, obviamente, o que figurar no outro polo da lide.

Mas o ponto nevrálgico da discussão é se o **litisconsórcio é necessário ou facultativo quanto à sociedade**. Tendo em vista a **autonomia da pessoa jurídica** com relação aos sócios que a compõem, **forçoso convir que o litisconsorte é necessário**. A matéria não é pacífica na jurisprudência. O entendimento do próprio STJ tem oscilado, mas tem **prevalecido a tese do litisconsórcio necessário**. Confira-se:

- (...) II — Na ação para apuração de haveres de sócio, a legitimidade processual passiva é da sociedade empresarial e dos sócios remanescentes, em litisconsórcio passivo necessário. III — A falta de citação do litisconsorte necessário inquina de nulidade, desde a origem, o processo originário, matéria a ser apreciada, inclusive, de ofício. Em casos que tais, "os atos nulos *pleno iure* jamais precluem, não se sujeitando à coisa julgada, porque invalidam a formação da relação processual, podendo ser reconhecidos e declarados em qualquer época ou via". (REsp 147.769/SP, Rel. Min. Sálvio de Figueiredo Teixeira, *DJ* 14.2.2000). IV — Agravo Regimental improvido (STJ, **AgRg no REsp 947.545/MG**, Rel. Min. Sidnei Beneti, 3ª Turma, julgado em 08/02/2011, *DJe* 22/02/2011).

- (...) I — É pacífico nesta Corte o entendimento de que o Órgão Julgador não está obrigado a responder uma a uma as alegações da parte, como se fosse um órgão consultivo, quando já tenha encontrado motivo suficiente para fundamentar sua decisão; II — O quotista interessado na expulsão de outro deverá instaurar o contencioso em face deste, dos sócios remanescentes e da pessoa jurídica à qual se ligavam; IV — Recurso não conhecido (STJ, **REsp 813.430/SC**, Rel. Min. Massami Uyeda, 4ª Turma, julgado em 19/06/2007, *DJ* 20/08/2007, p. 288).

- EMENTA: SOCIEDADE COMERCIAL. SOCIEDADE POR COTAS DE RESPONSABILIDADE LIMITADA. DISSOLUÇÃO PARCIAL. APURAÇÃO DE HAVERES. LEGITIMIDADE PASSIVA. SOCIEDADE E SÓCIOS REMANESCENTES. LITISCONSÓRCIO PASSIVO NECESSÁRIO. PRECEDENTES. CASO CONCRETO. ESPECIFICIDADES. Conforme precedentes desta Corte, na generalidade dos casos, a retirada de sócio de sociedade por quotas de responsabilidade limitada dá-se pela ação de dissolução parcial, com apuração de haveres, para qual têm de ser citados não só os demais sócios, mas também a sociedade. (...) Recurso Especial improvido (STJ, 3ª Turma, Rel. Min. Sidnei Beneti, **REsp 788.888/SP**, *DJe* 18/12/2009).

- EMENTA: Dissolução de sociedade. Participação dos sócios remanescentes como litisconsortes passivos necessários. Ausência de litisconsórcio passivo necessário em relação à sociedade. Precedentes da Corte. 1. Dúvida não há na jurisprudência da Corte sobre a necessidade de citação de todos os sócios remanescentes como litisconsortes passivos necessários na ação de dissolução de sociedade. 2. Embora grasse controvérsia entre as Turmas que compõem a Seção de Direito Privado desta Corte, a Terceira Turma tem assentado que não tem a sociedade por quotas de responsabilidade limitada qualidade de litisconsorte passivo necessário, podendo, todavia, integrar o feito se assim o desejar. 3. Recurso especial conhecido e provido (STJ, **REsp 735.207/BA**, Rel. Min. Carlos Alberto Menezes Direito, 3ª Turma, *DJ* 07/08/2006, p. 221).

Noutro viés, **em outra oportunidade, o mesmo STJ decidiu pela facultatividade do litisconsórcio**, em um caso cercado de nuanças, que recomendavam a flexibilização do entendimento majoritário. É que o processo havia tramitado, durante anos, sem alcançar solução. Por isso, entendeu o Tribunal que, se os demais sócios, representantes da unanimidade do remanescente, **decidiram pela exclusão de um dos sócios**, a sociedade jamais chegaria à conclusão diversa. Confira-se:

> EMENTA: SOCIEDADE COMERCIAL. SOCIEDADE POR COTAS DE RESPONSABILIDADE LIMITADA. DISSOLUÇÃO PARCIAL. APURAÇÃO DE HAVERES. LEGITIMIDADE PASSIVA. SOCIEDADE E SÓCIOS REMANESCENTES. LITISCONSÓRCIO PASSIVO NECESSÁRIO. PRECEDENTES. CASO CONCRETO. ESPECIFICIDADES. Conforme precedentes desta Corte, na generalidade dos casos, a retirada de sócio de sociedade por quotas de responsabilidade limitada dá-se pela ação de dissolução parcial, com apuração de haveres, para qual têm de ser citados não só os demais sócios, mas também a sociedade. Na especificidade do caso concreto, contudo, não é necessária a inclusão da sociedade, pois, tratando-se de processo muito antigo, ansioso por chegar a desfecho, está bem claro que os demais sócios excluíram o autor, exclusão com a qual, pelo fato de os demais sócios constituírem a unanimidade remanescente, a sociedade jamais chegaria a sustentar o que quer que seja em contrário, de modo que, a rigor, desnecessário anular o processo para inclusão de litisconsorte necessário e retorno à mesma situação que já se tem agora. Recurso Especial improvido (STJ, **REsp 788.886/SP**, Rel. Min. Sidnei Beneti, 3ª Turma, julgado em 15/12/2009, *DJe* 18/12/2009).

Sem embargo, sobre a justiça da decisão colacionada, tem-se que advertir que, em regra, o **litisconsórcio será necessário, mesmo quando presentes, em um dos polos, os sócios que representem a maioria do capital social**. A título de exemplo, podemos citar o caso em que o sócio majoritário e administrador da sociedade, titular de 90% (noventa por cento) do capital social, pretende a exclusão judicial do outro sócio, titular de apenas 10% (dez por cento). Nesse caso, será necessário o litisconsórcio ativo? Doutrinariamente, a **resposta deve ser positiva, já que a autonomia da sociedade impõe essa ilação**. Porém, o novo CPC trouxe regra a **flexibilizar o litisconsórcio necessário** em relação à pessoa jurídica, desde que **todos os sócios constituam-se como partes**. Diz o parágrafo único, de seu art. 601: "A **sociedade não será citada** se todos os seus sócios o forem, mas ficará sujeita aos efeitos da decisão e à coisa julgada".

Se o juiz, ao receber a inicial, verificar que um dos sócios não consta na demanda, **deve determinar que ela seja emendada, a fim de incluir a parte respectiva**, sob pena de indeferimento. As hipóteses legais de dissolução parcial de sociedade, regra geral, deverão respeitar o litisconsórcio necessário em relação à sociedade e aos sócios remanescentes, **tolerando-se a ausência da pessoa jurídica** na demanda a bem da celeridade do procedimento. Para uma visão de conjunto, confira-se a esquematização das hipóteses de dissolução parcial ou de resolução da sociedade com relação a um sócio:

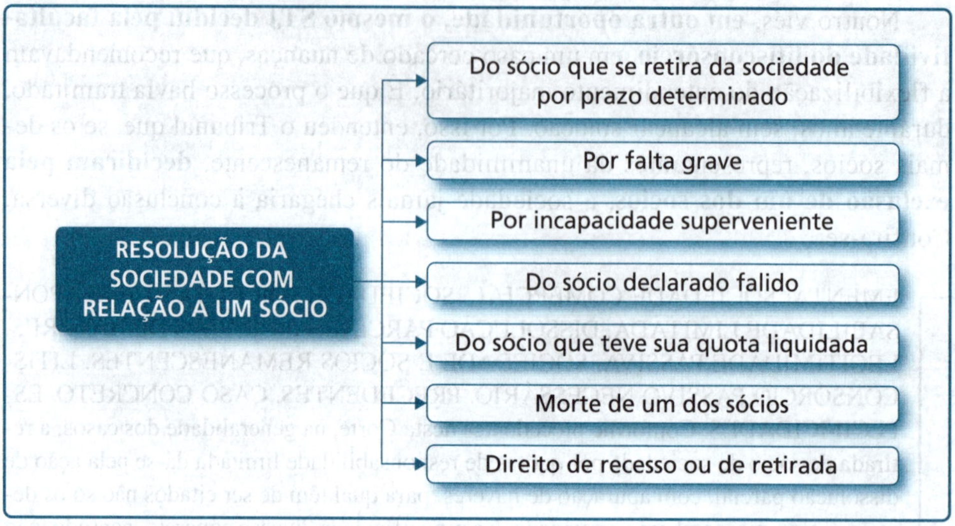

■ 8.9. A LIQUIDAÇÃO DA QUOTA DO SÓCIO EM CASO DE DISSOLUÇÃO PARCIAL

A **resolução da sociedade com relação a um dos sócios deságua na liquidação da quota que cabe ao sócio retirante**, mediante **apuração de haveres, com base na situação patrimonial da sociedade à data da resolução**, verificada em **balanço especialmente levantado**, salvo disposição contratual em contrário.

A quota será **paga em dinheiro, no prazo de 90 (noventa) dias**, a partir da liquidação, ressalvada eventual disposição contratual em contrário ou acordo entre os sócios.

A liquidação da quota **deve proporcionar ao sócio retirante justamente aquilo que ele obteria no caso de liquidação total do patrimônio da sociedade, acrescido do *goodwill***. É simples. Caso houvesse **uma dissolução total, seguir-se-ia a liquidação patrimonial da sociedade**, com a venda do ativo, o pagamento do passivo e a apuração do saldo líquido. Referido **saldo seria distribuído aos sócios** na proporção das suas quotas ou na forma do contrato social, encerrando-se a atividade empresarial. Se adotado o mesmo critério na dissolução parcial, isto é, calculados os haveres sobre o "patrimônio líquido", ocorreria o imediato enriquecimento sem causa dos sócios remanescentes, pois **passariam a receber os dividendos futuros**, os quais seriam destinados ao retirante (caso não tivesse optado por desligar-se do empreendimento), enquanto o **retirante deixaria de receber dividendos definitivamente**. O cálculo do *goodwill* busca, entre outras finalidades, compensar parte desta perda.

Assim, no **procedimento de apuração dos haveres** a serem liquidados e reembolsados ao sócio retirante, **deve-se levar em conta o valor real dos bens corpóreos e também dos incorpóreos** (por exemplo, a denominação social, a marca, os eventuais modelos de utilidade ou desenhos industriais o fundo de comércio, o ponto, entre outros) e **o passivo real e oculto**. Destarte, no **balanço especial, incluem-se o fundo de comércio e o fundo de reserva** instituído pela vontade dos sócios, porquanto, tais elementos, **se excluídos, provocariam o enriquecimento sem justa causa** dos sócios remanescentes, em prejuízo do sócio retirante, que também contribuiu, com a sua quota e participação, **para a formação dos dois fundos**[19].

Para conferir **o que é *goodwill*, basta atentar para a seguinte abordagem jurídico-empresarial**: "O valor agregado ao estabelecimento é referido, no meio empresarial, pela **locução inglesa *goodwill of a trade***, ou simplesmente *goodwill*. No meio jurídico, adota-se ora a expressão '**fundo de comércio**' (derivado do francês *founds de commerce*, e cuja tradução mais ajustada seria, na verdade, 'fundos de comércio'), ora '**aviamento**' (do italiano *aviamento*), para designar o **sobrevalor nascido da atividade organizacional do empresário**. Prefiro falar em '**fundo de empresa**', tendo em vista que **o mesmo fato econômico e suas repercussões jurídicas se verificam na organização de estabelecimento de qualquer atividade empresarial**[20]".

E mais, Fábio Ulhoa Coelho, ao referir-se ao valor da **participação societária, na dissolução parcial de sociedades**, explica que: "Uma quota de sociedade anônima pode ser avaliada segundo duas perspectivas diferentes. Em **primeiro lugar**, pode-se avaliá-la privilegiando-se a **história da sociedade**, ou seja, o que ela amealhou, em seu patrimônio, em razão da atividade econômica explorada, até o momento da dissolução. Nesse caso, faz-se a mensuração do **valor patrimonial das quotas**. **Outra forma de avaliação mira o futuro**, e procura estimar **quanto a sociedade tende a gerar de lucros** aos seus sócios num determinado horizonte temporal. É feita, então, a mensuração do **valor econômico das quotas**"[21].

O mesmo entendimento se extrai da leitura do art. 1.031, do Código Civil, no qual consta que a liquidação das quotas do sócio dissidente **deve ser feita com base na situação patrimonial da sociedade**.

O ***goodwill*, sob a óptica contábil**, pode ser definido assim: "O *goodwill*, em sua natureza, **é um valor decorrente da expectativa de lucros futuros e da contribuição atribuível aos ativos não identificados e ou não contabilizados pela empresa, bem como a subavaliação dos ativos e até métodos de mensuração**. É um **valor residual atribuível entre os fatores à existência de administração eficiente, processos industriais e patentes próprios, localização ótima, recursos humanos excelentes, efetividade da propaganda e condições financeiras privilegiadas e do grau de sinergia, fatores importantes para a empresa, mas não contemplados pela contabilidade, em função da dificuldade de sua mensuração**"[22].

---

19 STJ, REsp 77.122/PR, Rel. Min. Ruy Rosado de Aguiar, 4ª Turma, julgado em 13/02/1996.

20 COELHO, Fábio Ulhoa. *Curso de direito comercial*, v. 1, p. 97-98.

21 COELHO, Fábio Ulhoa. A ação de dissolução parcial de sociedade. *Revista de Informação Legislativa*, Brasília, ano 48, n. 190, abr./jun. 2011, p. 141.

22 MONOBE, M. *Contribuição à mensuração e contabilização do Goodwill não adquirido*. Tese (Doutorado). Universidade de São Paulo, 57 p.

Há uma aproximação do **conceito de *goodwill* à teoria da responsabilidade civil pela perda de uma chance**, pois **toda dissolução parcial retirará do excluído/retirante a percepção de lucros, os quais serão acrescidos aos dividendos dos sócios remanescentes**. Os haveres apurados devem ser restituídos integralmente ao sócio dissidente, em seu valor monetário, atualizados até a data do pagamento.

Esquematizando:

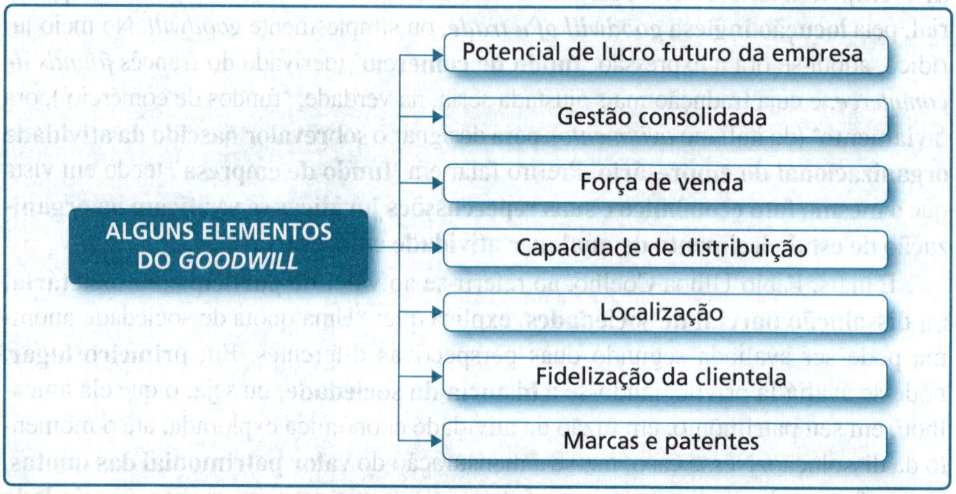

■ 8.10. A DISSOLUÇÃO TOTAL DA SOCIEDADE LIMITADA

O princípio da **preservação da empresa**, lastreado no reconhecimento de sua **função social**, recomenda que se busque, precipuamente, a conservação do empreendimento econômico societário, viável ou próspero, e, somente quando não há possibilidades de preservação, deve-se permitir a dissolução total, que se traduz no processo de **término da personalidade jurídica** da sociedade.

A dissolução total **pode ser judicial ou extrajudicial**, segundo a natureza do ato dissolutório. Se a dissolução decorrer de decisão judicial, será judicial. Se decorrer de deliberação dos sócios, será extrajudicial.

Eis as **causas de dissolução total da sociedade limitada**:

- por **deliberação dos sócios** (art. 1.033, incs. II e III, do CC/2002);
- **vencimento do prazo** determinado de duração (art. 1.033, inc. I, do CC/2002);
- **inexigibilidade do objeto** social (art. 1.034, inc. II);
- pela **extinção da autorização** para funcionar;
- pelo **encerramento da falência** (art. 1.044, do CC/2002);
- por **condição contratual** (art. 1.035, do CC/2002);
- **nocividade ao interesse público** (art. 3º, da Lei n. 7.347/85);
- **ilicitude posterior do objeto**.

A dissolução total da **sociedade constituída *pro tempore* somente poderá ocorrer por deliberação da unanimidade** dos sócios. Se a sociedade for constituída por prazo **indeterminado**, a vontade dos sócios representantes de **mais da metade do capital social é suficiente** para deliberar sobre a dissolução total.

Uma vez expirado o prazo determinado de duração da sociedade, **opera-se a sua dissolução**, que **não é, todavia, obrigatória**, na medida em que se faculta aos sócios preservarem a sociedade, **desde que não realizem a liquidação** quando do vencimento. Assim, a ausência de liquidação equivale à **prorrogação da sociedade por tempo indeterminado**.

Se a atividade da sociedade **for nociva a direitos coletivos ou difusos**, os legitimados podem ingressar com **ação civil pública e requerer a extinção da sociedade**. Se o objeto da sociedade **tornar-se ilícito**, ela deverá ser **imediatamente extinta**, por força do disposto no art. 104, inc. II, do Código Civil/2002.

8.10.1. A liquidação da sociedade em caso de dissolução total

Dissolvida a sociedade, **inicia-se a fase de liquidação**, regulamentada extrajudicialmente pelo art. 1.036 e seguintes, do CC/2002[23]. Pode se operar **judicial ou extrajudicialmente** e tem como primeiro passo a **nomeação de um liquidante**. A partir da nomeação, os administradores só poderão gerir os negócios inadiáveis, sob pena de responderem solidária e ilimitadamente.

O procedimento de liquidação consiste na **apuração dos débitos e obrigações (passivo), adimplindo-os com o que se apurou com o ativo**. A liquidação judicial regia-se pelo procedimento disposto no art. 1.218, inc. VII, do CPC de 1973 c/c arts. 655 e 674, do CPC/1939. A partir da vigência do novo CPC, em 18/03/2016, as liquidações já iniciadas e não sentenciadas até aquela data (18/03/2016) deverão ser processadas nos termos da legislação revogada. Já as liquidações propostas na vigência do novo CPC carecem de procedimento específico, valendo ressaltar que, judicialmente, o procedimento para as dissoluções totais de sociedade será o ordinário, devendo-se, por analogia, aproveitar, na fase de liquidação, as disposições da fase de cumprimento de sentença do procedimento de dissolução parcial (com rito especial previsto entre os arts. 599 e 609 do CPC) e também os dispositivos do CC que regulamentam a liquidação extrajudicial (arts. 1.102 a 1.110).

A dissolução da sociedade **não implica na extinção da sua personalidade jurídica**, que somente se completa **com a liquidação**. O liquidante assume condição análoga a de um administrador, e, como tal, a lei lhe impõe o respeito a certos deveres, entre os quais **o de pugnar pela falência, quando o passivo superar o ativo**; partilhar o saldo positivo, se houver; prestar contas sobre a gestão etc.

Esquematizando:

---

[23] Recomenda-se a leitura das especificidades da liquidação extrajudicial elencadas entre os arts. 1.102 e 1.110 do CC.

DISSOLUÇÃO TOTAL DA SOCIEDADE

→ Liquidação judicial: juiz nomeia liquidante. Ele promove a venda do ativo e pagamento do passivo. Após, distribui o saldo.

→ Liquidação extrajudicial: o procedimento observará o disposto entre os arts. 1.102 e 1.110 do CC, ressalvado o disposto no ato constitutivo ou no instrumento da dissolução.

■ 8.11. ESQUEMA

SOCIEDADE LIMITADA — LTDA. — PANORAMA GERAL	
CONCEITO E CARACTERÍSTICAS	■ Sociedade Contratual e Empresarial. ■ Poderá identificar-se por Firma ou Denominação. ■ Responsabilidade Limitada dos Quotistas.
MECANISMO DE CONSTITUIÇÃO	■ Contrato Social.
CAPITAL SOCIAL — FUNÇÕES	■ Garantia para os Credores. ■ Limite de Responsabilidade para os Quotistas.
QUOTAS	■ Iguais ou Desiguais. ■ Indivisíveis em Relação à Sociedade. ■ Podem ser objeto de Cessão. ■ Podem ser objeto de Penhora.
DIREITOS DOS QUOTISTAS	■ De participar dos resultados positivos. ■ De administrar o empreendimento. ■ De fiscalizar a gestão da atividade, ainda que seja o administrador do empreendimento. ■ De Retirada.
ADMINISTRADORES	■ Sócios e Não Sócios.
ADMINISTRADORES (RESPONSABILIDADES)	■ Solidária perante a sociedade e terceiros por eventuais prejuízos para os quais tenha concorrido. ■ Pessoal e Individual por atos em desacordo com a lei (*ultra vires*). ■ Poderá vir a ser condenado a indenizar a maioria de sócios quando agir em desacordo com o grupo majoritário.
REFERÊNCIA LEGISLATIVA	■ CC (arts. 1.052-1.087).

■ 8.12. QUESTÕES SUBJETIVAS

■ 8.12.1. Questão-homenagem

(AOCP — BRDE — Extremo Sul — Advogado — 2011) Conceitue a teoria *ultra vires societatis* e descreva os efeitos por ela produzidos.

Resposta: A expressão *ultra vires societatis* pode ser traduzida por "além das forças", isto é, o administrador nomeado poderá agir em discordância com os poderes que lhe foram outorgados pelo contrato social, bem como com violação da lei. Se isso ocorrer, a pessoa jurídica em nome de quem atuou, no caso de sociedade contratual, poderá isentar-se de responsabilidade por prejuízos causados a terceiros. Trata-se de exceção prevista no Código Civil (art. 1.015, parágrafo único, inc. III). A Lei de Sociedades Anônimas também positivou tal teoria, ao prever a possibilidade de responsabilizar o administrador por prejuízos que cause à companhia e a terceiros, também por atuar em desacordo com a lei ou com o estatuto, nos termos do art. 158, *caput*, da Lei n. 6.404/76.

No próximo capítulo (*item 9.7.4.2*), ao tratarmos da responsabilidade dos Administradores das Sociedades Estatutárias, especificaremos a *ultra vires societatis the company* e a *ultra vires the director*. Em ambos os casos, o administrador poderá responder pelos prejuízos causados, no primeiro caso, porque seu atuar poderá denotar desvio de finalidade e, no segundo, por abuso de poder.

■ 8.12.2. Questão-desafio 1

(FGV — OAB — XI Exame — 2ª Fase — Prático-Profissional — 2013) Os sócios da sociedade Rafael Jambeiro & Companhia Ltda. decidiram dissolvê-la de comum acordo pela perda do interesse na exploração do objeto social. Durante a fase de liquidação, todos os sócios e o liquidante recebem citação para responder aos termos do pedido formulado por um credor quirografário da sociedade, em ação de cobrança intentada contra esta e os sócios solidariamente. Na petição inicial o credor invoca o art. 990 do Código Civil, por considerar a sociedade em comum a partir de sua dissolução e início da liquidação. Por conseguinte, os sócios passariam a responder de forma ilimitada e solidariamente com a sociedade, que, mesmo despersonificada, conservaria sua capacidade processual, nos termos do art. 12, VII, do Código de Processo Civil. Com base na hipótese apresentada, responda à seguinte questão. Tem razão o credor quirografário em sua pretensão de ver reconhecida a responsabilidade ilimitada e solidária dos sócios? Justifique e dê amparo legal.

■ 8.12.3. Questão-desafio 2

(TJ-RJ — Magistratura — 2ª fase — 2016) João ajuizou ação declaratória de nulidade de deliberação de sócios em face de LMN Ltda., Tício, Antônio e Carlos, afirmando que ocorreu sua exclusão por justa causa da sociedade limitada, 1ª ré, sem que fosse observado o *quorum* mínimo necessário exigido no contrato social (85% do capital social). Em contestação, os réus alegam prejudicial de decadência, em razão de existir cláusula de regência supletiva da lei das sociedades anônimas, prevista no contrato social, por ter a demanda sido proposta 2 anos e 5 meses após realizada a assembleia que decidiu pela exclusão do sócio minoritário. Quanto ao mérito, afirmam que na deliberação assemblear de sociedade limitada cujo objeto seja a exclusão de sócio minoritário, o sócio excluendo, detentor de quotas representativas de 21% do capital da sociedade limitada, está impedido de votar acerca dessa matéria, motivo pelo qual improcede o pedido inicial. Aduzem, ainda, que a exclusão foi aprovada pela unanimidade dos sócios votantes detentores apenas de 79% do capital social. Sublinhe-se que: 1 — não houve impugnação quanto ao reconhecimento de ser o sócio faltoso, omisso nos deveres para com a sociedade limitada; 2 — nem sequer foram questionadas as razões de sua exclusão extrajudicial, não se discutindo acerca da justa causa; 3 — que o contrato social previa a administração conjunta em uma de suas cláusulas. Como deve ser julgada a demanda? Responda fundamentadamente, inclusive quanto ao mérito propriamente dito, ainda que o candidato entenda que a prejudicial deva ser acolhida.

■ 8.12.4. Questão-desafio 3

(OAB — 2ª fase — XXI Exame — 2017) Os sócios da sociedade limitada Salão de Beleza e Cosmética Granja Ltda. pretendem reduzir o capital social integralizado em 90%, ou seja, dos atuais R$ 50.000,00 (cinquenta mil reais) para R$ 5.000,00 (cinco mil reais). Você deverá analisar o caso e responder aos seguintes questionamentos.

a) Qual a justificativa prevista na legislação aplicável para a pretendida redução e qual o procedimento a ser adotado?

b) Sabendo-se que a sociedade não tem dívidas em mora e paga pontualmente aos seus credores, há necessidade de manifestação destes sobre a redução do capital?

■ 8.13. QUESTÕES OBJETIVAS

1. (OAB/BR — Ago./2007 — CESPE/UnB) Os irmãos João Silva e Carlos Silva constituíram sociedade limitada com Alberto Souza, sob a firma social Silva & Souza Comércio de Bebidas Limitada. Após algum tempo, Alberto resolveu alienar suas quotas a Carlos, e sair da sociedade. O contrato social é omisso sobre essa hipótese. Com relação a essa situação hipotética, assinale a opção correta.

a) A cessão das quotas de Alberto opera efeitos perante terceiros desde o momento em que for aperfeiçoada, independentemente de averbação no respectivo órgão de registro.
b) Caso Alberto tivesse optado por ceder suas quotas a terceiro estranho à sociedade, de acordo com o Código Civil, poderia fazê-lo, desde que não houvesse oposição de titulares de mais de um quarto do capital social.
c) Após a alienação das quotas de Alberto, a sociedade poderá continuar suas atividades sob sua firma original.
d) De acordo com o Código Civil, Alberto só poderá ceder suas quotas a Carlos se João não se opuser.

2. (OAB/BR — Jan./2008 — CESPE/UnB) Renato e Flávio eram sócios da pessoa jurídica X Comércio de Alimentos Ltda. Flávio era casado sob o regime de comunhão universal de bens e Renato era viúvo. Em julho de 2007, Renato faleceu em virtude de acidente automobilístico, deixando como único herdeiro seu filho de quatorze anos, o qual ficou sob a tutela de seu tio João. Com base nessa situação hipotética, assinale a opção correta.

a) O filho de Renato, representado por João, com a concordância do sócio remanescente, poderá continuar a empresa, sendo desnecessária autorização judicial se essa hipótese de sucessão estiver prevista no contrato social.
b) Os bens particulares, estranhos ao acervo da empresa, que o filho de Renato já possuía ao tempo da sucessão não responderão por dívidas da sociedade.
c) Se, durante a fase de liquidação, Flávio optar pela dissolução da sociedade, na alienação de bens imóveis integrantes do patrimônio da empresa, será necessária a outorga de sua esposa.
d) Se João não puder exercer atividade de empresário, para que o filho de Renato possa continuar a empresa, deve-se nomear, com a aprovação judicial, um ou mais gerentes, ficando João isento da responsabilidade pelos atos do gerente nomeado.

3. (OAB/BR — Jan./2009 — CESPE/UnB) Com relação às regras que disciplinam a situação do sócio-quotista da sociedade limitada, assinale a opção correta.

a) As quotas representam a necessária divisão do capital social em partes iguais, sendo as deliberações consideradas de acordo com o número de quotas de cada sócio.
b) As quotas podem ser integralizadas pelos sócios por valores representados em dinheiro, bens ou prestação de serviços, respondendo solidariamente todos os sócios pela exata estimação dessas contribuições.
c) As quotas são bens de livre disposição do sócio, que poderá vendê-las a outro sócio ou a terceiro, independentemente da anuência dos demais sócios.
d) A responsabilidade dos sócios é restrita ao valor de suas quotas, mas todos respondem pela integralização do capital social.

4. (OAB/BR — Set./2009 — CESPE/UnB) Os sócios da Frente e Verso Tecidos Ltda. praticaram atos desvirtuados da função da pessoa jurídica, constatando-se fraude relativa à sua autonomia patrimonial. Os credores propuseram a ação judicial competente e o juízo *a quo* decretou a desconsideração da personalidade jurídica da referida sociedade. Considerando a situação hipotética apresentada e a disciplina normativa da desconsideração da personalidade jurídica, assinale a opção correta.

a) A decisão judicial importará na extinção da Frente e Verso Tecidos Ltda., com a posterior liquidação de seus bens materiais e imateriais.
b) A desconsideração da personalidade jurídica importará na retirada momentânea da autonomia patrimonial da Frente e Verso Tecidos Ltda., para estender os efeitos de suas obrigações aos bens particulares de seus sócios.
c) O juízo *a quo* não tem competência para decretar a desconsideração da personalidade jurídica da Frente e Verso Tecidos Ltda., mas apenas para decidir por sua dissolução, total ou parcial, nos casos de fraude relativa à autonomia patrimonial.
d) A decretação da desconsideração da personalidade jurídica da Frente e Verso Tecidos Ltda. acarreta sua liquidação.

5. (OAB/SP — Jan./2008 — CESPE/UnB) É correto afirmar que a instituição do conselho fiscal de uma sociedade empresária limitada é

a) facultativa, devendo o conselho ser composto por, no mínimo, 5 membros e respectivos suplentes, sócios, ou não, e residentes no país.

b) obrigatória, devendo ser o conselho composto por, no mínimo, 3 membros e respectivos suplentes, não sócios e residentes no país.
c) facultativa, devendo ser o conselho composto por, no mínimo, 3 membros e respectivos suplentes, sócios, ou não, e residentes no país.
d) obrigatória, devendo ser o conselho composto por, no mínimo, 5 membros e respectivos suplentes, não sócios e residentes no país.

6. (OAB/MG — Abr./2007 — OAB/MG) Quanto à resolução da sociedade limitada em relação a sócios minoritários, é correto afirmar, EXCETO:

a) A aprovação do ato de exclusão será tomada pela maioria dos sócios, representativa de mais da metade do capital social.
b) A exclusão só será possível quando o sócio esteja pondo em risco a continuidade da empresa, em virtude de atos de inegável gravidade.
c) A exclusão poderá ocorrer independentemente de expressa previsão contratual, por se tratar de direito potestativo, amparado pelo princípio da preservação da empresa.
d) A exclusão somente poderá ser determinada em reunião ou assembleia especialmente convocada para esse fim, ciente o acusado, em tempo hábil para permitir seu comparecimento e o exercício do direito de defesa.

7. (OAB/MG — Dez./2007 — OAB/MG) A exclusão extrajudicial de sócio de sociedade limitada:

a) é admitida no Código Civil de 2002, desde que existem previsão no contrato social de exclusão extrajudicial por justa causa e observado o direito de defesa do sócio cuja exclusão se pretende.
b) é matéria sem previsão legal, definida na jurisprudência, no sentido de que a maioria do capital social pode excluir um sócio diante da impossibilidade de conviver com ele.
c) é modalidade de exclusão de sócio afastada por expressa disposição do Código Civil de 2002, que só admite a exclusão judicial.
d) pode se fazer à revelia do sócio cuja exclusão se pretende.

8. (OAB/MG — Abr./2008 — OAB/MG) Na sociedade limitada, o sócio remisso:

a) pode ser cobrado pela via da ação executiva.
b) pode perder as cotas adquiridas, sem direito de receber de volta o que houver pago.
c) é substituído por terceiro, desde que este já possua cotas da sociedade.
d) responde sozinho perante credores por dívidas da sociedade.

9. (Juiz Substituto/DF — Nov./2008 — TJDFT) As deliberações de sócios de sociedade limitada devem observar o "quorum" necessário de aprovação, conforme disposto no Código Civil. Baseando-se na situação a seguir descrita, indique qual item da pauta da reunião de sócios não atingiu o "quorum" mínimo necessário à aprovação da matéria.

Trata-se de uma empresa com 4 sócios:

Sócio A — detentor de 40% do capital social.

Sócio B — detentor de 30% do capital social.

Sócio C — detentor de 25% do capital social.

Sócio D — detentor de 05% do capital social.

É convocada reunião ordinária de sócios. O Contrato Social não possui cláusula com previsão de "quorum" diverso do previsto no Código Civil. A pauta encaminhada com a antecedência necessária foi integralmente deliberada com o seguinte resultado:

a) Item 1 — aprovação das contas da administração — Colocada a matéria em discussão, os sócios B e D, que detêm em conjunto 35% do capital social, sob a alegação de que não tiveram condições de se informar com a profundidade necessária sobre as contas da administração, não votaram a matéria. Os sócios A e C votaram pela aprovação das contas. As contas do administrador foram aprovadas por votos representando 65% do capital social.
b) Item 2 — mudança de endereço da sede da sociedade — O administrador comunicou que a empresa estava ampliando suas atividades, razão pela qual necessitava mudar a sede para um imóvel maior. Foi submetida à deliberação dos sócios a mudança de endereço da sede. Discutida a matéria, o sócio C (25%) divergiu da proposta, ficando vencido. A matéria foi aprovada pelos sócios A, B e D, que representam 75% do capital social.
c) Item 3 — aumento de capital — O administrador informou que a empresa necessitava ter mais capital de giro para ampliar o estoque de mercadorias. Assim, propôs aos sócios o aumento do capital social da empresa, onde cada sócio deveria integralizá-lo na proporção de suas quotas na sociedade. Discutida a matéria, o sócio B, detentor de 30% das quotas, alegou que não

dispunha dos recursos e que não queria ser diluído na sua participação no capital social, razão pela qual votou contra o aumento do capital social. Os demais sócios A, C e D, que representam 70% do capital social, votaram em conjunto e aprovaram o aumento do capital social.

d) Item 4 — Fixação da remuneração do administrador — O último item da pauta versou sobre a proposta de fixar a remuneração do administrador para o exercício seguinte, com 50% de aumento. O sócio A (40%) votou contra o aumento, divergindo dos demais. Os sócios B, C e D votaram pela majoração da remuneração do administrador. Consideraram aprovada a matéria, tendo em vista que seus votos conjuntamente representam 60% do capital social.

10. (FGV/OAB — VI Exame Unificado — 2011) A respeito das sociedades limitadas, assinale a alternativa correta.

a) A sociedade limitada, nas omissões das normas estabelecidas pelo Código Civil, será regida pela Lei 6.404/1976.
b) A cessão de quotas de um quotista de uma sociedade limitada para outro quotista da mesma sociedade dependerá de prévia autorização estatutária.
c) A sociedade limitada é administrada por uma ou mais pessoas designadas no contrato social ou em ato separado.
d) Não dependerá de deliberação dos quotistas a nomeação ou a destituição dos administradores.

11. (FGV/OAB — IX Exame Unificado — 2012) A sociedade limitada encontra-se regulada nos artigos 1.052 a 1.087 do Código Civil. Para que ela possa atingir sua finalidade, necessita de patrimônio, já que sua personalidade é diversa da personalidade dos sócios. Em relação ao capital e ao patrimônio social desse tipo societário, assinale a afirmativa incorreta.

a) No momento em que a sociedade limitada é constituída e inicia a atividade que constitui o objeto social, o patrimônio é igual ao capital social.
b) Na constituição da sociedade há possibilidade do ingresso de sócio cuja contribuição consista exclusivamente em prestação de serviços.
c) A distribuição dolosa de lucros ilícitos acarreta a responsabilidade solidária dos administradores que a realizarem e dos sócios que os receberem.
d) O sócio remisso é aquele que não integraliza sua quota na forma e prazo previstos, podendo, por esse fato, ser excluído da sociedade.

12. (VUNESP — TJSP — Juiz — 2013) Na sociedade limitada que for administrada por sócio nomeado administrador no contrato, sua destituição somente se opera pela aprovação de titulares de quotas correspondentes

a) à totalidade do capital social.
b) no mínimo, a dois terços do capital social.
c) a mais da metade do capital social.
d) no mínimo, a três quartos do capital social.

13. (TJ-RS — 2013 — Titular de Serviços de Notas e de Registros — Remoção) Sobre as sociedades limitadas, é correto afirmar:

a) Quando a sociedade for composta de 10 ou mais quotistas, será obrigatória a instituição de conselho fiscal com 3 ou mais membros.
b) O administrador pode não ser quotista, mas sua designação dependerá de aprovação unânime dos sócios, quando o capital não estiver integralizado.
c) O capital social divide-se em quotas iguais, divisíveis ou indivisíveis.
d) A aprovação do balanço patrimonial do resultado econômico da sociedade, sem reserva, exonera a responsabilidade dos sócios, irrevogavelmente.

14. (CESPE — 2013 — TJ-RR — Titular de Serviços de Notas e de Registros) Assinale a opção correta em relação às sociedades limitadas.

a) Tratando-se de sociedade limitada com dois sócios, para excluir da sociedade o sócio minoritário, o sócio titular de mais da metade do capital social deve acionar o Poder Judiciário.
b) O adquirente de cotas adere à cláusula de arbitragem do contrato social, estando, assim, vinculado à jurisdição arbitral nele prevista, independentemente de assinatura e(ou) manifestação específica a esse respeito.
c) A empresa individual de responsabilidade limitada é sociedade limitada unipessoal, ente distinto tanto da pessoa do empresário quanto da sociedade empresária.
d) Em decorrência da teoria do diálogo das fontes, aplica-se o Código de Defesa do Consumidor, de forma subsidiária, às relações entre sócios cotistas ou entre eles e a sociedade.

e) Salvo estipulação em contrário no contrato social, o sócio poderá ceder sua cota a qualquer pessoa, independentemente da anuência dos demais sócios, que não poderão opor-se à cessão.

15. (CESPE — 2013 — TRF — 2ª Região — Juiz Federal) Supondo que faleça certo sócio de determinada sociedade limitada, a regra geral inserta no Código Civil será a da liquidação de suas cotas. Todavia, de acordo com excepcionalidades também insertas no Código Civil, essa regra será afastada se

a) o sócio falecido deixar registrado em testamento seu desejo de não liquidação das suas cotas ou se o contrato dispuser diferentemente.
b) o contrato dispuser diferentemente ou se os sócios remanescentes optarem pela dissolução da sociedade.
c) os sócios remanescentes optarem pela dissolução da sociedade ou se o sócio falecido tiver função de administração na sociedade.
d) o sócio falecido tiver participação superior a 50% do capital social ou se o contrato dispuser diferentemente.
e) o sócio falecido tiver função de administração na sociedade ou se ele tiver participação societária superior a 50% do capital social.

16. (FCC — TJAP — Juiz — 2014) A responsabilidade dos administradores na sociedade limitada:

a) é objetiva.
b) é subjetiva, mas depende da prova do dolo.
c) é subjetiva bastando a culpa.
d) é objetiva, mas limitada ao valor do capital integralizado.
e) é subjetiva, mas limitada ao valor do capital integralizado.

17. (TJPB — Tabelião — Ingresso por Remoção — 2014) Em relação à administração da sociedade limitada, renúncia de administrador torna-se eficaz:

a) Em relação à sociedade, desde o momento em que esta toma conhecimento da comunicação escrita do renunciante; e, em relação a terceiros, após a averbação e publicação.
b) Em relação à sociedade e a terceiros após quinze dias da publicação do ato de averbação da comunicação escrita do renunciante.
c) Em relação à sociedade e a terceiros no ato de averbação e publicação da comunicação escrita do renunciante.
d) Em relação à sociedade e a terceiros desde o momento em que esta toma conhecimento da comunicação escrita do renunciante.

18. (TJMG — Juiz — 2014) Com relação ao regime jurídico da sociedade limitada, assinale a alternativa INCORRETA.

a) Não estando as quotas totalmente integralizadas, a responsabilidade dos sócios em relação à sociedade é subsidiária, ou seja, em primeiro lugar são os bens da própria sociedade que devem suportar as obrigações por ela assumidas. No entanto, sendo estes insuficientes, os sócios serão solidariamente responsabilizados pela integralização do capital social.
b) Ao exercer o direito de recesso, fundado na modificação do contrato social, o sócio dissidente, cujas quotas serão liquidadas com base na situação patrimonial da sociedade, à data da resolução, fica eximido da responsabilidade pelas obrigações sociais anteriores.
c) O contrato social da sociedade limitada constitui título executivo extrajudicial contra o sócio remisso para o pagamento do valor devido pela integralização de suas quotas.
d) A sociedade limitada não se dissolverá, pela falta de pluralidade de sócios, quando o sócio remanescente requerer, no Registro Público de Empresas Mercantis, a transformação do registro da sociedade para empresário individual ou para Empresa Individual de Responsabilidade Limitada — EIRELI.

19. (TRT — Juiz do Trabalho — 2014) O sócio ou administrador da sociedade limitada responderá pessoalmente perante a sociedade e/ou terceiros com seu patrimônio pessoal pelas obrigações que contrair. Em relação às condições para que isso ocorra, aponte a alternativa correta:

a) Somente nas ocasiões em que não houver integralizado o valor do capital social e nos limites dele.
b) Somente se agirem com excesso de mandato.
c) Entre outras situações, quando usarem indevidamente a firma ou dela abusarem ou quando deliberarem contra preceitos legais ou contratuais ou infringirem o contrato social.

d) Quando agirem com excesso em relação aos terceiros independentemente da limitação de poderes estar inscrita ou averbada no registro próprio da sociedade.
e) Somente se realizarem operações que sabem, ou deveriam saber, ser contrárias à vontade da minoria.

20. (TJDFT — Juiz — 2014) A respeito da sociedade limitada, assinale a opção correta.

a) O capital, depois de integralizado, só poderá ser reduzido, com a correspondente modificação do contrato, na hipótese de mostrar-se excessivo em relação ao objeto da sociedade.
b) Os administradores — diretores — da sociedade limitada podem ser sócios ou não, mas devem ser, sempre, designados no contrato social.
c) Um credor, individualmente, não pode exigir de um dos sócios da sociedade limitada o dever de integralizar o capital social antes da decretação da falência.
d) A expulsão de sócio minoritário, ainda que cumpridor de seus deveres, pode ser imposta discricionariamente pela maioria societária.
e) As deliberações dos sócios quanto à estratégia geral dos negócios da sociedade devem ser tomadas em reunião ou assembleia regularmente convocada e reduzidas a termo.

21. (FGV — OAB — XV Exame Unificado — 2014) Na cláusula décima do contrato social de Populina Comércio de Brinquedos Ltda., ficou estabelecido que: "qualquer título da quota de qualquer dos sócios depende da oferta prévia aos demais sócios (direito de preferência) nas mesmas condições da oferta a não sócio. Caso, após o decurso de 30 (trinta) dias, não haja interessado, o cedente poderá livremente realizar a cessão da quota a não sócio". Tendo em vista as disposições do Código Civil acerca de cessão de quotas na sociedade limitada, assinale a afirmativa correta.

a) A cláusula é integralmente válida, tendo em vista ser lícito aos sócios dispor no contrato sobre as regras a serem observadas na cessão de quotas.
b) A cláusula é nula, porque não é lícito aos sócios dispor no contrato sobre a cessão de quotas, eis que ela depende sempre do consentimento dos demais sócios.
c) A cláusula é ineficaz em relação à sociedade e a terceiros, porque o sócio pode ceder sua quota, total ou parcialmente, a outro sócio, independentemente da audiência dos demais.
d) A cláusula é válida parcialmente, sendo nula na parte em que autoriza a cessão a não sócio, eis que ela depende sempre do consentimento de três quartos do capital social.

22. (CESGRANRIO — Petrobras — Advogado Júnior — 2015) Às sociedades limitadas aplicam-se as seguintes regras contidas no Código Civil Brasileiro em vigor:

a) o sócio-cotista poderá contribuir para a formação do capital social sob a forma de prestação de serviços.
b) os sócios na sociedade limitada têm responsabilidade subsidiária pela integralização do capital social.
c) os sócios que adotarem deliberação contrária à lei ou ao contrato social responderão ilimitadamente pelas obrigações sociais relacionadas à deliberação ilícita.
d) a sociedade limitada comporta hipótese de dissolução de pleno direito, salvo o consenso unânime dos sócios, o qual resultará invariavelmente na dissolução judicial da respectiva sociedade.
e) na omissão do contrato, o sócio não poderá ceder sua quota, total ou parcialmente, a quem seja sócio, independentemente da audiência dos outros, ou a estranho, se não houver oposição de titulares de mais de dois quartos do capital social.

23. (NC-UFPR — Prefeitura de Curitiba — Procurador — 2015) Acerca da sociedade limitada, assinale a alternativa correta.

a) A exclusão do sócio por justa causa em reunião ou assembleia independe de previsão expressa no contrato social da sociedade limitada.
b) A sociedade limitada adquire personalidade jurídica com a celebração do contrato social.
c) Na sociedade limitada, é vedada a administração por não sócios.
d) Na sociedade limitada, é vedada a contribuição que consista em prestação de serviços.
e) No silêncio do contrato social, a sociedade limitada tem como legislação supletiva a lei das sociedades anônimas.

24. (FGV — OAB — XX Exame Unificado — 2016) Na sociedade Apuí Veículos Ltda., a sócia Eva foi eleita administradora, pela unanimidade dos sócios, para um mandato de três anos. Em razão de insuperáveis divergências com os demais administradores sobre a condução dos negócios, Eva

renunciou ao cargo após um ano de sua investidura. A eficácia da renúncia de Eva se dará, em relação à sociedade, desde o momento em que

a) a assembleia de sócios ratifica o ato de Eva; e, em relação a terceiros, após a averbação da renúncia.
b) é designado novo administrador para substituir Eva; e, em relação a terceiros, após a averbação ou publicação da renúncia.
c) esta toma conhecimento da comunicação escrita de Eva; e, em relação a terceiros, após a averbação e publicação da renúncia.
d) o termo de renúncia de Eva é lavrado no livro de atas da administração; e, em relação a terceiros, após a publicação da renúncia.

25. (CONSULPLAN — TJ-MG — Titular de Serviços de Notas e de Registros — Remoção — 2017) Carlomíndio quer ser sócio de uma sociedade limitada, que é composta, atualmente, por outros 2 sócios, com 50% do capital social cada um, sendo estes Mervivaldo e Adinalberto. O primeiro, Mervivaldo, deseja vender suas quotas para Carlomíndio e o segundo não quer Carlomíndio como seu novo sócio. Considerando que não há qualquer cláusula no contrato social que fale da alienação de quotas da sociedade, é correto afirmar que

a) Adinalberto não poderá impedir a venda, visto que no contrato social não há qualquer determinação sobre o mérito.
b) como Adinalberto possui mais do que 1/4 do capital social, ele pode se opor a esta transferência e a mesma não poderá, pelo texto de lei, ser realizada.
c) Adinalberto pode obrigar Carlomíndio a comprar, também suas quotas, nas mesmas condições que vai fazê-lo de Mervivaldo.
d) Adinalberto terá o direito legal expresso de preferência para a aquisição das quotas. Caso não o exerça, não poderá obstar a venda.

26. (CESPE — TJ-CE — Juiz Substituto — 2018) As sociedades limitadas regem-se

a) pelas normas da sociedade simples, supletivamente, desde que assim esteja estipulado no contrato social.
b) pelas normas da sociedade anônima, supletivamente, na hipótese de silêncio do contrato social.
c) pelas regras da sociedade anônima quanto à forma de constituição e dissolução, se assim estiver estipulado no contrato social.
d) pelas normas do Código Civil quanto à forma de constituição e dissolução.
e) pelas normas da sociedade anônima, supletivamente, o que permite mais facilmente a retirada imotivada do sócio.

27. (IESES — TJ-SC — Titular de Serviços de Notas e Registros — 2019). Alvorada Negócios Imobiliários Ltda tem seu quadro societário composto por 4 sócios: (i) Alvaro que é titular de quotas correspondentes a 70% do capital social; (ii) João, Manoel e Lucas que titularizam quotas correspondentes a 10%, cada um. Lucas, que é administrador da sociedade, realizou vendas de alguns imóveis no exercício regular de gestão dos negócios. Todavia, entenderam os demais sócios que as vendas foram concretizadas por valor bem inferior ao de mercado e que tal conduta favorecia flagrantemente o adquirente, pessoa jurídica que tem como um dos seus sócios o cunhado de Lucas. Com fundamento em tal conduta, Alvaro, João e Manoel decidem excluí-lo da sociedade, chegando a impedir seu acesso à sede da sociedade. Considerando a situação exposta, seria acertado dizer que:

I. Lucas só poderia ser excluído da sociedade por decisão judicial proferida em ação de dissolução parcial da sociedade, até mesmo para que Lucas tivesse a oportunidade de exercer o contraditório.
II. Somente na hipótese de exclusão de Alvaro se faria indispensável intervenção judicial para exclusão de sócio por justa causa, mostrando-se, assim, perfeitamente possível a imediata expulsão de Lucas a partir da deliberação de João e Manoel.
III. Se mostra válida a deliberação dos sócios pela exclusão de Lucas, desde que ele tenha sido cientificado, e oportunizado o direito de defesa, segundo previsto no contrato social.
IV. A deliberação pela exclusão de Lucas, com alteração do contrato social, deve ser tomada por sócios que representem mais da metade do capital social, não necessitando de maioria qualificada de ¾.

Analisando as proposições acima, assinale a alternativa correta:

a) Somente as proposições III e IV estão corretas.
b) Somente as proposições II e IV estão corretas.
c) Somente as proposições I e III estão corretas.

d) Somente as proposições I e II estão corretas.

28. (FCC – TJ-MS – Juiz Substituto – 2020) Um grupo de amigos constituiu uma sociedade limitada para exploração da atividade de organização de festas de casamento. O capital social dessa espécie de sociedade

a) divide-se em quotas, que poderão ser desiguais;
b) divide-se em ações, que poderão ser ordinárias ou preferenciais;
c) poderá ser integralizado mediante a prestação de serviços;
d) divide-se em ações ou quotas;
e) divide-se em quotas, que não admitem condomínio.

29. (FGV – OAB – XXXI Exame – 2020). Anadia e Deodoro são condôminos de uma quota de sociedade limitada no valor de R$ 13.000,00 (treze mil reais). Nem a quota nem o capital da sociedade – fixado em R$ 50.000,00 (cinquenta mil reais) – se encontram integralizados. Você é consultado(a), como advogado(a), sobre a possibilidade de a sociedade demandar os condôminos para que integralizem a referida quota. Assinale a opção que apresenta a resposta correta.

a) Eles são obrigados à integralização apenas a partir da decretação de falência da sociedade.
b) Eles não são obrigados à integralização, pelo fato de serem condôminos de quota indivisa.
c) Eles são obrigados à integralização, porque todos os sócios, mesmo os condôminos, devem integralizar o capital.
d) Eles não são obrigados à integralização, porque o capital da sociedade é inferior a 100 salários mínimos.

30. (FGV – OAB – XXXI Exame – 2020). No contrato da sociedade empresária Arealva Calçados Finos Ltda., não consta cláusula de regência supletiva pelas disposições de outro tipo societário. Ademais, tanto no contrato social quanto nas disposições legais relativas ao tipo adotado pela sociedade não há norma regulando a sucessão por morte de sócio. Diante da situação narrada, assinale a afirmativa correta.

a) Haverá resolução da sociedade em relação ao sócio em caso de morte.
b) Haverá transmissão *causa mortis* da quota social.
c) Caberá aos sócios remanescentes regular a substituição do sócio falecido.
d) Os sócios serão obrigados a incluir, no contrato, cláusula dispondo sobre a sucessão por morte de sócio.

■ GABARITO ■

1. "b", nos termos do art. 1.057, do CC: "Na omissão do contrato, o sócio pode ceder sua quota, total ou parcialmente, a quem seja sócio, independentemente de audiência dos outros, ou a estranho, se não houver oposição de titulares de mais de um quarto do capital social".

2. "b", por se encontrar em sintonia com o disposto no art. 974, § 2º, do CC: "Poderá o incapaz, por meio de representante ou devidamente assistido, continuar a empresa antes exercida por ele enquanto capaz, por seus pais ou pelo autor de herança. (...) Não ficam sujeitos ao resultado da empresa os bens que o incapaz já possuía, ao tempo da sucessão ou da interdição, desde que estranhos ao acervo daquela, devendo tais fatos constar do alvará que conceder a autorização".

3. "d", nos termos do art. 1.052, do CC: "Na sociedade limitada, a responsabilidade de cada sócio é restrita ao valor de suas quotas, mas todos respondem solidariamente pela integralização do capital social".

4. "b", nos termos do art. 50, do CC: "Em caso de abuso da personalidade jurídica, caracterizado pelo desvio de finalidade, ou pela confusão patrimonial, pode o juiz decidir, a requerimento da parte, ou do Ministério Público quando lhe couber intervir no processo, que os efeitos de certas e determinadas relações de obrigações sejam estendidos aos bens particulares dos administradores ou sócios da pessoa jurídica".

5. "c", nos termos do art. 1.066, do CC: "Sem prejuízo dos poderes da assembleia dos sócios, pode o contrato instituir conselho fiscal composto de três ou mais membros e respectivos suplentes, sócios ou não, residentes no País, eleitos na assembleia anual prevista no art. 1.078".

6. "c", por contrariar a letra do art. 1.085, do CC: Ressalvado o disposto no art. 1.030, quando a maioria dos sócios, representativa de mais da metade do capital social, entender que um ou mais sócios estão pondo em risco a continuidade da empresa, em virtude de atos de inegável gravidade, poderá excluí-los da sociedade, mediante alteração do contrato social, desde que prevista neste a exclusão por justa causa.

7. "a", também nos termos do art. 1.085, do CC.

8. "a", nos termos do art. 1.058 c/c art. 1.004, parágrafo único, ambos do CC.

9. "c". O aumento do capital social significará modificação do contrato social que somente seria possível com a concordância de 3/4 (três quartos) dos sócios ou 75% (setenta e cinco por cento). No caso, o quórum não foi atingido, nos termos do art. 1.071, inc. V, c/c art. 1.076, inc. I, ambos do CC.

10. "c", nos termos do art. 1.060, do CC: A administração da sociedade limitada poderá ocorrer por meio de seus sócios ou terceiros.

11. "b". O § 2º, do art. 1.055, do CC, expressamente, proibiu, em se tratando de sociedades limitadas, que a contribuição do sócio para o capital social do empreendimento se perfaça por meio da prestação de serviços, o que tornou a alternativa incorreta.

12. "c", tendo em vista o disposto no art. 1.071, inc. III, c/c art. 1.076, inc. II, ambos do Código Civil.

13. "b". Nos termos da 1ª parte, do art. 1.061, do CC: "Art. 1.061. A designação de administradores não sócios dependerá de aprovação da unanimidade dos sócios, enquanto o capital não estiver integralizado, e de 2/3 (dois terços), no mínimo, após a integralização".

14. "b". A questão, ainda que objetiva, merece um pouco mais de atenção do prezado leitor, pois, além da letra da lei, cobrou o entendimento doutrinário sintetizado nos enunciados do Conselho da Justiça Federal aprovados na I Jornada de Direito Empresarial. As alternativas "a" e "e" estão incorretas, pois contrariaram a literalidade de dispositivos do Código Civil; mais especificamente, dos arts. 1.085 (a exclusão trata de hipótese de dissolução extrajudicial, e não judicial) e 1.057 (que salienta a possibilidade de oposição à cessão das quotas a terceiros, desde que os dissidentes representem mais de 1/4 do capital social da sociedade). Não há que se falar em vulnerabilidade de um sócio em relação a outro, ou relação de consumo entre o sócio e a sociedade, razão pela qual incabível nas relações entre tais entes a aplicação do CDC (Enunciado 19[24] da I Jornada de Direito Empresarial). A EIRELI correspondeu à inovação no direito brasileiro, para possibilitar a proteção do patrimônio particular do empresário que, cumpridos os requisitos legais, decida-se pelo exercício da atividade empresarial em caráter individual (conforme estudamos no *capítulo 2*, desta obra). De acordo com o art. 44, inc. VI, do CC, a EIRELI trata de espécie de pessoa jurídica, sendo que o CJF entendeu tratar-se de um terceiro gênero, em que não se poderá confundir o empresário individual ou a sociedade empresária, oportunidade em que também concluiu não se tratar de sociedade unipessoal (Enunciado 3). Contudo, ressaltamos nosso entendimento de que, de forma superveniente, a EIRELI poderá sim corresponder a tipo de sociedade unipessoal, pois resultante de tal circunstância, nos termos do § 3º, art. 980-A, do CC. Assim, remanesceu analisar a alternativa "b", que se apresentou como a única alter nativa correta, pois a adesão ao contrato social, com as cláusulas nele postas, pressupõe a aceitação delas. Tais cláusulas serão construídas livremente pelo consenso das partes, além das obrigatórias enumeradas pelo art. 997, do CC. Portanto, a cláusula de arbitragem, que não consta como cláusula obrigatória, se eventualmente constante do contrato social, será de livre-pactuação e, portanto, deverá prevalecer em relação ao sócio que se venha a agregar ao empreendimento. A alternativa "b", além disso, reproduziu a integralidade do Enunciado 16 da I Jornada de Direito Empresarial já referida.

[24] Recomenda-se a leitura dos enunciados da I Jornada de Direito Comercial ou Empresarial disponíveis no seguinte endereço eletrônico: <http://www.cjf.jus.br/cjf/CEJ-Coedi/jornadas-cej/LIVRETO%20-%20I%20JORNADA%20DE%20DIREITO%20COMERCIAL.pdf>. Acesso em: 17 maio 2013, às 11:00.

15. "b". De acordo com as exceções apresentadas nos incs. I e II, do art. 1.028, do CC.

16. "c". Aplica-se ao caso o disposto no art. 1.016, do CC: "Os administradores respondem solidariamente perante a sociedade e os terceiros, por culpa no desempenho de suas funções".

17. "a", nos termos do art. 1.063, § 3º, do CC: "O exercício do cargo de administrador cessa pela destituição, em qualquer tempo, do titular, ou pelo término do prazo se, fixado no contrato ou em ato separado, não houver recondução (...) A renúncia de administrador torna-se eficaz, em relação à sociedade, desde o momento em que esta toma conhecimento da comunicação escrita do renunciante; e, em relação a terceiros, após a averbação e publicação".

18. "b". Alternativa incorreta, por contrariar o disposto no art. 1.032, do CC: "Art. 1.032. A retirada, exclusão ou morte do sócio, não o exime, ou a seus herdeiros, da responsabilidade pelas obrigações sociais anteriores, até dois anos após averbada a resolução da sociedade; nem nos dois primeiros casos, pelas posteriores e em igual prazo, enquanto não se requerer a averbação".

19. "c", tendo em vista que as hipóteses constantes da alternativa, abuso da firma, infringência à lei e ao contrato, demonstram-se condutas intencionais, enquadráveis no conceito de culpa em sentido amplo, devendo o administrador responder pelos danos que causar, nos termos do art. 1.016, do CC: "Os administradores respondem solidariamente perante a sociedade e os terceiros prejudicados, por culpa no desempenho de suas funções". As demais alternativas, ainda que relacionem também hipóteses para responsabilizar pessoalmente o administrador, não deveriam ser marcadas porque restringem as hipóteses legais. Assim, não custa relembrar, cuidado com o "somente" ou com respostas categóricas ao extremo ou exclusivistas.

20. "c". A alternativa "a" se encontra incorreta, porque, além da hipótese de capital excessivo, a redução do capital social poderá ter como causa perdas irreparáveis, nos termos do art. 1.082, inc. I, do CC. A alternativa "b" está incorreta, pois a nomeação do administrador poderá ocorrer por termo separado do contrato social, nos termos do art. 1.062, do CC. Já a alternativa "d" está incorreta porque a exclusão extrajudicial do minoritário deverá estar pautada em justa causa, o que não se contextualizará quando o minoritário cumprir seus deveres em relação ao ente coletivo. Nesse sentido, o art. 1.085, do CC. A alternativa "e" está igualmente incorreta, pois as deliberações dependentes de formalização por meio de assembleia foram relacionadas pelos incisos do art. 1.071. Assim, a *contrario sensu*, a estratégia geral do empreendimento dispensará a referida formalização. Dessa forma, correta apenas a alternativa "c", pois será prerrogativa da sociedade decidir sobre qual medida tomar em relação ao remisso, inclusive, em vez de execução contra o capital não integralizado, eventualmente, reduzi-lo, nos termos do art. 1.004, parágrafo único, do CC. Logo, não um sócio individualmente, mas a sociedade, por sua maioria, terá legitimidade para propor eventual ação de integralização contra o sócio remisso.

21. "a". Fundamento: art. 1.057, *caput*, do CC, *a contrario sensu*. A norma legal aqui mencionada somente regerá a cessão das quotas se houver omissão do contrato. No caso, não houve omissão, razão pela qual prevalente a autonomia dos sócios e, por isso, válida a cláusula contratual mencionada.

22. "c". Fundamento: art. 1.080, do CC.

23. "d". Fundamento: § 2º, do art. 1.055, do CC.

24. "c". Fundamento: § 3º, do art. 1.063, do CC.

25. "b". Alternativa em sintonia com a literalidade do art. 1.057, *caput*, do CC: "Na omissão do contrato, o sócio pode ceder sua quota, total ou parcialmente, a quem seja sócio, independentemente de audiência dos outros, ou a estranho, se não houver oposição de titulares de mais de um quarto do capital social".

26. "d". As demais alternativas contrariam o disposto no art. 1.053 do Código Civil: "Art. 1.053. A sociedade limitada rege-se, nas omissões deste Capítulo, pelas normas da sociedade simples. Parágrafo único. O contrato social poderá prever a regência supletiva da sociedade limitada pelas normas da sociedade anônima".

27. "a". Hipótese de resolução da sociedade em relação a um sócio, que poderá ocorrer extrajudialmente e deverá respeitar o disposto no art. 1.058, *caput*, e seu parágrafo único do Código Civil: "Art. 1.085. Ressalvado o disposto no **art. 1.030**, quando a maioria dos sócios, representativa de mais da metade do capital social, entender que um ou mais sócios estão pondo em risco a continuidade da empresa, em virtude de atos de inegável gravidade, poderá excluí-los da sociedade, mediante alteração do contrato social, desde que prevista neste a exclusão por justa causa. Parágrafo único. Ressalvado o caso em que haja apenas dois sócios na sociedade, a exclusão de um sócio somente poderá ser determinada em reunião ou assembleia especialmente convocada para esse fim, ciente o acusado em tempo hábil para permitir seu comparecimento e o exercício do direito de defesa."

28. "a". Em sintonia com a literalidade do art. 1.055, *caput*, do Código Civil: "O capital social divide-se em quotas, iguais ou desiguais, cabendo uma ou diversas a cada sócio".

29. "c". De acordo com a literalidade do § 2º, do art. 1.056, do Código Civil: "Sem prejuízo do disposto no art. 1.052, os condôminos de quota indivisa respondem solidariamente pelas prestações necessárias à sua integralização".

30. "a". As sociedades limitadas, na omissão das normas a ela referenciadas, a partir do art. 1.052, por expressa disposição de lei (art. 1.053, *caput*), serão regidas pelas normas aplicáveis às sociedades simples. Assim, não dipondo o capítulo das limitadas sobre a resolução da sociedade em relação ao sócio que vier a falecer, aplicar-se-á supletivamente o disposto no art. 1.028, do Código Civil: "No caso de morte de sócio, liquidar-se-á sua quota", ou seja, haverá a "Resolução da Sociedade em Relação a um Sócio", título da Seção V que antecede o referenciado art. 1.028.

9

SOCIEDADE ANÔNIMA — S/A

■ 9.1. NOÇÕES PRELIMINARES

Ao lado da sociedade limitada, tem-se a sociedade anônima ou companhia. Aquela é formada a partir de um contrato social, no qual há uma parceria entre os sócios, lastreada pela *affectio societatis*. As **sociedades anônimas**, de seu turno, **relegam a segundo plano os interesses dos sócios (acionistas)** para priorizar o objetivo traçado no estatuto social, é dizer, **privilegiando a instituição, a companhia**. Eis porque é denominada **sociedade institucional ou estatutária**, ao passo que a sociedade limitada é também conhecida por sociedade contratual.

As companhias ou sociedades anônimas **são pessoas jurídicas de direito privado, de caráter empresário, *ex vi legis*, regidas por um estatuto social, identificadas por uma denominação e criadas com o objetivo de obter lucro**. Têm o seu **capital social dividido em frações alienáveis** e são compostas por sócios (ou acionistas) com **responsabilidade limitada ao preço de emissão das ações** de que são proprietários.

São disciplinadas, no Brasil, pela **Lei n. 6.404/76**[1] (com redação atualizada pela Lei n. 10.303/2001), da qual se podem extrair as suas características principais.

Esquematizando:

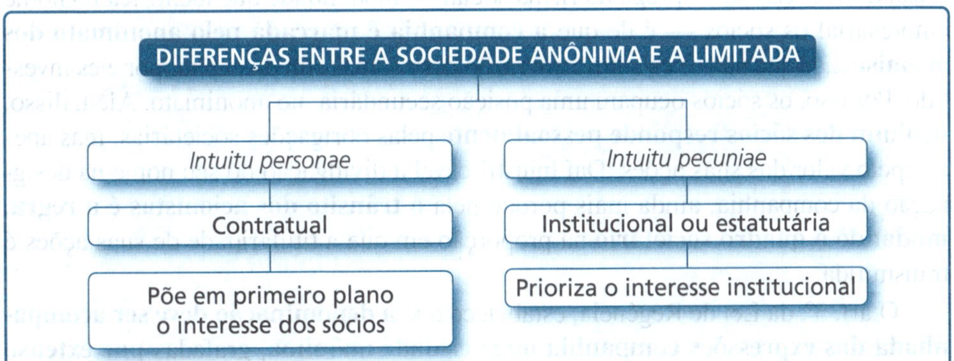

[1] Esse diploma legal, expressamente, dispõe que suas normas aplicam-se às sociedades de economia mista (art. 235, da Lei n. 6.404/76), sem prejuízo de normas específicas em lei federal, sendo de se ressaltar nesse sentido a edição da **Lei n. 13.303/2016** — Estatuto das Empresas Públicas e Sociedades de Economia Mista.

9.2. CARACTERÍSTICAS

9.2.1. Caráter capitalista e empresarial

A sociedade anônima **é capitalista porque não possui feição personalística, de modo que a entrada de estranhos no quadro social independe da anuência dos demais sócios**, uma vez que cada sócio participa do quadro societário em razão do valor que investiu na companhia.

Com efeito, a natureza ***intuitu personae*** **da sociedade limitada** se contrapõe à natureza ***intuitu pecuniae*** **da companhia**. Enquanto os sócios da limitada escolhem-se em razão de atributos personalíssimos, os da companhia não fazem qualquer seleção de seus pares, mas apenas investem na sociedade de capital e aguardam seus resultados, seus dividendos.

Dispõe o art. 982, parágrafo único, do CC/2002, que**, independentemente de seu objeto, considera-se empresária a sociedade por ações**, da qual é exemplo, por excelência, a Sociedade Anônima.

Logo, tem-se uma exceção ao princípio segundo o qual a forma não determina a natureza da sociedade. Uma sociedade **de pessoas pode, de acordo com o seu contrato social, ser simples ou empresária**, mas, em uma **sociedade de capital, a lei sempre lhe confere a natureza empresarial**, tanto que o art. 2º, da LSA, preceitua que a companhia é regida "pelas leis e usos do comércio". Corrobora a natureza empresarial da companhia a **"fungibilidade" dos seus sócios**, isto é, não importa quem esteja compondo o quadro societário, a empresa gerida pela sociedade anônima continuará com sua atividade preservada.

9.2.2. Identificação exclusiva por denominação

A sociedade anônima, por expressa determinação legal (art. 3º, da Lei n. 6.404/76), **sempre adotará a forma de denominação como nome empresarial**. A razão da vedação ao emprego da firma social — modalidade que identifica no nome empresarial os sócios — é de que **a companhia é marcada pelo anonimato dos acionistas**, já que não se estrutura em razão destes, mas sim do capital por eles investido. Por isso, os sócios ocupam uma posição secundária, no anonimato. Além disso, **nenhum dos sócios responde pessoalmente** pelas obrigações societárias, mas apenas pelo valor das suas ações. Daí injustificável a divulgação do seu nome na designação da companhia, ainda mais porque nela **o trânsito dos acionistas é a regra, mudando o quadro societário** na proporção em que a titularidade de suas ações é transmitida.

O art. 3º, da Lei de Regência, estabelece que **a denominação deve ser acompanhada das expressões companhia ou sociedade anônima**, grafadas **por extenso ou abreviadamente** (como **Cia.**, **S.A.** ou **S/A**). O mesmo artigo **proíbe que a expressão companhia seja utilizada ao final de um nome empresarial**, pois corresponde a vocábulo sinônimo de "outros". Destarte, o **nome empresarial da sociedade anônima ou companhia poderá ser escrito assim**:

a) **Cia.** Lava Rápido Brasília;

b) Lava Rápido **Cia.** Brasília;
c) **S.A.** Lava Rápido Brasília;
d) Lava Rápido **S.A.** Brasília; ou,
e) Lava Rápido Brasília **S.A.**

Além disso, como já se destacou, o nome empresarial **não poderá ser Lava Rápido Brasília Cia.** Os nomes S.A. e Cia. também poderão ser **escritos por extenso**.

O nome empresarial deve **respeitar os princípios da novidade e veracidade** (art. 34, da Lei n. 8.934/94). Logo, eventual nome empresarial idêntico ou semelhante ao de outra companhia já existente renderá à empresa prejudicada o direito de exigir sua modificação, sem prejuízo da reparação pelas perdas e danos (art. 3º, § 2º, da Lei n. 6.404/76).

O art. 1.158, § 2º, do Código Civil vigente, preceitua que a **denominação deve assinalar o objeto da sociedade**. Tal norma aplica-se tão só aos registros posteriores à data em que entrou em vigor o atual Código Civil (11/01/2003), tendo em vista que os registros anteriores ficaram imunizados pela proteção que a Constituição Federal conferiu ao ato jurídico perfeito. Por consequência da aplicação dessa nova regra, **a alteração do objeto social implicará na alteração também do nome empresarial**.

Esquematizando:

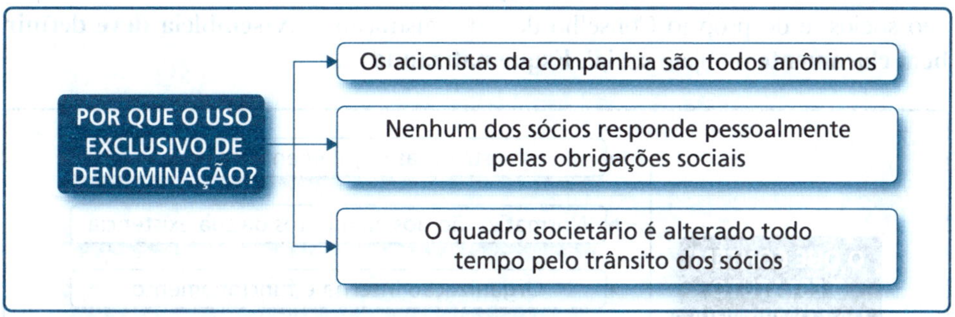

■ 9.2.3. Responsabilidade limitada dos acionistas

Tal como a sociedade de responsabilidade limitada, na companhia **a responsabilidade dos sócios também é limitada**. Mas a limitação da responsabilidade é diferente nestas duas espécies de sociedades. Na sociedade limitada, os sócios respondem pela integralização das quotas que subscreveram e são solidariamente responsáveis pela integralização total do capital social (exegese do art. 1.052, do CC). Desse modo, enquanto o capital social não estiver totalmente integralizado, ou seja, pago, a responsabilidade dos sócios é solidária e limitada, embora subsidiária. Os **acionistas das companhias, por seu turno, respondem apenas pelo valor de emissão das ações que subscreveram, não havendo se falar em responsabilidade solidária quanto à integralização de todo o capital social**. Esquematizando:

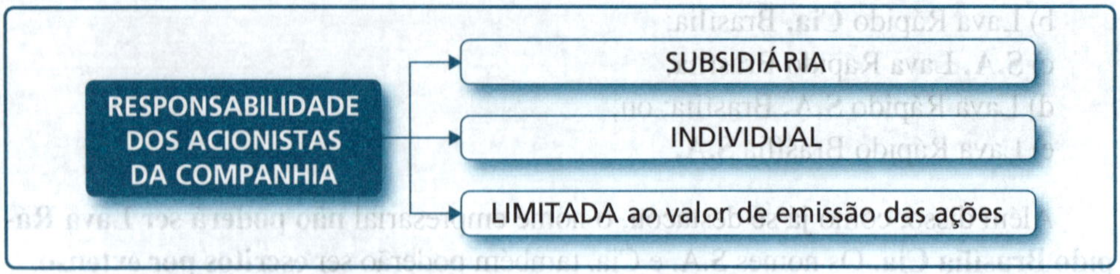

■ 9.3. ESTATUTO SOCIAL E OBJETO SOCIAL DAS SOCIEDADES ANÔNIMAS

A disciplina jurídica da Sociedade Anônima **decorre da lei e do estatuto social**. O estatuto é **aprovado pela assembleia de fundação** da sociedade e **registrado na junta comercial**. O estatuto social descreve as **estruturas regulamentares da sociedade anônima, normatizando os seus elementos de existência, sua organização interna, o funcionamento e a disciplina da relação entre os acionistas e o objeto social**.

Para além da finalidade empresarial, de angariar lucros, a sociedade tem um objeto social, a ser definido pelo estatuto. O **objeto social é a finalidade específica**, que deve constar dos atos constitutivos da companhia, de forma precisa e completa, a fim de publicizar o objeto empresarial que será explorado. Tal se mostra imprescindível **ante a gestão profissional** que normalmente a companhia tem, **pois os sócios da S.A. não assumem papel de gestão, o que é típico das sociedades de pessoas**. Assim, para delimitar o âmbito de atuação da Diretoria, normalmente composta por não sócios, e do próprio Conselho de Administração, a **Assembleia deve definir bem claramente** o objeto social. **Esquematizando**:

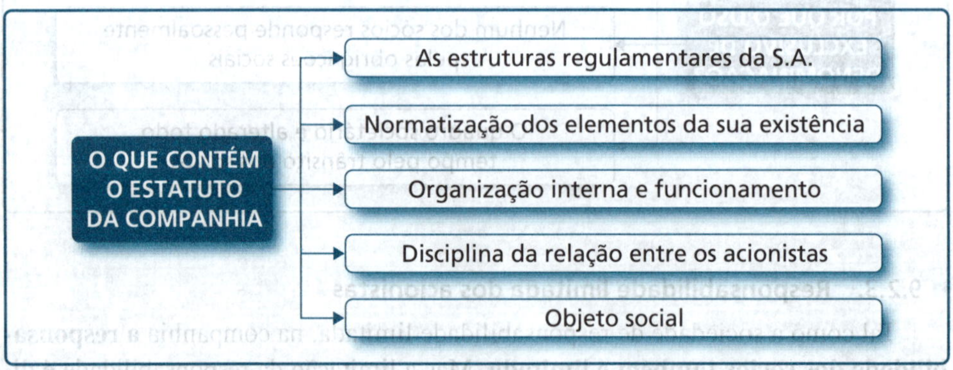

■ 9.4. ESPÉCIES DE COMPANHIAS

Dispõe o art. 4º, da Lei n. 6.404/76, que **"a companhia pode ser aberta ou fechada conforme os valores mobiliários de sua emissão estejam ou não admitidos à negociação no mercado de valores mobiliários"**. Somente as companhias registradas na Comissão de Valores Mobiliários (CVM — autarquia federal especial — agência reguladora) — podem ter seus valores negociados no mercado. A exigência decorre da **evidente captação de dinheiro junto a investidores do mercado,** os quais aplicam suas reservas em ações e outros títulos mobiliários, **cujo lastro e garantia de solvabilidade não têm como aferir**. A CVM, por outro lado, ao autorizar a negociação de títulos na Bolsa, tem condição de **averiguar a capacidade econômico-financeira** da companhia, buscando **visualizar a viabilidade futura da liquidação do título** no mercado, dando maior segurança às operações e aos investidores.

■ 9.4.1. A sociedade anônima fechada e a sociedade anônima aberta

A **companhia será aberta**, repise-se, sempre que os valores mobiliários que emita, a exemplo das ações e das debêntures, **estejam admitidos à negociação no mercado de capitais**. A lei não impõe que a companhia negocie efetivamente tais valores mobiliários, bastando, para receber tal classificação, que **esteja ela habilitada a tanto**.

Adverte Waldo Fazzio Júnior sobre o **caráter institucional da companhia aberta**, enquanto segmento de política econômica, vinculada ao controle governamental, por **oposição ao contratualismo *intuitu personae* detectado na sociedade anônima fechada**, ainda atada à fidelidade e à mútua confiança entre os pares acionistas[2].

A doutrina, assim, considerando que as companhias fechadas não negociam seus títulos no mercado de capitais, é convergente em concluir que a **sociedade fechada possui feição personalista**, de forma que os **seus interesses, regulados pelo estatuto social, são fundamentalmente privados, eis porque sofrem pouca ingerência governamental**. Seus títulos circulam com a mesma **lógica aplicada às sociedades contratuais**, das quais é exemplo a sociedade limitada, já que é possível identificar os contratantes e controlar os riscos sociais e econômicos[3].

Noutro giro, a **sociedade aberta atrai o interesse público do mercado de valores** e, com ele, a fiscalização do poder público. E, logo que deflagra sua oferta pública inicial, **passa a pertencer a todos que quiseram dela fazer parte**, como uma **verdadeira empresa do público**, uma sociedade de livre-acesso a todos os tipos de investidores. **Esquematizando**:

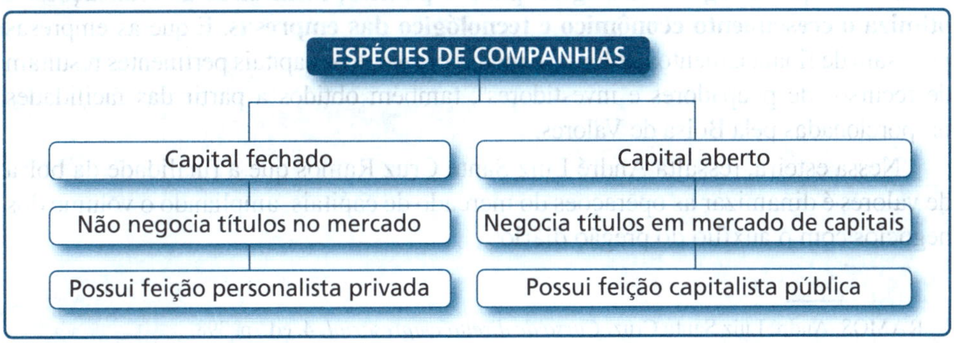

---

2 FAZZIO JÚNIOR, Waldo. *Manual de direito comercial*, 3. ed., p. 234.

3 MAMEDE, Gladston. *Direito societário:* sociedades simples e empresárias, 2. ed., p. 380.

■ 9.4.1.1. *Mercado de capitais e bolsa de valores*

Mercado de balcão ou mercado de capitais **designa as operações com valores mobiliários que se concretizam fora do âmbito da bolsa de valores, por sociedades corretoras e instituições financeiras autorizadas pela CVM**.

Logo se viu que, se as empresas e os profissionais que compõem o sistema de distribuição de valores se organizassem, **otimizariam seus trabalhos e ampliariam o volume de seus negócios**. E a solução adotada foi organizar um **local adequado à realização das operações de compra e venda dos valores mobiliários emitidos**[4], o qual, semelhante a uma feira, convencionou chamar-se de **Bolsa de Valores**. Uma feira que, em lugar de hortifrutigranjeiros, **negocia títulos e valores escriturais mobiliários, hoje eletrônicos**.

A **Bolsa de Valores é uma entidade privada**; no caso do Brasil, a única existente atualmente é a Bolsa de São Paulo, BM&FBOVESPA S.A., **uma companhia de capital aberto**, que, **desde maio de 2008**, nas palavras do seu site[5], promove a "intermediação para operações no mercado de capitais" e "desenvolve, implanta e provê sistemas para negociação de ações, derivativos de ações, derivativos financeiros, títulos de renda fixa, títulos públicos federais, moedas a vista e *commodities* agropecuárias".

Até sua transformação em companhia aberta, em 2008, a doutrina afirmava que a bolsa era uma associação privada de corretoras a qual prestava serviço de interesse público, sendo incumbida por lei de **organizar e manter o local em que as transações envolvendo valores mobiliários são efetivadas, bem como de fiscalizar o cumprimento das disposições legais e regulamentares por parte das corretoras e sociedades emissoras de títulos**. É gestora de interesses públicos, embora seja pessoa jurídica de direito privado, pelo que goza de prerrogativas e sujeições. Possui autonomia administrativa, financeira e patrimonial. **Tudo continua a ser incumbência dela, todavia, agora, sob a roupagem de companhia aberta e com maior atuação no mercado.**

Assim, hoje, a **Bolsa de Valores é tanto o local onde se realizam as negociações quanto a instituição organizadora**. Além de garantir liquidez aos títulos emitidos pelas companhias abertas, proporciona o crescimento econômico, na medida em que, a um só tempo, **assegura vantagens para o público, facilitando as transações, e otimiza o crescimento econômico e tecnológico das empresas**. É que as empresas precisam de financiamentos de longo e médio prazos, e os capitais pertinentes resultam de recursos de poupadores e investidores[6], também obtidos a partir das facilidades proporcionadas pela Bolsa de Valores.

Nessa esteira, ressalta André Luiz Santa Cruz Ramos que a finalidade da bolsa de valores é dinamizar as operações do mercado de capitais, ampliando o volume dos negócios com o auxílio do pregão diário[7].

---

4 RAMOS, André Luiz Santa Cruz. *Curso de direito empresarial*, 4. ed., p. 398.

5 Disponível em: <http://ri.bmfbovespa.com.br/static/ptb/perfil-historico.asp?idioma=ptb>. Acesso em: 24 maio de 2014, às 20h06m.

6 FAZZIO JÚNIOR, Waldo. *Manual de direito comercial*, 3. ed., p. 236.

7 RAMOS, André Luiz Santa Cruz. *Curso de direito empresarial*, 4. ed., p. 398.

■ *9.4.1.2. A Comissão de Valores Mobiliários (CVM)*

Criada em 1976, pela Lei n. 6.386, e inspirada na "Securitis and Exchange Comission" do direito norte-americano, **a Comissão de Valores Mobiliários é uma entidade autárquica federal**, de natureza especial (agência reguladora). Sua função é **regular e fiscalizar as atividades do mercado de valores mobiliários**[8] **e também autorizar a constituição de companhias abertas e a emissão e negociação de seus valores mobiliários**. Esquematizando as **prerrogativas da CVM**:

PRINCIPAIS PRERROGATIVAS CONFERIDAS POR LEI À CVM	
01	■ Poderes **sancionatórios**;
02	■ Poder de **examinar e extrair cópias de registros contábeis**, livros ou documentos, de pessoas naturais e jurídicas que integram o sistema de distribuição de valores mobiliários e das companhias abertas;
03	■ **Requisitar informações** de órgão público, autarquia ou empresa pública;
04	■ Poder de **apurar, mediante processo administrativo, atos ilegais**;
05	■ **Suspender a negociação de valores** determinados ou decretar o recesso da Bolsa de Valores.

O mandato dos dirigentes da CVM será de cinco anos, vedada a recondução (art. 6º, § 1º, da Lei n. 6.385/76). **Esquematizando**:

ATRIBUIÇÕES DA BOLSA DE VALORES E DA CVM	
Bolsa de Valores	Comissão de Valores Mobiliários
Organizar e manter o local das transações de valores mobiliários	Regular e fiscalizar as atividades do mercado de valores mobiliários
Fiscalizar o cumprimento das normas pelas corretoras	Autorizar a constituição de companhias abertas
Fiscalizar o cumprimento das normas pelas sociedades emissoras de títulos	Autorizar a emissão e negociação de valores mobiliários

■ 9.5. A CONSTITUIÇÃO DA SOCIEDADE ANÔNIMA

A **sociedade anônima é constituída por meio de um ato institucional ou estatutário**, à luz dos requisitos estabelecidos pela normativa regente. Ora, tendo em

---

[8] Com o objetivo de modernizar o procedimento administrativo sancionador no âmbito do Banco Central e da CVM foi editada a Medida Provisória n. 784/2017, sendo que tal MP se propôs a homogeneizar o procedimento de fiscalização, a atualização das infrações administrativas e das sanções correlatas e, ainda, mecanismos de cessação das atividades irregulares, como, por exemplo, a possibilidade de eventual acordo de leniência. Aguardemos, assim, a convolação da referida MP em lei.

vista **a livre-negociabilidade das ações das companhias e o papel socioeconômico que exercem, forçoso convir que o procedimento de constituição das companhias deve ser mais rigoroso.** Nesse viés, a lei elencou requisitos preliminares e para a constituição propriamente dita.

Os **requisitos preliminares**, insertos no art. 80, da Lei n. 6.404/76, são:

REQUISITOS PRELIMINARES PARA CONSTITUIÇÃO DE UMA COMPANHIA	
01	■ **Subscrição por, pelo menos, duas pessoas** de todas as ações em que se divide o capital social fixado no estatuto;
02	■ **Realização, como entrada, de 10% (dez por cento), no mínimo**, do preço de emissão das ações subscritas em dinheiro;
03	■ **Depósito, no Banco do Brasil S.A.**, ou em outro estabelecimento bancário autorizado pela Comissão de Valores Mobiliários, **da parte do capital realizado em dinheiro.**

O requisito de realização como entrada[9] de, no mínimo, 10% (dez por cento) do preço de emissão das ações subscritas em dinheiro **não se aplica às companhias para as quais a lei exige a realização inicial de parte maior do capital social**.

O **depósito da parcela do capital** realizado em dinheiro deve ser efetuado **pelo fundador no prazo de 5 (cinco) dias** contados do recebimento das quantias, em nome do subscritor e a favor da sociedade em organização. Tais valores só poderão ser **levantados após a companhia adquirir personalidade jurídica**. Acaso a companhia **não se constitua no prazo de 6 (seis) meses** a contar da data do depósito, **o banco restituirá as quantias depositadas aos subscritores**.

A constituição pode ser **continuada (sucessiva), quando há subscrição pública** do capital, ou **simultânea, quando a subscrição é particular**.

■ 9.5.1. A constituição por subscrição pública (continuada ou sucessiva)

As sociedades anônimas, como vimos, podem ser de capital aberto ou fechado, a depender da possibilidade ou não de negociarem as suas ações no mercado de capitais. **As companhias abertas são constituídas por subscrição pública.**

Para que **haja a constituição por subscrição pública**, a Lei n. 6.404/76 exige:

---

[9] A Lei n. 13.874/2019 permitiu o **adimplemento da entrada**, diretamente, pelo interessado por meio de carta, nos termos seguintes: "Art. 85. No ato da subscrição das ações a serem realizadas em dinheiro, o subscritor pagará a entrada e assinará a lista ou o boletim individual autenticados pela instituição autorizada a receber as entradas, qualificando-se pelo nome, nacionalidade, residência, estado civil, profissão e documento de identidade, ou, se pessoa jurídica, pela firma ou denominação, nacionalidade e sede, devendo especificar o número das ações subscritas, a sua espécie e classe, se houver mais de uma, e o total da entrada. § 1º A subscrição poderá ser feita, nas condições previstas no prospecto, por carta à instituição, acompanhada das declarações a que se refere este artigo e do pagamento da entrada. § 2º Será dispensada a assinatura de lista ou de boletim a que se refere o *caput* deste artigo na hipótese de oferta pública cuja liquidação ocorra por meio de sistema administrado por entidade administradora de mercados organizados de valores mobiliários."

PRESSUPOSTOS DA SUBSCRIÇÃO PÚBLICA DE CONSTITUIÇÃO DE CIA. ABERTA	
01	■ O prévio registro da emissão no mercado de valores;
02	■ Que a subscrição seja intermediada por instituição financeira;
03	■ A colocação das ações à disposição dos investidores interessados;
04	■ A realização de assembleia inicial de fundação.

O pedido de registro junto à CVM deverá seguir acompanhado de:

REQUISITOS DO PEDIDO DE REGISTRO DE EMISSÃO DE VALORES	
01	■ Estudo de viabilidade econômica e financeira do empreendimento;
02	■ Projeto do estatuto social;
03	■ O prospecto, organizado e assinado pelos fundadores e pela instituição financeira intermediária.

Presentes os requisitos, a CVM deferirá registro, deflagrando a segunda etapa do procedimento constitutivo, na qual as **ações são colocadas à disposição dos investidores interessados**, para que possam subscrevê-las. É dizer, na segunda fase, inicia-se a captação de recursos no mercado. Busca-se atrair investidores, os quais, se interessados, subscreverão as ações.

Subscrito todo o capital social, inicia-se a terceira fase do procedimento: **realização da assembleia de fundação**. O quórum mínimo de instalação da assembleia impõe a presença de subscritores que representem, **ao menos, metade do capital social**, e, em **segunda convocação, de qualquer número**. Na assembleia, presidida por um dos fundadores, será **lido o recibo de depósito e discutido e votado o projeto de estatuto**, de modo que cada ação dá direito a um voto. A **alteração do projeto** de estatuto só pode ocorrer com o **voto favorável de todos os sócios**, pois a lei exige unanimidade.

Esquematizando as **fases para constituição de uma S.A. aberta**:

FASES DE CONSTITUIÇÃO DE UMA COMPANHIA ABERTA				
■ Diligências prévias: Estudo, Projeto de estatuto e Prospecto	■ Pedido de registro de emissão de valores mobiliários junto à CVM	■ Ações são postas à disposição dos investidores para subscrição	■ Assembleia de fundação: Aprovação do estatuto	■ Início da atividade

■ 9.5.2. A constituição por subscrição particular (simultânea)

Na constituição de companhias fechadas, **em que não há captação de recursos de investidores**, o procedimento é **simples e simultâneo**, porquanto se concretiza com um **único ato**. A constituição das companhias fechadas **pode ocorrer tanto por assembleia geral** quanto **por escritura pública**, considerando-se **subscritores todos os fundadores**.

Se a forma de constituição adotada for **a escritura pública, ela deverá ser assinada por todos os subscritores**. Dela deverão constar:

ELEMENTOS DA ESCRITURA PÚBLICA DE CONSTITUIÇÃO DA COMPANHIA FECHADA	
01	■ A qualificação dos subscritores;

02	■ O estatuto da companhia;
03	■ A relação das ações e a importância das entradas pagas;
04	■ A transcrição do recibo de depósito (art. 80, inc. III, LSA);
05	■ A transcrição do laudo de avaliação dos peritos e a nomeação dos primeiros administradores.

Implementadas tais exigências legais, **segue a fase complementar**.

■ 9.5.3. Formalidades complementares

Satisfeitos os requisitos preliminares e **realizadas as demais providências para a subscrição do capital** social, inicia-se a fase de formalidades complementares da constituição da companhia, regulada pelo art. 94 e seguintes, da Lei n. 6.404/76.

A fase complementar é composta, fundamentalmente, pelo **procedimento de inscrição na Junta Comercial**, porquanto, nos moldes do art. 94, da Lei n. 6.404/76, "nenhuma companhia poderá funcionar sem que sejam arquivados e publicados seus atos constitutivos".

Para que a sociedade anônima seja constituída e **adquira personalidade jurídica, torna-se indispensável a sua inscrição na Junta Comercial**. Há sociedades que se constituem sem as formalidades legais, às quais o Código Civil vigente reserva tratamento específico (arts. 986 e 990). Mas a **sociedade anônima é típica**, e, como tal, **imprescinde do registro** para que se subordine à disciplina que lhe é própria.

A obrigatoriedade do registro para a obtenção da personalidade jurídica da companhia deflui, também, do **art. 985, do CC/2002**, segundo o qual a sociedade (típica) adquire personalidade jurídica com a inscrição no registro correlato. **A ausência de registro não faz desaparecer a sociedade, mas impede que ela caracterize uma sociedade típica**, como a sociedade anônima.

A companhia, uma vez constituída, **obtém plena capacidade para tornar-se sujeito de direito e exercer direitos e contrair obrigações. Sem o registro, pois, a companhia não pode iniciar** regularmente suas atividades.

Se **constituída por instrumento público**, o que só pode ocorrer nos casos das companhias fechadas, a lei de regência determina que **bastará o arquivamento da certidão expedida pelo cartório em que houve a lavratura da escritura** (art. 96, da Lei n. 6.404/76).

Se a **constituição ocorrer por assembleia de fundação**, a LSA exige:

ELEMENTOS PARA O REGISTRO DA CIA. FECHADA CONSTITUÍDA POR ASSEMBLEIA	
01	■ Um exemplar do estatuto social, assinado por todos os subscritores (art. 88, § 1º), ou, se a subscrição houver sido pública, os originais do estatuto e do prospecto, assinados pelos fundadores, bem como do jornal em que tiverem sido publicados;
02	■ A relação completa, autenticada pelos fundadores ou pelo presidente da assembleia, dos subscritores do capital social, com a qualificação, o número das ações e o total da entrada de cada subscritor (art. 85);
03	■ O recibo do depósito a que se refere o número III, do art. 80;
04	■ Duplicata das atas das assembleias realizadas para a avaliação de bens, quando for o caso (art. 8º);
05	■ Duplicata da ata da assembleia geral dos subscritores que houverem deliberado a constituição da companhia (art. 87).

Caberá à **Junta Comercial examinar se as prescrições legais foram atendidas**, assim como se no estatuto social — a lei interna da companhia — **há cláusulas contrárias à lei, à ordem pública e aos bons costumes**.

Acaso negado o arquivamento dos atos constitutivos (registro) pela Junta Comercial, os primeiros administradores poderão **convocar assembleia geral com vistas a sanar as irregularidades observadas**.

Deferido o registro, **devem os administradores providenciar, no prazo de 30 (trinta) dias, a publicação dos atos constitutivos na imprensa oficial do local em que sediada a companhia**. Um exemplar do órgão oficial deverá ser **arquivado no registro do comércio**.

Finalmente, **cumpridas as formalidades complementares, a companhia gozará de personalidade jurídica e terá plena capacidade para ser sujeito de direito**. Antes disso, havia apenas deveres pelos quais não seria razoável imputar responsabilidade à sociedade anônima, e sim aos administradores, salvo se o contrário decidirem em Assembleia Geral. É que a Lei n. 6.404/76 somente **atribui a responsabilidade às operações realizadas pelos administradores após a formalização e publicação da companhia**.

Não poderia ser diferente, porquanto **somente com a publicação dos atos constitutivos os terceiros que pretendem negociar com a sociedade anônima podem conhecer** a extensão dos poderes conferidos aos administradores. Acrescenta o art. 99, da Lei em comento, que **os primeiros administradores são solidariamente responsáveis perante a companhia pelos prejuízos causados pela demora** no cumprimento das formalidades complementares anteriormente elencadas.

■ 9.6. DO CAPITAL SOCIAL

O Capital Social corresponde **à soma dos bens móveis ou imóveis, corpóreos ou incorpóreos, suscetíveis de avaliação em dinheiro, vinculados pelos acionistas ao patrimônio da companhia, como recursos próprios vocacionados à realização do objeto social**. Em apertada síntese, é **todo o capital integralizado pelos sócios da companhia**.

O capital social da sociedade anônima é **fixado no estatuto e dividido em ações**, mas deve ser **expresso em moeda nacional e corrigido anualmente em Assembleia Geral**, realizada após o exercício social.

■ 9.6.1. As funções do capital social

As funções do capital social são:

FUNÇÃO DO CAPITAL SOCIAL DA COMPANHIA	
01	■ Garantir a produtividade, como fator patrimonial para a obtenção de lucros[10];

[10] FAZZIO JÚNIOR, Waldo. *Manual de direito comercial*, 3. ed., p. 256.

02	■ Garantia dos credores da companhia;
03	■ Limitar a responsabilidade dos sócios.

Há que se registrar a diferença entre capital social subscrito e capital social integralizado (ou realizado). **Subscrito é o capital indicado pelos sócios para a formação da sociedade anônima.** O **capital só será integralizado quando os sócios efetivamente contribuírem para a formação do capital social**, nos limites do **preço e da quantidade de ações subscritas**[11].

A **integralização, como vimos, pode ser por bens ou créditos**. Na primeira hipótese, os bens serão **avaliados por peritos ou empresa especializada e transferidos por transcrição no registro público** competente. A responsabilidade do acionista pelos bens integralizados será idêntica à do vendedor. No caso de integralização de **créditos**, o acionista **responderá pela solvência** do devedor.

Capital subscrito é aquele que o acionista fundador **compromete-se a pagar pela ação**, no momento em está sendo criada, seu valor de emissão. **Capital integralizado** é **quanto ele efetivamente já pagou** para a companhia do valor a que se comprometeu.

■ 9.6.2. A obrigação do acionista de integralizar o capital social

Por força do que dispõe o art. 106, da Lei n. 6.404/76, o **acionista é obrigado a integralizar**, nas condições previstas no estatuto social ou no boletim de subscrição, **a prestação correspondente às ações por ele subscritas ou adquiridas**, sob pena de, não o fazendo, **incorrer em mora**, ficando, por isso, sujeito ao pagamento dos juros, da correção monetária e da multa que o estatuto determinar, esta não superior a 10% (dez por cento) do valor da prestação (art. 106, § 2º, da Lei n. 6.404/76).

Dá-se o **nome de remisso ao acionista que não integraliza (realiza) as ações que subscreveu no tempo e do modo** disciplinado do estatuto, no boletim ou na chamada, a depender do caso. O **acionista remisso, pois, é o acionista em mora**, hipótese em que **a companhia poderá, à sua escolha**:

CONSEQUÊNCIAS PARA O REMISSO EM RAZÃO DA SUA MORA	
01	■ A companhia pode promover contra o acionista, e os que com ele forem solidariamente responsáveis, processo de execução para cobrar as importâncias devidas, servindo o boletim de subscrição e o aviso de chamada como títulos extrajudiciais;
02	■ A companhia pode mandar vender as ações na bolsa de valores, por conta e risco do acionista.

Frustrada a execução contra o acionista e os demais devedores solidários, e infrutífera a tentativa de leilão das ações, a lei de regência prevê, como alternativa, que **a companhia poderá declarar caducas as entradas realizadas, integralizando-as com lucros ou reservas**, exceto a legal — **inexistindo lucros e reservas** suficientes, terá o prazo de 1 (um) ano para colocar as ações caídas em comisso, findo o

---

[11] RAMOS, André Luiz Santa Cruz. *Curso de direito empresarial*, 4. ed., p. 410.

qual, não tendo sido encontrado comprador, a **assembleia geral deliberará sobre a redução do capital** em importância correspondente (art. 107, § 4º).

9.6.3. Ações

O **capital social da companhia é dividido em partes, denominadas ações**. A **ação é, portanto, um valor mobiliário que representa parcela do capital social**, atribuindo ao seu titular o caráter de acionista (sócio)[12].

O **estatuto social define o número de ações ao repartir o capital social em partes**. Para se alcançar o **valor da ação**, basta um simples cálculo matemático. Se o estatuto social prevê o capital social de R$ 10.000,00 e que existirão 100 ações, cada ação terá o valor de R$ 100,00. Destarte, **toda ação tem valor contábil (ou nominal), que resulta da operação de divisão do capital pelo número de ações**. Mas **nem toda ação tem o seu valor mencionado no estatuto**, embora o art. 11, da Lei n. 6.404/76, possibilite essa opção. À ação cujo **valor estiver mencionado no estatuto social**, dá-se o nome de **ação nominal**. Acaso não seja nominal, para chegar ao valor da ação, será preciso realizar a operação matemática aludida.

9.6.3.1. O princípio da negociabilidade

O fato de a ação **não ser nominal não impede, e sim dificulta, a sua negociabilidade**, pois será preciso ir ao estatuto para descobrir o valor do capital social e o número de ações por meio de operação matemática.

9.6.3.2. As ações pelo valor nominal

O **valor nominal da ação difere do preço de sua emissão**, embora aquele limite o valor mínimo deste. Ora, **não pode o preço de emissão ser inferior ao valor nominal**, mas **pode ser superior**, de modo que o sobrevalor deve ser destinado à **formação de reserva de capital**. Todas as **ações nominais devem ter o mesmo valor**, que deverá estar referenciado no respectivo certificado de ação.

9.6.3.3. As ações ordinárias, preferenciais e de fruição

As ações podem ser, **quanto aos direitos e obrigações que conferem aos titulares**: a) ordinárias; b) preferenciais; e c) de fruição.

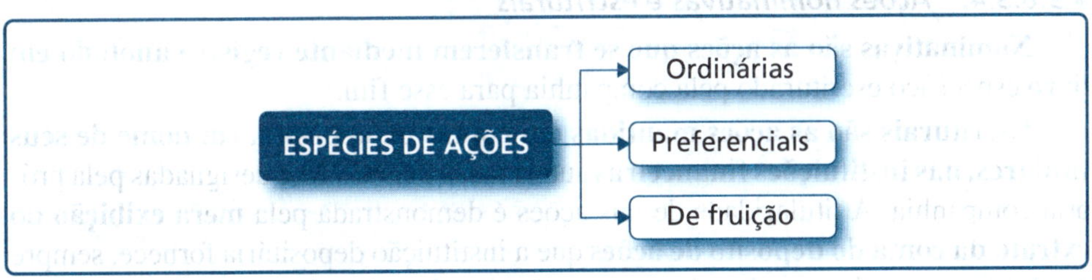

12 RAMOS, André Luiz Santa Cruz. *Curso de direito empresarial*, 4. ed., p. 414.

As **ordinárias garantem aos titulares direitos comuns.** O acionista "ordinarialista" **não possui nenhum direito especial ou vantagem em relação aos demais sócios**, mas **também não se sujeita a nenhuma restrição.** As ações ordinárias são destinadas **aos acionistas que se interessam pela vida administrativa da companhia e também pelos resultados sociais.** Os **"ordinarialistas" têm direito a voto**, que não é estendido a todos os acionistas.

As **preferenciais** concedem aos titulares, denominados "preferencialistas", uma preferência ou vantagem em relação aos "ordinarialistas". Contudo os "preferencialistas" **podem sofrer restrições a direitos, de caráter normalmente administrativos**, a exemplo do **direito de votar.** Tais restrições devem estar **previstas no estatuto e respeitar os direitos fundamentais dos acionistas.**

As **preferências podem ser**, por exemplo, **prioridade na divisão do dividendo e no reembolso de capital.** Há uma **preferência especial, a *golden share* (ação de ouro)**, mencionada no art. 7º, § 7º, da Lei n. 6.404/76. Aplicável às companhias objeto de desestatização, **confere ao titular prioridade exclusiva do ente desestatizante, à qual o estatuto social poderá conferir os poderes que especificar, inclusive o poder de veto às deliberações da assembleia geral em determinadas matérias.**

Podem ser criadas ações preferenciais com direito a voto em separado para o preenchimento de determinados órgãos administrativos.

De seu turno, a **ação de fruição ou de gozo é aquela emitida em substituição às ações ordinárias ou preferenciais totalmente amortizadas, concedendo aos titulares direitos de gozo e fruição.** A amortização é a **antecipação da distribuição aos acionistas dos valores a que teriam direito em caso de liquidação da companhia.** Com a amortização integral das ações, estas poderão ser totalmente **convoladas em ações de fruição**, atribuindo aos titulares **meros títulos de participação na companhia**, pois já foram reembolsados pelos investimentos que fizeram.

A **assembleia geral ou o estatuto podem manter ou restringir as faculdades** próprias de que dispõem os titulares das ações ordinárias ou preferenciais **amortizadas (ações de fruição).**

Por sua vez, as ações se classificam, **quanto à forma de transferência, em nominativas ou escriturais.**

■ *9.6.3.4. Ações nominativas e escriturais*

Nominativas são as ações que se transferem mediante registro anotado em livro específico escriturado pela companhia para esse fim.

Escriturais são as ações mantidas em contas de depósito, em nome de seus titulares, nas instituições financeiras autorizadas pela CVM e designadas pela própria companhia. A titularidade de tais ações é demonstrada pela **mera exibição do extrato da conta do depósito de ações** que a instituição depositária fornece, sempre que houver requerimento do acionista; ao término de todo mês em que for movimentada e, ainda, ao menos uma vez por ano.

Esquematizando as **ações e suas características principais:**

TIPO DE AÇÃO	CARACTERÍSTICAS
■ Ordinárias	■ Conferem ao acionista todos os direitos essenciais + VOTO
■ Preferenciais	■ Conferem ao acionista todos os direitos essenciais + LUCRO GARANTIDO
■ De Fruição	■ São preferenciais ou ordinárias amortizadas, sem resgate
■ Nominativas	■ São as que se transferem por registro no livro de registro de ações
■ Escriturais	■ Mantidas em conta de depósito, propriedade comprovada por extrato

■ 9.6.4. Demais valores mobiliários

As companhias podem emitir **valores mobiliários, como ações, debêntures, as partes beneficiárias e os bônus de subscrição**. Os valores mobiliários são instrumentos extremamente úteis para a **obtenção de recursos no mercado**, ao mesmo tempo em que representam uma **importante oportunidade de investimento**.

■ *9.6.4.1. Debêntures*

As debêntures são valores mobiliários emitidos pela companhia **que conferem aos seus titulares direito de crédito contra ela, nas condições constantes da escritura de emissão e, se houver, do certificado**. Além disso, são consideradas **título executivo extrajudicial** (art. 784, inc. I, do CPC).

Em verdade, a debênture funciona como um **meio, semelhante a um empréstimo (mútuo), pelo qual as companhias captam recursos**, na medida em que **confere ao titular um direito de crédito contra a companhia**, que recebe, desde logo, o preço por aquele valor imobiliário e se compromete a pagar, posteriormente, a importância correlata, na forma assinalada no certificado ou na escritura de emissão. A **principal facilidade propiciada pela debênture é permitir o fracionamento do valor que a companhia toma por empréstimo**. É que se ela pretende captar o valor de R$ 1.000.000,00, pode emitir cem mil debêntures, cada uma pelo preço de R$ 10,00.

É de **competência exclusiva da assembleia geral deliberar sobre a emissão de debêntures**, ouvido o conselho fiscal, se este estiver instalado. A **assembleia deverá definir**:

DEFINIÇÕES DA ASSEMBLEIA GERAL QUANTO ÀS DEBÊNTURES — REQUISITOS	
01	■ O valor da emissão ou os critérios de determinação do seu limite, e a sua divisão em séries, se for o caso;
02	■ O número e o valor nominal da debênture;
03	■ As garantias reais ou a garantia flutuante, se houver;
04	■ As condições da correção monetária, se houver;
05	■ A conversibilidade ou não em ações e as condições a serem observadas na conversão;
06	■ A época e as condições de vencimento, amortização ou resgate;
07	■ A época e as condições do pagamento dos juros, da participação nos lucros e do prêmio de reembolso, se houver;
08	■ O modo de subscrição ou colocação, e o tipo de debênture.

Excepcionalmente, o conselho de administração da companhia aberta poderá deliberar sobre a emissão de debêntures simples, não conversíveis em ações e sem garantia, hipótese em que a assembleia geral poderá delegar-lhe o poder de decidir sobre as condições de que tratam os tópicos "6" a "8", anteriormente contextualizados.

O **limite estanque ao valor total das emissões de debêntures é o capital social da companhia**, com a ressalva de exceções nas quais aquele **pode ser excedido para alcançar**: a) 80% do valor dos bens gravados, próprios ou de terceiros, no caso de debêntures com garantia real; b) 70% do valor contábil da companhia, diminuído do montante das suas dívidas garantidas por direitos reais, no caso de debêntures com garantia flutuante.

O limite aludido **não se aplica à emissão de debêntures subordinadas**.

A **criação da debênture far-se-á por meio de uma escritura de emissão**, da qual deverão constar os **direitos conferidos, suas garantias e demais cláusulas ou condições**. Deve-se, igualmente, cumprir as formalidades legais (art. 62, da Lei n. 6.404/76):

FORMALIDADES PARA EMISSÃO DE DEBÊNTURES	
01	■ Arquivamento, no registro do comércio, e publicação da ata da assembleia geral, ou do conselho de administração, que deliberou sobre a emissão;
02	■ Inscrição da escritura de emissão no registro do comércio;
03	■ Constituição das garantias reais, se for o caso.

A **emissão ao arrepio dos requisitos formais** referidos sujeita os administradores à responsabilidade por **perdas e danos eventualmente causados à companhia** ou a terceiros.

As **debêntures podem ser emitidas**:

ESPÉCIES DE DEBÊNTURES
- Com garantia real
- Com garantia flutuante (privilégio geral)
- Quirografária (sem preferência)
- Subordinada

As debêntures **com garantia real são garantidas por hipoteca ou penhor**. A LSA prevê a possibilidade **de a escritura de emissão trazer expressa a autorização para a substituição dos bens garantidores por outros**, desde que preservada a garantia, e o agente fiduciário, se existente, concorde com a garantia.

Noutro giro, a debênture **com garantia flutuante ou privilégio real é uma segunda espécie de título, que assegura ao seu titular um privilégio geral sobre o**

ativo da companhia, embora não impeça a negociação dos bens que compõem o seu ativo. É dizer, se houver a **falência da empresa, os debenturistas não concorrerão com os credores meramente quirografários**, pois gozarão de preferência e receberão com precedência com relação a eles.

A debênture **quirografária ou comum**, como o próprio nome diz, **não confere garantias ou privilégios**, de modo que o debenturista entra na vala dos **devedores quirografários comuns**.

A quarta e última espécie de debênture é a **subquirografária ou subordinada**, na qual há **cláusula de subordinação aos credores quirografários**. Destarte, os titulares das debêntures subordinadas **deverão aguardar que os credores quirografários** recebam o seu crédito para, em seguida, buscar a sua satisfação com o valor remanescente.

Se a **debênture for nominal**, haverá a necessidade de **emissão de certificados**, dos quais deverão constar:

REQUISITOS DOS CERTIFICADOS DE EMISSÃO DE DEBÊNTURES NOMINAIS	
01	■ A denominação, sede, prazo de duração e o objeto da companhia;
02	■ A data da constituição da companhia e do arquivamento e publicação de seus atos constitutivos;
03	■ A data da publicação da ata da Assembleia geral que deliberou sobre a emissão;
04	■ A data e o ofício do Registro de Imóveis em que foi inscrita a emissão;
05	■ A denominação "debênture" e a indicação de sua espécie, pelas palavras "com garantia real", "com garantia flutuante", "sem preferência" ou "subordinada";
06	■ A designação da emissão e da série;
07	■ O número de ordem;
08	■ O valor nominal e a cláusula de correção monetária, se houver, as condições de vencimento, amortização, resgate, juros, participação do lucro ou prêmio de reembolso e a época em que serão devidos;
09	■ As condições de conversibilidade em ações, se o caso;
10	■ O nome do debenturista;
11	■ O nome do agente fiduciário dos debenturistas, se houver;
12	■ A data da emissão do certificado e a assinatura de dois diretores da companhia;
13	■ A autenticação do agente fiduciário, se for o caso.

O art. 65, da Lei n. 6.404/76, **permite a emissão de certificados de títulos múltiplos de debêntures**. É dizer, em vez de emitir **um único certificado para várias debêntures**, o debenturista pode requerer a emissão de um certificado para cada debênture, formando-se múltiplos títulos.

É possível, também, **a emissão de títulos provisórios, denominados cautelas de debêntures**, os quais representam as debêntures adquiridas. É possível, ainda, na forma esculpida pelo artigo referido e com a nomeação de agente fiduciário, a **substituição dos certificados, inclusive para serem desdobrados ou grupados.**

A **companhia pode autorizar a conversão das debêntures em ações**, evitando-se, com isso, o pagamento dos títulos, enquanto se permite **incorporar o valor ao capital social registrado**. A conversão deve ser feita nas **condições constantes da escritura de emissão**, a qual especificará:

CONDIÇÕES NECESSÁRIAS À ESCRITURA DE EMISSÃO DE DEBÊNTURES CONVERSÍVEIS EM AÇÕES	
01	■ As bases da conversão, seja em número de ações em que poderá ser convertida cada debênture, seja como relação entre o valor nominal da debênture e o preço de emissão das ações;
02	■ A espécie e a classe das ações em que poderá ser convertida;
03	■ O prazo ou época para o exercício do direito à conversão;
04	■ As demais condições a que a conversão acaso fique sujeita.

Os **acionistas têm direito de preferência para subscrever a emissão de debêntures com cláusula de conversibilidade em ações**, na proporção do número de ações que possuírem.

Os titulares de debêntures da **mesma emissão ou série podem reunir-se em assembleia, a fim de deliberar sobre matérias de interesse comum**. São competentes para convocar assembleia o **agente fiduciário, a companhia emissora, debenturistas que representem 10%** (dez por cento), no mínimo, dos títulos em circulação e a **Comissão de Valores Mobiliários**.

Os assuntos a serem debatidos na assembleia devem ter ligação, ao menos indireta, com as debêntures. De se destacar que **o agente fiduciário, por força da normativa regente, deverá comparecer à assembleia e prestar as informações** que lhe forem solicitadas por ela sempre que convocado.

A escritura de **emissão estabelecerá a maioria necessária, que não poderá ser inferior à metade das debêntures em circulação**, para aprovar modificações nas condições delas, observando-se que, a cada titular de debênture, caberá um voto.

O prazo para o adimplemento do crédito representado pela debênture vence na data constante da escritura de emissão e no certificado, mas **a companhia pode estipular amortizações parciais de cada série**, criar fundos de amortização e **reservar-se o direito a resgate antecipado, parcial ou total**, dos títulos da mesma série.

A **cédula de debênture** (anteriormente denominada cédula pignoratícia de debêntures) **é título mobiliário emitido por bancos de depósito, investimento**, desenvolvimento ou múltiplos com carteira comercial, de investimento ou desenvolvimento, autorizados pelo Banco Central do Brasil. Cuida-se de **título lastreado em debênture, com garantia própria, que confere ao titular direito de crédito contra o emitente, pelo valor nominal, e os juros nele estipulados.**

■ 9.6.4.2. *Partes beneficiárias*

São **títulos negociáveis, sem valor nominal e estranhos ao capital social, que conferem aos seus titulares direito de crédito eventual, contra a companhia, consistente na participação nos lucros anuais**. O crédito é **eventual porque dependerá do lucro da companhia**, no respectivo exercício social. Se não houver lucro, não haverá crédito (art. 46, § 1º, da Lei n. 6.404/76).

Também as **partes beneficiárias podem ser convertidas em ações**, mediante a capitalização de reserva criada para esse fim. A lei **impõe limites à participação nos lucros atribuída às partes beneficiárias**, inclusive para a formação de reserva para resgate, que não poderá ultrapassar **0,1 (um décimo) dos lucros**. Somente **poderão remunerar por até 10 anos**, salvo se emitidas para remunerar entidade representativa dos empregados.

Registre-se, por fim, que **é defeso à companhia aberta emitir partes beneficiárias**, matéria cuja possibilidade hoje é exclusiva das companhias fechadas.

■ 9.6.4.3. *Bônus de subscrição*

A companhia poderá emitir, ainda, **títulos negociáveis, denominados bônus de subscrição, que garantem ao seu titular o direito de preferência na subscrição de novas ações**. A emissão é limitada pelo **aumento do capital social autorizado no estatuto**.

A competência para decidir sobre a emissão de bônus de subscrição é da Assembleia Geral, salvo se o estatuto atribuir a competência ao Conselho de Administração. **Será sempre imprescindível que se preserve o direito de preferência dos acionistas para a sua aquisição**, ante o impacto que produzem sobre a composição acionária da companhia; dessa forma, **se emitidos para serem alienados onerosamente, os bônus devem ser, primeiro, oferecidos aos acionistas**, e apenas aqueles que não forem subscritos por estes serão concedidos a terceiros[13].

O **bônus de subscrição adotará, obrigatoriamente, a forma nominativa**, e deverá obedecer aos seguintes requisitos:

REQUISITOS DO BÔNUS DE SUBSCRIÇÃO NOMINATIVO	
01	■ A denominação da companhia, sua sede e prazo de duração;
02	■ O valor do capital social, a data do ato que o tiver fixado, o número de ações em que se divide e o valor nominal das ações, ou a declaração de que não têm valor nominal;
03	■ Se é companhia com capital autorizado, o limite da autorização;
04	■ O número de ações ordinárias e preferenciais, classes, vantagens e limitações a que estiverem sujeitas;
05	■ A denominação bônus de subscrição;
06	■ O número de ordem;
07	■ O número, a espécie e a classe das ações que poderão ser subscritas, o preço de emissão ou os critérios para sua determinação;

[13] MAMEDE, Gladston. *Direito societário:* sociedades simples e empresárias, 2. ed., p. 497.

08	■ A época em que o direito de subscrição poderá ser exercido e a data do término do prazo para esse exercício;
09	■ O nome do titular;
10	■ A data da emissão do certificado e as assinaturas de dois diretores.

■ 9.7. ÓRGÃOS SOCIETÁRIOS

A Lei n. 6.404/76 **criou órgãos sociais às companhias**, cada qual com funções específicas. A lei ainda **autorizou a criação de outros órgãos pelo estatuto social**, a fim de formar uma **estrutura administrativa complexa**, capaz de administrar as companhias, e **impedir que as atribuições sejam empregadas para favorecer determinados grupos ou pessoas.**

É certo que as companhias **são pessoas jurídicas de grande envergadura, o que recomenda a descentralização do poder em órgãos**, com atribuições definidas em lei ou no estatuto.

Os **órgãos situados no topo** da hierarquia organizacional das sociedades anônimas — **assembleia geral, conselho de administração, diretoria e conselho fiscal** — são detalhadamente regidos pela Lei n. 6.404/76, que trata da **estrutura, composição, funcionamento e atribuições** de cada um deles. Os demais órgãos recebem disciplina dos estatutos, já que a LSA se ocupou apenas de cuidar dos órgãos de cúpula.

■ 9.7.1. A Assembleia Geral

A Assembleia Geral **é o órgão máximo da estrutura da companhia**, com competência para **deliberar sobre qualquer assunto relacionado ao objeto social e tomar as resoluções que julgar convenientes** a sua defesa e seu desenvolvimento.

Há, entretanto, **matérias de competência exclusiva da Assembleia Geral**, previstas no art. 122, da Lei n. 6.404/76:

ATRIBUIÇÕES EXCLUSIVAS DA ASSEMBLEIA GERAL	
01	■ Reformar o estatuto social;
02	■ Eleger ou destituir, a qualquer tempo, os administradores e fiscais da companhia, ressalvado o disposto no inc. II, do art. 142;
03	■ Tomar, anualmente, as contas dos administradores e deliberar sobre as demonstrações financeiras por eles apresentadas;
04	■ Autorizar a emissão de debêntures, ressalvado o disposto no § 1º, do art. 59;
05	■ Suspender o exercício dos direitos do acionista (art. 120);
06	■ Deliberar sobre a avaliação de bens com que o acionista concorrer para a formação do capital social;
07	■ Autorizar a emissão de partes beneficiárias;
08	■ Deliberar sobre transformação, fusão, incorporação e cisão da companhia, sua dissolução e liquidação, eleger e destituir liquidantes e julgar-lhes as contas;
09	■ Autorizar os administradores a confessar falência e pedir concordata[14].

[14] A concordata tratava-se de expediente previsto no ainda ultra-ativo Decreto-lei n. 7.661/45, como alternativa à falência, em que o devedor empresário, em situação de crise econômica financeira,

A mesma lei traz **uma ressalva, pela qual, em caso de urgência, a confissão de falência ou concordata poderá ser formulada pelo administrador, com a concordância do acionista controlador, se houver, convocando-se imediatamente a assembleia geral para se manifestar sobre a matéria e decidir se mantém ou não a confissão**.

Veja-se que as matérias de **maior relevância** às companhias são **deliberadas pela assembleia geral**. Suas decisões são **impregnadas de maior legitimidade, já que lastreadas pela vontade da maioria dos acionistas**, do que emerge igualmente o **caráter soberano** de que se revestem.

A Assembleia Geral **pode ser convocada pelo Conselho de Administração, se houver, ou pelos diretores**, observado o disposto no estatuto social da companhia. A Lei n. 6.404/76 **traz outras hipóteses, nas quais ela pode ser convocada por outros órgãos** ou mesmo acionistas. Confira-se:

LEGITIMADOS A CONVOCAR A ASSEMBLEIA GERAL DA CIA.	
01	■ Conselho de Administração;
02	■ Diretoria;
03	■ Pelo conselho fiscal, nos casos previstos no número V, do art. 163;
04	■ Por qualquer acionista, quando os administradores retardarem, por mais de 60 (sessenta) dias, a convocação nos casos previstos em lei ou no estatuto;
05	■ Por acionistas que representem cinco por cento, no mínimo, do capital social, quando os administradores não atenderem, no prazo de oito dias, a pedido de convocação que apresentarem, devidamente fundamentado, com indicação das matérias a serem tratadas;
06	■ Por acionistas que representem cinco por cento, no mínimo, do capital votante, ou cinco por cento, no mínimo, dos acionistas sem direito a voto, quando os administradores não atenderem, no prazo de oito dias, a pedido de convocação de assembleia para instalação do conselho fiscal.

A convocação para a Assembleia Geral também é regulada pela LSA e **far-se-á mediante anúncio publicado por 3 (três) vezes, no mínimo, contendo, além do local, data e hora da assembleia**, a ordem do dia e, no caso de **reforma do estatuto, a indicação da matéria** (art. 124, da Lei n. 6.404/76).

Como vimos nos capítulos precedentes, **nem todos os acionistas têm direito a voto, mas todos têm direito à palavra**, pelo que a Assembleia Geral costuma ser palco de debates importantes quanto ao controle da sociedade.

O **quórum de instalação da Assembleia Geral será de, no mínimo, 1/4 (um quarto) do capital social** com direito a voto na primeira convocação. Na segunda convocação, instalar-se-á com **qualquer número**, não havendo previsão legal de um quórum mínimo em tal hipótese.

---

mediante condições especiais, buscava soerguer-se financeiramente. Hoje, as referências legislativas que ainda fazem menção à concordata deverão ser interpretadas como pertinentes ao instituto da Recuperação Judicial (prevista na Lei n. 11.105/2005), favor legal com funções semelhantes à concordata.

O **quórum de aprovação é de maioria simples, é dizer, maioria dos presentes**, mas o estatuto da companhia fechada **pode aumentar o quórum exigido para determinadas deliberações**, desde que especifique as matérias. Vale dizer, **o quórum estatutário pode ser estabelecido apenas pela companhia fechada.**

Tem-se, ainda, **o quórum qualificado, previsto no art. 136,** da Lei n. 6.404/76, segundo o qual será necessária a aprovação de **acionistas que representem metade, no mínimo, das ações com direito a voto**, se maior quórum não for exigido pelo estatuto da companhia fechada, para deliberar sobre:

MATÉRIAS QUE EXIGEM QUÓRUM QUALIFICADO NA ASSEMBLEIA ORDINÁRIA	
01	■ Criação de ações preferenciais ou aumento de classe de ações preferenciais existentes, sem guardar proporção com as demais classes de ações preferenciais, salvo se já previstos ou autorizados pelo estatuto;
02	■ Alteração nas preferências, vantagens e condições de resgate ou amortização de uma ou mais classes de ações preferenciais, ou criação de nova classe mais favorecida;
03	■ Redução do dividendo obrigatório;
04	■ Fusão da companhia, ou sua incorporação em outra;
05	■ Participação em grupo de sociedades (art. 265);
06	■ Mudança do objeto da companhia;
07	■ Cessação do estado de liquidação da companhia;
08	■ Criação de partes beneficiárias;
09	■ Cisão da companhia;
10	■ Dissolução da companhia.

Se houver empate nas votações e o estatuto não estabelecer procedimento de arbitragem e não contiver norma diversa, **a Assembleia Geral será convocada, com intervalo mínimo de 2 (dois) meses, para votar a proposta novamente**. Se **permanecer o empate e os acionistas não concordarem** em cometer a decisão a um terceiro, caberá ao **Poder Judiciário** decidir a matéria.

Dos trabalhos e deliberações da Assembleia Geral **será lavrada, em livro próprio, a respectiva ata, a qual deverá ser assinada pelos acionistas presentes e pelos membros da mesa** (art. 130, da Lei n. 6.404/76). A ata poderá ser lavrada na **forma de sumário dos fatos ocorridos e dos desacordos e protestos** e conter a **transcrição apenas das deliberações tomadas**, desde que: a) os documentos ou propostas submetidos à assembleia, assim como as declarações de voto ou dissidência, **referidos na ata, sejam numerados seguidamente, autenticados pela mesa e por qualquer acionista** que o solicitar, e arquivados na companhia; b) **a mesa**, a pedido de acionista interessado, **autentique exemplar ou cópia de proposta, declaração de voto ou dissidência, ou protesto apresentado.**

Se a ata não for lavrada na forma de sumário, poderá ser **publicado apenas o seu extrato, com o sumário dos fatos ocorridos e a transcrição das deliberações tomadas.**

A **Assembleia Geral pode ser ordinária ou extraordinária,** conforme a dicção do art. 131, da Lei n. 6.404/76.

9.7.1.1. *Assembleia Geral Ordinária (AGO)*

A **Assembleia Geral Ordinária é uma reunião dos acionistas que deve ocorrer todo ano, nos quatro primeiros meses após o fim do exercício social**[15], para tratar das **matérias previstas no art. 132**, da Lei n. 6.404/76, quais sejam:

COMPETÊNCIA EXCLUSIVA DA ASSEMBLEIA GERAL ORDINÁRIA	
01	■ Tomar as contas dos administradores, examinar, discutir e votar as demonstrações financeiras;
02	■ Deliberar sobre a destinação do lucro líquido do exercício e a distribuição de dividendos;
03	■ Eleger os administradores e os membros do conselho fiscal, quando for o caso;
04	■ Aprovar a correção da expressão monetária do capital social (art. 167).

A LSA prevê um **procedimento prévio que deve ser observado antes da realização da assembleia geral ordinária**, pelo qual os administradores devem comunicar, até um mês antes da data marcada para a reunião, por anúncios publicados na forma prevista no art. 124, que se acham à disposição dos acionistas determinados documentos:

DOCUMENTOS QUE DEVEM SER APRESENTADOS PELOS ADMINISTRADORES ANTES DA ASSEMBLEIA ORDINÁRIA	
01	■ O relatório da administração sobre os negócios sociais e os principais fatos administrativos do exercício findo;
02	■ A cópia das demonstrações financeiras;
03	■ O parecer dos auditores independentes, se houver;
04	■ O parecer do conselho fiscal, inclusive votos dissidentes, se houver;
05	■ Demais documentos pertinentes a assuntos incluídos na ordem do dia (art. 133).

A **publicação**[16-17] **permitirá a análise prévia dos documentos, entre eles os que dizem respeito às contas e demonstrações financeiras do exercício passado,**

15 A Lei n. 14.030/2020, que alterou a LSA, trouxe a flexibilização do prazo para a realização de assembleias, suspensão do atendimento presencial perante as Juntas Comerciais e positivação de reuniões por meio digital, resguardados o direitos de voz e voto. Alterações benfazejas e relacionadas às medidas de prevenção para evitar o incremento do contágio relacionado à COVID-19.

16 **A MPV n. 892/2019 alterou sensivelmente a publicidade dos atos/documentos delimitados na LSA**, ao permitir, ao invés da determinação de publicação no Diário Oficial e Jornais de grande circulação, a publicação de tais atos/documentos por meio eletrônico: "As publicações ordenadas por esta Lei serão feitas nos sítios eletrônicos da Comissão de Valores Mobiliários e da entidade administradora do mercado em que os valores mobiliários da companhia estiverem admitidas à negociação". A exposição de motivo da referida MPV destacou a necessidade de tal alteração como medida hábil a diminuir os custos das sociedades anônimas.

17 Para as Sociedades Anônimas de capital fechado, com menos de 20 acionistas, a lei prevê a possibilidade de simplificação de publicidade dos atos societários, dispensando-se a publicação de documentos de cada exercício desde que arquivados no órgão de registro o "relatório da administra-

matéria que deve ser apreciada com acuidade, sob pena de comprometer-se a própria subsistência da sociedade.

Em primeira convocação, **o quórum de instalação da AGO é de 1/4 (um quarto), no mínimo**, do capital social da sociedade, representado pelos acionistas titulares. Mas, em **segunda convocação, a AGO instalar-se-á independentemente do número de acionistas presentes**.

Para deliberar, **basta a maioria dos votos dos presentes**, não se computando os votos em branco. Havendo **empate, deve-se buscar a solução no estatuto**, salvo se este não apresentar solução, hipótese em que **a matéria deverá ser decidida em nova assembleia**.

Haverá, necessariamente, apenas **uma Assembleia Geral ao ano**, a qual deve se resumir a tratar das **matérias elencadas no art. 132 da Lei n. 6.404/76**. Qualquer assunto não mencionado no art. 132 apenas poderá ser deliberado **em assembleia extraordinária**.

Os **administradores devem participar da Assembleia Geral Ordinária para atender a eventuais pedidos de esclarecimentos** dos acionistas, mas **não poderão deliberar, como acionistas ou procuradores**, sobre os documentos mencionados pelo art. 133, como as contas do exercício financeiro. É que o papel da **Assembleia Geral é também de fiscalizar a regularidade das contas** apresentadas pelo administrador, de modo que não é razoável permitir que este último aprove as suas próprias contas, ante a existência de conflito de interesses.

■ *9.7.1.2. Assembleia Geral Extraordinária (AGE)*

A Assembleia Geral Extraordinária **pode ser convocada sempre que necessário**. A LSA dispõe que a AGE que tiver **por objeto a reforma do estatuto somente se instalará, em primeira convocação, se presentes acionistas que representem, no mínimo, 2/3 (dois terços) do capital social com direito a voto**. Em segunda convocação, contudo, instalar-se-á com **qualquer número de acionistas**. Portanto, o quórum de instalação, em primeira convocação, será de acionistas que representem 2/3 (dois terços) do capital social votante.

Noutro viés, exige-se **quórum qualificado na AGE destinada a deliberar** sobre:

MATÉRIAS QUE EXIGEM QUÓRUM QUALIFICADO NA ASSEMBLEIA EXTRAORDINÁRIA	
01	■ Criação de ações preferenciais ou aumento de classe de ações preferenciais existentes, sem guardar proporção com as demais classes de ações preferenciais, salvo se já previstos ou autorizados pelo estatuto;
02	■ Alteração nas preferências, vantagens e condições de resgate ou amortização de uma ou mais classes de ações preferenciais, ou criação de nova classe mais favorecida;

ção, as demonstrações financeiras" e os pareceres de auditoria independente e do Conselho Fiscal, se o caso, nos termos do art. 294, da LSA. A Lei n. 13.818/2019 ampliou o rol de sociedades anônimas de capital fechado que se poderão valer do regime simplificado, eis que além do requisito do número de empregados, antes o patrimônio líquido da companhia não poderia ultrapassar R$ 1.000.000,00, sendo que, com a inovação legislativa, tal limite passou a ser R$ 10.000.000,00.

03	■ Redução do dividendo obrigatório;
04	■ Fusão da companhia, ou sua incorporação em outra;
05	■ Participação em grupo de sociedades (art. 265);
06	■ Mudança do objeto da companhia;
07	■ Cessação do estado de liquidação da companhia;
08	■ Criação de partes beneficiárias;
09	■ Cisão da companhia;
10	■ Dissolução da companhia.

Ocorrendo empate e não havendo solução no estatuto, será **convocada outra assembleia**, no intervalo **mínimo de dois meses**, para resolver o impasse. **Persistindo o empate**, e se os acionistas não remeterem a matéria à apreciação de terceiro, **caberá ao juiz decidi-la.**

■ 9.7.2. Conselho de Administração

Nos moldes definidos pelo art. 138, da Lei n. 6.404/76, a **administração da companhia competirá, conforme dispuser o estatuto, ao Conselho de Administração e à Diretoria, ou somente à Diretoria**. Também define a lei que o conselho de administração **é órgão de deliberação colegiada, sendo a representação da companhia privativa dos diretores**.

Pode-se concluir, assim, que o **Conselho de Administração será sempre um órgão deliberativo** e poderá assumir **atribuições administrativas, se assim dispuser o estatuto**.

A **convocação do Conselho de Administração é mais simples**, prescindindo daquelas formalidades exigidas para a convocação da assembleia geral. Por esse motivo, embora tanto a assembleia quanto o conselho de administração sejam órgãos competentes para deliberar sobre as matérias de interesse social, usualmente **opta-se pela convocação deste último**, reservando a convocação daquela apenas às hipóteses elencadas no art. 122, da LSA.

Nessa trilha, o **Conselho de Administração funciona como uma pequena assembleia**, que pode ser rapidamente convocada, o que facilita sobremaneira a **tomada de decisões urgentes**, notadamente aquelas relacionadas à **gestão dos negócios da companhia**.

O **estatuto poderá definir o número de conselheiros, que não poderá ser inferior a três, os quais devem ser eleitos pela Assembleia Geral e por ela destituídos**. O estatuto também deverá definir (art. 140):

NORMAS A SEREM DEFINIDAS PELO ESTATUTO SOBRE O CONSELHO DE ADMINISTRAÇÃO	
01	■ O número de conselheiros, ou o máximo e mínimo permitidos, e o processo de escolha e substituição do presidente do conselho pela assembleia ou pelo próprio conselho;
02	■ O modo de substituição dos conselheiros;
03	■ O prazo de gestão, que não poderá ser superior a 3 (três) anos, permitida a reeleição;

04	■ As normas sobre convocação, instalação e funcionamento do conselho, que deliberará por maioria de votos, podendo o estatuto estabelecer quórum qualificado para certas deliberações, desde que especifique as matérias.

O Conselho de Administração **era formado, em regra, por acionistas.** Contudo, desde a Lei n. 12.431/2011, os **membros do Conselho de Administração não precisam mais ser acionistas,** o que já ocorria com os diretores. **O estatuto poderá prever a participação de representantes dos empregados, escolhidos pelo voto destes**, em eleição direta, organizada pela companhia, em conjunto com entidades sindicais que os representem.

Há três critérios de eleição dos conselheiros: **o majoritário; o proporcional; e o de voto múltiplo.**

Pelo **critério majoritário**, cada acionista titular de ação com direito de voto terá direito a um voto, nos termos do art. 110 da Lei n. 6.404/76. **Por esse critério, o acionista controlador poderá eleger todos os membros do conselho**, ao passo que os acionistas minoritários dificilmente teriam a possibilidade de eleger representantes.

Pelo **critério proporcional**, são eleitos os candidatos mais votados, à proporção da quantidade de cargos vagos, possibilitando a **formação de um conselho do qual façam parte representantes eleitos pelos controladores e pelos minoritários**, proporcionalmente.

Por fim, tem-se o critério do **voto múltiplo,** pelo qual se atribui **a cada ação tantos votos quantos sejam os membros do conselho**, admitindo-se que o acionista cumule os votos em um só candidato ou os distribua entre vários (art. 141). Os acionistas que representem, no mínimo, 1/10 (um décimo) do capital social com direito a voto podem requerer a adoção de tal critério.

O **conselheiro poderá residir no exterior**, mas sua **posse ficará condicionada à constituição de representante residente no Brasil**, devidamente munido de **poderes para receber citações.**

As **atribuições do conselho são indelegáveis.** Ele atua tanto como **representante da companhia** quanto como **gestor dos negócios dos quais ela participa.** A **existência do Conselho de Administração é facultativa nas companhias fechadas** e **obrigatória nas companhias abertas, nas de capital autorizado e nas de economia mista.**

Eis as **atribuições legais do Conselho de Administração:**

ATRIBUIÇÕES LEGAIS DO CONSELHO DE ADMINISTRAÇÃO	
01	■ Fixar a orientação geral dos negócios da companhia;
02	■ Eleger e destituir os diretores da companhia e fixar-lhes as atribuições, observado o que a respeito dispuser o estatuto;
03	■ Fiscalizar a gestão dos diretores, examinar, a qualquer tempo, os livros e papéis da companhia, solicitar informações sobre contratos celebrados ou em via de celebração, e quaisquer outros atos;
04	■ Convocar a assembleia geral quando julgar conveniente, ou no caso do art. 132;

05	■ Manifestar-se sobre o relatório da administração e as contas da diretoria;
06	■ Manifestar-se previamente sobre atos ou contratos, quando o estatuto assim o exigir;
07	■ Deliberar, quando autorizado pelo estatuto, sobre a emissão de ações ou de bônus de subscrição;
08	■ Autorizar, se o estatuto não dispuser em contrário, a alienação de bens do ativo não circulante, a constituição de ônus reais e a prestação de garantias a obrigações de terceiros;
09	■ Escolher e destituir os auditores independentes, se houver.

9.7.3. Diretoria

A **Diretoria é órgão executivo indispensável à companhia, composto por, no mínimo, dois membros, não necessariamente acionistas, eleitos pelo Conselho de Administração ou pela Assembleia Geral** e **destituíveis a qualquer tempo, os quais terão mandato de até três anos, permitida a reeleição**. Suas principais incumbências são administrar e representar a companhia.

Assim, os diretores **são executivos da companhia**, e, como tais, responsáveis pela sua direção e representação legal.

Cabe ao **estatuto da companhia definir**, quanto à Diretoria:

NORMAS A SEREM DEFINIDAS PELO ESTATUTO SOBRE DIRETORIA	
01	■ O número de diretores, ou o máximo e o mínimo permitido;
02	■ O prazo de gestão deles;
03	■ A sua substituição; e
04	■ Os poderes e atribuições de cada um.

Destarte, o **estatuto poderá definir a composição e as atribuições da diretoria à luz da estrutura da companhia**. O estatuto poderá prever **atribuições específicas a cada diretor**, assim como definir que **determinadas matérias só poderão ser decididas por órgão colegiado da diretoria**, em reunião dos diretores[18] e por maioria de votos.

No silêncio do estatuto e inexistindo deliberação do Conselho de Administração, qualquer dos diretores **poderá representar a companhia e praticar os atos necessários ao seu funcionamento regular**.

Os diretores têm poderes para constituir mandatários, para atuar em nome da companhia, nos limites dos poderes atribuídos pelo estatuto ao mandante, **desde que o instrumento especifique a duração do mandato**.

9.7.3.1. Administradores

À luz do modelo dualista acolhido pela Lei n. 6.404/76, que **divide a administração das companhias em dois órgãos — Conselho de Administração e Direto-**

[18] RAMOS, André Luiz Santa Cruz. *Curso de direito empresarial*, 4. ed., p. 455.

ria —, forçoso concluir que tanto os conselheiros quanto os diretores **são administradores**. Essa ilação pode se extrair do disposto no art. 145, segundo o qual as normas relativas a **requisitos, impedimentos, investidura, remuneração, deveres e responsabilidade dos administradores aplicam-se a conselheiros e diretores**. Também o art. 146, da Lei da S.A, corrobora tal conclusão, ao dispor que poderão ser eleitos membros dos órgãos de administração pessoas naturais, devendo os diretores serem residentes no País, acionistas ou não. Tais artigos se encontram inseridos na Seção III da lei mencionada, justamente a que **cuida dos administradores**.

■ 9.7.3.2. *Deveres, proibições impostas aos administradores*

Os administradores devem empregar, no exercício de suas funções, **o cuidado e a diligência que todo homem ativo e probo costuma empregar na administração dos seus próprios negócios** (art. 153). Devem também exercer as **atribuições legais e estatutárias** para alcançar os fins e interesses da companhia, satisfeitas as exigências do **bem público e da função social da empresa** (inteligência do art. 154, da Lei n. 6.404/76).

Ainda que **eleito por grupo ou classe de acionistas, não pode o administrador decidir em favor dos seus eleitores** ao arrepio de seus deveres.

Entre os **deveres dos administradores, podemos citar**:

DEVERES DOS ADMINISTRADORES	
01	■ Convocar e participar das Assembleias Gerais (art. 142, inc. IV);
02	■ Prestar informações tempestivas aos acionistas antes das Assembleias Gerais (art. 133 e incisos);
03	■ Empregar cuidado e diligência no exercício funcional (art. 153);
04	■ Assegurar o funcionamento regular da sociedade;
05	■ Abster-se de praticar atos dolosos, culposos ou com desvio de poder (*ultra vires*, ou seja, para além dos poderes que lhe foram outorgados);
06	■ Fiscalizar os demais administradores e comunicar aos órgãos competentes as irregularidades de que tenha conhecimento (art. 158, § 4º);
07	■ Declarar, na posse, os valores mobiliários da sociedade de que é titular (art. 157);
08	■ Prestar todas as informações legalmente exigíveis (art. 157, §§ 1º e 2º);
09	■ Zelar pelo cumprimento da lei, do estatuto e das decisões que afetem interesses da companhia[18].

O **administrador da companhia aberta tem o dever de guardar sigilo sobre qualquer informação** ainda não divulgada para conhecimento no mercado, **obtida em razão do cargo e capaz de influir de modo ponderável na cotação das ações**, sendo-lhe **vedado valer-se da informação** para obter, para si ou outrem, vantagem mediante a compra e venda de valores mobiliários, evitando-se, assim, o que se convencionou chamar ***insider trading* (trânsito irregular de informações** sigilosas para obtenção de vantagem).

[19] FAZZIO JÚNIOR, Waldo. *Manual de direito comercial*, 3. ed., p. 283.

A LSA **pormenorizou, em rol meramente exemplificativo, as seguintes proibições** aos administradores:

PROIBIÇÕES AOS ADMINISTRADORES	
01	■ Praticar ato de liberalidade à custa da companhia, salvo se razoáveis e destinados ao benefício dos empregados ou da comunidade, desde que objetivem o exercício da função social da companhia;
02	■ Sem prévia autorização da assembleia geral ou do conselho de administração, tomar por empréstimo recursos ou bens da companhia, ou usar, em proveito próprio, de sociedade em que tenha interesse, ou de terceiros, os seus bens, serviços ou crédito;
03	■ Receber de terceiros, sem autorização estatutária ou da assembleia geral, qualquer modalidade de vantagem pessoal, direta ou indireta, em razão do exercício de seu cargo;
04	■ Usar, em benefício próprio ou de outrem, com ou sem prejuízo para a companhia, as oportunidades comerciais de que tenha conhecimento em razão do exercício de seu cargo;
05	■ Omitir-se no exercício ou proteção de direitos da companhia ou, visando a obtenção de vantagens, para si ou outrem, deixar de aproveitar oportunidades de negócio de interesse da companhia;
06	■ Adquirir, para revender com lucro, bem ou direito que sabe necessário à companhia, ou que esta tencione adquirir.

■ *9.7.3.3. Responsabilidade do administrador*

Para entendermos os **motivos pelo quais a lei impõe deveres, proibições e responsabilidades aos administradores, é preciso compreender que a pessoa jurídica é uma realidade técnica, com personalidade própria** — distinta da dos membros que a compõem —, concebida para **facilitar a circulação de riquezas**, mas, em contrapartida, pode ser utilizada com finalidades espúrias. Em princípio, é a própria pessoa jurídica que responde pelas obrigações que contrair.

Porém, a pessoa jurídica não tem existência física, pelo que é necessário que **uma pessoa natural pratique os atos** que lhes são próprios. E **ela atua na pessoa dos administradores**. Daí porque consistir em impropriedade **falar-se em representação da pessoa jurídica pelo administrador**, pois o que **ocorre, nesse caso, é a presentação**. A atuação da pessoa natural, enquanto tal, não pode ser confundida com a sua atuação como administradora da sociedade, pois, nesse último caso, é a própria pessoa jurídica que se vincula. E a pessoa jurídica também tem patrimônio próprio, distinto e inconfundível com o de seus sócios e administradores, razão pela qual o patrimônio destes últimos, ao menos em regra, não pode ser atingido pelas dívidas contraídas pela sociedade.

Diante desse fato, é preciso limitar, de forma estanque, a atuação do administrador, motivo pelo qual o estatuto social normalmente **elenca os poderes que lhes são conferidos**, fora dos quais ele não poderá atuar.

Porém, como **presentante, o administrador pode, de maneira contrária ao estatuto social**, contrair obrigações e desviar o crédito em **benefício próprio, ocasionando graves prejuízos à pessoa jurídica e aos credores**. Eis porque a Lei n. 6.404/76 criou hipóteses de **imputação de responsabilidade ao próprio administrador**, com vistas a evitar que o poder conferido a ele seja **convolado em arbítrio**.

Com efeito, a **imputação de responsabilidade ao administrador**, nas hipóteses em que ele **atua fora dos limites do estatuto social**, tem por escopo desestimulá-lo a praticar atos ilícitos ou abusivos e, também, garantir maior **credibilidade no mercado**.

Nesse passo, forçoso convir que o **administrador não é responsável pelas dívidas que contrair em nome da sociedade**, salvo nas hipóteses listadas pela Lei n. 6.404/76, nas quais a autonomia de atuação e a autonomia patrimonial são afastadas, para se **imputar a responsabilidade diretamente aos gestores**. Em tais casos, o administrador responderá:

- **Solidariamente com a companhia perante terceiros**, pelos prejuízos que causarem no exercício de suas atribuições ou poderes, com culpa ou dolo ou com violação da lei ou do estatuto;
- **Individualmente, perante a companhia**, pelos prejuízos que causarem no exercício de suas atribuições ou poderes, com culpa ou dolo ou com violação da lei ou do estatuto;
- **Solidariamente com a companhia**, pelos prejuízos que causarem, ao inobservarem suas obrigações legais, ainda que, pelas regras estatutárias, tais deveres não sejam impostos a todos os administradores;
- **Solidariamente com relação à companhia e subsidiariamente** com a relação aos predecessores, quando, tomando conhecimento de irregularidades cometidas por estes últimos, com prejuízo à companhia, delas não derem ciência à Assembleia Geral;
- **Solidariamente** com a companhia e com outros administradores que praticarem atos ilícitos, sempre que for **conivente com os referidos atos**, se negligenciar em descobri-los ou se, deles tendo conhecimento, deixar de agir para descobrir a sua prática[20].

Em todas as hipóteses citadas, tem-se presente a **prática de atos *ultra vires*** (do latim, além das forças, dos poderes), decomposta pela doutrina nas teorias *ultra vires the company* e *ultra vires the directors*.

Ultra vires the company **são os atos estranhos ao objeto social da companhia**, ou seja, os que não se relacionam com a atividade desenvolvida pela empresa.

Por sua vez, *ultra vires the directors* são os atos nos quais o **administrador extrapola os poderes que lhes são conferidos pela sociedade** (seja no estatuto social, seja em ato separado ou mesmo por mandato), é dizer, pratica atos abrangidos pelo estatuto social, mas para os quais **o administrador exorbita de suas funções**.

No **primeiro caso, ocorre desvio de finalidade**. No **segundo, excesso de poder**.

Alfredo de Assis Gonçalves Neto[21] sustenta que apenas sobre os atos praticados **pelo administrador fora do objeto da companhia gravita a teoria *ultra vires***, segundo a

[20] A regra é de que os administradores não respondem pelos atos ilícitos praticados por outros administradores. As exceções são aquelas elencadas no item que diz respeito à resposta solidária com relação à companhia e subsidiária com relação aos seus predecessores.

[21] GONÇALVES NETO, Alfredo de Assis. *Direito de empresa*, 2. ed. São Paulo: RT, 2011.

qual a **pessoa jurídica não deve responder** por atos praticados fora do objeto a que se destina (desvio de finalidade), por exemplo, a compra de um **lote de animais por uma companhia vocacionada ao comércio de tecidos**. Acrescenta o autor que tais atos não podem ser confundidos com aqueles praticados com excesso de poder, vale dizer, atos contidos no objeto social, mas para cuja prática o administrador agiu além dos limites recomendados. Imagine-se, por exemplo, que o membro da Diretoria de um banco, sob o pretexto de incrementar os negócios da instituição financeira privada que administra, em reuniões mensais parabenize apenas os colaboradores que tenham cumprido as metas estabelecidas, mas, paralelamente, acabe por destratar aqueles que eventualmente não as cumpram, repetidamente, apelidando-os de "laranjas podres". Tal atitude, ainda que relacionada aos poderes ou funções do diretor, demonstra, nitidamente, abuso desses poderes, inclusive a fundamentar eventual decisão condenatória contra o banco por assédio moral perpetrado contra os colaboradores humilhados[22].

Ultra vires **significa além das forças, dos poderes.** Todos os atos praticados pelo administrador além das forças serão tratados por esta obra como atos *ultra vires*. Não cuidaremos da teoria em si, que reza que os **atos *ultra vires* anulam a responsabilidade da sociedade**, mas dos atos contrários ou além do objeto da sociedade, independentemente dos sujeitos que possam ser responsáveis pelo prejuízo deles decorrente.

Entre nós, os **atos *ultra vires* são disciplinados tanto pelo Código Civil** quanto pela Lei n. 6.404/76. A diferença entre as codificações diz respeito, apenas, às implicações de sua prática, porquanto, para o Código Civil, há hipóteses em que os atos *ultra vires* praticados pelos administradores impedem a imputação da responsabilidade à companhia.

Já na Lei n. 6.404/76, não há previsão de que os atos *ultra vires* arredam a responsabilidade da companhia perante terceiros. Para essa última lei, o ato *ultra vires* só produz o efeito de infirmar a autonomia de atuação da companhia, autorizando a responsabilização do administrador perante terceiros e a própria companhia. O administrador responde pela violação à lei ou ao estatuto, sem que a companhia possa invocar excesso para afastar sua responsabilidade.

O Código Civil vigente, **ao criar obstáculos à responsabilização da sociedade nos casos de atos *ultra vires***, retrocedeu na matéria, **caminhando na contramão da legislação europeia e da moderna tendência legal e doutrinária de socialização do risco**, obrando também em detrimento da teoria da aparência, há muito consagrada na jurisprudência nacional. O art. 1.015, do Código Civil de 2002, **estabeleceu que os atos *ultra vires* não vinculam a companhia nas seguintes hipóteses**:

- se a limitação de poderes **estiver inscrita ou averbada no registro próprio da sociedade**;
- provando-se que **era conhecida do terceiro**;
- tratando-se de **operação evidentemente estranha aos negócios da sociedade**.

22 Confira-se, nesse sentido, o Acórdão n. 20.141.007.405, TRT/2ª Região/SP, *DJe* 12/11/2014.

A primeira hipótese é esdrúxula, na medida em que exige, no âmbito do comércio, no qual as **operações se realizam em massa** e, por isso, sempre em **oposição ao formalismo**, que a todo instante o terceiro que contrata com uma sociedade comercial solicite desta a exibição do contrato social ou consulte a junta comercial **para verificar os poderes do gestor**[23]. Mas, o Código Civil nasceu com vários defeitos, e, pouco a pouco, a doutrina e a jurisprudência estão a aparar as arestas do texto legal, completando as lacunas e corrigindo as antinomias, quer lendo o que não está escrito, quer deixando de ler o que está escrito[24], e aos poucos as **regras ganham contornos constitucionais**.

As **demais hipóteses se afiguram razoáveis, pois a legislação apenas rechaça a torpeza, impedindo que atos fraudulentos vinculem a companhia**. Na segunda hipótese, o ato doloso, realizado em **conluio entre o administrador e terceiro**, é despido de eficácia contra a sociedade.

No terceiro caso, igualmente não há responsabilidade da sociedade **se o terceiro não podia ignorar, tendo em conta as circunstâncias, que o administrador ultrapassava os limites do contrato social**. Nessa hipótese, o terceiro age com dolo indireto, pois, em uma posição de total indiferença, ignora as circunstâncias que revelam a fraude, **concretizando o ato ou negócio jurídico**.

No entanto, essa última regra deve ser aplicada levando-se em conta que o Código Civil amenizou o rigor da teoria *ultra vires* (**Enunciado 219 da III Jornada** de Direito Civil do Conselho de Justiça Federal), ao admitir os **poderes implícitos dos administradores para realizar negócios acessórios ou conexos** ao objeto social, os quais não constituem operações evidentemente estranhas aos negócios da sociedade (exercício disfuncional) e não podem ser invalidados pela companhia.

Nesses últimos casos, principalmente diante da admissão dos poderes implícitos, a teoria *ultra vires* não malfere a teoria da aparência e a boa-fé do terceiro que contrata com a companhia, e sim **cria uma regra consentânea com a máxima segundo a qual ninguém pode se beneficiar da própria torpeza** (*nemo auditur propriam turpitudinem allegans*). Ora, o exercício do direito de contratar com a **companhia é abusivo se for possível observar que o administrador excede, manifestamente**, os poderes que lhe foram conferidos, levando-se em conta o fim econômico e social a que se destina a companhia, a boa-fé e os bons costumes.

Exemplificando, há que se concluir que excede manifestamente a boa-fé o administrador de uma companhia, cujo ramo é venda de combustível, que oferece à venda, por preço vil, o imóvel no qual fica instalado o posto de combustível. Também é exemplo de ato manifestamente abusivo a venda pelo administrador a terceiros de vários ônibus recém-adquiridos, e em bom estado, por uma companhia de transporte coletivo.

O disposto no Código Civil, no entanto, não se aplica às sociedades anônimas, as quais possuem regra especial. Nesse sentido, deixou assentado a III Jornada de Direito Civil do Conselho de Justiça Federal, no **Enunciado 219: "não se aplica o**

---

23 GONÇALVES NETO, Alfredo de Assis. *Direito de empresa*, 2. ed., p. 214.

24 José Carlos Moreira Alves, na conferência inaugural da III Jornada de Direito Civil. Disponível em: <http://daleth.cjf.jus.br/revista/outras_publicacoes/jornada_direito_civil/IIIJornada.pdf>.

art. 1.015 às sociedades por ações, em virtude da existência de regra especial de responsabilidade dos administradores (art. 158, II, Lei n. 6.404/76)".

A Lei n. 6.404/76 não listou nenhuma hipótese em que a responsabilidade da companhia pelos atos *ultra vires* fica afastada. Eis porque devem ser considerados írritos os atos *ultra vires,* mas a consequência **é tão só fulminar com a autonomia da atuação da pessoa jurídica para permitir a imputação de responsabilidade pelos prejuízos deles decorrentes diretamente aos administradores que os praticaram**. Permanece, assim, a **responsabilidade solidária da sociedade perante terceiros**. Ideia-força que decorre do **princípio da aparência**, pelo qual não se pode exigir de terceiros que fiscalizem a atuação da companhia. Ora, transferir aos terceiros a responsabilidade de fiscalizar a atuação do administrador traria insegurança e desestimularia o comércio. **Presume-se, pois, que o agir do administrador é o agir da companhia**, conforme objeto social.

A **responsabilidade da companhia é, pois, objetiva**, porquanto prescinde da demonstração de culpa, acolhendo a tendência de socializá-la. A doutrina, contudo, **abranda o rigor da corresponsabilidade da companhia, concluindo que a responsabilidade é objetiva, mas não integral**, para afastá-la nos casos em que o administrador realiza negócios jurídicos fraudulentos em conluio com terceiros.

Outrossim, registre-se que, **segundo o STJ (REsp 257.573/DF), o administrador não pode ser responsabilizado se a companhia, por meio da Assembleia Geral, aprovou as contas por ele apresentadas**, e tal assembleia não foi anulada. A jurisprudência do STJ acena no sentido de que **é pressuposto para a propositura da ação de responsabilidade do administrador a prévia aprovação assemblear (REsp 179.008/SP)**, o que emerge do art. 159, *caput* e seu § 4º, da Lei n. 6.404/76, com a ressalva de que, se a Assembleia Geral deliberar pela não propositura, poderá esta ser aforada por acionistas que representem 5% (cinco por cento), pelo menos, do capital social.

Em voto vencido proferido no REsp 257.573/DF, que se afigura coerente com as regras de responsabilidade civil, sustentou o Ministro do STJ Waldemar Zveiter que **a aprovação das contas pela assembleia só exonera o ex-administrador se os documentos ou a própria deliberação não estiverem inquinados de vício de consentimento**. A Ministra Nancy Andrighi, também vencida no julgado, divergiu da maioria ao consignar que **é equivocada a interpretação de que é requisito para a propositura da ação de responsabilidade do administrador a prévia anulação da Assembleia Geral Ordinária que aprovou as contas. Acrescenta a Ministra que tal exegese não se compatibiliza com os traços norteadores da responsabilidade civil por dano ocasionado à sociedade por ações e seus acionistas, pois a lei não prescreve a obrigatoriedade da anulação da assembleia, quando se tratar de ação social.**

Esclarecedoras as lições de Mamede, ao salientar que a anulação da aprovação de contas tem efeito societário, e, portanto, contábil, não sendo suficiente para tornar lícito o que é ilícito e para afastar da apreciação do Judiciário a lesão a direito dos acionistas. Acrescenta o autor que "**a aprovação de contas não é, e não pode ser,**

uma licença para que a maioria viole direitos da minoria, fazendo prevalecer a inverdade sobre a verdade, o ilícito sobre o lícito, o ímprobo, sobre o honesto"[25].

O prazo prescricional para propor a ação de responsabilidade do administrador, com o fim de obter indenização, começa a correr da data da publicação da ata que aprovar o balanço referente ao exercício em que a violação tenha ocorrido.

Destaque-se que exime o administrador de responsabilidade a **comprovação de que agiu de boa-fé, visando atender aos interesses da companhia**.

Noutro giro, importante, ao ensejo, ressaltar que, embora inquinados de vício, os atos *ultra vires* podem ser **convalidados pela companhia**, desde que preservados os direitos dos terceiros prejudicados. Ora, **nos casos em que a aplicação da sanção de nulidade for contraproducente e não houver prejuízo a terceiros, é lícito à companhia optar pela via da convalidação. Aplica-se, à espécie, a teoria das nulidades, segundo a qual é possível convalidar os atos anuláveis.**

■ 9.7.4. Conselho Fiscal

O Conselho Fiscal **é um órgão obrigatório** para as sociedades anônimas. Sua função é **fiscalizar** os atos dos administradores, além de dar **pareceres em relatórios**, contas, emissão de títulos e outras decisões da administração, visando auxiliar a tomada de decisões da Assembleia-Geral.

O seu **funcionamento dependerá do que dispuser o seu estatuto**. Poderá funcionar de modo **permanente, ou apenas nos exercícios sociais** em que houver pedido dos acionistas. Assim, a escolha do **Conselho Fiscal é obrigatória**, mas sua **instalação e funcionamento são facultativos**, a depender do que dispuser o estatuto social. Por ocasião da **assembleia-geral ordinária, encerra-se o mandato** dos conselheiros, os quais poderão ser **reeleitos** na mesma ocasião.

Em **três situações**, contudo, a instalação e o funcionamento do Conselho Fiscal são **obrigatórios**:

1) Sendo a sociedade anônima uma **sociedade de economia mista**, deverá escolher, instalar e pôr em funcionamento o seu Conselho Fiscal;
2) No silêncio do estatuto social, **a assembleia geral deverá nomear o liquidante e o conselho fiscal que devem funcionar durante o período de liquidação**, além de definir a forma pela qual se operará a liquidação. Em caso de **liquidação da sociedade anônima**, o Conselho Fiscal deverá ser escolhido, instalado e funcionar até o total esvaziamento patrimonial;
3) A Lei n. 14.112/2020 alterou a Lei n. 11.101/2005 para incluir o art. 49-A, no seu texto, o qual determina: "Na **recuperação judicial de companhia aberta**, serão obrigatórios a formação e o funcionamento do conselho fiscal, nos termos da Lei n. 6.404, de 15 de dezembro de 1976, enquanto durar a fase da recuperação judicial, incluído o período de cumprimento das obrigações assumidas pelo plano de recuperação."

---

[25] MAMEDE, Gladston. *Direito societário:* sociedades simples e empresárias, 2. ed., p. 544.

O Conselho Fiscal será composto por **três membros, no mínimo, e cinco membros, no máximo**, com o mesmo número de suplentes, sendo todos **eleitos pela assembleia-geral**, podendo ser acionistas ou não. Os membros do Conselho Fiscal serão escolhidos:

1) 1 (um) membro e respectivo suplente, eleitos pelos **titulares de ações preferenciais** sem direito a voto, ou com voto restrito;
2) 1 (um) membro e respectivo suplente, eleitos pelos acionistas **minoritários**, desde que representem, em conjunto, 10% (dez por cento) ou mais das ações com direito a voto;
3) Outros membros e suplentes eleitos pelos **demais acionistas com direito a voto**, os quais, em qualquer caso, serão em número igual ao dos eleitos nos termos das alíneas "a" e "b", mais um.

Para serem eleitos para o Conselho Fiscal, os candidatos deverão ser **pessoas naturais, residentes no País, diplomadas** em curso de nível universitário, **ou** que tenham exercido por prazo mínimo de **3 (três) anos, cargo de administrador** de empresa ou de **conselheiro fiscal**. Nas localidades em que não houver pessoas habilitadas, em número suficiente, para o exercício da função, **caberá ao juiz dispensar** a companhia da satisfação dos requisitos estabelecidos neste artigo.

Não podem ser eleitos para o Conselho Fiscal:

1) membros de órgãos de administração da companhia ou de sociedade controlada ou do mesmo grupo.
2) empregados da companhia ou de sociedade controlada ou do mesmo grupo.
3) o cônjuge ou parente, até terceiro grau, de administrador da companhia
4) as pessoas impedidas por lei especial, ou condenadas por crime falimentar, de prevaricação, peita ou suborno, concussão, peculato, contra a economia popular, a fé pública ou a propriedade, ou a pena criminal que vede, ainda que temporariamente, o acesso a cargos públicos.
5) as pessoas declaradas inabilitadas por ato da Comissão de Valores Mobiliários.
6) pessoa que ocupe cargos em sociedades que possam ser consideradas concorrentes no mercado, em especial, em conselhos consultivos, de administração ou fiscal, cargos em sociedades que possam ser consideradas concorrentes no mercado, em especial, em conselhos consultivos, de administração ou fiscal, salvo se o candidato a conselheiro tiver reputação ilibada, e o impedimento seja afastado pela assembleia-geral.
7) pessoa que tenha interesse conflitante com a sociedade, salvo se o candidato a conselheiro tiver reputação ilibada, e o impedimento seja afastado pela assembleia-geral.

O **mandato** de cada membro e suplente será **exercido até a primeira assembleia-geral ordinária** que se realizar após a sua eleição, e poderão ser **reeleitos**. Sendo que a função de membro do conselho fiscal **é indelegável**.

Não sendo permanente o funcionamento do Conselho fiscal, ele será instalado pela assembleia-geral a pedido de **acionistas que representem, no mínimo, 0,1 (um décimo) das ações** com direito a voto, ou **5% (cinco por cento) das ações sem direito a voto**, e cada período de seu funcionamento terminará na primeira assembleia-geral ordinária após a sua instalação. O referido pedido, ainda que a matéria não conste do anúncio de convocação, **poderá ser formulado em qualquer assembleia-geral**, que elegerá os seus membros.

A **remuneração** dos membros do Conselho Fiscal será **fixada pela assembleia-geral** que os eleger. Essa remuneração **não poderá ser inferior**, para cada membro em exercício, a **dez por cento** da que, em média, for atribuída a cada **diretor**, não computados benefícios, verbas de representação e participação nos lucros. Além da remuneração, quando devida, os membros terão direito a **reembolso obrigatório** das despesas de locomoção e estada necessárias ao desempenho da função.

São **competências** do Conselho Fiscal:

I — fiscalizar, por qualquer de seus membros, os atos dos administradores e verificar o cumprimento dos seus deveres legais e estatutários;
II — opinar sobre o relatório anual da administração, fazendo constar do seu parecer as informações complementares que julgar necessárias ou úteis à deliberação da assembleia-geral;
III — opinar sobre as propostas dos órgãos da administração, a serem submetidas à assembleia-geral, relativas a modificação do capital social, emissão de debêntures ou bônus de subscrição, planos de investimento ou orçamentos de capital, distribuição de dividendos, transformação, incorporação, fusão ou cisão;
IV — denunciar, por qualquer de seus membros, aos órgãos de administração e, se estes não tomarem as providências necessárias para a proteção dos interesses da companhia, à assembleia-geral, os erros, fraudes ou crimes que descobrirem, e sugerir providências úteis à companhia;
V — convocar a assembleia-geral ordinária, se os órgãos da administração retardarem por mais de 1 (um) mês essa convocação, e a extraordinária, sempre que ocorrerem motivos graves ou urgentes, incluindo na agenda das assembleias as matérias que considerarem necessárias;
VI — analisar, ao menos trimestralmente, o balancete e demais demonstrações financeiras elaboradas periodicamente pela companhia;
VII — examinar as demonstrações financeiras do exercício social e sobre elas opinar;
VIII — exercer essas atribuições, durante a liquidação, tendo em vista as disposições especiais que a regulam.

Para bem cumprir as suas atribuições, o Conselho Fiscal deverá ser **auxiliado pelos demais órgãos** da Companhia. Deverá, também, colaborar com esses órgãos e com os acionistas. Para isso, devem ser observadas as seguintes regras:

a) Os órgãos de administração são obrigados, através de comunicação por escrito, a colocar à disposição dos membros em exercício do conselho fiscal, dentro de **10 (dez) dias, cópias das atas de suas reuniões** e, dentro de **15 (quinze) dias**

do seu recebimento, cópias dos balancetes e demais demonstrações financeiras elaboradas periodicamente e, quando houver, dos relatórios de execução de orçamentos.

b) O conselho fiscal, a pedido de qualquer dos seus membros, solicitará aos órgãos de administração **esclarecimentos ou informações**, desde que relativas à sua função fiscalizadora, assim como a elaboração de demonstrações financeiras ou contábeis especiais.

c) Os membros do conselho fiscal **assistirão às reuniões do conselho de administração**, se houver, ou da diretoria, em que se deliberar sobre os assuntos em que devam opinar (ns. II, III e VII).

d) Se a companhia tiver **auditores independentes**, o conselho fiscal, a pedido de qualquer de seus membros, poderá solicitar-lhes **esclarecimentos ou informações**, e a apuração de fatos específicos.

e) Se a companhia **não tiver auditores independentes**, o conselho fiscal poderá, para melhor desempenho das suas funções, **escolher contador ou firma de auditoria** e fixar-lhes os honorários, dentro de níveis razoáveis, vigentes na praça e compatíveis com a dimensão econômica da companhia, os quais serão pagos por esta.

f) O conselho fiscal deverá **fornecer ao acionista, ou grupo de acionistas** que representem, no mínimo 5% (cinco por cento) do capital social, sempre que solicitadas, **informações** sobre matérias de sua competência.

g) As atribuições e poderes conferidos pela lei ao conselho fiscal **não podem ser outorgados** a outro órgão da companhia.

h) O conselho fiscal poderá, para apurar fato cujo esclarecimento seja necessário ao desempenho de suas funções, **formular, com justificativa, questões a serem respondidas por perito** e solicitar à diretoria que indique, para esse fim, no prazo máximo de trinta dias, três peritos, que podem ser pessoas físicas ou jurídicas, de notório conhecimento na área em questão, entre os quais o conselho fiscal escolherá um, cujos honorários serão pagos pela companhia.

i) Os membros do conselho fiscal, ou ao menos um deles, deverão **comparecer às reuniões da assembleia-geral e responder** aos pedidos de informações formulados pelos acionistas.

j) Os pareceres e representações do conselho fiscal, ou de qualquer um de seus membros, poderão ser **apresentados e lidos na assembleia-geral**, independentemente de publicação e ainda que a matéria não conste da ordem do dia.

O art. 165 da Lei n. 6.404/76 cuida dos **deveres e responsabilidades** dos membros do Conselho Fiscal, estabelecendo que:

a) Os membros do conselho fiscal têm os **mesmos deveres dos administradores** de que tratam os arts. 153 a 156.

b) Os membros do conselho fiscal **respondem pelos danos resultantes de omissão** no cumprimento de seus deveres e de atos praticados com culpa ou dolo, ou com violação da lei ou do estatuto.

c) Os membros do conselho fiscal deverão exercer suas funções no **exclusivo interesse da companhia**; considerar-se-á abusivo o exercício da função com o fim de causar dano à companhia, ou aos seus acionistas ou administradores, ou de obter, para si ou para outrem, vantagem a que não faz jus e de que resulte, ou possa resultar, prejuízo para a companhia, seus acionistas ou administradores.

d) O membro do conselho fiscal **não é responsável pelos atos ilícitos de outros membros**, salvo se com eles foi conivente, ou se concorrer para a prática do ato.

e) A **responsabilidade** dos membros do conselho fiscal por omissão no cumprimento de seus deveres **é solidária**, mas dela se **exime o membro dissidente que fizer consignar sua divergência em ata** da reunião do órgão e a comunicar aos órgãos da administração e à assembleia-geral.

f) Os membros do conselho fiscal da companhia aberta deverão **informar** imediatamente as **modificações em suas posições acionárias** na companhia à Comissão de Valores Mobiliários e às Bolsas de Valores ou entidades do mercado de balcão organizado nas quais os valores mobiliários de emissão da companhia estejam admitidos à negociação, nas condições e na forma determinadas pela Comissão de Valores Mobiliários.

9.8. DIREITOS DOS ACIONISTAS

Aquele que adquire ações de uma companhia torna-se acionista ou sócio e, em tal condição, **submete-se a um regime jurídico próprio, com direitos e deveres estabelecidos** pela Lei n. 6.404/76, entre os quais o **dever de integralizar o capital social**.

O acionista não é mero investidor da companhia, porquanto assume papel de **coproprietário**, passando a **ser titular de direitos patrimoniais e instrumentais**. Os direitos patrimoniais possuem **expressão econômica**, cujo exemplo tem-se o de **receber dividendos** e, por consequência, a cotitularidade sobre as **reservas de capital; a possibilidade de ceder as ações; direito de participar em acervo eventualmente verificado ao fim da liquidação da companhia** etc. Os direitos instrumentais dizem respeito à convivência entre os sócios na condução da companhia, entre os quais têm-se os direitos de **presença, voz e voto nas assembleias gerais**[26].

Entre os direitos do acionista, o art. 109 da LSA **define aqueles que possuem caráter essencial (também denominado individual, próprio e intangível), que não podem ser suprimidos** nem mesmo pelo estatuto social ou por decisão da assembleia geral. **São eles:**

DIREITOS ESSENCIAIS DOS ACIONISTAS	
01	■ Participar dos lucros sociais (resultados imediatos);
02	■ Participar do acervo da companhia, em caso de liquidação (resultados remotos);
03	■ Fiscalizar, na forma prevista nesta Lei, a gestão dos negócios sociais;

[26] MAMEDE, Gladston. *Direito societário:* sociedades simples e empresárias, 2. ed., p. 500.

04	■ Preferência para a subscrição de ações, partes beneficiárias conversíveis em ações, debêntures conversíveis em ações e bônus de subscrição, observado o disposto nos arts. 171 e 172;
05	■ Retirar-se (recesso) da sociedade nos casos previstos nesta Lei.

■ 9.8.1. Mecanismos de defesa dos acionistas

Também possuem **natureza essencial os meios, processos ou ações que a lei confere ao acionista para assegurar os seus direitos, seja por ato voluntário** (renúncia individual à *norma agendi*), seja por meio do estatuto ou pela assembleia geral[27], *ex vi* do disposto no art. 109, § 2º, da Lei n. 6.404/76[28].

Contudo, o direito não confere ao acionista titular a possibilidade de litigar sobre todo e qualquer negócio jurídico do qual a companhia faça parte, pois as hipóteses de substituição processual estão previstas na Lei n. 6.404/76. O direito de defesa projeta-se **sobre os direitos pessoais dos acionistas**, nas hipóteses em que eles litigam contra a companhia, a fim de assegurar direitos que cabem aos sócios, para as quais ostentam legitimidade todos eles[29].

O prazo prescricional da ação do acionista contra a companhia é de três anos (art. 287, inc. II, alínea "g", da Lei n. 6.404/76).

■ 9.8.2. Do voto

O direito a **voto garante ao acionista a possibilidade de participar da gestão da companhia, de decidir os rumos que ela seguirá**. O **direito de votar não é essencial, e sim social**, podendo, como tal, **ser suprimido pelo estatuto social**, conquanto normalmente **a cada ação corresponda um voto** nas deliberações da **assembleia**. A título de exemplo, **têm-se as ações preferenciais, que podem ter o direito a voto restrito ou suprimido**.

O direito a **voto que gera danos e considera-se abusivo**[30], mesmo que não tenha prevalecido[30], sempre que exercido:

---

[27] De acordo com enunciado 88, da III Jornada de Direito Comercial, a Ação de Responsabilidade contra o controlar ou sociedade controladora poderá ser ajuizada, mesmo sem prévia autorização assemblear: "A ação de responsabilidade contra controlador (**LSA**, art. 117) ou sociedade controladora (**LSA**, art. 246) não pressupõe a prévia deliberação assemblear".

[28] MAMEDE, Gladston. *Direito societário:* sociedades simples e empresárias, 2. ed., p. 500.

[29] MAMEDE, Gladston. *Direito societário:* sociedades simples e empresárias, 2. ed., p. 501.

[30] Veja-se que o acordo de acionistas que, dentre outras matérias, poderá se estabelecer em relação ao exercício do direito a voto não poderá "eximir" os acionistas que a ele aderirem de eventual responsabilidade, diante da decisão viabilizada por determinada sistemática de voto ou mesmo pelo poder de controle proporcionado pelo mesmo acordo, nos termos do § 2º, do art. 118, da LSA: "Esses acordos não poderão ser invocados para eximir o acionista de responsabilidade no exercício do direito de voto (artigo 115) ou do poder de controle (artigos 116 e 117)". Tal dispositivo legal foi repisado pelo Enunciado 85, da III Jornada de Direito Empresarial: "A obrigação de voto em bloco, prevista em Acordo de Acionistas, não pode ser invocada, por seus signatários ou por membros do Conselho de Administração, com o propósito de eximi-los da obrigação de votar em consonância com a Lei e com os interesses da Companhia". O poder de controle, indissociavelmente, poderá redundar em responsabilidade correlata.

HIPÓTESES DE VOTO ABUSIVO	
01	■ Com o fim de causar dano à companhia;
02	■ Com o fim de causar dano a outros acionistas ou para obter, para si ou outrem, vantagem indevida;
03	■ Da maneira que resulte ou possa resultar em prejuízo para a companhia;
04	■ Que resulte ou possa resultar em prejuízo para outros acionistas.

É **anulável a deliberação tomada com base em voto de acionista que tem interesse conflitante com o da companhia**. Havendo **dano, o acionista será responsabilizado, na proporção das vantagens que obtiver**.

■ 9.8.3. Direito de retirada (recesso)

Traduz-se em um direito essencial (intangível) do acionista, destinado a proteger a minoria acionária contra os desmandos da maioria.

O **direito de retirada**, mediante o desembolso do valor das suas ações, terá lugar **sempre que o acionista for vencido em deliberação** sobre:

HIPÓTESES DE CABIMENTO DO DIREITO DE RETIRADA NA COMPANHIA	
01	■ Aprovação da criação de ações preferenciais ou aumento de classe de ações preferenciais existentes, sem guardar proporção com as demais classes de ações preferenciais, salvo se já previstos ou autorizados pelo estatuto;
02	■ Aprovação da alteração nas preferências, vantagens e condições de resgate ou amortização de uma ou mais classes de ações preferenciais, ou criação de nova classe mais favorecida;
03	■ Determinação da redução de dividendo obrigatório;
04	■ Aprovação da fusão da companhia, ou sua incorporação em outra;
05	■ Aprovação da participação em grupo de sociedades;
06	■ Aprovação da mudança do objeto da companhia;
07	■ Aprovação da cisão da companhia;
08	■ Dissolução da companhia ou cessação do estado de liquidez;
09	■ Transformação da sociedade;
10	■ Redução do capital social;
11	■ Constituição de sociedade de economia mista;
12	■ Compra de subsidiária integral;
13	■ Compra de companhia aberta;
14	■ Incorporação de companhia controladora;
15	■ Participação de companhia em grupo de sociedades;
16	■ Fixação de dividendo em condições que não satisfaçam aos requisitos do § 1º, do art. 202;
17	■ Transformação em sociedade por quotas.

O direito de retirada, **no caso das companhias, só existe se estiver expressamente definido em lei**, ou seja, se a deliberação versar sobre matéria disciplinada pela legislação de regência.

O **acionista retirante deverá reclamar o reembolso da ação no prazo decadencial de 30 (trinta) dias contados da publicação da ata da assembleia geral**; quando se tratar de acionista dissidente de deliberação de assembleia especial de acionistas preferenciais, o prazo tem início na data da publicação da respectiva ata. Há, ainda, um mecanismo de controle previsto em lei, porquanto, nos **dez dias subsequentes ao término do prazo para reclamar o reembolso da ação, os órgãos de administração podem convocar assembleia para reconsiderar ou ratificar a deliberação, acaso julguem que o pagamento** das ações dos sócios retirantes exporá a risco a saúde financeira da companhia.

As regras do **reembolso** poderão estar **disciplinadas no estatuto**, mas, em regra, aquele não poderá ser inferior ao patrimônio líquido apurado no último balanço aprovado pela assembleia geral, **nos 60 (sessenta) dias anteriores**, salvo se estipulado com base no valor econômico da companhia, a ser apurado em avaliação.

▪ 9.8.4. O *tag along* como direito potestativo

No mesmo **contexto de proteção da minoria em relação aos acionistas detentores do bloco de controle**, nas companhias de capital aberto, quando houver a **possibilidade de aquisição do poder de controle**, necessariamente, a oferta de aquisição deverá ser disciplinada em **procedimento administrativo** (Instrução CVM, 361/2002), quando **o comprador se obrigará também a adquirir as ações dos minoritários por valor não inferior a 80% (oitenta por cento) do preço pago pelas ações componentes do bloco de controle**, nos termos do art. 254-A, da LSA. Tal operação casada é conhecida pela expressão ***tag along***, em uma tradução aproximada, "**etiquetar conjuntamente**", **precificar o valor das ações**, de modo a **prevenir futura iliquidez das ações dos minoritários**, conforme esclarecido por Ricardo dos Santos Junior[31]. O ofertante, para evitar o ônus de adquirir as ações dos minoritários, **poderá incentivar a permanência deles** na companhia, garantindo-lhes um prêmio correspondente à diferença entre o valor de aquisição das ações componentes do bloco de controle e o valor de mercado das ações de titularidade dos minoritários. Assim, no caso do oferecimento do prêmio, poderão os minoritários optar pela aceitação da proposta, exemplo de direito potestativo, diante da obrigatoriedade da oferta pública ou, ao rejeitá-la, receber a diferença indicada, nos termos do § 3º, do art. 254-A, da LSA. **Esquematicamente, confira a figura a seguir**:

---

[31] SANTOS JUNIOR, Ricardo. Tag along: mecanismo de proteção aos acionistas minoritários e de sustentação do mercado de capitais. *Revista de Informação Legislativa*, v. 41, n. 164, p. 331-345, out./dez. 2004.

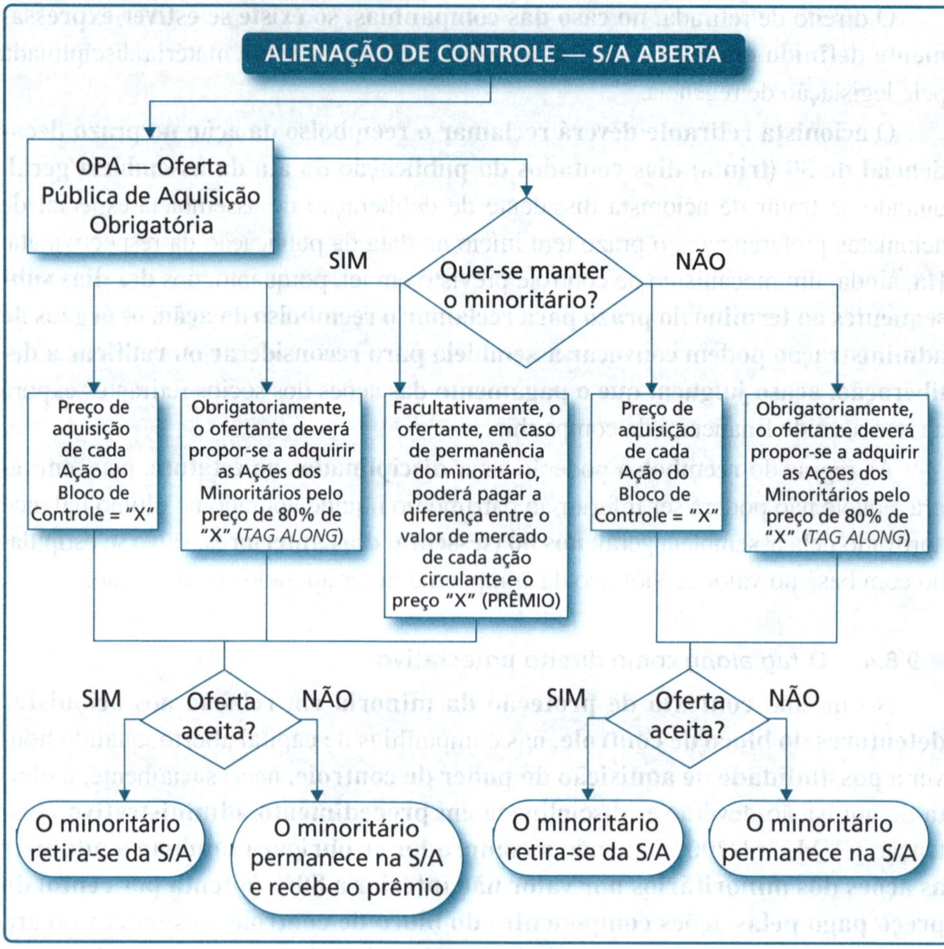

■ 9.9. A CONCENTRAÇÃO EMPRESARIAL NO REGIME DA LEI DAS S/A

As sociedades podem **realizar operações societárias entre si, quer transformando-se em outras de outros tipos, quer concentrando-se ou desconcentrando-se.**

A **transformação**, segundo o art. 220, da Lei n. 6.404/76, é a **operação pela qual a sociedade passa, independentemente de dissolução ou liquidação, de um tipo para outro**. O ato de transformação obedecerá aos preceitos reguladores da **constituição e inscrição próprios do tipo societário que pretende adotar.**

Como exemplo de transformação, **tem-se a mudança do tipo societário de companhia para sociedade limitada**, ou vice-versa.

Cuida-se de um **procedimento formal** que exige a **aprovação unânime dos acionistas**, salvo se o estatuto autorizar expressamente a operação independentemente de aprovação. Há que se respeitar, contudo, **o direito de retirada do sócio que discordar.**

A transformação também **não poderá prejudicar, em nenhuma hipótese, os direitos dos credores**, que **continuarão, até o pagamento integral dos seus créditos, com as mesmas garantias** que o tipo anterior de sociedade lhes oferecia.

A **incorporação é a operação pela qual uma ou mais sociedades são absorvidas por outra, que lhes sucede em todos os direitos e obrigações** (art. 227, da Lei n. 6.404/76).

Ocorrerá, portanto, a **extinção de uma sociedade (incorporada), absorvida por outra sociedade (incorporadora)**, da qual **farão parte os acionistas da primeira**, permanecendo, **inalterados, os direitos e obrigações**. A incorporação **deve ser averbada no registro próprio**.

A **fusão é a operação pela qual se unem duas ou mais sociedades para formar sociedade nova, que lhes sucederá em todos os direitos e obrigações**. A característica da **fusão é o surgimento de uma sociedade nova**, traço que a difere da incorporação, na qual não há o surgimento de uma sociedade nova.

Por fim, a **cisão é a operação pela qual a companhia transfere parcelas do seu patrimônio para uma ou mais sociedades, constituídas para esse fim ou já existentes, extinguindo-se a companhia cindida**, se houver **versão de todo seu patrimônio**, ou **dividindo-se o seu capital, se parcial a cisão**.

Na **cisão, ocorre apenas a transferência de patrimônio de uma sociedade para outra**. Será total se a transferência for de todos os bens, caso em que a sociedade cindida se extingue. Será parcial se a transferência for de apenas alguns bens da sociedade cindida.

Ocorrendo a extinção da sociedade cindida, as sociedades que absorverem parcelas do patrimônio serão solidariamente responsáveis pelas obrigações daquela. Se a sociedade cindida subsistir, será solidariamente responsável, com aquelas que absorverem parcela de seu patrimônio, pelas obrigações da primeira contraídas antes da cisão.

▪ 9.10. DISSOLUÇÃO, LIQUIDAÇÃO E EXTINÇÃO

A **dissolução é a decisão coletiva de resolver o vínculo intersubjetivo que une os acionistas e desmembrar o patrimônio comum proveniente dos investimentos de cada um deles**. Trata-se de **ato diametralmente oposto à constituição**, pois, enquanto nesta há uma união de pessoas com objetivos comuns, naquela tais pessoas se desagregam diante da ausência de interesses comuns.

Desfeita a comunhão entre os acionistas, há que se deflagrar o procedimento de liquidação, para que se encerre também a personalidade jurídica que foi atribuída ao ente coletivo[32]. Assim, **pode-se distinguir o ato de dissolução, que pode ser judicial ou extrajudicial, do procedimento de dissolução, que contempla também a fase de liquidação** e culmina com a **extinção da própria personalidade jurídica da companhia**.

[32] MAMEDE, Gladston. *Direito societário:* sociedades simples e empresárias, 2. ed., p. 591.

Nesse passo, o procedimento de **dissolução tem início com o ato de dissolução, pelo qual os acionistas manifestam a pretensão de resolver a sociedade**, mas ela **conserva a personalidade jurídica até a extinção**, com **o fim de proceder à liquidação**.

A companhia poderá ser dissolvida de **três formas distintas**: 1ª) de **pleno direito**; 2ª) **por decisão judicial**; ou 3ª) por **decisão administrativa**.

A sociedade anônima **dissolve-se de pleno direito**:

DISSOLUÇÃO DE PLENO DIREITO DA COMPANHIA	
01	■ Pelo término do prazo de duração;
02	■ Nos casos previstos no estatuto;
03	■ Por deliberação da assembleia geral (art. 136, X);
04	■ Pela existência de 1 (um) único acionista, verificada em assembleia geral ordinária, se o mínimo de 2 (dois) não for reconstituído até a do ano seguinte, ressalvado o disposto no art. 251;
05	■ Pela extinção, na forma da lei, da autorização para funcionar.

Dissolve-se por decisão judicial:

DISSOLUÇÃO JUDICIAL DA COMPANHIA	
01	■ Quando anulada a sua constituição, em ação proposta por qualquer acionista;
02	■ Quando provado que não pode preencher o seu fim, em ação proposta por acionistas que representem 5% (cinco por cento) ou mais do capital social;
03	■ Em caso de falência, na forma prevista na respectiva lei.

E, finalmente, **dissolve-se por decisão da autoridade administrativa** competente nos casos definidos em lei especial. As companhias que dependem de autorização para funcionar podem ser dissolvidas por ordem da autoridade administrativa competente.

No silêncio do estatuto social, **caberá à assembleia geral nomear o liquidante e o conselho fiscal que devem funcionar durante o período de liquidação**, além de definir a forma pela qual se operará a liquidação.

Os acionistas podem requerer a **destituição do liquidante, inclusive pela inafastável via jurisdicional**.

O **liquidante representa a companhia durante a liquidação e deve prestar contas** de suas atividades à assembleia geral, que deve ser convocada a cada 6 (seis) meses.

Enfim, **concluídas as fases de liquidação e de partilha, deverá o liquidante prestar as contas finais. Aprovadas as contas, encerra-se a liquidação e, com ela, a companhia.**

Assunto que suscita controvérsias nos tribunais é a **dissolução parcial da companhia fechada**. Quanto **à companhia aberta, há unanimidade, no sentido de ser incabível a dissolução parcial**. Já quanto à dissolução das companhias **fechadas, não há uma posição tranquila**.

O TJDFT, após reconhecer a celeuma, filiou-se à **corrente segundo a qual não é viável resolver a sociedade anônima com relação a um sócio**. Confira-se:

> (...) I — A par da controvérsia sobre o tema, **deve prevalecer o entendimento de que a sociedade anônima, por sua natureza jurídica, não agasalha a hipótese de dissolução parcial**, porquanto esta é própria do tipo de sociedade de pessoas, tal como a sociedade por cotas de responsabilidade limitada, a qual se subordina ao contrato social e admite a possibilidade da dissolução. II — Notadamente, a Lei das Sociedades Anônimas prevê formas específicas de retirada do acionista dissidente. III — De outro giro, não prevalece o argumento de que houve a quebra da *affectio societatis* porquanto essa figura aplica-se somente à companhia de sociedade de pessoas, não contemplando a sociedade de capitais. IV — Há construção pretoriana assimilando a aplicação dessa figura às sociedades anônimas desde que de origem familiar e, portanto, fechadas. V — *In casu*, sequer o alegado prejuízo, isoladamente, permitiria caracterizar a situação como quebra da *affectio societatis*. VI — Ressalte-se, outrossim, que o indeferimento do pedido de dissolução da sociedade não ofende o princípio constitucional mencionado pela Apelante, inserido no art. 5º, XX, da Constituição Federal, até porque a própria lei a que o sócio se subordina prevê outras formas de retirada da sociedade. O que não se pode esperar é que o Poder Judiciário decida *contra legem* apenas e tão somente para atender ao anseio do demandante. VII — Agiu com acerto, portanto, o il. magistrado *a quo*, inclusive no que concerne à impossibilidade de se determinar o recolhimento relativo a 25% de suas responsabilidades pelas dívidas tributárias antes de se proceder à liquidação de haveres e, ainda, porque o sócio remanescente é quem deve receber a integralização do capital (...) (TJDFT, 20040111095203APC, Rel. Lecir Manoel da Luz, 5ª Turma Cível, julgado em 02/04/2008, *DJ* 28/05/2008 p. 229).

Na mesma linha, decidiu o STJ:

> Sociedade anônima. Dissolução parcial. Precedentes da Corte.
>
> 1. **É incompatível com a natureza e o regime jurídico das sociedades anônimas o pedido de dissolução parcial, feito por acionistas minoritários, porque reguladas em lei especial que não contempla tal possibilidade.**
> 2. Recurso especial conhecido e provido (REsp 419.174/SP, Rel. Min. Carlos Alberto Menezes Direito, 3ª Turma, julgado em 15/08/2002, *DJ* 28/10/2002, p. 311).

Em seu voto, o Ministro relator ressaltou que:

> (...) não é possível a dissolução de sociedade anônima, pouco importando as peculiaridades de cada caso. O que se deve levar em conta é a natureza jurídica da sociedade. Se sociedade anônima, está submetida ao disposto em lei especial, que não agasalha a dissolução parcial, com a apuração de haveres dos sócios retirantes. A dissolução é própria do tipo de sociedade de pessoas, como a sociedade por cotas de responsabilidade limitada, que está subordinada ao contrato social e admite a possibilidade da dissolução. Não é possível construir para desqualificar o tipo de sociedade, transplantando regras próprias de um tipo para o outro.
>
> Como mostra Cristiano Gomes de Brito, "tal instituto não poderá ser utilizado nas sociedades anônimas, haja vista que violará disposição literal de lei, criará nova modali-

dade de direito de recesso, possibilitará a exclusão de acionista, bem como causará instabilidade nas relações de poder nas companhias. Ademais, tais circunstâncias não ensejariam pedido de dissolução da sociedade, previsto estritamente no art. 206 da Lei de Sociedades Anônimas". E, arrimado no magistério de Celso Barbi Filho, assinalou que "em se admitindo a dissolução parcial da sociedade anônima, quando pedida a dissolução total, poderá surgir a indústria especulativa entre os acionistas ditos profissionais de mercado, que passariam sistematicamente, sempre que possível, a formular pedidos de dissolução total de companhias prósperas, como forma de auferir significativos e indevidos ganhos". E, ainda, especificamente sobre a quebra da *affectio societatis*, mostra que ao "se permitir a dissolução parcial de uma companhia por simples quebra da *affectio societatis*, abrir-se-á um precedente perigoso nas estruturas da sociedade anônima. Isto porque serão inseridos em seu arquétipo aspectos de natureza subjetiva (*affectio societatis*) nas relações entre os acionistas. Em assim sendo, permitir-se-á que o acionista minoritário requeira a dissolução parcial da companhia, pela quebra da *affectio societatis*. (...) Considerando que há *affectio societatis* entre os acionistas, isso permitirá também que o acionista majoritário — e aí reside o perigo, principalmente nas sociedades fechadas, de caráter familiar, com restrição na circulação de ações — exclua o acionista minoritário por quebra da *affectio societatis*, igualmente o que ocorre nas sociedades por quotas" (*Revista de Direito Privado*, RT, n. 7/23 e 27).

A posição que resiste à **dissolução parcial pauta-se na premissa de que, diante do regime próprio das companhias, não é viável o regime das sociedades limitadas, pois para esse tipo de sociedade a retirada do sócio dissidente é feita mediante a apuração de seus haveres**, tendo por base um balanço especial. A solução, segundo essa corrente, **será o exercício por parte do acionista do direito de retirada**, com o respectivo reembolso, e, em última análise, a via da dissolução total, quando a companhia não for idônea a atingir a finalidade a que se destina.

Em outro julgado, o STJ **reconheceu a possibilidade de dissolução parcial da sociedade anônima familiar (e fechada), porque constituída *intuitu personae*, e também por se ter constatado o desaparecimento superveniente da *affectio societatis*.** Nesse sentido:

(...) É inquestionável que as sociedades anônimas são sociedades de capital (*intuitu pecuniae*), próprio às grandes empresas, em que a pessoa dos sócios não têm papel preponderante. Contudo, a realidade da economia brasileira revela a existência, em sua grande maioria, de sociedades anônimas de médio e pequeno porte, em regra, de capital fechado, que concentram na pessoa de seus sócios um de seus elementos preponderantes, como sói acontecer com as sociedades ditas familiares, cujas ações circulam entre os seus membros, e que são, por isso, constituídas *intuitu personae*. Nelas, o fator dominante em sua formação é a afinidade e identificação pessoal entre os acionistas, marcadas pela confiança mútua. Em tais circunstâncias, muitas vezes, o que se tem, na prática, é uma sociedade limitada travestida de sociedade anônima, sendo, por conseguinte, equivocado querer generalizar as sociedades anônimas em um único grupo, com características rígidas e bem definidas. Em casos que tais, porquanto reconhecida a existência da *affectio societatis* como fator preponderante na constituição da empresa, não pode tal circunstância ser desconsiderada por ocasião de sua dissolução. Do contrário,

> e de que é exemplo a hipótese em tela, a ruptura da *affectio societatis* representa verdadeiro impedimento a que a companhia continue a realizar o seu fim, com a obtenção de lucros e distribuição de dividendos, em consonância com o artigo 206, II, "b", da Lei n. 6.404/76, já que dificilmente pode prosperar uma sociedade em que a confiança, a harmonia, a fidelidade e o respeito mútuo entre os seus sócios tenham sido rompidos. A regra da dissolução total, nessas hipóteses, em nada aproveitaria aos valores sociais envolvidos, no que diz respeito à preservação de empregos, arrecadação de tributos e desenvolvimento econômico do país. À luz de tais razões, o rigorismo legislativo deve ceder lugar ao princípio da preservação da empresa, preocupação, inclusive, da nova Lei de Falências — Lei n. 11.101/05, que substituiu o Decreto-lei n. 7.661/45, então vigente, devendo-se permitir, pois, a dissolução parcial, com a retirada dos sócios dissidentes, após a apuração de seus haveres em função do valor real do ativo e passivo. A solução é a que melhor concilia o interesse individual dos acionistas retirantes com o princípio da preservação da sociedade e sua utilidade social, para evitar a descontinuidade da empresa, que poderá prosseguir com os sócios remanescentes. Embargos de divergência improvidos, após rejeitadas as preliminares (EREsp n. 111.294/PR, Rel. Min. Castro Filho, por maioria, *DJU* 10/09/2007).

Consignou o Ministro relator:

> Não se desconhece que, em regra, a possibilidade de dissolução parcial, com a consequente apuração de haveres dos sócios dissidentes, é incompatível com esse tipo de sociedade, porque própria tal iniciativa das sociedades de pessoas e na sociedade por cotas. Todavia, na espécie, assim como asseverou o acórdão embargado, penso que a regra da dissolução total em nada aproveitaria aos valores sociais envolvidos, no que diz respeito à preservação de empregos, arrecadação de tributos e desenvolvimento econômico do país, razão pela qual sou a favor de que o rigorismo legislativo ceda lugar ao princípio da preservação da empresa, norteador, inclusive, da nova Lei de Falências — Lei n. 11.101/2005 —, que substituiu o Decreto-lei n. 7.661/45, então vigente.

A nosso ver, na sociedade anônima de capital fechado, prepondera o caráter *intuitu personae*, na relação entre os acionistas que a compõem, sobre o caráter *intuitu pecuniae*. Nessa esteira, **comungamos do entendimento que admite a dissolução parcial da sociedade anônima de capital fechado**, porque obstá-la desaguaria na **obrigatória dissolução total sempre que cessada a *affectio societatis***, o que atenta contra o **princípio da preservação da empresa**. A **dissolução parcial permite a continuidade da empresa**, o que é salutar para a economia e aconselhável, sempre a depender das circunstâncias do caso concreto[33].

[33] O Informativo 595 do STJ trouxe precedente que, mais uma vez, prestigiou o princípio da preservação da empresa, preferindo-se à dissolução total, em caso de sociedade anônima de capital fechado, a dissolução parcial, não se constituindo entrave à referida dissolução parcial a consideração da permanência do caráter *intuitu pecuniae* do empreendimento: "Dissolução parcial de sociedade anônima. Possibilidade. Inexistência de lucros e não distribuição de dividendos há vários anos. Princípio da preservação da empresa (...) É possível que sociedade anônima de capital fechado, ainda que não formada por grupos familiares, seja dissolvida parcialmente quando, a despeito de

Tal posicionamento parece ter sido positivado no novo CPC (Lei n. 13.105/2015): "A ação de dissolução parcial de sociedade pode ter também por objeto a **sociedade anônima de capital fechado** quando demonstrado, por acionista ou acionistas que **representem cinco por cento** ou mais do capital social, que não pode preencher o seu fim" (art. 599, § 2º).

De se notar, entretanto, que o **não cumprimento da finalidade da sociedade será contingencial**, em função da desinteligência entre os sócios, em sintonia com o entendimento esposado pelo Min. Castro Filho no EREsp n. 111.294.

■ 9.11. ESQUEMA

SOCIEDADE ANÔNIMA — S/A — PANORAMA GERAL	
CONCEITO E CARACTERÍSTICAS	■ Sociedade Capitalista e sempre Empresarial ■ Somente poderá identificar-se por Denominação ■ Responsabilidade Limitada dos Acionistas
CONSTITUIÇÃO	■ Por Subscrição Pública (Sucessiva) ■ Por Subscrição Particular (Simultânea)
MECANISMO DE CONSTITUIÇÃO	■ Estatuto
CAPITAL SOCIAL — FUNÇÕES	■ Garantia para os Credores ■ Limite de Responsabilidade para os Acionistas
AÇÕES	■ Ordinárias ■ Preferenciais ■ De Fruição ■ Nominativas ■ Escriturais
DEMAIS VALORES MOBILIÁRIOS	■ Debêntures ■ Partes Beneficiárias ■ Bônus de Subscrição
ESPÉCIES	■ De Capital Fechado ■ De Capital Aberto
DIREITOS DOS ACIONISTAS	■ Participar dos lucros sociais ■ Participar do acervo da companhia em caso de liquidação ■ Fiscalizar, na forma da lei, a gestão dos negócios sociais ■ Preferência para subscrição de valores mobiliários ■ Direito de recesso, de retirar-se da sociedade nos casos previstos na lei
ÓRGÃOS ESTATUTÁRIOS	■ Assembleia Geral Ordinária — AGO ■ Assembleia Geral Extraordinária — AGE ■ Diretoria
ADMINISTRADORES (ÓRGÃOS)	■ Conselho de Administração conjuntamente com a Diretoria ou ■ Somente a Diretoria

não atingir seu fim — consubstanciado no auferimento de lucros e na distribuição de dividendos aos acionistas —, restar configurada a viabilidade da continuação dos negócios da companhia" (REsp 1.321.263-PR, Rel. Min. Moura Ribeiro, por unanimidade, julgado em 6/12/2016, *DJe* 15/12/2016).

ADMINISTRADORES (DEVERES)	■ De Diligência ■ De Lealdade ■ De Informar
ADMINISTRADORES (RESPONSABILIDADES)	■ *Ultra Vires The Company* (Desvio de Finalidade) ■ *Ultra Vires The Directors* (Abuso de Poder)
CONCENTRAÇÃO EMPRESARIAL	■ Grupos de Fato ■ Grupos de Direito ■ Transformação
CONCENTRAÇÃO EMPRESARIAL	■ Incorporação ■ Cisão ■ Fusão ■ Consórcio
DISSOLUÇÃO, LIQUIDAÇÃO E EXTINÇÃO	■ Término do Prazo de Duração ■ Causas Estatutárias ■ Unipessoalidade ■ Pela extinção da autorização legal para funcionar ■ Judicialmente (em decorrência de nulidade do ato constitutivo ou falência) ■ Administrativamente, na forma da lei especial
REFERÊNCIA LEGISLATIVA	■ LSA (Lei n. 6.404/76)

■ 9.12. QUESTÕES SUBJETIVAS

■ 9.12.1. Questão-homenagem

1. (FGV — OAB — 2010 — adaptada) As Sociedades Anônimas têm uma pesada estrutura, necessitando, assim, de vários órgãos para atingir seu desiderato, cada um com sua função específica. Um desses órgãos é a Diretoria, sendo seus diretores efetivamente os administradores da companhia. Esses diretores possuem alguns deveres para com a sociedade empresarial e para com o mercado. Entre esses deveres encontra-se o *disclosure*. Conceitue-o.

Resposta: A amizade e o conhecimento devem ser compartilhados. O enunciado constou de uma das questões objetivas do Exame Unificado da OAB, em 2010. Um dos colaboradores para a pesquisa deste trabalho foi meu colega de magistério professor Everson do Nascimento Dantas que, ao comentar referida questão em obra conjunta[34], trouxe interessante análise sobre o tema. Assim, permito-me transcrever as palavras do colega, que servem para esclarecer o termo *disclosure*:

> As sociedades anônimas têm seu regime jurídico concentrado na Lei 6.404/1976 (LSA). Entre seus arts. 153-160, cuidou dos deveres e responsabilidades dos administradores da companhia. Especificamente em relação aos deveres, a lei destacou três: de diligência, de lealdade e de informar. A transcrição dos textos correspondentes se faz necessária:
>
> **Dever de Diligência** — Art. 153. O administrador da companhia deve empregar, no exercício de suas funções, o cuidado e diligência que todo homem ativo e probo costuma empregar na administração dos seus próprios negócios.
>
> **Dever de Lealdade** — Art. 155. O administrador deve servir com lealdade à companhia e manter reserva sobre os seus negócios, sendo-lhe vedado: I — usar, em benefício próprio ou de outrem, com ou sem prejuízo para a companhia, as oportunidades comerciais de que tenha conhecimento em razão do exercício de seu cargo; II — omitir-se no exercício ou proteção de direitos da companhia ou, visando à obtenção de vantagens, para si ou para outrem, deixar de aproveitar oportunidades de negócio de interesse da companhia; III — adquirir, para revender com lucro, bem ou direito que sabe necessário à companhia, ou que esta tencione adquirir. § 1º Cumpre, ademais, ao administrador de companhia aberta, guardar sigilo sobre qualquer informação que ainda não tenha sido divulgada para conhecimen-

[34] *Comentários às questões objetivas do Exame de Ordem*, 2014 (no prelo).

to do mercado, obtida em razão do cargo e capaz de influir de modo ponderável na cotação de valores mobiliários, sendo-lhe vedado valer-se da informação para obter, para si ou para outrem, vantagem mediante compra ou venda de valores mobiliários. § 2° O administrador deve zelar para que a violação do disposto no § 1° não possa ocorrer através de subordinados ou terceiros de sua confiança. § 3° A pessoa prejudicada em compra e venda de valores mobiliários, contratada com infração do disposto nos §§ 1° e 2°, tem direito de haver do infrator indenização por perdas e danos, a menos que ao contratar já conhecesse a informação. § 4° É vedada a utilização de informação relevante ainda não divulgada, por qualquer pessoa que a ela tenha tido acesso, com a finalidade de auferir vantagem, para si ou para outrem, no mercado de valores mobiliários.

Dever de Informar — Art. 157. O administrador de companhia aberta deve declarar, ao firmar o termo de posse, o número de ações, bônus de subscrição, opções de compra de ações e debêntures conversíveis em ações, de emissão da companhia e de sociedades controladas ou do mesmo grupo, de que seja titular. § 1° O administrador de companhia aberta é obrigado a revelar à assembleia geral ordinária, a pedido de acionistas que representem 5% (cinco por cento) ou mais do capital social:

a) o número dos valores mobiliários de emissão da companhia ou de sociedades controladas, ou do mesmo grupo, que tiver adquirido ou alienado, diretamente ou através de outras pessoas, no exercício anterior;

b) as opções de compra de ações que tiver contratado ou exercido no exercício anterior;

c) os benefícios ou vantagens, indiretas ou complementares, que tenha recebido ou esteja recebendo da companhia e de sociedades coligadas, controladas ou do mesmo grupo;

d) as condições dos contratos de trabalho que tenham sido firmados pela companhia com os diretores e empregados de alto nível;

e) quaisquer atos ou fatos relevantes nas atividades da companhia.

§ 2° Os esclarecimentos prestados pelo administrador poderão, a pedido de qualquer acionista, ser reduzidos a escrito, autenticados pela mesa da assembleia, e fornecidos por cópia aos solicitantes.

§ 3° A revelação dos atos ou fatos de que trata este artigo só poderá ser utilizada no legítimo interesse da companhia ou do acionista, respondendo os solicitantes pelos abusos que praticarem.

§ 4° Os administradores da companhia aberta são obrigados a comunicar imediatamente à bolsa de valores e a divulgar pela imprensa qualquer deliberação da assembleia geral ou dos órgãos de administração da companhia, ou fato relevante ocorrido nos seus negócios, que possa influir, de modo ponderável, na decisão dos investidores do mercado de vender ou comprar valores mobiliários emitidos pela companhia.

§ 5° Os administradores poderão recusar-se a prestar a informação (§ 1°, alínea *e*), ou deixar de divulgá-la (§ 4°), se entenderem que sua revelação porá em risco interesse legítimo da companhia, cabendo à Comissão de Valores Mobiliários, a pedido dos administradores, de qualquer acionista, ou por iniciativa própria, decidir sobre a prestação de informação e responsabilizar os administradores, se for o caso.

§ 6° Os administradores da companhia aberta deverão informar imediatamente, nos termos e na forma determinados pela Comissão de Valores Mobiliários, a esta e às bolsas de valores ou entidades do mercado de balcão organizado nas quais os valores mobiliários de emissão da companhia estejam admitidos à negociação, as modificações em suas posições acionárias na companhia.

A análise do texto legal permite verificar que o dever de diligência relaciona-se a condutas positivas por parte do Administrador, para atuar dirigido à condução e desenvolvimento do objeto social da companhia, primando-se pela racionalização dos recursos materiais, na busca do incremento dos resultados positivos almejados.

Em relação ao dever de lealdade, entretanto, concentra-se em condutas negativas, que deverão ser evitadas para que não sejam prejudicados direta e indiretamente os interesses da companhia, de seus acionistas e dos potenciais investidores.

Por último, o dever de informar, permeado por condutas positivas e negativas, buscando-se conciliar o acesso dos acionistas e dos potenciais investidores às informações relevantes da companhia, sem prejuízo do sigilo das informações estratégicas para o desenvolvimento do objeto social.

A propósito, o saudoso Rubens Requião, ao abordar os dispositivos aqui em comento, definiu o dever de informar como sinônimo do termo *disclosure*, segundo ele "transplantado do direito norte-americano pela atual lei (...) Trata-se do dever de revelar certas situações e negócios em que a companhia e os administradores estão empenhados, e que podem influir no mercado, no que se refere aos valores mobiliários por ela emitidos. A *disclosure* constitui, pois, um conjunto de regras que visam a proteger a lisura e a respeitabilidade do mercado de capitais"[35].

A Comissão de Valores Mobiliários, autarquia federal, vinculada ao Ministério da Fazenda, e com a função de disciplinar, fiscalizar e desenvolver o mercado de capitais no Brasil, monitora as informações prestadas pelas companhias, sobretudo aquelas com capital aberto, isto é, que se lançam à captação de recursos financeiros com a negociação na bolsa de valores de seus papéis (valores mobiliários). Ao desincumbir-se de tal tarefa controla e organiza as informações periódicas disponibilizadas pelas companhias através, por exemplo, do Formulário de Referência (Instrução CVM 480/2009), "seguindo um modelo de registro em que todas as informações referentes ao emissor, como atividades, fatores de risco, administração, estrutura de capital, dados financeiros, comentários dos administradores sobre esses dados, valores mobiliários emitidos e operações com partes relacionadas são reunidos em um único documento, que deve ser arquivado e atualizado regularmente na CVM. O Formulário de Referência substitui o IAN — formulário de informações anuais. Além de arquivá-lo no momento do registro, as companhias precisam entregar o Formulário de Referência atualizado anualmente, em até 05 (cinco) meses a contar da data de encerramento do exercício social, reentregá-lo na data do pedido de registro de oferta pública de distribuição de valores mobiliários e, ainda, atualizar campos específicos na hipótese de ocorrência de alguns fatos citados na norma, sempre que necessário".

Há pelo que se lê acima, diante da volatilidade do mercado, do vulto cotidiano dos negócios, da repercussão econômica das operações na bolsa, uma preocupação em criar um ambiente de transparência, cooperação, credibilidade e segurança para todos que atuam no mercado de capitais. Principiologia que se projeta em todo o globo, diante do intercâmbio financeiro mundial. Neste particular, de se destacar estudo efetuado pelo Instituto Ibero-americano do Mercado de Valores (IIMV) que em 2010 publicou o ensaio intitulado "Estudio sobre la transparencia de los emisores en Iberoamérica", no qual se traçou um panorama sobre o dever de informação das companhias que negociam seus valores mobiliários no mercado de capitais, destacando-se entre os capítulos do estudo o pertinente ao dever de informação não periódico, a reclamar critérios para se mensurar o alcance e o significado da expressão fato relevante. Trata-se de avaliar o que poderá e que deverá ser divulgado, sem prejuízo para as estratégias de desenvolvimento da companhia, mas que seja necessário para prevenir e reprimir a desestruturação do mercado de capitais em nível mundial, bem como combater e compensar com as consequências negativas eventualmente advindas de tal desestruturação, ainda que sazonal ou pontual.

Desse modo, o IIMV conceituou fato relevante como gênero, sendo dele espécies as seguintes: a) aspectos gerais ou administrativos; b) aspectos financeiros; e c) aspectos sancionatórios. Do primeiro grupo seriam exemplos atos de concentração empresarial, como a fusão da companhia com outra, ou a diminuição de seus postos de trabalho e de sua capacidade de produção; do segundo grupo, seria possível especificar a assunção de uma nova carteira de clientes e a desoneração fiscal a incrementar os ativos do empreendimento; do terceiro grupo, a contextualização de processos administrativos contra a companhia instaurados pela CVM (no caso brasileiro).

Logo, o dever de transparência sobre as operações das companhias, sobretudo daquelas que lançam seus papéis nas bolsas de valores, impõe um cuidado maior com a construção do denominado *disclosure*, sem ressalvas (*full*), adequado, leal (*fair*), a depender do contexto.

Após essas breves considerações, perceptível o *disclosure* como corolário do dever de informar o correspondente ao conjunto de informações capazes de incrementar os negócios jurídicos ou sinalizar eventuais perdas. Inclusive, possível sua contextualização diante do disposto no § 4º, do art. 157, da LSA.

9.12.2. Questão-desafio

O que se entende por *tag along*?

[35] *Curso de direito comercial*, 24. ed., p. 218.

■ 9.13. QUESTÕES OBJETIVAS

1. (OAB/BR — Ago./2007 — CESPE/UnB) Relativamente às companhias, assinale a opção que não apresenta direito essencial do acionista.

a) participação nos lucros da sociedade.
b) participação no acervo da companhia em caso de liquidação.
c) direito de voto.
d) direito de retirada.

2. (OAB/SP — Jan./2008 — CESPE/UnB) A constituição de sociedade anônima depende de subscrição de

a) todas as ações em que se divide o capital social fixado no estatuto.
b) 50%, no mínimo, das ações em que se divide o capital social fixado no estatuto.
c) 25%, no mínimo, das ações em que se divide o capital social fixado no estatuto.
d) 10%, no mínimo, das ações em que se divide o capital social fixado no estatuto.

3. (OAB/SP — Jan./2009 — CESPE/UnB) Entre os órgãos da sociedade anônima, detém o maior poder político

a) o conselho fiscal.
b) a assembleia geral.
c) a diretoria.
d) o conselho de administração.

4. (OAB/SP — Jan./2009 — CESPE/UnB) O valor mobiliário que confere ao seu titular crédito eventual perante a companhia, consistente na participação nos lucros anuais, é

a) a ação.
b) o bônus de subscrição.
c) o commercial paper.
d) a parte beneficiária.

5. (OAB/MG — Abr./2007 — OAB/MG) Quanto à sociedade anônima, é correto afirmar, EXCETO:

a) Os acordos de acionistas, sobre compra e venda de suas ações, preferência para adquiri-las, exercício do direito de voto, ou do poder de controle deverão ser observados pela companhia quando arquivados na sua sede.
b) A assembleia geral ordinária deverá ocorrer, anualmente, nos 4 (quatro) primeiros meses seguintes ao término do exercício social.
c) Independentemente de seu objeto, considera-se empresária a sociedade anônima.
d) A sociedade é considerada uma companhia aberta quando os valores mobiliários de sua emissão não estejam admitidos à negociação no mercado de valores mobiliários.

6. (OAB/MG — Ago./2007 — OAB/MG) O contrato social da sociedade limitada:

a) poderá prever a regência supletiva pelas normas da sociedade anônima.
b) poderá prever a regência supletiva pelas normas da sociedade simples.
c) poderá prever a regência supletiva pelas normas da sociedade em comandita simples.
d) poderá prever a regência supletiva pelas normas da sociedade em nome coletivo.

7. (OAB/MG — Abr./2008 — OAB/MG) A administração da sociedade anônima pode competir ao conselho de administração e à diretoria. Sobre a matéria, é INCORRETO afirmar:

a) o conselho de administração é órgão de deliberação colegiada.
b) as companhias abertas contarão necessariamente com o conselho de administração.
c) a representação da sociedade anônima compete aos membros do conselho de administração.
d) as atribuições e poderes conferidos por lei aos órgãos de administração não podem ser outorgados a outro órgão.

8. (OAB/MG — Abr./2008 — OAB/MG) A sociedade anônima é extinta:

a) com a sentença declaratória da falência.
b) com a decisão que defere a recuperação judicial.
c) pela incorporação em outra sociedade e pela fusão com outra sociedade.

d) após o transcurso de 8 anos, nas sociedades com prazo indeterminado de duração que não comunicarem à Junta Comercial sua intenção de prosseguir no exercício da atividade econômica.

9. (OAB/MG — Ago./2009 — OAB/MG) São características das Sociedades Anônimas, EXCETO:

a) A responsabilidade do acionista é limitada ao preço de emissão de suas ações subscritas ou adquiridas.
b) A sua administração pode ser dividida entre a Diretoria e o Conselho de Administração, sendo este último órgão facultativo em qualquer tipo de sociedade anônima.
c) Independentemente do seu objeto, será sempre considerada empresária.
d) O acionista não poderá ser privado do direito de participar dos lucros sociais

10. (Juiz Substituto/DF — Ago./2006 — TJDFT — adaptada) Analise as proposições abaixo e, após, assinale a assertiva correta:

I. Ocorre a dissolução da sociedade anônima, por decisão judicial, quando, em ação proposta por acionistas que representem cinco por cento ou mais do capital social, ficar provado que não pode preencher o seu fim.
II. Companhia aberta é aquela que tem suas ações negociadas no mercado de ações.
III. As debêntures são representadas por certificados, emitidos pela companhia, assinados pelo menos por dois diretores, que tomarão a natureza de títulos de créditos e poderão ser negociados.
IV. Nas sociedades anônimas, para a validade da assembleia geral, é necessário, em primeira convocação, a presença, no mínimo, de acionistas que representem 1/5 do capital social com direito a voto.

a) Todas as proposições são verdadeiras.
b) Todas as proposições são falsas.
c) Apenas uma das proposições é verdadeira.
d) Apenas uma das proposições é falsa.

11. (Juiz Substituto/DF — Nov./2008 — TJDFT) Uma companhia aberta brasileira divulgou Fato Relevante informando que seus administradores celebraram contratos de câmbio — derivativos — em valores superiores ao necessário para dar garantia às suas operações de exportação. Com a crise financeira americana, o dólar teve uma alta inesperada, fazendo com que essa empresa liquidasse os contratos com vultosos prejuízos financeiros. Na avaliação de acionistas, esses prejuízos da companhia resultarão na impossibilidade da distribuição de dividendos por, pelo menos, dois exercícios futuros. Inconformados com a situação, os acionistas decidiram adotar medidas previstas em lei. Indique qual das alternativas abaixo não está de acordo com a Lei das S/As:

a) Os acionistas têm direito de solicitar a convocação de uma Assembleia Extraordinária para que seja deliberada a propositura de ação de responsabilidade civil contra os administradores que deram causa aos prejuízos;
b) Se os acionistas aprovarem em Assembleia Extraordinária a propositura da ação de responsabilidade civil, caberá à companhia a autoria da ação, cujos resultados serão a ela revertidos para ressarcir os prejuízos causados ao seu patrimônio;
c) Se a assembleia deliberar que a companhia não deve promover a ação, acionistas que representem 5%, pelo menos, do capital social, poderão ingressar em juízo como autores. Nesse caso, a ação será proposta contra os administradores e acionistas controladores e a indenização pelos prejuízos será revertida em favor dos seus autores.
d) O Juiz poderá reconhecer a exclusão da responsabilidade do administrador, se convencido de que este agiu de boa-fé e visando o interesse da companhia, mesmo que esteja configurado o prejuízo à companhia.

12. (FGV/OAB — XI Exame Unificado — 2013) A respeito do capital autorizado, assinale a afirmativa correta.

a) O estatuto pode prever os casos ou as condições em que os acionistas não terão direito de preferência para subscrição.
b) A autorização para aumento do capital social pode ser conferida à diretoria da companhia, que pode ser competente para deliberar sobre as emissões.
c) O estatuto pode prever a emissão de partes beneficiárias ou bônus de subscrição, dentro do limite do capital autorizado.

d) Somente os estatutos de companhias fechadas podem conter autorização para aumento de capital social, independentemente de reforma estatutária.

13. (CESPE — BACEN — Procurador — 2013) Em relação a valores mobiliários, assinale a opção correta.

a) Entre as pessoas jurídicas, só podem atuar como agente fiduciário dos debenturistas as instituições financeiras que, especialmente autorizadas pelo BACEN, tenham por objeto a administração ou a custódia de bens de terceiros.

b) A deliberação sobre emissão de bônus de subscrição compete exclusivamente à assembleia-geral, vedada sua atribuição estatutária ao conselho de administração.

c) O BACEN fiscaliza a emissão do commercial paper, destinado à captação de recursos no médio prazo e negociado apenas mediante endosso em preto, com a cláusula sem garantia.

d) O prazo de duração das partes beneficiárias destinadas a sociedades ou fundações beneficentes dos empregados da companhia é fixado no estatuto, até o máximo de dez anos.

e) As ações ordinárias de companhias abertas podem ser divididas em classes, caso o estatuto da companhia assim estabeleça, em razão de sua conversibilidade em ações preferenciais ou exigência de nacionalidade brasileira do acionista.

14. (CESPE — BACEN — Procurador — 2013) No que se refere às sociedades anônimas, assinale a opção correta.

a) Na incorporação, todas as ações do capital social de determinada companhia são transferidas ao patrimônio de uma sociedade comercial, que passa à condição de sua única acionista.

b) A fusão de sociedade anônima emissora de debêntures não poderá ocorrer sem a prévia aprovação dos debenturistas, reunidos em assembleia, a menos que se assegure o resgate do valor mobiliário nos seis meses seguintes à operação.

c) O acordo de acionistas que verse sobre o poder de controle poderá ser objeto de execução específica, mediante ação judicial, ainda que não esteja arquivado na sede da companhia.

d) Sociedade controladora é a titular dos direitos de sócio que asseguram a este, de modo permanente, a maioria dos votos nas assembleias-gerais e o poder de eleger a maioria dos administradores da companhia.

e) O controlador pode ser responsabilizado pelos danos decorrentes do exercício abusivo do poder de controle, desde que comprovado dolo na atuação.

15. (FGV/OAB — IX Exame Unificado — 2012) Leia o trecho a seguir. "Companhia cuja totalidade das ações em que se divide o capital pertence a uma sociedade brasileira". Essa definição refere-se à

a) subsidiária integral.

b) sociedade em conta de participação.

c) sociedade limitada.

d) sociedade de propósito específico.

16. (FGV/OAB — X Exame Unificado — 2013) A respeito das diferenças existentes entre as sociedades anônimas abertas e fechadas, assinale a afirmativa correta.

a) A companhia será aberta ou fechada conforme os valores mobiliários de sua emissão sejam admitidos ou não à negociação no mercado de bolsa ou de balcão.

b) As companhias abertas poderão emitir partes beneficiárias, opções de compra de ações e bônus de subscrição.

c) O estatuto social de uma companhia fechada nunca poderá impor limitações à circulação das ações ordinárias, mas poderá fazê-lo em relação às ações preferenciais.

d) As ações ordinárias e preferenciais de uma companhia aberta poderão ser de uma ou mais classes.

17. (FGV/OAB — XII Exame Unificado — 2013) Com relação às sociedades anônimas, assinale a opção correta.

a) As ações preferenciais são sempre ações sem direito de voto e com prioridade no recebimento de dividendos fixos e cumulativos.

b) A vantagem das ações preferenciais de companhia fechada pode consistir exclusivamente em prioridade no reembolso do capital.

c) A primeira convocação de assembleia geral de companhia fechada deverá ser feita no prazo de 15 (quinze) dias antes de sua realização.
d) O conselho de administração é órgão obrigatório em todas as sociedades anônimas fechadas, com capital autorizado e de economia mista.

18. (FCC — 2013 — TJPE — Juiz) Nas sociedades por ações,

a) qualquer que seja o objeto, a companhia é mercantil e se rege pelas leis e usos do comércio; poderá ter por objeto participar de outras sociedades, mesmo que a participação não seja prevista estatutariamente, como meio de realizar o objeto social ou para beneficiar-se de incentivos fiscais.
b) o administrador é objetivamente responsável pelas obrigações que contrair em nome da sociedade, ainda que em virtude de ato regular de gestão, em razão do risco decorrente de sua atividade.
c) o prazo de gestão é livre, podendo o estatuto limitá-lo a cinco anos, e vedado aos membros do Conselho de Administração serem eleitos para cargos de direção da companhia.
d) o estatuto da companhia fixará o valor do capital social, expresso em moeda nacional e formado exclusivamente com contribuições em dinheiro.
e) a administração da companhia caberá exclusivamente à diretoria, cabendo ao Conselho de Administração, de existência obrigatória, poderes consultivos e fiscalizatórios.

19. (FCC — TJAP — Juiz — 2014) Nos termos da Lei n. 6.404/1976, a representação da companhia é privativa

a) dos conselheiros administrativos e diretores em conjunto.
b) dos membros do Conselho de Administração.
c) dos diretores.
d) da diretoria.
e) dos membros do Conselho Fiscal.

20. (TJMT — Juiz — 2014) São órgãos obrigatórios na sociedade anônima fechada:

a) Assembleia Geral, Conselho de Administração e Diretoria.
b) Assembleia Geral, Conselho de Administração, Diretoria e Conselho Fiscal.
c) Assembleia Geral, Conselho de Administração e Conselho Fiscal.
d) Assembleia Geral, Diretoria e Conselho Fiscal.
e) Assembleia Geral e Diretoria.

21. (FGV — XIV Exame — OAB — 2014) A Comissão de Valores Mobiliários poderá impor aos infratores de suas Resoluções, das normas da Lei n. 6.404/76 (Lei das Sociedades por Ações) e da Lei n. 6.385/76 (Lei do Mercado de Valores Mobiliários), dentre outras, a penalidade de inabilitação temporária, até o máximo de 20 (vinte) anos, para o exercício do cargo de administrador nas entidades relacionadas a seguir, à exceção de uma. Assinale-a.

a) Companhia Aberta.
b) Distribuidora de Valores Mobiliários.
c) Sociedade em Comum.
d) Bolsa de Valores.

22. (FCC — TRT — 23ª Região — MT — Juiz do Trabalho Substituto — 2015) Em uma sociedade anônima, a maioria dos sócios aprovou, em assembleia, a distribuição de dividendos sem o prévio levantamento do balanço e em prejuízo do capital social. Apenas um sócio votou contrariamente à deliberação, enquanto que um outro se absteve de votar, mas mesmo assim ambos aceitaram receber os dividendos, pagos a todos os sócios. Nesse caso, estão obrigados à reposição do caixa social

a) todos os sócios, cuja má-fé é presumida.
b) todos os sócios, cuja má-fé é presumida, com exceção daquele que votou contrariamente à distribuição.
c) apenas os sócios que aprovaram a distribuição, cuja má-fé é presumida.
d) apenas os sócios que aprovaram a distribuição, desde que provada a má-fé.
e) todos os sócios, desde que provada a má-fé.

23. (CESPE — TJ-DF — Juiz de Direito Substituto — 2015) A respeito das sociedades anônimas, assinale a opção correta.

a) Na ação de exibição da certidão de assentamentos constantes nos livros da companhia, é dispensável a comprovação do pagamento do "custo de serviço" referente ao fornecimento desse documento.
b) O acionista de uma sociedade anônima que votar de forma abusiva com o fim de causar dano deverá responder pelos danos que vierem a ser causados, ainda que seu voto não tenha prevalecido.
c) Para que se aperfeiçoe a constituição de garantia real sobre ação nominal, é bastante a averbação da garantia nos livros da instituição financeira custodiante das ações.
d) Apesar de ser inadmissível a constituição de sociedade anônima unipessoal, considera-se uma exceção a essa regra a constituição de sociedade subsidiária integral por uma só pessoa natural.
e) Em obediência ao princípio da efetividade, uma sociedade anônima deve ter capital social determinado, invariável e único.

24. (FCC — TRT — 1ª Região — Juiz de Direito Substituto — 2016) Relativamente ao direito de voto, conforme estabelece a Lei n. 6.404/76, é correto afirmar:

a) O credor garantido por alienação fiduciária da ação poderá exercer o direito de voto.
b) É permitido atribuir voto plural às ações escriturais.
c) Se todos os subscritores forem condôminos do bem com que concorreram para a formação do capital social, será dispensada a apresentação de laudo de avaliação do bem.
d) O direito de voto da ação gravada com usufruto, se não for regulado no ato de constituição do gravame, somente poderá ser exercido mediante prévio acordo entre o proprietário e o usufrutuário.
e) O acionista responde pelos danos causados pelo exercício abusivo do direito de voto apenas quando o seu voto houver prevalecido.

25. (IBFC-PR — Perito Criminal — Polícia Científica — 2017) Conforme a Lei n. 6.404/76 e de acordo com a responsabilidade do subscritor, assinale a alternativa que completa correta e respectivamente as lacunas. A responsabilidade civil dos subscritores ou acionistas que contribuírem com bens para a formação do capital social será idêntica à do ________. Quando a ________ consistir em crédito, o subscritor ou acionista responderá pela solvência do ________.

a) comprador / saída / devedor
b) comprador / entrada / credor
c) vendedor / entrada / devedor
d) vendedor / saída / devedor
e) vendedor / entrada / credor

26. (CESPE - STJ - Analista Judiciário - 2018) Acerca das sociedades anônimas, julgue o item seguinte.
A reserva legal da companhia poderá ser utilizada para a compensação de prejuízos, para o aumento do capital social e para a distribuição de dividendos.

( ) Certo ( ) Errado.

27. (CESPE — TJDFT — Titular de Serviços de Notas e Registro — Remoção — 2019) De acordo com a legislação pertinente, compete privativamente à assembleia geral das sociedades anônimas

a) deliberar sobre a emissão de ações.
b) manifestar-se a respeito das contas da diretoria.
c) autorizar a emissão de partes beneficiárias.
d) examinar as demonstrações financeiras do exercício social.
e) denunciar fraudes que sejam descobertas.

28. (MPT - Procurador do Trabaho - 2020) Sobre as sociedades anônimas, assinale a alternativa INCORRETA:

a) As sociedades anônimas serão sempre sociedades empresárias.
b) O empregado eleito para ocupar cargo de diretor, de acordo com a jurisprudência consolidada do Tribunal Superior do Trabalho, tem o contrato de trabalho suspenso, computando-se o tempo de serviço desse período, salvo se permanecer a subordinação jurídica inerente à relação de emprego.

c) O Conselho de Administração é um órgão colegiado de formação, em regra, facultativa, competindo-lhe fixar a orientação geral dos negócios da companhia.

d) É obrigação do administrador da companhia aberta zelar para que seus subordinados ou terceiros de sua confiança venham a guardar sigilo sobre qualquer informação que ainda não tenha sido divulgada para conhecimento do mercado, obtida em razão do cargo e capaz de influir de modo ponderável na cotação de valores mobiliários.

■ GABARITO ■

1. "c". A depender do tipo de acionista, este não terá direito a voto. Além disso, as demais alternativas trouxeram exemplos de direitos essenciais, todos elencados no art. 109, da LSA: "Nem o estatuto social nem a assembleia-geral poderão privar o acionista dos direitos de: I — participar dos lucros sociais; II — participar do acervo da companhia, em caso de liquidação; III — fiscalizar, na forma prevista nesta Lei, a gestão dos negócios sociais; IV — preferência para a subscrição de ações, partes beneficiárias conversíveis em ações, debêntures conversíveis em ações e bônus de subscrição, observado o disposto nos artigos 171 e 172; V — retirar-se da sociedade nos casos previstos nesta Lei".

2. "a", nos termos do art. 80, inc. I, da LSA: "A constituição da companhia depende do cumprimento dos seguintes requisitos preliminares: I — subscrição, pelo menos por 2 (duas) pessoas, de todas as ações em que se divide o capital social fixado no estatuto".

3. "b". A Assembleia Geral é órgão regular da Companhia e se sobreporá aos demais órgãos, pois a atribuição da competência será a escolha da Diretoria e dos membros do Conselho de Administração e do Conselho Fiscal, se for o caso, nos termos do art. 132, da LSA.

4. "d". Leia-se o teor do art. 46, § 1º, da LSA: "As partes beneficiárias conferirão aos seus titulares direito de crédito eventual contra a companhia, consistente na participação nos lucros anuais".

5. "d". A alternativa se encontra em desarmonia com a letra da lei. A companhia aberta disponibilizará seus valores mobiliários ao público: "Para os efeitos desta Lei, a companhia é aberta ou fechada conforme os valores mobiliários de sua emissão estejam ou não admitidos à negociação no mercado de valores mobiliários" (art. 4º, da LSA).

6. "a". Por expressa previsão no contrato social, poderão os sócios eleger como regime supletivo à LSA: "O contrato social poderá prever a regência supletiva da sociedade limitada pelas normas da sociedade anônima" (parágrafo único, do art. 1.053, do CC).

7. "c". Alternativa incorreta por contrariar expressa disposição de lei: "O conselho de administração é órgão de deliberação colegiada, sendo a representação da companhia privativa dos diretores" (art. 138, § 1º, da LSA).

8. "c". A incorporação e a fusão correspondem a arranjos empresariais em que há a sucessão de empresas. E, assim, a sociedade incorporada ou a que se fundir a outra formarão ente coletivo novo, razão pela qual a sociedade anterior deverá ser regularmente extinta. Leia-se, ainda, o teor do art. 219, inc. II, da LSA: "Extingue-se a companhia (...) pela incorporação ou fusão, e pela cisão com versão de todo o patrimônio em outras sociedades".

9. "b". A palavra "qualquer" da alternativa "b" tornou-a incorreta, pois, nas sociedades anônimas abertas e nas sociedades de economia mista (anônimas com participação predominante de capital público), o conselho de administração será órgão obrigatório, nos termos do art. 138, § 2º, da LSA.

10. "d". O item I está correto, com fundamento no art. 206, inc. II, alínea "b", da LSA; o item II está correto por estar em sintonia com o art. 4º, da LSA; o item III está correto de acordo com o art. 46, da LSA; e item IV está incorreto por estar em desacordo com o art. 125, "o quórum de instalação é de um quarto".

11. "c". Tal alternativa reproduziu parte do texto legal sobre a Ação de Responsabilidade Civil contra os Administradores da Companhia, nos termos do art. 159, da LSA: "Art. 159. Compete à companhia, mediante prévia deliberação da assembleia-geral, a ação de responsabilidade civil contra o administrador, pelos prejuízos causados ao seu patrimônio. § 1º A deliberação poderá ser tomada em assembleia-geral ordinária e, se prevista na ordem do dia, ou for consequência direta de assunto nela incluído, em assembleia-geral extraordinária. § 2º O administrador ou administradores contra os quais deva ser proposta ação ficarão impedidos e deverão ser substituídos na mesma assembleia. § 3º Qualquer acionista poderá promover a ação, se não for proposta no prazo de 3 (três) meses da deliberação da assembleia-geral. § 4º Se a assembleia deliberar não promover a ação, poderá ela ser proposta por acionistas que representem 5% (cinco por cento), pelo menos, do capital social. § 5º Os resultados da ação promovida por acionista deferem-se à companhia, mas esta deverá indenizá-lo, até o limite daqueles resultados, de todas as despesas em que tiver incorrido, inclusive correção monetária e juros dos dispêndios realizados. § 6º O juiz poderá reconhecer a exclusão da responsabilidade do administrador, se convencido de que este agiu de boa-fé e visando ao interesse da companhia. § 7º A ação prevista neste artigo não exclui a que couber ao acionista ou terceiro diretamente prejudicado por ato de administrador".

12. "a". A alternativa "a" repetiu a letra do art. 168, § 1º, alínea "d", da LSA: "O estatuto pode conter autorização para aumento do capital social independentemente de reforma estatutária.

§ 1º A autorização deverá especificar: (...) *d)* os casos ou as condições em que os acionistas terão direito de preferência para subscrição, ou de inexistência desse direito (artigo 172)".

13. "a", nos termos do art. 66, § 1º, da LSA: "O agente fiduciário será nomeado e deverá aceitar a função na escritura de emissão das debêntures. § 1º Somente podem ser nomeados agentes fiduciários as pessoas naturais que satisfaçam aos requisitos para o exercício de cargo em órgão de administração da companhia e as instituições financeiras que, especialmente autorizadas pelo Banco Central do Brasil, tenham por objeto a administração ou a custódia de bens de terceiros".

14. "b", nos termos do art. 231, § 1º, da LSA: "A incorporação, fusão ou cisão da companhia emissora de debêntures em circulação dependerá da prévia aprovação dos debenturistas, reunidos em assembleia especialmente convocada com esse fim. § 1º Será dispensada a aprovação pela assembleia se for assegurado aos debenturistas que o desejarem, durante o prazo mínimo de 6 (seis) meses a contar da data da publicação das atas das assembleias relativas à operação, o resgate das debêntures de que forem titulares".

15. "a". A alternativa "a" reproduziu a literalidade do art. 251, da LSA, que trata da sociedade anônima a qual a lei denominou subsidiária integral: "Art. 251. A companhia pode ser constituída, mediante escritura pública, tendo como único acionista sociedade brasileira".

16. "a", nos termos do art. 4º, da LSA.

17. "b". A alternativa reproduziu a letra do inc. II, do art. 17, da LSA: "Art. 17. As preferências ou vantagens das ações preferenciais podem consistir: (...) II — em prioridade no reembolso do capital".

18. "a". O administrador, se atuar em conformidade com o estatuto e os interesses da companhia, não será responsabilizado pessoalmente, nos termos do art. 158, *caput*, da Lei n. 6.404/76 (Lei das Sociedades Anônimas — LSA); o prazo de gestão a ser exercido pelos componentes da diretoria não é livre, pois não poderá exceder três anos (art. 143, inc. III, da LSA); o capital social da companhia poderá ser integrado por outros bens, além de dinheiro (art. 7º, da LSA); a administração da companhia poderá ser compartilhada entre Conselho de Administração e a Diretoria ou somente a Diretoria, a depender do que dispuser a respeito no estatuto (art. 138, da LSA). Assim, remanesceu para análise a alternativa "a", única correta porque em sintonia com a literalidade do texto legal (art. 2º, §§ 1º e 3º, da LSA).

19. "c". Se o estatuto nada dispuser a respeito, nem houver deliberação pelo Conselho de Administração, prevalecerá o comando do art. 144, *caput*, da Lei n. 6.404/76, que informa que a representação da sociedade anônima será exercida por qualquer dos diretores.

20. "d". O Conselho de Administração será obrigatório nas Companhias Abertas. *A contrario sensu*, será órgão facultativo nas Fechadas. O Conselho Fiscal também deverá ser instituído, ainda que não tenha funcionamento permanente (art. 161, da LSA). E, ainda, em relação às sociedades anônimas, remanescem como obrigatórias a Assembleia Geral e a Diretoria (arts. 132 e 138, também da LSA).

21. "c". A CVM corresponde à autarquia federal responsável pela fiscalização das operações que se desenvolvem no mercado de capitais, e as sociedades empresariais que participem de tal mercado, por pressuposto, devem corresponder a entes coletivos regulares, ou seja, que tenham adquirido, de acordo com a lei, personalidade jurídica. Assim, das alternativas apresentadas, apenas a sociedade em comum corresponde a ente despersonalizado. Além disso, a literalidade do art. 1° c/c o art. 11, incs. III e IV, ambos da Lei n. 6.385/76, informa que, aos administradores das entidades mencionadas nas demais alternativas, poderá ser imposta pela CVM a penalidade de inabilitação temporária.

22. "a". Fundamento: § 2°, do art. 201, da Lei n. 6.404/76.

23. "b". Fundamento: § 2°, do art. 115, da Lei n. 6.404/76.

24. "d". Fundamento: art. 114, da Lei n. 6.404/76.

25. "c". Alternativa em conformidade com o texto de lei (art. 10, *caput*, e seu parágrafo único, da Lei n. 6.404/76): "Art. 10. A responsabilidade civil dos subscritores ou acionistas que contribuírem com bens para a formação do capital social será idêntica à do vendedor. Parágrafo único. Quando a entrada consistir em crédito, o subscritor ou acionista responderá pela solvência do devedor".

26. Errado. A reserva legal deverá restringir-se à compensação de prejuízo ou aumento do capital social, nos termos do § 2°, do art. 193, da Lei n. 6.404/76.

27. "c". Em sintonia com a literalidade do inc. VII, do art. 122, da LSA: "Art. 122. Compete privativamente à assembleia geral: (...) VII — autorizar a emissão de partes beneficiárias;".

28. "b". INCORRETA, eis que em desconformidade com o teor da Súmula 269 do TST: "o **empregado eleito** para ocupar **cargo de diretor** tem o respectivo **contrato** de trabalho suspenso, **não** se computando o tempo de serviço desse período, salvo se permanecer a subordinação jurídica inerente à relação de emprego" (grifamos). As demais alternativas encontram-se corretas, tendo em vista sua compatibilidade com as normas seguintes: (alternativa "a"): "Independentemente de seu objeto, considera-se empresária a sociedade por ações" (art. 982, parágrafo único, do Código Civil; (alternativa "c"): "O conselho de administração é órgão de deliberação colegiada, sendo a representação da companhia privativa dos diretores (...) As companhias abertas e as de capital autorizado terão, obrigatoriamente, conselho de administração (...) Compete ao conselho de administração :I — fixar a orientação geral dos negócios da companhia" (art. 138, §§ 1° e 2° c/c art. 142, inc. I, ambos da LSA); (alternativa "d"): "§ 1° Cumpre, ademais, ao administrador de companhia aberta, guardar sigilo sobre qualquer informação que ainda não tenha sido divulgada para conhecimento do mercado, obtida em razão do cargo e capaz de influir de modo ponderável na cotação de valores mobiliários, sendo-lhe vedado valer-se da informação para obter, para si ou para outrem, vantagem mediante compra ou venda de valores mobiliários. § 2° O administrador deve zelar para que a violação do disposto no § 1° não possa ocorrer através de subordinados ou terceiros de sua confiança" (§§ do art. 155, da LSA).

10
A DESCONSIDERAÇÃO DA PERSONALIDADE JURÍDICA

10.1. NOÇÕES PRELIMINARES

A **personificação de entes coletivos** como sujeitos de direito autônomos surgiu da necessidade de regulamentar e proteger as mais variadas associações de pessoas naturais que congregassem interesses comuns (**políticos, religiosos, acadêmicos, profissionais e econômicos, entre outros**), destacando-se as **sociedades empresárias (hábeis à produção e circulação de bens e serviços)**, bem como a **afetação de conjuntos de bens**, para servir de suporte a interesses de determinados beneficiários, **no caso das fundações**.

Especificamente em relação às **sociedades, para compensar o risco do empreendimento** (e para além da necessária personificação), natural a **limitação da responsabilidade, separando-se o patrimônio da pessoa jurídica do patrimônio particular de seus investidores**. Tal princípio, entretanto, ainda que racional e justificável do ponto de vista econômico, foi reflexo do próprio nascimento jurídico da pessoa coletiva empresarial, enfrentando — ao longo do desenvolvimento do sistema capitalista — momentos a revelar seu **auge, mas também momentos de estremecimento**. Por isso, para se compreender o significado da locução **desconsideração da personalidade jurídica**, recomendável antes firmar **historicamente quando a personificação do ente coletivo se impôs**, de forma preponderante, relacionada à **limitação de responsabilidade** (na perspectiva de eventual insucesso do negócio).

De se salientar, primeiramente, que o instituto da **desconsideração da personalidade jurídica constitui-se em exceção ao princípio da autonomia do ente coletivo**, com nome, patrimônio, interesses e responsabilidades distintos dos mesmos atributos relacionados a cada um de seus sócios. As normas legais que autorizam tal fenômeno foram **delineadas no Código Civil, por meio das cláusulas gerais descritas pelo art. 50, *caput*, do Código Civil** (confusão patrimonial ou desvio de finalidade, cada hipótese aliada à insolvabilidade), bem como na **legislação extravagante, destacando-se, nesse particular, o CDC, mais precisamente seu art. 28, § 5º**, que se propõe contextualizado apenas diante da eventual insolvabilidade da pessoa jurídica, sem a necessidade da afirmação de outros requisitos. Trata-se de precisar, desde já, qual o regime jurídico aplicável, se o comum, entre iguais, inclusive iguais como parceiros empresariais (**teoria maior, a exigir a verificação de requisitos outros, para além da mera insolvabilidade**), ou o protecionista, entre diferentes (**teoria menor, a regular uma relação de consumo, entre o fornecedor sem patrimônio suficiente para honrar suas obrigações, para com o consumidor**, razão pela qual, episodicamente, será afastada a personalidade jurídica do fornecedor, para alcançar no patrimônio particular dos sócios ativo suficiente para saldar as obrigações pendentes da pessoa jurídica). Vejamos, esquematicamente, as teorias maior e menor da desconsideração da personalidade jurídica:

TEORIA	REGIME JURÍDICO	HIPÓTESES LEGAIS
■ Maior	■ Código Civil (art. 50, *caput*)	■ Insolvabilidade e indícios de confusão patrimonial ou desvio de finalidade
■ Menor	■ Código de Defesa do Consumidor (art. 28, § 5º)	■ Somente insolvabilidade a impedir a satisfação de obrigações perante consumidor

■ 10.1.1. A teoria da desconsideração da personalidade jurídica (origem no *common law*)

No início do **século XVII**, houve a expansão colonial dos Estados modernos, sendo que seus governos — para tornarem possível tal expansão — optaram pela **formação de companhias de capital misto** (estatal e privado), as quais lhes permitiram a concentração de somas vultosas, atraindo investidores diante do princípio de que a responsabilidade de tais investidores teria como **limite o capital que ultimas-se vertido para o negócio**, o que, para a época, revelou-se como um privilégio, tendo em vista que para o comerciante comum tinha plena aplicação o princípio da responsabilidade ilimitada e pessoal.

Rubens Requião tem em tais **sociedades colonizadoras o protótipo das sociedades anônimas**, pois, após o capitalismo mercantilista, e no decorrer da revolução industrial, no **século XIX, a grande indústria** apropriou-se do modelo para consecução de capital suficiente a subsidiar a expansão de um **processo de produção em massa**[1]. Percebe-se que a grande empresa, originariamente exceção e dependente de autorização estatal especial para sua criação, popularizou-se, bastando para seu reconhecimento e personificação os requisitos impostos pelo ordenamento jurídico de seu país de constituição.

A sociedade anônima, assim, representou e representa instrumento democrático, pois propicia aos pequenos investidores participação e alcance dos resultados positivos dos grandes empreendimentos. E atrai **pequenos investidores com responsabilidade limitada**. Diante de tal constatação, possível inferir que a figura da **personalidade jurídica decorreu ou foi efeito da necessidade de regulação da responsabilidade patrimonial**[2]. Primeiro, houve o reconhecimento da limitação da responsabilidade patrimonial para sociedades preponderantemente estatais, com regime jurídico no direito público, e, em um segundo momento, a assimilação de tal autonomia patrimonial e correlata limitação de responsabilidade, de forma generalizada, no âmbito do direito privado.

---

1 REQUIÃO, Rubens. *Curso de direito comercial*, 26. ed., v. 1, p. 4.

2 Confira-se, nesse sentido, o raciocínio de COBLES, José Hurtado. *La doctrina del levantamiento del velo societario en España e Hispanoamérica*, p. 20.

De modelo similar, também, foram regras de direito público, advindas do direito internacional, que fomentaram a desconsideração da personalidade jurídica de sociedades comerciais. José Hurtado Cobles considera que a **origem remota da técnica da desconsideração da personalidade jurídica — entendida como uma ficção necessária para arrostar os efeitos negativos da personificação, não desejados nem previstos quando da constituição** do ente coletivo — coincidiu com a legislação que se desenvolveu durante a Primeira Guerra Mundial, episódio histórico não só de enfrentamento bélico, mas com reflexos nos campos político, legislativo e econômico[3].

A conveniência e a permanência dos entes coletivos como fato social exigiram sua disciplina pelo ordenamento jurídico de cada país, reconhecendo-lhes, inclusive, a nacionalidade do país de constituição, ainda que os sócios fossem de nacionalidades não coincidentes com a dos entes coletivos, isto é, a **possibilidade de que investidores estrangeiros tomassem parte de empreendimentos formais — sociedades empresárias, por exemplo** — radicados e inseridos na economia dos correlatos Estados.

O que se está a recuperar aqui é o contexto socioeconômico do período em que se deu e se potencializou a crise do Estado Liberal puro e que englobou não só a Primeira, mas também a Segunda Guerra Mundial. Em tal época, **eram comuns os conflitos a envolver a possibilidade de controle de bens ou de confisco de patrimônio de estrangeiros, eventualmente considerados inimigos**. Exemplificando-se tal preocupação com a legislação e a jurisprudência francesa e inglesa, cuidou-se de relativizar naqueles países a constituição formal de determinadas sociedades empresárias e sua flagrante e necessária autonomia, pois, apesar de nacionais, foram consideradas em alguns casos entidades coletivas inimigas.

O **primeiro caso a contextualizar a possibilidade de confisco de crédito decorrente da técnica da desconsideração da personalidade jurídica** percebeu-se no **Poder Judiciário Inglês**. Trata-se do caso *Daimler Co. Ltd. v. Continental Tyre & Rubber Co.*, julgado entre 1915 e 1916. As empresas em conflito, ambas com nacionalidade, sede e constituídas de acordo com as normas britânicas; parceiras empresariais, fornecendo a sociedade demandada pneus à sociedade demandante, fabricante de automóveis. Posteriormente, o **controle acionário da demandada foi adquirido por alemães**, sendo que o crédito a ela destinado pelo contrato de fornecimento foi retido, pois, com a deflagração da Primeira Guerra Mundial, a demandante temia que o eventual pagamento malferisse a legislação restritiva sobre negócios com nações inimigas. Lembre-se, nesse ponto, que o **contrato de parceria obrigava apenas as pessoas jurídicas envolvidas, e não os seus sócios**.

Em primeira instância, a justiça inglesa considerou válido o contrato entre as sociedades, declarando não haver óbice em se efetuar o pagamento à sociedade demandada. Em grau de apelação, por maioria, manteve-se o julgamento anterior, destacando-se que a **pessoa jurídica seria estrutura e organismo que não poderia ser confundido com a pessoa de seus sócios e que a proteção e o reconhecimento de**

---

[3] COBLES, José Hurtado. *La doctrina del levantamiento del velo societario en España e Hispanoamérica*, p. 21.

tal autonomia seriam decorrência da lei de constituição. Além disso, argumentou-se não ter sido detectada no caso concreto hipótese de constituição desonesta ou fraudulenta da sociedade demandada. Entretanto, na **Câmara dos Lordes**, reformou-se, à unanimidade, o julgamento da corte de apelação, prejudicado o crédito da sociedade demandada, **porque seu controle acionário ultimou por favorecer sociedade inimiga**, por analogia e exatamente em razão da nacionalidade dos sócios detentores do poder de controle[4].

A decisão da Câmara dos Lordes, portanto, **priorizou a defesa da economia nacional, desprezando a nacionalidade societária e a autonomia da pessoa jurídica**, tendo em vista que, pragmaticamente, a gestão da sociedade demandada poderia favorecer os interesses de nação inimiga, tendo em vista a nacionalidade dos sócios majoritários. O raciocínio encampado, entretanto, desprezou o princípio da autonomia patrimonial, **prejudicou o sócio inglês minoritário da companhia** — ainda que com parcela diminuta ou simbólica do capital social — e configurou enriquecimento sem causa da demandante, pois o crédito da demandada se originou de insumos por ela fornecidos à demandante e nos termos previamente avençados. **Decisão casuística, política, mas a prenunciar as hipóteses de desconsideração da personalidade jurídica**, na perspectiva de coibir pretenso abuso de direito e que serviu para a formação de uma jurisprudência daqueles tempos de guerra que acabou por se consolidar[5].

De se registrar que anteriormente — mas fora do contexto europeu, ainda que também pertencente à família do *common law* — foi na **jurisprudência norte-americana que se percebeu também a técnica da desconsideração da personalidade jurídica, lá denominada de *disregard of legal entity doctrine***, mas também referida com a expressão ***piercing the corporate veil***.

O caso ***Bank of United States v. Deveaux*, em 1809**, serviu de referência para a possibilidade de desconsideração da personalidade jurídica, ao firmar a competência da justiça federal, em hipótese em que preponderou não o domicílio da companhia demandada, e sim os dos diferentes sócios que compunham seu quadro societário. Da mesma maneira que as controvérsias entre cidadãos de diferentes Estados deveriam ser julgadas por tribunais federais, nos termos do art. 3º, da Constituição norte-americana, a presença de sócios com domicílio em mais de um Estado atraiu a competência da justiça federal. Portanto, **apesar de tratar-se de pessoa jurídica independente e autônoma, levantado foi o véu, preponderando a qualificação de seus sócios, em detrimento do domicílio dela, como se partes no processo fossem seus sócios, e não a pessoa jurídica**[6].

---

4 Assim, doutrinam Fábio Konder Comparato e Calixto Salomão Filho sobre o mitigar do hermetismo da personalidade do ente coletivo. *O poder de controle na sociedade anônima*, 5. ed., p. 386.

5 Confira-se, de forma similar, o pensamento de: RIBEIRO, Maria de Fátima. *A tutela dos credores da sociedade por quotas e a "desconsideração da personalidade jurídica"*, p. 80.

6 COBLES, José Hurtado. *La doctrina del levantamiento del velo societario en España e Hispanoamérica*, p. 23.

Cabe, aqui, uma rápida incursão no teor da decisão proferida no referido caso. O **Juiz Marshall, então membro da Suprema Corte dos Estados Unidos, ao considerar que a demanda era travada entre os sócios e o Fisco, permitiu a interpretação de que não somente a competência seria da Justiça Federal, em face de terem os sócios domicílios em mais de um Estado, mas a responsabilidade patrimonial, também, deveria ser deles, e não da pessoa jurídica Deveaux**. Não houve critério de aferição da conduta dos sócios da pessoa jurídica para só, então, impor-lhes a condição de partes passivas legítimas do processo contra ela; antes, pelo simples fato de serem sócios, foram considerados devedores. Hipótese de **aplicação objetiva da desconsideração da personalidade jurídica (teoria menor)**, portanto.

Inaugurou-se, dessa forma, nos Estados Unidos, a doutrina da *disregard of the legal entity*, que ganhou espaço e projeção ao longo do século XX naquele país, para abranger sobretudo os casos em que o controlador (empreendedor individual) de determinada corporação se predispunha a blindar seu patrimônio individual, apesar de passivo a descoberto da corporação. Tal tendência, defendida pela doutrina e incorporadora pela jurisprudência, foi alvo de críticas contundentes, pois a representar **uma fissura no princípio basilar da segurança jurídica**[7].

Erigiu-se como problema da aplicação da doutrina da desconsideração da personalidade jurídica estabelecer ou vislumbrar um **limite para a construção de tal doutrina**, sob pena de esvaziar-se por completo o sentido da personificação alcançada e garantida pelo direito positivo. A doutrina desenvolvida naquele país cuidou de relativizar a autonomia do ente coletivo, buscando **descrever fórmulas ou hipóteses que sinalizassem a possibilidade de aplicação da desconsideração nos casos concretos**. A experiência jurisprudencial acumulada seria indicativa de tal esforço, possibilitando a classificação das hipóteses de desconsideração em grupos de casos que redundassem na identificação de **disfunções injustas e não condizentes com a razão de ser ou finalidade** do instituto da personalidade jurídica, bem como naqueles casos em que a desconsideração tivesse **como resultado afastar ou evitar a fraude**.

Apesar de uma **doutrina de testes prévios**[8], como filtro para a aceitação da aplicação da técnica da desconsideração, a crítica ao sistema norte-americano se assenta na constatação de que, apesar da força da prática judicial calcada na justiça material do caso concreto, multiplicam-se e confundem-se os critérios adotados para definir as hipóteses de desconsideração. Não há segurança conceitual e, portanto, jurídica. Além disso, a própria estrutura do Poder Judiciário norte-americano contribui para a confusão conceitual (**não se pode dizer que haja um *common law* federal**). Concorrem o direito federal e o direito dos Estados. É dizer que a doutrina utilizada, exatamente por sua fluidez, foi trasladada para a jurisprudência local, considerando-se 50 (cinquenta) Estados[9]. Diante disso, entende-se que, **mesmo nos Estados Unidos, de-**

---

7 COBLES, José Hurtado. *La doctrina del levantamiento del velo societario en España e Hispanoamérica*, p. 24.

8 A ser mais bem explicitada no *tópico 10.1.3*.

9 SÉROUSSI, Roland. *Introdução do direito inglês e norte-americano*, p. 87-91.

ve-se aplicar a técnica da desconsideração de forma comedida, excepcional e residual, priorizando-se qualquer outra medida antes de se recorrer ao referido expediente que ultimará por afastar o princípio da autonomia patrimonial[10].

No Direito Inglês, a exemplo do que se constatou no Direito Norte-americano, também os princípios da **equidade (justiça no caso concreto) e da não condescendência com a fraude nortearam o reconhecimento da teoria da *disregard of the legal entity*.** Porém, de início, percebe-se que tal doutrina não alcançou a mesma repercussão no Reino Unido, pois naquele país **prevaleceu orientação jurisprudencial a fazer preponderar a autonomia jurídica do ente coletivo**, conforme entendimento da Câmara dos Lordes, última instância de julgamento no **célebre caso *Salomon v. Salomon & Co. Ltd.*, em 1896.**

O Sr. **Aaron Salomon, fabricante de sapatos**, por muitos anos explorava com êxito seu negócio, exercendo-o como **comerciante individual**. Entretanto, em 28 de julho de 1892, decidiu abandonar a firma individual e **transformá-la em sociedade limitada**. Fizeram parte do quadro societário da *Salomon & Co. Ltd.* **o próprio Salomon, sua esposa e os cinco filhos do casal**. O **capital social do ente coletivo correspondeu a 40.000 libras esterlinas**, distribuindo-se em **40.000 ações**, cada uma no valor nominal de 1 libra. A sociedade se apropriou da estrutura antes construída pela firma individual, desembolsando a cifra de 38.782 libras. Contabilmente, tal valor foi saldado parcialmente à vista, remanescendo como **passivo da sociedade em relação ao sócio Salomon a quantia de 10.000 libras, representada por crédito privilegiado.**

Apenas um ano após sua constituição, diante de conjuntura econômica desfavorável, a sociedade experimentou perdas consideráveis, sendo nomeado um liquidante para realizar o ativo e distribuí-lo entre os credores. Entretanto, percebeu-se que havia **passivo a descoberto, isto é, o ativo da sociedade não seria suficiente para pagamento de todos os credores, pois detectado patrimônio líquido negativo no valor de 7.733 libras**. Entre os credores prejudicados, o Sr. Broderip, que havia emprestado a importância de 5.000 libras à sociedade, buscou a **anulação do contrato de trespasse/transformação da firma individual em sociedade**, querendo, em consequência, **responsabilizar diretamente Salomon pelos valores que deixara de receber**. Sua petição trouxe **três eixos de argumentação**: 1) **houve superfaturamento do valor das ações adquiridas por Salomon**; 2) o contrato de sociedade, por isso, **serviria para fraudar credores**; e 3) a **concentração do capital social, adquirido em sua maioria pelo próprio Salomon, evidenciava que a administração do negócio continuou a cargo dele, sem que os demais sócios tivessem ingerência sobre os rumos da sociedade, o que estaria a atrair sua responsabilidade pessoal pela fraude noticiada.**

Em primeira instância, entendeu-se que os **privilégios do acionista majoritário revelaram a continuação da firma individual, pois Salomon, de fato, seria o**

---

[10] COBLES, José Hurtado. *La doctrina del levantamiento del velo societario en España e Hispanoamérica*, p. 25.

acionista único do empreendimento, eis que os demais acionistas simplesmente pelo grau de parentesco seriam sócios meramente figurativos. A sociedade, como **pessoa jurídica autônoma, nunca teria existido.** Salomon fez dela mero preposto, para blindar seu patrimônio particular e em prejuízo de seus credores, razão pela qual o crédito privilegiado em seu favor não deveria prevalecer. A **corte de apelação encampou o mesmo entendimento**, apesar de não confirmar a declaração de inexistência da sociedade, tendo em vista sua constituição regular. Na perspectiva de que **houve fraude, a sociedade deficitária seria credora do sócio controlador**, devendo ele aportar capital suficiente para saldar as obrigações pendentes.

As **premissas da teoria da desconsideração** foram construídas, portanto, tendo em vista **flagrante fraude**. Apesar do acerto profético das decisões de primeira e segunda instância, a Justiça Inglesa reformou-as. Seja como for, restou a teoria definitivamente gravada na história posterior do direito societário e, especificamente, na **história da autonomia da pessoa jurídica**.

A fórmula da teoria é bem simples. Quando a **pessoa jurídica for usada para fins fraudulentos ou por abuso de direito, restando ela insolvente, com débito não pago, o magistrado poderá afastar apenas a eficácia do seu ato constitutivo, de maneira que possa autorizar que o débito seja satisfeito com o patrimônio particular dos sócios.** A sociedade não restará desconstituída, nem declarada inexistente. Apenas ocorrerá uma suspensão momentânea da eficácia do ato constitutivo, afastando-se temporariamente sua autonomia, para **responsabilizar pessoalmente os sócios pelas obrigações assumidas em nome da pessoa jurídica**.

Salomon, porém, recorreu à Câmara dos Lordes e conseguiu reverter, à unanimidade, o decidido pelas instâncias inferiores. Para a Câmara dos Lordes, Salomon pôde continuar com a preferência de seu crédito e também não era responsável pelas obrigações pendentes da sociedade. **Tal decisão prestigiou o sistema legal que permitiu a constituição da companhia.** Apesar de criticável do ponto de vista doutrinário, tal decisão fez prevalecer o princípio da autonomia patrimonial.

A aquisição regular das ações do empreendimento e a formalização das operações foram suficientes, de acordo com aquela corte de justiça, para manter hígido o princípio da limitação do patrimônio entre os sócios. A decisão optou por uma solução que preservasse a segurança jurídica e econômica no cenário coletivo **e não observou o atendimento do interesse individual de alguns credores.**

A partir de então, a **jurisprudência inglesa manteve-se coerente com aquele precedente**, restringindo a aplicação da doutrina da desconsideração da personalidade jurídica. No contexto da globalização, **em 1990**, cita-se como mudança de paradigma o **caso *Adams v. Cape Industries Plc.*, encampando-se a doutrina da desconsideração quando perceptíveis grupos de sociedades e quando reconhecida a unidade econômica, apesar de presente a autonomia jurídica**[11].

[11] Assim salienta RODA, Carmen Boldó. Levantamento del velo y persona jurídica en el derecho privado español. *Rev. Derecho de Sociedades*, 1997.

Percebe-se, nitidamente, que a teoria da desconsideração originou-se da prática judiciária desenvolvida no sistema anglo-saxão de direito, o denominado *common law*. Uma tradição jurídica que se sustenta no **poder criador ou normativo do Poder Judiciário**. Mais experiência do que lógica; opinião, e não silogismo[12]. Por isso mesmo, tal doutrina **não poderia ser incorporada ou imposta à família romano-germânica de direito (*civil law*), em que o magistrado, regra geral, predispõe-se a interpretar e aplicar o direito, mas não a criá-lo**. Não há que se falar de uma importação acrítica de tal teoria para o direito codificado (que tem a lei como primeira fonte), até porque — como se afirmou — assentou-se em institutos já positivados como a fraude à lei e o abuso de direito.

Esquematizando a **teoria original da desconsideração da personalidade jurídica**:

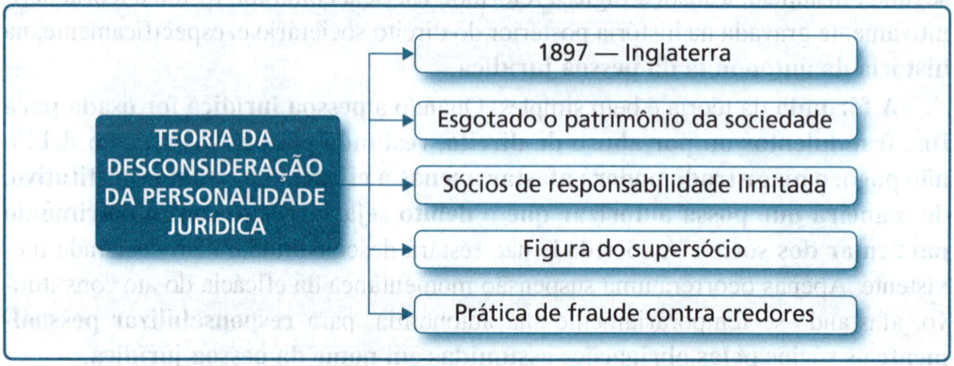

■ 10.1.2. A teoria da desconsideração da personalidade jurídica e a obra pioneira de Rolf Serick

A assimilação de tal técnica, antes de seu reconhecimento legislativo, foi debatida doutrinariamente, destacando-se, no continente europeu, a **tese de doutorado de Rolf Serick, em 1955, com o título *Estatuto jurídico das pessoas jurídicas e a realidade***[13]. O estudo e a sistematização dos casos de desconsideração da personalidade jurídica catalogados da prática judicial norte-americana e alemã foram bem-aceitos em países como Itália e Espanha. Rubens Requião — entre nós quem primeiro divulgou as ideias de Serick — esclarece que **tal doutrina afirma o princípio da autonomia patrimonial, apesar de relativizá-lo**, isto é, reconhece os efeitos da personificação do ente coletivo, porém "**a personalidade jurídica não constitui um direito absoluto, mas está sujeita e contida pela teoria da fraude contra credores e pela teoria do abuso do direito**"[14].

Por meio de grupos de casos, Rolf Serick disse da necessidade de se **estabelecerem balizas teóricas para sustentar as várias decisões judiciais** que contextuali-

[12] GARAPON, Antoine; PAPADOPOULOS, Ioannis. *Julgar nos Estados Unidos e na França*, p. 171.

[13] Tradução livre do título em alemão: *Rechtsform und Realität juristischer Personen*.

[14] SERICK, Rolf. *Apariencia y realidad en las sociedades mercantiles*, p. 390.

zaram em seu tempo a desconsideração da personalidade jurídica. O dogma da autonomia patrimonial estabeleceu a distinção rigorosa entre os patrimônios da pessoa jurídica e de seus membros, sendo que a jurisprudência alemã demonstrou ser possível alcançarem-se os homens por detrás dos entes coletivos em hipóteses em que se fez mau uso da forma das pessoas jurídicas[15].

Rolf Serick iniciou sua análise com a constatação de **decisões alemãs discrepantes em relação à possibilidade de compensação de créditos originariamente contra o governo alemão serem extensíveis a pessoas jurídicas de direito privado**, entretanto controladas pelo poder público, diante de sua posição de destaque no que diz respeito à maioria de sua participação social. A falta de uniformização dos precedentes jurisdicionais o inquietou, diante da **ausência de critérios científicos seguros a fundamentar a referida compensação**, isto é, depois da reforma bancária naquele país, quais seriam os critérios — considerados nas decisões judiciais — capazes de possibilitar a um devedor de pessoa jurídica controlada pelo poder público liberar-se de sua obrigação, tendo em vista crédito contra o Estado. Destacou várias decisões em que a compensação foi denegada, pois não se reconheceu a identidade entre a pessoa jurídica (de direito privado) e seu sócio majoritário (de direito público), mantendo-se, em tais hipóteses, hígido o princípio da autonomia patrimonial. Em outros tantos casos, porém, detectou como fundamentos principais para a hipótese de **desconsideração da personalidade jurídica a cláusula geral de boa-fé e a técnica da ponderação de interesses**[16].

A crítica de Rolf Serick — que aqui se tem como atual para a realidade brasileira — é de que uma **flexibilização exagerada das razões capazes de fundamentar o levantar do véu da pessoa jurídica** pode simplesmente extinguir materialmente o ente coletivo, o que seria equivalente à **negação da pessoa jurídica**. O perigo de tal proceder estaria em potencializar justificativas não jurídicas para afastar os efeitos da personificação.

Como resultado, percebeu ele em sua Alemanha e percebe-se no Brasil uma argumentação falha, retórica, carregada de fórmulas que podem açambarcar qualquer argumento, sem que sejam satisfatoriamente convincentes, como nos casos utilizados pela justiça obreira em que, **diante das "forças dos fatos" ou de um critério estritamente econômico, pessoas jurídicas distintas acabam confundidas, quando uma delas, demandada em sede de execução, não possui patrimônio suficiente** para satisfação dos créditos de seus ex-empregados; em razão disso, por mera petição nos autos e de forma unilateral, tem-se admitido que a execução seja redirecionada a outra pessoa jurídica coligada[17].

---

15 SERICK, Rolf. *Apariencia y realidad en las sociedades mercantiles*, p. 32.

16 SERICK, Rolf. *Apariencia y realidad en las sociedades mercantiles*, p. 34.

17 A título de ilustração, confira-se o seguinte precedente da justiça laboral, que ora se anota: TRT, 16ª Região, Mandado de Segurança 222200900016001 MA 00222-2009-000-16-00-1. Rel. José Evandro de Souza. Julgamento: 05/11/2009. Publicação: 21/12/2009. Disponível em: <http://trt-16.jusbrasil.com.br/jurisprudencia/7443098/222200900016001-ma-00222-2009-000-16-00-1>. Acesso em: 10 ago. 2013, às 14h00.

Em tempos de uma Alemanha ainda a suportar os revezes do pós-Segunda Guerra Mundial, Rolf Serick lembrou os casos de **desapropriação do patrimônio de sociedades sem qualquer indenização, pois eram equiparadas a extensões do Reich alemão vencido**. Ao analisar tal problemática, ponderou que, pelo direito de ocupação, razoável — diante do princípio da autonomia patrimonial — que sociedades de direito privado (ainda que entre seus sócios o poder público) tivessem seus bens utilizados, mediante regular requisição, o que estaria a reclamar a correlata indenização.

Exemplificou a **hipótese de confisco** lembrando a constituição de uma sociedade "X" limitada, cujo objeto social foi, em Berlim, no ano de 1941, a **fabricação de componentes para estrutura de aeronaves**. Do capital social de tal sociedade limitada, 75% (setenta e cinco por cento) foram integralizados por uma instituição financeira "Y" (S/A) e o remanescente por outra LTDA., "Z". Após o fim da guerra, a propriedade imóvel da sociedade "X" foi simplesmente **confiscada pelas autoridades norte-americanas na Alemanha**, seguindo-se, como linha de argumentação, o fato de que, se **todas as participações do Banco "Y" pertenciam ao Reich vencido**, naquela hipótese, haveria plena identificação entre eles. Em consequência, materialmente, o controle do Banco pelo Estado alemão fazia deste o verdadeiro acionista da LTDA. "X". Assim, a propriedade privada e imobiliária da referida sociedade seria transmudada em propriedade estatal e, em razão disso, justificável o simples confisco[18].

O viés meramente objetivo que se construiu para a desconsideração nesse caso atendeu a um **critério político, contingencial, e não jurídico**. Em primeiro lugar, não se deve confundir participação societária com patrimônio líquido ou ativo do empreendimento. A participação societária projeta ou protrai no tempo o que se investiu no empreendimento e que, em perspectiva, poderá retornar na forma de dividendos, em caso de sucesso do negócio. **Contabilmente, porém, o resultado positivo, estará condicionado à satisfação dos credores da sociedade.**

Tal constatação impõe, antes da liquidação dos haveres dos sócios, em caso de desativação voluntária ou forçada do empreendimento (como no exemplo do confisco alemão), **um encontro de contas: a realização do ativo e a liquidação das dívidas sociais, para somente depois dessa operação serem determinados os haveres dos sócios, se perceptível um patrimônio líquido positivo**. A propriedade imóvel confiscada poderia ter valor insuficiente para quitação dos débitos societários, de modo que o confisco não atingiu somente o Banco "Y" ou o Reich, mas todo o universo de credores da pessoa jurídica (**entre eles, possíveis credores americanos ou aliados**).

No caso analisado, o confisco (justificável por questões políticas) **afetou flagrantemente também o direito de propriedade dos eventuais credores da sociedade, bem como da LTDA. minoritária**, igualmente participante do capital da sociedade que fabricava os componentes de aeronaves. Juridicamente, enriquecimento ilícito, desconsideração da personalidade jurídica com efeitos negativos em relação a terceiros de boa-fé.

[18] SERICK, Rolf. *Apariencia y realidad en las sociedades mercantiles*, p. 37.

Fez-se, e faz-se, justiça parcial e episódica; justiça para o caso concreto, mas às custas da relativização do dogma da personalidade jurídica que deveria servir de limite de responsabilidade para os entes coletivos e de opção para os investidores. E, em razão disso, resta comprometido o princípio da segurança jurídica[19]. Para se evitar a banalização ou a aplicação sem critério da técnica da desconsideração da personalidade jurídica, Rolf Serick propôs-se a **delimitar as razões fundantes de tal proceder, elaborando quatro hipóteses de trabalho.**

Defendeu, **em primeiro lugar, que a forma da pessoa jurídica não poderia se coadunar com o abuso.** Logo, o julgador poderia (e pode) desestimar a personalidade jurídica do ente coletivo, **para evitar quc por meio dela se perpetue um resultado contrário ao ordenamento jurídico.** Em tal hipótese, prescindível a regra fundamental que estabelece uma radical separação entre o patrimônio da sociedade e de seus sócios.

É dizer, a **pessoa jurídica não deveria servir de escudo para burlar a lei**, para justificar o inadimplemento contratual ou fraudar terceiros. A personificação do ente coletivo lhe garante **autonomia relativa e o protegerá, desde que cumpra os fins lícitos** para os quais foi instituído. Excepcionalmente, entretanto, se **alguém se utilizar abusivamente da forma da pessoa jurídica, perpetrando ilícitos por meio dela, logicamente não merecerá amparo do Direito.** Deverá suportar os efeitos de eventual desconsideração da personalidade jurídica e, consequentemente, poderá **ser responsabilizado pessoalmente.**

O exemplo alemão, na análise de Rolf Serick, correspondeu à hipótese de **eventual concorrência desleal perpetrada pelos empregados de determinada sociedade.** Salientou a regra proibitiva do § 60, do Código Comercial Alemão então vigente, impeditiva de referida concorrência desleal, mas construiu o raciocínio de que tal norma **poderia ser facilmente superada com a constituição de uma pessoa jurídica por algum colaborador da sociedade**[20].

Imagine-se, no caso brasileiro, por exemplo, alguém que exercesse a atividade empresarial individualmente e tenha falido. Por óbvio, deveria **abster-se de exercer a atividade comercial**, como consequência do decreto de quebra, a chamada inabilitação do falido para o exercício de atividade empresarial. Suponha-se, porém, que se tenha utilizado de um subterfúgio e, buscando burlar a lei, **tenha constituído por interpostas pessoas uma sociedade que continue atividade para a qual tenha sido inabilitado.** Além disso, cogite-se da possibilidade de que alcançasse a administração fática do empreendimento, por exemplo, pela **outorga de instrumento de mandato em seu nome para agir representando a sociedade.** Nitidamente, a pessoa jurídica

---

19 Rolf Serick alertava a respeito. Numa tradução livre de seu pensamento, tem-se: "Por outra parte, há sentenças que, apesar de desestimarem a forma da pessoa jurídica, não se baseiam em fundamentos dogmaticamente convincentes. Regra geral, sustentam-se em razões de equidade (...). Assim, em definitivo, o acerto ou o desacerto de tais sentenças somente poderá ser medido se a fundamentação nelas exposta puder espelhar o valor do Direito como um elemento de previsão para além da justiça do caso concreto" (SERICK, Rolf. *Apariencia y realidad en las sociedades mercantiles*, p. 39).

20 SERICK, Rolf. *Apariencia y realidad en las sociedades mercantiles*, p. 243.

seria constituída para superar uma proibição legal. O art. 102 e o art. 176, ambos da Lei n. 11.101/2005, restariam medrados, se não se reconhecesse em tal hipótese o abuso da forma da pessoa jurídica.

A pessoa jurídica também **não pode ser utilizada para mascarar o inadimplemento contratual**. Rolf Serick reconstruiu tal possibilidade com o exemplo seguinte: **"A" e "B" se obrigam frente a "C" a não realizar determinado ato. Porém, o mesmo ato ultima por ser perpetrado pela sociedade "X", que tem como únicos sócios "A" e "B"**. Nessa hipótese, indagava se referido ato poderia ser proibido também em relação à sociedade "X" e, em caso afirmativo, sob qual fundamento. Essa obrigação de não fazer estabelecida no contrato entre as pessoas naturais acabaria, por certo, comprometida, pois indiciariamente **perceptível a fraude perpetrada por intermédio do ente coletivo, formalmente distinto, mas materialmente identificável com os sócios** que se comprometeram pelo contrato[21].

O caso em tela, perfeitamente, abarcaria, no ordenamento pátrio, a **cláusula de não restabelecimento em caso de trespasse**. O alienante, pessoa natural, ou a pessoa jurídica por ele administrada, por expressa disposição legal, salvo autorização expressa, estaria proibido de "fazer concorrência ao adquirente, nos cinco anos subsequentes à transferência" (art. 1.147, do CC), não podendo desrespeitar o contrato de trespasse, **mesmo que indiretamente, adquirindo o controle acionário de sociedade que atue no mesmo ramo de atividade que a sociedade objeto do trespasse**.

Rolf Serick trouxe à baila **dois outros casos intermediários, não exatamente identificados com o burlar da lei ou de determinada avença**, ao salientar outras hipóteses de danos a terceiros ocasionados pelos sócios do ente coletivo, utilizando-se indevidamente da pessoa jurídica.

Didaticamente, pensou, inicialmente, no seguinte exemplo: **"X" celebrou um contrato com uma pessoa jurídica e, concomitantemente, veio a ser ludibriado dolosamente pelos sócios dela**. Indagou se, nessa hipótese, seria possível a "X" requerer a anulação do contrato, ainda que o gerente da pessoa jurídica — seu representante legal — tenha agido de boa-fé e não tenha participado do engodo[22]. Ao enfrentamento de tal questão respondeu afirmativamente, pois, pelos princípios do direito obrigacional, **não seria razoável ao contratante prejudicado impor o avençado, quando enganado por alguém economicamente identificado com a outra parte, no caso a pessoa jurídica**, sendo o exemplo proposto mais um dos possíveis casos de abuso da forma da pessoa jurídica.

O mesmo autor frisou ainda, no seu tempo, o **mau vezo de empréstimos a pessoas jurídicas, quando constituídas por um único sócio**. Rememorou que o usual é que as pessoas jurídicas sejam constituídas como **capital social inexpressivo diante do vulto do objeto social escolhido**. Posteriormente, o mutuante, o sócio controlador do empreendimento, **predispunha-se à complementação do capital à sociedade a título de empréstimo, fazendo-se assim credor da pessoa jurídica** e, em perspectiva,

---

21 SERICK, Rolf. *Apariencia y realidad en las sociedades mercantiles*, p. 59.

22 SERICK, Rolf. *Apariencia y realidad en las sociedades mercantiles*, p. 71.

em caso de insucesso do negócio, podendo requerer a satisfação do empréstimo com a liquidação do patrimônio da sociedade e em concorrência com os demais credores. Tal prática, hoje, tem sido tratada pela **Doutrina e Jurisprudência como subcapitalização**.

A primeira proposição de Rolf Serick concentrou-se, como se pode perceber, nos casos em que se **detectou o uso abusivo da forma da pessoa jurídica, para fraudar a lei, contratos ou terceiros. Abuso consciente, doloso, algumas vezes, inclusive, a conformar ilícito penal.** Em tais circunstâncias, justificável a desconsideração da personalidade jurídica, a fim de que os perpetradores das fraudes fossem responsabilizados pessoal e ilimitadamente.

Em sua **segunda proposição**, defendeu que não seria razoável impor-se como regra o desprezar da forma da pessoa jurídica, para buscar-se o cumprimento da finalidade de qualquer norma ou negócio jurídico. Explanou que o legislador, ao inovar o direito positivo, tem em mente o atingir de determinados fins e quis, assim, ao reconhecer a **personificação ao ente coletivo, proporcionar aos constituintes da pessoa jurídica, bem como aos eventuais investidores, um mínimo de segurança jurídica**.

Trouxe como ilustração o **tratamento jurídico diferenciado entre as hipóteses de transferência do controle da participação societária de determinado ente coletivo** (o que, de maneira reflexa, ocasionaria a transferência do ativo imobilizado da referida sociedade) e um contrato de compra e venda do único bem imóvel da mesma sociedade. Salientou que, na primeira situação, implicitamente, não caberia a discussão sobre eventuais defeitos do imóvel, diferentemente da hipótese referente ao contrato de compra e venda em que eventuais defeitos assumiriam centralidade e poderiam fundamentar eventual ação redibitória. Argumentou que, muito embora, no primeiro caso, o atrativo principal do negócio tenha sido o adquirir do imóvel, não poderia o juiz, **em caso de questionamento da transferência do controle acionário, desconsiderar a personalidade jurídica da sociedade, para transformar a transferência do controle acionário em mero contrato de compra e venda de bem imóvel**, no intuito de fazer prevalecer o verdadeiro fim almejado pelo adquirente do negócio.

Encampado o raciocínio de Rolf Serick — a segunda proposição *supra* —, tem-se no Brasil de hoje como princípio **que o operador do direito deve mesmo enxergar os fins sociais a que se destinam as normas jurídicas**, mesmo porque, em se tratando de relações econômicas privadas, **deveriam dialogar três regimes jurídicos**, destacando-se, por isso, negócios classificáveis por grupos, a saber: **a) entre empresários; b) entre consumidores e empresários (fornecedores); e c) entre civis. Relações jurídicas entre iguais e diferentes**[23].

A compra e venda de veículos automotores, por exemplo, poderá atrair diferentes regimes jurídicos, a depender da posição dos contratantes. Se eventualmente

[23] Especificamente em relação ao direito do consumidor, Cláudia Lima Marques doutrina sobre o princípio tutelar no direito privado, a máxima *favor debilis* e a necessidade de um direito privado de liberdade e igualdade material: um direito privado para iguais e para diferentes (*Manual de direito do consumidor*, p. 30-34).

tratar-se da aquisição de **um veículo novo para uso pessoal entre uma concessionária e um cliente pessoa física, naturalmente aplicável à avença o microssistema de direito contido no CDC**. Se, entretanto, contextualizar-se o **fornecimento de veículos automotores entre a fábrica e uma de suas concessionárias**, tal hipótese encontrará regime jurídico em lei específica, mais precisamente na **Lei n. 6.729/79, tipicamente empresarial**. Se, por derradeiro, tratar-se de **um negócio ocasional entre vizinhos**, residualmente o regime jurídico entre iguais será alcançado **por meio das regras contidas no CC**.

No primeiro caso, como um dos elementos a compensar o risco da atividade econômica, encontra-se exatamente o **princípio da autonomia patrimonial, e no tráfico jurídico entre empresários, salvo exceções, não existe razão para se estabelecerem regras protecionistas em relação aos contratantes**. Percebe-se, inclusive, que, precisamente em relação às sociedades limitadas (uma vez totalmente integralizado o capital subscrito), e diante de um **passivo a descoberto relacionado a credores também empresários, o patrimônio particular dos sócios não poderá ser alcançado para fazer frente às dívidas sociais remanescentes**. Não se trata de regra injusta, porque — frise-se mais uma vez — comum a qualquer atividade empresarial o risco de insucesso, razão pela qual a limitação da responsabilidade dos sócios pelas obrigações sociais é mecanismo hábil a estimular empreendedores e investidores, caso contrário não se lançariam à produção de bens e serviços, o que seria prejudicial a toda a coletividade[24].

O **desafio, entretanto, parece ser o de fazer o necessário diálogo entre as normas que protegem a autonomia patrimonial e que se inserem em um microssistema de direito que pretende a manutenção da atividade empresarial**, por se tratar de interesse difuso ou, prospectiva e subsidiariamente, de minorar o prejuízo de todos os credores (Lei n. 11.101/2005 e seus art. 47 e 82) — tese que aqui se adianta e que se apresenta jurídica e economicamente mais eficiente do que hipóteses de desconsideração objetiva e a beneficiar apenas determinadas classes de credores (trabalhistas e consumidores, por exemplo).

Em vez de uma ponderação de valores, corre-se o risco de uma espécie de autofagia legislativa a impedir o cumprimento da finalidade das normas protecionistas. Em outras palavras, a desconsideração da personalidade jurídica do ente coletivo **poderá evidenciar eventual situação falimentar, porém beneficiará apenas determinado credor (que satisfará sua pretensão), mas poderá alijar de eventual rateio outros credores que — na perspectiva de eventual execução coletiva** — estivessem na mesma situação jurídica daquele que foi beneficiado com a procedência do pedido de desconsideração da personalidade jurídica.

A **terceira proposição** de Rolf Serick se baseou na constatação de que as normas que se fundamentam em qualidades humanas ou que consideram valores humanos também se devem aplicar às pessoas jurídicas quando a finalidade da norma corresponder a determinadas classes de pessoas. Não se trata de desestimar a forma da

---

[24] Nesse sentido, observa Fábio Ulhoa Coelho, *Manual de direito comercial*, 14. ed., p. 157.

pessoa jurídica, para identificar a vontade dos sócios com a do ente coletivo ou mesmo da equiparação ou confusão do patrimônio dos sócios com o da pessoa jurídica, mas sim de **transferir ao ente coletivo certas qualidades inerentes aos seus constituintes**. Buscou ilustrar tal situação, ao analisar e justificar a legislação que tratou das sociedades consideradas inimigas, no contexto das grandes guerras mundiais[25].

Tal fenômeno — de incorporação pelas pessoas jurídicas de certos atributos das pessoas físicas — corrobora o princípio da autonomia patrimonial. **É patrimônio intangível de determinada pessoa jurídica, por exemplo, a reputação de excelência nos serviços que mantenha em determinado nicho de mercado.** Por tal linha de raciocínio, possível que haja comprometimento de sua honra objetiva, sendo-lhe legítimo buscar a compensação pelos danos correspondentes, destacando-se, nessa hipótese, eventuais valores perseguidos a título de danos morais. O STJ, inclusive, pacificou a matéria, diante do enunciado da Súmula 227, em que se afirmou que a pessoa jurídica pode sofrer dano moral.

A **quarta e última proposição** de Rolf Serick cuidou de prever a possibilidade de desconsideração da personalidade jurídica quando a **forma da pessoa jurídica for utilizada para ocultar que de fato existe identidade entre as pessoas que intervêm em determinado ato, o que poderá acarretar a desestimação da forma da referida pessoa jurídica** quando a norma que se deva aplicar pressuponha que a identidade ou diversidade dos sujeitos interessados não seja puramente nominal, mas sim efetiva. Exemplificou tal possibilidade com as hipóteses de transações imobiliárias e contratos de mandato, nos termos, respectivamente, dos §§ 892 e 181, ambos do Código Civil Alemão então vigente.

Esquematizando as **quatro hipóteses de desconsideração da personalidade jurídica, segundo Rolf Serick**:

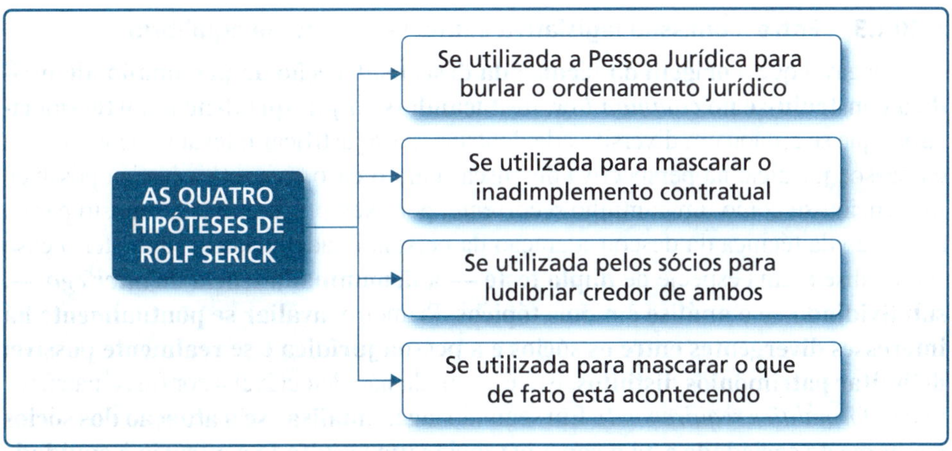

A obra de Rolf Serick impulsionou na Alemanha, país como o Brasil, de tradição romano-germânica, a **discussão sobre a necessidade de eleição de critérios**

[25] SERICK, Rolf. *Apariencia y realidad en las sociedades mercantiles*, p. 252-256.

confiáveis para a aplicação da teoria da desconsideração da personalidade jurídica. Defendeu o **dogma da autonomia patrimonial como princípio valioso por emprestar segurança jurídica aos que se predispusessem a constituir, contratar ou investir nos entes coletivos**. É dizer, a distinção dos patrimônios da pessoa jurídica e de seus sócios, bem como das responsabilidades correlatas, deveria ser pormenorizada. Em contraponto, justificou a aplicação da teoria da desconsideração, desde que se percebesse o abuso da forma da pessoa jurídica, destacando e agrupando as hipóteses na constatação de fraude à lei e aos negócios jurídicos.

Apesar de destacar empiricamente até a **necessidade de romper com o princípio da autonomia quando se contextualizasse o abuso consciente da pessoa jurídica**, o pensamento de Rolf Serick registrou a possibilidade de abuso em casos de **nítida confusão patrimonial**, concordando com a decisão de desestimação da personalidade jurídica na consideração de grupos econômicos, ao analisar as relações entre sociedades controladoras e controladas.

Logo, percebe-se que **o pensamento de Rolf Serick foi inspiração para o legislador brasileiro**, ao eleger como cláusulas gerais para as **hipóteses de desconsideração o desvio de finalidade e a confusão patrimonial**, conforme se lê expressamente no art. 50, do CC.

As críticas posteriores à obra de Rolf Serick concentraram-se no aspecto aparentemente reducionista que fez imprimir na aplicação da teoria da desconsideração, para alguns dependente da demonstração do caráter intencional do abuso da forma da pessoa jurídica. O abuso de direito, ainda que não se identifique com eventual fraude, poderá em algumas situações ser alcançado por meio da contextualização de critérios objetivos, sintetizados em locuções do tipo "fim social ou econômico" do direito[26].

■ 10.1.3. Entre a omissão legislativa e uma regulação de equilíbrio

Inegável que a **origem da técnica da desconsideração da personalidade jurídica construiu-se no *common law*, destacando-se a jurisprudência norte-americana**, que se apoiou em diversificada doutrina, para justificar o levantamento do véu da pessoa jurídica, na perspectiva de buscar para o caso concreto a justiça possível. Evidenciou-se como um caminho recorrente, por exemplo, como pressuposto para a aplicação da técnica da desconsideração da personalidade jurídica, submeter o caso sob análise a uma espécie de **duplo teste — a denominada teoria do *alter ego* —, subdividindo-se a análise em dois tópicos**. Primeiro, **avaliar se pontualmente há interesses divergentes entre os sócios e a pessoa jurídica** e se **realmente possível delimitar patrimônios distintos**, isto é, se ainda não detectável a confusão patrimonial (o *formalities requirement*). Em segundo lugar, **analisar se a atuação dos sócios em nome da sociedade está a consubstanciar um resultado contrário à equidade** (o *fairness requeriment*)[27].

---

26 RIBEIRO, Maria de Fátima. *A tutela dos credores da sociedade por quotas e a "desconsideração da personalidade jurídica"*, p. 105.

27 WORMSER, Maurice. *Piercing the veil of corporate entity*, p. 500.

10.1.3.1. A doutrina norte-americana

A **doutrina norte-americana quis, portanto, objetivar a aplicação da técnica da desconsideração** da personalidade jurídica, indicando indícios mínimos para subsunção do caso concreto a conclusões tomadas em casos semelhantes enfrentados pelo Poder Judiciário daquele país. E estabelecer **quais situações de fato, quais os padrões a serem contextualizados para que fosse possível invocar a teoria da *disregard legal entity doctrine***. Uma operação lógica, reduzindo-se à mensuração ou comparação dos parâmetros sistematizados pela doutrina (algo feito antecipadamente, objetivamente) e as circunstâncias do caso concreto *sub judice*. De tal operação, erigir-se-á necessária a aplicação da técnica da desconsideração, **quando detectadas disfunções injustas relacionadas à personificação do ente coletivo** ou mesmo como meio eficaz para evitar a fraude.

Verificados os pressupostos elencados, **multiplicaram-se os casos concretos em que se percebeu positiva a aplicação da desconsideração da personalidade jurídica, sobressaindo-se os casos relacionados aos desmandos no meio empresarial**, prejudicando ora os próprios acionistas, ora os seus credores. A catalogação de tais hipóteses foi lembrada, entre outros, por **Carmen Boldó Roda**[28]**, enumerando dezenove situações a revelar o uso abusivo da sociedade empresária**. Em tradução livre, têm-se: 1) confusão de patrimônios entre a sociedade e seus acionistas; 2) desvio de fundos da sociedade para fins não corporativos; 3) ausência de cumprimento das formalidades corporativas para subscrição das ações; 4) um único sócio; 5) discrepâncias ou escrituração deficitária dos livros da sociedade; 6) identidade entre os sócios de sociedades; 7) identidade de diretores encarregados da gestão ou supervisão de sociedades; 8) infracapitalização, diante de patrimônio deficitário ou incompatível com os riscos da atividade empresarial desenvolvida; 9) ausência de separação entre os ativos das sociedades; 10) uso da sociedade como subterfúgio para levar a cabo iniciativas particulares; 11) concentração de todas as ações nas mãos de um único sócio ou de determinada família; 12) uso do mesmo estabelecimento empresarial pela sociedade e seu único sócio; 13) emprego dos mesmos trabalhadores e gerente pela sociedade e seu único sócio; 14) encobrimento da identidade, propriedade, gestão ou interesses financeiros da sociedade e das atividades empresariais dos sócios; 15) ausência de formalidades legais e da manutenção da desejada distância entre sociedades relacionadas; 16) uso da sociedade para alcançar trabalho, serviços ou mercadorias de outra pessoa jurídica ou entidade; 17) desvio de bens e de fundos da sociedade por ou para um sócio em fraude contra credores ou manipulação do ativo e do passivo da sociedade para concentrar o ativo ou passivo nas mãos de outra; 18) uso da sociedade como um subterfúgio para levar a cabo transações ilegais; 19) constituição e uso da corporação para assumir as obrigações existentes e pertencentes a outra pessoa ou entidade.

---

28 RODA, Carmen Boldó. Levantamento del velo y persona jurídica em el derecho privado español. *Rev. Derecho de Sociedades*, p. 148.

Da leitura do elenco *supra*, claramente perceptíveis **o abuso de direito ou a confusão patrimonial**, quando não imbricados, ou seja, a confusão patrimonial se revelou ora pressuposto, ora consequência do uso abusivo da pessoa jurídica. Na **preponderância de um ou outro dos indícios, inferiu-se que a sociedade empresária se afastou de sua função social**. Mais uma vez, por oportuno, possível enxergar que o entendimento esposado pela doutrina norte-americana — **da necessidade de eleição de indícios seguros para a encampação da técnica da desconsideração, o que indica limites para a aplicação da referida técnica — foi salientado e adaptado à realidade alemã, quando do trabalho de Rolf Serick** e — como se defendeu — sintetizado e incorporado ao direito pátrio por meio das cláusulas gerais inscritas no art. 50, do CC.

■ *10.1.3.2. A doutrina argentina*

No direito comparado, especificamente no direito argentino, a lei que trata das sociedades comerciais demonstra-se mais abrangente que o CC. **Coincidente, tanto lá quanto aqui, o desvio de finalidade, tendo em vista que o § 3º, do art. 54, da Lei das Sociedades Comerciais Argentina, sanciona com a imputação de responsabilidade ilimitada e solidária, por eventuais prejuízos causados, os que fizerem uso desvirtuado do ente coletivo, quando a "atuação da sociedade encubra a consecução de fins extrassocietários e constitua um mero recurso para violar a lei, a ordem pública"**. Tende-se, em sentido oposto, à ampliação da aplicação da técnica da desconsideração quando malferida a "boa-fé" ou quando "frustre direitos de terceiros"[29].

A doutrina argentina, ao classificar as hipóteses de desconsideração da personalidade jurídica, **mede tais hipóteses pelo grau de comprometimento do princípio da autonomia jurídica, isto é, tem em comum o fato de deixar de lado algumas ou várias consequências advindas da personificação das sociedades comerciais**[30]. Existirão situações em que a desestimação do ente coletivo será absoluta, ou seja, haverá a declaração do desconhecimento ou a ignorância da qualidade de sujeito de direito à sociedade empresária. Como exemplo, a **simulação absoluta de determinada sociedade ou constituição de uma sociedade que explore objeto flagrantemente ilícito**.

O mais comum, entretanto, serão as **desconsiderações parciais, para favorecer a credores determinados**. Tratar-se-á, à evidência, de **desestimações limitadas, pois a personificação dos entes coletivos se manterá hígida**, não podendo ser obstáculo, ou não sendo oponível a credores específicos, e isso em razão dos pressupostos ou requisitos estipulados pela lei.

Em um terceiro grupo de casos, a técnica da desconsideração da personalidade se contextualizará com a **extensão da quebra de uma sociedade empresária em**

---

29 Tradução livre do texto de lei contido na lei argentina referida.

30 RAFFO, Francisco M. López. *El corrimiento del vel societario*, p. 68.

relação a outra, nos termos da lei argentina de regência (arts. 160 e 161, da Lei n. 24.522/95). O grupo intermediário, ainda na perspectiva da doutrina argentina — que aqui merece análise mais detalhada, porque se aproxima do sistema jurídico brasileiro —, perceber-se-á com a **possibilidade de desconsideração da personalidade jurídica quando houver conflitos com terceiros**. O pedido de desconsideração da personalidade jurídica, por isso, poderá envolver terceiros alheios à administração da sociedade, seus sócios, administradores eventualmente não sócios e a própria pessoa jurídica. Os polos ativo e passivo de eventual ação judicial — **tomando-se, respectivamente, terceiros contra os membros do empreendimento, seus administradores e o próprio ente coletivo — poderão ser invertidos**.

A exemplo do Brasil, a Argentina optou pela **regulação dos casos de desconsideração, mas pontuando cláusulas gerais como normas-princípio do direito societário**. Se, por um lado, tal opção se demonstrou um avanço, a bem de uma interpretação lógico-sistemática e para se evitar os efeitos negativos de uma inflação legislativa (própria do ordenamento pátrio capaz de causar a ineficiência do nosso sistema, como se verá adiante), por outro tem merecido críticas, no sentido de que a positivação dos casos de desconsideração poderia cristalizar um **instituto que estaria em plena evolução e que se tem baseado em cláusulas gerais já existentes na legislação civil, como o abuso de direito, a fraude à lei, a simulação, entre outros**.

Em prol da necessária segurança jurídica, a regulação das hipóteses ou dos pressupostos da técnica da desconsideração foi medida acertada. Entretanto, há o **risco de uma banalização do instituto**, ao se buscar uma aplicação da referida técnica que se baseie apenas em indícios de insolvabilidade, a privilegiar alguns credores em detrimento de outros, os quais deveriam ter um **tratamento isonômico** no procedimento **próprio: o da ação de responsabilização** (art. 82, da LFRE) ou, subsidiariamente, o da execução coletiva, ou seja, por meio do rito falimentar (também disciplinado no microssistema da LFRE), temas que serão aprofundados no *capítulo 23*.

▪ *10.1.3.3. A regulação no contexto ibero-americano*

Logo, não basta a previsão abstrata das hipóteses em que possível a superação do dogma da autonomia patrimonial, mas também **se fazem necessárias regras específicas para ponderar os efeitos de tal opção. Como exemplo disso, tem-se a legislação uruguaia a respeito do tema, que se apresenta menos genérica do que a argentina, pois não faz referência à cláusula geral de boa-fé** como porta ou justificativa da desconsideração, mas a evidencia como limite para a utilização do referido instituto e para preservar os interesses de terceiros não favorecidos com eventual desconsideração. Percebe-se, ao menos teoricamente, que os casos de desconsideração da personalidade jurídica das sociedades empresárias no Uruguai **concentram-se no enfrentamento do uso abusivo dos entes coletivos e também se relacionam com a preservação do empreendimento, vislumbrando os conflitos externos e internos** passíveis de contextualizar a necessidade da desconsideração.

Em tradução livre da Lei n. 16.060/89 (lei societária do Uruguai)[31] sobre o tema desconsideração da personalidade jurídica, possível perceber a técnica da desconsideração como medida excepcional, pois aplicável **somente se demonstrada a fraude contra sócios, acionistas, terceiros ou à lei, ou violação à ordem pública, provocando prejuízo a alguém**. A referida legislação limita a desconsideração ao caso concreto em que se aplica, proibindo que ela alcance terceiro de boa-fé.

Ao analisar-se a legislação ibero-americana, percebem-se **minoritários os países que optaram pela regulação (como Brasil, Argentina e Uruguai)** da desconsideração da personalidade jurídica **como instituto autônomo**, a maior parte dos países a tem aplicado e reconhecido apenas judicialmente. José Hurtado Cobles, ao contextualizar o tema na Espanha e em países de língua espanhola na América, salientou o entendimento doutrinário e jurisprudencial de que a técnica da desconsideração deve **ser aplicada com máxima cautela** e também buscando atender às peculiaridades do direito societário. Seria dizer que se propõe como denominador comum uma **aplicação restritiva da referida teoria,** que deverá ser utilizada, por um ideal de justiça material, para afastar formalismos estéreis e que possam se travestir do uso abusivo da sociedade empresária[32].

Entre a ausência de regulação e uma regulação atabalhoada, deve-se buscar o **equilíbrio**. O labor jurisprudencial tem estabelecido critérios díspares para a aplicação da teoria da desconsideração, e os adeptos da aplicação de tal teoria sem sua positivação defendem que o direito também corresponde a sua aplicação e, se plenamente reconhecida a personificação às sociedades — quase que um absolutismo legislativo —, a fissura do ordenamento jurídico, neste particular, deve mesmo ter **como fonte a cotidiana construção de juízes e tribunais**, na perspectiva de que o abrandamento ou relativização do dogma da pessoa jurídica merece ser discutido topicamente, solucionando-se os **casos concretos em que a forma da pessoa jurídica negue a realidade**. Em conclusão, sugere-se que a **aplicação efetiva da referida técnica se dê diante da ausência de eventual norma** que a regulamente, por se ponderar que, nesse caso, a melhor lei seja aquela que não existe, tendo em vista a tendência natural de que eventual norma escrita, uma vez assimilada e entendida, não acompanhe novas fórmulas e mecanismos fraudulentos.

A regulação (nos países que a implementaram), entretanto, demonstrou-se vantajosa, **pois um maior grau de segurança jurídica exige-se de uma legislação que se proponha eficiente**. O direito societário, sub-ramo do direito empresarial, por sua

---

[31] "Art. 189. Poderá prescindir-se da personalidade jurídica da sociedade, quando esta seja utilizada em fraude à lei, para violar a ordem pública, ou como fraude e prejuízo de direitos dos sócios, acionistas ou terceiros.

Art. 190. A declaração de inoponibilidade da personalidade jurídica somente produzirá efeitos em relação ao caso concreto em que seja declarada (...). Em nenhum caso, o prescindir da personalidade jurídica poderá afetar a terceiros de boa-fé. O disposto se aplicará, sem prejuízo das responsabilidades pessoais dos participantes dos fatos, segundo a gradação de sua intervenção e conhecimento dos mesmos fatos."

[32] COBLES, José Hurtado. *La doctrina del levantamiento del velo societário en España e Hispanoamérica*, p. 299.

especificidade, como microssistema de direito, merece vanguarda no tratamento do instituto da desconsideração, não se demonstrando aceitável que a referida doutrina continuasse a se abeberar de institutos gerais de direito privado, fundamentando-se em institutos carregados de vagueza, ambiguidade e subjetividade, por exemplo, com o abuso de direito e a fraude à lei.

A positivação do instituto percebeu-se como **resultado da incorporação da jurisprudência e da doutrina internacionais aos casos nacionais**, destacando-se como solução para a passividade ou omissão dos legislativos (que ainda não optaram pela regulação), a aplicação, pelos juízes e tribunais, da teoria da desconsideração tendo em vista a eleição de grupos de casos, os quais corresponderão às cláusulas gerais ou dos quais se poderão apreender as diretrizes a subsidiar a aplicação de tal doutrina e a instrução do caminho para eventual regulação.

A regulação poderá **racionalizar o trabalho construído pelo Poder Judiciário**, pois a sistematização das normas jurídicas a respeito e o diálogo de fontes correspondentes há de pautar a utilização da técnica da desconsideração de forma equilibrada, **coibindo eventuais abusos dos dirigentes** dos entes coletivos, mas sem se perder de vista que a atividade empresarial é interesse difuso e, por isso, os conflitos internos ou externos a projetarem pedidos de desconsideração redundarão, implicitamente, em **decisões potencialmente comprometedoras de interesses de terceiros** não cientes das demandas judiciais. Tal problema se potencializa ou se torna mais agudo quando se percebem entes coletivos que agem sob a influência diretiva ou econômica de outros, como se explanará no *item 10.4*.

■ 10.2. A DESCONSIDERAÇÃO DA PERSONALIDADE JURÍDICA NO BRASIL

No Brasil, **optou-se pela regulação genérica e parcelar do instituto da desconsideração da personalidade jurídica**. Ainda que não tenha sido o primeiro diploma legal a positivá-la, merece destaque o **CC, pois trouxe verdadeiras cláusulas gerais, cláusulas abertas a incorporar o instituto na legislação pátria**.

Como se afirmou, o CC, em seu art. 50[33], reproduziu as inquietações e conclusões da obra pioneira de Rolf Serick, ao **mitigar os efeitos da personificação, quando contextualizado o uso indevido do ente coletivo ou a negação do princípio da autonomia patrimonial**, quando não identificável uma linha divisória entre o patrimônio particular dos sócios e o patrimônio da sociedade. Para fincar o entendimento, oportuno lembrar que o referido dispositivo exige que a **pessoa jurídica tenha sido utilizada abusivamente, com a prática de desvio de finalidade ou de confusão patrimonial** pelos sócios. Além disso, a desconsideração somente será aplicada a requerimento do prejudicado ou do Ministério Público, quando lhe couber intervir no feito.

---

[33] "Art. 50. Em caso de abuso da personalidade jurídica, caracterizado pelo desvio de finalidade, ou pela confusão patrimonial, pode o juiz decidir, a requerimento da parte ou do Ministério Público quando lhe couber intervir no processo, que os efeitos de certas e determinadas relações de obrigações sejam estendidos aos bens particulares dos administradores ou sócios da pessoa jurídica."

Nitidamente, além das **feições subjetiva e objetiva** — que muito bem poderiam ser rebatizadas de **punitiva e funcional da referida teoria** —, percebe-se a responsabilidade subsidiária dos sócios, pois poderá haver, excepcionalmente, o alcance ou comprometimento de seus bens particulares por obrigações pendentes da sociedade.

■ 10.2.1. As cláusulas gerais no CC (teoria maior)

A técnica das **cláusulas gerais tem permitido a positivação de princípios, conceitos jurídicos indeterminados que incorporam valores aos diplomas legais**, cujo significado e abrangência serão contextualizados nos casos concretos pelos julgadores. A título de exemplo, fala-se em boa-fé objetiva como norma-princípio multifuncional, pois referenciada diversas vezes no CC: como parâmetro de interpretação (art. 113)[34], como limitadora do exercício de direitos (art. 187)[35] e como criadora de deveres anexos entre os contratantes (art. 422)[36], assunto que será retomado na parte geral de contratos empresariais nesta obra.

Em sentido semelhante, **quando se fala em desvio de finalidade da pessoa jurídica, não definiu o legislador todas as circunstâncias reveladoras de tal desvio**, sendo que somente o enfrentamento dos casos concretos poderá e redundará na contextualização daquele conceito jurídico genérico. A Lei n. 13.874/2019, ao inserir o § 1º, do art. 50, do Código Civil, cuidou de **direcionar o intérprete** na investigação do desvio de finalidade, nos termos seguintes: "desvio de finalidade é a **utilização da pessoa jurídica com o propósito de lesar credores** e para a prática de atos ilícitos de qualquer natureza". Doutrinariamente, assim, a título de ilustração, tem-se a hipótese de subcapitalização[37] do ente coletivo, quando, apesar da personificação, as entradas favoráveis ao empreendimento acabam sendo redistribuídas entre os sócios, **sem que haja contingenciamento de reservas para fazer frente ao desenvolvimento do objeto social**.

Defensável, nessa hipótese, a tese de que restará comprometida a autonomia da pessoa jurídica e, concomitantemente, **perceptível o avizinhar-se da confusão patrimonial**, indiciariamente demonstrável pela ausência de contabilidade formal. Por esse exemplo, **entrelaçam-se as feições subjetiva e objetiva da teoria maior da desconsideração da personalidade jurídica**. Caminham lado a lado. Há situações em que o gritante desrespeito à lei poderá induzir à contextualização daquelas cláusulas gerais, como no caso de dissolução irregular do empreendimento[38].

---

[34] "Art. 113. Os negócios jurídicos devem ser interpretados conforme a boa-fé e os usos do lugar de sua celebração."

[35] "Art. 187. Também comete ato ilícito o titular de um direito que, ao exercê-lo, excede manifestamente os limites impostos pelo seu fim econômico ou social, pela boa-fé ou pelos bons costumes."

[36] "Art. 422. Os contratantes são obrigados a guardar, assim na conclusão do contrato, como em sua execução, os princípios de probidade e boa-fé."

[37] Nesse sentido, o pensamento de TOMAZETTE, Marlon, *Curso de direito empresarial. Teoria geral e direito societário*, 5. ed., v. 1, p. 251.

[38] A título de exemplo, confira-se o precedente que ora se colaciona: STJ, REsp 1.259.066/SP, 3ª Turma, Rel. Min. Nancy Andrighi, *DJe* 28/06/2012.

A Lei n. 13.874/2019, no que diz respeito às **hipóteses de confusão patrimonial**, ao adicionar o § 2º, do art. 50, do Código Civil, tratou de **objetivá-las**, porém ainda em **rol meramente exemplificativo**: "§ 2º Entende-se por confusão patrimonial a **ausência de separação de fato entre os patrimônios**, caracterizada por: I — cumprimento repetitivo pela sociedade de obrigações do sócio ou do administrador ou vice-versa; II — transferência de ativos ou de passivos sem efetivas contraprestações, exceto os de valor proporcionalmente insignificante; e III — outros atos de descumprimento da autonomia patrimonial".

Também em relação à EIRELI, a Lei n. 13.874/2019 tratou de incluir **norma de proteção ao patrimônio particular** de seus titulares com a inserção do § 7º, ao art. 980-A, do Código Civil: "§ 7º **Somente o patrimônio social da empresa responderá pelas dívidas da empresa** individual de responsabilidade limitada, hipótese em que não se confundirá, em qualquer situação, com o patrimônio do titular que a constitui, **ressalvados os casos de fraude**". Ao destacar que o patrimônio do empreendedor, titular da EIRELI, somente será alcançado em caso de fraude, está a lei determinando a **aplicação da teoria maior** a tal modelo de empresário, somente na sua **vertente subjetiva**.

Pragmaticamente, é **possível dimensionar que o desvio de finalidade ultimará por ocasionar a confusão patrimonial**. Apesar disso, teoricamente, convencionou-se que o art. 50, *caput*, do CC estaria a encartar a chamada **teoria maior da desconsideração**, assim cognominada se comparada às hipóteses de desconsideração em que se tem como único requisito para viabilizar a desconsideração a insolvabilidade da pessoa jurídica (a exemplo do que ocorre nas relações de consumo). Teoria maior a ser visualizada na sua vertente subjetiva ou no seu viés objetivo. Logo, o **qualificativo maior se explicaria pela junção dos pressupostos do art. 50 e seus §§ com o déficit financeiro da pessoa jurídica**[39].

■ 10.2.2. A legislação protecionista (teoria menor)

A **teoria menor**, por outro lado, **pode ser exemplificada pelo § 5º, do art. 28, do CDC, que prescinde ou não considera, nem investiga, eventual desvio ou mesmo confusão patrimonial**. Advoga-se que entre desiguais — e não no meio empresarial — demonstra-se justificável uma legislação protecionista, pois do contrário se transferiria a quem não buscou o lucro com a atividade os riscos do empreendimento[40]. O mero obstáculo não está condicionado às hipóteses do *caput*, do

---

[39] De se salientar, entretanto, o posicionamento do CJF nos seguintes enunciados:

"281 — Art. 50. A aplicação da teoria da desconsideração, descrita no art. 50 do CC, prescinde a demonstração de insolvência da pessoa jurídica";

"282 — Art. 50. O encerramento irregular das atividades da pessoa jurídica, por si só, não basta para caracterizar abuso de personalidade jurídica".

[40] CAVALIERI FILHO, Sérgio. *Programa de direito do consumidor*, p. 302-302.

referido art. 28[41-42]. O § 5º, apesar de sua topografia, serviria não para especificar as hipóteses do *caput*, mas **para expandir, como cláusula aberta[43], cláusula geral**, portanto, a possibilidade de contextualização da **desconsideração da personalidade jurídica, sempre que o consumidor for impossibilitado de ressarcir-se dos prejuízos causados pelo fornecedor**.

Entretanto, em outra perspectiva, **tal hipótese de desconsideração da personalidade jurídica, meramente objetiva, autônoma, significará, no âmbito das relações de consumo, o aniquilar do princípio da autonomia patrimonial[44]**. A insolvabilidade, para fundamentar a desconsideração da personalidade jurídica, **deveria estar jungida a uma atuação dos sócios irregular ou ilícita**, ou seja, vinculada às hipóteses do *caput*, do referido art. 28, do CDC[45]. A desconsideração da personalidade jurídica mesmo do fornecedor ainda é medida excepcional[46].

A desconsideração da personalidade jurídica não deveria redundar na sua dissolução (ainda que fática). Aceitar-se como único requisito para a configuração de tal instituto a ausência de patrimônio social corresponderia à subversão da teoria que o construiu para proteger referido patrimônio social (teoria nas suas origens correlacionada ao uso fraudulento ou abusivo do ente coletivo), pois **a pessoa jurídica também seria coisificada, sendo que a teoria do levantamento do véu corporativo, a par de prestigiar os direitos dos credores sociais, também tem o objetivo de preservar o ente coletivo, ou seja, o sujeito de direito[47]**.

■ 10.2.3. Crítica à banalização da teoria menor

Repise-se, por isso, que a **aplicação objetiva da técnica da desconsideração da personalidade jurídica do fornecedor coletivo poderá redundar na sua extinção, demonstrando-se como um desserviço[48]**, pois poderá impedir, indiretamente, por exemplo, o acesso de outros consumidores a caríssimos bens de consumo, pois neles estaria embutido o custo de eventual responsabilidade ilimitada do sócio. Também levaria à ausência de mercado para o empreendedor. Assim, o que serviria para atender a interesses recíprocos — a atividade empresarial — tornar-se-á prática inviável,

---

41 FERNANDES NETO, Guilherme Fernandes. *O abuso do direito no Código de Defesa do Consumidor*, p. 189.

42 MAZZILLI, Hugo Nigro. *A defesa dos interesses difusos em juízo*, 21. ed., p. 353.

43 GARCIA, Gustavo Filipe Barbosa. Desconsideração da personalidade jurídica no Código de Defesa do Consumidor e no Código Civil de 2002. *Revista dos Tribunais*, p. 22.

44 OLIVEIRA, James Eduardo. *Código de Defesa do Consumidor (anotado e comentado)*, 4. ed., p. 352.

45 KRIGER FILHO, Domingos Afonso. Aspectos da desconsideração de personalidade societária na lei do consumidor. *RDC* 13/83-84.

46 GRINOVER, Ada Pellegrini. Da desconsideração da pessoa jurídica (aspectos de direito material e processual). *Revista Forense*, n. 371, p. 3-15, jan./fev. 2004.

47 THEODORO JUNIOR, Humberto. *Direito processual civil*, v. 2, p. 259.

48 GOMES, Magno Federici; MAIA, Estefânia Lima. A teoria da desconsideração da personalidade jurídica no Código de Defesa do Consumidor: análise dos aspectos processuais. *Revista Magister de Direito Empresarial, Concorrencial e do Consumidor*, n. 21/34.

ante o risco unilateral desproporcional aos benefícios da atividade econômica, necessária a todos, mas arriscada apenas para o empreendedor.

Isso poderia levar a uma forma de tragédia dos comuns. Explica-se: se a atividade econômica é empreendida por um membro da coletividade, trazendo benefícios e riscos para ele, e potencialmente, benefícios para todos os demais, a tendência é a de que todos queiram apenas os benefícios e ninguém se disponha ao risco da atividade econômica, o que eliminaria, assim, o interesse em empreender a produção de bens e serviços. **Quando o risco se tornar desproporcional e encargo de alguns, e o benefício potencialmente alcançar a todos, isso desestimulará os que correm o risco, e o benefício, ao final, com a diminuição ou extinção da produção, será de ninguém.** O consumidor que vier a ser ressarcido em qualquer hipótese, inclusive buscando o patrimônio pessoal dos sócios de responsabilidade limitada, usará seu benefício até esgotá-lo, podendo até deixar de mitigar eventuais riscos sobre o produto adquirido. **Isso porque seu risco (do ponto de vista econômico) é nenhum.**

Há mais de dois mil anos, **Aristóteles já cogitava que "aquilo que é comum ao maior número despertará sobre si os menores cuidados"**. Como todos, empreendedores, consumidores, trabalhadores, estado e sociedade, **beneficiam-se da atividade das empresas, nada mais razoável que todos assumam seus riscos**. A preocupação demonstrada, até esse ponto, vem da recente **escalada legislativa no sentido de criar mais e mais hipóteses de desconsideração objetiva da personalidade jurídica**[49].

Tal exceção à autonomia da pessoa jurídica **somente se justifica enquanto combate fraude e abuso**, ou seja, persegue a senda subjetiva negativa daqueles que se apoderam da autonomia da pessoa jurídica para maquiar suas intenções gananciosas e enganadoras, assumindo grandes obrigações em nome da sociedade, desviando para si a vantagem econômica decorrente e escondendo-se atrás da pessoa jurídica, verdadeira "laranja" desses fraudadores. Todavia, a referida prática não representa a da maioria dos empreendedores. **Apresenta-se como excepcional, assim como deveria ser a desconsideração da personalidade jurídica.**

O art. **50 do CC seria uma norma compatível com a referida socialização dos riscos, pois autoriza a desconsideração no caso de "desvio de finalidade" ou de "confusão patrimonial"**. Ambas as expressões guardam uma generalidade de perspectivas e de hipóteses de aplicação concreta, de maneira que estariam a fundamentar todas as modalidades de fraude, já que nenhuma pessoa jurídica tem por finalidade fraudar, nem é escopo dela fundir patrimônio particular de sócio com o patrimônio social. Note-se que, nessa hipótese legal, as duas situações, "desvio de finalidade" e "confusão patrimonial", deverão ser analisadas em contexto fático que caracterize o "abuso da personalidade jurídica". É dizer, **caberá ao juiz, em cada hipótese concreta, verificar se houve a intenção (subjetiva) abusiva na utilização da pessoa jurídica, desviando-a de sua finalidade ou confundindo seu patrimônio** com o de seus membros.

---

49 Anotamos não ser contra a aplicação da Teoria da Desconsideração da Personalidade Jurídica; pelo contrário, o instituto é de grande valia no combate à fraude e ao abuso da utilização da pessoa jurídica.

Fábio Ulhoa afirma que a redação do **art. 50 do CC atendeu a uma sugestão de Rubens Requião (subjetivista), ao inserir a necessidade da prova do abuso na utilização da pessoa jurídica, todavia adotou uma formulação de Fábio Comparato (objetivista), ao estabelecer a necessidade da comprovação de "desvio de finalidade" ou de "confusão patrimonial"**[50].

■ 10.2.4. Hipóteses de desconsideração objetiva da personalidade jurídica na legislação brasileira

Uma análise mais acurada do **art. 28, § 5º, do CDC**[51] **demonstra que sua redação chega a ser um obstáculo ao empreendedorismo, pois o legislador estabeleceu que os sócios sejam atingidos em seu patrimônio, "sempre que, de alguma forma", houver dano causado ao consumidor**. A regra é precipitada, assustadora e exterminadora da possibilidade de se exercer a atividade econômica com a segurança decorrente da proteção do patrimônio pessoal, até porque mais de 90% das relações de pessoas jurídicas empresariais são estabelecidas entre elas e consumidores. Na hipótese de infortúnio para o consumidor, pode ele buscar sua indenização até entre os bens pessoais dos sócios. **Proteger o consumidor é necessário, todavia também é necessário garantir a atividade produtiva, estimulá-la e protegê-la, pois a todos (Estado, Mercado, Empregados, Consumidores, Coletividade) interessam a constituição e a preservação das pessoas jurídicas produtivas.**

Em outro exemplo, encontra-se a **previsão do art. 4º, da Lei n. 9.605/98**[52], **que dispõe sobre crimes e lesão ao meio ambiente**, determinando que **poderá ser desconsiderada a pessoa jurídica se houver obstáculo** financeiro ao recebimento de multas por infração à legislação ambiental ou de valores necessários à reparação do dano ao meio ambiente, em face de insuficiência de patrimônio da pessoa jurídica. Mais uma vez, a hipótese é objetiva, pois não se investiga dolo ou culpa, intenção ou não de causar o dano.

Na mesma perspectiva se encontra **o § 3º, do art. 18, da Lei n. 9.847/99**[53], **quando expressamente determina a desconsideração da personalidade jurídica se houver óbice à reparação de prejuízo ao Sistema Nacional de Estoques de Combustíveis e ao abastecimento nacional de combustíveis**. Logo, em mais esse exemplo, vê-se a consagração da denominada teoria menor, que contraria a gênese da teoria da desconsideração, pois, sem qualquer critério de aferição da conduta ou da

---

[50] COELHO, Fábio Ulhoa. *Manual de direito comercial*, 14. ed., p. 126.

[51] "§ 5º Também poderá ser desconsiderada a pessoa jurídica sempre que sua personalidade for, de alguma forma, obstáculo ao ressarcimento de prejuízos causados aos consumidores."

[52] "Art. 4º Poderá ser desconsiderada a pessoa jurídica sempre que sua personalidade for obstáculo ao ressarcimento de prejuízos causados à qualidade do meio ambiente."

[53] "§ 3º Poderá ser desconsiderada a personalidade jurídica da sociedade sempre que esta constituir obstáculo ao ressarcimento de prejuízos causados ao abastecimento nacional de combustíveis ou ao Sistema Nacional de Estoques de Combustíveis."

vontade dos sócios, além da constatada insolvabilidade da pessoa jurídica, afasta o dogma da autonomia patrimonial.

Outra hipótese objetiva é aquela prevista no art. 34, da Lei n. 12.529/2011[54], a qual confere ao Conselho Administrativo de Defesa Econômica (CADE), no âmbito de sua atribuição para julgar atos ilícitos contra a economia, o poder de condenar pessoa jurídica a pagamento de multa, a qual se constituirá em título executivo, caso em que, não encontrados bens para satisfação da dívida no patrimônio da pessoa jurídica, aplicar-se-á a desconsideração, para que sejam alcançados os patrimônios dos sócios ilimitadamente. Nessa hipótese, o fundamento está ligado diretamente à intenção dos sócios em causar prejuízo à economia popular, ou seja, há um elemento subjetivo na análise da aplicação da desconsideração e até na aplicação da multa, emprestando, assim, certa proporcionalidade à previsão legal.

A lei prevê, ainda, como **hipóteses objetivas de aplicação da desconsideração, débitos tributários não recolhidos, art. 135, do CTN[55], e débitos trabalhistas, arts. 2º e 9º, da CLT[56]. Ambas se encontram na mesma linha das hipóteses da relação de consumo e da lesão ao meio ambiente.** Todavia, a hipótese de incidência nas dívidas **tributárias tem sido tratada pelo STJ** como caso de aplicação da **teoria maior**.

Destarte, não são injustas e desproporcionais todas as hipóteses legais de desconsideração da personalidade jurídica. Questionáveis, todavia, aquelas que **estão dissociadas de um critério subjetivo**, apresentam-se como aviltantes dos princípios norteadores do Direito Empresarial Societário e da Análise Econômica do Direito, especificamente no que concerne à autonomia da pessoa jurídica, protetora e incentivadora do investimento privado na produção e circulação da riqueza. Eficiência, como se estudará, a seguir, e sob a ótica da análise econômica do direito, não foi o critério observado até aqui.

As hipóteses legais de **desconsideração objetiva (bastando a insolvabilidade** da pessoa jurídica), em contraposição à **desconsideração subjetiva (fraude ou abuso),** promoverão o equilíbrio ou o desequilíbrio na **distribuição do risco da atividade econômica entre o empreendedor e a coletividade.** Uma solução ótima seria aquela que equilibrasse requisitos objetivos com uma caracterização subjetiva. A fórmula do art. 50, do CC, aproxima-se dessa solução ótima.

---

[54] "Art. 34. A personalidade jurídica do responsável por infração da ordem econômica poderá ser desconsiderada quando houver da parte deste abuso de direito, excesso de poder, infração da lei, fato ou ato ilícito ou violação dos estatutos ou contrato social."

[55] "Art. 135. São pessoalmente responsáveis pelos créditos correspondentes a obrigações tributárias resultantes de atos praticados com excesso de poderes ou infração de lei, contrato social ou estatutos:

I — as pessoas referidas no artigo anterior;

II — os mandatários, prepostos e empregados;

III — os diretores, gerentes ou representantes de pessoas jurídicas de direito privado."

[56] "Art. 2º Considera-se empregador a empresa, individual ou coletiva, que, assumindo os riscos da atividade econômica, admite, assalaria e dirige a prestação pessoal de serviço. (...) Art. 9º Serão nulos de pleno direito os atos praticados com o objetivo de desvirtuar, impedir ou fraudar a aplicação dos preceitos contidos na presente Consolidação."

Ocorre que **hipóteses apenas objetivas impõem o risco total ao empreendedor**, enquanto a caracterização **puramente subjetiva impõe todo o risco aos credores** (coletividade). Possível um **caminho do meio, sempre no interesse coletivo**, sem desprezar o ponto de vista da análise econômica do direito, pois ela leva em consideração, sempre, a administração da escassez, problema que não é só da ciência econômica, mas da vida em sociedade. Esse caminho do meio foi o que o **STJ recentemente adotou ao editar as Súmulas 430 e 435**, afirmando que o simples **inadimplemento da obrigação tributária não autoriza a penhora do patrimônio do sócio-administrador**, todavia o encerramento irregular da atividade da empresa autoriza o redirecionamento da execução fiscal contra o referido sócio, pois, se tal encerramento da atividade é realizado sem a comunicação aos órgãos competentes, presume-se dissolvida irregularmente a sociedade, sob as cominações mencionadas. **Há, aqui, um critério palpável para aplicação da desconsideração.**

■ 10.3. A DESCONSIDERAÇÃO DA PERSONALIDADE JURÍDICA NO PLS 487/2013

O direito societário, hoje direito de empresa, com regime no CC, estabeleceu-se permeado de normas-princípio (princípios positivados) que denotam a necessidade de **proteção dos empreendedores e permitem inferir os valores de um capitalismo social, isto é, um capitalismo capaz de gerar justiça social**. Liberdade de associação, autonomia patrimonial do ente coletivo, subsidiariedade da responsabilidade dos sócios pelas obrigações do empreendimento, limitação da responsabilidade dos sócios como meio de proteção do investimento, prevalência das deliberações da maioria e proteção da minoria dos sócios são também princípios de eficiência econômica.

Logicamente, **o princípio da autonomia patrimonial demonstra-se essencial para fomentar a atividade empresarial**. Empreendedores se lançarão à atividade de produção de bens e serviços se houver como, dignamente, planejar, prospectar o mercado, prever os custos, antever os riscos, contingenciar reservas. O lucro será o resultado de todo um árduo trabalho a ser cotidianamente pensado, validado, reavaliado, adquirindo-se insumos, saldando faturas com fornecedores, atendendo a consumidores, cuidando dos impostos pendentes, pesquisando estratégias de marketing, reinvestindo e reinventando-se quando necessário. **Percebe-se, pois, que o ente coletivo estará construindo sua vontade com o consenso relativizado dos sócios.**

A sociedade, depois de formalizada sua constituição, tem vida jurídica independente da de seus sócios; compõe estrutura que merece a garantia estatal da não comunicabilidade de obrigações, mantendo-se hígida a separação entre o patrimônio social e o patrimônio particular de seus sócios-empreendedores.

O projeto de Código Comercial que tramitava na Câmara Federal, coerentemente, **delimitava em seus arts. 128 a 131, a possibilidade de relativização do princípio da autonomia patrimonial e demais princípios dele derivados** (responsabilidade subsidiária dos sócios por obrigações da sociedade e socialização dos riscos, com a previsão de que a responsabilidade limitada deve ser percebida, não para blindar o patrimônio dos investidores, mas para lhes trazer segurança jurídica).

E tal mitigação dos princípios basilares do direito societário, excepcionalmente, **ocorreria por meio da desconsideração da personalidade jurídica, expressamente regulamentada no direito projetado**. As cláusulas gerais referentes ao desvio de finalidade e confusão patrimonial, a exemplo do que dispõe atualmente o art. 50, do CC, repetiram-se no art. 128 daquele projeto. O **viés subjetivo da técnica da desconsideração da personalidade jurídica continuará a reclamar uma conduta desvirtuada dos sócios, para que respondam com seus bens por dívidas sociais**. Nada mais justo e lógico.

O art. 129, por sua vez, dizia que **a mera insolvabilidade, por si só, não é requisito hábil a autorizar o levantamento do véu corporativo**. De modo semelhante, **o PLS 487/2013 incorporou a teoria maior** (arts. 196-199). Assim, a denominada teoria menor não teria lugar nas relações entre empresários. A **judicialização do incidente de desconsideração da personalidade jurídica permanece**, ou seja, somente o Poder Judiciário poderá, **respeitados o contraditório e a ampla defesa**, desconsiderar a personalidade jurídica do ente coletivo. Também consta do projeto um cuidado em se **publicizar a decisão que desconsiderou** a personalidade da pessoa jurídica, para que o cartório de distribuição informe o **comprometimento da situação de crédito daquele alcançado** pelos efeitos da técnica do levantamento do véu corporativo.

Apesar dos princípios elencados, que **convergem para a preservação do empreendimento**, criticável que a judicialização do incidente de desconsideração da personalidade jurídica não se instrumentalize com uma fase preparatória em que as partes tenham a oportunidade de buscar uma solução construída para a situação de crise do ente coletivo. Assim, tanto o projeto do novo CPC quanto o do novo Código Comercial **parecem ainda arraigados na litigiosidade de um processo preponderantemente adversarial**.

De lege ferenda, novamente, **propõe-se uma fase de conciliação antes da decisão pela desconsideração ou não da personalidade jurídica**, a fim de que sejam construídas alternativas que pareçam razoáveis às partes em conflito, mas sempre lembrando a elas que a preservação ou a ruína de uma sociedade empresarial trará malefícios a toda a coletividade.

▪ 10.4. DO INCIDENTE DE DESCONSIDERAÇÃO DA PERSONALIDADE JURÍDICA NO CPC

O **CPC (Lei n. 13.105/2015) regulou a contextualização da desconsideração** da personalidade jurídica por meio de incidente, em seus arts. 133-137.

Apesar da **generalidade do referido incidente** (na fase de conhecimento ou de cumprimento da sentença, ou quando de execução extrajudicial, art. 134), percebe-se que haverá — repise-se — observância do **contraditório e da ampla defesa**, pois os terceiros, aos quais dirigida a extensão da responsabilidade da pessoa jurídica ou da própria pessoa jurídica em relação a obrigações de seus sócios (em caso de desconsideração inversa[57], expressamente prevista, art. 133, § 2º), **garantido o prazo de 15 (quinze) dias para se oporem ao pedido** (art. 135).

Por outro lado, **poderá haver a utilização sem critério** do pedido de desconsideração, tendo em vista a possibilidade de que a desconsideração seja destacada já na petição inicial (art. 134, § 2º), ainda que o diploma processual condicione o pedido/incidente de desconsideração à **demonstração dos pressupostos** legais (art. 134, § 4º), isto é, as hipóteses referenciadas no Código Civil (art. 50, *caput*), por exemplo.

Quando se tratar de incidente, sua **instauração ocasionará a suspensão do feito** correlato, sendo que da decisão sobre tal incidente caberá agravo de instrumento (art. 136).

Especificamente em relação à possibilidade de instauração do incidente de **desconsideração em sede de execução fiscal**, comungo do entendimento de que **dispensável** tal instauração em relação ao **sócio administrador/gerente**, pois ele de acordo com a lei de execução fiscal **poderá responder solidariamente pelo débito tributário**, em caso de desfazimento do patrimônio da pessoa jurídica devedora, sem reserva de patrimônio para pagamento do débito fiscal, conforme dispõe o § 1º, do art. 4º, da Lei n. 6.830/1980.

O **redirecionamento** da execução fiscal, assim, ocorrerá **em função de tal solidariedade**, expressamente prevista em lei, e não em função de abuso de direito em relação à pessoa jurídica devedora ou confusão patrimonial. A **Súmula 435 do STJ**, neste sentido, mesmo após a vigência do atual CPC, continuará a servir de orientação para tal redirecionamento: "Presume-se **dissolvida irregularmente** a empresa que **deixar de funcionar no seu domicílio fiscal, sem comunicação aos órgãos competentes**, legitimando o **redirecionamento da execução fiscal para o sócio-gerente**". A Escola Nacional de Formação e Aperfeiçoamento de Magistrados — ENFAM —, após debate sobre aplicação do novo CPC — cuidou de sintetizar a **prescindibilidade da instauração** de tal incidente em caso de execução fiscal por meio do Enunciado 53: "O redirecionamento da **execução fiscal para o sócio-gerente prescinde do incidente** de desconsideração da personalidade jurídica previsto no art. 133 do CPC/2015".

Para os **demais cumprimentos de sentença ou execuções**, por outro lado, em respeito aos princípios cooperativo, do contraditório efetivo, da boa-fé processual e da não surpresa, **recomendável a instauração do incidente** de desconsideração. Nesse sentido, leia-se a ementa seguinte:

---

57 O atual CPC acolheu a orientação doutrinária e jurisprudencial. Na doutrina, rememore-se o teor do Enunciado n. 283, da V Jornada de Estudo de Direito Civil: "283 — Art. 50. É cabível a desconsideração da personalidade jurídica denominada 'inversa' para alcançar bens de sócio que se valeu da pessoa jurídica para ocultar ou desviar bens pessoais, com prejuízo a terceiros". Na jurisprudência, precedentes do STJ também têm admitido a desconsideração inversa da personalidade jurídica. Para aprofundamento dos estudos, recomenda-se a leitura do inteiro teor do REsp 1.236.916/RS, 3ª Turma, Rel. Min. Nancy Andrighi, *DJe* 28/10/2013.

"PROCESSUAL CIVIL. EXECUÇÃO DE TÍTULO JUDICIAL CONTRA PESSOA JURÍDICA. NÃO LOCALIZAÇÃO NO ENDEREÇO FORNECIDO À JUNTA COMERCIAL. DISSOLUÇÃO IRREGULAR. DESCONSIDERAÇÃO DA PERSONALIDADE JURÍDICA. REDIRECIONAMENTO AO SÓCIO. POSSIBILIDADE, DESDE QUE OBSERVADO O PRINCÍPIO DO CONTRADITÓRIO.

1. "Presume-se dissolvida irregularmente a empresa que deixar de funcionar no seu domicílio fiscal, sem comunicação aos órgãos competentes, legitimando o redirecionamento da execução fiscal para o sócio-gerente" (Súmula 435 do STJ), entendimento este restrito à execução fiscal, não permitindo o imediato redirecionamento ao sócio da execução de sentença ajuizada contra a pessoa jurídica, no caso de desconsideração de sua personalidade, na hipótese de não ser localizada no endereço fornecido à junta comercial.

2. A dissolução irregular de sociedade empresária, presumida ou, de fato, ocorrida, por si só, não está incluída nos conceitos de desvio de finalidade ou confusão patrimonial a que se refere o art. 50 do CC/2002, de modo que, sem prova da intenção do sócio de cometer fraudes ou praticar abusos por meio da pessoa jurídica ou, ainda, sem a comprovação de que houvesse confusão entre os patrimônios social e pessoal do sócio, à luz da teoria maior da *disregard doctrine*, a dissolução irregular caracteriza, no máximo e tão somente, mero indício da possibilidade de eventual abuso da personalidade, o qual, porém, deverá ser devidamente demonstrado pelo credor para oportunizar o exercício de sua pretensão executória contra o patrimônio pessoal do sócio.

3. Não localizada a pessoa jurídica executada no endereço constante do cadastro da junta comercial e havendo posterior pleito do credor para redirecionamento ao sócio, este deve ser citado para o regular exercício do contraditório, de modo que, somente após essa providência, poderá o magistrado decidir pelo redirecionamento, ou não, sem prejuízo da adoção de eventuais medidas cautelares em favor do exequente, como o arresto.

4. No caso dos autos, o pleito de redirecionamento, anterior ao início de vigência do CPC/2015, dá-se em execução de sentença de verba honorária, a qual fora arbitrada em ação consignatória tributária ajuizada pela pessoa jurídica, cuja não localização só ocorreu por ocasião de sua citação no processo executivo, contexto que autoriza a instauração do incidente de desconsideração da personalidade nos próprios autos da execução de sentença, com a citação do sócio para o exercício do contraditório.

5. Recurso especial parcialmente provido, para cassar o acórdão recorrido e determinar ao magistrado de primeiro grau que dê regular tramitação à execução de sentença, procedendo à nova análise do pedido de redirecionamento, após a citação do sócio da pessoa jurídica executada" (STJ, REsp 1315166/SP — RECURSO ESPECIAL 2011/0290987-0. 1ª Turma. Rel. Min. Gurgel de Faria, *DJe* 26/4/2017).

O incidente de desconsideração da personalidade jurídica **poderá ser instaurado para alcançar o patrimônio de outra pessoa jurídica** — que não a sociedade empresária originariamente executada — se seus sócios, **fraudulentamente, vierem a transferir seus bens** particulares para o patrimônio desta segunda pessoa jurídica (também administrada pelos referidos sócios da executada insolvente), justamente para não responderem subsidiariamente pelas dívidas da sociedade de patrimônio deficitário. O **esvaziamento patrimonial da executada** em prol dos sócios e/ou desvio de bens para a constituição de um segundo ente coletivo — **tres-**

passe irregular — sem saldar o passivo a descoberto do primeiro ente coletivo — configurará exemplo **desvio de finalidade** do segundo ente coletivo, razão pela qual o redirecionamento da execução contra ele deverá ser considerado. Essa triangulação com a consequente blindagem patrimonial dos bens particulares dos sócios contextualizará o que a doutrina e a jurisprudência têm denominado de **desconsideração indireta ou expansiva** da personalidade jurídica. Nesse sentido, leia-se o Enunciado 11 da I Jornada de Estudos do Conselho da Justiça Federal sobre o CPC: "Aplica-se o disposto nos arts. 133 a 137 do CPC às hipóteses de desconsideração indireta e expansiva da personalidade jurídica".

De lege ferenda, novamente, **propõe-se uma fase de conciliação antes da decisão pela desconsideração ou não da personalidade jurídica**, principalmente quando a desconsideração da personalidade jurídica constar da inicial a fim de que sejam construídas alternativas que pareçam razoáveis às partes em conflito[58], sempre lembrando a elas que a preservação ou a ruína de uma sociedade empresarial trará malefícios a toda a coletividade.

■ 10.5. A DESCONSIDERAÇÃO DA PERSONALIDADE JURÍDICA NO GRUPO SOCIETÁRIO

Os entes coletivos, responsáveis pela produção de bens e pela prestação de serviços como algo comum a todo o planeta, paralelamente ao lucro, **têm sua função social largamente reconhecida. Atuam por meio de conglomerados econômicos, em rede, sendo comuns as parcerias empresariais.** Em razão disso, a relativização do dogma da autonomia patrimonial entre os grupos de sociedade tem merecido tratamento legislativo ou, pelo menos, **contextualizado hipótese de aplicação da teoria da desconsideração, seja pelos ensinamentos doutrinários, seja pelas soluções jurisprudenciais**.

Como ponto de partida, além da classificação doutrinária dos grupos pluriempresariais em "de direito" e "de fato", que se infere, por exemplo, da Lei das S.A. brasileira, destacando-se como principal elemento diferenciador a formalização do grupo, tem-se como relevante a **classificação que polariza os grupos de subordinação dos grupos de coordenação.**

Nesse particular, **subordinação haverá quando, no contexto da concentração empresarial, perceber-se que uma sociedade ultima por impor sua vontade em relação à outra. Isso se efetivará com o exercício do poder de controle, comumente alcançado com a preponderância da participação societária da controladora em relação à controlada** (por exemplo, o disposto no art. 265 da LSA)[59].

---

[58] Nesse sentido, reitere-se o contido no art. 139, inc. V, do CPC: "Art. 139. O juiz dirigirá o processo conforme as disposições deste Código, incumbindo-lhe: (...) V — promover, a qualquer tempo, a autocomposição, preferencialmente com auxílio de conciliadores e mediadores judiciais".

[59] "Art. 265. A sociedade controladora e suas controladas podem constituir, nos termos deste Capítulo, grupo de sociedades, mediante convenção pela qual se obriguem a combinar recursos ou esforços para a realização dos respectivos objetos, ou a participar de atividades ou empreendimentos comuns.

§ 1º A sociedade controladora, ou de comando do grupo, deve ser brasileira, e exercer, direta ou indiretamente, e de modo permanente, o controle das sociedades filiadas, como titular de direitos

Quanto a essa espécie de controle, de controle interno se trata, uma vez que decorrente da estrutura de formação dos entes societários. Além disso, a posição de controle também **se poderá operacionalizar por meio de contratos, como o contrato de franquia, ingerência potencial, da franqueadora em relação à franqueada**, ainda que não sejam sócias entre si, hipótese esta de controle externo.

Seja como for, o elemento comum aos grupos de **subordinação situa-se na direção única ou preponderante a submeter os entes coletivos na consecução de seus negócios**[60]. Referida direção única poderá se implementar, inclusive, por uma sociedade de comando, cujo objeto social será o investimento e a administração de outras sociedades, exclusivamente, ou concomitantemente, também se lançando diretamente à atividade de produção/distribuição, respectivamente, a *holding* pura ou a *holding* mista[61].

Sem a constatação da imposição da vontade de uma sociedade em relação a outra, ausente a subordinação, permanecendo a parceria intersocietária ainda pela direção única, porém construída pela autonomia de decisão dos entes coletivos reunidos, pelo que se constata que a direção única não se confunde com controle único. Há, dessa maneira, na perspectiva de resultados comuns, coordenação de esforços, sem comprometimento da autonomia jurídica de cada sociedade participante do grupo[62].

Derivada da classificação tradicional *supra* — **grupos em que há subordinação e grupos em que existe coordenação** —, será a opção por uma administração centralizada ou descentralizada. Por questões de natureza operacional e financeira, natural que a diversificação das atividades a que se lance o grupo também se caracterize por uma autonomia maior ou menor em relação aos centros de decisão. Pragmaticamente, entretanto, **possível ocorrer — se constatada a concentração — o risco da departamentalização das sociedades controladas ou apenas coligadas**[63]. Circunstância em que **questionável a higidez do dogma da autonomia patrimonial, quando determinada sociedade componente do grupo tornar-se insolvente**.

No caso de insolvabilidade de uma sociedade controlada, por exemplo, priorizando-se os efeitos da personificação, teoricamente, não se poderia responsabilizar a controladora pelo passivo a descoberto da controlada. Entretanto, a questão tem encontrado diferentes soluções legislativas. José Augusto Quelhas Lima Engrácia Antunes buscou categorizar referidas soluções legislativas, **destacando três caminhos possíveis**.

---

de sócio ou acionista, ou mediante acordo com outros sócios ou acionistas.

§ 2º A participação recíproca das sociedades do grupo obedecerá ao disposto no artigo 244."

[60] Nesse sentido, Tomazette caracteriza os grupos de subordinação (TOMAZETTE, Marlon. *Curso de direito empresarial:* teoria geral e direito societário, 5. ed., v. 1, p. 616).

[61] Diferenciação lembrada por Fabio Konder Comparato, *O poder de controle na sociedade anônima,* 5. ed., p. 185.

[62] Eis o pensamento de Jorge Lobo (*Grupo de sociedades*, p. 74).

[63] Esta, a opinião de Fábio Konder Comparato ao comentar a Lei das S/A brasileira, que não trouxe a previsão de responsabilidade solidária entre as sociedades integrantes de eventual conglomerado econômico (*O poder de controle na sociedade anônima,* 5. ed., p. 360).

Em primeiro lugar, o modelo que não traz normas específicas a respeito da responsabilidade entre as componentes do grupo societário, referindo-se ao direito norte-americano. O levantamento do véu da pessoa jurídica corresponderia ao caminho possível para comunicar a responsabilidade entre as participantes do grupo, destacando-se a excepcionalidade de tal opção[64]**.**

Na era da sociedade de informação e da proteção de direitos difusos e coletivos, as relações interempresariais têm aproximado os fornecedores no que diz respeito a eventual indenização de seus consumidores. **A lógica é de que o risco da exploração da atividade possa ser compensado com o lucro em perspectiva do empreendimento.** Na cadeia de produção-distribuição, os vários fornecedores são corresponsáveis, pois se beneficiam, lucram, com o incremento e com a atividade uns dos outros, ainda que indiretamente. Unem-se, por meio de contratos de parceria, fornecedores de fornecedores, no que se refere a insumos, transporte e logística. Logo, **a justificativa para a corresponsabilidade situa-se no bônus emergente da natural aproximação entre os parceiros empresariais**. Se tais parceiros dividem o risco e se lançam a isso pelo bônus da atividade, seria paradoxal que não respondessem conjuntamente pelos prejuízos da mesma atividade, o que significa o compartilhar do ônus de eventual indenização. Por isso, por exemplo, a responsabilidade objetiva e solidária como regra no direito consumerista brasileiro.

Se existe corresponsabilidade entre parceiros empresariais não membros de um mesmo grupo empresarial — pelo menos para proteger relações jurídicas pontuais —, **consequente e sintomática a relativização do dogma da pessoa jurídica entre as sociedades que constituírem grupos econômicos, razão pela qual indiciariamente ineficiente a teoria da desconsideração da personalidade jurídica para alcançar a referida corresponsabilidade**, diante de uma de suas características principais, que é a excepcionalidade e que se confronta ou se contrasta com a responsabilidade solidária e objetiva que se reclama quando de atividades de grupos econômicos que causem danos coletivos, como, a título de ilustração, danos ambientais.

Além disso, os pressupostos da teoria da desconsideração — **desvio de finalidade e confusão patrimonial — concentrados nas cláusulas gerais descritas pelo art. 50, e seus §§, do CC, defensáveis como exceção quando se faz uma análise interna do ente coletivo, confrontando-se a vontade do ente coletivo com a vontade de seus sócios, denota-se quase regra em relação aos grupos econômicos, pois as sociedades controladas — a par da autonomia jurídica — muitas vezes são mantidas e criadas como estratégia para fortalecer a controladora**, percebendo-se nisso um desvio lícito da finalidade dos entes coletivos dependentes. O fluxo de caixa e de investimentos de uma sociedade que detém participação em outra também atrai a ideia de confusão patrimonial como algo natural.

Logo, para **prevenir a banalização da aplicação da teoria da desconsideração da personalidade jurídica, bem como alcançar a segurança jurídica necessária aos grupos econômicos, a regulação específica se apresenta como alternativa**

---

[64] ANTUNES, José Augusto Quelhas Lima Engrácia. *Liability corporate groups*, p. 493-495.

viável[65]. Em um cenário de aplicação do direito caracterizado por fértil surgimento de presunções e preconceitos, uma regulamentação que aponte para a eficiência torna-se vital.

O segundo modelo, ainda de acordo com José Augusto Engrácia Antunes[66], pode ser alcançado nos países que tenham adotado as diretrizes da Comunidade Europeia. A concentração econômica impõe uma **responsabilidade em razão do controle, isto é, embora as sociedades sejam autônomas juridicamente, a controladora, por dirigir ou ter ingerência sobre os negócios da controlada, deverá responder eventualmente pelos danos causados em função do poder de controle**. Nesse sentido, tem-se o art. 9º do Projeto da IX Diretiva Comunitária[67], que dispõe sobre a responsabilidade da controladora pela influência exercida sobre a controlada, determinando que a controladora deverá agir como se fosse membro do órgão de direção, respondendo da mesma forma que outro membro responderia[68].

Evidencia-se que **a sociedade que exercer o controle de fato de outra sociedade não se poderá eximir de responsabilidade, blindando seu patrimônio apenas em virtude da autonomia jurídica que a personificação lhe tenha concedido**. Em contrapartida, de difícil caracterização o conceito de influência dominante — cláusula geral —, a representar a possibilidade genérica de que se imponha à empresa controladora a condição de devedora solidária das obrigações de suas subsidiárias.

A crítica a tal sistema **reside no distanciamento da responsabilidade solidária do raciocínio de que a razoabilidade de se imputar responsabilidade à controladora por atos de suas controladas/coligadas se concentra no efetivo poder**

---

[65] Veja-se que a MPV n. 881/2019, convolada na Lei n. 13.874/2019, ao adicionar o § 4º, ao art. 50, do Código Civil, cuidou de afastar a referida banalização ao estabelecer que a existência do grupo econômico em si não configurará hipótese de desconsideração: "§ 4º A mera existência de grupo econômico sem a presença dos requisitos de que trata o *caput* deste artigo não autoriza a desconsideração da personalidade da pessoa jurídica".

[66] ANTUNES, José Augusto Quelhas Lima Engrácia. *Liability corporate groups,* loc. cit.

[67] "Artigo 9º (Responsabilidade por controlo de facto)

1. A empresa que se comporte, perante uma sociedade, como um gerente efectivo, responde perante esta por todos os danos causados através dessa influência, provenientes de um erro de gestão e isso nos mesmos pressupostos em que o faria se a empresa fosse membro do órgão de direcção da sociedade e devesse agir com todo o cuidado requerido pelo interesse dessa sociedade.

2. Considera-se como gerente efectivo da sociedade, para efeitos do nº 1, toda a empresa que, mediata ou imediatamente, exerça uma influência determinante no processo de decisão do órgão de direcção dessa sociedade.

3. a) Quem for juridicamente responsável pela empresa sob cujo domínio aquela empresa se encontrar, responde conjunta e ilimitadamente com ela. O visado pode todavia liberar-se da sua responsabilidade quando prove que o evento danoso não lhe é imputável.

b) Quando a responsabilidade se estenda aos membros do órgão de direcção da sociedade, estes respondem conjuntamente com a empresa e com a pessoa responsável nos termos da alínea a)."

[68] Projeto comentado e transcrito na obra de António Menezes Cordeiro. *Direito europeu das sociedades*, p. 757.

de decisão. Resumidamente, a responsabilidade por extensão se agregaria ao comando do ente coletivo por outro, revelando-se o binômio poder/responsabilidade.

Estabelecer-se de maneira genérica a solidariedade — sem que se tenha como precisar que para os atos ruinosos de administração de uma sociedade subsidiária tenha contribuído a controladora — **ultima por comprometer o próprio princípio da autonomia patrimonial, bem como a flexibilidade gerencial que se apresente como significativa nos grupos econômicos, pois a controlada/coligada detém responsabilidade direta sobre suas obrigações**.

Mais uma vez, a **legislação brasileira, ainda que no microssistema consumerista, arrefece a regra da solidariedade e prestigia o princípio da autonomia patrimonial** (apesar de também relativizá-lo) quando estabelece a **responsabilidade subsidiária entre as sociedades** integrantes dos grupos econômicos (§ 2º, do art. 28, do CDC). A responsabilidade das sociedades integrantes do grupo ficará condicionada a eventual déficit financeiro daquela que venha a ser demandada pelo inadimplemento de suas obrigações.

A terceira vertente, também analisada por José Augusto Engrácia Antunes, diz respeito ao modelo alemão (dualista; influenciou o sistema brasileiro e o português), o qual subdividiu os grupos em de direito e de fato. Nos **grupos de direito, existiriam regras específicas provenientes da convenção que poderiam prevenir ou mesmo coibir o abuso do poder de controle. Já nos grupos de fato — alijados da convenção formal —, questionável a absolutização da autonomia da pessoa jurídica**, diante dos interesses comuns (principalmente de caráter econômico entre os entes do grupo)[69].

Referido modelo **traria racionalidade à imputação de responsabilidade nos denominados grupos centralizados, cujo grau do poder de decisão ultima concentrado na sociedade controladora**. Demonstra-se também eficiente nos grupos descentralizados, onde pulverizado o poder de decisão, apesar da existência de uma sociedade detentora do poder de controle, em virtude de participação majoritária em seu capital social[70].

Acontece que a opção pela formalização dos grupos se mostrou quase inexistente, diante do custo de tal formalização, fazendo com que os **grupos de fato se tenham tornado numerosos, independentemente da centralização ou descentralização do poder de decisão**. As regras possíveis de estruturação da responsabilidade nos grupos societários tornaram-se direito simbólico, pois desinteressantes e desvantajosas do ponto de vista financeiro e operacional. Na Alemanha, nascedouro do sistema dualista, a tendência **jurisprudencial foi aproximar as consequências legais próprias dos grupos de direito aos grupos de fato**[71].

---

[69] ANTUNES, José Augusto Quelhas Lima Engrácia. *Liability corporate groups,* loc. cit.

[70] Nesse sentido, Eduardo Secchi Monhoz diferencia os grupos centralizados dos grupos descentralizados em seu livro *Empresa contemporânea e o direito societário*, p. 117-122.

[71] SALOMÃO FILHO, Calixto. *O novo direito societário*, p. 169.

Tal tendência é comumente referenciada na análise dos emblemáticos casos "Autokran", "Tiefbau" e "Vídeo".

No primeiro caso, por meio de contratos de *leasing*, sete sociedades constituídas sob a forma limitada locaram trinta e nove gruas (*autokräne*) de uma fabricante japonesa. Depois de pouco mais de três anos de contrato, as locatárias, sob a alegação de vícios funcionais nas gruas, deixaram de depositar os alugueres avençados. A fabricante rescindiu o contrato e buscou receber em juízo os alugueres inadimplidos. Apesar de vencedora, não conseguiu receber a totalidade de seus créditos, diante da insolvabilidade das locatárias. Requereu, então, a responsabilidade subsidiária dos sócios daquelas sociedades pelo passivo a descoberto. Em grau de apelação, o pedido foi julgado improcedente, embora se tenha sinalizado para a possibilidade de serem utilizadas, pela analogia, as regras estabelecidas para os grupos de direito em relação a sociedades limitadas contextualizadas como grupos de fato.

No segundo precedente, uma sociedade falida, por intermédio de seu administrador, buscou a responsabilização de uma instituição financeira que teria sido responsável pela condução administrativa da sociedade, ainda que por meio de fiduciários que ultimaram sócios majoritários do empreendimento. **Diante da posição de controle constatada, houve a extensão da responsabilidade.**

No terceiro precedente, a sociedade demandante Vídeo, inicialmente, viu-se impossibilitada de executar seus créditos contra uma sociedade limitada, razão pela qual **redirecionou a execução para o patrimônio do sócio-gerente que exercia o comércio por meio de firma individual, bem como em relação à outra sociedade da qual ele participava. O tribunal, então, encampou a responsabilidade do sócio-gerente em relação ao patrimônio da firma individual**.

Nos três casos, as relações intersocietárias corresponderam a grupos de fato, sendo que a jurisprudência **galgou o caminho da responsabilidade subjetiva para objetiva**. Salomão Calixto Filho, ao analisar os referidos precedentes, identificou tal movimento e, nos termos da evolução jurisprudencial, diferenciou e **denominou de subjetivo, estrutural e setorial o fundamento da responsabilidade de sócios controladores ou com ingerência de comando em relação às sociedades deficitárias**. Observou que a extensão da responsabilidade variou da má gestão (no caso "Autokran"), migrando para a organização do empreendimento (no caso "Tiefbau") e mitigando referida extensão, para afastá-la em relação ao membro do grupo de fato que não se tenha beneficiado dos negócios a envolver a sociedade insolvente no caso "Vídeo"[72].

Dos três sistemas jurídicos, analisados por José Engrácia Antunes, **ainda que a LSA brasileira seja herdeira do sistema alemão, percebe-se que no ordenamento pátrio há a mescla dos três sistemas**, na medida em que há imputação objetiva de responsabilidade, bem como a possibilidade de desconsideração da personalidade jurídica, também, em relação aos grupos de sociedade.

---

72 SALOMÃO FILHO, Calixto. *O novo direito societário*, p. 182.

Nesse sentido, **a CLT** corresponde a microssistema para as relações trabalhistas, e seu **art. 2º, § 2º, fundamenta o instituto da desconsideração da personalidade jurídica.** De modo semelhante, nas **relações previdenciárias, a Lei n. 8.212/91 e seu art. 30, inc. IX,** será o fundamento para aplicação do mesmo instituto; quando contextualizadas **infrações à ordem econômica, o art. 34, da Lei n. 12.529/2011,** baseará eventual pedido de desconsideração da personalidade jurídica. Frise-se, ainda, a solução encontrada nas **relações de consumo, tendo em vista que o art. 28, § 2º, do CDC,** trouxe a previsão de **responsabilidade subsidiária das sociedades integrantes de grupos econômicos**, dispositivo que se encontra em sintonia com a excepcionalidade dos casos de desconsideração da personalidade jurídica, nos termos das cláusulas gerais do art. 50, do CC, buscando-se ainda racionalizar o grau de comprometimento do patrimônio das sociedades integrantes dos grupos de sociedade[73].

■ 10.6. ESQUEMA

DESCONSIDERAÇÃO DA PERSONALIDADE JURÍDICA	
CONCEITO	■ Cláusula geral a permitir, episódica e excepcionalmente, levantar o véu da personalidade jurídica, para alcançar o patrimônio dos sócios por obrigações pendentes da sociedade empresária
CLASSIFICAÇÃO	■ Desconsideração pela Teoria Maior (confusão patrimonial ou desvio de finalidade, art. 50, e seus §§, do CC) ■ Desconsideração pela Teoria Menor (insolvabilidade pura simples, entre outras hipóteses, art. 28, § 5º, do CDC)
REFERÊNCIAS LEGISLATIVAS	■ CC (art. 50, *caput*, e seus §§) ■ CDC (art. 28, § 5º) ■ CLT (art. 2º e art. 9º) ■ CTN (art. 135) ■ Lei n. 9.605/98 (art. 4º) — Meio Ambiente ■ Lei n. 9.847/99 — Sistema Nacional de Estoques de Combustíveis ■ Lei n. 12.529/2011 — Lei do CADE ■ PL 1.572/2011 (arts. 128-131); PLS 487/2013 (arts. 196-199). Propostas para um novo Código Comercial

■ 10.7. QUESTÕES SUBJETIVAS

■ 10.7.1. Questão-homenagem

(Magistratura — DF — 2013) "Discorra sobre a 'disregard doctrine' e sua aplicação no âmbito do direito do consumidor, abordando os seguintes aspectos: (i) conceito; ii) distinção entre a teoria maior e menor; iii) sua previsão no CDC; a opção pela teoria maior ou menor no CDC".

Resposta: A desconsideração da personalidade jurídica é cláusula geral a permitir, episódica e excepcionalmente, levantar o véu da personalidade jurídica, para alcançar o patrimônio dos sócios

73 De modo similar, sinaliza o Enunciando 406 da V Jornada de Estudos do CJF: "Art. 50. A desconsideração da personalidade jurídica alcança os grupos de sociedade quando presentes os pressupostos do art. 50 do Código Civil e houver prejuízo para os credores até o limite transferido entre as sociedades". Disponível em: <http://atualidadesdodireito.com.br/flaviotartuce/2011/12/14/divulgacao-oficial-dos-enunciados-da-v-jornada-de-direito-civil/>. Acesso em: 10 ago. 2013, às 14h00.

por obrigações pendentes da sociedade empresária ou fornecedor. Trata-se de expediente excepcional, cujos pressupostos foram positivados no art. 50, *caput*, do CC, e no art. 28, *caput*, e seu § 5º, do CDC. No regime do CC, para além da insolvabilidade, devem se fazer presentes indícios de desvio de confusão patrimonial (teoria maior objetiva) entre os bens do patrimônio coletivo e o patrimônio particular dos sócios ou então eventual desvio de finalidade (teoria maior subjetiva), pois o exercício da atividade empresarial não compactua com eventuais abusos. Comparativamente, no CDC, em que é direito básico do consumidor ver-se indenizado integralmente de eventuais prejuízos causados pelo fornecedor (art. 6º, inc. VI), por ser presumivelmente a parte vulnerável da relação de consumo (art. 4º, inc. I), percebe-se que o *caput*, do art. 28, do CDC, ao prever a possibilidade de desconsideração na hipótese de abuso de direito, aproximou-se da teoria maior, tendo em vista que uma das expressões do abuso de direito corresponde ao desvio de finalidade. Entretanto, o § 5º, do mesmo art. 28, flexibilizou a aplicação da teoria tradicional sobre a desconsideração da personalidade jurídica, pois, de maneira genérica, independentemente do uso irregular da pessoa jurídica, basta tão somente a insolvabilidade para permitir o instituto da desconsideração, assim denominada teoria menor, porque menor em relação aos requisitos para sua configuração. Em conclusão, pode-se afirmar que, nas relações de consumo, no regime do CDC, encapadas tanto a teoria maior quando a teoria menor.

10.7.2. Questão-desafio

(Procurador da República — XVII Concurso) Dissertação. "Desconsideração da Personalidade Jurídica no Direito Brasileiro. Conceito. Previsão Legal".

10.8. QUESTÕES OBJETIVAS

1. (CESGRANRIO — 2006 — BNDES — Técnico Administrativo — Superior) A doutrina da desconsideração da personalidade jurídica (disregard doctrine) tem como finalidade

a) apurar fraudes.
b) alterar o centro de imputação.
c) tutelar consumidores e fisco.
d) tutelar credores voluntários.
e) aperfeiçoar o regime de responsabilidade civil.

2. (CESPE — 2011 — TRF5 — Juiz Federal) A respeito da teoria da desconsideração da personalidade jurídica, assinale a opção correta.

a) Pessoas jurídicas de direito privado sem fins lucrativos não são atingidas pela referida teoria.
b) É possível que a própria pessoa jurídica invoque em seu favor a teoria da desconsideração.
c) O encerramento irregular da pessoa jurídica basta para caracterizar o abuso da personalidade jurídica.
d) Para a aplicação dessa teoria, é crucial que se comprove a insolvência da pessoa jurídica.
e) Por ser necessariamente interpretada de forma estrita, essa teoria não é admitida na forma inversa.

3. (CESPE — 2012 — DPE-AC — Defensor Público) Com base no disposto no CDC sobre a desconsideração da personalidade jurídica e a responsabilização de sociedades, assinale a opção correta.

a) As sociedades coligadas, sociedades que se agrupam para a execução de determinado empreendimento, respondem subsidiariamente por eventuais danos causados a consumidores.
b) As sociedades consorciadas só respondem por danos causados aos consumidores mediante a comprovação da existência de culpa por sua atuação.
c) É lícita a desconsideração da personalidade jurídica caso haja, em detrimento do consumidor, falência, estado de insolvência, encerramento ou inatividade da pessoa jurídica provocados por má administração.
d) As sociedades integrantes dos grupos societários, formados pela sociedade controladora e suas controladas, respondem solidariamente pelas obrigações impostas pelo CDC.
e) A sociedade controlada, que participa com 10% ou mais do capital de outra, sem relação de subordinação, responde de forma solidária.

4. (MPE — RJ — 2011 — Promotor) Os sócios de uma sociedade limitada praticaram atos fraudulentos e em flagrante desvio de finalidade da pessoa jurídica. Diante de tal situação, em ação judicial própria proposta pelos credores, restou decretada a desconsideração da personalidade jurídica da referida sociedade. Diante da situação apresentada, pode-se afirmar que a desconsideração da personalidade jurídica da sociedade:

a) é medida severa que importa na ineficácia dos atos ulteriores aos praticados em desconformidade com os objetivos empresariais;
b) é decisão judicial que importará na extinção da sociedade, com a posterior liquidação de seus bens materiais e imateriais, vez que é nulificada sua personalidade;
c) não poderia ter sido decretada, visto que, consoante a disciplina do novo Código Civil, deverá ser precedida do encerramento irregular da pessoa jurídica;
d) não é aplicável, *in casu*, mas sim a sua dissolução, total ou parcial, em decorrência dos atos fraudulentos praticados pelos sócios;
e) importará na retirada, no caso *sub judice*, da autonomia patrimonial da sociedade, para estender os efeitos de suas obrigações aos bens particulares de seus sócios.

5. (FCC — 2012 — TJ-GO — Juiz) A desconsideração da personalidade jurídica no CDC:

a) é instituto meramente doutrinário, inexistente em norma jurídica expressa.
b) caracterizar-se-á quando o juiz verificar, em detrimento do fornecedor, abuso de direito, excesso de poder, infração da lei, fato ou ato ilícito ou violação dos estatutos ou contrato social.
c) não ocorrerá em hipóteses de falência, estado de insolvência, encerramento ou inatividade da pessoa jurídica.
d) poderá ocorrer sempre que a personalidade da pessoa jurídica for, de alguma forma, obstáculo ao ressarcimento de prejuízos causados aos consumidores.
e) não atinge, em nenhuma hipótese, sociedades coligadas, controladas ou consorciadas.

6. (CESPE — DPU — Defensor Público Federal de Segunda Categoria — 2015) Certo ou Errado. Acerca da responsabilidade dos sócios, da sociedade em comum e da desconsideração da pessoa jurídica, julgue o próximo item. Conforme a jurisprudência do STJ, admite-se a desconsideração inversa da pessoa jurídica.

7. (FGV — Prefeitura de Cuiabá — MT — Auditor Fiscal Tributário Municipal — 2016) Acerca da aplicação da desconsideração da personalidade jurídica, assinale a afirmativa correta.

a) No Código Civil, a aplicação *ex officio* da desconsideração da personalidade jurídica está condicionada à demonstração de que a personalidade da pessoa jurídica constitui um mero obstáculo, subjetivo ou objetivo, ao ressarcimento do credor.
b) A decisão judicial que responsabiliza pessoalmente os diretores pelos créditos correspondentes a obrigações tributárias, resultantes de atos praticados com infração de lei, está desconsiderando a personalidade jurídica da sociedade contribuinte.
c) A desconsideração da personalidade jurídica acarreta a nulidade absoluta da personalidade jurídica e invalida os atos praticados pelos administradores da sociedade em relação a terceiros.
d) A desconsideração da personalidade jurídica pode ser decretada incidentalmente no curso do processo, não sendo necessário a propositura de ação específica com essa finalidade.
e) A desconsideração da personalidade jurídica decretada em favor do consumidor produzirá a dissolução da pessoa jurídica fornecedora, com a liquidação do seu patrimônio.

8. (OAB — FGV — XXII Exame Unificado — 2017) A instauração do incidente de desconsideração da personalidade jurídica foi requerida em um processo de execução por título extrajudicial. O advogado do executado manifestou-se contrariamente ao pedido, sob a alegação de cerceamento de defesa de seu cliente, somente cabendo a desconsideração se requerida em ação de conhecimento ajuizada especificamente contra o sócio da sociedade empresária devedora. Sobre a argumentação acima, assinale a afirmativa correta.

a) Procede, porque o pressuposto para a aplicação da desconsideração da personalidade jurídica é sempre a conduta ilícita do sócio perpetrada por meio da personalidade da pessoa jurídica; portanto, é imprescindível a demonstração cabal da culpa em ação de conhecimento.

b) Procede, porque o requerimento de instauração do incidente de desconsideração deve demonstrar o preenchimento dos pressupostos legais específicos, dentre eles o desvio de finalidade da pessoa jurídica, que só pode ser feito em ação de conhecimento, onde estarão preservados o contraditório e a ampla defesa.

c) Não procede, porque, ao contrário do afirmado pelo advogado, o incidente de desconsideração só é cabível no cumprimento de sentença e na execução de título executivo extrajudicial, pois, no processo de conhecimento, a desconsideração só pode ser decretada na sentença de mérito.

d) Não procede, porque o incidente de desconsideração é cabível em todas as fases do processo de conhecimento, no cumprimento de sentença e na execução fundada em título executivo extrajudicial.

9. (CESGRANRIO – PETROBRAS – ADVOGADO JÚNIOR – 2018) Um empresário emprestou elevada quantia em dinheiro a uma sociedade limitada do ramo de supermercados, regularmente constituída e com capital integralizado. Caso não haja o pagamento da dívida, de acordo com o Código Civil de 2002,

a) A integralização do capital impede que o patrimônio dos sócios responda pelas dívidas e obrigações contraídas pela sociedade, mesmo em casos de abuso da personalidade jurídica.

b) O patrimônio dos sócios e o patrimônio da pessoa jurídica, solidariamente, responderão pelas dívidas e obrigações nas sociedades limitadas com capital integralizado.

c) O patrimônio dos sócios responderá pelas dívidas e obrigações da sociedade, apenas se houver confusão patrimonial com comprovada má-fé dos sócios.

d) O patrimônio da sociedade responderá pelas dívidas e obrigações, assim como o patrimônio dos sócios, por força da teoria menor da desconsideração da personalidade jurídica.

e) O patrimônio que responderá pela dívida será o da sociedade; o patrimônio dos sócios responderia pela dívida na hipótese de desconsideração da personalidade jurídica.

10. (FCC — TRF4 — Analista Judiciário — 2019) Tereza ajuizou ação de indenização contra a empresa "XPTO Comércio de Produtos de Informática Ltda". Ainda na fase instrutória do processo, requereu a instauração de incidente de desconsideração da personalidade jurídica. Nesse caso, o juiz deverá

a) indeferir liminarmente o pedido, pois a instauração de incidente de desconsideração da personalidade jurídica só é cabível na fase de cumprimento de sentença.

b) deferir o pedido, suspendendo o processo, desde que o requerimento tenha demonstrado o preenchimento dos pressupostos legais específicos para a desconsideração da personalidade jurídica.

c) indeferir liminarmente o pedido, pois, na fase de conhecimento, a desconsideração da personalidade jurídica deve ser necessariamente requerida na petição inicial, dispensando a instauração do incidente.

d) deferir o pedido, sem suspender o processo, desde que o requerimento tenha demonstrado o preenchimento dos pressupostos legais específicos para a desconsideração da personalidade jurídica.

e) deferir o pedido, mas somente se ficar demonstrado perigo da demora, por risco de dilapidação de bens, que justifique a instauração do incidente antes da fase de cumprimento de sentença.

▪ GABARITO ▪

1. "b". As causas da desconsideração da personalidade jurídica não podem ser confundidas com sua função ou finalidade correspondente à possibilidade de imputar não à pessoa jurídica, mas sim a seus membros "os efeitos de certas e determinadas relações de obrigações", para que tais

efeitos "sejam estendidos aos bens particulares dos administradores ou sócios da pessoa jurídica" (art. 50, do CC). Assim, essa extensão da responsabilidade "altera o centro de imputação" da responsabilidade, razão pela qual correta a alternativa "b".

2. "b". Os administradores de uma Associação (arts. 53-61, do CC), mesmo que sem fins lucrativos, poderão ser alcançados, excepcionalmente, pela teoria da desconsideração da personalidade jurídica, porque a associação é espécie de pessoa jurídica e o art. 50, *caput*, do CC aplica-se ao gênero pessoa jurídica, sem exclusão da associação. A teoria referida excepciona o princípio da autonomia da pessoa jurídica, para comunicar aos sócios a responsabilidade originária de obrigações não cumpridas pelo ente coletivo. Porém, doutrinária e jurisprudencialmente, entende-se possível, além da aplicação da teoria para alcançar patrimônio dos sócios por dívidas da sociedade, de maneira semelhante, alcançar o patrimônio da sociedade por dívidas particulares dos sócios, desde que se contextualizem as cláusulas gerais correspondentes ao abuso de direito ou à confusão patrimonial (art. 50, do CC). Trata-se de reconhecer a possibilidade de aplicação da teoria da desconsideração na sua forma inversa. Nesse sentido, recomenda-se a leitura do inteiro teor do **REsp 948.117/MS**, Rel. Min. Nancy Andrighi, julgado em 22/06/2010 **(Informativo 440 do STJ)**. O prezado leitor e eventual candidato deverá complementar seus estudos com a leitura dos enunciados das Jornadas de Estudos de Direito Civil do Centro de Estudos Judiciários do Conselho da Justiça Federal, que tem reunido membros do Poder Judiciário, do Ministério-Público, da Advocacia, além de renomados juristas e professores, para nortear a interpretação do direito privado, sendo que a questão se pautou nas conclusões dos trabalhos do CJF, nos termos dos seguintes enunciados: 281, 282, 283, 284 e 285[75]. É possível imaginar, também, que o instituto da desconsideração da personalidade jurídica se dê por iniciativa, não de credores da pessoa jurídica, mas dos próprios sócios. Assim, imagine-se o conflito entre os sócios administradores e não administradores, podendo estes, no interesse da pessoa jurídica, buscar a aplicação da teoria da desconsideração em favor do patrimônio do ente coletivo, para alcançar o patrimônio dos sócios administradores quando perpetrarem condutas ostensivamente prejudiciais ao empreendimento, como a assunção de mútuos em nome do ente coletivo, mas para satisfação de interesses não condizentes com o desenvolvimento do objeto social. Trata-se de reconhecer o abuso da personalidade jurídica da sociedade, independentemente da constatação de insolvabilidade do ente coletivo. A inexistência de patrimônio positivo em relação à pessoa jurídica poderá motivar a desativação fática do empreendimento, o que corresponde ao encerramento irregular do ente coletivo, o que, por si só, não é suficiente para estender aos sócios a responsabilidade pelas obrigações sociais, pelo menos quanto aos sócios não administradores, mesmo em relação às obrigações de natureza tributária. Nesse sentido, o teor da **Súmula 435** do STJ, que diz da possibilidade de redirecionamento somente para o sócio-gerente. Portanto, pelos argumentos *supra*, correta apenas a alternativa "b", no sentido de que "é possível que a própria pessoa jurídica invoque em seu favor a teoria da desconsideração".

3. "c". As sociedades coligadas responderão apenas por culpa; entre as sociedades consorciadas, haverá solidariedade; as sociedades integrantes de grupos societários responderão subsidiariamente, ou seja, indiretamente e depois de esgotado o patrimônio da sociedade diretamente responsável; tais conclusões são possíveis diante do que dispõem os §§ 2º, 3º e 4º, do art. 28, do CDC. Assim, remanesceu como correta a alternativa "c", porque correspondente à letra do *caput*, do art. 28, do CDC (Lei n. 8.078/90), percebendo-se que a desconsideração da personalidade jurídica no CDC é amplíssima.

4. "e". Única alternativa coerente com a letra do art. 50, *caput*, do CC.

5. "d". Em relação à alternativa "a", desconsideração da personalidade corresponde à cláusula geral que foi positivada na lei (art. 50, *caput*, do CC, por exemplo); portanto, não se trata de instituto meramente doutrinário. O enunciado da questão fez referência ao CDC, sendo que a

[74] Disponíveis em: <http://www.cjf.jus.br/cjf/CEJ-Coedi/jornadas-cej/enunciados-aprovados-da-i-iii-iv-e-v-jornada-de-direito-civil/compilacaoenunciadosaprovados1-3-4jornadadircivilnum.pdf>. Acesso em: 16 maio 2014, às 14h00.

alternativa "b", maliciosamente, substituiu o trecho em "detrimento do consumidor" (constante do *caput* do art. 28, do CDC) por "detrimento do fornecedor". As hipóteses mencionadas na letra "c" constam expressamente do *caput*, do art. 28 referido, como causas possíveis para a aplicação do instituto da desconsideração da personalidade jurídica do fornecedor. A alternativa "e" contraria a letra dos parágrafos do art. 28, pelas razões expostas no comentário da questão anterior. Assim, a alternativa correta corresponde à letra "d", que repetiu a letra do § 5º, do art. 28, do CDC, e que, doutrinariamente, corresponde a uma das hipóteses da teoria menor da desconsideração da personalidade jurídica.

6. Certo. Releia-se o *item 10.4* e a nota 58.

7. "d". Nos termos do novo CPC, trata-se de incidente passível de instauração "em todas as fases do processo de conhecimento, no cumprimento de sentença e na execução fundada em título executivo extrajudicial" (art. 134, *caput*).

8. "d". Em conformidade com o disposto no art. 134, *caput*, do CPC: "O incidente de desconsideração é cabível em todas as fases do processo de conhecimento, no cumprimento de sentença e na execução fundada em título executivo extrajudicial".

9. "e". Em sintonia com o enunciado no art. 50 e no art. 1.052, ambos do Código Civil.

10. "b". Em sintonia com o art. 134, *caput*, e seus §§ 2º, 3º e 4º: "Art. 134. O incidente de desconsideração é cabível em todas as fases do processo de conhecimento, no cumprimento de sentença e na execução fundada em título executivo extrajudicial.

(...) § 2º Dispensa-se a instauração do incidente se a desconsideração da personalidade jurídica for requerida na petição inicial, hipótese em que será citado o sócio ou a pessoa jurídica.

§ 3º A instauração do incidente suspenderá o processo, salvo na hipótese do § 2º.

§ 4º O requerimento deve demonstrar o preenchimento dos pressupostos legais específicos para desconsideração da personalidade jurídica".

11

TÍTULOS DE CRÉDITO

11.1. NOÇÕES GERAIS

O crédito se **traduz na confiança** que uma pessoa inspira a outra de que **cumprirá, no futuro**, uma obrigação contraída no presente. É a **troca no tempo em lugar de ser no espaço**, segundo Gide[1], ou, nas palavras de Stuart Mill[2], não é mais do que **a permissão para usar o capital alheio**. Seu surgimento facilitou sobremodo as operações comerciais, tornando-as mais rápidas e amplas, ao conferir **poder de compra** a quem não tem o dinheiro necessário para realizá-la. É que, nas relações comerciais, nas quais o capital é sempre necessário, a utilização do crédito veio **a aumentar consideravelmente as transações**, permitindo, por consequência, o **progresso dos povos**.

Formado pelos elementos **tempo e confiança**, o crédito nasceu a partir das necessidades do trato comercial de obter uma circulação mais rápida que a permitida pela moeda manual, visando facilitar a negociação da riqueza pela **troca de bens no tempo**. O crédito, por si só, não cria direitos, caracterizando-se pela **utilização de um bem ocioso no patrimônio de terceiro**, desde que haja interregno de tempo (um dos elementos), ainda que exíguo, como no caso do cheque, entre prestação e contraprestação, pois, se as prestações são simultâneas, não há crédito. Antes de o crédito ser constituído, um negócio jurídico deu origem às obrigações patrimoniais que findaram pactuadas para pagamento futuro. Tal **negócio é que criou direitos**.

Contudo, na **Antiguidade**, os direitos de crédito que alguém tinha contra outrem **não eram facilmente transmitidos** pelo credor a terceiros, por força do princípio do crédito individual. A obrigação do devedor consubstanciava um **vínculo personalíssimo**, pelo qual o credor tinha direitos sobre a pessoa do devedor (a obrigação aderia ao corpo do devedor, *ossibus haeret*, possibilitando a adjudicação, venda e escravidão deste), o que somente foi superado com o surgimento da Lei Paetelia Papiria, em 429 a.C., que fez distinção entre pessoa e patrimônio. Referida lei consagrou que o crédito não pode ser vinculado à pessoa do credor, que não pode ser obrigado a cumprir corporalmente a obrigação. Mas só com o surgimento dos **títulos de crédito**, isto é, de papéis nos quais estavam incorporados os direitos do credor contra o devedor,

---

1 Citado por REQUIÃO, Rubens. *Curso de direito comercial*. 26. ed. São Paulo: Saraiva, 1988. v. 2.

2 Idem.

foi que o problema da circulação dos direitos creditórios mitigou-se, na medida em que as necessidades de caráter mercantil surgiam.

Com efeito, os direitos creditórios, que somente podiam ser exercidos pelos que figuraram nos documentos como seus titulares, **passaram a ser transferidos a terceiros**, os quais, de posse dos documentos, podiam exercer, como proprietários, os direitos mencionados nos papéis. À **faculdade** que tem o titular de um direito de crédito **de transferir** esses direitos a outra pessoa, com os documentos que os incorpora, deu-se o nome de **cláusula à ordem**, que marcou a fase histórica de circulação do título de crédito. Dessarte, o título de crédito possibilitou a transformação do **crédito em dinheiro**, de modo que o titular do crédito pôde fazê-lo **circular**. Passou a ser possível, assim, uma rápida transferência do capital, tornando-o ainda mais produtivo e útil. Daí, a inequívoca **importância** dos títulos de crédito para a **história da economia** mundial, na qualidade de documentos que **instrumentalizam o crédito e permitem a sua mobilização** livre e segura. Portanto, forçoso convir, os títulos de crédito são — em apertada síntese — **instrumentos de circulação de riqueza**. Esquematizando as noções gerais cambiárias:

11.1.1. Histórico

O **momento histórico** em que os títulos de crédito se desenvolveram foi a **Idade Média**. Provavelmente, a partir do século XIII e seguindo até o século XVII, com o surgimento das **Ordenanças de Comércio, em 1673**.

11.1.1.1. Período italiano

Na Idade Média, o centro das operações mercantis situava-se nas **cidades marítimas italianas**, onde se realizavam as **feiras** que atraíam os **principais mercadores** europeus. Contudo, cada **cidade manejava sua própria moeda**, e essa diversidade consistia em obstáculo ao desenvolvimento do comércio. Isso porque quem chegava de outra cidade tinha de ter a **moeda local**. Caso contrário, não havia negócio. Ademais, também naquela época, **não era seguro o transporte** de grandes quantidades de dinheiro para efetuar compras em outras cidades ou feiras, porquanto o risco era evidente, especialmente porque os meios de transporte eram rudimentares e não havia estradas, o que potencializava o risco de assaltos. Daí porque surgiu a operação de **câmbio manual**, pela qual o corretor (cambista) precedia à **troca entre as diversas espécies de moeda**. Mesmo com o surgimento do câmbio manual, persistiu um problema, a saber, o do **risco do transporte da moeda** de uma cidade para outra. Visando resolver esses problemas, a operação de câmbio manual evoluiu para a operação de ***câmbio trajectício*** (operação *trajectícia*), pela qual o **banqueiro** recebia, em sua cidade, moeda de certa espécie e obrigava-se a **entregar, em outra cidade**, ao depositante ou a seu representante, a mesma soma de dinheiro em outra espécie de moeda.

O **banqueiro**, responsável por transportar moeda de uma cidade para outra, por sua conta e risco, **emitia dois documentos**: i) ***cautio***, que consistia no **reconhecimento da dívida** por ele contraída e na promessa de entregar o valor equivalente conforme acordado; ii) ***littera cambii***, pelo qual o banqueiro **dava ordem** a seu correspondente, localizado em outra cidade, para que **efetuasse o pagamento** do valor correspondente ao credor que havia realizado o depósito.

A ***cautio*** é apontada como o documento que deu origem à **nota promissória**, porque consubstanciava uma **promessa** de pagamento, ao passo que a ***littera cambii*** é comparada à **letra de câmbio**, porque veiculava uma **ordem** de pagamento.

A **nota promissória**, contudo, teve a sua **evolução ancorada** durante muito tempo, por ser utilizada como instrumento do **condenado *câmbio seco***, e somente na modernidade foi soerguida. Câmbio seco era aquele respeitante ao **empréstimo usurário**, com a cobrança de **juros elevados**, ou seja, era fruto de **agiotagem**: *cambia sicco no sunt cambia, sed mutuum usurarium* (câmbio seco não é câmbio, mas mútuo usurário).

11.1.1.2. Período francês

A **segunda fase** da evolução histórica dos títulos de crédito — o período francês (1650 até 1848) — iniciou-se **em 1650**, com o surgimento da **cláusula à ordem**, meio que facilitou a **circulação dos títulos** na medida em que viabilizou a circulação dos direitos nele incorporados, já que **não dependia da autorização do sacador**.

A *Ordenança de Comércio* francesa, que surgiu em 1673, conferiu **nova roupagem à letra** de câmbio, embora não tenha lhe retirado o caráter de contrato de câmbio. É que, como corolário da cláusula à ordem, introduziu-se o **endosso**, que facilitou sobremaneira o desenvolvimento do crédito, por ser o **meio cambiário próprio** para a circulação do título de crédito.

A cláusula à ordem permitia que o beneficiário **transferisse o título a quem quisesse**, sem necessidade de qualquer autorização, e isso repetidamente. Desse modo, **quem recebesse** o título por endosso (endossatário), **poderia, em seguida, transferi-lo** (agora, como endossante) para novo endossatário e, assim, sucessivamente. O endossatário de qualquer endosso recebia um **direito próprio, não derivado**, pelo qual podia **exigir o valor do título de qualquer** endossante ou obrigados anteriores, como o aceitante, os endossantes anteriores e seus avalistas.

Assim, a letra de câmbio evoluiu de mero instrumento de pagamento para **instrumento do crédito**, atualmente característica marcante dos títulos de crédito.

■ *11.1.1.3. Período germânico*

Essa fase iniciou-se **em 1848**, perdurando até 1930. Nesse período, deflagrado pela **Ordenação Geral do Direito Cambiário**, que **codificou** as normas cambiais, estabeleceu-se a distinção entre a obrigação **decorrente da relação causal** e a **emanada do título**, consagrando a **independência** entre elas, do que decorria a proteção ao terceiro de boa-fé, indene das exceções pessoais eventualmente arguidas pelo devedor.

A **proteção ao terceiro de boa-fé** foi, e é, objeto de atenção da legislação cambiária, pois, à medida que se protege o portador do título, incentivar-se-á a circulação da cártula.

Mas a utilização do crédito somente ganhou contornos universais a partir da **Revolução Industrial**, quando a tecnologia de produção, distribuição e consumo passou a exigir **maior mobilização de riquezas**, propiciada pelos títulos, capazes de vencer o tempo, **transportando riquezas futuras**.

Nesse período, à luz dos estudos dos alemães, a letra de câmbio passou a ser um **título representativo de valor**, e a obrigação de realizar o valor decorria do próprio título. Por essa razão, concluem-se: a) a letra de câmbio é um **título abstrato, literal** — só vale pelo que está nele escrito; b) **completo** — não depende de qualquer documento ou contrato anterior; e c) **formal** — já que deve se conformar aos requisitos legais.

Assim, a letra de câmbio poderá derivar de qualquer negócio jurídico. Suficiente a entrega do título a outra pessoa, que passará a ser a beneficiária do título, afigurando-se inútil a discussão sobre a relação jurídica originária (*causa debendi*), pois o **título vale por si só e independe** de um contrato anterior.

■ *11.1.1.4. Período moderno — uniforme*

Por fim, tem-se o ***período uniforme***, no qual a legislação cambiária foi uniformizada, especificamente com a aprovação, em 1930, das **leis uniformes** genebrinas sobre **letras de câmbio** e, em 1931, da lei sobre **cheques**. Como já se afirmou linhas atrás, as fronteiras são obstáculos ao livre-exercício do comércio. A diversidade entre as **legislações dos países sempre foi o problema** a ser vencido, por dificultar as relações comerciais internacionais. Razão por que os países se organizaram, por meio de conferências, para uniformizar a legislação comercial, **especialmente as normas cambiárias**. É que os títulos de crédito permitiam o desenvolvimento do crédito, fomentando as **trocas econômicas entre os países**.

A **mais relevante norma** uniforme decorreu da **Convenção de Genebra**, realizada em 13 de maio e em 7 de junho de 1930, que tinha por objetivo **unificar** a legislação respeitante à **letra de câmbio e à nota promissória**, da qual participou um representante brasileiro (prof. Deoclécio de Campos). A convenção foi acolhida pelo Brasil, em 1942, aprovada por força do Decreto n. 54, de 1964, e, finalmente, promulgada mediante decretos (a **Lei Uniforme de Genebra — LUG** formalizou-se no Brasil por meio do Decreto n. 57.663/66). O STF decidiu, no julgamento do **RE 71.154/PR**, que **vigiam como leis internas** as leis uniformes de Genebra, aplicando-se de forma imediata. Esquematizando a evolução histórica cambiária:

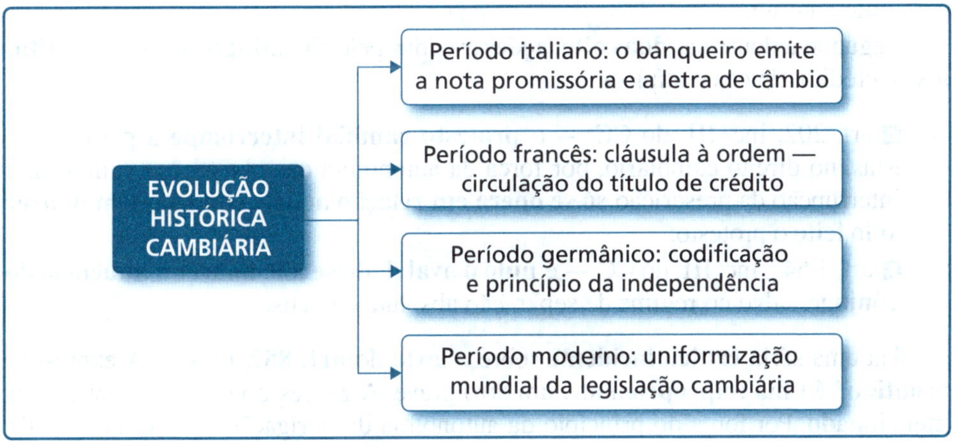

▪ *11.1.1.5. No Brasil — títulos de crédito e o Código Civil*

O Código Civil — Lei n. 10.406, de 10/01/2002 —, **inovando** na ordem jurídica, tratou, em um dos capítulos, dos títulos de crédito. No entanto, a nova roupagem trazida nos arts. 887 a 926, intentando estabelecer uma espécie de **parte geral** do Direito Cambiário, limitou-se a **consagrar conceitos, princípios e regras fundamentais** que, em sua maior parte, somente serão aplicáveis a títulos de crédito criados por lei após a vigência do novo Código.

É o que se pode extrair do que prescreve o **art. 903** do referido Código Civil, ao estabelecer que, "salvo disposição diversa em lei especial, regem-se os títulos de crédito pelo disposto neste Código".

Desse modo, **duas situações** devem ser consideradas: a) se a regulamentação de um título de crédito **já se encontra estabelecida em lei especial**, devem **incidir tais regras**, quando, então, as normas do **Código Civil** somente serão aplicáveis de forma **suplementar** (mediata), seja para preencher as lacunas das normas especiais, seja para corrigir as antinomias; b) se **não houver normas especiais**, deve-se aplicar o **Código Civil de forma imediata**.

Insta, ao ensejo, lembrar que **todos os títulos de crédito**, no Direito Brasileiro, têm **legislação própria**, ante o princípio do formalismo ou da legalidade, que impõem a tipicidade dos títulos de crédito como regra.

Há, no entanto, **duas outras correntes**, que, por amor ao debate, traremos à baila. Alguns autores (por todos, **Mauro Brandão Lopes**, autor do capítulo sobre o tema em apreço do anteprojeto do novo Código Civil) defendem a **aplicação do Código Civil tão só aos títulos de crédito inominados ou atípicos**, é dizer, criados por particulares em suas atividades, sem previsão legal específica, mas não àqueles regulados por leis especiais. Essa posição, entretanto, esbarra no **princípio da tipicidade**, segundo o qual somente lei específica reveste-se de aptidão para criar e permitir a emissão de um título de crédito.

Noutro giro, **há quem admita** a incidência das disposições do novo Código Civil aos **títulos inominados e, subsidiariamente, aos títulos típicos** previstos em leis especiais nos casos de lacuna. Quanto aos inominados, a mesma advertência do parágrafo anterior.

Segundo a doutrina, **duas alterações** trazidas pelo CC **atingiram todos os títulos** de crédito, típicos e atípicos:

- art. 202, inc. III, do CC — o **protesto cambial interrompe a prescrição**. Mas, no direito cambiário, por força da autonomia das obrigações cambiais, a interrupção da prescrição **só se opera em relação àquele contra quem houver sido feito** o protesto;
- art. 1.647, inc. III, do CC — é **nulo o aval dado se não houver a anuência do cônjuge**, salvo no regime de separação absoluta de bens.

Há uma séria **crítica incidente** sobre o texto do **art. 887, do CC**. A expressão **"contido" é uma impropriedade**, um erro grave. A expressão utilizada deveria ser **mencionado**. Por força do princípio da autonomia da obrigação cambiária, o título **não gera novação**, é autônomo com relação à *causa debendi*, **desprendendo-se** do negócio que deu origem à apresentação do título. A operação subjacente não se confunde com a obrigação consubstanciada no título, o que se confirma pelo **Enunciado 299, da Súmula do STJ**, pois, ainda que não seja possível ao portador do título executar o devedor pelo crédito pendente em caso de cheque prescrito, por exemplo, o negócio jurídico que justificou o saque do título, remanescerá passível de cobrança pela ação monitória, a confirmar que o negócio jurídico é mesmo autônomo em relação à criação de algum título de crédito.

Cesare Vivante, o criador do referido conceito de título de crédito, empregou a palavra "**mencionado**" e demonstrou que não poderia ser "**contido**". Por causa da autonomia, o título de crédito se desvincula do negócio que lhe deu origem. Ocorrendo uma compra de um caderno com um cheque, por exemplo, a **emissão do cheque não extingue o negócio anterior**. Por isso, ainda que prescrito o título de crédito, é possível cobrar a obrigação derivada da **obrigação original**, pois ela não ficou contida, nem aprisionada no título, estava apenas mencionada ali.

O título **não contém o crédito**, apenas o menciona, por força da autonomia. Se contivesse o crédito, este estaria absorvido pela cártula, aí teríamos novação sempre que se pagasse uma obrigação utilizando-se de um título de crédito. Se estivesse contido, não haveria outro crédito senão aquele da cártula. Como dito, o título de crédito nunca contém o crédito, apenas o menciona — se não houvesse autonomia, aí sim a expressão "contido" estaria correta.

Esquematizando a relação entre títulos de crédito e o Código Civil:

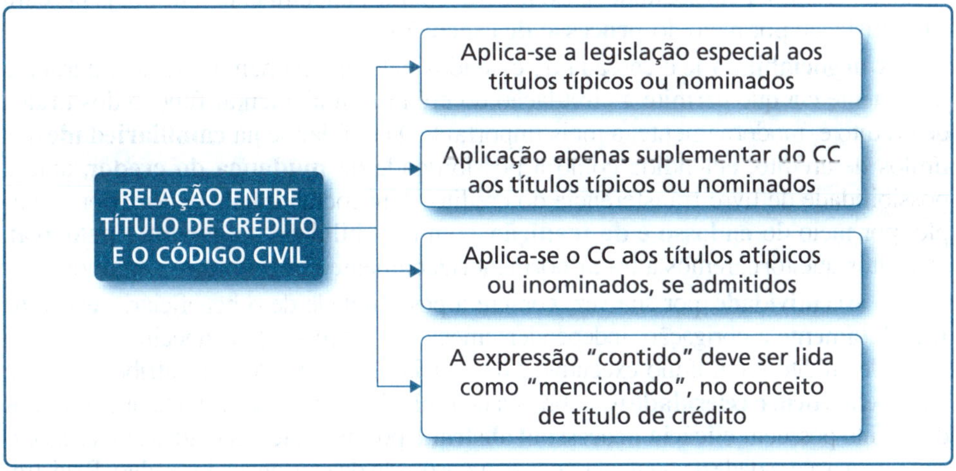

▪ 11.1.2. Conceito

Entre os vários conceitos criados pela doutrina ao longo dos tempos, destaca-se aquele de autoria de Cesare Vivante, segundo o qual título de crédito é o documento necessário para o exercício do direito, literal e autônomo, nele mencionado. Em poucas palavras, o autor, com propriedade, encerra uma definição completa dos títulos de crédito. Do conceito irradiam-se, a um só tempo, importantes normas sobre o título de crédito, suas características e sua forma.

O atual Código Civil, no art. 887, adotando o conceito de Vivante, definiu o título de crédito nos seguintes termos: "documento necessário ao exercício do direito literal e autônomo nele contido, somente produz efeito quando preencha os requisitos da lei". Veja-se que o legislador acrescentou ao conceito antes referido uma parte final, com o escopo de esclarecer que o título que não contenha as formalidades essenciais é ineficaz, embora tenha valor probatório e possa ser aperfeiçoado.

A função fundamental do título de crédito, como a evolução histórica revela, é a circulabilidade. Nasceram e se desenvolveram com a finalidade precípua de facilitar a circulação de direitos, com segurança, a partir das operações de crédito. Possibilitar e facilitar a livre-circulação do título de crédito sempre foi uma preocupação da legislação cambiária, porquanto desempenhava e ainda desempenha um papel de relevo na economia, por força de sua negociabilidade e acessibilidade.

Trata-se de instrumento de mobilização de economias individuais e de sua transformação em capital produtivo. Indispensável para a sobrevivência econômica de um país, há que ser adequado às realidades históricas e necessidades econômicas, protegendo-se, cada vez mais, a aparência segura que o título inspira, o que incentiva sua circulação.

Calha destacar que o título de crédito é um bem móvel, sujeito, pois, às normas que regem os bens móveis e à disciplina dos direitos reais.

■ 11.1.3. Atributos

É peculiar aos títulos de crédito os atributos da **negociabilidade** e da **executividade**. Pelo primeiro, o beneficiário do título pode **negociá-lo a qualquer momento**, mesmo e principalmente antes do vencimento, facilitando-se sobremaneira a **circulação** do crédito. Pelo segundo, caso precise cobrar judicialmente o título, já buscará sua satisfação por meio do **processo de execução**.

A **negociabilidade** é cercada de cuidados pelo ordenamento jurídico, porque é justamente ela que permite a circulação do crédito, fundamental função dos títulos de crédito e, modernamente, a mais importante. Daí, falar-se na **cambiariedade** dos títulos de crédito, entendida como a possibilidade de **mudança do credor**, ante a possibilidade de livre-transferência do crédito. A negociabilidade ocorre, por exemplo, por meio do **endosso e da tradição**, com possibilidade de **garantia pelo aval**, institutos que tornaremos a tratar pormenorizadamente nos próximos capítulos.

A **executividade**, por sua vez, confere a possibilidade de o beneficiário **executar imediatamente** a obrigação, independentemente de processo de conhecimento, pois o título de crédito é um título executivo extrajudicial. Desse modo, esse atributo garante maior **eficiência e celeridade** na cobrança do título. Eis porque se sustenta que os títulos de crédito possuem **eficácia processual abstrata**, pois permitem a realização da execução sem a necessidade de qualquer nova demonstração da existência do crédito. Registre-se que de tal característica não são dotados os títulos chamados atípicos ou impróprios.

A lei atribuiu tamanho **grau de certeza** aos títulos de crédito que o credor pode, de plano, pleitear medida satisfativa.

Esquematizando os atributos dos títulos de crédito:

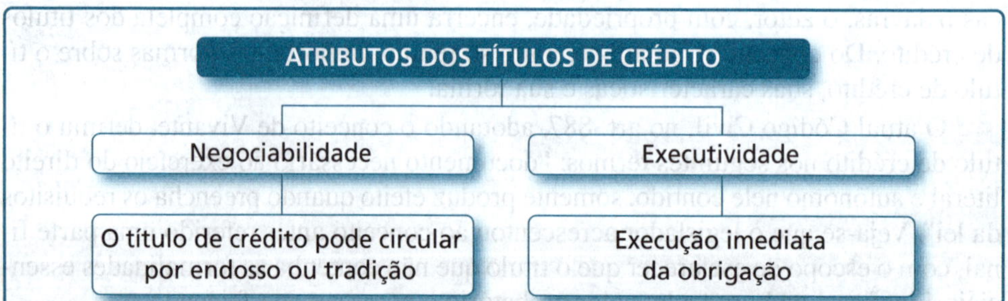

■ 11.1.4. Princípios

■ *11.1.4.1. Cartularidade*

À luz do conceito de Cesare Vivante, o título de crédito é o **documento necessário** ao exercício do direito, literal e autônomo, nele mencionado. Diz-se que o documento é necessário porquanto o titular do direito cambiário somente poderá exigir a prestação cambiária mediante a **apresentação do título** que incorpora o direito cambiário. O documento, portanto, torna-se **imprescindível** à existência do direito nele apontado e necessário para sua exigibilidade, em razão do que o princípio da cartularidade é também chamado de princípio da **incorporação**, pois o direito adere ao papel de tal maneira que a **transferência do documento é a transferência do direito**.

O exercício de qualquer direito representando no título **pressupõe a sua posse**.

Esclarecedora a conclusão de Ronald Sharp Jr[3], no sentido de que o direito (de crédito, mencionado na cártula) **não existe sem o documento, não se transmite sem a sua respectiva transferência e não pode ser exigido sem a sua exibição**.

Também por força do princípio da cartularidade, divisa-se que: a) a posse do título pelo devedor induz presunção de pagamento do título; b) só é possível protestar o título apresentando-o; c) só é possível executar o título apresentando-o, não suprindo a falta nem mesmo a apresentação da cópia autenticada.

Portanto, incinerado, extraviado, subtraído o título, o titular do direito nele mencionado não poderá exercê-lo. Igualmente por força dessa característica, a demanda judicial de **execução do título pressupõe a sua juntada aos autos do processo respectivo**. Tem-se, contudo, **flexibilizado** essa exigência, em **três situações**: a) quando for recomendada a não apresentação do título por **motivos de segurança** (valor elevado) e a vara judicial **não puder garantir a custódia** dele; b) quando não for possível carrear aos autos o original, por exemplo, quando o **documento tiver sido apreendido em outro processo**; e c) quando no **decorrer da demanda executiva o documento original se extraviar** e não houver impugnação sobre a sua legitimidade.

Outra **exceção** vislumbra-se no caso de **duplicatas** mercantis ou de prestação, por meio do **protesto por indicação**, em razão da não devolução (art. 15, § 2º, da Lei de Duplicata, Lei n. 5.474/68). Em vez de protestar o título, indicam-se as características do título no cartório de protesto, quando então se torna possível a execução sem o documento respectivo, munindo a demanda com o **protesto e com o comprovante de entrega das mercadorias**.

Em linguagem simples, **não há título de crédito sem papel** que mencione o crédito.

O art. 889, § 3º, do CC, **mitigou** o princípio da cartularidade. O mencionado artigo, embora estabeleça que o título poderá ser emitido a partir dos caracteres criados em computador ou meio técnico equivalente, também dispõe que devem ser **observados os requisitos mínimos** previstos nele, um dos quais, a **assinatura do emitente**, que, em princípio, só poderia ser aposta se o título eletrônico fosse impresso. Hoje, contudo, até a assinatura mecânica parece dispensável, pois é possível cogitar de assinatura eletrônica por meio da moderna assinatura digital.

Assim, o princípio da cartularidade foi relativizado, excepcionado, pois **ganhou novos contornos** a partir da possibilidade de criação de **títulos eletrônicos**. Eis o conceito, desenvolvido por Evérsio Donizete de Oliveira, citado por Marlon Tomazette[4]: os títulos de crédito eletrônicos podem ser entendidos como toda e qualquer manifestação de vontade traduzida por determinado programa de computador, representativo de um fato, necessário para o exercício do direito literal e autônomo nele mencionado.

Arremata Marlon Tomazette que, diante desse conceito, ainda há algo necessário para o exercício do direito, e esse algo é uma **manifestação de vontade** traduzida

---

3 SHARP JR, Ronald. *Aulas de direito comercial e de empresa*, p. 120.

4 TOMAZETTE, Marlon. *Curso de direito empresarial* — Títulos de crédito, 3. ed., v. 2, p. 29.

por um programa de computador, a qual **consubstancia um documento**, que, ainda, deve ser obséquio ao princípio da cartularidade.

Demais disso, consoante dispõe o art. 887, do CC, a existência de **cártula ainda é indispensável** ao exercício do direito nela mencionado. O art. 223 do mesmo diploma corrobora essa conclusão ao dispor que a cópia fotográfica de documento, conferida por tabelião de notas, valerá como prova de declaração de vontade; contudo, estabelece o mesmo dispositivo legal, em seu parágrafo único, que tal prova **não supre a ausência do título de crédito**.

Essa necessidade jurídica de **apresentação do título** para o exercício do direito nele mencionado é uma consequência direta de sua cambiaridade, servindo, sobretudo, para a **proteção do devedor**. Ora, se não houvesse a necessidade de apresentação do original do título, **poderíamos ter duplicidade de execuções** nos casos em que o título circulou. Uma demanda executiva, embasada em cópia autenticada, e, contemporaneamente, outra demanda embasada no próprio original do título.

Portanto, a exigência de apresentação do original visa, a um só tempo, **certificar a autenticidade** do título e **afastar a possibilidade de ter a cártula circulado**[5]. Adverte Gladston Mamede[6] que somente à vista do documento, via de consequência, o devedor conhece o credor; **se cumpre sua obrigação sem o título**, confiando ser credor a pessoa a quem entregou o título, corre o risco de concretizar a obrigação para pessoa indevida e, diante da apresentação do título por outrem, **ter que saldá-la** outra vez. Aplica-se, aqui, a máxima jurídica "quem paga mal paga duas vezes".

Prossegue o autor, citando posicionamento do STJ[7], lecionando que não se aplica, portanto, aos títulos de crédito, face a seu regime jurídico específico, a regra geral do art. 309, do CCB, segundo o qual o pagamento feito de boa-fé ao **credor putativo é válido**, ainda quando provado depois que não era credor. Forçoso convir, nesse passo, que quem paga a obrigação mencionada no título de crédito deve exigir, como **recibo**, que se lhe entregue **o próprio título**.

Reitere-se, então, que só se pode mover **ação cambiária** com a apresentação do **título original**, pois só se pode cobrar aquilo que está no título. A necessidade de apresentação do título decorre, entre outros motivos, da possibilidade de sua **circulação simplificada**. É que, como o título de crédito nasce para circular, o devedor só terá **certeza de quem é o atual credor** com a apresentação do próprio documento. O devedor deve ter a cautela de **só efetuar o pagamento a quem seja o portador**, evitando o mau pagamento. E, mesmo quando efetuar o pagamento ao atual credor, deve ter o cuidado de **reaver a cártula**, porquanto a prova da quitação do título far-se-á com a devolução do título. Assim, paga a dívida, o devedor precisa exigir a entrega da cártula, não só para comprovar a quitação, como também para **evitar que o título torne a circular** e, chegando às mãos de um terceiro de boa-fé, o direito nele mencionado seja novamente exigido[8]. Outro não é o entendimento do TJDFT:

---

5 STJ, REsp 337.822/RJ, Rel. Min. Nancy Andrighi, 3ª Turma, publicado em 08/04/2002.

6 MAMEDE, Gladston. *Direito empresarial brasileiro*: títulos de crédito. 2. ed. São Paulo: Atlas, 2005. v. 3.

7 STJ, REsp 1.534/SC, Rel. Min. Barros Monteiro, 4ª Turma, publicado em 26/03/1990.

8 TOMAZETTE, Marlon. *Curso de direito empresarial* — Títulos de crédito, 3. ed., v. 2, p. 20.

DIREITO PROCESSUAL CIVIL. EMBARGOS À EXECUÇÃO DE NOTA PROMISSÓRIA. PRELIMINARES: INEXISTÊNCIA DE FUNDAMENTAÇÃO, CERCEAMENTO DE DEFESA E JULGAMENTO EXTRA E *ULTRA PETITA*. REJEITADAS. QUITAÇÃO DO DÉBITO. COMPROVAÇÃO. INEXISTÊNCIA. ÔNUS DA PROVA. EMBARGANTE. (...) 5. Quando a demanda se referir a débito representado por título de crédito (nota promissória) a quitação dar-se-á com devolução do título (CC, art. 942). Se os títulos continuam na posse do credor, presume-se que não houve pagamento, cabendo ao devedor o ônus da prova em sentido contrário. 6. Recurso conhecido e desprovido (20080110933719APC, Relator Mario-Zam Belmiro, 3ª Turma Cível, julgado em 02/09/2009, *DJ* 06/10/2009, p. 73).

Esquematizando a **cartularidade**:

11.1.4.2. *Literalidade*

Como vimos, título de crédito é o documento necessário ao exercício do direito literal e autônomo nele representado. Desse conceito se extrai o **princípio da literalidade**, segundo o qual o título **vale pelo que nele estiver escrito**. O título de crédito é a **expressão literal** de uma obrigação, pois **o que não está no título não está no mundo** (*quod non est in cambio non est in mundo*). Literal no sentido de que a **obrigação, em todo o seu contorno**, está expressa na face do papel, por escrito (*litteris*).

Portanto, meros **ajustes verbais não** podem influir no exercício do direito ali expressamente mencionado. Quem recebe tem a certeza de que, a partir de sua **simples leitura**, terá ciência de toda a extensão do crédito que está recebendo, razão pela qual terá **segurança** ao realizar o negócio jurídico.

Nesse viés, o devedor não pode ser obrigado a mais, nem o credor pode ter outros direitos além daqueles declarados no título. Eis porque a literalidade pode ser **positiva ou negativa**: como dois lados da mesma moeda. **Positiva** porque tudo **o que se escreve no título será incorporado no documento como obrigação cambial**, e que vinculará o signatário, legitimando, inclusive, a discussão de tal obrigação em eventual demanda judicial. Sem que alguém se comprometa por escrito em relação ao título, *a contrario sensu*, sem causa jurídica para eventual imputação de responsabilidade a terceiro, porque não se identificará assinatura dele no título. Nesse sentido, confira-se o teor do Enunciado **Sumular 258 do STJ**: "A nota promissória vinculada a contrato de abertura de crédito não goza de autonomia em razão da iliquidez do título que a originou".

A literalidade possui também uma carga negativa porque englobará as informações que vincularão os personagens iniciais e principais do título (sacador ou emitente, sacado e beneficiário) e os demais personagens eventuais (avalistas, endossantes e endossatários), sendo que tratativas que não tenham sido escritas no título, a favor ou contra tais personagens, não poderão ser opostas ou mesmo discutidas judicialmente. Ainda por força do princípio da literalidade, exige-se que o **aval e o endosso** sejam **escritos no título**. Uma **quitação parcial** igualmente deverá ser **efetuada na própria cártula**, pois, se não o for, estará sujeita à contestação. Nem mesmo a prova testemunhal suprirá a ausência de quitação, quando não aposta no próprio contexto da cártula[9].

Não é possível, nessa linha, atribuir ao credor as consequências de um **ato que não esteja escrito** no título, de forma que atos documentados em **instrumentos apartados**, ainda que válidos, **não podem ser opostos ao portador de boa-fé** do título. Destarte, inadmissível, por exemplo, que a **quitação dada em documento apartado** seja oposta em face do portador de boa-fé que tenha adquirido o título por meio de circulação. Por isso, se **alguém prometeu ao portador** do título pagá-lo, e o obrigado principal não o pagar, **se a promessa foi verbalizada, mas não consignada, isto é, não tiver constado** do documento, o portador anterior **não poderá depois ser compelido** via ação executiva a efetuar o pagamento.

Eis por que adverte Fran Martins[10] que, se devo mais, mas assumo no título obrigação por menos, ou se devo menos e assumo obrigação por mais, poderei, na

---

9 STJ, REsp 707.460/MS, Rel. Min. Jorge Scartezzini, 4ª Turma, publicado em 07/11/2005, p. 305.

10 MARTINS, Fran. *Curso de direito comercial*. 29. ed. Rio de Janeiro: Forense, 2005.

época oportuna, **ser compelido a cumprir a obrigação mencionada na cártula**, nem mais nem menos do que ali esteja anotado.

Noutro giro, a **legitimidade ativa e passiva** para eventual demanda envolvendo o crédito mencionado no título também **dependerá do conteúdo literal** da cártula.

Admitem-se exceções ao princípio da literalidade, bem como regras especiais, como:

- os **juros de mora**, mesmo quando não escritos no título, são exigíveis (art. 48, alínea 2, da LUG, e art. 52, inc. II, da Lei n. 7.357/85);
- **outros encargos** podem ser cobrados sempre que inseridos no contexto da boa-fé, que deve reger as relações privadas, pois o devedor conhece o que pactuou e não pode invocar as estritas letras que constam do título para se esquivar de cumprir a obrigação completa. O **STJ** antes negava a cobrança de encargos que não constassem do título, mas **passou a adotar o entendimento** aqui lançado[11];
- se o **sacado da letra de câmbio tiver informado ao portador**, ou a outro signatário, que aceita a letra, em **outro documento** e por escrito, estará excepcionando o princípio da literalidade e obrigando-se fora do título, conforme prevê a alínea 2, do art. 29, da LUG;
- a **duplicata**, uma vez apresentada para aceite, poderá ser devolvida com aceite, sem aceite, ou com **documento explicativo da recusa de aceite**. O teor desse documento escrito passa a integrar os termos da duplicata, mesmo não estando escrito no título, nos termos do art. 7º, da Lei n. 5.474/68;
- a duplicata não permitirá a execução, caso seja protestada e acompanhada do comprovante de entrega da mercadoria. O mesmo ocorrerá com a **duplicata não devolvida**, a qual será protestada por indicações do credor final, de modo que a literalidade do título será substituída pelas **indicações do credor** e pelo protesto, por falta de devolução, tudo conforme determina o § 2º, do art. 15, da Lei n. 5.474/68;
- a Súmula 387 do STF. A cambial emitida ou aceita **com omissões, ou em branco**, pode ser completada pelo credor de boa-fé antes da cobrança ou do protesto. A falta de literalidade do título de crédito autoriza o portador a lançar nele o que entender. É lógico que se espera que seja lançado no título o valor pactuado, mas, se não o for, o devedor **se obrigará pelo que foi escrito**. É como se o emitente constituísse o portador seu procurador para preencher ou complementar o texto da cártula, obrigando-se pelo que ele vier a escrever ali. A **Súmula 387, do STF**, inspirou o art. 891, do CC, assim grafado: "o título de crédito, incompleto ao tempo da emissão, deve ser preenchido de conformidade com os ajustes realizados. Parágrafo único. O descumprimento dos ajustes previstos neste artigo pelos que dele participaram não constitui motivo de oposição ao terceiro portador, salvo se este, ao adquirir o título, tiver agido de má-fé". Diante do texto da norma, é possível concluir da mesma forma que o STF, tão somente deve-se observar que aquilo que foi pactuado e difere do escrito apenas poderá ser **oposto entre o devedor e o credor** originários;

---

11 STJ, REsp 167.707/RS, Rel. Min. Barros Monteiro, 4ª Turma, publicado em 19/12/2003, p. 466.

- **o analfabeto e o deficiente visual**, diante de impossibilidades materiais, somente se obrigam em título de crédito se o fizerem por meio de **procuração pública e com poderes especiais** para contrair obrigação cambiária, justamente por causa da literalidade. A dificuldade ou impossibilidade de o signatário saber qual é a obrigação que está assumindo impede o analfabeto e o deficiente visual de obrigarem-se pessoalmente;
- **a assinatura** não identificada e **frontal** no título de crédito (anverso) corresponderá a um **aval**, é o que determina a alínea 3, do art. 31, da LUG;
- **a assinatura** no **dorso** do título de crédito corresponderá a um **endosso**, é o que determina a alínea 2, do art. 13, da LUG;
- se o título fizer **menção ao contrato** do qual se originou, ou se **obrigações contratuais puderem influenciar** o valor final da dívida, aquilo que **constar do contrato** também obrigará os devedores do título que fizerem parte da avença original. Por todas as decisões do STJ nesse sentido, confira-se o verbete da **Súmula 26**: "o avalista do título de crédito vinculado a contrato de mútuo também responde pelas obrigações pactuadas, quando no contrato figurar como devedor solidário".

Esquematizando a **literalidade**:

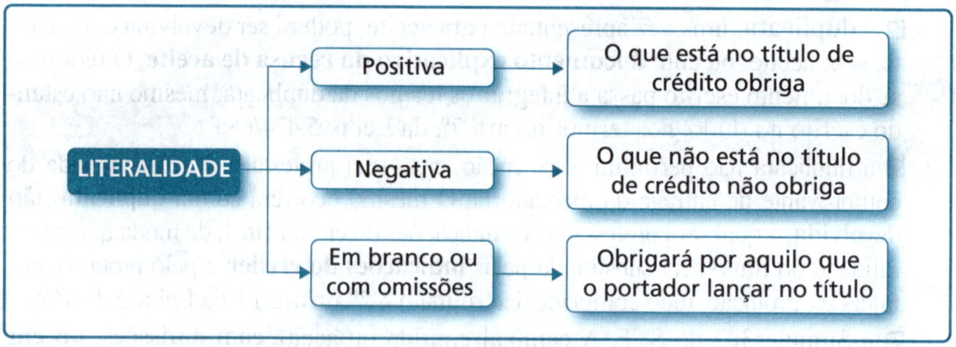

■ *11.1.4.2.1. (Sub)princípio do formalismo*

Ao conceituar título de crédito, o art. 887, do Código Civil, assim o fez: "o título de crédito, documento necessário ao exercício do direito literal e autônomo nele contido, **somente produz efeito quando preencha os requisitos da lei**". Ao determinar que o título de crédito "somente produz efeito quando preencha os requisitos da lei", o legislador impôs um **duplo requisito para a eficácia** do referido documento:

- **Reserva legal**. Já que o título de crédito **deve conter** os requisitos formais que a lei lhe impõe, é conclusão lógica a necessidade de que ele tenha sido **criado por lei**. Assim, podemos afirmar que não há título de crédito sem lei anterior que o defina, de modo que não é possível atribuir a um documento qualquer, mesmo que utilize todos os requisitos básicos dos cambiários, a categorização de título de crédito. Os títulos de crédito são, então, aqueles que forem assim considerados por lei.
- **Documento formal**. O título de crédito deve conter **requisitos formais mínimos**, aqueles exigidos por lei. Todo título de crédito, ao ser criado por lei, deverá estabelecer suas características. Aquelas que forem **indispensáveis** serão tidas como **requi-**

sitos essenciais. As **dispensáveis ou supríveis** serão consideradas **requisitos não essenciais**. A lei que criar o título de crédito deverá, então, estabelecer quais são suas características básicas (requisitos), definindo as essenciais e as não essenciais. A lei não poderá criar título de crédito sem forma ou de forma livre.

Assim, um documento só configura título de crédito se **obedecer aos requisitos** legais previstos. Apesar disso, dispõe o **art. 888**, do Código Civil vigente: "A omissão de qualquer requisito legal, que tire ao escrito a sua validade como título de crédito, não implica a invalidade do negócio jurídico que lhe deu origem". Desse modo, a **ausência dos requisitos** legais apenas subtrai do documento sua **característica de título** de crédito, sem prejuízo ao negócio jurídico que lhe deu origem. Ademais, o desrespeito aos requisitos legais também não ocasiona a nulidade do documento em si, que poderá constituir, por exemplo, prova de dívida. Esquematizando o **formalismo dos títulos** de crédito:

■ *11.1.4.3. Autonomia*

A autonomia deve ser associada à **possibilidade de existência de coobrigados** na relação cambial, de forma que **cada relação possui independência**. Portanto, **cada relação jurídica** estabelecida no título **vincula (obriga) por si mesma**. É que do título de crédito podem surgir várias relações jurídicas, ou seja, vários devedores e credores. Cada signatário de um título de crédito (que apuser sua assinatura na cártula) tem uma **obrigação própria** que independe da dos demais. Independe até mesmo da existência ou da validade da obrigação dos demais. Assim, se uma criança de seis anos assina um cheque e um terceiro avaliza, ou endossa, este se obrigará. Se "Ingênuo de Tal" emite cheque coagido por "Caloteiro da Silva", em benefício deste, mas o beneficiário endossa esse cheque para "Sortudo de Souza", **embora nula a relação cambial** surgida entre "Caloteiro de Tal" e "Ingênuo da Silva", a relação cambial entre "Caloteiro da Silva" e "Sortudo de Souza" **permanecerá imaculada**. Desse modo, por força do princípio da autonomia, "Sortudo" poderá compelir "Caloteiro" a cumprir a obrigação referida no documento. A autonomia revela-se ainda em matéria de aval, porquanto a **obrigação do avalista subsiste ainda que seja nula a obrigação avalizada** — salvo se a nulidade decorrer de vício de forma —, na medida em que o avalista não tem a mesma obrigação do avalizado, mas obrigação autônoma, com existência própria.

Em abono, eis o que dispõe o art. 7º, da Lei Uniforme de Genebra (Anexo I da Convenção de Genebra): "Se a letra contém assinaturas de pessoas incapazes de se obrigarem por letras, assinaturas falsas, assinaturas de pessoas fictícias, ou assinaturas que por qualquer outra razão não poderiam obrigar as pessoas que assinaram a letra, ou em nome das quais ela foi assinada, as obrigações dos outros signatários **nem por isso deixam de ser válidas**". O princípio garante a **segurança nas relações cambiais**, já que assegura seu principal atributo: a **negociabilidade**. Pois ninguém se sentiria seguro ao receber um título de crédito como pagamento, via endosso, tendo em vista a possibilidade de ser surpreendido pela alegação de um **vício anterior**, do qual sequer tinha conhecimento. À luz da autonomia, é **desimportante** a todo aquele que recebe o título **perquirir a sua origem** e as relações que eventualmente antecederam sua transmissão, uma vez que, ainda que tais relações tenham ocorrido de forma viciada, elas **não atingiram ou contaminaram as relações cambiais** decorrentes da **circulação** do mesmo título.

Discordamos daqueles que equiparam a autonomia com a **abstração**, pois, como dito, o foco daquela característica são as **relações cambiais decorrentes da circulação** do título, e não a **autonomia** entre uma das relações cambiais e a **relação jurídica obrigacional subjacente**. Algumas obrigações fundamentais se **desprendem em absoluto** do título de crédito quando este for **abstrato**. Abstratos, pois, são os direitos do título porque **independem do negócio** que lhes deu origem. Uma vez emitido, o título se liberta de sua causa. É possível, assim, em uma ampliação do objeto de estudo do direito cambiário, que o título seja **causal** (vinculado ao negócio jurídico subjacente), **sem perder a característica da autonomia**, na medida em que as obrigações cambiais assumidas são independentes umas das outras. A apoiar essa conclusão, o precedente seguinte:

> EMENTA: RECURSO ESPECIAL. DIREITO COMERCIAL. TÍTULOS DE CRÉDITO. AÇÃO ANULATÓRIA DE DUPLICATAS MERCANTIS. AUSÊNCIA DE ENTREGA DAS MERCADORIAS. NEGÓCIO JURÍDICO SUBJACENTE DESFEITO. IRRELEVÂNCIA EM RELAÇÃO A ENDOSSATÁRIOS DE BOA-FÉ. DUPLICATA ACEITA. PEDIDO RECONVENCIONAL JULGADO PROCEDENTE. RECURSO ESPECIAL PARCIALMENTE CONHECIDO E, NA EXTENSÃO, PROVIDO.

> 1. A causalidade da duplicata reside apenas na sua origem, mercê do fato de somente poder ser emitida para a documentação de crédito nascido de venda mercantil ou de prestação de serviços. Porém, a duplicata mercantil é título de crédito, na sua generalidade, como qualquer outro, estando sujeita às regras de direito cambial, nos termos do art. 25 da Lei n. 5.474/68, ressaindo daí, notadamente, os princípios da cartularidade, abstração, autonomia das obrigações cambiais e inoponibilidade das exceções pessoais a terceiros de boa-fé. 2. A compra e venda é contrato de natureza consensual, de sorte que a entrega do bem vendido não se relaciona com a esfera de existência do negócio jurídico, mas tão somente com o seu adimplemento. Vale dizer, o que dá lastro à duplicata de compra e venda mercantil, como título de crédito apto à circulação, é apenas a existência do negócio jurídico subjacente, e não o seu adimplemento. 3. Com efeito, a ausência de entrega da mercadoria não vicia a duplicata no que diz respeito a sua existência regular, de sorte que, uma vez aceita, o sacado (aceitante) vincula-se ao título como devedor principal e a ausência de entrega da mercadoria somente pode ser oponível ao sacador, como exceção pessoal, mas não a endossatários de boa-fé. Há de ser ressalvado, no caso, apenas o direito de regresso da autora-reconvinda (aceitante), em face da ré (endossante), diante do desfazimento do negócio jurídico subjacente. 4. Recurso especial parcialmente conhecido e, na extensão, provido (REsp 261.170/SP, Rel. Min. Luis Felipe Salomão, 4ª Turma, julgado em 04/08/2009, *DJe* 17/08/2009).

A abstração do título de crédito diz respeito ao **negócio subjacente**, básico, mas deste serão desvinculadas as obrigações cambiais decorrentes da **circulação**. O negócio jurídico primitivo (***causa debendi***) será **para o terceiro** que portar o título e assumiu a condição de credor uma **coisa passada entre outros** (*res inter alios acta*), ao qual apenas vincular-se-á em quatro hipóteses:

- se dele participou;
- se tem conhecimento de seus vícios e, ainda assim, aceitou receber o título;
- se devia ter, por sua condição pessoal ou negocial, conhecimento dos vícios; ou
- se o título estiver ligado ao negócio jurídico de origem, como a nota promissória vinculada a contrato de compra e venda.

11.1.4.3.1. *Esquema*

As hipóteses de vinculação do título à origem, excepcionando a autonomia:

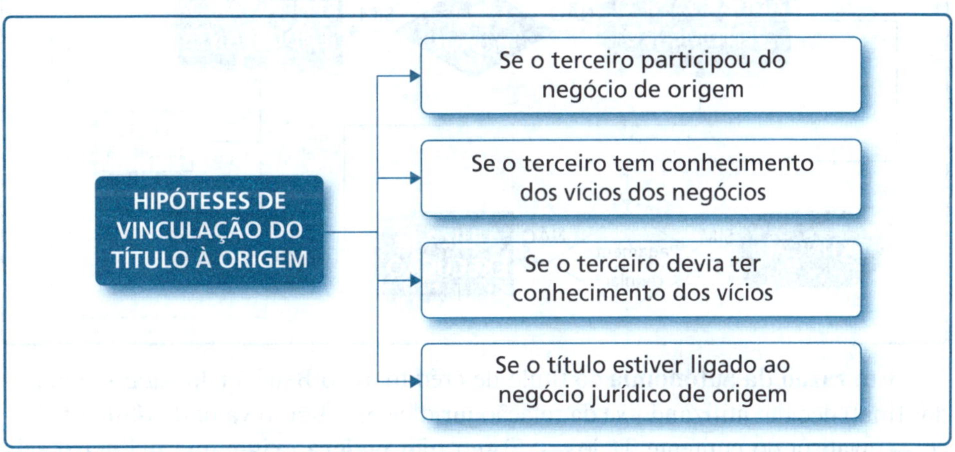

Por essa razão, as **exceções pessoais são inoponíveis ao terceiro**, isto é, somente se o terceiro tiver participado do negócio de origem, se o título estiver vinculado à origem ou se tiver conhecimento dos vícios, é que se poderão opor contra ele as exceções da origem do título. Esquematizando a autonomia como fundamento para o reconhecimento de **relações obrigacionais distintas, veja-se o fluxograma a seguir**.

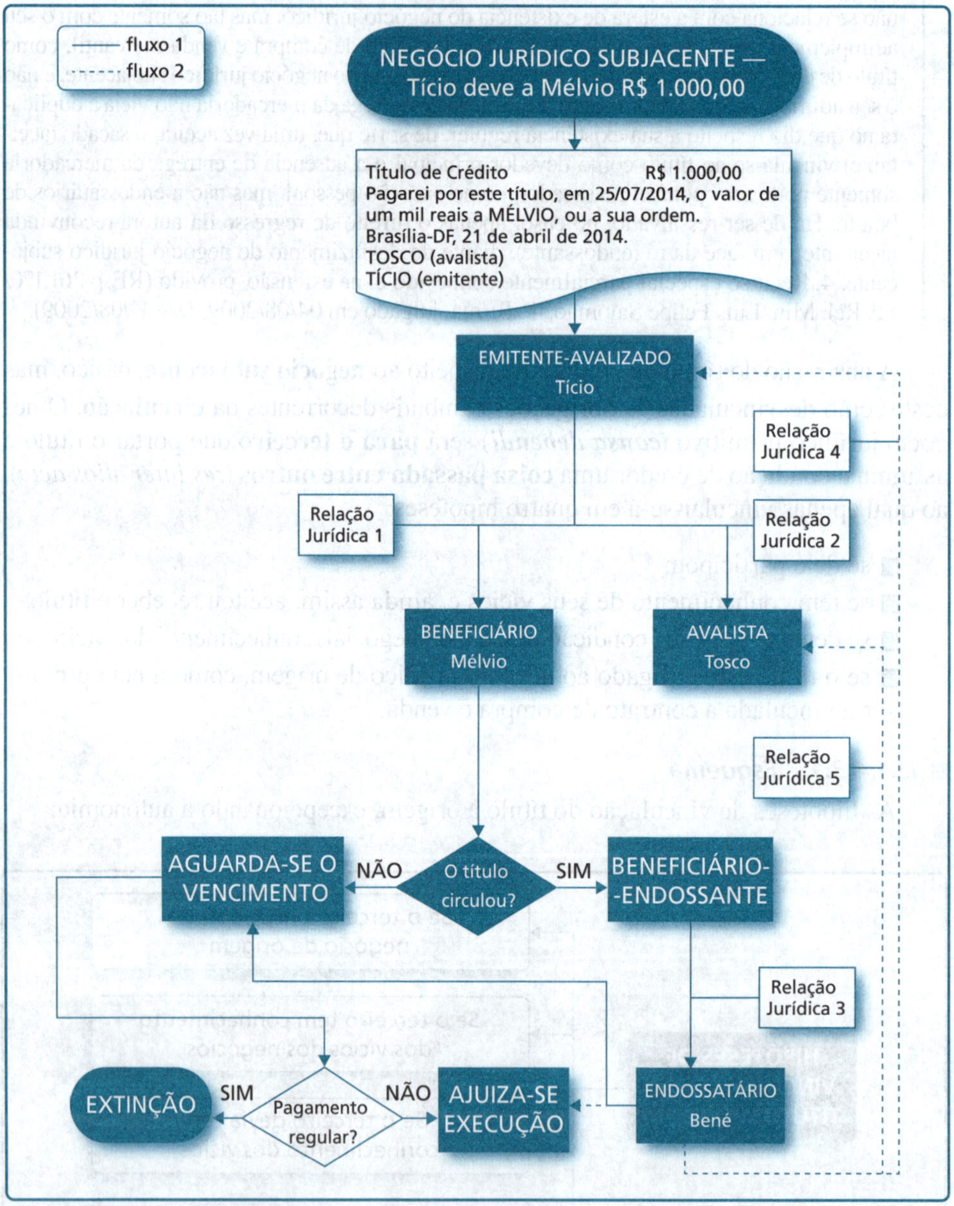

Em razão da autonomia do título de crédito, caso Bené (endossatário e portador final) decida, utilizando-se da relação jurídica 5, cobrar o valor do título de Tosco — avalista do emitente Tício —, Tosco **não poderá exigir que primeiro seja**

acionado Tício, seu avalizado. Sendo o aval autônomo, a relação jurídica entre Tosco e Bené (relação jurídica 5) é **distinta de todas as demais** do título, e obrigará por si mesma. Desse modo, Tosco pagará a Bené e, em seguida, **de regresso**, poderá cobrar de Tício (valendo-se da relação jurídica 2).

Caso Bené, valendo-se da relação jurídica 3, decida cobrar o título de Mélvio, seu endossante, este deverá efetuar o pagamento, **sem poder exigir que se cobre dos outros** devedores do título. Após efetuar o pagamento, Mélvio poderá cobrar de Tício (em razão da relação jurídica 1) ou de Tosco (motivado na relação jurídica 2).

■ *11.1.4.3.2. (Sub)princípio da inoponibilidade das exceções pessoais ao terceiro de boa-fé*

O princípio da inoponibilidade das exceções pessoais ao terceiro traduz-se em **manifestação do princípio da autonomia** entre as obrigações, e significa dizer que aquele que for regularmente demandado por um terceiro, pela obrigação resultante de um título, não pode alegar uma situação pessoal com outrem, a fim de furtar-se ao seu cumprimento. Assim, como nos exemplos do esquema anterior, se o endossatário Bené decide cobrar do emitente Tício, este último pagará a Bené, sem poder opor contra ele exceções que tenha com Mélvio, o endossante.

Por força do princípio da autonomia, **as relações jurídicas**, antecedente e posterior, são **autônomas entre si**, razão pela qual o portador ou endossatário não poderá ser atingido por defesas relativas a negócio do qual não participou. O terceiro, que receber o título por endosso ou tradição (entrega), ao cobrá-lo, não poderá ter alegada contra si defesa do devedor contra outra pessoa.

Note-se que o princípio **impede que o terceiro seja prejudicado** por exceção relativa a negócio alheio. Mas, por silogismo, obviamente que **aqueles que figurarem nos polos** da relação jurídica poderão, entre si, opor exceções pessoais (não contra terceiros). O endossante e o seu endossatário poderão opor exceções processuais em demanda envolvendo o título e entre si, porquanto as exceções serão **inoponíveis somente contra terceiros**.

O princípio da inoponibilidade das exceções pessoais está **consagrado no art. 17** da Lei Uniforme. Confira-se: "As pessoas acionadas em virtude de uma letra **não podem opor ao portador exceções** fundadas sobre as **relações pessoais delas** com o sacador ou com os portadores anteriores, a menos que o portador ao adquirir a letra tenha procedido conscientemente em detrimento do devedor".

Eis o que dispõe o Código Civil, **no seu art. 916**: "As exceções fundadas em relação do devedor com os portadores precedentes **somente poderão ser por ele opostas ao portador**, se este, ao adquirir o título, tiver **agido de má-fé**".

Observamos que as exceções são inoponíveis contra terceiros. Contudo, somente são **inoponíveis ao terceiro de boa-fé**. Registre-se que a boa-fé se presume. Assim, aquele que alega má-fé deve se desincumbir do **ônus de comprovar** sua alegação, demonstrando, à guisa de exemplo, ajuste prévio de vontades entre o atual portador do título e o seu titular.

O **princípio da inoponibilidade** das exceções ao terceiro de boa-fé possui **mitigações**. Nas hipóteses seguintes, poderá ser oposta ao portador exceção pessoal que o devedor acionado tenha contra outra pessoa no título. Confira-se:

1) Se houver **endosso com efeito de cessão civil de crédito**. Nesses casos, não ocorre a transferência do crédito em si, mas apenas do direito ao crédito. O **endosso** puro e simples é regido pelo **direito cambiário**, ao passo que o **endosso com efeito de cessão** civil de crédito é submetido ao **regime jurídico civil**. Enquanto, no **endosso,** o endossante passa a ser **codevedor** da dívida mencionada na cártula, na **cessão civil** de crédito, o cedente **não assume a responsabilidade** pelo adimplemento da obrigação que cedeu, responsabilizando-se tão só pela existência do crédito cedido. A principal característica dessa distinção é que o **endosso transfere** o crédito sem nenhum vício relativo às relações jurídicas antecedentes, isto é, transfere **o título com o que nele for mencionado**, ao passo que, na **cessão civil** de crédito, o devedor pode opor contra o cessionário qualquer **exceção pessoal** de que dispunha contra o cedente (exegese do art. 294 do CC). Em duas hipóteses, o endosso opera efeito de cessão civil de crédito:

- **endosso póstumo ou tardio**: ocorre **após o protesto**, por falta de pagamento, ou depois de expirado o prazo para se fazer o protesto, quando, então, produzirá apenas efeitos de cessão civil;
- endosso nos títulos grafados com a **cláusula não à ordem**: a transferência do crédito via tal **endosso** possui eficácia apenas de **cessão civil** de créditos.

A propósito, as diferenças entre o endosso e a cessão civil são as seguintes:

ENDOSSO	CESSÃO CIVIL DE CRÉDITO
■ Declaração unilateral de vontade	■ Declaração bilateral de vontade
■ Deve ser escrito no próprio título	■ Pode ser efetivada de qualquer modo
■ Independe de qualquer comunicação ao devedor para produzir efeitos	■ Só produz efeitos quando notificada ao devedor
■ O endossante responde pela aceitação e pelo pagamento	■ O cedente, em regra, responde somente pela existência do crédito
■ O devedor não pode alegar contra o endossatário de boa-fé exceções pessoais relativas ao endossante	■ O devedor pode opor ao cessionário exceções pessoais ligadas a ele, assim como aquelas relativas ao cedente

2) **Na habilitação do credor cambiário no processo de falência**. Nesse caso, a fim de prevenir fraudes e proteger a universalidade dos credores, a lei exige a apresentação do **título de crédito e** a comprovação da sua **origem**. Por esse motivo, diz-se que a obrigação originária pode ser oponível ao terceiro de boa-fé, já que sua indicação é indispensável no pedido de habilitação, conforme art. 9º, inc. II, da Lei n. 11.101/2005: "A habilitação de crédito realizada pelo credor nos termos do art. 7º, § 1º, desta Lei deverá conter: II — o valor do crédito, atualizado até a data da decretação da falência ou do pedido de recuperação judicial, **sua origem** e classificação".

3) Nos **títulos causais**, como a **duplicata**, em que as exceções pessoais podem ser opostas mesmo ao terceiro de boa-fé, porquanto **não há desvinculação** entre a relação jurídica fundamental (compra e venda mercantil ou prestação de serviço a prazo) e a posterior (saque de uma duplicata que incorpora a obrigação de pagar aquela obrigação originária).

O título é causal quando a lei que o tenha instituído **estabelece a causa autorizadora de sua emissão**. A lei, nesse caso, a um só tempo, **cria o título** e **expressa a causa de sua emissão**, como pressuposto essencial para o seu saque. E mais, **vincula o título à causa** de sua emissão, ou seja, a sua origem. Têm-se como exemplos de **títulos de crédito causal**: a **cédula de crédito bancário**; o ***warrant*** (só quando houver depósito de mercadorias nos armazéns gerais); e a **duplicata** (só pode ser sacada quando houver compra e venda mercantil ou prestação de serviços). Se o título é causal, só pode ser emitido em consequência das causas que a lei determina, sob pena de **nulidade** do título, além do cometimento de **crime**, como se vê no crime previsto no art. 172, do Código Penal — emissão de duplicata fraudulenta. O STJ entende que, se a **duplicata estiver aceita, passa a ser abstrata**, uma vez que o aceite dado pelo devedor na cártula é a confirmação de que pagará o título pelo que dele consta, e não por sua origem.

4) Título de crédito **vinculado a um contrato**. Como exemplo, podemos citar a **nota promissória** vinculada a **contrato de abertura de crédito** em conta corrente. Nesse caso, ainda que o terceiro endossatário de notas promissórias esteja de boa-fé, se delas constar vinculação expressa a um contrato, ficará sujeito às exceções pessoais de que dispunha o emitente com base no ajuste subjacente. Em abono, conclama o STJ que os títulos de crédito, em hipóteses tais, **perdem a natureza abstrata** que lhes é peculiar, sendo oponíveis ao portador, mesmo nos casos em que tenha havido circulação por endosso, recusa fundada em vicissitude ou desconstituição da *causa debendi* (REsp 238.558/CE). Nesse mesmo sentido, tem-se o **Enunciado Sumular 258 do STJ**: "A nota promissória vinculada a contrato de abertura de crédito não goza de autonomia em razão da iliquidez do título que a originou".

5) Os vícios que caracterizem a **nulidade absoluta ou a inexistência** do título ou da obrigação também podem ser opostos ao terceiro de boa-fé. Aqui, trata-se de vícios ou defeitos na confecção do título, de modo que, se tal irregularidade leva à **inexistência da obrigação**, isso significará a **nulidade do título**, pois do inexistente não poder nascer relação jurídica válida. Como exemplo, cheque preenchido e assinado por pessoa que não é o correntista é inexistente em relação ao titular da conta bancária, o que poderá ser alegado contra o terceiro, mesmo o de boa-fé.

6) Acaso **prescrito o título**: a prescrição resulta na **perda da cambiaridade** do título e, com ela, **da autonomia**. Por isso, caberá ao credor, na cobrança do título, **demonstrar a origem** da dívida, podendo o devedor opor exceções pessoais. A cobrança poderá se dar por meio de **ação monitória**, a qual, no momento dos embargos, permitirá a discussão da origem da dívida. As **defesas** que o devedor pode opor a um terceiro de boa-fé, assim, reduzem-se, essencialmente, àquelas ligadas a **relações diretas entre eles** ou a eventuais alegações relativas a **vício de forma do título**, ao próprio conteúdo literal da cártula, à prescrição, além daquelas indicadas anteriormente.

Esquematizando as **exceções à inoponibilidade** de exceções pessoais ao terceiro de boa-fé:

■ *11.1.4.4. Abstração e independência*

A abstração é característica **acidental** porque é **incomum** à totalidade dos títulos de crédito. Consiste na **absoluta desvinculação** do título em relação ao **negócio que lhe deu origem**.

Essa característica, portanto, deve ser **associada à *causa debendi*** — negócio jurídico subjacente, também denominada relação jurídica fundamental. Será abstrato o título de crédito se a lei que o tenha instituído **não mencionar as causas autorizadoras de sua emissão**. Nesse caso, o título pode ser emitido tendo como negócio subjacente qualquer atividade lícita.

A letra de câmbio, o cheque e a nota promissória, por exemplo, podem ser emitidos **independentemente da causa** que lhes dê origem. Ao passo que a **duplicata** prende-se a uma fatura de compra e venda mercantil a prazo, daí ser considerado **título de crédito causal**. No mesmo sentido, encontram-se as **cédulas de crédito**, sempre vinculadas a contratos de financiamento.

A desvinculação em relação à causa originária é a característica principal dos títulos abstratos. E, por consequência dela, tem-se a **fungibilidade do credor cartular**[12].

Diz-se, nessa linha, que a abstração do negócio originário, portanto, cria uma situação na qual **o título de crédito não tem lastros históricos necessários**, não se apresentando no âmbito de uma relação causal entre dois fatos jurídicos: negócio e título.

Do momento em que o título de crédito **circula**, o terceiro o receberá com a força da abstração, de modo que, em face dele, a relação jurídica **originária não poderá ser oposta**. Ocorre que, nos títulos causais, há uma proteção especial para o devedor, o qual poderá demonstrar a ausência ou o defeito na causa e, com isso, livrar-se do pagamento da cártula. Tal possibilidade é **excepcional** e somente se dá em virtude do que a lei dispõe.

Há autores que denominam a **abstração como independência**. Isso em razão de entenderem que o título de crédito **não necessita** de qualquer elemento fora dele para fazer valer o que dele consta. Depende, portanto, **somente de si**, o que o torna independente. A ideia da abstração é reconhecer que o título já tem em si tudo do que precisa para obrigar o seu pagamento, enquanto a independência pensa que o título de nada depende (não lhe falta nada) para fazer e impor o seu conteúdo.

O negócio jurídico subjacente distanciar-se-á das demais relações jurídicas que gravitarem em torno do título de crédito.

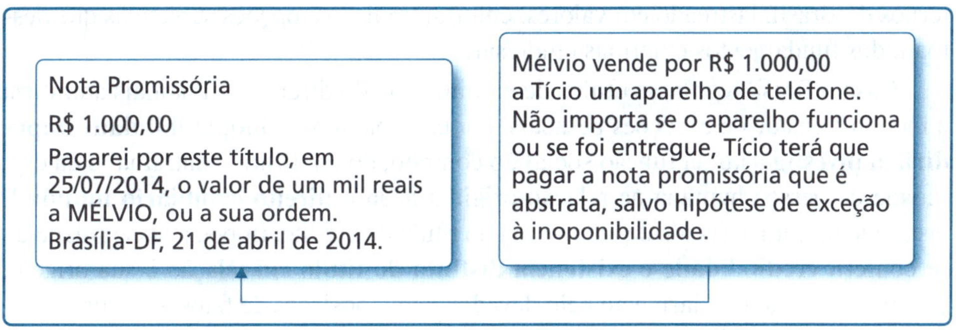

Em complemento, possível visualizar, panoramicamente, a abstração, a independência e a causalidade nos títulos de crédito. Esquematicamente:

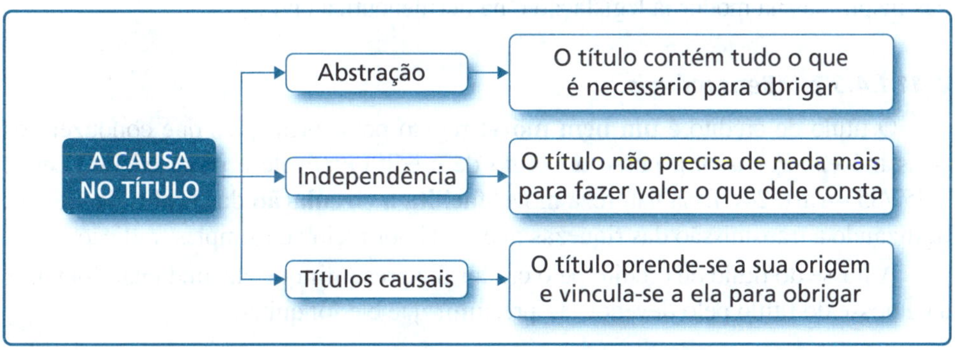

12 FAZZIO JUNIOR, Waldo. *Manual de direito comercial*, p. 373.

■ 11.1.4.5. *Outras características dos títulos de crédito*

■ 11.1.4.5.1. *Disciplinados pelo direito empresarial/comercial*

Os títulos de crédito **nascem e convivem** contemporaneamente com as necessidades dos comerciantes no exercício de suas atividades. Isso porque foram moldados para satisfazer essas necessidades, logo após terem atendido à finalidade de segurança no transporte de valores necessários ao fluxo comercial do comércio marítimo iniciado na Idade Média.

Portanto, a evolução dos títulos de crédito está umbilicalmente ligada à **evolução do comércio e do direito comercial**. A matéria títulos de crédito não é regulada pelo direito civil, na medida em que possuem princípios próprios que os aproximam mais do direito empresarial, ramo do direito no qual a **tutela do crédito é fundamental**[13].

Além disso, a regulamentação dos títulos de crédito deve guardar **sintonia com a legislação internacional** (cosmopolita), já que as relações comerciais não são apenas nacionais, e os títulos circularão **além da fronteira** brasileira. A coerência internacional da legislação cambiária brasileira atrai tal espécie de direito para o ramo do direito empresarial, pois este ramo **guarda especial sintonia com o direito global**. O direito civil tem características nacionais e volta-se para o público e negócios internos do Brasil, lastreado em valores, cultura, tradição e opções subjetivas que destoam dos fundamentos e normas empresariais.

Caso o Brasil regulasse títulos de crédito à luz do direito civil, jamais admitiria a inoponibilidade de exceções pessoais, por exemplo, pois a **inoponibilidade impediria a investigação** da função social do contrato, do equilíbrio contratual e da dignidade da pessoa humana na relação originária. Já o **direito cambiário mundial**, lastreado na característica da autonomia do título de crédito, impõe a necessidade de se conferir **credibilidade e existência distinta do título** em relação à sua origem, devendo ser pago regularmente pelo devedor, sem oposições de fatos anteriores ligados à origem do crédito ou a questões pessoais que tenham envolvido os contratantes. O que é **incompreensível no cível e imprescindível no empresarial**, pois a agilidade das relações empresariais não combina com as intermináveis especulações teóricas inspiradas na moderna legislação e na hermenêutica civil.

■ 11.1.4.5.2. *Bens móveis*

O título de crédito **é um bem móvel** regido pelos princípios que conduzem os bens móveis. Por isso, a posse do título de crédito equivale à propriedade (Lei n. 7.357/85 — art. 24). Essa natureza móvel **facilita a circulação** dos títulos de crédito, agilizando a transmissão das riquezas que se dá por meio[14] da simples tradição.

A posse do título de crédito pelo credor faz presumir que ele ainda não foi pago. Já a posse do título pelo devedor faz presumir que ele foi quitado.

---

[13] TOMAZETTE, Marlon. *Curso de direito empresarial* — Títulos de crédito, 3. ed., v. 2, p. 17.

[14] TOMAZETTE, Marlon. *Curso de direito empresarial* — Títulos de crédito, 3. ed., v. 2, p. 17.

11.1.4.5.3. Natureza "pro solvendo"

Todo título de crédito **decorre de um fato ou negócio jurídico anterior**. Admitindo que há um contrato a justificar a emissão do título, por exemplo de compra e venda, e que de tal contrato surgem duas obrigações, de entregar algo e de pagar o preço, caso o comprador emita um título de crédito (um cheque, por exemplo), surge a questão sobre os **efeitos da emissão sobre a obrigação anterior**, contratualmente assumida[15].

Os títulos de crédito **não possuem o poder liberatório da moeda**, transmitindo-se *pro solvendo*, ou seja, a obrigação que lhe deu origem **só será extinta com o efetivo pagamento do título**. **Não** constituem, pois, **novação**[16]. Assim, a simples entrega do título ao credor não significa a efetivação do pagamento. É dizer, a emissão do título não extingue a obrigação subjacente, de forma que as duas obrigações, **a cambial e a originária, coexistem**[17].

A entrega do título, portanto, constitui um **princípio de pagamento**, mas não efetivamente um pagamento. Desse modo, se o cheque emitido pelo comprador, no contrato de compra e venda, for destruído, resta ao vendedor exigir o pagamento do preço com base no contrato.

Em abono, o seguinte julgado:

> EMENTA: CIVIL. PROCESSO CIVIL. COBRANÇA INDEVIDA. INEXISTÊNCIA. CONTRATO DE DESCONTO BANCÁRIO. Não existe cobrança indevida quando a parte autora, a despeito de não adotar a melhor técnica, discrimina expressamente, na petição inicial, o valor cobrado de cada réu. Assim, não merece provimento o apelo dos réus, ao pretender a condenação do autor às penas da cobrança indevida, sob o argumento de que todos os réus foram cobrados indevidamente pela integralidade das quantias aduzidas na inicial. Nos contratos de desconto bancário de cheques, aquele que possui o crédito a prazo, denominado descontário, cede à instituição financeira o título que representa os seus direitos creditícios, os quais ainda não são exigíveis. Por sua vez, recebe o respectivo numerário, já descontados os juros e as despesas que incidem na operação, de tal sorte que o financiado é o responsável pela solvência do título. Como objetos dos descontos, podem figurar créditos não incorporados a títulos, bem como créditos cartulários. Assim, não há qualquer ilicitude ou vício no desconto de cheque, título de crédito típico, o qual possui efeito *pro solvendo*, de modo que, até que esteja liquidado, não há a extinção da obrigação a que se refere. Com a devolução das cártulas por insuficiência de fundos, o banco possui os direitos de cessionário, que podem ser exercidos por meio das ações próprias dos títulos, contra o devedor do cedente. Outrossim, a instituição financeira também pode cobrar o valor emprestado, haja vista ser a cessão *pro solvendo*, e não *pro soluto*. Apelo conhecido e não provido (TJDFT, 20020110291769APC, Relator Ana Maria Duarte Amarante Brito, 6ª Turma Cível, julgado em 15/10/2008, *DJ* 22/10/2008, p. 119).

---

15 TOMAZETTE, Marlon. *Curso de direito empresarial* — Títulos de crédito, 3. ed., v. 2, p. 18.

16 RE 85.652/RS, Rel. Cordeiro Guerra, 1/10/1976.

17 TOMAZETTE, Marlon. *Curso de direito empresarial* — Títulos de crédito, 3. ed., v. 2, p. 18.

Nos casos em que há **quitação expressa**, o título de crédito assume a característica de ***pro soluto***. Contudo, **não se presume a novação**, devendo existir manifestação expressa de quitação, *ex vi* do disposto no art. 361 do Código Civil vigente. Também nos casos em que o título de crédito, como o cheque **emitido à vista**, mas apresentado ao banco **após o prazo de apresentação**, deve ser considerado ***pro soluto***.

■ *11.1.4.5.4. Circulação*

A principal finalidade dos títulos hoje é **facilitar a circulação do crédito**, antecipando o acesso a recursos que só seriam recebidos no futuro. A transferência do crédito é protegida pelas características de que se revestem os títulos de crédito. Eis o porquê da expressão **cambiariedade** dos títulos de crédito, a qual deve ser entendida como a possibilidade de **mudança do credor**[18].

Os títulos de crédito, assim, **podem circular facilmente**, por endosso ou tradição, embora nem sempre o façam. A lei permite, em casos pontuais, **limitações à circulação** dos títulos de crédito, por exemplo, o art. 11 da LUG, sobre a cláusula **não à ordem**, o que será analisado mais adiante.

■ *11.1.4.5.5. Obrigação quesível*

O credor tem o dever de **buscar o seu crédito junto ao devedor**. Em toda relação obrigacional, uma das partes deve tomar a iniciativa para o cumprimento da obrigação. Nos títulos de crédito, essa iniciativa **incumbe ao credor**.

■ *11.1.4.5.6. Solidariedade cambiária*

Com a circulação do título, podem surgir **vários coobrigados**[19], os quais serão considerados **devedores solidários** (art. 47, da LUG). Assim, o credor pode exigir de qualquer um dos coobrigados o pagamento da integralidade da dívida[20]. Para simplificar a regra da solidariedade cambiária, basta dizer que toda **pessoa que lançar sua assinatura** no título de crédito **obrigar-se-á ao pagamento dele**, de forma autônoma. Há, no entanto, **diferenças** entre a solidariedade civil e a solidariedade cambiária. Naquela há uma causa comum, ao passo que nesta a obrigação de cada devedor decorre de uma **causa distinta**, dada a **autonomia** das relações cambiais. Ademais,

---

[18] TOMAZETTE, Marlon. *Curso de direito empresarial* — Títulos de crédito, 3. ed., v. 2, p. 18.

[19] CIVIL E COMERCIAL. AÇÃO DE LOCUPLETAMENTO. CHEQUE. INADIMPLEMENTO. ENDOSSANTE E EMITENTE. RESPONSABILIDADE SOLIDÁRIA. *FACTORING*. OBRIGAÇÃO CAMBIÁRIA INEXISTENTE. GRUPO. EMPRESAS DISTINTAS. AUTONOMIA. DESCONSIDERAÇÃO DA PERSONALIDADE JURÍDICA. REQUISITOS AUSENTES. JUROS DE MORA. VIGÊNCIA DO NOVO CÓDIGO CIVIL. 1% (UM POR CENTO). SENTENÇA PARCIALMENTE REFORMADA. (...) 2 — O endossante é garante do pagamento do cheque e responde pelo cumprimento da obrigação de forma solidária com o emitente do título. (...) Apelação Cível parcialmente provida (20020110829192APC, Relator Angelo Passareli, 5ª Turma Cível, julgado em 21/03/2007, *DJ* 10/05/2007, p. 131).

[20] TOMAZETTE, Marlon. *Curso de direito empresarial* — Títulos de crédito, 3. ed., v. 2, p. 22.

na solidariedade civil, há unidade de prestação, enquanto, na cambial, tem-se **pluralidade de prestações**, tantas quantas forem os devedores do título[21].

Por sua vez, na solidariedade civil passiva, o codevedor que paga a dívida tem direito de regresso contra os outros codevedores. Tratando-se de solidariedade cambiária, **nem todos os devedores terão direito de regresso**. A título de exemplo, o aceitante da letra de câmbio e da duplicata bem assim o emitente da nota promissória ou do cheque não podem exigir dos outros coobrigados[22]. Também não tem direito de regresso o sacador da letra de câmbio não aceita. Além disso, na solidariedade civil, o direito de regresso poderá ser exercido contra todos os codevedores. Nos casos de solidariedade cambial, o **direito de regresso** só poderá ser exercido em face dos **devedores anteriores**. À guisa de exemplo, tem-se que Mélvio emitiu cheque em favor de Tício, que o endossou para Túlio. Temos, pois, dois devedores solidários, Mélvio (emitente) e Tício (endossante). Nesse caso, se Mélvio quitar o título, não poderá exercer direito de regresso contra Tício. Apenas Tício, acaso pague a importância, poderá exercer o direito de regresso contra Mélvio.

Existe, ainda, outra distinção entre o regime civil e o cambiário da solidariedade, que diz respeito ao montante que pode ser exigido. É que, enquanto na solidariedade civil o direito de regresso é limitado à quota-parte de cada devedor, na solidariedade cambiária o **direito de regresso poderá ser exercido por todo o valor do título**, e não pela quota-parte de cada um (art. 49, da LUG). Esquematizando as diferenças entre a solidariedade civil e a cambiária:

SOLIDARIEDADE CIVIL	SOLIDARIEDADE CAMBIÁRIA
■ Obrigação com causa comum	■ Obrigação com causa distinta — autonomia
■ Unidade de prestação	■ Pluralidade de prestações
■ Codevedor que paga tem regresso contra todos os demais	■ Nem todos os codevedores terão direito de regresso
■ O direito de regresso é contra todos os codevedores	■ O direito de regresso é apenas contra os codevedores anteriores
■ Direito de regresso limitado à quota-parte de cada codevedor	■ Direito de regresso de todo o valor desembolsado contra qualquer codevedor

■ 11.1.5. Classificação dos títulos de crédito

A **classificação do objeto** de estudo científico é **critério subjetivo** do estudioso que o aborda. Serve a uma explicação compartimentalizada do objeto, pois reúne espécies por características que lhe são comuns. Cada jurista pode estabelecer **seus próprios critérios** de classificação visando a uma melhor compreensão do objeto observado. Desse modo, não existe um melhor critério de classificação, muito menos um correto, pois **todos são aceitáveis**, como forma de organização da pesquisa. Veremos diversas classificações, a seguir.

---

21 TOMAZETTE, Marlon. *Curso de direito empresarial* — Títulos de crédito, 3. ed., v. 2, p. 22.

22 TOMAZETTE, Marlon. *Curso de direito empresarial* — Títulos de crédito, 3. ed., v. 2, p. 23.

■ *11.1.5.1. Quanto ao modo de circulação*

À luz de sua função principal — a **negociabilidade —**, os títulos de crédito classificam-se quanto ao modo de circulação ou transferência em:

- títulos **ao portador**;
- ou títulos **nominais ou nominativos**.

Os títulos de crédito são considerados **nominais ou nominativos**[23] sempre que o **nome do beneficiário** for mencionado expressamente na cártula. São emitidos em favor de **pessoa certa e determinada**, cujo nome consta do título.

Os títulos de crédito **nominais** identificam o credor e se **subdividem** em:

- **à ordem**. São títulos nominais que podem ser transferidos via **endosso**. Essa disposição **pode ser tácita**, ou seja, quando não há oposição expressa na cártula, pois a negociabilidade é a regra (circulação);
- **não à ordem**. Com essa cláusula, **veda-se a possibilidade de transmissão do título** por meio de endosso, mas não se proíbe a circulação do crédito, por se considerar tal endosso uma **cessão civil de crédito**, o que afastará parte dos atributos de sua natureza cambiária. Por isso, o portador, apesar de não mais poder executar diretamente o título, terá ação cambiária (lastreada no título), para se ver indenizado da quantia no documento mencionada, porquanto a endossabilidade da cambial não afetou a sua essência nem a sua existência como título de crédito. Logo, embora **não seja possível a transferência do título de crédito** por endosso, não há óbice a que essa **transferência se opere por contrato de cessão de crédito**, por meio de instrumento firmado entre cedente e cessionário[24], ou do **endosso do próprio título não à ordem**, o qual terá, reitere-se, efeito de cessão civil de crédito.

Por seu turno, os títulos de crédito ao portador **não mencionam o nome do favorecido**, de modo que a circulação ocorre com a **simples tradição** do documento. Ressalte-se que, por expressa determinação legal (Lei n. 8.021/90[25]), afigura-se **proibida a cobrança de título ao portador**, ou seja, no momento da cobrança do título,

---

[23] Luiz de Freitas distingue os títulos nominais dos títulos nominativos, reservando os primeiros àqueles que trazem no seu bojo o nome do beneficiário; são nominativos aqueles cuja titularidade se estabelece pela inscrição no Livro de Registro das Ações Nominativas e, por isso mesmo, exclusivo das sociedades anônimas (ALMEIDA, Amador Paes de. *Teoria e prática dos títulos de crédito*, 19. ed., p. 14).

[24] ROSA JÚNIOR, Luiz Emygdio da. *Títulos de crédito*, 4. ed., p. 233.

[25] Art. 2º A partir da data de publicação desta lei fica vedada: I — a emissão de quotas ao portador ou nominativas-endossáveis, pelos fundos em condomínio; II — a emissão de títulos e a captação de depósitos ou aplicações ao portador ou nominativos-endossáveis; III — a emissão de cheque de valor superior ao equivalente a cem Bônus do Tesouro Nacional (BTN) no mês da emissão, sem a identificação do beneficiário. (*Revogado pela Lei n. 9.069, de 1995*) Parágrafo único. Os cheques emitidos em desacordo com o estabelecido no inciso III deste artigo não serão compensáveis por meio do Serviço de Compensação de Cheques e Outros Papéis.

deve existir o nome de um **beneficiário constante da cártula**. Contudo, os títulos à ordem podem, na prática, circular ao portador, mediante o endosso em branco, desde que contenham o nome do tomador no momento de sua efetiva exigibilidade.

▪ *11.1.5.2. Quanto ao conteúdo*

Conforme nos propõe Cesare Vivante, os títulos de crédito se classificam quanto ao conteúdo em:

- títulos de crédito **propriamente ditos**;
- títulos destinados à **aquisição de direitos reais** sobre coisas determinadas;
- títulos que atribuem a **qualidade de sócio**; e
- títulos **impropriamente ditos**, também chamados "de legitimação".

Propriamente ditos são os títulos de crédito que conferem ao titular o direito a uma **prestação de coisas fungíveis**, é dizer, coisas que podem ser substituídas por outras da mesma espécie, qualidade e quantidade, como o **dinheiro**[26]. São exemplos de títulos de crédito propriamente ditos a **letra de câmbio e a cédula hipotecária**.

Os títulos destinados à **obtenção de direitos reais sobre coisas** determinadas importam, como o próprio nome revela, na aquisição de um direito real sobre mercadoria depositada[27].

Os títulos que **atribuem a condição de sócio** permitem ao seu titular exercer determinadas funções ou praticar certos atos. As **ações das sociedades anônimas** são exemplos de tais títulos[28].

Impropriamente denominados títulos de crédito são aqueles que conferem ao titular o **direito de reclamar certos serviços**, como o bilhete de estrada de ferro ou de transporte[29].

Há, por sua vez, títulos **representativos de créditos** que não encerram verdadeiramente uma operação de crédito, constituindo **meros documentos comprobatórios de sua causa**. Daí porque a doutrina[30] elenca uma série de **características do título de crédito**, para não torná-lo mero documento comprobatório: a) a anotação no documento de uma **obrigação unilateral**; b) a representação obrigatória no **instrumento (o papel** em que se documenta); c) o caráter de **declaração unilateral** de uma obrigação que, portanto, possui autonomia em relação ao negócio jurídico subjacente; d) a limitação do universo de suas **obrigações** àquelas que estão **definidas na lei** e àquelas que estão **inscritas no instrumento**, em sua literalidade; e e) atenção a um conjunto de requisitos mínimos, a saber, 1) forma prescrita em lei; 2) data e local de emissão; 3) precisão dos direitos conferidos; e 4) assinatura.

---

26 ALMEIDA, Amador Paes de. *Teoria e prática dos títulos de crédito,* 19. ed., p. 13.

27 ALMEIDA, Amador Paes de. *Teoria e prática dos títulos de crédito,* 19. ed., p. 13.

28 ALMEIDA, Amador Paes de. *Teoria e prática dos títulos de crédito,* 19. ed., p. 13.

29 ALMEIDA, Amador Paes de. *Teoria e prática dos títulos de crédito,* 19. ed., p. 13.

30 ROSA JÚNIOR, Luiz Emygdio da. *Títulos de crédito*, 4. ed., p. 8.

Esquematizando as características que tornam um documento título de crédito:

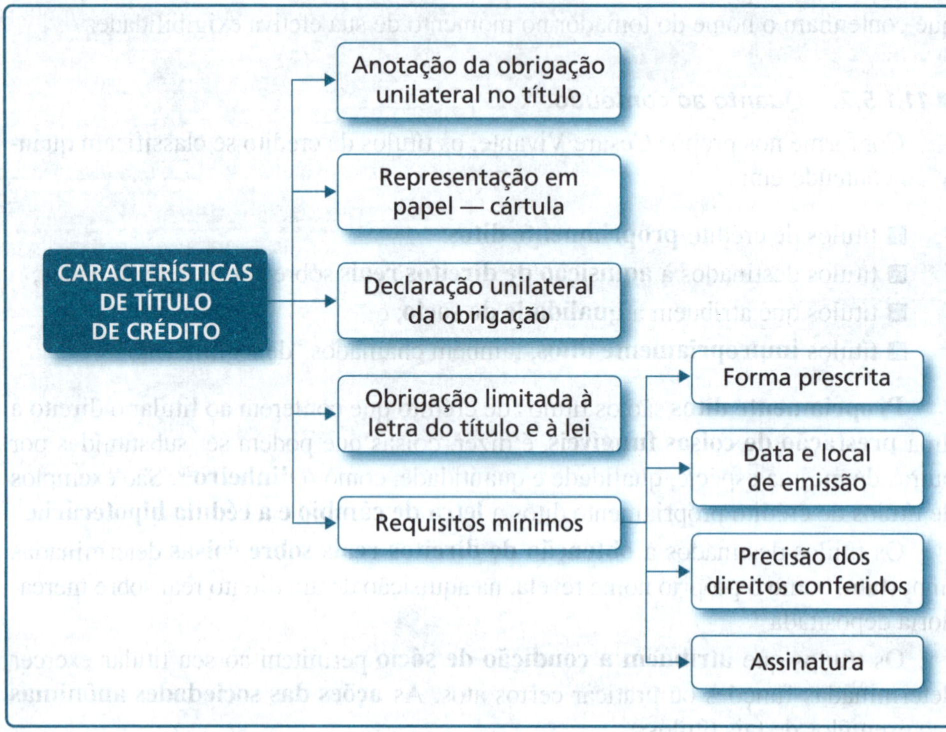

Os documentos **impropriamente denominados títulos** de crédito — títulos de crédito impróprios — são justamente aqueles que **não preenchem as características** supracitadas, ao passo que os documentos que se subsumem às características referidas são considerados títulos de crédito próprios.

Nesse viés, títulos de **crédito próprios** são aqueles que consubstanciam operação de crédito e correspondem a documentos de legitimação por serem constitutivos de **direito novo, autônomo e originário**, porque se desprendem da relação causal que justifica sua emissão. Ademais, amoldam-se, com perfeição, à teoria do Direito Cambial.

Na busca de uma definição exata do que seria **título de crédito próprio**, importante verificar a situação do cheque, sobre a qual adverte Luiz Emygdio[31].

Segundo o referido autor, a doutrina diverge quanto à caracterização do **cheque** como título de crédito próprio por ser ordem de pagamento à vista, e, por isso, alguns **consideram-no mero instrumento de retirada de fundos**, título de exação de vida brevíssima e que se extingue com o pagamento do seu valor pelo banco, não sendo instrumento de entrega de dinheiro (o autor cita Pontes de Miranda). Outros, porém, consideram o cheque **título impróprio por não traduzir operação de crédito**, mas,

---

31 ROSA JÚNIOR, Luiz Emygdio da. *Títulos de crédito*, 4. ed., p. 8.

quando tem seus direitos transferidos a terceiros, passa a corresponder a verdadeiro título de crédito, porque, com a circulação, aparece o elemento crédito, ficando o endossante responsável pelo pagamento.

São exemplos de títulos de crédito próprios a letra de câmbio, a nota promissória, o cheque e a duplicata.

Noutro giro, os **títulos de crédito impróprios**, os quais, como dito, não se enquadram com perfeição à teoria do direito cambial, são apenas **documentos comprobatórios de sua causa**, dividindo-se em **comprovantes de legitimação e títulos de legitimação**.

Os **comprovantes** de legitimação são documentos que **apenas espelham um contrato ou um simples fato**, assumindo função meramente probatória da sua causa, para qualificar o apresentante como contraente originário. São exemplos os bilhetes de passagem de ônibus, ingressos para espetáculos públicos etc. Esses documentos, em regra, **são intransferíveis e devem ser apresentados** para o cumprimento da obrigação.

Os **títulos de legitimação** atribuem ao portador a **faculdade de receber uma prestação**, além de comprovar a sua causa. Não se confundem com comprovantes de legitimação porque, ao contrário destes, **são transferíveis** e porque o devedor pode **pagar validamente ao possuidor** do documento que se legitima, seja como contraente originário, seja como cessionário, não podendo recusar-se a cumprir a obrigação. Por fim, distinguem-se porque, nos títulos de legitimação, o contraente originário, não possuidor do título, só poderá opor-se ao exercício do direito pelo possuidor, provando a inexistência da cessão.

Desse modo, os títulos de legitimação se operam tanto em favor do devedor quanto do credor.

▪ *11.1.5.3. Quanto à natureza*

Os títulos de crédito podem ser classificados conforme a natureza dos direitos nele mencionados, podendo ser **abstratos ou causais**. Os títulos **causais** estão **ligados à relação que lhes deu origem**, ao passo que os **abstratos excluem a causa** que lhes deu origem de sua circulação. Existe uma causa determinante de sua emissão, contudo o exercício do direito mencionado no título **independe dessa causa**.

Registre-se que as próprias partes podem **transformar um título de crédito abstrato em causal**, vinculando-o expressamente ao negócio jurídico primitivo. Dessarte, por exemplo, uma nota promissória, título genuinamente abstrato, pode se tornar causal se as partes fizerem menção expressa no documento que aquele título se refere a um contrato de cartão de crédito, por exemplo. Em casos tais, a ***causa debendi*** **passará a circular com o próprio título**, desde que dele conste, podendo ser discutida mesmo em face de terceiros estranhos à relação jurídica primitiva.

▪ *11.1.5.4. Quanto à estrutura*

No que se refere à estrutura, os títulos de crédito podem ser classificados em **ordens de pagamento e promessas de pagamento**.

As **ordens** de pagamento constituem **promessas de que um terceiro efetuará** o pagamento. O emitente da ordem, contudo, não assume diretamente a obrigação de efetuar o pagamento daquela obrigação. O emitente ou sacador apenas emite uma ordem a um terceiro (sacado) para que pague determinada quantia ao tomador ou beneficiário. Nesse caso, há **três sujeitos** que compõem a relação jurídico-cambial: **sacador, sacado e tomador ou beneficiário**. Como exemplos de ordens de pagamento, temos **o cheque, a letra de câmbio e a duplicata**.

As **promessas** de pagamento distinguem-se porque nelas o **próprio emitente do título assume** diretamente a obrigação de pagar ao beneficiário. São exemplos de promessas de pagamento **a nota promissória e as cédulas de crédito**.

■ *11.1.5.5. Quanto ao modelo*

Os títulos de crédito se subdividem, quanto ao modelo, em **vinculados ou livres**. **Vinculados** são os títulos para os quais **há um padrão exigido** para a emissão do documento. É dizer, não basta que o documento respeite os requisitos legais, pois imprescindível que se **amolde a um modelo padronizado**, sem o que não terá valor de título de crédito. À guisa de exemplo, têm-se **o cheque e a duplicata,** cujos modelos são estabelecidos pelo **Conselho Monetário Nacional**. Os títulos **livres**, de sua parte, não possuem um modelo aprovado a ser seguido, bastando que se **amoldem à forma legal**. São exemplos de títulos livres **a letra de câmbio e a nota promissória**.

■ *11.1.5.6. Quanto à pessoa do emitente*

Relativamente à pessoa do emitente, os títulos de crédito podem ser **públicos ou privados**, conforme forem emitidos por pessoas jurídicas de direito público, como os **títulos da dívida pública**, ou por pessoas jurídicas de direito privado[32].

■ *11.1.5.7. Quanto à prestação*

Os títulos de crédito, quanto à prestação, podem ser **representativos** ou títulos **de valor em dinheiro**.

Os primeiros são documentos que representam **mercadorias ou bens**, por exemplo, os conhecimentos de depósito e *warrants* emitidos por armazéns-gerais, ou as cédulas de produto rural (CPRs físicas). Os títulos representativos conferem aos titulares o direito de exigir a **entrega de mercadorias**, e não de dinheiro.

Os segundos são a regra geral em matéria de direito empresarial, na medida em que a maioria dos títulos de crédito encerram **obrigação pecuniária**, ou seja, pagamento de determinada quantia em dinheiro[33].

■ *11.1.5.8. Quanto ao prazo*

Os títulos podem ser **à vista (ou contra-apresentação)**, nos quais o vencimento do título é indeterminado, sendo a obrigação exigível mediante a apresentação do

[32] TOMAZETTE, Marlon. *Curso de direito empresarial* — Títulos de crédito, 3. ed., v. 2, p. 66.

[33] TOMAZETTE, Marlon. *Curso de direito empresarial* — Títulos de crédito, 3. ed., v. 2, p. 66.

documento ao devedor; ou **a prazo**, nos quais há uma data de vencimento escrita no documento ou a certo prazo dela.

▪ *11.1.5.9. Quanto à complexidade*

Os títulos **simples** conferem ao titular apenas **um direito**, como de receber determinada quantia em dinheiro (nota promissória, letra de câmbio etc.). Já os títulos **complexos** são aqueles que conferem **mais de um direito** ao titular, como o direito de **reaver um valor** emprestado e o de receber **juros periódicos**.

▪ *11.1.5.10. Quanto à completude*

Títulos de crédito **completos** são aqueles **autossuficientes**, na medida em que tudo o que é relevante está **contido no próprio documento**: os direitos e obrigações dos sujeitos cambiários são revelados pelo **teor literal** do documento. São exemplos o cheque, as notas promissórias e as letras de câmbio.

Noutro viés, são **incompletos** os títulos que **dependem de outros documentos**, isto é, sempre que o título não é suficiente para determinar todo o conteúdo dos direitos e obrigações ali incorporados. Nesses casos, o título remete a esses documentos que o completam. Uma questão pode surgir: **aplica-se o princípio da literalidade** aos títulos de crédito incompletos? E a resposta é positiva, pois apenas o documento referido expressamente no título completará a definição dos direitos e obrigações daquela relação jurídica. Trata-se da denominada **literalidade indireta**. Como exemplo de título de crédito incompleto tem-se a **cédula de crédito bancário**, que precisa ser completada pelos extratos da conta corrente[34].

▪ *11.1.5.11. Quanto à quantidade de beneficiários*

Os títulos **singulares** são emitidos por decorrência de uma operação realizada entre particulares, em favor de pessoa determinada, como o cheque. Já os títulos **em série** são emitidos em massa (títulos múltiplos), em favor de um grupo de pessoas, como os títulos da dívida pública.

▪ *11.1.5.12. Quanto ao regime legal aplicado*

Os títulos de crédito possuem natureza **mercantil** em virtude de sua forma, ainda quando não seja um comerciante a assumir as obrigações neles contidas, isso porque é o direito empresarial que regula títulos de crédito. Contudo, os títulos de crédito rural têm natureza **civil**, excepcionalmente, por expressa disposição legal.

▪ *11.1.5.13. Quanto à definitividade*

Os títulos de crédito também podem ser **definitivos ou provisórios**. Estes estão destinados a ser, tão logo, **substituídos** por aqueles. Têm-se, como exemplos, as

---

[34] TOMAZETTE, Marlon. *Curso de direito empresarial* — Títulos de crédito, 3. ed., v. 2, p. 67.

"cautelas" destinadas a serem substituídas pelos títulos das ações ou das obrigações: art. 5º, do Decreto-lei n. 1.364/1923.

■ 11.1.5.14. Quanto à cambiariedade (Rubens Requião)

Títulos **cambiários** são os títulos **perfeitos, abstratos**. Nota promissória e letra de Câmbio. A eles aplicam-se todas as características cambiárias, os atributos estão presentes, incorporam uma operação de crédito e a cártula será tida como **documento-direito**, isto é, será um direito em si mesma.

Títulos **cambiariformes** são títulos de crédito com "problemas". Por vezes, são **causais**, ou **dispensam requisitos**, ou **não incorporam operação de crédito**. Exemplos: o cheque, que não possui o elemento crédito, porque é ordem de pagamento à vista; a duplicata, um título causal.

■ 11.1.5.15. Quanto à previsão em lei

Os títulos de crédito eram classificados por Vivante em **típicos** — os previstos, regulados e **nominados por lei** — e os **atípicos**, que **não têm previsão em lei** específica. Antes do advento do novo Código Civil, a doutrina dizia que não havia no Brasil título de crédito atípico por falta de previsão expressa em lei.

Ocorre que o art. 889, do Código Civil brasileiro, estabeleceu requisitos básicos para a **confecção de títulos de crédito não especificados em lei**, bastando que sejam documentos que reúnam **três características**: a) a **data da emissão**; b) a descrição precisa dos **direitos que confere**; e c) a **assinatura**, que é essencial, salvo em dois casos: cheque e duplicata, em que a assinatura pode ser substituída por uma chancela mecânica (o que ocorre muito em grandes empresas).

O **Código Civil**, então, em matéria de títulos de crédito, além de permitir a emissão de **títulos de crédito atípicos**, criou requisitos formais mínimos para que um documento tenha valor de título de crédito. A nova disposição do Código Civil **confronta o subprincípio do formalismo**, o que recomenda cautela na confecção de novos títulos de crédito não previstos em lei, ante a necessidade de previsibilidade e segurança das relações jurídicas, sempre lembrando o contorno internacional a envolver o direito cambiário.

Esquematizando as classificações dos títulos de crédito:

CLASSIFICAÇÃO DOS TÍTULOS DE CRÉDITO		
Ordem	**Quanto a(o)**	**Espécies**
1ª	■ Modo de circulação	■ Ao portador
		■ Nominais ou nominativos
2ª	■ Conteúdo	■ Propriamente ditos
		■ Impropriamente ditos
		■ Para aquisição de direitos reais
		■ Para atribuir a qualidade de sócio

3ª	■ Natureza	■ Abstratos
		■ Causais
4ª	■ Estrutura	■ Ordens de pagamento
		■ Promessas de pagamento
5ª	■ Modelo	■ Vinculados
		■ Livres
6ª	■ Pessoa do emitente	■ Públicos
		■ Privados
7ª	■ Prestação	■ Representativos
		■ De valor em dinheiro
8ª	■ Prazo	■ À vista
		■ A prazo
9ª	■ Complexidade	■ Simples
		■ Complexos
10ª	■ Completude	■ Completos
		■ Incompletos
11ª	■ Quantidade de beneficiários	■ Singulares
		■ Em série
12ª	■ Regime legal aplicado	■ Empresarial
		■ Civil
13ª	■ Definitividade	■ Definitivos
		■ Provisórios
14ª	■ Cambiariedade	■ Cambiários
		■ Cambiariformes
15ª	■ Previsão em lei	■ Típicos
		■ Atípicos

■ 11.1.6. Teorias sobre o momento da obrigatoriedade do título de crédito

Os títulos de crédito contêm obrigações regidas pelas **leis cambiárias e pelos princípios próprios** deste ramo do direito. Contudo, há uma relação jurídica obrigacional básica (originária) entre **o emitente e o beneficiário**.

Várias teorias foram formuladas para explicar a **natureza jurídica da obrigação cambiária**, entre as quais ganham destaque: a) teorias contratualistas; b) teoria da aparência; c) teoria do duplo sentido da vontade; d) teoria da declaração unilateral da vontade; e, por fim, e) teoria da criação. Além delas, outras serão abordadas.

■ *11.1.6.1. Teorias contratualistas*

Seus adeptos sustentam que a obrigação cambiária possui natureza contratual. Portanto, quando alguém emite um título de crédito em favor de outrem, celebra-se um **contrato cambiário**.

Surgiu, no entanto, uma divergência entre os defensores dessas teorias, quanto ao **momento** em que se daria esse acordo de vontades, configurando o contrato cambiário.

Uma primeira corrente, encabeçada por Liebe[35], defendia que o contrato estaria **concluído no momento da subscrição**, ou seja, quando o criador **assinasse o título** de crédito optando pela forma cambiária para a obrigação. Essa é a **teoria do ato formal**.

Outra corrente, capitaneada por Thöl[36], sustenta que apenas no **momento em que o emitente entregasse o título ao beneficiário** estaria caracterizado o vínculo contratual (*dare-prendere*).

Essas teorias foram questionadas porque **não explicam a autonomia** da relação cambial. Quando o título de crédito é transferido por endosso, a relação jurídica firmada entre o endossante e o portador não se confunde com a relação existente entre o emitente e o endossante. Por isso, as exceções pessoais que o emitente possuía com relação ao endossante não podem ser opostas contra o portador de boa-fé.

■ *11.1.6.2. Teoria da aparência*

Pauta-se pela declaração de vontade contida na **declaração unilateral de vontade constante do título**, a qual deve prevalecer sobre a vontade real do declarante. Assim, a obrigação mencionada no título independe da vontade do seu subscritor. A teoria da aparência objetiva proteger o credor de boa-fé.

Por isso, contrapondo-se à teoria contratualista, sustenta que não se pode visualizar um negócio jurídico nos títulos de crédito, mas apenas **um ato ou uma operação jurídica**, porquanto, mesmo que a vontade seja viciada, o título de crédito já existiria. Os efeitos da emissão do título **decorrem do disposto em lei**, e não da vontade do subscritor.

A **Lei Uniforme de Genebra parece acolher** a teoria da aparência, por exemplo, no art. 40, alínea 3ª: "aquele que paga uma letra no vencimento fica validamente desobrigado, salvo se de sua parte tiver havido fraude ou falta grave, e é obrigado a verificar a regularidade da sucessão de endossos, **mas não a assinatura** dos endossantes". Referido dispositivo é repetido no Código Civil brasileiro, art. 911: "Considera-se legítimo possuidor o portador do título à ordem com série regular e ininterrupta de endossos, ainda que o último seja em branco. Parágrafo único. Aquele que paga o título está obrigado a verificar a regularidade da série de endossos, **mas não a autenticidade das assinaturas**".

Registre-se, contudo, que essa teoria recebeu severas críticas, pois **insuficiente para justificar a fonte da obrigação cambiária** em todas as situações[37]. Não é a simples aparência que cria a obrigação. É que esta **não surge da lei**, mas é fruto de uma **declaração de vontade** do subscritor do título; ainda que eventuais vícios dessa

---

[35] Citado por TOMAZETTE, Marlon. *Curso de direito empresarial* — Títulos de crédito, 3. ed., v. 2, p. 40.

[36] Citado por TOMAZETTE, Marlon. *Curso de direito empresarial* — Títulos de crédito, 3. ed., v. 2, p. 40.

[37] TOMAZETTE, Marlon. *Curso de direito empresarial* — Títulos de crédito, 3. ed., v. 2, p. 40.

vontade não tenham influência sobre a validade do título em si, certo é que as obrigações assumidas sempre terão origem em uma declaração de vontade válida de algum dos subscritores do título[38].

11.1.6.3. Teoria do duplo sentido da vontade

Foi criada por Vivante, com a finalidade de **conciliar as teorias** contratualistas e as não contratualistas.

Ensina o autor que, se considerarmos como fundamento da obrigação **o contrato**, não é possível explicar satisfatoriamente porque o devedor não pode opor ao terceiro os vícios que maculam a obrigação; por sua vez, se considerarmos fundamento **apenas a vontade unilateral** do devedor, não se explica por que pode opor ao seu credor todas as exceções procedentes do contrato que deu origem ao crédito.

Segundo Vivante, então, **não se pode estabelecer critério unitário** para explicar tão complexa questão. Daí porque afirma que o título de crédito tem dupla natureza jurídica: em **um momento é contratual**; e em **outro é promessa unilateral** de pagamento.

Opor **exceções cambiais** é **arguir vício de forma** do título, podendo ser apresentada a qualquer tempo, porque são causas de nulidades absolutas. Opor **exceções pessoais** é **discutir a *causa debendi***, a relação subjacente.

A oponibilidade das exceções pessoais é a possibilidade de discutir a origem da dívida. O **momento contratual atrai a oponibilidade** das exceções pessoais, ainda que não escrita no título, e a promessa unilateral de pagamento atrai a inoponibilidade.

O momento contratual é aquele em que devedor e credor, no curso das tratativas do negócio jurídico, não apenas se vinculam em razão de uma relação cambial (devedor e credor do título de crédito), mas também porque travaram uma relação (pessoal) subjacente ao título, e, por isso, poderão discutir **ambas as relações jurídicas, opondo entre si as exceções correlatas, sejam de natureza pessoal ou cambial**.

O momento de promessa unilateral é aquele em que devedor e credor estão um diante do outro em um processo, unicamente **por força de uma relação jurídica cambial** (ocorre, por exemplo, quando o título circula).

Relação **estritamente cambial**, firmada, por exemplo, por **aval ou endosso**, não permite opor exceção pessoal, salvo se houver má-fé no endosso ou no aval. Basta provar, entre outros fatos, que o endosso ou o aval foi simulado, traduzindo-se em um artifício para afastar a oponibilidade.

Nesse passo, segundo essa teoria, em **relação ao seu credor, o devedor do título se obriga por uma relação contratual**, motivo por que contra ele mantém intactas as defesas pessoais que o direito comum lhe assegura **relativamente a terceiros**; o fundamento da obrigação está na simples assinatura, que consubstancia, nesse particular, **uma manifestação unilateral de sua vontade** de obrigar-se. Eis porque não deve defraudar as esperanças que despertar com sua circulação do título de crédito[39].

---

[38] TOMAZETTE, Marlon. *Curso de direito empresarial* — Títulos de crédito, 3. ed., v. 2, p. 40.

[39] REQUIÃO, Rubens. *Curso de direito comercial,* 21. ed., v. 2, p. 372.

A principal crítica a essa teoria ergue-se com base na premissa de que **a declaração não pode ter duplo sentido**, uma vez que a vontade é uma só. Ademais, é muito difícil sustentar um negócio jurídico unilateral como fonte da obrigação cambiária, pois essa obrigação nasce independentemente do consentimento do credor.

■ 11.1.6.4. *Teoria da declaração unilateral de vontade*

Rejeitando a natureza contratual da manifestação de vontade, criou-se a teoria segundo a qual o melhor enquadramento para a vontade criadora da obrigação é como **uma declaração unilateral de vontade**. Assim, para surgir uma obrigação cambiária, basta uma manifestação unilateral de vontade.

Segundo Vivante[40], essa teoria peca porque **não explica a possibilidade de defesas baseadas no negócio jurídico, isto é,** nas relações entre o emitente e o beneficiário original do título. Tullio Ascarelli[41], entretanto, esclarece que a possibilidade desse tipo de defesa não se baseia em uma relação contratual, e sim em uma **ideia similar à da compensação**.

Quando o devedor do título é executado, pode opor contra o credor a existência de um crédito, a fim de que as **obrigações se compensem**. Se o crédito existir em face de outra pessoa, que não seja o credor exequente, não há se falar em compensação[42].

A teoria da declaração unilateral de vontade explica com clareza a natureza jurídica da **fonte da obrigação cambiária**. Porém, é preciso concluir em qual momento surge a obrigação cambiária. Para tanto, construíram-se as teorias que abordaremos a seguir.

■ 11.1.6.5. *Teoria da criação*

Segundo ela, o direito **deriva da criação do título**. Aquele que subscreve o título dispôs de um bem que compõe o seu patrimônio; fez em vida, adverte Rubens Requião[43], aquilo que, por um testamento, faria para efeitos *post mortem*: dispor dos próprios bens.

Assim, a obrigação cambiária **se aperfeiçoa com a criação do título**, isto é, com a **simples assinatura do devedor**. A forma pela qual o título saiu das mãos do seu criador não interessa para a teoria da criação — o que importa é apenas a declaração da vontade da criação do título. Portanto, se o cheque foi roubado, o credor teria o direito de receber o crédito mencionado no título.

Entende-se, contudo, que a eficácia do título ficaria subordinada a sua posse por um credor.

■ 11.1.6.6. *Teoria da emissão*

Sustenta que, do ato de criação, ou seja, de assinatura do título, não pode surgir vínculo algum, porque a subscrição não revela ainda a vontade de se obrigar. Somente com **a emissão, seja por ato unilateral, seja por tradição**, surgirá a obrigação do

---

[40] Citado por TOMAZETTE, Marlon. *Curso de direito empresarial* — Títulos de crédito, 3. ed., v. 2, p. 41.

[41] Citado por TOMAZETTE, Marlon. *Curso de direito empresarial* — Títulos de crédito, 3. ed., v. 2, p. 41.

[42] TOMAZETTE, Marlon. *Curso de direito empresarial* — Títulos de crédito, 3. ed., v. 2, p. 42.

[43] REQUIÃO, Rubens. *Curso de direito comercial*, 21. ed., v. 2, p. 373.

subscritor. Sem **emissão voluntária**, não surge o vínculo, isto é, sem que o emitente **tenha, de fato, a intenção de se obrigar**, não surgirá a obrigação. Com efeito, se o título for posto fraudulentamente em circulação, não subsiste a obrigação.

■ *11.1.6.7. Teoria dos três momentos*

Não acolhe de forma integral nem a teoria da criação, nem a teoria da emissão. Articulada por Pontes de Miranda (citado por Tomazette), a referida teoria parte da premissa de que há uma **forma própria de tratar a obrigação originada em um título** de crédito, dividindo-a em **três momentos**: o da **promessa**, sem qualquer relação jurídica de dívida até a posse de boa-fé pelo beneficiário; o que vai **daí até a apresentação**; o da **relação jurídica de obrigação após essa**[44].

No primeiro momento, analisam-se os planos da **existência e da validade** dos títulos de crédito. A obrigação cambiária existiria com a **assinatura do título**, isto é, com a declaração unilateral de vontade do subscritor. Existe o **título-valor** desde que é criado, pontua Pontes de Miranda[45]. A validade da obrigação dependeria da presença dos **requisitos legais necessários à validade** daquele documento como título de crédito[46].

No segundo momento, ingressa-se no plano da **eficácia** do título. Uma vez assinado o título, e preenchidos os requisitos legais, ele já existe e é válido, mas ainda não é eficaz. E a eficácia fica condicionada à **posse do título por um credor de boa-fé**[47].

Mas, somente no **terceiro momento**, a obrigação efetivamente surgiria, quando o credor de boa-fé, com o título em mãos, **apresenta-o ao devedor para pagamento**. Nesse ato, aperfeiçoa-se a relação obrigacional, quando então a obrigação deve ser cumprida. Assim, **sem apresentação, não há obrigação** de pagar o título de crédito[48].

Esquematizando as teorias sobre o momento em que surge a obrigatoriedade do título (sua fonte):

TEORIAS SOBRE A OBRIGATORIEDADE DOS TÍTULOS DE CRÉDITO		
Ordem	**Teoria**	**Consiste em**
1ª	■ Contratualista	■ Há um contrato cambiário entre emitente e beneficiário.
2ª	■ Da aparência	■ A vontade expressa no título prevalece sobre a real.
3ª	■ Do duplo sentido da vontade	■ A vontade é contratual e, depois, unilateral.
4ª	■ Da declaração unilateral de vontade	■ Expressa a vontade unilateral, o título obriga (não explica desde quando).
5ª	■ Da criação	■ Expressa a vontade unilateral, o título obriga a partir da assinatura do devedor.
6ª	■ Da emissão	■ Expressa a vontade unilateral, o título obriga a partir da entrega voluntária ao credor.
7ª	■ Dos três momentos	■ Promessa, entrega e vencimento.

[44] TOMAZETTE, Marlon. *Curso de direito empresarial* — Títulos de crédito, 3. ed., v. 2, p. 46.
[45] TOMAZETTE, Marlon. *Curso de direito empresarial* — Títulos de crédito, 3. ed., v. 2, p. 46.
[46] TOMAZETTE, Marlon. *Curso de direito empresarial* — Títulos de crédito, 3. ed., v. 2, p. 46.
[47] TOMAZETTE, Marlon. *Curso de direito empresarial* — Títulos de crédito, 3. ed., v. 2, p. 46.
[48] TOMAZETTE, Marlon. *Curso de direito empresarial* — Títulos de crédito, 3. ed., v. 2, p. 46.

■ 11.1.7. A fonte da obrigação cambiária e o direito positivo — teorias

À luz das **teorias expostas**, forçoso convir que a **fonte** da obrigação cambiária é uma **declaração unilateral de vontade**, porquanto o papel do credor no surgimento do título é desimportante.

Discute-se, porém, **em que momento surge** essa obrigação, segundo a legislação brasileira.

No âmbito da legislação nacional, **aplica-se a Lei Uniforme de Genebra (LUG) à letra de câmbio e à nota promissória,** e as regras previstas nesta legislação ultimaram sendo aplicadas como **padrão para os títulos típicos**. Aos **títulos atípicos**, contudo, aplica-se o disposto no **Código Civil** vigente.

As regras esculpidas na LUG sinalizam a **adoção da teoria da criação** em detrimento da teoria da emissão, notadamente o disposto nos arts. 16 e 17, que estabelecem a **proteção do credor de boa-fé** em face dos devedores, o que denota claramente o afastamento da teoria da emissão.

O **Código Civil** vigente, por seu turno, ora adere à teoria da **criação** (arts. 896, 901 e 905), ora à teoria da **emissão** (art. 909).

As teorias exploradas neste capítulo dirigem os seus olhares ao polo passivo dos títulos de crédito. Contudo, **além dos devedores, existem os credores dos títulos** de crédito. É que o lado ativo da obrigação pode ser preenchido por vários titulares, cada qual possuidor de um direito autônomo, razão por que surgem **teorias com o fim de explicar os direitos autônomos** subsistentes[49].

■ *11.1.7.1. Teoria dos créditos sucessivos*

Segundo ela, a **cada sucessivo titular** do direito mencionado no título de crédito corresponde um crédito sucessivo ou diverso.

Essa teoria é frágil porque **quem emite** um título de crédito **não objetiva assumir várias obrigações**, mas apenas uma em relação a todos os sucessivos credores. E, se o devedor não assume mais de uma obrigação, é óbvio que não pode haver mais de um crédito sucessivo. Além disso, não é plausível a conclusão de que um direito novo, independente do anterior, possa, ao surgir, provocar a extinção do direito anterior[50].

Portanto, em contraponto a essa teoria, afirma-se que o direito de crédito é único em relação a todos os seus titulares. Mas resta justificar a autonomia entre os direitos.

■ *11.1.7.2. Teoria da delegação*

Para ela, quem emite um título de crédito **delega ao beneficiário original poderes para transferir o crédito** a um novo titular, e assim sucessivamente, formando-se uma cadeia de delegações[51].

---

[49] TOMAZETTE, Marlon. *Curso de direito empresarial* — Títulos de crédito, 3. ed., v. 2, p. 48.

[50] TOMAZETTE, Marlon. *Curso de direito empresarial* — Títulos de crédito, 3. ed., v. 2, p. 49.

[51] TOMAZETTE, Marlon. *Curso de direito empresarial* — Títulos de crédito, 3. ed., v. 2, p. 50.

A teoria não explica a possibilidade de se opor exceções pessoais ocorridas no momento de aquisição do direito. Por isso, surge a **teoria da novação**, que sugere que **cada transferência faria surgir uma nova relação jurídica**, sob o aspecto subjetivo, embora ainda houvesse a delegação.

■ *11.1.7.3. Teoria da cessão do crédito*

Sustenta que **cada transferência do título resultaria em cessão do crédito** ao novo credor. Contudo, a transferência dos títulos de crédito é regida por normas e princípios de direito cambiário, que não se confundem com as normas de direito civil que tratam da cessão de crédito. Ora, é cediço que, ocorrendo a transferência do título de crédito por endosso, o portador poderá exigir o pagamento do endossante, que se responsabiliza em quitar a dívida mencionada no título. Havendo cessão de crédito, no entanto, o cedente somente se responsabiliza com a existência do crédito, e não com o seu pagamento.

■ *11.1.7.4. Teoria da personificação do título*

Advoga que o **título de crédito é um sujeito de direito**, é dizer, equipara o título a uma pessoa. A fragilidade dessa teoria decorre da equiparação entre coisa e pessoa.

■ *11.1.7.5. Teoria do crédito alternativo*

O título de crédito conteria uma **obrigação alternativa**, no sentido de que o **emitente assumiria a obrigação em relação a qualquer um** que viesse a ser o titular do crédito. Contudo, a **indeterminabilidade** do credor não pode ser confundida com a alternatividade da obrigação. Ora, a obrigação alternativa diz respeito à prestação, que pode ser efetivada de mais de uma forma; a prestação nos títulos de crédito é uma só.

■ *11.1.7.6. Teoria da emissão abstrata*

Por ela, haveria uma **abstração da pessoa do credor**, o que explicaria o direito originário de cada credor. Contudo, o crédito nasce sempre de uma relação pessoal, o que é incoerente com a tese apresentada por essa teoria. Ademais, a abstração não explica a inoponibilidade das exceções pessoais aos terceiros de boa-fé[52].

■ *11.1.7.7. Teoria da pendência*

Sustenta que o **titular do direito será apenas o último proprietário** ou possuidor do título. Assim, o crédito já seria eficaz quando o titular de boa-fé estivesse de posse do título. Mas esse crédito ficaria **pendente de aperfeiçoamento até o momento do vencimento**. Antes do vencimento, não haveria um direito de crédito, e

52 TOMAZETTE, Marlon. *Curso de direito empresarial* — Títulos de crédito, 3. ed., v. 2, p. 51.

sim um direito cambiário, que só seria considerado direito de crédito no momento do vencimento, quando se conheceria o **titular definitivo**.

Referida teoria não justifica porque, mesmo antes do vencimento, o possuidor do título pode tomar medidas de defesa do direito de crédito. Tais medidas revelam que o crédito já existe, muito embora não seja exigível ainda.

■ *11.1.7.8. Teoria da promessa à generalidade*

Segundo ela, o **emitente dirigiria sua vontade a um grupo generalizado** (indeterminado) de pessoas, mas o credor só seria identificado no momento do exercício do direito. Essa teoria não pode coexistir harmoniosamente com os títulos nominativos, que determinam o credor.

■ *11.1.7.9. Teoria da propriedade*

Defende que a titularidade do direito mencionado no título de crédito **decorre da propriedade do próprio título**. A titularidade do direito creditício, portanto, está ligada a uma **relação de direito real**, não pessoal. É, pois, da propriedade do título que decorre o direito de crédito.

O direito surge de **forma autônoma em favor dos sucessivos proprietários** do título. Eis porque existe autonomia entre as obrigações cambiárias para o credor.

Essa teoria é atacada por severas críticas, ao argumento de que nem sempre o dono do documento é o titular do crédito. Costuma-se dar o exemplo de um título escrito sobre uma pintura de Leonardo da Vinci. Nesse caso, o titular do crédito não seria o proprietário da obra de arte.

Esquematizando as teorias sobre a fonte da obrigação cambiária no direito positivado:

TEORIAS SOBRE A FONTE DA OBRIGAÇÃO CAMBIÁRIA		
Ordem	**Teoria**	**Consiste em**
1ª	■ Dos créditos sucessivos	■ Cada sucessivo titular, um crédito diverso.
2ª	■ Da delegação	■ Cada beneficiário recebe poderes para transferir o crédito a outro beneficiário.
3ª	■ Da cessão do crédito	■ Cada transferência é uma cessão de crédito.
4ª	■ Da personificação do título	■ O título seria um sujeito de direito.
5ª	■ Do crédito alternativo	■ O emitente assume obrigação perante qualquer pessoa que apresente o título.
6ª	■ Da emissão abstrata	■ Há uma abstração da pessoa do credor.
7ª	■ Da pendência	■ O direito ao crédito surge quando conhecido o proprietário definitivo, o último beneficiário.
8ª	■ Da promessa à generalidade	■ A vontade do emitente dirige-se a uma generalidade de pessoas.
9ª	■ Da propriedade	■ A titularidade do direito creditício é uma relação de direito real, de propriedade.

11.2. ATOS CAMBIÁRIOS

O título de crédito é constituído, como visto, por um **ato unilateral** e, a partir daí, poderá manter-se com apenas esse ato até o pagamento, ou poderá ter uma série de atos unilaterais que poderão, a um só tempo, **fazer circular e garantir o pagamento do título**.

O título **nasce com o saque** (emissão), indicando **quem deve pagá-lo** (o sacado, que poderá ser o próprio sacador), dirigindo-se a **um beneficiário ou tomador** (que também poderá ser o próprio sacador). Essa fórmula básica pode permanecer assim até o pagamento, o qual extinguirá o título e a obrigação nele constantes. Ocorre, porém, que, na maioria dos casos, os títulos de crédito **circulam pelo endosso**, trazendo para o título a figura do endossatário. O beneficiário poderá, então, trazer novos beneficiários, os quais se tornarão **coobrigados ao pagamento** do título na medida em que indiquem um novo beneficiário, pelo endosso.

Além dos personagens já mencionados, cada pessoa que figura no título poderá receber a garantia de **um avalista**. Todos esses atos cambiários serão objeto de nosso estudo.

Esquematizando:

Forma básica de um título de crédito:

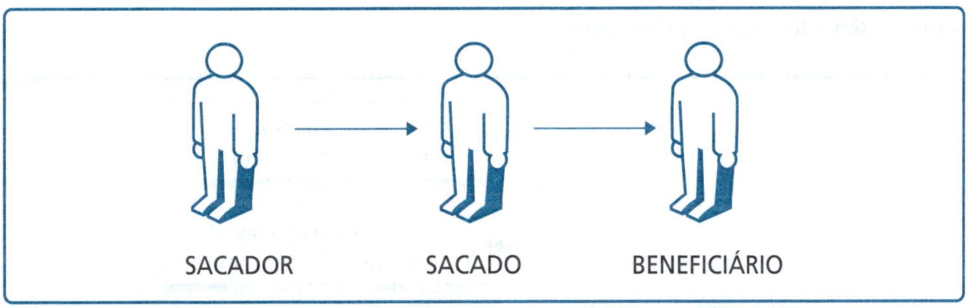

Título de crédito **que circula**:

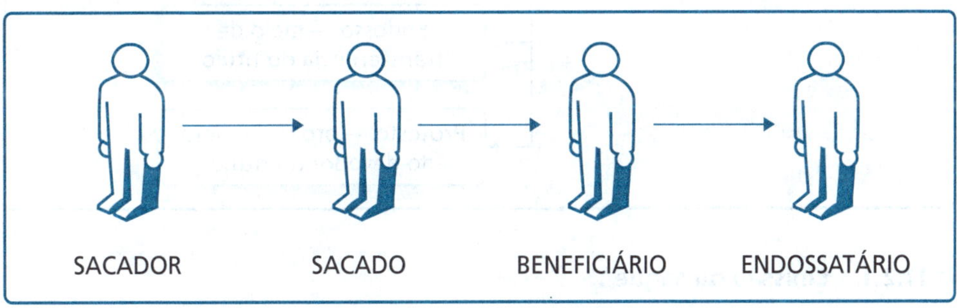

Título de crédito **garantido**:

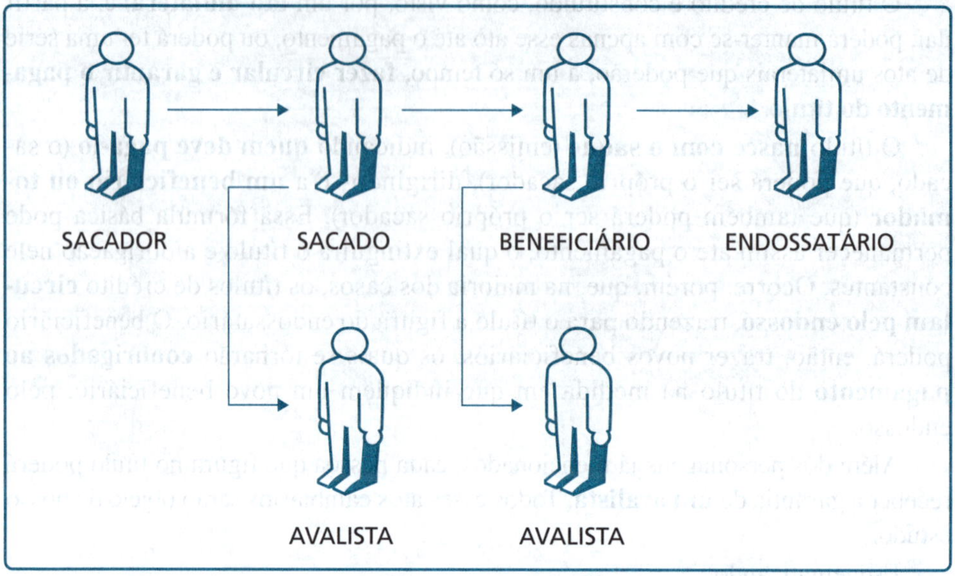

Após sua criação, comumente, o título circulará e poderá fomentar relações jurídicas autônomas e independentes. Esquematicamente, os atos cambiários mais comuns podem ser assim sintetizados:

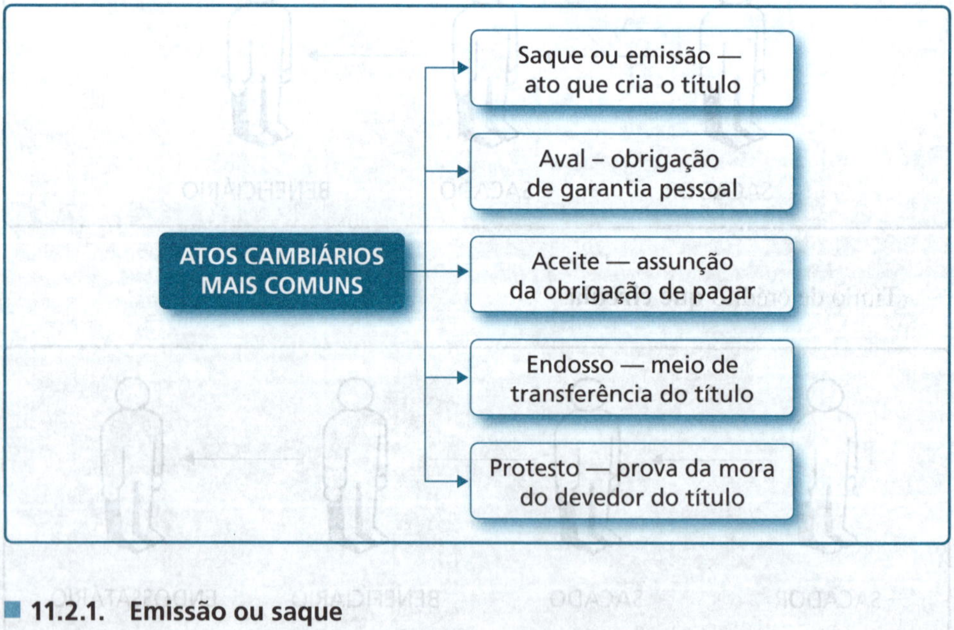

■ 11.2.1. Emissão ou saque

Saque é o **ato de criação**, de **emissão** da letra de câmbio. É uma **ordem de pagamento** dada a outra pessoa, o sacado. Sobrevindo o saque, o tomador estará autorizado a procurar o sacado para, dadas certas condições, poder receber dele a quantia referida no título. Supõe-se que o **sacado seja devedor do sacador**, por isso a ordem dada contra si e a concordância quanto ao pagamento da letra.

A partir do saque, o **sacador já fica vinculado** ao pagamento da letra de câmbio, como **principal coobrigado**. Por isso, se o sacado se recusar ao aceite ou ao pagamento, o beneficiário poderá cobrar a letra de câmbio do próprio sacador, que, ao praticar o saque, tornou-se codevedor do título (art. 9º, da LUG).

É preciso destacar que, no **cheque, o sacador é o devedor principal** e não coobrigado. No cheque, o sacador deposita dinheiro na mão do sacado, o banco, e posteriormente determina a entrega do referido valor a beneficiários indicados por ele. Assim, o sacado não paga o valor da ordem que lhe é dada, apenas repassa dinheiro do próprio sacador à pessoa por ele indicada. O saldo em poder do banco-sacado pode ser substituído por crédito do sacador junto ao sacado, o que decorre de contrato de abertura de crédito em conta corrente, o conhecido contrato de cheque especial.

Esquematizando a **emissão ou saque**:

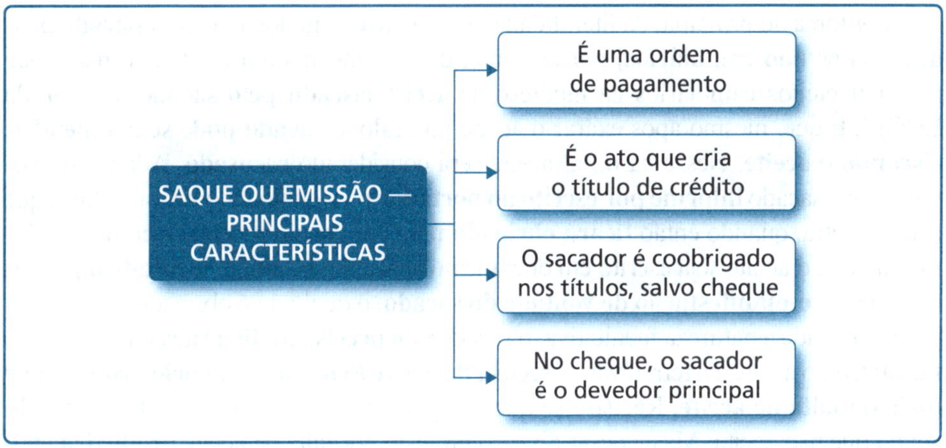

■ 11.2.2. Aceite

O aceite é o ato pelo qual o sacado **concorda em cumprir a ordem** que lhe é dada, comprometendo-se a efetuar o pagamento na data de vencimento. Emitida a letra de câmbio, ela é entregue ao beneficiário, que poderá **levá-la ao sacado para que este a aceite**. O aceite deve ser realizado **no próprio título**, por meio da expressão **"aceito" ou "aceitamos"**, seguido da assinatura do sacado ou de seu procurador com poderes especiais para tanto (art. 11, do Decreto n. 2.044/1908). O aceite é, pois, uma **declaração unilateral de vontade facultativa, eventual e sucessiva**, pela qual o sacado **assume, como devedor principal, a obrigação** de efetuar o pagamento da importância mencionada no título, dentro do prazo ali especificado, ao tomador ou a quem ele indicar. Trata-se de uma obrigação cambial pela qual o **sacado se torna devedor direto** de um título de crédito.

A facultatividade do aceite é **mitigada nas duplicatas**. Tratando-se de título causal, a obrigação do sacado decorre do recebimento da mercadoria ou da prestação do serviço **contratado na origem**, e não do aceite literal no título. Ocorre o que se denomina **aceite presumido**, caracterizado pelo **protesto** do título acompanhado do **comprovante** da entrega da mercadoria ou da prestação do serviço. Quem recebe o produto ou o serviço, por presunção, pagará o valor contratado, e o **valor será transportado para a duplicata**.

O sacado, **quando aceita** pagar o título, passa a ser chamado de **aceitante**. A **declaração que consubstancia o aceite é abstrata**, pois se desprende da relação causal subjacente. É também **formal** porque só possui **eficácia quando formalizada no próprio título**, em obséquio ao princípio da literalidade. Não há, contudo, uma fórmula solene para o aceite, podendo ser expresso das mais diversas maneiras, desde que demonstre a intenção de se tornar obrigado pelo pagamento do título, na condição de aceitante. Para facilitar a atuação do sacado, a legislação **presume como aceite a simples assinatura do sacado no anverso da letra de câmbio**, mesmo que não haja qualquer indicação[53]. No entanto, a assinatura aposta **no verso da letra só** será considerada um aceite se for complementada por uma declaração que manifeste a intenção de aceitar, como **aceitação, aceitante ou de acordo**.

Por força do princípio da literalidade, o aceite dado em documento **separado produz efeitos não cambiários**, por exemplo, de reconhecimento de dívida, mas pode produzir efeitos cambiários na hipótese de **aceite riscado pelo sacado** (art. 29, da LUG)[54]. É que, mesmo após exarar o aceite no título, o **sacado pode se arrepender, riscando o aceite**. Nesse caso, tal aceite será considerado **recusado**. Admite-se, porém, que o sacado **informe por escrito ao portador** ou a qualquer outro signatário que aceita a letra, quando então **ficará obrigado** para com quem recebeu a comunicação, mesmo que o aceite seja escrito em documento apartado. É, ainda, **facultativo** por derivar da **livre-manifestação de vontade do sacado**, o qual não é obrigado a efetivá-lo. Também, dada a natureza facultativa, o sacado **não precisa motivar a recusa**. Embora facultativo, o aceite é irretratável. A **recusa do aceite é comprovada pelo protesto por meio da falta de aceite**. Registre-se que não pode o sacado simplesmente assinar dizendo que não aceita. Mas, apesar disso, o protesto por falta de aceite **produzirá efeitos jurídicos contra o sacador**. A consequência, assim, será o **vencimento automático e antecipado da dívida em desfavor do sacador** (art. 43, n. 1, da LUG).

De se destacar que o sacado pode aceitar a letra de câmbio apenas **parcialmente** (aceite qualificado), quando, então, ocorrerá **uma recusa parcial**. Nesse caso, também haverá o **vencimento antecipado** do título, podendo o beneficiário cobrar a totalidade do crédito do sacador[55] e também cobrar do sacado a parcela a que este se obrigou. O **aceite parcial**, relativamente à quantia sacada, é **exercício regular de um direito** e não atrai qualquer sanção. Contudo, **qualquer outra modificação** que atinja o teor do título **equivale à recusa**, implicando vencimento antecipado. O aceitante, todavia, fica obrigado nos termos do que dispõe o aceite. Assim, o **aceite modificado**

[53] TOMAZETTE, Marlon. *Curso de direito empresarial* — Títulos de crédito, 3. ed., v. 2, p. 89.

[54] TOMAZETTE, Marlon. *Curso de direito empresarial* — Títulos de crédito, 3. ed., v. 2, p. 89.

[55] RAMOS, André Luiz Santa Cruz. *Direito empresarial esquematizado*, 3. ed., p. 254.

equivale a não aceite (recusa). Todavia, o aceitante responde nos termos de seu aceite (art. 26, da LUG). O **aceite modificado** ocorre quando o sacado, ao aceitar o título, altera a **data do seu vencimento**, o **lugar do pagamento** ou outra característica dele. O beneficiário poderá **protestar o título e receber do sacador** antecipadamente. O sacador que pagar poderá cobrar do aceitante, nos termos do aceite que ele deu, isto é, no lugar designado ou na data de vencimento que ele indicou.

Há uma maneira de o sacador se **prevenir contra o vencimento antecipado** do título, em caso de recusa de aceite. Basta inserir a cláusula não aceitável expressamente no título (art. 22, da Lei Uniforme). Presente essa expressão, o beneficiário somente poderá procurar o sacado para o aceite na data do vencimento. Caso busque o aceite antes do vencimento e haja recusa, não ocorrerá o vencimento antecipado do título. **Somente após o vencimento** poderá o beneficiário-portador cobrar do sacador, mesmo por falta de aceite. A cláusula não aceitável não impede o aceite do sacado antes do vencimento, apenas **evita o vencimento antecipado**. O aceite, por sua vez, **não constitui um requisito essencial** da cártula, de modo que a sua falta não descaracteriza a letra de câmbio como título de crédito. Eis porque corresponde a uma **declaração eventual**. O aceite também é uma **declaração cambiária sucessiva**, porquanto a assinatura do sacado é aposta no título somente depois de a assinatura do sacador ser anotada no mesmo título. Noutro giro, repise-se que **o sacado pode exigir** que a letra lhe seja apresentada uma segunda vez no dia seguinte ao da primeira apresentação, no chamado **prazo de respiro**. Esse direito garante ao sacado a possibilidade de confirmar o que foi combinado junto ao sacador (art. 24, da LUG), para depois apor o aceite na letra.

A **apresentação para aceite** pressupõe a colocação da letra de câmbio à disposição do sacado, não bastando a mera notificação deste para que expresse o aceite. Essa apresentação pode ser levada a efeito pelo portador ou detentor do título. Contudo, o portador não é obrigado a deixar nas mãos do sacado a letra para o aceite (art. 24, da LUG). Ademais, a **apresentação para o aceite** por ser: a) **obrigatória**: quando o vencimento for a certo tempo da vista (ou à vista, para que haja o vencimento); b) **facultativa**: se a letra for a dia certo ou a certo tempo da data. Na apresentação **obrigatória**, o título só poderá **vencer a contar da data do aceite**, pois, se o vencimento é a certo tempo da vista, necessários a vista do sacado e o respectivo aceite para iniciar a contagem do prazo, ou a recusa dele, para que ocorra o vencimento antecipado. **Sem apresentação, portanto, o título jamais venceria** nessas modalidades de vencimento, por isso a obrigatoriedade. Primeiro, é necessário o aceite, para que ocorram vencimento e pagamento. A **cláusula não aceitável**, aquela que impede o vencimento antecipado do título, **é incompatível com o vencimento a certo tempo da vista**, uma vez que isso tiraria do título a possibilidade de vencimento. Confira-se: caso o título seja apresentado para aceite obrigatório, em razão do vencimento a certo tempo da vista, havendo o aceite, o vencimento dar-se-á a contar do aceite; caso haja recusa, deveria ocorrer o vencimento antecipado, o que seria impedido pela cláusula não aceitável. Desse modo, tal cláusula deverá ser **considerada não escrita** na presente hipótese.

A apresentação **facultativa** para aceite ocorre nos títulos que têm **dia certo de vencimento**, uma vez que a cártula poderá ser levada ao sacado apenas na data de vencimento para que seja realizado o pagamento. Em outras palavras, não é preciso haver primeiro o aceite e depois o pagamento, no vencimento. Poderá ocorrer a **apresentação no dia do vencimento**, sem a necessidade do aceite.

Por fim, a lei determina os **prazos para a apresentação para aceite**, definidos assim:

1) apresentação **facultativa**: até o dia do **vencimento**;
2) apresentação **necessária**: até **um ano** após a emissão.

A **perda do prazo** para apresentação para aceite acarreta a **perda do direito de cobrar dos coobrigados** do título. Deve-se considerar, na contagem do prazo, eventual utilização do prazo de respiro, o que prorrogaria o prazo por mais um dia.

O prazo de **apresentação do cheque** (30 dias, se da mesma praça; ou 60 dias, se de outra praça) tem por finalidade limitar o prazo de apresentação, com vistas à regulação do direito de cobrança contra os coobrigados. Por isso, a **perda do prazo** de apresentação do cheque promoverá a **perda do direito de cobrar dos coobrigados**, nos termos do art. 47, inc. II, da Lei n. 7.357/85. Esquematizando as principais características do aceite:

■ 11.2.3. Transmissão

Em razão do atributo da **negociabilidade**, os títulos de crédito ganharam especial importância econômica, pois, além de garantirem a **expansão da moeda**, permitiram a circulação dos títulos como **ativos financeiros**, ou seja, o credor de um título a vencer em 30 dias pode vendê-lo com desconto, hoje, antecipando o recebimento dele.

Para que a negociabilidade seja possível, o título **pode circular por tradição ou por endosso**. Em situações excepcionais, pode circular por meio de **cessão civil** de crédito. É o que passaremos a estudar nos próximos tópicos. No que se refere aos **títulos passíveis de tradição**, transferência pela entrega, não há maiores implicações na sua circulação. Tais títulos comportam **três espécies**: a) aqueles **emitidos ao portador**; b) aqueles **nominativos** que receberam assinatura do beneficiário com a indicação **"ao portador"**; e c) aqueles **nominativos** que receberam **endosso em branco**. Nessas hipóteses, **a simples entrega do título já transfere** a sua propriedade ao novo portador, sendo que o devedor não poderá recusar o pagamento a quem esteja na posse da cártula. No caso dos títulos transferidos pela tradição, **a posse faz presumir a propriedade** do título e, portanto, do crédito.

Esquematizando os títulos transferíveis pela tradição:

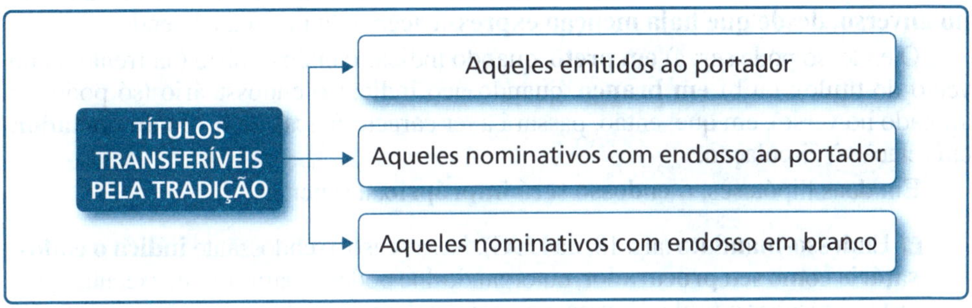

■ *11.2.3.1. Endosso*

Como vimos anteriormente, o endosso identifica-se com a **função fundamental** dos títulos de crédito no que diz respeito a **facilitar a circulação de riquezas**, permitindo ao proprietário a antecipação do recebimento de valores que só seriam recebidos no futuro[56]. Para que essa circulação ocorra de maneira **simplificada, será necessária a transmissão do título** de crédito. E o **endosso é uma declaração cambiária acessória** pela qual o credor do título de crédito (endossante) transmite seus direitos a outrem (endossatário). É o meio próprio de transferência dos títulos de crédito. Seu principal efeito é **fazer o título circular**.

O endosso, a um só tempo: a) transfere a propriedade do título e do crédito; e b) responsabiliza o endossante, que passa a ser codevedor do título. O endossante, portanto, garante tanto a aceitação como o pagamento do título, salvo cláusula em contrário.

É dizer, se o endosso seguir acompanhado da **cláusula sem garantia**, o **endossante fica exonerado de responsabilidade** pela obrigação constante do título, servindo o endosso, nesse caso, apenas como transferência do título.

---

[56] TOMAZETTE, Marlon. *Curso de direito empresarial* — Títulos de crédito, 3. ed., v. 2, p. 101.

É importante lembrar que o **art. 914**, do Código Civil, **inverteu a regra de responsabilidade solidária do endossante**. Consta do referido dispositivo legal a determinação de que o **endossante não se obriga** pelo pagamento do título, salvo cláusula expressa em contrário. Contudo, as leis especiais cambiárias devem prevalecer sobre as disposições do Código Civil, conforme determinado no seu **art. 903**. Todas as **normas cambiárias especiais determinam a corresponsabilidade** do endossante, e isso assim deve ser.

Eventual condição a subordinar o endosso **será considerada não escrita** ou inexistente (art. 12, da LUG), permanecendo apenas o endosso puro e simples. Contudo, é **nulo o endosso parcial ou limitado** a certo valor da dívida. Ora, o título, como documento que é, **não pode ser cindido** para permitir o endosso parcial (transferência de parte do crédito) e a manutenção de parte do crédito em favor do endossante parcial. Seria como **rasgar o título**, distribuindo suas partes a pessoas distintas. Por isso, o endosso parcial é impossível, o que não impede a **transferência do título por seu valor parcial**, ante a quitação parcial dele, dada por algum beneficiário.

Registre-se que é válida a cláusula que proíbe o endosso, expressa dessa forma ou de outra similar, como **"não endossável" ou "não transferível"**. Os efeitos de eventual endosso, nessa hipótese, serão os mesmos do título não à ordem, o que veremos a seguir.

Em regra, o endosso deve ser **anotado no verso** do título. Entretanto, é admitido **no anverso, desde que haja menção expressa** acerca da intenção de endossar.

O endosso pode ser: a) **em preto**, quando indicar o endossatário (na frente ou no verso do título); ou b) **em branco**, quando não indicar o endossatário (só pode ser anotado no verso), em que, então, passará a ter características de **título ao portador**, em relação à circulação.

Em duas hipóteses, o **endosso será impróprio**, a saber:

- **Endosso-mandato** (art. 18, da LUG). Nesse caso, o endossante **indica o endossatário como seu procurador**, outorgando-lhe poderes para cobrar, executar, protestar e receber o título. Depreende-se do endosso-mandato que o endossante é o mandante, e o endossatário, o mandatário. O endosso-mandato caracteriza-se pelo acréscimo de expressões, como: **"valor a cobrar", "para cobrança", "por procuração"**[57]. Registre-se, por oportuno, que o mandato proveniente do endosso **não se extingue com a morte ou sobrevinda de incapacidade legal** do mandante (art. 18, alínea 3ª, da LUG[58]), do que difere do mandato comum, que se extingue pela morte ou incapacidade de qualquer das partes. Nos casos de endosso-mandato, se o endossatário pretender **ajuizar ação** com base no título a ele endossado, deverá fazê-lo **em nome do endossante** (mandante), e não no seu próprio nome, na medida em que careceria de legitimidade para demandar em nome próprio.
- **Endosso-caução, endosso-garantia ou endosso pignoratício**. Nesse caso, o título é transferido ao endossatário **apenas como garantia** de alguma obrigação. Assim, o endossatário recebe, além do título como documento, os **poderes para**

---

[57] COSTA, Wille Duarte. *Títulos de crédito*, p. 176.

[58] COSTA, Wille Duarte. *Títulos de crédito,* p. 177. Por erro de tradução, o art. 18, da LUG, está redigido da seguinte forma: "O mandato que resulta de um endosso por procuração não se extingue por morte ou sobrevinda incapacidade legal do mandatário". Obviamente que a morte do mandatário inviabiliza por completo o cumprimento do mandado. A incorreção técnica, pois, é flagrante, de modo que, em verdade, o mandato subsiste mesmo após a morte do mandante.

cobrar e receber o valor do título. Formaliza-se o endosso-caução pela inserção de expressões como **"valor em caução", "valor em penhor", "valor em garantia"**. Ao endossatário do endosso-caução **não se transmite a propriedade** do título nem os direitos dele emergentes, mas apenas a posse do título, para garantia do crédito do endossatário e para a cobrança. Dessa forma, qualquer endosso posterior ao endosso-caução feito pelo possuidor do título só valerá como **endosso a título de procuração** (art. 19, da LUG). Ademais, não sendo o endossatário proprietário do título nem titular do direito de crédito decorrente, nenhuma relação jurídica existe entre ele e o devedor do título[59]. Nenhuma exceção será a ele oponível.

Destaque-se que uma **assinatura, sem identificação** da finalidade, realizada **no dorso** do título **será um endosso**. Nos casos em que **duas assinaturas** forem anotadas no **verso** do título, sem declarar expressamente a finalidade, **uma delas representará endosso em branco, e a outra, aval**.

Esquematizando as principais características do endosso:

[59] COSTA, Wille Duarte. *Títulos de crédito,* p. 177-178.

11.2.3.2. Cessão

O endosso, por sua vez, tem como **pressuposto a cláusula à ordem**. A **cláusula não à ordem**, uma vez inserida, **não impede a circulação** do crédito, mas a do título de crédito com todas as suas características e autonomia. Se o endosso for anotado em um título não à ordem, **não transferirá o título em si**, mas **apenas o direito ao crédito**. O endosso produzirá apenas **efeitos de cessão de crédito** nos seguintes casos:

- Endosso **póstumo ou tardio**: é o endosso que ocorre após o pagamento, após o protesto, ou depois de transcorrido o prazo de protesto (art. 20, da LUG).
- Endosso **de título "não à ordem"** (art. 11, da LUG).

Importante, ao ensejo, salientar as **diferenças entre o endosso e a cessão civil** de crédito. Veja-se o esquema seguinte:

ENDOSSO	CESSÃO CIVIL DE CRÉDITO
■ Declaração unilateral de vontade	■ Declaração bilateral de vontade
■ Deve ser escrito no próprio título	■ Pode ser efetivada de qualquer modo
■ Independe de qualquer comunicação ao devedor para produzir efeitos	■ Só produz efeitos quando notificada ao devedor ou autorizada por ele
■ O endossante responde pela aceitação e pelo pagamento	■ O cedente, em regra, responde somente pela existência do crédito
■ O devedor não pode alegar contra o endossatário de boa-fé exceções pessoais relativas ao endossante	■ O devedor pode opor ao cessionário exceções pessoais ligadas a ele, assim como as exceções pessoais relativas ao cedente

11.2.4. Aval

Os títulos de crédito podem ser **reforçados por garantias reais ou pessoais**. Entre as pessoais, tem-se o aval, que consiste na **declaração cambial, eventual e sucessiva**, pela qual o signatário assume responder pelo pagamento da obrigação mencionada no título de crédito, nas mesmas condições do obrigado que ele avaliza.

Trata-se, portanto, de uma obrigação cambiária assumida por alguém no intuito de garantir o pagamento do título **nas mesmas condições de outro obrigado** (art. 32, da LUG)[60]. Consubstancia **garantia fidejussória** que só pode existir em matéria de título de crédito. Por sua vez, o aval deve **ser escrito no próprio título** ou em uma **folha anexa**. Nesse último caso, quando não couberem mais assinaturas no título, poderá ser colada uma folha a ele, alongando o espaço para as declarações cambiárias. Trata-se da figura do **ALONGUE**. Quando registrado **no anverso** do título, bastará a **simples assinatura do avalista**. Quando no verso do título, além da assinatura, o aval deverá conter expressões como ***"bom para aval"***; ***"por aval"***; ***"em***

[60] Eis o que dispõe o Enunciado Sumular n. 26 do STJ: "O avalista do título de crédito vinculado a contrato de mútuo também responde pelas obrigações pactuadas, quando no contrato figurar como devedor solidário".

garantia de Fulano"; "*por aval de Fulano*"; **"por garantia"** etc. Saliente-se que, se a **assinatura lançada na face do título for do sacado, será um aceite, e não um aval**. Se for de outra pessoa, presume-se que se trata de aval.

O aval pode ser efetivado **por procurador com poderes especiais** para dar aval. Nulo será o aval lançado por mandatário sem poderes especiais, conferidos pelo instrumento de procuração. Por fim, com o advento do Código Civil de 2002, passou a se exigir a **outorga conjugal no aval** dado por pessoas casadas. A consequência da ausência de outorga conjugal, segundo o disposto no Código Civil vigente, será a de tornar **anulável o aval**. Essa possibilidade de anulação **vulnera o terceiro de boa-fé**, que confiou naquela garantia e, talvez, só em razão dela concedeu o crédito. Eis porque o Conselho de Justiça Federal editou o **Enunciado 114**, na I Jornada de Direito Civil, que dispõe: "o aval não pode ser anulado por falta de vênia conjugal, de modo que o inc. III do art. 1.647 apenas caracteriza a **inoponibilidade do título ao cônjuge que não assentiu**". Nessa linha, sustenta-se que não se trata de uma invalidade total da garantia, mas apenas de uma **ineficácia parcial**, tão somente com relação ao cônjuge que não anuiu[61].

Outra corrente[62] sustenta que o Código Civil vigente dispôs de maneira clara que o **aval dado sem a autorização do outro cônjuge é anulável, não ineficaz**, motivo por que a intenção do legislador foi de proteger o patrimônio familiar. Por isso, a ausência da outorga deságua na invalidação da garantia como um todo. Todavia, assegura-se ao terceiro prejudicado o **direito de regresso contra o cônjuge** que praticou o ato (art. 1.646, do CC/2002)[63-64]. O aval, enquanto manifestação de vontade, **pode ser parcial**. Nos títulos **atípicos**, no entanto, **não se admite o aval parcial** (art. 897, parágrafo único, do CC), isto é, criado um título nos moldes autorizados pelo Código Civil, para aqueles que admitem tal prática, não será possível lançamento de avais parciais nele. O aval também pode ser:

- **Em preto**: é aquele que indica o avalizado e pode ser lançado em qualquer lugar do título;
- **Em branco**: não indica o avalizado, contudo presume-se que foi realizado em favor do sacador, na letra de câmbio; do emitente na nota promissória ou no cheque e do sacado na duplicata. É a assinatura não identificada na face do título, no seu anverso, frontal, portanto.

---

[61] TOMAZETTE, Marlon. *Curso de direito empresarial* — Títulos de crédito, 3. ed., v. 2, p. 124.

[62] TOMAZETTE, Marlon. *Curso de direito empresarial* — Títulos de crédito, 3. ed., v. 2, p. 124.

[63] TOMAZETTE, Marlon. *Curso de direito empresarial* — Títulos de crédito, 3. ed., v. 2, p. 126.

[64] Mais recentemente, há precedente do STJ a encampar a autonomia do aval, em relação aos títulos de crédito não regulamentados pelo Código Civil, e, por isso, não se exigindo para sua validade ou eficácia o requisito da outorga uxória: "Aval. Outorga uxória ou marital. Interpretação do art. 1.647, inc. III, do CC/2002, à luz do art. 903 do mesmo diploma legal. Natureza do instituto cambiário do aval. Revisão do entendimento (...) O aval dado aos títulos de créditos nominados (típicos) prescinde de outorga uxória ou marital" (REsp 1.526.560-MG, Rel. Min. Paulo de Tarso Sanseverino, por unanimidade, julgado em 16/3/2017, *DJe* 16/5/2017 — Informativo 604).

Muito embora haja semelhanças entre o instituto cambiário do **aval e o instituto da fiança**, ambos garantias pessoais, é oportuno trazer à tona as **principais diferenças** entre eles. Eis, a seguir, um quadro que ilustra tais diferenças:

AVAL	FIANÇA
1) Cambiário	1) Contratual
2) Deve ser escrito no próprio título	2) Pode ser escrito em qualquer documento
3) A obrigação do avalista é substancialmente autônoma em relação à obrigação do avalizado (art. 32, da LUG)	3) A obrigação do fiador é acessória e, por isso, segue a sorte da obrigação principal
4) Ato unilateral	4) Ato bilateral
5) Solidariedade	5) Benefício de ordem — art. 827, do CC/2002

Também se distinguem porque a **obrigação do avalista se transfere aos herdeiros**, nos limites da herança. A obrigação não se extingue automaticamente com a morte do avalista. Com o falecimento, haverá uma transmissão anômala da obrigação aos herdeiros, mesmo que o óbito tenha ocorrido antes do vencimento do título (nesse sentido, decidiu-se no **REsp 260.004/SP**). A **fiança**, por seu turno, somente **se transfere se o fiador já estivesse obrigado** na época do falecimento (art. 836, do CC/2002).

Registre-se que o avalista, **ao pagar** o valor do título, **sub-roga-se nos direitos emergentes do título** e pode exercê-los contra a pessoa a favor de quem foi dado e contra os demais coavalistas. A normativa regente também dispõe que o avalista que paga o título fica legalmente sub-rogado nos direitos oriundos da cártula contra os **coobrigados e demais avalistas**. Assim, o **avalista simultâneo** que paga a dívida em sua totalidade tem direito de regresso contra os coobrigados cambiais. Pagando a dívida cambial, fica legalmente sub-rogado no crédito, podendo cobrar de cada um dos demais avalistas simultâneos **a respectiva quota**, em processo de execução por título extrajudicial.

O aval pode ser **simples**, quando lançado por apenas uma pessoa, ou **plural**, por duas ou mais pessoas. O **aval plural** pode ocorrer em **três casos**:

- **Dois ou mais avais** dados em favor de **obrigados cambiários distintos** (por exemplo, João é avalista do emitente Pedro, ao passo que José é avalista do endossante André);
- **Dois ou mais avalistas** de **uma obrigação cambiária** (avais **simultâneos ou coavais**). Ocorrerá quando o aval for dado, em conjunto, por duas ou mais pessoas **em relação a uma mesma obrigação** cambiária, como devedores do mesmo grau.

Para ilustrar, eis a seguinte situação hipotética: João emite uma nota promissória em favor de Pedro, tendo José e André avalizado, em conjunto, o emitente João. Nesse **caso de avais simultâneos**, haverá uma relação jurídica externa envolvendo o portador do título Pedro e todos os devedores, seja o emitente, sejam os avalistas. Por força dessa relação, o portador terá direito de **ação cambiária em face de todos os devedores**, cuja solidariedade será de natureza cambiária.

Haverá também uma relação jurídica **interna, entre os avalistas simultâneos**, que, por serem **obrigados do mesmo grau**, serão considerados uma só figura jurídica, sem necessidade de se declarar a simultaneidade. Nesse caso, sendo os coavalistas devedores de mesmo grau, configurando uma única figura jurídica, a relação jurídica que os envolve será regida pelas **normas de solidariedade do direito comum**. Com efeito, **a dívida se reparte de pleno direito entre os avalistas simultâneos** porque estão ligados por um único vínculo jurídico[65].

No exemplo citado, se o avalista José paga ao portador do título a soma integral, poderá **recobrar do avalizado João o total pago**, valendo-se de uma ação cambiária. José, contudo, pode preferir voltar-se contra o outro avalista (André), ingressando na relação interna, que é regida pelas normas que disciplinam as obrigações solidárias do direito comum. Nessa hipótese, **José só poderá cobrar de André sua quota-parte**, ou seja, apenas metade da dívida.

- **Aval de aval (avais sucessivos)**. Ocorrem avais sucessivos quando há aval de aval. Em casos tais, a **pessoa que avaliza outro avalista** terá o mesmo grau de responsabilidade do avalizado[66].

Oportuno ressaltar que "avais em branco e superpostos consideram-se simultâneos e não sucessivos" (Enunciado **Sumular 189 da jurisprudência do STF**). Noutro giro, insta trazer à baila **as semelhanças e as diferenças entre aval e endosso**, estampadas, respectivamente, nas tabelas que se seguem:

AVAL	ENDOSSO
Semelhanças	
■ São figuras jurídicas próprias e exclusivas do direito cambiário	
■ Só podem ser lançadas no título de crédito	
■ Devem corresponder a um negócio jurídico puro e simples, não podendo estar subordinados à condição	
■ Constituem declarações cambiárias sucessivas e eventuais	
■ Consubstanciam obrigações de natureza autônoma e solidária	
Diferenças	
■ Função de reforçar as garantias existentes no título	■ Função de operar a transferência do título
■ Pode ser lançado por qualquer pessoa, mesmo que estranha à relação cartular	■ Somente pode ser feito pelo beneficiário ou portador do título
■ Pode ser parcial	■ Não pode ser parcial
■ Pode ser lançado ainda que o título não tenha circulado	■ Pressupõe a circulação do título (ressalvado o endosso impróprio)

65 ROSA JÚNIOR, Luiz Emygdio da. *Títulos de crédito*, 4. ed., p. 296.

66 ROSA JÚNIOR, Luiz Emygdio da. *Títulos de crédito*, 4. ed., p. 300.

O aval pode ser **lançado antes mesmo de ser formalmente assumida a obrigação** do avalizado, justamente por força da autonomia entre as obrigações do avalista e da pessoa avalizada. Ao aval dado antes de se obrigar aquele a quem o avalista quer equiparar-se, **dá-se o nome de aval antecipado**. Cronologicamente, o aval deve ocorrer depois que o avalizado se obriga no título de crédito. Mas, no aval antecipado, o avalista assume a obrigação antes de a pessoa avalizada lançar a sua assinatura no título, obrigando-se.

No entanto, há uma acessoriedade formal entre as obrigações, apesar da autonomia material, de maneira que, se a obrigação avalizada não existir formalmente, o aval antecipado não subsistirá.

Esquematizando as principais características do aval:

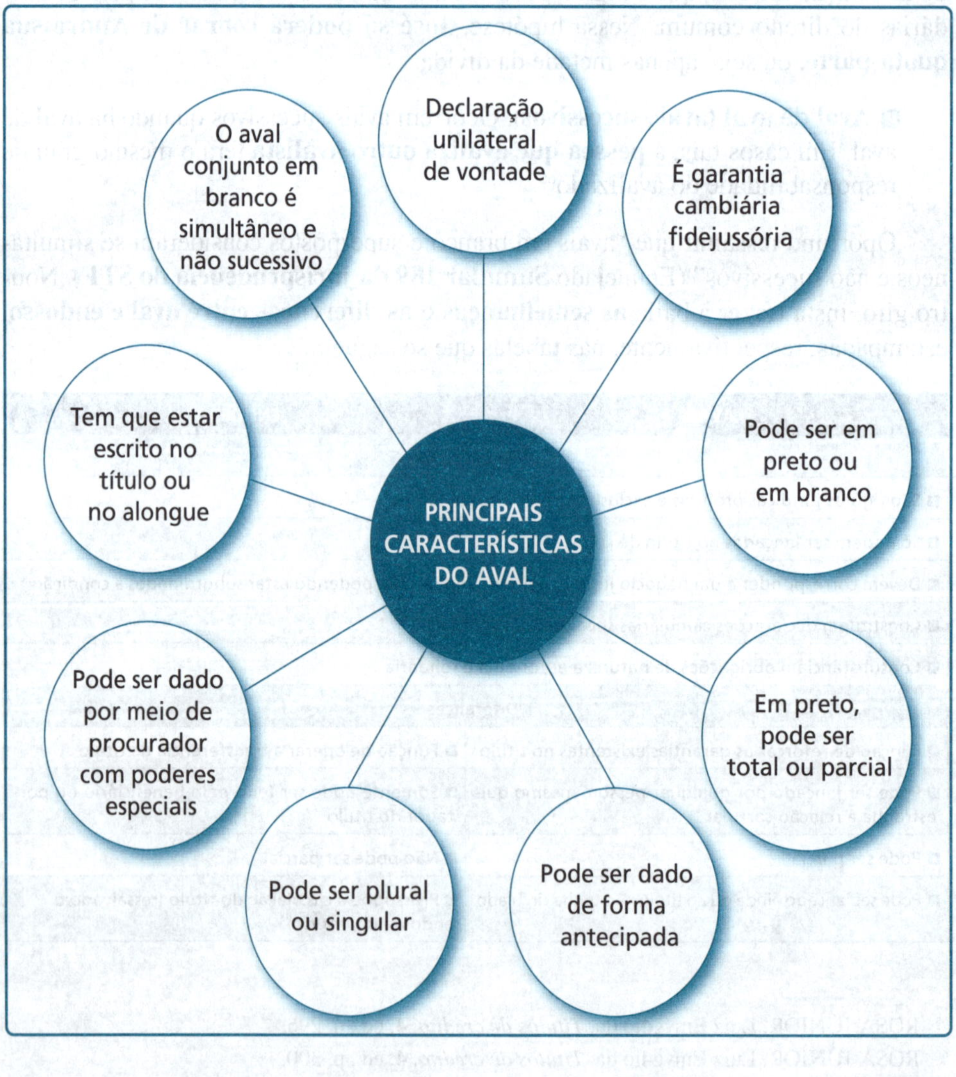

11.2.5. Pagamento

Na data determinada para o seu **vencimento, o título deve ser pago**, extinguindo-se a obrigação cambiária pela **entrega de dinheiro** ao credor/portador do título. Em verdade, ocorrem duas formas de extinção da obrigação cambiária: a) a que se dá **definitivamente**, quando o devedor principal do título é quem paga, pois não haverá direito de regresso contra outra pessoa no título; b) a que se dá **provisoriamente**, quando um coobrigado paga e sub-roga-se nos direitos do portador, podendo recuperar o que pagou, de regresso, contra os coobrigados anteriores, o devedor principal e seus avalistas. Pagamento **extintivo e recuperatório**, respectivamente[67].

O pagamento deverá ser buscado pelo credor junto ao devedor, por ser **quesível** a obrigação cambiária, devendo o **título ser apresentado ao sacado/devedor** para que possa ser exigível o pagamento. Sem a apresentação do título, o devedor não estará obrigado a realizar o pagamento, o qual deve ser **feito ao atual portador** do título, sendo que aquele quem paga deve verificar a regularidade dos endossos, sem a necessidade de conferência da autenticidade das assinaturas dos endossantes. Caso haja **endosso-mandato ou penhor, ao endossatário** deverá ser efetuado o pagamento.

O devedor pode intentar **pagar o título antes do vencimento**, o que gerará duas situações: a) o **credor poderá recusar-se** ao recebimento antecipado; b) o **devedor assume os riscos** de eventuais irregularidades no pagamento, como o risco de pagar à pessoa errada.

O pagamento do título **após o seu vencimento** imporá a incidência de **juros moratórios**, devidos em razão das expressas disposições dos arts. 48 e 49, da LUG. Também será possível a **pactuação de juros remuneratórios** nas letras de câmbio e notas promissórias à vista e a certo tempo da vista, conforme art. 5º, da LUG. Em ambos os casos, tratando-se de negócio jurídico entre pessoas que não sejam instituições financeiras, os juros deverão respeitar os **limites estabelecidos nos arts. 406 e 591, do CC**, em combinação com o § 1º, do art. 161, do CTN, a saber, **1% ao mês (em uma interpretação literal) ou a taxa Selic (de acordo com a orientação do STJ, *item 12.9.2*)**. Em razão da Lei de Usura, Decreto n. 22.626/33, que considera usura a fixação de juros acima do dobro da taxa legal, os juros remuneratórios poderão alcançar o teto pela literalidade da lei, ou **seja, 2% ao mês**. Caso o credor do título seja **instituição financeira, não haverá teto** para os juros cobrados, em razão do que dispõe a Lei n. 4.595/64 (corroborados pelas **Súmulas 596, do STF, e 283, do STJ**), ao conferir ao Conselho Monetário Nacional a competência para fixação de limites aos juros cobrados pelas instituições financeiras.

A **prova do pagamento** é feita, a princípio, por meio da **posse do título pelo devedor**. Contudo, ante a literalidade dos títulos de crédito, recomenda-se que esteja a **quitação escrita no próprio título**, para que todos que ao documento tenham

---

[67] TOMAZETTE, Marlon. *Curso de direito empresarial* — Títulos de crédito, 3. ed., v. 2, p. 145-146.

acesso possam identificar que já foi pago, evitando-se que seja utilizado para enganar terceiros de boa-fé.

A norma vigente permite, ainda, o **pagamento parcial do título**, que **não pode ser recusado pelo beneficiário**, o qual dará quitação parcial e permanecerá na posse da cártula. Recebendo o saldo, conferirá quitação complementar e entregará o título aquele que lhe pagar. Caso o beneficiário **recuse o pagamento parcial** do título, **perderá o direito de cobrar dos coobrigados** o valor que lhe foi oferecido.

Esquematizando as principais características do **pagamento do título de crédito**:

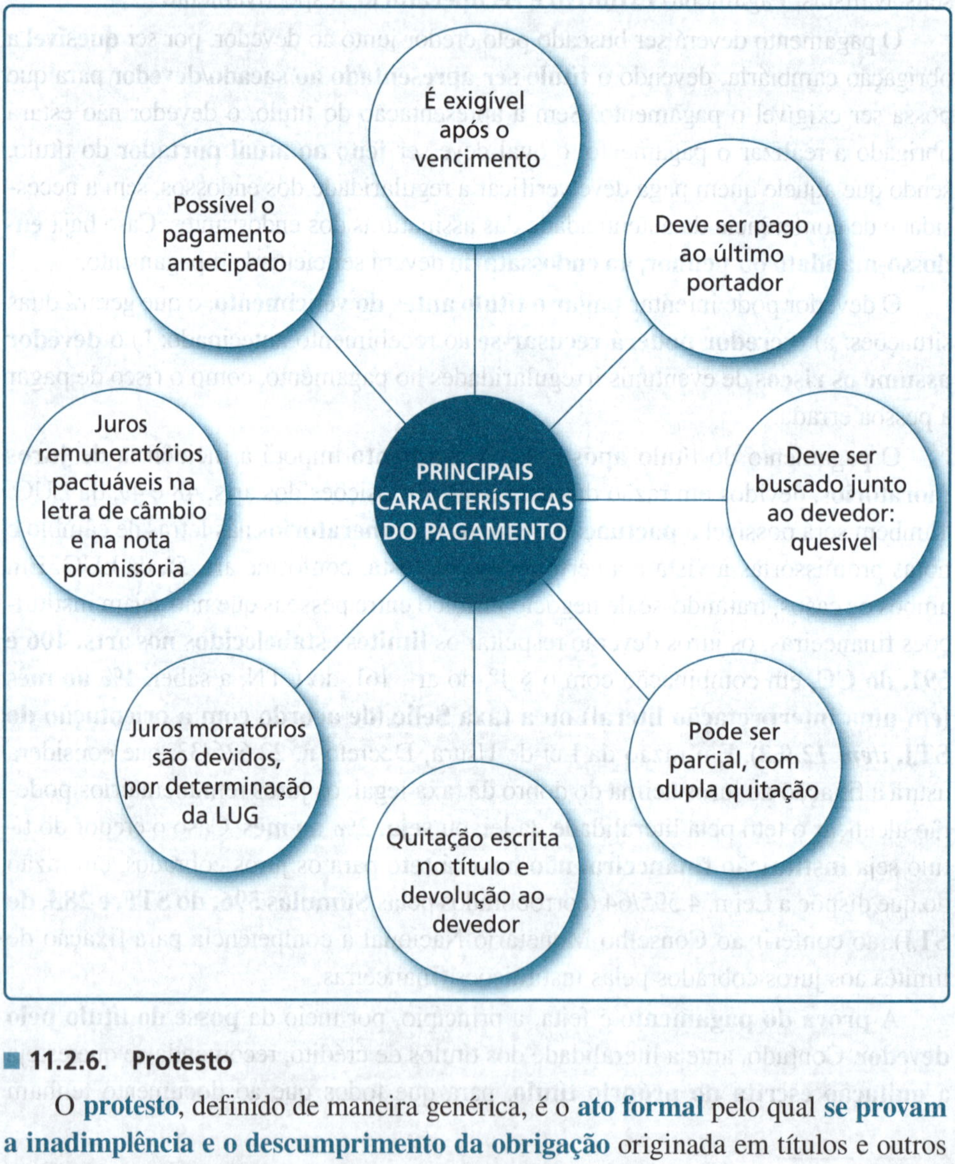

■ 11.2.6. Protesto

O **protesto**, definido de maneira genérica, é o **ato formal** pelo qual **se provam a inadimplência e o descumprimento da obrigação** originada em títulos e outros documentos de dívida (art. 1º, da Lei n. 9.492/97).

Por seu turno, protesto de título de crédito é o ato cambiário público, formal, extrajudicial e unitário que tem por finalidade comprovar a falta ou a recusa de aceite, a falta de devolução do título ou a falta de pagamento (art. 44, alínea 1ª, da LUG), assim como outros fatos relevantes para as relações cambiais, visando, principalmente, salvaguardar os direitos cambiários do beneficiário. O protesto é, portanto, um meio de prova, especialmente de que o título foi apresentado ao devedor.

As principais finalidades do protesto são:

- **Caracterizar a impontualidade** do devedor que não paga no vencimento, não devolve o título ou não aceita a obrigação constante da cártula;
- **Garantir o direito de regresso** contra os coobrigados no título de crédito; e
- **Provar a existência da mora** (art. 48, alínea 2ª, da LUG).

O protesto pode ser **facultativo**, nos casos em que se intente ação cambial contra o **obrigado principal** da letra: aceitante e seu avalista; ou **necessário**[68], quando se pretenda acionar os **coobrigados**: sacador, endossantes e seus avalistas.

O protesto **facultativo pode ser feito a qualquer tempo**, respeitado o prazo prescricional. Por seu turno, o **protesto necessário** por falta de pagamento não pode ser efetivado no dia do vencimento, mas **no primeiro dia útil seguinte ao vencimento** (art. 28, do Decreto n. 2.044/1908). Por falta de aceite, deve ser feito nos prazos para a apresentação para aceite:

- apresentação **facultativa**: até o dia do **vencimento**;
- apresentação **necessária**: até **um ano** após a emissão.

A **perda do prazo** para protesto acarreta a **perda do direito de cobrar dos coobrigados** do título. Deve-se considerar, na contagem do prazo, eventual utilização do prazo de respiro, o que prorrogaria o prazo por mais um dia. A seguir, estudaremos as modalidades básicas de protesto.

▪ *11.2.6.1. Protesto por falta ou recusa de aceite*

O aceite é instituto próprio da letra de câmbio e da duplicata. Para que ocorra o aceite, o título deve ser apresentado direta ou indiretamente ao sacado, o qual **poderá ou não aceitar**, para depois pagar ou não o título. A apresentação pode ser feita **diretamente, pelo beneficiário** ao sacado, ou **indiretamente, por intermédio do cartório** de protestos, que intimará o sacado para aceitar o título. Se o sacado não atender à intimação, o protesto será realizado, ainda que o devedor justifique os motivos pelos quais não aceitou o título.

---

[68] A expressão protesto obrigatório é criticada por Luiz Emygdio, pois afirma que ninguém pode ser compelido a praticar qualquer ato sem ou contra a sua vontade.

O principal efeito do protesto por falta de aceite **é possibilitar a cobrança antecipada dos devedores indiretos** do título: sacador, endossantes e respectivos avalistas. Tais devedores são denominados **indiretos** porque não se comprometem diretamente a cumprir a obrigação, mas **garantem que o sacado a cumprirá**. Com o protesto por falta de aceite, fica comprovado que o **sacado não assumiu a obrigação de pagar** o título, a revelar sua intenção de não pagá-lo no vencimento. Diante dessa demonstração, a lei assegura ao credor o direito de cobrar os outros devedores do título (sacador, endossantes e respectivos avalistas), que **garantiram essa aceitação**.

■ *11.2.6.2. Protesto por falta ou recusa de pagamento*

Vencido o título de crédito, o protesto será sempre efetuado por falta ou recusa de pagamento (art. 21, § 2º, da Lei n. 9.492/97). Nesse caso, o protesto comprovará a recusa do pagamento do título de crédito, o que é pressuposto para a caracterização da **responsabilidade dos devedores indiretos** (sacador, endossantes e respectivos avalistas), **salvo** se constar do título a **cláusula sem despesa ou sem protesto** (art. 53, da LUG, e art. 13, § 4º, da Lei n. 5.474/68). Nessa hipótese, o **protesto será necessário**.

Tratando-se de **cheque**, o **protesto pode ser substituído por declaração do banco sacado ou da câmara de compensação**, que produz o mesmo efeito do protesto. Registre-se que a falta de protesto não elide a responsabilidade dos devedores diretos (por exemplo, o aceitante da letra de câmbio), pois, nesse caso, repise-se, o protesto é facultativo.

O protesto por falta de pagamento produz ainda o efeito de **interromper o prazo prescricional** (art. 202, inc. III, do CC), de modo que, efetivado o protesto, o prazo prescricional reinicia a contagem do primeiro dia. Ademais, com o protesto, fica **formalizada e publicizada a mora**, o que pode render ensejo ao pedido de falência por parte do credor lesado pelo inadimplemento, desde que o devedor esteja sujeito à Lei n. 11.101/2005, e a pessoa notificada do protesto esteja regularmente identificada. Também, após a comprovação da mora, é possível a **anotação do nome do devedor em cadastro de inadimplentes**.

■ *11.2.6.3. Protesto por falta de devolução*

O protesto pode também ser levado a efeito por falta de devolução da letra de câmbio ou da duplicata, sempre que, apresentado o título para aceite, o **sacado não o devolver no prazo legal**. Nessas hipóteses, o protesto será embasado na **segunda via da letra de câmbio** ou nas **indicações da duplicata** (a doutrina tem recomendado a emissão de **triplicata**, em caso de falta de devolução).

Marlon Tomazette[69] salienta, quanto ao **protesto por indicações**, tratar-se de instrumento que **excepciona o princípio da cartularidade**, pois, regra geral, para que se efetue o protesto, o título deve ser apresentado em cartório. Entretanto, a **ausência de devolução** do documento a materializar o título impede sua entrega física ao órgão notarial, suprindo-se a falta do título por **informações subsidiadas pelo credor**.

No caso da duplicata, rememore-se que se trata de **título causal**, isto é, de origem vinculada a uma compra e venda mercantil, que necessariamente deverá ser formalizada por meio de uma **nota fiscal/fatura**, da qual poderão ser **colhidos com segurança os requisitos** essenciais da duplicata a ela vinculada, sacada, mas não devolvida (art. 2º c/c art. 13, § 1º, última parte, ambos da Lei n. 5.474/68 e, ainda, art. 20, § 3º, da Lei n. 9.492/97).

Quanto à **duplicata de prestação de serviços**, para a formalização do protesto por indicações, requer a lei "qualquer documento que comprove a efetiva prestação dos serviços e o vínculo contratual que a autorizou" (art. 20, § 3º, da Lei n. 5.474/68). Assim, **o orçamento do serviço e a posterior nota fiscal** com a assinatura do sacado estariam hábeis a suprir a ausência do título original, para fins de protesto por indicações.

No caso de **duplicata escritural (também conhecida como duplicata virtual)**, de modo semelhante ao extravio ou à ausência de devolução da duplicata sacada por meio físico, por analogia, exatamente pela impossibilidade de apresentação do documento, também justificável o protesto por indicações.

■ *11.2.6.4. Outras hipóteses legais*

Existem, ainda, **outras modalidades de protesto**, as quais visam regularizar o título de crédito para o alcance do pagamento da obrigação nele assumida. Na tabela a seguir, **todas as possibilidades de protesto** previstas na legislação vigente:

HIPÓTESES DE PROTESTO PREVISTAS NA LEGISLAÇÃO VIGENTE
1) na falta de aceite ou pagamento (arts. 44 e 53, alínea 2, da LUG)
2) no caso de aceite limitado ou modificado (que equivale à recusa)
3) no caso de recusa de restituição da letra por aquele que a recebeu para firmar o aceite ou efetuar o pagamento
4) na letra a certo tempo da vista, sem data (art. 25, da LUG)
5) quando feita a indicação de interveniente para aceitar ou pagar, e este não o fez, para garantir o direito de ação antes do vencimento contra o indicador (art. 56, alínea 2, da LUG)
6) por não ter sido a letra aceita nem paga por intervenientes (art. 60, da LUG)

[69] TOMAZETTE, Marlon. *Curso de direito empresarial* — Títulos de crédito, 3. ed., v. 2, p. 299.

7) no caso de pluralidade de exemplares da letra (art. 66, da LUG)
8) no caso de cópia do título, para garantir o exercício da ação cambial (art. 68, alínea 2, da LUG)
9) no caso de falência do aceitante (arts. 19 e 26, do Decreto n. 2.044/1908)
10) para requerer a falência do devedor (art. 94, inc. I, da Lei n. 11.101/2005)

A fim de **evitar os efeitos negativos** que podem resultar do protesto, notadamente a restrição creditícia pela anotação do nome do devedor no cadastro de inadimplentes, passou a se **admitir a medida judicial de sustação de protesto**, que pode ser requerida em demanda cautelar inominada. A demanda tem por objetivo **impedir que o protesto seja lavrado** e, consequentemente, produza seus regulares efeitos. Portanto, a sustação do protesto **só pode ocorrer enquanto não consumado o protesto**, isto é, durante o **prazo de apontamento**, que é de três dias, contados da notificação do devedor. Tal medida deve ser adotada com fins inibitórios, para evitar abuso de direito.

Nada impede, no entanto, que a sustação de protesto seja **requerida a título de antecipação dos efeitos da tutela**. Aliás, essa é a verdadeira natureza da medida, pois satisfaz desde logo o devedor, antecipando os próprios efeitos práticos da tutela perseguida.

Efetivado o protesto, não há mais se falar em sustação do protesto. Porém, acaso haja a **intenção de cancelar o protesto**, quando, por exemplo, houver o efetivo pagamento da dívida, deverá ser levada ao cartório prova do pagamento, o que ocorrerá com a **apresentação do título** ou de uma declaração do credor. Essa apresentação deverá ser realizada pelo devedor.

Por sua vez, se a **pretensão de cancelamento do protesto** estiver baseada em outra razão que não seja o pagamento, ela deverá se operar **por ordem judicial**. Portanto, o protesto indevido — aqui entendido, entre outros, aquele que padece de vício de forma ou aquele por falta de pagamento quando a dívida inexiste — desafiará **demanda judicial de cancelamento de protesto**.

O **ato do tabelião é meramente declaratório**, motivo pelo qual não pode ser responsabilizado por eventual ilicitude do protesto. Pode sê-lo pela falha na prestação de serviços, mas não pelo protesto em si.

A cláusula "sem protesto" ou "sem despesas" dispensa o portador de fazer o protesto (art. 46, da LUG). Se escrita pelo sacador, vinculará a todos os personagens do título. Se escrita por outro coobrigado, somente será oponível contra ele e seu avalista. Assim, a referida cláusula **permite a cobrança do título, mesmo sem protesto**, contra **todos os personagens** do título, se foi inserida **pelo sacador**, ou contra **aquele que inseriu** a cláusula, se não foi o sacador.

Esquematizando as principais características do protesto:

■ 11.3. AÇÕES CAMBIAIS

Nos casos em que o devedor **não cumprir a obrigação** mencionada no título de crédito, surgirá o **direito subjetivo em favor do credor** de promover a cobrança judicial ou extrajudicial[70] do crédito. Registre-se que o protesto, para o direito cambiário, não é meio de cobrança extrajudicial, consistindo apenas em ato cambiário, realizado com a finalidade de **comprovar a recusa de aceite ou de pagamento**, viabilizando a cobrança contra todos os devedores do título. Na prática, o protesto facultativo tem sido utilizado como meio de cobrança, com resultados bem animadores.

Acaso **infrutíferas as modalidades** de cobrança **extrajudicial do crédito**, o credor do título poderá promover a cobrança valendo-se das seguintes ações: **1ª)**

[70] Entre as modalidades de cobrança extrajudicial, tem-se o ressaque, pelo qual qualquer pessoa que goze do direito de ação cambiária pode, salvo estipulação em contrário, embolsar-se por meio de uma nova letra de câmbio à vista, sacada sobre um dos coobrigados e pagável no seu domicílio.

ação de execução, lastreada em título executivo extrajudicial, com fundamento no rol do art. 585 do Código de Processo Civil; **2ª) ação de enriquecimento sem causa** — locupletamento, nas hipóteses em que o título de crédito não perde o caráter cambiário, mas deixa de ser título executivo extrajudicial; **3ª) ação monitória do título prescrito**, em que a causa da obrigação poderá ser invocada pelo devedor por ocasião da oposição de eventuais embargos, visando combater a obrigação inscrita no título; e **4ª) ação fundada na relação causal** originária do título, situação em que o título de crédito será tido como mero início de prova em favor do seu portador.

As **duas primeiras** ações mencionadas são **tidas como cambiais**; sendo as **duas últimas, ações processuais civis ordinárias**. A principal ação judicial para a cobrança dos títulos de crédito é o **processo de execução** previsto no Código de Processo Civil. Ao lado dessa ação, surge a segunda ação cambial cabível, a de **locupletamento**. Na primeira, já se busca do juiz a satisfação do crédito constante do título; na segunda, pede-se ao juiz que declare a existência do crédito e determine seu pagamento, em razão de estar prescrita a ação executiva do título. **Em ambas, o título de crédito é a *causa debendi*** a permitir a satisfação do crédito.

Buscando a satisfação do crédito **por meio da execução**, o credor terá a possibilidade de mover a ação cambial direta ou indiretamente, isto é:

- **Ação cambial direta** movida contra o **devedor principal** e seus avalistas. Uma vez pago o título, não caberá direito de regresso. Nessa hipótese, o **protesto será facultativo**.
- **Ação cambial indireta** movida pelo portador contra os **coobrigados anteriores e seus avalistas**. A ação é indireta porque dirigida contra um coobrigado que, ao pagar a dívida, poderá exercer direito de regresso contra outro coobrigado anterior ou contra o devedor principal. Nessa hipótese, o **protesto será necessário**.

Esquematizando a **ação cambial — execução** do título de crédito:

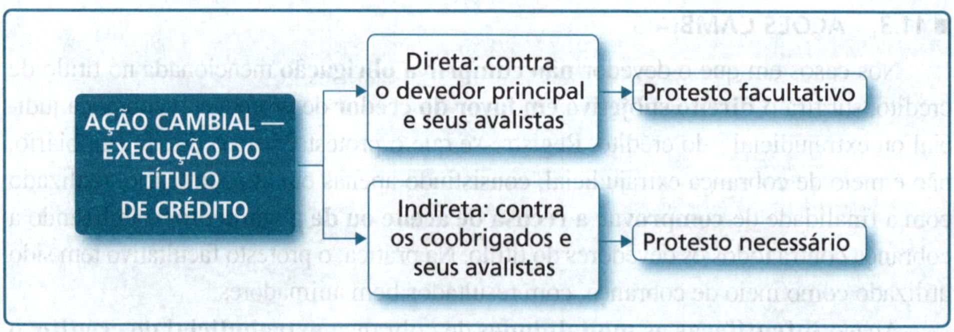

Caso opte pela ação cambial de **locupletamento**, o credor terá no **título de crédito o documento** que comprova o seu direito e dirigirá a ação **contra o devedor principal**. Nessa ação, há presunção *juris tantum* de que o devedor principal do título tenha **enriquecido ilicitamente**, pois a emissão do título potencialmente lhe trouxe algum proveito econômico. Se o título não foi pago, o proveito econômico obtido não foi remunerado pelo emitente do título, o que lhe ocasionou um **acréscimo patrimonial**, valor retirado ilicitamente do portador do título.

E isso porque o portador do título, por sua vez, despendeu algo para obtê-lo. Se não receber o valor da cártula, terá seu **patrimônio desfalcado ilicitamente**. Assim, o **título de crédito inadimplido é a prova do locupletamento** do devedor principal da cártula, de modo que é o devedor quem deverá demonstrar que não houve enriquecimento ilícito, desconstituindo o título, o qual **continua a ser cambiário**, somente não sendo mais executivo. **O título de crédito é a *causa debendi* da ação de locupletamento**.

Em ambas as ações cambiais, é preciso lembrar o **princípio da autonomia** dos títulos de crédito, o que impõe a inoponibilidade de exceções pessoais ao terceiro de boa-fé (art. 17, da LUG). Caso a ação esteja sendo movida por terceiro portador contra o devedor principal ou outro coobrigado que não seja o seu endossante, **não poderão ser opostas exceções pessoais contra ele**.

Na terceira e quarta formas de cobrança dos títulos de crédito, **ação monitória e ação de cobrança** fundada na relação causal, a discussão da *causa debendi* se amplia, pois o título de crédito tem **enfraquecida sua natureza cambiária**, permanecendo como escrito de dívida.

Necessária a seguinte **distinção no tratamento das duas formas de cobrança** de títulos de crédito sem eficácia executiva:

1) Na **ação monitória**, o credor poderá ajuizar a demanda instruindo-a com o título de crédito original, desincumbindo-se do ônus da prova, nos termos do art. 373, inc. I, do CPC, **sem a necessidade de narrativa ou comprovação da *causa debendi***, sendo que o devedor, ao embargar a monitória, deverá trazer eventual comprovação de fato extintivo, impeditivo ou modificativo do direito do autor constante da cártula, atendendo ao comando do art. 373, inc. II, do CPC.

Essa é a **lição trazida** pelo entendimento sumulado da **jurisprudência do STJ** nas suas cristalinas e recentes súmulas. Confira-se:

> **Súmula 299** — É admissível a ação monitória fundada em cheque prescrito.
>
> **Súmula 503** — O prazo para **ajuizamento de ação monitória em face do emitente de cheque** sem força executiva é **quinquenal**, a contar do dia seguinte à data de emissão estampada na cártula.
>
> **Súmula 504** — O prazo para **ajuizamento de ação monitória em face do emitente de nota promissória** sem força executiva é quinquenal, a contar do dia seguinte ao vencimento do título.
>
> **Súmula 541** — Em **ação monitória fundada em cheque prescrito** ajuizada contra o emitente, é **dispensável a menção ao negócio jurídico subjacente** à emissão da cártula.

A leitura das súmulas do STJ revela que a interpretação jurisprudencial encontra **força cambiária nos títulos de crédito para além da prescrição** da pretensão executória. Se as ações monitórias do cheque e da nota promissória podem ser movidas em face do emitente (devedor principal) de tais títulos **até cinco anos** após a emissão, isso significa que os referidos títulos de crédito **mantêm-se cambiários** até o esgotamento de tal prazo. Prazo que vai além do prazo prescricional, que no caso do cheque é de 6 meses e no da nota promissória é de 3 anos.

Até 5 (cinco) anos da data de emissão, portanto, o título deverá ser cobrado em razão do escrito de dívida que é, **sendo sua própria *causa debendi***, somente desconstituído por embargos do devedor que aniquilem a causa originária, ônus do emitente do título, e não do portador-credor.

Ante as explicações anteriores, podemos esquematizar **a cobrança destes dois títulos sumulados** assim:

CHEQUE — PRAZO DE 10 ANOS PARA PRESCRIÇÃO DA OBRIGAÇÃO ORIGINÁRIA				
Apresentação	**Prescrição**	**Locupletamento**	**Monitória**	**Cobrança**
■ 30 dias, mesma praça ■ 60 dias, outra praça	■ + 6 meses	■ + 2 anos	■ + 2 anos e 5 meses ■ + 2 anos e 4 meses	■ Enquanto não prescrita a original[71]
■ Processo de execução		■ Ações fundadas no próprio título		■ Fundada na causa

2) Na ação de cobrança fundada na relação causal, como se lê na tabela anterior, a ***causa debendi* é ônus do credor** e deve ser declinada na petição inicial, com a indicação da prova que se fará dela, sendo o **título mero início de prova documental** da existência da obrigação. A mesma tabela *supra* pode ser reescrita em relação à nota promissória. Vejamos:

NOTA PROMISSÓRIA — PRAZO DE 10 ANOS PARA PRESCRIÇÃO DA OBRIGAÇÃO ORIGINÁRIA		
Prescrição	**Monitória**	**Cobrança**
■ 3 anos	■ + 2 anos	■ + 5 anos. Enquanto não prescrita a original
■ Processo de execução	■ Ação fundada no título de crédito	■ Ação fundada na relação causal

Esquematizando as **ações que poderão ser manejadas** pelo credor para buscar a satisfação do título de crédito inadimplido:

AÇÕES QUE PODERÃO SER MANEJADAS		
Tipo de ação	**Prazo**	**Fundamento**
■ Execução	■ Prazo legal prescricional de cada título	■ O título de crédito
■ Locupletamento	■ No cheque: 2 anos após a prescrição; demais, 3 anos	■ O título de crédito
■ Monitória	■ 5 anos, após um dia da emissão ou do vencimento	■ O título de crédito
■ Cobrança (causal)	■ Prazo previsto em lei para a relação originária típica	■ A causa originária

71 Nessa hipótese, a ação fundada na relação causal terá mais cinco anos de prazo para poder ser ajuizada, pois, a contar do dia seguinte à emissão do cheque ou do vencimento dos demais títulos de crédito, o prazo prescricional da obrigação que deu origem ao título é de dez anos. Transcorridos cinco anos, desde a emissão ou o vencimento, esgotou-se o prazo para a ação monitória (Súmulas 503 e 504 do STJ), que é de cinco anos, restando mais cinco anos para serem alcançados os dez da prescrição que legalmente convencionamos.

■ 11.4. PRESCRIÇÃO

A legislação cambiária, quando trata da **prescrição** dos títulos de crédito, refere-se à perda da pretensão à **executoriedade** da cártula. Ao tratarmos da prescrição em matéria cambiária, estamos falando, então, da **prescrição da pretensão executória**.

Apesar da autonomia do título de crédito, não descuida a legislação de **reconhecer a existência de uma relação jurídica subjacente** a ele. Seja alcançando a relação jurídica originária causal, seja regulando o enriquecimento sem causa decorrente do inadimplemento do título, as normas cambiais conjugadas com as civis fixam **mais de um prazo prescricional**. A depender do **tempo e do modo** de busca da satisfação do crédito cambiário, diferente será o prazo prescricional.

A cobrança do título de crédito — reitere-se — poderá ser realizada por meio de **quatro procedimentos**, quais sejam:

- **Ação de execução** — o título é o próprio direito que se visa satisfazer.
- **Ação de locupletamento** — o **título é a prova do enriquecimento ilícito** do devedor principal, o qual deverá desconstituir tal presunção, sob pena de o título voltar a ser o próprio direito que se visa satisfazer.
- **Ação de cobrança fundada na causa** — **o título é o início de prova do direito** que se visa satisfazer. O credor deverá demonstrar a relação jurídica que originou o seu crédito, tendo no título a prova documental de que houve um negócio jurídico que imputou ao devedor principal a obrigação de pagar a quantia nele mencionada.
- **Ação monitória** — o **título é o próprio direito** que se visa satisfazer. O STJ definiu prazo prescricional para o ajuizamento da ação monitória de cheque (Súmula 503) e de nota promissória (Súmula 504), fixando-o em cinco anos, isso depois de afirmar ser admissível a ação monitória fundada em cheque prescrito (Súmula 299). Ante a referida jurisprudência, o **STJ consagrou o entendimento** de que o **título (prescrito, para fins de execução) é o próprio direito** que se visa satisfazer e incumbirá ao devedor do título desconstituí-lo em embargos à monitória, sendo seu ônus a demonstração da inexistência de *causa debendi*, pois o título será a demonstração dela em favor do autor da monitória tempestivamente ajuizada.

Quanto aos **prazos para exercício** de cada uma das pretensões abarcadas pelos **ritos procedimentais** mencionados, podemos destacá-los assim:

1º) Ação de execução — o art. 70, da LUG, disciplina **três diferentes prazos prescricionais** para o exercício da **pretensão executória**, a depender do tipo e contra quem é feita a cobrança. Os prazos são os seguintes:

QUADRO COMPARATIVO DOS PRAZOS PRESCRICIONAIS		
Devedor Cobrado	**Prazo Prescricional**	**A Contar**
■ Contra aceitante e avalistas	■ 3 anos	■ Do vencimento
■ Contra sacador, endossantes e avalistas	■ 1 ano	■ Do protesto ou do vencimento se houver a cláusula sem despesa
■ Endossantes uns contra os outros ou contra o sacador	■ 6 meses	■ Do pagamento da letra ou do ajuizamento de ação contra o endossante

Na duplicata, esse último prazo é de **1 ano**.

No cheque, o prazo para pretensão executória contra qualquer personagem do título **é de 6 meses**, contados após o transcurso do prazo para apresentação, que é de 30 dias, para cheques da mesma praça, e de 60 dias, para os de outra praça.

2º) Ação de locupletamento — o art. 48, do Decreto n. 2.044/1908, permite que ela seja ajuizada **contra o aceitante ou o sacador**, seguindo o procedimento ordinário e o sumário do CPC de 1973[72], ou, ainda, o procedimento sumaríssimo dos juizados especiais, no foro do **domicílio do réu**.

O autor da referida ação deverá demonstrar: a) ser **impossível a execução** do título; b) o **enriquecimento do devedor** inadimplente; c) o **empobrecimento do portador** do título; e d) o **nexo de causalidade** entre os referidos empobrecimento e enriquecimento.

Assim, a referida ação deverá ser **proposta após o transcurso do prazo de prescrição da pretensão executória**. Decorrido o prazo prescricional executório, a ação de locupletamento deverá ser ajuizada dentro do **prazo de 3 anos**, nos termos do art. 206, § 3º, inc. IV, do Código Civil, que regula expressamente o prazo para propositura de ação de ressarcimento de enriquecimento sem causa. Ante esse dispositivo do Código Civil, constata-se que a disposição do art. 48, do Decreto n. 2.044/1908, permite, como regra geral que é, o ajuizamento de **ação de locupletamento em relação a qualquer título de crédito** prescrito, desde que respeitado o prazo de 3 anos posteriores à prescrição. No caso do **cheque**, a determinação do art. 61, da Lei n. 7.357/85, impõe o **prazo de 2 anos** para a propositura da ação de locupletamento, prazo que deverá ser observado em lugar daquele do Código Civil, ante a especialidade da legislação do cheque, as peculiaridades do referido título e a necessidade de sintonia dele com a legislação internacional. Concluindo, os prazos prescricionais da ação de locupletamento são os seguintes:

PRAZOS PRESCRICIONAIS DISTINTOS PARA A AÇÃO DE LOCUPLETAMENTO		
Título	**Prescrição Executória**	**Prescrição para Alegação de Locupletamento**
▪ Cheque	▪ 6 meses	▪ 2 anos
▪ Demais títulos	▪ 3 anos	▪ 3 anos

3º) Ação de cobrança fundada na causa — após o transcurso do prazo prescricional da pretensão executória do título de crédito, o credor **pode optar** pelo ajuizamento de uma **ação fundada** na relação jurídica que deu **origem** a ele, em lugar do ajuizamento da ação de locupletamento e da monitória. Nessa situação, o que o credor está buscando é o dever de pagamento gerado na obrigação originária, tratando o **título de crédito como mero início de prova** do mencionado negócio jurídico.

O **art. 62, da Lei n. 7.357/85**, permite o ajuizamento da ação fundada na relação causal, estabelecendo que, "salvo prova de novação, a emissão ou a transferência do

72 No novo CPC (Lei n. 13.105/2015), não há procedimento correspondente ao rito sumário.

cheque não exclui a ação fundada na relação causal, feita a prova do não pagamento". Assim, o título poderá ser **cobrado em razão da sua causa**, sendo que a petição inicial da ação que intente isso deverá **descrever a relação jurídica originária**, bem como o credor deverá fazer prova do que alega, servindo a cártula apenas como uma das provas da existência da obrigação pecuniária.

O **prazo prescricional** para a busca do direito fundado na relação causal é o previsto na legislação que trata **do tipo de relação jurídica que originou o título**. Na ausência de prazo na legislação específica, devem ser observados os prazos do **art. 206, do Código Civil**. Esquematizando:

PRAZOS PRESCRICIONAIS GERAIS NA AUSÊNCIA DE PRAZOS ESPECIAIS		
Título	**Prescrição Executória**	**Após o Anterior, Prescrição da Ação Causal**
■ Cheque	■ 6 meses	■ + prazo de prescrição do negócio original entabulado: Lei especial ou art. 206 do CC
■ Demais títulos	■ 3 anos	■ + prazo de prescrição do negócio original entabulado: Lei especial ou art. 206 do CC

4º) **Ação monitória** — estando prescrita a pretensão executória, o credor do título de crédito **poderá optar**, de imediato, pela ação de locupletamento ou pela ação monitória. Caso opte pela monitória, o título cambiário será a *causa debendi* narrada na inicial.

O **prazo** para ajuizamento da ação monitória foi definido na jurisprudência consolidada do STJ, por meio das **Súmulas 503 e 504**, as quais estabeleceram para o cheque e para a nota promissória, respectivamente, o **prazo de 5 anos** para tal ajuizamento. O prazo deve ser contado: a) **no cheque**, do **dia seguinte à data de emissão** lançada na cártula; b) na **nota promissória**, do **dia seguinte ao vencimento** do título.

As decisões do STJ sobre o prazo para ajuizamento da ação monitória, nos dois títulos citados, apontam ser este o prazo que **será aplicado a todos os títulos de crédito**. Por ora, a seguinte constatação:

PRAZOS PRESCRICIONAIS E A ORIENTAÇÃO DO STJ		
Título	**Prescrição Executória**	**Prazo para Ajuizamento da Monitória**
■ Cheque	■ 30 dias + 6 meses ■ 60 dias + 6 meses	■ + 4 anos e 5 meses ■ + 4 anos e 4 meses
■ Nota promissória	■ 3 anos	■ + 2 anos

■ 11.5. QUESTÕES SUBJETIVAS

(VIII Exame Unificado da OAB — 2ª Fase — Empresarial — Prático-Profissional — 2012) "Pedro emite nota promissória para o beneficiário João, com aval de Bianca. Antes do vencimento, João endossa a referida nota promissória para Caio. Na data do vencimento, Caio cobra o título de Pedro, mas esse não realiza o pagamento, sob a alegação de que sua assinatura foi falsificada." Após realizar o protesto, Caio procura um advogado com as seguintes indagações.

■ 11.5.1. Questão-homenagem

a) Tendo em vista a nulidade da obrigação de Pedro, a de Bianca seria válida?

Resposta: Sim. O aval corresponde a ato unilateral autônomo pelo qual o avalista se compromete ao adimplemento da obrigação principal eventualmente descumprida pelo emitente. De se destacar que o aval de Bianca se vinculou a uma nota promissória que tem regime jurídico na LUG e no Decreto n. 2.044/1908. Assim, de acordo com o art. 43, do Decreto n. 2.044/1908, ainda que seja constatada a falsificação da assinatura de Pedro, a responsabilidade da avalista Bianca permanecerá. O art. 32, da LUG, destaca que, ainda que nula a obrigação principal, remanescerá válida a obrigação do avalista. Rememore-se, ainda, o que se estudou sobre o princípio da autonomia em relação aos títulos de crédito.

■ 11.5.2. Questão-desafio 1

b) Contra qual(is) devedor(es) cambiário(s) Caio poderia cobrar sua nota promissória?

■ 11.5.3. Questão-desafio 2

(TJDFT — Juiz Substituto — 2ª fase — exame aplicado em 04/03/2016) "Considere que a sociedade A, que tem por empresa a venda de produtos de limpeza, celebrou contrato de fomento mercantil com a sociedade B. Foram, em razão do contrato, endossadas por A, em favor de B, 100 (cem) duplicatas relativas a determinado mês e antecipados por B os valores respectivos, com o devido abatimento. No vencimento, 40 (quarenta) duplicatas não foram honradas pelos sacados. Tendo em vista tais dados de fatos, responda, o candidato, fundamentadamente, às seguintes indagações: A sociedade A responde perante a sociedade B pelo valor das 40 (quarenta) duplicatas não pagas? Tendo em vista a resposta anterior, o endosso feito por A a B tem a natureza de endosso-mandato? Tendo em vista, ainda, a resposta imediatamente anterior, o faturizador se expõe a defesas pessoais que os sacados poderiam ter contra a faturizada?"

■ 11.6. QUESTÕES OBJETIVAS

1. (CESPE — Procurador do DF — 2013) Julgue o item seguinte. Os títulos de crédito originaram-se, na Idade Média, em virtude de os comerciantes italianos não desejarem levar grandes quantidades de moeda em suas viagens e ao fato de que cada cidade podia cunhar a sua própria. Esses comerciantes, então, depositavam o valor de que necessitavam em um banco e este emitia documentos que consubstanciavam promessa ou ordem de pagamento e que, apresentados ao seu correspondente, autorizavam o recebimento da quantia neles mencionada, na moeda corrente no lugar da apresentação.

2. (Juiz Federal/3ª Região — 2006 — TRF) Segundo a célebre definição de Vivante, título de crédito é:

a) documento necessário ao exercício do direito literal e autônomo nele contido;
b) documento necessário ao exercício do direito literal e autônomo nele mencionado;
c) documento necessário ao exercício do direito literal e autônomo nele incorporado;
d) documento necessário ao exercício do direito literal e autônomo nele materializado.

3. (Juiz Substituto/DF — Nov./2008 — TJDFT) Sobre títulos de crédito, é correto afirmar, nos termos dispostos no Código Civil, todas as assertivas abaixo, exceto uma. Assinale a assertiva incorreta:

a) Deve o título de crédito conter a data da emissão, a indicação precisa dos direitos que confere e a assinatura do emitente. Considera-se lugar de emissão e de pagamento, quando não indicado no título, o domicílio do emitente.
b) O título de crédito, incompleto ao tempo da emissão, deve ser preenchido de conformidade com os ajustes realizados. O descumprimento dos ajustes pelos que deles participaram não constitui motivo de oposição ao terceiro portador, salvo se este, ao adquirir o título, tiver agido de má-fé.

c) O pagamento de título de crédito, que contenha obrigação de pagar soma determinada, pode ser garantido por aval parcial, que deve ser dado no verso ou no anverso do próprio título. Para a validade do aval, dado no anverso do título, é suficiente a simples assinatura do avalista.
d) O título nominativo também pode ser transferido por endosso que contenha o nome do endossatário. A transferência mediante endosso só tem eficácia perante o emitente, uma vez feita a competente averbação em seu registro, podendo o emitente exigir do endossatário que comprove a autenticidade da assinatura do endossante.

4. (Juiz do Trabalho Substituto/PB — 2006 — TRT) De acordo com o Código Civil considera(m)-se não escrita(s) no título de crédito a(s) cláusula(s) de:

I. juros e a proibitiva de endosso;
II. a excludente de responsabilidade pelo pagamento ou por despesas;
III. a que dispense a observância de termos ou formalidades prescritas;
IV. a que exclua ou restrinja direitos e obrigações, além dos limites fixados em lei;

a) apenas I e II estão corretas;
b) apenas I e III estão corretas;
c) apenas II está correta;
d) apenas II e IV estão corretas;
e) todas estão corretas.

5. (Juiz do Trabalho Substituto/PB — 2006 — TRT) Em relação ao aval é incorreto afirmar:

a) pagando o título, tem o avalista ação de regresso contra o seu avalizado e demais coobrigados anteriores;
b) para a validade do aval, dado no anverso do título, é suficiente a simples assinatura do avalista, sendo vedado o aval parcial;
c) considera-se não escrito o aval cancelado, e quando posterior ao vencimento não produz os mesmos efeitos do anteriormente dado;
d) subsiste a responsabilidade do avalista, ainda que nula a obrigação daquele a quem se equipara, a menos que a nulidade decorra de vício de forma;
e) o avalista equipara-se àquele cujo nome indicar; na falta de indicação, ao emitente ou devedor final.

6. (Juiz Estadual/PA — 2005 — TJPA) No que diz respeito ao título de crédito ao portador e o que traça como regra geral o Código Civil, analise as proposições a seguir:

I. O possuidor de título ao portador tem direito à prestação nele indicada, mediante a sua simples apresentação ao devedor.
II. A prestação constante do título só não é devida se este entrou em circulação contra a vontade do emitente.
III. O proprietário que perder o título poderá obter um novo em juízo, bem como impedir que sejam pagos a outrem capital e rendimentos.

Assinale:

a) se apenas a proposição I estiver correta.
b) se apenas a proposição II estiver correta.
c) se apenas as proposições I e II estiverem corretas.
d) se apenas as proposições I e III estiverem corretas.
e) se todas as proposições estiverem corretas.

7. (Juiz Federal — 3ª Região — 2006 — TRF) O chamado endosso-póstumo é:

a) aquele feito pelo inventariante, nos títulos de crédito de que era beneficiário o *de cujus*, no interesse do espólio e dos herdeiros;
b) aquele feito posteriormente ao vencimento do título, tendo os mesmos efeitos do endosso anterior;
c) aquele feito posteriormente ao vencimento do título, tendo os mesmos efeitos de uma cessão ordinária de créditos;
d) aquele feito posteriormente ao protesto por falta de pagamento, produzindo os efeitos de um aval condicionado.

8. (TJ/ES — Tabelião — 2013) O pagamento regular, em cartório, de título apresentado para protesto pressupõe a inclusão, no valor pago, além do valor original do título,

a) da correspondente correção monetária apenas, caso prevista, visto que as despesas e os emolumentos devem ser pagos pelo credor.
b) da correspondente correção monetária, e, ainda, dos emolumentos e das despesas cartorárias.
c) dos emolumentos e das despesas cartorárias.
d) da correspondente correção monetária, caso prevista, e dos emolumentos.
e) da correspondente correção monetária, caso prevista, e das despesas cartorárias.

9. (TJ/ES — Tabelião — 2013) Suponha que a lei determine que o prazo para aceite de certo título seja de trinta dias a partir da data de sua emissão, desde que enviado a aceite até quinze dias a partir de sua emissão, e que o título prescreva em três anos após seu vencimento. Suponha, ainda, que determinado título submetido a essas características tenha sido emitido em 7/10/2013, com vencimento para 7/12/2013, e que tenha sido enviado para aceite em 8/10/2013. Em face dessa situação hipotética, assinale a opção correta de acordo com o disposto na Lei n. 9.492/97.

a) Se, até o prazo mínimo de 7/11/2013, o devedor não aceitar o título, o credor pode promover o protesto por falta de aceite, até 7/12/2016.
b) Se, até o prazo mínimo de 6/11/2013, o devedor não aceitar o título, o credor pode promover o protesto por falta de aceite, até 7/12/2013.
c) Se, até o prazo mínimo de 6/11/2013, o devedor não aceitar o título, o credor pode promover o protesto por falta de pagamento, até 7/12/2016.
d) Se, até o prazo mínimo de 7/11/2013, o devedor não aceitar o título, o credor pode promover o protesto por falta de pagamento, até 7/12/2016.
e) Se, até o prazo mínimo de 6/11/2013, o devedor não aceitar o título, o credor pode promover o protesto por falta de aceite, até 7/12/2016.

10. (TJ/PB — Tabelião — 2014) O endosso é o instituto cambiário abstrato e formal, decorrente de declaração unilateral de vontade, que confere circulação ao título de crédito. Em relação a este ato cambiário podemos afirmar que:

I. O endosso deve ser lançado pelo endossante no verso ou anverso do próprio título.
II. A transferência por endosso completa-se com a tradição do título.
III. Considera-se não escrito o endosso cancelado, total ou parcialmente.
IV. Considera-se legítimo possuidor o portador do título à ordem com série regular e ininterrupta de endossos, ainda que o último seja em branco.

A sequência correta é:

a) As assertivas I, II, III e IV estão corretas.
b) Apenas a assertiva III está correta.
c) Apenas as assertivas I, II e IV estão corretas.
d) Apenas as assertivas II e III estão corretas.

11. (FCC — TJ-SC — Juiz Substituto — 2015) Antônio contratou a compra da safra de milho produzida por Bruno, pelo preço de R$ 20,00 por saca de 60 kg. Em pagamento do preço, Antônio emitiu e entregou a Bruno um cheque, mas deixou de preencher o valor, que seria aposto pelo próprio vendedor, depois de feita a pesagem do milho colhido. No entanto, Bruno preencheu o cheque com valor superior ao combinado e, em seguida, endossou a cártula a Carlos, que conhecia os termos do ajuste feito com Antônio. Em seguida, Carlos endossou o cheque a Dagoberto, terceiro de boa-fé, que por sua vez endossou o título a outro terceiro de boa-fé, Eduardo, com a cláusula de que não garantia o pagamento da cártula. Apresentado o cheque para pagamento ao banco, este o devolveu por insuficiência de fundos. Nesse caso, Eduardo poderá cobrar o pagamento do cheque

a) de Antônio, Bruno, Carlos e Dagoberto.
b) apenas de Antônio.
c) apenas de Carlos.
d) apenas de Bruno e Carlos.
e) apenas de Antônio, Bruno e Carlos.

12. (FCC — Eletrobrás — Eletrosul — Direito — 2016) Quanto aos títulos de crédito, é correto afirmar que

a) fica validamente desonerado o devedor que paga título de crédito ao legítimo portador, no vencimento, sem oposição, independentemente de boa-fé.
b) a omissão de qualquer requisito legal, que tire ao escrito a sua validade como título de crédito, implica a invalidade do negócio jurídico que lhe deu origem.

c) dar-se-á em 30 dias o vencimento do título que não contenha indicação a respeito.
d) o título incompleto ao tempo de sua emissão não poderá ser preenchido posteriormente, pois ao tempo da emissão todos os dados devem estar indicados.
e) seu pagamento, que contenha obrigação de pagar uma soma determinada, pode ser garantido por aval, que deve ser dado no verso ou anverso do próprio título.

13. (IESES — TJ-RO — Titular de Serviços de Notas e Registros — Remoção — 2017) Segundo institui o Código Civil Brasileiro, o título de crédito, documento necessário ao exercício do direito literal e autônomo nele contido, somente produz efeito quando preencha os requisitos da lei. Acerca do tema podemos afirmar, EXCETO:

a) deve o título de crédito conter a data da emissão, a indicação precisa dos direitos que confere, e a assinatura do emitente.
b) a omissão de qualquer requisito legal, que tire ao escrito a sua validade como título de crédito, implica a invalidade do negócio jurídico que lhe deu origem.
c) é à vista o título de crédito que não contenha indicação de vencimento.
d) considera-se lugar de emissão e de pagamento, quando não indicado no título, o domicílio do emitente.

14. (IESES – TJ-AM — Titular de Serviços de Notas e de Registros — Remoção — 2018) De acordo com os preceitos do direito civilista relacionados aos títulos de créditos é correto afirmar, EXCETO:

a) É à vista o título de crédito que não contenha indicação de vencimento.
b) Deve o título de crédito conter a data da emissão, a indicação precisa dos direitos que confere, e a assinatura do emitente.
c) A transferência do título de crédito implica a de todos os direitos que lhe são inerentes.
d) O pagamento de título de crédito, que contenha obrigação de pagar soma determinada, não pode ser garantido por aval.

15. (VUNESP — Prefeitura de São José do Rio Preto — Procurador do Município — 2019) Sobre o aval e a fiança mercantil, é correto afirmar

a) aval e fiança são garantias pessoais equivalentes; tanto em uma como em outra o garantidor assume a obrigação de adimplir a obrigação garantida (avalizada ou afiançada) em caso de inadimplemento do devedor principal.
b) avalista e fiador fazem jus ao benefício de ordem, embora em ambos os casos tal benefício possa ser renunciado.
c) a invalidade da obrigação original compromete como regra a validade da fiança, mas não a validade do aval.
d) tanto os direitos conferidos pelo aval como os direitos conferidos pela fiança podem ser transferidos indistintamente pela cessão do crédito ou pelo seu endosso.
e) a invalidade da obrigação original compromete como regra a validade do aval, mas não a validade da fiança.

▪ GABARITO ▪

1. Proposição "correta". Revise-se o estudado no *item 11.1.1.1*, quando se destacou que, na Itália da Idade Média, a criação dos títulos de crédito surgiu da necessidade de solucionar as dificuldades de câmbio monetário.

2. "b". Diante da autonomia das relações cambiais, o que for mencionado no título vinculará. Rememore-se também o que se estudou no *item 11.1.4.3*.

3. "c". O Código Civil proibiu o aval parcial, nos termos do parágrafo único de seu art. 897: "É vedado o aval parcial".

4. "e". Todas as proposições encontram-se corretas, porque em sintonia com o art. 890, do CC: "Consideram-se não escritas no título a cláusula de juros, a proibitiva de endosso, a excludente de responsabilidade pelo pagamento ou por despesas, a que dispense a observância de termos e formalidade prescritas, e a que, além dos limites fixados em lei, exclua ou restrinja direitos e obrigações".

5. "c". Proposição incorreta por contrariar o disposto no art. 900, do CC: "O aval posterior ao vencimento produz os mesmos efeitos do anteriormente dado". O prezado leitor deverá redobrar a atenção, mesmo em questões que parecem repetir a letra da lei. No caso, inclusive, a primeira parte da proposição encontra-se em sintonia com a lei (§ 2º, do art. 898, do CC), porém, no conjunto, encontra-se incorreta.

6. "d". Apenas as alternativas I e III encontram-se corretas, nos termos do art. 905, *caput*, c/c art. 909, ambos do Código Civil, sendo que o item II trouxe informação a contrariar o parágrafo único do referido art. 905, porque, mesmo na ausência de anuência do emitente quanto à circulação do título de crédito, as obrigações cambiais que se agregarem ao título quando da circulação produzirão efeitos jurídicos. Eis o texto legal mencionado: "Art. 905. O possuidor de título ao portador tem direito à prestação nele indicada, mediante a sua simples apresentação ao devedor. Parágrafo único. A prestação é devida ainda que o título tenha entrado em circulação contra a vontade do emitente; Art. 909. O proprietário, que perder ou extraviar título, ou for injustamente desapossado dele, poderá obter novo título em juízo, bem como impedir sejam pagos a outrem capital e rendimentos".

7. "b", nos termos do art. 920, do CC: "O endosso posterior ao vencimento produz os mesmos efeitos do anterior".

8. "c", tendo em vista o disposto no art. 19, da Lei n. 9.492/97: "O pagamento do título ou do documento de dívida apresentado para protesto será feito diretamente no Tabelionato competente, no valor igual ao declarado pelo apresentante, acrescido dos emolumentos e demais despesas".

9. "b". O protesto por falta de aceite deverá ser efetuado até o dia imediatamente anterior à data do vencimento do título de crédito, nos termos da Lei n. 9.492/97: "Art. 21. O protesto será tirado por falta de pagamento, de aceite ou de devolução. § 1º O protesto por falta de aceite somente poderá ser efetuado antes do vencimento da obrigação e após o decurso do prazo legal para o aceite ou a devolução".

10. "a". Todas as alternativas se encontram corretas, porque em sintonia com a letra da lei: "Art. 910. O endosso deve ser lançado pelo endossante no verso ou anverso do próprio título. § 1º Pode o endossante designar o endossatário, e para validade do endosso, dado no verso do título, é suficiente a simples assinatura do endossante. § 2º A transferência por endosso completa-se com a tradição do título. § 3º Considera-se não escrito o endosso cancelado, total ou parcialmente. Art. 911. Considera-se legítimo possuidor o portador do título à ordem com série regular e ininterrupta de endossos, ainda que o último seja em branco" (Código Civil).

11. "a". Fundamento: princípio da autonomia (cf. *item 11.1.4.3*) e arts. 13, 15 e 16, todos da Lei do Cheque (Lei n. 7.357/85).

12. "e". Fundamento: art. 898, *caput*, do CC.

13. "b". Incorreta porque em desconformidade com o disposto no art. 888, *caput*, do CC: "A omissão de qualquer requisito legal, que tire ao escrito a sua validade como título de crédito, não implica a invalidade do negócio jurídico que lhe deu origem".

14. "d". Fundamento: art. 897, do Código Civil, *a contrario sensu*.

15. "c". Em sintonia com a literalidade dos artigos 824 e 899, § 2º, ambos do Código Civil: "Art. 824. As obrigações nulas não são suscetíveis de fiança, exceto se a nulidade resultar apenas de incapacidade pessoal do devedor. (...) Art. 899. O avalista equipara-se àquele cujo nome indicar; na falta de indicação, ao emitente ou devedor final. (...) § 2º Subsiste a responsabilidade do avalista, ainda que nula a obrigação daquele a quem se equipara, a menos que a nulidade decorra de vício de forma".

12

TÍTULOS DE CRÉDITO EM ESPÉCIE

Nesta obra, ante o objetivo de **traçar as principais noções** sobre o direito cambiário, de forma esquematizada, trataremos especialmente de **quatro títulos** de crédito, os mais comuns no direito pátrio: a **letra de câmbio** (e suas variações dentro do sistema financeiro brasileiro), a **nota promissória**, o **cheque** e a **duplicata**. Quanto aos demais títulos, incluímos um **quadro com a indicação dos principais títulos de crédito e da legislação** aplicável, pontuando, a partir do *item 12.5*, noções importantes sobre eles. Alguns títulos de crédito no direito brasileiro e sua legislação:

TÍTULOS DE CRÉDITO E REGIMES JURÍDICOS APLICÁVEIS		
Nº	**Títulos de Crédito**	**Lei Especial que Disciplina**
01	■ Letra de Câmbio e Nota Promissória	■ Decreto n. 2.044/1908, alterado pela Lei Uniforme de Genebra — Decreto n. 57.663/66
02	■ Cheque	■ Lei n. 7.357/85 (nacional) ■ Lei Uniforme do Cheque — Decreto n. 57.595/66
03	■ Duplicata Comercial e Duplicata de Serviço	■ Lei n. 5.474/68, alterada pelo Decreto-lei n. 436/69
04	■ Conhecimento de Depósito e *Warrant*	■ Decreto n. 1.102/1903
05	■ Cédula Rural Pignoratícia, Cédula Rural Hipotecária, Nota de Crédito Rural, Nota Promissória Rural, Duplicata Rural	■ Decreto-lei n. 167/67
06	■ Cédula de Crédito Industrial	■ Decreto-lei n. 413/69
07	■ Ações de S/A, Certificados de Depósitos de Ações, Partes Beneficiárias, Debêntures, Bônus de Subscrição de Ações	■ Lei n. 6.404/76
08	■ Cédula de Crédito à Exportação, Nota de Crédito à Exportação	■ Lei n. 6.313/75 ■ Circular BCB 7.586/77
09	■ Letra de Crédito Imobiliário e Cédula de Crédito Imobiliário	■ Lei n. 10.931/2004
10	■ Cédula de Crédito Bancário	■ Lei n. 10.931/2004
11	■ Letra de Crédito do Agronegócio	■ Lei n. 11.076/2004
12	■ Nota Comercial do Agronegócio	■ Instrução CVM n. 422/2005

■ 12.1. LETRA DE CÂMBIO

■ 12.1.1. Noções introdutórias

Segundo Fran Martins, a letra de câmbio é **uma ordem** dada por uma pessoa (designada sacador), por escrito, a outra pessoa (denominada sacado), para que pague a um beneficiário indicado, ou à ordem deste, determinada importância em dinheiro. Logo, a letra da câmbio exige a presença de **três elementos pessoais** (subjetivos): **sacador** (que dá a ordem de pagamento), **sacado** (a quem a ordem é dirigida) e o **tomador ou beneficiário** (em favor de quem o pagamento deve ser feito), que podem corresponder a **três pessoas, a duas pessoas ou a apenas uma pessoa**.

Exemplificando a posição de cada sujeito, eis a seguinte **situação hipotética**: João é devedor da quantia de R$ 3.000,00 a Pedro. João, por sua vez, é credor da quantia de R$ 3.000,00 de José. Assim, a fim de quitar a sua dívida, João (sacador) saca uma letra de câmbio em favor do Pedro (beneficiário/tomador), que deverá apresentar a José (sacado) para que este efetue o pagamento. A emissão da letra de câmbio é denominada **saque**. Por meio do saque, o sacador (devedor) expede **uma ordem de pagamento ao sacado**, que fica obrigado, **se ocorrer o aceite** de sua parte, a **pagar ao beneficiário** (um credor específico), o valor determinado no título.

A **ordem de pagamento** emitida pelo sacador ao sacado deve ser **incondicional**, porquanto as obrigações cambiárias não podem ter a sua eficácia subordinada à ocorrência de evento futuro e incerto, para não prejudicar a circulação do crédito. Ressalte-se também que se trata de um **título abstrato**, visto que a lei que o instituiu **não determina a causa de sua emissão**. Esquematizando a letra de câmbio:

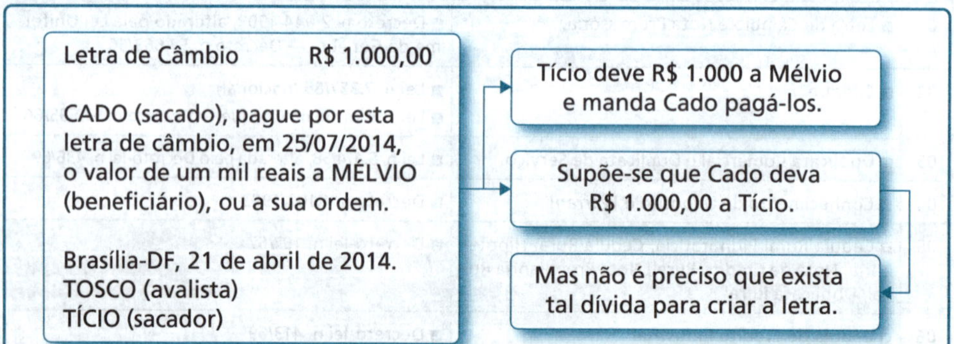

A evolução histórica desse título de crédito confunde-se com a evolução dos próprios títulos de crédito, já que foi o **primeiro título a ser criado**. Surgiu na **Idade Média**, em razão da distância entre as cidades e as feiras. Essa distância trazia **riscos** de assaltos aos mercadores que viajavam quilômetros portando valores em dinheiro para comprar mercadorias, o que inibia o comércio, porque encarecia as mercadorias. Por esse motivo, os banqueiros, principalmente, criaram os títulos de crédito, especificamente a letra de câmbio. A partir do surgimento desta, não era preciso mais que os mercadores levassem valores em dinheiro de uma cidade a outra, pois bastava que o comerciante entregasse a quantia para um banqueiro de uma cidade e esse banqueiro expedisse uma ordem de pagamento (letra de câmbio) para que outro banqueiro de outra cidade pagasse a um beneficiário ou à ordem deste. Em vez de entregar o dinheiro, normalmente o banqueiro dava **um aceite**, manifestando que aceitava pagar o valor mencionado. Com o aceite do banco, era possível comprar mercadorias de empresários utilizando-se do título, porque o pagamento estava garantido (cheque administrativo). **Era mais seguro circular a letra de câmbio do que valores em dinheiro**. Assim, a moeda escritural, o crédito, ajudava os bancos, na medida em que os empresários depositavam dinheiro ali e o que circulava era o título de crédito. Foi possível, também, com a intermediação dos banqueiros, a **conversão de moedas** utilizadas por feudos diferentes, o que fazia da letra de câmbio letra de troca de moedas que logo se tornou indispensável ao comércio regular.

▪ 12.1.2. Regime jurídico aplicável

A letra de câmbio é disciplinada pela **Lei Uniforme de Genebra**, convenção internacional introduzida no Brasil por meio do Decreto n. 57.663/66. Conhecida pela sigla LUG, a referida norma regula **Letra de Câmbio e Nota Promissória** no âmbito de seus países signatários. Aliás, a LUG fez várias alterações no **Decreto n. 2.044/1908, norma brasileira que regulava** nota promissória e letra de câmbio antes dela. Ao introduzir a LUG no Brasil, o Decreto n. 57.663/66 fez diversas reservas a artigos daquela Convenção, de modo que a Doutrina consagrou o entendimento de que a LUG é quem regula letra de câmbio e nota promissória no Brasil, salvo naqueles aspectos que foram objeto de reserva pelo Decreto n. 57.663/66, **aplicando-se nas lacunas deixadas** pelas reservas o Decreto n. 2.044/1908. Assim, utilizando um já **tradicional quadro** apresentado por Luiz Emygdio[1], podemos sintetizar a **aplicação da legislação sobre letra de câmbio e nota promissória** da seguinte forma:

LETRA DE CÂMBIO — COMPLEMENTARIDADE ENTRE A LUG E O DECRETO N. 2.044/1908		
Decreto n. 2.044/1908	**Decreto n. 57.663/66 — LUG**	**Norma Aplicável**
SILENTE	▪ Regula	▪ LUG
REGULA	▪ Regula de modo diverso	▪ LUG
REGULA	▪ Silente	▪ Decreto n. 2.044/1908
REGULA	▪ Regula de modo diverso, mas foi objeto de reserva	▪ Decreto n. 2.044/1908
SILENTE	▪ Regula, mas foi objeto de reserva	▪ CC ou LUG, enquanto não editada lei no sentido da reserva
SILENTE	▪ Silente	▪ CC, costume, analogia, princípios gerais de direito (LINDB — art. 4º)

▪ 12.1.3. Requisitos da letra de câmbio

Os requisitos da letra de câmbio dividem-se em **intrínsecos e extrínsecos**. Intrínsecos são aqueles exigidos **para a validade** de todo e qualquer negócio jurídico (art. 104,

[1] ROSA JÚNIOR, Luiz Emygdio da. *Títulos de crédito*, 4. ed., p. 21.

do CC). A legislação cambiária acolhe os requisitos intrínsecos com reservas, na medida em que, por força da abstração, própria dos títulos de crédito, **tutela-se com primazia a aparência**, visando a resguardar os direitos do terceiro adquirente do título e a não desestimular sua circulação. Em outro passo, os **requisitos extrínsecos** — também denominados **formais ou objetivos** — são os exigidos pela legislação cambiária. O não atendimento às formalidades legais conduz à **nulidade do título**, ante o desrespeito aos requisitos extrínsecos. A Lei Uniforme de Genebra traça os requisitos extrínsecos considerados **imprescindíveis** (essenciais) para que o documento produza efeitos, a saber:

a) a **denominação letra de câmbio** (cláusula cambial);
b) a **ordem incondicional** de pagamento de quantia determinada;
c) o nome do **sacado**;
d) o **nome do tomador/beneficiário** ou à ordem de quem a letra deve ser paga;
e) a **data** do saque; e
f) a **assinatura** do sacador.

A lei também prevê os **requisitos extrínsecos supríveis** — ou não essenciais —, ou seja, cuja **ausência não acarreta invalidade** do título. São eles:

a) a **época do vencimento** — na ausência de tal data de vencimento, o título considera-se vencido à vista do sacado;
b) o **lugar do pagamento** — na ausência desse requisito, considera-se lugar do pagamento aquele indicado próximo ao nome do sacado; e
c) o **lugar do saque** — na ausência desse requisito, considera-se lugar do saque aquele indicado próximo ao nome do sacador.

Esquematizando os requisitos da letra de câmbio:

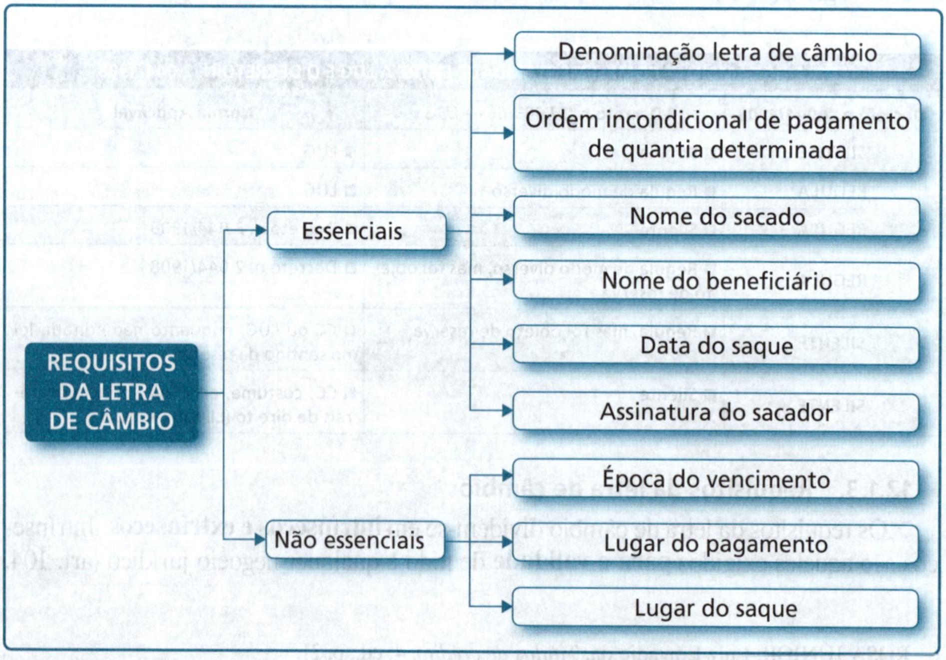

A Lei Uniforme de Genebra traz uma **margem de autonomia de vontade** a ser exercida por meio da letra de câmbio, quando, por um lado, possibilita a inserção no título de **algumas cláusulas adicionais** e, por outro, **veda a inserção de outras**. Eis as cláusulas permitidas, segundo Luiz Emygdio:

> O sacador pode estabelecer o pagamento da letra de câmbio em lugar diferente do domicílio do sacado (letra domiciliada), bem assim designar um terceiro que deva efetuar o pagamento; se não o fizer, o sacado, no ato do aceite, pode designar esse terceiro, pois o seu silêncio redunda na conclusão de que o próprio aceitante efetuará o pagamento no lugar indicado na letra (art. 4º e 27, al. 1ª, da LUG).
>
> Se o aceite é pagável no domicílio do sacado, este, **no ato do aceite, poderá indicar outro** domicílio para ser efetuado o pagamento, desde que na mesma localidade, o que corresponde ao **aceite domiciliado** (art. 27, al. 2ª, da LUG).
>
> O sacador tem a faculdade de **estipular juros compensatórios** (art. 5º, al. 1ª, da LUG).
>
> O sacador pode **estabelecer o termo inicial da fluência da taxa de juros** (art. 5º, al. 3ª, da LUG), para que não incida a partir da data do saque.
>
> O sacador pode expressar a quantia a ser paga em extenso ou em algarismos (art. 6º LUG).
>
> O sacador pode **exonerar-se da garantia do aceite** (art. 9º, al. 2ª, da LUG).
>
> O sacador pode inserir a cláusula à ordem ou a cláusula não à ordem (art. 11, als. 1ª e 2ª, da LUG).
>
> O **endossante** tem a faculdade de **exonerar-se da garantia de aceitação e do pagamento** da letra (art. 15, al. 1ª, da LUG), bem como **proibir um novo endosso** (art. 15, al. 2ª, da LUG).
>
> O sacador pode **determinar que a letra seja apresentada ao aceite**, com ou sem fixação de prazo (art. 22, al. 1ª, da LUG), ou **proibir a sua apresentação** ao sacado para aceite (art. 22, al. 2ª, da LUG), ou, finalmente, estabelecer que **a apresentação da letra ao aceite não poderá ser efetivada antes de determinada data** (art. 22, al. 3ª, da LUG).
>
> O endossante pode estipular que **a letra deve ser apresentada ao aceite, com ou sem fixação de prazo**, se não for declarada não aceitável pelo sacador (art. 22, al. 4ª, da LUG).
>
> Tratando-se de letra **a tempo certo de vista, o sacador tem a faculdade de reduzir ou aumentar o prazo de sua apresentação ao aceite** do sacado (art. 23, al. 2ª, da LUG), prazo este que é fixado em um ano da data do saque (art. 23, al. 1ª, da LUG).
>
> O **endossante pode apenas reduzir este prazo de apresentação** da letra ao aceite do sacado (art. 23, al. 1ª, da LUG).
>
> O sacado tem a faculdade de **limitar a sua responsabilidade cambiária** a uma parte da importância sacada — *aceite parcial* (art. 26, al. 1ª, LUG).
>
> O **"avalista pode limitar a sua responsabilidade cambiária a uma parte do valor do título"** — *aval parcial* (art. 30, al. 1ª, LUG). Apesar de a regra do art. 897, parágrafo único, do Código Civil estipular o contrário (...).
>
> Na letra com vencimento à vista, o sacador tem a faculdade de estipular a sua apresentação a pagamento em prazo inferior ou superior a um ano (art. 34, al. 1ª, da LUG), ou determinar que não seja apresentada a pagamento antes de certa data (art. 34, al. 2ª, da LUG). O endossante só pode reduzir o prazo de apresentação a pagamento da letra à vista (art. 34, al. 1ª, parte final, da LUG).

Quando a letra tem vencimento com data certa e é pagável em lugar em que o calendário é diferente do lugar de emissão, a alínea 4ª do art. 3º da LUG permite que se **afaste a aplicação das normas das suas alíneas 1ª a 3ª**.

Sacador, endossante ou respectivos avalistas podem inserir na letra **a cláusula *sem protesto*** (art. 46, al. 1ª, da LUG). Esta cláusula autoriza a execução contra os coobrigados mesmo não tendo havido o protesto (se incluída pelo sacador, vincula a todos; se incluída por coobrigado, somente a ele vincula).

O sacador, um endossante ou seus avalistas podem **indicar uma pessoa para, em caso de necessidade, aceitar ou pagar a letra** — *intervenção para aceite ou para pagamento* (art. 55, al. 1ª, da LUG).

12.1.4. Vencimento

A letra de câmbio aceita pelo sacado se torna exigível a partir do seu vencimento. O vencimento pode ser **ordinário ou extraordinário**. Será ordinário quando traduzir o **término de um prazo normal**, ao passo que será extraordinário quando houver a **interrupção daquele prazo previsto, por força de fato anormal**.

A LUG estipula para as letras de câmbio **quatro espécies de vencimento**:

- à vista ou contra-apresentação;
- a dia certo;
- a certo termo de data (da data do saque);
- a certo termo de vista (da data da apresentação para aceite).

Vencimento à vista é o que ocorre no ato de apresentação da letra de câmbio ao sacado. Não há data preestabelecida para o vencimento. A dia certo é o que vence em dia pré-datado pelo sacador, logicamente em data posterior à data do saque. A certo termo da data é a hipótese em que a letra de câmbio tem seu vencimento em dias, semanas ou meses contados da data da própria emissão (saque). A letra a certo termo da vista também vence após um prazo estipulado pelo sacador, mas o *dies a quo* do prazo para vencimento é a data do aceite ou a data do protesto por falta de aceite.

Registre-se que, se houver a **recusa de aceite, ocorrerá o vencimento antecipado** da letra de câmbio, situação em que ela se torna imediatamente exigível contra o seu sacador.

12.1.5. Prazo de apresentação e pagamento da letra

A letra de câmbio deve ser **entregue ao beneficiário**, que, por sua vez, deverá **levá-la ao sacado para que este proceda ao aceite** do título. Tratando-se de letra **a certo termo de vista**, o tomador deve apresentá-la para aceite **no prazo estabelecido no título** ou, caso não haja prazo estabelecido, **dentro de um ano**, contado da data de emissão (art. 23, da Lei Uniforme)[2]. Essa apresentação para aceite **é con-**

[2] TOMAZETTE, Marlon. *Curso de direito empresarial* — Títulos de crédito, 3. ed., v. 2, p. 148.

siderada necessária, como já estudado, pois, do contrário, a letra jamais venceria, sendo **incompatível com tal modalidade de vencimento a cláusula não aceitável**.

Quanto à letra de câmbio **à vista**, o tomador deverá **levá-la para aceite do sacado**, podendo optar por apresentá-la **diretamente para pagamento**, o que deve ser feito em um ano a partir da emissão do título.

Quando apresentada a letra para o aceite, o sacado **deve devolvê-la de imediato**, não podendo retê-la. Contudo, pode pedir que a letra **lhe seja apresentada uma segunda vez, no dia seguinte** ao da primeira apresentação (24 horas depois), no prazo que se convencionou chamar de "**prazo de respiro**" (inteligência do art. 24, da LUG)[3].

Com o vencimento, a letra se torna exigível, quando então deve ser apresentada ao aceitante para pagamento, que deve ser realizado, em princípio, por ele próprio, que é o seu devedor principal[4].

A letra deve ser apresentada para **pagamento no dia do seu vencimento**, salvo se cair em dia não útil, caso em que deve ser apresentada no dia útil seguinte. Vencido o título, caso o tomador não apresente a letra para pagamento, começa a fluir o prazo para protesto, que na letra de câmbio **deve ser feito no dia útil seguinte ao vencimento** (art. 44, da LUG, nos termos do Decreto n. 2.044/1908)[5].

12.1.6. Ressaque

Ressacar traduz-se na faculdade conferida ao portador da letra de câmbio com vencimento à vista, devidamente protestada, para **sacar novamente nova letra de câmbio contra qualquer dos obrigados**, com o fito de substituir a ação regressiva, desde que o título não esteja prescrito[6].

De se destacar que entre o **saque e o ressaque há uma diferença** de efeito singular: o **primeiro nunca obriga o sacado** que não a aceitou, ao passo que **o segundo habilita o beneficiário a intentar contra o sacado**, que não a quis pagar, a própria ação executiva cambial[7].

Esquematizando o vencimento da letra de câmbio:

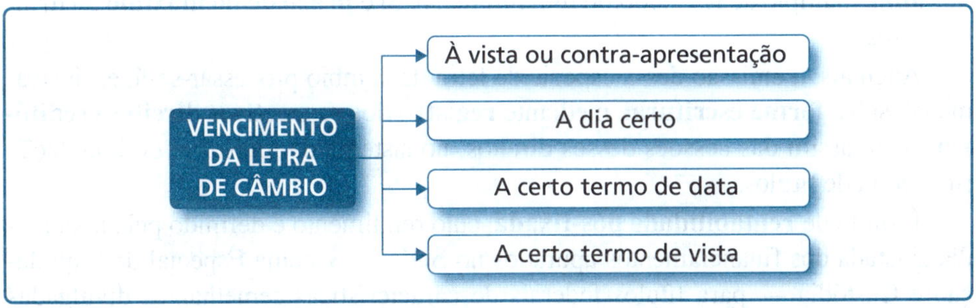

---

3 TOMAZETTE, Marlon. *Curso de direito empresarial* — Títulos de crédito, 3. ed., v. 2, p. 149.

4 TOMAZETTE, Marlon. *Curso de direito empresarial* — Títulos de crédito, 3. ed., v. 2, p. 149.

5 TOMAZETTE, Marlon. *Curso de direito empresarial* — Títulos de crédito, 3. ed., v. 2, p. 149.

6 FAZZIO JUNIOR, Waldo. *Manual de direito comercial,* p. 410.

7 FAZZIO JUNIOR, Waldo. *Manual de direito comercial,* p. 410.

12.1.7. Prescrição

O não pagamento da letra no vencimento legitimará a **execução forçada do crédito** mencionado no título, devendo o credor-exequente observar os **limites temporais** para a execução direta, nos termos do art. 70, da Lei Uniforme. Rememore-se, assim, o quadro sinótico estudado no *item 11.4*:

QUADRO COMPARATIVO DOS PRAZOS PRESCRICIONAIS		
Devedor cobrado	**Prazo prescricional**	**A contar**
Contra aceitante e avalistas	3 anos	Do vencimento
Contra sacador, endossantes e avalistas	1 ano	Do protesto ou do vencimento se houver a cláusula sem despesa
Endossantes uns contra os outros ou contra o sacador	6 meses	Do pagamento da letra ou do ajuizamento de ação contra o endossante

12.1.8. Letra de câmbio financeira

As letras de câmbio financeiras são aquelas que **podem ser emitidas pelas instituições financeiras** que, sob controle do Banco Central (espécie de título público, *item 12.9*), estão autorizadas a sacar, emitir ou aceitá-las (exegese da Lei n. 4.728/65). O valor principal mencionado na letra fica sujeito à **correção monetária**. A letra deve ser emitida por ordem e conta de terceiros.

12.1.9. Letra do Banco Central

Trata-se de título de responsabilidade do Banco Central (espécie de título público, *item 12.9*), emitido com o objetivo de servir de **instrumento de política monetária**. A Resolução n. 1.693/90, com base na Lei n. 4.595/64, permitiu que o Banco Central emitisse esse título de crédito. A letra do Banco Central possui as seguintes **características**: 1) **denominação: letra** do Banco Central do Brasil (LBC); 2) **valor nominal**: múltiplo de R$ 1.000,00 (um mil reais); 3) e **prazo de no máximo 30** (trinta) meses.

Ademais, a emissão dessa espécie de letra de câmbio processar-se-á, exclusivamente, sob a **forma escritural**, mediante **registro dos respectivos direitos creditórios**, bem assim das cessões desses direitos, no sistema de registro e de liquidação financeira de títulos.

É título de **rentabilidade pós-fixada**, cujo rendimento é definido pela taxa média ajustada dos financiamentos apurados no **Selic** — Sistema Especial de Liquidação e Custódia — para títulos federais de características semelhantes divulgadas pelo Banco Central do Brasil, calculado sobre o valor nominal e pago no resgate do título. É negociada no mercado aberto (fora das bolsas de valores), por intermédio de instituições autorizadas a operar nos mercados financeiros, nos moldes preconizados pelas Leis ns. 4.595/64 e 4.728/65[8].

---

8 FAZZIO JUNIOR, Waldo. *Manual de direito comercial*, p. 416.

12.1.10. Letra do Tesouro Nacional

Consiste em um título de crédito público (*item 12.9*), de responsabilidade do tesouro nacional, **emitida para a cobertura de déficit orçamentário**, assim como para a realização de operações de crédito por **antecipação de receita**, observados os limites fixados pelo poder legislativo.

É emitida pelo Tesouro Nacional, com prazo mínimo de 35 (trinta e cinco) dias, sob a forma escritural, mediante **registro dos respectivos direitos creditícios**. É negociada no **mercado aberto**, por intermédio de instituições autorizadas a operar nos mercados financeiros. A negociação no mercado primário se opera por intermédio de ofertas públicas pela Secretaria do Tesouro Nacional — STN, que divulgará, com antecedência mínima de 1 (um) dia útil, os editais contendo as condições específicas de cada leilão, com acesso direto e exclusivo para as instituições financeiras integrantes do Selic e do respectivo crédito à conta do tesouro nacional.

12.1.11. Letra financeira do tesouro

Trata-se de título de responsabilidade do tesouro nacional brasileiro (espécie de título público, *item 12.9*). É emitida com o escopo de prover os recursos necessários para a cobertura de déficit orçamentário ou para a realização de operações de crédito por antecipação de receita orçamentária, observados os limites fixados pelo poder legislativo, exclusivamente sob a forma escritural e nominativa, sendo transmissível somente por endosso em preto (Lei n. 12.249/2010).

12.1.12. Letra hipotecária

Traduz título de crédito de emissão privativa das instituições que atuam na concessão de financiamentos com recursos do Sistema Financeiro de Habitação. É lastreada em crédito imobiliário e garantida pela caução de créditos hipotecários, conferindo aos seus tomadores direito de crédito pelo valor nominal, atualização monetária e os juros nela estipulados[9].

Deverá atender aos seguintes **requisitos**:

- **Nome da instituição** financeira emitente e as assinaturas de seus representantes, admitida a chancela mecânica.
- Número de ordem, local e data de emissão.
- Denominação: letra hipotecária.
- Valor nominal e data de vencimento.
- **Forma, periodicidade e local de pagamento** do principal, da atualização monetária e dos juros.
- **Juros**, que poderão ser fixos ou flutuantes.

[9] FAZZIO JUNIOR, Waldo. *Manual de direito comercial*, p. 418.

- **Identificação dos créditos** hipotecários caucionados e seu valor.
- **Nome do titular** e a declaração de que a letra é **transferível por endosso**, se endossável.
- Será **sempre nominativa**, somente se admitindo a **transferência por endosso em preto**. O endossante do título hipotecário **responde pela veracidade do título**, mas contra ele não será admitido direito de cobrança regressiva.

12.1.13. Letra incompleta ou em branco

A letra de câmbio será **completa sempre que contiver todos os requisitos essenciais** de validade. Se **carecer de algum dos requisitos** legais de validade, será denominada letra de câmbio **em branco ou incompleta**.

Há entendimento no sentido de que a letra de câmbio será considerada em branco quando o sacador omitir no título determinada indicação para futuro preenchimento. Por seu turno, **incompleta é a letra de câmbio na qual o sacador, involuntariamente, omite certo elemento**, que dela deveria constar[10]. Cumpre registrar que a **letra de câmbio incompleta é ineficaz, e não nula**. Em outro giro, embora a lei exija o respeito aos requisitos formais previstos em lei, o título de crédito existirá mesmo quando não preencher todos os requisitos exigidos, pois **no momento da exigência do pagamento pelo sacador é que será verificada a presença dos requisitos essenciais** à sua eficácia. Eis por que o título **pode surgir incompleto e ser preenchido posteriormente** por outra pessoa que não o sacador[11], salvo no que diz respeito à assinatura, que é requisito cambiário mínimo.

Assim, **ressalvada a ausência de assinatura, a letra de câmbio será válida mesmo que incompleta ou em branco**, embora ineficaz como título executivo. E não é nula, porque pode ser preenchida após sua emissão. Uma vez preenchida, antes da cobrança ou do protesto, torna-se, também, eficaz, nos exatos termos da Súmula 387 do STF: "A cambial emitida ou aceita **com omissões, ou em branco**, pode ser completada pelo credor de boa-fé antes da cobrança ou do protesto".

12.2. NOTA PROMISSÓRIA

12.2.1. Noções preliminares

Como já destacamos, no estudo histórico dos títulos de crédito, a **nota promissória deita raízes na Idade Média**, especificamente **na *cautio***, que era um documento emitido por banqueiro, **reconhecendo a dívida** que contraíra junto ao mercador em uma cidade e prometendo pagar o valor equivalente em outra cidade. A finalidade da *cautio* era de facilitar a operação de crédito **trajectício, removendo o risco do transporte da moeda** de uma cidade para outra.

---

10 ROSA JÚNIOR, Luiz Emygdio da. *Títulos de crédito*, 4. ed., p. 148-149.

11 ROSA JÚNIOR, Luiz Emygdio da. *Títulos de crédito*, 4. ed., p. 153.

Nesse passo, a *cautio* é mencionada como o documento do qual se originou a nota promissória. Em síntese, a **nota promissória é uma promessa de pagamento**. Traduz-se em um título de crédito abstrato, formal, pelo qual uma pessoa, denominada emitente, faz a outra, denominada beneficiária, **um compromisso escrito de pagamento** de certa soma em dinheiro, à vista ou a prazo, em seu favor ou de outrem à sua ordem, nas condições dela constantes. Note-se que na nota promissória **intervêm dois sujeitos**: o **emitente (promitente)**, que promete o pagamento; e o **beneficiário (tomador)**, em favor de quem a promessa é feita. A promessa de pagamento é feita a pessoa indeterminada, mas àquela que no vencimento for a portadora do título. **Não intervém a figura do sacado e também não há se falar em aceite**. A nota promissória é abstrata, porque a lei que a instituiu **não estabelece as causas para a sua emissão**. É também formal, porque sua validade fica condicionada ao atendimento dos requisitos essenciais, previstos em lei.

■ 12.2.2. Requisitos

Assim, a nota promissória deve **atender aos requisitos** previstos em lei, sem os quais não terá valor como título de crédito. São eles (art. 75, da LUG):

- a **expressão nota promissória** — cláusula cambial;
- a **promessa pura e simples de pagar** determinada quantia — sem condições ou encargos;
- o **nome do beneficiário** — não se admite a nota promissória ao portador;
- a **data de emissão** — requisito essencial para que se possa avaliar a **capacidade do emitente ao tempo da emissão**, assim como para a contagem de prazos, como o de vencimento[12];
- **a assinatura do emitente** — de próprio punho ou por intermédio de procurador com poderes especiais.

Além dos requisitos essenciais, Marlon Tomazette faz referência a **dois** requisitos cuja ausência pode ser suprida — **requisitos supríveis** —, quais sejam:

- o **local da emissão**: a normativa regente admite o suprimento por um **local indicado ao lado do nome do emitente**, normalmente seu endereço. A LUG presume que a nota promissória que não contenha indicação do lugar onde foi passada tenha sido emitida no lugar designado ao lado do nome do emitente. Deve, contudo, haver ao menos uma das indicações, ou do local da

[12] Flexibilizando esse requisito legal, decidiu o STJ: Informativo 409: "A jurisprudência pacífica deste Superior Tribunal entende que a ausência da indicação expressa da data de emissão descaracteriza a nota promissória como título executivo. Contudo, na espécie, a falta foi suprida pela própria recorrente, que afirma expressamente a data em que foi emitida. Assim, não há qualquer dúvida quanto à data de vencimento, caracterizando-se um exagero formal declarar a nulidade da nota promissória no caso. Logo, a Turma não conheceu do recurso" (REsp 988.328/MG, Rel. Min. Fernando Gonçalves, julgado em 01/10/2009).

emissão ou do local próximo ao nome do emitente, sob pena de invalidade do título;

- **local de pagamento**: diante da falta de indicação do local onde o emitente deve honrar a promessa que foi feita, considera-se o **lugar onde o título foi passado**.

12.2.3. Vencimento

A **data do vencimento não é requisito**, pois a LUG estabelece que, quando ausente, a nota promissória deve ser **considerada à vista**. No entanto, a nota promissória emitida **com duas datas de vencimento é nula**, por força da dicção do art. 77 c/c art. 33 da LUG, segundo a qual as notas promissórias, **quer com vencimentos diferentes, quer com vencimentos sucessivos**, são nulas. Outra não é a posição do STJ. Confira-se:

> Informativo 431: NOTA PROMISSÓRIA VALIDADE. A nota promissória emitida com duas datas de vencimento distintas é nula, não se aplicando, por analogia, o art. 126 do CPC, uma vez que ela somente será aplicada quando houver lacuna na lei. No presente caso, há lei específica sobre o tema, qual seja, **o art. 55, parágrafo único, do Dec. n. 2.044/1908, bem como o art. 77 c/c o 33 do Dec. n. 57.663/1966**[13].

De se destacar que o **preenchimento dos requisitos legais essenciais** da nota promissória não deve ser aferido no momento em que ela é subscrita. A sua validade ou não deve ser apurada **no momento em que o título é exigido**. Portanto, a nota promissória pode ser emitida **em branco ou incompleta**, situação em que caracterizará **mandato tácito**, permitindo que o portador, nomeado ou não, preencha as lacunas, desde que o faça **antes de apresentá-lo à cobrança**. Assim, se ajuizada demanda judicial de execução da nota promissória, e dela não constar, por exemplo, o nome do beneficiário, não será mais possível suprir a ausência, razão por que a execução estará predestinada ao insucesso. Em sintonia com tal entendimento, eis o teor do enunciado **sumular 387 do STF**: "A cambial emitida ou aceita com omissões, ou em branco, pode ser completada pelo credor de boa-fé antes da cobrança ou do protesto". Não se admite, no entanto, abuso de direito no momento de preencher as lacunas, pois o **art. 891 do Código Civil** vigente **veda o preenchimento do título em desconformidade** com os ajustes prévios. Forçoso convir que as lacunas não podem ser utilizadas para salvaguardar o abuso de direito. Resguardando-se, obviamente, o terceiro de boa-fé, a quem não poderá ser oposto o abuso de direito ou o **descumprimento dos ajustes prévios**. É o que reporta o parágrafo único do mesmo artigo.

Esquematizando os requisitos da nota promissória:

---

13 STJ, REsp 751.878/MG, Rel. Min. Aldir Passarinho Junior, 4ª Turma, julgado em 20/04/2010.

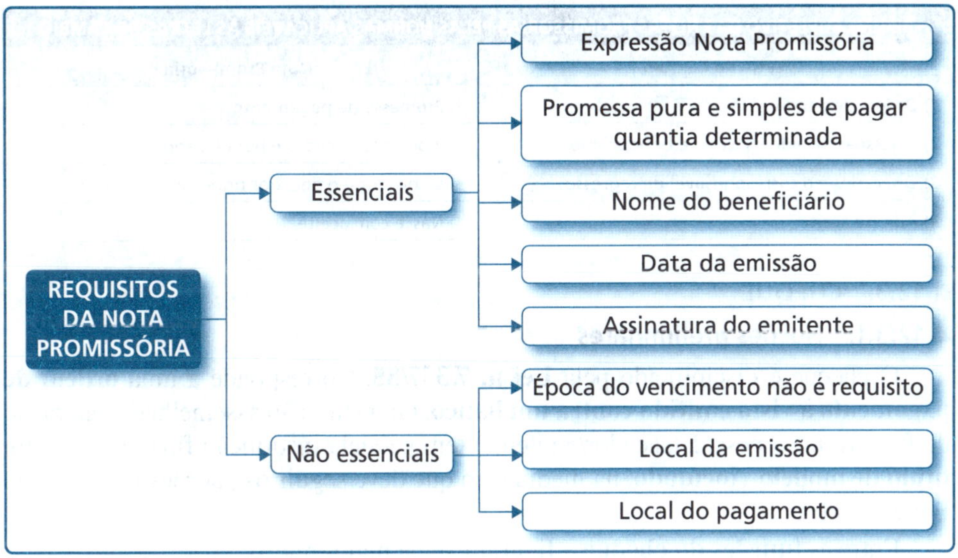

Em outro giro, é recorrente a **vinculação da nota promissória a determinado contrato**, especialmente nos negócios que envolvem as instituições financeiras. Sobre o tema, confiram-se as seguintes súmulas do STJ:

> **STJ Súmula n. 26 — 12/06/1991 — *DJ* 20/06/1991** — O avalista do título de crédito vinculado a contrato de mútuo também responde pelas obrigações pactuadas, quando no contrato figurar como devedor solidário.
>
> **STJ Súmula n. 258 — 12/09/2001 — *DJ* 24/09/2001** — A nota promissória vinculada a contrato de abertura de crédito não goza de autonomia em razão da iliquidez do título que a originou.

■ 12.2.4. Prescrição

A nota promissória, quanto à pretensão executória, prescreverá em 3 (três) anos, relativamente ao emitente e aos seus avalistas, e em 6 (seis) meses quanto à pretensão dos endossantes de efetuar cobranças uns contra os outros. E será de um ano a prescrição da pretensão do portador contra o endossante. Esquematizando os prazos prescricionais da nota promissória:

NOTA PROMISSÓRIA E OS DIFERENTES PRAZOS PRESCRICIONAIS	
Prazo de Prescrição — Pretensão Executória	**Contra Quem Corre**
■ 3 (três) anos	■ Emitente e avalistas
■ 1 (um) ano	■ Endossantes e avalistas
■ 6 (seis) meses	■ Endossante contra endossantes e avalistas

À nota promissória aplica-se o **regime jurídico a que se submete a letra de câmbio**, analisado nos itens anteriores. Porém, há distinções substanciais entre os dois títulos. Confira-se:

REGIME SUPLETIVO DAS NOTAS PROMISSÓRIAS PELAS NORMAS APLICÁVEIS ÀS LETRAS DE CÂMBIO	
Letra de Câmbio	**Nota Promissória**
1) Ordem de pagamento	1) Promessa de pagamento
2) 3 pessoas: sacador, sacado e beneficiário	2) 2 pessoas: sacador e beneficiário
3) O sacador é o corresponsável de regresso	3) O sacador é o devedor principal
4) Admite aceite	4) Nasce com aceite

12.3. CHEQUE

12.3.1. Noções preliminares

O cheque é disciplinado pela **Lei n. 7.357/85**. Corresponde a uma **ordem de pagamento à vista emitida contra um banco**, ou instituição assemelhada, em razão de fundos que a pessoa (sacador/emitente) tem naquela instituição financeira. É um **título de modelo vinculado**, na medida em que deve seguir os padrões fixados pelo Banco Central.

Entre as **funções do cheque**, afiguram-se de maior relevo:

a) corresponder a meio de pagamento à vista, viabilizando a sua utilização como instrumento de retirada de fundos pelo emitente ou por terceiro;
b) permitir que **sejam efetuados pagamentos a distância** pelo envio do título sacado em uma praça para ser pago em outra;
c) evitar a circulação da própria moeda fiduciária, acarretando economia de tempo e gastos e afastando os riscos do transporte de valores em dinheiro; e
d) servir de instrumento de comprovação de pagamentos.

Esquematizando as **funções do cheque**:

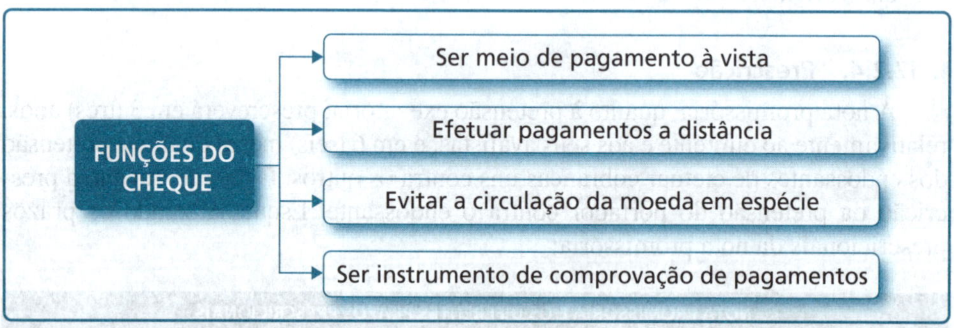

12.3.2. Características

Segundo Luiz Emygdio[14], o cheque apresenta as **seguintes características**:

- corresponde a ato de natureza comercial;
- tem natureza de bem móvel;

14 ROSA JÚNIOR, Luiz Emygdio da. *Títulos de crédito*, 4. ed., p. 515-516.

- é emitido, em regra, *pro solvendo*[15];
- corresponde a documento formal;
- classifica-se como título abstrato;
- traduz título de apresentação;
- trata-se de título que pode ser emitido nominal ou ao portador, com ou sem a cláusula à ordem;
- deve observar os princípios cambiários; e
- é à vista sempre.

Esquematizando as características do cheque:

---

[15] Pode assumir a feição de *pro soluto* se, por exemplo, for mencionada na cártula a sua causa e for efetuado o pagamento ao beneficiário ou em favor de quem este endossou (art. 28, parágrafo único, da Lei do Cheque).

No cheque intervêm, a princípio, **três sujeitos: emitente, sacado e beneficiário.** O **emitente** é aquele **de quem provém a ordem** ao sacado para que efetue o pagamento, em razão dos fundos disponíveis na conta de depósito mantida junto a este último. O **sacado**, por seu turno, é **aquele a quem é dada a ordem** de efetuar o pagamento em favor do beneficiário. O **beneficiário** é aquele que **receberá o valor** mencionado no título. De se destacar que o **sacado não integra a relação jurídico-cambiária**, pois **não é devedor cambiário**. Eis por que **não se admite aceite** no cheque, que, se for escrito, considera-se inexistente. Por esse motivo, o sacado não pode figurar como réu em uma ação cambiária, tampouco em uma ação de enriquecimento sem causa (art. 61, da Lei do Cheque). As relações jurídicas **entre o sacado e o emitente (sacador) e entre o sacado e o beneficiário não são cambiárias**, mas sim relações regidas pelo direito comum, de modo que as ações eventualmente opostas entre eles serão extracambiárias.

12.3.3. Requisitos

Os requisitos de validade do cheque são:

- a **denominação cheque** (cláusula cambiária);
- a **ordem incondicional** de pagar quantia determinada;
- o **nome do banco** ou da instituição financeira que deve pagar (sacado);
- a indicação do **lugar do pagamento**;
- a indicação da **data** e do **lugar da emissão**;
- a **assinatura do emitente**.

O primeiro requisito, denominado cláusula cambiária, é a denominação para a **identificação do título**, escrito em língua vernácula. O segundo requisito exprime a ideia segundo a qual **não pode haver condição ao pagamento do cheque**, que consubstancia ordem de pagamento à vista. Ademais, o cheque deve indicar a **quantia em algarismos e por extenso**, de modo que, havendo **divergência, prevalece esta última** forma de indicação. A quantia determinada deve corresponder à moeda corrente do respectivo país. O cheque deve também expressar o **nome do sacado**, é dizer, do **banco ou da instituição financeira** a quem se ordena o pagamento. O sacado é, pois, a instituição financeira na qual o emitente mantém **uma conta bancária em que haja fundos disponíveis** para satisfazer o crédito constante do saque. A cártula de cheque deve igualmente estampar o **lugar de pagamento**, ou seja, a sede do banco ou da instituição financeira na qual o emitente possui sua conta bancária. Trata-se de **requisito não essencial**, na medida em que, se não houver a sua indicação, será o **lugar lançado ao lado do nome do sacado**. A **data de emissão é de suma importância no cheque**, porquanto a partir dela conta-se o **prazo para apresentação** do cheque ao sacado e, consequentemente, o **prazo de prescrição** da ação de execução correlata. A data deve contemplar o dia, o mês e o ano, de modo que apenas o mês deve ser grafado por extenso. É **inválido o cheque que contenha data incompleta ou inexistente**[16].

[16] COSTA, Wille Duarte. *Títulos de crédito*, p. 326.

O **lugar da emissão** é relevante para fixar o **prazo para apresentação**, que terá início na data da emissão e será de **30 dias, se pago na própria praça** de emissão, e de **60 dias, se em outro lugar** do país ou exterior. A **assinatura do emitente** (sacador) ou de **seu mandatário com poderes especiais** é indispensável. A ausência de assinatura é requisito que só pode ser suprido posteriormente pelo próprio emitente, pois na medida em que for suprida pelo portador configura-se o crime de falsificação. Registre-se que a assinatura do emitente **não pode se efetivar a rogo**, ou seja, ser feita por terceiro a pedido daquele que devia assinar. Tampouco se admite a assinatura digital.

Esquematizando os **requisitos do cheque**:

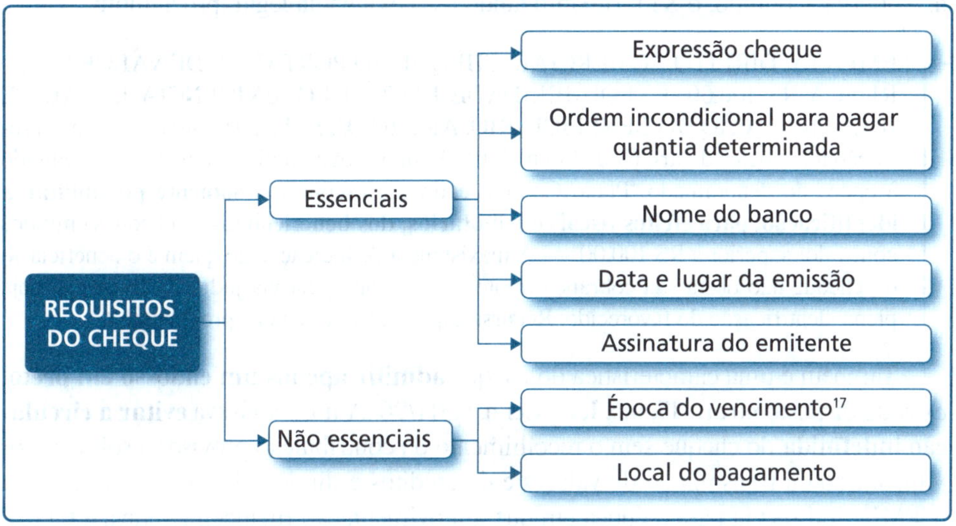

A lei do cheque, Lei n. 7.357/85, estabelece que o emitente **deve contar com provisão de fundos em poder do sacado** e estar autorizado, por contrato expresso ou tácito, a sobre eles emitir cheque. A lei acrescenta que a infração desses preceitos não prejudica a validade do título como cheque. Fundos disponíveis são quaisquer valores postos à disposição do correntista (sacado). Consideram-se **fundos disponíveis**:

- os **créditos existentes em conta** bancária não subordinados a termo;
- o **saldo exigível** de **conta corrente contratual**; e
- a soma proveniente de **abertura de crédito**.

[17] A época do vencimento não corresponde a requisito essencial, tanto que, apesar de eventual pós-datação, como se explanará no *item 12.3.4.12*, o cheque continuará como ordem de pagamento à vista, como expressamente se lê no art. 32 da Lei n. 7.357/85: "Art. 32 O cheque é pagável à vista. Considera-se não escrita qualquer menção em contrário. Parágrafo único — O cheque apresentado para pagamento antes do dia indicado como data de emissão é pagável no dia da apresentação".

A existência de **fundos disponíveis** deve ser avaliada **no momento da apresentação** do cheque para pagamento ao sacado (Lei do Cheque, art. 4º, § 1º), e **não no momento de sua emissão**.

Os cheques **se classificam**, ainda, em:

- ao portador; e
- nominais.

Em regra, a legislação não admite a emissão de cheque ao portador, salvo se o **valor mencionado não for superior a R$ 100,00** (cem reais)[18]. Portanto, cheques **acima desse valor devem ser emitidos nominalmente**, por força do art. 69 da Lei n. 9.069/95. Contudo, o STJ, flexibilizando essa exigência legal, proclamou:

> EMENTA: DIREITO COMERCIAL. CHEQUE AO PORTADOR DE VALOR SUPERIOR A R$ 100,00. EXEQUIBILIDADE DO TÍTULO. EXIGÊNCIA LEGAL DE IDENTIFICAÇÃO DO BENEFICIÁRIO. ART. 69 DA LEI N. 9.069/95. — A interpre--tação teleológica do art. 69 da Lei n. 9.069/95 indica que tal dispositivo legal foi editado à época do denominado 'Plano Collor', tendo por escopo **tão somente possibilitar a identificação, para efeitos fiscais e tributários, dos beneficiários** de cheques emitidos com valor superior a R$ 100,00. — A inexistência de indicação de quem é o beneficiário do cheque não obsta sua cobrança frente ao emitente, pela via judicial, desde que haja plena identificação do favorecido. Recurso especial a que se nega provimento[19].

Também é uma característica do cheque **admitir apenas um endosso em preto**, *ex vi* do disposto no art. 17, inc. I, da Lei n. 9.311/96. A norma visava **evitar a circulação indefinida** do cheque sem o recolhimento da contribuição provisória sobre a movimentação ou transmissão de valores e de créditos e direitos de natureza financeira (CPMF). Tal serviu para a época em que a movimentação financeira gerava a CPMF para os cofres do Estado e **auxiliava a identificação do patrimônio** dos brasileiros.

12.3.4. Tipologia

12.3.4.1. Cheque ao portador

Cheque ao portador é aquele no qual, no ato de sua criação, o sacador preenche o **espaço destinado à identificação do beneficiário da emissão com a expressão ao portador**, ou com outra expressão análoga, ou simplesmente o **deixa em branco**. Nesse caso, o título circula por mera tradição[20].

12.3.4.2. Cheque à ordem

A emissão do título também pode **expressar o seu beneficiário** com ou sem cláusula à ordem (art. 8º, inc. I, da Lei n. 7.357/85). Não é necessário que esteja ex-

[18] Lei n. 8.021/90, revogada pela Lei n. 9.069/95 (art. 69).

[19] STJ, REsp 908.251/SC, Rel. Min. Nancy Andrighi, 3ª Turma, julgado em 01/10/2009, *DJe* 19/10/2009.

[20] MAMEDE, Gladston. *Direito empresarial brasileiro:* títulos de crédito, 2. ed., v. 3, p. 259.

pressa a cláusula à ordem na cártula, na medida em que, se não houver disposição em sentido contrário, presume-se que a referida cláusula esteja presente e, por isso, o beneficiário do título pode transferi-lo por meio de endosso a terceiros, ante o atributo de a **negociabilidade ser cláusula natural** de todo título de crédito.

Como estudamos em linhas volvidas, a existência de **cláusula não à ordem** impede a transferência do título por simples endosso, mas permite a transferência do direito ao crédito nele contido por **cessão de crédito**.

■ 12.3.4.3. *Cheque por conta de terceiro*

A normativa regente, art. 9º, inc. II, da Lei do Cheque, admite que o sacador emita **ordem de pagamento por conta de um terceiro**, ou seja, determinando que o pagamento seja feito utilizando-se os **fundos disponíveis na conta de um terceiro**. Essa possibilidade **deve ser aposta no cheque**, por exemplo, pela fórmula "pague por este cheque, por conta de José da Silva, a quantia de R$ 1.000,00"[21].

Só é possível a emissão de cheque por conta de terceiro se o **emitente estiver autorizado, pela instituição** financeira respectiva, a criar o cheque. Em outras palavras, tal modalidade de cheque pressupõe acordo prévio entre emitente e instituição financeira, pois a emissão em casos de ausência de ajuste prévio pode implicar em responsabilidade civil e, até mesmo, em responsabilidade criminal.

■ 12.3.4.4. *Cheque visado*

Nessa modalidade, o banco sacado, a pedido do emitente ou do beneficiário nomeado na cártula, lança e assina no verso do título declaração certificando a existência de fundos suficientes, no valor do título, os quais ficarão reservados para a liquidação do cheque, pelo prazo para a apresentação do título — art. 7º, da Lei n. 7.357/85. A declaração lançada obriga o banco sacado a debitar à conta do emitente a quantia mencionada no cheque e a reservá-la em benefício do portador indicado, durante o prazo de apresentação, garantindo-se que tais fundos disponíveis não sejam utilizados para outros fins.

Fora do prazo de apresentação, a quantia que estava bloqueada volta a ficar disponível ao correntista, porquanto, **fora do prazo de apresentação, perde-se a certeza do visto**. O cheque visado traduz mais segurança, pois não só revela a existência de saldo, como também assegura que esse **saldo estará separado para saldar aquele cheque**[22]. Para que haja o visto no cheque, é necessária a sua **apresentação ao sacado antes da apresentação para pagamento** e também que o cheque seja **nominal** e ainda **não tenha circulado por endosso**.

Esquematizando:

---

[21] MAMEDE, Gladston. *Direito empresarial brasileiro:* títulos de crédito, 2. ed., v. 3, p. 261.

[22] MAMEDE, Gladston. *Direito empresarial brasileiro:* títulos de crédito, 2. ed., v. 3, p. 263.

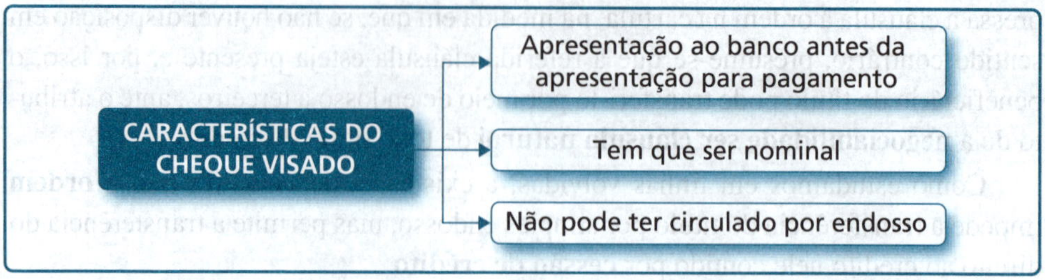

Registre-se, por oportuno, que o banco que **lança o visto não se torna um participante** da relação cambiária, como devedor, garantidor ou avalista do cheque, de modo que se falhar no bloqueio da quantia mencionada no cheque poderá ser demandado por perdas e danos com base no direito comum, mas **não poderá ser executado com base no título**.

■ *12.3.4.5. Cheque cruzado*

O cheque cruzado é aquele no qual são **apostas duas linhas paralelas entre si em seu anverso**. Nesse caso, o cheque é pago somente por meio de **compensação**. Em outras palavras, o cheque **tem que ser depositado**, porque o sacador não pode simplesmente apresentá-lo ao caixa do banco e exigir a entrega do papel-moeda em valor correspondente à quantia sacada.

O ato de cruzar pode ser praticado **pelo emitente/sacador e também pelo sacado**. É usual que o cruzamento seja lançado na diagonal, com inclinação para a direita, mas não há uma exigência legal nesse sentido, pelo que também pode dar-se na vertical.

Trata-se de um **ato irretratável**. Ademais, o **banco fica a ele vinculado**, de modo que poderá ser responsabilizado civilmente se desrespeitar a sua característica.

O ato de cruzar o cheque tem por finalidade conferir **mais segurança** tanto ao emitente quanto ao portador nos casos de roubo, furto ou extravio do título, já que exigem o depósito e é inverossímil que aquele que roubou ou furtou o título o deposite. Ora, se ocorrer o depósito nos casos de roubo e furto, **será possível identificar o depositante** para fins de eventual responsabilidade civil e criminal.

O cheque **pode ser cruzado**: a) **em preto ou especial**: quando, dentro das duas linhas paralelas, **indicar-se qual o banco sacado** no qual deverá ser compensado, hipótese em que só naquele banco poderá ser depositado e compensado o cheque; ou b) **em branco ou geral**: quando então poderá ser compensado em **qualquer banco**.

■ *12.3.4.6. Cheque para ser creditado em conta*

A lei do cheque também permite a emissão do **cheque para ser creditado em conta**, que não pode ser pago em dinheiro. O cheque grafado com essa cláusula deverá ser obrigatoriamente creditado em conta. Para caracterizar essa modalidade de cheque, basta que se lance em sua face (anverso), em posição transversal, a cláusula "para ser creditado em conta", ou outra equivalente, como "para se levar em conta".

A inutilização da cláusula reputa-se inexistente. Eis por que cheque dessa modalidade **rejeita a cláusula à ordem e não pode ser endossado ou transferido**, por qualquer meio, a terceiros. Ressalvada a possibilidade de cessão de direitos.

■ *12.3.4.7. Cheque administrativo*

Nesta modalidade, o **emitente do cheque é o próprio banco sacado**. Nesse caso, há uma espécie de compra do cheque administrativo, que será entregue aos credores, dando-lhes mais segurança, pois não se afigura provável que um banco não tenha fundos disponíveis para cobrir o cheque. Os particulares comparecem ao banco e solicitam a emissão de um cheque pelo próprio banco, que, ao emitir o cheque, transfere os valores da conta do interessado para outra conta de sua titularidade e entrega a ele o cheque no valor respectivo[23]. **Não é disciplinado pela lei do cheque.** Conta com normativos do próprio sistema financeiro gerido pelo Banco Central.

■ *12.3.4.8. Cheque especial*

Trata-se de um **cheque vinculado a um contrato de abertura de crédito em conta corrente**, pelo qual o banco se obriga a colocar à disposição do emitente do cheque certa importância pecuniária, facultando-lhe a utilização desta soma, no todo ou em parte, para cobrir emergências, inclusive no pagamento de cheques.

■ *12.3.4.9. Cheque viagem ou cheque de turismo — "traveler's check"*

O *traveler's check* representa um instrumento de **troca de moeda**, é dizer, trata-se de cheques que podem ser sacados em estabelecimentos sediados tanto no território nacional quanto **no estrangeiro**, quando o emitente estiver em viagem. Por medidas de segurança, **não são negociáveis**, apesar de aceitos por hotéis internacionais e companhias de turismo[24]. Nessa modalidade, há um seguro que garante o interessado no caso de perda, furto ou roubo do título.

O *traveler's check* somente pode ser **emitido por bancos autorizados**, art. 1º da Circular n. 237/63 do Banco Central. Na cártula, devem ser apostas **duas assinaturas**, uma no momento de recebimento no banco e outra para o desconto no exterior, com a finalidade de garantir autenticidade para quem vai pagar o cheque, pois será possível identificar o beneficiário.

■ *12.3.4.10. Cheque postal*

Essa modalidade de cheque, **muito difundida na Europa**, surgiu em 1884, com a promulgação da lei austríaca sobre o serviço de conta corrente e pagamento a cargo de organização postal[25]. O Decreto n. 57.595/66 (Lei Uniforme do Cheque) admite,

---

[23] TOMAZETTE, Marlon. *Curso de direito empresarial* — Títulos de crédito, 3. ed., v. 2, p. 248.

[24] ALMEIDA, Amador Paes de. *Teoria e prática dos títulos de crédito*, 19. ed., p. 172.

[25] ROSA JÚNIOR, Luiz Emygdio da. *Títulos de crédito*, 4. ed., p. 625.

em seu art. 30 (anexo II), a emissão de cheque postal[26], pelo qual **os correios, por suas agências, fazem as vezes de bancos**, pagando os cheques contra eles emitidos. De modo semelhante, a Lei n. 7.357/85 (art. 66) admite a figura do **cheque postal**, de acordo com legislação especial a respeito, sendo de se destacar os serviços de transferências de valores efetuados **por meio dos correios** e nos termos da Lei n. 6.538/78.

Portanto, os cheques postais caracterizam-se por serem emitidos pelas agências dos correios em decorrência de **prévio depósito em conta junto à administração postal**[27].

■ 12.3.4.11. *Cheque fiscal*

Esses cheques são **emitidos pela administração pública para devolver imposto de renda** de pessoa física recolhido a maior, na retenção na fonte, visando a evitar o enriquecimento sem causa da União.

Essa modalidade de cheque, autorizada pelo Decreto n. 57.595/66, é regida por **legislação especial**, especificamente por instruções do Ministério da Fazenda. Com efeito, a restituição, denominada no ramo tributário de repetição de indébito, pode se operar por meio dos cheques fiscais.

■ 12.3.4.12. *Cheque pós-datado*[28]

Como vimos anteriormente, o cheque é ordem de pagamento à vista. Contudo, tornou-se **praxe comercial** a emissão de cheque para **pagamento em data futura**, que passou a ser denominado cheque pré-datado.

Especialmente nas relações de consumo, é bastante comum que os fornecedores, com vistas a implementar seus negócios e facilitar a disponibilização do crédito aos seus clientes, aceitem **dividir o preço das mercadorias em prestações**, mediante aquilo que no comércio vulgarmente se denomina **cheques *pré-datados*.** Veja-se que, nesse caso, **em paralelo** ao ato de emissão de um título de crédito, **temos um contrato firmado entre fornecedor e consumidor**, pelo qual aquele se compromete a **apresentar o cheque somente na data predeterminada**, geralmente mediante a aposição, no próprio título, da indicação "bom para tal data", ou a anexação de um bilhete grampeado no título com essa indicação ou indicação assemelhada[29].

Constata-se, assim, que o cheque **mantém-se intacto, enquanto título de crédito** e ordem de pagamento à vista, ocorrendo, paralelamente à emissão do título, um **contrato verbal de obrigação de não fazer**, no qual o beneficiário da cártula promete abster-se de cobrá-la antes da data pactuada.

---

[26] ALMEIDA, Amador Paes de. *Teoria e prática dos títulos de crédito*, 19. ed., p. 173.

[27] ROSA JÚNIOR, Luiz Emygdio da. *Títulos de crédito*, 4. ed., p. 626.

[28] Popularmente conhecido como "cheque pré-datado". Nomenclatura, entretanto, juridicamente incorreta, como se verá.

[29] BERTOLDI, Marcelo M.; RIBEIRO, Márcia Carla Pereira. *Curso avançado de direito comercial*, 3. ed., p. 449.

A terminologia **cheque pré-datado recebe críticas** contundentes de parcela da doutrina, que **prefere a denominação pós-datado**, surgindo, por isso, dúvidas quanto à expressão mais adequada. Segundo **Luiz Emygdio, há uma distinção entre o cheque pré-datado e o cheque pós-datado**, porque naquele se apõe uma data de emissão anterior à data efetiva, ao passo que neste se insere uma data futura[30].

Por seu turno, **Marlon Tomazette pontua que as expressões são sinônimas**, pois, ao se falar em cheque pré-datado, pretende-se designar que a data de pagamento combinada foi inserida antes do dia em que o cheque deveria ser efetivamente emitido. Contudo, a pós-datação traduz a inserção de uma data posterior à data da efetiva emissão do título, opinião que, a nosso ver, revela-se adequada, pelo qual utilizaremos as expressões como sinônimas. Apesar da criação prática do cheque pós-datado, o **cheque continua a ser pagável à vista**, segundo exegese do art. 32 da Lei n. 7.357/85. Logo, o **credor desse título poderá exigir o seu pagamento** assim que ele for apresentado ao banco sacado. Entretanto, a **apresentação antecipada de cheque pré-datado caracteriza dano moral**, nos termos do **enunciado sumular 370 do STJ** ("Caracteriza dano moral a apresentação antecipada de cheque pré-datado"), porque malfere o princípio da boa-fé objetiva ao desrespeitar ajuste obrigacional firmando entre emitente e beneficiário.

O art. 32 da Lei n. 7.357/85 estabelece: "O cheque é pagável **à vista**. Considera-se **não escrita qualquer menção em contrário**". A interpretação literal desse dispositivo de lei sugere que não se admite a figura do cheque pré-datado. No entanto, essa **regra se dirige apenas ao sacado**, não afetando a relação entre emitente e beneficiário, motivo por que estes possuem ampla autonomia e podem acordar data futura para a apresentação do cheque. Destarte, a pós-datação, conquanto não produza, *ex vi legis,* efeitos cambiários, **vincula as partes** (emitente e beneficiário) que assim ajustaram validamente[31]. Desse modo, o banco deve depositar de plano o cheque quando lhe for apresentado, considerando sempre o dia da emissão, **ainda que anotada na cártula data futura**.

Pode-se afirmar que a pós-datação é lícita e os cheques assim emitidos conservam a sua validade, permanecendo íntegros e investidos de idoneidade para aparelhar execução. Continuam, demais disso, a admitir aval, endosso e todos os institutos cambiários, na medida em que a **pós-datação não afeta a natureza cambiária** de que são ungidos. Destaque-se que **um dos requisitos de cheque é a data da sua emissão**, a partir da qual se inicia a contagem do prazo para a apresentação. Admitindo-se o cheque pós-datado, não se pretende admitir o prolongamento do prazo além dos dias previstos em lei para a apresentação, pois o prazo futuro estipulado possui efeito apenas no plano da relação obrigacional havida entre emitente e beneficiário. Em casos tais, **a data de emissão anotada no título é a real** (manifestação do princípio da **literalidade**), o próprio dia em que se emite o cheque, e não uma data futura.

---

30 ROSA JÚNIOR, Luiz Emygdio da. *Títulos de crédito*, 4. ed., p. 570.

31 TOMAZETTE, Marlon. *Curso de direito empresarial* — Títulos de crédito, 3. ed., v. 2, p. 252.

Com a anotação de data futura para a apresentação, não se altera a data de emissão, por força do que dispõem os arts. 32 e 33 da Lei n. 7.357/85. O **cheque pós-datado não se convola em promessa de pagamento**, permanecendo como ordem de pagamento à vista, tanto que o beneficiário pode apresentá-lo antes mesmo do prazo estipulado ao banco sacado, restando presente a obrigação deste último de realizar o pagamento. Qualquer **disposição em sentido contrário é considerada não escrita** e, destarte, inoperante no campo cambiário.

Assim, com a pós-datação, livremente pactuada entre emitente e beneficiário, **surgem duas relações jurídicas dissociadas entre si**, em virtude da característica da autonomia, inerente aos títulos de crédito: **uma relação cambiária** (entre os três intervenientes); e **uma relação contratual entre emitente e beneficiário**. Nesta hipótese, ao lado da relação cambiária, **haverá um contrato de obrigação de não fazer firmado entre emitente e beneficiário**, pelo qual este se compromete a apresentar o cheque somente **na data previamente definida**. Eis por que a pós-datação não amplia o prazo de apresentação do cheque, que continua a ser contado a partir da data da emissão do título.

Nesse diapasão, os **cheques pós-datados conservam sua cambiariedade e executoriedade** e subsistem como ordens de pagamento à vista.

Ademais, justamente porque não altera o prazo de apresentação, o fato de haver a pós-datação no cheque **não modifica o *dies a quo* da contagem do prazo prescricional** da ação de execução cambiária, que permanece sendo a data da **emissão da cártula**.

Assim, o **prazo prescricional** da demanda **executiva do cheque pós-datado** é de 6 (seis) meses, a contar do fim do prazo de apresentação, que, de sua vez, é de 30 dias (quando sacado na mesma praça em que deve ser pago), **a partir do dia de emissão**.

Confirmando as ilações articuladas, eis os seguintes **julgados do STJ**:

> EMENTA: AGRAVO REGIMENTAL. AGRAVO DE INSTRUMENTO. TÍTULO DE CRÉDITO. CHEQUE PÓS-DATADO. PRAZO PARA APRESENTAÇÃO COM REFLEXÃO NO PRAZO PRESCRICIONAL. DILAÇÃO. IMPOSSIBILIDADE. AÇÃO EXECUTIVA. PRESCRIÇÃO. INTERPRETAÇÃO. ARTS. 32, 33 E 59 DA LEI N. 7.357/85. RECURSO IMPROVIDO. 1. O cheque é ordem de pagamento à vista a ser emitida contra instituição financeira (sacado), para que pague ao beneficiário determinado valor, conforme a suficiência de recursos em depósito, não sendo considerada escrita qualquer cláusula em contrário, conforme dispõe o art. 32 da Lei n. 7.357/85.2. Cheque pós-datado. Modalidade **consagrada pela prática comercial**. Dilação do prazo de apresentação. Impossibilidade. **A pós-datação da cártula não altera as suas características cambiariformes**. O ajuste celebrado não tem o condão de modificar preceito normativo específico de origem cambial, sob pena de descaracterizar o título de crédito. 3. Nos termos dos arts. 33 e 59 da Lei n. 7.357/85, o prazo prescricional para propositura da ação executiva é de 6 (seis) meses, a partir do prazo

de apresentação que, por sua vez, é de 30 (trinta) dias, a contar do dia da emissão, quando sacado na praça em que houver de ser pago. 4. A alteração do prazo de apresentação do cheque pós-datado, implicaria na dilação do prazo prescricional do título, situação que deve ser repelida, visto que infringiria o artigo 192 do Código Civil. Assentir com a tese exposta no especial, seria anuir com a possibilidade da **modificação casuística do lapso prescricional, em razão de cada pacto realizado pelas partes**. 5. Agravo regimental a que se nega provimento[32].

EMENTA: AGRAVO REGIMENTAL — RECURSO ESPECIAL — CHEQUE **PÓS-DATADO — PRESCRIÇÃO — TERMO *A QUO* — CONTAGEM — DATA INSERIDA NA CÁRTULA** — PRECEDENTES — RECURSO IMPROVIDO[33].

EMENTA: DIREITO PRIVADO — CHEQUE PRÉ OU PÓS-DATADO — PRESCRIÇÃO — TERMO *A QUO* — CONTAGEM — DEFINIÇÃO PELA CORTE DE ORIGEM NO SENTIDO DE QUE PREVALECE A DATA INSERIDA NA CÁRTULA — PRETENDIDA REFORMA — ALEGAÇÃO DE QUE DEVE PREVALECER A DATA EM QUE DEVERIA SER APRESENTADO O CHEQUE E NÃO DA EMISSÃO — RECURSO ESPECIAL NÃO CONHECIDO. — O julgamento da Corte de origem se amolda à jurisprudência desta Corte Superior de Justiça, no que concerne à **prescrição de cheque pré ou pós-datado, ao estabelecer que prevalece a data consignada no sobredito título de crédito**, mesmo quando expressa data futura. — Precedentes da Seção de Direito Privado: REsp n. 604.351/PR, Ministro Aldir Passarinho Júnior, *DJ* de 27/6/2005; REsps ns. 16.855/SP e 162.969/PR, ambos relatados pelo Min. Sálvio de Figueiredo Teixeira, respectivamente *DJ* de 07/06/1993 e 05/06/2000 e REsp n. 223.486/MG, Rel. Min. Carlos Alberto Menezes Direito, *DJ* de 27/03/2000. Recurso especial não conhecido[34].

Divergindo, sustenta Marlon Tomazette que a **pós-datação altera o prazo de apresentação** e, por conseguinte, o **prazo prescricional**. Afirma o autor que

> a ideia básica na contagem de prazos é que eles começarão a **correr a partir do momento em que é possível exercer o direito**. No momento em que nasce a pretensão, começa também o prazo para o seu exercício. No cheque pós-datado, **as partes por meio de um acordo limitam o exercício do direito ao portador**, obrigando-o a apresentar o cheque apenas a partir da data. Ora, se o portador do cheque não pode apresentá-lo antes da data combinada, todo o prazo anterior a essa data lhe é inútil. Assim sendo, tal prazo não deverá ser computado[35].

[32] STJ, AgRg no Ag 1.159.272/DF, Rel. Min. Vasco Della Giustina (Desembargador convocado do TJ/RS), 3ª Turma, julgado em 13/04/2010, publicado no *DJe* 27/04/2010.

[33] STJ, AgRg no REsp 1.135.262/DF, Rel. Min. Massami Uyeda, 3ª Turma, julgado em 15/12/2009, publicado no *DJe* 03/02/2010.

[34] STJ, REsp 767.055/RS, Rel. Min. Hélio Quaglia Barbosa, 4ª Turma, julgado em 17/05/2007, publicado no *DJ* 04/06/2007, p. 360.

[35] TOMAZETTE, Marlon. *Curso de direito empresarial* — Títulos de crédito, 3. ed., v. 2, p. 257.

Não comungamos, contudo, **deste último posicionamento**, embora ele encontre eco nos tribunais[36]. É que não se pode olvidar que **a pós-datação não afeta a relação jurídica cambiária**, reduzindo-se a produzir efeitos obrigacionais. Exatamente porque não possui o condão de interferir na relação cambial, a inserção de data futura para o depósito ou compensação não altera o prazo prescricional da ação executiva cambiária, conquanto **tenha relevância na contagem do prazo da ação obrigacional**. Ao contrário do que afirma o autor supramencionado, o acordo de vontades extracambiário não limita o exercício do direito cambiário por parte do portador (beneficiário), que pode, **antes da data combinada, apresentar o cheque**, quando então o sacado ficará obrigado a proceder ao pagamento, por manter-se o cheque como ordem de pagamento à vista. A **Súmula 503 do STJ**, já tratada nesta obra, reitera a **inalterabilidade da contagem** do prazo prescricional, pois considera o **fluir do prazo** para ajuizamento da ação monitória do cheque o **dia posterior à sua emissão**, independentemente de eventual pós-datação, podemos acrescentar, em decorrência da expressão "estampada na cártula" constante do verbete. Confira-se, mais uma vez: **Súmula 503** — "O prazo para **ajuizamento de ação monitória em face do emitente de cheque** sem força executiva é **quinquenal**, a contar do dia seguinte à data de emissão **estampada na cártula**".

Importante destacar que em sede de recurso repetitivo, mais uma vez, ainda que a pós-datação seja prática corriqueira, **o STJ considerou que somente quando a pós-datação coincidir com a data da emissão é que se poderá cogitar da ampliação do prazo de apresentação**. Assim, o nominado "chorãozinho" — etiqueta com a expressão "bom para" —, ou tal expressão escrita na cártula, não alteram o prazo de apresentação. Deverá a pós-datação constar do campo próprio de data da emissão da cártula, para que dela se conte o prazo de apresentação. Nas palavras do Ministro Luis Felipe Salomão:

> "DIREITO EMPRESARIAL. CHEQUE PRÉ-DATADO E O SEU PRAZO DE APRESENTAÇÃO PARA PAGAMENTO. RECURSO REPETITIVO. TEMA 945. A pactuação da pós-datação de cheque, para que seja hábil a ampliar o prazo de apresentação à instituição financeira sacada, deve espelhar a data de emissão estampada no campo específico da cártula. (...) Nessa conjuntura, o ordenamento jurídico confere segurança e eficácia à pós-datação regular (efetivada no campo referente à data de emissão). Por sua vez, mesmo a pós-datação extracartular (isto é, a pós-datação ocorrida em campo diverso do campo específico, referente à data de emissão, como ocorre, por exemplo, com a cláusula "bom para") tem existência jurídica, na medida em que a Lei não nega validade a essa pactuação, que, inclusive, terá consequência de natureza obrigacional para os pactuantes (tanto é assim que a Súmula 370 do STJ orienta que enseja dano moral a apresentação antecipada de cheque). Contudo, esta pactuação extracartular, que ocorre fora do campo da data de emissão, é ineficaz em relação à contagem do prazo de apresentação e, por conseguinte, não tem o condão de operar o efeito de ampliar o prazo de apresentação do cheque. Daí a conclusão de que somente a pós-datação regular, efetuada no campo da data de emissão do cheque, é hábil a ampliar o prazo de apresenta-

[36] Nesse sentido: STJ, REsp 620.218/GO, Rel. Min. Castro Filho, 3ª Turma, julgado em 07/06/2005, publicado no *DJ* 30/06/2005.

ção da cártula a que se refere o art. 33, *caput*, da Lei do Cheque" (REsp 1.423.464-SC, Rel. Min. Luis Felipe Salomão, 2ª Seção, julgado em 27/4/2016, *DJe* 27/5/2016 — Informativo n. 584).

Esquematizando o **cheque pós-datado**:

▪ 12.3.5. Devolução do cheque sem pagamento

O cheque é uma ordem de pagamento à vista, dirigida ao sacado, para que este efetue o pagamento do valor indicado no título. No entanto, **não sendo possível o pagamento, o banco sacado o devolverá, informando os motivos** da devolução.

Importante destacar que a **morte ou a incapacidade superveniente do emitente** do cheque **não impede o sacado de efetuar o pagamento** da cártula, uma vez que não haverá invalidade, nem ineficácia do título, nos termos do art. 37 da Lei n. 7.357/85.

▪ *12.3.5.1. Motivos*

Eis uma tabela elencando os **motivos de devolução**, construída à luz do anexo da Resolução n. 1.631/89, do Banco Central do Brasil, com redação dada pela Resolução n. 1.682/90 do BACEN:

CHEQUE — MOTIVOS PARA DEVOLUÇÃO		
Nº	**Motivo**	**Base Regulamentar**
11	▪ Insuficiência de fundos — 1ª apresentação	▪ Resolução n. 1.682, arts. 6º e 14
12	▪ Insuficiência de fundos — 2ª apresentação	▪ Resolução n. 1.682, arts. 6º, 7º e 14
13	▪ Conta encerrada	▪ Resolução n. 1.682, arts. 6º e 14
14	▪ Prática espúria (compromisso pronto acolhimento)[37]	▪ Resolução n. 1.682, arts. 6º, 8º, 13 e 14

[37] Conforme dispõe o art. 13 da Resolução n. 1.682: "os bancos poderão assumir, com registro no Banco Central do Brasil (...) 'compromisso de pronto acolhimento' (...) pelo qual se comprometerão a não devolver os cheques de valor de até 5 (cinco) BTN pelos motivos 11 e 12". Contudo, apesar desse compromisso, caso seja constatada a emissão de mais de três cártulas de cheques sem provisão de fundos, o quarto cheque poderá ser devolvido, por se considerar tal prática abusiva, o que o art. 8º da mesma resolução denomina de prática espúria.

20	■ Folha de cheque cancelada por solicitação do correntista	■ Circular n. 3.050, art. 1º
21	■ Contraordem ou oposição ao pagamento	■ Resolução n. 1.682, arts. 6º e 14
22	■ Divergência ou insuficiência de assinatura	■ Resolução n. 1.682, arts. 6º e 14
23	■ Cheques de órgãos da administração federal em desacordo com o Decreto-lei n. 200	■ Resolução n. 1.682, arts. 6º e 14
24	■ Bloqueio judicial ou determinação do BACEN	■ Resolução n. 1.682, arts. 6º e 14
25	■ Cancelamento de talonário pelo banco sacado	■ Resolução n. 1.682, arts. 6º e 14
26	■ Inoperância temporária de transporte	■ Resolução n. 1.682, art. 6º
27	■ Feriado municipal não previsto	■ Resolução n. 1.682, art. 6º
28	■ Contraordem ou oposição ao pagamento motivada por furto ou roubo	■ Circular n. 2.655, art. 1º
29	■ Falta de confirmação do recebimento do talonário	■ Circular n. 2.655, art. 1º
30	■ Furto ou roubo de malotes	■ Conta-Circular n. 2.692, item III-d
31	■ Erro formal de preenchimento	■ Resolução n. 1.682, arts. 6º e 14
32	■ Ausência ou irregularidade na aplicação de carimbo de compensação	■ Resolução n. 1.682, arts. 6º e 14
33	■ Divergência de endosso	■ Resolução n. 1.682, arts. 6º e 14
34	■ Cheque apresentado por estabelecimento que não o indicado no cruzamento em preto, sem o endosso-mandato	■ Resolução n. 1.682, arts. 6º e 14
35	■ Cheque fraudado, emitido sem prévio controle ou responsabilidade do estabelecimento bancário (cheque universal), ou ainda com adulteração da praça do sacado	■ Resolução n. 1.682, arts. 6º e 14 ■ Circular n. 2.313, art. 4º
36	■ Cheque emitido com mais de um endosso — Lei n. 9.311/96	■ Conta-Circular n. 2.713, item I-a
37	■ Registro inconsistente — CEL	■ Circular n. 2.398, art. 15
40	■ Moeda inválida	■ Conta-Circular n. 2.608, item 2
41	■ Cheque apresentado a banco que não o sacado	■ Resolução n. 1.682, arts. 6º e 14
42	■ Cheque não compensável na sessão ou sistema de compensação em que apresentado e o recibo bancário foi trocado em sessão indevida	■ Resolução n. 1.682, arts. 6º e 14 ■ Conta-Circular n. 2.322, art. 1º, item 1
43	■ Cheque devolvido anteriormente pelos motivos 21, 22, 23, 24, 31 e 34, persistindo o motivo de devolução	■ Resolução n. 1.682, arts. 6º e 14 ■ Circular n. 1.584, art. 7º, item I
44	■ Cheque prescrito	■ Resolução n. 1.682, arts. 6º e 14
45	■ Cheque emitido por entidade obrigada a emitir ordem bancária	■ Resolução n. 1.682, arts. 6º e 14
46	■ CR — Comunicação de Remessa cujo cheque correspondente não foi entregue no prazo devido	■ Conta-Circular n. 2.376, art. 1º, item I
47	■ CR — Comunicação de Remessa com ausência ou inconsistência de dados obrigatórios	■ Conta-Circular n. 2.376, art. 1º, item II

48	■ Cheque de valor superior a R$ 100,00 sem identificação do beneficiário	■ Circular n. 2.444, art. 1º
49	■ Remessa nula, caracterizada pela representação de cheque devolvido pelos motivos 12, 13, 14, 20, 25, 28, 30, 35, 43, 44, 45	■ Resolução n. 1.682, arts. 6º e 14 ■ Circular n. 1.584, art. 7º, item II ■ Conta-Circular n. 2.970
59	■ Informação essencial faltante ou inconsistente não passível de verificação pelo Participante remetente e não enquadrada no motivo 31	■ Conta-Circular n. 3.411, MNI 03/06/2004, item 7
60	■ Instrumento inadequado para a finalidade Conta	■ Circular n. 3.411, MNI 03
61	■ Papel não compensável	■ Circular n. 1.584, art. 2º ■ Circular 2.557, art. 1º ■ Conta-Circular n. 3.411, MNI 03/06/2004, item 19
64	■ Arquivo lógico não processado/processado parcialmente	■ Circular n. 2.398 RA, art. 10 ■ Conta-Circular n. 3.411, MNI 03/06/2004, item 21
71	■ Inadimplemento contratual de cooperativa de crédito no acordo de compensação	■ Circular n. 3.226, art. 6º, item I
72	■ Contrato de compensação encerrado (cooperativas de crédito)	■ Circular n. 3.226, art. 6º, item II

■ *12.3.5.2. Impedimento ao pagamento do cheque*

Há três formas de impedir o pagamento do cheque: revogação, sustação e cancelamento.

Entre as razões de devolução do cheque, preponderam em importância a **revogação (contraordem)**, a **sustação (ou oposição)** e o **cancelamento**.

A **revogação ou contraordem** é a possibilidade conferida pelo art. 35, da Lei n. 7.357/85, ao emitente de **se retratar da ordem de pagamento** por ele emitida. Portanto, o emitente pode **dar uma contraordem**, isto é, revogar a ordem dada anteriormente, qual seja, a de pagar determinada quantia representada pelo cheque emitido. Para que ocorra, o banco sacado deverá ser comunicado dos motivos do ato, não lhe cabendo, porém, discutir os motivos apresentados.

A revogação traduz um **ato cambiário pelo qual o emitente pode limitar o pagamento** do cheque pelo sacado **ao período legalmente definido para a apresentação, impedindo** que o beneficiário se utilize, como autorizado pelo parágrafo único do art. 35, da faculdade de **apresentá-lo após esse prazo**, nos seis meses até a prescrição do cheque[38].

A **sustação ou oposição** opera efeito dentro do prazo de apresentação, nos termos do art. 36, da Lei n. 7.357/85. A relevante razão de direito para tal ato deve ser informada pelo emitente, todavia o sacado não poderá questioná-la. Nos casos de

[38] MAMEDE, Gladston. *Direito empresarial brasileiro:* títulos de crédito, 2. ed., v. 3, p. 290.

furto, roubo ou extravio, exige-se a apresentação de **boletim de ocorrência policial** (Resolução n. 3.972/2011-CMN)[39] para se efetivar quaisquer das formas de oposição ao pagamento.

A revogação e a sustação excluem-se reciprocamente.

Além das duas formas de se evitar o pagamento do cheque que já foi emitido, é possível **cancelar aqueles que ainda não foram emitidos**, isto é, os cheques que foram remetidos ou entregues ao cliente, mas ainda não foram utilizados. Tal hipótese ocorre quando há **extravio no percurso** entre o banco e o cliente, caso em que o **próprio banco promove o cancelamento**; ou havendo **preenchimento incorreto ou outra circunstância** que recomende seja cancelado o título, por **iniciativa do correntista**, nos termos da Resolução CMN n. 2.747/2000. Uma vez solicitado o cancelamento, será ele realizado pelo banco, impedindo o pagamento do cheque.

Resumindo as formas de se impedir o pagamento do cheque, temos:

- A **sustação ou oposição** ao cheque tem que ser solicitada por escrito **no prazo de apresentação**, para produzir efeito imediato. Não é necessário boletim de ocorrência policial, salvo se for alegado **furto, roubo ou extravio**.
- A **revogação ou contraordem** é solicitada para ter efeito **após o prazo de apresentação** e, não sendo solicitada, pode o cheque ser pago até que ocorra a prescrição, no prazo prescricional de 6 meses (art. 59, da Lei n. 7.357/85).
- O **cancelamento** do cheque é solicitado ou realizado pelo banco-sacado **antes da emissão** da cártula, por motivo de extravio, preenchimento incorreto ou outra circunstância.

Esquematizando:

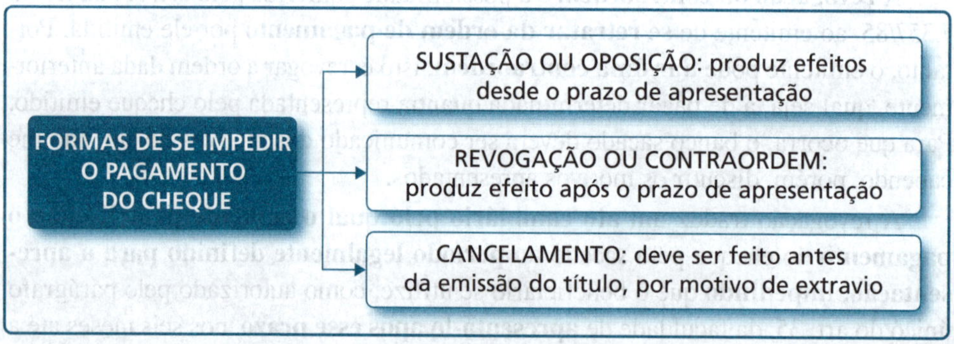

12.3.6. Distinções entre letra de câmbio e cheque

Confira-se em que diferem essas duas modalidades de títulos de crédito:

39 TOMAZETTE, Marlon. *Curso de direito empresarial* — Títulos de crédito, 3. ed., v. 2, p. 229.

DISTINÇÕES ENTRE A LETRA DE CÂMBIO E O CHEQUE	
Letra de Câmbio	**Cheque**
■ Vencimento: 4 modalidades	■ Vencimento: pagamento à vista
■ Sacado: qualquer pessoa — não há acordo prévio	■ Sacado: tem que ser banco ou instituição assemelhada — há acordo prévio
■ Aceite	■ Não admite aceite
■ Responsabilidade do emitente é regressiva	■ Responsabilidade do emitente é direta
■ Não é preciso depositar qualquer valor junto ao sacado	■ É preciso ter dinheiro em poder do sacado, ou linha de crédito junto a ele

■ 12.3.7. Síntese sobre o cheque

1) Na cártula, **mencionada sua origem**, quando paga ao beneficiário ou a quem este endossou, o cheque **prova a quitação da obrigação** mencionada, nos termos do art. 28, parágrafo único, da Lei n. 7.357/85. **Não há vinculação do cheque à causa** estampada nele, todavia haverá mais facilidade de se identificar a que se refere a cártula.

2) **Aceite em cheque é considerado não escrito**. Trata-se do chamado **cheque marcado**, não admitido em nossa legislação, pois significaria a assunção de obrigação cambiária pelo banco-sacado. O aceite é vedado pelo art. 6º da Lei n. 7.357/85.

3) O **cheque não comporta vencimento**, somente pagamento. Por isso, mesmo com a inclusão da cláusula de pós-datação, continua sendo ordem de pagamento à vista.

4) O **protesto** no cheque terá a finalidade de **interromper a prescrição** (art. 202, inc. III, do Código Civil) ou de **viabilizar o pedido de falência** (art. 94, inc. I, da Lei n. 11.101/2005). **Não é necessário para qualquer outra finalidade**, pois, uma vez apresentado o cheque ao sacado, sendo ele devolvido por qualquer motivo, a declaração de devolução representada pelo carimbo do sacado no próprio título supre o protesto, permitindo a execução da cártula contra os coobrigados, nos exatos termos do art. 47, inc. II, da Lei n. 7.357/85. Mesmo tendo havido furto, roubo ou extravio, desnecessário o protesto, ante o suprimento dessa exigência pelo carimbo de devolução do cheque. Sendo desnecessário o protesto, caso ocorra a **devolução por motivo de furto, roubo ou extravio**, o recomendável é que o portador do cheque **não promova o seu protesto**[40], para não caracterizar **abuso de direito** a ensejar **re-**

[40] Ressalve-se, entretanto, que não sendo o caso de furto, roubo ou extravio das cártulas, ainda que facultativo, o protesto poderá ser lavrado contra o emitente da cártula, conforme se decidiu em sede de recurso repetitivo: "DIREITO EMPRESARIAL. PROTESTO CAMBIÁRIO DE CHEQUE APÓS O PRAZO DE APRESENTAÇÃO COM A INDICAÇÃO APENAS DO EMITENTE NO APONTAMENTO. RECURSO REPETITIVO. TEMA 945. Sempre será possível, no prazo para a execução cambial, o protesto cambiário de cheque com a indicação do emitente como devedor. De fato, a 2ª Seção do STJ, em recurso especial representativo da controvérsia (REsp 1.340.236-SP, *DJe* 26/10/2015), definiu que "A legislação de regência estabelece que o documento hábil a protes-

paração moral ao correntista, seja porque a recusa de pagamento foi motivada, inclusive com boletim de ocorrência policial, seja porque não era necessário o protesto para o exercício de qualquer direito que emana da cártula.

5) Caso ocorra a **apresentação simultânea de vários cheques e não haja suficiência de fundos** para o pagamento de todos eles, ocorrerá a hipótese de devolução ou de pagamento parcial deles. Para resolver tal situação, o art. 40 da Lei n. 7.357/85 optou por **prestigiar o pagamento das obrigações mais antigas**, considerando a **data da emissão** do cheque e, caso sejam idênticas, a **numeração inferior** de cada cártula. Assim, os cheques de menor número, e com mesma data, serão pagos antes dos de maior número, até que se esgote o saldo da conta bancária, sendo devolvidos, por insuficiência de fundos, aqueles não alcançados pelo saldo.

6) No caso de haver saldo bancário para **pagamento apenas parcial do cheque**, o art. 38, parágrafo único, da Lei n. 7.357/85, **faculta ao banco-sacado o pagamento parcial** do título, não podendo o portador recusá-lo, excepcionando-se a regra do art. 319 do Código Civil, pelo qual o credor não estaria obrigado a aceitar pagamento parcial. Nessa hipótese, o banco devolveria o cheque ao beneficiário com a menção escrita do pagamento parcial realizado, podendo o referido portador buscar a satisfação do restante pelos meios processuais cabíveis. Na prática, os bancos não se utilizam desse expediente, preferindo devolver a cártula por insuficiência de fundos.

---

to extrajudicial é aquele que caracteriza prova escrita de obrigação pecuniária líquida, certa e exigível". Nesse sentido, a interpretação mais adequada do art. 1º da Lei n. 9.492/1997 — segundo o qual o "Protesto é o ato formal e solene pelo qual se prova a inadimplência e o descumprimento de obrigação originada em títulos e outros documentos de dívida" — é a de que o termo "dívida" exprime débito, consistente em obrigação pecuniária, líquida, certa e que é ou se tornou exigível (...) Por sua vez, "O protesto do cheque [com apontamento do nome do devedor principal: o emitente] é facultativo e, como o título tem por característica intrínseca a inafastável relação entre o emitente e a instituição financeira sacada, é indispensável a prévia apresentação da cártula, não só para que se possa proceder à execução do título, mas também para cogitar do protesto (art. 47 da Lei do Cheque). Evidentemente, é também vedado o apontamento de cheques quando tiverem sido devolvidos pelo banco sacado por motivo de furto, roubo ou extravio das folhas ou talonários — contanto que não tenham circulado por meio de endosso, nem estejam garantidos por aval, pois nessas hipóteses far-se-á o protesto sem fazer constar os dados do emitente da cártula. (...) Tomadas essas cautelas, caracterizando o cheque levado a protesto título executivo extrajudicial, dotado de inequívoca certeza e exigibilidade, não se concebe possam os credores de boa-fé verem-se tolhidos quanto ao seu lídimo direito de resguardarem-se quanto à prescrição, tanto no que tange ao devedor principal quanto a coobrigados; visto que, conforme disposto no art. 202, III, do Código Civil de 2002, o protesto cambial interrompe o prazo prescricional para ajuizamento de ação cambial de execução, ficando, com a vigência do novel Diploma, superada a Súmula 153/STF [a qual afirmava que o protesto cambiário não interrompia a prescrição]" (REsp 1.124.709-TO, 4ª Turma, *DJe* 1º/7/2013). Ante o exposto, caracterizado o cheque levado a protesto verdadeiro título executivo extrajudicial, dotado de inequívoca certeza e exigibilidade, será possível o protesto cambiário com indicação, no apontamento, apenas do devedor principal (emitente), ainda que após o prazo de apresentação, mas dentro do período para ajuizamento de ação cambial de execução. Precedente citado" (REsp 1.231.856-PR, 4ª Turma, *DJe* 8/3/2016. REsp 1.423.464-SC, Rel. Min. Luis Felipe Salomão, 2ª Seção, julgado em 27/4/2016, *DJe* 27/5/2016 — Informativo 584).

12.3.8. Prazo de apresentação do cheque e construção jurisprudencial sobre a prescrição

O art. 33 da Lei n. 7.357/85 estabelece **prazo para apresentação do cheque** ao banco-sacado para efeito do pagamento. A finalidade desse prazo é estabelecer um **limite temporal** para que o portador do cheque busque o pagamento dele e **garanta o direito de cobrá-lo dos endossantes e avalistas**, coobrigados do título, caso haja recusa de pagamento. Em outras palavras, se o portador do título pretende resguardar o direito de cobrar o cheque dos coobrigados, deverá apresentá-lo ao sacado dentro do prazo de apresentação, sob pena, exatamente, de perder tal direito. O art. 47, inc. II, da Lei n. 7.357/85, deixa claro que "pode o portador promover a execução do cheque: (...) II — contra os endossantes e seus avalistas, **se o cheque apresentado em tempo hábil** e a recusa de pagamento é comprovada pelo protesto ou por declaração do sacado, escrita e datada sobre o cheque, com indicação do dia de apresentação, ou, ainda, por declaração escrita e datada por câmara de compensação". Eis os **prazos fixados para apresentação do cheque** ao sacado, segundo o referido art. 33, a contar da emissão:

- **30 dias** — se o cheque destinar-se a ser pago **na própria praça**[41] **da sua emissão**;
- **60 dias** — se o cheque destinar-se a ser pago em **outra praça do país ou do exterior**, distinto do lugar da sua emissão.

A apresentação tempestiva deverá ser realizada nos prazos mencionados, devendo o banco realizar o pagamento do cheque até 6 meses após o fim do prazo de apresentação. Depois desse prazo, tido como o de prescrição da pretensão executória do cheque, o banco estará proibido de pagar o cheque, devendo recusar o pagamento e devolver a cártula pelo motivo 44, conforme a tabela já estudada. Assim, a **prescrição do cheque** deverá observar as fórmulas:

TÍTULO	PRESCRIÇÃO DA PRETENSÃO EXECUTÓRIA
CHEQUE	■ 30 dias (apresentação, se de mesma praça) + 6 meses
	■ 60 dias (apresentação, se de outra praça) + 6 meses

41 A abrangência territorial do conceito de "praça" coincide com a de Município. Nesse sentido, o seguinte precedente: "DIREITO COMERCIAL E PROCESSUAL CIVIL. RECURSO ESPECIAL. AÇÃO MONITÓRIA EMBASADA EM CHEQUE PRESCRITO. VIABILIDADE. MENÇÃO AO JURÍDICO SUBJACENTE. DESNECESSIDADE. OPOSIÇÃO DE EMBARGOS À MONITÓRIA DISCUTINDO O NEGÓCIO QUE ENSEJOU A EMISSÃO DO CHEQUE. POSSIBILIDADE.

1. O cheque é ordem de pagamento à vista, sendo de 6 (seis) meses o lapso prescricional para a execução após o prazo de apresentação, que é de 30 (trinta) dias a contar da emissão, se da mesma praça, ou de 60 (sessenta) dias, também a contar da emissão, se consta no título como sacado em praça diversa, isto é, em município distinto daquele em que se situa a agência pagadora (...)" (STJ, REsp 926.312/SP, 4ª Turma, Rel. Min. Luis Felipe Salomão, *DJe* 17/10/2011).

■ 12.3.9. O recebimento do cheque

A satisfação da obrigação constante do cheque deverá ocorrer por meio do **pagamento dele pelo banco-sacado**. Primeiro, pela apresentação nos prazos legais, até a prescrição. Depois, **em caso de recusa** de pagamento e devolução do cheque, por meio **judicial**, observada a seguinte sequência: **execução, ação de locupletamento, ação monitória e ação de cobrança fundada na relação causal**. O prazo para pretensão executória contra qualquer personagem do título **é de 6 meses**, contados após o transcurso do prazo para apresentação, que é de 30 dias para cheques da mesma praça e de 60 dias para cheques de outra praça. A determinação do art. 61, da Lei n. 7.357/85, impõe o **prazo de 2 anos** para a propositura da ação de locupletamento, prazo que deverá ser observado em lugar daquele do Código Civil, ante a especialidade da legislação do cheque, as peculiaridades do referido título e a necessidade de sintonia dele com a legislação internacional. Referido prazo **contará após o fim do prazo para apresentação**.

Concluindo, os prazos prescricionais das ações de execução e de locupletamento do cheque são os seguintes:

TÍTULO	PRESCRIÇÃO EXECUTÓRIA	PRESCRIÇÃO PARA ALEGAÇÃO DE LOCUPLETAMENTO
CHEQUE	■ 6 meses	■ 2 anos

A ação de cobrança fundada na causa que originou o cheque poderá ser ajuizada após o transcurso dos prazos prescricionais das pretensões executória e de locupletamento da cártula. O credor **pode optar** pelo ajuizamento de **ação fundada** na relação jurídica que deu **origem** ao cheque, em lugar do ajuizamento da ação de locupletamento e da monitória. Nessa situação, o que o credor busca é o dever de pagamento gerado na obrigação originária, tratando o **título de crédito como mero início de prova** do mencionado negócio jurídico.

O **art. 62, da Lei n. 7.357/85**, permite o ajuizamento da ação fundada na relação causal, estabelecendo que, "salvo prova de novação, a emissão ou a transferência do cheque não exclui a ação fundada na relação causal, feita a prova do não pagamento". Assim, o cheque poderá ser **cobrado em razão da sua causa**, devendo a petição inicial da ação que intente isso **descrever a relação jurídica originária**, bem como o credor fazer prova do que alega, servindo a cártula apenas como uma das provas da existência da obrigação pecuniária. O **prazo prescricional** para a busca do direito fundado na relação causal é o previsto na legislação que trata **do tipo de relação jurídica que originou o título**. Na ausência de prazo na legislação específica, devem ser observados os prazos do art. **206 do Código Civil**. Esquematizando:

TÍTULO	PRESCRIÇÃO EXECUTÓRIA	APÓS O ANTERIOR, PRESCRIÇÃO DA AÇÃO CAUSAL
CHEQUE	■ 6 meses	■ + prazo de prescrição do negócio original entabulado: lei especial ou art. 206 do CC

Estando prescrita a pretensão executória, o credor do cheque **poderá optar**, de imediato, pela ação de locupletamento ou pela **ação monitória**. Caso opte pela monitória, o cheque será a *causa debendi* narrada na inicial.

O **prazo** para ajuizamento da ação monitória do cheque prescrito foi definido na jurisprudência consolidada do STJ, por meio da **Súmula 503**, a qual estabeleceu o **prazo de 5 anos** para tal ajuizamento, o qual deve ser contado do **dia seguinte à data de emissão** lançada na cártula. Diante disso, a seguinte constatação:

TÍTULO	PRESCRIÇÃO EXECUTÓRIA	PRAZO PARA AJUIZAMENTO DA AÇÃO MONITÓRIA
CHEQUE	▪ 30 dias + 6 meses	▪ + 4 anos e 5 meses
	▪ 60 dias + 6 meses	▪ + 4 anos e 4 meses

Ante as explicações anteriores, podemos esquematizar **as possibilidades de cobrança judicial do cheque** assim:

HIPÓTESE DE PRAZO DE 10 ANOS PARA PRESCRIÇÃO DA OBRIGAÇÃO ORIGINÁRIA				
Apresentação	**Prescrição**	**Locupletamento**	**Monitória**	**Cobrança**
▪ 30 dias, mesma praça ▪ 60 dias, outra praça	▪ + 6 meses	▪ + 2 anos	▪ + 2 anos e 5 meses ▪ + 2 anos e 4 meses	▪ + enquanto não prescrita a original[42]
Processo de execução		Ações fundadas no próprio título		Fundada na causa

Por fim, importante esclarecer os **critérios legais** (art. 47, da Lei n. 7.357/85) para a promoção da referida **cobrança judicial**: I — contra o **sacador e avalistas** — Súmula 600 do STF —, cabe contra o emitente e seu avalista, independentemente de apresentação tempestiva do cheque ao sacado e sem a necessidade de protesto; II — contra o **endossante e seu avalista**, tem que haver: a) cheque **protestado** ou devolvido sem fundos, com **declaração do sacado** afirmando a recusa, dispensando-se o protesto nesta última situação; b) cheque não pago, mas **apresentado tempestivamente** (dentro do prazo de apresentação).

▪ 12.3.10. Ação monitória e jurisprudência do STJ

A **ação monitória, em caso de cheque** que tenha perdido a força executiva, parece ter a preferência dos jurisdicionados-credores, sendo importante destacar que **não será necessário declinar na petição inicial o negócio subjacente à emissão** do título, o que, por outro lado, não impedirá eventuais embargos do devedor em que as alegações sejam baseadas na *causa debendi*. O STJ sintetizou tal entendimento por meio do enunciado da **Súmula 531**: "Em ação monitória fundada em cheque prescri-

---

42 Nessa hipótese, a ação fundada na relação causal terá mais cinco anos de prazo para poder ser ajuizada, pois, a contar do dia seguinte à emissão do cheque ou do vencimento dos demais títulos de crédito, o prazo prescricional da obrigação que deu origem ao título é de dez anos. Transcorridos cinco anos, desde a emissão ou vencimento, esgota-se o prazo para a ação monitória (Súmulas 503 e 504 do STJ), que é de cinco anos, restando mais cinco anos para serem alcançados os dez da prescrição que legalmente se convencionou.

to ajuizada contra o emitente, é dispensável a menção ao negócio jurídico subjacente à emissão da cártula".

Importante destacar ainda que pela sistemática dos **recursos repetitivos, no final de 2016**, houve definição sobre os **termos iniciais de contagem, respectivamente, da correção monetária e dos juros de mora** em relação à quantia indicada na cártula e não paga. A discussão a respeito da incidência dos juros de mora residia no entendimento de que sua cobrança seria devida não a partir da data da apresentação do título (tese favorável ao credor), mas sim a partir da data da citação do requerido na ação monitória (tese favorável ao devedor). Diante da consideração do cheque como **ordem de pagamento à vista**, com regime jurídico em lei especial, a prever, expressamente, a contagem dos **juros de mora a partir do dia da apresentação** (art. 52, inc. II, da Lei do Cheque), bem como "a compensação pela perda do valor aquisitivo da moeda" (art. 52, inc. IV), prevaleceu o entendimento de que seria inaplicável a contagem de juros a partir da citação, nos termos do Código de Processo Civil. Realmente, neste particular, as normas de direito material constantes da **Lei do Cheque se sobrepõem à aplicação de norma paralela e subsidiária do direito adjetivo**. A tese para fins de uniformização da jurisprudência ficou assim redigida:

> "DIREITO EMPRESARIAL. TERMO INICIAL DE CORREÇÃO MONETÁRIA E DE JUROS DE MORA EM COBRANÇA DE CHEQUE. RECURSO REPETITIVO. TEMA 942. Em qualquer ação utilizada pelo portador para cobrança de cheque, a **correção monetária incide a partir da data de emissão** estampada na cártula, e os **juros de mora a contar da primeira apresentação** à instituição financeira sacada ou câmara de compensação" (REsp 1.556.834-SP, Rel. Min. Luis Felipe Salomão, 2ª Seção, julgado em 22/6/2016, *DJe* 10/8/2016 — Informativo 587).

■ 12.4. DUPLICATA

■ 12.4.1. Noções introdutórias

Para a melhor compreensão da **duplicata**, é preciso concebê-la como **título de crédito idêntico à letra de câmbio**, pois a estrutura, os personagens e as declarações são as mesmas em ambos os títulos. A **causalidade da duplicata é que a tornará um título com feições próprias**, afastando-a dos princípios cambiários e aproximando-a do direito das obrigações. Daí uma lei própria para discipliná-la, a **Lei n. 5.474/68**.

Na duplicata, a obrigação que consta do título é o reflexo daquela que se construiu no mundo dos fatos. O sacador da duplicata é um vendedor ou um prestador de serviço. O sacado é a pessoa que comprou, a prazo, o produto ou que contratou os serviços. O beneficiário/tomador é o próprio sacador, o qual, normalmente, endossa a duplicata a uma instituição financeira que adquire o crédito da venda ou prestação do serviço, pagando ao sacador, à vista e com desconto, e aguardando o vencimento para receber o valor cheio junto ao sacado. A **vinculação dessa origem** é que faz da duplicata uma espécie de letra de câmbio "causal", isto é, a duplicata é o reflexo formal da relação jurídica material de compra e venda ou prestação de serviço, com pagamento a prazo, entabulada entre um empresário ou profissional autônomo e um adquirente. Destina-se a **incorporar a obrigação de pagar** surgida desta relação jurídica material, visando possibilitar a antecipação do recebimento do crédito, a partir da circulação dele. Necessários **três conceitos** para a melhor visualização da duplicata:

1º) **Nota Fiscal**: é documento formal de expedição obrigatória nas compras e vendas e prestações de serviços com fins lucrativos, no qual se descrevem as mercadorias ou serviços, o preço e a data da negociação. É documento que se presta ao controle, pelo Estado, da **tributação das relações jurídicas** que constituem fatos geradores de impostos. Toda venda ou prestação de serviço, com fins lucrativos, obrigatoriamente gerará a emissão de Nota Fiscal física ou eletrônica.

2º) **Fatura**: é um documento emitido pelo vendedor **descrevendo a mercadoria** vendida ou serviço prestado, discriminando sua qualidade, quantidade e fixando-lhe o preço. Prova o contrato de compra e venda mercantil ou prestação de serviço e é **documento de escrituração empresarial**. O art. 219, do revogado Código Comercial de 1850, já previa que, nas compras a grosso (por atacado), o vendedor deveria apresentar ao sacado, por duplicado, a fatura ou nota de compra, para que vendedor e comprador ficassem com uma via dela. A fatura era obrigatória, portanto, na compra e venda por atacado, nos termos do Código Comercial. Contudo, o art. 1º da Lei n. 5.474/68 estabeleceu que "em todo o **contrato de compra e venda mercantil** entre partes domiciliadas no território brasileiro, com **prazo não inferior a 30 (trinta) dias**, contado da data da entrega ou despacho das mercadorias, o vendedor **extrairá a respectiva fatura** para apresentação ao comprador". Assim, a fatura tornou-se documento de **emissão obrigatória nas compras e vendas mercantis a prazo**, consideradas estas as que fixassem prazo para pagamento não inferior a 30 dias. Tal emissão obrigatória permite a conciliação da escrituração empresarial, permitindo o encontro das contas de faturamento mensal e saída de mercadoria. A fatura **tem os mesmos elementos de uma nota fiscal**, o que fez surgir a nota fiscal/fatura, fruto de convênio e acordo entre os entes fiscais do Estado (convênio do Ministério da Fazenda com as Secretarias das Fazendas estaduais **criou a Nota Fiscal/Fatura**). Com essa configuração descritiva das mercadorias, preço e prazo, a fatura também serviu de **prova documental do objeto** que permite o surgimento da duplicata. Regularmente, o vendedor que concedeu prazo para o pagamento da venda mercantil **aguardará o vencimento da fatura** emitida e receberá do seu devedor o preço pactuado. Todavia, **poderá ter interesse em antecipar o recebimento** do preço. É aí que surge a necessidade de emitir uma **duplicata** (cópia financeira da fatura) para **permitir a negociação do crédito futuro**.

3º) **Duplicata**: é um **título de crédito que emerge de uma compra e venda** mercantil ou prestação de serviço a prazo, negócio que gerou uma fatura, conforme item anterior. Nela, o vendedor (sacador) determina ao comprador (sacado) que pague o valor da compra e venda realizada a um beneficiário (o próprio sacador, que endossará a duplicata a um terceiro estranho ao negócio originário, geralmente um banco), na data fixada para o vencimento. O art. 2º da Lei n. 5.474/68 autoriza o **saque de uma duplicata, a partir da fatura**, visando permitir que o **vendedor antecipe o recebimento do crédito** da fatura, vendendo-o, com desconto, a um beneficiário que aguardará o seu vencimento e pagamento. Sua **emissão é facultativa**, uma vez que o vendedor poderá aguardar o vencimento da fatura e recebê-la diretamente do comprador, sem a necessidade de alienar seu crédito futuro.

Esquematizando a operação mercantil que gera a duplicata e sua finalidade:

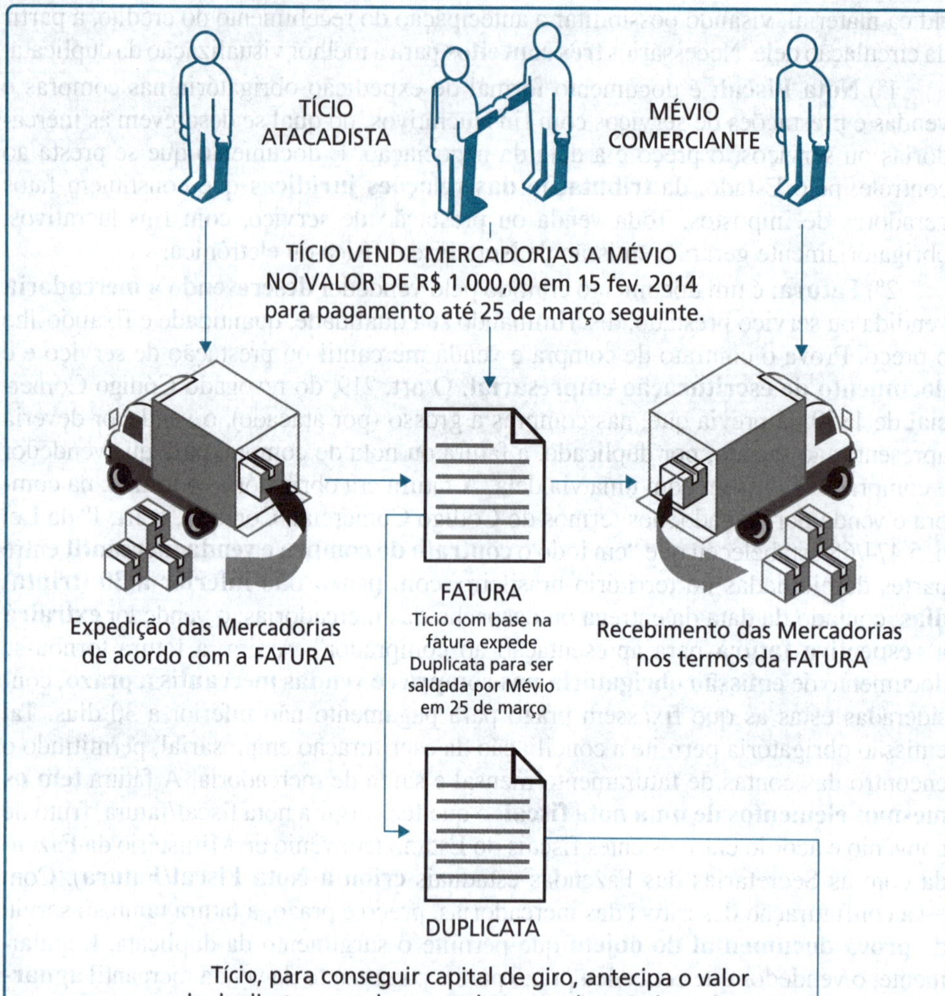

■ 12.4.2. Características

Antes do surgimento da duplicata, o comerciante tirava cópia da fatura, para que o comprador assinasse, informando quando iria pagar. Hoje, **emite-se a duplicata, colhe-se ou não o aceite e endossa-se ao agente** financeiro adquirente de créditos futuros (faturizador).

Pela dinâmica exposta, **algumas características da duplicata** restam evidenciadas. Vejamos:

1º) Somente saca a duplicata o **credor que queira antecipar o crédito** constante da fatura, vendendo-a com desconto. **Facultativa**, portanto, a emissão.

2º) O **pagamento da duplicata** é, na verdade, o **pagamento das mercadorias** adquiridas ou dos serviços prestados, de modo que, ao receber as mercadorias ou serviços discriminados na fatura, o adquirente **já está concordando em pagar a duplicata**.

3º) É possível sacar **mais de uma duplicata sobre uma mesma fatura**, pois o pagamento pode ser parcelado e, para cada prestação, pode ser emitida uma duplicata, todas incidentes sobre o mesmo motivo.

4º) **Não é possível emitir uma única duplicata relativa a várias faturas**, pois cada fatura é uma causa (relação jurídica originária), e isso possibilitaria que o defeito em uma fatura maculasse toda a duplicata.

5º) O recebimento da mercadoria ou da prestação do serviço constante da fatura **faz presumir o aceite** na duplicata.

6º) **Vícios** na prestação do serviço, nas mercadorias ou na fatura poderão ser alegados pelo **sacado para escusar-se e negar-se ao pagamento** da duplicata, nos exatos termos do art. 8º da Lei n. 5.474/68. Confira-se: "O comprador só poderá deixar de aceitar a duplicata por motivo de: I — **avaria ou não recebimento** das mercadorias, quando não expedidas ou não entregues por sua conta e risco; II — **vícios, defeitos e diferenças na qualidade ou na quantidade** das mercadorias, devidamente comprovados; III — **divergência nos prazos ou nos preços** ajustados".

7º) Para a emissão da duplicata, será **necessária a existência de uma fatura**. Para a emissão de uma fatura, deve ter **havido uma compra e venda ou prestação** de serviço a prazo. **Caso não** tenha ocorrido nenhum desses eventos, emitida a fatura ou a duplicata, estará caracterizado o crime previsto no art. 172 do Código Penal, **Duplicata Simulada**.

8º) No caso de falência (art. 77, da Lei n. 11.101/2005) e de falta de aceite (art. 19, do Decreto n. 2.044/1908 c/c art. 14 da Lei n. 5.474/68), ocorrerá o **vencimento antecipado** da duplicata.

A principal característica da duplicata é a sua **causalidade**, visto que somente pode ser sacada após a realização de uma operação de compra e venda mercantil ou prestação de serviço a prazo. Essa **causa perseguirá o título**, salvo se **houver aceite ordinário do sacado na própria duplicata**, o que a tornará **abstrata**, pois, caso aceita, o devedor estará assumindo pagá-la pelo seu conteúdo, e não pela sua origem.

■ 12.4.3. Modalidades de aceite

Modalidades de duplicata: a) à vista; b) a dia certo.

O **aceite na duplicata diferencia-se** do aceite da letra de câmbio, pois na duplicata o aceite ainda não lançado no título é presumido, tornando-se, a partir dele, ou da comunicação dele, título abstrato. Desse modo, o aceite da duplicata poderá ser de **três tipos**:

a) ordinário: é o aceite lançado no título pelo sacado, tornando a duplicata abstrata;

b) por comunicação: é o aceite lançado em uma comunicação escrita do sacado ao portador do título, equivalente ao aceite, tornando a duplicata abstrata. Nessa hipótese, haverá uma retenção da duplicata pelo sacado;

c) presumido: o sacado não lança o aceite no título, mas o beneficiário-portador possui **comprovante escrito da entrega da mercadoria**, bem como comprovação do **protesto do título**. A soma dos dois documentos faz presumir o aceite, salvo se comprovadas as escusas do art. 8º da Lei n. 5.474/68.

Esquematizando as modalidades de aceite:

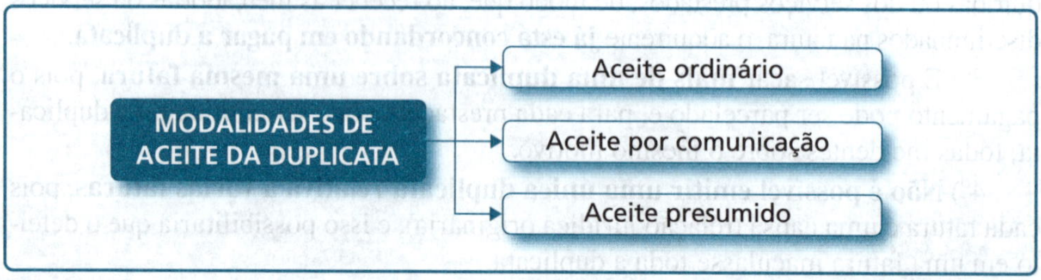

O **prazo de remessa** da duplicata, do vendedor para o comprador, **para aceite é de 30 dias** (§ 1º, do art. 6º, da Lei n. 5.474/68). Se a remessa ao sacado, para o aceite, ocorrer por meio de **intermediário**, o sacado disporá de **mais 10 dias para a remessa**.

O comprador é **obrigado a aceitar e o seu prazo é de 10 dias**, salvo se a mercadoria não estiver de acordo com o que determinam as normas de regência, nos termos dos arts. 7º e 8º da Lei n. 5.474/68.

O **sacado pode reter a duplicata** e devolver um **comunicado** dizendo que a aceitou. Tal comunicado substitui o título para efeito de protesto e execução.

■ 12.4.4. Cobrança da duplicata

1) Execução de duplicata ou triplicata **não aceita**. Requisitos:

a) protesto por falta de aceite ou de devolução;

b) comprovação da entrega da mercadoria ou da prestação de serviço;

c) não comprovação pelo devedor das escusas do art. 8º da Lei n. 5.474/68.

2) Execução da duplicata ou triplicata **aceita**: **basta estar vencida**, não importando se está protestada ou não.

Esquematizando a execução da duplicata:

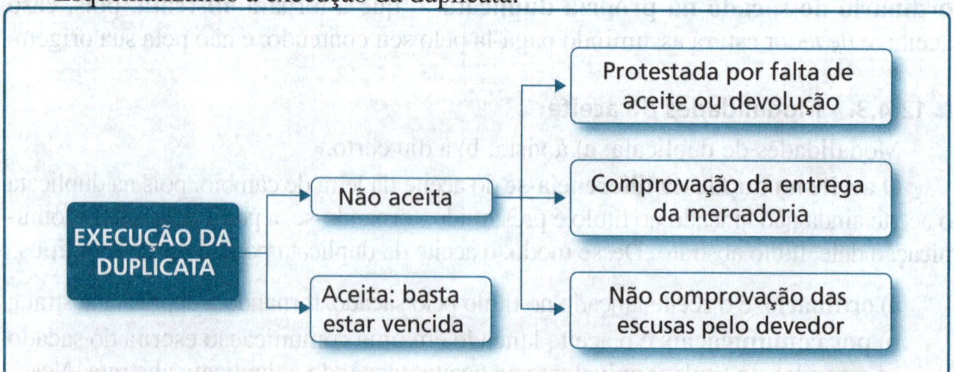

12.4.5. Prazos prescricionais

a) Em toda e qualquer ação **contra o sacado** e seus avalistas, o **prazo é de 3 anos** a contar do vencimento.

b) Na ação **contra o endossante, sacador** e seus avalistas, o **prazo é de 1 ano**, a contar do protesto.

c) Na ação do **corresponsável** que paga, contra os corresponsáveis de regresso, o **prazo é de 1 ano**, também, contado do pagamento.

A duplicata **pode receber aval**, que prevalece, mesmo dado após o vencimento, nos termos do art. 12, parágrafo único, da Lei n. 5.474/68.

O **protesto** da duplicata deverá ser feito, em regra, até 30 dias após o vencimento do título, para que garanta o direito de acionar os coobrigados do título, e pode ser efetivado por **três motivos**:

1) **por falta de aceite** — nesse caso, o protesto terá que ser feito até a data do vencimento, prazo último para aceite. Produzirá três efeitos: a) configuração do aceite presumido; b) possibilidade de cobrança dos devedores indiretos (endossantes, sacador e avalistas deles); e c) vencimento antecipado da duplicata;

2) **por falta de devolução** — aqui, o sacado retém a letra, sem devolver comunicação de aceite. O protesto é feito por indicações, segundo a lei, ou por meio de triplicata, segundo a doutrina e a jurisprudência. Se feito até a data do vencimento, é considerado protesto por falta de aceite; se feito após o vencimento, é tido como por falta de pagamento; ou

3) **por falta de pagamento** — também produzirá três efeitos: a) obrigação do sacado de pagar o título, se comprovado o cumprimento da obrigação original; b) possibilidade de cobrança dos devedores indiretos (endossantes, sacador e avalistas deles), se feito o protesto até 30 dias após o vencimento; e c) interrupção da prescrição.

12.4.6. Triplicata

É uma cópia da duplicata, extraída nos casos autorizados por lei. A **perda ou extravio** da duplicata obrigará o vendedor a **extrair a triplicata**, com os mesmos requisitos da duplicata, conforme o art. 23 da Lei n. 5.474/68.

Se a duplicata foi apresentada para o aceite e **não foi devolvida**, poder-se-á protestar por falta de devolução, mediante a **expedição de uma triplicata**, apesar da **ausência de previsão legal** para essa hipótese, pois tal prática é defendida pela **doutrina** como mais eficiente que o protesto por indicações. Destarte, nesse caso, a execução far-se-á mediante o **protesto da triplicata, por falta de devolução**, mais o documento que **comprove a entrega** e o recebimento da mercadoria.

12.4.7. Duplicata de prestação de serviço

Por prestação de serviço, inclusive de profissionais liberais, **permite-se a emissão de duplicata**. Os empresários, individuais ou coletivos, fundações ou sociedades civis que se dediquem à prestação de serviços também poderão emitir fatura e duplicata, nos termos do art. 20 da Lei n. 5.474/68. Pode o profissional liberal expedir fatura e duplicata do serviço prestado, para fins de execução do seu crédito.

■ 12.4.8. Duplicata escritural

A duplicata escritural é aquela emitida por **meio eletrônico**, sendo cobrada mediante **boleto bancário**. Uma vez paga, o banco dá baixa no sistema e entrega a fita magnética ao sacado. Em caso de inadimplemento, entretanto, a jurisprudência oscilava no que dizia respeito ao cabimento de execução, diante da alegada ausência de cartularidade do título, ou seja, da necessidade da expedição de um documento, palpável, que, em regra, serviria para instrumentalizar eventual execução.

Para alguns, em vez da execução, caberia antes ação de cobrança. Isso significava negar à duplicata escritural ou "virtual" a natureza de título executivo. Porém, uma interpretação lógico-sistemática da Lei de Duplicatas com o Código Civil (que prevê a possibilidade de emissão de títulos por meio eletrônico) permitia a relativização do referido princípio da cartularidade, especificamente em relação à emissão de duplicata virtual. Na questão-homenagem, encampou-se o entendimento da possibilidade de execução direta (*item 12.11.1*).

A **Lei n. 13.775/2018, alterando as Leis n. 5.474/68 e n. 9.492/97**, expressamente dispôs que "a duplicada emitida sob a forma escritural" corresponde a **título executivo extrajudicial** (art. 7º), razão pela qual superada a polêmica acima, pois **autorizada a execução direta do título**.

A referida lei trouxe mais segurança e agilidade para as operações representadas por duplicata eletrônica, positivando a possibilidade de feitura de atos cambiais em meio virtual (a exemplo do aceite, endosso e aval, art. 4º, inc. I e III).

O pagamento por **"boleto" do título insere-se como um dos mecanismos disponibilizados pelo Sistema de Pagamentos Brasileiro** (art. 5º, parágrafo único).

Para fins de **compartilhamento e controle do registro e negociação das duplicatas** escriturais, a Lei de Protesto foi alterada, para incumbir tal tarefa a uma **central nacional de serviços eletrônicos** a ser mantida, em âmbito nacional, pelos tabeliães.

A **Lei n. 9.492/97 recebeu em seu texto o art. 41-A**, assim redigido:

"Os tabeliães de protesto manterão, em âmbito nacional, uma central nacional de serviços eletrônicos compartilhados que prestará, ao menos, os seguintes serviços:

I — escrituração e emissão de duplicata sob a forma escritural, observado o disposto na legislação específica, inclusive quanto ao requisito de autorização prévia para o exercício da atividade de escrituração pelo órgão supervisor e aos demais requisitos previstos na regulamentação por ele editada;

II — recepção e distribuição de títulos e documentos de dívida para protesto, desde que escriturais;

III — consulta gratuita quanto a devedores inadimplentes e aos protestos realizados, aos dados desses protestos e dos tabelionatos aos quais foram distribuídos, ainda que os respectivos títulos e documentos de dívida não sejam escriturais;

IV — confirmação da autenticidade dos instrumentos de protesto em meio eletrônico; e

V — anuência eletrônica para o cancelamento de protestos.

§ 1º A partir da implementação da central de que trata o *caput* deste artigo, os tabelionatos de protesto disponibilizarão ao poder público, por meio eletrônico e sem ônus, o acesso às informações constantes dos seus bancos de dados.

§ 2º É obrigatória a adesão imediata de todos os tabeliães de protesto do País ou responsáveis pelo expediente à central nacional de serviços eletrônicos compartilhados de que trata o caput deste artigo, sob pena de responsabilização disciplinar nos termos do inciso I do caput do art. 31 da Lei n. 8.935, de 18 de novembro de 1994."

Diante da similitude de institutos, **a duplicata escritural**, ainda de acordo com a referida lei, **terá como regime supletivo a Lei n. 5.474/68**.

■ 12.5. CONHECIMENTO DE DEPÓSITO E *WARRANT*

■ 12.5.1. Noções preliminares

A atividade empresarial demonstra-se **dinâmica por natureza**, sendo bastante comum a realização de contratos entre empresários (matéria que será aprofundada quando do estudo dos *capítulos 13* a *20* desta obra). Um exemplo de contrato empresarial corresponde ao **contrato de armazenamento** (espécie de contrato de logística, cf. *item 16.2*), em que uma pessoa física ou jurídica, devidamente cadastrada na junta comercial, desenvolve a atividade de armazém geral[43], proporcionando as condições necessárias para o acondicionamento de mercadorias produzidas, transportadas ou distribuídas por outros empresários, no **aguardo do escoamento** de tais mercadorias em determinado porto, por hipótese.

Não se trata de mero depósito porque, além da guarda das mercadorias, como bem salienta Marlon Tomazette, há a "**mobilização jurídica dessas mercadorias** sem a sua mobilização física, agilizando e facilitando os negócios", o que se torna possível por meio da emissão de títulos de crédito especiais[44]. Assim, por força do que dispõe o Decreto n. 1.102/1903, ensina Ricardo Negrão, "o armazém está autorizado a emitir, a pedido do depositante, **em vez de um simples recibo de depósito**, dois outros documentos: o título representativo do **contrato de depósito** (denominado **conhecimento de depósito**) e, outro, representativo do **valor das mercadorias**

[43] TOMAZETTE, Marlon. *Curso de direito empresarial* — Títulos de crédito, 3. ed., v. 2, p. 351.

[44] Idem, p. 353.

depositadas, destinado a facilitar operações de crédito de seu portador (chamado **warrant**)"[45].

Esquematizando:

CONTRATO DE DEPÓSITO	■ Emissão de títulos e endossos em separado?	■ Haverá contratos derivados?
	■ Sim	■ Compra e venda e financiamento paralelos
	■ Não	■ Prejudicados

■ 12.5.2. A diferença funcional entre conhecimento de depósito e *warrant*

Percebe-se que os referidos títulos **nascem vinculados**, porque oriundos de uma mesma relação jurídica: o contrato de depósito. Entretanto, o conhecimento de depósito e o *warrant*, funcionalmente, uma vez transferidos separadamente por endosso a terceiros, cindirão, materialmente, os atributos pertinentes à **propriedade das mercadorias**, pois o **conhecimento de depósito** transferirá o domínio dos bens depositados, ressalvado o direito de **penhor sobre as mesmas mercadorias**, prerrogativa atribuível a quem tenha sido endossado o ***warrant***.

Esquematizando:

TÍTULO	SIGNIFICADO	FUNÇÃO
■ Conhecimento de Depósito	■ Representa o domínio	■ Disposição da propriedade
■ *Warrant*	■ Representa direito de penhor	■ Direito real de garantia

Portanto, a **entrega das mercadorias** pelo armazém geral ao detentor do conhecimento de depósito ficará **condicionada à consignação**, pelo depositante, de quantia equivalente "ao **principal e juros** até o vencimento e pagando os impostos fiscais, armazenagens vencidas e mais despesas" (art. 22 do Decreto n. 1.102/1903). Após o vencimento, de modo semelhante, a **entrega das mercadorias somente se operacionalizará depois de quitado o *warrant*** e recolhidos os impostos e as despesas pertinentes à guarda das mercadorias.

Em caso de **inadimplemento**, uma vez **protestado o *warrant***, as mercadorias serão levadas a **leilão extrajudicial**, e o resultado positivo de tal expediente reverterá **em favor do detentor do *warrant***, ressalvada a parcela do produto da arrematação para satisfação do crédito fiscal, das despesas e dos honorários do leiloeiro e, ainda, das despesas de armazenagem (art. 26, § 1º, incs. I, II e III, do Decreto n. 1.102/1903).

Esquematizando:

[45] NEGRÃO, Ricardo. *Manual de direito comercial e empresarial:* títulos de crédito e contratos empresariais, v. 2, p. 199.

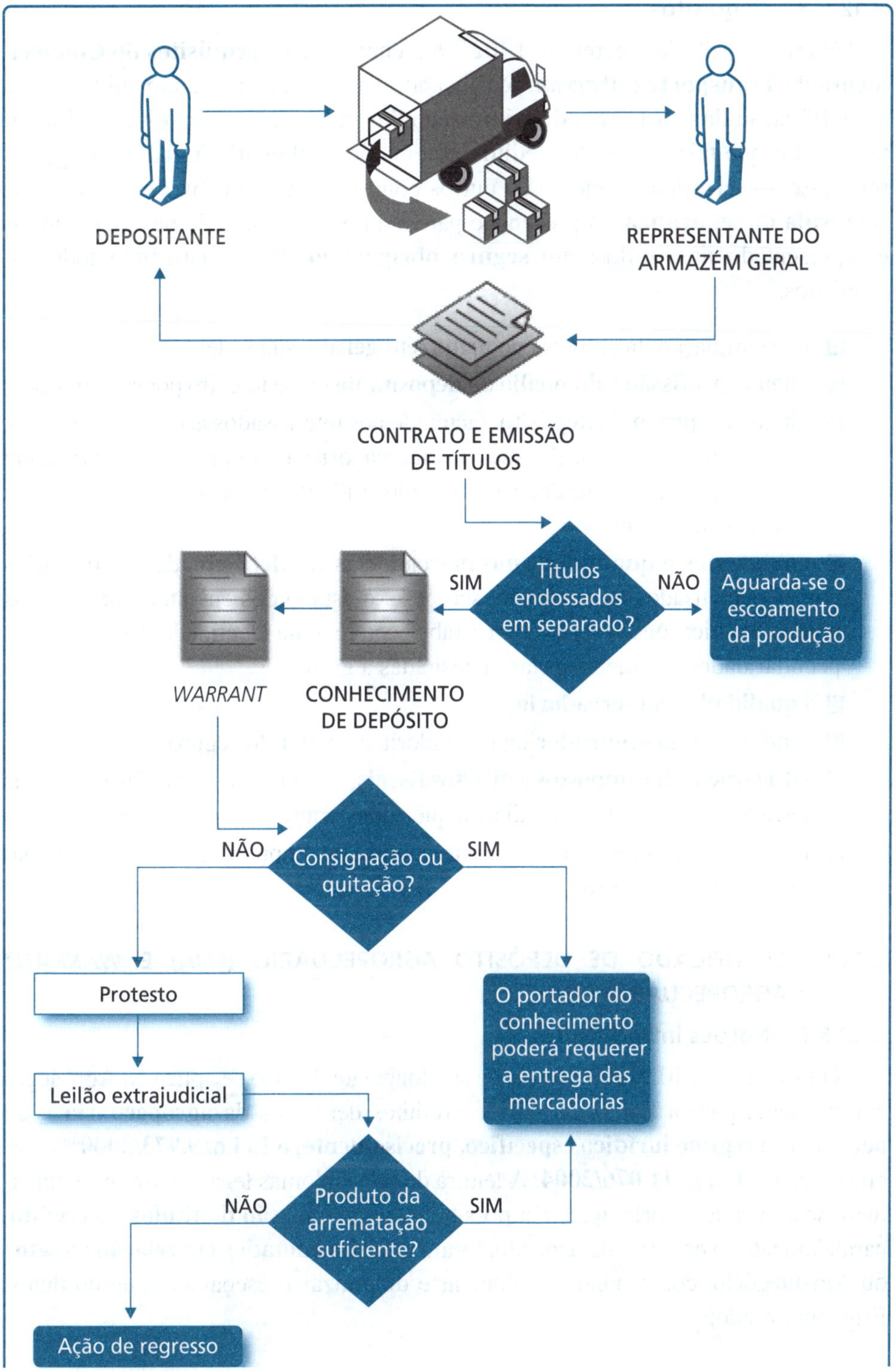
DEPOSITANTE
REPRESENTANTE DO ARMAZÉM GERAL
CONTRATO E EMISSÃO DE TÍTULOS
Títulos endossados em separado?
SIM
NÃO
Aguarda-se o escoamento da produção
WARRANT
CONHECIMENTO DE DEPÓSITO
Consignação ou quitação?
NÃO
SIM
Protesto
Leilão extrajudicial
O portador do conhecimento poderá requerer a entrega das mercadorias
Produto da arrematação suficiente?
NÃO
SIM
Ação de regresso

12.5.3. Requisitos

O art. 15, § 1º, do Decreto n. 1.102/1903 enumerou os **requisitos do Conhecimento de Transporte e *Warrant***, destacando-se pela sua leitura um cuidado com a qualificação das partes e a discriminação das mercadorias depositadas. Importante notar que tais títulos de crédito nascem com a **cláusula à ordem**, o que — reitere-se — servirá ao fomento de outros contratos. Há também uma espécie de "**cláusula de segurança**", a prevenir o patrimônio materializado nas mercadorias e representado nos títulos: um **seguro obrigatório**. Esquematizando todos os requisitos:

- a denominação da empresa do **armazém geral** e sua sede;
- o **nome, profissão e domicílio do depositante** ou de terceiro por este indicado;
- o **lugar e o prazo do depósito**, facultado aos interessados acordarem, entre si, na transferência posterior das mesmas mercadorias de um para outro armazém da emitente, ainda que se encontrem em localidade diversa daquela em que foi feito o depósito inicial;
- a **natureza e a quantidade das mercadorias em depósito**, designadas pelos nomes mais usados no comércio, seu peso, o estado dos envoltórios e todas as marcas e indicações próprias para estabelecerem a sua identidade, ressalvadas as peculiaridades das mercadorias depositadas a granel;
- a **qualidade da mercadoria**;
- a **indicação do segurador** da mercadoria e o valor do seguro;
- a **declaração dos impostos e direitos fiscais**, dos encargos e das despesas a que a mercadoria está sujeita, e do dia em que começaram a correr as armazenagens;
- a **data da emissão** dos títulos e a assinatura do empresário ou pessoa devidamente habilitada por este.

12.6. CERTIFICADO DE DEPÓSITO AGROPECUÁRIO (CDA) E *WARRANT* AGROPECUÁRIO (WA)

12.6.1. Noções introdutórias

O Decreto n. 1.102/1903, apesar de sua longevidade, não se aplica ao Agronegócio, portanto, para a armazenagem de produtos derivados da **agropecuária e da pecuária** há **regime jurídico específico, precisamente, a Lei n. 9.973/2000**[46] combinada com a **Lei n. 11.076/2004**. A leitura de tais diplomas legais permite a contextualização de que os princípios e a possibilidade de **emissão de títulos de crédito**, paralelamente ao contrato de depósito, foram também **adotados em relação ao setor do Agronegócio**, como meio de fomentar e dinamizar o escoamento de produtos. Esquematizando:

[46] A Lei n. 9.973/2000 disciplina o sistema de armazenamento de produtos agropecuários.

REGIME JURÍDICO	TIPO DE ARMAZENAGEM	TÍTULOS DE CRÉDITO POSSÍVEIS
■ Decreto n. 1.102/1903	■ Geral, excetuado o depósito das mercadorias do Agronegócio	■ Conhecimento de Depósito *Warrant*
■ Lei n. 9.973/2000 e Lei n. 11.076/2004	■ Agronegócio	■ Certificado de Depósito Agropecuário (CDA) ■ *Warrant* Agropecuário (WA) ■ Certificado de Direitos Creditórios do Agronegócio (CDCA) ■ Letra de Câmbio do Agronegócio (LCA) ■ Certificado de Recebíveis do Agronegócio (CRA)

■ 12.6.2. Títulos de fomento do agronegócio (CDCA, LCA e CRA)

Não apenas o resultado da produção poderá dar motivo à emissão de títulos de crédito vinculados ao depósito das mercadorias provenientes do Agronegócio (CDA e WA), mas, de maneira mais ampla, **todo o processo de fomento do Agronegócio**, entre parceiros empresariais desse importante setor da economia, diante da criação de **títulos de crédito para o financiamento da produção agropecuária**, tendo em vista que "vinculados a direitos creditórios originários de negócios realizados entre produtores rurais, ou suas cooperativas, e terceiros, inclusive financiamentos ou empréstimos, relacionados com a produção, comercialização, beneficiamento ou industrialização de produtos ou insumos agropecuários ou de máquinas e implementos utilizados na atividade agropecuária" (art. 23, parágrafo único, da Lei n. 11.076/2004).

Basicamente, portanto, a função do CDCA, da LCA e do CRA será **fomentar o financiamento do crédito agropecuário**. A diferença entre tais títulos relaciona-se aos **personagens** que têm a titularidade da emissão. Esquematicamente:

ESPÉCIE DE TÍTULO DE CRÉDITO DO AGRONEGÓCIO	TITULARIDADE NA EMISSÃO	FUNÇÃO	CARACTERÍSTICAS COMUNS
■ CDCA	■ Exclusividade das Cooperativas de Produtores Rurais	■ Giro de Capital e Financiamento	■ representam promessas de pagamento em dinheiro ■ títulos executivos extrajudiciais ■ passíveis de cessão fiduciária ■ negociáveis na Bolsa de Valores
■ LCA	■ Exclusividade de Instituições Financeiras	■ Giro de Capital e Financiamento	
■ CRA	■ Exclusividade de Companhias Securitizadoras de direitos creditórios do agronegócio	■ Giro de Capital e Financiamento	

■ 12.6.3. Requisitos dos títulos de crédito do agronegócio

A Lei n. 11.076/2004 elencou **requisitos comuns** quando da emissão do CDA e do WA:

- denominação do título;
- número de controle, que deve ser idêntico para cada conjunto de CDA e WA;
- menção de que o depósito do produto sujeita-se à **Lei n. 9.973, de 29 de maio de 2000**, a esta Lei (n. 11.076/2004) e, no caso de cooperativas, à **Lei n. 5.764, de 16 de dezembro de 1971**;
- identificação, qualificação e endereços do depositante e do depositário;

- identificação comercial do depositário;
- cláusula à ordem;
- endereço completo do local do armazenamento;
- descrição e especificação do produto;
- peso bruto e líquido;
- forma de acondicionamento;
- número de volumes, quando cabível;
- valor dos serviços de armazenagem, conservação e expedição, a periodicidade de sua cobrança e a indicação do responsável pelo seu pagamento;
- identificação do segurador do produto e do valor do seguro;
- qualificação da garantia oferecida pelo depositário, quando for o caso;
- data do recebimento do produto e prazo do depósito;
- data de emissão do título;
- identificação, qualificação e assinatura dos representantes legais do depositário;
- identificação precisa dos direitos que conferem.

E, para uma **visão de conjunto**, no quadro a seguir estão os **requisitos dos demais títulos** de financiamento do Agronegócio (CDCA, LCA e CRA)[47]:

SÃO REQUISITOS DO CDCA (ART. 25, DA LEI N. 11.076/2004)	SÃO REQUISITOS DA LCA (ART. 27, DA LEI N. 11.076/2004)	SÃO REQUISITOS DO RCA (ART. 37, DA LEI N. 11.076/2004)
■ o nome do emitente e a assinatura de seus representantes legais; ■ o número de ordem, local e data da emissão; ■ a denominação "Certificado de Direitos Creditórios do Agronegócio"; ■ o valor nominal; ■ a identificação dos direitos creditórios a ele vinculados e seus respectivos valores, ressalvado o disposto no art. 30 desta Lei; ■ data de vencimento ou, se emitido para pagamento parcelado, discriminação dos valores e das datas de vencimento das diversas parcelas; ■ taxa de juros, fixa ou flutuante, admitida a capitalização; ■ o nome da instituição responsável pela custódia dos direitos creditórios a ele vinculados; ■ o nome do titular; ■ cláusula "à ordem", ressalvado o disposto no inc. II do art. 35 da Lei n. 11.076/2004.	■ o nome da instituição emitente e a assinatura de seus representantes legais; ■ o número de ordem, o local e a data de emissão; ■ a denominação "Letra de Crédito do Agronegócio"; ■ o valor nominal; ■ a identificação dos direitos creditórios a ela vinculados e seus respectivos valores, ressalvado o disposto no art. 30 desta Lei; ■ taxa de juros, fixa ou flutuante, admitida a capitalização; ■ data de vencimento ou, se emitido para pagamento parcelado, discriminação dos valores e das datas de vencimento das diversas parcelas; ■ o nome do titular; ■ cláusula "à ordem", ressalvado o disposto no inc. II do art. 35 da Lei n. 11.076/2004.	■ nome da companhia emitente; ■ número de ordem, local e data de emissão; ■ denominação "Certificado de Recebíveis do Agronegócio"; ■ nome do titular; ■ valor nominal; ■ data de vencimento ou, se emitido para pagamento parcelado, discriminação dos valores e das datas de vencimento das diversas parcelas; ■ taxa de juros, fixa ou flutuante, admitida a capitalização; ■ identificação do Termo de Securitização de Direitos Creditórios que lhe tenha dado origem.

[47] O valor nominal constante dos títulos não impede a inserção de cláusula de correção pela variação cambial, porém desde que integralmente lastreados em títulos representativos de direitos creditórios com cláusula de correção na mesma moeda, na forma estabelecida pelo Conselho Monetário Nacional, conforme previa a MP n. 725/2016, convolada na **Lei n. 13.331/2016**.

■ 12.6.4. Regime jurídico supletivo

O CDA, o WA, o CDCA, a LCA e o CRA, **supletivamente**, serão regidos pelas normas do **direito cambiário**, considerados **títulos executivos extrajudiciais**, mas aos quais deverão ser observadas as seguintes exceções (art. 2º c/c art. 44 da Lei n. 11.076/2004):

- os endossos devem ser completos;
- os endossantes não respondem pela entrega do produto, mas, tão somente, pela existência da obrigação (no caso de CDA e WA);
- é dispensado o protesto cambial para assegurar o direito de regresso contra endossantes e avalistas.

Na era da internet ou era digital, o registro e a transferência dos títulos de crédito, além da forma usual, por meio da emissão de documentos (princípio da cartularidade), comumente **ocorre eletronicamente (de forma escritural)**. Assim, a **negociação dos títulos** de crédito do Agronegócio agregou as duas formas, pois o CDA e o WA serão (art. 3º, da Lei n. 11.076/2004):

- **cartulares**, antes de serem registrados em sistema de registro e de liquidação financeira;
- **escriturais ou eletrônicos**, enquanto permanecerem registrados em sistema de registro e de liquidação financeira.

De modo semelhante, a lei faculta a emissão do CDCA e da LCA na forma escritural, bem como determina que a **forma do CRA será a escritural**, o que denota uma **flexibilização do princípio da cartularidade**. A ausência da circulação do documento escrito representativo do título não importará em insegurança jurídica, tendo em vista que "**tais títulos serão registrados em sistemas** de registro e de liquidação financeira de ativos autorizados pelo Banco Central do Brasil". E a transferência de sua titularidade operar-se-á pelos registros dos negócios efetuados na forma de tal sistema, com a necessidade de registro dos títulos (art. 35, *caput*, e parágrafo único, c/c art. 36, § 1º, ambos da Lei n. 11.076/2004)[48].

■ 12.7. CÉDULA IMOBILIÁRIA RURAL

■ 12.7.1. Noções Introdutórias

A MPV n. 897/2019 (convertida na Lei n. 13.986/2020) inovou o ordenamento jurídico com a **criação do denominado Fundo Garantidor Solidário**, para garantir a solvência das operações de crédito rural, estabelecendo-se um fundo a reunir: I) os

[48] A MPV n. 897/2019 também alterou a legislação pertinente aos títulos do Agronegócio — o CDA, WA, CDCA, LCA, CPR. A emissão poderá ocorrer sob a forma cartular ou escritural; o depósito e o registro de tais títulos serão monitorados por entidade autorizada pelo BACEN ou pela CVM. O emitente do CDA e o WA não poderá opor ao terceiro que deles for titular exceções pessoais oponíveis ao depositante, dentre outras inovações.

devedores (grupo de no mínimo 2 devedores); II) a instituição credora; e III) a instituição garantidora, se houver. Trata-se de fundo a promover a **equalização do débito** por meio de cotas mínimas sobre o saldo devedor estipuladas, minimamente, no percentual de 4% para duas primeiras categorias (cotas primárias e secundárias, de responsabilidade dos devedores e instituição credora, respectivamente) e 2% para a terceira categoria (a cargo da instituição garantidora, cota terciária).

A Lei n. 13.986/2020 criou a **Cédula Imobiliária Rural — CIR**, de modo a incrementar os negócios jurídicos a envolver "**promessa em dinheiro, decorrente de operação de crédito** (...) contratada com instituição financeira" e **garantida por patrimônio de afetação** vinculado total ou parcialmente a **imóvel rural**.

A documentação de tal título, na **origem e na extinção** (antes de seu depósito e na baixa) ocorrerá de **forma cartular**, porém enquanto **depositada, seu monitoramento** ocorrerá de **forma escritural**, por entidade que seja autorizada tanto pelo BACEN quanto pela CVM.

■ 12.7.2. Requisitos

São requisitos da CIR (art. 22):

"I — a denominação 'Cédula Imobiliária Rural';

II — a assinatura do emitente;

III — o nome do credor, permitida a cláusula à ordem;

IV — a data e o local da emissão;

V — a promessa do emitente de pagar o valor da Cédula Imobiliária Rural em dinheiro, certo, líquido e exigível no seu vencimento;

VI — a data e o local do pagamento da dívida e, na hipótese de pagamento parcelado, as datas e os valores de cada prestação;

VII — a data de vencimento;

VIII — a identificação do patrimônio rural em afetação, ou de sua parte, correspondente à garantia oferecida na CIR; e

IX — a autorização irretratável para que o oficial de registro de imóveis processe, em favor do credor, o registro de transmissão da propriedade do imóvel rural, ou da fração, constituinte do patrimônio rural em afetação vinculado à CIR, de acordo com o disposto no art. 28 desta Lei."

A CIR **poderá ser garantida parcial ou totalmente pelo patrimônio rural em afetação** (art. 18, § 1º). Por outro lado, os endossos somente serão válidos se completos, mas os **endossantes responderão apenas pela existência da obrigação** (art. 29).

■ 12.7.3. Consolidação da garantia por meio do procedimento estabelecido na lei de alienação fiduciária de bem imóvel

Em caso de **inadimplemento** da CIR, o credor poderá **consolidar a propriedade do imóvel** em seu nome, com o aproveitamento do **procedimento extrajudicial** estabelecido pela Lei de Alienação Fiduciária de Bem Imóvel (Lei n. 9.514/1997), com o acréscimo de que, em caso de **leilão deficitário**, ou seja, cujo resultado não seja suficiente para o pagamento do saldo devedor, o **remanescente da dívida poderá ser perseguido pela via executiva** (art. 28, § 3º).

▪ 12.8. CÉDULAS E NOTAS DE CRÉDITO (AGRÁRIAS, INDUSTRIAIS, COMERCIAIS E À EXPORTAÇÃO)

▪ 12.8.1. Noções introdutórias

Os títulos de crédito, como destacado no *item 11.1.2*, em geral, movimentam a economia e, por isso, correspondem a "**instrumento de mobilização de economias** individuais e de sua transformação em capital produtivo". Em particular, as cédulas/notas de crédito potencializam tais funções, tendo em vista que se **vinculam a contratos de financiamento**.

Doutrinariamente, portanto, são **títulos causais**, eis que sua origem, nitidamente, identifica-se com o financiamento de determinado setor produtivo. Como esclarece Marlon Tomazette, "em todos os casos, **a cédula está necessariamente ligada a um financiamento** para a atividade produtiva (pessoa física ou jurídica) em benefício de quem concede o financiamento, normalmente uma instituição financeira"[49]. Esquematicamente:

CÉDULAS/NOTAS DE CRÉDITO	
Atividade financiada	**Regime jurídico aplicável**
▪ Rural	▪ Decreto-lei n. 167/67
▪ Industrial	▪ Decreto-lei n. 413/69
▪ Comercial	▪ Lei n. 6.840/80
▪ Exportação	▪ Lei n. 6.313/75

Apesar da existência de diplomas legais paralelos, como bem apontado por Tomazette[50], possível, para fins didáticos, elencar **requisitos comuns às cédulas de crédito causais**. Tais requisitos se identificam pela comparação dos regimes jurídicos correlatos, mas também diante de **normas de extensão** que mandam aplicar os dispositivos de um regime jurídico a outro. Nesse sentido, o Decreto-lei n. 413/69 (que trata do financiamento do crédito industrial) será aplicável, no que couber, às cédulas de crédito comercial e às cédulas de crédito à exportação. É o que se extrai da literalidade do art. 3º da Lei n. 6.313/75 (que regula as cédulas de crédito à exportação) e do art. 5º da Lei n. 6.840/80 (que trata das cédulas de crédito comercial):

> "Art. 3º Serão aplicáveis à Cédula de Crédito à Exportação, respectivamente, os dispositivos do Decreto-lei número 413, de 9 de janeiro de 1969, referente à Cédula de Crédito Industrial e à Nota de Crédito Industrial."

---

49 TOMAZETTE, Marlon. *Curso de direito empresarial* — Títulos de crédito, 3. ed., p. 313.

50 TOMAZETTE, Marlon. *Curso de direito empresarial* — Títulos de crédito, 3. ed., p. 314.

"Art. 5º Aplicam-se à Cédula de Crédito Comercial e à Nota de Crédito Comercial as normas do Decreto-lei n. 413, de 9 de janeiro de 1969."

■ 12.8.2. Requisitos

As **cédulas/notas de crédito causais**, evidentemente, são fontes de obrigações, colhendo-se da teoria geral do direito obrigacional seus elementos: **"as partes, a prestação e o vínculo jurídico"**[51]. Em torno de tais elementos, gravitam **seus requisitos**, conforme se depreende da leitura do art. 14 do Decreto-lei n. 167/67 e do art. 14 do Decreto-lei n. 413/69. Esquematicamente:

- denominação específica;
- data, periodização e demais condições de pagamento;
- nome do credor e cláusula à ordem;
- valor do crédito deferido, lançado em algarismos por extenso, e forma de utilização;
- descrição das garantias, se for o caso;
- taxa de juros;
- praça do pagamento;
- data e lugar da emissão;
- assinatura de próprio punho do emitente ou de representante com poderes especiais.

Pelo rol acima, primeiro percebe-se que os títulos de crédito para o financiamento das atividades produtivas, ora em estudo, pelo próprio nome, já serão capazes de minudenciar qual a **atividade que pretendem fomentar** e, igualmente, se a operação de crédito financiada **restou garantida** com o oferecimento de algum bem, para eventual resgate da dívida. Assim, intuitivamente, se o **financiamento for subsidiado por alguma garantia real**, o nome do título corresponderá a uma **cédula de crédito**[52]. Em sentido oposto, se **ausente a referida garantia real**, a nomenclatura do título será **nota de crédito** (art. 9º c/c art. 27, ambos do Decreto-lei n. 167/67; e art. 9º c/c art. 15, ambos do Decreto-lei n. 413/69).

O **risco**, no que diz respeito à recuperação do crédito em caso de eventual inadimplemento, denota-se **menor quando da existência de garantias**, o que deverá redundar, porém, em **encargos financeiros** (juros compensatórios, juros moratórios, multa contratual etc.) igualmente **menores**. Esquematicamente:

---

[51] BDINE JR., Hamid Charaf. *Código Civil comentado*, 5. ed., p. 183.

[52] Para as cédulas de crédito rural, o nome, inclusive, especifica qual a garantia prestada: cédula rural pignoratícia (penhor); cédula rural hipotecária (hipoteca); cédula rural pignoratícia e hipotecária (penhora e hipoteca ao mesmo tempo, sendo dados em garantia bens móveis e imóveis, nos termos dos arts. 1.438 a 1.450 do CC e dos arts. 1.473 a 1.501, também do CC).

■ Cédula de Crédito	■ Presença de Garantia Real[53]	■ Juros prospectivamente menores
■ Nota de Crédito	■ Ausência de Garantia Real[54]	■ Juros prospectivamente maiores

■ 12.8.3. Da impenhorabilidade relativa dos bens dados em garantia

O regime jurídico aplicável às cédulas de crédito, como meio de assegurar uma **vinculação maior da garantia** à satisfação do financiamento, em caso de execução forçada, estabeleceu que os **bens dados em garantia não "serão penhorados ou seqüestrados** por outras dívidas do emitente" (art. 57, do Decreto-lei n. 413/69).

Tal dispositivo merece **interpretação sistemática**, já que a preferência do crédito dado em garantia poderá ser relativizada quando outras dívidas do emitente corporificarem crédito de natureza **tributária ou trabalhista**. Confira-se, assim, o que dispõe, expressamente, o art. 186 do Código Tributário Nacional: "O crédito tributário prefere a qualquer outro, seja qual for sua natureza ou o tempo de sua constituição, ressalvados os créditos decorrentes da legislação do trabalho ou do acidente de trabalho".

A Lei Complementar n. 118/2005 acabou por **flexibilizar** a preferência do **crédito tributário**, em caso de falência, ao dispor que "o crédito tributário não prefere aos créditos extraconcursais ou às importâncias passíveis de restituição, nos termos da lei falimentar, nem aos créditos com garantia real, no limite do valor do bem gravado" (art. 186, parágrafo único, inc. I, do CTN). Assim, alcançou-se coerência entre o CTN e a atual Lei de Recuperação e Falência que, no caso de quebra, limitou a preferência do crédito com garantia real até limite do valor do bem gravado. O **crédito com garantia real, assim, ocupa um degrau acima do crédito tributário** (art. 83, incs. II e III, da Lei n. 11.101/2005).

Seja como for, comungamos da opinião do prof. Marlon Tomazette, no sentido de que a regra será a **preferência do crédito tributário em relação ao crédito com garantia real**, apesar da legislação específica sobre as cédulas de crédito, diante da regra matriz imposta pelo art. 186, do CTN. Por **exceção, no caso de falência, o crédito fiscal deverá respeitar a satisfação do crédito com garantia real**, nos limites da garantia prestada.

Em conclusão, em caso de **execução fiscal, poderá haver a penhora do bem dado em garantia**, inclusive nos termos de precedentes do eg. STJ:

> TRIBUTÁRIO AGRAVO REGIMENTAL EM AGRAVO DE INSTRUMENTO — EXECUÇÃO FISCAL — EMBARGOS DE TERCEIRO. PENHORA DE BEM VINCULADO A CÉDULA DE CRÉDITO COMERCIAL — CABIMENTO — PREFERÊNCIA DO CRÉDITO TRIBUTÁRIO — ART. 184 DO CTN — DISSÍDIO JURISPRUDENCIAL NÃO COMPROVADO. 1 — A Jurisprudência desta Casa fir

[53] Determina a lei que a eficácia das cédulas de crédito dependerá de averbação no cartório de registro de imóveis (art. 30 do Decreto-lei n. 167/67 e art. 30 do Decreto-lei n. 413/69).

[54] Como salientado por Marlon Tomazette, ainda que as notas de crédito não sejam subsidiadas por garantias reais, por imposição legal, compõem crédito privilegiado, privilégio especial, nos termos do art. 28 do Decreto-lei n. 167/67 e art. 17 do Decreto-lei n. 413/69.

mou o entendimento de que os bens gravados com hipoteca originária de cédula de crédito comercial podem ser penhorados para satisfazer o débito fiscal, uma vez que a impenhorabilidade de que trata o art. 57 do Decreto-Lei 413/69 não é absoluta, cedendo à preferência concedida ao crédito tributário pelo art. 184 do CTN. 2 — O dissídio jurisprudencial não restou comprovado, na medida que não foi demonstrado as circunstâncias que identifiquem ou assemelhem os casos confrontados, nos termos do Parágrafo Único do art. 541 do CPC. 3 — Agravo regimental não provido. (AgRg no Ag 1.431.679/PB, 2ª Turma, Rel. Min. Eliana Calmon, *DJe* 22/08/2013)

AGRAVO REGIMENTAL NO AGRAVO EM RECURSO ESPECIAL. PROCESSUAL CIVIL. CÉDULA DE CRÉDITO RURAL HIPOTECÁRIA. PENHORA DO BEM DADO EM GARANTIA. ART. 69 DO DECRETO-LEI N. 167/67. IMPENHORABILIDADE RELATIVA. POSSIBILIDADE. VALOR DO BEM EXCEDENTE À DÍVIDA GARANTIDA. INCIDÊNCIA DA SÚMULA 7/STJ. 1. A impenhorabilidade instituída no art. 69 do Decreto-lei n. 167/67 pode ser relativizada quando o valor do bem excede à dívida garantida pela hipoteca (AgRg no AREsp 128.211/MT, 3ª Turma, Rel. Min. Paulo de Tarso Sanseverino, *DJe* 15/08/2013).

Debate também relacionado à **impenhorabilidade relativa dos bens dados em garantia** tem sido o cotejo da legislação sobre o **bem de família** (Lei n. 8.009/90) que exclui da penhora "O imóvel residencial próprio do casal, ou da entidade familiar", o qual "não responderá por qualquer tipo de dívida civil, comercial, fiscal, previdenciária ou de outra natureza, contraída pelos cônjuges ou pelos pais ou filhos que sejam seus proprietários e nele residam" (art. 1º). Tal regra, porém, foi expressamente excepcionada pela mesma lei, ao dispor que a **impenhorabilidade não alcançará "execução de hipoteca** sobre o imóvel oferecido como garantia real pelo casal ou pela entidade familiar" (art. 3º, inc. V).

Nesse contexto, ainda que o imóvel dado em garantia do financiamento pertença formalmente à pessoa jurídica (sociedade empresária), quando seus sócios corresponderem a marido e mulher e habitarem o referido imóvel, **presume-se que o crédito do financiamento também tenha revertido em benefício da família**, ainda que tomado pela sociedade empresária e, por isso, a **impenhorabilidade tem sido afastada** por precedentes do STJ:

RECURSO ESPECIAL. EXECUÇÃO. CÉDULA DE CRÉDITO INDUSTRIAL. BEM DE FAMÍLIA OFERECIDO EM GARANTIA REAL HIPOTECÁRIA. PESSOA JURÍDICA. SÓCIOS MARIDO E MULHER. HIPÓTESE DE EXCEÇÃO À REGRA DA IMPENHORABILIDADE PREVISTA NO ART. 3º, V, DA LEI N. 8.009/1990. PROVIMENTO.

1. É autorizada a penhora do bem de família quando dado em Garantida hipotecária da dívida contraída em favor da sociedade empresária, da qual são únicos sócios marido e mulher. Precedente: REsp 1.413.717/PR, Relatora Ministra NANCY ANDRIGHI, Terceira Turma, *DJe* 29/11/2013. 2. Recurso Especial provido (REsp 1.435.074/PR, 3ª Turma, Rel. Min. Sidinei Beneti, *DJe* 06/06/2014).

■ 12.8.4. Do regime jurídico supletivo

À legislação específica que rege as cédulas e notas de crédito, **poderão ser agregadas as normas gerais do regime cambial**, por força do que expressamente dispõem o art. 60 do Decreto-lei n. 167/67 e o art. 52 do Decreto-lei n. 413/69. Assim, por exemplo, apesar da ausência de garantias reais em relação às **notas de crédito**, demonstra-se factível que o financiamento, nesse caso, seja **garantido por aval**, instrumento próprio da teoria geral dos títulos de crédito e regulado primeiro na legislação específica sobre letras de câmbio e notas promissórias.

Contudo, para fins de **visualização das particularidades do regime jurídico das cédulas e notas** de crédito em relação ao regime cambial geral, propõe-se o quadro seguinte:

INSTITUTO	REGIME CAMBIAL GERAL	REGIME DAS CÉDULAS DE CRÉDITO
■ Endosso Parcial	■ Nulo (art. 12 da LUG)	■ Possível, diante do pagamento parcial (art. 10, § 2º, do DL 167/67 e art. 10, § 2º, do DL 413/69)
■ Protesto	■ Indispensável para responsabilização dos coobrigados (art. 52 da LUG)	■ Dispensável para cobrança dos credores indiretos (art. 60 do DL 167/67 e art. 52 do DL 413/69)
■ Ação Cambial	■ Rito do CPC (art. 652 e seguintes)	■ Rito Especial (art. 41 do DL 167/67 e art. 41 do DL 413/69)
■ Prescrição	■ Lei Uniforme de Genebra (art. 70)	■ Idem
■ Ação de Locupletamento	■ Possível	■ Idem

■ 12.9. CÉDULA DE CRÉDITO BANCÁRIO

■ 12.9.1. Noções preliminares

A cédula de crédito bancário, como ensina Tomazette, corresponde a título de crédito que tem a **mesma função das cédulas de crédito causais**, entretanto **não se vincula ao financiamento de uma atividade econômica específica**. A cédula de crédito bancário, por isso, está apta ao financiamento de "créditos de produção, créditos de consumo, créditos rotativos e abertura de crédito em cheques especiais"[55]. Didaticamente, percebe-se que, apesar de função idêntica, isto é, o **fomento do crédito**, enquanto nas cédulas de crédito rural, industrial, comercial e à exportação sua razão de ser situa-se no desenvolvimento de atividade específica, porque vinculada ao tomador do crédito (financiado); as **cédulas de crédito bancário, incrementam a atividade das sociedades profissionais** que têm como uma de suas atividades principais o mútuo (operação ativa dos bancos, financiador do crédito[56]). Esquematicamente:

[55] TOMAZETTE, Marlon. *Curso de direito empresarial* — Títulos de crédito, 3. ed., v. II, p. 336.

[56] As instituições financeiras, de outro lado, também lançam-se a captar recursos financeiros de terceiros, por meio da emissão dos denominados Certificados de Depósito Bancário. A MPV n. 897/2019 também cuidou de revogar e atualizar a legislação sobre o CDB (art. 24 — art. 36). O CDB ganhou autonomia como título executivo extrajudicial. Tem como requisitos: "I — a denominação 'Certificado de Depósito Bancário'; II — o nome da instituição financeira emissora; III — o número de ordem, o local e a data de emissão; IV — o valor nominal; V — a data de vencimento; VI — o nome do depositante; VII — a taxa de juros, fixa ou flutuante, admitida a capitalização, ou outras formas de remuneração, inclusive baseadas em índices ou taxas de conhecimento público; e VIII — a forma, a periodicidade e o local de pagamento." Sua emissão poderá ocorrer de forma

CÉDULAS DE CRÉDITO RURAL, INDUSTRIAL, COMERCIAL E À EXPORTAÇÃO	■ Financiam setor produtivo específico	■ Incremento da atividade desenvolvida pelo financiado (tomador do crédito)
CÉDULA DE CRÉDITO BANCÁRIO	■ Sem vinculação com determinado setor produtivo	■ Ampliação das linhas de crédito, não só para fornecedores, mas também para consumidores e incremento da atividade do financiador (banco)

■ 12.9.2. Requisitos

Os **requisitos da Cédula de Crédito Bancário** foram elencados pelo art. 29 da lei de regência (Lei n. 10.931/2004):

- a denominação "Cédula de Crédito Bancário";
- a promessa do emitente de pagar a dívida em dinheiro, certa, líquida e exigível no seu vencimento ou, no caso de dívida oriunda de contrato de abertura de crédito bancário, a promessa do emitente de pagar a dívida em dinheiro, certa, líquida e exigível, correspondente ao crédito utilizado;
- a data e o lugar do pagamento da dívida e, no caso de pagamento parcelado, as datas e os valores de cada prestação, ou os critérios para essa determinação;
- o nome da instituição credora, podendo conter cláusula à ordem;
- a data e o lugar de sua emissão; e
- a assinatura do emitente e, se for o caso, do terceiro garantidor da obrigação, ou de seus respectivos mandatários.

Pela leitura dos requisitos acima, **eventuais garantias não correspondem a requisito essencial**. Na prática, porém, diante de linhas de crédito garantidas, bem mais atrativas do que aquelas não garantidas, faculta a lei "uma ampla **liberdade para a estipulação de garantias reais ou pessoais**"[57]. Nesse sentido, o disposto no art. 31, da Lei n. 10.931/2004: "A garantia da Cédula de Crédito Bancário poderá ser fidejussória ou real, neste último caso constituída por bem patrimonial de qualquer espécie, disponível e alienável, móvel ou imóvel, material ou imaterial, presente ou futuro, fungível ou infungível, consumível ou não, cuja titularidade pertença ao próprio emitente ou a terceiro garantidor da obrigação principal".

Como também ensina Tomazette, se a própria garantia constitui-se em faculdade, o **registro de eventual garantia não pode ser considerado requisito essencial**. Entretanto, alerta que a **ausência de registro** tornará a exigência da garantia **ineficaz contra terceiros**[58-59].

---

escritural e poderá ser objeto de endosso; entretanto, o endossante do CDB responderá pela existência do crédito e não por seu pagamento.

57 TOMAZETTE, Marlon. *Curso de direito empresarial* — Títulos de crédito, 3. ed., v. II, p. 338.

58 Idem, p. 338.

59 A Lei n. 13.476/2017 disciplinou a constituição de gravames e ônus sobre ativos financeiros e valores mobiliários objeto de registro ou de depósito centralizado, diploma capaz de potencialmente

■ 12.9.3. Regime jurídico supletivo

O § 1º do art. 29 da Lei n. 10.931/2004, expressamente, dispõe que as cédulas de crédito bancário obedecerão às "**normas de direito cambiário**", isto é, à teoria geral e ao diploma legal que disciplinou a letra de câmbio e a nota promissória. Portanto, na falta de disposições específicas, quanto ao aval e aos prazos prescricionais, a omissão será suprida pelo regime cambiário geral (*itens 11.2.4* e *11.4*).

Quanto ao **protesto**, de novidade, é que **poderá ser efetuado por indicações** (art. 41 da Lei n. 10.931/2004), **não sendo obrigatório para execução contra os devedores indiretos** (endossante e seus avalistas, art. 44 da Lei n. 10.931/2004).

A lei faculta a **emissão de títulos vinculados à Cédula** de Crédito Bancário na forma **escritural** (art. 45) e, expressamente, diz que a CCB "é título executivo extrajudicial e representa dívida em dinheiro, certa, líquida e exigível" (art. 28). A liquidez da dívida, quando vinculada a Contrato de Abertura de Crédito ("cheque especial", *item 17.3*), era questionável, diante da fluidez da dívida. Hoje, diante do que foi decidido com base na lei dos recursos repetitivos (art. 543-C, do CPC[60]), a **autonomia da cédula de crédito já foi reconhecida** pelo STJ:

> A Cédula de Crédito Bancário é título executivo extrajudicial, representativo de operações de crédito de qualquer natureza, circunstância que autoriza sua emissão para documentar a abertura de crédito em conta corrente, nas modalidades de crédito rotativo ou cheque especial. O título de crédito deve vir acompanhado de claro demonstrativo acerca dos valores utilizados pelo cliente, trazendo o diploma legal, de maneira taxativa, a relação de exigências que o credor deverá cumprir, de modo a conferir liquidez e exequibilidade à Cédula (art. 28, § 2º, incisos I e II, da Lei n. 10.931/2004) (REsp n. 1.291.575/PR, 2ª Seção, Rel. Min. Luis Felipe Salomão, *DJe* 02/09/2013).

■ 12.10. TÍTULOS PÚBLICOS

■ 12.10.1. Noções introdutórias

Assim como uma sociedade empresária necessita de capital de giro para satisfação de suas despesas operacionais ou correntes, bem como para cumprir suas metas de investimento, o que pressupõe o planejamento e a elaboração de um orçamento, as

---

dirimir os conflitos sobre o registro das garantias. Cuidou também de especificar as cláusulas mínimas dos instrumentos de abertura de crédito (valor total, vigência, taxas mínima e máxima de juros, descrição das garantias) e, ainda, dispôs sobre a possibilidade de incidência de capitalização nas operações correlatas. Autorizou a emissão de Certificado de Depósito Bancário, inclusive na forma escritural, o que, sem dúvida, conferirá agilidade à concessão do crédito. Por outro lado, parece ter privilegiado em demasia as entidades concedentes, pois mesmo em caso de alienação fiduciária de imóvel, em princípio, não prevalecerá o direito potestativo à quitação, nos termos do art. 27, §§ 5º e 6º, da Lei n. 9.514/1997. Aguardemos, assim, a aplicação dos dispositivos do novo diploma legal, mas, de antemão, possível enxergar o retrocesso da legislação, pois a contrariar os interesses dos tomadores de créditos, notadamente tomadores pessoas físicas, devedores-fiduciantes, qualificáveis igualmente como consumidores.

60 A sistemática dos Recursos Repetitivos — Recurso Extraordinário e Recurso Especial — foi delimitada no atual CPC (cf. arts. 1.029 e 1.041).

entidades da Federação (União, Estados, DF e Municípios) também **necessitam contabilizar e prever suas despesas** e, logicamente, as receitas que irão possibilitar a satisfação de tais despesas.

Nesse contexto, uma empresa poderá, para construção do referido capital de giro, negociar seus recebíveis junto a instituições financeiras. Isto é, com base nos créditos eventuais e provenientes do desenvolvimento de sua atividade, poderá emitir uma duplicata e descontá-la com deságio, conforme se estudará no *item 17.5*. A emissão do título de crédito proporcionará, dessa forma, o capital necessário para o desenvolvimento de determinada atividade empresarial.

O **Estado**, em uma perspectiva de conjunto, bem como cada unidade da Federação, em particular, tem como objetivo a realização do bem comum. O **custo financeiro da realização do bem comum** depende da previsão e do alcance de receitas. A Lei n. 4.320/64 disciplinou a matéria e, no que interessa ao desenvolvimento do presente tópico, destacam-se as **receitas correntes e as receitas de capital** (art. 11 da Lei n. 4.320/64). Exemplo de receita corrente: **arrecadação de tributos**. Exemplo de receita de capital: **operações de crédito**. Esquematicamente:

E, entre as operações de crédito, há a **possibilidade de emissão de títulos públicos**, em nível federal, pelo Tesouro Nacional e também pelo Banco Central do Brasil. A **captação de recursos financeiros** com a emissão de tais títulos servirá para **reforçar o caixa do governo**, mas também para prover **recursos financeiros a programas específicos**, bem como para **modular o fluxo monetário** no mercado financeiro. Em suma, a emissão de títulos públicos se lançará a dois objetivos:

- **diminuir o déficit público;**
- **instrumentalizar a política monetária.**

Por mandamento constitucional, em relação a **Estados e Municípios**, a emissão de títulos públicos, nos termos estabelecidos pela Emenda Constitucional n. 3/93, **restringe-se, hoje, ao pagamento de precatórios**. Confira-se:

> "EC 03/93 — Art. 5º Até 31 de dezembro de 1999, o Estado, o Distrito Federal e os Municípios só poderão emitir títulos da dívida pública no montante necessário ao refinanciamento do principal devidamente atualizado de suas obrigações, representadas por essa espécie de títulos, ressalvado o disposto no art. 33, parágrafo único do Ato das Disposições Constitucionais Transitórias."
>
> "ADCT — Art. 33. Ressalvados os créditos de natureza alimentar, o valor dos precatórios judiciais pendentes de pagamento na data da promulgação da Constituição, incluído o remanescente de juros e correção monetária, poderá ser pago em moeda corrente, com atualização, em prestações anuais, iguais e sucessivas, no prazo máximo de oito anos, a partir de 1º de julho de 1989, por decisão editada pelo Poder Executivo até cento e oitenta dias da promulgação da Constituição. Parágrafo único. Poderão as entidades devedoras, para cumprimento do disposto neste artigo, emitir, em cada ano, no exato montante do dispêndio, títulos de dívida pública não computáveis para efeito do limite global de endividamento."

Pelo que se lê acima, eventuais títulos emitidos por Estados, DF e Municípios se vincularão a **financiar o déficit público somente em relação ao passivo resultante de condenações judiciais** com efeitos patrimoniais contra as unidades da federação aqui enumeradas. A **União**, portanto, compõe o **único ente da Federação que detém competência ampla para emitir títulos públicos** hábeis a diminuir seu déficit de caixa.

12.10.2. Características

Além da particularidade de serem **emitidos apenas pelos entes da Federação** (ou, no caso da União, pela Secretaria do Tesouro Nacional ou pelo Banco Central), os títulos públicos são **negociados eletronicamente** em sistemas especiais de custódia, resgate e pagamento de juros. Em relação aos títulos emitidos pelo Tesouro Nacional e pelo Banco Central do Brasil, tem-se o **SELIC — Sistema Especial de Liquidação e Custódia**.

De acordo com o regulamento anexo da Circular n. 3.587/12, do BACEN, art. 1º: "O Sistema Especial de Liquidação e de Custódia (Selic) é um sistema informatizado que se destina à custódia de títulos escriturais de emissão do Tesouro Nacional, bem como ao registro e à liquidação de operações com os referidos títulos". Tal sistema é **gerido pelo BACEN** com o **auxílio da Associação Brasileira das Entidades dos Mercados Financeiro e de Capitais (ANBIMA[61])**.

---

[61] Trata-se de associação civil que tem como objetivos: "I — representar e assistir técnica e juridicamente seus Associados em assuntos de interesse dos merca dos financeiro e de capitais; II — desenvolver gestões perante as autoridades competentes sobre assuntos atinentes às atividades de seus Associados;

A **taxa Selic**, por sua vez, corresponde à **taxa básica de remuneração dos títulos públicos em circulação em tal sistema**. Entretanto, referida taxa, além da **função remuneratória**, aos poucos, também foi adotada como **padrão de juros moratórios**, para compensar o atraso no pagamento de tributos, lançando-se como regra de extensão à **mora de obrigações entre particulares**, quando não convencionada taxa diferente para os juros de mora, nos termos do art. 406 do CC: "Quando os juros moratórios não forem convencionados, ou o forem sem taxa estipulada, ou quando provierem de determinação da lei, serão fixados segundo a taxa que estiver em vigor para a mora do pagamento de impostos devidos à Fazenda Nacional".

Com a ressalva de meu entendimento pessoal, de que a taxa Selic não se apresenta como o índice mais confiável para estimativa dos encargos da mora, porque engloba juros e correção monetária ao mesmo tempo, a **tendência jurisprudencial**, com base em precedentes do STJ, é de que a **taxa Selic seja mantida para aferir os juros de mora e a correção monetária** (taxa Selic como sinônimo de taxa legal de juros de mora), sem a incidência de correção monetária uma segunda vez, diante do que se decidiu nos **Recursos Especiais ns. 1.073.846 e 1.102.552**, ambos submetidos à lei dos recursos repetitivos (art. 543-C, do CPC). Mas, ainda assim, é preciso ter em mente que, em relação aos mútuos vinculados às instituições financeiras, **não há que se falar em limite legal da taxa dos juros de mora** (conforme se explanará no *item 17.2.2*).

III — incentivar as relações entre as instituições que operam nos mercados financeiro e de capitais; IV — amparar os legítimos interesses dos mercados financeiro e de capitais perante os poderes públicos, visando ao seu desenvolvimento, bem como ao desenvolvimento das instituições que neles operam; V — manter intercâmbio com entidades nacionais ou internacionais que tenham objetivos conexos, correlatos e/ou complementares ao da Associação; VI — estabelecer princípios éticos a serem respeitados pelos Associados no exercício de suas atividades; VII — promover a prática das atividades de autorregulação nos mercados financeiro e de capitais, inclusive através da elaboração, negociação e implantação de Códigos de Regulação e Melhores Práticas que definam normas e procedimentos e prevejam punições decorrentes do descumprimento de tais Códigos, a serem observados por todos os Associados e outras entidades que decidirem aderir a tais normas; VIII — atuar como entidade certificadora de profissionais de investimento, podendo, para tanto, elaborar e aplicar exames de certificação e outorgar validamente as certificações para os profissionais capacitados nos respectivos exames; IX — organizar, orientar, coordenar, ministrar ou dar parecer sobre programas de ensino, eventos, cursos e seminários destinados à formação e especialização de técnicos e profissionais dos mercados financeiro e de capitais, gratuitamente ou mediante remuneração; X — contratar, prestar ou realizar serviços para as instituições que operam nos mercados financeiro e de capitais, por conta própria ou mediante empresa contratada, controlada ou em parceria com outras empresas; XI — desenvolver, implantar, administrar ou operacionalizar sistemas operacionais, produtos e serviços para os mercados financeiro e de capitais, por conta própria, mediante empresa contratada, controlada ou em parceria com outras empresas; XII — promover, realizar, fomentar e divulgar estudos e pesquisas sobre os mercados financeiro e de capitais; XIII — elaborar bases de dados contendo informações coletadas e/ou recebidas de Associados ou não associados sobre os mercados financeiro e de capitais; XIV — distribuir informações de suas bases de dados e publicações a respeito dos mercados financeiro e de capitais, dirigidas a Associados ou não associados; XV — constituir e/ou participar, como associada, sócia ou acionista, de associações, federações, entidades e/ou empresas nacionais e/ou internacionais, com ou sem fins lucrativos, que tenham objetivos conexos, correlatos e/ou complementares aos da Associação; e XVI — desenvolver outras atividades correlatas aos objetivos da entidade". Art. 3º do Estatuto da Entidade. Disponível em: <http://portal.anbima.com.br/a-anbima/o-que-e-anbima/estatuto/Documents/Estatuto%20ANBIMA.pdf>. Acesso em: 10 nov. 2014, às 14:00.

PROCESSO CIVIL. RECURSO ESPECIAL REPRESENTATIVO DE CONTROVÉRSIA. ARTIGO 543-C. EMBARGOS À EXECUÇÃO FISCAL. ITR. CONTRATO DE PROMESSA DE COMPRA E VENDA DO IMÓVEL RURAL. LEGITIMIDADE PASSIVA *AD CAUSAM* DO POSSUIDOR DIRETO (PROMITENTE COMPRADOR) E DO PROPRIETÁRIO/POSSUIDOR INDIRETO (PROMITENTE VENDEDOR). DÉBITOS TRIBUTÁRIOS VENCIDOS. TAXA SELIC. APLICAÇÃO. LEI 9.065/95.

(...) a TAXA SELIC é legítima como índice de correção monetária e de juros de mora, na atualização de débitos tributários pagos em atraso, *ex vi* do disposto no artigo 13, da Lei 9.065/95 (...) Destarte, vencido o crédito tributário (...) revela-se aplicável a Taxa Selic, a título de correção monetária e juros moratórios. Recurso especial desprovido. Acórdão submetido ao regime do artigo 543-C, do CPC, e da Resolução STJ 08/2008. Proposição de verbete sumular. (STJ, REsp 1.073.846/SP, 1ª Seção, à unanimidade, Rel. Min. Luiz Fux, *DJe* 18/12/2009)

FGTS. CONTAS VINCULADAS. CORREÇÃO MONETÁRIA. DIFERENÇAS. JUROS MORATÓRIOS. TAXA DE JUROS. ART. 406 DO CC/2002. SELIC.

(...) Conforme decidiu a Corte Especial, 'atualmente, a taxa dos juros moratórios a que se refere o referido dispositivo (art. 406 do CC/2002) é a taxa referencial do Sistema Especial de Liquidação e Custódia — SELIC, por ser ela a que incide como juros moratórios dos tributos federais (...) A incidência de juros moratórios com base na variação da taxa SELIC não pode ser cumulada com a aplicação de outros índices de atualização monetária, cumulação que representaria *bis in idem* (...) Recurso Especial improvido. Acórdão sujeito ao regime do art. 543-C do CPC e da Resolução STJ 08/08 (STJ, REsp 1.102.552/CE, 1ª Seção, à unanimidade, Rel. Min. Teori Albino Zavascki, *DJe* 06/04/2009).

Os títulos públicos, como regra, são **negociados fora das bolsas de valores**, por meio de instituições autorizadas a operar nos mercados financeiro e de capitais no denominado **mercado de balcão**. Didaticamente, a Comissão de Valores Mobiliários definiu o mercado de balcão organizado como "um ambiente administrado por instituições autorreguladoras que propiciam sistemas informatizados e regras para a negociação de títulos e valores mobiliários"[62-63]. Quer dizer que, em princípio, apenas pessoas jurídicas especializadas e autorizadas poderiam adquirir e negociar títulos públicos.

Contudo, para incentivar o **pequeno investidor pessoa física**, a Secretaria do Tesouro Nacional, por meio de convênio com a **BM&BOVESPA, instituiu o programa Tesouro Direto**, destinado aos que desejarem investir em títulos públicos, simplificando as operações correspondentes, pois facilitadas pelo uso da internet (*item 17.4.6*).

Quanto à **rentabilidade**, ou seja, o retorno do investimento, o Tesouro Nacional esclarece que os "títulos públicos são ativos de renda fixa, que se constituem em boa opção de investimento para a sociedade", pois "possuem a finalidade primordial de captar recursos para o financiamento da dívida pública, bem como financiar atividades do Governo Federal, como educação, saúde e infraestrutura"[64].

---

62 Mercado de Balcão Organizado, *Cadernos CVM*. Comissão de Valores Mobiliários protegendo quem investe no futuro do Brasil. Disponível em: <www.cvm.gov.br/prot/protinv/caderno7-05.pdf>. Acesso em: 10 nov. 2014, às 16:00.

63 Recomenda-se também a leitura da Instrução CVM 461/07.

64 Para saber mais, acesse <www3.tesouro.gov.br/tesouro_direto/títulos_públicos.asp>. Acesso em: 11 nov. 2014, às 16:30.

A depender do título público escolhido para investimento, além daqueles com **taxa prefixada** (em que o investidor, de antemão, no ato da compra, sabe exatamente quanto receberá pelo retorno do investimento), existem títulos públicos com **rentabilidade variável**, tendo em vista sua vinculação a determinados **índices de inflação**, como, por exemplo, a **Nota do Tesouro Nacional série C (NTN-C)**, que é um título com **rentabilidade vinculada à variação do IGP-M** (Índice Geral de Preços de Mercado)[65]. O Tesouro Nacional, ao elencar as vantagens de um eventual investimento em títulos públicos, destaca a **garantia de liquidez pelo Governo Federal e o "baixíssimo risco pelo mercado financeiro"**. Assim, para facilitar a memorização das principais características dos títulos públicos, propõe-se o esquema seguinte:

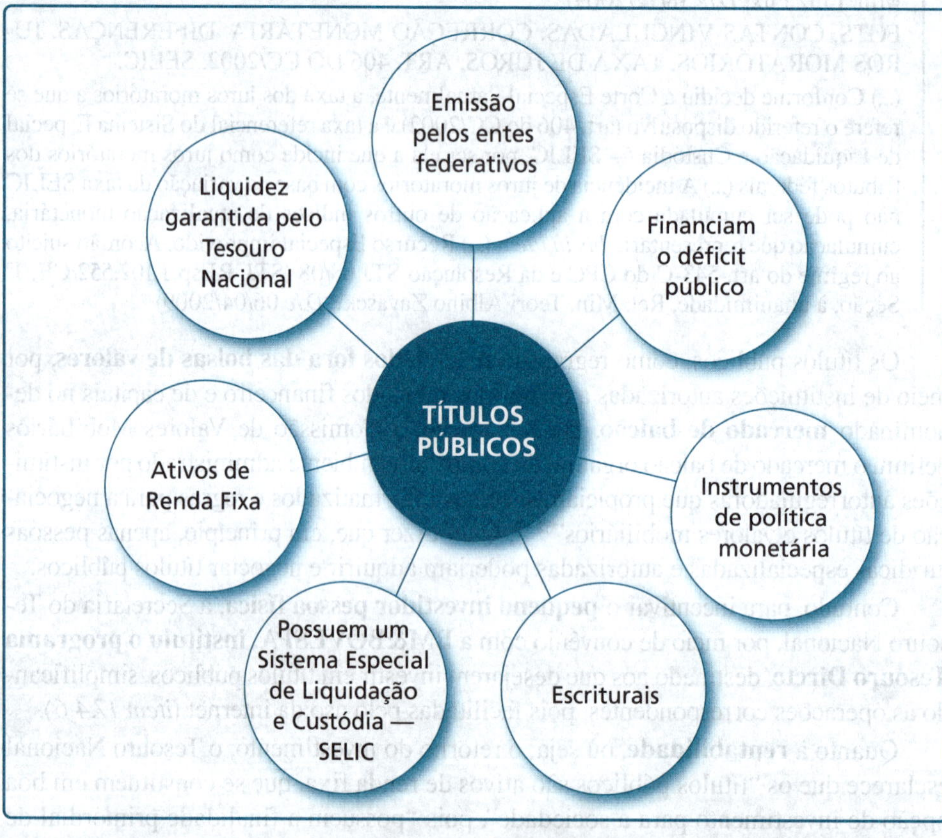

■ 12.10.3. Quadro comparativo dos títulos públicos no âmbito da União

Os **Títulos Públicos**, a par de suas especificidades, de comum com os demais títulos de crédito, **dependem de autorização legal** para sua criação, sendo recomendável, para uma visão de conjunto, especificar os regimes jurídicos paralelos. Dos títulos públicos de emissão da União, possível dividi-los em **dois grandes grupos**.

[65] O IGP-M é calculado mensalmente pela Fundação Getulio Vargas.

Primeiro, aqueles de responsabilidade da **Secretaria do Tesouro Nacional**, cuja emissão servirá para **captação de recursos financeiros** capazes de fazer frente ao déficit orçamentário ou à necessidade de caixa para saldar dívidas específicas, como o refinanciamento da dívida pública dos demais entes da federação. No segundo grupo, enumeram-se os títulos que têm a **função de instrumentalizar a política monetária**, a cargo do **Banco Central** (art. 11, da Lei n. 4.595/64). Observe-se, ainda, que alguns títulos públicos, em vez de serem custodiados pelo sistema SELIC, são negociados pela CETIP.

De acordo com a Secretaria do Tesouro Nacional, a **CETIP** corresponde a "**Balcão Organizado de Ativos e Derivativos** — Empresa sem fins lucrativos criada pela ANDIMA em março de 1966 para dar mais segurança e agilidade às operações com títulos privados. Posteriormente, passou a **garantir, custodiar e liquidar operações** também envolvendo títulos públicos, incluindo títulos estaduais e municipais que ficaram fora das regras de financiamento da dívida estadual"[66].

SIGLA	NOME	FINALIDADE	REGIME JURÍDICO	CUSTÓDIA	RENTABILIDADE
■ CDP	■ Certificado da Dívida Pública	■ Quitação de Dívidas junto ao INSS	■ Lei n. 9.711/98, Decreto n. 3.859/2001 e Portaria n. 341/2000 — STN	■ CETIP	■ pós-fixada — TR
■ CFT	■ Certificado Financeiro do Tesouro	■ Securitização da Dívida Pública	■ Lei n. 10.179/2001, Decreto n. 3.859/2001 e Portaria n. 341/2000 — STN	■ CETIP	■ pós-fixada
■ CTN	■ Certificado do Tesouro Nacional	■ Crédito e Dívida Agrícola	■ Lei n. 10.179/2001, Decreto n. 3.859/2001 e Portaria n. 341/2000 — STN	■ CETIP	■ pós-fixada — IGP-M
■ CVS	■ Certificado de Dívidas do FCVS	■ Dívidas do Fundo de Compensações	■ Lei n. 10.150/2000, Decreto n. 4.378/2002 e Portaria n. 346/2005 — MF		■ taxa fixa
■ LFT	■ Letra Financeira do Tesouro	■ Assunção pela UF das dívidas de responsabilidade dos Estados, do Distrito Federal e dos Municípios	■ Lei ns. 9.496/97 e 10.179/2001, Decreto n. 3.859/2001 e Portaria n. 341/2000 — STN	■ SELIC	■ pós-fixada — Selic
■ LTN	■ Letra do Tesouro Nacional	■ Déficit Orçamentário	■ Lei n. 10.179/2001, Decreto n. 3.859/2001 e Portaria n. 341/2000 — STN	■ SELIC	■ taxa fixa
■ NTN	■ Nota do Tesouro Nacional	■ Déficit Orçamentário	■ Lei n. 10.179/2001, Decreto n. 3.859/2001 e Portaria n. 341/2000 — STN	■ SELIC	■ pós-fixada — TR
■ TDA	■ Título da Dívida Agrária	■ Promoção da Reforma Agrária ■ Emissão pelos Estados, DF e Municípios	■ Lei n. 7.647/88, Decreto n. 572/92	■ CETIP	■ 6% a.a.
■ BBC	■ Bônus do Banco Central	■ Política Monetária	■ Lei n. 4.595/64, Resolução CMN 1.780/90 e Circular 2.437/94	■ SELIC	■ pré ou pós-fixada

66 Disponível em: <www.tesouro.gov.br>.

■ LBC	■ Letra do Banco Central	■ Política Monetária	■ Lei n. 4595/64, Resoluções CMN ns. 1.693/90, 2.020/93, 2.077/94, 2.081/94 e 2.089/94	■ SELIC	■ Taxa Selic
■ NBC	■ Nota do Banco Central	■ Política Monetária	■ Lei n. 4.595/64 e Resolução CMN n. 2.760/2000	■ SELIC	■ Taxa Selic

Recomendamos ao prezado leitor o aprofundamento posterior da matéria não apenas com a leitura do inteiro teor de cada diploma legal, mas também com a **análise das normas infralegais** (circulares do BACEN, a título de ilustração) e, ainda, expedientes de autorregulação (por exemplo, "Código" ANBIMA de Regulação e Melhores Práticas no Novo Mercado de Renda Fixa[67]).

■ 12.11. SÚMULAS DO STJ

■ Súmula 26: O avalista do título de crédito vinculado a contrato de mútuo também responde pelas obrigações pactuadas, quando no contrato figurar como devedor solidário.

■ Súmula 60: É nula a obrigação cambial assumida por procurador do mutuário vinculado ao mutuante, no exclusivo interesse deste.

■ Súmula 93: A legislação sobre cédulas de crédito rural, comercial e industrial admite o pacto de capitalização de juros.

■ Súmula 248: Comprovada a prestação dos serviços, a duplicata não aceita, mas protestada, é título hábil para instruir pedido de falência.

■ Súmula 258: A nota promissória vinculada a contrato de abertura de crédito não goza de autonomia em razão da iliquidez do título que a originou.

■ Súmula 299: É admissível a ação monitória fundada em cheque prescrito.

■ Súmula 361: A notificação do protesto, para requerimento de falência da empresa devedora, exige a identificação da pessoa que a recebeu.

■ Súmula 370: Caracteriza dano moral a apresentação antecipada de cheque pré-datado.

■ Súmula 388: A simples devolução indevida de cheque caracteriza dano moral.

■ Súmula 475: Responde pelos danos decorrentes de protesto indevido o endossatário que recebe por endosso translativo título de crédito contendo vício formal extrínseco ou intrínseco, ficando ressalvado seu direito de regresso contra os endossantes e avalistas.

■ Súmula 476: O endossatário de título de crédito por endosso-mandato só responde por danos decorrentes de protesto indevido se extrapolar os poderes de mandatário.

■ Súmula 503: O prazo para ajuizamento de ação monitória em face do emitente de cheque sem força executiva é quinquenal, a contar do dia seguinte à data de emissão estampada na cártula.

---

67 Disponível no portal <www.anbima.com.br>.

■ Súmula 504: O prazo para ajuizamento de ação monitória em face do emitente de nota promissória sem força executiva é quinquenal, a contar do dia seguinte ao vencimento do título.

■ Súmula 531: Em ação monitória fundada em cheque prescrito ajuizada contra o emitente, é dispensável a menção ao negócio jurídico subjacente à emissão da cártula.

■ 12.12. QUESTÕES SUBJETIVAS

■ 12.12.1. Questão-homenagem

(TJDFT — Juiz — 2ª fase — 2013) "A respeito da assim chamada 'Duplicata Virtual, Duplicata Escritural ou Duplicata Eletrônica', esclareça o candidato como se dá o seu saque e quais são os requisitos necessários para que tenha eficácia executiva, bem como forneça dois argumentos, retirados exclusivamente da Lei n. 5.474/68, que, em tese, não permitiriam a constituição do crédito cambial na forma esclarecida."

Resposta: A duplicata é título de crédito com regras estabelecidas na Lei n. 5.474/68. Sua emissão tem como pressuposto uma compra e venda mercantil. São requisitos da duplicata os enumerados no art. 2º, § 1º, do referido diploma legal: indicação no documento que o instrumentaliza do nome duplicata e individualização por um número de ordem (incs. I e II), a qualificação das partes (inc. IV), a delimitação da quantia a pagar (inc. V), a data do vencimento da obrigação, a especificação do lugar do pagamento (inc. VI), o compromisso de assunção da dívida pelo devedor (inc. VIII) e também a assinatura do emitente (inc. IX). O art. 6º determina que deverá haver a remessa do título ao comprador pelo vendedor ou por intermédio de representantes, como instituições financeiras.

Assim, pela literalidade da lei, restaria prejudicada a criação de duplicata por meio eletrônico ou virtual, pois a ausência do documento físico tornaria prejudicada a remessa referida no art. 6º da Lei de Duplicatas. E, sem a emissão material do título, a aposição da assinatura do vendedor no documento também não se apresenta possível, o que seria suficiente para concluir pela impossibilidade de emissão do título por meio virtual, diante da prejudicialidade de requisito essencial.

Entretanto, a criação do título se demonstrou possível a partir da Lei de Protestos (Lei n. 9.492/97), que, expressamente, permitiu o protesto pela comprovação da dívida por instrumento de meio eletrônico, como por meio de fita magnética (parágrafo único, do art. 22, da Lei n. 9.492/97).

Posteriormente, o atual Código Civil, que é regime a suprir as lacunas da lei especial (art. 903, do CC), trouxe previsão a respeito dos títulos a serem criados por meio eletrônico, nos termos do art. 889, § 3º: "O título poderá ser emitido a partir dos caracteres criados em computador ou meio técnico equivalente e que constem da escrituração do emitente". No caso, há a necessidade de escrituração especial em relação ao controle de emissão de duplicatas, nos termos do art. 19, da Lei n. 5.474/68. E, assim, será contextualizado o registro formal de duplicatas expedidas por meio físico e também por meio virtual.

Desse modo, a criação da duplicata escritural tem amparo legal, sendo dispensável a emissão material ou física de tal documento. Para agilizar as transações financeiras, os fornecedores, inclusive como meio de alavancar capital de giro, mantêm contratos com os bancos, que se encarregarão da cobrança da dívida instrumentalizada por meio da emissão de duplicatas, o que fazem por meio de boleto bancário, que realmente não é título de crédito, até porque se trata de instrumento para cobrança extrajudicial e seu uso foi disciplinado infralegalmente pelo BACEN, por meio da **Circular n. 3.598/2012**.

Judicialmente, a execução da duplicata virtual, de modo semelhante ao extravio ou à não devolução da duplicata sacada por meio físico, por analogia, exatamente pela ausência do documento, também dependerá do protesto por indicações, bem como da comprovação da entrega das mercadorias, das notas fiscais correspondentes e do próprio boleto, nos termos do art. 15, inc. II, alíneas "a" e "b", da Lei n. 5.474/68. Observadas tais cautelas, a execução judicial deverá seguir seu curso regular. Nesse sentido, recomenda-se ao prezado leitor, para humanização da teoria e aprofundamento dos estudos, a análise do inteiro teor dos julgados a seguir.

EMENTA: EXECUÇÃO DE TÍTULO EXTRAJUDICIAL. DUPLICATA VIRTUAL. PROTESTO POR INDICAÇÃO. BOLETO BANCÁRIO ACOMPANHADO DO COMPROVANTE DE RECEBIMENTO DAS MERCADORIAS. DESNECESSIDADE DE EXIBIÇÃO JUDICIAL DO TÍTULO DE CRÉDITO ORIGINAL. 1. As duplicatas virtuais — emitidas e recebidas por meio magnético ou de gravação eletrônica — podem ser protestadas por mera indicação, de modo que a exibição do título não é imprescindível para o ajuizamento da execução judicial. Lei 9.492/97. 2. Os boletos de cobrança bancária vinculados ao título virtual, devidamente acompanhados dos instrumentos de protesto por indicação e dos comprovantes de entrega da mercadoria ou da prestação dos serviços, suprem a ausência física do título cambiário eletrônico e constituem, em princípio, títulos executivos extrajudiciais. 3. Recurso especial a que se nega provimento (REsp 1.024.691/PR 2008/0015183-5, 3ª Turma, Rel. Min. Nancy Andrighi, *DJe* 12/04/2011).

EMENTA: EMBARGOS DE DIVERGÊNCIA EM RECURSO ESPECIAL. DIVERGÊNCIA DEMONSTRADA. EXECUÇÃO DE TÍTULO EXTRAJUDICIAL. DUPLICATA VIRTUAL. PROTESTO POR INDICAÇÃO. BOLETO BANCÁRIO ACOMPANHADO DO INSTRUMENTO DE PROTESTO, DAS NOTAS FISCAIS E RESPECTIVOS COMPROVANTES DE ENTREGA DAS MERCADORIAS. EXECUTIVIDADE RECONHECIDA. 1. Os acórdãos confrontados, em face de mesma situação fática, apresentam solução jurídica diversa para a questão da exequibilidade da duplicata virtual, com base em boleto bancário, acompanhado do instrumento de protesto por indicação e das notas fiscais e respectivos comprovantes de entrega de mercadorias, o que enseja o conhecimento dos embargos de divergência. 2. Embora a norma do art. 13, § 1º, da Lei n. 5.474/68 permita o protesto por indicação nas hipóteses em que houver a retenção da duplicata enviada para aceite, o alcance desse dispositivo deve ser ampliado para harmonizar-se também com o instituto da duplicata virtual, conforme previsão constante dos arts. 8º e 22 da Lei 9.492/97. 3. O art. 22 do mesmo Diploma Legal, à seu turno, dispensa a transcrição literal do título quando o Tabelião de Protesto mantém em arquivo gravação eletrônica da imagem, cópia reprográfica ou micrográfica do título ou documento da dívida. 4. Quanto à possibilidade de protesto por indicação da duplicata virtual, deve-se considerar que o que o art. 13, § 1º, da Lei n. 5.474/68 admite, essencialmente, é o protesto da duplicata com dispensa de sua apresentação física, mediante simples indicação de seus elementos ao cartório de protesto. Daí, é possível chegar-se à conclusão de que é admissível não somente o protesto por indicação na hipótese de retenção do título pelo devedor, quando encaminhado para aceite, como expressamente previsto no referido artigo, mas também na de duplicata virtual amparada em documento suficiente. 5. Reforça o entendimento acima a norma do § 2º do art. 15 da Lei 5.474/68, que cuida de executividade da duplicata não aceita e não devolvida pelo devedor, isto é, ausente o documento físico, autorizando sua cobrança judicial pelo processo executivo quando esta haja sido protestada mediante indicação do credor, esteja acompanhada de documento hábil comprobatório da entrega e recebimento da mercadoria e o sacado não tenha recusado o aceite pelos motivos constantes dos arts. 7º e 8º da Lei. 6. No caso dos autos, foi efetuado o protesto por indicação, estando o instrumento acompanhado das notas fiscais referentes às mercadorias comercializadas e dos comprovantes de entrega e recebimento das mercadorias devidamente assinados, não havendo manifestação do devedor à vista do documento de cobrança, ficando atendidas, suficientemente, as exigências legais para se reconhecer a executividade das duplicatas protestadas por indicação. 7. O protesto de duplicata virtual por indicação apoiada em apresentação do boleto, das notas fiscais referentes às mercadorias comercializadas e dos comprovantes de entrega e recebimento das mercadorias devidamente assinados não descuida das garantias devidas ao sacado e ao sacador. 8. Embargos de divergência conhecidos e desprovidos (EREsp 1.024.691/PR, Rel. Min. Raul Araúno, 2ª Seção, *DJe* 29/10/2012).

Ao fornecedor honesto deve ser garantido o direito de receber os créditos decorrentes da atividade econômica que desenvolve regularmente, sendo preferível a uma interpretação literal e restritiva da lei, uma interpretação lógico-sistemática, para perceber que, comodamente, a emissão da duplicata virtual denota-se como comum, sendo que os devedores, quando se predispõem a contratos de compra e venda mercantil, sabem de antemão que a cobrança efetuar-se-á por meio de boleto bancário. Há o risco de que duplicatas sem causa sejam expedidas e de que protestos, também sem causa, sejam efetuados por mera indicação, a permitir até possíveis execuções. Porém, em tais hipóteses, os prejudicados poderão propor perante o Judiciário ações declaratórias de inexistência de débito cumuladas com danos morais, sendo-lhes reconhecidas (como estudaremos) indenizações pelos danos suportados.

12.12.2. Questão-desafio 1

(OAB — XIV Exame — Prático-Profissional — 2ª Fase — 2014) Uma letra de câmbio foi sacada por Celso Ramos com cláusula "sem despesas" e vencimento no dia 11.09.2013. O tomador, Antônio Olinto, transferiu a cambial por endosso para Pedro Afonso no dia 3.09.2013. O título recebeu três avais, todos antes do vencimento, sendo dois em branco e superpostos, e um aval em preto em favor de Antônio Olinto. A letra de câmbio foi aceita e o endossatário apresentou o título para pagamento ao aceitante no dia 12.09.2013. Diante da recusa, o portador, no mesmo dia, apresentou o título a protesto por falta de pagamento, que foi lavrado no dia 18.09.2013. Com base nas informações contidas no texto e na legislação cambial, responda aos seguintes itens.

a) Quem é o avalizado nos avais em branco prestados na letra de câmbio? São avais simultâneos ou sucessivos? Justifique.
b) Nas condições descritas no enunciado, indique e justifique quem poderá ser demandado em eventual ação cambial proposta pelo endossatário?

12.12.3. Questão-desafio 2

(OAB — 2ª fase — XXII Exame — 2017) Uma nota promissória à ordem foi subscrita por A sem indicação da data de emissão e da época do pagamento. O beneficiário B transferiu o título para C mediante assinatura no verso e em branco, sem inserir os dados omitidos pelo subscritor. Com base na hipótese apresentada, responda aos questionamentos a seguir.

a) Ao ser emitida, essa nota promissória reunia os requisitos formais para ser considerada um título de crédito?

b) Impede o preenchimento do título o fato de C tê-lo recebido de B sem que os dados omitidos pelo subscritor tenham sido inseridos?

12.13. QUESTÕES OBJETIVAS

1. (TJPI — Tabelião — 2013) João é endossatário de letra de câmbio que lhe foi endossada por Manuel, que foi avalizado por Jesualdo. Manuel recebera a letra, por endosso, de Carla, que, por sua vez, a recebera de Pedro — o sacador — após o aceite de Jeremias — o sacado —, cuja interdição por incapacidade absoluta fora decretada, tendo a sentença transitado em julgado dois dias antes. Jeremias assinou a letra em branco para que Pedro a preenchesse, segundo o valor que apurasse em determinado negócio. Tal acordo, verbal, não constou do título. Manuel preencheu o título com o valor de R$ 1.000,00 a mais que o apurado no negócio. No vencimento, Jeremias não pagou o título, e João, seu último portador, pretende cobrar o crédito nele estampado. Nessa situação hipotética,

a) Carla poderá, se for cobrada por João e a este pagar o valor da letra, cobrá-la, em regresso, de Manuel.
b) para cobrar dos endossantes, dos avalistas e do sacador, João deve, obrigatoriamente, protestar o título.
c) Jeremias só poderá invocar a sua incapacidade absoluta em face de eventual cobrança da parte de Pedro, com quem manteve relação jurídica de base, não sendo possível opor tal exceção em face de João.
d) João poderá cobrar o crédito diretamente de Jesualdo, que, no entanto, pode, com respaldo legal, alegar ter benefício de ordem e exigir que, primeiro, sejam excutidos bens de Manuel.
e) Jeremias pode alegar, utilmente, como matéria de defesa, na cobrança que lhe seja feita por João, que Manoel preencheu o título de forma abusiva, já que, por lei, isso é considerado defeito de forma.

2. (FGV — OAB — XI Exame Unificado — 2012) Um cheque no valor de R$ 3.000,00 (três mil reais) foi sacado em 15 de agosto de 2012, na praça de Santana, Estado do Amapá, para pagamento no mesmo local de emissão. Dez dias após o saque, o beneficiário endossou o título para Ferreira Gomes. Este, no mesmo dia, apresentou o cheque ao sacado para pagamento, mas houve devo-

lução ao apresentante por insuficiência de fundos, mediante declaração do sacado no verso do cheque. Com base nas informações contidas no enunciado e nas disposições da Lei n. 7.357/85 (Lei do Cheque), assinale a afirmativa incorreta.

a) O apresentante, diante da devolução do cheque, deverá levar o título a protesto por falta de pagamento, requisito essencial à propositura da ação executiva em face do endossante.
b) O emitente do cheque, durante ou após o prazo de apresentação, poderá fazer sustar seu pagamento mediante aviso escrito dirigido ao sacado, fundado em relevante razão de direito.
c) O prazo de apresentação do cheque ao sacado para pagamento é de 30 (trinta) dias, contados da data de emissão, quando o lugar de emissão for o mesmo do de pagamento.
d) O portador, apresentado o cheque e não realizado seu pagamento, deverá promover a ação executiva em face do emitente em até 6 (seis) meses após a expiração do prazo de apresentação.

3. (FGV — OAB — XII Exame Unificado — 2013) Fontoura Xavier sacou letra de câmbio à ordem no valor de R$ 20.000,00 (vinte mil reais) em face de Sales Oliveira, pagável à vista na praça de Itaocara, indicando como beneficiário Rezende Costa. Com base nos dados apresentados e na legislação sobre letra de câmbio, assinale a afirmativa INCORRETA.

a) O vencimento da letra de câmbio ocorrerá na data de sua apresentação pelo beneficiário ao sacado, Sales Oliveira.
b) Se o sacador, Fontoura Xavier, inserir a cláusula "sem despesas" será facultativo o protesto por falta de pagamento.
c) O beneficiário e portador, Rezende Costa, pode inserir no título a cláusula "não à ordem" antes de transferi-lo a terceiro.
d) Se o sacador, Fontoura Xavier, inserir na letra de câmbio cláusula de juros e sua taxa, essa estipulação será considerada válida.

4. (FCC — TJ-PE — Juiz — 2013) Em relação à duplicata, é correto afirmar:

a) Em seu pagamento não podem ser deduzidos créditos a favor do devedor, ainda que relativos ao mesmo negócio jurídico, tendo em vista sua origem causal.
b) Não admite reforma ou prorrogação do prazo de vencimento, uma vez que se trata de título formal.
c) Uma só duplicata pode corresponder a mais de uma fatura, desde que todas correspondam a dívidas vencidas.
d) Indicará ela sempre o valor total da fatura, ainda que o comprador tenha direito a qualquer rebate, mencionando o vendedor o valor líquido que o comprador deverá reconhecer como obrigação de pagar.
e) O comprador só pode resgatá-la após aceitá-la e a partir de sua data de vencimento.

5. (FGV — OAB — XIII Exame — 2014) Glória vendeu um automóvel a prazo para Valente. O pagamento foi realizado em quatro notas promissórias, com vencimentos em 30, 60, 90 e 120 dias da data de emissão. Os títulos foram endossados em branco para Paulo Afonso, mas foram extraviados antes dos respectivos vencimentos. Sobre a responsabilidade do emitente e do endossante das notas promissórias, assinale a afirmativa correta.

a) Apenas o emitente responde pelo pagamento dos títulos porque o endossante não é coobrigado, salvo cláusula em contrário inserida na nota promissória.
b) A responsabilidade do emitente e do endossante perante o portador subsiste ainda que os títulos tenham sido perdidos ou extraviados involuntariamente.
c) O endossante e o emitente não respondem perante o portador pelo pagamento das notas promissórias em razão do desapossamento involuntário.
d) O emitente e o endossante não respondem pelo pagamento dos títulos porque só é permitido ao vendedor sacar duplicata em uma compra e venda.

6. (TJCE — Juiz — 2014) Antônio emitiu um cheque nominativo a José contra o Banco Brasileiro S.A. No mesmo dia, José endossou o cheque a Ricardo, fazendo constar do título que não garantiria o seu pagamento e que a eficácia do endosso estava subordinada à condição de que Maria, irmã de Ricardo, lhe pagasse uma dívida que venceria dali a dez (10) dias. Vinte (20) dias depois da emissão do título e sem que Maria tivesse honrado a dívida para com José, Ricardo apresentou o cheque para pagamento, mas o título lhe foi devolvido porque João não mantinha fundos disponíveis em poder do sacado. Nesse caso,

a) Ricardo não poderá endossar o cheque a terceiro, pois o cheque só admite um único endosso.

b) o endosso em preto de cheque nominativo exonera o emitente do título de responsabilidade pelo seu pagamento.
c) por força de lei, o emitente do cheque deve ter fundos disponíveis em poder do sacado, e a infração desse preceito prejudica a validade do título como cheque.
d) José responderá perante Ricardo pelo pagamento do cheque, porque se reputa não escrita cláusula que isente o endossante de responsabilidade pelo pagamento do título.
e) a despeito do inadimplemento de Maria, Ricardo ostenta legitimidade para cobrar o pagamento do título porque se reputa não escrita qualquer condição a que o endosso seja subordinado.

7. (TJMG — Juiz — 2014) Com relação à nota promissória, analise as afirmativas, assinalando com V as verdadeiras e com F as falsas.

( ) O prazo para ajuizamento de ação monitória em face do emitente de nota promissória sem força executiva é quinquenal, a contar do dia seguinte ao vencimento do título.
( ) A ação cambial contra o endossador e o avalista da nota promissória prescreve em trinta e seis meses contados do dia em que ação pode ser proposta.
( ) O devedor somente poderá opor ao portador da nota promissória exceção fundada em direito pessoal, na nulidade de sua obrigação e na falta de requisito necessário ao exercício da ação cambial.
( ) Sendo a nota promissória rural, emitida por uma cooperativa em favor de seus cooperados, um título de crédito de natureza causal, a respectiva execução se encontra vinculada à eficácia do negócio jurídico subjacente.

Assinale a alternativa que apresenta sequência CORRETA.

a) F V V F.
b) V F V V.
c) V V F F.
d) F F F V.

8. (TRT 2ª Região/SP — 2014) Em relação aos títulos de crédito, observe as proposições abaixo e responda a alternativa que contenha proposituras corretas:

I. Um dos requisitos da letra de câmbio é a determinação de uma ordem de pagamento, que pode estar sujeita a uma condição suspensiva ou resolutiva.
II. A letra de câmbio, ou qualquer outro título de crédito, pode ser emitida e circular validamente, em branco ou incompleta.
III. No cheque, entre a indicação por extenso e em algarismos, a primeira prevalece em caso de divergência.
IV. O aceite da duplicata é obrigatório, mas não é irrecusável.
V. Quando dois ou mais cheques são apresentados simultaneamente, não havendo fundos suficientes para o pagamento, o sacado deve dar preferência aos de data de emissão mais antiga. Se coincidentes as datas de emissão, prevalece o de número superior.

Está correta a alternativa:

a) I, IV e V.
b) II, III e V.
c) I, II e IV.
d) II, III e IV.
e) I, III e V.

9. (TJDFT — Tabelião — Provimento — 2014) Assinale a opção correta relativamente aos títulos de crédito.

a) Com o objetivo de proteger a confiança dos credores que adquirirem o título de crédito, a legislação brasileira veda a concessão de aval em data posterior à do vencimento da cártula.
b) De acordo com a jurisprudência do STJ, o empresário que apresente cheque pós-datado antes da data acordada com o emitente não estará sujeito ao pagamento de indenização por danos morais, devido ao fato de o cheque constituir ordem de pagamento à vista.
c) O STJ admite que o credor de nota promissória sem força executiva ajuíze, em até dez anos após a data de vencimento do título, ação monitória em face do emitente.
d) A jurisprudência do STJ admite que, nas cédulas de crédito rural, comercial e industrial, seja pactuada a capitalização de juros.

e) A abstração é um princípio característico dos títulos de crédito, segundo o qual as diferentes obrigações assumidas no título não são vinculadas, ou seja, são independentes entre si.

10. (TJDF — Tabelião — Provimento — 2014) Assinale a opção correta acerca dos títulos de crédito, de acordo com a jurisprudência do STF e do STJ.

a) permitido ao credor de contrato de mútuo garantido por nota promissória avalizada buscar a responsabilização do avalista pelos encargos contratuais, ainda que esses encargos não constem na nota promissória e o avalista não haja firmado o contrato de mútuo como devedor solidário.

b) Em razão da natureza do contrato de mandato, em nenhuma hipótese, o endossatário que receber o título de crédito com endosso-mandato será responsabilizado pelos danos decorrentes do protesto indevido da cártula.

c) O endossatário que receber por endosso translativo título de crédito formalmente viciado responderá pelos danos decorrentes do protesto indevido da cártula, podendo exercer seu direito de regresso contra os demais coobrigados no título.

d) Não se admite que o credor, ainda que de boa-fé, complete uma nota promissória emitida com omissões ou em branco antes do protesto, sob pena de desnaturar o título de crédito, uma vez que incumbe exclusivamente ao emitente da nota promissória o seu preenchimento.

e) O credor de cheque sem força executiva tem prazo de dez anos, contatos do dia seguinte a o do vencimento do título, para ajuizamento da ação monitória contra o emitente do documento.

11. (OAB — 1ª Fase — XIV Exame — 2014) Na duplicata de compra e venda, entende-se por protesto por indicações do portador aquele que é lavrado pelo tabelião de protestos

a) em caso de recusa ao aceite e devolução do título ao apresentante pelo sacado, dentro do prazo legal.

b) quando o sacado retiver a duplicata enviada para aceite e não proceder à devolução dentro do prazo legal.

c) na falta de pagamento do título pelo aceitante ou pelo endossante dentro do prazo legal.

d) em caso de revogação da decisão judicial que determinou a sustação do protesto.

12. (CESPE — TJDFT — Juiz Substituto — 2015) Para pagar uma dívida que tinha com cooperativa de crédito, Agenor repassou a essa instituição cédula de crédito emitida em dólares estadunidenses por banco com o qual celebrou contrato de crédito bancário em conta corrente. Na própria cédula, foi dada garantia real da dívida, que recaiu sobre imóvel não residencial de propriedade exclusiva de Agenor. No entanto, essa garantia não foi registrada nem averbada no ofício de imóveis competente. Posteriormente, a cooperativa, mediante ação judicial, promoveu a cobrança de valor maior que o expresso na cédula de crédito bancário. Nessa situação hipotética,

a) a cédula de crédito bancário em questão não é título executivo extrajudicial, pois, de acordo com entendimento consolidado do STJ, contratos de abertura de crédito não constituem títulos executivos, ainda que acompanhados de extratos de conta corrente.

b) a cédula de crédito bancário somente poderia ser emitida em favor de instituição financeira ou entidade a esta equiparada. Por tal razão, a cooperativa de crédito não estaria autorizada a figurar como credora do título.

c) a garantia real prestada por Agenor carece de validade e eficácia, uma vez que não houve seu registro nem averbação no ofício de imóveis competente, requisito exigido por lei para que a garantia produza efeitos em relação tanto ao emitente quanto a terceiros.

d) por ter cobrado valor diferente do expresso na cédula de crédito bancário, a cooperativa ficou obrigada a pagar a Agenor o dobro do que cobrou a maior, que pode ser compensado na própria ação de cobrança.

e) o fato de a cédula de crédito bancário ter sido emitida em dólares causou-lhe a nulidade, pois é vedada a emissão desse tipo de título em moeda estrangeira.

13. (FGV — OAB — XVI Exame — 2015) Uma letra de câmbio no valor de R$ 13.000,00 (treze mil reais) foi endossada por Pilar com cláusula de mandato para o Banco Poxim S/A. Não tendo havido pagamento no vencimento, a cambial foi apresentada a protesto pelo endossatário mandatário, tendo sido lavrado e registrado o protesto pelo tabelião. Dez dias após o protesto, Rui Palmeira, aceitante da letra de câmbio, compareceu ao tabelionato e apresentou declaração de

anuência firmada apenas pelo endossante da letra de câmbio, com identificação do título e firma reconhecida. Não houve apresentação do título no original ou em sua cópia. À luz das disposições da Lei n. 9.492/97 sobre o cancelamento do protesto, é correto afirmar que o tabelião

a) não poderá realizar o cancelamento do protesto por faltar no documento apresentado a anuência do endossatário mandatário.
b) não poderá realizar o cancelamento do protesto, porque esse ato é privativo do juiz, diferentemente da sustação do protesto.
c) poderá realizar o cancelamento do protesto, porque é suficiente a declaração de anuência firmada pelo endossante-mandante.
d) poderá realizar o cancelamento do protesto, porque o pedido foi feito no prazo legal (30 dias) e pelo aceitante, obrigado principal.

14. (FGV — OAB — XX Exame Unificado — 2016) Cícero sacou uma letra de câmbio em favor de Amélia, tendo designado como sacado Elísio, que acatou a ordem de pagamento. A primeira endossante realizou um endosso em preto para Dario, com proibição de novo endosso. Diante do efeito legal da cláusula de proibição de novo endosso, assinale a afirmativa correta.

a) Caso Dario realize um novo endosso, tal transferência terá efeito de cessão de crédito perante os coobrigados e efeito de endosso perante o aceitante.
b) Dario não poderá realizar novo endosso no título sob pena de desoneração de responsabilidade cambial dos coobrigados.
c) Tal qual o endosso parcial, a proibição de novo endosso é nula por restringir a responsabilidade cambiária do endossante e do sacador.
d) Amélia, embora coobrigada, não responde pelo pagamento da letra de câmbio perante os endossatários posteriores a Dario.

15. (VUNESP — TJ/SP — Juiz Substituto — 2017 — Adaptada) Ação judicial proposta com fundamento em nota promissória vencida e não paga deverá ser

a) admitida, se proposta ação monitória até o decurso de cinco anos do vencimento do título.
b) admitida, caso seja proposta ação monitória no prazo de até cinco anos do dia seguinte ao vencimento do título.
c) admitida, qualquer que seja a ação proposta, aplicando-se ao caso o prazo da prescrição ordinária.
d) extinta, pela prescrição, se proposta ação monitória após três anos do vencimento do título.

16. (CESPE — Prefeitura de Belo Horizonte — MG — Procurador Municipal — 2017) Paulo emitiu à sociedade empresária CT Ltda. cheque, com cláusula sem protesto, que não foi compensado por insuficiência de fundos disponíveis. A sociedade, então, ingressou com ação cambial contra Paulo e Fernanda, titulares de conta conjunta.

Nessa situação hipotética,

a) a CT Ltda. deverá expor, na petição inicial, o negócio jurídico que deu origem ao cheque.
b) a CT Ltda. poderá cobrar, na ação, as despesas efetuadas com o protesto do título.
c) os juros legais devem incidir desde o dia da apresentação do cheque.
d) houve solidariedade passiva entre Paulo e Fernanda em razão da inadimplência do título.

17. (FGV — Câmara de Salvador — BA — Analista Legislativo Municipal — Licitação, Contratos e Convênios — 2018) Em relação à emissão e ao pagamento do cheque, analise as afirmativas a seguir.

I. Um cheque no valor de R$ 80.000,00 (oitenta mil reais) emitido na cidade de Jacobina/BA, com praça de pagamento na cidade de Andaraí/BA, deverá ser apresentado a pagamento nos 30 (trinta) dias seguintes ao de sua emissão.
II. Após a expiração do prazo de apresentação, poderá o emitente dar ao sacado contraordem de pagamento com efeito imediato.
III. A assinatura do emitente deve ser autógrafa (de próprio punho), sendo vedada emissão de cheque por chancela mecânica ou processo equivalente.

Está correto o que se afirma em:

a) somente II;
b) somente III;
c) somente I e II;
d) somente I e III;
e) I, II e III.

18. (CESPE — TJDFT — Titular de Serviços de Notas e de Registros — Provimento — 2019) A respeito das características do cheque e da nota promissória, assinale a opção correta.

a) É admitida nota promissória ao portador, não sendo requisito essencial de validade desse título de crédito a indicação do nome do credor no documento.
b) O cheque deve ser apresentado para protesto no lugar do pagamento, ou seja, na praça em que é mantida a conta do emitente, ou no local de domicílio do emitente.
c) O cheque apresentado em data anterior àquela nele estipulada deve ser devolvido pela instituição financeira, independentemente da existência de saldo em conta-corrente suficiente para honrá-lo.
d) São requisitos essenciais da nota promissória o local de emissão e o de pagamento.
e) É admitida a emissão de segunda via da nota promissória.

19, (FCC – TJ-MS – Juiz Substituto – 2020) De acordo com a Lei n. 5.474/68, que dispõe sobre as duplicatas,

a) é vedado ao comprador resgatar a duplicata antes de aceitá-la.
b) o pagamento da duplicata poderá ser assegurado por aval, mas o aval dado posteriormente ao vencimento do título não produz efeitos;
c) não se incluirão, no valor total da duplicata, os abatimentos de preços das mercadorias feitas pelo vendedor até o ato do faturamento, desde que constem da fatura.
d) a duplicata não admite reforma ou prorrogação do prazo de vencimento.
e) as fundações, mesmo que se dediquem à prestação de serviços, não podem emitir duplicata.

■ GABARITO ■

1. "b". O protesto será necessário para que o portador da letra possa ajuizar execução contra os coobrigados (art. 53 da LUG).
2. "a". A Lei do Cheque (Lei n. 7.357/85) trata da ação executiva, na hipótese de falta de pagamento, entre seus arts. 47-55, sendo, após a apresentação da cártula, dispensável o protesto, nos termos do art. 47 e seu § 1º, da Lei do Cheque: "Art. 47. Pode o portador promover a execução do cheque: I — contra o emitente e seu avalista; II — contra os endossantes e seus avalistas, se o cheque apresentado em tempo hábil e a recusa do pagamento é comprovada pelo protesto ou por declaração do sacado, escrita e datada sobre o cheque, com indicação do dia de apresentação, ou, ainda, por declaração escrita e datada por câmara de compensação. § 1º Qualquer das declarações previstas neste artigo dispensa o protesto e produz os efeitos deste".
3. "c". A letra de câmbio é título de crédito, com regime jurídico estabelecido no Decreto n. 2.044/1908 e no Decreto n. 5.7663/66 (LUG — Lei Uniforme de Genebra), nos termos do art. 8º c/c art. 43, do Decreto n. 2.044/1908 e no art. 14 c/c art. 47, da LUG, pois seria prerrogativa do sacador, e não do beneficiário e portador, a inserção no título da cláusula "não à ordem".
4. "d", nos termos do art. 3º, da Lei n. 5.474/68: "A duplicata indicará sempre o valor total da fatura, ainda que o comprador tenha direito a qualquer rebate, mencionando o vendedor o valor líquido que o comprador deverá reconhecer como obrigação de pagar".
5. "b". Em princípio, as obrigações cambiais poderão subsistir mesmo em caso de extravio da nota promissória, tanto que será necessário o ajuizamento de ação autônoma para que haja a declaração de nulidade do título, nos termos do art. 36, do Decreto n. 2.044/1908: "Justificando a propriedade e o extravio ou a destruição total ou parcial da letra, descrita com clareza e precisão, o proprietário pode requerer ao juiz competente do lugar do pagamento na hipótese de extravio, a intimação do sacado ou do aceitante e dos coobrigados, para não pagarem a aludida letra, e a citação do detentor para apresentá-la em juízo, dentro do prazo de três meses, e, nos casos de extravio e de destruição, a citação dos coobrigados para, dentro do referido prazo, oporem contestação, firmada em defeito de forma do título ou, na falta de requisito essencial, ao exercício da ação cambial".

6. "e", nos termos do art. 912, do CC: "Considera-se não escrita no endosso qualquer condição a que o subordine o endossante".

7. "b". A alternativa correta, apesar dos vários itens, poderia ser alcançada por meio da análise dos itens I e II, ambos a tratar do tema prescrição em relação às notas promissórias. Assim, o item I requereu dos candidatos familiaridade com o teor da Súmula 504 do STJ: "O prazo para ajuizamento de ação monitória em face do emitente de nota promissória sem força executiva é quinquenal, a contar do dia seguinte ao vencimento do título". O item II exigiu o conhecimento da letra da lei, mais especificamente do teor do art. 70 da LUG, a delimitar o prazo de 1 ano contra o endossante da letra, dispositivo e prazo aplicável também ao endossante da nota promissória a contar do protesto, nos termos do art. 77, também da LUG, sendo incorreta a informação de prazo equivalente a 36 (trinta e seis) meses. Logo, a sequência "VF", para os dois primeiros itens, dispensaria a análise das demais questões, indicando como alternativa possível somente a letra "b". Sobre a causalidade do título, o subprincípio da inoponibilidade de exceções pessoais a terceiros de boa-fé e a discussão sobre o negócio subjacente, assuntos a conferir veracidade às demais alternativas, remetemos o prezado leitor ao *capítulo 11*.

8. "d". Apesar de se tratar de questão a abordar outros institutos, além do cheque, a familiarização do candidato com a Lei do Cheque (Lei n. 7.375/85) lhe permitiria alcançar a alternativa correta. Assim, o item V se encontra incorreto, pois diverge do art. 40 da Lei do Cheque, ao prever que o cheque de numeração inferior, e não superior, terá preferência no pagamento em caso de dois cheques emitidos na mesma data. Já em caso de divergência entre os valores consignados em algarismos e por extenso, prevalecerá o escrito por extenso, nos termos do art. 12, inc. III, também da Lei do Cheque, coincidindo com a informação trazida no item III. Assim, as alternativas que relacionaram o item V, no conjunto, estão incorretas, remanescendo apenas as alternativas "c" e "d" para análise, e destas apenas a letra "d" trouxe como correto o item III, a projetar a resposta certa.

9. "d". Tal alternativa está em sintonia com o teor do enunciado da Súmula 93 do STJ: "A legislação sobre cédulas de crédito rural, comercial e industrial admite o pacto de capitalização de juros".

10. "c". Essa alternativa reproduziu a jurisprudência consolidada no **STJ**, nos termos do enunciado da **Súmula 475**: "Responde pelos danos decorrentes de protesto indevido o endossatário que recebe por endosso translativo título de crédito contendo vício formal extrínseco ou intrínseco, ficando ressalvado seu direito de regresso contra os endossantes e avalistas".

11. "b". Rememore-se o estudado no *item 11.2.6.3* e confira-se o texto do art. 13, § 1º, última parte, da Lei n. 5.474/68.

12. "d". Fundamento: § 3º, do art. 28, da Lei n. 10.931/2004: "O credor que, em ação judicial, cobrar o valor do crédito quinquenal em desacordo com o expresso na Cédula de Crédito Bancário, fica obrigado a pagar ao devedor o dobro do cobrado a maior, que poderá ser compensado na própria ação, sem prejuízo da responsabilidade por perdas e danos".

13. "c". Fundamento: § 2º, do art. 26, da Lei n. 9.492/97: "Na hipótese de protesto em que tenha figurado apresentante por endosso-mandato, será suficiente a declaração de anuência passada pelo credor endossante".

14. "d". Fundamento: art. 15 do Anexo ao Decreto n. 57.663/1996 (LUG).

15. "b". Em sintonia com o enunciado da Súmula 504 do STJ: "O prazo para ajuizamento de ação monitória em face do emitente de nota promissória sem força executiva é quinquenal, a contar do dia seguinte ao vencimento do título".

16. "c". Em sintonia com o art. 52, inc. II, da Lei do Cheque e tese firmada em Recurso Repetitivo (tema 942), REsp 1.556.834-SP, Rel. Min. Luis Felipe Salomão, 2ª Seção, julgado em 22/6/2016, *DJe* 10/8/2016.

17. "b". Em conformidade com o art. 1º, parágrafo único, art. 33, *caput*, e art. 35, parágrafo único, todos da Lei n. 7.357/85.

18. "b". Em sintonia com a literalidade do art. 48, da Lei do Cheque: "Art . 48 O protesto ou as declarações do artigo anterior devem fazer-se no lugar de pagamento ou do domicílio do emitente, antes da expiração do prazo de apresentação. Se esta ocorrer no último dia do prazo, o protesto ou as declarações podem fazer-se no primeiro dia útil seguinte".

19. "c". Em conformidade com a literalidade do art. 3º, § 1º, da Lei das Duplicatas: "Art . 3º A duplicata indicará sempre o valor total da fatura, ainda que o comprador tenha direito a qualquer rebate, mencionando o vendedor o valor líquido que o comprador deverá reconhecer como obrigação de pagar. § 1º Não se incluirão no valor total da duplicata os abatimentos de preços das mercadorias feitas pelo vendedor até o ato do faturamento, desde que constem da fatura."

13 CONTRATOS EMPRESARIAIS

■ 13.1. NOÇÕES GERAIS

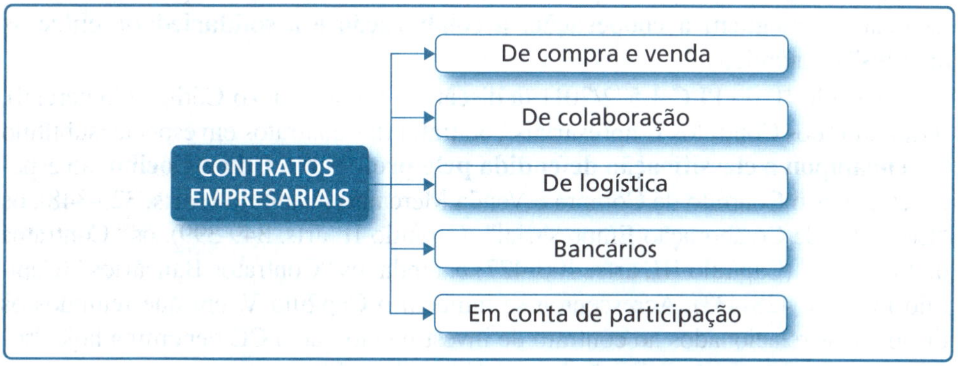

Os contratos **mercantis ou empresariais são aqueles realizados entre empresários**. Constituem-se no "centro nervoso" da atividade empresarial[1], a qual, como se sabe, essencial à coletividade, pois propiciadora da produção de bens e serviços pela iniciativa privada, interesse difuso e constitucionalmente protegido (CF, art. 1º, inc. IV, e art. 170, incs. II e IV, e parágrafo único)[2]. É difícil imaginar algum empresário ou sociedade empresária, nos dias atuais, que não dependa da **captação de insumos, da reserva de mercadorias, da circulação dos produtos, da pesquisa de mercado ou de serviços bancários**.

Nessa linha de raciocínio, segundo o prof. **Fábio Ulhoa Coelho**[3], os contratos mercantis podem ser subdivididos em **três grandes grupos**: os **contratos de colaboração**

---

1 SZTAJN, Raquel. *Teoria jurídica da empresa*, p. 155-172.

2 A liberdade de iniciativa se complementa pela função social da atividade negocial, princípio hoje implícito, porém que se pretende positivar expressamente nos termos do art. 7º, do PLC 1.572/2011 (o novo Código Comercial): "A empresa cumpre sua função social ao gerar empregos, tributos e riqueza, ao contribuir para o desenvolvimento econômico, social e cultural da comunidade em que atua, de sua região ou do país, ao adotar práticas empresariais sustentáveis visando à proteção do meio ambiente e ao respeitar os direitos dos consumidores, desde que com estrita obediência às leis a que se encontra sujeita". Disponível em: <http://www.camara.gov.br/proposicoesWeb/prop_mostrarintegra?codteor=888462&filename=PL+1572/2011>. Acesso em: 05 set. 2013, às 14:00.

3 COELHO, Fábio Ulhoa. *Manual de direito comercial*, 14. ed., p. 413-415.

(relacionados ao escoamento de mercadorias, entre os quais o de distribuição e o de representação empresarial); os **contratos bancários** (nos quais uma instituição financeira poderá ocupar, de forma preponderante, o papel de credora, devedora ou garante); e, ainda, outros contratos que não possam ser inseridos nas duas espécies anteriores, mas que se relacionem à **logística de determinada atividade** (por exemplo, o contrato de transporte).

A **rede integrada de relações econômicas** subsidiadas pelos contratos correlatos à atividade empresarial insere-se no mercado, ambiente em que se desenvolvem e se aplicam as normas jurídicas capazes de garantir a "**segurança da circulação da riqueza** (...) de modo a promover a produção/circulação de bens e serviços" para "satisfazer as necessidades sociais". A atividade empresarial é — repise-se — **interesse difuso**, sendo que os contratos que a exteriorizam não podem mais ser visualizados como negócios jurídicos em que os interesses das partes se opõem, tendo em vista que, para a promoção da produção/circulação de bens e serviços, os "modelos negociais **perseguem a cooperação, a colaboração e a solidariedade entre os agentes**" econômicos[4-5].

O Título II, do PLC 1.572/2011 (a discutir o possível novo Código Comercial), intitulado "dos Contratos Empresariais", ao tratar dos contratos em espécie (subtítulo II), **encampou a classificação defendida pelo prof. Fábio Ulhoa Coelho**, ao especificar, após o Contrato de Compra e Venda Mercantil (Capítulo I, arts. 329-348), os "Contratos de Colaboração Empresarial" (Capítulo II, arts. 349-399), os "Contratos de Logística" (Capítulo III, arts. 400-427) e, ainda, os "Contratos Bancários" (Capítulo IV, arts. 428-433). Acrescentou-se também o Capítulo V, em que reunidos os dispositivos relacionados ao contrato de investimento que o CC denomina hoje "sociedade em conta de participação" (arts. 434-444, do PLC).

A estrutura apresentada pelo direito projetado para o tratamento jurídico dos contratos empresariais parece reproduzir o **dinamismo da atividade negocial**.

A própria origem do empresário coletivo — da sociedade empresária — tem seu fundamento no contrato de sociedade. Nesse sentido, o PLC 1.572/2011[6] disciplinou a formação dos entes empresariais coletivos por meio de contratos plurilaterais, isto é, pelos contratos de sociedade, e também protegeu o estabelecimento empresarial, ao regrar a manutenção do ponto empresarial.

Desse modo, o direito projetado está a proteger o ciclo de vida dos empreendimentos, e as peculiaridades do direito empresarial recomendam **um microssistema próprio também no campo obrigacional**. Em outras palavras, espera-se para logo a aprovação do novo Código Comercial, com regras específicas no campo do direito obrigacional.

---

[4] SZTAJN, Raquel. *Teoria jurídica da empresa*, p. 7-20.

[5] O PLC 1.572/2011, em seu art. 316, determina que os contratos empresariais, inclusive, devem cumprir sua função social.

[6] De modo semelhante, percebe-se a influência da doutrina de Fábio Ulhoa Coelho no PLS 487/2013. Porém, em vez de contratos bancários, preferiu-se a expressão contratos financeiros. Inovou a proposta do Senado Federal também com a tipificação do Contrato de Fomento Mercantil, Negócio Fiduciário e outros contratos específicos relacionados ao Agronegócio (Livro III) e Direito Comercial Marítimo (Livro IV).

E isso porque a unificação posta no CC, ainda que não tenha abolido a autonomia do Direito Empresarial, não foi capaz de atender às exigências de avenças que se distanciam dos negócios jurídicos entre civis e, igualmente, também não se identificam com relações de consumo em sentido estrito. José Engrácia Antunes, ao discorrer sobre os contratos comerciais, enumera como características marcantes de tais tratativas **a objetivação, a padronização e a mercadorização**[7]. Assim, objetivar as avenças significa considerar que a **pessoalidade do contrato deve ser relativizada, tendo em vista a função social da atividade**.

Prioritariamente, a segurança das relações jurídicas e, subsidiariamente, os interesses das partes contratantes. Em decorrência disso, legitimamente se espera um ambiente em que haja a **uniformização dos direitos e obrigações dos parceiros** empresariais, em que o tráfego jurídico seja facilitado, principalmente em um mundo de aproximação global dos mercados e que tem contextualizado a **massificação dos contratos** empresariais ou, em outras palavras, sua necessária padronização. E padronização imposta também pela regulação específica de nichos de mercado. A **livre-iniciativa impõe respeito e proteção à concorrência**. Setores específicos do mercado merecem a fiscalização dos poderes públicos e a intervenção estatal por meio de **regimes jurídicos especiais**, a exemplo do que ocorre, ilustrativamente, com a saúde suplementar.

▪ 13.2. QUAL O REGIME JURÍDICO APLICÁVEL?

[7] ANTUNES, José Engrácia. Contratos comerciais (noções fundamentais). *Direito e Justiça*, Revista da Universidade Católica Portuguesa, Lisboa, 2007.

Em nosso ordenamento jurídico, o operador do direito deve enxergar os **fins sociais a que se destinam as normas jurídicas**, mesmo porque, em se tratando de relações econômicas privadas, deveriam **dialogar três regimes jurídicos**, destacando-se, por isso, negócios classificáveis por grupos, a saber: a) entre empresários; b) entre consumidores e empresários (fornecedores); e c) entre civis. Relações jurídicas entre iguais e diferentes[8].

A **compra e venda de veículos** automotores, por exemplo, poderá **atrair diferentes regimes jurídicos** a depender da posição dos contratantes. Se, eventualmente, tratar-se da aquisição de um veículo novo para uso pessoal entre **uma concessionária e um cliente** pessoa física, naturalmente aplicável à avença o microssistema de **direito contido no CDC**. Se, por sua vez, contextualizar-se o fornecimento de veículos automotores **entre a fábrica e uma de suas concessionárias**, tal hipótese encontrará regime jurídico em lei específica, mais precisamente a **Lei n. 6.729/79**, tipicamente empresarial. Se, por derradeiro, tratar-se de um **negócio ocasional entre vizinhos**, residualmente o regime jurídico entre iguais será alcançado por meio das **regras contidas no CC**.

No primeiro caso, como um dos elementos a ser agregado ao **risco da atividade econômica**, encontra-se exatamente a **vulnerabilidade do consumidor**, presunção legal ou norma-princípio exposta no art. 4º, inc. I, do CDC. **Microssistema para as relações de consumo**.

No segundo caso, no tráfego jurídico **entre empresários**, salvo exceções, não existe razão para se estabelecerem regras protecionistas em relação aos contratantes. Percebe-se, inclusive, que precisamente em relação às sociedades limitadas (uma vez totalmente integralizado o capital subscrito), e diante de um passivo a descoberto relacionado a credores também empresários, o **patrimônio particular dos sócios não poderá ser alcançado** para fazer frente às dívidas sociais remanescentes. Não se trata de regra injusta, porque — frise-se — comum a qualquer atividade empresarial o risco de insucesso, razão pela qual a limitação da **responsabilidade dos sócios pelas obrigações sociais é mecanismo hábil a estimular empreendedores e investidores**, caso contrário não se lançariam à produção de bens e serviços, o que seria prejudicial a toda a sociedade[9].

Na terceira hipótese, em que as partes não se qualificam como empresários, o **regime próprio, à evidência, deverá corresponder ao CC**. O desafio, entretanto, parece ser o de fazer o necessário **diálogo entre o microssistema** que comporta normas protecionistas em favor dos consumidores, sem menosprezar o arcabouço técnico-legislativo que estrutura **outro microssistema que protege a autonomia patrimonial e a atividade empresarial** desenvolvida pelos fornecedores, sendo que

---

[8] Especificamente em relação ao direito do consumidor, Cláudia Lima Marques doutrina sobre o princípio tutelar no direito privado, a máxima *favor debilis* e a necessidade de um direito privado de liberdade e igualdade material: um direito privado para iguais e para diferentes (*Manual de direito do consumidor*, p. 30-34).

[9] Nesse sentido, observa Fábio Ulhoa Coelho (*Manual de direito comercial*, 14. ed., p. 157).

tais microssistemas (consumerista e empresarial) poderão ser **complementados pelas normas inespecíficas e constantes do CC**.

No âmbito do STJ, a depuração do microssistema consumerista ocorreu paulatinamente, tornando a aplicação do CDC excepcional entre consumidores profissionais, isto é, consumidores empresários. Em princípio, a literalidade da lei (art. 2º, do CDC) permitiria a aplicação das normas protecionistas do **CDC em referência a qualquer relação econômica**, sem ressalvas ou reservas, daí o desenvolvimento da **teoria denominada maximalista ou objetiva**.

Entretanto, em sentido oposto, construiu-se a chamada **teoria finalista ou subjetiva**, a **excluir do quadro de aplicação do CDC as relações econômicas entre empresários**, tendo em vista que o **consumidor profissional (empresário)** não estaria a fazer uso pessoal dos produtos ou serviços adquiridos, pois seriam reinseridos na cadeia produtiva ou como meio de incrementar determinada atividade empresarial, não se qualificando como destinatário final dos produtos ou dos serviços consumidos (art. 2º, *caput*, parte final, do CDC).

Essa segunda posição ganhou projeção[10] após a edição e vigência do CC, pois normas-princípio positivadas, primeiramente, no CDC, como a **boa-fé objetiva e a função social dos contratos, ultimaram também reproduzidas no CC**, sendo de se esperar que tal diploma legal, posterior ao CDC e que unificou as obrigações civis e empresariais (formalmente), inclusive com um livro específico para o direito empresarial, bastasse para dirimir os conflitos entre iguais, ou seja, entre contratantes empresários ou civis.

A **segunda teoria, restritiva ao extremo**, acabaria por revogar parcial e tacitamente o art. 2º, do CDC, contrariando sua literalidade, pois a **excluir, em qualquer hipótese, os consumidores pessoas jurídicas**.

Assim, o caminho do meio correspondeu à acomodação das teorias anteriores em uma terceira vertente denominada **teoria finalista mitigada**, em que, regra geral, a aplicação do CDC será natural e cogente nas relações econômicas e de consumo que envolvam consumidores pessoas físicas. E, por isso, apenas excepcionalmente, poderão ser invocadas as regras materiais e processuais protecionistas em relação a consumidores pessoas jurídicas, desde que, no caso concreto, o **consumidor pessoa jurídica seja contextualizado como vulnerável em relação a um fornecedor**.

A **vulnerabilidade**, por sua vez, compõe **conceito jurídico indeterminado**, cujo alcance deverá ser mensurado e desvelado pelo julgador no enfrentamento de **conflitos reais**, no dia a dia forense. Adiantando as possíveis manifestações de tal conceito, a doutrina de Cláudia Lima Marques esclareceu que a vulnerabilidade se apresentará como "uma situação permanente ou provisória, individual ou coletiva, que fragiliza, enfraquece o sujeito de direitos, desequilibrando a relação de consumo (...) uma característica, um estado do sujeito mais fraco (...)". **Vulnerabilidade perceptível em vários níveis ou nuances, fática, técnica, jurídica ou informacional**[11].

---

[10] GARCIA, Leonardo de Medeiros. *Direito do consumidor*, p. 14-24.

[11] MARQUES, Cláudia Lima. *Manual de direito do consumidor*, p. 71.

Contudo, é importante salientar que, em relação ao consumidor profissional, perceptível como fornecedor de um consumidor final, é ele também empresário ou sociedade empresária que **sabe e assume os riscos da atividade negocial**. Trata-se de consumidor-empresário, para o qual as normas protecionistas do CDC somente serão **aplicáveis, excepcionalmente**, desde que "provada a vulnerabilidade", como em "casos difíceis envolvendo pequenas empresas que utilizam insumos para sua produção, mas não em sua área de *expertise* ou com uma utilização mista, principalmente na área dos serviços"[12].

A jurisprudência do **STJ tem afastado a aplicação do CDC a contratos entre empresários**, exatamente por não se evidenciarem como relações de consumo, isto é, o contratante — pessoa jurídica e sociedade empresária — não se faz merecedor das normas protecionistas do CDC se não se contextualizar para ele eventual vulnerabilidade técnica, jurídica ou econômica.

Nesse sentido, possível enumerar alguns casos concretos, em que o **STJ não entendeu razoável a aplicação do CDC**, tendo em vista que a causa de pedir remota se identificou com contratos firmados entre empresários.

- **EDcl no AREsp 265.845/SP** — reiterou-se que a aplicação do CDC em relação à pessoa jurídica somente se dará excepcionalmente, quando no caso concreto contextualizada a vulnerabilidade do contratante, o que restou não identificado pelo tribunal de origem em relação à executada, antes beneficiária de cédula de crédito bancário, razão pela qual inadmissível recurso especial para buscar o reconhecimento da referida vulnerabilidade (STJ, 4ª Turma, decisão monocrática, Min. Marco Buzzi, *DJe* 01/08/2013).
- **REsp 1.358.231/SP** — cassou-se o acórdão do tribunal de origem, que havia antes condenado a sociedade recorrente a indenizar a sociedade recorrida em virtude de contrato de transporte que restou parcialmente inadimplido e que teve por objeto mercadorias vindas do exterior. A sociedade recorrida, distribuidora exclusiva de produtos de cutelaria, fundamentou seu pedido de indenização no CDC. Em primeira e segunda instância houve o reconhecimento e a determinação de indenização, diante da logística deficitária. Porém, em sede de recurso especial, constatou-se que o serviço de transporte foi "contratado como instrumento para a realização do negócio empresarial de importação de bens para revenda. Não se tratou *in casu* de um serviço de transporte tomado pela ora recorrida de forma dissociada de suas atividades empresariais (...) atividade meio à consecução do principal negócio da empresa: revenda em caráter de exclusividade de produtos de cutelaria fabricados na Itália". A profissionalidade das sociedades empresárias envolvidas no conflito, bem como a evidente e atuarial reinserção do custo do contrato de logística no preço dos produtos que corresponderam ao objeto do contrato de distribuição afastaram a aplicação do CDC, sendo que se aplicou no caso, para o cálculo da indenização, **em vez do CDC, a Convenção de Varsóvia** (STJ, 3ª Turma, Rel. Min. Nancy Andrighi, à unanimidade, *DJe* 17/06/2013).

---

12 MARQUES, Cláudia Lima. *Manual de direito do consumidor*, loc. cit.

- **REsp 1.195.142/RJ** — "Hipótese em que revendedora de veículos reclamou indenização por danos materiais derivados de defeito em suas linhas telefônicas, tornando inócuo o investimento em anúncios publicitários, dada a impossibilidade de atender ligações de potenciais clientes". Argumentou-se, em sede de especial, que a referida contratação não conformaria relação de consumo, pois o serviço prestado pela concessionária do serviço de telefonia, nitidamente, poderia ser classificado como insumo necessário e componente da cadeia produtiva desenvolvida pela agência de veículos. E, segundo este entendimento, inaplicável a indenização com base no CDC. Apesar disso, a condenação foi mantida, porém, porque compatível com os parâmetros traçados pelos arts. 186 e 927 do CC e com apoio no art. 257 do RISTJ (STJ, 3ª Turma, Rel. Min. Nancy Andrighi, à unanimidade, *DJe* 21/11/2012).

Excepcionalmente, nos termos das teorias maximalista e finalista mitigada ou aprofundada, mesmo diante de contratos empresariais, possível a aplicação do CDC, quando verificável a **vulnerabilidade de um dos contratantes**. A título de ilustração, recomendável a análise dos precedentes a seguir, também julgados pelo STJ.

- **REsp 286.441/RS** — Em contrato de transporte marítimo entre empresários, entendeu-se aplicável o CDC, independentemente do destino dado às mercadorias transportadas (STJ, 3ª Turma, Rel. Min. Antônio de Pádua Ribeiro, à unanimidade, julg. em 07/05/2002).
- **REsp 1.025.472/SP** — Hipótese em que se deferiu a estabelecimento hospitalar repetição de indébito, nos termos do art. 42, parágrafo único, do CDC, em contrato de fornecimento de água, tendo em vista que tal insumo além de ser utilizado no incremento do negócio também era utilizado em benefício próprio (STJ, 1ª Turma, Rel. Min. Francisco Falcão, à unanimidade, *DJe* 30/04/2008).
- **REsp 476.428/SC** — Caso em que se reconheceu a vulnerabilidade do consumidor, ainda que pessoa jurídica, diante da especificidade do produto que lhe era fornecido. Conflito que se estabeleceu entre Hotel (consumidor-empresário) e concessionária de gás (fornecedora). Destacou-se que "não se pode olvidar que a vulnerabilidade não se define tão somente pela capacidade econômica, nível de informação, cultura ou valor do contrato em exame. Todos esses elementos podem estar presentes e o comprador ainda ser vulnerável pela dependência do produto; pela natureza adesiva do contrato imposto; pelo monopólio da produção do bem ou serviços; pelas exigências da modernidade atinentes à atividade, dentre outros fatores" (STJ, 3ª Turma, Rel. Min. Nancy Andrighi, à unanimidade, *DJe* 09/05/2005).

Percebe-se, da análise de tais precedentes, prestigiado o princípio da especialidade, sendo prudente e recomendável **para as relações entre empresários regime jurídico próprio**. Nesse sentido, a doutrina especializada, por meio da I Jornada de Estudos de Direito Empresarial, promovida pelo CJF, aprovou o **Enunciado 20**, cuja leitura confirma a autonomia dos contratantes empresários e, em princípio, afasta das avenças correlatas a aplicação do CDC: **"Não se aplica o Código de Defesa do**

Consumidor aos contratos celebrados entre empresários em que um dos contratantes tenha por objetivo suprir-se de insumos para sua atividade de produção, comércio ou prestação de serviços"[13].

Portanto, no Direito Brasileiro, distinguem-se **três regimes jurídicos quanto às relações econômicas privadas:**

- **CONTRATOS ENTRE EMPRESÁRIOS** (ou MERCANTIS, cuja nota é o desenvolvimento da atividade empresarial, "seu centro nervoso").
- **CONTRATOS CONSUMERISTAS (ENTRE FORNECEDORES e CONSUMIDORES)**, os últimos como entes vulneráveis, art. 4º, I, c/c art. 2º, 17 e 29, da Lei n. 8.078/90.
- **CONTRATOS ENTRE CIVIS.**

A legislação aplicável entre **"iguais" será o Código Civil** ou mesmo a legislação extravagante. De outro modo, **entre "diferentes", o CDC** será a legislação prioritária. Possível, à obviedade, o diálogo de fontes (entre o CC e o CDC, bem como entre os diplomas legais anteriores e o microssistema de direito empresarial contido na legislação extravagante).

Por sua vez, diante da projeção do Código Civil, como lei geral, importante, ainda que sucintamente, comentar sua base principiológica. Para um estudo mais aprofundado da matéria, **recomenda-se a leitura da obra *Direito civil 1 esquematizado* — desta coleção —, de autoria do professor e desembargador Carlos Roberto Gonçalves.**

13.3. PRINCÍPIOS

Contrato é o acordo de vontades entre pessoas que, em função de suas necessidades, criam, resguardam, transferem, conservam, modificam ou extinguem direitos de cunho patrimonial. **É espécie do gênero negócio jurídico**[14] e uma das **fontes das obrigações**[15].

A **convergência de vontades** hábil à produção de efeitos jurídicos[16] teve seu auge no reconhecimento do contrato como "lei entre as partes" conforme estabeleci-

[13] O direito projetado também caminha para uma distinção dos regimes jurídicos. Confira-se, nesse sentido, o que dispõe o PLC do novo Código Comercial a respeito: "Art. 298. No que não for regulado por este Código, aplica-se aos contratos empresariais o Código Civil. Parágrafo único. O Código de Defesa do Consumidor não é aplicável aos contratos empresariais". Disponível em: <http://www.camara.gov.br/proposicoesWeb/prop_mostrarintegra;jsessionid=FEE681C0B37BB181BACC9FD04A12F8EF.node1?codteor=888462&filename=PL+1572/2011>. Acesso em: 10 mar. 2013, às 14:00. E, com redação idêntica, o PLS 487/2013 (arts. 403 e 404). O inteiro teor dessa proposta poderá ser consultado pelo seguinte link: <http://www.senado.gov.br/atividade/Materia/getPDF.asp?t=141614&tp=1>. Acesso em: 10 mar. 2013, às 14:30.

[14] GONÇALVES, Carlos Roberto. *Direito civil 1 esquematizado*, p. 685.

[15] WALD, Arnoldo. *Curso de direito civil brasileiro*, p. 81.

[16] PEREIRA, Caio Mário da Silva. *Instituições de direito civil*, v. III, p. 35.

do no **art. 1.134, do Código Civil Francês de 1804**, legislação que passava a encampar a ideologia de um Estado Liberal, que não se deveria imiscuir de intervir na economia.

A propósito, atenção especial merece o entrelaçamento entre o desenvolvimento econômico dos povos e a **capacidade da iniciativa privada em impulsioná-lo** de maneira criativa e eficaz por meio da formação de tipos ou grupos societários. De **sociedades familiares**, em um passado de incipiente tecnologia (em um tempo em que predominou o comércio terrestre desenvolvido pelo mercador), para, posteriormente, com os avanços tecnológicos, formarem-se **sociedades para grandes empreitadas** (como o comércio além-mar), bem como **sociedades representativas das grandes indústrias** com a inserção da produção em série (Primeira Revolução Industrial) até os complexos **conglomerados empresariais de hoje** (com empresas a atuar em vários países), sendo que a **economia livre do Estado Liberal (puro)** de ontem foi substituída por uma **economia de intervenção do Estado de Bem-Estar Social** ou, ao menos, uma economia de regulação e fiscalização do Estado Neoliberal, modelos de Estado pretensamente atuais[17].

A **inferência ou conveniência** de determinada característica marcante a adjetivar o Estado revelam as finalidades do tipo-ideal de associação política em perspectiva analisada. Na verdade, tipos-ideais, pois há temas e finalidades a serem enfrentados em cada época. Historicamente, assim, primeiro houve a necessidade de **limitação do poder estatal absolutista**; na sequência, a **mitigação da pobreza gerada por um capitalismo assimétrico**; para, depois, instalar-se a **preocupação contra os riscos de um mundo globalizado** (riscos provenientes da ciência e da tecnologia), em que se apregoa, potencialmente, a multiplicação de bens e serviços, potencialmente acessíveis a todos.

Nesse palmilhar, o Estado se lançou ao enfrentamento de **tarefas principais e sucessivas**: preservar a ordem; distribuir as compensações sociais; e administrar as situações coletivamente perigosas. Diante de tais tarefas vencidas ou a vencer, têm-se o **Estado de Direito (*Rechtsstaat*), o Estado de Bem-Estar Social (*Welfare State*) e o Estado de Segurança (*Security State*)**[18]. No "último" estágio, o Estado de Segurança, na perspectiva de Jürgen Habermas[19], não se deveria descuidar dos efeitos nocivos da denominada *global governance*, entendida como proposta de reformulação do Estado, com a implantação de mecanismos de controle da inflação, para superação da crise econômica e política dos sistemas capitalistas periféricos, conforme constatação do Fundo Monetário Internacional e do Banco Mundial, no final da década de 1980. Tal proposta importou na **flexibilização da economia**, no sentido de recomendar a **não intervenção estatal**, o que redundou em uma economia a se de-

---

[17] Pablo Stolze Gagliano e Rodolfo Pamplona Filho, assim, ponderam a necessidade de intervenção do Estado na Economia, exatamente para coibir eventuais abusos (*Novo curso de direito civil*, v. 1, p. 182).

[18] HABERMAS, Jürgen. *Between facts and norms*. Londres: Polity Press, 1996; HABERMAS, Jürgen. *La lógica de las ciencias sociales*. 3. ed. Madrid: Tecnos, 1996.

[19] Idem.

senvolver em redes, funcionalmente hábil a deslocar capitais em escala mundial, o que se tornou operacionalmente possível, diante dos avanços da tecnologia de informação que se está a experimentar nesses tempos de geração internet.

O **direito contratual**, naturalmente, foi também **influenciado pelas transformações econômicas**, sendo que a liberdade de contratar, hoje, **condiciona-se ou encontra limite na função social do contrato** (art. 421, do CC). O **direito privado constitucionalizou-se**[20] **ou se publicizou, diante da "função social do contrato**, que leva a prevalecer o interesse público sobre o privado, a impor o coletivo em detrimento do meramente individual, e a ter em conta **mais uma justiça distributiva que meramente retributiva**"[21]. Os contratos, assim, interessam às partes contratantes diretamente, mas, de forma inegável, **também a toda a sociedade**. De acordo com Nelson Rosenvald, os "**bons e maus contratos repercutem socialmente**. Ambos os gêneros produzem efeito cascata sobre toda a economia. Os bons contratos promovem a confiança nas relações sociais. Já os contratos inquinados por cláusulas abusivas resultam desprestígio aos fundamentos da boa-fé e quebra de solidariedade social"[22]. Diante disso, a depender da perspectiva que se queira prestigiar (interna ou externa), os princípios a serem enfocados se diferenciarão.

Desse modo, sob a óptica do **voluntarismo jurídico** (em que se priorizam os interesses das partes diretamente envolvidas no avençado, em que o contrato se analisa pontualmente), possível minudenciar os **seguintes princípios**:

- **Autonomia da vontade**. Tal princípio faculta às partes a mais ampla liberdade para contratar. Fundamenta-se na vontade livre — o contrato é visto como fenômeno de vontade, e não como fenômeno econômico-social. A autonomia da vontade pode ser minudenciada em quatro planos: 1º) contratar ou não contratar; 2º) com quem e o que contratar; 3º) estabelecer as cláusulas contratuais, respeitados os limites legais; 4º) mobilizar ou não o Poder Judiciário, para fazer com que se respeite o contrato[23]. Subprincípios derivados: a) princípio da **obrigatoriedade do avençado**: *pacta sunt servanda*; e b) princípio do **consensualismo**. Os contratos devem ser obrigatoriamente cumpridos, diante do consenso das partes, prescindindo a conclusão do negócio de quaisquer formalidades ulteriores, pois a "confiança na palavra empenhada impede que uma das partes se exima de suas obrigações" e "em atenção ao primado da segurança jurídica, a parte recalcitrante se curvará a coerção estatal"[24].

---

[20] Nesse sentido, Nelson Rosenvald, ao comentar o art. 421, do CC, afirma que limitar a liberdade de contratar pela função social do contrato significa a necessária conjugação "entre a liberdade contratual e princípio constitucional da solidariedade". In: PELUSO, Cezar (Coord.). *Código Civil comentado (doutrina e jurisprudência)*. 5. ed. São Paulo: Manole, 2011, p. 484.

[21] RIZZARDO, Arnaldo. *Contratos (Lei n. 10.406, de 10.01.2012)*, 8. ed., p. 21.

[22] ROSENVALD, Nelson. *Código Civil comentado (doutrina e jurisprudência)*. 5. ed., p. 485.

[23] Confira-se o magistério de Caio Mário da Silva Pereira. *Instituições de direito civil*, 16. ed., v. III, p. 23-24.

[24] Assim doutrinam Cristiano Chaves de Farias e Nelson Rosenvald. *Curso de direito civil* (contratos, teoria geral e contratos em espécie), 2. ed., p. 154.

■ **Relatividade dos efeitos**. Em regra, os efeitos dos contratos vinculam-se ou restringem-se às partes contratantes. Tal princípio, porém, não é absoluto, comportando algumas exceções, como a estipulação em favor de terceiro.

Esquematizando os **princípios contratuais provenientes do voluntarismo jurídico**:

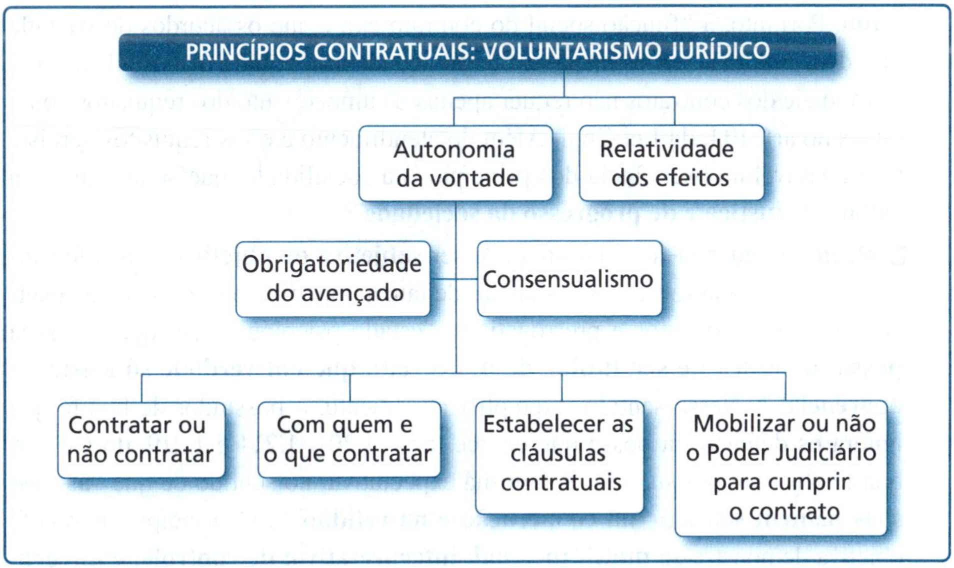

A lei, ao regular e fiscalizar determinados setores específicos do mercado, materializa atividade desenvolvida pelo Estado que acaba por "**refrear a excessiva autonomia da vontade**"[25]. A tal fenômeno a doutrina denomina **dirigismo contratual**. Isso significa que os **interesses da coletividade ultimaram por se sobrepor aos interesses particulares** dos contratantes, "com o escopo de dar execução à política do Estado de coordenar os vários setores da vida econômica e de proteger os economicamente mais fracos, sacrificando benefícios particulares em prol da coletividade, mas sempre conciliando os interesses das partes e da sociedade"[26]. Assim, pelas lentes do **dirigismo contratual, destacam-se os princípios seguintes**.

■ **Princípio da dignidade da pessoa humana**. Os contratos, enquanto meio de geração e de circulação de riquezas, de movimentação da cadeia de produção, devem ser **instrumentos de promoção do ser humano e de sua dignidade**. No mundo globalizado de hoje, a par de uma **solidariedade técnica**, relacionada com a possibilidade de homogeneidade dos bens de consumo postos nos mercados, defende-se também uma **solidariedade ética**, em que o ser humano seja

[25] RIZZARDO, Arnaldo. *Contratos (Lei n. 10.406, de 10.01.2012)*, 8. ed., p. 33.

[26] DINIZ, Maria Helena. *Curso de direito civil brasileiro* (Teoria das obrigações contratuais e extracontratuais), 26. ed., p. 25.

respeitado, sendo que a atividade econômica não se deverá dissociar da justiça social, aliás, como se lê no *caput*, do art. 170, da CF: "**a ordem econômica (...) tem por fim assegurar a todos existência digna**".

■ **Princípio da função social dos contratos**. Os contratos que compõem o "centro nervoso" da atividade empresarial não são instrumentos para realização dos egoísticos interesses das partes contratantes, mas **promovem o bem comum**. Portanto, a "função social do contrato exige que os acordos de vontade guardem sintonia com os interesses da sociedade, impedindo o abuso de direito. A validade dos contratos não requer apenas o cumprimento dos requisitos constantes no art. 104, da Lei Civil. Além do atendimento a estes requisitos gerais é indispensável a observância dos princípios da socialidade, que se afinam com valores de **justiça e de progresso da sociedade**"[27].

■ **Princípio da boa-fé**. A boa-fé pode ser **subjetiva ou objetiva**. A boa-fé subjetiva é ignorância sobre circunstâncias de fato a impedir a regularidade do exercício de alguns direitos e prerrogativas, "estado psicológico em que a pessoa **possui a crença de ser titular de um direito que em verdade só existe na aparência**"[28]. Nesse sentido, exemplificativamente, o possuidor de boa-fé que ignora os defeitos da posse que exerce (arts. 1.201, 1.214 e 1.219, do CC). A boa-fé objetiva, por sua vez, é legítima expectativa, no sentido de que "**as pessoas pautem seu agir na cooperação e na retidão**"[29]. O princípio da boa-fé objetiva demonstra-se **multifuncional**: **interpretativo; de controle; e integrativo**. Orienta as fases pré, contratual e pós-contratual. No campo dos conflitos hermenêuticos, a literalidade do avençado não poderá subverter a **legítima expectativa das partes** (art. 113, do CC). A possibilidade de que, em um contrato de adesão, por exemplo, uma das partes imponha a outra as cláusulas e condições principais do negócio jurídico, ainda que legal, não se pode afastar de limites éticos, sob pena de serem extirpadas do contrato as cláusulas que se contextualizem **abusivas** (art. 187); para tanto, de forma excepcional, o afastamento das cláusulas abusivas ou a substituição das mesmas se dará por meio do magistrado, que alterará o conteúdo do contrato, na perspectiva de sua conservação (art. 422, do CC). De se registrar que, em um trabalho de fôlego, as Jornadas de Estudos sobre o Código Civil esmiuçaram tal princípio. Recomendável, portanto, a leitura dos Enunciados 24-27 e 168-170.

Esquematicamente, **são funções da boa-fé objetiva**:

27 NADER, Paulo. *Curso de direito civil* (contratos), 6. ed., p. 26.

28 FARIAS, Cristiano Chaves de; ROSENVALD, Nelson. *Curso de direito civil* (contratos, teoria geral e contratos em espécie), 2. ed., p. 164.

29 FARIAS, Cristiano Chaves de; ROSENVALD, Nelson. *Curso de direito civil* (contratos, teoria geral e contratos em espécie), 2. ed., p. 166.

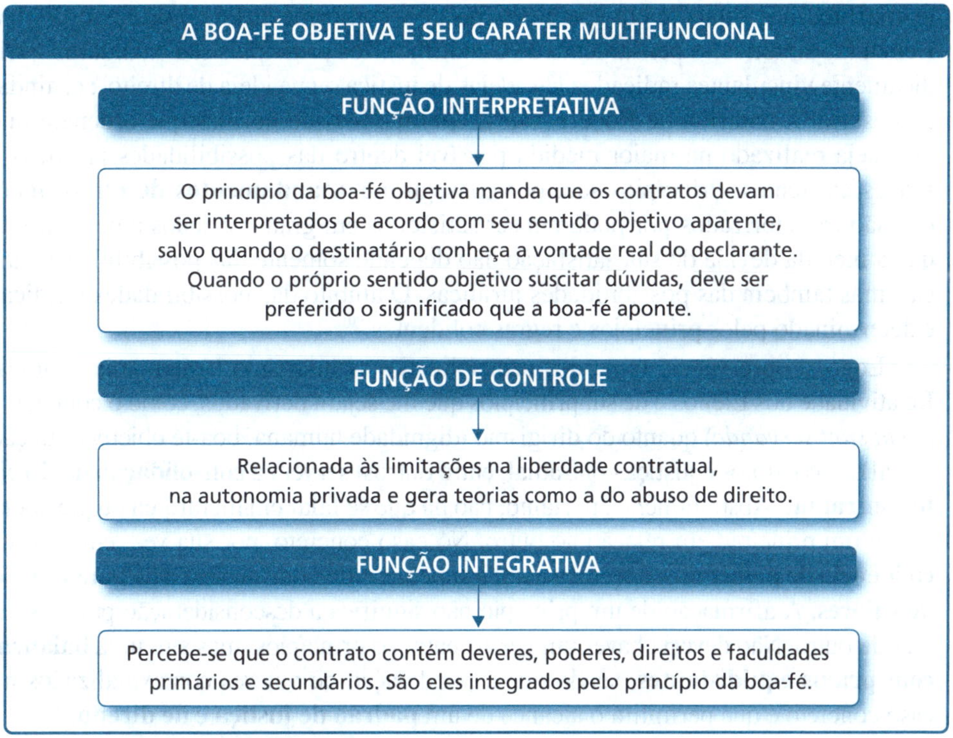

■ **Princípio da justiça contratual**: decorre da presença da **justiça formal** (igualdade de oportunidades ao contratar) e da **justiça substancial** (equilíbrio contratual, baseado nos princípios da equivalência entre prestações e distribuição equitativa de ônus e riscos).

Esquematizando os **princípios contratuais provenientes do dirigismo contratual**:

O **voluntarismo e o dirigismo** são expressões de um mesmo fenômeno: o direito dos contratos, comum, necessário e imprescindível para o desenvolvimento da atividade econômica por meio da iniciativa privada, que provê a todos com bens e serviços. Tais linhas teóricas como conjuntos de princípios encontram-se em aparente conflito, mas somente em aparência, porque, conforme ensina o professor **Pedro Lenza** (ao sintetizar o pensamento de Canotilho), "os princípios são 'standards' juridicamente vinculantes radicados nas ideias de justiça ou na ideia de direito"; e, ainda, ao destacar a doutrina de Robert Alexy, "**princípios** são normas que ordenam que algo seja realizado na maior medida possível dentro das possibilidades jurídicas e fáticas existentes. Princípios são, por conseguinte, **mandamentos de otimização**, que são caracterizados por poderem ser satisfeitos em graus variados e pelo fato de que a medida devida de sua satisfação não depende somente das possibilidades fáticas, mas também das possibilidades jurídicas. O âmbito das possibilidades jurídicas é determinado pelos princípios e regras colidentes"[30].

Logo, a observância tanto dos princípios do voluntarismo (Autonomia Jurídica, Relatividade dos Efeitos e de subprincípios que lhe sejam derivados, como o conhecido *pacta sunt servanda*) quanto do dirigismo (dignidade humana, boa-fé objetiva, função social dos contratos e justiça contratual, entre outros) servem à **consolidação do direito contratual**. Abstratamente, portanto, não há que se falar em hierarquia ou prevalência de um princípio em relação ao outro. No caso concreto, por sua vez, em caso de **colidência de princípios**, a técnica hábil à superação do conflito será a da **ponderação de valores**. A afirmação de um princípio não significa a desconsideração pura e simples de outro. Não deveria haver um *versus* entre os princípios, mas sim uma **balança, com pratos equidistantes**, sendo que a ponderação de valores contextualizados no caso concreto é que permitirá o alcance de um **padrão de justiça e de direito**.

Para humanizar a teoria, rememorem-se os diferentes regimes jurídicos nas relações econômicas entre particulares (civil, empresarial ou do consumidor), quando uma **mesma situação de fato, com bases principiológicas não coincidentes, resultaram em soluções jurídicas divergentes**. O padrão de justiça para um mútuo realizado entre uma pessoa física e uma instituição financeira não será idêntico a contrato semelhante entabulado entre uma fábrica de veículos e a mesma instituição financeira. **Entre diferentes**, de um lado, pode-se afirmar, a tendência será o da preponderância dos princípios referenciados por **dirigismo contratual, intervenção, fiscalização e controle estatal a reduzir a autonomia das partes**. **Entre iguais**, por outro lado, e iguais empresários, a tendência será a prevalência dos **princípios veiculados pelo voluntarismo**.

De se acrescentar, ainda, que mesmo nas relações entre iguais (contratos empresariais como um exemplo fácil), em que teoricamente prevalente o voluntarismo jurídico, excepcionalmente, eventual abuso de direito poderá e deverá ser afastado pelo reconhecimento de que, **na ordem jurídica, os direitos fundamentais têm aplicação pelo menos indireta nas relações privadas** (entre particulares) por meio da observância dos princípios contidos na legislação infraconstitucional, ao que a doutrina denomina **eficácia horizontal ou eficácia irradiante dos direitos fundamentais**. E, assim, eficácia horizontal a ser contextualizada, se não houver acomodação, diálogo ou ponderação dos princípios conflitantes.

---

[30] *Direito constitucional esquematizado*, 17. ed., p. 148-152.

Nesse sentido, adverte Ingo Wolfgang Sarlet: "Ainda neste contexto, sustentou-se, acertadamente, que em qualquer caso e independentemente do modo pelo qual se dá a vinculação dos particulares aos direitos fundamentais (isto é, de forma imediata ou mediata), se verifica, entre as normas constitucionais e o direito privado, não o estabelecimento de um abismo, mas uma relação pautada por um contínuo fluir, de tal sorte que, ao aplicar-se uma norma de direito privado, também se está a aplicar a própria Constituição. É justamente por esta razão que, para muitos, o problema da **vinculação dos particulares aos direitos fundamentais** constitui, na verdade, mais propriamente um problema relativo à **conciliação dos diretos fundamentais com os princípios basilares de direito privado**"[31].

■ 13.4. NORMAS-PRINCÍPIO, CLÁUSULAS GERAIS E CONCEITOS JURÍDICOS INDETERMINADOS

Descontraidamente, ao se discorrer sobre o tema responsabilidade civil no direito privado, já se perguntou em sala de aula: — O que se entende por "**homem médio**" ou ***pater familias***? E, diante da dificuldade de se precisar o significado ou alcance jurídico de tal locução, respondeu-se que o "homem médio" do direito privado não se sabe quem é, nem se podem investigar maiores detalhes sobre ele, porque há suspeitas de que tenha **fugido com a "mulher honesta"** do direito penal.

De forma semelhante, o que se entende por **dignidade da pessoa humana**? **Verossimilhança**? **Destinatário final**? **Vulnerabilidade**? **Boa-fé**? **Atividade de risco**? **Equalização de encargos financeiros**? **Assimetria**?

---

[31] O professor Ingo Sarlet esclarece que, mesmo na ausência de relações assimétricas de poder, de que seria exemplo a relação entre sociedade empresária, de um lado, e sociedade empresária, de outro, haveria a necessidade de respeito aos direitos fundamentais, apesar de que, nessa hipótese, o próprio regime infraconstitucional seria hábil a preservar a prevalência dos direitos fundamentais, quer dizer, uma eficácia indireta, mediata, mediada e contextualizada pela base principiológica do regime jurídico aplicável a determinada relação econômica. Eis mais um pouco do pensamento do autor: "(...) constata-se a existência de relativo consenso a respeito da possibilidade de se transportarem diretamente os princípios relativos à eficácia vinculante dos direitos fundamentais para a esfera privada, já que se cuida induvidosamente de relações desiguais de poder, similares às que se estabelecem entre os particulares e os poderes públicos. Relativamente à intensidade, sustenta a doutrina majoritária que a vinculação dos particulares aos direitos fundamentais — em se tratando de detentores de poder social — será também equivalente à que se verifica no caso dos órgãos estatais. Pelo contrário, quando se trata de relação igualitárias, o problema não se revela de fácil solução, registrando-se acentuada controvérsia nesta seara (...) Nas relações entre particulares — **para além da vinculação das entidades dotadas de algum poder social (...) e qualquer hipótese, ao menos uma eficácia mediata (ou indireta) dos direitos fundamentais, no âmbito do que os alemães denominaram de eficácia irradiante (*Ausstrahlungswirkung*), que pode ser reconduzida à perspectiva jurídico-objetiva dos direitos fundamentais. Isto significa, em última análise, que as normas de direito privado não podem contrariar o conteúdo dos direitos fundamentais, impondo-se uma interpretação das normas privadas (infraconstitucionais) conforme parâmetros axiológicos contidos nas normas de direitos fundamentais, o que habitualmente (mas não exclusivamente) ocorre quando se trata de aplicar conceitos indeterminados e cláusulas gerais de direito privado"** (SARLET, Ingo Wolfgang. *Eficácia dos direitos fundamentais*, 6. ed., p. 392-401).

Ainda que todos os vocábulos e locuções do parágrafo anterior constem expressamente de textos legais, percebe-se que o legislador não os definiu. Assim, correspondem a espécies do gênero **conceitos jurídicos indeterminados**, que, uma vez **contextualizados, nos casos concretos**, orientarão as consequências jurídicas a serem ditadas pelo aplicador da norma jurídica, um magistrado, por exemplo.

No CDC, a contextualização da **verossimilhança** do que foi alegado pelo **consumidor** redundará na inversão do ônus da prova em seu favor (art. 6º, inc. VIII, do CDC); se, no caso concreto, um **empresário** for considerado destinatário final de determinado serviço (fornecimento de água) e **vulnerável em relação ao parceiro empresarial e fornecedor** (concessionária do fornecimento de água) poderá invocar em seu favor a aplicação do CDC (art. 2º c/c art. 4º, inc. I, ambos do CDC); se uma **sociedade empresária** (um frigorífico, consumidor de energia elétrica), em razão de sua falência, desativar seu estabelecimento, e a concessionária de energia elétrica (fornecedora do serviço) for avisada a respeito, deverá interromper o fornecimento de energia elétrica, porque, do contrário, sua omissão violará a boa-fé objetiva, **dever de cooperação entre os contratantes, inclusive o dever de atuar para prevenir o incremento do próprio prejuízo** (art. 4º, inc. III, do CDC); se uma **transportadora**, cotidianamente, desenvolve seu objeto, dedicando-se ao transporte de substâncias tóxicas, em caso de eventual acidente com o meio de transporte, rodoviário, a título de ilustração, a consequência jurídica, desde que se reconheça que o objeto desenvolvido corresponde à atividade de risco, será o dever de **indenizar os danos causados a terceiros, independentemente de culpa**, pois reconhecida restará a responsabilidade objetiva no caso (art. 927, parágrafo único, do CC); em caso de crise econômico-financeira de uma loja de materiais para construção, os responsáveis pelo empreendimento poderão ajuizar pedido de recuperação judicial, sendo que, entre outras medidas, proporão no plano de recuperação a equalização dos encargos financeiros, a significar a possibilidade de realinhamento da equação econômico-financeira dos contratos a que esteja vinculado o devedor em crise financeira (art. 50, *caput* e inc. XII, da LFRE).

O legislador nos exemplos enumerados não definiu regras de comportamento, mas sim **positivou valores e permitiu que conceitos jurídicos abertos plasmassem a atividade jurisdicional**. No que diz respeito especificamente ao CDC, Leonardo de Medeiros Garcia, entende tratar-se de um microssistema de direito permeado de **normas principiológicas**, com o sentido de "normas que veiculam valores, estabelecem os fins a serem alcançados, ao contrário das regras que estipulam hipóteses do tipo preceito/sanção". Além de **normas principiológicas**, continua o referido autor, o CDC também contempla "**cláusulas gerais** (técnica legislativa na qual são utilizados conceitos jurídicos a serem preenchidos pelos magistrados quando da análise do caso concreto, ***v.g.*** **boa-fé objetiva, função social do contrato** etc.)"[32]. Judith Martins Costa, ao dissertar sobre o tema, esclareceu:

> Estes novos tipos de normas buscam a formulação da hipótese legal mediante o emprego de conceitos cujos termos têm **significados intencionalmente vagos e abertos**, os

[32] GARCIA, Leonardo de Medeiros. *Direito do consumidor*, p. 5.

chamados "conceitos jurídicos indeterminados". Por vezes, e aí encontraremos as cláusulas gerais propriamente ditas ao seu enunciado, ao invés de traçar pontualmente a hipótese e as suas consequências, é desenhado como uma **vaga moldura**, permitindo, pela vagueza semântica que caracteriza os seus termos, a incorporação de **princípios, diretrizes e máximas** de conduta originalmente estrangeira ao *corpus* codificado, do que resulta, mediante a atividade de concreção destes princípios, diretrizes e máximas de conduta, a constante formulação de novas normas[33].

A **Ministra Fátima Nancy** Andrighi, ao palestrar sobre o tema, ainda que especificamente sobre o CDC, defendeu a **importância da técnica legislativa das cláusulas gerais**, ao pontuar:

> As **modificações no mercado** de consumo ocorrem **de forma muita rápida**, e, a cada dia, novas práticas comerciais e cláusulas contratuais são inseridas no mercado de consumo. Atento a esse cenário, e com receio de se criar um diploma legislativo que em pouco tempo poderia ficar obsoleto, "engessado", o **legislador fez a opção de conceder um amplo poder à jurisprudência para a fixação do alcance das normas** do CDC ao longo do tempo. Assim, foi adotada, no CDC, e posteriormente no CC/02, a técnica legislativa denominada de "cláusulas gerais", na qual são utilizados conceitos jurídicos cuja completa determinação caberá à atividade criadora do Juiz[34].

A técnica legislativa das **normas-princípio** e das **cláusulas gerais** parece ter sido incorporada pelo processo legislativo pátrio, tanto que a Lei Complementar n. 95/98, que regulamentou o parágrafo único, do art. 59, da CF, e que trata da elaboração, redação, alteração e consolidação das espécies normativas, expressamente, ao esclarecer que "as disposições normativas serão redigidas com clareza, precisão e lógica", prevê para a obtenção da ordem lógica **"restringir o conteúdo de cada artigo da lei a um único assunto ou princípio" (art. 11, inc. III, alínea "b")**.

Esquematicamente, a **doutrina dos conceitos jurídicos indeterminados**, encampada pela técnica legislativa, poderia ser sintetizada da maneira seguinte:

A DOUTRINA DOS CONCEITOS JURÍDICOS INDETERMINADOS E SUAS ESPÉCIES

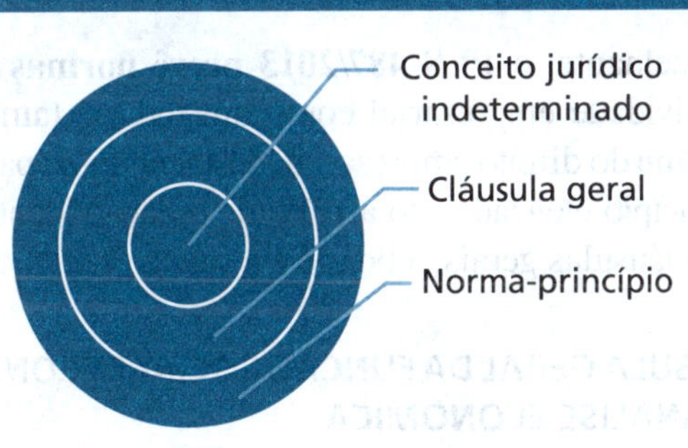

[33] COSTA, Judith Martins. *A boa-fé no direito privado*, p. 4.

[34] Palestra proferida pela Ministra Fátima Nancy Andrighi intitulada *O CDC e o STJ.* Disponível em: <http://jus2.uol.com.br/doutrina/texto.asp?id=9176>.

A doutrina dos conceitos jurídicos indeterminados, incorporada pela técnica legislativa, redundará na positivação de **normas com sentido aberto**, como se percebe *supra*, normas-princípio (positivação de valores, como a defesa do consumidor e a preservação da empresa), cláusulas gerais (diretrizes que poderão projetar mais de uma solução jurídica, como a boa-fé objetiva, a recomendar a revisão do contrato para sua conservação, ou, subsidiariamente, sua resolução do contrato) e, ainda, os conceitos jurídicos determinados em sentido estrito (conceito jurídico aberto, mas que diferentemente da cláusula geral **apontará apenas uma solução jurídica**, como no caso da "janela" para o reconhecimento da responsabilidade objetiva do empresário ou sociedade empresária, tudo a depender da contextualização, no caso concreto, em caso de dano, se "a atividade normalmente desenvolvida (...) implica, por sua natureza, risco para os direitos de outrem").

O **PLC 1.572/2011, em seu art. 4º, delimitou os princípios ou normas-princípio** que deverão orientar o intérprete ou aplicador das normas contidas naquela proposta legislativa que poderá vir a se tornar o **novo Código Comercial**:

- Liberdade de iniciativa;
- Liberdade de competição;
- Função social da empresa;

Percebe-se que a referida proposta legislativa encontra-se em sintonia com o modelo econômico adotado pela Constituição Federal, **capitalista** por prever e incentivar a **livre-iniciativa**, mas compromissado com a **justiça social (art. 170, *caput*, da CF).** Especificamente em relação aos **contratos empresariais**, o PLC prevê não só princípios, mas também cláusulas gerais:

- Princípios: **autonomia da vontade; plena vinculação dos contratantes ao contrato; proteção do contratante economicamente mais fraco** nas relações contratuais assimétricas; e **reconhecimento dos usos e costumes do comércio** (art. 303, do PLC 1.572/2011).
- Cláusulas gerais: **boa-fé e função social** dos contratos.

De modo semelhante, o **PLS 487/2013 prevê normas principiológicas gerais** (art. 5º), para a atividade empresarial como um todo, e também **normas-princípio, para cada sub-ramo** do direito empresarial, destacando-se para os direitos dos contratos as normas-princípio elencadas no art. 17 (de redação idêntica ao art. 303, do PLC) e, também, como cláusulas gerais, a boa-fé e a função social do contrato.

13.5. A CLÁUSULA GERAL DA FUNÇÃO SOCIAL E ECONÔMICA DO CONTRATO E SUA ANÁLISE ECONÔMICA

As múltiplas funções da boa-fé (interpretativa, integrativa e de controle) foram comentadas no *item 13.3.* Quanto à **função econômica e social do contrato empresarial**, contudo, merece nota o disposto no parágrafo único, do art. 414, do PLS: "O **contrato empresarial cumpre a função econômica e social** quando, atendendo aos interesses das partes, **não causa prejuízo a interesse público**".

Por essa redação, percebe-se que a função social e econômica do contrato significa preceito que se mede pela **eficiência**. O contrato servirá aos interesses das partes contratantes, à produção de bens e serviços e à circulação da riqueza própria de tal atividade, mas não poderá, concomitantemente, prejudicar a coletividade. Assim, a **função econômica e social é cláusula geral que concilia interesses particulares e o interesse público**.

Há nítida correlação entre a norma jurídica transcrita *supra* com os índices de eficiência econômica, ao se determinar evitar o prejuízo. As relações econômicas são dinâmicas por natureza, sendo que a análise isolada de determinada relação contratual talvez não permita percebê-la como integrante de relações precedentes e cíclicas, no **contexto da atividade econômica como fato relevante** para a ordem jurídica. Ainda assim, importante apresentar a análise econômica da norma do parágrafo único, do art. 414, do PLS, para que seja possível investigar o alcance e as **limitações da denominada função social do contrato empresarial**. Para tanto, em primeiro lugar, o parâmetro a ser contextualizado será o de Pareto.

13.5.1. A função social do contrato e o índice de Pareto superior

A mudança no *status quo* de determinado agente econômico será considerada Pareto superior quando **faz pelo menos uma pessoa melhor, sem fazer qualquer outra pior**[35]. Suponha-se que A venda uma escultura em madeira para B por R$ 10,00; ambas as partes têm a informação completa, e a transação não tem efeito sobre qualquer outra pessoa. Em seguida, a alocação de recursos, provocada pela transação, é dita Pareto superior à alocação de recursos antes da operação. A transação Pareto superior — frise-se — é aquela que beneficiará pelo menos uma pessoa sem que isso cause prejuízo a outra[36]. A crítica a tal critério se estabelece diante da constatação de que as relações entre os agentes econômicos poderão gerar **externalidades**. O isolamento dos agentes econômicos parece algo não factível. Se um pescador se predispuser a beneficiar seu pescado e vendê-lo diretamente a um turista por um preço módico, em princípio tal negócio beneficiará a ambos. Entretanto, há efeitos externos em perspectiva. No caso, a atividade do pescador, ainda que lícita, afetará negativamente a produção dos demais pescadores. Porém, ele não estará obrigado a ressarcir seus companheiros de profissão, ainda que indiretamente a eles tenha causado um prejuízo. Por isso, "**acaba gerando um resultado que é subótimo, apesar de perfeitamente racional**"[37].

Nesses exemplos clássicos, a contextualizar o eficiente de Pareto, percebem-se **negócios consensuais, voluntários**, em que, evidentemente, ausentes a fraude, a coação, entre outros vícios do consentimento; ambas as partes alcançam melhoria em sua própria estimativa, em virtude do referido negócio. Porém, no mundo real, condicionar a eficiência de determinada transação ao consenso parece restringir em muito o seu conceito.

---

35 MALLOY, Robin Paul. *Law and economics*, p. 39.

36 Exemplo explanado por POSNER, Richard. *Para além do direito*, p. 12-15.

37 Confira-se o raciocínio de FIANI, Ronaldo. *Teoria dos jogos*, p. 167.

■ 13.5.2. A função social do contrato e o critério Kaldor-Hicks

Dois economistas britânicos, Nicholas Kaldor e John R. Hicks, imaginaram outra medida de eficiência. Pelo critério Kaldor-Hicks, não deve haver uma preocupação exagerada com o fato de a realocação de recursos eventualmente causar prejuízos a um dos envolvidos do negócio, ultimando tais prejuízos por conduzi-lo a uma situação pior, pois o que **mensurará o grau de eficiência do negócio será a utilidade verificada em relação a toda a sociedade**. De acordo com a teoria Kaldor-Hicks, uma realocação de recursos se demonstrará eficiente se aqueles que **ganharam com ela obtiverem o suficiente para compensarem totalmente os que em razão dela perderão** recursos, embora não haja nenhuma exigência de que ocorra uma compensação real. Fala-se de maximização da riqueza agregada, tratando-se de uma compensação potencial[38-39-40].

Uma simplificação dos critérios anteriores redundou na aceitação de que **haveria eficiência quando constatada a maximização da riqueza**. Isso autorizaria a atribuição dos bens a quem tivesse condições e vontade de mais pagar por eles. Richard Posner, em seu *Economic analysis of law*, defendeu o conceito de **eficiência como a maximização da alocação dos recursos**. Entretanto, esclareceu que tal critério não seria absoluto, pois limitado pelas necessidades sociais[41-42]. O direito contratual empresarial, a propiciar o pleno **desenvolvimento da atividade econômica**, apresenta-se, hoje, como valor positivado pela técnica legislativa das **normas-princípio e das cláusulas gerais**. Sua interpretação e aplicação, por isso, buscarão em teorias como as citadas, já que se trata de instituto praticado no ambiente do mercado, as **mais eficientes soluções** para as controvérsias empresariais, sempre observando o cuidado de **não causar prejuízo à coletividade, ao interesse público**. Esquematicamente, pode-se afirmar que o consenso relativizado sobre a função social dos contratos, entre outros temas, que transparece das orientações da doutrina especializada (Enunciados da I Jornada de Estudos da Justiça Federal sobre Direito Empresarial), encontra-se em **sintonia com as normas-princípio e as cláusulas gerais** que constam das propostas legislativas que se poderão tornar o novo Código Comercial.

Esquematicamente:

NORMAS-PRINCÍPIO E CLÁUSULAS GERAIS NA DOUTRINA E NAS PROPOSTAS DE CRIAÇÃO DE UM NOVO CÓDIGO COMERCIAL		
Enunciados do CJF	**PLC**	**PLS**
■ 21. Nos contratos empresariais, o dirigismo contratual deve ser mitigado, tendo em vista a simetria natural das relações Interempresariais.	■ Art. 304. No contrato empresarial, o empresário deve decidir por sua livre-vontade a oportunidade de celebrar o negócio jurídico e contratar obrigações ativas e passivas que atendam, em ponderação final, aos seus interesses.	■ Art. 9º Pelo princípio da ética e boa-fé, o empresário deve buscar a realização de seus interesses na exploração da atividade empresarial cumprindo rigorosamente a lei e adotando constante postura proba, leal, conciliatória e colaborativa.

[38] HIERRO, Liborio. Justicia, igualdad y eficiencia. *Isonomia*, n. 9, Oct./1998, p. 134.

[39] MICELI, Thomas J. *Economics of the law*, p. 6.

[40] PARISI, Francesco. *Scuole e tendenze nella analisi economica del diritto.* Biblioteca della Libertà 33, 1998, p. 9.

[41] HIERRO, Liborio. Justicia, igualdad y eficiencia, p. 135-136.

[42] HIERRO, Liborio. Justicia, igualdad y eficiencia, p. 13.

■ 23. Em contratos empresariais, é lícito às partes contratantes estabelecerem parâmetros objetivos para a interpretação dos requisitos de revisão e/ou resolução do pacto contratual.	■ Art. 315, Parágrafo único: A revisão das cláusulas ou a anulação do contrato empresarial somente poderá ser requerida no caso de dolo, provado pelo demandante, ou de descumprimento do dever de estrita boa-fé.	■ Art. 18. No contrato empresarial, o empresário deve decidir por sua livre-vontade a oportunidade de celebrar o negócio jurídico e contratar obrigações ativas e passivas que atendam, em ponderação final, aos seus interesses.
■ 25. A revisão do contrato por onerosidade excessiva fundada no Código Civil deve levar em conta a natureza do objeto do contrato. Nas relações empresariais, deve-se presumir a sofisticação dos contratantes e observar a alocação de riscos por eles acordada.	■ Art. 307. Em razão do profissionalismo com que exerce a atividade empresarial, o empresário não pode alegar inexperiência para pleitear a anulação do contrato empresarial por lesão.	■ Art. 19. No contrato empresarial, a vinculação ao contratado é plena. Parágrafo único. A revisão judicial de cláusulas do contrato empresarial é excepcional.
■ 26. O contrato empresarial cumpre sua função social quando não acarreta prejuízo a direitos ou interesses, difusos ou coletivos, de titularidade de sujeitos não participantes da relação negocial.	■ Art. 316. O contrato empresarial deve cumprir sua função social. Parágrafo único. O contrato empresarial não cumpre a função social quando, embora atendendo aos interesses das partes, prejudica ou pode prejudicar gravemente interesse coletivo, difuso ou individual homogêneo. ■ Art. 318, inc. II. As cláusulas devem ser interpretadas tendo em vista o cumprimento da função econômica do contrato.	■ Art. 8º A empresa cumpre sua função econômica e social ao gerar empregos, tributos e riqueza, ao contribuir para o desenvolvimento econômico da comunidade em que atua, ao adotar práticas empresariais com observância de toda legislação aplicável à sua atividade, em especial aquela voltada à proteção do meio ambiente, dos direitos dos consumidores e da livre-competição.

A Lei n. 13.874/2019 positivou a orientação doutrinária encampada pelo Conselho da Justiça Federal, ao estabelecer normas específicas de **interpretação dos contratos empresariais**, contratos entre "iguais", com ênfase na **liberdade contratual e autonomia das Partes**. Passaram a incorporar o Código Civil as normas seguintes:

> "Art. 421. **A liberdade contratual será exercida nos limites da função social do contrato**.
>
> Parágrafo único. Nas relações contratuais privadas, prevalecerão o **princípio da intervenção mínima e a excepcionalidade da revisão** contratual." (NR)
>
> "Art. 421-A. Os **contratos civis e empresariais presumem-se paritários e simétricos** até a presença de elementos concretos que justifiquem o afastamento dessa presunção, ressalvados os regimes jurídicos previstos em leis especiais, garantido também que:
>
> I — as partes negociantes poderão estabelecer **parâmetros objetivos para a interpretação** das cláusulas negociais e de seus pressupostos de revisão ou de resolução;
>
> II — a **alocação de riscos** definida pelas partes deve ser **respeitada** e observada; e
>
> III — a **revisão contratual** somente ocorrerá de **maneira excepcional e limitada**."

■ 13.6. CLASSIFICAÇÃO DOS CONTRATOS EMPRESARIAIS COMO ESPÉCIES DE NEGÓCIO JURÍDICO

Os contratos, em geral, e os empresariais, em particular, **são fontes de direitos e obrigações**, portanto, negócios jurídicos. Os negócios jurídicos devem respeitar requisitos gerais: "agente capaz (...) objeto lícito, possível, determinado ou determinável e forma prescrita ou não defesa e lei" (art. 104, do CC)[43]. Assim, os contratos empresariais, como espécies de negócio jurídico, podem ser **classificados de acordo com critérios relacionados a seus requisitos gerais**.

Quanto ao agente, ensina o professor Carlos Roberto Gonçalves, os contratos poderão ser "**personalíssimos ou *intuitu personae***: são celebrados em atenção às qualidades pessoais dos contratantes; **impessoais**: são aqueles cuja prestação pode ser cumprida, indiferentemente, pelo obrigado ou por terceiro; **individuais**: são aqueles em que as vontades são individualmente consideradas, ainda que envolvam várias pessoas; **coletivos**: são os que se perfazem pelo acordo de vontades entre duas pessoas jurídicas de direito privado, representativas de categorias profissionais".

Os contratos empresariais nascem com **regime jurídico próprio**, lançando-se às relações econômicas entre empresários; além disso, existem os que somente poderão ser **entabulados por determinados empresários**, como as operações exclusivas dos bancos, podendo, nesse particular, ser considerados contratos *intuitu personae*. Em outros contratos, o porte dos empreendimentos, o valor agregado de sua marca e de sua carteira de clientes individualizam determinado contratante, como aqueles que se reúnem e se predispõem ao contrato de **shopping center**, razão pela qual tal contrato também pode ser classificado como ***intuitu personae***.

Quanto ao objeto, valendo-nos mais uma vez das lições do professor Carlos Roberto Gonçalves[44], o contrato pode ser **preliminar**, como fase preparatória para um negócio **principal**. Assim, haveria uma interconexão entre os dois contratos, um **contrato-meio e um contrato-fim**. As incorporações imobiliárias, nas operações desenvolvidas de acordo com o sistema financeiro imobiliário, correspondem a um exemplo possível, quando de início entabula-se uma promessa de compra e venda, para quando da conclusão da obra firmarem-se os contratos definitivos.

Quanto à forma, os contratos podem ser classificados como: "a) **solenes** (...) os que devem obedecer à forma prescrita em lei para aperfeiçoar (...) b) **não solenes** (...) os de forma livre (...) também chamados consensuais (...) c) **reais**: opõem-se aos consensuais ou não solenes. São os que exigem, para seu aperfeiçoamento, além do consentimento **a entrega da coisa que lhe serve de objeto**". Entre os contratos empresariais, o mútuo bancário pode ser caracterizado como contrato real, porque se aperfeiçoa com a entrega ou disponibilidade do numerário ao mutuário.

Quanto aos efeitos, quando envolverem obrigações contrapostas e certas, os contratos serão **bilaterais e comutativos**. Do contrário, com obrigações preponderantes de uma das partes e com a incompletude ou risco da obrigação da parte oposta, serão classificados como **unilaterais e aleatórios**. A predisposição das cláusulas e condições contratuais por uma das partes qualificará o contrato de **adesão,** aos quais se opõem os contratos **paritários**, em que não se perceber a referida predisposição. Nos contratos

[43] O PLS 487/2013, através de seu art. 156, dialoga com o Código Civil, ao aproveitar do regime geral os dispositivos sobre a validade dos negócios jurídicos: "Art. 156. Aplicam-se à validade do negócio jurídico empresarial as disposições do Código Civil (Lei n. 10.406, de 10 de janeiro de 2002), com as alterações deste Capítulo e das normas de lei especial".

[44] *Direito civil 1 esquematizado*, p. 751-752.

onerosos, ambos os contratantes são beneficiados com a avença. **Entre os contratos empresariais, a marca será a bilateralidade**, diante das parcerias empresariais que se estabelecem. Apenas, por exceção, é que se perceberá a unilateralidade, como acontece nas exclusivas operações passivas dos bancos, como no contrato de depósito. Nos contratos empresariais, seus contratantes desenvolvem atividade econômica organizada com o objetivo de lucro como fim. Portanto, os contratos empresariais são, **por natureza, onerosos**. Nesse sentido, inclusive, o disposto no art. 170, do PLS 487/2013: "**O negócio jurídico empresarial é presumivelmente oneroso**".

Os contratos empresariais — reitere-se — são imprescindíveis ao desenvolvimento da atividade econômica como fato jurídico. Trata-se de atividade, palavra que se relaciona a **movimento, continuidade, ciclo**. E, realmente, os contratos empresariais possuem um ciclo vital: nascem, tendo vida efêmera, quando de execução **instantânea ou diferida**. Contudo, poderão projetar sua execução por meio de atos concatenados. Por isso, **quanto ao momento da execução**, os contratos podem ser classificados como **instantâneos**, como a compra e venda à vista; **diferidos**, com a execução do contrato concentrando-se em ato único, ainda que a termo certo (por exemplo, o contrato de capitalização, com investimento único e resgate determinado); e de trato sucessivo ou **de execução continuada**, entre os quais os contratos adimplidos em prestações, como o de arrendamento mercantil ou de alienação fiduciária em garantia.

Entre as especificidades dos contratos empresariais, além dos contratos em espécie suficientemente **regulamentados pela lei**, por isso, denominados contratos **típicos**, remanescerá campo residual reservado à criatividade dos empresários ou sociedades empresárias, que poderão estabelecer contratos que se aperfeiçoam por meio do acordo de vontades, por exemplo, hoje, o contrato de fomento mercantil. Em tal hipótese, na ausência de previsão legal, o contrato será denominado **atípico**. Não bastará uma regulamentação parcial ou pontual sobre um aspecto específico do contrato, muitas vezes referido somente para fins tributários, como o mencionado contrato de fomento mercantil, pois, no caso, não há definições sobre as obrigações das partes entre si, apenas buscando-se a definição do fato gerador para a incidência do tributo.

Nesse sentido, a opinião de Rodrigo Barcellos[45]:

> (...) as espécies contratuais mais comuns, decorrentes das relações econômicas frequentes, acabam sendo regradas pelo legislador, adquirindo tipicidade, e **raros são os tipos contratuais legais que não foram tipificados após serem muito praticados da sociedade**, ou seja, após serem tipos sociais consagrados. Para ser um contrato como típico, é imperioso haver uma regulamentação legal razoavelmente completa de tal modo que seja possível contratar por referência, sem que as partes tenham de clausular o fundamental do contrato (...) os contratos atípicos, por outro lado, são aqueles não suficientemente regulados pela lei. O contrato mantém-se atípico mesmo que a Lei a ele se refira ou limite-se a disciplinar certos aspectos dele, de maneira incompleta.

[45] BARCELLOS, Rodrigo. *O contrato de shopping center e os contratos atípicos interempresariais*, p. 14-15.

É possível, ainda, que haja intercâmbio entre contratos típicos e atípicos, seja por meio do clausular de um contrato típico, que se transformará em um **contrato misto**, como a **locação especial**, não residencial, contrato entre empresários, em que o futuro **locador predispõe-se a desenvolver o projeto, construir o imóvel, de acordo com as especificidades do futuro locador** (art. 54-A, da Lei n. 8.245/91, incluído pela Lei n. 12.744/2012), seja pela conexão de vários contratos celebrados pelas partes, negócios jurídicos **coligados**, como o contrato de conta corrente, que poderá envolver subespécies de contrato bancário, como o de depósito e o de abertura de crédito.

Esquematizando a **classificação dos contratos empresariais**:

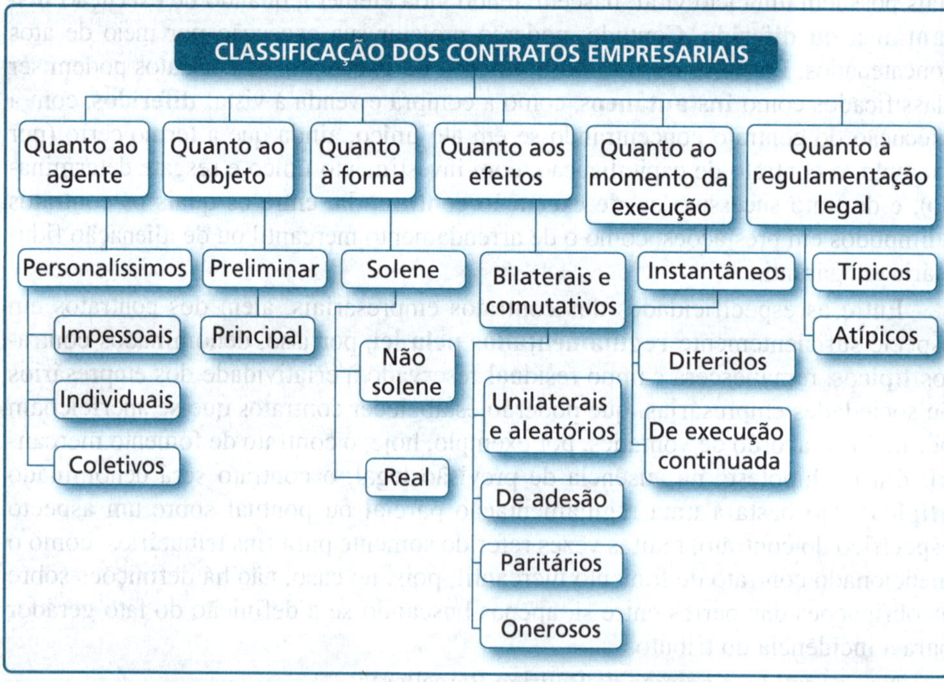

■ 13.7. EXTINÇÃO DO CONTRATO — PANORAMA GERAL

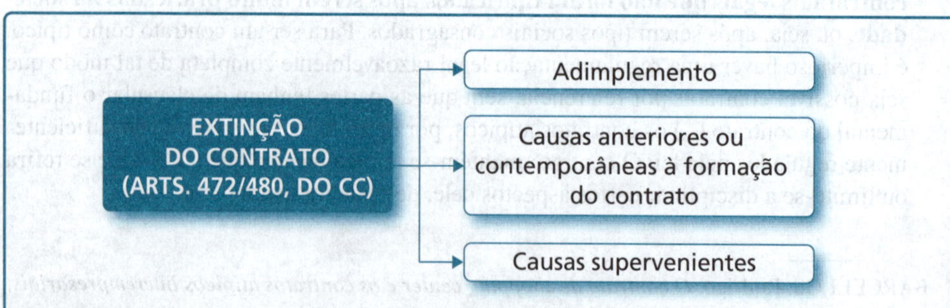

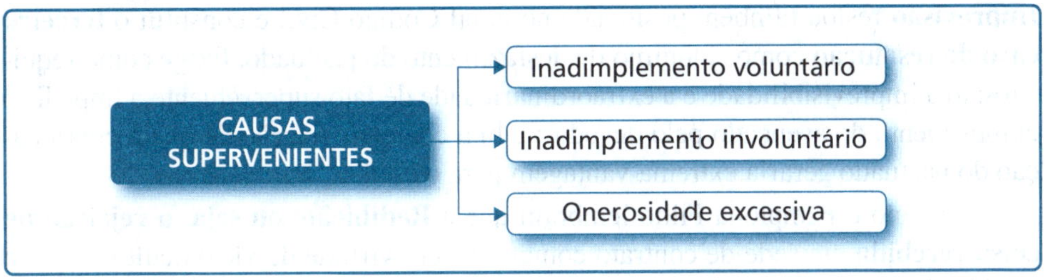

Do brocardo *pacta sunt servanda*, perceptível esperar-se o natural **cumprimento do avençado**, para que o ciclo propulsor de apropriação de direitos de cunho patrimonial tenha êxito, cumprindo, assim, o **contrato sua função econômico-social**. Fala-se, em consequência, de extinção normal ("morte natural"[46]) do vínculo obrigacional com o adimplemento do pactuado. Por sua vez, há **causas anteriores, contemporâneas e supervenientes à formação do referido vínculo que poderão ocasionar a ruptura do convencionado** e, reflexamente, a não consecução dos efeitos correlatos. Trata-se de classificação bastante didática, que, pela sua clareza, merece ser lembrada. Nesse sentido, a lição da professora Maria Helena Diniz[47]. Diante dos quadros-síntese anteriores, e por coerência com o próprio texto do Código Civil, quanto à "morte não natural" do pactuado, em primeiro lugar, forçoso concluir que a **autonomia da vontade foi prestigiada**. Assim, por vício de consentimento (nulidade absoluta ou relativa), consenso positivo (implemento de condição), consenso negativo (distrato), direito potestativo (resilição unilateral ou direito de arrependimento) quanto à continuação do que se pactuou, **possível por declaração judicial ou, mesmo extrajudicialmente, o desfazimento do contrato**. Em segundo lugar, a doutrina reservou para as hipóteses de **inadimplemento o vocábulo resolução** para indicar a possibilidade de dissolução do vínculo contratual, seja em caso de inexecução voluntária (leia-se culposa) ou mesmo involuntária, *v.g.*, por caso fortuito[48]. A **Teoria da**

---

[46] Esse é o magistério de Pablo Stolze Gagliano e Rodolfo Pamplona Filho. *Novo curso de direito civil,* v. 1, p. 224.

[47] DINIZ, Maria Helena. *Curso de direito civil brasileiro* (Teoria das obrigações contratuais e extracontratuais), 23. ed., p. 156-172.

[48] Sabe-se, pela inteligência do art. 393, do Código Civil, que, em princípio, não responderá o contratante nas hipóteses de caso fortuito ou força maior, a não ser que se tenha obrigado expressamente a tanto. Por sua vez, de se ver que, pela teoria do risco, encampada pelo direito pátrio, em sede de responsabilidade civil, houve, ao lado da responsabilidade contratual, a incorporação de responsabilidade extracontratual de natureza objetiva como cláusula geral, desde que venha "a atividade normalmente desenvolvida pelo autor do dano implicar, por sua natureza, risco para os direitos de outrem" (parágrafo único, do art. 927, do CC). Nessa linha de raciocínio, doutrina e jurisprudência têm diferenciado caso fortuito interno de caso fortuito externo. Assim, o **caso fortuito interno** corresponderia a fato "inevitável, normalmente, imprevisível que, entretanto, liga-se à própria atividade do agente. Insere-se, portanto entre os riscos com os quais deve arcar aquele, no exercício da autonomia privada, gera situações potencialmente lesivas à sociedade. Já o caso fortuito externo é aquele fato estranho à organização ou à atividade da empresa, e que por isso não tem seus riscos suportados por ela. Com relação a este, sustenta-se sua aptidão para excluir a responsabilidade ob-

Imprevisão restou também positivada no atual Código Civil e constitui o **terceiro caso de resolução** como sinônimo de desfazimento do pactuado. Exige como requisitos: a) a imprevisibilidade e a extraordinariedade de fato superveniente a impedir o cumprimento do avençado pelo devedor; e b) a contextualização de que a continuação do pactuado geraria extrema vantagem para o credor[49-50].

Gagliano e Pamplona Filho lembram que a **Redibição, ou seja, a rejeição de coisa recebida** em sede de contrato comutativo em virtude de vício oculto — vício redibitório —, pode ser classificada como **causa anterior à formação** do vínculo contratual apta a extingui-lo (art. 442, do CC). Recomendam também o **abandono do termo Rescisão para indicar a extinção do vínculo contratual**, porque, se de início ligado à noção de extinção contratual por culpa e, nesse sentido, conforme a explanação *supra*, sinônimo de Resolução, o próprio Código Civil, em contextos outros, utiliza-o para indicar a possibilidade de extinção da avença, sem que se origine de eventual inadimplemento. Mencionam, por exemplo, o art. 607, do CC, que trata da extinção do contrato de serviços, mediante aviso prévio, portanto, por manifestação unilateral de uma das partes, condizente com o **conceito de Resilição**. Apesar dessas observações, nas propostas paralelas de criação de um novo Código Comercial, **a extinção anormal do contrato recebeu a denominação de Rescisão**. As espécies de rescisão correspondem, de acordo com as propostas, **à Resilição e à Resolução**. Resilição (unilateral ou bilateral, neste último caso, o distrato). A **Resilição a depender da vontade das partes ou desde que prevista em lei**. A **Resolução decorrente do inadimplemento culposo ou decorrente de caso fortuito ou força maior**. Ver esquema a seguir (PLC, arts. 322-328; PLS, arts. 417-421).

---

jetiva", conforme bem observa Bruno Miragem, em seu *Direito do consumidor*, p. 286-287. Nesse sentido, também, configura-se, à guisa de exemplo, o REsp 774.640/SP, *DJ* 05/02/2007, p. 247.

49 Nelson Rosenvald, de forma percuciente, quanto à contextualização "da extrema vantagem à outra parte", como requisito para a hipótese de resolução contratual, observa que "a referida exigência dificulta, sobremaneira, a aplicação do modelo, pois é raro que, ao empobrecimento de uma das partes, imponha-se necessariamente um enriquecimento da outra. Pelo contrário, é comum que a desgraça de uma das partes também acarrete dificuldades para a outra, mesmo que bem menores do que as de seu parceiro. Mas, dificilmente, haverá uma situação de inversão de valores tão radical, a ponto de um mesmo fato ensejar a falência de um contratante e o sucesso do outro" (ROSENVALD, Nelson. *Direito das obrigações*, 3. ed., p. 246). Importante frisar, ainda, que, em sede de relações de consumo, defende-se a adoção pela Lei n. 8.078/90, em seu art. 6º, inc. V, da Teoria da Base Objetiva do Negócio Jurídico, que não exige a imprevisibilidade e a extraordinariedade do fato superveniente, muito menos a demonstração da extrema vantagem para o credor, para a revisão do contrato. E uma vez que se verifique a possibilidade de aplicação de tal teoria, somente subsidiariamente determinar-se-á a resolução da avença, pois, de forma preponderante, buscar-se-á, antes, repise-se, a revisão do conteúdo do pactuado, para a conservação do contrato, *ex vi* do § 2º, do art. 51, do CDC. No sentido do texto, recomenda-se a leitura integral do REsp 370.598/RS, *DJ* 01/04/2002, p. 186.

50 A depender do contrato entre empresários, a álea, ou risco inerente ao negócio jurídico, poderá contextualizar hipótese de onerosidade excessiva superveniente para uma das partes, sem que isso atraia, por si só, a aplicação da teoria da imprevisão. Ex.: compra e venda de safra futura. Na juris-

Os breves comentários anteriores sobre temas relacionados à teoria geral do direito civil merecem um cuidado maior por parte do leitor, razão pela qual se recomenda o **aprofundamento da matéria** com a leitura da obra de direito civil, desta coleção, de autoria do professor Carlos Roberto Gonçalves. Tais comentários foram necessários para a **caracterização dos diversos contratos empresariais que serão estudados por grupos** nos capítulos seguintes. Então, animados e revigorados com a doutrina ensinada pelo professor Gonçalves, avancemos nas especificidades do nosso direito dos contratos empresariais.

EXTINÇÃO DO CONTRATO NO NOVO CÓDIGO COMERCIAL

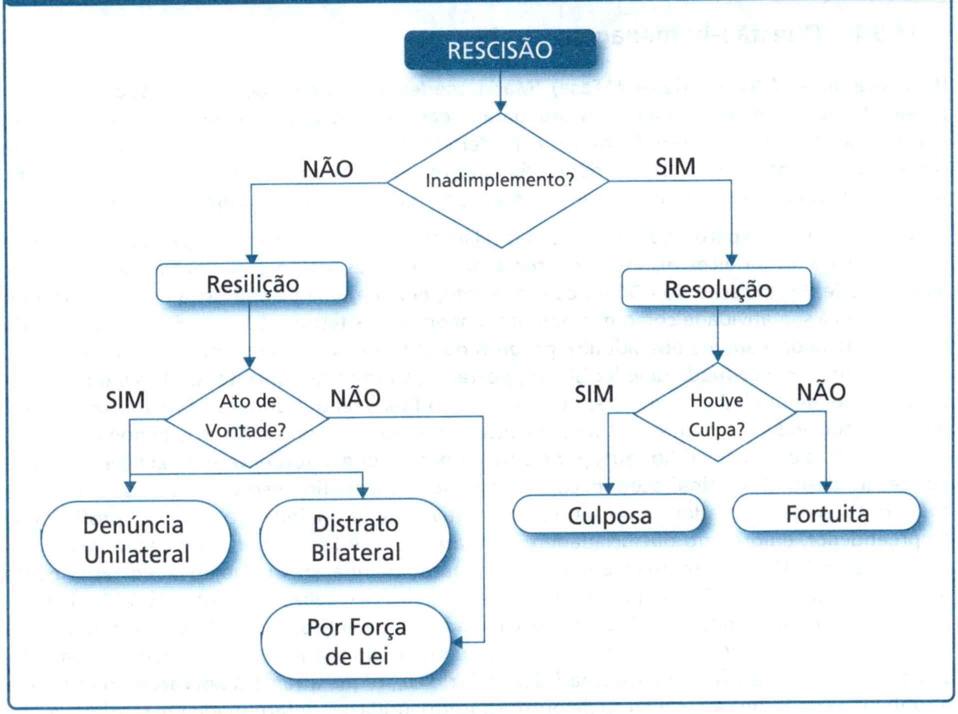

▪ 13.8. ESQUEMA

CONTRATOS — PARTE GERAL	
CONCEITO	▪ Contratos entre empresários e correspondentes ao "centro nervoso" da atividade empresarial.
PRINCÍPIOS	▪ Autonomia da vontade, relatividade dos efeitos, boa-fé, função social e justiça contratual.

prudência, recomenda-se a leitura do REsp 860.277/GO, *DJe* 03/09/2010. Mais recentemente, registre-se a respeito o teor do **Enunciado 35 da I Jornada de Direito Empresarial** (CJF): "35. **Não haverá revisão ou resolução dos contratos de derivativos por imprevisibilidade e onerosidade excessiva** (arts. 317 e 478 a 480 do Código Civil)".

CLASSIFICAÇÃO	■ COMPRA E VENDA MERCANTIL (circulação de insumos entre empresários). ■ CONTRATOS DE COLABORAÇÃO (parceria entre empresários para a consolidação de clientela comum e lucro conjunto). ■ CONTRATOS DE LOGÍSTICA (contratos relacionados ao escoamento da produção). ■ CONTRATOS BANCÁRIOS (contratos relacionados ao fornecimento do crédito).
CARACTERÍSTICAS	■ Onerosos por natureza, bilaterais e não solenes, regra geral.
REFERÊNCIAS LEGISLATIVAS	■ Legislação Especial e CC. ■ PL 1.572/2011 (arts. 297-328); PLS 487/2013 (arts. 17-21; 402-427). Propostas para um novo Código Comercial.

■ 13.9. QUESTÕES SUBJETIVAS

■ 13.9.1. Questão-homenagem

(Magistratura — TJRJ — 2012 — 2ª Fase) "Maria, modesta costureira do interior, adquire da empresa fabricante uma máquina de costura, para a realização de trabalho em prol de sua sobrevivência e de sua família." Pode Maria ser considerada consumidora, para o fim de aplicação, em seu favor, das normas do CDC em demanda ajuizada em face da referida empresa? Responda, fundamentadamente, abordando, brevemente, as teorias acerca do conceito de consumidor.

Resposta: Como se explicou no *item 13.2*, nas relações econômicas de direito privado, concorrem hoje três regimes jurídicos distintos: do consumidor; empresarial; e civil. Perguntou-se sobre a possibilidade de aplicação do CDC no caso concreto, em que uma pessoa física adquiriu produto relacionado à sua atividade como microempreendedora. Nos termos da parte final do art. 2º, do CDC, consumidor é aquele que adquire produto ou utiliza serviço como "destinatário final". Tal locução não foi conceituada pelo legislador, portanto, trata-se de conceito jurídico indeterminado. Aos que, de um lado, interpretam o destinatário final como destinatário final fático, o CDC seria aplicado, indistintamente, a qualquer consumidor, construindo-se, assim, a denominada teoria maximalista ou objetiva. Aos que, por outro, entendem que o destinatário final deveria corresponder ao destinatário final econômico, o consumidor em sentido estrito, que não reinserirá o custo dos insumos que adquire no seu ramo de atividade, a qualquer consumidor profissional, empreendedor, empresário ou sociedade empresária, não seria possível a invocação das regras protetivas do CDC. Tal corrente recebeu a denominação de finalista ou subjetiva. Posteriormente à edição e vigência do CC, e da polêmica a respeito da contextualização e interpretação da locução *destinatário final*, houve no STJ a mitigação da teoria subjetiva, firmando-se o entendimento de que o CDC seria aplicável sem ressalvas ao consumidor não profissional, ao passo que, em relação ao consumidor profissional (pessoa física ou jurídica), o que atrairia a aplicação do CDC seria a contextualização no caso concreto de outro conceito jurídico indeterminado em sentido amplo, a norma-princípio correspondente à vulnerabilidade do consumidor profissional (art. 4º, inc. I, do CDC). Assim, o caminho do meio entre a teoria maximalista e a finalista corresponde à teoria finalista mitigada. No caso concreto, diante da vulnerabilidade econômica e técnica da costureira em relação ao produto que adquiriu, aplicável ao caso concreto o CDC, como a possibilidade de ajuizar em seu domicílio eventual ação de indenização (art. 101, inc. I, do CDC). Vale lembrar que as propostas paralelas para criação de um novo Código Civil trazem como norma-princípio "a proteção do contratante empresarialmente dependente nas relações contratuais assimétricas". E aqui se disse que a assimetria poderá ser interpretada com o mesmo sentido de vulnerabilidade.

■ 13.9.2. Questão-desafio

Suponha-se que um frigorífico tenha tido sua falência decretada e, em razão disso, com a lacração do estabelecimento e a interrupção das atividades, o consumo de energia elétrica tenha sido reduzido. O administrador judicial nomeado em tal hipótese depois de, inicialmente, requerer administrativamente a diminuição da faixa de consumo:

a) Poderia requerer a resilição do contrato junto à fornecedora de energia elétrica? Explique e fundamente.
b) Se a concessionária de energia elétrica indeferisse o requerimento administrativo, poderia se invocar em favor da massa a teoria *duty to mitigate the loss*?

13.10. QUESTÕES OBJETIVAS

1. (TJPR — Assessor Jurídico — 2013) A respeito dos princípios do contrato, considere as seguintes afirmativas:

1. O *venire contra factum proprium* somente é vedado quando ofende a boa-fé subjetiva.
2. O *tu quoque* consiste em figura parcelar da boa-fé objetiva, e significa o dever de mitigação dos próprios prejuízos.
3. A ruptura injustificada das tratativas preliminares que frustre a fundada confiança despertada na outra parte constitui ofensa à boa-fé, gerando dever de indenizar.
4. A *surrectio* consiste na proteção a terceiros de boa-fé que tenham adquirido onerosamente o bem originalmente comprado a *non domino* pelo alienante.

Assinale a alternativa correta.

a) Somente a afirmativa 3 é verdadeira.
b) Somente as afirmativas 1 e 4 são verdadeiras.
c) Somente as afirmativas 2 e 4 são verdadeiras.
d) Somente as afirmativas 1, 2 e 3 são verdadeiras.

2. (CESPE — TJ/ES — 2011) No CDC — Lei n. 8.078/1990 —, consta expressamente o conceito de consumidor e de fornecedor, os denominados elementos subjetivos da relação jurídica de consumo. Entretanto, nem sempre é possível certificar-se da existência de relação de consumo somente pela análise literal dos artigos do CDC, de modo que o julgador deve conhecer o entendimento dominante dos tribunais superiores. Segundo a jurisprudência do STJ, o CDC se aplica a

a) contrato de cooperação técnica entre empresas de informática, contrato de franquia e envio de produto gratuito como brinde.
b) pagamento de contribuição de melhoria, crédito educativo custeado pelo Estado ao aluno e relação travada entre condomínio e condôminos.
c) contrato de locação, perícia judicial e contrato de trabalho.
d) serviços notariais, contrato de serviços advocatícios e contrato de plano de saúde.
e) serviço de fornecimento de água e esgoto, contrato bancário e contrato de previdência privada.

3. (OAB — FGV — IX Exame Unificado — 2011) A sociedade empresária XYZ Ltda. oferta e celebra, com vários estudantes universitários, contratos individuais de fornecimento de material didático, nos quais garante a entrega, com 25% de desconto sobre o valor indicado pela editora, dos livros didáticos escolhidos pelos contratantes (de lista de editoras de antemão definidas). Os contratos têm duração de 24 meses, e cada estudante compromete-se a pagar valor mensal, que fica como crédito, a ser abatido do valor dos livros escolhidos. Posteriormente, a capacidade de entrega da sociedade diminuiu, devido a dívidas e problemas judiciais. Em razão disso, ela pretende rever judicialmente os contratos, para obter aumento do valor mensal, ou então liberar-se do vínculo. Acerca dessa situação, assinale a afirmativa correta.

a) A empresa não pode se valer do Código de Defesa do Consumidor e não há base, à luz do indicado, para rever os contratos.
b) Aplica-se o CDC, já que os estudantes são destinatários finais do serviço, mas o aumento só será concedido se provada a dificuldade financeira e que, ademais, ainda assim o contrato seja proveitoso para os compradores.
c) Aplica-se o CDC, mas a pretendida revisão da cláusula contratual só poderá ser efetuada se provado que os problemas citados têm natureza imprevisível, característica indispensável, no sistema do consumidor, para autorizar a revisão.
d) A revisão é cabível, assentada na teoria da imprevisão, pois existe o contrato de execução diferida, a superveniência de onerosidade excessiva da prestação, a extrema vantagem para a outra parte, e a ocorrência de acontecimento extraordinário e imprevisível.

4. (OAB — FGV — XI Exame Unificado — 2013) O Mercado A comercializa o produto desinfetante W, fabricado por "W. Industrial". O proprietário do Mercado B, que adquiriu tal produto para uso na higienização das partes comuns das suas instalações, verifica que o volume contido no frasco está em desacordo com as informações do rótulo do produto. Em razão disso, o Mercado B propõe ação judicial em face do Mercado A, invocando a Lei n. 8.078/90 (CDC), arguindo vícios decorrentes de tal disparidade. O Mercado A, em defesa, apontou que se tratava de responsabilidade do fabricante e requereu a extinção do processo. A respeito do caso sugerido, assinale a alternativa correta.

a) O processo merece ser extinto por ilegitimidade passiva.
b) O caso versa sobre fato do produto, logo a responsabilidade do réu é subsidiária.
c) O processo deve ser extinto, pois o autor não se enquadra na condição de consumidor.
d) Trata-se de vício do produto, logo o réu e o fabricante são solidariamente responsáveis.

5. (OAB — FGV — XII Exame Unificado — 2013) O Banco XYZ, com objetivo de aumentar sua clientela, enviou proposta de abertura de conta corrente com cartão de crédito para diversos estudantes universitários. Ocorre que, por desatenção de um dos encarregados pela instituição financeira da entrega das propostas, o conteúdo da proposta encaminhada para a estudante Bruna, de dezoito anos, foi furtado. O cartão de crédito foi utilizado indevidamente por terceiro, sendo Bruna surpreendida com boletos e ligações de cobrança por compras que não realizou. O episódio culminou com posterior inclusão do seu nome em um cadastro negativo de restrições ao crédito. Bruna nunca solicitou o envio do cartão ou da proposta de abertura de conta, e sequer celebrou contrato com o Banco XYZ, mas tem dúvidas acerca de eventual direito à indenização. Na qualidade de Advogado, diante do caso concreto, assinale a afirmativa correta.

a) A conduta adotada pelo Banco XYZ é prática abusiva à luz do Código do Consumidor, mas como Bruna não é consumidora, haja vista a ausência de vínculo contratual, deverá se utilizar das regras do Código Civil para fins de eventual indenização.
b) A pessoa exposta a uma prática abusiva, como na hipótese do envio de produto não solicitado, é equiparada a consumidor, logo Bruna pode postular indenização com base no Código do Consumidor.
c) A prática bancária em questão é abusiva segundo o Código do Consumidor, mas o furto sofrido pelo preposto do Banco XYZ configura culpa exclusiva de terceiro, excludente da obrigação da instituição financeira de indenizar Bruna.
d) O envio de produto sem solicitação do consumidor não é expressamente vedado pela lei consumerista, que apenas considera o produto como mera amostra grátis, afastando eventual obrigação do Banco XYZ de indenizar Bruna.

6. (CESPE — DPU — Defensor Público Federal de Segunda Categoria — 2015) Certo ou Errado. Supondo que duas partes tenham estabelecido determinada relação jurídica, julgue o item. Se a referida relação jurídica for do tipo empresarial e tiver sido entabulada por contrato de execução continuada, na hipótese de a prestação se tornar excessivamente onerosa para uma das partes e extremamente vantajosa para a outra, a parte onerada poderá pedir a resolução do contrato, independentemente da natureza do objeto do pacto.

7. (FGV — OAB — XX Exame Unificado — 2016) Heitor agraciou cinco funcionários de uma de suas sociedades empresárias, situada no Rio Grande do Sul, com uma viagem para curso de treinamento profissional realizado em determinado sábado, de 9h às 15h, numa cidade do Uruguai, há cerca de 50 minutos de voo. Heitor custeou as passagens aéreas, translado e alimentação dos cinco funcionários com sua própria renda, integralmente desvinculada da atividade empresária. Ocorre que houve atraso no voo sem qualquer justificativa prestada pela companhia aérea. Às 14h, sem previsão de saída do voo, todos desistiram do embarque e perderam o curso de treinamento. Nesse contexto é correto afirmar que,

a) por se tratar de transporte aéreo internacional, para o pedido de danos extrapatrimoniais não há incidência do Código de Defesa do Consumidor e nem do Código Civil, que regula apenas Contrato de Transporte em território nacional, prevalecendo unicamente as Normas Internacionais.
b) ao caso, aplica-se a norma consumerista, sendo que apenas Heitor é consumidor por ter custeado a viagem com seus recursos, mas, como ele tem boas condições financeiras, por

esse motivo, é consumidor não enquadrado em condição de vulnerabilidade, como tutela o Código de Defesa do Consumidor.

c) embora se trate de transporte aéreo internacional, há incidência plena do Código de Defesa do Consumidor para o pedido de danos extrapatrimoniais, em detrimento das normas internacionais e, apesar de Heitor ter boas condições financeiras, enquadra-se na condição de vulnerabilidade, assim como os seus funcionários, para o pleito de reparação.

d) por se tratar de relação de Contrato de Transporte previsto expressamente no Código Civil, afasta-se a incidência do Código de Defesa do Consumidor e, por ter ocorrido o dano em território brasileiro, afastam-se as normas internacionais, sendo, portanto, hipótese de responsabilidade civil pautada na comprovação de culpa da companhia aérea pelo evento danoso.

8. (OAB — XXIII Exame Unificado — FGV — 2017) Heitor foi surpreendido pelo recebimento de informação de anotação de seu nome no cadastro restritivo de crédito, em decorrência de suposta contratação de serviços de telefonia e Internet. Heitor não havia celebrado tal contrato, sendo o mesmo fruto de fraude, e busca orientação a respeito de como proceder para rescindir o contrato, cancelar o débito e ter seu nome fora do cadastro negativo, bem como o recebimento de reparação por danos extrapatrimoniais, já que nunca havia tido o seu nome inscrito em tal cadastro. Com base na hipótese apresentada, na qualidade de advogado(a) de Heitor, assinale a opção que apresenta o procedimento a ser adotado.

a) Cabe o pedido de cancelamento do serviço, declaração de inexistência da dívida e exclusão da anotação indevida, inexistindo qualquer dever de reparação, já que à operadora não foi atribuído defeito ou falha do serviço digital, que seria a motivação para tal pleito.

b) Trata-se de cobrança devida pelo serviço prestado, restando a Heitor pagar imediatamente e, somente assim, excluir a anotação de seu nome em cadastro negativo, e, então, ingressar com a medida judicial, comprovando que não procedeu com a contratação e buscando a rescisão do contrato irregular com devolução em dobro do valor pago.

c) Heitor não pode ser considerado consumidor em razão da ausência de vinculação contratual verídica e válida que consagre a relação consumerista, afastando-se os elementos principiológicos e fazendo surgir a responsabilidade civil subjetiva da operadora de telefonia e Internet.

d) Heitor é consumidor por equiparação, aplicando-se a teoria do risco da atividade e devendo a operadora suportar os riscos do contrato fruto de fraude, caso não consiga comprovar a regularidade da contratação e a consequente reparação pelos danos extrapatrimoniais *in re ipsa*, além da declaração de inexistência da dívida e da exclusão da anotação indevida.

9. (FCC — Defensor Público — DPE/AM — 2018). De acordo com a jurisprudência consolidada do Superior Tribunal de Justiça em matéria de Direito do Consumidor:

I. O STJ admite a mitigação da teoria finalista para autorizar a incidência do Código de Defesa do Consumidor — CDC nas hipóteses em que a parte (pessoa física ou jurídica), apesar de não ser destinatária final do produto ou serviço, apresenta-se em situação de vulnerabilidade.

II. A devolução em dobro dos valores pagos pelo consumidor, prevista no art. 42, parágrafo único, do CDC, pressupõe tão somente a existência de pagamento indevido, não se exigindo a má-fé do credor.

III. A inversão do ônus da prova, nos termos do art. 6°, VIII, do CDC, não ocorre *ope judicis*, mas *ope legis*, vale dizer, é o juiz que, de forma prudente e fundamentada, aprecia os aspectos de verossimilhança das alegações do consumidor ou de sua hipossuficiência.

IV. O início da contagem do prazo de decadência para a reclamação de vícios do produto (art. 26 do CDC) se dá após o encerramento da garantia contratual.

Está correto o que se afirma em

a) I, III e IV, apenas.
b) I e IV, apenas.
c) I e II, apenas.
d) II, III e IV, apenas.
e) I, II, III e IV.

10. (FGV — OAB — XXIX Exame — 2019) A concessionária de veículo X adquiriu, da montadora, trinta unidades de veículo do mesmo modelo e de cores diversificadas, a fim de guarnecer seu estoque, e direcionou três veículos desse total para uso da própria pessoa jurídica. Ocorre que

cinco veículos apresentaram problemas mecânicos decorrentes de falha na fabricação, que comprometiam a segurança dos passageiros. Desses automóveis, um pertencia à concessionária e os outros quatro, a particulares que adquiriram o bem na concessionária. Nesse caso, com base no Código de Defesa do Consumidor (CDC), assinale a afirmativa correta.

a) Entre os consumidores particulares e a montadora inexiste relação jurídica, posto que a aquisição dos veículos se deu na concessionária.
b) Entre os consumidores particulares e a montadora, por se tratar de falha na fabricação, há relação jurídica protegida pelo CDC; a relação jurídica entre a concessionária e a montadora, no que se refere à unidade adquirida pela pessoa jurídica para uso próprio, é de direito comum civil.
c) Existe, entre a concessionária e a montadora, relação jurídica regida pelo CDC, mesmo que ambas sejam pessoas jurídicas, no que diz respeito ao veículo adquirido pela concessionária para uso próprio, e não para venda.
d) Somente há relação jurídica protegida pelo CDC entre o consumidor e a concessionária, que deverá ingressar com ação de regresso contra a montadora, caso seja condenada em ação judicial, não sendo possível aos consumidores demandarem diretamente contra a montadora.

■ GABARITO ■

1. "a". A boa-fé objetiva é norma-princípio que corresponde à legítima expectativa, à confiança. Rememore-se, nesse sentido, o que foi estudado no *item 13.3*.

2. "e". A aplicação do CDC se mantém possível mesmo em relação aos negócios jurídicos com regime em outras normas legais. Por isso, alguns fornecedores defendem que a aplicação do CDC deveria ser excepcionada quando da constatação de regime jurídico próprio para determinado contrato. Em relação a determinados contratos, inclusive, o STJ consolidou a jurisprudência: nos contratos bancários (Súmula 297); nos que envolvem previdência privada (Súmula 321); e, ainda, nos que envolvam a prestação de serviços públicos por delegação, quando fornecedoras as concessionárias, isso diante do que dispõe expressamente o art. 22, parágrafo único, do CDC: "Os órgãos públicos, por si ou suas empresas, concessionárias, permissionárias ou sob qualquer outra forma de empreendimento, são obrigados a fornecer serviços adequados, eficientes, seguros e, quanto aos essenciais, contínuos. Parágrafo único. Nos casos de descumprimento, total ou parcial, das obrigações referidas neste artigo, serão as pessoas jurídicas compelidas a cumpri-las e a reparar os danos causados, na forma prevista neste código".

3. "a". A aplicação do CDC aos consumidores profissionais, ou seja, aos consumidores empresários somente se justificará quando contextualizada a vulnerabilidade do fornecedor, o que não ocorreu na hipótese narrada.

4. "d". A pessoa jurídica empresária poderá, desde que vulnerável, ser amparada pelo CDC. No caso, *vide* art. 18, da Lei n. 8.078/90.

5. "b". Fundamento: arts. 17, 29 e 39, parágrafo único, todos da Lei n. 8.078/90.

6. Errado. Apesar do enunciado contextualizar a norma do art. 478, *caput*, do CC, a teoria da imprevisão não poderá ser invocada, quando a onerosidade dos negócios entre empresários decorrer do risco do negócio, como por exemplo compra e venda de safra futura. Releia-se o *item 13.7* e também a nota 50.

7. "c". Conforme se explanou no *item 13.2*, ainda que a hipótese narrada possa ser configurada como contrato entre empresários, isso não afasta a aplicação do CDC, pois o empresário contratante pode ser considerado vulnerável em relação ao serviço de transporte aéreo e seus funcionários como consumidores por equiparação, nos termos do art. 4º, inc. I, c/c art. 17, ambos do CDC. A convenção de Varsóvia e suas alterações posteriores e o Código Brasileiro de Aeronáutica, silentes em relação à indenização por danos morais, devem dialogar com o CDC, norma mais favorável, neste particular, exatamente por prever o princípio da restituição integral e garantir a mais ampla reparação, inclusive quanto a eventual dano extrapatrimonial (cf. art. 6º, inc. VI, da Lei n. 8.078/90) e também de acordo com a jurisprudência do STJ, sendo recomendável a

leitura dos precedentes correlatos, dentre os quais o ementado da forma seguinte: "AGRAVO REGIMENTAL. EMBARGOS DE DECLARAÇÃO. AGRAVO EM RECURSO ESPECIAL. AÇÃO DE INDENIZAÇÃO. **TRANSPORTE** AÉREO **INTERNACIONAL**. ATRASO DE VOO. PERDA DE CONEXÃO. CANCELAMENTO DE VOO. VIOLAÇÃO DO ART. 535 DO CPC. NÃO OCORRÊNCIA. DANO MORAL CONFIGURADO. EXCLUDENTE DE RESPONSABILIDADE. FORÇA MAIOR. SÚMULA N. 7 DO STJ. *QUANTUM* INDENIZATÓRIO. NÃO CABIMENTO DE REVISÃO. DISSÍDIO JURISPRUDENCIAL. INEXISTÊNCIA DE SIMILITUDE. PRESCRIÇÃO. **CÓDIGO DE DEFESA DO CONSUMIDOR**. APLICAÇÃO. CONVENÇÃO DE MONTREAL. INAPLICABILIDADE" (AgRg nos EDcl no AREsp 418.875/RJ, 3ª Turma, Ministro Relator João Otávio de Noronha, *DJe* 23/05/2016).

8. "d". Alternativa em sintonia com o art. 17, *caput*, do CDC. Recomendável, inclusive, que administrativamente, como medida a impedir a perpetuação do dano extrapatrimonial que a concessionária do serviço de telefonia se disponibilizasse à suspensão da cobrança Indevida e da anotação correlata, com fundamento nos deveres laterais de cooperação e cuidado, expressões do princípio da boa-fé objetiva, nos termos do art. 4º, inc. III, do CDC e art. 17, § 3º, do Decreto Federal n. 6.523/2008, Decreto do SAC.

9. "b". Em sintonia com o quanto estudado no item 13.3 e art. 4º, inc. I, art. 24 e art. 50, todos da Lei n. 11.078/90.

10. "c". Em sintonia com a literalidade do art. 2º, *caput*, do CDC: "Consumidor é toda pessoa física ou jurídica que adquire ou utiliza produto ou serviço como destinatário final".

14

COMPRA E VENDA MERCANTIL

■ 14.1. NOÇÕES GERAIS

Sabe-se que o capitalismo teve seu embrião na **atividade desenvolvida pelos mercadores na Idade Média**, quando se iniciou e se desenvolveu apenas o "**comércio seco**": **adquirir, revender, com o escopo de lucro**. Eis a ideia central que explica a atividade de intermediação como uma sucessão de vários contratos de compra e venda. A atividade empresarial, cotidianamente, desenvolve-se por meio de contratos de compra e venda entre empresários. Esquematizando o **feixe de contratos** da atividade comercial:

CADEIA DE PRODUÇÃO, DISTRIBUIÇÃO E CONSUMO

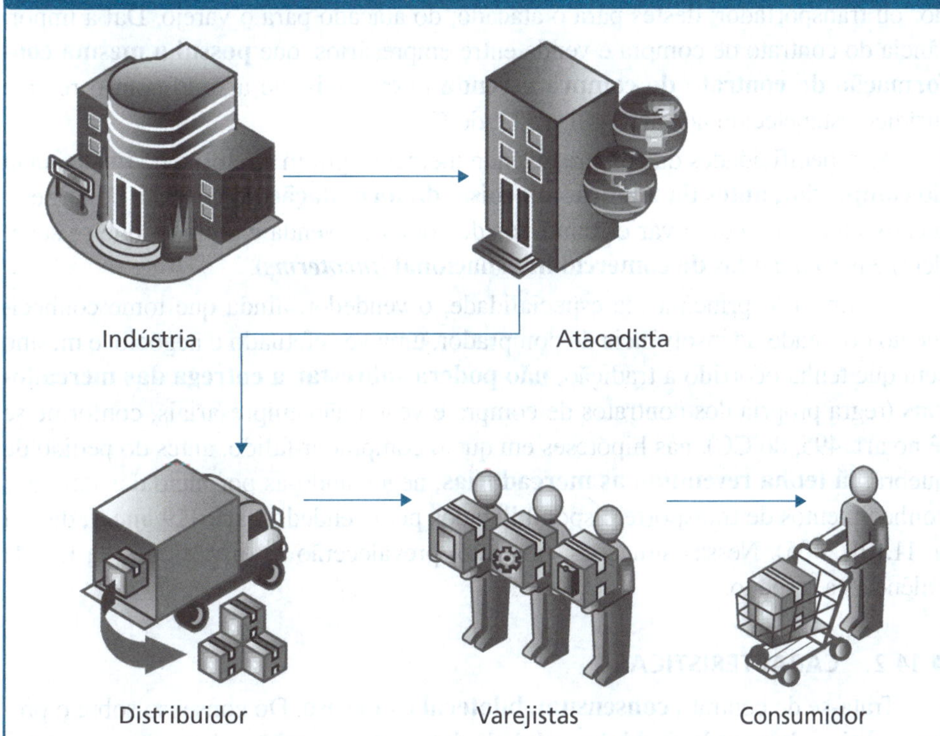

O fornecimento de insumos ou matéria-prima como objeto preponderante de determinado empreendimento demonstra-se imprescindível para o desenvolvimento do objeto social de outro empreendimento. Há uma **interdependência entre as várias atividades**, demonstrando-se imprescindível o negócio jurídico instrumentalizado por meio de uma compra e venda pontual, **compras e vendas sucessivas e regulares** (fornecimento), inclusive diante da relevância das compras e vendas que ocorrem internacionalmente (importações e exportações).

Esquematicamente:

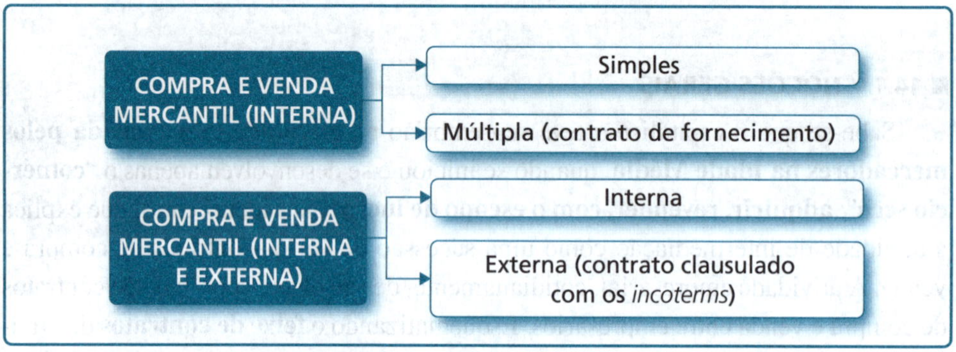

O fornecimento de mercadorias e insumos — reitere-se — ocorrerá por meio de sucessivos contratos de compra e venda. Internamente, da indústria para o distribuidor ou transportador; destes para o atacado; do atacado para o varejo. Daí a importância do contrato de compra e venda entre empresários, que **possui a mesma conformação do contrato de compra e venda entre civis**, de acordo com o regime jurídico estabelecido nos arts. 481 a 532, do CC.

As especificidades da compra e venda mercantil giram em torno da **insolvência do comprador, antes da tradição da coisa, da formulação** do contrato de fornecimento (entendido como vários contratos de compra e venda em bloco, que se sucedem) e nas **cláusulas de comércio internacional (*incoterms*)**.

Assim, pelo princípio da especialidade, o vendedor, ainda que tome conhecimento do estado de insolvência do comprador, uma vez efetuado o negócio, e mesmo sem que tenha ocorrido a tradição, **não poderá sobrestar a entrega das mercadorias** (regra própria dos contratos de compra e venda não empresariais, conforme se lê no art. 495, do CC), nas hipóteses em que o comprador-falido, antes do pedido da quebra, **já tenha revendido as mercadorias**, negociando-as por meio das faturas e conhecimentos de transporte disponibilizados pelo vendedor (art. 119, inc. I, da Lei n. 11.101/2005). Nessas situações, portanto, prevalecerão as disposições da Lei de Falências a respeito.

■ 14.2. CARACTERÍSTICAS

Trata-se de contrato **consensual, bilateral e oneroso**. Do consenso sobre o preço e a coisa, depreende-se a bilateralidade das contraprestações, bem como a vantagem patrimonial para ambas as partes. Regra geral, **não dependerá do cumprimento de formalidades** para sua consecução, a **não ser que se trate de compra e venda de imóvel**, pois é da essência da aquisição da propriedade o registro regular (art. 108, do CC). Por segurança jurídica e para as partes se precaverem quanto à necessidade de demonstrar tudo quanto avençado, **recomendável que a compra e venda se instrumentalize por meio de documento escrito**, salientando-se que em contratos "com valor superior a 30 (trinta) vezes o décuplo do salário mínimo vigente" não se admitirá a prova exclusivamente testemunhal (art. 227, do CC).

O PL 487/2013, entretanto, em seu art. 431, **não encampou a precedência da prova escrita**, pois estipulou que "a prova do contrato de compra e venda mercantil pode ser feita por qualquer meio, inclusive testemunhal, e não depende de documento escrito ou de qualquer outra formalidade". A depender do prazo estipulado para o cumprimento das obrigações, tem-se a possibilidade do contrato de compra e venda na modalidade de **execução instantânea, diferida ou de execução continuada**. Fábio Ulhoa Coelho esclarece que, "na primeira hipótese, as partes devem cumprir as obrigações assumidas logo após a conclusão do contrato. Na segunda, comprador e vendedor estabelecem data futura para o cumprimento das respectivas obrigações, como na compra e venda a termo, muito comum nas bolsas de valores ou de mercadorias. Na terceira, têm-se as chamadas vendas complexas, em que a execução do contrato se desdobra em diversos atos, como, por exemplo, no contrato de fornecimento ou de assinatura"[1].

Todavia, nos termos do PL 487/2013, **a oferta vincula o futuro contratante** que, de forma precisa, veicular os termos do negócio. Diz o projeto: "o contrato de compra e venda mercantil se aperfeiçoa no momento em que a aceitação da oferta tornar-se eficaz".

■ 14.3. CONTRATO DE FORNECIMENTO

O contrato de fornecimento se apresenta como contrato de compra e venda mercantil com uma **cláusula especial relacionada à periodicidade** ou, nos termos, do art. 447 do PL 487/2013, "a **sucessão de contratos de compra e venda mercantil**"[2] que comprador e vendedor se predisponham a entabular. A manutenção do estoque, por exemplo, impõe a sucessão de compras e vendas mercantis, para a reposição das mercadorias. Nitidamente, percebe-se a colaboração entre comprador e vendedor empresários, pois a regularidade dos contratos **garantirá ao comprador seu estoque e ao vendedor uma meta de produção**.

De se registrar que, a depender do porte do comprador-empresário em relação aos vendedores-empresários, bem como das circunstâncias a revelarem integração vertical, com domínio do comprador-empresário sobre mercado relevante (incs. IX e X, do § 3º, do art. 36, da Lei n. 12.529/2011), tal prática consubstanciará a hipótese de **monopsô-**

[1] COELHO, Fábio Ulhoa. *Manual de direito comercial,* 14. ed., p. 428.

[2] No mesmo sentido, o que dispõe o art. 340, do PLC 1.572/2011.

nio (**vários fornecedores da mesma mercadoria** premidos pelas circunstâncias a contratarem com **um único comprador**). Por exemplo, pequenos pecuaristas em dado município a negociarem toda a sua produção de leite com uma indústria de laticínios líder no mercado. Em tais circunstâncias, tanto o PLC quanto o PLS estabeleceram que nas compras e vendas mercantis, contextualizado o monopsônio, as **eventuais cláusulas ambíguas ou contraditórias deverão ser interpretadas em favor dos vendedores** (arts. 332 e 442 das referidas propostas legislativas, respectivamente).

■ 14.4. CLÁUSULAS ESPECIAIS RELACIONADAS AO COMÉRCIO INTERNACIONAL

O comércio, **atividade cosmopolita por natureza**, sempre aproximou povos de países e continentes diversos. Hoje, do **comércio eletrônico, de compras pela internet, até negócios periódicos entre exportadores e importadores, o comércio internacional mantém-se como atividade relevante**, pois orienta as políticas públicas de investimento em escala macroeconômica. O Ministério do Desenvolvimento, Indústria e Comércio Exterior monitora, periodicamente, a balança comercial (confronto entre o volume de exportações e importações, externa e internamente). É possível uma consulta *on-line* a respeito (no site do referido Ministério), em que poderá ser lido o desempenho diário, semanal, mensal e anual das compras e vendas externas do comércio brasileiro.

Os números apresentados **demonstram a importância e a constância do comércio exterior**, fenômeno comum e, por isso, a reclamar a uniformização das cláusulas que se agregam aos contratos de compra e venda respectivos, especificamente em relação aos **encargos da tradição: transporte, frete, seguro e desembaraço aduaneiro**, custos que impactam o preço final do produto e a opção ou não pela compra internacional. Tal tarefa tem sido desempenhada desde 1936 pela Câmara Internacional de Comércio (ICC — *International Chamber of Commerce*), ao estabelecer **cláusulas-padrão denominadas INCOTERMS**, isto é, *International Commercial Terms*. Nesse sentido, seguem-se quatro tipos básicos[3]:

- ■ E — PARTIDA (EXW — *Ex Works* — local de retirada; o comprador se responsabiliza pelos encargos relativos ao carregamento, transporte e desembaraço).
- ■ D — CHEGADA (DES — *Delivered Ex — Ship* — porto de destino indicado — o vendedor paga tudo até o atracamento do navio).
- ■ F — TRANSPORTE PRINCIPAL PAGO (FOB — *Free On Board* — porto de embarque indicado — do vendedor até o embarque).
- ■ C — TRANSPORTE PRINCIPAL NÃO PAGO (CFR — *Cost and Freight* — porto de destino indicado, quando o vendedor paga tudo).

A última revisão de tais termos ocorreu em 2010 e foi incorporada pela **Câmara de Comércio Exterior — CAMEX, por meio de sua Resolução n. 21, de 07/04/2011**,

[3] Assim, o posicionamento do professor Fábio Ulhoa Coelho, ao comentar os Incoterms 2000. In: COELHO, Fábio Ulhoa. *Manual de direito comercial*, 14. ed., p. 430.

a orientar os exportadores e importadores brasileiros, conforme tabela que se reproduz a seguir:

INCOTERMS 2010 RECONHECIDOS PELA CAMEX	
Código	**Descrição**
EXW	▪ *EX WORKS (named place of delivery)* ▪ NA ORIGEM (local de entrega nomeado) ▪ O vendedor limita-se a colocar a mercadoria à disposição do comprador no seu domicílio, no prazo estabelecido, não se responsabilizando pelo desembaraço para exportação nem pelo carregamento da mercadoria em qualquer veículo coletor. ▪ Utilizável em qualquer modalidade de transporte. ▪ Nota: em virtude de o comprador estrangeiro não dispor de condições legais para providenciar o desembaraço para saída de bens do País, fica subentendido que essa providência é adotada pelo vendedor, sob suas expensas e riscos, no caso da exportação brasileira.
FCA	▪ *FREE CARRIER (named place of delivery)* ▪ LIVRE NO TRANSPORTADOR (local de entrega nomeado) ▪ O vendedor completa suas obrigações e encerra sua responsabilidade quando entrega a mercadoria, desembaraçada para a exportação, ao transportador ou a outra pessoa indicada pelo comprador, no local nomeado do país de origem. ▪ Utilizável em qualquer modalidade de transporte.
FAZ	▪ *FREE ALONGSIDE SHIP (named port of shipment)* ▪ LIVRE AO LADO DO NAVIO (porto de embarque nomeado) ▪ O vendedor encerra suas obrigações no momento em que a mercadoria é colocada, desembaraçada para exportação, ao longo do costado do navio transportador indicado pelo comprador, no cais ou em embarcações utilizadas para carregamento da mercadoria, no porto de embarque nomeado pelo comprador. ▪ Utilizável exclusivamente no transporte aquaviário (marítimo ou hidroviário interior).
FOB	▪ *FREE ON BOARD (named port of shipment)* ▪ LIVRE A BORDO (porto de embarque nomeado) ▪ O vendedor encerra suas obrigações e responsabilidades quando a mercadoria, desembaraçada para a exportação, é entregue, arrumada, a bordo do navio no porto de embarque, ambos indicados pelo comprador, na data ou dentro do período acordado. ▪ Utilizável exclusivamente no transporte aquaviário (marítimo ou hidroviário interior).
CFR	▪ *COST AND FREIGHT (named port of destination)* ▪ CUSTO E FRETE (porto de destino nomeado) ▪ Além de arcar com obrigações e riscos previstos para o termo FOB, o vendedor contrata e paga frete e custos necessários para levar a mercadoria até o porto de destino combinado. ▪ Utilizável exclusivamente no transporte aquaviário (marítimo ou hidroviário interior).
CIF	▪ *COST, INSURANCE AND FREIGHT (named port of destination)* ▪ CUSTO, SEGURO E FRETE (porto de destino nomeado) ▪ Além de arcar com obrigações e riscos previstos para o termo FOB, o vendedor contrata e paga frete, custos e seguro relativos ao transporte da mercadoria até o porto de destino combinado. ▪ Utilizável exclusivamente no transporte aquaviário (marítimo ou hidroviário interior).
CPT	▪ *CARRIAGE PAID TO (named place of destination)* ▪ TRANSPORTE PAGO ATÉ (local de destino nomeado) ▪ Além de arcar com obrigações e riscos previstos para o termo FCA, o vendedor contrata e paga frete e custos necessários para levar a mercadoria até o local de destino combinado. ▪ Utilizável em qualquer modalidade de transporte.
CIP	▪ *CARRIAGE AND INSURANCE PAID TO (named place of destination)* ▪ TRANSPORTE E SEGURO PAGOS ATÉ (local de destino nomeado) ▪ Além de arcar com obrigações e riscos previstos para o termo FCA, o vendedor contrata e paga frete, custos e seguro relativos ao transporte da mercadoria até o local de destino combinado. ▪ Utilizável em qualquer modalidade de transporte.

DAT	■ *DELIVERED AT TERMINAL (named terminal at port or place of destination)* ■ ENTREGUE NO TERMINAL (terminal nomeado no porto ou local de destino) ■ O vendedor completa suas obrigações e encerra sua responsabilidade quando a mercadoria é colocada à disposição do comprador, na data ou dentro do período acordado, em um terminal de destino nomeado (cais, terminal de contêineres ou armazém, entre outros), descarregada do veículo transportador, mas não desembaraçada para importação. ■ Utilizável em qualquer modalidade de transporte.
DAP	■ *DELIVERED AT PLACE (named place of destination)* ■ ENTREGUE NO LOCAL (local de destino nomeado) ■ O vendedor completa suas obrigações e encerra sua responsabilidade quando coloca a mercadoria à disposição do comprador, na data ou dentro do período acordado, em um local de destino indicado que não seja um terminal, pronta para ser descarregada do veículo transportador e não desembaraçada para importação. ■ Utilizável em qualquer modalidade de transporte.
DDP	■ *DELIVERED DUTY PAID (named place of destination)* ■ ENTREGUE COM DIREITOS PAGOS (local de destino nomeado) ■ O vendedor completa suas obrigações e encerra sua responsabilidade quando a mercadoria é colocada à disposição do comprador, na data ou dentro do período acordado, no local de destino designado no país importador, não descarregada do meio de transporte. O vendedor, além do desembaraço, assume todos os riscos e custos, inclusive impostos, taxas e outros encargos incidentes na importação. ■ Utilizável em qualquer modalidade de transporte. ■ Nota: em virtude de o vendedor estrangeiro não dispor de condições legais para providenciar o desembaraço para entrada de bens do País, este termo não pode ser utilizado na importação brasileira, devendo ser escolhido o DAT ou DAP no caso de preferência por condição disciplinada pela ICC.

MESCLA DE INCOTERMS PELA CAMEX	
Condições de Venda Não Disciplinadas pela Publicação n. 717E, de 2010, da ICC	
Código	**Descrição**
C + F	■ *COST PLUS FREIGHT* ■ CUSTO MAIS FRETE ■ O vendedor arca com os custos e riscos das tarefas no país de exportação, bem como contrata e paga o transporte internacional convencional. ■ Utilizável em qualquer modalidade de transporte.
C + I	■ *COST PLUS INSURANCE* ■ CUSTO MAIS SEGURO ■ O vendedor arca com os custos e riscos das tarefas no país de exportação, bem como contrata e paga o seguro de transporte internacional convencional. ■ Utilizável em qualquer modalidade de transporte.
OCV	■ OUTRA CONDIÇÃO DE VENDA ■ Utilizável em operação que não se enquadre em qualquer das situações descritas nessa Resolução.

■ 14.5. CRÉDITO DOCUMENTÁRIO

As instituições financeiras como fomentadoras da atividade empresarial, tanto em operações passivas quanto em operações ativas, poderão funcionar também como garantes do crédito negociado. "As garantias nas operações ativas podem ser fidejussórias (fiança ou aval) ou reais (hipoteca, penhor, caução de títulos) (...). As **garantias bancárias podem estar ligadas às operações ativas ou passivas**. No primeiro caso, terceiros **garantem o cumprimento das obrigações dos devedores junto ao banco**. No segundo, o **banco garante o cumprimento de obrigações de seu cliente**

junto a terceiros. Exemplo de garantia bancária passiva é a de 'boa execução à primeira solicitação' (*performance bond*)"[4].

Outro exemplo corriqueiro da participação dos bancos como garantes corresponde à **operação de crédito documentado ou documentário**, na implementação de compras e vendas mercantis quando se trata de comércio internacional. Assim, "entende-se pelas expressões 'crédito documentário' e 'crédito' qualquer estipulação pela qual **um banco (emitente), operando a pedido e conforme as instruções de um cliente (ordenante), é incumbido de pagar a um terceiro (beneficiário)** ou a sua ordem, ou de aceitar ou negociar letra de câmbio sacada pelo beneficiário ou de autorizar outro banco a fazer tais pagamentos ou a pagar, aceitar ou negociar tais saques, **contra documentos convencionados e conforme termos e condições estipulados**"[5].

De se acrescentar, ainda, que o Código Civil de 2002, expressamente, dispôs sobre a venda sobre documentos em seus arts. 529 a 532, podendo ocorrer a estipulação de **pagamento por intermédio de instituição bancária**.

■ 14.6. CONTRATO ESTIMATÓRIO

Por ser percebido como um **contrato acessório para futura compra e venda**. Sua tipificação ocorreu somente no Código Civil de 2002. Entretanto, tal prática já havia sido consagrada no meio empresarial. Arnaldo Rizzardo esclarece que o contrato estimatório, "na prática, é o **negócio pelo qual o proprietário entrega uma coisa a uma pessoa para vendê-la**". Tem seu regime jurídico entre os arts. 534 a 537, do CC. Estipula-se um prazo, para a conclusão da venda ou, subsidiariamente, em caso de não conclusão da venda, a restituição da coisa.

■ 14.7. *HEDGE*

A **atividade empresarial é atividade de risco**. O mercado de derivativos, isto é, o **mercado futuro**, poderá envolver compras e vendas mercantis de execução diferida, como a negociação de safra futura, característica de operações financeiras do agronegócio.

A propósito, de se registrar que o PLS 487/2013 **tipificou os contratos relacionados ao agronegócio**, destacando-se, para a contextualização do exemplo *supra*, o art. 682, incs. I e II, da referida proposta: "Incluem-se no agronegócio: I — os contratos de financiamento e títulos de crédito a ele relacionados; II — as operações de precificação e sua proteção realizadas em mercado de balcão e de bolsas de mercadorias e futuros".

A negociação no mercado futuro, pelo que se acredita provável, sobre as **legítimas expectativas dos investidores**, envolve a possibilidade de operações superavi-

---

[4] Confira-se nesse sentido o precedente correspondente ao REsp 251.438/RJ, REsp 2000/0024821-5, *DJ* 02/10/2000, p. 173.

[5] Assim ensina Nelson Abrão. *Direito bancário*, 13. ed., p. 203.

tárias ou deficitárias. Trata-se de um risco calculado; o mercado futuro foi regulamentado pela CVM (Instrução n. 283/98-CVM), e a execução diferida de contratos contextualizará as referidas ações de risco, no sentido de **não haver garantia absoluta de lucro, nem de que não haja o risco de eventual prejuízo**.

No que diz respeito ao agronegócio, a **álea será previsível**, nos termos do PLS 487/2013, nos seguintes termos:

> Art. 686. Os riscos inerentes às atividades do agronegócio, desde que previsíveis e não extraordinários, ainda que posteriores à emissão do título ou à celebração de contrato do agronegócio, beneficiam ou prejudicam exclusivamente a parte que os assumiu.
>
> Parágrafo único. Consideram-se **previsíveis e não extraordinários**, dentre outros, os seguintes riscos:
>
> I — **alteração de preços**, quando estiverem referenciados em bolsas de mercadorias e futuros, nacionais ou estrangeiras, ou tiverem sido estipulados por meio de índices divulgados por instituições reconhecidamente idôneas e de ampla referência no mercado;
>
> II — **variação cambial**, caso o preço do bem objeto do negócio estiver referenciado em moeda estrangeira; e
>
> III — **quebra de safra**, desde que não decorrente de ação ou omissão humana.

Pois bem, qual então a estratégia possível para que o vendedor da safra futura proteja-se contra as variações do mercado? Como ensina Ricardo Negrão, a resposta se tem por meio de uma **operação no mercado futuro denominada *hedge***, que significa **barreira ou proteção** contra as oscilações do referido mercado.

De acordo com as informações do *Portal do Investidor,* mantido pela Comissão de Valores Mobiliários, o "**O *Hedge* é como um seguro de preço**. Tem como objetivo proteger o valor de uma posição ativa (carteira de investimentos) ou de uma posição passiva (dívidas) contra possíveis variações futuras de um determinado ativo ou passivo. Uma empresa com dívida em dólar, por exemplo, pode comprar contratos futuros desta moeda, se protegendo contra perdas que poderiam ser causadas por aumento na cotação da moeda. Da mesma forma, um pecuarista pode assumir uma posição vendedora no mercado futuro, garantindo o preço de venda e se protegendo contra queda no preço da arroba do boi gordo"[6].

Assim, uma estratégia possível para o produtor será a projeção de um lucro mínimo, incluindo-se em tal cálculo o custo da sua produção. Sopesará o custo e, em perspectiva, o quanto poderia lucrar quando da colheita da safra. **Vende sua produção antes da colheita e antecipa o lucro esperado, protegendo-se de eventual prejuízo** se eventualmente o preço de negociação da safra quando da colheita for inferior ao custo da produção. Percebem-se compras e vendas mercantis sucessivas sobre o mesmo objeto, a safra futura. O produtor-vendedor, **ao se precaver de eventual prejuízo, é denominado *hedger***. O especulador, comprador da safra futura, tem a legítima expectativa de obter um melhor resultado na revenda da mesma safra[7].

---

6 Disponível em: <http://www.portaldoinvestidor.gov.br>. Acesso em: 25 maio 2014, às 14:00.

7 De forma bastante didática em relação ao negócio de safra futura, Ricardo Negrão elaborou o seguinte exemplo: "o produtor rural que, pretendendo colher sua safra em outubro e calculando um

14.8. ESQUEMA

COMPRA E VENDA MERCANTIL	
CONCEITO	▪ A compra e venda mercantil é o contrato em que um empresário se obriga a transferir o domínio de mercadorias, e o outro, a pagar-lhe certo preço em dinheiro, sendo o objeto contratual relacionado à exploração de atividade empresarial.
PARTES	▪ Vendedor e comprador.
EXEMPLO	▪ Indústria de laticínios que fornece seus produtos a comerciante atacadista.
CARACTERÍSTICAS	▪ Contrato consensual, bilateral, oneroso. De execução instantânea, diferida ou de execução continuada, a depender da vontade das partes e das peculiaridades do negócio jurídico.
CLÁUSULAS ESPECÍFICAS	▪ FORNECIMENTO — sucessão de contratos de compra e venda mercantil. ▪ CRÉDITO DOCUMENTADO — Na venda sobre documentos, a tradição da coisa é substituída pela entrega do seu título representativo e dos outros documentos exigidos pelo contrato ou, no silêncio deste, pelos usos. ▪ INCOTERMS — Relacionados aos encargos da tradição: transporte, frete, seguro e desembaraço aduaneiro, comuns no comércio exterior.
REFERÊNCIA LEGISLATIVA	▪ CC (arts. 481-532). ▪ PLC 1.572/2011 (arts. 329-348); PLS 487/2013 (arts. 428-455). Propostas para um novo Código Comercial. ▪ Resolução CAMEX n. 21/2011.

14.9. QUESTÕES SUBJETIVAS

14.9.1. Questão-homenagem

(Advogado da Caixa Econômica Federal — CESGRANRIO — 2012 — adaptada) Caso um importador, na qualidade de pessoa jurídica, venha a adquirir produtos do fabricante sediado no exterior, de forma habitual e com intuito de lucro, para fins de revenda a estabelecimentos comerciais atacadistas, caracterizado restaria o contrato de compra e venda mercantil?

Resposta: Sim. A compra e venda mercantil é o contrato em que um empresário se obriga a transferir o domínio de mercadorias, e o outro, a pagar-lhe certo preço em dinheiro, sendo o objeto contratual relacionado à exploração de atividade empresarial (art. 481, *caput*, c/c 966, *caput*, ambos do CC). No caso, o importador é comprador de mercadoria do fabricante exportador e posteriormente se torna vendedor do mesmo produto à rede atacadista. Trata-se de compra e venda mercantil, porque relacionada à cadeia de produção, distribuição e circulação de mercadorias entre empresários, primeiramente, fornecedores de um produto a abastecer o mercado consumidor.

14.9.2. Questão-desafio

Julgue e justifique. A operação de hedge se relaciona à operação financeira relacionada a contrato de compra e venda mercantil de execução instantânea?

---

custo de sessenta reais a saca, vende em fevereiro do mesmo ano contratos futuros (a termo) de sua produção para a data da colheita, pelo preço de cem reais a saca. Esse valor lhe é garantido qualquer que seja a variação do preço de seu produto na data da colheita (podendo variar para mais ou para menos nessa data). Imaginando que ele tenha vendido sua produção (mil sacas), seu resultado no resultado futuro é R$ 100.000,00, para um custo de R$ 60.000,00. Em agosto, ao verificar que o preço de mercado de seu produto é de R$ 60,00 a saca, obteria o resultado de R$ 60.000,00, empatando com os custos da produção" (*Manual de direito comercial e empresarial* (títulos de crédito e contratos empresariais)), 2010, p. 284.

■ 14.10. QUESTÕES OBJETIVAS

1. (Juiz Estadual — SP — 2011) Relativamente à compra e venda, aponte a alternativa correta.

a) Anulável será o contrato quando se deixar ao arbítrio exclusivo de uma das partes a fixação do preço.
b) É lícito aos contratantes estipular o preço em função de índices ou parâmetros, desde que suscetíveis de objetiva determinação, ou sujeitá-lo à taxa de mercado ou de bolsa, em certo e determinado dia e lugar, ou ainda ao arbítrio de terceiro que prometerem designar.
c) A venda feita a contento do comprador entende-se realizada sob condição resolutiva, ainda que a coisa lhe tenha sido entregue, e não se reputará perfeita, enquanto o adquirente não manifestar seu agrado.
d) É ilícita a compra e venda entre cônjuges.
e) Nas coisas vendidas conjuntamente, o defeito oculto de uma autoriza a rejeição de todas.

2. (FGV — 2011 — OAB — Exame de Ordem Unificado) "É a operação que consiste na tomada de uma posição no mercado futuro aproximadamente igual — mas em sentido contrário — àquela que se detém ou que se pretende vir a tomar no mercado à vista. É uma forma de o investidor se proteger contra os feitos da oscilação de preço." O conceito acima, extraído do Vocabulário do Mercado de Capitais, expedido pela Comissão Nacional de Bolsas de Valores em 1990, corresponde a que tipo de contrato relacionado à compra e venda empresarial?

a) *Hedging* ou *hedge*.
b) Contrato estimatório.
c) Venda com reserva de domínio.
d) Preempção.

3. (CESPE — 2011 — Analista dos Correios) Considerando as modalidades e a contratação de transporte e de seguro, julgue o item a seguir.

A responsabilidade pela contratação do seguro internacional de transporte de mercadoria depende de acordo entre as partes da operação comercial, o qual estará expresso no INCOTERM a ela aplicado.

4. (CESGRANRIO — 2012 — Caixa — Advogado) Caso um importador, na qualidade de pessoa jurídica, venha a adquirir produtos do fabricante sediado no exterior, de forma habitual e com intuito de lucro, para fins de revenda a estabelecimentos comerciais atacadistas, tem-se, nesse caso, contrato de

a) mútuo.
b) franquia.
c) *leasing* financeiro.
d) *leasing* operacional.
e) compra e venda mercantil.

5. (FCC — 2014 — TRT 2ª Região/SP — Analista Judiciário) Considere as afirmativas relativas à compra e venda:

I. Nulo é o contrato de compra e venda, quando se deixa ao arbítrio exclusivo de uma das partes a fixação do preço.
II. Salvo cláusula em contrário, ficarão as despesas de escritura e registro a cargo do vendedor, e a cargo do comprador as da tradição.
III. Até o momento da tradição, os riscos da coisa correm por conta do comprador, e os do preço por conta do vendedor.
IV. Não sendo a venda a crédito, o vendedor não é obrigado a entregar a coisa antes de receber o preço.

Está correto o que consta em

a) III e IV, apenas.
b) I, II, III e IV.
c) I e IV, apenas.
d) II e III, apenas
e) I e II, apenas.

6. (CESPE — TJ-SC — Juiz Substituto — 2019) Um banco emissor assumiu perante o ordenante a obrigação de proceder ao pagamento em favor de beneficiário, condicionado esse pagamento à apresentação de determinada comprovação do negócio jurídico realizado entre o ordenante e o beneficiário.

Considerando-se essa situação hipotética, é correto afirmar que esse contrato é um

a) depósito bancário.
b) desconto bancário.
c) mútuo bancário.
d) resseguro.
e) crédito documentário.

■ GABARITO ■

1. "b", tendo em vista que somente esta alternativa se encontra em harmonia com os dispositivos legais sobre o contrato de compra e venda, que é exemplo de contrato típico e tem seu regime jurídico no CC. Leiam-se os dispositivos legais que foram combinados na referida alternativa: "Art. 485. A fixação do preço pode ser deixada ao arbítrio de terceiro, que os contratantes logo designarem ou prometerem designar. Se o terceiro não aceitar a incumbência, ficará sem efeito o contrato, salvo quando acordarem os contratantes designar outra pessoa. Art. 486. Também se poderá deixar a fixação do preço à taxa de mercado ou de bolsa, em certo e determinado dia e lugar. Art. 487. É lícito às partes fixar o preço em função de índices ou parâmetros, desde que suscetíveis de objetiva determinação".
2. "a". O *hedge* corresponde a um seguro de preço relacionado a contrato de compra e venda no mercado de futuros. Rememore-se também o *item 14.7 supra*.
3. Item correto. Os INCOTERMS correspondem às cláusulas que especificam o transporte, o frete e o seguro das mercadorias objeto dos contratos de compra e venda no comércio internacional. Assim, tais cláusulas, ainda que tenham sido padronizadas, dependerão de convenção ou acordo entre os contratantes.
4. "d". A pessoa jurídica empresária poderá, desde que vulnerável, ser amparada pelo CDC. No caso, *vide* o art. 18, da Lei n. 8.078/90.
5. "c". Encontram-se corretos apenas os itens I e IV, porque nos itens II e III inverteram-se as obrigações do vendedor e do comprador. Leiam-se os dispositivos legais a respeito, todos do Código Civil: "Art. 489. Nulo é o contrato de compra e venda, quando se deixa ao arbítrio exclusivo de uma das partes a fixação do preço. Art. 490. Salvo cláusula em contrário, ficarão as despesas de escritura e registro a cargo do comprador, e a cargo do vendedor as da tradição. Art. 491. Não sendo a venda a crédito, o vendedor não é obrigado a entregar a coisa antes de receber o preço. Art. 492. Até o momento da tradição, os riscos da coisa correm por conta do vendedor, e os do preço por conta do comprador".
6. "e". Rememore-se o quanto estudado no item 14.5 acima e confira-se o teor dos artigos 529 e 532, ambos do Código Civil: "Art. 529. Na venda sobre documentos, a tradição da coisa é substituída pela entrega do seu título representativo e dos outros documentos exigidos pelo contrato ou, no silêncio deste, pelos usos. (...) Art. 532. Estipulado o pagamento por intermédio de estabelecimento bancário, caberá a este efetuá-lo contra a entrega dos documentos, sem obrigação de verificar a coisa vendida, pela qual não responde".

15

CONTRATOS DE COLABORAÇÃO

15.1. NOÇÕES GERAIS

As **parcerias empresariais são corriqueiras** no desenvolvimento da atividade negocial, tanto pela aquisição de insumos, como consumidores profissionais uns dos outros, quanto pelo fomento da atividade de um deles, conquistando os consumidores em sentido estrito. Certo é que o incremento da clientela já conquistada ou a consolidação de determinado nicho de mercado se faz pelo escoamento da produção, podendo as referidas parcerias de colaboração nesse particular se operar por meio dos seguintes contratos: **mandato mercantil, comissão mercantil, representação comercial, distribuição, concessão mercantil e franquia**.

Como se disse na introdução da parte geral, tal **enumeração ou estrutura foi adotada com base nas propostas legislativas** para a criação do novo Código Comercial e se encontra em sintonia com a divisão didática apresentada pela doutrina do prof. Fábio Coelho.

O referido professor destaca que os contratos de colaboração se podem subdividir em **contratos de colaboração por aproximação ou contratos de colaboração por intermediação**. Nos primeiros, os empresários colaboradores não adquirem os produtos dos parceiros empresariais fabricantes ou produtores, mas são remunerados pelos negócios jurídicos dos quais participem no interesse do escoamento das mercadorias dos parceiros empresariais. Nos segundos, é contextualizada a aquisição dos produtos dos parceiros empresariais. "O contrato de distribuição pode classificar-se em uma ou outra categoria. Na **distribuição-aproximação (às vezes, denomina-se 'agência')**, o distribuidor não ocupa um elo próprio na cadeia de mercadorias (isto é, não compra produto do distribuído para os revender)". Já na **distribuição-intermediação**, como o nome indica, o empresário-distribuidor e o empresário cujos produtos são distribuídos se percebem como **fornecedores sucessivos do mesmo produto**, integrando lugares distintos na cadeia de circulação-distribuição[1].

Esquematicamente, vejamos um painel geral de tais contratos:

---

1 *Manual de direito comercial*, 14. ed., p. 435-436.

■ 15.2. MANDATO MERCANTIL

■ 15.2.1. Introdução

Desde os romanos, alguém poderia se fazer substituir no desempenho de determinado negócio. Trata-se de contrato consensual, pelo qual uma pessoa, o mandante (*mandator*), encarrega outra pessoa, o mandatário (*procurator*), de **fazer alguma coisa, em seu nome e interesse**[2].

O mandato, de acordo com o CC, opera-se "quando alguém recebe de outrem poderes para, em seu nome, praticar atos ou administrar interesses" (art. 653). **Presume-se gratuito** (art. 658), a não ser que se perceba que o objeto da outorga de poderes se relacione com a profissão do mandatário.

As nuances do mandato civil podem ser recuperadas com a leitura e a análise dos arts. 653-691, do CC.

■ 15.2.2. Características

O mandato mercantil **diferencia-se pela especificidade das partes envolvidas**, isto é, o mandante é profissional que desenvolve a atividade empresarial e o faz com o intuito de lucrar com tal atividade, razão pela qual aquele que agir em nome desse profissional deverá ser **remunerado pelos serviços** que no interesse dele concluir.

[2] Assim doutrina José Cretella Júnior, *Direito romano moderno*, p. 213.

Logo, o mandato mercantil se demonstrará oneroso[3] e de tal característica derivará sua bilateralidade.

O PLC 1.572/2011 **recuperava a essência do mandato mercantil** que servirá a conclusões de negócios "de interesse da atividade empresarial" (art. 354); de igual modo, o PLS 487/2013 (art. 460). As referidas propostas legislativas parecem ter inspiração no antigo Código Comercial de 1850, que, em seu art. 140, trazia a seguinte definição: "Dá-se o mandato mercantil quando um comerciante confia a outrem a gestão de um ou mais negócios mercantis".

O referido PLC diz da aceitação expressa ou tácita do encargo (art. 355), elenca as obrigações do mandatário (art. 356), bem como as do mandante (art. 357). Fala da possibilidade de **substabelecimento somente se houver autorização expressa** (art. 359). A exemplo do que hoje já prevê o CC (art. 692), também **não se aplica ao mandato judicial**, a preservar assim a legislação específica sobre a prestação de serviços de advocacia (art. 354, parágrafo único).

A procuração é repisada como instrumento do mandato (art. 361) e delimitará os poderes outorgados (art. 362), os quais poderão ser gerais ou especiais (art. 366). Para atos que configurem eventual **disposição de bens, serão necessários poderes especiais** (art. 366, parágrafo único). Há a previsão de mandato conjunto (art. 367). O PLS 487/2013, em seu art. 467, dispõe que o mandato mercantil se presume oneroso[4].

São causas de extinção do mandato mercantil: "**revogação ou renúncia; morte ou interdição; término do prazo determinado no instrumento de procuração ou pela conclusão do negócio**" (art. 369). Para que a extinção do contrato de mandato nos casos de **revogação ou renúncia seja oponível a terceiros, deverá ser noticiada e arquivada no registro público de empresas** (art. 370).

Em caso de **falência do mandante, cessarão os efeitos do contrato**, devendo o mandatário prestar contas dos negócios que efetuar ao Administrador da massa (art. 372).

■ 15.2.3. Esquema

MANDATO MERCANTIL	
CONCEITO	■ Contrato em que um empresário outorga poderes a alguém para que conclua por ele negócios empresariais.
PARTES	■ Mandante e mandatário.
EXEMPLO	■ Parceria empresarial na qual um consumidor se associa a uma instituição que mantém convênios com uma rede de fornecedores que concederão ao referido consumidor descontos em eventuais negócios futuros. Paralelamente à adesão, torna-se o consumidor mandatário da sociedade empresária agregadora dos parceiros empresariais, na perspectiva de conseguir novos "consumidores-sócios" e ser remunerado com outras associações. Trata-se do marketing multinível (para alguns, pirâmide financeira); *vide* Apelação Cível 9149645-73.2005, TJSP.

3 Inclusive por presunção, nos termos do art. 358, do PLC 1.572/2011.

4 Recomenda-se a leitura do inteiro teor do PLS 487/2013 e, especificamente, sobre mandato mercantil, dos arts. 460-466 da referida proposta.

CARACTERÍSTICAS	■ Contrato consensual, oneroso e bilateral.
PECULIARIDADES	■ Presume-se oneroso, pois seu objeto gira em torno do exercício de atividade empresarial.
REFERÊNCIAS LEGISLATIVAS	■ CC (arts. 653-692). ■ PLC 1.572/2011 (arts. 354-372); PLS 487/2013 (arts. 460-466). Propostas para um novo Código Comercial.

■ 15.3. GESTÃO DE NEGÓCIOS

Em caso de **ausência de poderes, poderes exauridos ou por excesso**, qualificar-se-á como gestor de negócios aquele que **concluir contratos em nome de determinado empresário** (art. 373). Para se resguardar de eventual responsabilidade, deverá buscar aquiescência do empresário, que somente **se obrigará depois de ratificar o negócio**. Entretanto, terceiros de boa-fé não poderão ser prejudicados se, diante das circunstâncias, o gestor de negócios lhes gerar a confiança de que era regular mandatário do empresário (arts. 374-376, todos do PLC 1.572/2011[5]).

■ 15.4. COMISSÃO MERCANTIL

■ 15.4.1. Introdução

O contrato de comissão mercantil se insere nos contratos de colaboração, isto é, naqueles em que parceiros empresariais buscam conjuntamente o escoamento da produção. Tal classificação se alinha com a doutrina de Fábio Ulhoa Coelho[6] e também com o projeto do novo Código Comercial. Um dos parceiros empresariais (o comissário) **compromete-se a fomentar clientela em favor do outro parceiro** empresarial (o comitente). Hoje, de acordo com o Código Civil, o comissário poderá adquirir ou vender bens, por conta própria, autonomamente, no interesse do comitente (arts. 693-709, do CC), ou, futuramente, de forma mais abrangente, quaisquer negócios que o comissário, em nome próprio, venha a entabular também no interesse do comitente (arts. 377-382, do projeto do novo Código Comercial).

Assemelha-se ao contrato de mandato. Porém, dele se diferencia, porque **o comissário age em nome próprio**, mesmo que o fornecimento dos produtos por ele (comissário) seja umbilicalmente dependente do comitente (por conta do comitente). Uma **espécie de mandato sem representação**, como ensinava Orlando Gomes, ou "um mandato com representação mediata ou imperfeita"[7].

O Código Comercial de 1850 já dispunha em seu art. 165: "A comissão mercantil é o contrato do mandato relativo a negócios mercantis, quando, pelo menos, o comissário é comerciante, sem que nesta gestão seja necessário declarar ou mencionar o nome do comitente". Nos termos do projeto do novo Código Comercial, **tanto o comissário quanto o comitente devem ser empresários**.

---

5 Confira-se a mesma figura também no PLS 487/2013, arts. 477-480.

6 COELHO, Fábio Ulhoa. *Curso de direito comercial*, v. III, 2011, p. 130.

7 Nesse sentido, doutrina Cláudio Luiz Bueno de Godoi. In: PELUSO, Cezar (Coord.). *Código Civil comentado*, 5. ed., p. 715.

Merece nota a **cláusula *del credere*** definida como cláusula eventualmente constante do contrato de comissão mercantil, em que o comissário ultimará por se constituir em garantidor solidário, ou seja, **assumirá perante o comitente os riscos da inadimplência dos negócios que venha a efetuar**. Nesse caso, a **comissão pelos negócios terá percentual maior** que o daqueles em que o comissário não garante o pagamento da obrigação assumida pelo adquirente.

15.4.2. Características

Trata-se de contrato naturalmente **bilateral**, tendo em vista que de forma interessada o incremento dos negócios pelo comissário redundará em lucro para o comitente. Desse modo, estabelecem-se **obrigações recíprocas** (dizem-se sinalagmáticas, do grego "*syn* = junto e állagma = troca"[8]), devendo o comissário atuar no interesse e de acordo com as ordens do comitente, **cabendo-lhe em contrapartida uma remuneração** (comissão) proporcional aos negócios que efetuar. Tal remuneração evidencia o contrato como **oneroso**.

Por exemplo, imagine-se um contrato de comissão mercantil entre um posto de gasolina (comissário) e uma distribuidora de combustíveis (comitente). O contrato, em tal hipótese, não reclama forma específica, apenas o consentimento das partes, daí tratar-se de **contrato consensual**[9].

15.4.3. Direitos e deveres das partes

Obrigações do comissário: destaca-se, como obrigação do comissário, **agir em estrita observância das ordens emanadas do comitente** (art. 695, do CC). Isso não significa anular a autonomia do comissário, até porque age em nome próprio; quando atuar de acordo com os usos e costumes (ainda que sem anuência do comitente), mas em proveito do comitente, cumprido restará o contrato (parágrafo único, do referido art. 695, do CC).

O comissário **obriga-se externamente no que diz respeito às pessoas com quem contrata**. Em princípio, tais pessoas não teriam legitimidade para acionar judicialmente o comitente. Entretanto, é preciso salientar que diante de um eventual **consumidor**, nos termos dos arts. 18 e 19, da Lei n. 8.078/90 (CDC), comissário e comitente propõem-se como espécies do gênero fornecedor. E, assim, configurada uma relação de consumo, haverá solidariedade entre os parceiros empresariais, isto é, entre o comissário e o comitente. Em caso de eventuais prejuízos a terceiros, também deve ser lembrado, no caso de **responsabilidade civil**, o disposto no art. 932, inc. III, do CC: o comitente também responderá por atos do comissário[10].

---

8 CRETELLA JUNIOR, José. *Direito romano moderno*, 2006, p. 194.

9 Confira-se o inteiro teor do **Acórdão 705.733**, 20100112065548APC, Rel. Cruz Macedo, Rev. Arnoldo Camanho de Assis, 4ª Turma Cível, julgamento 14/08/2013, *DJe* 29/08/2013, p. 120.

10 Confira-se precedente em que distribuidora de combustíveis (comissário) e posto de gasolina (comitente) foram acionados conjuntamente em virtude de contaminação do lençol freático de imóveis limítrofes ao do posto de gasolina. TJDF, **Acórdão 550.393**, 20040110474100APC, Rel. Nídia Corrêa Lima, Rev. Humberto Adjuto Ulhôa, 3ª Turma Cível, julgamento 16/11/2011, *DJe* 24/11/2011, p. 140.

O comissário deve **atuar com cuidado e diligência**, para prevenir eventuais prejuízos ao comitente, o qual, em consequência, cumprirá a legítima expectativa de potencialização de lucros para ambos (art. 696, do CC).

O comissário **responderá pela inadimplência** daqueles com quem contratar, no caso de eventual prorrogação de prazo sem anuência do comitente (art. 700, do CC).

Direitos do comissário: em prol dos negócios efetuados, é direito do comissário **uma remuneração proporcional**, a ser arbitrada em caso de omissão do contrato (art. 701, do CC); por negócios parcialmente realizados, ainda que o comissário seja dispensado, tenha falecido ou seja impossibilitado, por motivos de força maior, de concluir o negócio, também será devida uma remuneração proporcional, sob pena de enriquecimento ilícito do comitente (arts. 702, 703 e 705, do CC).

É também direito do comissário **habilitar** os valores pertinentes a comissões e despesas pendentes, isto é, não satisfeitas pelo comitente, **como crédito com privilégio geral em caso de falência ou insolvência** do comitente (art. 707, do CC). Na eventualidade de serem adiantados bens e valores ao comissário pelo comitente, poderá o comissário **exercer direito de retenção sobre os referidos bens e valores** até o limite das comissões pendentes, sem prejuízo dos juros correspondentes (arts. 706 e 708, do CC).

A seguir, são esquematizados os direitos e obrigações do comissário.

Obrigações do comitente: **efetuar o pagamento da remuneração** ao comissário; **adiantar-lhe recursos** e bens necessários à efetivação dos negócios; e **indenizar as despesas efetuadas** pelo comissário.

Direitos do comitente: **dirigir a atuação do comissário**, inclusive, a qualquer tempo, alterar as instruções originais (art. 704, do CC); **cobrar juros do comissário pela mora** na entrega dos fundos que lhe pertencerem (art. 706, do CC). Em caso de estipulação da cláusula ***del credere*** (cláusula de garantia), o comitente poderá exigir do comissário o **pagamento dos valores dos bens negociados**, em caso de inadimplência dos terceiros; porém, sem prejuízo das comissões correlatas (art. 698, do CC). Nitidamente, a cláusula ***del credere*** impõe a **socialização dos riscos do negócio**. Em princípio, o risco da inadimplência deveria ser suportado apenas pelo comitente. Entretanto, a inserção da cláusula de garantia acaba por transferir o risco da insolvência ao comissário, que em razão disso deverá ser recompensado com uma remuneração mais elevada.

A seguir, elencam-se os direitos e as obrigações do comitente.

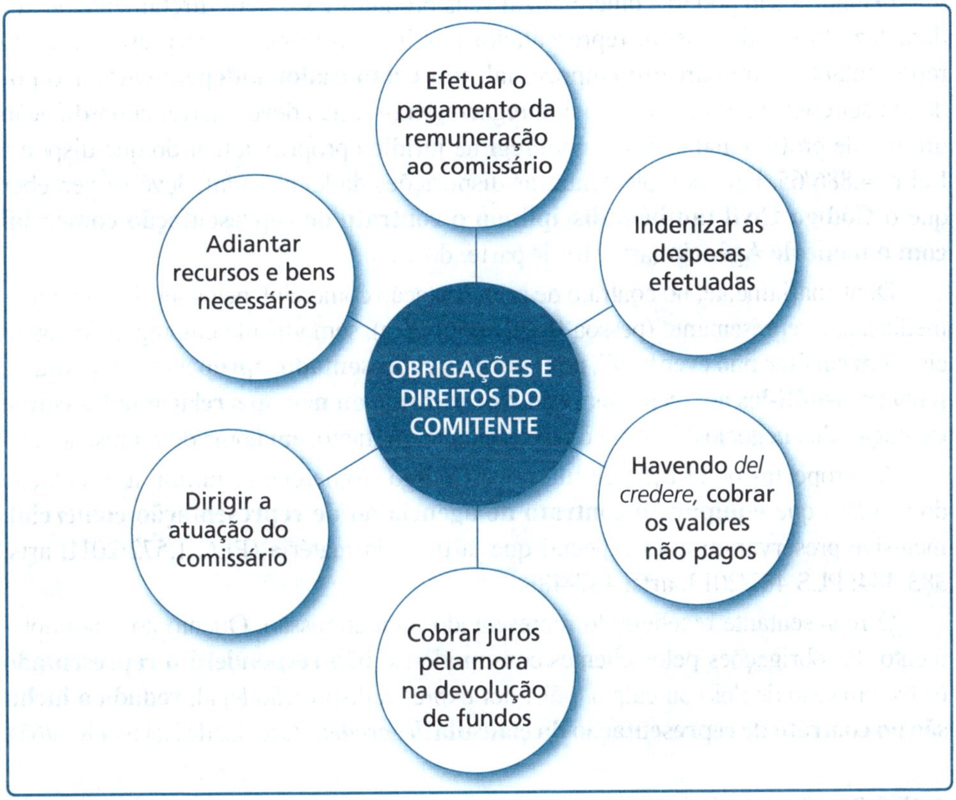

▪ 15.4.4. Esquema

COMISSÃO MERCANTIL	
CONCEITO	▪ Contrato de colaboração em que um parceiro empresarial, em nome próprio, comercializa produtos no interesse de um fabricante ou prestador de serviços. Sobre o faturamento, o primeiro terá direito a uma comissão.

PARTES	■ Comissário e comitente.
EXEMPLO	■ Parceria empresarial entre uma agência de viagem e uma companhia aérea. Nessa situação, a agência de viagem (comissária) comercializa o traslado de consumidores comuns no interesse da empresa aérea (comitente). Por tal serviço, a agência de viagem recebe uma comissão (*vide* REsp 762.773/GO).
CARACTERÍSTICAS	■ Contrato bilateral, oneroso e consensual.
PECULIARIDADES	■ Cláusula *del credere* (cláusula de garantia). Se inserida no contrato, o comissário assumirá o risco da inadimplência do negócio perante o comitente.
REFERÊNCIAS LEGISLATIVAS	■ CC (arts. 693-709). ■ PLC 1.572/2011 (arts. 377-382) e PLS 487/2013 (arts. 477-480). Propostas para um novo Código Comercial.

■ 15.5. REPRESENTAÇÃO COMERCIAL

■ 15.5.1. Introdução

O empresário poderá comercializar seus produtos e serviços diretamente ou poderá fazê-lo (sendo, assim, representado) por interposta pessoa (representante). O representante é um parceiro empresarial, **um colaborador independente**, não podendo ser confundido com mero empregado (leia-se: não deverá haver subordinação direta); de profissional se trata, com regime jurídico próprio, a teor do que dispõe a Lei n. 4.886/65. Para complementar as disposições da lei especial, deve-se perceber que o **Código Civil também disciplinou o contrato de representação comercial com o nome de Agência** (art. 710, 1ª parte, do CC).

Doutrinariamente, no contrato de representação comercial, pelos serviços de intermediação, o representante (pessoa física ou jurídica), sem vínculo empregatício, agencia, **"em caráter não eventual", por conta do representado, "propostas ou pedidos, para transmiti-los ao" representado, "praticando ou não atos relacionados com a execução dos negócios"**[11]. Atua o representante, portanto, em nome do representado.

As propostas de criação de um novo Código Comercial seguiram a orientação doutrinária que **equipara o contrato de agência ao de representação comercial**, inclusive preservaram a lei especial que já trata da matéria (PLC 1.572/2011, arts. 383-384; PLS 487/2013, arts. 487-488).

O representante receberá do representado uma comissão. Quanto ao inadimplemento das obrigações pelos clientes/consumidores, **não responderá o representado** (salvo em caso de dolo ou culpa), pois, por expressa disposição legal, **vedada a inclusão no contrato de representação da cláusula *del credere*** (art. 43, da Lei n. 4.886/65).

■ 15.5.2. Características

As diretrizes constantes da **Lei n. 4.886/65** permitem a contextualização das características principais do contrato de representação ou agência. Trata-se de avença

[11] Confira-se a doutrina de José Maria da Silva Pacheco. *Tratado de direito empresarial, direitos negociais e contratuais,* v. I, p. 347.

consensual, pois preserva a autonomia da vontade das partes, apesar de algumas **cláusulas obrigatórias** (art. 27, *caput*, da Lei n. 4.886/65). É contrato **bilateral**, porque tais cláusulas obrigatórias discriminam os **produtos a serem comercializados, o prazo** e **a circunscrição geográfica da parceria** empresarial (com ou sem exclusividade), bem como as demais "obrigações e responsabilidades das partes contratantes" (alínea "h", do art. 27, da referida lei). Destaca-se como consequência dos frutos positivos da referida parceria a **comissão devida ao representante** pelo representado "quando do pagamento dos pedidos e das propostas" (art. 32, da mesma lei), a revelar a **onerosidade de tal avença**.

Por exemplo, pense-se na hipótese de uma operadora de telefonia que autorize a comercialização de suas linhas telefônicas por intermédio de pessoa jurídica que revenda aparelhos celulares[12].

■ 15.5.3. Direitos e deveres das partes

Obrigações do representado: tem o representado a obrigação de **efetuar o pagamento das comissões** a que faz jus o representante no **15º dia subsequente ao da liquidação** da fatura (art. 32, § 1º, da Lei n. 4.886/65). Em caso de omissão do contrato, os **prazos legais (15, 30, 60 ou 120 dias) serão alargados**, a depender do domicílio do comprador, sendo que o grau de distanciamento do domicílio do adquirente corporificará prazos maiores. Assim, o prazo menor (de 15 dias) se as partes se encontrarem "na mesma praça"; os prazos intermediários (30 e 60 dias) se em praças diferentes do mesmo Estado ou em outro Estado; e o prazo máximo (de 120 dias) se o comprador se encontrar domiciliado no exterior (art. 33, da Lei n. 4.886/65).

Nesse tipo de contrato, **não poderá o representado fazer concorrência ao representante**, pois, do contrário, frustrar-se-ão os esforços envidados pelo último. Logo, implicitamente, é nota marcante de tal avença a inclusão de uma **zona de exclusividade para a atuação do representante**. Inclusive, uma vez delimitada a referida zona de exclusividade, deverá o representado **remunerar o representante**, ainda que diretamente comercialize os produtos (art. 31, da Lei n. 4.886/65)[13]. A não ser que, expressamente, conste do instrumento contratual as causas da restrição da referida exclusividade. Nesse sentido, dispõem o art. 27, alíneas "a" e "g", e o art. 36, da lei de regência.

---

[12] Confira-se, em caso semelhante, o inteiro teor de precedente do **TJDFT**, **Acórdão 713.939**, 20100111681552APC, Rel. Teófilo Caetano, Rev. Gilberto Pereira de Oliveira, 1ª Turma Cível, julgamento 04/09/2013, *DJe* 25/09/2013, p. 89.

[13] Há precedente no âmbito do STJ que, inclusive, concluiu pela zona de exclusividade como presunção a favorecer o representante comercial, ainda que não tenha sido estabelecida por meio de cláusula escrita: "É possível presumir a existência de exclusividade em zona de atuação de representante comercial quando: (i) não houver previsão expressa em sentido contrário; e (ii) houver demonstração por outros meios da existência da exclusividade" (REsp 1.634.077-SC, Rel. Min. Nancy Andrighi, por unanimidade, julgado em 9/3/2017, *DJe* 21/3/2017).

O **descumprimento** das obrigações assumidas pelo representante poderá dar motivo à **rescisão do contrato**, valendo ressaltar que a própria lei elencou rol exemplificativo para tanto, destacando-se: "a) a **desídia do representante** no cumprimento das obrigações decorrentes do contrato; b) a **prática de atos que importem em descrédito** comercial do representado; e c) a **falta de cumprimento de quaisquer obrigações** inerentes ao contrato de representação comercial" (art. 35, da Lei n. 4.886/65).

Esquematizando as hipóteses de **rescisão por justa causa do contrato de representação comercial pelo representado**:

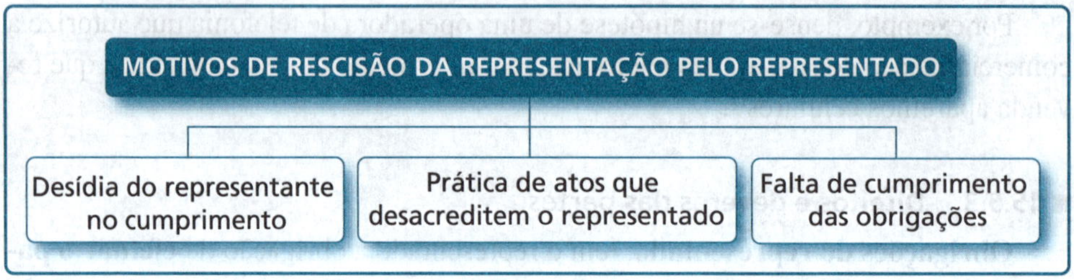

Direitos do representado: **monitorar o andamento dos negócios**, podendo para tanto solicitar do representante informações detalhadas (art. 28, da Lei n. 4.886/65); **reter o valor que seria pago a título de comissão** ao representante, em caso de inadimplência do comprador ou quando sustada a entrega da mercadoria, em caso de suspeita de inadimplência (art. 33, § 1º, da Lei n. 4.886/65).

Obrigações do representante: **agir com diligência e zelo** no interesse do representado e de acordo com suas instruções, nos termos do art. 712, do CC, e do art. 29, da Lei n. 4.886/65; **manter sigilo e prestar contas** sobre as operações realizadas (art. 19, letras "d" e "e", da indicada lei).

Direitos do representante: **auferir a comissão**, quando adimplida a correlata proposta (art. 32, da Lei n. 4.886/65); **postular correção monetária** sobre o valor da comissão paga fora do prazo (o representante comercial poderá, inclusive, **emitir títulos de crédito** para o recebimento de suas comissões, conforme o art. 32, §§ 2º e 3º, da mesma lei). Salvo vedação expressa, poderá o representante comercial **mesclar seu ramo de atividade, atendendo a mais de um representado** ao mesmo tempo (art. 41, da referida lei).

A exemplo do que ocorre em relação ao representado, também em relação ao representante a lei elegeu situações-limite que ampararão, quando contextualizadas, eventual **rescisão contratual**: "**redução de esfera de atividade** do representante em desacordo com as cláusulas do contrato; a **quebra, direta ou indireta, da exclusividade**, se prevista no contrato; a **fixação abusiva de preços** em relação à zona do representante, com o exclusivo escopo de impossibilitar-lhe ação regular; o **não pagamento de sua retribuição** na época devida;" (art. 36, da Lei n. 4.886/65).

Esquematizando as hipóteses de **rescisão por justa causa do contrato de representação comercial pelo representante**:

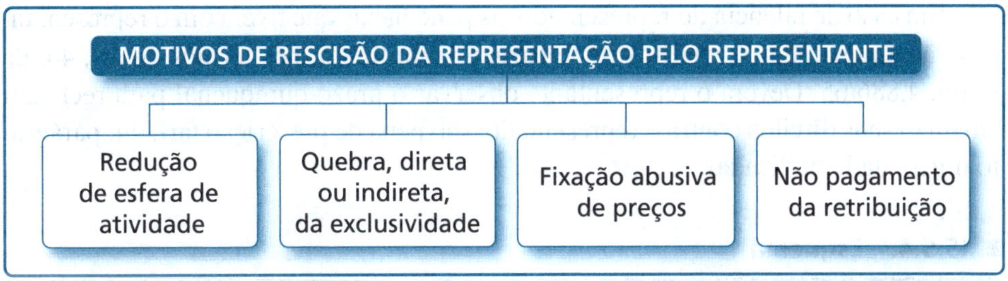

Além das hipóteses conformadoras de justa causa para rescisão do contrato, seja pelo representado (art. 35), seja pelo representante (art. 36), é possível que haja a **extinção imotivada da avença** por iniciativa de ambas as partes. Em tal hipótese, caso a denúncia unilateral seja opção do representante, nada poderá reclamar, salvo eventuais perdas e danos[14]. Por outro lado, se a iniciativa pela resolução unilateral for do representado, primeiro será preciso minudenciar se a contratação se ajustou por prazo determinado ou indeterminado. Se por prazo indeterminado, a lei estabelece um limite mínimo para a **indenização, correspondente a 1/12**[15-16] **(um doze avos) do total percebido durante o tempo em que vigorou a representação**[17] (art. 27, alínea "j", da Lei n. 4.886/65). E, se por prazo determinado, incidente a regra do § 1º, do art. 27, da lei de regência: "Na hipótese de contrato a prazo certo, a indenização corresponderá à importância equivalente à média mensal da retribuição auferida até a data da rescisão, multiplicada pela metade dos meses resultantes do prazo contratual".

Possível, ainda, **cumular a indenização** *supra* com aquela outra proveniente da **ausência de aviso prévio**, ou seja, "um terço das comissões auferidas pelo representante nos três meses anteriores à rescisão" (art. 34, da Lei n. 4.886/65).

---

14 Assim se pronuncia Arnaldo Rizzardo. *Contratos (Lei n. 10.406, de 10.01.2012)*, 8. ed., p. 749.

15 Redação da Lei n. 8.420/92. Anteriormente, a indenização era calculada à base de 1/20 (um vinte avos). O STJ, representado por sua 4ª Turma, decidiu que, nos contratos que se estabeleceram e foram executados sob a vigência da lei anterior, a fração a ser observada para o cálculo da indenização deverá ser calculada com base na da lei revogada, ainda que o julgamento se tenha concluído quando da vigência da lei nova (REsp 656.554/PR, Rel. Min. Raul Araújo, *DJe* 13/03/2014).

16 Acaso o representado se decida pelo desfazimento da parceria, sem a contextualização de justa causa, será obrigado a indenizar o representante, nos termos da alínea "j", do art. 27, da Lei n. 4.886/1965. Em princípio, a base de cálculo da indenização corresponderá "ao total da remuneração auferida" durante a avença, porém de modo a garantir uma indenização mais equânime — no caso de remuneração auferida aquém da que deveria ter sido adimplida — a arbitragem ou a judicialização do pagamento de tal indenização poderão modular referida base de cálculo. Neste sentido, o enunciado 82, da III Jornada de Direito Empresarial: "A indenização devida ao Representante, prevista no art. 27, alínea *j*, da Lei n. 4.886/1965, deve ser apurada com base nas comissões recebidas durante todo o período em que exerceu a representação, afastando-se os efeitos de eventual pagamento a menor, decorrente de prática ilegal ou irregular da Representada reconhecida por decisão judicial ou arbitral transitada em julgado".

17 De modo a proteger os interesses do representante em caso de rescisão imotivada pelo representado, recomendável que não haja a antecipação do adimplemento durante o curso da avença. Nesse sentido, destacamos o julgamento do REsp 1.831.947/PR, *DJe* 13/12/2019 (Informativo 662): "Contrato de representação comercial. Rescisão unilateral imotivada pela representada. Indenização. Art. 27, "j", da Lei n. 4.886/1965. Pagamento antecipado. Ilegalidade".

Em caso de falência do representado, as pendências que tiver com o representante serão equiparadas a **créditos de natureza trabalhista**, nos termos do art. 44, da Lei n. 4.886/65. Deverá o representante observar o prazo quinquenal para reclamar em juízo seus direitos contra o representado, sob pena de prescrição (art. 44, parágrafo único, da lei indicada).

15.5.4. Esquema

REPRESENTAÇÃO COMERCIAL	
CONCEITO	■ Contrato de colaboração por aproximação em que um dos parceiros empresariais capta clientes e contrata em nome de outro parceiro empresarial. Sobre o volume dos negócios, o primeiro perceberá uma remuneração.
PARTES	■ Representante e representado.
EXEMPLO	■ Parceria empresarial entre uma importadora e uma loja de produtos de informática. Em tal hipótese, a loja de informática (representante) comercializa os produtos fornecidos pela importadora (representada). E sobre o valor das compras e vendas efetuadas será calculada a comissão da representante (*vide* REsp 756.115/MG).
CARACTERÍSTICAS	■ Contrato consensual, bilateral e oneroso.
PECULIARIDADES	■ A cláusula *del credere* (cláusula de garantia) não pode ser inserida no contrato de representação comercial. ■ Em caso de rescisão imotivada, a parte que optar pela extinção do contrato deverá pagar à outra indenização a título de aviso prévio.
REFERÊNCIAS LEGISLATIVAS	■ Lei n. 4.886/65. ■ CC (arts. 710-721). ■ PLC 1.572/2011 (arts. 383-384); PLS 487/2013 (arts. 487-488). Propostas para um novo Código Comercial.

15.6. DISTRIBUIÇÃO

15.6.1. Introdução

O contrato de distribuição também pode ser classificado como de colaboração. No Código Civil, foi disciplinado conjuntamente com o contrato de agência, guardando com tal figura proximidade, porque o distribuidor também **promove os produtos de um parceiro empresarial, em determinado espaço territorial**. Porém, do contrato de agência se distingue somente porque, diferentemente do representante, **o distribuidor acaba por manter em estoque as mercadorias do referido parceiro empresarial, adquirindo-as**, portanto. Percebem-se compras e vendas sucessivas no contrato de distribuição. É o que se infere da leitura da segunda parte do art. 710, do CC.

O professor Fábio Ulhoa Coelho subclassifica o **contrato de agência como de aproximação e o contrato de distribuição como de intermediação**, exatamente porque no segundo caso os parceiros empresariais ocupam "elos distintos da cadeia de distribuição", realizando entre eles compras e vendas mercantis[18].

[18] *Curso de direito comercial*, v. III, p. 130.

O projeto do novo Código Comercial, em trâmite na Câmara Federal, encampou a referida subclassificação, nos seguintes termos: "Art. 351. Os contratos de **colaboração empresarial podem ser**: I — por **intermediação**, quando o colaborador adquire o produto do fornecedor para revendê-lo a terceiros, visando auferir lucro com a revenda; ou II — por **aproximação**, quando o colaborador é remunerado pelo fornecedor em função do movimento que gera".

Resumindo: na **intermediação, por distribuição**, o distribuidor **estoca e revende** mercadorias do fornecedor. Na **aproximação, por agência**, o distribuidor **revende mercadorias do fornecedor sem estocá-las**, isto é, a tradição é realizada diretamente pelo fornecedor. Esquematizando:

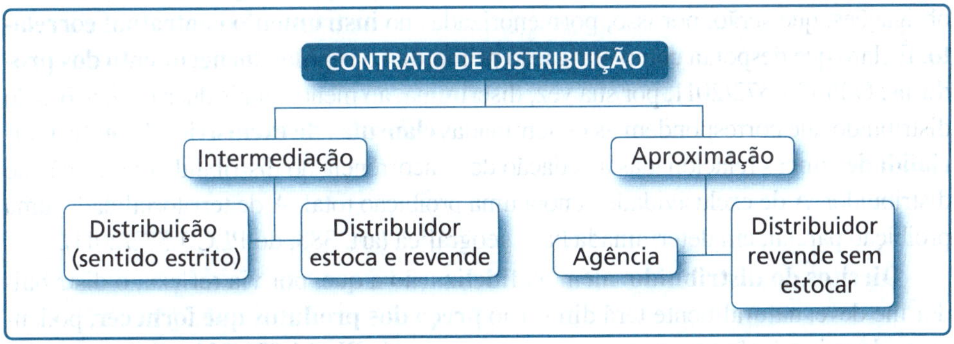

■ 15.6.2. Características

O contrato de distribuição mantém as mesmas características do contrato de representação comercial. É **consensual**, pois dependerá do ajuste a ser firmado pelos parceiros empresariais e, concomitantemente, **bilateral**, diante das obrigações recíprocas ajustadas (art. 386, do PLC 1.572/2011[19]). A **onerosidade** da avença também se revela marcante, pois ambos buscarão incrementar a distribuição de determinado produto ou serviço, com o escopo lucrativo.

A título de ilustração, imagine-se uma fábrica de bebidas alcoólicas (distribuída), tendo como produto principal determinada marca de cerveja, que mantenha contrato de distribuição com determinado fornecedor (distribuidor).

■ 15.6.3. Direitos e deveres das partes

Obrigações do distribuidor: no contrato de distribuição, correrão por conta do distribuidor, de acordo com o art. 713, do CC, as **despesas prévias à comercialização do produto**, relacionadas a eventual pesquisa de mercado, prospecção de clientela, marketing, entre outras, digamos, preparatórias da distribuição; ou, nos termos

[19] Recomendável a leitura dos dispositivos do PLS 487/2013 (arts. 489-492) que também tratam do Contrato de Distribuição.

do art. 352, do PLC 1.572/2011 (projeto do novo Código Comercial), despesas que se relacionem "à criação, consolidação ou ampliação de mercado de serviços".

Direitos do distribuidor: nos arts. 714 e 715, do CC, existem **disposições comuns** ao agente e ao distribuidor, pertinentes ao direito sobre **a remuneração dos negócios que efetuarem e indenização** em caso de fornecimento deficitário dos produtos pelo representado. Porém, especificamente em relação ao contrato de distribuição, de difícil contextualização a hipótese do art. 714, tendo em vista a renegociação do produto adquirido. Já em relação ao art. 715, **podem ocorrer perdas e danos**, se agendado o fornecimento dos produtos, dos quais restou cessado ou diminuído o fornecimento.

Obrigações do distribuído: a confusão ou escassez de dispositivos legais a respeito do contrato de distribuição no CC não permitem a especificação de suas principais obrigações, que serão, por isso, pormenorizadas no **instrumento contratual correlato**. É claro que desponta como obrigação primordial o **regular fornecimento dos produtos**. O PLC 1.572/2011, por sua vez, discrimina, ao menos, mais duas obrigações do distribuído que correspondem às denominadas **cláusulas de exclusividade ou territorialidade**, ambas relacionadas à vedação de concorrência do distribuído em relação ao distribuidor. A de exclusividade denota uma proibição total. A de territorialidade, uma proibição parcial, em determinada base geográfica (art. 388, do PLC 1.572/2011).

Direitos do distribuído: além da **fidelização** a que, por via reflexa, o distribuidor lhe deve, naturalmente terá direito ao **preço dos produtos que fornecer**, podendo as demais relações entre as partes, nos termos do PLC 1.572/2011, ser negociadas livremente, inclusive não se aplicando ao contrato de distribuição as normas dos demais contratos de colaboração (art. 388). Esquematizando:

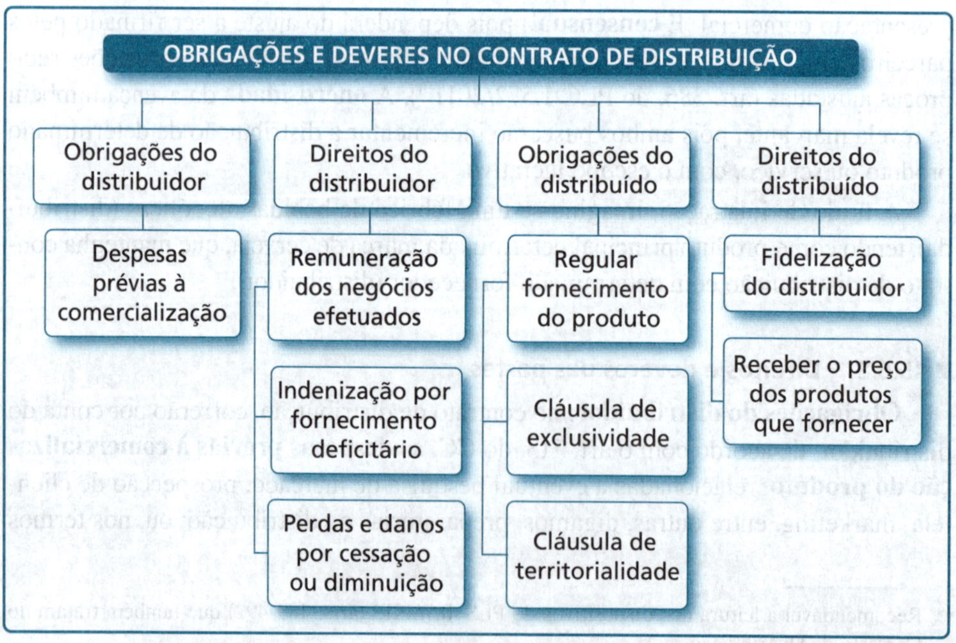

■ 15.6.4. Esquema

DISTRIBUIÇÃO COMERCIAL	
CONCEITO	■ Contrato de colaboração por intermediação em que um dos parceiros empresariais (distribuidor) se compromete a fomentar mercado consumidor para o outro, inclusive adquirindo seus produtos, com exclusividade total ou parcial, para posterior revenda.
PARTES	■ Distribuidor e distribuído.
EXEMPLO	■ Parceria empresarial entre um laboratório de medicamentos e um atacadista de produtos farmacêuticos. Em tal hipótese, o laboratório (distribuído) vende os medicamentos que fabrica para o atacadista (distribuidor), *vide* REsp 681.100/PR.
CARACTERÍSTICAS	■ Contrato consensual, bilateral e oneroso.
PECULIARIDADES	■ Cláusula de exclusividade total ou parcial, para impedir que o distribuído faça concorrência direta ou indireta com o distribuidor.
REFERÊNCIAS LEGISLATIVAS	■ CC (art. 710-721). ■ PLC 1.572/2011 (arts. 385-388); PLS 487/2013 (arts. 489-492). Propostas para um novo Código Comercial.

■ 15.7. CONCESSÃO MERCANTIL

■ 15.7.1. Introdução

Arnaldo Rizzardo **equipara o contrato de distribuição ao de concessão comercial**[20], sendo que este possui regime jurídico específico na **Lei n. 6.279/79** e restringe seu objeto à **comercialização de veículos automotores**. Saliente-se que há precedente do STJ a não recomendar a aplicação da lei especial em relação aos contratos de distribuição com regime jurídico no CC (REsp 681.100/PR).

A ideia de parceria interempresarial orienta esse tipo de avença, pois o concedente (um fabricante, a título de ilustração) **alarga seu espectro de ação por intermédio do concessionário** (fornecedor direto), que se obriga à comercialização dos produtos daquele (concedente), segundo critérios de **exclusividade** e também prestando **serviços de assistência técnica** relacionados à marca explorada.

De se ver que nas **relações de consumo**, por eventuais danos que os produtos causem a seus consumidores, há **responsabilidade objetiva e solidariedade** entre aqueles contratantes (art. 18, *caput*, do CDC, à guisa de exemplo). Quem aufere o bônus — (concedente e concessionário, que lucram com o "fato do produto no mercado", na linguagem da legislação consumerista) — deve suportar o ônus (indenização por vício do produto).

A materialização dessa relação facilmente se percebe por meio dos contratos que se estabelecem entre as **montadoras de veículos e sua rede de concessionárias**.

---

[20] RIZZARDO, Arnaldo. *Contratos (Lei n. 10.406, de 10.01.2012)*, p. 753.

As fábricas correspondem às concedentes, enquanto as pessoas jurídicas que se propõem à comercialização direta dos veículos, ao fornecimento de peças e serviços de manutenção e revisão, às concessionárias.

■ 15.7.2. Características

Trata-se de contrato **típico e complexo**. Além das compras e vendas sucessivas que se estabelecem entre o concedente e a concessionária em relação ao produto principal (veículo automotor), incluem-se, concomitantemente, na mesma avença, um **contrato de fornecimento de mercadorias de reposição**, um **contrato de assistência técnica** e, ainda, um **contrato de uso de marca**.

Esquematizando o **feixe de contratos correlatos ao de concessão mercantil**:

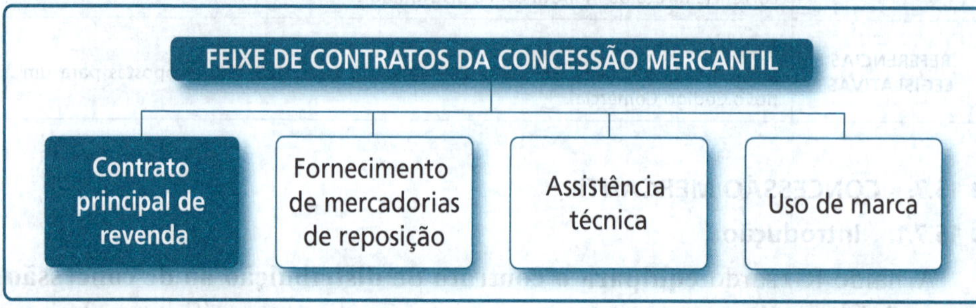

E da complexidade do objeto da contratação surgem direitos e deveres para ambas as partes a revelar a **bilateralidade** do contrato. Contrato também **comutativo**, diante da necessária correspondência entre os encargos assumidos e as vantagens. A **onerosidade** também se demonstra inerente ao contrato, diante da permanência dos negócios, perceptível pelo **prazo mínimo para o contrato (cinco anos)**, tornando-se, depois disso, de **prazo indeterminado** (art. 21, *caput* e parágrafo único, da Lei n. 6.729/79).

Diante da projeção dos negócios e da importância do setor para a economia do país, interessante ressaltar que paralelamente à tipicidade do contrato, sedimentada nas definições e cláusulas discriminadas pela lei, as relações entre os contratantes poderá ser objeto de **autorregulamentação por meio de convenções** (arts. 18 e 19, da Lei n. 6.729/79).

Traço marcante de tal contrato corresponde à **limitação territorial** em que atuará o concessionário, salientando-se que a concessão poderá se estabelecer em rede: "distâncias mínimas entre estabelecimentos de concessionários (...) fixadas segundo critérios de potencial de mercado (...). A área poderá conter mais de um concessionário da mesma rede" (art. 5º, inc. II e § 1º, da Lei n. 6.729/79).

15.7.3. Direitos e deveres das partes

Obrigações do concessionário: deve **velar pela integridade da marca** que explora, bem como pelos demais interesses do concedente e da rede a que pertencer. Em princípio, **não poderá comercializar os produtos para outro fornecedor**, salvo nas hipóteses de revenda dentro da mesma rede ou destinada ao exterior (art. 12, *caput* e parágrafo único, alíneas "a" e "b", da Lei n. 6.729/79).

Direitos do concessionário: poderá **exigir do concedente quota de sua produção** estimada, para dar cumprimento ao contrato (art. 7º, da Lei n. 6.729/79). É prerrogativa do concessionário **acrescer ao preço de fatura a margem que entenda razoável**, para compensar seus custos e proporcionar seu lucro (art. 13). É direito do concessionário que **o preço de fatura seja uniforme na rede de distribuição** (art. 13, § 2º). Regra geral, o concessionário apenas **se obrigará ao pagamento após o faturamento** (art. 11). Também é direito do concessionário **exigir indenização do concedente em relação aos componentes do estoque** que sejam alterados ou deixem de ser fornecidos, mediante recompra ou permuta dos produtos obsoletos (art. 10, § 3º).

Obrigações do concedente: deve **honrar os pedidos por escrito formulados** de acordo com a estimativa de produção anual (art. 9º). Deve também **abster-se de práticas que se revelem abusivas e prejudiciais** ao concessionário, destacando-se: "atos pelos quais o concedente vincule o concessionário a condições de subordinação econômica, jurídica ou administrativa ou estabeleça interferência na gestão de seus negócios; (...) exigência entre concedente e concessionário de obrigação que não tenha sido constituída por escrito ou de garantias acima do valor e duração das obrigações contraídas; (...) diferenciação de tratamento entre concedente e concessionário quanto a encargos financeiros e quanto a prazo de obrigações que se possam equiparar" (art. 16, incs. I, II e III, da Lei n. 6.729/79).

Direitos do concedente: é prerrogativa do concedente **fixar o preço dos produtos** a seus concessionários (art. 13, § 2º). É também seu direito a **fixação de estoque** para seus concessionários em relação "à rotatividade dos produtos novos" (art. 10), bem como **fidelidade em relação à aquisição de componentes de reposição** (art. 8º). Poderá o concedente **contratar diretamente com o poder público**, sem prejuízo que o faça por meio de sua rede de distribuição, nos termos do art. 15, da Lei n. 6.729/79.

Além das hipóteses de **distrato, força maior, expiração de prazo**, o eventual **descumprimento das obrigações acordadas** nos contratos por prazo indeterminado **dará motivo à extinção da concessão** (art. 22). Se o **concedente der causa à extinção**, deverá readquirir o estoque do concessionário, sem prejuízo das eventuais perdas e danos (arts. 23-25). Já se o **culpado pela extinção for o concessionário**, a título de cláusula penal, "pagará ao concedente a indenização correspondente a cinco por cento do valor total das mercadorias que dele tiver adquirido nos últimos quatro meses de contrato" (art. 26). Há ainda prazo legal para a satisfação da indenização: sessenta dias a contar da data da extinção. Findo tal prazo, serão devidos atualização monetária e juros legais (art. 27).

Esquematizando a **extinção da concessão mercantil**:

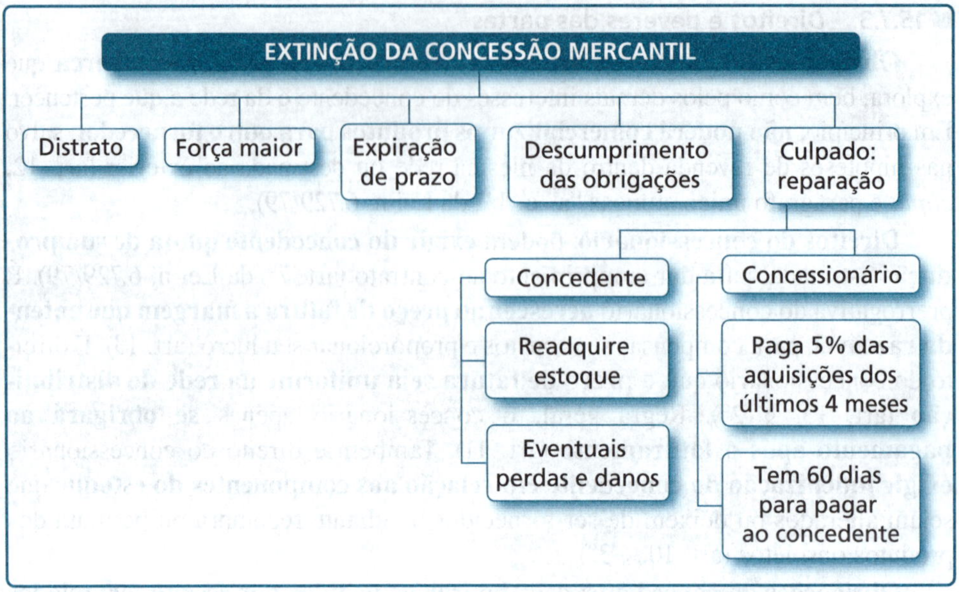

Tanto o PLC 1.572/2011 quanto o PLS 487/2013 contemplam, entre os arts. 389 e 395 e os arts. 493 e 499, respectivamente, **capítulos reservados ao contrato de concessão mercantil**, preservando-o como contrato de colaboração complexo, diferenciando-o do contrato de distribuição em virtude da assistência técnica que o concessionário dará a seus consumidores. Mantém também a lei especial a respeito, quando nomina a concessão de típica, a possibilidade de outros contratos similares, sendo a autonomia das partes o norte para as demais concessões, assim denominadas atípicas.

15.7.4. Esquema

CONCESSÃO MERCANTIL	
CONCEITO	■ Contrato de colaboração por intermediação em que um dos parceiros empresariais (concessionário) adquire produtos de outro (concedente), recebendo deste autorização para exploração da marca e responsabilizando-se também pela assistência técnica e reposição dos componentes dos produtos.
PARTES	■ Concedente e concessionário.
EXEMPLO	■ Parceria empresarial entre uma montadora de automóveis e uma de suas concessionárias, *vide* REsp 402.356/MA.
CARACTERÍSTICAS	■ Contrato típico, complexo, consensual, bilateral e oneroso.
PECULIARIDADES	■ Cláusulas de exclusividade e limitação territorial.
REFERÊNCIAS LEGISLATIVAS	■ Lei n. 6.729/79. ■ PLC 1.572/2011 (arts. 389-395); PLS 487/2013 (arts. 493-499); propostas para um novo Código Comercial.

15.8. FRANQUIA

15.8.1. Introdução

A franquia corresponde ao contrato pelo qual determinado empresário (franqueador), com clientela cativa e detentor de marca (o mesmo raciocínio se aplica à patente de invenção) já consagrada no mercado, **otimiza e expande a comercialização de seus produtos e serviços, mediante licença do uso de sua marca, e distribuição exclusiva ou semiexclusiva dos produtos ou serviços correlatos a outro empresário** (franqueado); o franqueador, eventualmente, propiciará ao franqueado "o direito de uso de tecnologia de implantação e administração do negócio", **exigindo remuneração em razão disso**, conforme doutrina Waldo Fazzio Júnior, ao comentar o art. 2º, da **Lei n. 8.955/94**.

15.8.2. Características

Trata-se de parceria empresarial com resultados profícuos na qual o interessado em marca já consolidada no mercado, com uma carteira de clientes potencial, poderá, antes de se lançar à atividade empresarial, tomar ciência dos riscos e dos custos inerentes ao negócio, atuarialmente perceptíveis por meio de uma "**circular de oferta de franquia**". Esse documento escrito conterá "histórico resumido, forma societária e nome completo ou razão social do franqueador e de todas as empresas a que esteja diretamente ligado, bem como os respectivos nomes de fantasia e endereço, balanços e demonstrativos financeiros da empresa franqueadora relativos aos dois últimos exercícios", indicação precisa das pendências judiciais em que esteja envolvido o franqueador, "patentes e direitos autorais da operação", estimativa de investimento, entre outras informações relevantes, nos termos do art. 3º, da Lei n. 8.955/94[21].

De acordo com Ricardo Negrão, o contrato de franquia se revela como contrato **complexo**, pois "envolve distribuição de produtos ou serviços, cessão de uso de marca, registro ou patente, bem como prestação sucessiva e continuada desses recursos, cumulada com o direito de uso de tecnologias relacionadas à administração do negócio e de sistema operacional"22. Naturalmente, pela estrutura operacional já consolidada, **deverá o franqueado remuneração (*royalties*) ao franqueador**. Não se poderá invocar, contudo, a aplicação do CDC, apesar de haver certa hipossuficiência do franqueado em relação ao franqueador.

Esquematizando o feixe de contratos contidos na franquia:

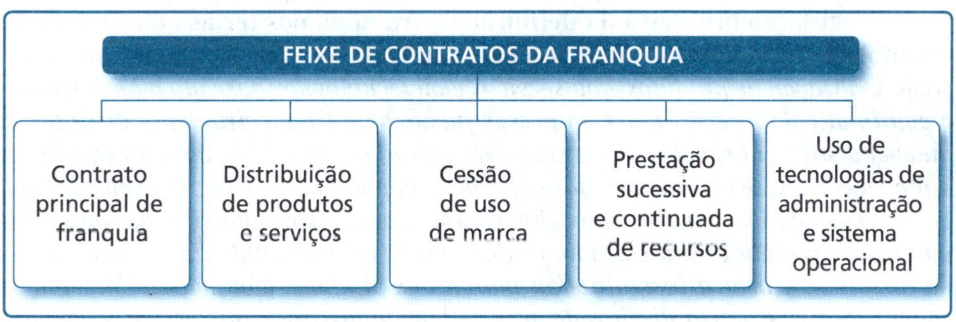

---

[21] A omissão do franqueador quanto à entrega da referida circular de oferta de franquia poderá dar causa a anulação do contrato que eventualmente venha a ser entabulado (art. 4º, parágrafo único, da Lei n. 8.955/94).

[22] *Manual de direito comercial e de empresa,* v. II, p. 311.

Percebe-se que o contrato de franquia é **bilateral, oneroso, "de execução continuada, atípico** e, para obter efeito em relação a terceiros, exige **forma escrita e registro especial**"[23].

Terminada a tramitação do PLC 219/2015, originário da Câmara Federal, e aprovado também no Senado Federal, o texto aprovado foi sancionado, gerando a Lei n. 13.966, de 26/12/2019. A nova lei de franquia — com *vacacio legis* de 90 (noventa) dias (art. 10) — manteve o contrato de **franquia como contrato de colaboração**. Portanto, regra geral, entre empresários, **descaracterizando-o como relação de consumo** e repisando a autonomia dos contratantes, para **prevenir eventual alegação de relação de subordinação ou de trabalho** entre franqueador e franqueado (art. 1º).

A ampliação do rol de possíveis franqueados apresenta-se como novidade, para permitir a contratação de **franquia mesmo por entidades privadas sem fins lucrativos** e, ainda, **por empresas estatais**, sendo que nesta hipótese o procedimento dependerá de processo licitatório (art. 1º, § 2º c/c art. 6º). **A circular de franquia como pré-contrato** foi mantida, sendo que seu descumprimento, expressamente, poderá fundamentar ação de indenização do franqueado em desfavor do franqueador e disso a possibilidade de recuperação dos valores investidos (art. 2º, § 2º).

A nova lei cuidou ainda de disciplinar a possibilidade de **contratação de franquia internacional**, estabelecendo cláusulas de proteção aos aderentes domiciliados no Brasil, em caso de produção dos efeitos exclusivamente no território nacional, contratos em língua portuguesa e **sujeitos à legislação nacional**. O intercâmbio entre sistemas jurídicos, no caso de franquia internacional, para os demais casos agora tem previsão legal. E, tendo em vista que o objeto do contrato de franquia tangencia a **licença do uso da marca** do franqueador, a aplicação da **legislação nacional estará condicionada** ou se deverá compatibilizar com "legislação de propriedade intelectual vigente no País".

Em suma, a modernização da lei de franquia proporcionará o incremento da atividade empresarial, sendo que a previsão do contrato de franquia internacional ratifica a **capilaridade deste tipo de contrato em outros países**, a aproximar mais ainda a **legislação brasileira da definição de franquia nos termos do Código de Deontologia** Europeu, com vigência a partir de 1991: "*O Franchise é um sistema de comercialização de produtos e/ou serviços e/ou tecnologias, baseado numa* ***estreita e contínua colaboração entre empresas jurídicas e financeiramente distintas e independentes****, o Franchisador e seus Franchisados, através do qual o Franchisador concede aos seus Franchisados o direito, e impõe a obrigação, de explorar uma empresa de acordo com o seu conceito. O direito assim concedido tem por objectivo autorizar e obrigar o Franchisado, mediante uma contrapartida financeira directa ou indirecta, a* ***usar a insígnia e/ou marca*** *dos produtos e/ou marca do serviço, saber-fazer (1),* ***e outros direitos de propriedade industrial e intelectual****, apoiados por uma prestação contínua de* ***assistência comercial e/ou técnica****, no âmbito e durante a vigência dum contrato de Franchise escrito celebrado entre as partes, para tal fim*".

[23] NEGRÃO, Ricardo. *Manual de direito comercial e de empresa*, v. II, p. 313.

15.8.3. Esquema

FRANQUIA	
CONCEITO	▪ Contrato de colaboração por intermediação em que um dos parceiros empresariais (franqueador) licencia o uso de sua marca e também se propõe a prestar serviços de organização de empresa a outro (franqueado), devendo o último remunerar o primeiro.
PARTES	▪ Franqueador e franqueado.
EXEMPLO	▪ Parceria empresarial entre um conhecido restaurante (pessoa jurídica) e outra sociedade empresária que queira se lançar à exploração do mesmo objeto social que aquele.
CARACTERÍSTICAS	▪ Contrato complexo, bilateral, oneroso e de execução continuada.
PECULIARIDADES	▪ Licença de uso de direitos de propriedade industrial eventualmente cumulada com serviços de tecnologia de administração e organização de empresa.
REFERÊNCIAS LEGISLATIVAS	▪ Lei n. 8.955/94. ▪ PLS n. 487/2013, proposto de um novo Código Comercial em tramitação. E PLC n. 219/2015, com tramitação encerrada, a aguardar sanção ou veto presidencial. ▪ Lei n. 13.966/2019.

15.9. QUESTÕES SUBJETIVAS

15.9.1. Questão-homenagem

Julgue e justifique: A cláusula *del credere* é incompatível com o contrato de comissão mercantil.

Resposta: Proposição falsa, tendo em vista que, no contrato de Comissão Mercantil (arts. 693-709), a cláusula *del credere* (cláusula de garantia), se inserida no instrumento contratual, obrigará o comissário pelo inadimplemento dos negócios que realizou perante o comitente. Assim, se uma agência de viagens (comissária) vende bilhetes de passagem da comitente (determinada empresa aérea) a um consumidor que fechou um pacote com a comissária, em princípio, esta não responderia por eventual inadimplência do consumidor perante a empresa aérea, salvo se no contrato entre comissária e comitente se inseriu a *cláusula del credere*. O contrato de representação comercial é que não admite tal cláusula.

15.9.2. Questão-desafio

A Representações de Papéis Ltda., com sede nesta cidade, é notificada por B Celulose S/A, dando conta da extinção do contrato firmado entre as partes, em maio de 1988, que vigorava por prazo indeterminado. Na oportunidade, foi esclarecido que, a partir do recebimento da referida notificação, novos negócios em nome da notificante não poderiam ser realizados, pois esta passaria a operar diretamente com os clientes os respectivos pedidos. Inconformada, A propõe ação em face de B, onde sustenta que fez grandes investimentos no interesse desta última, não deu causa à extinção do contrato, cujos negócios dele oriundos representavam 80% do seu faturamento, não tendo sido observado o prazo legal para que a notificação pudesse surtir o efeito pretendido. Além disso, a cessação abrupta da atividade desenvolvida acarretara danos materiais e morais que pretendia ver indenizados. O candidato deverá esclarecer a disciplina legal a ser adotada, comentando as peculiaridades do contrato e o alegado direito à indenização. (TJRJ — XLIV Concurso para Ingresso na Magistratura de Carreira — 2ª Fase)

15.10. QUESTÕES OBJETIVAS

1. (OAB-DF — Exame de Ordem — 2006) Em relação aos contratos mercantis é CORRETO afirmar:

a) faturizador e faturizado têm que ser, necessariamente, pessoa jurídica;
b) o vínculo empregatício entre franqueado e franqueador só se verificará se houver cláusula expressa;

c) o representante poderá resolver o contrato face à inobservância da cláusula de exclusividade pelo representado;
d) o vendedor poderá exigir uma caução do comprador falido (massa falida) como condição para entrega da coisa.

2. (FCC — TRF 2ª Região — Analista Judiciário — 2012) Assinale a alternativa correta em relação ao contrato de mandato.

a) não pode ser verbal, mas pode ser tácito ou expresso, desde que escrito.
b) não pode se referir a todos os negócios do mandante, devendo indicar um ou alguns negócios predeterminados.
c) é um contrato sinalagmático e *intuitu personae* e pode ser oneroso ou gratuito.
d) com cláusula "em causa própria" será extinto por meio da revogação, bem como pela morte de qualquer das partes.
e) que contiver cláusula de irrevogabilidade não poderá, em qualquer hipótese, ser extinto pela revogação.

3. (FGV — OAB — IV Exame Unificado — 2011) Contrato oneroso, em que alguém assume, em caráter profissional e sem vínculo de dependência, a obrigação de promover, em nome de outrem, mediante retribuição, a efetivação de certos negócios, em determinado território ou zona de mercado. A definição acima corresponde a que tipo de contrato empresarial?

a) Agência.
b) Mandato.
c) Comissão mercantil.
d) Corretagem.

4. (CESGRANRIO — LIQUIGAS — Profissional Júnior — Direito — 2012) O contrato pelo qual um empresário cede a outro o direito de uso da marca ou patente, associado ao direito de distribuição exclusiva ou semiexclusiva de produtos ou serviços e, ainda, presta-lhe serviços de organização empresarial por ele desenvolvidos, mediante remuneração direta ou indireta, sem que fique caracterizado vínculo empregatício entre as partes, denomina-se

a) franquia.
b) comissão.
c) distribuição.
d) compra e venda.
e) representação comercial.

5. (TRT 21ª Região/RN — Juiz do Trabalho — 2012) Em relação ao contrato de representação comercial autônoma, analise as assertivas seguintes, e assinale a alternativa correta:

I. na ausência de ajustes expressos, presume-se a cláusula de exclusividade de representação;
II. no caso de falência do representado, as importâncias por ele devidas ao representante comercial, relacionadas com a representação, inclusive comissões vencidas e vincendas, indenização e aviso prévio, serão considerados créditos da mesma natureza dos créditos trabalhistas;
III. considera-se por prazo indeterminado todo contrato que suceder, dentro de seis meses, a outro contrato, com ou sem determinação de prazo;
IV. salvo autorização expressa, não poderá o representante conceder abatimentos, descontos ou dilações, nem agir em desacordo com as instruções do representado;
V. é obrigatório o registro dos que exerçam a representação comercial autônoma nos Conselhos Regionais criados pela Lei n. 4.886/65, porém, será devida a remuneração contratada, como mediador de negócios comerciais, ainda que o representante comercial não esteja devidamente registrado.

a) apenas as assertivas I e V estão erradas;
b) apenas as assertivas I e IV estão corretas;
c) apenas as assertivas III e V estão corretas;
d) apenas as assertivas II e IV estão erradas;
e) apenas as assertivas II e III estão corretas.

6. (TJRJ — Juiz — 2013) O contrato pelo qual uma pessoa, não ligada a outra em virtude de mandato, de prestação de serviços ou por qualquer relação de dependência, obriga-se a obter para a segunda um ou mais negócios, conforme as instruções recebidas, denomina-se:

a) corretagem.
b) comissão.
c) transação.
d) agência.

7. (CESPE — TJ-PI — Titular de Serviços de Notas e de Registros — Remoção — 2013) Com relação aos contratos mercantis, assinale a opção correta (adaptada).

a) Na falência do representado, as comissões devidas ao representante gozam de privilégio geral sobre os bens, ainda não entregues aos compradores, que tenham sido vendidos com intermediação do representante.
b) No contrato de franquia, não é essencial a cessão do direito de uso de marca ou patente.
c) No caso de falência do comprador, é cabível a devolução, ao vendedor, da mercadoria vendida a crédito nos quinze dias anteriores à decretação da falência, contados estes da remessa da mercadoria.
d) Distingue-se o contrato de concessão mercantil de veículo automotor do contrato estimatório pelo fato de o concessionário alienar coisa própria e o outorgado alienar coisa alheia.
e) O comissário pode exercer o direito de retenção, para o reembolso das despesas feitas e das comissões que lhe sejam devidas, sobre os bens do comitente falido que detenha em razão do contrato de comissão.

8. (CESPE — MPE-AC — 2014) Considere que determinada sociedade, fabricante de batons e esmaltes, queira testar, na prática, as vantagens e desvantagens relativas aos custos impostos pelo direito para a colocação desses produtos no mercado e, para tanto, esteja avaliando as seguintes opções de contrato mercantil: i) contrato de fornecimento; ii) comissão mercantil; iii) representação comercial; iv) concessão mercantil; ou v) sistema de franquia. Com base nessa situação hipotética, assinale a opção correta.

a) Se resolver celebrar contrato de franquia, a sociedade poderá exigir do franqueado um volume mínimo de compras de seus produtos ou, mesmo, o pagamento de percentuais sobre os produtos vendidos.
b) Caso celebre contrato de fornecimento, a sociedade será obrigada a indenizar, ao final, as despesas que os adquirentes de seus produtos tenham feito em razão do contrato.
c) Caso celebre contrato de comissão mercantil, a sociedade, rescindido o contrato por justa causa, em razão de o comissário não ter seguido suas instruções, não poderá cobrar do comissário prejuízos sofridos, se este lhe tiver prestado serviços úteis.
d) Se a sociedade celebrar contrato de representação comercial poderá inserir cláusula que responsabilize o representante pela solvência dos clientes que fizerem pedidos.
e) Caso a sociedade celebre contrato de concessão comercial e não queira renová-lo antes do primeiro quinquênio, ficará obrigada a readquirir os batons e esmaltes que tiver vendido para a concessionária, por aplicação analógica da Lei Ferrari, que disciplina os contratos de concessão de vendas de veículo automotor.

9. (TJDFT — Juiz — 2014) A respeito dos contratos mercantis e da teoria geral dos contratos mercantis, assinale a opção correta.

a) Na comissão mercantil, o comissário poderá responder solidariamente com as pessoas com quem tratar em nome do comitente, se do contrato constar a cláusula *del credere*.
b) Para que se caracterize uma compra e venda mercantil, bastante que estejam presentes os seguintes elementos básicos: a coisa móvel ou semovente (*res*) e o consenso que aperfeiçoa a avença (*consensum*).
c) O grupo C dos Incoterms refere-se a condições de venda na partida com transporte principal não pago.
d) Se o instrumento de mandato mercantil for silente em relação à autorização para substabelecer, serão ineficazes perante o mandante os atos praticados por delegação do mandatário.
e) Por não haver vínculo de dependência entre as partes, não pode o proponente impor ao agente mercantil que se abstenha de assumir perante outros proponentes o encargo de tratar de negócios do mesmo gênero, na mesma zona.

10. (TRT 3ª Região — Juiz — 2014) NÃO é correto afirmar no que concerne à representação comercial (Lei n. 4.886/65):

a) A não eventualidade é pressuposto da representação comercial autônoma.
b) A exclusividade pode ser prevista no contrato de representação autônoma.
c) A onerosidade é pressuposto a ser considerado no contrato de representação autônoma, ainda que condicionada à efetivação da venda e do pagamento.
d) O representante comercial poderá conceder abatimentos, descontos ou dilações, segundo critérios por ele próprio estabelecidos, como decorrência de sua autonomia.
e) O representante comercial fica obrigado a fornecer ao representado, conforme disposições do contrato ou, sendo ele omisso, quando lhe for solicitado, informações detalhadas sobre o andamento dos negócios a seu cargo.

11. (CESGRANRIO — Petrobras — Advogado Júnior — 2015) Na hipótese de uma parte, na qualidade de autônomo, se obrigar a obter pedidos de compra e venda comercializados pela outra parte, tem-se um contrato de

a) franquia.
b) compra e venda.
c) comissão mercantil.
d) representação comercial.
e) arrendamento mercantil.

12. (CESPE — TJ-PB — Juiz Substituto — 2015) A respeito de contratos mercantis, assinale a opção correta.

a) A denúncia imotivada, por parte do representado, do contrato de representação comercial por prazo indeterminado celebrado há mais de três anos confere ao representante o direito de aviso prévio e do recebimento de indenização prevista em lei, com a ressalva do decote por compensação de quantias decorrentes da cláusula *del credere,* desde que previamente ajustada entre os contratantes.
b) O contrato de franquia, regularmente celebrado, tem sua validade entre partes diferida para o momento do seu registro no INPI.
c) As disposições da chamada Lei Ferrari, que rege a concessão comercial entre produtores e distribuidores de veículos automotores de via terrestre, aplicam-se, por analogia, aos demais contratos de concessão mercantil.
d) No contrato de *factoring,* o *faturizado* transfere ao *faturizador*, em regra geral, créditos *pro solvendo*.
e) O contrato de distribuição comercial, classificado como pacto de colaboração e que transborda da mera intermediação, não implica na hipossuficiência do distribuidor em relação ao fabricante. Todavia, nesse contrato, que se celebra por adesão, o fornecedor realiza controle e padronização da atividade desenvolvida pelo distribuidor.

13. (FCC — TJ-GO — Juiz Substituto — 2015) Acerca do contrato de franquia empresarial, é correto afirmar:

a) O franqueado poderá requerer a sua anulação se não lhe tiver sido fornecida a circular de oferta de franquia com a antecedência prevista em lei, ainda que não a tenha requerido previamente por escrito ao franqueador.
b) Deve ser escrito e assinado na presença de 2 testemunhas e só terá validade depois de registrado em cartório ou órgão público.
c) Estabelece vínculo empregatício entre franqueador e franqueado.
d) A falsidade das informações contidas na circular de oferta de franquia entregue ao franqueado o torna nulo de pleno direito, e não meramente anulável.
e) Atualmente não é disciplinado por lei especial ou extravagante, sendo regido exclusivamente pelo Código Civil.

14. (FCC — TRT — 1ª Região — Juiz do Trabalho Substituto — 2016) Sobre os contratos de franquia empresarial (*franchising*), conforme estabelece a Lei n. 8.955/94, é correto afirmar:

a) O contrato de franquia somente terá validade após ser levado a registro perante cartório ou órgão público.
b) Representa uma informação obrigatória na Circular de Oferta de Franquia o perfil do "franqueado ideal".
c) A Circular de Oferta de Franquia deverá ser entregue ao candidato a franqueado no mínimo 30 dias antes do pagamento de qualquer tipo de taxa pelo franqueado ao franqueador ou a pessoa ligada a este.
d) A Circular de Oferta de Franquia deverá ser entregue ao candidato a franqueado no mínimo 30 dias antes da assinatura do contrato ou pré-contrato de franquia.
e) O contrato de franquia deve ser sempre escrito e assinado na presença de pelo menos três testemunhas.

15. (OAB — XXIII Exame Unificado — FGV — 2017) Um representante comercial ajuíza ação na Justiça do Trabalho pedindo a devolução de descontos. Ele explica que sua comissão sobre as vendas é de 5%, mas que pode optar pelo percentual de 10%, desde que se comprometa a pagar o valor da venda, caso o comprador fique inadimplente. Alega que sempre fez a opção pelos 10%, e que, nos casos de inadimplência, teve de pagar o valor do negócio para depois tentar reaver a quantia do comprador, o que caracterizaria transferência do risco da atividade econômica. Diante do caso apresentado e da lei de regência, assinale a afirmativa correta.

a) A prática é válida porque o representante não é empregado nos moldes da CLT, além de ter sido uma opção por ele tomada.
b) O caso traduz um *truck system*, sendo que a lei limita o prejuízo do representante comercial a 50% da venda não paga.
c) A norma de regência é omissa a respeito desta situação, razão pela qual é válida, na medida em que se trata de relação de direito privado.
d) A situação caracteriza a cláusula *del credere*, vedada pela Lei de Representação Comercial.

16. (IESES — TJ-SC — Titular de Serviços de Notas e Registro — Remoção — 2019 — adaptada) O contrato de franquia estrutura um modelo de negócio acentuado pela licença de uso de marca ou patente com transmissão de métodos e tecnologia necessários para a organização da atividade empresária a ser explorado pelo interessado. No que se refere as disposições legais sobre o contrato de franquia, relevante modalidade de contrato empresarial, é correto afirmar que:
a) Para a formação do contrato exige-se do franqueador fornecer uma Circular de Oferta de Franquia dez dias após a assinatura do contrato.
b) A Circular de Oferta de Franquia deverá conter, entre outras informações, os balanços e demonstrações financeiras da empresa franqueadora relativos aos três últimos exercícios.
c) O contrato de franquia deve ser sempre escrito.
d) O contrato deve ser por escrito e terá validade após o efetivo registro perante cartório ou órgão público.

17 (FGV – OAB – XXXI Exame Unificado – 2020) Duas sociedades empresárias celebraram contrato de agência com uma terceira sociedade empresária, que assumiu a obrigação de, em caráter não eventual e sem vínculos de dependência com as proponentes, promover, à conta das primeiras, mediante retribuição, a realização de certos negócios com exclusividade, nos municípios integrantes da região metropolitana de Curitiba/PR. Ficou pactuado que as proponentes conferirão poderes à agente para que esta as represente, como mandatária, na conclusão dos contratos. Antônio Prado, sócio de uma das sociedades empresárias contratantes, consulta seu advogado quanto à legalidade do contrato, notadamente da delimitação de zona geográfica e da concessão de mandato ao agente. Sobre a hipótese apresentada, considerando as disposições legais relativas ao contrato de agência, assinale a afirmativa correta.
a) Não há ilegalidade quanto à delimitação de zona geográfica para atuação exclusiva do agente, bem como em relação à possibilidade de ser o agente mandatário das proponentes, por serem características do contrato de agência.
b) Há ilegalidade na fixação de zona determinada para atuação exclusiva do agente, por ferir a livre concorrência entre agentes, mas não há ilegalidade na outorga de mandato ao agente para representação das proponentes.
c) Há ilegalidade tanto na outorga de mandato ao agente para representação dos proponentes, por ser vedada qualquer relação de dependência entre agente e proponente, e também quanto à fixação de zona determinada para atuação exclusiva do agente.
d) Não há ilegalidade quanto à fixação de zona determinada para atuação exclusiva do agente, mas há ilegalidade quanto à concessão de mandato do agente, porque é obrigatório por lei que o agente apenas faça a mediação dos negócios no interesse do proponente.

■ GABARITO ■

1. "c". O contrato de representação comercial é exemplo de contrato de colaboração em que um empresário predispõe-se a oferecer produtos de outro. O sucesso da representação favorecerá a ambos. O representado conseguirá escoar sua produção e ampliar sua clientela. O representante terá direito a uma remuneração sobre as vendas que efetuar. Tal contrato mercantil poderá prever exclusividade da representação, e a inobservância de tal cláusula poderá embasar eventual pedido de rescisão do contrato de representação, nos termos do art. 36, alínea "b", da Lei n. 4.886/65.

2. "c". O mandato é contrato com regime jurídico entre os arts. 653 e 691, do Código Civil. Pode-se afirmar que seja sinalagmático, tendo em vista a reciprocidade de direitos e obrigações entre os contratantes. Estabelece-se uma relação de confiança entre as partes, e disso sua natureza *intuitu personae*. Por expressa disposição de lei, o contrato de mandato poderá ser gratuito ou oneroso, nos termos do art. 656, do CC.

3. "a". Uma das espécies do contrato de colaboração por aproximação é a Agência, subespécie de distribuição que prescinde da aquisição de estoque pelo agente. Nesse sentido, a alternativa "a" descreveu esse tipo de contrato, ao reproduzir a letra do art. 710, do Código Civil: "Pelo contrato de agência, uma pessoa assume, em caráter não eventual e sem vínculos de dependência, a obrigação de promover, à conta de outra, mediante retribuição, a realização de certos negócios, em zona determinada, caracterizando a distribuição quando o agente tiver à sua disposição a coisa negociada".

4. "a". A alternativa trouxe a definição do contrato de franquia, conforme estipulado no art. 2º, da Lei n. 8.955/94: "Franquia empresarial é o sistema pelo qual um franqueador cede ao franqueado o direito de uso de marca ou patente, associado ao direito de distribuição exclusiva ou semiexclusiva de produtos ou serviços e, eventualmente, também ao direito de uso de tecnologia de implantação e administração de negócio ou sistema operacional desenvolvidos ou detidos pelo franqueador, mediante remuneração direta ou indireta, sem que, no entanto, fique caracterizado vínculo empregatício".

5. "a". O contrato de representação comercial tem regime jurídico disciplinado pela Lei n. 4.886/65. Assim, o item I se encontra incorreto, porque a exclusividade de representação não se presume, pois deverá ser definida no contrato de representação comercial, eis que compõe uma de suas cláusulas obrigatórias, a teor do art. 27, alínea "i", da Lei n. 4.886/65. De igual modo, também incorreto o item V, pois, expressamente, o art. 5º, do mesmo diploma legal, dispôs que somente o mediador registrado estará obrigado a contribuir para o órgão da classe. Os demais itens estão corretos, pois reproduzem a literalidade da lei, mais especificamente o art. 44 (item II), o art. 27, § 3º (item III), e o art. 29 (item IV).

6. "a". O enunciado da questão reproduziu o conceito legal de corretagem, nos termos do art. 722, do CC.

7. "d". O contrato de concessão mercantil de veículo automotor tem regime jurídico na Lei n. 6.729/79, enquanto o contrato estimatório tem regime jurídico entre os arts. 534 e 537, do Código Civil. No contrato de concessão de veículo automotor, exige-se que o concessionário mantenha um estoque mínimo, portanto adquirirá os veículos para revendê-los, enquanto no contrato estimatório a coisa alienada não pertencerá ao outorgado. Portanto, correta a alternativa "d".

8. "e". O contrato de franquia engloba um feixe de contratos, e sua implementação dependerá do preenchimento pelo franqueado de requisitos mínimos impostos pelo franqueador, o qual, por sua vez, deverá oferecer ao futuro parceiro empresarial uma circular de oferta de franquia, que, entre outras informações, conterá: "VII — especificações quanto ao: a) total estimado do investimento inicial necessário à aquisição, implantação e entrada em operação da franquia; b) valor da taxa inicial de filiação ou taxa de franquia e de caução; e c) valor estimado das instalações, equipamentos e do estoque inicial e suas condições de pagamento; VIII — informações claras quanto a taxas periódicas e outros valores a serem pagos pelo franqueado ao franqueador ou a terceiros por este indicados, detalhando as respectivas bases de cálculo e o que as mesmas remuneram ou o fim a que se destinam, indicando, especificamente, o seguinte: a) remuneração periódica pelo uso do sistema, da marca ou em troca dos serviços efetivamente prestados pelo franqueador ao franqueado (*royalties*); b) aluguel de equipamentos ou ponto comercial; c) taxa de publicidade ou semelhante; d) seguro mínimo; e e) outros valores devidos ao franqueador ou a terceiros que a ele sejam ligados;" (art. 3º, da Lei n. 8.955/94).

9. "a". A comissão mercantil é contrato típico, com regime jurídico no Código Civil, entre seus arts. 693 e 709. Em regra, o comissário não responderá pela solvência da clientela que captar em favor do comitente, a não ser que no contrato de colaboração as partes tenham feito constar do contrato a cláusula *del credere*, pela qual "responderá o comissário solidariamente com as pessoas com quem houver tratado em nome do comitente, caso em que, salvo estipulação em contrário, o comissário tem direito à remuneração mais elevada, para compensar o ônus assumido" (art. 698, do CC). Assim, a alternativa "a" se encontra correta, porque em sintonia com a letra da lei.

10. "d". A autonomia do representante comercial em relação ao preço dos produtos que comercializa em nome do representado é relativa. Assim, em regra, eventuais abatimentos, descontos ou dilações dependerão de prévia autorização do representado, nos termos do art. 29, da Lei n. 4.886/65: "Salvo autorização expressa, não poderá o representante conceder abatimentos, descontos ou dilações, nem agir em desacordo com as instruções do representado".

11. "d". Fundamento: art. 1º, da Lei n. 4.886/65: "Exerce a representação comercial autônoma a pessoa jurídica ou a pessoa física, sem relação de emprego, que desempenha, em caráter não eventual por conta de uma ou mais pessoas, a mediação para a realização de negócios mercantis, agenciando propostas ou pedidos, para, transmiti-los aos representados, praticando ou não atos relacionados com a execução dos negócios".

12. "e". Fundamento: art. 712, do CC. Cf. ainda o quanto estudado no *item 15.6*.

13. "a". Fundamento: art. 4º, *caput*, e seu parágrafo único da Lei n. 8.955/94: "Art. 4º A circular oferta de franquia deverá ser entregue ao candidato a franqueado no mínimo 10 (dez) dias antes da assinatura do contrato ou pré-contrato de franquia ou ainda do pagamento de qualquer tipo de taxa pelo franqueado ao franqueador ou a empresa ou pessoa ligada a este. Parágrafo único. Na hipótese do não cumprimento do disposto no *caput* deste artigo, o franqueado poderá arguir a anulabilidade do contrato e exigir devolução de todas as quantias que já houver pago ao franqueador ou a terceiros por ele indicados, a título de taxa de filiação e *royalties*, devidamente corrigidas, pela variação da remuneração básica dos depósitos de poupança mais perdas e danos".

14. "b". Fundamento: art. 3º, inc. V, da Lei n. 8.955/94.

15. "d". Na representação comercial, o representante não responde pela inadimplência da clientela conquistada em favor do representado, inclusive a lei específica do contrato de representação, Lei n. 4.886/65, em seu art. 43, veda a inserção nesse tipo de contrato de cláusula em sentido oposto, sendo tal cláusula conhecida como *del credere*.

16. "c". Fundamento: art. 6º, *caput*, 1ª parte, da Lei n. 8.955/94.

17. "a". Em sintonia com o art. 710, *caput*, e seu parágrafo único, do Código Civil: "Art. 710. Pelo contrato de agência, uma pessoa assume, em caráter não eventual e sem vínculos de dependência, a obrigação de promover, à conta de outra, mediante retribuição, a realização de certos negócios, em zona determinada, caracterizando-se a distribuição quando o agente tiver à sua disposição a coisa a ser negociada. Parágrafo único. O proponente pode conferir poderes ao agente para que este o represente na conclusão dos contratos".

16

CONTRATOS DE LOGÍSTICA

■ 16.1. NOÇÕES GERAIS

O dinamismo inerente à cadeia de distribuição e circulação de mercadorias reclama a presença de **profissionais intermediários a auxiliar a tradição das referidas mercadorias entre produtor e consumidor** (mesmo o consumidor profissional, comerciante). Espaço e tempo separam os contratantes, fornecedores e consumidores. Assim, como a apoiar a fase aguda de conclusão do negócio jurídico, surgem os parceiros empresariais, para auxiliar na logística da operação, podendo ser subclassificados nos termos do esquema *supra*.

■ 16.2. ARMAZENAMENTO

■ 16.2.1. Introdução

É possível, assim, que o escoamento da produção se faça com a concorrência de parceiros empresariais que não se lancem à produção ou à distribuição diretamente, ou de colaboradores diretos, mas, comodamente, **possuam espaço e tecnologia para a guarda e a conservação das mercadorias**.

■ 16.2.2. Características

Nesse contexto, a longevidade do **Decreto n. 1.102/1903** esclarece os direitos e obrigações dos empresários que se predisponham ao desenvolvimento e exploração de **armazéns gerais**[1]. Trata-se de empresário especializado, que **recebe em depósito**

---

[1] Para o armazenamento de produtos agropecuários, os armazéns deverão cumprir a certificação exigida pelo sistema implementado pela Lei n. 9.973/2000, de acordo com as exigências técnicas e operacionais do Ministério da Agricultura (Decreto regulamentador n. 3.855/2001). O agronegócio

remunerado as mercadorias comercializáveis por outros empresários (industrial, distribuidor, transportador). Tais mercadorias em trânsito podem e são negociadas entre empresários, podendo a posse e a propriedade das mercadorias se fazerem representar por meio de títulos de crédito especiais, a saber: **"o conhecimento de depósito" e o "*warrant*"** (art. 15, do Decreto n. 1.102/1903). O **conhecimento de depósito é um título que representa a propriedade da mercadoria**, o qual permite, inclusive, a venda das mercadorias depositadas, com a tradição dos bens armazenados efetivada pela tradição do mencionado conhecimento. Já o ***warrant* é título de crédito**, garantido seu pagamento pela mercadoria depositada, isto é, quem tem o *warrant* tem o **penhor sobre a mercadoria depositada**. Assim, **caso tenha sido emitido o *warrant***, a pedido do proprietário da mercadoria depositada, a propriedade da referida mercadoria será reconhecida **apenas em favor de quem apresente ambos os títulos**.

Independentemente de tais títulos, o armazenador monitorará o estoque de mercadorias que lhe foi confiado, sendo **possível a retirada parcial das mercadorias** por seu proprietário, mediante recibo discriminado, delimitando-se, entre outros fatores, a natureza, a quantidade e a marca dos produtos em depósito (art. 16). Pode-se afirmar que o contrato de armazenamento **é um contrato de depósito resultante de atividade negocial ou depósito profissional**, exatamente nos termos do art. 628, do CC. É nitidamente contrato **bilateral e oneroso**. Naturalmente, os riscos contra eventuais danos às mercadorias depositadas devem ser precavidos, o que ocorrerá por meio do **seguro de tais mercadorias**. É **direito do armazenador-depositário** não só a tarifa referente ao uso de seu espaço físico, como também o numerário despendido a título de frete e do referido seguro, podendo tais despesas fundamentar o direito de **retenção das mercadorias**, nos termos do art. 14, do Decreto n. 1.102/1903. Tal norma legal se alinha com o disposto no art. 644, *caput*, do CC.

O depositário, por seu turno, se devidamente remunerado, **deverá restituir as mercadorias ao proprietário e responderá pelo extravio delas ou por eventuais danos** que vier a provocar, podendo a indenização correlata ser conseguida por meio de **ação a ser intentada no prazo de três meses**, sob o risco de prescrição, nos termos do art. 11, do Decreto n. 1.102/1903. Já o projeto do novo Código Comercial da Câmara Federal **(PLC 1.572/2011) manteve** entre seus arts. 400 e 410, em linhas gerais, as normas hoje vigentes e constantes do Decreto n. 1.102/1903 a respeito do contrato de armazenamento; vale ressaltar a existência de regulamentos autônomos que deverão ser disponibilizados gratuitamente pelos armazéns gerais, bem como o **prazo mínimo do depósito (seis meses)**, prorrogável por período indeterminado a depender da vontade das partes[2].

também poderá organizar e desenvolver armazéns gerais por intermédio de cooperativas, nos termos da Lei n. 11.076/2004, inclusive com a possibilidade de negociar seus produtos por títulos de crédito especiais: certificado de depósito agropecuário (CDA) e *warrant* agropecuário (WA).

2 Do mesmo modo, a proposta paralela do Senado Federal (arts. 507-516, do PLS 487/2013).

16.2.3. Esquema

ARMAZENAMENTO MERCANTIL	
CONCEITO	▪ Contrato de logística para depósito profissional de mercadorias em trânsito. Poderá fomentar operações de crédito por meio de conhecimento de depósito e *warrant*.
PARTES	▪ Depositante e depositário (armazém geral).
EXEMPLO	▪ Parceria empresarial entre industrial do agronegócio[3] e armazém geral para acondicionamento da safra produzida e a ser exportada.
CARACTERÍSTICAS	▪ Contrato bilateral, oneroso, escrito e com o prazo mínimo de 6 (seis) meses.
PECULIARIDADES	▪ Prescrição trimestral na ação do depositante contra o depositário (armazém geral).
REFERÊNCIAS LEGISLATIVAS	▪ Decreto n. 1.102/1903. ▪ CC — Depósito Voluntário (arts. 627-646). ▪ PLC 1.572/2011 (arts. 400-410); PLS 487/2013 (arts. 507-516). Propostas para um novo Código Comercial.

16.3. TRANSPORTE DE CARGA

16.3.1. Introdução

Pelo contrato de transporte, **alguém se obriga a transferir, de um lugar para outro, coisa ou pessoa, mediante contraprestação pecuniária**. Exterioriza-se a avença pelo **conhecimento de frete ou conhecimento de transporte** de carga (transporte de coisas) ou pelo **bilhete de passagem** (transporte de pessoas).

Seu regime jurídico é disciplinado no CC, entre os arts. 730-756. No caso de transporte multimodal ou cumulativo, em que o deslocamento da pessoa ou coisa se perfaz pela concorrência de vários transportadores, **cada transportador obrigar-se-á diretamente por parte do percurso**; entretanto, **responderão solidariamente por eventuais danos causados** ao remetente ou passageiro, considerando o objetivo final do contrato. Tal ideia transparece da leitura do art. 733, do CC.

16.3.2. Características

Trata-se de contrato nitidamente **oneroso**, tendo em vista que o tomador do serviço predispõe-se a remunerar o transportador. Aliás, o transporte não remunerado afastar-se-á das normas descritas no CC para esse contrato típico (art. 736, do CC), destacando-se como regra no **transporte remunerado a responsabilidade objetiva decorrente da natureza da avença**. No transporte não remunerado (por amizade ou cortesia), por eventuais danos o transportador somente responderá se incorrer em ato ilícito, responsabilidade extracontratual, em virtude de conduta dolosa ou culposa, va-

---

[3] O PLS 487/2013 (arts. 681-776) inovou ao destacar na Parte Especial um Livro inteiro (Livro III) para tratar do agronegócio. Parece louvável tal iniciativa diante da importância do setor para a economia brasileira. Leia-se, nessa perspectiva, o disposto no art. 681 da referida proposta: "Agronegócio é a rede de negócios que integra as atividades econômicas organizadas de fabricação e fornecimento de insumos, produção, processamento, beneficiamento e transformação, comercialização, armazenamento, logística e distribuição de bens agrícolas, pecuários, de reflorestamento e pesca, bem como seus subprodutos e resíduos de valor econômico".

lendo, nesse particular, rememorar o teor do enunciado da **Súmula 145 do STJ**: "no transporte desinteressado, de simples cortesia, o transportador só será civilmente responsável por danos causados ao transportado quando incorrer em dolo ou culpa grave".

A **bilateralidade** do contrato de transporte também se demonstra inquestionável, diante dos direitos e obrigações de ambas as partes. Assim, importante ressaltar que a formalização do contrato de transporte, em regra, **dá-se por adesão, com cláusulas e condições predeterminadas**, até porque serviço de transporte de interesse público, pois **se explora mediante concessão do próprio Estado** e se instrumentaliza mediante contratos públicos em que a autonomia das partes ultima por ser restringida pela legislação específica e regulamentadora de determinados nichos de mercado (transporte rodoviário, ferroviário, aquaviário e aéreo, por exemplo). De se salientar, nesse ponto, o disposto no art. 732, do CC[4], que recomenda o **diálogo entre as disposições do CC e da legislação especial**[5].

Trata-se de contrato **consensual**, diante da **adesão do tomador** do serviço às condições estabelecidas pelo transportador. Tal vinculação se percebe, por exemplo, do disposto no art. 738, do CC, especificamente sobre o transporte de pessoas: "a pessoa transportada deve **sujeitar-se às normas** estabelecidas pelo transportador".

Ricardo Negrão[6] destaca também como uma das características principais do contrato de transporte a **comutatividade**, tendo em vista que as obrigações do transportador se lançam à execução de serviços determinados, "não se sujeitando a eventos futuros e incertos".

Para os objetivos deste livro, **releva, entretanto, destacar o transporte de coisas**, tendo em vista que o transporte de pessoas revelar-se-á como relação de consumo, enquanto o transporte de bens demonstrar-se-á intimamente ligado à atividade empresarial, pois a coisa ou a carga se relaciona à "atividade econômica de transferência de bens de consumo ou de capital (insumos ou mercadorias)", como ensina o professor Fábio Ulhoa Coelho[7].

---

4 "Aos contratos de transporte, em geral, são aplicáveis, quando couber, desde que não contrariem as disposições deste Código, os preceitos constantes da legislação especial e de tratados e convenções internacionais."

5 A concorrência do Código Civil com a legislação especial requererá do intérprete o necessário diálogo de fontes, para se verificar, em eventual conflito de normas, qual o regime jurídico aplicável. Por exemplo, tratando-se de transporte unimodal marítimo, defensável, com base na legislação específica, a tese de que o prazo prescricional para a indenização pela sobre-estadia de contêiner seja de 1 (um) ano, nos termos do art. 22, da Lei n. 9.611/1998, beneficia o expedidor da mercadoria, em confronto com o prazo maior estabelecido no art. 206, § 3º, inc. V, do CC, de 3 (três) anos, e de acordo com a tese defendida pelo transportador. Nesse sentido, há precedentes do TJSP que recomendam a aplicação do CC, no que diz respeito ao prazo prescricional para indenização no caso da denominada sobre-estadia de contêiner (*demurrage*). Confira-se, nesse sentido, o inteiro teor do seguinte julgado: Apelação n. 0010099-12.2011.8.26.0562, 23ª Câmara de Direito Privado, julgada em 19/02/2014.

6 Confira-se em *Manual de direito comercial e empresa* (títulos de crédito e contratos empresariais), v. 2, p. 416.

7 *Curso de direito comercial (Direito de empresa)*, 12. ed., p. 187.

Quando o tomador do serviço for empresário, perceber-se-á o **contrato de transporte como contrato empresarial em sentido estrito**, nos termos do PLC 1.572/2011 (art. 297)[8], tendo em vista ser o transportador empresário profissional, que detém meios e tecnologia para o serviço de "entrega de mercadorias de outro (contratante, remetente ou expedidor) no local e data ajustados de comum acordo, **zelando pela integridade delas durante o deslocamento**"[9].

Assim, a **individualização da coisa** se demonstra como primeira preocupação do "Código Reale", isto é, do CC (art. 743), impondo-se a **documentação** das características da mercadoria transportada (natureza, peso, valor, quantidade) como **obrigação do transportador que a receber**, instrumentalizando-se por meio do denominado **conhecimento de transporte**. Este, de acordo com as observações de Hugo Nigro Mazzilli e Wander Garcia[10], constitui-se em **título executivo extrajudicial**, diante da longevidade do Código Comercial nesse particular (arts. 587 e 588), bem como do que dispõe expressamente o Código de Processo Civil (art. 784, inc. XII). Esse cuidado exigido pela lei é preventivo e correlaciona-se com o limite da **responsabilidade do transportador sobre os valores declarados** (art. 750 do CC), pois eventuais danos durante o traslado da mercadoria lhe poderão ser imputados, quando constatadas as hipóteses de **deterioração e perecimento**, inclusive em caso de interrupção do transporte (arts. 750 e 753, do CC)[11]. O conhecimento de transporte também servirá de **título a legitimar seu portador a receber as mercadorias do transportador** (art. 754, do CC)[12]. E aquele que receber as mercadorias deverá, ao contextualizar eventual avaria ou dano aparente nos bens, "**apresentar as reclamações que tiver**". Se não se tratar de dano ou avaria perceptível de imediato, aparente, o prejudicado poderá **reclamar do vício no prazo de 10 (dez) dias** (art. 754, parágrafo único, do CC). Esse prazo é decadencial, diverso dos referentes aos vícios redibitórios (art. 445, *caput*, §§ 1º e 2º, do CC) ou vícios ocultos (art. 26, § 3º, do CDC).

---

[8] "Art. 297. É empresarial o contrato quando forem empresários os contratantes e a função econômica do negócio jurídico estiver relacionada à exploração de atividade empresarial.
Parágrafo único. Não descaracteriza o contrato como empresarial a participação de coobrigados não empresários."

[9] Nesse sentido, salienta o professor Fábio Ulhoa Coelho (*Manual de direito comercial*, 14. ed., p. 188).

[10] MAZZILLI, Hugo Nigro; GARCIA, Wander. *Anotações ao Código Civil*, p. 212.

[11] De se anotar ser írrita eventual cláusula no contrato que exonere o transportador de responsabilidade. Nesse sentido, o enunciado da Súmula 161, do STF: "em contrato de transporte é inoperante a cláusula de não indenizar".

[12] Quando se trata de comércio internacional, o conhecimento de transporte ou de carga é documento imprescindível para o desembaraço aduaneiro, de acordo com o Regulamento Aduaneiro (Decreto n. 6.759/2009) e correlatas Instruções Normativas da Secretaria da Receita Federal. Assim, por exemplo, a depender da via de transporte, o conhecimento de transporte receberá denominação específica: CRT (Conhecimento de Transporte Internacional por Rodovia — Rodoviário), TIP (Conhecimento Internacional de Transporte Ferroviário — Ferroviário), B/L (Marítimo — *Bill of Lading*) e AWB (Aéreo — *Airway Bill*).

Diante do **princípio da especialidade** (art. 732, do CC), o prazo mais exíguo, de apenas 10 (dez) dias, deverá prevalecer, principalmente nos **negócios jurídicos entre empresários**. Entretanto, ressalve-se a possibilidade, apesar de o contrato de transporte de carga eventualmente classificar-se como empresarial, de defender-se a ideia de que **o negócio jurídico subjacente também configure uma relação de consumo**; em tal hipótese, a legislação consumerista, por ser mais favorável ao contratante-consumidor, poderá afastar a aplicação do CC. Nesse particular, o vício adquirido durante o transporte será funcional, nos termos do CDC, aplicando-se, por isso, os prazos decadenciais de 30 (trinta) ou 90 (noventa) dias a depender da durabilidade do produto (art. 26, incs. I e II, do CDC). O projeto do novo Código Comercial na Câmara (PLC 1.572/2011)[13] elencou, entre seus arts. 411 e 421, as disposições a respeito do transporte de cargas. De início, especificou-se a **responsabilidade do transportador pelo traslado da carga entre o momento de seu percebimento até sua entrega no destino** (período de tempo em que poderão ocorrer eventuais perdas ou avarias), destacando-se a responsabilidade do transportador também por eventual atraso na entrega (art. 411).

Houve a previsão da lavratura de um **termo de avaria**, hábil a estimar e a quantificar os danos que vierem a ocorrer (art. 411, parágrafo único). Deduz-se que a **responsabilidade do transportador será objetiva**, pois o contrato envolve **obrigação de resultado e responsabilidade solidária** entre o transportador, seus parceiros empresariais, prepostos e empregados (art. 413), facultando-se o regresso contra tais colaboradores (art. 413, parágrafo único). Entretanto, o direito projetado excepcionou a **responsabilidade objetiva e solidária do transportador ao descrever cinco excludentes** (art. 412), agrupáveis em quatro categorias: a) culpa exclusiva do **próprio tomador** do serviço (incs. I, II, IV, primeira parte); b) culpa de **terceiro** (inc. IV, segunda parte); c) na hipótese de **vício intrínseco da carga** (inc. III); d) na ocorrência de **fatos extraordinários** (caso fortuito ou força maior, inc. V).

Estabeleceu-se, segundo o projeto, um **prazo-limite, de 90 (noventa) dias, findo o qual será considerado presumido o extravio da carga**, a resguardar os interesses do portador do título (art. 416); em contrapartida, a contar da disponibilização da carga no local de destino e da ciência do tomador do serviço a respeito (art. 417, § 1º), também após o prazo de **90 (noventa) dias, considerar-se-á que tenha sido abandonada** (art. 417, § 2º). A exemplo do que se tem hoje pelos dispositivos do Código Civil, o PLC 1.572/2011 estabeleceu uma **indenização tarifada, pois limitada ao valor declarado no título**, que, no caso, corresponderá ao conhecimento do transporte de carga (art. 418, § 1º, e art. 421). Trata-se de indenização tarifada quanto aos **danos emergentes** e relacionados diretamente à carga que foi transportada. Quanto aos **danos indiretos**, por exemplo, relacionados ao atraso na entrega, também haverá **limitação, a qual "não excederá ao equivalente ao frete pago pelos serviços de transporte"** (art. 418, § 2º).

Percebe-se, assim, que os **riscos da operação se distribuem entre o tomador do serviço e o transportador**. A **não tarifação poderia inviabilizar** a atividade do trans-

[13] O projeto paralelo do Senado Federal (arts. 517-527) também tratou do mesmo contrato.

portador. A boa-fé objetiva, a significar a cooperação necessária entre os parceiros empresariais, valida a referida indenização tarifada, e indenização tarifada decorrente da responsabilidade contratual. Já **em caso de dolo ou culpa do transportador** por eventuais danos, o critério a ser empregado **não será o da indenização tarifada**, pois decorrerá de ilícito civil e, portanto, de eventual responsabilidade extracontratual (art. 419).

16.3.3. Esquema

TRANSPORTE	
CONCEITO	▪ Contrato de logística para deslocamento da carga (bens de capital ou insumos) objeto de negócios de fornecedores (fabricante, comerciante, importador, distribuidor, entre outros) por intermédio do transportador (empresário profissional) que se responsabilizará pelo traslado da referida carga, sendo remunerado por tal serviço.
PARTES	▪ Expedidor da carga e transportador.
EXEMPLO	▪ Parceria empresarial entre importador de produtos diversos e transportadora (*vide* TJSP, Apelação n. 0010099-12.2011.8.26.0562, 23ª Câmara de Direito Privado, julgada em 19/02/2014).
CARACTERÍSTICAS	▪ Contrato consensual, bilateral e oneroso.
PECULIARIDADES	▪ Instrumentalização via Conhecimento de Transporte. Indenização tarifada, salvo reconhecimento de relação de consumo e dolo/culpa do transportador.
REFERÊNCIAS[15-16] LEGISLATIVAS	▪ CC (arts. 730-756). ▪ PLC 1.572/2011 (arts. 411-421). PLS 487/2013 (arts. 517-527). Propostas para um novo Código Comercial.

16.4. FRETAMENTO

16.4.1. Introdução

O contrato de fretamento é **especialização do contrato de transporte**, relacionado ao **transporte marítimo de grandes quantidades de mercadorias**, caracteri-

---

[14] Além das normas gerais contidas no Código Civil, diante das várias modalidades de transporte (unimodais) ou até da junção de espécies diferentes (multimodal), o operador do direito deverá contextualizar a aplicação da legislação específica no âmbito interno e internacional, como bem anotado por Ricardo Negrão, no seu *Manual de direito comercial & empresa*, v. 2: Títulos de crédito e contratos mercantis (9. ed., p. 418-419), quando relacionou para o transporte de coisas a legislação seguinte: "Rodoviária — Nacional — Lei n. 11.442/2007. Internacional — Decreto n. 5.462/2005, Decreto n. 1.866/1996, Decreto n. 2.975/1999, Decreto n. 99.704/1990. Ferroviária — Nacional — Decreto n. 2.681/1912, Decreto n. 1.832/1996. Aquaviária — Nacional — Lei n. 7.652/1998, Lei n. 9.432/1997, Lei n. 9.537/1997, Lei n. 10.893/2004. Internacional — Lei n. 9.432/1997. Aérea — Nacional — Código Brasileiro de Aeronáutica (Lei n. 7.565/1986). Internacional — Convenção de Varsóvia (Decreto n. 20.704/1931). Multimodal — Lei n. 9.611/1998, Decreto n. 5.276/2004 e Resolução ANTT 794/2004".

[15] De se salientar que, no portal da Agência Nacional de Transportes Terrestres, no link "Legislação", é possível refinar a pesquisa sobre a legislação a respeito do transporte multimodal. Ressalte-se, especificamente sobre o transporte aquaviário, o Decreto-lei n. 116/67, que dispõe "sobre as operações inerentes ao transporte de mercadorias por via d'água nos portos brasileiros, delimitando suas responsabilidades e tratando das faltas e avarias", bem como a concorrência da legislação aduaneira sobre o tema.

zando-se também pela reiteração de negócios semelhantes. Poderá se tratar, por exemplo, de contrato de logística associado a contrato de fornecimento entre exportador e importador, como explicado pelo professor Fábio Ulhoa Coelho ao cogitar a existência de uma empresa brasileira que se dedique ao ramo de importação de automóveis fabricados na Ásia.

Referido autor, quanto ao transporte que se valha da utilização de **navios, destacou três espécies: "transporte, fretamento e locação**. No fretamento, um dos contratantes **(fretador) põe o navio, ou parte dele, à disposição do outro (afretador)**. Variam, de acordo com o contrato, as obrigações que assumem relativamente à gestão náutica e comercial do navio"[16].

■ 16.4.2. Características

O contrato de fretamento ou o afretamento, de acordo com a Lei n. 9.432/97 (que trata do transporte aquaviário), art. 2º, incs. I, II e III, comporta as espécies seguintes: "**afretamento a casco nu**: contrato em virtude do qual o afretador tem a posse, o uso e o controle da embarcação, por tempo determinado, incluindo o direito de designar o comandante e a tripulação; **afretamento por tempo**: contrato em virtude do qual o afretador recebe a embarcação armada e tripulada, ou parte dela, para operá-la por tempo determinado; **afretamento por viagem**: contrato em virtude do qual o fretador se obriga a colocar o todo ou parte de uma embarcação, com tripulação, à disposição do afretador para efetuar transporte em uma ou mais viagens;".

O mesmo diploma legal, **a depender das águas em que se navegue, dá precedência às embarcações de bandeira brasileira**, por exemplo, na denominada navegação de cabotagem em águas interiores ou, pela via marítima, "entre portos ou pontos do território nacional" (art. 2º, inc. IX), ao passo que a navegação de longo curso, definida como aquela realizada entre "portos brasileiros e estrangeiros" (art. 2º, inc. XI), poderá ser explorada por "armadores" (pessoas físicas), "empresas de navegação" (pessoas jurídicas) e "embarcações de todos os países, observados os acordos firmados pela União, atendido o **princípio da reciprocidade**" (art. 2º, incs. IV e V, c/c art. 8º).

O afretamento, diante do porte dos negócios jurídicos, poderá envolver a necessidade de contratação de embarcações de bandeira estrangeira, que, excepcionalmente, poderão operar em território nacional, desde que devidamente autorizadas (cf. **Decreto-lei n. 666/69** e as atribuições da Superintendência Nacional da Marinha Mercante). A escolha pela espécie de fretamento ou afretamento e a definição de outras cláusulas das avenças serão objeto de composição entre as partes, nos termos do decantado princípio da autonomia da vontade dos contratantes.

O **Decreto-lei n. 116/67**, ao tratar do **transporte de mercadorias nos portos brasileiros**, delimitou as responsabilidades do transportador-fretador, tendo em vista que as operações de embarque, desembarque e desembaraço aduaneiro poderão ser conferidas a terceiros. Entre as regras a protegê-lo, destacam-se: o **direito de deter-**

16 NEGRÃO, Ricardo. *Manual de direito comercial & empresa*, v. 2: Títulos de crédito e contratos mercantis, p. 190.

minar a retenção da mercadoria nos armazéns, até ver liquidado o frete devido ou o pagamento da contribuição, por avaria grossa declarada (art. 7º); e a prescrição ânua "da data do término da descarga do navio transportador" e nas as ações em que se discuta "extravio de carga, bem como as ações por falta de conteúdo, diminuição, perdas e avarias ou danos à carga" (art. 8º).

O PLC 1.572/2011 define como "**fretador quem dá e como afretador quem toma a embarcação a frete**", podendo o contrato correlato englobar a embarcação total ou apenas parte dela e envolver uma ou mais viagens (art. 422 e seu parágrafo único)[17].

O direito projetado tornou o contrato de **fretamento necessariamente escrito, a ser instrumentalizado pela "carta partida ou de fretamento"**, documento que conterá como cláusulas mínimas da avença as seguintes: "a embarcação objeto de fretamento; a extensão do fretamento; nome e qualificação do fretador e afretador; remuneração devida pelo afretador, e as condições de pagamento; responsabilidade por arribadas forçadas; demais condições do contrato" (art. 424, parágrafo único).

A depender do tipo de afretamento, na **omissão do contrato, a administração do cronograma das viagens (data, destino e periodicidade) caberá ao afretador** se o contrato envolver toda a embarcação, ao passo que, se a avença estabelecer a utilização **parcial do navio, a escolha caberá ao fretador** (art. 425). O direito de retenção a favorecer o fretador somente será oponível se expressamente previsto no contrato (art. 426).

Supletivamente, na eventualidade de omissão do contrato, por avarias na embarcação ou danos à carga transportada **responderá o afretador se o objeto do contrato envolver toda a embarcação**, a não ser que os danos emergentes se tenham originado de ausência ou manutenção deficitária da embarcação por parte do fretador. Se, em contrapartida, tratar-se de afretamento parcial, pelos mesmos danos responderá o fretador (art. 417, incs. I e II).

16.4.3. Esquema

FRETAMENTO	
CONCEITO	■ Contrato de logística relacionado ao transporte aquaviário de mercadorias.
PARTES	■ Fretador (armador ou empresa de navegação) e afretador (exportador, por exemplo).
EXEMPLO	■ Parceria empresarial entre transportadora e empresa de navegação.
CARACTERÍSTICAS	■ Contrato escrito, bilateral e oneroso.
PECULIARIDADES	■ Instrumentalização por Conhecimento de Transporte Marítimo.
REFERÊNCIAS LEGISLATIVAS	■ Decreto-lei n. 116/67. ■ Lei n. 9.432/97. ■ PLC 1.572/2011 (arts. 422-427); PLS 487/2013 (arts. 777-947). Propostas para um novo Código Comercial.

[17] O PLS 487/2013 inovou ao criar um livro próprio (Livro IV) para o Direito Comercial Marítimo (arts. 777-947). De se salientar que os dispositivos daquele livro sobre o contrato de fretamento foram incorporados na referida proposta.

■ 16.5. QUESTÕES SUBJETIVAS

■ 16.5.1. Questão-homenagem

O que se entende por *demurrage*?

Resposta: No transporte marítimo, o desembaraço aduaneiro e portuário das mercadorias se faz necessário. O acondicionamento das mercadorias transportadas se faz em contêineres. Trata-se de bem operacional relacionado à atividade do fretador. Portanto, se houver mora na devolução do contêiner, o fretador requererá indenização por sua retenção, por permanecer na posse do afretador ou preposto em período superior ao estipulado no contrato. A essa sobre-estadia, a doutrina e a jurisprudência denominam *demurrage*.

■ 16.5.2. Questão-desafio

Qual o prazo prescricional da ação de indenização no caso da questão anterior? Lembre-se de que há um conflito entre o Código Civil e a legislação especial.

■ 16.6. QUESTÕES OBJETIVAS

1. (CESPE — OAB — Exame de Ordem — 2008) Assinale a opção correta com relação aos contratos.

a) O contrato preliminar gera uma obrigação de fazer, no entanto não comporta a execução específica, resolvendo-se o seu descumprimento em perdas e danos.

b) No contrato de transporte cumulativo, em que vários transportadores efetuam, sucessivamente, o deslocamento de coisas, cada transportador se obriga a cumprir o contrato relativamente ao respectivo percurso; se, em tal percurso, a coisa transportada for danificada, o transportador deverá responder pelo dano.

c) No contrato de empreitada global a preço fixo, não poderá o empreiteiro exigir alteração do valor do preço pelo serviço extraordinário executado às claras, inclusive sob a supervisão do dono da obra.

d) Na doação com cláusula de reversão, o bem doado não volta ao patrimônio do doador se este sobreviver ao donatário, salvo quando tenha ocorrido a alienação da coisa doada.

2. (CESPE — ANTAQ — Especialista em Regulação — 2009) Julgue o item seguinte. Considera-se como transporte multimodal o transporte de mercadorias por duas modalidades, pelo menos, em virtude de contrato de transporte multimodal, desde um lugar situado em um estado-parte em que um operador de transporte multimodal toma as mercadorias sob sua custódia, até outro lugar designado para sua entrega, situado em outro estado-parte, compreendendo, além do transporte em si, os serviços de coleta, unitização ou desunitização da carga por destino, armazenagem, manipulação e entrega da carga ao destinatário, abarcando os serviços que foram contratados entre a origem e o destino, inclusive os de consolidação e desconsolidação das cargas.

3. (CESGRANRIO — Petrobras — Analista de Comercialização e Logística Júnior — Transporte Marítimo — 2010) As gestões náuticas dos contratos de afretamento por período, por viagem e a casco nu são de responsabilidade, respectivamente, do

a) afretador, fretador e fretador.
b) afretador, afretador e fretador.
c) fretador, fretador e afretador.
d) fretador, afretador e afretador.
e) fretador, afretador e fretador.

4. (CESGRANRIO — Petrobras — Advogado — 2011) O contrato de afretamento, no qual o afretador tem a posse, o uso e o controle da embarcação, por tempo determinado, cabendo ao afretador a designação do comandante e da tripulação, é denominado afretamento

a) completo.
b) a casco nu.
c) direto.

d) por viagem.
e) por tempo.

5. (FEPESE — DPE-SC — 2012) Pelo contrato de transporte uma empresa se obriga, mediante retribuição, a transportar, de um lugar para outro, pessoas ou coisas. No que se refere aos danos causados às pessoas transportadas, o transportador responde pelos danos:

a) Salvo fato resultante de força maior.
b) Salvo se elidida por culpa de terceiro.
c) Salvo se o passageiro não pagou a passagem.
d) Salvo se o transporte era exclusivo de mercadoria.
e) Salvo cláusula excludente da responsabilidade

6. (FGV — OAB — XXVI Exame de Ordem — 2018) Iguatu Têxtil S/A contratou o transporte de seus produtos do local de sua fábrica, em Iguatu/CE, até um dos polos de distribuição, em Fernão Dias/SP. Durante o trajeto, a carga será transportada, sucessivamente, pelas vias rodoviária, aérea e ferroviária. Será celebrado um único contrato, desde a origem até o destino, sob a execução e a responsabilidade únicas de um Operador de Transportes. A situação descrita revela que as partes celebraram um contrato de transporte

a) multimodal.
b) combinado.
c) cumulativo.
d) de fato.

▪ GABARITO ▪

1. "b", nos termos do art. 733, do CC: "Nos contratos de transporte cumulativo, cada transportador se obriga a cumprir o contrato relativamente ao respectivo percurso, respondendo pelos danos nele causados a pessoas e coisas".
2. Item correto. A proposição reproduziu a alínea "a", do art. 1º, do Acordo de Alcance Parcial para facilitação do Transporte Multimodal de Mercadorias no âmbito do MERCOSUL, nos termos do Decreto n. 1.401/95.
3. "c". De acordo com a Lei do Transporte Aquaviário, no contrato de fretamento, o fretador corresponde ao empresário que aluga a embarcação, e o afretador, ao locatário. A gestão náutica referente à administração da tripulação, da segurança e do comando do navio será de responsabilidade do fretador no fretamento por viagem e por período, nos termos do art. 2º, incs. I e II, da Lei n. 9.432/97.
4. "b", nos termos do inc. I, do art. 2º, da Lei n. 9.432/97: "afretamento a casco nu, contrato em virtude do qual o afretador tem a posse, o uso e o controle de embarcação, por tempo determinado, incluindo o direito de designar o comandante e a tripulação".
5. "a", nos termos do art. 734, do CC: "O transportador responde pelos danos causados às pessoas transportadas e suas bagagens, salvo motivo de força maior".
6. "a". Em sintonia com o teor do art. 2º, da Lei n. 9.611/98: "Art. 2º Transporte Multimodal de Cargas é aquele que, regido por um único contrato, utiliza duas ou mais modalidades de transporte, desde a origem até o destino, e é executado sob a responsabilidade única de um Operador de Transporte Multimodal".

17

CONTRATOS BANCÁRIOS

17.1. NOÇÕES GERAIS

Na economia globalizada de hoje, de uma sociedade de massa, impensável a otimização de recursos financeiros sem a participação das sociedades profissionais[1], que têm como insumo principal o crédito[2]. A respeito, diz a lei: **"Lei n. 4.595/64 (...)**

1 Na verdade, excepcionalmente, poderá haver fomento do crédito sem a participação direta dos bancos. Há iniciativas relacionadas aos denominados "Bancos Comunitários", que se organizam como associações civis, sem fins lucrativos, para o fomento do microcrédito em comunidades de baixa renda. O microcrédito, crédito subvencionado nos termos do Programa Nacional do Microcrédito Produtivo Orientado (PNMPO, Lei n. 11.110/2005, Decreto n. 5.288/2004 e Resolução n. 4.000/2011, do Conselho Monetário Nacional), também encontra respaldo na Resolução n. 3.954/2011 que regulamentou os serviços que podem ser ter ceirizados a seus correspondentes, entre os quais, além de empresários e sociedades empresárias, as associações criadas nos termos do CC, nos termos do art. 3º, da referida Resolução. Um "Banco Comunitário", portanto, é uma associação civil que, de acordo com os princípios da denominada "economia criativa" (interação entre "criatividade, cultura, economia e tecnologia"), poderá suprir os meios financeiros para o alcance de bens e serviços pelas famílias de baixa renda e que não tenham sido favorecidas com linhas de crédito especiais pelas instituições financeiras empresárias. A propósito, a constitucionalidade da Resolução n. 3.954/2011 deverá ser apreciada pelo STF, diante da propositura da ADPF 236/DF. Para um estudo mais detalhado do tema "Bancos Comunitários", recomenda-se a leitura da tese de doutorado de Marusa Gonçalves Freire (Universidade de Brasília — UnB) intitulada "Moedas Sociais: contributo em prol de um marco legal e regulatório para as moedas sociais locais circulantes no Brasil". Disponível em: <http://www2.cultura.gov.br/economiacriativa/wp-content/uploads/2012/12/FREIRE-MARUSA-TRABALHO-CONCORRENTE-COM-RESUMO.pdf>. Acesso em: 02 mar. 2014, às 14h. Recomendável, ainda, para ambientação sobre o assunto, visita ao portal da Secretaria Nacional de Economia Solidária (Ministério do Trabalho e Emprego) no link <http://portal.mte.gov.br/ecosolidaria/o-que-e-economia-solidaria.htm>.

2 Além das moedas sociais, existem as virtuais. A tecnologia tem reinventado as práticas empresariais. Nesse sentido, é exemplo de moeda virtual o *bitcoin*, que poderá ser utilizado como meio de pagamento entre consumidores e fornecedores que tenham aderido a uma carteira via internet ou gerenciada por terceiros. As transferências ocorrem, por exemplo, de *smartphone* para *smartphone*. Trata-se de uma criptomoeda baseada em protocolos de código aberto e criptografia não sujeita ao controle estatal. Da mesma maneira que, no Brasil, o COAF (Conselho de Controle de Atividades Financeiras, órgão do Ministério da Fazenda) tem a função de prevenir crimes contra a lavagem de dinheiro e o financiamento do terrorismo, entre outras operações suspeitas, o FinCEN — Financial Crimes Enforcement Network — é órgão com funções semelhantes e faz parte da estrutura da

Art. 17. Consideram-se instituições financeiras, para os efeitos da legislação em vigor, as pessoas jurídicas públicas ou privadas, que tenham como atividade principal ou acessória a coleta, intermediação ou aplicação de recursos financeiros próprios ou de terceiros, em moeda nacional ou estrangeira, e a custódia de valor de propriedade de terceiros".

Tal atividade de intermediação do crédito tem suas origens nos **"trapezistas" e nos *argentarii***, na Antiguidade, entre os gregos e romanos, respectivamente, que, naquele tempo, exerceram "funções de **trocadores, depositários e emprestadores de moeda**". Na Idade Média, os "**campsores ou cambiatores**" repetiram o ofício de **troca manual de moedas**, aperfeiçoando-o e substituindo-o até a denominação "**banqueiros**", representados pelos grandes mercadores. Ainda na Idade Média, destacaram-se organizações criadas para **administrar recursos provenientes de órgãos públicos** ("empréstimos forçados") ou de classes específicas, sendo exemplos disso o Banco de Veneza (1171-1797) e "a Casa di San Giorgio, fundada em Gênova, em 1408", conforme salientado por Nelson Abrão[3-4].

As sucessivas revoluções industriais, a partir do século XVIII, afirmaram e modularam o sistema de produção capitalista, que sempre se pautou pelo **desenvolvimento econômico impulsionado pela iniciativa privada, quer dizer, pelos empreendedores, empresários, sociedades empresárias**, como as instituições financeiras — os bancos, responsáveis pela intermediação do crédito, o qual, no Brasil, é "inerente ao desenvolvimento da ordem econômica fundada na livre-iniciativa (arts. 170 e 192, da CF)" e que "**permite o desenvolvimento nacional** (art. 3º, II), trazendo, como consequência, diversos benefícios para a comunidade. Num **prisma individual, o crédito possibilita a aquisição de bens e serviços essenciais que, ao final, são importantes para o desenvolvimento da atividade humana**"[5].

Secretaria do Tesouro nos Estados Unidos, e, expressamente, reconheceu o *bitcoin* como moeda virtual (*Money Services Business*), o que demonstra o crescimento das transações por meio de tal "moeda". Diferentemente, o Banco Central Europeu não considera o *bitcoin* moeda eletrônica, porque, apesar de poder ser armazenado eletronicamente e cumprir a tarefa de meio de pagamento (dois dos requisitos das moedas eletrônicas nos termos da Diretiva da União Europeia sobre moeda eletrônica — Electronic Money Directive 2009/110/EC), poderá ser negociado com base na recepção de fundos em quantidade superior ao valor monetário emitido, o que contraria a referida diretiva. Sinais dos tempos? Nada disso; apenas o velho escambo sendo renovado, ainda que a dispensar as instituições financeiras.

3 *Direito bancário*, 13. ed., p. 44-45.

4 Os banqueiros no velho continente europeu, a partir do século XV, passaram a financiar os reinos absolutistas que se lançaram à conquista do continente americano, na perspectiva de que suas descobertas lhes propiciassem a acumulação de metais preciosos. De forma bem-humorada, Carlos Eduardo Novaes arremata: "A essa fase da História, alguns desavisados costumam chamar de 'Período dos Grandes Descobrimentos'. A verdade, porém, era outra: ninguém estava a fim de descobrir nada além de novos caminhos para grandes lucros. Você duvida? Pois saiba que um pequeno banqueiro alemão, Jacob Fugger, em seu balancete de 1546, mostra débitos do Imperador alemão, dos reis da Inglaterra, de Portugal, da rainha da Holanda e — pasmem — até do Papa". NOVAES, Eduardo. *Capitalismo para principiantes* (a história dos privilégios econômicos), p. 25-26.

5 Assim doutrina Leonardo Roscoe Bessa (*Manual de direito do consumidor*, 2. ed., p. 251).

A concentração empresarial, com **conglomerados empresariais multinacionais, inclusive instituições financeiras**, demonstra-se fenômeno presente em todo o globo, sendo que as operações bancárias também se internacionalizaram e, com efeito, as **normas que as regulam, protegendo interesses difusos, públicos e particulares, concomitantemente**.

E, se a atividade empresarial se demonstra imprescindível a todos nós, pois, por meio dela, alcançamos os produtos e serviços cotidianos, por identidade de razões, à intermediação do crédito (a englobar as operações ativas e passivas dos bancos), também se estende a referida imprescindibilidade, pois são **as instituições financeiras que fomentam o crédito aos empresários e às sociedades empresárias**, para que mantenham e/ou incrementem seus negócios. O crédito, "matéria-prima" das operações bancárias, poderá suprir as mais variadas necessidades econômicas (crédito livre) e poderá ser reservado a atividades específicas, tornando-se direcionado, por exemplo, quando destinado ao financiamento do agronegócio ou de imóveis às famílias de baixa renda. **Além disso, a especificação das operações de crédito permite a classificação dos bancos**. Arnaldo Rizardo pontua as espécies seguintes:

> a) **Bancos de emissão**, que realizam operações bancárias exclusivamente com as instituições financeiras públicas e privadas. Compete-lhes emitir a moeda-papel e a "moeda-metálica", função do **Banco Central do Brasil**; b) **Bancos Comerciais de Depósitos**, os quais têm como prerrogativa principal "receber do público depósitos de fundos à vista e a termo. Assim (...) fazer descontos, antecipações, aberturas de crédito, além de outras atividades como serviços de cobrança, transferência de fundos, custódia de títulos e valores, locações de cofres, operações de câmbio, etc. (...) c) **Bancos de Investimento**, que se dedicam aos financiamentos. São constituídos de instituições financeiras privadas, especializadas em operações de participação ou financiamento, a prazos médio e longo, para suprimento de capital, fixo ou de movimento, mediante aplicação de recursos de terceiros; d) **Bancos de Crédito Real**, aos quais sobressai função de conceder empréstimos a longo ou a curto prazo, mediante garantia de imóveis; e) **Bancos de Crédito Industrial** ou aqueles que se destinam a auxiliar a indústria através de empréstimos; f) **Bancos Agrícolas** que concedem crédito aos que se dedicam às atividades do agronegócio, com "garantia hipotecária ou pignoratícia"; g) **Caixas Econômicas** que se dedicam a recolher e movimentar a poupança popular, estando organizadas sob a forma empresas públicas. A federal é garantida pelo governo federal; as estaduais, pelos governos federal e estaduais; h) **Cooperativas de Crédito**, definidas como sociedades de pessoas com forma jurídica própria, de natureza civil, sem finalidade lucrativa e não sujeitas à falência, se organizam para a prestação de serviços ou exercício de outras atividades de interesse comum dos associados. Propiciam **empréstimos a juros módicos** a seus associados e restringem suas atividades às relações entre os cooperados e a sociedade[6].

Esquematizando as **espécies de banco**, segundo Arnaldo Rizzardo:

[6] RIZZARDO, Arnaldo. *Contratos,* 8. ed., p. 1401.

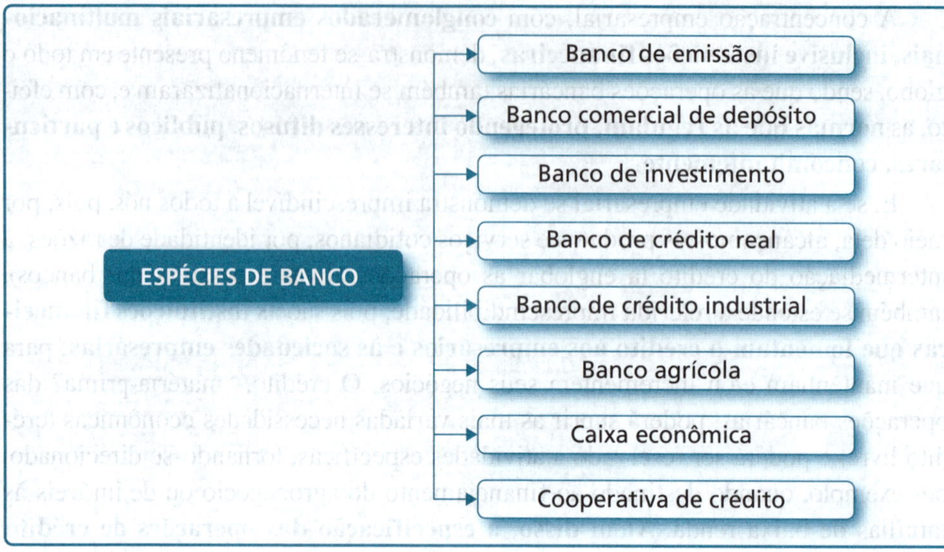

Essa especificação das operações de crédito orienta a classificação dos contratos bancários, considerados em duas categorias: **contratos típicos e atípicos**. Nesse sentido, doutrina o professor Fábio Ulhoa Coelho acerca dos contratos bancários: "As operações desenvolvidas pelos bancos podem ser típicas (atividades de intermediação de recursos financeiros exclusivas de banco) ou atípicas (prestação de serviços ligados ao cumprimento de obrigações pecuniárias). As **operações típicas são ativas ou passivas**, conforme o banco assuma respectivamente a posição de credor ou devedor da obrigação principal contratada com o cliente"[7]. Pode o **banco também se colocar como coobrigado**, como se verá.

Nelson Abrão[8] preferiu conceituar Direito Bancário como ramo do direito empresarial "que regula as operações de banco e as atividades daqueles que as praticam em caráter profissional", tomando por empréstimo a definição que colhia do disposto no art. 119, do parcialmente revogado Código Comercial. Criticou, em seguida, o art. 17, da **Lei n. 4.595/64**, anteriormente transcrito, tendo em vista não se ter explicitado na norma legal a diferença entre instituição financeira e banco. Asseverou que a Lei que define os **crimes contra o Sistema Financeiro Nacional (Lei n. 7.492/86)** repetiu a caracterização da instituição financeira como a **empresa hábil "a custódia**, emissão, distribuição, negociação, intermediação ou administração de valores mobiliários", não se podendo enxergar em tal dispositivo a **diferença basilar entre banco e instituição financeira**. Doutrinariamente, pautou a diferença na disponibilidade dos fundos de que dispõem tanto os bancos quanto as instituições financeiras. Esclareceu que os **bancos poderão captar recursos públicos**, sob a forma de depósito, por exemplo, podendo utilizá-los nas variadas operações de intermediação de crédito, ao passo que as **instituições financeiras somente poderiam realizar as referi-**

[7] *Curso de direito comercial*, 12. ed., v. III, p. 146.

[8] *Direito bancário*, 13. ed., p. 34.

das operações por meio de recursos não provenientes do público. Assim, não haveria dessemelhanças quanto ao conteúdo de tais operações[9]. Tal ressalva, porém, permite classificar os contratos bancários como **próprios (exclusivos dos bancos)** e **impróprios (quando também permitidos a outras instituições financeiras)**. Nesta obra, adotar-se-á essa categorização[10-11-12-13], bem como serão referidos contratos coligados com atividade bancária, como o Contrato de Cartão de Crédito, entre outros, conforme o quadro a seguir:

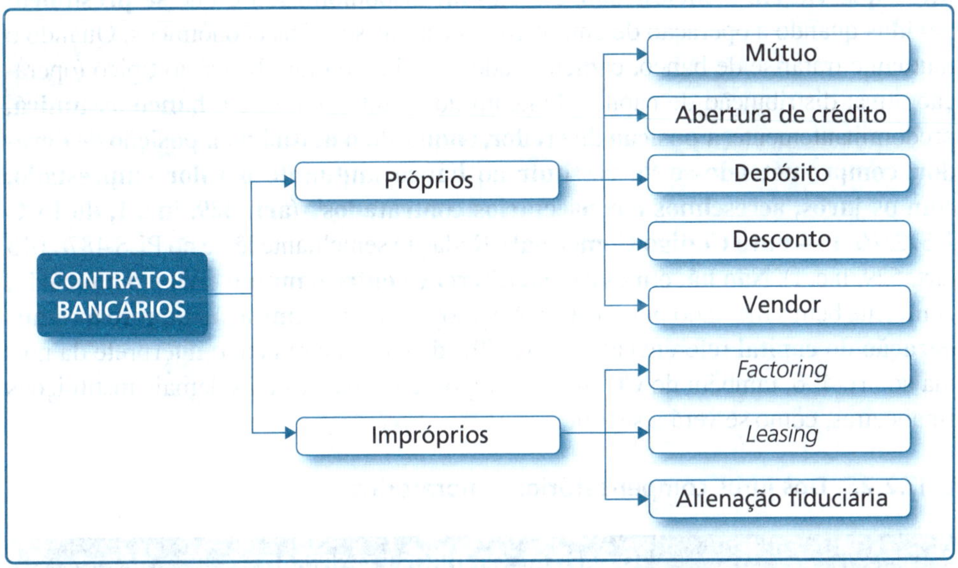

---

9 *Direito bancário*, 13. ed., p. 35.

10 As proposições em trâmite no Congresso Nacional — PLC 1.572/2011 e PLS 487/2013 —, que se construíram como as matrizes paralelas do novo Código Comercial, nesse particular, adotaram posicionamento diverso. No projeto em trâmite na Câmara dos Deputados, somente serão contratos bancários aqueles que envolverem atividade privativa de banco (art. 428). Já o projeto em tramitação no Senado Federal preferiu, em vez da espécie contratos bancários, tratar dos "Contratos Financeiros" (art. 528) e, como característica, a atribuição privativa para intermediação de recursos financeiros. De comum nos dois projetos, o rol meramente exemplificativo para as espécies de contratos neles previstas.

11 O Código Civil y Comercial de La Nación (de outubro de 2014), na Argentina, tipificou os contratos bancários e adotou a mesma fórmula do PLS 487/2013, ou seja, os contratos bancários serão aqueles que tenham como uma das partes os bancos, mas também outras instituições autorizadas pelo Banco Central da Argentina. Confira-se a legislação de "los hermanos" no site: <http://www.infojus.gob.ar/docs-f/codigo/Codigo_Civil_y_Comercial_de_la_Nacion.pdf>. Acesso em: 17 nov. 2014, às 21:00.

12 Importante rememorar que bancos e instituições financeiras correspondem a entidades que congregam um mesmo sistema, o Sistema Financeiro Nacional: " Art. 1º O sistema Financeiro Nacional, estruturado e regulado pela presente Lei, será constituído: I — do Conselho Monetário Nacional; II — do Banco Central do Brasil; III — do Banco do Brasil S. A.; IV — do Banco Nacional do Desenvolvimento Econômico; V — das demais instituições financeiras públicas e privadas" (Lei n. 4.595/1964). O CMN (órgão colegiado) a disciplinar a política de crédito; o Banco Central — autarquia federal — responsável pela execução de tal política e fiscalização das demais entidades integrantes do sistema financeiro.

17.2. MÚTUO

17.2.1. Introdução

O Código Civil define o mútuo como contrato de **empréstimo de bem fungível**; sendo o dinheiro exemplo clássico de bem móvel que pode ser substituído por outro de mesma espécie, qualidade e quantidade, é, portanto, bem fungível (art. 586, *caput*, c/c art. 85, ambos do CC). O **"preço" do dinheiro** corresponderá, minimamente, **aos juros que vierem a incidir sobre o capital** disponibilizado e que **se presumem devidos** quando a operação de empréstimo destinar-se a fins econômicos. Quando o mutuante tratar-se de banco, caracterizado estará o contrato bancário típico (operação ativa, distribuição de capital, fomento do crédito), em que **o banco assumirá**, predominantemente, **a posição de credor, enquanto o mutuário a posição de devedor, comprometendo-se "a restituir ao banco mutuante o valor emprestado, com os juros, acréscimos e consectários contratados" (art. 429, inc. I, do PLC 1.572/2011 — novo Código Comercial)**. Redação semelhante lê-se no PLS 487/2013 (art. 529, inc. I). **Não há, em essência, diferença entre o mútuo civil e o bancário**, conforme bem salientado por Ricardo Negrão[14]. Porém, a **limitação quanto à remuneração do capital** referenciada no art. 591, do CC, que remete o intérprete da norma ao art. 406, também do CC, não foi imposta aos bancos e às demais instituições financeiras, como se verá a seguir.

17.2.2. Dos juros compensatórios e moratórios

O CAPITAL, OS JUROS E O *SPREAD*

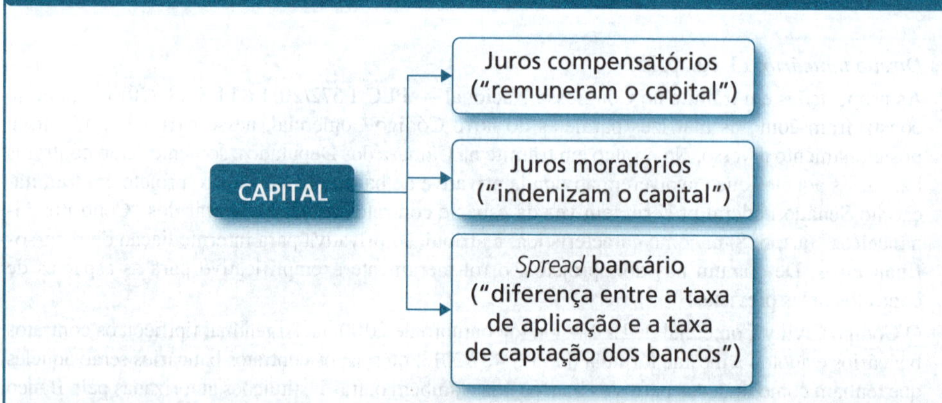

---

[13] Reitero que com o objetivo de modernizar o procedimento administrativo sancionador no âmbito do Banco Central e da CVM foi editada a Medida Provisória n. 784/2017, sendo que tal MP se propôs a homogeneizar o procedimento de fiscalização, a atualização das infrações administrativas e das sanções correlatas e, ainda, mecanismos de cessação das atividades irregulares, como, por exemplo, a possibilidade de eventual acordo de leniência. Aguardemos, assim, a convolação da referida MP em lei.

[14] *Manual de direito comercial & empresa*, v. 2, Títulos de crédito e contratos mercantis, p. 367.

O **crédito** — o dinheiro objeto do contrato de mútuo — tem um "preço". O "preço" do dinheiro para o tomador do empréstimo se visualiza **pelas taxas de juros incidentes sobre o Capital almejado**, comparando-se este valor com o do saldo devedor que se vier a formar. De maneira simples, entre particulares, **M = C + J**. O valor total do dinheiro emprestado corresponde a M (montante), que equivale ao resultado da soma de C (capital) com J (os juros pactuados), estes incidentes sobre C e correspondentes à **remuneração do mutuante** que se predispuser a disponibilizar o dinheiro ao mutuário. Portanto, tais juros podem ser **qualificados como compensatórios**. Operação simples em que o mutuário restitui ao mutuante o principal acrescido da quantia equivalente aos **juros remuneratórios (sinônimo de juros compensatórios)**.

Entretanto, em **caso de mora**, além dos acréscimos decorrentes da correção monetária, ao montante serão acrescidos **juros moratórios, como sanção** pelo atraso no cumprimento da obrigação e **estímulo à devolução** mais rápida possível ao credor do capital emprestado. Juros, assim, devidos em razão do inadimplemento do contrato. **Juros considerados indenizatórios**. Nesse sentido, o **CC (arts. 394 e 395)** considera em "mora o devedor que não efetuar o pagamento (...) no tempo, lugar e forma que (...) a convenção estabelecer", devendo "responder pelos prejuízos a que sua mora der causa, mais juros, atualização dos valores monetários segundo índices oficiais regularmente estabelecidos, e honorários de advogado".

Imagine-se um mútuo que se entabulou entre civis, dois vizinhos — Shylock (judeu), o mutuante, e Antônio (cristão)[15], o mutuário, maiores e capazes. O contrato se estabeleceu verbalmente. Shylock emprestou a Antônio a quantia de R$ 5.000,00, creditando o valor respectivo em conta corrente informada por Antônio, na data de 01/11/2013. Os juros convencionados foram de 6% a.m. (seis pontos percentuais ao mês), sendo que o principal acrescido dos juros deveria ser saldado em 30 dias, com a possibilidade de prorrogação do empréstimo, desde que, pelo menos, os juros do período fossem liquidados. Antônio assinou nota promissória em branco e a disponibilizou a Shylock. Vencida a dívida, sem receber os juros acordados, Shylock preencheu os dados faltantes da nota promissória e buscou em Juízo executar a quantia de R$ 5.366,98[16]. O negócio jurídico subjacente, em princípio, seria válido, diante da

[15] Os nomes aqui escolhidos, propositadamente, rememoram os nomes dos personagens centrais da peça "O Mercador de Veneza", do grande William Shakespeare, literatura que serve de apoio para reflexão, entre outros temas jurídicos, sobre os limites da autonomia privada no direito contratual e a necessidade de intervenção do Judiciário para coibir eventuais abusos. O exemplo aqui construído se baseou em casos concretos, julgados pelo TJDFT, em que, entre particulares, os mutuantes pretenderam fazer valer as taxas convencionais das avenças, mas que, como o judeu Shylock, ultimaram por "ter mais justiça do que queriam", porque o convencionado, razoável e justo para eles, acabou por ser reconhecido como abusivo. Para a humanização da teoria, recomenda-se a leitura da referida peça: "O Mercador de Veneza", de William Shakespeare (tradução de Beatriz Viégas-Faria), LPM, Rio de Janeiro, 2008. Igualmente, para aprofundamento da matéria, sugere-se a leitura do inteiro teor dos acórdãos julgados pelo TJDFT, registros 576.662, 654.198 e 718.578.

[16] Na página do TJDFT <www.tjdft.jus.br>, no link "Advogados (...) Atualização Monetária", possível não somente verificar a atualização monetária, como também calcular os juros moratórios, multa e honorários advocatícios, gratuita e automaticamente. No caso, o valor de R$ 5.366,98 foi calculado com base no referido link.

capacidade dos agentes, da licitude do objeto e da ausência de forma para sua conclusão (art. 104, do CC). Entretanto, a **taxa de juros praticada excedeu o limite legal**, caracterizando-se como encargo ilícito (art. 137, do CC) e a contextualizar a **usura (Decreto n. 22.626/33)** ou a **agiotagem (MP n. 2.172-32/2001)**, e, por isso, nulo o negócio. Em tais hipóteses, **a nota promissória restará contaminada com a nulidade do mútuo verbal** e, assim, a execução poderá ser afastada por eventuais embargos do devedor, **salvo se vier a circular, tornando-se título abstrato perante o terceiro-endossatário**.

A solução assim apresentada parece, à primeira vista, injusta, diante das não tão módicas taxas de juros praticadas pelos bancos, nas operações de crédito sem garantia, como as do "cheque especial". Porém, deve-se ter em mente que **o regime jurídico aplicável** ao mútuo bancário corresponde à legislação especial componente de sub-ramo do Direito Empresarial — o Direito Bancário —, "incrustado no segmento do Direito Privado, pela qualidade das partes, cujas relações regula (...) por outro lado, impregna-se de acentuada **conotação pública**, dada a importante repercussão, no interesse coletivo, do exercício da atividade bancária, atualmente sob controle estatal".

E esse controle estatal se estabelece também por meio do Direito Econômico, "ramo do Direito que tem por objeto a 'juridicização', ou seja, o **tratamento jurídico da política econômica** e, por sujeito, o agente que dela participe. Como tal, é o conjunto de normas de conteúdo econômico que assegura a defesa e harmonia dos interesses individuais e coletivos, de acordo com a ideologia adotada na ordem jurídica. Para tanto, utiliza-se do '**princípio da economicidade**'"[17].

Direito Econômico é "ramo autônomo do Direito, visto que dispõe de sujeitos, objeto, normas e campo próprios e interage em harmonia com os demais ramos do Direito. Seus **sujeitos são os agentes econômicos** que atuam no mercado, como empresas, grupos econômicos, Estados, organismos, seja nacional, seja internacional, público ou privado, e o próprio indivíduo. **Seu objeto é a realização da justiça por meio da política econômica**. Além das normas tradicionais, há normas cujo conteúdo é sempre econômico. São normas: programáticas, que enunciam e orientam; premiais, que estimulam e incentivam; e objetivas, que definem as políticas públicas. Quanto ao **seu campo, o econômico**, inclusive previsto na Constituição Federal de 1988, art. 24, I"[18].

Tal competência legislativa, concorrente entre os entes da Federação (União, Estados e Distrito Federal), reserva à União precedência para estabelecer **normas gerais** (art. 24, § 1º, da CF/1988) e pautará a competência material ou administrativa da União (ressalte-se exclusiva, não delegável) para "administrar as reservas cambiais do País e **fiscalizar as operações de natureza financeira, especialmente as de crédito, câmbio e capitalização**, bem como as de seguro e de previdência privada" (art. 21, inc. VIII, também da CF/1988).

---

[17] Assim doutrina Washington Peluso Albino de Souza no seu *Primeiras linhas de direito econômico*, 5. ed., p. 23.

[18] Cf. o pensamento de Vicente Bagnoli, *Direito econômico*, 5. ed., p. 8.

Percebe-se, assim, estreita relação entre o Direito Bancário (ramo do direito empresarial) e o Direito Econômico, sendo que a política de crédito e os contratos que em torno dela gravitam não podem mesmo ser tratados como se fossem relações econômicas estritamente entre particulares, razão pela qual, apesar das respeitáveis opiniões em sentido contrário, ilustrativamente, o **limite legal ou teto do "preço" do dinheiro (os juros remuneratórios ou compensatórios) oponível às relações econômicas entre civis não se mensura, nem se aplica aos contratos bancários**.

Os bancos correspondem a sociedades empresárias que **captam recursos de terceiros, remunerando-os** (por exemplo, por meio da poupança), e, concomitantemente, poderão utilizá-los para **financiar o crédito de pessoas físicas e jurídicas** (exemplificativamente, por meio de contrato de abertura de crédito), impondo-se aos tomadores de tais recursos uma taxa superior à da captação. Logicamente, a administração do crédito de e para terceiros envolve **um custo operacional**, bem como a incidência de **tributos**, e, ainda, prospectivamente, **almejará o lucro**.

A **diferença entre a taxa de aplicação** (entendida como remuneração ou juros incidentes nas operações de crédito intermediadas pelos bancos quando disponibilizam recursos a terceiros) **e a taxa de captação** (que se compreende pela remuneração devida pelos bancos quando recebem e administram recursos de terceiros) denomina-se *spread* bancário. ***Spread***, palavra de origem inglesa, com significado múltiplo ou polissêmico, refere-se a **custo, a encargo, à comissão bancária, à margem de lucro bruto**.

O Banco Central do Brasil — BACEN, com as atribuições legais de monitorar e fiscalizar as operações de crédito, tem periodicamente estudado e decomposto o Indicador de Custo de Crédito e seu ***spread*** por meio dos Relatórios Anuais de Economia Bancária.

A análise dos dados divulgados permite a ilação de que o denominado ***spread*** bancário **é conjuntural e dependente de fatores extrajurídicos**, destacando-se o risco da **inadimplência** e a margem líquida (margem financeira) correspondente ao **lucro mínimo** dos bancos. A intervenção estatal[19] por meio do direito econômico

[19] Desde a Antiguidade, as primeiras leis escritas já registravam a necessidade de intervenção estatal para a limitação dos juros. O direito babilônico antigo, no Código de Hamurabi, dispôs: "Se um mercador emprestou cevada ou prata a juros, ele tomará 1 GUR de cevada, [100 qa] de juros. Se emprestou prata a juros, tomará, por um siclo de prata, 1/6 de siclo e 6 SE de juros". Emanuel Bouzon, em seu *Código de Hammurabi*, 10. ed., p. 108-109, comentou a referida norma: "O texto cuneiforme deste parágrafo foi conservado em um tablete do período antigo originário de Nippur, escrito, provavelmente, pouco tempo depois da promulgação do 'Código' de Hammurabi. A clara preocupação do legislador é determinar as taxas de juros aplicáveis a empréstimos de cevada e de prata. O personagem central do parágrafo é descrito pelo sumerograma DAM.GAR, título profissional que corresponde ao acádico tamkãrum, traduzido em geral, por mercador, cujas atividades, contudo, não se limitavam ao comércio. No período babilônico antigo ele se tornara um verdadeiro banqueiro que emprestava prata ou cevada e financiava expedições comerciais. Os documentos babilônicos da época testemunharam a luta dos governantes para impor limites à ambição demasiada desses comerciantes. Hammurabi quer, com a determinação das taxas de juros imposta neste parágrafo, coibir abusos neste setor. Infelizmente o texto apresenta uma lacuna no lugar onde devia

poderia ser alcançada com a limitação legal dos juros compensatórios também nos contratos bancários. Entretanto, por se tratar de tema transversal (financeiro, econômico, e não estritamente jurídico), a **tendência é a de que não se estabeleça um teto legal para os juros compensatórios**, apesar das críticas e da insegurança jurídica que a omissão legislativa a respeito continua a fomentar[20].

17.2.3. A polêmica sobre o limite dos juros remuneratórios e sua capitalização

ANO	LEGISLAÇÃO	JUROS REMUNERATÓRIOS	CAPITALIZAÇÃO	FUNDAMENTO
1850	Código Comercial	Presumidos	Por exceção, se anual	Arts. 248 e 253, da Lei n. 556/1850
1916	Código Civil	Permitidos	Possível, se expressa	Art. 1.262, da Lei n. 3.017/1916
1933	Lei de Usura	Permitidos, mas limitados	Vedada, salvo saldo anual	Art. 4º, do Decreto n. 22.626/1933
1963	STF — Súmula 121	É vedada a capitalização de juros, ainda que expressamente convencionada		
1967	Cédula de Crédito Rural	Permitidos	Permitida	Art. 5º, do DL 167/67
1969	Cédula de Crédito Industrial	Permitidos	Implícita	Art. 5º, do DL 413/69
1977	STF — Súmula 596	As disposições do Decreto n. 22.626, de 1933, não se aplicam às taxas de juros e aos outros encargos cobrados nas operações realizadas por instituições públicas ou privadas, que integram o sistema financeiro nacional		
1980	Cédula de Crédito Comercial	Permitidos	Permitida por extensão	Art. 5º, da Lei n. 6.840/80
1988	CF	Permitidos e limitados	Sem previsão	Art. 192, § 3º, da CF/88

estar registrada a taxa de juros permitida para empréstimos de cevada. Mas, levando-se em conta a taxa de 33 1/3% vigente, por exemplo, em Eshnunna, alguns anos antes de Hammurabi, pode-se reconstruir a lacuna estabelecendo como juros legais para um empréstimo de 1 GUR de cevada — cerca de 300 litros — a quantia de 100 qa, ou seja, 100 litros, de cevada. No caso de empréstimos de prata, o legislador determina como taxa máxima permitida, para cada siclo de prata — cerca de 8 gr — juros de 1/6 de siclo e 6 SE. O SE é uma medida de peso suméria que corresponde a 1/180 do siclo. A taxa de juros, se calculada em SE, é pois de 36 SE para cada siclo, ou seja, para cada 180 SE. Trata-se, portanto, de uma taxa de 20% ao ano".

20 Para os analistas de crédito do BACEN, a insegurança jurídica denomina-se "risco legal" e pode contribuir para o aumento das taxas de crédito no Brasil. "A insegurança jurídica em relação aos contratos de crédito, ao colocar em risco o recebimento dos valores pactuados, ou prolongar excessivamente sua cobrança judicial, retrai a oferta de crédito e aumenta o *spread* por dois motivos: por um lado, pressiona os custos administrativos das instituições financeiras, em especial nas áreas jurídica e de avaliação de risco de crédito; por outro, reduz a certeza de recebimento da instituição financeira, mesmo numa situação de contratação de garantias, pressionando o prêmio de risco, ou seja, a taxa adicional para cobertura de não pagamentos embutida no *spread*". Cf. "Juros e *Spread* Bancário com informações até março de 2013", veiculada pelo Banco Central e disponível pelo seguinte link: <http://www4.bcb.gov.br/pec/gci/port/focus/FAQ%201-Juros%20e%20Spread%20Banc%C3%A1rio.pdf>.

1993	STJ — Súmula 93	A legislação sobre cédulas de crédito rural, comercial e industrial admite o pacto de capitalização de juros		
2000	MP n. 1.963-17	Permitidos	Implícita	Art. 2º, § 2º
2001	MP n. 2.170-36	Permitidos	Expressa e inferior a um ano	Art. 5º
2002	Código Civil	Limitados	Permitida, se anual	Art. 591, da Lei n. 10.406/2002
2003	EC n. 40	Desconstitucionalização — exclusão do art. 192, § 3º, do texto da CF/88		
2004	Cédula de Crédito Bancário	Permitidos	Permitida	Art. 28, § 1º, inc. I, da Lei n. 10.931/2004
	STJ — Súmula 283	As empresas administradoras de cartão de crédito são instituições financeiras e, por isso, os juros remuneratórios por elas cobrados não sofrem as limitações da Lei de Usura		
2008	STF — Súmula Vinculante 7	A norma do § 3º, do art. 192, da Constituição, revogada pela EC n. 40/2003, que limitava a taxa de juros reais a 12% ao ano, tinha sua aplicação condicionada à edição de lei complementar		
2009	STJ — Súmula 382	A estipulação de juros remuneratórios acima de 12% ao ano, por si só, não indica abusividade		
2011	PLC 1.572 — Novo Código Comercial	Permitidos, mas passíveis de limitação	Implícita	Art. 413, do PLC 1.572/2011
2012	Recurso Repetitivo (REsp 973.827, art. 1036-C, do CPC, teses)	É permitida a capitalização de juros por prazo inferior a um ano em contratos celebrados após 31/03/2000, data da publicação da Medida Provisória n. 1.963-7/2000 (em vigor como MP n. 2.170-36/2001), desde que expressamente pactuada A capitalização dos juros em periodicidade inferior à anual deve vir pactuada de forma expressa e clara. A previsão do contrato bancário de taxa de juros anual superior ao duodécuplo da mensal é suficiente para permitir a cobrança da taxa efetiva anual contratada		
2013	PLS 487 — Novo Código Comercial	Permitidos e calculados por entidade representativa dos bancos	Ampla, inclusive sobre juros vencidos e não pagos	Art. 534, do PLS 487/2013
2015	STJ — Súmula 530	Nos contratos bancários, na impossibilidade de comprovar a taxa de juros efetivamente contratada — por ausência de pactuação ou pela falta de juntada do instrumento aos autos —, aplica-se a taxa média de mercado, divulgada pelo Bacen, praticada nas operações da mesma espécie, salvo se a taxa cobrada for mais vantajosa para o devedor.		
	STJ — Súmula 539	É permitida a capitalização de juros com periodicidade inferior à anual em contratos celebrados com instituições integrantes do Sistema Financeiro Nacional a partir de 31/3/2000 (MP n. 1.963-17/2000, reeditada como MP n. 2.170-36/2001), desde que expressamente pactuada.		
	STJ — Súmula 541	A previsão no contrato bancário de taxa de juros anual superior ao duodécuplo da mensal é suficiente para permitir a cobrança da taxa efetiva anual contratada.		

Como se percebe pela tabela anterior, desde o Código Comercial de 1850 já havia a previsão para o cálculo de juros remuneratórios, mesmo que não estipulados previamente, tendo em vista a patente onerosidade do mútuo comercial. E, quanto à

possibilidade de capitalização de tais juros remuneratórios, inaugurou-se uma orientação restritiva. Leia-se o disposto no art. 253 daquele velho Código: "É proibido contar juros de juros; esta proibição não compreende a acumulação de juros vencidos aos saldos liquidados em conta corrente de ano a ano". Na vigência do Código Civil de 1916, seus arts. 1.062 e 1.063 traziam, em caso de não convenção sobre os juros moratórios, um limite para a taxa correlata no percentual de 6% (seis por cento) ao ano, o mesmo que 0,5% (meio por cento) ao mês; quanto aos juros compensatórios (convencionados sem estipulação da taxa) ou daqueles devidos por força de lei, também se **deveria respeitar o teto de 6% (seis por cento) ao ano**. Sem teto, entretanto, remanesceriam os juros remuneratórios convencionados expressamente, **com taxa prefixada, nos termos de seu art. 1.262**: "É permitido, mas só por cláusula expressa, fixar juros ao empréstimo de dinheiro ou de outras coisas fungíveis. Esses juros podem fixar-se abaixo ou acima da taxa legal (art. 1.062), com ou sem capitalização".

Posteriormente, a denominada **Lei de Usura (Decreto n. 22.626/1933)**, em seu art. 1º, proibiu, expressamente, "em quaisquer contratos taxas de juros superiores ao dobro da taxa legal" e, igualmente, "juros dos juros" (art. 4º). Assim, após a edição da Lei de Usura, defendeu-se que os juros compensatórios praticados não poderiam ser superiores a 12% a.a. Tal orientação foi validada, inclusive, pela jurisprudência do STF, que se consolidou por meio da **Súmula 121**, que, tacitamente, ultimou por revogar o citado art. 1.262, do CC de 1916.

Sobreveio legislação especial, a regulamentar as **cédulas de crédito rural e industrial**, cujos diplomas legais, contrariamente ao disposto na Súmula 121, **ultimaram por autorizar a capitalização dos juros**, cujas taxas seriam as **estabelecidas pelo Conselho Monetário Nacional**. Para o crédito direcionado, portanto, excepcionava-se a proibição de capitalização, sendo que a **autonomia do CMN** para o estabelecimento das **taxas de juros em tais operações específicas desvinculava-as do teto** estabelecido pela legislação comum.

A **encampar a especialidade do direito econômico, o STF restringiu a aplicação da Lei de Usura**, pois ultimou por afastar de seu campo de incidência as relações econômicas a envolver as instituições financeiras. Nesse sentido, o teor da **Súmula 596: "As disposições do Decreto n. 22.626 de 1933 não se aplicam às taxas de juros e aos outros encargos cobrados nas operações realizadas por instituições públicas ou privadas, que integram o sistema financeiro nacional"** (*DJ* 05/01/1977).

Com a promulgação da Constituição de 1988, revigorou-se a polêmica anterior sobre a sujeição das instituições financeiras a um teto para os juros remuneratórios praticados, tendo em vista a **inserção, no texto constitucional, de um limite de juros específico** (juros reais) para as operações de crédito, nos termos do então § 3º, do art. 192, da Carta da República, em capítulo que trazia diretrizes para o Sistema Financeiro Nacional, que assim dispunha: "As taxas de juros reais, nelas incluídas comissões e quaisquer outras remunerações direta ou indiretamente referidas à concessão de crédito, não poderão ser superiores a doze por cento ao ano; a cobrança acima deste limite será conceituada como crime de usura, punido, em todas as suas modalidades, nos termos que a lei determinar".

Houve dissenso doutrinário e jurisprudencial a respeito da **eficácia de tal norma**. Para alguns, tratar-se-ia de norma constitucional de **aplicação imediata**, capaz de impedir a extrapolação da taxa de juros para patamar superior ao teto, dessa vez, constitucional. Para outros, **norma de eficácia contida, a aguardar regulamentação infraconstitucional**, que restou prejudicada, diante da desconstitucionalização da matéria, por meio da **EC n. 40/2003**. Todavia, até a referida Emenda Constitucional, o **STF** sustentou o entendimento de que a **limitação não era autoaplicável**.

Quanto à **possibilidade de capitalização**, e anteriormente à referida EC n. 40/2003, por sua vez, a discussão recrudesceu, pois se editou a MP n. 1.963-17 (de 30/03/2000), publicada no dia 31/03/2000, que, de maneira genérica, estabeleceu a possibilidade de capitalização, inclusive por prazo inferior a um ano. De se perceber que, naquela época, a medida provisória perdia a eficácia se ultrapassado o prazo de 30 (trinta) dias sem a sua convolação em lei. Assim, para restabelecer a eficácia de tal espécie normativa, depois de findo o prazo de 30 (trinta) dias, o Poder Executivo passou a se valer de reedições sucessivas da mesma MP, acrescentando ao dígito verificador de sua identificação mais uma unidade. A MP n. 1.963-17, por exemplo, foi reeditada até a de n. 1.963-26 (de 21/12/2000), durante 09 (nove) meses, portanto. Na sequência, foi revogada e reeditada pela MP n. 2.087-27 (27/12/2000), também reeditada até a de n. 2.087-33 (13/06/2001), prorrogando sua eficácia por mais 06 (seis) meses. Após isso, foi também revogada e reeditada pela MP n. 2.170-34 (de 28/06/2001), igualmente prorrogada até a MP n. 2.170-36 (de 23/08/2001) e publicada no dia imediatamente seguinte, 24/08/2001. Durante seu prazo de vigência, mais 30 (trinta) dias a contar da data de sua publicação, sobreveio a **EC n. 32** (de 11/09/2001, publicada em 12/09/2001), que, apesar de modificações importantes no processo legislativo próprio das medidas provisórias, inadvertidamente, criou regra de transição a perpetuar os efeitos das medidas provisórias em vigor e anteriores à referida emenda, ao declarar em seu art. 2º: **"As medidas provisórias editadas em data anterior à da publicação desta emenda continuam em vigor até que medida provisória ulterior as revogue explicitamente ou até deliberação definitiva do Congresso Nacional"**.

A eficácia temporal da MP n. 2.170-36, antes de 30 (trinta) dias, foi prorrogada para prazo indeterminado, bastando ao Executivo, em vez de optar pela reedição, aguardar a deliberação definitiva do Congresso Nacional a respeito da matéria. Exatamente o que ocorreu, pois, apresentada a MP na data de sua publicação (24/08/2001) ao Congresso Nacional para deliberação, até hoje nem sequer foi apreciada pela Comissão Mista a que faz referência o § 9º, do art. 62, da CF. A matéria consta em tramitação. Para se ter uma ideia da mora legislativa, consta desde 02/06/2008 a inclusão da matéria na "ordem do dia".

No âmbito do STF, aproximadamente um ano antes da publicação da EC n. 32/2001, o Partido Liberal ajuizou ação direta de inconstitucionalidade (em 20/09/2000) contra a capitalização genérica e também possível por prazo inferior a um ano, nos termos do art. 5º, da MP n. 1.963-22 (hoje mantida após reedições sucessivas com o n. 2.170-36). Após a apreciação parcial do pedido liminar de suspensão por 06 (seis) ministros daquela corte, com 04 votos favoráveis à suspensão (Sydney Sanches, Carlos Velloso, Marco Aurélio e Carlos Britto) e dois contra (Cármen Lúcia e Menezes Direito), o julgamento ultimou suspenso em 05/11/2008, o feito foi redistribuído ao Ministro Celso de Melo e a matéria ainda se encontra pendente de definição perante o STF.

O apaziguar da discussão sobre as taxas de juros praticadas nos contratos entabulados durante a vigência do § 3º, do art. 192, da CF, deu-se com a **edição da Súmula Vinculante 7** (STF, *DJe* 20/06/2008)[21], que confirmou tratar-se de **norma de eficácia contida**, sem aplicação plena, pois dependente de regulamentação por meio de lei complementar. Tal entendimento referendou o posicionamento de que, **para as instituições financeiras, não haveria limitação dos juros compensatórios por elas estabelecidos.**

Infraconstitucionalmente, a limitação a uma taxa fixa dos juros legais, da maneira imposta pelo CC de 1916, não encontrou correspondência no Código Civil vigente (Lei n. 10.406/2002), ainda que se tenha estabelecido que tais juros legais, ou o percentual dos juros moratórios, e este também referência para os juros convencionais (sem taxa pré-estipulada), devesse ser fixado "segundo a taxa que estiver em vigor para mora do pagamento de impostos devidos à Fazenda Nacional" (art. 406, do CC).

O Conselho da Justiça Federal, nas **Jornadas de Direito Civil**, ao interpretar referido dispositivo, por meio do **Enunciado 20**, recomendou a aplicação de taxa de juros equivalente a 1% (um por cento) ao mês: "20 — Art. 406: a taxa de juros moratórios a que se refere o art. 406 é a do **art. 161, § 1º, do Código Tributário Nacional**, ou seja, um por cento ao mês. A utilização da taxa SELIC como índice de apuração dos juros legais não é juridicamente segura, porque impede o prévio conhecimento dos juros; não é operacional, porque seu uso será inviável sempre que se calcularem somente juros ou somente correção monetária; é incompatível com a regra do art. 591 do novo Código Civil, que permite apenas a capitalização anual dos juros, e pode ser incompatível com o art. 192, § 3º, da Constituição Federal, se resultarem juros reais superiores a doze por cento ao ano".

Pelo que se lê do Enunciado 20 do CJF (desatualizado somente em relação à desconstitucionalização dos juros), razoável o entendimento de que **o limite legal de juros entre civis corresponda à taxa de 1% a.m.**, diante do diálogo entre o Código Civil e o Código Tributário Nacional. Juros moratórios e compensatórios, nos termos do que dispõe expressamente o art. 591, do CC[22-23].

---

21 Eis o teor da Súmula Vinculante 7: "A norma do § 3º do artigo 192 da Constituição, revogada pela Emenda Constitucional n. 40/2003, que limitava a taxa de juros reais a 12% ao ano, tinha sua aplicação condicionada à edição de lei complementar".

22 Confira-se o Enunciado 34, também do CJF: "Art. 591: no novo Código Civil, quaisquer contratos de mútuo destinados a fins econômicos presumem-se onerosos (art. 591), ficando a taxa de juros compensatórios limitada ao disposto no art. 406, com capitalização anual".

23 Apesar disso, a tendência jurisprudencial parece caminhar no sentido de adotar a taxa Selic como critério para a atualização dos débitos tributários e, por extensão, como referência para atualização dos débitos entre particulares, conforme estudado no *item 12.9.2*.

Os **limites impostos pelo Código Civil** em relação aos juros remuneratórios e moratórios, regra geral, **não se aplicam aos contratos bancários**, nos termos da jurisprudência consolidada do Superior Tribunal de Justiça. Na data de 10/03/2009, foi publicado o acórdão do **REsp 1.061.530/RS**, que tramitou de acordo com a norma dos **recursos repetitivos** (art. 1.036 do CPC), sendo que a ementa correlata trouxe as teses que ultimaram por ser convoladas nas **Súmulas 379, 380, 381 e 382, do STJ**. Pela importância e densidade daquele REsp paradigma, recomenda-se a leitura do inteiro teor do respectivo julgado, sendo oportuna, no momento, a transcrição de parte da ementa que especificou as teses sobre os juros remuneratórios e moratórios em contratos bancários:

> JULGAMENTO DAS QUESTÕES IDÊNTICAS QUE CARACTERIZAM A MULTIPLICIDADE.
> ORIENTAÇÃO 1 — JUROS REMUNERATÓRIOS
>
> a) As instituições financeiras não se sujeitam à limitação dos juros remuneratórios estipulada na Lei de Usura (Decreto n. 22.626/33), Súmula 596/STF;
>
> b) A estipulação de juros remuneratórios superiores a 12% ao ano, por si só, não indica abusividade;
>
> c) São inaplicáveis aos juros remuneratórios dos contratos de mútuo bancário as disposições do art. 591 c/c o art. 406 do CC/2002;
>
> d) É admitida a revisão das taxas de juros remuneratórios em situações excepcionais, desde que caracterizada a relação de consumo e que a abusividade (capaz de colocar o consumidor em desvantagem exagerada — art. 51, § 1º, do CDC) fique cabalmente demonstrada, ante as peculiaridades do julgamento em concreto.
>
> ORIENTAÇÃO 2 — CONFIGURAÇÃO DA MORA
>
> a) O reconhecimento da abusividade nos encargos exigidos no período da normalidade contratual (juros remuneratórios e capitalização) descaracteriza a mora;
>
> b) Não descaracteriza a mora o ajuizamento isolado de ação revisional, nem mesmo quando o reconhecimento de abusividade incidir sobre os encargos inerentes ao período de inadimplência contratual.
>
> ORIENTAÇÃO 3 — JUROS MORATÓRIOS
> Nos contratos bancários, não regidos por legislação específica, os juros moratórios poderão ser convencionados até o limite de 1% ao mês (STJ, 2ª Seção, Rel. Fátima Nancy Andrighi).

Pelo que se lê, **a orientação do STJ se alinha** com o disposto **no projeto do novo Código Comercial** que tramitava na Câmara Federal (PLC 1.572/2011), que — reafirme-se — traz como norma geral, entre empresários, **o livre pacto sobre os juros dos contratos bancários**, sejam eles remuneratórios ou moratórios (art. 431).

■ 17.2.4. Da capitalização dos juros como instrumento da política de crédito

De se salientar que os enunciados do CJF (20 e 34), expressamente, referem-se à **possibilidade de capitalização dos juros**. Trata-se de regra geral nas operações de crédito, inclusive **orientação disponibilizada pelo Banco Central**, ao esclarecer sobre o cálculo das parcelas no caso de mútuo, nos termos de consulta on-line denominada **Calculadora do Cidadão**, no verbete "financiamento com prestações fixas", quando informa a metodologia de cálculo e, assim, expressamente, "refere-se a **juros compostos e capitalização mensal**". O proponente a mutuário se deparará com a seguinte tabela:

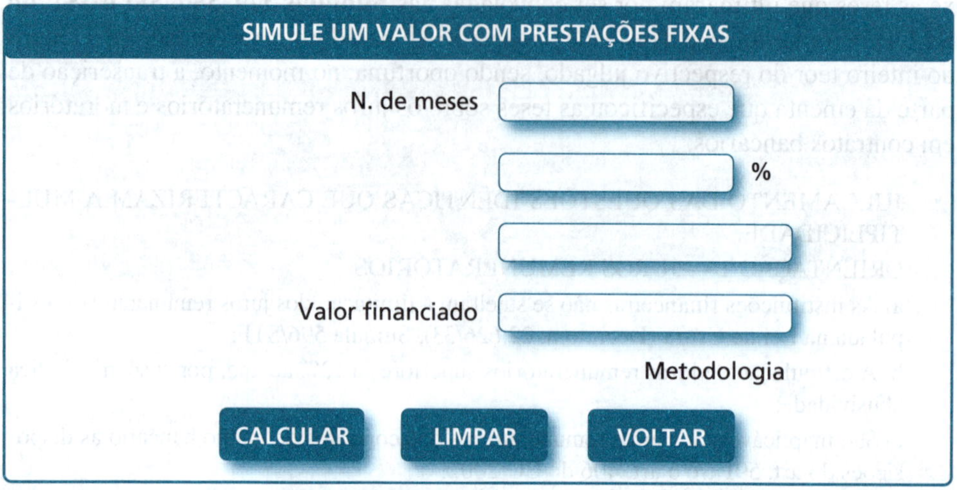

Ao clicar na palavra **Metodologia**, será redirecionado para outra página em que, expressamente, **afirma-se que o cálculo se perfaz com juros compostos e capitalização mensal**[24].

Logo, apesar das respeitáveis ponderações da corrente doutrinária e jurisprudencial no sentido de que a autorização da capitalização de juros não poderia ter sido objeto de deliberação pelo BACEN, mas sim pelo Congresso Nacional (por meio de leis complementares), de se perceber que a Lei n. 4.595/64 foi recepcionada pela Constituição Federal e deverá continuar a suprir a regulamentação vindoura. E, entre as **competências privativas do BACEN**, lê-se no inc. V, do art. 10, da Lei n. 4.595/64, exatamente, "**exercer o controle do crédito** sob todas as suas formas", o que **se alinha com o monitoramento das taxas de juros sobre as operações de crédito**, inclusive disponibilizando tais informações à população, periodicamente.

---

24 Disponível pelo link: <https://www3.bcb.gov.br/CALCIDADAO/publico/exibirMetodologiaFinanciamentoPrestacoesFixas.do?method=exibirMetodologiaFinanciamentoPrestacoesFixas>. "Cálculo com juros compostos e capitalização mensal.

$$q_0 = \frac{1-(1+j)^{-n}}{j}\,p$$

Onde:

n = N. de meses

j = Taxa de juros mensal

p = Valor da prestação

q_0 = Valor financiado".

Por exemplo, para a operação denominada **"cheque especial"**, no período entre 07/02/2014 e 13/02/2014, perceptível uma **variação entre 1,79 e 10,5 pontos percentuais ao mês**. Realmente, uma variação considerável, que permite, entretanto, uma **concorrência salutar entre as instituições financeiras**, não se podendo afirmar, pelos números apontados, que o limite imposto para os juros compensatórios nas operações entre civis (1% a.m.) também se aplique às instituições financeiras. Nesse particular, além da capitalização prevista na Lei n. 10.931/2004 em relação às cédulas de crédito bancário (art. 28, § 1º, inc. I), o **STJ cuidou de apaziguar as controvérsias sobre os limites de juros** nos contratos bancários ao manter, para os **juros moratórios, o limite de 1% a.m.** (Súmula 379).

Já para os **juros compensatórios, não se estabeleceu um teto**, ainda que, de acordo com a doutrina e jurisprudência, sejam **possíveis a revisão e a redução de eventual taxa pactuada**, se, no caso concreto, **contextualizar-se o abuso de direito** (art. 187, do CC), quando a **taxa praticada se afasta da média de mercado**, por exemplo, como tem entendido o STJ. Trata-se, assim, de garantir, judicialmente, ao contratante que tenha aderido a um encargo excessivo, a possibilidade de controle da função social do contrato, que deve atender às legítimas expectativas de ambas as partes, em um clima de cooperação a afirmar o princípio da boa-fé objetiva. A respeito, a doutrina de Leonardo de Medeiros Garcia: "não se admite no ordenamento jurídico brasileiro o exercício de direito de modo absoluto. **O direito somente será reconhecido quando exercido de modo leal**, não frustrando as legítimas expectativas criadas em outrem, sem desvio de finalidade. Caso contrário, será considerado ato ilícito ainda que o titular não ofenda a norma em si (legalidade estrita), mas ofenda sua valoração"[25].

Nas recorrentes ações judiciais que **discutem a limitação, ainda que circunstancial, dos juros compensatórios**, sobretudo nas relações em que se contextualize aplicável o CDC, a preocupação do operador do direito deverá concentrar-se na **verificação sobre a transparência das taxas e demais condições** estabelecidas no instrumento do contrato (nos termos dos arts. 46 e 52, do CDC). Desse modo, a jurisprudência do **STJ tem ponderado a possibilidade de capitalização dos juros**, bem como a **autonomia dos bancos no que diz respeito à fixação dos juros compensatórios**, desde que respeitado o direito de seus **consumidores/clientes serem informados e esclarecidos sobre os parâmetros** estabelecidos para a evolução dos saldos devedores, por exemplo, taxa nominal, taxa efetiva, correção monetária e outros encargos[26].

Como magistrado (a oficiar no juízo cível comum), ao indeferir os pedidos de antecipação de tutela veiculados nas revisionais de contratos bancários, sempre pon-

---

[25] GARCIA, Leonardo de Medeiros. *Direito do consumidor*, p. 248.

[26] Em sede de recurso repetitivo, o STJ afirmou a possibilidade de capitalização, desde que pactuada de forma expressa e não meramente presumida: "Contrato de mútuo. Revisão de contrato. Juros capitalizados. Cobrança. Expressa pactuação. Possibilidade. Recurso repetitivo (...) A cobrança de juros capitalizados nos contratos de mútuo é permitida quando houver expressa pactuação" (REsp 1.388.972-SC, Rel. Min. Marco Buzzi, 2ª Seção, por unanimidade, julgado em 8/2/2017, *DJe* 13/3/2017 — Tema 953 — Informativo 599).

derei que se tratava de contratos em que **perceptíveis facilmente as taxas de juros contratadas** e da possibilidade de informação clara e precisa à disposição do proponente tomador do mútuo, especialmente as parcelas fixas assumidas. Eis trecho de tal argumentação:

> Trata-se de relação de consumo — concordo —, mas a vulnerabilidade presumida do consumidor não implica em considerá-lo "anencéfalo"; na era "digital", da revolução dos sistemas de informação, da sociedade em rede, *"on line"*, o consumidor deve ser considerado um agente social-econômico ativo, no sentido de influir "sobre que coisas produzir, sobre quais necessidades satisfazer, sobre como satisfazê-las e sobre as prioridades em sua satisfação" (cf. PERIN, Ecio Jr. *A globalização e o direito do consumidor*. São Paulo, Manole, 2003, p. 4). E será apoiado pelo Estado em tal atuar. Exemplo disso é a denominada "Calculadora do Cidadão", do Banco Central do Brasil, em que, de forma automática, possível checar, em caso de prestações fixas, se houve discrepância entre os juros remuneratórios anunciados e o valor das prestações propostas. E, veja-se, aqui não há imposição de valores, pois o consumidor, dentro de suas condições orçamentárias, ajusta o valor da prestação assumida, pechincha, compara e escolhe; para isso servem as simulações de cálculo. E não se paga nada para acessar e consultar a referida calculadora do cidadão; em segundos é possível, anteriormente à adesão das demais cláusulas e condições contratuais, confrontar os cálculos apresentados pelo(s) preposto(s) do(s) fornecedor(es). Estamos no DF, unidade da federação em que a frota de veículos superou a marca de um milhão, cento e sessenta mil unidades (...), dados de 2010 segundo as estatísticas do DETRAN (...) Aqui se localiza, segundo se anuncia, "a maior concentração de revendas de veículos da América Latina, são mais de 140 revendas gerando concorrência, e imensas possibilidades de negócios", na denominada "Cidade do Automóvel" (cf. no site http://www.agenciautodf.com.br/index.php/publisher/articleview/frmArticleID/7/staticId/23/), sem falar nas concessionárias e demais agências de veículos espalhadas pelas "cidades-satélites". Pois bem, tais dados bem demonstram serem corriqueiros negócios jurídicos, envolvendo compra e venda de veículos, bem como os financiamentos a eles, naturalmente, jungidos. Portanto, não se pode dizer que não há liberdade para o consumidor escolher seu fornecedor ou a instituição financeira que venha lhe possibilitar a aquisição do veículo de forma parcelada/financiada e, de acordo, com o orçamento do consumidor. Vale lembrar, inclusive, que antes da concessão do crédito, verifica-se o percentual de comprometimento da renda anunciada e comprovada pelo consumidor em relação às obrigações mensais que se candidata a assumir.

E, quanto à **capitalização dos juros**, de forma similar, pode-se afirmar tratar-se de **uma política de crédito comum**, primeiro restrita a determinadas operações específicas[27], para, depois, ser generalizada por meio da MP n. 2.170-36.

Não se pode falar em ausência de transparência ou vício de formação no contrato, quando se tratar de mútuo em que o **saldo devedor se componha de prestações fixas, a capitalização se encontre prevista no corpo da avença e tenham sido esclarecidas as taxas nominal e efetiva**. E será indício de capitalização a percepção de que a taxa efetiva anual não tem equivalência a doze vezes o percentual da taxa nominal mensal. Bastará, para tal constatação, uma mera operação aritmética, isto é,

---

[27] Súmula 93 do STJ: "A legislação sobre cédulas de crédito rural, comercial e industrial admite o pacto de capitalização de juros".

uma multiplicação simples. Exemplificativamente, se, no contrato para a taxa nominal e mensal, tenha sido proposto, respectivamente, o **percentual de 3% e de 45%, claramente, 12 (doze) vezes 3% (três por cento), alcança o percentual de 36%, inferior a 45%**. Logo, à evidência, o contrato não trouxe a aplicação de juros simples, e **sim de juros compostos**, como sinônimo de capitalização.

Portanto, no atual estágio das relações de consumo e empresariais, em que **deve haver equilíbrio nas relações entre consumidores/clientes** (pessoas físicas e pessoas jurídicas, entre estas últimas sociedades empresárias) e os fornecedores do crédito (preponderantemente os bancos), nos termos do inc. III, do art. 4º, do CDC, o tomador do crédito, em poder das informações do contrato, tratando-se de minuta de mútuo com prestações fixas, poderá concluir facilmente pela incidência da capitalização quando o percentual da taxa efetiva anual for superior a 12 (doze) vezes o valor do percentual reservado à taxa nominal mensal, restando afastada a tese de defeito de transparência e/ou de informação inadequada[28-29-30].

A discussão a respeito dos **juros remuneratórios nas operações financeiras**, bem como a **possibilidade de sua capitalização**, ganhará um novo palco de debate, diante do PLS 487/2013 (em tramitação no Senado Federal). De maneira mais abrangente do que o PLC 1.572/2011 (em tramitação na Câmara Federal), o art. 534 do projeto apresentado no Senado Federal suscitará, mais uma vez, a discussão sobre a ocorrência do denominado Anatocismo. No **REsp paradigma 973.827/RS**, a relatora para o acórdão, Ministra Isabel Gallotti, buscou esclarecer que **Juros Compostos e Anatocismo não se confundem**, tendo em vista que, em caso de **mútuo com taxa prefixada e prestações também fixas, não haverá Anatocismo**, pois os juros, apesar de compostos, apenas estão a remunerar o capital. Já **no Anatocismo, os juros moratórios, vencidos e não pagos, são novamente inseridos no saldo devedor**, sobre o qual serão calculados juros remuneratórios e, a partir de tal constatação,

---

[28] O teor do enunciado da Súmula 382 do STJ referenda a livre-pactuação de juros compensatórios nos contratos bancários: "A estipulação de juros remuneratórios superiores a 12% ao ano, por si só, não indica abusividade".

[29] A aceitação da capitalização ou dos juros compostos como algo comum nos contratos de crédito depende de previsão expressa, delimitando-se os percentuais das taxas nominal e efetiva, nos termos das teses defendidas no REsp 973.827/RS (cuja leitura do inteiro teor se recomenda), paradigma de controvérsia, de acordo com o procedimento traçado pelo art. 543-C, do CPC.

"Teses para os efeitos do art. 543-C do CPC:

— 'É permitida a capitalização de juros com periodicidade inferior a um ano em contratos celebrados após 31.3.2000, data da publicação da Medida Provisória n. 1.963-17/2000 (em vigor como MP 2.170-36/2001), desde que expressamente pactuada.'

— 'A capitalização dos juros em periodicidade inferior à anual deve vir pactuada de forma expressa e clara. A previsão no contrato bancário de taxa de juros anual superior ao duodécuplo da mensal é suficiente para permitir a cobrança da taxa efetiva anual contratada'" (STJ, 4ª Turma, Rel. p/ Acórdão Min. Isabel Gallotti, *DJe* 27/10/2012). Referidas teses foram condensadas nos enunciados das Súmulas 539 e 541, do STJ, publicadas em 2015.

[30] Se persistir o defeito de informação, ressalva a Súmula 530 que, nos contratos bancários, a taxa média de mercado, para operações similares, deverá favorecer o tomador do crédito.

perceptíveis juros de juros, confusão de juros moratórios com os remuneratórios. O Anatocismo poderá, nociva e demasiadamente, aumentar o saldo devedor, o que, em vez de medida tendente a recuperar o crédito investido, contribuirá para a permanência da inadimplência. Não é o que se espera, nem o que se deveria almejar entre empresários que sabem da importância do direito dos contratos para a atividade empresarial. Mesmo o cumprimento parcial de determinada obrigação merece ser prestigiado em detrimento da inexecução total. Por isso, recomendável a advertência trazida pelo Enunciado 169, da III Jornada de Estudos do Conselho da Justiça Federal: "o princípio da boa-fé objetiva deve **levar o credor a evitar o agravamento do próprio prejuízo**".

É que tal proceder revela o **dever de cooperação** que deve existir entre os contratantes, sobretudo em momento de crise da avença. Leonardo Medeiros de Garcia rememora que

> a doutrina moderna, inspirada no dogma da **eticidade** que deve reinar nas relações jurídicas, acentua o dever anexo do credor de mitigar as próprias perdas em virtude do inadimplemento do devedor. É o chamado ***duty to mitigate the loss*** em matéria contratual. Foi disposto no Enunciado 169 das Jornadas de Direito Civil do Conselho de Justiça Federal: 'O princípio da boa-fé objetiva deve levar o credor a evitar o agravamento do próprio prejuízo'. É inspirado no art. 77, da Convenção de Viena de 1980, sobre a venda internacional de mercadorias, que dispõe: 'A parte que invoca a quebra do contrato deve tomar medidas razoáveis, levando em consideração as circunstâncias, para limitar a perda, nela compreendido o prejuízo resultante da quebra. Se ela negligencia em tomar tais medidas, a parte faltosa pode pedir a redução das perdas e danos, em proporção igual ao montante da perda que poderia ter sido diminuída (...) a prof. Vera Jacob Fradera (...) explica como poderia ser recepcionado o ***duty to mitigate the loss*** no ordenamento jurídico brasileiro. Para a professora, no sistema do Código Civil de 2002, de acordo com o disposto no seu art. 422, o ***duty to mitigate the loss*** poderia ser considerado um **dever acessório, derivado da boa-fé objetiva**, pois o legislador, com apoio na doutrina anterior ao Código Civil, adota uma concepção cooperativa de contrato'[31].

De modo semelhante, o parágrafo único, do art. 534, do PLS 487/2013, ao estabelecer a possibilidade de fixação das taxas de juros por entidades de classe representativas das instituições financeiras, não se alinha com a boa-fé objetiva que deve reger as relações contratuais, mesmo entre empresários. **Boa-fé objetiva que a doutrina renomeia como legítima expectativa, confiança, cooperação a ser observada pelos contratantes** em quaisquer das fases do contrato (pré, contratual ou pós-contratual). Logo, submeter à adesão do proponente a mutuário cláusula que contenha condição arbitrária, puramente potestativa, no que diz respeito à quantificação dos encargos devidos denota-se, flagrantemente, incoerente, seja porque tal condição foi vedada pelo art. 122, do atual CC (anteriormente vigente, nos termos do art. 115, do CC/1916), **diplomа legal que se aplicará subsidiariamente aos contratos empresariais**, diante do disposto no art. 403 daquele projeto, seja porque se revela **in-**

[31] *Direito ao consumidor*, 6. ed., p. 50.

compatível com a norma-princípio referente à boa-fé objetiva também prevista expressamente no PLS 487/2013, mais precisamente em seu art. 412.

Além disso, o direito assim projetado interferirá em **atribuição do Conselho Monetário Nacional** (art. 4º, inc. IX), que deve "**Limitar, sempre que necessário, as taxas de juros**, descontos, comissões e qualquer outra forma de remuneração de operações e serviços bancários ou financeiros", **delegando ao BACEN o monitoramento das taxas flutuantes** (variáveis) nos termos da Resolução n. 1.146/86. Tal entendimento subsidiou o julgamento dos precedentes que ultimaram por se cristalizar na **Súmula 146, do STJ: "É nula a cláusula contratual que sujeita o devedor a taxa de juros divulgada pela ANDIB/CETIP"**. Logo, nem a Associação Nacional dos Bancos de Investimento e Desenvolvimento (ANDIB) nem a Central de Liquidação e Custódia de Títulos Privados (CETIP) poderiam exercer as funções delegadas ao BACEN, o que recomenda a adequação do projeto à jurisprudência consolidada do STJ[32].

■ 17.2.5. Da comissão de permanência

Sabe-se que a **mora tem como efeito o acréscimo de encargos** que serão calculados sobre o valor principal da prestação. Assim, após o vencimento, **incidirão, sobre o principal, multa, correção monetária e juros de mora**. O art. 52, do CDC, elenca em seus incisos, detalhadamente, tais encargos, servindo de norma legal paradigma, inclusive para os contratos bancários. O **banco deverá informar prévia e adequadamente o tomador** do crédito sobre o "preço do produto ou serviço em moeda corrente nacional; montante dos juros de mora e da taxa efetiva anual dos juros; acréscimos legalmente previstos; número e periodicidade das prestações; soma total a pagar, com e sem financiamento".

Percebe-se, assim, que o **inadimplemento da obrigação será sancionado com os encargos da mora**, mas desde que haja a discriminação de tais encargos de **forma clara e precisa**. Por sua vez, o BACEN, por meio da Resolução n. 1.129/86, **autorizou a cumulação dos juros de mora com "comissão de permanência**, que será calculada às mesmas taxas pactuadas no contrato original ou à **taxa de mercado do dia do pagamento**".

Intuitivamente, uma frase mnemônica serviria para alcançar o significado de tal locução. O que **permanece é a dívida em aberto**, situação que tem relação direta com o inadimplemento. Portanto, falar em comissão de permanência é falar em en-

---

32 Eis o teor do criticável art. 534, ***caput***, e seu parágrafo único, do PLS 487/2013: "Art. 534. Os juros remuneratórios podem ser livremente pactuados pelas partes, admitindo-se a estipulação de juros compostos remuneratórios em qualquer periodicidade, bem como a inclusão de juros anteriormente vencidos e não pagos no cálculo de encargos futuros, na forma prevista em contrato.

Parágrafo único. Só são admitidas taxas de juros calculadas por entidades representativas de instituições financeiras, ou ligadas a seus prestadores usuais de serviços, quando observada metodologia de cálculo que se evidencie clara e minuciosamente detalhada, de modo a permitir a sua compreensão por um empresário médio".

cargos da mora, razão pela qual, acertadamente, **não deve haver cumulação indevida ou em duplicidade** dos encargos minudenciados pelo art. 52, do CDC.

É **possível ao banco optar pela comissão de permanência**, como critério sancionador da mora, mas desde que sejam **esclarecidos os parâmetros para o cálculo** de tal comissão, não se demonstrando aceitável a fixação de taxa a ser definida no futuro, contingencialmente e sem a delimitação e a precisão exigidas pela lei. Além disso, ao **optar pela comissão de permanência, com taxas claras e predefinidas**, o banco **não poderá cumular referida comissão de permanência com os usuais encargos da mora**, sob pena de *bis in idem*, pois o contrário validaria o enriquecimento sem causa do banco. Entre as Súmulas[33] do STJ a respeito do tema, a mais recente, **Súmula 472**, previne o referido *bis in idem*: "A **cobrança de comissão de permanência** — cujo valor não pode ultrapassar a soma dos encargos remuneratórios e moratórios previstos no contrato — **exclui a exigibilidade dos juros remuneratórios, moratórios e da multa contratual**".

17.2.6. Características

O mútuo bancário é negócio jurídico **oneroso** (de fomento do crédito, distribuição de renda, regiamente remunerado); **unilateral**, porque, uma vez aperfeiçoado o empréstimo, diferida no tempo remanescerá pendente de cumprimento apenas a obrigação principal do mutuário (restituir a quantia que lhe foi disponibilizada com os acréscimos contratuais e legais); é contrato **real** que se completa com a respectiva disponibilização do dinheiro ao mutuário[34].

É contrato **comutativo**, pois seu objeto se compõe de prestações certas e determinadas; **de adesão**, pela predisposição pelo mutuante, de forma unilateral, de todas as cláusulas e condições do contrato; **de execução diferida**, até pela obrigação principal do mutuário de "restituir", o que pressupõe prazo para o cumprimento da obrigação[35].

17.2.7. Esquema

MÚTUO BANCÁRIO	
CONCEITO	■ Contrato bancário típico relacionado ao empréstimo de dinheiro.
PARTES	■ Banco (credor) e Tomador do Crédito (devedor).

[33] Súmula 30. A comissão de permanência e a correção monetária são inacumuláveis.
Súmula 294. Não é potestativa a cláusula contratual que prevê a comissão de permanência, calculada pela taxa média de mercado apurada pelo Banco Central do Brasil, limitada à taxa do contrato.
Súmula 296. Os juros remuneratórios, não cumuláveis com a comissão de permanência, são devidos no período de inadimplência, à taxa média de mercado estipulada pelo Banco Central do Brasil, limitada ao percentual contratado.

[34] ABRÃO, Nelson. *Direito bancário*, 13. ed., p. 130.

[35] Nesse sentido, a doutrina de Carlos Roberto Gonçalves, *Direito civil 1 esquematizado*, p. 740-745.

EXEMPLO	■ Sociedade Empresária que, para alavancar capital de giro, predisponha-se a contrato jungido à cédula de crédito bancário.
CARACTERÍSTICAS	■ Contrato de adesão, oneroso, unilateral e real. Comutativo e de execução diferida.
SÚMULAS	■ Súmula 596 — STF — As disposições do Decreto n. 22.626 de 1933 não se aplicam às taxas de juros e aos outros encargos cobrados nas operações realizadas por instituições públicas ou privadas, que integram o sistema financeiro nacional.
	■ Súmula 379 — STJ — Nos contratos bancários não regidos por legislação específica, os juros moratórios poderão ser convencionados até o limite de 1% ao mês.
	■ Súmula 380 — STJ — A simples propositura da ação de revisão de contrato não inibe a caracterização da mora do autor.
	■ Súmula 381 — STJ — Nos contratos bancários, é vedado ao julgador conhecer, de ofício, da abusividade das cláusulas.
	■ Súmula 382 — STJ — A estipulação de juros remuneratórios superiores a 12% ao ano, por si só, não indica abusividade.
	■ Súmula 472 — STJ — A cobrança de comissão de permanência — cujo valor não pode ultrapassar a soma dos encargos remuneratórios e moratórios previstos no contrato — exclui a exigibilidade dos juros remuneratórios, moratórios e da multa contratual.
	■ Súmula 530 — STJ — Nos contratos bancários, na impossibilidade de comprovar a taxa de juros efetivamente contratada — por ausência de pactuação ou pela falta de juntada do instrumento aos autos —, aplica-se a taxa média de mercado, divulgada pelo Bacen, praticada nas operações da mesma espécie, salvo se a taxa cobrada for mais vantajosa para o devedor.
	■ Súmula 539 — STJ — É permitida a capitalização de juros com periodicidade inferior à anual em contratos celebrados com instituições integrantes do Sistema Financeiro Nacional a partir de 31/3/2000 (MP n. 1.963-17/2000, reeditada como MP n. 2.170-36/2001), desde que expressamente pactuada.
	■ Súmula 541 — STJ — A previsão no contrato bancário de taxa de juros anual superior ao duodécuplo da mensal é suficiente para permitir a cobrança da taxa efetiva anual contratada.
REFERÊNCIAS LEGISLATIVAS	■ Lei n. 4.595/64 (art. 17)
	■ Resolução n. 1.629/86 — BACEN
	■ MP n. 2.170-36
	■ Código Civil (art. 591)
	■ Lei n. 10.931/2004
	■ PLC 1.572/2011 (arts. 428-433)
	■ PLS 487/2013 (art. 529, inc. I)

■ 17.3. CONTRATO DE ABERTURA DE CRÉDITO

■ 17.3.1. Introdução

O contrato de **abertura de crédito pode ser compreendido como um mútuo eventual** em que o banco ocupará a posição de credor (operação ativa), em caso de utilização do crédito previamente acordado com o cliente, principalmente no que diz respeito ao **limite quantitativo**, sendo que as demais cláusulas e condições contratuais encontram-se padronizadas, e os mútuos decorrentes, uma vez firmados, caracterizar-se-ão como contratos de adesão. “No contrato de abertura de crédito (...) o banco põe certa quantia de dinheiro à disposição do cliente, que pode ou não utilizar esses recursos. Quando o cliente é consumidor, esse contrato costuma **chamar-se cheque**

especial; se empresário, conta garantida. Em geral, o cliente somente paga juros e encargos se e quando lança mão do crédito aberto (...)", bem sintetiza o professor Fábio Ulhoa Coelho[36].

■ 17.3.2. Características

O **Banco Central diferencia financiamento de empréstimo**, diante da **vinculação ou não dos recursos auferidos a determinadas operações específicas**. No primeiro caso, o **capital mutuado será utilizado para aquisição de bens determinados**, por exemplo, um automóvel ou um imóvel. No segundo, quando **não houver a referida vinculação**, a linha de crédito não será direcionada, facultando-se ao cliente optar pela assunção de mútuo prefixado ou um crédito rotativo, utilizando-os de acordo com sua conveniência. Esquematizando a **parcial classificação do contrato de abertura de crédito**:

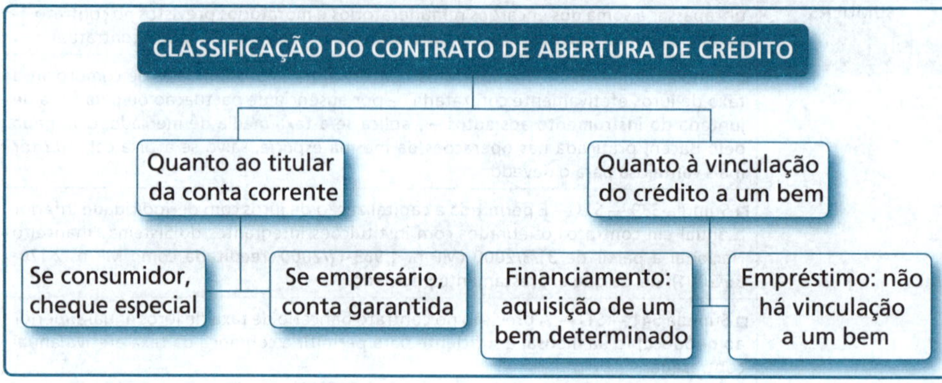

Porém, quando a conveniência se torna uma **doença, pela repactuação "surda" de saldos devedores**, não adimplidos em sua totalidade, seja para clientes pessoas físicas, quando extrapolam o limite do "cheque especial", seja para clientes empresários, que não conseguem adimplir o saldo devedor do "cheque empresa", comumente, os conflitos de interesses que se originarem dessa **crise de liquidez serão materializados em milhares de ações judiciais a buscar o adimplemento forçado das obrigações** (ações de execução ou monitórias do banco contra o cliente) ou a revisão das avenças (quando o cliente busca a diminuição do saldo devedor, por discordar dos juros e encargos aos quais aderiu).

Assim, as discussões jurídicas em torno do contrato de abertura de crédito se têm fincado, preponderantemente, **acerca da liquidez do montante utilizado e dos juros compensatórios pactuados, sem limitação legal**. O Tribunal da Cidadania — Superior Tribunal de Justiça, responsável pela uniformização da aplicação do direito federal, especificamente em relação à liquidez do saldo devedor, afastou a tese dos bancos de que os contratos de abertura de crédito, acompanhados dos extratos a discriminar os saldos devedores, seriam suficientes para embasar ação de execução.

[36] *Manual de direito comercial*, 14. ed., p. 460.

Os precedentes daquele tribunal que serviram de paradigma para a construção do enunciado de sua Súmula 233 (*DJ* 08/02/2000) firmaram o entendimento de que **não seria possível ao banco a criação de seus próprios títulos executivos**, à míngua de previsão legal, não se podendo qualificar o contrato de abertura de crédito como título executivo, pois a **liquidez das obrigações** eventualmente assumidas seria operação **diferida, alcançada posterior e unilateralmente pelo banco-credor**. Posteriormente, o STJ editou a Súmula 247 (*DJ* 05/06/2001), dessa vez a favorecer a pretensão dos bancos em recuperar os saldos inadimplidos, de maneira mais célere, **em vez da ação de cobrança, caminho indiretamente indicado pela Súmula 233, a opção pela ação monitória**.

A Lei n. 10.931/2004, conforme bem salientado por Nelson Abrão, entre as várias repercussões no sistema financeiro, "**estabeleceu garantias a serem executadas no âmbito dos contratos bancários** realizados"[37]. Para a recuperação do crédito das instituições financeiras, foram criados novos títulos de crédito, destacando-se a **Cédula de Crédito Bancário (CCB)**, eventualmente amalgamada a contrato de abertura de crédito precedente[38].

A inovação legislativa, para o contrato de abertura de crédito a que se venha agregar uma CCB, em princípio, **arrefeceu a discussão** sobre a possibilidade de ajuizamento de execução direta pelo banco-credor contra o cliente, pois se baseará no art. 784, inc. XII, do CPC: "Art. 784. São títulos executivos extrajudiciais (...) VIII — todos os demais títulos aos quais, por disposição expressa, a lei atribuir força executiva"[39].

---

[37] ABRÃO, Nelson. *Direito bancário*, 13. ed., p. 575.

[38] Diz a Lei n. 10.931/2004: "Art. 28. A Cédula de Crédito Bancário é título executivo extrajudicial e representa dívida em dinheiro, certa, líquida e exigível, seja pela soma nela indicada, seja pelo saldo devedor demonstrado em planilha de cálculo, ou nos extratos da conta corrente (...) § 2º Sempre que necessário, a apuração do valor exato da obrigação, ou de seu saldo devedor, representado pela Cédula de Crédito Bancário, será feita pelo credor, por meio de planilha de cálculo e, quando for o caso, de extrato emitido pela instituição financeira, em favor da qual a Cédula de Crédito Bancário foi originalmente emitida, documentos esses que integrarão a Cédula, observado que: I — os cálculos realizados deverão evidenciar de modo claro, preciso e de fácil entendimento e compreensão, o valor principal da dívida, seus encargos e despesas contratuais devidos, a parcela de juros e os critérios de sua incidência, a parcela de atualização monetária ou cambial, a parcela correspondente a multas e demais penalidades contratuais, as despesas de cobrança e de honorários advocatícios devidos até a data do cálculo e, por fim, o valor total da dívida; e II — a Cédula de Crédito Bancário representativa de dívida oriunda de contrato de abertura de crédito bancário em conta corrente será emitida pelo valor total do crédito posto à disposição do emitente, competindo ao credor, nos termos deste parágrafo, discriminar nos extratos da conta corrente ou nas planilhas de cálculo, que serão anexados à Cédula, as parcelas utilizadas do crédito aberto, os aumentos do limite do crédito inicialmente concedido, as eventuais amortizações da dívida e a incidência dos encargos nos vários períodos de utilização do crédito aberto".

[39] A validar a suficiência da Cédula de Crédito Bancário como título executivo, confira-se o teor da Súmula 14 do TJSP: "A cédula de crédito bancário regida pela Lei n. 10.931/2004 é título executivo extrajudicial".

Por sua vez, mesmo para os contratos não jungidos a uma CCB, de se ver que **há precedentes de tribunais estaduais**[40] **que vêm restringindo a aplicação da Súmula 233** às avenças que tenham tido **por objeto crédito rotativo, fluido**, pois, para as outras em que o contrato envolveu crédito fixo, a alegação de iliquidez não se demonstrará condizente com a realidade e, em consequência, a quantificação precisa do crédito amoldará o instrumento do contrato a título executivo extrajudicial, nos termos do art. 784, inc. III ("documento particular assinado pelo devedor e por duas testemunhas"), c/c art. 783 ("A execução para cobrança de crédito fundar-se-á sempre em título de obrigação certa, líquida e exigível"), ambos do CPC.

No âmbito do STJ, nos termos da norma dos **recursos repetitivos,** art. 1.036 do CPC, sedimentou-se o entendimento de que **a cédula de crédito bancário é sim de título executivo extrajudicial**, porque respeitado o **princípio da legalidade**, e nos termos da Lei de Regência, para que não seja afastada a **liquidez do título**, quando atrelado a contrato de abertura de crédito rotativo, o cuidado deverá ser o de, no caso concreto, **fazer acompanhar o título de extrato pormenorizado** a demonstrar a evolução da dívida, nos termos do inc. II, do § 2º, do art. 28, da Lei n. 10.931/2004. Segundo a argumentação do Ministro Luis Felipe Salomão, relator do Recurso Especial paradigma, *a priori*, formalmente, **não há razão para negar executividade à CCB**. Porém, isso não afasta a possibilidade de discussão judicial sobre o preenchimento dos requisitos legais, para que, no caso concreto, seja possível aferir ou não a liquidez e exigibilidade do título[41-42].

[40] Nesse sentido, a título ilustrativo, a seguinte ementa: "APELAÇÃO — AÇÃO DE EXECUÇÃO — SÚMULA 233, DO STJ — INAPLICABILIDADE. O contrato firmado entre as partes é de abertura de crédito fixo, que foi utilizado de uma só vez, permanecendo, pois, a sua natureza jurídica de título executivo extrajudicial, não se confundindo com o contrato de abertura de crédito rotativo, razão pela qual, é inaplicável a Súmula 233, de acordo com a orientação do próprio STJ. O título de fl. 10 é título executivo extrajudicial e a ação de execução deve prosseguir em seus regulares termos. — SENTENÇA ANULADA — RECURSO PROVIDO" (TJSP, 38ª Câmara de Direito Privado, APL 83100820028260363 SP, Rel. Des. Eduardo Siqueira, *DJ* 22/06/2012).

[41] Cf. STJ, REsp 1.291.575/PR, 2ª Seção, *DJe* 02/09/2013. Nas palavras do Ministro: "Portanto, a Lei n. 10.931/2004 não permite a utilização da Cédula de Crédito Bancário como mera roupagem do antigo contrato de abertura de crédito, como se a simples nomenclatura diversa lhe conferisse força executiva. Ao reverso, o novo título de crédito, para ostentar exequibilidade, deve vir acompanhado de claro demonstrativo acerca dos valores utilizados pelo cliente, trazendo o novo diploma legal, de maneira taxativa, as exigências para conferir liquidez e exequibilidade à Cédula, a saber: I — os cálculos realizados deverão evidenciar, de modo claro, preciso e de fácil entendimento e compreensão, o valor principal da dívida, seus encargos e despesas contratuais devidos, a parcela de juros e os critérios de sua incidência, a parcela de atualização monetária ou cambial, a parcela correspondente a multas e demais penalidades contratuais, as despesas de cobrança e de honorários advocatícios devidos até a data do cálculo e, por fim, o valor total da dívida; e II — a Cédula de Crédito Bancário representativa de dívida oriunda de contrato de abertura de crédito bancário em conta corrente será emitida pelo valor total do crédito posto à disposição do emitente, competindo ao credor discriminar nos extratos da conta corrente ou nas planilhas de cálculo, que serão anexados à Cédula, as parcelas utilizadas do crédito aberto, os aumentos do limite do crédito inicialmente concedido, as eventuais amortizações da dívida e a incidência dos encargos nos vários períodos de utilização do crédito aberto".

Outro tema a despertar opiniões dissidentes tem relação com o fato de que o empresário que se predispuser ao contrato de abertura de crédito, em princípio, **não poderá ser beneficiado com a redução proporcional de juros e encargos, em caso de adimplemento antecipado do débito**. A não ser que se considere aplicável à avença o CDC. Em síntese, portanto, o intérprete deverá compatibilizar o disposto no art. 133, do CC, e no art. 52, § 2º, do CDC. No direito projetado (PL 1.572/2011, art. 433), expressamente, o direito potestativo de abatimento do saldo devedor perde tal característica nos contratos bancários que tenham devedores empresários e somente se observará como uma concessão do banco.

Em caráter complementar, dada a regulamentação dos contratos bancários por normas infralegais, de acordo com as normas do Conselho Monetário Nacional e Resoluções do Banco Central, de se **mencionar que o direito de abatimento do saldo devedor foi previsto** não só em relação a clientes pessoas físicas, mas também em relação às "microempresas e empresas de pequeno porte de que trata a Lei Complementar n. 123, de 14 de dezembro de 2006" (art. 1º, da Resolução n. 3.516/2007, do BACEN).

Em tempos de **superendividamento**, natural que os devedores-mutuários **se lancem a refinanciamentos** ou se predisponham à quitação antecipada de seus contratos, ainda que por meio de mútuos novos, garantindo-se aos devedores o **direito de portabilidade** ("transferência de operação de crédito de instituição credora original para instituição proponente, por solicitação do devedor", inc. I, do parágrafo único, da Resolução n. 4.292/2013, do BACEN). Nesse particular, ainda que o direito de portabilidade seja uma faculdade à mercê do mutuário "pessoa natural", salutar que tal medida se estendesse também ao empresário individual, principalmente na perspectiva de proteção dos pequenos negócios. O **microempreendedor individual**, nos termos do art. 966, do CC, e da LC n. 128/2008, com renda bruta não superior a R$ 80.000,00, optante do SIMPLES, poderá **explorar diversos objetos sociais**. Microempreendedor, pessoa física, pessoa natural, também merecedor da faculdade referente ao direito de portabilidade.

■ 17.3.3. Esquema

CONTRATO DE ABERTURA DE CRÉDITO	
CONCEITO	■ Contrato bancário típico relacionado a mútuo eventual (operação ativa).
PARTES	■ Banco (credor) e Tomador Eventual do Crédito (devedor).
EXEMPLO	■ Sociedade Empresária que, para alavancar capital de giro, predisponha-se ao uso eventual de crédito rotativo.

[42] De se ressaltar também o disposto no Enunciado 41 da I Jornada de Direito Empresarial (CJF): "41. A cédula de crédito bancário é título de crédito dotado de força executiva, mesmo quando representativa de dívida oriunda de contrato de abertura de crédito bancário em conta corrente, não sendo a ela aplicável a orientação da Súmula 233 do STJ".

CARACTERÍSTICAS	■ Contrato de adesão, bilateral e oneroso.
SÚMULAS DO STJ	■ Súmula 233 — O contrato de abertura de crédito, ainda que acompanhado de extrato da conta corrente, não é título executivo.
	■ Súmula 247 — O contrato de abertura de crédito em conta corrente, acompanhado do demonstrativo de débito, constitui documento hábil para o ajuizamento da ação monitória.
	■ Súmula 258 — A nota promissória vinculada a contrato de abertura de crédito não goza de autonomia em razão da iliquidez do título que a originou.
	■ Súmula 300 — O instrumento de confissão de dívida, ainda que originário de contrato de abertura de crédito, constitui título executivo extrajudicial.
	■ Súmula 322 — Para a repetição de indébito, nos contratos de abertura de crédito em conta corrente, não se exige a prova do erro.
REFERÊNCIAS LEGISLATIVAS	■ Lei n. 4.595/64 (art. 17); Resolução n. 2.624/99 — BACEN; Lei n. 10.931/2004 (art. 28, § 2º, inc. II); PLC 1.572/2011 (arts. 428-433); PLS 487/2013 (art. 529, inc. II) — Novo(s) Código(s) Comercial(ais).

■ 17.4. CONTRATO DE DEPÓSITO

■ 17.4.1. Introdução

No **Contrato de Depósito**, o Banco, predominantemente, encontra-se na posição de "devedor" — operação passiva —, pois recebe os valores dos clientes, comprometendo-se a devolvê-los do modo e no prazo convencionados. De acordo com o PLC 1.572/2011, no depósito bancário, **"o depositante se torna credor do banco pelas importâncias que lhe entrega"** (art. 429, inc. III), sendo-lhe devidos juros, se convencionados, nos termos do art. 529, inc. III, do PLS 487/2013. Além disso, a remuneração do depósito poderá ser decorrência direta da lei, como no caso da poupança.

As contas correntes, as contas poupança, determinadas aplicações financeiras seriam espécies do gênero depósito bancário, as quais, quanto ao objetivo econômico, de acordo com as lições de Nelson Abrão, permitem agrupá-las da seguinte forma: a) "**Depósito à vista** é aquele que fica à disposição do depositante para ser sacado a qualquer momento"; b) "**Depósito a prazo** é o suscetível de retirada só depois de decorrido um certo termo prefixado no contrato (...)", conforme item 10 da Resolução n. 15/66, **"30 a 120 dias"**; c) **o depósito de poupança**, como forma de incentivo à economia, principalmente por meio de isenções relacionadas ao imposto de renda. Esquematizando as **espécies de depósito bancário**:

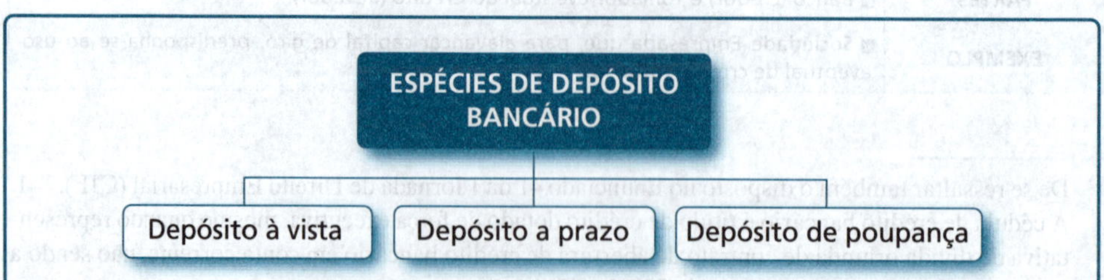

■ 17.4.2. Características

Há uma **relação de confiança entre o banco e o cliente** (depositante). Trata-se do dinheiro administrado pelas instituições financeiras nas contas correntes de pessoas físicas e jurídicas — assalariados ou empresários. Tal serviço é, regra geral, taxado (em valores, às vezes, não tão módicos). É **contrato de adesão, escrito, unilateral e real**.

■ 17.4.3. A remuneração obrigatória do depósito da poupança

A poupança é depósito remunerado pela **TRD mais percentual da SELIC**, de acordo com o que dispõe a **Lei n. 8.177/91 (com redação dada pela Lei n. 12.703, de 2012)**, mais especificamente, seu art. 12:

> Art. 12. Em cada período de rendimento, os depósitos de poupança serão remunerados:
>
> **I — como remuneração básica, por taxa correspondente à acumulação das TRD, no período transcorrido entre o dia do último crédito de rendimento, inclusive, e o dia do crédito de rendimento, exclusive;**
>
> **II — como remuneração adicional, por juros de:**
>
> ***a)* 0,5% (cinco décimos por cento) ao mês, enquanto a meta da taxa Selic ao ano, definida pelo Banco Central do Brasil, for superior a 8,5% (oito inteiros e cinco décimos por cento); ou**
>
> ***b)* 70% (setenta por cento) da meta da taxa Selic ao ano, definida pelo Banco Central do Brasil, mensalizada, vigente na data de início do período de rendimento, nos demais casos.**
>
> § 1º A remuneração será calculada sobre o menor saldo apresentado em cada período de rendimento.
>
> § 2º Para os efeitos do disposto neste artigo, considera-se período de rendimento:
>
> I — para os depósitos de pessoas físicas e entidades sem fins lucrativos, o mês corrido, a partir da data de aniversário da conta de depósito de poupança;
>
> II — para os demais depósitos, o trimestre corrido a partir da data de aniversário da conta de depósito de poupança.
>
> § 3º A data de aniversário da conta de depósito de poupança será o dia do mês de sua abertura, considerando-se a data de aniversário das contas abertas nos dias 29, 30 e 31 como o dia 1º do mês seguinte.
>
> § 4º O crédito dos rendimentos será efetuado:
>
> I — mensalmente, na data de aniversário da conta, para os depósitos de pessoa física e de entidades sem fins lucrativos; e II — trimestralmente, na data de aniversário no último mês do trimestre, para os demais depósitos.

A **Taxa Referencial (TR)** corresponde à média da remuneração de três operações distintas: dos impostos; dos depósitos a prazo fixo pelas instituições financeiras; e dos títulos públicos (art. 1º, da Lei n. 8.177/91).

Já a **taxa SELIC** (Sistema Especial de Liquidação e Custódia), conforme sintetizou Rizzatto Nunes, é "mecanismo eletrônico centralizado de controle diário da custódia, liquidação e operação por computadores (...) utilizada como instrumento de política monetária mediante a utilização de títulos públicos".

O **BACEN, por meio da Circular n. 2.727/96,** esclareceu que a taxa SELIC "destina-se ao registro de títulos e depósitos interfinanceiros por meio de equipamento eletrônico de teleprocessamento, em contas gráficas abertas em nome de seus participantes, bem como ao processamento, utilizando-se o mesmo mecanismo de operações de movimentação, resgates, ofertas públicas e respectivas liquidações financeiras".

Rizzato Nunes[43], na continuação de sua análise sobre o sistema SELIC, salientou que este registra os "títulos públicos, tais como as Letras do Tesouro Nacional (LTN), as Letras Financeiras do Tesouro (LFT), as Notas do Tesouro Nacional (NTN), as Notas do Banco Central (NBC), os Bônus do Banco Central do Brasil (BBC) e as Letras do Banco Central do Brasil (LBC)". Tais títulos, uma vez emitidos, **teriam dupla função**: a) **diminuir a quantidade de moeda em circulação**, no intuito de modular a inflação e b) **captar recursos financeiros**.

A **taxa SELIC**, assim, serviria tanto para remunerar os títulos públicos, taxa especial de juros, como para englobar a atualização monetária. Essa taxa híbrida, por tal particularidade, **juros mais correção monetária, não deve ser utilizada para sancionar a mora** nas demais operações de crédito, porque, do contrário, patente restará o *bis in idem* (pela consideração da atualização por duas vezes)[44].

Para perceber aritmeticamente a junção de taxa de juros e correção monetária da SELIC, basta fazer uma **simulação de correção de valores por meio da Calculadora do Cidadão**, ferramenta eletrônica disponibilizada pela internet no site do BACEN[45]. O prezado leitor que necessitar atualizar eventuais valores de que seja credor ou devedor poderá fazê-lo por meio dessa calculadora e se deparará com uma **planilha intuitiva de cálculos** em que poderá escolher qual critério de atualização (IGPM, TR, SELIC, POUPANÇA e CDI) utilizar.

A Calculadora do Cidadão, assim, serve aos poupadores como ferramenta de atualização simples e de fácil manuseio. Confira-se a seguir a reprodução gráfica de tal planilha.

---

43 NUNES, Rizzatto. *Curso de direito do consumidor*, p. 658-659.

44 Apesar de meu entendimento pessoal a respeito, a jurisprudência do STJ tem encampado a taxa Selic como razoável para a atualização de débitos. Rememore-se o quanto estudado no *item 12.9.2*.

45 Disponível em: <https://www3.bcb.gov.br/CALCIDADAO/publico/exibirFormCorrecaoValores.do?method=exibirFormCorrecaoValores&aba=3>. Acesso em: 01 mar. 2014, às 14:00.

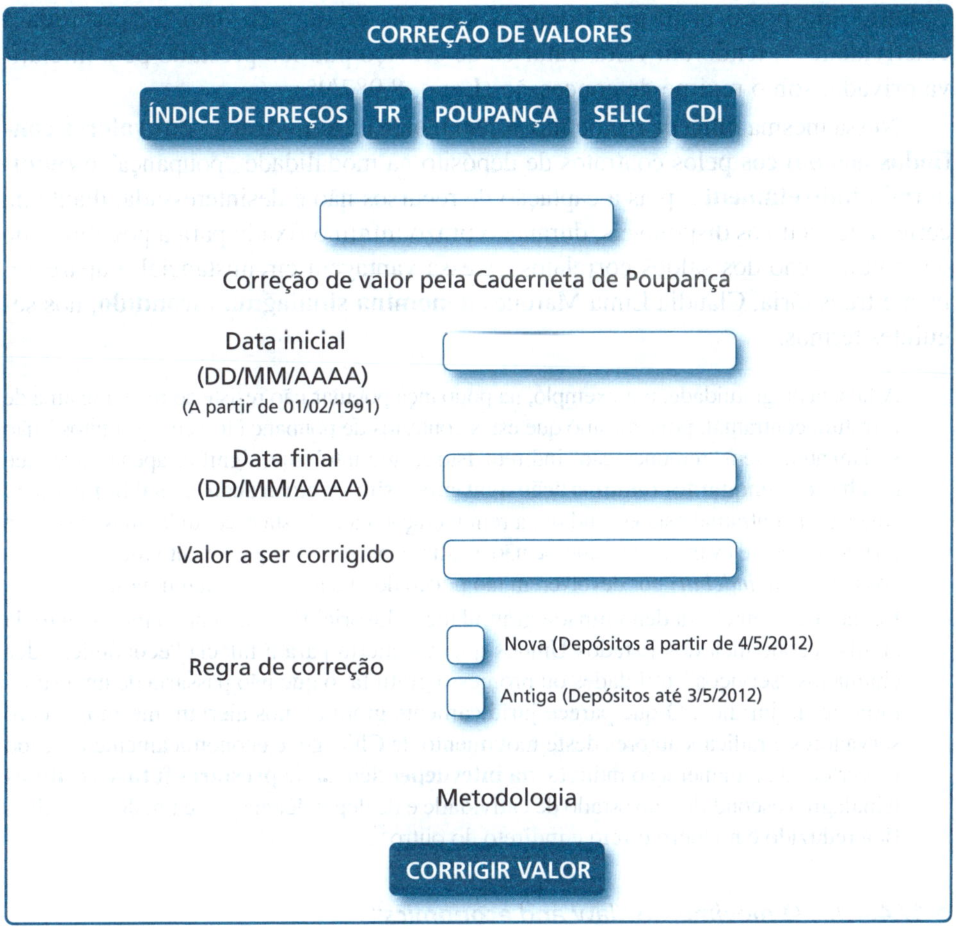

CORREÇÃO DE VALORES

ÍNDICE DE PREÇOS | TR | POUPANÇA | SELIC | CDI

Correção de valor pela Caderneta de Poupança

Data inicial (DD/MM/AAAA) (A partir de 01/02/1991)

Data final (DD/MM/AAAA)

Valor a ser corrigido

Regra de correção
- Nova (Depósitos a partir de 4/5/2012)
- Antiga (Depósitos até 3/5/2012)

Metodologia

CORRIGIR VALOR

■ 17.4.4. A remuneração indireta a favorecer os bancos no contrato de depósito de poupança e a influência da análise econômica do direito

A **caderneta de poupança** corresponde a contrato bancário que **envolve a administração de valores**, serviço prestado pelos bancos, **mas sem tarifação** (operação passiva). Por isso, houve quem defendesse não ser aplicável ao depósito em conta poupança o Código de Defesa do Consumidor, diante de uma interpretação restritiva e literal do disposto no § 2º, do art. 3º, da Lei n. 8.078/90: “Serviço é qualquer atividade fornecida no mercado de consumo, **mediante remuneração, inclusive as de natureza bancária**, financeira, de crédito e securitária, salvo as decorrentes das relações de caráter trabalhista”. Porém, a doutrina cuidou de esclarecer que o **serviço remunerado não se confunde com aquele tarifado e pago**, sem exceções. Possível perceber, assim, que o **serviço poderá ser remunerado indiretamente**. O serviço de transporte urbano não é remunerado diretamente pelos idosos maiores de 65 anos (art. 230, § 2º, da CF), porém o custo dessa “gratuidade” ultimará por se agregar ao custo do serviço, que restará embutido no preço pago pelos demais usuários do serviço, isto é, "por toda a coletividade"[46], tendo em vista tratar-se de serviço público prestado pela iniciativa privada, sob o regime de concessão (Lei n. 8.987/95).

Nessa mesma linha de raciocínio, **o serviço de administração dos valores confiados aos bancos** pelos contratos de depósito na modalidade "poupança" **é remunerado indiretamente**, pois a captação de recursos não é desinteressada, diante da certeza de recursos disponíveis, durante o prazo mínimo fixado para a possibilidade de remuneração dos saldos correlatos. A essa vantagem circunstancial e aparentemente transitória, Cláudia Lima Marques **denomina sinalagma escondido**, nos seguintes termos:

> A falácia da gratuidade, por exemplo, na poupança popular não resiste ao menor exame de estrutura contratual, pois, mesmo que estes contratos de poupança fossem "gratuitos", não seriam nunca sem "remuneração" indireta. Isto é, "gratuito" aqui significa apenas dizer que **não há (por enquanto) remuneração aparente e sim remuneração causal implícita**. O sinalagma contratual está escondido, a remuneração causal está escondida, mas existe e é juridicamente relevante, tanto que, se não existisse, haveria enriquecimento ilícito dos bancos (*condictio indebiti*) por devolverem tão pouco do que lucraram em um mês.
>
> Economicamente esta denominada gratuidade é ilusória. É justamente o movimento da análise econômica dos Estados Unidos que nos alerta para a falácia "econômica" dos chamados "serviços", utilidades ou promessa gratuita, o que não passaria de uma superada ficção jurídica. O que parece juridicamente gratuito, nos alertam mesmo os conservadores e radicais autores deste movimento de Chicago, é economicamente baseado na certeza da remuneração indireta, **na interdependência de prestares futuros e atuais** (sinalagma escondido), no estado de catividade e de dependência a que um dos parceiros fica reduzido e no lucro direto e indireto do outro[47].

■ *17.4.4.1. O movimento "law and economics"*

A denominada Análise Econômica do Direito (AED) se relaciona com a necessidade de que a **atuação do Judiciário não se construa alheia à ciência econômica**. Há críticas a respeito, sendo oportuno destacar, em linhas gerais, o dissenso doutrinário[48]. **A interdependência desses ramos do saber** (Direito e Economia) deveria possibilitar a melhoria das instituições e dos mercados. O denominado movimento *Law and Economics*, ainda que originado da premissa básica de que as instituições legais — as fontes do direito por meio das atividades legislativas (mesmo durante o processo de formação da lei em sentido lato, *ex ante*), judiciais (*ex post*)[49] e executivas

---

[46] GARCIA, Leonardo de Medeiros. *Direito do consumidor*, p. 28.

[47] MARQUES, Cláudia Lima. *Comentários ao Código de Defesa do Consumidor*, 3. ed., p. 159.

[48] As observações aqui pontuadas também foram reproduzidas na Dissertação de Mestrado do autor (Desconsideração da Personalidade Jurídica na Falência: Decisão Ineficiente. Defesa e Aprovação em 16/09/2013 — UNICEUB).

[49] GICO JUNIOR, Ivo T. Metodologia e epistemologia da análise econômica do direito. *Economic Analysis of Law Review*, v. 1, 2010. Disponível em: <http://portalrevistas.ucb.br/index.php/EARL/article/viewArticle/1460>. Acesso em: 20 ago. 2013, às 14:00.

(na eleição e implementação de políticas públicas)[50] — **influenciam, bem como são influenciadas significativamente pelo comportamento dos agentes econômicos**, tem sido analisado sob ópticas diferentes, destacando-se os trabalhos de Ronald Coase, Richard Posner e Guido Calabresi, marcos teóricos hábeis a discutir a importância da AED também em países de tradição romano-germânica[51]. Por sua vez, a AED, mesmo com expressão nos EUA, foi objeto de críticas por escolas rivais.

▪ *17.4.4.2. A AED e algumas escolas rivais*

De acordo com Andrés Roemer[52], a interação entre Direito e Economia (ou sua negação) tem sido abordada por escolas ou movimentos rivais. Destacou que a Escola de Chicago **(*Law and Economics*)** tem como um de seus expoentes Richard Posner, para quem a eficiência das normas jurídicas positivadas e aplicadas será contextualizada quando tais normas possibilitarem a maximização de resultados, o que será verificado quando os agentes econômicos (pelo menos na sua maioria), diante das normas postas, tomem os comandos e regramentos normativos como incentivos[53] e, assim, satisfaçam suas preferências pessoais (eficiência alocativa)[54], apesar da escassez de recursos, para que, em perspectiva, seja alcançado o bem-estar social.

▪ *17.4.4.2.1. Direito, economia e organizações*

A segunda vertente — a Neoconstitucional — não significa uma ruptura absoluta com a AED, pois apenas entende que uma análise efetiva dos custos de transação (relevantes para a alocação de preferências) deve também levar em consideração a influência das organizações. Assim, em vez de AED, o esquema teórico seria representado pela **sigla DEO, Direito, Economia e Organizações**[55]. Oliver Williamson defende tal proposta, esclarecendo que a racionalidade dos agentes econômicos, percebidos isoladamente, é limitada, o que poderia dificultar a alocação de preferências. Por sua vez, a substituir essa racionalidade limitada, uma racionalidade equívoca (correspondente ao autointeresse), **deve-se investigar a racionalidade dos agentes econômicos, inseridos em organizações**, pois nelas se perceberão "a simplicidade,

---

[50] No Brasil, por exemplo, o trabalho efetuado pelo Instituto de Pesquisa Econômica Aplicada (IPEA), fundação pública federal vinculada à Secretaria de Assuntos Estratégicos da Presidência da República, cujas atividades de pesquisa servem de suporte técnico e institucional às ações governamentais para a formulação e reformulação de políticas públicas e programas de desenvolvimento. Fonte: <http://ipea.gov.br/portal>. Acesso em: 20 ago. 2013, às 14:00.

[51] Nesse sentido, o pensamento de ZYLBERSZTAJN, Decio; SZTAJN, Raquel. Análise econômica do direito e das organizações, p. 1-15.

[52] ROEMER, Andres. *Introducción al análisis económico del derecho*, 1994.

[53] GICO JUNIOR, Ivo T. Metodologia e epistemologia da análise econômica do direito. *Economic Analysis of Law Review*, v. 1, 2010. Disponível em: <http://portalrevistas.ucb.br/index.php/EARL/article/viewArticle/1460>. Acesso em: 20 ago. 2013, às 14:00.

[54] COOTER, Robert; ULEN, Thomas. *Direito e economia*, p. 38.

[55] ZYLBERSZTAJN, Decio; SZTAJN, Raquel. Análise econômica do direito e das organizações, p. 12.

a identificação e a lealdade descritiva do comportamento humano", o que favorecerá a "engenharia dos custos de transação"[56].

■ *17.4.4.2.2. A teoria da escolha pública ("public choice")*

Uma terceira linha de pensamento corresponde à Teoria da Escolha Pública (*Public Choice*), que, basicamente, **contesta a ideia de que os seres humanos apresentam um comportamento na vida pública** divergente se **comparado às escolhas que fazem em sua vida privada**. Arthur Seldon, entre outros, critica, pois, a visão da Ciência Política e da Sociologia, eis que, para tais campos do saber, a tendência é de que as pessoas ajam **"desinteressadamente na vida pública e egoisticamente na vida privada"**.

Essa pseudoindiferença poderia explicar a **não coincidência entre as demandas da população e as ações de seus governantes**. Os teóricos da escolha pública construíram hipóteses "sobre as motivações econômicas dos políticos e as consequências econômicas de seu poderio político em dirigir ou influenciar a vida das pessoas, através das leis, normas e regulamentos, impostos e taxas". De se concluir pelo **desmembramento do interesse público em primário e secundário**[57]. O primário corresponderia às **prioridades do governo da situação**. O secundário, por sua vez, **aos reais anseios da coletividade**, ainda que plúrimos. Diante disso, uma crise de legitimidade do direito positivo.

■ *17.4.4.2.3. "Critical legal studies"*

Uma quarta linha teórica — que discorda, incisivamente, da AED — corresponde à *Critical Legal Studies*. Para tal corrente, **o direito seria instrumento de dominação, serviçal e reflexo da ideologia dos detentores do poder** político profissional, isto é, dos membros dos poderes públicos, conservadores e pertencentes a uma elite econômica. Em resumo, para os teóricos da *Critical Legal Studies*, entre os quais, Gary Minda[58], a Escola de Chicago, que, "apesar de estar encoberta por um discurso supostamente apolítico e técnico, é, na verdade, um projeto intensamente político, de forte caráter ideológico de direita, situando-se entre o pragmatismo, o centralismo tecnocrata e o liberalismo mercadológico"[59]. **A Economia, assim, seria subproduto da Política**[60]. Não existiria um genuíno movimento *Law and Economics* diante da constatação de que *Law is Politics*[61].

---

[56] ZYLBERSZTAJN, Decio; SZTAJN, Raquel. Análise econômica do direito e das organizações, p. 16-59.

[57] MAZZILLI, Hugo Nigro. *A defesa dos interesses difusos em juízo,* 21. ed., p. 20.

[58] MINDA, Gary. *Postmodern legal movements:* law and jurisprudence at century's end, p. 110.

[59] GODOY, Arnaldo. O critical legal studies movement de Roberto Mangabeira Unger. *Revista Jurídica*, Brasília, v. 8, n. 82, p. 49-63, 2007.

[60] GODOY, Arnaldo. O critical legal studies movement de Roberto Mangabeira Unger. *Revista Jurídica*, Brasília, v. 8, n. 82, p. 49-63, 2007.

[61] UNGER, Roberto Mangabeira. *The critical legal studies movement*, p. 1.

17.4.4.2.4. "Behavioral law and economics"

Uma quinta tendência, também a fazer ressalvas à AED, denomina-se *Behavioral Law and Economics*[62]. A suposição de que o **comportamento individual dos agentes econômicos convergirá**, pois tenderão à escolha mais racional (por isso, a mais eficiente), foi desmentida por estudos empíricos. **O *homo economicus* da AED se distanciaria das pessoas reais**, pois estas, naturalmente, divergirão nas suas escolhas, tendo em vista apresentarem-se racionalmente limitadas, diante de interesses ou vontades discordantes e imbuídas de um egoísmo igualmente limitado[63].

A **subjetividade complexa** do ser humano, conforme se pode depreender das diferentes abordagens da Psicologia, **não favorece um padrão de comportamento, que se proponha sempre racional**. A assimetria de informações, a memória, a capacidade de assimilar o que se ouve ou se lê, eventual dificuldade cognitiva no que diz respeito ao processamento de informações, o equivocar-se na avaliação de probabilidades, a influência do *status quo*, a forma como cada um se expressa, faz suas indagações ou expõe seu pensamento[64] são variáveis a explicar a razão pela qual os agentes econômicos ou as partes, em um processo judicial, ultimam por se afastar de um padrão de racionalidade esperado.

17.4.4.2.5. "Lawlessness and economics"

Uma sexta linha de pesquisa denominada *Lawlessness and Economics*[65] apresenta-se cética em relação à AED. Seus partidários defendem que **os indivíduos e as empresas (firmas) não respondem necessariamente às regras legais como agentes racionais**, isto é, receptivamente, internalizando as normas-princípio e as normas-regra como incentivos, hábeis a maximizar seu bem-estar.

A tal crítica, possível argumentar que a **AED se propõe a "auxiliar a compreensão (diagnóstico) e a previsão (prognose) das consequências"**[66] das escolhas dos agentes econômicos. São, portanto, **predições, a serem validadas ou infirmadas empiricamente**. De ciência se trata. Não são profecias incontestáveis. De religião não se trata. O movimento *Lawlessness and Economics* (Ilegalidade e Economia) também critica a AED diante da dificuldade em se definir um limite para a maximização da riqueza quando, prospectivamente, em detrimento de um ideal de justiça, sobretudo diante da deficiência do sistema legal. Tal deficiência se exemplifica com o **fenômeno da "politização do Judiciário"**[67]. Em tal hipótese, Juízes e Tribunais

---

62 SUNSTEIN, Cass. *Behavioral law and economics*, 2000.

63 MERY NIETO, Rafael. Notas sobre análisis económico del derecho: una mirada desde América Latina. *Revista Derecho y Humanidades*, n. 10, p. 121-140, 2004.

64 MERY NIETO, Rafael. Notas sobre análisis económico del derecho, p. 121-140.

65 DIXIT, Avinash K. *Lawlessness and economics:* alternative modes of economic governance, 2002.

66 GICO JUNIOR, Ivo T. Metodologia e epistemologia da análise econômica do direito. *Economic Analysis of Law Review*, v. 1, 2010. Disponível em: <http://portalrevistas.ucb.br/index.php/EARL/article/viewArticle/1460>. Acesso em: 20 ago. 2013, às 14:00.

67 ZYLBERSZTAJN, Decio; SZTAJN, Raquel. Análise econômica do direito e das organizações, p. 262.

modularão, respectivamente, suas **sentenças e acórdãos ao sabor das ideologias**, sem necessariamente um rigor científico.

Tratando-se de direito empresarial e da atividade empresarial como **interesse difuso**, apesar das respeitáveis opiniões em contrário, **necessário o diálogo entre Direito e Economia**, para que a aplicação do direito se aproxime de um padrão de justiça **inteligível aos vários agentes econômicos**.

■ 17.4.5. O depósito de poupança como patrimônio impenhorável e interesse transindividual

Individualmente, a poupança privada é exceção ao princípio da responsabilidade patrimonial, tendo em vista o disposto no **art. 833, inc. X, do CPC: "São impenhoráveis (...) a quantia depositada em caderneta de poupança, até o limite de 40 (quarenta) salários mínimos"**. O legislador estabeleceu uma presunção legal, em favor dos poupadores, de que a quantia de até 40 salários mínimos, desde que reservada à caderneta de poupança, **reveste-se de natureza alimentar** e, assim, não poderá ser objeto de penhora.

E, quando em risco o grupo de poupadores, ligados entre si pelos contratos de poupança firmados com uma instituição financeira comum, exemplo de interesse coletivo em sentido estrito (**"interesses ou direitos coletivos"**), assim entendidos, nos termos do CDC (art. 81, inc. II), "os transindividuais, de natureza indivisível de que seja titular grupo, categoria ou classe de **pessoas ligadas entre si ou com a parte contrária por uma relação jurídica base**", possível para defesa conjunta dos poupadores o ajuizamento de **ação civil pública**, com fundamento na **Lei n. 7.913/89**.

■ 17.4.6. O Tesouro Direto como alternativa de poupança ao pequeno investidor pessoa física

Além da poupança, o investidor pessoa física tem a oportunidade de **investir em títulos públicos diretamente** por meio do programa de investimentos denominado **Tesouro Direto**, que corresponde à possibilidade de compra e venda de títulos públicos pelo convênio da Secretaria do Tesouro Nacional[68] com a BM&FBOVESPA. No site do Tesouro nacional, esclarece-se a possibilidade de que o investimento seja **iniciado com a quantia de R$ 30,00** (trinta reais). O investimento em títulos públicos se demonstra menos volátil se comparado ao de mercado de ações, por envolver ativos de renda fixa.

Entre as vantagens do Tesouro Direto, há a possibilidade de que as transações ocorram diretamente pela internet, **sem intermediários**. Os requisitos para que o pequeno investidor participe do programa correspondem à sua **inscrição regular no cadastro de contribuintes e que seja titular de conta corrente** em instituição financeira. Preenchidos tais requisitos, será necessário cadastrar-se junto às instituições

[68] A Secretaria do Tesouro Nacional é órgão do Ministério da Fazenda responsável pelo Sistema de Administração Financeira Federal e do Sistema de Contabilidade Federal.

financeiras que operam junto à BM&FBOVESPA. O Tesouro Direto esclarece que "o cadastramento do investidor junto a uma Instituição Financeira é necessário por ser ela a responsável pelos dados cadastrais junto à BM&FBOVESPA, repasse de recursos financeiros referentes aos eventos de custódia (pagamento de juros e resgates) e de venda antecipada, ao investidor, e recolhimento de tributos (Imposto de Renda e IOF)". Após o cadastro, o investidor receberá por e-mail senha de acesso "à área restrita do Tesouro Direto, onde são realizadas as operações de compra e venda, assim como consultas a saldos e extratos". Há a possibilidade de que a compra e venda de títulos públicos do Tesouro Direto se dê por meio do serviço de *homebanking* da própria instituição financeira do investidor se se tratar de agente integrado, ou seja, **instituição financeira que mantenha cadastro e habilitação** para, por meio de seu próprio site, operar no Tesouro Direto.

Esquematicamente:

Trata-se, portanto, de espécie de **contrato eletrônico e bancário**, pois as instituições financeiras também participam indiretamente do contrato de investimento entre o poupador (pessoa física) e o Tesouro Direto, como **agentes de custódia e intermediários das transferências** dos valores por meio eletrônico.

17.4.7. Esquema

CONTRATO DE DEPÓSITO	
CONCEITO	■ Contrato bancário típico em que cliente se torna credor do banco (operação ativa, captação de recursos financeiros).
PARTES	■ Banco (Devedor) e Cliente (Credor, Poupador ou Investidor).
EXEMPLO	■ Caderneta de Poupança.
CARACTERÍSTICAS	■ Contrato de adesão, unilateral e real.
JURISPRUDÊNCIA	■ STJ — Súmula 297 — O Código de Defesa do Consumidor é aplicável às instituições financeiras. ■ STF — ADI 2.194/DF ■ "ART. 3º, § 2º, DO CDC. CÓDIGO DE DEFESA DO CONSUMIDOR. ART. 5º, XXXII, DA CB/88. ART. 170, V, DA CB/88. INSTITUIÇÕES FINANCEIRAS. SUJEIÇÃO DELAS AO CÓDIGO DE DEFESA DO CONSUMIDOR. AÇÃO DIRETA DE INCONSTITUCIONALIDADE JULGADA IMPROCEDENTE. 1. As instituições financeiras estão, todas elas, alcançadas pela incidência das normas veiculadas pelo Código de Defesa do Consumidor. 2. 'Consumidor', para os efeitos do Código de Defesa do Consumidor, é toda pessoa física ou jurídica que utiliza, como destinatário final, atividade bancária, financeira e de crédito. 3. Ação direta julgada improcedente." (Julgado em 14/02/2006, relator p/ Acórdão Ministro Eros Grau.)
REFERÊNCIAS LEGISLATIVAS	■ Lei n. 4.595/64 (art. 17); Resolução n. 15/66 — BACEN; Lei n. 8.177/91; Lei n. 7.913/89; PLC 1.572/2011 (art. 429, inc. III); PLS 487/2013 (art. 529, inc. III) — Novo(s) Código(s) Comercial(ais).

17.5. DESCONTO BANCÁRIO

17.5.1. Introdução

O Desconto Bancário **é operação ativa do banco**. O banco, unidade superavitária de crédito, isto é, possui numerário em caixa disponível, inclusive por captar recursos de terceiros, predispõe-se a **adiantar as quantias representativas de títulos de crédito vincendos de seus clientes**, os quais endossam os títulos ao banco. A operação assim descrita possibilitará aos clientes o **saneamento de eventual crise de liquidez**, ou seja, ausência de capital livre para o desenvolvimento de suas atividades. Quanto ao banco, lucrará, porque a transferência do título se operacionalizará mediante a disponibilização de valor inferior à quantia vincenda, deduzidos ainda os juros e os custos operacionais de tal transação. Recebe o título ***pro solvendo*** por valor menor, portanto, sendo que, pelo crédito eventual na cártula representado, em caso de inadimplemento, **responderá solidariamente o cliente endossante**, sem prejuízo da possibilidade de execução do próprio contrato de desconto.

Imagine-se, assim, um microempreendedor que atue com o transporte escolar de crianças. Referido empresário, no início de cada ano letivo, ao firmar contratos de prestação de serviços com os representantes das crianças, recebe deles cheques pós-datados, por vencer mensalmente, durante o período de prestação do serviço. Tais títulos de crédito poderão ser descontados pelo empresário no banco de sua preferência, mediante contrato. O banco **(descontante-endossatário)** recebe os cheques pós-datados. O microempreendedor **(descontário-endossante)** recebe parte do dinheiro representado nos cheques, deduzindo-se os juros pela antecipação (englobando-se em tais juros o lucro do banco) e o custo de tal transação.

O empresário, portanto, **terá recursos disponíveis para fazer frente às despesas correntes** na prestação do serviço de transporte escolar, como manutenção do veículo utilizado para o desenvolvimento da atividade, pagamento do IPVA incidente sobre a propriedade de tal veículo, entre outras hipóteses.

O direito projetado (PLC 1.572/2011, art. 429, inc. V, e PLS 487/2013, art. 529, inc. IV) conceitua a operação de desconto nos seguintes termos: **"desconto bancário, em que o cliente cede ao banco crédito de sua titularidade, normalmente antes do vencimento e mediante deságio"** ou **"desconto bancário, em que o cliente cede ao banco crédito de sua titularidade, normalmente antes do vencimento, mediante deságio e garantia de adimplemento e solvência do devedor dos créditos cedidos".**

Nelson Abrão[69], ao comentar o conceito do contrato de desconto, ainda que tomando por empréstimo a definição contida no Código Civil italiano (art. 1.858), minudenciou os elementos de tal contrato: "I — trata-se de contrato que tem por **objeto o adiantamento de quantia em dinheiro** pelo banco ao cliente, **contra um título representativo de crédito**, ainda não vencido, para com terceiro; II — perfaz-se o contrato com a **entrega do dinheiro ao cliente** ou com o **lançamento a crédito deste**; III — o **cliente endossa o título** (cambiário ou cambiariforme) ao banco, sem, contudo, exonerar-se (...)". Os elementos aqui descritos, portanto, percebem-se presentes no direito projetado transcrito anteriormente.

■ 17.5.2. Características

O **contrato de desconto corresponde a contrato bilateral**, pois se contrapõem direitos e obrigações recíprocos das partes; **contrato oneroso**, porque o direito imediatamente intangível do cliente torna-se ativo líquido, propiciando-lhe capital de giro, enquanto o banco também lucra com a operação diante do deságio; e **contrato real**, que se aperfeiçoa com a disponibilização de parte da quantia descrita no título de crédito.

■ 17.5.3. O contrato de desconto bancário em caso de duplicata "fria"

É de se indagar: o contrato de desconto bancário é causal? Uma vez inexistente a obrigação sobre a qual se pautou, nulificado restaria o negócio? E, em tal hipótese, quais as responsabilidades do descontante (banco) e do descontário (cliente) entre si e perante terceiro suposto sacador do título?

Tais questões têm sido debatidas pela doutrina e pela jurisprudência em caso de emissão de duplicata "fria", isto é, quando, por exemplo, o suposto vendedor de mercadorias saca o título de crédito contra terceiro, como lhe autoriza a **Lei n. 5.474/68** (art. 1º), tratando-se de título legal somente em aparência, porque, na verdade, a

---

[69] ABRÃO, Nelson. *Direito bancário*, 13. ed., p. 176.

compra e venda mercantil jamais existiu. Trata-se de estelionato, de crime, pois, deliberadamente, o suposto **vendedor produziu documento fraudulento** (sem causa legal) para induzir o banco a erro e no intuito de obtenção de vantagem ilícita[70].

Não se trata de modificar, fraudulentamente, as condições de uma compra e venda mercantil válida ou as condições da prestação de um serviço também regular, ainda que a emissão de duplicata em tais condições também seja tipificada como crime (simulação de duplicata, art. 172, do CP). A hipótese se demonstra mais grave do ponto de vista da gênese do contrato de depósito, pois os pressupostos de tal avença seriam a emissão, cessão ou endosso válidos do título de crédito.

É **crédito eventual** e em perspectiva, a obrigar o sacado, no caso da duplicata. Porém, diante da fraude, **ainda que o banco proteste o título e se apresente como vítima direta** do estelionatário, **não poderá se eximir de responsabilidade em relação a danos que venha a ocasionar ao indicado como sacado na duplicata "fria"**, porque a nulidade do título (ainda que não importe necessariamente a nulidade do contrato de desconto) **tornará abusivo o protesto posterior**, bem como os atos de restrição de crédito e, ainda, o processo executivo que eventualmente se venha a ajuizar contra o sacado indicado no documento fraudulento.

O **banco, ainda que vítima, responderá perante o sacado não por culpa, mas sim pelo risco próprio da atividade** a que se lança, sendo que, ainda que se argumente tratar-se de caso fortuito ou força maior, refere-se, na verdade, a fortuito relacionado diretamente aos riscos da atividade bancária, os quais poderão ser reduzidos, diante de mecanismos de análise de crédito[71-72]. Esquematicamente, **possível a delimitação do negócio jurídico subjacente**, pressuposto do desconto bancário, bem como as relações derivadas (cambial, se regular o negócio subjacente, ou de consumo, em caso de negócio subjacente fraudulento). Primeiro, fixe-se a ocorrência do negócio subjacente:

---

[70] Código Penal. Art. 171. Obter, para si ou para outrem, vantagem ilícita, em prejuízo alheio, induzindo ou mantendo alguém em erro, mediante artifício, ardil, ou qualquer outro meio fraudulento: Pena — reclusão, de um a cinco anos, e multa.

[71] Ao fortuito ou força maior que não excluem a responsabilidade, a doutrina denomina fortuito interno. Nesse sentido, confira-se o teor da Súmula 479, do STJ: "As **instituições financeiras respondem objetivamente pelos danos gerados por fortuito interno** relativo a fraudes e delitos praticados por terceiros no âmbito de operações bancárias".

[72] De minha experiência profissional como juiz em vara cível, testemunhei o drama de pessoas não bancarizadas, isto é, que nunca movimentaram conta corrente, e que foram vítimas de estelionatários, os quais, depois de abrirem contas em nome daquelas e de receberem talonários de cheques de titularidade delas, fazendo-se passar por elas, saíam a aplicar golpes no comércio. Vítimas as pessoas não bancarizadas, os empresários e as sociedades empresárias que negociaram com os estelionatários, bem como o banco em que se abriu a conta corrente fraudulenta. Percebe-se, assim, um golpe de vitimização plúrima e até difusa, razão pela qual merece elogio a iniciativa de se coibir mais severamente o estelionato em tal circunstância, criando-se uma causa especial de pena em relação ao crime de estelionato denominada "estelionato massivo", como consta do anteprojeto do novo Código Penal: "Estelionato massivo (...) § 2º A pena é aumentada de um a dois terços se a fraude é destinada a produzir efeitos em número expressivo de vítimas, ressalvada a hipótese do concurso formal, quando aplicável". Disponível em: <http://www12.senado.gov.br/noticias/Arquivos/2012/06/pdf-veja-aqui-o-anteprojeto-da-comissao-especial-de-juristas>. Acesso em: 01 mar. 2014, às 13:00.

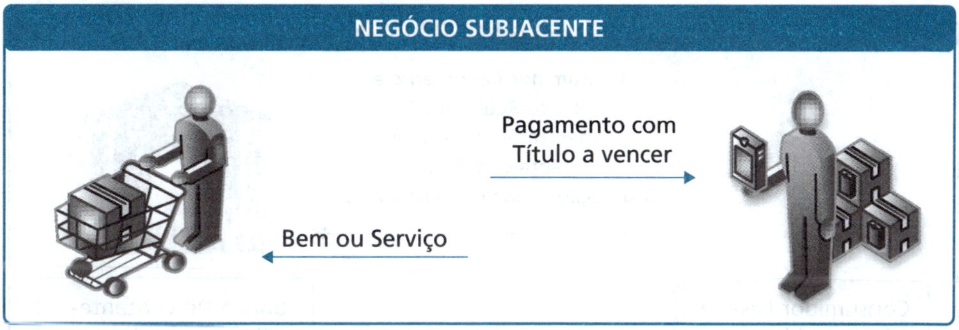

O título de crédito que possibilitou a aquisição do bem pelo consumidor constitui-se em crédito eventual, recebível do fornecedor, que poderá se predispor ao desconto bancário, como meio de liquidação antecipada do referido título:

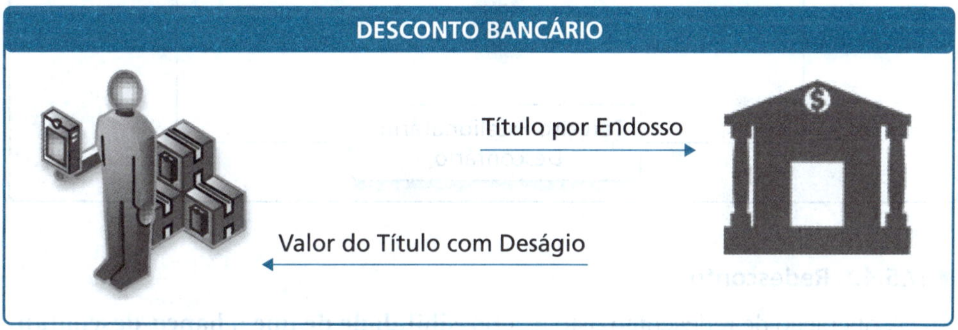

Um dos efeitos do endosso do título pelo fornecedor, por meio do descontário bancário, será o de vincular o consumidor ao banco.

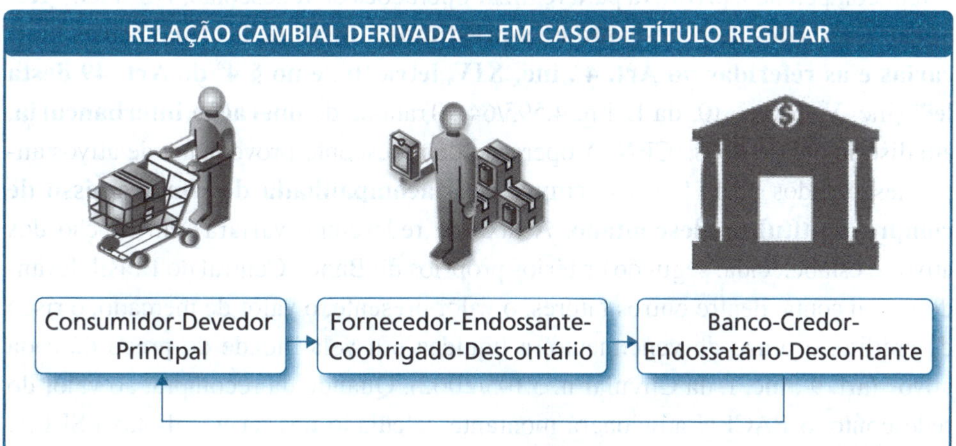

Em caso de emissão fraudulenta do título de crédito — reitere-se —, a restrição do crédito do consumidor prejudicado constituirá causa jurídica para eventual pedido de indenização:

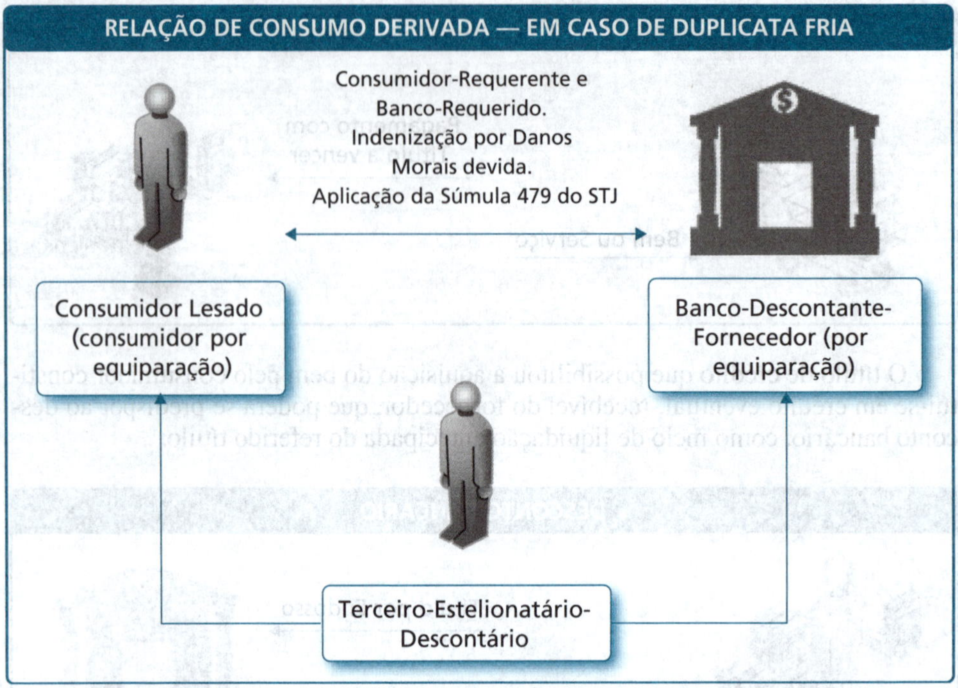

17.5.4. Redesconto

A operação de redesconto, isto é, a **possibilidade de que o banco-descontante obtenha a liquidez da quantia encartada no título**, também com deságio, somente se efetuará se houver anuência do Banco Central, autarquia federal que detém competência privativa para realizar operações de redesconto. Diz a lei: **"Realizar operações de redesconto e empréstimos a instituições financeiras bancárias e as referidas no Art. 4º, inc. XIV, letra 'b', e no § 4º do Art. 49 desta lei"** (inc. V, do art. 10, da Lei n. 4.595/64). Trata-se de **operação interbancária**, ato discricionário do BACEN. A operação de redesconto proveniente de ativos antes descontados pelos bancos **sempre será acompanhada do compromisso de compra do título redescontado**. A taxa de redesconto variará "em função dos ativos e estabelecida, segundo critérios próprios do Banco Central do Brasil, levando-se em conta, dentre outros fatores, o valor presente, o valor de mercado, o risco de crédito, o prazo de vencimento, a liquidez e a volatilidade do preço de cada ativo" (art. 9º, inc. I, da Circular n. 3.105/2002). Quando da recompra, ao valor do redesconto, o BACEN adicionará montante calculado nos termos da taxa SELIC (art. 9º, inc. II, da Circular n. 3.105/2002). Em caso de omissão na recompra, o título será levado a leilão pelo BACEN. E, em caso de leilão negativo, a instituição financeira (beneficiária da operação de redesconto) deverá ressarcir os cofres do BACEN. Esquematicamente:

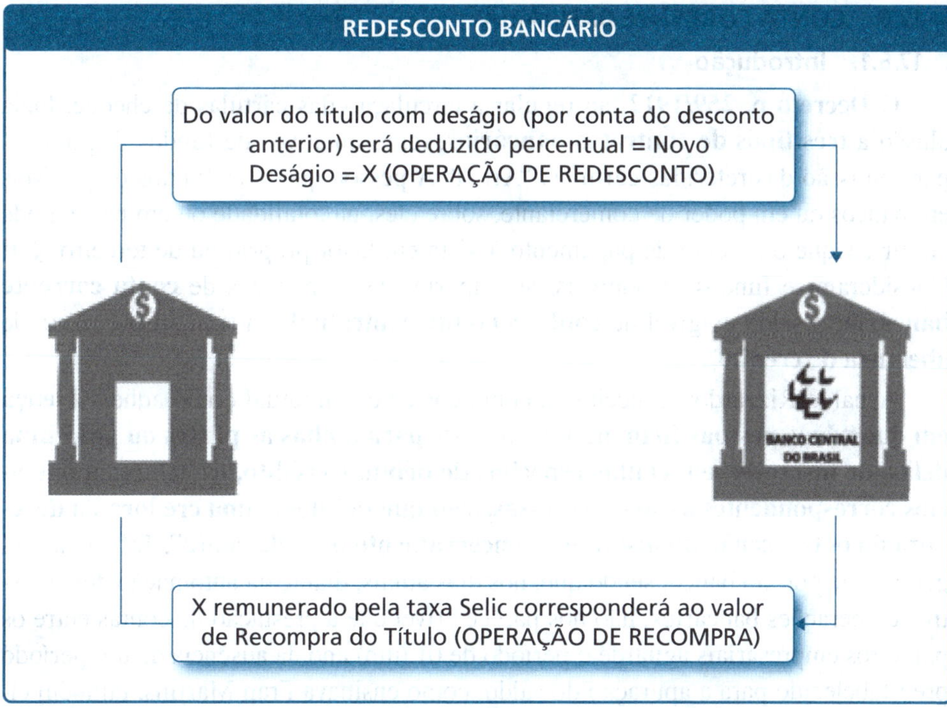

■ 17.5.5. Esquema[73]

DESCONTO BANCÁRIO	
CONCEITO	■ Contrato bancário em que o banco recebe título de crédito vincendo e, mediante deságio, devolve em dinheiro a diferença ao cliente-endossante, que continuará obrigado pelo saldo do título em caso de inadimplemento.
PARTES	■ Banco (Descontante) e Cliente (Descontário).
EXEMPLO	■ Empresário que recebe cheques pós-datados de seus clientes e ultima por descontá-los em banco de sua preferência, para tornar líquidos os créditos em perspectiva indicados na cártula.
CARACTERÍSTICAS	■ Contrato de adesão, bilateral, oneroso e real.
JURISPRUDÊNCIA	■ STJ — Súmula 479 — As instituições financeiras respondem objetivamente pelos danos gerados por fortuito interno relativo a fraudes e delitos praticados por terceiros no âmbito de operações bancárias.
REFERÊNCIAS LEGISLATIVAS	■ Lei n. 4.595/64 (art. 17); Resolução n. 2.949/2002 — BACEN; Circular n. 3.105/2002 — BACEN; PLC 1.572/2011 (art. 429, inc. V); PLS 487/2013 (art. 529, inc. IV) — Novo(s) Código(s) Comercial(ais).

[73] Nelson Abrão trata do contrato de antecipação bancária, em tudo semelhante ao desconto bancário, operação ativa, deságio na antecipação de valores, ressaltando, entretanto, que a garantia do banco será "garantia real de certos bens". Lembra um exemplo corriqueiro nos dias atuais de antecipação de crédito, correspondente à antecipação da restituição do imposto de renda (cf. *Direito bancário*, 13. ed., p. 160-184).

17.6. CONTA CORRENTE BANCÁRIA

17.6.1. Introdução

O **Decreto n. 259/1912**, ao regular a circulação das cártulas de cheque, fazia alusão a **três tipos de contratos bancários**, representativos de fundos disponíveis para emissão das referidas cártulas: "Art. 1º A pessoa que tiver fundos disponíveis em bancos ou em poder de comerciante, sobre eles, na totalidade ou em parte, pode emitir cheque ou ordem de pagamento à vista em favor próprio ou de terceiro. § 1º Consideram-se fundos disponíveis: as importâncias constantes de **conta corrente bancária**; o saldo exigível de **conta corrente contratual** e a soma proveniente de **abertura de crédito**".

Arnaldo Rizzardo[74] conceitua a conta corrente contratual como aquela **avença em que "duas pessoas firmam a obrigação, para ambas as partes ou para uma delas, de inscrever, em contas especiais de débito e crédito, os valores monetários correspondentes às suas remessas, sem que se julgue uma credora ou devedora da outra, senão no instante do encerramento de cada conta"**. Tal conta será gerenciada por um banco, sendo que, nos dias atuais, diante da automação dos registros e operações bancários, não nos parece crível que a prestação de contas entre os parceiros empresariais aguarde o período de 01 (um) ano na ausência de um período preestabelecido para a apuração do saldo, como ensinava Fran Martins, também citado por Arnaldo Rizzardo.

Talvez mais condizente com a realidade dos nossos dias seja a necessidade de administração de várias contas de uma mesma empresa ou as de um grupo de sociedades empresárias, em que o controle do fluxo de caixa, de recebíveis, de custódia de cheques, de abertura de crédito e outros produtos acabam por ser oferecidos em pacotes de serviços pelas instituições financeiras. **A gestão das várias contas efetuada diretamente pela instituição financeira recebe o nome de conciliação bancária** e, com vantagens, substitui a denominada conta corrente contratual. O direito projetado, por meio do PLC 1.572/2011, não faz qualquer referência à conta corrente contratual. Já o PLS 487/2013, ao que parece, tornou a antiga conta corrente contratual como cláusula facultativa do contrato de depósito, nos termos seguintes:

> Art. 531. O depósito bancário pode ser contratado com cláusula de conta corrente e pode, também, ser associado contratualmente à prestação de serviços ou mandato que autoriza a instituição financeira a praticar atos em nome do depositante, como pagamento e cobrança de dívidas.
>
> § 1º A pluralidade de titulares em conta bancária pode ser convencionada com ou sem regime de solidariedade ativa (contas "e/ou" ou "e", respectivamente).
>
> § 2º A contratação do regime de solidariedade ativa não faz presumir, na falta de disposição expressa, solidariedade passiva por saques sem provisão efetuados por um dos titulares do depósito.

---

[74] *Contratos*, 8. ed., p. 1411.

Pelo que se lê, **o monitoramento e o gerenciamento dos depósitos efetuados em favor do cliente pelo próprio banco**, agregando-se a tal serviço "o pagamento e a cobrança de dívidas", demonstram-se opção viável, para fins de **controle financeiro e registro contábil das operações ativas e passivas** que envolvam o patrimônio do cliente (empreendedor ou empresário). Além disso, destacam-se como modalidades da conta corrente, quanto à titularidade, a **unipessoal ou a coletiva**. A diferença situa-se na ausência ou na presença de pluralidade de titulares. A conta com vários titulares admite também subespécies: **indivisível ou conjunta**. Se indivisível, deverá ser movimentada somente por todos os titulares, haverá controle das operações bancárias pela totalidade dos correntistas, subespécie também conhecida como **não solidária**, "porque nesta as ordens ao banco devem ser expressas por todos os correntistas"[75]. Já a **conta conjunta** é aquela que pode ser movimentada **por qualquer dos titulares**, regendo-se pelo "princípio da solidariedade, tanto ativa, quanto passiva"[76].

A conta corrente bancária, assim, pode ser visualizada como a **junção potencial de alguns contratos** por nós analisados: **depósito; mútuo; e abertura de crédito**. Tal impressão se reforça porque as propostas de contrato de abertura de conta corrente disponibilizadas pelas instituições financeiras trazem, em **formulário único, vários "produtos bancários"**. E foi exatamente pela diversidade de serviços oferecidos que o BACEN, por meio da Resolução n. 3.919/2010, **consolidou e delimitou pacotes básicos de atendimento e de serviços**, como medida hábil a parametrizar a tarifação dos serviços prestados. Os **produtos diferenciados**, destacados daqueles considerados usuais, serão passíveis de **tarifação própria**, o que demonstra a concentração de operações passivas e ativas no contrato de conta corrente bancária.

O PLC 1.572/2011 refere-se à conta corrente bancária, nos termos seguintes: "conta corrente bancária, em que se concentram as operações ativas e passivas entre cada cliente e o banco" (art. 429, inc. IV). Trata-se, pois, de **negócio jurídico coligado**[77], pois há um **nexo entre os vários "produtos" disponibilizados pelo banco ao cliente** (pessoa física ou jurídica) correspondente ao gerenciamento de seu fluxo de caixa, inclusive socorrendo-o em caso de crise de liquidez, disponibilizando-lhe linha de crédito sem a imposição de garantia por meio do denominado **cheque "especial" ou "cheque empresa"** (exemplos de contratos de abertura de crédito). A reunião de vários contratos no mesmo instrumento-padrão corrobora tal impressão.

---

[75] Assim esclarece Ricardo Negrão. *Manual de direito comercial & empresa*, v. 2: Títulos de contratos mercantis, p. 364.

[76] Assim pontua Nelson Abrão, *Direito bancário*, 13. ed., p. 258.

[77] Ensina a respeito Carlos Roberto Gonçalves: "Coligados: compõem-se de vários outros (...) há multiplicidade de negócios, conservando cada qual a fisionomia própria, mas havendo um nexo que os reúne substancialmente. Não se trata somente de contratos perfeitamente distintos celebrados no mesmo instrumento, porque então haveria apenas união meramente formal. O que caracteriza o negócio coligado é a conexão mediante vínculo que une o conteúdo dos (...) contratos. É necessário que os vários negócios se destinem à obtenção de um mesmo objetivo" (*Direito civil 1 esquematizado*, p. 263).

■ 17.6.2. Características

Imagine-se, por exemplo, uma sociedade empresária que se dedique à promoção de serviços de publicidade, mais especificamente publicidade institucional, e que tenha sido contratada para divulgação dos projetos sociais dos governos federal e estadual de Minas Gerais. Tal sociedade, por hipótese, também possui mais de uma conta corrente e contas provenientes e gerenciadas por duas instituições financeiras distintas. Suponha-se, ainda, que, diante do vulto e da frequência dos valores movimentados pela sociedade, os dirigentes das instituições financeiras firmem contratos de mútuo com a referida empresa também a envolver valores expressivos.

Nessa hipótese, percebem-se negócios jurídicos ou **contratos coligados**, quando as "partes desejam a pluralidade de contratos no sentido de um conjunto econômico, criando entre eles **uma dependência de caráter bilateral**", conforme doutrinam Cristiano Chaves de Farias e Nelson Rosenvald[78]. Ao comentarem a doutrina argentina, os referidos autores destacam, em vez da locução "contratos coligados", a expressão **"redes contratuais"**, presentes quando há a "existência conexa de contratos em torno de um **interesse sistemático**"[79]. Já se disse, neste trabalho, que o "centro nervoso" da atividade empresarial tem correspondência com os contratos cotidianamente implementados pelos empresários e pelas sociedades empresárias.

Logo, funcionalmente, a atividade empresarial pode ser visualizada como **um sistema**, como interesse difuso (art. 47, da Lei n. 11.101/2005) e, por isso, emprestará tais adjetivações aos contratos dela derivados, superando-se a ideia de que a eficácia de tais contratos deveria permanecer restrita aos contratantes.

Não sem motivo, portanto, deverá haver **controle interno e externo das operações bancárias**, conforme determinação do BACEN, por meio da Resolução n. 2.554/98 e da Circular n. 3.461/2009, sendo que este último expediente consolidou as normas a respeito da **prevenção às infrações penais** descritas na Lei n. 9.613/98 (que coíbe a "Lavagem de Dinheiro"). Leia-se o art. 1º, da referida circular:

> Art. 1º As instituições financeiras e demais instituições autorizadas a funcionar pelo Banco Central do Brasil devem implementar políticas, procedimentos e controles internos, de forma compatível com seu porte e volume de operações, destinados a prevenir sua utilização na prática dos crimes de que trata a Lei n. 9.613, de 3 de março de 1998.

E o exemplo dos contratos de conta corrente bancária entre uma hipotética empresa de publicidade e duas instituições financeiras se baseou nas informações do Inquérito 2.245, que subsidiou a denúncia do "mensalão", um dos maiores escândalos políticos da história do País, com a malversação do dinheiro público, sendo perpetrada a lavagem de dinheiro por meio de empréstimos fraudulentos ou simulados, depósitos e saques não identificados ou contabilizados deficitariamente, adiantamento de recebíveis contra notas fiscais "frias", portanto negócios jurídicos criminosos e

---

[78] *Curso de direito civil* (contratos, teoria geral e contratos em espécie), 2. ed., p. 391.

[79] *Curso de direito civil* (contratos, teoria geral e contratos em espécie), 2. ed., p. 394-395.

jungidos ou correlacionados aos contratos de conta corrente firmados entre a empresa de publicidade SMP&B (gerenciada, entre outros, pelo Sr. Marcos Valério) e os bancos BMG e Rural[80-81].

[80] Diante da repercussão do caso, transcreve-se trecho do referido inquérito, na íntegra disponível para download no site do Ministério Público Federal <http://noticias.pgr.mpf.mp.br/noticias/noticias-do-site/copy_of_pdfs/INQ%202245%20-%20denuncia%20mensalao.pdf/view>:
"Os dados coligidos pela CPMI 'dos Correios' e no presente inquérito, inclusive com base em declarações espontâneas do próprio Marcos Valério, demonstram que, **no mínimo, R$ 55 milhões, repassados pelos Bancos Rural e BMG, foram entregues à administração do grupo de Marcos Valério, sob o fundamento de pseudos empréstimos ao publicitário, empresas e sócios, e foram efetivamente utilizados nessa engrenagem de pagamento de dívidas de partido, compra de apoio político e enriquecimento de agentes públicos** (...) O estudo detalhado dos dados consignados no Laudo de Exame Contábil n. 3.058/INC revela o ***modus operandi*** **do desvio de recursos públicos que ocorria pela simulação de mútuos entre empresas do grupo de Marcos Valério e terceiros**; pela ausência de contabilização de serviços e operações financeiras; pela emissão de notas fiscais falsas para justificar pagamentos de serviços sem a devida contraprestação, além de outras práticas ilícitas destinadas a justificar o recebimento de vultosas quantias, posteriormente repassadas ao esquema operacionalizado pelo núcleo Marcos Valério. A estrutura articulada pelos dirigentes do Banco Rural possibilitou que o grupo de Marcos Valério, notadamente Simone Vasconcelos e Geiza Dias, comunicasse ao gerente da conta da SMP&B ou DNA no Banco Rural de Belo Horizonte, agência Assembleia, a operação que seria desencadeada, ou seja, pagamento de determinada quantia, nas praças de Belo Horizonte, Brasília, São Paulo ou Rio de Janeiro, qualificando a pessoa que efetuaria o recebimento e transporte, em malas ou sacolas, dos recursos financeiros. Funcionários da agência Assembleia do Banco Rural informavam aos da agência em que se realizaria o saque a identificação da pessoa credenciada para o recebimento dos valores, disponibilizados em espécie, mediante a simples assinatura ou rubrica em um documento informal, destinado apenas ao controle interno de Marcos Valério, que, obviamente, necessitava de alguma comprovação material do pagamento efetuado — **emissão de cheque de conta mantida no Banco Rural, oriundo da SMP&B Comunicação Ltda., nominal à própria empresa e endossado pela SMP&B; — preenchimento do 'Formulário de Controle de Transações em Espécie', com timbre do Banco Rural, informando sempre que o portador e o beneficiário final dos recursos era a SMP&B Comunicação Ltda. e que tais recursos destinaram-se ao pagamento de fornecedores; — correio eletrônico (e-mail) enviado por funcionária da SMP&B ao gerente do Banco Rural, informando os nomes das pessoas autorizadas a sacar o dinheiro na 'boca do caixa', assim como o local do saque; — fac-símile, enviado pela agência do Banco Rural de Belo Horizonte à agência do Banco Rural de Brasília, autorizando o pagamento àquelas pessoas indicadas pela funcionária da SMP&B no e-mail; — saque na 'boca do caixa' efetuado pela pessoa autorizada, contra recibo, muitas vezes mediante uma rubrica em papel improvisado, e em outras situações por meio do registro da pessoa que efetuou o saque no documento emitido pelo Banco Rural, denominado 'Automação de Retaguarda — Contabilidade'; e — o Banco Rural, embora tivesse conhecimento dos verdadeiros sacadores/beneficiários dos recursos sacados na 'boca do caixa', registrou no Sistema do Banco Central (Sisbacen — opção PCAF 500, que registra operações e situações com indícios de crime de lavagem de dinheiro) que os saques foram efetuados pela SMP&B Comunicação Ltda. e que se destinavam a pagamento de fornecedores. 'Exemplo n. 01 (Anexo I deste Relatório)** — No dia 17.09.2003, foi emitido o cheque n. 745773, conta 6002595-2, do Banco Rural, pela SMPB&B Comunicação Ltda., no valor de **R$ 300.000,00 reais**, estando este cheque nominal e endossado à própria SMP&B. No mesmo dia foi preenchido o 'formulário de controle de transações em espécie — saída de recursos/pagamentos', constando a informação inverídica de que tanto o portador quanto o beneficiário dos recursos sacados eram a SMP&B Comunicação Ltda. Em seguida, a Sra. Geiza (funcionária da SMP&B) enviou um e-mail para o Sr. Bruno Tavares (funcionário do Banco Rural), in-

Diante do exposto, temos como características do **contrato de conta corrente bancária** a qualidade de **coligado**, de interesse **difuso, sujeito a controle interno e externo**, pelas instituições bancárias contratantes e pelo BACEN em relação às operações ativas e passivas registradas nas contas de seus clientes.

Paralelamente a tais características, Nelson Abrão[82] ensina que o contrato de conta corrente bancária é **consensual**, tendo em vista a convergência de vontades para sua formação, apesar de que não se deve esquecer tratar-se de contrato **de adesão; informal**, sem forma preestabelecida, ainda que as instituições financeiras estejam vinculadas às normas infralegais (resoluções e circulares) expedidas pelo BACEN; de **duração ou execução continuada**, porque a execução do contrato perdurará por tempo indeterminado, de acordo com a conveniência das partes e como característica inerente ao conceito de empresa (atividade); "**bilateral**, cumprindo ao banco prestar serviços e ao cliente a obrigação de alimentar a conta"; **oneroso**, pois o banco é remunerado pelos serviços que presta, e o cliente aufere vantagens com a prestação de tais serviços e com a "disponibilidade de caixa".

■ 17.6.3. A crise de liquidez do empresário com "conta garantida" e a "trava bancária"

Pelo que se afirmou anteriormente, o contrato de conta corrente apresenta-se **como um misto de outros contratos**: depósito e abertura de crédito, minimamente. Após cadastro prévio, análise de riscos, e prestadas as devidas garantias, os bancos financiam o capital de giro de seus clientes (empresários individuais e sociedades empresárias), por exemplo, contra garantia fiduciária. Leia-se a Lei de Regência a respeito (Lei n. 4.728/65):

formando quem era a pessoa que de fato iria sacar o dinheiro, bem como o local e a data. No caso específico, foi informado por Geiza que no dia 17.09.2003, o **Sr. João Cláudio Genu**, assessor do líder do PP na Câmara, deputado José Janene — PP/PR, iria sacar os 300 mil reais. Na sequência, o Sr. Marcus Antônio (funcionário do Banco Rural da agência Assembleia, em Belo Horizonte) emitiu um fac-símile para o Sr. José Francisco (outro funcionário do Banco Rural, porém da agência de Brasília), autorizando o Sr. João Cláudio Genu a receber os 300 mil reais referente ao cheque da SMP&B que se encontrava em poder da agência de Belo Horizonte, ou seja, havia o saque em Brasília, no entanto o cheque estava na agência de Belo Horizonte. Consta também cópia da identidade da pessoa que sacou o dinheiro, no caso, a carteira do Conselho Regional de Economia do Sr. João Cláudio de Carvalho Genu. Por fim, constatou-se que o Banco Rural tinha conhecimento de quem era o beneficiário final dos recursos sacados na 'boca do caixa' das contas de Marcos Valério, porém, registrou na opção PCAF 500 do Sisbacen a ocorrência de um saque, em espécie, no valor de 300 mil reais, no dia 17.09.2003, informando como sacadora a SMP&B Comunicação Ltda., além de registrar que os recursos sacados se destinavam ao 'pagamento de fornecedores', como se observa no quadro a seguir, ocasião em que deveria ter informado o nome de João Cláudio de Carvalho Genu (...)".

[81] O inquérito subsidiou a denúncia na Ação Penal 470/MG — STF. Dos 25 (vinte e cinco) condenados, o Sr. Marcos Valério, 03 (três) ex-sócios, 2 (dois) ex-presidentes do Banco Rural e 01 (um) de seus diretores. Para ver a lista dos acusados, infrações a eles imputadas e respectivas sanções, acesse o endereço seguinte: <http://noticias.pgr.mpf.mp.br/noticias/noticias-do-site/copy_of_pdfs/mensalao%20_quadro_reus_crimes_penas.pdf>.

[82] *Direito bancário*, 13. ed., p. 255.

> Art. 66-B. O contrato de alienação fiduciária celebrado no âmbito do mercado financeiro e de capitais, bem como em garantia de créditos fiscais e previdenciários, deverá conter, além dos requisitos definidos na **Lei n. 10.406, de 10 de janeiro de 2002** — Código Civil, a **taxa de juros, a cláusula penal, o índice de atualização monetária, se houver, e as demais comissões e encargo**.
>
> § 3º É admitida a alienação fiduciária de coisa fungível e a cessão fiduciária de direitos sobre coisas móveis, bem como de títulos de crédito, hipóteses em que, salvo disposição em contrário, a posse direta e indireta do bem objeto da propriedade fiduciária ou do título representativo do direito ou do crédito é atribuída ao credor, que, em caso de inadimplemento ou mora da obrigação garantida, poderá vender a terceiros o bem objeto da propriedade fiduciária independente de leilão, hasta pública ou qualquer outra medida judicial ou extrajudicial, devendo aplicar o preço da venda no pagamento do seu crédito e das despesas decorrentes da realização da garantia, entregando ao devedor o saldo, se houver, acompanhado do demonstrativo da operação realizada.

Portanto, além do contrato de abertura de crédito, que é crédito rotativo disponibilizado em favor da empresa, garantido por fiança, por exemplo, é possível que haja a feitura de **outros financiamentos ou refinanciamentos do saldo a descoberto**, quando a empresa, já em crise de liquidez, para recompor o seu capital de giro, **oferece em garantia créditos futuros** (art. 31, da Lei n. 10.931/2004), a serem alcançados no prazo do refinanciamento. O risco do não soerguimento do empreendimento então se evidenciará. E, assim, a **indisponibilidade dos recebíveis a médio prazo** (ativos importantes para renovação de estoque e para fazer frente às despesas ordinárias) **poderá ocasionar a falência do empreendimento**. Nesse contexto, o empresário ou sociedade em **crise de liquidez poderá requerer sua recuperação judicial**, para preservar o empreendimento ou, nos termos da lei, "permitir a manutenção da fonte produtora, do emprego dos trabalhadores e dos interesses dos credores, promovendo, assim, a preservação da empresa, sua função social e o estímulo à atividade econômica" (art. 47, da Lei n. 11.101/2005).

Porém, **nem todos os credores serão chamados a construir o diálogo** sobre a proposta de recuperação. Por expressa disposição legal, não se sujeitarão aos efeitos da recuperação eventualmente concedida "o credor titular da posição de proprietário fiduciário de bens móveis ou imóveis, de arrendador mercantil, de proprietário ou promitente vendedor de imóvel cujos respectivos contratos contenham cláusula de irrevogabilidade ou irretratabilidade" (art. 49, § 3º, da Lei n. 11.101/2005). No referido rol, inclui-se o **banco como beneficiário da cessão fiduciária dos recebíveis**, ou seja, da cessão de créditos eventuais e futuros, que se inscreve entre os bens móveis para efeitos legais, nos termos do art. 83, inc. III, do CC.

Acontece, entretanto, que **se sujeitarão aos efeitos da recuperação outros credores do devedor em crise, credores sem garantia**[83], os denominados credores

[83] A garantia dada, inclusive, poderá ser insuficiente para cobrir o débito. Em tal circunstância, o saldo a descoberto será classificado como crédito quirografário, nos termos do art. 83, inc. VI, alínea "b", da LFRE. Em sentido semelhante, confira-se o Enunciado 51 da I Jornada de Estudos de Direito Empresarial: "O saldo do crédito não coberto pelo valor do bem e/ou da garantia dos contratos previstos no § 3º do art. 49 da Lei n. 11.101/2005 é crédito quirografário, sujeito à recuperação judicial".

quirografários, possivelmente os **parceiros empresariais ou fornecedores do empresário** ou sociedade empresária requerente. Os recebíveis (tornados indisponíveis em função da cessão fiduciária) terão origem nos negócios regulares que a empresa em recuperação continuar a desenvolver, isto é, **somente serão possíveis se lhe for facultada a recomposição de seu capital de giro**.

O patrimônio do empreendimento, como se sabe, é uma massa de direitos e obrigações, de receitas e de despesas correntes, de créditos e débitos. O encontro de tais binômios resultará no patrimônio líquido no empreendimento, e é na perspectiva da reconstrução de um patrimônio líquido que os recebíveis poderão contribuir para a diminuição paulatina do passivo. **Sem que isso ocorra, a recuperação judicial poderá restar prejudicada**. A **indisponibilidade dos recebíveis**, nas circunstâncias aqui analisadas, recebeu a denominação **"trava bancária"**. Esquematicamente, perceba-se tal fenômeno na figura a seguir.

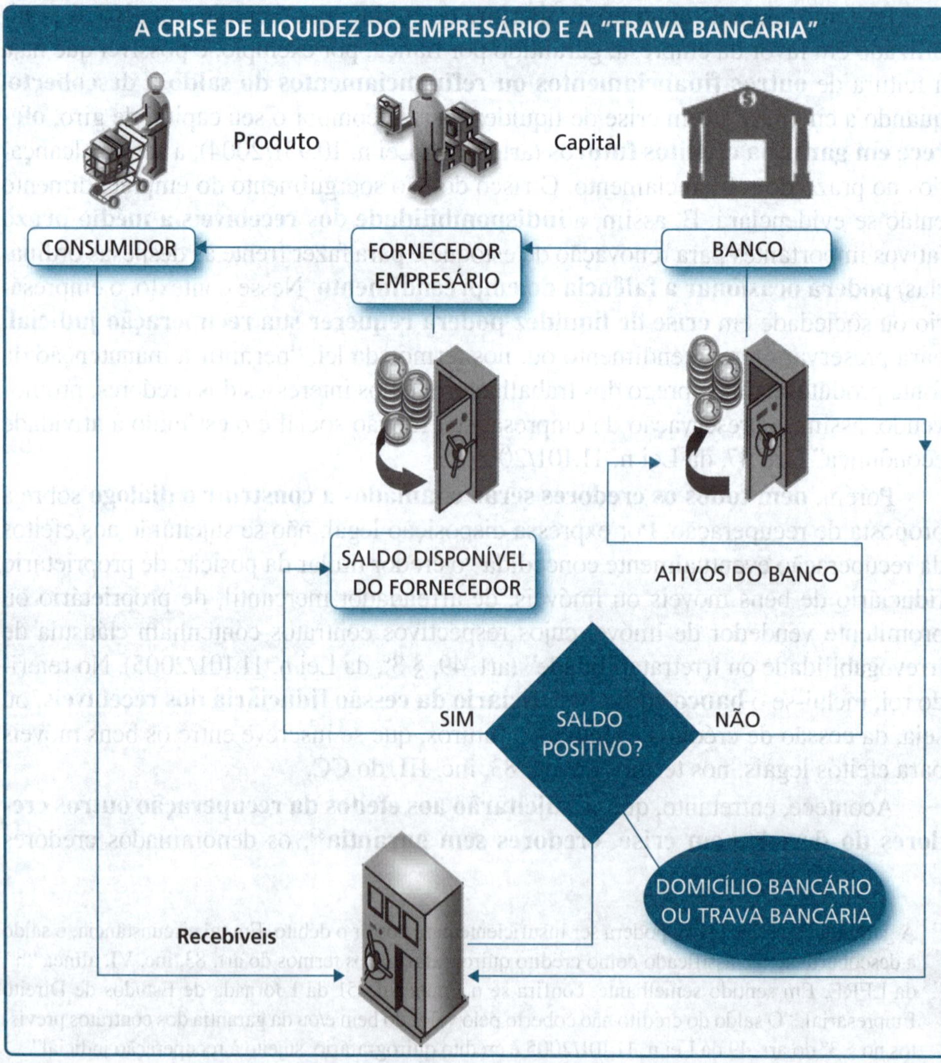

Pelo esquema anterior, percebe-se que o **banco**, titular da cessão fiduciária, garantida pelos recebíveis, **administra, diante do passivo a descoberto deixado pela empresa, os ativos provenientes dos referidos recebíveis**. A pretensão da empresa que requer sua recuperação é destravar a tranca, o cadeado que a impede de ter acesso a tais ativos. Em uma interpretação literal da Lei n. 11.101/2005 (art. 49, § 3º), não seria possível separar o crédito do patrimônio correspondente à garantia. A argumentação da corrente de juristas que tem como legal a denominada "trava bancária" baseia-se no fato de que **a certeza do cumprimento da garantia foi a motivação para que o mútuo precedente se tivesse estabelecido em taxa de juros menores**. Além disso, trata-se de literal dispositivo de lei, não sendo possível sua derrogação. O Tribunal de Justiça de São Paulo chegou, inclusive, a sumular a matéria, nos seguintes termos:

> **Súmula 59**: Classificados como bens móveis, para os efeitos legais, os direitos de créditos podem ser objeto de cessão fiduciária.
>
> **Súmula 60**: A propriedade fiduciária constitui-se com o registro do instrumento no registro de títulos e documentos do domicílio do devedor.
>
> **Súmula 62**: Na recuperação judicial, **é inadmissível a liberação de travas bancárias** com penhor de recebíveis e, em consequência, o valor recebido em pagamento das garantias deve permanecer em conta vinculada durante o período de suspensão previsto no § 4º do art. 6º da referida lei.

Realmente, inegável que os **credores cessionários da fidúcia de crédito** correspondem à categoria de **credores não incluída entre aquelas que se sujeitarão a eventual recuperação**. Porém, é preciso que se tenha em mente que, apesar de a referida exceção configurar verdadeiro direito potestativo dos credores, resguardada a referida cessão de crédito, o fato é que esse direito, **em condições excepcionais, deve ser confrontado com os interesses dos demais credores**. Além do mais, se é certo que os bens garantidos e os créditos a eles vinculados não serão objeto de novação, em função do deferimento da recuperação, ressalva a lei a necessidade de que referidos bens **permaneçam na administração da empresa em recuperação** desde que sejam contextualizados como **bens de capital essenciais ao desenvolvimento do empreendimento**. Trata-se de medida emergencial e transitória restrita ao prazo do § 4º, do art. 6º, da Lei n. 11.101/2005, ou seja, 180 (cento e oitenta) dias. Por identidade de razões, se os recebíveis se demonstrarem **indispensáveis para o plano de recuperação**, pelo menos no mesmo prazo de 180 (cento e oitenta) dias, deverá o juízo responsável pela condução do processo recuperacional avaliar a necessidade de **bloqueio judicial dos referidos ativos** correspondentes aos recebíveis (medida a favorecer parcialmente os interesses do devedor em crise) ou **liberar as quantias correlatas** para que credor cessionário continue a executar a garantia **até o limite de seu crédito** eventualmente ainda descoberto.

Assim, a trava bancária **poderá ser removida, não por mera liberalidade do credor garantido**, mas por **dever lateral anexo de cooperação** com o devedor em situação de crise. É o que se espera de parceiros empresariais. Tal interpretação se afigura afirmadora do princípio da preservação da empresa.

Em linhas gerais, essas foram as ressalvas do Ministro Luis Felipe Salomão, no voto-vista[84] que proferiu no julgamento do **REsp 1.263.500**, Rel. Min. Maria Isabel Gallotti, conforme *DJe* de 12/04/2013. Se, de um lado, a decisão do **colegiado prestigiou a literalidade da lei** e o crédito garantido, de outro, **ressalvou, em situações excepcionais, ser ato de jurisdição a avaliação da conveniência** do bloqueio dos denominados recebíveis, na perspectiva de favorecimento da continuação da atividade. Assim, diante da trava e considerando as disposições sobre recuperação judicial da Lei n. 11.101/2005, três possíveis soluções: 1ª) **mantém-se integralmente a trava**, dando-se eficácia literal ao art. 49, § 3º; 2ª) por ato de jurisdição, com base no princípio da preservação da empresa, **bloqueiam-se os recebíveis vinculados à trava**, ao menos pelos 180 dias designados no § 4º, do art. 6º, também, da Lei n. 11.101/2005; e 3ª) **liberar as quantias correlatas** para que credor cessionário continue a executar a garantia **até o limite de seu crédito**.

17.6.4. Esquema

CONTA CORRENTE BANCÁRIA	
CONCEITO	■ Contrato bancário em que se mesclam o depósito e o mútuo. Assim, corresponde ao encontro das operações ativas e passivas do cliente no mesmo instrumento contratual.
PARTES	■ Banco e Cliente (Correntista).
EXEMPLO	■ Empresário que mantém conta corrente para depósitos e pagamentos e a quem também é disponibilizado crédito eventual (para financiamento de seu capital de giro).
CARACTERÍSTICAS	■ Contrato coligado, de adesão, consensual, bilateral, oneroso e de execução continuada.
JURISPRUDÊNCIA	■ STJ — Súmula 259 — A ação de prestação de contas pode ser proposta pelo titular de conta corrente bancária.
REFERÊNCIAS LEGISLATIVAS	■ Lei n. 4.595/64 (art. 17); Resolução n. 3.919/2010 — BACEN; PLC 1.572/2011 (art. 429, inc. IV); PLS 487/2013 (art. 531) — Novo(s) Código(s) Comercial(ais).

17.7. VENDOR

17.7.1. Introdução

O glossário do Banco Central do Brasil define vendor como "Financiamento de vendas baseado no princípio da cessão de crédito, permitindo à empresa tomadora do crédito (fornecedor/vendedor) **vender seus produtos a prazo e receber o pagamento à vista da instituição financeira**".

[84] Eis as ressalvas do Ministro Luis Felipe Salomão: "Assim, reconheço que o crédito garantido por cessão fiduciária de título não faz parte do Plano de Recuperação Judicial, mas sua liquidação deverá ser sindicada pelo Juízo da recuperação, a partir da seguinte solução: i) os valores deverão ser depositados em conta vinculada ao Juízo da recuperação, os quais não serão rateados para o pagamento dos demais credores submetidos ao Plano; ii) o credor fiduciário deverá pleitear ao Juízo o levantamento dos valores, ocasião em que será decidida, de forma fundamentada, sua essencialidade ou não — no todo ou em parte — ao funcionamento da empresa; iii) no caso de os valores depositados não se mostrarem essenciais ao funcionamento da empresa, deverá ser deferido o levantamento em benefício do credor fiduciário.

Por sua vez, o PLC 1.572/2011 definiu "***vendor*, assim entendido o mútuo bancário em que o banco financia empresários vinculados por contrato de colaboração, recebendo garantias do empresário fornecedor para conceder crédito ao colaborador**" (art. 429, inc. VII).

Alguns bancos comerciais, ainda, oferecem a seus clientes-empresários a possibilidade de **receberem à vista** pelos bens que comercializarem, **ainda que o cliente pague o preço a prazo**.

A jurisprudência também **não delimitou uma única forma de vendor**, variável, assim, de acordo com a garantia dada, e com a condição das partes, não necessariamente parceiros empresariais.

▪ 17.7.2. Vendor como especificação do mútuo

Como se trata de **mútuo dirigido**, alguns preferem denominar a operação como **financiamento**. Seja como for, a nota marcante desse tipo de contrato empresarial é a **presença de um garante**. Enquanto, na alienação fiduciária, é o devedor quem dá em garantia o bem alienado, **no vendor a garantia é prestada pelo credor da compra e venda precedente**. O vendor, reafirme-se, como especificação do contrato de mútuo, deste aproveita as características, bem como as ressalvas sobre os juros e os encargos da mora.

▪ 17.7.3. Esquema

VENDOR	
CONCEITO	▪ Especificação de mútuo bancário entre empresários que se relacionam em regime de colaboração. O vendedor (fornecedor) recebe o preço da mercadoria à vista do banco. E o banco financia o comprador. Faz incidir juros menores no negócio, pois ao financiamento se agrega garantia dada pelo vendedor, como a fiança.
PARTES	▪ Vendedor (Fornecedor-Garante), Comprador (Colaborador-Mutuário) e Banco (Mutuante).
EXEMPLO	▪ Indústria de Alimentos garante, por meio de hipoteca, o financiamento de produtos de um de seus parceiros distribuidores, por hipótese, um Atacadista.
CARACTERÍSTICAS	▪ Contrato coligado, de adesão, consensual, bilateral, oneroso e de execução continuada. As mesmas do mútuo.
REFERÊNCIAS LEGISLATIVAS	▪ Lei n. 4.595/64 (art. 17); PLC 1.572/2011 (art. 429, inc. V).

▪ 17.8. CARTÃO DE CRÉDITO

▪ 17.8.1. Introdução

Em uma de suas primeiras viagens internacionais, ao fazer o *check out* no hotel onde se hospedara, perguntou-se a uma turista brasileira: — *In cash or credicard*? E ela, distraidamente, respondeu: — *No, mine is American Express*. Quando se deu conta do ato falho, ela riu, sem graça, e forneceu seu cartão de crédito para o pagamento da conta.

Essa historieta que ouvi de um amigo meu bem contextualiza o quão comum se tornaram os cartões de crédito em nosso cotidiano. As marcas se confundem com o produto. O **"dinheiro de plástico" ou "moeda virtual"** corresponde a uma das facilidades ou necessidades dessa era da sociedade de informação, atual, pós-moderna, caracterizada como "uma sociedade de massa", pelo "individualismo", pela "era da informática com tratamento computadorizado das informações e intensificação da linguagem por signos"; uma **"sociedade de consumo"**, "hedonista" e "apegada à filosofia niilista que nega a existência de valores absolutos como verdade e preceito ético"[85]. Eis a era da globalização, com seus desafios e percalços.

A par da popularização do crédito e da ideia de que tudo que tem preço pode ser alcançado por um cartão de crédito (da campanha "existem coisas na vida que não têm preço, para todo o resto existe aquela bandeira de cartão de crédito") ou do bordão "que cosa triste" se você não possuir aquele cartão de crédito para adquirir ou financiar determinado bem ou serviço. Pondera-se que essa aparente facilidade oculta ou omite a possível piora das condições de vida da população menos abastada, exatamente como efeito da **aproximação mundial dos mercados**, isto é, da denominada globalização.

De um lado, a **eficiência produtiva** foi alcançada mundialmente, priorizando-se a **redução dos custos, bem como a dos riscos** dos investimentos, aproximando as economias de várias partes do globo como espaços de **desregulamentação**; de outro, houve, em países de imensas desigualdades sociais, **centralidade do consumo sem distribuição de renda**, instabilidade das relações de trabalho e consequente incremento do desemprego.

Tal quadro demonstrou o **paradoxo de uma economia globalizada**, que, em perspectiva, deveria, em qualquer lugar do planeta, **aumentar o usufruir de bens e serviços**, mas que, em economias emergentes, reduziu a renda dos trabalhadores, pois não conseguiram alcançar o **padrão de consumo de países de economias estáveis** (o que ocorreria com a renovação de hábitos de consumo, por exemplo, com a aquisição de produtos novos e a substituição dos "obsoletos").

A consequência mais grave, entretanto, foi a constatação de que a qualidade de vida de grande parte da população piorou. Em um círculo vicioso, a **recessão obriga os trabalhadores a reduzirem o consumo de produtos tradicionais (alcançados com a renda não alterada em razão da recessão)**[86]. Mário Lúcio Quintão Soares sintetiza o que denominou "fábula da multiplicação de objetos e serviços", nas seguintes palavras:

> A globalização em si pode ser considerada um retrocesso quanto à noção de bem público e de solidariedade, do qual é emblemático o encolhimento das funções sociais e políticas do Estado constitucional, gerando, em vez de abundância e riqueza, autêntica fábrica de perversidades[87].

Por sua vez, a **dignidade humana também se mede pelo acesso das pessoas aos bens e serviços**. Anualmente, o Programa das Nações Unidas para o Desenvol-

---

[85] Nesse sentido, doutrinam Álvaro de Azevedo Gonzaga e Cláudio de Cicco, lembrando o pensamento de Paulo Hamilton Siqueira Junior. Cf. *Vade Mecum humanístico*, 3. ed., p. 192-193.

[86] SOARES, Mário Lúcio Quintão. *Teoria do Estado*, 4. ed., p. 363.

[87] SOARES, Mário Lúcio Quintão. *Teoria do Estado*, 4. ed., p. 363.

vimento (PNUD) elabora um relatório que estima o **Índice de Desenvolvimento Humano** (IDH), o qual se presta à comparação do grau de **desenvolvimento econômico entre os países e a correlata qualidade de vida** das populações neles residentes. Tal indicativo poderá variar de 0 (zero) — nenhum desenvolvimento humano — até 1 (um) — desenvolvimento humano total.

Além de avaliar o desenvolvimento econômico, em nível mundial, o IDH poderá referenciar, internamente, no âmbito de cada país, a qualidade de vida de determinada região, Estado ou Município. A título de exemplo, no relatório global de 2012, o Brasil ocupou a 85ª posição, alcançando um IDH = 0,730[88]. Basicamente, o cálculo do IDH integra uma **investigação sobre a renda, a educação e a saúde das populações**.

E **não há que se falar em distribuição de renda sem apoio à iniciativa privada** (indústria, comércio, agronegócio e serviços variados). O direito à livre-iniciativa tem seu lugar no texto da Constituição da República. E, se a livre-iniciativa é um direito fundamental, deverá haver um compromisso com a sua afirmação, e as **"bandeiras" de cartões de crédito**, com suas parceiras credenciadoras e emissoras (instituições financeiras) e com a rede de fornecedores conveniados, **contribuem para tal acesso**.

17.8.2. Do sistema eletrônico de pagamento por meio de cartão de crédito

A ausência de renda ou a momentânea crise de liquidez do consumidor ou do fornecedor poderão ser afastadas pela utilização do contrato de cartão de crédito, alguns cartões possibilitando, inclusive, acesso a bens e serviços internacionais. A propósito, didaticamente, o cartão de crédito pode ser entendido como um **produto oferecido ao consumidor pelo banco (como emissor)** que tem autorização de uma **administradora ("bandeira" ou marca) para intermediar** pagamentos eletronicamente ou financiar o saldo de produtos, serviços ou antecipar recebíveis (o valor de eventuais vendas futuras) por meio de uma **rede credenciadora a que se filiem os conveniados (fornecedores)**.

Esquematicamente[89]:

---

[88] Disponível em: <http://www.pnud.org.br/atlas/ranking/Ranking-IDH-Global-2012.aspx>. Acesso em: 20 ago. 2013, às 14:00.

[89] As compras e vendas que se aperfeiçoem por meio de pagamento eletrônico configuram nítida relação de consumo, apesar de a intermediação do pagamento envolver contratos empresariais. Assim, o consumidor, parte vulnerável na referida relação de consumo, não deve ser onerado com encargos que fazem parte do custo operacional das atividades dos demais envolvidos na operação de pagamento eletrônico. Por isso mesmo, denota-se abusiva a prática comercial concernente à imposição de preço maior ao consumidor que se predisponha a pagar à vista por meio de cartão de crédito, em vez de pagamento à vista em dinheiro. E justificar tal diferença, sob o argumento de que o fornecedor, ao aceitar o pagamento por meio de cartão de crédito, necessariamente, receberá menos do que o pagamento em dinheiro, tendo em vista a remuneração devida à credenciadora, não convence, porque o consumidor, de igual forma, pelo uso do cartão de crédito também remunera a Administradora de Crédito. Portanto, a cobrança a maior efetuada no cartão de crédito (pagamento à vista) em comparação com o pagamento em dinheiro denota-se prática abusiva, porque indevidamente transfere para o consumidor custo da operação que deveria ser suportado exclusivamente pelo fornecedor (art. 51, inc. IV, do CDC).

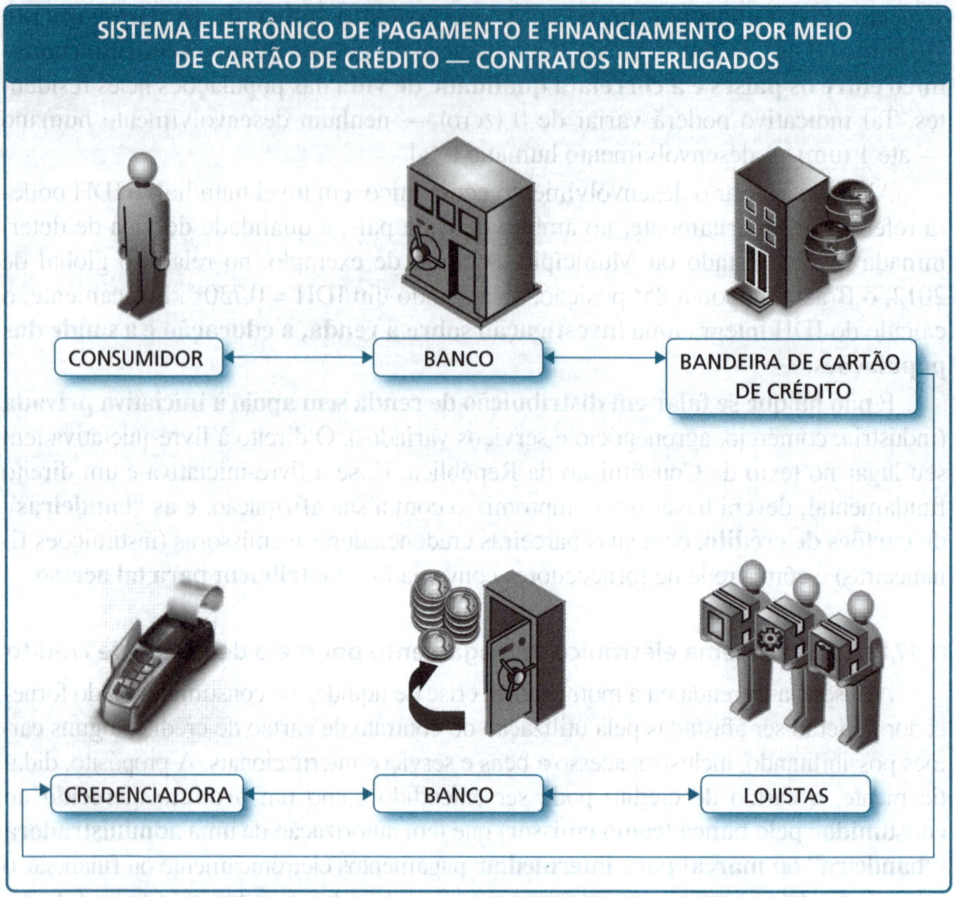

Essa ilustração permite entender que uma compra e venda corriqueira, de uma pizza em domicílio, por exemplo, quando a opção de **pagamento for o cartão de crédito**, tem como pressuposto a justaposição de vários contratos de adesão. Ao consumidor, cliente de um banco, ofereceu-se um cartão de crédito, às vezes vinculado ao contrato de conta corrente. O consumidor pediu o desbloqueio do cartão de crédito e, a partir de então, pôde utilizá-lo. A emissão desse cartão foi antes **autorizada pela bandeira do cartão de crédito**, o que demonstra uma parceria empresarial entre a marca do cartão de crédito e o banco. A bandeira do cartão de crédito ou administradora da marca deve ser cadastrada por uma rede credenciadora (hoje, no Brasil, Cielo ou Redecard). É essa **rede credenciadora que gerenciará o pagamento eletrônico**. E, para isso, alugará o equipamento ao lojista, sendo remunerada com o respectivo aluguel, e, ainda, com uma taxa de administração para cada compra e venda efetuada. Para que o lojista alugue o equipamento, primeiro deverá preencher uma proposta na instituição financeira em que detenha conta corrente, inclusive porque a credenciadora, uma vez concluída a operação, deverá creditar o valor da compra na instituição financeira indicada pelo lojista. Em outras palavras, **o lojista deverá cadastrar seu domicílio bancário**.

Nesse particular, em princípio, poderá o lojista, independentemente da rede credenciadora contratada, **efetuar as vendas eletrônicas com qualquer bandeira de cartão**, pois não há exclusividade entre elas. Contudo, é possível que o lojista, para fins de **capital de giro de emergência, antecipe suas futuras vendas**, financiando valores de sua conveniência diretamente com a credenciadora, ou, se preferir, predisponha-se a mútuo garantido com cessão de crédito fiduciário, isto é, **tomará dinheiro emprestado do banco e dará como garantia os futuros recebíveis** (provenientes, por exemplo, de compras e vendas efetuadas por meio eletrônico e de cartão de crédito). Nessa última hipótese, necessariamente, o lojista deverá autorizar o banco a informar à credenciadora que os valores que se tornarem realidade (os recebíveis) deverão ser depositados na conta do cliente mantida no banco credor e beneficiário da garantia de crédito fiduciário. A isso a FEBRABAN[90] denomina **manutenção de domicílio bancário** ou **"trava" de domicílio bancário**.

O Departamento de Proteção e Defesa do Consumidor (DPDC[91]), a quem cabia a coordenação do Sistema Nacional de Defesa do Consumidor (SNDC), nos termos do art. 1º, do **Decreto Federal n. 2.181/97**, veiculou cartilha em que esclareceu à população sobre os Cartões de Crédito, quando, didaticamente, respondeu-se à pergunta **"O que é um Cartão de Crédito?"**, com as palavras seguintes:

---

90 A partir de 01/07/2010, quando houve a quebra de exclusividade entre as credenciadoras Cielo e Redcard, encabeçadas pelas bandeiras Visa e Mastercard, a Federação Brasileira de Bancos — FEBRABAN elaborou cartilha em que informou sobre a necessidade de manutenção de domicílio bancário e também esclareceu conceitos importantes sobre os participantes da cadeia de contratos que envolve o sistema de pagamento eletrônico, nos termos seguintes:

"**Bandeira —** É a pessoa jurídica que oferece a organização e normas operacionais necessárias ao funcionamento do sistema de cartão. A bandeira licencia o uso de sua logomarca para cada um dos Emissores e Credenciadora, a qual está indicada nos Estabelecimentos Comerciais e impressa nos respectivos cartões, e viabiliza a liquidação dos eventos financeiros decorrentes do uso dos cartões e a expansão da rede de Estabelecimentos Comerciais no País e no exterior. Essas marcas aparecem nos cartões e nos Estabelecimentos Comerciais.

Credenciadora — É a pessoa jurídica que credencia Estabelecimentos Comerciais para aceitação dos cartões como meios eletrônicos de pagamento na aquisição de bens e/ou serviços e que disponibiliza solução tecnológica e/ou meios de conexão aos sistemas dos Estabelecimentos Comerciais para fins de captura e liquidação das transações efetuadas por meio dos cartões. Também conhecidas como Operadoras de Cartão de Crédito ou Adquirentes.

Domicílio Bancário — Banco, agência e a conta corrente indicada pelo Estabelecimento Comercial para receber os créditos das vendas realizadas por eles por meio do cartão de crédito ou débito.

Estabelecimento Comercial — É a pessoa jurídica (comércio varejista em geral, prestadores de serviço, atacadistas, entre outros) e a pessoa física prestadora de serviço que, para aceitar cartões de crédito e/ou débito como forma de pagamento, é afiliado a uma Credenciadora.

Recebíveis de Cartão — Valores a receber das vendas realizadas pelos Estabelecimentos Comerciais com cartões de crédito ou débito". Disponível em: <http://www.cielo.com.br/live/documents/8f1ac53e661b4751a4299fe91e454263.pdf>.

91 O DPDC alcançou o *status* de Secretaria e hoje denomina-se Secretaria Nacional do Consumidor (SNC), nos termos do Decreto Federal n. 7.738/2012.

É **contrato de adesão** realizado entre consumidor e Administradora de Cartões de Crédito, que tem por objeto a **prestação dos seguintes serviços**:

I — Serviços de **intermediação de pagamentos** à vista entre consumidor e fornecedor pertencente a uma rede credenciada;

II — Serviço de **intermediação financeira (crédito)** para cobertura de obrigações assumidas através do **cartão de crédito junto a fornecedor** pertencente a uma rede credenciada;

III — **Serviço de intermediação financeira** (crédito) para **cobertura de inadimplemento** por parte do consumidor de obrigações assumidas junto ao fornecedor pertencente a uma rede credenciada.

IV — **Serviço de intermediação financeira** (crédito) para **empréstimo em dinheiro direto ao consumidor**, disponibilizado através da operação de saque[92].

Pelo que se lê no texto mencionado, as quatro hipóteses apresentadas correspondem a **quatro contratos com suas especificidades**. De comum, por sua vez, correspondem a **mútuos em série**. Os pagamentos poderão ocorrer de forma integral no vencimento da fatura ou a prazo, por parcelas. Em caso de eventual impossibilidade de pagamento total, ao efetuar-se o pagamento mínimo (20% do total da fatura), poderá o usuário efetuar novas compras por meio de seu cartão, nos limites preestabelecidos pela operadora. A **Resolução n. 3.919/2010, do BACEN**, ao consolidar as tarifas de cobrança pelos serviços prestados pelas instituições financeiras, cuidou especificamente dos cartões de crédito (arts. 10-14), em seu Anexo I, delimitando 05 (cinco) tarifas básicas:

- **anuidade;**
- **para emissão de 2ª via do cartão;**
- **para retirada em espécie na função saque (nacional ou internacional);**
- **no uso do cartão para pagamento de contas; e**
- **no caso de pedido de avaliação emergencial do limite de crédito.**

As regras mínimas enumeradas na Resolução n. 3.919/2010 corresponderam a uma **resposta às reclamações da sociedade civil organizada**, à espera de maior transparência e parametrização das tarifas cobradas pelas várias instituições financeiras intermediadoras de crédito. Tais instituições, inclusive, organizadas pela Associação Brasileira de Empresas de Cartões de Crédito e Serviços — ABECS. No portal da entidade na internet, lê-se: "A Abecs apoia e atua no mercado de cartões desde 1971 para um desenvolvimento sustentável do setor. Composta pelos principais emissores, bandeiras, credenciadoras e processadoras de cartões de crédito, débito, de loja e de benefícios, nosso objetivo é contribuir para o fortalecimento e expansão da categoria, representando seus participantes junto ao mercado, poder público em suas diversas instâncias, órgãos de defesa do consumidor e sociedade em geral".

Esquematizando as **tarifas básicas** que podem ser cobradas pelas administradoras de **cartão de crédito**:

---

92 Disponível em: <http://advalexandrers.files.wordpress.com/2010/05/cartilha_cartao_de_credito.pdf>.

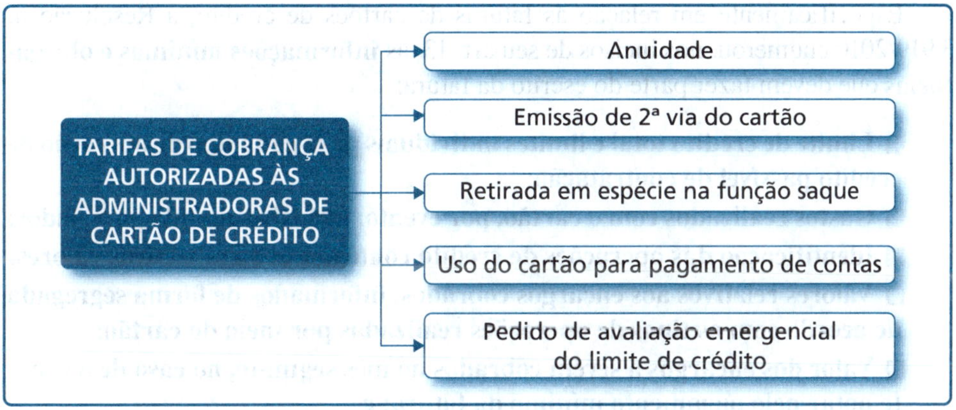

A ABECS mantém um interessante programa de educação financeira, como forma de prevenção do superendividamento. Referida associação possui seu próprio Código de Ética[93]. Trata-se do **fenômeno da autorregulação, que trouxe resultados positivos**, por exemplo, no mercado de publicidade e propaganda, por meio do CONAR. A FEBRABAN também discutiu e produziu seu Código de Disciplina. Tanto a ABECS quanto a FEBRABAN estabeleceram seus órgãos internos de disciplina, que têm, nas respectivas áreas de atuação, orientado as práticas de seus associados, inclusive com seus **"Normativos" correspondentes a padrões de conduta a serem respeitados por seus associados.**

■ 17.8.3. Da prevenção ao superendividamento

A propósito, o Normativo de Crédito Responsável (NORMATIVO SARB n. 010/2013 — FEBRABAN) orienta as instituições financeiras quanto à **necessidade de uma informação de qualidade a ser divulgada aos consumidores**. Tal normativo repisa o teor da Resolução n. 3.919/2010 do BACEN quanto à decomposição do saldo devedor das operações de crédito com as seguintes informações:

- **o prazo da operação de crédito;**
- **o Custo Efetivo Total — CET;**
- **o agente financiador;**
- **a soma total a pagar; e**
- **a taxa efetiva mensal e anual de juros.**

---

93 Porém, apesar do CDC (diploma em que se percebe o controle legal de práticas abusivas, art. 39 e incisos, da Lei n. 8.078/90) e da autorregulação, algumas instituições financeiras insistem em desrespeitar seus consumidores com o envio de cartões de crédito, ainda que não solicitados, prática essa criticável porque, de certo modo, incentiva o consumismo e o potencial superendividamento. Prática abusiva comum, tanto que a matéria chegou a ser sumulada pelo STJ (Súmula 532, publicada em 2015): "Constitui **prática comercial abusiva o envio de cartão de crédito sem prévia e expressa solicitação** do consumidor, configurando-se ato ilícito indenizável e sujeito à aplicação de multa administrativa".

Especificamente em relação às faturas de cartões de crédito, a Resolução n. 3.919/2010 enumerou, nos incisos de seu art. 13, as **informações mínimas e obrigatórias** que devem fazer parte do escrito da fatura:

- **Limite de crédito total e limites individuais para cada tipo de operação de crédito passível de contratação;**
- **Gastos realizados com o cartão, por evento, inclusive quando parcelados;**
- **Identificação das operações de crédito contratadas e respectivos valores;**
- **Valores relativos aos encargos cobrados, informados de forma segregada de acordo com os tipos de operações realizadas por meio do cartão;**
- **Valor dos encargos a serem cobrados no mês seguinte, no caso de o cliente optar pelo pagamento mínimo da fatura; e**
- **Custo Efetivo Total (CET), para o próximo período, das operações de crédito passíveis de contratação.**

Como se disse antes, a norma transcrita reúne as **informações básicas, imprescindíveis à compreensão da formação e evolução do saldo devedor** do usuário do cartão de crédito. A imposição infralegal do **pagamento mínimo da fatura no percentual de 20%** (vinte por cento) do valor total revela-se como iniciativa a prevenir o superendividamento. O refinanciamento do saldo devedor pela própria administradora do cartão, mesmo assim, tem o inconveniente de impor uma taxa de juros das mais elevadas entre os produtos financeiros, por se tratar de refinanciamento que se perfaz sem garantia. Além disso, as Administradoras de Cartão de Crédito são instituições financeiras, razão pela qual não estão sujeitas aos limites para os juros remuneratórios, nos termos da Lei de Usura (cf. **Súmulas 596, do STF, e 283, do STJ**). De salientar, ainda, que a omissão da Administradora em relação à taxa de juros praticada poderá ocasionar a limitação judicial dos juros à taxa média de mercado[94].

Portanto, apesar da possibilidade de refinanciamento, no caso concreto, o rotativo poderá transformar-se em passivo de difícil liquidação. No contexto de uma relação de equilíbrio entre a fornecedora do crédito (administradora do cartão) e o cliente (consumidor superendividado), será **recomendável o diálogo, a cooperação, para evitar uma espécie de tragédia dos comuns**: do lado da administradora do crédito, a impossibilidade de recuperação do numerário que refinanciou; do lado do consumidor, a insolvência civil.

O Normativo de Crédito Responsável da FEBRABAN enfatiza a fase pré-contratual. A **informação adequada, direito básico do consumidor**, nos termos do art. 4º, inc. IV, c/c art. 6º, inc. III, ambos do CDC, alinha-se com a noção de contratação de crédito responsável. Por oportuna, leia-se a transcrição do art. 16 do referido normativo: **"Considera-se contratação de crédito responsável aquela que possibilite verificar a adequação da oferta de crédito realizada ao perfil econômico e à capacidade de pagamento do consumidor contratante, sob avaliação da instituição**

[94] STJ, AgRg no EDcl no EDcl no REsp 1.100.346, 3ª Turma, Rel. Min. Sidnei Beneti, *DJe* 22/06/2012.

financeira, com base nas informações declaradas e disponíveis nos bancos de dados públicos e privados de crédito". O binômio necessidade-capacidade — necessidade do crédito e capacidade econômica de sua satisfação — deveria sempre orientar a decisão pelo crediário.

Tal normativo ainda se ocupa da **lealdade e da cooperação da contratação**, "da orientação prévia de comparabilidade", o que significa oportunizar ao **consumidor a avaliação precedente das alternativas de produtos e estratégias financeiras, antes de se submeter à adesão do contrato**. Cuida também do tratamento das dívidas, incentivando a **solução não adversarial** dos casos de inadimplência e, ainda, prioriza a solução dos casos que exteriorizem sinais de superendividamento, ao dispor que "o desemprego, a doença grave ou a morte do devedor ou de membro do seu respectivo núcleo familiar, superveniente ao contrato de crédito celebrado, quando importarem na impossibilidade de adimplemento das obrigações, sem prejuízo de um mínimo existencial e inexistirem bens disponíveis para a sua liquidação, configurarão o **superendividado com tratamento prioritário**" (art. 17).

Situação de descontrole financeiro crônico decorrente de fatores extracontratuais e posteriores à contratação realmente deve ter tratamento diferenciado. O Ministério da Justiça[95], entre suas publicações, produziu um **Manual de Prevenção ao Superendividamento**, trabalho construído por colegiado de juristas, destacando-se a doutrina de Cláudia Lima Marques. Por suas palavras:

> O superendividamento pode ser definido como a impossibilidade global do devedor — pessoa física, consumidor, leigo e de boa-fé, de pagar todas as suas dívidas atuais e futuras de consumo (excluídas as dívidas com o Fisco, oriundas de delitos e de alimentos) em um tempo razoável com sua capacidade atual de rendas e patrimônio.
>
> Esta minha definição destaca que o superendividamento é um estado da pessoa física leiga (o não profissional ou o não empresário, que pode falir), um devedor de crédito, que o contraiu de boa-fé, mas que agora encontra-se em uma situação de impossibilidade (subjetiva) global (universal e não passageira) de pagar todas as suas dívidas atuais (já exigíveis) e futuras (que vão vencer) de consumo com a sua renda e patrimônio (ativo) por um tempo razoável (a indicar que teria de fazer um esforço por longos anos, quase uma escravidão ou hipoteca do futuro para poder pagar suas dívidas). Neste mesmo sentido, vale lembrar que a referida lei francesa (*Code de la Consommation*, no artigo L.330-1) define a situação de superendividamento de pessoas físicas-consumidores como caracterizada "*pela impossibilidade manifesta do devedor de boa-fé de fazer face ao conjunto de suas dívidas não profissionais, exigíveis e vincendas*".

Realmente, no cotidiano forense, **dramas pessoais são o pano de fundo para justificar a ruína financeira** de devedores civis e os pedidos de insolvência civil. Entretanto, há que se diferenciar o **superendividamento passivo do ativo**. E, nes-

---

95 Disponível em: <https://www.justica.gov.br/seus-direitos/consumidor/Anexos/manual-tratamento-do-super%20endividamento.pdf>. Acesso em: 10 nov. 2015, às 18:00.

se particular, mais uma vez, valemo-nos das observações da professora Cláudia Lima Marques:

> A doutrina europeia distingue **superendividamento passivo**, se o consumidor **não contribuiu ativamente** para o aparecimento desta crise de solvência e de liquidez, e **superendividamento ativo**, quando o consumidor **abusa do crédito e "consome" demasiadamente** acima das possibilidades de seu orçamento.[96]

De minha experiência profissional, por exemplo, tenho recebido pedidos de insolvência civil decorrentes de superendividamento ativo. Funcionários públicos com salário acima dos padrões da maioria da população brasileira que, **pelo abuso do direito de crédito e pela ausência de um controle mais rigoroso na concessão do mesmo crédito**, acabam por comprometer parte significativa de seus ativos mensais indicados em seus contracheques, com a assunção de empréstimos em consignação e tantos outros oferecidos por outros canais financeiros, a exemplo do rotativo dos cartões de crédito. Tais pessoas, inclusive patrocinadas pela Defensoria Pública, **buscam, por meio do procedimento de insolvência civil[97], uma moratória ou recuperação financeira que ainda não tem amparo legal**. Tenho decidido tais pedidos da seguinte forma:

> O processo de insolvência civil poderá conformar execução coletiva a reunir execuções pendentes e, eventualmente, frustradas, nos termos do § 1º, do art. 762, CPC.
>
> A instauração do processo coletivo, por assim dizer, teria o escopo de proporcionar tratamento igualitário aos credores de uma mesma classe; permitir-lhes, com a antecipação do vencimento das dívidas do devedor, concorrerem para quadro geral de credores em que verificados e classificados seus créditos.
>
> No caso, **não existe execução em curso contra o ora requerente, sendo que não se pode transmutar o procedimento de autoinsolvência em ação revisional coletiva**.
>
> Administrativa e extrajudicialmente, o ora requerente se predispôs a empréstimos, os quais estão sendo adimplidos, sendo que pelo menos alguns dos mútuos foram tomados nos limites de sua margem consignável.
>
> O estado de insolvência não deve ser contextualizado em relação a dívidas não vencidas. E o provocar do vencimento antecipado das dívidas com a declaração de insolvência não se avizinha como medida apta a minorar as dificuldades financeiras da ora requerente, pois seria contraproducente ao ora requerente manter-se em processamento a execução coletiva, sem a suspensão dos descontos em relação aos empréstimos em consignação. Note-se também que mesmo declarada a insolvência em perspectiva, e posteriormente frustrada pela ausência de administrador ou de patrimônio arrecadável, **somente após 05 anos da data de encerramento da insolvência é que as obrigações do insolvente seriam extintas** (art. 778, do CPC).

---

96 Disponível em: <https://www.justica.gov.br/seus-direitos/consumidor/Anexos/manual-tratamento-do-super%20endividamento.pdf>. Acesso em: 10 nov. 2015, às 18:00.

97 Procedimento delimitado entre os arts. 748-786-A, do CPC de 1973 e mantido pelo novo CPC, conforme se lê em seu art. 1.052 (Lei n. 13.105/2015).

Por isso, na atualidade, **por falta de previsão legal, ainda sem tratamento adequado as situações de superendividamento, situações a aguardar inovação legislativa**, em que se buscará o soerguimento financeiro do devedor civil, a exemplo do que hoje se apresenta possível em relação ao devedor empresário quando propõe em Juízo sua Recuperação Judicial.

Enquanto não fixado um critério legal para abordar tal situação, **temerária qualquer decisão judicial inovadora que imponha restrição à cobrança das obrigações bilaterais por parte dos credores**. Se estamos diante de um quadro de dívidas vencidas e de processos de execuções individuais ante um devedor de patrimônio deficitário, essa é uma situação. Se estamos diante de contratos bilaterais que desafiam as receitas do orçamento familiar, isso é outra situação. A primeira autorizaria a insolvência civil (o que equivaleria a um processo de falência, caso fosse o requerente empresário). A segunda situação não encontra remédio ou amparo legal (pois equivaleria a uma recuperação judicial, caso o devedor fosse empresário). Por falta de amparo legal, impossível guarida ao pretendido pelo requerente.

Ante o exposto, indefiro a Inicial por falta de interesse processual, bem como por inadequação da via eleita, nos termos do art. 267, inc. IV, do CPC. Sem custas. De logo, defiro o desentranhamento de documentos, independentemente de traslado. Dê-se vista. I[98].

Contudo, naquelas hipóteses com execuções em curso contra o insolvente, a declaração de insolvência civil, ainda que seja um direito do credor, poderá se transformar em **provimento meramente formal**, sem qualquer efetividade.

Assim, na hipótese de insolvência civil, com rito previsto a partir do art. 748, do CPC, citado, sem que se tenha predisposto ao depósito elisivo (art. 757), o devedor poderá contestar o pedido ou manter-se inerte. Se, todavia, não conseguir afastar a presunção de insolvabilidade, a insolvência será decretada, com a nomeação de um administrador, para promover os **atos necessários à realização do ativo e ao pagamento do passivo**, tendo em vista a instauração de concurso universal a atrair seus credores (art. 751, inc. III). Coerentemente, as execuções individuais já instauradas contra o insolvente serão sobrestadas e remetidas ao juízo da insolvência (art. 762,

---

[98] O TJDFT tem confirmado esse entendimento. Confira-se:

CIVIL E PROCESSUAL CIVIL. AUTOINSOLVÊNCIA CIVIL. INDEFERIMENTO DA INICIAL COM FUNDAMENTO NA AUSÊNCIA DE INTERESSE PROCESSUAL E INADEQUAÇÃO DA VIA ELEITA. Inutilidade da prestação jurisdicional evidenciada. Vencimento antecipado das obrigações sem a suspensão dos descontos em folha decorrentes de empréstimos consignados. Discussão acerca de cláusulas contratuais ou taxas de juros deve se dar pela via processual adequada. Sentença mantida. 1. O interesse processual se evidencia quando a prestação jurisdicional pleiteada traz benefício ao autor, mostrando-se prejudicial declaração de insolvência que agravaria ainda mais a situação da apelante. 2. O vencimento antecipado das obrigações provocado com a declaração de insolvência revela-se prejudicial ao devedor cujos empréstimos são amortizados diretamente em folha de pagamento, sendo certo que a declaração de insolvência não suspende os descontos realizados mensalmente. 3. A pretensão de que seja declarada a autoinsolvência está fundamentada na facilidade de obtenção de crédito, falta de educação financeira, bem como na assertiva de que as cláusulas e taxas praticadas pelos credores são abusivas, o que somente pode ser examinado por meio da revisão de contrato. 4. Apelação conhecida e não provida. Sentença mantida (Apelação Cível 20130111414333, 1ª Turma Cível, Des. Alfeu Machado, *DJe* 16/01/2014).

caput, e seu § 1º). Medida a contextualizar a **diminuição de custos e o rateio proporcional do ativo a beneficiar, potencialmente, todos os credores de determinada classe**.

Entretanto, na ausência de patrimônio arrecadável, contraproducente o continuar do processo de insolvência. Às vezes, apesar de se facultar a qualquer credor o encargo de Administrador da Massa, **nenhum deles se prontifica à assunção daquela função**, porque isso envolverá custos, e, imediatamente, haveria um incremento de seu prejuízo. Sem administrador e ausente a perspectiva de patrimônio positivo, há uma indefinição quanto ao resultado da lide, a conformar um dos impasses da matemática, pois **não há como dividir os valores dos créditos ou das expectativas dos credores por zero**. Dizem os matemáticos que isso é símbolo de indeterminação. Não existe.

Logo, a decisão de decretação da insolvência que antes pôde ser qualificada como eficiente, porque a beneficiar a coletividade de credores, na ausência de patrimônio, merece ser superada com outra decisão, dessa vez de **encerramento anômalo da insolvência declarada, mas que se mostrou frustrada**. Nessa hipótese, flagrante a perda superveniente do objeto da execução coletiva contra o devedor civil. A solução mais eficiente agora deverá ser, reflexamente, também declarar a **extinção das execuções/habilitações apensadas ao feito principal**, segundo o princípio de que o acessório deve seguir a sorte do principal. A sentença de encerramento, em princípio, pode parecer injusta em relação aos credores, ainda mais porque, a partir da data de prolação dela (sentença de encerramento, art. 778, do CPC), começará a fluir o quinquênio após o qual poderão ser declaradas extintas as obrigações do insolvente. Todavia, poderão os credores, no referido prazo, **reativar suas execuções individuais contra o insolvente**.

A sentença de encerramento, ainda que não melhore a situação dos credores, em princípio também não alterará a situação do devedor. Por sua vez, os custos relacionados à tramitação do processo (materiais e humanos) serão poupados. Em razão disso, a referida sentença de encerramento denotar-se-á decisão eficiente. Note-se que se trata de uma justiça circunstancial, **em que o mínimo — que corresponde à economia de recursos públicos — ultima maximizado**. A contextualização do minimax da Teoria dos Jogos.

Para evitar-se o risco de uma decisão socialmente prejudicial, propõe-se, pelo menos nos casos de autoinsolvência, procedimento assemelhado aos de jurisdição voluntária em que possível a derrogação da legalidade estrita (art. 723, parágrafo único, do CPC[99]), a **tentativa de conciliação entre as partes** interessadas (art. 139, inc. V, também do CPC). Na audiência de conciliação, as partes deverão ser instadas a uma solução compartilhada, em vez da **dicotomia ganha-perde** própria do procedimento adversarial, em que os litigantes ultimam por se entrincheirar em posições diametralmente opostas. Assim, buscar-se-á a identificação de **interesses comuns**, a

[99] "O juiz não é obrigado a observar critério de legalidade estrita, podendo adotar em cada caso a solução que considerar mais conveniente ou oportuna".

construção do **binômio ganha-ganha**, o que significará o arrefecimento da litigiosidade represada e potencializada após a institucionalização do procedimento, e que, em razão de uma solução construída pelas partes, fiscalizada pelo Ministério Público e homologada pelo Juízo, **proporcionará a pacificação social**, bem como o debelar da situação da crise financeira que contextualizou hipótese de superendividamento.

Portanto, no mesmo sentido, com o evitar do desperdício de recursos humanos e materiais, louvável a iniciativa do Judiciário do Rio Grande do Sul que, por meio de projeto-piloto, ao **priorizar a mediação e a conciliação**, tem superado casos de superendividamento[100].

Para fins de esquematização da **possibilidade de tratamento do superendividamento**, no início do procedimento de autoinsolvência, concorrem a regulação legal e a autorregulação:

- **Possibilidade de derrogação do Princípio da Legalidade Estrita e recomendação de Conciliação (CPC — art. 723, parágrafo único, c/c art. 139, inc. V);**
- **Manual sobre Superendividamento do Ministério da Justiça; e**
- **Normativo de Crédito Responsável — FEBRABAN (art. 17).**

17.8.4. Características

O Contrato de Cartão de Crédito é **contrato de adesão; negócio jurídico coligado** por concentrar, em um mesmo produto, meio eletrônico de pagamento e operações financeiras, crédito à vista, a prazo, inclusive com a possibilidade de refinanciamento do saldo devedor em aberto. É contrato **oneroso**, minimamente pela anuidade; **bilateral**, diante da contextualização de direitos e obrigações recíprocos entre as partes; e **de execução diferida**, diante do prazo mínimo de vigência do contrato, com a possibilidade de renovações sucessivas.

17.8.5. Esquema

CARTÃO DE CRÉDITO	
CONCEITO	■ Contrato realizado com instituição financeira em que se mesclam o serviço eletrônico de pagamento e a possibilidade de mútuos sucessivos.
PARTES	■ Administradora e Cliente. Parceiros empresariais: bancos emissores; credenciadoras; e lojistas.
EXEMPLO	■ Consumidor bancarizado, titular de conta corrente que solicite ou diga sim a cartão de crédito que o banco emissor lhe ofereça.
CARACTERÍSTICAS	■ Contrato de adesão, coligado, bilateral, oneroso e de execução continuada.

[100] Para aprofundamento do assunto, recomenda-se a leitura da obra *Superendividamento aplicado* (aspectos doutrinários e experiência no Poder Judiciário), da lavra das Juízas Clarissa Costa de Lima e Káren Rick Danilevicz Bertoncello.

JURISPRUDÊNCIA	■ STJ — Súmula 237 — Nas operações com cartão de crédito, os encargos relativos ao financiamento não são considerados no cálculo do ICMS. ■ STJ — Súmula 283 — As empresas administradoras de cartão de crédito são instituições financeiras e, por isso, os juros remuneratórios por elas cobrados não sofrem as limitações da Lei de Usura. ■ STJ — Súmula 542 — Constitui prática comercial abusiva o envio de cartão de crédito sem prévia e expressa solicitação do consumidor, configurando-se ato ilícito indenizável e sujeito à aplicação de multa administrativa.
REFERÊNCIAS LEGISLATIVAS	■ Lei n. 4.595/64 (art. 17); Resolução n. 3.919/2010 — BACEN.
AUTORREGULAÇÃO	■ Normativo 010/2010 — FEBRABAN. ■ Código de Ética e Autorregulação — ABECS.

■ 17.9. CONTRATOS ELETRÔNICOS

■ 17.9.1. Introdução

Com a internet, as fronteiras se expandiram, e o reflexo disso chegou ao mercado. Uma empresa que há pouco tempo vendia apenas para o seu bairro ou cidade, hoje pode fazê-lo para qualquer lugar do Brasil ou do mundo. Mas toda mudança traz desafios, e no caso foi o de criar uma forma que possibilitasse ao cliente pagar pelo produto ou serviço remotamente. Com isso, surgiu o **pagamento digital — todo** pagamento feito pela **internet, por meio de uma transação bancária** ou por **cartões de crédito**, que permite ao cliente a comodidade de pagar pelo pedido, independentemente de onde estiver, e ao empresário a segurança do recebimento.

Pelo que se lê da cartilha digital produzida pelo SEBRAE[101], as **tecnologias de informação (veiculação de dados por meio eletrônico ou digital)** têm permitido um incremento da atividade empresarial. Assim, o fenômeno da rede mundial de computadores, multifacetado[102] (ambiente de conhecimento e pesquisa, de interação social e de comércio virtual), faz-se presente no dia a dia de consumidores e empreendedores.

Portanto, o **encontro de vontades que se estabeleça por meio das tecnologias de informação** para aquisição de bens de consumo e/ou prestação de serviços, por exemplo, pela internet, **é contrato eletrônico**. Tal contrato eletrônico poderá ser classificado como **de consumo ou empresarial**. Nesse último caso, as partes deverão exercer atividade empresarial. Quanto ao objeto do contrato, cabe destacar o disposto no PLC 1.572/2011 (art. 118, parágrafo único): "O comércio eletrônico abrange não somente a comercialização de **mercadorias** como também a de **insumos** e a **prestação de serviços**, incluindo os bancários"[103].

---

[101] Estudo intitulado "Meios de Pagamento Digitais", Brasília, 2012. Disponível em: <www.sebrae.com.br/customizado/uasf/servicos-financeiros/meios-eletronicos-de-pagamento/cartilha-meios-de-pagamento.pdf>.

[102] Nesse sentido, o pensamento de: MARQUES, Cláudia Lima. *Confiança no comércio eletrônico e proteção do consumidor* (um estudo dos negócios jurídicos de consumo e comércio eletrônico), p. 72.

[103] Redação semelhante apresenta o § 1º, do art. 113, do PLS 487/2013.

17.9.2. Do contrato eletrônico como negócio jurídico coligado

Os mesmos negócios jurídicos efetuados no estabelecimento-padrão, material, físico, **poderão também ser firmados no meio virtual**[104]. A aquisição deste livro (esperamos, do agrado de muitos) poderá ocorrer, assim, nos estabelecimentos físicos das livrarias em que sejam expostos os exemplares, mas também **por meio da internet no site da livraria Saraiva, por exemplo**. Nesta última hipótese, as especificidades da compra e venda e do contrato correlato devem-se ao fato de que se trata de "modalidade de contratação não presencial ou a distância"[105]. Além do consumidor e do fornecedor-vendedor, há outros colaboradores empresários que participam indiretamente de tal negócio, sem os quais a transação virtual não se aperfeiçoaria. Eduardo Weiss Martins de Lima[106], ao encampar a doutrina de Ricardo Lorenzetti, especifica tais colaboradores:

> Em primeiro lugar o consumidor contrata **o provedor de acesso** à rede; em segundo, aquele que **fornece informação e organiza o conteúdo**; por último, contrata o **fornecedor direto do bem** a ser adquirido. Para auxiliá-lo, conforme exemplificamos, no caso brasileiro o acesso poderia ser prestado pela Telefônica (*speedy*), o provedor de informações seria UOL (portanto, um portal, que agruparia vários sites e serviços de informação); e o fornecedor direto seria de um site hospedado no portal, por exemplo, Americanas.com, com que o consumidor contrata a compra do produto.

De se acrescentar que, além da divulgação dos produtos e serviços, somente possível com a colaboração do Provedor de Acesso e do Provedor de Conteúdo, a conclusão do negócio, por meio do pagamento eletrônico, envolverá **outros fornecedores**: a empresa que **gerencia a plataforma de pagamentos** on-line e a **instituição financeira** (Administradora de Cartão de Crédito) ou bancária conveniada. Portanto, em torno da relação de consumo principal, gravitam **contratos coligados entre os parceiros empresariais**, sendo possível reuni-los no **gênero fornecedores** e, assim, com fundamento nos arts. 18, 19 e 20, do CDC, em caso de eventual dano ao consumidor, demandá-los conjuntamente, diante do princípio da solidariedade.

O Normativo 03 — ABECS (Princípios do Comércio Eletrônico) **reforça referida solidariedade** ao discriminar os vários participantes do mercado de cartões de crédito e ao conceituar a locução esquema de pagamento:

> Art. 3º Para efeitos deste Normativo, entende-se por participantes do sistema de cartão (emissores, credenciadoras, processadoras, bandeiras, fabricantes de cartões, fornecedores relacionados ao mercado, fabricantes de chips, fabricantes de impressoras e ter-

---

[104] Há equivalência de responsabilidades, inclusive, nos termos dos arts. 109, do PLC 1.572/2011, e 114, do PLS 487/2013.

[105] *Confiança no comércio eletrônico e proteção do consumidor* (um estudo dos negócios jurídicos de consumo e comércio eletrônico), p. 38.

[106] *Proteção do consumidor brasileiro no comércio eletrônico internacional*, p. 46-47.

minais e empresas de personalização de cartões, *embossing* e termo impressão) as definições previstas no Código de Ética e Autorregulação e no Estatuto Social da ABECS.
Art. 4º Para efeitos deste Normativo, entende-se por **esquema de pagamento o meio que congrega o conjunto de emissores, credenciadoras e seus fornecedores, direta ou indiretamente relacionados com o fornecimento de meio de pagamento com cartão**, segundo as regras específicas estabelecidas por um proprietário de esquema de pagamento.

Especificamente se o contrato eletrônico envolver apenas empresários (§ 2º, do art. 113, do PLS 487/2013), de se alertar que o direito projetado, regra geral, **isenta de responsabilidade a empresa mantenedora do sítio eletrônico em que tenham ocorrido as tratativas** do negócio jurídico, nos seguintes termos: "Sendo o sítio destinado apenas a viabilizar a aproximação entre empresários, que sejam potenciais interessados na realização de negócios entre eles, aquele que o mantém não responde pelos atos praticados por vendedores e compradores de produtos ou serviços por ele aproximados" (art. 116, *caput*).

Porém, se, eventualmente, a oferta constante do sítio eletrônico **violar direito autoral**, uma vez notificado, em um prazo de 24 horas, a mantenedora do sítio **deverá providenciar a desativação do anúncio**. Precisará, ainda, manter fórum de avaliação acerca dos produtos e serviços oferecidos para avaliação dos compradores e, ainda, velar pela **privacidade dos dados de compradores e vendedores** (art. 116, incs. I, II e III). Evidentemente, **se não cumprir tais ressalvas, poderá ser responsabilizada pelos danos causados aos empresários que aproximou**.

■ 17.9.3. Características

O **Contrato Eletrônico** é contrato **de adesão**; negócio jurídico **coligado** por envolver, além do fornecedor direto, outros empresários parceiros. É contrato **oneroso**; é contrato **bilateral**, diante da contextualização de direitos e obrigações recíprocos entre as partes. Poderá envolver relação de consumo ou empresarial, a depender da qualidade das partes e do regime jurídico aplicável. É modalidade de negócio jurídico a distância, formalizado "por meio de transmissão e recepção eletrônica de dados (contrato-*e*)", conforme doutrina Fábio Ulhoa Coelho.

Porém, nos termos do Decreto Federal n. 7.962/2013, é **dever do fornecedor** "**disponibilizar o contrato ao consumidor** em meio que permita sua conservação e reprodução, imediatamente após a contratação" (art. 3º, inc. IV). Referido decreto trouxe regras importantes sobre o **dever de informação dos empresários** do comércio eletrônico e sobre o **direito de arrependimento dos consumidores**, destacando-se, nesse particular, o dever de o fornecedor direto comunicar à instituição financeira ou à administradora do cartão de crédito ou similar o exercício do direito de arrependimento do consumidor, para que a transação não seja lançada na fatura do consumidor ou seja efetivado o estorno do valor, caso o lançamento na fatura já tenha sido realizado (art. 5º, § 3º, incs. I e II).

17.9.4. Esquema

CONTRATO ELETRÔNICO	
CONCEITO	■ Contrato realizado por meio de transmissão eletrônica de dados que tem como objeto tanto a comercialização de mercadorias como a de insumos e a prestação de serviços, incluindo os bancários.
PARTES	■ Cliente Internauta e Fornecedor Virtual. Parceiros empresariais: provedores, empresas que gerenciem plataformas de pagamento, bancos e administradoras de cartão de crédito, entre outros.
EXEMPLO	■ Compra e venda de um bom livro pela internet.
CARACTERÍSTICAS	■ Contrato de adesão, coligado, bilateral, oneroso e formalizado por meio eletrônico.
REFERÊNCIAS LEGISLATIVAS	■ Decreto Federal n. 7.962/2013. ■ PLC 1.572/2011 (arts. 112-118) e PLS 487/2013 (arts. 113-126). Novo(s) Código(s) Comercial(ais).
AUTORREGULAÇÃO	■ Normativo 03 — ABECS.

17.10. FOMENTO MERCANTIL

17.10.1. Introdução

Contrato em que um empresário (faturizador) se encarrega de **administrar o crédito eventual de outro empresário** (faturizado), **recebimento de faturas no vencimento e eventual procedimento de cobrança** em caso de inadimplemento dos credores do faturizado. É possível que o faturizador adiante os valores do crédito eventual ao faturizado, financiando suas necessidades de caixa.

A legislação do imposto de renda, ainda que por empréstimo e indiretamente, descreve o objeto desenvolvido pelas empresas de fomento mercantil: "**prestação cumulativa e contínua de serviços de assessoria creditícia, mercadológica, gestão de crédito, seleção de riscos, administração de contas a pagar e a receber, compra de direitos creditórios** resultantes de vendas mercantis a prazo ou de prestação de serviços (*factoring*)" (alínea "d", do inc. III, do § 1º, do art. 15, da Lei n. 9.249/95). Trata-se, porém, de **contrato atípico, autorregulado**, cujo objeto social deve ser monitorado, nos termos da Lei n. 9.613/98 (Lei de Prevenção à Lavagem de Dinheiro) e da Resolução n. 21/2012-COAF. Nos termos da Circular n. 2.715/96, do BACEN, as empresas que se dedicam à compra de faturamento (empresas de fomento mercantil) **poderão realizar operações de crédito junto às instituições financeiras**, inclusive relacionadas ao aporte de capital.

Porém, enquanto o contrato de fomento mercantil não for considerado bancário pelo Banco Central ou por legislação superveniente, a **faturizadora não pode cobrar, a título de juros, taxa superior à legal**. Os **preços de seus serviços** de assessoramento na administração do crédito concedido, no entanto, **não são limitados** e, devidamente destacados dos juros, podem ser cobrados da faturizada, nos termos do contrato.

■ 17.10.2. A proposta legislativa para a tipificação do contrato de fomento mercantil

O fomento mercantil **em tudo se assemelha à operação de desconto bancário**. Assim, o adiantamento de recebíveis pelo faturizador representará importante fonte de capital de giro. Em princípio, o **faturizado não responderá pela solvência do crédito** em caso de inadimplência. Tais particularidades, limitação dos juros (por não ser a empresa de *factoring* instituição financeira, por ausência de previsão legal, segundo o STJ[107]) e não responsabilização pelo inadimplemento do título faturizado convergem para uma operação de crédito menos onerosa que o desconto bancário. De acordo com o art. 556, do PLS 487/2013, **caberá aos contratantes estabelecer a possibilidade ou não de responsabilização do faturizado pelo inadimplemento do título**[108].

De se registrar a edição da **Lei Complementar n. 167/2019, que instituiu a denominada Empresa Simples de Crédito**, a ser estruturada como **EIRELI ou LTDA (com sócios pessoas naturais)** e que poderá ampliar as **linhas de crédito disponíveis para os microempreendedores, microempresas e empresas de pequeno porte**, inclusive **sem a limitação de juros** imposta pela Lei de Usura e no Código Civil, equiparando-se neste particular às instituições financeiras, sem limite legal quanto aos juros remuneratórios que pretendam estabelecer.

Ao contrário das instituições financeiras, por outro lado, as Empresas Simples de Crédito **não poderão captar recursos externos**. Aguardemos a consolidação desse novo tipo de empreendimento, pois, reflexamente, **poderão oferecer taxas de juros mais atrativas que as instituições financeiras** nas operações de desconto bancário, sendo relevante destacar o objeto social a que estarão autorizadas: "realização de **operações de empréstimo, de financiamento e de desconto** de títulos de crédito, exclusivamente com **recursos próprios**, tendo como contrapartes microempreendedores individuais, microempresas e empresas de pequeno porte" (art. 1º, da Lei Complementar 167/2019).

---

[107] Leia-se, nesse sentido, o teor da ementa seguinte: "CONTRATO DE *FACTORING*. RECURSO ESPECIAL. CARACTERIZAÇÃO DO ESCRITÓRIO DE *FACTORING* COMO INSTITUIÇÃO FINANCEIRA. DESCABIMENTO. APLICAÇÃO DE DISPOSITIVOS DO CÓDIGO DE DEFESA DO CONSUMIDOR À AVENÇA MERCANTIL, AO FUNDAMENTO DE SE TRATAR DE RELAÇÃO DE CONSUMO. INVIABILIDADE.

1. As empresas de *factoring* não são instituições financeiras, visto que suas atividades regulares de fomento mercantil não se amoldam ao conceito legal, tampouco efetuam operação de mútuo ou captação de recursos de terceiros. Precedentes (...)" (STJ, REsp 938.979/DF, 4ª Turma, Rel. Min. Luis Felipe Salomão, à unanimidade, *DJe* 29/06/2002).

[108] A vizinha Argentina, em outubro de 2014, inovou seu ordenamento jurídico com a promulgação de seu novo Código Civil e Comercial, diploma legal que tipificou o contrato de *factoring*, lá "Contrato de Fatorage", nos seguintes termos: "ARTÍCULO 1421. Definición. Hay contrato de factoraje cuando una de las partes, denominada factor, se obliga a adquirir por un precio en dinero determinado o determinable los créditos originados en el giro comercial de la otra, denominada factoreado, pudiendo otorgar anticipo sobre tales créditos asumiendo o no los riesgos". Disponível em: <htpp://www.infojus.gob.ar/docsf/código/Codigo_Civil_y_Comercial_de_la_Nacion.pdf>.

■ 17.10.3. Características

Trata-se de contrato **oneroso**, tendo em vista que o faturizador promove o **deságio do crédito** disponibilizado pelo faturizado, e ainda poderá ajustar **remuneração pela administração do crédito** do último, de acordo com o "fator de compra", percentual variável e monitorado pelas entidades do setor. É contrato **bilateral**, tendo em vista a **contraposição de obrigações** de ambas as partes, principalmente quando houver o gerenciamento dos créditos do faturizado. É contrato **real** que se aperfeiçoa com a **disponibilização do numerário ao faturizado.**

■ 17.10.4. Esquema

FOMENTO MERCANTIL OU *FACTORING*	
CONCEITO	■ Contrato bancário impróprio em que a empresa de fomento de crédito recebe título de crédito vincendo e, mediante deságio, devolve em dinheiro a diferença ao cliente-cedente, que não responderá pelo saldo do título em caso de inadimplemento.
PARTES	■ Empresa de Fomento (Faturizadora) e Empresário ou Sociedade Empresária (Faturizado).
EXEMPLO	■ Escola Particular que, quando da renovação da matrícula de seus alunos, faculta o pagamento da anuidade por meio de cheques pós-datados. Em seguida, entrega em fomento tais títulos à empresa de *factoring*, para fins de capitalização de seu caixa.
CARACTERÍSTICAS	■ Contrato de adesão, bilateral, oneroso e real.
REFERÊNCIAS LEGISLATIVAS	■ Lei n. 9.249/95 (art. 15, § 1º, inc. III, alínea "d"). ■ Lei n. 9.613/98. ■ Circular n. 2.715/96, BACEN. ■ Resolução n. 21, COAF. ■ PL 3.615/2000, em trâmite na Câmara Federal. ■ PLS 487/2013 (arts. 554-560) — Novo Código Comercial.

■ 17.11. ARRENDAMENTO MERCANTIL

■ 17.11.1. Introdução

O arrendamento mercantil compõe **contrato de natureza complexa**, em que o arrendador, pessoa jurídica, **proprietário de bens duráveis** (veículos, *v.g.*), disponibiliza-os ao arrendatário, pessoa física ou jurídica, **para usufruto, mediante locação, com o financiamento da contraprestação respectiva**, e, ainda, com **opção de compra ao final da avença**. Nesse sentido, o art. 1º, da Lei n. 6.099/74.

A análise da Resolução n. 2.309/96, do BACEN, mais especificamente seus arts. 5º, 6º e 23, permite a contextualização de **três hipóteses de arrendamento mercantil: o financeiro; o operacional; e o *lease-back***. Esquematizando:

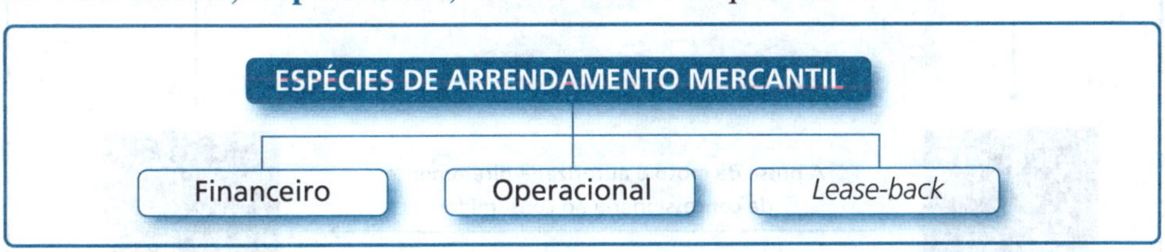

Doutrina Waldo Fazzio Júnior: "tipifica o **arrendamento mercantil financeiro** (...) contraprestações e demais pagamentos previstos no contrato, devidos pela arrendatária, são suficientes para que a arrendadora **recupere o custo do bem arrendado durante o prazo**

do contrato e obtenha retorno sobre os recursos investidos; as despesas de manutenção, assistência técnica e serviços correlatos à operacionalidade do bem arrendado são de responsabilidade da arrendatária; o preço para o exercício da opção de compra é livremente pactuado, podendo ser, até mesmo, **o valor de mercado do bem arrendado** (...) Por outro lado, **na modalidade operacional**: as contraprestações a serem pagas pela arrendatária contemplam o **custo de arrendamento e os serviços inerentes a sua disponibilização** à arrendatária, não ultrapassando o pagamento de 75% do custo do bem arrendado; as **despesas de manutenção**, assistência técnica e serviços correlatos à operacionalidade do bem arrendado **tanto podem ser de responsabilidade da arrendadora como da arrendatária**; o preço para o exercício da opção de compra é o valor de mercado (...)"[109].

Arnaldo Rizzardo também diz da complexidade do contrato de arrendamento mercantil, ainda que, na modalidade operacional, a locação se demonstre o negócio jurídico principal. Por suas palavras: "Ou é o contrato essencialmente complexo, visto encerrar **uma promessa unilateral de venda, um mandato, uma promessa sinalagmática de locação de coisa, uma opção de compra** e, no *leasing* operacional, mais uma prestação de serviços técnicos por parte da locadora, compondo, assim, obrigação contratual, como partes essenciais do negócio"[110]. Realmente, **ora preponderará o financiamento, ora a locação**. Esquematicamente:

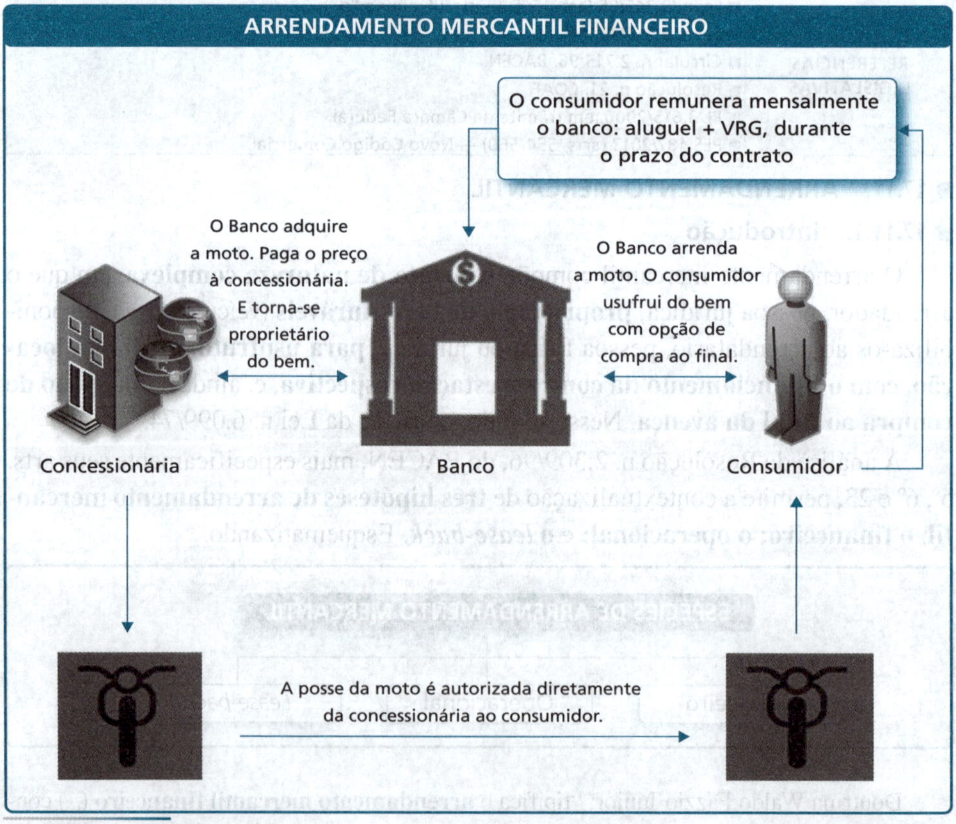

[109] FAZZIO JÚNIOR, Waldo. *Manual de direito comercial*, 3. ed., p. 549-550.
[110] *Contratos*, 8. ed., p. 1241.

Pelo que se visualiza na figura, o banco tem o papel de intermediar a transação, sem tomar posse direta do bem. O banco arrendante tem o domínio do automóvel e a posse indireta do bem. O consumidor tem a posse direta e lícita do mesmo bem, e assim permanecerá enquanto adimplir as parcelas mensais do contrato (como locatário que é).

No ***Leasing* Operacional**, esquematizado acima, o **arrendante dá a coisa em locação, não se verificando a prestação de serviço relacionado a financiamento**. Há a transferência da posse pelo arrendante-proprietário, para que o arrendatário utilize o bem no desenvolvimento de sua atividade.

Rememorando, mais uma vez, a letra dos arts. 5º e 6º, da Resolução n. 2.309/96, BACEN, verifica-se que, tanto no ***leasing* financeiro** quanto no **operacional**, a contraprestação mensal paga pelo arrendatário ao arrendante deverá ser capaz de perfazer **quantia equivalente ao custo do bem**. Porém, além do custo, há um **valor adicional com função não coincidente nas duas espécies**. Assim, no ***leasing* financeiro**, o valor da contraprestação, **além do custo, deverá abarcar montante que represente "retorno dos recursos investidos"**. Já no ***leasing* operacional**, além do custo, a contraprestação deverá cobrir as **despesas provenientes "dos serviços inerentes à sua colocação à disposição da arrendatária"**. Embora nas duas hipóteses se mesclem a locação do bem e serviços correlatos, no primeiro caso é **preponderante o serviço de intermediação do crédito**. No segundo, diferentemente, a **locação se apresenta como negócio jurídico principal**.

No ***lease-back***, também previsto na Resolução n. 2.309/96, mais especificamente em seu art. 23, também **prepondera o aspecto financeiro**, a intermediação do crédito.

O **arrendatário detém a propriedade do bem que será arrendado**. Oferece bem de seu ativo imobilizado à venda e que integra o conjunto de bens que utiliza para o regular desenvolvimento de sua atividade. Assim, com a referida compra e venda, capitaliza-se, mas, para não desfalcar seu estabelecimento, recebe o bem vendido em arrendamento. Na verdade, não há solução de continuidade quanto à posse do bem. **Detinha a posse na qualidade de proprietário e, sem interrupção, mantém a posse do bem, porém agora na qualidade de arrendatário**. Esquematizando:

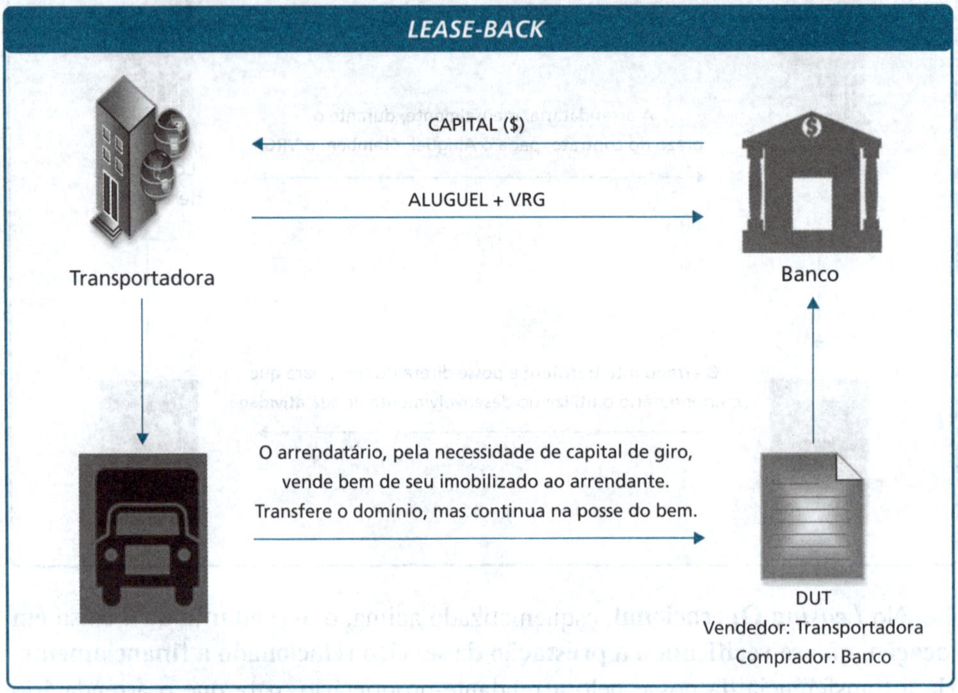

■ 17.11.2. Características

Somente as pessoas jurídicas poderão tornar-se arrendantes, tendo em vista os termos do art. 1º, da Resolução n. 2.309/96, e as vedações expressas da mesma resolução (arts. 28-29)[111]. E, ainda assim, as pessoas jurídicas constituídas como **sociedades empresárias** ou que se tenham estruturado como sociedades anônimas. Ao optar-se pela S.A., independentemente do objeto desenvolvido por ela, o regime jurídico será o previsto para sociedades empresárias (art. 982, parágrafo único, do CC).

[111] Diz a Resolução: "Art. 28. Às sociedades de arrendamento mercantil e às instituições financeiras citadas no art. 13 deste Regulamento é vedada a contratação de operações de arrendamento mercantil com: I — pessoas físicas e jurídicas coligadas ou interdependentes; II — administradores da entidade e seus respectivos cônjuges e parentes até o segundo grau; III — o próprio fabricante do bem arrendado. Art. 29. É vedada às sociedades de arrendamento mercantil a celebração de contratos de mútuo com pessoas físicas e jurídicas não financeiras".

Trata-se de contrato nitidamente **oneroso**, diante da contraprestação mensal devida pelo arrendatário. A decomposição de referida contraprestação (aluguel mais valor residual garantido, que se especificará a seguir) bem demonstra tratar-se de contrato **complexo**, pois reúne elementos de outros tipos contratuais (locação e financiamento). É contrato **bilateral**, diante da constatação de obrigações recíprocas entre as partes. É contrato de **execução continuada**, porque o valor das contraprestações devidas, pelo uso do veículo e para possibilitar o eventual exercício da opção de compra, deverá ser saldado mês a mês, paulatinamente, protraindo-se a execução do contrato no tempo. É contrato de **adesão**, diante das condições e cláusulas contratuais estabelecidas unilateralmente pela arrendante.

■ 17.11.3. Do Valor Residual Garantido (VRG)

Exatamente por ser contrato de adesão, milhares de consumidores têm questionado em juízo algumas das rubricas embutidas no saldo devedor. De igual modo, houve **dissenso sobre a função do VRG** e sobre a **possibilidade de sua devolução** em caso de reintegração de posse do bem em virtude do inadimplemento do arrendatário. A operação de *leasing* dar-se-á assim: a) o **veículo é alugado** ao "adquirente", o qual pagará aluguel mensal para manter a posse direta do bem; b) findo o prazo das prestações locatícias, caso queira confirmar a aquisição do bem, o **adquirente pagará o VRG**, tornando-se proprietário dele; c) **caso não queira adquirir o bem, bastará devolvê-lo**, sem pagamento do VRG. A situação será diferente caso as parcelas do VRG venham a ser diluídas para pagamento conjunto com as parcelas de aluguel.

Em primeiro lugar, sobre o VRG — Valor Residual Garantido —, de se notar que **sua antecipação foi facultada**, conforme expressamente se lê na Resolução n. 2.309/96, art. 7º, inc. VII, letra "a": "a previsão de a arrendatária pagar valor residual garantido em qualquer momento durante a vigência do contrato, não caracterizando o pagamento do valor residual garantido o exercício da opção de compra". Tal norma infralegal, pelo menos em relação **aos arrendatários pessoas físicas, demonstrou-se não condizente com as legítimas expectativas dos consumidores**. O objeto do contrato de arrendamento mercantil, nos termos do art. 11, da Resolução n. 2.309/96, especificou-se pela possibilidade de aquisição eventual de bens duráveis. Ainda que se tenha informado sobre a possibilidade de extinção do contrato a seu termo sem o exercício da opção de compra ou da renovação da locação, o que atraiu a preferência dos consumidores por esse contrato foi o valor da prestação, pouco inferior quando comparado ao do contrato de alienação fiduciária, diante da não incidência do IOF.

Pois bem, diante da confiança gerada no consumidor de seu esforço para a aquisição de bens de consumo duráveis de custo relativamente expressivo, não seria justa a reintegração de posse liminar do veículo, em caso de inadimplemento, porque no *leasing*, desde que **antecipado o valor residual garantido, na verdade, revelar-se-ia verdadeira compra e venda a prazo**, aperfeiçoada anteriormente com a tradição do bem. Essa orientação prevaleceu por algum tempo, inclusive redundou na Súmula 263 do STJ: "A cobrança antecipada do valor residual (VRG) descaracteriza o contrato de arrendamento mercantil, transformando-o em compra e venda a prestação" (*DJ* 20/05/2002).

Tal entendimento foi construído pelas turmas de direito privado do Superior Tribunal de Justiça. O critério da especialização foi adotado pelo regimento interno, para distribuir os ministros em três seções, cada uma com duas turmas. A 1ª Seção, a cuidar de questões de Direito Público; a 2ª, das de Direito Privado; e a 3ª, das de Direito Penal.

Em caso de divergência entre as Seções, a uniformização da jurisprudência deverá ser solucionada pelo Conselho Especial, composto atualmente pelos 15 (quinze) Ministros mais antigos do Tribunal, nos termos da Emenda Regimental 9/2008 (cf. Regimento Interno do STJ, art. 2º). Ao tempo do julgamento dos embargos de divergência, o **Conselho Especial era composto por 22 (vinte e dois) ministros, sendo que o cancelamento da Súmula 263 se deu em função da prevalência dos votos dos ministros pertencentes às turmas de Direito Público**, aparentemente priorizando norma expedida pelo Ministério da Fazenda que também respaldava a devolução antecipada do VRG.

Dos ministros que votaram nos **Embargos de Divergência no REsp 213.828**, 11 (onze) entenderam que a antecipação do VRG, por si só, não seria suficiente para descaracterizar o contrato de *leasing* e transmudá-lo em compra e venda a prazo; 07 (sete) ministros, entretanto, mantiveram-se alinhados à orientação precedente (sintetizada na Súmula 263). Eis o acórdão dos referidos embargos de divergência:

> ARRENDAMENTO MERCANTIL. *LEASING*. ANTECIPAÇÃO DO PAGAMENTO DO VALOR RESIDUAL GARANTIDO. DESCARACTERIZAÇÃO DA NATUREZA CONTRATUAL PARA COMPRA E VENDA A PRESTAÇÃO. LEI 6.099/94, ART. 11, § 1º. NÃO OCORRÊNCIA. AFASTAMENTO DA SÚMULA 263/STJ. 1. O **pagamento adiantado do Valor Residual Garantido — VRG não implica necessariamente antecipação da opção de compra**, posto subsistirem as opções de devolução do bem ou prorrogação do contrato. Pelo que não descaracteriza o contrato de *leasing* para compra e venda a prestação. 2. Como as normas de regência não proíbem a antecipação do pagamento da VRG que, inclusive, pode ser de efetivo interesse do arrendatário, deve prevalecer o princípio da livre-convenção entre as partes. 3. Afastamento da aplicação da Súmula 263/STJ. 4. Embargos de Divergência acolhidos (STJ, **EREsp 213.828**, Conselho Especial, Relator para Acórdão Ministro Edson Vidigal, *DJ* 29/09/2003).

Enfim, **a Súmula 263 ultimou cancelada**, e, em seu lugar, passou a prevalecer o entendimento a prestigiar a força normativa dos expedientes editados e referendados pelo Conselho Monetário Nacional, entre os quais as Resoluções do Banco Central. Tal entendimento se lê no enunciado da **Súmula 293 do STJ: "A cobrança antecipada do valor residual garantido (VRG) não descaracteriza o contrato de arrendamento mercantil"** (*DJ* 13/05/2004).

A Portaria do Ministério da Fazenda 564/78 definiu o VRG como: **"Valor Residual Garantido: preço contratualmente estipulado para exercício da opção de**

compra, ou valor contratualmente garantido pela arrendatária como mínimo que será recebido pela arrendadora na venda a terceiros do bem arrendado, na hipótese de não ser exercida a opção de compra". Nos termos da ementa supratranscrita, deveria prevalecer o convencionado entre as partes, sendo possível, assim, optar-se, quando da conclusão, **por uma das três alternativas**:

- adquirir o bem objeto do arrendamento;
- renovar a locação;
- devolver o bem.

Apesar das "opções", a realidade parece ter desmentido ou desmistificado tal faculdade, pois de **difícil contextualização**, tratando-se de *leasing* financeiro, a renovação da locação ou a devolução do bem. E isso porque, como se disse antes, ainda que contrato complexo, na modalidade financeira, o *leasing* se apresenta, nitidamente, como **serviço de crédito**. E serviço devidamente remunerado. Assim, **sobre o saldo devedor incidem juros a preservar o investimento das instituições financeiras**. A execução continuada do contrato pressupõe referida remuneração. Contudo, a depender do prazo do contrato, possível que, ao final, o **valor de mercado do bem não seja capaz de amortizar o saldo do VRG**. Em princípio, **a antecipação do VRG deveria beneficiar a ambos os contratantes**. Se o arrendatário optasse pela devolução do bem, deduzidos os valores correspondentes aos aluguéis e às despesas com sua alienação, do valor apurado, o saldo poderia corresponder a valor superior ou inferior ao VRG.

Se superior, a diferença caberá ao **arrendatário**. Se **inferior, nada poderá reclamar o arrendante**, porque, por expressa previsão legal, o valor estimado e pago pelo VRG corresponde ao valor mínimo para a compensação do investimento efetuado pelo arrendante. Por isso mesmo, diante da defasagem do valor de mercado do bem ao fim do contrato, de várias ordens (depreciação, recessão do mercado, entre outras), a legalidade estrita da cláusula que permite a antecipação do VRG oculta hipótese de abuso de direito, pois, das três opções, na maioria dos casos, **a de compra será a menos onerosa para o arrendatário**.

Em caso de resolução do contrato diante do inadimplemento do arrendatário, eu — como julgador —, **sempre determinei a devolução do VRG antecipado**, como medida a prevenir o enriquecimento ilícito da arrendante, deduzidos os valores correspondentes aos aluguéis, inclusive tendo em consideração os aluguéis devidos no período da mora. Tal hipótese era a contextualização fática de recorrentes ações de reintegração de posse ajuizadas pelas instituições arrendantes contra seus arrendatários. De se ressaltar como pressuposto para o ajuizamento daquelas ações a formalização da mora por meio de notificação regular. Nesse sentido, o teor da **Súmula 369, do STJ**:

> **No contrato de arrendamento mercantil (*leasing*), ainda que haja cláusula resolutiva expressa, é necessária a notificação prévia do arrendatário para constituí-lo em mora (*DJe* 25/02/2009).**

Após o deferimento da liminar, era citado o requerido, e **não lhe sendo possível a purgação da mora**, nem havendo pedido ou necessidade da produção de outras provas, a causa se encontrava madura para julgamento, e, assim, o contrato de arrendamento era declarado extinto por culpa do arrendatário. Pelo princípio da causalidade, o requerido era condenado ao pagamento dos ônus da sucumbência (custas e honorários advocatícios), salvo deferimento dos benefícios da gratuidade de justiça. A procedência do pedido, porém, era parcial, tendo em vista a necessidade de devolução do VRG (ressalvando-se os encargos da mora). Tal entendimento foi, inclusive, adotado pelas turmas cíveis do TJDFT[112].

Por sua vez, ressalvado nosso entendimento pessoal sobre a possibilidade de devolução do VRG mesmo de ofício e antes da alienação do bem pela arrendante, certo é que a **2ª Seção do STJ, por meio da lei dos recursos repetitivos, no julgamento do REsp paradigma 1.099.212/RJ, priorizou a literalidade do contrato**, para fazer valer o entendimento de que a devolução do VRG, semelhantemente à hipótese de não exercício do direito de compra, também ocorria nas hipóteses de inadimplemento e reintegração de posse judicial do bem arrendado, mas depois de verificado o saldo da operação, **negando-se indiretamente a devolução do VRG, antes da venda extrajudicial pela arrendante, e a compensação de suas despesas decorrentes da mora do devedor** (arrendatário). Decisão tomada por maioria de votos (5 X 3). Pela importância do precedente, transcreve-se a ementa:

> RECURSO ESPECIAL. REPETITIVO. RITO DO ARTIGO 543-C DO CPC. ARRENDAMENTO MERCANTIL. *LEASING*. INADIMPLEMENTO. REINTEGRAÇÃO DE POSSE. VALOR RESIDUAL GARANTIDOR (VRG). FORMA DE DEVOLUÇÃO. 1. Para os efeitos do artigo 543-C do CPC: "Nas ações de reintegração de posse motivadas por inadimplemento de arrendamento mercantil financeiro, quando o produto da soma do VRG quitado com o valor da venda do bem for maior que o total pactuado como VRG na contratação, será direito do arrendatário receber a diferença, cabendo, porém, se estipulado no contrato, o prévio desconto de outras despesas ou encargos contratuais". 2. Aplicação ao caso concreto: recurso especial parcialmente conhecido e, nessa parte, não provido (STJ, 2ª Seção, **REsp 1.099.212/RJ**, Relator para Acórdão Ministro Ricardo Villas Bôas Cuevas, *DJe* 04/04/2013).

A tese firmada acima ultimou cristalizada pelo enunciado da **Súmula n. 564 do STJ**: "No caso de reintegração de posse em arrendamento mercantil financeiro, quando a soma da importância antecipada a título de valor residual garantido (VRG) com o valor da venda do bem ultrapassar o total do VRG previsto contratualmente, o arrendatário terá direito de receber a respectiva diferença, cabendo, porém, se estipu-

---

[112] Nesse sentido, colacionamos o seguinte precedente: APELAÇÃO CÍVEL. DIREITO PROCESSUAL CIVIL E CIVIL. ARRENDAMENTO MERCANTIL. REINTEGRAÇÃO DE POSSE. RESCISÃO CONTRATUAL COM DEVOLUÇÃO DO BEM. RESTITUIÇÃO DO VRG. POSSIBILIDADE (**Acórdão 726.632**, 20101110024570APC, Relator: Arnoldo Camanho de Assis, Revisor: Antoninho Lopes, 4ª Turma Cível, Julgamento 09/10/2013, *DJe* 04/11/2013, p. 107).

lado no contrato, o prévio desconto de outras despesas[113] ou encargos pactuados" (enunciado aprovado em fevereiro de 2016).

A Lei n. 13.043/2014 alterou o DL 911/69 (diploma que **regulamentou o procedimento da ação de busca e apreensão** em caso de inadimplemento de contrato de alienação fiduciária), especificando que aquele **procedimento também se aplicará aos casos de "reintegração de posse de veículos** referente às operações de arrendamento mercantil previstas na Lei n. 6.099, de 12 de setembro de 1974" (art. 3º, § 15, do DL 911/69).

17.11.4. Esquema

CONTRATO DE ARRENDAMENTO MERCANTIL (*LEASING*)	
CONCEITO	▪ Contrato complexo para locação de bens duráveis propiciadores da atividade empresarial do arrendado ou como serviço de financiamento para aquisição de bens.
PARTES	▪ Arrendante (somente Pessoa Jurídica) e Arrendatário (Pessoa Jurídica ou Pessoa Física).
EXEMPLO	▪ Universitário que, ao adquirir carro zero quilômetro, opte por financiar o saldo devedor por meio do contrato de arrendamento mercantil.
CARACTERÍSTICAS	▪ Contrato de adesão, bilateral, oneroso e de execução continuada.
JURISPRUDÊNCIA	▪ STJ — Súmula 138 — O ISS incide sobre a operação de arrendamento mercantil de coisas móveis. ▪ STJ — Súmula 369 — No contrato de arrendamento mercantil (*leasing*), ainda que haja cláusula resolutiva expressa, é necessária a notificação prévia do arrendatário para constituí-lo em mora. ▪ STJ — Súmula 393 — A cobrança antecipada do valor residual garantido (VRG) não descaracteriza o contrato de arrendamento mercantil.
REFERÊNCIA LEGISLATIVA	▪ Resolução n. 2.309/96 — BACEN.
AUTORREGULAÇÃO	▪ Normativo 05/2010 — FEBRABAN.

17.12. ALIENAÇÃO FIDUCIÁRIA EM GARANTIA

17.12.1. Introdução

A Alienação Fiduciária em Garantia é um contrato por meio do qual alguém (devedor fiduciante) obtém **financiamento para a aquisição de bem durável** (um automóvel, a título de ilustração) de uma instituição financeira[114] (credor fiduciário). A **garantia do financiamento será o próprio bem**, pois o devedor aliena-o fiduciariamente ao credor.

---

[113] No âmbito do STJ, em caso de apreensão administrativa do veículo, de se ver que caberá ao arrendatário o efetuar do pagamento das despesas, nos termos da tese firmada no REsp n. 1.114.406-SP. Por outro lado, há que se diferenciar os casos em que, a pedido do arrendante, haja o depósito do veículo, no aguardo da solução da lide. Nesta hipótese, a tese anterior não se aplicará, cabendo ao arrendante o pagamento das despesas a que contratualmente se obrigou com terceiro. Confira-se o precedente seguinte: "Arrendamento mercantil. Inadimplemento contratual do arrendatário. Veículo apreendido. Despesas de remoção e estadia em **pátio privado**. Obrigação propter rem. Responsabilidade do arrendante" (STJ, Informativo 664. REsp 1.828.147-SP, Rel. Min. Nancy Andrighi, Terceira Turma, por unanimidade, julgado em 20/02/2020, *DJe* 26/02/2020, grifou-se).

[114] Preceito que admite exceções, como se verá.

O bem assim adquirido se mantém **na posse direta do devedor fiduciante** e permanecerá vinculado ao saldo devedor, porque, em caso de inadimplemento do financiamento, o referido bem servirá para absorver ou pelo menos mitigar o valor da dívida contraída. Diz-se que **o credor, por isso, detém a posse indireta e o domínio resolúvel do bem**, domínio que se extinguirá somente após a quitação do financiamento.

Nas palavras do prof. Fábio Ulhoa Coelho, trata-se de **contrato-meio que instrumentaliza outros** contratos. Para Arnaldo Rizzardo, é "negócio fiduciário de garantia, pelo qual o devedor transfere a favor do credor a propriedade de uma coisa móvel, permanecendo ele com a posse, e colocando-se na posição de depositário"[115].

Realizam-se **contratos simultâneos**. O primeiro, **contrato de compra e venda** (I) de **execução instantânea**. O fornecedor (Agência de Automóveis, por exemplo) recebe parte do preço do automóvel do consumidor ("entrada"), e o remanescente recebe do credor fiduciário (banco). O segundo (II), **contrato de alienação fiduciária**, em que o devedor-consumidor aliena fiduciariamente o automóvel ao credor-banco, sendo que o gravame deverá ser baixado depois do pagamento da última prestação do financiamento. Portanto, trata-se o segundo contrato de **contrato de execução continuada**.

Esquematicamente:

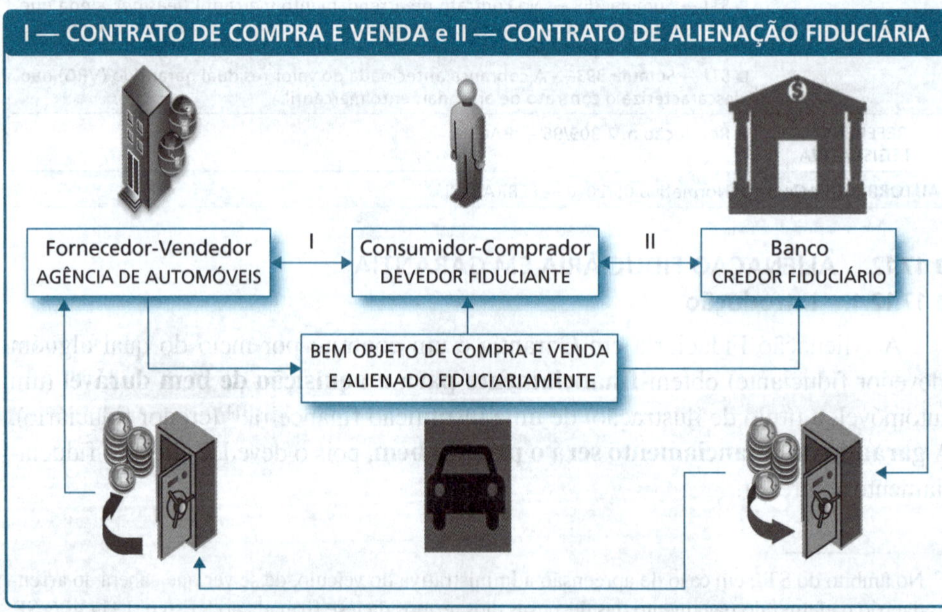

■ 17.12.2. Do regime jurídico aplicável

A Alienação Fiduciária em Garantia foi inauguralmente introduzida no direito brasileiro pela Lei de Mercado de Capitais **(Lei n. 4.728/65)**, tratando-se de

---

[115] *Contratos*, 8. ed., p. 1300.

legislação especial que delimitou a aplicação do instituto a **bens móveis** (art. 66, *caput*, na sua redação original)[116]. Posteriormente, também se tratando de **diploma legal especial**, foi editada a **Lei n. 9.514/97**, que, ao normatizar as regras sobre financiamento imobiliário, **estendeu aos bens imóveis** a alienação fiduciária em garantia.

Na sequência, **o Código Civil de 2002** inovou o ordenamento jurídico, com a previsão de normas gerais sobre a propriedade fiduciária (arts. 1.361-1.368) incidentes sobre **coisas móveis infungíveis** (art. 1.361, *caput*, do CC). A legislação especial, já na vigência do CC, foi significativamente modificada pela **Lei n. 10.931/2004**, que ampliou o campo de aplicação do instituto alienação fiduciária, bem como seu objeto, ao estabelecer a possibilidade de alienação fiduciária no âmbito do **mercado financeiro e de capitais**, bem como em garantia de **"créditos fiscais e previdenciários" (art. 66-B, vigente, da Lei n. 4.728/65)**, lançando-se sobre **"coisa fungível"**, **"direitos sobre coisas móveis"** e **"títulos de crédito" (§ 3º, do art. 66-B)**.

Francisco Eduardo Loureiro, ao comentar os dispositivos do Código Civil sobre o assunto, esclareceu a respeito da concorrência de regimes jurídicos paralelos em se tratando das regras aplicáveis aos contratos de alienação fiduciária, bem como indicou a **solução para eventuais conflitos**: "Pode-se afirmar a atual coexistência de **triplo regime jurídico da propriedade fiduciária**: o **CC disciplina a propriedade fiduciária sobre coisas móveis infungíveis**, quando o credor fiduciário **não for instituição financeira**; o art. **66-B da Lei n. 4.728/65 (...) e o DL n. 911/69 disciplinam a propriedade fiduciária sobre coisas móveis fungíveis e infungíveis** quando o credor fiduciário **for instituição financeira**; a **Lei n. 9.514/97 (...) disciplina a propriedade fiduciária sobre bens imóveis**, quando os protagonistas forem ou não instituições financeiras; a **Lei n. 6.404/76 disciplina a propriedade fiduciária de ações**; a **Lei n. 9.514/97**, com redação dada pela **Lei n. 10.931/2004**, disciplina a titularidade fiduciária **de créditos como lastro de operação de securitização de dívidas** do Sistema Financeiro Imobiliário"[117].

De se acrescentar que o **PLS 487/2013** (uma das propostas legislativas que poderá vir a se constituir no novo Código Comercial) tipificou como negócio jurídico entre empresários o **"contrato fiduciário"** (arts. 540-553), em que um "instituidor transfere, em caráter de propriedade fiduciária, bens e direitos a um administrador, para que os administre na extensão dos poderes e deveres estabelecidos em contrato, para a realização de propósito específico, em proveito de um ou mais beneficiários" (art. 540). Assim, um exemplo de "contrato fiduciário" corresponderia à contratação entre sociedades empresárias (empresa de *factoring* e sociedade de securitização de crédito) para a gerência e negociação de uma carteira de recebíveis.

---

116 A alienação fiduciária em garantia foi introduzida no direito brasileiro pela Lei de Mercado de Capitais (Lei n. 4.728/65, art. 66-B), pela Lei n. 9.514/97 (Bens Imóveis), pelo Decreto-lei n. 911/69 (Norma Procedimental) e pela Propriedade Fiduciária (CC/2002, arts. 1.361-1.368).

117 PELUSO, Cezar (Coord.). *Código Civil comentado*, 7. ed., p. 1403.

No regime geral do **Código Civil, a propriedade é resolúvel, pois é transferida a título de garantia e se relacionará a coisas móveis infungíveis** (art. 1.361, *caput*). No contexto do "contrato fiduciário", nos termos do PLS 487/2013, a **propriedade será transferida para garantia** da implementação de um negócio jurídico específico, o que não exclui a possibilidade de ser constituído para garantir o financiamento de bens móveis infungíveis, tendo em vista que o § 1º, do art. 540, anteriormente transcrito, expressamente prevê a possibilidade de que o contrato fiduciário tenha por objeto a constituição de garantia, e, nesse caso, o regime jurídico de referência será o do Código Civil. Eis o texto do projeto: "§ 1º O contrato fiduciário pode ter o propósito de constituição de garantia, aplicando-lo, aplicando-se, no que couber, o disposto nos arts. 1.361 e seguintes do Código Civil (Lei n. 10.406, de 10 de janeiro de 2002)".

Diante do exposto, a alienação fiduciária em garantia compõe instituto de larga aplicação no direito brasileiro e **ainda em expansão** (tendo em vista a proposta legislativa correspondente ao PLS 487/2013), sendo exigível do intérprete a delimitação das hipóteses de incidência dos regimes jurídicos concorrentes, buscando-se o **diálogo das fontes legislativas**, salvo quando, por restrição expressa de lei, tal diálogo reste prejudicado. Assim, por exemplo, o **art. 8º-A, do Decreto-lei n. 911/69**, diploma legal que disciplina o procedimento judicial para recuperação do bem dado em garantia, expressamente, restringe sua aplicação às **operações desenvolvidas no âmbito do mercado financeiro** e de capitais, de créditos fiscais e previdenciários. Dessa forma, uma empresa de fomento mercantil poderá financiar a aquisição de bens móveis infungíveis, nos termos do art. 1.361, do CC, sendo que os bens financiados poderão ser dados em alienação fiduciária. Entretanto, em caso de inadimplemento contratual, **a empresa de fomento mercantil não poderá ajuizar ação de busca e apreensão, pois seu ramo de atividade não coincide com o desenvolvido pelas instituições financeiras**.

Em outras palavras, o procedimento descrito no **Decreto-lei n. 911/69**, regra geral, corresponde à **prerrogativa das instituições financeiras**, nos termos do mencionado art. 8º-A, e apenas excepcionalmente será extensível a outras operações, desde que haja outro diploma legal que a isso autorize. Arnaldo Rizzardo, ao tratar do tema, lembrou que há precedente do STF em que se reconheceu à administradora de consórcio a possibilidade de ajuizamento de busca e apreensão, com base no referido Decreto-lei, na legislação especial e nas normas infralegais correlatas. Em seguida, advertiu o referido autor: "o que se proíbe aos contratantes não enquadrados na categoria de crédito, investimento e financiamento, é o uso do procedimento legal do Decreto-lei n. 911, restrito a esta classe de pessoas jurídicas. O credor, para valer--se do instituto e consolidar seu domínio com a posse, terá de acionar o devedor com outro tipo de ação, como a de rito ordinário ou de reintegração de posse". Tal entendimento que **restringe a aplicação do Decreto-lei n. 911/69** (procedimento especial de busca e apreensão) conduziu o julgamento do REsp 1.101.375/RS[118]. Nesse caso, uma loja de departamentos vendeu a prazo alguns eletrodomésticos para uma pessoa física, financiando o preço mediante contrato de alienação fiduciária.

A consumidora descumpriu o contrato porque deixou de pagar as prestações do financiamento, o que, para a loja de departamentos, foi suficiente para justificar o ajuizamento de **ação de busca e apreensão em relação aos bens financiados**. Em primeira instância, o **juiz indeferiu o pedido, porque a loja de departamentos não teria preenchido os requisitos do Decreto-lei n. 911/69**. A loja, então, apelou, mas o Tribunal de Justiça do Rio Grande do Sul manteve a sentença. Na sequência, a loja recorreu do acórdão do tribunal para o STJ, sendo que os ministros que julgaram o REsp entenderam que a **loja de departamentos, por não corresponder a uma instituição financeira, não poderia promover** a recuperação dos eletrodomésticos, pela via da **ação de busca e apreensão**.

Portanto, mais uma vez, é necessário ter em mente que, **tratando-se de alienação fiduciária em garantia, não existe apenas um único diploma legal** a tratar da matéria, e, sim, diplomas legais concorrentes. Regimes jurídicos que se estabeleceram por leis especiais, paralelamente ao regime geral hoje constante do Código Civil. Eis o esquema a respeito:

ALIENAÇÃO FIDUCIÁRIA EM GARANTIA — REGIMES JURÍDICOS				
Operação	**Credor Fiduciário**	**Devedor Fiduciante**	**Bens**	**Regimes Jurídicos**
■ Mercado Financeiro e de Capitais	■ Instituições Financeiras ou entidades equiparadas, exclusivamente	■ Pessoa Física e Pessoa Jurídica	■ Móveis Fungíveis e Infungíveis, bem como Créditos	■ Lei n. 4.728/65 e Decreto-lei n. 911/69
■ Sistema Financeiro Imobiliário	■ Instituições Financeiras, não exclusivamente	■ Pessoa Física e Pessoa Jurídica	■ Imóveis	■ Lei n. 9.514/97
■ Operações não enquadráveis nos mercados anteriores	■ Pessoas Físicas e Jurídicas, à exceção das Instituições Financeiras	■ Pessoa Física e Pessoa Jurídica	■ Móveis Infungíveis	■ Código Civil (arts. 1.361-1.368)

■ *17.12.2.1. A alienação fiduciária como garantia comum nas operações do sistema imobiliário financeiro e nas operações perante o sistema financeiro da habitação*

Tanto nas operações baseadas na Lei n. 9.514/97 (que instituiu o Sistema Financeiro Imobiliário) quanto nas transações imobiliárias desenvolvidas perante o Sistema Financeiro de Habitação, nos termos da Lei n. 4.380/64, o financiamento dos imóveis **se perfaz contra garantia pela alienação fiduciária do imóvel financiado**. A Caixa Econômica Federal, a propósito e didaticamente, disponibilizou cartilha aos potenciais mutuários, esclarecendo-lhes as principais diferenças

[118] STJ, REsp 1.101.375/RS, 3ª Turma, Rel. Min. Luis Felipe Salomão, *DJe* 01/07/2013.

entre a possibilidade de financiamento de imóveis em um e outro sistema (SFI e SFH). Esquematicamente[119]:

FINANCIAMENTO IMOBILIÁRIO — COMPARATIVO: SFH E SFI		
Sistemas	**SFH**	**SFI**
■ Regime Jurídico	■ Lei n. 4.380/64	■ Lei n. 9.514/97
■ Juros	■ Até 12% ao ano	■ De acordo com a Instituição Financeira
■ Prazo	■ Até 420 meses (35 anos) — somente residencial	■ Até 420 meses (35 anos) — residencial; até 120 meses (10 anos) — comercial
■ Limite do Financiamento	■ R$ 450.000,00	■ Sem limites
■ Valor máximo do imóvel	■ R$ 500.000,00	■ Sem limites
■ FGTS	■ Desde que imóvel e proponente se enquadrem nas normas vigentes do FGTS	■ Desde que imóvel e proponente se enquadrem nas normas vigentes do FGTS
■ Garantia	■ Alienação Fiduciária	■ Alienação Fiduciária

Os **valores máximos do financiamento e venda do imóvel nos contratos perante o SFH foram limitados** na Resolução n. 3.932/2010 — BACEN, que consolidou as normas sobre direcionamento dos recursos captados em depósitos de poupança pelas entidades integrantes do Sistema Brasileiro de Poupança e Empréstimo.

Os contratos imobiliários **perante o SFH** priorizam a diminuição do déficit habitacional das famílias de baixa renda, salientando-se que o imóvel financiado se propõe como **objeto de uma relação de consumo**. Nas operações desenvolvidas **no SFI**, nitidamente, percebem-se **transações imobiliárias residenciais de maior vulto e também contratos empresariais**, sendo, nesse particular, sem a contextualização da vulnerabilidade do mutuário, **inaplicável, em consequência, o CDC**.

Especificamente **em relação ao SFH**, a discussão sobre a atualização do saldo devedor e sobre a capitalização dos juros já foi pacificada pela jurisprudência do STJ, no sentido de que a **atualização do saldo devedor antecede a amortização. E, quanto à capitalização dos juros, não há cabimento na ausência de expressa autorização legal**. Por isso, recomendável a leitura dos precedentes que motivaram os enunciados da jurisprudência do STJ, por meio das Súmulas seguintes:

[119] Reprodução de quadro sinótico constante da "Cartilha do Crédito Imobiliário da Caixa", disponível por meio do seguinte link: <http://downloads.caixa.gov.br/_arquivos/habita/documentos_gerais/Cartilha_Credito_Imobiliario.pdf>.

■ Súmula 422	■ O art. 6º, "e", da Lei n. 4.380/1964 não estabelece limitação aos juros remuneratórios nos contratos vinculados ao SFH.
■ Súmula 450	■ Nos contratos vinculados ao SFH, a atualização do saldo devedor antecede sua amortização pelo pagamento da prestação.
■ Súmula 454	■ Pactuada a correção monetária nos contratos do SFH pelo mesmo índice aplicável à caderneta de poupança, incide a taxa referencial (TR) a partir da vigência da Lei n. 8.177/91.
■ Súmula 473	■ O mutuário do SFH não pode ser compelido a contratar o seguro habitacional obrigatório com a instituição financeira mutuante ou com a seguradora por ela indicada.

Da leitura desses enunciados, percebe-se que a **vedação de capitalização estaria a proteger o mutuário-consumidor**. Por sua vez, rememore-se que, nos contratos imobiliários desenvolvidos **perante o SFI, não há óbice à capitalização**, diante da autorização expressa de lei (art. 4º, inc. III, da Lei n. 9.514/97) **nem teto em relação aos juros compensatórios** praticados.

■ 17.12.2.2. *Os contratos de "engineering" e "built to suit" como coligados a operações perante o SFI*

Arnaldo Rizzardo define o contrato de *engineering* como um **contrato empresarial em que uma empreiteira (empresa de engenharia) é contratada por uma sociedade que pretenda o desenvolvimento de uma indústria, para a construção e instalação de seu parque industrial**. Diante do vulto da operação e do financiamento dos imóveis envolvidos, os créditos correlatos (ilíquidos a vencer) poderão ser objeto de securitização (arts. 8º e 9º, da Lei n. 9.514/97), isto é, a empreiteira poderá, com base em títulos de crédito emitidos em seu favor, durante a execução do contrato, negociar seus créditos junto a sociedades empresárias autorizadas, responsáveis pela liquidação e pela negociação de tais recebíveis **por meio de certificados de recebíveis imobiliários e sob o regime fiduciário** (art. 7º, da Lei n. 9.514/97).

De maneira semelhante, no contrato denominado ***built to suit* (construído para servir)**, tipificado na Lei de Locações n. 8.245/91, de acordo com a redação da Lei n. 12.744/2012, também **poderá se coligar com o regime fiduciário** de créditos decorrentes de transações imobiliárias. Nesse sentido, mais especificamente, o disposto no art. 54-A: "Na locação não residencial de imóvel urbano na qual o locador procede à prévia aquisição, construção ou substancial reforma, por si mesmo ou por terceiros, do imóvel então especificado pelo pretendente à locação, a fim de que seja a este locado por prazo determinado, prevalecerão as condições livremente pactuadas no contrato respectivo". E, entre as condições do contrato, por exemplo, o financiamento imobiliário e a liquidação do portfólio correlato em favor do futuro locador.

Esquematicamente, primeiro, perceba-se o contrato de securitização de recebíveis:

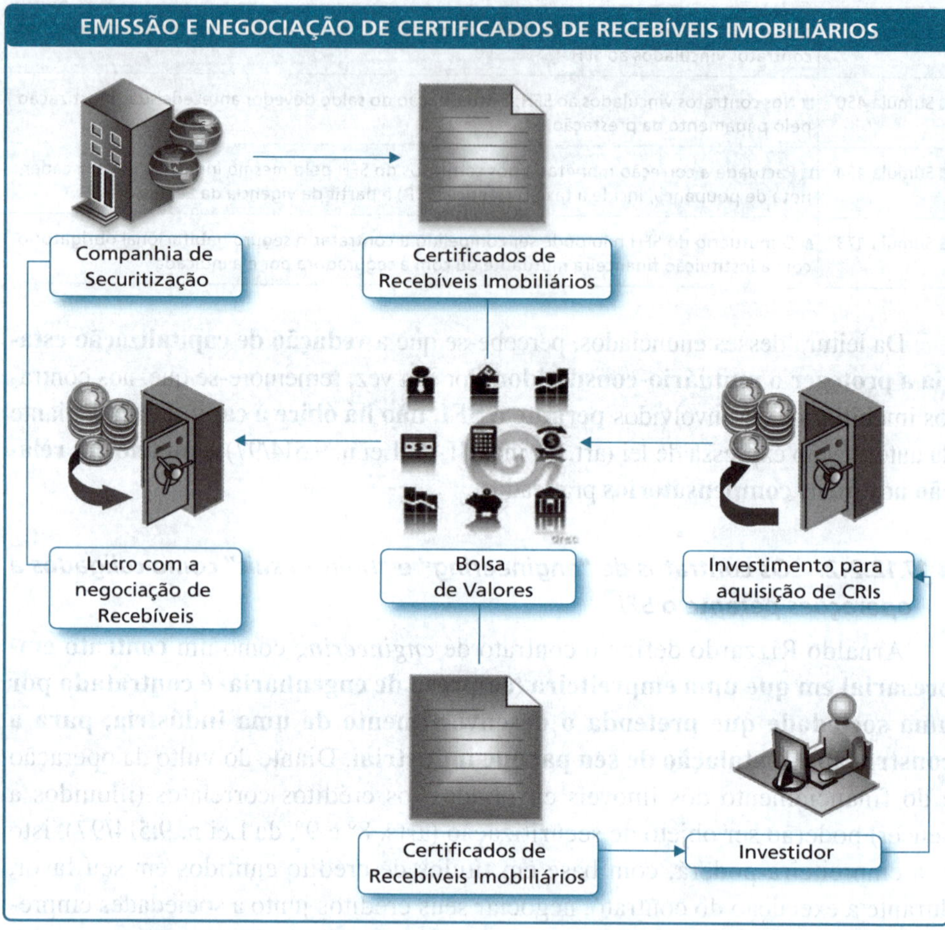

Uma das possíveis origens dos recebíveis negociados na bolsa de valores, então, poderá derivar do contrato de ***Built to Suit***.

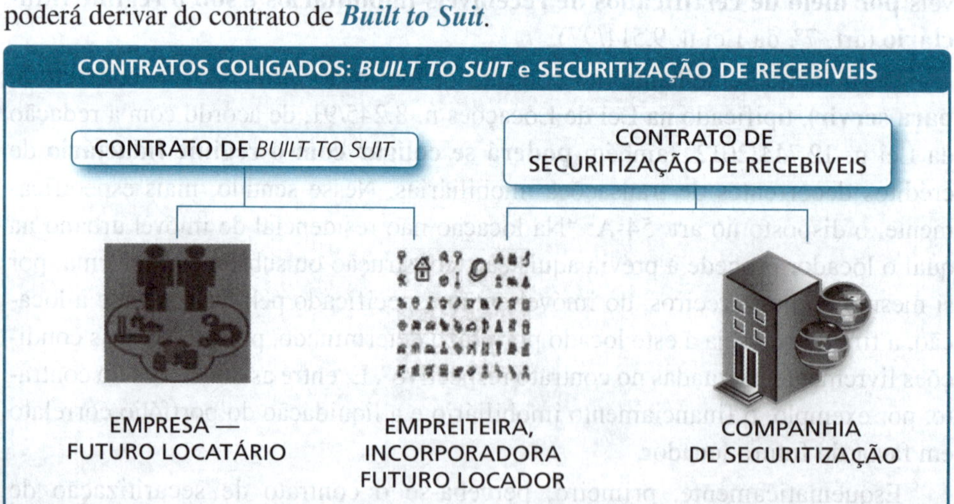

17.12.3. Características

Trata-se de contrato de **adesão**, com as cláusulas e condições contratuais geralmente estabelecidas previamente pelo futuro credor fiduciário, e **escrito**, a ser formalizado por instrumento público ou particular e registrado no Cartório de Títulos e Documentos para dar maior publicidade ao avençado (art. 1.361, § 1º, do CC, norma que subsidiariamente também serve de referência para as alienações fiduciárias regidas pela Lei n. 4.728/65), sob pena de nulidade ou pelo menos ineficácia do negócio jurídico perante terceiros de boa-fé. Portanto, de contrato **solene** e/ou **formal** se trata[120]. É, ainda, contrato **bilateral, de execução continuada, oneroso e coligado**, pelos argumentos que serão expostos nos próximos itens.

17.12.3.1. Do registro e do gravame

Nesse particular, Arnaldo Rizzardo salienta que o **registro do gravame** correspondente à alienação fiduciária que teve por objeto veículo automotor tem regime jurídico nos arts. 120 a 129, do Código de Trânsito, e, nos termos deste diploma legal e de sua regulamentação (Resolução n. 124/2001 — CONTRAN), tanto a inscrição quanto a baixa do gravame são atribuições do credor fiduciário. Em caso de ausência de inscrição, terceiro de boa-fé não poderá ser prejudicado. Nesse sentido, o teor do enunciado da **Súmula 92, do STJ: "A terceiro de boa-fé não é oponível a alienação fiduciária não anotada no certificado de registro de veículo automotor"**.

Por sua vez, em caso de **resistência imotivada em relação à baixa do gravame**, a comprometer ou a restringir o crédito do ex-devedor fiduciante, a ele será reconhecida **indenização por danos morais**[121].

---

[120] Ensina Carlos Roberto Gonçalves: "**Solenes** são os contratos que devem obedecer à **forma prescrita em lei** para se aperfeiçoar. Quando a forma é exigida como condição de validade do negócio, este é solene e a formalidade é ***ad solemnitatem*** (...) Quando a formalidade é exigida não como condição de validade, mas apenas para facilitar a prova do negócio, diz-se que ela é ***ad probationem tantum*** (...) Alguns autores **distinguem** os contratos **solenes** dos **formais**, conceituando os primeiros como aqueles que exigem escritura pública para sua validade. Já os segundos seriam os que exigem a forma escrita, sem a solenidade do instrumento público" (*Direito civil 1 esquematizado*, p. 746-747).

[121] Confira-se, nesse sentido, a ementa seguinte: "AGRAVO REGIMENTAL — RESPONSABILIDADE CIVIL — DANO MORAL — AUSÊNCIA DE BAIXA DO GRAVAME NO REGISTRO DO VEÍCULO ADQUIRIDO PELO ORA AGRAVADO — *QUANTUM* INDENIZATÓRIO FIXADO COM RAZOABILIDADE — IMPOSSIBILIDADE DE ALTERAÇÃO EM SEDE DE RECURSO ESPECIAL.

1. A intervenção do STJ, Corte de caráter nacional, destinada a firmar interpretação geral do Direito Federal para todo o País e não para a revisão de questões de interesse individual, no caso de questionamento do valor fixado para o dano moral, somente é admissível quando o valor fixado pelo Tribunal de origem, cumprindo o duplo grau de jurisdição, se mostre teratológico, por irrisório ou abusivo.

2. Inocorrência de teratologia no caso concreto, em que, em razão da ausência de baixa do gravame no registro do veículo adquirido pelo Agravado, foi fixado no dia 27.11.2013 a indenização no valor de R$ 20.000,00 (vinte mil reais), a título de dano moral.

3. Agravo Regimental improvido." (STJ, AgRg no AREsp n. 525.591, 3ª Turma, Rel. Min. Sidnei Beneti, à unanimidade, *DJe* 04/09/2014)

■ *17.12.3.2. O registro do contrato de alienação fiduciária e a superveniência de falência ou recuperação judicial do devedor fiduciante*

O **registro** da alienação fiduciária ou propriedade fiduciária será critério a definir, também, em caso de falência, recuperação judicial ou extrajudicial, a permanência ou não dos bens gravados na posse do devedor. Na **ausência do registro, os bens serão considerados ativos da massa** ou poderão ser relacionados no plano de recuperação.

Por sua vez, **se regular o registro**, em caso de recuperação judicial, por expressa disposição de lei, art. 49, § 3º, c/c art. 6º, § 4º, da Lei n. 11.101/2005, os bens gravados, ou seja, móveis, imóveis, bem como créditos que foram objeto de alienação ou cessão fiduciária, **não serão alcançados pelos efeitos da recuperação judicial**, isto é, as condições pactuadas anteriormente quando da constituição do gravame não serão alteradas.

Em caso de inadimplemento do recuperando-devedor fiduciante, o bem móvel gravado poderá permanecer na sua posse, **se considerado capital essencial ao desenvolvimento de sua atividade, pelo prazo de 180** (cento e oitenta) dias. Após, se já ajuizada busca e apreensão em relação ao referido móvel, sua posse e propriedade **serão consolidadas no patrimônio do credor fiduciário**. O mesmo raciocínio se aplica à hipótese de recuperação extrajudicial, tendo em vista a norma de extensão descrita no § 1º, do art. 161, da Lei n. 11.101/2005, que, expressamente, diz que as disposições da recuperação extrajudicial não se aplicam aos credores elencados no § 3º, do art. 49, da mesma lei.

De se registrar que houve **alteração substancial do DL 911/69**, pela Lei n. 13.043, de 13/11/2014. Referido diploma legal destacou: "Art. 6º-A. O **pedido de recuperação judicial ou extrajudicial** pelo devedor nos termos da Lei n. 11.101, de 9 de fevereiro de 2005, **não impede a distribuição e a busca e apreensão do bem**". E, ainda, "Art. 7º-A. **Não será aceito bloqueio judicial** de bens constituídos por alienação fiduciária nos termos deste Decreto-Lei, sendo que, qualquer discussão sobre **concursos de preferências deverá ser resolvida pelo valor da venda do bem**, nos termos do art. 2º".

Nitidamente, a inovação legislativa quis priorizar a satisfação das pretensões do credor fiduciário, tornando mais célere ainda o procedimento de busca e apreensão do bem dado em garantia e objeto da alienação fiduciária. Porém, **ainda que o ajuizamento de pedido de recuperação judicial não impeça o ajuizamento paralelo de ação de busca e apreensão**, a liminar eventualmente concedida neste feito poderá ser **revogada com fundamento no art. 49, § 3º, da Lei n. 11.101/2005**, se o bem objeto da busca e apreensão tratar-se de bem de capital contextualizado como **bem essencial à atividade empresarial** desenvolvida pelo devedor em recuperação, pelo prazo de pelo menos 180 (cento e oitenta dias).

Assim, **para evitar o cumprimento da liminar** durante o referido prazo, deverá o devedor demonstrar ao Juízo da Busca e Apreensão que **ajuizou pedido de Recuperação Judicial** (e até Extrajudicial), postulando a revogação da referida liminar. Poderá no Juízo Recuperacional, inclusive, em sede de tutela de urgência (art. 300, § 2º, do CPC), **requerer que se declare o bem objeto da alienação**

fiduciária como bem essencial ao exercício de sua atividade, oficiando-se em seguida ao Juízo da Busca e Apreensão.

Por outro lado, **não há hierarquia entre o Juízo da Busca e Apreensão e o Juízo Recuperacional**. E, assim, se o Juízo da Busca e Apreensão não revogar a liminar que tenha concedido, então restará ao devedor em recuperação **suscitar conflito de competência**, pois o cumprimento da busca e apreensão poderá comprometer seu plano de recuperação judicial. De se notar, inclusive, a possibilidade de prorrogação do prazo de 180 (cento e oitenta) dias referido no § 4º, do art. 6º, da Lei n. 11.101/2005, prorrogando-se, por identidade de razões, a vedação de busca e apreensão e eventual venda do bem referido como essencial. Nesse contexto, a apoiar o quanto aqui argumentado, os precedentes seguintes:

> "CONFLITO POSITIVO DE COMPETÊNCIA. JUÍZO DO TRABALHO E JUÍZO DA RECUPERAÇÃO JUDICIAL. ADJUDICAÇÃO DO BEM, NA JUSTIÇA TRABALHISTA, DEPOIS DE DEFERIDO O PEDIDO DE PROCESSAMENTO DA RECUPERAÇÃO JUDICIAL. DESFAZIMENTO DO ATO. COMPETÊNCIA DO JUÍZO UNIVERSAL. 1 — A jurisprudência desta Corte assentou-se no sentido de que, **decretada a falência ou deferido o processamento da recuperação judicial, as execuções contra o devedor não podem prosseguir, ainda que exista prévia penhora**. Na hipótese de adjudicação posterior levada a efeito em juízo diverso, o ato deve ser desfeito, em razão da competência do juízo universal e da observância do princípio da preservação da empresa. 2 — De acordo com o entendimento deste Tribunal Superior, **admite-se a prorrogação do prazo** suspensivo das ações e execuções ajuizadas em face da sociedade em crise econômico-financeira, previsto no art. 6º, § 3º, da Lei n. 11.101/2005. 3 — Conflito de competência conhecido, declarada a competência do Juízo da Vara de Falência e Recuperações Judiciais e decretada a nulidade da adjudicação" (CC 111.614/DF, Rel. Min. Nancy Andrighi, Segunda Seção, julgado em 12/06/2013, *DJe* 19/06/2013, g.n.).
>
> Agravo de instrumento. Alienação Fiduciária — Decisão que revogou liminar de busca e apreensão de veículo. Por força do que dispõe o art. 49, § 3º, da Lei 11.101/2005, o crédito decorrente de contrato de alienação fiduciária de bem móvel e imóvel não se submete, em regra, aos efeitos da recuperação judicial. Todavia, a parte final do dispositivo traz importante hipótese de exceção, ao vedar a venda ou apreensão "dos bens de capital essenciais a sua atividade empresarial" durante a vigência do prazo de suspensão previsto no art. 6º, § 4º, da referida Lei — Devedora Fiduciária encontra-se em recuperação judicial — Bem em questão é de essencial importância à atividade da devedora fiduciária. Ademais, houve prorrogação do prazo de suspensão a que alude o art. 6º, § 4º, da Lei 11.101/05. Destarte, de rigor, tal como decidido pelo Juízo *a quo*, a revogação da liminar de busca e apreensão — Precedentes Jurisprudenciais do C. STJ. — Decisão mantida. Recurso improvido (TJSP — Agravo de Instrumento 2085687-86.2015.8.26.0000, Rel. Des. Neto Barbosa Ferreira, julgado em 23/09/2015).

No **caso de falência**, por sua vez, do patrimônio arrecadado, deverão ser destacados os gravados com alienação fiduciária. Por se tratar de contrato bilateral, e se de interesse da massa de credores (art. 117, da Lei n. 11.101/2005), **poderá o administrador judicial dar continuidade** ao cumprimento das obrigações antes assumidas pelo falido e, assim, o bem permanecerá à disposição da massa (posse direta). Todavia, se a continuidade da **execução do contrato contextualizar prejuízo para a massa, o bem gravado deverá ser restituído ao credor fiduciário**, nos termos do art. 7º, do Decreto n. 911/69, c/c art. 85, da Lei n. 11.101/2005.

O **registro da alienação** fiduciária, ainda, é condição imprescindível para que o contrato de alienação fiduciária **produza efeitos em relação à massa de credores**, porque, se o gravame for registrado posteriormente à decretação da quebra, preferível à continuidade da execução do contrato, sua declaração de ineficácia, nos termos do art. 129, inc. VII, da Lei n. 11.101/2005.

Quanto aos bens imóveis, o contrato de alienação fiduciária se aperfeiçoará com a averbação da operação no cartório em que registrados os imóveis (art. 23, da Lei n. 9.514/97). Se o registro se efetivar antes da decretação da falência, o **administrador judicial deverá avaliar a conveniência** em dar continuidade à execução do contrato.

Em caso **negativo**, se restar caracterizada a inadimplência, a posse e a propriedade do bem serão **consolidadas no patrimônio do credor fiduciário**, que deverá leiloar o imóvel, sendo que eventual saldo remanescente deverá favorecer a massa de credores (art. 27, *caput* e § 3º, da Lei n. 9.514/97).

O **registro regular** da operação recomendará a **revogação da arrecadação do imóvel** pelo Administrador Judicial, caso a arrecadação tenha ocorrido, diante do disposto no art. 114, § 4º, da Lei n. 11.101/2005.

Se a alienação fiduciária se constituiu sob o regime jurídico do CC, quanto aos bens móveis infungíveis, de modo semelhante ao disposto na Lei n. 9.514/97, a **constituição do gravame somente se aperfeiçoará com o registro** (art. 1.361, § 1º, do CC), necessitando-se verificar, no caso concreto, em primeiro lugar, se o registro ocorreu antes ou depois da quebra, para, em seguida, aferir a validade e a continuação do negócio jurídico ou sua ineficácia.

Esquematicamente, em caso de falência:

EFICÁCIA OU INEFICÁCIA DO REGISTRO DE BEM ALIENADO FIDUCIARIAMENTE E DESTINO DO BEM GRAVADO NO CONTEXTO DA FALÊNCIA

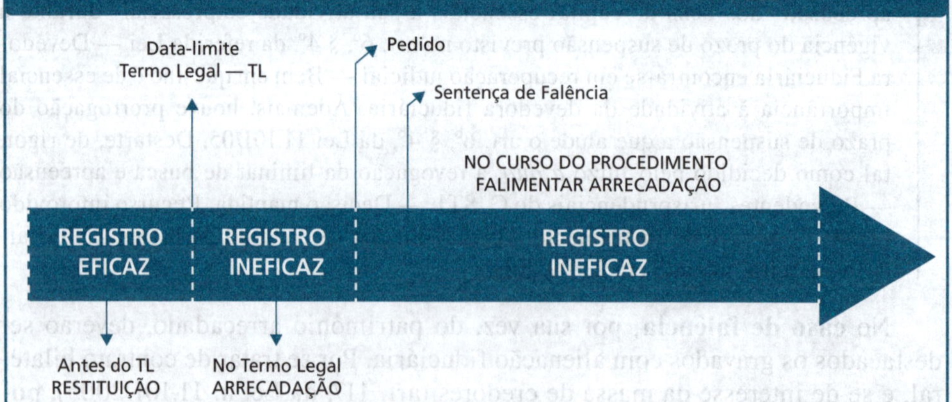

Esquematicamente, em caso de recuperação[122]:

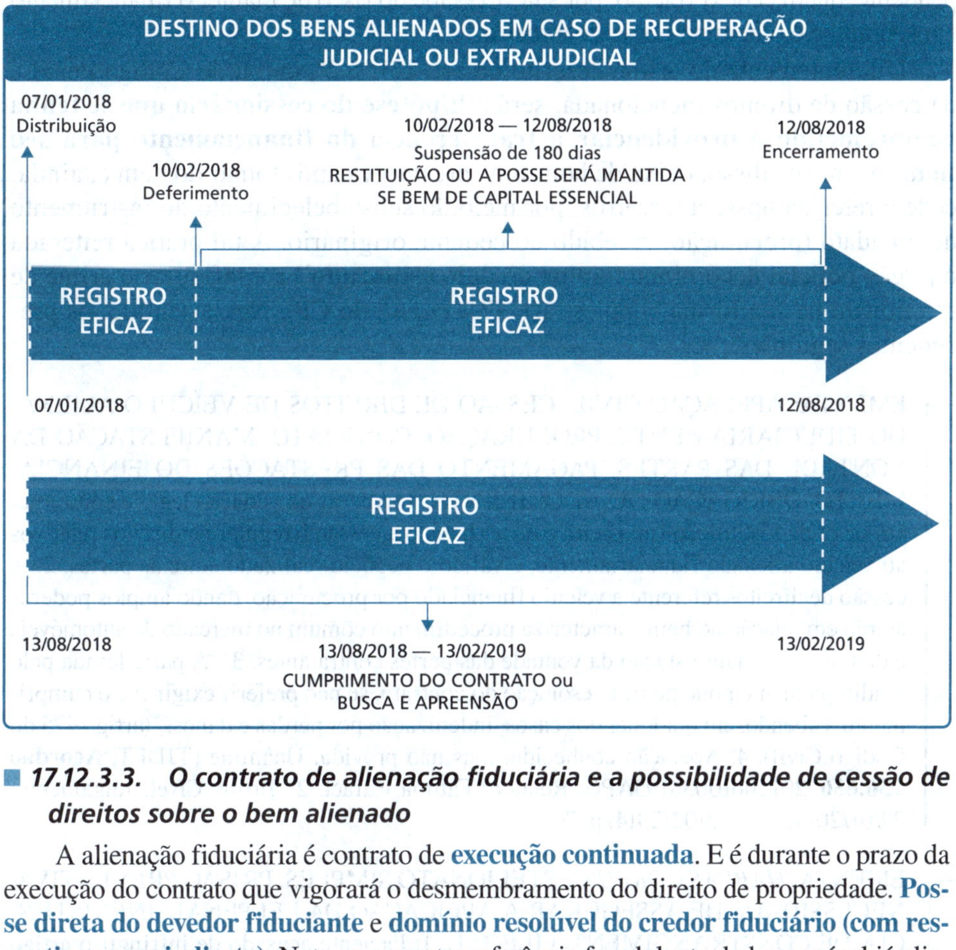

■ *17.12.3.3. O contrato de alienação fiduciária e a possibilidade de cessão de direitos sobre o bem alienado*

A alienação fiduciária é contrato de **execução continuada**. E é durante o prazo da execução do contrato que vigorará o desmembramento do direito de propriedade. **Posse direta do devedor fiduciante** e **domínio resolúvel do credor fiduciário (com respectiva posse indireta).** Note-se que a transferência fraudulenta do bem móvel já alienado, portanto sem a anuência do credor, inclusive poderá configurar o crime previsto no art. 171, § 2º, inc. I, do Código Penal, nos termos do art. 66-B, da Lei n. 4.728/65 ("§ 2º O devedor que alienar, ou der em garantia a terceiros, coisa que já alienara fiduciariamente em garantia, ficará sujeito à pena prevista no **art. 171, § 2º, I, do Código Penal**").

Entretanto, de se ver que os direitos sobre o bem alienado e a posse direta sobre tal bem **poderão ser cedidos a terceiros**, mesmo sem a anuência do credor fiduciário, caso em que, **em relação ao credor, a cessão de direito será negócio jurídico ineficaz**, sendo que o devedor fiduciante-cessionário **continuará responsável** pelo cumprimento do contrato e pelo saldo devedor. Não se trata da hipótese descrita no

[122] As datas de início e fim da linha do tempo foram escolhidas aleatoriamente. Não é possível precisar, para todos os casos, o prazo entre a data da distribuição do pedido e a data do deferimento da recuperação judicial, por exemplo. De minha experiência profissional, titular da Vara de Falências,

art. 66-B, pois quem recebe o veículo alienado tem ciência do financiamento pendente; quem cede o veículo, por sua vez, sabe do risco de manter o financiamento em seu nome e o bem na posse de terceiro.

Diferentemente do crime descrito no art. 171, § 2º, inc. I, do Código Penal e da cessão de direitos mencionada, será a **hipótese do cessionário que se tenha comprometido a providenciar a transferência do financiamento para seu nome** e, em vez disso, deixa de honrar as prestações após tomar do bem e, ainda, cede a referida posse a terceiros, por meio do substabelecimento do instrumento de mandato (procuração) recebido do cedente originário. A tal prática reiterada o jargão policial denominou **"golpe do ágio estourado"**, a configurar o crime de estelionato na sua forma simples (art. 171, *caput*, do CP). Nesse sentido, os precedentes seguintes:

- EMENTA: APELAÇÃO CIVIL. CESSÃO DE DIREITOS DE VEÍCULO ALIENADO FIDUCIARIAMENTE. PROCURAÇÃO. CONTRATO. MANIFESTAÇÃO DA VONTADE DAS PARTES. PAGAMENTO DAS PRESTAÇÕES DO FINANCIAMENTO. OBRIGAÇÃO DO ADQUIRENTE. 1. Apesar da vedação legal e contratual em favor da instituição financeira e de ter havido a cessão irregular de direitos relativos ao veículo alienado fiduciariamente, é válido o negócio realizado entre as partes. 2. A cessão de direitos referente a veículo financiado por procuração, dando amplos poderes ao réu em relação ao bem, caracteriza procedimento comum no mercado de automóveis e demonstra a manifestação da vontade das partes contratantes. 3. "A parte lesada pelo inadimplemento pode pedir a resolução do contrato, se não preferir exigir-lhe o cumprimento, cabendo, em qualquer dos casos, indenização por perdas e danos." (artigo 475 do Código Civil). 4. Apelação conhecida, mas não provida. Unânime (TJDFT, **Acórdão 756.656**, 20120610038195APC, Relatora Fátima Rafael, 2ª Turma Cível, Julgamento: 29/01/2014, *DJE* 05/02/2014, p. 70).

- EMENTA: *HABEAS CORPUS*. ESTELIONATO SIMPLES. PRISÃO PREVENTIVA. NECESSIDADE DE ASSEGURAR A APLICAÇÃO DA LEI PENAL. INEXISTÊNCIA DE CONSTRANGIMENTO ILEGAL. 1. Paciente acusado de infringir o artigo 171 do Código Penal mediante o "Golpe do Ágio Estourado", consistente em adquirir ágio de veículo alienado assumindo o compromisso de transferir o financiamento perante a instituição bancária, deixando de fazê-lo e revendendo o automóvel para terceiro inciente, substabelecendo a procuração recebida da primeira vítima. Este só toma conhecimento da fraude quando agente financeiro lhe cobra as prestações atrasadas. As investigações do inquérito policial evidenciaram neste caso que o paciente lesou várias pessoas em Brasília com este *modus operandi*. 2. Justifica-se a prisão preventiva como

Recuperações e Litígios Empresariais em Brasília, tenho exigido empenho no cumprimento dos prazos processuais. Assim, distribuído o pedido, o cartório judicial deverá, em um prazo de 48 horas, remeter os autos à conclusão. Em seguida, para o recebimento da petição inicial, terei um prazo máximo de 10 dias. Se a inicial tiver sido suficientemente instruída com os documentos exigidos pela lei, principalmente os contábeis, antes de deferir o processamento, determino a remessa dos autos ao Ministério Público, que, como fiscal da lei, poderá oferecer eventual objeção. É necessário considerar ainda a possibilidade de emenda da Inicial, bem como os interregnos entre as publicações.

> garantia de aplicação da lei penal quando o agente se esquiva em esclarecer os fatos no inquérito policial e impossibilita a instrução do processo judicial, denotando desapreço às instituições e o intuito de fugir ao cumprimento da lei. 3. Ordem denegada (TJDFT, **Acórdão 504.739**, 20110020061747HBC, Relator George Lopes Leite, 1ª Turma Criminal, Julgamento: 12/05/2011, *DJE* 17/05/2011, p. 201).

A disponibilidade parcial do bem (sua posse direta e usufruto), paralelamente ao adimplemento regular do financiamento, na perspectiva da provável extinção do domínio do credor fiduciário, **tem gerado negócios jurídicos válidos, ainda que ineficazes, em relação ao credor fiduciário**. A alienação fiduciária tanto **poderá incidir sobre bens já integrantes do patrimônio do devedor**, inclusive sucessivamente **(Súmula 28, do STJ)**, quanto durante a execução do contrato. Neste último caso, **será possível renovar a alienação fiduciária sobre o mesmo bem**, desde que o devedor restabeleça seu domínio sobre a coisa, ou seja, **pague regiamente as obrigações referentes ao primeiro contrato de alienação fiduciária**. E, assim, readquirirá a propriedade do bem, propriedade superveniente que tornará eficaz a alienação fiduciária intercorrente correspondente a um segundo contrato, durante a execução do primeiro. **O Enunciado 506, do CJF**, referenda a possibilidade de **alienação fiduciária intercorrente:**

> **Estando em curso contrato de alienação fiduciária, é possível a constituição concomitante de nova garantia fiduciária sobre o mesmo bem imóvel, que, entretanto, incidirá sobre a respectiva propriedade superveniente que o fiduciante vier a readquirir, quando do implemento da condição a que estiver subordinada a primeira garantia fiduciária; a nova garantia poderá ser registrada na data em que convencionada e será eficaz desde a data do registro, produzindo efeito *ex tunc*.**

▪ 17.12.3.4. O contrato de alienação fiduciária como contrato bilateral e o sinalagma funcional a recomendar a conservação do contrato

O contrato de alienação fiduciária é **bilateral ou sinalagmático (do grego *syn* = junto e *állagma* = troca)**, porque há direitos e obrigações recíprocos a serem observados por ambos os contratantes durante a execução da avença. Nesse particular, destaca-se o inadimplemento do devedor fiduciante. A **mora do devedor fiduciante desqualificará sua posse direta**. Como depositário do bem dado em alienação fiduciária, o devedor fiduciante deverá predispor-se à entrega voluntária do bem ao credor fiduciário. Em sentido contrário (sem entrega voluntária), desde que **formalizada a mora do devedor por meio de notificação regular**, o credor fiduciário poderá recuperar o bem móvel pela **ação de busca e apreensão** (se o contrato tiver sido constituído sob o regime da Lei n. 4.728/65), **reintegração de posse** (se o contrato envolver o regime jurídico estabelecido no **CC**) e, ainda, no caso de **bem imóvel**, após o leilão extrajudicial, o arrematante poderá **afastar a posse do devedor fiduciante por meio de ação de imissão na posse**.

A defesa do devedor fiduciante na ação de busca e apreensão, nos termos do Decreto-lei n. 911/69, em princípio, limitar-se-á a discussão sobre eventual cobrança a maior por parte do credor fiduciário, condicionada, ainda assim, à **purgação da**

mora, ou seja, ao depósito de quantia equivalente ao saldo devedor em aberto, pela interpretação literal do § 2º, do art. 2º, do mesmo decreto-lei.

Por sua vez, a doutrina e a jurisprudência cuidaram de **flexibilizar a purgação da mora**, bem como de ampliar as matérias de defesa a favorecer a permanência do bem na posse do devedor fiduciante[123]. Trata-se de posicionamento a dar **precedência à função social do contrato, ao seu sinalagma funcional**. Assim, deve-se observar que o exercício regular de um direito não se confunde com exercício abusivo. Neste último caso, diz o art. 187, do CC, que "comete ato ilícito o titular de um direito que, ao exercê-lo, excede manifestamente os limites impostos pelo seu fim econômico ou social, pela boa-fé ou pelos bons costumes". Por isso mesmo, a boa-fé objetiva recomenda que haja **cooperação entre os contratantes**, antes, durante e mesmo após a conclusão do contrato.

Em caso de crise circunstancial a impedir o regular cumprimento das cláusulas contratuais, deve-se, no caso concreto, **priorizar a conservação do contrato**. Nesse sentido, há precedentes que têm afastado a possibilidade de busca e apreensão em caso de alienação fiduciária, quando o contrato já tenha sido cumprido quase em sua integralidade, ao que se denomina **adimplemento substancial**. Em tal circunstância, precipitar a extinção anômala do contrato quando a avença já se encaminhava para a extinção normal pareceu medida desarrazoada, pois contrária à função social do contrato.

Imagine-se, por exemplo, o descumprimento da **última parcela do financiamento** garantido por alienação fiduciária, de um total de 24 (vinte e quatro) parcelas, relacionado a veículo automotor adquirido para uso pessoal. Em tal hipótese, à mercê do credor fiduciário a possibilidade de ajuizar ação de busca e apreensão ou a via executiva (ação executiva, nos termos do art. 5º, *caput*, do Decreto-lei n. 911/69), sendo **a segunda alternativa** (ainda que se proponha como faculdade pelo credor fiduciário), evidentemente, nas circunstâncias do caso concreto, a **menos onerosa para o devedor fiduciante**, mas igualmente hábil à recuperação do passivo ainda a descoberto. Por isso mesmo, se a opção corresponder à ação de busca e apreensão, ainda que contextualizado o adimplemento substancial, revelar-se-á desproporcional e contrária à boa-fé. Em razão disso, o pedido da ação de busca e apreensão será julgado improcedente. Nesse sentido, leia-se a ementa a seguir:

> EMENTA: ALIENAÇÃO FIDUCIÁRIA. Busca e apreensão. Falta da última prestação. Adimplemento substancial. O cumprimento do contrato de financiamento, com a falta apenas da última prestação, não autoriza o credor a lançar mão da ação de busca e apreensão, em lugar da cobrança da parcela faltante. O adimplemento substancial do contrato pelo devedor não autoriza ao credor a propositura de ação para a extinção do contrato,

[123] Na perspectiva de que o direito de defesa poderá ser exercido, independentemente do cumprimento da liminar de busca e apreensão, há se aguardar a definição da matéria submetida ao rito dos repetitivos, no âmbito do STJ, eis que a "Segunda Seção acolheu a proposta de afetação do recurso especial ao rito dos recursos repetitivos, a fim de uniformizar o entendimento a respeito da possibilidade de apreciação da contestação oferecida antes da execução da liminar de busca e apreensão deferida com base no Decreto-Lei 911/1969" (Informativo 662). Vide decisão de afetação no ProAfR no RECURSO ESPECIAL N. 1.799.367 – MG, Rel. Min. Paulo de Tarso Sanseverino, *DJe* 10/12/2019.

> salvo se demonstrada a perda do interesse na continuidade da execução, que não é o caso. Na espécie, ainda houve a consignação judicial do valor da última parcela. Não atende à exigência da boa-fé objetiva a atitude do credor que desconhece esses fatos e promove a busca e apreensão, com pedido liminar de reintegração de posse. Recurso não conhecido (STJ, REsp 272.739/MG, 4ª Turma, Rel. Min. Ruy Rosado de Aguiar, *DJ* 02/04/2001).

Posteriormente, o **CJF** pronunciou-se favorável à **teoria do adimplemento substancial**, nos termos de seu **Enunciado 361**: "O adimplemento substancial decorre dos princípios gerais contratuais, de modo a fazer preponderar a função social do contrato e o princípio da boa-fé objetiva, balizando a aplicação do art. 475".

A boa-fé objetiva, como cláusula geral, também a informar os contratos empresariais, impõe, no caso de adimplemento substancial, em vez do ajuizamento da ação de busca e apreensão, a **execução do saldo devedor, como um dever anexo de conduta a preservar os interesses de ambas as partes**. A propósito, rememore-se que a boa-fé objetiva foi disciplinada em ambas as propostas legislativas que poderão vir a se tornar o novo Código Comercial. Nesse sentido, basta a leitura do art. 311, do PLC 1.572/2011, ou do art. 412, do PLS 487/2013, dispositivos com redação idêntica: "Os contratantes devem sempre agir com boa-fé, na negociação, celebração e execução do contrato empresarial".

Quanto à **purgação da mora, de se ver que o vencimento antecipado da totalidade do saldo devedor**, quando o devedor fiduciante encontrar-se **em mora em relação a apenas parte do saldo devedor, não favorece a conservação do contrato**. Por isso mesmo, a jurisprudência tem flexibilizado a literalidade do Decreto-lei n. 911/69, no sentido de que a purgação do saldo devedor deve abranger apenas as parcelas caracterizadoras da mora, e não as parcelas vincendas. Nesse sentido, leia-se o seguinte precedente:

> EMENTA: AGRAVO DE INSTRUMENTO — DIREITO PROCESSUAL CIVIL E BANCÁRIO. BUSCA E APREENSÃO — ALIENAÇÃO FIDUCIÁRIA — PURGAÇÃO DA MORA. Na ação de busca e apreensão, cinco dias após executada a liminar, consolidar-se-ão a propriedade e a posse plena e exclusiva do bem no patrimônio do credor fiduciário, o que não afronta os princípios constitucionais da ampla defesa, contraditório e da proteção ao consumidor. V.v.: A purgação da mora é um direito do contratante moroso, que visa a remediar a situação a que deu causa, evitando os efeitos dela decorrentes, reconduzindo a obrigação à normalidade; A purgação da mora pode abranger somente as prestações e acessórios vencidos, não o saldo devedor total (TJMG, 12ª Câmara Cível, Agravo de Instrumento 1.0027.13.016915-7/001, Rel. Des. Domingos Coelho, *DJ* 31/01/2014).

Criticável, pelas mesmas razões, a corrente doutrinária e jurisprudencial que admitia a purgação da mora, se e somente se o devedor fiduciante tivesse saldado 40% (quarenta por cento) do preço financiado (art. 3º, § 1º, do Decreto-lei n. 911/69, na sua redação original). Tal entendimento, inclusive, foi adotado pela jurisprudência do STJ, por meio da Súmula 284. Hoje, com a revogação do referido dispositivo pela Lei n. 10.931/2004, a purgação da mora deve ser prestigiada como medida propiciadora da conservação do contrato. **Apesar disso, a inclinação atual da jurisprudência é pela purgação da mora com quitação de todo o saldo devedor, e não somen-**

te das prestações vencidas. Confira, nesse sentido, precedente do STJ, nos termos da lei dos recursos repetitivos (art. 1.036 do CPC):

■ ALIENAÇÃO FIDUCIÁRIA EM GARANTIA. RECURSO ESPECIAL REPRESENTATIVO DE CONTROVÉRSIA. ART. 543-C DO CPC. AÇÃO DE BUSCA E APREENSÃO. DECRETO-LEI N. 911/1969. ALTERAÇÃO INTRODUZIDA PELA LEI N. 10.931/2004. PURGAÇÃO DA MORA. IMPOSSIBILIDADE. NECESSIDADE DE PAGAMENTO DA INTEGRALIDADE DA DÍVIDA NO PRAZO DE 5 DIAS APÓS A EXECUÇÃO DA LIMINAR. 1. Para fins do art. 543-C do Código de Processo Civil: "Nos contratos firmados na vigência da Lei n. 10.931/2004, compete ao devedor, no prazo de 5 (cinco) dias após a execução da liminar na ação de busca e apreensão, **pagar a integralidade da dívida — entendida esta como os valores apresentados e comprovados pelo credor na inicial** —, sob pena de consolidação da propriedade do bem móvel objeto de alienação fiduciária". 2. Recurso especial provido (STJ — REsp 1.418.593/MS, Segunda Seção, Rel. Min. Luis Felipe Salomão, *DJe* 27/05/2014).

■ *17.12.3.5. Do contrato de alienação fiduciária e das tarifas que compõem o saldo devedor nos financiamentos de veículos automotores*

Durante a execução do contrato de alienação fiduciária relacionada a veículo automotor, comumente, principalmente diante da polêmica sobre os juros remuneratórios (referida no *item 17.2.3*, deste capítulo), **foram e são ainda ajuizadas ações revisionais de contrato, com o intuito de diminuir o valor das prestações e/ou reduzir o saldo devedor** com a restituição do valor de tarifas que tenham sido cobradas indevidamente quando da formalização da avença. Muitas vezes, inclusive, paralelamente à ação revisional c/c consignação em pagamento, ajuízam-se ações de busca e apreensão, ambas com causa de pedir relacionada ao contrato de alienação fiduciária, em que as partes litigantes são as mesmas, apenas revezando-se nos polos ativo e passivo das demandas.

Quanto à **limitação dos juros remuneratórios e à possibilidade de capitalização**, desde que haja previsão expressa no contrato, repisamos nosso entendimento de que **não existe limite legal para o "preço"** do dinheiro, ou seja, dos juros compensatórios nos contratos bancários, de que é exemplo o contrato de alienação fiduciária ora em comento.

Por sua vez, quanto às **tarifas por serviços relacionados à intermediação do crédito, consideramo-las abusivas**, pelo simples fato de que, **na decomposição do *spread* bancário**, relembre-se, correspondente à taxa de captação de recursos (operação passiva) e à taxa de aplicação (operação ativa), delimita-se como **um de seus elementos o custo operacional**. Projetar e englobar para o *spread* o custo operacional deveriam **impedir, novamente, a tarifação destacada de parte do custo operacional**, ainda que imputada a terceiros. Interpretação em sentido contrário, ainda que de maneira indireta, flagrantemente **configura *bis in idem*.** A questão não se pode resumir à investigação sobre a possibilidade abstrata da cobrança de determinada tarifa (estrita legalidade), mas deveria levar em consideração **a função social do contrato**, não devendo transferir ao contratante vulnerável encargos que deveriam fazer parte do custo operacional do serviço de intermediação do crédito, ainda que por meio de parceiros empresariais diferentes. E, mais ainda, não havendo limitação aos juros a serem cobrados.

Nesse particular, pode-se afirmar que o contrato de alienação fiduciária **é contrato coligado**. Por exemplo, quando alguém se predispõe a adquirir a prazo um veículo automotor zero quilômetro, em torno de tal bem gravitam os objetos de dois contratos **(contrato de compra e venda coligado com contrato de alienação fiduciária em garantia)**. São sim contratos autônomos os de compra e venda de um veículo automotor entre concessionária ou agência de veículos, de um lado, e o consumidor (pessoa física ou jurídica), de outro, mas para instrumentalizar ou tornar viável e possível a conclusão daquele primeiro negócio jurídico (contrato de compra e venda), simultaneamente (perceba-se), o adquirente do veículo deverá se predispor à análise de crédito por preposto do futuro credor fiduciário. O risco da atividade é do fornecedor e o custo, igualmente. Não se deveria transferir o custo para o consumidor, pois, evidentemente, **o benefício do lucro compensa ou se contrapõe ao binômio risco-custo**.

Trata-se, portanto, de nítida hipótese de parceria empresarial, diante de um **negócio jurídico coligado**. E todos que auferem o bônus deveriam suportar o ônus de tal atividade. Quer dizer, a atividade empresarial é atividade econômica organizada que poderá propiciar **lucro aos que a desenvolverem**. Por sua vez, o lucro líquido pressupõe a compensação do custo pelo desenvolvimento da atividade. **Transferir o custo a quem lhe propicia o lucro inverte a lógica comum**. O risco do negócio jurídico (sucesso ou insucesso) deve ser imputado ao fornecedor, que, por sua vez, precisa ter a capacidade de medir a correlação entre risco-custo-benefício. Quer dizer, o fornecedor é o profissional que detém capacidade técnica para aferir a viabilidade do desenvolvimento da atividade, e não o consumidor, mesmo o profissional (leia-se empresário ou sociedade empresária)[124].

O contrato de alienação fiduciária em garantia — repise-se — é contrato de adesão em que as cláusulas e condições contratuais são previamente formuladas pelo fornecedor do financiamento (credor fiduciário) e, depois, impostas ao consumidor (devedor fiduciante). **Há, por assim dizer, vulnerabilidade, minimamente econô-**

---

124 Nesse sentido, ensina Rizzatto Nunes: "Uma das características principais da atividade econômica é o risco. Os negócios implicam risco. Na livre-iniciativa a ação do empreendedor está aberta simultaneamente ao sucesso e ao fracasso. A boa avaliação dessas possibilidades pelo empresário é fundamental para o investimento. Um risco mal calculado pode levar o negócio à bancarrota. Mas o risco é dele. É claro que são muitas as variáveis em jogo, e que terão que ser avaliadas, tanto mais se existir uma autêntica competitividade no setor escolhido. Os insumos básicos para a produção, os meios de distribuição, a expectativa do consumidor em relação ao produto ou serviço a ser produzido, a qualidade destes, o preço, os impostos e etc., são preocupações constantes. Some-se a isso o direito e o necessário desenvolvimento de todos os aspectos que desenvolvem o marketing do ponto de vista do empreendedor, em especial a possibilidade — e, praticamente, a necessidade — da exploração da publicidade. Essa é uma arma conhecida para o desenvolvimento dos negócios; o antigo jargão jamais perdeu a força: "a publicidade é a alma do negócio". É claro que a publicidade será um ponto importante, porém é mais um elemento. O empreendedor sempre considerará o todo. A nós o que interessa é o aspecto do risco, que se incrementa na intrínseca relação com o custo. Esse binômio-custo (a qual vamos acrescer um outro: custo-benefício) é determinante na análise da viabilidade do negócio (*Curso de direito do consumidor*, 2. ed., p. 153-154).

mica, em relação ao consumidor, nos termos do art. 4º, inc. I, do CDC. A vulnerabilidade que poderá ser **técnica ou informacional** é a norma-princípio capaz de atrair a aplicação da legislação protecionista, mesmo nos contratos empresariais. Acrescente-se também que o direito projetado (PLS 487/2013, art. 17, inc. III) trouxe como princípio a "**proteção do contratante empresarialmente dependente** nas relações contratuais assimétricas", assimetria esta que deverá ser investigada pelo juiz, nos termos do § 1º, do art. 20: "A **assimetria das relações contratuais entre empresários será considerada pelo juiz** em razão da dependência econômica entre a empresa de um contratante em relação à do outro".

Pelo que se lê, a proposta legislativa trouxe **conceito jurídico indeterminado** a favorecer o consumidor profissional; e a **assimetria, assim, poderá ser econômica, mas também técnica e informacional**. Logo, do mesmo modo que a vulnerabilidade impõe a proteção da parte mais fraca na relação de consumo, **a assimetria entre os empresários também deverá proteger o microempreendedor ou pequeno empresário** em relação aos grandes conglomerados econômicos. Tal constatação reforça o entendimento de que o custo do serviço de financiamento, mesmo se tratando de consumidor profissional, não deveria a este ser transferido.

Conclui-se, portanto, que **não importa qual sigla se utilize** (TAC — Tarifa de Abertura de Crédito, TEC — Tarifa de Emissão de Carnê, "TIC", "TOC", "TUC"), qualquer tarifa que se baseie no custo do desenvolvimento regular da atividade deve ser incompatível com a boa-fé objetiva, **porque a configurar a transferência do risco da atividade para o consumidor**, quando o esperado é que o custo seja internalizado pelo fornecedor que, no cálculo de seu lucro bruto, inclui e continuará a incluir referido custo[125].

Apesar disso, o dissenso doutrinário e jurisprudencial permaneceu, **sustentando--se a legalidade das tarifas por prestação de serviços de terceiros, inserção de gravame, entre outras**, ao argumento de que foram **expressamente autorizadas pelo Conselho Monetário Nacional**. Há incoerência em tal orientação, porque o que houve foi a previsão genérica de que qualquer tarifa deveria ser explicitada no contrato (Resolução n. 3.693/2009, art. 1º). Entretanto, a mera previsão nominal não significa o necessário esclarecimento sobre quais despesas com serviços de terceiros se fizeram necessárias para a análise e concessão do crédito. A **ausência de informação clara e precisa a respeito recomendaria sim a anulação de tais tarifas**. Esquematicamente:

RESOLUÇÕES DO CMN — TARIFAS ADMINISTRATIVAS NAS OPERAÇÕES DE CRÉDITO				
RESOLUÇÃO CMN	■ 2.303/96	■ 3.518/2007	■ 3.693/2009	■ 3.919/2011
ROL DE TARIFAS	■ Exemplificativo	■ Taxativo	■ Taxativo	■ Taxativo

[125] O Conselho da Justiça Federal comunga do mesmo entendimento. Enunciado 432: "Art. 422. Em contratos de financiamento bancário, são abusivas cláusulas contratuais de repasse de custos administrativos (como análise do crédito, abertura de cadastro, emissão de fichas de compensação bancária, etc.), seja por estarem intrinsecamente vinculadas ao exercício da atividade econômica, seja por violarem o princípio da boa-fé objetiva".

Pelo que se percebe da tabela, as **tarifas** incidentes sobre as operações de crédito, na vigência da Resolução n. 2.303/96, **compunham rol aberto**, exemplificativo. Na vigência dessa resolução, o BACEN ainda não havia padronizado as tarifas passíveis de cobrança, o que contribuiu para a inserção de tarifas abusivas nos contratos de concessão de crédito, porque **à mercê não do princípio da autonomia das partes, mas sim do fornecedor do financiamento**. Não se pode esquecer de que os contratos bancários são contratos de adesão. Por sua vez, a partir da vigência da **Resolução n. 3.518/2007**, a "ampla autonomia da vontade" foi superada pela **fixação de normas-padrão pelo BACEN** (pacote mínimo de serviços, autorização de cobrança de tarifa somente quando previamente prevista em expediente normativo expedido pelo BACEN). E normas que, ao serem especificadas, **não poderão ser modificadas unilateralmente** por vontade do financiador do crédito (do credor fiduciário). Portanto, a partir da Resolução n. 3.518, as tarifas se apresentam em **rol fechado, restritivo ou taxativo**. As tarifas, por isso, **não previstas foram implicitamente proibidas**, quando não vedadas expressamente, como a de emissão de boleto (Resolução n. 3.693/2009, art. 1º, § 2º).

A discussão foi então submetida ao crivo do Superior Tribunal de Justiça, nos termos do art. 1.036 do CPC (Recursos Repetitivos), tomando-se como Recursos Especiais "paradigmas" os de ns. 1.251.331 e 1.255.573. Entendeu-se que, **durante a vigência da Resolução n. 2.303/96, válidas quaisquer tarifas, desde que expressamente pactuadas**. A partir da vigência da Resolução n. 3.508/2007 (que revogou a Resolução n. 2.303/96), portanto, a contar de 30/04/2008, além de previsão contratual, o credor fiduciário somente poderia ter feito constar dos contratos de adesão tarifas administrativas se precedentemente informadas nas Circulares do BACEN.

O voto da Ministra Relatora Isabel Gallotti apresentou as teses para a uniformização de jurisprudência:

> **1ª TESE** — Nos contratos bancários celebrados até 30.4.2008 (fim da vigência da Resolução CMN n. 2.303/96) **era válida a pactuação das tarifas** de abertura de crédito (TAC) e de emissão de carnê (TEC), ou outra denominação para o mesmo fato gerador, ressalvado o exame de abusividade em cada caso concreto.
>
> **2ª TESE** — Com a vigência da Resolução CMN n. 3.518/2007, em 30.4.2008, a cobrança por serviços bancários prioritários para pessoas físicas ficou **limitada às hipóteses taxativamente previstas em norma padronizadora expedida pela autoridade monetária**. Desde então, não mais tem respaldo legal a contratação da Tarifa de Emissão de Carnê (TEC) e da Tarifa de Abertura de Crédito (TAC), ou outra denominação para o mesmo fato gerador. **Permanece válida a Tarifa de Cadastro** expressamente tipificada em ato normativo padronizador da autoridade monetária, a qual somente pode ser cobrada no início do relacionamento entre o consumidor e a instituição financeira.
>
> **3ª TESE** — Podem as partes **convencionar o pagamento do Imposto sobre Operações Financeiras** e de Crédito (IOF) por meio de **financiamento acessório ao mútuo principal**, sujeitando-o aos mesmos encargos contratuais.

As teses transcritas foram acatadas pelos demais Ministros da Segunda Seção, **devendo orientar o julgamento de casos semelhantes**, nos milhares de processos em grau de apelação ou na fase de julgamento na 1ª instância, bem como o julgamento das eventuais ações de revisão de contrato que continuem a questionar sobre a abusividade das tarifas administrativas componentes do saldo devedor de financiamento, como o de alienação fiduciária em garantia.

Em sintonia com as referidas teses, foram aprovadas em fevereiro de 2016 duas novas Súmulas pelo STJ:

> **Enunciado 565:** "A pactuação das tarifas de abertura de crédito (TAC) e de emissão de carnê (TEC), ou outra denominação para o mesmo fato gerador, é válida apenas nos contratos bancários anteriores ao início da vigência da Resolução-CMN n. 3.518/2007, em 30/4/2008".
>
> **Enunciado 566:** "Nos contratos bancários posteriores ao início da vigência da Resolução-CMN n. 3.518/2007, em 30/4/2008, pode ser cobrada a tarifa de cadastro no início do relacionamento entre o consumidor e a instituição financeira".

■ *17.12.3.6. Da possibilidade da convolação de ação de busca em ação executiva*

O credor fiduciário tinha à sua disposição, pela **literalidade do Decreto-lei n. 911/69, três vias para a recuperação de seu investimento** no contrato de alienação fiduciária: 1ª) a ação de busca e apreensão; 2ª) a convolação desta em depósito; ou 3ª) ação de execução em relação ao saldo devedor. A segunda hipótese foi objeto de **embate doutrinário e jurisprudencial**, tendo em vista que, por algum tempo, na ausência do depósito, possível requerer-se a prisão civil do devedor. Ricardo Negrão[126] rememorou o entendimento jurisprudencial que se construiu em sentido contrário, **restringindo a prisão civil somente aos casos de descumprimento voluntário do pagamento de pensão alimentícia**, conforme previsto na Convenção Interamericana de Direitos Humanos (Pacto de São José de Costa Rica, art. 7º, item 7), internalizada no ordenamento pátrio por meio do **Decreto Presidencial n. 678/92**. Assim, estabeleceu-se um **conflito interno de normas**: o Decreto-lei n. 911/69, a permitir a convolação da ação de busca e apreensão em ação de depósito e, nesta ação, a possibilidade de prisão civil. A questão somente foi definida com o julgamento do RE 466.343 e dos *Habeas Corpus* 87.585/TO e 92.566/SP, no âmbito do STF, quando se **afirmou a supralegalidade da convenção internalizada, portanto de hierarquia superior**, e a prevalecer sobre o Decreto-lei n. 911/69. Enfim, **para sepultar de vez a discussão, o STF editou a Súmula Vinculante 25, do seguinte teor: "É ilícita a prisão civil, qualquer que seja a modalidade de depósito"**.

A Lei n. 13.043/2014 alterou a redação do art. 4º, do DL 911/69, para **excluir a possibilidade de convolação da ação de busca e apreensão em depósito**, remanescendo hoje apenas a possibilidade de "conversão do pedido de busca e apreensão **em ação executiva**".

---

126 *Manual de direito comercial & de empresa*, v. 2: Títulos de crédito e contratos mercantis, p. 404-409.

A propositura de busca e apreensão será possível se antes restar **formalizada a mora e o devedor fiduciante for notificado a respeito**. A ausência de notificação poderá conduzir à emenda da petição inicial ou a seu indeferimento. No sentido da imprescindibilidade da notificação prévia, leia o teor da **Súmula 72 do STJ: "A comprovação da mora é imprescindível à busca e apreensão do bem alienado fiduciariamente"**. A Lei n. 13.043/2014, porém, tornou a referida **notificação em requisito de duvidoso resultado positivo,** em relação ao devedor, ao modificar a redação do § 2º, do art. 2º, do DL 911/69, nos seguintes termos: "A mora decorrerá do **simples vencimento do prazo** para pagamento e poderá ser **comprovada por carta registrada** com aviso de recebimento, não se exigindo que a assinatura constante do referido aviso seja a do próprio destinatário".

Sem que se tenha a certeza de que o próprio devedor foi notificado a purgar extrajudicialmente a mora e, assim, evitar o agravamento de seu passivo em razão do contrato, bem como a extinção da avença, a carta registrada se demonstrará **providência inócua**.

Suprimiu-se do referido § 2º a exigência de que a **notificação se operacionalizasse por meio de serviço notarial**, sepultando-se o dissenso doutrinário e jurisprudencial sobre qual o Tabelionato competente para realizar a notificação, se do situado no lugar do domicílio do devedor ou em lugar diverso, ainda que a discussão tenha sido debelada pelo STJ, por meio da lei dos recursos repetitivos, quando vencedora a "a tese de que **é válida a notificação extrajudicial realizada por via postal, com aviso de recebimento, no endereço do devedor**, ainda que o título tenha sido apresentado em Cartório de Títulos e Documentos situado em comarca diversa do domicílio daquele".

> RECURSO ESPECIAL. AÇÃO DE BUSCA E APREENSÃO. CONTRATO DE FINANCIAMENTO DE AUTOMÓVEL COM GARANTIA DE ALIENAÇÃO FIDUCIÁRIA.
> NOTIFICAÇÃO EXTRAJUDICIAL REALIZADA POR CARTÓRIO DE TÍTULOS E DOCUMENTOS SITUADO EM COMARCA DIVERSA DA DO DOMICÍLIO DO DEVEDOR. VALIDADE. 1. A notificação extrajudicial realizada e entregue no endereço do devedor, por via postal e com aviso de recebimento, é válida quando realizada por Cartório de Títulos e Documentos de outra Comarca, mesmo que não seja aquele do domicílio do devedor. Precedentes. 2. Julgamento afetado à Segunda Seção com base no procedimento estabelecido pela Lei n. 11.672/2008 (Lei dos Recursos Repetitivos) e pela Resolução STJ n. 8/2008. 3. Recurso especial conhecido e parcialmente provido (STJ, REsp 1.84.570/MG, 2ª Seção, Rel. Min. Maria Isabel Gallotti, *DJe* 15/05/2012).

Assim, uma vez ajuizada a ação e constatada a mora, a ser comprovada pelo envio de notificação, por iniciativa do próprio credor, ao receber a petição inicial, o juiz liminarmente, sem ouvir a parte contrária, **determinará a busca e apreensão do veículo, bem como a citação do devedor**.

Se não localizado o veículo, constatando-se a perda superveniente do objeto da ação de busca e apreensão, será opção do credor fiduciário pedir a conversão do pedido de busca e apreensão em ação executiva.

Na hipótese de cumprimento do mandado de busca e apreensão e da consolidação da propriedade do bem apreendido no patrimônio do credor fiduciário, **poderá desfazer-se do bem para compensar a inadimplência do financiamento**. Porém, mesmo com a venda do bem, é possível que o dinheiro apurado não seja suficiente para quitar o saldo devedor. Em tal hipótese, nos termos do Decreto-lei n. 911/69, **poderá o devedor fiduciante ser executado** pelo saldo remanescente.

Como medida a tornar **mais transparente o cálculo do saldo**, após a venda do bem, a Lei n. 13.043/2014 acrescentou ao art. 2º, *caput*, do DL 911/69 (que descreve a apuração do saldo) a devida **"prestação de contas"**.

Arnaldo Rizzardo, por outro lado, a respeito do saldo remanescente, não concorda com a execução direta superveniente: "De notar, aliás, que prevendo o art. 5º do Decreto-lei n. 911, a opção entre a ação de busca e apreensão e o processo de execução por título extrajudicial para receber o crédito, uma vez eleita a primeira via não mais se possibilita, paralela e posteriormente, a via da execução objetivando o recebimento do remanescente. A ação de busca e apreensão constitui processo autônomo e independente. **Vendido o bem pelo credor fiduciário, que ficará com o montante conseguido, desaparece a propriedade fiduciária**. Nesta circunstância, pelo que se depreende, o saldo devedor apresenta natureza de dívida pessoal. Perde o caráter de título executivo"[127-128]. Com razão o referido doutrinador, pois o **devedor fiduciante nenhuma ingerência tem sobre as escolhas do credor fiduciário sobre os serviços e o modo para venda do bem apreendido**. O saldo devedor remanescente, assim, constrói-se unilateralmente e, por isso, não pode ser considerado título executivo derivado do contrato. Diante do antagonismo de entendimentos, um que defende a possibilidade de execução direta do saldo remanescente (a favorecer dos interesses do credor fiduciário) e outro que entende ilegal tal execução direta (a favorecer os interesses do devedor fiduciante), o caminho do meio foi trilhado pelo STJ, ao firmar o entendimento de que o saldo devedor remanescente poderá ser alcançado por meio de ação monitória. Nesse sentido, o enunciado da **Súmula 384, do STJ: "Cabe ação monitória para haver saldo remanescente oriundo de venda extrajudicial de bem alienado fiduciariamente em garantia"**.

[127] *Contratos*, 8. ed., p. 1321.

[128] Veja-se que no caso de conversão da busca e apreensão frustrada em ação de execução, o saldo devedor objeto da execução corresponderá à integralidade da dívida, somatório das parcelas vencidas com as vincendas: "Contrato de financiamento com cláusula de alienação fiduciária. Busca e apreensão. Bem não localizado. Conversão em ação de execução. Art. 4º do Decreto-Lei n. 911/1969. Débito exequendo. Integralidade da dívida (...) Nos contratos de financiamento com cláusula de alienação fiduciária, quando houver a conversão da ação de busca e apreensão em ação de execução nos moldes do art. 4º do Decreto-Lei n. 911/1969, o débito exequendo deve representar o valor da integralidade da dívida (soma das parcelas vencidas e vincendas do contrato". (STJ. Informativo 664. REsp 1.814.200-DF, Rel. Min. Nancy Andrighi, Terceira Turma, por unanimidade, julgado em 18/02/2020, *DJe* 20/02/2020)

17.12.4. Recurso repetitivo sobre tarifas bancárias

CIVIL E PROCESSUAL CIVIL. RECURSO ESPECIAL. CONTRATO DE FINANCIAMENTO COM GARANTIA DE ALIENAÇÃO FIDUCIÁRIA. DIVERGÊNCIA. CAPITALIZAÇÃO DE JUROS. JUROS COMPOSTOS. MEDIDA PROVISÓRIA 2.170-36/2001. RECURSOS REPETITIVOS. CPC, ART. 543-C. TARIFAS ADMINISTRATIVAS PARA ABERTURA DE CRÉDITO (TAC), E EMISSÃO DE CARNÊ (TEC). EXPRESSA PREVISÃO CONTRATUAL. COBRANÇA. LEGITIMIDADE. PRECEDENTES. MÚTUO ACESSÓRIO PARA PAGAMENTO PARCELADO DO IMPOSTO SOBRE OPERAÇÕES FINANCEIRAS (IOF). POSSIBILIDADE. 1. "A capitalização dos juros em periodicidade inferior à anual deve vir pactuada de forma expressa e clara. A previsão no contrato bancário de taxa de juros anual superior ao duodécuplo da mensal é suficiente para permitir a cobrança da taxa efetiva anual contratada" (2ª Seção, REsp 973.827/RS, julgado na forma do art. 543-C do CPC, acórdão de minha relatoria, *DJe* de 24.9.2012). 2. Nos termos dos arts. 4º e 9º da Lei n. 4.595/64, recebida pela Constituição como lei complementar, compete ao Conselho Monetário Nacional dispor sobre taxa de juros e sobre a remuneração dos serviços bancários, e ao Banco Central do Brasil fazer cumprir as normas expedidas pelo CMN. 3. Ao tempo da Resolução CMN 2.303/96, a orientação estatal quanto à cobrança de tarifas pelas instituições financeiras era essencialmente não intervencionista, vale dizer, "a regulamentação facultava às instituições financeiras a cobrança pela prestação de quaisquer tipos de serviços, com exceção daqueles que a norma definia como básicos, desde que fossem efetivamente contratados e prestados ao cliente, assim como respeitassem os procedimentos voltados a assegurar a transparência da política de preços adotada pela instituição". 4. Com o início da vigência da Resolução CMN 3.518/2007, em 30.4.2008, a cobrança por serviços bancários prioritários para pessoas físicas ficou limitada às hipóteses taxativamente previstas em norma padronizadora expedida pelo Banco Central do Brasil. 5. A Tarifa de Abertura de Crédito (TAC) e a Tarifa de Emissão de Carnê (TEC) não foram previstas na Tabela anexa à Circular BACEN 3.371/2007 e atos normativos que a sucederam, de forma que não mais é válida sua pactuação em contratos posteriores a 30.4.2008. 6. A cobrança de tais tarifas (TAC e TEC) é permitida, portanto, se baseada em contratos celebrados até 30.4.2008, ressalvado abuso devidamente comprovado caso a caso, por meio da invocação de parâmetros objetivos de mercado e circunstâncias do caso concreto, não bastando a mera remissão a conceitos jurídicos abstratos ou à convicção subjetiva do magistrado. 7. Permanece legítima a estipulação da Tarifa de Cadastro, a qual remunera o serviço de "realização de pesquisa em serviços de proteção ao crédito, base de dados e informações cadastrais, e tratamento de dados e informações necessários ao início de relacionamento decorrente da abertura de conta de depósito à vista ou de poupança ou contratação de operação de crédito ou de arrendamento mercantil, não podendo ser cobrada cumulativamente" (Tabela anexa à vigente Resolução CMN 3.919/2010, com a redação dada pela Resolução n. 4.021/2011). 8. É lícito aos contratantes convencionar o pagamento do Imposto sobre Operações Financeiras e de Crédito (IOF) por meio de financiamento acessório ao mútuo principal, sujeitando-o aos mesmos encargos contratuais. 9. Teses para os efeitos do art. 543-C do CPC:

— **1ª Tese**: Nos contratos bancários celebrados até 30.4.2008 (fim da vigência da Resolução CMN 2.303/96) **era válida a pactuação das tarifas** de abertura de crédito (TAC) e de emissão de carnê (TEC), ou outra denominação para o mesmo fato gerador, ressalvado o exame de abusividade em cada caso concreto.

— **2ª Tese**: Com a vigência da Resolução CMN 3.518/2007, em 30.4.2008, **a cobrança por serviços bancários** prioritários para pessoas físicas ficou **limitada às hipóteses**

taxativamente previstas em norma padronizadora expedida pela autoridade monetária. Desde então, não mais tem respaldo legal a contratação da Tarifa de Emissão de Carnê (TEC) e da Tarifa de Abertura de Crédito (TAC), ou outra denominação para o mesmo fato gerador. Permanece válida a Tarifa de Cadastro expressamente tipificada em ato normativo padronizador da autoridade monetária, a qual somente pode ser cobrada no início do relacionamento entre o consumidor e a instituição financeira.

— 3ª Tese: Podem as partes convencionar o **pagamento do Imposto sobre Operações Financeiras e de Crédito** (IOF) por meio de **financiamento acessório ao mútuo principal**, sujeitando-o aos mesmos encargos contratuais. 10. Recurso especial parcialmente provido (STJ, REsp 1.251.331/RS, 2ª Seção, Rel. Min. Maria Isabel Gallotti, *DJe* 24/10/2013).

17.12.5. Jurisprudência consolidada

SÚMULAS DO STF E DO STJ	
STJ — SÚMULA 28	■ O contrato de alienação fiduciária em garantia pode ter por objeto bem que já integrava o patrimônio do devedor.
STJ — SÚMULA 72	■ A comprovação da mora é imprescindível à busca e apreensão do bem alienado fiduciariamente.
STJ — SÚMULA 92	■ A terceiro de boa-fé não é oponível a alienação fiduciária não anotada no certificado de registro de veículo automotor.
STJ — SÚMULA 245	■ A notificação destinada a comprovar a mora nas dívidas garantidas por alienação fiduciária dispensa a indicação do valor do débito.
STJ — SÚMULA 284	■ A purga da mora, nos contratos de alienação fiduciária, só é permitida quando já pagos pelo menos 40% (quarenta por cento) do valor financiado.
STJ — SÚMULA 380	■ A simples propositura da ação de revisão de contrato não inibe a caracterização da mora do autor.
STJ — SÚMULA 381	■ Nos contratos bancários, é vedado ao julgador conhecer, de ofício, da abusividade das cláusulas.
STJ — SÚMULA 384	■ Cabe ação monitória para haver saldo remanescente oriundo de venda extrajudicial de bem alienado fiduciariamente em garantia.
STF — SÚMULA VINCULANTE 25	■ É ilícita a prisão civil, qualquer que seja a modalidade de depósito.

17.12.6. Esquema

ALIENAÇÃO FIDUCIÁRIA EM GARANTIA	
CONCEITO	■ Contrato bancário atípico em que, para o financiamento de bens móveis, imóveis, ou crédito, o adquirente transfere em garantia a propriedade do bem ou a titularidade do direito a terceiro, durante o prazo do financiamento.
PARTES	■ Credor fiduciário (detém a propriedade resolúvel e a posse indireta do bem) e Devedor fiduciante (detém a posse direta do bem).
EXEMPLO	■ Aquisição de veículo zero quilômetro. O consumidor, por hipótese, à vista, remunera a concessionária com metade do preço (entrada), e o saldo remanescente financia junto a um banco. E, assim, para garantia do financiamento, aliena fiduciariamente ao banco o automóvel adquirido da concessionária.

CARACTERÍSTICAS	▪ Contrato de adesão, escrito, solene, bilateral, de execução continuada, oneroso e coligado.
REFERÊNCIAS LEGISLATIVAS	▪ Lei n. 4.728/65 (Operações no Mercado Financeiro e de Capitais, Créditos Fiscais e Previdenciários) — Bens Móveis Fungíveis e Infungíveis — Credor fiduciário (instituição financeira, regra geral). ▪ DL 911/69 (Regulamentou o procedimento da Ação de Busca e Apreensão). ▪ Lei n. 9.514/97 (Operações no Mercado Financeiro Imobiliário) — Bens Imóveis — Credor fiduciário (instituições financeiras ou não). ▪ Código Civil/2002 — arts. 1.361-1.368 (regime residual, se não aplicável a legislação especial) — Bens móveis infungíveis. ▪ PLS 487/2013 (Contrato Fiduciário — arts. 561-564) — Novo Código Comercial.

17.13. QUESTÕES SUBJETIVAS

(FGV — OAB — XIII Exame — 2014 — Prático Profissional de Empresarial) Banco Colares S/A, com fundamento no inadimplemento de contrato de alienação fiduciária em garantia celebrado nos termos do art. 66-B, da Lei n. 4.728/65, requereu a busca e apreensão do bem, com pedido de liminar. Previamente ao pedido, o fiduciário comprovou o não pagamento por Augusto Corrêa, fiduciante, das quatro últimas parcelas do financiamento. O pedido foi deferido e a liminar executada. O fiduciante não apresentou resposta no prazo legal, porém, dois dias após executada a liminar, pagou a integralidade da dívida pendente, em conformidade com os valores apresentados pelo fiduciário na inicial. Diante do pagamento comprovado nos autos, o Juiz determinou a entrega do bem livre de ônus, mas este já havia sido alienado pelo fiduciário durante o prazo legal para o pagamento da dívida. O fiduciário justificou sua conduta pela ausência de resposta do fiduciante ao pedido de busca e apreensão. Com base nas informações do enunciado e nas disposições procedimentais referentes à alienação fiduciária, responda aos seguintes itens.

17.13.1. Questão-homenagem

a) Poderá ser aplicada alguma penalidade ao fiduciário pela alienação do bem, ou este agiu em exercício regular do direito? Justifique.

Resposta: A ação de busca e apreensão tem regime jurídico no DL 911/69. O rito adotado por esse diploma legal garante ao devedor fiduciante a possibilidade de purgar a mora em um prazo de 5 (cinco) dias. Entretanto, se não houver a purgação da mora, poderá o credor fiduciário alienar o bem a terceiro, pois adquirirá o domínio pleno da coisa antes alienada fiduciariamente. No caso em tela, houve precipitação do autor-credor fiduciário, porque não aguardou o prazo legal, restando frustrada a purgação da mora efetuada. Assim, como meio de ressarcir o devedor fiduciante, ao credor fiduciário será imposta multa no valor de 50% (cinquenta por cento) do valor financiado. Nesse sentido, consulte-se o art. 3º, § 6º, do DL 911/69.

17.13.2. Questão-desafio 1

b) Comprovado pelo fiduciante que a alienação do bem lhe causou danos emergentes e lucros cessantes, que medida poderá propor seu advogado em face do fiduciário?

17.13.3. Questão-desafio 2

(TJDFT — Juiz Substituto — 2ª fase — exame aplicado em 11/09/2015) "A respeito do contrato chamado "built to suit" responda o candidato as seguintes indagações, ficando esclarecido que não serão consideradas quaisquer outras respostas, ainda que tenham relação com o tema.

a) Como se caracteriza, em linhas gerais, o contrato?

b) Quais as funções do preço a ser pago pelo empresário contratante?

c) Tendo em vista as características do contrato e uma das funções do preço, qual a exceção possível de ser oposta pelo contratado à pretensão exercida pelo empresário contratante no sentido de se pôr fim ao contrato antes do seu termo? Por quê?"

■ 17.13.4. Questão-desafio 3

(OAB — 2ª fase — XXI Exame — 2017) "Silva Jardim é sócio minoritário da Companhia Saquarema de Transportes de Carga, com sede em Volta Redonda/RJ. Em razão de dificuldades financeiras, a sociedade empresária recebeu empréstimo no valor de R$ 500.000,00 (quinhentos mil reais) de Silva Jardim, com pagamento integral após dois anos da data da transferência do crédito. A taxa de juros remuneratórios pactuada é de 12% ao ano. Com escopo de garantia do pagamento do mútuo, a companhia transferiu ao credor dois caminhões de sua propriedade, sob condição resolutiva do adimplemento. Também foi estabelecido pacto comissório em favor de Silva Jardim, em caso de não pagamento da dívida no vencimento. Ao tomar conhecimento da celebração do contrato, o sócio Cardoso suscita a nulidade do pacto comissório em assembleia geral ordinária da companhia. Com base na hipótese narrada, responda aos itens a seguir.

a) Tem razão o sócio Cardoso em considerar nulo o pacto comissório?

b) O contrato que instituiu o gravame sobre os caminhões em favor do credor deve ser levado ao Registro de Títulos e Documentos do domicílio do devedor para sua validade?"

■ 17.13.5. Questão-desafio 4

(OAB — 2ª fase — XXII Exame — 2017) "Sociedade empresária do tipo limitada ajuizou ação declaratória de revisão de contrato em face de sociedade de Fomento Mercantil. A autora afirma que, em 26 de março de 2009, firmou com a ré contrato de fomento mercantil prevendo a compra total ou parcial de títulos de crédito, emitidos para pagamento a prazo, resultantes de venda ou de prestação de serviços realizados pela autora com o fito de obtenção de capital de giro para fomento de sua empresa. Ademais, ficou convencionado que a faturizadora se obrigaria a prestar, cumulativa e continuamente, serviços de assessoria creditícia, mercadológica, de gestão de crédito, seleção de riscos, acompanhamento da carteira de contas a receber e pagar. A autora ainda assevera que o contrato possui cláusulas abusivas, puramente potestativas, que violam o Código de Defesa do Consumidor. Com base nessas informações, responda aos itens a seguir.

a) O contrato típico de faturização ou *factoring* encerra relação de consumo?

b) Tendo em vista o conceito legal, as sociedades de fomento mercantil são consideradas instituições financeiras?"

■ 17.14. QUESTÕES OBJETIVAS

1. (CESGRANRIO — BNDES — Advogado — 2010) São características dos contratos bancários:

I. a previsão de juros, sendo que aqueles que não tiverem tal dispositivo podem ser revistos pela taxa média de mercado;

II. a comutatividade;

III. a possibilidade de terem por objeto tanto operações ativas quanto passivas;

IV. na modalidade de empréstimos se subdividem em contratos de mútuo ou de comodato.

São corretas as características

a) I e II, apenas.

b) I e III, apenas.

c) II e IV, apenas.

d) I, II e IV, apenas.

e) I, II, III e IV.

2. (EJEF — TJMG — Juiz — 2007) São entendimentos sumulados pelo Superior Tribunal de Justiça, EXCETO

a) o contrato de abertura de crédito, ainda que acompanhado de extrato da conta corrente, não é título executivo.

b) a cobrança antecipada do valor residual garantido (VRG) não descaracteriza o contrato de arrendamento mercantil.
c) não é potestativa a cláusula contratual que prevê a comissão de permanência, calculada pela taxa média de mercado apurada pelo Banco Central do Brasil, limitada à taxa do contrato.
d) as empresas administradoras de cartão de crédito não são instituições financeiras e, por isso, os juros remuneratórios por elas cobrados sofrem as limitações da Lei de Usura.

3. (CESPE — TRF — 2ª Região — Juiz — 2011) A respeito dos contratos que os empresários individuais e as sociedades empresárias celebram no exercício diário de suas atividades econômicas, assinale a opção correta.

a) A Resolução n. 2.039 do BACEN prevê duas espécies de *leasing*: o financeiro e o operacional, e a doutrina registra, ainda, a modalidade específica denominada *lease back* ou *leasing back*, que se caracteriza pelo fato de o bem já ser da arrendadora, que apenas o aluga ao arrendatário, sem o custo inicial da aquisição.
b) A Lei n. 6.729/79, com as alterações introduzidas pela Lei n. 8.132/90, disciplina a concessão comercial que tenha por objeto o comércio de mercadorias, sendo, contudo, atípico o contrato quando a concessão comercial referir-se a veículos automotores.
c) Embora o Código Civil determine que o objeto da propriedade fiduciária seja necessariamente coisa móvel infungível, existe a possibilidade de contrato de alienação fiduciária no mercado financeiro e de capitais, bem como em garantia de crédito fiscal e previdenciário.
d) No contrato de compra e venda, a cláusula de reserva de domínio somente surtirá efeitos perante terceiro quando estiver expressamente prevista, sendo possível a aplicação da referida cláusula especial nos contratos cujo objeto seja bem móvel ou imóvel.
e) O contrato de comissão pode ostentar a cláusula *del credere*, segundo a qual os riscos do negócio cabem ao comitente, já que o comissário, embora atue em nome próprio, o faz no interesse do comitente e à conta dele, de acordo, inclusive, com suas instruções.

4. (FGV — TCM-RJ — Procurador — 2008) A respeito do contrato de alienação fiduciária em garantia, assinale a afirmativa incorreta.

a) No caso de inadimplemento de obrigação garantida por alienação fiduciária em garantia, o credor fiduciário somente poderá vender a coisa a terceiros, se autorizado judicialmente, hipótese em que deve aplicar o preço da venda no pagamento de seu crédito e das despesas decorrentes da cobrança, e entregar o saldo remanescente, se houver, ao devedor fiduciante.
b) O credor fiduciário detém a posse indireta do bem objeto do contrato.
c) O credor fiduciário pode requerer a conversão do pedido de busca e apreensão em ação de depósito, se o bem alienado fiduciariamente não for encontrado, ou não se achar na posse do devedor.
d) A constituição do direito real decorrente do contrato de alienação fiduciária em garantia depende do registro da avença no órgão competente.
e) O direito real que decorre do contrato de alienação fiduciária em garantia é a propriedade fiduciária.

5. (FCC — MPE-CE — Promotor de Justiça — 2008) Em relação a contratos mercantis, é correto afirmar que

a) por sua natureza, o mandato mercantil pode ser oneroso ou gratuito.
b) a compra e venda é mercantil quando o vendedor ou comprador são empresários, podendo uma das partes sê-lo ou não.
c) a alienação fiduciária em garantia tem sua abrangência restrita a bens móveis.
d) as empresas de faturização, ou fomento mercantil, a exemplo das instituições financeiras, devem manter sigilo sobre suas operações.
e) o arrendamento mercantil é a locação caracterizada pela compra compulsória do bem locado ao término da locação.

6. (EJEF — TJ-MG — Juiz — 2009) Nas ações referentes a contratos bancários, é CORRETA a afirmação:

a) O Juiz pode e deve, por se tratar de matéria de ordem pública, apreciar, de ofício, toda a matéria referente à regularidade do contrato.

b) É vedado ao julgador conhecer, de ofício, da abusividade das cláusulas.
c) O Juiz só está autorizado a examinar, de ofício, questões relativas às condições da ação.
d) O Juiz deve aplicar, analogicamente, as disposições pertinentes às relações de consumo.

7. (OAB — FGV — IX Exame Unificado — 2011) Primavera do Leste Arrendamento Mercantil S.A. ajuizou ação de reintegração de posse de bem arrendado à sociedade empresária Vila Bela Distribuidora de Jornais e Revistas Ltda., em face do não pagamento das prestações nos vencimentos. O contrato de arrendamento mercantil prevê resolução de pleno direito em caso de qualquer inadimplemento da arrendatária. O juiz extinguiu o processo sem resolução de mérito porque

a) no contrato de arrendamento mercantil, ainda que haja cláusula resolutiva expressa, é necessária a notificação prévia do arrendatário para constituí-lo em mora.
b) nos contratos de arrendamento mercantil celebrados entre a arrendadora e as sociedades empresárias é vedada a aposição de cláusula resolutiva expressa.
c) a ação cabível para a retomada do bem em poder do arrendatário pela arrendadora é a ação de depósito, com pedido de liminar de reintegração de posse.
d) como no contrato de arrendamento mercantil há opção de compra pela arrendatária, a propriedade da arrendadora é resolúvel, sendo incabível ação possessória.

8. (Juiz Estadual — MA — CESPE — 2012) Assinale a opção correta acerca dos contratos em espécie.

a) No contrato de mútuo com fins econômicos, presumem-se devidos juros, os quais, sob pena de redução, não poderão exceder a taxa previamente estipulada, permitida a capitalização mensal, desde que expressamente pactuada entre as partes.
b) De acordo com o estabelecido no Código Civil, quando a cláusula de irrevogabilidade for condição de um negócio bilateral, ou tiver sido estipulada no exclusivo interesse do mandatário, o mandante que o revogar deverá pagar perdas e danos.
c) Consoante disposição expressa no Código Civil acerca do contrato de corretagem, o corretor funciona como mandatário, obrigando-se a obter para o mandante um ou mais negócios conforme o disposto nas cláusulas do mandato.
d) Segundo a jurisprudência do STJ, descabe ação de terceiro prejudicado ajuizada, direta e exclusivamente, em face da seguradora do causador do dano, porque, no seguro de responsabilidade civil facultativo, a obrigação da seguradora de ressarcir os danos sofridos por terceiros pressupõe a responsabilidade civil do segurado, a qual, de regra, não poderá ser reconhecida em demanda em que este não haja intervindo, sob pena de vulneração do devido processo legal e da ampla defesa.

9. (CESPE — TJAC — Juiz — 2012) A respeito das transações realizadas com cartão de crédito, assinale a opção correta.

a) O banco não tem legitimidade para figurar no polo passivo em ação de prestação de contas em que o titular de cartão de crédito pleiteie rever cláusulas de contrato firmado com a administradora do cartão em face da cobrança de encargos excessivos, ainda que evidenciada a existência de conglomerado de empresas.
b) As empresas administradoras de cartão de crédito são consideradas instituições financeiras e, por essa razão, os juros remuneratórios que cobram são limitados pela Lei de Usura.
c) Aplica-se a Lei de Usura às operações efetuadas pelos componentes do sistema financeiro nacional.
d) Caso o titular de cartão de crédito receba mensalmente as respectivas faturas, a lei considera improcedente o ajuizamento de ação com a finalidade de cobrar da administradora do cartão a prestação de contas dos encargos cobrados.
e) Será infrutífera a ação de cobrança que vise ao recebimento de despesas efetuadas com cartão de crédito, caso o devedor comprove ter o débito se originado de fato fraudulento que, perpetrado por terceiro, caracterize a existência de fato impeditivo ao direito do credor.

10. (IESES — TJRO — Tabelião — 2012) A cédula de crédito bancário poderá:

a) Jamais poderá ser protestada por indicação.
b) Ser protestada por indicação, em qualquer hipótese.
c) Ser protestada por indicação desde que o credor apresente declaração de posse da sua única via negociável, inclusive no caso de protesto parcial.
d) Ser protestada por indicação desde que o credor apresente declaração de posse da sua única via negociável, exceto no caso de protesto parcial.

11. (TRF — 4ª Região — Juiz Federal — 2012 — adaptada) Dadas as assertivas abaixo, assinale a alternativa correta.

I. A cobrança antecipada do valor residual garantido descaracteriza o contrato de arrendamento mercantil, que passa a configurar contrato de compra e venda.
II. É admitida a cobrança da comissão de permanência no período da inadimplência, com limite na taxa do contrato, cumulada somente com correção monetária.
III. A simples propositura de ação de revisão de contrato não inibe a caracterização da mora do autor.
IV. O bem alienado fiduciariamente não poderá ser objeto de penhora, se o executado fiduciante, ao tempo do pedido de penhora, também em mora em relação ao credor fiduciário.

a) Está correta apenas a assertiva IV.
b) Estão corretas apenas as assertivas III e IV.
c) Estão corretas apenas as assertivas I, II e III.
d) Estão corretas todas as assertivas.
e) Nenhuma assertiva está correta.

12. (FCC — PGE-BA — Analista de Procuradoria — Área de Apoio Jurídico — 2013) A cédula de crédito bancário

a) deverá ser emitida, necessariamente, com garantia real ou fidejussória.
b) é título de crédito que representa ordem de pagamento à vista, em favor de instituição financeira integrante ou não do Sistema Financeiro Nacional.
c) pode conter os critérios de atualização monetária, mas não os juros sobre a dívida.
d) é título executivo extrajudicial e representa dívida em dinheiro, certa, líquida e exigível, seja pela soma nela indicada, seja pelo saldo devedor demonstrado em planilha de cálculo ou nos extratos da conta corrente.
e) em nenhuma hipótese poderá ser emitida em moeda estrangeira.

13. (CESPE — Procurador do BACEN — 2013) No que concerne a contratos no direito empresarial e a títulos de financiamento de atividade econômica, assinale a opção correta.

a) As empresas de fomento mercantil não são instituições financeiras, não sendo, portanto, obrigadas por lei a manter sigilo sobre suas operações.
b) As transações com cartão de crédito só adquirem natureza bancária propriamente dita quando o titular parcela o valor da compra perante a emissora do cartão, ao invés de pagá-lo totalmente no vencimento mensal.
c) No contrato de depósito bancário, a instituição financeira, a partir da celebração do ajuste, passa a ter a custódia dos valores, mas não a sua titularidade.
d) A aplicação financeira é um contrato bancário compreendido na categoria das operações ativas.
e) Os títulos de financiamento não se enquadram completamente no regime jurídico-cambial, principalmente em virtude do princípio da cedularidade.

14. (CESPE — Juiz Federal — 1ª Região — 2013/2014) A respeito do SFH, assinale a opção correta.

a) Tratando-se de contratos vinculados ao SFH, é lícita a capitalização anual de juros.
b) Os juros remuneratórios previstos em contratos vinculados ao SFH estão limitados a 10% ao ano.
c) Para a execução hipotecária de crédito vinculado ao SFH, é suficiente que a respectiva petição inicial esteja instruída com um aviso de cobrança.
d) Em se tratando de contratos vinculados ao SFH, a correção monetária incide após a amortização do saldo devedor pelo pagamento da prestação.
e) É lícita a utilização, nos contratos vinculados ao SFH, da taxa referencial para correção do saldo devedor, desde que no contrato esteja prevista correção pelo índice aplicável à poupança.

15. (TJMG — Juiz — 2014) Assinale a alternativa INCORRETA.

a) A faculdade que tem o arrendatário de adquirir ou não o bem arrendado ao final do arrendamento é da própria essência do contrato de *leasing*. Desta forma, caso ele não opte pela aquisição do bem deverá devolvê-lo, encerrando o contrato, sendo-lhe vedado prorrogar o arrendamento por outro período.
b) Conforme jurisprudência dominante, o crédito garantido por cessão fiduciária não se submete ao processo de recuperação judicial, uma vez que possui a mesma natureza da propriedade fiduciária, podendo o credor valer-se da chamada "trava bancária".

c) O prazo prescricional para o exercício da pretensão de dissolução parcial de sociedade limitada, quando não regida pelas normas da sociedade anônima, é o geral, ou seja, de dez anos, nos termos do artigo 205 do Código Civil.
d) O aval posterior ao vencimento do título produz os mesmos efeitos daquele anteriormente dado.

16. (TJDF — Tabelião — Remoção — 2014) Tendo em vista os contratos empresariais, a concentração empresarial e os títulos emitidos pelos empresários, assinale a opção correta.

a) A emissão de cartões de crédito deve ser feita obrigatoriamente por instituição financeira de natureza bancária, por haver sempre um contrato de abertura de crédito bancário que suporta os pagamentos que o titular do cartão faz aos comerciantes até que ocorra o pagamento da fatura.
b) O credor de uma obrigação protegida por alienação fiduciária em garantia, assim como o credor hipotecário, permanece dependente da venda do bem dado em garantia em hasta pública para ver seu crédito satisfeito.
c) De acordo com o entendimento do STJ, o arquivamento do contrato de alienação fiduciária em garantia no registro de títulos e documentos competente é suficiente para que o ônus seja oposto pelo credor ao terceiro de boa-fé adquirente do veículo alienado.
d) Os atos destinados à dominação de um mercado relevante de bens ou serviços constituem infração à ordem econômica, exceto nos casos em que a predominância do agente econômico no mercado resultar de sua maior eficiência em relação à concorrência.
e) No contrato de franquia, o franqueador não pode impor condições para a realização da atividade do franqueado, sob pena de descaracterizar o contrato, que se funda na independência do franqueado em relação ao franqueador.

17. (TJDF — Tabelião — Remoção — 2014) Assinale a opção correta com base em contratos bancários e títulos de crédito.

a) O processo de anulação de letra de câmbio visa proteger o sacador contra eventual responsabilização por adulterações que tenham sido realizadas no título.
b) A cédula de crédito bancário é título de crédito emitido pelo estabelecimento bancário e representa promessa de pagamento em dinheiro, decorrente de operação de crédito, de qualquer modalidade.
c) É característica do desconto bancário a ausência de responsabilidade do descontário, ou mutuário, pela solvabilidade do devedor principal do título descontado.
d) O STJ tem jurisprudência consolidada no sentido de que, dadas as características e a natureza do contrato de mandato, não é possível responsabilizar a instituição financeira que leva a protesto um título com vício formal recebido por endosso-mandato.
e) O endosso da Letra de Arrendamento Mercantil, emitida por sociedades de arrendamento mercantil, não cria para o endossante responsabilidade pelo pagamento do título, salvo estipulação em contrário.

18. (TJCE — Juiz — 2014) Nos contratos de financiamento, por instituição financeira, com alienação fiduciária em garantia de bem móvel, não sendo paga a dívida, o credor

a) poderá promover ação de busca e apreensão do bem, independentemente de notificação prévia do devedor ou de protesto do título, porque a mora se configura pela falta de pagamento no respectivo termo.
b) poderá promover ação de busca e apreensão do bem, que terá de ser vendido judicialmente para satisfação de seu crédito.
c) poderá promover ação de busca e apreensão do bem e deverá vendê-lo para satisfazer seu crédito.
d) só poderá cobrar a dívida, porque, desde a edição da súmula vinculante nº 25 do Supremo Tribunal Federal, não poderá ocorrer a prisão do fiduciante, que é considerado depositário, se o bem não for encontrado.
e) poderá promover ação de busca e apreensão do bem alienado e, alternativamente, vendê-lo para satisfazer seu crédito ou consolidar definitivamente o domínio em seu patrimônio, a título de pagamento.

19. (TJSP — Tabelião — Provimento — 2014) Assinale a alternativa correta.

a) O Código Civil admite o pacto comissório que autoriza o proprietário fiduciário a ficar definitivamente com a coisa alienada em garantia, se a dívida não for paga no vencimento.

b) Com a constituição da propriedade fiduciária, dá-se o desdobramento da posse, tornando-se o fiduciário possuidor direto e o fiduciante possuidor indireto da coisa móvel ou imóvel.
c) Constitui-se a propriedade fiduciária da coisa móvel infungível com o registro do contrato, celebrado por instrumento público ou particular, que lhe serve de título, no Registro de Títulos e Documentos do domicílio do devedor, ou, em se tratando de veículos, na repartição competente para o licenciamento, fazendo-se a anotação no certificado de registro.
d) O contrato de alienação fiduciária de coisa imóvel deve ser celebrado somente por escritura pública para viabilizar o registro perante o Cartório de Registro de Imóveis, uma vez que ocorre a transferência da propriedade resolúvel como forma de garantia ao credor fiduciário.

20. (FGV — OAB — XIV Exame Unificado — 2014) O fornecimento de serviços e de produtos é atividade desenvolvida nas mais diversas modalidades, como ocorre nos serviços de crédito e financiamento, regidos pela norma especial consumerista, que atribuiu disciplina específica para a temática. A respeito do crédito ao consumidor, nos estritos termos do Código de Defesa do Consumidor, assinale a opção correta.

a) A informação prévia ao consumidor, a respeito de taxa efetiva de juros, é obrigatória, facultando-se a discriminação dos acréscimos legais, como os tributos e taxas de expediente.
b) A liquidação antecipada do débito financiado comporta a devolução ou a redução proporcional de encargos, mas só terá cabimento se assim optar o consumidor no momento da contratação do serviço.
c) As informações sobre o preço e a apresentação do serviço de crédito devem ser, obrigatoriamente, apresentadas em moeda corrente nacional.
d) A pena moratória decorrente do inadimplemento da obrigação deve respeitar teto do valor da prestação inadimplida, não se podendo exigir do consumidor que suporte cumulativamente a incidência dos juros de mora.

21. (CESPE — TJDFT — Juiz de Direito Substituto — 2015) Maria adquiriu um carro em determinada concessionária, por meio de contrato de mútuo bancário com instituição financeira. Conforme estabelecido no contrato, o carro foi dado em garantia por alienação fiduciária. Após sucessivos atrasos no pagamento das prestações, o banco ajuizou ação para a retomada do automóvel, com pedido liminar de busca e apreensão do bem que, no entanto, não foi localizado. Em face dessa situação hipotética, assinale a opção correta.

a) Maria passou a ser considerada proprietária fiduciária do carro no momento da assinatura do contrato, independentemente do registro desse instrumento na repartição competente para o licenciamento.
b) Por ter ingressado judicialmente com ação cautelar de busca e apreensão do bem alienado fiduciariamente, o banco deverá ajuizar ação principal no prazo máximo de trinta dias.
c) Maria poderá se valer do instrumento da purga da mora, efetivando o depósito das parcelas em aberto, mais juros moratórios, correção monetária e honorários advocatícios, o que ensejará a revogação da liminar.
d) Como o bem não foi localizado, o credor poderá postular judicialmente a conversão do pedido de busca e apreensão em ação de depósito.
e) Na situação em apreço, o contrato de alienação fiduciária configura um contrato meio de garantia de cumprimento do contrato de mútuo bancário.

22. (TRF — 4ª Região — Juiz Federal Substituto — 2016) Dadas as assertivas abaixo, assinale a alternativa correta.

A propósito dos contratos empresariais:

I. Nos contratos de alienação fiduciária em garantia firmados na vigência da Lei n. 10.931/2004, compete ao devedor, no prazo de 5 (cinco) dias após a execução da liminar na ação de busca e apreensão, pagar a integralidade da dívida — entendida esta como os valores apresentados e comprovados pelo credor na inicial —, sob pena de consolidação da propriedade do bem móvel objeto de alienação fiduciária.
II. Nas ações de reintegração de posse motivadas por inadimplemento de arrendamento mercantil financeiro, quando o produto da soma do "valor residual garantido" quitado com o

valor da venda do bem for maior que o total pactuado como "valor residual garantido" na contratação, será direito do arrendatário receber a diferença, cabendo, porém, se estipulado no contrato, o prévio desconto de outras despesas ou encargos contratuais.

III. A cobrança antecipada do "valor residual garantido" descaracteriza o contrato de arrendamento mercantil.

IV. Constitui prática comercial abusiva o envio de cartão de crédito sem prévia e expressa solicitação do consumidor, configurando-se ato ilícito indenizável e sujeito à aplicação de multa administrativa.

a) Estão corretas apenas as assertivas I, II e III.
b) Estão corretas apenas as assertivas I, II e IV.
c) Estão corretas apenas as assertivas I, III e IV.
d) Estão corretas apenas as assertivas II, III e IV.
e) Estão corretas todas as assertivas.

23. (CETRO — TJ/RJ — Titular de Serviços de Notas de Registros — 2017) Sobre os contratos bancários, assinale a alternativa correta.

a) É legítima a cobrança de tarifas de abertura de crédito e emissão de carnê, sem necessidade de indicação expressa no contrato bancário, uma vez que a cobrança dessas tarifas está incutida na natureza da atividade bancária.
b) Na ausência de fixação de taxa de juros remuneratórios em contrato de mútuo com disponibilização imediata de capital, prevalecerá a taxa média de mercado, independentemente de ser a mais vantajosa para o cliente.
c) Dado que aos contratos bancários aplica-se o Código de Defesa do Consumidor (CDC), por ser norma de ordem pública, é facultado ao julgador conhecer, de ofício, abusividade de cláusula neles prevista.
d) Cláusula de cobrança de comissão de permanência é admitido apenas no período de inadimplência, bem como não cumula com os encargos normais do contrato, bem como de mora.
e) Com base no texto constitucional, as taxas de juros reais aplicadas no mercado não podem ser superiores a 12% (doze por cento) ao ano, sendo crime de usura a cobrança de juros acima deste limite.

24. (VUNESP — TJ/SP — Juiz Substituto — 2017) Na alienação fiduciária em garantia, regida pelo Decreto-lei n. 911/1969,

a) a mora e a busca e apreensão do bem estão condicionadas à prévia notificação do devedor.
b) a mora se configura com o vencimento da obrigação, mas a busca e apreensão do bem está condicionada à prévia notificação do devedor.
c) a notificação do devedor é facultativa, mas necessária para a preservação de direitos de terceiros.
d) não há necessidade de prévia notificação do devedor para a busca e apreensão do bem, sendo esta decorrência imediata do inadimplemento.

25. (IESES — TJ-AM — Titular de Serviços de Notas e de Registros — Provimento — 2018) Relativamente à figura jurídica da Alienação Fiduciária e ao seu procedimento, previstos no Decreto-Lei n. 911/69, assinale a alternativa correta:

a) O pedido de recuperação judicial ou extrajudicial pelo devedor nos termos da Lei n. 11.101, de 9 de fevereiro de 2005, impede a distribuição e a busca e apreensão do bem.
b) Da sentença proferida no respectivo feito cabe apelação com efeitos suspensivo e devolutivo.
c) Os procedimentos previstos no *caput* do art. 2 do Decreto-Lei n. 911/69 e no seu § 2º não se aplicam às operações de arrendamento mercantil previstas na forma da Lei n. 6.099, de 12 de setembro de 1974.
d) A mora decorrerá do simples vencimento do prazo para pagamento e poderá ser comprovada por carta registrada com aviso de recebimento, não se exigindo que a assinatura constante do referido aviso seja a do próprio destinatário.

26. (CESPE — TJDFT — Titular de Serviços de Notas e de Registros — Remoção — 2019) À luz da jurisprudência do STJ, assinale a opção correta, a respeito da alienação fiduciária.

a) O devedor poderá purgar somente a mora e requerer a continuidade do contrato de financiamento de veículo com alienação fiduciária em garantia mesmo após o prazo legal de execução, a fim de obter a restituição do bem.

b) A proteção da impenhorabilidade de bem de família legal não constituirá direito do devedor fiduciante sobre imóvel que seja objeto de contrato de alienação fiduciária.

c) No âmbito do contrato de alienação fiduciária, a lei não confere ao devedor o interesse de agir para ajuizar ação de prestação de contas quanto aos valores auferidos em leilão extrajudicial do seu veículo apreendido em busca e apreensão.

d) É viável a aplicação da teoria do adimplemento substancial em contratos de financiamento de veículo com alienação fiduciária em garantia.

e) A responsabilidade do fiduciário pelo adimplemento das despesas condominiais é cabível a partir da data em que o fiduciário vier a ser imitido na posse direta do bem imóvel.

27. (CESPE - MPE-CE - Promotor de Justiça - 2020) Determinada sociedade empresária realizou, na qualidade de arrendadora, contrato de arrendamento mercantil financeiro com um particular, tendo havido o pagamento de diversas prestações mensais que, além do principal, incluíam também valor adiantado a título de valor residual garantido (VRG). Posteriormente, em razão de inadimplemento do arrendatário, a sociedade ajuizou ação de reintegração de posse do bem objeto do contrato. Acerca dessa situação hipotética, assinale a opção correta, de acordo com a jurisprudência do STJ.

a) A cobrança antecipada do valor residual garantido descaracteriza o contrato de arrendamento mercantil, portanto se trata de compra e venda à prestação, não sendo possível a retomada da posse pela arrendadora.

b) Caso haja a retomada de posse direta do bem pela arrendadora, o total já pago a título de VRG deverá ser impreterivelmente devolvido, de forma integral, ao arrendatário.

c) Caso haja a retomada de posse direta do bem pela arrendadora, o total já pago a título de VRG deverá ser parcialmente devolvido, tendo o arrendatário a garantia legal de receber, no mínimo, metade do valor adiantado, devidamente corrigido.

d) Deferida a reintegração de posse e alienado o bem a terceiro, se a soma da importância antecipada a título de VRG com o valor da venda do bem ultrapassar o total do VRG previsto contratualmente, o arrendatário deverá receber a respectiva diferença, cabendo o desconto de outras despesas que tenham sido pactuadas contratualmente.

e) Deferida a reintegração de posse e alienado o bem a terceiro, se a soma da importância antecipada a título de VRG com o valor da venda do bem ultrapassar o total do VRG previsto contratualmente, o arrendatário deverá receber a respectiva diferença, sendo vedado o desconto de outras despesas, ainda que tenham sido pactuadas contratualmente.

▪ GABARITO ▪

1. "e". Revise-se o estudo nos *itens 17.1* e *17.2*.

2. "d". Incorreta, pois a contrariar a orientação consolidada por meio do enunciado da Súmula 283, do STJ.

3. "d". Rememore-se o quanto estudado no *item 17.12.2* anteriormente. Tratando-se de alienação fiduciária, há regimes jurídicos concorrentes: no Código Civil, na Lei de Mercado de Capitais (Lei n. 4.728/65) e na Lei n. 9.514/97, sendo que a Lei n. 10.931/2004 ampliou o objeto dos contratos de alienação fiduciária no âmbito do mercado financeiro, ao acrescentar que a garantia de tais contratos, além de bens móveis, poderá salvaguardar créditos fiscais e previdenciários (art. 66-B): "O contrato de alienação fiduciária celebrado no âmbito do mercado financeiro e de capitais, bem como em garantia de créditos fiscais e previdenciários (...)".

4. "a". Incorreta, porque a contrariar a literalidade do § 2º, do art. 2º, do Decreto-lei n. 911/69: "No caso de inadimplemento ou mora nas obrigações contratuais garantidas mediante alienação fiduciária, o proprietário fiduciário ou credor poderá vender a coisa a terceiros, independentemente de leilão, hasta pública, avaliação prévia ou qualquer outra medida judicial ou extrajudicial, salvo disposição expressa em contrário prevista no contrato, devendo aplicar o preço da venda no pagamento de seu crédito e das despesas decorrentes e entregar ao devedor o saldo apurado, se houver".

5. "d". Nesse sentido, o inc. V, do art. 9º, c/c inc. V, do art. 10, ambos da Lei de Combate à "Lavagem de Dinheiro" (Lei n. 9.613/98).

6. "b", nos termos da Súmula 381, do STJ.

7. "a", nos termos do enunciado da Súmula 369, do STJ.

8. "d". Nesse sentido, *vide* inteiro teor do caso julgado com base na Lei dos Recursos Repetitivos no REsp 962.230, *DJe* 24/04/2012.

9. "e". Regra processual, nos termos do art. 333, inc. II, do CPC.

10. "c", nos termos do art. 41, da Lei n. 10.931/2004: "A Cédula de Crédito Bancário poderá ser protestada por indicação, desde que o credor apresente declaração de posse da sua única via negociável, inclusive no caso de protesto parcial".

11. "b". Itens I e II incorretos, por contrariarem, respectivamente, a orientação consolidada nas Súmulas 30 e 293, do STJ, respectivamente, pela inacumulação da comissão de permanência com a correção monetária, bem como pela não descaracterização do arrendamento mercantil. Itens III e IV corretos, porque coincidentes com a jurisprudência do STJ (Súmula 380 e REsp 916.782/MG).

12. "d", nos termos do art. 28, da Lei n. 10.931/2004: "A Cédula de Crédito Bancário é título executivo extrajudicial e representa dívida em dinheiro, certa, líquida e exigível, seja pela soma nela indicada, seja pelo saldo devedor demonstrado em planilha de cálculo, ou nos extratos da conta corrente".

13. "e". Revise-se o *item 11.1.5.10* estudado anteriormente.

14. "e". Tratando-se de Contrato de Financiamento vinculado ao Sistema Financeiro de Habitação, eventual execução hipotecária deverá ser precedida da regular notificação do mutuário-devedor (DL 70/66, art. 31, § 1º). Não há limitação dos juros remuneratórios (Súmula 422, do STJ). A capitalização seria vedada em qualquer periodicidade (Lei dos Recursos Repetitivos, tese no REsp 1.070.297, *DJe* 18/09/2009). A correção monetária incide ANTES da amortização (Súmula 450, do STJ). Se o índice de atualização pactuado foi o da poupança, possível a atualização do saldo devedor pela taxa referencial (Súmula 454, do STJ).

15. "a". Incorreta. Ao final do contrato de arrendamento, possível ao arrendante adquirir, devolver ou renovar o arrendamento, conforme se estudou no *item 17.11.3 supra*.

16. "d", diante do disposto no § 1º, do art. 36, da Lei n. 12.529/2011: "Art. 36. Constituem infração da ordem econômica, independentemente de culpa, os atos sob qualquer forma manifestados, que tenham por objeto ou possam produzir os seguintes efeitos, ainda que não sejam alcançados: (...) II — dominar mercado relevante de bens ou serviços; § 1º A conquista de mercado resultante de processo natural fundado na maior eficiência de agente econômico em relação a seus competidores não caracteriza o ilícito previsto no inciso II do *caput* deste artigo".

17. "e", nos termos do art. 914, do CC: "Ressalvada cláusula expressa em contrário, constante do endosso, não responde o endossante pelo cumprimento da prestação constante do título".

18. "c" (art. 2º, § 2º, do DL 911/69).

19. "c". Reprodução literal do disposto no § 1º, do art. 1.361, do CC: "Constitui-se a propriedade fiduciária com o registro do contrato, celebrado por instrumento público ou particular, que lhe serve de título, no Registro de Títulos e Documentos do domicílio do devedor, ou, em se tratando de veículos, na repartição competente para o licenciamento, fazendo-se a anotação no certificado de registro".

20. "c". Fundamento: art. 52, inc. I, da Lei n. 8.078/90.

21. "e". O contrato de alienação fiduciária instrumentaliza ou constitui-se na garantia do contrato de mútuo bancário. Releia-se o quanto estudado no *item 17.12.1*. As demais alternativas estão incorretas, porque em desacordo com o texto legal. Confronte-se o que nelas foi consignado, respectivamente, com os seguintes dispositivos legais: art. 66, *caput*, da Lei n. 4.728/65; § 8º, do art. 3º; § 2º, do art. 3º, e art. 4º, todos do DL 911/69.

22. "b", até por exclusão. As demais alíneas trouxeram como alternativa correta o item III, que contraria o enunciado da Súmula n. 293 do STJ. Assim, importante o estudo dos precedentes que redundarem nos enunciados das Súmulas de tribunais superiores, ressaltando-se na mesma questão (item II) a transcrição do enunciado da Súmula n. 564 do STJ, editada em fevereiro de 2016.

23. "d". Alternativa em consonância com os enunciados das Súmulas 296 e 472 do STJ.

24. "a". Alternativa em sintonia com o art. 3º, do DL 911/69, e o teor do enunciado da Súmula 72 do STJ.

25. "d". Em sintonia com a literalidade do § 2º, do art. 2º, do DL 911/69: "A mora decorrerá do simples vencimento do prazo para pagamento e poderá ser comprovada por carta registrada com aviso de recebimento, não se exigindo que a assinatura constante do referido aviso seja a do próprio destinatário".

26. "e". Em sintonia com a literalidade do § 8º, do art. 27, da Lei n. 9.514/97: "Responde o fiduciante pelo pagamento dos impostos, taxas, contribuições condominiais e quaisquer outros encargos que recaiam ou venham a recair sobre o imóvel, cuja posse tenha sido transferida para o fiduciário, nos termos deste artigo, até a data em que o fiduciário vier a ser imitido na posse". Confira-se também o quanto decidido no REsp 1.696.038/SP, *DJe* 03/09/2018.

27. "d". Compatível com o teor da Súmula 564 do STJ: "No caso de reintegração de posse em arrendamento mercantil financeiro, quando a soma da importância antecipada a título de valor residual garantido — VRG com o valor da venda do bem ultrapassar o total do VRG previsto contratualmente, o arrendatário terá direito de receber a respectiva diferença, cabendo, porém, se estipulado no contrato, o prévio desconto de outras despesas ou encargos pactuados".

18

CONTRATO DE SHOPPING CENTER

18.1. INTRODUÇÃO

> "Este texto desenvolve uma **análise crítica do shopping center como espaço urbano privado que se traveste de público** e alia estrategicamente a **oferta e o consumo de mercadorias com a de lazer**. Por ter a característica de ser o centro de compras e de lazer, denomino esse espaço de shopping center híbrido.
>
> O shopping center é entendido '**como um importante fenômeno da sociedade capitalista mundializada**' que tem a pretensão de configurar-se como uma nova cidade, mais limpa, bonita, segura e prática do que a cidade real. Assim, torna-se um espaço privilegiado direcionado a algumas parcelas da população que se sentem à vontade para frequentá-lo."

Da leitura de parte do resumo da tese de doutorado de Valquíria Padilha[1], percebe-se o shopping center como **fenômeno sociológico, mas também como um catalisador de vários empreendimentos**, estrategicamente distribuídos para incrementar a atividade empresarial, disponibilizando em um mesmo espaço bens e serviços variados. Como templo do consumo, ele organiza-se como indústria do varejo e do lazer urbano, **fenômeno comum** nas cidades brasileiras.

Por isso mesmo, o contrato que regula os direitos e as obrigações do administrador do espaço coletivo (a abrigar várias lojas reunidas) e dos parceiros empresariais (lojas-âncora e os empreendimentos-satélite) reclama **mínima regulamentação legal**.

E, nesse sentido, a proposta do PLS 487/2013 (proposta legislativa do Senado Federal que poderá vir a tornar-se o novo Código Comercial). Em seus arts. 561-564, a referida proposta **positivou normas básicas a respeito do fenômeno shopping center**, validando a dinâmica das relações interempresariais e a autorregulação desse importante setor de produção de bens, serviços e lazer.

Diz o art. 561, do PLS 487/2013: "é o complexo empresarial em que se oferecem aos consumidores produtos e serviços conforme o plano de distribuição racional organizado pelo seu empreendedor".

O **espaço físico** do shopping center (sua localização geográfica e as dimensões do empreendimento) bem como sua **organização interna** (limitando a autonomia

1 Tese intitulada "Shopping Center: a catedral das mercadorias e do lazer reificado". Unicamp, 2003. Disponível em: <http://www.bibliotecadigital.unicamp.br/document/?code=vtls000305033&fd=y>.

dos lojistas no que diz respeito ao ponto empresarial) **correspondem às características principais desse tipo de contrato empresarial**.

■ 18.2. CLASSIFICAÇÃO DO SHOPPING CENTER PELA ÁREA BRUTA LOCÁVEL

A Associação Brasileira de Shopping Centers — ABRASCE **classifica o gênero shopping center pela área bruta locável** (ABL) do complexo de lojas e serviços, nos termos da tabela[2] seguinte.

CLASSIFICAÇÃO ABRASCE POR TIPO DE EMPREENDIMENTO		
Tipo	**Porte**	**ABL**
■ Tradicional	■ Mega	■ Acima de 60.000 m²
	■ Regional	■ De 30.000 a 59.999 m²
	■ Médios	■ De 20.000 a 29.999 m²
	■ Pequenos	■ Até 19.999 m²
■ Especializado Podem ser do tipo *outlet, life stile* ou temáticos	■ Grandes	■ Acima de 20.000 m²
	■ Médios	■ De 10.000 a 19.999 m²
	■ Pequenos	■ Até 9.999 m²

■ 18.3. NOÇÃO DE *TENANT MIX*

A **concentração e a combinação do acesso de produtos e serviços de vários setores correspondem ao *tenant mix*** do shopping center — grupos de interesses diversificados que se revelam integrados para atrair os consumidores. O padrão de distribuição dos lojistas visualiza-se pelo espaço ocupado, destacando-se:

- as **lojas-âncora** (a ocuparem espaço igual ou superior a 1.000 m²), sendo exemplos a loja de departamentos, o hipermercado, o supermercado, a loja de construção e decoração e a de eletrodomésticos e eletroeletrônicos, sociedades empresárias relativamente consolidadas no mercado, com marcas bem conhecidas; de acordo com a ABRASCE, a ocupar um espaço maior.
- as **megalojas**, com objetos sociais variáveis: vestuário; eletrodomésticos e eletroeletrônicos; móveis/decoração/cama, mesa e banho; papelaria/informática/material de escritório; artigos esportivos; livraria e brinquedos.
- **lojas menores ou lojas-satélite**, também a explorar objetos sociais diversificados: vestuário; calçados; artigos do lar; artigos diversos; óptica; perfumaria e cosméticos; joias, relojoaria, bijuterias e alimentação.
- grupo intitulado **conveniência e serviços**: vinhos; delicatéssen (queijos/frios/laticínios/bebidas); alimentos especiais (congelados/dietéticos/naturais); farmácia/drogaria/farmácias especiais (homeopatia/manipulação/vitaminas); armarinho; tabacaria; jornaleiro; florista; bazar; serviços financeiros (banco/financeira); correio; cabeleireiro, clínicas de estética e podologia; foto/revelação;

[2] A referida tabela trata de reprodução da classificação da ABRASCE no portal da entidade: <http://www.portaldoshopping.com.br/numeros-do-setor/definicoes-e-convencoes>.

universidades, educação/ensino; serviços médicos (clínicas/laboratórios); lotérica; agência de viagens; lavanderia; chaveiro; consertos; massagem *express*; centro de convenções/salas de convenções; hotel; *lan houses*; serviços públicos/policiais; postos de combustíveis; tatuagem/*piercing*; *pet shop*.

- grupo **lazer**: cinemas; teatro; casa de shows; diversões (parques/*video games*); boliche; bingo; outros (museu, espaço cultural).

Esquematicamente:

MIX DO SHOPPING CENTER SEGUNDO A ABRASCE	
Grupo	**Exemplo**
▪ Lojas-âncora	▪ Loja de departamentos
▪ Megalojas	▪ Loja de eletrodomésticos
▪ Lojas-satélite	▪ Restaurante
▪ Conveniência e serviços	▪ Agência bancária
▪ Lazer	▪ Cinema

▪ 18.4. CARACTERÍSTICAS

O Contrato de Shopping Center diante do entrelaçamento dos objetos sociais do *mix* de lojas referenciado é **contrato coligado**, porque a estrutura de apoio que o empreendedor organiza com estacionamento, segurança, paisagismo, climatização, limpeza, estacionamento, padrão de qualidade, mobiliário, publicidade e marketing favorece uma carteira de clientes comum, consumidores potenciais, frequentadores do shopping em razão de produtos específicos, serviços ou lazer. Esse intangível comum seria uma cláusula acessória implícita a atrair todos os lojistas constituídos do *mix* empresarial. Como nos socorre, mais uma vez, Carlos Roberto Gonçalves, "Contratos coligados são, pois, **os que, embora distintos, estão ligados por uma cláusula acessória, implícita ou explícita** (...) são os que se encontram **ligados por um nexo funcional**"[3-4].

O Contrato de Shopping Center é contrato **oneroso e bilateral**, posto que entre o empreendedor/administrador e cada lojista de *per si* se estabelece um "**contrato de cessão de uso ou contrato de locação**"[5], sendo que, da leitura do art. 562, do PLS

[3] *Direito civil 1 esquematizado*, p. 751.

[4] A caracterização do contrato de *Shopping Center* pressupõe a **coordenação do espaço multifuncional por um administrador, para a captação de clientela comum**, sendo que a ausência de tal coordenação descaracterizará o empreendimento como tal. Neste sentido, o teor do enunciado 83, da III Jornada de Direito Comercial: "O complexo edilício constituído por unidades condominiais comerciais autônomas, sem exploração econômica coordenada de forma unitária, ainda que chamado **'*shopping* do tipo vendido', não caracteriza contrato de *Shopping Center***".

[5] Assim salienta Rodrigo Barcellos, *O contrato de shopping center e os contratos atípicos interempresariais*, p. 97.

487/2013, inferem-se tais características: "Pelo contrato de *Shopping Center*, **o empreendedor cede onerosamente a outro empresário o direito temporário de uso de loja ou espaço determinado do complexo empresarial**, para a exploração de atividade empresarial especificada no instrumento contratual".

Trata-se de uma **locação especial**, pois jungida a **um condomínio empresarial**, na qual se destaca também um **aluguel percentual, incidente sobre o faturamento do lojista**. Tal aluguel percentual corresponderá à remuneração devida ao administrador. Dessa aproximação econômica no que diz respeito aos resultados positivos do empreendimento, dessa partilha obrigatória, deriva para o administrador o **direito de fiscalização do faturamento dos lojistas**, ao passo que estes, por sua vez, poderão requerer a devida prestação de contas das despesas gerenciadas pelo administrador, principalmente quando extraordinárias, sendo que deverão ser estimadas e justificadas por meio de orçamento a ser disponibilizado aos condôminos-lojistas (art. 54, § 2º, da Lei n. 8.245/91).

É claro que a fiscalização do empreendedor/administrador sobre o faturamento do lojista deve ser exercida de forma comedida, pois o que se espera é que haja **cooperação entre lojistas e empreendedor/administrador**. Afinal, o sucesso do empreendimento particular (objeto social desenvolvido pelo lojista), indiretamente, poderá incrementar a remuneração devida ao administrador, que, por sua vez, terá condições materiais de reinvestir ou providenciar melhorias nos serviços já experimentados por todos os lojistas ou em estratégias capazes de cativar a carteira de clientes comum. Por isso mesmo, deve-se preservar a autonomia do lojista, mas a cláusula de fiscalização tem seu lugar ou sua essência na perspectiva de um círculo virtuoso. Leia-se, nesse sentido, o **Enunciado 30**, da I Jornada de Direito de Empresa, do CJF: "**Nos contratos de shopping center, a cláusula de fiscalização das contas do lojista é justificada desde que as medidas fiscalizatórias não causem embaraços à atividade do lojista**". Ao dispor a Lei de Locações sobre as relações entre lojistas e empreendedores/administradores, **garantiu-lhes ampla autonomia**, ainda que as normas procedimentais, em caso da institucionalização de eventuais conflitos — procedimentos judiciais — sejam as da Lei n. 8.245/91[6], em que o próprio direito à ação renovatória da locação deve se **submeter às regras do contrato**. Nesse sentido, não houve regulação suficiente do Contrato de Shopping Center na Lei de Locações, para que tal contrato pudesse ser classificado como contrato típico. É, por essa análise, **contrato atípico**, porque "são os que resultam de um acordo de vontades, não tendo, porém, as suas características e requisitos definidos e regulados na lei"[7].

O Contrato de Shopping Center é **personalíssimo ou *intuitu personae***, porque celebrado em atenção às qualidades especiais de cada um dos lojistas, notadamente **o porte dos empreendimentos particulares, a consolidação de suas marcas e os ob-**

6 A leitura do art. 563, do PLS, corrobora tal entendimento, pois a cessão do uso temporário de loja localizada em shopping center será gênero, ainda que se operacionalize por meio de uma locação: "A cessão temporária de uso de loja ou espaço em *Shopping Center* também pode ser contratada por meio de locação".

7 Assim ensina Carlos Roberto Gonçalves, *Direito civil 1 esquematizado*, p. 750.

jetos sociais desenvolvidos, a permitir, inclusive, uma classificação orientada ao *mix* (distribuição racional do espaço físico correspondente ao shopping center): lojas-âncora, megalojas, lojas-satélite, de serviços ou de lazer, conforme estudado no *item 18.3*.

O Contrato de Shopping Center é **de execução continuada.** E assim é diante das contraprestações periódicas de ambas as partes. A propósito, o **dinamismo inerente à atividade empresarial** (uma de suas características gerais) especifica-se no contrato em análise por meio da possibilidade de transferência do estabelecimento empresarial para espaço diferente do que lhe foi originariamente reservado, ainda que a modificação do ponto empresarial ocorra internamente, isto é, dentro do espaço do shopping. Leia-se tal possibilidade no § 3º, do art. 562, do PLS 487/2013: "Mesmo durante a vigência do contrato, o empreendedor pode, **quando necessário ou conveniente ao seu plano de distribuição racional, transferir** a cessão objeto de contrato de *Shopping Center* **para espaço diverso do mesmo complexo** empresarial, assegurada a plena equivalência de potencial de negócios ou a justa compensação financeira, além do ressarcimento das despesas incorridas em razão da mudança, definidas de comum acordo". É direito-dever do administrador/empreendedor a **reavaliação do *mix*, a impor eventuais modificações na distribuição das lojas, sempre no interesse de todos os lojistas**. Por segurança jurídica, as cláusulas sensíveis do Contrato de Shopping Center impõem sua instrumentalização por meio de **documento escrito**. Rodrigo Barcellos salienta que, ao contrato escrito de cessão de uso da loja entre administrador/empreendedor e a cada lojista, agrega-se um regulamento interno comum, "geralmente exteriorizado em escritura pública"[8]. Por isso, explica que a "escritura das normas gerais e o regulamento interno são espécies de **contrato normativo**, nos quais o empreendedor define as normas que deverão ser obedecidas por todos os integrantes do shopping, viabilizando a prática das atividades empresariais de maneira integrada no centro"[9]. A redação do art. 564, do PLS 487/2013, encampou tal orientação: "Ao assinar o contrato de *Shopping Center* ou de locação, o cessionário ou locatário deve aderir às normas da convenção do condomínio, do regimento interno do complexo empresarial e do estatuto da associação de lojistas, quando houver".

▪ 18.5. O CONTRATO DE SHOPPING CENTER COMO EXEMPLO DE CONTRATO RELACIONAL

A redação do art. 564, do PLS 487/2013, também permite a classificação do Contrato de Shopping Center como **contrato relacional**. A cessão do uso de espaço no centro comercial encontra-se em **conexão com outros pactos relevantes** para o sucesso do empreendimento como um todo. Há, por assim dizer, uma **solidariedade interessada** derivada do princípio da boa-fé objetiva, pois é legítima expectativa do administrador/empreendedor, bem como do conjunto de lojistas, que o fundo de comércio comum lhes proporcione o incremento de seus negócios. Em "**convenção (de**

---

8 BARCELLOS, Rodrigo. *O contrato de shopping center e os contratos atípicos interempresariais*, p. 113.

9 BARCELLOS, Rodrigo. *O contrato de shopping center e os contratos atípicos interempresariais*, p. 118.

***cum + venire*), ou seja, reunir-se** num mesmo lugar os que vêm de diversos lugares"[10], deverão os lojistas aderir às normas comuns de administração e ao compartilhar de despesas, inclusive com vistas às metas de faturamento, formalizando o pacto por meio de documentos escritos, para que a **concorrência seja saudável, e não predatória**, para que se construa um ambiente atrativo e confiável, buscando-se um padrão de excelência ou de qualidade como potencial marca comum a todos os lojistas.

Cristiano Chaves de Farias e Nelson Rosenvald enumeram as **características dos denominados contratos relacionais**, destacando-se, para o objeto do nosso estudo, algumas que permitem perceber a interdependência entre os contratos entabulados pelos integrantes do Shopping Center: "**Planejamento** — não se consideram apenas o objeto, preço e prazo de pagamento, mas, principalmente, a performance futura e a condução de planejamentos flexíveis com caráter processual, ou seja, com regras sobre a revisão e reformulação do planejamento em termos de cooperação; (...) **solidariedade e cooperação** — a cooperação deixa de ser dever anexo e se torna obrigação principal. Os benefícios e os ônus são compartilhados. Cooperar é associar-se com o outro para benefício mútuo ou para divisão mútua do ônus, com equilíbrio substancial nas trocas (...); já a solidariedade importa a preocupação de uns com outros com base em valores comunitários (...); **Poder** (...) os desequilíbrios de poder são mitigados pelo mecanismo compensatório do direito de participação da parte mais frágil da gestão dos serviços que lhe são de interesse direto e pelo controle de custos e performance de contratos; (...) Visão e expectativa dos participantes — já existe todo um processo para planejamento e resolução de conflitos emergentes"[11].

Esquematizando as **características dos contratos relacionais**:

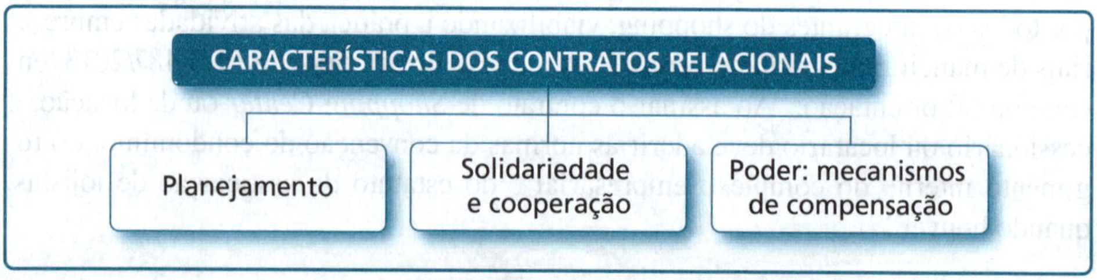

Pela leitura atenta de tais características, percebe-se que, no contrato relacional, deve haver **cooperação contínua para o desenvolvimento dos interesses comuns**. No caso do shopping center, interesses predominantemente econômicos. São os profissionais da atividade empresarial que se associam e se reúnem em um mesmo espaço delimitado para, atuarialmente, potencializarem o valor de seus empreendimentos individualmente considerados. Em resumo, **estima-se que a organização do complexo empresarial propicie rentabilidade, eficiência financeira a todos os seus componentes**.

---

[10] Assim, já ensinavam os romanos, conforme anotado por José Cretella Junior (*Direito romano moderno*, 12. ed., p. 186-187).

[11] FARIAS, Cristiano Chaves de; ROSENVALD, Nelson. *Curso de direito civil* (contratos, teoria geral e contratos em espécie), 2. ed., p. 331.

Do ponto de vista dos analistas de gestão financeira, a geração do **lucro é uma obrigação** para as empresas que se pretendam **competitivas**. Cada lojista (empresário ou sociedade empresária) deve aprimorar as técnicas para avaliação de seus empreendimentos, sendo-lhes possível optar ou não pelo desenvolvimento de seu objeto social em um shopping center. Trata-se de responder à seguinte pergunta: — Quanto vale minha "empresa"? — e comparar-se essa resposta com aquela resultada do seguinte questionamento: — Quanto vale minha empresa em um shopping center?

Trata-se de um processo dinâmico, prospectivo, **denominado *valuation***, que se conceitua como "conjunto de técnicas e métodos de avaliação financeira que permite quantificar ou pelo menos estimar o valor de uma empresa. Não existe um único método ou um único valor para um ativo. Isso depende muito do método de avaliação, da expectativa de retorno futuro, da quantidade de informações disponíveis e do cenário futuro"[12].

Por isso, o Contrato de Shopping Center pressupõe a **organização de um grupo de "empresas" competitivas, isto é, que gerem lucro, que se mantenham superavitárias**, pois, do contrário, recomendável que a empresa deficitária desocupe o espaço que lhe foi reservado no centro empresarial. A remuneração variável do empreendedor/administrador e as cláusulas financeiras que lhe viabilizem um lucro mínimo se justificam diante de um **lucro como obrigação, e não como mera expectativa**. Tanto é assim que o **empreendedor/administrador poderá se opor à renovação da locação ao lojista economicamente deficitário**, nos termos do § 2º, do art. 563, do PLS 487/2013: "O empreendedor do *Shopping Center* pode se opor à renovação do contrato de locação, quando proposta a ação renovatória, sempre que a permanência do locatário no local tornar-se prejudicial à adequada distribuição de oferta de produtos e serviços no complexo comercial".

O lucro do empreendedor/administrador, por sua vez, não significa necessariamente o lucro para o **lojista,** porque, **apesar de eventuais resultados negativos, este deverá remunerar o empreendedor/administrador com o mínimo contratualmente estabelecido**. Contudo, em caso de resultados positivos alcançados pelo lojista, sobre seu faturamento incidirá percentual (também devidamente preestabelecido) que se substituirá ao aluguel mínimo e corresponderá à remuneração variável devida ao empreendedor/administrador[13]. A respeito, mencione-se o disposto no § 2º, do art.

---

12 Nesse sentido, explica, didaticamente, Jerry Kato. Enumera como métodos para a consideração do *valuation* os seguintes: Valor Contábil do Patrimônio Líquido, Valor dos Ativos, Fundo de Comércio ou *Goodwill*, Valor de Reposição e Valor de Liquidação, Lucro Econômico Descontado, Fluxo de Caixa Descontado e Múltiplos de Mercado. Explica que, na avaliação do empreendimento, a depender do método escolhido, mesclam-se estimativas acerca dos ativos tangíveis e intangíveis da empresa, inclusive a projeção de lucros futuros (*Curso de finanças empresariais*, p. 287-306).

13 Leia-se, por exemplo, a nota explicativa do Grupo Multiplan, a administrar a marca trevo dos "Parkshoppings": "Locação de lojas (...) Os locatários das unidades comerciais geralmente pagam um aluguel que corresponde ao maior entre um valor mínimo mensal, reajustado anualmente com base na variação do Índice Geral de Preços — Disponibilidade Interna — IGP-DI, e um montante obtido pela aplicação de um percentual sobre a receita bruta de vendas de cada locatário". Disponível em: <http://ri.multiplan.com.br/fck_temp/17_14/file/Multiplan_DFs-2013_Navegavel%20(1).pdf>.

562, do PLS 487/2013, em que perceptível a sistemática de cálculo de tal remuneração: "A remuneração devida pelo cessionário pode ser fixada em **bases móveis, valor mensal reajustado periodicamente, percentual do faturamento deste ou a combinação destes fatores ou outro critério contratado pelas partes**".

■ 18.6. ESQUEMA DAS PRINCIPAIS CLÁUSULAS FINANCEIRAS DO CONTRATO DE SHOPPING CENTER

Nesse particular, tendo em vista a possibilidade de mescla de outros fatores com a remuneração mínima e o percentual sobre o faturamento, importante esquematizar as **cláusulas financeiras propiciadoras de resultados positivos** para o empreendedor/administrador do shopping center:

PRINCIPAIS CLÁUSULAS FINANCEIRAS DO CONTRATO DE SHOPPING CENTER	
Cláusula	**Conceito**
RES SPERATA	■ Valor fixo a compensar o valor agregado ao fundo de comércio do lojista
ALUGUEL MÍNIMO	■ Valor fixo — receita mínima
ALUGUEL PERCENTUAL	■ Valor incidente sobre o faturamento do lojista
CLÁUSULA DEGRAU	■ Possibilidade de aumento progressivo do aluguel mínimo
13° TERCEIRO ALUGUEL	■ Aluguel mínimo dobrado sazonalmente
ALUGUEL DE DESEMPENHO	■ Sobrevalor periódico superior ao somatório dos aluguéis mínimos

■ 18.6.1. *Res sperata*

A tabela *supra* descreve, sucintamente, as principais cláusulas financeiras relacionadas ao Contrato de Shopping Center e comentadas por Rodrigo Barcellos ao doutrinar sobre o assunto. Ainda que não haja consenso a respeito do conceito da cláusula *res sperata*[14], intuitivamente, percebe-se que o administrador do centro empresarial investiu recursos em planejamento, incorporação, organização, divulgação, instalação e manutenção do empreendimento, infraestrutura que, com a concentração de fornecedores múltiplos, com objetos sociais variados, em perspectiva, representará um **intangível a ser agregado ao patrimônio de cada lojista**, bastando relembrar que o shopping center funciona como um **catalisador de preferências, espaço de cultura e lazer, transformando-se em vetor de uma carteira própria**

[14] O Juiz Guilherme Calmon Nogueira da Gama, em substancioso artigo intitulado "Contrato de Shopping Center", cuidou de recuperar as várias posições doutrinárias a respeito da natureza jurídica da *res sperata*: "A natureza jurídica da ***res sperata*** é discutida na doutrina. Fundamentalmente, as várias correntes existentes podem ser resumidas conforme a caracterização seguinte: a) reserva ou garantia de locação de um espaço no *shopping;* b) retribuição à parcela do fundo de comércio que o empreendedor coloca à disposição do locatário (verdadeira coisa incorpórea em potência); c) ***mix price***, preliminar à locação, destinado a compensar o empreendedor por esses fatores básicos de alavancagem operacional; d) retribuição de um sobrefundo ou superfundo; e) luvas" (*Revista da EMERJ*, v. 5, n. 18, 2002, p. 216-217).

de clientes, que potencial e concomitantemente corresponderá a carteira de clientes de cada loja do complexo empresarial. A compensação pela transferência implícita de tal intangível com os reflexos positivos dela (incremento dos negócios e dos lucros) corresponde ao numerário que o lojista se predispõe a desembolsar pela reserva de espaço quando da instalação do empreendimento.

18.6.2. O aluguel mínimo e o aluguel percentual

Depois de instalado, o centro empresarial continuará a ser gerenciado pelo administrador/empreendedor do shopping center. Como se disse antes, a cessão de uso do espaço das partes ideais e racionalmente distribuídas na área locável **não se pode confundir com mera locação**, pois, no interesse específico do administrador e geral, de cada lojista, desempenha o administrador um papel a propiciar investimento contínuo de recursos no planejamento, na incorporação, na organização, na divulgação, na instalação e na manutenção do empreendimento. Por tal razão, essencial ao Contrato de Shopping Center **o pagamento de contraprestação mensal ao administrador**. Há um **limite mínimo para tal remuneração**, para garantir o lucro do administrador, mas também para possibilitar a acumulação **de recursos que poderão ser reinvestidos na manutenção e expansão** do complexo empresarial. Entretanto, trata-se de valor que poderá ser superado pelo aluguel percentual incidente sobre o faturamento de cada lojista.

O administrador/empreendedor deve **prospectar o volume de recursos necessários à manutenção** do shopping center que gerencia em relação a outros Shoppings concorrentes e "tem a obrigação de zelar pelo equilíbrio global do sistema por ele projetado e executado. Não deveria interessar ao empreendedor cobrar mais do que o razoável do lojista, por ser a presença deste último importante para a composição do *mix* projetado e, por conseguinte, para o sucesso da empresa de conjunto"[15].

18.6.3. "O 13° aluguel"

Tendo em vista tratar-se o Contrato de Shopping Center de contrato de execução continuada, com a possibilidade de renovações sucessivas, a consolidação do **empreendimento de conjunto contribuirá para o crescimento do índice de rentabilidade** do empreendimento de cada lojista individualmente. Como esclarece Jerry Kato[16], "os índices de rentabilidade permitem avaliar a relação entre o lucro da empresa e o investimento realizado pelos sócios, a receita do período e os ativos da empresa. Quanto maior esse índice, melhor para a empresa". E, entre tais índices, destaca-se o "Giro do Ativo", que "expressa o número de vezes que as vendas representam em relação ao ativo total da empresa".

Em outras palavras, a **rentabilidade da empresa se mede pelo incremento das receitas**. Naturalmente, o incremento da carteira de clientes, proporcional e poten-

---

15 Observações de Rodrigo Barcellos, *O contrato de shopping center e os contratos atípicos interempresariais*, p. 121.

16 KATO, Jerry. *Curso de finanças empresariais*, p. 166.

cialmente, redundará no crescimento dos negócios jurídicos de cada lojista e, assim, no aumento das receitas por eles auferidas. Nesse sentido, **se as previsões de incremento da clientela se concretizarem no decurso do prazo do contrato, possível a progressão do valor do aluguel mínimo a que se denomina cláusula "degrau"** e que se sustenta no disposto no art. 316, do Código Civil: "É lícito convencionar o aumento progressivo das prestações sucessivas". Hamid Charaf Bdine Jr., ao comentar tal dispositivo, contextualiza-o em relação ao Contrato de Shopping Center: "O artigo também contempla as hipóteses em que as partes pactuam determinado aumento real do valor da prestação, como ocorre, por exemplo, **nos contratos de locação de pontos comerciais** em shopping centers. Esses centros de compras costumam contratar locação com cláusula que prevê aumento percentual do valor do aluguel a cada ano ao longo do prazo de duração do pacto. Trata-se de um aumento progressivo do valor da prestação"[17].

O **"13º aluguel" corresponde ao pagamento duplo do aluguel mínimo pelo lojista**, em determinados períodos que antecedem tradicionais datas comemorativas, em que o comércio varejista fatura mais do que em outras épocas do ano. Tal fenômeno se apresenta comum nas **festas de fim de ano, páscoa, dia das mães, dos namorados, das crianças**, entre outras. Esse incremento sazonal do faturamento, pelos menos em relação a determinados grupos de lojistas, justifica a previsão contratual de que a remuneração ao empreender merecerá acréscimo, **se, e somente se, a expectativa de incremento do faturamento efetivamente se realizar**.

18.6.4. A cláusula de desempenho

A cláusula de desempenho se apresenta como uma cláusula financeira que serve para **modular o valor do aluguel mínimo**. O administrador/empreendedor poderá se valer desta cláusula para projetar uma remuneração pouco acima do mínimo e a ser saldada periodicamente. Rodrigo Barcellos[18] salienta que, à primeira vista, tal cláusula parece injusta, pois, ao final do período, por exemplo, um semestre, estipula-se que o lojista deverá ter remunerado o empreendedor com montante correspondente ao somatório dos pagamentos mínimos mais 75% (setenta e cinco por cento) do valor de um mês do mínimo. Esse sobrevalor, entretanto, **poderá, em perspectiva, "diminuir o valor do impacto do 'aluguel' mínimo nos meses de baixo movimento no shopping"**[19].

De forma didática, Rodrigo Barcellos explicou que, na ausência da referida cláusula de desempenho, a tendência será o incremento do "aluguel mínimo". Por suposição, considerou duas hipóteses de contratação.

---

17 *Código Civil comentado*, 7. ed., 2013, p. 295-296.

18 BARCELLOS, Rodrigo. *O contrato de shopping center e os contratos atípicos interempresariais*, p. 124-125.

19 BARCELLOS, Rodrigo. *O contrato de shopping center e os contratos atípicos interempresariais*, p. 124.

Na primeira, estipulou-se como "aluguel mínimo" o valor de R$ 1.000,00 e como sobrevalor semestral a quantia de R$ 750,00, a última correspondente à denominada cláusula de desempenho. Ao fim do semestre, supondo-se que somente no mês de janeiro precedente o lojista conseguiu um bom volume de vendas, capaz de substituir o aluguel mínimo por percentual de seu faturamento que perfez o valor de R$ 2.000,00, perceptível como remuneração total do administrador/empreendedor do shopping center no valor de R$ 7.000,00.

Contudo, demonstrou que uma segunda contratação, sem a cláusula de desempenho, poderia projetar o mesmo valor semestral da remuneração do administrador/empreendedor, apenas majorando-se o "aluguel mínimo" para o valor de R$ 1.250,00. E, nessas circunstâncias, de forma semelhante, se o lojista somente em janeiro conseguisse remunerar o administrador em valor superior ao mínimo (igualmente no valor de R$ 2.000,00), ao final do período, desembolsaria montante superior ao calculado no primeiro contrato, mais especificamente o valor de R$ 7.625,00. Portanto, concluiu que **a cláusula de desempenho acabaria por sancionar positivamente o lojista que conseguisse faturamento expressivo** pelo menos em determinados meses do ano, "ajudando-o a suportar os meses de baixo movimento, por possibilitar ao empreendedor fixar um valor mensal mínimo menor. Por outro lado, o lojista que não conseguir pagar o 'aluguel' percentual em nenhum dos seis meses (...) será ainda mais onerado com a previsão de acréscimo semestral, hipótese em que se sentirá economicamente pressionado a deixar o shopping, requerendo o distrato"[20].

Esquematicamente, tais hipóteses poderiam ser sintetizadas na tabela e no gráfico, R1 e R2, respectivamente, **a seguir**, correspondentes às séries de pagamentos percebidos pelo administrador/empreendedor ao longo do semestre, sendo que, no contrato com a cláusula de desempenho, o valor desembolsado pelo lojista foi menor. Esquematizando, então, com uma tabela:

CONTRATO COM CLÁUSULA DE DESEMPENHO		CONTRATO SEM CLÁUSULA DE DESEMPENHO	
Mês	**R1**	**Mês**	**R2**
Jan.	2.000	Jan.	2.000
Fev.	1.000	Fev.	1.125
Mar.	1.000	Mar.	1.125
Abr.	1.000	Abr.	1.125
Maio	1.000	Maio	1.125
Jun.	1.000	Jun.	1.125
Semestral	R$ 7.000,00	Semestral	R$ 7.625,00

Ou, graficamente:

[20] BARCELLOS, Rodrigo. *O contrato de shopping center e os contratos atípicos interempresariais*, p. 125.

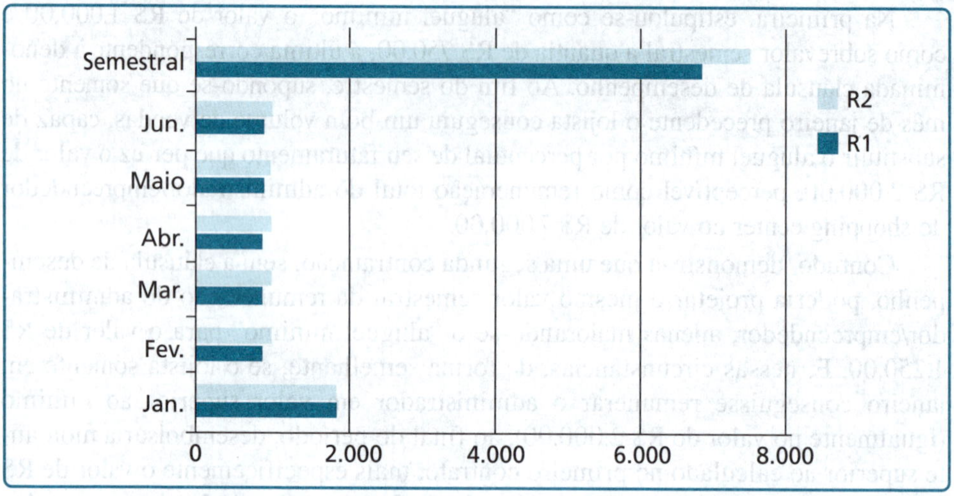

■ 18.7. O EQUILÍBRIO ECONÔMICO DO CONTRATO DE SHOPPING CENTER COMO GARANTIA DO LOJISTA

Os lojistas no Contrato de Shopping Center aderem às cláusulas gerais predispostas pelo administrador/empreendedor do centro empresarial. E, diante da atipicidade do referido contrato e da remuneração mínima a beneficiar o administrador, interessante a construção doutrinária que caracteriza o Contrato de Shopping Center **como uma sociedade em conta de participação *sui generis***. O fundo de comércio comum seria compartilhado pelo conjunto de lojistas e pelo administrador, intangível que **corresponderia ao patrimônio de afetação do contrato de investimento**, gerenciado pelo administrador. Entretanto, ainda que a organização, prospectivamente, influencie o faturamento do lojista e a remuneração do administrador, **partilham-se somente os resultados positivos**, tendo em vista que o administrador não responde pelo insucesso eventual da atividade do lojista. Nessa perspectiva, para prevenir eventual abuso de direito da parte do administrador, há que se investigar se ele, o predisponente do contrato de adesão, cumpriu rigorosamente com suas obrigações, desde a instalação do empreendimento, pois, do contrário, será prejudicado ou comprometido o equilíbrio econômico do contrato, a ser restabelecido por sua revisão ou resolução. Eis, mais uma vez, o pensamento de Rodrigo Barcellos a respeito do tema:

> Nos Shopping Centers novos, vários contratos são firmados com os lojistas na fase de construção, quer por instrumento único, contendo a obrigação de pagar a *res sperata*, quer em dois instrumentos apartados. **A obrigação do empreendedor é de resultado**: deve ele entregar o prédio no prazo estabelecido com a estrutura física prometida e contando com um número mínimo de lojas integrantes e de lojas âncoras. Com efeito a causa do contrato está relacionada à causa supracontratual da rede de contratos, sendo obrigação inicial do empreendedor o funcionamento da empresa de conjunto por ele projetada e prometida aos lojistas. O descumprimento de tais obrigações gerais, bem como daquelas assumidas em cada contrato particular, dá causa à resolução do contrato por inadimplemento do empreendedor (art. 475 do Código Civil), **com a restituição dos valores pagos pelo lojista e a indenização por perdas e danos**.

■ 18.7.1. A cláusula de "raio"

A *res sperata* corresponde, do ponto de vista do futuro lojista, à legítima expectativa de que lhe seja reservado espaço no complexo empresarial capaz de incrementar seus negócios, diante do **compartilhamento de uma carteira de clientes que será atraída pelo empreendimento de conjunto**. A captação de clientela deverá ser compartilhada, e não pulverizada, para comerciantes de um mesmo setor. Em outras palavras, deveria haver cooperação entre integrantes de um mesmo ramo de atividade, e não competição predatória. Ao administrador caberá a reorganização, se necessário, do *mix* de lojas, para evitar uma verdadeira autofagia empresarial. Para a preservação do empreendimento de conjunto, do fundo de comércio comum, nos contratos individuais, impõe-se ao lojista **uma obrigação de não fazer, a denominada cláusula de "raio", que impede que o lojista integrado no centro comercial ultime por potencializar sua clientela instalando estabelecimento autônomo em área contígua ou próxima da localização do centro empresarial**, diante do risco de, mesmo indiretamente, dissipar a clientela dos demais lojistas do centro empresarial, caracterizando, tal proceder, uma **concorrência incômoda e desleal**.

Em síntese, "**a *cláusula de raio* é típica e tradicional nos contratos locacionais de espaços comerciais em centros de compras** e a sua função é sobremodo a de **preservar os investimentos exigidos** na iniciativa econômica de implantação desses megaempreendimentos, estando *provavelmente* a sua inserção nos pactos respectivos ao abrigo da autonomia das vontades dos contratantes", nos termos de trecho do voto do Ministro Napoleão Nunes Maia Filho, no REsp 1.125.661/DF (STJ, 1ª Turma, *DJe* 16/04/2012).

Esquematicamente, o círculo maior delimita a área geográfica em que o lojista integrado ao shopping center não poderá instalar estabelecimento empresarial autônomo. O shopping center corresponde ao centro de compras maior, enquanto o lojista (uma megaloja, por exemplo) ao centro de compras menor. Assim, a cláusula de "raio" obriga o lojista a se abster de instalar empreendimento autônomo nas proximidades do shopping center — no caso discutido no REsp 1.125.661/DF, o raio a ser respeitado correspondeu à distância de 2 km (dois quilômetros):

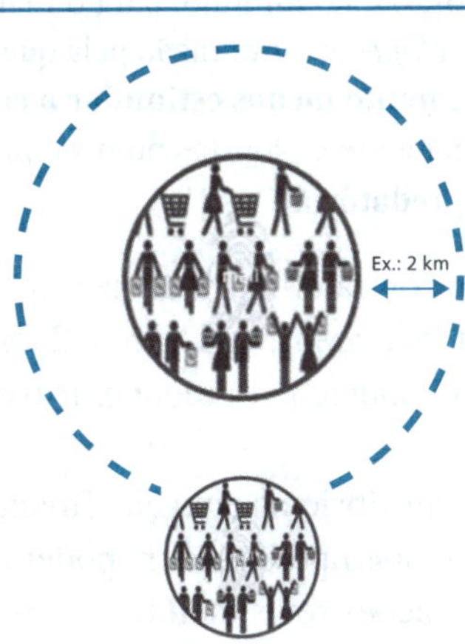

18.7.2. A cláusula de exclusividade

A **concorrência predatória ou desleal também deve ser coibida na área locável, no interior do complexo de compras, portanto**. Assim, se, ao aderir e ao ser atraído para integrar o shopping center, a legítima expectativa do lojista foi a garantia de que poderia com exclusividade negociar determinado produto, sua reversão com a instalação posterior de uma loja-âncora no mesmo complexo, ciente o administrador de que esta comercializará o mesmo produto que o lojista acreditou que o faria com exclusividade, flagrantemente, **contextualiza descumprimento do primeiro contrato**, a favorecer a resolução da avença por parte do lojista prejudicado. Nesse sentido, já decidiu o STJ, sendo oportuna a transcrição de trecho do voto da Ministra Relatora Nancy Andrigui, que, com uma bela metáfora, comparou o complexo empresarial com uma orquestra:

> O presente processo traz à tona a relação jurídica existente entre lojistas e incorporador-administrador de *shopping centers*. A esse respeito, conforme exemplo brilhante dado por João Carlos Pestana de Aguiar, "*o conjunto comercial a que representa um shopping center pode ser* ***imaginado como uma orquestra*** *com melhor musicalidade em suas execuções sinfônicas quanto melhores forem seus músicos e maestro*". (Anotações sobre o mundo jurídico dos shopping centers, In: *Revista de direito do Tribunal de Justiça do Estado do Rio de Janeiro*, n. 7, abr./jun. 1991, p. 32).
>
> Com efeito, a relação com a orquestra sinfônica é especialmente adequada, porquanto os **músicos (lojistas) e o maestro (administrador)** são relevantes mas, independentemente do tipo de contrato que os vincule, **quem concorre com a sinfônica não são os músicos, são as outras orquestras**. Nem os músicos podem concorrer entre si na execução de uma sinfonia, sob pena de não haver harmonia na emissão dos sons e a própria orquestra desafinar. Da mesma forma, o maestro deve procurar dispensar o **mesmo tratamento a todos os músicos**, ou não haverá afinação do conjunto e sua orquestra estará fadada ao fracasso.
>
> O *shopping center* tem, por consequência, **organicismo econômico**, porquanto um lojista não pode concorrer diretamente com outro, sob pena de prejuízos para o próprio *shopping center*, para ambos, ou, no mínimo, para o mais fraco economicamente (isto é, a *loja satélite* em relação à *loja-âncora*); razão pela qual a administração do *shopping center* **não pode permitir e muito menos estimular a concorrência predatória entre as lojas**. A relação comercial entre os lojistas num *shopping center*, por consequência, deve ser **simbiótica e não predatória**.

Se, durante a execução do contrato, vier a ocorrer inadimplemento do lojista, por expressa disposição de lei, art. 54, *caput*, da Lei n. 8.245/91, poderá o empreendedor intentar ação de despejo contra aquele para recuperar o espaço no complexo empresarial antes cedido.

Por sua vez, eventual desequilíbrio na equação financeira do contrato, a envolver a remuneração do administrador/empreendedor, poderá ser questionado em juízo, respectivamente, por meio das ações revisional (arts. 68-70) e renovatória de aluguel (arts. 71-75), da mesma lei locatícia.

18.8. ESQUEMA

CONTRATO DE SHOPPING CENTER	
CONCEITO	▪ Contrato interempresarial, em que um administrador/empreendedor concebe o projeto, a incorporação, construção e instalação de complexo empresarial, para promover a cessão de espaços locáveis, mediante remuneração aos lojistas que aderirem ao projeto, de acordo com um *mix* de atividades, na perspectiva de oferecer ao público consumidor a oportunidade de, em um só lugar, desfrutar de bens, serviços e lazer.
PARTES	▪ Administrador/empreendedor (cedente, locador do ponto empresarial) e lojista (cessionário, locatário, condômino).
EXEMPLO	▪ Sociedade empresária com marca consolidada no mercado de *fast-food*, apesar de possuir redes de estabelecimentos autônomos, busca incrementar seus negócios, instalando-se como loja-âncora em Shopping Center.
CARACTERÍSTICAS	▪ Contrato coligado, de adesão, escrito, oneroso, bilateral, de execução continuada, *intuitu personae* e relacional.
REFERÊNCIAS LEGISLATIVAS E DE AUTORREGULAÇÃO	▪ Lei n. 8.245/91 (art. 54). ▪ PLS 487/2013 (arts. 561-564) — Novo Código Comercial. ▪ ABRASCE — *Mix-padrão.*

18.9. QUESTÕES SUBJETIVAS

18.9.1. Questão-homenagem

O que se entende por *tenant mix*?

Resposta: Tenant mix corresponde à organização racional do espaço locável referente à área do shopping center, de modo a permitir uma competição não predatória entre os lojistas, bem como a integração de vários empreendimentos em um só lugar (comercialização de produtos, prestação de serviços e lazer), de modo a cativar uma carteira de clientes comum para o empreendimento de conjunto.

18.9.2. Questão-desafio

Diferencie cláusula de não restabelecimento de cláusula de "raio".

18.10. QUESTÕES OBJETIVAS

1. (TJDFT — 2007 — Juiz) Julgue as proposições seguintes acerca do estabelecimento denominado shopping center, assinalando, após, a alternativa correta:

I. O lojista pode deixar de efetuar o pagamento total do preço do contrato de promessa de compra e venda de loja situada em shopping center se o incorporador-administrador descumpre sua obrigação de respeitar a cláusula de exclusividade na comercialização de determinado produto pelo lojista (*mix*), permitindo que loja-âncora venda o mesmo produto vendido pelo lojista.

II. O incorporador-administrador, além de ter a obrigação de entregar a loja num ambiente com características comerciais predeterminadas no contrato assinado com o lojista, não pode alterar tais características depois de instalado o shopping, isto é, durante todo o período de vigência do contrato entre lojista e empreendedor.

III. Pode-se afirmar que a relação comercial entre os lojistas deve ser simbiótica.

IV. A lei de locações não admite a renovação compulsória do contrato de locação de espaços em shopping centers.

a) Todas as proposições são verdadeiras.
b) Todas as proposições são falsas.
c) Apenas uma das proposições é verdadeira.
d) Apenas uma das proposições é falsa.

2. (CESPE — 2008 — Banco do Brasil — Escriturário) Julgue o item seguinte. Na sociedade urbano-industrial contemporânea, o shopping center tende a ser referência não apenas econômica, mas também de sociabilidade, uma forma modernizada dos antigos mercados que existiram ao longo da História.

3. (VUNESP — 2011 — TJ-SP — Juiz) Sobre as locações de espaço em "Shopping Centers", indique a alternativa correta.

a) O locador não poderá recusar a renovação do contrato, com fundamento no uso por ele próprio do imóvel.

b) O locador poderá cobrar do lojista, havendo previsão contratual, o custo rateado da pintura das fachadas.

c) O locador poderá recusar a renovação do contrato, com fundamento na transferência de fundo de comércio existente há mais de um ano, sendo detentor da maioria do capital o locador, seu cônjuge, ascendente ou descendente.

d) O locatário terá direito à renovação do contrato, por igual prazo, desde que, cumulativamente, o contrato a renovar tenha sido celebrado por escrito e com prazo determinado, o prazo mínimo do contrato a renovar ou a soma dos prazos ininterruptos dos contratos escritos seja de cinco anos e o locatário esteja explorando seu comércio, no mesmo ramo, pelo prazo mínimo e ininterrupto de dois anos.

e) Do direito à renovação decai aquele que não propuser a ação no interregno de dois anos, no máximo, até um ano, no mínimo, anteriores à data da finalização do prazo do contrato em vigor.

4. (FGV — OAB — 2013 — X Exame de Ordem Unificado) Heliodora Moda Feminina Ltda. é locatária de uma loja situada no shopping center Mateus Leme. Sobre o contrato de locação de uma unidade comercial em shopping center, assinale a afirmativa correta.

a) O locador poderá recusar a renovação do contrato com fundamento na necessidade de ele próprio utilizar o imóvel.

b) As despesas cobradas do locatário não precisam estar previstas em orçamento, desde que devidamente demonstradas.

c) O empreendedor poderá cobrar do locatário as despesas com obras de reformas que interessem à estrutura do shopping.

d) As condições livremente pactuadas no contrato respectivo prevalecerão nas relações entre os lojistas e o empreendedor.

5. (FGV — TJAM — 2013 — Juiz) Chegando ao shopping center, João deixa seu veículo no estacionamento que o estabelecimento disponibiliza para comodidade dos seus clientes, com vigilância terceirizada. Sem nada adquirir, João decide ir embora. Chegando ao estacionamento, descobre que seu veículo foi furtado. Inconformado com o ocorrido, João ingressa com ação judicial imputando responsabilidade civil ao shopping center. Segundo a posição do STJ sobre o tema, assinale a afirmativa correta.

a) João não se enquadra no conceito de consumidor, na forma do art. 2º do CDC, pois não houve aquisição de qualquer produto ou serviço como destinatário final, durante o período em que esteve no shopping.

b) O shopping não pode ser responsabilizado se houver prévia e expressa comunicação ao proprietário do veículo, no comprovante de estacionamento entregue no momento do ingresso, de cláusula de exoneração de responsabilidade por quaisquer danos ao veículo.

c) A hipótese aborda responsabilidade subjetiva, que depende da verificação da culpa do estabelecimento, porquanto o shopping center, *in casu*, não pode ser enquadrado no conceito de fornecedor de que trata o art. 3º do CDC, §§ 1º e 2º.

d) Embora haja relação de consumo, a responsabilidade civil não pode ser atribuída ao shopping, mas sim à empresa de vigilância terceirizada.

e) A questão da aquisição de bens ou serviços por João, para efeito da responsabilidade civil, é irrelevante, isso porque o shopping, ao oferecer local presumivelmente seguro para estacionamento, assume obrigação de guarda e vigilância, o que o torna civilmente responsável por furto de veículo ali ocorrido.

6. (VUNESP — TJRJ — Juiz de Direito Substituto — 2014) Conforme expressa previsão da lei que disciplina a ação renovatória de locação não residencial, é correto afirmar que

a) o prazo do contrato a renovar pode ser determinado ou indeterminado.
b) nas locações de espaço em *shopping centers*, o locador não poderá recusar a renovação do contrato sob alegação de uso próprio.
c) não poderá ser exercida pelos cessionários ou sucessores da locação.
d) a defesa do locador é adstrita às hipóteses previstas na lei de locações, visto constituírem *numerus clausus*.

7. (FGV — OAB — XXII Exame Unificado — 2017) Matheus, empresário individual, pretende alugar um imóvel para instalar seu estabelecimento e nele localizar seu ponto empresarial. Antes de celebrar o contrato, ele procura você para, como advogado(a), informar-lhe sobre aspectos concernentes à locação não residencial. Sobre a locação não residencial, assinale a afirmativa correta.

a) Na ação de despejo que tiver por fundamento exclusivo o término do prazo contratual, tendo sido proposta a ação em até 30 dias do cumprimento de notificação ao locatário comunicando o intento de retomada, será concedida liminar para desocupação em quinze dias, ouvlda a parte contrária e se prestada caução pelo autor no valor equivalente a dois meses de aluguel.
b) Na locação não residencial de imóvel urbano, na qual o locador procede à prévia aquisição do imóvel especificado pelo pretendente à locação, a fim de que seja a este locado por prazo determinado, poderá ser convencionado no contrato a renúncia ao direito de revisão do valor dos aluguéis durante o prazo de vigência do contrato.
c) Nas locações de espaço em *shopping centers*, o locador poderá recusar a renovação do contrato pleiteada pelo locatário se o imóvel vier a ser utilizado pelo locador, que não poderá ser destinado ao uso no mesmo ramo da atividade do locatário.
d) Nas locações por prazo determinado de imóveis utilizados por estabelecimentos de ensino autorizados e fiscalizados pelo Poder Público, o contrato poderá ser rescindido por denúncia do locador, a qualquer tempo, independentemente de notificação ou aviso.

▪ GABARITO ▪

1. "c". Como se verá na resposta da *questão 3*, uma das exceções que poderá ser oposta à renovação obrigatória de locação não residencial se refere especificamente ao contrato de shopping center, do que se infere a possibilidade da propositura da referida ação. Logo, o item IV se encontra incorreto, a excluir a alínea "a" ("todas verdadeiras"). O contrato de shopping center corresponde a um contrato relacional, sendo que o administrador tem interesse no incremento dos negócios do lojista, a justificar, inclusive, a remuneração do aluguel em valor parcialmente variável e proporcional ao incremento dos lucros do lojista. O administrador, ao lucrar com a organização do centro de compras, reinvestirá parte dos lucros no referido estabelecimento, potencializando o *mix* empresarial. Diante de tais melhorias, possível a alteração do espaço locável. Por isso, incorreto o item II, que afirmou não ser possível a alteração do ambiente do shopping center; incorreto igualmente o item I, por se tratar de inadimplemento parcial; assim, correto apenas o item III, que disse a respeito de uma relação simbiótica entre administrador e lojista, concluindo-se, por isso, como única alternativa possível a letra "c" ("apenas uma das proposições é verdadeira").

2. Item correto. O shopping center, "templo do consumo moderno", agrega em um mesmo espaço, a possibilidade de fornecer produtos e serviços de vários setores, bem como entretenimento e lazer. É, como estudado na introdução deste capítulo, fenômeno a impor estereótipos a seus frequentadores.

3. "a", nos termos do art. 52, da Lei n. 8.245/91: "Art. 52. O locador não estará obrigado a renovar o contrato se: I — por determinação do Poder Público, tiver que realizar no imóvel obras que importarem na sua radical transformação; ou para fazer modificações de tal natureza que aumente o valor do negócio ou da propriedade; II — o imóvel vier a ser utilizado por ele próprio ou para transferência de fundo de comércio existente há mais de um ano, sendo detentor da maioria do capital o locador, seu cônjuge, ascendente ou descendente. § 1º Na hipótese do inciso II, o imóvel não poderá ser destinado ao uso do mesmo ramo do locatário, salvo se a locação também envolvia o fundo de comércio, com as instalações e pertences. § 2º Nas locações de espaço em shopping centers, o locador não poderá recusar a renovação do contrato com fundamento no inciso II deste artigo".

4. "d". O enunciado trouxe a hipótese do contrato empresarial de shopping center, quando um empreendedor organiza um complexo comercial de compras, com o objetivo de potencializar a carteira de clientes em benefício dos lojistas que se concentraram no espaço locável. Trata-se de contrato atípico[20], ainda que as normas procedimentais (ações judiciais) sejam as mesmas das demais locações não residenciais. A alternativa "d" reproduziu a letra do art. 54, da Lei n. 8.245/91, que, expressamente, salientou a autonomia das partes no que diz respeito ao contrato entre o administrador do centro comercial e seus lojistas: "Art. 54. Nas relações entre lojistas e empreendedores de *shopping center*, prevalecerão as condições livremente pactuadas nos contratos de locação respectivos e as disposições procedimentais previstas nesta lei. § 1º O empreendedor não poderá cobrar do locatário em *shopping center*: a) as despesas referidas nas alíneas *a*, *b* e *d* do parágrafo único do art. 22; e b) as despesas com obras ou substituições de equipamentos, que impliquem modificar o projeto ou o memorial descritivo da data do habite-se e obras de paisagismo nas partes de uso comum. § 2º As despesas cobradas do locatário devem ser previstas em orçamento, salvo casos de urgência ou força maior, devidamente demonstradas, podendo o locatário, a cada sessenta dias, por si ou entidade de classe exigir a comprovação das mesmas".

5. "e". O conceito de *mix* empresarial engloba o incremento potencial da clientela do conjunto de fornecedores, justamente porque o centro comercial denominado shopping center estará a oferecer, em um só lugar, variados produtos e serviços, mas também lazer e segurança aos clientes comuns. A doutrina consumerista, na hipótese de danos ao consumidor, usuário do estacionamento, esclarece que, ainda que o serviço referente ao estacionamento não seja custeado diretamente pelo consumidor afetado, isso não significa que tal serviço não seja remunerado, inclusive porque o custo do estacionamento corresponde a exemplo de despesa comum rateada entre os lojistas. Intuitivamente, referido custo será diluído nos preços dos produtos e serviços oferecidos no centro de compras. O incremento potencial da clientela decorrente do *mix* empresarial compensará a assunção de despesas comuns, sendo que não um consumidor específico remunerará tais despesas, mas sim todos os que forem atraídos pelo centro de compras. A responsabilidade do shopping center para com seus consumidores é objetiva, nos termos dos arts. 12, 13, 18, 19 e 20, do CDC (Lei n. 8.078/90). O STJ consolidou entendimento no sentido da necessidade de indenização dos consumidores em hipóteses semelhantes às do enunciado. Nesse sentido, o teor da Súmula 30, do STJ: "A empresa responde, perante o cliente, pela reparação de dano ou furto de veículo ocorridos em seu estacionamento".

6. "b". Fundamento: § 2º, do art. 52, da Lei n. 8.245/91.

7. "b". A resposta da questão requer do candidato familiaridade com o texto da Lei de Locações (Lei n. 8.245/91). A alternativa "b" encontra-se em conformidade com o disposto no art. 54-A, § 1º, da referida Lei: "Art. 54-A. Na locação não residencial de imóvel urbano na qual o locador procede à prévia aquisição, construção ou substancial reforma, por si mesmo ou por terceiros, do imóvel então especificado pelo pretendente à locação, a fim de que seja a este locado por prazo determinado, prevalecerão as condições livremente pactuadas no contrato respectivo e as disposições procedimentais previstas nesta Lei. § 1º Poderá ser convencionada a renúncia ao direito de revisão do valor dos aluguéis durante o prazo de vigência do contrato de locação". As demais alternativas estão em desconformidade, respectivamente, art. 59, § 1º (que se refere à caução equivalente a três meses de aluguel e não dois meses), art. 52, § 2º ("Nas locações de espaço em *shopping centers*, o locador não poderá recusar a renovação do contrato com fundamento no inc. II deste artigo"), art. 56 (não a qualquer tempo, mas findo o contrato de locação).

[21] A ampla autonomia das partes permite tal conclusão. De se salientar que o PLS 487/2013, proposta do Senado Federal, para a criação de um novo Código Comercial, tipificou o Contrato de Shopping Center entre seus arts. 561-564. Diz o art. 561, do PLS 487/2013: "*Shopping Center* é o complexo empresarial em que se oferecem aos consumidores produtos e serviços conforme o plano de distribuição racional organizado pelo seu *empreendedor*".

19

SOCIEDADE EM CONTA DE PARTICIPAÇÃO

19.1. NOÇÕES GERAIS

A **atividade empresarial**, conforme estudamos nos capítulos 2 e 7, poderá ser **exercida individual ou coletivamente**, pelo empresário ou pela sociedade empresária. Na última hipótese, o ente coletivo adquirirá personalidade jurídica, quando inscritos seus atos constitutivos no "Registro Público de Empresas Mercantins a cargo das Juntas Comerciais" (art. 985 c/c art. 1.150, ambos do CC). Logo, intuitivamente, após a **formalização do empreendimento**, a sociedade empresária poderá invocar regime jurídico próprio, bem como as regras protetivas dele derivadas, destacando-se o **diálogo entre o Código Civil, a Lei das S/A e a Lei de Falências e Recuperação**.

Por outro lado, a **personificação das pessoas jurídicas** em geral e das sociedades empresárias como espécies daquelas em particular decorreu de longo processo histórico (cf. *item 7.3*). Como afirmamos naquela oportunidade, de **"sociedades familiares"** a "**complexos conglomerados empresariais** de hoje (com empresas a atuar em vários países". Assim, na Antiguidade e na Idade Média, muito diferente da atualidade, a regra que prevaleceu nas tais sociedades familiares **foi a da solidariedade e responsabilidade ilimitada** dos sócios pelo passivo do ente coletivo.

Diante disso, como alternativa, a criatividade dos empreendedores de então fez surgir um contrato que **distinguia a responsabilidade dos interessados em uma atividade lucrativa comum** — o denominado contrato de comenda — em que "**se entregava a quem ia empreender viagem marítima certa quantia em dinheiro** ou mercadoria, para que (...) **negociasse em nome próprio, mas em proveito comum**, conforme o ajuste. Desse modo, qualquer que fosse o **êxito do negócio** confiado àquele que empreendia a viagem (*trator, commanditarium*), **o que entregava o dinheiro** ou as mercadorias (*commendator, socius stans*) **não se responsabilizava** além do valor entregue"[1].

E de ajustes como o **contrato de comenda** ao surgimento da sociedade denominada "***acommandita***, fundada em 8 de maio de 1532, em Florença, como verdadeira origem das sociedades em comandita simples e em conta de participação", sendo que

---

[1] Cf. MENDONÇA, José Xavier Carvalho de. *Tratado de direito comercial brasileiro*. São Paulo: Bookseller, 2000, v. I, p. 174.

em **"alguns contratos, o sócio comanditário preferiu permanecer oculto"**, como ensina o prof. Ricardo Negrão[2].

No Brasil, o Código Comercial (Lei n. 556/1850), entre seus arts. 325-328, **positivou o contrato de investimento** denominado de **sociedade em conta de participação**. Leia-se o teor do art. 325: "Quando duas ou mais pessoas, sendo ao menos uma comerciante, se reúnem, sem firma social, para lucro comum, em uma ou mais operações de comércio determinadas, trabalhando um, alguns ou todos, **em seu nome individual para o fim social**, a associação toma o nome de sociedade em conta de participação, **acidental, momentânea ou anônima**; esta sociedade **não está sujeita às formalidades** prescritas para a formação das outras sociedades, e pode provar-se por todo o gênero de provas admitidas nos contratos comerciais".

Conforme, mais uma vez, o magistério de Ricardo Negrão[3], criticável a locução "sociedade em conta de participação", tendo em vista que **a atividade empresarial poderá ser exercida individualmente**, em se tratando o sócio ostensivo de empresário, destacando não estar sujeito "o contrato, formado com sócio oculto, a qualquer formalidade de registro ou de validade *erga omnes*"[4]. Assim, tecnicamente, **em vez de sociedade, a conta de participação corresponderá a um contrato empresarial *sui generis*, um contrato de investimento**.

O **Código Civil atual** revogou expressamente o Código Comercial na parte referente ao direito societário e, hoje, a **"sociedade" em conta de participação corresponde a uma das modalidades de sociedade não personificada**, com regime jurídico entre seus arts. 991-996.

Imagine-se, a título de ilustração, um **contrato de concessão pública de gerenciamento de resíduos sólidos, em que se tenha sagrado vencedora a sociedade "A"**. Tal sociedade, para dar vazão aos serviços contratados, **cotiza-se com a sociedade "B"**, por meio de uma sociedade em conta de participação: "A" (sócia ostensiva) e "B" (sócia participante), esta com **certificação tecnológica para o licenciamento, a instalação e o fornecimento de um incinerador industrial que proporcionará a extinção do lixo** a ser recolhido, conforme o objeto do contrato público a ser executado pela sociedade "A". A sociedade "B", por sua vez, cotiza-se, em seguida, com uma terceira sociedade, "C": "B" (sócia ostensiva) e "C" (sócia participante), sendo esta fabricante do incinerador. Nessa segunda sociedade em conta de participação, a participante se compromete a **fornecer a "B" o equipamento industrial (incinerador)**, mediante contrato de compra e venda, mas mantém a metade da propriedade do bem.

Em perspectiva, depois de instalado o incinerador, nos termos dos contratos correspondentes às sociedades em conta de participação, "A", ao executar o contrato público, e auferindo a remuneração mensal correlata, **deveria dividir o lucro líquido com**

---

2 In: *Manual de direito comercial & empresa* (Teoria geral da empresa e direito societário). 9. ed. São Paulo: Saraiva, 2012. v. 1, p. 340.

3 Idem, p. 341.

4 Por outro lado, para fins tributários, exige-se que a sociedade em conta de participação cadastre CNPJ autônomo, ainda que vinculado ao do sócio ostensivo, nos termos do Decreto-Lei n. 2.303, de 21 de novembro de 1986, art. 7º, e do Decreto-Lei n. 2.308, de 19 de dezembro de 1986, art. 3º, complementados pela instrução normativa da Receita Federal do Brasil n. 1.470/2014.

as sociedades "B" e "C", respeitando-se, nessa ordem, o percentual de 50%, 25% e mais 25%, em relação a cada uma das três sociedades, respectivamente. Porém, somente com a colaboração das três sociedades, "A", "B" e "C", houve a instalação do incinerador e o início da prestação dos serviços contratados. Esquematicamente:

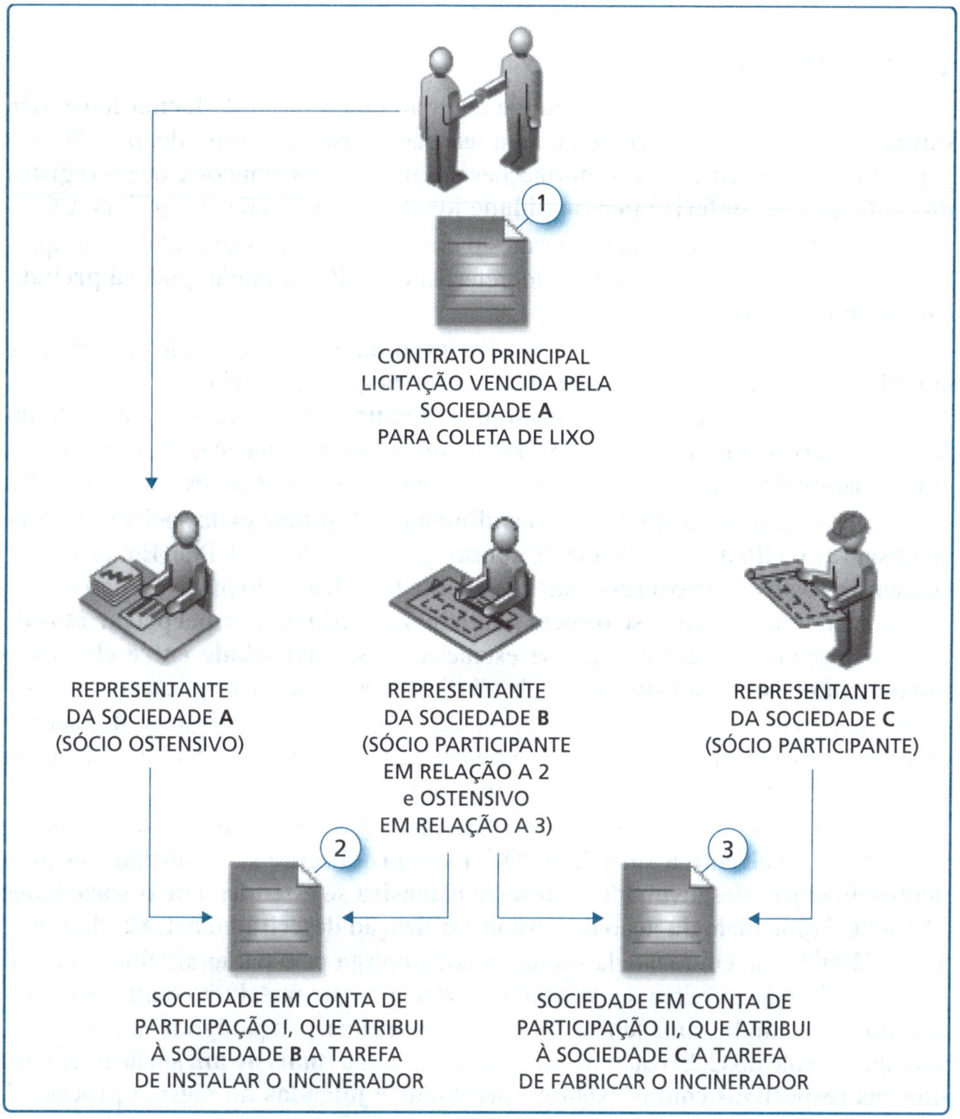

Nitidamente, os parceiros empresariais envidaram esforços para o desenvolvimento de negócios em que todos potencialmente lucrariam. Entretanto, o negócio jurídico principal **deveria ser desenvolvido sem a ingerência dos sócios participantes em relação ao contrato principal**. Fábio Ulhoa Coelho[5] também comunga do entendimento de que

[5] COELHO, Fábio Ulhoa. Manual de direito comercial, p. 150.

a sociedade em conta de participação mais se assemelha a **um contrato de investimento, pois se trata de sociedade despersonalizada, sem nome, sem registro na junta comercial, em que um dos sócios, empresário, por sua conta e risco, desenvolve exclusivamente o objeto social, enquanto o sócio participante poderá, por exemplo, contribuir para o desenvolvimento do negócio com a doação de um imóvel.**

■ 19.2. CARACTERÍSTICAS

Logicamente, ainda que se trate de contrato empresarial de **forma livre, não solene** (art. 992, do CC), recomendável a redução a termo do avençado, para que sejam delimitados os direitos e as obrigações das partes, ressaltando-se que **o registro do contrato não conferirá personalidade jurídica** à sociedade (art. 993, do CC).

O patrimônio comum ou, nos termos da lei, o patrimônio especial deveria aproveitar aos negócios sociais. Entretanto, referida **especificação não poderá prejudicar direitos de terceiros** (art. 994, § 1º).

Em caso de **falência do sócio ostensivo, eventual crédito do sócio participante em relação à conta de participação terá natureza quirografária** (art. 994, § 2º), ao passo que em caso de **falência do sócio participante, por se tratar de contrato bilateral e oneroso, deverá o administrador judicial nomeado encarregar-se de executar o contrato** se tal opção for mais favorável à massa de credores (art. 994, § 3º).

Em caso de **dissolução do empreendimento, a liquidação da sociedade deverá observar o rito da ação de exigir contas** (arts. 550-553, do CPC). Em princípio, **somente o sócio ostensivo responderá perante terceiros** pelo passivo a descoberto do empreendimento, **salvo se o sócio participante ultimar por perpetrar atos de administração**, hipótese em que se estabelecerá **solidariedade entre ele (sócio participante) e o sócio ostensivo**. Subsidiariamente, as normas aplicáveis às sociedades simples (com respeito ao contrato social, aos direitos e obrigações dos sócios, dissolução parcial, entre outras regras) poderão ser assimiladas pela "sociedade em conta de participação", arts. 997-1.038, do Código Civil.

No caso concreto narrado no início da exposição deste capítulo, por hipótese, tornando-se **insolvente a sociedade "A", mais producente se as obrigações pendentes do objeto desenvolvido pela sócia ostensiva se estendessem às sociedades "B" e "C" (por meio da ação de responsabilização descrita no art. 82, da Lei n. 11.101/2005)**, seja em razão da solidariedade imposta pelo parágrafo único, do art. 993, do CC, seja em razão do patrimônio especial a que faz alusão o art. 994, também do CC, e, ainda, tomando-se por regra de semelhança o parágrafo único, do art. 996, igualmente do CC, o qual impõe, quando presente **mais de um sócio ostensivo, que "as respectivas contas" sejam "prestadas e julgadas no mesmo processo"**. Ora, por analogia, se os sócios participantes se imiscuíram das funções dos sócios ostensivos, incorporaram tal qualidade, razão pela qual a responsabilização conjunta dos três se demonstrará, atuarialmente, mais vantajosa em relação aos credores[6].

---

[6] Tal exemplo teve como pano de fundo o quadro fático construído nos autos 80.678-9/09, 18.377-9/12 e 66.290-3/13, julgados conjuntamente por este Juiz na data de 08/07/2013, sentença com inteiro teor disponível pela consulta dos andamentos do referidos feitos no sítio eletrônico do TJDFT.

O **PLS 487/2013 repetiu, em linhas gerais, o regime jurídico próprio** da sociedade em conta de participação, à exceção do **regime subsidiário, que será o da sociedade de responsabilidade por quotas** (arts. 314-321).

O PLC 1.572/2011, a par de considerar que as regras das sociedades limitadas comporão regime subsidiário do contrato em conta de participação, **parece ter prestigiado o contrato de investimento, pois, em caso de falência do sócio ostensivo, poderão os sócios participantes, no lugar daquele, dar continuidade ao empreendimento**, desde que disponibilizando à massa os eventuais haveres do sócio ostensivo (arts. 434-444).

■ 19.3. ESQUEMA

SOCIEDADE EM CONTA DE PARTICIPAÇÃO	
CONCEITO	■ Contrato de investimento entre um sócio ostensivo, que administrará o empreendimento e responderá perante terceiros em relação ao objeto social, e um sócio participante, investidor, sem poderes de administração.
PARTES	■ Sócio ostensivo/empreendedor e sócio participante/investidor.
CARACTERÍSTICAS	■ Contrato consensual, de forma livre, oneroso, bilateral e de execução continuada. Apesar de ser referida como sociedade, não possui personalidade, nem nome.
REFERÊNCIAS LEGISLATIVAS	■ Código Civil/2002 (arts. 991-996). ■ CPC (arts. 550-553, rito da ação de exigir contas em caso de liquidação). ■ PLC 1.572/2011 (arts. 434-444) e PLS 487/2013 (arts. 314-321). Propostas para criação de um novo Código Comercial.

■ 19.4. QUESTÕES SUBJETIVAS

■ 19.4.1. Questão-homenagem

O patrimônio do sócio participante poderá ser alcançado por obrigações pendentes da sociedade em conta de participação?

Resposta: Em princípio, não, porque o negócio será exercido por conta e risco do sócio ostensivo, sendo ele quem responderá pelas obrigações pendentes do empreendimento comum. Entretanto, em caso de ingerência do sócio participante nos negócios sociais, também ele responderá pelo passivo a descoberto, em virtude da solidariedade passiva expressamente prevista no parágrafo único, do art. 993, do CC.

■ 19.4.2. Questão-desafio 1

(Fiscal de Rendas-RJ — 2009 — adaptada) Julgue e justifique. Em atenção às regras sobre a formação do nome empresarial, assinale V ou F nas alternativas seguintes, justificando a correção ou incorreção das proposições.

( ) João Pedro Liberati e Francisco Souza são sócios em uma sociedade em conta de participação cujo nome empresarial é Liberati & Souza, Comércio de Carnes Ltda.

( ) Regina Nogueira e Patrícia Silveira são sócias em uma sociedade limitada cujo objeto social é o comércio de roupas e o nome empresarial é Floricultura Nogueira & Silveira Ltda.

( ) TBLG SPA, sociedade estrangeira italiana, funciona no Brasil com a seguinte denominação: TBLG SPA, Sociedade Estrangeira Italiana.

( ) João Pedro e Pedro João são sócios de uma sociedade limitada cuja denominação é João & Pedro S.A.

( ) Joana Treviso e Maria Veneto são acionistas da companhia cujo nome empresarial é Malhas & Meias Bonitas S.A.

19.4.3. Questão-desafio 2

(FGV — OAB — XXIV Exame — 2ª Fase — 2018). As sociedades empresárias S, U e V decidiram constituir sociedade em conta de participação, sendo a primeira sócia ostensiva e as demais sócias, participantes.

No contrato de constituição da sociedade, ficou estabelecido que:

(I) os sócios participantes poderão votar nas deliberações sociais na proporção do valor do investimento realizado por cada um; e

(II) o nome empresarial será firma composta pela denominação da sociedade U, seguida da indicação do objeto social.

Com base nessas informações, responda aos itens a seguir.

a) É lícito estabelecer no contrato da sociedade em conta de participação que os sócios participantes poderão votar nas deliberações sociais?

b) Está correta a disposição contratual quanto ao nome empresarial?

19.5. QUESTÕES OBJETIVAS

1. (TRT 14ª Região — Juiz do Trabalho — 2008) Analise as proposições abaixo e responda:

I. As sociedades em comum não possuem personalidade jurídica própria e autonomia patrimonial.

II. A constituição da sociedade em conta de participação não depende de qualquer formalidade e pode ser provada por qualquer meio admissível em direito.

III. Na sociedade em conta de participação, a falência do sócio ostensivo não acarreta a dissolução da sociedade.

IV. Nas sociedades em comum, os sócios, nas relações entre si ou com terceiros, somente podem provar por escrito a existência da sociedade.

a) Há apenas uma proposição verdadeira.
b) Há apenas duas proposições verdadeiras.
c) Há apenas três proposições verdadeiras.
d) Todas as proposições são verdadeiras.
e) Todas as proposições são falsas.

2. (FGV — SEFAZ-RJ — Fiscal de Rendas — 2008) Três sociedades limitadas resolvem constituir uma sociedade em conta de participação para a realização de projeto imobiliário de grande porte. Entre elas, foi designada a Sociedade Limitada Flor de Laís para ser a sócia ostensiva, sendo que as duas outras seriam sócias participantes. Todavia, o empreendimento revelou-se um enorme fracasso tendo acumulado dívidas e obrigações muito superiores à capacidade de pagamento da sociedade, que resultou absolutamente insolvável. Determinado credor quirografário ingressa com o pedido de decretação de falência, com base na Lei n. 11.101/05, da sociedade em conta de participação. Com relação à possibilidade de a sociedade em conta de participação estar sujeita à decretação de sua falência, assinale a afirmativa correta.

a) A sociedade em conta de participação, como qualquer outro tipo de sociedade, se submete à Lei n. 11.101/05 e, portanto, deverá ter sua falência decretada.

b) Na sociedade em conta de participação, porque não tendo personalidade jurídica própria, limitando-se a sociedade a produzir efeitos na órbita interna, não estará sujeita à falência.

c) Na sociedade em conta de participação, por não se tratar de uma sociedade, não está sujeita à Lei n. 11.101/05, não podendo em nenhuma hipótese ter sua falência decretada.

d) No caso de insolvência da sociedade em conta de participação, o credor poderá requerer a aplicação da Lei n. 11.101/2005, somente se o contrato social estiver devidamente registrado na Junta Comercial.

e) Na sociedade em conta de participação, somente poderá incorrer em falência o seu sócio participante, porque este acaba participando dos negócios em seu nome pessoal.

3. (IESES — TJ-MA — Titular de Serviços de Notas e de Registros — Provimento por Remoção — 2011) Analise as assertivas abaixo e assinale a alternativa correta de acordo o disposto no Código Civil:

I. A sociedade em conta de participação não possui personalidade jurídica.

II. A inscrição do contrato de sociedade em conta de participação no registro competente confere personalidade jurídica à sociedade.

III. As sociedades em geral são constituídas após sua inscrição no registro competente.

IV. Os sócios só podem provar a existência da sociedade por escrito.

a) Somente a assertiva I está correta.
b) Todas as assertivas estão corretas.
c) Somente a assertiva IV está correta.
d) As assertivas I e IV estão corretas.

4. (FGV — OAB — VII Exame Unificado — 2012) Em relação à Sociedade em Conta de Participação NÃO é correto afirmar que

a) é uma sociedade empresária personificada e de pessoas.
b) a atividade constitutiva do objeto social deve ser exercida unicamente pelo sócio ostensivo.
c) o contrato social produz efeito somente entre os sócios.
d) as contribuições dos sócios participante e ostensivo constituem patrimônio especial.

5. (CETRO — TJ-RJ — Titular de Serviços de Notas e de Registros — Critério Remoção — 2012) Sobre as sociedades em conta de participação, analise as assertivas abaixo.

I. As sociedades em conta de participação possuem, agora, o mesmo tratamento legal garantido às empresas individuais de responsabilidade limitada.
II. As sociedades em conta de participação não podem realizar objeto não empresarial.
III. A sua liquidação rege-se pelas normas relativas à prestação de contas, na forma da lei processual.

É correto o que se afirma em

a) I, apenas.
b) II, apenas.
c) III, apenas.
d) I e II, apenas.
e) I, II e III.

6. (FGV — XIV Exame OAB — 1ª Fase — 2014) Mariana, Januária e Cristina decidiram constituir uma sociedade em conta de participação, sendo a primeira sócia ostensiva e as demais sócias participantes. Sobre o caso apresentado, de acordo com as disposições do Código Civil, assinale a opção correta.

a) É vedada a participação de mais de um sócio ostensivo na sociedade em conta de participação; logo, as demais sócias não poderão ter a qualidade de sócio ostensivo.
b) As sócias participantes Januária e Cristina poderão fiscalizar a gestão dos negócios sociais pela sócia ostensiva Mariana.
c) A sociedade em conta de participação deverá adotar como nome empresarial firma social, da qual deverá fazer parte a sócia ostensiva.
d) A sociedade somente poderá existir se o contrato não estiver inscrito em qualquer registro, pois é uma sociedade não personificada.

7. (FCC — Metrô-SP — Advogado Júnior — 2014) A constituição da sociedade em conta de participação

a) independe de qualquer formalidade e pode provar-se por todos os meios de direito.
b) deverá obedecer as formalidades previstas para a constituição de sociedade em nome coletivo.
c) deverá obedecer as formalidades previstas para a constituição de sociedade limitada.
d) deverá obedecer as formalidades previstas para a constituição de sociedade em comandita simples.
e) independe de formalidade desde que haja no mínimo prova escrita inequívoca de sua constituição.

8. (CONSULPLAN — TJMG — Titular de Serviços de Notas e de Registro — 2015) À luz do Código Civil (Lei 10.406, de 10 de janeiro de 2002), são sociedades personificadas, EXCETO:

a) Sociedade em comandita simples.
b) Sociedade em conta de participação.
c) Sociedade em comandita por ações.
d) Sociedade anônima.

9. (CESPE — TJ-DF — Juiz de Direito Substituto — 2016) Com relação às sociedades em conta de participação, assinale a opção correta à luz do Código Civil.

a) Em caso de falência do sócio participante, ocorrerá a dissolução da sociedade e a liquidação da respectiva conta, cujo saldo constituirá crédito quirografário.
b) O sócio ostensivo tem a faculdade de admitir novo sócio, independentemente de consentimento expresso dos demais.

c) O contrato social produz efeito somente entre os sócios apenas até eventual inscrição de seu instrumento em qualquer registro, momento em que a sociedade passará a possuir personalidade jurídica.

d) A liquidação da sociedade em conta de participação, se rege pelas normas relativas à prestação de contas, na forma da lei processual.

e) Os bens sociais respondem por ato de gestão apenas do sócio ostensivo.

10. (CONSULPLAN — TJ-MG — Outorga de Delegações de Notas e de Registro — Provimento — 2017) É uma forma societária não personificada:

a) Sociedade em conta de participação.

b) Sociedade simples.

c) Sociedade em comandita simples.

d) Sociedade em nome coletivo.

11. (CESPE — TJ-RS — Titular de Serviços de Notas e de Registros — 2019) Em relação à sociedade em conta de participação, dispõe o Código Civil:

a) A falência do sócio ostensivo ou participante acarreta a dissolução da sociedade e a liquidação da respectiva conta, cujo saldo constituirá crédito com privilégio geral.

b) O contrato social produz efeito somente entre os sócios, e a eventual inscrição de seu instrumento em qualquer registro confere personalidade jurídica à sociedade, passando o sócio participante a responder ilimitadamente pelas obrigações sociais.

c) Aplica-se à sociedade em conta de participação, subsidiariamente e no que com ela for compatível, o disposto para a sociedade empresária, e a sua liquidação rege-se pelas normas relativas à gestão de negócios, na forma da legislação aplicável.

d) A contribuição do sócio participante constitui, com a do sócio ostensivo, patrimônio especial, objeto da conta de participação relativa aos negócios sociais.

e) Poderá o sócio ostensivo a qualquer tempo admitir novo sócio sem o consentimento expresso dos demais e, havendo mais de um sócio participante, as respectivas contas serão prestadas e julgadas no mesmo processo.

■ GABARITO ■

1. "c", o confronto de cada um dos quatro itens com os arts. 990, 992, 994, § 2º, e 987, todos do Código Civil, nesta ordem, permite a conclusão de que apenas o item III está incorreto e, portanto, os demais itens (três) estão corretos.

2. "b". A sociedade em conta de participação não detém personalidade jurídica, sendo relevante a especialização do patrimônio dos sócios somente entre eles. O passivo a descoberto do empreendimento, no caso em tela, deveria ser imputado ao sócio ostensivo, este sim sujeito à decretação de falência. Em tal hipótese, a falência do sócio ostensivo ocasionará a dissolução da sociedade em conta de participação e os eventuais haveres do sócio participante serão classificados como créditos quirografários. Assim dispõe o art. 994 e parágrafos do CC: "Art. 994. A contribuição do sócio participante constitui, com a do sócio ostensivo, patrimônio especial, objeto da conta de participação relativa aos negócios sociais. § 1º A especialização patrimonial somente produz efeitos em relação aos sócios. § 2º A falência do sócio ostensivo acarreta a dissolução da sociedade e a liquidação da respectiva conta, cujo saldo constituirá crédito quirografário. § 3º Falindo o sócio participante, o contrato social fica sujeito às normas que regulam os efeitos da falência nos contratos bilaterais do falido".

3. "a". De se acrescentar, em relação à resposta da questão 1, que, ainda que o registro da sociedade em conta de participação seja providência bem-vinda para prevenir conflitos entre os sócios e delimitar direitos e obrigações, não produzirá a personificação da sociedade em conta de participação, nos termos do art. 993, do Código Civil. O registro, como se estudou no *capítulo 2*, em regra será declaratório, e não constitutivo.

4. "a". Rememore-se o caráter *sui generis* da sociedade em conta de participação, ente coletivo, mas despersonalizado, sociedade não personificada, novamente com fundamento no art. 993, do CC.

5. "c". As sociedades em conta de participação tem como regime jurídico subsidiário o das sociedades simples. Em caso de liquidação, o rito a ser observado será o da ação de prestação de contas. Não há restrição para a exploração do objeto social, até porque poderá ser decretada a falência do sócio ostensivo, sendo possível inferir, por isso, que o objeto do empreendimento relacionado à sociedade em conta de participação seja empresarial. Portanto, apenas o item III está correto, porque em sintonia com a letra do art. 996, do CC.

6. "b". Fundamento: art. 993, parágrafo único, primeira parte do CC: "Sem prejuízo do direito de fiscalizar a gestão dos negócios sociais, o sócio participante não pode tomar parte nas relações do sócio ostensivo com terceiros, sob pena de responder solidariamente com este pelas obrigações em que intervier".

7. "a". Fundamento: art. 992, *caput*, do CC: "A constituição da sociedade em conta de participação independe de qualquer formalidade e pode provar-se por todos os meios de direito".

8. "b". Fundamento: art. 993, *caput*: "O contrato social produz efeito somente entre os sócios, e a eventual inscrição de seu instrumento em qualquer registro não confere personalidade jurídica à sociedade".

9. "d". Fundamento: art. 996, do CC: "Aplica-se à sociedade em conta de participação, subsidiariamente e no que com ela for compatível, o disposto para a sociedade simples, e a sua liquidação rege-se pelas normas relativas à prestação de contas, na forma da lei processual".

10. "a". Nos termos do art. 993, *caput*, do CC.

11. "d". Em sintonia com a literalidade do art. 994, *caput*, do Código Civil: "A contribuição do sócio participante constitui, com a do sócio ostensivo, patrimônio especial, objeto da conta de participação relativa aos negócios sociais".

20

CONTRATO DE SEGURO

20.1. NOÇÕES GERAIS

O contrato de seguro é negócio jurídico que **se estabelece entre uma sociedade anônima ou cooperativa autorizada** (seguradora; art. 24, do Decreto-Lei n. 73/66), de um lado, e uma **pessoa física ou jurídica**, de outro, tendo como objeto **eventual indenização por danos pessoais ou de terceiros, bem como prejuízos que circundem serviços ou bens**.

Seu regime geral é estabelecido no Código Civil, amplamente regulamentado entre os arts. 757-802. Portanto, trata-se de **contrato típico**, cuja definição legal se extrai da letra do referido art. 757: "Pelo contrato de seguro, o segurador se obriga, mediante o pagamento do prêmio, a garantir interesse legítimo do segurado, relativo a pessoa ou a coisa, contra riscos predeterminados".

Ao interpretar referida norma, Arnaldo Rizzardo[1] define seguro como contrato em que "um dos contratantes (segurador) se obriga a garantir, mediante o recebimento de determinada importância, denominada prêmio, interesse legítimo de uma pessoa (segurado) relativamente ao que vier a mesma sofrer, ou aos prejuízos que decorrerem a uma coisa resultantes de riscos futuros, incertos e especificamente previstos". É essencialmente **contrato de garantia a prevenir riscos futuros** e, assim, pode ser classificado como **negócio jurídico aleatório, pois a seguradora somente estará obrigada ao pagamento da indenização na eventualidade da ocorrência do sinistro**, que o segurado, intuitivamente, não almeja, mas lhe é previsível. Do mesmo modo, a seguradora calcula seu lucro, atuarialmente, na perspectiva de que apenas excepcionalmente o dano venha a ocorrer, pois do contrário inexequível seu objeto social.

Diante das especificidades do direito empresarial, de se perceber que o contrato de seguro, muitas vezes, é cláusula de contratos tipicamente empresariais, quando, por exemplo, em contrato de *leasing* financeiro, estabelece-se **seguro para garantia do saldo devedor** financiado na remota hipótese de falecimento do arrendatário. Note-se **tratar-se de seguro de vida a beneficiar apenas indiretamente os familiares do arrendatário**, pois o que se pretendeu e o que se conseguirá será a **prevenção de prejuízos ao arrendador**.

1 *Contratos*, 8. ed., p. 842.

Entre os romanos, denominavam-se pactos acrescentados "os acordos que modificavam os efeitos normais de um contrato", sendo considerados **aumentativos** (*pacta augendam obligationem*)[2] quando da inserção de **cláusula hábil a representar incremento da responsabilidade de um dos contratantes**. Nesse sentido, quando o seguro se **apresentar como contrato coligado a outro contrato empresarial**, como a compra e venda mercantil, significa que, além das obrigações normalmente pactuadas, o vendedor, ao se comprometer em relação ao seguro, convencionará obrigação que, pode-se afirmar, compõe um *plus* em relação às obrigações originárias e essenciais da compra e venda. Ainda que usual, o contrato de seguro se estabelecerá entre o vendedor e a seguradora (ambos empresários) e a beneficiar o comprador (beneficiário), nos termos do art. 436, §§ 1º e 2º, do PLS 487/2013.

Assim, tendo em vista os objetivos desta parte do livro, **tratar dos assuntos relacionados a contratos mercantis, não haveria sentido em se descrever, nem se minudenciar todos os dispositivos sobre o contrato de seguro, pois deverão ser mais bem estudados na disciplina direito contratual**, parte especial do direito civil, ou mesmo em direito do consumidor. E isso porque, como salienta Cláudia Lima Marques, especificamente quanto ao Direito do Consumidor, ainda que o contrato de seguro tenha como causa jurídica uma relação trabalhista anterior (em caso de seguro coletivo de vida e acidentes pessoais, contratado pelo patrão em favor de seus empregados e familiares) ou previdenciária de natureza privada (do patrão em relação a seus ex-empregados, aposentados, e respectivos familiares), haverá uma relação de consumo derivada, sendo, por isso mesmo, aplicáveis o CDC e a legislação protecionista. Nas palavras da professora Cláudia Lima Marques, serão contextualizadas "relações acessórias (relação de consumo por conexão ou conexidade), mesmo que trabalhistas"[3].

Portanto, será interessante rememorar que o **regime jurídico do contrato de seguro é variável**, a depender da relação jurídica em estudo, bem como correlacionar referido contrato com o objeto de outros contratos empresariais, razão pela qual, mais uma vez, recomenda-se ao leitor, para aprofundamento dos estudos em relação ao contrato de seguro, a consulta à doutrina civilista.

■ 20.2. DO REGIME JURÍDICO APLICÁVEL

Há seguros contratuais, privados, **entre o consumidor em sentido estrito e uma seguradora**, bem como entre um **empresário e uma seguradora**. Quando se tratar de seguradora organizada sob o regime de sociedade anônima, de um lado, e um empresário de outro, nos termos do art. 312, inc. I, do PLC 1.572/2011 ou art. 756 do PLS 487/2013, será possível falar em contrato de seguro como espécie de contrato empresarial em sentido estrito.

Além dos seguros privados, existem **seguros obrigatórios**. O art. 20, do Decreto-lei n. 73/66, elenca os seguintes seguros obrigatórios:

---

2 Assim ensina José Cretella Júnior, *Direito romano moderno*, 12. ed., p. 218-219.

3 MARQUES, Cláudia Lima. Manual do direito do consumidor, 2. ed., p. 85-86.

a) danos pessoais a **passageiros de aeronaves** comerciais;

b) **responsabilidade civil do proprietário de aeronaves** e do transportador aéreo (*Redação dada pela Lei n. 8.374, de 1991*);

c) responsabilidade civil do **construtor de imóveis em zonas urbanas** por danos a pessoas ou coisas;

d) **bens dados em garantia de empréstimos** ou financiamentos de instituições financeiras pública;

e) garantia do cumprimento das obrigações do **incorporador e construtor de imóveis**;

f) garantia do **pagamento a cargo de mutuário** da construção civil, inclusive obrigação imobiliária;

g) **edifícios divididos em unidades autônomas**;

h) **incêndio e transporte de bens** pertencentes a pessoas jurídicas, situados no País ou nele transportados;

i) (*Revogado pela Lei Complementar n. 126, de 2007*);

j) **crédito à exportação**, quando julgado conveniente pelo CNSP, ouvido o Conselho Nacional do Comércio Exterior (CONCEX) (*Redação dada pelo Decreto-lei n. 826, de 1969*);

l) **danos pessoais causados por veículos automotores** de vias terrestres e por embarcações, ou por sua carga, a pessoas transportadas ou não (*Redação dada pela Lei n. 8.374, de 1991*);

m) **responsabilidade civil dos transportadores** terrestres, marítimos, fluviais e lacustres, por danos à carga transportada (*Incluída pela Lei n. 8.374, de 1991*).

Destaca-se ainda a legislação especial sobre o Seguro de Danos Pessoais causados por Veículos Automotores de Via Terrestre **(DPVAT, Lei n. 6.194/74)**, Seguro de Danos Pessoais de Embarcações e suas Cargas **(DPEM, Lei n. 8.374/91)**, Seguro de Acidentes de Trabalho **(SAT, Lei n. 5.316/67)**, Seguro de Responsabilidade Civil dos Transportadores em relação a eventuais danos causados aos usuários do transporte interestadual e internacional **(Decreto n. 2.521/98)**, Seguro Carta Verde, no âmbito do Mercosul, para indenização de danos causados a pessoas não transportadas e causadas por veículos em viagem no território do Mercosul **(Resolução n. 120, de 1994, do Grupo Mercado Comum)**.

Portanto, não só o Código Civil e o Código de Defesa do Consumidor, mas também a legislação especial **cuida das operações de seguro, razão por que se faz necessário especificar quais as partes contratantes e o objeto do seguro, para que seja possível alcançar o regime jurídico aplicável**. Caberá ao intérprete a tarefa de realizar o diálogo das espécies normativas concorrentes, até porque o art. 777, do Código Civil, determina sua aplicação de forma concomitante com a legislação especial: "o disposto no presente capítulo aplica-se, no que couber, aos seguros regidos por leis próprias" em relação aos seguros privados; e, de modo semelhante, em relação aos seguros obrigatórios, o art. 20 do Decreto-lei n. 73/66 dispõe que, "sem prejuízo do disposto em leis especiais", são obrigatórios os seguros, enumerando em seguida os vários seguros obrigatórios já transcritos.

A Superintendência Nacional dos Seguros Privados (componente do Sistema Nacional de Seguros Privados, como se verá no *item 20.3 infra*) elencou em 16 (dezesseis) grupos os contratos de seguros, ressaltando-se ainda que o **Seguro-Saúde** tem regime jurídico próprio (Lei n. 9.656/98) e a supervisão de tal mercado foi transferida da SUSEP para a **Agência Nacional de Saúde (ANS)** (Lei n. 10.185/2001). O **seguro-rural subsidiado**, isto é, para os pequenos produtores, também não é fiscalizado pela SUSEP, mas sim pelo **Conselho Monetário Nacional (CMN)** e pelo Banco Central (BACEN). Trata-se do **Programa de Garantia da Atividade Rural** (PROAGRO, Leis n. 5.969/73 e n. 8.171/91, ambas regulamentadas pelo Decreto n. 175/91). Há ainda o **PROAGRO MAIS** (especificação do PROAGRO), que corresponde a um seguro público destinado a atender aos pequenos produtores vinculados ao Programa Nacional de Fortalecimento da Agricultura Familiar (Pronaf) nas operações de custeio agrícola (adesão obrigatória), que passou a englobar também as parcelas de custeio rural e investimento, financiadas ou de recursos próprios, na forma estabelecida pelo CMN, nos termos da Lei n. 12.058/2009. A gestão do PROAGRO MAIS é **compartilhada pelo BACEN e pelo Ministério do Desenvolvimento Agrário (MDA)**.

Assim, em relação aos contratos de **seguro supervisionados pela SUSEP, tem-se o quadro seguinte**:

SEGUROS PRIVADOS POR GRUPO — CIRCULAR SUSEP		
Grupo	**Nome do Grupo**	**Observações**[4]
1	▪ Patrimonial	▪ Bens em geral e, para o nosso estudo, risco "empresarial" e "lucros cessantes"
2	▪ Riscos especiais	▪ Petróleo, atividade nuclear e satélites
3	▪ Responsabilidades	▪ Civil geral, em razão de atos de administradores e diretores, e ambiental
4	▪ Cascos (em *run off*)	▪ Seguro contra riscos marítimos, aeronáuticos de hangar
5	▪ Automóvel	▪ Assistência e outras coberturas
6	▪ Transportes	▪ Responsabilidade do transportador, entre outros
7	▪ Riscos financeiros	▪ Perdas operacionais, crédito interno, crédito externo e garantias
8	▪ Crédito (em *run off*)	▪ Seguros relacionados a crédito de exportação contra riscos empresariais
9	▪ Pessoas — coletivo	▪ Acidentes, morte, previdência complementar
10	▪ Habitacional	▪ SFI e SFH
11	▪ Rural	▪ Seguro agrícola, pecuário e da cédula de crédito rural, entre outros
12	▪ Outros	▪ Seguros no exterior, entre outros
13	▪ Pessoas — individual	▪ Acidentes, prestamista, educacional, desemprego e previdência privada complementar, entre outros
14	▪ Marítimos	▪ Responsabilidade civil de administradores portuários, por exemplo
15	▪ Aeronáuticos	▪ Responsabilidade civil, entre outros
16	▪ Microsseguros	▪ Pessoas, danos e previdência complementar

4 O quadro sinótico foi baseado nas informações do Anexo da Circular SUSEP n. 455/2012, ressaltando-se que a tabela original elencou dentro de cada grupo ramos e sub-ramos. Disponível em: <**http://www2.susep.gov.br/bibliotecaweb/docOriginal.aspx?tipo=3&codigo=30333**>. Acesso em: 20 maio 2014, às 14:00.

20.3. DO SISTEMA NACIONAL DE SEGUROS PRIVADOS (SNSP)

A lei geral dos seguros privados **(Decreto-lei n. 73/66) organizou o Sistema Nacional de Seguros Privados (SNSP)**. Na composição do SNSP, percebem-se o Conselho Nacional de Seguros Privados (CNSP), a Superintendência de Seguros Privados (SUSEP), o Instituto de Resseguros do Brasil (IRB), das Sociedades Seguradoras e dos Corretores de Seguros.

O **CNSP é órgão multidisciplinar e colegiado** (art. 33, do Decreto-lei n. 73/66), integrado pelos seguintes componentes: Ministro de Estado da Fazenda, ou seu representante; representante do Ministério da Justiça; representante do Ministério da Previdência e Assistência Social; Superintendente da Superintendência de Seguros Privados (SUSEP); representante do Banco Central do Brasil; e representante da Comissão de Valores Mobiliários (CVM). O CNSP tem **atribuições relacionadas à política nacional de seguros privados, destacando-se: a fixação das características gerais dos contratos de seguros**, bem como das normas gerais de contabilidade e estatística a serem observadas pelas Sociedades Seguradoras; a delimitação do capital das sociedades seguradoras; e o estabelecimento das diretrizes gerais das operações de resseguro.

A **execução da referida política caberá à SUSEP** (autarquia federal vinculada ao Ministério da Indústria, Desenvolvimento e Comércio, art. 35, do Decreto-lei n. 73/66), que **supervisiona os mercados** de seguro, previdência complementar aberta e capitalização[5]. O IRB (inicialmente sociedade de economia mista, conforme o art. 41, do Decreto-lei n. 73/66, hoje sociedade anônima de capital fechado, sendo a União acionista preferencial com poderes especiais — *golden share* —, por exemplo, para a indicação do presidente do conselho de administração) **cuidará da regulamentação das operações de resseguro** correspondentes às operações "de transferência de riscos de uma cedente (Seguradora), com vistas a sua própria proteção, para um ou mais resseguradores, através de contratos automáticos ou facultativos" (Resolução CNSP n. 168/2007), e **operações de retrocessão**, conceituadas como as operações em que há a "transferência de riscos de resseguro de resseguradores, com vistas a sua própria proteção, para resseguradores ou para sociedades seguradoras locais, através de contratos automáticos ou facultativos" (Resolução CNSP n. 168/2007), nos termos da Lei Complementar n. 127/2007. As **sociedades seguradoras** (sociedades anônimas que não poderão se dedicar a outro objeto social, de acordo com o art. 73,

---

[5] Maria Helena Diniz concebe o Contrato de Capitalização como exemplo de um contrato de investimento, pelo qual o aderente (ou prestamista) contribui mensalmente, com quantia predeterminada administrada por uma sociedade de capitalização, geralmente pelo prazo de 1 (um) ano, fiado e confiante de que, ao final do prazo de contribuição, poderá resgatar o valor do investimento com os acréscimos contratados, sem prejuízo de eventual bônus por sorteio. O Decreto-lei n. 261/67, em seu art. 1º, parágrafo único, dispõe sobre a sociedade de capitalização, nos seguintes termos: "Consideram-se sociedades de capitalização as que tiverem por objetivo fornecer ao público, de acordo com planos aprovados pelo Governo Federal, a constituição de um capital perfeitamente determinado em cada plano, e pago em moeda corrente em um prazo máximo indicado no mesmo plano, a pessoa que possuir um título, segundo cláusulas e regras aprovadas e mencionadas no título" (cf. *Curso de direito civil brasileiro* (Teoria das obrigações contratuais e extracontratuais), 2012, p. 415).

do Decreto-lei n. 73/66, com regime de fiscalização, responsabilidades e liquidação próprios) estarão **hábeis a fomentar os seguros privados; e os corretores** (pessoas físicas ou jurídicas, devidamente autorizados, cadastrados e registrados, arts. 122 e 123 do Decreto-lei n. 73/66) poderão **fazer a captação de clientes** interessados (segurados em potencial) para as seguradoras.

Esquematicamente:

■ 20.4. CARACTERÍSTICAS

Especificamente em relação ao contrato de seguro que se correlacione a outros contratos empresariais, tem-se um **contrato coligado**, como se disse, de garantia, para prevenir eventuais prejuízos ao objeto dos contratos empresariais.

Trata-se de **contrato oneroso**[6], pois ao empresário-segurado cabe o pagamento do prêmio, contraprestação pecuniária e preestabelecida, pela confiança de que, em caso de eventual sinistro, a sociedade empresária seguradora o indenize dos prejuízos correlatos, nos termos contratados.

É **contrato consensual**, ainda que de adesão, devendo a prova das cláusulas e condições contratuais ocorrer por escrito, nos termos do art. 758, do CC: "O contrato

[6] A preservação do poder aquisitivo da indenização se dará com a sua devida correção monetária. Neste sentido, leia-se o enunciado da Súmula n. 632 do STJ: "Nos contratos de seguro regidos pelo Código Civil, a correção monetária sobre a indenização securitária incide a partir da contratação até o efetivo pagamento".

de seguro prova-se com a exibição da apólice ou do bilhete do seguro, e, na falta deles, por documento comprobatório do pagamento do respectivo prêmio"[7].

Trata-se de **contrato de execução continuada**, ainda que por prazo determinado, eis que destinado a subsistir durante um período determinado de tempo, como salienta Arnaldo Rizzardo[8,9].

O objeto do contrato de seguro, conforme se precisou no *item 20.2*, é **multifário**, podendo abranger "seguros de coisas, pessoas, bens, responsabilidades, obrigações, direitos e garantias", nos termos do art. 3º, do Decreto-lei n. 73/66.

O Código Civil, por sua vez, em seu art. 760, delimitou o objeto do contrato de seguro, ao dispor que "a apólice ou o bilhete de seguro serão nominativos, à ordem ou ao portador, e **mencionarão os riscos assumidos, o início e o fim de sua validade, o limite da garantia e o prêmio devido, e, quando for o caso, o nome do segurado e do beneficiário**". São assim cláusulas básicas para que seja possível aferir as obrigações de cada uma das partes. Há cláusulas de segurança, a prestigiar a boa-fé, como a proibição de duplicidade de apólices, salvo em caso de seguros parciais (art. 782, do CC); no seguro de dano, o valor da garantia não poderá superar o valor do interesse segurado, pois do contrário o contrato de seguro perderia sua natureza subsidiária e indenizatória, diante da possibilidade da especulação e do almejar a ocorrência do sinistro (art. 778, do CC).

A **veracidade das informações prestadas por ambas as partes constitui-se em elemento sensível** do contrato de seguro, pois informações não verídicas, maliciosas ou convenientemente não reveladas pelo segurado poderão ocasionar o não pagamento da garantia (art. 766), tratando-se aqui da nominada boníssima-fé.

O Código Civil (art. 781) também estabeleceu **limites para o valor da indenização**, que deverá guardar compatibilidade com o valor da coisa segurada: "A indenização não pode ultrapassar o valor do interesse segurado no momento do sinistro, e, em hipótese alguma, o limite máximo da garantia fixado na apólice, salvo em caso de mora do segurador".

De se salientar ainda que, por se tratar de contrato de execução continuada, **deverá o segurador antes de resolver o contrato, em caso de mora do segurado, notificá-lo** para proporcionar a conservação do contrato e, assim, mais uma vez será contextualizado o princípio da boa-fé objetiva. As normas específicas sobre o

---

7 Alguns autores, como a professora Maria Helena Diniz, defendem a natureza formal do contrato de seguro. De nossa parte, entendemos que a forma será exigível apenas *ad probationem*, mas não como condição de validade do negócio jurídico. Nesse sentido, confira-se o REsp 595.089/MG, 3ª Turma, Rel. Min. Vasco Della Giustina (convocado), *DJe* 17/03/2010.

8 *Contratos*, 10. ed., 2010.

9 A demonstrar a execução continuada do contrato de seguro, observe-se o teor da Súmula 616 do STJ: "A indenização securitária é devida quando ausente a comunicação prévia do segurado acerca do atraso no pagamento do prêmio, por constituir requisito essencial para a suspensão ou resolução do contrato de seguro".

seguro de dano (arts. 778-788, do CC) e de pessoa (arts. 789-802, do CC) merecerão o aprofundamento necessário quando do estudo dos contratos em espécie em direito civil.

20.5. ESQUEMA

CONTRATO DE SEGURO	
CONCEITO	Contrato interempresarial, entre uma sociedade anônima (seguradora) e uma pessoa física ou jurídica (empresário ou sociedade empresária), tendo como objeto eventual indenização por danos pessoais ou de terceiros, bem como prejuízos que circundem serviços ou bens.
PARTES	Seguradora e segurado.
EXEMPLO	Transportadora que contrata seguro para prevenir os prejuízos com o roubo de seus veículos (cf. TJSC, Apelação Cível 2011.024731-0, Rel. Saul Steil, *DJe* 26/09/2011).
CARACTERÍSTICAS	Contrato coligado, consensual, de adesão, bilateral, oneroso, aleatório e de execução continuada.
REFERÊNCIAS LEGISLATIVAS	Decreto-lei n. 73/66. Código Civil/2002 — arts. 757-802.

20.6. QUESTÕES SUBJETIVAS

20.6.1. Questão-homenagem

"Júlio, profissional liberal com renda e futuro incertos, celebrou contrato de seguro de vida em que indicou seus dois filhos como beneficiários. Seis meses após firmar o contrato, e desgostoso com a descoberta de grave moléstia, resolveu suicidar-se, para desespero de todos. Está a seguradora obrigada a pagar o seguro?" Responda apontando os dispositivos legais eventualmente aplicáveis.

Resposta: Em princípio, a seguradora não estaria obrigada a indenizar os filhos de Júlio, diante da literalidade do art. 798, *caput*, do CC: "O beneficiário não tem direito ao capital estipulado quando o segurado se suicida nos primeiros dois anos de vigência inicial do contrato". Contudo, parte da doutrina e da jurisprudência tem afastado a literalidade da lei, pois o critério cronológico, por si só, não poderia gerar a presunção absoluta de que o suicídio foi ato premeditado a tornar o risco em certeza de sinistro (art. 757, parte final). O risco da ausência do pai, no caso concreto, motivou a contratação de seguro em favor dos filhos, sendo possível afirmar, diante das circunstâncias narradas no enunciado, que a legítima expectativa dos beneficiários seria o recebimento da indenização segurada, pois a regra é que, uma vez ocorrido o sinistro, isto é, implementada a condição suspensiva, o direito à indenização se incorpore ao patrimônio dos beneficiários, aguardando-se, para logo, a disponibilização do numerário correlato. A legítima expectativa, assim, como derivada da confiança, é expressão de que se apropria o princípio da boa-fé objetiva, expressamente previsto também em relação ao seguro de vida, nos termos do art. 765, também do CC. Em conclusão, em caso de suicídio, desde que não tenha sido premeditado, e mesmo que ocorra antes do biênio estabelecido no art. 798, do CC, a seguradora deverá pagar o valor da indenização, ao preferir-se à interpretação literal uma interpretação lógico-sistemática do contrato de seguro, para, com base na boa-fé, reitere-se, atender aos interesses dos beneficiários. Nesse sentido, confira-se o Enunciado 187 do Conselho da Justiça Federal: "No contrato de seguro de vida, presume-se, de forma relativa, ser premeditado o suicídio cometido nos dois primeiros anos de vigência da cobertura, ressalvado ao beneficiário o ônus de demonstrar a ocorrência do chamado 'suicídio involuntário'". Há também o posicionamento do STF e do STJ, respectivamente, por meio de suas Súmulas 105 e 61, editadas ainda na vigência do CC/1916 (art. 1.440 e seu parágrafo único). Eis o teor das referidas súmulas: "Salvo se tiver havido premeditação, o suicídio do segurado no período contratual da carência não exime o segurador do pagamento do seguro"; "o seguro de vida cobre o suicídio não premeditado".

20.6.2. Questão-desafio

(Procurador da República — 2012) "Com base na jurisprudência do Superior Tribunal de Justiça, justifique se o Código de Defesa do Consumidor se aplica a (...) contrato de seguro — relação entre seguradora e beneficiário".

20.7. QUESTÕES OBJETIVAS

1. (TJ-SC — TJ-SC — Titular de Serviços de Notas e de Registros — Provimento — 2008) A respeito dos contratos mercantis, observadas as proposições abaixo, assinale a alternativa correta:

I. A compra e venda mercantil é aquela realizada entre dois empresários, tendo por objeto uma mercadoria e por finalidade a sua circulação.
II. Na comissão mercantil, uma das partes (comissário) se obriga a praticar atos por conta e em nome da outra (comitente).
III. No mútuo bancário, o limite máximo da taxa de juros é aquela prevista pelo Código Civil de 2002.
IV. No seguro empresarial, o segurado é invariavelmente empresário e a garantia pretendida com o contrato recai sobre um insumo para a empresa.

a) Somente as proposições I e IV estão corretas.
b) Somente as proposições II e IV estão corretas.
c) Somente as proposições I e III estão corretas.
d) Somente as proposições II e III estão corretas.
e) Somente as proposições I, II e IV estão corretas.

2. (CESPE — ANTAQ — Técnico em Regulação — 2009) Acerca de mão de obra portuária e de seguro marítimo, julgue o item seguinte:

O seguro marítimo é o contrato segundo o qual o segurador, em troca do recebimento do prêmio, se obriga a indenizar prejuízo sofrido pelo segurado quando o objeto do seguro se achar sujeito aos riscos oferecidos pelo mar. O instrumento do seguro é a apólice.

3. (TJDFT — Juiz — 2012) A respeito dos contratos de seguro, analise as proposições abaixo e assinale a alternativa correta.

I. Conforme entendimento sumulado pelo Superior Tribunal de Justiça, ressalvada a hipótese de efetivo agravamento do risco, a seguradora não se exime do dever de indenizar em razão da transferência do veículo sem a sua prévia comunicação.
II. Conforme entendimento sumulado pelo Superior Tribunal de Justiça, o contrato de seguro por danos pessoais compreende os danos morais, salvo cláusula expressa de exclusão.
III. No seguro de vida para o caso de morte é ilícito estipular-se um prazo de carência.
IV. No seguro de vida ou de acidentes pessoais para o caso de morte, o capital estipulado não está sujeito às dívidas do segurado, nem se considera herança para todos os efeitos de direito.

a) Apenas as proposições I, II e IV estão corretas.
b) Apenas as proposições I e II estão corretas.
c) Apenas a proposição III está correta.
d) As proposições I, II, III e IV estão corretas.

4. (FUNCAB — PC-RJ — Delegado de Polícia — 2012) Em 11 de janeiro de 2010, Caio celebrou contrato de seguro de vida com a Seguradora Boa Passagem S.A. Em 2 de fevereiro de 2012, Caio, desgostoso da vida, lança-se do alto de um edifício e vem a falecer. Sua mulher, Isabela, beneficiária do seguro, procura a Seguradora, que afirma que não pagará o seguro porque o contrato continha cláusula excluindo o pagamento em caso de suicídio. À luz da disciplina do seguro de vida no Código Civil, é correto afirmar:

a) Isabela não tem direito ao recebimento do seguro porque prevalece, neste particular, a autonomia das partes.
b) Isabela não tem direito ao recebimento do seguro porque o pagamento do seguro de vida não é devido em casos de morte voluntária (suicídio).
c) Isabela não tem direito ao pagamento do seguro porque o suicídio ocorreu nos primeiros três anos de vigência do contrato.

d) Isabela tem direito ao recebimento do seguro porque a cláusula que afasta o pagamento do seguro de vida em caso de suicídio é nula, ressalvada a hipótese de suicídio ocorrido nos primeiros dois anos de vigência inicial do contrato, ou da sua recondução depois de suspenso.
e) Isabela tem direito ao recebimento do seguro porque a cláusula que afasta o pagamento do seguro de vida em caso de suicídio é anulável, desde que o beneficiário proponha ação anulatória até dois anos após a data do suicídio.

5. (CONSULPLAN — Banestes — Assistente Securitário — 2013) Analise as afirmativas.

I. Nos seguros de pessoas, o capital segurado tem por base uma tabela estipulada pela SUSEP, atualizada segundo índices oficiais, que pode contratar mais de um seguro sobre o mesmo interesse, com o mesmo ou diversos seguradores.
II. No seguro sobre a vida de outros, o proponente é obrigado a declarar, sob pena de falsidade, o seu interesse pela preservação da vida do segurado.
III. No seguro de vida ou de acidentes pessoais, para o caso de morte, o capital estipulado está sujeito às dívidas do segurado, havendo remanescente será considerado herança para todos os efeitos de direito.
IV. No seguro de pessoa, na falta de indicação da pessoa ou beneficiário, ou se por qualquer motivo não prevalecer a que for feita, o capital segurado será pago por metade ao cônjuge não separado judicialmente, e o restante aos herdeiros do segurado, obedecida a ordem de vocação hereditária.

Estão corretas apenas as afirmativas
a) I e II.
b) I e III.
c) II e III.
d) II e IV.
e) III e IV.

6. (FCC — TCM-RJ — Auditor Substituto de Conselheiro — 2015) Acerca do contrato de seguro de dano, considere:

I. Não se inclui na garantia o sinistro provocado por vício intrínseco da coisa segurada, não declarado pelo segurado.
II. A indenização não pode ultrapassar o valor do interesse segurado no momento do sinistro, e, em hipótese alguma, o limite máximo da garantia fixado na apólice, salvo em caso de mora do segurador.
III. Desde que expressamente contratada, a garantia prometida pode ultrapassar o valor do interesse segurado no momento da conclusão do contrato.
IV. Na omissão do contrato, é vedado ao segurado transferi-lo a terceiro na hipótese de alienação ou cessão do interesse segurado.
V. Na omissão do contrato, o seguro de um interesse por menos do que valha não acarreta a redução proporcional da indenização, no caso de sinistro parcial.

Está correto o que se afirma APENAS em
a) II e IV.
b) I e III.
c) I e II.
d) III e V.
e) IV e V.

7. (TJ-SC — Juiz Substituto — FCC — 2017) A securitização de direitos creditórios do agronegócio é operação realizada por

a) companhia de seguros pela qual os direitos do segurado são garantidos por indenização caso haja inadimplemento dos adquirentes de produtos agrícolas, vendidos mediante emissão de títulos de crédito.
b) companhia securitizadora, com qualificação de instituição financeira, pela qual tais direitos são expressamente vinculados à emissão de uma série de títulos de crédito, podendo sobre eles ser instituído regime fiduciário.
c) companhia securitizadora, sem qualificação de instituição financeira, pela qual tais direitos são expressamente vinculados à emissão de uma série de títulos de crédito, não podendo sobre eles ser instituído regime fiduciário.

d) companhia de seguros pela qual obrigações do segurado são garantidas por indenização, caso ocorra sinistro com a perda de safra ou oscilação negativa dos preços dos produtos agrícolas, vendidos mediante emissão de títulos de crédito.
e) companhia securitizadora, sem qualificação de instituição financeira, pela qual tais direitos são expressamente vinculados à emissão de uma série de títulos de crédito, podendo sobre eles ser instituído regime fiduciário.

8. (CESPE — CGE-CE — Auditor de Controle Interno — 2019) Em relação aos contratos mercantis, é correto afirmar que:

a) o contrato de seguro caracteriza-se como um contrato de adesão, comutativo e consensual.
b) a constituição de vínculo contratual depende de ato solene.
c) o falido é impedido de fiscalizar contrato mercantil firmado pelo administrador judicial.
d) a relação contratual não se resolve pela confusão entre credor e devedor.
e) contrato mercantil não pode ser considerado de natureza consumerista.

■ GABARITO ■

1. "a". O item I está em harmonia com o disposto no art. 481, do CC, bem como com a doutrina, podendo o comércio, na origem, ser explicado como resultado de sucessivos contratos de compra e venda, ao aproximar o produtor do consumidor, conforme se estudou no *Capítulo 14*. O item IV também está em harmonia com o texto de lei (art. 757, do CC), tendo em vista a possibilidade de contratação de seguro sobre coisas ou, no caso do empresário, coisas que correspondam a insumo da atividade por ele desenvolvida. O item II está incorreto, porque a contrariar a literalidade do art. 693, do CC, uma vez que o comissário atua em nome próprio. O item III também está incorreto, pois à jurisprudência do STF (Súmula 596 e Súmula Vinculante), nos contratos em que o mútuo envolva instituição financeira, não tem aplicabilidade o Código Cível, e sim a legislação extravagante, que, em princípio, não estabeleceu um teto para os juros. Recomenda-se, para aprofundamento do conteúdo, a releitura do *item 17.2.3 supra*.

2. Item correto, tendo em vista a longevidade do Código Comercial de 1850, nos termos de seu art. 666: "O contrato de seguro marítimo, pelo qual o segurador, tomando sobre si a fortuna e riscos do mar, se obriga a indenizar ao segurado da perda ou dano que possa sobrevir ao objeto do seguro, mediante um prêmio ou soma determinada, equivalente ao risco tomado, só pode provar-se por escrito, a cujo instrumento se chama apólice".

3. "a". O item II está correto, pois reproduziu o teor da Súmula 402 do STJ: "O contrato de seguro por danos pessoais compreende os danos morais, salvo cláusula expressa de exclusão". Por isso, a alternativa "c" deve ser excluída das opções do candidato. O item III está incorreto, porque contrariou a literalidade do art. 797, do CC: "No seguro de vida para o caso de morte, é lícito estipular-se um prazo de carência, durante o qual o segurador não responde pela ocorrência do sinistro", o que exclui também das opções do candidato a alternativa "d". Para análise, então, restaram as alternativas "a" e "b", devendo-se optar pela alternativa "a", que incluiu como correto o item IV, acertadamente, porque este reproduziu a letra do art. 794, do CC: "No seguro de vida ou de acidentes pessoais para o caso de morte, o capital estipulado não está sujeito às dívidas do segurado, nem se considera herança para todos os efeitos de direito".

4. "d", pois reproduziu a literalidade do art. 798, do CC: "Art. 798 O beneficiário não tem direito ao capital estipulado quando o segurado se suicida nos primeiros dois anos de vigência inicial do contrato, ou da sua recondução depois de suspenso, observado o disposto no parágrafo único do artigo antecedente. Parágrafo único. Ressalvada a hipótese prevista neste artigo, é nula a cláusula contratual que exclui o pagamento do capital por suicídio do segurado". A apoiar a pretensão da viúva, ressalta-se, ainda, o teor da Súmula 61 do STJ: "O seguro de vida cobre o suicídio não premeditado".

5. "d". O item II está correto, pois em sintonia com a letra do art. 790, do CC: "No seguro sobre a vida de outros, o proponente é obrigado a declarar, sob pena de falsidade, o seu interesse pela preservação da vida do segurado". Tal constatação exclui as alternativas "b" e "e". O item IV também reproduziu a letra da lei (art. 792 do CC: "Na falta de indicação da pessoa ou beneficiário, ou se por qualquer motivo não prevalecer a que for feita, o capital segurado será pago por metade ao cônjuge não separado judicialmente, e o restante aos herdeiros do segurado, obedecida a ordem da vocação hereditária"), sendo que das alternativas remanescentes apenas a "d" o incluiu e, por isso, remanesceu como alternativa correta.

6. "c". Fundamento: item I correto nos termos do art. 784, do CC; item II correto de acordo com o art. 781, também do CC.

7. "e". Em sintonia com os arts. 38 e 39, da Lei n. 11.076/2004: "Art. 38. As companhias securitizadoras de direitos creditórios do agronegócio são instituições não financeiras constituídas sob a forma de sociedade por ações e terão por finalidade a aquisição e securitização desses direitos e a emissão e colocação de Certificados de Recebíveis do Agronegócio no mercado financeiro e de capitais. Art. 39. As companhias securitizadoras de direitos creditórios do agronegócio podem instituir regime fiduciário sobre direitos creditórios oriundos do agronegócio, o qual será regido, no que couber, pelas disposições expressas nos arts. 9° a 16 da Lei n. 9.514, de 20 de novembro de 1997".

8. "a". Nos termos do quanto estudado no item 20.4.

21

RECUPERAÇÃO JUDICIAL, EXTRAJUDICIAL E FALÊNCIA

O título deste capítulo inaugura e reflete uma das páginas mais discutidas dos compêndios jurídicos de direito privado: **o tratamento que deve ser aplicado àqueles que se dedicam à atividade econômica**, em caso de dificuldade patrimonial, que os esteja impedindo, eventualmente, de efetuar o adimplemento tempestivo de suas obrigações.

Historicamente, o devedor "comerciante" insolvente já foi tratado como **criminoso e fraudador**, teve seu corpo à mercê dos credores, escravizado, preso, morto ou banido, tudo como consequência cível de sua derrocada.

Em outro momento, a preocupação dos operadores do direito voltou-se à **proteção dos credores**, pois o castigo ao devedor não quitava as obrigações e eliminava a única forma de resgatá-las, pois, morto o devedor, não havia de quem reclamar os débitos. Daí surge, por exemplo, a possibilidade de **moratória ou de concordata**, alternativa à falência.

Agora, a abordagem que se dá ao tema tem outro matiz: a necessidade de **preservação da empresa**. Note que afirmamos empresa, e não empresário, ou seja, o interesse coletivo recai em preservar a atividade econômica que produz ou faz circular bens e serviços, pois ela traz **benefícios a toda a coletividade**, como será visto adiante.

Nesse novo e último sistema, a **recuperação extrajudicial e a judicial** funcionam como remédios **preventivos**, voltados a sanear as dívidas do empresário (individual ou coletivo), permitindo-lhe a continuação de sua atividade com fins lucrativos, de modo a preservar a empresa e o empresário. Já a falência funciona como uma forma digna, conveniente e o menos prejudicial possível para o **encerramento** da vida econômica do devedor falido, se possível mantendo viva a atividade empresarial na mão de um terceiro adquirente da empresa.

Assim, com base na Lei n. 11.101/2005, é possível preservar a empresa, mesmo com a inabilitação do devedor empresário para o exercício da atividade econômica. É que a referida Lei de Recuperação e Falência, em primeiro lugar, separou bem os institutos do empresário e da empresa, para depois determinar, em caso de falência, a **venda obrigatória da empresa em bloco**, do **estabelecimento completo** e, somente por último, dos bens empresariais isoladamente, sendo que as duas primeiras formas induzirão, necessariamente, à **continuidade do negócio** nas mãos do adquirente, o qual não sucede, por óbvio, as obrigações do empresário falido.

Durante toda a abordagem da recuperação e da falência, é preciso ter em mente que a **empresa é uma atividade**, objeto (fato jurídico, interesse difuso) do Direito Empresarial, enquanto o **empresário é pessoa**, sujeito titular da empresa e, portanto, senhor dos direitos e obrigações decorrentes dessa titularidade. O empresário é agente, dotado de personalidade, enquanto a empresa é instrumento da atividade desse agente. Destarte, jamais poderemos dizer que a empresa tem dívidas, ou que ela pode falir, pois tais obrigações ou situações jurídicas atingem, sim, o empresário (individual ou coletivo — sociedade), sendo a empresa o patrimônio garantidor do adimplemento das obrigações.

É com essas novidades que lidaremos nesta parte da obra, em que abordaremos a crise econômico-financeira do devedor empresário.

■ 21.1. INTRODUÇÃO

No Brasil, até junho de 2005, a insolvência da pessoa que desempenha atividade comercial (hoje, empresarial) era regulada pelo Decreto-lei n. 7.661/45. A partir daquele mês, a **Lei n. 11.101, de 09/02/2005**, passou a vigorar, regendo desde então a matéria.

Ao entrar em vigor, desde 09 de junho de 2005, a Lei n. 11.101/2005, identificada pela sigla **LREF (Lei de Recuperação de Empresas e de Falência) ou simplesmente LRE**, mudou completamente o enfoque e o tratamento dados ao estado de insolvência de quem desempenha atividade econômica empresarial no Brasil, revogando não somente o **Decreto-lei n. 7.661/45**, mas reformulando seus institutos e dando novo enfoque ao quadro de debilidade econômica da empresa, visando, por fim, manter a atividade econômica em funcionamento.

A mudança começa pela substituição da nomenclatura aplicada ao seu objeto, pois deixou de regular a situação deficitária apenas dos comerciantes, passando a alcançar **todos os empresários**. Abandonou nomear seu sujeito de falido ou concordatário, para chamá-lo de **devedor**, simplesmente. Substituiu a concordata pela **recuperação**. E, no que se refere às circunstâncias que autorizam sua aplicação, a Lei n. 11.101/2005 deixou de lado a expressão "situação de insolvência", para denominá-la "**estado de crise econômico-financeira**".

As alterações não se limitaram apenas a uma transformação semântica, mas, sim, trouxeram uma mudança, para além de jurídica, com aspectos de **adequação econômica, social e política**. A atividade comercial (espécie de atividade empresarial) vista de forma demonizada, exploradora e de mais-valia (em regimes falimentares anteriores), agora passa a ser entendida como **essencial** à existência da vida em coletividade, em sociedade.

Sob o manto do **princípio da preservação da empresa**, surge o novo marco regulatório da crise econômica da atividade empresarial. A partir de tal princípio, toda a nova lei se desenvolve buscando garantir, em cada uma de suas disposições, que a atividade de produção e circulação de riqueza seja mantida em funcionamento, não com o escopo de garantir ao empresário o acesso ao lucro, porém visando a **manutenção de empregos, produção e circulação de mercadorias, bens e serviços, geração de tributos, distribuição de riqueza, livre-concorrência, redução de preços, abastecimento contínuo, entre outros benefícios**.

No contexto histórico, podemos detectar o tratamento dispensado ao estado de insolvência do comerciante sob **três enfoques**, cada um deles estabelecido pela realidade político-econômica de sua época.

Em poucas linhas, podemos definir a abordagem que o tema recebeu no decorrer do tempo, reconhecendo **três períodos distintos**, os quais coincidem com a abordagem que os costumes, a lei e a jurisprudência deram ao instituto. Vejamos as três abordagens, seguindo a evolução histórica do tema.

■ 21.2. ORIGEM HISTÓRICA

O primeiro período é aquele em que a finalidade dos costumes e normas comerciais era **punir o agente econômico** em estado de insolvência.

Nessa primeira abordagem, o insolvente era tido como um **criminoso**, e a insolvência (falência) um **delito**. Tomamos aqui a expressão insolvência no sentido legal da expressão, pois seria ela a situação patrimonial em que os bens do devedor são insuficientes para pagamento de suas dívidas, nos exatos termos do art. 748, do CPC de 1973[1]. Assim, a insolvência caracteriza-se, segundo a nossa legislação processual moderna, pela constatação de um **patrimônio inferior às dívidas**. Era exatamente essa a situação de fato que autorizava a execução coletiva contra o comerciante, nos períodos primitivos do Direito Comercial. A falência era, então, um estado econômico, de fato, constatado a partir de um cálculo aritmético de patrimônio subtraído das dívidas.

É realidade histórica contumaz o devedor que não tem patrimônio vir a sofrer a **perseguição privada** dos seus credores e, por fim, do **próprio Estado**, em diversos momentos históricos e legislações nacionais, transcendente aos bens do devedor, alcançados a sua liberdade, o seu estado civil e político e, ainda, a sua própria vida. Não era incomum a **escravidão**, o **banimento** e a pena de **morte** para o inadimplente. É certo que, em Roma, a *Lex Poetelia Papiria* (ano 428 ou 441 a.C.) aboliu a responsabilidade corporal por dívidas e que, na Idade Média, surgiu o instituto da **moratória**. Todavia, tais institutos não extinguiram a finalidade inicial do processo de insolvência, qual seja: **PUNIR O DEVEDOR**.

Exemplos legais dessa fase são estampados no Código Comercial de Napoleão de 1808, o qual previa **penas que iam do degredo à morte** do falido, além das nossas Ordenações Filipinas de 1603, que prenunciavam o mesmo destino ao quebrado, designação da legislação portuguesa dada ao falido. Destaque-se, ainda, que tais ordenamentos jurídicos previam a **prisão civil do falido**, para forçá-lo ao pagamento (por até trinta dias) ou vingar sua administração desastrada.

O próprio termo falência, empregado para designar a condição do comerciante insolvente, tem significado que expressa a visão que à época se tinha dele, qual seja: a de um fraudador, trapaceiro, enganador. Falência origina-se do **latim *fallere***, do grego *sphallein*, de onde se chegou à expressão *fallentia*, ou do francês *faliti*, palavras

[1] O procedimento respeitante à insolvência civil foi mantido pelo art. 1.052 do novo CPC (Lei n. 13.105/2015).

que possuem o significado de **defeito, falha, falta, engano ou omissão**. Sobre a expressão, Sérgio Campinho inicia sua obra afirmando[2]:

> **O vocábulo falência deriva do verbo falir, do latim *fallere*, que exprime a ideia de faltar com o prometido, identificando-se, igualmente, com o verbo enganar. Significa, pois, falha, omissão, traduzindo a falta do cumprimento daquilo que foi assumido.**

Assim, nessa primeira abordagem, a falência aproxima-se da **vingança privada**, sendo seu objetivo maior punir o devedor comerciante insolvente. Tal constatação se faz ainda pelo surgimento da expressão **bancarrota**, originada da prática francesa de quebrar o banco onde o comerciante insolvente sentava-se para negociar. Assim, *banque en routé*, banco roto, banco quebrado, gerou a referida expressão portuguesa; e, ainda, a expressão "quebrado", para indicar alguém sem dinheiro e que não mais teria assento entre os comerciantes. Em Portugal, a lei de falência é titulada "**Lei de Quebras**".

O segundo período foi aquele em que o legislador, preponderantemente, passou a buscar a **PROTEÇÃO DOS CREDORES**. Uma vez constatado que a morte, a prisão ou o banimento do falido não traziam qualquer benefício aos credores, antes, eliminavam a única e última possibilidade de recuperação dos valores perdidos na falência, ocuparam-se o legislador e a doutrina de encontrar fórmulas que permitissem a **restituição dos valores devidos aos credores**.

Entre as alterações normativas e interpretativas, três se destacaram como marcos desse novo modo de tratar o devedor comerciante insolvente: 1) o processo falimentar torna-se **exclusivamente judicial**, não podendo o credor, individualmente, fazer liquidação extrajudicial dos bens do falido, nem transigir a respeito da forma de pagamento, nem da preferência entre ele e os demais credores; 2) surge o **concurso universal de credores**, pelo qual todos os credores somente poderão receber seus créditos no Juízo Falimentar, desde que respeitada a **ordem dos pagamentos** estabelecida em lei; 3) possibilita-se ao devedor comerciante insolvente a **concordata**, situação em que lhe seria permitido pagar as obrigações com desconto, ou de forma parcelada, com ou sem carência de prazo, o que se tornou o instituto da **moratória**, primeiro nome dado à concordata.

As mudanças surtiram melhor efeito, ainda, quando as legislações deixaram de lado a **punição corporal** como critério de tratamento ao falido. Por sua vez, a **hierarquia legal da ordem de preferência dos pagamentos** de credores **desestimulava** aqueles credores sem garantia a iniciarem o **processo de falência**, pois seriam eles os últimos a receberem, de modo que era mais factível torcer por uma concordata, que emplacar a falência. Lembramos que, no sistema anterior, de punição ao devedor falido, o credor que primeiro pedisse a falência era o primeiro a receber, em uma espécie de prêmio ao algoz do falido.

A **submissão de todos os credores a um mesmo Juízo**, a possibilidade de sequestro dos bens do falido, a arrecadação imediata de tais bens, a possibilidade de continuação do negócio do falido, a concordata suspensiva, entre outros institu-

2 *Falência e recuperação de empresa*, p. 3.

tos, são exemplos dessa abordagem que busca a proteção ao interesse dos credores. Tal sistema já se verificava no Brasil mesmo antes de 1945, mas, com o Decreto-lei n. 7.661/45, ganhou maior expressão.

Já o terceiro período, inaugurado no Brasil pela Lei n. 11.101/2005, visa **PRESERVAR A EMPRESA** em estado de crise econômico-financeira. É importante frisar que não se utiliza mais a expressão insolvência para caracterizar a situação patrimonial do devedor, justamente na perspectiva de sua recuperação.

Agora, finalidade passa a ser a de **recuperar a empresa** em primeiro lugar, e não de dissolvê-la ou encerrar suas atividades. Isso, reconhecendo seu papel indispensável a um sistema econômico baseado na **livre-iniciativa** e no **livre-emprego**, além de respeitar o **direito de propriedade**, com a consequente **liberdade de concorrência** e melhor **distribuição de renda** e manutenção dos níveis de **arrecadação tributária**.

Os objetivos mencionados podem ser extraídos dos seguintes **artigos da Lei n. 11.101/2005**, os quais, por conta da precisão, são transcritos literalmente:

> **Art. 47. A recuperação judicial tem por objetivo viabilizar a superação da situação de crise econômico-financeira do devedor, a fim de permitir a manutenção da fonte produtora, do emprego dos trabalhadores e dos interesses dos credores, promovendo, assim, a preservação da empresa, sua função social e o estímulo à atividade econômica.**
>
> **Art. 75. A falência, ao promover o afastamento do devedor de suas atividades, visa a:**
>
> **I — preservar e a otimizar a utilização produtiva dos bens, dos ativos e dos recursos produtivos, inclusive os intangíveis, da empresa;**
>
> **II — permitir a liquidação célere das empresas inviáveis, com vistas à realocação eficiente de recursos na economia; e**
>
> **III — fomentar o empreendedorismo, inclusive por meio da viabilização do retorno célere do empreendedor falido à atividade econômica.**

Resta claro, assim, que iniciamos **um novo período do direito falimentar**, ou melhor, da abordagem da crise econômico-financeira dos agentes responsáveis pela produção e circulação da riqueza, agora visando preservar a unidade produtiva.

Por oportuno, é preciso antecipar que a preservação da empresa não equivale à preservação do empresário ou da sociedade empresária. O sistema adotado pela nova Lei de Recuperação e Falência **preserva a empresa e o empresário**. Dessa forma, compreendendo que estamos no **terceiro estágio** de evolução do direito falimentar, devemos concluir afirmando que a nova legislação deverá ser interpretada sempre no sentido de **preservar a empresa**, isso quando houver alguma **lacuna, omissão ou aparente contradição ou conflito de normas**. Passemos a analisar os novos dispositivos. Esquematizando:

EVOLUÇÃO HISTÓRICA DO REGIME JURÍDICO FALIMENTAR		
Período	**Finalidade**	**Características**
■ 1º Idade Antiga e Média	■ Punir o devedor	■ Processo extrajudicial ■ Primeiro a requerer, primeiro a receber ■ Prisão, sequestro e morte do comerciante

■ 2º Após a Revolução Francesa	■ Proteger os credores	■ Processo judicial ■ Concurso de credores, com ordem de preferência legal ■ Possibilidade de moratória (concordata) e perdão na autofalência ■ Morte ou banimento do falido
■ 3º Atualmente	■ Preservar a empresa	■ Possibilidade de recuperação judicial e extrajudicial ■ Separação de processo civil e criminal, inclusive com juízes diferentes ■ Somente prisão preventiva, com fundamentos do CPP ■ A alienação da empresa em bloco para permitir a sua continuidade ■ Amplos poderes à Assembleia geral de credores, propiciando todas as formas de alienação do ativo e composição com o devedor

■ 21.3. CONCEITOS

A atual legislação falimentar trouxe mecanismos de **restauração** da saúde financeira do empresário, permitindo sua permanência no mercado. São eles: 1) recuperação extrajudicial; 2) recuperação judicial; e 3) recuperação judicial do plano especial para microempresas e empresas de pequeno porte.

Basta conceituar a recuperação da empresa de forma genérica para compreender as três fórmulas. Assim, podemos definir a recuperação como o processo pelo qual se permite ao devedor empresário em crise econômico-financeira obter uma **forma alternativa de adimplemento** de suas obrigações, com o objetivo de viabilizar a superação de tal situação, permitindo a manutenção da fonte produtora, do emprego dos trabalhadores e dos interesses dos credores, promovendo, assim, a preservação da empresa, sua função social e o estímulo à atividade econômica (art. 47, da Lei n. 11.101/2005). A partir desse conceito, surgem as três variações:

- Recuperação extrajudicial — a **negociação se dá diretamente** entre o devedor empresário e seus credores e, uma vez elaborado e assinado o acordo, é submetido à **homologação judicial**, com ou sem contencioso, o que veremos oportunamente.
- Recuperação judicial — a negociação se dá em juízo, a partir de uma **proposta do devedor**, o qual é livre para estabelecer os termos do plano de recuperação judicial, o qual **dependerá de aprovação** direta ou indireta dos credores.
- Recuperação judicial do plano especial para microempresas e empresas de pequeno porte — também obtida em juízo, todavia tem formato preestabelecido na lei, **dispensada a aprovação** dos credores atingidos. Até agosto de 2014, os credores **quirografários** eram os únicos alcançados por esta modalidade de recuperação. Todavia, com o advento da Lei Complementar n. 147/2014, todos os credores participarão da recuperação judicial especial, ante a nova redação dada ao art. 71, inc. I, assim redigido: "O plano especial de recuperação (...) abrangerá todos os créditos existentes na data do pedido, ainda que não vencidos, excetuados os decorrentes de repasse de recursos oficiais, os fiscais e os previstos nos §§ 3º e 4º do art. 49".

Por sua vez, não sendo possível ao **devedor empresário em crise econômico--financeira** recuperar-se, inicia-se o **processo de execução coletiva** contra ele, ou seja, decreta-se sua **falência**.

Assim, é a **falência** um processo judicial de execução coletiva contra o empresário, todavia voltado a "I — **preservar e a otimizar a utilização produtiva** dos bens, dos ativos e dos recursos produtivos, inclusive os intangíveis, da empresa; II — **permitir a liquidação célere** das empresas inviáveis, com vistas à realocação eficiente de recursos na economia; e III — **fomentar o empreendedorismo**, inclusive por meio da viabilização do retorno célere do empreendedor falido à atividade econômica" (incisos do art. 75, da Lei n. 11.101/2005). Difere da execução coletiva comum (**insolvência civil**) por atingir apenas devedores empresários, pessoas naturais (empresários individuais) ou jurídicas (sociedades empresárias), não se confundindo, também, com **a intervenção e a liquidação extrajudiciais**, procedimentos aplicáveis a alguns tipos de atividades empresariais. Para situar a falência no cenário processual brasileiro, necessária a análise das **abordagens legais das crises de inadimplemento** previstas na nossa legislação, citadas anteriormente e mais bem abordadas em seguida. Vejamos.

Esquematizando os procedimentos da Lei n. 11.101/2005:

PROCEDIMENTOS NA LEI DE FALÊNCIAS			
Processo	**Decisão**	**Atingidos**	**Administração**
■ Falência	■ Judicial	■ Todos os credores	■ Administrador judicial
■ Recuperação Extrajudicial	■ Credores extrajudicialmente	■ Exceto trabalhistas e tributários	■ O próprio devedor empresário
■ Recuperação Judicial	■ Assembleia geral de Credores, em Juízo	■ Exceto tributários e os descritos no art. 49, da Lei n. 11.101/2005	■ O próprio devedor empresário, salvo afastamento (Gestor)
■ Recuperação Especial para ME e EPP	■ Lei	■ Exceto repasse de recursos oficiais, os fiscais e os previstos nos §§ 3º e 4º do art. 49	■ O próprio devedor empresário

Esquematizando os processos da Legislação Processual Brasileira:

A LEI DE FALÊNCIA E OS REGIMES JURÍDICOS CONCORRENTES				
Processo	**Legislação**	**Atingidos**	**Caracterização**	**Fundamento**
■ Insolvência Civil	■ Art. 748 e seguintes do CPC de 1973, por força do artigo 1052 do CPC/2015	■ Todos os insolventes não empresários	■ Dívidas superam o patrimônio	■ Patrimonial e Econômico (estado de fato)
■ Falência	■ Lei n. 11.101/2005	■ Apenas empresários	■ 15 hipóteses legais	■ Jurídico (estado de direito)
■ Liquidação e Intervenção Extrajudicial	■ Lei n. 6.024/74 e outras	■ Alguns empresários especificados em lei	■ Critério discricionário do órgão competente	■ Político (conveniência e oportunidade)

■ 21.4. SISTEMAS DE INSOLVÊNCIA NO DIREITO BRASILEIRO

Baseados no **direito comparado e na doutrina** que trata de estados de crise patrimonial, encontramos quatro tipos de abordagem e de **caracterização da insolvência** *latu sensu*. É preciso desde já esclarecer que a nossa legislação estabeleceu um **conceito legal para insolvência**, previsto no art. 748, do CPC de 1973. Isso instituiu uma espécie de insolvência *strictu sensu*, com base exclusivamente na **situação patrimonial** do devedor. No momento em que tratarmos da insolvência civil, tal instituto ficará mais claro. Agora, abordaremos a **insolvência conceitual**, aquela que autoriza um processo coletivo de execução contra o devedor. São sistemas de insolvência admitidos pela doutrina os descritos a seguir.

■ 21.4.1. Sistema do patrimônio deficitário

É caracterizado por um estado patrimonial deficitário. Na operação simplesmente matemática: **(Bens) — (Dívidas) = Dívidas**. Apesar de dotado de lógica e razoabilidade, nem sempre esse critério apresenta-se o mais justo, pois reflete uma **situação momentânea**. Nas relações empresarias, em que imperam lei da oferta e da procura, concorrência, evolução tecnológica, necessidade de investimentos e atualizações constantes, alavancagem sustentada por empréstimos a juros, o referido sistema seria fatal, pois, nas fotografias momentâneas, flagraria a empresa com patrimônio negativo e isso autorizaria uma execução coletiva contra ela.

Exemplo: uma empresa que faz empréstimos para dobrar sua capacidade de produção, ante a procura no mercado, estará, no momento do empréstimo, com dívida superando seus bens, mas depois, com o aumento das vendas e o retorno do capital aplicado, voltará a um estado de solvência patrimonial. Operações desse tipo são muito comuns no mercado e não raro realizadas por empresas de grande porte. Em razão da possibilidade do momento patrimonial de uma empresa **não coincidir com sua realidade econômica**, o sistema do estado patrimonial deficitário não foi adotado pela Lei n. 11.101/2005, de modo que não é aplicado aos empresários e sociedades empresárias atualmente. Contudo, é o sistema **adotado pelo CPC** para caracterizar o estado de fato que autoriza o processo de insolvência civil contra algum devedor não empresário.

■ 21.4.2. Sistema da cessação de pagamentos

Caracterizado pelo fato de o devedor **deixar de pagar consecutivamente suas dívidas**. Não há um número mínimo de obrigações não adimplidas para a caracterização desse estado, tampouco a exigência de que as obrigações não adimplidas sejam reiteradas perante um mesmo devedor. Tudo dependerá da legislação específica. Presume-se que o referido devedor esteja insolvente ante a contumácia na inadimplência.

Esse sistema **não foi adotado pela Lei n. 11.101/2005** pelos mesmos motivos elencados no item anterior e, ainda, porque o mercado tem momentos de crise global, fenômenos que fogem a qualquer previsão. Além disso, a atividade econômica desenvolvida pelas empresas é de constante risco, o que leva à possibilidade de desequilíbrios momentâneos das contas.

■ 21.4.3. Sistema da impontualidade

Para esse sistema, **basta uma dívida vencida e não paga** para que o devedor seja tido por insolvente. Previne a frustração dos pagamentos na sua origem, uma vez que autoriza a execução coletiva e o vencimento antecipado das dívidas diante de um simples e **único inadimplemento**. Por sua vez, garante ao devedor que a inexistência de dívidas vencidas, mesmo diante de um quadro de patrimônio negativo, inviabilize tal execução coletiva.

Nesse sistema, os credores têm especial mecanismo de recebimento de seus créditos, pois poderão utilizar o pedido de falência como **poderoso meio de cobrança**, mesmo existindo apenas uma dívida vencida. Já o devedor tem importante garantia de que não será atingido por pedido de execução coletiva, bastando manter seus pagamentos adimplidos tempestivamente, sem precisar depender de seu estado patrimonial. A Lei n. 11.101/2005 **adotou** tal sistema. Por um lado, garantindo os direitos dos credores e, por outro, **protegendo a empresa, pois a falência dependeria mais da inadimplência que do real estado patrimonial**.

Pode-se argumentar que seria muito fácil requerer falência, diante de inadimplemento único. Todavia, deve-se destacar que, caso não seja a hipótese de insolvência real, poderá o **devedor efetuar depósito elisivo ou requerer recuperação judicial**, no prazo para a defesa na falência. Sempre lembrando que, da mesma forma que é simples requerer falência com base em dívida única, é fácil evitar a existência de dívida vencida.

■ 21.4.4. Sistema do rol legal

Estabelece uma **reserva legal de situações** de insolvência. Na doutrina falimentar brasileira, os atos previstos no rol legal foram chamados de **atos temerários** ou atos de falência. Por um critério político, o legislador define quais as situações de fato fazem presumir a insolvência de alguém. O Brasil adotou tal sistema no art. 94, inc. III, da Lei n. 11.101/2005, sendo que as hipóteses elencadas serão analisadas quando do estudo da caracterização da falência.

Esquematizando os sistemas de insolvência no Direito Brasileiro:

SISTEMAS DA INSOLVÊNCIA NO DIREITO BRASILEIRO		
Sistema	**Caracterização**	**Critério**
■ Patrimônio deficitário	■ Dívidas superam o patrimônio	■ Econômico — Patrimonial
■ Cessação dos pagamentos	■ Duas ou mais dívidas vencidas	■ Jurídico — Inadimplência
■ Impontualidade	■ Apenas uma dívida vencida	■ Jurídico — Inadimplência
■ Rol legal	■ Fatos típicos	■ Jurídico — Presunção

A Lei n. 11.101/2005 adotou os sistemas da impontualidade e do rol legal para a caracterização da falência. Assim, o estado falimentar no Brasil é verificado a partir de uma **insolvência presumida**. Trata-se de um **estado de direito**, portanto, e não de fato meramente **jurídico** ou exclusivamente econômico. Desse modo, no momento de sentenciar o processo falimentar, ou de convolar uma recuperação judicial em falência, o juiz não precisará avaliar as condições patrimoniais da empresa, mas tão somente **verificar se há previsão legal** que a enquadre no estado falimentar. Essa previsão pode levar em conta o simples inadimplemento de obrigação ou, ainda, a ocorrência de alguma conduta típica falimentar.

Além disso, no Brasil, adotou-se o **sistema restritivo** para definição do sujeito passivo da falência. Isso porque o processo falimentar sempre foi destinado **apenas ao agente econômico do comércio (hoje, empresário)**, enquanto os **não comerciantes** tiveram um processo próprio de execução, para o caso de insolvência, a saber, o **processo de execução por quantia certa contra o devedor insolvente** (art. 748 e seguintes, do CPC de 1973, procedimento mantido pelo novo CPC — cf. Lei n. 13.105/2015, art. 1.052), a denominada insolvência civil. Há quem diga que o Brasil adotou um **sistema misto**, pois regulou a **falência para os empresários** e a **insolvência civil para os não empresários**. O sistema falimentar seria **ampliativo** se o processo de falência alcançasse **todo e qualquer devedor**.

Apesar de existirem algumas discussões sobre o sistema falimentar adotado em nossa nação, considerando que o ponto de partida para a análise é **apenas o processo de falência**, torna-se necessário aferir o sujeito passivo de tal processo no Brasil. Se, aqui, a falência **alcança apenas devedores empresários**, é de se concluir que o sistema é o **restritivo**. Diferentemente, a falência nos Estados Unidos **alcança todos** os devedores insolventes, adotando-se, ali, o sistema **ampliativo**.

Esquematizando os sistemas falimentares de acordo com a Doutrina:

SISTEMAS FALIMENTARES NA DOUTRINA	
Sistema Falimentar	**Características**
■ Ampliativo	■ A falência alcança todos os insolventes
■ Restritivo	■ A falência alcança apenas uma categoria de insolventes
■ Misto	■ A falência alcança uma categoria de insolventes, havendo outro tipo de processo para os demais

■ 21.4.5. Insolvência civil

A insolvência civil é um processo que alcança **todos os devedores** não empresários insolventes. É o processo de execução coletiva comum do direito pátrio, de modo que todo insolvente pode ser alcançado por ele ou invocá-lo, desde que **não seja empresário**, como já dito, hipótese em que se aplicaria a Lei n. 11.101/2005.

A insolvência civil está prevista no art. 748 e seguintes, do CPC de 1973, em que encontramos seu conceito. Confira-se: "dá-se a insolvência toda vez que as **dívidas excederem** à importância dos bens do devedor". Trata-se de **insolvência patrimonial**. Para que haja insolvência civil, será necessário comprovar que o devedor **não é empresário** e que, no patrimônio dele, as **dívidas superam os bens**.

O CPC nomina a insolvência civil de "processo de execução por quantia certa contra o devedor insolvente". A insolvência civil é, portanto, um processo de execução coletiva por quantia certa contra um devedor comum, cujas dívidas excedem seu patrimônio. Ao determinar a insolvência civil do devedor, o juiz profere uma sentença meramente **declaratória**, pois reconhece um **estado de fato real e pretérito**, caracterizado, matematicamente, por dívidas que superam o patrimônio. Já na falência, a sentença será **constitutiva**, pois, do ponto de vista real, o empresário não precisará estar insolvente *strictu sensu* (patrimônio menor que as dívidas), mas apenas **juridicamente insolvente**. Diante disso, a causa última da falência não será a insolvência patrimonial, real ou de fato. Será, sim, a **insolvência formal, presumida e de direito**.

▪ 21.4.6. Falência e recuperação

Tanto a falência quanto a recuperação são institutos aplicáveis apenas aos **empresários**, nos termos do art. 1º, da Lei n. 11.101/2005. A insolvência deles será caracterizada de acordo com os **critérios da Lei n. 11.101/2005**, e não levará em conta a situação patrimonial, somente. A própria insolvência não é tratada com esse nome na referida Lei, a qual optou por nominá-la "**crise econômico-financeira**".

A **falência** é o **processo de execução coletiva contra o devedor empresário em crise econômico-financeira**. A Lei n. 11.101/2005, nos arts. 72, parágrafo único, 73, 94, 105 e parágrafo único do art. 167-U, prevê as **dezoito situações** que autorizam a decretação da falência, o que significa autorizar a execução coletiva, ou seja, consiste em um **juízo de admissibilidade** do processo de arrecadação e liquidação do ativo e pagamento do passivo. As **dezoito hipóteses** serão estudadas oportunamente, todavia é preciso esclarecer, desde agora, que, em **nove delas**, a falência somente será decretada após um processo **preliminar, uma fase investigativa ou pré-falimentar**, em que será permitido ao devedor empresário **defender-se** do pedido de falência. Nas outras **nove**, não haverá um processo prévio de análise da crise econômico-financeira, e, sim, a decretação direta da falência, de forma **incidental ou a pedido do próprio devedor empresário**.

Para melhor definição do que seja esse novo instituto da recuperação e suas **três formas**, faz-se necessário conceber uma raiz comum a estas. Destarte, toda recuperação é um **processo pelo qual se permite ao devedor empresário em crise econômico-financeira obter uma forma alternativa de adimplemento** de suas obrigações. Esse pode ser o conceito único de recuperação, seja ela **judicial, extrajudicial ou especial**.

No conceito completo de cada uma das formas de recuperação, contudo, é preciso acrescentar o **objetivo** de tal processo, o que, segundo o art. 47, da Lei n. 11.101/2005, consiste em "viabilizar a superação da situação de crise econômico-financeira do devedor, a fim de permitir a manutenção da fonte produtora, do emprego dos trabalhadores e dos interesses dos credores, promovendo, assim, a preservação da empresa, sua função social e o estímulo à atividade econômica", ou, resumidamente, **preservar a empresa**. Dessa forma, os conceitos poderiam ser construídos assim:

▪ **Recuperação Judicial** — é o processo **judicial** que permite ao devedor empresário em crise econômico-financeira obter uma **forma alternativa de adimple-**

mento de suas obrigações, visando preservar a empresa e a sua função social, após a **concordância** dos credores ou da **assembleia geral de credores, em Juízo**.

■ **Recuperação Judicial Especial para ME e EPP** — é o processo **judicial** que permite ao devedor empresário em crise econômico-financeira obter uma **forma alternativa e legalmente preestabelecida de adimplemento** de todas as suas obrigações, visando preservar a empresa e a sua função social, após o cumprimento de requisitos legais e **deferimento do juiz**. Tal hipótese está prevista no art. 70, § 1º, da Lei n. 11.101/2005, o qual estabelece: "As microempresas e as empresas de pequeno porte, conforme definidas em lei, poderão apresentar plano especial de recuperação judicial, desde que afirmem sua intenção de fazê-lo na petição inicial de que trata o art. 51 desta Lei".

Não se trata de procedimento obrigatório para as ME e EPP, mas, sim, de **procedimento alternativo**, o qual traz vantagens e desvantagens em relação à recuperação judicial, o que será estudado oportunamente.

■ **Recuperação Extrajudicial** — é o processo **iniciado extrajudicialmente e concluído judicialmente** que permite ao devedor empresário em crise econômico-financeira obter uma **forma alternativa de adimplemento** de suas obrigações, visando preservar a empresa e a sua função social, após a **concordância extrajudicial** dos credores e submissão do acordo ao juiz, o qual o **homologará**. A referida recuperação encontra assento no art. 161, da Lei n. 11.101/2005, nos seguintes termos: "O devedor que preencher os requisitos do art. 48 desta Lei poderá propor e negociar com credores plano de recuperação extrajudicial".

■ 21.4.7. Liquidação e intervenção extrajudicial

Algumas atividades empresariais não se submetem à Lei n. 11.101/2005, pois ocupam, por um critério de **escolha política**, uma posição **excepcional**, caso enfrentem um estado de insolvência ou de crise econômico-financeira.

Desse modo, as empresas que exerçam **atividades financeiras**, por exemplo, não poderão falir, nem obter recuperação ou serem alcançadas por um processo de execução por quantia certa contra o devedor insolvente. No lugar dos citados processos, essas empresas excepcionadas serão submetidas à **liquidação ou à intervenção** extrajudicial, que, no caso das instituições financeiras, têm os procedimentos regulados na **Lei n. 6.024, de 13 de março de 1974**, a cargo do **Banco Central do Brasil**.

É possível estabelecer uma relação de semelhança entre a **falência e a liquidação** extrajudicial, e entre a **recuperação e a intervenção** extrajudicial. Ocorre que, na liquidação e na intervenção, um **órgão do Poder Executivo** terá a competência para processar e definir a situação da empresa, utilizando um critério político, verdadeiro juízo de **conveniência e oportunidade**, para isso.

Podemos definir a **intervenção extrajudicial** como o processo por meio do qual um órgão do Poder Executivo avalia um quadro de crise de pagamentos de determinada empresa, assumindo a sua administração, por meio de um interventor, buscando promover o seu **reequilíbrio**. Caso não seja alcançado ou possível o referido reequilíbrio, pode ser decretada a liquidação da empresa.

A intervenção visa **evitar a liquidação** da empresa e, por isso, segundo o art. 6º, da Lei n. 6.024/74, produz, desde logo, três efeitos: a) suspensão da exigibilidade das obrigações vencidas; b) suspensão da fluência do prazo das obrigações vincendas anteriormente contraídas; e c) inexigibilidade dos depósitos já existentes à data de sua decretação. Esses efeitos dizem respeito às instituições financeiras, todavia demonstram o quanto a intervenção **aproxima-se da recuperação**, o que veremos oportunamente. A **liquidação extrajudicial**, por sua vez, pode ser definida como o processo do qual se utiliza um órgão do Poder Executivo para **liquidar o ativo e pagar o passivo** de uma empresa que apresente um quadro de crise de pagamentos, assumindo a sua administração, por meio de um liquidante que promoverá todos os atos necessários ao **encerramento** das atividades da empresa, atuando como um administrador judicial, antigo síndico da falência[3].

Por fim, cumpre destacar que o processo de liquidação extrajudicial aproxima-se tanto da falência que o art. 34, da Lei n. 6.024/74, determina: "Aplicam-se a liquidação extrajudicial no que couberem e não colidirem com os preceitos desta Lei, as disposições da **Lei de Falências** (Decreto-lei n. 7.661, de 21 de junho de 1945), equiparando-se ao **síndico, o liquidante**, ao **juiz da falência, o Banco Central** do Brasil, sendo competente para conhecer da ação revocatória prevista no art. 55 daquele Decreto-lei, o juiz a quem caberia processar e julgar a falência da instituição liquidanda". Destaque-se que as referências ao Decreto-lei n. 7.661/45 devem ser lidas considerando agora a Lei n. 11.101/2005. Esquematizando os conceitos:

REGIME DE CRISE FINANCEIRA DA EMPRESA — CONCEITOS INICIAIS	
Instituto	**Conceito**
▪ Falência	▪ Processo de execução coletiva contra o devedor empresário em crise econômico-financeira
▪ Recuperação Judicial	▪ Processo judicial que permite ao devedor empresário em crise econômico-financeira obter uma forma alternativa de adimplemento de suas obrigações, visando preservar a empresa e a sua função social, após a concordância dos credores ou da assembleia geral de credores, em Juízo
▪ Recuperação Judicial de ME e EPP	▪ Processo judicial que permite ao devedor empresário em crise econômico-financeira obter uma forma alternativa e legalmente preestabelecida de adimplemento de todas as suas obrigações (é optativa para as ME e EPP)
▪ Recuperação Extrajudicial	▪ Processo iniciado extrajudicialmente e concluído judicialmente que permite ao devedor empresário em crise econômico-financeira obter uma forma alternativa de adimplemento de suas obrigações, visando preservar a empresa e a sua função social, após a concordância extrajudicial dos credores e submissão do acordo ao juiz, o qual o homologará

[3] A liquidação extrajudicial, ao que se percebe, é procedimento que deve produzir o mesmo resultado da falência: a realização do ativo e o rateio do que se apurar entre os credores, para que o maior número deles minimize seu prejuízo, diante da insolvabilidade do ente coletivo e da liquidação. Trata-se, como se sabe, de procedimento extrajudicial, que, entretanto, eventualmente frustrado, poderá culminar com a falência da entidade precedentemente liquidada. Pode-se concluir, assim, que em tal hipótese a falência será condicional. Esse assunto merecerá aprofundamento no *item 22.2.3*. Como exemplo dessa falência condicional, a liquidação extrajudicial frustrada das instituições financeiras, nos termos do art. 21, alínea "b", da Lei n. 6.024/74, e das operadoras de plano de saúde, nos termos do § 1º, do art. 23, da Lei n. 9.656/98.

■ Insolvência Civil	■ Processo de execução coletiva por quantia certa contra um devedor comum, cujas dívidas excedem seu patrimônio
■ Intervenção Extrajudicial	■ Processo por meio do qual um órgão do Poder Executivo avalia um quadro de crise de pagamentos de determinada empresa, assumindo a sua administração, por meio de um interventor, buscando promover o seu reequilíbrio
■ Liquidação Extrajudicial	■ Processo do qual se utiliza um órgão do Poder Executivo para liquidar o ativo e pagar o passivo de uma empresa que apresente um quadro de crise de pagamentos, assumindo a sua administração, por meio de um liquidante

■ 21.5. QUESTÕES SUBJETIVAS

■ 21.5.1. Questão-homenagem

O estado falimentar no Brasil é verificado a partir de uma insolvência presumida, tanto que a lei faculta ao devedor o depósito elisivo. Nesse contexto, seria possível o depósito elisivo parcial ou a realização de audiência de conciliação, para se evitar eventual decretação da falência?

Resposta: Realmente, antes da decretação da quebra, faculta-se ao devedor o depósito elisivo (parágrafo único, do art. 98, da Lei n. 11.101/2005). Em tal hipótese, poderá o devedor, para evitar os graves efeitos da falência, predispor-se a saldar a dívida com o credor requerente da decretação da falência, depósito este que deverá englobar o principal, a correção monetária e os juros, bem como as custas e os honorários advocatícios[4]. Em prol da continuação ou preservação do empreendimento, entretanto, a jurisprudência tem relativizado o prazo para se efetuar o referido depósito[5], bem como admitido o depósito parcial[6]. Nessas circunstâncias, a discussão se afastará da presunção de insolvência e se transferirá para a legitimidade do crédito[7].

De acordo com a Análise Econômica do Direito, os custos sociais de uma eventual decretação de falência, apesar de um depósito elisivo extemporâneo ou tardio, superam em muito eventual prejuízo do requerente da quebra. Basta lembrar que a decretação da falência poderá envolver a lacração do estabelecimento empresarial (art. 99, inc. XI, da Lei n. 11.101/2005), o que significará a desativação fática do empreendimento, com reflexos quase que irreversíveis em relação à clientela, bem como a cessação do emprego para os colaboradores subordinados (empregados).

A decretação da falência também deverá ser evitada, tendo em vista que os representantes do ente coletivo (com o decreto falimentar) perderão a administração do empreendimento, frustrando-se eventual soerguimento da atividade, por esforço dos empreendedores, descaracterizando-a como fonte produtora de emprego e renda, como expressamente se salienta no art. 47, da Lei

---

4 A literalidade do parágrafo único do art. 98, da atual LFRE, corroborou o entendimento jurisprudencial consolidado ainda na vigência do Decreto-lei n. 7.661/45, por meio do enunciado Sumular 29, do STJ. Compare-se: "Súmula 29. No pagamento em juízo para elidir falência, são devidos correção monetária, juros e honorários advocatícios". Disponível em: <http://www.stj.gov.br/docs_internet/SumulasSTJ.pdf>. Acesso em: 12 ago. 2013, às 13:00. "Art. 98 (*omissis*) Parágrafo único. Nos pedidos baseados nos incisos I e II do *caput* do art. 94 desta LFRE, o devedor poderá, no prazo da contestação, depositar o valor correspondente ao total do crédito, acrescido de correção monetária, juros e honorários advocatícios, hipótese em que a falência não será decretada e, caso julgado procedente o pedido de falência, o juiz ordenará o levantamento do valor pelo autor." Disponível em: <http://www.planalto.gov.br/ccivil_03/_ato2004-2006/2005/lei/l11101.htm>. Acesso em: 12 ago. 2013, às 13:00.

5 Cf. TJSP, AGI 0041460-50.2012.8.26.0000, 2ª Câmara Reservada de Direito Empresarial, Rel. Des. Roberto Mac Cracken, julgado em 06/11/2012. Disponível em: <http://esaj.tjsp.jus.br/cjsg/getArquivo.do?cdAcordao=6347900&vlCaptcha=Zrqac>. Acesso em: 12 ago. 2013, às 14:00.

6 Cf. STJ, **REsp 604.435/SP**, 3ª Turma, Rel. Min. Nancy Andrighi, *DJ* 01/02/2006, p. 530.

7 TOMAZETTE, Marlon. *Curso de direito empresarial* (falência e recuperação de empresas), 2. ed., v. 3, p. 328.

n. 11.101/2005. Assim, uma interpretação lógico-sistemática da Lei de Falências se impõe e afastará a literalidade desse diploma legal quando isso significar a não observância do princípio da preservação da empresa.

O empreendimento, como resultado da concatenação dos usuais meios de produção (capital, mão de obra, insumos e tecnologia), é estrutura organizada, de existência objetiva, que serve não somente para se alcançarem os fins desejados pela pessoa jurídica, mas também será relevante sua manutenção para outros atores sociais. Por isso, deve-se enxergar o empreendimento como funcionalmente importante, dotado de uma função social, o que torna preferível, em caso de sociedades empresárias em crise, no lugar de medidas que desestruturem o empreendimento como eventual pedido de desconsideração da personalidade jurídica ou decretação pura e simples da falência, outras medidas que possibilitem o soerguimento do empreendimento[8].

Criticável, nesse contexto, o enunciado da Súmula 46[9] do TJSP, do qual se infere a inviabilidade da realização de eventual audiência de conciliação, na fase que antecede a decretação da falência, pois, ainda que não haja a previsão expressa de audiência de conciliação após a citação do ente coletivo (nos termos do rito falimentar), não se pode deixar de observar a viabilidade de tal alternativa, seja do ponto de vista normativo, diante do possível diálogo de fontes (com a possibilidade de aplicação subsidiária do CPC, nos termos do art. 189, da Lei n. 11.101/2005, c/c art. 125, incs. II e IV, da Lei n. 5.869/73), seja na perspectiva da Análise Econômica do Direito ao Processo Judicial, pois, ao se incentivar e promover eventual conciliação, conseguindo-se com isso o levantamento da falência, em vez de um processo judicial destrutivo, mais uma vez restará prestigiado o princípio da preservação da empresa.

Na audiência de conciliação, poderão as partes, na perspectiva de minorar as perdas econômicas já experimentadas, optar pela autocomposição. Intuitivamente, se os julgamentos são onerosos e, na falência em particular, haverá o próprio desmantelamento do empreendimento, com prejuízos sociais, seria até irracional do ponto de vista da Análise Econômica do Direito não buscar uma solução negociada e que possibilitasse o abreviar do conflito de interesses, antes da decretação da quebra[10]. Por tais razões, tem-se como medida condizente com o princípio da preservação da empresa a realização de audiência de conciliação, após o decurso do prazo para a realização de depósito elisivo.

■ 21.5.2. Questão-desafio

Julgue e justifique. No ordenamento jurídico brasileiro, as Operadoras de Plano de Saúde não poderão ter suas falências decretadas.

■ 21.6. QUESTÕES OBJETIVAS

1. (VUNESP — CEAGE/SP — Advogado — 2010) A falência

a) é um mecanismo de recuperação da empresa.
b) corresponde ao concurso universal dos credores de empresário ou sociedade empresária.
c) corresponde ao concurso individual de credores mercantis.
d) é um procedimento executivo individual.
e) é uma forma de liquidação judicial ou extrajudicial da empresa em dificuldades econômicas.

---

8 SZTAJN, Rachel. *Teoria jurídica da empresa* (atividade empresária e mercados), p. 127.

9 Súmula 46. A lei falimentar, por especial, possui todo o regramento do pedido e processo de falência, e nela não se prevê a designação de audiência de conciliação. Disponível em: <http://www.tjsp.jus.br/Download/SecaoDireitoPrivado/Sumulas.pdf>. Acesso em: 12 ago. 2013, às 13:00.

10 COOTER, Robert; ULEN, Thomas. *Direito e economia*, p. 421.

2. (CESPE — Defensor Público — DF — 2013) No que se refere à falência, julgue o item a seguir. É aplicável a regulamentação da classificação de créditos da Lei de Falências atual às falências decretadas antes de sua vigência, por ter tal matéria caráter processual e, portanto, ser de aplicação imediata.

3. (MPE-SC — Promotor de Justiça — 2013) Certo ou Errado. A recuperação judicial tem por objetivo viabilizar a superação da situação de crise econômico-financeira do devedor, a fim de permitir a manutenção da fonte produtora, do emprego dos trabalhadores e dos interesses dos credores, promovendo, assim, a preservação da empresa, sua função social e o estímulo à atividade econômica.

4. (CESPE — TRF — 5ª Região — Juiz Federal — 2009) Julgue os itens a seguir, relativos ao direito societário.

I. De acordo com o Código Civil, a sociedade adquire personalidade jurídica com a inscrição, no registro próprio e na forma da lei, de seus atos constitutivos.

II. Uma das mais importantes distinções entre as sociedades civis e as sociedades comerciais é a possibilidade de essas últimas pedirem falência, enquanto aquelas se submetem à insolvência civil.

III. Na sociedade limitada, a responsabilidade de cada sócio restringe-se ao valor de suas quotas, mas há solidariedade pela integralização do capital social.

IV. A desconsideração da personalidade jurídica não extingue a pessoa jurídica; apenas suspende episodicamente sua autonomia.

V. Entre outras características, a sociedade de pessoas diferencia-se da sociedade de capital pelo fato de que nesta se usa razão social, e não denominação.

A quantidade de itens certos é igual a

a) 1.
b) 2.
c) 3.
d) 4.

5. (CESPE — PGE-BA — Procurador — 2014) Certo ou Errado. A sociedade por ações é sempre mercantil; por isso, está sujeita a falência, fazendo jus à recuperação judicial, ainda que o seu objeto seja civil.

6. (FCC — TJPE — Juiz Substituto — 2015) A Lei n. 11.101, de 9 de fevereiro de 2005, que disciplina a falência, a recuperação judicial e a recuperação extrajudicial, aplica-se

a) às instituições financeiras privadas, mas não às públicas.
b) aos consórcios.
c) tanto às sociedades empresárias quanto aos empresários individuais.
d) às sociedades de economia mista.
e) às empresas públicas.

7. Nos termos da Lei n. 11.101/05 (Lei de Falência e Recuperação de Empresas), a sociedade de economia mista, por ser pessoa jurídica de direito privado, criada mediante autorização legal, sob a forma de sociedade anônima, está sujeita à recuperação judicial e à falência.

8. (CONSULPLAN — TJ-MG — Outorga de Delegações de Notas e de Registro — Provimento — 2017) Aplica-se a lei de falência a:

a) Instituições financeiras.
b) Sociedades operadoras de planos de saúde.
c) Sociedades seguradoras.
d) Empresário Individual de Responsabilidade Limitada.

9. (CESPE — ABIN — Oficial Técnico de Inteligência — Área 2 — 2018)

No que tange à doutrina da desconsideração da personalidade jurídica, à classificação, às características e às distinções entre as sociedades empresárias e à falência e à recuperação judicial e extrajudicial, julgue o item que se segue.

Situação hipotética: A empresa Alfa-Beta Ltda. é credora de um título executivo, com valor equivalente a trinta salários mínimos, da empresa Kapa-Pi Ltda. O título não foi pago no seu vencimento. **Assertiva**: Nessa situação, a empresa Alfa-Beta Ltda. não poderá pedir a falência da empresa Kapa-Pi Ltda., ainda que faça o protesto desse título.

( ) Certo ( ) Errado

10. (CESPE — DPE-DF — Defensor Público — 2019) Uma sociedade limitada que possuía um único sócio-administrador sofreu várias condenações judiciais para pagamento de dívidas. Na ação de execução de uma dessas dívidas, não pagou, nem depositou os valores que estavam sendo executados, nem nomeou bens à penhora. A pedido de um credor, foi decretada a falência da sociedade. A partir dessa situação hipotética, julgue o item que se segue. Infere-se da situação apresentada que o passivo da sociedade é maior que seu ativo, daí a correta decretação da falência.

( ) Certo ( ) Errado

■ GABARITO ■

1. "b". Fundamento: arts. 1º, 76 e 115, todos da Lei n. 11.101/2005.
2. "Falso". A antiga Lei de Falências (Decreto-lei n. 7.661/45) ainda produz efeitos, diante do que expressamente dispõe o art. 192, da Lei de Falências atual (Lei n. 11.101/2005), inclusive no diz respeito aos prazos processuais: "Art. 192. Esta Lei não se aplica aos processos de falência ou de concordata ajuizados anteriormente ao início de sua vigência, que serão concluídos nos termos do Decreto-lei n. 7.661, de 21 de junho de 1945".
3. "Certo". Proposição em sintonia com o disposto no art. 47, da Lei n. 11.101/2005.
4. "d". Item I, correto, com fundamento no art. 985, do CC; item II, correto, com esteio no art. 1º, da Lei de Falências e Recuperação atual, sendo que a insolvência do devedor não empresário ou a insolvência civil deverá ser processada de acordo com os arts. 761-786-A, do Código de Processo Civil; item III, correto, nos termos do art. 1.052, *caput*, do Código Civil; item IV, igualmente correto, tendo em vista o disposto no art. 50, do Código Civil; item V, incorreto, pois a sociedade de capital de que é exemplo a sociedade anônima identificar-se-á por meio de denominação, ou seja, espécie de nome que deverá espelhar a atividade desenvolvida, e não os nomes dos sócios que a gerenciam. Essa questão foi escolhida para se reiterar a concorrência de regimes em caso de insolvência, especificando-se a Lei de Falências para o insolvente empresário e o CPC para o insolvente não empresário.
5. "Certo". Fundamento: art. 982, parágrafo único, 1ª Parte, do Código Civil, c/c art. 1º, da Lei n. 11.101/2005.
6. "c". Fundamento: art. 1º, *caput*, da Lei n. 11.101/2005: "Esta Lei disciplina a recuperação judicial, a recuperação extrajudicial e a falência do empresário e da sociedade empresária, doravante referidos simplesmente como devedor".
7. "Errado". Fundamento: art. 2º, inc. I, da Lei n. 11.101/2005. "Art. 2º Esta Lei não se aplica a: I — empresa pública e sociedade de economia mista".
8. "d". Em sintonia com o art. 1º, *caput*, da Lei n. 11.101/2005, sendo que as demais alternativas correspondem a entidades fora do âmbito de aplicação da lei, nos termos do inc. II, de seu art. 2º.
9. "Certo". A LRF adotou a impontualidade como critério para a decretação de eventual falência. Porém, em se tratando de impontualidade com fundamento em título extrajudicial, a execução coletiva somente terá cabimento se o montante devido ultrapassar a quantia de 40 (quarenta) salários mínimos na data do pedido, nos termos do art. 94, inc. I, da Lei n. 11.101/2005.
10. "Errado". A decretação da falência na situação hipotética decorreu da denominada insolvabilidade jurídica, nos termos do art. 94, inc. II, da LRF, o que não se confunde com a insolvabilidade econômica (patrimônio líquido negativo, ou seja, ativo menor que passivo).

22

INSTITUTOS PRELIMINARES DA RECUPERAÇÃO E DA FALÊNCIA

A Lei n. 11.101/2005 inicia a regulamentação do tratamento dispensado aos empresários em crise econômico-financeira, estabelecendo **disposições preliminares**, as quais orientarão, de forma comum, o **objeto**, os **sujeitos atingidos**, a **competência**, as **suspensões** e a **participação do Ministério Público** nos processos de falência e de recuperação judicial, o que passamos a analisar.

22.1. LEGISLAÇÃO E OBJETO

22.1.1. Os procedimentos regulados pela Lei n. 11.101/2005

A **Lei n. 11.101/2005**, que regula a **recuperação judicial, a recuperação extrajudicial e a falência** do **empresário e da sociedade empresária**, trata os sujeitos por ela alcançados, simplesmente, com uma expressão: **devedor**. É o que estatui o seu art. 1º: "Esta Lei disciplina a recuperação judicial, a recuperação extrajudicial e a falência do empresário e da sociedade empresária, doravante referidos simplesmente como devedor". Os objetos da Lei n. 11.101/2005, então, são os seguintes:

- Recuperação Extrajudicial;
- Recuperação Judicial;
- Recuperação Judicial Especial para Microempresas ou Empresas de Pequeno Porte; e
- Falência.

Os sujeitos e os objetos da Lei n. 11.101/2005 podem ser esquematizados assim:

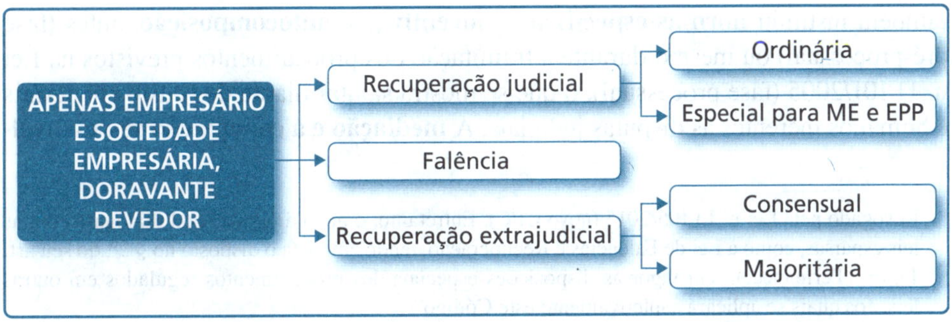

Paralelamente aos procedimentos acima, **a Lei n. 14.112/2020 cuidou da denominada insolvência transnacional** (como será estudado no capítulo 28), sendo possível, dentre outras hipóteses, **postular o reconhecimento de processo estrangeiro de insolvência contra devedor** que também mantenha estabelecimentos e patrimônio no Brasil. De acordo com o art. 167-S, poderão tramitar contra o mesmo devedor, **simultaneamente**, o processo estrangeiro de insolvência "e um processo de recuperação judicial, de recuperação extrajudicial ou de falência", e o juiz competente deverá buscar a cooperação e a coordenação entre eles.

■ 22.1.2. A Lei n. 11.101/2005 e a aplicação subsidiária do CPC e do CPP

A Lei n. 11.101/2005 é complementada pelo **CPC de 1973**[1] e pelo **CPP**, e **complementa** os regimes estatuídos para a **intervenção e para a liquidação extrajudicial**.

Na Lei n. 11.101/2005, podemos conferir o que se estatuiu a respeito:

> Art. 189. **Aplica-se**, no que couber, aos procedimentos previstos nesta Lei, **o disposto na Lei n. 13.105**, de 16 de março de 2015 (Código de Processo Civil), desde que não seja incompatível com os princípios desta Lei. § 1º Para os fins do disposto nesta Lei: I — todos os **prazos nela previstos ou que dela decorram serão contados em dias corridos**; e II — as decisões proferidas nos processos a que se refere esta Lei serão **passíveis de agravo de instrumento**, exceto nas hipóteses em que esta Lei previr de forma diversa. § 2º Para os fins do disposto no art. 190 da Lei n. 13.105, de 16 de março de 2015 (Código de Processo Civil), a **manifestação de vontade do devedor será expressa e a dos credores será obtida por maioria**, na forma prevista no art. 42 desta Lei.
>
> Art. 197. Enquanto não forem aprovadas as respectivas leis específicas, **esta Lei aplica-se subsidiariamente**, no que couber, **aos regimes previstos no Decreto-lei n. 73**, de 21 de novembro de 1966, na Lei n. 6.024, de 13 de março de 1974, no Decreto-lei n. 2.321, de 25 de fevereiro de 1987, e na Lei n. 9.514, de 20 de novembro de 1997.

As **normas do CPC** vigente, Lei n. 13.105/2015, com as ressalvas acima, **deverão dialogar com o microssistema** componente da Lei n. 11.101/2005.

A propósito, paralelamente ao processo adversarial, que de toda sorte deverá desenvolver-se de forma cooperativa, o CPC estabeleceu que os **métodos de autocomposição** deveriam ser incentivados pelos Juízes e Tribunais (artigos 165-175, do CPC).

A **Lei n. 14.112/2020**, ao acrescentar os arts. 20-A – 20-D, à Lei n. 11.101/2005, também instituiu **normas específicas a incentivar a autocomposição**, antes (fase pré-processual) ou mesmo durante a tramitação dos procedimentos previstos na Lei n. 11.101/2005 (fase processual), o que se mostra salutar diante dos custos materiais e humanos inerentes às disputas judiciais. A **mediação e a conciliação se desenvol-**

---

[1] Revogado pela Lei n. 13.105/2015 (novo CPC). Entretanto, o novo diploma legal dialogará com as leis esparsas, como a Lei de Falências e Recuperação, tendo em vista o disposto no § 2º, do seu art. 1.046: "Permanecem em vigor as disposições especiais dos procedimentos regulados em outras leis, aos quais se aplicará supletivamente este Código".

verão de forma ampla, porém "são vedadas a conciliação e a mediação sobre a natureza jurídica e a classificação de créditos, bem como sobre critérios de votação em assembleia-geral de credores".

Percebe-se, assim, que **o CPC e a Lei n. 11.101/2005** alinham-se na perspectiva de incremento da solução adequada dos conflitos por meio de **eventual autocomposição**.

O CPC atual também manteve as disposições do CPC de 1973, Lei n. 5.869/1973, conforme ressaltado no capítulo 21, sobre insolvência civil.

▪ 22.1.3. A ultra-atividade do Decreto-lei n. 7.661/45

No que se refere à legislação falimentar, é oportuno salientar, ainda, que a Lei n. 11.101/2005 **revogou o Decreto-lei n. 7.661/45**, todavia **manteve vigentes dispositivos** que permitem a conclusão de concordatas iniciadas em sua vigência, bem como a eventual conversão de concordata em recuperação judicial, ou, ainda, a continuidade e o encerramento de falências decretadas em sua vigência.

Portanto, a revogada Lei de Falências (Decreto-lei n. 7.661/45) operará o fenômeno da **ultra-atividade** para alcançar procedimentos iniciados em sua vigência. Por sua vez, a **Lei n. 11.101/2005** será aplicada às **falências decretadas na sua vigência**, mesmo que requeridas na vigência da lei anterior. Isso é o que estatui a regra de transição:

> Art. 192. Esta Lei não se aplica aos processos de falência ou de concordata ajuizados anteriormente ao início de sua vigência, que serão concluídos nos termos do **Decreto-lei n. 7.661, de 21 de junho de 1945**.

No que concerne ao revogado instituto da **concordata**, o mesmo artigo continuou o regramento de transição:

> Art. 192. (...)
>
> § 1º Fica vedada a concessão de concordata suspensiva nos processos de falência em curso, podendo ser promovida a alienação dos bens da massa falida assim que concluída sua arrecadação, independentemente da formação do quadro geral de credores e da conclusão do inquérito judicial. Isso porque não há mais a necessidade de oportunizar ao falido prazo último para tentar se recuperar, pois a Lei n. 11.101/2005 não permite nenhuma modalidade de recuperação suspensiva, ou seja, depois de decretada a falência já não se pode conceder outra oportunidade de manter-se o devedor à frente dos seus negócios.
>
> § 2º A existência de pedido de concordata anterior à vigência desta Lei não obsta o pedido de recuperação judicial pelo devedor que não houver descumprido obrigação no âmbito da concordata, vedado, contudo, o pedido baseado no plano especial de recuperação judicial para microempresas e empresas de pequeno porte a que se refere a Seção V do Capítulo III desta Lei.

Esse parágrafo permite a **recuperação incidental à concordata** ou, ainda, a convolação dela em recuperação.

§ 3º No caso do § 2º deste artigo, se deferido o processamento da recuperação judicial, o processo de concordata será extinto e os créditos submetidos à concordata serão inscritos por seu valor original na recuperação judicial, deduzidas as parcelas pagas pelo concordatário.

Sendo o caso de **conversão de concordata em recuperação**, os credores concordatários restabelecerão seu crédito originário, descontando-se o que já tiverem pago no curso da concordata, a qual será extinta.

Os processos de **falência iniciados antes** da vigência da Lei n. 11.101/2005 têm sua tramitação regulada no último parágrafo do mesmo art. 192:

§ 4º Esta Lei aplica-se às falências decretadas em sua vigência resultantes de convolação de concordatas ou de pedidos de falência anteriores, às quais se aplica, até a decretação, o **Decreto-lei n. 7.661, de 21 de junho de 1945**, observado, na decisão que decretar a falência, o disposto no art. 99 desta Lei.

Esquematizando a aplicação das duas leis no tempo:

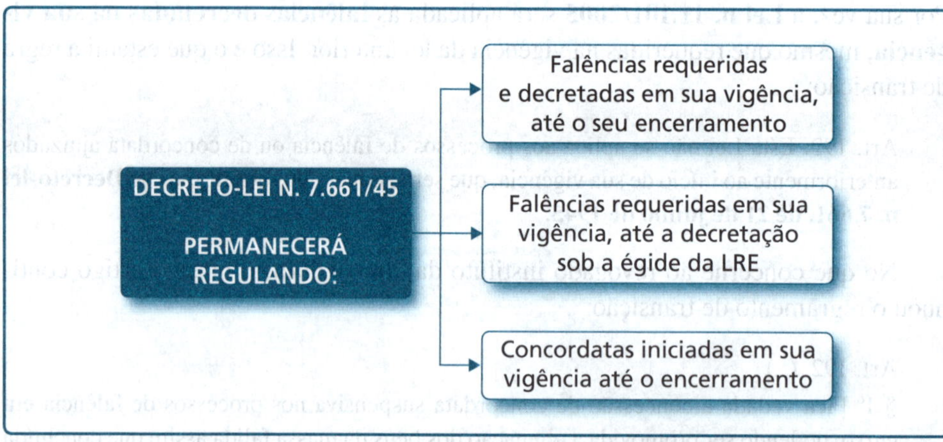

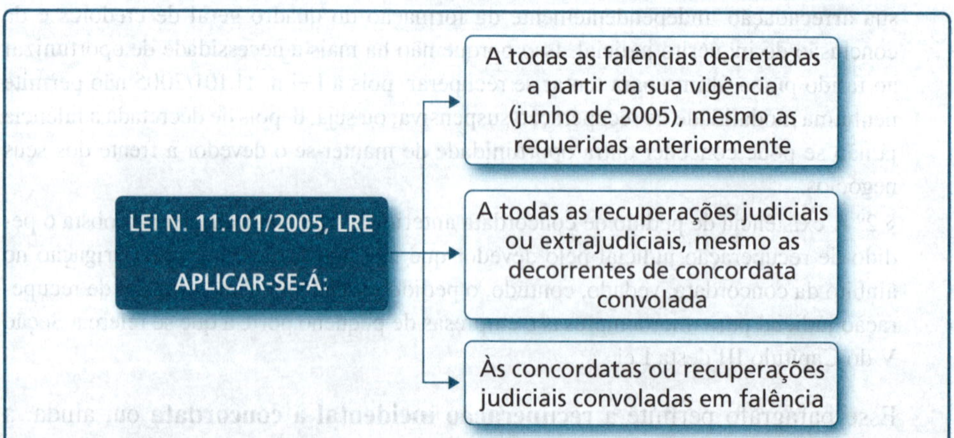

Esquematizando a legislação aplicável:

CRISE FINANCEIRA DA EMPRESA — REGIME JURÍDICO APLICÁVEL	
Legislação	**Aplicação**
■ Lei n. 11.101/2005	■ Às falências decretadas na sua vigência (inclusive as requeridas anteriormente) e às concordatas convoladas em falência ou em recuperação judicial.
■ Decreto-lei n. 7.661/45	■ Às concordatas decretadas na sua vigência, até o encerramento; e às falências requeridas e decretadas na sua vigência.
■ CPC	■ Subsidiariamente.
■ Novo CPC	■ Supletivamente.
■ CPP	■ Subsidiariamente.
■ **Decreto-lei n. 73/66, Lei n. 6.024/74, Decreto-lei n. 2.321/87 e 9.656/98**	■ A algumas atividades empresariais excluídas pelo art. 2º, da Lei n. 11.101/2005, com aplicação subsidiária da LRE.

■ 22.2. LEGITIMIDADE

■ 22.2.1. Legitimidade passiva

Ao definir o seu objeto, a Lei n. 11.101/2005, no art. 1º, também delimita o seu sujeito. Afirma a LRE que sua aplicação atinge **apenas o empresário e a sociedade empresária**, a quem passa a denominar simplesmente como **devedor**. Os conceitos de empresário e sociedade empresária não foram delineados na Lei n. 11.101/2005, de modo que devemos nos socorrer às disposições do Código Civil, em que tais sujeitos encontram-se definidos assim:

A LEGITIMIDADE PASSIVA NO REGIME FALIMENTAR	
Instituto	**Conceito**
■ Empresário individual	■ Art. 966, do CC: Considera-se empresário quem exerce profissionalmente atividade econômica organizada para a produção ou a circulação de bens ou de serviços.
■ Não empresário	■ Art. 966, parágrafo único, do CC: Não se considera empresário quem exerce profissão intelectual, de natureza científica, literária ou artística, ainda com o concurso de auxiliares ou colaboradores, salvo se o exercício da profissão constituir elemento de empresa.
■ Sociedade empresária	■ Art. 982, do CC: Salvo as exceções expressas, considera-se empresária a sociedade que tem por objeto o exercício de atividade própria de empresário sujeito a registro, e, simples, as demais.
■ Empresa individual de responsabilidade limitada	■ Art. 980-A, do CC: A empresa individual de responsabilidade limitada será constituída por uma única pessoa titular da totalidade do capital social, devidamente integralizado, que não será inferior a 100 (cem) vezes o maior salário mínimo vigente no país (instituída pela Lei n. 12.441/2011).

Complementando as referidas definições, o art. 967, do CC, estabelece que "é **obrigatória a inscrição** do empresário no Registro Público de Empresas Mercantis da respectiva sede, **antes do início de sua atividade**". No mesmo passo, o art. 982, parágrafo único, determina que "Independentemente de seu objeto, considera-se **em-**

presária a sociedade por ações; e, simples, a cooperativa". No que concerne ao registro, completa, ainda, o art. 985, do CC: "A sociedade adquire personalidade jurídica com a inscrição, no **registro próprio** e na forma da lei, dos seus atos constitutivos". Se a sociedade é empresária, seu registro será feito no **Registro Público de Empresas Mercantis**, a cargo das Juntas Comerciais, nos termos do art. 1.150, do CC. No próximo tópico, analisaremos a **necessidade ou não de registro prévio** para caracterizar o empresário alcançado pela Lei n. 11.101/2005.

Antes, porém, é importante lembrar que o trabalhador **rural** e a sociedade rural receberam tratamento diferenciado do legislador, uma vez que foram definidos como **única atividade** econômica que tem a **faculdade** de enquadrar-se no **regime empresarial** (regulado pelo Direito Empresarial) ou no regime não empresarial (regulado pelo Direito Civil). Aqueles que exercem atividade rural podem **registrar-se no Registro Público de Empresas** Mercantis e, em razão disso, **tornarem-se empresários**, a contar da data do registro. Assim, aquele que exerce atividade rural poderá ser **alcançado pela Lei n. 11.101/2005** somente se estiver **registrado** em uma Junta Comercial. O enquadramento da atividade rural encontra-se nas disposições dos arts. 971 e 984, do CC[2].

Por sua vez, a sociedade **simples** e a sociedade **cooperativa não são alcançadas pela Lei n. 11.101/2005**, apesar de desempenharem atividade com fins lucrativos. Isso decorre da atividade desenvolvida por elas, considerada **não empresarial**, como já descrito na parte geral desta obra. Ambas poderão ser submetidas à **insolvência civil**, caso lhes advenha crise patrimonial.

A **sociedade em conta de participação** também não pode falir. As disposições dos arts. 991 a 996 do Código Civil regulam a referida sociedade, estabelecendo que é composta por um ou alguns sócios **ostensivos** e por um ou alguns sócios **participantes**. Não formam uma pessoa jurídica, mesmo que registrem o contrato estabele-

---

[2] Apesar do nosso entendimento de que o registro se mantém como condição para que o desenvolvimento da atividade rural se enquadre como empresarial, a Lei n. 14.112/2020, ao modificar o § 2º e ao acrescentar os §§ 3º, 4º e 5º, ao art. 48, da Lei n. 11.101/2005, trouxe a possibilidade de que o tempo mínimo de exercício atividade desenvolvida, para fins do pedido de recuperação judicial, seja demonstrado por contabilidade específica: "§ 2º No caso de exercício de atividade rural por pessoa jurídica, admite-se a comprovação do prazo estabelecido no caput deste artigo por meio da Escrituração Contábil Fiscal (ECF), ou por meio de obrigação legal de registros contábeis que venha a substituir a ECF, entregue tempestivamente. § 3º Para a comprovação do prazo estabelecido no *caput* deste artigo, o cálculo do período de exercício de atividade rural por pessoa física é feito com base no Livro Caixa Digital do Produtor Rural (LCDPR), ou por meio de obrigação legal de registros contábeis que venha a substituir o LCDPR, e pela Declaração do Imposto sobre a Renda da Pessoa Física (DIRPF) e balanço patrimonial, todos entregues tempestivamente. § 4º Para efeito do disposto no § 3º deste artigo, no que diz respeito ao período em que não for exigível a entrega do LCDPR, admitir-se-á a entrega do livro-caixa utilizado para a elaboração da DIRPF. § 5º Para os fins de atendimento ao disposto nos §§ 2º e 3º deste artigo, as informações contábeis relativas a receitas, a bens, a despesas, a custos e a dívidas deverão estar organizadas de acordo com a legislação e com o padrão contábil da legislação correlata vigente, bem como guardar obediência ao regime de competência e de elaboração de balanço patrimonial por contador habilitado."

cido entre si. Os **sócios ostensivos respondem** perante os credores, e os participantes apenas perante os ostensivos. Desse modo, **não** podem os credores requerer a **falência da sociedade em conta de participação** incluindo todos os participantes, mas apenas poderão acionar os sócios ostensivos.

Por fim, é oportuno destacar que a atividade de **advocacia**, apesar de ser econômica, não pode adotar a forma empresarial, por expressa vedação do art. 16, da Lei n. 8.906/94, Estatuto da OAB. Em razão disso, advogados e sociedades de advogados **não serão alcançados** pela Lei n. 11.101/2005, mesmo que adotem estrutura empresarial.

Esquematicamente:

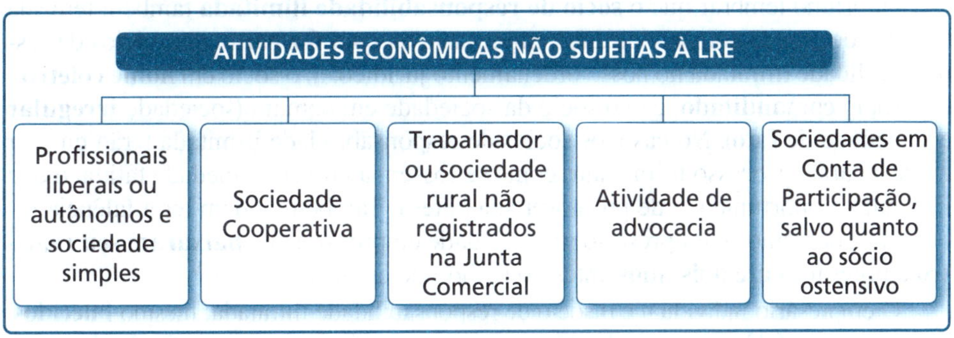

■ *22.2.1.1. Na falência*

A **legitimidade passiva** na falência é um assunto que restaura a discussão quanto à caracterização de quem deve ser considerado empresário. Constata-se, de forma pacífica e empírica, que a **empresa** é uma **realidade objetiva**, pois, conceituada como atividade econômica organizada, revela-se um fenômeno **palpável, visível, real**. Enquanto isso, o Código Civil exige o **registro prévio** do empresário (art. 967) e da sociedade empresária (art. 985) para conferir-lhes **existência jurídica**.

Importa, então, saber se a **empresa**, atividade, **caracteriza seu titular**, o empresário e a sociedade empresária, **independentemente do registro**, pelo exercício fático da atividade econômica, ou se apenas com o registro é que tal titular torna-se empresário, **enquadrando-se** na legislação empresarial. Repetimos a indagação da parte geral desta obra para sabermos se o registro é **constitutivo ou declaratório** da caracterização do empresário.

A resposta encontra-se no **art. 105, inc. IV**, da Lei n. 11.101/2005, segundo o qual pode requerer **autofalência** o empresário ou a sociedade empresária que comprovarem essa condição por meio da **prova do registro**, ou, **na ausência** dele, pela **qualificação dos titulares** da empresa. Tal disposição deixa evidente a **possibilidade de falência para quem não tem registro**, e não somente na hipótese de autofalência, mas sim em **qualquer hipótese de falência**.

Conclui-se, assim, que, para o requerimento e decretação da **falência**, basta o exercício da atividade empresarial, **com ou sem registro**. Isso corrobora a natureza **declaratória** do registro empresarial.

No dia 12 de julho de 2011, foi publicada a Lei n. 12.441, criando a **empresa individual de responsabilidade limitada**. Nela, a empresa será titularizada por apenas **uma pessoa**, a qual terá responsabilidade limitada ao capital social estabelecido, capital este igual ou superior a cem salários mínimos, totalmente **integralizados**, no momento da sua criação. Tal empresa, também, submeter-se-á à Lei n. 11.101/2005.

Devemos destacar, também, nos termos da atual legislação falimentar combinada com o CC, que a **pessoa menor de 18 anos pode falir**. O falido pode ser **até um recém-nascido**, caso ele tenha **sucedido** a empresa de seus pais ou do autor da herança, desde que esteja **autorizado pelo juiz** e auxiliado por seu representante legal, nos termos do art. 974, do CC, com a especial ressalva de que os bens que compunham seu **patrimônio pessoal**, por ocasião da abertura da herança, **não serão alcançados** pelo processo falimentar.

Oportuno lembrar que o **sócio de responsabilidade ilimitada** também tem sua falência decretada com a sociedade empresária da qual faz parte. São sócios de responsabilidade ilimitada no nosso ordenamento jurídico: a) o sócio em **nome coletivo**; b) o sócio **comanditado**; e c) o sócio da sociedade em comum (sociedade **irregular** e sociedade **de fato**). No caso, os sócios de responsabilidade ilimitada terão que ser citados para o processo falimentar, como se fossem a própria sociedade falida, o que lhes dará a oportunidade de promover sua defesa. Também podem ter a falência requerida e decretada o empresário e a sociedade empresária que **baixaram seu registro** empresarial **até dois anos** antes do pedido de falência.

O empresário individual e o sócio de responsabilidade ilimitada, mesmo **falecidos**, poderão ter sua falência requerida **até um ano** após o óbito e, nesse caso, figurará no polo passivo da falência o **espólio** do devedor falecido. Contudo, a **sociedade anônima** que tiver **liquidado seu patrimônio não poderá mais falir**, depois de distribuído o saldo da referida operação. A Lei n. 11.101/2005 regula a matéria nos seguintes dispositivos:

> Art. 81. A decisão que decreta a falência da sociedade com sócios ilimitadamente responsáveis também **acarreta a falência destes**, que ficam sujeitos aos mesmos efeitos jurídicos produzidos em relação à sociedade falida e, por isso, deverão ser **citados** para apresentar contestação, se assim o desejarem.
>
> § 1º O disposto no *caput* deste artigo aplica-se ao sócio que tenha se **retirado** voluntariamente ou que tenha sido excluído da sociedade, **há menos de 2 (dois) anos**, quanto às dívidas existentes na data do arquivamento da alteração do contrato, no caso de não terem sido solvidas até a data da decretação da falência.
>
> § 2º As sociedades falidas serão representadas na falência por seus administradores ou liquidantes, os quais terão os **mesmos direitos** e, sob as **mesmas penas**, ficarão sujeitos às obrigações que cabem ao falido.

> Art. 96. A falência requerida com base no art. 94, inc. I do *caput*, desta Lei, não será decretada se o requerido provar:
> (...) VIII — **cessação** das atividades empresariais **mais de 2 (dois) anos antes** do pedido de falência, comprovada por documento hábil do Registro Público de Empresas, o qual não prevalecerá contra prova de exercício posterior ao ato registrado.
> § 1º Não será decretada a falência de sociedade anônima após liquidado e partilhado seu ativo nem do espólio após 1 (um) ano da morte do devedor.

Destarte, podemos **esquematizar o polo passivo** da falência assim:

Para concluir este item, é preciso analisar o que ocorre aos **sócios de responsabilidade limitada** e aos **administradores** e **controladores** da sociedade falida. Eles **não falirão** com a sociedade, contudo poderão responder em processo que vise apurar sua responsabilidade pessoal na falência.

A Lei n. 11.101/2005 estabeleceu a **ação de responsabilização** como meio para apurar se a conduta dos sócios de responsabilidade limitada, dos administradores e dos controladores **contribuiu** para o estado falimentar.

Não existe uma **previsão legal** dos motivos que poderiam ser aventados para responsabilizar tais pessoas, no contexto falimentar. Porém, os **motivos** que levariam à desconsideração da personalidade jurídica ou, ainda, à responsabilização dos sócios que excederam o mandato, praticando atos contrários ao contrato social ou à lei, não seriam os fundamentos para a ação de responsabilização. Isso porque, **havendo motivos** para a desconsideração ou para o reconhecimento do excesso de mandato, não seria necessária a propositura da referida ação de responsabilização, uma vez que **incidentalmente** seria possível alcançar o **patrimônio pessoal** dos sócios por aqueles motivos ou fundamentos.

A ação de **responsabilização** terá, então, por **motivação**, **fato ou ato que não caracterize** as hipóteses de **desconsideração** da personalidade jurídica da sociedade[3], nem que justifiquem o reconhecimento do **excesso** de mandato.

A Lei n. 11.101/2005 impõe, assim, a possibilidade de um **leque ilimitado de fundamentos** para a mencionada ação, estabelecendo o procedimento **ordinário** e o prazo de **dois anos** para a **prescrição** dela, prazo que contará do trânsito em julgado da sentença que encerrar a falência.

Destaque-se que, para a **propositura** da ação de responsabilização, **não será necessário** comprovar que a sociedade não possui patrimônio suficiente para pagamento dos credores e, ainda assim, que o juiz poderá **ordenar a indisponibilidade dos bens** particulares dos sócios, administradores ou controladores que figurarem no polo passivo.

Confira-se o que dispõe a Lei n. 11.101/2005:

> Art. 82. A **responsabilidade pessoal** dos sócios de responsabilidade limitada, dos controladores e dos administradores da sociedade falida, estabelecida nas respectivas leis, **será apurada** no próprio juízo da falência, independentemente da realização do ativo e da prova da sua insuficiência para cobrir o passivo, observado o procedimento ordinário previsto no Código de Processo Civil.
>
> § 1º Prescreverá em 2 (dois) anos, contados do trânsito em julgado da sentença de encerramento da falência, a **ação de responsabilização** prevista no *caput* deste artigo.
>
> § 2º O juiz poderá, de ofício ou mediante requerimento das partes interessadas, ordenar a **indisponibilidade de bens particulares** dos réus, em quantidade compatível com o dano provocado, até o julgamento da ação de responsabilização.

Julgada **procedente** a ação de responsabilização, que tramita no juízo falimentar, o dispositivo da sentença **declarará a responsabilidade solidária** dos requeridos (sócios de responsabilidade limitada) pelas dívidas da sociedade falida. Mas os sujeitos declarados responsáveis solidários **não terão sua falência decretada**, apesar da responsabilização pessoal. Em razão da sentença, os bens particulares dos sócios de responsabilidade limitada serão arrecadados para pagamento das dívidas da sociedade falida.

Esquematizando a ação de responsabilização:

---

[3] Nesse sentido, inclusive, a orientação CJF, nos termos do Enunciado 48 da I Jornada de Direito Empresarial: "48. A apuração da responsabilidade pessoal dos sócios, controladores e administradores feita independentemente da realização do ativo e da prova da sua insuficiência para cobrir o passivo, prevista no art. 82 da Lei n. 11.101/2005, não se refere aos casos de desconsideração da personalidade jurídica".

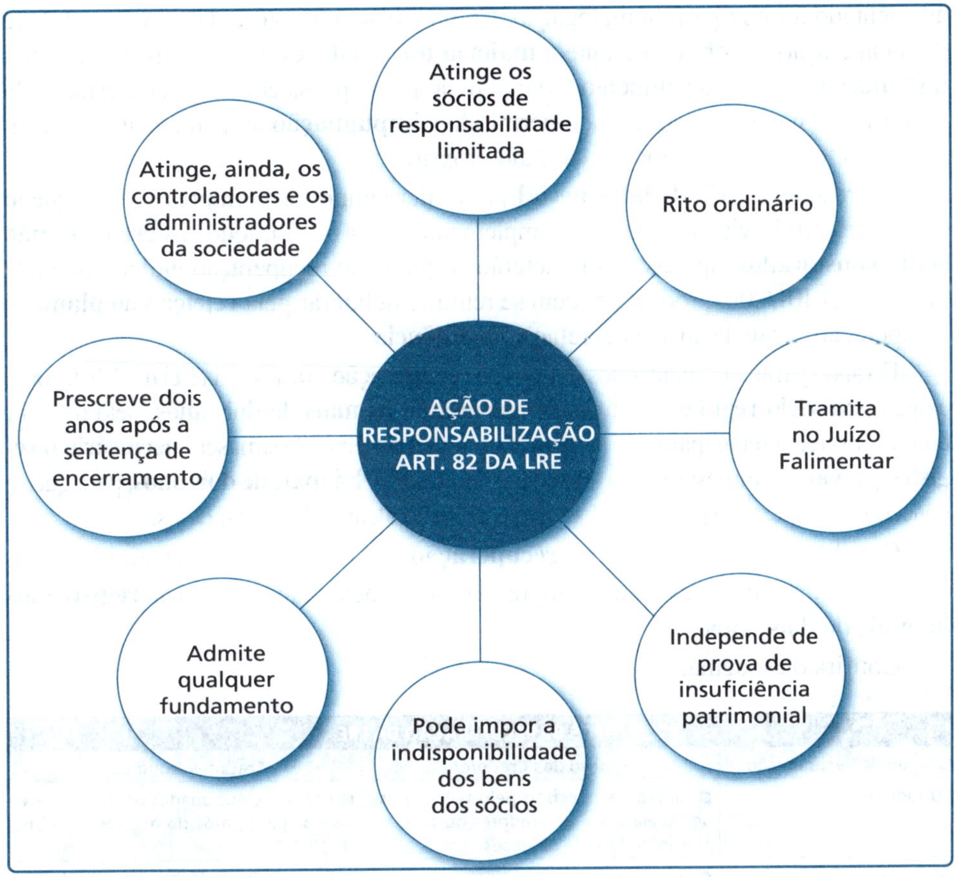

■ *22.2.1.2. Na recuperação judicial*

A recuperação judicial e a extrajudicial **não têm polo passivo**.

Na recuperação judicial, os **credores** atingidos funcionam como **julgadores**, pois a concessão dela e a homologação do plano de recuperação judicial estarão condicionadas à **aprovação dos credores atingidos**, tanto pelo **silêncio** no prazo para objeção ao plano quanto pela **deliberação** na assembleia geral de credores. Cumpre destacar que, segundo o art. 49, da Lei n. 11.101/2005, **todos os credores** do empresário devedor existentes ao tempo do pedido serão atingidos pela recuperação judicial, mesmo aqueles cujo **crédito não esteja vencido**.

Ocorre que os arts. 57 e 68, da Lei n. 11.101/2005, exigem, antes da homologação do plano de recuperação judicial, a apresentação de **certidões negativas de débitos tributários ou o parcelamento** de tal débito, junto às Fazendas Públicas. Assim, podemos concluir que os **credores tributários** (União, Estados ou Municípios) **não serão atingidos pela Recuperação Judicial**.

Os credores são tratados como **contratantes,** na recuperação **extrajudicial**, e **não podem ser credores trabalhistas**, de **acidente do trabalho** nem **tributários**. O plano de recuperação é definido e **aprovado extrajudicialmente** e, em seguida, apresentado ao juiz para homologação. Como existe a hipótese de essa modalidade de recuperação ser obtida perante a **maioria dos credores**, será possível também a instauração de um procedimento judicial para que se possa colher a manifestação da minoria que não o aprovou, sendo permitida a **impugnação** ao plano e até o seu indeferimento, como veremos em capítulo próprio.

Na recuperação **judicial especial** para microempresas e empresas de pequeno porte, a partir da vigência da Lei Complementar n. 147/2014, todos os **credores não serão consultados**, apenas se submeterão ao plano de recuperação judicial previsto na Lei n. 11.101/2005, todavia podem se reunir e deliberar pela **rejeição ao plano** de recuperação, o que levaria à decretação da **falência**.

Fixando parâmetro para todos os tipos de **recuperação**, o art. 48, da Lei n. 11.101/2005, exige o **exercício regular** da atividade empresarial há **mais de dois anos**, pelo devedor empresário requerente, para que se permita seu deferimento. Assim, será **necessário o registro prévio** do empresário e da sociedade empresária, **há mais de dois anos**, para que se conceda a recuperação pleiteada e, somente aí, serão alcançados os credores.

Conclui-se, assim, que, para a **recuperação**, além do exercício da atividade empresarial, exige-se que estejam o empresário ou a sociedade empresária **registrados há mais de dois anos.**

Confira o esquema:

TIPOS DE RECUPERAÇÃO DA LRE		
Tipo de Recuperação	**Função dos Credores**	**Credores Atingidos**
■ Judicial	■ Julgadores: decisão pelo voto na assembleia geral de credores ou pelo silêncio na fase de objeções	■ Todos. Excepcionados os tributários e os dos parágrafos do art. 49 da Lei n. 11.101/2005
■ Extrajudicial	■ Contratantes	■ Todos, salvo os trabalhistas, os de acidente do trabalho e os tributários
■ Especial para ME e EPP	■ Participantes	■ Todos, exceto repasse de recursos oficiais, os fiscais e os previstos nos §§ 3º e 4º do art. 49

■ 22.2.2. Legitimidade ativa

A Lei n. 11.101/2005 disciplina o **sujeito ativo da recuperação e da falência** nos arts. 1º; 22, II, *b*; 48; 70; 97; 161 e parágrafo único do art. 167-U. Nas referidas disposições, o legislador enumera as pessoas naturais e jurídicas que podem figurar no **polo ativo** da falência e da Recuperação Judicial.

Nos tópicos seguintes, examinaremos a situação de cada processo regido pela lei suprarreferida, especialmente no que se refere aos titulares das ações. Nesta introdução, contudo, devemos atentar para as seguintes **regras gerais**:

- ■ o devedor **empresário** sempre poderá ser o **sujeito ativo de todos** os processos previstos na Lei n. 11.101/2005; a **condição de empresário ou sociedade empresária** deverá ser **verificada no caso concreto, independentemente de eventual registro**; neste particular, para os casos de recuperação judicial, os enunciados 96 e 97 da III Jornada de Direito Empresarial cuidaram de **flexibili-**

zar o tempo mínimo de registro, para que o devedor do agronegócio proponha eventual plano de salvamento:

— Enunciado 96: "A recuperação judicial do **empresário rural**, pessoa natural ou jurídica, sujeita todos os créditos existentes na data do pedido, **inclusive os anteriores à data da inscrição** no Registro Público de Empresas Mercantis".

— Enunciado 97: "O **produtor rural**, pessoa natural ou jurídica, na ocasião do pedido de recuperação judicial, **não precisa estar inscrito há mais de dois anos no Registro Público de Empresas Mercantis**, bastando a demonstração de **exercício de atividade rural** por esse período e a comprovação da inscrição anterior ao pedido".

- as **recuperações extrajudiciais não têm polo ativo, nem passivo**, pois já são apresentadas em Juízo na forma de **acordo extrajudicial**. Todavia, a recuperação extrajudicial **majoritária** terá um procedimento no qual os credores **dissidentes** serão tratados como requeridos e poderão impugná-la;
- o **empresário que requerer** falência, com base em título decorrente de **negócio empresarial**, terá que demonstrar sua condição de empresário (**registro regular**);
- o **administrador judicial** pode ser **sujeito ativo** da falência, incidentalmente, em processo de recuperação judicial no qual esteja atuando (art. 22, II, "b", da Lei n. 11.101/2005).

Esquematizando:

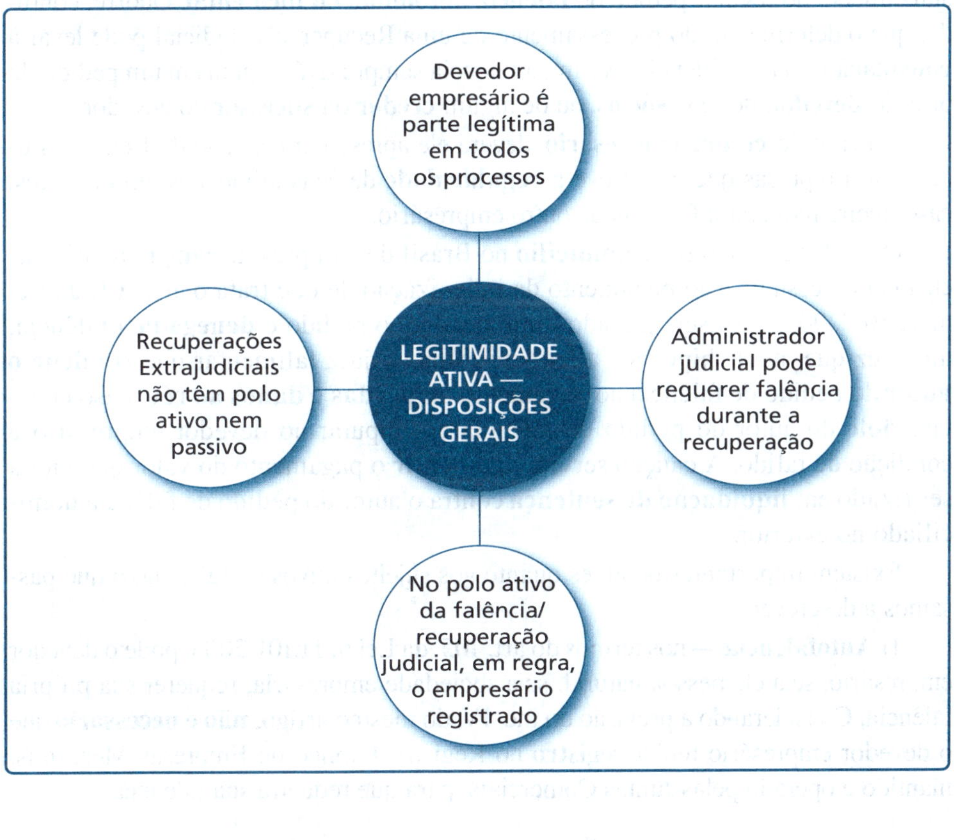

22.2.2.1. Na falência

Podem requerer a falência do devedor empresário, nos termos dos arts. 22, II, "b", 97 e 105, da Lei n. 11.101/2005:

- o próprio **devedor**, na forma do disposto nos arts. 105 a 107, da Lei n. 11.101/2005;
- o **quotista** do devedor, na forma da lei ou do ato constitutivo da sociedade;
- o **acionista** do devedor, na forma da lei ou do ato constitutivo da sociedade;
- o **inventariante**;
- o **cônjuge** sobrevivente;
- qualquer **herdeiro** do devedor;
- qualquer **credor**; e
- o **administrador judicial** (na forma do art. 22, II, "b", da Lei n. 11.101/2005).

Após o reconhecimento de processo estrangeiro principal de insolvência, **o próprio devedor, seus credores ou o representante estrangeiro poderão requerer a falência** em solo brasileiro, conforme parágrafo único do art. 167-U.

Dos dispositivos mencionados e sujeitos ativos legitimados, uma primeira conclusão deve ser destacada: o **juiz não decreta a falência de ofício**. Será necessário o ajuizamento do regular pedido de **falência autônomo ou incidental**. Ocorre, contudo, que o deferimento do processamento de uma Recuperação Judicial pode levar à **convolação** dela em falência. Assim, a falência sempre terá origem em um pedido do próprio **devedor**, de seus **sócios**, ou de algum **credor** ou **sucessor** do devedor.

No caso do **credor empresário**, deverá ele apresentar certidão do Registro Público de Empresas que comprove a **regularidade** de suas atividades empresariais, caso queira requerer a falência de outro empresário.

O credor que não tiver **domicílio** no Brasil deverá prestar **caução** relativa às custas processuais e ao pagamento da indenização de que trata o art. 101, da Lei n. 11.101/2005, caso seja julgado improcedente o pedido e **denegada** a falência, uma vez que, nessa hipótese, a lei determina ao juiz falimentar que **condene o autor** do pedido de falência ao pagamento de **perdas e danos ao réu**, caso constate **dolo** do autor do pedido de falência ao imputar ao devedor empresário a condição de falido. A caução servirá a **garantir** o pagamento do valor que vier a ser fixado em **liquidação de sentença** contra o autor do pedido de falência domiciliado no exterior.

Existem importantes detalhes quanto aos sujeitos ativos da falência, o que passamos a descrever:

1) **Autofalência** — nos termos do art. 105, da Lei n. 11.101/2005, pode o devedor empresário, seja ele pessoa natural, seja sociedade empresária, requerer sua própria falência. Considerando a previsão do inc. IV, do mesmo artigo, **não é necessário** que o devedor empresário tenha **registro** no Registro Público de Empresas Mercantis, mantido e operado pelas Juntas Comerciais, para que requeira sua falência.

É com base nessa possibilidade de **autofalência para quem não tem registro** que chegamos à conclusão de que, no Brasil, a condição de empresário **dispensa o registro** prévio e, por isso, teríamos um **sistema objetivo** de qualificação do empresário. Em outras palavras, a condição de empresário é atribuída ao **titular de uma empresa** (atividade econômica organizada para produzir ou fazer circular bens e serviços), condição definida pelo **exercício da atividade**, e não pela constituição formal dela pelo registro.

Agora, é basilar destacar que a **ausência de registro** permitirá a autofalência e a falência requeridas por terceiros, todavia **não viabiliza a recuperação** em qualquer de suas formas, pois o **benefício legal** de composição com os credores para permitir a preservação da empresa somente pode ser deferido ao **empresário regular**, nos exatos termos dos arts. 48 e 161, da Lei n. 11.101/2005, ou seja, deverá o devedor-empresário comprovar o exercício regular da atividade empresarial **há mais de dois anos**.

O **sócio de responsabilidade ilimitada**, também, poderá requerer a **autofalência da sociedade** de que participe. Isso decorre da regra do art. 81, da Lei n. 11.101/2005, uma vez que, em caso de falência da sociedade, os sócios de responsabilidade ilimitada terão sua falência determinada na sentença, devendo ser **citados** para que se defendam.

A autofalência visa **impedir um aumento** desmesurado do passivo do devedor empresário. Desse modo, para inibir esse aumento desmesurado do passivo da sociedade, o qual poderá lhe ser **imputado**, o sócio de responsabilidade ilimitada pode pedir autofalência da sociedade, colocando um **freio** no referido aumento.

2) O **quotista ou acionista** do devedor, bem como o **liquidante**, na forma da lei ou do ato constitutivo da sociedade — possibilidade bastante **remota**, uma vez que o sócio que entenda não ter a sociedade condições de manter-se no mercado, pode **retirar-se** dela, promovendo uma **dissolução parcial**, caso seja quotista, ou **vender suas ações**, caso seja acionista.

Mostra-se, também, remota a hipótese porque, estando a sociedade em **crise econômico-financeira**, pode o **administrador** requerer a autofalência dela, de acordo com os arts. 1.011 e 1.015, do CC, na forma do item anterior; ou podem os **sócios decidir** pelo requerimento de falência, na forma do art. 1.071, do CC.

Deve-se destacar, ainda, a **legitimidade do liquidante** da sociedade, aquele que é nomeado para promover a parte executiva da dissolução dela, pois, apesar de não ter sido indicado como um dos legitimados ativos no art. 97, da Lei n. 11.101/2005, consta como **titular** (e obrigado) dessa legitimidade, nos termos do art. 1.103, inc. VII, do CC, e do art. 210, inc. VII, da Lei n. 6.404/76 — LSA. É que, no momento da liquidação da sociedade dissolvida, pode o liquidante constatar **crise econômico-financeira** insuperável, o que o impedirá de alcançar saldo positivo líquido, após a venda do ativo e pagamento do passivo. Diante dessa hipótese, restará o requerimento de falência, com a consequente **liquidação judicial** do patrimônio, em lugar da liquidação promovida pelo liquidante.

Como sócios legitimados na forma da lei, podemos destacar: a) o sócio **majoritário**; b) o sócio **controlador**; c) o sócio-**administrador**; d) o membro do **conselho**

de administração; e) o sócio membro do **conselho fiscal**; e f) a **assembleia geral** da sociedade anônima. A legitimidade dos **demais sócios** dependeria da concordância de outros, que, somados, representassem **mais da metade** do capital social.

3) O **inventariante**, o **cônjuge sobrevivente** ou qualquer **herdeiro** do devedor — a legitimidade conferida ao inventariante, na condição de representante do espólio, é tanto para requerer **autofalência** quanto para requerer a **falência de empresário devedor do falecido**. Isso decorre da **legitimidade extraordinária** conferida ao inventariante para defender os interesses da universalidade patrimonial deixada pelo falecido, bem como para solver suas dívidas.

O mesmo inciso confere **legitimidade para autofalência** ao **cônjuge** sobrevivente e aos **herdeiros**, pois afirma que o cônjuge sobrevivente e qualquer herdeiro **do devedor** terão legitimidade para requerer falência **do devedor**. A melhor interpretação que se pode dar ao dispositivo legal, contudo, é no sentido de que eles terão, também, **legitimidade ativa** para requerer a **falência de empresário devedor** do falecido, assim como se conferem tais legitimidades ao inventariante. Não há razão jurídica plausível para excluir a **dupla legitimidade** para os três sujeitos previstos no mesmo inciso do art. 97.

É preciso lembrar que a falência do espólio somente poderá ser requerida **até um ano após o falecimento** do devedor empresário.

4) Qualquer **credor** — a legitimidade dos credores para requerer falência é a que mais se coaduna com o processo falimentar regular, ordinário. São eles os titulares dos créditos não pagos pelo devedor empresário, o que ocasiona **real interesse econômico** na execução coletiva que decorre da decretação da falência.

Aos credores do devedor empresário é dado o direito de cobrança ordinária de seus créditos — **extrajudicialmente** (com o protesto, por exemplo) e **judicialmente** (por via da cobrança, ação monitória e execução) — ou ao **pedido de falência**, instrumento de **potente eficácia** para se alcançar o adimplemento da obrigação, como afirma Waldo Fazzio Júnior.

Caso o **credor** do devedor empresário seja também **empresário**, terá que comprovar tal condição por certidão emitida pela Junta Comercial, confirmando seu **registro regular** naquele órgão. A exigência baseia-se na necessidade de registro do empresário que queira exercer algum **benefício** decorrente da legislação empresarial, além de incentivar a **regularização** do exercício da atividade empresarial, como intencionavam os arts. 967 e 985, do CC.

Importante destacar que o credor **domiciliado no exterior** terá que prestar **caução** no juízo falimentar, visando **garantir** o pagamento das **custas** do processo e de eventual **indenização** ao devedor empresário, caso seja denegada a falência e reconhecido o dolo do autor. Parece-nos, ainda, ser a caução também exigível para garantir o pagamento dos **honorários advocatícios** suportados pelo empresário que foi vítima da má-fé do credor estrangeiro. A referida caução **não será exigida** de credores domiciliados na Argentina, no Paraguai e no Uruguai, em face do art. 4º, do Protocolo de Cooperação e Assistência Jurisdicional firmado pelo Brasil e ratificado pelo **Decreto n. 2.057/96**.

O **Decreto-lei n. 7.661/45 exigia** que o **credor com garantia real renunciasse** a ela para requerer a falência do devedor empresário, podendo, ainda, demonstrar que a sua **garantia não era suficiente**, o que dispensaria a renúncia. Contudo, a Lei n. 11.101/2005 **não** estabeleceu a mesma **exigência**, de modo que o credor com garantia real **não precisa mais renunciar** a ela, nem precisa demonstrar sua insuficiência, caso queira requerer a falência do seu devedor. Essa é uma alteração substancial da nova Lei Recuperacional em relação à antiga Lei de Falências.

A expressão "qualquer credor" deixa de lado algumas **polêmicas** travadas pelos doutrinadores antes mesmo da Lei n. 11.101/2005, que diziam respeito ao **credor único** (já que a falência é um processo de execução coletiva), ao **credor fiscal** e ao credor de **crédito não vencido**.

Não há qualquer óbice legal ou econômico à falência de empresário que tenha credor único. A fase preliminar da falência investiga o **estado jurídico** do devedor empresário, ou seja, intenta verificar se o empresário **enquadra-se** em alguma das nove hipóteses previstas no **art. 94, da Lei n. 11.101/2005**, o que será estudado mais adiante. Desse modo, não importa se o devedor tem apenas um credor. Demonstrado pelo **solitário credor** que o devedor empresário está inserido em alguma das **hipóteses** referidas, a falência será decretada. Somente na **fase executória** é que se verificará a existência de **mais credores**. Caso haja apenas um, ainda assim será realizado o ativo para pagamento do passivo único.

Seguindo a mesma orientação, poderá o **credor de crédito vincendo** requerer a falência do devedor empresário. As hipóteses falimentares do inc. III, do art. 94, da Lei n. 11.101/2005, reclamam **atitudes urgentes** de "qualquer credor". Até daquele cujo crédito não esteja vencido, pois, se o empresário está liquidando precipitadamente seu patrimônio, usando meios ruinosos para efetuar pagamentos, ou vendendo seu estabelecimento sem comunicação aos seus credores, entre outras condutas, não se pode exigir que os titulares de créditos não vencidos assistam passivamente à evaporação de suas **chances creditícias**.

Como afirmaremos diversas vezes nesta obra, a **falência** não é um estado meramente de fato, econômico ou patrimonial, mas, antes, de **direito, jurídico e legal**. Até porque, como afirma o art. 75, da Lei n. 11.101/2005: "A falência, ao promover o afastamento do devedor de suas atividades, visa a: I — preservar e a otimizar a utilização produtiva dos bens, dos ativos e dos recursos produtivos, inclusive os intangíveis, da empresa; II — permitir a liquidação célere das empresas inviáveis, com vistas à realocação eficiente de recursos na economia; e III — fomentar o empreendedorismo, inclusive por meio da viabilização do retorno célere do empreendedor falido à atividade econômica". Tais objetivos não podem ser limitados às situações de inadimplência do devedor, nem desautorizados pela ausência de dívida vencida.

Outra situação de credor que gera polêmica é a **do Estado-credor**, em razão do crédito fiscal. Deixando à parte uma minoria que reconhece o **credor fiscal** incluído na expressão "qualquer credor", mostra-se mais adequada ao novo regime falimentar a corrente que entende que o credor fiscal **não teria interesse de agir** para o processo falimentar.

Como primeiro argumento, invoca-se a **continuidade** do processo de execução fiscal, durante o processo falimentar, bem como a **não atração** dele para o juízo falimentar como razões suficientes para se constatar a **inutilidade** de um pedido de falência a partir do Estado.

De fato, o art. 6º, da Lei n. 11.101/2005, determina a suspensão da prescrição, das ações e das execuções contra o devedor, todavia aquelas demandas em que o **Estado figura** como parte **não se suspendem**, a teor do que preceitua o § 7º-B daquele artigo. Essa continuidade da execução fiscal também será observada na falência, em que a **penhora** do crédito fiscal é realizada no **rosto dos autos**, sem a necessidade de habilitação da Fazenda Pública na Vara Falimentar.

Além disso, eventual decretação da falência **não atrairá** para o juízo falimentar as demandas que busquem o crédito fiscal, pois, a teor do art. 76, da Lei n. 11.101/2005, "O juízo da falência é indivisível e competente para conhecer todas as ações sobre bens, interesses e negócios do falido, ressalvadas as causas trabalhistas, **fiscais** e aquelas não reguladas nesta Lei em que o falido figurar como autor ou litisconsorte ativo".

Como segundo argumento, o art. 187, do CTN, estabelece que o **crédito fiscal não se submete** ao concurso de credores, o que afastaria mais uma vez o interesse de agir do Estado para requerer a falência, o que se soma ao art. 38, da Lei n. 6.830/80, que determina que a discussão sobre a dívida ativa da Fazenda Pública deve ser realizada na execução fiscal, somente.

Aparecendo como terceiro argumento, um último óbice seria verificado, ainda, no que se refere à **eleição** de quais seriam os empresários de quem o credor fiscal pediria falência. O princípio da **impessoalidade** que rege a atuação do Estado levaria a uma séria restrição e rebuscada fundamentação dos **critérios de escolha** de determinado devedor empresário de quem se pediria a falência, pois o fisco não poderia aleatoriamente determinar esse sujeito. A alternativa a isso seria requerer a falência de todos os devedores empresários inscritos em dívida ativa, o que se mostra um absurdo, já que atentaria contra o princípio da **preservação da empresa**, do qual o Estado deve ser o primeiro guardião.

O entendimento adotado pela corrente dos que compreendem ser o credor fiscal ilegítimo para requerer falência coincide com a conclusão dos especialistas em Direito Comercial, participantes da I Jornada de Direito Comercial do Conselho de Justiça Federal[4]. O **Enunciado 56** das referidas jornadas pontuou o seguinte: **"A Fazenda Pública não possui legitimidade ou interesse de agir para requerer a falência do devedor empresário"**.

---

[4] Os 57 enunciados aprovados na I Jornada de Direito Comercial estão disponíveis para consulta no site do Conselho da Justiça Federal (CJF), item "CEJ — Centro de Estudos Judiciários", "Portal de Publicações". O evento foi promovido pelo CEJ, do CJF, de 22 a 24 de outubro de 2012, sob a coordenação do Ministro Ruy Rosado de Aguiar.

Por ocasião da análise da caracterização da falência, especialmente aquela prevista no **art. 94, inc. I**, da Lei n. 11.101/2005, será verificada a configuração de um eventual **litisconsórcio ativo necessário**, para permitir que credores interessados na falência do devedor empresário possam atingir o valor que supere quarenta salários mínimos, como exige o referido dispositivo.

5) O **administrador** judicial (na forma do art. 22, II, "b", da Lei n. 11.101/2005).

A legitimidade do administrador judicial para requerer falência é **extraordinária**, pois ele não é credor do devedor empresário, nem tem funções administrativas na **recuperação judicial**, processo no qual tem a referida legitimidade.

6) **O reconhecimento de processo estrangeiro principal de insolvência gera a presunção relativa de insolvabilidade do devedor** em solo brasileiro, sendo que o próprio devedor, seus credores ou mesmo o representante **estrangeiro** poderão, com fundamento em tal presunção, requerer aqui falência secundária, nos termos do parágrafo único do art. 167-U, da Lei n. 11.101/2005.

A função do administrador judicial na recuperação judicial é de **fiscalização**, sendo que ele atua no interesse dos credores, principalmente.

Verificando o administrador judicial a **ausência de cumprimento** de alguma obrigação assumida no plano de recuperação, deverá ele próprio requerer a **convolação** da recuperação judicial em falência, com fundamento no art. 73, inc. IV, da Lei n. 11.101/2005, desde que a obrigação tenha sido **descumprida** dentro do prazo de **dois anos** de duração da recuperação judicial deferida. Tal encargo encontra-se no art. 22, da mesma lei. Confira-se: "Ao administrador judicial compete, sob a fiscalização do juiz e do Comitê, além de outros deveres que esta Lei lhe impõe: (...) II — na recuperação judicial: (...) b) requerer a falência no caso de descumprimento de obrigação assumida no plano de recuperação". Esquematizando a legitimidade ativa na falência:

LEGITIMIDADE ATIVA NA FALÊNCIA	
Legitimado	**Observações Importantes**
▪ O próprio devedor	▪ Não é necessário que seja registrado, basta o exercício da atividade empresarial. ▪ A empresa individual de responsabilidade limitada poderá requerer autofalência da mesma forma que o empresário individual. ▪ O sócio de responsabilidade ilimitada pode requerer a autofalência da sociedade de que participe.
▪ O sócio e o acionista	▪ Há a alternativa de o sócio deixar a sociedade, promovendo a dissolução parcial dela ou vendendo suas ações. ▪ O sócio-administrador pode requerer a falência da sociedade. ▪ Por decisão da maioria dos sócios, isso também pode ser feito. ▪ O liquidante da sociedade pode requerer a falência dela.
▪ Inventariante, herdeiro e cônjuge sobrevivente	▪ A legitimidade é conferida a todos, tanto para requerer a falência da atividade empresarial da qual fazia parte o falecido quanto para requerer a falência de devedor empresário dele. ▪ O pedido de falência contra o falecido deverá ser feito até um ano após a morte.

LEGITIMIDADE ATIVA NA FALÊNCIA	
■ Qualquer credor	■ Credor empresário deverá comprovar seu registro regular. ■ Credor domiciliado no exterior deverá prestar caução. ■ Credor com garantia real não precisa mais renunciar a ela para requerer falência do devedor empresário. ■ Mesmo sendo credor único, pode ser requerida e decretada a falência. ■ O credor fiscal não tem interesse de agir para requerer falência. ■ O titular de crédito não vencido pode requerer falência nas hipóteses do inc. III, do art. 94, da Lei n. 11.101/2005. ■ Formação de litisconsórcio ativo para a caracterização da falência prevista no inc. I, do art. 94, da Lei n. 11.101/2005.
■ Administrador judicial	■ Somente é cabível em caso de recuperação judicial deferida, em que o devedor deixou de cumprir alguma obrigação prevista no plano de recuperação judicial, dentro do prazo de dois anos.
■ O devedor, os credores ou o representante estrangeiro	■ Em caso de reconhecimento de processo estrangeiro principal de insolvência

■ *22.2.2.2. Na recuperação judicial*

O art. 48, da Lei n. 11.101/2005, estabelece os **pressupostos** para a concessão de recuperação judicial, os quais deverão ser observados, também, para a recuperação **especial** e para a recuperação **extrajudicial**. Desse tema, trataremos mais adiante. Agora, interessa-nos apenas tratar da **única condição** imposta por aquele dispositivo (já que as demais exigências são apenas impedimentos), qual seja: ser o requerente empresário que exerça regularmente sua atividade empresarial **há mais de dois anos**. O exercício **regular** da atividade empresarial envolve dois aspectos: o **real** — exercício, de fato, de uma atividade econômica organizada para a produção ou circulação de bens e serviços; e o **formal** — arquivamento dos atos constitutivos do empresário ou da sociedade empresária no Registro Público de Empresas, a cargo das Juntas Comerciais estaduais[5].

O que se observa na referida condição é a repetição do reconhecimento dos **benefícios** da legislação empresarial apenas ao empresário **registrado**. Desde o revogado Código Comercial de 1850, a doutrina e a jurisprudência reconhecem a prescindibilidade do registro para a caracterização do comerciante/empresário, exigindo tal requisito formal apenas para o exercício dos benefícios da legislação **empresarial**.

A Recuperação, em **qualquer** de suas formas, é benefício. Portanto, o **registro prévio** e o exercício da **atividade** empresarial terão que ser comprovados para a sua concessão.

Diante da regra exposta, podem requerer recuperação judicial ou extrajudicial:

a) Os **empresários** registrados, há mais de **dois anos**, no Registro Público de Empresas.

---

[5] Em casos excepcionais, o requisito formal, no que diz respeito ao aspecto temporal (prazo mínimo de dois anos) poderá ser flexibilizado, posto que qualquer pedido de recuperação judicial terá como norte a preservação da atividade.

b) As **sociedades empresárias** registradas, há mais de **dois anos**, no Registro Público de Empresas.

c) O **inventariante**, o **cônjuge sobrevivente** ou qualquer **herdeiro** do devedor — considerando a legitimidade para requerer falência reconhecida aos sucessores do empresário falecido, nada mais proporcional que lhes conferir legitimidade ativa para a recuperação. É que o foco precípuo da Lei n. 11.101/2005 é a preservação da empresa e, se os sucessores têm legitimidade para extinguirem o titular da atividade empresarial pela falência, ainda mais interesse terão em preservá-lo por meio da recuperação. No caso, a recuperação judicial recairá sobre a empresa que pertencia ao empresário falecido ou à sociedade da qual participava o extinto.

d) O sócio **remanescente** — tal expressão não restou definida na Lei n. 11.101/2005, em que o art. 48, parágrafo único, estabeleceu que: "A recuperação judicial também poderá ser requerida pelo cônjuge sobrevivente, herdeiros do devedor, inventariante ou sócio remanescente". Podemos entender por sócio remanescente aquele que se enquadre em uma das três seguintes situações: 1ª) aquele **que restou** na sociedade após a saída dos demais, inclusive no caso de a pessoa jurídica tornar-se unissocietária (art. 1.033, inc. IV, do CC, e art. 206, inc. I, alínea "d", da LSA); 2ª) o sócio **dissidente** (o que deixou a sociedade por ter sido vencido em deliberação da maioria); 3ª) o sócio que tiver que fazer o pedido em face de alguma **impossibilidade** ou impedimento dos demais. No caso, a recuperação judicial recairá sobre a empresa que pertence à sociedade da qual participa o remanescente.

e) Empresários e sociedades empresárias que tiveram sua **falência requerida**, desde que o pedido de recuperação judicial seja feito até o fim do prazo para a **Defesa** (10 dias após a citação na falência) e apresentem os pressupostos do art. 48, da Lei n. 11.101/2005[6].

Esquematizando:

---

[6] Entendemos que, diante do princípio da autonomia patrimonial, no caso de grupos econômicos de fato, a recuperação judicial não se deva processar em conjunto, ou seja, temerário será o litisconsórcio ativo; entretanto, em sentido contrário, tem-se admitido referido litisconsórcio. De qualquer modo, mesmo que se aceite o pedido conjunto, isso não impedirá ao juízo processante determinar, de logo , o desmembramento do feito por meio de emenda ou, ainda, após deferido o processamento, pois, conforme se lê no enunciado 98 da III Jornada de Direito Empresarial, o processamento conjunto da recuperação judicial dependerá de efetivo entrelaçamento empresarial entre as diferentes sociedades de determinado grupo, e a depender de conciliação contábil que justifique tal medida, eis que a consolidação processual não significará o reconhecimento da consolidação substancial, esta sim a justificar eventual sujeição de todos os credores do grupo a um mesmo plano de recuperação judicial. **ENUNCIADO 98** — "A admissão pelo juízo competente do processamento da recuperação judicial em consolidação processual (litisconsórcio ativo) não acarreta automática aceitação da consolidação substancial".

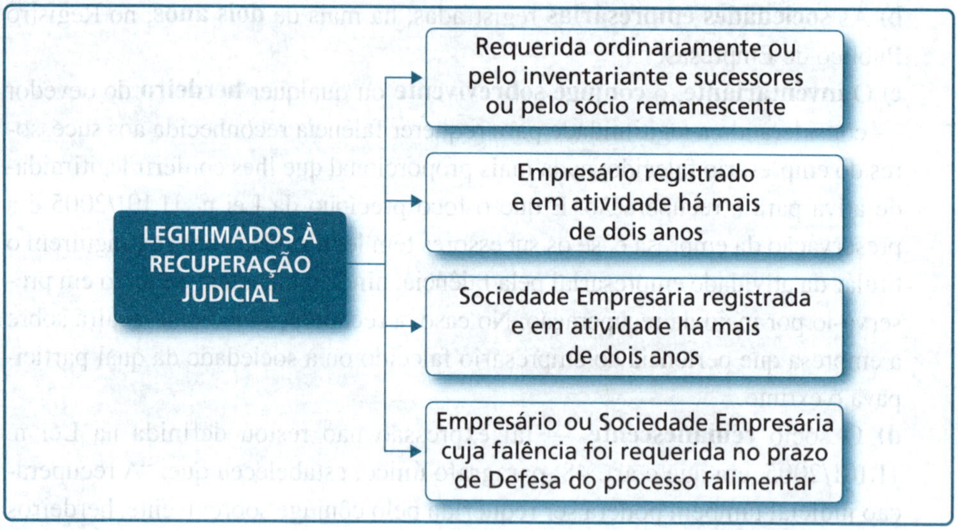

■ *22.2.2.3. Consolidação processual e substancial em caso de recuperação judicial*

Os **arranjos interempresariais, com a aproximação** de pessoas jurídicas autônomas, são bastante comuns. Tais arranjos poderão **fomentar os denominados grupos empresariais**, alguns formalizados mediante convenção e outros perceptíveis por meio do poder de controle.

Rememorando o quanto estudado nos itens 7.7.2.1 e 7.7.2.2, os grupos de direito **reclamam uma estrutura administrativa paralela** aos órgãos já existentes em relação à sociedade de comando e a suas filiadas (art. 269, VI, da LSA), destacando-se como requisito básico para a constituição do grupo de direito, **a indicação expressa da sociedade *holding***.

Já nos grupos de fato, prescindível o registro, sendo possível inferir de maneira implícita o poder de controle, ao constatar-se que **uma sociedade (controlada) ultimará dirigida por outra (controladora)**, quando, "diretamente ou através de outras controladas", se tornar **"titular de direitos de sócio que lhe assegurem, de modo permanente, preponderância nas deliberações sociais e o poder de eleger a maioria dos administradores"** (art. 243, da LSA).

No grupo societário — de direito ou de fato —, de acordo com a sistemática inaugurada pela LSA, **deveria ser mantido o princípio da autonomia patrimonial em relação às sociedades integrantes do grupo**, tendo em vista não só o fortalecimento e o incremento das relações intersocietárias, mas também para **trazer segurança jurídica aos eventuais investidores**. Da leitura do art. 266 da LSA, possível inferir tal perspectiva, destacando-se a autonomia de cada ente coletivo, frisando-se, expressamente, a **conservação de patrimônios distintos**.

Entretanto, a desmerecer ou diminuir a efetividade da garantia da separação de patrimônios, percebe-se que o **direito pátrio excepcionou tal garantia ao prever a responsabilidade solidária**, diante de obrigações **trabalhistas (CLT, art. 2º, § 2º),**

previdenciárias (Lei n. 8.212/91, art. 30, inc. IX) ou decorrentes de infrações à ordem econômica (art. 33, da Lei n. 12.529/2011).

Nas **relações de consumo**, há também a previsão de responsabilidade subsidiária das sociedades integrantes de grupos econômicos (CDC, art. 28, § 2º).

O princípio da **autonomia patrimonial**, com as ressalvas acima, mantém-se como princípio importante do direito societário, razão pela qual, em princípio, seria recomendável que **cada pessoa jurídica**, ainda que componente de eventual grupo econômico, **postulasse, também autonomamente, em caso de crise econômico-financeira, plano de salvamento** perante seus próprios credores, e não em litisconsórcio com outras pessoas jurídicas.

De todo modo, **o CPC aplicava-se e aplica-se, subsidiariamente**, aos procedimentos delineados pela Lei n. 11.101/2005 e, por isso, **antes das alterações** implementadas pela Lei n. 14.112/2020, **doutrina e jurisprudência admitiam o processamento conjunto** de recuperações judiciais de empresas componentes de um **mesmo grupo econômico**, eis que a crise econômico-financeira experimentada por determinado ente coletivo poderia propagar-se em relação a outro pertencente ao mesmo grupo, diante, por exemplo, da **afinidade ou entrelaçamento dos objetos** sociais desenvolvidos, a exemplificar a hipótese descrita no art. 113, III, do CPC: "Duas ou mais pessoas podem litigar, no mesmo processo, em conjunto, ativa ou passivamente, quando: (...) ocorrer **afinidade de questões** por ponto comum de fato ou de direito".

Além disso, não é incomum que, **em caso de grupo econômico**, algumas empresas se apresentem como **garantes, corresponsáveis**, assim, **por obrigações assumidas por outras do mesmo grupo**, o que estará a contextualizar a existência de credores comuns, a permitir o litisconsórcio ativo, desta vez, com fundamento no art. 113, I, do CPC: "Duas ou mais pessoas podem litigar, no mesmo processo, em conjunto, ativa ou passivamente, quando: (...) entre elas **houver comunhão de direitos ou de obrigações** relativamente à lide".

Nesse sentido, o precedente seguinte:

> RECURSO ESPECIAL. RECUPERAÇÃO JUDICIAL. NEGATIVA DE PRESTAÇÃO JURISDICIONAL. INEXISTÊNCIA. GRUPO ECONÔMICO. ART. 48 DA LRF. ATIVIDADE REGULAR. DOIS ANOS. CISÃO EMPRESARIAL.1. Recurso especial interposto contra acórdão publicado na vigência do Código de Processo Civil de 2015 (Enunciados Administrativos ns. 2 e 3/STJ).2. Cinge-se a controvérsia a definir se, em caso de recuperação judicial de grupo econômico, todas as sociedades empresárias devem cumprir individualmente o requisito temporal de 2 (dois) anos previsto no caput do art. 48 da Lei n. 11.101/2005.3. É possível a formação de litisconsórcio ativo na recuperação judicial para abranger as sociedades integrantes do mesmo grupo econômico. 4. As sociedades empresárias integrantes de grupo econômico devem demonstrar individualmente o cumprimento do requisito temporal de 2 (dois) anos de exercício regular de suas atividades para postular a recuperação judicial em litisconsórcio ativo.5. Na hipótese, a Rede Varejo Brasil Eletrodomésticos Ltda. — concebida após a cisão de sociedade com mais de 2 (anos) de atividade empresarial regular — pode integrar a recuperação judicial, considerando-se as diversas peculiaridades retratadas nos autos.6. Recurso especial provido. (STJ. REsp 1.655.042-RS, 3ª. Turma, Rel. Min. Ricardo Villas Bôas Cueva, *Dje* 01/07/2019)

A **Lei n. 14.112/2020, ao acrescentar os arts. 69-G – 69-L**, à Lei n. 11.101/2005, **supriu a lacuna** sobre a possibilidade do **litisconsórcio ativo facultativo (consolidação processual), sem** que isso implique, automaticamente, **solidariedade de obrigações (consolidação substancial)**. A hipótese de consolidação **substancial retratará litisconsórcio necessário,** se contextualizadas, por exemplo, eventuais **confusões patrimoniais ou garantias cruzadas.**

Esquematicamente:

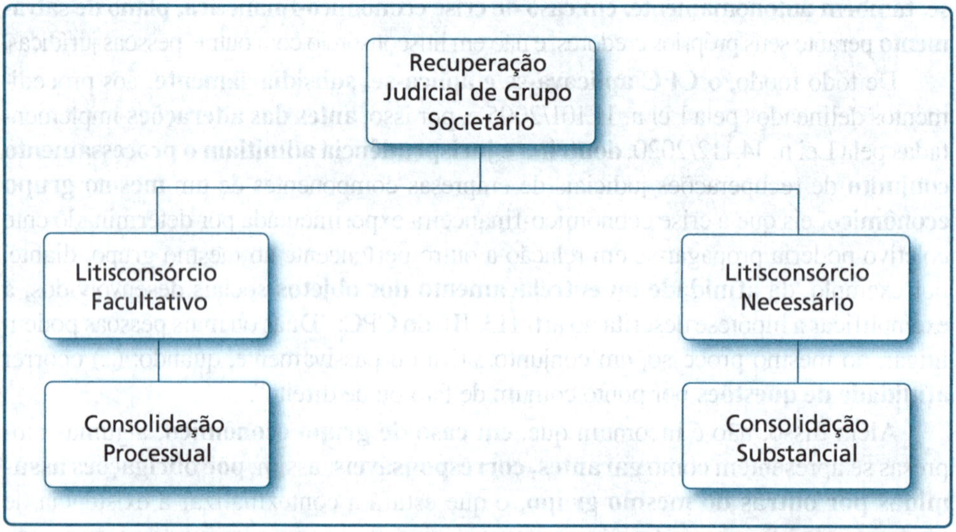

O Juízo competente será o do **local que contextualize o principal estabelecimento do grupo** e, em princípio, **um único Administrador Judicial** será encarregado de auxiliar o Juízo, art. 69-G, § 1º, e art. 69-H.

No caso de consolidação processual, apesar do processamento conjunto, a lei impõe a **cada devedor componente do grupo a apresentação dos documentos elencados no art. 51** (art. 69-G, § 1º); deverá haver a **individualização do ativo e passivo** de cada proponente (art. 69-I), bem assim a **separação dos meios para a recuperação** judicial de cada ente coletivo, mas permitindo-se também a apresentação de **plano único** (art. 69-I, §1º); as **massas de credores serão separadas** e se reunirão em assembleias distintas (art. 69-I, §§ 2º e 3º). Em consequência, poderá ocorrer a **concessão da recuperação judicial para alguns devedores e a convolação do pedido em falência para outros**, apesar da tramitação conjunta, sendo que o resultado distinto acarretará o **desmembramento dos feitos** (art. 69-I, §§ 4º e 5º).

Admitida a **consolidação processual**, no curso do processo, poderá o **Juiz reconhecer**, incidentalmente, que há entre os componentes do grupo **consolidação substancial**, decisão que independerá de deliberação das assembleias de credores, "quando **constatar a interconexão e a confusão entre ativos ou passivos** dos devedores, de modo que não seja possível identificar a sua titularidade sem excessivo dispêndio de tempo ou de recursos, cumulativamente com a ocorrência de, no mínimo, **2 (duas) das seguintes hipóteses**: I — existência de garantias cruzadas; II — relação de controle ou de dependência; III — identidade total ou parcial do quadro societário; e IV — atuação conjunta no mercado entre os postulantes" (art. 69-J).

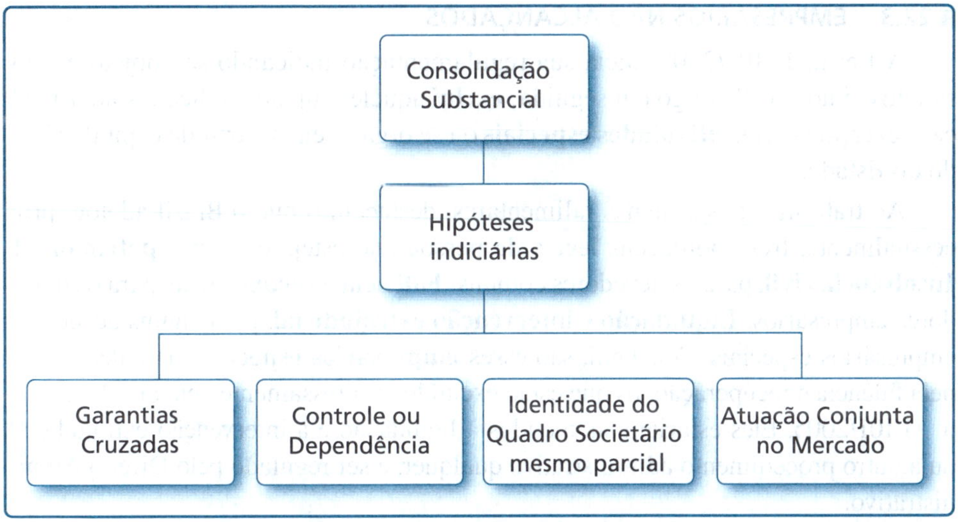

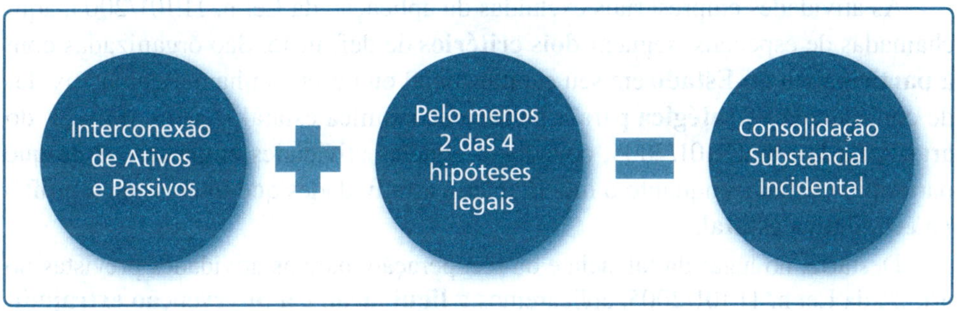

Por economia e celeridades processuais, e também diante da consideração de que o plano de reestruturação se apresenta como plano de interação estratégica entre credores e os devedores, **no caso de confusão patrimonial** entre as empresas do grupo, razoável que as **negociações se projetem em bloco**, isto é, "ativos e passivos de devedores serão tratados como se pertencessem a um único devedor" (art. 69-K).

Assim, em caso de **reconhecimento da consolidação substancial**, a aprovação ou rejeição do Plano de Recuperação Judicial demandará **assembleia geral única**, a reunir os credores de cada ente coletivo do grupo societário que eventualmente venham a se sujeitar aos efeitos da possível novação (art. 69-L).

Em caso de **consolidação substancial, as garantias fidejussórias** e de créditos detidos por um devedor em face do outro **serão extintas** (art. 69-K, § 1º). Por outro lado, mantidas serão as garantias reais prestadas aos credores (art. 69-K, § 2º), salvo renúncia expressa do titular.

A rejeição do Plano de Recuperação Judicial, **ultimada a consolidação substancial**, ocasionará a convolação em falência do grupo de devedores (art. 69-L, § 2º).

■ 22.3. EMPRESÁRIOS NÃO ALCANÇADOS

A Lei n. 11.101/2005 inicia sua regulamentação indicando seu objeto e seus sujeitos já no art. 1º. Logo em seguida, **exclui** aqueles sujeitos indicados no art. 1º, caso exerçam certas **atividades especiais** ou se organizem a partir de capital oriundo do Estado.

Ao tratarmos dos sistemas falimentares, destacamos que o Brasil adotou, processualmente, três abordagens legais da pessoa que esteja em **crise patrimonial**. **Insolvência civil**, para os devedores comuns. **Falência e recuperação**, para os devedores empresários. **Liquidação e intervenção extrajudicial**, para alguns devedores empresários especiais. Pois bem, são esses **empresários especiais**, não alcançados pela falência e recuperação, os que estão excluídos expressamente pelo art. 2º, da Lei n. 11.101/2005. Eles estariam submetidos à liquidação e à intervenção extrajudicial ou a outro procedimento administrativo qualquer, a ser regulado pelo Direito Administrativo.

As atividades empresariais excluídas da aplicação da Lei n. 11.101/2005, aqui chamadas de especiais, seguem **dois critérios** de definição. São organizadas com a **participação do Estado** em seu capital social ou desempenham alguma atividade considerada **estratégica** para a política econômica estatal. Assim, o inc. I, do art. 2º, da Lei n. 11.101/2005, contempla aquelas atividades empresariais de que participa o Estado, enquanto o inc. II abarca as atividades que interessam à **política econômica estatal**.

Destarte, no lugar da falência e da recuperação, para as atividades previstas no art. 2º, da Lei n. 11.101/2005, aplicaremos a **liquidação e a intervenção extrajudicial**. Assim, a condução do processo de liquidação caberá a um **órgão do Poder Executivo**, seguindo um critério de **conveniência e oportunidade**, próprio dos atos administrativos. Ocorre que o regime falimentar poderá, **subsidiariamente**, ser aplicado a referidas atividades, enquanto não houver legislação própria **regulando-as, ou complementando** a legislação existente, conforme determinado pelo art. 197, da Lei n. 11.101/2005.

Podemos, então, definir as empresas públicas e as sociedades de economia mista como **atividades das quais o Estado participa**, ao passo que as atividades previstas no inc. II como aquelas que interessam à **estratégia da política econômica estatal**. Todas serão alcançadas por **procedimentos extrajudiciais**, em que a conveniência e a oportunidade substituirão a necessidade de decisão fundamentada exigida nas decisões judiciais.

As **sociedades anônimas**, depois de **liquidado** e partilhado o seu ativo, também **estão excluídas** da aplicação da Lei n. 11.101/2005, nos termos do seu art. 96. Tal exclusão visa trazer **segurança** aos arrematantes da sociedade anônima liquidada, ao mesmo tempo em que define a situação dos seus sócios anônimos, sem **possibilidade de revisão** da situação das suas responsabilidades relativas às suas ações. É que a responsabilidade limitadíssima dos acionistas não permite a continuação de eventual execução contra eles depois de esgotado o patrimônio da sociedade, sendo, então, **sem qualquer utilidade** eventual falência depois de liquidado o ativo e pago o passivo. As atividades excluídas estão assim indicadas na Lei n. 11.101/2005:

EMPRESAS EXCLUÍDAS DO REGIME DA RECUPERAÇÃO JUDICIAL
1) Empresa pública
2) Sociedade de economia mista
3) Instituição financeira pública ou privada
4) Cooperativa de crédito
5) Consórcio
6) Entidade de previdência complementar
7) Sociedade operadora de plano de assistência à saúde
8) Sociedade seguradora
9) Sociedade de capitalização
10) Sociedade anônima, depois de liquidado e partilhado o seu ativo

Diante da regra exposta, as referidas atividades empresariais **não poderão requerer** recuperação judicial ou extrajudicial. O mesmo se diz quanto à **falência, salvo** em caso de **ausência** de regulamentação específica, ou **aplicação supletiva** da legislação falimentar por expressa disposição legal.

É oportuno lembrar que eventuais **falências decretadas** à luz da legislação anterior, **Decreto-lei n. 7.661/45**, podem ter alcançado instituições hoje não atingidas pela Lei n. 11.101/2005. Nesse caso, as referidas **falências continuarão** sendo reguladas até o seu encerramento pela lei anterior, na forma determinada pelo **art. 192, da Lei n. 11.101/2005**, o qual dispõe que "esta Lei não se aplica aos processos de falência ou de concordata ajuizados anteriormente ao início de sua vigência, que serão concluídos nos termos do **Decreto-lei n. 7.661, de 21 de junho de 1945**".

Por fim, há que se fazer distinção entre a exclusão relativa e a absoluta. A **exclusão relativa** ocorre em relação àquelas empresas que têm seu regime próprio de liquidação extrajudicial, todavia com a possibilidade de aplicação da legislação **falimentar supletivamente**. A **exclusão absoluta** alcança as empresas a que **não se aplicará a legislação falimentar** em hipótese alguma, como no caso das **empresas públicas**.

22.3.1. Empresas públicas

As empresas públicas são **criadas pelo Estado**, e seu capital social é composto na sua totalidade de **investimento público**. A legislação permite que ela adote **qualquer forma empresarial**. O que importa é saber que o **único titular** da empresa pública é o **Estado**. Eventual falência dela lançaria suspeita sobre a própria saúde financeira do Estado, ante a eventual responsabilidade subsidiária, em face da **administração exclusiva** por agente estatal. Eis um primeiro motivo para que não se submeta à legislação falimentar.

Como já dito anteriormente, o processo falimentar, por ser judicial, exige do judiciário uma resposta fundamentada, de modo que confere ao credor-autor um **direito subjetivo** à resposta estatal e, presentes os requisitos de um dos tipos falimentares, à própria decretação da falência. Desse modo, a sorte da empresa pública estaria **nas mãos de seus credores**. Isso tiraria do Estado o **controle** de sua atuação no mercado ou na prestação de serviços públicos, especialmente em situações de vultosos investimentos em setores estratégicos para a referida atuação.

Deve-se considerar, ainda, que as empresas públicas atuam, geralmente, em setores em que o **interesse público** está presente, seja porque a iniciativa privada não imobiliza grandes investimentos para **retorno demorado**, seja porque há localidades que não seriam atendidas pela iniciativa privada na exploração de alguma atividade econômica, tal como aquela desenvolvida pelos correios, por exemplo, em municípios longínquos e de baixa renda, em face do **desequilíbrio** entre o investimento necessário e o retorno financeiro almejado.

Os doutrinadores divergem quanto à constitucionalidade do art. 2º, da Lei n. 11.101/2005. Isso porque, para uma primeira corrente, a Constituição Federal **não admite tratamento diferenciado** entre as empresas privadas e as de capital público (art. 173, § 1º, da Constituição Federal). Eis o principal argumento daqueles que defendem a referida **inconstitucionalidade**, a qual, se admitida, levaria à aplicação da Lei n. 11.101/2005 às paraestatais. Aqui, o critério é estritamente legal.

Há, ainda, doutrinadores que defendem a **inconstitucionalidade parcial** do art. 2º. O argumento defendido por eles aponta para **dois tipos de atividades** desempenhadas pelo Estado, quando se utiliza de sociedades de economia mista e de empresas públicas. Distinguem as **paraestatais** que **prestam serviços públicos** (art. 175, da Constituição Federal) daquelas que exercem **atividade econômica** (art. 173, § 1º, da Constituição Federal), concorrendo com empresas privadas. As **primeiras não** poderiam ser submetidas à Lei n. 11.101/2005, por desempenharem atividades de **interesse coletivo**, pois eventual falência imporia a **descontinuidade do serviço público**. Já aquelas que desempenham **atividade econômica** deveriam se **submeter à referida lei**, pois concorrem no mercado com empresas privadas, sendo inconstitucional o tratamento desigual. O critério, segundo esses doutrinadores, é a **convergência entre o interesse público e o privado**, compatibilizando a norma do art. 2º, da Lei n. 11.101/2005, com a norma constitucional.

Uma **terceira** corrente doutrinária, a que nos parece mais técnica, defende a **constitucionalidade da exclusão** das empresas públicas e sociedades de economia mista das disposições da Lei n. 11.101/2005. São bem mais consistentes os argumentos. Vejamos:

1º) As empresas públicas e sociedades de economia mista são **criadas por autorização legal**. Assim, são fruto do interesse coletivo expresso pelos representantes da sociedade, por meio do **Poder Legislativo**. Sendo criadas por lei, no interesse de toda a coletividade, somente por meio de lei é que deveriam ser liquidadas, dissolvidas e extintas, também no interesse coletivo, e não de credor individual.

2º) O art. 2º da Lei n. 11.101/2005 **não exclui apenas** as empresas públicas e sociedades de economia mista das suas disposições. Exclui **mais sete atividades privadas**, em um rol aberto a outras atividades que poderão ser excluídas por lei, caso detectado interesse maior na sua preservação e proteção. Desse modo, não haveria como defender que a exclusão é um privilégio de entes paraestatais, uma vez que as demais atividades excluídas independem de sua natureza pública ou privada. O que ocorre, de fato, é uma **exclusão estratégica**, voltada a preservar **interesses macroeconômicos e sociais**.

3º) A eventual responsabilidade **subsidiária ou solidária** dos sócios **controladores** tornaria a falência e a recuperação incompatíveis com um sócio estatal. O art. 82, da Lei n. 11.101/2005, prevê a ação de responsabilidade dos sócios de responsabilidade limitada, em caso de falência. Imaginemos o Estado no polo passivo de referida ação, bem como a sua condenação à responsabilidade solidária pelas obrigações contraídas pela empresa paraestatal. Tal situação equivaleria à **decretação da falência do próprio Estado.**

4º) Seja prestando serviços tipicamente públicos, seja intervindo na atividade econômica privada, as empresas públicas e sociedades de economia mista desempenham **atividade de interesse público**. Atuando em setores nos quais a economia privada não atua, ou complementando e competindo onde ela atua, o Estado **supre a ausência** da atividade privada ou cria um parâmetro para o **equilíbrio** do seu desempenho. Estado liberal, socialista ou de bem-estar social é opção coletiva, no interesse coletivo. Ao optar por um **Estado de bem-estar social**, a Constituição Federal preserva o **interesse privado e a livre-iniciativa**, todavia se resguarda no direito de intervenção para garantir a **função social da propriedade** e o **desenvolvimento equilibrado** do País, especialmente no que diz respeito à economia e ao mercado.

5º) Se é papel do Estado garantir a **livre-iniciativa**, em razão do comando constitucional, também o é buscar a **redução das desigualdades** e promover o desenvolvimento equilibrado do País. Assim, ponderando os princípios constitucionais da **livre-iniciativa e da propriedade privada** com aqueles que orientam o **desenvolvimento equilibrado, a função social da propriedade e a continuidade dos serviços públicos**, é de se enxergar na própria Constituição Federal os fundamentos para o **tratamento diferenciado**, se é que essa distinção tem por critério a atividade empresarial estatal em confronto com a atividade privada.

6º) O **critério** de exclusão do art. 2º, da Lei n. 11.101/2005, **não adota** a dicotomia **público/privado** como divisor de categorias. Ali, o que se observa é a eleição de

atividades estratégicas para a manutenção do equilíbrio e da estabilidade econômica, tudo sob a óptica da **intervenção mínima** do Estado e da **necessidade de financiamento** público e privado da atividade produtiva.

■ 22.3.2. Sociedades de economia mista

Seguindo o mesmo raciocínio aplicado às empresas públicas, as sociedades de economia mista também **não serão submetidas à Lei n. 11.101/2005**. Nesse caso, tais sociedades são constituídas pela **soma** de investimentos **públicos e privados**. O **Estado detém a maior parte** das ações com direito a voto, as ordinárias, de modo que possui o **poder de dirigir** a empresa de acordo com seus interesses, escolhendo a maioria dos membros do Conselho de Administração e, assim, o presidente e os principais componentes da Diretoria da companhia.

Em razão da **preponderância** do poder de voto e na composição da administração, a sociedade de economia mista é **orientada no interesse estatal**. Seus resultados são distribuídos aos investidores privados, e a sua falência imporia prejuízos também ao setor privado. Normalmente, as referidas empresas desempenham atividade econômica, **concorrendo** no mercado com o setor privado.

Além dos motivos expressos anteriormente, no caso das sociedades de economia mista, eventual **falência** poderia **impor**, a diretores e membros dos conselhos de administração e fiscal, **responsabilidade pessoal e ilimitada**. Não haveria qualquer inconveniente jurídico nisso, caso alguns desses conselheiros e diretores não fossem **servidores públicos** que, por **dever de ofício**, têm de compor tais órgãos sociais nas companhias de economia mista, representando o ente estatal a que estão vinculados.

Por sua vez, para atender à **conveniência e à oportunidade** que compõem o mérito do ato administrativo, em muitas **decisões**, os órgãos da diretoria da companhia **distanciam-se** de fundamentos econômicos e de mercado, voltando-se para o **interesse público**.

Por todos esses fundamentos, tanto a sociedade de economia mista quanto as empresas públicas foram excluídas da Lei n. 11.101/2005, sendo que sua **liquidação** dependerá de **lei específica** ou de uma **decisão discricionária** do órgão do Poder Executivo ao qual estiver vinculada a mencionada empresa paraestatal. Tal instrumento decisório (lei ou ato equivalente do Executivo) **definirá** como serão **pagos os credores** e encerradas as atividades.

Não caberia, por fim, a aplicação da **insolvência civil**, nem da **intervenção e liquidação extrajudicial**, pois tais práticas retirariam do órgão a que se vincula a paraestatal a discricionariedade de mantê-la ou extingui-la, sempre no **interesse público**.

Sistematizando a exclusão da empresa pública e da sociedade de economia mista da aplicação da Lei n. 11.101/2005, bem como a constitucionalidade de tal dispositivo:

■ 22.3.3. Atividades financeiras

O art. 2º, inc. II, da Lei n. 11.101/2005 elenca, em **rol aberto**, sete atividades empresariais que não se submeterão à aplicação da LRE. São elas:

ROL ABERTO DE EMPREENDEDORES QUE NÃO SE SUBMETEM À LEI N. 11.101/2005
1) Instituição financeira pública ou privada
2) Cooperativa de crédito
3) Consórcio
4) Entidade de previdência complementar
5) Sociedade operadora de plano de assistência à saúde
6) Sociedade seguradora
7) Sociedade de capitalização

Trataremos tais atividades empresariais como **financeiras *lato sensu***, uma vez que todas elas **captam dinheiro** no mercado para desempenhar suas atividades, ou seja, financiam-se da poupança popular, sem uma contraprestação instantânea.

Em todas as atividades previstas no inc. II, do art. 2º, da Lei n. 11.101/2005, exige-se uma relação de **confiança** entre o cliente e a empresa, ante o **risco** que decorre da entrega de valores pelo cliente à empresa, sem uma **contraprestação imediata**, isto é, o cliente entrega numerário à empresa confiando que, no momento em que precisar dos respectivos valores ou da prestação dos serviços contratados, poderá contar com eles.

As referidas atividades, então, envolvem **sério risco** de prejuízo aos consumidores e inspiram a necessidade de confiança acima do que o mercado normalmente exige. Isso para garantir a própria **sobrevivência** da empresa. A eventual falência de uma empresa que desempenhe uma dessas atividades poderia ocasionar uma **crise setorial** que colocaria em risco todas as empresas que componham o referido setor do mercado.

A título de ilustração, basta comparar o efeito da **falência de um supermercado** de que se é cliente, para a **falência de um banco**, de uma empresa de previdência privada ou de um plano de saúde dos quais se é cliente. No caso do **supermercado**, a falência não traria qualquer consequência para o cliente consumidor. Todos os contratos firmados com o supermercado tiveram **cumprimento imediato**, em que o pagamento em dinheiro recebeu a imediata contraprestação de entrega da mercadoria. Já no caso do **banco, da previdência privada e do plano de saúde**, o dinheiro pago pelo cliente **não teve** qualquer contraprestação imediata. Pelo contrário, os pagamentos efetuados ficaram retidos e, agora, decretada a falência, o cliente teria que se habilitar, com todos os demais credores, na intenção de receber o que foi pago, restando frustrada a futura aposentadoria, a prestação dos serviços de saúde ou dos serviços bancários.

Tal quadro exemplificativo levaria a uma **desconfiança em todo o sistema financeiro**, securitário, previdenciário e dos demais indicados no art. 2º, inc. II, da Lei n. 11.101/2005. Eventual **pedido indevido** de falência poderia ser confundido com uma crise econômico-financeira de determinada empresa, o que poderia levar todos os clientes ao **inadimplemento coletivo** ou à busca desenfreada e coletiva pelo **resgate de valores** depositados. Por isso, a opção legislativa de retirar dos credores dessas empresas a opção pela aplicação da Lei n. 11.101/2005.

Como veremos mais adiante, o processo de falência possui **duas fases**.

A primeira delas, chamada **investigativa**, pré-falimentar ou preliminar, tem a finalidade de **caracterizar o estado falimentar**, ou seja, em um verdadeiro processo **contencioso**, determinado credor busca comprovar a crise econômico-financeira do devedor empresário, havendo uma fase postulatória e outra probatória. Caso não reste caracterizada a falência, o juiz a **denegará**. Ocorre que o simples **pedido de falência** já promove **imediato prejuízo** às atividades de qualquer empresa. Se ela depende da extrema confiança de seus clientes, o singelo pedido de falência **inviabiliza a captação** de novos clientes e põe em desespero os já existentes. Isso levaria a uma verdadeira crise na referida empresa, capaz de contaminar todo o setor de mercado.

A **segunda** fase da falência, iniciada pela sentença que a decreta, é a **execução coletiva**, em que todos os bens e ativos do falido são alienados para pagamento de seus credores. A liquidação do ativo leva, geralmente, ao **encerramento** da atividade. A exclusão das atividades financeiras do regime falimentar visa, justamente, impedir essa possibilidade de encerramento pela **vontade dos credores**, ainda que haja, de fato, crise econômico-financeira da empresa. O Estado, portanto, elegeu atividades consideradas **estratégicas** para o regular funcionamento do mercado. Considerou a importância do **crédito**, da **securitização**, da **previdência e assistência à saúde** a partir da iniciativa privada, da **formação de poupança** para rendimentos futuros ou para aquisição de bens. Nesses setores, **impediu-se** aos credores o **direito subjetivo** à execução coletiva, e aos devedores, o direito subjetivo a uma recuperação deferida pelo Poder Judiciário.

Exemplo histórico de forma alternativa de tratamento dado às empresas consideradas estratégicas pelo Estado é o **PROER**, programa instituído pelo governo de Fernando Henrique Cardoso para socorrer bancos que teriam sua falência decretada caso fossem acionados no Poder Judiciário.

À época, logo após a implantação do Plano Real, com a estabilização da economia e o fim da ciranda inflacionária, os **bancos perderam** sua maior fonte de rendimentos, justamente aquela decorrente dos altos índices inflacionários.

Era o ano de 1995, e o País vinha de alguns planos econômicos fracassados. O Plano Real, então, não poderia correr o mesmo risco. A **falência de instituições financeiras** naquele momento poderia implodir o novo Plano. Com o programa (PROER), cerca de oito bilhões de reais foram destinados a sanear as instituições deficitárias, as quais, após o reequilíbrio, foram **alienadas** a outras instituições financeiras. Naquele momento, houve uma maior regulamentação do setor, visando a redução de riscos sistêmicos e demasiada exposição dos bancos a investimentos instáveis.

Recentemente, em 2009, uma crise financeira abalou os bancos internacionais. Trilhões de dólares foram gastos para **socorrer** bancos, segurados e outras instituições, e fala-se em melhor regulamentação do setor financeiro. No Brasil, a crise quase não foi sentida. Todo esse investimento público utilizado para socorrer empresas do setor financeiro demonstra como o mundo considera **importante** a existência, a atuação e a **preservação** dessas empresas, hoje tidas como indispensáveis ao funcionamento da economia.

As empresas excluídas pelo inc. II, do art. 2º, da Lei n. 11.101/2005, serão submetidas a um **regime especial** de intervenção e liquidação extrajudicial ou à administração especial temporária. Existem normas próprias estabelecendo como o Estado promoverá sua atuação ante a crise econômico-financeira delas, conferindo-lhes **discricionariedade** na forma de gerir tal crise e permitindo **evitar a extinção** da empresa.

É oportuno lembrar que o art. 197, da Lei n. 11.101/2005, estabelece a **aplicação subsidiária** da legislação falimentar enquanto não forem aprovadas leis específicas tratando do processo de liquidação e intervenção extrajudicial das sete atividades previstas em seu art. 2º, inc. II. Daí decorre a **exclusão relativa** das sete atividades da aplicação da LRE, ao menos enquanto não se aprovam as legislações específicas.

Assim dispõe o art. 197, da Lei n. 11.101/2005: "Enquanto não forem aprovadas as respectivas leis específicas, esta Lei aplica-se subsidiariamente, no que couber, aos regimes previstos no ***Decreto-lei n. 73, de 21 de novembro de 1966, na Lei n. 6.024, de 13 de março de 1974***, no ***Decreto-lei n. 2.321, de 25 de fevereiro de 1987, e na Lei n. 9.514, de 20 de novembro de 1997***". Cada uma das leis citadas refere-se a um dos tipos de empresas excluídas. Outras deixaram de ser citadas, mas serão tratadas nas seções seguintes.

■ 22.3.3.1. Instituição financeira pública ou privada, cooperativa de crédito e consórcio

As instituições financeiras têm sua atividade definida na **Lei n. 4.595/64**, a qual lhes atribui o exercício profissional de operações de crédito como atividade principal. Já o art. 39, da Lei n. 11.795/2008, estabelece quais são as instituições financeiras do sistema legal brasileiro. São elas: os **bancos**; as **distribuidoras e corretoras de títulos e valores mobiliários**; as **casas de câmbio**; as operadoras de *leasing*; e as **administradoras de consórcio**.

A intervenção e a liquidação extrajudicial das referidas instituições financeiras encontram-se regulamentadas pela **Lei n. 6.024/74**, que equipara o Banco Central ao juiz da falência, e o interventor/liquidante ao síndico da falência (nos termos do Decreto-lei n. 7.661/45). O **Decreto-lei n. 2.321/87** estabeleceu, ainda, o **RAET** — Regime de Administração Especial Temporária.

As instituições financeiras submetidas ao **Regime de Administração** Especial Temporária não podem ter sua falência requerida, nem subsidiariamente, todavia podem ter o referido regime **convertido** em **liquidação extrajudicial**.

Havendo **intervenção extrajudicial**, o interventor poderá requerer a falência se:

- verificar que o **ativo não é suficiente** para pagar ao menos a metade dos créditos quirografários;
- entender **não seja conveniente** a liquidação extrajudicial; ou
- a **complexidade dos negócios ou a gravidade dos fatos** apurados recomendarem tal medida judicial.

Havendo **liquidação extrajudicial** direta ou decorrente de intervenção ou de RAET convertida em liquidação, o liquidante poderá requerer a falência se:

- verificar que o **ativo não é suficiente** para pagar ao menos a metade dos créditos quirografários;
- houver fundados indícios de **crimes falimentares**.

Deve-se considerar, ainda, que, **se o Banco Central** do Brasil, na sua atividade fiscalizadora das empresas financeiras, **não promover** um dos regimes especiais diante da crise econômico-financeira de uma instituição financeira, isso permitirá a

qualquer credor o requerimento de **falência**, bem como a sua decretação, em face do princípio constitucional da **inafastabilidade** da jurisdição, insculpido no art. 5º, inc. XXXV, da Constituição Federal, o qual dispõe: "a lei não excluirá da apreciação do Poder Judiciário lesão ou ameaça a direito". Nessa hipótese, o juiz deverá, ao receber a **petição inicial**, provocar o **Banco Central**, o qual poderá decretar um dos **regimes especiais**, obstando o prosseguimento do pedido de falência. Caso o Banco Central **não se manifeste**, o feito prosseguirá com a possível decretação da **falência**, ao final, pois, nesse caso, se a autarquia federal "em sua função fiscalizadora, não quis decretar nenhum dos regimes especiais, há um claro sinal de que aquela instituição financeira não merece esforços de recuperação por parte do Estado"[7].

Por fim, é importante esclarecer que a decretação de intervenção ou de liquidação extrajudicial **limita a legitimidade** para o pedido de falência às pessoas do **interventor** ou do **liquidante**, ambos nomeados pelo Banco Central. Em razão disso, enquanto estiverem os **regimes extrajudiciais** se processando, não se poderá requerer a falência da instituição financeira. Eventual pedido nesse sentido deverá levar ao **indeferimento da petição inicial**, sob o fundamento de ausência de uma das condições da ação, a legitimidade do autor, ou, ainda, pela ausência de interesse de agir, uma vez que a decisão judicial não terá qualquer efeito prático, pois teria que se aguardar o deslinde da intervenção e liquidação extrajudicial, ou de regime de administração especial temporária.

Diante desse quadro de possibilidades, podemos sistematizar o que ocorrerá a uma instituição financeira, em caso de crise econômico-financeira:

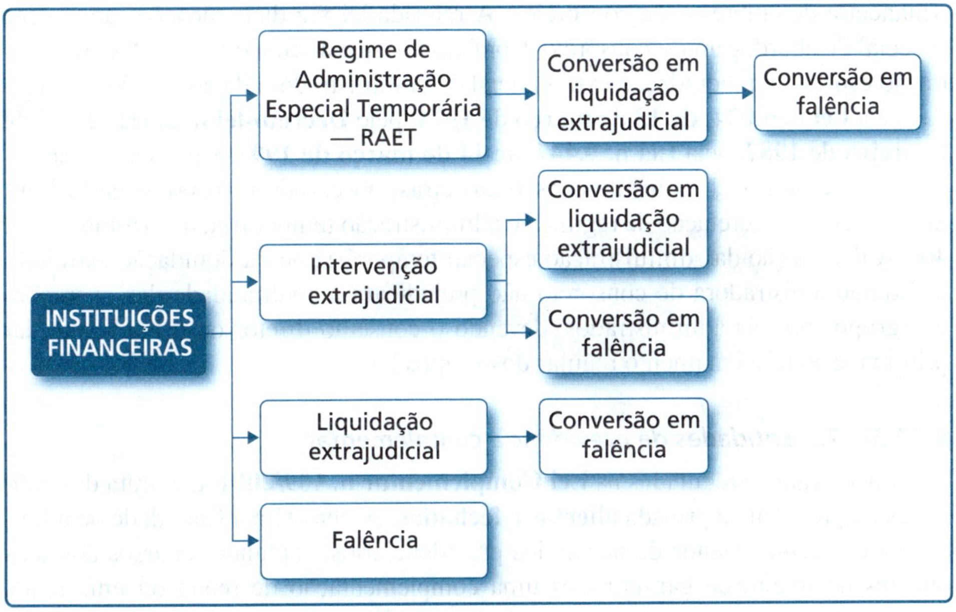

[7] TOMAZETTE, Marlon. *Curso de direito empresarial*, 1. ed., 2011, v. 3, p. 26.

No que se refere à possibilidade de **recuperação** judicial ou extrajudicial, a Lei n. 11.101/2005, no seu art. 198, impôs a **vedação absoluta** de utilização de referidos procedimentos não somente pelas instituições financeiras, mas por todas as atividades excluídas por seu art. 2º, inc. II. Preceitua o **art. 198, da LRE**: "Os devedores proibidos de requerer concordata nos termos da legislação específica em vigor na data da publicação desta Lei ficam proibidos de requerer recuperação judicial ou extrajudicial nos termos desta Lei". O regime jurídico próprio das **instituições financeiras e os regimes jurídicos das demais empresas** excluídas da Lei n. 11.101/2005 **excluem expressamente** a possibilidade de requerimento de **concordata**, o que as impede de requerer **recuperação** em qualquer das suas modalidades. Assim, incabível o instituto da recuperação para as atividades previstas no art. 2º, da Lei n. 11.101/2005.

Importante destacar, quanto ao tema, que as empresas de **transporte aéreo**, apesar da vedação expressa do art. 198, da Lei n. 11.101/2005, foram excepcionadas pelo art. 199 da mesma lei. Destarte, apesar de haver vedação expressa quanto ao pedido de concordata de empresas aéreas, o citado art. 199 **permite** que elas se socorram do **instituto da recuperação**. À época da aprovação da Lei n. 11.101/2005, as maiores empresas aéreas do País passavam por crise econômico-financeira, o que influenciou o texto de tal legislação, para possibilitar alternativas à preservação daquelas empresas, como a VASP e a VARIG. Dispõe o art. 199, da Lei n. 11.101/2005: "Não se aplica o disposto no art. 198 desta Lei às sociedades a que se refere o **art. 187 da Lei n. 7.565, de 19 de dezembro de 1986**".

Os **consórcios** foram recentemente regulados pela Lei n. 11.795/2008. A referida norma **manteve** a referência às regras de **liquidação e intervenção extrajudiciais já vigentes**, ou seja, não alterou a forma de abordagem de eventual crise econômico-financeira de empresas de consórcios. A referida lei faz duas menções ao regime especial de abordagem do consórcio. Confira-se o que afirma o art. 39: "A administração especial e a liquidação extrajudicial de administradora de consórcio são regidas pela **Lei n. 6.024, de 13 de março de 1974**, pelo **Decreto-lei n. 2.321, de 25 de fevereiro de 1987**, pela **Lei n. 9.447, de 14 de março de 1997**, e por legislação superveniente aplicável às instituições financeiras, observado o disposto nesta Lei". Sobre eventual decretação de regime de administração temporária, determinou o art. 40: "A decretação da administração especial temporária ou da liquidação extrajudicial da administradora de consórcio não prejudicará a continuidade das operações dos grupos por ela administrados, devendo o conselho diretor ou o liquidante dar prioridade ao funcionamento regular dos grupos".

■ *22.3.3.2. Entidades de previdência complementar*

Encontram-se reguladas na **Lei Complementar n. 109/2001**, que trata das entidades de previdência privada **abertas e fechadas**. Ambas têm a finalidade de administrar e executar planos de benefícios previdenciários, captando recursos dos seus clientes no intuito de garantir-lhes uma complementação de renda ou uma renda equivalente aos proventos da aposentadoria.

A **Lei n. 11.101/2005** trata das entidades de previdência complementar **abertas**, uma vez que as **fechadas estão completamente excluídas** do conceito de empresa, até porque têm que adotar a forma de associação ou fundação, fugindo completamente ao âmbito de aplicação da referida lei.

As entidades fechadas são aquelas acessíveis apenas a um grupo definido de pessoas, como empregados das empresas que instituíram o plano de previdência ou de servidores públicos federais, estaduais, municipais ou autárquicos. Não há aqui o objetivo de lucro, o que afasta a condição de empresário ou de sociedade empresária. O art. 47, da Lei Complementar n. 109/2001, exclui, expressamente, a incidência de falência ou recuperação (concordata) sobre tais entidades.

As entidades **fechadas** serão submetidas à **liquidação ou intervenção extrajudicial e a regime de administração especial**, nos termos dispostos na Lei n. 12.154/2009. Elas serão fiscalizadas pela **PREVIC** — Superintendência Nacional de Previdência Complementar.

No que se refere às entidades de previdência complementar **abertas**, aquelas que oferecem renda ou complementação dela ao **público em geral**, vendendo "aposentadoria privada", encontramos uma típica atividade **empresarial**, com fins **lucrativos**, portanto. Elas devem adotar a forma de **sociedade anônima**, nos termos do art. 36, da Lei Complementar n. 109/2001. A elas são aplicadas as disposições da **Lei n. 11.101/2005, subsidiariamente**.

A fiscalização delas é desempenhada pela Superintendência de Seguros Privados — **SUSEP**, a qual poderá promover a **intervenção e a liquidação extrajudicial** nas entidades de previdência complementar abertas, o que justificaria a exclusão de aplicação da Lei n. 11.101/2005. Todavia, tal exclusão deve ser tida como **relativa**, pelos mesmos motivos que já apresentamos ao estudarmos a situação das instituições financeiras, até porque o **art. 62**, da Lei Complementar n. 109/2001, determina a aplicação das normas relativas à liquidação e intervenção extrajudicial das **instituições financeiras** às entidades de previdência complementar e, portanto, possibilita a decretação da **falência**.

Esquematizando a abordagem das entidades de previdência privada, temos o seguinte diagrama:

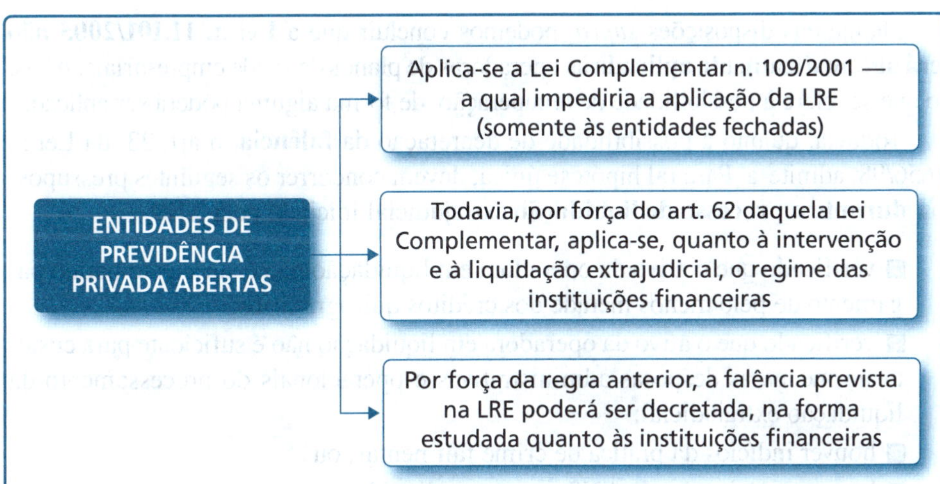

■ 22.3.3.3. *Sociedade operadora de plano de assistência à saúde*

O art. 1º, inc. I, da **Lei n. 9.656/98**, define as operadoras de planos de assistência à saúde, afirmando que desempenham a "prestação continuada de serviços ou cobertura de custos assistenciais a preço pré ou pós-estabelecido, por prazo indeterminado, com a finalidade de garantir, sem limite financeiro, a assistência à saúde, pela faculdade de acesso e atendimento por profissionais ou serviços de saúde, livremente escolhidos, integrantes ou não de rede credenciada, contratada ou referenciada, visando a assistência médica, hospitalar e odontológica, a ser paga integral ou parcialmente às expensas da operadora contratada, mediante reembolso ou pagamento direto ao prestador, por conta e ordem do consumidor".

A fiscalização da referida atividade é incumbência da **ANS** — Agência Nacional de Saúde —, que busca investigar e monitorar o **equilíbrio econômico-financeiro** das operadoras, justamente porque o objeto da prestação dos serviços envolve a vida e a saúde humanas.

É preciso, contudo, desde já, observar que existem **planos de saúde** que adotam a forma **associativa, e não a empresarial**. Nesses casos, nem sequer se cogita da aplicação da Lei n. 11.101/2005, uma vez que **não seria empresarial** a atividade desempenhada por tais planos, bastante comuns entre servidores do Estado, que se organizam na forma associativa ou fundacional. Nesses casos, seria cabível a **insolvência civil**, como forma última de abordagem de eventual crise econômico-financeira.

Nos termos do art. 24, da Lei n. 9.656/98, verificando a **insuficiência de garantias** do equilíbrio patrimonial, evidenciado por anormalidades econômico-financeiras ou administrativas graves, capazes de colocarem em risco a continuidade e a qualidade dos serviços que prestam à saúde, **poderá a Agência Nacional de Saúde determinar**:

- a alienação da carteira;
- o regime de direção fiscal ou técnica, por prazo superior a 365 dias;
- a liquidação extrajudicial.

Diante das disposições *supra*, podemos concluir que a **Lei n. 11.101/2005 não será automaticamente aplicada** às operadoras de planos de saúde empresariais. Aliás, no que se refere à possibilidade de recuperação, de forma alguma poderá ser aplicada.

Todavia, quanto à possibilidade de decretação da **falência**, o art. 23, da Lei n. 9.656/98, admite-a. Para tal hipótese única, devem concorrer os seguintes pressupostos, **durante o processo de liquidação** extrajudicial iniciado pela ANS:

- verificado que o ativo da operadora em liquidação não é suficiente para o pagamento de pelo menos metade dos créditos quirografários;
- verificado que o ativo da operadora em liquidação não é suficiente para custear ao menos as despesas administrativas e operacionais do processamento da liquidação extrajudicial;
- houver indícios da prática de crime falimentar; ou
- houver autorização da ANS para que o liquidante requeira a falência.

Esquematizando

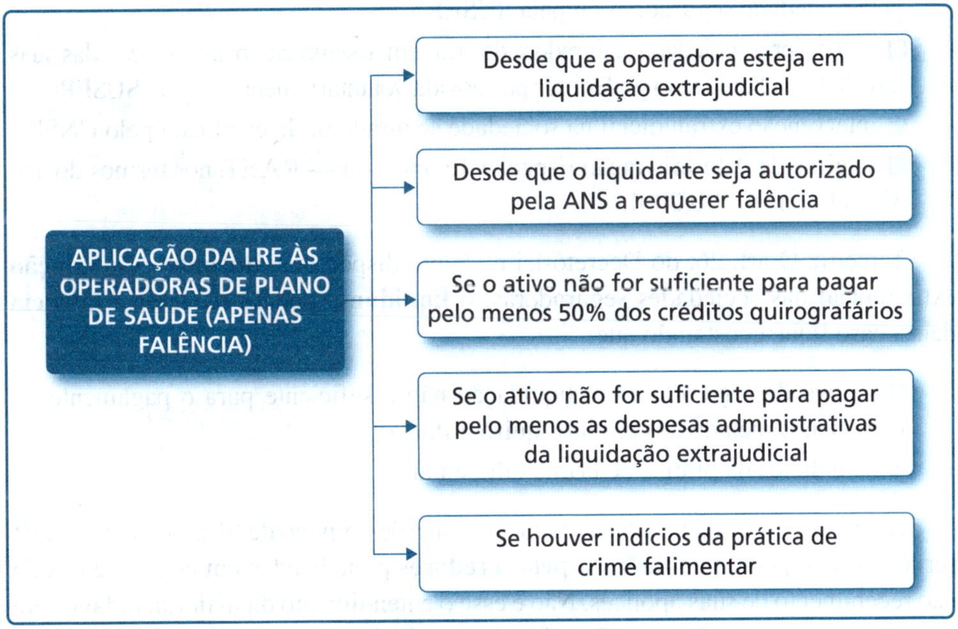

■ *22.3.3.4. Sociedade seguradora*

É aquela que mais **se aproxima das instituições financeiras** no que se refere aos riscos de sua atividade. Assim como as demais atividades excluídas pelo art. 2º, inc. II, da Lei n. 11.101/2005, **jamais será aplicada a recuperação** judicial ou extrajudicial a ela, em face da combinação dos arts. 197 e 198 da mesma lei.

O risco da atividade das seguradoras é um paradoxo, pois, ao passo que visam cobrir eventuais infortúnios em toda sorte de relações jurídicas, desde as familiares até as mais sofisticadas relações empresariais, devem inspirar confiança de que serão capazes da cobrir os valores segurados.

O **Decreto-lei n. 73/66** cria **regimes especiais** para tratar as eventuais crises econômico-financeiras das seguradoras, prevendo a possibilidade de decretação da **falência**.

Os regimes especiais, no caso das seguradoras, seguem um formato **progressivo**.

Primeiro. A **SUSEP** — Superintendência de Seguros Privados —, verificando a **insuficiência** de cobertura das reservas técnicas ou, ainda, **má situação** econômico-financeira, poderá determinar:

- intervenção extrajudicial na sociedade seguradora;
- medidas especiais de fiscalização na sociedade seguradora.

Segundo. Caso as medidas anteriores não produzam resultados satisfatórios, capazes de reverter o quadro identificado, a **SUSEP** encaminhará proposta de **cassação** da autorização de funcionamento da sociedade seguradora ao **CNSP** — Conselho Nacional de Seguros Privados. Ante a proposta, poderão ser adotadas as seguintes medidas:

- se acatada a proposta, a liquidação poderá ser promovida voluntariamente pela sociedade seguradora ou pela SUSEP;
- se a própria sociedade seguradora decidir, em assembleia, pela cessação das suas atividades, a liquidação poderá ser promovida voluntariamente ou pela SUSEP;
- intervenção extrajudicial na sociedade seguradora, determinada pelo CNSP;
- Regime de Administração Especial Temporária — RAET, nos termos do art. 3º, da Lei n. 10.190/2001.

Terceiro. O art. 26, do Decreto-lei n. 73/66, dispõe que, **durante a liquidação** extrajudicial das sociedades seguradoras, o **liquidante** poderá requerer a **falência** delas, caso fique constatado que:

- o ativo da seguradora em liquidação não é suficiente para o pagamento de pelo menos metade dos créditos quirografários;
- há indícios da prática de crime falimentar.

Há doutrinadores que entendem que, no caso de omissão da SUSEP ou do CNSP, seria cabível o pedido de **falência pelos credores** prejudicados em consequência do não recebimento de suas apólices. Não é esse o entendimento da maioria, todavia, em uma interpretação conforme a Constituição, como já analisado quando do estudo das instituições financeiras: deve-se levar em conta o princípio constitucional da **inafastabilidade** da jurisdição, insculpido no art. 5º, inc. XXXV, da Constituição Federal, o qual dispõe: "a lei não excluirá da apreciação do Poder Judiciário lesão ou ameaça a direito". Nessa hipótese, o juiz deverá, ao receber a petição inicial de falência, provocar a SUSEP e o CNSP, os quais poderão decretar um dos **regimes especiais**, **obstando** o prosseguimento do pedido de falência. Caso tais órgãos não se manifestem, o feito prosseguirá com a possível decretação da falência.

Esquematizando:

APLICAÇÃO DA LRE ÀS SOCIEDADES SEGURADORAS (APENAS FALÊNCIA)

- → Desde que a seguradora esteja em liquidação extrajudicial
- → Se o ativo não for suficiente para pagar pelo menos 50% dos créditos quirografários, desde que requerida pelo liquidante
- → Se houver indícios da prática de crime falimentar, desde que requerida pelo liquidante
- → Requerida pelo credor prejudicado, com base no art. 5º, inc. XXXV, da Constituição

■ 22.3.3.5. *Sociedade de capitalização*

Tudo o que estudamos sobre as **sociedades seguradoras aplica-se** às sociedades de capitalização, isso porque o **Decreto-lei n. 261/67** faz expressa referência à aplicação do Decreto-lei n. 73/66 às sociedades de capitalização. Assim, os **regimes especiais** das sociedades seguradoras consistentes nas fiscalizações especiais, intervenção e liquidação voluntária, encerramento e liquidação extrajudicial **alcançam**, também, as sociedades de capitalização.

As sociedades de capitalização atuam contratando com clientes que lhes entregam uma **prestação pecuniária mensal** durante certo período, obrigando-se a devolver-lhes, ao final do prazo pactuado, o montante acumulado acrescido de correção monetária e juros. A devolução poderá ocorrer em data anterior, com desconto sobre o montante acumulado. Pode ser instituído, ainda, um sorteio periódico de clientes, garantindo-lhes a devolução antecipada e valores superiores ao saldo acumulado. O risco dessa atividade encontra-se na **ausência de uma contraprestação** imediata, o que implicaria um prejuízo total para o cliente consumidor, pois não existe qualquer forma de assegurar-lhe a devolução do saldo acumulado, em caso de falência.

A **falência** das sociedades de capitalização poderá ser decretada naquelas **mesmas hipóteses** cabíveis para as sociedades seguradoras e, também, a nosso ver, a **pedido dos credores**, em respeito ao princípio da inafastabilidade da jurisdição.

Esquematizando:

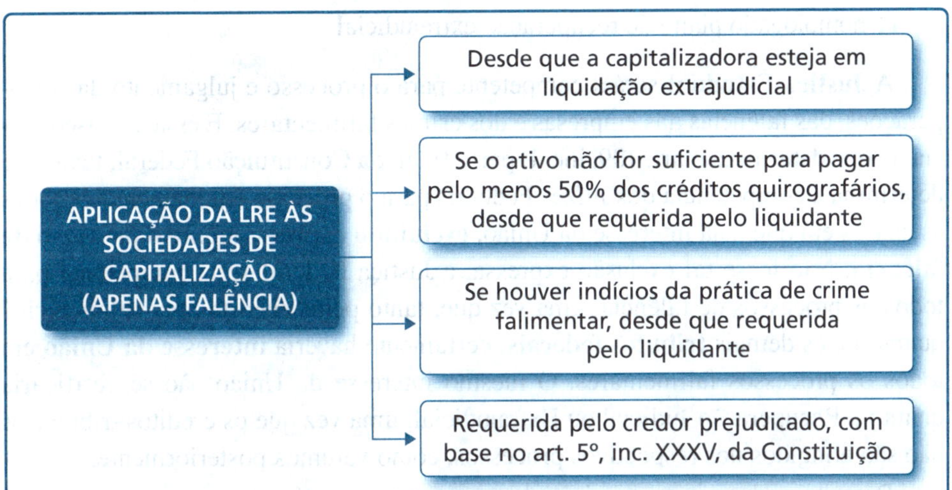

■ 22.4. COMPETÊNCIA

A competência para processar e julgar os procedimentos previstos na Lei n. 11.101/2005 deve observar a **matéria cível e a criminal** previstas na referida legislação. Diferentemente da lei anterior, a LRE estabelece **competências distintas** para o processo civil e para o criminal. Na verdade, a intenção do legislador apontou para a necessidade de **juízes distintos** atuando nos processos cíveis e criminais da lei referida, enquanto a lei anterior estabelecia a competência do juízo cível até o recebimento da denúncia no processo criminal.

A atuação dos **juízos cíveis** na falência e nas recuperações está definida no **art. 3º**, da Lei n. 11.101/2005, o qual estabelece que "é competente para homologar o plano de recuperação extrajudicial, deferir a recuperação judicial ou decretar a falência o juízo do local do principal estabelecimento do devedor ou da filial de empresa que tenha sede fora do Brasil".

Já a **competência criminal** está determinada pelo **art. 183**, da Lei n. 11.101/2005, nos seguintes termos: "compete ao juiz criminal da jurisdição onde tenha sido decretada a falência, concedida a recuperação judicial ou homologado o plano de recuperação extrajudicial, conhecer da ação penal pelos crimes previstos nesta Lei".

Em razão da matéria, certamente é o **Juízo Cível** o competente para apreciar as matérias não penais previstas na Lei n. 11.101/2005. Em razão do território, é o do local onde se encontra o **principal estabelecimento** da empresa.

No que respeita à **matéria criminal**, a definição quanto ao território **depende** da identificação do juízo cível. Assim, serão competentes para processar e julgar os crimes falimentares os juízes criminais do local onde foi:

- decretada a falência;
- concedida a recuperação judicial; ou
- homologado plano de recuperação extrajudicial.

A **Justiça Estadual** será a competente para o processo e julgamento das recuperações, das falências das empresas e dos crimes falimentares. É essa a consequência do que determina o art. 109, inc. I, parte final, da Constituição Federal, texto que determina a competência dos Juízes Federais para o processo e julgamento de todas as causas em que haja interesse da União, **excluindo expressamente o processo de falência**. Não fosse tal exclusão expressa, a Justiça Federal seria competente para todos os processos de falência, uma vez que, tanto pelos **créditos previdenciários** quanto pelos demais **tributos federais**, certamente haveria **interesse da União** em todos os processos falimentares. O mesmo interesse da União não se verificaria quanto à Recuperação Judicial ou Extrajudicial, uma vez que os créditos tributários não são atingidos nos respectivos processos, como veremos posteriormente.

Destarte, podemos concluir, inicialmente, que a competência para processar e julgar as **recuperações e as falências** previstas na Lei n. 11.101/2005 é do **juiz estadual cível** do local onde estiver o **principal estabelecimento** da empresa, ao passo que a competência para processar e julgar os **crimes falimentares** será do **juiz estadual criminal** do local onde foram concedidas as recuperações ou decretada a falência. É possível que as leis de organização judiciária estaduais criem **juízos especializados**, excluindo a competência cível. Isso ocorre tanto na capital do Rio de Janeiro, onde existem **varas empresariais**, quanto na capital de São Paulo, onde atuam **varas falimentares**.

No **Distrito Federal**, ocorre uma situação ímpar, pois a lei de organização judiciária, que é federal, em face de a justiça distrital compor o Poder Judiciário da União, determina que haja **apenas uma Vara** de Falências e Recuperações Judiciais em todo o Distrito Federal, a qual será competente para processar e julgar as **falências, recuperações e crimes falimentares**. Assim, no Distrito Federal, o mesmo juiz cível será competente também para processar e julgar os crimes falimentares. Apesar de tal norma contrariar a vontade do legislador da Lei n. 11.101/2005, não nos parece haver qualquer inconstitucionalidade no dispositivo distrital, diante da especialidade da lei de organização judiciária em face da LRE. Na verdade, a Lei n. 11.101/2005 cria um **critério de distribuição** da competência, enquanto as leis de organização judiciária locais estabelecem as **varas competentes** para as matérias cíveis e criminais.

Até este momento, podemos esquematizar, assim, a competência para julgamento dos processos previstos na Lei n. 11.101/2005:

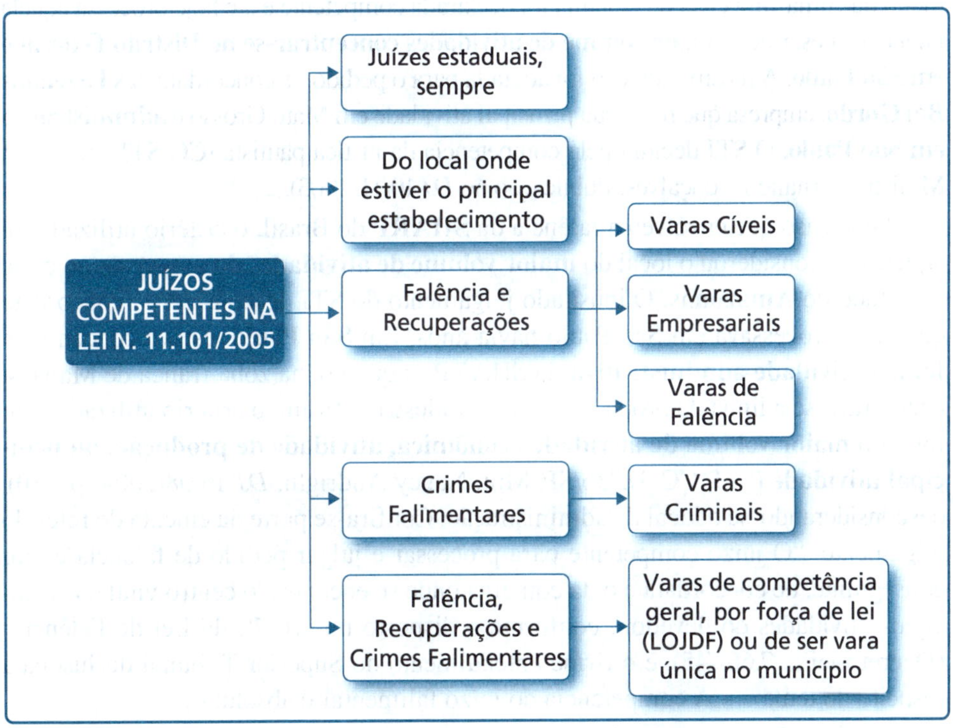

▪ 22.4.1. Cível

A Lei n. 11.101/2005 **não define** o que seria **principal estabelecimento** para efeito de delimitar o juízo cível competente para processar a falência e a recuperação daquelas empresas que tenham **mais de um** estabelecimento. Do mesmo modo, não define o que seria **principal filial** para aquelas empresas com sede no exterior.

Há vários critérios para identificar o que seria "principal estabelecimento", como:

- a **sede** estatutária ou contratual;
- o local onde houver a maior **concentração de atividades**;
- o local onde estiver a **administração**;
- o local onde estiver a **principal atividade**;
- o local onde estiver a **produção**, entre outros.

No direito **italiano**, optou-se pelo critério da **sede principal**. No **francês**, a **sede declarada** pelo empresário. Na **Argentina**, o lugar da **administração**.

No **Brasil**, o critério de definição está em **construção**.

Isso porque, no caso que envolveu a falência da Construtora **Encol**, no fim da década de 1990, o STJ, julgando **conflito de competência** entre os judiciários do **Distrito Federal e de Goiás**, decidiu que seria competente a **justiça goiana**, uma vez que a **administração da empresa** de quem se pedia a falência estava situada no estado de Goiás, de modo que uma vara cível de Goiânia foi declarada competente e até hoje processa aquela falência, apesar de o **maior volume de atividades concentrar-se no Distrito Federal e em São Paulo**. A mesma solução foi adotada para o pedido de concordata das **Fazendas Boi Gordo**, empresa que tinha sua principal atividade em Mato Grosso e **administração em São Paulo**. O STJ decidiu pela competência da justiça paulista (CC-STJ-36.349/SP, Ministro Fernando Gonçalves, Publicação no *DJ* 10/11/2003).

Já no caso que envolveu a falência da **SHARP** do Brasil, o critério utilizado foi aquele que considerou o local do **maior volume de atividades da empresa**, no caso, no estado do **Amazonas**. O inusitado julgamento do STJ desconsiderou concordata que já se processava em São Paulo havia anos. Em **São Paulo**, estava concentrada **toda a atividade administrativa** da SHARP, enquanto, na zona franca de Manaus, encontrava-se a linha de produção daquela indústria. Assim, o critério utilizado aqui foi o do **maior volume de atividade econômica, atividade de produção, ou principal atividade** (STJ, CC 37.736/SP, Min. Nancy Andrighi, *DJ* 16/08/2004, p. 130), desconsiderando-se o local da administração. Confira-se parte da ementa do referido julgamento: "O juízo competente para processar e julgar pedido de falência e, por conseguinte, de concordata é o da comarca onde se encontra 'o centro vital das principais atividades do devedor', conforme o disposto no art. 7º, da Lei de Falências (Decreto-lei n. 7.661/45), e o firme entendimento do Superior Tribunal de Justiça a respeito do tema. — A competência do juízo falimentar é absoluta".

Há precedentes no sentido de que o principal estabelecimento é o local onde a empresa tem a sua **administração** (STJ, CC 21.775/DF, Min. Bueno de Souza, *DJ* 04/06/2001; CC 21.899/MG, Min. Sálvio de Figueiredo, *DJ* 08/09/1998). Entendemos que seja essa a **melhor orientação**, uma vez que a maior parte das diligências posteriores à decretação da falência ou concessão da recuperação contará com a **participação do devedor empresário**, e demandará a **comprovação documental**, bem como a **movimentação de contas bancárias e aferições contábeis**. Sendo o Brasil um país de vasta dimensão geográfica, a **proximidade** do juízo falimentar da sede dos negócios da empresa, da **real sede administrativa**, facilitará a atuação do administrador judicial, de seus peritos e de avaliadores, além dos próprios atos dos oficiais de justiça e do Ministério Público. Não se pode olvidar, também, dos **interesses dos credores**, em sua maior parte contratados no local da administração da empresa.

No mesmo acórdão que julgou o conflito de competência da **SHARP** (STJ, CC 37.736/SP, Min. Nancy Andrighi, *DJ* 16/08/2004, p. 130), o **voto vencido** do Ministro Antônio de Pádua Ribeiro encampou o entendimento de que o **principal estabelecimento** é o lugar onde se encontra a **administração** da empresa que tenha mais de um estabelecimento. Confiram-se os **contundentes argumentos** de parte do voto, os quais esclarecem os principais pontos da polêmica e o entendimento do STF e do STJ:

> (...) Havendo, portanto, pedido de **concordata aceito**, mediante decisão que não foi objeto de qualquer impugnação e, por conseguinte, com **trânsito em julgado**, não tendo sido desconstituída, não vejo como aceitar-se o pedido de falência sem ofender o art. 4º, V, do Decreto-lei n. 7.661/45 (...). Não anulados os atos decisórios proferidos pelo Juízo de São Paulo, a Sharp e seus credores quirografários estão **sujeitos** aos efeitos da concordata preventiva aceita por **aquele Juízo**, mediante decisão não impugnada por qualquer recurso. De outra parte, atento às funções desempenhadas pelo juiz no processo de falência, o legislador estatuiu: "Art. 7º. É competente para declarar a falência o juiz em cuja jurisdição o devedor tem o seu principal estabelecimento ou casa filial de outra situada fora do Brasil". Doutrina e jurisprudência tentam **definir o que é "principal estabelecimento"**. O Prof. Rubens Requião, após afirmar que não se leva em conta, para a definição desse conceito, a dimensão física dos estabelecimentos, conclui: "Conceitua-se tendo em vista o local onde se fixa a chefia da empresa, onde efetivamente atua o empresário no **governo ou no comando** de seus negócios, de onde emanam as **ordens e instruções**, em que se procedem as operações comerciais e financeiras de maior vulto e em massa, onde se encontra a contabilidade geral (...) A sede administrativa é, com efeito, o ponto central dos negócios, de onde partem todas as ordens, que imprimem e regularizam o movimento econômico dos estabelecimentos produtores. As relações externas, com fornecedores, clientes, bancos, etc., realizam-se por seu intermédio" (In *Curso de direito falimentar*, Ed. Saraiva, 17. ed., vol. I, p. 93). José da Silva Pacheco também entende que: "Principal estabelecimento, para os efeitos do art. 7º da Lei de Falências, é o local onde a empresa tem o **comando de seus negócios**, o cérebro de suas decisões, onde o empresário, efetivamente, atua, realizando a política da empresa e as operações comerciais e financeiras de maior vulto" *(Processo de falência e concordata,* Ed. Forense, 11. ed., p. 165). Trajano de Miranda Valverde também segue a mesma linha (*Comentários à Lei de Falências*, 4. ed., vol. I, p. 183). A jurisprudência desta Corte não destoa desse entendimento, como se pode ver das seguintes ementas: "COMPETÊNCIA. CONFLITO. FALÊNCIA. FORO DO ESTABELECIMENTO PRINCIPAL DA RÉ. PRECEDENTES. MUDANÇA DE DOMICÍLIO. INTENÇÃO DE FRAUDAR. CONFLITO CONHECIDO. I — Segundo o art. 7º do Decreto-lei 7.661/45, '*é* competente para declarar a falência o juiz em cuja jurisdição o devedor tem o seu principal estabelecimento ou casa filial de outra situada fora do Brasil'. II — Consoante entendimento jurisprudencial, respaldado em abalizada doutrina, 'estabelecimento principal é o local onde a atividade se mantém centralizada', não sendo, de outra parte, 'aquele a que os estatutos conferem o título principal, mas o que forma o **corpo vivo, o centro vital** das principais atividades do devedor' (...) (CC n. 32.988-RJ, Rel. Min. Sálvio

de Figueiredo, *DJ* 04/02/2002). "Competência. Falência. Foro do estabelecimento principal do devedor. I — A competência para o processo e julgamento do pedido de falência é do Juízo onde o devedor tem o seu principal estabelecimento, e este '*é o local onde a atividade se mantém centralizada*', não sendo, de outra parte, 'aquele a que os estatutos conferem o título principal, mas o que forma o **corpo vivo, o centro vital** das principais atividades do devedor' (CC n. 21.896-MG, Rel. Min. Sálvio de Figueiredo). II — Conflito conhecido para declarar competente o Juízo de direito da 8ª Vara Cível de São Paulo-SP, suscitado" (CC n. 27.835-DF, de minha relatoria, *DJ* de 09/04/2001). "CONCORDATA PREVENTIVA. FORO COMPETENTE. Processa-se a concordata no local do estabelecimento principal, entendendo-se como tal onde se acha a **sede administrativa** da empresa, isto é, o comando dos negócios. Conflito conhecido e declarado competente o suscitado" (CC n. 1.779-PR, Rel. Min. Nilson Naves, *DJ* de 09/09/1991). O colendo Supremo Tribunal Federal, em Sessão Plena, também já decidiu que: "1. Foro competente para declarar a falência nos termos do art. 7º, *caput*, da Lei falencial. De como se define o estabelecimento básico mencionado na sobredita regra. Não é aquele a que os estatutos da sociedade conferem o título de principal, mas o que forma concretamente o **corpo vivo, o centro vital** das principais atividades comerciais do devedor, a sede ou **núcleo dos negócios** em sua palpitante vivência material. 2. Conflito de competência decidido pelo Supremo Tribunal na consideração do que acima é definido como estabelecimento principal ou básico do devedor" (CJ n. 6.025/SP, Rel. Min. Antônio Néder, *DJ* de 16/02/1977). No caso dos autos, a questão reside fundamentalmente em saber-se onde está o "corpo vivo", o centro vital das principais atividades comerciais do devedor, se em **Manaus**, onde está localizado o **parque industrial** das empresas em exame, ou em **São Paulo**, local onde está o **comando e a administração** delas. Salientou a ilustre Ministra Relatora deste conflito que a competência é do Juízo de Manaus, porque lá se encontra o parque fabril da Sharp, e a legislação assim o exige para o recebimento de incentivos fiscais. A Lei Estadual n. 1.939, de 27 de dezembro de 1998, que regulamentou a política de incentivos fiscais e extrafiscais do Estado do Amazonas, em seu art. 19 determina: "Art. 19. As empresas beneficiadas com incentivos fiscais deverão cumprir as seguintes exigências: (...) VII — Manter a administração, inclusive a contabilidade, no Estado do Amazonas, bem como utilizar a infraestrutura de serviço local". Pode-se argumentar que esse dispositivo determina que a sede estatutária da Sharp está em Manaus. Acontece que, como se viu da doutrina e do entendimento da Suprema Corte, esse não é o critério utilizado para definir-se "principal estabelecimento" para os fins da Lei Falimentar, que considera o **local de comando, de poder de decisão, a chamada "alma da empresa"**. Como salientou o Ministro Antônio Néder, do STF: "Não é aquele a que os estatutos da sociedade conferem o título de principal, mas o que forma concretamente o corpo vivo, o centro vital das principais atividades comerciais do devedor, a sede ou núcleo dos negócios em sua palpitante vivência material" (grifos nossos). No memorial de fls. 1.121/1.128 juntado aos autos, os autores afirmam: "Em primeiro lugar, destaca-se que a SHARP DO BRASIL S.A. INDÚSTRIA DE EQUIPAMENTOS ELETRÔNICOS, conquanto produzisse equipamentos eletroeletrônicos na fábrica de Manaus, desenvolvia também diversas outras atividades mercantis — comércio, importação e exportação de produtos diversos e prestação de serviços de assistência técnica. E **todas essas atividades**, de grande relevo na composição do faturamento global da empresa, eram deliberadas e implementadas em **São Paulo**, sede administrativa e centro de decisões da empresa, na qual se encontrava sua direção e de onde partia a **planificação e o comando geral dos negócios**. No mais, é certo também que em São Paulo **se concentram os principais fornecedores, clientes e lojas** de serviços autorizados (só no

> Município de São Paulo eram cerca de 112 lojas de serviços autorizados 'Sharp') da SHARP DO BRASIL S.A. INDÚSTRIA DE EQUIPAMENTOS ELETRÔNICOS. Além disso, tem-se que os **investimentos, a captação de recursos financeiros e os grandes contratos** eram aprovados e efetivados pela SHARP DO BRASIL S.A. INDÚSTRIA DE EQUIPAMENTOS ELETRÔNICOS em **São Paulo**, tanto que seus **maiores credores** *lá se concentram, tais como instituições financeiras, fornecedores nacionais, transportadoras, dentre outras empresas. É de se ressaltar, ainda, que* **todos os membros da Diretoria** da SHARP DO BRASIL S.A. INDÚSTRIA DE EQUIPAMENTOS ELETRÔNICOS, à época do pedido de concordata que veio a ser distribuído à 39ª Vara Cível do Foro Central da Comarca de São Paulo, **residiam no Estado de São Paulo**, reunindo-se em Manaus, no Estado do Amazonas, apenas uma vez por ano, e apenas para cumprimento de formalidades — realização de assembleias gerais... Por fim, cumpre mencionar que o fato de se encontrar em São Paulo o maior volume de negócios, a centralização da influência econômica, a direção, o comando e a administração geral da SHARP DO BRASIL S.A. INDÚSTRIA DE EQUIPAMENTOS ELETRÔNICOS, tudo como mencionado acima, é que levou a empresa a requerer concordata nesse Foro, absolutamente convicta do cumprimento ao art. *7º do Decreto-lei n. 7.661/45. A* **fábrica de Manaus**, se por um lado representava considerável parcela da atividade da empresa, de outra parte **nunca foi eleita como o centro comercial dos negócios**, assim como lá igualmente **não se encontrava o centro decisório da empresa** (fls. 1.126/1.127).

Acreditamos que o **centro vital das principais atividades** comerciais da Sharp, "a sede ou núcleo dos negócios em sua palpitante vivência material", como salientado no acórdão do Supremo Tribunal Federal, **é em São Paulo, local de decisões** da empresa, o **centro comercial dos negócios**, onde são feitos a captação de recursos financeiros e o fechamento dos contratos. É lá onde estão **fixados os membros da Diretoria** da empresa, especialmente os da empresa *holding*, e onde se concentra o maior volume de negócios.

Assim, a orientação que mais se coaduna com a Lei n. 11.101/2005 é a que define o **local onde se encontra a administração da empresa** como seu principal estabelecimento. Tal entendimento repete o que já era adotado para a antiga Lei Falimentar, Decreto-lei n. 7.661/45, pois os fundamentos de tal interpretação são os mesmos aplicáveis à lei atual.

Apesar disso, é bom destacar que Gladston Mamede entende que deve ser analisado **caso a caso** o que seria principal estabelecimento. Jorge Pereira Andrade defende ser a **sede contratual** ou estatutária. Osvaldo Barreto Filho afirma ser o lugar de maior **concentração patrimonial**. Fábio Ulhoa Coelho considera a **importância econômica** para definir qual seria o principal estabelecimento. Por fim, para Marlon Tomazette, seria o lugar de **maior movimentação econômica**, para facilitar a arrecadação dos bens, na falência, e a manifestação do devedor empresário, nas recuperações.

Caso a empresa **tenha cessado suas atividades**, por ocasião do ajuizamento do processo de falência ou de recuperação, deve ser considerado foro competente o do local onde ela tenha **exercido, por último, suas atividades**, ou a última **sede declarada** perante as **juntas comerciais**.

A **competência** para processar e julgar os processos previstos na Lei n. 11.101/2005 é de **natureza absoluta**, apesar de ser territorial. Tal conclusão decorre dos interesses **coletivos e públicos** que tais processos ensejam. Interesses não somente dos credores, mas de toda a coletividade, na medida em que a **preservação da empresa** interessa a toda a sociedade.

Se a **sede** da empresa que requereu recuperação ou de quem se pediu a falência é situada **fora do Brasil**, a competência para os processos previstos na Lei n. 11.101/2005 será do local onde estiver situada a **principal filial no Brasil**. Se houver apenas uma filial no Brasil, no local onde ela estiver instalada será fixada a competência. Havendo **mais de uma filial** no País, a competência será fixada no local onde estiver a **administração das filiais no Brasil**. Tudo, segundo os critérios já identificados para a interpretação da expressão "principal estabelecimento", conforme estudado anteriormente.

Esquematizando os critérios para definição de principal estabelecimento, temos o seguinte diagrama:

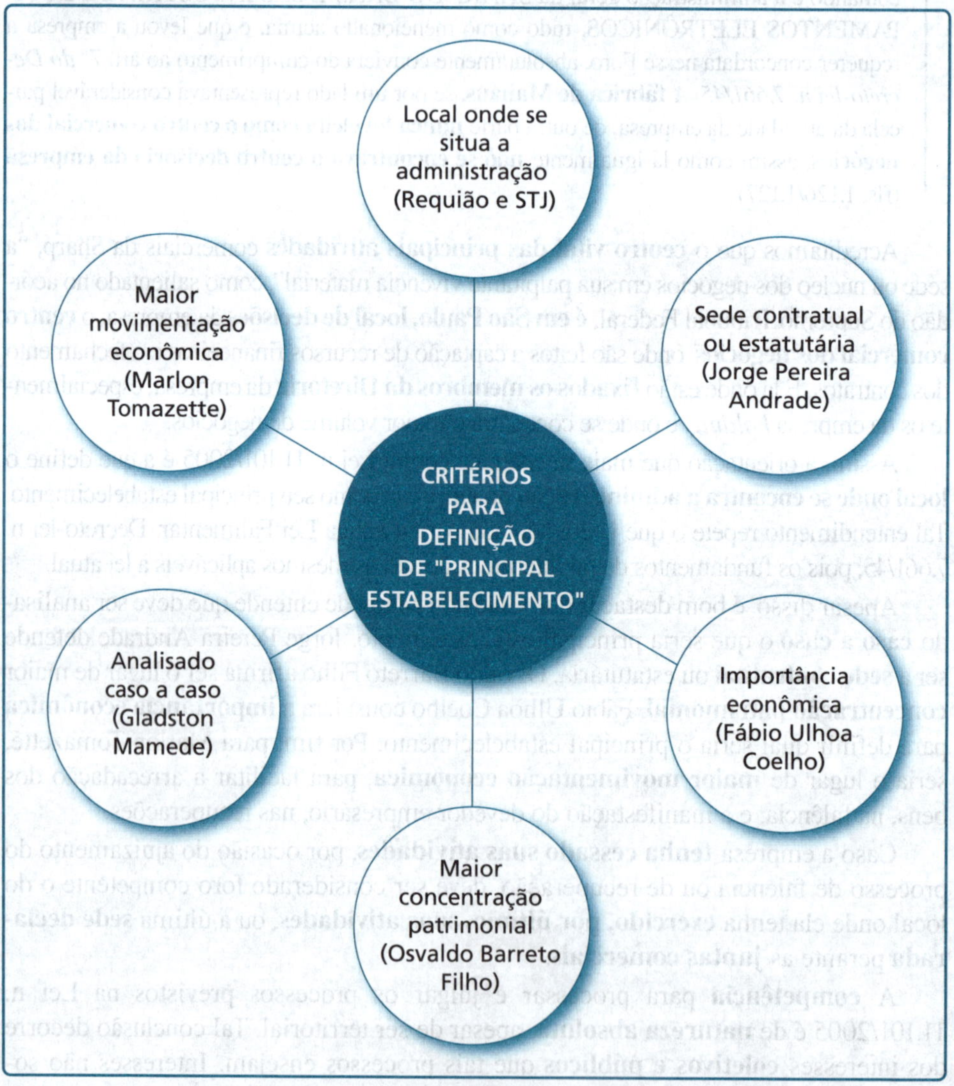

Podemos, também, sistematizar os diversos critérios de **fixação da competência cível** da seguinte forma:

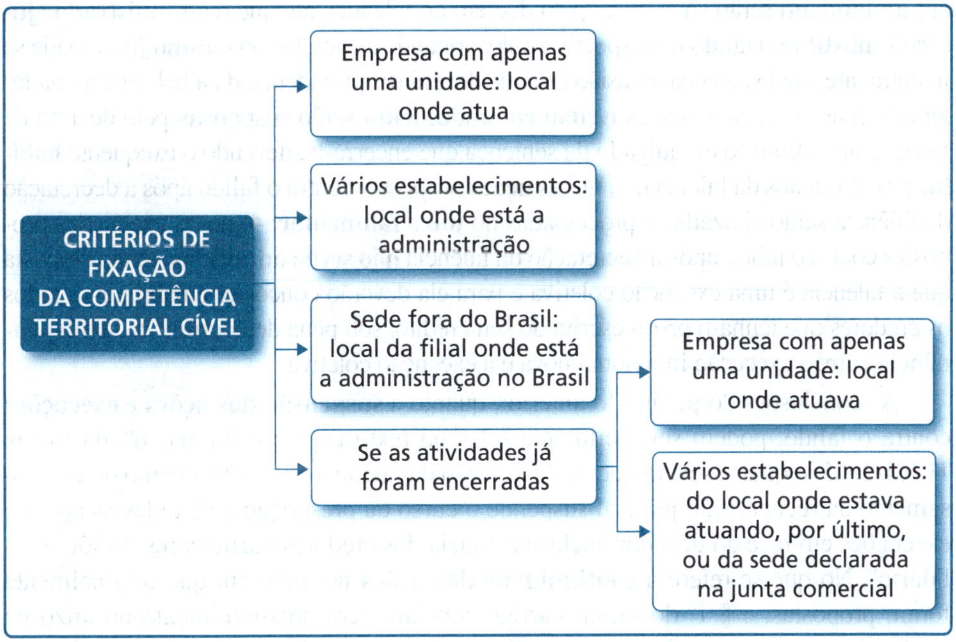

▪ 22.4.2. Juízo universal da falência

Os critérios anteriormente estabelecidos definem o juízo competente para processar e julgar a falência, as recuperações e os crimes previstos na Lei n. 11.101/2005. Tanto o Juízo da **recuperação** quanto o **criminal** atuarão **apenas nos respectivos processos**, sendo que, na **recuperação judicial**, o juízo cível poderá julgar, também, eventuais **impugnações** de crédito no âmbito das respectivas habilitações de crédito ou, ainda, **ações ordinárias de retificação** de quadro geral de credores, previstas nos arts. 8º e 19, da Lei n. 11.101/2005. Já o **juízo** que processar e julgar a **falência terá sua competência estendida**, após a **decretação** dela. Desde o pedido de falência ou processamento da recuperação judicial, o juiz da falência será competente apenas para prestar jurisdição nos autos da falência ou da recuperação judicial.

No momento em que o juiz **decreta a falência**, passa a exercer o Juízo falimentar a ***vis attractiva*** para processar e julgar **todas as ações de interesse da massa** falida. Se a sentença do processo de falência **denegá-la**, **termina a competência** do juízo falimentar, e, se houver processo por **crime falimentar** ou inquérito policial pendentes, eles deverão ser **extintos**, sem resolução de mérito.

Ao ser **decretada** a falência, fica estabelecido o **juízo universal e indivisível** da falência. Por força dele, **todas as ações e execuções** que interessem à massa falida serão processadas e julgadas pelo **juízo falimentar**. Todavia, essa regra **não é absoluta**, pois a lei traz **exceções** ao juízo universal da falência, bem como determina a **continuidade** e o julgamento das ações que já estavam tramitando, continuando elas nas mesmas varas onde se iniciaram.

Destarte, é preciso distinguir as ações que **já estavam** em andamento daquelas **iniciadas após** a decretação da falência. A regra é a seguinte: 1) as **ações** que já estiverem **em andamento** serão **suspensas** pelo decreto de falência, até que o **administrador judicial substitua** o falido no respectivo polo, voltando a tramitar no **mesmo juízo** onde se iniciara, até final sentença, ocasião em que deverá ser providenciada a habilitação na falência; 2) as **execuções** que estiverem **em andamento** serão **suspensas** pelo decreto de falência até o trânsito em julgado da sentença que encerrá-la, devendo o exequente **habilitar-se** nos autos da falência; 3) **novas ações** propostas contra o falido após a decretação da falência serão ajuizadas e processadas no **juízo falimentar**; 4) novas execuções propostas contra o falido após a decretação da falência **não serão admitidas**, tendo em vista que a falência é uma execução coletiva e para ela deverão concorrer e habilitar-se todos os credores que tenham prova escrita do seu crédito, sob pena de ocorrência da **litispendência** entre a execução individual nova e a execução coletiva.

As conclusões do parágrafo anterior, quanto à **suspensão das ações e execuções** contra o falido, podem ser facilmente lidas no texto expresso do **art. 6º**, da Lei n. 11.101/2005, o qual assevera que "a decretação da falência ou o deferimento do processamento da recuperação judicial suspende o curso da prescrição e de todas as ações e execuções em face do devedor, inclusive aquela dos credores particulares do sócio solidário". No que se refere à **continuidade das ações** no juízo em que originalmente foram propostas, o § 1º do mesmo artigo conclui: "terá prosseguimento no juízo no qual estiver se processando a ação que demandar quantia ilíquida". Ações que demandam **quantias ilíquidas** são aquelas ações de **conhecimento** já ajuizadas quando da decretação da falência, ainda não sentenciadas (até o trânsito em julgado da sentença).

A ***vis attractiva*** do juízo falimentar encontra seu **fundamento legal** no *caput* do **art. 76**, da Lei n. 11.101/2005, o qual normatiza que "o juízo da falência é indivisível e competente para conhecer todas as ações sobre bens, interesses e negócios do falido, ressalvadas as causas trabalhistas, fiscais e aquelas não reguladas nesta Lei em que o falido figurar como autor ou litisconsorte ativo". Já a **legitimidade** e a necessária **habilitação do administrador judicial** em lugar do falido estarão determinadas no **parágrafo único**, do mesmo artigo, assim redigido: "todas as ações, inclusive as excetuadas no *caput* deste artigo, terão prosseguimento com o administrador judicial, que deverá ser intimado para representar a massa falida, sob pena de nulidade do processo".

É possível sistematizar na figura a seguir o que estudamos até agora sobre o **juízo universal**.

Com base, ainda, nas regras expostas, a Lei n. 11.101/2005 **exclui expressamente** da competência do **juízo falimentar** as seguintes ações:

I — reclamações **trabalhistas**;

II — ações de natureza **fiscal**;

III — ações em que o falido seja **autor** ou **litisconsorte ativo**, desde que não previstas na Lei n. 11.101/2005;

IV — ações cuja **competência** esteja prevista na **Constituição Federal** e que não sejam disciplinadas na Lei n. 11.101/2005.

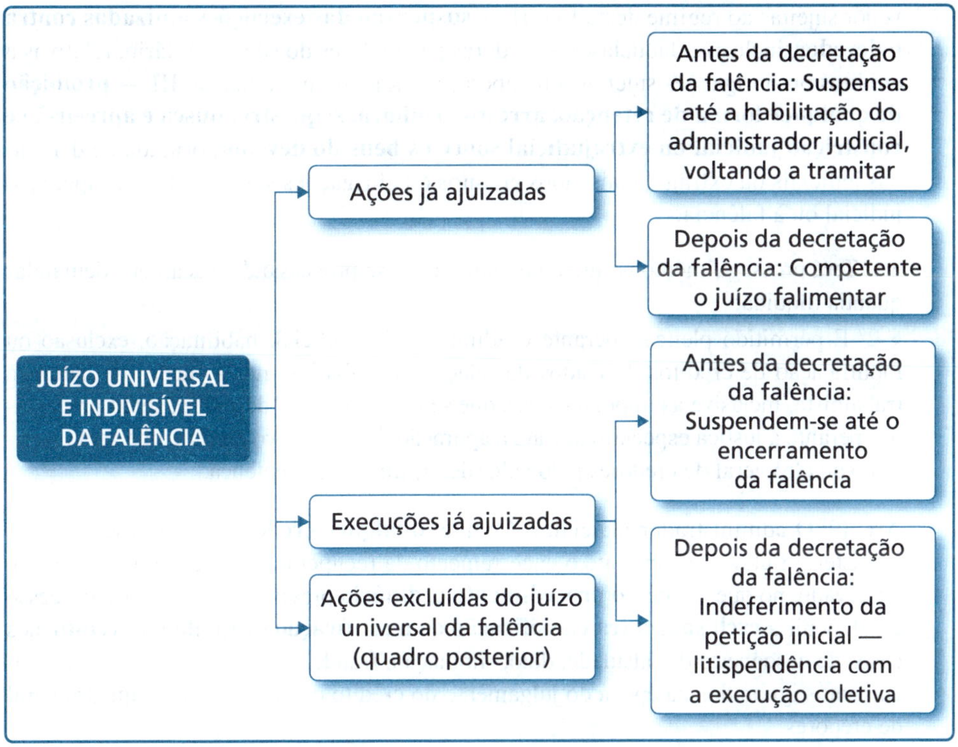

■ *22.4.2.1. O crédito trabalhista*

As **reclamações trabalhistas** não são atraídas para o juízo falimentar, **independentemente** do momento do seu ajuizamento. O art. 114 da Constituição Federal fixa a competência da Justiça do Trabalho para apreciar tais ações, competência absoluta, em razão da **matéria**.

A Lei n. 11.101/2005 foi **taxativa** ao tratar da competência da Justiça Trabalhista, pois não se limitou a excluir as **reclamações trabalhistas** do seu alcance. Mais do que isso, estabeleceu uma regulamentação completa, ratificando a competência da justiça obreira para as **execuções**, **impugnações** de crédito e **ações de retificação** de quadro geral de credores. Indispensável citarmos as seguintes disposições da Lei n. 11.101/2005:

> Art. 76. O juízo da falência é indivisível e competente para conhecer todas as ações sobre bens, interesses e negócios do falido, **ressalvadas as causas trabalhistas**, fiscais e aquelas não reguladas nesta Lei em que o falido figurar como autor ou litisconsorte ativo.
>
> Parágrafo único. Todas as ações, inclusive as excetuadas no *caput* deste artigo, **terão prosseguimento com o administrador judicial**, que deverá ser intimado para representar a massa falida, sob pena de nulidade do processo.

> Art. 6º A **decretação da falência ou o deferimento do processamento da recuperação judicial** implica: I — **suspensão do curso da prescrição** das obrigações do de-

vedor sujeitas ao regime desta Lei; II — **suspensão das execuções ajuizadas contra o devedor**, inclusive daquelas dos credores particulares do sócio solidário, relativas a créditos ou obrigações sujeitos à recuperação judicial ou à falência; III — **proibição de qualquer forma de retenção, arresto, penhora, sequestro, busca e apreensão e constrição judicial ou extrajudicial sobre os bens do devedor**, oriunda de demandas judiciais ou extrajudiciais cujos créditos ou obrigações sujeitem-se à recuperação judicial ou à falência.

§ 1º Terá prosseguimento no juízo no qual estiver se processando a ação que demandar quantia ilíquida.

§ 2º É permitido pleitear, perante o administrador judicial, habilitação, exclusão ou modificação de créditos derivados da relação de trabalho, mas as ações de natureza trabalhista, inclusive as impugnações a que se refere o art. 8º desta Lei, serão processadas perante a justiça especializada até a apuração do respectivo crédito, que será inscrito no quadro geral de credores pelo valor determinado em sentença.

Art. 19. O administrador judicial, o Comitê, **qualquer credor** ou o representante do Ministério Público poderá, até o encerramento da recuperação judicial ou da falência, observado, no que couber, **o procedimento ordinário** previsto no Código de Processo Civil, pedir a **exclusão, outra classificação ou a retificação de qualquer crédito**, nos casos de descoberta de falsidade, dolo, simulação, fraude, erro essencial ou, ainda, documentos ignorados na época do julgamento do crédito ou da inclusão no quadro geral de credores.

§ 1º A ação prevista neste artigo será proposta exclusivamente perante o juízo da recuperação judicial ou da falência ou, **nas hipóteses previstas no art. 6º, §§ 1º e 2º, desta Lei, perante o juízo que tenha originariamente reconhecido o crédito**.

Assim, o **crédito trabalhista** não pode ser discutido no juízo falimentar, mesmo que possa ser **impugnado** ou objeto de **ação de retificação** de quadro geral de credores, ainda que possa ter sua **execução embargada**. Em todas as hipóteses, será o **juízo trabalhista** o competente para processar e julgar **quaisquer ações ou incidentes** que incidam sobre os créditos trabalhistas de devedor empresário em crise econômico-financeira.

Por sua vez, o pagamento de todos os créditos trabalhistas e dos demais débitos do falido deverá ser feito no juízo falimentar, exclusivamente, de modo que os credores trabalhistas deverão habilitar seu crédito no juízo falimentar. Tal regra impede que o juízo trabalhista, ou qualquer outro juízo, determine qualquer restrição ao patrimônio do devedor empresário, bem como que efetue qualquer pagamento com o patrimônio dele, depois de decretada a falência ou deferida a recuperação judicial. Eventual venda de bem penhorado nos autos da execução trabalhista impõe a imediata remessa dos valores da arrematação ao juízo falimentar.

Apesar de todas as exceções para o processamento de ações no juízo falimentar, **não existem exceções à competência para os pagamentos** dos débitos do falido ou do devedor em recuperação. Essa **competência é absoluta e, portanto, exclusiva** do juízo falimentar. Na prática, um verdadeiro **"caixa único"** é estabelecido com a decretação da falência.

Essa interpretação decorre, inclusive, do que determina expressamente o **art. 108, § 3º**, da Lei n. 11.101/2005, inovando quanto à legislação anterior. Ali, o legislador foi contundente ao determinar que "ato contínuo à assinatura do termo de compromisso, o administrador judicial efetuará a **arrecadação dos bens** e documentos e a avaliação dos bens, separadamente ou em bloco, no local em que se encontrem, requerendo ao juiz, para esses fins, as medidas necessárias. (...) § 3º O **produto dos bens penhorados** ou por outra forma **apreendidos entrará para a massa**, cumprindo ao juiz deprecar, a requerimento do administrador judicial, às autoridades competentes, **determinando sua entrega**".

Tal mudança, introduzida pela Lei n. 11.101/2005, é tão **marcante** que **não** se faz mais necessária a indicação da **hora da decretação da falência**. É que o Decreto-lei n. 7.661/45 **fazia distinção** entre execuções com leilões já realizados e aquelas em que o leilão ainda não se realizara, por ocasião da decretação da falência, sendo a **hora da decretação marco imprescindível** para tal definição. Hoje, **todos os bens penhorados ou leiloados** serão destinados ou terão seu produto **destinado à massa falida**, mesmo que a arrematação no leilão tenha-se dado em juízo trabalhista, antes da decretação da quebra.

Após a publicação da Lei n. 11.101/2005, diversos **conflitos de competência** foram levados ao STJ, especialmente envolvendo **juízos trabalhistas e falimentares**. Outras tantas **reclamações** foram ajuizadas naquele tribunal por devedores e credores que discordavam da continuidade da jurisdição trabalhista sobre os bens da massa falida ou do devedor empresário. Em **todos os julgados**, o STJ tem reiterado o mesmo entendimento, **deferindo ao juízo falimentar** competência **única e exclusiva** para definir o destino dos bens do falido, bem como dos valores levantados com a venda deles. Importante anotar as seguintes ementas, esclarecedoras e condizentes com os princípios que orientaram a Lei n. 11.101/2005:

> EMENTA: FALÊNCIA. ADJUDICAÇÃO EM EXECUÇÃO TRABALHISTA APÓS DEFERIMENTO DA RECUPERAÇÃO OU DECRETAÇÃO DA QUEBRA. CONFLITO DE COMPETÊNCIA. JUÍZOS FALIMENTAR E DO TRABALHO. AÇÕES E EXECUÇÕES TRABALHISTAS EM CURSO. FALÊNCIA DA EXECUTADA. **PENHORA DE BENS JÁ REALIZADA** NO JUÍZO TRABALHISTA. AGRAVO REGIMENTAL PREJUDICADO. **COMPETÊNCIA DO JUÍZO FALIMENTAR**. PRECEDENTES. NULIDADE DO ATO QUE DEFERIU A ADJUDICAÇÃO. 1. Tanto após a **aprovação** do plano de recuperação judicial da empresa, quanto após a **decretação** da quebra, as ações e execuções trabalhistas em curso, terão seu prosseguimento no Juízo Falimentar, **mesmo que já realizada a penhora** de bens no Juízo Trabalhista. Precedentes. 2. Conflito de Competência conhecido declarando-se a **competência do Juízo Falimentar**, com a consequente nulidade do ato que deferiu a adjudicação (STJ, CC 262.818/SP, Min. Sidnei Beneti, Segunda Seção, *DJe* 26/06/2009).

- EMENTA: AGRAVO REGIMENTAL. CONFLITO DE COMPETÊNCIA. JUÍZO FALIMENTAR E JUSTIÇA DO TRABALHO. EXECUÇÃO TRABALHISTA. **ARREMATAÇÃO. REMESSA DO PRODUTO AO JUÍZO UNIVERSAL DA FALÊNCIA**. 1. Decretada a quebra, a Justiça do Trabalho é competente para definir o crédito trabalhista, que será, então, habilitado no juízo universal e atrativo da **falência**; excepcionalmente, porém, se os bens já estiverem em praça, a arrematação terá curso, mas o produto será transferido para o juízo falimentar. Precedentes. 2. **Eventual pedido** de não repetição dos valores levantados na execução trabalhista deve ser formulado perante o juízo competente, na espécie, o **juízo falimentar** (STJ, Agra no CC 95.001/BA, Min. Fernando Gonçalves, Segunda Seção, *DJe* 29/04/2009).

- EMENTA: PROCESSUAL CIVIL. CONFLITO POSITIVO. AGRAVO REGIMENTAL. FALÊNCIA. EXECUÇÃO TRABALHISTA. **DESCONSIDERAÇÃO DA PERSONALIDADE** JURÍDICA DA EMPRESA. CONSTRIÇÃO DO PATRIMÔNIO DOS **SÓCIOS**. MEDIDA ADOTADA POR **AMBOS OS ÓRGÃOS** JUDICIAIS. **PREVALÊNCIA DO JUÍZO UNIVERSAL**. PROVIMENTO. I. Havendo decretação da **desconsideração** da personalidade jurídica da falida/executada tanto pela **Justiça do Trabalho** como pelo **Juízo falimentar**, com a consequente arrecadação dos **bens dos sócios**, deve a execução ser processada perante o **Juízo universal**. II. Estendidos os **efeitos da quebra** também a **estes**, a penhora anterior realizada na **Justiça Especializada cede** em face da falência superveniente. III. Agravo regimental provido, para declarar a competência do **Juízo falimentar**, o suscitado (STJ, AgRg no CC 98.498/RJ, Min. Aldir Passarinho Júnior, Segunda Seção, *DJe* 27/03/2009).

Destarte, concluímos **diferenciando a competência** para **processar e julgar ações e execuções** de interesse do falido daquela para **efetuar os pagamentos e decidir sobre bens e direitos** do falido e do devedor empresário em recuperação judicial. Tais competências são normalmente confundidas pelos aplicadores do direito.

Para processar e julgar as **ações e as execuções**, contamos com todas as **exceções** legais e com a **continuidade** delas nos juízos onde já eram processadas, como visto anteriormente. Assim, nessas hipóteses, a **competência do juízo falimentar é relativa**, cedendo espaço para outros juízos competentes.

Agora, **na falência**, para processar o **pagamento de todas as obrigações**, inclusive fiscais e trabalhistas, teremos a competência **exclusiva do juízo falimentar**, tanto em relação aos processos iniciados antes como em relação àqueles ajuizados após a decretação da falência. Assim, nessas hipóteses, a **competência do juízo falimentar é absoluta**, não cedendo qualquer espaço para outros juízos competentes.

No que se refere à **recuperação judicial**, essa competência exclusiva para os pagamentos alcançará todos os **créditos** existentes na **data do pedido de recuperação**, mas não aqueles originados após tal data. Para **novos créditos**, novas ações e execuções, as quais serão ajuizadas, julgadas e executadas nos **juízos competentes**, inclusive quanto aos **pagamentos**. Assim, o deferimento da recuperação judicial atingirá os créditos, ações e execuções existentes ao tempo do pedido, diga-se, do ajuizamento da recuperação judicial, fixando a competência do juízo falimentar para referidos créditos **contemporâneos ao pedido, somente**. Assim, nessas hipóteses, a **competência do juízo falimentar é relativa**, cedendo espaço para outros juízos competentes. Isso será estruturado mais adiante.

Podemos esquematizar a **atuação da Justiça Trabalhista** na falência e na recuperação judicial, assim:

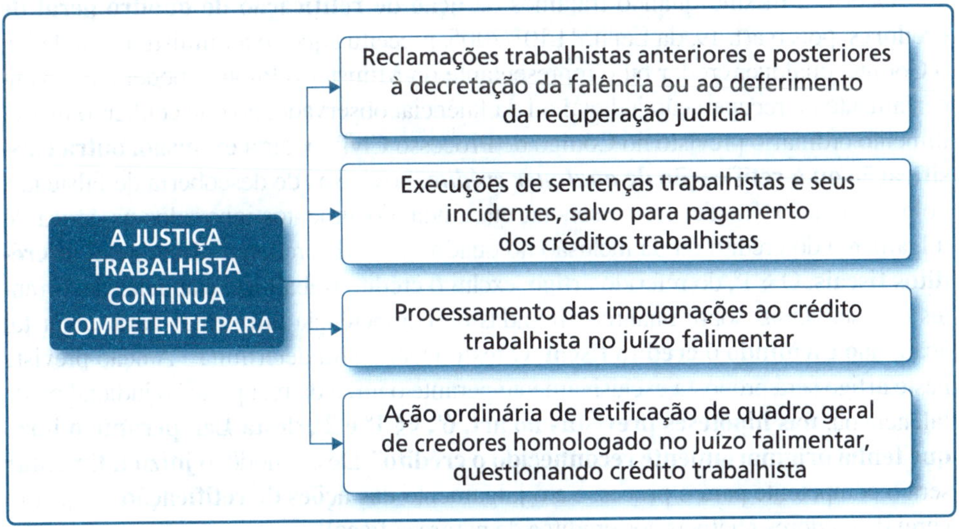

■ 22.4.2.2. *O crédito fiscal*

Para as ações e execuções que discutam o crédito fiscal, **permanecem as competências** estabelecidas: 1) na **Constituição Federal**, quanto aos créditos da **União** e suas autarquias; 2) nas **leis de organização judiciária** locais, quanto aos créditos **estaduais e municipais**.

A decretação da falência e a concessão da recuperação judicial **não alteram** a referida competência. Todavia, como já assinalado, os **pagamentos deverão ser postulados perante o juízo falimentar**, ante a competência absoluta dele para essa finalidade.

As **únicas exceções** à competência originária para processar e julgar o crédito fiscal recaem sobre a **impugnação** de tal crédito no juízo falimentar e sobre a **ação de retificação** de quadro geral de credores quanto ao **crédito estatal**. Poder-se-ia argumentar que o art. 76, da Lei n. 11.101/2005, ao determinar que "o juízo da falência é indivisível e competente para conhecer **todas as ações** sobre bens, interesses e negócios do falido, **ressalvadas as causas** trabalhistas, **fiscais** e aquelas não reguladas nesta Lei em que o falido figurar como autor ou litisconsorte ativo", alcançaria, também, o crédito fiscal.

Ocorre que o crédito trabalhista encontra-se na mesma situação do crédito fiscal, alcançado pelo texto do citado art. 76. Todavia, no que se refere ao crédito trabalhista, o § 2º, do art. 6º, da Lei n. 11.101/2005, exclui a competência falimentar para processar e julgar a impugnação ao referido crédito, estabelecendo que "é permitido pleitear, perante o administrador judicial, habilitação, exclusão ou modificação de créditos derivados da relação de trabalho, mas as ações de natureza trabalhista, **in-**

clusive as impugnações a que se refere o art. 8º desta Lei, serão processadas perante a justiça especializada até a apuração do respectivo crédito, que será inscrito no quadro geral de credores pelo valor determinado em sentença". O **credor fiscal não conta** com a mesma regra de **exclusão**, de modo que a eventual **impugnação ao crédito fiscal** será processada e julgada no **juízo falimentar**.

Ocorre o mesmo quando tratamos da **ação de retificação de quadro geral de credores**, pois o art. 19, da Lei n. 11.101/2005, preceitua que "o administrador judicial, o Comitê, qualquer credor ou o representante do Ministério Público poderá, até o encerramento da recuperação judicial ou da falência, observado, no que couber, o procedimento ordinário previsto no Código de Processo Civil, pedir a **exclusão, outra classificação ou a retificação de *qualquer crédito***, nos casos de descoberta de falsidade, dolo, simulação, fraude, erro essencial ou, ainda, documentos ignorados na época do julgamento do crédito ou da inclusão no quadro geral de credores". Isso inclui os **créditos fiscais**. O § 1º, do referido artigo, exclui o crédito trabalhista e aqueles decorrentes das demandas sobre quantias ilíquidas da competência falimentar para julgar tal ação, **não excluindo o crédito fiscal**. O texto legal assim determina: "A ação prevista neste artigo será proposta exclusivamente perante o juízo da recuperação judicial ou da falência ou, **nas hipóteses previstas no art. 6º, §§ 1º e 2º, desta Lei, perante o juízo que tenha originariamente reconhecido o crédito**". Desse modo, o **juízo falimentar** será o competente para o processo e o julgamento das **ações de retificação** de quadro geral de credores relativas aos créditos de natureza **fiscal**.

Os créditos fiscais têm sido geralmente **impugnados** para exclusão dos **encargos legais** do seu montante. É que a fazenda pública entende que os encargos legais tenham a mesma natureza dos **créditos fiscais**, enquanto o Ministério Público e os credores têm pugnado pela equivalência dos encargos legais às **multas fiscais**. A definição da natureza do referido crédito implicará a sua inclusão no quadro geral de credores como crédito **fiscal, privilegiado**, portanto, ou como crédito **subquirografário**. Tal discussão será feita no estudo das habilitações de crédito e do quadro geral de credores, mais adiante.

A inclusão do **crédito fiscal** no quadro geral de credores da falência **prescindia de prévia habilitação** de crédito. Bastava a remessa da **certidão positiva** de crédito fiscal para o juízo falimentar, onde era efetuada a **penhora no rosto dos autos**. A **certidão da dívida ativa** por gozar de presunção de **existência** do crédito fiscal e de **legitimidade**, bem como por especificar a **categoria** do referido crédito, **dispensava a habilitação** nos autos da falência.

Entretanto, a **Lei n. 14.112/2020, ao acrescentar o art. 7º-A** à Lei n. 11.101/2005, estatuiu que a **habilitação do crédito fiscal ocorrerá de ofício**, por inciativa do Juízo Falimentar: "(...), **o juiz instaurará**, de ofício, para cada Fazenda Pública credora, **incidente de classificação de crédito** público e determinará a sua intimação eletrônica para que, no prazo de 30 (trinta) dias, apresente diretamente ao administrador judicial ou em juízo, a depender do momento processual, a **relação completa de seus créditos inscritos em dívida ativa**, acompanhada dos cálculos, da classificação e das informações sobre a situação atual".

No que se refere à **recuperação judicial**, impende, desde já, constatar que os **créditos fiscais não serão atingidos**, nos termos do § 7º-B, do art. 6º, da Lei n. 11.101/2005. Mais adiante, o legislador **condicionará a concessão** da recuperação judicial, e a própria homologação do Plano de recuperação judicial, à exibição de **certidões negativas tributárias**, ou ao **parcelamento** do referido crédito junto às respectivas fazendas públicas. É o que encontramos disposto nos arts. 57 e 68, da Lei n. 11.101/2005, assim prescritos: "Art. 57. Após a juntada aos autos do plano aprovado pela assembleia geral de credores ou decorrido o prazo previsto no art. 55 desta Lei sem objeção de credores, o devedor apresentará certidões negativas de débitos tributários nos termos dos **arts. 151, 205, 206 da Lei n. 5.172, de 25 de outubro de 1966** — Código Tributário Nacional". "Art. 68. As Fazendas Públicas e o Instituto Nacional do Seguro Social — INSS poderão deferir, nos termos da legislação específica, parcelamento de seus créditos, em sede de recuperação judicial, de acordo com os parâmetros estabelecidos na Lei n. 5.172, de 25 de outubro de 1966 — Código Tributário Nacional". Por ocasião da abordagem sobre a recuperação judicial, aprofundaremos o estudo desses artigos, os quais **têm sido desconsiderados** pela jurisprudência para efeito de concessão da recuperação judicial[8]. Para o momento, basta constatar que o **credor fiscal não é atingido pela recuperação judicial**, o que afasta qualquer efeito quanto à competência para processar, julgar e pagar as ações e execuções de natureza fiscal, em face da concessão dela.

Esquematizando:

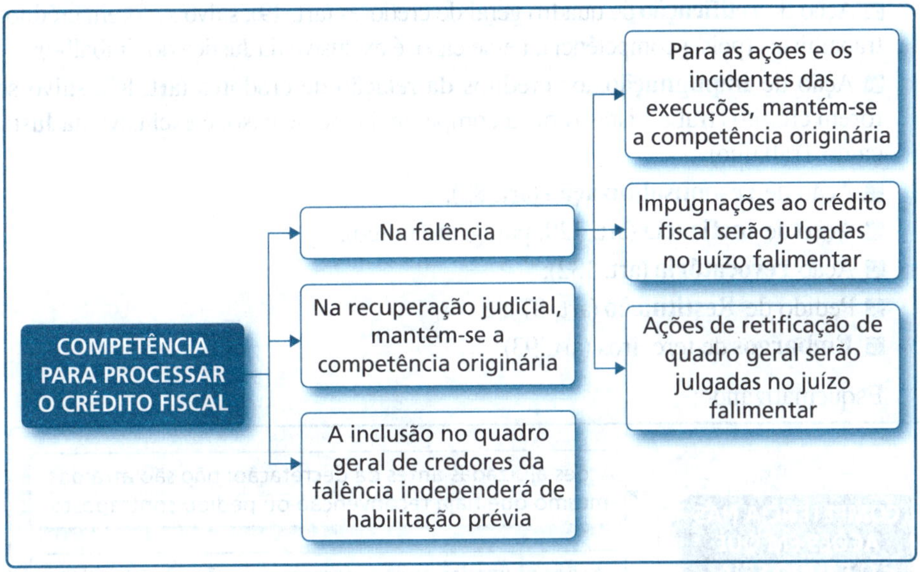

[8] A Lei n. 13.043/2014 alterou a Lei n. 10.522/2002 ao acrescentar a este último diploma legal as diretrizes para o parcelamento especial do crédito tributário para empresas em recuperação judicial (art. 10-A). Assim, como abordaremos no capítulo 23, a jurisprudência que se construiu pela relativização da apresentação de certidões tributárias deverá ser modificada, eis que, pelo menos no âmbito federal, finalmente editada lei a integrar o disposto no art. 57 da Lei n. 11.101/2005.

■ 22.4.2.3. *Falido como autor ou litisconsorte ativo*

A **atração** das ações e execuções para o juízo falimentar visa a apreciação mais especializada das demandas que incidam **sobre os bens e direitos do falido**, especialmente aquelas ações que tenham por objetivo **retirar patrimônio** da massa falida ou impor-lhe obrigações. O juízo universal da falência pode atrair um número absurdo de processos para a vara falimentar, como no caso Encol, em que milhares de consumidores tiveram problemas envolvendo seus contratos imobiliários e tiveram que se socorrer junto ao juízo cível goiano competente.

As ações em que o **falido é autor** ou litisconsorte ativo **não imporão** à massa falida eventuais **obrigações** nem servirão para impor eventual **ônus sobre os bens** dela. Serviriam para inflacionar ainda mais a quantidade de demandas no juízo falimentar, sem que houvesse qualquer motivo especial para tanto.

Se a ação foi **ajuizada antes** da decretação da falência, fosse o falido autor ou réu, já **não seria declinada** a competência para o juízo falimentar, em razão de a referida ação ter que ser **encerrada no juízo originário**, ainda que seja apresentado pedido contraposto ou que haja reconvenção. Agora, se a ação em que o **falido é autor** foi proposta **após** o decreto de falência, ela **tramitará fora** do juízo falimentar; todavia, havendo pedido **contraposto ou reconvenção**, o feito deverá ser declinado para o **juízo falimentar**, ante a possibilidade de condenação do falido naqueles autos.

As **ações** previstas na **Lei n. 11.101/2005** e que **sempre** serão da **competência do juízo falimentar**, mesmo que o falido seja autor ou litisconsorte ativo, são as seguintes:

- Ação de **retificação** de quadro geral de credores (art. 19), salvo se forem créditos trabalhistas (pois a competência, nesse caso, é exclusiva da Justiça do Trabalho);
- Ação de **impugnação** aos créditos da relação de credores (art. 8º), salvo se forem créditos trabalhistas (pois a competência, nesse caso, é exclusiva da Justiça do Trabalho);
- Ação de **responsabilização** (art. 82);
- Ação de **ineficácia** (art. 129, parágrafo único);
- Ação **revocatória** (art. 132);
- Pedido de **Restituição** (art. 87); e
- **Embargos** de terceiros (art. 93).

Esquematizando:

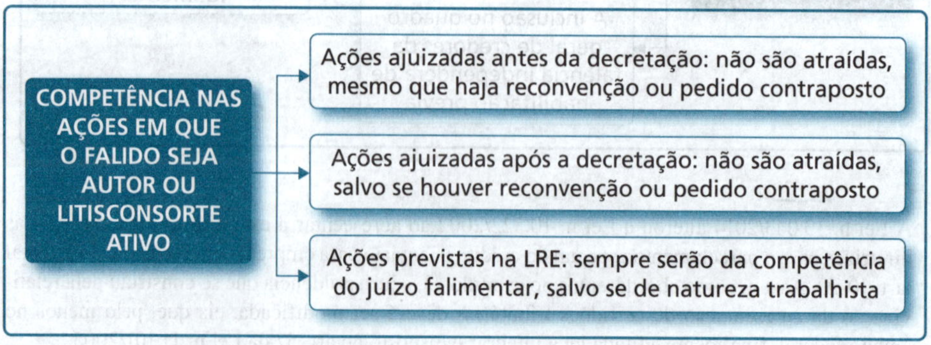

■ *22.4.2.4. Ações cuja competência esteja prevista na Constituição Federal*

A competência fixada na **Constituição Federal deve ser prestigiada** perante toda a legislação infraconstitucional, inclusive a falimentar.

A exceção prevista na parte final do **art. 109, inc. I**, da Constituição Federal, no qual se lê que, apesar de a **Justiça Federal** ser competente para processar e julgar **todas as causas** onde houver interesse da **União**, as causas de **falência ficam excluídas** daquela competência, reforça o entendimento de que as demais causas continuam sob a jurisdição federal. Explicamos. Se a **Constituição excepciona apenas** as ações de **falência**, não pode o intérprete incluir outras ações, mesmo que ajuizadas após a decretação da falência do devedor.

Há autores que defendem que, uma vez decretada a **falência**, a competência constitucional da **Justiça Federal estaria afastada** em todas as hipóteses de ações que envolvessem interesses da União, sendo **devedor o falido**, todas aquelas em que a natureza da demanda **não se referisse a tributos**, pois essas últimas estariam excluídas pelo art. 76, da Lei n. 11.101/2005. Ocorre que a Constituição não estabeleceu tal exclusão da competência federal. Pelo contrário, **limitou-se** a excluir as ações de **falência**.

Por sua vez, a Lei n. 11.101/2005 **excluiu** do alcance da competência falimentar **apenas as ações de natureza fiscal**, sem fazer menção a **ações de interesse dos entes estatais**, todavia **não as inclui** no seu âmbito de competência, como o faz em relação às suas ações típicas, excluindo apenas a competência trabalhista.

Desse modo, parece mais acertado o entendimento que conclui ser **incompetente o juízo falimentar** para as ações cuja **competência** para o processo e julgamento esteja **prevista na Constituição Federal** e que, por ela, não foram excepcionadas, tampouco incluídas pela legislação falimentar.

Contudo, as impugnações ao crédito fiscal, as ações de retificação de quadro geral de credores, os pedidos de restituição, as ações revocatórias e de ineficácia, além da ação de responsabilização, serão processadas e julgadas pelo juízo falimentar, pois previstas apenas na Lei n. 11.101/2005, mesmo que haja competência constitucional diversa.

A exceção a essa regra alcança apenas a competência trabalhista para as impugnações e ações de retificação de quadro geral de credores, previstas nos arts. 6º, § 2º, e 19, § 1º, da mesma lei, pois referidos artigos fazem exclusão expressa da competência falimentar.

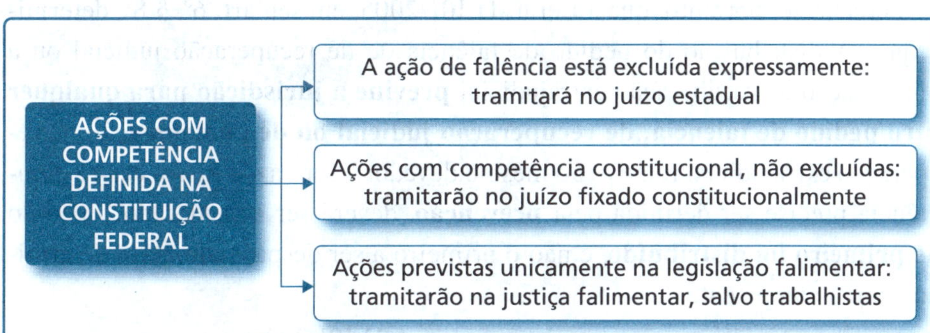

Esquematizando a **competência** do juízo falimentar para o processo e julgamento das ações e execuções, em caso de deferimento da **recuperação judicial**, chegamos ao seguinte enquadramento:

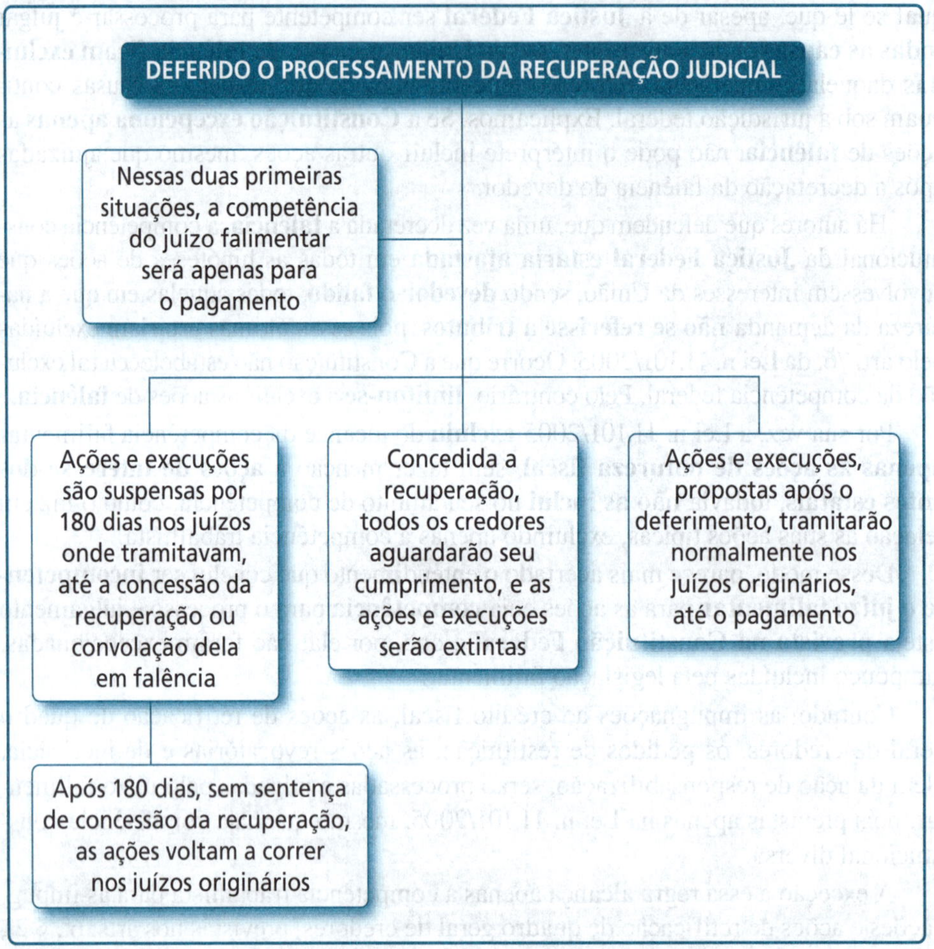

Percebe-se, portanto, que a Lei n. 11.101/2005, em seu art. 6º, § 8º, determina que "A distribuição do pedido de falência ou de recuperação judicial ou a homologação de recuperação extrajudicial **previne a jurisdição para qualquer outro pedido de falência, de recuperação judicial ou de homologação** de recuperação extrajudicial relativo ao mesmo devedor". Em razão disso, caso a competência precise ser definida pela **prevenção**, deverá ser considerado o pedido que **primeiro foi distribuído**, e não o primeiro a ser despachado, para determinar o juízo competente.

Esquematizando as **ações previstas** na Lei n. 11.101/2005:

▪ 22.4.3. Criminal

A **competência criminal**, como já mencionado, **dependerá** da definição da competência do **juízo cível**, conforme determina o art. 183, da Lei n. 11.101/2005.

Assim, reiteramos, serão **competentes** para processar e julgar os crimes falimentares os juízes criminais do **local onde foi**:

- **decretada** a falência;
- **concedida** a recuperação judicial; ou
- **homologado** o plano de recuperação extrajudicial.

A competência aqui referida diz respeito aos **crimes falimentares**, somente.

É muito costumeira a prática de **crimes comuns** antes da decretação da falência ou do deferimento da recuperação judicial. A gestão temerária, a apropriação indébita e o estelionato são os que mais ocorrem. Esses crimes serão **processados regularmente, sem qualquer vinculação** com a falência decretada ou com a recuperação judicial deferida.

Competentes serão os **juízos definidos no Código de Processo Penal** para processar e julgar os crimes comuns. À guisa de exemplo, apesar de a falência da Encol tramitar em Goiânia, alguns processos criminais contra seus administradores tramitaram normalmente em varas criminais comuns do Distrito Federal, inclusive com sentenças condenatórias. Uma delas proferida por mim.

Outra questão importante é a **necessidade da sentença** que decreta a falência, concede a recuperação judicial ou a extrajudicial para que se **possa punir** o crime falimentar, o que não é necessário para a punição do crime comum. Determina o art. 180, da Lei n. 11.101/2005, que "a sentença que decreta a falência, concede a recuperação judicial ou concede a recuperação extrajudicial de que trata o art. 163 desta Lei é condição objetiva de punibilidade das infrações penais descritas nesta Lei". Por ser **condição de punibilidade**, o processo penal **poderá ser iniciado** regularmente, todavia a **condenação esperará** alguma das sentenças mencionadas no art. 180, ou seja, aguardará a sentença que decreta a falência, concede a recuperação judicial ou homologa a recuperação extrajudicial.

Esquematizando a **competência** para processar os **crimes falimentares**:

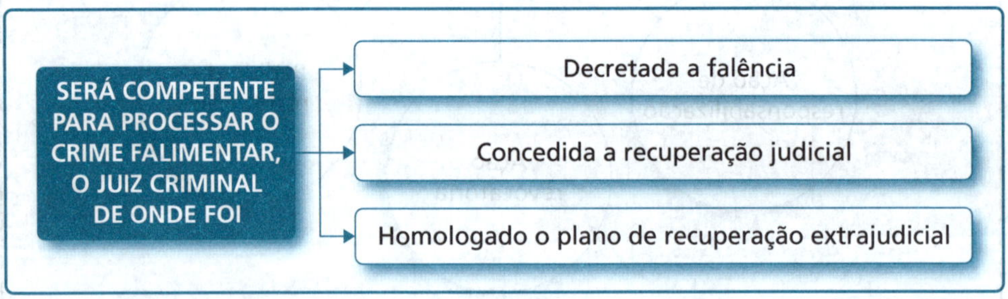

■ 22.5. ATUAÇÃO DO MINISTÉRIO PÚBLICO

■ 22.5.1. Noções preliminares

O Ministério Público tinha sua atuação regulada no **art. 4º**, da Lei n. 11.101/2005, o qual estabelecia a participação genérica do Ministério Público no processo falimentar. Todavia, o referido artigo foi **vetado**, o que causou **séria restrição à atuação** do Órgão Ministerial no processo de recuperação judicial e de falência das empresas. É oportuno conferir a redação dada ao eliminado artigo. Confiramos: "O representante do Ministério Público intervirá nos processos de recuperação judicial e de falência. Parágrafo único. Além das disposições previstas nesta Lei, o representante do Ministério Público intervirá em toda ação proposta pela massa falida ou contra esta".

A **vontade do legislador** foi dirigida à participação do **Ministério Público** em **todos os processos** de recuperação e de falência, além de **todas as ações** propostas pela massa ou contra ela. O veto eliminou essa intenção. Não fossem **algumas disposições expressas** determinando a participação do Ministério Público em **alguns atos**, como se vê em dezoito artigos da Lei n. 11.101/2005, o *parquet* restaria alijado dos processos estatuídos pela mencionada lei.

A versão da Lei de Recuperação e Falências aprovada pelo **Senado Federal** estatuía a participação do Ministério Público apenas quando houvesse **indício de fraude ou de crime** falimentar.

A **Câmara dos Deputados**, casa de origem da Lei n. 11.101/2005, primeiro **aprovou a versão que foi vetada**. Tal versão foi alterada no Senado, na forma explicitada no parágrafo anterior. Voltando o projeto à Câmara dos Deputados, ela restaurou a redação original do texto do art. 4º e, com isso, expandiu tal participação, alcançando todos os processos de interesse da massa. Mas isso não foi consolidado, ante o veto presidencial.

O **veto presidencial** justificou-se afirmando que a **instituição Ministério Público** restaria **desprestigiada** em ter que atuar em causas de menor importância. Tal justificativa mostra-se inconsistente, já que, se o motivo da eliminação do artigo fosse apenas esse, bastaria que se vetasse o parágrafo único da redação, pois o *caput* autorizava a participação do Ministério Público apenas nos processos de Recuperação e de Falência, como acentuou o Senado Federal, e não em pequenos incidentes, como queria a Câmara dos Deputados.

■ 22.5.2. Hipóteses legais no contexto do microssistema da Lei n. 11.101/2005

A **indagação** presente é de se o **Ministério Público tem que ser ouvido** em todos os processos de falência e de recuperação judicial, participando de todas as suas fases. A pergunta deve ser respondida em três momentos distintos.

Primeiro, restaram na Lei n. 11.101/2005 **dezenove menções** específicas ao Ministério Público, que demandarão **dezoito atuações** dele, as quais merecem ser elencadas para melhor visualização de tal participação. Confira-se:

ATUAÇÃO DO MINISTÉRIO PÚBLICO NO CONTEXTO DA LEI N. 11.101/2005		
Disposição Legal	**Tipo de Atuação**	**Redação do Artigo**
■ Art. 8º	■ Legitimidade para impugnação de crédito	■ Art. 8º No prazo de 10 (dez) dias, contado da publicação da relação referida no art. 7º, § 2º, desta Lei, o Comitê, qualquer credor, o devedor ou seus sócios ou o Ministério Público podem apresentar ao juiz impugnação contra a relação de credores, apontando a ausência de qualquer crédito ou manifestando-se contra a legitimidade, importância ou classificação de crédito relacionado.
■ Art. 19	■ Legitimidade para ação de retificação de QGC	■ Art. 19. O administrador judicial, o Comitê, qualquer credor ou o representante do Ministério Público poderá, até o encerramento da recuperação judicial ou da falência, observado, no que couber, o procedimento ordinário previsto no Código de Processo Civil, pedir a exclusão, outra classificação ou a retificação
■ Art. 19	■ Legitimidade para ação de retificação de QGC	■ de qualquer crédito, nos casos de descoberta de falsidade, dolo, simulação, fraude, erro essencial ou, ainda, documentos ignorados na época do julgamento do crédito ou da inclusão no quadro geral de credores.
■ Art. 22, § 4º	■ Ciência do relatório preliminar do administrador judicial (denunciar crime)	■ Art. 22, § 4º Se o relatório de que trata a alínea "e" do inciso III do *caput* deste artigo apontar responsabilidade penal de qualquer dos envolvidos, o Ministério Público será intimado para tomar conhecimento de seu teor.

■ Art. 30, § 2º	■ Legitimidade para requerer a substituição de administrador judicial ou de membros do comitê de credores	■ Art. 30, § 2º O devedor, qualquer credor ou o Ministério Público poderá requerer ao juiz a substituição do administrador judicial ou dos membros do Comitê nomeados em desobediência aos preceitos desta Lei.
■ Art. 52, inc. V	■ Ciência do deferimento da recuperação judicial	■ Art. 52. Estando em termos a documentação exigida no art. 51 desta Lei, o juiz deferirá o processamento da recuperação judicial e, no mesmo ato: (...) V — ordenará a intimação do Ministério Público e a comunicação por carta às Fazendas Públicas Federal e de todos os Estados e Municípios em que o devedor tiver estabelecimento.
■ Art. 59, § 2º	■ Legitimidade para agravar a decisão que conceder a recuperação judicial	■ Art. 59, § 2º Contra a decisão que conceder a recuperação judicial caberá agravo, que poderá ser interposto por qualquer credor e pelo Ministério Público.
■ Art. 99, inc. XIII	■ Ciência da sentença que decretar a falência (poderá agravar)	■ Art. 99. A sentença que decretar a falência do devedor, dentre outras determinações: (...) XIII — ordenará a intimação do Ministério Público e a comunicação por carta às Fazendas Públicas Federal e de todos os Estados e Municípios em que o devedor tiver estabelecimento, para que tomem conhecimento da falência.
■ Art. 104, inc. VI	■ Legitimidade para requerer informações do falido	■ Art. 104. A decretação da falência impõe ao falido os seguintes deveres: (...) VI — prestar as informações reclamadas pelo juiz, administrador judicial, credor ou Ministério Público sobre circunstâncias e fatos que interessem à falência.
■ Art. 132	■ Legitimidade para propor ação revocatória	■ Art. 132. A ação revocatória, de que trata o art. 130 desta Lei, deverá ser proposta pelo administrador judicial, por qualquer credor ou pelo Ministério Público no prazo de 3 (três) anos contado da decretação da falência.
■ Art. 142, § 7º	■ Ciência de todas as alienações de bens da massa falida	■ Art. 142, § 7º Em qualquer modalidade de alienação, o Ministério Público será intimado pessoalmente, sob pena de nulidade.
■ Art. 143	■ Legitimidade para apresentação de impugnações às alienações	■ Art. 143. Em qualquer das modalidades de alienação referidas no art. 142 desta Lei, poderão ser apresentadas impugnações por quaisquer credores, pelo devedor ou pelo Ministério Público, no prazo de 48 (quarenta e oito) horas da arrematação, hipótese em que os autos serão conclusos ao juiz, que, no prazo de 5 (cinco) dias, decidirá sobre as impugnações e, julgando-as improcedentes, ordenará a entrega dos bens ao arrematante, respeitadas as condições estabelecidas no edital.
■ Art. 154, § 3º	■ Legitimidade para manifestar-se sobre as contas apresentadas pelo administrador judicial	■ Art. 154. Concluída a realização de todo o ativo, e distribuído o produto entre os credores, o administrador judicial apresentará suas contas ao juiz no prazo de 30 (trinta) dias. (...) § 3º Decorrido o prazo do aviso e realizadas as diligências necessárias à apuração dos fatos o juiz intimará o Ministério Público para manifestar-se no prazo de 5 (cinco) dias, findo o qual o administrador judicial será ouvido se houver impugnação ou parecer contrário do Ministério Público.
■ Art. 167-A, § 5º	■ Hipóteses de Insolvência Transnacional	■ Art. 167-A. Este Capítulo disciplina a insolvência transnacional (...) § 5º O Ministério Público intervirá nos processos de que trata este Capítulo.
■ Art. 171	■ Figura como vítima formal do crime de indução a erro	■ Art. 171. Sonegar ou omitir informações ou prestar informações falsas no processo de falência, de recuperação judicial ou de recuperação extrajudicial, com o fim de induzir a erro o juiz, o Ministério Público, os credores, a assembleia geral de credores, o Comitê ou o administrador judicial.

▪ Art. 177	▪ Pode figurar como sujeito ativo do crime de Violação de Impedimento	▪ Art. 177. Adquirir o juiz, o representante do Ministério Público, o administrador judicial, o gestor judicial, o perito, o avaliador, o escrivão, o oficial de justiça ou o leiloeiro, por si ou por interposta pessoa, bens de massa falida ou de devedor em recuperação judicial, ou, em relação a estes, entrar em alguma especulação de lucro, quando tenham atuado nos respectivos processos.
▪ Art. 184	▪ Legitimidade ativa para denunciar os crimes falimentares que são todos de ação penal pública incondicionada	▪ Art. 184. Os crimes previstos nesta Lei são de ação penal pública incondicionada. Parágrafo único. Decorrido o prazo a que se refere o art. 187, § 1º, sem que o representante do Ministério Público ofereça denúncia, qualquer credor habilitado ou o administrador judicial poderá oferecer ação penal privada subsidiária da pública, observado o prazo decadencial de 6 (seis) meses.
▪ Art. 187	▪ Promover a ação penal ou requisitar a abertura de inquérito policial	▪ Art. 187. Intimado da sentença que decreta a falência ou concede a recuperação judicial, o Ministério Público, verificando a ocorrência de qualquer crime previsto nesta Lei, promoverá imediatamente a competente ação penal ou, se entender necessário, requisitará a abertura de inquérito policial.
▪ Art. 187, § 1º	▪ Prazo para propositura da Ação Penal, podendo decidir pela Denúncia em outro momento	▪ Art. 187, § 1º O prazo para oferecimento da denúncia regula-se pelo art. 46 do Decreto-lei n. 3.689, de 3 de outubro de 1941 — Código de Processo Penal, salvo se o Ministério Público, estando o réu solto ou afiançado, decidir aguardar a apresentação da exposição circunstanciada de que trata o art. 186 desta Lei, devendo, em seguida, oferecer a denúncia em 15 (quinze) dias.
▪ Art. 187, § 2º	▪ Ciência de qualquer indício da prática de crimes	▪ Art. 187, § 2º Em qualquer fase processual, surgindo indícios da prática dos crimes previstos nesta Lei, o juiz da falência ou da recuperação judicial ou da recuperação extrajudicial cientificará o Ministério Público.

▪ 22.5.3. A participação do Ministério Público é obrigatória em todos os processos de recuperação judicial e de falência?

Não haveria obrigatoriedade, então, de participação do **Ministério Público em todos** os processos de recuperação judicial e de falência, ante o veto do art. 4º. Se há participações específicas, não é necessária a participação do Ministério Público em todo o processo, mas **apenas naqueles atos definidos** na Lei n. 11.101/2005.

A rigor, somente quando houvesse **indício de crime** é que o Ministério Público **deveria ser intimado** em qualquer fase dos processos de falência e de recuperação judicial. Todavia, a disposição do **art. 187, § 2º**, da Lei n. 11.101/2005, aponta para a possibilidade, e até necessidade, de ser conferida vista de **todos os processos** de recuperação judicial e de falência ao Ministério Público, **desde o início**, isso porque compete a ele verificar se existe ou não tal indício de crime.

O assunto é polêmico, pois há **entendimento**, com **base no veto** presidencial, de que o Ministério Público **somente** seria chamado aos feitos de recuperação judicial e de falência nos **casos expressos em lei**, as hipóteses dos dezoito artigos mencionados na tabela anterior.

Tomando por base esse entendimento, é preciso anotar que, na **falência**, o Ministério Público somente toma ciência do referido processo por ocasião da **sentença** que a decreta, nos termos do art. 99, inc. XIII, da Lei n. 11.101/2005. Não há qualquer disposição específica determinando a atuação do Ministério Público desde o momento do pedido até a referida decretação da falência.

Porém, a Lei n. 11.101/2005 prevê hipóteses de **crimes pré-falimentares** (anteriores à sentença que decreta a falência), o que **recomenda** que o órgão do **Ministério Público** tome **ciência** do processo falimentar em **etapa anterior à sentença** que decreta a falência, para que adote as providências pertinentes quanto aos crimes pré-falimentares. A mesma recomendação de **vista ao Ministério Público, anterior** ao decreto de falência, torna-se um **imperativo**, quando, na mesma sentença que decreta a falência, o juiz tiver que **decretar a prisão preventiva** do falido, a pedido do Ministério Público, conforme preceitua o art. 99, inc. VII, da Lei n. 11.101/2005. Relembremos o que diz referido artigo: "Art. 99. A sentença que decretar a falência do devedor, dentre outras determinações: (...) VII — determinará as diligências necessárias para salvaguardar os interesses das partes envolvidas, **podendo ordenar a prisão preventiva do falido ou de seus administradores quando requerida** com fundamento em provas da prática de **crime definido nesta Lei**".

Cabe perguntar: a **requerimento de quem** será decretada a segregação cautelar, se o Ministério Público somente seria intimado da falência após a sentença que, em tese, estaria, também, decretando tal prisão? A única resposta aponta para a **vista ao Ministério Público anterior à sentença** que decreta a falência, ocasião em que lhe será **possibilitado requerer a prisão preventiva**.

Na **Jurisprudência**, as **primeiras decisões** dos Tribunais de segunda instância firmaram o entendimento de que seria **obrigatória a participação do Ministério Público**, em face do interesse público envolto nas matérias falimentares e de recuperação judicial, desde o início do processo. Tal entendimento baseou-se no que dispõe o **art. 178, inc. I, do CPC**, impositivo legal da atuação do Ministério Público nos processos em que se revolva matéria que interesse à coletividade, além dos interesses particulares envolvidos.

Ocorre que o referido **entendimento cedeu lugar** à interpretação de que o **interesse público** na falência surge apenas no momento em que ela **é decretada.** Desse modo, na fase de instrução do feito, fase pré-falimentar, investigativa ou preliminar da falência, o que existe é mera especulação quanto ao estado de crise econômico-financeira do devedor, não havendo interesse da coletividade em descortinar ou não dito estado de crise, o qual seria ônus do credor que o alega. Agora, uma vez **decretada a falência**, o **interesse público** torna-se patente.

Assim, a **atuação do Ministério Público** estaria baseada no **interesse público** do momento em que é proferida a sentença que **decreta a falência em diante**. Nesse caso, para a atuação posterior, a decretação da falência, considerando que o art. 99, inc. XIII, da Lei n. 11.101/2005, determina a intimação do Ministério Público quanto à sentença que decreta a falência, dispensável seria a aplicação do art. 178, inc. I, do CPC.

O **veto** presidencial **aleijou** a participação do Ministério Público nos processos previstos na Lei n. 11.101/2005. Todavia, é **recomendável que ele tenha participação** desde o início do processo de falência, especialmente se o fundamento dela situar-se no art. 94, inc. III, da referida lei, ou seja, se tiver por fundamento um **ato de falência**, **terreno fértil** à prática concomitante de **crimes falimentares**.

Lembre-se, ainda, de que, sem a participação do Ministério Público, **nenhum agente do Estado** ou da Coletividade acompanhará o processo, sendo oportuno lembrar, também, que há **interesse público** no tratamento dispensado à **empresa em crise** econômico-financeira, seja pelo vil metal, pois os tributos devidos interessam a toda a coletividade, seja pelo interesse social, estampado na preservação de postos de trabalho, de unidades produtivas e de circulação de riqueza, prestigiando-se a livre-concorrência. Parece precipitado dizer que fiscalizar os processos de falência e de recuperação judicial desprestigiaria a instituição Ministério Público.

Assim, a **atuação do Ministério Público** nos processos de falência e de recuperação judicial mostra-se condizente com o **interesse público** e com a **estrutura da Lei** n. 11.101/2005, além de refletir a **vontade do legislador**, apesar do veto ao seu art. 4º. Para tal conclusão, não se faz necessária a aplicação do que dispõe o art. 178, inc. I, do CPC. Basta constatar que:

- O art. 187, § 2º, da Lei n. 11.101/2005, aponta para a possibilidade, e até mesmo necessidade, de ser conferida vista de todos os processos de recuperação judicial e de falência ao Ministério Público, desde o início, isso porque compete a ele verificar se existe ou não **indício de crime falimentar**.
- Os incs. VII e o XIII, do art. 99, da Lei n. 11.101/2005, recomendam que se dê vista dos autos ao Ministério Público, desde o início do processo falimentar, porque a **prisão preventiva poderá ser decretada** pelo juiz quando da decretação da falência, a requerimento do Ministério Público, o que somente é possível se houver vista anterior dos autos.
- Apesar de o interesse público na falência tornar-se efetivo somente após a decretação dela, e na recuperação judicial, somente após o seu deferimento, a ausência de participação do Ministério Público **implicaria a total ausência de qualquer membro do Estado na fiscalização** dos referidos processos, especialmente ante a inafastável possibilidade de uso fraudulento das disposições protecionistas da legislação recuperacional.
- Tanto a **redação da Câmara dos Deputados quanto a do Senado Federal** optaram pela participação do Ministério Público nos processos de falência e de recuperação judicial. A divergência das duas casas legislativas situou-se apenas nas demais ações decorrentes daquelas.

Por fim, quanto às **demais ações** que corram contra o falido ou a favor dele, **não há que se falar** em participação do Ministério Público. Nelas, **interesses particulares** estarão em disputa entre a massa falida ou o devedor empresário e seus credores e devedores, respeitada, então, a paridade de armas. Nada obsta ao Ministério Público **questionar** eventual crédito obtido nessas ações, por ocasião da **habilitação** delas no juízo falimentar.

Esquematizando:

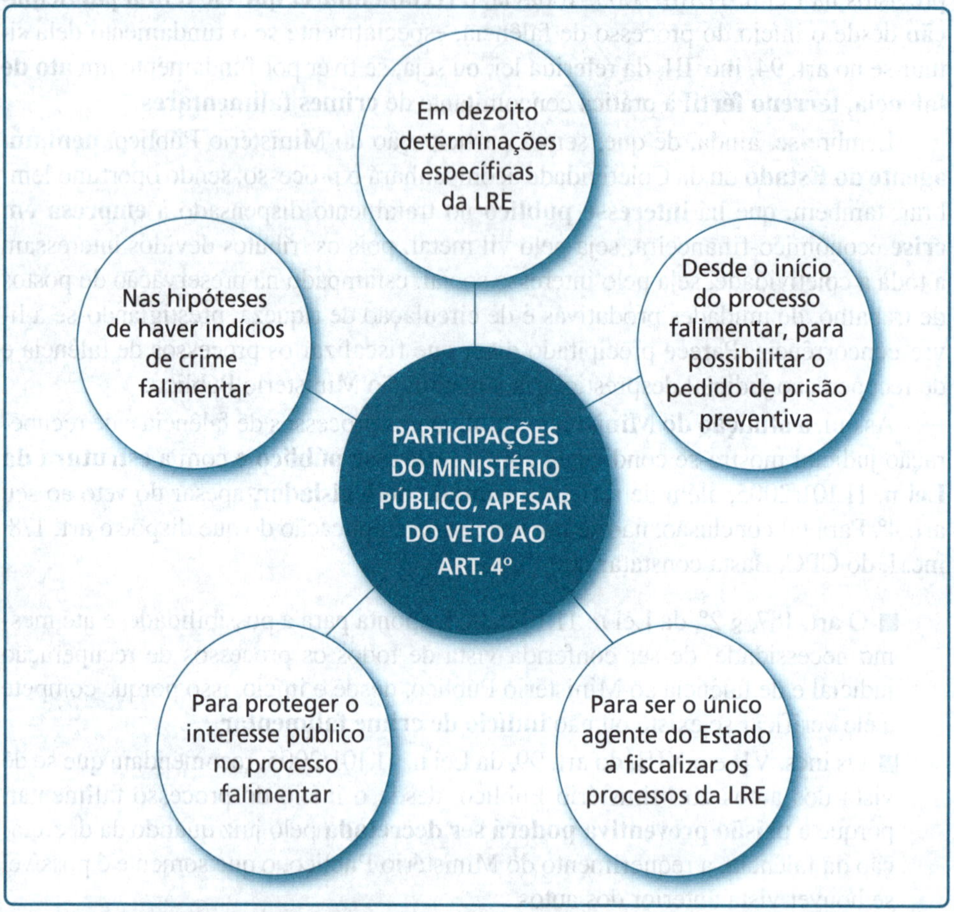

■ 22.6. QUESTÕES SUBJETIVAS

■ 22.6.1. Questão-homenagem

(CESPE — MPE-SC — Promotor de Justiça — 2013 — adaptada) Julgue e justifique. As empresas operadoras de plano de assistência à saúde podem apresentar plano de recuperação judicial a ser homologado pelo juízo competente, desde que preencham os requisitos previstos na Lei n. 11.101/2005, que regula a recuperação judicial, a extrajudicial e falência.

Resposta: Item falso. O art. 2º, da Lei n. 11.101/2005, expressamente, excluiu do regime recuperacional e falimentar as operadoras de planos de saúde, as quais têm regime jurídico próprio, mais especificamente a Lei n. 9.656/98. E o art. 23, *caput*, da Lei n. 9.656/98, proibiu o procedimento de recuperação judicial às operadoras de planos de saúde, tendo em vista a previsão de liquidação extrajudicial, que, uma vez frustrada, poderá redundar em pedido de falência (art. 23, § 1º, da Lei n. 9.656/98).

22.6.2. Questão-desafio

(CESPE — PGE-BA — Procurador — 2014 — adaptada) Julgue e justifique. As execuções tributárias não são atraídas pelo juízo universal da falência, ao contrário dos créditos não tributários inscritos na dívida ativa.

22.7. QUESTÕES OBJETIVAS

22.7.1. Objeto e finalidade

1. (CESPE — AGU — Procurador — 2013 — adaptada) Considere, adicionalmente, que os problemas de solvência de Carnes da Planície S.A. permaneçam, forçando seus administradores a avaliarem as soluções oferecidas pela Lei n. 11.101/2005 (Lei de Recuperação Judicial e Falência). Em face dessas considerações e com base nas leis aplicáveis, julgue o item a seguir. Na hipótese de Carnes da Planície S.A. negociar recuperação extrajudicial, esse procedimento só poderá envolver os credores que aquiescerem com o plano de recuperação apresentado ao juízo competente para homologação.

22.7.2. Legitimidade

1. (Juiz do Trabalho Substituto/MT — Fev./2008) Assinale a alternativa CORRETA:

a) o próprio devedor poderá requerer sua falência;
b) os créditos decorrentes de acidente de trabalho até o limite de cento e cinquenta salários mínimos têm prioridade na classificação dos créditos falimentares;
c) a competência para decretar a falência é do juízo do domicílio do credor que a requerer;
d) as obrigações a título gratuito não são exigíveis do devedor na recuperação judicial, mas o são na falência;
e) as microempresas e as empresas de pequeno porte não estão sujeitas à recuperação judicial.

2. (EJEF — TJMG — Juiz — 2007) NÃO se sujeita à falência:

a) uma pessoa natural, com registro na Junta Comercial, que exerça profissionalmente atividade econômica organizada para a produção ou a circulação de bens ou de serviços.
b) uma sociedade de advogados com complexa estrutura organizacional e inúmeros advogados contratados.
c) uma sociedade empresária limitada que não recomponha a pluralidade de sócios no prazo de cento e oitenta dias.
d) uma sociedade anônima que tenha por objeto o exercício de atividade intelectual e de natureza científica.

3. (TJ/DF — Juiz — Nov./2008) No regime da Lei n. 11.101/2005, assinale a alternativa correta:

a) A ação revocatória tem por finalidade revogar atos praticados pelo falido, após a decretação da falência.
b) O requerimento de falência só pode ser formulado por comerciante, ainda que irregular.
c) As cooperativas de crédito, empresas públicas, sociedades de economia mista, empresas aéreas, empresas de plano de saúde, não se submetem ao processo falimentar.
d) A decretação da falência das concessionárias de serviços públicos implica extinção de concessão.

22.7.3. Empresários não alcançados

1. (Juiz Federal — 3ª Região — 2006 — TRF) A Lei n. 11.101/2005 (Lei de Recuperação de Empresas e de Falências) não se aplica:

a) às empresas públicas e às sociedades de economia mista;
b) aos empresários individualmente considerados;
c) às sociedades por ações, independentemente do objeto social que tiverem;
d) às sociedades que, mesmo sem estarem legalmente obrigadas a ter a forma de sociedade empresária, optarem por tal modelo, e não pelo modelo da sociedade simples.

2. (OAB/MG — Abr./2007 — OAB/MG) De acordo com a nova Lei n. 11.101/2005, é CORRETO afirmar que:

a) As sociedades operadoras de plano de assistência à saúde podem valer-se dessa lei para pedir a recuperação judicial.
b) As instituições financeiras privadas poderão valer-se, subsidiariamente, dessa lei enquanto não for aprovada a respectiva lei específica.
c) As sociedades simples que adotam a forma empresária podem valer-se dessa lei para pedir recuperação judicial.
d) As sociedades de natureza literária podem valer-se dessa lei para pedir recuperação, salvo se tal exercício constituir elemento de empresa.

3. (FAURGS — TJ-RS — Juiz de Direito Substituto — 2016) Considere as afirmações abaixo.

I. A decretação de regime de administração especial temporária não afeta o curso regular das atividades da instituição financeira, ao contrário do que ocorre no caso de intervenção.
II. Dentre os efeitos da falência em relação à pessoa do falido, estão restrições à disponibilidade de seus bens, bem como a sua liberdade de locomoção.
III. Submetida a sociedade empresária à recuperação judicial, não se distinguem os efeitos a que estão submetidos os credores anteriores e posteriores ao pedido de recuperação.

Quais estão corretas:

a) Apenas I.
b) Apenas II.
c) Apenas I e II.
d) Apenas I e III.
e) Apenas II e III.

4, (IESES — Titular de Serviços de Notas e de Registros — Remoção — TJ-AM — 2018) A Lei n. 11.101 disciplina a recuperação judicial, a recuperação extrajudicial e a falência do empresário e da sociedade empresária. Estão fora do alcance da referida Lei as seguintes instituições:

I. Empresa pública e sociedade de economia mista.
II. Instituição financeira pública ou privada, cooperativa de crédito, consórcio.
III. Entidade de previdência complementar, sociedade operadora de plano de assistência à saúde, sociedade seguradora.
IV. Sociedade de capitalização e outras entidades legalmente equiparadas.

A sequência correta é:

a) Apenas as assertivas II e IV estão incorretas.
b) Apenas as assertivas I e IV estão corretas.
c) Apenas a assertiva IV está incorreta.
d) As assertivas I, II, III e IV estão corretas.

■ 22.7.4. Competência

1. (CESPE — OAB/BR — Maio/2008) Consoante a regulamentação processual da falência, prevista na Lei n. 11.101/2005, compete necessariamente ao juízo falimentar

a) a reclamação trabalhista oferecida contra o falido após a decretação da falência.
b) a execução fiscal em curso contra o devedor falido quando da decretação da falência.
c) a ação em que o falido figurar como autor e que seja oferecida após a decretação da falência.
d) o pedido de restituição de bem alheio sob posse do devedor quando da decretação da falência.

2. (FCC — TRT — 1ª Região-RJ — Juiz do Trabalho — 2011) Na falência e na recuperação judicial

a) os créditos com garantia real até o limite do bem gravado e as dívidas tributárias preferem aos créditos derivados da legislação do trabalho de qualquer valor.
b) compete ao juiz perante o qual se processam apurar o valor de todos os créditos, para fins de inclusão na classe própria.
c) o magistrado da Justiça do Trabalho não poderá determinar reserva de qualquer importância, ainda que lhe tenha sido possível estimar o valor devido, para ulterior inclusão na classe própria.

d) é permitido pleitear, perante o administrador judicial, habilitação, exclusão ou modificação de créditos derivados da relação de trabalho, mas as ações de natureza trabalhista serão processadas perante a Justiça do Trabalho até a apuração do respectivo crédito.
e) não se submetem a seus efeitos os créditos trabalhistas de valor superior a cento e cinquenta salários mínimos.

3. (CESPE — CGE-CE — Auditor de Controle Interno — 2019) Em se tratando de empresa nacional, é competente para homologar plano de recuperação extrajudicial e deferir a recuperação judicial o juízo do(a):

a) residência dos sócios acionistas.
b) sede da empresa do credor principal.
c) domicílio do administrador judicial.
d) local da realização da assembleia geral de credores.
e) principal estabelecimento do devedor.

▪ 22.7.5. Atuação do Ministério Público

1. (FUJB — MPE-RJ — Promotor de Justiça — 2012) Em matéria de intervenção nas falências e recuperações judiciais, sob a égide da Lei de Quebras, Lei n. 11.101/2005, é correto afirmar que o Ministério Público:

a) não tem legitimidade para a propositura de ação revocatória, após a decretação da falência, posto que o direito imediato a ser tutelado integra a esfera jurídica da massa falida, representada por seu administrador;
b) não poderá apresentar impugnação contra a relação de credores, apontando ausência de qualquer crédito, ante a inexistência de interesse público a tutelar;
c) não poderá recorrer da decisão que conceder a recuperação judicial, cabendo tal faculdade aos credores, em vista do interesse patrimonial;
d) será intimado pessoalmente, sob pena de nulidade, em qualquer modalidade de alienação do ativo da sociedade falida;
e) poderá interpor o recurso de apelação contra a decisão concessiva da recuperação judicial.

2. (CESPE — TJ/DF — Juiz — 2014) Com relação ao processo e julgamento dos crimes falimentares, assinale a opção correta.

a) Caso o MP não ofereça denúncia no prazo legal, qualquer credor, ainda que não habilitado, poderá oferecer ação penal privada subsidiária da pública, observado o prazo decadencial de seis meses.
b) A construção da teoria da unidade do crime falimentar remonta a Hans Welzel, que sustentava que a pluralidade de atos praticados pelo devedor, anteriores à declaração da falência, seria convertida em unidade, por força da declaração da falência, única condição de punibilidade do crime.
c) Os crimes falimentares são de ação penal pública condicionada à representação dos credores do falido ou de seus sucessores.
d) Em regra, o princípio da unicidade é aplicável ao concurso de crimes falimentares e aos delitos elencados no CP, como, por exemplo, ao estelionato.
e) Segundo o princípio da unicidade, havendo o concurso de diversas condutas voltadas ao cometimento de fraudes aos credores da empresa em processo de falência, considera-se a prática de apenas um único tipo penal, aplicando-se, nesse caso, ao agente a sanção do tipo penal a que se comina a pena mais gravosa.

3. (MPE-BA — Promotor de Justiça Substituto — 2015) Assinale a alternativa INCORRETA sobre a recuperação judicial e falência, conforme a Lei n. 11.101/2005:

a) A lei não se aplica a empresas públicas e sociedades de economia mista, dentre outras hipóteses legais.
b) O Ministério Público pode apresentar ao juiz impugnação contra a relação de credores, apontando a ausência de qualquer crédito ou manifestando-se contra a legitimidade, importância ou classificação de crédito relacionado.

c) O Ministério Público tem legitimidade para recorrer contra a decisão judicial que conceder a recuperação judicial.
d) O Ministério Público pode propor ação revocatória no prazo de 3 (três) anos contados da decretação da falência para salvaguardar o interesse de credores e a massa falida.
e) Na realização do ativo, durante o processo falimentar, é dispensada a oitiva do Ministério Público.

■ GABARITO ■

22.7.1. Objeto e finalidade

1. "Errado". Entre os procedimentos para afastar a crise financeira do devedor empresário se tem a Recuperação Extrajudicial, que se poderá contextualizar pelo consenso entre o devedor e seus credores ou mesmo contra a vontade de alguns desses credores, se fração superior a metade deles concorde com o plano de recuperação extrajudicial apresentado pelo devedor. Tais hipóteses, respectivamente, corresponderão à Recuperação Extrajudicial Consensual e à Recuperação Extrajudicial Majoritária introduzidas neste capítulo para que houvesse uma visão de conjunto dos institutos contidos na Lei de Falências e Recuperação, mas que serão pormenorizadas no *capítulo 27*.

22.7.2. Legitimidade

1. "a", nos termos do art. 105, da Lei de Falências e Recuperação.

2. "b". O que atrai a aplicação do regime jurídico falimentar ou recuperacional é a empresarialidade (art. 1º, da Lei n. 11.101/2005): por isso, uma sociedade de advogados, regra geral, sociedade civil, não empresarial, não se sujeitará à falência. Rememore-se o estudado no *capítulo 7* a respeito da diferença entre sociedades empresárias e não empresárias.

3. "d". Fundamento: art. 195, da Lei n. 11.101/2005 c/c art. 35, inc. VI, da Lei n. 8.987/95.

22.7.3. Empresários não alcançados

1. "a". Fundamento: art. 2º, inc. I, da Lei n. 11.101/2005.

2. "b". Fundamento: art. 197, da Lei n. 11.101/2005.

3. "c". Fundamento: item I (correto, nos termos do art. 2º, do Decreto Federal n. 2.321/1987); item II (correto, de acordo com os arts. 103 e 104, inc. III, ambos da Lei n. 11.101/2005); item III (incorreto, pois em contradição com a literalidade do art. 49, *caput*, da Lei n. 11.101/2005).

4. "d". Em sintonia com a literalidade dos incisos I e II, do art. 2º, da Lei n. 11.101/2005.

22.7.4. Competência

1. "d". Fundamento: art. 85, da Lei n. 11.101/2005.

2. "d". Fundamento: art. 6º, § 2º, da Lei n. 11.101/2005.

3. "e". Fundamento: art. 3º, *caput*, da Lei n. 11.101/2005.

22.7.5. Atuação do Ministério Público

1. "d". Fundamento: art. 142, § 7º, da Lei n. 11.101/2005.

2. "e". Confira-se a construção do princípio da unidade no *item 28.10*.

3. "e". Fundamento: alternativa em desacordo com o texto do § 7º, do art. 142.

23

INSTITUTOS COMUNS À RECUPERAÇÃO JUDICIAL E À FALÊNCIA

A par das disposições específicas que tratarão, em bloco, da recuperação judicial, da falência, da recuperação extrajudicial e dos crimes falimentares, nessa ordem, a Lei n. 11.101/2005 regulará, **em primeiro lugar**, aqueles **institutos comuns** a todos os procedimentos previstos nela. É disso que trataremos neste capítulo.

■ 23.1. DISPOSIÇÕES GERAIS

A Lei n. 11.101/2005, do **art. 5º ao art. 46**, estabelece regras relativas a institutos aplicáveis tanto à falência quanto à recuperação judicial. Tais dispositivos regulam os **créditos que não podem ser cobrados** na falência e na recuperação judicial, as **suspensões** delas decorrentes, o processo de **habilitação** de créditos e os **órgãos** que atuam nos ditos processos.

Como as disposições **são comuns** a ambos os processos, a Lei n. 11.101/2005 trata delas **inicialmente**, fazendo referências gerais e, também, específicas, ora à falência, ora à recuperação judicial. Por exemplo, no caso do **administrador judicial** que tenha **atribuições comuns** aos dois processos, bem como atribuições somente para a **falência** e outras apenas para a **recuperação judicial**, o art. 22, da Lei n. 11.101/2005, tem **três incisos**, um para cada situação.

Outras disposições importantes, também a título de ilustração, são as que disciplinam o **gestor judicial** (art. 35, inc. I, alínea "e", e art. 65, da Lei n. 11.101/2005). Trata-se de órgão que **atua apenas na recuperação judicial**, substituindo o devedor empresário que tiver sido afastado pelos motivos explicitados no art. 64, da Lei n. 11.101/2005.

Analisemos as disposições comuns e a que dizem respeito:

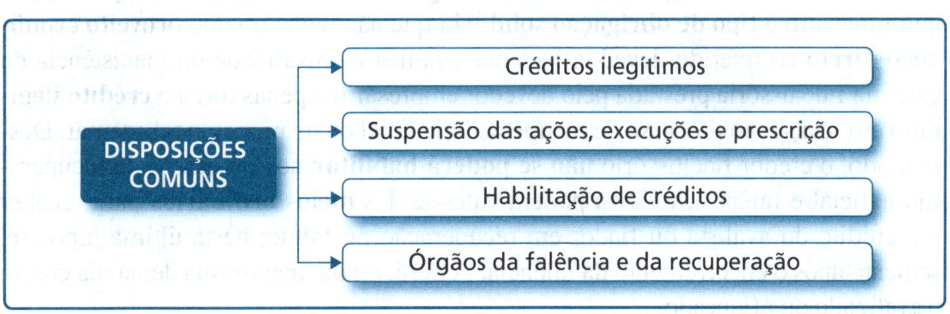

■ 23.1.1. Créditos ilegítimos

O art. 5º, da Lei n. 11.101/2005, estabelece apenas **dois tipos de créditos que não podem ser exigidos** do devedor empresário em crise econômico-financeira que tenha autorizado a sua **recuperação judicial** ou levado ao decreto de **falência**. Estabelece aquele artigo que: "Não são exigíveis do devedor, na recuperação judicial ou na falência: I — as obrigações a título gratuito; II — as despesas que os credores fizerem para tomar parte na recuperação judicial ou na falência, salvo as custas judiciais decorrentes de litígio com o devedor". Os créditos não deixam de existir, apenas **perdem sua eficácia** em relação à massa falida e ao devedor empresário em crise econômico-financeira; portanto, não podem ser cobrados deles. **Após o encerramento** da falência ou da recuperação judicial, tais créditos poderão ser **exigidos** do empresário.

Obrigações a título **gratuito** são aquelas que impõem ao devedor empresário uma **prestação, sem que haja qualquer contraprestação** correspondente. É preciso distinguir as obrigações que são estabelecidas **desde o início** com essa unilateralidade, daquelas que, sendo de trato sucessivo, **a partir de determinado momento** se tornam unilaterais, pelo esgotamento da prestação por um dos contratantes. Nessa última hipótese, os débitos unilaterais do devedor empresário **não estão excluídos** da falência e da recuperação judicial e serão tratados como **efeitos da falência** quanto aos contratos do falido, o que será visto mais adiante.

Assim, as obrigações gratuitas a que se refere o art. 5º, da Lei n. 11.101/2005, estarão **excluídas** da cobrança no juízo falimentar e recuperacional quando estabelecidas para **imporem ao devedor empresário uma obrigação não remunerada** pela outra parte. A finalidade dessa norma é garantir aos credores do falido ou do empresário em recuperação a **devolução** daquilo que entregaram a ele, ou remunerá-los por bens fornecidos ou serviços prestados. A falência e a recuperação judicial buscam evitar prejuízos aos credores ou, ao menos, reduzi-los, e **não garantir benefícios ou lucros** a determinados credores que nada despenderam junto à empresa falida ou recuperanda, em detrimento de outros que tiveram seus gastos efetuados, bens fornecidos ou serviços prestados a ela.

Nesse viés, **devem ser repelidas**, ainda, como obrigações gratuitas do devedor empresário em recuperação ou falido, as obrigações **decorrentes de fiança, aval ou qualquer outro tipo de obrigação solidária** que não tenha trazido **proveito econômico direto** ao referido devedor. Isso não implica na invalidade ou inexistência da garantia fidejussória prestada pelo devedor empresário, apenas torna o **crédito ilegítimo** em relação ao processo de recuperação judicial ou ao processo falimentar. Desse modo, o credor fidejussório **não se poderá habilitar** nos processos de recuperação judicial e falência, todavia poderá valer-se dos **meios ordinários** para receber seu crédito do avalista ou fiador em recuperação ou falido; nesta última hipótese, somente após o encerramento da falência. Poderá, ainda, manter sua demanda contra o avalizado ou afiançado.

O outro credor ilegítimo para os processos de falência e de recuperação judicial é aquele que demanda **despesas** que fizerem para **reclamar seus créditos** na recuperação judicial e na falência, com exceção única das despesas de custas judiciais. Assim, **não será possível habilitar** em processos de falência e de recuperação judicial as despesas com **perícias**, **cálculos contábeis**, **honorários de profissionais**, inclusive **advocatícios**, se tais despesas forem realizadas **para participação** nos mencionados processos. **Somente as custas judiciais** poderão ser cobradas do recuperando ou do falido.

A **legislação anterior excluía**, também, da cobrança junto à massa falida ou ao devedor concordatário, as **multas contratuais e as fiscais**, além das **dívidas de alimentos**. A Lei n. 11.101/2005 não faz as mesmas exclusões. Quanto às **multas**, o art. 83, inc. VII, da Lei n. 11.101/2005, classifica-as como créditos **subquirografários**.

Eis o quadro dos créditos ilegítimos:

CRÉDITOS ILEGÍTIMOS
1) Obrigações a título gratuito (inclusive dívidas decorrentes de obrigações solidárias e oriundas de fiança ou aval prestados pelo devedor empresário).
2) Despesas que os credores fizerem para tomar parte na recuperação judicial ou na falência, salvo as custas judiciais decorrentes de litígio com o devedor.

Fonte: art. 5º, da Lei n. 11.101/2005.

■ 23.1.2. Suspensões

O art. 6º, da Lei n. 11.101/2005, determina a **suspensão de todas as ações e execuções** contra o devedor empresário em crise econômico-financeira, bem como da **prescrição** de suas obrigações, caso seja decretada a sua **falência** ou deferido o processamento da sua **recuperação judicial**.

A mencionada suspensão também alcançará os **credores particulares** dos sócios solidários, os quais teriam **sua falência decretada**, por ocasião da decretação da falência da sociedade da qual participam, nos termos do art. 81, da Lei n. 11.101/2005. O art. 6º afirma que a **decretação da falência ou o deferimento do processamento** da recuperação judicial implica: I — **suspensão do curso da prescrição** das obrigações do devedor sujeitas ao regime desta Lei; II — **suspensão das execuções ajuizadas** contra o devedor, inclusive daquelas dos credores particulares do sócio solidário, relativas a créditos ou obrigações sujeitos à recuperação judicial ou à falência; III — **proibição de qualquer forma de retenção**, arresto, penhora, sequestro, busca e apreensão e constrição judicial ou extrajudicial sobre os bens do devedor, oriunda de demandas judiciais ou extrajudiciais cujos créditos ou obrigações sujeitem-se à recuperação judicial ou à falência.

As suspensões, no caso da **falência**, têm por última finalidade **encaminhar todos** os credores do falido ao juízo falimentar, para que participem do **concurso de credores**, recebendo seus créditos nas suas respectivas categorias e, se necessário, por rateio, quando não houver dinheiro suficiente para quitar toda a classe de credores. Com o decreto falimentar, teremos o seguinte curso de ações e execuções:

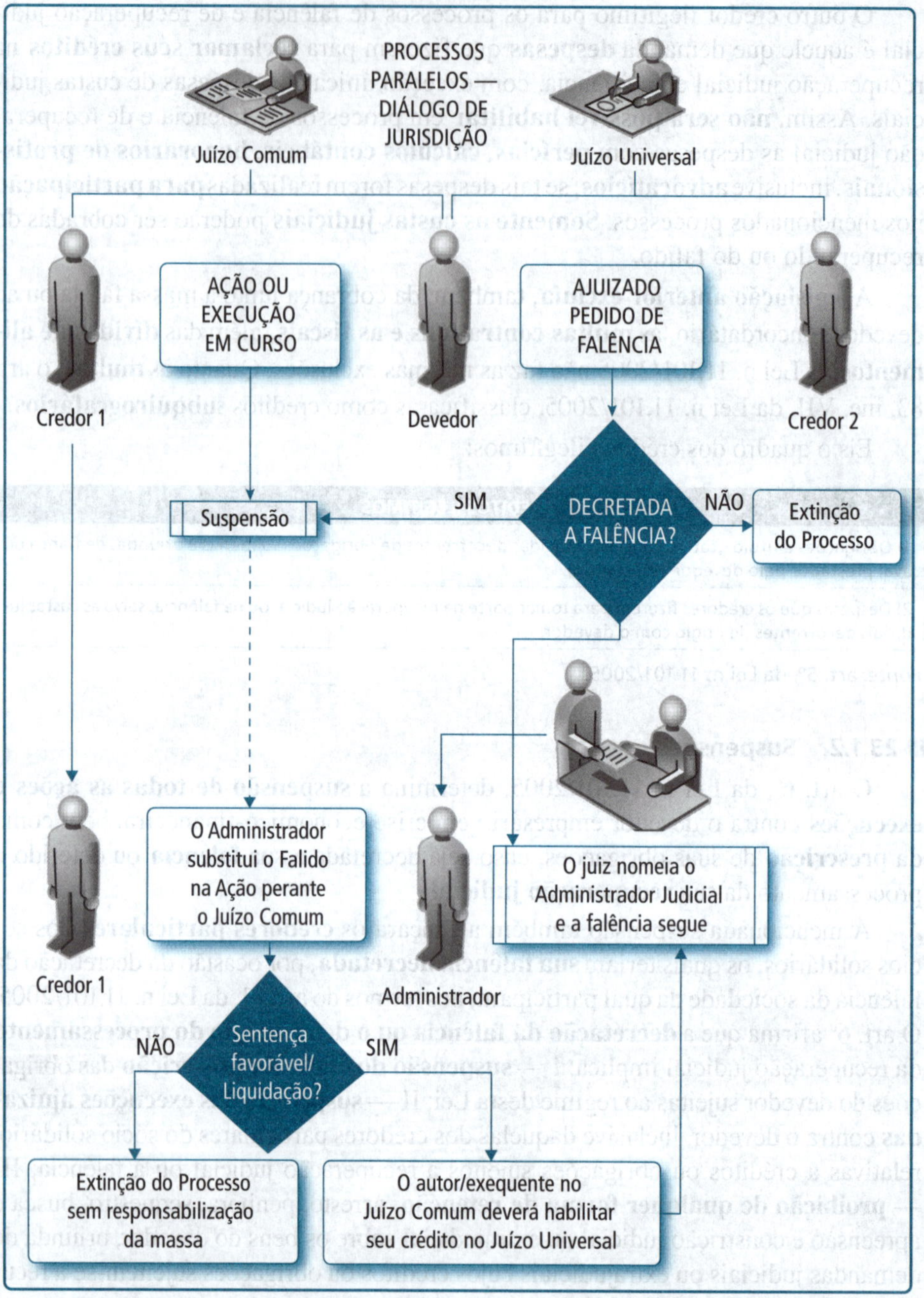

De modo semelhante ao que se lê no gráfico *supra*, também quando deferido o processamento da recuperação judicial, a suspensão de ações e execuções do devedor em crise financeira será determinada. A paralisação de ações e execuções individuais é medida necessária para possibilitar ao devedor negociar com os credores em conjunto, bem como preservar o patrimônio do empreendimento.

A **Lei n. 14.112/2020**, ao incluir a **vedação "de qualquer forma de retenção,** arresto, penhora, sequestro, busca e apreensão e constrição judicial ou extrajudicial sobre os bens do devedor, oriunda de demandas judiciais ou extrajudiciais cujos créditos ou obrigações sujeitem-se à recuperação judicial ou à falência" **demonstra-se oportuna**, para evitar na execução coletiva (falência) que haja eventual **desrespeito ao rateio concursal**, com o prosseguimento indevido de alguma execução singular. A preservação de qualquer ativo em favor da massa de credores cumprirá o princípio da ***pars conditio creditorum***.

Na recuperação judicial ou extrajudicial, a mesma medida também se demonstra **condizente com a possibilidade de reestruturação** do ente coletivo em crise econômico-financeira e **evitará os comuns agravos de instrumento e/ou conflitos de competência** sobre a possibilidade ou não da continuidade de atos de constrição patrimonial, principalmente, nas execuções singulares alcançadas com a superveniência do deferimento do processamento da recuperação judicial ou extrajudicial, **salvo as execuções fiscais**, cujo tratamento mereceu ordenamento específico, como veremos oportunamente.

A **Lei n. 14.112/2020** encampou o **entendimento jurisprudencial** sobre a possibilidade de **prorrogação dos prazos de suspensão**.

Decorrido o prazo pertinente ao *stay period* (180 dias corridos da decisão de deferimento do processamento, **prorrogável uma única vez, mais 180 dias**), se **não houver deliberação** sobre o Plano de Recuperação Judicial ou se, em caso de objeções, ultimar **rejeitado em assembleia**, será facultado aos **credores a apresentação de Plano Alternativo em 30 dias**.

Vindo o **Plano Alternativo, será renovado o *stay period* por mais 180 dias**, contado da data da expiração do prazo anterior ou da data da assembleia que decidir pela apresentação do Plano Alternativo (art. 6º, § 4º-A, inc. II, da Lei n. 11.101/2005).

As alterações advindas da Lei n. 14.112/2020 permitem a ilação de que, em princípio, o prazo de **suspensão de ações e execuções**, bem assim de suspensão do **prazo prescricional** (especificamente para os casos de Recuperação Judicial) foi estendido para, no **máximo, 390 dias** a contar da decisão de processamento (e isso considerando, além do prazo original, a necessidade de prorrogação e a possibilidade de apresentação do Plano Alternativo pelos credores) **ou até 540 dias**, para o caso de apresentação do referido Plano Alternativo.

A suspensão da prescrição **inicia-se** com o **decreto de falência** e termina na data em que transitar em julgado a **sentença que a encerrar.**

As suspensões, no caso da **recuperação judicial**, têm por objetivo permitir ao devedor empresário, em crise econômico-financeira, apresentar seu **plano de recuperação**, bem como, depois de aprovado, **cumpri-lo**.

Com a suspensão de ações e execuções no curso da recuperação judicial, teremos o seguinte panorama:

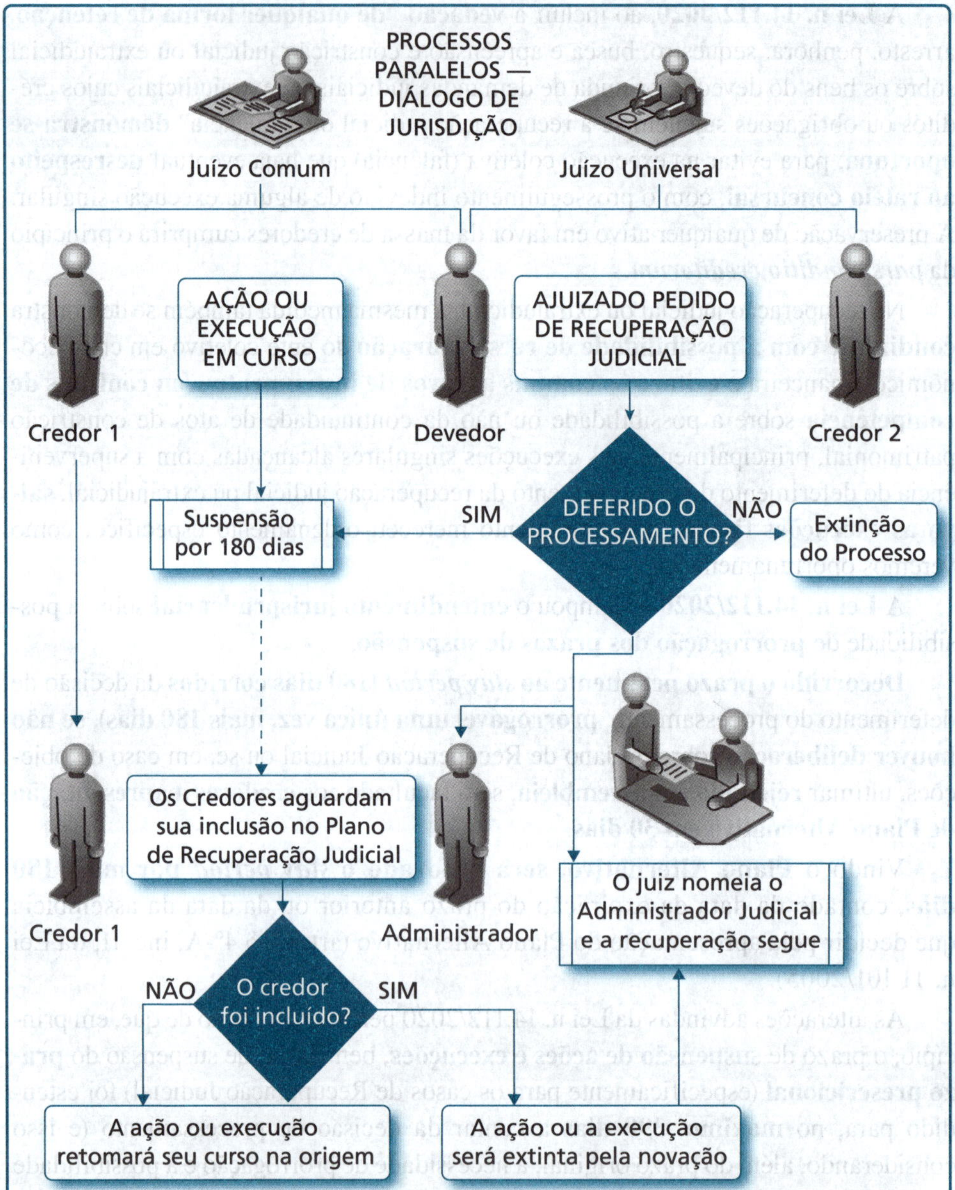

Em **ambas as situações**, caso o plano de recuperação judicial original não seja apreciado ou homologado, nem eventual Plano Alternativo, tanto as ações quanto as execuções **voltam a tramitar** regularmente.

A prescrição ficará suspensa:

- Na **falência**: desde a **sentença que decreta** a falência até o trânsito em julgado da **sentença de encerramento** dela. Não podemos confundir essa sentença com aquela que extingue as obrigações do falido. O encerramento da falência dar-se-á em duas situações: se esgotados os bens ou se pagos todos os credores do falido. Já a extinção das obrigações dependerá da ocorrência de alguma das hipóteses do art. 158, da Lei n. 11.101/2005.

■ Na **recuperação judicial**: desde a decisão que **defere o processamento** da recuperação judicial até a **sentença que julgá-la cumprida**. Se **somarmos os possíveis prazos para a homologação do plano** de recuperação judicial original ou alternativo, inclusive o de **eventual prorrogação**, aos **2 anos** em que o devedor permanecerá em recuperação, poderemos calcular, em média, o tempo de suspensão do prazo prescricional.[1] Lembrando que, caso o plano de recuperação judicial **não seja aprovado**, ou **não seja cumprido**, a **falência** poderá ser **decretada**. Ocorrendo isso, a prescrição ficará suspensa por um novo fundamento, a decretação da falência.

Esse conteúdo, graficamente, pode ser assimilado da forma seguinte:

---

[1] A razão de ser da suspensão de ações e execuções lança-se à possibilidade de novação dos créditos antes em discussão no Juízo Comum. Por outro lado, acaso os créditos suspensos não venham a integrar o plano de recuperação, sem razão igualmente a manutenção da suspensão. Leia-se, nesse sentido, precedente do STJ: "De início, cumpre salientar que, no que se refere ao prazo previsto no art. 6º, § 4º, da LFRE — segundo o qual o deferimento do processamento da recuperação judicial suspende, por 180 dias, o curso da prescrição e de todas as ações e execuções em face do devedor, este Tribunal Superior manifestou, reiteradamente, entendimento no sentido de que o mero decurso do prazo não é bastante para, isoladamente, autorizar a retomada das demandas movidas contra o devedor. Isso porque, de acordo com o entendimento assentado, a suspensão também encontra fundamento nos arts. 47 e 49 da Lei n. 11.101/2005, que veiculam as normas que garantem a preservação da empresa e a manutenção dos bens de capital essenciais à atividade na posse do devedor, devendo-se considerar, outrossim, a complexidade envolvida em cada processo de recuperação, resultante da dimensão ou do enredamento das relações jurídicas travadas pela sociedade que busca o soerguimento. Todavia, a extrapolação do prazo previsto no art. 6º, § 4º, da LFRE não pode consistir em expediente que conduza à prorrogação genérica e indiscriminada do lapso temporal suspensivo para todo e qualquer processo relacionado à empresa recuperanda, fazendo-se necessário analisar as circunstâncias subjacentes a cada caso. As exceções autorizadas pela jurisprudência desta Corte impedem tão somente que a retomada da marcha processual das ações movidas contra a sociedade recuperanda ocorram automaticamente em razão do mero decurso do prazo de 180 dias. Entretanto, manter as ações contra a recuperanda suspensas indiscriminadamente depois de aprovado o plano de soerguimento feriria a própria lógica recuperacional, na medida em que, a partir da consolidação assemblear, os créditos devidos devem ser satisfeitos — sejam aqueles cujas condições de exigibilidade foram mantidas, sejam aqueles em que tais condições foram alteradas —, sob o risco de o processo ser convolado em falência (art. 73, IV, da LFRE), sendo certo que, caso o crédito não integre o plano aprovado, não há óbice legal ao prosseguimento da ação. Deste modo, não é sequer razoável admitir que, no particular, a autora da ação de compensação por danos morais tenha de suportar o ônus que a suspensão pleiteada pelo devedor lhe acarretaria, haja vista a pequena dimensão pecuniária de seu crédito quando comparado ao porte econômico da empresa recuperanda e o tempo transcorrido desde o ajuizamento da ação (aproximadamente seis anos), o que resultaria em afronta ao princípio da efetividade da jurisdição (REsp 1.710.750-DF, Rel. Min. Nancy Andrighi, por unanimidade, julgado em 15/05/2018, *DJe* 18/05/2018 — Informativo n. 627)".

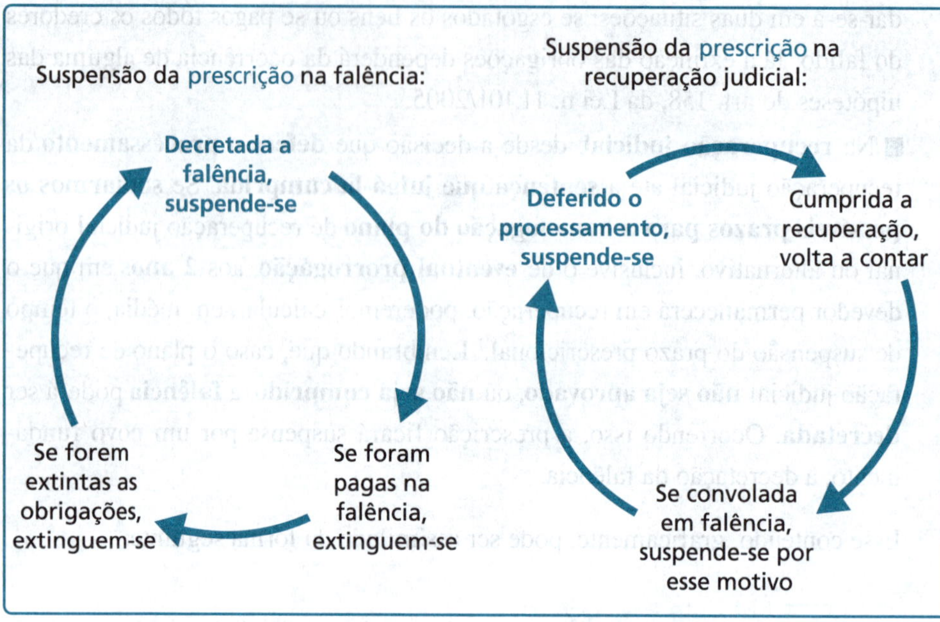

■ *23.1.2.1. Da prescrição*

Como visto, desde o **deferimento** da **recuperação judicial**, até o seu **cumprimento ser reconhecido por sentença**, fica suspensa a prescrição durante o processamento do feito. O mesmo ocorre no processo de **falência**, desde a sua **decretação**, até o trânsito em julgado da **sentença de encerramento** dela.

Em ambas as situações, todos os **credores atingidos** são submetidos aos regimes recuperacionais ou falimentares, de modo que terão que **subordinar seus créditos** aos referidos processos substitutivos de pagamento das dívidas do devedor empresário em crise econômico-financeira. Nada, contudo, garante que todos os credores serão satisfeitos. O contrário disso parece ser bem mais possível.

Desse modo, **não** se pode conceber que a prescrição **corra concomitantemente** com os processos de falência e de recuperação judicial. Enquanto se impõe aos credores a submissão aos referidos processos, a prescrição dos créditos alcançados permanecerá suspensa. **Encerrados** os processos previstos na Lei n. 11.101/2005, **volta a contar** o prazo prescricional pelo que lhe faltava.

As obrigações cuja **prescrição já se encontrava suspensa manterão** a suspensão, caso permaneça o motivo dela. Caso não exista mais o referido motivo de suspensão, restará o previsto na Lei n. 11.101/2005. Na falência, o **relatório final** do administrador judicial elencará os credores que não receberam seus créditos, permitindo a **futura execução** contra o devedor falido, mesmo após o encerramento da falência, desde que respeitado o **prazo prescricional** que voltou a correr.

Na recuperação judicial, a **ausência de inclusão** de algum credor no quadro geral de credores, bem como o **descumprimento** do plano de recuperação judicial quanto a algum credor, permitirá a propositura de **execução individual** contra o devedor empresário, também respeitado o prazo prescricional. Em ambas as situações, para **evitar** que o **prazo necessário** para a tramitação e o encerramento dos processos de falência e recuperação judicial **corroam** o prazo prescricional das obrigações, a **prescrição restará suspensa**.

A **Lei n. 14.112/2020 revogou o art. 157**, da Lei n. 11.101/2005, que dispunha que "o prazo prescricional relativo às obrigações do falido" recomeçaria "a correr do dia em que transitar em julgado de encerramento da falência".

A referida revogação se justifica, porque a **Lei n. 14.112/2020 ressuscitou o instituto da falência frustrada (art. 114-A)** e, assim, a sentença de encerramento também poderá ocorrer em tal hipótese, sendo efeito do ***decisum*** **correlato a extinção das obrigações do falido**, nos termos do art. 158, inc. VI, da Lei n. 11.101/2005. Se as obrigações são extintas pelo encerramento da falência, mesmo que frustrados os pagamentos, **não há razão para retomada da prescrição**.

Tratando-se de **recuperação judicial**, o fim da suspensão **dependerá do destino** dado ao processo de recuperação judicial. Se não apreciado ou aprovado o plano (o original ou o alternativo) no lapso temporal correspondente ao *stay period*, o direito de iniciar ou continuar ações e execuções contra o devedor será **restabelecido**, o **mesmo ocorrerá** com a prescrição, que também voltará a correr.

O § 2º do art. 6º dispõe: "É permitido pleitear, perante o administrador judicial, habilitação, exclusão ou modificação de créditos derivados da relação de trabalho, mas as ações de natureza trabalhista, inclusive as impugnações a que se refere o art. 8º desta Lei, **serão processadas perante a justiça especializada** até a apuração do respectivo crédito, que será inscrito no quadro-geral de credores pelo valor determinado em sentença". E o § 5º, do mesmo artigo informa: "O disposto no § 2º deste artigo **aplica-se à recuperação judicial durante o período de suspensão** de que trata o § 4º deste artigo". Assim, vencido o prazo de suspensão, as ações e execuções que estavam suspensas na **justiça trabalhista** voltarão a tramitar regularmente, mesmo que os créditos já estejam incluídos no quadro geral de credores.

A recuperação judicial poderá levar os créditos a **quatro destinos**:

I — **inclusão no plano** de recuperação judicial homologado pelo juiz, com a consequente **novação** dos créditos e extinção das ações e execuções correspondentes, as quais estavam suspensas por força da decisão que deferiu o processamento da recuperação;

II — **perda do prazo da suspensão da prescrição e das ações e execuções (originariamente, 180 dias)**, com a respectiva **continuidade** delas, após o transcurso do referido lapso temporal, mesmo com o prosseguimento da recuperação judicial;

III — **convolação em falência**, por algum dos motivos previstos nos arts. 72, parágrafo único, e 73, da Lei n. 11.101/2005;

IV — **descumprimento** do plano de recuperação judicial após o prazo de dois anos, o que permitirá ao **credor** prejudicado requerer a **falência** ou promover a **execução** do seu crédito remanescente.

Em cada uma dessas hipóteses, a suspensão da prescrição terá **tratamento diferenciado**. Confira-se:

Na hipótese I, a prescrição **continuará suspensa** até a sentença que julgar **cumprida** a recuperação judicial, sendo essa a situação mais comum.

Na hipótese II, a partir do **181º** dia, **volta a correr** a prescrição.

Na hipótese III, a suspensão da prescrição **respeitará** o que já dissemos a respeito dela nos processos de **falência**, ou seja, desde a decretação da falência incidente novo motivo para a suspensão da prescrição. Nessa hipótese, a suspensão terá por **fundamento**, inicialmente, o **deferimento** do processamento da recuperação judicial e, a seguir, o **decreto** de falência, sem solução de continuidade.

Na hipótese IV, a suspensão da prescrição respeitará o **prazo de dois anos** de cumprimento da recuperação judicial. Depois desse prazo, voltará a correr a prescrição, até a citação na execução ou até o decreto de falência, caso seja requerida. Por fim, destaque-se que, em caso de **recuperação judicial** com base em **plano especial** para microempresa ou empresa de pequeno porte, **não haverá suspensão da prescrição**, nos termos do art. 71, da Lei n. 11.101/2005, o qual, em seu parágrafo único, dispõe que "o pedido de recuperação judicial com base em plano especial não acarreta a suspensão do curso da prescrição nem das ações e execuções por créditos não abrangidos pelo plano".

Esquematizando a suspensão da prescrição:

SUSPENSÃO DA PRESCRIÇÃO		
Situação	**Motivo da Suspensão**	**Cessação da Suspensão**
■ Falência	■ Sentença que decreta a falência.	■ Sentença de encerramento da falência.
■ Falência	■ Se for denegada a falência, a prescrição não se suspende.	■ Não há.
■ Recuperação judicial	■ Deferimento do processamento.	■ Se homologado o plano de recuperação judicial, permanecerá suspensa pelos dois anos de recuperação.
■ Recuperação judicial	■ Deferimento do processamento.	■ Se o plano de recuperação judicial não for homologado em até 180 dias, volta a correr no 181º dia.
■ Recuperação judicial	■ Deferimento do processamento.	■ Se houve convolação em falência, até a sentença de encerramento dela.
■ Recuperação judicial	■ Deferimento do processamento.	■ Se houve descumprimento do plano de recuperação após os dois anos, volta a correr até nova citação em execução ou pedido de falência.
■ Recuperação judicial do plano especial	■ Não se suspende a prescrição.	■ Não há.

■ *23.1.2.2. Das ações*

As ações deverão ser suspensas, assim como determinado no art. 6º, da Lei n. 11.101/2005, pelos motivos a seguir:

I — **Na falência** — será necessário que o **administrador judicial substitua o falido** nas ações que interessem à massa falida. Decretada a falência, não poderá mais o falido figurar como parte em referidas ações. Desse modo, a suspensão das ações permitirá a **habilitação do administrador judicial** em lugar do devedor empresário, continuando a ação no mesmo juízo em que já tramitava, contra a massa falida ou por ela movida. A previsão da **legitimidade única** do administrador judicial, para ações de interesse da massa, consta do parágrafo único, do art. 76, da Lei n. 11.101/2005, no qual está determinado que "o juízo da falência é indivisível e competente para conhecer todas as ações sobre bens, interesses e negócios do falido, ressalvadas as causas trabalhistas, fiscais e aquelas não reguladas nesta Lei em que o falido figurar como autor ou litisconsorte ativo. Parágrafo único. Todas as ações, inclusive as excetuadas no *caput* deste artigo, terão **prosseguimento com o administrador judicial**, que deverá ser intimado para **representar a massa falida**, sob pena de **nulidade** do processo".

O art. 22, inc. III, alínea "c", da Lei n. 11.101/2005, impõe ao **administrador judicial** o dever de **identificar, relacionar e assumir todas as ações** de interesse da massa, determinando que "ao administrador judicial compete, sob a fiscalização do juiz e do Comitê, além de outros deveres que esta Lei lhe impõe: (...) III — na falência: (...); *c)* relacionar os processos e **assumir a representação judicial** da massa falida".

A exclusão da legitimidade processual do **falido** não lhe impede de **intervir nas ações e interpor recursos**, além de fiscalizar a atuação do administrador judicial. Tal direito decorre do art. 103, da Lei n. 11.101/2005, o qual estatui que, "desde a decretação da falência ou do sequestro, o devedor perde o direito de administrar os seus bens ou deles dispor. Parágrafo único. O falido poderá, contudo, fiscalizar a administração da falência, requerer as providências necessárias para a conservação de seus direitos ou dos bens arrecadados e **intervir nos processos** em que a massa falida seja parte ou interessada, requerendo o que for de direito e **interpondo os recursos cabíveis**".

Após a habilitação do administrador judicial nas ações de interesse da massa, elas **prosseguirão no mesmo juízo** em que já tramitavam, até que sejam sentenciadas e recebam a certidão do trânsito em julgado. A continuidade das ações em juízos distintos do falimentar, até a constituição do crédito nos respectivos autos, decorre do que estabelece o art. 6º, da Lei n. 11.101/2005, em seus dois primeiros parágrafos. Confira-se: "§ 1º Terá **prosseguimento no juízo** no qual estiver se processando a ação que **demandar quantia ilíquida**. § 2º É permitido pleitear, perante o administrador judicial, habilitação, exclusão ou modificação de créditos derivados da relação de trabalho, mas as ações de natureza trabalhista, inclusive as impugnações a que se refere o art. 8º desta Lei, serão **processadas perante a justiça especializada** até a apuração do respectivo crédito, que será inscrito no quadro geral de credores pelo valor determinado em sentença".

Com a **sentença proferida**, o eventual credor do falido poderá **habilitar seu crédito** nos autos da falência. **Enquanto tramita** a ação, o sujeito que demanda contra o falido poderá requerer **reserva de valor** no juízo falimentar, por meio do juízo em que tramita a ação, com o objetivo de evitar que seja considerado credor retardatário na falência. Tal situação decorre da previsão do art. 6º, da Lei n. 11.101/2005, o qual, no seu § 3º, apregoa: "O juiz competente para as ações referidas nos §§ 1º e 2º deste artigo poderá determinar a **reserva da importância** que estimar devida na recuperação judicial ou na falência, e, uma vez reconhecido líquido o direito, será o crédito incluído na classe própria". Essa determinação de **reserva**, feita pelo juiz que estiver processando a ação contra o falido, **dependerá de requerimento** do credor interessado, daí a expressão "poderá determinar". Uma vez **requerida** pela parte, a reserva **deverá** ser levada a efeito por determinação do referido juízo processante, dirigindo requisição ao juízo em que tramita a falência. No juízo falimentar, a requisição funcionará como uma espécie de **habilitação cautelar do crédito**, devendo ser aberta conta judicial exclusiva para o seu depósito, respeitada a ordem dos pagamentos.

II — Na **recuperação judicial** — será oportunizada, ao devedor empresário em crise econômico-financeira, uma **forma substitutiva** de pagamento de suas obrigações, forma por ele elaborada e sugerida aos credores ou, posteriormente, **construída pelos mesmos (em caso de Plano Alternativo)**. À exceção do credor fiscal, todos os demais credores serão alcançados, nos termos do art. 49, da Lei n. 11.101/2005, respeitadas as situações excluídas pelos parágrafos do mesmo artigo. Uma vez deferido o processamento da recuperação judicial, todos os credores, tanto aqueles que promovem a execução do devedor, por já contarem com título executivo líquido, certo e exigível, quanto **aqueles que demandam processos de conhecimento** terão que **aguardar o plano** de recuperação judicial. Tal plano, uma vez aprovado, promoverá a **novação** de todas as obrigações por ele alcançadas, tanto aquelas que sejam objeto de execuções quanto as que estiverem sendo **discutidas em ações**.

Assim, as ações ficarão **suspensas aguardando** o que vier a ser **disciplinado no plano** de recuperação judicial, pois as disposições aprovadas poderão conduzir à **extinção delas**. Não se faz necessária a substituição do devedor empresário pelo administrador judicial, até porque, na recuperação judicial, o administrador judicial tem papel fiscalizador, e não gestor, das atividades da empresa. É o **devedor empresário que continua na administração** da empresa e na gestão do plano de recuperação judicial.

A Lei n. 11.101/2005 **limita** a suspensão das ações ao prazo de **180 dias (salvo prorrogação ou até um terceiro período de suspensão após a apresentação de eventual Plano Alternativo)**. Caso o crédito discutido em uma ação **não venha** a ser disciplinado **no plano** de recuperação judicial, o feito **voltará a tramitar**, ocorrendo o mesmo no caso de **esgotamento do referido prazo** sem homologação do plano de recuperação judicial.

A suspensão das ações na recuperação judicial **visa**, do ponto de vista do direito empresarial, permitir ao devedor empresário a **apresentação de sua proposta** substitutiva de pagamento, **sem a interferência de decisões judiciais** que onerem, bloqueiem ou alienem seu patrimônio. Processualmente, alcança volumosa economia processual, pois, concedida a recuperação, haverá **perda superveniente dos objetos de referidas ações**, o que implicará nas suas extinções e na reunião de todos os créditos em um único processo de recuperação.

As finalidades aqui explicitadas fundamentam, também, a **impossibilidade** de ajuizamento de **novas ações e execuções** por **dívidas anteriores** ao deferimento do processamento da recuperação, devendo os credores **pleitear seus direitos** junto ao juízo em que tramita a recuperação, nos termos que vierem a ser definidos no plano de recuperação judicial. Já as obrigações **posteriores** ao deferimento do processamento da recuperação judicial deverão ser objeto de **novas ações e execuções**, as quais deverão ser ajuizadas e tramitarão nos **juízos comuns**, mesmo enquanto tramita a recuperação.

O fundamento legal da referida suspensão é o **§ 4º, do art. 6º**, da Lei n. 11.101/2005.

A Lei n. 11.101/2005 impõe a **comunicação** do ajuizamento de **novas ações ao juízo falimentar ou recuperacional**. Tal dever é dirigido ao **juiz competente**, quando do recebimento da petição inicial de eventual ação contra o devedor em recuperação ou falido, e ao **devedor**, imediatamente após a citação dele nas novas ações. É o § 6º, do art. 6º, que determina: "Independentemente da verificação periódica perante os cartórios de distribuição, as ações que venham a ser propostas contra o devedor deverão ser comunicadas ao juízo da falência ou da recuperação judicial: I — pelo juiz competente, quando do recebimento da petição inicial; II — pelo devedor, imediatamente após a citação".

Esquematizando a suspensão das ações:

SUSPENSÃO DAS AÇÕES NA FALÊNCIA E NA RECUPERAÇÃO JUDICIAL		
Suspensão	**Na Falência**	**Na Recuperação Judicial**
■ Finalidade	■ Substituição do falido pelo administrador judicial.	■ Possibilitar a proposta de forma substitutiva de pagamento aos credores.
■ Tramitação	■ Continua no mesmo juízo contra o administrador judicial.	■ Após 180 dias (salvo prorrogação), volta a correr no juízo original.
■ Papel do devedor	■ Intervir e interpor recursos.	■ Buscar a aprovação do seu plano de recuperação.
■ Até quando	■ Até a substituição do falido pelo administrador.	■ Até 180 dias (salvo prorrogação).
■ Como receber	■ Pedir reserva de importância. ■ Habilitar-se no juízo falimentar, após o trânsito.	■ Ser incluído no plano de recuperação. ■ Propor Plano Alternativo. ■ Executar a sentença transitada em julgado.

■ *23.1.2.3. Das execuções*

Assim como as ações, as execuções também serão suspensas pela sentença que decreta a falência e pela decisão que defere o processamento da recuperação judicial. As razões da suspensão também são distintas. Vejamos:

I — **Na falência** — por força do que dispõe o art. 76, da Lei n. 11.101/2005, após a decretação da falência fica instaurada uma espécie de "**caixa único**" do falido, de modo que **apenas o Juízo Falimentar** poderá efetuar **pagamento** de suas obrigações vencidas.

Terão que buscar a satisfação dos créditos no Juízo Falimentar **todos os credores** do devedor empresário falido, sendo que as dívidas não vencidas **vencerão antecipadamente**, nos termos do art. 77, da Lei n. 11.101/2005, o que permitirá a habilitação de todos os credores do falido na execução coletiva falimentar.

As execuções que estiverem em andamento perdem a razão de sua tramitação, pois **não poderão ser penhorados bens** do devedor falido nos **processos individu-**

ais. As execuções que tiverem bens penhorados ou já leiloados, por ocasião da decretação da falência, inclusive as trabalhistas, também serão suspensas, e os **bens e valores penhorados e arrecadados deverão ser remetidos ao juízo falimentar**, cumprindo o que determina o § 3º, do art. 108, da Lei n. 11.101/2005. Em face desta última regra, **não importará** mais saber se a falência foi decretada **antes ou depois do leilão** dos bens nas execuções individuais, como previa a lei anterior, pois agora **todos os bens e valores** deverão ser **entregues** ao juízo falimentar. Desse modo, na forma da Lei n. 11.101/2005, a sentença que decretar a falência dispensará a necessidade de menção à hora da decretação.

A referida lei estabelece a falência como um processo de **execução coletiva** que preponderará sobre todas as execuções individuais dos credores contra o falido. Se há uma execução coletiva, em que **todos os bens são reunidos pela arrecadação**, havendo competência exclusiva do juiz falimentar para determinar o destino dos referidos bens, os **pagamentos somente** poderão ser efetuados na **Vara Falimentar**, não importando qual juízo seja o competente para as ações ou execuções.

Desse modo, as execuções individuais ficarão **suspensas enquanto durar a execução coletiva**, ou seja, desde o decreto de falência até a sentença de encerramento dela, depois da qual poderão voltar a correr, na esperança de que algum bem ou valor venha a compor o patrimônio futuro do falido.

As execuções fiscais também restarão suspensas, nos termos da nova sistemática trazida pela Lei n. 14.112/2020 (art. 7º-A, §4º, inc. V, da Lei n. 11.101/2005). No item 23.1.2.4.2 detalharemos o denominado Incidente de Classificação de Crédito Público, deflagrado de ofício pelo Juízo Falimentar.

II — Na **recuperação judicial** — serão suspensas as execuções pelo prazo de **180 dias (salvo prorrogação)**, contados da decisão que defere o processamento da recuperação judicial.

Como a **finalidade** da recuperação judicial é permitir ao devedor a apresentação de uma **forma substitutiva de pagamento** aos credores, proposta que deverá ser aprovada por eles e, uma vez aprovada, cumprida pelo devedor empresário em crise econômico-financeira, **não se mostra razoável** a continuidade das execuções dos mesmos credores contra tal devedor. Isso inviabilizaria a proposta substitutiva de pagamento, ante a possibilidade de **penhora, remoção e venda dos bens** necessários à **continuidade** da atividade empresarial, **bens imprescindíveis** à formação de caixa para suportar o cumprimento do plano de recuperação judicial.

As execuções ficarão suspensas por até 180 dias (salvo prorrogação), como já dito, podendo ter **três destinos** diferentes:

I — **Voltam a correr após os 180 dias**, caso não seja concedida a recuperação judicial ou decretada a falência.

II — **Extinguem-se, pela sentença que concede** a recuperação judicial, já que ela produz a novação das obrigações, ao homologar o plano de recuperação judicial.

III — **Permanecem suspensas, em face da decretação da falência**, por convolação da recuperação judicial, em face de **decisão da assembleia** geral de credores, de **intempestividade de apresentação do plano** de recuperação judicial, ou de **re-**

jeição do mesmo plano ou plano alternativo, pelo **descumprimento de parcelamento** de obrigações tributárias ou transação nos termos do art. 10-C, da Lei n. 10.522/2002 ou quando **contextualizado o esvaziamento patrimonial** da recuperanda, nos termos dos incs. I, II e III, IV e V, nos termos dos incs. I, II e III, do art. 73, da Lei n. 11.101/2005.

É importante destacar que as **execuções fiscais não serão suspensas** pelo deferimento do processamento da recuperação judicial, nem pela concessão do referido benefício. Elas **prosseguirão normalmente nos seus juízos originários**, inclusive com a possibilidade de **penhora** de bens do devedor empresário em recuperação, **ressalvada a competência do Juízo Recuperacional** para determinar a **substituição dos atos de constrição que recaiam sobre bens de capital essenciais** à manutenção da atividade empresarial até o encerramento da recuperação judicial, a qual será implementada mediante a **cooperação jurisdicional**, na forma do art. 69 da Lei n. 13.105, de 16 de março de 2015 (Código de Processo Civil), observado o disposto no art. 805 do referido Código (art. 6º, § 7º-B).

A mesma sistemática foi adotada para as **execuções de ofício** oriundas das **relações de trabalho**, seja para cobrança de multas administrativas, seja em função da cobrança de contribuições de trabalhadores ou empregadores, para o Regime Público de Previdência Social. Tal alteração foi implementada com a adição do §§ 7º-B e 11, ao art. 6º, da Lei n. 11.101/2005:

"§ 7º-B. O disposto nos incisos I, II e III do *caput* deste artigo **não se aplica às execuções fiscais**, admitida, todavia, a competência do juízo da recuperação judicial para determinar a **substituição dos atos de constrição** que recaiam sobre bens de capital essenciais à manutenção da atividade empresarial até o encerramento da recuperação judicial, a qual será implementada mediante a cooperação jurisdicional, na forma do art. 69 da Lei n. 13.105, de 16 de março de 2015 (Código de Processo Civil), observado o disposto no art. 805 do referido Código.

(...)

§ 11. O disposto no § 7º-B deste artigo **aplica-se, no que couber, às execuções fiscais e às execuções de ofício** que se enquadrem respectivamente nos incisos VII e VIII do *caput* do art. 114 da Constituição Federal, **vedados a expedição de certidão de crédito e o arquivamento das execuções** para efeito de habilitação na recuperação judicial ou na falência."

Já mencionado **parcelamento** poderá ser buscado pelo devedor em crise econômico-financeira, conforme determina o art. 68, da Lei n. 11.101/2005, o qual normatiza que: "As Fazendas Públicas e o Instituto Nacional do Seguro Social — INSS poderão deferir, nos termos da **legislação específica**, parcelamento de seus créditos, em sede de recuperação judicial, de acordo com os parâmetros estabelecidos na Lei n. 5.172, de 25 de outubro de 1966 — Código Tributário Nacional".

Por fim, o art. 57, da Lei n. 11.101/2005, exige a apresentação de **certidões negativas tributárias** para a **concessão** da recuperação judicial. Isso significa, em letras frias, que o **crédito fiscal não seria alcançado** pela recuperação judicial, devendo estar **quitado** para a sua concessão.

A conveniência ou não de **opção pelo parcelamento deverá ser avaliada caso** a caso. De se salientar, inclusive, que a Lei n. 14.112/2020, ao alterar a Lei n. 10.522/2002, trouxe como **medida paralela a possibilidade de transação** em relação a tributos federal inscritos na dívida ativa.

Ocorre que os créditos fiscais são os **primeiros a não serem pagos** em tempos de crise econômico-financeira. Normalmente, representam o **maior percentual** do montante de dívidas do devedor empresário em crise. O art. 57, da Lei n. 11.101/2005, **contrapõe**-se ao que determina o art. 47, da mesma Lei, o qual trata da **necessidade e finalidade da recuperação judicial** como forma de evitar prejuízo, primeiro à atividade econômica e, por fim, à própria coletividade. Haveria uma **antinomia** entre um **princípio** basilar da Lei n. 11.101/2005, preservar a atividade produtiva, e um **interesse individual** do Estado credor, ter seu crédito quitado, antes da concessão da recuperação judicial.

Com base no princípio da **preservação da empresa** e da **isonomia dos credores**, a Justiça Paulista tem adotado o entendimento de que é **desnecessária a apresentação das certidões negativas** tributárias, ou a **obtenção de parcelamento** do débito tributário, como requisito à concessão da recuperação judicial. Em alguns casos, tem sido deferido **prazo para apresentação posterior** à sentença concessiva da recuperação judicial.

Todavia, tem prevalecido o entendimento no sentido de que o art. 68, da Lei n. 11.101/2005, ao dispor que o **parcelamento do crédito fiscal** deverá ser realizado **na forma de legislação específica**, estaria a exigir **lei especial** e própria para o atendimento da situação de crise econômico-financeira que antecede e propicia a recuperação judicial da empresa. Assim, enquanto não forem editadas leis específicas, nas três esferas de governo — federal, estadual e municipal —, a exigência das certidões negativas tributárias será abusiva, pela falta de regulamentação específica que propicie o parcelamento do débito tributário, devendo, por isso, ser dispensada pelo juiz a apresentação das referidas certidões, sejam elas negativas, sejam positivas com efeito de negativas (na perspectiva de que seja concedido o parcelamento), oportunizando a sentença concessiva da recuperação. Por todas, confiram-se as duas ementas seguintes:

> EMENTA: Agravo de Instrumento. Recuperação Judicial. Aprovação do plano de recuperação judicial. Decisão que concede a recuperação judicial, com dispensa da apresentação das certidões negativas de débitos tributários, exigidas pelo artigo 57, da Lei n. 11.101/2005 e artigo 191-A, do CTN. Recurso interposto pela União Federal. Reconhecimento da legitimidade e interesse em recorrer, como 'terceiro prejudicado', mesmo não estando os créditos tributários sujeitos à habilitação na recuperação judicial. Exigência do artigo 57 da LRF que configura **antinomia jurídica** com outras normas que integram a Lei n. 11.101/2005, em especial, o artigo 47. **Abusividade da exigência, enquanto não for cumprido o artigo 68 da nova Lei**, que prevê a edição de **lei específica** sobre o parcelamento do crédito tributário para devedores em recuperação judicial. **Dispensa da juntada das certidões** negativas ou das positivas com efeito de negativas mantida. Agravo desprovido (TJSP, Agravo de Instrumento n. 0345218-32.2010.8.26.0000, Rel. Des. Pereira Calças, 22/11/2011).

EMENTA: Recuperação judicial. **Certidões negativas de débitos tributários** (Art. 57, da Lei n. 11.101/2005). Inadmissibilidade. **Exigência abusiva e inócua**. Meio coercitivo de cobrança. Necessidade de se **aguardar**, para o cumprimento do disposto no artigo 57, a **legislação específica** a que faz referência o art. 68, da Nova Lei, a respeito do parcelamento de crédito da Fazenda Pública e do INSS. **Dispensa da juntada de tais certidões**. Agravo de instrumento provido (TJSP, Agravo de Instrumento n. 640.898-4/9-00, Rel. Des. Romeu Ricupero, 20/03/2013).

O entendimento adotado pela jurisprudência citada coincide com a conclusão dos especialistas em Direito Comercial, participantes da I Jornada do Direito Comercial do Conselho de Justiça Federal[2]. O **Enunciado 55** da referida jornada pontuou o seguinte: "O parcelamento do crédito tributário na recuperação judicial é um direito do contribuinte, e não uma faculdade da Fazenda Pública, e, enquanto não for editada lei específica, não é cabível a aplicação do disposto no art. 57 da Lei n. 11.101/2005 e no art. 191-A do CTN".

Ainda que compartilhe do entendimento acima, porque — reitere-se — **condicionar a concessão da recuperação judicial à prévia quitação do débito tributário** poderá significar a **frustração da opção** pela referida benesse legal, os empresários e as sociedades empresárias que se decidirem por tal procedimento devem ser advertidos de que, finalmente, no âmbito federal, o **vácuo legislativo foi debelado** e até **aperfeiçoado**, diante **das alterações posteriores da Lei n. 10.522/2002**. Diante das inovações implementadas pela Lei n. 14.112/2020, em relação ao referido diploma legal, inclusive para que o parcelamento ou transação alcance os procedimentos de recuperação pendentes, permitimo-nos a transcrição dos arts. 10-A a 10-C:

> "Art. 10-A. O empresário ou a sociedade empresária que pleitear ou tiver deferido o processamento da recuperação judicial, nos termos dos arts. 51, 52 e 70 da Lei n. 11.101, de 9 de fevereiro de 2005, poderá liquidar os seus débitos para com a Fazenda Nacional existentes, ainda que não vencidos até a data do protocolo da petição inicial da recuperação judicial, de natureza tributária ou não tributária, constituídos ou não, inscritos ou não em dívida ativa, mediante a opção por uma das seguintes modalidades:
>
> V — parcelamento da dívida consolidada em até 120 (cento e vinte) prestações mensais e sucessivas, calculadas de modo a observar os seguintes percentuais mínimos, aplicados sobre o valor da dívida consolidada no parcelamento:
>
> a) da primeira à décima segunda prestação: 0,5% (cinco décimos por cento);
>
> b) da décima terceira à vigésima quarta prestação: 0,6% (seis décimos por cento);
>
> c) da vigésima quinta prestação em diante: percentual correspondente ao saldo remanescente, em até 96 (noventa e seis) prestações mensais e sucessivas; ou
>
> VI – em relação aos débitos administrados pela Secretaria Especial da Receita Federal do Brasil, liquidação de até 30% (trinta por cento) da dívida consolidada no parcelamen-

[2] Os 57 enunciados aprovados na I Jornada de Direito Comercial estão disponíveis para consulta no site do Conselho da Justiça Federal (CJF), item "CEJ — Centro de Estudos Judiciários", "Portal de Publicações". O evento foi promovido pelo CEJ do CJF, de 22 a 24 de outubro de 2012, sob a coordenação do Ministro Ruy Rosado de Aguiar.

to com a utilização de créditos decorrentes de prejuízo fiscal e de base de cálculo negativa da Contribuição Social sobre o Lucro Líquido (CSLL) ou com outros créditos próprios relativos aos tributos administrados pela Secretaria Especial da Receita Federal do Brasil, hipótese em que o restante poderá ser parcelado em até 84 (oitenta e quatro) parcelas, calculadas de modo a observar os seguintes percentuais mínimos, aplicados sobre o saldo da dívida consolidada:

a) da primeira à décima segunda prestação: 0,5% (cinco décimos por cento);

b) da décima terceira à vigésima quarta prestação: 0,6% (seis décimos por cento);

c) da vigésima quinta prestação em diante: percentual correspondente ao saldo remanescente, em até 60 (sessenta) prestações mensais e sucessivas.

§ 1º-A. As opções previstas nos incisos V e VI do *caput* deste artigo não impedem que o empresário ou a sociedade empresária que pleitear ou tiver deferido o processamento da recuperação judicial, nos termos estabelecidos nos arts. 51, 52 e 70 da Lei n. 11.101, de 9 de fevereiro de 2005, opte por liquidar os referidos débitos para com a Fazenda Nacional por meio de outra modalidade de parcelamento instituído por lei federal, desde que atendidas as condições previstas na lei, hipótese em que será firmado ou mantido o termo de compromisso a que se refere o § 2º-A deste artigo, sob pena de indeferimento ou de exclusão do parcelamento, conforme o caso.

§ 1º-B. O valor do crédito de que trata o inciso VI do *caput* deste artigo, decorrente de prejuízo fiscal e de base de cálculo negativa da CSLL, será determinado por meio da aplicação das seguintes alíquotas:

I — 25% (vinte e cinco por cento) sobre o montante do prejuízo fiscal;

II — 20% (vinte por cento) sobre a base de cálculo negativa da CSLL, no caso das pessoas jurídicas de seguros privados, das pessoas jurídicas de capitalização e das pessoas jurídicas referidas nos incisos I, II, III, IV, V, VI, VII e X do § 1º do art. 1º da Lei Complementar n. 105, de 10 de janeiro de 2001;

III — 17% (dezessete por cento) sobre a base de cálculo negativa da CSLL, no caso das pessoas jurídicas referidas no inciso IX do § 1º do art. 1º da Lei Complementar n. 105, de 10 de janeiro de 2001;

IV — 9% (nove por cento) sobre a base de cálculo negativa da CSLL, no caso das demais pessoas jurídicas.

§ 1º-C. A adesão ao parcelamento abrangerá a totalidade dos débitos exigíveis em nome do sujeito passivo, observadas as seguintes condições e ressalvas:

I — os débitos sujeitos a outros parcelamentos ou que comprovadamente sejam objeto de discussão judicial poderão ser excluídos, estes últimos mediante:

a) o oferecimento de garantia idônea e suficiente, aceita pela Fazenda Nacional em juízo; ou

b) a apresentação de decisão judicial em vigor e eficaz que determine a suspensão de sua exigibilidade;

II — a garantia prevista na alínea "a" do inciso I deste parágrafo não poderá ser incluída no plano de recuperação judicial, permitida a sua execução regular, inclusive por meio da expropriação, se não houver a suspensão da exigibilidade ou a extinção do crédito em discussão judicial;

III — o disposto no inciso II deste § 1º-C também se aplica aos depósitos judiciais regidos pela Lei n. 9.703, de 17 de novembro de 1998, e pela Lei n. 12.099, de 27 de novembro de 2009.

§ 2º Na hipótese de o sujeito passivo optar pela inclusão, no parcelamento de que trata este artigo, de débitos que se encontrem sob discussão administrativa ou judicial, submetidos ou não a causa legal de suspensão de exigibilidade, deverá ele comprovar que desistiu expressamente e de forma irrevogável da impugnação ou do recurso interposto, ou da ação judicial e, cumulativamente, que renunciou às alegações de direito sobre as quais se fundam a ação judicial e o recurso administrativo.

§ 2º-A. Para aderir ao parcelamento de que trata este artigo, o sujeito passivo firmará termo de compromisso, no qual estará previsto:

I — o fornecimento à Secretaria Especial da Receita Federal do Brasil e à Procuradoria-Geral da Fazenda Nacional de informações bancárias, incluídas aquelas sobre extratos de fundos ou aplicações financeiras e sobre eventual comprometimento de recebíveis e demais ativos futuros;

II — o dever de amortizar o saldo devedor do parcelamento de que trata este artigo com percentual do produto de cada alienação de bens e direitos integrantes do ativo não circulante realizada durante o período de vigência do plano de recuperação judicial, sem prejuízo do disposto no inciso III do § 4º deste artigo;

III — o dever de manter a regularidade fiscal;

IV — o cumprimento regular das obrigações para com o Fundo de Garantia do Tempo de Serviço (FGTS).

§ 2º-B. Para fins do disposto no inciso II do § 2º-A deste artigo:

I — a amortização do saldo devedor implicará redução proporcional da quantidade de parcelas vincendas;

II — observado o limite máximo de 30% (trinta por cento) do produto da alienação, o percentual a ser destinado para a amortização do parcelamento corresponderá à razão entre o valor total do passivo fiscal e o valor total de dívidas do devedor, na data do pedido de recuperação judicial.

§ 3º O empresário ou a sociedade empresária poderá, a seu critério, desistir dos parcelamentos em curso, independentemente da modalidade, e solicitar o parcelamento nos termos estabelecidos neste artigo.

§ 4º Implicará a exclusão do sujeito passivo do parcelamento:

I — a falta de pagamento de 6 (seis) parcelas consecutivas ou de 9 (nove) parcelas alternadas;

II — a falta de pagamento de 1 (uma) até 5 (cinco) parcelas, conforme o caso, se todas as demais estiverem pagas;

III — a constatação, pela Secretaria Especial da Receita Federal do Brasil ou pela Procuradoria-Geral da Fazenda Nacional, de qualquer ato tendente ao esvaziamento patrimonial do sujeito passivo como forma de fraudar o cumprimento do parcelamento, observado, no que couber, o disposto no inciso II do § 2º-A deste artigo;

IV — a decretação de falência ou extinção, pela liquidação, da pessoa jurídica optante;

V — a concessão de medida cautelar fiscal, nos termos da Lei n. 8.397, de 6 de janeiro de 1992;

VI — a declaração de inaptidão da inscrição no Cadastro Nacional da Pessoa Jurídica (CNPJ), nos termos dos arts. 80 e 81 da Lei n. 9.430, de 27 de dezembro de 1996;

VII — a extinção sem resolução do mérito ou a não concessão da recuperação judicial, bem como a convolação desta em falência; ou

VIII — o descumprimento de quaisquer das condições previstas neste artigo, inclusive quanto ao disposto no § 2º-A deste artigo.

§ 4º-A. São consequências da exclusão prevista no § 4º deste artigo:

I — a exigibilidade imediata da totalidade do débito confessado e ainda não pago, com o prosseguimento das execuções fiscais relacionadas aos créditos cuja exigibilidade estava suspensa, inclusive com a possibilidade de prática de atos de constrição e de alienação pelos juízos que as processam, ressalvada a hipótese prevista no inciso IV deste parágrafo;

II — a execução automática das garantias;

III — o restabelecimento em cobrança dos valores liquidados com os créditos, na hipótese de parcelamento na modalidade prevista no inciso VI do *caput* deste artigo;

IV — a faculdade de a Fazenda Nacional requerer a convolação da recuperação judicial em falência.

§ 5º O empresário ou a sociedade empresária poderá ter apenas 1 (um) parcelamento perante a Fazenda Nacional, cujos débitos constituídos, inscritos ou não em dívida ativa da União, poderão ser incluídos até a data do pedido de parcelamento.

§ 6º A concessão do parcelamento não implica a liberação dos bens e dos direitos do devedor ou de seus responsáveis que tenham sido constituídos em garantia dos créditos.

§ 7º O parcelamento referido nos incisos V e VI do *caput* deste artigo observará as demais condições previstas nesta Lei, ressalvado o disposto nos seguintes dispositivos:

I — § 1º do art. 11;

II — inciso II do § 1º do art. 12;

III — inciso VIII do *caput* do art. 14;

IV — § 2º do art. 14-A.

§ 7º-A. As microempresas e as empresas de pequeno porte farão jus a prazos 20% (vinte por cento) superiores àqueles regularmente concedidos às demais empresas.

§ 8º O disposto neste artigo aplica-se, no que couber, aos créditos de qualquer natureza das autarquias e das fundações públicas federais, ressalvada a modalidade de parcelamento de que trata o inciso VI do *caput* deste artigo." (NR)

"Art. 10-B. O empresário ou a sociedade empresária que pleitear ou tiver deferido o processamento da recuperação judicial, nos termos dos arts. 51, 52 e 70 da Lei n. 11.101, de 9 de fevereiro de 2005, poderá parcelar os seus débitos para com a Fazenda Nacional existentes, ainda que não vencidos até a data do protocolo da petição inicial da recuperação judicial, relativos aos tributos previstos nos incisos I e II do *caput* do art. 14 desta Lei, constituídos ou não, inscritos ou não em dívida ativa, em até 24 (vinte e quatro) parcelas mensais e consecutivas, calculadas de modo a observar os seguintes percentuais mínimos, aplicados sobre o valor da dívida consolidada:

I — da primeira à sexta prestação: 3% (três por cento);

II — da sétima à décima segunda prestação: 6% (seis por cento);

III — da décima terceira prestação em diante: percentual correspondente ao saldo remanescente, em até 12 (doze) prestações mensais e sucessivas.

§ 1º O disposto no art. 10-A desta Lei, exceto quanto aos incisos V e VI do *caput*, ao § 1º-B e ao inciso III do § 4º-A, aplica-se ao parcelamento de que trata este artigo.

§ 2º As microempresas e as empresas de pequeno porte farão jus a prazos 20% (vinte por cento) superiores àqueles regularmente concedidos às demais empresas."

"Art. 10-C. Alternativamente ao parcelamento de que trata o art. 10-A desta Lei e às demais modalidades de parcelamento instituídas por lei federal porventura aplicáveis, o empresário ou a sociedade empresária que tiver o processamento da recuperação judicial deferido poderá, até o momento referido no art. 57 da Lei n. 11.101, de 9 de fevereiro de 2005, submeter à Procuradoria-Geral da Fazenda Nacional proposta de transação relativa a créditos inscritos em dívida ativa da União, nos termos da Lei n. 13.988, de 14 de abril de 2020, observado que:

I — o prazo máximo para quitação será de até 120 (cento e vinte) meses, observado, no que couber, o disposto no § 3º do art. 11 da Lei n. 13.988, de 14 de abril de 2020;

II — o limite máximo para reduções será de até 70% (setenta por cento);

III — a apresentação de proposta ou a análise de proposta de transação formulada pelo devedor caberá à Procuradoria-Geral da Fazenda Nacional, em juízo de conveniência e oportunidade, obedecidos os requisitos previstos nesta Lei e em atos regulamentares, de forma motivada, observados o interesse público e os princípios da isonomia, da capacidade contributiva, da transparência, da moralidade, da livre concorrência, da preservação da atividade empresarial, da razoável duração dos processos e da eficiência, e utilizados como parâmetros, entre outros:

a) a recuperabilidade do crédito, inclusive considerando eventual prognóstico em caso de falência;

b) a proporção entre o passivo fiscal e o restante das dívidas do sujeito passivo; e

c) o porte e a quantidade de vínculos empregatícios mantidos pela pessoa jurídica;

IV — a cópia integral do processo administrativo de análise da proposta de transação, ainda que esta tenha sido rejeitada, será encaminhada ao juízo da recuperação judicial;

V — os seguintes compromissos adicionais serão exigidos do proponente, sem prejuízo do disposto no art. 3º da Lei n. 13.988, de 14 de abril de 2020:

a) fornecer à Procuradoria-Geral da Fazenda Nacional informações bancárias e empresariais, incluídas aquelas sobre extratos de fundos ou aplicações financeiras e sobre eventual comprometimento de recebíveis e demais ativos futuros;

b) manter regularidade fiscal perante a União;

c) manter o Certificado de Regularidade do FGTS;

d) demonstrar a ausência de prejuízo decorrente do cumprimento das obrigações contraídas com a celebração da transação em caso de alienação ou de oneração de bens ou direitos integrantes do respectivo ativo não circulante;

VI — a apresentação da proposta de transação suspenderá o andamento das execuções fiscais, salvo oposição justificada por parte da Procuradoria-Geral da Fazenda Nacional, a ser apreciada pelo respectivo juízo; e

VII — a rescisão da transação por inadimplemento de parcelas somente ocorrerá nas seguintes hipóteses:

a) falta de pagamento de 6 (seis) parcelas consecutivas ou de 9 (nove) parcelas alternadas; e

b) falta de pagamento de 1 (uma) até 5 (cinco) parcelas, conforme o caso, se todas as demais estiverem pagas.

§ 1º O limite de que trata o inciso I do *caput* deste artigo poderá ser ampliado em até 12 (doze) meses adicionais quando constatado que o devedor em recuperação judicial desenvolve projetos sociais, nos termos da regulamentação a que se refere a Lei n. 13.988, de 14 de abril de 2020.

§ 2º O disposto neste artigo aplica-se, no que couber, aos créditos de qualquer natureza das autarquias e das fundações públicas federais.

§ 3º Na hipótese de os créditos referidos no § 2º deste artigo consistirem em multa decorrente do exercício de poder de polícia, não será aplicável o disposto no inciso I do § 2º do art. 11 da Lei n. 13.988, de 14 de abril de 2020.

§ 4º Os Estados, o Distrito Federal e os Municípios poderão, por lei de iniciativa própria, autorizar que o disposto neste artigo seja aplicado a seus créditos."

Art. 4º O art. 11 da Lei n. 8.929, de 22 de agosto de 1994, passa a vigorar com a seguinte redação:

Art. 5º Observado o disposto no art. 14 da Lei n. 13.105, de 16 de março de 2015 (Código de Processo Civil), esta Lei aplica-se de imediato aos processos pendentes.

§ 1º Os dispositivos constantes dos incisos seguintes somente serão aplicáveis às falências decretadas, inclusive as decorrentes de convolação, e aos pedidos de recuperação judicial ou extrajudicial ajuizados após o início da vigência desta Lei:

I — a proposição do plano de recuperação judicial pelos credores, conforme disposto no art. 56 da Lei n. 11.101, de 9 de fevereiro de 2005;

II — as alterações sobre a sujeição de créditos na recuperação judicial e sobre a ordem de classificação de créditos na falência, previstas, respectivamente, nos arts. 49, 83 e 84 da Lei n. 11.101, de 9 de fevereiro de 2005;

III - as disposições previstas no *caput* do art. 82-A da Lei n. 11.101, de 9 de fevereiro de 2005;

IV — as disposições previstas no inciso V do *caput* do art. 158 da Lei n. 11.101, de 9 de fevereiro de 2005.

§ 2º As recuperações judiciais em curso poderão ser encerradas independentemente de consolidação definitiva do quadro-geral de credores, facultada ao juiz essa possibilidade no período previsto no art. 61 da Lei n. 11.101, de 9 de fevereiro de 2005.

§ 3º As disposições de natureza penal somente se aplicam aos crimes praticados após a data de entrada em vigor desta Lei.

§ 4º Fica permitido aos atuais devedores em recuperação judicial, no prazo de 60 (sessenta) dias, contado da regulamentação da transação a que se refere o art. 10-C da Lei n. 10.522, de 19 de julho de 2002, apresentar a respectiva proposta posteriormente à concessão da recuperação judicial, desde que:

I — as demais disposições do art. 10-C da Lei n. 10.522, de 19 de julho de 2002, sejam observadas; e

II — o processo de recuperação judicial ainda não tenha sido encerrado.

§ 5º O disposto no inciso VI do *caput* do art. 158 terá aplicação imediata, inclusive às falências regidas pelo Decreto-Lei n. 7.661, de 21 de junho de 1945.

§ 6º Fica permitido aos devedores em recuperação judicial, no prazo de 60 (sessenta) dias, contado da entrada em vigor desta Lei, solicitar a repactuação do acordo de transação resolutiva de litígio formalizado anteriormente, desde que atendidos os demais requisitos e condições exigidos na Lei n. 13.988, de 14 de abril de 2020, e na respectiva regulamentação."

Acrescente-se que algumas unidades da federação, como Paraná e Minas Gerais, já editaram leis estaduais específicas que proporcionem o parcelamento de tributos para empresas em recuperação judicial, sendo que a integração do disposto no referido art. 68, da Lei n. 11.101/2005, somente se completará com a edição de leis municipais específicas. Assim, aguardemos a renovação da jurisprudência diante da inovação legislativa.

Esquematizando a suspensão das execuções:

SUSPENSÃO DAS EXECUÇÕES NA FALÊNCIA E NA RECUPERAÇÃO JUDICIAL		
Suspensão	**Na Falência**	**Na Recuperação Judicial**
▪ Finalidade	▪ Obrigar todos os credores ao concurso de credores na execução coletiva falimentar.	▪ Garantir a continuação da atividade da empresa até a apreciação proposta de recuperação judicial.
▪ Tramitação	▪ Fica suspensa desde a sentença de decretação da falência.	▪ Fica suspensa desde o deferimento do processamento da recuperação.
▪ Até quando	▪ Não há mais prazo específico, diante da revogação do art. 157, da Lei n. 11.101/2005.	▪ Até: 1) 180 dias (salvo prorrogação); 2) a extinção da execução, pela concessão da recuperação; 3) a decretação da falência, por convolação.
▪ Como receber	▪ Habilitar o crédito executado no juízo falimentar.	▪ Ser incluído no plano de recuperação judicial. Propor PRJ Alternativo. ▪ Executar o crédito novado, caso não cumprido o referido plano.

▪ 23.1.2.4. *Exceções*

Não serão suspensas pela decretação da falência, nem pelo deferimento ou concessão da recuperação judicial, a prescrição, as ações e as execuções seguintes.

▪ 23.1.2.4.1. *Execuções fiscais na Recuperação Judicial*

A **continuação** da execução fiscal **não implica na satisfação** do crédito fiscal nos autos de tal processo. Decorre da interpretação que se tem dado ao art. 187, do Código Tributário Nacional, sendo o **pagamento** do crédito fiscal exequendo realizado **no juízo falimentar**.

Na recuperação judicial, a determinação de continuação da execução fiscal está expressa no art. 6º, § 7º, da Lei n. 11.101/2005, o que já foi explicado no tópico anterior.

▪ 23.1.2.4.2. *O Incidente de Classificação de Crédito Público*

Antes das **alterações trazidas pelas Lei 14.112/2020**, em caso de falência, a **maior parte** dos doutrinadores defende a **continuidade da execução fiscal** em face do que determina o Código Tributário Nacional e da natureza tributária (interesse coletivo) do referido crédito. **Alguns**, entretanto, defendem a necessidade de **suspensão** das execuções fiscais para prestígio do **juízo universal** falimentar e eventual **recuperação** da empresa, além da **isonomia** que deve ser observada entre os credores. Esta última orientação, portanto, foi positivada com a inserção do art. 7º-A, à Lei n. 11.101/2005, prevenindo-se também eventuais conflitos de jurisdição, com a instauração de ofício pelo Juízo Falimentar do denominado "**Incidente de Classificação de Crédito Público**".

Como **novo efeito da sentença que decreta a falência** tem-se a intimação eletrônicas das Fazendas Públicas, nos termos do inc. XIII, do art. 99, da Lei n. 11.101/2005.

Assim cientificadas, as Fazendas Públicas, num prazo de **15 (quinze) dias, poderão alegar crédito contra o falido** (art. 7º-A, § 1º).

De modo a confirmar tal crédito, o Juízo Falimentar, **de ofício, intimará eletronicamente** os representantes das **Fazendas Públicas para que, em 30 (trinta) dias**, minudenciem "os **créditos inscritos em dívida ativa**, acompanhada dos cálculos, da classificação e das informações sobre a situação atual". Tal pormenorização ocorrerá **diretamente perante o Administrador Judicial** ou poderá ser apresentada em Juízo (art. 7º-A, *caput*).

Os créditos inscritos posteriormente poderão também ser informados ao Juízo (art. 7º-A, § 2º).

Detalhado o crédito fiscal de cada Fazenda interessada, **facultar-se-á o contraditório**, respectivamente, ao **falido, aos credores e ao administrador, num prazo de 15 (quinze) dias** (art. 7º-A, § 3º, inc. I). Na sequência, num prazo de **10 (dez) dias, as Fazendas Públicas** serão intimadas a prestar eventuais esclarecimentos (art. 7º-A, § 3º, inc. II).

Diante de eventual controvérsia, poderá haver a **reserva do crédito** correlato (art. 7º-A, § 3º, inc. III). Na ausência de controvérsia, os créditos informados, de logo, **serão incluídos no Quadro** Geral de Credores (art. 7º-A, § 3º, inc. IV).

Antes da elaboração do QGC, o Administrador Judicial e a Fazenda interessada deverão manifestar-se novamente sobre os **créditos objeto de reserva, num prazo de 10 (dez) dias**, decidindo então o Juízo Falimentar sobre a manutenção ou não de tal reserva (art. 7º-A, § 3º, inc. V).

As **execuções fiscais – repise-se – permanecerão suspensas**, nos termos do inc. V, do § 4º, do art. 7º-A, sem que isso impeça o **redirecionamento das execuções fiscais e o prosseguimento das mesmas em relação aos corresponsáveis**.

A **não minudenciação dos créditos no prazo de 30 (trinta) dias**, após a deflagração do incidente, **ocasionará seu arquivamento**, sem prejuízo de eventual pedido de **desarquivamento**, aplicando-se, nesta última hipótese, no que for possível, o disposto no art. 10, da Lei n. 11.101/2005.

A **mesma sistemática foi adotada para as execuções de ofício oriundas das relações de trabalho**, seja para cobrança de multas administrativas, seja em função da cobrança de contribuições de trabalhadores ou empregadores, para o Regime Público de Previdência Social e para os créditos do Fundo de Garantia do Tempo de Serviço – FGTS (art. 7º-A, §§ 6º e 7º).

A lei não o disse expressamente, mas se **eventual objeção aos créditos fiscais informados se assemelha à impugnação** de outros créditos, recomendável tanto a manifestação do Ministério Público a respeito, quanto a autuação do Incidente em Separado e sua resolução por meio de sentença.

Por outro lado, o § 8º, do art. 7º-A, **afastou a condenação em honorários de sucumbência** em relação ao referido incidente.

Esquematizando:

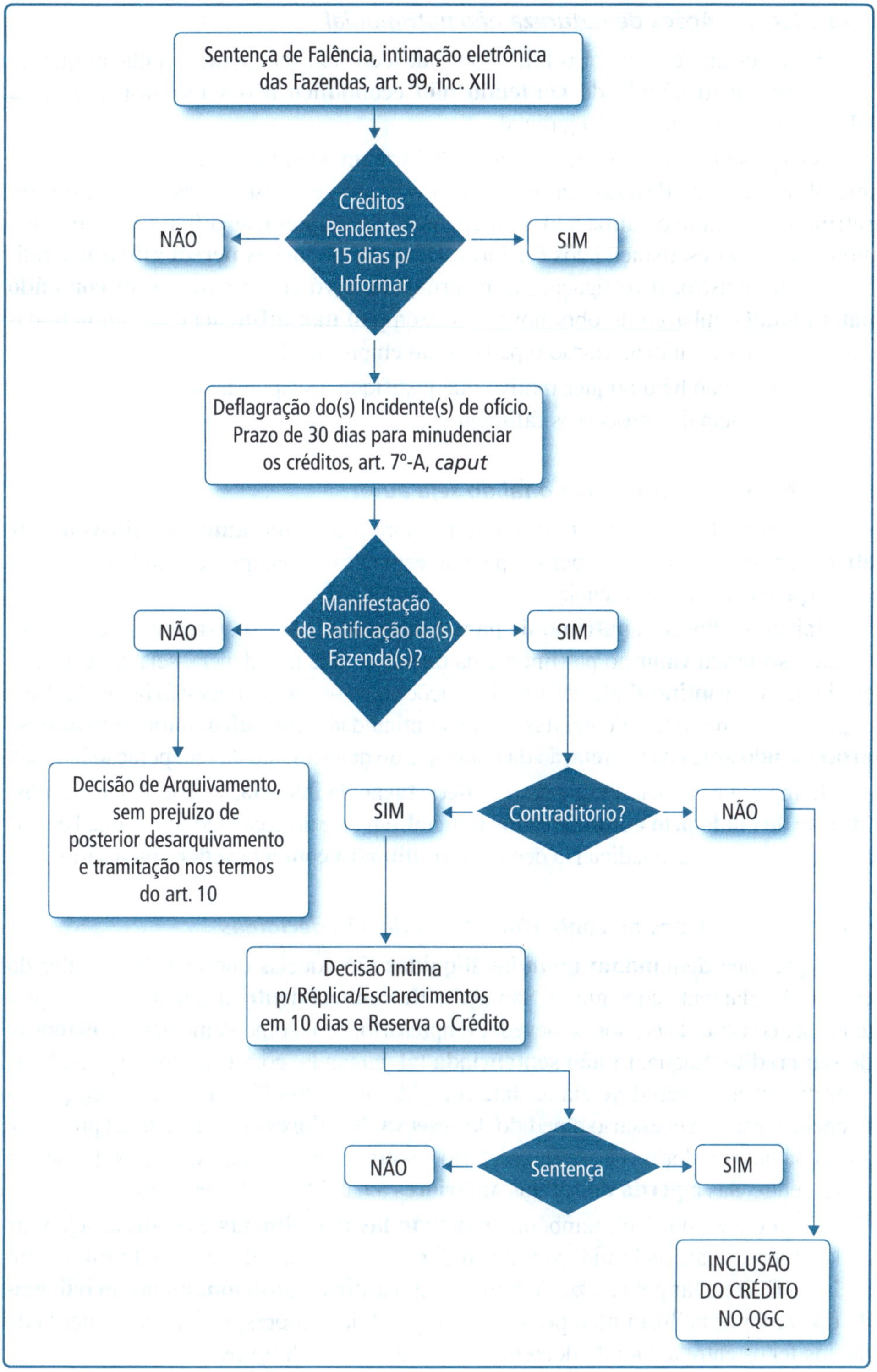
Sentença de Falência, intimação eletrônica das Fazendas, art. 99, inc. XIII
Créditos Pendentes? 15 dias p/ Informar
NÃO
SIM
Deflagração do(s) Incidente(s) de ofício. Prazo de 30 dias para minudenciar os créditos, art. 7º-A, caput
Manifestação de Ratificação da(s) Fazenda(s)?
NÃO
SIM
Decisão de Arquivamento, sem prejuízo de posterior desarquivamento e tramitação nos termos do art. 10
SIM
Contraditório?
NÃO
Decisão intima p/ Réplica/Esclarecimentos em 10 dias e Reserva o Crédito
NÃO
Sentença
SIM
INCLUSÃO DO CRÉDITO NO QGC

■ 23.1.2.4.3. Ações de natureza não patrimonial

As ações que envolvam o falido ou o devedor em recuperação judicial que tenham por objeto pedido de **conteúdo não econômico** não serão suspensas pela falência ou pela recuperação judicial.

As ações previstas na Lei n. 11.101/2005 tratam de uma situação de crise econômico-financeira do devedor empresário e destinam-se a resolver esse desequilíbrio patrimonial, seja oportunizando a recuperação da empresa, seja liquidando o patrimônio dela, para satisfação dos credores. Desse modo, **ações personalíssimas** (retificação de registro, investigação de paternidade, divórcio) e outras **sem conteúdo patrimonial** (embargo de obra nova, por exemplo) **não influenciarão o objeto** daquelas ações, pois não alterarão o patrimônio empresarial.

Destarte, não há qualquer motivo que justifique a suspensão das referidas ações em consequência dos processos falimentares.

■ 23.1.2.4.4. Ações em que o falido seja autor

As demandas que tenham o devedor empresário como **autor, ou litisconsorte ativo**, também não serão suspensas pelo deferimento da recuperação judicial ou pela sentença que decreta a falência.

Tais ações **buscam patrimônio para o devedor** e, por isso, o resultado delas apenas **acrescentará valor** ao patrimônio da empresa. Seja na falência, seja na recuperação judicial, a **continuidade** das referidas ações torna-se **mais necessária ainda**. Destaque-se que referidas demandas terão continuidade **no juízo onde estavam se processando antes** da decretação da falência e do deferimento da recuperação judicial.

É importante anotar que, no caso da **decretação da falência**, será necessária a **substituição do falido pelo administrador judicial**, em face do conteúdo patrimonial dessas ações. Na recuperação judicial, a demanda **continuará com o devedor** empresário.

■ 23.1.2.4.5. Ações de conhecimento ainda não decididas

Ações que **demandam quantias ilíquidas** são aquelas que não têm o valor do crédito devidamente constituído. São **ações de conhecimento**, nas quais alguém pretende ser constituído credor do devedor empresário, bem como demonstrar a **extensão de seu crédito**. Enquanto **não sentenciada** tal demanda, com trânsito em julgado da referida sentença, não deve ela ter interrompido seu curso. No caso de decretação da falência, torna-se necessário o pedido de **reserva de valores** nos autos de tal processo, sob pena de o credor tornar-se retardatário e sofrer todas as consequências daí decorrentes, entre elas a **perda de rateios anteriores** à habilitação do seu crédito.

Tal regra é aplicável, também, às **demandas trabalhistas em curso**, sejam as reclamações, sejam as liquidações de crédito, pois o pedido de reserva de valor, feito ao Juízo Falimentar pelo Juízo Trabalhista, **garantirá o posicionamento privilegiado** do credor trabalhista no topo do quadro geral de credores, sem risco da perda de rateios feitos entre a data da decretação da falência e a definitiva habilitação do crédito trabalhista ainda *sub judice*.

As ações que demandem quantia ilíquida, além de **continuarem no juízo** onde estavam se processando, mesmo após o decreto de falência, também não serão suspensas em face daquela sentença.

Em caso de deferimento do processamento da recuperação judicial, a melhor interpretação é no sentido do que analisamos anteriormente, ou seja, **suspendem-se** todas as ações em que o empresário seja devedor, **por até 180 dias (salvo prorrogação)**, aguardando-se a concessão e o respectivo **plano da recuperação judicial**. Se o crédito das ações suspensas **for incluído** no plano, **extinguem-se** as ações. Se **não forem**, voltam elas ao seu **curso normal**.

■ *23.1.2.4.6. Execuções com bens penhorados*

Ocorrendo a hipótese de execuções ou cautelares com **bens penhorados** quando do deferimento da **recuperação judicial**, deverá a execução ser **completamente suspensa** e aguardar o que dispuser o plano de recuperação judicial, para evitar que **eventual alienação** de bens da empresa **inviabilize** sua continuidade[3]. Todavia, na **falência**, estando penhorado algum bem do falido, a **solução dependerá da fase** em que se encontrar o processo de execução individual. São **quatro** as situações possíveis:

I — Se a data do **leilão não foi determinada**: **suspende-se a execução** e os bens são **arrecadados** pela massa falida. O credor habilita-se nos autos da falência.

II — Se a data do **leilão já foi determinada**: a execução **não se suspende** e os bens penhorados são **levados a venda**, sendo todo o seu produto **arrecadado** pela massa falida. O credor habilita-se nos autos da falência. Nesse caso, o **administrador judicial pode optar** por **suspender o processo** de execução, evitando o leilão, se isso interessar à massa falida, pois a **venda do estabelecimento completo** é um imperativo da lei (art. 140, da Lei n. 11.101/2005) e pode lhe render uma **melhor remuneração**, uma vez que o bem penhorado pode ser **essencial** ao funcionamento do estabelecimento.

---

[3] Por outro lado, o juiz da execução poderá prosseguir com eventuais atos de constrição, findo o prazo de suspensão, sendo recomendável, em tal hipótese, antes do referido prosseguimento, facultar às partes o contraditório sobre eventual prejuízo em relação ao cumprimento do plano de recuperação judicial, seja em observância aos princípios cooperativo, do contraditório efetivo e da boa-fé processual, seja para evitar a instauração de eventual conflito de competência, inclusive porque o STJ firmou entendimento de que caberá ao Juízo da Recuperação autorizar ou não a constrição de bens que tenham sido considerados no PRJ. Leitura, *a contrario sensu*, que se faz o enunciado da Súmula 480, do STJ: "O juízo da recuperação judicial não é competente para decidir sobre a constrição de bens não abrangidos pelo plano de recuperação da empresa". Mesmo no âmbito dos Juizados Especiais e ainda que o crédito em execução tenha como causa de pedir (remota) uma anterior relação de consumo, a preservação da empresa e a igualdade de tratamento em relação aos demais credores recomendarão o sobrestamento dos atos de constrição no juízo da execução singular. Nesse sentido, o precedente seguinte (Informativo 598): "Recuperação Judicial. Conflito de competência. Juizado Especial Cível. Execução movida contra a recuperanda. Prática de atos de constrição patrimonial. Relação de consumo. Irrelevância (...) O juízo onde tramita o processo de recuperação judicial é o competente para decidir sobre o destino dos bens e valores objeto de execuções singulares movidas contra a recuperanda, ainda que se trate de crédito decorrente de relação de consumo" (REsp 1.630.702-RJ, Rel. Min. Nancy Andrighi, por unanimidade, julgado em 2/2/2017, *DJe* 10/2/2017).

III — Se o **leilão já foi realizado**: **todo o valor será remetido ao juízo falimentar**, cabendo ao credor habilitar-se na vara concursal. Não importa, aqui, a natureza do **crédito**, seja ele **comum, tributário ou trabalhista**; todos os exequentes individuais terão que se habilitar no processo de execução coletiva, respeitada a preferência de pagamento da Lei n. 11.101/2005.

IV — Se os **valores da arrematação já foram levantados**: o credor que foi satisfeito **não precisará devolver** os valores recebidos. Caso **sobre alguma quantia**, ela deverá ser **enviada ao juízo falimentar**. Caso não seja o credor satisfeito totalmente, deverá habilitar-se na falência pela diferença inadimplida.

Esquematizando as exceções às suspensões:

EXCEÇÕES À SUSPENSÃO DE AÇÕES E EXECUÇÕES NA FALÊNCIA E NA RECUPERAÇÃO JUDICIAL		
Exceções	**Na Falência**	**Na Recuperação Judicial**
■ Execuções fiscais	■ Porque o juízo falimentar não atrai as causas fiscais, inclusive os incidentes executórios.	■ Porque o crédito fiscal não será atingido pelo deferimento do processamento, nem pela concessão da recuperação.
■ Ações de natureza não patrimonial	■ Porque não alteram o patrimônio do devedor.	■ Porque não alteram o patrimônio do devedor.
■ Ações em que o falido seja autor	■ Porque trazem patrimônio para a empresa. Continua contra o administrador judicial.	■ Porque trazem patrimônio para a empresa. Continua contra o próprio empresário.
■ Ações de conhecimento ainda não decididas	■ Porque o credor deve buscar o trânsito em julgado da sentença que constitui seu crédito para habilitá-lo. Deve pedir reserva de valor.	■ Porque o credor deve buscar sua inclusão no plano de recuperação ou o trânsito em julgado da sentença que constitui seu crédito para habilitá-lo.
■ Execuções com bens penhorados	■ A execução poderá continuar se já estiver com o leilão designado, devendo seu produto ser remetido ao Juízo Falimentar. O administrador judicial pode optar pela suspensão, para possibilitar a venda do estabelecimento completo.	■ A execução deverá ser suspensa, não importando a fase em que esteja.

Importante inovação legal:

Em abril de 2012, como juiz da Vara de Falências, Recuperações Judiciais, Insolvência Civil e Litígios Empresariais do Distrito Federal, encaminhei ofício ao Tribunal Superior do Trabalho **comunicando a continuidade** de execuções trabalhistas e a **remessa** de autos de execuções trabalhistas e certidões de crédito trabalhista diretamente ao juízo falimentar, **mesmo após a decretação** da falência ou do deferimento do processamento da recuperação judicial, e também após a concessão definitiva da recuperação judicial. Destaquei os comandos legais aplicáveis e solicitei providências que **unificassem o procedimento** das ações e execuções trabalhistas após eventual decretação de falência ou de deferimento do processamento da recuperação judicial.

Em resposta, resolvendo a questão nos termos propostos e estudados neste capítulo, o Ministro Antônio José de Barros Levenhagen, Corregedor-Geral da Justiça do Trabalho, no dia 3 de maio de 2012, estabeleceu o **Provimento CGJT n. 1/2012**, publicado no *DEJT* 04/05/2012, cuja ementa e teor são os seguintes:

EMENTA: Dispõe sobre os **procedimentos a serem adotados** pelos MM. Juízos do Trabalho relativamente a credores trabalhistas de Empresa Falida ou em Recuperação Judicial e dá outras providências. O CORREGEDOR-GERAL DA JUSTIÇA DO TRABALHO, no uso da atribuição regimental que lhe é conferida pelo artigo 6º, inc. V, do Regimento Interno da Corregedoria-Geral da Justiça do Trabalho, Considerando ser da competência das Varas do Trabalho ultimar a liquidação da sentença condenatória ilíquida, nos termos do artigo 6º, § 1º, da Lei n. 11.101/2005; Considerando que **após a liquidação do crédito trabalhista impõe-se a sua habilitação perante o Administrador Judicial** da Empresa Falida ou em Recuperação Judicial, a teor do artigo 7º da Legislação Extravagante, cabendo para tanto ao **Juízo do Trabalho expedir a competente Certidão** de Habilitação de Crédito; Considerando que todos os bens e créditos da Empresa Falida, inclusive aqueles objeto de constrição judicial e **os produtos obtidos em leilão realizado no âmbito do Judiciário do Trabalho, sujeitam-se à força atrativa do Juízo Falimentar**, com a consequente **suspensão da execução trabalhista**, na conformidade do artigo 108, § 3º, da Lei n. 11.101/2005; Considerando que, aprovado e homologado o Plano de Recuperação Judicial, é do Juízo de Falências e Recuperações Judiciais a competência para a prática de quaisquer atos de execução referentes a reclamações trabalhistas movidas contra a Empresa Recuperanda, de acordo com a jurisprudência consolidada no STJ e no STF; Considerando que a elaboração da **Relação de Credores e subsequente Quadro Geral de Credores é atribuição do Administrador Judicial** e não do Cartório do Juízo de Falência, segundo disposto nos arts. 7º a 20 da Legislação Extravagante,

RESOLVE

Art. 1º No caso de execução de crédito trabalhista em que se tenha dado a decretação da falência do executado ou este se encontre em recuperação judicial, caberá aos MM. **Juízos das Varas do Trabalho orientar os respectivos credores para que providenciem a habilitação dos seus créditos perante o Administrador Judicial** da Empresa Falida ou em Recuperação Judicial, expedindo para tanto Certidão de Habilitação de Crédito. Parágrafo único. Expedida a Certidão de Habilitação de Crédito, os MM. **Juízos das Varas do Trabalho deverão se abster de encaminhar** diretamente aos MM. Juízos de Falências e Recuperações Judiciais **os autos das execuções trabalhistas e/ou Certidões de Créditos Trabalhistas**, com vistas à habilitação, inclusão ou exclusão de credores da Relação de Credores e do Quadro Geral de Credores, pois tal atribuição não é do Cartório Falimentar, mas do Administrador Judicial. Art. 2º Os MM. Juízos das Varas do Trabalho **manterão em seus arquivos os autos das execuções que tenham sido suspensas** em decorrência da decretação da recuperação judicial ou da falência, a fim de que, com o encerramento da quebra, **seja retomado o seu prosseguimento**, desde que os créditos não tenham sido totalmente satisfeitos, em relação aos quais não corre a prescrição enquanto durar o processo falimentar, nos termos do artigo 6º Lei n. 11.101/2005. Art. 3º É assegurado aos MM. Juízos das Varas do Trabalho, ainda que as ações trabalhistas se achem pendentes de julgamento, **formular pedidos de reserva de valor diretamente aos MM. Juízos de Falência**, os quais serão atendidos na medida das forças da Massa Falida, na conformidade do disposto no artigo 6º, § 3º, da Lei n. 11.101/2005. Art. 4º Este Provimento entrará em vigor na data da sua publicação.

23.2. DA VERIFICAÇÃO E DA HABILITAÇÃO DE CRÉDITOS

A verificação e a habilitação dos créditos serão realizadas **perante o administrador judicial**. Essa é uma das principais **alterações** da Lei n. 11.101/2005. Na legislação **revogada**, a habilitação de créditos era realizada por meio de ação individual própria. Cada credor apresentava seu pedido e o submetia a **um processo judicial**, com contraditório, de modo que todas as habilitações eram obtidas por meio de **sentenças individuais** proferidas nos autos das habilitações. Isso foi racionalmente alterado para permitir **mais agilidade** na formação do quadro geral de credores do devedor em recuperação judicial ou do falido.

Na **nova forma** estabelecida, **todos os credores** têm sua primeira identificação na **relação publicada nos editais** que divulgam a decretação da falência ou o deferimento do processamento da recuperação judicial, previstos nos arts. 99, parágrafo único, e 52, § 1º, da Lei n. 11.101/2005.

Tanto na falência quanto na recuperação judicial, a habilitação de crédito funciona como uma **etapa de verificação das dívidas** do falido. Tal processo de verificação equivale a uma **peneira** que definirá quem poderá receber seu crédito junto ao devedor empresário e ao falido. O resultado do processo de habilitação de créditos será a **formação do quadro geral de credores**, no qual cada um dos créditos será publicado, observados o ***quantum*** devido e a **ordem de preferência** no recebimento dos valores reconhecidos nas habilitações.

Desde já, mostra-se crucial destacar que o **quadro geral de credores**, obtido após as etapas de habilitação de crédito, terá **papéis distintos** na falência e na recuperação judicial. Na **falência**, ele **consolida a ordem de pagamento** dos credores, as preferências de uns sobre os outros. Na **recuperação judicial**, tem o papel de definir quais credores **poderão votar** na assembleia geral de credores (especialmente aquela que apreciará a aprovação ou rejeição do plano de recuperação proposto pelo devedor empresário); a ordem dos pagamentos dependerá do que for **definido no plano de recuperação** judicial.

Esquematizando o início e a finalidade da **formação do quadro geral de credores:**

INÍCIO E FINALIDADE DA FORMAÇÃO DO QUADRO GERAL DE CREDORES		
Situação	**Início da Formação**	**Finalidade**
■ Na falência	■ **Edital** que **divulga a decretação da falência**, previsto no art. 99, parágrafo único, da Lei n. 11.101/2005.	■ **Consolidar a ordem de pagamento** dos credores e as preferências de uns sobre os outros.
■ Na recuperação judicial especial para ME e EPP	■ O quadro geral dos credores quirografários alcançados é aquele que **consta do plano** especial de recuperação informado pelo devedor empresário.	■ **Divulgar quais credores quirografários** estarão submetidos ao plano de recuperação especial.
■ Na recuperação judicial	■ **Edital** que divulga o **deferimento do processamento** da recuperação judicial, previsto no art. 52, § 1º, da Lei n. 11.101/2005.	■ Definir quais credores poderão votar na assembleia geral de credores.

No processo de habilitação de créditos, serão verificadas:

1) **Existência** do crédito: comprovação de que o crédito foi **constituído** junto ao devedor empresário, inclusive com a demonstração da sua **origem**, da **validade** do negócio que gerou a obrigação, bem como a sua **eficácia**.

2) **Legitimidade** do crédito: comprovação de que o crédito habilitado está entre os que **podem ser reclamados** junto a um empresário em **recuperação ou falido**, respeitando-se as restrições impostas pelo art. 5º, da Lei n. 11.101/2005, como já estudado no *item 23.1.1.*

3) **Extensão** do crédito: o exato valor devido — comprovação do ***quantum* devido**, observando-se as consequências trazidas pela decretação da falência, tais como a **não incidência de juros**, a contar da decretação, o pagamento de **multas** em momento distinto daquele do pagamento do débito principal, o **desconto de juros**, em caso de vencimento antecipado. Inclusive, de se registrar o teor do **Enunciado 73**, da II Jornada de Direito Empresarial: "Para que seja preservada a eficácia do disposto na parte final do § 2º do artigo 6º da Lei n. 11.101/05, é necessário que, **no juízo do trabalho, o crédito trabalhista para fins de habilitação seja calculado até a data do pedido da recuperação judicial ou da decretação da falência**, para não se ferir a *par condicio creditorum* e observarem-se os arts. 49, *caput*, e 124 da Lei n. 11.101/2005". Na mesma linha de raciocínio, no sentido de **priorizar o pagamento ou rateio do crédito principal**, a Lei n. 14.112/2020 escalonou **os juros pós-decreto de falência como a última categoria** dos denominados créditos concursais, após os créditos subordinados (art. 83, inc. IX, da Lei n. 11.101/2005).

4) **Modalidade** do crédito: comprovação do ***status* do crédito** para efeito de definição da **ordem de preferência** no pagamento das obrigações ou **categoria em que se votará** na recuperação judicial.

O **crédito trabalhista, por exemplo**, pode ser pago em **quatro categorias distintas**, pois pode decorrer: a) de **salários atrasados** dos últimos 3 meses (situação em que é pago com o primeiro numerário disponível para a massa — art. 151, da Lei n. 11.101/2005); b) de **serviços prestados à massa** falida (situação em que é pago na categoria dos credores extraconcursais — art. 84, da Lei n. 11.101/2005); c) de **serviços prestados ao falido**, antes da quebra (situação em que se enquadra como o mais privilegiado credor do quadro geral de credores, **até o montante de 150 salários mínimos** — art. 83, inc. I, da Lei n. 11.101/2005); d) de **serviços prestados ao falido**, antes da quebra, pelo valor que **ultrapasse 150 salários** mínimos (situação em que se enquadra no quadro geral de credores como credor quirografário — art. 83, inc. VI, da Lei n. 11.101/2005).

Esquematizando, a verificação dos créditos ficaria assim:

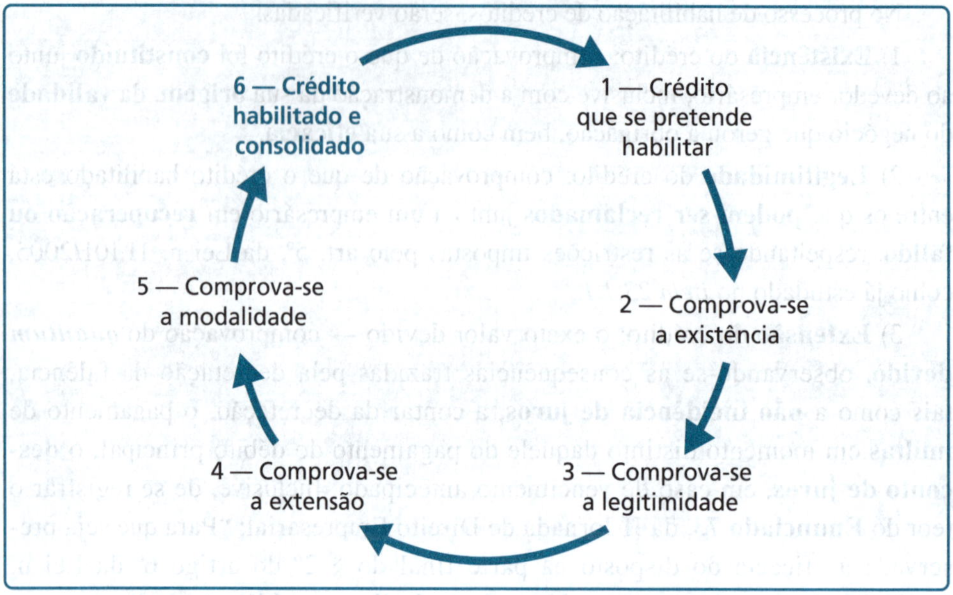

A verificação e a definição do crédito poderão, ainda, ser aferidas em **três momentos** distintos:

1º) Publicada a **primeira relação de credores** (com os editais já mencionados), habilitações e divergências serão dirigidas ao **administrador judicial**, que terá **45 dias** de prazo para apresentar e publicar a **segunda relação de credores** (confirmando, alterando, acrescendo ou reduzindo a primeira, oriunda do devedor empresário). Se **não houver impugnação** à referida relação, poderá ela ser **homologada** como quadro geral de credores. Confira o *item 23.2.3.1*.

2º) Se houver alguma **impugnação**, será ela **autuada em separado** e julgada por **sentença**, conforme veremos a seguir. Julgadas todas as impugnações, o **administrador judicial consolidará** o quadro geral de credores, o qual será homologado pelo juiz e, em seguida, publicado. Confira o *item 23.2.3.2*.

3º) Atente-se para o tratamento diferenciado relativo ao **crédito fiscal, passível de apuração por ofício**, na falência, por meio do denominado **Incidente de Classificação de Crédito Público** (*item 23. 1.2.4.2*).

4º) **Depois de homologado**, o quadro geral de credores poderá ser **alterado** somente por meio de uma **ação ordinária de retificação**. Confira o *item 23.2.6*.

Nas quatro situações, os créditos sujeitos à falência e à recuperação judicial serão **peneirados**. Após sua inclusão no quadro geral de credores, poderão ser pagos regularmente, respeitando a ordem de preferência ou o que restar aprovado no plano de recuperação judicial.

Esquematizando as formas de aferição do crédito a ser habilitado, à exceção do Incidente de Classificação de Crédito Público:

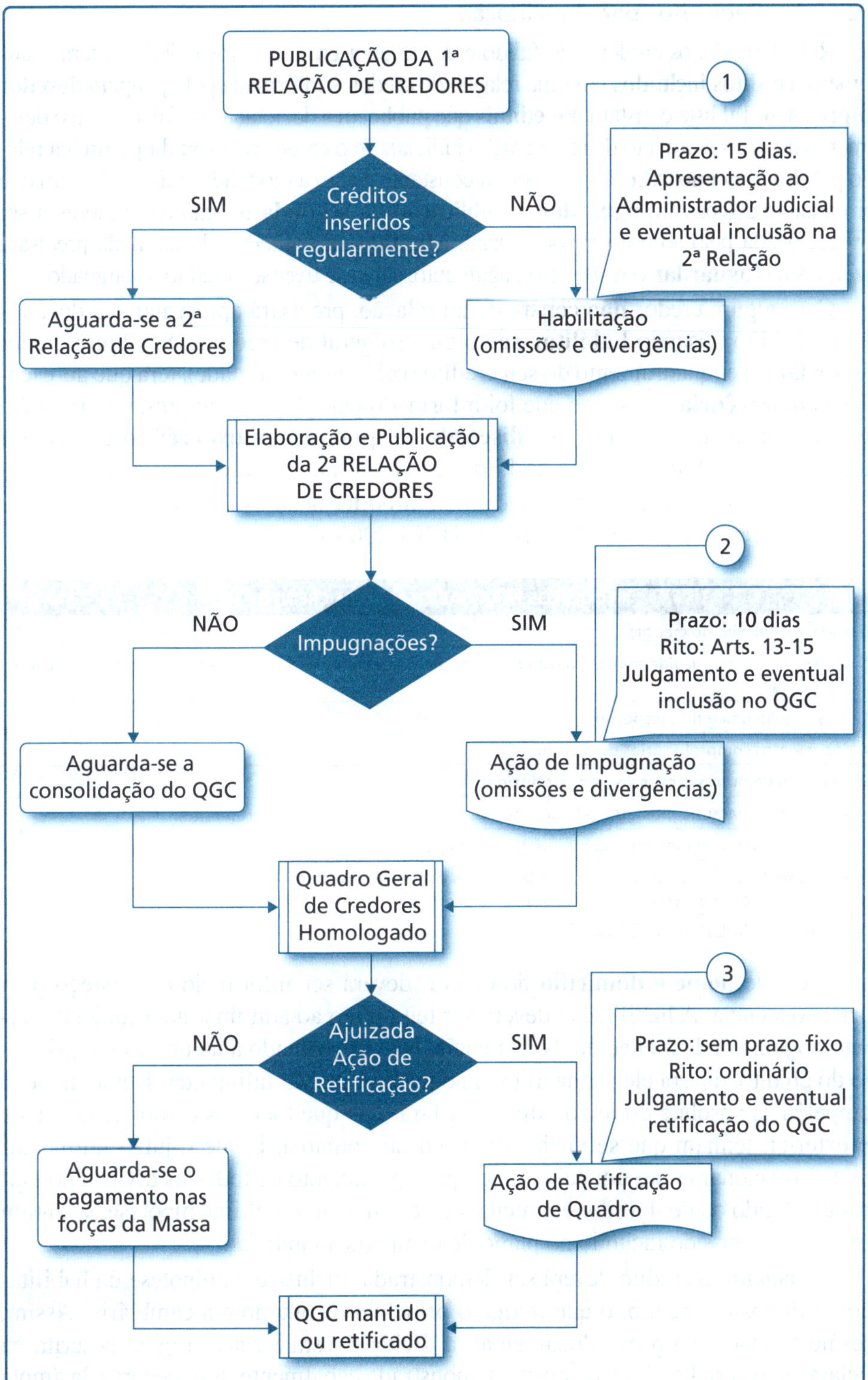
PUBLICAÇÃO DA 1ª RELAÇÃO DE CREDORES
Créditos inseridos regularmente?
SIM
NÃO
1
Prazo: 15 dias. Apresentação ao Administrador Judicial e eventual inclusão na 2ª Relação
Aguarda-se a 2ª Relação de Credores
Habilitação (omissões e divergências)
Elaboração e Publicação da 2ª RELAÇÃO DE CREDORES
2
Prazo: 10 dias Rito: Arts. 13-15 Julgamento e eventual inclusão no QGC
NÃO
Impugnações?
SIM
Aguarda-se a consolidação do QGC
Ação de Impugnação (omissões e divergências)
Quadro Geral de Credores Homologado
3
Prazo: sem prazo fixo Rito: ordinário Julgamento e eventual retificação do QGC
NÃO
Ajuizada Ação de Retificação?
SIM
Aguarda-se o pagamento nas forças da Massa
Ação de Retificação de Quadro
QGC mantido ou retificado

■ 23.2.1. Requisitos para habilitação

Relembrando: os credores do falido e do devedor em recuperação judicial terão seus nomes e **créditos incluídos** em uma relação de credores informada pelo **próprio devedor empresário**. Tal lista constará dos **editais** que publicam a decretação da falência ou o deferimento do processamento da recuperação judicial. Se o credor **constou da primeira** relação publicada e **concorda** com o valor ali constante e com a modalidade de crédito em que foi enquadrado, bastará **aguardar a publicação da segunda** relação de credores a ser confeccionada pelo administrador judicial. **Mantido** na segunda relação, nada precisará fazer, apenas **aguardar** o respectivo pagamento, salvo se tiver seu crédito impugnado.

Caso algum credor **não conste** de tal relação, precisará apresentar sua declaração de crédito, visando **habilitar-se** no quadro geral de credores. Se algum credor **discordar** do enquadramento do seu crédito (valor ou modalidade), terá que apresentar sua **divergência** quanto ao que foi informado pelo devedor empresário. Também deverá apontar divergência, caso **discorde de qualquer outro crédito** que conste daquela relação. Tudo no prazo de 15 dias, a contar da publicação dos editais.

Em ambas as hipóteses, deverá o credor **atender aos requisitos** para habilitação de crédito previstos no art. 9º, da Lei n. 11.101/2005. Confira-se:

REQUISITOS PARA HABILITAÇÃO DE CRÉDITO
1) nome e domicílio do credor;
2) origem do crédito, devidamente atualizado até a data da decretação da falência ou do pedido de recuperação judicial;
3) classificação do crédito (espécie);
4) documentos comprobatórios do crédito;
5) indicação de outras provas a serem produzidas;
6) indicação da garantia prestada pelo devedor, se houver, e o respectivo instrumento;
7) especificação do objeto da garantia que estiver na posse do credor.
Observação: Os títulos e documentos que legitimam os créditos deverão ser exibidos no original ou por cópias autenticadas se estiverem juntados em outro processo.

Fonte: art. 9º, da Lei n. 11.101/2005.

Além de **nome e domicílio** do credor, deverá ser informado o endereço para correspondência. A habilitação deverá ser feita junto ao administrador judicial, portanto no juízo onde foi decretada a falência. Não importando a natureza ou o privilégio do crédito, deverá ele ser habilitado no juízo universal falimentar. Desse modo, a competência absoluta do juízo falimentar fará com que todos os credores, no país e no exterior, tenham que se vir habilitar em tal comarca. É que o juízo falimentar passa a funcionar como um caixa único para pagamento de todas as dívidas do empresário falido ou do devedor em recuperação, salvo, nesta última hipótese, se algum credor não tiver sido incluído no plano de recuperação judicial.

A **origem** do crédito deverá ser demonstrada, inclusive na hipótese da habilitação de títulos de crédito, o que mitiga o princípio da autonomia cambiária. Assim, mesmo fundada em prova documental, a dívida deverá ter sua origem descrita na declaração de crédito, bem como ser demonstrada cabalmente. Isso decorre da ampla investigação que se instaura sobre todos os negócios do falido, caso decretada a falência, e sobre o devedor empresário, visando evitar que fraudes e simulações anteriores ao processo possam frustrar ou iludir credores.

A **atualização monetária** dos créditos habilitados deve limitar-se à data da decretação da falência ou do pedido de recuperação judicial. Assim, o crédito que será pago na falência respeitará essa data-limite. Por ocasião do pagamento, na falência, havendo saldo suficiente na massa, o crédito será corrigido até a data do pagamento. Quanto aos juros, inicialmente não serão devidos, todavia a redação atual da Lei n. 11.101/2005 traz exceções e momentos oportunos em que poderão ser pagos. Isso será estudado no capítulo relativo aos efeitos da falência. Assim, no momento em que a habilitação de crédito for ajuizada, o valor da dívida reclamada deverá ser deflacionado ou corrigido, a depender da data final em que se calculou sua atualização monetária.

Por exemplo: no curso da falência, um trabalhador é vencedor de reclamação trabalhista contra a massa (ou contra o falido), sendo seu crédito calculado e corrigido após a data da sentença trabalhista. Tal cálculo, por força de lei, atualizará o crédito até a data do cálculo do contador, liquidando a sentença. Como a falência já havia sido decretada, o cálculo terá feito incidir correção monetária posterior ao decreto falimentar, o que imporá a deflação do valor do crédito, excluindo-se a correção monetária entre a data da decretação da falência e a liquidação da sentença trabalhista, para efeito de habilitação. Por ocasião do pagamento de tal crédito, será devida a correção monetária, mas no quadro geral de credores constará o valor deflacionado.

A **classificação do crédito** refere-se à posição que ele ocupará na ordem preferencial de pagamentos estabelecida pela Lei n. 11.101/2005, ou em que categoria de credores exercerá seu direito a voto na assembleia geral de credores. As espécies de crédito estão bem definidas no art. 83, da Lei n. 11.101/2005. Desse modo, o credor, ao intentar apresentar sua habilitação, deverá pesquisar em qual dos incisos daquele artigo seu crédito se enquadra. Cada inciso corresponde a uma espécie de crédito, bem como fixa o momento em que o crédito será pago, ou seja, a ordem de preferência dos pagamentos. Os incisos estão elencados de forma ordinária, isto é, do primeiro ao oitavo inciso estão os credores habilitados também da primeira à oitava posição. Vejamos o quadro geral de credores, cuja explicação será feita em tópico mais adiante:

CLASSIFICAÇÃO DOS CRÉDITOS
Art. 83. A classificação dos créditos na falência obedece à seguinte ordem:
I — os créditos derivados da legislação trabalhista, limitados a 150 (cento e cinquenta) salários-mínimos por credor, e aqueles decorrentes de acidentes de trabalho;
II — os créditos gravados com direito real de garantia até o limite do valor do bem gravado;
III — os créditos tributários, independentemente da sua natureza e do tempo de constituição, exceto os créditos extraconcursais e as multas tributárias;
IV — créditos quirografários, a saber:
a) aqueles não previstos nos demais incisos deste artigo;
b) os saldos dos créditos não cobertos pelo produto da alienação dos bens vinculados ao seu pagamento; e
c) os saldos dos créditos derivados da legislação trabalhista que excederem o limite estabelecido no inciso I do *caput* deste artigo;

V — as multas contratuais e as penas pecuniárias por infração das leis penais ou administrativas, inclusive as multas tributárias;
VI — créditos subordinados, a saber:
a) os previstos em lei ou em contrato;
b) os créditos dos sócios e dos administradores sem vínculo empregatício cuja contratação não tenha observado as condições estritamente comutativas e as práticas de mercado; e
VII — os juros vencidos após a decretação da falência, conforme previsto no art. 124 desta Lei.

É possível perceber que o **mesmo crédito** pode ter **dupla classificação**, ou seja, parte dele pertence a uma espécie, enquanto a outra se enquadra em outra categoria. O **crédito trabalhista**, por exemplo, será enquadrado na categoria dos **credores trabalhistas — a primeira** — até o montante de 150 salários mínimos, sendo o excedente do referido valor enquadrado na categoria dos **quirografários**, quarta colocada no *ranking* do quadro geral de credores. O credor trabalhista que se encontrar na referida situação terá direito a voto em ambas as categorias em que teve o seu crédito enquadrado, por ocasião da assembleia geral de credores.

Quanto aos **documentos comprobatórios do crédito**, importante destacar que tal exigência tem relação com a necessidade de **comprovação da origem do crédito**. O administrador judicial, pessoa da confiança do juiz e nomeado por ele, não conhece a empresa que será o objeto da sua atuação, não conhecendo seus sócios, credores e bens. O **acesso à documentação da empresa poderá ser dificultado** por diversos fatores, desde a desídia na escrituração empresarial até eventual dolo na omissão de documentos. Assim, considerando que o credor dirigirá sua **habilitação de crédito ao administrador** judicial, **salutar a comprovação documental**, pois os arquivos do falido ou do recuperando poderão não contar com tal documentação ou indícios do crédito, o que imporá ao administrador judicial a exclusão de tal crédito da relação de credores.

A exigência de **indicação de outras provas a serem produzidas** visa a agilizar o procedimento de habilitação de crédito, pois a formação do quadro geral de credores é crucial para a apreciação do plano de recuperação judicial e para o início do pagamento aos credores na falência. Por isso, é urgente e reclama celeridade. Inicialmente, as provas serão produzidas **perante o administrador judicial**, o qual, de posse dos documentos que encontrou na empresa e com o contador dela, somados aos documentos trazidos pelas habilitações e divergências apresentadas pelos credores, poderá atender aos pedidos de produção de outras provas.

Caso tenham sido produzidas provas (ou requerida sua produção), elas também poderão ser aproveitadas no processo de impugnação ao crédito. Desse modo, a prova também poderá ser utilizada ou deferida por ocasião da impugnação ao crédito que se quis habilitar.

A **indicação da garantia prestada pelo devedor, se houver, e o respectivo instrumento** são indispensáveis à aferição dos créditos com garantia real. Não basta alegar que o contrato previu a garantia real, é necessária a comprovação da efetivação da garantia. Os direitos reais de garantia são constituídos pelo registro do instrumento que os estabelecem, no respectivo cartório de registro de imóveis, no caso de garantia imobiliária, ou pela tradição da coisa, a efetiva entrega do bem móvel garantido ao credor. Se a garantia real recai sobre bem imóvel, deve ser apresentado o instrumento de hipoteca que a estabeleceu, devidamente registrado no registro imobiliário. Caso seja móvel o bem dado em garantia, o credor deverá apresentar **a especificação do objeto da garantia que estiver na sua posse**, já que, para a garantia real mobiliária, tem que ter havido a tradição — a entrega da coisa.

23.2.2. Credores dispensados da habilitação

Como ficou expressamente consignado no tópico anterior, a falência decretada impõe uma espécie de **caixa único** para pagamento das dívidas do falido. Portanto, todos os credores do falido deverão buscar seu crédito no juízo falimentar. Na recuperação judicial, não existe o referido caixa único, pois os credores tributários não são alcançados por ela. Além disso, o plano de recuperação judicial é que definirá quais espécies de credores serão atingidos. Em outras palavras, será possível ao plano excluir determinadas categorias de credores da sua incidência.

Tanto na falência quanto na recuperação judicial, o caminho para os credores receberem seu crédito é o da habilitação de crédito. Contudo, a **Fazenda Pública** (seja por tributos devidos à União, aos Estados e Municípios, seja pelos devidos às suas Autarquias) não precisará habilitar seu crédito, pois a certidão de dívida ativa de tributos (CDA) goza de presunção de existência e legitimidade, e a **lei disciplinou procedimento mais simplificado** para o reconhecimento dos créditos fiscais (**Incidente** de Classificação de Crédito Público.

Credores com direito à restituição de algum bem ou de dinheiro também não precisam se habilitar na falência. Os arts. 85, 86 e 93, da Lei n. 11.101/2005, preveem o pedido de restituição e os embargos de terceiros para satisfação de tais direitos. As pessoas que tiverem algum direito, junto ao falido, previsto naqueles artigos, terão seus créditos satisfeitos antes do pagamento do quadro geral de credores. É o caso da restituição de contribuições previdenciárias e Imposto de Renda, descontados do empregado e não repassados à Fazenda Pública.

Credores não atingidos pelo plano de recuperação judicial: o plano de recuperação judicial definirá quem será atingido pelo referido processo, bem como a forma do pagamento aos atingidos. O credor que não tiver sua categoria constando do plano não precisará se habilitar. Se, por exemplo, determinado plano de recuperação judicial não define qualquer alteração quanto aos créditos com garantia real, eles não participarão dos esforços da empresa e dos demais credores para o soerguimento do negócio. Receberão seu crédito regularmente e sem a necessidade de abrir mão da respectiva garantia. Por isso, não participarão da assembleia geral de credores, nem poderão influenciar qualquer decisão da empresa em recuperação judicial, nem na decisão dos demais credores.

Os **credores da massa falida** (chamados de extraconcursais pela Lei n. 11.101/2005) diferenciam-se dos credores do falido, aqueles existentes por ocasião da decretação da falência. Surgem após a decretação da falência e são os que prestam serviços, emprestam ou investem dinheiro, fornecem bens, trabalham para a massa, além dos tributos cujo fato gerador seja posterior à decretação da falência. Estão elencados no art. 84, da Lei n.

11.101/2005, e não precisam de habilitação prévia para que sejam elencados logo acima do quadro geral de credores, pois os valores que lhes são devidos são constituídos perante o próprio administrador judicial e preferem aos credores do falido.

Eis o quadro geral de credores extraconcursais:

QUADRO DOS CREDORES EXTRACONCURSAIS
Art. 84. Serão considerados créditos extraconcursais e serão pagos com precedência sobre os mencionados no art. 83 desta Lei, na ordem a seguir, os relativos a:
I-A — às quantias referidas nos arts. 150 e 151 desta Lei;
I-B — ao valor efetivamente entregue ao devedor em recuperação judicial pelo financiador, em conformidade com o disposto na Seção IV-A do Capítulo III desta Lei;
I-C — aos créditos em dinheiro objeto de restituição, conforme previsto no art. 86 desta Lei;
I-D — às remunerações devidas ao administrador judicial e aos seus auxiliares, aos reembolsos devidos a membros do Comitê de Credores, e aos créditos derivados da legislação trabalhista ou decorrentes de acidentes de trabalho relativos a serviços prestados após a decretação da falência;
I-E — às obrigações resultantes de atos jurídicos válidos praticados durante a recuperação judicial, nos termos do art. 67 desta Lei, ou após a decretação da falência;
II — às quantias fornecidas à massa falida pelos credores;
III — às despesas com arrecadação, administração, realização do ativo, distribuição do seu produto e custas do processo de falência;
IV — às custas judiciais relativas às ações e às execuções em que a massa falida tenha sido vencida;
V — aos tributos relativos a fatos geradores ocorridos após a decretação da falência, respeitada a ordem estabelecida no art. 83 desta Lei;
VI — obrigações resultantes de atos jurídicos válidos praticados durante a recuperação judicial, nos termos do art. 67 desta Lei, ou após a decretação da falência, e tributos relativos a fatos geradores ocorridos após a decretação da falência, respeitada a ordem estabelecida no art. 83 desta Lei.

Todos os credores mencionados não precisarão comprovar a existência, valor, legitimidade e qualidade dos seus créditos, pois terão outro caminho para satisfazerem seus créditos ou não poderão receber da massa.

Esquematizando:

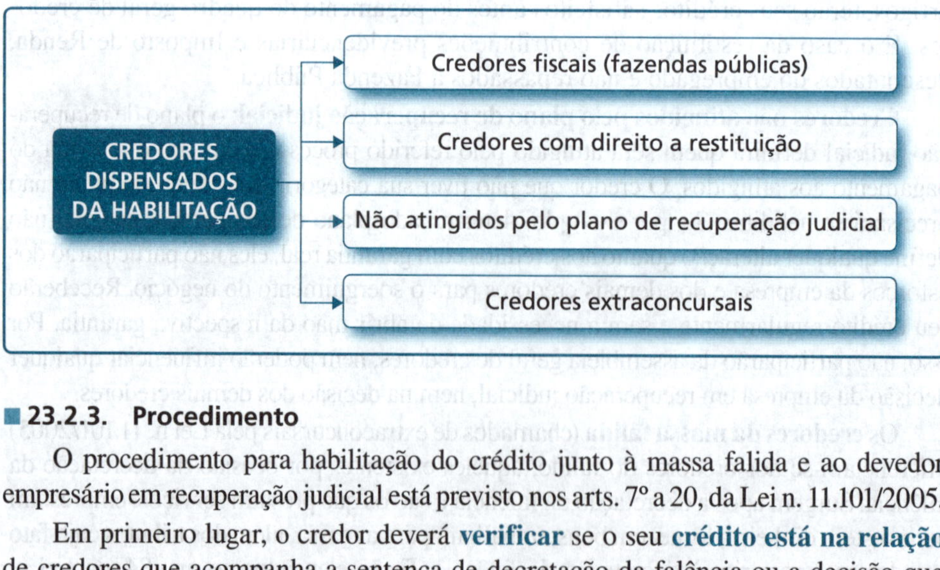

■ 23.2.3. Procedimento

O procedimento para habilitação do crédito junto à massa falida e ao devedor empresário em recuperação judicial está previsto nos arts. 7º a 20, da Lei n. 11.101/2005.

Em primeiro lugar, o credor deverá **verificar** se o seu **crédito está na relação** de credores que acompanha a sentença de decretação da falência ou a decisão que defere o processamento da recuperação judicial. Esses atos judiciais são **publicados por meio de editais** próprios, nos quais o devedor deverá informar a quem ele deve, justamente para que todos os credores possam participar de eventual execução coletiva, ou serem atingidos pela recuperação judicial. Além dos nomes dos credores, o edital publicará o **valor e a classificação** de cada crédito.

Caso o nome do **credor não conste** da referida relação, ou não seja publicado o exato valor do crédito que lhe é devido e da sua classificação, ele poderá **habilitar seu crédito** ou apresentar **divergência** perante o **administrador judicial**, inclusive quanto à categoria de crédito em que foi enquadrado. Se o **nome estiver** nessa primeira relação de credores, basta **aguardar a segunda**, conforme já mencionado.

A **segunda relação** de credores é aquela **consolidada pelo administrador judicial**. A partir da primeira relação publicada, ele apreciará as habilitações e as divergências apresentadas, **confrontando-as com os documentos**, livros mercantis e outras provas da existência de crédito e de débito do devedor empresário. Todo esse procedimento é **extrajudicial**, realizado pelo administrador judicial. Publicada a segunda relação de credores, no prazo de **10 dias**, poderão ser apresentadas as **impugnações** àquele rol.

Havendo alguma **impugnação** aos créditos constantes da segunda, ela será **autuada, em separado** do feito falimentar ou recuperacional, sendo instaurado um **procedimento judicial** próprio, com rito especial e direito a contraditório. Se o mesmo crédito receber **mais de uma impugnação**, haverá **apenas uma autuação**, que abarcará todas as impugnações contra ele.

Os **créditos que não forem impugnados** e as **impugnações julgadas** conformarão o **quadro geral de credores**, definindo a ordem de preferência dos pagamentos na falência e as categorias de credores que votarão na recuperação judicial.

Nos tópicos seguintes, analisaremos detalhadamente cada um desses procedimentos.

■ 23.2.3.1. *Habilitação de crédito*

O art. 7º, § 1º, da Lei n. 11.101/2005 estabelece que, **publicados os editais**[4] de decretação da falência e de deferimento do processamento da recuperação judicial, começa o transcurso do prazo de **15 dias** para que qualquer credor do devedor empresário apresente **habilitação ou divergência** quanto à relação de credores que também foi publicada naquele edital.

Que **relação de credores** é essa e onde ela é obtida?

I — Na recuperação judicial

É **requisito formal** para a apreciação do pedido de recuperação judicial a **apresentação da relação dos credores** do devedor empresário que pleiteia o benefício,

[4] O edital deverá conter, para o caso de recuperação judicial: (I) o resumo do pedido do devedor e da decisão que defere o processamento da recuperação judicial; (II) a relação nominal de credores, em que se discrimine o valor atualizado e a classificação de cada crédito (art. 52, § 1º, da Lei n. 11.101/2005). Já para a falência, o edital contém a íntegra da decisão que decreta a falência e a relação de credores (art. 99, parágrafo único, da Lei n. 11.101/2005).

documento que deve ser **juntado à petição inicial**. É o que prevê o art. 51, inc. III, da Lei n. 11.101/2005. Tal exigência tem a finalidade de chamar ao processo de recuperação judicial **todos os credores** por ela atingidos, para que eles tenham a oportunidade de apresentar **eventuais objeções** ao plano de recuperação judicial e também deliberar sobre a **aprovação ou não** dele, em assembleia geral de credores. Por isso, juntada a relação de credores à petição inicial da recuperação judicial, será ela **publicada** no primeiro momento possível, que é aquele em que se publica a **decisão que deferiu** o processamento da recuperação judicial.

Para que se tenha uma **visão sintética** do que ocorre na recuperação judicial, especialmente do momento e forma de **identificação dos credores**, antecipamos um resumo:

1) o devedor empresário em crise econômico-financeira **requer** sua recuperação judicial, juntando, entre outros documentos, a **relação de todos** os seus credores;

2) o juiz, verificando a regularidade da petição inicial e dos pressupostos da recuperação judicial, **defere o seu processamento**;

3) publica-se um **edital** que divulga o deferimento do processamento da recuperação judicial;

4) no edital **consta a relação** de todos os credores do devedor empresário, segundo a lista que ele mesmo apresentou;

5) começa a correr o prazo de **15 dias** para que qualquer interessado (normalmente credores) apresente **habilitações** de crédito — para complementar a lista — ou **divergências** quanto aos créditos publicados, buscando excluí-los, aumentá-los, diminuí-los ou modificar a sua classificação. Tanto as habilitações quanto as divergências devem ser apresentadas **perante o administrador judicial**.

Esquematizando:

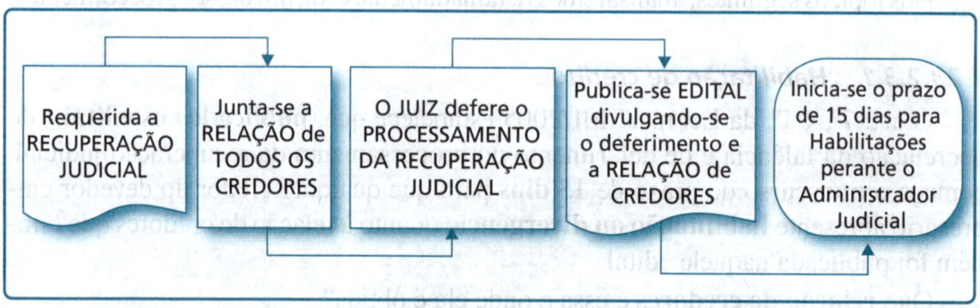

I — Na falência

Uma vez **decretada a falência**, o devedor empresário falido deverá submeter-se a diversas obrigações que a Lei n. 11.101/2005 lhe impõe. O art. 104, inc. XI, da referida lei, determina que o **falido deverá apresentar ao administrador judicial, quando de suas primeiras declarações, a relação dos seus credores em arquivo eletrônico.** Caso se trate de **autofalência**, tal relação é requisito da **petição inicial**, segundo o que dispõe o art. 105, inc. II, da Lei n. 11.101/2005. Havendo **convolação de recuperação judicial em falência**, os credores já estarão **habilitados**, pois já terão passado pela habilitação de crédito daquele procedimento.

A exigência da apresentação da relação de credores visa **tornar público os nomes de todos os credores** do falido, por ocasião da publicação do edital que divulga a decretação da falência.

A Lei n. 11.101/2005 impõe ao **devedor empresário** a obrigação de **apresentar** a relação de todos os seus credores nos feitos que tratem da sua falência ou recuperação judicial. Contudo, é bastante comum, em alguns processos de falência, a **impossibilidade de localização do falido** ou dos sócios da sociedade falida, o que impede a apresentação da relação de credores. Nessa hipótese, o **administrador judicial deverá elaborar a primeira relação** de credores com base nos livros e documentos do falido, auxiliado pelo profissional responsável pela contabilidade da empresa em crise econômico-financeira. É possível a convocação do referido **contador**, a pedido do administrador judicial, para que **forneça informações** no juízo falimentar e para que **entregue documentos** e registros da contabilidade do falido.

Assim, no caso de **autofalência**, o rol dos credores constará dos documentos que **instruem a petição inicial**, sob pena de extinção do processo sem resolução de mérito, pois o referido documento é indispensável à propositura da ação de falência requerida pelo próprio devedor, sendo sua ausência causa de indeferimento da petição inicial. **Convolada uma recuperação judicial em falência**, o quadro geral de credores **já estará consolidado**, pois, no procedimento da recuperação judicial, a primeira medida que se inaugura é a habilitação dos créditos. No caso de **falência decretada** pelo juiz, o próprio dispositivo da **sentença deverá fixar um curto prazo** para que o falido traga a relação de seus credores.

Esquematizando:

ORIGEM DA PRIMEIRA RELAÇÃO DE CREDORES	
Tipo de Procedimento	**De Onde Vem a Relação de Credores**
▪ Autofalência	▪ O devedor empresário é obrigado a juntar a relação de todos os seus credores à petição inicial, sob pena de extinção do feito, pelo indeferimento dela.
▪ Convolação de recuperação judicial em falência	▪ Na recuperação judicial, a habilitação de créditos é realizada logo após o deferimento do processamento. Consolida-se o quadro geral de credores que será aproveitado na falência.
▪ Falência	▪ Quando das primeiras declarações, o falido deverá fornecer ao Administrador Judial relação de seus credores por meio de arquivo eletrônico.
▪ Falência (quando o falido não é encontrado para apresentar a relação de credores)	▪ O administrador judicial, com base nos documentos a que tiver acesso, fornecerá ao juiz a relação dos credores que houver identificado.

Em todos os casos, decretada a falência, a **relação dos credores** obtida dessa forma será **publicada no mesmo edital de divulgação da decretação da falência**, iniciando-se o prazo para as habilitações e divergências. Essa relação é a **denominada primeira relação de credores** do falido.

Assim, após a decretação da falência, o juiz determinará a publicação da respectiva sentença e da primeira relação de credores. Esse **edital inaugura o procedimento de habilitação** de créditos.

Esquematizando o início do prazo para eventuais habilitações de crédito:

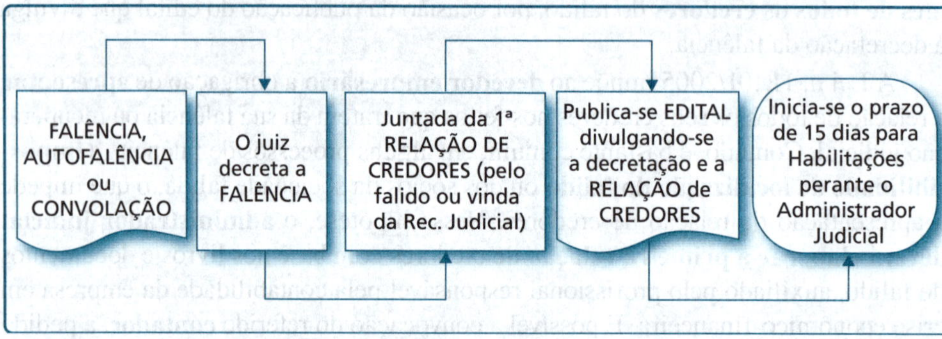

Tanto na falência quanto na recuperação judicial, os credores que **deixarem de apresentar suas habilitações** no prazo de 15 dias serão considerados **retardatários**, incidindo sobre eles as consequências previstas no art. 10, da Lei n. 11.101/2005. Quanto a esses credores retardatários, uma melhor análise do tratamento que a lei lhes dispensa será realizada nos *itens 23.2.5* e *23.2.6*.

Como já noticiado, as **habilitações e divergências**, que incidirão sobre a primeira relação de credores, serão **dirigidas ao administrador judicial**, que, com base nelas e nos documentos, livros e registros do falido, **elaborará** e fará publicar **nova relação de credores até 45 dias depois** do esgotamento do prazo de 15 dias para habilitações e divergências. O administrador judicial, para desempenhar a tarefa de organizar a segunda relação de credores, poderá contar com o auxílio de profissionais ou empresas especializadas.

Assim, concluímos que a habilitação de crédito é, inicialmente, um **procedimento administrativo**, pois ao judiciário cabe apenas a divulgação da decretação da falência ou do deferimento da recuperação judicial, além da indicação do administrador judicial escolhido pelo juiz, tudo divulgado mediante edital. A partir daí, os **credores e o administrador judicial conformarão a lista** de todos os credores do falido. Essa dinâmica processual extrajudicial está bem delineada no art. 7º, §§ 1º e 2º, da Lei n. 11.101/2005, tudo na forma explicada nos tópicos anteriores. Diante da precisão do texto legal, indispensável transcrevê-lo:

> Art. 7º A verificação dos créditos será realizada pelo administrador judicial, com base nos livros contábeis e documentos comerciais e fiscais do devedor e nos documentos que lhe forem apresentados pelos credores, podendo contar com o auxílio de profissionais ou empresas especializadas.
>
> § 1º Publicado o edital previsto no art. 52, § 1º, ou no parágrafo único do art. 99 desta Lei, os credores terão o prazo de 15 (quinze) dias para apresentar ao administrador judicial suas habilitações ou suas divergências quanto aos créditos relacionados.
>
> § 2º O administrador judicial, com base nas informações e documentos colhidos na forma do *caput* e do § 1º deste artigo, fará publicar edital contendo a relação de credores no prazo de 45 (quarenta e cinco) dias, contado do fim do prazo do § 1º deste artigo, devendo

indicar o local, o horário e o prazo comum em que as pessoas indicadas no art. 8º desta Lei terão acesso aos documentos que fundamentaram a elaboração dessa relação.

Durante **45 dias**, o administrador judicial poderá **analisar** os documentos, livros e registros do falido, devendo elaborar e publicar a segunda relação de credores, com base neles e nos documentos e provas trazidos pelos interessados nas habilitações e divergências apresentadas. O **administrador judicial**, ao realizar a análise da primeira relação de credores, poderá lhe **retirar ou acrescentar credores**, bem como **alterar a classificação e os valores dos créditos** nela constantes. Isso poderá contrariar interesses de diversos credores, o que demanda do administrador judicial a **demonstração documental** de suas decisões, visando convencer todos os credores e interessados do acerto do crédito que ele considerou demonstrado e, portanto, habilitado.

Elaborada a **segunda relação de credores** pelo administrador judicial, será ela **publicada por meio de edital**. Trata-se do edital previsto no art. 7º, § 2º, da Lei n. 11.101/2005. Nele, o administrador judicial fará constar o **local, o horário e o prazo** comum em que o Comitê de Credores, qualquer credor, o devedor ou seus sócios ou o Ministério Público terão **acesso aos documentos** que fundamentaram a elaboração dessa relação. Tudo visando possibilitar **eventual impugnação** aos créditos constantes da relação de credores elaborada pelo administrador judicial, em caso de discordância de algum dos interessados. Caso haja impugnação a algum dos créditos na segunda relação de credores, inicia-se um **procedimento judicial** de averiguação do crédito, o que será objeto do tópico seguinte.

Destarte, **resumindo a fase administrativa** da habilitação de créditos, podemos estabelecer a seguinte sequência do procedimento:

1º) Publicam-se os **editais** previstos no art. 7º, § 1º, da Lei n. 11.101/2005, nos quais consta a **relação de credores** do devedor empresário. Esses editais referem-se: a) à decisão que **defere o processamento da recuperação** judicial (edital previsto no art. 52, § 1º); ou b) à sentença que **decreta a falência** (edital previsto no parágrafo único, do art. 99).

2º) Conta-se o prazo de **15 dias para habilitações e divergências** pelos interessados (credores).

3º) **Esgotado** o prazo de habilitações/divergências, conta-se o prazo de **45 dias** para que o administrador judicial analise os documentos, livros e registros do falido, devendo **elaborar e publicar a segunda relação** de credores.

4º) Publica-se **edital com a relação de credores habilitados** confeccionada pelo administrador judicial (edital previsto no art. 7º, § 2º, da Lei n. 11.101/2005). Tal relação poderá **retirar ou acrescentar** credores à anterior, bem como poderá **alterar a classificação e os valores** dos créditos constantes dela. Esse edital também **divulga o local, o horário e o prazo** comum em que o Comitê de Credores, qualquer credor, o devedor ou seus sócios ou o Ministério Público terão **acesso aos documentos** que fundamentaram a elaboração dessa relação.

Aqui **termina a fase administrativa** da habilitação de credores, uma vez que, **após a publicação** da segunda relação de credores, correrá um **prazo de 10 dias para eventuais impugnações** aos créditos constantes dela. **Se não houver** impugnações, essa relação será **homologada como quadro geral** de credores pelo juiz. **Se houver impugnações**, será iniciada a **fase judicial** do processo de habilitação de créditos, com o processamento e julgamento das impugnações, matéria a ser aprofundada no *item 23.2.3.2*, a seguir.

Esquematizando o caminho das habilitações de crédito por meio de fluxograma:

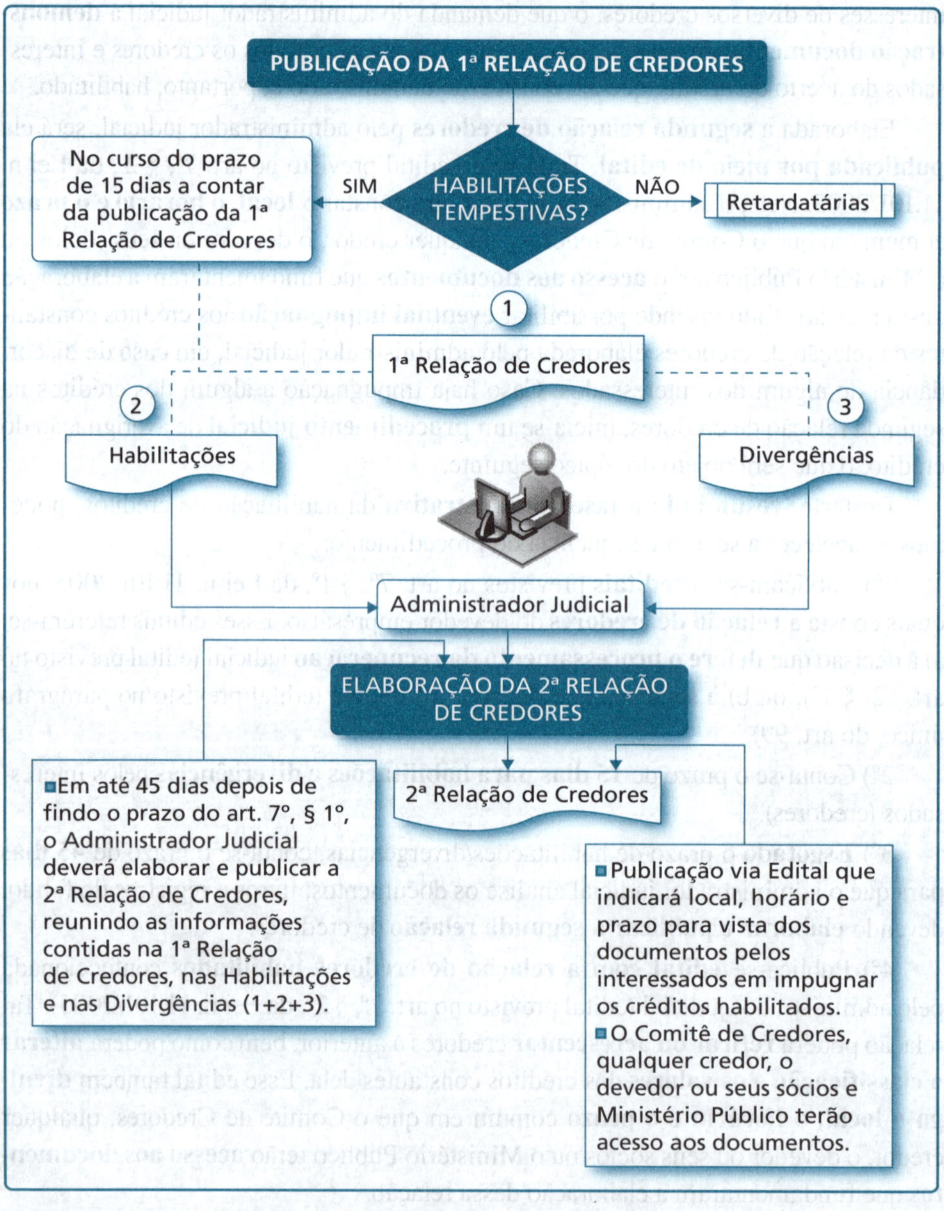

■ *23.2.3.2. Impugnação de crédito*

No **prazo de 10 dias**, contados da publicação do edital com a relação de credores habilitados, confeccionada pelo administrador judicial, o **Comitê de Credores, qualquer credor, o devedor ou seus sócios ou o Ministério Público** podem apresentar ao juiz **impugnação** contra a relação de credores, apontando a **ausência** de qualquer crédito, ou manifestação contra a **legitimidade, importância ou classificação de crédito** relacionado ali. Trata-se da segunda relação de credores (conforme o último quadro do fluxograma anterior), constante do edital previsto no art. 7º, § 2º, da Lei n. 11.101/2005, a qual poderá ser objeto de impugnações, e não mais de divergências.

Caso **não haja impugnações**, o juiz a **homologará** como **quadro geral de credores**, **dispensada a publicação** do referido quadro, pois valerá em seu lugar a própria publicação da **segunda relação**. Assim, a segunda relação de credores será **convolada** em quadro geral de credores ressalvada a necessidade resolução de eventual Incidente de Classificação de Crédito Público.

O art. 8º, da Lei n. 11.101/2005, estabelece o prazo, os legitimados e o objeto das impugnações. Confiramos:

> Art. 8º No prazo de 10 (dez) dias, contado da publicação da relação referida no art. 7º, § 2º, desta Lei, o Comitê, qualquer credor, o devedor ou seus sócios ou o Ministério Público podem apresentar ao juiz impugnação contra a relação de credores, apontando a ausência de qualquer crédito ou manifestando-se contra a legitimidade, importância ou classificação de crédito relacionado.

Desse modo, podemos concluir que são **legitimados para impugnar** a segunda relação de credores:

- o Comitê de Credores;
- qualquer credor;
- o devedor;
- os **sócios** do devedor; e
- o Ministério Público.

Podemos identificar como **objeto das impugnações**:

- A **ausência** de qualquer crédito: nesse caso, a impugnação funcionaria como uma habilitação retardatária, pois buscaria a **inclusão de crédito** no futuro quadro geral de credores.
- Manifestação contra a **legitimidade de crédito** relacionado: aqui, a impugnação buscaria demonstrar que o **devedor não estaria obrigado a pagar** o referido crédito em face do seu estado falimentar ou recuperacional, como nas hipóteses do art. 5º, da Lei n. 11.101/2005, já estudadas no *item 23.1.1*.
- Manifestação contra a **importância do crédito** relacionado: a discussão de tal impugnação recai sobre o **valor** que se habilitou. O valor que constou da relação

pode estar **acima do devido**, em decorrência de pagamentos parciais, inclusão indevida de juros, multa ou de correção monetária posterior à decretação da falência ou deferimento do processamento da recuperação judicial. O valor habilitado pode estar **abaixo do devido** e a impugnação pode buscar sua correção para elevá-lo. O STJ pacificou entendimento de ser devida a **correção monetária** em processos de falência.

- Manifestação contra a **classificação de crédito** relacionado: busca-se nessa impugnação o **enquadramento adequado do crédito na categoria** que lhe competirá no quadro geral de credores. Ocorre a hipótese de o **mesmo crédito** dividir-se em **mais de uma categoria** e isso pode não ter sido observado pelo credor habilitado, nem pelo administrador judicial.

A **impugnação é dirigida ao juiz** e **autuada em separado**, ou seja, as impugnações tornar-se-ão **processos judiciais**, os quais contarão com o devido contraditório e possibilidade de instrução probatória. Para efeito de autuação, serão considerados os créditos impugnados, e não a quantidade de impugnações, de modo que as **impugnações que se referirem ao mesmo crédito gerarão apenas uma autuação**, que as reunirá, nos mesmos autos de processo, para apreciação conjunta, evitando decisões divergentes.

Realizada a autuação, os credores cujos créditos forem **impugnados** serão intimados para **contestação**, no prazo de **5 dias**. Deverão juntar, nessa ocasião, documentos que estejam em seu poder e que possam influenciar o julgamento da causa e, depois, indicar outras provas que reputem necessárias, inclusive testemunhas.

Transcorrido o prazo para a contestação do impugnado, o **devedor e o Comitê** de Credores, se houver, serão intimados pelo juiz para **manifestação** no prazo comum de **5 dias**. Também terão, então, a oportunidade de trazer ou indicar provas. Poderão posicionar-se contra ou a favor da impugnação.

Decorrido o prazo para manifestação do devedor e do Comitê de Credores, o **administrador judicial** será intimado pelo juiz para emitir **parecer**, também no prazo de **5 dias**. Deverá juntar à sua manifestação o laudo elaborado por profissional ou empresa especializada, se for o caso, e todas as informações existentes nos livros fiscais e demais documentos do devedor acerca do crédito, constante ou não da relação de credores, objeto da impugnação.

Vencidos esses prazos, os autos das impugnações serão **conclusos** ao juiz. Diante do que houver sido demonstrado nos autos, bem como das alegações das partes, o **juiz poderá**:

I — determinar a **inclusão** das habilitações de crédito **não impugnadas** no quadro geral de credores;

II — **decidir**, também, as impugnações **incontroversas**, aquelas em que não houver contestação ou parecer desfavorável ao seu acatamento;

III — **julgar** as impugnações que entender **esclarecidas e suficientemente demonstradas** pelas alegações e provas apresentadas pelas partes, detalhando, para cada crédito, seu exato valor e classificação;

IV — **fixar**, nas demais impugnações, os aspectos **controvertidos** e decidir as questões processuais pendentes;

V — **determinar as provas** a serem produzidas, designando audiência de instrução e julgamento, se necessário.

Nas **impugnações** em que adotar os procedimentos dos itens **IV e V**, o juiz determinará a **reserva de valores** suficientes ao pagamento do crédito impugnado, visando evitar a frustração do pagamento quando, no futuro, for decidida a impugnação. Isso porque, enquanto as **impugnações são processadas**, é possível que os bens do devedor estejam sendo alienados para pagar os credores já habilitados, o que pode levar à quitação total da categoria a que pertencer o impugnado. **Sem as reservas** de valores, o devedor correria o risco de ser **reduzido à insolvabilidade** antes da decisão final na impugnação, situação em que receberiam apenas os credores que não tiveram seus créditos questionados.

Caso a **impugnação seja parcial**, poderá ser **pago o valor incontroverso** do crédito, mesmo antes do julgamento dela, situação em que será realizado pagamento parcial e feita reserva de valor, também parcial.

O **juiz decidirá**, então, todas as impugnações que forem **autuadas**. Sua decisão **poderá** determinar a **inclusão de crédito** que não constou da segunda relação de credores. Poderá, ainda, **excluir crédito** ou **alterar o valor ou a classificação** dele naquela relação. Seja qual for a decisão judicial final nos autos das impugnações, tal ato desafiará o recurso de **agravo**, o que será visto no *item 23.2.4*. Por ora, podemos esquematizar, assim, as decisões do juiz nos diversos processos de impugnação de crédito:

DECISÕES JUDICIAIS POSSÍVEIS NO PROCESSO DE IMPUGNAÇÃO DE CRÉDITO
1) Determinar a inclusão no quadro geral de credores das habilitações de créditos não impugnadas.
2) Julgar as impugnações que entender suficientemente esclarecidas, mencionando, de cada crédito, o valor e a classificação.
3) Fixar os aspectos controvertidos nas impugnações restantes não esclarecidas.
4) Decidir as questões processuais pendentes, sentenciando em seguida.
5) Determinar as provas a serem produzidas, sentenciando logo após a produção delas.
6) Designar audiência de instrução e julgamento, se necessário, sentenciando em seguida.

Fonte: art. 15, da Lei n. 11.101/2005.

A partir das **decisões judiciais**, o **quadro geral de credores será confeccionado**. Podemos esquematizar as origens dos créditos que o formarão como mostrado a seguir.

Assim, o **administrador judicial**, juntando todos os créditos do devedor empresário, os quais podem vir de quaisquer das **origens supracitadas**, consolidará o **quadro geral de credores**.

Caso se verifique que a **espera** pelo julgamento de todas as impugnações poderá **causar prejuízo** para a massa falida ou para os credores, o **administrador judicial** poderá consolidar um **quadro provisório de credores**, no qual os créditos habilitados serão incluídos e consolidados, enquanto as **impugnações pendentes** poderão ser garantidas (caucionadas) por meio de **reserva de valores**. Isso possibilitaria não somente a definição de quem deve receber seu crédito junto ao devedor, mas também o **início imediato** dos pagamentos aos credores.

Consolidado o quadro geral de credores, o administrador judicial o submete ao **juiz** para que seja **homologado**. Uma vez homologado, **poderá ser alterado** somente por ação própria, a denominada **ação de retificação de quadro geral** de credores. Essa ação adotará o rito **ordinário** e será processada no próprio **juízo falimentar**. É, também, no juízo falimentar que se **requererá a reserva** de valor, no caso de propositura da mencionada ação.

Diante do que foi estudado, podemos estabelecer a seguinte **sequência** do processo de impugnação de crédito:

1º) **Publicada a segunda relação** de credores, de que trata o art. 7º, § 2º, da Lei n. 11.101/2005, conta-se o prazo de **10 dias para as impugnações**.

2º) Havendo impugnações, serão **dirigidas ao juiz** e autuadas em separado (em caso de pluralidade de impugnações para o mesmo crédito, todas receberão **uma só autuação**).

3º) Após **admitida por despacho** a impugnação pelo juiz, o impugnado poderá apresentar a sua **contestação**, no prazo máximo de **5 dias**.

4º) Após **vencido o prazo** para a contestação, o **devedor e o Comitê de Credores**, se houver, serão intimados pelo juiz para **manifestação** sobre a impugnação, no prazo comum de **5 dias, devendo apresentar parecer conclusivo**.

5º) Decorrido o prazo para manifestação do devedor e do Comitê de Credores, o **administrador judicial** será intimado pelo juiz para emitir **parecer**, também no prazo de **5 dias**.

6º) Com o parecer do administrador judicial, a impugnação será **conclusa ao juiz**, o qual poderá **julgá-la** ou mandar **instruir** o processo. Ao final, com ou sem instrução, terá o juiz decidido todas as impugnações.

7º) Em poder de todas as **decisões** que julgaram as impugnações e da **relação de credores não impugnados e das habilitações retardatárias,** o administrador judicial **consolida o quadro geral** de credores, sem prejuízo da reserva de valor em relação às habilitações retardatárias da parte controversa e pagamento da incontroversa.

8º) **Após confeccionado, consolidado e apresentado** pelo administrador judicial, o quadro geral de credores será **homologado** pelo juiz e publicado até 5 dias após o julgamento da última impugnação.

9º) O **quadro geral de credores homologado** pelo juiz somente poderá ser **alterado** por meio de **ação própria** e pelo rito ordinário (ação de retificação de quadro geral de credores).

10º) Estando o quadro geral de credores devidamente **homologado**, podem ser **iniciados os pagamentos** aos credores, observada a **ordem de preferência** e **as reservas de valores**.

11º) Excepcionalmente, "**ainda que o quadro-geral de credores não esteja formado, o rateio de pagamentos na falência poderá ser realizado** desde que a classe de credores a ser satisfeita já tenha tido todas as impugnações judiciais apresentadas no prazo previsto no art. 8º desta Lei, **ressalvada a reserva dos créditos controvertidos** em função das habilitações retardatárias de créditos distribuídas até então e ainda não julgadas" (§ 2º, do art. 16, acrescentado pela Lei n. 14.112/2020).

Das decisões que **julgarem as impugnações** de crédito, cabe o recurso de **agravo**.

■ 23.2.4. Recurso cabível

Para melhor compreender os **recursos cabíveis** no processo de habilitação de créditos, é preciso fazer uma breve reflexão sobre as **habilitações e impugnações** que visam incluir credores do devedor empresário no quadro geral de credores.

Em primeiro lugar, devemos lembrar que o processo de **habilitação** de crédito, na sua fase inicial, opera-se de forma **administrativa**, pois as habilitações e divergências são dirigidas ao **administrador judicial**, o qual organizará todos os créditos em uma relação de credores, **sem qualquer influência judicial**, publicando-a em seguida. A referida relação (segunda relação de credores) publicada é uma **lista prévia do quadro geral** de credores, todavia os créditos dela constante poderão ser impugnados. Caso **não haja impugnações**, a relação será **homologada** como quadro geral de credores. **Não cabe recurso** da relação de credores apresentada pelo administrador judicial, nem da homologação dela como quadro geral de credores. As **impugnações** aos créditos constantes da mencionada relação de credores **funcionariam como recurso**.

Assim, as **habilitações de crédito tempestivas**, aquelas realizadas dentro do prazo de 15 dias, contados da publicação do edital de decretação da falência ou do deferimento do processamento da recuperação judicial, **são irrecorríveis**. Eventual questionamento sobre elas deve ser manejado por meio de **impugnação** ao crédito, no prazo de 10 dias, contados da publicação da segunda relação de credores. A impugnação, sim, uma vez julgada, desafiará o **recurso de agravo**.

Em segundo lugar, a **habilitação intempestiva**, trazida após o mencionado prazo de 15 dias, tramitará como o processo de **impugnação** ao crédito. Em outras palavras, o trâmite de uma habilitação de crédito retardatária seguirá o mesmo procedimento de impugnação ao crédito, devendo ser **autuada em separado** e seguir todos os passos e prazos procedimentais cabíveis, na forma estudada anteriormente. Ao final, julgada, desafiará o **recurso de agravo**.

Em terceiro lugar, a **impugnação ordinária** seguirá todo o seu rito e, ao final, poderá ter sua decisão questionada por meio de **agravo**. A impugnação de crédito é um procedimento judicial, como já mencionado.

Em quarto lugar, é preciso lembrar a **ação de retificação de quadro geral de credores**. Referida ação buscará alterar o quadro homologado, visando incluir ou excluir créditos, além modificar o valor ou a classificação dos já homologados. Como a ação seguirá o **rito ordinário**, o resultado dela, uma sentença, desafiará o recurso de **apelação**.

Destarte, podemos ter quatro situações distintas:

HABILITAÇÕES E IMPUGNAÇÕES — RECURSOS CABÍVEIS		
Procedimento	**Recurso Cabível**	**Prazo**
■ Habilitação de crédito **tempestiva**	■ Irrecorrível	
■ Habilitação de crédito **intempestiva**	■ Agravo	■ 10 dias
■ Impugnação	■ Agravo	■ 10 dias
■ **Ação de retificação** de quadro geral de credores	■ Apelação	■ 15 dias

Assim, a decisão judicial que julgar a **impugnação** de crédito desafiará o recurso de **agravo**. Esta é a determinação do art. 17, da Lei n. 11.101/2005, redigido da seguinte forma: "Da decisão judicial sobre a impugnação caberá agravo".

O referido **agravo** deverá adotar a forma **de instrumento** e, por funcionar como uma **espécie de apelação**, **não permitirá juízo de retratação**. Explicamos: ao julgar uma impugnação de crédito, o juiz **exaure sua jurisdição** no referido feito, pois está resolvendo o mérito e dizendo o direito aplicável. Isso significa que a decisão que julga a impugnação de crédito permitirá a inclusão ou exclusão de algum crédito, além de poder alterar o valor ou a classificação de outros, funcionando como um juízo de admissibilidade ou de exclusão do quadro geral de credores. Não está o juiz decidindo mera questão incidental que lhe permita voltar sobre seus próprios passos e corrigir os rumos de um processo. Antes está **definindo e encerrando o processo de impugnação**. Praticando seu ato final, a decisão que julga a impugnação tem **conteúdo de sentença**.

Ao **receber o agravo**, verificando a possibilidade de o resultado da impugnação poder causar dano irreparável ou de difícil reparação, poderá o **relator** conferir-lhe **efeito suspensivo** (inclusive ativo), para determinar a exclusão ou inclusão do crédito no quadro geral de credores, além de poder estabelecer modificação de seu valor ou de sua classificação. Isso é o que determina o parágrafo único, do art. 17, da Lei n. 11.101/2005, e visa garantir o **direito de voto** do agravante na assembleia geral de credores, ou, ainda, **reserva de valor** a seu favor. Confira-se: "Recebido o agravo, o relator poderá conceder efeito suspensivo à decisão que reconhece o crédito ou determinar a inscrição ou modificação do seu valor ou classificação no quadro geral de credores, para fins de exercício de direito de voto em assembleia geral".

O prazo para a interposição de agravo hoje é de **10 dias**, contados da publicação da decisão que julgou a impugnação. Entretanto, **com o novo CPC, uniformizaram-se os prazos dos recursos em 15 (quinze) dias**, nos termos do § 5º, do art. 1.003, da Lei n. 13.105/2015: "Excetuados os embargos de declaração, o prazo para interpor os recursos e para responder-lhes é de 15 (quinze) dias". Logo, a partir de 18 de março de 2016, o prazo para a interposição de agravo será de 15 (quinze) dias.

Para o caso de credor retardatário que tenha ajuizado a **ação de retificação** de quadro geral de credores, após ser proferida a sentença final nessa ação de retificação, poderá ser apresentada **apelação**, no prazo de **15 dias**, visando alterar tal decisão.

▪ 23.2.5. Credores retardatários

Credores **retardatários** são todos aqueles que **perdem** o primeiro **prazo de 15 dias** estabelecido para **habilitação de créditos**. O prazo conta do edital que divulga a decretação da falência ou o deferimento do processamento da recuperação judicial, como estudado anteriormente. Esquematizando, já de início, ficaria assim:

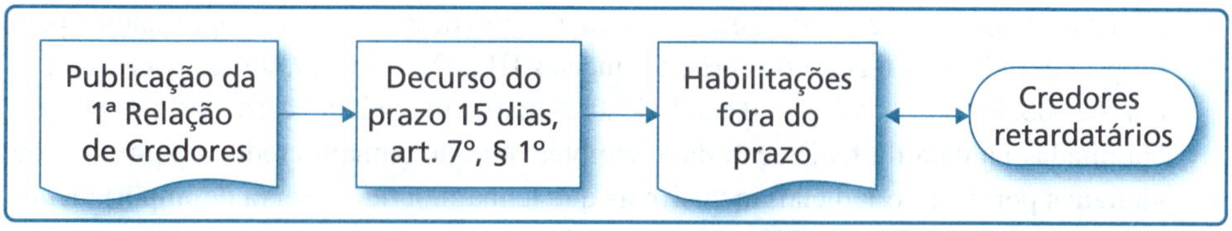

Os credores retardatários sofrerão **imediatas e prejudiciais consequências**, segundo determina o art. 10, da Lei n. 11.101/2005, nos termos especificados em seus parágrafos. O *caput* do mencionado art. 10 estabelece que "não observado o prazo estipulado no art. 7º, § 1º, desta Lei, as habilitações de crédito serão recebidas como retardatárias".

A **habilitação retardatária** (como veremos adiante) tem **rito próprio e simplificado**, quando a judicialização de determinado crédito, eventualmente omitido (por exemplo), **demonstrar-se necessária e trata-se de prerrogativa** a ser exercida no curso das ações de falência ou de recuperação judicial, de modo que, no primeiro caso (rito falimentar), seja possível ao credor **retardatário concorrer aos rateios posteriores**, e, no segundo caso (rito da recuperação judicial), tenha **direito à novação de seu crédito**, nos termos do PRJ que vier a ser aprovado.

Especificamente em relação à Recuperação Judicial, a **inércia do credor retardatário**, além de ser **sancionada com determinados efeitos negativos** (item 23.2.5.1), **não será tolerada após a sentença** que eventualmente decretar o **encerramento da recuperação judicial**. Assim, leia-se o teor do julgado seguinte:

> "Recuperação judicial. Habilitação retardatária de crédito. Prazo final. Sentença de encerramento do processo de soerguimento.
>
> A ação de habilitação retardatária de crédito deve ser ajuizada até a prolação da decisão de encerramento do processo recuperacional" (STJ. Informativo 663. REsp 1.840.166-RJ, Rel. Min. Nancy Andrighi, Terceira Turma, por unanimidade, julgado em 10/12/2019, DJe 13/12/2019).

■ 23.2.5.1. Efeitos que alcançam as habilitações de crédito retardatárias

■ 23.2.5.1.1. Perda do direito a voto na assembleia geral de credores

a) Na recuperação judicial, a **perda é definitiva**, **salvo** para os credores cujos créditos sejam derivados da **relação de trabalho** (créditos trabalhistas e de acidente do trabalho). Assim, mesmo que percam o prazo para a habilitação de seus créditos, os titulares de crédito derivados da legislação trabalhista **votarão nas assembleias gerais** de credores. Os demais credores retardatários **preservam** seu direito ao **crédito**, todavia **não poderão influenciar** na aprovação ou rejeição do plano de recuperação judicial, principal decisão da assembleia geral de credores na recuperação judicial. Contudo, **poderão garantir** o direito a **voto**, na assembleia que apreciará o plano de recuperação judicial, os credores que obtiverem **reserva de valores** no juízo em que tramite a recuperação judicial, nos termos do art. 39, da Lei n. 11.101/2005, o qual estabelece que:

> Art. 39. Terão direito a voto na assembleia geral as pessoas arroladas no quadro geral de credores ou, na sua falta, na relação de credores apresentada pelo administrador judicial na forma do art. 7º, § 2º, desta Lei, ou, ainda, na falta desta, na relação apresentada pelo próprio devedor nos termos dos arts. 51, incisos III e IV do *caput*, 99, inciso III do *caput*, ou 105, inciso II do *caput*, desta Lei, acrescidas, em qualquer caso, das que estejam habilitadas na data da realização da assembleia ou que tenham créditos admitidos ou alterados por decisão judicial, inclusive as que tenham obtido reserva de importâncias, observado o disposto nos §§ 1º e 2º do art. 10 desta Lei.

b) Na **falência**, a perda dar-se-á **até a efetiva inclusão** do retardatário **no quadro geral de credores**. Desse modo, ocorre uma espécie de **suspensão** do direito a voto na assembleia, até a concreta habilitação do credor que perdeu o prazo inicial para habilitação de seu crédito. É o que se extrai dos §§ 1º e 2º, do art. 10, da Lei n. 11.101/2005. Conferindo:

> § 1º Na recuperação judicial, os titulares de créditos retardatários, excetuados os titulares de créditos derivados da relação de trabalho, não terão direito a voto nas deliberações da assembleia geral de credores.
>
> § 2º Aplica-se o disposto no § 1º deste artigo ao processo de falência, salvo se, na data da realização da assembleia geral, já houver sido homologado o quadro geral de credores contendo o crédito retardatário.

23.2.5.1.2. *Perda dos rateios já realizados*

O § 3º, do art. 10, da Lei n. 11.101/2005 estabelece que "na falência, os créditos retardatários perderão o direito a rateios eventualmente realizados e ficarão sujeitos ao pagamento de custas, não se computando os acessórios compreendidos entre o término do prazo e a data do pedido de habilitação".

A perda dos rateios anteriores **somente se verifica na falência**, pois na recuperação judicial não existem rateios, mas sim pagamento dos credores, na forma estabelecida no plano de recuperação judicial. *A contrario sensu*, se **não tiver havido algum rateio** anterior para a categoria em que o retardatário vier a ser incluído, **não haverá qualquer prejuízo** quanto ao valor habilitado, ou seja, o valor será inserido, na sua integralidade, no quadro geral de credores.

A perda dos rateios anteriores à habilitação retardatária indica que o **início do pagamento** do quadro geral de credores consolidado estabelece um **limite de prazo** para o credor habilitar seu crédito na categoria que a lei lhe confere, garantindo-lhe a **preferência e integralidade**. A lei fala em **perda dos rateios** anteriores. Isso pode significar que o credor não receberá na sua categoria o crédito ou parte do crédito que veio habilitar. Há **duas posições** sendo adotadas na jurisprudência, a respeito do **momento** em que deverá ser realizado o pagamento do **rateio perdido**:

1ª) Se houve rateio que **quitou parcialmente** os créditos da categoria a que pertence o retardatário, deverá ele receber, do crédito retardatário habilitado, o percentual **remanescente** que couber aos credores da mesma categoria, no **próximo rateio**. O valor do rateio que foi **perdido** somente poderá ser pago se o **quadro geral** de credores já homologado **for quitado**, ou seja, só então o retardatário poderá recebê-lo.

Caso o credor habilite seu crédito retardatário somente **após a quitação total** de sua categoria (situação em que não teria havido rateio, mas sim pagamento de 100% dos créditos da sua categoria), apenas poderá **receber** seus créditos retardatários (na integralidade) **após a quitação** do quadro geral de credores já homologado.

Esse entendimento se justifica em razão da **estabilidade** que se deve dar ao quadro geral de credores consolidado e homologado pelo juiz, inclusive para permitir eventual **levantamento da falência** (pagamento da integralidade dos credores) pelo falido, pois define o **montante do passivo** do empresário falido. Além disso, a **reserva de valores**, prevista no § 4º, do art. 10, da Lei n. 11.101/2005, serviria justamente para **evitar a perda** dos rateios anteriores. Caso tenha sido feita a reserva de valores, o credor retardatário receberá a **integralidade** do seu crédito. Caso não a tenha feito, perderá os rateios anteriores e **não poderá impor** aos demais credores, do quadro geral, um **retorno na ordem dos pagamentos** para quitar o rateio perdido.

Entendemos que a expressão "perderão o direito aos rateios" significa exatamente o que ela diz: uma **perda efetiva** de participação do credor retardatário **naquele quadro geral** de credores já homologado, em relação aos **valores já rateados** aos credores da categoria em que se visa habilitar. O quadro geral de credores consolidado forma a **massa falida subjetiva**, a qual elenca de forma **hierarquizada os créditos** tempestivamente habilitados, respeitando o art. 83, da Lei n. 11.101/2005.

O § 4º, do art. 10, da Lei n. 11.101/2005, prevê a reserva de valores para **garantir a preferência** dos créditos ainda não habilitados. Iniciados os pagamentos, do crédito mais privilegiado ao menos privilegiado, não se pode permitir um ir e vir na escala preferencial. Pelo contrário, haverá um **fluxo contínuo** do pagamento respeitando os créditos habilitados e as reservas efetivadas. O **falido** poderá, inclusive, **depositar valores** suficientes à quitação de todo o quadro geral de credores.

Afirmar que, a **qualquer tempo**, o credor retardatário **mantém o privilégio** do seu crédito, recebendo sua **integralidade** na primeira oportunidade, é **reescrever o texto legal** que determina a perda dos rateios anteriores, tornar **ineficaz a previsão de reserva** de valor e atentar **contra a estabilidade** do quadro geral de credores homologado.

Os **privilégios** no quadro **não são absolutos**. Basta ver que o próprio **crédito trabalhista** pode ser habilitado na **1ª categoria** (verbas trabalhistas até 150 salários mínimos — art. 83, inc. I, da Lei n. 11.101/2005), na **6ª categoria** (verbas trabalhistas que ultrapassem 150 salários mínimos — art. 83, inc. VI, da Lei n. 11.101/2005 — credores quirografários) ou na **7ª categoria** (multas decorrentes de descumprimento contratual ou decorrente de lei — art. 83, inc. VII, da Lei n. 11.101/2005 — credores subquirografários). A essas três, **acresço uma 4ª categoria**, a dos credores trabalhistas **retardatários** pelos créditos já rateados, por ocasião da habilitação intempestiva, os quais **receberão** o remanescente já rateado aos demais, **após a quitação** do quadro geral de credores já homologado.

Para tornar objetiva a argumentação, podemos imaginar uma situação **hipotética** em que o ativo da massa seja suficiente para **pagar sete das oito categorias** de credores do quadro geral de credores da massa falida (todas previstas e hierarquizadas no art. 83, da Lei n. 11.101/2005). Após serem **quitadas as sete**, vários credores das categorias que foram **quitadas promovem suas habilitações**. Segundo esse entendimento, tendo havido pagamento total das sete categorias que se habilitaram tempestivamente, o **próximo numerário** que entrar na massa **pagará a oitava categoria** de credores que se habilitaram tempestivamente e, em face da **perda dos rateios anteriores para os retardatários**, estes receberão após a quitação do quadro geral de credores homologado e tempestivo. Os credores habilitados tempestivamente serão satisfeitos.

Tenho aplicado esse primeiro posicionamento nas habilitações de crédito retardatárias que foram ajuizadas na única Vara Empresarial e de Falências do Distrito Federal, da qual sou juiz titular. A jurisprudência está adotando **dois entendimentos**. Passo a explicar o segundo.

2ª) Se o credor **retardatário** tiver **perdido algum rateio anterior**, isso **não** impõe a **perda do privilégio** do seu crédito, de modo que **receberá** o que lhe é devido no **primeiro pagamento** que a massa falida fizer, após a sua habilitação. **Primeiro** recebe o **rateio proporcional** do saldo devido a sua categoria. **Depois** recebe o **saldo remanescente** (o rateio que teria sido perdido), antes dos credores da categoria abaixo da sua.

Desse modo, o credor **retardatário** passaria a figurar, no quadro geral de credores homologado, na **mesma posição** em que estaria localizado, caso tivesse habilitado seu crédito **tempestivamente** (e antes de ser realizado qualquer rateio para sua categoria). Apenas receberia seu crédito em **duas etapas**: primeiro, receberia o saldo remanescente juntamente com todos os credores da mesma categoria, na proporção de seu crédito, descontado o percentual do rateio anterior que teria sido perdido; segundo, receberia o percentual de rateio perdido, antes da próxima categoria de credores.

Assim, o credor **retardatário não perderia o privilégio** do seu crédito, mesmo tendo havido rateios anteriores, não precisando aguardar o pagamento de todo o quadro geral de credores homologado, para só depois ser pago pelo rateio perdido, caso a massa falida suportasse tal pagamento.

Os adeptos desse entendimento afirmam que a perda do rateio anterior não afeta o privilégio do crédito. A palavra **perda** é vista com o significado de **adiamento, e não de supressão.**

Respeito tal entendimento, mas não posso concordar com ele, na medida em que a expressão legal "**perderão o direito a rateios** eventualmente realizados" impõe **efetiva perda** da possibilidade de recebimento em **igualdade de condições** com os credores **tempestivamente habilitados** no quadro geral de credores, não importando a que categoria pertençam.

A palavra perda não se confunde com a palavra adiamento, interpretação que se tem dado nessa segunda corrente de pensamento. Ademais, ao se **afastar a perda** imposta pelo texto legal, o quadro geral de credores se **desestabiliza** e passa a funcionar como uma **gangorra**, pois a todo o tempo será possível interromper o pagamento do quadro, para se **retornar** a uma categoria anterior, em face de credor retardatário que se habilita. Isso pode impor uma ordem de pagamentos totalmente **desordenada e tendente ao infinito**, pois cada novo pagamento impõe uma **nova apuração e redução** de saldo em favor das categorias menos privilegiadas.

Esse entendimento **esvazia** e quase torna sem sentido, ainda, **a reserva de valores**, também prevista no texto legal. Tal reserva visa garantir o pagamento do crédito retardatário, além de preservar sua ordem de preferência.

Entender a expressão "perderão o direito a rateios eventualmente realizados" como indicativa de que os credores que já tenham recebido seus créditos, quando da chegada do retardatário, não precisarão devolver os rateios já recebidos, também padece de percepção lógica, uma vez que as categorias já contempladas receberam créditos legítimos e não algum favor legal, sendo absurdo impor que devolvessem o recebido para promover novo rateio em favor do retardatário.

O processo falimentar, assim como todo processo judicial, é um **caminhar adiante**, e não um retorno sobre os próprios passos. Por isso, falamos em **preclusão e prescrição**, sem que isso cause qualquer sentimento de injustiça, tudo em nome da **segurança jurídica** e do **devido processo legal**. Falamos no Direito Civil em boa-fé objetiva e dignidade da pessoa humana, apregoando consequências desses princípios, tais como a ***supressio* e a *surressio***, indicando a possibilidade de, diante da **inação tempestiva** de um sujeito de direito, isso lhe impor a supressão de um direito, com o consequente nascimento de um direito para outro sujeito. É isso que deve ocorrer com o credor **retardatário**, ante o expresso mandamento legal, com todo o respeito ao entendimento em sentido contrário. Deve o retardatário, pelos rateios já realizados, **aguardar a quitação do quadro geral** de credores tempestivo, para somente depois receber seu crédito.

Quanto aos dois entendimentos sobre o **momento** em que deve ser **pago** ao credor retardatário os **rateios anteriores**, temos os seguintes esquemas:

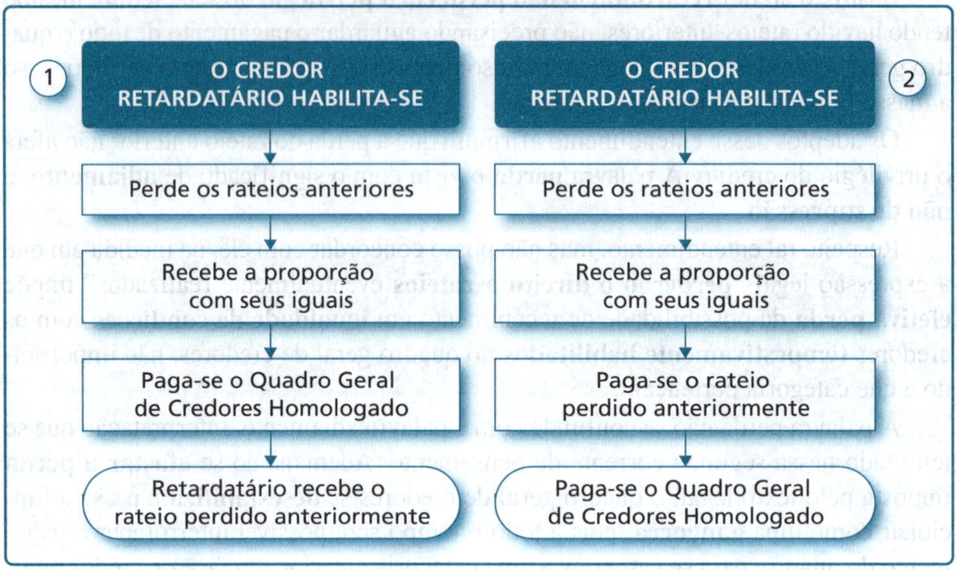

■ *23.2.5.1.3. Pagamento de custas*

É somente no processo de **falência** que os credores retardatários deverão **recolher custas iniciais** dos pedidos de habilitação de crédito. Reiterando, é isso o que determina o § 3º, do art. 10, da Lei n. 11.101/2005, o qual, repita-se, estabelece que, "na falência, os créditos retardatários perderão o direito a rateios eventualmente realizados e ficarão sujeitos ao pagamento de custas, não se computando os acessórios compreendidos entre o término do prazo e a data do pedido de habilitação".

A **habilitação** de crédito tempestiva é um **procedimento administrativo** realizado junto ao a dministrador judicial, como já vimos. Por essa razão, **dispensa** o pagamento de **custas judiciais**.

Todavia, a **habilitação intempestiva** será um procedimento **judicial**, o qual seguirá o rito de uma **impugnação** de crédito ou de uma **ação ordinária de retificação** de quadro geral de credores. Em ambas as hipóteses, **são devidas custas iniciais**, salvo eventual concessão de gratuidade de justiça.

É o § 5º, do art. 10, da Lei n. 11.101/2005, que estabelece que a **habilitação intempestiva**, anterior à homologação do quadro geral de credores, será recebida e processada como **impugnação de crédito**. Referido dispositivo afirma que "as habilitações de crédito retardatárias, se apresentadas **antes da homologação** do quadro geral de credores, serão recebidas como **impugnação** e processadas na forma dos arts. 13 a 15 desta Lei". Se apresentadas **depois da homologação** do quadro, serão objeto de **ação ordinária de retificação** de quadro geral de credores, a qual será estudada no *item 23.2.5.2*.

O **pagamento** das custas, em caso de **recuperação judicial**, **não será exigido** para a hipótese de habilitação de crédito retardatária, pois a determinação legal da referida cobrança alcança **apenas as habilitações na falência**, quando é necessária uma rápida e definitiva formação do quadro geral de credores, o que recomenda as sanções legais impostas.

▪ *23.2.5.1.4. Impossibilidade de recebimento dos acessórios da dívida (habilitada intempestivamente), gerados entre o fim do prazo e a data do pedido de habilitação*

Os **encargos** regularmente gerados por obrigações em **atraso**, tais como correção monetária, juros e comissões de permanência, **não poderão** ser acrescidos ao crédito falimentar retardatário, para atualizá-lo entre o prazo final para habilitação de créditos (15 dias após a publicação dos editais da sentença que decretou a falência ou deferiu o processamento da recuperação judicial) e a data em que a habilitação retardatária é ajuizada.

Desse modo, a **correção do crédito** retardatário falimentar sofrerá uma **suspensão**, pois ficará esse interregno **sem o acréscimo** de encargos à dívida.

Não ocorre essa impossibilidade de recebimento de acessórios da dívida, em caso de **recuperação judicial**, mesmo na hipótese de habilitação de crédito retardatária, uma vez que os credores da recuperação judicial **receberão** seus créditos na **forma definida no plano de recuperação judicial**, e não em razão da tempestividade da sua habilitação. O plano de recuperação judicial **poderá prever o pagamento de todos os acessórios** da dívida, independentemente do tempo da habilitação, e isso deverá ser cumprido pelo devedor empresário em recuperação perante todos os credores da mesma categoria.

▪ *23.2.5.1.5. Possibilidade de apresentação de requerimento de reserva de valor para satisfação de algum crédito*

O § 4º, do art. 10, da Lei n. 11.101/2005 determina que, "na hipótese prevista no § 3º deste artigo, o credor poderá requerer a reserva de valor para satisfação de seu crédito".

A leitura rápida do dispositivo legal parece propor que o credor **retardatário** tem a **faculdade** de requerer a reserva de valor para satisfação futura do seu crédito. Porém, diante do que já estudamos, quanto à **possibilidade de perda dos rateios** já realizados antes da habilitação retardatária, a reserva de valores impõe-se como uma **necessidade insuperável** para o credor que queira receber a integralidade do seu crédito. Assim, considerando que a discussão do crédito retardatário poderá chegar aos tribunais superiores, somente a **reserva dos valores** devidos ao credor habilitante poderá **impedir a perda dos rateios** já realizados e **evitar a própria frustração do recebimento** do crédito reconhecido. É que o processamento de uma habilitação retardatária **não impede o início dos pagamentos** nos autos da falência.

A reserva de valor tem lugar:

- Na **habilitação retardatária** de crédito, como já visto (§ 4º, do art. 10, da Lei n. 11.101/2005).
- Durante a **tramitação de qualquer ação de conhecimento** que vise o reconhecimento de algum **crédito contra a massa falida** ou contra o devedor em recuperação judicial. As referidas ações contra a massa falida terão seu trâmite na Vara Falimentar ou em juízo diverso, como o juízo trabalhista e aquele em que já tramitava a ação antes da decretação da quebra. Nessas hipóteses, o **pró-**

prio juízo onde tramita a ação de conhecimento poderá **determinar a reserva de importância** no juízo falimentar para futura satisfação do crédito em discussão. É isso o que dispõe o art. 6º, § 3º, da Lei n. 11.101/2005: "o juiz competente para as ações referidas nos §§ 1º e 2º deste artigo poderá determinar a reserva da importância que estimar devida na recuperação judicial ou na falência, e, uma vez reconhecido líquido o direito, será o crédito incluído na classe própria".

- Em caso de **créditos impugnados** que não forem julgados, de pronto, pelo juízo falimentar, ou seja, aqueles em que o juiz **sanear o feito e determinar a realização de outras provas**, os quais também necessitarão da reserva de valores. Nessas hipóteses, o julgamento da habilitação de crédito poderia retardar a homologação do quadro geral de credores e o início do pagamento aos credores já habilitados. Para **evitar a demora**, o juiz pode determinar a reserva de valor e, **resguardado o crédito** que será objeto da instrução probatória e futuros julgamento e agravo, **iniciar o pagamento** dos credores já definitivamente habilitados. É o que determina o art. 16, § 1º da Lei n. 11.101/2005.
- Caso proposta a **ação ordinária de retificação de quadro geral de credores**. A referida ação visará **alterar** o quadro geral de credores já homologado e, se tiver por finalidade a inclusão de crédito ou o aumento de crédito já habilitado, também necessitará de reserva de valor, para evitar, justamente, a frustração futura do pagamento em razão do esvaziamento do patrimônio da massa falida enquanto se processa a ação.

A reserva de valor é realizada de forma bem simples pelo juízo falimentar. Uma vez requerida, o juiz determinará a **abertura de conta bancária individual** em nome do credor solicitante. Na referida conta, serão depositados os **valores necessários** ao pagamento do crédito que estiver sendo reclamado.

É preciso salientar, contudo, que o **momento** de abertura da conta bancária individual dependerá da **existência de valores** em poder da massa falida, disponíveis para pagamento da categoria de crédito a que pertence o solicitante. Em outras palavras, além da existência de recursos financeiros da massa falida, a reserva dependerá da **quitação dos credores** que estiveram posicionados **antes** do solicitante da reserva, pois não se admite reserva de valor em favor de credor posicionado hierarquicamente abaixo de outro que ainda não recebeu.

A **reserva de valores** será feita, então, quando os **credores da mesma categoria** do solicitante da reserva **estiverem recebendo** seus créditos. O **depósito** será feito para o solicitante na **mesma proporção** em que os credores da sua categoria estiverem recebendo seus rateios. Desse modo, se os pagamentos **não alcançarem a categoria** dos credores a que pertence o solicitante, o pedido de reserva **não será atendido**.

O valor depositado para atendimento de alguma das situações que exijam a reserva de valores permanecerá em conta individualizada, até o **julgamento definitivo** do processo no qual se discute o crédito que se pretenda habilitar. Julgado definitivamente o crédito, será ele pago com os **recursos depositados** em nome do solicitante. Caso o crédito reconhecido seja **inferior** ao valor depositado, paga-se ao solicitante o seu crédito e o **saldo remanescente** será objeto de **rateio** entre os credores ainda não pagos pela massa.

O art. 149, da Lei n. 11.101/2005, trata dessa destinação, ao determinar que, "realizadas as restituições, pagos os créditos extraconcursais, na forma do art. 84 desta Lei, e consolidado o quadro geral de credores, as importâncias recebidas com a realização do ativo serão destinadas ao pagamento dos credores, atendendo à classificação prevista no art. 83 desta Lei, respeitados os demais dispositivos desta Lei e as decisões judiciais que determinam reserva de importâncias".

Assim, as reservas de valores **resistirão** ao pagamento dos demais credores do falido para satisfazer o retardatário privilegiado em relação a eles. Consolidado o crédito que estava sendo discutido, será ele **pago nas forças do depósito** efetuado na conta individual. **Quitado** o crédito e verificado **saldo** na referida conta, o valor remanescente será **rateado entre os credores** que ainda não foram satisfeitos, nos exatos termos do § 1º, do referido art. 149, que ensina: "havendo reserva de importâncias, os valores a ela relativos ficarão depositados até o julgamento definitivo do crédito e, no caso de não ser este finalmente reconhecido, no todo ou em parte, os recursos depositados serão objeto de rateio suplementar entre os credores remanescentes".

Esquematizando as imediatas e prejudiciais **consequências para o credor retardatário**:

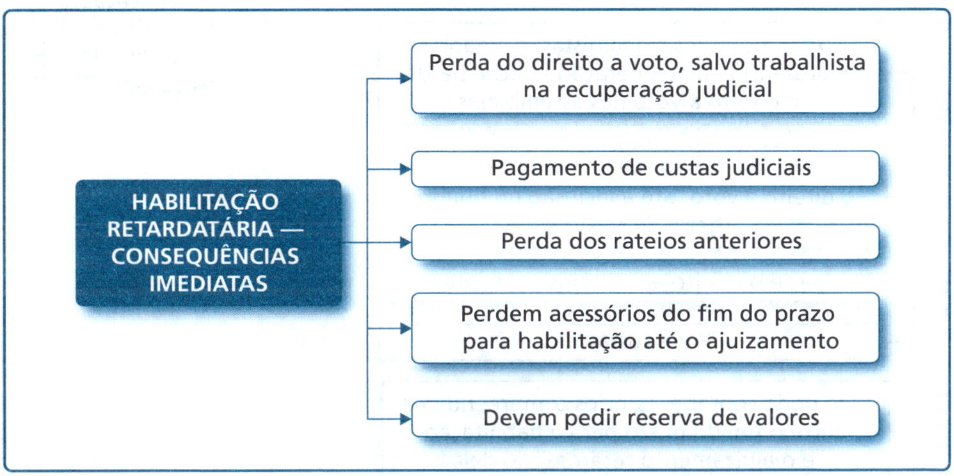

■ 23.2.5.2. *Procedimentos da habilitação de crédito retardatária*

Por fim, a habilitação de crédito retardatária seguirá **dois procedimentos** distintos, quais sejam:

I — Se for ajuizada **antes da homologação do quadro geral de credores**, seguirá o rito de uma **impugnação** de crédito. É o § 5º, do art. 10, da Lei n. 11.101/2005, que estabelece que a habilitação intempestiva, ajuizada antes da homologação do quadro geral de credores, será recebida e processada como impugnação de crédito.

II — Caso seja ajuizada **após a homologação do quadro geral de credores**, a habilitação de crédito seguirá o **rito ordinário**, nos termos do § 6º, do art. 10, c/c art. 19, ambos da Lei n. 11.101/2005, que institui a **ação de retificação de quadro geral de credores**[5].

Esquematizando:

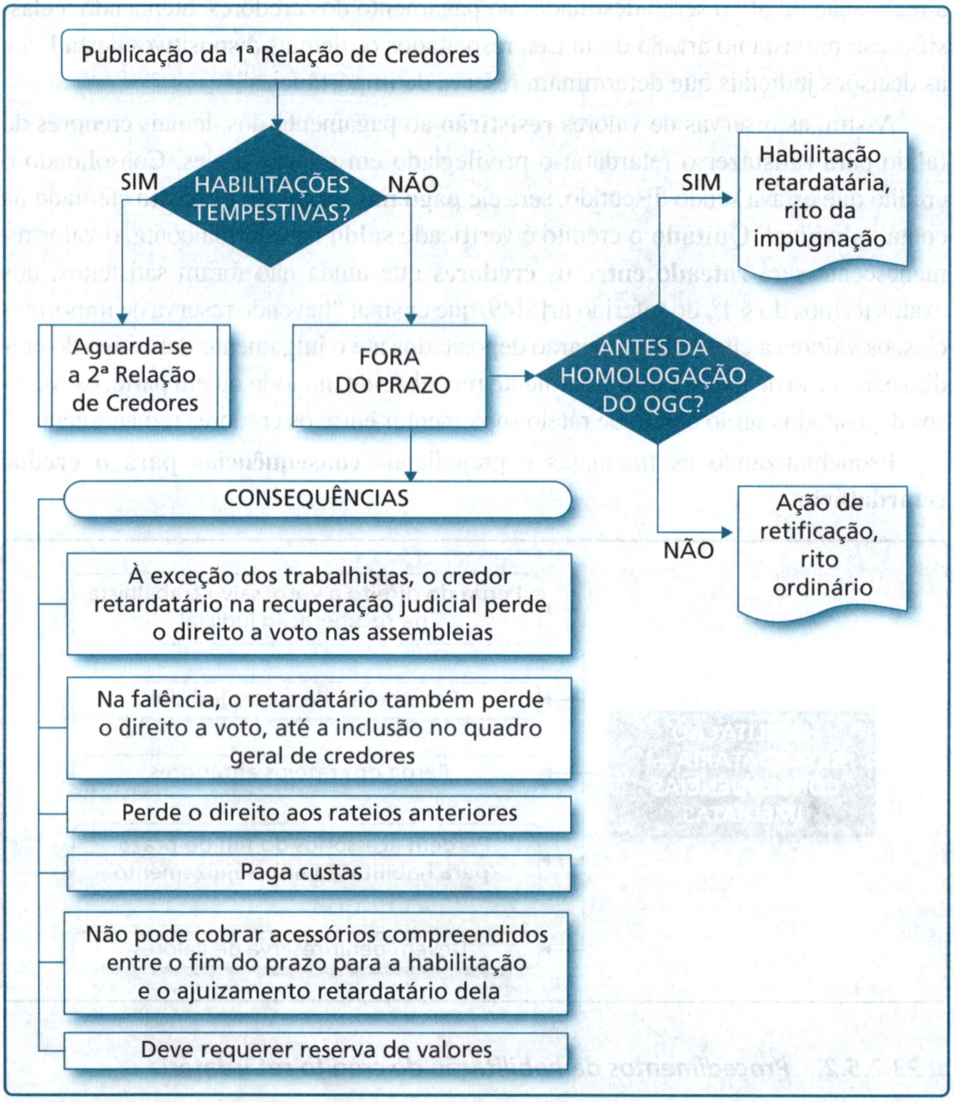

5 Da ação de retificação de quadro poderá o credor que apresentar impugnação intempestiva socorrer-se, tendo em vista, inclusive, entendimento da Terceira Turma do STJ que considerará peremptório o prazo para eventual impugnação (*vide* Informativo 649): "No caso de crédito arrolado desde o ajuizamento da ação de recuperação judicial, não se reconhece impugnação de crédito após o decurso do prazo do art. 8º da Lei n. 11.101/2005" (REsp 1.704.201-RS, Rel. p/ acórdão Min. Nancy Andrighi, *DJe* 24/05/2019).

■ 23.2.6. Ação de retificação de quadro geral de credores

A ação ordinária de retificação de quadro geral de credores é uma importante **novidade** da Lei n. 11.101/2005. Primeiro, porque permite, a **qualquer tempo, a alteração** do quadro geral de credores já homologado, o que não se vislumbrava na legislação passada. Segundo, porque **eterniza a possibilidade de habilitação de credores**, pois, enquanto não encerrada a falência ou a recuperação judicial, o credor poderá promover alterações no quadro geral de credores homologado. Terceiro, porque autoriza uma **ampla discussão sobre o crédito**, já que adota o rito ordinário como forma de se buscar a alteração do quadro geral de credores definitivo do devedor empresário em crise econômico-financeira. Quarto, porque permite, mesmo após a homologação do quadro, **nova discussão sobre crédito habilitado**, caso haja suspeita de habilitação abusiva do crédito.

É isso que se depreende do § 6º, do art. 10, da Lei n. 11.101/2005, o qual afirma que "após a homologação do quadro geral de credores, aqueles que não habilitaram seu crédito poderão, observado, no que couber, o procedimento ordinário previsto no Código de Processo Civil, requerer ao juízo da falência ou da recuperação judicial a retificação do quadro geral para inclusão do respectivo crédito".

A ação de retificação de quadro geral de credores servirá também para **corrigir crédito** que conste do quadro, mas que necessite de ajuste à realidade falimentar. Desse modo, poderão ser objeto de tal ação os **pedidos de exclusão e inclusão** de crédito no quadro geral de credores, além da possibilidade de **correção do montante** habilitado e da **categoria** em que foi enquadrado o credor. Nessa modalidade, a ação de retificação será **movida contra a massa** falida. Tanto o credor tempestivo quanto o retardatário poderão se valer de tal ação. A ação de retificação, também, poderá ser movida contra eles.

É que o art. 19, da Lei n. 11.101/2005, determina que "o **administrador judicial, o Comitê, qualquer credor ou o representante do Ministério Público** poderá, até o encerramento da recuperação judicial ou da falência, observado, no que couber, o procedimento ordinário previsto no Código de Processo Civil, pedir a exclusão, outra classificação ou a retificação de qualquer crédito, nos casos de descoberta de falsidade, dolo, simulação, fraude, erro essencial ou, ainda, documentos ignorados na época do julgamento do crédito ou da inclusão no quadro geral de credores".

Portanto, a ação de retificação de quadro geral de credores poderá ser movida **contra credores** que tenham seu crédito sob suspeita de **falsidade, dolo, simulação, fraude, erro essencial ou, ainda, documentos ignorados** na época do seu julgamento. Nesse caso, o administrador judicial, o Comitê, qualquer credor ou o representante do Ministério Público poderão mover a ação diretamente contra o credor habilitado, conferindo-se ao requerido a ampla defesa própria do rito ordinário adotado.

A ação de retificação de quadro geral de credores cumprirá, assim, **dupla função**:

I — Permitir aos credores **retardatários a inclusão de seu crédito** no quadro geral de credores e, aos credores **tempestivos, a correção do valor ou da classificação** do crédito já habilitado. Essa modalidade de ação é movida **contra a massa** falida.

II — Possibilitar a alteração de créditos indevidamente habilitados, com valores incorretos ou classificação equivocada, em razão da constatação de falsidade, dolo, simulação, fraude, erro essencial ou, ainda, documentos ignorados na época do julgamento do crédito. Essa modalidade de ação de retificação será ajuizada contra o credor que tiver seu crédito questionado.

Por fim, as demais **características** da ação de retificação de quadro geral de credores são as seguintes:

I — Segue o **rito comum** previsto no Código de Processo Civil.

II — Deve ser proposta desde a decisão de homologação do quadro geral de credores até o encerramento da recuperação judicial ou da falência.

III — Deverá ser proposta exclusivamente perante o juízo da recuperação judicial ou da falência, em razão da competência universal e indivisível conferida ao referido juízo pela Lei n. 11.101/2005. Pode, contudo, tramitar, excepcionalmente, perante o juízo que tenha originariamente reconhecido o crédito, nos casos de ações que demandem quantia ilíquida e créditos derivados da relação de trabalho. Esse é o teor do que determina o § 1º, do art. 19, da Lei n. 11.101/2005, ao prescrever que "a ação prevista neste artigo será proposta exclusivamente perante o juízo da recuperação judicial ou da falência ou, nas hipóteses previstas no art. 6º, §§ 1º e 2º, desta Lei, perante o juízo que tenha originariamente reconhecido o crédito".

IV — Quando proposta a ação de retificação de quadro geral de credores, o **pagamento ao titular** do crédito por ela atingido somente poderá ser **realizado** mediante a prestação de **caução** no mesmo valor do crédito questionado, conforme preceitua o § 2º, do art. 19, da Lei n. 11.101/2005.

V — Tem por legitimado ativo ordinário, para demandar contra a massa falida, o credor que visa alterar seu crédito no quadro geral de credores. Como legitimados ativos extraordinários, temos o administrador judicial, o Comitê, qualquer credor ou o representante do Ministério Público, para os casos de ações de retificação que visem corrigir falsidade, dolo, simulação, fraude, erro essencial ou, ainda, documentos ignorados na época do julgamento do crédito.

Esquematizando:

■ 23.2.7. Reserva de valores

Todo credor que buscar seu crédito na falência ou na recuperação judicial deverá **habilitar-se** na massa falida subjetiva, composta por todos os credores do devedor empresário em crise econômico-financeira.

O processo de habilitação na falência apresenta, ao menos, **cinco vias**:

I — credores que buscam a **restituição** de valores indevidamente apropriados pela massa falida;

II — credores que são habilitados na própria **relação de credores** apresentada pelo devedor empresário em crise;

III — credores que promovem sua **habilitação tempestiva** de crédito;

IV — credores que promovem a **impugnação** da segunda relação de credores ou que são retardatários;

V — credores que promovem a **ação ordinária de retificação** de quadro geral de credores.

Por um desses cinco caminhos, os credores acessam valores pertencentes ao devedor empresário e satisfazem seus créditos. Nas **hipóteses IV e V**, normalmente o pedido de inclusão do crédito é feito quando já se **iniciou o pagamento** dos credores, ou quando eles já estão aptos ao recebimento dos seus créditos. Nessas hipóteses, para **evitar a perda** parcial ou total do valor que se visa habilitar, é necessário que o credor intempestivo **requeira reserva de valores** ou de importância suficiente ao pagamento do seu crédito. O pedido é dirigido ao juiz que processa a falência.

A finalidade, então, do requerimento de reserva de valor é **garantir a separação de um valor** suficiente à satisfação de algum crédito que se visa receber do devedor empresário. O § 4º, do art. 10, da Lei n. 11.101/2005 determina que, "na hipótese prevista no § 3º deste artigo, o credor poderá requerer a reserva de valor para satisfação de seu crédito". O referido § 3º trata exatamente dos credores retardatários.

O dispositivo legal **não estabelece uma faculdade** de requerer a reserva de valor para satisfação futura do crédito retardatário. Antes, havendo a possibilidade de perda dos rateios já realizados por ocasião da habilitação retardatária, a reserva de valores impõe-se como uma **necessidade insuperável** para o credor que queira **receber a integralidade** do seu crédito. A discussão do crédito retardatário poderá chegar aos tribunais superiores e, por isso, somente a reserva dos valores devidos ao credor habilitante poderá impedir a perda dos rateios já realizados e **evitar a própria frustração** do recebimento do crédito reconhecido. É que o processamento de uma habilitação retardatária **não impede o início dos pagamentos** nos autos da falência.

Como estudado no item anterior, a reserva de valor **tem lugar**:

1) na **habilitação retardatária** de crédito (§ 4º, do art. 10, da Lei n. 11.101/2005);

2) durante a tramitação de **qualquer ação de conhecimento** que vise o reconhecimento de algum crédito contra a massa falida ou contra o devedor em recuperação judicial;

3) em caso de **créditos impugnados** que não forem julgados, de pronto, pelo juízo falimentar, ou seja, aqueles em que o juiz sanear o feito e determinar a realização de outras provas, os quais também necessitarão da reserva de valores;

4) caso proposta a **ação ordinária de retificação** de quadro geral de credores.

A reserva de valor é realizada de forma bem simples pelo juízo falimentar. Uma vez requerida, o juiz determinará a **abertura de conta bancária individual remunerada**, em nome do credor solicitante. Na referida conta, serão depositados os valores necessários ao pagamento do crédito que estiver sendo reclamado.

A abertura da conta bancária individual dependerá da existência de valores em poder da massa falida, disponíveis para **pagamento da categoria** de crédito a que pertence o solicitante. Em outras palavras, além da existência de recursos financeiros da massa falida, a reserva dependerá da **quitação dos credores** que estiveram posicionados **antes** do solicitante da reserva, pois não se admite reserva de valor em favor de credor posicionado hierarquicamente abaixo de outro que ainda não recebeu.

A reserva de crédito será feita, então, quando os credores da mesma categoria do solicitante da reserva estiverem recebendo seus créditos. Desse modo, se os pagamentos **não alcançarem a categoria** dos credores a que pertence o solicitante, o pedido de reserva **não será atendido**.

O valor depositado para atendimento de alguma das situações que exijam a reserva de valores permanecerá em conta individualizada, até o **julgamento definitivo** do processo no qual se discute o crédito que se pretenda habilitar. Julgado definitivamente o crédito, será ele **pago com os recursos depositados** em nome do solicitante. Caso o **crédito reconhecido seja inferior ao valor depositado**, paga-se ao solicitante o seu crédito e o **saldo** remanescente será **objeto de rateio** entre os credores ainda não pagos pela massa. Se o crédito reconhecido for **superior ao reservado**, o credor receberá o valor depositado a seu favor e **aguardará novo rateio** para sua categoria, ocasião em que receberá a diferença.

O art. 149, da Lei n. 11.101/2005, trata dessa destinação, ao determinar que, "realizadas as restituições, pagos os créditos extraconcursais, na forma do art. 84 desta Lei, e consolidado o quadro geral de credores, as importâncias recebidas com a realização do ativo serão destinadas ao pagamento dos credores, atendendo à classificação prevista no art. 83 desta Lei, respeitados os demais dispositivos desta Lei e as decisões judiciais que determinam reserva de importâncias".

Assim, as **reservas de valores resistirão** ao pagamento dos demais credores do falido para satisfazer o retardatário. Consolidado o crédito que estava sendo discutido, será ele **pago nas forças do depósito** efetuado na conta individual e por futuro rateio, se necessário. Quitado o crédito e **verificado saldo** na referida conta, o valor remanescente **será rateado** entre os credores que ainda não foram satisfeitos, nos exatos termos do § 1º, do referido art. 149, que ensina: "havendo reserva de importâncias, os valores a ela relativos ficarão depositados até o julgamento definitivo do crédito e, no caso de não ser este finalmente reconhecido, no todo ou em parte, os recursos depositados serão objeto de rateio suplementar entre os credores remanescentes".

Esquematizando:

1ª situação: valores reservados **suficientes** à quitação do crédito habilitado:

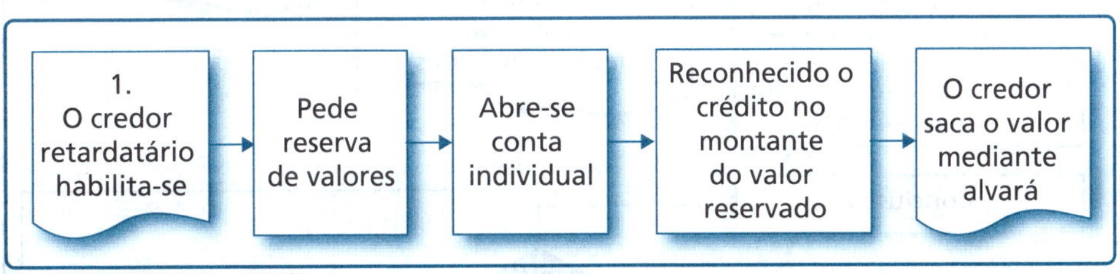

2ª situação: valores reservados **insuficientes** à quitação do crédito habilitado:

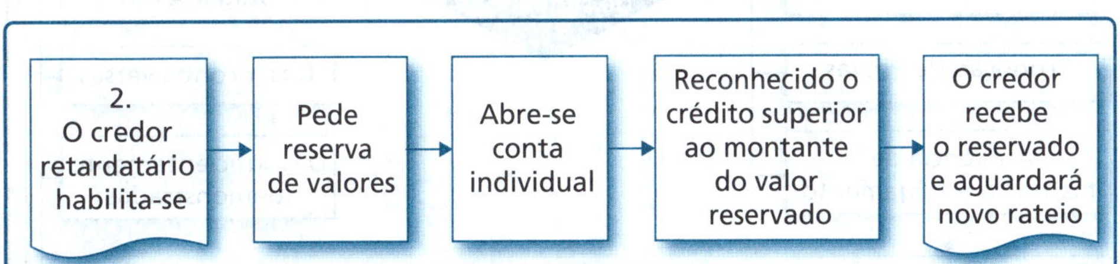

3ª situação: valores reservados **superiores** ao necessário à quitação do crédito habilitado:

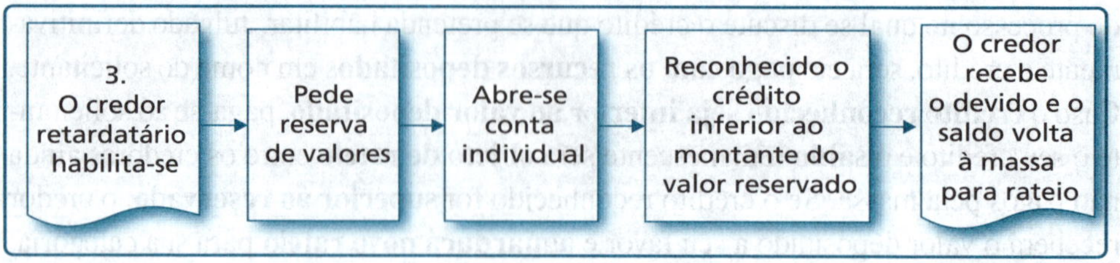

■ 23.2.8. Fluxograma de impugnação de crédito

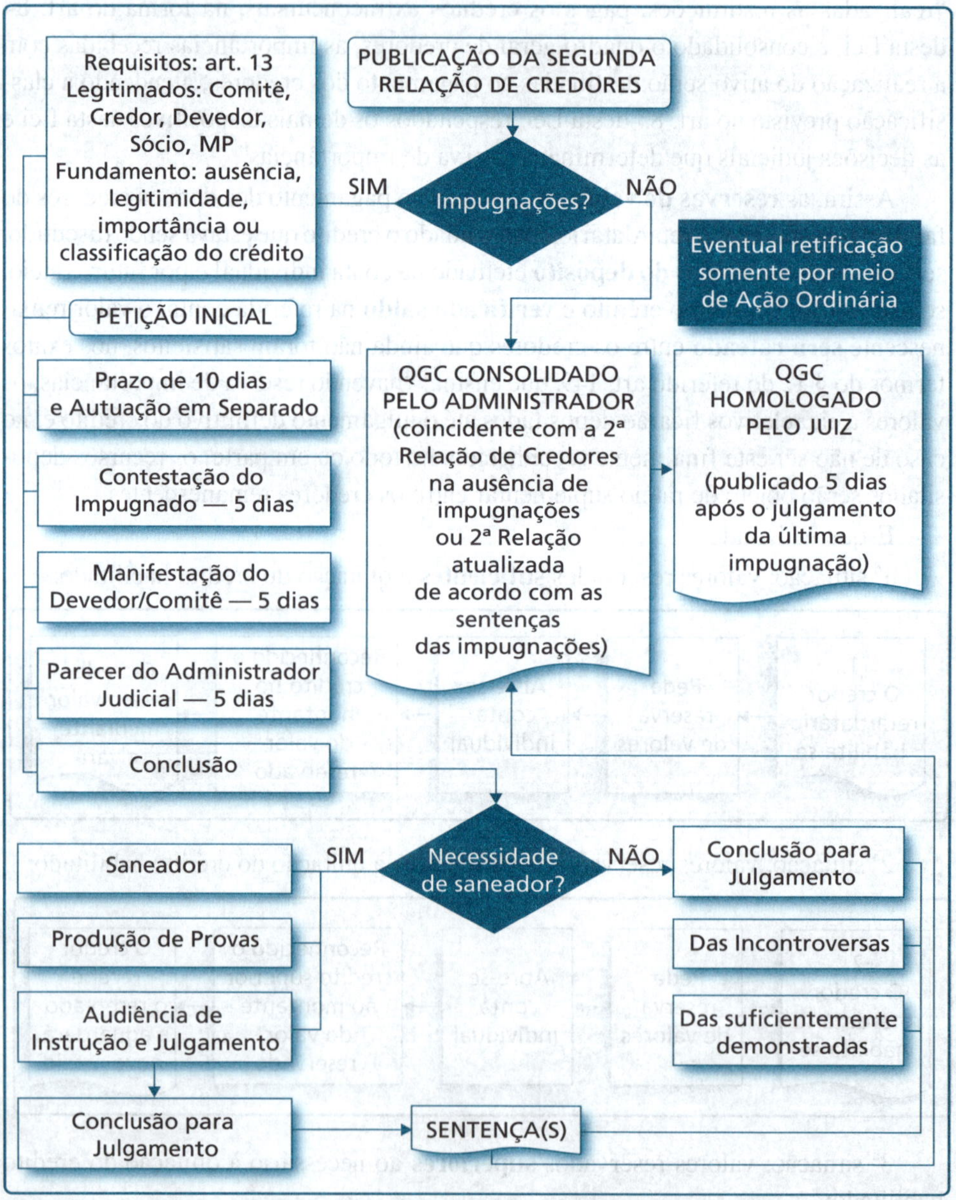

■ 23.3. ÓRGÃOS DA RECUPERAÇÃO JUDICIAL E DA FALÊNCIA

Ao buscar um conceito jurídico de **órgão**, podemos encontrar a definição de que seja uma instituição que tem o dever de **cumprir e aplicar** uma determinação legal. Podemos, ainda, afirmar que se trata de um **meio ou instrumento** utilizado para que uma finalidade jurídica seja alcançada.

Por vezes, o órgão constitui-se em um **ente moral**, uma pessoa jurídica, de modo que chega a ser confundido com a repartição pública ou ente particular em que atua. Enfim, juridicamente falando, um órgão é um ente, pessoa física ou jurídica, que atua para **cumprir e fazer cumprir** as determinações de uma legislação.

No caso da falência e da recuperação judicial, a Lei n. 11.101/2005 designa **seis órgãos** responsáveis pelos procedimentos estabelecidos na referida legislação recuperacional. Trata-se de **seis agentes que promoverão a aplicação e o cumprimento** dos ditames legais falimentares e recuperacionais.

Com a finalidade de melhor compreender o tema, a doutrina classificou os órgãos da falência e da recuperação judicial em **duas classes**, que são:

I — órgãos **obrigatórios** ou necessários — Juiz, Ministério Público e Administrador Judicial;

II — órgãos **facultativos** ou eventuais — Assembleia Geral de Credores, Comitê de Credores e Gestor Judicial.

O **trio** formado pelos órgãos obrigatórios da falência e da recuperação judicial é responsável pelo **impulso processual e pela viabilização** do desfecho dos procedimentos de falência e de recuperação judicial, de modo a garantir os objetivos traçados pelos arts. 47 e 75, da Lei n. 11.101/2005, buscando:

- na recuperação judicial, "**viabilizar a superação da situação de crise** econômico-financeira do devedor, a fim de permitir a manutenção da fonte produtora, do emprego dos trabalhadores e dos interesses dos credores, promovendo, assim, a preservação da empresa, sua função social e o estímulo à atividade econômica" (art. 47);
- e, na falência, "I — preservar e a otimizar a utilização produtiva dos bens, dos ativos e dos recursos produtivos, inclusive os intangíveis, da empresa; II —permitir a liquidação célere das empresas inviáveis, com vistas à realocação eficiente de recursos na economia; e III — fomentar o empreendedorismo, inclusive por meio da viabilização do retorno célere do empreendedor falido à atividade econômica" (art. 75, I, II e III).

Ao observar os **objetivos** da legislação recuperacional, concluímos que os órgãos da falência e da recuperação judicial guardarão **compromisso com a preservação da empresa**, ou seja, atuarão visando a **continuidade da atividade empresarial**. Desse modo, não **representarão** o interesse específico de nenhuma das partes envolvidas no processo, mas sim o **interesse da coletividade**. Isso possibilitará que o administrador judicial, por exemplo, atue na **defesa da massa falida** ou da **empresa em recuperação** judicial em um momento e, em outro instante, atue na **defesa dos credores ou do fisco**.

Para efeito de atualização **histórica** sobre as formas de tratamento da crise patrimonial dos empresários, oportuno asseverar que a assembleia geral de credores, o Comitê de Credores e o gestor judicial **são inovações** introduzidas no Direito Brasileiro somente agora, com a vigência da Lei n. 11.101/2005. Tais órgãos foram criados para

democratizar a gestão da empresa em crise, além de **distribuir as responsabilidades** pela condução dos processos recuperacionais e falimentares, buscando a forma mais eficiente possível de **superação** da crise econômico-financeira da atividade econômica.

Tudo ficará bem delineado nos próximos parágrafos, quando trataremos de cada um dos órgãos.

Esquematizando:

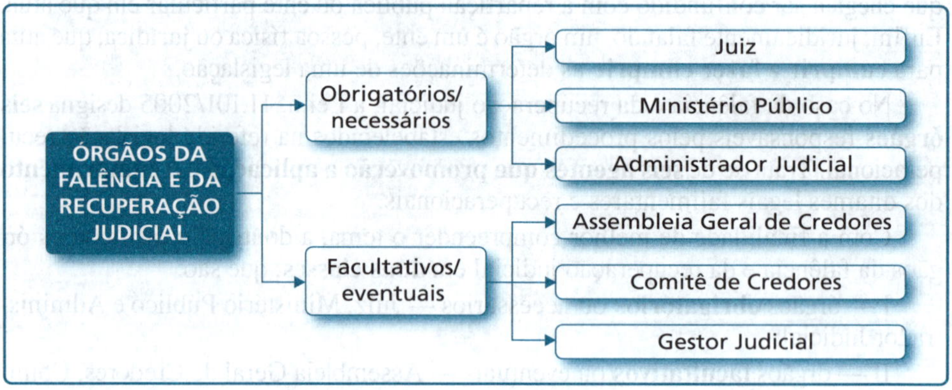

23.3.1. Juiz

Pouco comum no Direito Brasileiro é a atribuição de **funções não judicantes** aos magistrados. Ao juiz cumpre a jurisdição, traduzida na expressão "dizer o direito com eficácia vinculativa plena". Na falência e na recuperação judicial, exercendo sua função **judicante típica**, é ele quem, a título de exemplo, defere o processamento das ações falimentares, determina as citações, convoca as assembleias gerais de credores (com datas designadas pelo administrador judicial), determina a apreensão de bens, as alterações do quadro geral de credores, determina a instrução dos processos, inclusive a oitiva de testemunhas e a prova pericial. Também encerra a falência e a recuperação judicial, além de extinguir as obrigações do falido.

Segundo a legislação recuperacional, contudo, o juiz que conduzirá o processo, além das funções jurisdicionais típicas, terá **atribuições administrativas**. Na função jurisdicional, pratica atos vinculados, pois tem que fundamentar todas as suas decisões, sem espaço para a discricionariedade. Já nas funções administrativas, a Lei n. 11.101/2005 confere **discricionariedade ao magistrado**, pois suas determinações, na condução do processo falimentar ou recuperacional, serão tomadas levando em conta um juízo de **conveniência e oportunidade**, elementos discricionários típicos dos atos administrativos.

O juiz é o **gerente maior** do processo falimentar. Uma vez decretada a falência, aquela empresa que estava sendo gerida pelo devedor empresário em crise econômico-financeira passa a ser **gerida pelo juiz e seus auxiliares**, sob a fiscalização do Ministério Público. Uma empresa não pode ser dirigida apenas com decisões jurídicas, pois demanda **decisões operacionais, administrativas, financeiras e até de mercado**. Para manter a execução coletiva nos trilhos, o juiz nomeará um administrador judicial para a execução dos atos de gestão, todavia o próprio juiz é quem **decidirá e autorizará** a maior parte das condutas administrativas e operacionais da empresa a serem levadas a cabo pelo administrador judicial.

É por esse motivo que a Lei n. 11.101/2005 atribui funções administrativas ao juiz, tais como:

I — A escolha do administrador judicial.

Tratando do deferimento da **recuperação judicial**, o art. 52, inc. I, da Lei n. 11.101/2005, determina: "Estando em termos a documentação exigida no art. 51 desta Lei, o juiz deferirá o processamento da recuperação judicial e, no mesmo ato: I — nomeará o administrador judicial, observado o disposto no art. 21 desta Lei".

Quando trata da sentença que decreta a **falência**, o art. 99, inc. IX, da Lei n. 11.101/2005, também estabelece que: "A sentença que decretar a falência do devedor, dentre outras determinações: (...) IX — nomeará o administrador judicial, que desempenhará suas funções na forma do inc. III do *caput* do art. 22 desta Lei sem prejuízo do disposto na alínea *a* do inciso II do *caput* do art. 35 desta Lei".

Ao escolher o administrador judicial, o **juiz não precisa fundamentar** por que fez recair a nomeação sobre um economista, por exemplo, em lugar de um advogado. A decisão judicial tem **natureza administrativa**, de modo que, em razão de um juízo de **conveniência e oportunidade**, a escolha será **discricionária**.

II — Fixar a **remuneração do administrador judicial e dos demais auxiliares** do juízo. Mais uma vez, a Lei n. 11.101/2005 estabelece um critério discricionário. Fixa parâmetros, mas deixa ao **arbítrio judicial** a quantificação da remuneração. Confira-se o teor do art. 24, da Lei n. 11.101/2005: "O juiz fixará o valor e a forma de pagamento da remuneração do administrador judicial, observados a capacidade de pagamento do devedor, o grau de complexidade do trabalho e os valores praticados no mercado para o desempenho de atividades semelhantes". Há um teto, ainda, de 5% sobre o valor dos bens arrecadados (na falência) ou dos créditos habilitados (na recuperação judicial), o que será visto no tópico relativo ao administrador judicial.

III — O juiz autoriza a **venda antecipada de bens** do falido. Mais uma vez, a Lei n. 11.101/2005, no seu art. 113, estabelece função administrativa ao juiz, quando afirma que: "Os bens perecíveis, deterioráveis, sujeitos à considerável desvalorização ou que sejam de conservação arriscada ou dispendiosa, poderão ser vendidos antecipadamente, após a arrecadação e a avaliação, mediante autorização judicial, ouvidos o Comitê e o falido no prazo de 48 (quarenta e oito) horas". A decisão de venda antecipada fundamentar-se-á em um juízo de **conveniência e oportunidade**, mais uma vez.

IV — O juiz autoriza, segundo o mesmo critério **discricionário**, a **venda direta ou a adjudicação de bens a credores** do falido, nos casos do art. 111, da Lei n. 11.101/2005, o qual define que: "O juiz poderá autorizar os credores, de forma individual ou coletiva, em razão dos custos e no interesse da massa falida, a adquirir ou adjudicar, de imediato, os bens arrecadados, pelo valor da avaliação, atendida a regra de classificação e preferência entre eles, ouvido o Comitê".

V — O juiz decide se **determina a lacração do estabelecimento falido ou se autoriza a continuação da atividade** empresarial, com o administrador judicial assumindo a direção da empresa. É o inc. XI, do art. 99, da Lei n. 11.101/2005, que estabelece: "A sentença que decretar a falência do devedor, dentre outras determinações: (...) XI — pronunciar-se-á a respeito da continuação provisória das atividades do falido com o administrador judicial ou da lacração dos estabelecimentos, observado o disposto no art. 109 desta Lei".

VI — O juiz é quem **aprova ou rejeita as contas** do administrador judicial, como será visto mais adiante.

Há diversas outras decisões em que o juiz desempenhará um papel administrativo tanto na falência quanto na recuperação judicial. Isso o torna — mais que o **intermediador judicial** do conflito — um **gestor de uma empresa em crise**, o que exigirá que sua formação, experiência e conhecimento ultrapassem a formação jurídica.

O juiz não é, portanto, somente quem julga a falência e a recuperação judicial. É, por força da lei, o **agente estatal** responsável pela **condução do processo** de enfrentamento da crise econômico-financeira do devedor empresário. Processo que deve ser conduzido sob os cuidados do **princípio da preservação da empresa** e dos ditames estabelecidos nos arts. 47 e 75, da Lei n. 11.101/2005.

Esquematizando e exemplificando a **atuação do juiz** na falência e na recuperação judicial:

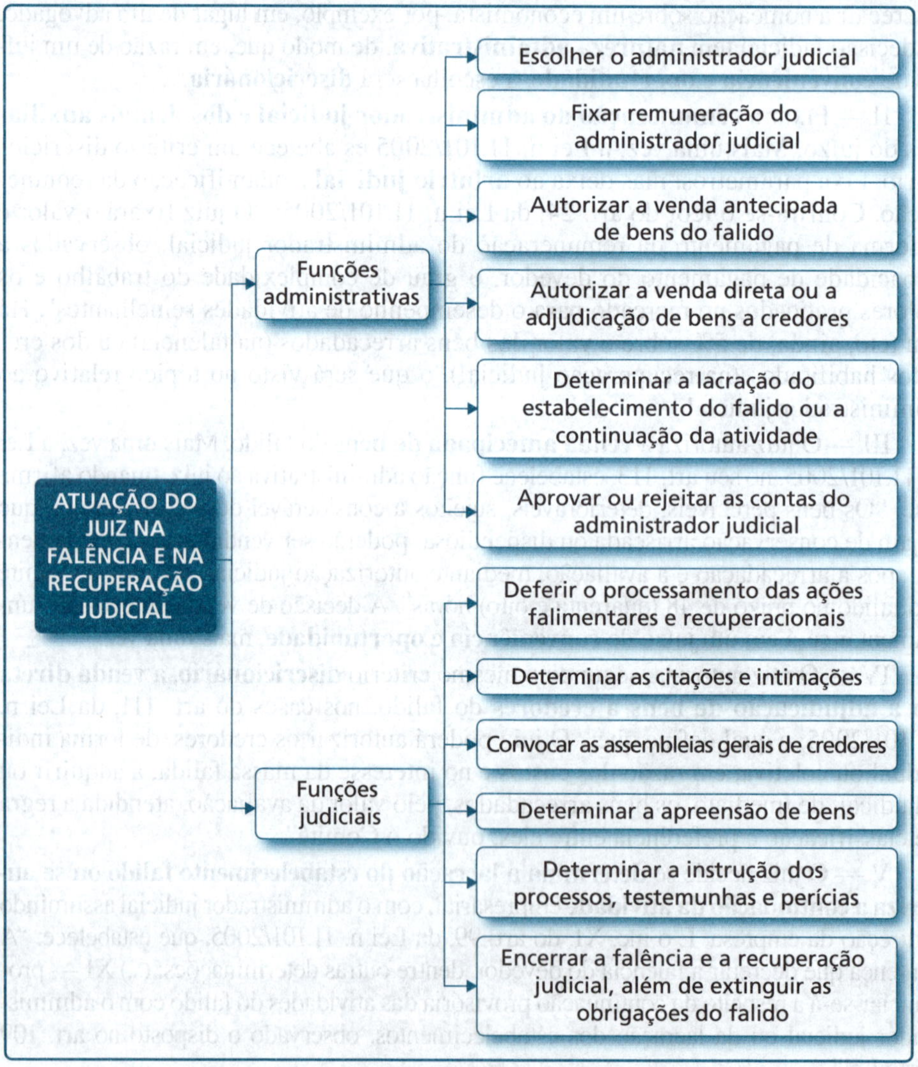

23.3.2. Ministério Público

No *item 22.4* desta obra, explicamos que, em razão do veto presidencial ao art. 4º, da Lei n. 11.101/2005, a atuação do Ministério Público na falência e na recuperação judicial restou **bastante mitigada**. Ali, elencamos as dezoito atuações específicas do Ministério Público, decorrentes de dezenove disposições legais da mencionada lei. Das referidas disposições, **oito** dizem respeito à **atuação administrativa** do Ministério Público, e as outras dez atuações referem-se às funções típicas do *parquet*, concernentes à fiscalização da aplicação da lei, legitimidade exclusiva para as ações penais e atuação na defesa do interesse da coletividade, interesse público.

Da mesma forma que a Lei n. 11.101/2005 atribuiu ao juiz funções judiciais e administrativas, também o fez em relação ao Ministério Público, pois lhe atribui funções **típicas de quem é parte** no processo e de quem tem o **poder/dever de impulsionar o feito**, na defesa do **interesse da coletividade**, interesses regulados, como já dito, nos arts. 47 e 75, da Lei n. 11.101/2005.

São funções administrativas do Ministério Público na falência e na recuperação judicial:

FUNÇÕES ADMINISTRATIVAS DO MINISTÉRIO PÚBLICO NA FALÊNCIA E NA RECUPERAÇÃO JUDICIAL	
Tipo de Atuação	**Fundamento Legal**
▪ Legitimidade para impugnação de crédito	▪ Art. 8º No prazo de 10 (dez) dias, contado da publicação da relação referida no art. 7º, § 2º, desta Lei, o Comitê, qualquer credor, o devedor ou seus sócios ou o **Ministério Público** podem apresentar ao juiz **impugnação** contra a relação de credores, apontando a ausência de qualquer crédito ou manifestando-se contra a legitimidade, importância ou classificação de crédito relacionado.
▪ Legitimidade para ação de retificação de quadro geral de credores	▪ Art. 19. O administrador judicial, o Comitê, qualquer credor ou o representante do **Ministério Público** poderá, até o encerramento da recuperação judicial ou da falência, observado, no que couber, o procedimento ordinário previsto no Código de Processo Civil, **pedir** a exclusão, outra classificação ou a retificação de qualquer crédito, nos casos de descoberta de falsidade, dolo, simulação, fraude, erro essencial ou, ainda, documentos ignorados na época do julgamento do crédito ou da inclusão no quadro geral de credores.
▪ Legitimidade para requerer a substituição de administrador judicial ou de membros do Comitê de Credores	▪ Art. 30. (...) § 2º O devedor, qualquer credor ou o **Ministério Público poderá** requerer ao juiz a **substituição** do administrador judicial ou dos membros do Comitê nomeados em desobediência aos preceitos desta Lei.
▪ Legitimidade para requerer informações do falido	▪ Art. 104. A decretação da falência impõe ao falido os seguintes deveres: (...) VI — prestar as **informações reclamadas** pelo juiz, administrador judicial, credor ou **Ministério Público** sobre circunstâncias e fatos que interessem à falência;
▪ Legitimidade para propor ação revocatória	▪ Art. 132. A **ação revocatória**, de que trata o art. 130 desta Lei, deverá ser proposta pelo administrador judicial, por qualquer credor ou pelo **Ministério Público** no prazo de 3 (três) anos contado da decretação da falência.
▪ Ciência de todas as alienações de bens da massa falida	▪ Art. 142. (...) § 7º Em qualquer modalidade de **alienação**, o **Ministério Público** será intimado pessoalmente, sob pena de nulidade.

■ Legitimidade para apresentação de impugnações às alienações	■ Art. 143. Em qualquer das modalidades de **alienação** referidas no art. 142 desta Lei, poderão ser apresentadas **impugnações** por quaisquer credores, pelo devedor ou pelo **Ministério Público**, no prazo de 48 (quarenta e oito) horas da arrematação, hipótese em que os autos serão conclusos ao juiz, que, no prazo de 5 (cinco) dias, decidirá sobre as impugnações e, julgando-as improcedentes, ordenará a entrega dos bens ao arrematante, respeitadas as condições estabelecidas no edital.
■ Legitimidade para manifestar-se sobre as contas apresentadas pelo administrador judicial	■ Art. 154. Concluída a realização de todo o ativo, e distribuído o produto entre os credores, o administrador judicial **apresentará suas contas** ao juiz no prazo de 30 (trinta) dias. (...) § 3º Decorrido o prazo do aviso e realizadas as diligências necessárias à apuração dos fatos, o juiz intimará o **Ministério Público** para manifestar-se no prazo de 5 (cinco) dias, findo o qual o administrador judicial será ouvido se houver **impugnação ou parecer contrário** do Ministério Público.
■ *Custos Legis* nas Hipóteses de Insolvência Transnacional.	■ Art. 167-A. A. Este Capítulo disciplina a insolvência transnacional (...) § 5º O Ministério Público intervirá nos processos de que trata este Capítulo.

Nas referidas atuações, o Ministério Público figura **além da fiscalização** ou da propositura das **medidas penais** cabíveis. Interfere no próprio **funcionamento** da falência e da recuperação, causando reflexo tanto na massa de bens quanto na massa de credores do falido. Assim, **não é um expectador passivo** ou meramente fiscalizatório, é **órgão de impulso** e de importantes alterações dos procedimentos recuperacionais.

■ 23.3.3. Administrador judicial

O administrador judicial é o **mais importante auxiliar do juiz** nos processos de falência e de recuperação judicial. Será **escolhido pelo juiz** entre pessoas de sua **pessoal e direta confiança** para desempenhar as funções definidas na Lei n. 11.101/2005.

Diferentemente do Decreto-lei n. 7.661/45, que identificava o principal auxiliar do juiz com designações distintas, chamando-o de síndico, no caso de falência, e de comissário, no caso de concordata, a Lei n. 11.101/2005 o chamou de **administrador judicial**, tanto quando atua **na falência** como quando atua **na recuperação judicial**. Isso significa que, apesar de desempenhar funções totalmente diferentes na falência e na recuperação judicial, o principal auxiliar do juiz receberá a **mesma designação** de administrador judicial em ambos os processos.

■ *23.3.3.1. Funções*

É preciso, por isso, desde logo, separar as **funções** do administrador judicial nos distintos processos previstos na Lei n. 11.101/2005. Assim, podemos iniciar o estudo com o seguinte esquema:

A ATUAÇÃO DO ADMINISTRADOR JUDICIAL NO CONTEXTO DA LEI N. 11.101/2005	
Tipo de Procedimento	**Função Principal**
■ Falência	■ Administrar a massa falida: arrecada e vende o ativo e identifica e paga o passivo.
■ Recuperação judicial	■ Fiscalizar o processamento da recuperação judicial e o cumprimento do plano de recuperação judicial, no interesse dos credores.
■ Recuperação judicial especial para ME e EPP	■ Fiscalizar o cumprimento do plano de recuperação judicial.
■ Recuperação extrajudicial	■ Atuará excepcionalmente.

■ *23.3.3.2. Natureza jurídica*

O administrador judicial **não** deve ser considerado apenas o **representante da universalidade de bens e da comunhão dos credores** do devedor empresário, pois as funções que lhes são atribuídas pelo art. 22, da Lei n. 11.101/2005, bem como os objetivos traçados pelos arts. 47 e 75, da mesma lei, impõem ao referido colaborador da justiça uma atuação que vise: na recuperação judicial — "**viabilizar a superação** da situação de crise econômico-financeira do devedor, a fim de permitir a manutenção da fonte produtora, do emprego dos trabalhadores e dos interesses dos credores, promovendo, assim, a preservação da empresa, sua função social e o estímulo à atividade econômica" (art. 47); e na falência falência — "I — **preservar e a otimizar a utilização produtiva dos bens**, dos ativos e dos recursos produtivos, inclusive os intangíveis, da empresa; II — **permitir a liquidação célere das empresas** inviáveis, com vistas à realocação eficiente de recursos na economia; e III — **fomentar o empreendedorismo**, inclusive por meio da viabilização do retorno célere do empreendedor falido à atividade econômica." (art. 75, incisos I, II e III).

Diante dessa constatação, o administrador judicial, como principal agente auxiliar do juiz na condução dos feitos falimentares, deverá ser tido como **representante do interesse coletivo** delineado pela Lei n. 11.101/2005, devendo atuar com o objetivo de **preservar a empresa** em funcionamento, para atender aos objetivos traçados pelo legislador falimentar.

■ *23.3.3.3. Equiparação a servidor público*

Considerando que o administrador judicial atua como um **colaborador da justiça**, para efeitos **penais** ele é equiparado a um **funcionário público**. Tal equiparação não atinge a atuação civil e administrativa do administrador judicial, nem as responsabilidades daí decorrentes.

■ *23.3.3.4. Legitimados*

O administrador judicial pode ser **pessoa física ou jurídica**, devendo possuir as seguintes características:

I — pode ser **qualquer pessoa**, não exigindo mais a lei que seja credora;

II — deve ser profissional **idôneo**;

III — de preferência, ser advogado, administrador de empresas, economista, contador ou pessoa jurídica especializada;

IV — se for **pessoa jurídica**, deve declarar o nome do **profissional responsável** pela condução do processo de falência ou de recuperação judicial, profissional que não poderá ser substituído sem autorização do juiz.

Tais requisitos constam do art. 21, da Lei n. 11.101/2005, o qual estabelece que "o administrador judicial será profissional idôneo, preferencialmente advogado, economista, administrador de empresas ou contador, ou pessoa jurídica especializada. Parágrafo único. Se o administrador judicial nomeado for pessoa jurídica, declarar-se-á, no termo de que trata o art. 33 desta Lei, o nome de profissional responsável pela condução do processo de falência ou de recuperação judicial, que não poderá ser substituído sem autorização do juiz".

Há doutrinadores que **sugerem** que o administrador judicial seja, de preferência, **economista ou administrador** de empresa, ante a aproximação dos conhecimentos profissionais destes com as atribuições daquele. Como juiz de Vara Falimentar, o autor deste livro discorda totalmente de tal preferência, pois as atribuições do administrador judicial são mais familiarizadas com as **normas e procedimentos jurídicos** que propriamente com administração, contabilidade ou economia. Todas essas profissões apresentam vantagens e desvantagens no exercício da sindicatura falimentar, todavia, ante a possibilidade de **incontáveis demandas** da massa e contra ela, além da necessidade de várias medidas **cautelares urgentes**, o **profissional da advocacia** apresenta bem **mais atributos** do que os de outras profissões para o exercício do encargo.

A maior parte das massas falidas apresenta **situação patrimonial deficitária**, caracterizando as antigas falências frustradas, hoje sem previsão legal. Diante de **parcos recursos**, e ainda tendo que demandar em favor e em defesa da massa, qualquer outro profissional, que não o advogado, teria que **contratar profissionais do direito** para auxiliá-lo, elevando as despesas da massa e reduzindo o montante de satisfação dos créditos habilitados.

O próprio **linguajar jurídico** envolvido no processo **recomenda** a atuação de um **administrador judicial jurista**. Falam no processo, além do juiz e de representantes do Ministério Público, as Fazendas e Procuradorias Federais, Estaduais e Municipais, somados a vários advogados privados na defesa de credores. Ação revocatória, embargos de terceiros, ação de responsabilização de sócios, por exemplo, são institutos jurídicos cuja caracterização dependerá de **análise e atuação jurídica exemplares**, bem como de profundos conhecedores do direito empresarial e societário. Mais conhecimento jurídico é necessário, ainda, para propiciar a **defesa** em face do fisco.

Na **recuperação judicial**, o administrador judicial **não** precisará **praticar atos de gestão da empresa**, pois a administração dela permanecerá com o devedor em recuperação. Desse modo, as profissões que exigem conhecimentos de mercado, gestão e administração empresarial tornam-se prescindíveis no exercício do encargo de administrador judicial.

Se o administrador judicial for **pessoa jurídica**, recomendável que em seus quadros exista **profissional do direito**.

Esquematizando as profissões liberais preferenciais para a assunção do múnus de administrador judicial:

▪ *23.3.3.5. Atribuições*

A Lei n. 11.101/2005 estabeleceu no seu art. 22, de **forma sistemática**, as **atribuições** que o administrador judicial assumirá na recuperação judicial ou na falência, além de atribuições comuns a ambos os procedimentos. Dessa forma, cada inciso do art. 22 refere-se a um **grupo de atribuições relativas a cada tipo de procedimento**. A distribuição ficou legalmente definida assim:

OBRIGAÇÕES COMUNS DO ADMINISTRADOR JUDICIAL NA RECUPERAÇÃO JUDICIAL E NA FALÊNCIA
a) enviar correspondência a todos os credores relacionados e habilitados, comunicando a data do pedido de recuperação judicial ou da decretação da falência, a natureza, o valor e a classificação dada aos seus respectivos créditos;
b) fornecer todas as informações pedidas pelos credores interessados;
c) dar extratos dos livros do devedor, os quais poderão ser usados nas habilitações e impugnações de créditos;
d) exigir dos credores, do devedor ou seus administradores quaisquer informações;
e) elaborar a relação de credores;
f) consolidar o quadro geral de credores;
g) requerer, ao Juiz, a convocação da assembleia geral de credores nos casos previstos na Lei n. 11.101/2005 ou quando entender necessário;
h) contratar, com autorização judicial, profissionais ou empresas especializadas para auxiliá-lo no exercício de suas funções (quando necessário).
j) estimular, sempre que possível, a conciliação, a mediação e outros métodos alternativos de solução de conflitos relacionados à recuperação judicial e à falência, respeitados os direitos de terceiros, na forma do § 3º do art. 3º da Lei n. 13.105, de 16 de março de 2015 (Código de Processo Civil);

k) manter endereço eletrônico na internet, com informações atualizadas sobre os processos de falência e de recuperação judicial, com a opção de consulta às peças principais do processo, salvo decisão judicial em sentido contrário;
l) manter endereço eletrônico específico para o recebimento de pedidos de habilitação ou a apresentação de divergências, ambos em âmbito administrativo, com modelos que poderão ser utilizados pelos credores, salvo decisão judicial em sentido contrário;
m) providenciar, no prazo máximo de 15 (quinze) dias, as respostas aos ofícios e às solicitações enviadas por outros juízos e órgãos públicos, sem necessidade de prévia deliberação do juízo;

Fonte: art. 22, inc. I, da Lei n. 11.101/2005.

OBRIGAÇÕES DO ADMINISTRADOR JUDICIAL SOMENTE NA RECUPERAÇÃO JUDICIAL
a) fiscalizar as atividades do devedor e o cumprimento do plano de recuperação judicial;
b) requerer a falência no caso de descumprimento de obrigação assumida no plano de recuperação;
c) apresentar ao juiz, para juntada aos autos, relatório mensal das atividades do devedor, fiscalizando a veracidade e a conformidade das informações prestadas pelo devedor;
d) apresentar o relatório sobre a execução do plano de recuperação, de que trata o inciso III do *caput* do art. 63 desta Lei;
e) fiscalizar o decurso das tratativas e a regularidade das negociações entre devedor e credores;
f) assegurar que devedor e credores não adotem expedientes dilatórios, inúteis ou, em geral, prejudiciais ao regular andamento das negociações;
g) assegurar que as negociações realizadas entre devedor e credores sejam regidas pelos termos convencionados entre os interessados ou, na falta de acordo, pelas regras propostas pelo administrador judicial e homologadas pelo juiz, observado o princípio da boa-fé para solução construtiva de consensos, que acarretem maior efetividade econômico-financeira e proveito social para os agentes econômicos envolvidos;
h) apresentar, para juntada aos autos, e publicar no endereço eletrônico específico relatório mensal das atividades do devedor e relatório sobre o plano de recuperação judicial, no prazo de até 15 (quinze) dias contado da apresentação do plano, fiscalizando a veracidade e a conformidade das informações prestadas pelo devedor, além de informar eventual ocorrência das condutas previstas no art. 64 desta Lei;

Fonte: art. 22, inc. II, da Lei n. 11.101/2005.

OBRIGAÇÕES DO ADMINISTRADOR JUDICIAL SOMENTE NA FALÊNCIA
a) avisar, pelo órgão oficial, o lugar e a hora em que os credores terão à sua disposição os livros e documentos do falido;
b) examinar a escrituração do devedor;
c) relacionar os processos e assumir a representação judicial e extrajudicial, incluídos os processos arbitrais, da massa falida;
d) receber e abrir a correspondência dirigida ao devedor, entregando a ele o que não for assunto de interesse da massa;
e) apresentar, no prazo de 40 (quarenta) dias, contado da assinatura do termo de compromisso, prorrogável por igual período, relatório sobre as causas e circunstâncias que conduziram à situação de falência, no qual apontará a responsabilidade civil e penal dos envolvidos;
f) arrecadar os bens e documentos do devedor e elaborar o auto de arrecadação;
g) avaliar os bens arrecadados;
h) contratar avaliadores para a avaliação dos bens, caso entenda não ter condições técnicas para a tarefa, tudo mediante autorização judicial;
i) praticar os atos necessários à realização do ativo e ao pagamento dos credores;
j) proceder à venda de todos os bens da massa falida no prazo máximo de 180 (cento e oitenta) dias, contado da data da juntada do auto de arrecadação, sob pena de destituição, salvo por impossibilidade fundamentada, reconhecida por decisão judicial;

l) praticar todos os atos conservatórios de direitos e ações, diligenciar a cobrança de dívidas e dar a respectiva quitação;
m) remir bens apenhados, penhorados ou legalmente retidos, tudo em favor da massa e com autorização judicial;
n) representar a massa falida em juízo, contratando, se necessário, advogado, cujos honorários serão previamente ajustados e aprovados pelo Comitê de Credores;
o) requerer todas as medidas e diligências que forem necessárias para a proteção da massa ou a eficiência da administração, nos termos da LREF;
p) apresentar ao juiz, até o 10º (décimo) dia do mês seguinte ao vencido, conta demonstrativa da administração, que especifique com clareza a receita e a despesa;
q) entregar ao seu substituto todos os bens e documentos da massa em seu poder, sob pena de responsabilidade;
r) prestar contas ao final do processo, quando for substituído, destituído ou renunciar ao cargo.
s) arrecadar os valores dos depósitos realizados em processos administrativos ou judiciais nos quais o falido figure como parte, oriundos de penhoras, de bloqueios, de apreensões, de leilões, de alienação judicial e de outras hipóteses de constrição judicial, ressalvado o disposto nas Leis n. 9.703, de 17 de novembro de 1998, e 12.099, de 27 de novembro de 2009, e na Lei Complementar n. 151, de 5 de agosto de 2015.

Fonte: art. 22, III, da Lei n. 11.101/2005.

Cada uma das **atribuições explica-se por si mesma**. São práticas **administrativas, processuais e informativas**. Algumas atribuições, porém, merecem uma análise particularizada, como veremos nos subitens seguintes.

Veja-se que tais atribuições são as expressamente delimitadas pela lei. Porém, **diante das substanciais inovações trazidas pela Lei n. 14.112/2020**, especificamente em relação à constatação prévia, nos termos do art. 51-A, de modo a se prestigiar o corpo de Administradores Judiciais devidamente cadastrados pelo Juízo Recuperacional e Falimentar, **recomendável que o "profissional" da confiança** do Juízo "com capacidade técnica e idoneidade, para promover exclusivamente a constatação das reais condições de funcionamento" e "a regularidade e da completude da documentação apresentadas" pelo requerente da Recuperação Judicial, **coincida com um dos Administradores Judiciais**, até porque se houver laudo positivo, a Inicial será recebida e haverá a necessidade de nomeação do Administrador Judicial, para acompanhar o procedimento correlato.

Paralelamente aos procedimentos em tramitação em solo brasileiro, caberá ao Administrador Judicial, em caso de falência, na eventualidade da **tramitação concorrente de processo de insolvência no estrangeiro contra o mesmo devedor** (insolvência transnacional, como estudaremos no Capítulo 28), a assunção da condição de representante do processo brasileiro, nos termos do art. 167-E, inc. II, da Lei n. 11.101/2005, salvo eventual vedação da legislação do país em que esteja a tramitar o processo de insolvência estrangeiro.

■ 23.3.3.6. Legitimidade para requerer a convolação da recuperação judicial em falência

Um **primeiro destaque** deve ser feito para uma atribuição ímpar do administrador judicial, aquela prevista na alínea "b", do inc. II, do art. 22. Sua **legitimidade** para **requerer a falência** do devedor que não cumpre as obrigações do plano de recuperação judicial é **extraordinária**. Não tem ele qualquer interesse patrimonial ou creditício que lhe confira interesse de agir para requerer a falência, até porque isso atenta contra seu objetivo de trabalhar pela preservação da empresa, contudo a Lei n. 11.101/2005 lhe impõe o **dever de requerer** a medida extrema, caso verifique que **credores** estão sendo **prejudicados** por irregularidades no cumprimento do plano homologado.

Um detalhe importante refere-se ao **momento** em que essa convolação em falência deve ser requerida. Segundo o art. 61, § 1º, da Lei n. 11.101/2005, a convolação da recuperação judicial em falência deve se dar **entre a data da concessão/homologação** do plano de recuperação judicial e o **transcurso do prazo de 2 anos**. Se o descumprimento do plano se der após os 2 anos, o administrador judicial perderá a legitimidade para requerer a falência. Confira-se o texto do artigo: "Proferida a decisão prevista no art. 58 desta Lei, o **juiz poderá determinar a manutenção do devedor em recuperação judicial** até que sejam cumpridas todas as obrigações previstas no plano que **vencerem até, no máximo, 2 (dois) anos depois da concessão** da recuperação judicial, independentemente do eventual período de carência.".

■ *23.3.3.7. Quebra de sigilo de correspondências*

Deve-se destacar, também, a **hipotética inconstitucionalidade** da alínea "d", do inc. III, do art. 22, da Lei n. 11.101/2005, pois a Constituição Federal resguarda o sigilo das correspondências pessoais como umas das garantias individuais do art. 5º. O dispositivo da Lei n. 11.101/2005 autoriza o administrador judicial a **abrir todas as cartas** dirigidas ao falido e somente lhe entregar aquelas que não interessem à massa, ou seja, autoriza-se acesso à correspondência particular do falido indiscriminadamente. O dispositivo estaria adequado aos termos constitucionais se impusesse a abertura de toda a correspondência pelo falido, na presença do administrador judicial, o qual apreenderia apenas a correspondência que fosse de interesse da massa. Haveria aqui flagrante **desrespeito ao sigilo de correspondência**.

■ *23.3.3.8. Relatório preliminar*

Muito importante, também, é a atribuição contida na alínea "e", do inc. III, do art. 22, da Lei n. 11.101/2005, pois o **relatório preliminar** do administrador judicial previsto em tal norma é de suma importância para a **atuação do Ministério Público** na persecução penal. Importa rever o texto do artigo: "apresentar, no prazo de 40 (quarenta) dias, contado da assinatura do termo de compromisso, prorrogável por igual período, relatório sobre as causas e circunstâncias que conduziram à situação de falência, no qual apontará a responsabilidade civil e penal dos envolvidos". O próprio art. 22, em seu § 4º, confirma essa importância, ao determinar que: "se o relatório de que trata a alínea *e* do inciso III do *caput* deste artigo apontar responsabilidade penal de qualquer dos envolvidos, o Ministério Público será intimado para tomar conhecimento de seu teor".

Esse relatório, caso descreva **indícios da prática de crime**, fará iniciar a **contagem do prazo** para que o Ministério Público, uma vez tendo vista dele, apresente as respectivas **denúncias** por crimes falimentares e possíveis pedidos de **prisão preventiva**. O Ministério Público poderá, também, requerer a **abertura de inquérito policial** para investigação de eventuais crimes falimentares, com base no mesmo relatório. É isso que dispõe o art. 186, da Lei n. 11.101/2005: "No relatório previsto na alínea *e* do inciso III do *caput* do art. 22 desta Lei, o administrador judicial apresentará ao juiz da falência exposição circunstanciada, considerando as causas da falência, o procedimento do devedor, antes e depois da sentença, e outras informações detalhadas a respeito da conduta do devedor e de outros responsáveis, se houver, por atos que possam constituir crime relacionado com a recuperação judicial ou com a falência, ou outro delito conexo a estes".

▪ 23.3.3.9. *Impedimentos*

O art. 30, da Lei n. 11.101/2005, estabelece **alguns impedimentos** para o exercício do cargo de administrador judicial. O texto legal impõe que "não poderá integrar o Comitê ou exercer as funções de administrador judicial quem, nos últimos 5 (cinco) anos, no exercício do cargo de administrador judicial ou de membro do Comitê em falência ou recuperação judicial anterior, foi destituído, deixou de prestar contas dentro dos prazos legais ou teve a prestação de contas desaprovada. § 1º Ficará também impedido de integrar o Comitê ou exercer a função de administrador judicial quem tiver relação de parentesco ou afinidade até o 3º (terceiro) grau com o devedor, seus administradores, controladores ou representantes legais ou deles for amigo, inimigo ou dependente".

Assim, são impedimentos para exercer o cargo de administrador judicial ou de membro do Comitê:

IMPEDIMENTOS DO ADMINISTRADOR JUDICIAL	PODE INCIDIR
▪ Ter sido **destituído**, nos últimos 5 anos, do exercício do cargo de administrador judicial ou de membro do Comitê em falência ou recuperação judicial.	▪ Quem foi administrador judicial ou membro do Comitê.
▪ **Ter deixado de prestar contas** dentro dos prazos legais, nos últimos 5 anos, do exercício do cargo de administrador judicial ou de membro do Comitê em falência ou recuperação judicial.	▪ Quem foi administrador judicial.
▪ Ter tido a **prestação de contas desaprovada**, nos últimos 5 anos, no exercício do cargo de administrador judicial ou de membro do Comitê em falência ou recuperação judicial.	▪ Quem foi administrador judicial.
▪ Possuir relação de **parentesco ou afinidade até o 3º grau** com o devedor, seus administradores, controladores ou representantes legais ou deles for amigo, inimigo ou dependente.	▪ Candidato a administrador judicial e a membro do Comitê.

O mesmo art. 30 define que o **devedor, qualquer credor ou o Ministério Público** poderão **requerer a substituição** de administrador judicial ou de membro do Comitê de Credores que tenha sido escolhido em desrespeito aos impedimentos, ou sem observar os preceitos da Lei n. 11.101/2005. Feito o requerimento de substituição, o juiz terá **24 horas** para proferir **decisão** a respeito.

▪ 23.3.3.10. *Substituição e destituição*

Outro tema que envolve o administrador judicial refere-se à possibilidade de sua **substituição ou destituição**. Já verificamos que a escolha de administrador judicial

impedido, ou sem observância de outros preceitos da Lei n. 11.101/2005, provocará a sua **substituição**.

Todavia, o administrador judicial também poderá ser substituído em razão de renúncia, fatos impeditivos supervenientes, descumprimento de preceitos legais, perda de prazos, rejeição das contas, de ter sido destituído ou de, uma vez nomeado, não ter assinado o termo de compromisso no prazo de 48 horas.

É preciso, para fins didáticos, entender que a expressão **substituição tem dois significados** dentro da atual legislação falimentar. Há um **sentido amplo**, em que a substituição refere-se à **troca de um administrador judicial** afastado por outro escolhido pelo juiz. Essa troca é o exaurimento do afastamento do administrador judicial, seja porque ele agiu contrariando as regras impostas para o exercício do cargo, o que leva à **destituição**, seja porque as circunstâncias de fato impediram que ele continuasse em tal exercício, sem que ele tenha contribuído para isso, sendo esta última a **substituição em sentido estrito**.

A substituição poderá, então, decorrer de algum **fato que impeça** o administrador judicial de continuar à frente dos processos de falência e recuperação judicial, **sem que ele tenha falhado** em algum de seus deveres (substituição em sentido estrito), ou poderá decorrer de uma **sanção (destituição)**. Assim, podemos dizer que a **troca** do administrador judicial decorrerá de uma situação de fato que inviabilizará a manutenção dele no exercício do auxílio ao juiz nos processos de falência ou de recuperação judicial.

Desse modo, podemos dizer que a substituição em **sentido amplo é gênero**, do qual são **espécies** a **substituição em sentido estrito** e a **destituição**.

Esquematizando a substituição do administrador judicial:

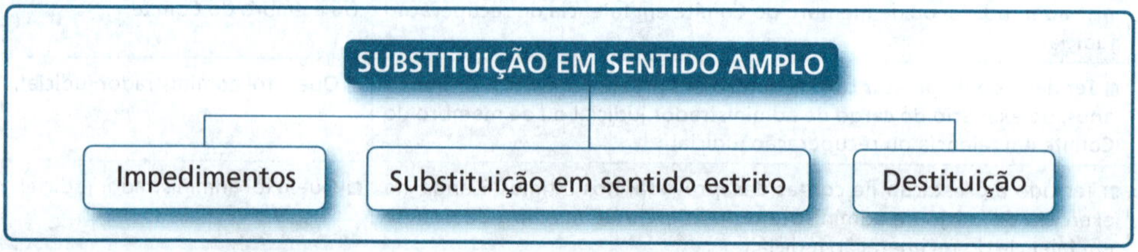

Vejamos as **peculiaridades** de cada hipótese de substituição.

a) A **renúncia expressa** do administrador judicial será acatada pelo juiz, uma vez que não se pode obrigar o profissional nomeado a exercer o referido encargo, mesmo se for credor do falido ou do devedor em recuperação judicial. A renúncia poderá ser fundada em **relevante razão de direito**, situação em que o administrador judicial fará jus à **remuneração proporcional**. Caso **não seja** fundada em razão relevante, **não terá** o administrador judicial direito à **remuneração**.

A **ausência de remuneração**, nos casos de renúncia sem motivação relevante, tem sido vista como **inconstitucional**, em razão da desconsideração do valor social do trabalho e do direito de propriedade, além de inviabilizar a renúncia imotivada. Ocorre que os processos previstos na Lei n. 11.101/2005 são considerados **de relevante interesse** coletivo, por alcançar diversos interessados e lidar com centenas de direitos, de modo que não há lugar para administrador judicial que busque **apenas especular** o exercício da função.

Atualmente, os administradores judiciais **candidatam-se** ao cargo, levando seus currículos às serventias judiciais, onde ficam aguardando **eventual nomeação**, o que contradiz qualquer motivação ao afastamento do cargo, após a escolha, já que **não há uma imposição**. Assim, não se pode taxar de inconstitucional a ausência de remuneração em situação provocada pelo próprio administrador judicial, que aceita o encargo inicialmente e depois, imotivadamente, renuncia. A lei **não impede a renúncia imotivada**, apenas **suprime a remuneração**, nessa hipótese. Não há inconstitucionalidade, então.

b) Nos casos em que o administrador judicial **deixar de assinar o termo** de compromisso, no prazo de 48 horas da sua nomeação, haverá uma espécie de **renúncia tácita**. Será ele substituído e, por óbvio, não fará jus à remuneração. A **aceitação** e o **exercício** do cargo de administrador judicial são **facultativos**, o que permite ao nomeado **declinar da indicação** apenas deixando de comparecer para assinatura do termo de compromisso. Há doutrinadores que entendem que essa hipótese não seria de substituição, porque o administrador judicial nomeado nem sequer assumiu o cargo. Todavia, tal prática cabe na expressão substituição em sentido amplo.

c) Existe a possibilidade de ocorrerem **fatos impeditivos supervenientes**, os quais imporão a substituição do administrador judicial. A eventual **decretação da falência** e o ajuizamento de pedido de **recuperação judicial** pelo administrador judicial, a **morte**, **ausência** ou **interdição** dele, a **perda de confiança** no profissional, a necessidade de atuação de um **profissional mais experiente** ou com formação especializada, assim como eventual **casamento ou união estável** que faça incidir os **impedimentos** legais, são exemplos de situações supervenientes que reclamarão a sua substituição.

Não há previsão legal para tais causas de substituição, todavia as situações concretas estabelecerão hipóteses de inafastável necessidade de substituição, situações para as quais **não há** possibilidade de um **rol exaustivo**. Nesses casos, a remuneração proporcional será devida, pois não incidente a exclusão prevista no art. 24, § 3º, da Lei n. 11.101/2005.

d) Como visto anteriormente, o administrador judicial tem **diversas atribuições** legais previstas no art. 22, da Lei n. 11.101/2005. Há, também, diversas possibilidades de **prática de crime** falimentar impróprio pelo administrador judicial, além de eventual enquadramento em crime de **desobediência**. Em qualquer situação em que houver **descumprimento de preceitos legais**, o administrador judicial deverá ser substituído, como **sanção administrativa**, independentemente das sanções penais e da responsabilização civil pelos danos causados à massa falida ou a credores.

e) A Lei n. 11.101/2005 impõe ao administrador judicial diversos prazos para cumprimento de suas obrigações. A **perda de prazos** imporá sua substituição. A falência deve ser um **processo célere**, pois eventuais tentativas de supressão patrimonial devem ser revertidas e isso exige agilidade nas medidas tendentes a identificação, apreensão e preservação do patrimônio social. Assim, por exemplo, a lei estabelece **5 dias** de prazo para o administrador judicial manifestar-se nos pedidos de restituição e nas habilitações de crédito, **40 dias** para o relatório preliminar, e assim por diante.

f) O administrador judicial terá que **prestar contas da sua gestão** no processo de **falência**, no prazo de 30 dias da cessação dos pagamentos, conforme o art. 154, da Lei n. 11.101/2005. Tais contas serão apreciadas pelo juiz, após a manifestação dos interessados e do Ministério Público. As contas poderão ser **aprovadas** e a isso seguirá o relatório final e a sentença de **encerramento** da falência. Contudo, o administrador judicial poderá se deparar com a **rejeição das contas** e, nessa hipótese, será ele destituído e substituído, **sem direito à remuneração**, ficando responsável pelo **ressarcimento** à massa dos prejuízos que houver ocasionado. Poderá ter seus **bens bloqueados** pelo juiz e a decisão que rejeitar suas contas será **título executivo** contra si.

O art. 154, § 5º, da Lei n. 11.101/2005, determina que "a sentença que rejeitar as contas do administrador judicial fixará suas responsabilidades, poderá determinar a indisponibilidade ou o sequestro de bens e servirá como título executivo para indenização da massa". Já o § 4º, do art. 24, arremata: "Também não terá direito a remuneração o administrador que tiver suas contas desaprovadas". O **novo administrador** judicial nomeado será responsável por nova apuração das contas e pelo relatório final; receberá **remuneração proporcional** ao seu trabalho, e não aquela fixada inicialmente para o destituído.

g) O administrador judicial também pode **ser destituído** por outros motivos, além dos já mencionados. O art. 31, da Lei n. 11.101/2005, ensina que "o juiz, de ofício ou a requerimento fundamentado de qualquer interessado, poderá **determinar a destituição** do administrador judicial ou de quaisquer dos membros do Comitê de Credores quando verificar **desobediência aos preceitos** desta Lei, **descumprimento de deveres**, **omissão**, **negligência** ou **prática de ato lesivo** às atividades do devedor ou a terceiros".

As **situações concretas** definirão a necessidade de **substituição-sanção** do administrador judicial. A desobediência aos preceitos legais poderá impor a **imediata** destituição do administrador judicial ou exigirá prévia **notificação** para que ele regularize a omissão ou corrija o ato praticado. O art. 23 da Lei n. 11.101/2005, por exemplo, regula a situação assim: "O administrador judicial que não apresentar, no prazo estabelecido, suas contas ou qualquer dos relatórios previstos nesta Lei **será intimado** pessoalmente a fazê-lo no prazo de 5 (cinco) dias, sob pena de **desobediência**. Parágrafo único. Decorrido o prazo do *caput* deste artigo, o juiz **destituirá** o administrador judicial e nomeará substituto para elaborar relatórios ou organizar as contas, explicitando as responsabilidades de seu antecessor".

A destituição não eximirá o administrador judicial de **ressarcir eventuais prejuízos** causados à massa. É o que determina o art. 32, da Lei n. 11.101/2005: "O administrador judicial e os membros do Comitê responderão pelos prejuízos causados à massa falida, ao devedor ou aos credores por **dolo ou culpa**, devendo o dissidente em deliberação do Comitê consignar sua discordância em ata para eximir-se da responsabilidade".

Podemos esquematizar os motivos de substituição e suas consequências da seguinte forma:

ADMINISTRADOR JUDICIAL — HIPÓTESES DE SUBSTITUIÇÃO		
Motivo da Substituição	**Fundamento Legal (Lei n. 11.101/2005)**	**Remuneração do Substituído (Lei n. 11.101/2005)**
▪ Impedimento constatado	▪ Art. 30, § 2º	▪ Proporcional (art. 24, § 3º)
▪ Descumprimento de preceitos e deveres	▪ Arts. 30, § 2º, e 31	▪ Sem remuneração (art. 24, § 3º)
▪ Perda de prazos	▪ Art. 23	▪ Sem remuneração (art. 24, § 3º)
▪ Atos irregulares	▪ Art. 31	▪ Sem remuneração (art. 24, § 3º)
▪ Contas desaprovadas	▪ Art. 155, § 5º	▪ Sem remuneração (art. 24, § 4º)
▪ Renúncia com relevante razão de direito	▪ Art. 24, § 3º	▪ Proporcional (art. 24, § 3º)
▪ Renúncia sem relevante razão de direito	▪ Art. 24, § 3º	▪ Sem remuneração (art. 24, § 3º)
▪ Fatos impeditivos supervenientes	▪ Sem previsão expressa	▪ Proporcional (art. 24, § 3º)

Como verificamos anteriormente, o art. 30, da Lei n. 11.101/2005, define que o **devedor, qualquer credor ou o Ministério Público** poderão **requerer a substituição** de administrador judicial ou de membro do Comitê de Credores que tenha sido escolhido em desrespeito aos impedimentos, ou sem observar os preceitos da Lei n. 11.101/2005. Além desses legitimados, o art. 31, da mesma lei, acrescenta que o **juiz, de ofício**, poderá destituir o administrador judicial ou qualquer membro do Comitê de Credores.

Esquematizando os legitimados a requerer a substituição/destituição do administrador judicial:

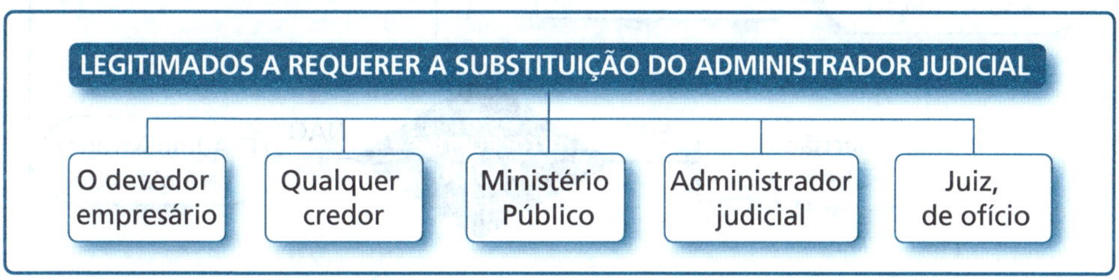

Não havendo destituição do administrador judicial, **de ofício**, qualquer um dos **legitimados** poderá requerê-la ao juiz, o qual terá **24 horas** para proferir **decisão** a respeito. O mesmo procedimento será adotado no caso de pedido de substituição em sentido estrito. Na referida decisão, provocada ou de ofício, o **juiz já nomeará outro** administrador judicial. Caso a destituição se dê por decisão que rejeita as contas do administrador judicial, o juiz já fixará as responsabilidades do substituído, podendo a sentença determinar a indisponibilidade ou o sequestro dos seus bens, conforme determina o art. 154, § 5º, da Lei n. 11.101/2005.

Todo administrador judicial **substituído** (substituição em sentido amplo) também deverá **prestar contas** em 10 dias, conforme fixa o art. 31, § 2º, da Lei n. 11.101/2005: "Na falência, o administrador judicial substituído prestará contas no prazo de 10 (dez) dias, nos termos dos §§ 1º a 6º do art. 154 desta Lei". Tal prestação de contas **difere** daquela apresentada pelo administrador judicial ao final do processo de falência, cujo prazo é de 30 dias. É oportuno anotar que o juiz **poderá dispensar** a prestação de contas, em qualquer hipótese, se não houver movimentação de numerário pelo administrador judicial.

A destituição do administrador judicial, por fim, deverá garantir a ele **ampla defesa e contraditório**, isto é, antes de decidir sobre a destituição do administrador judicial, seja de ofício ou diante de requerimento de interessado, o juiz deverá oportunizar a ele a **demonstração do contrário** daquilo de que o acusam. O ideal será adotar o trâmite de um **incidente** de arguição de impedimento ou suspeição. A decisão desafiará **agravo de instrumento**, especialmente se o administrador judicial **for mantido**, pois, se for destituído, o juiz que assim decidiu não terá mais motivos para **confiar** nele, tornando-se **inviável sua manutenção** no cargo. Nesta última hipótese, o agravo serviria apenas para buscar a alteração da decisão que destituiu o administrador judicial para **transformá-la em substituição**, visando **futuras** nomeações para atuar em outros processos (ante o impedimento representado por destituição anterior).

Esquematizando o procedimento de substituição do administrador judicial:

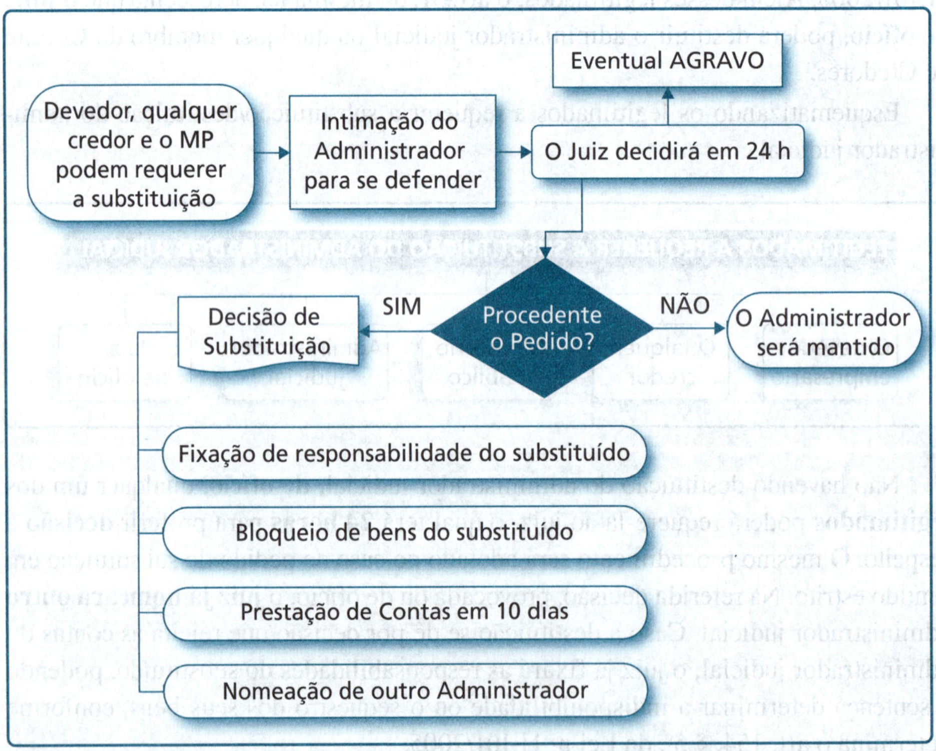

■ *23.3.3.11. Remuneração*

O administrador judicial terá uma **remuneração** para o exercício do seu mister. O valor e a forma de pagamento serão **fixados pelo juiz**, devendo ser observados os seguintes parâmetros: a) a **capacidade de pagamento** do devedor; b) o **grau de complexidade** do trabalho; e c) os **valores praticados no mercado** para o desempenho de atividades semelhantes. Esses são os critérios legais que servirão de balizas para a fixação da remuneração, conforme apregoa o art. 24, da Lei n. 11.101/2005.

O responsável pelo pagamento da remuneração do administrador judicial e de eventuais auxiliares que ele venha a contratar será a **massa falida**, no caso de falência, ou o **devedor empresário**, em caso de recuperação judicial, nos termos determinados no art. 25, da Lei n. 11.101/2005.

A remuneração do administrador judicial, em qualquer hipótese, **não excederá 5%** (cinco por cento) do valor devido aos credores submetidos à recuperação judicial ou ao valor de venda dos bens na falência. A Lei Complementar n. 147/2014 estabeleceu esse teto da remuneração do administrador judicial em **2%, caso o devedor seja microempresário ou empresário de pequeno porte** ou produtor que decida apresentar plano especial, com valor da causa não excedente a R$ 4.800.000,00 (limite da renda auferida para caracterização legal da condição de pequena empresa).

Aqui a lei estabelece os **limites máximos** da remuneração. A intenção do legislador, ao vincular o teto da remuneração ao montante de bens ou de créditos habilitados, tem relação com os objetivos dos processos de falência e de recuperação judicial.

Na **recuperação judicial**, situação em que o devedor empresário é mantido na condução da empresa, a **identificação dos credores**, bem como a atração deles para que se habilitem no processo, é a principal finalidade da legislação. Todos os credores existentes ao tempo do pedido de recuperação judicial serão atingidos por ela e, por isso, todos eles devem ser trazidos ao processo. Quanto mais credores são habilitados no processo, maior o teto para fixação da remuneração do administrador judicial. Isso visa estimulá-lo a formar um **quadro geral de credores completo** nos autos da recuperação judicial, evitando que credores desavisados percam a oportunidade de verem satisfeitos seus créditos.

Na **falência**, a finalidade da legislação é buscar a **quitação do passivo** da massa, de modo que, quanto maior a quantidade de **bens arrecadados**, maior a possibilidade de quitação do passivo. Assim, o administrador judicial empreenderá esforços visando **encontrar, arrecadar e alienar** a maior quantidade possível de **bens**, pois isso aumentará o teto para fixação da sua remuneração.

Não existe valor **mínimo ou máximo** pelo qual se possa **quantificar e tabelar** a remuneração do administrador judicial. O juiz verificará outros elementos, no momento da fixação da remuneração, tais como o **tempo provável** de duração do processo, a **dificuldade de acesso** aos bens e documentos do falido, a **necessidade de locomoção** a outros estados. O valor da remuneração, portanto, será baseado em um critério de **razoabilidade**, uma vez que tal ato praticado pelo juiz é daqueles que se inserem nas suas atribuições **administrativas**, em que um juízo de conveniência e oportunidade, **discricionariedade**, portanto, substitui a necessidade de uma fundamentação jurídica convincente e irreparável.

O **tempo de duração** de um processo falimentar dificilmente será inferior a **três anos**. O mesmo ocorre com a **recuperação judicial**, pois, apesar de o devedor permanecer no cumprimento do plano por dois anos, antes da concessão da recuperação judicial correm ao menos seis meses e, depois do cumprimento das obrigações dos dois primeiros anos, é necessário outro período de cerca de seis meses para providências finais e encerramento.

Para que se tenha um exemplo da **dimensão da razoabilidade** da fixação da remuneração do administrador judicial, podemos tomar o caso da **recuperação judicial da VARIG**. O **juiz** da 4ª Vara Empresarial do Rio de Janeiro fixou-a em 0,2% dos créditos submetidos à recuperação. A soma dos créditos habilitados foi de 4,8 bilhões de reais, de modo que a remuneração do administrador judicial seria de **9,6 milhões de reais**. Em razão de agravo de instrumento (AG 2005.00225685, Des. Jair Pontes de Almeida, data do julgamento 03/10/2006), o **TJRJ** reduziu a remuneração para 0,02%, o que resultou no valor de **960 mil reais**. Para rememorar, lembremos que a Sociedade Empresária VARIG obteve recuperação judicial em 2005 e teve sua falência decretada em 2010. Os valores fixados para remuneração do administrador judicial podem parecer muito elevados, todavia a VARIG lida hoje com milhares de demandas judiciais, inclusive buscando crédito bilionário contra a União. Se considerarmos que já se vão mais de 100 meses de processo, teremos uma noção da razoabilidade ou não dos valores fixados para a remuneração.

Uma vez fixado o valor da remuneração do administrador judicial, o juiz estabelecerá a **forma de pagamento**, podendo determinar o **parcelamento** do total fixado e o **depósito mensal** das parcelas de tal remuneração. Seja qual for o critério adotado pelo juiz, o § 2º, do art. 24, da Lei n. 11.101/2005, impõe o **bloqueio de 40%** dos valores devidos ao administrador judicial. Assim, 40% ficarão reservados em **conta judicial individualizada** em nome dele, sendo o montante depositado liberado ao administrador somente após a **aprovação das suas contas e apresentação do relatório final**, no caso de falência, ou, na recuperação judicial, após a sentença que julgá-la **encerrada**. Isso visa estimular o administrador judicial a atuar com diligência até o último dia de qualquer dos processos, bem como envidar esforços para o **rápido encerramento** deles. Os outros **60%** da remuneração serão **liberados** ao administrador judicial no curso das demandas, na forma determinada pelo juiz[6].

---

[6] Assim, entendemos que a reserva de parte da remuneração do administrador judicial, para o final do procedimento, tanto na falência, quanto na recuperação judicial se demonstra medida de prudência. Porém, diante dos objetivos da presente obra, colacionamos precedente divergente, no âmbito do STJ, limitando a referida reserva somente ao rito falimentar (*vide* informativo 642): "A reserva de 40% dos honorários do administrador judicial, prevista no art. 24, § 2º, da Lei n. 11.101/2005, não se aplica no âmbito da recuperação judicial (...) Salienta-se preliminarmente que o art. 24, § 2º, da Lei n. 11.101/2005 determina que 40% da remuneração do administrador judicial deve ser reservado para pagamento posterior, após atendidas as previsões dos arts. 154 e 155 da LFRE. Esses artigos — que disciplinam a prestação e o julgamento das contas do administrador judicial, bem como a apresentação do relatório final — estão insertos no capítulo V da lei em questão, que, em

Por fim, considerando não haver disposição legal em contrário, bem como sendo possível a **arrecadação de novos bens** para a massa falida, no caso de falência, ou de surgimento de **novos credores habilitados**, no caso da recuperação judicial, poderá ser fixada **remuneração complementar** ao administrador judicial, considerando os critérios legais já estudados, especialmente diante de processos que se prolonguem demasiadamente no tempo.

Em caso de **substituição** do administrador judicial, sem imposição da perda da remuneração, o administrador que sair **receberá proporcionalmente** seus honorários. O juiz fixará o valor proporcional, mais uma vez com base em um critério de **razoabilidade**, pois, no caso concreto, a depender do momento em que se der a substituição, o novo administrador judicial terá maior ou menor quantidade de trabalho a desempenhar que aquele que foi substituído. O **tempo já transcorrido** deve ser mensurado em relação ao que se supõe necessário até o término da falência ou da recuperação judicial. De todo modo, não é possível fixar parâmetros objetivos para a fixação da remuneração proporcional. Exige-se, por cautela, que o valor proporcional fixado somente seja **pago integralmente após a aprovação** das contas do administrador judicial substituído, em analogia ao § 2º, do art. 24, da Lei n. 11.101/2005.

O administrador judicial que necessitar contratar **auxiliares** poderá fazê-lo. A remuneração deles será **fixada pelo juiz**, levando em consideração a **complexidade** dos trabalhos a serem executados e os **valores praticados** no mercado para o desempenho de atividades semelhantes, segundo dispõe o § 1º, do art. 22, da Lei n. 11.101/2005.

Esquematizando a remuneração do administrador judicial:

A REMUNERAÇÃO DO ADMINISTRADOR JUDICIAL	
Tipo de Processo	**Limite da Remuneração**
■ Recuperação judicial	■ 5% do valor devido aos credores ■ 2% do valor devido aos credores, se o devedor for ME, EPP ou Produtor Rural que queira renegociar créditos cujo somatório não exceda R$ 4.800.000,00.
■ Falência	■ 5% do valor de venda dos bens arrecadados

Esquematizando os critérios legais para a fixação da remuneração do administrador judicial:

---

sua seção XII, trata especificamente do "Encerramento da Falência e da Extinção das Obrigações do Falido". Desse modo, uma vez que o art. 24, § 2º, da LFRE condiciona o pagamento dos honorários reservados à verificação e à realização de procedimentos relativos estritamente a processos de falência, não se pode considerar tal providência aplicável às ações de recuperação judicial. Quisesse o legislador que a reserva de 40% da remuneração devida ao administrador fosse regra aplicável também aos processos de soerguimento, teria feito menção expressa ao disposto no art. 63 da LFRE — que trata da apresentação das contas e do relatório circunstanciado nas recuperações judiciais —, como efetivamente o fez em relação às ações falimentares, ao sujeitar o pagamento da reserva à observância dos arts. 154 e 155 da LFRE." (REsp 1.700.700-SP, Rel. Min. Nancy Andrighi, *DJe* 05/02/2019)

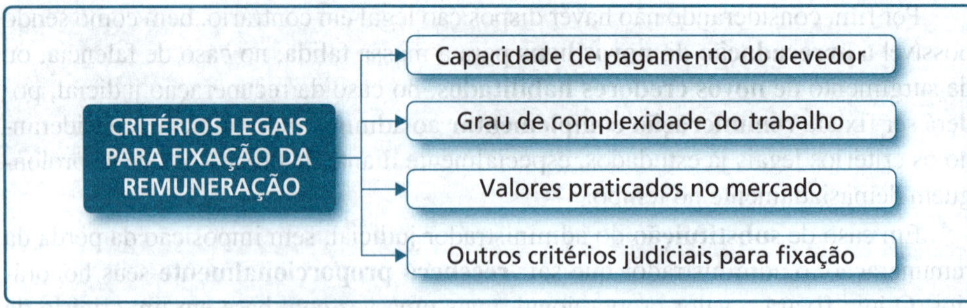

Esquematicamente, as formas de pagamento da remuneração do administrador judicial:

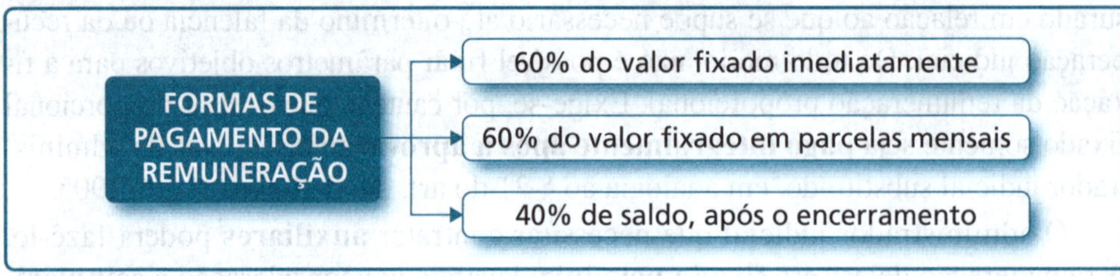

■ 23.3.4. Assembleia geral de credores

■ *23.3.4.1. Definição e composição*

A assembleia geral de credores é um **órgão facultativo** da falência e da recuperação judicial. Facultativo porque **poderá manifestar-se ou não** nos referidos processos.

Não se pode confundir a assembleia geral de credores com o quadro geral de credores. A assembleia é o **órgão deliberativo maior** e congrega aqueles que têm algum crédito habilitado no processo que trata da crise econômico-financeira do devedor empresário. O quadro geral de credores, previsto no art. 83, da Lei n. 11.101/2005, é o **rol oficial de todos os credores** que demonstraram seu crédito perante o devedor em recuperação judicial ou em falência.

Todavia, a formação da assembleia geral de credores será realizada apenas por credores que estejam incluídos no mencionado quadro geral. Em outras palavras, **nenhum credor** que esteja **fora do quadro geral** de credores **participará** da assembleia geral de credores, merecendo destaque os credores que tenham direito à **restituição**, os credores **extraconcursais** indicados no art. 84, da Lei n. 11.101/2005, os credores **excluídos da recuperação** judicial pelo art. 49, da mesma lei, e aqueles que **não forem atingidos** pelo plano de recuperação judicial.

Desse modo, todos os credores que compõem a assembleia geral de credores são **provenientes do quadro geral de credores**, mas nem todos os credores do quadro participam da assembleia. Oportuno lembrar que o credor **trabalhista**, mesmo não habilitado ainda no quadro geral de credores, **poderá votar** na assembleia geral de credores convocada para deliberar em processo de recuperação judicial.

O art. 39, da Lei n. 11.101/2005, estabeleceu uma **situação excepcional** para a composição do quadro geral de credores. Pode ser necessário convocar a assembleia geral mesmo **antes de homologado** o referido quadro. Nessa hipótese, comporão a assembleia aqueles que constarem da **segunda relação de credores**, consolidada e publicada pelo administrador judicial, nos termos do art. 7º, § 2º, da Lei n. 11.101/2005. **Caso não** tenha sido publicada a relação consolidada, serão convocados os que figuraram na **primeira relação de credores**, aquela que foi fornecida pelo próprio devedor empresário, no início do processo de recuperação judicial e de autofalência, ou que foi obtida após a decretação da quebra, nos termos do art. 7º, § 1º, da mesma lei. Também **poderá participar** qualquer credor que conseguir a sua **habilitação antes** da data da assembleia geral, bem como aqueles que obtiverem **reserva de valores**.

Eis o **teor** do art. 39: "Terão direito a voto na assembleia geral as pessoas arroladas no quadro geral de credores ou, na sua falta, na relação de credores apresentada pelo administrador judicial na forma do art. 7º, § 2º, desta Lei, ou, ainda, na falta desta, na relação apresentada pelo próprio devedor nos termos dos arts. 51, incisos III e IV do *caput*, 99, inciso III do *caput*, ou 105, inciso II do *caput*, desta Lei, acrescidas, em qualquer caso, das que estejam habilitadas na data da realização da assembleia ou que tenham créditos admitidos ou alterados por decisão judicial, inclusive as que tenham obtido reserva de importâncias, observado o disposto nos §§ 1º e 2º do art. 10 desta Lei".

A assembleia geral **não contará**, em suas quatro classes, com credores da categoria dos créditos **fiscais** e dos **subquirografários**, conforme prevê o art. 41, da Lei n. 11.101/2005. O **quadro geral** de credores é composto por **oito categorias** de credores; subtraídos os fiscais e os subquirografários, as outras **seis categorias** formarão as quatro classes de credores da **assembleia geral**, na forma do quadro a seguir:

COMPOSIÇÃO DA ASSEMBLEIA GERAL DE CREDORES
■ 1ª Classe — Titulares de créditos derivados da legislação do trabalho ou decorrentes de acidentes de trabalho, com a totalidade dos seus créditos.
■ 2ª Classe — Titulares de créditos com garantia real, até o limite do valor do bem dado em garantia.
■ 3ª Classe — Titulares de créditos quirografários, com privilégio especial, com privilégio geral ou subordinados; e titulares de créditos com garantia real, pelo valor que ultrapasse o do bem dado em garantia.
■ 4ª Classe — Titulares de créditos enquadrados como microempresa ou empresa de pequeno porte.

Fonte: art. 41, da Lei n. 11.101/2005.

O indicado art. 41 traz em seus parágrafos as regras que **delimitam como votarão** o credor trabalhista e aquele com garantia real, uma vez que seus créditos podem **ocupar mais de uma categoria**. Dizem os dispositivos legais: "§ 1º Os titulares de créditos derivados da legislação do trabalho votam com a classe prevista no inciso I do *caput* deste artigo com o total de seu crédito, independentemente do valor. § 2º Os titulares de créditos com garantia real votam com a classe prevista no inciso II do *caput* deste artigo até o limite do valor do bem gravado e com a classe prevista no inciso III do *caput* deste artigo pelo restante do valor de seu crédito".

Desse modo, os credores **trabalhistas votarão unidos** na 1ª categoria de credores, e os **credores com garantia real votarão em duas categorias** (a 2ª e a 3ª), caso os seus respectivos créditos superem o valor dos bens gravados em garantia.

■ *23.3.4.2. Deliberações*

Há **duas formas** de deliberação da assembleia geral de credores.

Na primeira delas, conforme determinado pela lei recuperacional, a aprovação de uma proposta pela assembleia deve ser tomada pelo seu **plenário**, sendo considerada vencedora a proposição que obtiver votos favoráveis de credores que representem mais da metade do valor total dos créditos presentes. Não importa, nessa modalidade de deliberação, a que categoria pertença o credor que vota, mas sim o **valor do seu crédito**.

Esta é a disposição do art. 42, da Lei n. 11.101/2005, que afirma: "Considerar-se-á aprovada a proposta que obtiver votos favoráveis de credores que representem mais da metade do valor total dos créditos presentes à assembleia geral, exceto nas deliberações sobre o plano de recuperação judicial nos termos da alínea *a* do inciso I do *caput* do art. 35 desta Lei, a composição do Comitê de Credores ou forma alternativa de realização do ativo nos termos do art. 145 desta Lei".

Quanto à forma **alternativa de venda do ativo** (forma livre), prevista no art. 145, da Lei n. 11.101/2005, o art. 46 da mesma lei exige aprovação de representantes de **2/3 dos créditos presentes** à assembleia, ou seja, exige-se uma decisão plenária com maioria absoluta e qualificada.

A outra modalidade de deliberação é a **fragmentada**. Para deliberar sobre a proposta de **plano de recuperação** judicial, os credores votarão nas suas respectivas **classes**, o mesmo ocorrendo para **eleição do Comitê de Credores**. Aqui existem duas situações.

Primeira: para deliberar sobre a **proposta de plano** de recuperação judicial, as categorias que votarão serão compostas pelos credores indicados na forma do art. 41, da Lei n. 11.101/2005. Os credores das classes dos **trabalhistas e dos microempresários votarão por pessoa**, e não pelo montante do seu crédito, conforme determina o § 2º do art. 45 da Lei n. 11.101/2005, com a redação dada pela Lei Complementar n. 147/2014. Além disso, os credores que forem titulares de crédito em **moeda estrangeira** terão o valor devido convertido para moeda nacional pelo **câmbio da véspera** da data de realização da assembleia.

Segunda: para eleger os membros do **Comitê de Credores**, as categorias de credores votarão por classes, compostas pelos credores indicados nos incisos do art. 26, da Lei n. 11.101/2005. Aqui, o **voto** será considerado em razão do **valor do crédito**, e as classes de credores não coincidem com as do art. 41. A composição das classes que escolherão os membros do Comitê de Credores será estudada no próximo tópico.

Na deliberação **fragmentada**, para se considerar **aprovada** uma proposta, ela deverá ser vencedora **em cada uma** das categorias isoladamente. É fácil visualizar tal forma de deliberação quando da escolha dos membros do Comitê de Credores, pois **cada classe** escolherá **um membro titular** e dois suplentes para os postos existentes naquele órgão. Na deliberação sobre a proposta de plano de recuperação judicial, contudo, o procedimento é mais **complexo**, pois o devedor em crise econômico-financeira terá que convencer **cada uma das classes** de credores, inclusive credores titulares da maior parcela dos créditos habilitados, salvo nas classes dos trabalhistas e dos microempresários, em que deverá convencer a maioria dos credores. É como se ocorressem quatro assembleias em uma só.

Há uma **situação singular** a ser considerada. É a hipótese de **rejeição** do plano de recuperação judicial por **apenas uma das classes** votantes. Seria desproporcional atender à rejeição por apenas uma classe de credores, quando as demais aprovaram o plano de recuperação judicial; ainda mais quando, somados todos os credores, for possível verificar votos favoráveis de credores que representem mais da metade do valor total dos créditos presentes à assembleia geral.

Diante dessa possibilidade de rejeição, visando à **preservação da empresa**, o § 1º, do art. 58, da Lei n. 11.101/2005, instituiu a possibilidade de ser considerado **aprovado plano de recuperação judicial rejeitado** por apenas **uma classe de credores**. O texto do artigo é o seguinte: "§ 1º O juiz poderá conceder a recuperação judicial com base em **plano que não obteve aprovação na forma do art. 45** desta Lei, desde que, na mesma assembleia, tenha **obtido, de forma cumulativa**:

I — o voto favorável de credores que representem mais da metade do valor de todos os créditos presentes à assembleia, independentemente de classes;

II — a aprovação de 2 (duas) das classes de credores nos termos do art. 45 desta Lei ou, caso haja somente 2 (duas) classes com credores votantes, a aprovação de pelo menos 1 (uma) delas;

III — na classe que o houver rejeitado, o voto favorável de mais de 1/3 (um terço) dos credores, computados na forma dos §§ 1º e 2º do art. 45 desta Lei". Considerando a inclusão de uma quarta classe de credores, a dos titulares de créditos enquadrados como microempresa ou empresa de pequeno porte, pela Lei Complementar n. 147/2014, deve-se ler que, comparecendo as quatro classes de credores, ao menos três delas deverão aprovar o plano de recuperação judicial;

IV — aprovação de mais de **1/3 dos credores da classe que rejeitou** o plano de recuperação judicial, já que "na classe que o houver rejeitado, o voto favorável de mais de 1/3 (um terço) dos credores, computados na forma dos §§ 1º e 2º do art. 45 desta Lei"; e

V — que o plano de recuperação judicial a ser homologado **não trate diferenciadamente** os credores que o rejeitaram (§ 2º, do art. 58, da Lei n. 11.101/2005).

Logo — reitere-se —, com o objetivo de preservar a atividade empresarial, uma vez contextualizados os pressupostos constantes da lei (art. 58, § 1º, incs. I, II e III, e, ainda, art. 59, § 2º, ambos da Lei n. 11.101/2005), mesmo em caso de rejeição parcial do plano de recuperação, deverá o juiz conceder a recuperação judicial.

Esquematizando o panorama das deliberações da assembleia geral de credores:

DELIBERAÇÕES DA ASSEMBLEIA GERAL DE CREDORES

FRAGMENTADAS

- Escolha dos membros do comitê de credores
- Apreciação da proposta de plano de recuperação judicial
- Composição diferente para escolha dos membros do comitê
- Credores trabalhistas votarão *per capita*
- É possível considerar aprovado plano de recuperação judicial rejeitado
- Créditos em moeda estrangeira serão convertidos pelo câmbio do dia anterior

PLENÁRIAS

- É a regra geral aplicável a todas as deliberações
- Votos favoráveis de credores que representem mais da metade do valor total dos créditos
- Computam-se apenas os credores presentes à assembleia geral
- Não importa a categoria dos credores — isonomia
- Forma alternativa de venda do ativo exige aprovação de representantes de 2/3
- Na recuperação judicial, credores não atingidos não votam

■ 23.3.4.3. *Atribuições*

A assembleia geral de credores, apesar de ser um órgão facultativo, tem **atribuições** bem definidas na Lei n. 11.101/2005. Da mesma forma que foram estabelecidas funções próprias para o administrador judicial em cada procedimento no âmbito recuperacional e falimentar, também em relação à assembleia o legislador estabeleceu **competências específicas**. Nos quadros a seguir, podemos **sintetizar as competências** da assembleia geral de credores:

COMPETÊNCIAS DA ASSEMBLEIA GERAL DE CREDORES SOMENTE NA RECUPERAÇÃO JUDICIAL
■ 1º) Somente na recuperação judicial, a assembleia geral de credores poderá deliberar sobre:
a) a aprovação, rejeição ou modificação do plano de recuperação judicial apresentado pelo devedor;
b) a constituição do Comitê de Credores, a escolha de seus membros e sua substituição;
c) o pedido de desistência do devedor;
d) o nome do gestor judicial, quando do afastamento do devedor;
e) qualquer outra matéria que possa afetar os interesses dos credores (destaque-se a possibilidade de deliberação pela decretação da falência a qualquer momento do processo de recuperação judicial, desde o deferimento do processamento até o encerramento, conforme autoriza o inc. I, do art. 73, da Lei n. 11.101/2005).

f) alienação de bens ou direitos do ativo não circulante do devedor, não prevista no plano de recuperação judicial.;

Fonte: art. 35, inc. I, da Lei n. 11.101/2005.

COMPETÊNCIAS DA ASSEMBLEIA GERAL DE CREDORES SOMENTE NA FALÊNCIA
■ 2º) Somente na falência, a assembleia geral de credores poderá deliberar sobre:
a) a constituição do Comitê de Credores, a escolha de seus membros e sua substituição;
b) a adoção de outras modalidades de realização do ativo;
c) qualquer outra matéria que possa afetar os interesses dos credores.

Fonte: art. 35, inc. II, da Lei n. 11.101/2005.

Das atribuições da assembleia geral de credores, deve-se destacar as **duas principais**, assim definidas: a) na **recuperação judicial**, deliberar sobre o **plano de recuperação** judicial; b) na **falência**, decidir sobre a **adjudicação de bens a serem alienados ou adquiri-los por meio de constituição de sociedade ou fundo de investimento, e, ainda, eventual conversão de dívida em capital**, competência reiterada no art. 145, da Lei n. 11.101/2005, o qual merece a transcrição: "5. Por deliberação tomada nos termos do art. 42 desta Lei, os **credores poderão adjudicar os bens alienados na falência ou adquiri-los por meio de constituição de sociedade**, de fundo ou de outro veículo de investimento, com a participação, se necessária, dos atuais sócios do devedor ou de terceiros, ou mediante conversão de dívida em capital".

■ *23.3.4.4. Procedimento*

A assembleia geral de credores será **convocada** primeiramente **pelo juiz**, por meio de **aviso de convocação** publicado em **edital** diário oficial eletrônico e disponibilizado no sítio eletrônico do administrador judicial, com antecedência mínima de 15 (quinze) dias conforme o art. 36, *caput*, da Lei n. 11.101/2005. Essa convocação decorrerá de **determinação legal** ou de provocação pelo **administrador judicial, Comitê de Credores, devedor ou Ministério Público**.

A assembleia geral de credores, também, poderá ser provocada por **credores** que representem no **mínimo 25%** do valor total dos créditos de determinada classe, situação em que referidos credores poderão requerer ao juiz a convocação da assembleia. É o que determina o § 3º, do art. 36, da Lei n. 11.101/2005.

O **edital de convocação** da assembleia geral de credores deverá conter:

1) **local, data e hora** da assembleia em 1ª e 2ª convocação, não podendo esta ser realizada menos de 5 dias depois da 1ª;

2) a ordem do dia;

3) **local** onde os credores poderão, se for o caso, obter **cópia do plano** de recuperação judicial a ser submetido à deliberação da assembleia.

Uma cópia do edital, em que conste o aviso de convocação da assembleia geral de credores, deverá ser **afixada na sede e nas filiais** do devedor, devendo permanecer ali de forma **ostensiva** até o dia da assembleia. As **despesas** com a convocação e a realização da assembleia geral correm por conta do **devedor ou da massa falida**, salvo se convocada em virtude de requerimento do **Comitê de Credores** ou por **credores** que formem o mínimo de 25% da classe. Nesse caso, são os **próprios credores** que **arcarão** com as despesas da assembleia que convocaram.

O art. 40, da Lei n. 11.101/2005, **impede** seja a assembleia geral de credores **suspensa ou adiada liminarmente**, ou por meio de **antecipação de tutela**, em razão de discussão sobre a existência, quantificação ou classificação dos créditos. Tal medida visa dar a **celeridade** indispensável aos feitos falimentares e recuperacionais. Por exemplo, as ações e execuções, na recuperação judicial, ficarão suspensas por apenas 180 dias, de modo que eventual adiamento da assembleia poderá acarretar o retorno da marcha de tais ações, em prejuízo do devedor empresário que intenta soerguer-se.

Esquematizando as informações sobre a convocação da assembleia geral de credores:

CONVOCAÇÃO DA ASSEMBLEIA GERAL DE CREDORES		
Legitimados a Convocar	**Requisitos da Convocação**	**Observações Importantes**
O juiz é quem convoca, com base em: ■ determinação legal; ■ provocação do administrador judicial; ■ provocação do MP; ■ provocação do Comitê de Credores; ■ provocação do devedor; ■ provocação de credores que representem no **mínimo 25%** do valor total dos créditos de determinada classe.	Aviso de convocação publicado em edital com antecedência mínima de 15 dias. O Edital deve conter: ■ **local, data e hora** da assembleia em 1ª e 2ª convocação, não podendo esta ser realizada menos de 5 dias depois da 1ª; ■ a ordem do dia; ■ **local** onde os credores poderão, se for o caso, obter **cópia do plano** de recuperação judicial.	■ O Edital será disponibilizado no sítio eletrônico mantido pelo Administrador Judicial. ■ Cópia do Edital deverá ser **afixada na sede e nas filiais** do devedor ostensivamente até o dia da assembleia. ■ As despesas com a convocação e a realização da assembleia serão custeadas pelo devedor ou pela massa falida, salvo se convocadas pelos credores e Comitê. ■ Não caberá liminar ou antecipação de tutela para suspender a assembleia sob fundamento de discussão sobre algum crédito.

No dia e hora determinados, a assembleia geral de credores será **instalada**, em **primeira convocação**, com a presença de **mais da metade** dos credores de cada classe, computada pelo valor do crédito, independentemente da quantidade de credores presentes. Caso não alcançado o percentual mínimo, será instalada com a presença de qualquer número de credores, em **segunda convocação**. Na hipótese de realização da assembleia geral de credores em segunda convocação, a data de realização dela deverá respeitar um **prazo mínimo de 5 dias** em relação à primeira. Para participar da assembleia, cada credor deverá assinar a **lista de presença**, que será encerrada no momento da instalação.

A assembleia geral de credores será **presidida** pelo **administrador judicial**, salvo se for convocada para deliberar sobre o **afastamento** do próprio administrador judicial, ou para tratar de algum assunto em que haja **incompatibilidade dele**. Não sendo possível ao administrador judicial presidi-la, a assembleia será presidida pelo **credor presente** que seja titular do **maior crédito**. Em qualquer das hipóteses, o presidente da assembleia designará um **secretário** dentre os credores presentes.

Os credores deverão comparecer à assembleia e votarão, **pessoalmente**, em cada um dos assuntos pautados que forem submetidos à votação. É possível o credor fazer-se **representado** por mandatário ou outro representante legal, desde que entregue ao administrador judicial, até **24 horas antes** da data prevista no aviso de convocação, **documento** hábil comprobatório dos poderes conferidos, ou a indicação da presença de tal documento nos autos do processo de falência ou recuperação judicial, mencionando as folhas em que se encontra.

Outra **legitimidade extraordinária** para votar na assembleia geral de credores é conferida aos **sindicatos laborais**, os quais poderão representar os **trabalhadores** (por crédito trabalhista ou decorrente de acidente do trabalho), caso alguns filiados não compareçam ou não se façam representar no ato. Nesse caso, o sindicato deverá, nos termos do inciso I, § 6º, do art. 37, da Lei n. 11.101/2005, "apresentar ao administrador judicial, até 10 (dez) dias antes da assembleia, a **relação dos associados** que pretende representar, e o trabalhador que conste da relação de **mais de um sindicato** deverá esclarecer, até 24 (vinte e quatro) horas antes da assembleia, **qual sindicato** o representa, sob pena de não ser representado em assembleia por nenhum deles".

As **votações** serão realizadas na forma estudada no tópico "deliberações", como anotado anteriormente, levando em conta o **valor do crédito** ou a **quantidade de credores**, a depender do tipo de deliberação. É oportuno pontuar que as deliberações da assembleia geral de credores **não poderão ser invalidadas** posteriormente, mesmo em razão de decisões judiciais que alterem os créditos de titulares que dela participaram, e mesmo que haja declaração de inexistência, ou alteração da quantificação ou classificação dos créditos, conforme prevê o § 2º, do art. 39, da Lei n. 11.101/2005.

Ocorrendo alguma hipótese de **invalidação** de deliberação da assembleia geral de credores, os **terceiros de boa-fé ficarão resguardados**, prevalecendo, em relação a eles, os efeitos da decisão tomada pela assembleia. Nessa hipótese, caso fique demonstrado que algum **credor** que votou pela aprovação da deliberação tenha agido **com culpa ou dolo**, ele **responderá** pelos danos que tiver comprovadamente causado.

O secretário designado lavrará uma **ata** de todo o ocorrido na assembleia, devendo registrar:

1) **nome** dos presentes;

2) **assinaturas** do presidente, do devedor, de dois membros de cada uma das classes votantes e do secretário;

3) os **assuntos** debatidos e os resultados das respectivas deliberações.

A ata lavrada deverá ser **entregue ao juiz** até quarenta e oito horas após a realização da assembleia geral de credores, acompanhada da **lista de presença**. A expressão "será entregue ao juiz" indica que a ata deverá ser juntada aos autos, para que sejam determinadas as medidas necessárias à efetivação do que foi deliberado pela assembleia.

Esquematizando o procedimento para reunião e deliberação da assembleia geral de credores:

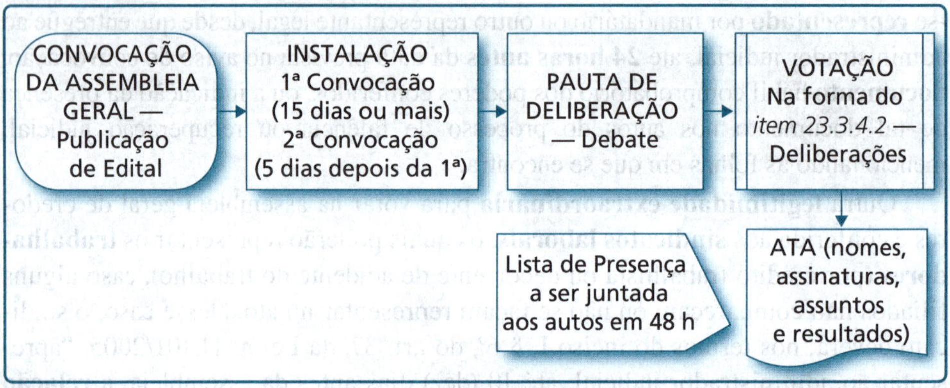

Por fim, os arts. 39, § 1º, 43 e 45, da Lei n. 11.101/2005, definem quem serão os **participantes sem direito a voto** da assembleia geral de credores. Segundo as referidas disposições, os credores e interessados que **poderão participar** da assembleia, com direito a voz, mas sem direito a voto e **sem que sejam computados** para efeito de verificação do quórum de instalação e de deliberação, são:

1) os **sócios do devedor**, bem como as **sociedades coligadas, controladoras, controladas** ou as que tenham sócio ou acionista com participação superior a 10% do capital social do devedor;

2) as sociedades em que o devedor ou algum de seus sócios detenham participação superior a 10% do capital social;

3) o **cônjuge ou parente consanguíneo ou afim, colateral até o 2º grau, ascendente ou descendente** do devedor, de administrador, do sócio controlador, de membro dos conselhos consultivo, fiscal ou semelhantes da sociedade devedora, ou sociedade em que quaisquer dessas pessoas exerçam essas funções;

4) os **titulares de créditos excetuados** na forma dos §§ 3º e 4º, do art. 49, como determina o § 1º, do art. 39, da Lei n. 11.101/2005;

5) os **credores** que, após o deferimento do processamento da recuperação judicial, proposto o plano de recuperação judicial, **não tiverem alterados o valor ou as condições** originais de pagamento de seu crédito, nos termos do § 3º, do art. 45, da Lei n. 11.101/2005.

Esquematizando:

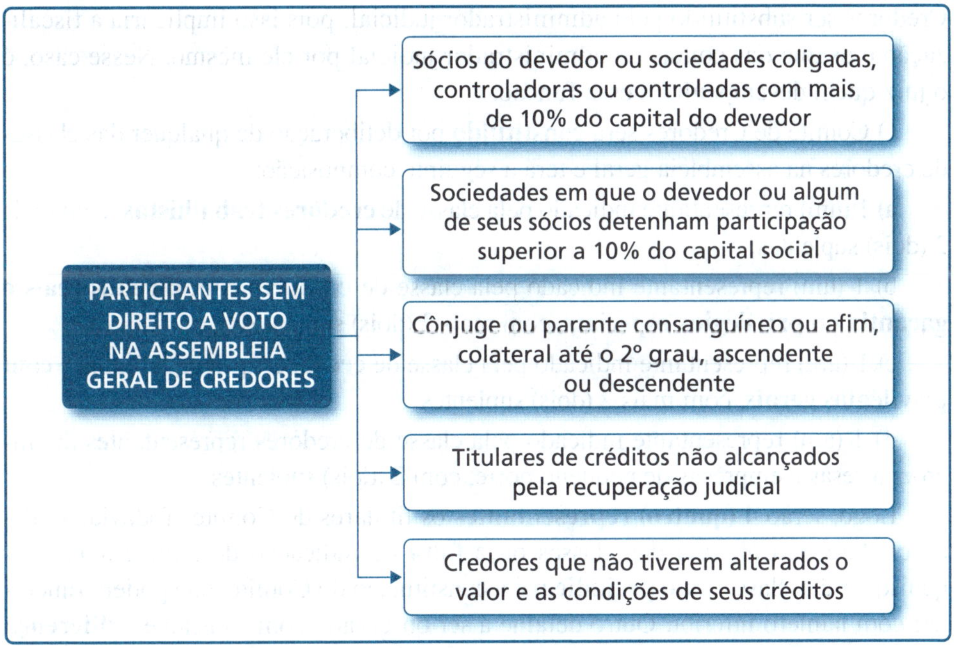

A **Lei n. 14.112/2020**, ao acrescentar o § 4º, ao art. 39, a Lei n. 11.101/2005, **possibilitou que as deliberações da assembleia**, além de reunião presencial, sejam substituídas por termos de adesão e que haja, por exemplo, reunião **por teleconferência e votação eletrônica:** "§ 4º Qualquer deliberação prevista nesta Lei a ser realizada por meio de assembleia-geral de credores poderá ser substituída, com idênticos efeitos, por: I — termo de adesão firmado por tantos credores quantos satisfaçam o quórum de aprovação específico, nos termos estabelecidos no art. 45-A desta Lei; II — votação realizada por meio de sistema eletrônico que reproduza as condições de tomada de voto da assembleia-geral de credores; ou III — outro mecanismo reputado suficientemente seguro pelo juiz'.

■ 23.3.5. Comitê de credores

■ *23.3.5.1. Definição e composição*

É um **órgão facultativo**, responsável pela **fiscalização** dos processos de falência e de recuperação judicial, o qual visa resguardar os **interesses dos credores**. Não se instalando a assembleia geral de credores, por determinação judicial, convocação do administrador judicial ou de credores que representem mais de 25% dos créditos de determinada classe, ou optando a assembleia por **não eleger o Comitê**, as funções que a lei confere a tal órgão serão **desempenhadas pelo administrador judicial**, salvo se houver incompatibilidade de atribuições dele com as do Comitê, situação em que o **juiz** desempenhará as funções do referido Comitê. A título de exemplo, é função do Comitê de Credores fiscalizar as atividades e examinar as contas do administrador judicial. Nessa atribuição, não pode o Comitê de

Credores ser substituído pelo administrador judicial, pois isso implicaria a fiscalização e exame das contas do administrador judicial por ele mesmo. Nesse caso, é o juiz quem desempenhará essa função.

O Comitê de Credores será **constituído** por deliberação de qualquer das classes de credores na assembleia geral e terá a seguinte composição:

a) 1 (um) representante indicado pela classe de **credores trabalhistas**, com mais 2 (dois) suplentes;

b) 1 (um) representante indicado pela classe de **credores com direitos reais e garantia ou privilégios especiais**, com mais 2 (dois) suplentes;

c) 1 (um) representante indicado pela classe de **credores quirografários e com privilégios gerais**, com mais 2 (dois) suplentes;

d) 1 (um) representante indicado pela classe de credores representantes de microempresas e empresas de pequeno porte, com 2 (dois) suplentes.

Logo, serão **4 (quatro) representantes** os titulares do Comitê. Todavia, a falta de credores em alguma das classes ou a **falta** de indicação de representante por quaisquer das classes **não prejudicará** a constituição do Comitê, que poderá funcionar com número inferior. Outro detalhe a ser observado com atenção é a **diferença das classes** de credores que escolhem representantes em relação àquelas que votam nas demais deliberações fragmentadas da assembleia geral de credores.

COMPOSIÇÃO DO COMITÊ DE CREDORES
a) 1 (um) titular e 2 (dois) suplentes indicados pela classe de credores trabalhistas;
b) 1 (um) titular e 2 (dois) suplentes indicados pela classe de credores com direitos reais de garantia ou privilégios especiais;
c) 1 (um) titular e 2 (dois) suplentes indicados pela classe de credores quirografários e com privilégios gerais;
d) 1 (um) representante indicado pela classe de credores representantes de microempresas e empresas de pequeno porte, com 2 (dois) suplentes.

Fonte: art. 26, da Lei n. 11.101/2005.

Caso **não seja escolhido** algum dos representantes, por deliberação de alguma das classes de credores, o **juiz o nomeará** entre os representantes e suplentes **indicados** em requerimento subscrito por **credores que representem a maioria** dos créditos daquela classe, sem a necessidade de convocação de assembleia. O mesmo procedimento será adotado caso seja requerida pelos credores a **substituição** de titulares ou suplentes da respectiva classe. Os **membros** do Comitê decidirão, entre si, quem será o **presidente** do referido órgão.

■ 23.3.5.2. *Atribuições e remuneração*

Assim como fez em relação às atribuições da assembleia geral de credores, a Lei n. 11.101/2005, no seu art. 26, **agrupou as atribuições** do Comitê de Credores nos diferentes processos nela previstos. Desse modo, são atribuições do Comitê de Credores **comuns** aos processos de falência e de recuperação judicial:

ATRIBUIÇÕES DO COMITÊ DE CREDORES
■ 1º) na recuperação judicial e na falência:
a) fiscalizar as atividades e examinar as contas do administrador judicial;
b) zelar pelo bom andamento do processo e pelo cumprimento da lei;
c) comunicar ao juiz sempre que constatar violação dos direitos ou prejuízo aos interesses dos credores;
d) apurar e emitir parecer sobre quaisquer reclamações dos interessados;
e) requerer ao juiz a convocação da assembleia geral de credores;
f) manifestar-se nas formas e casos previstos na Lei n. 11.101/2005;
g) aprovar previamente o valor dos honorários a serem pagos a advogado contratado pela massa falida (art. 22, inc. III, "n").

Fonte: art. 27, inc. I, da Lei n. 11.101/2005.

Na mesma linha de classificação, são atribuições do Comitê de Credores **na recuperação judicial**:

ATRIBUIÇÕES DO COMITÊ DE CREDORES
■ 2º) SOMENTE na recuperação judicial:
a) fiscalizar a administração das atividades do devedor, apresentando, a cada 30 (trinta) dias, relatório de sua situação;
b) fiscalizar a execução do plano de recuperação judicial;
c) submeter à autorização do juiz, quando ocorrer o afastamento do devedor, a alienação de bens do ativo permanente, a constituição de ônus reais e outras garantias, bem como atos de endividamento necessários à continuação da atividade empresarial durante o período que antecede a aprovação do plano de recuperação judicial.

Fonte: art. 27, inc. II, da Lei n. 11.101/2005.

Os membros do Comitê de Credores **não terão direito a remuneração**, todavia as **despesas** indispensáveis ao exercício das suas atribuições deverão ser **ressarcidas**, respeitada a disponibilidade de caixa do devedor, como determina o art. 29, da Lei n. 11.101/2005: "Os membros do Comitê não terão sua remuneração custeada pelo devedor ou pela massa falida, mas as despesas realizadas para a realização de ato previsto nesta Lei, se devidamente comprovadas e com a autorização do juiz, serão ressarcidas atendendo às disponibilidades de caixa".

■ *23.3.5.3. Impedimentos, substituição e destituição dos membros do Comitê de Credores*

Assim como ocorre com o administrador judicial, é possível, além de eventuais **impedimentos**, a **substituição ou destituição** de membros do Comitê de Credores. A escolha de membro **impedido**, ou sem observância de outros preceitos da Lei n. 11.101/2005, provocará a sua **substituição**.

É impedida de exercer o cargo de membro do Comitê a pessoa que:

DISCRIMINAÇÃO DOS IMPEDIMENTOS PARA COMPOSIÇÃO DO COMITÊ	
Impedimento	**Pode Incidir**
■ Foi **destituída**, nos últimos 5 anos, do exercício do cargo de administrador judicial ou de membro do Comitê em falência ou recuperação judicial.	■ Sobre quem foi administrador judicial ou membro do Comitê.
■ **Deixou de prestar contas** dentro dos prazos legais, nos últimos 5 anos, do exercício do cargo de administrador judicial ou de membro do Comitê em falência ou recuperação judicial.	■ Sobre quem foi administrador judicial.
■ Teve a **prestação de contas desaprovada**, nos últimos 5 anos, no exercício do cargo de administrador judicial ou de membro do Comitê em falência ou recuperação judicial.	■ Sobre quem foi administrador judicial.
■ Tiver relação de **parentesco ou afinidade até o 3º grau** com o devedor, seus administradores, controladores ou representantes legais ou deles for amigo, inimigo ou dependente.	■ Sobre o candidato a administrador judicial e a membro do Comitê.

O art. 30, da Lei n. 11.101/2005, define que o **devedor, qualquer credor ou o Ministério Público** poderão **requerer a substituição** de administrador judicial ou de membro do Comitê de Credores que tenha sido escolhido em desrespeito aos impedimentos, ou sem observar os preceitos da Lei n. 11.101/2005. Feito o requerimento de substituição, o juiz terá **24 horas** para proferir **decisão** a respeito.

Além disso, o membro do Comitê também poderá ser destituído em razão de fatos impeditivos supervenientes, prática de atos lesivos contra o devedor ou terceiros, descumprimento de preceitos legais, ou de, uma vez nomeado, não ter assinado o termo de compromisso no prazo de 48 horas.

Como já mencionado no tópico que tratou do administrador judicial, podemos dizer que a substituição em **sentido amplo é gênero**, do qual são **espécies** a **substituição em sentido estrito** e a **destituição**.

Vejamos as **peculiaridades** de cada hipótese de substituição:

a) Nos casos em que o membro do Comitê **deixar de assinar o termo** de compromisso, no prazo de 48 horas da sua nomeação, haverá uma espécie de **renúncia tácita**. Será ele substituído. A **aceitação** e o **exercício** do cargo são **facultativos**, o que permite ao escolhido **declinar da indicação** apenas deixando de comparecer para assinatura do termo de compromisso. Há doutrinadores que entendem que essa hipótese não seria de substituição, porque o membro do Comitê nem sequer assumiu o cargo. Todavia, tal prática cabe na expressão substituição em sentido amplo. Nesse caso, o juiz convocará um **suplente** para assumir o cargo do membro que declinou.

b) Existe a possibilidade de ocorrerem **fatos impeditivos supervenientes**, os quais imporão a substituição do membro do Comitê. A eventual **decretação da falência** e o ajuizamento de pedido de **recuperação judicial** pelo membro do Comitê, a **morte**, **ausência** ou **interdição** dele, assim como eventual **casamento ou união estável** que faça incidir os **impedimentos** legais, são exemplos de situações supervenientes que reclamarão a sua substituição.

c) Como visto anteriormente, o membro do Comitê tem **atribuições** legais previstas no art. 27, da Lei n. 11.101/2005. Há, também, possibilidade de **prática de crime** falimentar impróprio por ele, além de eventual enquadramento em crime de **desobedi-**

ência. Em qualquer situação em que houver **descumprimento de preceitos legais**, deverá ser substituído, como **sanção administrativa**, independentemente das sanções penais e da responsabilização civil pelos danos causados à massa falida ou a credores.

d) O membro do Comitê também pode **ser destituído** por outros motivos, além dos já mencionados. O art. 31, da Lei n. 11.101/2005, ensina que "o juiz, de ofício ou a requerimento fundamentado de qualquer interessado, poderá **determinar a destituição** do administrador judicial ou de quaisquer dos membros do Comitê de Credores quando verificar **desobediência aos preceitos** desta Lei, **descumprimento de deveres**, **omissão**, **negligência** ou **prática de ato lesivo** às atividades do devedor ou a terceiros".

As **situações concretas** definirão a necessidade de **substituição-sanção** do membro do Comitê. A desobediência aos preceitos legais poderá impor a **imediata** destituição do membro infrator.

A destituição não o eximirá de **ressarcir eventuais prejuízos** causados à massa. É o que determina o art. 32, da Lei n. 11.101/2005: "O administrador judicial e os membros do Comitê responderão pelos prejuízos causados à massa falida, ao devedor ou aos credores por **dolo ou culpa**, devendo o dissidente em deliberação do Comitê consignar sua discordância em ata para eximir-se da responsabilidade". Podemos esquematizar os motivos de substituição e seus fundamentos legais da seguinte forma:

MOTIVOS DE SUBSTITUIÇÃO DE MEMBROS DO COMITÊ DE CREDORES	
Motivo da Substituição	**Fundamento Legal (Lei n. 11.101/2005)**
■ Impedimento constatado	■ Art. 30, § 2º
■ Descumprimento de preceitos e deveres	■ Arts. 30, § 2º, e 31
■ Atos irregulares	■ Art. 31
■ Falta de assinatura do termo de compromisso em 48 horas	■ Art. 34
■ Fatos impeditivos supervenientes	■ Sem previsão expressa

Como verificamos anteriormente, o art. 30, da Lei n. 11.101/2005, define que o **devedor, qualquer credor ou o Ministério Público** poderão **requerer a substituição** de administrador judicial ou de membro do Comitê de Credores que tenha sido escolhido em desrespeito aos impedimentos, ou sem observar os preceitos da Lei n. 11.101/2005. Além desses legitimados, o art. 31, da Lei n. 11.101/2005, acrescenta que o **juiz, de ofício**, poderá destituir o administrador judicial ou qualquer membro do Comitê de Credores.

Esquematizando os legitimados a requerer a substituição/destituição dos membros do Comitê de Credores:

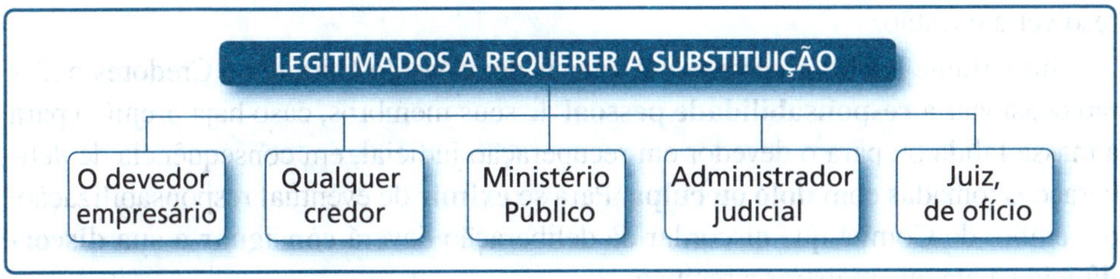

Não havendo destituição do membro do Comitê, **de ofício**, qualquer dos **legitimados** poderá requerê-la ao juiz, o qual terá **24 horas** para proferir **decisão** a respeito. O mesmo procedimento será adotado no caso de pedido de substituição em sentido estrito. Na referida decisão, provocada ou de ofício, o **juiz já convocará um suplente** para substituir o membro afastado.

A destituição do membro do Comitê, por fim, deverá garantir a ele **ampla defesa e contraditório**, isto é, antes de decidir sobre a destituição do membro do Comitê, seja de ofício ou diante de requerimento de interessado, o juiz deverá oportunizar a ele a **demonstração do contrário** daquilo de que lhe acusam. O ideal será adotar o trâmite de um **incidente** de arguição de impedimento ou suspeição. A decisão desafiará **agravo de instrumento**, especialmente se o membro do Comitê **for mantido**, pois, se for destituído, o agravo serviria apenas para buscar a alteração da decisão que o destituiu para **transformá-la em substituição**, visando **futuras** escolhas ou nomeações para atuar em outros processos (ante o impedimento representado por destituição anterior).

Esquematizando o procedimento de substituição do membro do Comitê de Credores:

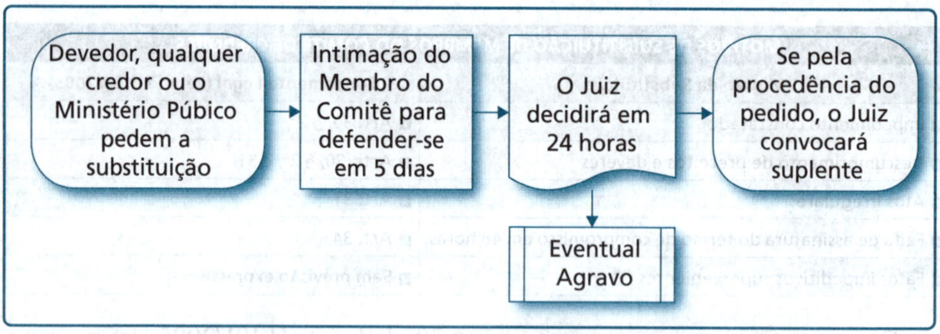

■ *23.3.5.4. Deliberações*

Considerando o que determinam os arts. 27, §§ 1º e 2º, e 32, da Lei n. 11.101/2005, as decisões do Comitê de Credores serão tomadas **por maioria**. Serão consignadas em **livro de atas**, rubricado pelo juízo. Tal livro ficará à disposição do administrador judicial, dos credores e do devedor. Havendo **empate ou abstenções** nas deliberações, não sendo possível a obtenção da maioria, o impasse será **resolvido pelo administrador judicial**. Caso haja incompatibilidade deste, **caberá ao juiz** resolver a questão.

Importante lembrar, neste ponto, que as decisões do Comitê de Credores poderão ocasionar a **responsabilidade pessoal** de seus membros, caso haja prejuízo para a massa falida ou para o devedor em recuperação judicial, em consequência de deliberações tomadas com **dolo ou culpa**. Para se **eximir** de eventual responsabilização, o membro do Comitê que discordar da deliberação deverá **consignar a sua discordância** na ata que registrar a reunião.

23.3.6. Gestor judicial

O gestor judicial é a pessoa **escolhida pela assembleia geral** de credores para **administrar** a empresa em recuperação judicial, **em caso de afastamento do devedor** empresário, seu administrador, **da gestão da empresa em recuperação**, devido à ocorrência de um dos **motivos** elencados no art. 64, da Lei n. 11.101/2005.

Por razões óbvias, a empresa em recuperação judicial será **administrada pelo próprio devedor** empresário que requereu o benefício, ou por **seus administradores**, caso seja uma sociedade empresarial. É simples: um empresário verifica que não terá condições financeiras de adimplir todas as suas obrigações; requer, então, sua recuperação judicial; apresenta uma proposta alternativa de pagamento de suas dívidas, por meio de um plano de recuperação judicial; obtém a aprovação da sua proposta; alcança a concessão de sua recuperação judicial. **Ele próprio**, o devedor empresário em recuperação judicial, é quem **ficará à frente da administração** da empresa, justamente para cumprir e fazer cumprir o que estabeleceu no plano de recuperação judicial.

A **condução e administração** da empresa em recuperação judicial **pelo devedor** empresário em crise, ou pelos regulares **administradores** da sociedade empresarial recuperanda, está determinada no art. 64, da Lei n. 11.101/2005, nas seguintes letras: "Durante o procedimento de recuperação judicial, o devedor ou seus administradores serão mantidos na condução da atividade empresarial, sob fiscalização do Comitê, se houver, e do administrador judicial". Ocorre que o mesmo artigo apresenta as **hipóteses excepcionais** em que a **administração não poderá** ser mantida com o devedor.

O devedor ou os administradores da empresa em recuperação judicial serão **afastados** da condução da empresa e, consequentemente, **substituídos**, se incidirem em alguma das condutas ou se ocorrer alguma das situações que constam dos incisos do art. 64. As **causas de destituição** são as seguintes:

HIPÓTESES EM QUE O DEVEDOR E/OU SEUS ADMINISTRADORES NÃO PODERÃO CONTINUAR NA CONDUÇÃO DA RECUPERAÇÃO JUDICIAL
1) houver sido **condenado em sentença penal transitada em julgado** por crime cometido em recuperação judicial ou falência anteriores ou por crime contra o patrimônio, a economia popular ou a ordem econômica previstos na legislação vigente;
2) houver **indícios** veementes de ter cometido **crime falimentar**;
3) houver agido com **dolo, simulação ou fraude** contra os interesses de seus credores;
4) houver praticado qualquer das seguintes condutas: a) efetuar gastos pessoais manifestamente excessivos em relação a sua situação patrimonial; b) efetuar despesas injustificáveis por sua natureza ou vulto, em relação ao capital ou gênero do negócio, ao movimento das operações e a outras circunstâncias análogas; c) descapitalizar injustificadamente a empresa ou realizar operações prejudiciais ao seu funcionamento regular; d) simular ou omitir créditos ao apresentar a relação de que trata o inc. III, do *caput*, do art. 51, da LREF, sem relevante razão de direito ou amparo de decisão judicial; e) negar-se a prestar informações solicitadas pelo administrador judicial ou pelos demais membros do Comitê; f) tiver seu afastamento previsto no plano de recuperação judicial.

Fonte: art. 64, da Lei n. 11.101/2005.

São três as possíveis **situações decorrentes do afastamento** aqui abordado:

1) A empresa em recuperação judicial tem por titular uma **sociedade empresária que é gerida por um administrador**, escolhido na forma do **ato constitutivo**. Nessa situação, o administrador destituído será **substituído por outro**, na forma definida no **ato constitutivo ou no plano de recuperação judicial**. É possível que o ato constitutivo admita mais de um administrador, ou que todos os sócios sejam administradores. Assim, basta um dos demais administradores assumir a condução da empresa em lugar do destituído. O plano de recuperação judicial pode, ainda, prever fórmulas de substituição do administrador, em caso de incidência no art. 64, da Lei n. 11.101/2005.

2) A empresa em recuperação judicial tem por titular uma **sociedade empresária que é gerida por um único administrador**, escolhido na forma do ato constitutivo, **sem que haja fórmula de substituição** dele prevista no ato constitutivo ou no plano de recuperação judicial. Nessa situação, o administrador destituído será **substituído pelo gestor judicial**, o qual será **escolhido pela assembleia geral** de credores e nomeado pelo juiz.

3) Por último, a empresa em recuperação judicial tem por titular um **empresário individual ou um empresário individual de responsabilidade limitada (EIRELI)**, sendo gerida por ele, como determina a legislação própria. Nessa situação, o devedor empresário/administrador destituído será **substituído pelo gestor judicial**, o qual será **escolhido pela assembleia geral** de credores e nomeado pelo juiz.

Considerando que a indicação do gestor judicial, por meio de escolha da assembleia geral de credores, demandará um **lapso temporal** que permita a convocação e reunião dos credores, o art. 65, § 1º, da Lei n. 11.101/2005, dispõe que o **administrador judicial exercerá as funções do futuro gestor**, na condução da empresa em recuperação judicial, até que ele **possa assumir** suas funções, permitindo a deliberação e a escolha pela assembleia, bem como a nomeação pelo juiz.

Ao gestor judicial **aplicam-se todas as regras** relativas aos impedimentos e remuneração do **administrador judicial**. No que couber, aplicam-se, ainda, todos os deveres impostos ao administrador judicial.

Caso o gestor judicial escolhido pela assembleia geral de credores **recuse** o encargo, ou **esteja impedido** de aceitar a gestão dos negócios do devedor, o juiz convocará **nova assembleia** para, no prazo de 72 horas, deliberar sobre a escolha de um novo gestor. Enquanto isso, o administrador judicial permanecerá na condução da administração da empresa.

■ 23.4. QUESTÕES SUBJETIVAS

■ 23.4.1. Questão-homenagem

(FGV — OAB — VIII Exame — 2ª Fase — Prático-Profissional — 2014 — adaptada) Em 03/02/2014 foi publicado no *Diário de Justiça Eletrônico do Rio de Janeiro ("DJE-RJ")* a decisão do juiz que deferiu o processamento da recuperação judicial e, dentre outras providências, nomeou o economista João como administrador judicial na referida Recuperação. Decorridos 15 (quinze) dias, alguns credores apresentaram a João as informações que entenderam corretas acerca da classificação e do valor de seus créditos. Quarenta e cinco dias depois, foi publicado, no *DJE-RJ* e num jornal de grande circulação, novo edital, contendo a relação dos credores elaborada por João. No dia 20/04/2014, você é procurado pelos representantes de XYZ Cadeiras Ltda., os quais lhe apresentam um contrato de compra e venda firmado com ABC Barraca de Areia Ltda., datado de 04/12/2013, pelo qual aquela forneceu a esta 1.000 (mil) cadeiras, pelo preço de R$ 100.000,00

(cem mil reais), que deveria ter sido pago em 28/01/2014, mas não o foi. Diligente, você verifica no edital mais recente que, da relação de credores, não consta o credor XYZ Cadeiras Ltda. E, examinando os autos em cartório, constata que o quadro geral de credores ainda não foi homologado pelo juiz. Diante de tal quadro fático, qual a peça processual adequada e o fundamento legal para que a sociedade XYZ Cadeiras Ltda. possa ser incluída no quadro de credores da referida recuperação?

Resposta: Trata-se de recuperação judicial, tendo expirado o prazo para habilitações junto ao administrador judicial (art. 7º, § 1º, da Lei n. 11.101/2005) com base na primeira relação de credores; também já transcorreu o prazo para que eventual impugnação tivesse sido interposta, tendo em vista a segunda relação de credores (art. 7º, § 2º).

Apesar disso, constatou-se ainda não homologado o quadro geral de credores, razão pela qual possível, com fundamento no § 5º, do art. 10, da Lei de Recuperação e Falência, ajuizar em favor do credor "XYZ Cadeiras Ltda." habilitação de crédito retardatária, a ser processada de acordo com o rito da impugnação (arts. 13 a 15). Há de se observar que, na habilitação retardatária, o credor não será chamado para se manifestar, por se tratar do próprio autor da ação. Em seguida, no prazo sucessivo de 5 (cinco) dias, primeiro o devedor e depois o administrador seriam chamados a se manifestar sobre o pedido e documentos apresentados pelo autor da habilitação. Por cautela e por meio de uma interpretação lógico-sistemática da Lei de Falências e Recuperação, se o Ministério Público pode impugnar a segunda relação de credores (eventualmente construída com base em habilitações não extemporâneas), recomendável que também se manifeste, no prazo de 5 (cinco) dias, sobre a habilitação de crédito extemporânea, ainda que não haja expressa disposição de lei a respeito. Tal providência se apresenta bem-vinda, inclusive para se evitar eventual contramarcha processual, com a possibilidade de ajuizamento de ação de retificação de quadro, nos termos do art. 19, da Lei de Recuperação e Falência, para a qual o Ministério Público é, expressamente, um dos legitimados. No caso concreto, comprovada a origem do crédito com o contrato da compra e venda das mercadorias à recuperanda, e pressupondo-se que tais mercadorias tenham sido regularmente entregues, provavelmente o pedido seria julgado procedente, para incluir no Quadro Geral de Credores a sociedade "XYZ Cadeiras Ltda.", credora quirografária da importância nominal de R$ 100.000,00 (sem prejuízo da correção monetária), porém sem direito a voto na assembleia geral de credores, tendo em vista o disposto no art. 10, § 1º, da Lei n. 11.101/2005.

Para visualização da extrapolação dos prazos para a habilitação e impugnação no caso concreto apresentado, confira-se o esquema seguinte:

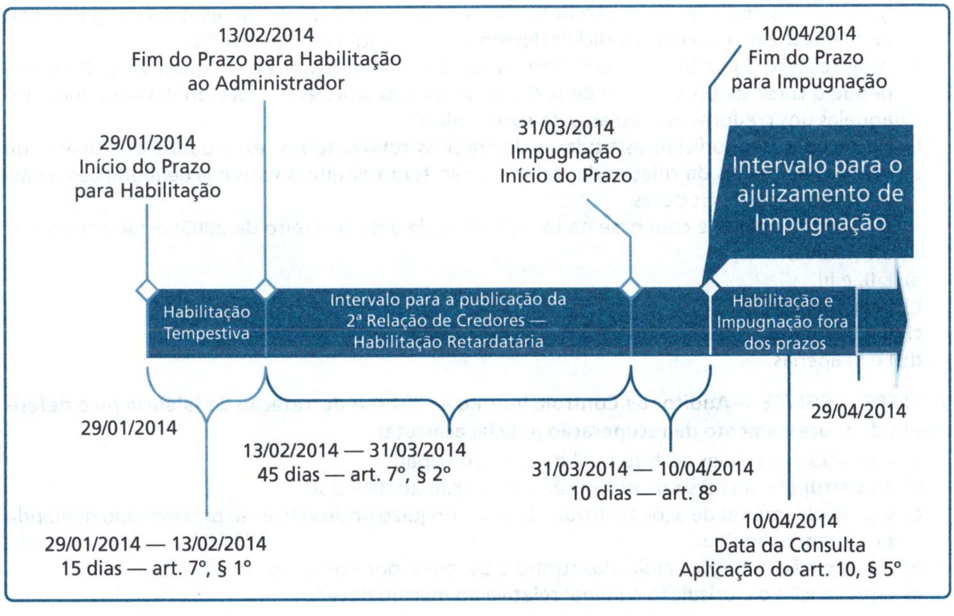

■ 23.4.2. Questão-desafio

(CESPE — DPE-DF — Defensor Público — 2013) Julgue e Justifique. Em processo de falência, o titular de crédito cujo nome não tenha constado na primeira lista publicada pelo administrador judicial e que não tenha se habilitado pode impugnar a relação de credores elaborada após as habilitações, para que seu nome seja incluído na relação.

■ 23.5. QUESTÕES OBJETIVAS

■ 23.5.1. Disposições gerais

1. (FCC — TJ-GO — Juiz — 2012) Em relação à recuperação judicial ou falência,

a) a decretação da falência ou o deferimento do processamento da recuperação judicial suspende o curso da prescrição e de todas as ações e execuções em face do devedor, inclusive aquelas dos credores particulares do sócio solidário.
b) em seu curso, não são exigíveis do devedor as obrigações a título oneroso, nem custas judiciais.
c) estão sujeitos à recuperação judicial todos os créditos existentes na data do pedido, desde que vencidos.
d) no curso da recuperação judicial, os credores do devedor perdem seus direitos e privilégios contra os coobrigados, fiadores e obrigados de regresso.
e) o juízo da falência é competente para conhecer de toda e qualquer ação sobre bens, interesses e negócios do falido, inclusive as demandas trabalhistas e fiscais.

2. (TJ-MT — Juiz — 2014) Na recuperação judicial, a suspensão do prazo prescricional atinge a todos os credores por 180 dias:

a) inclusive os créditos não sujeitos à recuperação.
b) exceto o Fisco.
c) exceto os créditos decorrentes de contratos de adiantamento de câmbio.
d) exceto o Fisco e os créditos trabalhistas.
e) exceto os créditos não sujeitos à recuperação.

3. (CONSULPLAN — TJMG — Titular de Serviços de Notas e de Registro — 2015) Analise as seguintes afirmativas:

I. Não são exigíveis do devedor, na recuperação judicial ou na falência, as obrigações a título gratuito e as despesas que os credores fizerem para tomar parte na recuperação judicial ou na falência, salvo as custas judiciais decorrentes de litígio com o devedor.
II. A decretação da falência ou o deferimento do processamento da recuperação judicial suspende o curso da prescrição e de todas as ações e execuções em face do devedor, inclusive aquelas dos credores particulares do sócio solidário.
III. Na recuperação judicial, os titulares de créditos retardatários, excetuados os titulares de créditos derivados da relação de trabalho, não terão direito a voto nas deliberações da assembleia geral de credores.

A partir da análise e com base na Lei n. 11.101, de 9 de fevereiro de 2005, estão corretas as afirmativas:

a) I, II, e III.
b) I e II apenas.
c) II e III apenas.
d) I e III apenas.

4. (CESPE — CGE/CE — Auditor de Controle Interno — 2019) A decretação da falência ou o deferimento do processamento da recuperação judicial acarreta:

a) a conexão das ações ao foro cível da ação principal.
b) a interrupção do curso da prescrição em relação ao devedor.
c) o prosseguimento de ações contra o devedor no juízo onde estiver se processando demanda por quantia ilíquida.
d) a suspensão das ações ajuizadas contra o devedor, por dois anos.
e) a prevenção da jurisdição criminal relativa ao mesmo devedor.

23.5.2. Da verificação e habilitação de créditos

1. (CESPE — OAB/SP — 2007) No tocante à habilitação de crédito e impugnação previstas na Lei n. 11.101/2005, é correto afirmar que

a) na recuperação judicial, os titulares de créditos retardatários, com exceção daqueles derivados da relação de trabalho, não terão direito a voto nas deliberações da assembleia geral de credores, ressalvada a hipótese de homologação do quadro geral de credores contendo tais créditos.
b) na falência, os credores retardatários farão jus aos rateios extras eventualmente realizados, mas ficarão sujeitos ao pagamento de custas, não se computando os acessórios compreendidos entre o término do prazo e a data do pedido de habilitação.
c) após a homologação do quadro geral de credores, é vedado qualquer pedido de retificação para inclusão de créditos retardatários.
d) da decisão judicial sobre a impugnação caberá recurso de apelação.

2. (TJDFT — Juiz Substituto/DF — 2006) Analise as proposições abaixo e, após, assinale a assertiva correta:

I. A decretação da falência ou o pedido de recuperação judicial suspende a prescrição das obrigações do falido ou devedor.
II. As ações de conhecimento contra o devedor falido ou em recuperação não se suspendem pela sobrevinda da falência ou do processo visando o benefício.
III. Na hipótese de autofalência, necessário se torna a apresentação da lista dos credores com a discriminação do valor do crédito e a classificação de cada um deles, entre outras formalidades.
IV. Na habilitação de crédito ou apresentação de divergência não é exigida a intervenção de advogado, podendo o credor se dirigir diretamente ao administrador judicial por escrito.

a) Todas as proposições são verdadeiras.
b) Todas as proposições são falsas.
c) Apenas uma das proposições é verdadeira.
d) Apenas uma das proposições é falsa.

3. (FGV — SEFAZ-RJ — Fiscal de Rendas — 2012) Com relação à falência, analise as afirmativas a seguir.

I. Na falência, não podem ser reclamados os créditos de obrigações a título gratuito.
II. Na falência, não é atribuição da assembleia geral de credores a constituição do Comitê de Credores.
III. O prazo para o credor apresentar ao administrador judicial a sua habilitação ou a sua divergência quanto ao crédito relacionado é de 15 (quinze) dias, contados da publicação do Edital.

Assinale:

a) se todas as afirmativas estiverem corretas.
b) se somente a afirmativa I estiver correta.
c) se somente a afirmativa II estiver correta.
d) se somente a afirmativa III estiver correta.
e) se somente as afirmativas I e III estiverem corretas.

4. (EJEF — Juiz Estadual/MG — 2008) Quanto à falência e à recuperação judicial, é *INCORRETO* afirmar que:

a) Na falência, os créditos retardatários perderão o direito a rateios eventualmente realizados e ficarão sujeitos ao pagamento de custas, não se computando os acessórios compreendidos entre o término do prazo e a data do pedido de habilitação.
b) Após a homologação do quadro geral de credores, aqueles que não habilitaram seu crédito poderão, observado, no que couber, o procedimento ordinário previsto no Código de Processo Civil, requerer ao juízo da falência ou da recuperação judicial a retificação do quadro geral para inclusão do respectivo crédito.
c) Na recuperação judicial, os titulares de créditos retardatários têm direito a voto nas deliberações da assembleia geral de credores.
d) As habilitações de crédito retardatárias, se apresentadas antes da homologação do quadro geral de credores, serão recebidas como impugnação.

5. (FCC — TRT — 1ª Região — Juiz Substituto — 2016) José da Silva, empregado da Empresa XYZ, sofreu um acidente de trabalho no dia 15/01/2016. Em 30/01/2016, a Empresa XYZ teve decretada a sua falência. Em 14/02/2016, João da Pedra sofreu um acidente de trabalho decorrente de serviços prestados à Empresa XYZ. Considerando-se o que dispõe a Lei n. 11.101/2005

a) por se tratar de crédito com privilégio geral, José da Silva terá o direito de receber anteriormente a João da Pedra, caso tenha habilitado o seu crédito antes do acidente de trabalho ocorrido com este último.
b) José da Silva terá o direito de receber o seu crédito decorrente do acidente de trabalho antes de João da Pedra por ter sofrido em momento anterior o seu acidente do trabalho.
c) João da Pedra terá o direito de receber o seu crédito decorrente do acidente de trabalho antes de José da Silva.
d) terá o direito de receber antes o seu crédito decorrente do acidente de trabalho aquele que habilitar o seu crédito em primeiro lugar, pois se trata de créditos de mesma natureza.
e) José da Silva, assim como João da Pedra, terão tratamento privilegiado em seus créditos, limitados a 150 salários mínimos por credor.

6. (FGV — OAB — XXII Exame Unificado — 2017) Mauriti & Cia Ltda. celebrou contrato de alienação fiduciária em garantia com a sociedade empresária Gama. Com a decretação de falência da fiduciante, o advogado da fiduciária pleiteou a restituição do bem alienado, sendo informado pelo administrador judicial que o bem se encontrava na posse do falido na época da decretação da falência, porém não foi encontrado para ser arrecadado. Considerando os fatos narrados, o credor fiduciário terá direito à restituição em dinheiro do valor da avaliação do bem atualizado?

a) Não, em razão de este não ter sido encontrado para arrecadação.
b) Sim, devendo, para tanto, habilitar seu crédito na falência como quirografário.
c) Sim, mesmo que o bem alienado não mais exista ao tempo do pedido de restituição ou que não tenha sido arrecadado.
d) Não, por não ter a propriedade plena do bem alienado fiduciariamente, e sim resolúvel.

■ 23.5.3. Órgãos da recuperação judicial e da falência

1. (EJEF — Juiz Estadual/MG — 2007) Quanto ao administrador judicial na falência, assinale a alternativa INCORRETA.

a) Pode ser uma pessoa jurídica especializada.
b) Pode ser um economista.
c) Tem capacidade postulatória em razão do exercício de suas funções.
d) Compete a ele dar extratos dos livros do devedor, que merecerão fé de ofício, a fim de servirem de fundamento nas habilitações e impugnações de créditos.

2. (CESPE — DPE/CE — Defensor Público — 2008) Certo ou Errado. Na recuperação judicial, o administrador judicial tem competência para requerer a falência do devedor no caso de descumprimento de obrigação assumida no plano de recuperação.

3. (Prefeitura de Jundiaí/SP — Procurador Municipal — 2013) De acordo com expressa previsão da Lei n. 11.101, de 09 de fevereiro de 2005, a qual regula a recuperação judicial, a extrajudicial e a falência do empresário e da sociedade empresária, a assembleia geral de credores tem por atribuições deliberar na falência sobre:

a) o nome do gestor judicial, quando do afastamento do devedor.
b) o pedido de desistência do devedor.
c) a aprovação do plano de recuperação apresentado pelo devedor.
d) a constituição do Comitê de Credores, a escolha de seus membros e sua substituição.
e) a rejeição do plano de recuperação apresentado pelo devedor.

4. (CONSULPLAN — CBTU-METROREC — Advogado — 2014) De acordo com a Lei n. 11.101/2005 (Lei de Falências e Recuperação Judicial), o Comitê de Credores será constituído por deliberação de qualquer das classes de credores na assembleia geral e terá a seguinte composição, EXCETO:

a) Um representante indicado pela classe de credores trabalhistas, com dois suplentes.
b) Um representante indicado pela classe de credores subordinados, com dois suplentes.
c) Um representante indicado pela classe de credores quirografários e com privilégios gerais, com dois suplentes.
d) Um representante indicado pela classe de credores com direitos reais de garantia ou privilégios especiais, com dois suplentes.

5. (CESPE — MPE/AC — Promotor — 2014) No que se refere à atuação do MP no processo de falência e recuperação judicial, assinale a opção correta.

a) O MP assume a legitimidade para a propositura da ação revocatória de atos do falido apenas se, no prazo de três anos, não a propuserem a própria massa falida ou os credores.
b) A lei falimentar não prevê a participação obrigatória do MP na fase pré-falimentar do processo.
c) É desnecessária a intimação pessoal do MP caso a alienação dos bens do ativo do falido se faça na forma de propostas fechadas, bastando intimação posterior à abertura das propostas.
d) O MP não pode, a fim de apontar crédito não incluído, apresentar impugnação à primeira relação de credores preparada pelo administrador, visto que, de acordo com previsão legal, a legitimidade é exclusiva do credor.
e) O MP não tem legitimidade para recorrer da decisão que defira o processamento do pedido de recuperação judicial.

6. (CESPE — MPE/RR — Promotor de Justiça Substituto — 2017) Foi decretada a falência de determinada sociedade limitada. No curso do processo, o MP foi intimado e se manifestou nos autos. A falida insurgiu-se contra a intimação do MP e sua posterior manifestação, argumentando ser incabível a primeira e nula a segunda. Nessa situação hipotética, conforme as disposições da Lei n. 11.101/2005 e a jurisprudência do STJ,

a) se, intimado da decretação da falência, o MP não se manifestasse, tornar-se-ia dispensável a sua intimação para atos posteriores.
b) havendo determinação para a alienação de bens do ativo, a intimação pessoal do MP será obrigatória.
c) se fosse considerada incabível a intimação, a manifestação do MP poderia anular o processo falimentar ou as ações conexas, independentemente da demonstração de prejuízo.
d) não se pode falar em nulidade: o MP é intimado como *custos legis* para todos os atos do processo falimentar e ações conexas e se manifesta caso haja interesse público.

7. (FMP Concursos — PGE/AC — Procurador do Estado — 2017) De acordo com a Lei 11.101, de 09 de fevereiro de 2005, que regula a recuperação judicial; a extrajudicial e a falência do empresário e da sociedade empresária, é CORRETO afirmar que ao administrador judicial compete na recuperação judicial

a) relacionar os processos e assumir a representação judicial da massa falida.
b) receber e abrir a correspondência dirigida ao devedor, entregando a ele o que não for assunto de interesse da massa.
c) avaliar os bens arrecadados.
d) praticar os atos necessários à realização do ativo e ao pagamento dos credores.
e) fiscalizar as atividades do devedor e o cumprimento do plano de recuperação judicial.

8. (FGV — OAB — XXV Exame — 2018) Concessionária de Veículos Primeira Cruz Ltda. obteve concessão de sua recuperação judicial. Diante da necessidade de alienação de bens do ativo permanente, não relacionados previamente no plano de recuperação, foi convocada assembleia geral de credores. A proposta de alienação foi aprovada em razão do voto decisivo da credora Dutra & Corda Representações Ltda., cujo sócio majoritário P. Dutra tem participação de 32% (trinta e dois por cento) no capital da sociedade recuperanda. Com base nesses dados, é correto afirmar que

a) a decisão é nula de pleno direito, pois a pretensão de alienação de bens do ativo permanente, não relacionados no plano, enseja a convolação da recuperação judicial em falência.
b) o voto da sociedade Dutra & Corda Representações Ltda. não poderia ter sido considerado para fins de verificação do quórum de instalação e de deliberação da assembleia geral.
c) a decisão assemblear é anulável, pois a sociedade Dutra & Corda Representações Ltda., como credora, não poderia ter participado nem proferido voto na assembleia geral.
d) a assembleia é nula, pois a autorização para a alienação de bens do ativo permanente, não relacionados no plano de recuperação judicial, é prerrogativa exclusiva do administrador judicial.

■ GABARITO ■

23.5.1. Disposições gerais

1. "a". Fundamento: art. 6º, inc. I, da Lei n. 11.101/2005.

2. "b". A suspensão da ações e execuções no contexto da Recuperação Judicial não alcança as execuções fiscais, nos termos do § 7º, do art. 6º, da Lei da Falências e Recuperação.

3. "a". Todas alternativas encontram-se corretas, pois em sintonia, com a letra dos arts. 5º, 6º e 10, § 1º, todos da Lei n. 11.101/2005.

4. "c". Em sintonia com a literalidade do § 1º, do art. 6º, da Lei n. 11.101/2005.

23.5.2. Da verificação e da habilitação dos créditos

1. "a". Fundamento: art. 10, § 1º, da Lei n. 11.101/2005; as demais alternativas estão em confronto com outros dispositivos da Lei de Falências e Recuperação. Assim, a alternativa "b" está incorreta, porque os retardatários perderão o direito ao rateio (art. 10, § 3º); a alternativa "c" e a "d" também estão incorretas, respectivamente porque: após homologado o quadro, possível sua retificação se julgada procedente eventual ação, nos termos do art. 6º, § 6º, e art. 19, ambos da Lei de Falências e Recuperação; e o recurso a ser interposto da sentença da ação de impugnação, pela letra da lei, deve ser o de agravo (art. 17).

2. "d". Itens I e II, respectivamente, correto e incorreto, com fundamento no art. 6º, *caput*; item III, correto (art. 105, inc. II); item IV, correto (§ 1º, do art. 7º). Os dispositivos destacados pertencem à Lei de Falência e Recuperação.

3. "e". Item I, correto (art. 5º, inc. I); item II, incorreto (art. 35, inc. II, alínea "b"); item III, correto (art. 7º, § 1º). Todos os dispositivos mencionados são constantes da Lei n. 11.101/2005.

4. "c". Fundamento: art. 10, § 1º, da Lei n. 11.101/2005.

5. "c". Fundamento: arts. 83, inc. I, e 84, inc. I-D, ambos da Lei n. 11.101/2005.

6. "c". Alternativa em sintonia com o disposto no art. 86, *caput*, inc. I, da Lei n. 11.101/2005: "Art. 86. Proceder-se-á à restituição em dinheiro: I — se a coisa não mais existir ao tempo do pedido de restituição, hipótese em que o requerente receberá o valor da avaliação do bem, ou, no caso de ter ocorrido sua venda, o respectivo preço, em ambos os casos no valor atualizado;".

23.5.3. Órgãos da recuperação judicial e da falência

1. "c". A capacidade postulatória (de representação técnico-formal das partes em Juízo) é privativa de advogado, nos termos do art. 1º, inc. III, do Estatuto da OAB (Lei n. 8.906/94). O Administrador, quando advogado, poderá representar a massa de credores em Juízo, mas a capacidade para tanto não decorre das funções que deverá desempenhar como administrador judicial. As demais alternativas estão corretas. Fundamento: art. 21 e art. 22, inc. I, alínea "c", ambos da Lei n. 11.101/2005.

2. "Certo". Entre as atribuições do Administrador Judicial, está a possibilidade de requerer a convolação da recuperação judicial em falência (art. 22, inc. II, alínea "b", da Lei n. 11.101/2005).

3. "d". Fundamento: art. 35, inc. II, da Lei n. 11.101/2005. Tanto na falência quanto na recuperação judicial, é atribuição da assembleia geral deliberar sobre o Comitê de Credores. As demais alternativas trouxeram atribuições da assembleia no contexto da recuperação judicial, mas o enunciado da questão se refere a tais atribuições no contexto da falência.

4. "b". Não existe representação de credores subordinados no Comitê de Credores. Fundamento: art. 26, incs. I, II e III, da Lei n. 11.101/2005.

5. "b". Realmente, a intervenção do MP somente se justifica após a decretação da falência, antes não se evidencia interesse público a fundamentar a intervenção daquele órgão. Nesse sentido, confiram-se os seguintes precedentes: REsp 995.154/DF e REsp 996.264/DF.

6. "b". Alternativa em sintonia com o disposto no § 7º, do art. 142, da Lei n. 11.101/2005: "§ 7º Em qualquer modalidade de alienação, o Ministério Público e as Fazendas Públicas serão intimados por meio eletrônico, nos termos da legislação vigente e respeitadas as respectivas prerrogativas funcionais, sob pena de nulidade."

7. "e". Em sintonia com a literalidade do disposto na alínea "a", do inc. II, do art. 22, da Lei n. 11.101/2005: "Art. 22. Ao administrador judicial compete, sob a fiscalização do juiz e do Comitê, além de outros deveres que esta Lei lhe impõe: (...) II — na recuperação judicial: a) fiscalizar as atividades do devedor e o cumprimento do plano de recuperação judicial;".

8. "b". O voto do credor contrariou o texto literal do artigo 43: Os sócios do devedor, bem como as sociedades coligadas, controladoras, controladas ou as que tenham sócio ou acionista com participação superior a 10% (dez por cento) do capital social do devedor ou em que o devedor ou algum de seus sócios detenham participação superior a 10% (dez por cento) do capital social, poderão participar da assembleia geral de credores, sem ter direito a voto e não serão considerados para fins de verificação do quórum de instalação e de deliberação.

24

FALÊNCIA

Como verificado no início do estudo do direito falimentar e recuperacional, no Brasil adotamos **três modelos procedimentais** para tratar dos devedores em **crise patrimonial**. A insolvência civil, prevista no CPC, atinge todo devedor que estiver em crise patrimonial e que não seja empresário. Sendo empresário, o devedor em crise patrimonial poderá se sujeitar às disposições da Lei n. 11.101/2005, ou será submetido a processo de intervenção ou liquidação extrajudicial.

Neste capítulo, será estudado apenas o **processo de falência**, regulado pelos arts. 75 a 160, da Lei n. 11.101/2005. O estudo já incorpora as alterações promovidas pela Lei n. 14.112, de 24 de dezembro de 2020, norma que reformou parte da legislação falimentar e recuperacional brasileira.

Oportuno lembrar que as empresas que se submetem aos **processos de intervenção ou liquidação extrajudicial**, aquelas excluídas pelo art. 2º da referida lei falimentar, poderão, excepcionalmente, submeter-se à falência. Essa determinação está no art. 197, da Lei n. 11.101/2005, o qual traz a seguinte regra de transição: "**Enquanto não forem aprovadas** as respectivas leis específicas, esta Lei aplica-se subsidiariamente, no que couber, aos regimes previstos no **Decreto-lei n. 73, de 21 de novembro de 1966**, na **Lei n. 6.024, de 13 de março de 1974**, no **Decreto-lei n. 2.321, de 25 de fevereiro de 1987**, e na **Lei n. 9.514, de 20 de novembro de 1997**". Os regimes legais indicados tratam exatamente das atividades empresariais não submetidas ao regime falimentar e recuperacional.

Desse modo, podemos identificar a falência como o **processo de execução coletiva contra o devedor empresário em crise econômico-financeira**. Tal processo não alcança aqueles empresários excluídos pelo art. 2º, da Lei n. 11.101/2005, aos quais serão aplicadas as disposições das legislações próprias de cada atividade, reguladoras de processos especiais de intervenção e liquidação extrajudicial. Excepcionalmente, e apenas enquanto não forem aprovadas as leis específicas que tratem de toda a matéria relativa à crise patrimonial desses empresários, a eles serão **aplicadas, subsidiariamente**, as disposições da Lei n. 11.101/2005. A mesma aplicação subsidiária será possível, ainda após a publicação das referidas leis, para **suprir eventuais lacunas** encontradas na legislação especial, pois a Lei n. 11.101/2005 será tida como o **regime jurídico geral** de tratamento dos devedores empresários em crise econômico-financeira.

■ 24.1. FINALIDADE

O art. 75, da Lei n. 11.101/2005, ensina que a falência visa preservar e otimizar a **utilização produtiva dos bens**, ativos e recursos produtivos, inclusive os intangíveis, da empresa, promovendo, para isso, o **afastamento do devedor** de suas atividades. Para alcançar esses objetivos, e considerando que o devedor empresário foi afastado definitivamente da administração da empresa falida, o processo de falência deverá atender aos princípios da **celeridade** e da **economia processual**. Tratando-se de uma **execução coletiva**, primeiro identificará credores e bens do falido, depois promoverá a venda dos bens e o pagamento dos credores, encerrando-se em seguida.

A inovação legislativa operada ao final do ano de 2020, por meio da **Lei n 14.112**, além das finalidades da falência identificadas no parágrafo anterior, incluiu a **célere retirada de empresas inviáveis do mercado**, realocando de forma eficiente os recursos produtivos na economia. Por outro lado, visando fomentar o empreendedorismo, estabeleceu o **rápido retorno do falido à atividade econômica**, o que se efetivou com a fixação de **prazo máximo para extinção das obrigações** do falido em **três anos a contar da decretação da falência**. O **encerramento da falência**, também, passou a ser causa extintiva das obrigações. A extinção das obrigações afasta a inabilitação para o exercício da atividade empresarial, imposta pela art. 102 da Lei n. 11.101/2005, permitindo o retorno do falido ao mercado.

Para garantir o **rápido retorno do empreendedor falido ao mercado**, o art. 158 da Lei n. 11.101/2005 foi alterado para incluir duas hipóteses de extinção das obrigações, revogando-se a previsão do decurso de cinco ou dez anos do encerramento da falência para viabilizar tal direito. O novo texto determina que extinguem as obrigações do falido: "V — o **decurso do prazo de 3 (três) anos, contado da decretação da falência**, ressalvada a utilização dos bens arrecadados anteriormente, que serão destinados à liquidação para a satisfação dos credores habilitados ou com pedido de reserva realizado; VI — o **encerramento da falência** nos termos dos arts. 114-A ou 156 desta Lei."

Proclamando as **finalidades atuais da falência**, a nova redação do art. 75, trazida pela Lei n. 14.112/2020, ficou inscrita assim:

> "Art. 75 — A falência, ao **promover o afastamento do devedor** de suas atividades, visa a:
>
> I — **preservar e a otimizar a utilização produtiva** dos bens, dos ativos e dos recursos produtivos, inclusive os intangíveis, da empresa;
>
> II — permitir a liquidação **célere das empresas inviáveis**, com vistas à realocação eficiente de recursos na economia; e
>
> III — fomentar o empreendedorismo, inclusive por meio da viabilização do **retorno célere do empreendedor falido à atividade econômica**.
>
> § 1º O processo de falência atenderá aos **princípios da celeridade e da economia processual**, sem prejuízo do contraditório, da ampla defesa e dos demais princípios previstos no CPC.

§ 2º A falência é mecanismo de **preservação de benefícios econômicos e sociais decorrentes da atividade empresarial**, por meio da liquidação imediata do devedor e da rápida realocação útil de ativos na economia."

A **distinção** entre empresa e empresário é essencial para a compreensão da fórmula adotada pela atual lei de falências para, a um só tempo, **decretar a bancarrota** do empresário e, paradoxalmente, **preservar a empresa. Empresário e sociedade** empresária são os titulares da empresa, isto é, os **sujeitos de direito** proprietários dela e, ao mesmo tempo, responsáveis pelas suas obrigações e titulares de seus resultados lucrativos. A **empresa é o instrumento** da atuação do empresário, a atividade organizada para produzir ou fazer circular bens e serviços, com objetivo de lucro. A empresa engloba o **patrimônio material e imaterial** destinado àquela produção ou circulação, o chamado estabelecimento empresarial, previsto no art. 1.142, do Código Civil.

Feita a distinção, basta agora entender que a **falência** decretada será a **do empresário**, sujeito de direito, e **nunca a da empresa**, objeto da atividade do empresário. Quem tem dívidas a adimplir é o empresário. Quem resta submetido à execução coletiva é o empresário. A **empresa** representa o **patrimônio** que será **arrecadado e vendido** para formação de caixa, visando ao **pagamento dos credores** do empresário falido.

Assim, torna-se possível, uma vez decretada a falência, promover a **venda da empresa** (patrimônio material e imaterial do empresário) **inteira a um só comprador**, o qual poderá dar **continuidade à atividade empresarial**, sem qualquer vínculo com os empresários falidos e suas obrigações. O que ocorre é a **substituição** do empresário **falido** pelo empresário **arrematante**, adquirente da empresa. O art. 140, da Lei n. 11.101/2005, determina que o juiz deverá **priorizar a alienação** do ativo de forma a possibilitar a continuidade da atividade empresarial pelo adquirente. Nesse sentido é que a falência configura-se mecanismo de **preservação de benefícios econômicos e sociais decorrentes da atividade empresarial**, por meio da **liquidação imediata do devedor e da rápida realocação útil de ativos** na economia, nos termos do § 2º, da nova redação do art. 75.

Recomenda o texto do art. 140 que o juiz promova a **alienação** dos bens do falido observando a seguinte **ordem de preferência**:

1) alienação da empresa, com a venda de seus **estabelecimentos em bloco**;

2) alienação da empresa, com a venda de suas **filiais ou unidades produtivas isoladamente**;

3) alienação em **bloco dos bens** que integram cada um dos estabelecimentos do devedor;

4) alienação dos **bens individualmente** considerados.

Respeitado esse critério de alienação do ativo, será possível dar **eficácia** ao que prevê o art. 75, da Lei n. 11.101/2005, pois poderão ser atingidas as **finalidades de preservação** da atividade empresarial da atual fórmula falimentar ali traçadas, as quais podem ser esquematizadas da seguinte maneira:

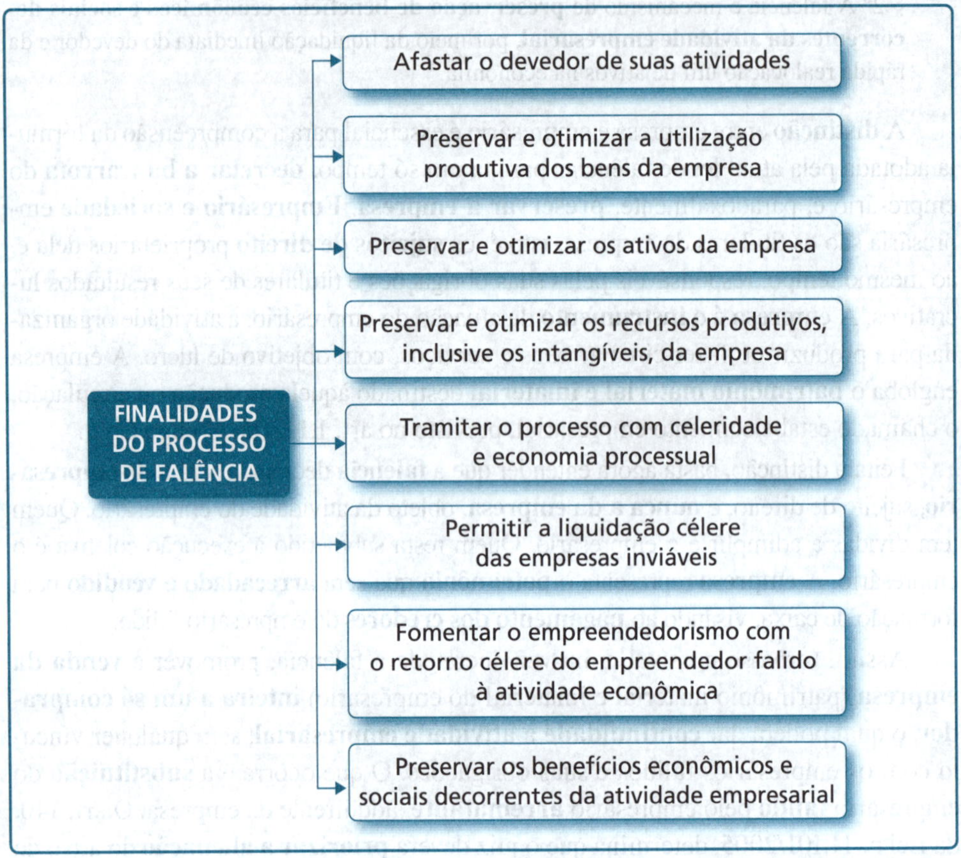

Ainda tratando da possibilidade de **preservação** da empresa, podemos esquematizar as **hipóteses de alienação** do ativo, que a viabilizem, da seguinte forma:

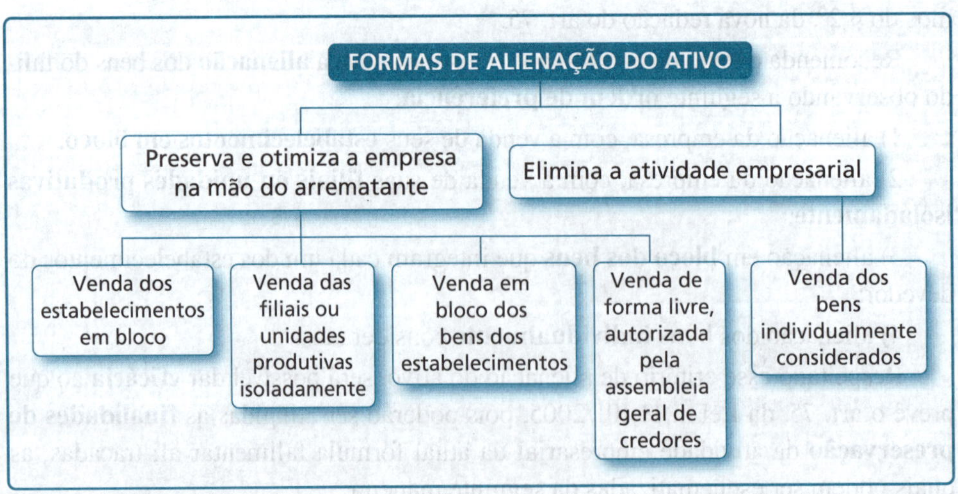

Fica claro, no esquema anterior, que as três primeiras formas de alienação do ativo da empresa permitem a **manutenção da atividade** empresarial nas mãos de quem arrematou a empresa em bloco, as filiais ou unidades produtivas isoladamente (UPIs), ou o estabelecimento completo. Ocorrendo alguma dessas situações, o empresário arrematante poderá contratar os **mesmos empregados** antes vinculados ao falido, sem haver sucessão das **obrigações trabalhistas**, que deverão ser reclamadas no **processo de falência**, para o qual foram remetidos todos os recursos arrecadados com a venda dos bens. Já a **última forma** de alienação do ativo, a venda dos bens individualmente considerados, **não permitirá a continuação** da empresa, ante o esfacelamento do estabelecimento.

Completando as **formas de venda** dos bens do falido, a nova redação do art. 142 estabeleceu, em seu inciso V, que poderá ser adotada **qualquer outra modalidade**, desde que aprovada nos termos da Lei n. 11.101/2005. Os **arts. 144 e 145**, da Lei n. 11.101/2005, permitem a adoção de **qualquer forma** de alienação do ativo que venha a ser **aprovada pela assembleia** geral de credores ou **pelo juiz**, havendo motivos justificáveis, a requerimento do administrador judicial ou do comitê de credores. O intuito do legislador foi criar uma **forma livre** de destinação do ativo da empresa, visando, como sempre, preservar a atividade empresarial.

Ocorre que o art. 145 foi alterado pela Lei n. 14.112/2020, para **permitir que, por delibração de credores** que detêm a maior parte dos créditos, os credores possam promover a **adjudicação de bens** alienados na falência, ou a aquisição deles por meio da **constituição de sociedade, de fundo ou de outra forma de investimento**, formada com ou sem a participação dos sócios, a qual assumiria a titularidade da empresa por meio da aquisição de cotas ou convertendo-se a dívida em capital. Essa forma livre de alienação do ativo permitirá aos **credores definirem o destino** da atividade empresarial. Eis o teor do referido artigo:

> Art. 145 — Por deliberação tomada nos termos do art. 42 desta Lei, os credores poderão adjudicar os bens alienados na falência ou adquiri-los por meio de constituição de sociedade, de fundo ou de outro veículo de investimento, com a participação, se necessária, dos atuais sócios do devedor ou de terceiros, ou mediante conversão de dívida em capital.

■ 24.2. CARACTERIZAÇÃO

A **falência**, no Brasil, é um **estado jurídico**, e não econômico. É um **estado de direito**, e não de fato. Diferentemente do que ocorre no processo de insolvência civil, que é regulado pelo CPC e atinge devedores não empresários, o **déficit patrimonial** (patrimônio inferior às dívidas) **não é o fator** a determinar a decretação de uma falência e o reconhecimento de um estado de insolvabilidade do devedor empresário.

Entre nós, é a lei que define quais **situações fáticas** autorizarão a decretação da falência, sua caracterização, portanto. O que importa para essa caracterização é o **enquadramento** do devedor empresário em uma das **18 hipóteses legais** de conformação do estado falimentar. Isso torna as hipóteses de falência, no Brasil, **situações típicas**, ou seja, previamente definidas em lei e limitadas a elas. É possível afirmar que não existe falência sem lei anterior que a defina.

A leitura do *item 21.4*, que tratou dos Sistemas de Insolvência no Brasil, permitirá a definição de **três critérios** caracterizadores da insolvabilidade dos devedores, além da forma específica de tratamento processual de cada um deles. Assim, a legislação brasileira define: a) **insolvência civil** para os devedores **não empresários**, caracterizada por um critério **patrimonial** (patrimônio inferior às dívidas); b) **falência** para os devedores **empresários**, caracterizada por um critério **jurídico** (18 hipóteses legais); e c) **liquidação extrajudicial** para os devedores excluídos da aplicação da Lei n. 11.101/2005, caracterizada por um critério **político** (ante um juízo de conveniência e oportunidade do órgão do Poder Executivo responsável pelo processo).

Diante disso, um conceito mais aprimorado informa que a falência é o processo de execução coletiva contra o devedor empresário que esteja enquadrado em uma das dezoito hipóteses legais de crise econômico-financeira definidas em lei. É a crise econômico-financeira que autorizará a decretação da falência, sendo essa crise a estampada nas 18 hipóteses legais, e não em um estado patrimonial específico. Crise econômico-financeira é o que a lei definir como tal e será objeto dos próximos tópicos.

Esquematizando:

A CRISE ECONÔMICO-FINANCEIRA E OS REGIMES JURÍDICOS CONCORRENTES			
Procedimento	**Devedor**	**Caracterização**	**Critério**
■ Insolvência civil	■ Não empresário	■ Patrimônio inferior às dívidas	■ Econômico
■ Falência	■ Empresário	■ 15 hipóteses legais	■ Jurídico
■ Liquidação extrajudicial	■ Empresário excluído da Lei n. 11.101/2005	■ Decisão discricionária do Poder Executivo	■ Político

As **dezoito hipóteses** mencionadas darão ensejo a **três distintas formas** de caracterização da falência. Depois de **decretada a falência**, a execução coletiva dar-se-á de forma **idêntica para todas** as hipóteses de caracterização dela. Todavia, na primeira fase do processo, aquela em que o estado falimentar é detectado, três são os **caminhos procedimentais** que autorizarão a decretação da quebra. Essas formas procedimentais distinguirão a falência em **litigiosa** (dez hipóteses), **voluntária** (uma hipótese) **e incidental** (sete hipóteses), o que será objeto dos próximos tópicos.

■ 24.2.1. Falência litigiosa

A falência litigiosa é a única que admitirá o **contraditório**. Nela, os legitimados a figurarem no polo ativo de um processo falimentar darão início à primeira fase do referido procedimento, seguindo-se o **devido processo legal**, com direito a ampla defesa e demais garantias processuais. É a falência contenciosa.

Assim como em toda demanda, o legitimado ativo, um credor, por exemplo, apresentará uma **petição inicial**, na qual demonstrará sua legitimidade, seu crédito e a prova de uma das hipóteses de falência previstas nos arts. 94 e 167-U, da Lei n. 11.101/2005, além da legitimidade passiva do devedor empresário. O devedor empresário será citado para **defender-se** em dez dias. Será possibilitado o **contraditório**, portanto. As partes poderão produzir **provas** e, ao final, obterão uma **sentença**.

Nessa primeira forma procedimental estudada, há um **processo litigioso** típico, caracterizado pela **pretensão** do requerente credor de ver a falência do devedor decretada, pretensão que é **resistida** pelo devedor empresário, que intenta manter-se no mercado. Essa primeira fase é chamada de **pré-falimentar, investigatória ou preliminar**. Nela, o que se busca é caracterizar a adequação da **situação fática** do devedor empresário a uma das **10 (dez) hipóteses** presentes nos arts. 94 e 167-U, da Lei n. 11.101/2005. Caso haja a constatação de que o devedor se enquadra em uma das dez situações previstas em lei, o juiz **decretará a falência**, independentemente de qual seja a situação patrimonial do devedor empresário. Se não houver o enquadramento, o juiz **denegará a falência**, mesmo que o devedor apresente patrimônio deficitário.

O estudo minucioso de cada uma das dez hipóteses de falência litigiosa reclama a separação delas em **três situações típicas**, quais sejam:

1ª) falência caracterizada pela **impontualidade extrajudicial** (art. 94, inc. I, da Lei n. 11.101/2005);

2ª) falência caracterizada pela **impontualidade judicial** (execução frustrada) (art. 94, inc. II, da Lei n. 11.101/2005);

3ª) falência caracterizada pelos **atos de falência** (sete atos temerários) (art. 94, inc. III e 167-U, da Lei n. 11.101/2005).

■ *24.2.1.1. Impontualidade*

A hipótese de falência caracterizada pela **impontualidade** está prevista no art. 94, inc. I, da Lei n. 11.101/2005, o qual afirma que "será decretada a falência do devedor que: I — sem relevante razão de direito, não paga, no vencimento, obrigação líquida materializada em título ou títulos executivos protestados cuja soma ultrapasse o equivalente a 40 (quarenta) salários mínimos na data do pedido de falência".

Diante do texto legal, podemos nominar essa forma de caracterização da falência como **impontualidade extrajudicial**, em comparação à impontualidade judicial, prevista no inc. II, do mesmo art. 94, a qual decorre de execução frustrada.

A referida hipótese exige, então, **dois requisitos** para a sua configuração:

1º) título ou **títulos executivos** cuja soma **ultrapasse 40 salários mínimos** na data do pedido de falência; e

2º) **protesto especial** para efeito de falência de todos os títulos que instruírem a petição inicial.

O credor proprietário de qualquer título que permita a execução contra o devedor empresário **poderá** promover diretamente o **pedido de falência** contra ele, bastando demonstrar que o total do seu crédito ultrapassa 40 salários mínimos, na data de ajuizamento do pedido, devendo o referido título estar protestado. Não importa se o **título executivo é judicial ou extrajudicial**, para caracterização da impontualidade extrajudicial, mas **deverá ser protestado** para fins de falência e contar valor que supere 40 salários mínimos. O legislador permitiu que o credor utilize **dois ou mais títulos**, na busca de alcançar o **valor mínimo** exigido para a demonstração da falência do devedor, ou que **diversos credores** se unam para que a soma de seus créditos alcance o piso necessário, formando um **litisconsórcio ativo**. A mencionada possibilidade está no § 1º, do art. 94, da Lei n. 11.101/2005.

Não será possível embasar o pedido em títulos que representem **créditos que não poderão** ser reclamados **na falência**. É o caso dos créditos **ilegítimos** previstos no art. 5º, da Lei n. 11.101/2005, estudados no *item 23.1.1*. Desse modo, um credor que pretenda cobrar do falido obrigação decorrente de **fiança ou aval não poderá pedir a falência** com base no título que contenha tal **obrigação gratuita**, pois, caso isso fosse possível e a falência fosse decretada, ele não conseguiria habilitar-se no feito falimentar. Se não for possível habilitar-se depois, será inútil requerer e obter a decretação da falência do devedor. **Faltará interesse de agir**, inclusive.

Os títulos que embasarão o pedido de falência deverão ser apresentados em **documentos originais**, somente se permitindo cópia autenticada no caso de estarem eles apreendidos em outros autos.

Uma vez demonstrada a obrigação que supere 40 salários mínimos, constante de título executivo, não havendo a purgação da mora pelo depósito elisivo, ou a desconstituição do título, será **decretada a falência**, **independentemente** de qual seja a **situação patrimonial** do devedor. Isso porque, como já mencionado, a falência é um estado de direito, e não de fato.

Há doutrinadores que afirmam não ser a **falência um meio de cobrança** da dívida do devedor empresário, devendo ser manejada como último recurso do credor que teve outras formas menos gravosas de cobrança frustradas. Afirmam que não haveria interesse de agir para o credor que fizesse o pedido de falência, sem antes esgotar as outras possibilidades de satisfação do seu crédito, tais como o protesto, a cobrança e a execução. Tal entendimento destoa da literalidade do art. 94, da Lei n. 11.101/2005. O referido dispositivo permite, em seu **inc. I**, que o **credor opte** por ajuizar diretamente o pedido de falência, bastando o **protesto** do título e a **superação do valor** de 40 salários mínimos. Logo em seguida, no **inc. II**, passa a exigir a **tentativa prévia de execução** contra o devedor empresário, para, somente depois, autorizar o pedido de falência, fundado na **execução frustrada** de título executivo de **qualquer valor** e **sem a necessidade de protesto**, como veremos a seguir. Caso só fosse possível o requerimento de falência após o esgotamento de outros meios de cobrança menos gravosos, bastaria o legislador ter tratado da falência com base na execução frustrada.

A **falência** com base na impontualidade extrajudicial **é meio de cobrança**, direito subjetivo de todo credor de obrigação empresarial, o qual pode requerer a falência apenas com o título executivo protestado, **sem a necessidade de esgotar** outros meios de cobrança ou de demonstrar patrimônio deficitário do devedor. Não se trata, portanto, de **instrumento abusivo, mas de opção à mercê do credor**, que deverá analisar os custos e os riscos de tal opção, isto é, em vez do ajuizamento de execução singular, interpor pedido de falência contra o devedor. Nesse sentido, há precedentes do STJ que entenderam que **o limite de 40 (salários mínimos) é requisito suficiente para afastar eventual falência temerária**, com fundamento na não razoabilidade do valor indicado para eventual elisão:

> "Pedido de falência instruído com título executivo extrajudicial de valor superior a 40 (quarenta) salários mínimos. Indícios de insolvência patrimonial do devedor. Desnecessidade (...) **Independentemente de indícios ou provas de insuficiência patrimonial**, é possível a decretação da quebra do devedor que não paga, sem relevante razão de direito, no vencimento, obrigação líquida materializada em título ou títulos executivos protestados cuja soma ultrapasse o equivalente a 40 (quarenta) salários mínimos na data do pedido de falência" (REsp 1.532.154-SC, Rel. Min. Paulo de Tarso Sanseverino, por unanimidade, julgado em 18/10/2016, *DJe* 3/2/2017 — Informativo 596).

Havendo a necessidade de formação de **litisconsórcio ativo**, para possibilitar a composição do valor que supere 40 salários mínimos (pela soma de vários títulos de crédito), surge um possível problema, pois algum dos **títulos** poderá ser **desconstituído pela defesa** do devedor, ou referir-se a **obrigação ilegítima** para cobrança na falência. Estar **comprometido um dos títulos** que embasam o pedido de falência, com base na impontualidade, **não impedirá a decretação** da falência se os títulos **remanescentes** alcançarem a soma do valor mínimo exigido. É o que determina o § 2º, do art. 96, da Lei n. 11.101/2005.

É preciso destacar três **detalhes** quanto ao **protesto especial** para fins de falência:

1º) **Todo e qualquer título** que venha a ser utilizado para requerimento dessa modalidade de falência precisará ser **protestado**. A finalidade desse protesto não é a comprovação da existência do débito ou da mora do devedor, mas sim a demonstração cabal de que o devedor empresário **está em crise econômico-financeira**, pois se não está reagindo a um protesto tirado com a finalidade falimentar, é porque não possui forças financeiras para isso. É em razão disso que a lei exige o protesto de todos os títulos e que tais atos tenham expressamente a **finalidade falimentar**.

Um **cheque** que é devolvido, por exemplo, **não precisa ser protestado** para efeito de processo de execução contra os coobrigados, nos termos do art. 47, inc. II, da Lei n. 7.357/85. Todavia, para instruir a **inicial de falência** baseada na impontualidade extrajudicial, **deverá ser protestado** com a finalidade especial de requerer falência.

A **jurisprudência tem-se dividido** quanto à necessidade de protesto com a **finalidade especial de falência**. Entendemos que o pedido de falência é de uma **gravidade monumental**, pois poderá retirar da coletividade uma produtora ou distribuidora de bens e serviços. Protestar para efeito de falência, é **avisar ao devedor empresário a medida drástica** que se aproxima, como um anúncio do golpe de misericórdia, visando que ele tenha a **chance de se reerguer**, inclusive buscando sua recuperação judicial. Caso o devedor **fique inerte** ante o protesto especial, o pedido de falência não lhe será mais grave que a ameaça legal que sofreu.

Apesar desta **intenção do protesto especial para efeito de falência**, a jurisprudência do STJ tem **admitido**, a nosso ver equivocadamente, a decretação da falência mesmo em face da **ausência de protesto especial para fins falimentares**. Contesta-se a jurisprudência do STJ com a modalidade de protesto baseada na falta de pagamento, todavia, exige para tal situação que a pessoa que foi **notificada** do protesto tenha sido **identificada**, conforme teor da sua **Súmula 361**: "A notificação do protesto, para requerimento de falência da empresa devedora, exige a identificação da pessoa que a recebeu". É estranho **exigir identificação** do receptor da notificação do protesto e **dispensar da finalidade especial de falência**. Enaltecida fica a forma, e esvaziado o conteúdo do ato. Confira-se o seguinte acórdão daquele tribunal:

> EMENTA: DIREITO EMPRESARIAL. **FALÊNCIA**. AGRAVO REGIMENTAL NO AGRAVO EM RECURSO ESPECIAL. PROTESTO. NECESSIDADE DE IDENTIFICAÇÃO DO RECEBEDOR. SÚMULA N. 361/STJ. ACÓRDÃO QUE AFIRMA A OCORRÊNCIA DA IDENTIFICAÇÃO. SÚMULA N. 7/STJ. FUNDAMENTO SUFICIENTE NÃO ATACADO NO RECURSO ESPECIAL. SÚMULA N. 283/STF. 1. O Tribunal local deixou claro que a identificação do recebedor da notificação do protesto efetivamente ocorreu, sendo inviável rediscutir esse fato em sede de recurso especial, ante o óbice do enunciado n. 7 da Súmula do STJ: Precedentes. 2. Tendo a decisão recorrida assentado em fundamento suficiente que não foi questionado no recurso especial, incide, por analogia, o enunciado n. 283 da Súmula do STF. 3. Agravo regimental desprovido. Unânime (AgRg no **AREsp 38.779/PR**, 4ª Turma/STJ, *DJe* 14/02/2013, Rel. Min. Antônio Carlos Ferreira).

2º) A Lei n. 11.101/2005 não previu a possibilidade de **protesto por empréstimo**, antes autorizada pelo Decreto-lei n. 7.661/45. Naquela legislação, autorizava-se o pedido de falência com base em título executivo do autor da ação e qualquer protesto tirado contra o devedor empresário. Agora, contudo, a Lei n. 11.101/2005 exige o **protesto de todos** os títulos executivos que embasarem o pedido de quebra, **fulminando** a figura do protesto por empréstimo.

3º) Por fim, os **títulos** que embasarem o pedido de falência, com fundamento na impontualidade extrajudicial, deverão ser **líquidos, certos e exigíveis**, pois inaugurarão um processo de execução coletiva. A **liquidez** refere-se ao conhecimento do valor exato da dívida, **sem pendência de cálculos** ou outras verificações. A **certeza** diz respeito à **inexistência de questionamentos, embargos ou impugnações** sobre o crédito. A **exigibilidade** refere-se à mora do devedor, isto é, à comprovação de que o título está **vencido**.

Esquematizando:

■ *24.2.1.2. Execução frustrada*

A falência fundada na **execução frustrada** pode ser chamada, também, de falência baseada na **impontualidade judicial**. O inc. II, do art. 94, da Lei n. 11.101/2005, estabelece que "será decretada a falência do devedor que: (...) II — executado por qualquer quantia líquida, **não paga, não deposita e não nomeia à penhora bens suficientes** dentro do prazo legal". Diferentemente da primeira causa de falência, nessa hipótese o requerente terá que primeiro buscar a **satisfação** de seu crédito por meio de **regular execução**. Apenas com a **frustração** da execução é que o credor poderá ajuizar pedido de falência, **desistindo da anterior** execução individual contra o devedor empresário, sob pena de se caracterizar a **litispendência** entre a execução individual, em processamento, com a futura execução coletiva, a ser instaurada com a decretação da falência que se busca.

Tal hipótese legal exige, também, **dois requisitos** para a sua configuração (não importando o estado patrimonial do devedor empresário):

1) **título executivo de qualquer valor**, isto é, não importa o valor devido, bastando que seja líquido; e

2) **certidão de execução frustrada** expedida pelo juízo onde corria a execução individual. Não se exige protesto para a configuração dessa modalidade de falência.

Ficam evidentes duas **diferenças** entre a impontualidade judicial e a extrajudicial. Não se **exige valor mínimo** do título executivo, nem o **protesto** dele, no caso de falência fundada na impontualidade judicial. O que se exige, apenas, é a certidão da execução frustrada, extraída do processo de execução individual em que o devedor empresário, citado, não pagou, não depositou valor para garantir o juízo, nem nomeou bens à penhora, nos exatos termos do § 4º, do art. 94. A referida **execução individual** deve ser **extinta** para que não haja litispendência com a execução coletiva, que é a falência.

É importante frisar que a **nomeação** de bens à penhora tem de ser de **bens suficientes** ao pagamento de todo o débito. A **simples nomeação** de bens não descaracteriza a execução frustrada. A mera indicação de bens que não venham a ser penhorados por algum motivo também não evita a caracterização da execução frustrada.

Considerando que essa modalidade de caracterização da falência decorre de um processo de **execução** que já estava **em andamento**, a certeza, liquidez e exigibilidade do título já terão sido apreciadas pelo juízo onde corria a execução, quando da decisão que determinou a citação do devedor empresário. Desse modo, o juízo falimentar, diante da certidão de execução frustrada, **não precisará** de uma **análise mais profunda** dos requisitos da petição inicial.

Caso fique demonstrado, na própria certidão, que existem **embargos do devedor** questionando o título ou o crédito no juízo onde corre a execução, a **inicial deverá ser indeferida**, por falta de interesse de agir do credor, justamente porque será questionada a liquidez, ou a certeza e a exigibilidade do crédito ou do título. Referindo-se os **embargos** do devedor **apenas** à parte do valor executado, a **petição inicial** da falência deverá ser **recebida** e deverá ser **iniciado o processo** de falência, em razão do remanescente incontroverso. Nessa última hipótese, correrão as **duas ações simultaneamente**: uma **execução individual** em que parte do valor é discutida em **embargos do devedor**; e uma ação de **falência**, em que o valor **incontroverso**, não garantido por depósito ou bem penhorado no juízo da execução, poderá levar à **decretação** da falência.

Esquematizando:

■ 24.2.1.3. *Atos de falência*

Além da falência fundada na impontualidade do devedor empresário, o legislador estabeleceu **oito condutas** dele que poderão levar à decretação da quebra. Trata-se de comportamentos que fazem **presumir** o estado de crise econômico-financeira autorizador da bancarrota. Liquidação precipitada dos ativos, pagamentos por meio ruinosos ou fraudulentos, realização de negócio simulado, entre outras condutas, fazem recair **sérias suspeitas** sobre o estado econômico do devedor. Em razão disso, a legislação falimentar confere aos credores do devedor empresário o direito de requerer-lhe a falência, para **prevenir a dilapidação** completa do patrimônio empresarial.

O credor que detectar alguma das oito condutas, tidas como **atos temerários**, poderá buscar a decretação da falência do devedor empresário com fundamento no **comportamento suspeito** dele, não sendo necessária a demonstração de que a dívida já esteja vencida. Assim, **não é necessária a impontualidade** do devedor empresário que se enquadre em alguma das condutas previstas no inc. III, dos arts. 94 e 167-U, da Lei n. 11.101/2005, para que seja requerida sua falência.

Veremos, nos tópicos seguintes, que será permitida **ampla defesa** ao devedor empresário, permitindo-lhe **afastar a presunção** de crise econômico-financeira instalada pela sua conduta temerária. Os atos praticados pelo empresário podem estar inseridos em um programa de **reestruturação** da empresa, mudança de ramo, extinção de setores ou departamentos, sem que isso implique em dificuldades financeiras. O próprio inc. III, do art. 94, da Lei n. 11.101/2005, **exclui a presunção de crise**, no caso de condutas do devedor empresário adotadas em razão de plano de **recuperação judicial**.

Assim, **qualquer credor** do devedor empresário que, diante de algum dos **oito atos temerários** do devedor empresário, não contextualizados em plano de recuperação judicial, **pedir-lhe a falência**, estará exercendo regularmente um direito, de modo que não poderá ser responsabilizado por dano material ou moral, se, ao final do processo, restar demonstrado que não havia crise. Em outras palavras, a **conduta temerária** do devedor empresário **autorizará o pedido** de falência contra ele, e a falta de comunicação ou publicidade de eventual reestruturação por que esteja passando impossibilitará indenização por indevido pedido de falência.

A **Lei n. 14.112/2020 introduziu o art. 167-U na Lei n. 11.101/2005**, criando uma **décima hipótese de falência litigiosa**, semelhante aos atos temerários do art. 94, inciso III.

Dispõe o **art. 167-U** que: "Na ausência de prova em contrário, **presume-se a insolvência do devedor cujo processo estrangeiro principal tenha sido reconhecido no Brasil**. Parágrafo único. O **representante estrangeiro, o devedor ou os credores** podem requerer a falência do devedor cujo processo estrangeiro principal tenha sido reconhecido no Brasil, atendidos os pressupostos previstos nesta Lei."

O texto legal deixa claro que a decretação da falência **não será automática**, mas dependerá de **pedido do representante estrangeiro, do próprio devedor ou de algum credor**. Ainda, o artigo dispõe que a decretação da falência sob esse fundamento dar-se-á "**na ausência de prova em contrário**". Assim, o contraditório e ampla defesa deverão ser observados no **devido processo legal**. Processo que se compatibiliza com o rito da falência litigiosa aqui estudado.

A Lei n. 11.101/2005 esquematiza os oito atos de falência presumida, assim:

OITO ATOS TEMERÁRIOS CARACTERIZADORES DA FALÊNCIA
Art. 94. Será decretada a falência do devedor que: III — pratica qualquer dos seguintes atos, exceto se fizer parte de plano de recuperação judicial:
a) procede à liquidação precipitada de seus ativos ou lança mão de meio ruinoso ou fraudulento para realizar pagamentos;
b) realiza ou, por atos inequívocos, tenta realizar, com o objetivo de retardar pagamentos ou fraudar credores, negócio simulado ou alienação de parte ou da totalidade de seu ativo a terceiro, credor ou não;
c) transfere estabelecimento a terceiro, credor ou não, sem o consentimento de todos os credores e sem ficar com bens suficientes para solver seu passivo;
d) simula a transferência de seu principal estabelecimento com o objetivo de burlar a legislação ou a fiscalização ou para prejudicar credor;

e) dá ou reforça garantia a credor por dívida contraída anteriormente sem ficar com bens livres e desembaraçados suficientes para saldar seu passivo;
f) ausenta-se sem deixar representante habilitado e com recursos suficientes para pagar os credores, abandona estabelecimento ou tenta ocultar-se de seu domicílio, do local de sua sede ou de seu principal estabelecimento;
g) deixa de cumprir, no prazo estabelecido, obrigação assumida no plano de recuperação judicial.
h) devedor, no Brasil, que teve sua insolvência decretada em processo estrangeiro principal, processo que tenha sido reconhecido no Brasil.

Nos termos do § 5º, do art. 94, da Lei n. 11.101/2005, o credor que requerer a falência com fundamento nos atos temerários, na **petição inicial**, "descreverá os **fatos** que a caracterizam, juntando-se as **provas** que houver e especificando-se as que serão produzidas".

Esquematizando:

▪ 24.2.2. Falência voluntária — falência requerida pelo próprio devedor

O art. 105, da Lei n. 11.101/2005, prevê a possibilidade de o devedor empresário requerer a própria falência. Trata-se da denominada **autofalência**. Verificando que seu estado de crise econômico-financeira não lhe permite requerer a recuperação judicial, deverá o empresário requerer seja decretada sua falência. O art. 97, da Lei Recuperacional, já define o **próprio devedor** empresário como o **primeiro legitimado ativo** a iniciar o processo de falência. Uma leitura estrutural da referida lei permite a interpretação de que a **vontade do legislador** é de que, estando um empresário em crise patrimonial, ele mesmo deve dar início a um processo de **soerguimento** empresarial ou de **encerramento** de suas atividades.

Havendo possibilidade de **restauração patrimonial**, deve o empresário requerer sua **recuperação**, seja judicial, seja extrajudicial, caso já esteja registrado há mais de dois anos. Caso não tenha registro há mais de dois anos, ou verificando ser impossível sua recuperação, deve pedir a **autofalência**.

Os **pressupostos** para o pedido de autofalência estão no quadro a seguir. Cumpridos todos os pressupostos, o juiz **decretará a falência**. Caso falte algum dos requisitos, o juiz determinará a **emenda** à inicial. Emendada, **decretará** a falência. Não emendada, o juiz **extinguirá** o feito, sem resolução de mérito. É o que determina o art. 106, nos seguintes termos: "não estando o pedido regularmente instruído, o juiz determinará que seja emendado".

O processo de autofalência **não possui legitimados passivos**, isto é, tem apenas autor. São pressupostos da autofalência:

PRESSUPOSTOS DO PEDIDO DE AUTOFALÊNCIA
Art. 105. O devedor em crise econômico-financeira que julgue não atender aos requisitos para pleitear sua recuperação judicial deverá requerer ao juízo sua falência, expondo as razões da impossibilidade de prosseguimento da atividade empresarial, acompanhadas dos seguintes documentos:
I — demonstrações contábeis referentes aos 3 (três) últimos exercícios sociais e as levantadas especialmente para instruir o pedido, confeccionadas com estrita observância da legislação societária aplicável e compostas obrigatoriamente de: *a)* balanço patrimonial; *b)* demonstração de resultados acumulados; *c)* demonstração do resultado desde o último exercício social; *d)* relatório do fluxo de caixa;
II — relação nominal dos credores, indicando endereço, importância, natureza e classificação dos respectivos créditos;
III — relação dos bens e direitos que compõem o ativo, com a respectiva estimativa de valor e documentos comprobatórios de propriedade;
IV — prova da condição de empresário, contrato social ou estatuto em vigor ou, se não houver, a indicação de todos os sócios, seus endereços e a relação de seus bens pessoais;
V — os livros obrigatórios e documentos contábeis que lhe forem exigidos por lei;
VI — relação de seus administradores nos últimos 5 (cinco) anos, com os respectivos endereços, suas funções e participação societária.

Esquematizando as possíveis decisões quando da análise da petição inicial de autofalência:

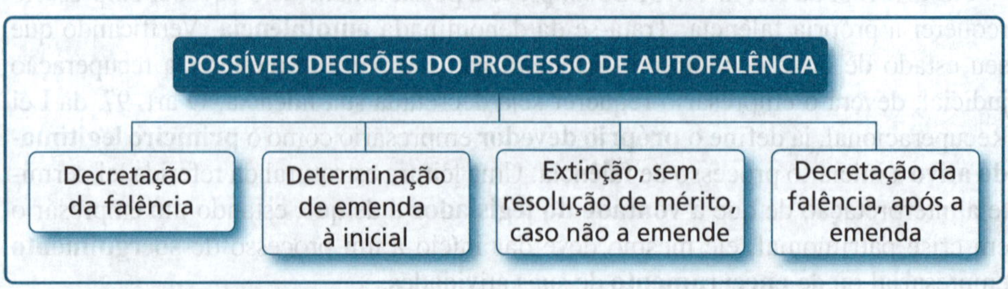

24.2.3. Falência incidental — convolação de recuperação judicial em falência

As sete últimas hipóteses de caracterização de falência decorrem da **convolação da recuperação judicial em falência**. Tais situações podem ser consideradas **acidentes** de percurso na tentativa de recuperação judicial pelo devedor empresário. Recebem a designação de **falência incidental**, pois ocorrem incidentalmente no processo de recuperação judicial.

Há **duas situações** de caracterização de tais convolações:

1) **Convolação da recuperação judicial** em falência — **seis hipóteses**, previstas no art. 73, da Lei n. 11.101/2005, com a redação dada pela Lei 14.112/2020, assim distribuídas:

HIPÓTESES DE CONVOLAÇÃO DE RECUPERAÇÃO JUDICIAL EM FALÊNCIA
I — por **deliberação da assembleia geral** de credores, na forma do art. 42;
II — pela **não apresentação**, pelo devedor, do **plano de recuperação** no prazo do art. 53;
III — quando não aplicado o disposto nos §§ 4º, 5º e 6º do art. 56 desta Lei, ou rejeitado o plano de recuperação judicial proposto pelos credores, nos termos do § 7º do art. 56 e do art. 58-A desta Lei;
IV — por **descumprimento** de qualquer obrigação assumida no **plano de recuperação**, na forma do § 1º, do art. 61.
V — por **descumprimento dos parcelamentos dos créditos tributários** referidos no art. 68 desta Lei ou da transação prevista no art. 10-C da Lei n. 10.522, de 19 de julho de 2002;
VI — quando identificado o **esvaziamento patrimonial da devedora** que implique liquidação substancial da empresa, em prejuízo de credores não sujeitos à recuperação judicial, inclusive as Fazendas Públicas.

2) **Convolação da recuperação judicial especial** (para ME e EPP) em falência — **uma hipótese**, prevista no art. 72, parágrafo único, da Lei n. 11.101/2005, assim definida: "O juiz também julgará improcedente o pedido de recuperação judicial e decretará a falência do devedor **se houver objeções**, nos termos do art. 55 desta Lei, de credores titulares de **mais da metade dos créditos** descritos no inciso I do *caput* do art. 71 desta Lei". Dessa forma, tratando-se de recuperação judicial especial de microempresa ou de empresa de pequeno porte, o juiz **poderá convolar** tal recuperação especial em falência, em consequência de **simples deliberação** dos credores atingidos.

Nessas hipóteses de falência, o que ocorre, na verdade, é uma espécie de **recuperação judicial frustrada**. O devedor imagina-se capaz de superar a crise econômico-financeira, mas termina por não conseguir apresentar um plano de recuperação judicial **convincente**, ou, se consegue convencer os credores e aprovar o plano, **não consegue executá-lo**, podendo, ainda, gerar tão **grave desconfiança** nos credores a ponto de eles decidirem deliberar pela decretação da falência.

A Lei n. 14.112/2020 trouxe **mais duas hipóteses** que determinam a convolação em falência. Na primeira, é o **descumprimento do parcelamento do**

crédito tributário concedido para viabilizar a concessão da recuperação judicial, onde o que ocorre é a **frustração da "recuperação extrajudicial" tributária**, paralela ao plano de recuperação judicial geral. Na segunda, ocorre a **frustração de pagamento a credores não atingidos** pela recuperação judicial, em razão do esvaziamento patrimonial, o qual implicou em liquidação substancial da empresa.

O § 3º do art. 73 da Lei n. 11.101/2005, inserido pela Lei n. 14.112/2020, assim definiu a **liquidação substancial**: "Considera-se substancial a liquidação quando **não forem reservados bens, direitos ou projeção de fluxo de caixa futuro suficientes à manutenção da atividade econômica** para fins de cumprimento de suas obrigações, facultada a realização de perícia específica para essa finalidade."

É preciso, por fim, fazer **três observações** quanto à convolação da recuperação judicial em falência:

1) A existência de recuperação judicial em **processamento não impede o pedido e a decretação da falência** em razão de inadimplemento de **obrigação não alcançada** pelo plano de recuperação judicial a pedido de qualquer credor prejudicado. Isso ocorre porque o devedor empresário em recuperação judicial deve continuar **cumprindo as demais** obrigações que surgem após a sua concessão.

Desse modo, caso o devedor em recuperação judicial **enquadre-se** em alguma das hipóteses de **falência litigiosa**, poderá o juiz decretá-la, conforme estabelece o § 1º, do art. 73, da Lei n. 11.101/2005, nos seguintes termos: "O disposto neste artigo não impede a decretação da falência por inadimplemento de obrigação não sujeita à recuperação judicial, nos termos dos incisos I ou II do *caput* do art. 94 desta Lei, ou por prática de ato previsto no inciso III do *caput* do art. 94 desta Lei". Claro que tal decretação somente será efetivada **caso haja pedido de falência** litigiosa do credor preterido.

2) Havendo a **convolação** da recuperação judicial em falência, todos os **atos praticados** enquanto durou a recuperação **se presumem válidos**, se respeitados a própria Lei n. 11.101/2005 e o plano de recuperação judicial. Desse modo, todos os atos **administrativos**, de **alienação** ou **oneração** de bens, **endividamento**, **pagamento** e outros, não poderão ser objeto de ação revocatória ou de ineficácia, pois a lei os **presume válidos**. Tal determinação foi inscrita assim no art. 74, da Lei n. 11.101/2005: "Na convolação da recuperação em falência, os atos de administração, endividamento, oneração ou alienação praticados durante a recuperação judicial **presumem-se válidos, desde que realizados na forma desta Lei**".

3) **Difere** a **convolação de recuperação** judicial em falência, prevista no art. **73, inc. IV**, da **decretação da falência** prevista no art. **94, inc. III, letra "g"**, da Lei n. 11.101/2005. Ambos os dispositivos estabelecem o **descumprimento de obrigação** prevista no **plano** de recuperação judicial como motivo para a convolação/decretação da falência. Todavia, a **convolação da recuperação** judicial em

falência se dará no caso de **descumprimento de obrigação dentro do prazo de 2 anos** da recuperação judicial. O art. 61, da Lei n. 11.101/2005, estabelece que, da data em que for concedida a recuperação judicial, o devedor empresário **permanecerá dois anos em recuperação**.

O § 1º, do mesmo artigo, afirma que "durante o período estabelecido no *caput* deste artigo, o descumprimento de qualquer obrigação prevista no plano acarretará a convolação da recuperação em falência, nos termos do art. 73 desta Lei".

Nessa hipótese de descumprimento **dentro dos dois anos**, aplica-se a **convolação** prevista no **inc. IV, do art. 73**. **Após o transcurso** do prazo de **dois anos** da recuperação judicial, eventual descumprimento de obrigações previstas no plano de recuperação judicial poderá levar à **decretação da falência**, se for ela requerida com fundamento no art. **94, inc. III, letra "g"**, da Lei n. 11.101/2005.

Esquematizando:

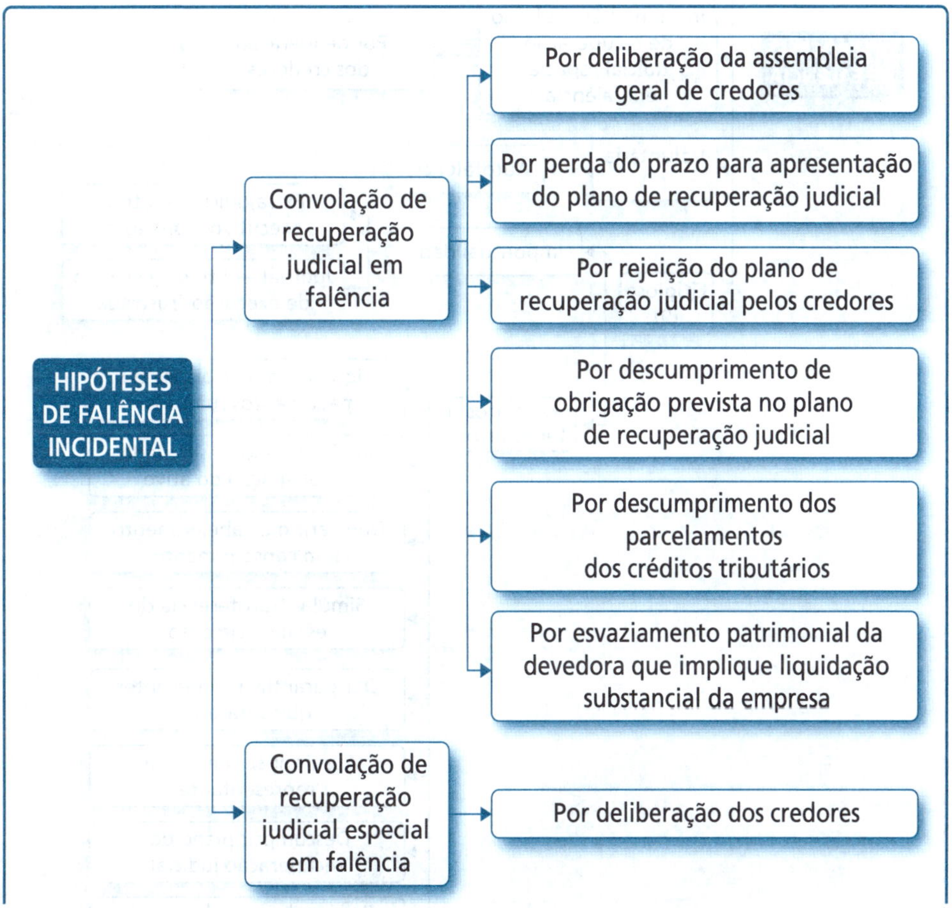

Esquema geral das 18 hipóteses para decretação da falência:

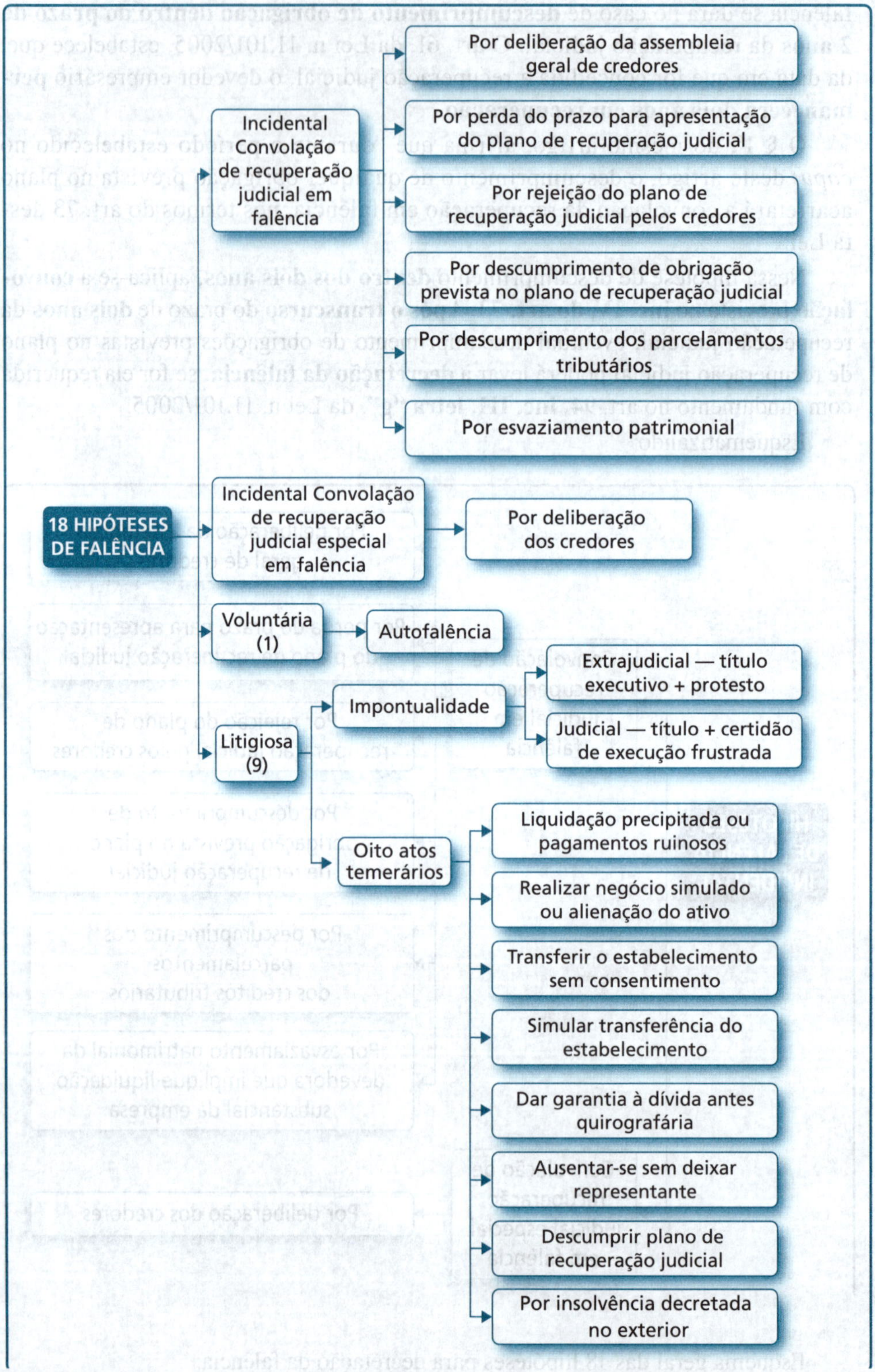
18 HIPÓTESES DE FALÊNCIA
Incidental Convolação de recuperação judicial em falência
Por deliberação da assembleia geral de credores
Por perda do prazo para apresentação do plano de recuperação judicial
Por rejeição do plano de recuperação judicial pelos credores
Por descumprimento de obrigação prevista no plano de recuperação judicial
Por descumprimento dos parcelamentos tributários
Por esvaziamento patrimonial
Incidental Convolação de recuperação judicial especial em falência
Por deliberação dos credores
Voluntária (1)
Autofalência
Litigiosa (9)
Impontualidade
Extrajudicial — título executivo + protesto
Judicial — título + certidão de execução frustrada
Oito atos temerários
Liquidação precipitada ou pagamentos ruinosos
Realizar negócio simulado ou alienação do ativo
Transferir o estabelecimento sem consentimento
Simular transferência do estabelecimento
Dar garantia à dívida antes quirografária
Ausentar-se sem deixar representante
Descumprir plano de recuperação judicial
Por insolvência decretada no exterior

■ 24.3. PROCEDIMENTO PARA A DECRETAÇÃO DA FALÊNCIA

A Lei n. 11.101/2005 prevê um **procedimento especial** para decretação da falência. Os prazos são **curtos e os atos concentrados**, visando dar agilidade à tramitação e à decisão sobre o requerimento de falência, para evitar que eventual improcedência do pedido seja reconhecida somente após os agentes de mercado (Estado, trabalhadores, consumidores e demais empresas) terem **perdido a confiança** no devedor empresário, a quem se imputou estado falimentar.

As hipóteses de falência **voluntária e incidental não têm um procedimento** prévio de caracterização. O pedido de **autofalência**, devidamente instruído (art. 105), leva à **imediata decretação** da falência, sem que se estabeleça qualquer contraditório. Já a **incidental é inesperada**, pois o devedor empresário está em **recuperação judicial** e, de repente, tem sua falência decretada, por **convolação** da recuperação judicial. Não há procedimento contraditório, mas decretação incidental da falência.

O **procedimento falimentar especial** previsto na lei refere-se à **falência litigiosa**. Verdadeiro processo falimentar contraditório. Basicamente, o processo terá apenas **quatro etapas**, distintas e rápidas:

1ª) **Fase postulatória** — quando o requerimento de falência deverá ser realizado a partir da configuração de uma das **nove hipóteses** do art. 94, da Lei n. 11.101/2005.

2ª) **Fase de defesa** — momento em que o devedor poderá utilizar uma das **quatro estratégias** previstas nos arts. 95, 96 e 98, da Lei n. 11.101/2005, ou seja, poderá requerer **recuperação judicial**, **contestar** de forma **limitada** ou **ampla**, ou, ainda, realizar **depósito elisivo**.

3ª) **Fase instrutória** — dependerá do tipo de falência requerida e dos fatos alegados contra o devedor. Normalmente, as falências baseadas em impontualidade demandam apenas prova documentada. Aquelas com base em **atos de falência** poderão exigir **prova oral**. Caso constate a necessidade de outras provas, além daquelas juntadas na petição inicial e na contestação, o juiz determinará a **instrução do feito**, inclusive podendo designar **audiência de instrução**.

4ª) **Fase decisória** — o juiz decidirá, quanto antes, o feito, podendo **decretar a falência ou denegá-la**.

Cada uma dessas etapas será estudada a seguir, mas o que se viu até agora pode ser **esquematizado** assim:

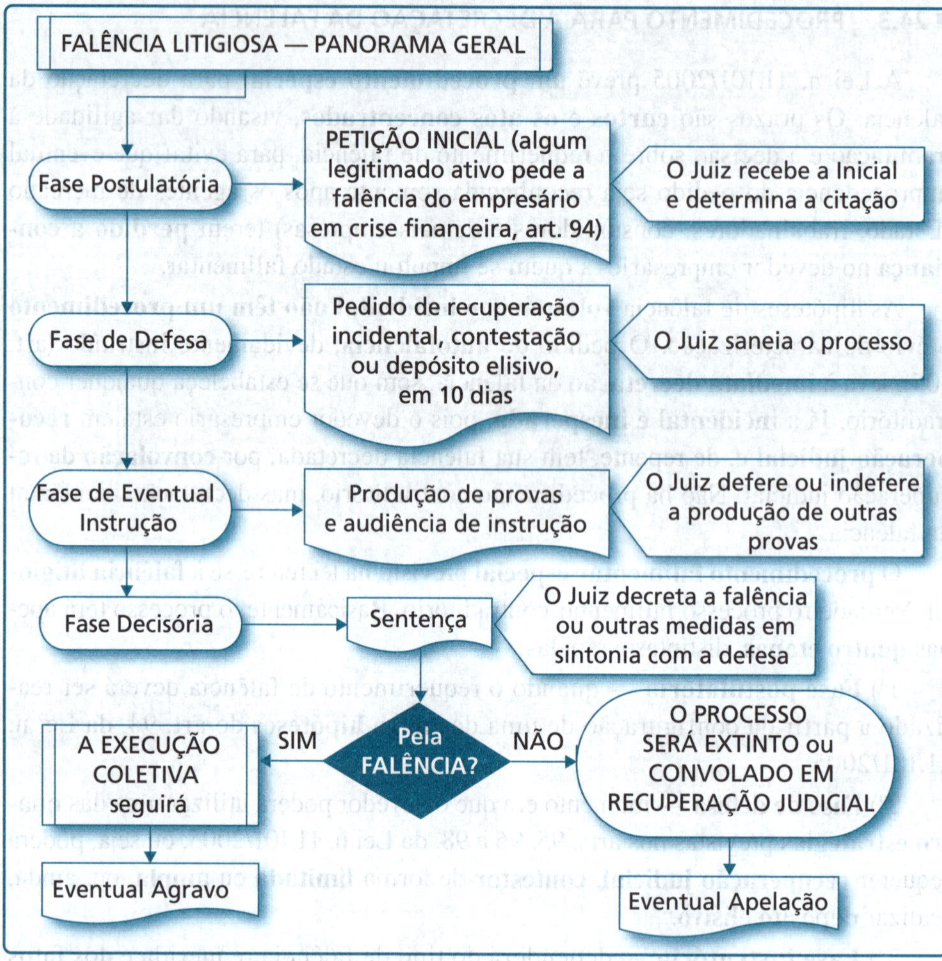

Uma vez **decretada a falência**, independentemente de ser ela voluntária, incidental ou litigiosa, instaura-se o processo de **execução coletiva** contra o devedor empresário, com diversos efeitos e particularidades que serão vistos nos tópicos seguintes. O que se tem de lembrar, nesse momento, é que o **processamento da execução coletiva será o mesmo**, isto é, após a decretação da falência, haverá **procedimento único de execução coletiva**.

■ 24.3.1. Pedido e fundamentos

Como já estudado, as hipóteses de falência caracterizarão **três espécies** falimentares: a) falência **voluntária**; b) falência **incidental**; e c) falência **litigiosa**. Do ponto de vista processual, **apenas a litigiosa** seguirá os ditames de um **processo de conhecimento** típico, com as distintas fases processuais de **postulação, instrução e julgamento**. As **voluntárias e incidentais** serão conhecidas e **julgadas de pronto** pelo juiz, sem contraditório ou instrução do feito.

Assim, na falência **voluntária**, haverá um **pedido direto** do devedor empresário, o qual juntará à petição inicial os documentos e provas exigidos no art. 105, da Lei n. 11.101/2005, como já visto no *item 24.2.2*. O pedido de autofalência funcionará como uma espécie de **confissão de crise** econômico-financeira, sendo essa confissão tácita o **único fundamento** para que a falência seja decretada. Desse modo, a autofalência terá por fundamento o próprio **pedido/confissão** do devedor empresário em crise econômico-financeira, devendo apenas estar instruído conforme a lei para que a falência seja decretada.

A falência **incidental**, por sua vez, decorre de uma espécie de **acidente no curso** de uma recuperação judicial. **Não existe um procedimento** de convolação de recuperação judicial em falência. Nos próprios autos da recuperação judicial, qualquer credor, o Ministério Público, algum dos sócios e o administrador judicial poderão requerê-la, por **simples petição**. Os fundamentos são os previstos nos arts. 72, parágrafo único, e 73, da Lei n. 11.101/2005, como estudado no *item 24.2.3*.

Já a falência **litigiosa** seguirá o procedimento dos arts. 94, 98, 99 e 101, da Lei n. 11.101/2005, com recurso cabível previsto no art. 100. O **art. 94** define os fundamentos da **petição inicial** da falência; o **art. 98** determina o prazo de **dez dias para a defesa** do devedor empresário citado; o **art. 94, § 5º**, permite seja determinada a fase de **instrução**, logo a seguir; o **art. 99** descreve os diversos elementos que devem estar contidos na **sentença que decreta** a falência; o **art. 101** delineia a **sentença que denega** a falência, destacando a necessidade de o juiz avaliar eventuais perdas e danos causados ao devedor empresário requerido; o **art. 100** prevê o recurso de **agravo**, para a sentença que **decreta**, e de **apelação**, para a que **denega** a falência.

Assim, o pedido de **falência litigiosa** será formalizado em **petição inicial** que descreva a falência pela impontualidade extrajudicial (**título executivo que supere 40 salários mínimos + protesto**), pela impontualidade judicial (**título executivo de qualquer valor + certidão de execução frustrada**), ou pelos atos temerários (**7 atos de falência**, previstos no inc. III, do art. 94, da Lei n. 11.101/2005). Os **fundamentos** do pedido serão a **prova documental** que caracteriza as duas modalidades de **impontualidade** e os **atos de falência**, e, para estes últimos, a **prova indicada à produção**, conforme autoriza o art. 94, § 5º, da Lei n. 11.101/2005, nos seguintes termos: "Na hipótese do inciso III do *caput* deste artigo, o pedido de falência descreverá os fatos que a caracterizam, juntando-se as **provas que houver** e especificando-se as que **serão produzidas**".

Esquematizando:

PEDIDO DE FALÊNCIA DIRETO OU INCIDENTAL — REQUISITOS DA PETIÇÃO INICIAL			
Falência	**Requerimento**	**Fundamentos**	**Pedido**
▪ Voluntária	▪ Petição inicial	▪ Pressupostos do art. 105, da Lei n. 11.101/2005.	▪ Autofalência
▪ Incidental	▪ Petição nos autos da recuperação judicial	▪ Fatos previstos nos arts. 72, parágrafo único, e 73, da Lei n. 11.101/2005.	▪ Convolação da recuperação judicial em falência
▪ Litigiosa	▪ Petição inicial	a) título executivo que supere 40 salários mínimos + protesto especial; b) título executivo de qualquer valor + certidão de execução frustrada; c) descrição de um dos 7 atos temerários.	▪ Decretação da falência

24.3.2. Defesa

Quando **citado**, o devedor poderá apresentar defesa no prazo de 10 dias. Além das **preliminares** processuais atinentes às condições da ação, pressupostos processuais e questões prejudiciais, comuns a todo processo civil, o devedor empresário requerido poderá adotar **diferentes estratégias** de resistência ao pedido de falência. São elas:

a) No prazo para defesa, o devedor poderá requerer a sua **recuperação judicial defensiva**, conforme lhe autoriza o art. 95, da Lei n. 11.101/2005. Essa possibilidade de defesa pode ser suscitada em **qualquer das hipóteses** de falência do art. 94, sem prejuízo das demais defesas previstas na legislação recuperacional, para o caso de não estarem presentes os pressupostos da recuperação judicial.

b) No caso do inc. I, do art. 94, da Lei n. 11.101/2005 (**impontualidade extrajudicial**), o devedor **somente** poderá alegar as matérias previstas no **art. 96**, da mesma lei, o qual permite as defesas constantes do quadro a seguir:

DEFESAS CABÍVEIS NA FALÊNCIA POR IMPONTUALIDADE EXTRAJUDICIAL
1) A falência requerida com base no art. 94, inc. I, da Lei n. 11.101/2005, não será decretada se o requerido provar:
a) **falsidade** de título;
b) prescrição;
c) **nulidade** de obrigação ou de título;
d) **pagamento** da dívida;
e) qualquer outro **fato que extinga ou suspenda** obrigação ou não legitime a cobrança de título;
f) **vício em protesto** ou em seu instrumento;
g) apresentação de pedido de **recuperação judicial** no prazo da contestação, observados os requisitos do art. 51, da Lei Recuperacional;
h) **cessação das atividades** empresariais **mais de 2 (dois) anos antes** do pedido de falência, comprovada por documento hábil do Registro Público de Empresas, o qual não prevalecerá contra prova de exercício posterior ao ato registrado.
2) Não será decretada a falência de **sociedade anônima depois de liquidado** e partilhado seu ativo.
3) Não será decretada a falência do **espólio após 1 (um) ano da morte** do devedor.
Observação: as defesas previstas nos subitens a) a f) deste quadro **não obstam a decretação** de falência se, ao final, restarem obrigações não atingidas pelas defesas em montante que **supere 40 salários mínimos**.

c) Nos **pedidos** baseados nos **incs. II e III**, do art. 94, da Lei n. 11.101/2005, o devedor poderá, além das defesas previstas na tabela anterior, utilizar-se de qualquer outra forma de defesa, podendo produzir toda prova que julgar necessária, aplicando-se o princípio da **ampla defesa**.

d) Nos **pedidos** baseados nos **incs. I e II**, do art. 94, da Lei n. 11.101/2005, o devedor poderá, no prazo da contestação, **depositar o valor** correspondente ao total da dívida. Trata-se de **depósito elisivo**, o qual afastará a impontualidade e impedirá a decretação da falência, nos termos do parágrafo único, do art. 98. Segundo tal dispositivo, para elidir a falência, o depósito do **valor principal** do débito deverá ser **acrescido de correção monetária, juros e honorários advocatícios**. O dispositivo legal traduz, ainda, o Enunciado 29 da Súmula do STJ, o qual já dispunha que, "no pagamento em juízo para elidir falência, são devidas correção monetária, juros e honorários de advogado".

Realizado o depósito pelo devedor, no prazo para defesa, a **falência não** será decretada e, caso seja **procedente** o pedido de falência, o juiz ordenará o **levantamento do valor pelo autor**, sem decretá-la. Na prática, o depósito elisivo imporá a denegação da falência, apesar do procedência do pedido. Caso o juiz acate a contestação, entendendo **improcedente** o pedido, denegará a falência e **devolverá o depósito** elisivo ao devedor empresário.

Considerando a finalidade de preservação da empresa, princípio orientador da atual legislação falimentar, a **doutrina e a jurisprudência têm admitido o depósito elisivo** também nas hipóteses dos **atos temerários**, previstas no inc. III, do art. 94, da Lei n. 11.101/2005. Desse modo, em **todas as formas de falência litigiosa caberia a elisão** da falência pela quitação da dívida atualizada, isto é, pelo depósito elisivo. Esta é a melhor maneira de aplicar o benefício legal, pois atende ao interesse de qualquer credor receber o valor atualizado do seu crédito. Quanto ao devedor, a empresa será preservada, o que atenderá ao interesse dele e da coletividade, findando por alcançar a finalidade da legislação aplicável.

Esquematizando:

ESTRATÉGIAS DE DEFESA	
■ Fundamento do pedido	■ Possibilidades de defesa no prazo de 10 dias a contar da citação
■ Impontualidade extrajudicial	■ Requerimento de recuperação judicial, conforme o art. 95. ■ Defesa baseada no art. 96. ■ Depósito elisivo, fundado no art. 98, parágrafo único.
■ Impontualidade judicial	■ Requerimento de recuperação judicial, conforme o art. 95. ■ Ampla defesa. ■ Depósito elisivo.
■ Atos temerários	■ Requerimento de recuperação judicial, conforme o art. 95. ■ Ampla defesa. ■ Depósito elisivo (jurisprudência e doutrina).

O devedor empresário poderá utilizar-se de **todas as formas** de defesa **sucessivamente**, bem como, a um só tempo, pedir sua **recuperação judicial**, apresentar **defesa escrita** e realizar o **depósito elisivo**, aproveitando-se do princípio processual da **eventualidade ou concentração**. Desse modo, o juiz apreciaria os pedidos na seguinte ordem:

1º) O pedido de **recuperação judicial defensiva** — presentes os pressupostos do art. 48 e os requisitos do art. 51, da Lei n. 11.101/2005, o juiz **determinaria o processamento** da recuperação judicial, o que **fulminaria** o feito falimentar, que seria convolado em processo de recuperação judicial.

2º) A **contestação** — não sendo possível deferir o processamento da recuperação judicial, o juiz apreciaria a contestação apresentada pelo devedor. Caso a **acatas-**

se, julgaria **improcedente** o pedido e determinaria a **devolução** e o levantamento do **depósito elisivo** pelo **devedor empresário** que o depositou em juízo.

3º) O **depósito elisivo** — caso **não acatasse** a contestação do devedor, o que levaria à decretação da falência, o juiz determinaria o **levantamento do depósito** elisivo pelo **credor** (autor do pedido), denegando-a.

Podemos, graficamente, visualizar as três formas de defesa:

■ 24.3.3. Instrução

O processo de **falência litigiosa** deve tramitar observando a determinação do art. 75, da Lei n. 11.101/2005, que em seu parágrafo único disciplina: "O processo de falência atenderá aos princípios da **celeridade e da economia processual**".

A Lei n. 14.112/2020, ante as polêmicas geradas com a edição do CPC/2015 e a necessidade de atender ao princípio da celeridade processual, estabeleceu que todos os prazos previstos na Lei n. 11.101/2005 são contados em dias corridos. Confira-se o que determina a atual redação do art. 189: "§ 1º Para os fins do disposto nesta Lei: I — todos os prazos nela previstos ou que dela decorram serão contados em dias corridos

As referidas determinações legais têm sua razão de ser nas **desastrosas consequências** que um **pedido indevido** de falência pode ocasionar. Durante o processamento do pedido, **sérias suspeitas** começam a recair sobre o devedor empresário, pois não é fácil para o público geral **distinguir o pedido** de falência (em que se investiga o estado falimentar) da **falência já decretada** (em que se constatou o enquadramento do devedor em um dos dezoito tipos falimentares). No **intervalo** entre o pedido e o decreto de falência, um devedor empresário solvente pode **encontrar sua ruína**, mesmo que a falência seja denegada. Por isso, a celeridade.

Assim, a instrução do processo falimentar será feita essencialmente por **prova documental**. A impontualidade, por exemplo, tem de ser demonstrada na petição inicial, pela juntada do **título executivo original** (salvo se apreendido em outros autos), do **instrumento do protesto** ou da **certidão de execução frustrada**. Não há como admitir o processamento do referido pedido de falência se não instruída documentalmente.

A falência litigiosa, decorrente dos **atos temerários**, entretanto, dependerá de comprovação de **outras provas**, além da documental. O mesmo ocorrerá com as possíveis **teses defensivas** trazidas pelo devedor empresário, inclusive aquelas do art. 96, da Lei n. 11.101/2005.

Ao determinar que alguns fatos caracterizam a falência, o legislador permite a **comprovação** da ocorrência deles. Desse modo, os atos de falência poderão ser demonstrados por **todos os meios de prova**. O inc. III, do art. 94, da Lei n. 11.101/2005, traz o rol dos atos que permitem **ampla liberdade probatória**. Confiram-se: liquidar precipitadamente ativos; lançar mão de meio ruinoso ou fraudulento para realizar pagamentos; realizar negócio simulado; alienar parte ou a totalidade de seu ativo; transferir estabelecimento a terceiro, sem o consentimento de todos os credores e sem ficar com bens suficientes; simular a transferência de seu principal estabelecimento; dar ou reforçar garantia a credor por dívida contraída anteriormente; ausentar-se sem deixar representante habilitado e com recursos suficientes para pagar os credores; e abandonar o estabelecimento ou tentar ocultar-se de seu domicílio. Todos esses atos podem necessitar de **comprovação por prova oral**, bem como a realização de **audiências e perícias**.

Da mesma forma, ao admitir **alguns argumentos** de defesa, a lei autoriza que se faça prova disso. Além da liberdade de argumentos que podem ser trazidos nas defesas de falências litigiosas fundadas nos incs. II e III, do art. 94, da Lei n. 11.101/2005, o rol do art. 96 especifica defesas que demandam provas que vão **além da documental**. Eis os atos que as exigem: nulidade de obrigação ou de título; qualquer **outro fato** que extinga ou suspenda obrigação, ou não legitime a cobrança de título.

É possível, então, distinguir **três formas de instrução** dos feitos falimentares litigiosos:

1) falências fundadas na **impontualidade** terão a petição inicial instruída com prova **documental exclusiva**: título de crédito e protesto, ou título de crédito e certidão de execução frustrada;

2) falências fundadas nos **atos temerários** terão a petição inicial acompanhada da comprovação da condição de credor do autor, realizada por meio de prova documental, enquanto o ato de falência poderá ser comprovado por **todos os meios de prova**, inclusive pela indicação de prova testemunhal e requerimento da pericial;

3) as **linhas de defesa** poderão invocar **todo tipo de prova**. Isso porque o devedor empresário poderá comprovar **qualquer fato** que extinga ou suspenda a obrigação, ou que retire a legitimidade da cobrança. Também deve ser considerado que o princípio da **preservação da empresa** recomenda ser preferível a denegação da falência, pois isso manteria a atividade produtiva preservada, o que impõe a ampla defesa do devedor empresário **como regra**.

Esquematizando:

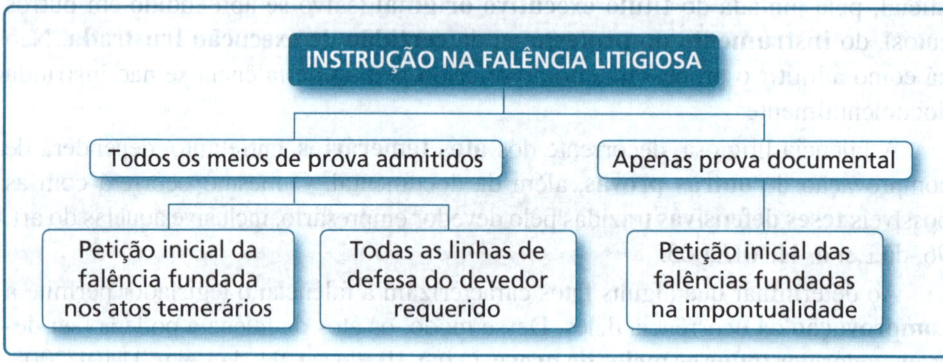

■ 24.3.4. Sentença

A fase **preliminar, investigativa ou pré-falimentar** encerra-se com uma sentença, que pode **decretar ou denegar** a falência, segundo os ditames dos arts. 99 a 101, da Lei n. 11.101/2005. Essa sentença põe fim à **fase de conhecimento** da falência litigiosa, aquela que foi requerida com fundamento no art. 94.

O **ato final** da fase de conhecimento do procedimento falimentar litigioso é denominado **sentença**. Ocorre que, se o juiz **denega** a falência, haverá uma **típica decisão final**, que põe termo ao processo, isto é, um ato judicial com **conteúdo e efeito de sentença**. Já se o juiz **decreta** a falência, tal ato judicial **inaugurará** o processo de execução coletiva, de modo que, apesar de **resolver o mérito**, atendendo ao pedido de decretação da falência, não porá fim ao processo, mas, sim, **iniciará sua principal etapa**.

Desse modo, é de se concluir que o referido ato judicial tem **conteúdo de sentença e efeito de decisão** interlocutória, pois impulsiona o feito para a fase de execução coletiva, no lugar de encerrá-lo. Apesar de a diferença parecer mera questão de teoria processual, ela influenciará o **sistema recursal** aplicável, como será visto a seguir, pois a sentença que **denegar** a falência desafiará **apelação**, enquanto a que a **decretar desafiará agravo**.

Acatando o juiz alguma das **defesas** do devedor empresário, **denegará** a falência. Também **não a decretará** caso seja realizado o **depósito elisivo**. Na primeira hipótese, há uma **denegação direta** do pedido de falência. Na segunda, uma **denegação indireta**, pois, se o juiz não acata a defesa do empresário, deve decretar sua falência, salvo se ocorrer o depósito elisivo, de modo que a denegação, nessa hipótese, decorre do **afastamento da impontualidade** e da eliminação da condição de credor do autor da ação (em razão do depósito elisivo), e não da constatação de que o credor não está em crise econômico-financeira. Para melhor visualização da sentença que define a fase **preliminar** da falência, repetimos a seguir o fluxograma utilizado no *item 24.3.*

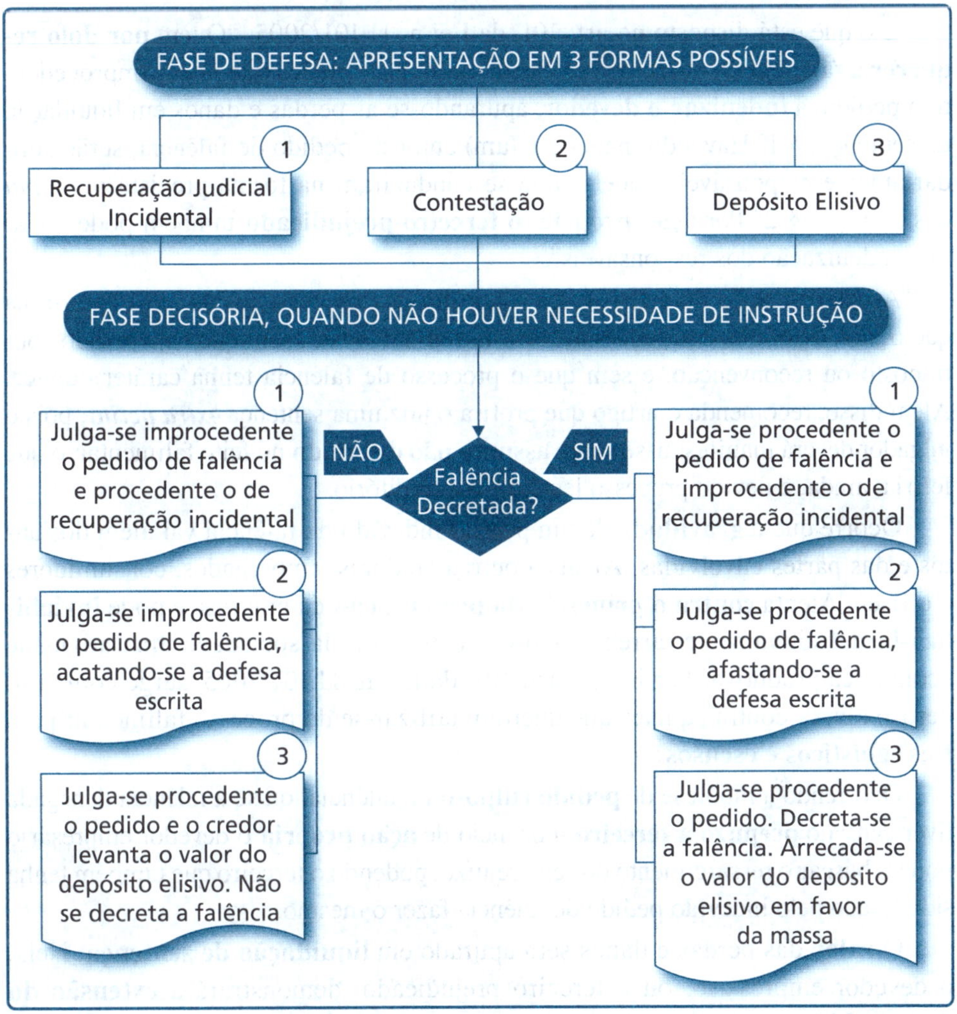

A denegação **direta** da falência imporá ao juiz a averiguação do **ânimo que moveu** o autor do pedido. Como já dito, a fase pré-falimentar pode impor **sérios danos** ao empresário que não esteja, ao final do processo, juridicamente falido, mas que teve a falência requerida e, posteriormente, denegada.

Assim, existe a possibilidade de **pedido doloso** de falência contra empresário que não se encontre em crise econômico-financeira, visando fins escusos. A falsificação de documentos, de protestos, a simulação e outras práticas podem ser adotadas para **teatralizar um pedido** de falência e expor o devedor ao **descrédito no mercado**.

Caso constate que o pedido de falência (denegada diretamente) foi utilizado **dolosamente pelo autor** da demanda, o juiz deverá, na mesma sentença que denega a falência, **condenar o autor** do pedido a **indenizar** o requerido (devedor empresário) em perdas e danos, cujo valor será obtido posteriormente em fase de **liquidação por arbitramento**.

É o que está disposto no art. 101, da Lei n. 11.101/2005: "Quem **por dolo requerer a falência de outrem será condenado**, na sentença que julgar improcedente o pedido, a **indenizar o devedor**, apurando-se as perdas e danos em liquidação de sentença. § 1º Havendo mais de 1 (um) autor do pedido de falência, serão solidariamente responsáveis aqueles que se conduziram na forma prevista no *caput* deste artigo. § 2º Por **ação própria, o terceiro prejudicado** também pode reclamar indenização dos responsáveis".

A determinação do art. 101 soa **estranha** aos processualistas, pois determina que o juiz, de ofício, **condene o autor a indenizar o réu**, sem que haja pedido contraposto ou reconvenção, e sem que o processo de falência tenha caráter dúplice. Além disso, recomenda o artigo que profira o juiz uma sentença ***extra petita***, pois o julgador deverá manifestar-se sobre **assunto não discutido** no feito falimentar, o que feriria, ainda, o devido processo legal e o contraditório.

Ocorre que a **gravidade** de um pedido indevido de falência vai além dos autos e das partes envolvidas. Alcança outros credores, empregados, consumidores e o fisco. Atenta **contra o princípio da preservação** da empresa e pode **inviabilizá-la** definitivamente, arrebatando do mercado e da sociedade uma atividade econômica produtiva. Por isso, o art. 101, da Lei n. 11.101/2005, surge como poderoso **alerta** contra aqueles que queiram utilizar-se do processo falimentar para fins **egoísticos e escusos**.

Ocorrendo a hipótese de **pedido culposo** de falência, ou se a falência denegada tiver causado **prejuízo a terceiro**, por meio de **ação própria** o devedor empresário poderá buscar o ressarcimento do seu prejuízo, podendo o terceiro que também tenha sido lesado pelo indevido pedido de falência fazer o mesmo.

O **valor** das perdas e danos será apurado em **liquidação de sentença**. Nela, o devedor empresário, ou o terceiro prejudicado, demonstrará a **extensão do dano** sofrido em razão do indevido pedido. A liquidação dar-se-á por **arbitramento** do juiz.

Havendo **mais de um autor** do pedido de falência denegada, todos serão condenados **solidariamente** ao pagamento dos danos causados, salvo com a comprovação de que não tenham agido dolosa ou culposamente.

Esquematizando a sentença que denega a falência:

Já a sentença que **decreta** a falência apresenta diversas **características próprias**, pois: a) no lugar de encerrar o processo falimentar, **inicia a execução coletiva**, como se fosse uma decisão de admissibilidade; b) impõe **efeitos imediatos e drásticos** ao falido, mesmo que haja recurso; c) submete ao juiz uma **série de situações** que deverão ser definidas doravante; d) **reflete em todos os processos** em que o devedor empresário seja parte; e) **altera o estado jurídico** do falido, dos seus bens, dos seus contratos e das suas obrigações; f) impõe uma **investigação cível e criminal** dos atos praticados pelo devedor empresário antes da quebra; g) **substitui o falido** pelo administrador judicial; entre outros efeitos.

A sentença que decreta a falência tem **natureza constitutiva**. Não é difícil chegar a essa conclusão, bastando constatar que: a) a falência é um **estado jurídico** (enquadramento do devedor empresário em uma das 18 hipóteses legais), e não econômico (simples déficit patrimonial); b) é um **estado de direito** (que estabelece um novo regime jurídico ao falido), e não de fato (que apenas reconhece a sua derrocada patrimonial); c) gera **efeitos *ex nunc***, ou seja, dela em diante (apesar da investigação cível e criminal dos atos praticados pelo devedor empresário antes da quebra); d) **não define, retroativamente**, desde quando estaria falido o devedor empresário (porque isso é impossível; apesar de definir o termo legal da falência, o qual tem outra finalidade); e) **encerra a fase de conhecimento** do processo e **inaugura a fase de execução** coletiva, funcionando como **juízo de admissibilidade** do novel estado jurídico imposto ao devedor empresário em crise econômico-financeira, agora falido.

A sentença que decreta a falência, justamente por servir como juízo de admissibilidade da execução coletiva, configura-se verdadeira **decisão interlocutória mista**. Funciona inicialmente como **sentença, ao atender ao pedido** e decretar a falência, e depois como **decisão interlocutória, ao determinar (autorizar) o início da execução** coletiva. Põe fim à fase de conhecimento e inaugura, imediatamente, a fase de execução. Sendo decisão interlocutória, desafiará o recurso de **agravo, com efeito devolutivo**, portanto.

O art. 99, da Lei n. 11.101/2005, já com a redação dada pela Lei n. 14.112/2020, estabelece **diversas providências** que o juiz deverá adotar no próprio texto da sentença que decreta a falência, **organizando o novo estado jurídico do falido**. As providências estão elencadas em 13 incisos e parágrafo único, do referido art. 99, a saber:

SENTENÇA DE FALÊNCIA E NOVO ESTADO JURÍDICO DO FALIDO
Art. 99. A sentença que decretar a falência do devedor, entre outras determinações:
I — conterá a **síntese do pedido**, a identificação do falido e os nomes dos que forem a esse tempo seus administradores;
II — fixará o **termo legal** da falência, sem poder retrotraí-lo por mais de 90 (noventa) dias contados do pedido de falência, do pedido de recuperação judicial ou do 1º (primeiro) protesto por falta de pagamento, excluindo-se, para esta finalidade, os protestos que tenham sido cancelados;
III — ordenará ao falido que apresente, no prazo máximo de 5 (cinco) dias, **relação nominal dos credores**, indicando endereço, importância, natureza e classificação dos respectivos créditos, se esta já não se encontrar nos autos, sob pena de desobediência;
IV — explicitará o **prazo para as habilitações** de crédito, observado o disposto no § 1º do art. 7º desta Lei;
V — ordenará a **suspensão de todas as ações ou execuções** contra o falido, ressalvadas as hipóteses previstas nos §§ 1º e 2º do art. 6º desta Lei;
VI — **proibirá** a prática de qualquer **ato de disposição ou oneração de bens** do falido, submetendo-os preliminarmente à autorização judicial e do Comitê, se houver, ressalvados os bens cuja venda faça parte das atividades normais do devedor se autorizada a continuação provisória nos termos do inc. XI do *caput* deste artigo;
VII — determinará as **diligências necessárias** para salvaguardar os interesses das partes envolvidas, podendo ordenar a prisão preventiva do falido ou de seus administradores quando requerida com fundamento em provas da prática de crime definido nesta Lei;
VIII — ordenará ao Registro Público de Empresas e à Secretaria Especial da Receita Federal do Brasil que procedam à **anotação da falência** no registro do devedor, para que dele constem a expressão "falido", a data da decretação da falência e a inabilitação de que trata o art. 102 desta Lei;
IX — **nomeará o administrador judicial**, que desempenhará suas funções na forma do inc. III do *caput* do art. 22 desta Lei sem prejuízo do disposto na alínea *a* do inc. II do *caput* do art. 35 desta Lei;
X — determinará a **expedição de ofícios** aos órgãos e repartições públicas e outras entidades para que informem a existência de bens e direitos do falido;
XI — pronunciar-se-á a respeito da **continuação provisória** das atividades do falido com o administrador judicial **ou da lacração** dos estabelecimentos, observado o disposto no art. 109 desta Lei;
XII — determinará, quando entender conveniente, a **convocação da assembleia geral de credores** para a constituição de Comitê de Credores, podendo ainda autorizar a manutenção do Comitê eventualmente em funcionamento na recuperação judicial quando da decretação da falência;
XIII — ordenará a **intimação eletrônica, nos termos da legislação vigente e respeitadas as prerrogativas funcionais, respectivamente, do Ministério Público** e das **Fazendas Públicas** federal e de todos os Estados, Distrito Federal e Municípios em que o devedor tiver estabelecimento, para que tomem conhecimento da falência.
§ 3º — apresentação ao juiz de um **plano detalhado de realização dos ativos**.

Além das providências constantes do quadro anterior, a Lei n. 14.112/2020 incluiu o § 3° no art. 99 da Lei n. 11.101/2005, para impor **mais uma providência** decorrente da sentença que decreta a falência. Trata-se da obrigatoriedade de **apresentação ao juiz de um plano detalhado de realização dos ativos**, pelo **administrador judicial** nomeado, no **prazo de 60 dias**, contados da assinatura do termo de nomeação. Esse plano de realização do ativo deverá descrever os **bens arrecadados, sua avaliação, a forma mais adequada de alienação e o prazo necessário** para a realização das alienações. A regra visa imprimir celeridade à venda dos bens, o que promoveria a **reinserção da empresa no mercado**, agora na mão do arrematante. Além disso, levaria a um **rápido encerramento da falência**, pois alienado todo o ativo, o feito deverá ser encerrado. O texto legal desse novo instituto veio redigido assim:

> "§ 3º Após **decretada a quebra ou convolada a recuperação judicial em falência**, o administrador deverá, no prazo de até 60 (sessenta) dias, contado do termo de nomeação, apresentar, para apreciação do juiz, **plano detalhado de realização dos ativos**, inclusive com a estimativa de tempo não superior a 180 (cento e oitenta) dias a partir da juntada de cada auto de arrecadação, na forma do inciso III do *caput* do art. 22 desta Lei."

Cada uma dessas providências está explicada em tópicos já estudados e em outros que virão a seguir. Nesse tópico, é importante conferir que as determinações do art. 99 **estabelecem um novo estado jurídico** para o devedor empresário, ocasionando diversos efeitos, que serão estudados. Essas determinações podem ser agrupadas em três classes:

Providências **processuais**:

- fixará o termo legal da falência, sem poder retrotraí-lo por mais de 90 (noventa) dias;
- ordenará ao falido que apresente, no prazo máximo de 5 (cinco) dias, relação nominal dos credores;
- explicitará o prazo para as habilitações de crédito;
- ordenará a suspensão de todas as ações ou execuções contra o falido;
- determinará as diligências necessárias para salvaguardar os interesses das partes envolvidas, podendo ordenar a prisão preventiva.

Providências **administrativas**:

- proibirá a prática de qualquer ato de disposição ou oneração de bens do falido;
- nomeará o administrador judicial;
- pronunciar-se-á a respeito da continuação provisória das atividades do falido com o administrador judicial ou da lacração dos estabelecimentos;
- determinará, quando entender conveniente, a convocação da assembleia geral de credores para a constituição de Comitê de Credores.

Providências **de divulgação**:

- determinará a publicação de Edital que conterá a síntese do pedido, a identificação do falido e os nomes dos seus administradores;

- ordenará ao Registro Público de Empresas que proceda à anotação da falência no registro do devedor, para que conste a expressão "Falido", a data da decretação da falência e a inabilitação do falido;
- determinará a expedição de ofícios aos órgãos e repartições públicas e outras entidades para que informem a existência de bens e direitos do falido;
- ordenará a intimação do Ministério Público e a comunicação por carta às Fazendas Públicas Federal e de todos os Estados e Municípios.

Além de todas as providências já elencadas, o juiz ordenará a **publicação de edital** contendo a **íntegra da decisão que decreta** a falência e a **relação de credores** do falido. A divulgação da sentença que decreta a falência deve ser a **mais ampla possível**, tendo o edital mencionado essa função. A Lei n. 14.112/2020 trouxe nova redação ao § 1°, do art. 99, da Lei n. 11.101/2005, para determinar que o edital de divulgação da sentença que decreta a falência seja **publicado de modo eletrônico**. Esse dispositivo legal visa evitar alegação de nulidade processual por insuficiência de divulgação do ato. A determinação legal alinha-se com implementação definitiva do **processo judicial eletrônico** em âmbito nacional. Confira-se o texto legal: "O juiz ordenará a publicação de edital eletrônico com a íntegra da decisão que decreta a falência e a relação de credores apresentada pelo falido."

Nessa mesma linha, **voltada à digitalização dos processos e celeridade processual**, a Lei n. 14.112/2020 já indicou **a quem deverá ser dirigida** a intimação eletrônica da falência, quando se tratar de órgãos da administração pública direta e indireta. Assim, o § 2°, do art. 99, da Lei n. 11.101/2005 recebeu a seguinte redação:

> § 2º A **intimação eletrônica das pessoas jurídicas de direito público** integrantes da administração pública indireta dos entes federativos referidos no inciso XIII do *caput* deste artigo será direcionada:
>
> I — no âmbito **federal, à Procuradoria-Geral Federal e à Procuradoria-Geral do Banco Central** do Brasil;
>
> II — no âmbito dos **Estados e do Distrito Federal, à respectiva Procuradoria-Geral**, à qual competirá dar ciência a eventual órgão de representação judicial específico das entidades interessadas; e
>
> III — no âmbito dos **Municípios, à respectiva Procuradoria-Geral** ou, se inexistir, ao **gabinete do Prefeito**, à qual competirá dar ciência a eventual órgão de representação judicial específico das entidades interessadas.

Tão importante quanto a divulgação da falência decretada é a **publicação da primeira relação de credores** do falido, lista de presença obrigatória no Edital. É a partir da publicação desse edital, que divulga a sentença de decretação da falência, que se iniciará o prazo de **15 dias para habilitação** dos credores. Para possibilitar as habilitações e divergências, já estudadas, torna-se necessária a divulgação da relação de credores **informada pelo falido**, conforme lhe foi determinado pelo juiz, nos termos do art. 99, inc. III, da Lei n. 11.101/2005. Caso o falido não informe a relação dos seus credores, o **administrador judicial providenciará a referida relação**, à luz dos documentos, livros e registros do falido. Assim, o Edital que divulga a decretação da falência deverá tornar pública a **relação dos credores do falido, o valor de cada crédito e a que categoria de credores pertence** cada um. Isso **desencadeará** o procedimento de habilitação de créditos, viabilizando a formação da massa falida subjetiva (conjunto de credores do falido).

Esquematizando a sentença que decreta a falência:

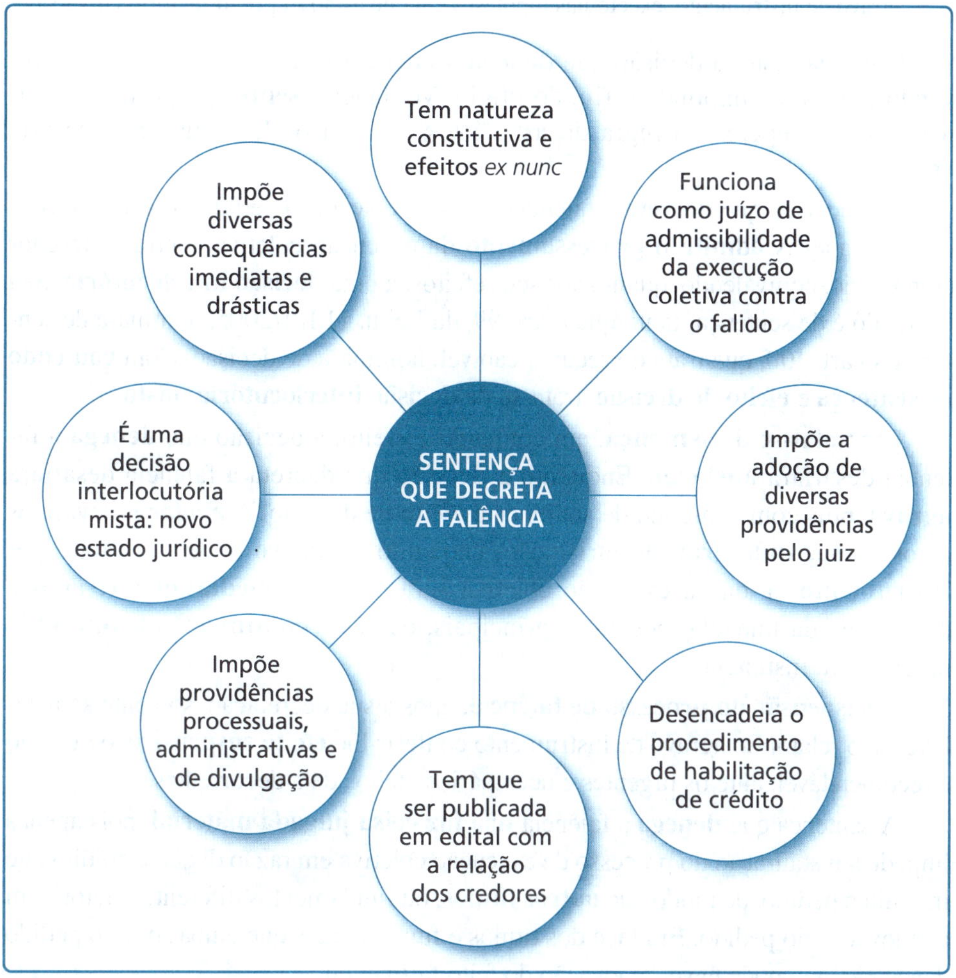

■ 24.3.5. Recursos

O art. 100, da Lei n. 11.101/2005, dispõe que: "Da decisão que decreta a falência cabe agravo, e da sentença que julga a improcedência do pedido cabe apelação".

O **sistema recursal** adotado para as referidas decisões é coerente com a **natureza delas.**

Importante destacar a **regra geral recursal** trazida pela Lei n. 14.112/2020, ao incluir o § 1° e seus incisos, no art. 189, da Lei n. 11.101/2005. Segundo a nova regra, **todas as decisões proferidas nos processos previstos na Lei n. 11.101/2020 são passíveis de agravo de instrumento**, salvo quando a referida lei previr outro recurso. Assim veio o texto legal:

"§ 1º Para os fins do disposto nesta Lei:

II — as decisões proferidas nos processos a que se refere esta Lei serão passíveis de agravo de instrumento, exceto nas hipóteses em que esta Lei previr de forma diversa."

Como já visto, a decisão que **denega** a falência **põe fim** ao processo, resolvendo o mérito e impondo o fim do litígio. Verdadeira **sentença**, portanto. Sentença que excepciona a regra do art. 189, § 1°, inciso II, acima, pois desafia **apelação**.

Já a decisão que **decreta** a falência, apesar de acatar o pedido, julgando-o procedente, apenas **admite o processamento** da execução coletiva contra o devedor empresário, equivalendo, quanto aos seus efeitos, a uma **decisão interlocutória**. Seu conteúdo é de sentença, tanto que o art. 99, da Lei n. 11.101/2005, nomina-a de sentença. O art. 100, que trata do recurso cabível, nomina-a de decisão. Com **conteúdo de sentença** e **efeito de decisão**, trata-se de **decisão interlocutória mista**.

Por tratar-se de **sentença**, em conteúdo e efeito, a decisão que **denega** a falência desafiará **apelação**. Enquanto a **decisão** que decreta a falência desafiará **agravo**, pois com conteúdo de sentença e efeito de decisão. A **apelação** levará os autos ao **segundo grau** de jurisdição, enquanto o **agravo** deverá ser feito por **instrumento**, já que a execução coletiva será iniciada **imediatamente** após a decretação da falência, nos autos principais, os quais **continuarão tramitando** na primeira instância.

A **suspensão do processo de falência**, após a sua decretação, somente será cabível se o relator do agravo de instrumento conferir-lhe **efeito suspensivo**, o que não é recomendável, ante os urgentes e necessários efeitos dela decorrentes.

A sentença que **denega** a falência **não faz coisa julgada material**, pois apenas impede a instauração do processo de execução coletiva em razão daquele crédito que instruiu o pedido, de modo que **outros títulos**, ou fundamentos diferentes, autorizam a renovação do pedido. Em face dos títulos e fundamentos que embasaram o pedido denegado, não pode haver renovação do feito falimentar.

A lei anterior previa o recurso de embargos, o qual foi abolido pela Lei n. 11.101/2005. Todavia, com base no CPC, é possível o manejo de **embargos de declaração**.

Esquematizando os recursos da sentença falimentar:

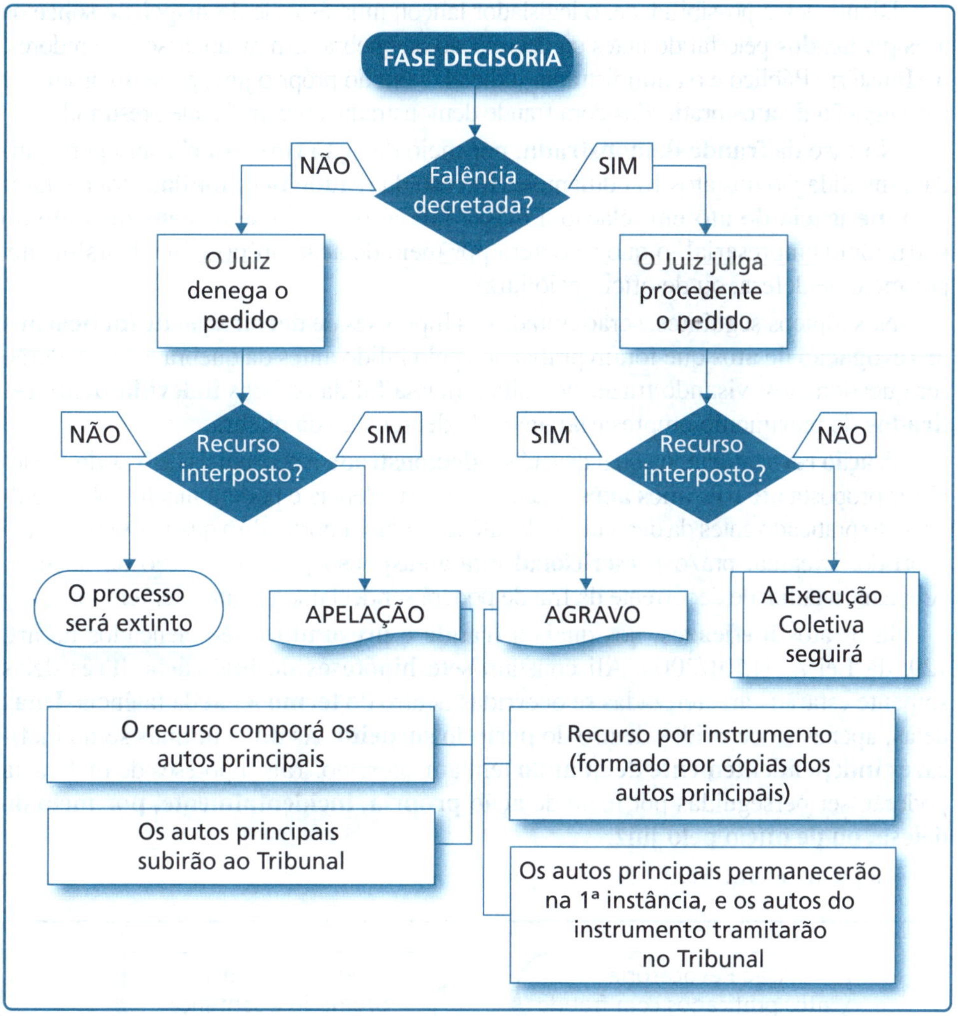

■ 24.4. DA INEFICÁCIA E DA REVOGAÇÃO DE ATOS PRATICADOS ANTES DA FALÊNCIA

A primeira pessoa a tomar conhecimento do estado falimentar é o **próprio devedor** empresário. A **crise** econômico-financeira é **percebida e vivenciada** por ele antes mesmo de ser percebida por qualquer outra pessoa. Desse modo, não é surpreendido pelo pedido de falência, nem pela decretação dela, uma vez que **conhece** as próprias finanças e operações monetárias, bem como os resultados presentes e futuros do empreendimento.

Justamente por ter a noção de sua **situação real** é que o empresário em crise econômico-financeira **desperta a desconfiança** sobre os **negócios praticados** antes da decretação da falência. Assim, a **iminência de decretação** da falência pode provocar o **esvaziamento do patrimônio** empresarial por **meios fraudulentos**, frustrando mais ainda o pagamento à massa de credores.

Diante dessa possibilidade, o legislador lançou uma espécie de **suspeição sobre os atos praticados** pelo falido antes da decretação da quebra. Em razão disso, os credores, o Ministério Público e o administrador judicial, além do próprio juiz, poderão promover a **revogação de atos** praticados com fraude demonstrada, ou com fraude presumida.

No caso da **fraude demonstrada**, por meio da **ação revocatória** será perseguida a invalidação dos atos fraudulentos. No caso da **fraude presumida**, será declarada a **ineficácia do ato** em relação à massa falida, trazendo-se os **bens de volta** ao patrimônio empresarial, o que se obterá por meio de ação própria, incidentalmente, por meio de defesa, ou de ofício pelo juiz.

Nos tópicos seguintes, serão tratadas as hipóteses de **declaração de ineficácia** e de **revogação de atos** que foram praticados pelo falido antes da quebra e que poderão ser questionados, visando trazer de volta à massa falida os bens **indevidamente retirados** do patrimônio empresarial antes da decretação da quebra.

A **ação revocatória**, na qual deverá ser **demonstrada** a ocorrência de **fraude**, poderá ser proposta **até três anos após** a decretação da falência e poderá incidir sobre qualquer ato praticado antes da decretação da falência, **não** importando a quanto **tempo** tenha ocorrido. Eventual prazo **prescricional** estará **suspenso** pela decretação da falência. Ademais, a nulidade decorrente da fraude poderá ser declarada a qualquer tempo.

Já os atos **ineficazes**, nos quais a **fraude é presumida**, são elencados no art. 129, da Lei n. 11.101/2005. Ali constam sete **hipóteses de ineficácia**. **Três** delas somente estarão caracterizadas se ocorridas dentro do **termo legal** da falência. **Duas** delas, apenas se ocorridas dentro do **período suspeito**. As **duas** últimas serão ineficazes **independentemente de quando** tenham ocorrido. Tais hipóteses de ineficácia poderão ser perseguidas por meio de **ação própria, incidentalmente, por meio de defesa, ou de ofício pelo juiz**.

Esquematicamente:

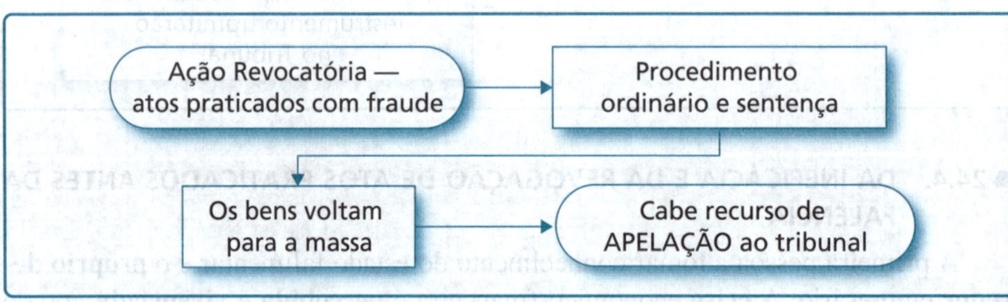

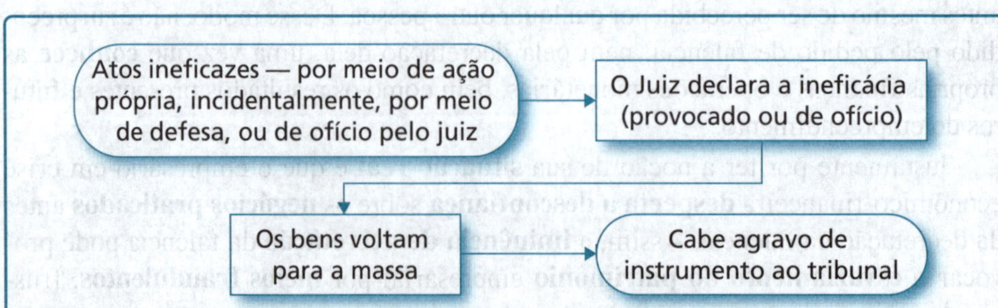

24.4.1. Termo Legal

O termo legal servirá para definir a **fraude presumida** de alguns atos praticados pelo falido antes da sentença de quebra.

Como visto no tópico anterior, os atos de disposição patrimonial praticados pelo falido antes da decretação da falência poderão ser objeto de **questionamento** por parte dos interessados, o que poderá ocasionar a sua **invalidação ou a declaração da ineficácia** em relação à massa falida.

A Lei n. 11.101/2005 **tipificou alguns atos** que serão considerados **ineficazes** em relação à massa falida. Tais atos não produzirão efeito contra a massa, mesmo que fique demonstrado que o terceiro que negociou com o falido não sabia do seu estado patrimonial e mesmo que os contratantes (falido e terceiro) não tenham tido a intenção de fraudar credores. Ao tipificar tais atos, a legislação falimentar **presumiu a fraude**, a qual caracterizaria a irregularidade, de modo que a análise da referida **ineficácia** se dará de forma **objetiva**, isto é, sem a necessidade de comprovação da intenção de ludibriar credores pela transferência fraudulenta dos bens. Reconhecida a ineficácia, **bens e valores retornarão** ao patrimônio da massa.

São **sete os atos tipificados** por lei como ineficazes. Todos estão previstos no art. 129, da Lei n. 11.101/2005. A Lei n. 14.112/2020 alterou a redação do **art. 131** da Lei 11.101/2005, o qual passou a ter a seguinte redação: "nenhum dos **atos referidos nos incisos I, II, III e VI do *caput* do art. 129** desta Lei que tenham sido previstos e realizados na forma definida no **plano de recuperação judicial ou extrajudicial** será declarado ineficaz ou revogado". O que mudou no artigo foi a inclusão da recuperação extrajudicial como sede de atos que também **não serão considerados ineficazes**. Assim, quatro atos previstos no art. 129 não serão considerados ineficazes, quando praticados dentro de um processo de recuperação.

Os **três primeiros atos** previstos no art. 129 somente serão considerados ineficazes se tiverem ocorrido dentro de um lapso temporal denominado **termo legal** e não tenham sido praticados em um processo de recuperação.

O **juiz é quem fixa** o termo legal da falência, segundo o critério estabelecido no art. 99, inc. II, da Lei n. 11.101/2005, o qual foi assim redigido: "Art. 99. A sentença que decretar a falência do devedor, dentre outras determinações: (...) II — fixará o termo legal da falência, **sem poder retrotraí-lo por mais de 90 (noventa) dias** contados **do pedido** de falência, do pedido de recuperação judicial ou **do 1º (primeiro) protesto** por falta de pagamento, excluindo-se, para esta finalidade, os protestos que tenham sido cancelados".

Desse modo, o termo legal pode ser **conceituado** como um **período delimitado pelo juiz** da falência, dentro do qual **três espécies de atos ineficazes** típicos poderão ser caracterizados. Esse período retroage desde a data da sentença que decreta a falência até noventa dias antes do pedido de recuperação judicial ou de falência, ou ainda do primeiro protesto.

Por ocasião da redação da **sentença** de falência, o juiz observará se ela foi requerida com base na **impontualidade**, situação em que é instruída com títulos protestados, ou se decorre da **execução frustrada**, dos **atos de falência** ou de **convolação** de recuperação judicial em falência, quando não são juntados protestos de títulos. Na hipótese de **impontualidade**, o juiz verificará a **data do primeiro protesto** tirado contra o devedor empresário, e de tal data poderá retroagir até 90 dias e ali fixar o termo, excluindo eventuais protestos que tenham sido cancelados. Nas **demais hipóteses**, o juiz observará a data de **distribuição do pedido** de falência ou de recuperação judicial, e de tal data poderá retroagir até 90 dias, fixando ali o termo legal.

Esquematizando os critérios de fixação do termo legal[1]:

FALÊNCIA DECRETADA POR IMPONTUALIDADE E FIXAÇÃO DO TERMO LEGAL, ART. 99, INC. II

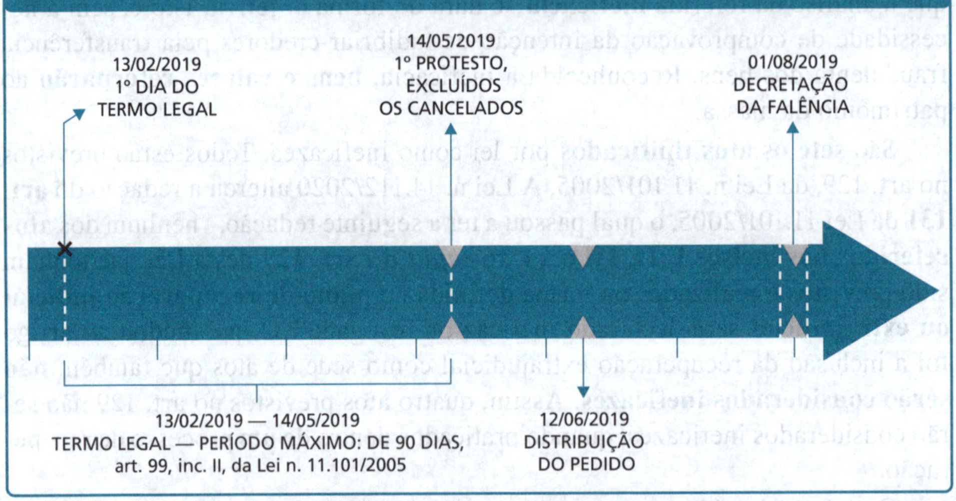

O termo legal tem como pressuposto a decretação da falência e deverá ser fixado retroativamente a **contar dos marcos iniciais** previstos na lei. No primeiro caso aqui ilustrado, a contar da data do 1º protesto. A seguir, confiram-se as duas outras hipóteses legais.

Termo legal, nas outras hipóteses em que se contextualizar a decretação de falência, mas não em função da impontualidade (por exemplo, **autofalência**):

---

[1] As datas foram escolhidas aleatoriamente, respeitando-se na contagem do prazo a regra de exclusão do dia do começo e inclusão do fim do período (art. 224, do CPC, c/c art. 189, da Lei de Falências e Recuperação). Observe-se, ainda, que o período a compreender o termo legal será variável, entretanto estabeleceu-se o prazo de 90 dias como intervalo máximo. Acrescente-se, ainda, que os prazos processuais calculados em dias serão contados corridos, em sintonia com precedentes do STJ. A título de exemplo, leia-se o inteiro teor do REsp 1.699.528/MG, *DJe* 13/06/2018.

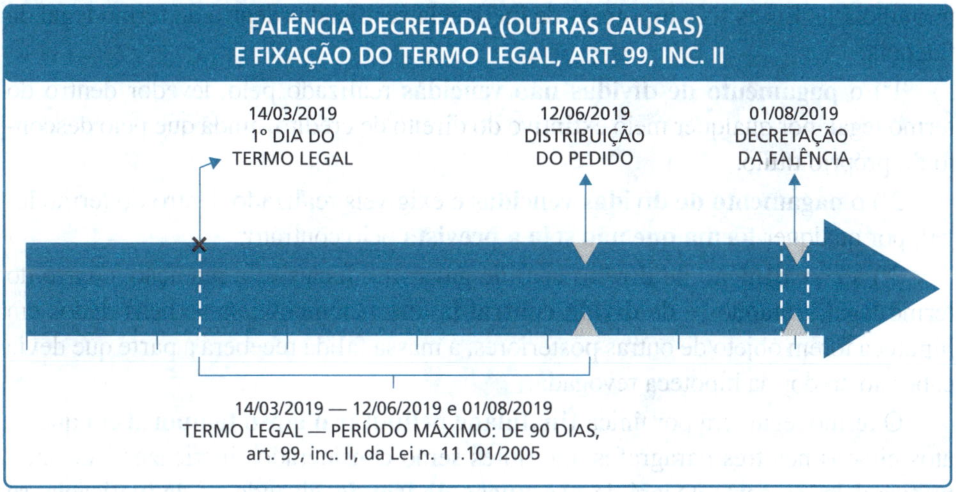

Termo legal, em caso de **falência incidental**, quando frustrada recuperação judicial anterior:

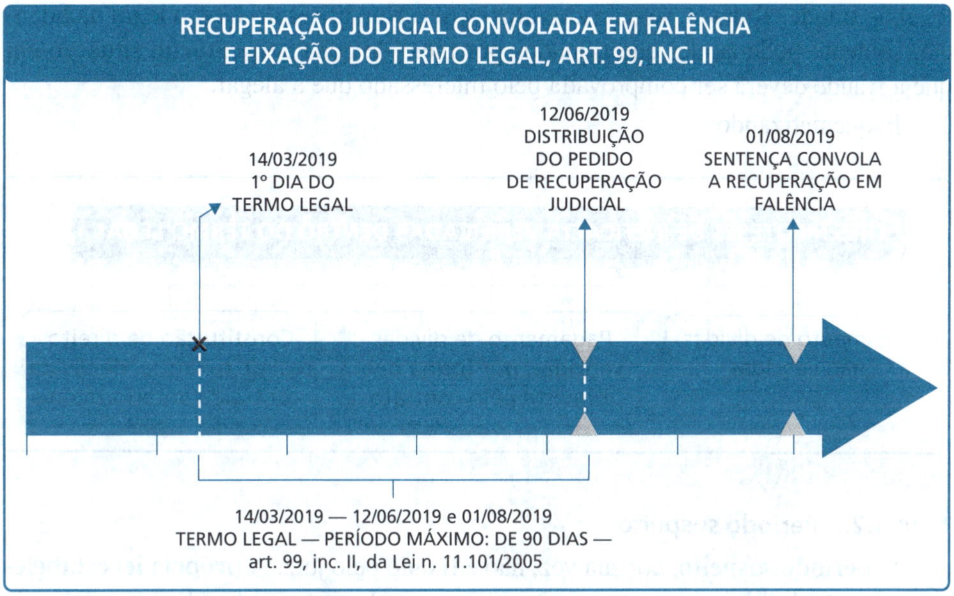

O termo legal é, portanto, o **período que retroage** desde a data da sentença que decreta a falência até noventa dias antes do pedido de recuperação judicial ou de falência, ou ainda do primeiro protesto. É um **interregno temporal**.

Fixado o termo legal, qualquer interessado poderá **investigar** a ocorrência de alguma das três hipóteses de ineficácia previstas no art. 129, incs. I, II e III, da Lei n. 11.101/2005, salvo se os atos tiverem sido previstos e realizados na forma definida no plano de recuperação **judicial ou extrajudicial**. Caso se constate a ocorrência de alguma delas, bastará ao interessado **argui-la em defesa, incidentalmente nos autos da falência, ou por meio de ação própria**. O **juiz, de ofício**, também poderá pronunciá-la. Eis as **três hipóteses** de ineficácia verificadas dentro do termo legal da falência:

1ª) o **pagamento de dívidas não vencidas** realizado pelo devedor dentro do termo legal, por qualquer meio extintivo do direito de crédito, ainda que pelo desconto do próprio título;

2ª) o **pagamento de dívidas vencidas** e exigíveis realizado dentro do termo legal, por qualquer **forma que não seja a prevista** pelo contrato;

3ª) a **constituição de direito real de garantia**, inclusive a retenção, dentro do termo legal, tratando-se de **dívida contraída anteriormente**; se os bens dados em hipoteca forem objeto de outras posteriores, a massa falida receberá a parte que devia caber ao credor da hipoteca revogada.

O termo legal terá por única **finalidade delimitar o lapso temporal** em que os atos citados nos três parágrafos anteriores serão considerados ineficazes. Assim, a prática deles somente gozará de **presunção de fraude**, eivando-os de ineficácia, se ocorrida **dentro do termo legal**. Tais atos levantam séria suspeita de que foram praticados para beneficiar determinado credor em detrimento de outros, daí a presunção legal de fraude. Todavia, se referidos atos **ocorrerem antes do termo legal** da falência, somente poderão ser questionados por meio de ação **revocatória**, situação em que a fraude deverá ser comprovada pelo interessado que a alegar.

Esquematizando:

TRÊS HIPÓTESES DE INEFICÁCIA VERIFICADAS DENTRO DO TERMO LEGAL

- Pagamento de dívidas não vencidas
- Pagamento de dívidas vencidas, por forma não prevista pelo contrato
- Constituição de direito real de garantia, de dívida contraída anteriormente

24.4.2. Período suspeito

O **período suspeito**, por sua vez, não é fixado pelo juiz. A **própria lei estabelece** o período dos **dois anos que antecedem** a data da sentença que decreta a falência como um período de suspeição. Nele, alguns atos praticados pelo devedor empresário que faliu serão considerados **ineficazes**, **independentemente da comprovação de fraude**. A Lei n. 11.101/2005 não utiliza a expressão "período suspeito", mas sim "desde dois anos antes da decretação da falência", sendo a doutrina a responsável pela criação de tal locução.

Assim, podemos conceituar o período suspeito como o **lapso temporal dos dois anos que antecedem** a decretação da falência, interregno dentro do qual alguns atos praticados pelo falido serão considerados ineficazes, por expressa determinação legal.

Esquematizando a fixação do período suspeito:

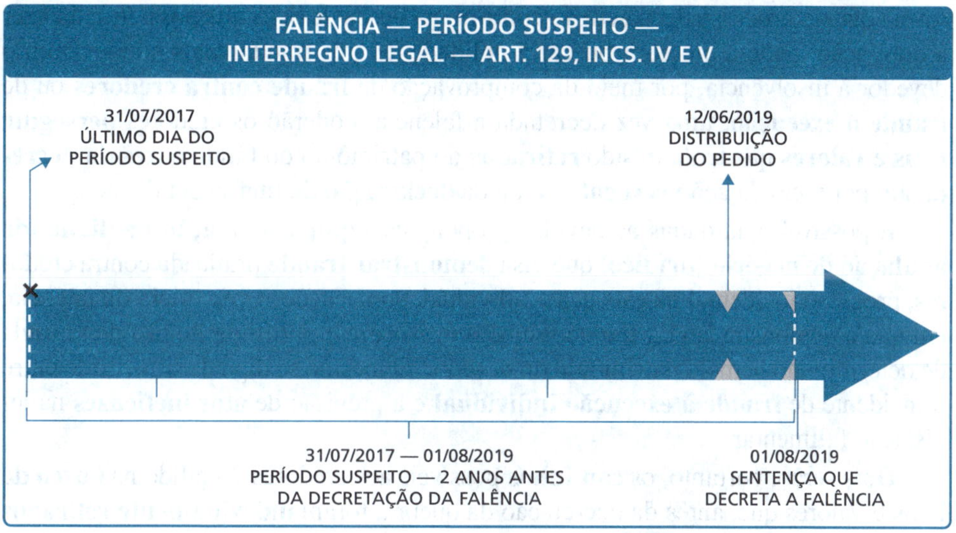

Os **dois atos** cuja presunção de fraude é determinada por lei, desde que ocorram dentro do período suspeito, são os previstos nos incs. IV e V, do art. 129, da Lei n. 11.101/2005, a saber:

1º) a prática de **atos a título gratuito**, desde 2 (dois) anos antes da decretação da falência;

2º) a **renúncia à herança ou legado**, até 2 (dois) anos antes da decretação da falência.

O período suspeito terá por **única finalidade delimitar o lapso temporal** em que os atos citados nos dois parágrafos anteriores serão considerados **ineficazes**. Assim, a prática deles somente gozará de **presunção de fraude**, eivando-os de ineficácia, se ocorrida dentro do período suspeito. Tais atos, também, **levantam séria suspeita** de que foram praticados para **beneficiar** determinada pessoa em **detrimento** dos credores do falido, daí a presunção legal de fraude. Todavia, **se** referidos atos ocorrerem **antes do período suspeito**, somente poderão ser questionados por meio de **ação revocatória**, situação em que a fraude deverá ser comprovada pelo interessado que a alegar.

Esquematizando:

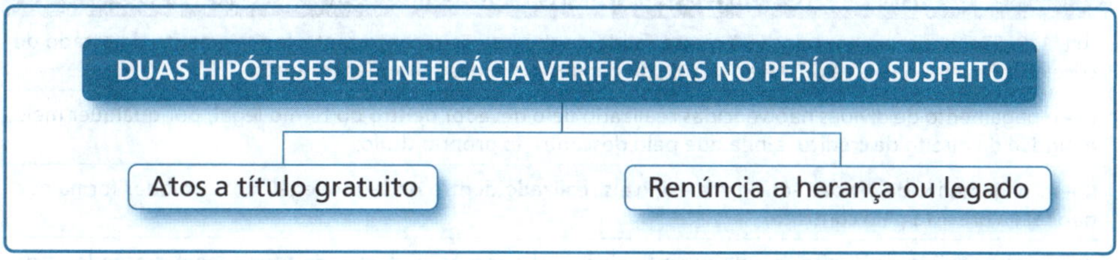

■ 24.4.3. Atos ineficazes

Como já estudado nos tópicos anteriores, a decretação da falência lança uma **suspeição** sobre os atos praticados pelo falido antes de sua decretação. Da mesma forma que no processo de **execução comum**, na busca de bens que possam satisfazer a obrigação, poderá o credor buscar a nulidade de atos fraudulentos que levaram o devedor à insolvência, por meio da comprovação de **fraude contra credores** ou de **fraude à execução**; uma vez decretada a falência, poderão os credores **perseguir bens e valores** que tenham sido **retirados** do patrimônio do falido **antes da decretação**, por meio da **ação revocatória** ou da **declaração de ineficácia** de atos.

É possível, guardadas as devidas proporções, **equiparar** a **ação pauliana (de anulação de negócio jurídico)** que visa **demonstrar fraude** praticada contra credores, processo incidental na execução individual, com a **ação revocatória** da falência, em que a demonstração da fraude também provocará a **nulidade do ato** de retirada de determinado bem do patrimônio do devedor. O mesmo se diga da **similitude** entre o incidente de **fraude à execução individual** e a previsão de **atos ineficazes** na legislação falimentar.

Dois serão, portanto, os **caminhos** possíveis aos credores do falido na **busca de bens** e valores que, antes da decretação da quebra, foram **indevidamente retirados** do patrimônio dele:

1º) a **ação revocatória** — com a devida **comprovação da fraude** praticada pelo devedor empresário — **atos revogáveis** — trata-se de **ineficácia subjetiva**;

2º) a **declaração de ineficácia** de atos praticados pelo falido — em que **fraude é presumida por lei — atos ineficazes** — trata-se de ineficácia objetiva.

Esquematizando os **meios de recuperação de bens** indevidamente retirados da massa falida, antes da decretação da falência:

MEIOS DE RECUPERAÇÃO DO PATRIMÔNIO INDEVIDAMENTE RETIRADO DA MASSA FALIDA			
Meio	**Atua sobre**	**Fraude**	**Equipara-se à**
■ Ação revocatória	■ Atos revogáveis	■ Comprovada	■ Fraude contra credores
■ Declaração de ineficácia	■ Atos ineficazes	■ Presumida	■ Fraude à execução

Nesse tópico, serão analisados os **sete atos tipificados como ineficazes** pela Lei n. 11.101/2005, que os elencou em seu art. 129:

ATOS INEFICAZES NO CONTEXTO DA FALÊNCIA, DE ACORDO COM A LEI N. 11.101/2005
Art. 129. São ineficazes em relação à massa falida, tenha ou não o contratante conhecimento do estado de crise econômico-financeira do devedor, seja ou não intenção deste fraudar credores:
I — o pagamento de dívidas não vencidas realizado pelo devedor dentro do termo legal, por qualquer meio extintivo do direito de crédito, ainda que pelo desconto do próprio título;
II — o pagamento de dívidas vencidas e exigíveis realizado dentro do termo legal, por qualquer forma que não seja a prevista pelo contrato;
III — a constituição de direito real de garantia, inclusive a retenção, dentro do termo legal, tratando-se de dívida contraída anteriormente; se os bens dados em hipoteca forem objeto de outras posteriores, a massa falida receberá a parte que devia caber ao credor da hipoteca revogada;
IV — a prática de atos a título gratuito, desde 2 (dois) anos antes da decretação da falência;
V — a renúncia à herança ou a legado, até 2 (dois) anos antes da decretação da falência;

VI — a venda ou transferência de estabelecimento feita sem o consentimento expresso ou o pagamento de todos os credores, a esse tempo existentes, não tendo restado ao devedor bens suficientes para solver o seu passivo, salvo se, no prazo de 30 (trinta) dias, não houver oposição dos credores, após serem devidamente notificados, judicialmente ou pelo oficial do registro de títulos e documentos;
VII — os registros de direitos reais e de transferência de propriedade entre vivos, por título oneroso ou gratuito, ou a averbação relativa a imóveis realizados após a decretação da falência, salvo se tiver havido prenotação anterior.

É preciso destacar, em primeiro lugar, que o texto legal quis **impedir** qualquer possibilidade de se conferir **eficácia** aos atos tipificados na norma. As expressões "**tenha ou não o contratante conhecimento** do estado de crise econômico-financeira do devedor" e "**seja ou não intenção** deste fraudar credores" **afastam interpretações** que queiram levar em consideração eventuais **subjetivismos** de cada caso concreto. A intenção aqui é trazer de volta ao patrimônio da massa todos os bens que foram retirados do patrimônio do falido em situações que despertam **flagrante desconfiança**. Se algum terceiro for prejudicado, poderá buscar seu prejuízo junto ao falido, seus sócios, ou habilitando-se com a massa falida.

O art. 129, da Lei n. 11.101/2005, elenca **três modalidades** de atos ineficazes:

1º) aqueles que somente serão ineficazes se ocorridos **dentro do termo legal** da falência — incs. I, II e III;

2º) aqueles que somente serão ineficazes se ocorridos dentro do **período suspeito** (desde 2 anos antes da decretação da falência) — incs. IV e V;

3º) aqueles que serão ineficazes **independentemente de quando** tenham ocorrido — incs. VI e VII.

Quanto ao **primeiro grupo**, dos atos ocorridos dentro de **termo legal**, o que o legislador quis assegurar foi a **isonomia de tratamento** que deve ser observada quanto aos credores do falido. A eventual **preferência** de um credor sobre outro somente pode ser definida por um **critério legal, prévio e público**, como ocorre com o quadro geral de credores. Não pode o devedor empresário definir quem receberá e quem não receberá, em razão de sua situação de derrocada. Por isso, o pagamento de dívida não vencida e aquele realizado por modo diverso do pactuado, além da constituição de garantia da dívida quirografária, dentro do termo legal da falência, não produzirão efeito contra a massa falida. Os **beneficiados** por tais atos ineficazes **deverão devolver** à massa falida os valores e bens que tenham recebido, providenciando, em seguida, a habilitação do crédito na classe que lhes couber no quadro geral de credores.

No que se refere ao **segundo grupo**, dos atos praticados dentro do **período suspeito**, a legislação quis garantir a **consistência do patrimônio** do falido, visando pagar o maior número de credores possível. Em razão disso, **impede-se a saída de bens** a título gratuito (sem contrapartida para o patrimônio do falido) e **assegura-se a entrada de bens** originados de herança ou legado destinado ao falido. Não há qualquer irregularidade em atos gratuitos ou renúncia à herança, desde que não ocorra, depois deles (dentro de dois anos), decretação de falência.

Nessa hipótese, os bens e valores que **saíram** do patrimônio do falido a título gratuito **deverão retornar** à massa, enquanto os **bens renunciados** deverão ser **par-**

tilhados ao falido, cabendo à massa seu quinhão no monte hereditário. Nesta última situação, caso algum **terceiro** tenha sido beneficiado pela renúncia, deverá **entregar à massa** os bens que angariou; caso tenha sido a **universalidade dos herdeiros** a beneficiada, eventual processo de **sobrepartilha** deverá ser ajuizado pela massa falida, hipótese em que os bens deverão ser trazidos à **colação**, promovendo-se **nova partilha** que inclua a massa como herdeira ou legatária.

No **terceiro grupo**, quis o legislador garantir a **preservação da empresa**, pois a eventual **venda do estabelecimento** empresarial somente poderá ser realizada, sem que seja alcançada pela ineficácia, em **quatro** situações: a) se houver **consentimento expresso** de todos os credores; b) se forem **pagos todos** os credores; c) se **restarem bens suficientes** para pagamento de todos os credores; e d) se **os credores**, notificados da venda, **não se opuserem** a ela no prazo de 30 dias.

Caso a venda não se enquadre em uma das quatro situações e ocorra a decretação posterior da falência, será ela ineficaz, de modo que o **adquirente deverá restituir** todo o estabelecimento adquirido à massa. Eis aqui um valioso **alerta aos adquirentes de estabelecimentos** empresariais, qual seja: verificar a situação dos credores do alienante, pois se não foram satisfeitos, ou se não concordaram expressa ou tacitamente com a venda, poderão buscar a declaração de ineficácia do ato, caso decretada a falência.

Ainda nesse **terceiro grupo**, a norma buscou evitar um tipo de fraude que se costumou nominar "**contrato de gaveta**". Os direitos reais têm como característica fundamental a **publicidade**. É preciso que se publique a propriedade pela **posse**, apreensão ostensiva do bem, ou ainda, pelo **registro imobiliário**, no caso dos bens imóveis.

É possível uma pessoa apresentar formalmente patrimônio considerável, todavia, por força de contratos ocultos de venda de seus bens, estar insolvente, sem qualquer patrimônio, basta que não leve ao registro imobiliário os contratos de alienação da sua fortuna. É para evitar tal prática que a lei considera **ineficazes os registros** de direitos reais e de transferência de propriedade entre vivos, ou a averbação relativa a imóveis **realizados após a decretação** da falência, **salvo se tiver havido prenotação**. Assim, contratos de alienação que não tenham sido publicados antes da decretação da falência, pelo regular registro imobiliário ou prenotação do negócio, não poderão ser registrados após a decretação da falência; se o forem, serão tidos como ineficazes.

O falido não pode ostentar um **patrimônio formal avantajado** e um patrimônio **real diminuto**. Não pode transferir seus bens sem a regular publicidade, obtida com o registro, no caso de bens imóveis. Por isso, quem **negocia algum bem imóvel com empresário** deve, o quanto antes, **registrar ou prenotar a avença** no registro imobiliário, sob pena de, em caso de falência, amargar a ineficácia do ato de aquisição e ter que concorrer com os demais credores do falido, posteriormente.

Esquematizando:

Em **qualquer hipótese** prevista no art. 129, da Lei n. 11.101/2005, caso não seja possível comprovar a ineficácia do ato, em razão dos limites temporais estabelecidos, ou por necessidade de maior dilação probatória, poderá o interessado valer-se da **ação revocatória falimentar**, situação em que a fraude deverá ser comprovada, para propiciar a nulidade do ato que tenha causado prejuízo à massa falida.

Para que se obtenha a **declaração de ineficácia**, o interessado poderá utilizar-se de **três instrumentos**, além da possibilidade de ela ser proferida, **de ofício, pelo juiz**. O parágrafo único, do art. 129, da Lei n. 11.101/2005, determina: "A ineficácia poderá ser declarada de ofício pelo juiz, alegada em defesa ou pleiteada mediante ação própria ou incidentalmente no curso do processo". Portanto, são **formas** de se buscar a declaração de ineficácia do ato:

1ª) **Alegação em defesa** — caso o **credor** de um ato ineficaz **busque** a satisfação de seu benefício **junto à massa** falida, qualquer interessado poderá alegar, em defesa da massa, que o ato gerador da obrigação é daqueles que constam do art. 129, da Lei n. 11.101/2005. Assim, por exemplo, caso o beneficiário de uma **doação** realizada pelo falido, **antes** da decretação da falência, busque a entrega do bem junto à massa falida, poderá ver **frustrada** sua intenção, bastando que algum interessado atento **alegue, em defesa** da massa, a **ineficácia** do ato.

2ª) **Requerimento incidental** — nos próprios autos da falência, por **simples petição**, os interessados poderão **indicar ao juiz** eventuais atos ineficazes praticados pelo falido, **requerendo-lhe** a declaração de ineficácia, provando somente a ocorrência do ato, sem necessidade de qualquer comprovação de intenção fraudulenta ou prejuízo à massa.

3ª) **Ajuizamento de ação própria** — nesse caso, recomendado quando a comprovação do ato depender de **dilação probatória mais robusta**, os interessados poderão propor uma demanda contra o falido e os beneficiados pelo ato, adotando-se o **rito ordinário** e com tramitação no **juízo falimentar**. A lei não deu nome a essa ação, de modo que a doutrina a tem nomeado **ação inespecífica**. Por ter, basicamente, o mesmo objetivo da ação revocatória, deve adotar o mesmo procedimento. Trataremos da ação revocatória nos tópicos seguintes.

4ª) **Decidida de ofício, pelo juiz** — a lei autoriza o juiz a declarar, de ofício, a ineficácia de algum ato praticado pelo falido e que se encontre no rol do art. 129, da Lei n. 11.101/2005. Tal dispositivo está em consonância com o princípio da **preservação da empresa** e com o **papel administrativo** que a lei confere ao **magistrado**, nos casos de falência.

Para atender ao que dispõe o **art. 75**, da Lei n. 11.101/2005 (com nova redação conferida pela Lei n. 14.112/2020), conferiu-se ao magistrado uma espécie de **legitimidade extraordinária**, de modo que as decisões não provocadas deverão ter por fundamento **um dos objetivos** traçados naquele artigo, o qual está redigido assim: "Art. 75 — A falência, ao **promover o afastamento do devedor** de suas atividades, visa a: I — **preservar e a otimizar a utilização produtiva** dos bens, dos ativos e dos recursos produtivos, inclusive os intangíveis, da empresa; II — permitir a liquidação **célere das empresas inviáveis**, com vistas à realocação eficiente de recursos na economia; e III — fomentar o empreendedorismo, inclusive por meio da viabilização do **retorno célere do empreendedor falido à atividade econômica**. § 2º A falência é mecanismo de **preservação de benefícios econômicos e sociais decorrentes da atividade empresarial**, por meio da liquidação imediata do devedor e da rápida realocação útil de ativos na economia.". Destarte, ao declarar, de ofício, a ineficácia de algum ato praticado pelo falido, o juiz deverá apontar que **objetivo legal** está sendo perseguido, podendo valer-se, ainda, da demonstração do **benefício** econômico e social que refletirá sobre os **credores, sobre o mercado e sobre a coletividade**.

Esquematizando as **quatro formas** de declaração da **ineficácia** de atos:

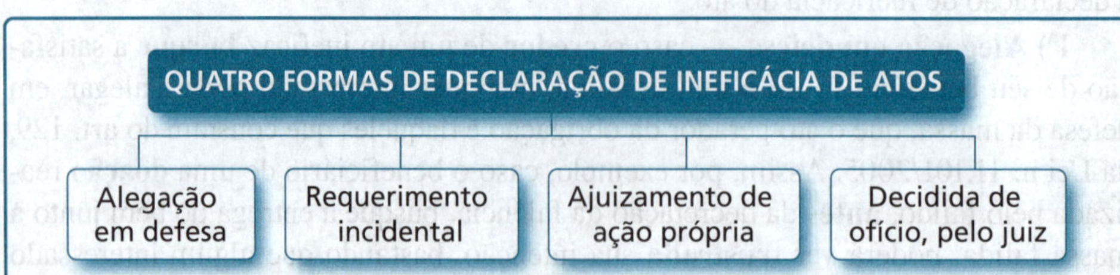

Nunca é demais lembrar que, em **qualquer hipótese** de cabimento da declaração de ineficácia, se impossível a caracterização do ato porque ausente algum requisito, caberá o ajuizamento de **ação revocatória**, na qual a fraude deverá ser demonstrada.

A declaração de ineficácia **não poderá ser obstada** pelo fato de o ato ter sido praticado com base em sentença judicial. O interesse maior de preservação da empresa e de proteção ao interesse dos credores provocará a **rescisão da sentença** que motivou o ato declarado ineficaz. Este é o comando literal do art. 138, da Lei n. 11.101/2005, assim dispondo: "O ato pode ser declarado ineficaz ou revogado, ainda que praticado com base em decisão judicial, observado o disposto no art. 131 desta Lei. Parágrafo único. Revogado o ato ou declarada sua ineficácia, ficará rescindida a sentença que o motivou". Desse modo, a lei determina que os bens que forem **retirados** do patrimônio do falido (por ato revogável ou ineficaz) deverão **retornar** à massa, mesmo que a transferência dos bens ou valores tenha sido determinada em **sentença judicial transitada** em julgado.

A **exceção** que se faz ao dispositivo *retro*, e à possibilidade de declaração de ineficácia ou revogação do ato, é a que consta do art. 131, da Lei n. 11.101/2005. Desse modo, **não serão alcançados** pela declaração de ineficácia os atos previstos nos incs. I, II, III e VI, do art. 129, desde que tenham sido praticados em razão de previsão no **plano de recuperação judicial ou extrajudicial** frustrado.

Praticados em processo de recuperação judicial ou extrajudicial, **não poderão** ser declarados ineficazes nem revogados os seguintes atos:

1º) o **pagamento de dívidas não vencidas** realizado pelo devedor dentro do termo legal, por qualquer meio extintivo do direito de crédito, ainda que pelo desconto do próprio título;

2º) o **pagamento de dívidas vencidas** e exigíveis realizado dentro do termo legal, por qualquer **forma que não seja a prevista** pelo contrato;

3º) a **constituição de direito real de garantia**, inclusive a retenção, dentro do temo legal, tratando-se de **dívida contraída anteriormente**; se os bens dados em hipoteca forem objeto de outras posteriores, a massa falida receberá a parte que devia caber ao credor da hipoteca revogada;

4º) a **venda ou transferência de estabelecimento** feita sem o **consentimento expresso** ou o **pagamento de todos** os credores, a esse tempo existentes, não tendo restado ao devedor **bens suficientes** para solver o seu passivo, salvo se, no prazo de 30 (trinta) dias, **não houver oposição** dos credores, após serem devidamente notificados, judicialmente ou pelo oficial do registro de títulos e documentos.

Esquematizando os atos praticados em processo de recuperação judicial ou extrajudicial e que, por isso, **não poderão** ser declarados ineficazes:

Regulando a referida **exceção**, dispõe o art. 131, com a redação que lhe foi dada pela Lei n. 14.112/2020: "nenhum dos **atos referidos nos incisos I, II, III e VI do *caput* do art. 129** desta Lei que tenham sido previstos e realizados na forma definida no **plano de recuperação judicial ou extrajudicial** será declarado ineficaz ou revogado." Assim, os atos mencionados nem sequer serão tidos por ineficazes, pois **foram aprovados pela universalidade dos credores** que figuraram na recuperação judicial ou extrajudicial.

A declaração de ineficácia poderá atingir **terceiros de boa-fé** que tenham contratado com o falido. Nessa hipótese, a Lei n. 11.101/2005 impõe-lhes três **consequências**:

1ª) o terceiro de boa-fé **retornará ao estado anterior**, ou seja, o bem ou valor que ele tiver recebido do falido retornará ao patrimônio da massa;

2ª) o terceiro de boa-fé terá **direito à restituição** dos bens ou valores que tenha entregue ao devedor empresário;

3ª) o terceiro de boa-fé, a qualquer tempo, poderá propor **ação por perdas e danos** contra o devedor e seus garantes para ressarcir-se de eventuais prejuízos ocasionados pela devolução de bens e valores à massa.

Esquematizando os **efeitos** da revogação e declaração de ineficácia em relação ao **terceiro de boa-fé**:

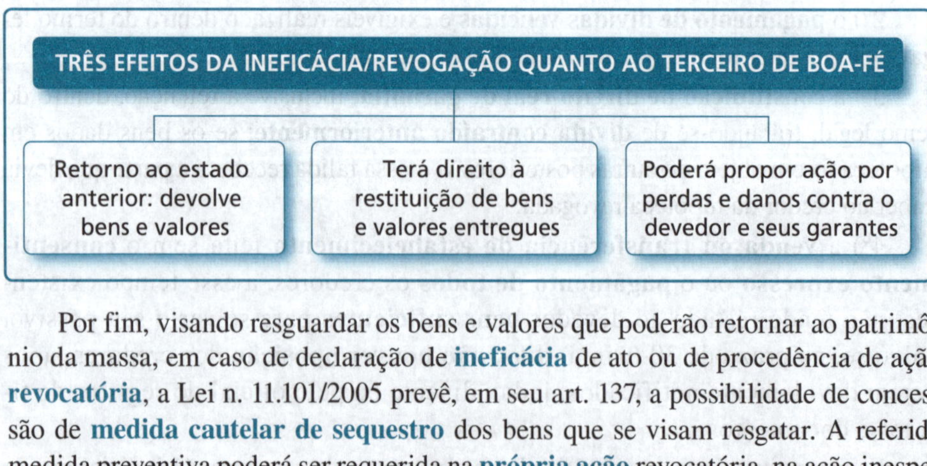

Por fim, visando resguardar os bens e valores que poderão retornar ao patrimônio da massa, em caso de declaração de **ineficácia** de ato ou de procedência de ação **revocatória**, a Lei n. 11.101/2005 prevê, em seu art. 137, a possibilidade de concessão de **medida cautelar de sequestro** dos bens que se visam resgatar. A referida medida preventiva poderá ser requerida na **própria ação** revocatória, na ação inespecífica ou em outro instrumento que tenha sido utilizado pelo interessado para provocar a declaração de ineficácia do ato. O sequestro visará bens retirados do patrimônio do devedor que estejam **em poder de terceiros**, uma vez que, caso estejam em poder do devedor, serão arrecadados pelo administrador judicial.

■ 24.4.4. Atos revogáveis

São **revogáveis** os atos praticados com a **intenção de prejudicar** credores, provando-se o **conluio** fraudulento entre o devedor e o terceiro que com ele contratar e o **efetivo prejuízo** sofrido pela massa falida.

Diferentemente da presunção que recai sobre os atos tipificados no art. 129, da Lei n. 11.101/2005, a partir do art. 130 o legislador regula a possibilidade de **revisão dos atos** praticados pelo devedor empresário, anteriormente à quebra, sob a óptica da possibilidade de **fraude**. O que se busca com a ação revocatória é a **auditoria** dos atos de disposição patrimonial praticados pelo devedor **antes da decretação** da falência. **Não há um rol** de possíveis atos revogáveis, mas, sim, a caracterização da **revogabilidade**, decorrente da constatação de fraude na alienação do ativo empresarial e da destinação de valores que estejam em poder do devedor empresário.

O ato será considerado revogável se concorrerem **dois elementos** que autorizarão a declaração de sua ineficácia, quais sejam: a) o conluio entre o devedor e o terceiro contratante — ***consilium fraudis***; e b) o prejuízo da massa falida — ***eventus damni***. Aqui, tratamos de **ineficácia subjetiva**, uma vez que deverá ser feita a prova do elemento subjetivo que moveu o devedor empresário e o terceiro. Tal finalidade somente pode ser atingida por meio de **ação judicial**, a nominada ação revocatória, tratada a seguir.

Esquematizando os atos revogáveis:

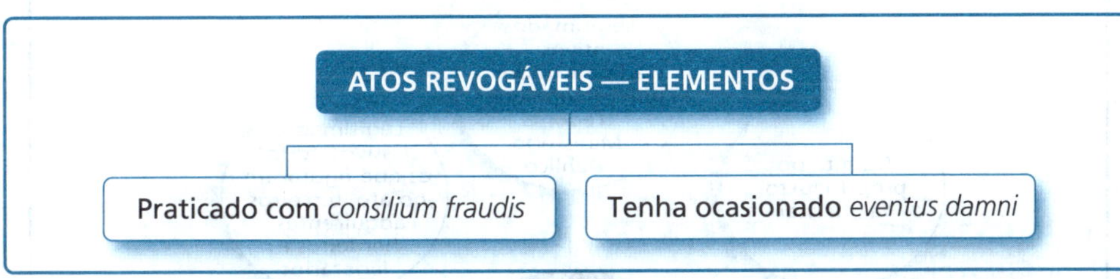

■ 24.4.5. Ação revocatória

A ação revocatória é o **procedimento judicial** que visa **retirar a eficácia**, contra a massa falida, dos atos praticados com a **intenção de prejudicar** credores do falido, provando-se o **conluio** fraudulento entre o devedor empresário e o terceiro que com ele contratar, além do efetivo **prejuízo** sofrido pela massa falida.

A ação revocatória deverá ser proposta pelo **administrador judicial**, por **qualquer credor** ou pelo **Ministério Público**, em até **3 anos**, contados da decretação da falência. Deverá adotar o **rito comum**, previsto no Código de Processo Civil.

A ação revocatória poderá ser promovida, nos termos do art. 133, da Lei n. 11.101/2005:

I — contra **todos os que figuraram no ato** ou que por efeito dele forem pagos, garantidos ou beneficiados;

II — contra os **terceiros adquirentes**, se tiveram conhecimento, ao se criar o direito, da intenção do devedor de prejudicar os credores;

III — contra os **herdeiros ou legatários** das pessoas indicadas nos dois itens anteriores.

A ação revocatória correrá perante o **juízo da falência**, independentemente de quem sejam as partes envolvidas, pois todos os documentos e provas estarão reunidos no feito falimentar que corre no referido juízo, sendo racional e célere a **universalidade** do juízo.

A sentença que julgar **procedente** a ação revocatória **declarará a nulidade** do ato revogado. Não se trata de revogação pura e simples, apesar do termo utilizado pela lei, mas sim de uma **revogação condicionada**. O ato revogado não seria atacado caso não houvesse a decretação da falência e uma massa de credores no prejuízo, o que ratifica a conclusão de que o provimento judicial **retira a validade** do ato, **anulando-o em razão do quadro falimentar**. Seja como for, a sentença determinará o **retorno dos próprios bens** à massa falida, com todos os seus acessórios. Caso o bem não possa ser restituído objetivamente, deverá ser pago à massa o seu **valor de mercado**, acrescido de perdas e danos.

Da **sentença** que julgar a ação revocatória caberá **apelação**. Como toda apelação, será ela recebida no duplo efeito. Todavia, a possibilidade de medida cautelar de **sequestro**, já estudada, permitirá que a massa falida **tome ou mantenha a posse dos bens**, enquanto o recurso se processa. Esquematizando a ação revocatória:

A procedência da **ação revocatória** poderá atingir **terceiros de boa-fé** que tenham contratado com o falido. Nessa hipótese, assim como na declaração de ineficácia objetiva, a Lei n. 11.101/2005 impõe-lhes **três consequências**:

1ª) o terceiro de boa-fé **retornará ao estado anterior**, ou seja, o bem ou valor que ele tiver recebido do falido retornará ao patrimônio da massa;

2ª) o terceiro de boa-fé terá **direito à restituição** dos bens ou valores que tenha entregue ao devedor empresário;

3ª) o terceiro de boa-fé, a qualquer tempo, poderá propor **ação por perdas e danos** contra o devedor e seus garantes para ressarcir-se de eventuais prejuízos ocasionados pela devolução de bens e valores à massa.

Por fim, da mesma forma que ocorre com a declaração de ineficácia de ato, a procedência da ação revocatória **não poderá ser obstada** pelo fato de o ato ter sido praticado com base em sentença judicial. O interesse maior de preservação da empresa e de proteção ao interesse dos credores provocará a **rescisão da sentença** que motivou o ato revogado.

■ 24.5. EFEITOS DA SENTENÇA CONSTITUTIVA DA FALÊNCIA

A sentença que decreta a falência, **constitutiva positiva** que é, provocará diversos efeitos em relação ao **falido, seus bens, contratos e obrigações**. Na prática, é como se um **novo ordenamento** jurídico fosse imposto a quem era, antes, devedor empresário e, agora, figura como falido. Mudanças drásticas atingirão a **gestão econômica e jurídica** da empresa, a situação dos credores, o comportamento do fisco, entre outras fórmulas que existem somente no processo falimentar. Surgirá o ***status* jurídico do falido**.

Como visto no tópico anterior, atos praticados pelo falido antes da decretação da quebra poderão ser declarados ineficazes ou revogados. Todavia, é **para o futuro** que se voltam os mais **contundentes efeitos** da decretação da falência.

Para melhor sistematizar os efeitos da decretação da falência, a doutrina classificou-os em **quatro grupos**, assim distribuídos:

I — Efeitos da falência quanto à **pessoa** do falido — são efeitos que importarão em alguma **restrição** à atuação do falido, ou que exigirão dele algumas **atitudes**. Impõem, portanto, alguma **atuação ou abstenção** do falido.

II — Efeitos da falência quanto aos **bens** do falido — são efeitos que permitirão a **formação da massa** falida objetiva, que é o conjunto de bens que compõem o acervo do falido e que servirão ao pagamento do passivo falimentar. Esses efeitos **trarão bens** e valores para a massa falida, mas também permitirão a **restituição** de alguns bens e até a dação em pagamento, eventualmente.

III — Efeitos da falência quanto às **obrigações** do falido — são efeitos que permitirão que **todos os credores** do falido participem da execução coletiva, propiciando a **recuperação de ativos** para a massa e garantindo a **igualdade de tratamento** a todos eles, respeitada a ordem legal de preferência.

IV — Efeitos da falência quanto aos **contratos** do falido — são efeitos que buscarão dar aos contratos do falido a **maior efetividade** possível, seja determinando o **cumprimento** dele em favor do credor da massa, seja determinando sua **revogação**, ou, ainda, atribuindo **discricionariedade** ao administrador judicial para definir o que fazer.

Esquematizando:

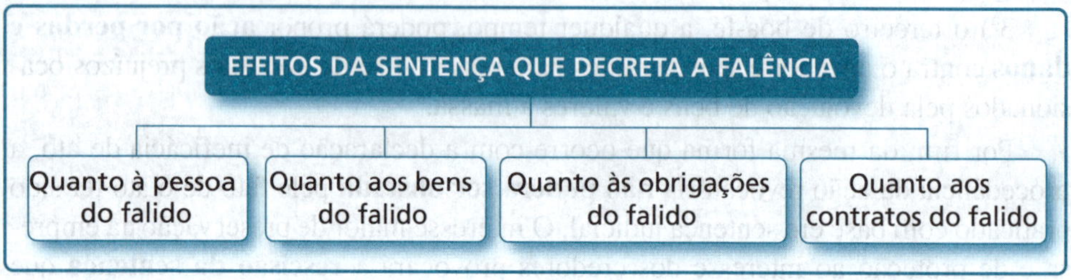

24.5.1. Quanto à pessoa do falido

Podemos sintetizar os **efeitos** da sentença de falência, em relação à **pessoa** do falido, da seguinte forma:

1º) **Inabilitação civil** — corresponde à **proibição** para o exercício de **atividade empresarial**, desde a decretação da falência até a sentença de extinção das obrigações.

2º) **Perda da capacidade de disposição patrimonial** — consiste na impossibilidade de administração, pelo falido, do patrimônio que seja do interesse da massa falida. A prática de ato de disposição patrimonial, **após a decretação** da falência, levará à **nulidade do ato**. À exceção dos bens impenhoráveis (proventos e imóvel de família, por exemplo), não poderá o falido gerir seus bens e valores, **atribuição** que recairá sobre o **administrador judicial**.

3º) **Restrição à capacidade processual** — nos processos em que há interesse da massa falida, o **administrador judicial é que figurará** em algum dos polos da demanda. Ações que corriam contra o falido, antes da decretação da falência, agora continuarão contra a massa, presentada pelo administrador judicial, em substituição a ele. O falido **perde o direito de estar em juízo**, de figurar como parte em ações que versem sobre **interesse da massa**, e, por isso, todas as **ações se suspendem**, para permitir a **habilitação do administrador** judicial em lugar dele. Após tal habilitação, o feito continuará a tramitar no juízo em que já se processava. A suspensão das ações, determinada pelo art. 6º, da Lei n. 11.101/2005, no caso da falência, tem a **finalidade única** de permitir a **substituição** do falido pelo administrador judicial nas demandas que já estejam em curso. Realizada a substituição, a **demanda volta a tramitar no mesmo juízo**.

4º) Possibilidade de **dissolução da sociedade falida** — tanto o Código Civil quanto a Lei n. 6.404/76 (LSA) estabelecem a falência como uma das **causas de**

dissolução da sociedade empresária. Sem patrimônio, impossível será a realização do objeto social, sendo a falência a mais contundente certificação da **incapacidade econômica** da empresa. Ocorre que a falência não impõe a dissolução automática da sociedade, mas pode ser o **marco inicial** para o processo de dissolução societária. Em outras palavras, a falência apresenta-se como **fundamento** para a dissolução, porém esta somente se opera se algum dos sócios **promover o processo** de dissolução da sociedade. Para tanto, o sócio deverá aguardar a sentença de **extinção das obrigações** do falido, já que a sentença de encerramento da falência apenas declara a inexistência de bens ou de credores do falido, mantendo as relações jurídicas ainda não adimplidas. Extintas as obrigações, por sentença, os sócios da sociedade empresária falida poderão **dissolvê-la ou voltar** ao exercício das atividades empresariais com ela, uma vez que a sociedade estará **reabilitada**.

5º) Imposição de **diversas obrigações previstas no art. 104**, da Lei n. 11.101/2005, conforme fluxograma a seguir, e **fim do sigilo das correspondências** — caso o falido **não cumpra** qualquer das disposições do referido artigo, **será intimado a fazê-lo, pelo juiz**. Mantendo sua **omissão**, incorrerá em crime de **desobediência**. É preciso observar que o crime de desobediência somente se caracterizará **se houver a ordem judicial** de cumprimento de uma das obrigações previstas no dispositivo legal. Além do crime de desobediência, ao deixar de cumprir as obrigações que a lei ou o juiz lhe impuserem, a atitude do falido pode levá-lo a incorrer em outros **tipos penais falimentares**, previstos na Lei n. 11.101/2005, tais como: indução a erro (art. 171); desvio, ocultação ou apropriação de bens (art. 173); habilitação ilegal de crédito (art. 175); e exercício ilegal de atividade (art. 176).

Ao art. 104, da Lei n. 11.101/2005, deve ser acrescido o **fim do sigilo das correspondências**, uma vez que o art. 22, inc. III, alínea "d", da mesma lei, impõe ao **administrador judicial o dever de abrir a correspondência** do falido, entregando-lhe aquelas que não forem do interesse da massa. O referido dispositivo também alcança a **correspondência eletrônica**, hoje bem mais utilizada que a convencional.

A disputa doutrinária sobre a inconstitucionalidade do dispositivo pode ser dirimida considerando que a **autorização legal** de verificação da correspondência, pelo administrador judicial, afastaria a vedação constitucional de quebra do sigilo, pois tornaria **legítima a abertura** das correspondências pelo representante da massa, sucessora do falido. A alegação sobre a dificuldade de definir se a correspondência seria para o **devedor empresário** ou para a **pessoa natural** também se resolve facilmente, se considerarmos que as correspondências **dirigidas ao endereço**, real ou virtual, da empresa **se presumem destinadas a ela**.

Assim, **todas as correspondências serão abertas**, sendo aquelas que não interessem à massa entregues ao falido ou aos sócios da falida. Apesar destes argumentos, há autores que sustentam a inconstitucionalidade do dispositivo.

Esquematizando:

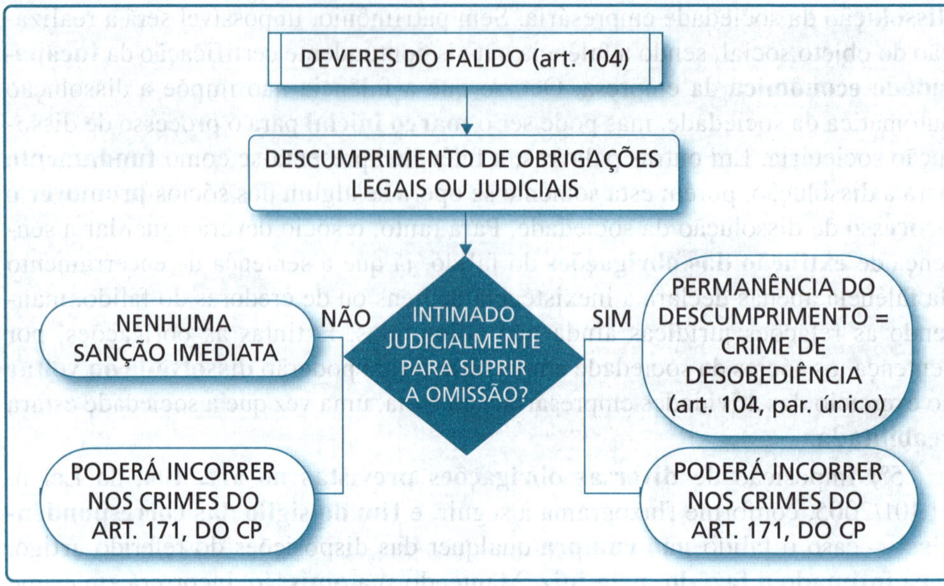

É importante lembrar e destacar que a **omissão** ao cumprimento das obrigações do art. 104, da Lei n. 11.101/2005, se **anterior à ordem** judicial, **não impõe qualquer sanção** ao falido.

Confiram-se as **obrigações legais** impostas à pessoa do falido e aos seus representantes legais, conforme art. 104, da Lei n. 11.101/2005:

DEVERES DO FALIDO DECORRENTES DA DECRETAÇÃO DA FALÊNCIA
I — assinar nos autos, desde que intimado da decisão, termo de comparecimento, com a indicação do nome, da nacionalidade, do estado civil e do endereço completo do domicílio, e declarar, para constar do referido termo, diretamente ao administrador judicial, em dia, local e hora por ele designados, por prazo não superior a 15 (quinze) dias após a decretação da falência, o seguinte:
a) as causas determinantes da sua falência, quando requerida pelos credores;
b) tratando-se de sociedade, os nomes e endereços de todos os sócios, acionistas controladores, diretores ou administradores, apresentando o contrato ou estatuto social e a prova do respectivo registro, bem como suas alterações;
c) o nome do contador encarregado da escrituração dos livros obrigatórios;
d) os mandatos que porventura tenha outorgado, indicando seu objeto, nome e endereço do mandatário;
e) seus bens imóveis e os móveis que não se encontram no estabelecimento;
f) se faz parte de outras sociedades, exibindo respectivo contrato;
g) suas contas bancárias, aplicações, títulos em cobrança e processos em andamento em que for autor ou réu;
II — entregar ao administrador judicial os seus livros obrigatórios e os demais instrumentos de escrituração pertinentes, que os encerrará por termos;
III — não se ausentar do lugar onde se processa a falência sem motivo justo e comunicação expressa ao juiz, e sem deixar procurador bastante, sob as penas cominadas na lei;
IV — comparecer a todos os atos da falência, podendo ser representado por procurador, quando não for indispensável sua presença;
V — entregar ao administrador judicial, para arrecadação, todos os bens, papéis, documentos e senhas de acesso a sistemas contábeis, financeiros e bancários, bem como indicar aqueles que porventura estejam em poder de terceiros;

VI — prestar as informações reclamadas pelo juiz, administrador judicial, credor ou Ministério Público sobre circunstâncias e fatos que interessem à falência;
VII — auxiliar o administrador judicial com zelo e presteza;
VIII — examinar as habilitações de crédito apresentadas;
IX — assistir ao levantamento, à verificação do balanço e ao exame dos livros;
X — manifestar-se sempre que for determinado pelo juiz;
XI — apresentar ao administrador judicial a relação de seus credores, em arquivo eletrônico, no dia em que prestar as declarações referidas no inciso I do art. 104 da Lei n. 11.101/2005;
XII — examinar e dar parecer sobre as contas do administrador judicial.

O quadro acima traz as obrigações do falido com as alterações impostas pela Lei n. 14.112/2020. Em razão das referidas alterações, para cumprimento do inc. I, do art. 104, da Lei n. 11.101/2005, o falido não será mais intimado a comparecer a uma **audiência preliminar**, antes chamada de **audiência de primeiras declarações**, em que detalhava ao juiz todas as informações relativas ao funcionamento da empresa falida e as circunstâncias da sua derrocada. **A partir da reforma** imposta pela Lei n. 14.112/2020, todas as **declarações são prestadas diretamente ao administrador judicial**, em dia, local e hora por ele designados, não podende superar o prazo de **15 dias após a decretação** da falência. Todas as declarações deverão constar do **Termo de Comparecimento** referido no inc. I, do art. 104, da Lei n. 11.101/2005.

As diversas obrigações impostas ao falido recomendam que ele **não deixe a sede do juízo** onde se processa a falência, **sem comunicação prévia** ao juízo falimentar. Não existe mais restrição ao direito de locomoção do falido, que antes era obrigado a pedir autorização para ausentar-se da sede do juízo. Basta, hoje, nos termos do inc. III, do art. 104, **comunicação prévia e expressa** ao juiz, devendo o falido deixar procurador com poderes para representá-lo perante a massa falida. Considerando que a **anterior lei de falência é aplicada** aos processos sentenciados na sua vigência, em **várias causas** que hoje tramitam no judiciário, o falido precisa da **autorização prévia** do juízo para ausentar-se da comarca onde decretada a falência, entendimento que tem sido **mitigado** para exigir apenas a comunicação prévia, nos termos da nova legislação. Por meio de ***habeas corpus*** tem-se obtido a **liberação da exigência de autorização** prévia, entendimento que se baseia, adequadamente, no princípio da **isonomia** entre falidos anteriores e posteriores à vigência da Lei n. 11.101/2005. A norma mais **atual é mais benéfica** e, como trata de imposição de restrição ao direito de ir e vir, **deve retroagir** para beneficiar o falido, entendimento que consideramos o mais adequado.

O **descumprimento** das obrigações impostas à pessoa do falido podem conformar, ainda, alguns dos **crimes falimentares** previstos nos arts. 168 a 178, da Lei n. 11.101/2005. A omissão de informações, o fornecimento de informações inverídicas, a sonegação de bens, livros e escrituração são exemplo de crimes falimentares decorrentes do descumprimento das obrigações.

Esquematizando:

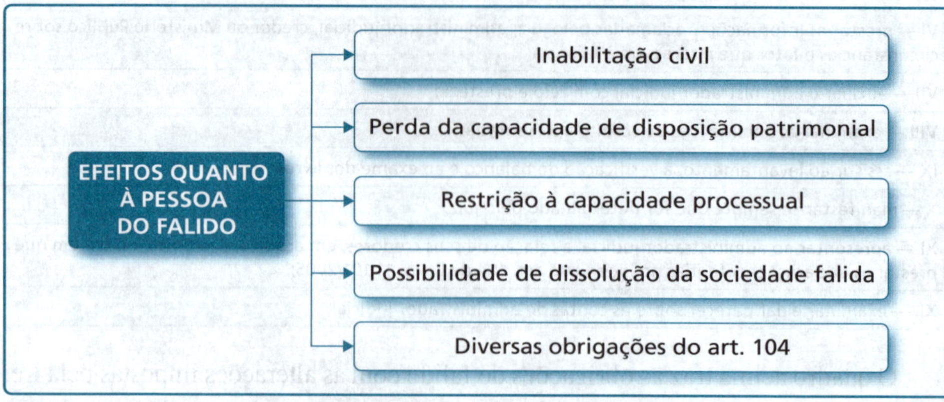

■ *24.5.1.1. Inabilitação empresarial*

A inabilitação empresarial consiste na proibição para o exercício de atividade empresarial, desde a decretação da falência até a sentença de extinção das obrigações, ou até a reabilitação criminal.

A previsão legal da **inabilitação** está no art. 102, da Lei n. 11.101/2005, o qual dispõe que "o falido fica inabilitado para exercer qualquer atividade empresarial a partir da decretação da falência e até a sentença que extingue suas obrigações, respeitado o disposto no § 1º do art. 181 desta Lei". O **art. 102** trata de um tipo de **inabilitação: a cível**. Já o **§ 1º, do art. 181**, da Lei n. 11.101/2005, trata de um segundo tipo de **inabilitação, a criminal**, decorrente de sentença penal condenatória, o que será mais bem detalhado nos tópicos seguintes.

Decretada a falência, o falido fica **imediatamente proibido** de exercer atividade empresarial, como efeito automático da sentença. Esse efeito perdurará **até que o falido obtenha sua reabilitação** por meio da **sentença de extinção das suas obrigações**. Após a publicação da Lei n. 14.112/2020, o simples **encerramento** da falência **restabelece a capacidade** para o exercício da atividade empresarial, sendo referido encerramento enquadrado como uma das novas hipóteses autorizadoras da **declaração de extinção das obrigações do falido**.

Caso obtenha sentença favorável à sua **reabilitação**, o falido poderá requerer que seja dada a **baixa do registro de sua falência** junto aos órgãos competentes, sendo isso o que dispõe o parágrafo único, do art. 102, da Lei n. 11.101/2005: "Findo o período de inabilitação, o falido poderá requerer ao juiz da falência que proceda à respectiva anotação em seu registro".

Contudo, para que o falido **volte a exercer** a atividade empresarial, é necessário **verificar** se ele foi ou não submetido à **pena acessória de inabilitação**, em razão de condenação por **crime falimentar**. Nessa hipótese, haverá uma **dupla inabilitação**, uma decorrente da sentença que decreta a falência (**inabilitação cível**) e outra decorrente da condenação acessória à inabilitação (**inabilitação criminal**), em razão do cometimento de crime falimentar.

O **Decreto-lei n. 7.661/45**, antiga lei de falências, denominava a **inabilitação cível de "impedimento"**, enquanto nominava a **inabilitação criminal de "interdição"**. O impedimento para o exercício da atividade empresarial era decorrência natural da sentença que decretava a falência, o mesmo ocorrendo com a interdição, que era pena acessória automática da condenação por crime falimentar. A **Lei n. 11.101/2005** não conferiu nomes diferentes aos dois institutos, apenas **os denominou "inabilitação"**. E, apesar de manter a **inabilitação cível como efeito automático** da sentença que decreta a falência, no que se refere à **inabilitação criminal, exigiu fundamentação específica** para a sua aplicação pelo juiz, de modo que não se trata mais de pena acessória automática.

Nos quadros legais e teóricos apresentados, teremos as seguintes **situações possíveis**:

1) Falido **não condenado por crime** falimentar — inabilitação cível somente. **Bastará a sentença de extinção** das obrigações para que volte a exercer atividade empresarial.

2) Falido **condenado por crime falimentar, sem aplicação de pena acessória** de inabilitação — inabilitação cível somente. Bastará a **sentença de extinção** das obrigações para que volte a exercer atividade empresarial.

3) Falido **condenado por crime falimentar, com aplicação de pena acessória** de inabilitação — inabilitação cível e criminal. Além da **sentença de extinção** das obrigações, o falido precisará de sua **reabilitação criminal**, para que volte a exercer atividade empresarial.

Esquematizando os **modelos de reabilitação** do falido:

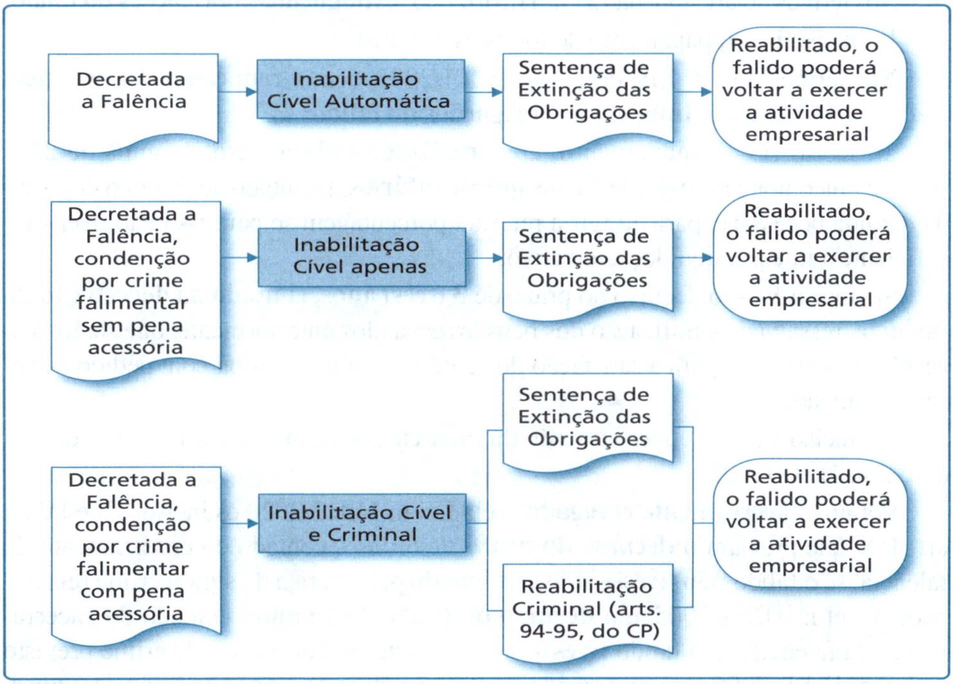

■ *24.5.1.1.1. Extinção das obrigações do falido*

Para obter a **reabilitação cível**, o falido precisará buscar a **declaração de extinção de suas obrigações**. A Lei n. 11.101/2005, nos arts. 158 e 159, regula os **fundamentos e as formas** de extinção das obrigações do falido.

Ordinariamente, a extinção de uma obrigação está vinculada ao seu **pagamento**, ou a **outra forma equivalente de quitação** (transação, dação em pagamento, confusão, novação e outros). No processo falimentar, todos os meios convencionais de extinção das obrigações serão admitidos, podendo as obrigações, **extraordinariamente**, ser declaradas extintas, mesmo **sem que haja o pagamento de 100%** delas. O objetivo é permitir que o empresário falido consiga **voltar a exercer** a atividade empresarial, algum dia. Tem relação com o **princípio da preservação da empresa**, da manutenção da fonte produtora e da geração de empregos. E, agora, com a expressa determinação do inciso III, do art. 75, inserido na Lei de Falências pela Lei n. 14.112/2020, é objetivo do processo falimentar "**fomentar o empreendedorismo**, inclusive por meio da viabilização do **retorno célere do empreendedor falido à atividade econômica**."

Destarte, a Lei n. 11.101/2005 trouxe **uma hipótese** de **extinção ordinária** das obrigações, decorrente do pagamento de todas as dívidas do falido, e **três hipóteses** de **extinção extraordinária** das obrigações, nas quais as dívidas não são totalmente quitadas. Nas **quatro situações**, proferida a sentença de extinção das obrigações, fica o **falido reabilitado** para o exercício de atividade empresarial, deixando de existir todas as obrigações contemporâneas à falência.

Nos termos do art. 158, da Lei n. 11.101/2005, **extinguem as obrigações do falido**:

1) inciso I — o pagamento de todos os créditos.

Nos termos do art. 158, da Lei n. 11.101/2005, com a **redação dada pela pela Lei n. 14.112/2020**, **extinguem as obrigações do falido**:

2) inciso II — o **pagamento, após realizado todo o ativo**, de **mais de 25%** (vinte e cinco por cento) dos **créditos quirografários**, facultado ao falido o depósito da quantia necessária para atingir a referida porcentagem se para isso não tiver sido suficiente a integral liquidação do ativo;

3) inciso V — o decurso do prazo de **3 (três) anos, contado da decretação da falência**, ressalvada a utilização dos bens arrecadados anteriormente, que serão destinados à liquidação para a satisfação dos credores habilitados ou com pedido de reserva realizado;

4) inciso VI — o **encerramento da falência** nos termos dos arts. 114-A ou 156 da Lei n. 11.101/2005.

Foram **expressamente revogados** pela Lei n. 14.112/2020 os incisos III e IV do art. 158, que previam o **decurso do prazo de 5 anos**, contado do encerramento da falência, se o falido **não tivesse sido condenado** pela prática de algum crime relacionado à Lei n. 11.101/2005; e o **decurso do prazo de 10 anos**, contado do encerramento da falência, se o falido **tivesse sido condenado** por prática de crime previsto na Lei n. 11.101/2005. Assim, considerando que o **encerramento da falência, agora,**

permite a extinção das obrigações, sem razão de ser a manutenção das duas hipóteses previstas nos referidos incisos.

A **primeira** hipótese mencionada refere-se à **extinção ordinária das obrigações** do falido. As **três últimas** são hipóteses **extraordinárias**, pois, mesmo **sem o pagamento integral** das dívidas, o falido obtém a quitação delas. Nas **duas últimas** hipóteses, **nem sequer é necessário tenha havido algum pagamento**, de modo que as obrigações poderão ser declaradas extintas mesmo sem o pagamento de um único centavo aos credores, **bastando o decurso dos três anos** posteriores à decretação da falência, ou o **encerramento dela**.

Esquematizando as **quatro hipóteses de extinção** das obrigações:

HIPÓTESES DE EXTINÇÃO DAS OBRIGAÇÕES DO FALIDO

- Pagamento de 100% dos créditos
- Pagamento de 50% dos créditos, após liquidado todo o ativo
- Decurso do prazo de 3 (três) anos, contado da decretação da falência
- Encerramento da falência

É necessário, desde já, **não confundir** a **sentença de encerramento** da falência com a **sentença de extinção das obrigações** do falido. **Encerrar** a falência é constatar a **inexistência de credores ou de bens**, pondo fim à execução coletiva. Normalmente, as falências encerram-se pela **inexistência de bens** suficientes ao pagamento dos credores, sentença de encerramento que reconhece tal escassez e pronuncia-se quanto às obrigações com as quais o falido permanecerá. Já a sentença de **extinção das obrigações** alcança a própria existência das dívidas, de modo que somente **ela pode definir** se o falido ainda tem alguma obrigação.

A Lei n. 11.101/2005, com a redação dada pela Lei n. 14.112/2020 não mais exige que, para ser proferida a **sentença de extinção** das obrigações, a falência já tenha sido **encerrada por sentença**. A propósito, confira-se o texto da nova redação do § 3º, do art. 159, da Lei n. 11.101/2005: "Findo o prazo, **o juiz, em 15 (quinze) dias, proferirá sentença que declare extintas** todas as obrigações do falido, inclusive as de natureza trabalhista".

Configurada uma das **quatro hipóteses** citadas, o **falido pode requerer** ao juiz da falência que suas obrigações sejam declaradas extintas por sentença. O requerimento será **autuado em apartado**, com os respectivos documentos, e **publicado por edital** no órgão oficial e em jornal de grande circulação, conforme a condição econômica do falido. Assim, o pedido de extinção das obrigações formará um **processo à parte**, no qual o falido deverá demonstrar seu enquadramento em uma das situações que autorizam a extinção.

Considerada a nova redação do art. 159, imposta pela Lei n. 14.112/2020, "a **secretaria do juízo** fará publicar imediatamente informação sobre a **apresentação do requerimento** a que se refere este artigo, e, no **prazo comum de 5 (cinco) dias**, qualquer credor, o administrador judicial e o Ministério Público poderão manifestar-se exclusivamente para **apontar inconsistências formais e objetivas**."

Transcorrido o prazo para os credores, os autos serão **conclusos ao juiz**, que proferirá **sentença no prazo de 15 (quinze) dias**. Como destacado, caso o requerimento seja anterior à sentença de encerramento da falência, o **juiz já declarará extintas as obrigações**, mesmo antes de proferir a sentença de encerramento.

Se **julgado procedente** o pedido, declarando-se a extinção das obrigações do falido, o juiz estará **retirando a inabilitação** dele para o exercício de atividade empresarial. Estará **reabilitando o falido**.

A sentença que declarar extintas as obrigações **será comunicada** a todas as pessoas e entidades informadas da decretação da falência. Logo, abrangerá credores, Ministério Público, administrador judicial, Junta Comercial, outros juízos e órgãos estatais.

Sentenciada a extinção das obrigações, poderão os interessados dela recorrer, por meio de **apelação**. Após transitar em julgado a referida sentença, o processo de extinção das obrigações deverá ser **apensado ao processo de falência**.

Outra inovação trazida pela Lei n. 14.112/2020 foi a determinação de que **a sentença de extinção das obrigações somente poderá ser rescindida por meio de ação rescisória**, nos termos do CPC, a pedido de qualquer credor que demonstre que o **falido sonegou bens, direitos ou rendimentos** anteriores à data do pedido de extinção das obrigações. Referido direito à rescisória **extingue-se no prazo de dois anos** do trânsito em julgado da sentença de extinção das obrigações. Confira-se o texto do art. 159-A, introduzido na Lei n. 11.101/2005:

> "A sentença que declarar extintas as obrigações do falido, nos termos do art. 159 desta Lei, somente poderá ser rescindida por ação rescisória, na forma prevista no CPC, a pedido de qualquer credor, caso se verifique que o falido tenha sonegado bens, direitos ou rendimentos de qualquer espécie anteriores à data do requerimento a que se refere o art. 159 desta Lei.
>
> Parágrafo único. O direito à rescisão de que trata o caput deste artigo extinguir-se-á no prazo de 2 (dois) anos, contado da data do trânsito em julgado da sentença de que trata o art. 159 desta Lei."

O **sócio de responsabilidade ilimitada** deverá aguardar a **prescrição** ou a **extinção das obrigações** do falido, podendo, depois disso, **ajuizar ação pessoal, com** pedido de extinção de suas obrigações na falência, conforme lhe autoriza o art. 160, da Lei n. 11.101/2005.

Esquematizando o **processo de extinção das obrigações** do falido:

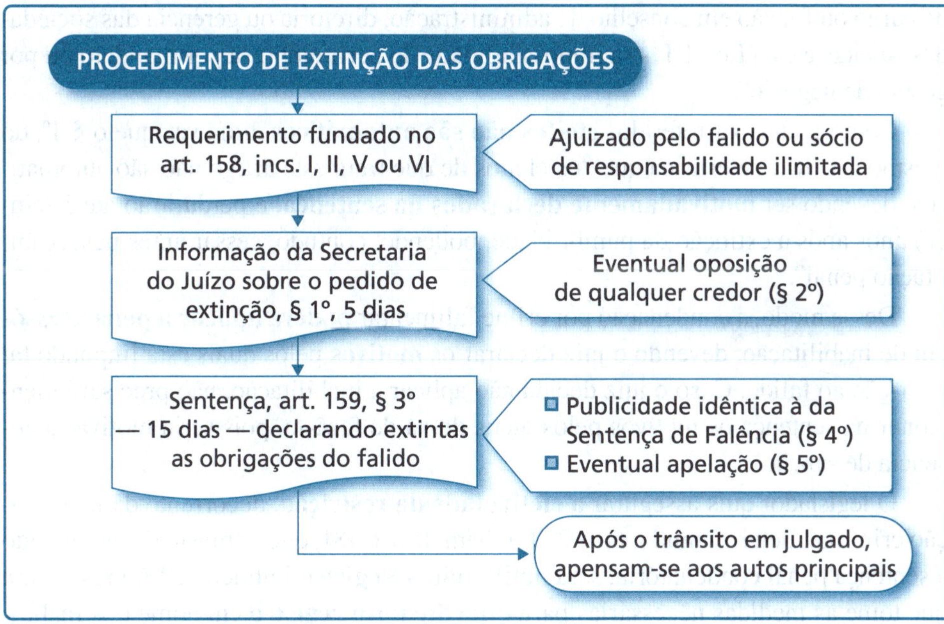

■ *24.5.1.1.2. Inabilitação criminal*

A **condenação por crime falimentar** poderá impor ao falido a **pena acessória de inabilitação** para o exercício de atividade empresarial. A pena acessória não é mais automática, como na legislação anterior. O juiz deverá fundamentar a imposição da inabilitação, **motivando sua decisão** com elementos do caso concreto. É recomendável a aplicação da referida pena acessória naquelas hipóteses em que se verificar que o devedor empresário falido, ou seus equiparados, tenha agido com a **intenção de prejudicar** credores, ou tenha atuado de **forma temerária**, **sem as cautelas** mínimas na condução da empresa, impondo grave prejuízo aos credores, ao fisco e aos trabalhadores. Se a falência decorreu de situações corriqueiras **do mercado** ou de **mera inabilidade** com a gestão daquele tipo de negócio, **não se recomenda** a condenação à pena acessória de inabilitação.

A inabilitação criminal desdobra-se na imposição de **três restrições** à atuação do falido:

1ª) a proibição para o exercício de atividade empresarial;

2ª) o **impedimento** para o exercício de **cargo ou função em conselho** de administração, **diretoria ou gerência** de sociedades empresárias definidas no art. 1º, da Lei n. 11.101/2005;

3ª) o **impedimento** para a **gerência de empresa**, seja por mandato ou por contrato de gestão de negócio.

É o **art. 181**, da Lei n. 11.101/2005, que trata da inabilitação criminal, dispondo o seguinte: "São efeitos da condenação por crime previsto nesta Lei: I — a inabilitação para o exercício de atividade empresarial; II — o impedimento para o exercício de cargo ou função em conselho de administração, diretoria ou gerência das sociedades sujeitas a esta Lei; III — a impossibilidade de gerir empresa por mandato ou por gestão de negócio".

Como já dito, os referidos **efeitos não são automáticos**, uma vez que o § 1º, do mesmo art. 181, determina que "os efeitos de que trata este artigo não são automáticos, devendo ser **motivadamente declarados na sentença**, e perdurarão até 5 (cinco) anos após a extinção da punibilidade, podendo, contudo, cessar antes pela reabilitação penal".

Desse modo, a condenação por crime falimentar **poderá aplicar a pena acessória** de inabilitação, devendo o juiz declarar os **motivos** pelos quais está impondo tal restrição ao falido. Caso o juiz decida não aplicar a inabilitação, não precisará mencionar na sentença os motivos pelos quais deixa de fazê-lo, pois seria motivar a ausência de sanção.

O legislador quis assegurar a **efetividade da restrição**, decorrente da inabilitação criminal, determinando, no § 2º, também do art. 181, que, "transitada em julgado a sentença penal condenatória, será **notificado o Registro** Público de Empresas para que tome as medidas necessárias para **impedir novo registro** em nome dos inabilitados". Surge, então, uma espécie de **cadastro dos maus empresários**, o qual deverá ser utilizado pelas Juntas Comerciais no intuito de impedir o exercício de atividade empresarial pelas pessoas que estejam inabilitadas, em razão de condenação por crime falimentar.

Oportuno lembrar, aqui, o teor do **art. 179**, da Lei n. 11.101/2005, uma vez que a condenação criminal poderá recair sobre **pessoas equiparadas ao falido**, as quais também poderão ser **declaradas inabilitadas** para o exercício de atividades empresariais. O rol dos equiparados está no teor do referido artigo, o qual afirma que, "na falência, na recuperação judicial e na recuperação extrajudicial de sociedades, os seus **sócios**, **diretores**, **gerentes**, **administradores** e **conselheiros, de fato ou de direito**, bem como o **administrador judicial**, equiparam-se ao devedor ou falido para todos os efeitos penais decorrentes desta Lei, na medida de sua culpabilidade". Todos os inabilitados constarão do cadastro de maus empresários, sejam eles o próprio falido ou os seus equiparados.

A inabilitação criminal, assim como a civil, **não dura eternamente**. É possível a **reabilitação cível** por meio da **sentença de extinção das obrigações** do falido, como já visto. Já a **reabilitação criminal** poderá ser alcançada por um de dois caminhos:

1º) pelo **decurso do prazo de 5 (cinco) anos** após a extinção da punibilidade;

2º) pela **reabilitação penal**, prevista no art. 94, do Código Penal.

A Lei n. 11.101/2005 estabelece, então, **duas formas** de promoção da **reabilitação criminal**. A **primeira** depende apenas do **decurso do prazo de 5 anos** após a extinção da punibilidade, bastando ao condenado requerer ao juiz que o sentenciou pelo crime falimentar a declaração de sua reabilitação, **por simples petição**, comprovando apenas, como já dito, o decurso do prazo, sem qualquer outro requisito objetivo ou subjetivo. A **segunda** dependerá do **procedimento de reabilitação penal**, o qual corre como **incidente processual**, em autos próprios, e deverá ser instruído com os requisitos objetivos e subjetivos, previstos no art. 94, do Código Penal, também no juízo que proferiu a condenação penal.

Em ambos os casos, o inabilitado deverá demonstrar que **já cumpriu a pena ou que foi extinta sua punibilidade**. O cumprimento da pena é atestado em sentença, a qual deverá ser juntada ao pedido, com a certificação do seu **trânsito em julgado**, data da qual se contará o prazo para a reabilitação. O mesmo ocorrerá com a sentença que extinguir a punibilidade por qualquer outro motivo, pois será da data do trânsito em julgado dela que se **iniciará o prazo** para a reabilitação.

O art. 107, do Código Penal, assim discrimina as **causas de extinção da punibilidade**: "Extingue-se a punibilidade: I — pela morte do agente; II — pela anistia, graça ou indulto; III — pela retroatividade de lei que não mais considera o fato como criminoso; IV — pela prescrição, decadência ou perempção; V — pela renúncia do direito de queixa ou pelo perdão aceito, nos crimes de ação privada; VI — pela retratação do agente, nos casos em que a lei a admite; (...) IX — pelo perdão judicial, nos casos previstos em lei".

Transitada em julgado a sentença que declarou extinta a punibilidade, **contam-se 5 anos** para a reabilitação criminal definida na **Lei n. 11.101/2005**. Optando o inabilitado pela reabilitação penal, bastará **contar 2 anos** do trânsito em julgado, todavia deverá reunir os outros requisitos do **art. 94, do Código Penal**, o qual estabelece que:

> Art. 94. A reabilitação poderá ser requerida, decorridos 2 (dois) anos do dia em que for extinta, de qualquer modo, a pena ou terminar sua execução, computando-se o período de prova da suspensão e o do livramento condicional, se não sobrevier revogação, desde que o condenado:
>
> I — tenha tido **domicílio** no País no prazo acima referido;
>
> II — tenha dado, durante esse tempo, demonstração efetiva e constante de **bom comportamento** público e privado;
>
> III — tenha **ressarcido o dano** causado pelo crime ou demonstre a absoluta **impossibilidade de o fazer**, até o dia do pedido, ou exiba documento que comprove a **renúncia da vítima ou novação** da dívida.

Reabilitado criminalmente o falido, ou seus equiparados, o juiz da condenação criminal deverá **oficiar à junta comercial** (Registro Público de Empresas), comunicando a **cessação da inabilitação** criminal para o exercício de atividade empresarial. É preciso lembrar que, caso o falido não tenha obtido, ainda, a sentença de extinção das suas obrigações, permanecerá ele inabilitado civilmente.

Esquematizando a reabilitação criminal:

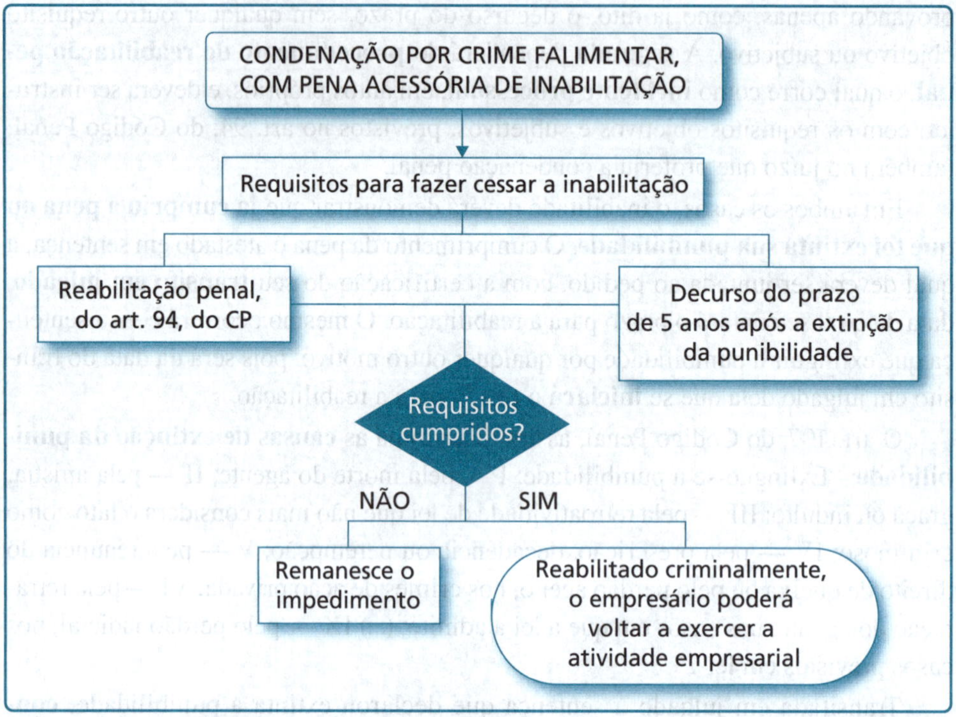

■ 24.5.1.2. *Direitos e deveres do falido*

Os deveres do falido já foram delineados e estão discriminados no art. 104, da Lei n. 11.101/2005, além de outros que estão dispersos no texto legal. Além dos deveres, a lei estabeleceu **alguns direitos** para o falido, pois a gestão da massa falida definirá a situação do devedor empresário ao término da falência, uma vez que o **melhor aproveitamento do ativo** e uma **eficaz negociação do passivo** poderão antecipar a extinção das obrigações e o retorno do falido à atividade empresarial. Assim, ele poderá **interferir** no processo falimentar, **fiscalizando-o**, **prestando informações**, **comparecendo** aos atos de alienação do ativo, **viabilizando parcelamento** de créditos tributários e **falando obrigatoriamente** nas habilitações e impugnações de crédito e pedidos de restituição, entre outras atuações, podendo **peticionar** nos autos da falência, por meio de advogado.

São **direitos do falido**, segundo o texto da Lei n. 11.101/2005:

1º) Requerer a **anotação de sua reabilitação civil** — art. 102, parágrafo único: "Findo o período de inabilitação, o falido poderá requerer ao juiz da falência que proceda à respectiva anotação em seu registro".

2º) Atuar no processo falimentar, **fiscalizando, intervindo**, requerendo medidas — art. 103, parágrafo único: "O falido poderá, contudo, fiscalizar a administração da falência, requerer as providências necessárias para a conservação de seus direitos ou dos bens arrecadados e intervir nos processos em que a massa falida seja parte ou interessada, requerendo o que for de direito e interpondo os recursos cabíveis".

3º) **Acompanhar a arrecadação e avaliação dos bens** — art. 108, § 2º: "O falido poderá acompanhar a arrecadação e a avaliação".

4º) **Requerer a extinção das suas obrigações** — art. 159: "Configurada qualquer das hipóteses do art. 158 desta Lei, o falido poderá requerer ao juízo da falência que suas obrigações sejam declaradas extintas por sentença".

5º) Requerer e manifestar-se sobre a **venda antecipada dos bens** da massa — art. 113: "Os bens perecíveis, deterioráveis, sujeitos à considerável desvalorização ou que sejam de conservação arriscada ou dispendiosa, poderão ser vendidos antecipadamente, após a arrecadação e a avaliação, mediante autorização judicial, ouvidos o Comitê e o falido no prazo de 48 (quarenta e oito) horas".

6º) **Receber eventual saldo remanescente**, após o pagamento de todos os credores — art. 153: "Pagos todos os credores, o saldo, se houver, será entregue ao falido".

7º) **Depositar valor complementar** para obtenção da sentença de extinção das obrigações — art. 158, inc. II: "Extingue as obrigações do falido: (...) II — o **pagamento, após realizado todo o ativo**, de **mais de 25%** (vinte e cinco por cento) dos **créditos quirografários**, facultado ao falido o **depósito da quantia necessária para atingir a referida porcentagem** se para isso não tiver sido suficiente a integral liquidação do ativo.

8º) **Impugnar a relação de credores** consolidada pelo administrador judicial — art. 8º: "No prazo de 10 (dez) dias, contado da publicação da relação referida no art. 7º, § 2º, desta Lei, o Comitê, qualquer credor, o devedor ou seus sócios ou o Ministério Público podem apresentar ao juiz impugnação contra a relação de credores, apontando a ausência de qualquer crédito ou manifestando-se contra a legitimidade, importância ou classificação de crédito relacionado".

9º) Manifestar-se em todas as habilitações retardatárias, impugnações de crédito e nos pedidos de restituição — arts. 10, § 5º, 12 e 87, § 1º.

■ 24.5.2. Quanto aos bens do falido

A decretação da falência estabelece um **novo regime de bens** do falido, situação que determina:

a) a **arrecadação** imediata de todos os bens e valores que componham o acervo do falido;

b) a **liberação de todos os gravames, penhoras, hipotecas e bloqueios** que incidam sobre os bens, sejam judiciais, administrativos ou contratuais, salvo as hipóteses específicas de alienação fiduciária em garantia, compra e venda com reserva de domínio e *leasing*;

c) a busca de bens indevidamente retirados da massa falida;

d) a proibição de novas penhoras ou apreensões de bens da massa falida;

e) a **entrega** à massa falida de **bens e valores** que estejam **penhorados** ou de qualquer outra forma **apreendidos** em algum processo judicial ou por autoridade administrativa;

f) a alienação dos bens, **realização do ativo**, com a finalidade única de **pagar o passivo da massa** falida.

As disposições da Lei n. 11.101/2005 impõem, então, uma espécie de **regime legal especial**, aplicável aos bens que compõem o acervo do empresário falido. A finalidade da lei é reunir no processo falimentar **toda a força patrimonial da massa**, trazendo para os autos, também, **todos os credores do falido**, inclusive aqueles que já estavam com avançado processo de execução individual contra ele.

Tudo isso visa, de um lado, **obter o melhor valor possível** para os ativos da massa, com a priorização da venda da empresa completa, o que garantiria a continuidade da atividade empresarial, sob a batuta do adquirente. De outro lado, propicia a *pars conditio creditorum*, isto é, a **igualdade de tratamento aos credores**, sem prestigiar aqueles que já estavam executando o falido, nem aqueles que obtiveram garantias para o seu crédito.

Esquematizando:

São efeitos da sentença que decreta a falência, **quanto aos bens** do falido:

1) **Lacração** do estabelecimento ou **continuação** do negócio

Ao decretar a falência, o juiz deverá, na própria sentença, estabelecer a possibilidade de **continuação da atividade** empresarial **ou seu imediato encerramento**, com a lacração dos estabelecimentos do falido. Na prática, o que ocorre com mais frequência é a lacração dos estabelecimentos, com o objetivo de **preservar o acervo empresarial** para permitir sua venda futura.

Verificando o juiz que a lacração poderá impor prejuízo à massa, determinará a **continuação do negócio** com o administrador judicial, o qual gerenciará as atividades. Três situações **recomendam** a continuação do negócio: 1) se o estoque do falido for composto de **bens perecíveis ou deterioráveis** e a sua venda no varejo seja a mais recomendável. Nessa hipótese, um relatório ou pedido do administrador judicial poderá provocar a decisão judicial; 2) se o ramo de negócio estiver passando por um **momento propício** a vendas elevadas, como ocorre nas datas festivas e de feiras ou outros eventos de venda em massa; 3) **a pedido do administrador judicial**, como forma de alienação do ativo, seja por autorização do juiz, seja por autorização da assembleia geral de credores, nos termos do art. 145, da Lei n. 11.101/2005.

É o que estabelece o art. 99, inc. XI, da Lei n. 11.101/2005: "a sentença que decretar a falência do devedor, dentre outras determinações: (...) XI — pronunciar-se-á a respeito da continuação provisória das atividades do falido com o administrador judicial ou da lacração dos estabelecimentos, observado o disposto no art. 109 desta Lei". Desse modo, **a sentença que decreta** a falência, em sua parte dispositiva, deverá reservar um parágrafo para definir tal situação.

O mencionado art. 109, da Lei n. 11.101/2005, dispõe sobre os **fundamentos legais para a lacração** do estabelecimento, determinando: "o estabelecimento será lacrado sempre que houver **risco** para a execução da etapa de **arrecadação** ou para a **preservação dos bens** da massa falida ou dos **interesses dos credores**". Apesar da tentativa de dar objetividade às hipóteses de lacração, as expressões "houver risco" e "interesses dos credores" emprestam **subjetividade à decisão** que venha a definir a lacração ou a continuação da atividade.

Esquematizando:

ENTRE A CONTINUAÇÃO PROVISÓRIA DA ATIVIDADE E A LACRAÇÃO	
Recomendam a Continuação Provisória	**Recomendam a Lacração**
■ Existência de bens perecíveis ou deterioráveis.	■ Risco para a arrecadação.
■ Momento propício de vendas elevadas do ramo de negócio.	■ Risco para a preservação dos bens.
■ Pedido do administrador judicial.	■ Risco para o interesse dos credores.

2) **Arrecadação** de todos os bens do falido

A arrecadação corresponde a uma espécie de **penhora ampla, total e irrestrita dos bens do falido**. Considerando que a falência é uma **execução coletiva**, processo para o qual serão atraídos **todos os credores** do falido, deverá abranger **todos os**

bens dele, inclusive aqueles já penhorados ou, de alguma forma, apreendidos em outros autos. **Não haverá preferência** do credor que já tenha alcançado a penhora de bens em execução individual sobre qualquer outro credor do falido, mesmo em relação àqueles cujo crédito nem sequer estivesse vencido.

O critério de preferência dos credores, na falência, está bem **definido nos arts. 83, 84, 85 e 86**, da Lei n. 11.101/2005, e não leva em conta o tempo de constituição do crédito, nem a data do seu vencimento, muito menos o ajuizamento de execução individual.

Assim, uma vez decretada a falência, o **administrador judicial promoverá a arrecadação** de todos os valores e bens do falido, **sem a necessidade de medida judicial**. Caso encontre **resistência**, ou se o bem estiver sob alguma **constrição judicial** ou administrativa, o administrador judicial poderá requerer ao juiz as **medidas necessárias** à liberação dos bens, o que poderá incluir desde a expedição de ofícios e cartas precatórias, até o deferimento de mandados de busca e apreensão, sequestro, arrombamento, horário especial e auxílio policial.

A arrecadação propiciará a formação da chamada **massa falida objetiva**, conceituada como o conjunto de bens que compõem o acervo do falido e que serão alienados para o pagamento do passivo (**massa falida subjetiva** — conjunto de credores do falido).

A **Lei n. 14.112/2020 alterou a alínea "j", do inc. III**, do art. 22 da Lei n. 11.101/2005, para impor um prazo máximo para o administrador judicial promover a **alienação do ativo**. Determina o referido texto novo da norma que **incumbe ao administrador judicial** no processo de falência: "proceder à **venda de todos os bens** da massa falida no **prazo máximo de 180** (cento e oitenta) dias, contado da data da juntada do auto de arrecadação, sob pena de destituição, salvo por impossibilidade fundamentada, reconhecida por decisão judicial."

Os bens sobre os quais recairá a arrecadação são os **penhoráveis**:

a) de **propriedade do falido** (os bens imóveis registrados em nome do falido e os móveis que estiverem na sua posse);

b) de **propriedade dos sócios** de responsabilidade **ilimitada**, os quais, nos termos do art. 81, da Lei n. 11.101/2005, tiveram sua falência decretada com a do falido;

c) que estiverem **penhorados** ou de outra forma **apreendidos** em outro processo judicial, ou por determinação administrativa;

d) de **propriedade dos sócios** de responsabilidade **limitada**, caso julgada procedente a ação de **responsabilização** a que se refere o art. 82, da Lei n. 11.101/2005;

e) que, de alguma forma, **retornem ao patrimônio** do falido ou de seus sócios, em razão de ações revocatórias, declarações de ineficácia, anulatórias, entre outras medidas.

Esquematizando:

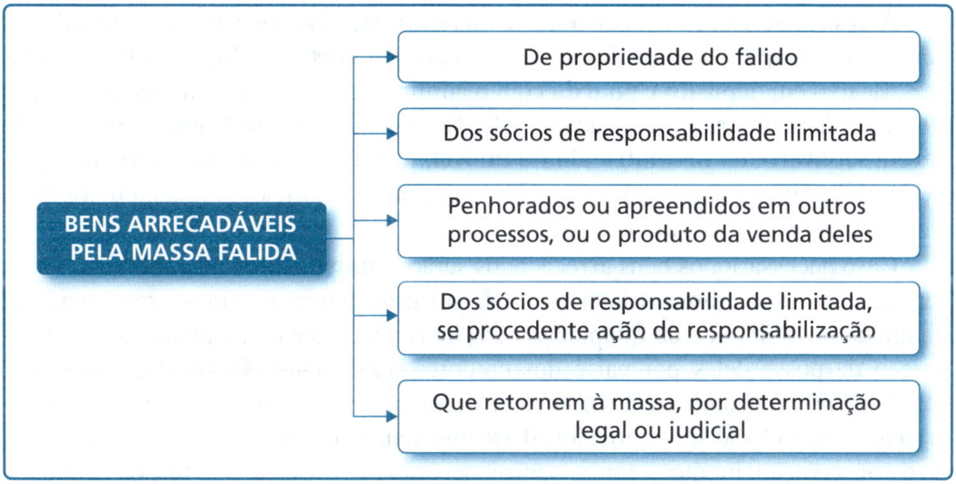

Os bens que não forem penhoráveis na esfera processual civil também não poderão ser arrecadados no processo falimentar. A óbvia vedação encontra letras no § 4º, do art. 108, da Lei n. 11.101/2005, ao impor que "**não serão arrecadados** os bens absolutamente **impenhoráveis**". A única **exceção** falimentar à impenhorabilidade cível recai sobre os **instrumentos de trabalho do falido**, uma vez que o CPC veda a penhora dos instrumentos de trabalho do devedor, enquanto a legislação falimentar impõe a proibição do exercício da atividade empresarial (**inabilitação**) e, por isso, os instrumentos de trabalho não poderão mais ser utilizados pelo falido e deverão ser destinados a venda e pagamento das dívidas falimentares. Os bens **inalienáveis** também não poderão ser arrecadados.

Os **bens afetados** também **não serão imediatamente arrecadados** pela massa. Primeiro, deverão **cumprir a obrigação** que os afetou, para, depois, serem trazidos para o patrimônio da massa. É o que determina o art. 119, inc. IX, da Lei n. 11.101/2005: "os patrimônios de afetação, constituídos para cumprimento de **destinação específica**, obedecerão ao disposto na legislação respectiva, permanecendo seus bens, direitos e obrigações separados dos do falido **até o advento do respectivo termo** ou até o **cumprimento de sua finalidade**, ocasião em que o administrador judicial arrecadará o saldo a favor da massa falida ou inscreverá na classe própria o crédito que contra ela remanescer". Exemplo comum de patrimônio de afetação ocorre com o **direito real de anticrese**, em que o bem dado em garantia ficará afetado, em poder do credor, até o cumprimento do pactuado, sendo ele remunerado pelo uso ou fruição do referido bem. Assim, enquanto não for quitada a obrigação, o bem ficará afetado, em poder do credor anticrético.

Esquematizando os bens não arrecadáveis:

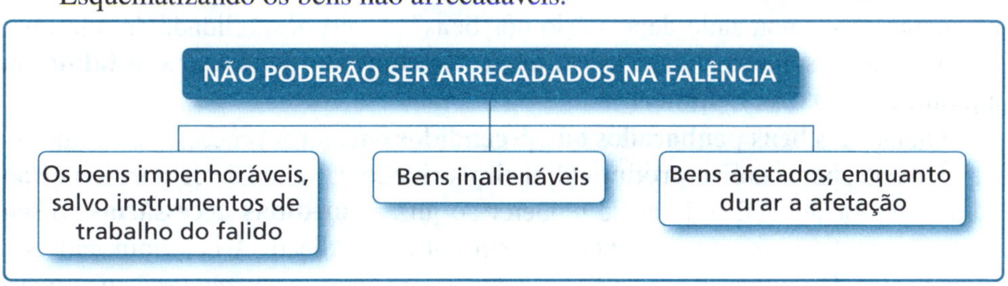

A arrecadação é, então, **procedimento administrativo** de apreensão de todos os bens do falido que sejam penhoráveis e não estejam afetados. No caso de bens **móveis**, ficarão em **depósito e guarda** com o administrador judicial ou com pessoa por ele indicada, sob a responsabilidade dele. No caso de bens **imóveis**, a arrecadação deverá ser **averbada na matrícula do imóvel**, junto ao respectivo cartório de registro imobiliário, o que poderá ser realizado por meio de ofício do juízo, ou por meio eletrônico, onde houver tal possibilidade.

Caso necessário, os bens arrecadados serão **removidos** para lugar onde possam ser tutelados pelo administrador judicial. Tal providência se mostra recomendável diante da possibilidade de dilapidação dos bens e até mesmo da tentativa de reintegração da posse deles por parte dos credores insatisfeitos. O art. 112, da Lei n. 11.101/2005, é que autoriza e recomenda a remoção, nos seguintes termos: "Os bens arrecadados poderão ser removidos, desde que haja necessidade de sua melhor guarda e conservação, hipótese em que permanecerão em depósito sob responsabilidade do administrador judicial, mediante compromisso".

Assim, o **administrador judicial**, logo que assinar o termo de compromisso, promoverá a **arrecadação e avaliação** de todos os bens do falido e, caso precise de alguma medida judicial para isso, solicitará ao juiz que a defira. A arrecadação poderá ser realizada **em bloco ou separadamente**. Será lavrado, pelo administrador judicial, **auto de arrecadação**, no qual constarão o **inventário** dos bens e o laudo de **avaliação** deles. O auto de arrecadação será assinado pelo administrador judicial, pelo falido ou seus representantes, bem como pelas pessoas que auxiliarem ou presenciarem o ato, sem a necessidade da presença ou atuação de oficial de justiça. O § 2º, do art. 108, garante ao falido o direito de acompanhar a arrecadação e a avaliação dos bens, por isso a necessidade de coleta da assinatura dele no auto.

Sobre a **arrecadação**, dispõe o art. 108, da Lei n. 11.101/2005: "Ato contínuo à assinatura do termo de compromisso, o administrador judicial efetuará a arrecadação dos bens e documentos e a avaliação dos bens, separadamente ou em bloco, no local em que se encontrem, requerendo ao juiz, para esses fins, as medidas necessárias". Ao afirmar que ao juiz serão requeridas as medidas necessárias à arrecadação, o legislador deixou clara a **natureza administrativa e extrajudicial** do referido procedimento, isto é, a intervenção do juiz na arrecadação será mínima e somente a necessária.

A **responsabilidade do administrador** judicial pela guarda e pelo depósito dos bens foi determinada pelo § 1º, do mesmo art. 108, assim redigido: "Os bens arrecadados ficarão sob a guarda do administrador judicial ou de pessoa por ele escolhida, sob responsabilidade daquele, podendo o falido ou qualquer de seus representantes ser nomeado depositário dos bens". A responsabilidade do administrador judicial somente ficará **afastada** se for nomeado **depositário o falido** ou algum de seus **representantes**.

Quanto aos **bens penhorados ou apreendidos** em outros processos ou administrativamente, bem como o **produto** (dinheiro) oriundo da venda deles, a lei impõe ao administrador judicial o dever de requerer ao juiz as **medidas necessárias** ao seu resgate perante outros órgãos, inclusive em outra jurisdição. A determinação está sediada no § 3º, do referido art. 108. Conclui-se que, mesmo ajuizada ação de execução antes da decretação da falência, o **juiz** que tiver a **tutela dos bens e valores** não poderá utilizá-los para pagamento da obrigação que originou a constrição, antes terá que colocá-los **à disposição da massa falida**.

Por fim, a **avaliação dos bens** deverá ser feita, preferencialmente, **em bloco**, uma vez que o legislador priorizou a alienação da empresa inteira, visando preservá-la, o que consubstanciou a redação do art. 140, da Lei n. 11.101/2005. Ali determinou que a empresa deverá ser **vendida em bloco** para um único comprador; se não for possível, vendem-se as **filiais isoladamente**; não se conseguindo, o **estabelecimento completo**; somente aí será possível a venda dos **bens separadamente**. Se a venda é em bloco, avaliação deverá seguir a mesma regra. Todavia, caso algum **bem tenha sido dado em garantia real** de dívida, deverá ser **avaliado separadamente**. É o que está disposto no § 5º, do art. 108. Tal disposição se alinha com a determinação do art. 83, inc. II e § 1º, da Lei n. 11.101/2005, que estabelece que o crédito com garantia real será assim considerado **até o valor do bem dado em garantia**, sendo referido valor o apurado na **venda do bem** nos autos da falência, salvo se a empresa for vendida em bloco, situação em que o valor do bem será aquele **aferido na avaliação**.

A arrecadação será formalizada em um **auto de arrecadação**, composto de **inventário e de laudo de avaliação** dos bens. O referido laudo deve ser confeccionado concomitantemente ao ato de apreensão dos bens, todavia, não sendo possível elaborá-lo imediatamente, o administrador judicial poderá requerer ao juiz um prazo, não superior a **30 dias**, contados da apresentação do auto de arrecadação, para a juntada da avaliação.

O inventário deverá ser o **mais amplo possível**, abrangendo, além dos **bens e valores** pertencentes à massa, os **livros e documentos** encontrados, os bens da massa que estejam **com terceiros**, além dos bens que estejam com a massa, mas que sejam reclamados como de propriedade de terceiros. De preferência, todos os bens deverão ser **descritos individualmente**. Tudo conforme previsto no art. 110, da Lei n. 11.101/2005. Desse modo, do **inventário deverão constar**:

a) os **livros obrigatórios e os auxiliares ou facultativos** do devedor, designando-se o estado em que estão, número e denominação de cada um, páginas escrituradas, data do início da escrituração e do último lançamento, e se os livros obrigatórios estão revestidos das formalidades legais;
b) dinheiro, papéis, títulos de crédito, documentos e outros bens da massa falida;
c) os **bens** da massa falida **em poder de terceiro**, a título de guarda, depósito, penhor ou retenção;
d) os **bens** indicados como **propriedade de terceiros ou reclamados por estes**, mencionando-se essa circunstância.

O administrador judicial terá o **prazo de 15 dias** para juntar aos autos **certidões cartorárias** relativas aos **bens imóveis inventariados**, com o objetivo de trazer aos autos da falência todas as informações relativas a eles. As certidões deverão ser posteriores à data de decretação da falência.

Esquematizando:

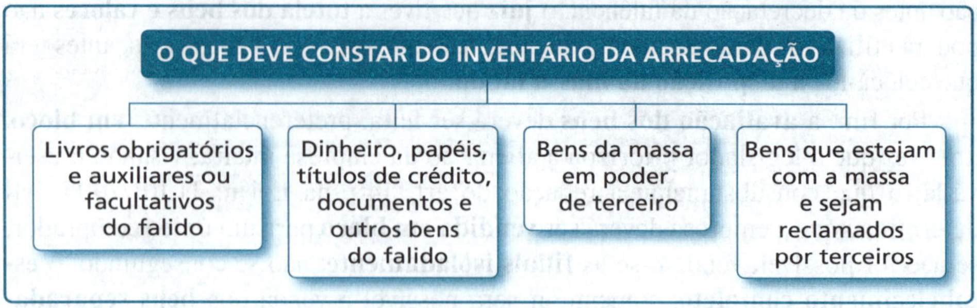

3) Venda antecipada de bens

É o art. 113, da Lei n. 11.101/2005, que estabelece a **necessidade de venda antecipada** de alguns bens. Dispõe o artigo que "os bens perecíveis, deterioráveis, sujeitos à considerável desvalorização ou que sejam de conservação arriscada ou dispendiosa, poderão ser vendidos antecipadamente, após a arrecadação e a avaliação, mediante autorização judicial, ouvidos o Comitê e o falido no prazo de 48 (quarenta e oito) horas". A venda antecipada, antes de ser uma faculdade, **é uma obrigação do administrador judicial** que venha a constatar eventual risco que ameace o patrimônio da massa.

Verificando que os bens do falido estão em uma das **quatro situações** elencadas no texto legal, deverá o administrador judicial promover-lhes a venda em um prazo de 48 horas, ouvidos o **Comitê de Credores**, se houver, e o **falido**.

Devem ser vendidos, então, antecipadamente:

a) os bens **perecíveis**;

b) os bens **deterioráveis**;

c) os bens sujeitos a considerável desvalorização;

d) os bens de conservação arriscada ou dispendiosa.

É possível que o juiz da falência tenha autorizado a **continuação das atividades** da empresa com o administrador judicial. Caso isso tenha ocorrido, a **venda antecipada** dar-se-á **naturalmente**, sem a necessidade de serem ouvidos o Comitê de Credores e o falido.

Esquematizando a venda antecipada de bens:

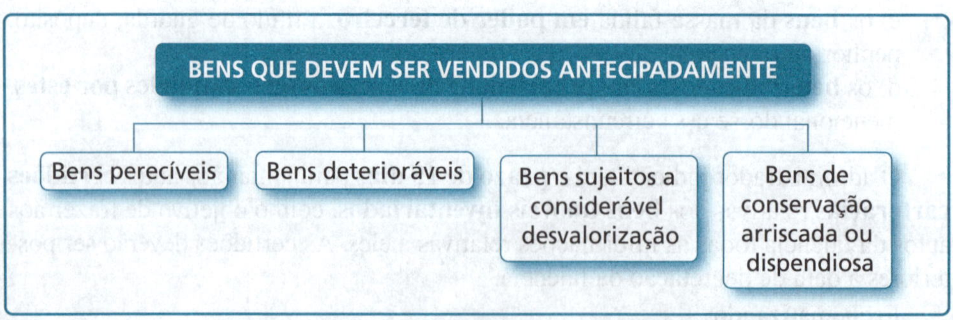

4) Suspensão do direito de retenção

O direito de **retenção** consiste na faculdade de **manter-se o credor na posse** de um bem **até que seja satisfeita** a obrigação do devedor perante ele. As hipóteses mais comuns de retenção são: a) por benfeitorias, na reintegração de posse; b) do mandatário, para ressarcir-se das despesas; c) da coisa empenhada; e d) do hospedeiro, sobre a bagagem do hóspede. Há possibilidade de convenção de outras modalidades de retenção.

Decretada a falência, todos os credores que estiverem exercendo direito de retenção em desfavor do falido terão referido direito suspenso. Em razão disso, seja a retenção decorrente de contrato, de lei ou de decisão judicial, o **credor deverá entregar os bens** que esteja retendo para a massa falida. O art. 116, inc. I, da Lei n. 11.101/2005, determina: "A decretação da falência suspende: I — O exercício do direito de retenção sobre os bens sujeitos à arrecadação, os quais deverão ser entregues ao administrador judicial".

Ao **credor** que tiver seu direito de retenção suspenso restará **habilitar-se** na falência, buscando o crédito que autorizou a retenção, o que não impedirá que busque **eventuais perdas e danos**, caso tenha suportado despesas para a retenção da coisa.

5) Arrecadação dos bens do falido em outras sociedades

As **cotas sociais e as ações** são bens patrimoniais e, por isso, também são arrecadadas pela massa falida, em razão da decretação da falência do seu titular. Todavia, não entrarão para a massa as cotas e as ações, mas sim os **haveres a elas correspondentes**, em caso de dissolução parcial ou de liquidação total da sociedade.

Assim, se a sociedade falida ou o empresário individual falido **for titular** de cotas sociais ou ações de outra sociedade, o administrador judicial deverá promover a **arrecadação do que lhes couber no patrimônio** daquela outra sociedade. Isso dará cumprimento à determinação do art. 123, da Lei n. 11.101/2005, o qual determina: "Se o falido fizer parte de alguma sociedade como sócio comanditário ou cotista, para a massa falida entrarão somente os haveres que na sociedade ele possuir e forem apurados na forma estabelecida no contrato ou estatuto social".

A **falência** é causa de **exclusão, de pleno direito**, do sócio falido, do quadro social das sociedades de que participe. Tal determinação consta do parágrafo único, do art. 1.030, do Código Civil, assim redigido: "será de pleno direito excluído da sociedade o sócio declarado falido, ou aquele cuja quota tenha sido liquidada nos termos do parágrafo único do art. 1.026". Caso a **sociedade falida**, o **sócio de responsabilidade ilimitada**, ou o **empresário individual** falido seja sócio ou acionista de alguma sociedade, sua falência implicará na sua exclusão e na **liquidação da sua cota**, entrando para a massa o valor que ele receberia como haveres. Eventualmente, a exclusão do sócio, em consequência da sua falência, poderá levar à extinção total da outra sociedade de que ele participe. Nessa hipótese, não somente a cota do sócio será **liquidada**, mas, sim, toda **a sociedade** o será, entrando para a massa o quinhão do sócio falido.

Três serão os caminhos possíveis para se buscar, em outra sociedade, o quinhão pertencente ao falido:

a) O administrador judicial **notifica os demais sócios** do falido para promoverem **extrajudicialmente a liquidação ou apuração de haveres** da sociedade, na forma constate do contrato ou do estatuto. Normalmente, a verificação do quinhão do sócio que deixa a sociedade é feita por meio de um balanço especialmente levantado para tal finalidade, o chamado **balanço de determinação**, a ser elaborado pelo próprio contador da empresa. O art. 1.031, do Código Civil, regula essa liquidação extrajudicial da cota do sócio que deixa a sociedade, estabelecendo que, uma vez confeccionado e publicado o balanço de determinação, especialmente levantado para quitação da cota, a sociedade terá **90 dias para pagar** os haveres do retirante, salvo disposição contratual diversa. Pagos os haveres para a massa falida, aquela sociedade de que participava o falido continuará suas atividades com os sócios remanescentes.

b) **Ajuizamento de ação** de **liquidação** da sociedade de que participa o sócio falido, ou ação de **apuração de haveres** contra a sociedade e os demais sócios. A autora da ação será a massa falida, representada pelo administrador judicial. Na primeira situação, ocorrerá a **dissolução total** da sociedade, o que culminará com a sua **liquidação** e posterior baixa na junta comercial. Na segunda situação, ocorrerá a **dissolução parcial**, apurando-se os **haveres** devidos ao sócio retirante (falido), os quais serão destinados à massa falida, continuando a sociedade com os sócios remanescentes. Geralmente, na dissolução parcial, será necessária **prova pericial** para aferir o real valor da sociedade (**patrimônio líquido +** ***goodwill***). O § 1º, do art. 123, da Lei n. 11.101/2005, é que regulamenta a matéria, dispondo assim: "Se o contrato ou o estatuto social nada disciplinar a respeito, a apuração far-se-á judicialmente, salvo se, por lei, pelo contrato ou estatuto, a sociedade tiver de liquidar-se, caso em que os haveres do falido, somente após o pagamento de todo o passivo da sociedade, entrarão para a massa falida".

c) Caso o falido seja **sócio acionista**, as ações serão arrecadadas pela massa falida e regularmente **vendidas no pregão da bolsa de valores**, se a sociedade for de **capital aberto**, ou por meio das **formas de alienação** previstas para o processo falimentar, se for ela de **capital fechado**.

Esquematizando a **arrecadação** dos bens do falido em **outras sociedades**:

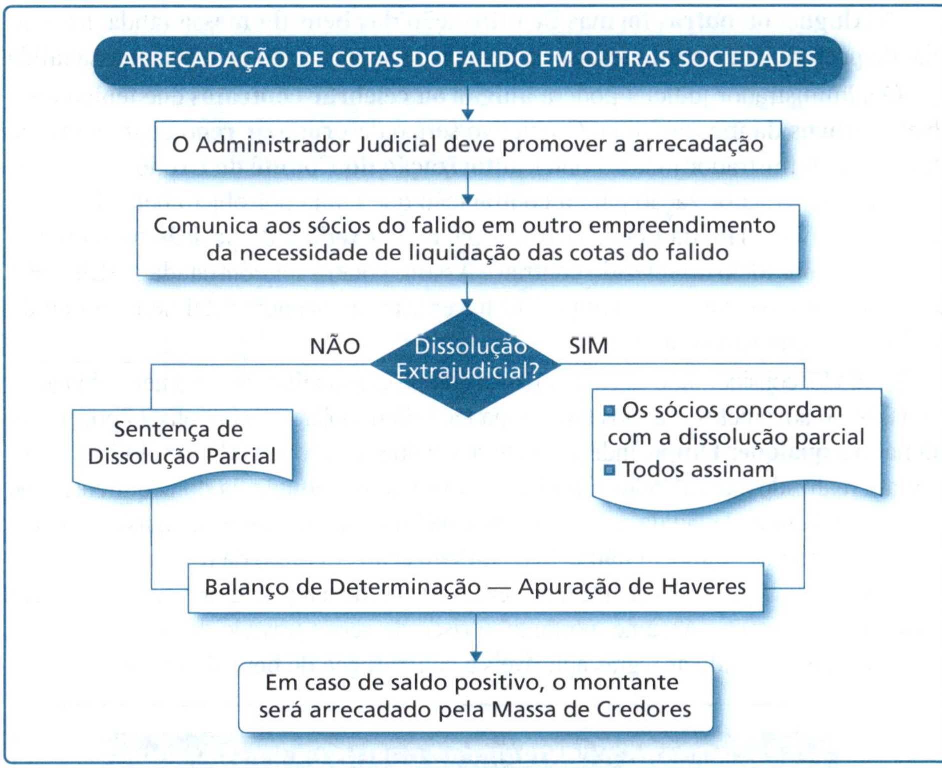

6) **Extinção do condomínio** do qual o falido seja coproprietário

Nos termos do art. 123, § 2º, da Lei n. 11.101/2005, "nos casos de **condomínio indivisível** de que participe o falido, o bem será **vendido** e deduzir-se-á do valor arrecadado o que for devido aos demais condôminos, facultada a estes a compra da quota-parte do falido nos termos da melhor proposta obtida". Desse modo, o administrador judicial deverá **arrecadar o quinhão do bem** condominial de que participe o falido, isto é, decretada a falência, **extingue-se o condomínio** de que participe o falido e, sendo ele indivisível, o bem deverá ser alienado para que se apure e arrecade o valor devido à massa. Se for **divisível**, a parte que couber ao falido entrará para a massa falida e será alienada nos autos da falência. Deverá ser concedido direito de **preferência**, na aquisição, a quem já seja **condômino**.

Esquematizando as formas de extinção do condomínio:

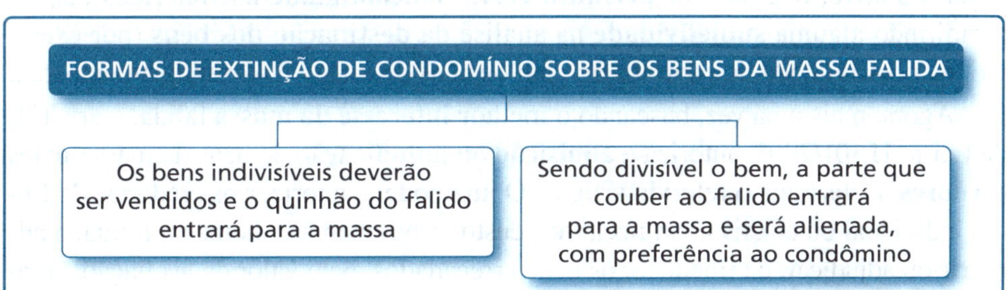

7) **Aluguel ou outras formas de utilização dos bens da massa** falida, **sem** direito de **preferência e multa** rescisória quando da alienação do bem pela massa falida

O administrador judicial poderá **alugar ou celebrar contratos** que tenham por objeto os **bens da massa** falida. O objetivo será o de **produzir renda** para a massa. Deverá o administrador judicial obter **autorização do Comitê de Credores**, se estiver instalado. A autorização para a contratação que tenha por objeto bens da massa falida está no art. 114, da Lei n. 11.101/2005, o qual **veda a disposição** total ou parcial do bem por meio do referido contrato. Assim, poderá ser contratada a **utilização dos bens** por terceiros, mas **não** poderá haver a **transferência** total nem parcial do patrimônio objeto do contrato.

Contudo, considerando as características do processo falimentar e a necessidade de alienação do ativo pelos critérios fixados na lei, o **bem** objeto da contratação poderá ser **alienado a qualquer tempo**, independentemente do prazo contratado, **rescindindo-se** o contrato realizado, **sem direito a multa**, salvo se houver **anuência** do adquirente (que arrematar o bem no leilão da massa), e **sem direito de preferência** na aquisição para o usuário contratante. Também **não caberá indenização** em razão da rescisão abrupta do contrato, uma vez que o contratante tem ciência de que, a qualquer tempo, deverá entregar o bem ao arrematante. Assume, portanto, o risco de ver-se privado do bem a qualquer tempo. Esquematizando as regras aplicáveis à **contratação de bens da massa**:

REGRAS IMPOSTAS À CONTRATAÇÃO DE BENS DA MASSA FALIDA

- O contratante não terá direito de preferência no momento da alienação do bem pela massa
- O contratante não terá direito a multa ou indenização pela devolução do bem à massa, a qualquer tempo
- O contrato não poderá implicar a disposição do bem, total ou parcialmente
- O Comitê de Credores terá que autorizar a contratação

8) Aquisição e adjudicação de bens por credores

A gestão dos bens da massa não foi disciplinada rigorosamente pela lei. Apesar da existência de regras objetivas tratando da arrecadação, administração e alienação do ativo, o legislador **permitiu certa maleabilidade** nas referidas etapas, permitindo alguma **subjetividade** na análise da **destinação dos bens** (por exemplo, na possibilidade de contratação com os bens da massa e na venda antecipada).

Agora, mais uma vez, buscando o **melhor interesse da massa** falida, o art. 111, da Lei n. 11.101/2005, autoriza a **aquisição ou adjudicação** de bens da massa **pelos credores**. Determina o referido artigo: "O juiz poderá autorizar os credores, de forma individual ou coletiva, em razão dos custos e no interesse da massa falida, a adquirir ou adjudicar, de imediato, os bens arrecadados, pelo valor da avaliação, atendida a regra de classificação e preferência entre eles, ouvido o Comitê".

Eventualmente, alguns bens poderão impor à massa falida **elevado custo** de manutenção e conservação, de modo que aguardar a etapa de venda do ativo poderá ocasionar uma **despesa desproporcional ao preço** do bem, lembrando que as despesas da massa falida são créditos extraconcursais, não submetidos ao quadro geral de credores, que devem ser **pagas imediatamente**. Na hipótese dessa conta negativa, o recomendável é **desfazer-se** o mais rapidamente possível do bem, pois certamente a alienação imediata atenderá ao interesse da massa falida, cessando o elevado custo.

Assim, reunidos os requisitos dos **altos custos** e do **interesse da massa falida**, o juiz poderá autorizar aos credores a **aquisição** de bens da massa falida, ou a **adjudicação** deles, caso já se encontrem na posse do credor adquirente, situação em que o pagamento se dará por **dação em pagamento**, ocorrendo a **quitação** do valor que o falido deve ao credor. Caso **mais de um credor** se interesse pelo bem, o benefício alcançará aquele cujo crédito seja **mais privilegiado**, segundo a ordem de preferência do quadro geral de credores. Em qualquer hipótese, estando instalado o Comitê de Credores, ele deverá ser ouvido.

Esquematizando os requisitos para adjudicação ou aquisição de bens da massa por credores:

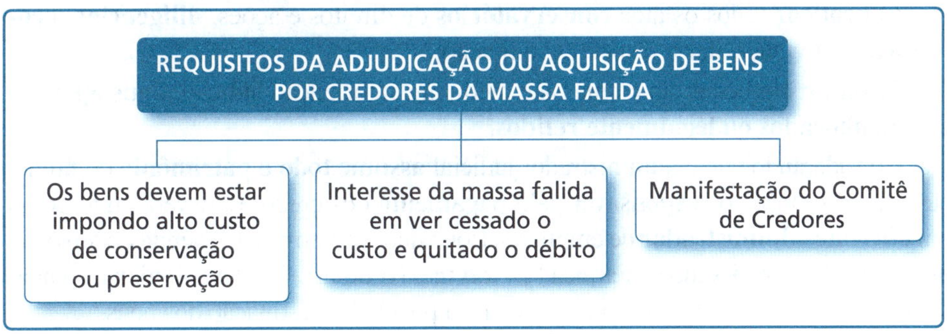

9) Proibição de retenção de bens – a Lei n. 14.112/2020 incluiu o inc. III, no art. 6º, da Lei n. 11.101/2005, para viabilizar a **exclusividade de gestão da massa falida objetiva** pelo administrador judicial, no processo de falência. O referido inciso determina que decorre da sentença que decreta a falência a "**proibição de qualquer forma de retenção, arresto, penhora, sequestro, busca e apreensão e constrição** judicial ou extrajudicial sobre os bens do devedor, oriunda de demandas judiciais ou extrajudiciais cujos **créditos ou obrigações sujeitem-se** à recuperação judicial ou à falência."

■ 24.5.2.1. *Arrecadação e custódia dos bens*

Como explanado nos tópicos anteriores, todos os bens, créditos e valores do falido deverão ser trazidos para a massa. Uma vez **arrecadados**, os bens ficarão sob a **custódia do administrador judicial**, o qual providenciará, quanto antes, sua **alienação**, visando **quitar as dívidas** do falido.

Os **autos de arrecadação** serão acompanhados do **inventário** dos bens e dos **laudos de avaliação**. Isso permitirá a contratação de bens do falido, sua adjudicação ou aquisição por credores, a exata avaliação do bem, para o fim de definição do valor do crédito com garantia real, a efetiva fiscalização pelos credores, MP e falido, enfim total **publicidade e transparência** do processo de apreensão e guarda dos bens do falido.

Tanto a arrecadação quanto a custódia dos bens são **atribuições do administrador** judicial. O art. 22, inc. III, da Lei n. 11.101/2005, ao impor as atribuições do administrador judicial, na falência, destaca seu papel em relação aos bens da massa falida. Decorrem das alíneas "f", "g", "h", "i", "j", "l" e "m", as seguintes **atribuições**:

1) **arrecadar** os bens e documentos do devedor e **elaborar o auto** de arrecadação, nos termos dos arts. 108 e 110;

2) **avaliar** os bens arrecadados;

3) **contratar avaliadores**, de preferência oficiais, mediante autorização judicial, para a avaliação dos bens caso entenda não ter condições técnicas para a tarefa;

4) praticar os atos necessários à realização do ativo e ao pagamento dos credores;

5) proceder **à venda de todos os bens** da massa falida no **prazo máximo de 180** (cento e oitenta) dias, contado da data da juntada do auto de arrecadação, sob pena de destituição, salvo por impossibilidade fundamentada, reconhecida por decisão judicial;

6) **praticar** todos os atos **conservatórios** de direitos e ações, **diligenciar a cobrança** de dívidas e dar a respectiva quitação;

7) **remir**, em benefício da massa e mediante autorização judicial, **bens apenhados, penhorados ou legalmente retidos**.

Considerando que o administrador judicial **assume todo o patrimônio** do falido, bem como se torna o **responsável pelo pagamento** dos credores, deverá atuar como um **eficiente administrador** de empresas. Logo que for efetivando a venda do ativo, no **prazo de 180 dias** fixados na alínea "j", do inc. III do art. 22, deverá iniciar o pagamento do passivo, buscando a maior eficiência possível à destinação dos bens.

A **finalidade última** dos efeitos quanto aos bens do falido é a formação mais completa possível da **massa falida objetiva**, isto é, a apreensão do maior número de bens possível, visando quitar todo o passivo do falido.

Esquematizando a forma de arrecadação e custódia dos bens do falido:

FORMA DE ARRECADAÇÃO E CUSTÓDIA DOS BENS DO FALIDO

- Ação do administrador, que deve cumprir as alíneas de "f" a "m", do inc. III, do art. 22
- Formalização dos termos de arrecadação pelo administrador judicial
- O termo de arrecadação deve conter inventário e laudo de avaliação
- O administrador judicial deve alienar os bens o mais rápido possível, pagando os credores

■ 24.5.3. Quanto às obrigações do falido

Não somente a pessoa e os bens do falido sofrerão efeitos da decretação da falência. As suas **obrigações** também passarão a se subordinar a um **novo regime legal**, ante o estado de excepcionalidade da crise falimentar.

Visando preservar a empresa e o interesse dos credores, a lei recuperacional estabeleceu diversas regras que buscam arrecadar o maior número possível de bens para a massa falida, evitar a retirada de bens da massa, alcançar todo o universo de credores do falido e remunerar os sócios somente após a satisfação dos credores. Por isso, estabeleceu os **efeitos gerais** da falência, também nominados efeitos quanto às obrigações do falido.

Há diversos **pequenos efeitos pontuais**, além de outras **atitudes** a serem desempenhadas pelo falido, por seus sócios, credores e administrador judicial. Os mais importantes serão elencados e explicados a seguir.

■ *24.5.3.1. Vencimento antecipado das dívidas*

A falência é uma **execução coletiva** contra um devedor empresário em crise econômico-financeira. Sua finalidade processual é **arrecadar bens e vendê-los**, de um lado. Do outro lado, ela **identifica e paga os credores** do falido, nas forças da massa, ou seja, no limite dos bens que conseguir arrecadar.

Tratando-se de uma execução coletiva, os créditos habilitados devem atender ao que determina o Código de Processo Civil quanto aos requisitos de **liquidez, certeza e exigibilidade** do crédito exequendo. No que se refere aos dois primeiros requisitos, o processo de habilitação de crédito, já estudado (arts. 7º a 20, da Lei n. 11.101/2005), será o instrumento para a sua demonstração. Já a **exigibilidade** dependerá do **vencimento** da obrigação. Para os créditos que já estavam **vencidos**, por ocasião da decretação da falência, bastará a comprovação da data de **vencimento**, normalmente escrita no próprio título, no caso das obrigações de mora *ex re*, ou por meio de notificação, protesto e outras formas de comprovação da mora *ex persona*. As obrigações ainda **não vencidas vencerão**, em razão da sentença de quebra, justamente para permitir a todos os credores a **participação na execução coletiva**. O vencimento antecipado, decorrente da decretação da falência, atribui **exigibilidade imediata** a todas as dívidas do falido.

Desse modo, conclui-se que o vencimento antecipado das dívidas do falido tem por objetivo permitir que **todos os credores** possam habilitar seus créditos no processo falimentar, em razão da **exigibilidade** conferida a todos os créditos existentes contra o falido, na data da decretação da falência. A mesma exigibilidade alcançará, também, as **dívidas dos sócios** de responsabilidade **ilimitada**, os quais, como já estudado, terão sua falência decretada com a da sociedade falida e, por isso, suas dívidas também vencerão antecipadamente.

Por uma questão **financeira** óbvia, caso a dívida a vencer tenha **juros** nela embutidos, serão eles **abatidos** do valor do débito até a data do vencimento antecipado, de modo que o crédito tenha por montante a habilitar a soma do **valor principal mais os juros vencidos até a data da decretação** da falência.

A previsão legal do vencimento antecipado das dívidas do falido está no art. 77, da Lei n. 11.101/2005, assim redigido: "A decretação da falência **determina o vencimento antecipado das dívidas** do devedor e dos sócios ilimitada e solidariamente responsáveis, com o **abatimento proporcional dos juros**, e converte todos os **créditos em moeda estrangeira para a moeda do País**, pelo câmbio do dia da decisão judicial, para todos os efeitos desta Lei".

Apesar da necessidade de conferir exigibilidade imediata a todas as dívidas do falido, **três modalidades** de obrigações **não vencerão** antecipadamente. São elas:

a) **Obrigações sob condição** suspensiva — a condição é o evento futuro e incerto que conferirá **eficácia** a determinado negócio jurídico. Antes de ser exigível, a obrigação precisa ser eficaz. Eficácia é o atributo que permite aos atos jurídicos a possibilidade de **produção de efeitos** jurídicos válidos dentro do ordenamento jurídico. Caso seja a obrigação condicionada, nem sequer poderá produzir efeitos jurídicos válidos, de modo que o vencimento antecipado não lhe conferiria exigibilidade. Assim, somente após o **implemento da condição** é que a obrigação condicionada poderá se **tornar exigível**. Sem eficácia, sem vencimento antecipado, sem exigibilidade.

b) Obrigações com **devedor solidário** — caso a obrigação esteja garantida por outra pessoa, seja por meio de **aval, fiança ou outra pessoal garantia solidária**, **não vencerá** antecipadamente. Dois são os motivos: primeiro, o garante existe justamente para substituir o devedor inadimplente, ainda mais quando este chegou a falir; segundo, não se pode impor ao garante a antecipação do pagamento da dívida que ele garantiu. Assim, o **terceiro** garantidor da obrigação **não pode ser surpreendido** com o vencimento antecipado da dívida. Em razão disso, o credor do falido deverá aguardar o vencimento da obrigação e cobrá-la do garante. Este, por sua vez, deverá **habilitar-se** na falência para **ressarcir-se** do que tiver sido pago ao credor. Enquanto não estiver vencida a obrigação, poderá ser requerida a **reserva de valor**, tanto pelo credor quanto pelo garante, junto à massa falida. O art. 128, da Lei n. 11.101/2005, permite, ao **coobrigado solvente e ao garante** do devedor falido, a **habilitação do seu crédito** junto à massa falida, nos seguintes termos: "Os coobrigados solventes e os garantes do devedor ou dos sócios ilimitadamente responsáveis podem habilitar o crédito correspondente às **quantias pagas ou devidas**, se o credor não se habilitar no prazo legal".

c) Obrigações **bilaterais** — como será observado nos próximos tópicos, o administrador judicial é quem **decide se cumprirá ou não** as obrigações bilaterais, aquelas em que existem obrigações **pendentes para ambos** os contratantes. Caso o administrador judicial decida **não cumprir** a obrigação, haverá a **rescisão** do contrato e o credor poderá habilitar-se imediatamente na falência. Optando por **cumprir** o contrato bilateral, o administrador judicial impõe ao contratante o cumprimento de sua obrigação, **mantidos os termos do contrato**, inclusive quanto à data de vencimento de cada parcela contratada. Isso impede o vencimento antecipado da obrigação.

Esquematizando as dívidas que não vencem antecipadamente:

■ *24.5.3.2. Conversão da dívida em moeda estrangeira para moeda nacional pelo câmbio da data da decretação*

O mesmo art. 77, da Lei n. 11.101/2005, ao estabelecer o vencimento antecipado das dívidas do falido, estabelece que deve ocorrer a **conversão de todas as dívidas** em moeda estrangeira para a moeda do Brasil, o Real, pela cotação do câmbio da **data da decretação** da falência. A referida determinação legal encerrou toda a discussão jurisprudencial e doutrinária sobre a data mais adequada para conversão da moeda estrangeira, pois havia decisões que indicavam a data do vencimento da obrigação, a da contratação e a do efetivo pagamento pela massa falida. Em circunstâncias normais, esta última deveria prevalecer; todavia, em sede falimentar, visando dar **previsibilidade e estabilidade jurídica**, optou o legislador pela data da decretação da falência.

Importante destacar, somente, que, havendo **dinheiro suficiente** para quitar todas as dívidas do falido, seria juridicamente possível o **pagamento da diferença** da conversão entre o câmbio do dia da decretação e aquele do dia do efetivo pagamento. Ocorre que, se a **massa arrecada valores suficientes** para levantar a falência, todas as **obrigações acessórias** que foram extirpadas pela legislação falimentar **deverão ser quitadas**, nos mesmos moldes do que ocorre com os **juros posteriores à decretação** da falência, juros que, com o advento da Lei n. 14.112/2020, **tornaram-se uma das categorias de credores** do quadro geral de credores, mas especificamento inseridos na **inciso XI, do art. 83**, da Lei n. 11.101/2005. Assim, a massa poderá ser **obrigada a pagar a diferença da conversão de câmbio**, caso a moeda estrangeira tenha maior valor no dia do efetivo pagamento, em relação àquele da data da decretação, se os **valores arrecadados suportarem o pagamento da diferença**.

Esquematizando a **conversão da dívida** em moeda estrangeira para a nacional:

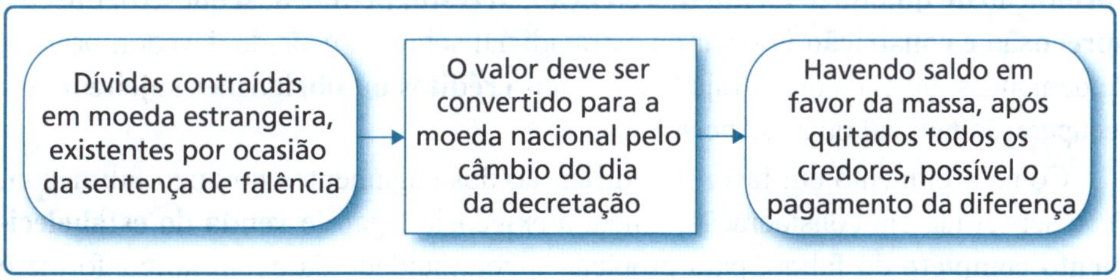

■ 24.5.3.3. Sujeição de todos os credores ao juízo falimentar

Quando tratamos da ***vis atractiva***, a força de atração do **juízo falimentar**, precisamos, inicialmente, distinguir os **dois aspectos dessa universalização**. O art. 115, da Lei n. 11.101/2005, determina a sujeição de todos os credores do falido ao juízo universal da falência, ao afirmar o seguinte: "A decretação da falência sujeita todos os credores, que somente poderão exercer os seus direitos sobre os bens do falido e do sócio ilimitadamente responsável na forma que esta Lei prescrever". A sujeição imposta pelo legislador é tanto de ordem **material** (**obrigações** do falido) quanto de ordem **processual** (**ações e execuções** contra o falido). Para deixar bem clara a intenção do legislador, destacamos as **duas frentes** desse efeito, quais sejam:

1ª) Quanto à competência para o **pagamento das obrigações** do falido — trata-se da **sujeição material** de todos credores do falido ao juízo universal e indivisível da falência. Essa universalização é **absoluta**.

O que se instala após a decretação da falência é um típico **caixa único**, para pagamento de todas as dívidas do falido. A determinação de **arrecadação de todos os bens** do falido, inclusive aqueles penhorados ou de alguma forma apreendidos em algum processo, bem como o produto da venda de tais bens, deixa evidente a **unificação da sede dos pagamentos** daquilo que é devido pelo falido.

Nenhum outro juízo, por mais especial que seja, está autorizado a decidir sobre os **bens e obrigações do falido**, nem pode dar destino a valores pertencentes à massa falida. Por ocasião da decretação da falência, não importa em qual **estágio** se encontre eventual ação ou execução contra o falido, o processo deverá ser **suspenso** e, mesmo que ele não venha a ser redistribuído para o juízo falimentar, os **valores** nele perseguidos somente poderão ser **pagos no juízo falimentar**.

Isso implicará em eventuais **desconstituições de penhoras, arrestos, sequestros** e outras formas de apreensão de bens do falido. E, caso algum bem já tenha sido alienado, o **produto da venda** também deverá ser transferido do juízo da execução para o **juízo da falência**. Nesse caso, o credor exequente deverá habilitar-se na falência, tudo para garantir a **gestão única** do patrimônio do falido e a **igualdade** de condições no tratamento dado aos credores.

Nessa linha de consolidação patrimonial da Massa Falida, a Lei n. 14.112/2020 incluiu o inc. III, no art. 6º, da Lei n. 11.101/2005, para viabilizar essa **exclusividade de gestão da massa falida objetiva** pelo administrador judicial, no processo de falência. O referido inciso determina que decorre da sentença que decreta a falência a "**proibição de qualquer forma de retenção, arresto, penhora, sequestro, busca e apreensão e constrição** judicial ou extrajudicial sobre os bens do devedor, oriunda de demandas judiciais ou extrajudiciais cujos **créditos ou obrigações sujeitem-se** à recuperação judicial ou à falência."

Como argumento em favor da unificação dos pagamentos no juízo falimentar, deve ser levada em consideração, ainda, a exigência legal de **venda do estabelecimento completo** do falido, para propiciar a continuidade da empresa, conforme o comando do art. 140, da Lei n. 11.101/2005. A única forma de garantir a ordem de preferência na alienação do ativo do falido, exigida por referida disposição legal, é **reunir todos os bens** dele no juízo falimentar.

Não há exceção à unificação da competência do juízo falimentar para **pagamento das obrigações** do falido. Como dito no início, tal competência é absoluta. Todos os credores do falido somente poderão ser satisfeitos no juízo falimentar.

Esquematizando a competência universal do juízo falimentar **em relação aos pagamentos**:

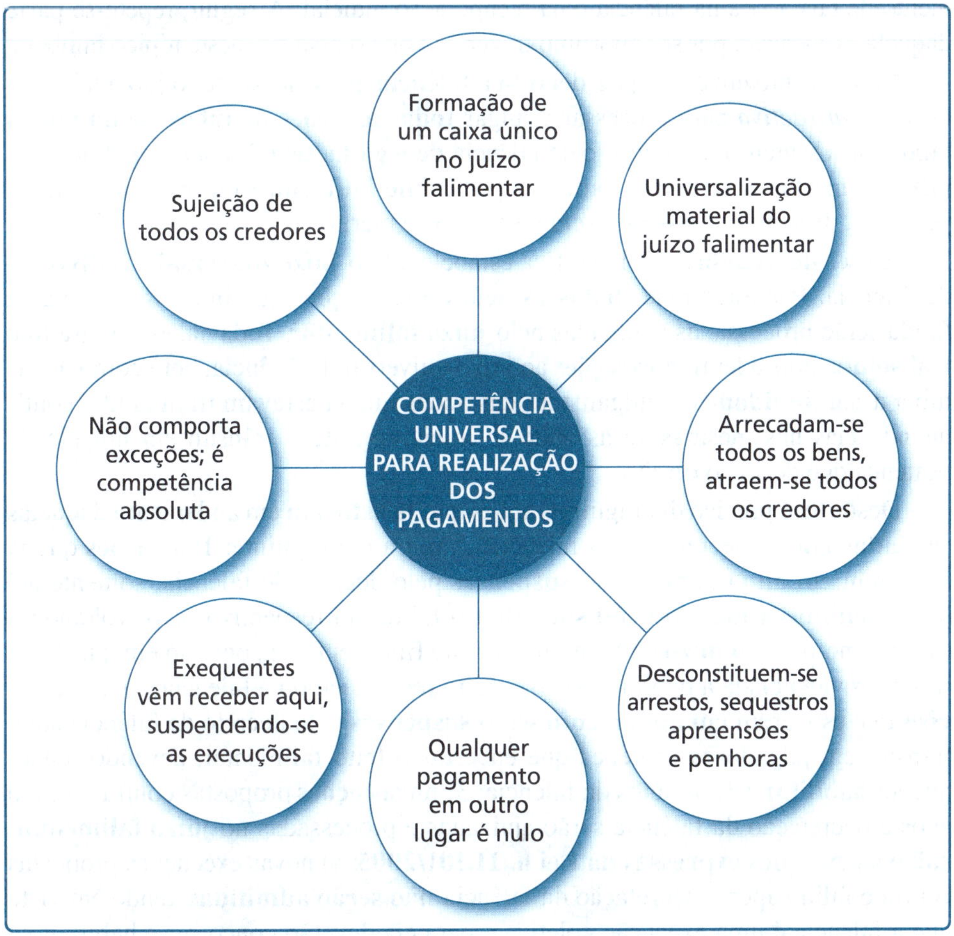

2º) Quanto à competência para o **processamento das ações e execuções** — trata-se da **sujeição processual** das ações e execuções de interesse da massa ao juízo universal da falência. Essa universalização é **relativa**.

No momento em que a falência é decretada, possivelmente ações e execuções estejam **em curso** contra o falido, em razão do estado de crise econômico-financeira que o acercou. Também é possível que **novas ações** sejam propostas contra o falido, após a decretação da quebra.

Novas **execuções não** podem ser promovidas, pois o credor que tiver título executivo contra o falido deverá **habilitar-se diretamente** no juízo falimentar, caso queira receber o seu crédito, uma vez que a falência já é uma **execução coletiva**. No que se refere às execuções que estejam em curso, elas serão **suspensas**, e os respectivos credores também deverão promover a habilitação de seus créditos no juízo falimentar.

No tópico que trata do juízo universal da falência, já estudado quando das explicações sobre a competência do juízo falimentar, constam, em detalhes, as **ações e execuções que são atraídas e as que não são**. Além disso, explica-se ali o processamento de tais ações na falência e na recuperação judicial. A seguir, repete-se parte daquela explicação, por ser oportuno trazer de volta o assunto, neste tópico também.

No momento em que o juiz **decreta a falência**, passa a exercer o juízo falimentar a ***vis attractiva*** para processar e julgar **todas as ações de interesse da massa** falida. Se a sentença do processo de falência **denegá-la**, **termina a competência** do juízo falimentar e, se houver processo por **crime falimentar** ou inquérito policial pendente, deverão ser **extintos**, sem resolução de mérito.

Ao ser **decretada** a falência, fica estabelecido o **juízo universal e indivisível** da falência. Por força dele, **todas as ações e execuções** que interessem à massa falida serão processadas e julgadas pelo **juízo falimentar**. Todavia, essa regra **não é absoluta**, pois a lei traz **exceções** ao juízo universal da falência, bem como determina a **continuidade** e o julgamento das ações que já estavam tramitando, continuando elas nas mesmas varas onde se iniciaram, até o trânsito em julgado da sentença que defina o direito.

Destarte, é preciso distinguir as ações que **já estavam** em andamento daquelas **iniciadas após** a decretação da falência. A regra é a seguinte: 1) as **ações** que já estiverem **em andamento** serão **suspensas** pelo decreto de falência, somente até que o **administrador judicial substitua** o falido no respectivo polo, voltando a tramitar no **mesmo juízo** onde se iniciara, até final sentença, ocasião em que deverá ser providenciada a habilitação do crédito reconhecido na falência; 2) as **execuções** que estiverem **em andamento** serão **suspensas** pelo decreto de falência até o trânsito em julgado da sentença que encerrar o feito falimentar, devendo o exequente **habilitar-se** nos autos da falência; 3) **novas ações** propostas contra o falido após a decretação da falência serão ajuizadas e processadas no **juízo falimentar, salvo as exceções expressas na Lei n. 11.101/2005**; 4) novas execuções propostas contra o falido após a decretação da falência **não serão admitidas**, tendo em vista que a falência é uma execução coletiva e para ela deverão concorrer e habilitar-se todos os credores que tenham prova escrita do seu crédito, sob pena de ocorrência da **litispendência** entre a execução individual nova e a execução coletiva, devendo a aquela ceder em face desta.

As conclusões do parágrafo anterior, quanto à **suspensão das ações e execuções** contra o falido, podem ser facilmente lidas no texto expresso do **art. 6º** da Lei n. 11.101/2005, o qual assevera que: "A decretação da falência ou o deferimento do processamento da recuperação judicial implica: I — suspensão do curso da prescrição das obrigações do devedor sujeitas ao regime desta Lei; II — suspensão das execuções ajuizadas contra o devedor, inclusive daquelas dos credores particulares do sócio solidário, relativas a créditos ou obrigações sujeitos à recuperação judicial ou à falência." No que se refere à **continuidade das ações** no juízo em que originalmente foram propostas, o § 1º do mesmo artigo conclui: "terá prosseguimento no juízo no qual estiver se processando a ação que demandar quantia ilíquida". Ações que demandam **quantias ilíquidas** são aquelas ações de **conhecimento** já ajuizadas quando da decretação da falência, ainda não sentenciadas (que deverão tramitar no juízo originário, até o trânsito em julgado da sentença).

A ***vis atractiva*** do juízo falimentar encontra seu **fundamento legal** no *caput*, do **art. 76**, da Lei n. 11.101/2005, o qual normatiza que: "O juízo da falência é indivisível e competente para conhecer todas as ações sobre bens, interesses e negócios do falido, ressalvadas as causas trabalhistas, fiscais e aquelas não reguladas nesta Lei em que o falido figurar como autor ou litisconsorte ativo". Já a **legitimidade** e a necessária **habilitação do administrador judicial** em lugar do falido, nas ações que estejam em andamento, estão determinadas no **parágrafo único**, do mesmo artigo, assim redigido: "Todas as ações, inclusive as excetuadas no *caput* deste artigo, terão prosseguimento com o administrador judicial, que deverá ser intimado para representar a massa falida, sob pena de nulidade do processo".

É possível sistematizar assim o que estudamos sobre o **juízo universal**:

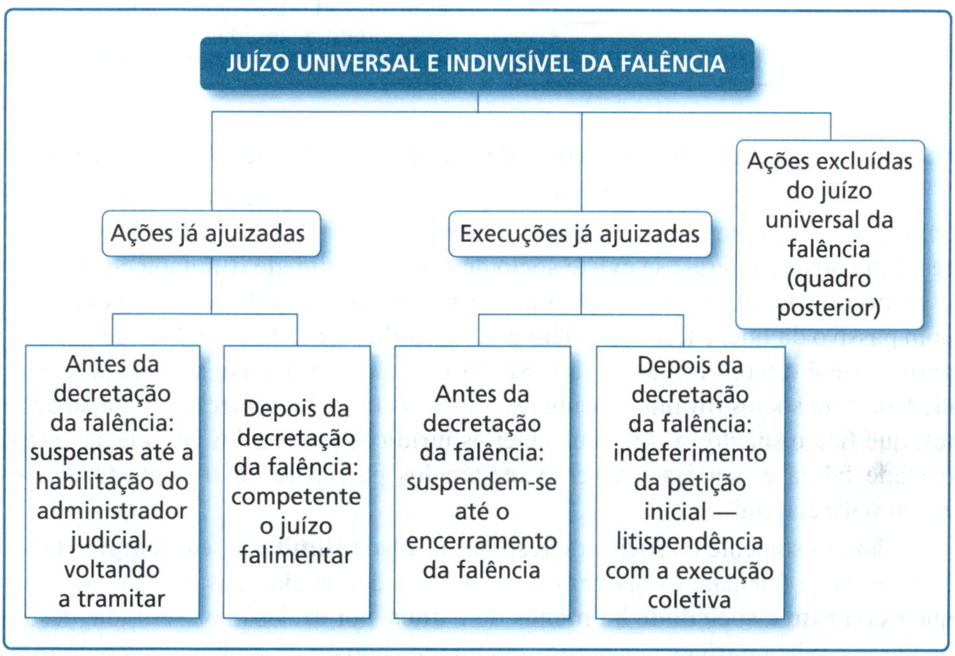

Com base, ainda, nas regras *supra*, a Lei n. 11.101/2005 **exclui expressamente** da competência do **juízo falimentar** as seguintes ações:

I — reclamações **trabalhistas**;

II — ações de natureza **fiscal**;

III — ações em que o falido seja **autor** ou **litisconsorte ativo**, desde que não previstas na Lei n. 11.101/2005;

IV — ações **já ajuizadas** que demandem **quantia ilíquida**. Nelas o administrador judicial substituirá o falido, prosseguindo a demanda no juízo onde foi iniciada;

V — ações cuja **competência** esteja prevista na **Constituição Federal** e que não sejam disciplinadas na Lei n. 11.101/2005.

As explicações quanto às exclusões da competência do juízo universal da falência estão no tópico com este título, na parte inicial deste estudo sobre a falência.

Esquematizando as ações excluídas do juízo universal da falência:

■ *24.5.3.4. Decretação da falência dos sócios de responsabilidade ilimitada*

O art. 81, da Lei n. 11.101/2005, determina que a falência da sociedade que tenha em seu quadro sócios de responsabilidade **ilimitada** impõe a **falência destes**. Em outras palavras, se existe sócio de responsabilidade ilimitada compondo o grupo de sócios da sociedade empresarial, deverá ser **citado**, para compor o polo passivo da lide, e terá sua **falência decretada com** a da sociedade de que faz parte. Este é o teor do referido art. 81: "A decisão que decreta a falência da sociedade com sócios ilimitadamente responsáveis também acarreta a falência destes, que ficam sujeitos aos mesmos efeitos jurídicos produzidos em relação à sociedade falida e, por isso, deverão ser citados para apresentar contestação, se assim o desejarem".

Não são somente os sócios de responsabilidade **ilimitada**, **contemporâneos** à sentença de falência, os que terão sua falência decretada, mas também aqueles que **deixaram a sociedade há menos de 2 anos**, por exclusão ou retirada, desde que ainda existam dívidas da época em que foi registrada a alteração contratual que formalizou a saída. Este é o teor do § 1º, do art. 81, da Lei n. 11.101/2005, o qual determina que: "O disposto no *caput* deste artigo aplica-se ao **sócio que**

tenha se retirado voluntariamente ou que tenha sido excluído da sociedade, há menos de 2 (dois) anos, quanto às dívidas existentes na data do arquivamento da alteração do contrato, no caso de não terem sido solvidas até a data da decretação da falência". Referido artigo está em perfeita sintonia com o **art. 1.032, do Código Civil**, o qual estabelece a responsabilidade do sócio que deixa a sociedade **até dois anos após** a sua saída, pelas obrigações não quitadas existentes naquela ocasião.

Os **sócios de responsabilidade ilimitada**, atualmente contemplados no nosso ordenamento jurídico, são os seguintes:

1º) nas sociedades em **nome coletivo: todos** os sócios;

2º) nas sociedades em comandita (simples ou por ações): os sócios **comanditados**;

3º) nas sociedades em **comum (irregular e de fato): todos** os sócios.

Destarte, decretada a falência dessas sociedades (em comandita, em nome coletivo ou em comum), os sócios **comanditados**, os sócios **em comum** e os sócios **em nome coletivo** também terão suas falências decretadas e, por isso, deverão ser **citados** para, desde o início do processo, terem a oportunidade de promover sua defesa.

Uma vez decretada a falência dos sócios de responsabilidade ilimitada, todos os **bens** deles serão **arrecadados** para pagamento das dívidas da sociedade falida. Todavia, os **credores particulares** de tais sócios formarão um **quadro geral de credores particulares**, os quais também deverão ser satisfeitos com os credores da sociedade falida. No momento dos pagamentos, valores obtidos com a venda dos **bens da massa** falida **não** poderão ser utilizados para pagamento dos **credores particulares**. Contudo, o produto da venda dos **bens particulares** dos sócios **poderá** ser utilizado para pagamento dos **credores da sociedade** empresária.

Não poderá ser decretada a **falência** dos sócios de **responsabilidade limitada** (os **acionistas** da S.A., os **cotistas** da Limitada e os **comanditários** da comandita). Quanto a eles, o art. 82, da Lei n. 11.101/2005, prevê a **ação de responsabilização**, nos seguintes termos: "A responsabilidade pessoal dos sócios de responsabilidade limitada, dos controladores e dos administradores da sociedade falida, estabelecida nas respectivas leis, será apurada no próprio juízo da falência, independentemente da realização do ativo e da prova da sua insuficiência para cobrir o passivo, observado o procedimento comum previsto no Código de Processo Civil". Como já estudado, no caso dos **sócios de responsabilidade limitada, dos administradores e dos controladores** da sociedade, a procedência do pedido da ação de responsabilização imporá a **solidariedade** de tais sócios quanto às **dívidas da sociedade** falida, **sem**, contudo, decretar-lhes a **falência**. No próximo tópico, será mais bem analisada a ação de responsabilização.

Esquematizando a responsabilidade dos sócios, em face da decretação da falência de uma sociedade empresarial:

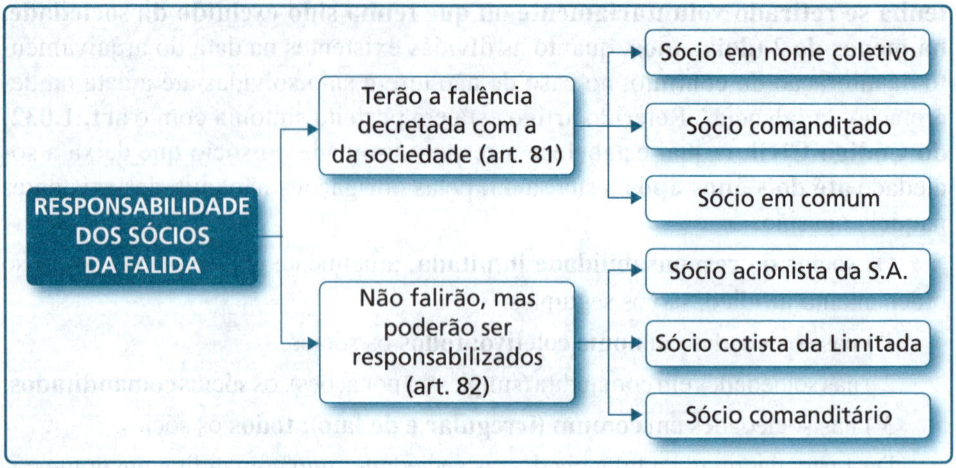

■ *24.5.3.5. Propositura de ação de responsabilização contra os sócios de responsabilidade limitada, os administradores e os controladores*

A ação de responsabilização, na forma com que a regula a Lei n. 11.101/2005, apresenta-se como uma **especial inovação**, pois permite, desde a decretação da falência, e **independentemente de qualquer prova** da situação das dívidas e do patrimônio do falido, que se busque a **responsabilidade solidária dos sócios** pelo passivo que for identificado na massa. No início do estudo sobre a falência, já se abordara o referido tema, texto que aqui repetimos, ante a pertinência dele.

É preciso analisar o que ocorre aos **sócios de responsabilidade limitada** e aos **administradores** e **controladores** da sociedade falida. Eles **não falirão** com a sociedade, contudo poderão responder em processo que vise apurar sua responsabilidade pessoal na falência.

Para deixar mais evidente a **vedação da extensão da falência aos sócios e demais agentes da administração de sociedades de responsabilidade limitada**, a Lei n. 14.112/2020 inseriu o art. 82-A na Lei n. 11.101/2005. Eis o teor do artigo: "É **vedada a extensão da falência** ou de seus efeitos, no todo ou em parte, aos **sócios de responsabilidade limitada, aos controladores e aos administradores** da sociedade falida, **admitida**, contudo, a **desconsideração da personalidade jurídica**. Parágrafo único. A desconsideração da personalidade jurídica da sociedade falida, para fins de responsabilização de terceiros, grupo, sócio ou administrador por obrigação desta, somente pode ser **decretada pelo juízo falimentar** com a observância do art. 50" do CC, e dos arts. 133 a 137 do CPC, sem suspensão do processo de falência.

Desse modo, considerada a reforma indicada no parágrafo anterior, temos **três assertivas** relativas aos sócios de responsabilidade limitada, bem como aos seus controladores e administradores: 1) **Não podem falir**, em hipótese alguma; 2) Podem **sujeitos passivos da ação de responsabilização**; 3) Podem ser **alcançados pela desconsideração** da personalidade jurídica, respeitado o procedimento previsto no CPC.

A Lei n. 11.101/2005 estabeleceu a **ação de responsabilização** como meio para apurar se a conduta dos sócios de responsabilidade limitada, dos administradores e dos controladores **contribuiu** para o estado falimentar.

Não existe uma **previsão legal** dos motivos que poderiam ser aventados para responsabilizar tais pessoas, no contexto falimentar. Porém, os **motivos** que levariam à desconsideração da personalidade jurídica ou, ainda, à responsabilização dos sócios que excederam o mandato, praticando atos contrários ao contrato social ou à lei, não seriam os fundamentos para a ação de responsabilização. Isso porque, **havendo motivos** para a desconsideração ou para o reconhecimento do excesso de mandato, não seria necessária a propositura da referida ação de responsabilização, uma vez que **incidentalmente** seria possível alcançar o **patrimônio pessoal** dos sócios por aqueles motivos ou fundamentos.

A ação de **responsabilização** terá, então, por **motivação, fato ou ato que não caracterize** as hipóteses de **desconsideração** da personalidade jurídica da sociedade, nem que justifiquem o reconhecimento do **excesso** de mandato. Para isso, o **art. 82-A autoriza o incidente** de desconsideração da personalidade jurídica.

A Lei n. 11.101/2005 impõe, assim, a possibilidade de um **leque ilimitado de fundamentos** para a mencionada ação, estabelecendo o procedimento **ordinário** e o prazo de **dois anos** para a **prescrição** dela, prazo que contará do trânsito em julgado da sentença que encerrar a falência. A disposição legal que trata da referida prescrição **encontra-se no § 1°, do art. 82**, da Lei n. 11.101/2005. Essa disposição legal **choca-se com a determinação do art. 158, inciso VI**, introduzido pela Lei n. 14.112/2020. Em razão da alteração legislativa, o **encerramento da falência impõe a extinção das obrigações** do falido. Em razão disso, **não há mais a possibilidade de continuar a cobrança** de dívidas da massa falida, após a sentença de encerramento da falência. **Impossível**, portanto, o **ajuizamento de ação de responsabilização em data posterior ao encerramento da falência**, o que esvazia qualquer direito subjetivo a atrair a contagem de prazo prescricional.

A ação de responsabilização buscará **condutas pessoais** dos sócios, identificadoras de **dolo ou culpa** na gestão que fulminou a empresa, elementos subjetivos que permitam lhes seja imputada a **responsabilidade pessoal** pela quebra.

Destaque-se que, para a **propositura** da ação de responsabilização, **não será necessário** comprovar que a sociedade não possui patrimônio suficiente para pagamento dos credores e, ainda assim, que o juiz poderá **ordenar a indisponibilidade dos bens** particulares dos sócios, administradores ou controladores que figurarem no polo passivo.

Julgada **procedente** a ação de responsabilização, que tramita no juízo falimentar, o dispositivo da sentença **declarará a responsabilidade solidária** dos requeridos (sócios de responsabilidade limitada) pelas dívidas da sociedade falida. Mas os sujeitos declarados responsáveis solidários **não terão sua falência decretada**, apesar da responsabilização pessoal. Em razão da sentença, os bens particulares dos sócios de responsabilidade limitada serão arrecadados para pagamento das dívidas da sociedade falida.

Esquematizando a ação de responsabilização e os sócios eventualmente atingidos por ela:

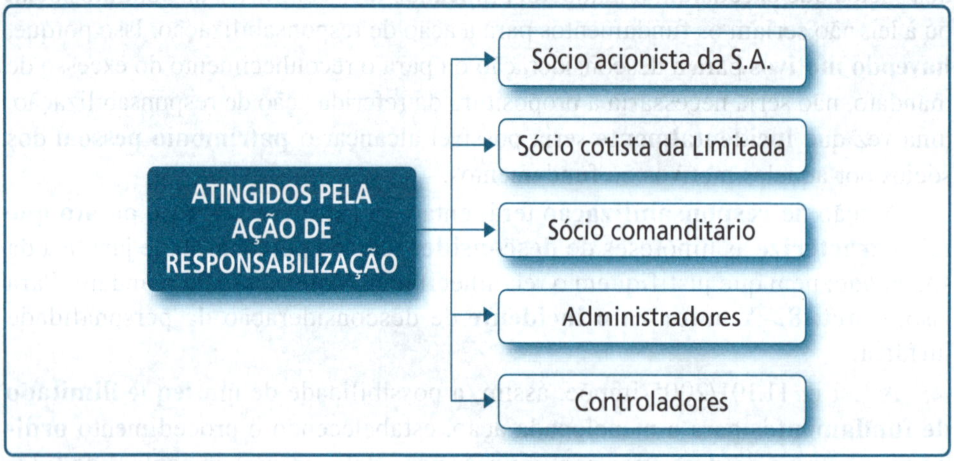

■ *24.5.3.6. Compensação das obrigações do falido vencidas antes da decretação*

A compensação é uma das formas de **extinção de obrigações** prevista no ordenamento jurídico brasileiro e ocorre quando duas pessoas são **reciprocamente credoras e devedoras**. Nessa hipótese, o art. 368, do Código Civil Brasileiro, prevê que, "se duas pessoas forem ao mesmo tempo credor e devedor uma da outra, as duas obrigações extinguem-se, até onde se compensarem". O que ocorre é a coincidência de obrigações entre duas pessoas, sendo elas titulares de créditos e débitos uma em face da outra, de modo que, na proporção desse **encontro de dívidas**, elas serão extintas.

O art. 122, da Lei n. 11.101/2005, estabelece uma forma de **compensação legal**, ao determinar que: "Compensam-se, com preferência sobre todos os demais credores, as dívidas do devedor vencidas até o dia da decretação da falência, provenha o vencimento da sentença de falência ou não, obedecidos os requisitos da legislação civil". Assim, como **extremo benefício para o credor** do falido, a Lei n. 11.101/2005 permite que o valor devido ao falido pelo seu credor seja compensado com o valor devido pelo falido ao referido credor, desde que a dívida do falido tenha **vencido antes ou em razão do decreto de falência**.

Tal disposição legal é **muito vantajosa** para o credor do falido, pois, se a compensação não fosse determinada por lei, esse credor teria sérias **dificuldades para receber** o seu crédito, mas seria **obrigado a pagar** o seu débito junto ao falido. Por exemplo: se o credor A devesse R$ 10.000,00 ao falido B e fosse credor de R$ 5.000,00 junto a B, caso não houvesse a regra da compensação, teria que pagar R$ 10.000,00 para a massa falida de B, além de habilitar seu crédito no quadro geral de credores, sem perspectivas de recebimento dos seus R$ 5.000,00. Assim, pagaria R$ 10.000,00, sem perspectiva de receber seus R$ 5.000,00. Em razão da regra da compensação, A pagará R$ 5.000,00 para a massa falida de B e estará tudo resolvido, pois compensará o seu crédito de R$ 5.000,00, abatendo-o do seu débito de R$ 10.000,00, pagando apenas R$ 5.000,00.

É preciso destacar que o legislador estabeleceu a **preferência** dessa compensação **sobre todos** os demais credores, de modo que **nenhum outro credor** do falido poderá invocar a cobrança do crédito da massa junto ao referido credor, caso esse crédito tenha sido **consumido na compensação** mencionada. Assim, o crédito do falido não entrará para a massa falida objetiva, pois compensado com dívida da massa perante aquele credor.

Por fim, o parágrafo único, do art. 122, da Lei n. 11.101/2005, **impede a compensação em três hipóteses**:

1ª) caso tenha ocorrido cessão do crédito após a decretação da falência;

2ª) caso tenha ocorrido **cessão do crédito após conhecido o estado de crise** econômico-financeira do devedor empresário;

3ª) caso tenha ocorrido transferência do crédito com dolo ou fraude.

Esquematizando a compensação de créditos na falência:

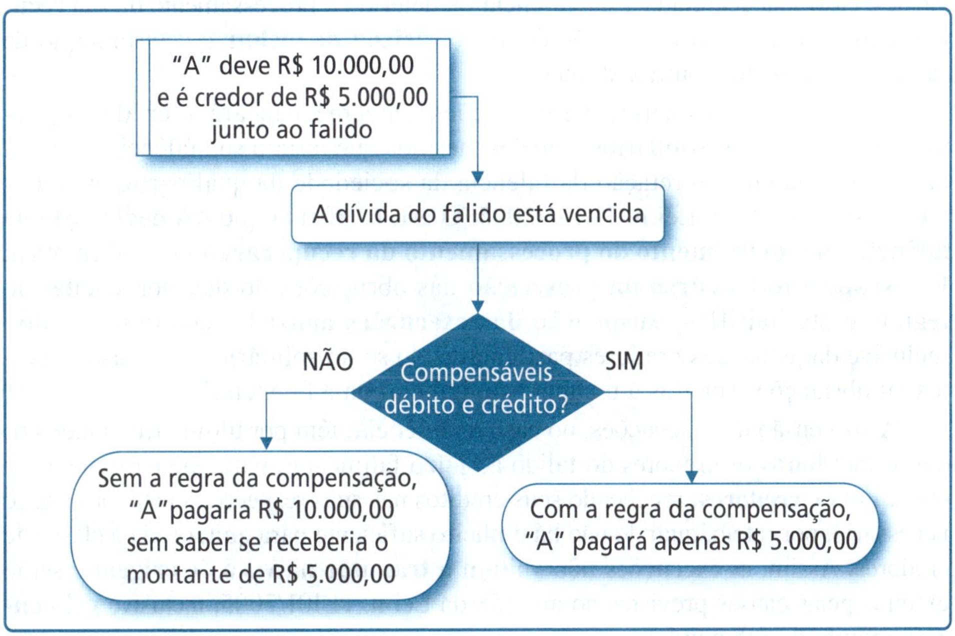

■ *24.5.3.7. Suspensão das ações e execuções contra o falido*

Decretada a falência, a **universalização do juízo** falimentar recomenda a **gestão de todos os créditos** do falido pela vara judicial falimentar. Bastaria essa determinação legal para que se justificasse a suspensão das ações e execuções. Mas existem outros motivos, que foram abordados na parte introdutória deste estudo de direito recuperacional e que, agora, serão rememorados.

É oportuno lembrar que, em função da **reunião** de diversos **direitos, obrigações, ações e execuções** no processo falimentar que tramitará, nas varas cíveis de competência geral, processos de falência e os seus incidentes **terão preferência sobre todos** os outros na ordem dos feitos, e em qualquer instância. Isso não ocorre, por exemplo, em **São Paulo**, onde existem **varas falimentares**, e no **Distrito Federal**, onde há apenas **uma vara de falência**, com competência para todo o Distrito Federal. Nelas tramitam prioritariamente feitos falimentares.

Para evitar dúvidas quanto à competência para processamento e julgamento da falência, da recuperação e seus incidentes, a Lei n. 14.112/2020 alterou o texto do § 8º, do art. 6º, da Lei n. 11.101/2005, para deixar clara a **prevenção decorrente do conhecimento de pedido** de falência, recuperação judicial e extrajudicial. Restou consolidada a seguinte redação: "§ 8º A **distribuição do pedido** de falência ou de recuperação judicial ou a homologação de recuperação extrajudicial **previne a jurisdição** para qualquer outro pedido de falência, de recuperação judicial ou de homologação de recuperação extrajudicial relativo ao mesmo devedor."

O art. 6º, da Lei n. 11.101/2005, com a nova redação trazida pela Lei n. 14.112/2020, determina a **suspensão de todas as execuções** contra o devedor empresário em crise econômico-financeira, bem como suspende a **prescrição** de suas obrigações, caso seja decretada a sua **falência** ou deferido o processamento da sua **recuperação judicial**. A nova redação do art. 6° **deixou de incluir** a determinação de **suspensão da ações** contra o devedor.

A mencionada suspensão das execuções também alcançará os **credores particulares** dos sócios solidários, aqueles mesmos que teriam sua falência decretada, por ocasião da decretação da falência da sociedade da qual participam, nos termos do art. 81, da Lei n. 11.101/2005. O art. 6º afirma que: "A decretação da **falência ou o deferimento do processamento da recuperação** judicial implica: I — **suspensão do curso da prescrição** das obrigações do devedor sujeitas ao regime desta Lei; II — **suspensão das execuções** ajuizadas contra o devedor, inclusive daquelas dos credores particulares do sócio solidário, relativas a créditos ou obrigações sujeitos à recuperação judicial ou à falência."

A suspensão das execuções, no caso da **falência**, têm por última finalidade **encaminhar todos** os credores do falido ao juízo falimentar, para que participem do **concurso de credores**, recebendo seus créditos nas suas respectivas categorias e, se necessário, por rateio, quando não há dinheiro suficiente para quitar toda a classe de credores. Assim, as **execuções não voltam a tramitar na vara de origem** e serão extintas pelas causas previstas no art. 158 da Lei n. 11.101/2005, inclusive **pelo encerramento da falência**.

No **caso** das ações, as **suspensões** visam permitir que o **falido seja substituído pelo administrador judicial** nas ações em que haja interesse da massa falida. Apesar do art. 6° não mais prever a suspensão das ações, isso não afasta a necessidade de **habilitação do administrador judicial nas ações** de interesse da massa falida. Por isso, tais ações **deverão ser suspensas**, com a intimação do administrador judicial para nelas habilitar-se. Enquanto não houver essa **substituição do falido pelo administrador judicial**, o processo não poderá voltar a tramitar, sob pena de nulidade, como determina o parágrafo único, do art. 76 da Lei n. 11.101/2005: "**Todas as ações**, inclusive as excetuadas no *caput* deste artigo, **terão prosseguimento com o administrador judicial**, que deverá ser intimado para representar a massa falida, sob pena de nulidade do processo".

As ações **prosseguirão no juízo de origem**, até o trânsito em julgado da sentença líquida que definir a demanda, podendo ser requerida **reserva de valor no juízo falimentar**, para evitar preterição do credor, autor da ação, em analogia ao § 8º, do art. 10, da Lei n. 11.101/2005, inserido pela Lei n. 14.112/2020, o qual prevê: "as habilitações e as impugnações **retardatárias acarretarão a reserva do valor** para a satisfação do crédito discutido".

As disposições dos §§ 7°-B e 11, incluídos no art. 6° pela Lei n. 14.112/2020, definiram, após a decretação da falência, o **tratamento a ser dado aos créditos fiscais**. Confira-se as duas normas:

> "§ 7°-B. O disposto nos **incisos I, II e III do *caput* deste artigo não se aplica às execuções fiscais**, admitida, todavia, a **competência do juízo da recuperação** judicial para determinar a substituição dos atos de constrição que recaiam sobre bens de capital essenciais à manutenção da atividade empresarial até o encerramento da recuperação judicial, a qual será implementada mediante a cooperação jurisdicional, na forma do art. 69 da Lei n. 13.105, de 16 de março de 2015 (Código de Processo Civil), observado o disposto no art. 805 do referido Código."
>
> "§ 11. **O disposto no § 7º-B deste artigo aplica-se, no que couber, às execuções fiscais** e às execuções de ofício que se enquadrem respectivamente nos incisos VII e VIII do *caput* do art. 114 da Constituição Federal, vedados a expedição de certidão de crédito e o arquivamento das execuções **para efeito de habilitação na recuperação judicial ou na falência**."

Assim, as **execuções fiscais prosseguirão normalmente** nos juízos fazendários ou federais próprios, sendo a penhora determinada ali e efetivada no **rosto dos autos** da falência, por meio da **inclusão do crédito fiscal no quadro geral** de credores, sem a necessidade de habilitação (processo de verificação) no juízo falimentar, restando **suspensa a execução fiscal** no juízo de origem, **sem expedição de certidão e arquivamento**.

Uma vez efetuada tal penhora, o crédito fiscal aguardará o seu pagamento, respeitada a **hierarquia** dos **créditos** no **quadro geral de credores** (arts. 83 e 84, da Lei n. 11.101/2005).

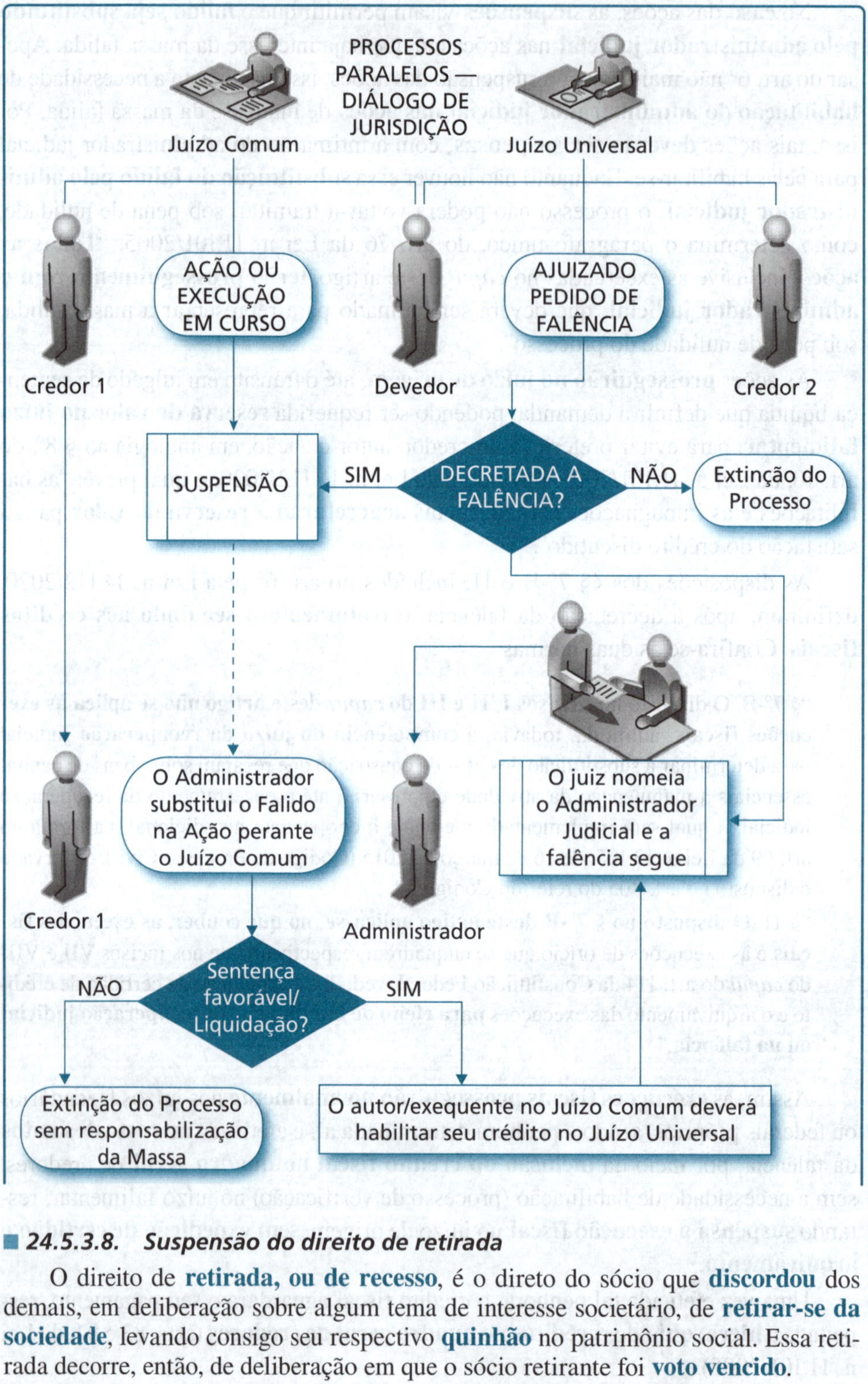

■ *24.5.3.8. Suspensão do direito de retirada*

O direito de **retirada, ou de recesso**, é o direto do sócio que **discordou** dos demais, em deliberação sobre algum tema de interesse societário, de **retirar-se da sociedade**, levando consigo seu respectivo **quinhão** no patrimônio social. Essa retirada decorre, então, de deliberação em que o sócio retirante foi **voto vencido**.

O exercício do direito de retirada impõe a realização de uma **apuração de haveres**, na qual será calculado o valor que é devido ao retirante, na **proporção da participação** dele no capital social. Encontrado tal valor, a sociedade empresária deverá pagá-lo ao dissidente, na forma prevista no **contrato**, ou no **prazo de 90 dias**, conforme o art. 1.031, § 2º, do Código Civil, que dispõe: "A quota liquidada será paga em dinheiro, no prazo de noventa dias, a partir da liquidação, salvo acordo, ou estipulação contratual em contrário". No capítulo que trata da dissolução da sociedade, encontra-se a forma de apuração dos haveres do sócio que deixa a sociedade.

Decretada a falência, o **sócio dissidente** da deliberação da maioria dos sócios **não poderá exercer** o seu direito de **retirada**. A suspensão do referido direito **impede** tanto **a saída** quanto **a apuração e o pagamento dos seus haveres**. O art. 116, inc. II, da Lei n. 11.101/2005, assim estabelece: "a decretação da falência suspende: (...) II — o exercício do direito de retirada ou de recebimento do valor de suas quotas ou ações, por parte dos sócios da sociedade falida".

As **razões** de ser desse dispositivo são bem simples:

1) **Não pode o sócio receber** valores que lhes são devidos pela sociedade, após a constatação de **grave estado de crise** econômico-financeira da entidade da qual pretende afastar-se (especialmente diante da possibilidade de os credores não serem pagos pelo patrimônio empresarial).

2) O art. 1.032, do Código Civil, determina que: "A retirada, exclusão ou morte do sócio, não o exime, ou a seus herdeiros, da responsabilidade pelas obrigações sociais anteriores, até dois anos após averbada a resolução da sociedade; nem nos dois primeiros casos, pelas posteriores e em igual prazo, enquanto não se requerer a averbação". Assim, **mesmo depois de retirar-se** da sociedade, o sócio dissidente ainda **responderá por dois anos**, após o registro de sua retirada, pelas obrigações que a sociedade havia contraído até a data daquele registro. Não há por que, então, apurar e pagar haveres quando, na verdade, o sócio **retirante é responsável pelas obrigações** da sociedade, agora falida.

3) Os **valores devidos aos sócios**, a qualquer título, em caso de falência, são os que estão em **último lugar** na ordem de preferência dos pagamentos do **quadro geral de credores**. Dispõe a alínea "b", do inc. VIII, do art. 83, da Lei n. 11.101/2005: "A classificação dos créditos na falência obedece à seguinte ordem: (...) VIII — créditos subordinados, a saber: (...), *b)* os créditos dos sócios e dos administradores sem vínculo empregatício". Desse modo, o crédito do sócio somente será **pago após a quitação de todos** os credores da sociedade empresarial falida.

Caso já tenha sido exercido o direito de **retirada** pelo sócio dissidente, **antes da decretação** da falência, estando os haveres calculados, o sócio poderá **habilitar seu crédito** na **sexta categoria** do quadro geral de credores.

Encerrada a falência, **cessa** a suspensão, o sócio dissidente poderá deixar a sociedade e, caso tenha restado **algum valor** da execução coletiva, os seus **haveres** poderão ser calculados e recebidos por ele. Caso não tenha restado valor algum, a retirada processar-se-á sem apuração de haveres.

Esquematizando a suspensão do direito de retirada:

■ *24.5.3.9. Suspensão de cobrança de juros*

Decretada a falência, o pagamento dos juros devidos em razão da lei ou do contrato **não poderá ser exigido da massa** falida, salvo nas três hipóteses a seguir estudadas. O estado de crise econômico-financeira do falido impõe grave prejuízo aos credores, uma vez que não será possível, na ampla maioria dos casos, quitar todas as obrigações.

Na **iminência de frustração** do pagamento para a maior parte dos credores, o legislador optou por efetuar o pagamento do **valor nominal** da dívida (valor principal), sem correção e sem juros de qualquer espécie, primeiro. Caso uma categoria de credores tenha seu crédito nominal quitado, a **correção monetária** dos créditos de referida categoria deverá ser calculada e paga. Esse procedimento deverá seguir até a quitação do valor principal e da correção monetária da **última categoria**, observada a ordem de preferência dos créditos.

Quitada a categoria dos créditos subordinados, havendo saldo em favor da massa falida, os **juros** deverão ser **calculados e pagos**, observada a **ordem de preferência** dos créditos. A **Lei n. 14.112/2020 incluiu o inciso IX, no art. 83, da Lei n. 11.101/2005**, justamente para incluir essa categoria de crédito, logo após os créditos subordinados, respeitando o art. 124 da Lei n. 11.101/2005. Eis o texto: "Art. 83. A classificação dos créditos na falência obedece à seguinte ordem: (...) **IX — os juros vencidos** após a decretação da falência, conforme previsto no art. 124 desta Lei".

A **igualdade de tratamento** aos credores do falido impõe, além da **isonomia**, uma espécie de **solidariedade entre credores**, de modo que a Lei n. 11.101/2005 buscou mecanismos que permitissem o alcance da **quitação do maior número** possível de obrigações do falido. Não seria proporcional o pagamento integral de determinado crédito, com acréscimos de correção monetária e juros, enquanto outros credores sequer recebessem o valor principal do seu crédito.

Apesar de a fundamentação anterior indicar a **necessidade de suspensão da cobrança dos juros,** visando pagar o valor principal dos créditos ao **maior número possível de credores**, o legislador excluiu de tal limitação **dois tipos** de crédito, estabelecendo **três situações** em que o **pagamento dos juros é devido**. Serão pagos, então:

I — os juros das **debêntures** — títulos emitidos pelas sociedades anônimas para captar dinheiro no mercado (fazer um empréstimo junto aos investidores), sendo remuneradas com juros e correção monetária. Tais juros serão **integralmente pagos**;

II — os juros dos **créditos com garantia real**, mas por eles responde, exclusivamente, o produto dos bens que constituem a garantia. Dessa forma, somente serão pagos os juros **se o bem dado** em garantia for **avaliado ou vendido** por valor suficiente para o pagamento do principal, da correção monetária e dos referidos juros;

III — os juros de **todos os créditos**, caso o ativo apurado baste para o **pagamento dos credores subordinados**, observada a ordem de preferência dos créditos.

A norma que determina suspensão da cobrança e do pagamento dos juros, na falência, restou assim redigida, no **art. 124**, da Lei n. 11.101/2005: "Contra a massa falida **não são exigíveis juros vencidos após a decretação** da falência, previstos em lei ou em contrato, se o ativo apurado não bastar para o pagamento dos credores subordinados. Parágrafo único. Excetuam-se desta disposição os juros das **debêntures e dos créditos com garantia real**, mas por eles responde, exclusivamente, o produto dos bens que constituem a garantia".

Esquematizando. Decretada a falência, os juros tornam-se inexigíveis, salvo:

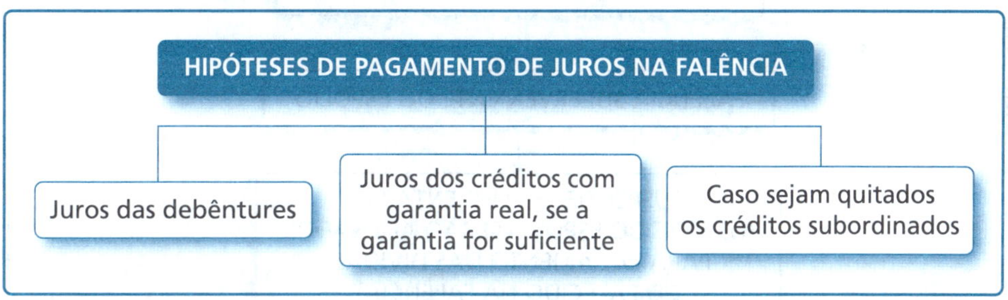

■ 24.5.3.10. *Suspensão do inventário*

O processo de **inventário** visa regularizar a **titularidade do patrimônio** deixado pelo falecido, bem como **quitar as obrigações** assumidas por ele em vida. Em palavras simples, o processo de inventário destina-se, inicialmente, a elaborar um **rol dos bens, dívidas e sucessores** deixados pelo falecido. Elaborado o rol, não havendo objeções por parte dos interessados, **realiza-se o pagamento das dívidas** deixadas pelo morto. Extintas as obrigações, restando saldo patrimonial, tal monte de bens será **partilhado** entre os sucessores.

Note-se, assim, que a primeira etapa do inventário se destina ao **pagamento das dívidas** do falecido: obrigações que serão honradas com o patrimônio deixado pelo *de cujus*. Somente depois de **pagas as dívidas** é que eventual **partilha** beneficiará os sucessores. É por este motivo que o processo de inventário ficará suspenso em razão da decretação da falência, pois o processo falimentar buscará **identificar todas as dívidas** deixadas pelo falecido falido, justamente para que o **espólio possa quitá-las** e, somente **depois, distribuir o saldo**. Partilhar.

Desse modo, o processo de **inventário deverá aguardar a apuração de todas as dívidas** do falido. Após tal apuração, os bens e valores arrolados no espólio serão utilizados para pagamento dos credores da massa falida. **Quitados todos** eles, o inventário **voltará a tramitar**, caso tenha **sobrado algum bem** ou valor a partilhar. Se não sobrar algum bem, o inventário **será encerrado**.

A determinação para que se suspenda o inventário está no **art. 125**, da Lei n. 11.101/2005, nos seguintes termos: "Na falência do espólio, ficará suspenso o processo de inventário, cabendo ao administrador judicial a realização de atos pendentes em relação aos direitos e obrigações da massa falida".

O referido artigo confere ao **administrador judicial legitimidade** para tomar todas as providências para **identificar e alienar o patrimônio do espólio**, mesmo nos autos do inventário, bem como para trazer para os autos da falência os valores necessários ao pagamento dos credores.

Esquematizando a suspensão do inventário:

■ *24.5.3.11. Suspensão da prescrição até o encerramento da falência*

A prescrição ficará suspensa na **falência**, desde a **sentença que a decreta** até o trânsito em julgado da **sentença de encerramento** dela. Não podemos confundir essa sentença com aquela que extingue as obrigações do falido. O encerramento da falência dar-se-á em duas situações: **se esgotados os bens; ou se pagos todos os credores do falido**. Já a extinção das obrigações dependerá da **ocorrência de alguma das hipóteses do art. 158**, da Lei n. 11.101/2005. A **Lei n. 14.112/2020 incluiu o inciso VI, no art. 158 da Lei n. 11.101/2005**, tornando a sentença de **encerramento da falência uma das causas de extinção das obrigações**, o que não dispensa o falido de realizar o pedido de extinção. Assim, encerrada a falência, por sentença, poderá o falido requerer a extinção das suas obrigações.

Suspensão da **prescrição** na falência:

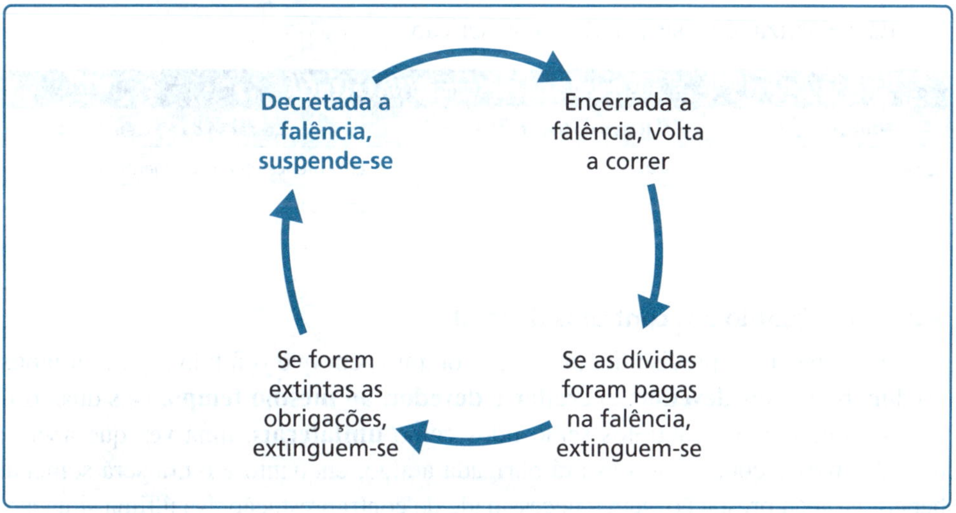

Como visto, desde a **decretação** da **falência** até o trânsito em julgado da **sentença de encerramento dela**, fica suspensa a prescrição, durante todo o processamento do feito.

Assim, todos os **credores atingidos** são submetidos ao processo falimentar, de modo que terão que **subordinar seus créditos** ao referido processamento coletivo de pagamento das dívidas do falido. Nada, contudo, garante que todos os credores serão satisfeitos. O contrário disso parece ser bem mais possível.

Desse modo, **não** se pode conceber que a prescrição **corra concomitantemente** ao processo de falência. Enquanto se impõe aos credores a submissão ao referido processo, a prescrição dos créditos alcançados permanecerá suspensa. **Encerrado** o processo falimentar, **volta a contar** o prazo prescricional pelo que lhe faltava.

As obrigações cuja **prescrição já estava suspensa manterão** aquela suspensão, caso permaneça o motivo dela. Caso não exista mais o referido motivo, restará o previsto na Lei n. 11.101/2005.

Na falência, o **relatório final** do administrador judicial elencará os credores que não receberam seus créditos, permitindo a **futura execução** contra o devedor falido, mesmo após o encerramento da falência, desde que respeitado o **prazo prescricional** que voltou a correr.

É em razão disso, para **evitar** que o **prazo necessário** para a tramitação e o encerramento do processo de falência **corroam** o prazo prescricional das obrigações, que a **prescrição restará suspensa**.

No caso da **falência**, a suspensão da prescrição ocorrerá na forma do art. 6º, da Lei n. 11.101/2005: "A **decretação** da falência (...) implica: I — suspensão do curso da prescrição das obrigações do devedor sujeitas ao regime desta Lei". A referida suspensão **permanecerá até** o prazo previsto no art. 157, da mesma lei, o qual dispõe que: "O prazo prescricional relativo às obrigações do falido recomeça a correr a partir **do** dia em que transitar em julgado a sentença do **encerramento da falência**".

Esquematizando a suspensão da prescrição:

SUSPENSÃO DA PRESCRIÇÃO NA FALÊNCIA		
Situação	**Motivo da Suspensão**	**Cessação da Suspensão**
■ Falência	■ Sentença que decreta a falência	■ Sentença de encerramento da falência
■ Falência	■ Se for denegada a falência, a prescrição não se suspende	■ Não há

■ 24.5.4. Quanto aos contratos do falido

Inicialmente, é preciso distinguir os contratos em que o falido seja: a) **apenas credor**; b) **apenas devedor**; c) **credor e devedor, ao mesmo tempo**. Nas duas primeiras situações, os contratos serão tidos como **unilaterais**, uma vez que apenas uma das partes contratantes estará obrigada a algo, enquanto a outra será somente beneficiária da prestação, sem a necessidade de contraprestação. Na última situação, os contratos serão considerados **bilaterais**, já que ambas as partes ainda estarão obrigadas por prestação e beneficiadas por contraprestação, ao tempo da decretação da falência. Dependendo da situação do contrato, se unilateral ou bilateral, na data da decretação da falência, **quatro destinos** lhe serão possíveis:

1º) O contrato **será cumprido** — isso ocorrerá com os contratos **unilaterais em que o falido seja credor**, pois a massa será beneficiada pela prestação, sem a necessidade de uma contraprestação, ou seja, a massa receberá bens, valores ou serviços, sem a necessidade de desembolsar qualquer valor ou dispor de algum bem, aumentando a massa falida objetiva.

2º) O contrato **não será cumprido**, salvo se promover benefício para a massa falida e houver autorização do Comitê de Credores — essa hipótese ocorre no caso dos contratos unilaterais em que o falido seja devedor, pois o cumprimento implicaria na retirada de bens e valores da massa falida, sem que houvesse **qualquer contrapartida** para a execução coletiva. Contudo, o art. 118, da Lei n. 11.101/2005, estabelece que: "O administrador judicial, mediante autorização do Comitê, poderá dar cumprimento a contrato unilateral se esse fato reduzir ou evitar o aumento do passivo da massa falida ou for necessário à manutenção e preservação de seus ativos, realizando o pagamento da prestação pela qual está obrigada".

Desse modo, o **cumprimento do contrato unilateral**, em que o falido seja devedor, somente será possível se, alternativamente: **a) reduzir o passivo; b) evitar o aumento do passivo; c) for necessário à manutenção e à preservação dos ativos da massa falida**. Assim, conclui-se que a regra para os contratos unilaterais em que o falido seja devedor é a do não cumprimento, todavia, diante de uma das três circunstâncias mencionadas e com autorização do Comitê de Credores, poderá o administrador judicial dar cumprimento à avença unilateral.

3º) O **administrador judicial decidirá** se cumpre ou não o contrato — trata-se, aqui, de contrato bilateral, em que **ainda existam prestação e contraprestação** entre o falido e o contratado. Nessa situação, caberá ao administrador judicial verificar quais contratos deverão ser cumpridos, sempre sob a óptica dos **benefícios** resultantes para a massa falida, e quais não deverão ser cumpridos. Caso o administrador judicial decida pelo cumprimento, a outra parte deverá submeter-se aos termos contratados, inclusive aos prazos fixados no contrato, **impedindo-se o vencimento antecipado** das obrigações. Se o administrador judicial decidir pelo não cumprimento, a outra parte poderá considerar **rescindido o contrato**, o que a autoriza a habilitar-se nos autos da falência, reclamando seu crédito e eventual reparação por prejuízos experimentados.

A **faculdade** conferida ao administrador judicial, **quanto aos contratos bilaterais**, está prevista no art. 117, da Lei n. 11.101/2005, que dispõe: "Os contratos bilaterais **não se resolvem pela falência e podem ser cumpridos pelo administrador judicial** se o cumprimento reduzir ou evitar o aumento do passivo da massa falida ou for necessário à manutenção e preservação de seus ativos, mediante autorização do Comitê". Há quem argumente que a regra é a mesma aplicável aos contratos **unilaterais**, todavia se deve observar que, naqueles contratos, **a regra é o não cumprimento**, e a exceção, o cumprimento. Nos contratos **bilaterais, a regra é o cumprimento**, e a exceção, o descumprimento.

A Lei n. 11.101/2005, nos parágrafos do art. 117, **autoriza os credores a interpelarem o administrador judicial**, provocando sua manifestação quanto à intenção de cumprir ou não os contratos bilaterais. Dispõem tais parágrafos: "§ 1º O contratante **pode interpelar o administrador** judicial, no prazo de até 90 dias, contado da assinatura do termo e sua nomeação, para que, **dentro de 10 dias, declare se cumpre ou não o contrato**. § 2º A **declaração negativa ou o silêncio** do administrador judicial confere ao contraente o **direito à indenização**, cujo valor, apurado em processo ordinário, constituirá crédito quirografário".

Assim, **um de três destinos** terão os contratos bilaterais do falido:

a) o administrador judicial **decide dar cumprimento ao contrato**, nos termos estabelecidos nele, devendo a outra parte **aguardar o cumprimento**;

b) o administrador judicial **decide não cumprir o contrato**, o que confere à outra parte o direito à **rescisão do pactuado**, bem como indenização por eventual dano suportado, crédito que será classificado como quirografário, no quadro geral de credores;

c) o **destino do contrato já está definido na Lei** n. 11.101/2005 ou em lei extravagante, o que será visto a seguir.

4º) A **lei define o destino do contrato** — diferentemente das três situações anteriores, o legislador tratou alguns **contratos específicos de forma especial**. Estabeleceu os efeitos incidentes sobre alguns contratos, deixando pouca margem de atuação para o administrador judicial e para os credores. Ora **protegeu** a **massa falida**, ora os **credores** e, por fim, protegeu, também, o **interesse público**.

Esquematizando os efeitos gerais quanto aos contratos:

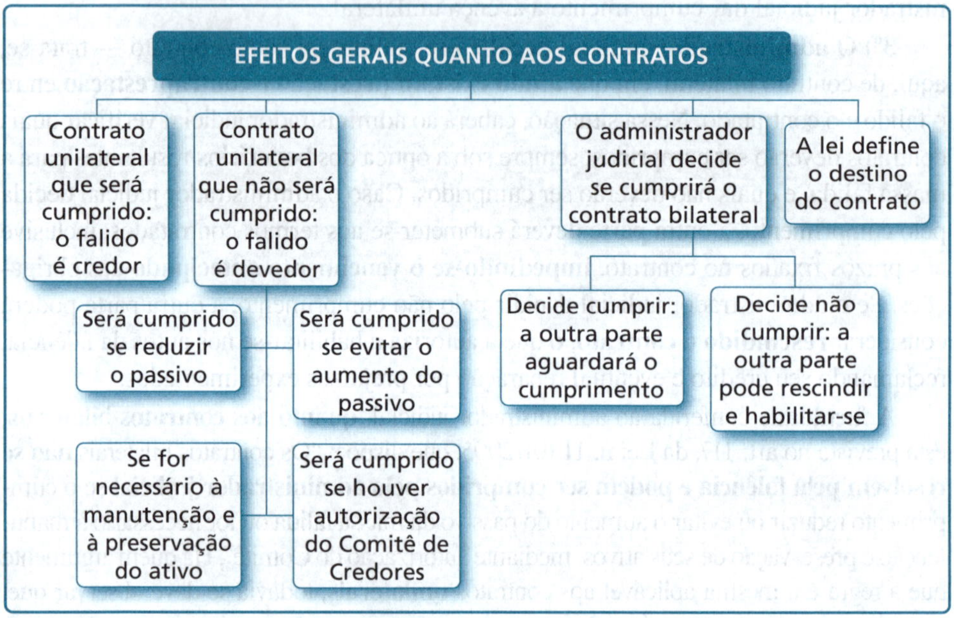

O art. 119, da Lei n. 11.101/2005, entre outros, regulou, em seus incisos, **diversos tratamentos especiais**. Dispõe o referido artigo: "Nas relações contratuais a seguir mencionadas prevalecerão as seguintes regras: (...)". Com esse texto, o artigo inaugura **tratamentos específicos dispensados a contratos especiais**. Daí os seguintes efeitos:

I — Direito de reter a mercadoria em trânsito

> Art. 119. (...) I — o vendedor não pode obstar a entrega das coisas expedidas ao devedor e ainda em trânsito, se o comprador, antes do requerimento da falência, as tiver revendido, sem fraude, à vista das faturas e conhecimentos de transporte, entregues ou remetidos pelo vendedor.

Trata-se do ***right of stoppage in transitu*** (direito de parar a mercadoria em trânsito), do direito anglo-saxão. Consiste na possibilidade de o **vendedor suspender a entrega** das mercadorias que alienou ao falido, desde que ainda **não estejam pagas** pelo adquirente, **nem tenham sido revendidas**, à luz das faturas e conhecimentos de transporte já remetidos ao comprador.

É bastante comum no mercado a **revenda de bens** que ainda não estejam em poder do empresário varejista, mas que já foram adquiridas junto ao atacadista e remetidas ao comerciante, estando **em trânsito**. É mais comum, ainda, essas mercadorias **não terem sido pagas** pelo adquirente, o que lhe permite revendê-las, receber o valor da venda e pagá-las ao atacadista com o próprio valor recebido pela negociação delas. Assim, desde quando negociada a aquisição dos bens, o **varejista já inicia a sua venda**, mesmo estando a mercadoria ainda em trânsito.

Considerando que a **mercadoria em trânsito ainda não foi paga**, o legislador autorizou a **retenção da sua entrega**, **salvo** se ela já foi **revendida**. É que, nessa hipótese, a mercadoria já pertenceria, teoricamente, ao adquirente, geralmente um consumidor que a comprou de boa-fé. Desse modo, entre frustrar o atacadista que terá que entregar a mercadoria e habilitar seu crédito na falência, ou impor tal ônus ao consumidor, o legislador preferiu **onerar o hipersuficiente fornecedor**.

II — Coisas compostas

Art. 119. (...) II — se o devedor vendeu coisas compostas e o administrador judicial resolver não continuar a execução do contrato, poderá o comprador pôr à disposição da massa falida as coisas já recebidas, pedindo perdas e danos.

As coisas compostas são aquelas cuja **utilidade e funcionalidade** dependem da **junção de duas partes**, de modo que o seu valor econômico somente se aperfeiçoa **em conjunto**. Um exemplo simples seria um liquidificador, cuja junção de copo e base lhe dá funcionalidade, enquanto cada parte, isoladamente, esvazia-o de utilidade e de valor econômico.

Considerando que a **coisa composta incompleta não teria valor** para o falido nem para o credor dela, o legislador possibilitou ao credor da coisa composta, parcialmente entregue, a **devolução da parte que esteja com ele**, podendo buscar as **perdas e danos** que vier a sofrer, em razão do descumprimento contratual. A primeira impressão que se tem é de que o credor tem direito de devolver/entregar a parte da coisa que esteja com ele, quando, na verdade, é o **falido** que **não tem a obrigação de entregá-la ao credor**. Caso o credor **não a entregue**, **não poderá habilitar** eventual crédito na falência, pois o bem não terá utilidade para ele nem para a massa falida.

Assim, o **credor de coisa composta** — seja aquele que adquiriu o bem junto ao falido e somente recebeu parte, seja o que vendeu e somente entregou parte — **deverá entregar/devolver a parte que estiver com ele**, caso queira ressarcir-se do prejuízo junto à massa falida. Se **não entregar/devolver**, não sofrerá qualquer sanção, todavia **não poderá buscar seu prejuízo** junto à massa falida. Entregando, poderá ressarcir-se das perdas e danos que experimentar, habilitando-se na falência.

III — Coisa vendida à prestação

Art. 119. (...) III — não tendo o devedor entregue coisa móvel ou prestado serviço que vendera ou contratara a prestações, e resolvendo o administrador judicial não executar o contrato, o crédito relativo ao valor pago será habilitado na classe própria.

Caso no momento da falência existam **obrigações contratadas à prestação**, nas quais o falido tenha se comprometido a entrega de bens ou a prestação de serviços, tendo o **adquirente pago antecipadamente** as prestações relativas à aquisição, o administrador judicial deverá decidir se cumprirá o contrato. Decidindo o administrador judicial não executá-lo, o **adquirente** — mesmo que seja consumidor — **não**

poderá exigir a entrega do bem, mesmo comprovada a quitação. Poderá, **somente, habilitar** o valor que pagou na classe própria.

A classe em que se habilitará o credor é a dos **quirografários**, pois o inc. III, do art. 119, não estabelece nenhum privilégio a referido crédito. Não é possível enquadrá-lo como restituição, porque cada prestação paga passou a **pertencer ao devedor empresário** falido, dinheiro do qual ele tinha a livre-disponibilidade. Também não pode se enquadrar nas classes extraconcursais previstas no art. 84, incs. II e V, da Lei n. 11.101/2005, os quais determinam: "Serão considerados créditos extraconcursais e serão pagos com precedência sobre os mencionados no art. 83 desta Lei, na ordem a seguir, os relativos a: (...) II — quantias fornecidas à massa pelos credores; (...) V — obrigações resultantes de atos jurídicos válidos (...)", porque as **prestações foram pagas ao falido, e não à massa falida**. Assim, o credor de prestações antecipadas será considerado **credor concursal quirografário**.

IV — Compra com reserva de domínio, alienação fiduciária em garantia e leasing

> Art. 119. (...) IV — o **administrador judicial**, ouvido o Comitê, **restituirá a coisa móvel** comprada pelo devedor com reserva de domínio do vendedor se resolver não continuar a execução do contrato, exigindo a devolução, nos termos do contrato, dos valores pagos.

As coisas móveis adquiridas à prestação pelo falido, por meio de contratos de **compra com reserva de domínio, alienação fiduciária em garantia ou *leasing***, deverão ser **restituídas à instituição financeira** credora, caso o administrador judicial decida não cumprir o contrato. A legislação que trata dos referidos contratos prevê a possibilidade de busca e apreensão, ou reintegração de posse, na hipótese de inadimplência do adquirente, pois o bem financiado garante o pagamento do débito, permanecendo em nome do credor (no caso do *leasing*), ou deixando de ser transferido até a quitação (no caso da reserva de domínio), ou, ainda, sendo transferido ao credor em garantia (no caso da alienação fiduciária em garantia). A legislação falimentar seguiu a mesma lógica da legislação específica.

Caso a massa falida **não restitua o bem** objeto do contrato, poderá a instituição financeira apresentar **pedido de restituição**. Há disposição expressa determinando isso, no art. 85, da Lei n. 11.101/2005, nos seguintes termos: "O proprietário de bem arrecadado no processo de falência ou que se encontre em poder do devedor na data da decretação da falência poderá pedir sua restituição". Assim, em lugar de promover a busca e apreensão, ou a reintegração de posse do bem móvel, o credor financeiro pedirá a restituição do bem. Se o bem **já houver sido vendido, ou não mais existir**, a restituição dar-se-á em **dinheiro**, conforme determina o art. 86, inc. I, da mesma lei: "Proceder-se-á à restituição em dinheiro: I — se a coisa não mais existir ao tempo do pedido de restituição, hipótese em que o requerente receberá o valor da avaliação do bem, ou, no caso de ter ocorrido sua venda, o respectivo preço, em ambos os casos no valor atualizado".

Desse modo, diante dos contratos de compra com reserva de domínio, alienação fiduciária e *leasing*, **duas serão as possibilidades**: a) o administrador judicial **decide cumprir** o contrato, **pagando** as prestações restantes do contrato e **ficando com o bem** —

isso se justifica quando o preço do bem for superior ao saldo devedor do bem; b) o administrador judicial **decide não cumprir** o contrato, **devendo devolver o bem** para a instituição financeira. Caso não o devolva, a instituição financeira poderá promover o pedido de **restituição do bem, ou de dinheiro**, se se perdeu ou foi alienado pelo falido.

É possível que, em razão da entrega do bem à instituição financeira, **exista saldo** no contrato, resultante da diferença entre os valores pagos e o preço do bem devolvido (obtido no regular leilão realizado pela instituição financeira). Se o saldo for **favorável à instituição**, o crédito poderá ser **habilitado na falência**. Se o saldo for **favorável à massa falida**, o administrador judicial promoverá a **cobrança** do crédito.

O art. 199, da Lei n. 11.101/2005, prevê **tratamento diferenciado** para as **empresas de transporte aéreo**. No caso do contrato de *leasing*, no § 3º, do referido artigo, o legislador reafirma que **prevalecerão as regras contratadas**, mesmo em face da decretação da falência. Dispõe aquele parágrafo: "Na hipótese de falência das sociedades de que trata o *caput* deste artigo, prevalecerão os direitos de propriedade sobre a coisa relativos a contratos de locação, de arrendamento mercantil ou de qualquer outra modalidade de arrendamento de **aeronaves ou de suas partes**".

V — Diferença do preço de coisa vendida a termo

> Art. 119. (...) V — tratando-se de coisas vendidas a termo, que tenham cotação em bolsa ou mercado, e não se executando o contrato pela efetiva entrega daquelas e pagamento do preço, prestar-se-á a diferença entre a cotação do dia do contrato e a da época da liquidação em bolsa ou mercado.

Coisas vendidas a termo são negociadas para **entrega futura**, como ocorre com bens de produção contínua, como o petróleo, por exemplo. O **preço** pode ser acertado e pago no **presente**, pela **cotação do dia da negociação**, ou pode ser acordado o preço do **dia da entrega**. Nessa segunda hipótese, o preço do dia da entrega pode **superar** aquele do dia da negociação, ou ser **inferior** a ele. A referida diferença de preço, se **superior, deverá ser paga pela massa** ao adquirente que experimentar a frustração da entrega dos bens, em razão da falência. Caso o preço do dia previsto para entrega seja **inferior, o adquirente é que deverá pagar** a diferença para a massa falida (se a coisa vendida e não entregue tiver **cotação em bolsa** de valores ou mercado de balcão).

Para melhor compreensão, um exemplo. Um empresário vende 100 barris de petróleo que serão entregues no prazo de 6 meses. O preço atual do barril é R$ 100,00, totalizando R$ 10.000,00 o negócio. O preço combinado é o da data do negócio. Se, na data da entrega, o empresário tiver falido, a entrega não se aperfeiçoará, e o preço de cotação do bem deverá ser verificado no dia previsto para a entrega. Caso o bem custe R$ 120,00, o montante a ser pago seria de R$ 12.000,00. O adquirente terá, então, que despender R$ 2.000,00 a mais para adquirir a mesma quantidade de barris. Essa diferença poderá ser habilitada pelo adquirente na falência do empresário, na categoria dos créditos quirografários. É que a frustração da entrega imporá perdas e danos ao adquirente, o que poderá ser recuperado junto à massa. Se o preço do barril for R$ 80,00, o montante a ser pago será de R$ 8.000,00. O adquirente economizará R$ 2.000,00, os quais deverão ser pagos à massa falida. Assim, **nenhuma** das partes experimentará um **enriquecimento indevido**, em decorrência da quebra.

VI — Promessa de compra e venda de bens imóveis

> Art. 119. (...) VI — na promessa de compra e venda de imóveis, aplicar-se-á a legislação respectiva.

A legislação imobiliária moderna trata a promessa de compra e venda de imóvel como **direito real**. Assim, **desde a negociação do bem imóvel**, lançada em documento escrito em que o vendedor se compromete a transferi-lo, surge o **direito real à aquisição**, o qual se exaure após a quitação do preço. O adquirente torna-se proprietário condicional do bem. A condição é a quitação do preço.

É possível que, entre a celebração do contrato de promessa de compra e venda e a quitação do preço, seja **decretada a falência do vendedor**. Se fossem seguidas as regras ordinárias da legislação falimentar, o imóvel deveria ser arrecadado pela massa e o adquirente deveria habilitar na falência as prestações já pagas, da forma como se processa na venda de bens móveis à prestação, como já estudado. No lugar disso, o dispositivo estudado determina a aplicação da **legislação própria**.

A legislação imobiliária, como já afirmado, reconhece o contrato de promessa de compra e venda de bem imóvel como direito real, de modo que **a quitação do preço imporá o exaurimento da promessa**, bastando a averbação da quitação para o reconhecimento da propriedade plena do promissário comprador. A quitação corresponde ao **implemento da condição**, promovendo a aquisição definitiva do imóvel. O que a legislação falimentar determina é que o contrato de promessa de compra e venda **continuará sendo cumprido** e, logo que quitado o preço junto à massa, o bem passará à propriedade plena do adquirente.

O **Código Civil** estabelece a promessa de compra e venda de bem imóvel, como **direito real**, em dois dispositivos: a) art. 1.225, inc. VII: "São direitos reais: (...) o direito do promitente comprador do imóvel;" b) art. 1.417: "Mediante promessa de compra e venda, em que se não pactuou arrependimento, celebrada por instrumento público ou particular, e registrada no Cartório de Registro de Imóveis, adquire o promitente comprador direito real à aquisição do imóvel".

O Código Civil, também, **impõe a transferência definitiva** do bem imóvel depois de quitado o preço. Determina o art. 1.418: "O promitente comprador, titular de direito real, pode exigir do promitente vendedor, ou de terceiros, a quem os direitos deste forem cedidos, a outorga da escritura definitiva de compra e venda, conforme o disposto no instrumento preliminar; e, se houver recusa, requerer ao juiz a adjudicação do imóvel".

Diante do reconhecimento expresso da promessa de compra e venda de imóveis como direito real, a legislação falimentar apenas se eximiu de embaraçar a legislação aplicável, até porque o **adquirente** do bem imóvel, na maioria das situações, **é um consumidor** e, além disso, está exercendo seu direito constitucional à **moradia**. Preservou-se, dessa forma, a situação do hipossuficiente consumidor e o direito constitucional à moradia. Na falência da Construtora Encol, por exemplo, tal entendimento (à época, jurisprudencial) resguardou o direito à moradia de milhares de mutuários consumidores que haviam adquirido imóveis daquela empresa.

A Lei n. 6.766/79, ao tratar do parcelamento do solo urbano, definiu também as **consequências da falência sobre o contrato de compra e venda de bens imóveis**. Quanto à falência do **promitente-vendedor**, aplicam-se as regras já estudadas, ou seja, o falido deverá **aceitar as demais prestações** do pagamento do bem e **promover a transferência definitiva** dele ao adquirente. Falindo o **promitente-comprador**, seu direito sobre o bem imóvel deverá ser **levado a leilão**, transferindo-se ao arrematante o direito real, entrando o **dinheiro arrecadado para a massa falida**. A mesma solução é definida no Decreto-lei n. 58/37, o qual trata da venda de terrenos em loteamentos, com pagamento parcelado.

VII — Contrato de locação

Art. 119. (...) VII — a falência do locador não resolve o contrato de locação e, na falência do locatário, o administrador judicial pode, a qualquer tempo, denunciar o contrato.

O exercício dos direitos decorrentes de um contrato de locação **não são atingidos pela falência**. Tanto o inquilino do falido quanto o senhorio dele **não** terão na falência motivo para **alterar ou rescindir o contrato de locação**. O que não impede que, caso haja inadimplência, sejam adotadas as penalidades contratuais e legais cabíveis, para que não se caracterize o abuso de direito. Se o falido **locatário continua a pagar** os aluguéis, o contrato continuará inalterado. Se o falido **locador está recebendo** regularmente os aluguéis, também poderá manter o contrato regularmente.

Todavia, a **situação especial** do falido impõe consequências, de modo que, sendo o **falido o locador**, o contrato fica inalterado, mas a **massa falida poderá, a qualquer tempo**, por decisão do administrador judicial, **vender o bem locado**. Nessa hipótese, diferentemente do que se aplica regularmente à locação, **três alterações** deverão ser observadas, na venda judicial do bem locado: 1) o locatário não **poderá exigir a manutenção e o cumprimento** do contrato; 2) o locatário **não terá direito a multa**, em razão do encerramento antecipado do contrato; 3) o locatário **não terá direito de preferência** na aquisição do bem, em razão da necessária concorrência exigida pelos arts. 140 e 142, da Lei n. 11.101/2005.

Sendo o **falido o locatário**, também incidirão **três alterações**: 1) o falido poderá manter a locação do bem, **podendo denunciar o contrato a qualquer tempo**; 2) o **locador não poderá interpelar o falido** quanto ao prazo em que se manterá com o bem; 3) **denunciado** o contrato pelo administrador judicial, **não caberá indenização, nem multa** contra a massa falida.

Sendo o **falido locatário**, o **valor dos aluguéis** poderá ser cobrado de três formas distintas: 1) os **vencidos antes** da decretação da falência serão créditos **quirografários**; 2) os **vencidos após** a decretação da falência serão créditos **extraconcursais**; 3) se a **locação for essencial à continuação** do negócio do falido, após a decretação da falência, os aluguéis **poderão ser pagos em dinheiro** pela massa falida, nos termos do art. 150, da Lei n. 11.101/2005: "As despesas cujo pagamento antecipado seja indispensável à administração da falência, inclusive na hipótese de continuação provisória das atividades previstas no inciso XI do *caput* do art. 99 desta Lei, serão pagas pelo administrador judicial com os recursos disponíveis em caixa".

VIII — Garantia de compensação a instituição financeira

> Art. 119. (...) VIII — caso haja acordo para compensação e liquidação de obrigações no âmbito do sistema financeiro nacional, nos termos da legislação vigente, a parte não falida poderá considerar o contrato vencido antecipadamente, hipótese em que será liquidado na forma estabelecida em regulamento, admitindo-se a compensação de eventual crédito que venha a ser apurado em favor do falido com créditos detidos pelo contratante.

A finalidade desse dispositivo é **garantir o cumprimento dos acordos de compensação e liquidação** estabelecidos no âmbito do **sistema financeiro nacional**, conforme autoriza a Lei n. 10.214/2001. Esses acordos são estabelecidos entre instituições financeiras e pessoas físicas ou jurídicas, componentes ou não do sistema financeiro, sem que ninguém possa agir como intermediador de outrem.

O **fomento e o financiamento** da atividade empresarial são realizados em sua maior parte por **instituições financeiras**. Estas, ante o risco que assumem, buscam garantias e salvaguardas para as suas operações. A imprescindibilidade dessas instituições para o mercado termina por conformar diversos **dispositivos legais de proteção**. Assim, se uma instituição financeira detém títulos do falido, para garantia de pagamentos futuros, havendo a decretação da falência poderá considerar **vencido antecipadamente** o contrato, **liquidando os créditos** negociados e promovendo a **compensação** do que receber com aquele valor que lhe deve o falido.

Desse modo, **nenhum outro credor** poderá reclamar os eventuais créditos futuros da massa, caso estejam eles negociados em acordo de compensação e liquidação com alguma instituição financeira, pois **ela primeiro receberá** o seu crédito e, havendo saldo em favor da massa, tal valor será remetido para o montante arrecadado.

IX — Bem afetado não entra para a massa

> Art. 119. (...) IX — os patrimônios de afetação, constituídos para cumprimento de destinação específica, obedecerão ao disposto na legislação respectiva, permanecendo seus bens, direitos e obrigações separados dos do falido até o advento do respectivo termo ou até o cumprimento de sua finalidade, ocasião em que o administrador judicial arrecadará o saldo a favor da massa falida ou inscreverá na classe própria o crédito que contra ela remanescer.

No estudo dos efeitos quanto aos bens do falido, destacou-se a impossibilidade de arrecadação dos bens afetados. É preciso repetir, aqui, os mesmos argumentos apresentados ali. Confira-se. Os **bens afetados** também **não serão imediatamente arrecadados** pela massa. Primeiro, deverão **cumprir a obrigação** que os afetou, para, depois, serem trazidos para o patrimônio da massa. Exemplo comum de patrimônio de afetação ocorre com o **direito real de anticrese**, no qual o bem dado em garantia ficará afetado, em poder do credor, até o cumprimento do pactuado, sendo ele remunerado pelo uso ou fruição do referido bem. Assim, **enquanto não for quitada** a obrigação, o bem ficará afetado, em poder do credor anticrético.

Uma vez **cumprida a obrigação que motivou a afetação**, o administrador judicial **arrecadará o bem**, o que poderá ocasionar uma das seguintes consequências: 1) se houver **crédito em favor da massa**, o administrador judicial buscará a **arrecada-**

ção dele; 2) se houver **crédito contra a massa** falida, o administrador judicial inscreverá o referido crédito na classe própria, **habilitando-o na falência**.

X — Cessa o contrato de mandato

> Art. 120. O mandato conferido pelo devedor, antes da falência, para a realização de negócios, cessará seus efeitos com a decretação da falência, cabendo ao mandatário prestar contas de sua gestão. § 1º O mandato conferido para representação judicial do devedor continua em vigor até que seja expressamente revogado pelo administrador judicial. § 2º Para o falido, cessa o mandato ou comissão que houver recebido antes da falência, salvo os que versem sobre matéria estranha à atividade empresarial.

A **atuação de terceiros**, por meio de mandatos contratados pelo devedor empresário, **cessa**, em consequência da decretação da falência, por causa da própria **inabilitação do falido e da sua incapacidade de gestão patrimonial**. Se o falido não pode praticar atos de administração e de gestão patrimonial, seu procurador também não o poderá fazer, sendo esta uma situação cujos **efeitos** sobre a atuação do falido (agente principal) **alcançarão a atuação do mandatário** (agente acessório).

Os mandatos destinados à **representação judicial**, contudo, deverão **ser mantidos**, até a sua revogação pelo administrador judicial. Isso impedirá que a massa falida fique sem representação processual. O administrador judicial poderá constituir **novos advogados ou manter** os que já estiverem promovendo a defesa do devedor empresário, agora massa falida.

Também **não serão atingidos os mandatos** destinados a **questões particulares** do falido, desde que não alcancem o patrimônio da massa falida, como no caso de mandato para declaração de paternidade junto ao registro público, ou mandatos judiciais para defesa de **interesses personalíssimos** do falido, como o divórcio e a alteração de nome, por exemplo.

Nos casos em que o **falido é o mandatário ou o comissário**, os contratos **cessarão**, salvo se disserem respeito a matérias alheias ao exercício da atividade empresarial. Mais uma vez, a impossibilidade do exercício de atividade empresarial e de administração de seu patrimônio, além da **desconfiança que recai** sobre o falido, recomenda não possa ele gerir interesses alheios, pois vedada a administração de interesses próprios. Assim, seja no mandato, quando age em nome e interesse próprios, seja na comissão, quando atua em nome próprio, mas no interesse do comitente, ambos os **contratos serão extintos**, salvo nos casos de assuntos alheios à atividade empresarial, repita-se.

XI — Cessa o contrato de conta corrente

> Art. 121. As contas correntes com o devedor consideram-se encerradas no momento de decretação da falência, verificando-se o respectivo saldo.

As contas correntes podem ser de **duas espécies**:

1) aquelas **contratadas junto aos bancos**, sendo elas contratos por meio dos quais o banco se obriga a anotar débitos e créditos decorrentes das retiradas e remessas de valores pelo cliente, sempre apurando o saldo final positivo ou negativo. Essas contas correntes serão **encerradas e seu saldo transferido à conta única** da massa falida.

2) aquelas **estabelecidas entre empresas**, visando a **troca** de mercadorias, valores, títulos de crédito, insumos e outros bens, com a finalidade de **evitar a transferência de dinheiro**. Nessa forma de contrato, várias transferências, inclusive heterogêneas (sai mercadoria, entram títulos de crédito, por exemplo), são realizadas entre as empresas, durante um **período predeterminado**. Ao fim do período, apuram-se entradas e saídas, chegando-se a **um saldo**, o qual é **quitado em dinheiro**. Assim, movimentam-se mercadorias e outros ativos entre as contratantes e apenas o saldo final é transferido em dinheiro. Decretada a falência, o contrato de conta corrente **encerra-se imediatamente e o saldo deve ser apurado**. Se houver crédito em favor da massa, ela o cobrará do outro contratante. Se o crédito for apurado em favor do outro contratante, ele deverá habilitá-lo junto à massa falida.

Esquematizando os **contratos especiais**, cujos efeitos são **definidos em lei**:

CONTRATOS DO FALIDO AFETADOS PELA DECRETAÇÃO DA FALÊNCIA		
Contrato	**Efeitos**	**Fundamento (Lei n. 11.101/2005)**
■ Retenção de mercadoria em trânsito	■ Se não foi revendida, fornecedor a retém. ■ Se foi revendida, fornecedor a entrega e habilita-se.	■ Art. 119, inc. I
■ Coisas compostas	■ O credor deve entregar/devolver a parte que estiver com ele, caso queira habilitar-se na falência.	■ Art. 119, inc. II
■ Coisa vendida à prestação	■ O credor não poderá exigir a entrega do bem, mesmo comprovando a quitação. Deverá habilitar-se como quirografário.	■ Art. 119, inc. III
■ Compra com reserva de domínio, alienação fiduciária em garantia e *leasing*	■ O administrador judicial deverá devolver o bem à instituição financeira, caso decida não cumprir o contrato. Se houver saldo, a massa o cobrará.	■ Art. 119, inc. IV
■ Diferença do preço de coisa vendida a termo	■ Se não for entregue a mercadoria: a) e se o preço aumentar, a massa paga ao adquirente; b) e se o preço diminuir, o adquirente paga à massa.	■ Art. 119, inc. V
■ Promessa de compra e venda de bem imóvel	■ Aplica-se a legislação imobiliária: o adquirente paga as prestações e adquire a propriedade plena.	■ Art. 119, inc. VI
■ Contrato de locação	■ Falido locador: a massa recebe os aluguéis e pode vender o imóvel, a qualquer tempo, sem multa, indenização ou direito de preferência. ■ Falido locatário: a massa paga os aluguéis e pode denunciar o contrato, a qualquer tempo, sem multa ou indenização.	■ Art. 119, inc. VII
■ Garantia de compensação a instituição financeira	■ Estando a instituição financeira na posse de créditos futuros do falido, poderá liquidar os títulos, compensar-se e depois remeter o saldo para a massa falida.	■ Art. 119, inc. VIII
■ Bem afetado não entra para a massa	■ Enquanto não cessado o motivo da afetação do bem, ele não será arrecadado pela massa.	■ Art. 119, inc. IX
■ Cessam os contratos de mandato e de comissão	■ Sendo o falido o mandante, cessa o contrato, salvo em mandatos judiciais. ■ Sendo o falido mandatário, extinguem-se o mandato e a comissão, salvo se de objetos estranhos à atividade empresarial.	■ Art. 120
■ Cessa o contrato de conta corrente	■ Conta corrente bancária — encerra-se a conta e o saldo é transferido para a massa. ■ Conta corrente empresarial — cessa o contrato e apura-se o saldo. Se favorável à massa, ela cobrará o valor. Se favorável ao outro contratante, ele se habilita.	■ Art. 121

■ 24.6. MASSA FALIDA

■ 24.6.1. Conceito

A expressão massa falida encontra, em **sentido estrito**, **dois significados** no universo falimentar:

1º) No sentido **objetivo** — refere-se ao **conjunto de bens** que compõem o acervo do falido, advindos, principalmente, da arrecadação. A **massa falida objetiva** é o ativo da empresa, o conjunto de bens e créditos que formarão esse ativo. A referida massa será utilizada para o pagamento dos credores.

2º) No sentido **subjetivo** — refere-se ao **conjunto de credores** do falido. Trata-se da **massa falida subjetiva**, advinda, principalmente, das habilitações de crédito. A massa falida subjetiva é o passivo da empresa, o conjunto de credores que formarão esse passivo.

A expressão "massa falida" indica, em **sentido amplo**, o **conjunto de bens e credores do falido**. É tratada pelo direito como um **ente personificado**, consistente em uma universalidade de fato que durará desde a decretação da falência até o seu encerramento. Esse ente personificado **assume todos os bens e credores** do falido e é administrado e representado pelo administrador judicial.

Assim, a massa falida, ente depersonificado, **sucede o falido** e, gerida e representada pelo administrador judicial, reúne bens e credores do falido, com o fim de, uma vez vendidos os bens e pagos os credores, **encerrar o ciclo de uma empresa**.

Como se realizará esse propósito é o que se passa a estudar, a partir de agora. Esquematizando a abrangência do conceito de massa falida:

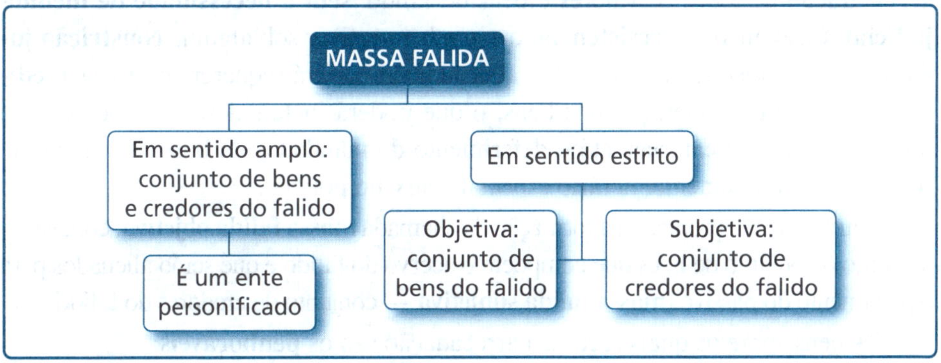

■ 24.6.2. Realização do ativo

A **realização do ativo** será iniciada logo **após a arrecadação dos bens**, com a juntada do respectivo auto de arrecadação ao processo de falência, conforme determina o art. 139, da Lei n. 11.101/2005. O início da **venda dos bens** ocorrerá independentemente da formação do quadro geral de credores. A Lei n. 14.112/2020 estabeleceu **prazo de 180 dias para o administrador proceder à venda dos bens**. Confira-se o novo teor do art. 22, inc. III, alínea "j" da Lei n. 11.101/2020, estabelecendo que é atribuição do administrador judicial na falência: "**proceder à venda** de todos os bens da massa falida no **prazo máximo de 180** (cento e oitenta) dias, **con-**

tado da data da juntada do auto de arrecadação, sob **pena de destituição**, salvo por impossibilidade fundamentada, reconhecida por decisão judicial".

Assim, a massa falida objetiva **será alienada imediatamente**, antes mesmo da identificação da massa falida subjetiva, para **garantir a continuidade** da empresa, que poderá ser transferida rapidamente para outro empresário, que seja capaz de **manter a empresa ativa**, iniciando-se um **novo ciclo** dela.

No estudo dos efeitos quanto aos bens do falido, foram analisadas **todas as formas de arrecadação** dos bens do falido. A arrecadação é a **principal fonte de formação** da massa falida objetiva, e o produto dela será o **objeto da alienação**, pois conformará o ativo da massa. Nos próximos parágrafos, há uma revisão do que é a arrecadação.

A arrecadação corresponde a uma espécie de **penhora ampla, total e irrestrita dos bens do falido**. Considerando que a falência é uma **execução coletiva**, processo para o qual serão atraídos **todos os credores** do falido, deverá abranger **todos os bens dele**, inclusive aqueles já penhorados ou, de alguma forma, apreendidos em outros autos. **Não haverá preferência** do credor que já tenha alcançado a penhora de bens em execução individual sobre qualquer outro credor do falido, mesmo em relação àqueles cujo crédito sequer estivesse vencido. O critério de preferência dos credores, na falência, está bem **definido nos arts. 83, 84, 85 e 86**, da Lei n. 11.101/2005, e não leva em conta o tempo de constituição do crédito, nem a data do seu vencimento, muito menos o ajuizamento de execução individual.

Assim, uma vez decretada a falência, o **administrador judicial promoverá a arrecadação** de todos os valores e bens do falido, **sem a necessidade de medida judicial**. Caso encontre **resistência**, ou se o bem estiver sob alguma **constrição judicial** ou administrativa, o administrador judicial poderá requerer ao juiz as **medidas necessárias** à liberação dos bens, o que poderá incluir desde a expedição de ofícios e cartas precatórias, até o deferimento de mandados de busca e apreensão, sequestro, arrombamento, horário especial e auxílio policial.

A arrecadação propiciará a formação da chamada **massa falida objetiva**, conceituada como o conjunto de bens que compõem o acervo do falido e que serão alienados para o pagamento do passivo (**massa falida subjetiva** — conjunto de credores do falido).

Os bens sobre os quais recairá a arrecadação são os **penhoráveis**:

a) de **propriedade do falido** (os bens imóveis registrados em nome do falido e os móveis que estiverem na sua posse, inclusive a participação em outras sociedades);
b) de **propriedade dos sócios** de responsabilidade **ilimitada**, os quais, nos termos do art. 81, da Lei n. 11.101/2005, tiveram sua falência decretada com a do falido;
c) que estiverem **penhorados** ou de outra forma **apreendidos** em outro processo judicial, ou por determinação administrativa;
d) de **propriedade dos sócios** de responsabilidade **limitada**, caso julgada procedente a ação de **responsabilização** a que se refere o art. 82, da Lei n. 11.101/2005;
e) que, de alguma forma, **retornem ao patrimônio** do falido ou de seus sócios,

em razão de ações revocatórias, declarações de ineficácia, anulatórias, entre outras medidas.

Esquematizando a **origem dos bens** que compõem a massa falida objetiva e que serão o objeto da alienação:

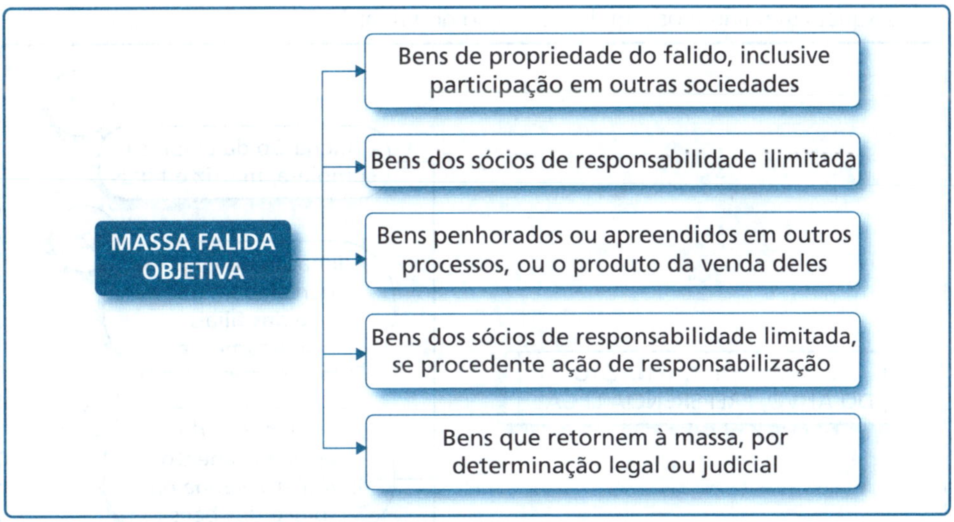

■ 24.6.3. Ordem de preferência na alienação do ativo

A Lei n. 11.101/2005 estabelece uma **ordem de preferência da venda** do ativo. A alienação dos bens que compõem a massa falida objetiva, segundo o art. 140, será realizada de uma das seguintes **formas**, observada a ordem de preferência a seguir:

1ª) Alienação da **empresa completa**, com a venda de **todos os seus estabelecimentos em bloco** — a finalidade aqui é a continuação da empresa e de toda a sua rede, matriz e filiais, porque, assim, o negócio poderá ser **mantido** com toda a sua estrutura empresarial.

2ª) Alienação da **empresa parcelada**, com a venda de suas **filiais ou unidades produtivas isoladamente** — isso permitirá a **continuação** de cada filial ou unidade produtiva, de forma autônoma, com nova administração e novos titulares.

3ª) Alienação **em bloco dos bens** que integram cada um dos estabelecimentos do devedor — o que implica na transferência de todos os bens que compõem o estabelecimento, possibilitando que a empresa tenha **continuidade**, no mesmo ou em outro local. O **estabelecimento** é o conjunto de bens corpóreos e incorpóreos que compõem o acervo da empresa, conforme o art. 1.142, do Código Civil. Tal acervo, caso seja alienado completo a um só comprador, poderá ser utilizado pelo adquirente para dar continuidade à empresa. Por isso, o estabelecimento deve ser **alienado inteiro**, caso não seja possível a venda nas duas modalidades anteriores.

4ª) Alienação dos **bens individualmente** considerados, separadamente — nessa hipótese, torna-se impossível a continuação do funcionamento da empresa. **Esfacela-**

-**se** o estabelecimento, de modo que a empresa fica **materialmente impedida** de permanecer no mercado, pois adquirentes diferentes passarão a titularizar seus equipamentos, ponto, clientela, nome, marca, patentes, entre outros. Essa última modalidade **não atende aos fins** da nova legislação falimentar e desperdiça uma estrutura produtiva ou de circulação de bens e serviços. Por isso, deverá ser evitada.

Esquematizando a ordem de alienação do ativo:

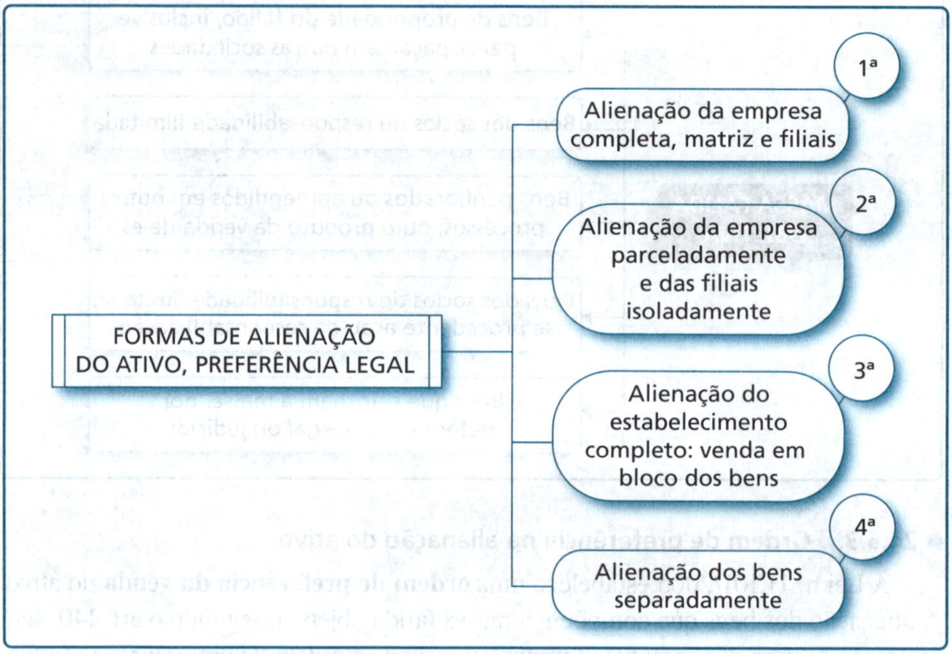

Na alienação conjunta ou separada de ativos, inclusive da empresa ou de suas filiais, segundo as disposições dos arts. 140 e 141, da Lei n. 11.101/2005, devem ser observadas as **seguintes regras**:

1ª) em todas as formas de venda do ativo, a alienação poderá ocorrer de **forma conjunta ou separada**;

2ª) no interesse da massa falida e buscando garantir um valor mais elevado para os bens que a compõem, pode-se adotar **mais de uma forma de alienação**;

3ª) a alienação da empresa terá por objeto o **conjunto de determinados bens** necessários à **operação rentável** da unidade de produção, que poderá compreender a **transferência de contratos específicos**;

4ª) nas transmissões de bens alienados nas formas definidas na Lei n. 11.101/2005, e que dependam de **registro público**, a este servirá como título aquisitivo **suficiente o mandado judicial** respectivo;

5ª) **todos os credores**, observada a ordem de preferência do art. 83, da Lei n. 11.101/2005, **sub-rogam-se no produto** da realização do ativo;

6ª) o **objeto** da alienação estará **livre de qualquer ônus e não haverá sucessão** do arrematante nas obrigações do devedor, **inclusive** as de natureza **tributária**, as derivadas da **legislação do trabalho** e as decorrentes de **acidentes de trabalho**. Essa regra **não se aplica** caso o arrematante seja: a) **sócio** de sociedade falida, ou sociedade controlada pelo falido; b) **parente**, em linha reta ou colateral até o 4º grau, consanguíneo ou afim, do falido ou de sócio da sociedade falida; c) identificado como **agente do falido** com o objetivo de fraudar a sucessão;

7ª) os **empregados do devedor** poderão ser **contratados pelo arrematante**, situação em que serão admitidos mediante **novos contratos** de trabalho e o arrematante **não responderá** por obrigações decorrentes do contrato anterior;

8ª) a alienação, lembrando, será **iniciada imediatamente** após a juntada do auto de arrecadação (total ou parcial) ao processo e ocorrerá **independentemente** da formação do **quadro geral de credores**.

9º) a **alienação** nas modalidades de que trata o art. 142 da Lei n. 11.101/2005 poderá ser realizada com **compartilhamento de custos operacionais** por 2 (duas) ou mais **empresas em situação falimentar** (disposição inserida pela Lei n. 14.112/2020 no § 3º do art. 141 da Lei n. 11.101/2005).

Esquematizando as regras gerais sobre a alienação do ativo:

24.6.4. Modalidades de alienação do ativo

Após a publicação da Lei n. 14.112/2020, os arts. 140 a 145 da Lei n. 11.101/2005 receberam nova redação que, após a exclusão das modalidades de venda por proposta fechada e pregão, estabeleceram **quatro modalidades de alienação do ativo** da massa falida. A lei determina, ainda, ao juiz, sejam **ouvidos o administrador judicial e o Comitê de Credores**, se houver, antes de ordenar a referida alienação, adotando uma das seguintes modalidades:

a) **Leilão eletrônico, presencial ou híbrido**: por lances orais ou eletrônicos, realizado em **sessão pública**, em período, dia, hora e local designados por anúncio publicado com a antecedência legal (5 dias, conforme art. 887, § 1° do CPC). Na data determinada, o ofertante deverá estar **presente**, salvo se adotada a forma eletrônico-virtual, sagrando-se arrematante quem fizer a **maior proposta** para aquisição do bem, observadas as regras do CPC.

A **alienação da bem no leilão** eletrônico, presencial ou híbrido deverá adotar o seguinte procedimento:

1°) em **primeira chamada**, arrematado no mínimo pelo **valor de avaliação** do bem;

2°) em **segunda chamada**, dentro de 15 dias, contados da primeira chamada, arrematado por no mínimo **50% do valor de avaliação**; e

3°) em **terceira chamada**, dentro de 15 dias, contados da segunda chamada, por **qualquer preço**.

b) **processo competitivo organizado**: processo de alienação promovido por **agente especializado** e de **reputação ilibada**, cujo procedimento deverá ser detalhado em relatório anexo ao **plano de realização do ativo** ou ao plano de recuperação judicial, conforme o caso. O processo competitivo dependerá de **aprovação pela assembleia-geral de credores ou do juiz**, considerada a **manifestação do administrador judicial e do Comitê**.

c) **qualquer outra modalidade de alienação, desde que aprovada pela assembleia-geral** de credores. Mais uma vez, a exceção se justifica ante as possibilidades momentâneas que surgem no mercado, a dinâmica do funcionamento da empresa, os interesses dos sócios, credores e até do Estado. Todavia, nessa modalidade de alienação, **é a assembleia-geral de credores quem autoriza** a forma alternativa, e o **juiz apenas a homologa**, sem a necessidade de se ouvirem o administrador judicial e o Comitê.

A modalidade de venda livre, aprovada pela assembleia-geral de credores, está prevista no art. 145 da Lei n. 11.101/2005, com a redação que lhe foi dada pela Lei n. 14.112/2020. O dispositivo autoriza a assembleia-geral de credores a **estabelecer qualquer outra modalidade** de alienação do ativo, sugerindo a possibilidade de: 1) os **credores adjudicarem** os bens alienados na falência; 2) os **credores adquirirem os bens, por meio de constituição de sociedade, de fundo ou de outro veículo de investimento**, com a participação, se necessária, dos atuais sócios do devedor ou de terceiros, ou mediante conversão de dívida em capital. Nesse caso, aplica-se irrestritamente o disposto no art. 141 da Lei n.

11.101/2005 à transferência dos bens à sociedade, ao fundo ou ao veículo de investimento. E, ainda, será considerada **não escrita qualquer restrição convencional** à venda ou à circulação das participações na sociedade, no fundo de investimento ou no referido veículo de investimento.

Caso seja realizada a constituição da sociedade, como forma de alienação do ativo, deverão ser aplicadas, portanto, as regras do art. 141, da Lei n. 11.101/2005, quais sejam: 1ª) **todos os credores se sub-rogam no produto** da realização do ativo; 2ª) o **objeto** da alienação estará **livre de qualquer ônus e não haverá sucessão** da nova sociedade nas obrigações do devedor; e 3ª) os **empregados do devedor** poderão ser **contratados pela nova sociedade**, situação em que serão admitidos mediante **novos contratos** de trabalho e a nova sociedade **não responderá** por obrigações decorrentes do contrato anterior.

d) **qualquer outra modalidade de alienação, desde que aprovada pelo juiz**, considerada a manifestação do administrador judicial e do Comitê de Credores, se existente. Entre as **possíveis formas alternativas** de alienação do ativo, surgem a **continuação do próprio negócio** do falido e a possibilidade de **aquisição ou adjudicação de bens** da massa por credores dele. A Lei n. 11.101/2005 disciplina ambas as matérias: art. 99, inc. XI: "A sentença que decretar a falência do devedor, dentre outras determinações: (...) XI — pronunciar-se-á a respeito da continuação provisória das atividades do falido com o administrador judicial ou da lacração dos estabelecimentos, observado o disposto no art. 109 desta Lei"; art. 111: "O juiz poderá autorizar os credores, de forma individual ou coletiva, em razão dos custos e no interesse da massa falida, a adquirir ou adjudicar, de imediato, os bens arrecadados, pelo valor da avaliação, atendida a regra de classificação e preferência entre eles, ouvido o Comitê".

Nas quatro formas de alienação do ativo, observá-se-ão as seguintes regras:

1) dar-se-á **independentemente de a conjuntura do mercado** no momento da venda ser favorável ou desfavorável, dado o caráter forçado da venda;

2) **independerá da consolidação do quadro geral** de credores;

3) poderá contar com serviços de **terceiros como consultores, corretores e leiloeiros**;

4) deverá **ocorrer no prazo máximo de 180 (cento e oitenta) dias**, contado da data da lavratura do auto de arrecadação, no caso de falência;

5) **não** estará sujeita à aplicação do **conceito de preço vil**;

6) Em qualquer modalidade de alienação, o **Ministério Público e as Fazendas Públicas serão intimados** por meio eletrônico, nos termos da legislação vigente e respeitadas as respectivas prerrogativas funcionais, sob pena de nulidade;

7) **Todas as formas** de alienação de bens realizadas de acordo com esta Lei serão consideradas, para todos os fins e efeitos, **alienações judiciais**.

Esquematizando as **modalidades de alienação** do ativo:

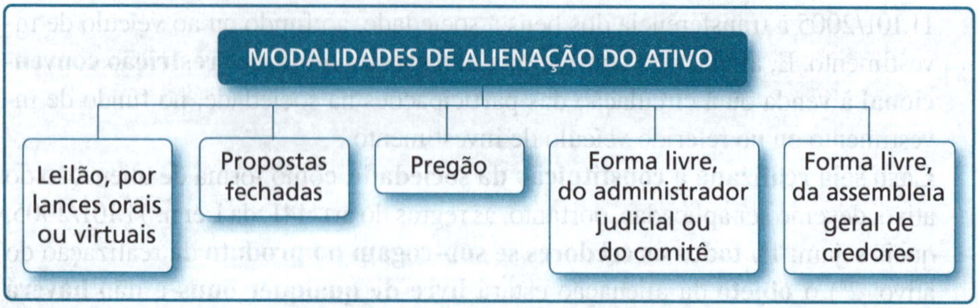
MODALIDADES DE ALIENAÇÃO DO ATIVO
Leilão, por lances orais ou virtuais
Propostas fechadas
Pregão
Forma livre, do administrador judicial ou do comitê
Forma livre, da assembleia geral de credores

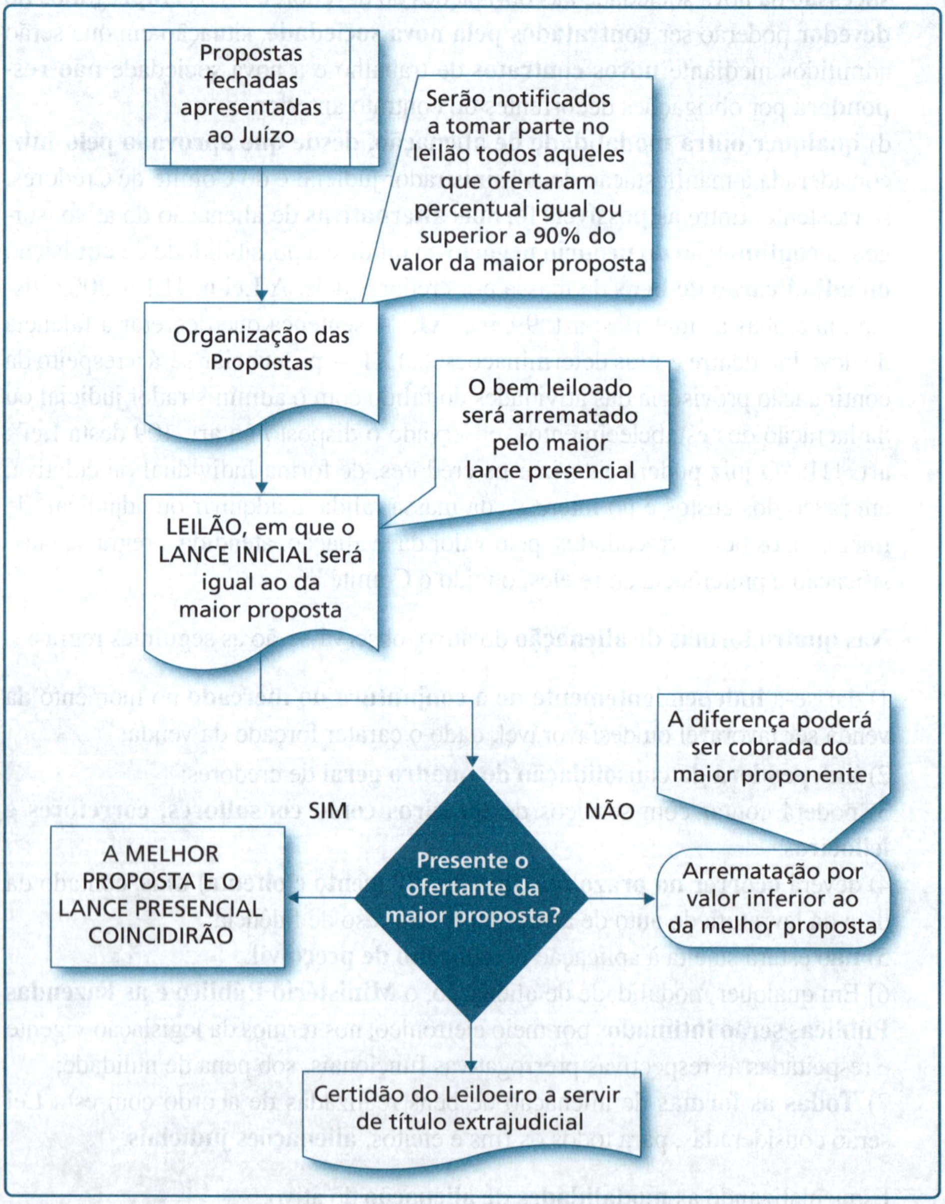
Propostas fechadas apresentadas ao Juízo
Serão notificados a tomar parte no leilão todos aqueles que ofertaram percentual igual ou superior a 90% do valor da maior proposta
Organização das Propostas
O bem leiloado será arrematado pelo maior lance presencial
LEILÃO, em que o LANCE INICIAL será igual ao da maior proposta
A diferença poderá ser cobrada do maior proponente
SIM
NÃO
Presente o ofertante da maior proposta?
A MELHOR PROPOSTA E O LANCE PRESENCIAL COINCIDIRÃO
Arrematação por valor inferior ao da melhor proposta
Certidão do Leiloeiro a servir de título extrajudicial

Nas modalidades de alienação do ativo, segundo as disposições dos arts. 142 e seguintes, da Lei n. 11.101/2005, devem ser observadas, ainda, as **seguintes regras**:

1ª) A alienação do bem dar-se-á, como já visto, pelo **maior valor oferecido, ainda que seja inferior ao valor de avaliação** — a finalidade aqui é dar utilidade o mais rápido possível ao bem alienado, permitindo a continuidade da empresa.

2ª) Em qualquer modalidade de realização do ativo adotada, fica a massa falida **dispensada da apresentação de certidões negativas**, conforme o art. 146, da Lei n. 11.101/2005.

3ª) As **quantias recebidas** a qualquer título serão **imediatamente depositadas em conta remunerada** de instituição financeira, atendidos os requisitos da lei ou das normas de organização judiciária, nos termos do art. 147, da Lei n. 11.101/2005.

4ª) O administrador judicial deverá fazer constar do **relatório mensal** da sua administração (art. 22, III, "p", da Lei n. 11.101/2005) os **valores obtidos** com a realização do ativo, explicitando eventuais pagamentos realizados à conta dos valores arrecadados, nos termos dos arts. 148 e 149, da Lei n. 11.101/2005.

5°) **Frustrada a tentativa de venda dos bens** da massa falida e **não havendo proposta concreta** dos credores para assumi-los, os bens poderão ser **considerados sem valor** de mercado e destinados à doação. Se não houver **interessados na doação**, os bens serão **devolvidos ao falido**.

Poderão ser apresentadas **impugnações à arrematação** por quaisquer **credores, pelo devedor ou pelo Ministério Público**, no prazo de **48 horas** da arrematação, em quaisquer das modalidades de alienação do ativo. Nessa hipótese, os autos da falência serão conclusos ao juiz, que, no prazo de **5 dias, decidirá** sobre as impugnações. Estas são as letras do art. 143, da Lei n. 11.101/2005, e são aplicáveis a **qualquer das modalidades** de alienação anteriormente citadas.

É importante lembrar que o **procedimento de alienação** do ativo poderá ser objeto de **outras impugnações**, desde a publicação dos editais que anunciam a venda dos bens do falido. A razão de ser da publicidade exigida pela Lei n. 11.101/2005 é justamente permitir a todos os interessados a **fiscalização e adoção de medidas**, em face dos procedimentos de venda do ativo.

A **impugnação** à arrematação, até 48 horas após sua efetivação, é a **última forma e momento** de os interessados questionarem a alienação dos bens da massa falida. Os argumentos da impugnação poderão ser fundados **na lei ou nas regras do edital** de venda dos bens.

Se o juiz julgar **procedente a impugnação**, determinará **novo procedimento** de alienação do ativo, corrigindo a falta apontada, cabendo agravo da decisão. Se a julgar **improcedente**, determinará a **entrega do bem ao arrematante**, na forma prevista no edital que divulgou a venda do bem, salvo se, havendo recurso (**agravo de instrumento**, no caso), for conferido **efeito suspensivo** a ele. Nessa hipótese, aguardar-se-á o julgamento do agravo.

A Lei n. 14.112/2020 acrescentou parágrafos ao art. 143 da Lei n. 11.101/2005 para regular **impugnação à arrematação**. O novo texto legal estebeceu:

— Impugnações **baseadas no valor de venda do bem** somente serão recebidas se **acompanhadas de oferta firme do impugnante ou de terceiro** para a aquisição do bem, respeitados os termos do edital, por **valor presente superior ao valor de venda**, e de depósito **caucionário equivalente a 10%** (dez por cento) do valor oferecido.

— A oferta do **firme do impugnante ou de terceiro** vincula o impugnante e o terceiro ofertante como se arrematantes fossem.

— Se houver **mais de uma impugnação** baseada no valor de venda do bem, somente terá seguimento aquela que tiver o **maior valor presente** entre elas.

— A **suscitação infundada de vício** na alienação pelo impugnante será considerada **ato atentatório à dignidade da justiça** e sujeitará o suscitante à **reparação dos prejuízos causados** e às penas previstas no CPC, para comportamentos análogos.

Esquematizando a impugnação à arrematação:

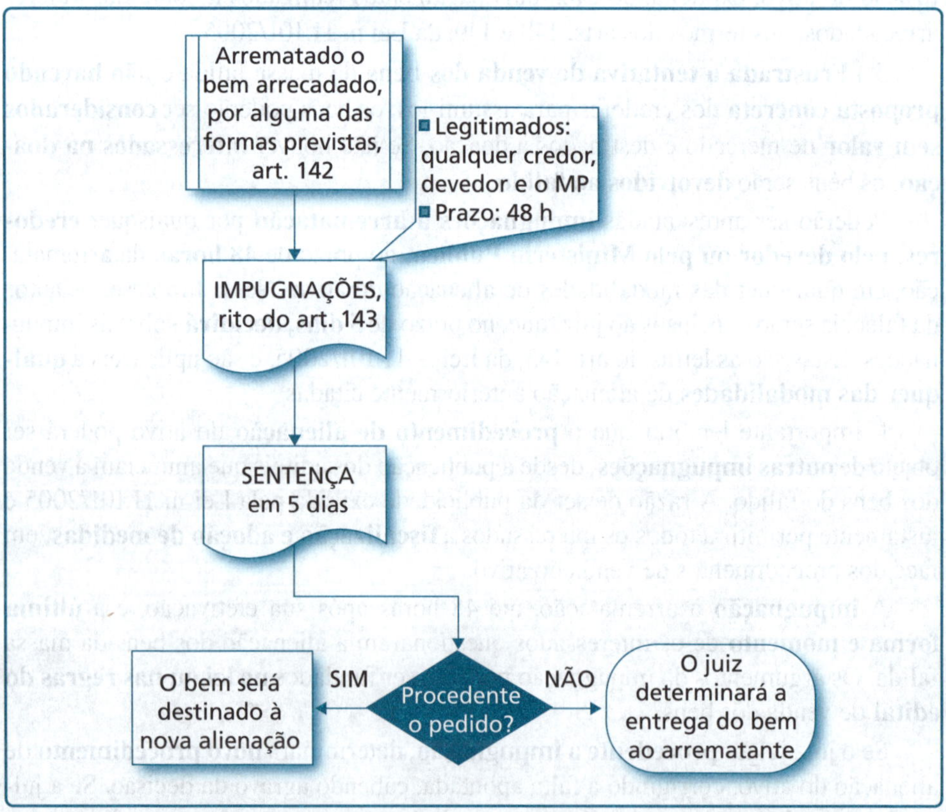

O **montante do valor alcançado** com a alienação da massa falida objetiva, devidamente depositado em conta judicial remunerada, será utilizado para o **pagamento da massa falida subjetiva**. O referido pagamento pode iniciar-se mesmo antes da venda de todo o ativo, respeitando a **ordem de preferência** dos credores. Alienado o ativo, resta agora pagar o passivo e encerrar a falência.

■ 24.6.5. Classificação dos créditos

Ao tratar da **classificação dos créditos habilitados** na falência, aborda-se o conteúdo da **massa falida subjetiva**, ou seja, quem são as **pessoas** que serão pagas na execução coletiva falimentar, que **ordem** será observada para o respectivo pagamento e que **valores** serão efetivamente quitados.

A primeira impressão que se tem sobre o tema é de que o quadro geral de credores será pago **nas forças da massa falida** objetiva, respeitada a ordem de preferência dos créditos, iniciando-se pelos **trabalhistas** e de acidente do trabalho, os mais privilegiados entre todos, até o **subquirografários**.

O raciocínio é correto, todavia parcial. Isso porque, **antes de ser iniciado o pagamento do quadro geral de credores**, outras obrigações deverão ser quitadas. Na verdade, o quadro geral de credores **é o último** dos grupos de credores a ser pago.

Nesse ponto, elucidativo o teor do art. 149, da Lei n. 11.101/2005, o qual determina que: "**Realizadas as restituições**, pagos os **créditos extraconcursais**, na forma do art. 84 desta Lei, e consolidado o **quadro geral de credores**, as importâncias recebidas com a realização do ativo serão destinadas ao pagamento dos credores, atendendo à classificação prevista no art. 83 desta Lei, respeitados os demais dispositivos desta Lei e as decisões judiciais que determinam reserva de importâncias".

O art. 83, da Lei n. 11.101/2005, é justamente aquele que contém o quadro geral de credores. O texto do art. 149 deixa **os credores do art. 83 na última posição** de satisfação dos créditos. **Antes de pagar** o quadro geral de credores, o artigo determina a realização do pagamento de **todas as restituições** (de bens e de dinheiro) e também de **todos os credores extraconcursais**.

Assim, é preciso compreender muito bem a **ordem de classificação dos créditos na falência**, ultrapassando o mito de que é o trabalhador quem recebe primeiro. Todo credor, ao requerer a falência de um empresário, deveria primeiro verificar em que posição está seu crédito, na ordem de classificação dos credores, mesmo que seja um trabalhador. Mais importante do que ver a falência decretada, é **aferir se haverá ativo suficiente** para alcançar a classe do crédito daquele que inicia o feito falimentar.

Observando o que determina o **art. 149 e demais dispositivos correlatos**, da Lei n. 11.101/2005, especialmente após as **alterações implantadas pela Lei n. 14.112/2020**, pode-se estabelecer a **ordem geral de preferência dos créditos na falência**, por grupos, da seguinte forma:

1º) **Restituição de bens** — art. 85: "O **proprietário de bem arrecadado** no processo de falência ou que se encontre em poder do devedor na data da decretação da falência poderá pedir sua restituição. Parágrafo único. Também pode ser pedida a restituição de coisa vendida a crédito e entregue ao devedor nos 15 (quinze) dias anteriores ao requerimento de sua falência, se ainda não alienada".

2º) **Credores extraconcursais** — art. 84: "Serão considerados créditos extraconcursais e serão pagos com precedência sobre os mencionados no art. 83 desta Lei, na ordem a seguir, os relativos a: (...)". Em cinco incisos, o referido artigo enumera os créditos extraconcursais, os quais serão explicitados no tópico próprio. A **Lei n. 14.112/2020 fez muitas alterações nos arts. 83, 84 e 86 da Lei n.11.101/2005**. Dentre as mudanças, estabeleceu a ordem de pagamento dos créditos anteriores ao pagamento do quadro geral de credores concursais, trazendo para o art. 84, tanto as restituições em dinheiro, quanto os **salários atrasados e despesas indispensáveis à administração da falência ou para a continuação do negócio do falido** — art. 151: "Os créditos trabalhistas de natureza estritamente **salarial vencidos nos 3 (três) meses anteriores à decretação da falência, até o limite de 5 (cinco) salários mínimos** por trabalhador, serão pagos tão logo haja disponibilidade em caixa". Art. 150: "As despesas cujo pagamento antecipado seja **indispensável à administração da falência, inclusive na hipótese de continuação provisória** das atividades previstas no inciso XI do *caput* do art. 99 desta Lei, serão pagas pelo administrador judicial com os **recursos disponíveis em caixa**". E o parágrafo único, do art. 86: "As restituições de que trata este artigo somente serão efetuadas após o pagamento previsto no art. 151 desta Lei". Também será paga como credor extraconcursal a restituição de dinheiro — art. 86: "Proceder-se-á à restituição em dinheiro: I — se a coisa não mais existir ao tempo do pedido de restituição, hipótese em que o requerente receberá o valor da avaliação do bem, ou, no caso de ter ocorrido sua venda, o respectivo preço, em ambos os casos no valor atualizado; II — da importância entregue ao devedor, em moeda corrente nacional, decorrente de adiantamento a contrato de câmbio para exportação, na forma do **art. 75, §§ 3º e 4º, da Lei n. 4.728, de 14 de julho de 1965**, desde que o prazo total da operação, inclusive eventuais prorrogações, não exceda o previsto nas normas específicas da autoridade competente; III — dos valores entregues ao devedor pelo contratante de boa-fé na hipótese de revogação ou ineficácia do contrato, conforme disposto no art. 136 desta Lei". E, por fim, dinheiro em poder do falido, do qual ele não tenha a disponibilidade. Incluiu, ainda, os valores devidos ao **financiador da empresa em recuperação** judicial, art. 69-A.

3º) **Quadro geral de credores** — art. 83: "A classificação dos créditos na falência obedece à seguinte ordem: (...)". Em oito incisos, o referido artigo enumera os créditos concursais do falido, os quais serão explicitados no tópico próprio.

Cada um dos grupos de credores será estudado nos tópicos seguintes. É importante anotar que **não existem exceções legais** que autorizem a **inversão da ordem** dos pagamentos.

Há, também, disposição expressa de **perda de rateios anteriores** para credores que não se tenham habilitado no prazo legal e que percam o momento do pagamento da sua categoria. A única forma de **não perder rateios** é promover a **reserva de importância** (reserva de valores) na categoria em que o credor deva se habilitar. Tal hipótese ocorre quando o credor ainda está litigando com o falido e, por isso, não possui título executivo ainda. Realizada a reserva de importância, a categoria seguinte àquela em que se fez a reserva somente será paga depois de aberta conta individual em favor do credor que reservou valores, na qual será depositada a importância que se busca na ação contra o falido.

Esquematizando a ordem de preferência dos pagamentos dos grupos de credores na falência:

ORDEM DE PREFERÊNCIA DOS PAGAMENTOS POR GRUPOS DE CREDORES NA FALÊNCIA			
Ordem de Preferência	**Grupo de Credores**	**Quantidade de Classes**	**Previsão Legal (Lei n. 11.101/2005)**
■ 1º Grupo	■ Restituição de bens	■ Duas	■ Art. 85
■ 2º Grupo	■ Credores extraconcursais	■ Nove	■ Arts. 69-A, 84, 86, 150 e 151
■ 3º Grupo	■ Quadro geral de credores	■ Sete	■ Art. 83

■ 24.6.5.1. *Salários atrasados — créditos prioritários*

Os **salários atrasados** e as **despesas indispensáveis à administração** da falência ou para a **continuação do negócio** do falido serão os **primeiros** créditos a serem pagos com o primeiro dinheiro que estiver à disposição do caixa do falido. São chamados de **créditos prioritários**.

A referida determinação legal está contida em três dispositivos da Lei n. 11.101/2005, os quais, ante a sua objetividade, necessitam ser transcritos. Confira-se:

Salários atrasados — art. 151: "Os créditos trabalhistas de natureza estritamente salarial vencidos nos 3 (três) meses anteriores à decretação da falência, até o limite de 5 (cinco) salários mínimos por trabalhador, serão pagos tão logo haja disponibilidade em caixa".

Despesas indispensáveis à administração da falência ou para a continuação do negócio do falido — art. 150: "As despesas cujo **pagamento antecipado seja indispensável à administração da falência**, inclusive na hipótese de continuação provisória das atividades previstas no inciso XI do *caput* do art. 99 desta Lei, serão pagas pelo administrador judicial com os **recursos disponíveis em caixa**".

A **preferência** desses créditos sobre aqueles com direito à restituição em dinheiro foi reforçada pelo **parágrafo único, do art. 86**: "As restituições de que trata este artigo **somente serão efetuadas após o pagamento previsto no art. 151** desta Lei". O art. **86 trata exatamente das restituições em dinheiro**, todavia deixa evidenciada a preferência dos salários atrasados e das despesas indispensáveis (ou para continuação do negócio) sobre as restituições monetárias.

Entre os **credores de dinheiro**, portanto, os **salários atrasados** dos últimos três meses, limitados a cinco salários mínimos por trabalhador, as **despesas indispensáveis à administração** da falência e as **despesas para a continuação do negócio** do falido são os **mais privilegiados** entre todos os credores do falido. Desse modo, todo e qualquer dinheiro que entrar no caixa da massa falida será destinado, primeiro, ao pagamento dos referidos credores.

Considerando que o art. 151, ao se referir aos **salários atrasados**, utiliza a expressão "serão **pagos tão logo** haja disponibilidade em caixa", enquanto o art. 150 utiliza a expressão "com os **recursos disponíveis** em caixa", a maior parte da doutrina reconhece haver **preferência dos credores de salários** atrasados sobre os credores de despesas administrativas da massa. Esse entendimento, além de parecer mais afinado com a letra da lei, guarda **sintonia** também com a ordem de preferência dos credores extraconcursais e do quadro geral de credores, nos quais as **obrigações trabalhistas preferem** às demais. Assim, deverão ser pagos, tão logo haja disponibilidade de caixa, os salários atrasados e, **somente depois**, as despesas indispensáveis à administração da falência ou para a continuação do negócio do falido, nessa ordem.

Esquematizando a ordem legal de preferência dos créditos prioritários:

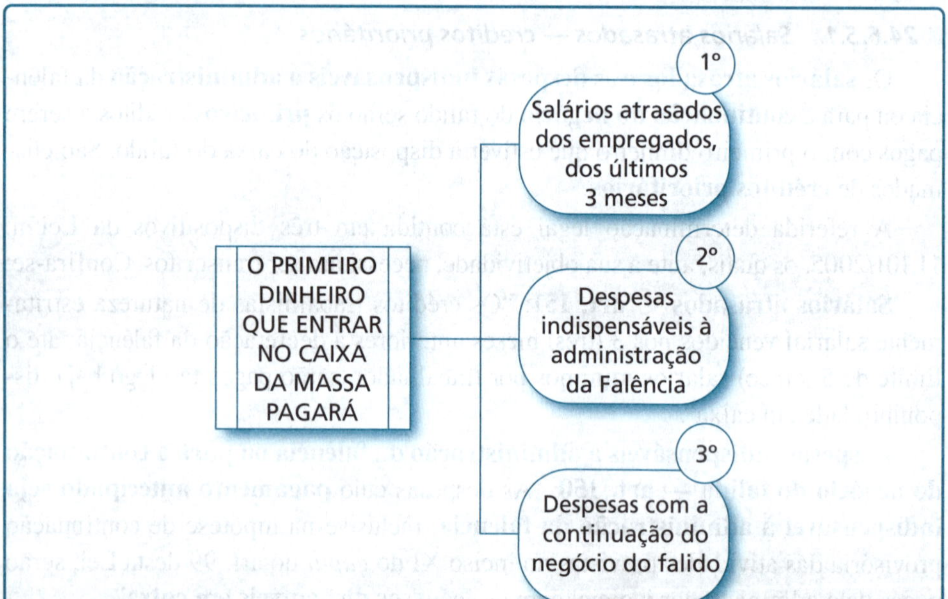

■ *24.6.5.2. Credores extraconcursais*

O art. 84, da Lei n. 11.101/2005, ao estabelecer que os créditos ali elencados seriam pagos **com precedência** sobre os mencionados no art. 83, no qual se encontra o rol dos credores concursais — o quadro geral de credores —, criou um **novo e especial grupo** de credores, os **extraconcursais**, uma vez que se posicionam **fora** do quadro concursal dos credores do falido. Além disso, os credores extraconcursais estão **acima** dos credores concursais.

Com o advento da **Lei n. 14.112/2020, passaram a ser tratados como credores extraconcursais todos aqueles que não estão enquadrados no art. 83**, da Lei n. 11.101/2005, ou seja, que não compõem o quadro geral de credores. Isso mudou radicalmente o conceito e conteúdo dos credores extraconcursais, e a melhor maneira de compreender essa mudança é conceber o conceito em duas dimensões: a) credores extraconcursais **em sentido estrito (concepção anterior à Lei n. 14.112/2020)**; b) credores extraconcursais em **sentido amplo** (**concepção atual**, que engloba os credores extraconcursais em sentido estrito).

Para resguardar o **contexto histórico** de quem seriam os **credores extraconcursais**, podemos conceituar ambos os sentidos do conceito assim:

Em sentido estrito: todos os credores cujo **crédito surgiu após a decretação da falência** (antes chamados encargos e dívidas da massa falida, pelo Decreto-lei n. 7.661/45);

Em sentido amplo: todos os credores **que não estejam enquadros dentre os credores concursais**, aqueles que compõem o quadro geral de credores previsto no art. 83 da Lei n. 11.101/2005.

Para melhor compreensão da **abordagem, pós-Lei n. 14.112/2020**, basta visualizar o art. 84 da Lei n. 11.101/2005, sede dos credores extraconcursais em sentido amplo, como aqueles a englobar:

1°) Os **créditos prioritários** (previstos nos arts. 150 e 151).

2°) Os credores com direito à **restituição** (previstos no art. 86);

3°) Os credores ***extraconcursais, em sentido estrito*** (antiga redação do art. 84).

A **distinção** entre credores concursais e extraconcursais é a mesma que havia na legislação anterior, em que o Decreto-lei n. 7.661/45 distinguia os **credores do falido** e os **credores da massa falida**. No quadro geral de credores do Decreto-lei n. 7.661/45, constavam as **"dívidas" e os "encargos" da massa** falida, credores da massa falida, portanto se posicionavam no centro do referido quadro e eram pagos entre os credores concursais.

Atualmente, os credores **concursais** da Lei n. 11.101/2005 são os mesmos credores **do falido** do Decreto-lei n. 7.661/45. Os **credores da massa falida** (dívidas e encargos da massa) do Decreto-lei n. 7.661/45 são os mesmos credores **extraconcursais** em sentido estrito da Lei n. 11.101/2005.

Os credores extraconcursais em sentido estrito são os credores da massa falida, isto é, são credores que tiveram seu **crédito gerado após a decretação** da falência ou do deferimento da recuperação judicial convolada em falência. Tais credores **não firmaram vínculo obrigacional com o devedor** empresário que faliu, mas **sim com a massa falida**, com o administrador judicial, ou por fato posterior à decretação da quebra.

A justificativa para o privilégio está na **necessidade de funcionamento**, mesmo precário, da massa falida, pois, após a decretação da falência, várias atividades do administrador judicial **demandarão recursos** que financiem a realização do ativo e o pagamento do passivo. **Aqueles que cooperarem** com a necessária atividade da massa falida não podem ser equiparados aos credores do falido, sob pena de a previsível frustração do pagamento **inibir o investimento** nos atos necessários ao encerramento da execução coletiva. Diga-se o mesmo dos **trabalhadores, os quais não laborariam** sob as mesma condições dos empregados do falido.

Credores que prestarem **serviços para a massa** falida, inclusive o próprio administrador judicial, ou que fizerem **negócio com ela**, fornecendo-lhe bens ou valores, terão seus **créditos pagos antes** do quadro geral de credores, previsto no art. 83, da Lei n. 11.101/2005.

> A partir da **Lei n. 14.112/2020**, o art. 84 da Lei n. 11.101/2005 passou a ter a seguinte redação:
> "Serão considerados **créditos extraconcursais e serão pagos com precedência** sobre os mencionados no art. 83 desta Lei, na ordem a seguir, aqueles relativos:
> I — (revogado);
> I-A — às quantias referidas nos **arts. 150 e 151** desta Lei;
> I-B — ao valor efetivamente entregue ao devedor **em recuperação judicial pelo financiador**, em conformidade com o disposto na Seção IV-A do Capítulo III desta Lei;
> I-C — aos créditos **em dinheiro objeto de restituição**, conforme previsto no art. 86 desta Lei;
> I-D — às **remunerações** devidas ao **administrador judicial e aos seus auxiliares**, aos reembolsos devidos a **membros do Comitê** de Credores, e aos créditos derivados da **legislação trabalhista ou decorrentes de acidentes de trabalho** relativos a serviços prestados após a decretação da falência;
> I-E — às obrigações resultantes de **atos jurídicos válidos praticados durante a recuperação judicial**, nos termos do art. 67 desta Lei, ou após a decretação da falência;
> II — às **quantias fornecidas à massa** falida pelos credores;
> III — às despesas com **arrecadação, administração, realização do ativo, distribuição** do seu produto e custas do processo de falência;
> IV — às **custas judiciais** relativas às ações e às execuções em que a massa falida tenha sido vencida;
> V — aos **tributos** relativos a fatos geradores ocorridos **após a decretação** da falência, respeitada a ordem estabelecida no art. 83 desta Lei.
> § 1º As despesas referidas no **inciso I-A** do *caput* deste artigo serão pagas pelo administrador judicial com os **recursos disponíveis em caixa**.
> § 2º O disposto neste artigo não afasta a hipótese prevista no art. 122 desta Lei."

Em resumo, o **art. 84 estabelece a seguinte sequência** de pagamento dos créditos extraconcursais: I — créditos prioritários (arts. 150 e 151); II — créditos do **financiador** da empresa em recuperação judicial (art. 69-A); credores de restituição em dinheiro (art. 86); e, créditos **extraconcursais em sentido estrito** (art. 84, I-D, I-E e de II a V). As preferências estabelecidas no art. 84 **não prevalecem sobre a**

compensação, que tem preferência sobre todos os demais credores, das dívidas do devedor vencidas até o dia da decretação da falência, provenha o vencimento da sentença de falência ou não, obedecidos os requisitos da legislação civil, nos termos do art. 122, da Lei n. 11.101/2005.

O art. 84, da Lei n. 11.101/2005, enumera, em **ordem de preferência, os credores extraconcursais**, que são:

ORDEM DE PREFERÊNCIA DOS CREDORES EXTRACONCURSAIS
Art. 84. Serão considerados créditos extraconcursais e serão pagos com precedência sobre os mencionados no art. 83 desta Lei, na ordem a seguir, aqueles relativos:
I A — às quantias referidas nos **arts. 150 e 151** desta Lei;
I B — ao valor efetivamente entregue ao devedor **em recuperação judicial pelo financiador**, em conformidade com o disposto na Seção IV-A do Capítulo III desta Lei;
I C — aos créditos **em dinheiro objeto de restituição**, conforme previsto no art. 86 desta Lei;
I D — às **remunerações** devidas ao **administrador judicial e aos seus auxiliares**, aos reembolsos devidos a **membros do Comitê** de Credores, e aos créditos derivados da **legislação trabalhista ou decorrentes de acidentes de trabalho** relativos a serviços prestados após a decretação da falência;
I E — às obrigações resultantes de **atos jurídicos válidos praticados durante a recuperação judicial**, nos termos do art. 67 desta Lei, ou após a decretação da falência;
II — quantias fornecidas à massa pelos credores;
III — às despesas com **arrecadação, administração, realização do ativo, distribuição** do seu produto e custas do processo de falência;
IV — custas judiciais relativas às ações e execuções em que a massa falida tenha sido vencida;
V — aos **tributos** relativos a fatos geradores ocorridos **após a decretação** da falência, respeitada a ordem estabelecida no art. 83 desta Lei.

Entre os créditos extraconcursais em sentido estrito constantes da 2ª classe de credores, devem ser considerados aqueles definidos no art. 67, *caput*, da Lei n. 11.101/2005. Confira-se: "Os créditos decorrentes de **obrigações contraídas pelo devedor durante a recuperação judicial**, inclusive aqueles relativos a despesas com fornecedores de bens ou serviços e contratos de mútuo, serão considerados extraconcursais, em caso de decretação de falência, respeitada, no que couber, a ordem estabelecida no art. 83 desta Lei".

A **Lei n. 14.112/2020** criou o instituto do **financiador da empresa em recuperação judicial**, ao inserir os arts. 69-A a 69-E na Lei 11.101/2005. Os valores aportados pelo financiador no devedor, ou grupo de devedores empresários em recuperação, **serão objeto de restituição/pagamento logo após os créditos prioritários**, estando situado na segunda posição dos créditos extraconcursais em sentido amplo. O financiamento deverá **ser autorizado pelo juiz da recuperação**, conferindo ou não garantias ao financiador. E, mesmo que a **decisão autorizativa seja reformada em grau de recurso**, os valores antecipados pelo financiador **não perdem a sua natureza de crédito extraconcursal, nem as eventuais garantias** que lhe tenham sido conferidas.

Sobre o financiador, eis que restou definido em lei:

"Art. 69-A. Durante a **recuperação judicial**, nos termos dos arts. 66 e 67 desta Lei, o **juiz poderá, depois de ouvido o Comitê de Credores, autorizar a celebração de contratos de financiamento** com o devedor, garantidos pela **oneração ou pela alienação fiduciária de bens e direitos**, seus ou de terceiros, pertencentes ao ativo não circulante, para financiar as suas atividades e as despesas de reestruturação ou de preservação do valor de ativos.

Art. 69-B. A **modificação em grau de recurso** da decisão autorizativa da contratação do financiamento **não pode alterar sua natureza extraconcursal**, nos termos do art. 84 desta Lei, **nem as garantias outorgadas** pelo devedor em favor do financiador de boa-fé, caso o desembolso dos recursos já tenha sido efetivado.

Art. 69-C. O **juiz poderá autorizar a constituição de garantia** subordinada sobre um ou mais ativos do devedor em favor do financiador de devedor em recuperação judicial, **dispensando a anuência do detentor da garantia original**.

§ 1º A garantia subordinada, em qualquer hipótese, ficará **limitada ao eventual excesso resultante da alienação do ativo** objeto da garantia original.

§ 2º O disposto no *caput* deste artigo **não se aplica a qualquer modalidade de alienação fiduciária ou de cessão fiduciária.**

Art. 69-D. Caso a recuperação judicial seja **convolada em falência antes da liberação integral** dos valores de que trata esta Seção, o contrato de financiamento será considerado **automaticamente rescindido.**

Parágrafo único. As **garantias constituídas e as preferências serão conservadas até o limite dos valores** efetivamente entregues ao devedor antes da data da sentença que convolar a recuperação judicial em falência.

Art. 69-E. O financiamento de que trata esta Seção **poderá ser realizado por qualquer pessoa**, inclusive credores, sujeitos ou não à recuperação judicial, familiares, sócios e integrantes do grupo do devedor.

Art. 69-F. **Qualquer pessoa ou entidade pode garantir o financiamento** de que trata esta Seção mediante a oneração ou a alienação fiduciária de bens e direitos, inclusive o próprio devedor e os demais integrantes do seu grupo, estejam ou não em recuperação judicial."

Quitados os créditos prioritários dos arts. 150 e 151, restituídos os valores ao **financiador** do art. 69-A, e **realizadas as restituições** em dinheiro, previstas no art. 86, todos da Lei n. 11.101/2005, serão pagos os créditos **extraconcursais em sentido estrito**, caso ainda exista dinheiro disponível no caixa da massa falida. O pagamento deverá respeitar a **ordem de preferência** entre os referidos créditos, já que a classe dos créditos extraconcursais em sentido amplo está subdividida nessas **quatro categorias de credores**, ordenadas de forma preferencial. Somente após a quitação dos créditos extraconcursais é que se inicia o pagamento do quadro geral de credores concursais.

Esquematizando as **quatro categorias da classe dos créditos extraconcursais** na falência:

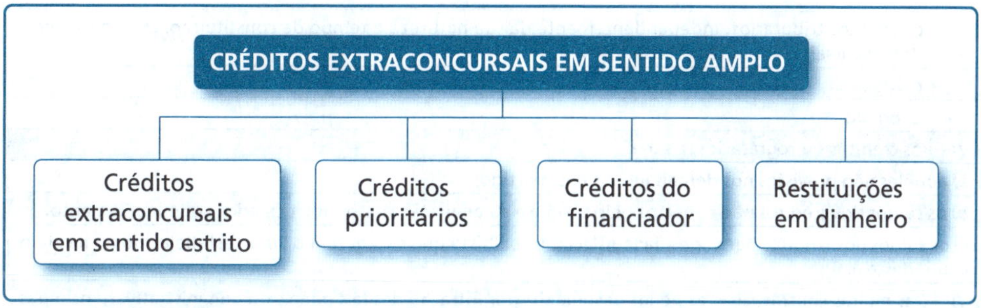

■ 24.6.5.3. *Quadro geral de credores*

Logo **após a quitação dos créditos extraconcursais**, inicia-se o **pagamento dos créditos concursais** do quadro geral de credores. Mais uma vez, os credores estarão ordenados segundo a preferência estabelecida na Lei n. 11.101/2005. O **pagamento de um credor de uma classe pressupõe a quitação de toda** a classe anterior, sob pena de nulidade.

No estudo da **habilitação dos créditos** na falência, foi abordada a necessidade da comprovação da classificação do crédito a ser habilitado. Assim, o credor que queira receber algum valor da massa falida deverá, entre outras comprovações, demonstrar a **qualidade do seu crédito**, isto é, em que **nível de preferência** ele ficará situado. Naquele tópico, foi explicitado o que consta dos próximos dois parágrafos.

A **classificação do crédito** refere-se à **posição que ele ocupará** na ordem preferencial de pagamentos estabelecida pela Lei n. 11.101/2005, ou em **que classe** de credores exercerá seu direito a voto na assembleia geral de credores. As espécies de crédito estão bem definidas no art. 83, da Lei n. 11.101/2005. Desse modo, o credor, ao intentar apresentar sua habilitação, deverá pesquisar em qual dos incisos daquele artigo seu crédito se enquadra. Cada inciso corresponde a uma **espécie de crédito**, bem como fixa o **momento em que o crédito será pago**, ou seja, a ordem de preferência dos pagamentos. Os incisos estão elencados de **forma ordinária**, isto é, do primeiro ao nono incisos estão os credores habilitados da primeira à nona posição preferencial.

A **Lei n. 14.112/2020 fez duas importantes alterações no art. 83** da Lei n. 11.101/2005, no que se refere à **classificação dos créditos** na falência. Primeiro, **agrupou os incisos IV e V no inciso VI**. Assim, os anteriores "**créditos com privilégio especial**" (inciso IV) e "**créditos com privilégio geral**" (inciso V) passaram todos à categoria de "**créditos quirografários**" (inciso VI). Os incisos IV e V foram, portanto, revogados. Além disso, foi **incluído o inciso IX**, para inserir os **juros vencidos após a decretação** da falência.

Confira-se o **esquema do quadro geral de credores**:

CLASSIFICAÇÃO DOS CRÉDITOS NA FALÊNCIA
Art. 83. A classificação dos créditos na falência obedece à seguinte ordem:
I — os créditos derivados da legislação trabalhista, limitados a 150 (cento e cinquenta) salários mínimos por credor, e aqueles decorrentes de acidentes de trabalho;
II — os créditos gravados com direito real de garantia até o limite do valor do bem gravado;

III — os créditos tributários, independentemente da sua natureza e tempo de constituição, exceto os créditos extraconcursais e as multas tributárias[2];
IV — revogado
V — revogado
VI — os créditos quirografários, a saber:
a) aqueles não previstos nos demais incisos deste artigo;
b) os saldos dos créditos não cobertos pelo produto da alienação dos bens vinculados ao seu pagamento;
c) os saldos dos créditos derivados da legislação trabalhista que excederem o limite estabelecido no inc. I do *caput* deste artigo;
VII — as multas contratuais e as penas pecuniárias por infração das leis penais ou administrativas, incluídas as multas tributárias;
VIII — os créditos subordinados, a saber:
a) os previstos em lei ou em contrato;
b) os créditos dos sócios e dos administradores sem vínculo empregatício cuja contratação não tenha observado as condições estritamente comutativas e as práticas de mercado.
IX — os juros vencidos após a decretação da falência, conforme previsto no art. 24 desta Lei.

É possível perceber que o **mesmo crédito** pode ter **dupla classificação**, ou seja, parte dele pertence a uma espécie, enquanto a outra se enquadra em outra categoria. O crédito trabalhista, por exemplo, será enquadrado na categoria dos credores trabalhistas — a primeira — até o montante de 150 salários mínimos, sendo o **excedente**

[2] Em sede de recurso repetitivo (REsp 1524999/SP, *DJe* 22/03/2019), a 1ª Seção no julgamento do tema 969 estabeleceu a tese seguinte: "O encargo do DL n. 1.025/1969 tem as mesmas preferências do crédito tributário, devendo, por isso, ser classificado, na falência, na ordem estabelecida pelo art. 83, III, da Lei n. 11.101/2005". Para fins de aprofundamento da matéria leia-se trecho do Informativo 644: "Nos termos do art. 1º do DL n. 1.025/1969, o encargo de 20% inserido nas cobranças promovidas pela União, pago pelo executado, é recolhido aos cofres públicos como renda da União, sendo que, com o advento da Lei n. 7.711/1988, conforme previsão do parágrafo único do art. 3º, 'será recolhido ao Fundo a que se refere o art. 4º, em subconta especial, destinada a atender a despesa com o programa previsto neste artigo [...]', que é voltado para o incentivo da arrecadação, administrativa ou judicial, de receitas inscritas como Dívida Ativa da União e outras atividades relacionadas. Portanto, o encargo do DL n. 1.025/1969 é crédito não tributário destinado à recomposição das despesas necessárias à arrecadação, à modernização e ao custeio e diversas outras (despesas) pertinentes à atuação judicial da Fazenda Nacional. Não obstante, adequado o seu enquadramento no inciso III do art. 83 da atual Lei de Falências. Importante observar que no crédito tributário a que se refere a lei falimentar, estão incluídos somente a correção monetária e os juros de mora incidentes sobre o tributo devido pelo falido (art. 161 do CTN). Nessa linha e em tese, na falta de previsão legal, admitir que o encargo do DL n. 1.025/1969 seja classificado como crédito tributário poderia implicar violação do princípio do par *conditio creditorum* (igualdade de tratamento dos credores), segundo o qual todos os credores de uma mesma categoria devem ser tratados de forma igualitária (art. 126 da Lei n. 11.101/2005), pois um acréscimo de 20% da dívida cobrada da massa tem impacto na expectativa dos demais credores da mesma estatura (Estados, Distrito Federal, Municípios, autarquias). Entretanto, o § 4º do art. 4º da Lei n. 6.830/1980 dispõe: 'Aplica-se à Dívida Ativa da Fazenda Pública de natureza não tributária o disposto nos arts. 186 e 188 a 192 do Código Tributário Nacional.' Com base nos referidos dispositivos se observa que, por opção do legislador, foi estendida expressamente ao crédito não tributário inscrito em dívida ativa a preferência dada ao crédito tributário, preferência já existente antes da LC n. 118/2005. Assim, se o encargo do mencionado Decreto-lei tem natureza não tributária (Lei n. 7.711/1988), compõe a dívida ativa da Fazenda Nacional (art. 2º, §§ 2º, 5º, II, da Lei n. 6.830/1980) e tem as mesmas preferências do crédito tributário, por força da autorização contida no art. 4º, § 4º, da Lei n. 6.830/1980, pode-se concluir pelo seu enquadramento, por equiparação, no inciso III do art. 83 da Lei n. 11.101/2005. Ademais, caso a questão surja sob a égide do DL n. 7.661/1945, antiga Lei de Falências, com o mesmo raciocínio deve-se-lhe assegurar a classificação pertinente aos créditos tributários, nos termos do art. 186 do CTN, antes da alteração implementada pela LC n. 118/2005".

do referido valor enquadrado na categoria dos quirografários, quarta colocada no *ranking* do quadro geral de credores.

Sobre o quadro geral de credores destacam-se as seguintes regras:

1ª) o credor de **acidente do trabalho recebe** seu crédito **integralmente na primeira** classe de credores do quadro;

2ª) o credor **trabalhista** recebe **apenas 150 salários mínimos** do seu crédito na primeira classe de credores;

3ª) pelo que **superar 150 salários** mínimos, o credor trabalhista receberá seu crédito **na quarta categoria**, como credor quirografário;

4ª) caso o credor **trabalhista ceda seu crédito** a terceiro, o crédito cedido **manterá** a sua natureza (§ 5º, do art. 83, da Lei n. 11.101/2005, após a **reforma operada pela Lei n. 14.112/2020**);

5ª) o credor com **garantia real** receberá, na segunda classe de credores, apenas o crédito correspondente ao **valor do bem gravado**;

6ª) pelo que **superar o valor** do bem gravado, o credor com garantia real receberá seu crédito na quarta categoria, como credor **quirografário**;

7ª) para calcular o **valor do bem gravado**, será considerada a **importância efetivamente arrecadada** com sua venda, ou, no caso de alienação em bloco, o valor de **avaliação do bem individualmente** considerado (§ 1º, do art. 83, da Lei n. 11.101/2005);

8ª) os **créditos tributários** serão pagos segundo determina o **art. 187 do CTN**, o qual estabelece uma ordem de **preferência entre os créditos tributários**, nos seguintes termos: "Art. 187. A cobrança judicial do crédito tributário não é sujeita a concurso de credores ou habilitação em falência, concordata, inventário ou arrolamento. Parágrafo único. O **concurso de preferência** somente se verifica entre pessoas jurídicas de direito público, na seguinte ordem: I — **União**; II — **Estados**, Distrito Federal e Territórios, conjuntamente e pro rata; III — Municípios, conjuntamente e pro rata". Com a criação da "Super-receita Federal", decorrente da unificação da arrecadação federal de tributos, não se aplica mais a concorrência entre o Tesouro Nacional e as Autarquias Federais;

9ª) o credor que tem **direito de retenção** terá que entregar o bem ao administrador judicial, por força do art. 116, inc. I, da Lei n. 11.101/2005, e será classificado como **credor quirografário**;

10ª) os créditos **quirografários têm natureza subsidiária**, uma vez que, não sendo possível o enquadramento de algum credor em uma das classes do quadro geral de credores, será ele tido como quirografário;

11ª) as **cláusulas penais** dos contratos **unilaterais não serão atendidas** se as obrigações neles estipuladas se vencerem em virtude da falência (§ 3º, do art. 83, da Lei n. 11.101/2005);

12ª) as **multas tributárias** excetuadas na terceira serão pagas na **quinta classe de credores**, respeitada a preferência prevista no art. 187, do CTN;

13ª) o **encargo legal dos débitos tributários** não foi excetuado na terceira classe de credores, mas, se for considerado multa, será pago na quinta classe de credores, respeitada a preferência prevista no art. 187, do CTN. Todavia, **o STJ** tem decidido reiteradamente que **o encargo legal tem natureza tributária** e deve ser pago com o crédito tributário, na terceira classe de credores. Esse entendimento não está em sintonia com a finalidade da legislação falimentar, que busca ressarcir os credores dos valores que eles dispenderam ou deixaram de receber, e não acessórios administrativos. Contudo, a letra fria da Lei n. 11.101/2005, **ao não excluir o encargo legal da terceira** categoria de credores, como fez com a multa, permite a interpretação jurisprudencial que se constrói;

14ª) **não são oponíveis à massa** os valores decorrentes de **direito de sócio** ao recebimento de sua parcela do capital social na liquidação da sociedade (§ 2º, do art. 83, da Lei n. 11.101/2005);

15ª) os créditos da **sexta classe** de credores são chamados de **subquirografários**;

16º) segundo o que dispõe o § 6º, do art. 83, inserido pela Lei n. 14.112/2020, para os fins do disposto na Lei n. 11.101/2005, os créditos que disponham de **privilégio especial ou geral em outras normas integrarão a classe dos créditos quirografários.**

Para ter acesso ao quadro geral de credores, todos os interessados tiveram que **habilitar seus créditos, salvo os credores fiscais.** Uma vez consolidado o quadro geral de credores, o administrador judicial poderá iniciar o seu pagamento, caso já tenha quitado os grupos anteriores. Contudo, são necessários **dois cuidados**:

1º) especial atenção aos **pedidos de reserva de importância**, pois o pagamento de uma classe subsequente de credores deve ser precedido da quitação completa da classe anterior e do atendimento aos pedidos de reserva de valor dos credores posicionados nela (tal reserva é realizada por meio de abertura de conta judicial individual em nome do requerente);

2º) verificar a existência de **eventual ação ordinária de retificação** de quadro geral de credores, pois o credor que tiver seu crédito questionado deverá**, caso queira recebê-lo, prestar caução** do mesmo valor do crédito questionado, nos termos do § 2º, do art. 19, da Lei n. 11.101/2005.

Esquematizando o pagamento do quadro geral de credores:

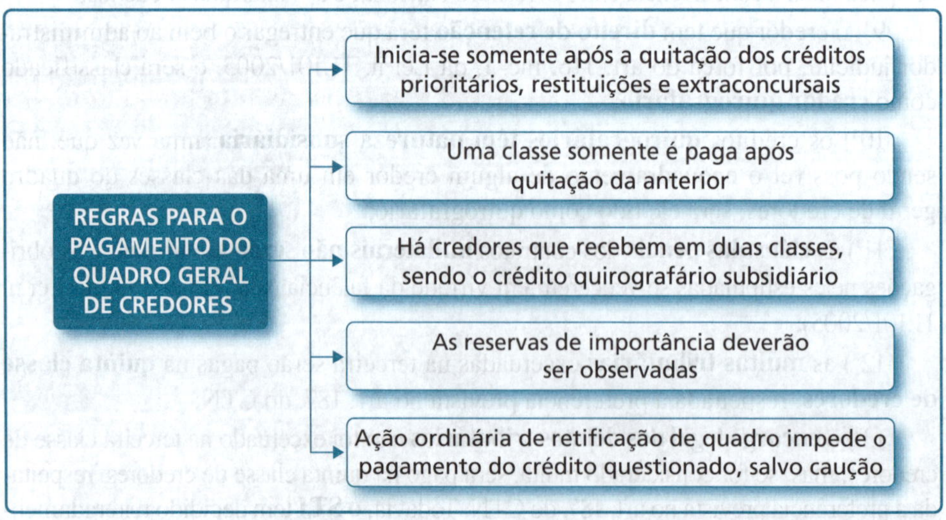

24.6.6. Pedido de restituição

A decretação da falência deverá impor **efeitos sobre todo o patrimônio do falido**, uma vez que a execução coletiva buscará o maior número de bens para satisfazer os créditos habilitados. A **arrecadação**, as **ações de ineficácia e revocatória**, a **ação de responsabilização** de sócios, tudo será utilizado para **trazer bens** para a massa falida objetiva, visando liquidar o passivo.

A Lei n. 11.101/2005, por isso, instrumentaliza o administrador judicial na **busca de bens**, para que seja possível satisfazer os credores do falido. Todavia, a necessidade de arrecadação da maior quantidade possível de bens **não pode ultrapassar o patrimônio** que efetivamente pertença ao falido. Caso algum bem que não pertença ao falido seja arrecadado pelo administrador judicial, o **terceiro prejudicado** não precisará habilitar-se na falência para ver-se restituído do bem. Bastará requerer a **devolução do bem ou de valores** que lhe pertençam, por meio de um pedido de restituição.

Os arts. 85 e 86, da Lei n. 11.101/2005, estabelecem a possibilidade de **pedido de restituição**, efetivado pelo terceiro prejudicado, em razão de **arrecadação indevida** do seu **dinheiro** ou dos seus **bens** na falência.

O pedido de restituição poderá recair sobre bens ou sobre dinheiro indevidamente arrecadados pelo administrador judicial, ou sobre bens que deverão ser devolvidos aos interessados, por força de lei. Assim, o art. 85 refere-se à **restituição de bens**, enquanto o art. 86 refere-se à **restituição de dinheiro**.

São bens que poderão ser **objeto de pedido de restituição** na falência:

1) bem de **propriedade de terceiro** estranho à empresa, arrecadado no processo de falência;

2) bem que **esteja em poder do devedor** na data da decretação da falência, apesar de não lhe pertencer;

3) bem **vendido a crédito** e entregue ao devedor nos 15 (quinze) dias anteriores ao requerimento de sua falência, se **ainda não alienado**.

Poderá ser requerida a **restituição de dinheiro** nas seguintes hipóteses:

1) do valor da **coisa a ser restituída, se não mais existir** ao tempo do pedido de restituição;

2) da **importância** entregue ao devedor, em moeda corrente nacional, decorrente de **adiantamento a contrato de câmbio** para exportação;

3) dos **valores entregues** ao devedor pelo contratante de boa-fé na hipótese de **revogação ou ineficácia** do contrato;

4) dos **tributos passíveis de retenção na fonte**, de descontos de terceiros ou de sub-rogação e a valores recebidos pelos agentes arrecadadores e não recolhidos aos cofres públicos;

5) **dinheiro** em poder do falido, do qual ele **não tenha a disponibilidade**, nos termos da Súmula 417 do STF.

Cada uma dessas hipóteses será mais bem estudada nos próximos tópicos.

Esquematizando os fundamentos para restituição de bens e dinheiro na falência:

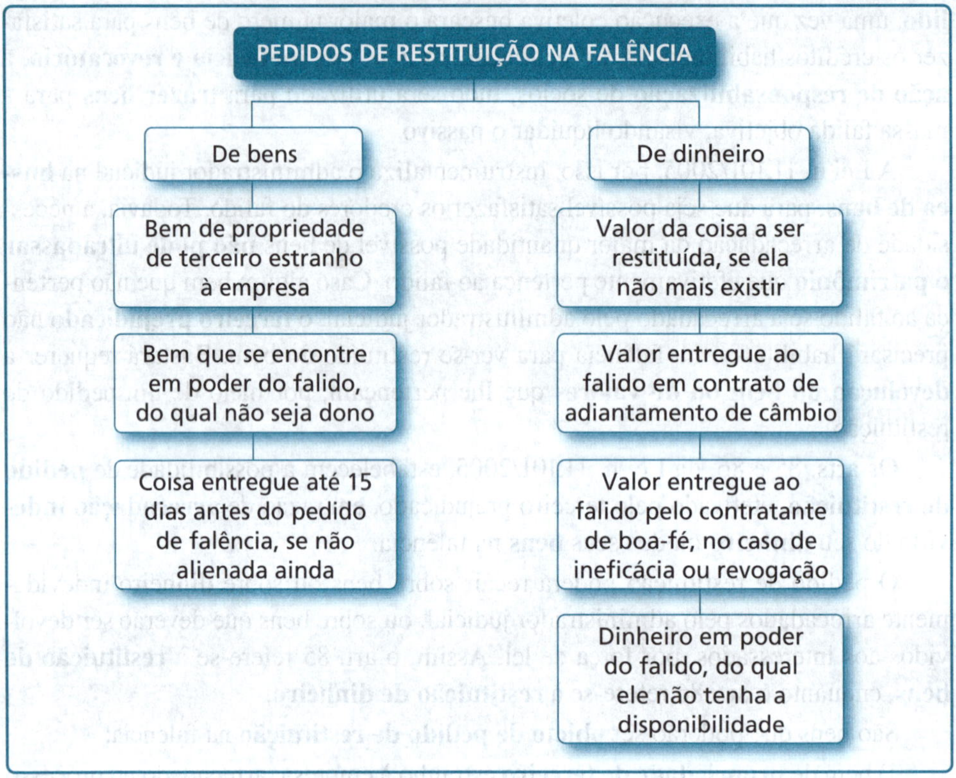

■ *24.6.6.1. De bens*

A **restituição de bens** está regulada no art. 85, da Lei n. 11.101/2005, o qual dispõe que: "O **proprietário de bem arrecadado** no processo de falência ou **que se encontre em poder do devedor** na data da decretação da falência poderá pedir sua restituição. Parágrafo único. Também pode ser pedida a restituição de **coisa vendida a crédito** e entregue ao devedor nos 15 (quinze) dias anteriores ao requerimento de sua falência, se ainda não alienada".

Entre os **poderes do domínio**, está o de **perseguir** a coisa nas mãos de quem indevidamente se aposse dela. O fundamento do pedido de restituição de bens é justamente o reconhecimento do **direito de propriedade do terceiro** prejudicado pela indevida arrecadação do seu bem pela massa falida. Verificada a indevida arrecadação do bem, o prejudicado poderá valer-se do pedido de restituição, o qual deverá ser promovido perante o próprio **juízo falimentar**. A Lei n. 11.101/2005 estabeleceu um **procedimento rápido e desburocratizado** para permitir a rápida devolução do bem, o que será visto mais adiante.

Quanto aos **bens restituíveis**, devem-se observar alguns detalhes:

1) Bem de **propriedade de terceiro estranho** à empresa, arrecadado no processo de falência

A propriedade aqui mencionada **não se restringe à propriedade plena ou alodial**. É possível que o terceiro seja titular de **outros direitos reais sobre os bens** que foram indevidamente arrecadados pela massa falida. É o caso dos bens que sejam objeto de **propriedade fiduciária, de reserva de domínio ou de *leasing***.

Portanto, quem comprovar a **propriedade plena ou relativa** do bem indevidamente arrecadado, poderá pedir-lhe a restituição, sem precisar habilitar-se na falência, nem promover ações dominiais ou possessórias para reaver o seu bem.

Por ocasião do estudo dos efeitos quanto aos contratos do falido, foi destacado o tratamento especial que a Lei n. 11.101/2005 confere aos contratos e bens objeto de **alienação fiduciária em garantia, compra com reserva de domínio e *leasing***. Naquele estudo, destacou-se o que apregoa o art. 119, inc. IV — "o administrador judicial, ouvido o Comitê, **restituirá a coisa móvel** comprada pelo devedor com reserva de domínio do vendedor se resolver não continuar a execução do contrato, exigindo a devolução, nos termos do contrato, dos valores pagos".

As coisas móveis adquiridas à prestação pelo falido, por meio de **contratos de compra com reserva de domínio, alienação fiduciária em garantia ou *leasing***, deverão ser restituídas à instituição financeira credora, caso o administrador judicial decida não cumprir o contrato. A legislação que trata dos referidos contratos prevê a possibilidade de **busca e apreensão, ou reintegração de posse**, na hipótese de inadimplência do adquirente, pois o bem financiado garante o pagamento do débito, permanecendo em nome do credor (no caso do *leasing*), ou deixando de ser transferido até a quitação (no caso da reserva de domínio), ou, ainda, sendo transferido ao credor em garantia (no caso da alienação fiduciária em garantia). A legislação falimentar seguiu a mesma lógica da legislação específica.

Caso a massa falida **não restitua o bem** objeto do contrato, poderá a instituição financeira apresentar **pedido de restituição**. Assim, em lugar de promover a busca e apreensão, ou a reintegração de posse do bem móvel, o credor financeiro pedirá a restituição do bem.

Desse modo, diante dos contratos de compra com reserva de domínio, alienação fiduciária e *leasing*, **duas serão as possibilidades**: a) o administrador judicial **decide cumprir** o contrato, **pagando** as prestações restantes do contrato e **ficando com o bem**; b) o administrador judicial **decide não cumprir** o contrato, **devendo devolver o bem** para a instituição financeira. Caso não devolva, a instituição financeira poderá promover o pedido de **restituição do bem, ou de dinheiro**, se o bem se perdeu ou foi alienado pelo falido.

2) **Bem que se encontre em poder do devedor** na data da decretação da falência, apesar de não lhe pertencer

A presente disposição permite uma discussão mais ampla sobre a possibilidade de restituição de bens na falência. É possível que o **terceiro prejudicado** pela arrecadação do bem pela massa falida **não tenha a propriedade dele**, mas seja o titular da **posse**, tenha direito ao bem **por força de contrato**, ou até possua a mera **detenção** dele. Caso, no momento da decretação da falência, o falido esteja em poder do referido bem, o terceiro poderá requerer a sua restituição, demonstrando que tal **bem não pertence ao falido** e sua arrecadação implicaria enriquecimento ilícito. O terceiro deverá demonstrar o seu **vínculo com**

o referido bem, todavia o fundamento para essa restituição é a prova de que o **falido não é o proprietário** do bem, apesar de tê-lo em seu poder, por ocasião da falência.

3) Bem vendido a crédito e entregue ao devedor nos 15 (quinze) dias anteriores ao requerimento de sua falência, se ainda não alienada

O direito à restituição é uma **extensão do direito de reter mercadoria em trânsito**, todavia, aqui, a mercadoria foi entregue. Ocorre que a lei reconhece a propriedade do fornecedor de **bem não quitado** pela massa, **apesar da tradição** já se ter operado, se: a) a **entrega** do bem se deu **até 15 dias antes do pedido de falência** — o enunciado da Súmula 193, do STF, afirma que o prazo de 15 dias deve contar da efetiva entrega do bem, e não da sua remessa pelo fornecedor; e b) o bem **ainda não foi revendido** pelo falido.

O titular do direito ao pedido de restituição de bem, em quaisquer das suas modalidades, **não pode ser preterido** por qualquer credor do falido, inclusive o fiscal e o trabalhista. Ele retira da massa o bem que lhe pertence, passando longe do concurso de credores.

Esquematizando a **restituição de bens**:

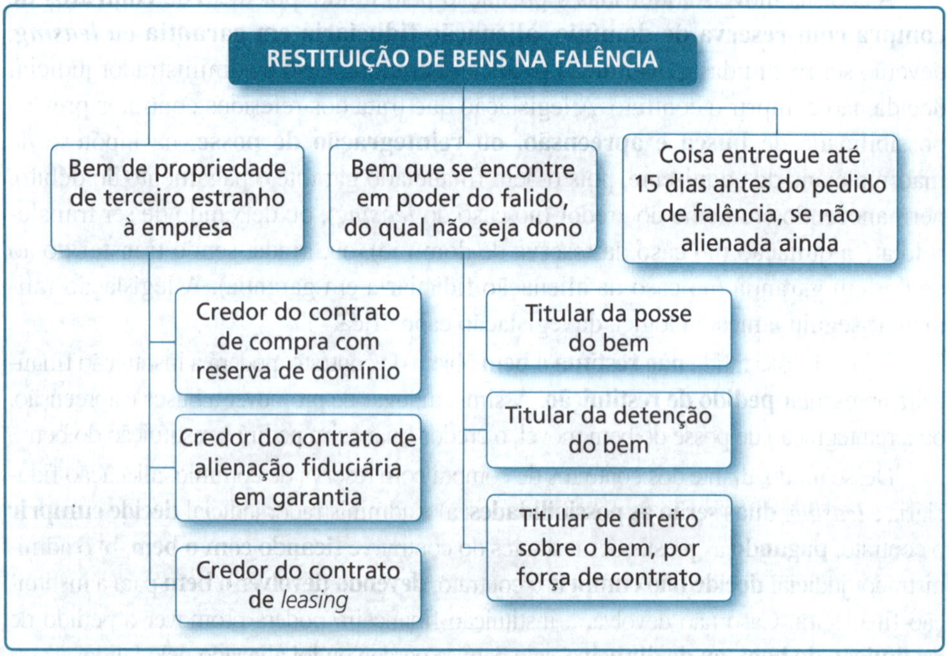

■ *24.6.6.2. De dinheiro*

A **restituição de dinheiro** está disciplinada no art. 86, da Lei n. 11.101/2005, o qual determina: "Proceder-se-á à restituição em dinheiro: I — **se a coisa não mais existir** ao tempo do pedido de restituição, hipótese em que o requerente receberá o valor da avaliação do bem, ou, no caso de ter ocorrido sua venda, o respectivo preço, em ambos os casos no valor atualizado; II — da importância entregue ao devedor, em moeda corrente nacional, decorrente de **adiantamento a contrato de câmbio** para exportação, na forma do **art. 75, §§ 3º e 4º, da Lei n. 4.728, de 14 de julho de 1965**, desde que o prazo total da operação, inclusive eventuais prorrogações, não exceda o previsto nas normas específicas da autoridade competente; III — dos valores entregues ao devedor pelo **contratante de boa-fé** na hipótese de **revogação ou ineficácia** do contrato, conforme disposto no art. 136 desta Lei ; IV — às **Fazendas Públicas**, relativamente a **tributos passíveis de retenção na fonte, de descontos de terceiros ou de sub-rogação e a valores recebidos pelos agentes arrecadadores** e não recolhidos aos cofres públicos". E, por fim, deve ser restituído **dinheiro em poder do falido**, do qual ele **não tenha a disponibilidade.**

Restituídos os bens aos seus titulares (art. 85, da Lei n. 11.101/2005), **pagos os créditos prioritários** (art. 150 e 151, da Lei n. 11.101/2005), e restituídos os valores devidos ao financiador da empresa em recuperação (art. 69-A, da Lei n. 11.101/2005), **inicia-se o pagamento** dos credores com direito à **restituição em dinheiro**, caso ainda exista dinheiro em poder da massa falida.

Quanto ao **dinheiro restituível**, também se deve observar alguns detalhes:

1) Restituição do valor da **coisa a ser restituída, se não mais existir** ao tempo do pedido de restituição

Qualquer dos bens elencados no art. 85, da Lei n. 11.101/2005, poderá ser objeto de pedido de restituição. Se o bem a ser restituído não mais existir, por ocasião do pedido, em razão de **perda, extravio ou venda**, a restituição deverá ser feita em dinheiro e, nessa hipótese, o requerente receberá o **valor de avaliação do bem**, ou, se tiver ocorrido sua **venda, o respectivo preço**, em ambos os casos no valor atualizado. A referida restituição equivale a uma reparação de **perdas e danos** e será aplicada, também, nos casos de inexistência dos bens que forem objeto de contratos de **compra com reserva de domínio, alienação fiduciária em garantia ou *leasing.***

2) Restituição da **importância entregue ao devedor**, em moeda corrente nacional, decorrente de **adiantamento a contrato de câmbio** para exportação

Nesse tipo de contrato, uma instituição financeira **adianta ao empresário**, em moeda nacional, **crédito futuro** dele, o qual será recebido em moeda estrangeira, decorrente de exportação de mercadorias. Quando o **pagamento, em moeda estrangeira**, for efetuado, a entrada do dinheiro **quitará o valor** adiantado pela instituição financeira.

Decretada a falência, a instituição que adiantou (emprestou) o dinheiro ao falido terá direito à **restituição do valor adiantado**, não precisando concorrer com os demais credores pelos valores que entrarão em razão da exportação. A única exigência da Lei n. 11.101/2005 é que o **tempo para o resgate** dos valores, obtidos com a exportação, respeite os **limites máximos** do prazo total da operação, inclusive eventuais prorrogações, não podendo exceder o previsto nas normas específicas da autoridade competente.

3) Restituição dos **valores entregues** ao devedor pelo contratante de boa-fé na hipótese de **revogação ou ineficácia** do contrato

Declarada a ineficácia de um ato, seja por **ação revocatória**, seja por **declaração da ineficácia** do ato, em razão das causas previstas no art. 129, da Lei n. 11.101/2005, o **contratante de boa-fé** poderá requerer a restituição do que entregou ao devedor empresário. Prevê o art. 136: "Reconhecida a ineficácia ou julgada procedente a ação revocatória, as partes retornarão ao estado anterior, e o contratante de boa-fé terá **direito à restituição** dos bens ou valores entregues ao devedor". Não fosse assim, o terceiro de boa-fé experimentaria empobrecimento sem causa, uma vez que a **fraude** que autorizou a retomada do bem pela massa pode ter sido **planejada e executada apenas pelo falido**, ou dele com outro contratante, impondo **real prejuízo** ao terceiro de boa-fé.

4) Dinheiro em poder do falido, do qual ele não tenha a disponibilidade

Essa hipótese foi construída ao longo do tempo, lastreada no **Enunciado 417, da Súmula do STF**, segundo o qual é cabível a restituição em dinheiro quando por **força de lei ou do contrato** retira-se do falido a **disponibilidade** do dinheiro. Em razão disso, estando o falido em poder de dinheiro do qual não tenha a **livre-disponibilidade**, tal numerário **deverá ser entregue a quem a tenha**. Há **três exemplos** mais comuns de restituição em dinheiro, em razão da impossibilidade de disponibilidade dele pelo falido: Imposto de Renda Retido na Fonte; Contribuição Previdenciária laboral retida na fonte pelo empregador; e valores pagos em contratos de Consórcio.

Sobre o contrato de consórcio, já veremos aqui. Os **valores pagos pelos consorciados** ao grupo de consórcio administrado pela falida: nos grupos de consórcio, as mensalidades pagas pelos consorciados formam um fundo específico para aquisição de bens pelos seus membros. O dinheiro pago mensalmente **pertence ao grupo de consorciados**, e não à administradora do consórcio, a qual é remunerada com um percentual das mensalidades pagas, a nominada "**taxa de administração**". Assim, salvo a taxa de administração, os valores do fundo, formado pelo grupo de consórcio, **não se comunicam com o patrimônio da empresa administradora**, de modo que, uma vez decretada a falência dela, todos os consorciados, ainda não contemplados, poderão pedir a restituição das prestações já pagas.

As duas outras hipóteses enquadram-se no inciso IV, do art. 86, da Lei n. 11.101/2005, inserido pela Lei n. 14.112/2020, e serão tratadas no tópico seguinte.

5) Valores devidos às Fazendas Públicas

Os **tributos passíveis de retenção na fonte, de descontos de terceiros ou de sub-rogação e os valores recebidos pelos agentes arrecadadores** e não recolhidos aos cofres públicos **deverão ser entregues aos órgãos arrecadadores**, sem a necessidade de inclusão no quadro geral de credores. Nesse caso, o titular do crédito não se submeterá ao concurso de credores. A **jurisprudência** já havia construído a possibilidade de restituição em tais hipóteses, que agora estão amparadas pelo texto legal. Eis duas das situações amparadas pela Lei:

a) Do **Imposto de Renda retido na fonte** pelo devedor empresário, **dos valores pagos aos seus empregados**. A Receita Federal poderá pedir a restituição de todos os valores que o falido reteve de seus empregados, a título de Imposto de Renda, na fonte de pagamento. É que esse dinheiro pertence aos empregados, inicialmente. Uma vez retido pelo empresário, o Imposto de Renda descontado da remuneração dos empregados deve ser, de imediato, repassado aos cofres públicos, pois o falido é mero depositário dele, não podendo dispor de tal valor. A propriedade desse dinheiro passa ao Fisco, logo após ser descontado do empregado, de modo que ele nunca pertenceu nem pertence ao falido. Esse crédito fiscal será objeto de pedido de restituição.

b) Da **contribuição previdenciária laboral retida na fonte** pelo devedor empresário, dos valores pagos a seus empregados. A Receita Federal e o INSS poderão pedir a restituição de todos os valores que o falido reteve de seus empregados, a título de contribuição previdenciária, na fonte de pagamento. É que este dinheiro pertence aos empregados, inicialmente. Uma vez retida pelo empresário, a Contribuição Previdenciária descontada da remuneração dos empregados deve ser, de imediato, repassada aos cofres públicos, pois o falido é mero depositário dela, não podendo dispor de tal valor. A propriedade desse dinheiro passa à Previdência Social, logo após ser descontado do empregado, de modo que ele nunca pertenceu nem pertence ao falido. Esse crédito fiscal será objeto de pedido de restituição.

Caso **diversos requerentes** tenham de ser satisfeitos em **dinheiro e não existir saldo** suficiente para o pagamento integral das respectivas restituições, far-se-á **rateio proporcional entre eles**.

Esquematizando as restituições em dinheiro com base na **Súmula 417 do STF**, com duas hipóteses amparadas no **inciso IV, do art. 86**, da Lei n. 11.101/2005:

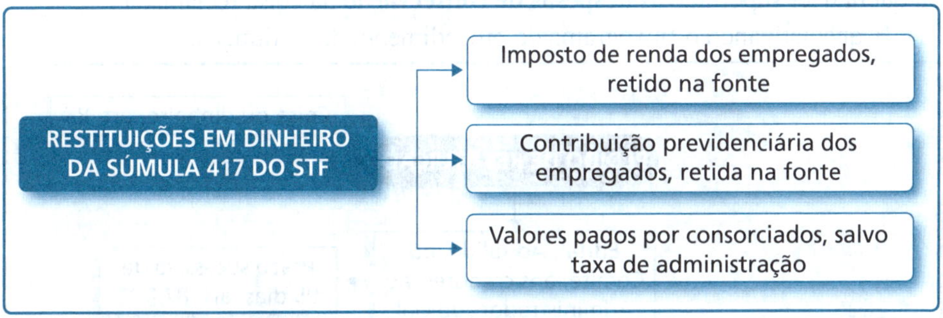

■ 24.6.6.3. *Fluxograma*

Para a **melhor visualização** do procedimento aplicável ao **pedido de restituição**, é necessário conferir, passo a passo, cada uma das suas **etapas**. Dos arts. 87 ao 92, a Lei n. 11.101/2005 disciplina o **procedimento** de restituição da seguinte forma:

1) o interessado apresenta o **pedido de restituição**, o qual deverá ser acompanhado de documentos e fundamentado, além de descrever a coisa reclamada;

2) o juiz mandará **autuar em separado** o requerimento com os documentos que o instruírem;

3) intima-se o **falido**, o qual se manifestará em **5 dias** (sendo contrária a manifestação, será ela tida como contestação);

4) em seguida, intima-se o **Comitê de Credores**, o qual se manifestará em **5 dias** (sendo contrária a manifestação, será ela tida como contestação);

5) depois, intimam-se os **credores** (por meio de edital), os quais se manifestarão em **5 dias** (sendo contrária a manifestação, será ela tida como contestação);

6) por fim, intima-se o **administrador judicial**, o qual se manifestará em **5 dias** (sendo contrária a manifestação, será ela tida como **contestação**);

7) **contestado** o pedido e deferidas as provas porventura requeridas, o juiz designará, se necessária, **audiência de instrução e julgamento**;

8) não havendo provas a realizar, os autos serão conclusos para sentença;

9) a **sentença que reconhecer** o direito do requerente determinará a **entrega da coisa** no prazo de **48 horas**;

10) caso não haja contestação, a massa não será condenada ao pagamento de honorários advocatícios;

11) caso a sentença **negue a restituição**, ela **incluirá o requerente** no quadro geral dos credores, **na classificação** que lhe couber, na forma da Lei n. 11.101/2005;

12) **da sentença** que julgar o pedido de restituição **caberá apelação** sem efeito suspensivo;

13) se o autor do pedido de restituição pretende receber o bem ou a quantia reclamada **antes do trânsito** em julgado da sentença, deverá prestar **caução**;

14) o pedido de restituição **suspende a disponibilidade da coisa** até o trânsito em julgado;

15) o requerente que tiver obtido êxito no seu pedido **ressarcirá a massa** falida ou quem tiver suportado as **despesas de conservação** da coisa reclamada.

Esquematizando o fluxograma do procedimento de restituição:

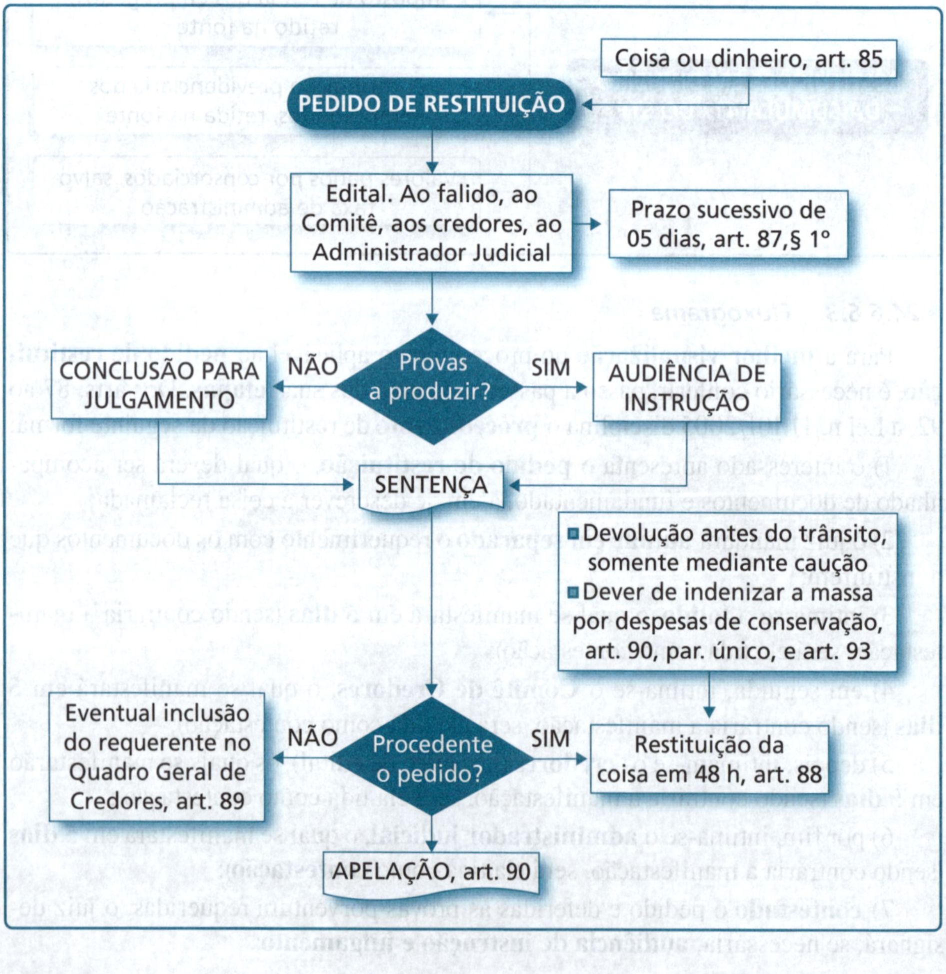

24.6.6.4. *Embargos de terceiro*

Os **embargos de terceiro** são uma **ação autônoma** que visam impedir que bens de pessoa estranha a um processo sejam **indevidamente apreendidos** ali, por qualquer forma de constrição judicial. É muito comum a utilização de tal ação pelo cônjuge que se depara com a apreensão do seu patrimônio para pagamento de dívida do consorte. A referida ação está regulada nos **arts. 674 a 681 do CPC**. O rito prevê a possibilidade de deferimento de **medida liminar**, que impeça a alienação do bem.

Os embargos de terceiro serão utilizados quando **não couber pedido de restituição**, devendo tramitar no **juízo falimentar**, onde serão intimados os mesmos interessados que se manifestam no pedido de restituição: o **falido, o Comitê de Credores, os credores e o administrador judicial**. A sentença desafiará **recurso de apelação, com efeito devolutivo**, seja porque o procedimento prevê a apreciação cautelar do pedido inicial, seja por analogia aos efeitos do referido recurso no pedido de restituição.

As situações em que caberão os embargos de terceiro são aquelas em que a comprovação do direito ao bem demande **prova mais robusta**, necessidade de **contraditório mais elastecido**, **provas mais complexas**. Isso porque o pedido de restituição, por sua celeridade, sempre será mais recomendável e eficaz. Somente em situações muito complexas, do ponto de vista da instrução probatória, ou quando se invoquem direitos fundamentais e uma aplicação mais doutrinária e jurisprudencial do direito, é que se justificará o manejo dos embargos em lugar do pedido de restituição.

Dispõe o art. 93, da Lei n. 11.101/2005: "Nos casos em que **não couber pedido de restituição**, fica resguardado o direito dos credores de propor **embargos de terceiros**, observada a legislação processual civil".

Importante, também, a previsão do art. **675, do CPC**. Confira-se: "Os embargos podem ser opostos a qualquer tempo no processo de conhecimento enquanto não transitada em julgado a sentença e, no cumprimento de sentença ou no processo de execução, até 5 (cinco) dias depois da adjudicação, da alienação por iniciativa particular ou da arrematação, mas sempre antes da assinatura da respectiva carta.".

Esquematizando os embargos de terceiros:

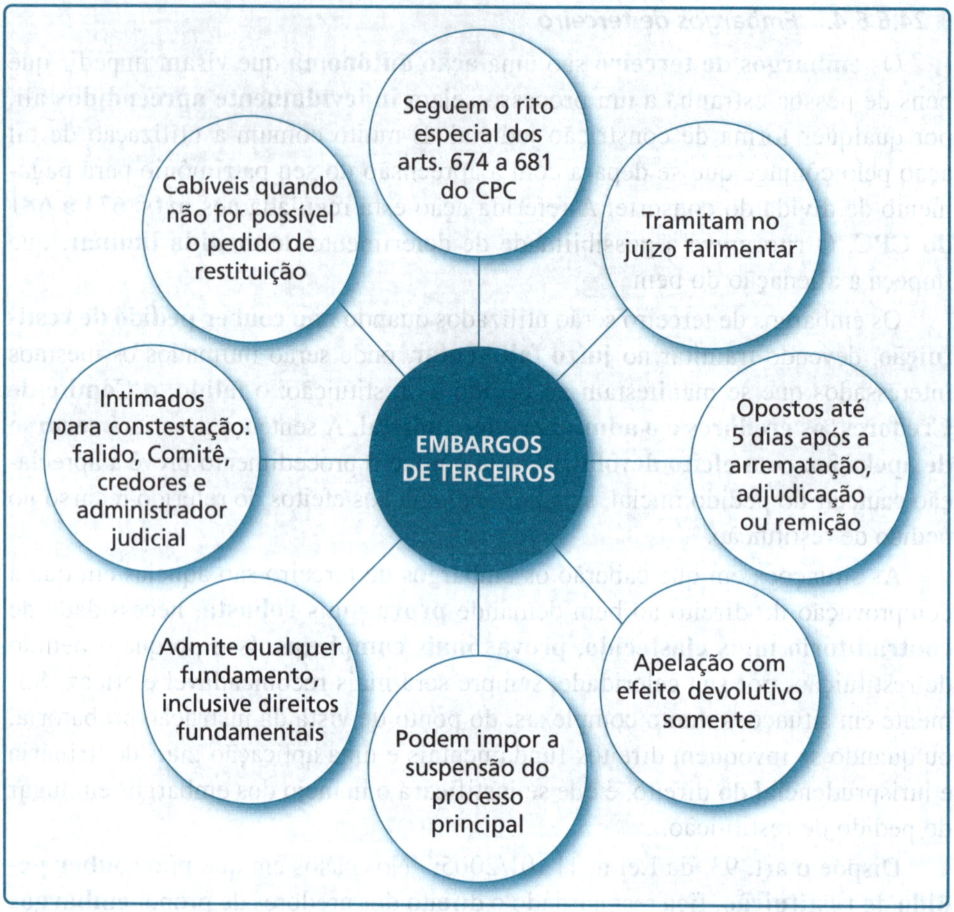

■ 24.6.7. Pagamento aos credores

A **efetivação do pagamento** aos credores deverá ser iniciada logo que **entrar dinheiro** no caixa da massa falida. Toda a massa de credores estará aguardando o pagamento de seus créditos. A Lei n. 11.101/2005 define claramente a **ordem de preferência dos pagamentos**. A finalidade dessa definição objetiva é promover o **rápido pagamento** das classes de credores.

O pagamento respeitará **estritamente a ordem de preferência** dos **grupos e classes** de credores. Deste modo, o pagamento do segundo grupo somente se dará após a quitação do primeiro. O pagamento da terceira classe somente será realizado após a quitação da segunda. Todos os credores de cada classe receberão, em conjunto, todo o seu crédito ou o rateio proporcional. É necessário que o credor que intente receber o seu crédito **já esteja habilitado** para que possa recebê-lo. Se não estiver habilitado, **perderá a chance** de receber seu crédito na classe própria, salvo se requerer a **reserva de importância** nos autos da falência.

A única forma de **não perder rateios** é promover a **reserva de importância** (reserva de valores) na classe em que o credor deva se habilitar. Tal hipótese ocorre quando o **credor ainda está litigando com o falido** e, por isso, não possui título executivo ainda. Realizada a reserva de importância, a categoria seguinte àquela em que se fez a reserva somente será paga depois de aberta **conta individual em favor do credor que reservou** valores, na qual será depositada a importância que se busca na ação contra o falido.

O valor ficará **reservado até o deslinde da demanda** contra o falido. Caso o credor seja vitorioso, receberá o valor que lhe foi reservado. Se perder a demanda ou obtiver ganho parcial, o valor reservado, ou parte dele, **será devolvido para a conta** da massa e será utilizado nos pagamentos remanescentes, em **rateios suplementares**. Tal previsão encontra-se no § 1º, do art. 149, da Lei n. 11.101/2005, nos seguintes termos: "Havendo reserva de importâncias, os valores a ela relativos ficarão depositados até o julgamento definitivo do crédito e, no caso de não ser este finalmente reconhecido, no todo ou em parte, os recursos depositados serão objeto de rateio suplementar entre os credores remanescentes".

Determinado o pagamento de uma classe, o **juiz fixará um prazo** para que os credores procedam ao **levantamento** dos alvarás. Caso alguns credores não promovam o levantamento dos valores que lhes são devidos, serão **intimados a fazê-lo em um prazo de 60 dias**. Se ainda assim restarem alvarás sem levantamento, findo o prazo, o valor não levantado **será devolvido para a conta** da massa e será utilizado nos pagamentos remanescentes, em **rateios suplementares**. Esta é a previsão do § 2º, do art. 149, da Lei n. 11.101/2005, nos seguintes termos: "Os credores que não procederem, no prazo fixado pelo juiz, ao levantamento dos valores que lhes couberam em rateio serão intimados a fazê-lo no prazo de 60 (sessenta) dias, após o qual os recursos serão objeto de rateio suplementar entre os credores remanescentes".

O art. 149, *caput*, da Lei n. 11.101/2005, disciplina, sinteticamente, o **procedimento de pagamento dos credores** do falido. Assim dispõe: "Realizadas **as restituições**, pagos os **créditos extraconcursais**, na forma do art. 84 desta Lei, e **consolidado o quadro geral de credores**, as importâncias recebidas com a realização do ativo serão **destinadas ao pagamento dos credores**, atendendo à classificação prevista no art. 83 desta Lei, respeitados os demais dispositivos desta Lei e as decisões judiciais que determinam reserva de importâncias". Destaque-se, somente, que, após a publicação da Lei n. 14.112/2020, a realização das **restituições dar-se-á dentre os pagamentos dos créditos extraconcursais**.

Para atender ao que dispõe o referido artigo, com a redação dada pela Lei n. 14.112/2020 serão pagos os **grupos de credores** na seguinte ordem: 1º) **restituição de bens**; 2º) **créditos prioritários**; 3º) **valores devidos ao financiador** da recuperação de empresa; 4º) **restituição de dinheiro**; 5º) **credores extraconcursais em sentido estrito**; 6º) **credores concursais** — quadro geral de credores; 7º) **credores subconcursais**. Cada um dos **grupos está subdividido em classes**, em ordem de preferência. **Depois de quitados** todos os credores, serão pagos dois créditos que denominamos subconcursais: a) **variação cambial** posterior à decretação da falência, caso haja prejuízo ao credor de moeda estrangeira; b) eventual **saldo final**, o qual será entregue ao falido, conforme o art. 153, da Lei n. 11.101/2005.

Esquematizando. O pagamento aos credores seguirá, **estritamente, a seguinte ordem**:

ORDEM	GRUPO	CLASSE	FUNDAMENTO (LEI N. 11.101/2005)
1º	■ Restituição de bens	■ Proprietário de bem arrecadado	■ Art. 85
2º	■ Restituição de bens	■ Coisa entregue ao devedor até 15 dias antes do requerimento de falência, não revendida ainda	■ Parágrafo único, do art. 85
3º	■ Crédito prioritário	■ Salários atrasados dos últimos 3 meses, limitados a 5 salários mínimos por empregado	■ Art. 151
4º	■ Crédito prioritário	■ Despesas indispensáveis à administração da falência	■ Art. 150
5º	■ Crédito prioritário	■ Despesas para continuação provisória do negócio do falido	■ Art. 150
6º	■ Restituição de dinheiro	■ Do valor emprestado pelo financiador de empresa em recuperação	■ Art. 69-A
7º	■ Restituição de dinheiro	■ Se a coisa não mais existir ao tempo do pedido de restituição	■ Art. 86, inc. I
8º	■ Restituição de dinheiro	■ Do valor decorrente de adiantamento a contrato de câmbio para exportação	■ Art. 86, inc. II
9º	■ Restituição de dinheiro	■ Valores pagos pelo contratante de boa-fé, se houver revogação ou ineficácia do contrato	■ Art. 86, inc. III
10º	■ Restituição de dinheiro	■ Tributos passíveis de retenção na fonte devidos às Fazendas Públicas	■ Art. 86, inc. IV
11º	■ Restituição de dinheiro	■ Dinheiro em poder do falido, do qual ele não tenha a disponibilidade	■ Súmula 417 do STF
12º	■ Extraconcursal estrito	■ Despesas de serviços prestados à massa, após a decretação da falência: remunerações	■ Art. 84, inc. I
13º	■ Extraconcursal estrito	■ Quantias fornecidas à massa pelos credores	■ Art. 84, inc. II
14º	■ Extraconcursal estrito	■ Despesas para arrecadação, administração, liquidação e custas do processo de falência	■ Art. 84, inc. III
15º	■ Extraconcursal estrito	■ Custas judiciais de processos em que a massa falida tenha sido vencida	■ Art. 84, inc. IV
16º	■ Extraconcursal estrito	■ Tributos gerados após a falência	■ Art. 84, inc. V
17º	■ Concursal	■ Créditos de acidente do trabalho e créditos trabalhistas até 150 salários mínimos	■ Art. 83, inc. I
18º	■ Concursal	■ Créditos com garantia real até o valor do bem gravado	■ Art. 83, inc. II
19º	■ Concursal	■ Créditos tributários: 1º — União	■ Art. 83, inc. III; art. 187, do CTN
20º	■ Concursal	■ Créditos tributários: 2º — Estados	■ Art. 83, inc. III; art. 187, do CTN

21º	■ Concursal	■ Créditos tributários: 3º — Municípios	■ Art. 83, inc. III; art. 187, do CTN
22º	■ Concursal	■ Créditos quirografários	■ Art. 83, inc. VI
23º	■ Concursal	■ Multas contratuais e administrativas	■ Art. 83, inc. VII
24º	■ Concursal	■ Créditos subordinados	■ Art. 83, inc. VIII
25º	■ Concursal	■ Juros vencidos após a decretação da falência, na forma do art. 124	■ Art. 83, inc. IX
26º	■ Subconcursal	■ Diferença do valor da dívida em moeda estrangeira convertida para a nacional	
27º	■ Subconcursal	■ Eventual saldo final entregue ao falido	■ Art. 153

O **pagamento do passivo** poderá ser **interrompido** em qualquer das classes de credores, desde que se **esgote o ativo**. Geralmente, na falência, o ativo não é suficiente para a quitação do passivo, por isso o pagamento **cessará em alguma das classes** de credores, quando os valores arrecadados mostrarem-se insuficientes para quitá-la.

É no momento dessa insuficiência que surgem os **credores concorrentes**, que são aqueles credores, da mesma classe, que **concorrerão ao rateio do valor remanescente insuficiente** para quitação total de seus créditos. Assim, teremos diversos credores que serão satisfeitos na falência, e diversos outros que não o serão. Além deles, teremos os credores que serão **satisfeitos parcialmente**, os quais são denominados credores concorrentes, justamente por concorrerem ao rateio do saldo remanescente da massa falida objetiva, sendo eles **os últimos credores a receberem** antes do encerramento da falência.

Por fim, caso algum **credor** tenha **constituído seu crédito, ou eventual garantia**, com **dolo ou má-fé**, deverá **restituir em dobro as quantias recebidas**, à massa falida, acrescidas da correção monetária e dos juros legais, nos termos do art. 152, da Lei n. 11.101/2005. Nesse caso, os valores serão depositados na conta da massa e serão utilizados nos pagamentos remanescentes, em rateios suplementares.

■ 24.7. PRESTAÇÃO DE CONTAS

Cessados os pagamentos, após a realização de todo o ativo e distribuição do seu produto entre os credores, respeitada a ordem de preferência, o administrador judicial que **tiver movimentado valores** pertencentes à massa falida apresentará sua **prestação de contas** ao juiz, no prazo de **30 dias**. É o que prevê o art. 154, da Lei n. 11.101/2005. Caso o administrador judicial **não tenha movimentado dinheiro** da massa falida, o juiz poderá **dispensar** a apresentação de contas.

A prestação de contas será apresentada em **autos apartados** do processo falimentar, bem como acompanhada dos documentos comprobatórios das despesas realizadas pelo administrador judicial durante o processo de falência. Apresentadas as contas, o juiz ordenará a publicação de **edital avisando** que as contas foram entregues e que estão à disposição dos interessados, os quais poderão **impugná-las no prazo de 10 dias**.

Após o **esgotamento** do prazo de 10 dias, contados da publicação do aviso, o juiz determinará a realização das **diligências** eventualmente necessárias à apuração de fatos constantes das contas apresentadas. Realizadas as diligências, o **Ministério Público** será intimado para **manifestar-se em 5 dias**. Esgotado este último prazo, caso haja alguma **impugnação** de interessados ou parecer contrário do Ministério Público, o **administrador judicial** será ouvido.

Cumpridos os procedimentos constantes dos parágrafos anteriores, o processo será concluso para sentença. A **sentença** poderá: a) **aprovar as contas**, o que levará à apresentação do relatório final pelo administrador judicial e o encerramento da falência; b) **rejeitar as contas**, situação em que o juiz **fixará as responsabilidades** do administrador judicial, podendo determinar a **indisponibilidade ou o sequestro de bens** dele, e a sentença servirá como **título executivo** para indenização da massa. Seja qual for a definição da sentença, o recurso cabível será o de **apelação**.

Caso as contas **sejam rejeitadas**, o administrador judicial não terá direito à remuneração (art. 24, § 4º, da Lei n. 11.101/2005), devendo **devolver à massa** os valores que lhe foram antecipados e o que estiver depositado em conta judicial a seu favor, os 40% que ficam bloqueados para serem liberados após o relatório final (art. 24, § 2º, da Lei n. 11.101/2005). Além disso, na sentença que rejeitar as contas, o juiz condenará o administrador judicial a **ressarcir** a massa falida dos danos causados, fixando as suas **responsabilidades**, podendo bloquear os seus bens. Tais medidas trarão novos valores para a massa falida objetiva, valores que serão utilizados para **remunerar o novo administrador judicial**, e o restante **será devolvido para a conta** da massa e será utilizado nos pagamentos remanescentes, em **rateios suplementares**.

O administrador judicial que teve suas **contas rejeitadas será destituído e substituído** por outro. A necessidade de **indicação de novo administrador** judicial para elaborar o relatório final e tomar as medidas últimas do processo falimentar, está disciplinada no art. 23, parágrafo único, da Lei n. 11.101/2005, que dispõe: "O administrador judicial que não apresentar, no prazo estabelecido, suas contas ou qualquer dos relatórios previstos nesta Lei será intimado pessoalmente a fazê-lo no prazo de 5 (cinco) dias, sob pena de desobediência. Parágrafo único. Decorrido o prazo do *caput* deste artigo, o juiz **destituirá o administrador judicial e nomeará substituto para elaborar relatórios** ou organizar as contas, explicitando as responsabilidades de seu antecessor".

Deverá ocorrer **prestação de contas**, também, nas hipóteses do art. 22, III, *r*, da Lei n. 11.101/2005, isto é, o administrador judicial deverá "prestar contas ao final do processo, quando for **substituído, destituído ou renunciar** ao cargo".

Durante todo o processo de falência, caso o administrador precise movimentar dinheiro pertencente à massa falida, poderá ele apresentar **prestações de contas parciais**. Assim, à medida que for utilizando recursos da massa, já poderá comprovar o destino do dinheiro paulatinamente, o que facilitará a prestação final de contas, especialmente naquelas falências que duram décadas. Tal alternativa também servirá para o momento em que o administrador judicial verificar que **não mais utilizará recursos** da massa falida.

É oportuno lembrar que, se **não houver movimentação de dinheiro da massa** pelo administrador judicial, **não será necessária a prestação de contas**, situação em que, após declarada pelo juiz a desnecessidade da prestação de contas, o administrador judicial apresentará, de pronto, o seu **relatório final**. Normalmente, o representante do **Ministério Público não concorda** com a supressão da prestação de contas, por entender que os credores e demais interessados devem ter **a oportunidade de avaliar e, caso necessário, impugnar os atos do administrador judicial** durante o processo de falência, o que não pode ser feito após a apresentação do relatório final.

Esquematizando os resultados cabíveis na sentença de prestação de contas:

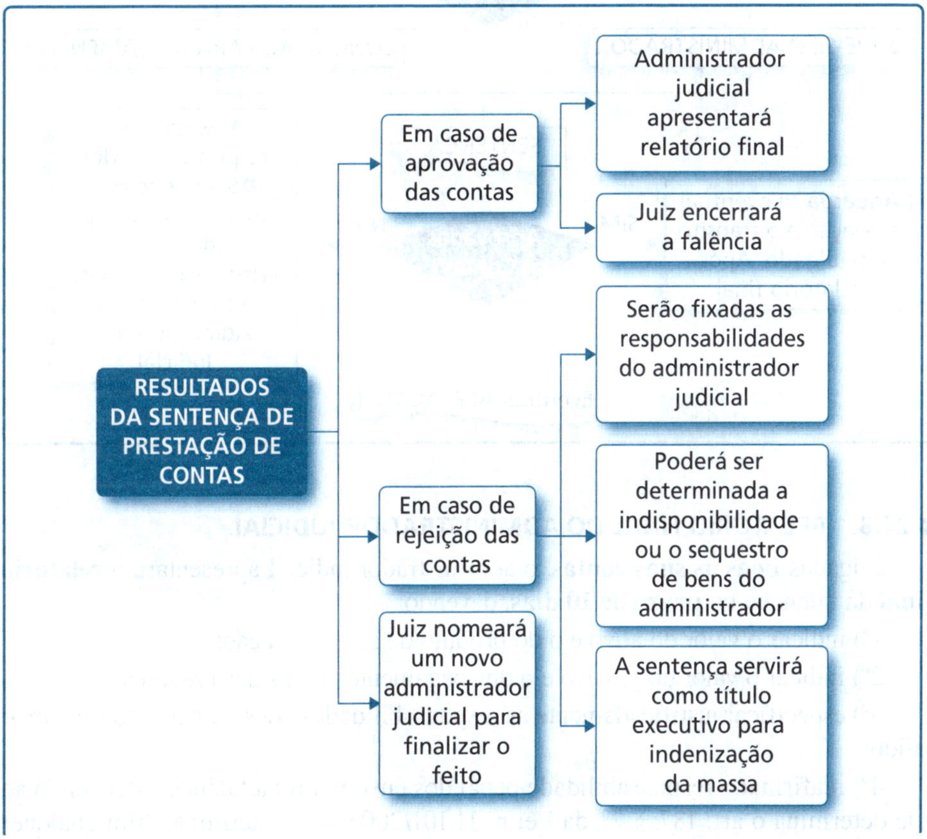

■ 24.7.1. Fluxograma — procedimento de prestação de contas

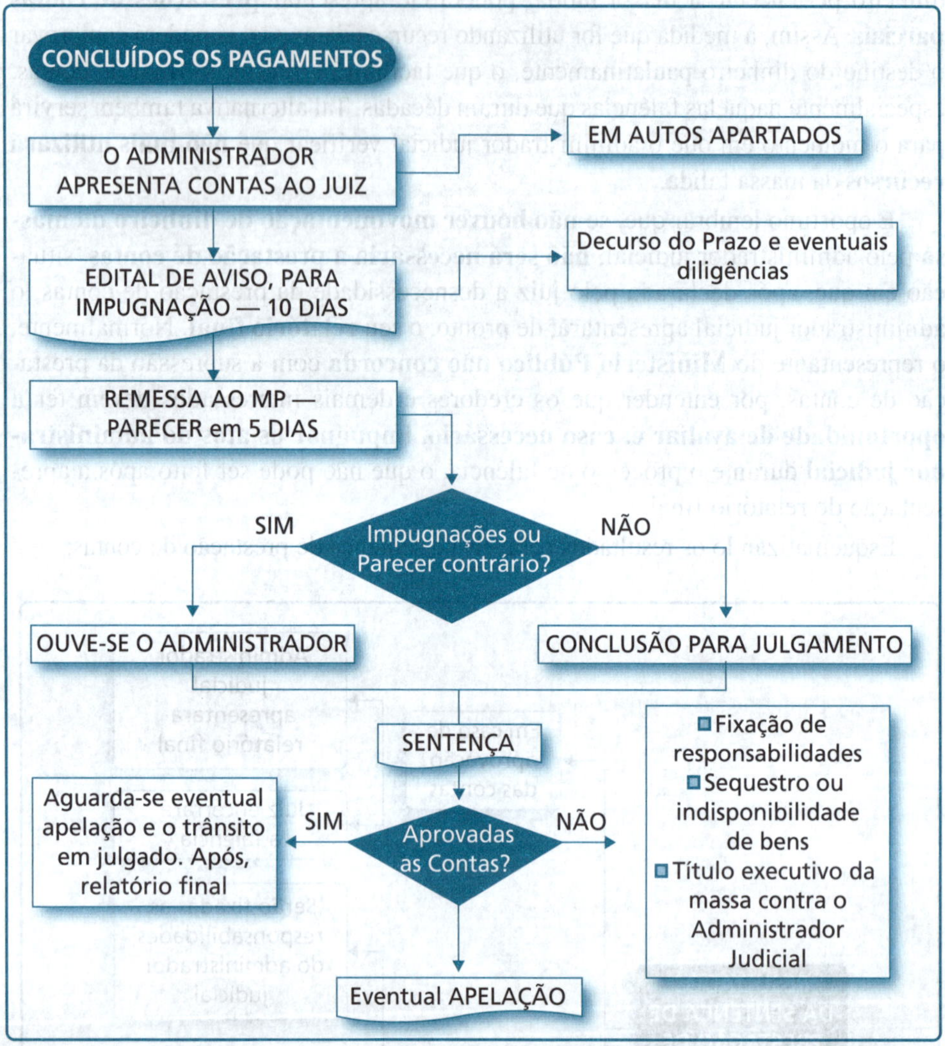

■ 24.8. RELATÓRIO FINAL DO ADMINISTRADOR JUDICIAL

Julgadas **boas as suas contas**, o administrador judicial apresentará o **relatório final** da falência, no **prazo de 10 dias**, devendo:

1º) indicar o valor do ativo e o do produto de sua realização;

2º) indicar o valor do passivo e o dos pagamentos feitos aos credores;

3º) especificar justificadamente as responsabilidades civis com que continuará o falido;

4º) reafirmar a responsabilidade penal dos envolvidos na falência, atendendo ao que determina o art. 187, § 2º, da Lei n. 11.101/2005, que determina: "Em qualquer fase processual, surgindo indícios da prática dos crimes previstos nesta Lei, o juiz da falência ou da recuperação judicial ou da recuperação extrajudicial cientificará o Ministério Público".

A informação **mais importante do relatório final** do administrador judicial é a que se refere às **responsabilidades civis com que continuará o falido**. Tal informação permitirá que novas demandas sejam propostas, no futuro contra o falido. A sentença de encerramento da falência extingue as obrigações do falido, art. 158, inciso V. Em razão disso, **o art. 157 da Lei n. 11.101/2005, o qual determinava o retorno da contagem do prazo prescricional, foi revogado** pela Lei n. 14.112/2020.

Esquematizando o **relatório final** do administrador judicial:

■ 24.9. ENCERRAMENTO DA FALÊNCIA

Apresentado o **relatório final**, o juiz **encerrará a falência** por sentença. Essa determinação legal foi alterada pela Lei n. 14.112/2020, para fazer constar do art. 156 da Lei n. 11.101/2005 a seguinte redação: "Apresentado o relatório final, o **juiz encerrará a falência por sentença** e ordenará a intimação eletrônica às Fazendas Públicas Federal e de todos os Estados, Distrito Federal e Municípios em que o devedor tiver estabelecimento e determinará a baixa da falida no Cadastro Nacional da Pessoa Jurídica (CNPJ), expedido pela Secretaria Especial da Receita Federal do Brasil."

A sentença de encerramento da falência não se confunde com a de extinção das obrigações. Ao declarar o encerramento da falência, o juiz apenas **reconhecerá um estado de fato**, o qual impede a continuidade da execução coletiva, por absoluta falta de condições materiais para tal. Já a sentença de **extinção das obrigações** declarará a quitação de todas as obrigações do falido, como já estudado.

Assim, o juiz proferirá a sentença de encerramento da falência em **duas hipóteses**:

1ª) pelo **esvaziamento da massa falida subjetiva**, massa de credores — tal fenômeno é raro e ocorre quando **todos os credores** do falido têm seus créditos **satisfeitos** durante a execução coletiva falimentar. Nessa hipótese, a alienação do ativo gerou valores suficientes à quitação de todas as dívidas. Verificando o administrador judicial a inexistência de credores a receber[3], deve apresentar sua prestação de contas, seguida do relatório final, para embasar a sentença de encerramento;

2ª) pelo **esvaziamento da massa falida objetiva**, massa de bens — esta hipótese, a mais comum nas falências, é caracterizada pelo **esgotamento dos bens** do falido, isto é, todos os bens e valores foram utilizados para pagar credores, na ordem legal, não havendo mais bens a serem arrecadados e **sem** que os valores arrecadados tenham sido suficientes para **quitar todas as dívidas**. Verificando o administrador judicial a inexistência de bens passíveis de arrecadação ou alienação, deve apresentar sua prestação de contas, seguida do relatório final, para embasar a sentença de encerramento.

Considerando serem estes os **fundamentos do encerramento** do processo falimentar, possível cogitar do encerramento **antecipado** da falência, nos casos em que ela for **frustrada** pela absoluta ausência de bens. A Lei n. 11.101/2005, na sua versão original, não regulou a denominada falência frustrada, como o fazia o Decreto-lei n. 7.661/45. Contudo, após a reforma introduzida pela Lei n. 14.112/2020, foi introduzido o art. **114-A à Lei n. 11.101/2005**, o qual regulamentou a falência frustrada parcial, assim:

> "Art, 114-A — **Se não forem encontrados bens para serem arrecadados**, ou se os arrecadados forem **insuficientes para as despesas do processo**, o administrador judicial informará imediatamente esse fato ao juiz, que, ouvido o representante do Ministério Público, fixará, por meio de edital, o **prazo de 10 (dez) dias para os interessados se manifestarem**.
>
> § 1º **Um ou mais credores poderão requerer o prosseguimento** da falência, desde que **paguem a quantia necessária às despesas e aos honorários do administrador judicial**, que serão considerados despesas essenciais nos termos estabelecidos no inciso I-A do caput do art. 84 desta Lei.
>
> § 2º Decorrido o prazo previsto no caput sem manifestação dos interessados, o **administrador judicial promoverá a venda dos bens arrecadados** no prazo máximo de 30 (trinta) dias, para bens móveis, e de 60 (sessenta) dias, para bens imóveis, e **apresentará o seu relatório**, nos termos e para os efeitos dispostos neste artigo.
>
> § 3º Proferida a decisão, a **falência será encerrada** pelo juiz nos autos."

Todavia, por analogia à Lei anterior e à reforma, cabível o procedimento de **falência frustrada**, mesmo na vigência da lei atual, pois a falência não pode esperar indefinidamente o surgimento de bens no patrimônio do falido. Nesse caso, estamos diante de situação em que não são encontrados bens. **Frustração total da falência**, portanto.

O procedimento de falência frustrada inicia-se com a constatação de que **não existem bens** no ativo da massa falida, ou são eles de **valor irrisório**. Diante disso, o administrador judicial requer a adoção do rito de falência frustrada, seguindo-se ao seu deferimento a publicação de **Edital convocando credores** e interessados a **indicarem bens** ou direitos do falido que justifiquem a continuidade do feito falimentar.

---

3 Como se disse, trata-se de hipótese remota, sendo teoricamente possível até que remanesça saldo positivo na conta da massa, depois de quitados todos os créditos pendentes, incluídos os juros, os créditos subordinados e, ainda, recolhidas as custas. Se isso ocorrer, o saldo remanescente deverá ser liberado por alvará ao falido ou ao sócio-gerente da sociedade declarada falida.

Vencido o prazo do Edital, caso tenha sido indicado algum bem, o administrador judicial verificará a possibilidade, conveniência e oportunidade de sua **arrecadação**. Se não for indicado algum bem, ou aquele indicado não puder ser arrecadado, o administrador judicial **apresentará o relatório final** da falência e o juiz a encerrará, passando a quem de direito **certidões dos créditos não quitados** na falência.

Esquematizando os fundamentos da sentença de encerramento da falência:

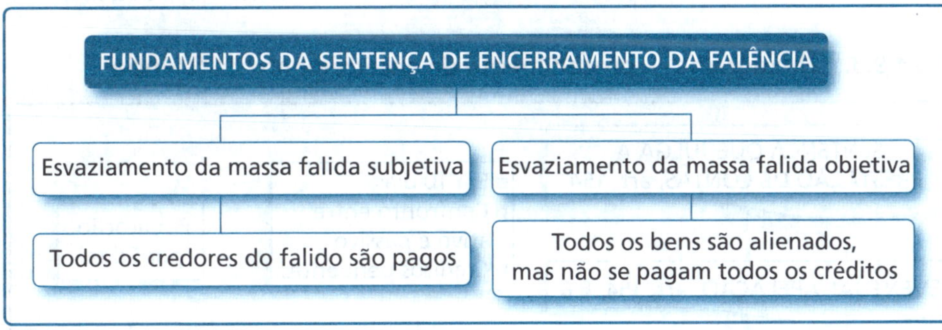

■ 24.9.1. Sentença

A sentença de encerramento da falência tem **natureza declaratória**, pois ela afirmará o esvaziamento de uma das massas falidas: a objetiva (bens do falido); ou a subjetiva (credores do falido). Ao reconhecer tal situação, o juiz não constituirá direito novo, nem eliminará direitos, apenas atestará que não há mais bens a alienar, ou credores a receber.

A sentença de encerramento será **publicada por edital**, possibilitando a qualquer interessado impugná-la.

A referida sentença deverá determinar sua **comunicação à Junta Comercial**, bem como autorizar o administrador judicial a **levantar o saldo** remanescente dos seus honorários, nos termos do art. 24, § 2º, da Lei n. 11.101/2005, que diz: "Será reservado 40% (quarenta por cento) do montante devido ao administrador judicial para pagamento após atendimento do previsto nos arts. 154 e 155 desta Lei".

Reitero o texto do art. 156 da Lei n. 11.101/2005, conferido pela Lei n. 14.112/2020: "**Apresentado o relatório final, o juiz encerrará a falência** por sentença e **ordenará a intimação eletrônica** às **Fazendas Públicas** federal e de todos os Estados, Distrito Federal e Municípios em que o devedor tiver estabelecimento e determinará a baixa da falida no Cadastro Nacional da Pessoa Jurídica (CNPJ), expedido pela Secretaria Especial da Receita Federal do Brasil".

■ 24.9.2. Recurso

O recurso cabível da sentença que encerra a falência é o de **apelação**.

O **prazo prescricional** relativo às obrigações do falido **deveria recomeçar a correr** a partir do dia em que transitasse em julgado a sentença do encerramento da falência. Contudo, a **sentença de encerramento da falência é causa de extinção das obrigações**

do falido, nos termos do art. 158, inciso V, da Lei n. 11.101/2005. Essa sentença de extinção das obrigações não é automática, necessitará da iniciativa do falido, o qual deverá promover seu pedido na forma do art. 159, e uma vez proferida terá **natureza declaratória da extinção das obrigações do falido**. Ora, **se as obrigações extinguem-se** com a sentença de encerramento (mesmo no caso de falência frustrada parcial ou total), **não se justifica o recomeço da contagem do prazo prescricional**, por isso, foi revogado o art. 157 da Lei n. 11.101/2005, todas as mudanças promovidas pela Lei n. 14.112/2020.

■ 24.9.3. Fluxograma — procedimento de encerramento da falência

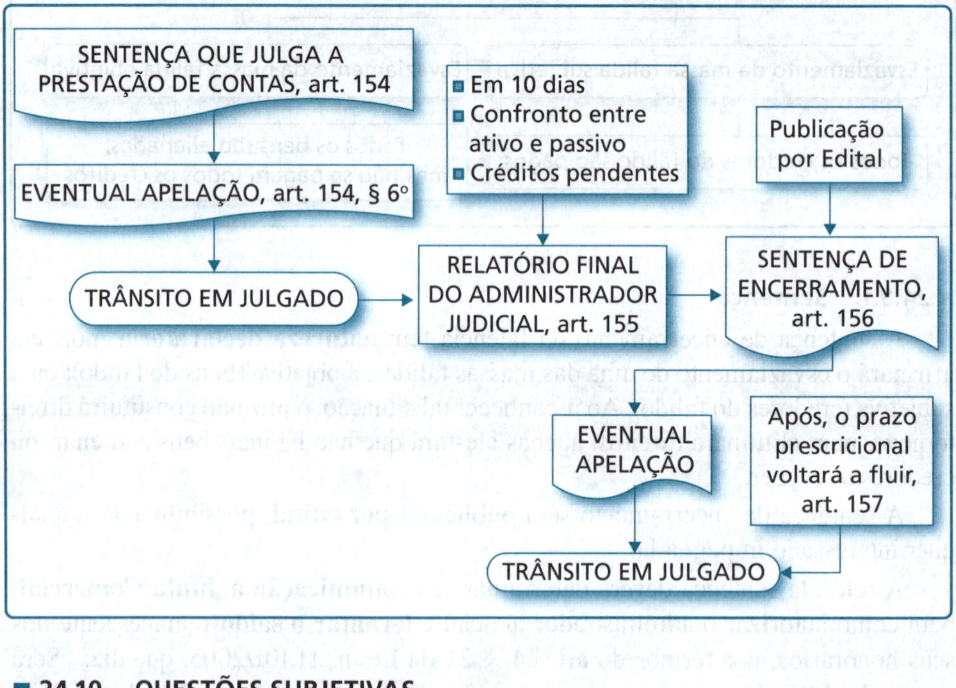

■ 24.10. QUESTÕES SUBJETIVAS

■ 24.10.1. Questão-homenagem

(OAB — XI Exame — Prático Profissional — 2013) José, empresário individual que teve sua falência decretada em 20.10.2011, vendeu um sítio de sua propriedade para Antônio, em agosto de 2011. Antônio prenotou a escritura de compra e venda do sítio em 18.10.2011, mas o registro da transferência imobiliária só foi efetuado em 05.11.2011, 15 (quinze) dias após a decretação da falência. Isto posto, responda aos itens a seguir.

a) É válida e eficaz a compra e venda acima referida?

b) A referida compra e venda poderia eventualmente vir a ser revogada?

Resposta: Em princípio, uma vez decretada falência, o patrimônio do falido deverá ser arrecadado, tendo em vista a necessidade de liquidação do passivo. Para preservar o interesse do conjunto de credores, a lei estabeleceu que negócios jurídicos efetuados em período próximo à data da decretação da falência devem ser considerados ineficazes em relação à massa de credores. Isso ocorre, por exemplo, no caso de compra e venda de imóvel do falido, com o registro do negócio jurídico somente após data da decretação da falência (nos termos do art. 129, inc. VII, da Lei de Recuperação e Falência, regra que foi excepcionada), quando, apesar de posterior o registro, tenha ocorrido prenotação em data anterior. Por tal razão, no caso narrado, válido e eficaz o negócio jurídico realizado.

Se, eventualmente, por meio de ação autonôma, "o administrador judicial, qualquer credor ou o Ministério Público" suspeitarem da ocorrência de ajuste fraudulento entre o alientante e o adquirente do imóvel, poderão requerer a revogação do negócio jurídico, devendo o pedido ser julgado procedente se a intenção de fraudar os credores restar demonstrada. Nesse sentido, o art. 130, também da Lei de Recuperação e Falência.

24.10.2. Questão-desafio 1

(FGV — OAB — 2ª Fase — Exame Prático-Profissional — 2014) São Domingos Livraria e Papelaria Ltda. EPP, sociedade com filial em São Cristóvão/SE, teve sua falência requerida em 22 de janeiro de 2014 pelo Banco Pinhão S/A com fundamento no art. 94, inciso I, da Lei n. 11.101/2005. O juiz da Única Vara Cível da Comarca de São Cristóvão, Estado de Sergipe, recebeu a petição e determinou a citação por mandado do representante legal da sociedade e esta foi efetivada. Rosa Elze, advogada da sociedade ré, recebe cópia da petição inicial no dia seguinte ao da juntada do mandado ao processo para tomar as providências cabíveis e faz as seguintes anotações:

a) o Banco Pinhão S/A é representado pelo Sr. Simão Dias, gerente empregado da agência do Banco em São Cristóvão;

b) a requerida tem suas atividades de maior vulto no local da sua sede, Aracaju/SE, onde estão domiciliados os administradores e é o centro das decisões;

c) o contrato social da devedora foi arquivado na Junta Comercial há vinte meses;

d) o pedido foi instruído com os seguintes documentos:

i. cheque de outra instituição financeira emitido em favor do requerente pela requerida na praça de Carira/SE, apresentado na praça de São Cristóvão/SE, no valor de R$ 1.000,00 (mil reais), devolvido após segunda apresentação, sem ter sido levado a qualquer protesto, com fundamento no art. 47, § 1º, da Lei n. 7.357/85;

ii. duas notas promissórias à vista, cada uma no valor de R$ 10.000,00 (dez mil reais), emitidas em 11/09/2010 e apresentadas para pagamento em 30/09/2011, figurando a requerida em ambas como endossante em branco;

iii. uma duplicata de venda no valor de R$ 25.000,00 (vinte e cinco mil reais), vencida em 22/11/2013, não aceita, protestada por falta de pagamento para fins falimentares e acompanhada de comprovante de recebimento da mercadoria assinado pelo gerente da filial de São Cristóvão;

iv. contrato de prestação de serviço com instrumento de confissão de dívida no valor de R$ 8.000,00 (oito mil reais), constatando-se que não consta, no instrumento de protesto falimentar do contrato, certidão de ter sido pessoalmente intimado o representante legal da devedora no endereço conhecido, figurando assinatura de pessoa não identificada.

v. cédula de crédito comercial, no valor de R$ 20.000,00 (vinte mil reais), emitida pela requerida em 10/7/2010, vencida em 10/01/2011, submetida apenas ao protesto falimentar, lavrado em 16/01/2014.

Sabendo que sua cliente não deseja efetuar pagamento via depósito em juízo para elidir o pedido, elabore a peça adequada.

24.10.3. Questão-desafio 2

(OAB — 2ª Fase — XXI Exame — 2017) Em novembro de 2015, Comodoro Madeiras Nobres Ltda. contraiu empréstimo no valor de R$ 700.000,00 (setecentos mil reais) com fiança bancária. Antes do vencimento da dívida, em abril de 2016, diante da exoneração do fiador, a fiança foi substituída pelo penhor de máquinas de Comodoro Madeiras Nobres Ltda. O mutuário teve sua falência decretada em novembro de 2016, sendo fixado o termo legal da data da decretação da falência até 90 (noventa) dias anteriores a 30 de setembro de 2014, data do primeiro protesto por falta de pagamento. Peixoto de Azevedo, credor com privilégio especial, procura o administrador judicial para que este decrete a ineficácia objetiva, em relação à massa falida, do penhor constituído pelo devedor antes da falência. Você, advogado(a) e no exercício da administração judicial da massa falida, deve analisar o caso e responder aos questionamentos a seguir.

a) Há ineficácia objetiva da garantia de penhor sobre as máquinas do devedor?

b) Você, como administrador(a) judicial e representante da massa falida, pode, de ofício ou mediante requerimento de credor, decretar a ineficácia do ato?

■ 24.11. QUESTÕES OBJETIVAS

■ 24.11.1. Finalidade

1. (TJ/SC — Juiz — 2009) Sobre a esfera falimentar e na recuperação judicial, assinale a alternativa correta:

I. No caso de falência do sócio por crédito particular, é legítimo ao administrador judicial pedir a apuração dos haveres, mas tal direito também é conferido aos arrematantes não admitidos na sociedade.

II. O juiz fixará o valor e a forma de pagamento da remuneração do administrador judicial, observados a capacidade de pagamento do devedor, o grau de complexidade do trabalho e os valores praticados no mercado para o desempenho de atividades semelhantes. O total pago ao administrador judicial não excederá cinco por cento do valor devido aos credores submetidos à recuperação judicial ou do valor de venda dos bens na falência.

III. Na falência, os créditos retardatários não perderão o direito a rateios eventualmente realizados, mas ficarão sujeitos ao pagamento de custas, não se computando os acessórios compreendidos entre o término do prazo e a data do pedido de habilitação.

IV. O administrador judicial, para o célere andamento do feito, somente poderá se manifestar nos autos nos casos expressamente previstos na Lei de Recuperação e Falências.

V. A declaração da falência suspende o direito de recesso do sócio, mas não resolve os contratos bilaterais que podem ser cumpridos pelo administrador judicial. Silenciando este último, o contratante pode interpelá-lo para que, em 15 dias, declare se cumprirá ou não o contrato.

a) Somente as proposições II e V estão corretas.
b) Somente a proposição II está correta.
c) Somente as proposições I, III e IV estão corretas.
d) Somente as proposições I e II estão corretas.
e) Somente as proposições III, IV e V estão corretas.

■ 24.11.2. Caracterização

1. (TJDFT — Juiz Substituto/DF — 2007) Assinale a assertiva correta:

a) A falência cessa os efeitos do mandato, cabendo ao mandatário, de imediato, prestar contas de sua gestão ao juízo falimentar.
b) Os juros bancários posteriores à decretação da falência, debitados da conta do falido, devem ser creditados de novo, a não ser que o banco depositário desconhecesse a falência de seu cliente quando apurou o lançamento.
c) O credor de coobrigados solidários cujas falências sejam decretadas tem o direito de concorrer em apenas uma delas, pela totalidade de seu crédito.
d) A decretação da falência não suspende o exercício do direito de retenção sobre os bens sujeitos à arrecadação.

2. (Juiz do Trabalho Substituto/MT — 2006) Sobre a falência indique a alternativa incorreta:

a) A decretação da falência suspende o curso da prescrição e de todas as ações e execuções em face do devedor, inclusive aquelas dos credores particulares do sócio solidário;
b) É permitido pleitear, perante o administrador judicial, habilitação, exclusão ou modificação de créditos derivados da relação de trabalho, mas as ações de natureza trabalhista, inclusive as impugnações aos cálculos, serão processadas perante a justiça especializada até a apuração do respectivo crédito, que será inscrito no quadro geral de credores pelo valor determinado em sentença;
c) Independentemente da verificação periódica perante os cartórios de distribuição, as ações que venham a ser propostas contra o falido deverão ser comunicadas ao juízo da falência imediatamente após a citação, sendo atribuição exclusiva do síndico a comunicação, sob pena de responsabilidade;
d) A decisão que decreta a falência da sociedade com sócios ilimitadamente responsáveis também acarreta a falência destes, que ficam sujeitos aos mesmos efeitos jurídicos produzidos em relação à sociedade falida e, por isso, deverão ser citados para apresentar contestação, se assim o desejarem;
e) A decretação da falência determina o vencimento antecipado das dívidas do devedor e dos sócios ilimitada e solidariamente responsáveis.

3. (IESES — TJ/RO — Titular de Serviço de Notas — Remoção — 2017) Será decretada a falência do devedor que sem relevante razão de direito, não paga, no vencimento, obrigação líquida materializada em título ou títulos executivos protestados cuja soma ultrapasse o equivalente a:

a) 60 (sessenta) salários mínimos na data do pedido de falência.
b) 30 (trinta) salários mínimos na data do pedido de falência.
c) 50 (cinquenta) salários mínimos na data do pedido de falência.
d) 40 (quarenta) salários mínimos na data do pedido de falência.

■ 24.11.3. Procedimento para decretação da falência

1. (VUNESP — Procurador do Município/Ribeirão Preto-SP — 2007) O prazo de contestação na ação de falência será de

a) 24 horas.
b) 48 horas.
c) 5 dias.
d) 10 dias.
e) 15 dias.

2. (CESPE/UnB — OAB/BR — 2007) A respeito da convolação da recuperação judicial em falência, assinale a opção correta.

a) Caso o devedor não apresente o plano de recuperação no prazo legal, será intimado a fazê-lo e, somente após, caso não seja apresentado o plano, haverá a convolação em falência.
b) Se a recuperação tiver sido deferida no curso da falência, é inadmissível a convolação.
c) A convolação em falência poderá ocorrer por descumprimento de qualquer obrigação assumida no plano de recuperação.
d) Na convolação, os atos de administração, endividamento, oneração ou alienação praticados durante a recuperação judicial presumem-se inválidos.

3. (FUNDATEC — BRDE — Analista de Projetos — Área Jurídica — 2015) Em um processo falimentar foi decretada a falência de um empresário, nesse caso, a sentença:

a) É irrecorrível, mas poderá ser impugnada por mandado de segurança, se apresentar alguma ilegalidade evidente.
b) Poderá ser impugnada por recurso de agravo interno.
c) Poderá ser impugnada mediante recurso de apelação.
d) Poderá ser impugnada por recurso de agravo de instrumento.
e) Poderá ser impugnada por meio de recurso inominado.

4. (CESPE — OAB/SP — 2008) Não está previsto, expressamente, na atual Lei de Falências, o procedimento de

a) pedido de restituição.
b) embargos de terceiros.
c) habilitação de crédito.
d) recuperação extrajudicial.

5. (FCC — Procurador de Contas/CE — 2006) A realização de depósito elisivo da falência é possível

a) em qualquer caso de requerimento de falência.
b) nos pedidos baseados na falta de pagamento de títulos executivos, apenas.
c) nos pedidos baseados na falta de pagamento de títulos executivos e na falta de nomeação de bens à penhora em execução.
d) nos pedidos baseados na falta de pagamento de títulos executivos e na prática de atos de falência.
e) nos pedidos baseados na falta de nomeação de bens à penhora em execução e na prática de atos de falência.

6. (OAB/MG — 2007) São efeitos da sentença declaratória da falência, exceto:

a) a perda da administração dos bens pelo falido, que passam a ser guardados e conservados pelo administrador judicial nomeado pelo juiz.
b) a sujeição dos credores ao concurso universal da falência.
c) o encerramento dos contratos bilaterais do falido.

d) o encerramento das contas correntes do falido.

7. (TJPA — Juiz Estadual/PA — 2005) Analise as proposições a seguir a respeito da falência:

I. São exigíveis na falência todas as obrigações do devedor, inclusive as obrigações a título gratuito.
II. Requerida a sua falência, não pode mais o devedor pleitear a recuperação judicial.
III. No processo falimentar, o devedor, uma vez citado, terá quinze dias para apresentar contestação.

Assinale:

a) se apenas a proposição I estiver correta.
b) se apenas a proposição II estiver correta.
c) se apenas a proposição III estiver correta.
d) se apenas as proposições I e II estiverem corretas.
e) se nenhuma proposição estiver correta.

8. (CONSULPLAN — TJ/MG — Titular de Serviços de Notas e de Registros — Remoção — 2017) No que tange à falência, marque a opção correta:

a) Caso não existam títulos protestados contra o réu, não é possível a decretação de falência.
b) Caso o réu faça o depósito elisivo, nos termos da lei e nos valores corretos, o processo falimentar irá continuar. Entretanto, não poderá ser decretada a falência ao final.
c) Caso o autor faça o pedido falimentar de maneira vil, sabendo que o réu não se encontra insolvente, o réu poderá pleitear uma indenização. Entretanto, esta requer processo separado autônomo, cuja competência não é necessariamente do juiz da falência.
d) O prazo legal para a defesa em um processo falimentar segue a regra geral do CPC, sendo de 15 dias úteis.

■ 24.11.4. Da ineficácia e da revogação de atos praticados antes da falência

1. (VUNESP — TJRJ — Juiz — 2014) Assinale a alternativa que está em consonância com a lei que rege a recuperação judicial, extrajudicial e a falência do empresário ou sociedade empresária.

a) Estão sujeitos à recuperação extrajudicial todos os créditos existentes na data do pedido, salvo os de natureza tributária, com preferência no pagamento dos créditos derivados da legislação do trabalho ou decorrentes de acidente do trabalho.
b) É vedado ao devedor, regularmente citado no processo de falência, pleitear sua recuperação judicial dentro do prazo da contestação.
c) Os coobrigados solventes e os garantes do devedor ou dos sócios ilimitadamente responsáveis podem habilitar o crédito correspondente às quantias pagas ou devidas, se o credor não se habilitar no prazo legal.
d) A ação revocatória, objetivando a revogação de atos praticados com a intenção de prejudicar credores, deverá ser proposta pelo administrador judicial, por qualquer credor ou pelo Ministério Público, no prazo de 3 anos, contados do pedido de falência.

2. (CESPE/UnB — OAB/BR — 2007) Com respeito à ação revocatória prevista na legislação falimentar, assinale a opção incorreta.

a) Entre os legitimados ao ajuizamento da ação revocatória, encontra-se o Ministério Público.
b) Na sistemática da revocatória, consideram-se inexistentes os atos praticados com a intenção de prejudicar credores, desde que se prove o conluio fraudulento entre o devedor (falido) e o terceiro que com ele contratar.
c) A ação revocatória correrá perante o juízo da falência e obedecerá ao rito ordinário previsto no Código de Processo Civil.
d) A ação revocatória pode ser promovida contra todos os que figuraram no ato ou que por efeito dele foram garantidos ou beneficiados.

3. (MPE-SP — Promotor de Justiça — 2015) Assinale a alternativa em que se descreve um ato subjetivamente ineficaz perante a massa falida.

a) A prática de atos a título gratuito, desde 2 anos antes da decretação da falência.
b) A renúncia à herança ou a legado, até 2 anos antes da decretação da quebra.
c) A simulação da separação judicial do empresário individual, feita com o objetivo de transferir à propriedade do ex-cônjuge os bens valiosos do casal.
d) O pagamento de dívidas vencidas e exigíveis realizado dentro do termo legal, por qualquer forma que não seja a prevista pelo contrato.

e) A constituição de direito real de garantia, inclusive a retenção, dentro do termo legal, tratando-se de dívida contraída anteriormente.

4. (VUNESP — MPE-SP — Analista de Promotoria — 2015) A ação revocatória, no processo falimentar, deverá ser proposta pelo administrador judicial, por qualquer credor ou pelo Ministério Público, no prazo de 3 anos. Conta-se o referido prazo

a) anteriormente à data do pedido de falência.
b) anteriormente à data da prática do ato que se pretenda revogar.
c) da prática do ato que se pretenda revogar.
d) da data em que for decretada a falência.
e) do pedido de falência.

5. (FMP Concursos — PGE/AC — Procurador do Estado — 2017) De acordo com a Lei 11.101, de 09 de fevereiro de 2005, que regula a recuperação judicial; a extrajudicial e a falência do empresário e da sociedade empresária, é CORRETO afirmar que são ineficazes em relação à massa falida, tenha ou não o contratante conhecimento do estado de crise econômico-financeira do devedor, seja ou não intenção deste fraudar credores,

a) o pagamento de dívidas não vencidas realizado pelo credor dentro do termo legal, por qualquer meio extintivo do direito de crédito, ainda que pelo desconto do próprio título.
b) a prática de atos a título gratuito, desde 3 (três) anos antes da decretação da falência.
c) a renúncia à herança ou a legado, até 4 (quatro) anos antes da decretação da falência.
d) o pagamento de dívidas vencidas e exigíveis realizado dentro do termo legal, por qualquer forma que não seja a prevista pelo contrato.
e) os atos praticados com a intenção de prejudicar devedores, provando-se o conluio fraudulento entre o credor e o terceiro que com ele contratar e o efetivo prejuízo sofrido pela massa falida.

6. (FGV — OAB — XXIV Exame — Nov/2017) O empresário individual Ives Diniz, em conluio com seus dois primos, realizou empréstimos simulados a fim de obter crédito para si; por esse e outros motivos, foi decretada sua falência. No curso do processo falimentar, o administrador judicial verificou a prática de outros atos praticados pelo devedor e seus primos, antes da falência; entre eles, a transferência de bens do estabelecimento a terceiros lastreados em pagamentos de dívidas fictícias, com nítido prejuízo à massa. De acordo com o enunciado e as disposições da Lei de Falência e Recuperação de Empresas, o advogado contratado pelo administrador judicial para defender os direitos e interesses da massa deverá

a) requerer, no juízo da falência, a instauração do incidente de desconsideração da personalidade jurídica.
b) ajuizar ação revocatória em nome da massa falida no juízo da falência.
c) ajuizar ação pauliana em nome do administrador judicial no juízo cível.
d) requerer, no juízo da falência, o sequestro dos bens dos primos do empresário como medida antecedente à ação de responsabilidade civil.

■ 24.11.5. Efeitos da sentença constitutiva de falência

1. (FGV — OAB — XV Exame Unificado — 2014) João Lima Artigos Esportivos Ltda. celebrou contrato de locação de imóvel comercial, localizado na Galeria Madureira, para a instalação do estabelecimento. Atingida por forte crise setorial, a sociedade acumulou dívidas vultosas e não conseguiu honrá-las. Com a decretação da falência, o contrato de locação comercial firmado pelo locatário

a) ficará extinto de pleno direito, sendo obrigado a entregar ao locador o imóvel onde se localiza o ponto.
b) poderá ser mantido, desde que o locador interpele o administrador judicial no prazo de até 90 (noventa) dias.
c) será mantido, mas poderá ser denunciado, a qualquer tempo, pelo administrador.
d) ficará extinto, salvo se o Comitê de Credores autorizar o administrador judicial da massa falida a mantê-lo.

2. (VUNESP — Juiz Estadual/SP — 2007) Os principais efeitos da sentença de quebra sobre os direitos dos credores são os seguintes:

a) formação da massa de credores; vencimento antecipado dos créditos; suspensão de todas as ações ou execuções individuais dos credores; suspensão da fluência dos juros contra a massa falida.

b) formação da massa falida subjetiva; vencimento antecipado dos créditos sem implicação fiscal; suspensão das ações individuais dos credores e não suspensão das execuções; suspensão da fluência dos juros contra a massa falida.
c) formação da massa falida objetiva; vencimentos antecipados dos créditos sem implicação contábil; suspensão de todas as execuções individuais dos credores; suspensão da fluência de juros contra a massa falida.
d) formação da massa falida objetiva e subjetiva; vencimento antecipado dos créditos derivados da legislação trabalhista, suspensão da correção monetária e não suspensão da fluência de juros contra a massa falida.

3. (TJDFT — Juiz Substituto/DF — 2006) Analise as proposições abaixo e, após, assinale a assertiva correta:

I. A falência do locador, por si só, não resolve o contrato de locação, podendo o administrador judicial, a qualquer tempo, denunciar o contrato, na hipótese de falência do locatário.
II. Falido o fiduciante, a fiduciária não pode pedir a restituição do bem móvel.
III. Caso o falido faça parte de alguma sociedade como sócio comanditário ou cotista, para a massa falida não entrarão os haveres que na sociedade ele possuir.
IV. O compromisso de compra e venda de bens móveis loteados pode ser rescindido pelo administrador judicial.

a) Todas as proposições são verdadeiras.
b) Todas as proposições são falsas.
c) Apenas uma das proposições é verdadeira.
d) Apenas uma das proposições é falsa.

4. (FCC — Procurador de Contas/CE — 2006) Na hipótese de falência de empresário que tenha celebrado contrato de alienação fiduciária em garantia de bem móvel, na qualidade de devedor fiduciante, o credor

a) poderá pedir a restituição do bem alienado fiduciariamente.
b) obterá a devolução em dinheiro do equivalente do bem alienado fiduciariamente.
c) deverá proceder à busca e apreensão do bem alienado fiduciariamente.
d) deverá mover ação de depósito contra o devedor.
e) poderá mover ação de busca e apreensão, caso o contrato tenha sido celebrado há menos de 15 (quinze) dias.

5. (MPE/SP — Promotor de Justiça/SP — 2006) A decretação da falência:

a) não suspende o exercício do direito de retenção sobre os bens sujeitos à arrecadação, os quais deverão ser entregues ao administrador judicial, mas suspende o exercício do direito de retirada ou de recebimento do valor de suas quotas ou ações, por parte dos sócios da sociedade falida.
b) suspende o exercício do direito de retenção sobre os bens sujeitos à arrecadação, os quais deverão ser entregues ao administrador judicial, mas não suspende o exercício do direito de retirada ou de recebimento do valor de suas quotas ou ações, por parte dos sócios da sociedade falida.
c) não suspende o exercício do direito de retenção sobre os bens sujeitos à arrecadação, os quais deverão ser entregues ao administrador judicial, nem o exercício do direito de retirada ou de recebimento do valor de suas quotas ou ações, por parte dos sócios da sociedade falida.
d) suspende o exercício do direito de retenção sobre os bens sujeitos à arrecadação, os quais deverão ser entregues ao administrador judicial, e o exercício do direito de retirada ou de recebimento do valor de suas quotas ou ações, por parte dos sócios da sociedade falida.
e) suspende o exercício do direito de retenção sobre os bens sujeitos à arrecadação, os quais deverão ser entregues ao juiz da falência em 10 dias da decretação, e o exercício do direito de retirada ou de recebimento do valor de suas quotas ou ações, por parte dos sócios da sociedade falida.

6. (MPE/SP — Promotor de Justiça/SP — 2006) Considere os seguintes enunciados:

I. A falência do locador não resolve o contrato de locação e, na falência do locatário, o administrador judicial pode, a qualquer tempo, denunciar o contrato, proibida a desistência em ação renovatória.
II. Na promessa de compra e venda de imóveis, aplicar-se-á a legislação respectiva.

III. Os patrimônios de afetação, constituídos para cumprimento de destinação específica, obedecerão ao disposto na legislação respectiva, permanecendo seus bens, direitos e obrigações separados dos do falido até o advento do respectivo termo ou até o cumprimento de sua finalidade, ocasião em que o administrador judicial arrecadará o saldo a favor da massa falida ou inscreverá na classe própria o crédito que contra ela remanescer.
IV. Na falência do espólio, sem suspensão do processo de inventário, caberá ao administrador judicial a realização de atos pendentes em relação aos direitos e obrigações da massa falida.
V. O mandato conferido pelo devedor, antes da falência, para a realização de negócios, cessará seus efeitos com a decretação da falência, cabendo ao mandatário prestar contas de sua gestão e o mandato conferido para representação judicial do devedor continua em vigor até que seja expressamente revogado pelo administrador judicial.
a) Os enunciados I e II são falsos.
b) Os enunciados II, III e V são verdadeiros.
c) O enunciado I é verdadeiro e os enunciados II e III são falsos.
d) Os enunciados IV e V são falsos.
e) O enunciado I é falso e os enunciados II e IV são verdadeiros.

7. (CESPE — TJ/PR — Juiz Substituto — adaptada — 2017) Uma sociedade limitada, cujo único sócio administrador era João Rios, sofreu algumas condenações judiciais ao pagamento de dívidas e, em uma execução, não pagou, não depositou e não nomeou bens à penhora. A pedido de um credor, foi decretada a falência da sociedade. Nessa situação hipotética,
a) com a decretação da falência, João Rios perdeu o direito de administrar e dispor dos bens da sociedade e não poderá viajar sem prévia comunicação ao juiz.
b) a decretação da falência fundamentou-se no fato de que o passivo da sociedade era maior que seu ativo.
c) são quirografários os créditos decorrentes das condenações judiciais, tanto os principais quanto os de honorários advocatícios.
d) como efeito da decretação da falência, haverá a inabilitação empresarial de todos os sócios.

8. (TRF — 2ª Região — Juiz Federal Substituto - 2017) Considere a falência de sociedade empresária e assinale a opção correta:
a) Uma vez decretada a quebra, as ações de cobrança que a falida move, na Justiça Federal, em face de empresa pública federal, devem ser remetidas ao juízo universal da falência.
b) Perante o juízo falimentar, empresa pública federal (credora fiduciária) faz jus a pedir a restituição de bem objeto da alienação fíduciária, sendo o falido o devedor fiduciante.
c) A União Federal pode exigir, na falência, o pagamento de multas e penalidades por infração à lei tributária, que terão os privilégios destinados aos créditos tributários.
d) No sistema da atual Lei de Falências (Lei n. 11.101/05), o pagamento de multas e penalidades administrativas não mais pode ser exigido do falido.
e) Credor com garantia real, titular de crédito ainda não vencido, não tem interesse em requerer a falência.

■ 24.11.6. Massa falida

1. (TRT — Juiz do Trabalho Substituto/MA — 2006) Na falência, a ordem estabelecida para os créditos concursais coloca em primeiro lugar:
a) Os créditos acidentários, os créditos tributários e os créditos relativos ao FGTS, até o limite de 300 salários mínimos.
b) Os créditos trabalhistas, até o limite de 150 salários mínimos, e os créditos acidentários e os relativos ao FGTS, sem limitação.
c) Os créditos trabalhistas, sem limitação, os créditos tributários, excetuadas as multas, e os créditos com garantia real até o limite do bem gravado.
d) Os créditos tributários, os créditos trabalhistas, até o limite de 150 salários mínimos, e os créditos relativos ao FGTS, sem limitação.
e) Os créditos trabalhistas, até o limite de 300 salários mínimos, os créditos acidentários e os créditos quirografários, sem limitação.

2. (VUNESP — Juiz Estadual/SP — 2007) Na falência, são considerados créditos extraconcursais
a) os créditos derivados da legislação do trabalho, limitados a 150 (cento e cinquenta) salários

mínimos por credor, e os decorrentes de acidentes de trabalho.

b) créditos tributários, independentemente da sua natureza e tempo de constituição, excetuadas as multas tributárias.

c) custas judiciais relativas às ações e execuções em que a massa falida tenha sido vencida.

d) créditos com garantia real até o limite do valor do bem gravado.

3. (TRT — Juiz do Trabalho Substituto/MT — 2006) Uma vez decretada a falência, os créditos de terceiros perante a massa serão organizados respeitando a seguinte ordem preferencial para pagamento:

a) 1. derivados da legislação do trabalho, limitados a 150 (cento e cinquenta) salários mínimos por credor, e os decorrentes de acidentes de trabalho; 2. créditos com garantia real até o limite do valor do bem gravado; 3. créditos tributários, independentemente da sua natureza e tempo de constituição, excetuadas as multas tributárias; 4. créditos com privilégio especial;

b) 1. derivados da legislação do trabalho, sem qualquer limite, e os decorrentes de acidentes de trabalho; 2. créditos com garantia real até o limite do valor do bem gravado; 3. créditos tributários, independentemente da sua natureza e tempo de constituição, excetuadas as multas tributárias; 4. créditos com privilégio especial;

c) 1. derivados da legislação do trabalho, limitados a 150 (cento e cinquenta) salários mínimos considerando todos os credores desta natureza, e os decorrentes de acidentes de trabalho; 2. créditos com garantia real até o limite do valor do bem gravado; 3. créditos tributários, independentemente da sua natureza e tempo de constituição, excetuadas as multas tributárias; 4. créditos com privilégio especial;

d) 1. derivados da legislação do trabalho, limitados a 150 (cento e cinquenta) salários mínimos por credor, e os decorrentes de acidentes de trabalho; 2. créditos tributários, independentemente da sua natureza e tempo de constituição, excetuadas as multas tributárias; 3. créditos com garantia real até o limite do valor do bem gravado; 4. créditos com privilégio especial;

e) 1. derivados da legislação do trabalho, limitados a 150 (cento e cinquenta) salários mínimos considerando todos os credores, e os decorrentes de acidentes de trabalho; 2. créditos com privilégio especial; 3. créditos com garantia real até o limite do valor do bem gravado; 4. créditos tributários, independentemente da sua natureza e tempo de constituição, excetuadas as multas tributárias;

4. (FGV — Juiz Estadual/PA — 2007) Assinale a alternativa correta.

a) Os créditos tributários relativos a fatos geradores ocorridos após a decretação da falência preferem aos créditos com garantia real.

b) O crédito acidentário prefere ao crédito com garantia real até o limite de cento e cinquenta salários mínimos.

c) Os créditos trabalhistas devidos após a decretação da falência, em razão da continuação do negócio do falido, devem ser pagos com a observância do limite de cento e cinquenta salários mínimos.

d) A responsabilidade pessoal dos sócios de sociedade limitada que teve a falência decretada deve ser apurada no juízo falimentar, mediante ação de responsabilidade, observado o procedimento ordinário previsto no Código de Processo Civil e o prazo prescricional de dois anos a contar da decretação da falência.

e) As multas contratuais e as penas pecuniárias por infração das leis penais e administrativas, inclusive as multas tributárias, preferem aos créditos quirografários.

5. (CESPE/UnB — OAB/SP — 2007) No tocante à Lei n. 11.101/2005, assinale a alternativa correta.

a) As quantias fornecidas à massa pelos credores são consideradas créditos extraconcursais.

b) Os créditos trabalhistas, mesmo quando cedidos a terceiros, são considerados privilegiados.

c) São oponíveis à massa os valores decorrentes de direito de sócio ao recebimento de sua parcela do capital social na liquidação da sociedade.

d) Os créditos trabalhistas, independentemente do valor, são classificados em primeiro lugar na ordem de pagamento dos credores.

6. (OAB/MG — OAB/MG — 2008) Na falência, o crédito trabalhista habilitado conta com posição de destaque na hierarquia da classificação dos credores até o valor de 150 salários mínimos. Em relação ao credor trabalhista cujo crédito superar esse limite, é verdade afirmar:

a) os saldos excedentes do seu crédito serão incluídos na classe dos créditos quirografários.

b) os saldos excedentes do seu crédito serão incluídos na classe dos créditos subordinados.

c) os saldos excedentes do seu crédito serão incluídos na classe dos créditos com privilégio especial.
d) os saldos excedentes do seu crédito não poderão ser reclamados na falência.

7. (OAB/MG — OAB/MG — 2008) A preferência do crédito com garantia real na falência:

a) é limitada a 150 (cento e cinquenta) salários mínimos.
b) é limitada ao valor do bem gravado.
c) é limitada a 50% da avaliação dos bens arrecadados.
d) é ilimitada.

8. (FGV — OAB — XIX Exame Unificado — 2016) A falência da sociedade XYZ Ltda. foi decretada em 5/6/2014. Nessa data, a pessoa jurídica já possuía dois imóveis hipotecados para garantia de dívidas diversas. A União tem créditos tributários a receber da sociedade, inscritos em dívida ativa em abril de 2013. Baseado nos fatos narrados, assinale a afirmativa correta.

a) A União tem direito de preferência sobre todo e qualquer credor, porque o crédito tributário foi inscrito em dívida ativa antes da decretação da falência.
b) A União tem direito de preferência sobre os credores com garantia real, pois o crédito tributário prefere a qualquer outro, seja qual for sua natureza ou o tempo de sua constituição.
c) A União tem de respeitar a preferência dos credores hipotecários, no limite do valor dos bens gravados.
d) A União tem de respeitar a preferência dos credores hipotecários, no limite do valor das dívidas garantidas pelas hipotecas.

9. (MPE/PR — Promotor Substituto — MPE/PR — 2017) No que toca à classificação dos créditos na falência, assinale a alternativa correta:

a) Os créditos tributários precedem aos créditos derivados da legislação do trabalho limitados a 150 salários mínimos por credor.
b) Os créditos quirografários precedem aos créditos com garantia real até o limite do valor do bem gravado.
c) Os créditos com privilégio geral precedem aos créditos com privilégio especial.
d) Os créditos tributários precedem aos créditos decorrentes de acidentes de trabalho.
e) Os créditos decorrentes de acidentes de trabalho precedem aos créditos com garantia real.

10. (FGV — OAB — Exame de Ordem Unificado XXIX — Junho de 2019) Ribamar é sócio da sociedade empresária Junco, Fiquene & Cia. Ltda. Após uma infrutífera negociação de plano de recuperação judicial, a assembleia de credores rejeitou o plano, acarretando a decretação de falência da sociedade. O desgaste, que já existia entre Ribamar e os demais sócios, intensificou-se com a decretação da falência, ensejando pedido de retirada da sociedade, com base nas disposições reguladoras da sociedade limitada. Diante dos fatos narrados, assinale a afirmativa correta.

a) A decretação da falência suspende o exercício do direito de retirada do sócio Ribamar.
b) A sociedade deverá apurar os haveres do sócio dissidente Ribamar, que serão pagos como créditos extraconcursais.
c) O juiz da falência deverá avaliar o pedido de retirada do sócio Ribamar e, eventualmente, deferi-lo na ação de dissolução parcial.
d) A decretação de falência não suspende o direito de retirada do sócio Ribamar, mas o pagamento de seus haveres deverá ser incluído como crédito subordinado.

11. (CESPE - MPE-CE - Promotor de Justiça - 2020) Acerca de associações, habilitação de crédito na falência, recuperação judicial e títulos de crédito, julgue os itens a seguir, de acordo com a jurisprudência do STJ.

I A regra do Código Civil que prevê a responsabilidade subsidiária dos sócios de sociedade simples, caso os bens da sociedade não lhe cubram as dívidas, aplica-se às associações civis.
II Em razão de sua natureza alimentar, os créditos decorrentes de honorários advocatícios se equiparam aos trabalhistas para efeito de habilitação em falência.
III É legítima a cláusula de plano de recuperação judicial que suspenda protesto apenas em relação à sociedade empresária em recuperação, sob a condição resolutiva do cumprimento do plano de recuperação, mas que mantenha ativo o protesto existente em relação a coobrigado.
IV A mera vinculação de nota promissória a contrato de abertura de crédito não é apta a retirar a autonomia do referido título cambial.

Estão certos apenas os itens
a) I e II
b) I e IV
c) II e III
d) I, III e IV
e) II, III e IV.

24.11.7. Prestação de contas

1. (FGV — OAB — Exame de Ordem Unificado V — 2011) A respeito do Administrador Judicial, no âmbito da recuperação judicial, é correto afirmar que

a) somente pode ser destituído pelo Juízo da Falência na hipótese de, após intimado, não apresentar, no prazo de 5 (cinco) dias, suas contas ou os relatórios previstos na Lei n. 11.101/2005.
b) o Administrador Judicial, pessoa física, pode ser formado em Engenharia.
c) será escolhido pela Assembleia Geral de Credores.
d) perceberá remuneração fixada pelo Comitê de Credores.

24.11.8. Relatório final do administrador judicial

1. (VUNESP — MPE/ES — Promotor de Justiça — 2013) Julgadas as contas do administrador judicial, ele apresentará o relatório final da falência, indicando o valor do ativo e o produto de sua realização, o valor do passivo e o dos pagamentos feitos aos credores e especificará justificadamente as responsabilidades com que continuará o falido. O prazo fixado em lei para que o administrador judicial apresente o referido relatório é de:

a) 45 dias.
b) 15 dias.
c) 10 dias.
d) 5 dias.
e) 60 dias.

24.11.9. Encerramento da falência

1. (CESPE/UnB — OAB/SP — 2009) Com relação ao encerramento da falência, assinale a opção correta.

a) Da sentença de encerramento da falência caberá apelação.
b) A falência somente se encerra após a extinção de todas as obrigações do falido.
c) Para o encerramento, o administrador judicial deverá apresentar as contas, acompanhadas dos documentos comprobatórios, nos próprios autos da falência.
d) As contas do administrador judicial poderão ser impugnadas no prazo de 5 dias, contados da data de sua apresentação ao juízo da falência.

2. (FGV — OAB — XIII Exame Unificado — 2014) A assembleia geral de credores da sociedade falida "Concessionária de Veículos Pereira Ltda." aprovou, com o voto favorável de credores que representam 3/4 (três quartos) dos créditos presentes à assembleia, a constituição de sociedade formada pelos empregados do próprio devedor. Sobre esta modalidade de realização do ativo, assinale a afirmativa incorreta.

a) Os empregados que vierem a integrar a futura sociedade poderão utilizar créditos derivados da legislação do trabalho para a aquisição da empresa.
b) A constituição da sociedade formada pelos empregados do devedor depende da apresentação, pela massa falida, das certidões negativas de débitos tributários.
c) Os bens objeto de alienação estarão livres de quaisquer ônus e não haverá sucessão da sociedade formada pelos empregados nas obrigações do devedor.
d) A constituição de sociedade dos empregados do próprio devedor pode contar com a participação, se necessária, dos atuais sócios da falida ou de terceiros.

■ GABARITO ■

24.11.1. Finalidade

1. "d". Fundamento: art. 123, da Lei n. 11.101/2005, c/c art. 1.026 do Código Civil; e, ainda, art. 24, *caput*, também da Lei n. 11.101/2005.

24.11.2. Caracterização

1. "a". Fundamento: art. 120, da Lei de Recuperação e Falência.

2. "c". Fundamento: art. 6º, § 6º, incs. I e II, da Lei n. 11.101/2005.

3. "d". Alternativa em conformidade com o art. 94, inc. I, da Lei n. 11.101/2005.

24.11.3. Procedimento para a decretação da falência

1. "d". Fundamento: art. 98, da Lei n. 11.101/2005.

2. "c". Fundamento: art. 73, inc. IV, da Lei n. 11.101/2005.

3. "d". Fundamento: art. 100 da Lei n. 11.101/2005: "Art. 100. Da decisão que decreta a falência cabe agravo, e da sentença que julga a improcedência do pedido cabe apelação".

4. "b". O procedimento a ser adotado será o previsto no CPC. Nesse sentido, o art. 93, da Lei n. 11.101/2005.

5. "c". Fundamento: art. 98, parágrafo único, da Lei n. 11.101/2005.

6. "c". Fundamento: art. 117, da Lei de Recuperação e Falência.

7. "e". Fundamento: art. 5º, inc. I, art. 95 e art. 98, todos da Lei de Recuperação e Falência.

8. "b". Com fundamento no parágrafo único do art. 98, da Lei n. 11.101/2005: "Nos pedidos baseados nos incs. I e II do *caput* do art. 94 desta Lei, o devedor poderá, no prazo da contestação, depositar o valor correspondente ao total do crédito, acrescido de correção monetária, juros e honorários advocatícios, hipótese em que a falência não será decretada e, caso julgado procedente o pedido de falência, o juiz ordenará o levantamento do valor pelo autor".

24.11.4. Da ineficácia e da revogação de atos praticados antes da falência

1. "c". Fundamento: art. 128, da Lei n. 11.101/2005.

2. "b". Atos revogáveis, nos termos do art. 130, da Lei n. 11.101/2005.

3. "d". Fundamento: "Art. 129. São ineficazes em relação à massa falida, tenha ou não o contratante conhecimento do estado de crise econômico-financeira do devedor, seja ou não intenção deste fraudar credores (...) II — o pagamento de dívidas vencidas e exigíveis realizado dentro do termo legal, por qualquer forma que não seja a prevista pelo contrato;" (Lei n. 11.101/2005).

4. "d". Fundamento: art. 132 da Lei n. 11.101/2005, a "ação revocatória, de que trata o art. 130 desta Lei, deverá ser proposta pelo administrador judicial, por qualquer credor ou pelo Ministério Público no prazo de 3 (três) anos contado da decretação da falência".

5. "d". Em consonância ao art. 129, inc. II, da Lei n. 11.101/2005: "Art. 129. São ineficazes em relação à massa falida, tenha ou não o contratante conhecimento do estado de crise econômico--financeira do devedor, seja ou não intenção deste fraudar credores: (...) II — o pagamento de dívidas vencidas e exigíveis realizado dentro do termo legal, por qualquer forma que não seja a prevista pelo contrato;".

6. "b". É atribuição do Administrador Judicial a assunção em Juízo da representação da massa falida (art. 22, inc. III, alínea "n", da Lei n. 11.101/2005), devendo ajuizar ação revocatória no juízo falimentar pelo rito ordinário (art. 134 da LRF), para evitar prejuízos à massa, nos termos do art. 130, inclusive com a possibilidade de que seja deferido, como medida preventiva, o sequestro de bens "retirados do patrimônio do devedor que estejam em poder de terceiros" (art. 137). Logo, a conjugação dos dispositivos aqui referenciados recomenda como correta apenas a alternativa "b".

24.11.5. Efeitos da sentença constitutiva de falência

1. "c". Fundamento: art. 119, inc. VII, da Lei n. 11.101/2005 ("a falência do locador não resolve o contrato de locação e, na falência do locatário, o administrador judicial pode, a qualquer tempo, denunciar o contrato").

2. "a". Fundamento: arts. 6º, 77, 115 e 124, todos da Lei de Recuperação e Falência.

3. "c". Fundamento: item I, correto (art. 119, inc. VII); item II, incorreto (art. 85); item III, incorreto (art. 123); item IV, incorreto (art. 119, inc. IX).

4. "a". Fundamento: art. 85, da Lei de Recuperação e Falência.

5. "d". Fundamento: art. 116, incs. I e II, da Lei n. 11.101/2005.

6. "b". Fundamento: item I, incorreto (art. 119, inc. VII); itens II e III, corretos (art. 119, inc. IX); item IV, incorreto (art. 125); item V, correto (art. 120, *caput*, e seu § 1º). Todos os dispositivos mencionados pertencem à Lei de Recuperação e Falência.

7. "a". Alternativa em sintonia com o art. 103, *caput*, c/c art. 104, *caput*, e seu inc. III, ambos da Lei n. 11.101/2005.

8. "b". Com fundamento no art. 7º do DL 911/1969 c/c art. 85, *caput*, da Lei n. 11.101/2005.

24.11.6. Massa falida

1. "b". Fundamento: art. 84, inc. I-D, da Lei n. 11.101/2005.

2. "c". Fundamento: art. 84, inc. IV, da Lei n. 11.101/2005.

3. "a". Fundamento: art. 83, da Lei n. 11.101/2005.

4. "a". Fundamento: art. 84, inc. V, da Lei n. 11.101/2005.

5. "a". Fundamento: art. 84, inc. II, da Lei n. 11.101/2005.

6. "a". Fundamento: art. 83, inc. VI, alínea "c", da Lei n. 11.101/2005.

7. "b". Fundamento: art. 83, inc. II, da Lei n. 11.101/2005.

8. "c". Fundamento: art. 83, incs. II e III, da Lei n. 11.101/2005.

9. "e". Única alternativa em consonância com o disposto no art. 83, da Lei n. 11.101/2005.

10. "a". Em sintonia com a literalidade do inc. II, do art. 116, da Lei n. 11.101/2005: "Art. 116. A decretação da falência suspende: (...) II — o exercício do direito de retirada ou de recebimento do valor de suas quotas ou ações, por parte dos sócios da sociedade falida."

11. "c". Item II correto de acordo com o quanto decididido no Tema 637 (STJ): "os créditos resultantes de honorários advocatícios têm natureza alimentar e equiparam-se aos trabalhistas para efeito de habilitação em falência, seja pela regência do Decreto-Lei n. 7.661/1945, seja pela forma prevista na Lei n. 11.101/2005, observado o limite de valor previsto no art. 83, inciso I, do referido Diploma legal"; Item III também correto, eis que compatível com o teor da Súmula 581 do STJ: "A recuperação judicial do devedor principal não impede o prosseguimento das ações e execuções ajuizadas contra terceiros devedores solidários ou coobrigados em geral, por garantia cambial, real ou fidejussória"; confira-se, ainda, a ementa seguinte: "RECURSO ESPECIAL. DIREITO DE EMPRESA. PLANO DE RECUPERAÇÃO JUDICIAL HOMOLOGADO. **SUSPENSÃO DOS PROTESTOS TIRADOS EM FACE DA RECUPERANDA. CABIMENTO**. CONSEQUÊNCIA DIRETA DA NOVAÇÃO SOB CONDIÇÃO RESOLUTIVA. CANCELAMENTO DOS PROTESTOS EM FACE DOS COOBRIGADOS. DESCABIMENTO. RAZÕES DE DECIDIR DO TEMA 885/STJ. PARCELAMFNTO DOS CRÉDITOS EM 14 ANOS. CORREÇÃO MONETÁRIA PELA TR MAIS JUROS DE 1% AO ANO. CONTEÚDO ECONÔMICO DO PLANO DE RECUPERAÇÃO. REVISÃO JUDICIAL. DESCABIMENTO. INAPLICABILIDADE DA SÚMULA 8/STJ À RECUPERAÇÃO JUDICIAL.[4]

[4] "RECURSO ESPECIAL. DIREITO DE EMPRESA. PLANO DE RECUPERAÇÃO JUDICIAL HOMOLOGADO. **SUSPENSÃO DOS PROTESTOS TIRADOS EM FACE DA RECUPERANDA. CABIMENTO. CONSEQUÊNCIA DIRETA DA NOVAÇÃO SOB CONDIÇÃO RESOLUTIVA**. CANCELAMENTO DOS PROTESTOS EM FACE DOS COOBRIGADOS. DESCABIMENTO. RAZÕES DE DECIDIR DO TEMA 885/STJ. PARCELAMENTO DOS CRÉDITOS EM 14 ANOS. CORREÇÃO MONETÁRIA PELA TR MAIS JUROS DE 1% AO ANO. CONTEÚDO ECONÔMICO DO PLANO DE RECUPERAÇÃO. REVISÃO JUDICIAL. DESCABIMENTO. INAPLICABILIDADE DA SÚMULA 8/STJ À RECUPERAÇÃO JUDICIAL.1. Controvérsia acerca da validade de um plano de recuperação judicial, na parte em que prevista a suspensão dos protestos e a atualização dos créditos por meio de TR + 1% ao ano, com prazo de pagamento de 14 anos. 2. Nos termos da tese firmada no julgamento do Tema 885/STJ: "A recuperação judicial do devedor principal não impede o prosseguimento das execuções nem induz suspensão ou extinção de ações ajuizadas contra terceiros devedores solidários ou coobrigados em geral, por garantia cambial, real ou fidejussória, pois não se lhes aplicam a suspensão prevista nos arts. 6º, caput, e 52, inciso III, ou a novação a que se refere o art. 59, caput, por força do que dispõe o art. 49, § 1º, todos da Lei n. 11.101/2005". 3. Descabimento da suspensão dos protestos tirados em face dos coobrigados pelos créditos da empresa recuperanda. Aplicação das razões de decidir do precedente qualificado que deu origem ao supramencionado Tema 885/STJ.4. "Não compete ao juiz deixar de conceder a recuperação judicial ou de homologar a extrajudicial com fundamento na análise econômico-financeira do plano de recuperação aprovado pelos credores" (Enunciado n. 46 da I Jornada de Direito Comercial do CJF). Julgados desta Corte Superior nesse sentido.5. Descabimento da revisão judicial da taxa de juros e do índice de correção monetária aprovados pelos credores, em respeito à soberania da assembleia geral.6. Inaplicabilidade ao caso do entendimento desta Corte Superior acerca do descabimento da utilização da TR como índice de correção monetária de benefícios de previdência privada, tendo em vista a diferença entre a natureza jurídica de o contrato de previdência privada e a de um plano de recuperação judicial.7. Inaplicabilidade do entendimento consolidado na Súmula 8/STJ ("aplica-se a correção monetária aos créditos habilitados em concordata preventiva...") à recuperação judicial, em face da natureza jurídica absolutamente distinta da concordata (favor legal) em relação ao plano de recuperação judicial (negócio jurídico plurilateral). Doutrina sobre o tema.8. RECURSO ESPECIAL PARCIALMENTE PROVIDO." (REsp 1,630.932 – SP, 3ª. Turma, Rel. Min. Paulo de Tarso Sanseverino, *DJe* 01/07/2019, grifou-se); item IV incorrento, pois em desconformidade com o teor da Súmula 258 do STJ: "A nota promissória vinculada a contrato de abertura de crédito não goza de autonomia em razão da iliquidez do título que a originou". Item I incorreto, diante do precedente seguinte, também no âmbito do STJ: "CIVIL E PROCESSUAL CIVIL.

24.11.7. Prestação de contas

1. "b". Fundamento: art. 21, *caput*, da Lei n. 11.101/2005.

24.11.8. Relatório final do administrador judicial

1. "c". Fundamento: art. 155, da Lei n. 11.101/2005.

24.11.9. Encerramento da falência

1. "a". Fundamento: art. 156, parágrafo único, da Lei n. 11.101/2005.

2. "b". Alternativa incorreta, pois a contrariar a literalidade do art. 146, da Lei de Recuperação e Falência. As demais alternativas estão corretas, porque reproduziram a letra do art. 145, *caput*, e §§ 1º e 2º, do mesmo diploma legal.

RECURSO ESPECIAL. ASSOCIAÇÃO CIVIL. PERSONALIDADE JURÍDICA. DESCONSIDERAÇÃO. RESPONSABILIDADE SUBSIDIÁRIA. ART. 1.023 DO CC/02. NÃO APLICÁVEL.1. Recurso especial interposto em 15/08/2012 e atribuído a este gabinete em 25/08/2016.2. Associações civis são caracterizadas pela união de pessoas que se organizam para a execução de atividades sem fins lucrativos. Sociedades simples são formas de execução de atividade empresária, com finalidade lucrativa. 3. Art. 1.023 do CC/02 aplicável somente às sociedades simples.4. Recurso especial a que se nega provimento." (STJ, 3ª. Turma, Rel. Min. Nancy Andrighi, *DJe* 11/04/2017),

25

RECUPERAÇÃO JUDICIAL

Desde o início desta obra, destaca-se o princípio orientador básico do Direito Empresarial: a **preservação da empresa**. A empresa não se confunde com o empresário, seu titular. É o instrumento de trabalho dele e termina por desempenhar **relevante papel social e econômico**, na medida em que gera empregos, produz e faz circular bens e serviços, urbaniza seus arredores, gera tributos, entre outras atribuições. Assim, a empresa acaba se tornando um instrumento que atende ao **interesse da coletividade** e, por isso, passa a ter proteção mais ampla. Essa proteção visa **evitar o encerramento** das suas atividades, possibilitando seu soerguimento nas mãos do próprio empresário, na recuperação judicial, ou por meio do arrematante da empresa, na falência.

■ 25.1. FINALIDADE

O teor do art. 47, da Lei n. 11.101/2005, dá conta da intenção legislativa de **prestigiar a preservação** da empresa. Dispõe o seu conteúdo: "A recuperação judicial tem por objetivo **viabilizar a superação** da situação de crise econômico-financeira do devedor, a fim de permitir a **manutenção** da fonte produtora, do emprego dos trabalhadores e dos interesses dos credores, promovendo, assim, a **preservação** da empresa, sua **função social** e o **estímulo** à atividade econômica".

A recuperação judicial busca, então:

a) **um objetivo**: viabilizar a superação da situação de crise econômico-financeira do devedor;
b) **três estratégias** de atuação: permitir a manutenção da fonte produtora, permitir a manutenção do emprego dos trabalhadores e permitir a proteção dos interesses dos credores;
c) **três consequências**: a preservação da empresa, sua função social e o estímulo à atividade econômica.

Pode-se dizer, então, que são **sete os objetivos**, pois todos os comandos do art. 47 estão relacionados à oportunidade que se confere ao empresário de **manter-se no mercado**, superando a crise econômico-financeira pela qual está passando. Todavia, existem etapas do procedimento necessárias à superação da crise. Por isso, a análise em **três grupos**: primeiro, o objetivo genérico (superar a crise); depois, os objetivos específicos (manter produção, empregos e interesses dos credores); por último, os resultados desejados (preservar: empresa, função social e estímulo à economia).

A interpretação de todos os artigos da Lei n. 11.101/2005 deverá estar em **sintonia** com os resultados desejados na recuperação judicial. **Preservar a empresa é a meta** a ser alcançada na aplicação da atual legislação recuperacional. Desse modo, as soluções trazidas pelos aplicadores do direito, com base nessa legislação, serão mais adequadas quando mantiverem a empresa **em funcionamento**.

O que a Lei n. 11.101/2005 estabelece é um verdadeiro **direito subjetivo à recuperação judicial** para o empresário que já tenha registro e esteja em funcionamento **há mais de dois anos**. É um direito subjetivo porque, uma vez preenchidos os pressupostos legais, tal empresário tem em seu patrimônio jurídico o direito de recuperar-se, com os devidos privilégios legais, caso enfrente um estado de crise econômico-financeira.

E mais. A Lei n. 11.101/2005 estabelece um procedimento de **jurisdição voluntária**, ao criar o processo de recuperação judicial, uma vez que nele **não há litígio**. Como será estudado, a recuperação judicial depende da **aquiescência da maioria** dos credores, e não de decisões judiciais. Tem-se um processo em que há um autor e **nenhum réu**, já que os credores que vierem a ser alcançados pela nova fórmula de pagamento dos débitos, o plano de recuperação judicial, são os **juízes da causa**, e não os seus réus. Diante disso, conclui-se que o **devedor empresário, registrado há mais de dois**, que esteja **em crise econômico-financeira**, poderá requerer em juízo sua **recuperação judicial**; uma vez deferido o processamento, poderá apresentar **proposta alternativa** de pagamento dos seus débitos, situação em que os credores serão intimados da proposta e poderão acatá-la ou não. Ao juiz incumbirá **dirigir o feito e ratificar as deliberações dos credores**, observando os ditames legais quanto ao procedimento e aos pressupostos formais e materiais. Esquematizando as **finalidades da recuperação** judicial:

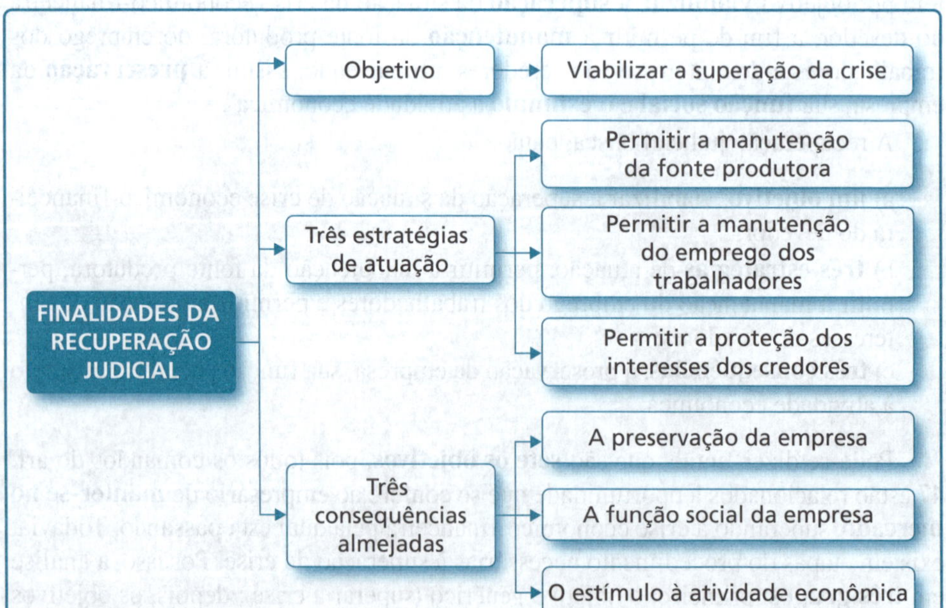

■ 25.2. PRESSUPOSTOS

Os **pressupostos** da recuperação judicial estão previstos no art. 48, da Lei n. 11.101/2005. A primeira análise que se deve fazer incide sobre a **legitimidade do requerente**. O art. 1º, da Lei n. 11.101/2005, estabelece que a referida lei se aplica somente aos **empresários e sociedades empresárias**. Desse modo, é preciso avaliar se o devedor que busca sua recuperação judicial é empresário. Considerando que a recuperação judicial é um **benefício legal**, o **registro** do empresário no Registro Público de Empresas Mercantis (art. 1.150, do CC; e Lei n. 8.934/94) **é indispensável** para o acesso aos favores da lei. No caso, além do registro regular, o empresário deverá estar em **atividade há mais de dois anos**.

Assim, constatado que o beneficiado pela recuperação judicial é empresário, torna-se preciso esclarecer que tanto ele quanto as pessoas indicadas no § 1º, do art. 48, da Lei n. 11.101/2005, poderão requerer o favor legal. Confira-se a **tabela dos legitimados**:

LEGITIMADOS A REQUERER A RECUPERAÇÃO JUDICIAL
a) o próprio devedor;
b) o cônjuge sobrevivente;
c) os herdeiros do devedor;
d) o inventariante;
e) o sócio remanescente.

Fonte: art. 48, § 1º, da Lei n. 11.101/2005.

Além da legitimidade ativa, a Lei n. 11.101/2005 exige **cinco pressupostos**, sendo **um requisito** e **quatro impedimentos**, conforme os tópicos a seguir.

■ 25.2.1. Requisito único

O art. 48, *caput*, da Lei n. 11.101/2005, define o **único requisito** para o requerimento da recuperação judicial: "poderá requerer recuperação judicial o devedor que, no momento do pedido, exerça regularmente suas atividades há mais de 2 (dois) anos e que atenda aos seguintes requisitos, cumulativamente...".

O único requisito para o pedido de recuperação judicial é a **prova** de que, no momento do pedido, o devedor comprove o **exercício regular de atividade empresarial há mais de 2 anos**. A expressão regular diz respeito ao registro (formal) e ao exercício de fato da atividade empresarial (material). Destarte, este único requisito possui **dois elementos**: a) **formal** — o **registro** no órgão competente há mais de 2 anos — Junta Comercial; b) **material** — o **exercício real** da atividade há mais de 2 anos.

O texto da lei e, por vezes, a Doutrina e a Jurisprudência chamam de requisitos todos os pressupostos do art. 48. O que ocorre, de fato, é a exigência de **um requisito** apenas. Os incisos do referido artigo exigirão o não enquadramento do devedor nas situações ali descritas, isto é, a **incidência** dele em alguma das hipóteses delineadas **impedirá o deferimento** do processamento da recuperação judicial e, consequentemente, sua concessão.

Apesar da literalidade do *caput*, do art. 48, ora em comento, verifique-se que **há precedente do STJ a fazer prevalecer o exercício real da atividade**, ainda que não delineado o período mínimo de registro. Confira-se:

> "**Empresário rural**. Regularidade do exercício da atividade anterior ao registro do empreendedor. Pedido de recuperação judicial. **Cômputo do período de exercício da atividade rural anterior ao registro. Possibilidade**. O cômputo do período de dois anos de exercício da atividade econômica, para fins de recuperação judicial, nos termos do art. 48 da Lei n. 11.101/2005, aplicável ao produtor rural, inclui aquele anterior ao registro do empreendedor." (STJ, Informativo 664, REsp 1.800.032-MT, Rel. Min. Marco Buzzi, Rel. Acd. Min. Raul Araújo, Quarta Turma, por maioria, julgado em 05/11/2019, *DJe* 10/02/2020)

A **Lei n. 14.112/2020**, ao atualizar e inserir parágrafos no art. 48 da Lei n. 11.101/2005, **especificamente para a atividade rural**, concentrou **na contabilidade** dos empreendimentos o modo de comprovação do prazo de 02 (dois) anos de atividade econômica, como requisito temporal único para o pedido de recuperação judicial:

> "§ 2º No caso de **exercício de atividade rural** por pessoa jurídica, admite-se a **comprovação do prazo** estabelecido no *caput* deste artigo por meio da **Escrituração Contábil Fiscal (ECF)**, ou por meio de obrigação legal de **registros contábeis** que venha a substituir a ECF, entregue tempestivamente.
>
> § 3º Para a comprovação do prazo estabelecido no *caput* deste artigo, o **cálculo do período** de exercício de atividade rural por pessoa física é feito com **base no Livro Caixa** Digital do Produtor Rural (LCDPR), ou por meio de obrigação legal de registros contábeis que venha a substituir o LCDPR, e pela Declaração do Imposto sobre a Renda da Pessoa Física (DIRPF) e balanço patrimonial, todos entregues tempestivamente.
>
> § 4º Para efeito do disposto no § 3º deste artigo, no que diz respeito ao período em que não for exigível a entrega do LCDPR, **admitir-se-á a entrega do livro-caixa utilizado para a elaboração da DIRPF**.
>
> § 5º Para os fins de atendimento ao disposto nos §§ 2º e 3º deste artigo, as informações contábeis relativas a receitas, a bens, a despesas, a custos e a dívidas deverão estar organizadas de acordo com a legislação e com o **padrão contábil da legislação correlata** vigente, bem como guardar obediência ao regime de competência e de elaboração de balanço patrimonial por contador habilitado".

Os incisos do art. 48, da Lei n. 11.101/2005, delineiam **impedimentos** ao deferimento da recuperação judicial a quem já ostenta o requisito que consta do *caput*, de referido artigo. Ocorre que a negativa que consta de cada inciso **transforma o impedimento em requisito**, pois o impedimento "estar falido" é substituído pelo requisito "não estar falido".

Esquematizando os **pressupostos da recuperação** judicial:

REQUISITO ÚNICO — FORMAL-MATERIAL

Formal — o registro no órgão competente há mais de 2 (dois) anos

Material — o exercício real da atividade há mais de 2 (dois) anos

■ 25.2.2. Impedimentos

Os **impedimentos** ao deferimento da recuperação judicial, então, constam dos incisos, do art. 48, da Lei n. 11.101/2005, e são:

1º) **estar falido**, salvo se já foram julgadas extintas as suas obrigações, nos termos do art. 158, da Lei n. 11.101/2005;

2º) ter obtido concessão de recuperação judicial, nos últimos 5 (cinco) anos;

3º) ter obtido concessão de recuperação judicial com base no plano especial, nos últimos 5 (cinco) anos, conforme redação dada pela Lei Complementar n. 147/2014;

4º) ter sido **condenado** ou ter, como administrador ou sócio controlador, pessoa condenada por **qualquer dos crimes falimentares**, salvo se já tiver ocorrido a **reabilitação criminal**, nos termos do art. 181, § 1º, da Lei n. 11.101/2005.

Esquematiza-se, a seguir, os **pressupostos** na modalidade de **impedimentos à concessão** da recuperação judicial.

Basta que ocorra **apenas um dos impedimentos** para que a recuperação judicial já não possa ter seu processamento deferido pelo juiz. Por isso, os impedimentos aparecem como requisitos, determinando a norma que eles **não poderão existir**, por ocasião do **pedido** de recuperação judicial. Resumindo:

PRESSUPOSTOS DO REQUERIMENTO DE RECUPERAÇÃO JUDICIAL (CUMULATIVOS)
1º) Exercício regular das atividades da empresa há mais de 2 (dois) anos.
2º) O devedor não pode estar falido, salvo se já estiverem declaradas extintas, por sentença transitada em julgado, as responsabilidades decorrentes de sua atividade.
3º) O devedor não pode ter obtido concessão de recuperação judicial, nos últimos 5 (cinco) anos.
4º) O devedor não pode ter obtido concessão de recuperação judicial com base no plano especial de ME e de EPP, nos últimos 5 (cinco) anos.
5º) O devedor não pode ter sido condenado nem ter, como administrador ou sócio controlador, pessoa condenada por qualquer dos crimes falimentares.

Fonte: art. 48, da Lei n. 11.101/2005.

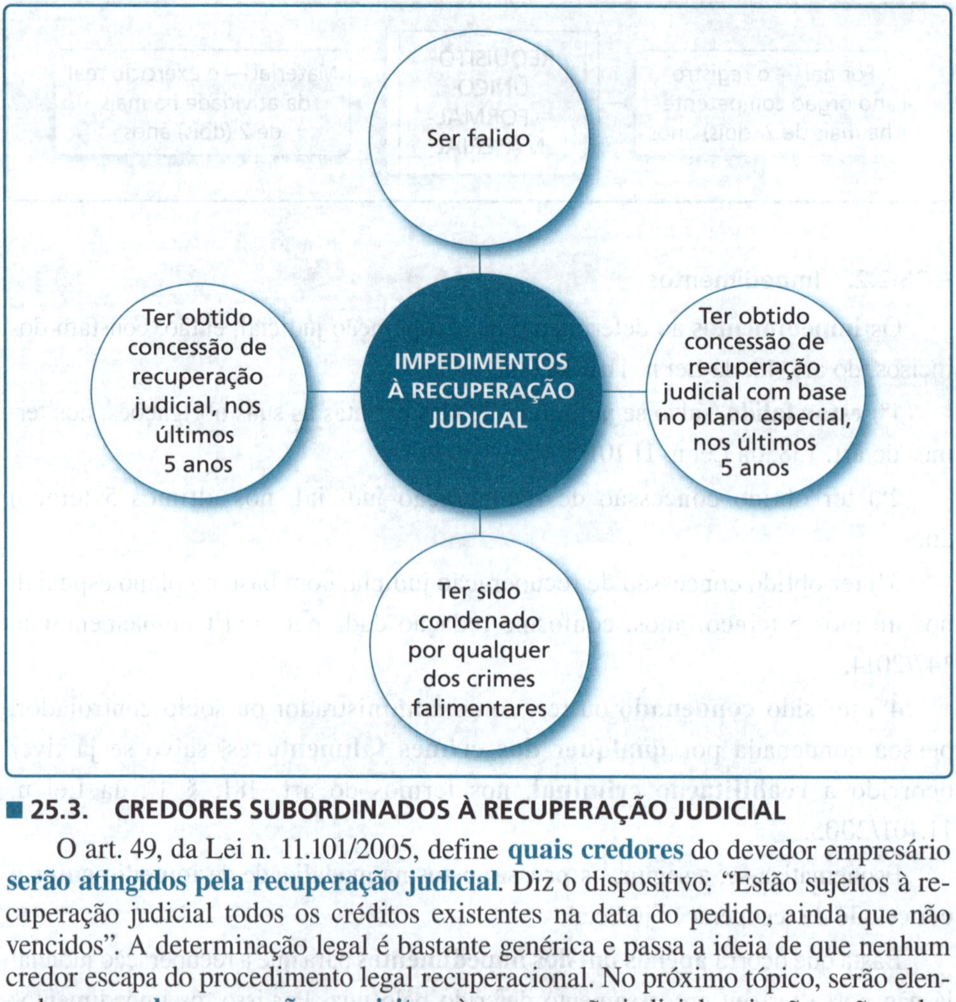

■ 25.3. CREDORES SUBORDINADOS À RECUPERAÇÃO JUDICIAL

O art. 49, da Lei n. 11.101/2005, define **quais credores** do devedor empresário **serão atingidos pela recuperação judicial**. Diz o dispositivo: "Estão sujeitos à recuperação judicial todos os créditos existentes na data do pedido, ainda que não vencidos". A determinação legal é bastante genérica e passa a ideia de que nenhum credor escapa do procedimento legal recuperacional. No próximo tópico, serão elencados os **credores que não se sujeitam** à recuperação judicial, pois não serão todos eles submetidos à recuperação judicial.

A crise econômico-financeira enfrentada pelo devedor empresário pode exigir um **redimensionamento de suas dívidas** com todos os credores, ou com apenas alguns deles. O que a norma legal está autorizando é que todos os credores do empresário possam ser alcançados e submetidos à proposta dele, o que lhe confere uma maior vantagem no momento de buscar negociar a aprovação do seu plano de recuperação judicial, definindo **quais credores precisarão ser atingidos**.

Em relação aos **credores atingidos** pelo plano de recuperação judicial, a Lei n. 11.101/2005 estabelece as seguintes **regras**:

1) **Todos os credores existentes à época do pedido serão alcançados.** "Estão sujeitos à recuperação judicial todos os créditos existentes na data do pedido, ainda que não vencidos" (art. 49, *caput*).

2) **Os credores poderão exigir seus direitos e privilégios contra os garantes da recuperanda.** "Os credores do devedor em recuperação judicial conservam seus direitos e privilégios contra os coobrigados, fiadores e obrigados de regresso" (art. 49, § 1º).

3) **Os credores têm direito aos seus créditos na forma originalmente contratada.** "As obrigações anteriores à recuperação judicial observarão as condições originalmente contratadas ou definidas em lei, inclusive no que diz respeito aos encargos, salvo se de modo diverso ficar estabelecido no plano de recuperação judicial" (art. 49, § 2º).

4) Os credores garantidos por títulos financeiros, que tenham vencimento até 180 dias após o deferimento do processamento, poderão ter sua garantia substituída ou renovada, à medida em que a recuperanda comece a recebê-los, ou os valores recebidos deverão ficar depositados em conta vinculada ao pagamento deles. "Tratando-se de crédito garantido por penhor sobre títulos de crédito, direitos creditórios, aplicações financeiras ou valores mobiliários, poderão ser substituídas ou renovadas as garantias liquidadas ou vencidas durante a recuperação judicial e, enquanto não renovadas ou substituídas, o valor eventualmente recebido em pagamento das garantias permanecerá em conta vinculada durante o período de suspensão de que trata o § 4º do art. 6º desta Lei" (art. 49, § 5º). Nesse caso, para ter direito aos valores recebidos, a recuperanda deverá, alternativamente: a) substituir as garantias; b) quitar os débitos; c) ou aprovar plano de recuperação judicial que nove as obrigações, dispensando as garantias.

5) Especificamente **em relação aos empreendedores** que explorem **atividade rural, a Lei n. 14.112/2020**, ao acrescentar os §§ 6º, 7º e 8º, ao art. 48, da Lei n. 11.101/2005, **condicionou a possibilidade de inclusão de crédito decorrente de financiamento rural**, nos termos da Lei n. 4.829/65, à **inexistência de renegociação da dívida e ainda e do decurso do prazo de 3 (três) anos (da constituição da dívida** até a data do pedido de recuperação judicial), para o financiamento que tenha sido utilizado para a **aquisição de propriedades rurais**: "§ 6º Nas hipóteses de que tratam os §§ 2º e 3º do art. 48 desta Lei, somente estarão **sujeitos à recuperação judicial os créditos** que decorram **exclusivamente da atividade rural** e estejam discriminados nos documentos a que se referem os citados parágrafos, ainda que não vencidos. § 7º **Não se sujeitarão** aos efeitos da recuperação judicial os recursos controlados e abrangidos nos termos dos arts. 14 e 21 da Lei nº 4.829, de 5 de novembro de 1965. § 8º Estarão sujeitos à recuperação judicial os recursos de que trata o § 7º deste artigo que **não tenham sido objeto de renegociação** entre o devedor e a instituição financeira antes do pedido de recuperação judicial, na forma de ato do Poder Executivo. § 9º Não se enquadrará nos créditos referidos no *caput* deste artigo aquele relativo à **dívida constituída nos 3 (três) últimos anos** anteriores ao pedido de recuperação judicial, que tenha sido contraída com a finalidade de aquisição de propriedades rurais, bem como as respectivas garantias".

6) **Os credores com garantia real têm que aprovar a supressão ou substituição dela.** "Na alienação de bem objeto de garantia real, a supressão da garantia ou sua substituição somente serão admitidas mediante aprovação expressa do credor titular da respectiva garantia" (art. 50, § 1º).

7) Os credores de **crédito em moeda estrangeira** têm direito à conversão para a moeda nacional pelo **câmbio do dia do pagamento**, **salvo se aprovarem expressamente previsão diversa.** "Nos créditos em moeda estrangeira, a variação cambial será conservada como parâmetro de indexação da correspondente obrigação e só poderá ser afastada se o credor titular do respectivo crédito aprovar expressamente previsão diversa no plano de recuperação judicial" (art. 50, § 2º).

8) A **Lei n. 14.112/2020 trouxe 2 (dois) novos meios de promoção** da reestruturação do devedor em crise financeira: primeiro, a **conversão da dívida em capital social**, possibilitando aos credores ingressarem no empreendimento como novos só-

cios/acionistas se isso lhes convier; segundo, **"venda integral da devedora" como "unidade produtiva isolada"**, desde que garantida a satisfação dos **créditos dos dissidentes em relação à aprovação do plano** e também dos créditos não sujeitos ao referido plano de recuperação em condições similares ao da apuração dos créditos numa prospectiva falência (inc. XVII e XVIII, do art. 50): "conversão de dívida em capital social; (...) venda integral da devedora, desde que garantidas aos credores não submetidos ou não aderentes condições, no mínimo, equivalentes àquelas que teriam na falência, hipótese em que será, para todos os fins, considerada unidade produtiva isolada".

9) **Os credores têm a faculdade de constituírem o Comitê de Credores.** "Deferido o processamento da recuperação judicial, os credores poderão, a qualquer tempo, requerer a convocação de assembleia geral para a constituição do Comitê de Credores ou substituição de seus membros, observado o disposto no § 2º do art. 36 desta Lei" (art. 52, § 2º).

10) **Os credores têm a faculdade de deliberar pela convolação da recuperação judicial em falência.** "O devedor não poderá desistir do pedido de recuperação judicial após o deferimento de seu processamento, salvo se obtiver aprovação da desistência na assembleia geral de credores" (art. 52, § 4º).

Esquematizando as **regras aplicáveis** aos créditos atingidos pela recuperação judicial:

■ 25.3.1. Credores não alcançados pela recuperação judicial

A Lei n. 11.101/2005 **exclui do alcance da recuperação judicial** alguns credores. Em resumo, todo credor que tem **direito à restituição** de bens e de dinheiro na falência também estará **fora do alcance** da recuperação judicial, salvo aqueles credores com direito a restituição que somente existir na falência.

Há créditos, portanto, que **não se submeterão** aos efeitos da recuperação judicial, cujos **direitos de propriedade prevalecerão** sobre a coisa e que terão mantidas as condições contratuais[1], **não se permitindo**, contudo, durante o prazo de suspensão a que se refere o § 4º, do art. 6º, da Lei n. 11.101/2005 (suspensão do curso da prescrição e de todas as ações e execuções em face do devedor, pelo prazo de 180 dias, com a possibilidade de **prorrogação por igual período, uma única vez**, em relação ao Plano de Recuperação Judicial originariamente proposto e, ainda, **um terceiro período de mais 180 dias** em caso de **Plano Alternativo** apresentado pelos credores), a **venda, ou a retirada do estabelecimento** do devedor, dos bens de capital essenciais[2] a sua atividade empresarial e a "retenção, arresto, penhora, sequestro, busca e apreensão e constrição judicial ou extrajudicial sobre os bens do devedor, oriunda de demandas judiciais ou extrajudiciais cujos créditos ou obrigações sujeitem-se à recuperação judicial".

Destarte, o fato de um **crédito não ser atingido** pela recuperação judicial **não confere** ao seu titular o **direito de prosseguir sem ressalvas na constrição de patrimônio do devedor ou de retirar do patrimônio da empresa** o bem que lhe pertença ou que seja objeto do seu contrato, ao menos pelos 360 dias seguintes ao deferimento do processamento do benefício legal.

A recuperação judicial, segundo os §§ 3º e 4º, do art. 49, e o art. 57, da Lei n. 11.101/2005, **não atingirá o crédito** quando se tratar de:

---

[1] Colhe-se da leitura do Informativo 665, no âmbito do STJ, precedente interessante em que se discutiu sobre a submissão ou não do crédito decorrente do não repasse dos prêmios em contrato de representação de seguro ao rito recuperacional. Em princípio, tendo em vista que a empresa em recuperação — representante da seguradora — ultimou por receber os valores dos prêmios como depositária, devendo devolvê-los nos limites e termos do contrato de representação, tais valores poderiam ser considerados como não pertecentes ao patrimônio disponível da recuperanda. Entretanto, no caso particular, por se tratar de depósito de coisa fungível, a apropriação da coisa significou a transferência do domínio (art. 627 c/c art. 645, ambos do CC), razão pela qual incabível, excepcionalmente, manter-se a indisponibilidade das quantias e a posterior restituição de valores, e, por consequência, a possibilidade de sujeição do crédito da seguradora aos efeitos da PRJ eventualmente aprovado e homologado. Confira-se: "Conclui-se, assim, que o representante de seguro, ao ter em sua guarda determinada soma de dinheiro, em caráter provisório e com a incumbência de entregá-la à sociedade de seguros, assim o faz na condição de depositário, cujo tratamento legal, em se tratando de bem móvel fungível, como é a pecúnia, determina a transferência de propriedade, a ensejar, por consequência, a submissão de seu credor ao concurso recuperacional necessariamente" (REsp 1.559.595-MG, Rel. Min. Marco Aurélio Bellizze, Terceira Turma, por unanimidade, julgado em 10/12/2019, *DJe* 13/12/2019).

[2] O Enunciado 99, da III Jornada de Direito Empresarial, delimitou que caberá ao devedor, beneficiado com o rito recuperacional, a demonstração da essencialidade do bem, para evitar sua retomada imediata: "Para fins de aplicação da parte final do art. **49**, **§ 3º**, da Lei n. **11.101/2005**, é do devedor o ônus da prova da essencialidade do bem".

1) **Credor titular da posição de proprietário fiduciário de bens móveis ou imóveis** (art. 49, § 3º). Isso decorre do direito que esse credor tem de se tornar **proprietário pleno do bem**, dado em garantia fiduciária, caso o devedor fique inadimplente. A recuperação judicial não suprime da instituição financeira fiduciária tal direito sobre o bem.

2) **Arrendador mercantil — *leasing*** (art. 49, § 3º). A instituição financeira **proprietária do bem** objeto do contrato de *leasing* também não tem suprimido seu direito de propriedade sobre o bem dado em aluguel, com opção de compra, ao devedor empresário. Desse modo, passados os 180 dias de suspensão das ações e execuções, poderá a instituição financeira **credora reintegrar-se na posse** do bem, caso a recuperanda deixe de pagar as prestações.

A ressalva, consistente na **impossibilidade de se retirar o bem** objeto do contrato de *leasing* **durante os 180 dias** de suspensão das ações e execuções **(com a possibilidade de prorrogação por mais 180 dias em relação ao PRJ originariamente proposto)**, bem como a suspensão do exercício dos direitos derivados do referido contrato, **não se aplica** a contratos que tenham por objeto **aeronaves e suas partes**, caso seja a recuperanda uma **empresa de transporte aéreo**. Assim, na hipótese tratada, além de o bem objeto do contrato de *leasing* não ser atingido, não se suspenderão os efeitos do referido contrato, em razão da recuperação judicial. É o que determinam os §§ 1º e 2º, do art. 199, da Lei n. 11.101/2005, nos seguintes termos: "§ 1º — Na recuperação judicial e na falência das sociedades de que trata o *caput* deste artigo, em nenhuma hipótese ficará suspenso o exercício de direitos derivados de contratos de locação, arrendamento mercantil ou de qualquer outra modalidade de arrendamento de aeronaves ou de suas partes. § 2º Os créditos decorrentes dos contratos mencionados no § 1º deste artigo não se submeterão aos efeitos da recuperação judicial ou extrajudicial, prevalecendo os direitos de propriedade sobre a coisa e as condições contratuais, não se lhes aplicando a ressalva contida na parte final do § 3º do art. 49 desta Lei".

3) **Proprietário ou promitente vendedor de imóvel** (art. 49, § 3º) cujos respectivos contratos contenham cláusula de **irrevogabilidade ou irretratabilidade**, inclusive em incorporações imobiliárias. Nesse caso, aplicam-se as regras previstas nos arts. 1.225 e 1.417, do Código Civil, que tratam o promitente comprador como **titular de direito real à aquisição**, de modo que o cumprimento do contrato por ele lhe confere direito de propriedade plena sobre o bem. Por isso, considerando que mesmo a decretação da falência não atingiria os contratos relativos à compra e venda de bens imóveis, muito menos a recuperação judicial poderia atingir tais contratos. Trata-se, aqui, de proteção do direito **constitucional à moradia e à propriedade privada**.

4) **Proprietário em contrato de venda com reserva de domínio** (art. 49, § 3º). Pelos mesmos motivos esboçados quanto à propriedade fiduciária, aquele que vendeu bem à recuperanda, reservando-se o domínio do objeto, para o caso de inadimplemento, também não será alcançado pela recuperação judicial, pois a **propriedade do bem seria consolidada nas mãos** do referido credor, se inadimplido o contrato.

5) **Credores fiscais.** A exclusão do crédito fiscal decorre do que dispõe o **art. 57**, da Lei n. 11.101/2005. Nele, o legislador definiu que: "Após a juntada aos autos do plano

aprovado pela assembleia geral de credores ou decorrido o prazo previsto no art. 55 desta Lei sem objeção de credores, o devedor apresentará **certidões negativas de débitos** tributários nos termos dos **arts. 151, 205, 206 da Lei n. 5.172, de 25 de outubro de 1966** — Código Tributário Nacional". Em outras palavras, se o texto legal exige a apresentação de certidões negativas de débitos tributários (**federais, estaduais e municipais**) para que seja deferida a recuperação judicial, o que se está a exigir é a **comprovação da quitação**, da inexistência de débitos tributários. Assim, os débitos tributários deveriam estar quitados, para que fosse possível a concessão da recuperação judicial, o que leva à conclusão de que eles **não serão atingidos** pela recuperação judicial, devendo o credor tributário continuar sua persecução fiscal normalmente nos juízos especializados.

Ocorre que o art. 68, da Lei n. 11.101/2005, estabelece que: "As Fazendas Públicas e o Instituto Nacional do Seguro Social — INSS poderão deferir, nos termos da legislação específica, **parcelamento de seus créditos**, em sede de recuperação judicial, de acordo com os parâmetros estabelecidos na Lei n. 5.172, de 25 de outubro de 1966 — Código Tributário Nacional". A Lei Complementar n. 147/2014 acrescentou um parágrafo único ao referido art. 68, o qual determina que "**as microempresas e empresas de pequeno porte farão jus a prazos 20% (vinte por cento) superiores** àqueles regularmente concedidos às demais empresas." Assim, a legislação específica que vier a tratar do parcelamento deverá observar o prazo privilegiado para os pequenos empresários.

A doutrina e a jurisprudência têm entendido que a Lei n. 11.101/2005 exigiu "**legislação específica**" que venha a tratar do "**parcelamento de créditos**, em sede de recuperação judicial". Tal parcelamento permitiria a concessão da recuperação judicial. Esse entendimento conformou o **Enunciado 55 do Conselho de Justiça Federal**, cujo teor é o seguinte: "O parcelamento do crédito tributário na recuperação judicial é um direito do contribuinte, e não uma faculdade da Fazenda Pública, e, enquanto não for editada lei específica, não é cabível a aplicação do disposto no art. 57 da Lei n. 11.101/2005 e no art. 191-A do CTN"[3].

6) **Credores de contratos de adiantamento de câmbio** (art. 49, § 4º, c/c art. 86, inc. II). As razões da exclusão de tal crédito são as mesmas que autorizam o pedido de restituição de referidos valores na falência. Como já mencionado, nesse tipo de contrato, uma instituição financeira **adianta ao empresário**, em moeda nacional, **crédito futuro** dele, o qual será recebido em moeda estrangeira, decorrente de exportação de mercadorias. Quando o **pagamento, em moeda estrangeira**, for efetuado, a entrada do dinheiro **quitará o valor** adiantado pela instituição financeira. A necessidade de dar estabilidade aos contratos que fomentam a atividade produtiva e de circulação de riqueza, especialmente por intermédio das instituições financeiras, impede o descumprimento desse tipo de avença, determinando que o dinheiro

---

[3] Os 57 enunciados aprovados na I Jornada de Direito Comercial estão disponíveis para consulta no site do Conselho da Justiça Federal (CJF), item "CEJ — Centro de Estudos Judiciários", "Portal de Publicações". O evento foi promovido pelo CEJ do CJF, de 22 a 24 de outubro de 2012, sob a coordenação do Ministro Ruy Rosado de Aguiar.

que pagará o produto exportado pertença a elas. O cumprimento desse tipo de contrato gera confiança e estabilidade para os financiadores da atividade de exportação.

7) **Créditos *sub judice*** (art. 49, *caput*, da Lei n. 11.101/2005). **Nas edições anteriores, sustentávamos** que, em se tratando de **créditos que ainda não tenham sido definitivamente constituídos**, pois dependentes de sentença na fase de conhecimento e do correspondente trânsito em julgado, razoável o entendimento, o qual perfilho, de que a fase de cumprimento de sentença, a iniciar-se após o pedido de recuperação judicial, **deveria continuar no juízo prolator da sentença**, não havendo interesse processual a justificar a habilitação do crédito no juízo recuperacional, diante das eventuais limitações impostas pelo PRJ, como, por exemplo, eventual deságio, prazo de carência, cálculos de juros apenas até a data do pedido de recuperação, entre outras.

Entretanto, em sede de recurso repetitivo, a Segunda Seção do STJ estabeleceu a tese de que **a existência e a constituição do crédito se definem por seu fato gerador, a ser verificado antes do pedido de processamento**, e, portanto, **independente do trânsito em julgado** de eventual ação de conhecimento que venha a reconhecê-lo. Logo, diante dos **efeitos vinculantes da tese estabelecida**, superada a corrente anterior à qual nos filiamos, o que torna os **créditos *sub judice* na data do pedido de recuperação judicial a ela submetidos**.

Por relevante, transcreve-se o julgado paradigma:

> "RECURSO ESPECIAL REPETITIVO. DIREITO EMPRESARIAL. RECUPERAÇÃO JUDICIAL. CRÉDITO. EXISTÊNCIA. SUJEIÇÃO AOS EFEITOS DA RECUPERAÇÃO JUDICIAL. ART. 49, *CAPUT*, DA LEI N. 11.101/2005. DATA DO FATO GERADOR. 1. Recurso especial interposto contra acórdão publicado na vigência do Código de Processo Civil de 2015 (Enunciados Administrativos ns. 2 e 3/STJ). 2. Ação de obrigação de fazer, cumulada com reparação de danos e devolução dos valores pagos indevidamente. Discussão acerca da sujeição do crédito aos efeitos da recuperação judicial. 3. Diante da opção do legislador de excluir determinados credores da recuperação judicial, mostra-se imprescindível definir o que deve ser considerado como crédito existente na data do pedido, ainda que não vencido, para identificar em quais casos estará ou não submetido aos efeitos da recuperação judicial. 4. A existência do crédito está diretamente ligada à relação jurídica que se estabelece entre o devedor e o credor, o liame entre as partes, pois é com base nela que, ocorrido o fato gerador, surge o direito de exigir a prestação (direito de crédito). 5. Os créditos submetidos aos efeitos da recuperação judicial são aqueles decorrentes da atividade do empresário antes do pedido de soerguimento, isto é, de fatos praticados ou de negócios celebrados pelo devedor em momento anterior ao pedido de recuperação judicial, excetuados aqueles expressamente apontados na lei de regência. 6. Em atenção ao disposto no art. 1.040 do CPC/2015, fixa-se a seguinte tese: **Para o fim de submissão aos efeitos da recuperação judicial, considera-se que a existência do crédito é determinada pela data em que ocorreu o seu fato gerador**. 7. Recurso especial provido." (STJ. REsp 1.842.911 – RS. 2ª. Seção. Rel. Min. Ricardo Villas Bôas Cueva. *DJe* 17/12/2020, grifou-se).

Esquematizando os créditos não atingidos pela recuperação judicial:

■ 25.4. MEIOS DE RECUPERAÇÃO JUDICIAL

O art. 50, da Lei n. 11.101/2005, **com a redação dada pela Lei n. 14.112/2020**, sugere, em 18 **incisos, formas de recuperação** judicial, meios dos quais o devedor empresário poderá se valer **para superar a sua crise** econômico-financeira. O referido dispositivo, expressamente, afirma que os meios elencados são **meramente exemplificativos**, pois estão facultados "entre outros". Verdadeiro **rol aberto** foi estatuído pela regra do art. 50, o qual alerta, ainda, que o meio escolhido deverá observar a legislação aplicável. É **livre, portanto, o meio empregado** para se promover a recuperação judicial do devedor empresário, não sendo necessário que o escolhido coincida com as sugestões elencadas no art. 50, da Lei n. 11.101/2005. Confira-se:

MODALIDADES (MEIOS) DE RECUPERAÇÃO JUDICIAL (ROL ABERTO)
a) concessão de prazos e condições especiais para pagamento das obrigações vencidas ou vincendas;
b) cisão, incorporação, fusão ou transformação de sociedade, constituição de subsidiária integral, ou cessão de cotas ou ações, respeitados os direitos dos sócios, nos termos da legislação vigente;
c) alteração do controle societário;
d) substituição total ou parcial dos administradores do devedor ou modificação de seus órgãos administrativos;
e) concessão aos credores de direito de eleição em separado de administradores e de poder de veto em relação às matérias que o plano especificar;
f) aumento de capital social;

g) trespasse ou arrendamento de estabelecimento, inclusive à sociedade constituída pelos próprios empregados;
h) redução salarial, compensação de horários e redução da jornada, mediante acordo ou convenção coletiva;
i) dação em pagamento ou novação de dívidas do passivo, com ou sem constituição de garantia própria ou de terceiro;
j) constituição de sociedade de credores;
l) venda parcial dos bens;
m) equalização de encargos financeiros relativos a débitos de qualquer natureza, tendo como termo inicial a data da distribuição do pedido de recuperação judicial, aplicando-se inclusive aos contratos de crédito rural, sem prejuízo do disposto em legislação específica;
n) usufruto da empresa;
o) administração compartilhada;
p) emissão de valores mobiliários;
q) constituição de sociedade de propósito específico para adjudicar, em pagamento dos créditos, os ativos do devedor.
r) conversão de dívida em capital social;
s) venda integral da devedora, desde que garantidas aos credores não submetidos ou não aderentes condições, no mínimo, equivalentes àquelas que teriam na falência, hipótese em que será, para todos os fins, considerada unidade produtiva isolada.

Fonte: art. 50, da Lei n. 11.101/2005.

O que mais importa para a recuperação judicial é a **concordância dos credores** com os termos propostos pelo devedor empresário no seu plano de recuperação judicial. O tipo de proposta apresentada e o eventual sacrifício dos credores colocam-se em segundo plano, diante da possibilidade de **preservação da empresa**, da sua função social e do estímulo à atividade econômica. Ninguém melhor que os credores para avalizar o pleito do devedor empresário. Se os **credores concordam e se submetem** ao plano de recuperação judicial proposto, isso indica sua viabilidade e a possibilidade de soerguimento do empresário.

Poderá ser utilizada **uma ou mais formas combinadas** de meios de recuperação. Tudo dependerá da **aprovação dos credores**. É importante lembrar **três regras** que deverão ser observadas no plano de recuperação judicial, quais sejam:

1) Os credores com **garantia real** têm que **aprovar a supressão ou substituição** dela. "Na alienação de bem objeto de garantia real, a supressão da garantia ou sua substituição somente serão admitidas mediante aprovação expressa do credor titular da respectiva garantia" (art. 50, § 1º).

2) Os credores de **crédito em moeda estrangeira** têm direito à **conversão** para a moeda nacional pelo **câmbio do dia do pagamento**, salvo se for aprovada expressamente, no plano de recuperação judicial, previsão diversa. "Nos créditos em moeda estrangeira, a variação cambial será conservada como parâmetro de indexação da correspondente obrigação e só poderá ser afastada se o credor titular do respectivo crédito aprovar expressamente previsão diversa no plano de recuperação judicial" (art. 50, § 2º).

3) A **escolha dos meios** de recuperação judicial é uma **prerrogativa do devedor empresário**, que poderá optar por uma ou mais práticas previstas no art. 50, da Lei n. 11.101/2005, ou por qualquer outra forma não descrita ali. Assim,

terá a recuperanda **plena liberdade de configuração** do seu plano de recuperação judicial. Deverá, contudo, prever o **pagamento dos créditos trabalhistas** em prazo, em princípio, não superior a **1 ano**, bem como o pagamento dos **salários atrasados**, em **30 dias**, conforme transcrição a seguir. O **prazo anual poderá, contudo, ser estendido**, entre outras condições, se houver concordância da maioria dos credores afetados.

A observação dessas duas regras do *item 3*, as quais **limitam o plano de recuperação** judicial, consta do art. 54, da Lei n. 11.101/2005, assim redigido:

> Art. 54. O plano de recuperação judicial não poderá prever prazo superior a 1 (um) ano para pagamento dos créditos derivados da legislação do trabalho ou decorrentes de acidentes de trabalho vencidos até a data do pedido de recuperação judicial.
>
> § 1º — O plano **não poderá, ainda, prever prazo superior a 30 (trinta) dias** para o pagamento, até o limite de 5 (cinco) salários mínimos por trabalhador, dos créditos de natureza estritamente salarial vencidos nos 3 (três) meses anteriores ao pedido de recuperação judicial.
>
> § 2º O prazo estabelecido no *caput* deste artigo **poderá ser estendido em até 2 (dois) anos**, se o plano de recuperação judicial atender aos seguintes requisitos, cumulativamente:
>
> I — **apresentação de garantias** julgadas suficientes pelo juiz;
>
> II — **aprovação pelos credores** titulares de créditos derivados da legislação trabalhista ou decorrentes de acidentes de trabalho, na forma do § 2º do art. 45 desta Lei; e
>
> III — **garantia da integralidade do pagamento** dos créditos trabalhistas.

Esquematizando as **três regras especiais** sobre os meios de recuperação judicial:

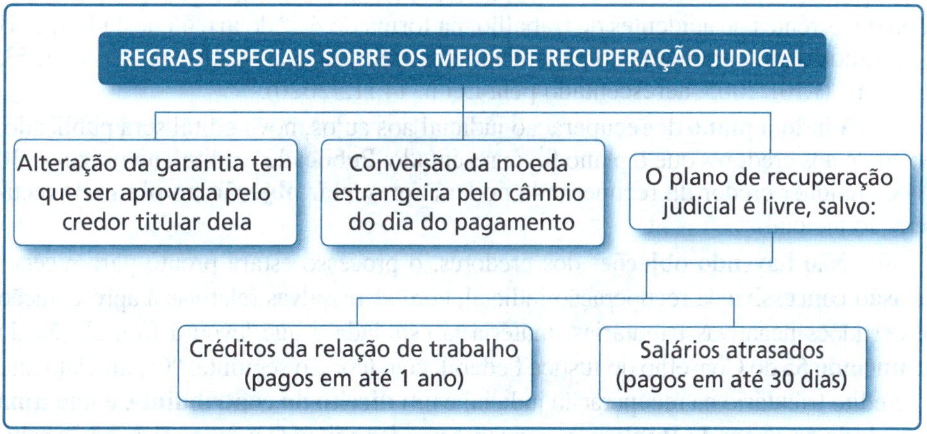

■ 25.5. PEDIDO E PROCESSAMENTO DA RECUPERAÇÃO JUDICIAL

O processamento da recuperação judicial é bastante **célere e bem simples**, conforme as **etapas** a seguir:

1ª) O pedido de recuperação judicial será dirigido ao juiz competente. A **petição inicial** deverá estar instruída com os **documentos previstos no art. 51** e com a comprovação dos **pressupostos do art. 48**, ambos da Lei n. 11.101/2005.

2ª) Estando **em termos a petição inicial**, atendendo ao que determinam os artigos mencionados na etapa anterior, o **juiz poderá**, antes de **deferir o processamento** da recuperação judicial, **nomear profissional de sua confiança** "para promover **a constatação exclusivamente das reais condições** de funcionamento da requerente e a da **regularidade e completude da documentação** apresentada com a petição inicial" (art. 51-A, acrescentado pela Lei n. 14.112/2020). Vindo o **laudo em até 05 (cinco) dias, a constatação prévia subsidiará a decisão** de processamento ou emenda da Inicial e até seu indeferimento (caso a "constatação indícios contundentes de utilização fraudulenta da ação de recuperação judicial") e, ainda, a mesma **constatação prévia poderá demonstrar** que o **principal estabelecimento** do devedor **não se situa na área de competência do juízo, o que ocasionará a remessa dos autos ao juízo competente**.

3ª) Caso o Juízo opte pelo deferimento do processamento, **sem a necessidade de constatação prévia**, dará **ampla publicação** à decisão que autorizou o início do processo, inclusive com a publicação de edital para ciência de todos os interessados. A intimação do Ministério Público e das Fazendas Públicas federal e de todos os Estados, Distrito Federal e Municípios em que o devedor tiver estabelecimento ocorrerá por meio eletrônico.

4ª) **Deferido o processamento** da recuperação judicial, no prazo improrrogável de **60 dias**, a empresa recuperanda **apresentará** em juízo o seu **plano de recuperação judicial**, sob pena de **convolação** da recuperação judicial em falência, caso descumprido o prazo. Excepcionalmente, por outro lado, tal prazo poderá ser estendido em até 2 (dois) anos, "se o plano de recuperação judicial atender aos seguintes requisitos, cumulativamente: I — apresentação de garantias julgadas suficientes pelo juiz; II — aprovação pelos credores titulares de créditos derivados da legislação trabalhista ou decorrentes de acidentes de trabalho, na forma do § 2º do art. 45 desta Lei; e III — garantia da integralidade do pagamento dos créditos trabalhistas" (§ 2º do art. 53, da Lei n. 11.101/2005, acrescentado pela Lei n. 14.112/2020).

5ª) **Vindo o plano** de recuperação judicial aos autos, novo edital será publicado, avisando aos credores que o plano foi apresentado. Publicado o edital, no prazo de **30 dias**, qualquer credor da recuperanda poderá apresentar **objeção ao plano** de recuperação judicial.

6ª) **Não havendo objeções** dos credores, o processo estará pronto para receber **decisão concessiva** da recuperação judicial, com as ressalvas relativas à apresentação de certidões negativas tributárias, matéria já estudada e que levou à formulação do **Enunciado 55** do Conselho de Justiça Federal, cujo teor é o seguinte: "O parcelamento do crédito tributário na recuperação judicial é um **direito do contribuinte**, e **não uma faculdade da Fazenda Pública**, e, enquanto não for editada lei específica, não é cabível a aplicação do disposto no art. 57 da Lei n. 11.101/2005 e no art. 191-A do CTN"[4].

[4] Os 57 enunciados aprovados na I Jornada de Direito Comercial estão disponíveis para consulta no site do Conselho da Justiça Federal (CJF), item "CEJ — Centro de Estudos Judiciários", "Portal de

7ª) **Havendo objeção ao plano** de recuperação judicial, o juiz convocará a assembleia geral de credores, a qual deliberará pela aprovação ou rejeição do plano. Caso **rejeite relativamente** (art. 58, §§ 1º e 2º, da Lei n. 11.101/2005), o **plano poderá ser considerado aprovado**, desde que satisfeitas as condições descritas nos incisos I e II, do § 1º, e, assim, o **processo estará pronto para receber decisão concessiva** da recuperação judicial, com as ressalvas relativas à apresentação de certidões negativas tributárias, observados os termos do Enunciado 55 do Conselho de Justiça Federal, já transcrito.

8ª) Caso o **rejeite absolutamente**, "o administrador judicial submeterá, no ato, à votação da assembleia-geral de credores **a concessão de prazo de 30 (trinta) dias** para que seja **apresentado plano de recuperação judicial pelos credores**" (§ 4º, do art. 56, da Lei n. 11.101/2005, acrescentado pela Lei n. 11.112/2020). A concessão de tal prazo deverá ser **aprovada por mais da metade dos créditos presentes** à assembleia geral. O **Plano Alternativo** eventualmente proposto pelos credores deverá observar as condições seguintes: "I — **não preenchimento** dos requisitos previstos no **§ 1º do art. 58** desta Lei; II — **preenchimento** dos requisitos previstos nos **incisos I, II e III do *caput* do art. 53** desta Lei; III — **apoio por escrito de credores** que representem, alternativamente: a) mais de 25% (vinte e cinco por cento) dos créditos totais sujeitos à recuperação judicial; ou b) mais de 35% (trinta e cinco por cento) dos créditos dos credores presentes à assembleia-geral a que se refere o § 4º deste artigo; IV — **não imputação de obrigações novas**, não previstas em lei ou em contratos anteriormente celebrados, aos sócios do devedor; V — **previsão de isenção das garantias** pessoais prestadas por pessoas naturais em relação aos créditos a serem novados e que sejam de titularidade dos credores mencionados no inciso III deste parágrafo ou daqueles que votarem favoravelmente ao plano de recuperação judicial apresentado pelos credores, não permitidas ressalvas de voto; e VI — **não imposição ao devedor ou aos seus sócios de sacrifício maior** do que aquele que decorreria da liquidação na falência" (incisos do § 6º, do art. 56, da Lei n. 11.101/2005, acrescentado pela Lei n. 14.112/2020).

9ª) Se **não apresentado ou rejeitado o Plano Alternativo** apresentado pelos credores, o **juiz convolará a recuperação judicial em falência** (§ 8º, do art. 56), sendo que da sentença correlata caberá agravo de instrumento, nos termos do parágrafo único do art. 58-A.

10ª) A **decisão que conceder** a recuperação judicial desafiará o recurso de **agravo (§ 2º, do art. 59)** e promoverá a **novação das obrigações** da recuperanda. O devedor permanecerá **2 anos em recuperação judicial (prazo máximo)**, mesmo que o plano tenha previsão de parcelamentos que ultrapassem tal período e independentemente de eventual período de carência. Se a recuperanda **descumprir alguma** das obrigações assumidas, **dentro dos 2 anos da recuperação**, o juiz **convolará a recuperação judicial em falência** (art. 73, IV, da Lei n. 11.101/2005). Se descumprir **após os 2 anos**, o **credor é quem decidirá** se executará o título ou se pedirá a falência do devedor, agora com base na obrigação novada (art. 94, III, alínea "g", da Lei n. 11.101/2005).

Publicações". O evento foi promovido pelo CEJ do CJF, de 22 a 24 de outubro de 2012, sob a coordenação do Ministro Ruy Rosado de Aguiar.

11ª) Caso **cumpridas as obrigações** previstas para os **dois anos** de recuperação judicial, o juiz **encerrará a recuperação**, por sentença.

12ª) **Desde o deferimento** da recuperação judicial até o seu **encerramento**, em todos os atos, contratos e documentos firmados pelo devedor sujeito ao procedimento de recuperação judicial deverá ser acrescida, após o nome empresarial, a expressão **"em Recuperação Judicial" (art. 69 e seu parágrafo único)**. O juiz determinará ao Registro Público de Empresas e à Secretaria Especial da Receita Federal do Brasil a **anotação da recuperação judicial** nos registros correspondentes. Tal determinação visa comunicar a todas as pessoas que negociem com a recuperanda o seu estado jurídico e econômico.

■ 25.5.1. Petição inicial

Além de atender aos **pressupostos do art. 48**, da Lei n. 11.101/2005, o devedor empresário em crise econômico-financeira deverá elaborar uma **petição inicial complexa**, uma vez que ela servirá como uma espécie de anteprojeto da própria recuperação judicial. A referida petição buscará **convencer todos os credores** (atingidos pelo benefício legal) da necessidade de uma fórmula alternativa de pagamento das dívidas pelo devedor — prova da crise, além de demonstrar a **viabilidade da proposta** de recuperação e do potencial da própria empresa.

Assim, os termos da petição inicial, apesar de dirigidos ao juiz, serão, na verdade, uma espécie de **súplica aos credores**, para que concedam uma chance de soerguimento ao devedor empresário. É petição, portanto, dirigida ao juiz e ao universo de credores do devedor empresário, por isso tão **complexa e tão documentada** deverá ser. O art. 51, da Lei n. 11.101/2005, estabelece os seguintes elementos necessários à petição inicial da recuperação judicial:

REQUISITOS DA PETIÇÃO INICIAL NA RECUPERAÇÃO JUDICIAL
1º) a exposição das causas concretas da situação patrimonial do devedor e das razões da crise econômico-financeira;
2º) as demonstrações contábeis relativas aos 3 (três) últimos exercícios sociais e as levantadas especialmente para instruir o pedido, observando-se a legislação societária aplicável, informando obrigatoriamente o balanço patrimonial, a demonstração de resultados acumulados, a demonstração do resultado desde o último exercício social e o relatório gerencial de fluxo de caixa e de sua projeção;
3º) a relação completa dos credores e seus domicílios, inclusive aqueles por obrigação de fazer ou de dar, a natureza, a classificação e o valor atualizado do crédito, discriminando sua origem, o regime dos respectivos vencimentos e a indicação dos registros contábeis de cada transação pendente;
4º) a relação integral dos empregados, informando as respectivas funções, salários, indenizações e outras parcelas a que têm direito, com o correspondente mês de competência, e a discriminação dos valores pendentes de pagamento;
5º) certidão de regularidade do devedor no Registro Público de Empresas, o ato constitutivo atualizado e as atas de nomeação dos atuais administradores;
6º) a relação dos bens particulares dos sócios controladores e dos administradores do devedor;

7º) os extratos atualizados das contas bancárias do devedor e de suas eventuais aplicações financeiras de qualquer modalidade, inclusive em fundos de investimento ou em bolsas de valores, emitidos pelas respectivas instituições financeiras;
8º) certidões dos cartórios de protestos situados na comarca do domicílio ou sede do devedor e naquelas onde possui filial;
9º) a relação, subscrita pelo devedor, de todas as ações judiciais e procedimentos arbitrais em que este figure como parte, inclusive as de natureza trabalhista, com a estimativa dos respectivos valores demandados.
10º) o relatório detalhado do passivo fiscal; e
11º) a relação de bens e direitos integrantes do ativo não circulante, incluídos aqueles não sujeitos à recuperação judicial, acompanhada dos negócios jurídicos celebrados com os credores de que trata o § 3º do art. 49 desta Lei n. 11.101/2005.

Fonte: art. 51, da Lei n. 11.101/2005.

No que se refere à **petição inicial** e aos documentos juntados, o mesmo art. 51 determina **três regras** a serem observadas pelo devedor, credores e juiz. Confira-se:

1ª) Os **documentos** de escrituração contábil e demais **relatórios** auxiliares, na forma e no suporte previstos em lei, permanecerão **à disposição do juízo**, do administrador judicial e, mediante autorização judicial, de qualquer interessado.

2ª) Com relação à exigência prevista no inc. II, do *caput,* do art. 51 (demonstrações contábeis relativas aos 3 últimos exercícios sociais e as levantadas para efeito do pedido de recuperação judicial), as **microempresas e empresas de pequeno porte** poderão apresentar livros e escrituração contábil **simplificados** nos termos da legislação específica.

3ª) O juiz poderá determinar o **depósito em cartório** dos documentos a que se referem as regras anteriores ou de cópia deles.

■ 25.5.2. Deferimento do processamento

Se a petição inicial estiver **sintonizada com o art. 51** e houver a comprovação dos **pressupostos do art. 48**, ambos da Lei n. 11.101/2005, surgirá para o devedor empresário verdadeiro **direito subjetivo à recuperação** judicial. A leitura do *caput*, do art. 52, não deixa dúvidas a esse respeito. Confira-se: "Estando em termos a documentação exigida no art. 51 desta Lei, o juiz deferirá o processamento da recuperação judicial e, no mesmo ato...".

A depender do caso concreto, entretanto, antes do deferimento do processamento poderá o juiz **ponderar sobre o conteúdo dos documentos juntados e determinar a constatação prévia** das reais condições de funcionamento do devedor. A documentação exigida deverá ser devidamente **pormenorizada e comprovada nos autos**, de modo, inclusive, a dispensar eventual constatação prévia.[5] Se

[5] Da minha experiência profissional, quando atuei como Juiz da Vara de Recuperação Judicial e Falências no DF, comuns os pedidos de preservação do patrimônio das empresas, antes mesmo

suficiente a documentação, o **juiz deverá decidir pela admissão do processamento** da recuperação judicial, juízo de admissibilidade em que adotará as **providências** do quadro a seguir:

DECISÕES NO PROCESSAMENTO DA RECUPERAÇÃO JUDICIAL
a) nomeará o administrador judicial, nos termos do art. 21, da Lei n. 11.101/2005;
b) determinará a dispensa da apresentação de certidões negativas para que o devedor exerça suas atividades, exceto para contratação com o Poder Público[8] ou para recebimento de benefícios ou incentivos fiscais ou creditícios;
c) ordenará a suspensão de todas as ações ou execuções contra o devedor, permanecendo os respectivos autos no juízo onde se processam, ressalvadas as ações previstas nos §§ 1º, 2º e 7º, do art. 6º, e as relativas a créditos excetuados na forma dos §§ 3º e 4º, do art. 49, da LREF;
d) determinará ao devedor a apresentação de contas demonstrativas mensais enquanto perdurar a recuperação judicial, sob pena de destituição de seus administradores;
e) ordenará a intimação eletrônica do Ministério Público e a comunicação por carta às Fazendas Públicas Federal e de todos os Estados e Municípios em que o devedor tiver estabelecimento, a fim de que tomem conhecimento da recuperação judicial e informem eventuais créditos perante o devedor, para divulgação aos demais interessados.

Fonte: art. 52, da Lei n. 11.101/2005.[6]

---

do deferimento do processamento da recuperação judicial, sendo possível o deferimento de tais medidas na perspectiva de preservação do empreendimento. E, nesse sentido, o julgado seguinte: "Compete ao juízo da recuperação judicial o julgamento de tutela de urgência que tem por objetivo antecipar o início do *stay period* ou suspender os atos expropriatórios determinados em outros juízos, antes mesmo de deferido o processamento da recuperação" (STJ, Informativo 663, CC 168.000-AL, Rel. Min. Ricardo Villas Bôas Cueva, Segunda Seção, por unanimidade, julgado em 11/12/2019, *DJe* 16/12/2019)

[6] Em precedente recente, a 1ª Turma do STJ entendeu ser possível a empresa em recuperação judicial participar de licitação:

"ADMINISTRATIVO. LICITAÇÃO. EMPRESA EM RECUPERAÇÃO JUDICIAL. PARTICIPAÇÃO. POSSIBILIDADE. CERTIDÃO DE FALÊNCIA OU CONCORDATA. INTERPRETAÇÃO EXTENSIVA. DESCABIMENTO. APTIDÃO ECONÔMICO-FINANCEIRA. COMPROVAÇÃO. OUTROS MEIOS. NECESSIDADE. 1. Conforme estabelecido pelo Plenário do STJ, "aos recursos interpostos com fundamento no CPC/1973 (relativos a decisões publicadas até 17 de março de 2016) devem ser exigidos os requisitos de admissibilidade na forma nele prevista, com as interpretações dadas até então pela jurisprudência do Superior Tribunal de Justiça" (Enunciado Administrativo n. 2). 2. Conquanto a Lei n. 11.101/2005 tenha substituído a figura da concordata pelos institutos da recuperação judicial e extrajudicial, o art. 31 da Lei n. 8.666/93 não teve o texto alterado para se amoldar à nova sistemática, tampouco foi derrogado. 3. À luz do princípio da legalidade, "é vedado à Administração levar a termo interpretação extensiva ou restritiva de direitos, quando a lei assim não o dispuser de forma expressa" (AgRg no RMS 44099/ES, Rel. Min. BENEDITO GONÇALVES, PRIMEIRA TURMA, julgado em 03/03/2016, *DJe* 10/03/2016). 4. Inexistindo autorização legislativa, incabível a automática inabilitação de empresas submetidas à Lei n. 11.101/2005 unicamente pela não apresentação de certidão negativa de recuperação judicial, principalmente considerando o disposto no art. 52, I, daquele normativo, que prevê a possibilidade de contratação com o poder público, o que, em regra geral, pressupõe a participação prévia em licitação.

As decisões judiciais que compõem o despacho inicial da recuperação judicial são colocadas em prática **imediatamente após a publicação** da decisão de deferimento de processamento da recuperação judicial. A mesma decisão será publicada por meio de **edital**, buscando-se dar a maior publicidade possível a ela, bem como aos detalhes que levaram ao deferimento do processamento e da conduta a ser adotada pelos credores dali em diante. Confiram-se os **elementos que deverão constar do referido edital**:

O EDITAL DE PUBLICAÇÃO DA DECISÃO QUE DEFERIU O PROCESSAMENTO DA RECUPERAÇÃO JUDICIAL CONTERÁ
a) o resumo do pedido do devedor e da decisão que defere o processamento da recuperação judicial;
b) a relação nominal de credores, em que se discrimine o valor atualizado e a classificação de cada crédito;
c) a advertência acerca dos prazos para habilitação dos créditos, para que os credores apresentem objeção ao plano de recuperação judicial apresentado pelo devedor, se for o caso.

Fonte: art. 52, § 1º, da Lei n. 11.101/2005.

Uma vez **deferido o processamento** da recuperação judicial:

1) o devedor **não poderá mais desistir dela**, salvo se a desistência vier a ser aprovada pela assembleia geral de credores e homologada pelo juiz;

2) o **devedor empresário** em crise é que **deverá comunicar aos juízos** competentes, nos quais corram ações de interesse da recuperanda, a necessidade de suspensão de todas as ações e execuções, observadas as regras do art. 6º, da Lei n. 11.101/2005;

3) os **credores poderão convocar assembleia geral** para deliberar sobre a constituição do **Comitê de Credores**, ou sobre a substituição de seus membros. Essa assembleia pode, ainda, ser convocada para decidir sobre a **convolação da recuperação judicial em falência** (art. 73, inc. I).

Podemos esquematizar, por meio do fluxograma a seguir, a **recuperação judicial até a apresentação do plano** de recuperação.

---

5. O escopo primordial da Lei n. 11.101/2005, nos termos do art. 47, é viabilizar a superação da situação de crise econômico-financeira do devedor, a fim de permitir a manutenção da fonte produtora, do emprego dos trabalhadores e dos interesses dos credores, promovendo, assim, a preservação da empresa, sua função social e o estímulo à atividade econômica. 6. A interpretação sistemática dos dispositivos das Leis n. 8.666/93 e n. 11.101/2005 leva à conclusão de que é possível uma ponderação equilibrada dos princípios nelas contidos, pois a preservação da empresa, de sua função social e do estímulo à atividade econômica atendem também, em última análise, ao interesse da coletividade, uma vez que se busca a manutenção da fonte produtora, dos postos de trabalho e dos interesses dos credores. 7. A exigência de apresentação de certidão negativa de recuperação judicial deve ser relativizada a fim de possibilitar à empresa em recuperação judicial participar do certame, desde que demonstre, na fase de habilitação, a sua viabilidade econômica. 8. Agravo conhecido para dar provimento ao recurso especial." (Agravo em Recurso Especial n. 309.867/ES, 1ª Turma, Rel. Min. Gurgel de Faria, à unanimidade, julgado em 26/06/2018)

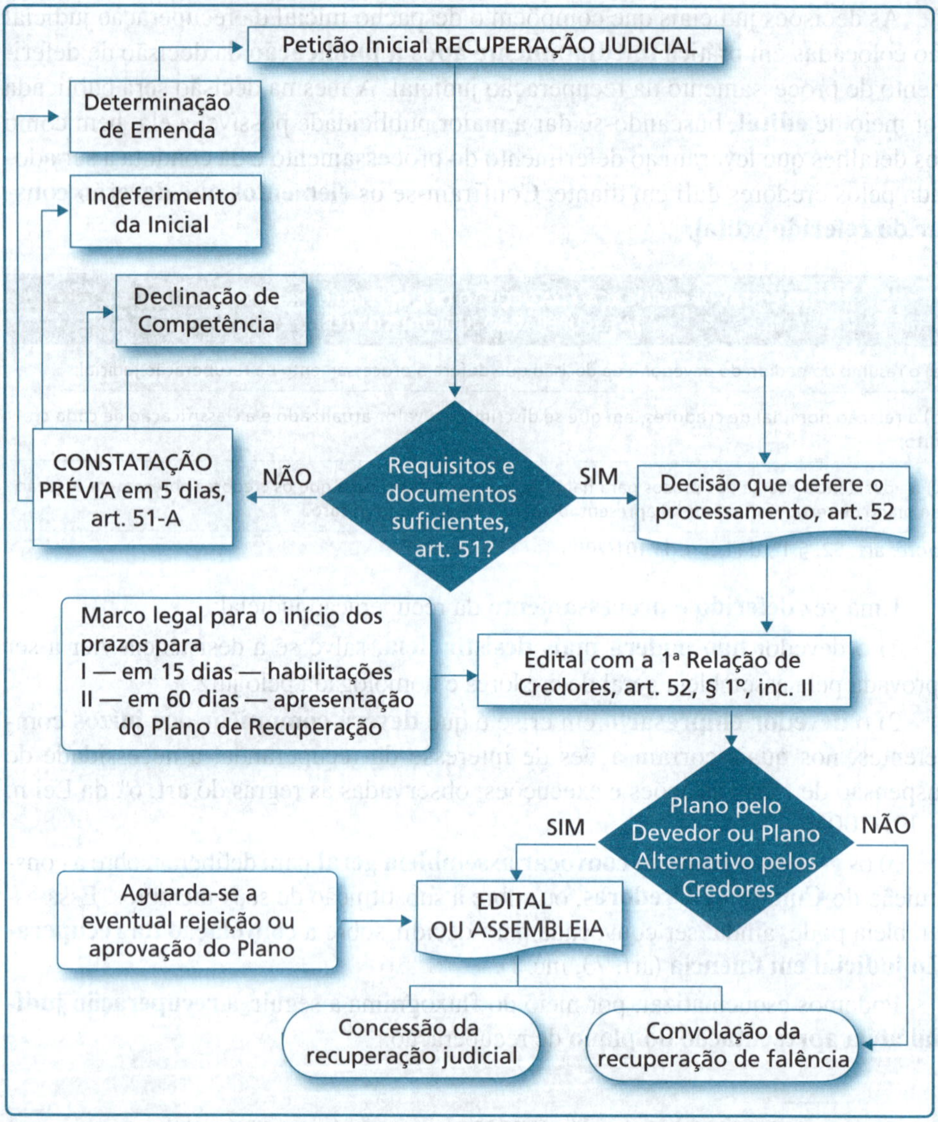

Reiterem-se as três **consequências secundárias do deferimento** do processamento da recuperação judicial (art. 52, §§ 1º, 2º e 3º):

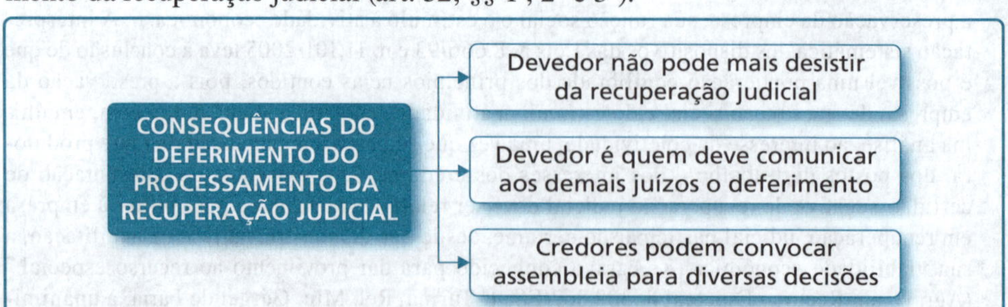

25.5.3. Plano de recuperação judicial

Deferido o processamento da recuperação judicial, no **prazo improrrogável de 60 dias** a empresa recuperanda apresentará em juízo o seu **plano de recuperação judicial**, sob pena de **convolação da recuperação judicial em falência**, caso descumprido o prazo. Atente-se que, excepcionalmente, tal prazo poderá ser estendido, nos termos do § 2º do art. 53, da Lei n. 11.101/2005, acrescentado pela Lei n. 14.112/2020.

Como já estudado, o **art. 50**, da Lei n. 11.101/2005, **sugere mais de 16 formas** de recuperação judicial, meios dos quais o devedor empresário poderá se valer para **superar a sua crise** econômico-financeira. O referido dispositivo, expressamente, afirma que os meios elencados são **meramente exemplificativos**, pois estão facultados "**entre outros**" que poderão conformar o plano de recuperação judicial. **É livre**, portanto, o meio empregado para se promover a recuperação judicial do devedor empresário.

Conforme também mencionado, ninguém melhor que os **credores para avalizar o pleito do devedor** empresário. Se os credores **concordam e se submetem** ao plano de recuperação judicial proposto, isso indica sua **viabilidade** e a possibilidade de soerguimento do empresário.

Poderá ser utilizada **uma ou mais formas combinadas de meios de recuperação**. Tudo dependerá da aprovação dos credores. É importante lembrar, neste tópico, **seis regras** que deverão ser observadas no **plano de recuperação judicial**, quais sejam:

1) Os credores com **garantia real têm que aprovar a supressão ou substituição** dela. "Na alienação de bem objeto de garantia real, a supressão da garantia ou sua substituição somente serão admitidas mediante aprovação expressa do credor titular da respectiva garantia" (art. 50, § 1º).

2) Os credores de crédito em **moeda estrangeira** têm direito à conversão para a moeda nacional pelo **câmbio do dia do pagamento**, salvo se for aprovada expressamente, no plano de recuperação judicial, previsão diversa. "Nos créditos em moeda estrangeira, a variação cambial será conservada como parâmetro de indexação da correspondente obrigação e só poderá ser afastada se o credor titular do respectivo crédito aprovar expressamente previsão diversa no plano de recuperação judicial" (art. 50, § 2º).

3) Em caso da **opção pela conversão de dívida em capital social** no Plano de Recuperação Judicial ou "de **aporte de novos recursos** na devedora ou de **substituição dos administradores** desta" **não haverá sucessão ou responsabilidade por dívidas** de qualquer natureza a **terceiro credor, investidor ou novo administrador**, respectivamente" (art. 50, § 3º).

4) Poderá haver o **parcelamento dos impostos incidentes sobre a alienação de bens** ou direitos do devedor em recuperação judicial, nos termos seguintes: "O **imposto sobre a renda e a** Contribuição Social sobre o Lucro Líquido **(CSLL) incidentes sobre o ganho de capital** resultante da alienação de bens ou direitos pela pessoa jurídica em recuperação judicial **poderão ser parcelados**, com atualização monetária das parcelas, observado o seguinte: I — o disposto na Lei n. 10.522, de 19 de julho de 2002; e II — a utilização, como limite, da mediana de alongamento no plano de recuperação judicial em relação aos créditos a ele sujeitos (...). O limite de alongamento de prazo a que se refere o inciso II do § 4º deste artigo será readequado na hipótese de alteração superveniente do plano de recuperação judicial" (art. 50, §§ 4º e 5º).

5) A **escolha dos meios** de recuperação judicial é uma **prerrogativa do devedor** empresário, que poderá optar por uma ou mais das práticas previstas no art. 50, da Lei n. 11.101/2005, ou, ainda, por **qualquer outra forma não descrita** ali. Assim, terá a recuperanda **plena liberdade** de configuração do seu plano de recuperação judicial. Deverá, contudo, prever o pagamento dos créditos **trabalhistas em prazo não superior a 1 ano**, bem como o pagamento dos **salários atrasados, em 30 dias**. O **prazo anual poderá ser estendido em até 2 (dois) anos**, nos termos do § 2º, do art. 54, da Lei n. 11.101/2005.

6) Se a **recuperanda descumprir alguma das obrigações** assumidas, **dentro dos 2 anos da recuperação, o juiz convolará a recuperação judicial em falência** (art. 73, IV, da Lei n. 11.101/2005). Se descumprir **após os 2 anos, o credor é quem decidirá** se executará o título ou se pedirá a falência do devedor, agora com base na obrigação novada (art. 94, inc. III, alínea "g", da Lei n. 11.101/2005). Caso **sejam cumpridas as obrigações previstas para os dois anos de recuperação judicial, o juiz encerrará** a recuperação, por sentença, **independentemente da consolidação do quadro-geral de credores** (art. 63, *caput*, e seu parágrafo único da Lei n. 11.101/2005).

Além da proposta efetiva de cumprimento das obrigações, observados os meios escolhidos pelo devedor, o **plano de recuperação judicial** deverá conter, ainda, os **elementos** a seguir:

PLANO DE RECUPERAÇÃO — CONTEÚDO E INFORMAÇÕES
a) deverá ser apresentado pelo devedor, em juízo, no prazo improrrogável de 60 (sessenta) dias da publicação da decisão que deferir o processamento da recuperação judicial, sob pena de convolação em falência;
b) deverá conter a discriminação pormenorizada dos meios de recuperação a ser empregados, e seu resumo;
c) deverá apresentar demonstração de sua viabilidade econômica;
d) deverá conter laudo econômico-financeiro e de avaliação dos bens e ativos do devedor, subscrito por profissional legalmente habilitado ou empresa especializada.

Fonte: art. 53, da Lei n. 11.101/2005.

Apresentado o plano de recuperação judicial nos autos, será publicado edital, avisando aos credores que o plano foi apresentado. **Publicado o edital, no prazo de 30 dias**, qualquer credor da recuperanda poderá apresentar **objeção ao plano**.

Cumpridos todos os **requisitos e trâmites da lei**, e depois de homologado o plano de recuperação judicial, pela decisão que a concede, as obrigações da empresa recuperanda passarão a ser aquelas que constam do plano de recuperação judicial, e **não mais as originárias**, pois terá ocorrido a **novação dos débitos** do devedor empresário. Até a **ordem de preferência de pagamento dos credores** seguirá a **determinação do plano**, e não a classificação legal[7].

[7] Isso não afasta a possibilidade de eventual controle judicial da ordem estabelecida pela empresa em recuperação, especialmente por haver limitações temporais para a novação de determinados créditos, como ocorre em relação aos credores trabalhistas. Destaca-se precedente do STJ, que equiparou os créditos derivados de serviços prestados por contadores reunidos em sociedade simples: "Recuperação judicial. Crédito de valores referentes à prestação de serviços contábeis e afins. Sociedade simples

■ 25.5.4. Procedimento de recuperação judicial em caso de objeção de credores

No prazo de **30 dias, a contar da publicação do edital** que noticia a apresentação do plano de recuperação judicial pela recuperanda (art. 53, § 1º, da Lei n. 11.101/2005), **não havendo objeções** dos credores ao plano, o processo estará pronto para receber decisão concessiva da recuperação judicial.

O prazo de 30 dias somente contará da data de publicação do referido edital, caso tal publicação ocorra após a divulgação da **segunda relação de credores** (§ 2º, do art. 7º, da Lei n. 11.101/2005). "Caso, na data da publicação da relação de que trata o *caput* deste artigo, não tenha sido publicado o aviso previsto no art. 53, parágrafo único, desta Lei, contar-se-á da publicação deste o prazo para as objeções" (parágrafo único, do art. 55, da Lei n. 11.101/2005).

Desse modo, o **prazo de 30 dias** contará **da publicação do edital** do art. 53, § 1º (que divulga a apresentação do plano de recuperação judicial pelo devedor), ou **da publicação da 2ª relação de credores** habilitados na recuperação judicial, o que ocorrer por último.

Havendo **objeção** ao plano de recuperação judicial, o juiz **convocará a assembleia geral de credores**, a qual deliberará pela aprovação ou rejeição do plano. Caso **rejeite relativamente** (art. 58, §§ 1º e 2º, da Lei n. 11.101/2005), altere (§ 3º do art. 56) e/ou **aprove-o, segundo as regras do § 1º, do art. 58**, ou, em caso de rejeição absoluta, seja apresentado e **aprovado plano alternativo pelos credores (§§ 4º, 5º e 6º, do art. 56)**, o processo **estará pronto** para receber **decisão concessiva** da recuperação judicial, com as ressalvas relativas à apresentação de **certidões negativas tributárias**, matéria já estudada e que levou à formulação do **Enunciado 55** do Conselho de Justiça Federal, cujo teor é o seguinte: "O parcelamento do crédito tributário na recuperação judicial é um direito do contribuinte, e não uma faculdade da Fazenda Pública, e, enquanto não for editada lei específica, não é cabível a aplicação do disposto no art. 57 da Lei n. 11.101/2005 e no art. 191-A do CTN"[8].

■ *25.5.4.1. Convocação da assembleia geral de credores*

Somente na hipótese de ter sido **apresentada objeção ao plano** de recuperação judicial é que o juiz **convocará a assembleia geral** de credores. A assembleia deliberará sobre o plano de recuperação, podendo chegar a **quatro resultados distintos**, os quais serão estudados no próximo tópico.

---

de contadores. Verba de natureza análoga a salários. Tratamento uniforme em processos de soerguimento (...) Os créditos decorrentes da prestação de serviços contábeis e afins, mesmo que titularizados por sociedade simples, são equiparados aos créditos trabalhistas para efeitos de sujeição ao processo de recuperação judicial" (STJ, Informativo 665, REsp 1.851.770-SC, Rel. Min. Nancy Andrighi, Terceira Turma, por unanimidade, julgado em 18/02/2020, *DJe* 20/02/2020).

[8] Os 57 enunciados aprovados na I Jornada de Direito Comercial estão disponíveis para consulta no site do Conselho da Justiça Federal (CJF), item "CEJ — Centro de Estudos Judiciários", "Portal de Publicações". O evento foi promovido pelo CEJ do CJF, de 22 a 24 de outubro de 2012, sob a coordenação do Ministro Ruy Rosado de Aguiar.

Sobre a referida **convocação da assembleia geral** de credores, o art. 56, da Lei n. 11.101/2005, determina:

1) **Havendo objeção** de qualquer credor ao plano de recuperação judicial, o juiz convocará a assembleia geral de credores para deliberar sobre o plano.

2) A **data designada** para realização dessa assembleia **não excederá 150 dias** contados do deferimento do processamento da recuperação judicial (§ 1º, do art. 56).

3) **Aprovando o plano de recuperação judicial**, a assembleia geral de credores poderá **indicar os membros do Comitê** de Credores, caso não esteja ainda constituído (§ 2º, do art. 56).

4) Na assembleia geral, o **plano** de recuperação judicial **pode sofrer alterações**, desde que haja expressa concordância do devedor e em termos que não impliquem diminuição dos direitos exclusivamente dos credores ausentes (§ 3º, do art. 56).

5) **Rejeitado absolutamente o plano** de recuperação judicial, o administrador judicial submeterá à assembleia a **opção pela apresentação de plano alternativo em 30 (trinta) dias**.

6) Em caso de não apresentação ou rejeição de eventual Plano Alternativo, o juiz **convolará a recuperação judicial em falência** (art. 73, inc. III, da Lei n. 11.101/2005).

Para deliberar sobre a objeção ao plano de recuperação judicial, a assembleia geral de credores será **convocada pelo juiz**, por meio de **aviso de convocação** publicado em **edital eletrônico** no órgão oficial e disponibilizado no sítio eletrônico do administrador judicial, com antecedência mínima de **15 dias** da sua realização, conforme o art. 36, *caput*, da Lei n. 11.101/2005. Essa convocação decorrerá, nesse caso, de **determinação legal**.

O **edital de convocação** da assembleia geral de credores deverá conter:

1) **local, data e hora** da assembleia em 1ª e 2ª convocação, não podendo esta ser realizada menos de 5 dias depois da 1ª;

2) a ordem do dia;

3) **local** onde os credores poderão, se for o caso, obter **cópia do plano** de recuperação judicial a ser submetido à deliberação da assembleia.

Uma cópia do edital, em que conste o aviso de convocação da assembleia geral de credores, deverá ser **afixada na sede e nas filiais** do devedor, devendo permanecer ali de forma **ostensiva** até o dia da assembleia. As **despesas** com a convocação e a realização da assembleia geral correm por conta do **devedor empresário recuperando.**

O art. 40, da Lei n. 11.101/2005, **impede** seja a assembleia geral de credores **suspensa ou adiada liminarmente**, ou por meio de **antecipação de tutela**, em razão de discussão sobre a existência, quantificação ou classificação dos créditos. Tal medida visa dar a **celeridade** indispensável aos feitos falimentares e recuperacionais. Por exemplo, as ações e execuções, na recuperação judicial, ficarão suspensas por apenas 180 dias, de modo que eventual adiamento da assembleia poderá acarretar o retorno da marcha de tais ações, em prejuízo do devedor empresário que intenta soerguer-se.

No dia e hora determinados, a assembleia geral de credores será **instalada**, em **primeira convocação**, com a presença de **mais da metade** dos credores de cada classe[9], computada pelo valor do crédito, independentemente da quantidade de credores presentes. Caso não alcançado o percentual mínimo, a assembleia será instalada com a presença de qualquer número de credores, em **segunda convocação**. Na hipótese de realização em segunda convocação, a data dela deverá respeitar um **prazo mínimo de 5 dias** em relação à primeira. Para participar da assembleia, cada credor deverá assinar a **lista de presença**, que será encerrada no momento da instalação.

A assembleia geral de credores será **presidida** pelo **administrador judicial**. Não sendo possível a ele presidi-la, será substituído pelo **credor presente** que seja titular do **maior crédito**. Em qualquer das hipóteses, o presidente da assembleia designará um **secretário** dentre os credores presentes.

Os credores deverão comparecer à assembleia geral e votarão, **pessoalmente**, em cada um dos assuntos pautados que forem submetidos à votação. É possível o credor fazer-se **representado** na assembleia por mandatário ou outro representante legal, desde que entregue ao administrador judicial, até **24 horas antes** da data prevista no aviso de convocação, **documento** hábil comprobatório dos poderes conferidos, ou a indicação da presença de tal documento nos autos do processo de recuperação judicial, mencionando as folhas em que se encontra.

Outra **legitimidade extraordinária** para votar na assembleia geral de credores é conferida aos **sindicatos laborais**, os quais poderão representar os **trabalhadores** (por crédito trabalhista ou decorrente de acidente do trabalho), caso alguns filiados não compareçam ou não se façam representar no ato. Nesse caso, o sindicato deverá, nos termos do inciso I, § 6º, do art. 37, da Lei n. 11.101/2005, "apresentar ao administrador judicial, até 10 (dez) dias antes da assembleia, a **relação dos associados** que pretende representar, e o trabalhador que conste da relação de **mais de um sindicato** deverá esclarecer, até 24 (vinte e quatro) horas antes da assembleia, **qual sindicato** o representa, sob pena de não ser representado em assembleia por nenhum deles".

As **votações** serão realizadas na forma estudada no tópico "deliberações", como anotado anteriormente, levando em conta o **valor do crédito** ou a **quantidade de credores**, a depender do tipo de deliberação. É oportuno pontuar que as deliberações da assembleia geral de credores **não poderão ser invalidadas** posteriormente, mesmo em razão de decisões judiciais que alterem os créditos de titulares que dela participaram, e mesmo que haja declaração de inexistência, ou alteração da quantificação ou classificação dos créditos, conforme prevê o § 2º, do art. 39, da Lei n. 11.101/2005.

Ocorrendo alguma hipótese de **invalidação** de deliberação da assembleia geral de credores, os **terceiros de boa-fé ficarão resguardados**, prevalecendo, em relação a eles, os efeitos da decisão tomada pela assembleia. Nessa hipótese, caso fique demonstrado que algum **credor** que votou pela aprovação da deliberação tenha agido **com culpa ou dolo**, este **responderá** pelos danos que tiver comprovadamente causado.

---

[9] As classes de credores, já estudadas no *capítulo 23*, serão relembradas no tópico seguinte.

O secretário designado para assembleia lavrará uma **ata** de todo o ocorrido nela, devendo registrar:

1) **nome** dos presentes;

2) **assinaturas** do presidente, do devedor, de dois membros de cada uma das classes votantes e do secretário;

3) os **assuntos** debatidos e os resultados das respectivas deliberações.

A ata lavrada deverá ser **entregue ao juiz** até quarenta e oito horas após a realização da assembleia geral de credores, acompanhada da **lista de presença**. A expressão "será entregue ao juiz" indica que a ata deverá ser juntada aos autos, para que sejam determinadas as medidas necessárias à efetivação do que foi deliberado pela assembleia. Por oportuno, reiteramos o procedimento para convocação e deliberação da assembleia geral (conforme estudado no ***item 23.3.4.4***).

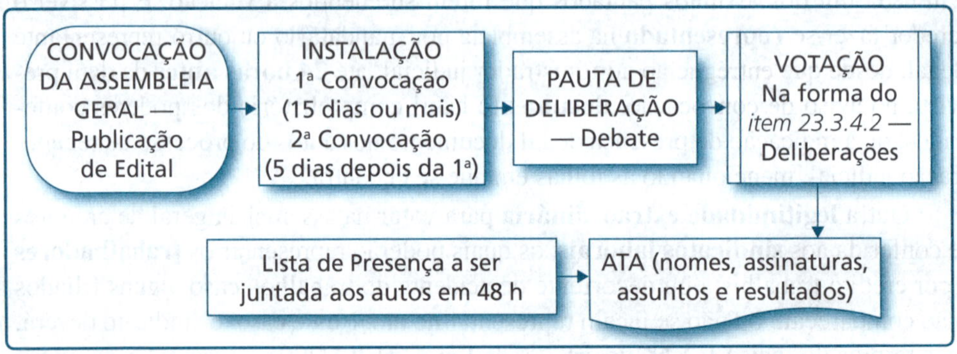

Por fim, os arts. 39, § 1º, 43 e 45, da Lei n. 11.101/2005, definem quem serão os **participantes sem direito a voto** da assembleia geral de credores. Segundo as referidas disposições, os credores e interessados[10] indicados **poderão participar** da as-

[10] Casuisticamente, investidores — que pela literalidade da lei seriam considerados apenas interessados — conforme precedente do STJ poderão também votar em assembleia. "Recuperação Judicial. Assembleia Geral. Direito de voto. Credores afetados pelo plano de recuperação. *Bondholders*. Autorização judicial para votar. Possibilidade (...) O propósito recursal é definir se determinados credores — *in casu*, os chamados *bondholders* — têm ou não direito de voto nas assembleias incumbidas de apreciar os planos de recuperação judicial. Os *bondholders* são investidores que adquiriram títulos de dívida (*bonds*) emitidos por companhias brasileiras que buscaram financiar suas atividades no exterior. A emissão desses *bonds* é instrumentalizada por uma escritura (*indenture*), que deve indicar o nome do agente fiduciário (*indenture trustee*) responsável por atuar em favor dos investidores finais. Em regra, quando a companhia passa por processo de recuperação judicial, ante a ausência de previsão expressa na Lei n. 11.101/2005, a lista de credores por ela apresentada relaciona apenas o nome do agente fiduciário, apontado como credor do valor total dos recursos captados na operação de crédito. Ocorre que, na realidade, os verdadeiros titulares do interesse econômico-financeiro, que sofrerão diretamente os efeitos da reorganização empresarial, são os investidores finais (*bondholders*), pois são eles os reais credores das recuperandas. Por esse motivo, haja vista a norma autorizativa do art. 39, *caput*, da LFRE, há de se conferir-lhes, a possibilidade de votar nas assembleias de credores, a fim de que possam deliberar acerca de questões que guardam relação direta com seus interesses" (REsp 1.670.096-RJ, Rel. Min. Nancy Andrighi, por maioria, julgado em 20/6/2017, *DJe* 27/6/2017. Informativo 607).

sembleia, com direito a voz, mas sem direito a voto e **sem que sejam computados** para efeito de verificação do quórum de instalação e de deliberação. São eles:

1) os **sócios do devedor**, bem como as **sociedades coligadas, controladoras, controladas** ou as que tenham sócio ou acionista com participação superior a 10% do capital social do devedor;

2) as sociedades em que o devedor ou algum de seus sócios detenham participação superior a 10% do capital social;

3) o **cônjuge ou parente consanguíneo ou afim, colateral até o 2º grau, ascendente ou descendente** do devedor, de administrador, do sócio controlador, de membro dos conselhos consultivo, fiscal ou semelhantes da sociedade devedora e à sociedade em que quaisquer dessas pessoas exerçam essas funções;

4) os **titulares de créditos excetuados** na forma dos §§ 3º e 4º do art. 49, como determina o § 1º, do art. 39, da Lei n. 11.101/2005;

5) os **credores** que, após o deferimento do processamento da recuperação judicial, proposto o plano de recuperação judicial, **não tiverem alterados o valor ou as condições** originais de pagamento de seu crédito, nos termos do § 3º, do art. 45, da Lei n. 11.101/2005.

A Lei n. 14.112/2020, ao acrescentar os §§ 4º a 7º, ao art. 39, da Lei n. 11.101/2005, paralelamente à deliberação da assembleia a ser realizada presencialmente, trouxe a possibilidade de substituição de tal deliberação por meio e termo de adesão e até eventual votação por sistema eletrônico, entre outros mecanismos. Pela importância de tais inovações, permitimo-nos a transcrição do texto legal:

> "§ 4º **Qualquer deliberação** prevista nesta Lei a ser realizada por meio de assembleia-geral de credores poderá ser **substituída, com idênticos efeitos, por**: I — **termo de adesão firmado** por tantos credores quantos satisfaçam o quórum de aprovação específico, nos termos estabelecidos no art. 45-A desta Lei; II — **votação realizada por meio de sistema eletrônico** que reproduza as condições de tomada de voto da assembleia-geral de credores; ou III — outro **mecanismo reputado suficientemente seguro** pelo juiz.
>
> § 5º As deliberações nos formatos previstos no § 4º deste artigo serão **fiscalizadas pelo administrador judicial**, que emitirá parecer sobre sua regularidade, previamente à sua homologação judicial, independentemente da concessão ou não da recuperação judicial.
>
> § 6º O **voto será exercido pelo credor** no seu interesse e de acordo com o seu juízo de conveniência e poderá ser **declarado nulo por abusividade** somente quando manifestamente exercido para **obter vantagem ilícita para si ou para outrem**.
>
> § 7º A **cessão ou a promessa de cessão do crédito** habilitado deverá ser **imediatamente comunicada** ao juízo da recuperação judicial".

■ *25.5.4.2. Resultados da assembleia geral*

No caso de objeção ao plano de recuperação judicial, a modalidade de deliberação da assembleia geral de credores será a **fragmentada**. Nessa modalidade, os credores votarão nas suas respectivas **classes**. Para deliberar sobre a **proposta de plano** de recuperação judicial, as categorias que votarão serão compostas pelos credores indicados na forma do art. 41, da Lei n. 11.101/2005, observando-se que os credores das classes dos **trabalhistas e dos microempresários votarão por pessoa**, e não pelo montante do seu crédito. Além disso, os credores que forem titulares de crédito em **moeda estrangeira** terão o valor devido convertido para moeda nacional pelo **câmbio da véspera** da data de realização da assembleia.

Na deliberação **fragmentada**, para se considerar **aprovada** uma proposta, ela deverá ser vencedora **em cada uma** das categorias isoladamente. Na deliberação sobre a proposta de plano de recuperação judicial, contudo, o procedimento é mais **complexo**, pois o devedor em crise econômico-financeira terá que convencer **cada uma das classes** de credores (confira o quadro a seguir), observando-se que deverá convencer credores titulares da maior parcela dos créditos habilitados, salvo nas classes dos trabalhistas e dos microempresários, em que deverá convencer a maioria dos credores. É como se ocorressem quatro assembleias gerais de credores em uma só (uma para cada classe de credor).

Ao votar de forma fragmentada, a assembleia geral de credores **não contará**, em suas quatro classes, com credores da categoria dos créditos **fiscais** e dos **subquirografários**, conforme prevê o art. 41 da Lei n. 11.101/2005. O **quadro geral** de credores é composto por **oito categorias**; subtraídos os fiscais e os subquirografários, as outras **seis categorias** formarão as quatro classes de credores da **assembleia geral**, na forma do seguinte quadro:

COMPOSIÇÃO DA ASSEMBLEIA GERAL DE CREDORES
■ 1ª Classe — Titulares de créditos derivados da legislação do trabalho ou decorrentes de acidentes de trabalho, com a totalidade dos seus créditos.
■ 2ª Classe — Titulares de créditos com garantia real, até o limite do valor do bem dado em garantia.
■ 3ª Classe — Titulares de créditos quirografários, com privilégio especial, com privilégio geral ou subordinados; e titulares de créditos com garantia real, pelo valor que ultrapasse o do bem dado em garantia.
■ 4ª Classe — Titulares de créditos enquadrados como microempresa ou empresa de pequeno porte.

Fonte: art. 41, da Lei n. 11.101/2005.

Há uma **situação singular** a ser considerada. É a hipótese de **rejeição** do plano de recuperação judicial **pela minoria de classes**, considerando-se o número de classes existentes em cada caso concreto, nos termos do § 1º, do art. 58, e, ainda, **em oposição à mais da metade dos créditos presentes à assembleia** que tenha admitido o plano (inc. I):

> "§ 1º O **juiz poderá conceder a recuperação** judicial com base em **plano que não obteve aprovação** na forma do art. 45 desta Lei, desde que, **na mesma assembleia**, tenha obtido, **de forma cumulativa**:
>
> I — o voto favorável de credores que representem **mais da metade do valor de todos os créditos presentes à assembleia**, independentemente de classes;
>
> II — a aprovação de **3 (três) das classes** de credores ou, caso haja somente 3 (três) classes com credores votantes, a aprovação de **pelo menos 2 (duas) das classes** ou, caso haja somente 2 (duas) classes com credores votantes, a aprovação de **pelo menos 1 (uma) delas**, sempre nos termos do art. 45 desta Lei;

III — na classe **que o houver rejeitado**, o voto favorável **de mais de 1/3 (um terço) dos credores**, computados na forma dos §§ 1º e 2º do art. 45 desta Lei"

Seria **desproporcional atender à rejeição pela minoria, quando a maioria de classes aprovar** o plano de recuperação judicial, e ainda mais quando, somados todos os credores, for possível verificar **votos favoráveis de credores que representem mais da metade** do valor total dos créditos presentes à assembleia geral.

Diante dessa possibilidade de rejeição, visando à **preservação da empresa**, o § 1º, do art. 58, da Lei n. 11.101/2005 instituiu a possibilidade de ser considerado **aprovado plano de recuperação judicial parcialmente rejeitado**.

O § 2º, do art. 58, estabeleceu ainda, como **condição da aprovação do plano pela maioria**, da forma acima considerada, que a minoria dissidente não seja prejudicada: "A recuperação judicial somente poderá ser concedida com base no § 1º deste artigo se o plano **não implicar tratamento diferenciado entre os credores da classe que o houver rejeitado**".

Diante da exceção apontada — aprovação do Plano de Recuperação Judicial, ainda que parte dos credores venha a rejeitá-lo —, pode-se concluir que a assembleia geral de credores, que **aprecia a objeção ao plano** de recuperação judicial, poderá apresentar **quatro resultados** distintos:

1) **aprovação**, quando for obtida a maioria de votos, nas quatro classes de credores;

2) **alteração e aprovação**, desde que seja respeitada a determinação do art. 56, § 3º, da Lei n. 11.101/2005: "o plano de recuperação judicial poderá sofrer alterações na assembleia geral, desde que haja expressa concordância do devedor e em termos que não impliquem diminuição dos direitos exclusivamente dos credores ausentes";

3) **rejeição relativa**, conforme já explicado (art. 58, §§ 1º e 2º, da Lei n. 11.101/2005);

4) **rejeição absoluta**, (com ou sem a aprovação de proposta de plano alternativo pelos credores); **não apresentado o plano alternativo ou rejeitado,** o juiz convolará a recuperação judicial em falência (arts. 56, § 8º, e 73, III, da Lei n. 11.101/2005).

Aprovado o plano de recuperação judicial, será ele **juntado aos autos** do processo recuperacional. Após a juntada, a Lei n. 11.101/2005 exige a **comprovação da quitação das obrigações tributárias** pelo devedor. Este é o teor do art. 57: "Após a juntada aos autos do plano aprovado pela assembleia geral de credores ou decorrido o prazo previsto no art. 55 desta Lei sem objeção de credores, o devedor apresentará certidões negativas de débitos tributários". O dispositivo legal **exclui o crédito tributário dos efeitos da recuperação** judicial, uma vez que a exigência de prova da quitação, a um só tempo, impede seja alcançado o crédito tributário e obriga o pagamento dele, como pressuposto para a concessão da recuperação judicial.

A **norma é desproporcional** ao sacrifício que se impõe aos demais credores na recuperação judicial, além de contrariar o princípio da preservação da empresa. O Estado deveria ser o mais interessado agente econômico a promover a recuperação da empresa, ante os diversos benefícios sociais e econômicos advindos de sua atividade. Ao contrário disso, o Estado-fisco **exige seu crédito** como **pressuposto à concessão** da recuperação judicial, fazendo tal exigência após o devedor empresário ter conseguido convencer os demais credores e ter aprovado seu plano de recuperação judicial.

A quitação do crédito fiscal decorre do texto legal que exige a apresentação de certidões negativas de débitos tributários (federais, estaduais e municipais) para que seja deferida a recuperação judicial. Assim, os **débitos tributários deveriam estar quitados**, para que fosse possível a expedição de certidão negativa tributária e a consequente concessão da recuperação judicial. Isso torna o **crédito tributário privilegiadíssimo**.

Ocorre que o art. 68, da Lei n. 11.101/2005, estabelece que: "As Fazendas Públicas e o Instituto Nacional do Seguro Social — INSS poderão deferir, **nos termos da legislação específica, parcelamento de seus créditos, em sede de recuperação judicial**, de acordo com os parâmetros estabelecidos na Lei n. 5.172, de 25 de outubro de 1966 — Código Tributário Nacional".

A **doutrina e a jurisprudência** têm entendido que a Lei n. 11.101/2005 **exigiu "legislação específica"** que venha a tratar do **"parcelamento de créditos, em sede de recuperação judicial"**. Esse parcelamento permitiria a concessão da recuperação judicial. Todavia, diante da legislação concorrente entre União, Estados, DF e Municípios sobre parcelamento tributário e na eventualidade de lacuna legislativa a respeito, **não se poderá exigir a certidão negativa** de débitos tributários, como requisito para a concessão da recuperação judicial. Esse entendimento conformou o **Enunciado 55** do Conselho de Justiça Federal, cujo teor é o seguinte: "O parcelamento do crédito tributário na recuperação judicial é um direito do contribuinte, e não uma faculdade da Fazenda Pública, e, enquanto não for editada lei específica, não é cabível a aplicação do disposto no art. 57 da Lei n. 11.101/2005 e no art. 191-A do CTN"[11]. Vindo a legislação específica de parcelamento[12-13], deverá ela observar prazos 20% superiores, no caso de devedores microempresários, a teor do parágrafo único do art. 68 da Lei n. 11.101/2005, acrescido pela Lei Complementar n. 147/2014.

---

[11] Os 57 enunciados aprovados na I Jornada de Direito Comercial estão disponíveis para consulta no site do Conselho da Justiça Federal (CJF), item "CEJ — Centro de Estudos Judiciários", "Portal de Publicações". O evento foi promovido pelo CEJ do CJF, de 22 a 24 de outubro de 2012, sob a coordenação do Ministro Ruy Rosado de Aguiar.

[12] No âmbito federal, o parcelamento especial foi finalmente regulamentado por meio do art. 10-A, da Lei n. 10.522/2002, acréscimo este que se operacionalizou por intermédio da Lei n. 13.042/2014 (art. 43).

[13] Infralegalmente, a Portaria Conjunta PGFN/RFB n. 1/2015 estabeleceu as diretrizes para tal parcelamento. Entretanto, percebe-se da leitura do § 3º, do art. 36-A, da referida Portaria que a inclusão de créditos ainda pendentes de discussão administrativa ou judicial no referido parcelamento poderá, reflexamente, ser tida como ilegal e até confrontar os sagrados direito de ação, de ampla defesa e de petição consagrados no texto constitucional. Leia-se o texto aqui comentado: "O parcelamento abrangerá a totalidade dos débitos devidos pelo sujeito passivo constituídos ou não, inscritos ou não em Dívida Ativa da União (DAU), mesmo que discutidos judicialmente em ação proposta pelo sujeito passivo ou em fase de execução fiscal já ajuizada, ressalvados exclusivamente os débitos incluídos em parcelamentos regidos por outras leis" (disponível no seguinte endereço: <http://normas.receita.fazenda.gov.br/sijut2consulta/link. action?visao=anotado&idAto=61151>).

Assim, **após a juntada do plano de recuperação** judicial aos autos da recuperação, **apresentadas as certidões negativas tributárias**, o juiz **concederá a recuperação judicial**, por decisão, nos termos do art. 58, da Lei n. 11.101/2005, assim redigido: "cumpridas as exigências desta Lei, o juiz concederá a recuperação judicial do devedor cujo plano não tenha sofrido objeção de credor nos termos do art. 55 desta Lei ou tenha sido aprovado pela assembleia geral de credores na forma do art. 45 desta Lei".

Esquematizando os **quatro possíveis resultados da assembleia geral** de credores que delibera sobre a objeção ao plano de recuperação judicial:

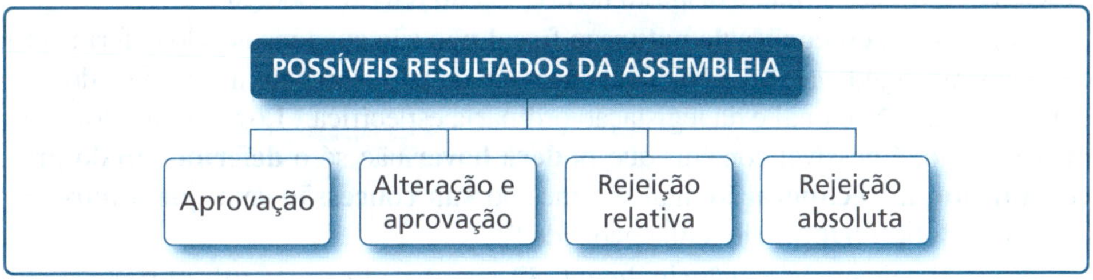

■ *25.5.4.3. A polêmica sobre a possibilidade de homologação do plano de recuperação mesmo sem o parcelamento do crédito tributário, no âmbito federal, nos termos da Lei n. 13.043/2014*

Reitere-se que depois da aprovação do plano de recuperação, eventualmente em assembleia, e **antes da sentença de concessão**, deverá o devedor **cumprir o disposto no art. 57**, *caput*, da Lei n. 11.101/2005[14]. Ocorre que, na atualidade, **mesmo após a edição de lei federal** que trouxe as diretrizes para o **parcelamento especial para empresas em recuperação**, há precedentes judiciais que **continuam a relativizar a exigência** de tal parcelamento, diante da prevalência do denominado princípio da preservação da empresa (art. 47, *caput*, da Lei n. 11.101/2005).

---

[14] Pela regularidade da exigência de apresentação das certidões no âmbito federal, confira-se o precedente seguinte: "AGRAVO DE INSTRUMENTO. RECUPERAÇÃO JUDICIAL. EXIGÊNCIA DE APRESENTAÇÃO DE CND OU PARCELAMENTO. LEGALIDADE. LEILÃO DE BENS DO ATIVO DA EMPRESA RECUPERANDA. ARTIGO 142, § 2º, DA LEI N. 11.101/2005. ALIENAÇÃO. CONDIÇÕES INSERIDAS E APROVADAS. OBSERVÂNCIA. PARCELAMENTO. ARTIGO 26 DO DECRETO N. 21.981/32. POSSIBILIDADE. APROVAÇÃO PELA ASSEMBLEIA-GERAL DE CREDORES. 1 — Sanada a omissão legislativa no que se refere à ausência de lei específica de parcelamento de débitos tributários para os devedores em recuperação judicial, com a entrada em vigor da Lei n. 13.043/2014, que deu nova redação à Lei n. 10.522, de 19 de julho de 2002 — artigo 10-A —, correta a decisão que determinou a apresentação de Certidão Negativa de Débitos ou o Termo de Adesão ao Parcelamento dos débitos fiscais/tributários. 2 — Aprovada a venda de ativos da empresa recuperanda pela Assembleia Geral de Credores, bem como as condições em que se deve dar a alienação, obedecidos os artigos 142, § 2º, da Lei n. 11.101/2005 e o 26 do Decreto n. 21.981/32, não compete ao julgador impor restrições ao Plano de Recuperação Judicial, eis que tais questões se inserem na viabilidade econômica da empresa, sendo sua apreciação exclusiva da Assembleia Geral de Credores. Inteligência do Enunciado n. 46 da I Jornada de Direito Comercial CJF/STJ. AGRAVO DE INSTRUMENTO CONHECIDO E PARCIALMENTE PROVIDO" (TJGO, Agravo de Instrumento 222584-32.2015.8.09.0000, 5ª Câmara Cível, Rel. Des. Alan S. de Sena da Conceição, *DJ* 11/03/2016).

Além disso, importante a consideração do que dispõe o **§ 7º-B, do art. 6º, da Lei n. 11.101/2005**: "O disposto nos incisos I, II e III [suspensão da prescrição, suspensão de execuções e proibição de atos de constrição/expropriação] do *caput* deste artigo não se aplica às execuções fiscais, admitida, todavia, a **competência do juízo da recuperação judicial** para determinar a **substituição dos atos de constrição** que recaiam sobre bens de capital essenciais à manutenção da atividade empresarial **até o encerramento da recuperação judicial**, a qual será implementada mediante a cooperação jurisdicional, na forma do art. 69 da Lei n. 13.105, de 16 de março de 2015 (Código de Processo Civil), observado o disposto no art. 805 do referido Código".

Portanto, as **execuções de natureza fiscal não são suspensas** pelo deferimento da recuperação judicial, ressalvada a concessão de parcelamento nos termos do Código Tributário Nacional e da legislação ordinária específica". Logo, num esforço de interpretação, é possível concluir que **poderá haver** não só o **deferimento do processamento da recuperação**, mas até mesmo **sua concessão sem que o parcelamento do débito tributário** tenha ocorrido.[15]

A **relativização da exigência do art. 57**, *caput*, da Lei n. 11.101/2005, no âmbito da União, mesmo após a edição de lei federal que permita o parcelamento, deve prevalecer também em função dos **princípios da segurança jurídica e do processo cooperativo** (art. 6º, do novo CPC: "Todos os sujeitos do processo devem cooperar entre si para que se obtenha, em tempo razoável, decisão de mérito justa e efetiva"), pois **não se demonstra coerente** dispensar a apresentação das certidões tributárias quando da decisão de processamento, com o chamamento potencial dos credores para habilitação de seus créditos, inclusive com a suspensão de ações e execuções ajuizadas por credores até de categoria superior a do crédito fiscal, prosseguindo-se à discussão e eventual aprovação do plano de recuperação em assembleia, **para, ao final, julgar-se improcedente o pedido diante da impossibilidade material de parcelamento do crédito tributário federal**.

---

15 Nesse sentido, recomenda-se a leitura do inteiro teor dos julgados abaixo:

TJRJ, Processo 0050788-91.2015.8.19.0000, Agravo de Instrumento, 7ª Câmara Cível — Desembargador Relator Luciano Saboia Rinaldi de Carvalho, julgado em 16/12/2015, publicado em 21/01/2016.

TJSC, Processo 0010408-51.2016.8.24.0000, Agravo de Instrumento, 5ª Câmara de Direito Comercial — De-sembargador Relator Guilherme Nunes Born, julgado em 14/07/2016.

TJGO, Processo 5156048-80.2017.8.09.0000, Agravo de Instrumento, 2ª Câmara Cível — Desembargador Relator Carlos Alberto França, julgado em 09/08/2017.

TJRJ, Processo 0019040-70.2017.8.19.0000, Agravo de Instrumento, 21ª Câmara Cível — Desembargador Relator Pedro Raguenet, julgado em 20/02/2018.

TJMT, Processo 1005188-81.2017.8.11.0000, Agravo de Instrumento, 3ª Câmara de Direito Privado — Desem-bargadora Relatora Cleuci Terezinha Chagas Pereira da Silva, julgado em 14/03/2018.

TJSP, Processo 2231474-78.2017.8.26.0000, Agravo de Instrumento, 2ª Câmara Reservada de Direito Empresarial - Desembargador Relator Grava Brazil, julgado em 26/04/2018.

TJRS, Processo 70076314178, Agravo de Instrumento, 5ª Câmara Cível — Desembargador Relator Jorge Luiz Lopes do Canto, julgado em 30/05/2018.

Idealmente, já no plano de recuperação judicial, na pendência de crédito tributário federal, **a recuperanda deveria manifestar-se sobre a possibilidade/impossibilidade concreta de parcelamento** de eventual crédito tributário, nos termos da Lei Federal n. 13.043/2014 e da Portaria Conjunta a regulamentá-la[16].

Neste particular, a Lei n. 14.112/2020, ao acrescentar o inc. X, ao art. 51, da Lei n. 11.101/2005, trouxe, expressamente, como **requisito da petição inicial, o "relatório detalhado do passivo fiscal"**.

Tal providência **evitaria a postergação da sentença** sobre a concessão ou não da recuperação judicial e se alinha com a necessidade de que o procedimento recuperacional, ainda que adversarial, desenvolva-se de forma cooperativa, nos termos do mencionado art. 6º, *caput*, do novo CPC, que pode ser aplicado subsidiariamente à recuperação judicial, nos termos do art. 189, *caput*, da Lei n. 11.101/2005.

A consequência da **continuação de eventual execução fiscal** — depois da concessão do plano de recuperação — corresponderá ao **risco de que eventual constrição do patrimônio da recuperanda venha a comprometer o fluxo de caixa** projetado para cumprimento do plano de recuperação.

A **Lei n. 14.112/2020**, ao acrescentar os incisos V e VI, ao art. 73, da Lei n. 11.101/2005, trouxe **duas novas hipóteses de convolação da recuperação judicial em falência**, nitidamente, tendentes à proteção do crédito fiscal. Em relação ao inciso VI, do art. 73, caso eventual **Plano de Recuperação Judicial venha prever a "alienação judicial de filiais ou de unidades produtivas isoladas** do devedor da Lei n. 11.101/2005" (art. 60, *caput*), isso poderá importar em "**esvaziamento patrimonial da devedora** que implique **liquidação substancial da empresa**, em prejuízo de credores não sujeitos à recuperação judicial, inclusive as Fazendas Públicas". Assim, a frustração de eventuais execuções fiscais pela ausência de bens passíveis de constrição, após a aprovação do Plano de Recuperação Judicial, nos termos acima, poderá **contextualizar a nova hipótese de convolação** da recuperação judicial em falência.

Além disso, o inciso V, do mesmo art. 73, expressamente, consignou que o "**descumprimento dos parcelamentos** referidos no art. 68 desta Lei ou da transação prevista no art. 10-C da Lei n. 10.522, de 19 de julho de 2002" também poderá **motivar a convolação da recuperação** judicial em falência. Assim, o **descumprimento de algum dos parcelamentos dos débitos fiscais** levará ao decreto de falência.

Ainda assim, respeitadas as opiniões em sentido contrário, acolho a corrente doutrinária e jurisprudencial que entende **possível a concessão da recuperação judicial, sem a apresentação de certidões tributárias, mesmo após a edição de lei federal** que trouxe as diretrizes para o **parcelamento no âmbito federal**, quando a

---

16 A Medida Provisória n. 783/2017 que estabeleceu o Programa Especial de Regularização Tributária junto à Secretaria da Receita Federal do Brasil e à Procuradoria-Geral da Fazenda Nacional trouxe condições especiais de parcelamento do débito tributário, aplicando-se, inclusive, às empresas em recuperação judicial, conforme, expressamente, dispôs o § 1º, do art. 1º, da referida MP. De todo o modo, a viabilidade e a adesão a eventual parcelamento sempre dependerá de um cálculo atuarial a ser cuidadosamente estimado pelo devedor.

recuperanda consiga demonstrar a **inviabilidade concreta do parcelamento**, e isso porque o crédito fiscal apenas continuará a concorrer com os créditos novados, em perspectiva, preferenciais ao referido crédito fiscal, pois numa eventual **convolação da recuperação judicial em falência** "os credores terão **reconstituídos seus direitos e garantias** nas condições originalmente contratadas, deduzidos os valores eventualmente pagos e ressalvados os atos validamente praticados no âmbito da recuperação judicial" (art. 61, § 2º), devendo o crédito fiscal sujeitar-se à ordem de preferência estabelecida nos incisos do art. 83, da Lei n. 11.101/2005, classificado como crédito de terceira categoria.

Nessa linha de raciocínio, por outro lado, a depender do caso concreto, deve o juízo recuperacional cuidar para que a **sentença de concessão não ultime por homologar um plano de recuperação judicial que sirva em perspectiva para esvaziar o patrimônio da empresa** em recuperação em favor de credores de categoria posterior a do crédito fiscal, pois, em tal hipótese, o cumprimento do plano, na **pendência de execuções fiscais, corresponderia a abuso de direito**, tendo em vista o malferimento do princípio da *pars conditio creditorum*, a preterir o crédito fiscal. Portanto, seja na hipótese de **não demonstração pela recuperanda da impossibilidade concreta** de se sujeitar ao parcelamento, seja na hipótese de **preterição indireta do crédito fiscal**, preferível à homologação do PRJ que o **juízo recuperacional julgue improcedente o pedido**.

Em **apoio à argumentação** acima esposada, leiam-se os precedentes seguintes:

> RECUPERAÇÃO JUDICIAL — Dispensa, para fins de homologação do plano de recuperação judicial, de certidões de regularidade fiscal, mesmo após a Lei n. 13.043/2014 ter acrescentado o artigo 10-A à Lei n. 10.522/2002, ante o desígnio do instituto, a inexistência de qualquer prejuízo às Fazendas Públicas e a abusividade da condição específica para adesão ao parcelamento, consistente na renúncia à discussão acerca dos débitos tributários e aceitação, sem questionamentos, de todas as cobranças feitas pelo Fisco — Decisão agravada bem fundamentada e alinhada com o entendimento pacificado no STJ sobre a matéria Recurso improvido (TJSP — Agravo de Instrumento n. 2083072-89.2016.8.26.0000 — Agravante: União Federal, Agravadas: Schahin Engenharia S/A e outras. 2ª Câmara Reservada de Direito Empresarial. Relator Desembargador Caio Marcelo Mendes de Oliveira, data de registro: 25/08/2016).

> DIREITO EMPRESARIAL. AGRAVO DE INSTRUMENTO. **RECUPERAÇÃO JUDICIAL**. DECISÃO AGRAVADA CONDICIONANDO A **HOMOLOGAÇÃO** DO PLANO À APRESENTAÇÃO DE CERTIDÕES NEGATIVAS DE DÉBITOS FISCAIS EXIGIDAS PELO ART. 57 DA LRF, CONSIDERANDO O ADVENTO DA LEI N. 13.043/2014, QUE DISCIPLINA O PARCELAMENTO ESPECIAL PARA DÍVIDAS FISCAIS COM A UNIÃO DE EMPRESAS EM **RECUPERAÇÃO JUDICIAL**. DESNECESSIDADE. REFORMA. 1. Antes da edição da referida Lei n. 13.043/2014, a jurisprudência do Superior Tribunal de Justiça se definiu assentando que a inexistência de lei específica acerca das regras de parcelamento de dívida fiscal e previdenciária de empresas em **recuperação judicial** autoriza a **homologação** do plano sem necessidade de apresentação de certidões negativas exigidas pelo art. 57 da LRF. 2. Segundo orientação do Superior Tribunal de Justiça, "o art. 57 da Lei n. 11.101/2005 e o art. 191-

A do CTN devem ser interpretados à luz das novas diretrizes traçadas pelo legislador para as dívidas tributárias, com vistas, notadamente, à previsão legal de parcelamento do crédito tributário em benefício da empresa em **recuperação**, que é causa de suspensão da exigibilidade do tributo, nos termos do art. 151, inciso VI, do CTN". E, ainda, "que eventual descumprimento do que dispõe o art. 57 da LRF só pode ser atribuído, ao menos imediatamente e por ora, à ausência de legislação específica que discipline o parcelamento em sede de **recuperação judicial**, não constituindo ônus do contribuinte, enquanto se fizer inerte o legislador, a apresentação de certidões de regularidade fiscal para que lhe seja concedida a **recuperação**". (REsp 1187404/MT, Relator Ministro Luis Felipe Salomão, Corte Especial, j. 19/06/2013) 3. No caso presente, o pedido de **recuperação judicial** foi protocolizado em 20/05/2013, antes, portanto, da edição da Lei n. 13.043/2014, que entrou vigor somente em 13/11/2014. Dessa forma, como não havia lei regulamentadora acerca do parcelamento especial na ocasião do ajuizamento da ação, a controvérsia deve ser decidida com base no princípio *tempus regit actum*, sem perder de vista outro princípio, da segurança jurídica. Assim, por tal motivo, o art. 57 da LRF não pode obstaculizar a **homologação** do plano de **recuperação judicial**, na linha de entendimento da Corte Superior. 4. Ademais disso, o parcelamento objeto da Lei n. 13.043/2014 alcança apenas os débitos federais, mantendo a lacuna legislativa em relação às dívidas fiscais estaduais e municipais, sendo ilógico, pelo prisma da razoabilidade, que apenas a **certidão** negativa de débitos fiscais federais seja relevante para efeito de **homologação** do plano de **recuperação**, em detrimento das dívidas fiscais estaduais e municipais, como se houvesse uma impensável ordem hierárquica para o recolhimento de tributos. Logo, o parcelamento especial concebido pela Lei n. 13.043/2014, por incompleto, não atende a exigência contida no art. 57 da LRF, devendo, por conseguinte, ser mantida a jurisprudência prevalecente na Corte Superior a respeito do tema, no sentido de permitir a dispensa das certidões negativas para fins de **homologação** do plano de **recuperação**. 5. Urge reconhecer que, em muitos casos, os artigos 47 e 57 da LRF são inconciliáveis, levando à inviabilização dos processos de **recuperação judicial** e, por consequência, impedindo o soerguimento da empresa em dificuldades financeiras. Embora a **homologação** do plano de **recuperação** esteja condicionada à apresentação das certidões negativas de débitos fiscais (art. 57, LRF e art. 191-A, CTN), deve preponderar o princípio da preservação da empresa, insculpido no art. 47 da lei recuperacional, cujo propósito maior é proteger a fonte produtora, o emprego, a função social da empresa e o estímulo à atividade econômica. 6. As disposições da LRF devem ser aplicadas de forma harmônica e sistemática, e não isoladamente. O art. 47 expõe categoricamente seu objetivo de viabilizar a empresa viável, com chance real de **recuperação**, preservando a fonte produtora e geradora de empregos, promovendo sua função social e estimulando a atividade econômica. O art. 57, por seu turno, limita-se à obrigatoriedade formal de assegurar a quitação fiscal, prestigiando a arrecadação. Ambos os interesses (preservação da empresa x arrecadação) militam em favor da coletividade; o primeiro pela manutenção de empregos e atividade produtiva; o segundo porque o produto da arrecadação, presumivelmente, reverte para o bem comum, de modo a atender as demandas da sociedade. 7. No caso concreto, com amparo nos princípios da razoabilidade e proporcionalidade, deve prevalecer a proteção ao interesse jurídico e social mais relevante, que é a preservação da empresa, mesmo porque, conforme art. 5º da Lei de Introdução às Normas do Direito Brasileiro, "na aplicação da lei, o juiz atenderá aos fins sociais a que ela se dirige e às exigências do bem comum". Nesse contexto, deve predominar a proteção ao emprego, aos valores sociais do trabalho, à preservação da empresa com potencial de se reerguer e contribuir para o desenvolvimento da economia, inclusive gerando a continuidade da arrecadação, que seria interrompida em caso de decretação de falência. Por conclusão lógica, pode-se afirmar que a continuidade da empresa viável atende também ao interesse arrecadatório do próprio Fisco e, em última análise, da coletividade. 8. Doutrina e jurisprudência sobre o tema. 9. Provimento do recurso, dispensando-se a necessidade de apresentação de certidões negativas de débitos fiscais como condicionante à **homologação** do Plano de **Recuperação Judicial**, mesmo após a edição da Lei 13.043/2014 (TJRJ, Processo 0050788-91.2015.8.19.0000, Agravo de Instrumento, 7ª Câmara Cível — Desembargador Relator Luciano Saboia Rinaldi de Carvalho, julgado em 16/12/2015, publicado em 21/01/2016).

■ PROCESSUAL CIVIL. EXECUÇÃO FISCAL. SUSPENSÃO DOS ATOS EXECUTÓRIOS. EMPRESAS EM RECUPERAÇÃO JUDICIAL. EXEGESE HARMÔNICA DOS ARTS. 5º E 29 DA LEI 6.830/1980 E DO ART. 6º, § 7º, DA LEI 11.101/2005. EMBARGOS DE DECLARAÇÃO. EXISTÊNCIA DE OMISSÃO. ART. 535, II, DO CPC.

1. As Cortes regionais são soberanas na apreciação das provas. Não pode o Superior Tribunal de Justiça reexaminar as que foram produzidas ou analisá-las pela primeira vez.
2. No caso *sub judice*, a Fazenda alegou que a penhora de ativos financeiros via Bacenjud não interferiria no fluxo financeiro da empresa em recuperação judicial, contudo o Tribunal regional não se manifestou satisfatoriamente sobre o tema. Dessarte, não há como o STJ concluir pelo não prosseguimento da Ação de Execução Fiscal, pois não houve manifestação do Tribunal *a quo* em relação à apresentação de CND ou CPEN.
3. A Segunda Turma do STJ, em recente julgamento a respeito do tema controvertido (REsp 1.512.118/SP, Rel. Min. Herman Benjamin, publicado no *DJe* de 31.3.2015), revisitou a jurisprudência relativa ao tema, para assentar o seguinte entendimento: a) constatado que a concessão do Plano de Recuperação Judicial foi feita com estrita observância dos arts. 57 e 58 da Lei 11.101/2005 (ou seja, com prova de regularidade fiscal), a Execução Fiscal será paralisada em razão da presunção de que os créditos fiscais encontram-se suspensos nos termos do art. 151 do CTN; **b) caso contrário, isto é, se foi deferido, no juízo competente, o Plano de Recuperação Judicial sem a apresentação da CND ou CPEN, incide a regra do art. 6º, § 7º, da Lei 11.101/2005, de modo que a Execução Fiscal terá regular prosseguimento, pois não é legítimo concluir que a regularização do estabelecimento empresarial possa ser feita exclusivamente em relação aos seus credores privados, e, ainda assim, às custas dos créditos de natureza fiscal.**
4. Deve-se reconhecer, portanto, a existência de omissão no acórdão, para que o Tribunal local aprecie o ponto apresentado pela parte recorrente.
5. Recurso Especial provido (STJ, REsp 1.488.778-SC, 2ª Turma, Rel. Min. Herman Benjamin, *DJe* 30/05/2016, sem grifos no original).

Pelo que se lê do trecho destacado do último acórdão acima, infere-se a **possibilidade de que o juízo fiscal imponha constrições ao patrimônio do devedor em recuperação judicial. Porém, os devedores em recuperação judicial insistem em defender que eventual constrição deva ser realizada pelo juízo recuperacional**, tese não encampada pela 1ª Seção do STJ (com competência para as matérias de Direito Público a exemplo da persecução do crédito tributário), sendo que no ano de 2018 tal questão ultimou submetida à sistemática dos recursos repetitivos:

> "PROCESSUAL CIVIL. RECURSO ESPECIAL. SUBMISSÃO À REGRA PREVISTA NO ENUNCIADO ADMINISTRATIVO 03/STJ. PROPOSTA DE AFETAÇÃO COMO REPRESENTATIVO DA CONTROVÉRSIA. EXECUÇÃO FISCAL. EMPRESA EM RECUPERAÇÃO JUDICIAL. PRÁTICA DE ATOS CONSTRITIVOS. 1. Questão jurídica central: 'Possibilidade da prática de atos constritivos, em face de empresa em recuperação judicial, em sede de execução fiscal'. 2. Recurso especial submetido ao regime dos recursos repetitivos (afetação conjunta: REsp 1.694.261/SP, REsp 1.694.316 e REsp 1.712.484/SP)."
>
> (ProAfR no Recurso Especial n. 1.712.484-SP, 1ª Seção, relator Ministro Mauro Campbell Marques, julgado em 20/02/2018)

Por outro lado, em sentido oposto ao entendimento esposado pela 1ª Seção, apresenta-se a solução jurídica defendida pela 2ª Seção (competente para o julgamento das causas que envolvam direito privado, do qual é sub-ramo o direito empresarial), no sentido de que eventuais atos de constrição deverão ser deferidos pelo juízo recuperacional, ainda que efetuados nos juízos fiscais. Assim, no julgamento do Incidente de Uniformização de Jurisprudência no Conflito de Competência n. 144.433 – GO, a 2ª Seção, ao prevenir a divergência de seus julgados com os da 1ª Seção, conforme acórdão relatado pelo Ministro Marco Aurélio Bellizze, não conheceu do incidente, e, por cautela, remeteu a matéria para apreciação da Corte Especial, com fundamento art. 16, inc. IV, do Regimento Interno do STJ:

> "INCIDENTE DE UNIFORMIZAÇÃO DE JURISPRUDÊNCIA NO CONFLITO DE COMPETÊNCIA. RECUPERAÇÃO JUDICIAL. EXECUÇÃO FISCAL. PRÁTICA DE ATOS EXECUTÓRIOS CONTRA O PATRIMÔNIO DA RECUPERANDA. LEI N. 13.043/2014. DIVERGÊNCIA ENTRE AS TURMAS DA PRIMEIRA SEÇÃO E A SEGUNDA SEÇÃO DO STJ. RECONHECIMENTO. SUJEIÇÃO À CORTE ESPECIAL. NECESSIDADE. INCIDENTE NÃO CONHECIDO POR RAZÕES DE CONVENIÊNCIA. OBSERVÂNCIA, DE OFÍCIO, DA PROVIDÊNCIA CONTIDA NO ART. 16 DO RISTJ. AFETAÇÃO À CORTE ESPECIAL PARA DIRIMIR O MÉRITO DA DIVERGÊNCIA JURISPRUDENCIAL. 1. O presente incidente de uniformização de jurisprudência, suscitado pela Fazenda Nacional no bojo do Conflito de Competência n. 144.433/GO durante a vigência do Código de Processo Civil/1973, em tese, poderia ser admitido, observando-se, quanto ao seu cabimento, as regras então dispostas pela lei adjetiva civil anterior. Todavia, em juízo de ponderação, quanto à conveniência em se instaurar um procedimento que não mais guarda previsão na lei adjetiva civil, afigura-se possível aventar a adoção de outras providências, que, a um só tempo, atendam à postulação e ao direito da parte de prevenir/encerrar a divergência jurisprudencial aventada.
>
> 2. A Corte Especial, em 19/9/2012, em Questão de Ordem suscitada no Conflito de Competência n. 120.432/SP, fixou a competência da Segunda Seção do STJ 'para julgamento, não apenas do presente conflito, mas de todos os que envolvam recuperação judicial e execução fiscal ajuizada contra a empresa recuperanda, nos termos do art. 9º, § 2º, IX, do RISTJ'. Embora se pudesse inferir, de sua extensão, em cotejo com a fundamentação, a conclusão de que a competência da Segunda Seção abrangeria toda e qualquer questão que, no âmbito de uma execução fiscal, repercutisse na recuperação judicial da executada — o que, ressalta-se, se me afigura a melhor interpretação — não foi isso o que se sucedeu na prática. 2.1 Na prática, a competência da Segunda Seção —

definida, naturalmente, pela matéria a ela relacionada, e não por um determinado incidente —, ficou restrita ao conhecimento e julgamento dos conflitos de competência, nos quais se têm, como juízos suscitados, o da recuperação judicial, de um lado, e o da execução fiscal, do outro. Já os recursos especiais oriundos de execuções fiscais, ainda que a questão subjacente repercutisse na recuperação judicial, continuaram a ser distribuídos e julgados pela Primeira Seção. 3. A partir do enfoque dado, próprio do viés hermenêutico de cada Seção, sobreveio, em questão de fundo, manifesta divergência jurisprudencial entre as Seções.

3.1 A Segunda Turma, integrante da Primeira Seção, em recurso especial advindo de execução fiscal, perfilha o entendimento de que 'a execução fiscal não se suspende pelo deferimento da recuperação judicial, permitindo-se a realização de atos constritivos, máxime quando evidenciada a inércia da empresa recuperanda em adotar as medidas necessárias à suspensão da exigibilidade dos créditos tributários, em especial, por meio do parcelamento especial disciplinado pelo art. 10-A da Lei n. 10.522/2002, incluído pela Lei 13.043/2014' (ut REsp 1673421/RS, Rel. Ministro Herman Benjamin, Segunda Turma, julgado em 17/10/2017, *DJe* 23/10/2017).

3.2 A Segunda Seção, diversamente, em conflito de competência entre os juízos da recuperação judicial e da execução fiscal, reconhece a competência do primeiro, assentando que, embora a execução fiscal não se suspenda, os atos de constrição e de alienação de bens voltados contra o patrimônio social das sociedades empresárias submetem-se ao juízo universal, em homenagem ao princípio da conservação da empresa. A Seção de Direito Privado do STJ perfilha o posicio-namento, ainda, de que a edição da Lei n. 13.043/2014 — que acrescentou o art. 10-A à Lei n. 10.522/2002 e disciplinou o parcelamento de débitos de empresas em recuperação judicial — não descaracteriza o conflito de competência, tampouco tem o condão de alterar o entendimento jurisprudencial destacado, conforme decidiu a Segunda Seção por ocasião do julgamento do AgRg no CC 136.130/SP, Relator o Ministro Raul Araújo, Relator p/ Acórdão Ministro Antonio Carlos Ferreira, Segunda Seção, julgado em 13/5/2015, *DJe* 22/6/2015.

4. A divergência de posicionamento entre a Segunda Seção e as Turmas que integram a Primeira Seção é manifesta, o que, do ponto de vista da segurança jurídica e da isonomia, afigura-se absolutamente temerário, notadamente em atenção ao papel atribuído constitucionalmente ao Superior Tribunal de Justiça de uniformizar a jurisprudência nacional na interpretação da legislação federal.

5. Por razões de conveniência, não se conhece do Incidente de Uniformização Jurisprudencial e, de ofício, em atenção à providência contida no art. 16 do RISTJ, determina-se a afetação à Corte Especial do julgamento do presente conflito de competência para prevenir/dissipar a divergência jurisprudencial destacada no âmbito do STJ."

(IUJur no Conflito de Competência n. 144.433 — GO, 2ª Seção, relator Ministro Marco Aurélio Bellizze, julgado em 14/03/2018, grifou-se).

A proximidade das decisões acima — afetação do REsp 1.712.484-SP pela 1ª Seção, em 20/02/2018, e a remessa do IUJur no CC 144.433 — GO, pela 2ª Seção, em 14/03/2018 —, para prevenir conflito de jurisdição, impõe a cautela de se provocar o relator do REsp afetado, para propor à Corte Especial também a afetação do recurso especial, nos termos do art. 256-E, do Regimento Interno do STJ.

Mais uma vez, no conflito indireto estabelecido entre os credores privados (sujeitos ao plano recuperacional) e os credores públicos (beneficiados com o rito da execução fiscal), demonstra-se salutar **defender a continuação do empreendimento**, pois o cumprimento da recuperação judicial estará a prevenir a falência do empreendimento, e, também, na falência, os credores fiscais somente terão seus créditos satisfeitos depois de entregue esse direito aos credores privados, de acordo com a ordem de preferência estabelecida expressamente no artigo 83 da LRF.

A dar **prevalência ao rito recuperacional** – que poderá seguir a par de eventual pendência em relação ao crédito fiscal – confira-se, de forma expressa, mais um precedente da 3ª Turma Cível do STJ:

> "RECURSO ESPECIAL. RECUPERAÇÃO JUDICIAL. CERTIDÕES NEGATIVAS DE DÉBITOS TRIBUTÁRIOS. **ART. 57 DA LEI 11.101/05 E ART. 191-A DO CTN. EXIGÊNCIA INCOMPATÍVEL COM A FINALIDADE DO INSTITUTO. PRINCÍPIO DA PRESERVAÇÃO DA EMPRESA E FUNÇÃO SOCIAL. APLICAÇÃO DO POSTULADO DA PROPORCIONALIDADE**. INTERPRETAÇÃO SISTEMÁTICA DA LEI 11.101/05. 1. Recuperação judicial distribuída em 18/12/2015. Recurso especial interposto em 6/12/2018. Autos conclusos à Relatora em 30/1/2020. 2. O propósito recursal é definir se a apresentação das certidões negativas de débitos tributários constitui requisito obrigatório para concessão da recuperação judicial do devedor. 3. O enunciado normativo do art. 47 da Lei 11.101/05 guia, em termos principiológicos, a operacionalidade da recuperação judicial, estatuindo como finalidade desse instituto a viabilização da superação da situação de crise econômico-financeira do devedor, a permitir a manutenção da fonte produtora, do emprego dos trabalhadores e dos interesses dos credores, promovendo, assim, a preservação da empresa, sua função social e o estímulo à atividade econômica. Precedente. 4. A realidade econômica do País revela que as sociedades empresárias em crise usualmente possuem débitos fiscais em aberto, podendo-se afirmar que as obrigações dessa natureza são as que em primeiro lugar deixam de ser adimplidas, sobretudo quando se considera a elevada carga tributária e a complexidade do sistema atual. 5. Diante desse contexto, a apresentação de certidões negativa de débitos tributários pelo devedor que busca, no Judiciário, o soerguimento de sua empresa encerra circunstância de difícil cumprimento. 6. Dada a existência de aparente antinomia entre a norma do art. 57 da LFRE e o princípio insculpido em seu art. 47 (preservação da empresa), a exigência de comprovação da regularidade fiscal do devedor para concessão do benefício recuperatório deve ser interpretada à luz do postulado da proporcionalidade. 7. Atuando como conformador da ação estatal, tal postulado exige que a medida restritiva de direitos figure como adequada para o fomento do objetivo perseguido pela norma que a veicula, além de se revelar necessária para garantia da efetividade do direito tutelado e de guardar equilíbrio no que concerne à realização dos fins almejados (proporcionalidade em sentido estrito). 8. Hipótese concreta em que a exigência legal não se mostra adequada para o fim por ela objetivado — garantir o adimplemento do crédito tributário —, tampouco se afigura necessária para o alcance dessa finalidade: (i)inadequada porque, ao impedir a concessão da recuperação judicial do devedor em situação fiscal irregular, acaba impondo uma dificuldade ainda maior ao Fisco, à vista da classificação do crédito tributário, na hipótese de falência, em terceiro lugar na ordem de preferências; (ii) desnecessária porque os meios de cobrança das dívidas de natureza fiscal não se suspendem com o deferimento do pedido

de soerguimento. Doutrina. 9. Consoante já percebido pela Corte Especial do STJ, a persistir a interpretação literal do art. 57 da LFRE, inviabilizar-se-ia toda e qualquer recuperação judicial (REsp 1.187.404/MT). 10. Assim, de se concluir que **os motivos que fundamentam a exigência da comprovação da regularidade fiscal do devedor (assentados no privilégio do crédito tributário), não tem peso suficiente — sobretudo em função da relevância da função social da empresa e do princípio que objetiva sua preservação – para preponderar sobre o direito do devedor de buscar no processo de soerguimento a superação da crise** econômico-financeira que o acomete. RECURSO ESPECIAL NÃO PROVIDO." (STJ. Informativo 674. REsp n. 1.864.625/SP. Rel. Min. NANCY ANDRIGUI. *DJe* 26/06/2020)

A Lei n. 14.112/2020, ao acrescentar o § 7º-B, ao art. 6º, da Lei n. 11.101/2005, pelo menos **em relação aos bens considerados essenciais à atividade da recuperanda e durante o biênio anterior à sentença de encerramento**, trouxe regra de cooperação entre o Juízo recuperacional e os Juízos Fiscais, a sinalizar esforço a prestigiar a reestruturação do empreendimento: "O disposto nos incisos I, II e III do *caput* deste artigo **não se aplica às execuções fiscais, admitida, todavia, a competência do juízo da recuperação judicial para determinar a substituição dos atos de constrição** que recaiam sobre bens de capital essenciais à manutenção da atividade empresarial até o encerramento da recuperação judicial, a qual será implementada mediante a cooperação jurisdicional, na forma do art. 69 da Lei n. 13.105, de 16 de março de 2015 (Código de Processo Civil), observado o disposto no art. 805 do referido Código".

■ 25.5.4.4. O controle judicial da legalidade das cláusulas do plano de recuperação judicial posteriormente à sua aprovação pela assembleia de credores

Apesar da autonomia e soberania das deliberações da assembleia de credores, ao **juiz da causa caberá o controle de legalidade das cláusulas do plano**, podendo, se o caso, homologar o PRJ **com ressalvas**, exatamente para afastar cláusulas contrárias a normas legais cogentes. Nesse sentido, inclusive, tem decidido o STJ:

DIREITO EMPRESARIAL. PLANO DE RECUPERAÇÃO JUDICIAL. APROVAÇÃO EM ASSEMBLEIA. CONTROLE DE LEGALIDADE. VIABILIDADE ECONÔMICO-FINANCEIRA. CONTROLE JUDICIAL. IMPOSSIBILIDADE.

1. Cumpridas as exigências legais, o juiz deve conceder a recuperação judicial do devedor cujo plano tenha sido aprovado em assembleia (art. 58, *caput*, da Lei n. 11.101/2005), não lhe sendo dado se imiscuir no aspecto da viabilidade econômica da empresa, uma vez que tal questão é de exclusiva apreciação assemblear.

2. O magistrado deve exercer o controle de legalidade do plano de recuperação — no que se insere o repúdio à fraude e ao abuso de direito —, mas não o controle de sua viabilidade econômica. Nesse sentido, Enunciados n. 44 e 46 da I Jornada de Direito Comercial CJF/STJ.

3. Recurso especial não provido (REsp 1.359.311-SP, Recurso Especial 2012/0046844-8, 4ª Turma, Rel. Min. Luis Felipe Salomão, *DJe* 30/09/2014).

É **exemplo de cláusula flagrantemente ilegal** o conteúdo do **acordo que estabeleça a liberação das garantias** oferecidas pelos coobrigados dos créditos novados ou impeça contra eles a continuação de ações e execuções, pois tal **cláusula contrasta com a literalidade do § 1º, do art. 49**, da Lei n. 11.101/2005, *in verbis*:

> "Os **credores do devedor em recuperação judicial conservam** seus direitos e privilégios contra os coobrigados, fiadores e obrigados de regresso".

Tal matéria, inclusive, já foi enfrentada pelo **STJ em sede de recurso repetitivo**:

> "Para efeitos do art. 543-C do CPC: 'A recuperação judicial do devedor principal **não impede o prosseguimento das execuções** nem induz suspensão ou extinção de ações ajuizadas contra terceiros devedores solidários ou coobrigados em geral" (REsp 1.333.349-SP, *DJe* 02/12/2015).

E a tese acima firmada deu motivo à edição do enunciado da **Súmula n. 581 do STJ** (publicada em setembro de 2016): "A recuperação judicial do devedor principal não impede o prosseguimento das ações e execuções ajuizadas contra terceiros devedores solidários ou coobrigados em geral, por garantia cambial, real ou fidejussória".

■ 25.5.4.5. *Novação dos créditos*

A principal consequência da concessão da recuperação judicial é a **novação** das obrigações do devedor empresário, desde que **constantes do plano** de recuperação judicial. Após a concessão do benefício legal, as dívidas da recuperanda serão aquelas que constam do plano, com dimensão, prazos e formas ali previstos. Assim, as **condições originais** da obrigação são **substituídas pelas obrigações definidas no plano**.

Serão **extintas**: as **ações e execuções** que estavam suspensas, em razão do deferimento do processamento do pedido de recuperação judicial; as **execuções**, pela **extinção da dívida**, em razão de ser a novação uma das formas de quitação do débito; as **ações**, pela **perda do objeto** daquelas demandas cujo objeto tenha sido redimensionado no plano. Caso o objeto de alguma **ação não venha a ser contemplado** no plano de recuperação judicial homologado, tal ação continuará a tramitar no **juízo de origem**.

Ocorre que a novação estabelecida no art. 59, da Lei n. 11.101/2005, tem **recebido críticas** da doutrina, especialmente a civilista. O texto legal é bastante **contundente**: "O plano de recuperação judicial implica **novação dos créditos** anteriores ao pedido, e **obriga o devedor e todos os credores** a ele sujeitos, sem prejuízo das garantias, observado o disposto no § 1º do art. 50 desta Lei". O problema é que essa novação pode ser **absoluta ou relativa**, dependendo do inadimplemento dela dentro do período de recuperação judicial, ou após tal período. Daí a crítica. Ocorrendo a novação, é impossível que se volte ao estado anterior, **restabelecendo** a obrigação que fora novada. A Lei n. 11.101/2005 permite referido restabelecimento da **obrigação original**.

A regra impõe a novação do crédito que foi **objeto de plano** de recuperação judicial homologado. Todavia, caso a **recuperanda não cumpra** alguma obrigação do plano, e isso ocorra **dentro dos dois anos** de cumprimento do plano de recuperação judicial, o juiz convolará a recuperação judicial em **falência** e os credores terão **reconstituídos seus direitos** e garantias nas condições **originalmente contratadas**, deduzidos os valores eventualmente pagos. Se o descumprimento se der **após o transcurso dos dois anos**, o credor é que decidirá se **executa** a obrigação ou se requer a **falência** do devedor empresário, **mantido o crédito** na forma novada.

O art. 61, da Lei n. 11.101/2005, afirma que, "proferida a decisão prevista no art. 58 desta Lei, o devedor permanecerá em recuperação judicial até que se cumpram todas as obrigações previstas no plano que se vencerem **até 2 (dois) anos** depois da concessão da recuperação judicial". Não importa por quanto tempo ficaram estabelecidas parcelas da dívida a pagar, a empresa permanecerá cumprindo as obrigações do plano e, uma vez completados dois anos, o **juiz encerrará a recuperação judicial**. Se ainda houver obrigações a vencer, elas continuarão vinculadas ao que se decidiu no plano de recuperação judicial, entretanto não caberá mais a convolação da recuperação judicial em falência. A **Lei n. 14.112/2020**, ao alterar a redação do art. 61, da Lei n. 11.101/2005, inclusive **destacou que o biênio de fiscalização se trata de prazo máximo**, independentemente de eventual período de carência.

Três são as situações possíveis diante dos créditos novados pela homologação do plano de recuperação judicial:

1ª) O devedor empresário **cumpre todas** as obrigações assumidas. Nessa hipótese, todos os créditos serão pagos na forma novada, com os descontos, prazos e outras cláusulas previstas no plano.

2ª) O devedor empresário **deixa de cumprir** obrigação novada pelo plano de recuperação judicial, **dentro do prazo de dois anos** em que perdura a recuperação judicial concedida. Nessa situação, o juiz convolará a recuperação judicial em **falência e os credores terão seus créditos originários restabelecidos**, abatidos eventuais pagamentos realizados durante a recuperação. Trata-se da novação **"condicionada" ou relativa**. Essa é a consequência do que preveem os §§ 1º e 2º, do art. 61, da Lei n. 11.101/2005. Confira-se: "§ 1º Durante o período estabelecido no *caput* deste artigo, o descumprimento de qualquer obrigação prevista no plano acarretará a convolação da recuperação em falência, nos termos do art. 73 desta Lei. § 2º Decretada a falência, os credores terão reconstituídos seus direitos e garantias nas condições originalmente contratadas, deduzidos os valores eventualmente pagos e ressalvados os atos validamente praticados no âmbito da recuperação judicial".

3ª) O devedor empresário **deixa de cumprir** obrigação novada pelo plano de recuperação judicial, **após esgotado o prazo de dois anos** em que perdura a recuperação judicial concedida. Nessa situação, o credor decidirá se **ajuíza execução individual ou se pede a falência** do devedor, tudo com base no seu **crédito novado**, abatidos eventuais pagamentos realizados durante a recuperação. Trata-se da novação **"incondicionada" ou absoluta.** É isso o que consta do art. 62 da Lei n. 11.101/2005: "Após o período previsto no art. 61 desta Lei, no caso de descumprimento de qualquer obrigação prevista no plano de recuperação judicial, qualquer credor poderá requerer a execução específica ou a falência com base no art. 94 desta Lei".

Por fim, deve-se esclarecer que "a **decisão judicial** que conceder a recuperação judicial constituirá **título executivo judicial**, nos termos do **art. 584, inc. III, do *caput* da Lei n. 5.869, de 11 de janeiro de 1973** — Código de Processo Civil"[17]. E, também, que "contra a decisão que conceder a recuperação judicial **caberá agravo**, que poderá ser interposto por qualquer credor e pelo Ministério Público". Tudo nos termos dos §§ 1º e 2º, do art. 59, da Lei n. 11.101/2005.

Esquematizando a **novação dos créditos** na recuperação judicial:

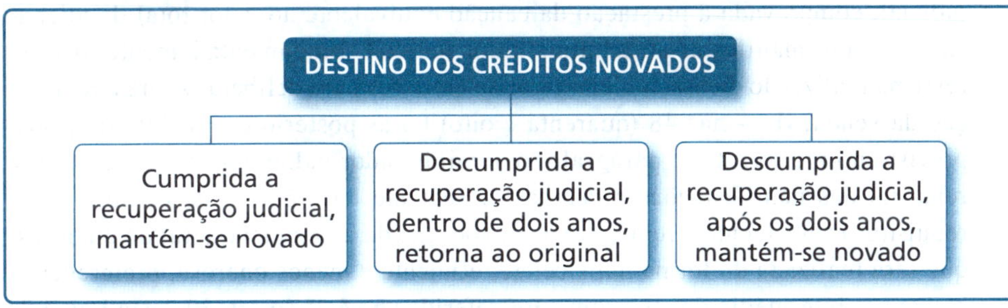

■ *25.5.4.6. Alienação dos bens*

A **alienação de bens** na recuperação judicial tem sua regulamentação em **seis dispositivos legais**, os quais deixam evidenciada a possibilidade de o devedor empresário desfazer-se de **parte ou da totalidade** do seu patrimônio. Confira-se o que dispõe a Lei n. 11.101/2005:

1º) "Constituem meios de recuperação judicial, observada a legislação pertinente a cada caso, dentre outros: (...) VII — **trespasse** ou arrendamento de estabelecimento, inclusive à sociedade constituída pelos próprios empregados" (art. 50, inc. VII);

2º) "Constituem meios de recuperação judicial, observada a legislação pertinente a cada caso, dentre outros: (...) XI — **venda parcial** dos bens" (art. 50, inc. XI);

3º) "XVII — **conversão de dívida em capital social**"

4º) "XVIII — **venda integral da devedora**, desde que garantidas aos credores não submetidos ou não aderentes condições, no mínimo, equivalentes àquelas que teriam na falência, hipótese em que será, para todos os fins, considerada unidade produtiva isolada.".

5º) "Se o plano de recuperação judicial aprovado envolver **alienação judicial** de filiais ou de unidades produtivas isoladas do devedor, o juiz ordenará a sua realização, observado o disposto no art. 142 desta Lei. Parágrafo único. O objeto da alienação estará **livre de qualquer ônus e não haverá sucessão** do arrematante nas obrigações do deve-

[17] Atual art. 515, II, do CPC/2015.

dor, inclusive as de natureza tributária, observado o disposto no § 1º do art. 141 desta Lei" (art. 60);

6º) "Após a distribuição do pedido de recuperação judicial, o devedor **não poderá alienar ou onerar bens** ou direitos de seu ativo não circulante, inclusive para os fins previstos no art. 67 desta Lei, salvo **mediante autorização do juiz**, depois de ouvido o Comitê de Credores, se houver, com exceção daqueles previamente autorizados no plano de recuperação judicial (...) § 1º Autorizada a alienação de que trata o *caput* deste artigo pelo juiz, observar-se-á o seguinte: I — nos 5 (cinco) dias subsequentes à data da publicação da decisão, credores que corresponderem a mais de 15% (quinze por cento) do valor total de créditos sujeitos à recuperação judicial, comprovada a prestação da caução equivalente ao valor total da alienação, poderão manifestar ao administrador judicial, fundamentadamente, o interesse na realização da assembleia-geral de credores para deliberar sobre a realização da venda; II — nas 48 (quarenta e oito) horas posteriores ao final do prazo previsto no inciso I deste parágrafo, o administrador judicial apresentará ao juiz relatório das manifestações recebidas e, somente na hipótese de cumpridos os requisitos estabelecidos, requererá a convocação de assembleia-geral de credores, que será realizada da forma mais célere, eficiente e menos onerosa, preferencialmente por intermédio dos instrumentos referidos no § 4º do art. 39 desta Lei. § 2º As despesas com a convocação e a realização da assembleia-geral correrão por conta dos credores referidos no inciso I do § 1º deste artigo, proporcionalmente ao valor total de seus créditos" (art. 66).

Dos dispositivos transcritos, chega-se a **duas conclusões**: a) os bens da empresa em recuperação judicial **podem ser alienados total (trespasse) ou parcialmente**; b) os referidos bens poderão ser alienados por **autorização dos credores** (plano de recuperação judicial aprovado) ou por **decisão do juiz**, diante de "evidente utilidade" e depois de ouvido o Comitê de Credores e deliberação da assembleia de credores.

A alienação dos bens poderá seguir as regras do **art. 142**, da Lei n. 11.101/2005, ou **outra forma** "mediante **requerimento fundamentado do administrador judicial ou do Comitê**", o que equivaleria à autorização de forma livre de alienação do ativo, nos termos do art. 144.[18]

---

[18] Da leitura do Informativo 667, há precedente no âmbito do STJ a confirmar nossa interpretação, no sentido da possibilidade de alienação do ativo da empresa em recuperação judicial, de forma livre, sem a imposição dos requisitos do art. 142, da Lei 11.101/2005, priorizando-se a autonomia da empresa em recuperação judicial e a utilidade da alienação a ser contextualizada com a preservação do empreendimento: "Recuperação judicial. Autorização judicial para alienação de bens que integram o ativo permanente das sociedades devedoras. Requisitos do art. 142 da Lei n. 11.101/2005. Desnecessidade. Norma que se destina à realização do ativo de sociedades falidas (...) A sistemática prevista no art. 142 da Lei n. 11.101/2005 não é aplicável quando reconhecida a utilidade e a urgência na alienação de bens integrantes do ativo permanente de empresa em recuperação judicial (STJ. REsp 1.819.057-RJ, Rel. Min. Nancy Andrighi, Terceira Turma, porunanimidade, julgado em 10/03/2020, *DJe* 12/03/2020).

Assim, a legislação **autoriza a venda de bens** pelo devedor em recuperação judicial, e o adquirente de tais bens os receberá **livres de quaisquer ônus ou gravames**, além de **não suceder** qualquer obrigação da empresa recuperanda[19].

Esquematizando a alienação dos bens:

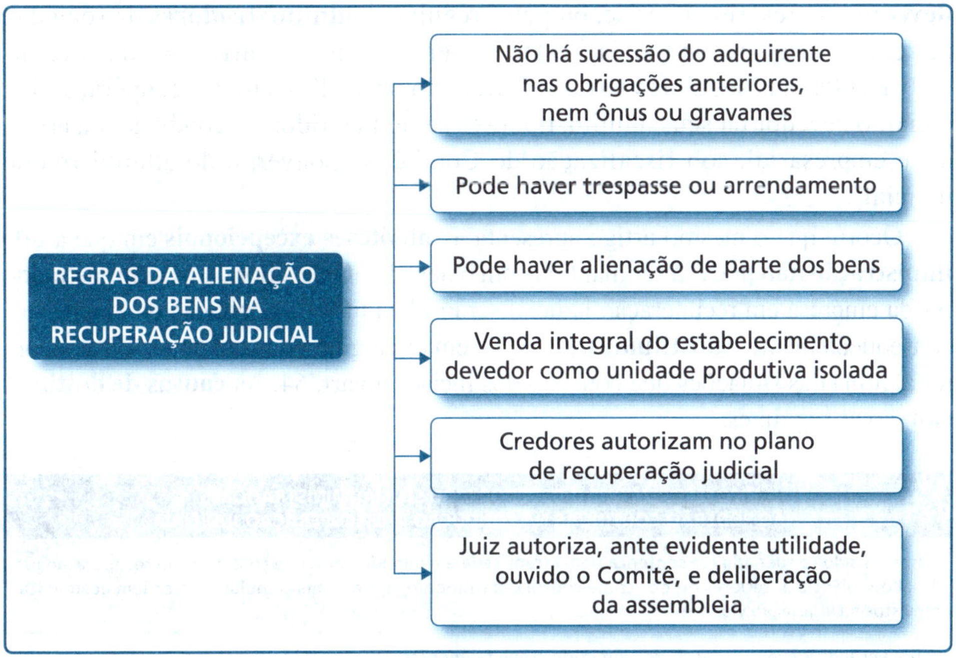

■ 25.5.4.7. *Afastamento do devedor*

O referido tópico foi **bem estudado** na abordagem do tema "**gestor judicial**". Contudo, para uma melhor sistematização desta obra, necessário revisitar o texto.

Por razões óbvias, a empresa em recuperação judicial será **administrada pelo próprio devedor** empresário que requereu o benefício, ou por **seus administradores**, caso seja uma sociedade empresarial. É simples: um empresário verifica que não terá condições financeiras de adimplir todas as suas obrigações; requer, então, sua recuperação judicial; apresenta uma proposta alternativa de pagamento de suas dívidas, por meio de um plano de recuperação judicial; obtém a aprovação da sua proposta; alcança a concessão de sua recuperação judicial. **Ele próprio**, o devedor

---

[19] O parágrafo único, do art. 60, da Lei n. 11.101/2005, garante a inexistência de sucessão pelo passivo do devedor em relação ao adquirente. E em sintonia com tal dispositivo legal, coerente o entendimento de incomunicabilidade de eventual sanção aplicada, com base na Lei Anticorrupção, nos termos do enunciado 104 da III Jornada de Direito Empresarial: "Não haverá sucessão do adquirente de ativos em relação a penalidades pecuniárias aplicadas ao devedor com base na Lei n. **12.846**/2013 (**Lei Anticorrupção**), quando a alienação ocorrer com fundamento no art. 60 da Lei n. **11.101**/2005".

empresário em recuperação judicial, é quem **ficará à frente da administração** da empresa, justamente para cumprir e fazer cumprir o que estabeleceu no plano de recuperação judicial.

A condução e a administração da empresa em recuperação judicial **pelo devedor** empresário em crise, ou pelos regulares **administradores** da sociedade empresarial recuperanda, estão determinadas no art. 64, da Lei n. 11.101/2005, nas seguintes letras: "Durante o procedimento de recuperação judicial, o devedor ou seus administradores serão mantidos na condução da atividade empresarial, sob fiscalização do Comitê, se houver, e do administrador judicial".

Ocorre que o mesmo artigo apresenta as **hipóteses excepcionais** em que a **administração não poderá** ser mantida com o devedor. O devedor ou os administradores da empresa em recuperação judicial serão **afastados** da condução da empresa e, consequentemente, **substituídos**, se incidirem em alguma das condutas, ou se ocorrer alguma das situações que constam dos incisos do art. 64. As **causas de destituição** são as seguintes:

HIPÓTESES EM QUE O DEVEDOR E/OU SEUS ADMINISTRADORES NÃO PODERÃO CONTINUAR NA CONDUÇÃO DA RECUPERAÇÃO JUDICIAL
1) houver sido **condenado em sentença penal transitada em julgado** por crime cometido em recuperação judicial ou falência anteriores ou por crime contra o patrimônio, a economia popular ou a ordem econômica previstos na legislação vigente;
2) houver **indícios** veementes de ter cometido **crime falimentar**;
3) houver agido com **dolo, simulação ou fraude** contra os interesses de seus credores;
4) houver praticado qualquer das seguintes condutas: a) efetuar gastos pessoais manifestamente excessivos em relação a sua situação patrimonial; b) efetuar despesas injustificáveis por sua natureza ou vulto, em relação ao capital ou gênero do negócio, ao movimento das operações e a outras circunstâncias análogas; c) descapitalizar injustificadamente a empresa ou realizar operações prejudiciais ao seu funcionamento regular; d) simular ou omitir créditos ao apresentar a relação de que trata o inc. III, do *caput*, do art. 51, da LREF, sem relevante razão de direito ou amparo de decisão judicial; e) negar-se a prestar informações solicitadas pelo administrador judicial ou pelos demais membros do Comitê; f) tiver seu afastamento previsto no plano de recuperação judicial.

Fonte: art. 64, da Lei n. 11.101/2005.

São três as possíveis **situações decorrentes do afastamento** aqui abordado:

1) A empresa em recuperação judicial tem por titular uma **sociedade empresária que é gerida por um administrador**, escolhido na forma do **ato constitutivo**. Nessa situação, o administrador destituído será **substituído por outro**, na forma definida no **ato constitutivo ou no plano de recuperação judicial**. É possível que o ato constitutivo admita mais de um administrador, ou que todos os sócios sejam administradores. Assim, basta um dos demais administradores assumir a condução da empresa em lugar do destituído. O plano de recuperação judicial pode,

ainda, prever fórmulas de substituição do administrador, em caso de incidência no art. 64, da Lei n. 11.101/2005.

2) A empresa em recuperação judicial tem por titular uma **sociedade empresária que é gerida por um único administrador**, escolhido na forma do ato constitutivo, **sem que haja fórmula de substituição** dele prevista no ato constitutivo ou no plano de recuperação judicial. Nessa situação, o administrador destituído será **substituído pelo gestor judicial**, o qual será **escolhido pela assembleia geral** de credores e nomeado pelo juiz.

3) Por último, a empresa em recuperação judicial tem por titular um **empresário individual ou um empresário individual de responsabilidade limitada (EIRELI)**, sendo gerida por ele, como determina a legislação própria. Também nessa situação, o devedor empresário/administrador destituído será **substituído pelo gestor judicial**, o qual será **escolhido pela assembleia geral** de credores e nomeado pelo juiz.

O gestor judicial é a pessoa **escolhida pela assembleia geral** de credores para **administrar** a empresa em recuperação judicial, **em caso de afastamento do devedor** empresário, seu administrador, **da gestão da empresa em recuperação**, isso em ocorrência de um dos **motivos** elencados no art. 64, da Lei n. 11.101/2005.

Considerando que a indicação do gestor judicial, por meio de escolha da assembleia geral de credores, demandará um **lapso temporal** que permita a convocação e a reunião dos credores, o art. 65, § 1º, da Lei n. 11.101/2005, dispõe que o **administrador judicial exercerá as funções do futuro gestor**, na condução da empresa em recuperação judicial, até que ele **possa assumir** suas funções, permitindo a deliberação e a escolha pela assembleia, bem como a nomeação pelo juiz.

Ao gestor judicial **aplicam-se todas as regras** relativas aos impedimentos e remuneração do **administrador judicial**. No que couber, aplicam-se, ainda, todos os deveres impostos ao administrador judicial.

Caso o escolhido pela assembleia geral de credores **recuse** o encargo, ou **esteja impedido** de aceitar a gestão dos negócios do devedor, o juiz convocará **nova assembleia** para, no prazo de 72 horas, deliberar sobre a escolha de um novo gestor. Enquanto isso, o **administrador judicial permanecerá** na condução da administração da empresa.

Esquematizando quem administra a empresa em recuperação judicial:

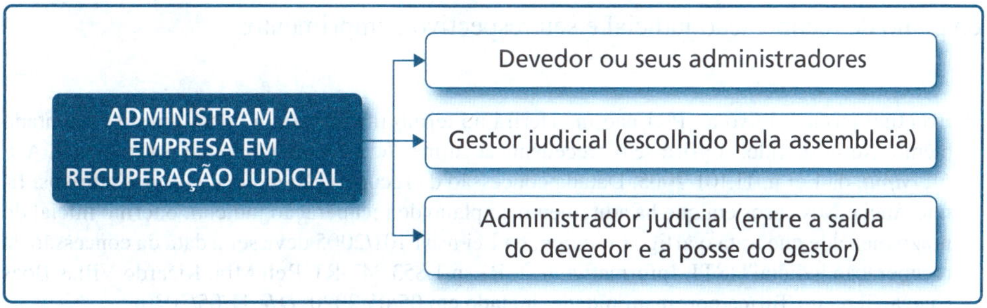

■ 25.6. CUMPRIMENTO DO PLANO DE RECUPERAÇÃO

As **obrigações assumidas** pelo devedor empresário **em recuperação judicial** deverão ser **cumpridas**, e nos **dois primeiros anos** posteriores à concessão da recuperação judicial o devedor estará em **recuperação**. Nada impede, contudo, que continue cumprindo o plano de recuperação judicial após esses dois anos, em razão, por exemplo, de ter obtido um parcelamento por prazo maior.

Mais uma vez, necessário **retomar** texto já explicitado nesta obra. A regra do art. 59, da Lei n. 11.101/2005, impõe a novação do crédito que foi **objeto de plano** de recuperação judicial homologado. Todavia, caso a **recuperanda não cumpra** alguma obrigação do plano, e isso ocorra **dentro dos dois anos** de cumprimento do plano de recuperação judicial, o juiz convolará a recuperação judicial em **falência** e os credores terão **reconstituídos seus direitos** e garantias nas condições **originalmente contratadas**, deduzidos os valores eventualmente pagos. Se o descumprimento se der **após o transcurso dos dois anos**, o credor é que decidirá se **executa** a obrigação ou se requer a **falência** do devedor empresário, **mantido o crédito** na forma novada.

O art. 61, da Lei n. 11.101/2005, afirma que, "Proferida a **decisão prevista no art. 58** desta Lei, o juiz poderá determinar a **manutenção do devedor em recuperação judicial até que sejam cumpridas todas as obrigações previstas no plano que vencerem até, no máximo, 2 (dois) anos** depois da concessão da recuperação judicial, independentemente do eventual período de carência"[20]. Não importa por quanto tempo ficaram estabelecidas parcelas da dívida a pagar; a empresa permanecerá cumprindo as obrigações do plano de recuperação judicial e, uma vez completados dois anos, o **juiz encerrará a recuperação judicial**. Se ainda houver obrigações a vencer, elas continuarão vinculadas ao que se decidiu no plano, entretanto não caberá mais a convolação da recuperação judicial em falência.

Assim, o **encerramento da recuperação** judicial não dependerá da quitação de todos os débitos do falido incluídos no plano de recuperação judicial, mas sim o **transcurso dos dois primeiros anos** da recuperação. Transcorridos os dois anos, com o **cumprimento** das obrigações que se **venceram dentro desse prazo**, o juiz encerrará a recuperação judicial.

Três são as situações possíveis diante dos créditos novados pela homologação do plano de recuperação judicial e seu respectivo cumprimento:

---

[20] Eventual termo aditivo ao PRJ não interferirá no termo inicial para a contagem do comentado biênio. Neste sentido, confira-se o precedente seguinte: "(...) Termo inicial do prazo bienal. Art. 61, *caput*, da Lei n. 11.101/2005. Datada concessão da recuperação judicial. Termos aditivos. Irrelevância. Nos casos em que há aditamento ao plano de recuperação judicial, o termo inicial do prazo bienalde que trata o artigo 61, *caput*, da Lei n. 11.101/2005 deve ser a data da concessão da recuperação judicial" (STJ. Informativo 672. REsp 1.853.347-RJ, Rel. Min. Ricardo Villas Bôas Cueva, Terceira Turma,por unanimidade, julgado em 05/05/2020, *DJe* 11/05/2020).

1ª) O devedor empresário **cumpre todas** as obrigações assumidas. Nessa hipótese, todos os créditos serão pagos na forma novada, com os descontos, prazos e outras cláusulas previstas no plano, seguindo-se o encerramento da recuperação judicial.

2ª) O devedor empresário **deixa de cumprir** obrigação novada pelo plano de recuperação judicial, **dentro do prazo de dois anos** em que perdura a recuperação judicial concedida. Assim, o juiz convolará a recuperação judicial em falência.

3ª) O devedor empresário **deixa de cumprir** obrigação novada pelo plano de recuperação judicial, **após esgotado o prazo de dois anos** em que perdura a recuperação judicial concedida. O credor decide se executa a obrigação novada ou se pede falência, com base nela.

Ocorrendo a 1ª hipótese, o juiz **encerrará a recuperação** judicial, por sentença, conforme apregoa o art. 63, da Lei n. 11.101/2005, o qual determina o que consta do quadro a seguir:

NA SENTENÇA QUE DECRETAR O ENCERRAMENTO DA RECUPERAÇÃO JUDICIAL, O JUIZ DETERMINARÁ:
a) o pagamento do saldo de honorários ao administrador judicial, caso aprovada sua prestação de contas e relatório;
b) a apuração do saldo das custas judiciais a serem recolhidas;
c) a apresentação de relatório circunstanciado do administrador judicial, no prazo máximo de 15 (quinze) dias, versando sobre a execução do plano de recuperação pelo devedor;
d) a dissolução do Comitê de Credores e a exoneração do administrador judicial;
e) a comunicação ao Registro Público de Empresas e à Secretaria Especial da Receita Federal para as providências cabíveis.

O administrador judicial que houver **movimentado dinheiro** da recuperanda **prestará contas**, no prazo de 30 dias, a contar da sentença de encerramento. O pagamento do saldo de honorários devidos ao administrador judicial somente será efetuado após a **aprovação do seu relatório** circunstanciado, apresentado no prazo máximo de 15 dias, versando sobre a execução do plano de recuperação pelo devedor. Será necessária também a aprovação das suas contas, caso prestadas.

A recuperação judicial é **encerrada**, portanto, quando **transcorridos dois anos da concessão** do benefício, tendo sido cumpridas todas as obrigações vencidas nesse prazo. Constatada tal situação, o juiz encerrará, por sentença, a recuperação judicial, devendo ser apresentado, em 15 dias, relatório circunstanciado do administrador judicial, para que ele receba o saldo dos seus honorários e o feito seja arquivado.

Esquematizando o **encerramento da recuperação** judicial cumprida:

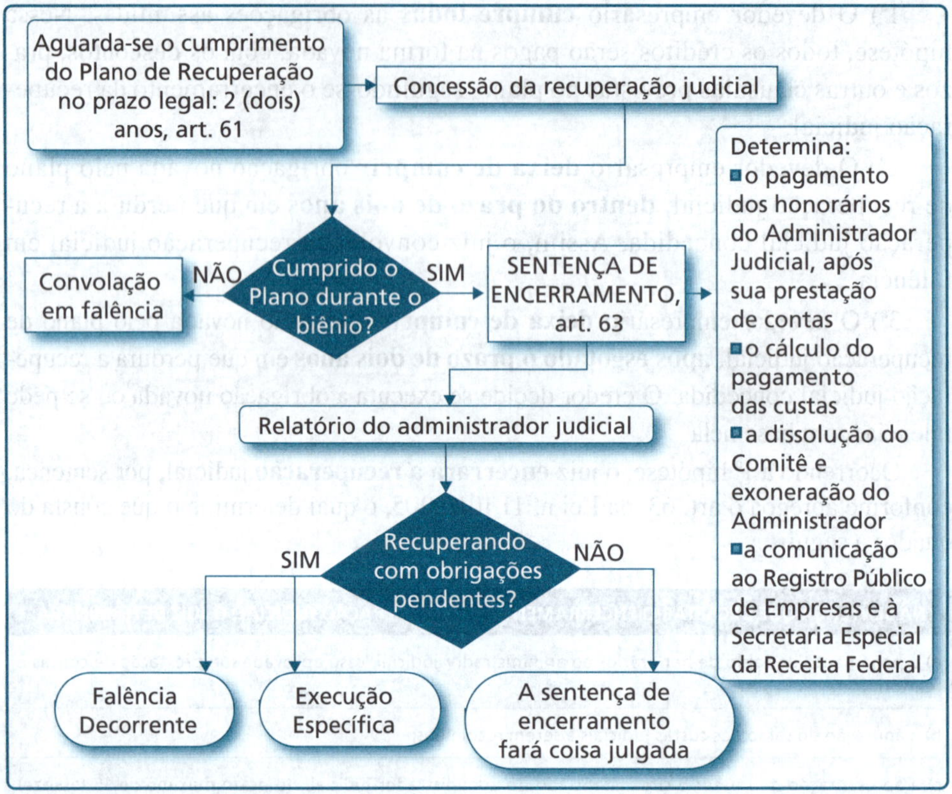

■ 25.7. DESCUMPRIMENTO DO PLANO DE RECUPERAÇÃO

Duas são as situações possíveis, diante do descumprimento do plano de recuperação judicial e ausência de pagamento dos créditos novados pela sua homologação:

1ª) O devedor empresário **deixa de cumprir** obrigação novada pelo plano de recuperação judicial, **dentro do prazo de dois anos** em que perdura a recuperação judicial concedida. Assim, o juiz convolará a recuperação judicial em falência, automaticamente, retornando os créditos ao seu valor originário, descontados eventuais pagamentos realizados durante a recuperação (art. 61, §§ 1º e 2º, da Lei n. 11.101/2005). Ocorre a chamada novação relativa ou condicionada, como já estudado. O fundamento do pedido de falência será o art. 73, inc. IV, da Lei n. 11.101/2005.

2ª) O devedor empresário **deixa de cumprir** obrigação novada pelo plano de recuperação judicial, **após esgotado o prazo de dois anos** em que perdura a recuperação judicial concedida. Nesse caso, é o credor quem decide se executa a obrigação novada ou se pede falência, com base nela. Os créditos, nessa hipótese, não restabelecem seu valor originário (art. 62, da Lei n. 11.101/2005). Ocorre a chamada novação absoluta ou incondicionada. O fundamento do pedido de falência será o art. 94, inc. III, alínea "g", da Lei n. 11.101/2005.

O **descumprimento** do plano de recuperação judicial levará, então, a duas consequências possíveis: a) o **juiz convolará** a recuperação judicial em falência, automaticamente; ou b) o **credor executará** o saldo do seu crédito novado não quitado ou **pedirá falência** com base nele.

Esquematizando as **consequências do descumprimento do plano** de recuperação judicial:

■ 25.7.1. Convolação em falência

Além da convolação da recuperação judicial em falência, em razão do descumprimento de obrigação constante do plano de recuperação judicial (dentro dos dois anos), existem ainda mais cinco hipóteses de caracterização de falência decorrentes da **convolação da recuperação judicial em falência**. Tais situações podem ser consideradas **acidentes** de percurso na tentativa de recuperação judicial pelo devedor empresário. Assim, recebem a designação de **falência incidental**, pois ocorrem incidentalmente no processo de recuperação judicial.

A **convolação da recuperação judicial** em falência caracteriza-se nas **seis hipóteses** previstas no art. 73, da Lei n. 11.101/2005, assim distribuídas:

HIPÓTESES DE CONVOLAÇAO DE RECUPERAÇÃO JUDICIAL EM FALÊNCIA
I — por **deliberação da assembleia geral** de credores, na forma do art. 42;
II — pela **não apresentação**, pelo devedor, do **plano de recuperação** no prazo do art. 53;
III — quando houver sido **rejeitado o plano** de recuperação, nos termos do § 4º, do art. 56;
IV — por **descumprimento** de qualquer obrigação assumida no **plano de recuperação**, na forma do § 1º, do art. 61.
V - por descumprimento dos parcelamentos referidos no art. 68 desta Lei ou da transação prevista no art. 10-C da Lei n. 10.522, de 19 de julho de 2002;
VI - quando identificado o esvaziamento patrimonial da devedora que implique liquidação substancial da empresa, em prejuízo de credores não sujeitos à recuperação judicial, inclusive as Fazendas Públicas.

Nessas hipóteses de convolação em falência, o que ocorre, na verdade, é uma espécie de **recuperação judicial frustrada**. O devedor imagina-se capaz de superar a crise econômico-financeira, mas termina por não conseguir apresentar um plano de recuperação judicial **convincente**, ou, se consegue convencer os credores e aprovar o plano, **não consegue executá-lo**, podendo, ainda, gerar tão **grave desconfiança** nos credores a ponto de eles decidirem deliberar pela decretação da falência.

Esquematizando as **hipóteses de convolação** de recuperação judicial em falência:

■ 25.7.2. Pedido de falência ou execução

Combinando-se os arts. 62 e 94, inc. III, alínea "g", da Lei n. 11.101/2005, conclui-se que o **credor** da empresa recuperanda, diante do **descumprimento** de obrigações do plano de recuperação judicial **posterior aos dois anos** do benefício, terá duas alternativas para satisfação do crédito não satisfeito durante a recuperação judicial: a) **execução** do saldo remanescente do **crédito novado**; ou b) **pedido de falência** com base no saldo remanescente do **crédito novado**.

Em ambas as hipóteses, buscará o saldo do valor novado, isto é, seu crédito será correspondente ao valor que **restou definido no plano** de recuperação judicial, subtraído dos valores que efetivamente foram pagos durante a recuperação.

O devedor empresário que **conseguiu cumprir o plano** de recuperação judicial pelos dois anos iniciais deu mostra de que está buscando soerguer-se, o que justifica conceder aos seus credores a **opção pela execução** (que aponta para a possibilidade de preservação da empresa) **ou pela falência** (que indica a descrença na possibilidade de restauração dela).

■ 25.8. FLUXOGRAMA

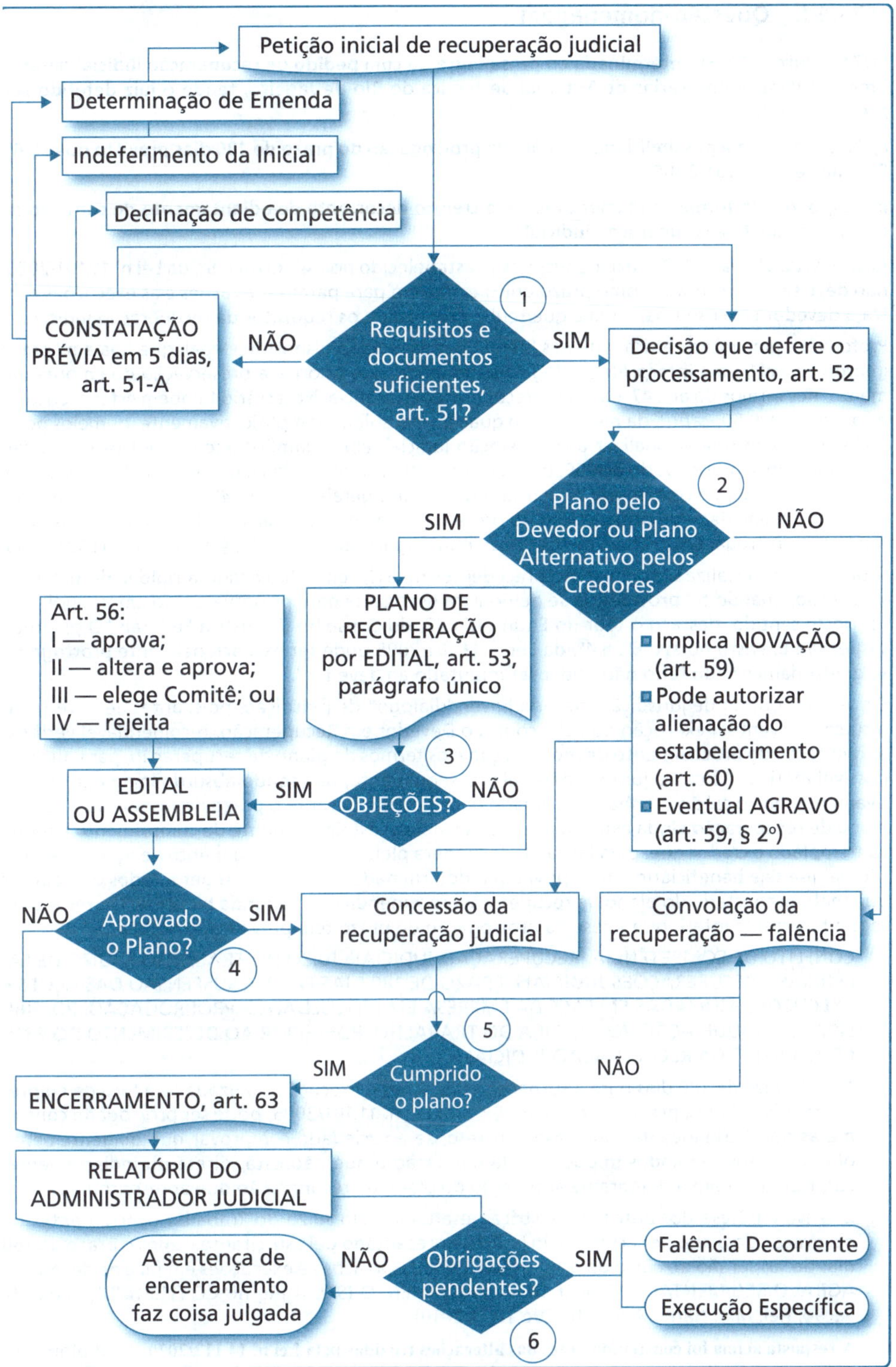

25.9. QUESTÕES SUBJETIVAS

25.9.1. Questão-homenagem

(TJRJ — Juiz — 2013) Determinada empresa ingressa com pedido de recuperação judicial perante uma das Varas Empresarias do Tribunal de Justiça do Rio de Janeiro, tendo o juiz deferido seu processamento.

a) Discorra sobre a possibilidade, ou não, da prorrogação do prazo de 180 dias previsto no art. 6º, § 4º, da Lei n. 11.101/2005.

b) Responda, de forma fundamentada, se o crédito decorrente de adiantamento de contrato de câmbio se sujeita à recuperação judicial.

Resposta da alínea "a": O prazo de suspensão estabelecido no § 4º, do art. 6º, da Lei n. 11.101/2005, não deve ser interpretado como prazo único e máximo para paralisar as ações e as execuções contra o devedor em crise financeira e que tenha preenchido os requisitos da recuperação judicial. Preferível a uma interpretação apenas literal do mencionado dispositivo legal, que fala em "prazo improrrogável", uma interpretação lógico-sistemática, que priorize a preservação do empreendimento, nos termos do art. 47, da Lei de Recuperação e Falência. Necessário também estar atento ao disposto no art. 50, *caput*, da mesma lei, o qual, ao clausular, exemplificativamente, os meios pelos quais se poderá operacionalizar a recuperação judicial, abriu, implicitamente, outros meios não elencados entre os incisos do art. 50, que são contextualizados no dia a dia forense. Nesse sentido, como magistrado, ao rememorar a técnica das cláusulas gerais (*item 13.4*), já decidi, mais de uma vez, pela possibilidade de prorrogação do procedimento de recuperação judicial, o que ocasionou também a prorrogação do prazo de sobrestamento explicitado no art. 6º, § 4º, da Lei n. 11.101/2005.

A doutrina especializada, bem como precedentes do STJ, tem relativizado a rigidez do prazo de suspensão, quando tal providência se demonstra necessária para preservação do empreendimento. Nesse sentido, destaco o teor do Enunciado 42, do Conselho da Justiça Federal: "O prazo de suspensão previsto no art. 6º, § 4º, da Lei n. 11.101/2005 pode ser excepcionalmente prorrogado, se o retardamento do feito não puder ser imputado ao devedor".

Em vez de conflito de jurisdição, deveria haver "diálogo" de jurisdição, pois, antes de se retomar o curso de eventual execução ou ação contra o Devedor em Recuperação, recomendável verificar a tramitação do procedimento de recuperação e os termos do plano de recuperação, para que seja possível aferir se há causa jurídica para tal prosseguimento, não sendo absurdo imaginar, ilustrativamente, que o crédito tenha sido saldado parcialmente durante o prazo de suspensão ou que o plano de recuperação ainda esteja a merecer ajustes ou esteja pendente de cumprimento e tenha contemplado o credor que, pela literalidade, poderá pleitear o prosseguimento de ação ou execução de que seja beneficiário. Entre privilegiar determinado credor e proteger a todos os credores que tenham constado do plano de recuperação, recomendável a segunda hipótese. O precedente seguinte permite inferir que a tese da prorrogação do prazo tem prevalecido no STJ:

> CONFLITO DE COMPETÊNCIA. RECUPERAÇÃO JUDICIAL. JUÍZO DO TRABALHO E JUÍZO DE FALÊNCIAS E RECUPERAÇÕES JUDICIAIS. PRAZO DE 180 DIAS PARA A SUSPENSÃO DAS AÇÕES E EXECUÇÕES AJUIZADAS EM FACE DA EMPRESA EM DIFICULDADES. PRORROGAÇÃO. POSSIBILIDADE. ADJUDICAÇÃO, NA JUSTIÇA DO TRABALHO, POSTERIOR AO DEFERIMENTO DO PROCESSAMENTO DA RECUPERAÇÃO JUDICIAL.
>
> 1 — O prazo de 180 dias para a suspensão das ações e execuções ajuizadas em face da empresa em dificuldades, previsto no art. 6º, § 3º, da Lei n. 11.101/2005, pode ser prorrogado conforme as peculiaridades de cada caso concreto, se a sociedade comprovar que diligentemente obedeceu aos comandos impostos pela legislação e que não está, direta ou indiretamente, contribuindo para a demora na aprovação do plano de recuperação que apresentou.
>
> 2 — Na hipótese dos autos, a constrição efetuada pelo Juízo do Trabalho ocorreu antes da aprovação do plano de recuperação judicial apresentado pela suscitante e após o prazo de 180 dias de suspensão do curso da prescrição e de todas as ações e execuções em face de devedora. AGRAVO REGIMENTAL A QUE SE NEGA PROVIMENTO (STJ, AgRg no CC 111.614/DF, Segunda Seção, Rel. Min. Nancy Andrighi, DJe 19/11/2010).

A resposta acima foi construída antes das alterações trazidas pela Lei n. 14.112/2020. Tal diploma legal, com a atualização do § 4º, do art. 6º, da Lei n. 11.112/2020, trouxe a previsão de prorrogação do denominado *stay period* por uma única vez: "Na recuperação judicial, as suspensões e a proibição de que tratam os incisos I, II e III do *caput* deste artigo perdurarão pelo prazo de 180 (cento e oitenta) dias, contado do deferimento do processamento da recuperação, prorrogável por igual período, uma única vez, em caráter excepcional, desde que o devedor não haja concorrido com a superação do lapso temporal".

Resposta da alínea "b": A possibilidade de prorrogação não pode, e não deve, ser generalizada, pois não se compatibiliza com outras normas cogentes. Há hipóteses legais que excluíram a própria suspensão, não se podendo falar, portanto, em prorrogação. Como exemplo, tem-se o contrato de câmbio relacionado à exportação, devendo ser restituído eventual adiantamento recebido pelo recuperando, não se sujeitando o crédito correlato à Recuperação Judicial, nos termos do art. 49, § 4º, c/c art. 86, inc. II, ambos da Lei de Recuperação e Falência.

■ 25.9.2. Questão-desafio 1

(Universidade Estadual de Londrina — Procurador do Estado do Paraná — 2011) Dentro da Sistemática da Recuperação Judicial, prevista na Lei de Falências e Recuperação Judicial e Extrajudicial, existem três hipóteses de aprovação do plano de recuperação. Discorra sobre os requisitos legais estabelecidos para adoção dessas três possibilidades.

■ 25.9.3. Questão-desafio 2

(OAB — 2ª fase — XXI Exame — 2017) Na recuperação judicial da Companhia Mascote de Tubos e Conexões, foi convocada, pelo juiz, assembleia de credores após a homologação do quadro geral. Nesse quadro existem apenas credores trabalhistas (Classe I), com privilégio geral e quirografário (Classe III). O total de créditos em cada uma das classes mencionadas, respectivamente, é de R$ 500.000,00 e R$ 7.000.000,00. Na primeira convocação da assembleia, verifica-se a presença de 17 dos 40 credores da Classe I, titulares de créditos no valor de R$ 295.000,00, e de 30 dos 50 credores da Classe III, titulares de créditos no valor de R$ 4.000.000,00. Victor Garcia, credor da Classe III, consulta seu advogado, presente na assembleia, a respeito dos itens a seguir.

a) A assembleia de credores poderá ser instalada já em primeira convocação?

b) Sendo certo que a assembleia terá por objeto deliberar sobre alienação de bens do ativo permanente, matéria não prevista no plano de recuperação, é necessária a aprovação da proposta por todas as classes de credores, em votação única e por quórum misto, isto é, pelo valor dos créditos e credores presentes?

■ 25.9.4. Questão-desafio 3

(OAB — 2ª fase — XXII Exame — 2017) Na recuperação judicial de Têxtil Sonora S/A, o Banco Japurá S/A, titular de 58% dos créditos com garantia real, indicou ao juiz os representantes e suplentes de sua classe no Comitê de Credores. Xinguara Participações S/A, credora da mesma classe, impugnou a referida indicação, alegando descumprimento do art. 35, inc. I, alínea *b*, da Lei n. 11.101/2005, porque a assembleia geral de credores tem por atribuições deliberar sobre a constituição do Comitê de Credores, assim como escolher seus membros e sua substituição, não tendo havido deliberação nesse sentido. Ademais, aduz a impugnante que não houve manifestação do Comitê de Credores, já constituído apenas com representantes dos credores trabalhistas e quirografários, sobre a proposta do devedor de alienação de unidade produtiva isolada não prevista no plano de recuperação. Ouvido o administrador judicial, este não se manifestou sobre a primeira impugnação e, em relação à segunda, opinou pela sua improcedência em razão de não constar do rol de atribuições legais do Comitê manifestar-se sobre a proposta do devedor. Com base na hipótese apresentada, responda aos itens a seguir.

a) Deveria ter sido convocada assembleia de credores para eleição dos representantes da classe dos credores com garantia real, como sustenta a credora Xinguara Participações S/A?

b) Deve ser acatada a opinião do administrador judicial sobre a dispensa de oitiva do Comitê de Credores por falta de previsão legal?

25.10. QUESTÕES OBJETIVAS

25.10.1. Finalidade

1. (ESAF — Juiz do Trabalho Substituto/CE — 2005) A nova lei de recuperação e falências — Lei n. 11.101/2005, no que diz respeito à reorganização judicial da empresa em crise,

a) dá aos credores titulares de créditos quirografários direito de se oporem às decisões de interesse de empregados.
b) divide os credores em grupos de interesses homogêneos para facilitar a tomada de decisões.
c) trata os empregados como credores especiais.
d) cria um modelo de cooperação entre empresário e credores, voluntários e involuntários.
e) pretende privilegiar a continuidade da atividade em relação a outros interesses, inclusive os do fisco.

25.10.2. Pressupostos

1. (TJDFT — Juiz Substituto/DF — 2005) Assinale a alternativa incorreta. Nos termos da Lei n. 11.101/2005, na hipótese de recuperação judicial, pode-se afirmar que:

a) não tem legitimidade para obter o benefício quem já o obteve há menos de 5 anos;
b) se o sócio controlador tiver sido condenado por crime falimentar;
c) pode ser requerida pelos herdeiros do devedor;
d) que são legitimados para o pedido apenas as sociedades empresárias e não o empresário individual.

2. (TJDFT — Juiz Substituto/DF — 2008) Quanto a Recuperação Judicial prevista na Lei n. 11.101/2005, assinale a alternativa incorreta:

a) O plano de recuperação judicial implica novação dos créditos anteriores ao pedido, e obriga o devedor e todos os credores a ele sujeitos.
b) Contra a decisão judicial que concede a recuperação judicial caberá agravo, que poderá ser interposto por qualquer credor e pelo Ministério Público.
c) Somente terá direito a requerer recuperação judicial o devedor que, no momento do pedido, exerça suas atividades há mais de 5 (cinco) anos.
d) O devedor não poderá desistir do pedido de recuperação judicial após o deferimento de seu processamento, salvo se obtiver aprovação da desistência na Assembleia Geral de credores.

25.10.3. Credores subordinados à recuperação judicial

1. (TJDFT — Juiz Substituto/DF — 2007) Assinale a assertiva correta:

a) O juiz concederá a recuperação judicial do devedor, apenas na ausência de objeção, caso o plano tenha sido aprovado por Assembleia geral.
b) O plano de recuperação judicial poderá sofrer alterações na assembleia geral, independentemente da concordância do devedor.
c) A aprovação do plano de recuperação não implica novação dos créditos anteriores ao pedido.
d) Os credores sujeitos ao plano de recuperação judicial estão obrigados a ele, mantendo-se as garantias anteriormente existentes sobre os bens, que só poderão ser liberados ou substituídos com anuência do titular da garantia.

2. (VUNESP — TJ/SP — 2013) Submete(m)-se aos efeitos da recuperação o(s) seguinte(s) crédito(s):

a) garantidos por propriedade fiduciária de bens móveis ou imóveis e de arrendamento mercantil.
b) fiscais e parafiscais.
c) debêntures com garantia real.
d) importância entregue ao devedor, em moeda corrente nacional, decorrente de adiantamento a contrato de câmbio para exportação (ACC).

3. (MPE-SP — Promotor de Justiça) Sobre os efeitos da concessão da recuperação judicial, assinale a alternativa que contém afirmação incorreta.

a) Os credores anteriores ao pedido de recuperação judicial que se opuseram e votaram pela rejeição, na Assembleia Geral, também ficam sujeitos aos efeitos do plano de recuperação aprovado em juízo.
b) Opera-se a novação com relação aos créditos anteriores ao pedido de recuperação judicial, mas os credores conservam intactos seus direitos contra coobrigados, fiadores e obrigados de regresso.
c) Estão sujeitos à recuperação judicial o proprietário fiduciário e o arrendador mercantil.
d) O crédito advindo de adiantamento de contrato de câmbio não está sujeito aos efeitos da recuperação judicial.
e) O juiz determinará ao Registro Público de Empresas a anotação da recuperação judicial no registro competente.

4. (CESPE — TRF5 — Juiz Federal Substituto — 2017) Maria, credora de um título de crédito, ingressou com um processo de execução somente contra o avalista João, já que o devedor principal, José, empresário individual, não possuía bens disponíveis para uma eventual constrição judicial. No curso do processo de execução, sobreveio a recuperação judicial de José, o que motivou o executado João a solicitar, com esse fundamento, que o juiz proferisse decisão que impedisse o prosseguimento do processo de execução e habilitasse o crédito no feito da recuperação judicial. Nessa situação hipotética, considerando o entendimento jurisprudencial sumulado a respeito da matéria, o juiz da causa executiva deverá

a) solicitar informações sobre a fase em que se encontra a recuperação judicial.
b) extinguir o processo de execução, devendo o credor se habilitar no processo de recuperação judicial.
c) solicitar a reserva, na recuperação judicial, do valor correspondente ao título executado.
d) suspender a ação de execução pelo prazo máximo e improrrogável de cento e oitenta dias.
e) indeferir o pedido e prosseguir normalmente a execução.

■ 25.10.4. Meios de recuperação judicial

1. (OAB/MG — 2009 — adaptada) De acordo com a Lei n. 11.101/2005, diante do plano de recuperação judicial apresentado pelo devedor, podem os credores deliberar e aprovar em assembleia designada para este fim, os seguintes meios de recuperação judicial, EXCETO:

a) Alteração do controle societário.
b) Aumento de capital social.
c) Usufruto da empresa.
d) Redução salarial, independentemente de acordo ou convenção coletiva.

2. (FCC — TRT 6ª Região/PE — Juiz do Trabalho — 2013) O plano de recuperação judicial poderá prever, observada a legislação pertinente a cada caso, dentre outros meios de recuperação,

a) a ineficácia dos contratos de alienação fiduciária.
b) a alienação de bem objeto de garantia real, com a supressão da garantia, independente de aprovação expressa do credor titular da respectiva garantia.
c) nos créditos em moeda estrangeira, o afastamento da variação cambial, independente de aprovação expressa do credor titular do respectivo crédito.
d) a redução salarial e a redução da jornada, mediante acordo ou convenção coletiva.
e) o parcelamento dos créditos tributários no prazo máximo de quinze anos.

■ 25.10.5. Pedido e processamento da recuperação judicial

1. (CESPE/UnB — OAB/BR — 2008) Os sócios da MN Serviços Ltda., pessoa jurídica que atua no ramo de prestação de serviços de limpeza e conservação, visando superar situação de crise econômico-financeira, deliberaram pela recuperação judicial da referida pessoa jurídica. Considerando a situação apresentada e as normas relativas à recuperação judicial das sociedades empresárias, assinale a opção correta.

a) Para que a MN Serviços Ltda. possa requerer a recuperação judicial, é necessário que ela, no momento do pedido, esteja exercendo regularmente suas atividades há mais de cinco anos.

b) Apenas os créditos vencidos do devedor, existentes na data do pedido, estarão sujeitos à recuperação judicial.
c) A petição inicial da MN Serviços Ltda. deve ser instruída com as demonstrações contábeis relativas aos cinco últimos exercícios sociais.
d) No ato em que for deferido o processamento da recuperação judicial da MN Serviços Ltda., deve ser nomeado administrador judicial, que pode ser pessoa física ou jurídica.

2. (OAB/MG — 2008 — adaptada) Sobre o plano de recuperação judicial é INCORRETO afirmar:

a) trata-se de faculdade legal em benefício do empresário ou sociedade empresária em crise financeira.
b) se aceito pelos credores, implica novação dos créditos anteriores ao pedido.
c) deve contemplar todas as classes de credores.
d) será apresentado em juízo, no prazo improrrogável de 60 (sessenta) dias, contados da publicação da decisão que deferir o processamento da recuperação judicial.

3. (CESPE/UnB — Juiz Estadual/PI — 2007) Acerca das recuperações judicial e extrajudicial, da falência do empresário e da sociedade empresária, assinale a opção correta.

a) As ações de natureza trabalhista devem ser processadas perante o juízo falimentar, a fim de ser apurado o respectivo crédito, e este, posteriormente, inscrito no quadro geral de credores, pois o juízo da falência é indivisível e competente para conhecer todas as ações sobre bens, interesses e negócios do devedor falido.
b) No curso da recuperação judicial, não havendo comitê de credores, caberá ao administrador judicial exercer as atribuições do comitê e, na incompatibilidade deste administrador, caberá ao juiz da causa exercer as atribuições do referido comitê.
c) Considere-se que o juízo competente tenha deferido o pedido de recuperação judicial de certo empresário devedor. Nesse caso, a desistência do pedido somente teria sido possível com a aprovação do administrador judicial nomeado.
d) Na recuperação judicial, é defeso ao administrador judicial requerer a falência do devedor, mesmo no caso de descumprimento de obrigação assumida no plano de recuperação.
e) Considere-se que uma empresa de pequeno porte tenha requerido, perante o juízo competente, sua recuperação judicial. Nessa hipótese, o plano especial de recuperação judicial da sociedade empresária devedora abrangeria exclusivamente os créditos derivados da legislação do trabalho ou decorrentes de acidentes de trabalho.

4. (EJEF — Juiz Estadual/MG — 2008) Quanto à recuperação judicial, é *INCORRETO* afirmar que:

a) A decisão que defere o processamento da recuperação judicial suspende o curso da prescrição, por prazo indeterminado, de todas as ações e execuções em face do empresário.
b) A decisão que defere o processamento da recuperação judicial suspende o curso da prescrição e de todas as ações e execuções movidas pelos credores particulares do sócio solidário à sociedade empresária.
c) Não se sujeitará aos efeitos da recuperação judicial a importância entregue ao devedor, em moeda corrente nacional, decorrente de adiantamento a contrato de câmbio para exportação, desde que o prazo total da operação, inclusive eventuais prorrogações, não exceda o previsto nas normas específicas da autoridade competente.
d) A cisão, a incorporação, a fusão, a transformação da sociedade e a constituição de subsidiária integral constituem meios de recuperação judicial.

5. (TJMG — Juiz Estadual/MG — 2006) Na recuperação judicial pedida pela sociedade empresária Agropecuária Leite e Soja Ltda.:

a) cabe objeção do maior credor, Banco Horizonte S/A, porque a nova lei, Lei n. 11.101/2005, não contempla o plano de recuperação proposto, na modalidade de venda dos bens, que em princípio garantiam seu crédito;
b) deve ser deferido plano lícito, concedendo-se a recuperação judicial, independentemente de assembleia dos credores, se estes não ofereceram objeção;
c) cabe indeferimento do pedido, porque a recuperação judicial não alcança os produtores rurais, já que exercentes de atividade eminentemente civil;
d) não aprovado o plano de recuperação na assembleia de credores, em nenhuma hipótese pode o juiz deferi-lo, devendo decretar a falência.

6. (TRT — Juiz do Trabalho Substituto/RO e AC/14ª Região — 2006) Em relação à recuperação judicial, extrajudicial e a falência do empresário e da sociedade empresária, aponte a alternativa INCORRETA:

a) Não são exigíveis do devedor, na recuperação judicial ou na falência, as obrigações a título gratuito e as despesas que os credores fizerem para tomar parte na recuperação judicial ou na falência, salvo as custas judiciais decorrentes de litígio com o devedor.

b) A decretação da falência ou o deferimento do processamento da recuperação judicial suspende o curso da prescrição e de todas as ações e execuções em face do devedor, inclusive aquelas dos credores particulares do sócio solidário.

c) O administrador judicial que não apresentar, no prazo estabelecido, suas contas ou qualquer dos relatórios previstos nesta Lei será intimado pessoalmente a fazê-lo no prazo de 5 (cinco) dias, sob pena de desobediência. Decorrido o citado prazo, o juiz destituirá o administrador judicial e nomeará substituto para elaborar relatórios ou organizar as contas, explicitando as responsabilidades de seu antecessor.

d) A recuperação judicial também poderá ser requerida pelo cônjuge sobrevivente, herdeiros do devedor, inventariante ou sócio remanescente.

e) Estão sujeitos à recuperação judicial todos os créditos existentes na data do pedido, desde que estejam vencidos.

7. No que tange ao instituto da Falência e da Recuperação de Empresas, marque V para verdadeiro ou F para falso e, em seguida, assinale a alternativa que apresenta a sequência correta.

( ) Na falência, os créditos extraconcursais serão pagos imediatamente após o pagamento de todos os créditos de natureza concursal.

( ) O proprietário de bem arrecadado no processo de falência deverá oportunamente fazer a habilitação de seu crédito.

( ) Dentro do prazo para contestar a falência, o devedor poderá pleitear sua recuperação judicial.

a) V, V, V
b) V, F, F
c) F, F, V
d) F, V, F
e) F, F, F

8. (CESPE — TELEBRAS — Advogado — 2013, ADAPTADA) Certo ou Errado. A homologação do plano de recuperação extrajudicial, o deferimento da recuperação judicial ou a decretação de falência compete ao juízo do principal estabelecimento do devedor ou da filial de empresa, no caso de a sede localizar-se fora do Brasil.

9. (TJ/PR — Juiz — 2012) Considere as afirmativas a respeito das manifestações processuais nos processos de falência e de recuperação judicial de empresas, nos termos da Lei n. 11.101/2005:

I. O prazo de apresentação de contestação pelo devedor em um pedido de falência é de 15 (quinze) dias.

II. O recurso cabível em face da sentença que decretar a falência do devedor é o Recurso de Apelação.

III. O prazo para que o devedor apresente o plano de recuperação judicial é de 60 (sessenta) dias, contados da publicação da decisão que deferir o processamento da recuperação judicial.

IV. A ação revocatória é o procedimento trazido pelo legislador falimentar para tornar nulos os atos do empresário praticados durante o termo legal fixado na sentença declaratória de falência, com a intenção de prejudicar credores.

Está(ão) CORRETA(S):

a) Apenas as afirmativas I, III e IV.
b) Apenas a afirmativa III.
c) Apenas as afirmativas II, III e IV.
d) Apenas as afirmativas I, II e IV.
e) Apenas as afirmativas I, II, III e IV.

10. (FMP-RS — TJ/AC — Tabelião — 2012) No que diz com a recuperação judicial do empresário ou da sociedade empresária, assinale a afirmativa correta.

a) A sociedade de economia mista, pois se trata de pessoa jurídica de direito privado, pode requerer, nos termos da Lei n. 11.011/2005, a sua recuperação judicial.

b) Os credores do devedor em recuperação judicial não conservam seus direitos e privilégios contra os coobrigados, fiadores e obrigados de regresso.

c) As execuções de natureza fiscal são suspensas pelo deferimento da recuperação judicial.

d) Não obstante o deferimento do processamento da recuperação judicial, terá prosseguimento no juízo no qual estiver se processando a ação que demandar quantia ilíquida.

11. (FCC — TJ/CE — Juiz — 2014) No processo de recuperação judicial da empresa Colchões de Mola Dorme Bem Ltda., a devedora apresentou plano de recuperação que previa: (i) o pagamento, no prazo de 30 (trinta) dias, dos créditos de natureza estritamente salarial vencidos nos 3 (três) meses anteriores ao pedido de recuperação judicial, até o limite de 5 (cinco) salários mínimos por trabalhador; (ii) o pagamento, no prazo de 1 (um) ano, dos demais créditos derivados da legislação do trabalho vencidos até a data do pedido de recuperação judicial; (iii) o pagamento, no prazo de 5 (cinco) anos, de todos os créditos quirografários, com abatimento de 20% (vinte por cento); e (iv) o pagamento, no prazo de 10 (dez) anos, de todos os créditos com garantia real, com abatimento de 30% (trinta por cento). Oferecida objeção por um dos credores trabalhistas, foi convocada Assembleia Geral de Credores para deliberar sobre o plano. Nessa assembleia, o plano restou aprovado por todas as classes de credores, segundo os quóruns previstos em lei. Diante dessas circunstâncias, e tendo em vista as normas de ordem pública que disciplinam a elaboração do plano de recuperação, conclui-se que o juiz

a) não deve homologar o plano nem conceder a recuperação judicial, pois a lei proíbe que se estabeleça prazo superior a 2 (dois) anos para o pagamento de quaisquer créditos, já que esse é o prazo máximo durante o qual o devedor poderá permanecer em recuperação judicial.

b) não deve homologar o plano nem conceder a recuperação judicial, pois a lei proíbe que se estabeleça o pagamento dos créditos com garantia real em condições piores do que as previstas para o pagamento dos créditos quirografários.

c) deve homologar o plano e conceder recuperação judicial, desde que satisfeitas as demais exigências legais.

d) não deve homologar o plano nem conceder a recuperação judicial, já que, por exigência legal, os créditos derivados da legislação do trabalho devem ser pagos até, no máximo, seis meses.

e) não deve homologar o plano nem conceder a recuperação judicial, já que, por exigência legal, os créditos de natureza estritamente salarial vencidos nos 3 (três) meses anteriores ao pedido de recuperação judicial devem ser pagos no prazo de 30 (trinta) dias até o limite de 150 (cento e cinquenta) salários mínimos por trabalhador.

12. (TRF — 4ª Região — Juiz Federal Substituto — 2016) Assinale a alternativa correta. Acerca da recuperação judicial no direito brasileiro:

a) A recuperação judicial do devedor principal não impede o prosseguimento das execuções nem induz suspensão ou extinção de ações ajuizadas contra terceiros devedores solidários ou coobrigados em geral, por garantia cambial, real ou fidejussória.

b) A regra da soberania da assembleia geral de credores pode ser excepcionada por decisão judicial proferida liminarmente, para sua suspensão ou adiamento, em razão de pendência de discussão acerca da existência, da quantificação ou da classificação de créditos.

c) Microempresas e empresas de pequeno porte não podem apresentar plano de recuperação judicial, pois são sujeitas a regime jurídico especial e protetivo.

d) Microempresas e empresas de pequeno porte podem apresentar plano especial de recuperação judicial, o qual, entre outras condições, preverá pagamento em até 48 (quarenta e oito) parcelas mensais, iguais e sucessivas, as quais não poderão ser acrescidas de juros, tampouco conter proposta de abatimento do valor das dívidas.

e) Pode requerer recuperação judicial o devedor que, no momento do pedido, exerça regularmente suas atividades há mais de um ano e atenda aos demais requisitos legais.

13. (CESPE — TJDFT — Titular de Serviços de Notas e de Registros — Remoção — 2019) Uma sociedade empresária realizou pedido de recuperação judicial. O pedido foi processado e deferido pelo juízo competente, e, no mesmo ato, foram ordenadas algumas providências. Nessa situação hipotética, no decorrer do processo de recuperação judicial, o magistrado poderá:

a) prorrogar, em situações excepcionais, o prazo de cento e oitenta dias previsto na lei que dispõe sobre recuperação judicial caso o retardamento do feito não possa ser imputado ao devedor.
b) ordenar a suspensão do curso da prescrição e das ações e execuções, que se estende até mesmo aos coobrigados do devedor.
c) ordenar o cancelamento da negativação do nome do devedor em órgãos de proteção ao crédito e em tabelionatos de protestos, em razão do processamento do feito.
d) extinguir o processo no caso de pedido de desistência do devedor, independentemente de aprovação desse pedido na assembleia geral de credores.
e) dispensar a sociedade recuperanda da apresentação de contas demonstrativas mensais enquanto perdurar a recuperação judicial.

14. (FGV - OAB - XXXI Exame Unificado - 2020) Uma sociedade empresária em recuperação judicial requereu, perante a Secretaria Estadual de Fazenda do Estado X, o parcelamento de suas dívidas tributárias estaduais. O Estado X dispunha de uma lei geral de parcelamento tributário, mas não de uma lei específica para parcelamento de débitos tributários de devedor em recuperação judicial. Diante desse cenário, assinale a afirmativa correta.

a) O parcelamento não pode ser concedido caso inexista lei específica estadual que disponha sobre as condições de parcelamento dos créditos tributários do devedor em recuperação judicial.
b) O prazo de parcelamento a ser concedido ao devedor em recuperação judicial quanto a tais débitos para com o Estado X não pode ser inferior ao concedido por lei federal específica de parcelamento dos créditos tributários do devedor em recuperação judicial.
c) O parcelamento do crédito tributário exclui a incidência de juros, em regra, no caso de devedor em recuperação judicial.
d) O parcelamento do crédito tributário exclui a incidência de multas, em regra, no caso de devedor em recuperação judicial.

■ 25.10.6. Cumprimento do plano de recuperação judicial

1. (CESPE — AGU — Procurador — 2010) Certo ou Errado. A pessoa jurídica Ômega Ltda., durante processo de recuperação judicial, para garantir o cumprimento de dívida contraída anteriormente, conforme previsto no plano de recuperação judicial aprovado pela assembleia geral de credores, reforçou a garantia inicialmente dada, ficando sem bens livres e desembaraçados suficientes para saldar integralmente seu passivo. Nessa situação, a conduta de Ômega Ltda. deve ser considerada legítima, não sendo passível de ser convolada a recuperação judicial em falência, em virtude desse fato.

2. (MPT — Procurador do Trabalho — MPT — 2017) Com base na Lei de Recuperação Judicial, Extrajudicial e Falência (Lei n. 11.101/2005), analise as seguintes afirmativas:

I. O plano de recuperação judicial não poderá prever prazo superior a 1 ano para pagamento dos créditos derivados da legislação do trabalho ou decorrentes de acidentes de trabalho vencidos até a data do pedido de recuperação judicial.
II. Na classificação dos créditos na falência, aqueles decorrentes de acidente de trabalho têm prioridade sobre os demais, assim como os derivados da legislação do trabalho, estes limitados a 150 salários mínimos por credor.
III. Constitui meio de recuperação judicial, entre outros, a redução salarial, compensação de horários e redução da jornada, mediante acordo ou convenção coletiva.

Assinale a alternativa CORRETA:

a) Apenas a assertiva II está incorreta.
b) Apenas a assertiva III está correta.
c) Apenas a assertiva I está incorreta.
d) Todas as assertivas estão corretas.

■ 25.10.7. Descumprimento do plano de recuperação judicial

1. (VUNESP — TJ/SP — Juiz — 2011) O juiz decretará a falência durante o processo de recuperação judicial:

I. quando houver sido rejeitado o plano de recuperação;
II. por descumprimento de qualquer obrigação assumida no plano de recuperação;
III. pela não apresentação, pelo devedor, do plano de recuperação no prazo improrrogável de trinta dias da publicação da decisão que deferir o processamento da recuperação judicial;
IV. se o devedor, sem previsão no plano de recuperação judicial, procede à liquidação precipitada de seus ativos.

É correto apenas o que se afirma em

a) I, II e IV.
b) I, II e III.
c) I e II.
d) II.
e) IV.

2. (FGV – OAB – XXXI Exame Unificado – 2020) José da Silva, credor de sociedade empresária, consulta você, como advogado(a), para obter orientação quanto aos efeitos de uma provável convolação de recuperação judicial em falência. Em relação à hipótese apresentada, analise as afirmativas a seguir e assinale a única correta.

a) Os créditos remanescentes da recuperação judicial serão considerados habilitados quando definitivamente incluídos no quadro-geral de credores, tendo prosseguimento as habilitações que estiverem em curso.
b) As ações que devam ser propostas no juízo da falência estão sujeitas à distribuição por dependência, exceto a ação revocatória e a ação revisional de crédito admitido ao quadro geral de credores.
c) A decretação da falência determina o vencimento antecipado das dívidas do devedor quanto aos créditos excluídos dos efeitos da recuperação judicial; quanto aos créditos submetidos ao plano de recuperação, são mantidos os prazos nele estabelecidos e homologados pelo juiz.
d) As ações intentadas pelo devedor durante a recuperação judicial serão encerradas, devendo ser intimado o administrador judicial da extinção dos feitos, sob pena de nulidade do processo.

■ GABARITO ■

■ 25.10.1. Finalidade

1. "d". Fundamento: art. 47, da Lei de Recuperação e Falência.

■ 25.10.2. Pressupostos

1. "d". A recuperação não se restringe ao ente coletivo. A alternativa "d" está incorreta, porque em contradição com o art. 1º, c/c art. 48, *caput*, ambos da Lei n. 11.101/2005, ao se referirem, respectivamente, a empresário e devedor, aplicando-se, por isso, o regime recuperacional também ao empresário individual. As demais alternativas, na ordem apresentada, estão em sintonia com os seguintes dispositivos da Lei de Recuperação e Falência: inc. II, inc. IV, e § 1º, todos do mencionado art. 48.

2. "c". O legislador exigiu apenas 2 (dois) anos de exercício, nos termos do art. 48, *caput*, da Lei n. 11.101/2005.

■ 25.10.3. Credores subordinados à recuperação judicial

1. "d". Fundamento: art. 49, §§ 1º e 2º, e art. 50, § 1º, da Lei n. 11.101/2005.

2. "c". Fundamento: art. 6º, § 7º-B, e art. 49, §§ 3º, 4º e 5º, da Lei n. 11.101/2005.

3. "c". Alternativa incorreta, porque em desacordo com o § 3º, do art. 49, da Lei n. 11.101/2005: "Tratando-se de credor titular da posição de proprietário fiduciário de bens móveis ou imóveis, de arrendador mercantil, de proprietário ou promitente vendedor de imóvel cujos respectivos contratos contenham cláusula de irrevogabilidade ou irretratabilidade, inclusive em incorporações imobiliárias, ou de proprietário em contrato de venda com reserva de domínio, seu crédito não se submeterá aos efeitos da recuperação judicial e prevalecerão os direitos de propriedade sobre a coisa e as condições contratuais, observada a legislação respectiva, não se permitindo, contudo, durante o prazo de suspensão a que se refere o § 4º do art. 6º desta Lei, a venda ou a retirada do estabelecimento do devedor dos bens de capital essenciais a sua atividade empresarial".

4. "e". Alternativa em sintonia com enunciado da Súmula 581 do STJ: "A recuperação judicial do devedor principal não impede o prosseguimento das ações e execuções ajuizadas contra terceiros devedores solidários ou coobrigados em geral, por garantia cambial, real ou fidejussória".

25.10.4. Meios de recuperação judicial

1. "d". Fundamento: art. 50, inc. VIII, da Lei n. 11.101/2005.

2. "d". Fundamento: art. 50, incs. III, VI, XIII e VIII, da Lei n. 11.101/2005.

25.10.5. Pedido e processamento da recuperação judicial

1. "d". Fundamento: art. 52, inc. I, da Lei n. 11.101/2005.

2. "c". Alguns credores, por expressa disposição da Lei de Recuperação e Falência, não serão alcançados pelos efeitos de eventual recuperação judicial, nos termos do art. 49, § 3º. Assim, o arrendador mercantil, por exemplo, não poderá ser relacionado entre os credores que se deverão sujeitar à novação que o procedimento recuperacional imporá, em caso de eventual aprovação do plano de recuperação.

3. "b". Fundamento: art. 28, da Lei de Recuperação e Falência.

4. "a". Fundamento: art. 6º, § 4º, da Lei n. 11.101/2005. A suspensão, em princípio, não poderá superar o prazo de 180 dias. Entretanto, ressalto meu entendimento pessoal, no sentido de que somente no caso concreto será possível avaliar a necessidade de eventual dilação do prazo, inclusive com a possibilidade de prorrogação da recuperação.

5. "b". A aprovação poderá ocorrer tacitamente, nos termos dos arts. 57 e 58, ambos da Lei n. 11.101/2005.

6. "e". Mesmo os ainda não vencidos se sujeitarão ao procedimento recuperacional, nos termos do art. 49, *caput*, da Lei n. 11.101/2005.

7. "c". Fundamento: arts. 84, 85 e 95, da Lei de Recuperação e Falência.

8. Item certo. Fundamento: art. 3º, da Lei de Recuperação e Falência.

9. "b". Fundamento: art. 53, da Lei de Recuperação e Falência. Os demais itens se encontram incorretos, pois em desacordo com a Lei n. 11.101/2005, mais especificamente em confronto com os seguintes dispositivos: arts. 98, 100 e 130.

10. "d" Fundamento: art. 6º, § 1º, da Lei de Recuperação e Falência.

11. "c". Fundamento: art. 54, *caput*, e seu parágrafo único, e, ainda, art. 58, da Lei de Recuperação e Falência.

12. "a". Fundamento: art. 49, § 1º, da Lei n. 11.101/2005 e enunciado 581 da Súmula do STJ.

13. "a". A alternativa "a" reproduziu o teor do Enunciado 42 da I Jornada de Direito Comercial e também se alinha com precedentes do STJ, a exemplo do que se decidiu no AgInt no REsp 1.717.939/DF, 3ª Turma, Rel. Min. Ricardo Villas Bôas Cueva, *DJe* 06/09/2018, em que se reafirmou a possibilidade de extrapolação do prazo de suspensão estabelecido pelo § 4º, do art. 6º, da Lei n. 11.101/2005, excepcionalmente, e a bem do cumprimento do plano de recuperação judicial. As demais alternativas, respectivamente, encontram-se incorretas, pois em confronto com a literalidade da lei e/ou jurisprudência também do STJ. Confira-se: alternativa "b", art. 49, § 1º, da LRF e Súmula 581, do STJ; alternativa "c", art. 52, inc. IV, da LRF; alternativa "d", art. 51, VIII, da LRF e REsp 1374259/MT; alternativa "e", §4º, do art. 52, da LRF.

14. "b". Em conformidade com o art. 68, da Lei de Recuperação e Falências, que dialoga com o art. 155-A, do Código Tributário Nacional: "Art. 68. As Fazendas Públicas e o Instituto Nacional do Seguro Social — INSS poderão deferir, nos termos da legislação específica, parcelamento de seus créditos, em sede de recuperação judicial, de acordo com os parâmetros estabelecidos na Lei n. 5.172, de 25 de outubro de 1966 — Código Tributário Nacional. "(...) Art. 155-A. O parcelamento será concedido na forma e condição estabelecidas em lei específica. (Incluído pela Lcp n. 104, de 2001) § 1º Salvo disposição de lei em contrário, o parcelamento do crédito tributário não exclui a incidência de juros e multas. (Incluído pela Lcp n. 104, de 2001) § 2º Aplicam-se, subsidiariamente, ao parcelamento as disposições desta Lei, relativas à moratória. (Incluído pela Lcp n. 104, de 2001) § 3º Lei específica disporá sobre as condições de parcelamento dos créditos tributários do devedor em recuperação judicial. (Incluído pela Lcp n. 118, de 2005) § 4º A inexistência da lei específica a que se refere o § 3º deste artigo importa na aplicação das leis gerais de parcelamento do ente da Federação ao devedor em recuperação judicial, não podendo, neste caso, ser o prazo de parcelamento inferior ao concedido pela lei federal específica".

25.10.6. Cumprimento do plano de recuperação judicial

1. Item certo. A convolação da recuperação judicial se dará na hipótese de descumprimento do que foi aprovado no Plano de Recuperação, e não o contrário, nos termos do art. 61, § 1º, da Lei de Recuperação e Falência.

2. "d". Cf. arts. 59, 83, inc. I, e 50, inc. VIII, todos da Lei n. 11.101/2005.

25.10.7. Descumprimento do plano de recuperação judicial

1. "c". Fundamento, art. 73, incs. II, III e IV, da Lei n. 11.101/2005.

2. "a'. Nos termos do § 2º, do art. 61, da Lei de Recuperação e Falência, convolada a recuperação judicial em falência "os credores terão reconstituídos seus direitos e garantias nas condições originalmente contratadas, deduzidos os valores eventualmente pagos e ressalvados os atos validamente praticados no âmbito da recuperação judicial". Assim, com a falência incidental, os créditos não adimplidos, nos termos do PRJ que ultimou descumprido, serão objeto de novo QGC, O mesmo dispositivo ora citado não se compatibiliza com a segunda parte da letra "c", alternativa, portanto, incorreta. A alternativa "b" está incorreta, eis que a ação revocatória e a ação revisional de crédito admitido ao quadro geral de credores não são exceções à distribuição por dependência, nos termos do parágrafo único, do art. 78, da Lei n. 11.101/2005: "As ações que devam ser propostas no juízo da falência estão sujeitas a distribuição por dependência". A alternativa "d" também se encontra incorreta, eis que eventuais ações intentadas pelo devedor não serão encerradas e sim prosseguiram com o administrador judicial, nos termos do parágrafo único, do art. 76, da Lei 11.101/2005: "Art. 76. O juízo da falência é indivisível e competente para conhecer todas as ações sobre bens, interesses e negócios do falido, ressalvadas as causas trabalhistas, fiscais e aquelas não reguladas nesta Lei em que o falido figurar como autor ou litisconsorte ativo. Parágrafo único. Todas as ações, inclusive as excetuadas no *caput* deste artigo, terão prosseguimento com o administrador judicial, que deverá ser intimado para representar a massa falida, sob pena de nulidade do processo".

26

PLANO DE RECUPERAÇÃO JUDICIAL PARA MICROEMPRESAS E EMPRESAS DE PEQUENO PORTE

O benefício da recuperação judicial tem a finalidade de propiciar ao devedor empresário a **superação da sua crise** econômico-financeira. A possibilidade de utilizar diversas fórmulas de renegociação das dívidas, a suspensão das ações e execuções, a alienação de bens sem sucessão de débitos, entre outros mecanismos, permitem ao devedor **reorganizar suas contas e manter a atividade empresarial**. Entretanto, a necessidade de concordância de mais da metade dos credores de três classes distintas, a possibilidade de convolação em falência a qualquer tempo e a fiscalização por um administrador judicial são **ameaças reais** ao intento de soerguer a empresa.

Algumas empresas, contudo, em razão do seu **pequeno porte**, encontram mais **obstáculos** ainda. O convencimento dos credores talvez seja o maior deles. O pequeno faturamento e o acúmulo de patrimônio podem **aniquilar a credibilidade** dos pequenos empreendedores, a ponto de não terem eles respaldo e apoio dos credores a uma proposta de plano de recuperação judicial. Caso um devedor empresário apresente plano de recuperação judicial que não seja aprovado pela assembleia geral de credores, a **convolação em falência** é o destino legalmente imposto.

Considerando essas dificuldades dos pequenos empresários, a Lei n. 11.101/2005, em seus arts. 70, 71 e 72, criou uma **forma especial de recuperação** judicial. A recuperação judicial para **microempresas e empresas de pequeno porte** visa dar aos pequenos empresários uma alternativa mais viável para o resgate do pequeno negócio. Como dito, a finalidade é **promover a recuperação judicial dos pequenos**, com base em uma fórmula **menos burocrática, incondicionada e preestabelecida**.

O modelo legal de recuperação judicial para microempresas e empresas de pequeno porte é **uma faculdade** para os pequenos empresários, isto é, quem se enquadrar como microempresário ou empresário de pequeno porte **escolhe** buscar sua recuperação pela forma **ordinária**, já estudada, ou pela forma **especial**, que se passa a estudar.

A importância maior de um **plano especial** de recuperação judicial é a **possibilidade de alterar a forma de pagamento** das dívidas, viabilizando a continuidade da empresa, sem a necessidade de obter autorização dos credores, isto é, sem que seja preciso submeter à aprovação o plano de recuperação judicial.

A Lei Complementar n. 147/2014, a par de legislar sobre o supersimples, introduziu algumas alterações na Lei n. 11.101/2005, já incorporadas ao texto desta obra e, de forma mais veemente, neste capítulo.

26.1. PRESSUPOSTOS

Antes de adentrar a enumeração dos pressupostos de concessão da recuperação judicial especial para microempresa e empresa de pequeno porte, importante lembrar que a Lei n. 11.101/2005 se aplica apenas a **empresários e sociedades empresárias**, nos termos do seu art. 1º. Além disso, considerando que a recuperação judicial, em quaisquer de suas formas, é um **benefício**, é preciso recordar que o **registro regular na Junta** Comercial será o primeiro requisito para o seu processamento e concessão.

Os **pressupostos** da recuperação judicial para microempresas e empresas de pequeno porte são os **mesmos exigidos para a recuperação judicial**, por força do art. 70, § 1º, da Lei n. 11.101/2005, que determina: "As pessoas de que trata o art. 1º desta Lei e que se incluam nos conceitos de microempresa ou empresa de pequeno porte, nos termos da legislação vigente, sujeitam-se às normas deste Capítulo. § 1º As microempresas e as empresas de pequeno porte, conforme definidas em lei, poderão apresentar plano especial de recuperação judicial, desde que afirmem sua intenção de fazê-lo na petição inicial de que trata o art. 51 desta Lei".

O dispositivo legal cria a **recuperação judicial para microempresas e empresas de pequeno porte**, estabelecendo que poderão apresentar **plano especial** de recuperação judicial. Assim, o que tal recuperação tem de **diferente é o plano especial e a forma de sua concessão**, mantendo as demais regras da recuperação judicial quanto aos demais aspectos processuais e materiais. Por isso, aplicam-se os **mesmos pressupostos** da recuperação judicial ordinária, previstos no art. 48, e os **requisitos da petição inicial** do art. 51, ambos da Lei n. 11.101/2005.

Além deles, é preciso que o devedor empresário **comprove sua condição de microempresário ou de empresário de pequeno porte**. Tal enquadramento está disposto na **Lei Complementar n. 123/2006**, a qual, no âmbito federal, estabelece as normas gerais que visam tratamento diferenciado aos micros e pequenos empresários, concedendo-lhes **condições diferenciadas** de tratamento, nos campos tributário, previdenciário, trabalhista, de escrituração empresarial e de acesso ao crédito no mercado. Nos termos do art. 3º, da Lei Complementar n. 123/2006 (nesse aspecto, alterada pela **Lei Complementar n. 139/2011**), consideram-se:

- **Microempresa — ME**: a empresa que aufira, em cada ano-calendário, receita bruta igual ou **inferior a R$ 360.000,00**; e
- Empresa de Pequeno Porte — EPP: a empresa que aufira, em cada ano-calendário, receita bruta superior a R$ 360.000,00 e igual ou inferior a R$ 4.800.000,00.

A propósito dos **pressupostos da recuperação judicial**, repetimos o quadro já esboçado no capítulo anterior, com as alterações da Lei Complementar n. 147/2014, nominando-o com o instituto atual:

PRESSUPOSTOS DO REQUERIMENTO DE RECUPERAÇÃO JUDICIAL ESPECIAL PARA MICROEMPRESAS E EMPRESAS DE PEQUENO PORTE
1º) Exercício regular das atividades da empresa há mais de 2 (dois) anos.
2º) O devedor não estar falido, salvo se já estiverem declaradas extintas, por sentença transitada em julgado, as responsabilidades decorrentes de sua atividade.

3º) O devedor não ter obtido concessão de recuperação judicial nos últimos 5 (cinco) anos.
4º) O devedor não ter obtido concessão de recuperação judicial, com base no plano especial de ME e de EPP, nos últimos 5 (cinco) anos.
5º) O devedor não ter sido condenado ou não ter, como administrador ou sócio controlador, pessoa condenada por qualquer dos crimes falimentares.

Fonte: art. 48, da Lei n. 11.101/2005.

Da mesma forma, quanto aos **requisitos da petição inicial** da recuperação judicial, repetimos o quadro já esboçado no capítulo anterior, nominando-o com o instituto atual.

REQUISITOS DA PETIÇÃO INICIAL — RECUPERAÇÃO JUDICIAL ESPECIAL
1º) a exposição das causas concretas da situação patrimonial do devedor e das razões da crise econômico-financeira;
2º) as demonstrações contábeis relativas aos 3 (três) últimos exercícios sociais e as levantadas especialmente para instruir o pedido, observando-se a legislação societária aplicável, informando obrigatoriamente o balanço patrimonial, a demonstração de resultados acumulados, a demonstração do resultado desde o último exercício social e o relatório gerencial de fluxo de caixa e de sua projeção;
3º) a relação completa dos credores e seus domicílios, inclusive aqueles por obrigação de fazer ou de dar, a natureza, a classificação e o valor atualizado do crédito, discriminando sua origem, o regime dos respectivos vencimentos e a indicação dos registros contábeis de cada transação pendente;
4º) a relação integral dos empregados, informando as respectivas funções, salários, indenizações e outras parcelas a que têm direito, com o correspondente mês de competência, e a discriminação dos valores pendentes de pagamento;
5º) a certidão de regularidade do devedor no Registro Público de Empresas, o ato constitutivo atualizado e as atas de nomeação dos atuais administradores;
6º) a relação dos bens particulares dos sócios controladores e dos administradores do devedor;
7º) os extratos atualizados das contas bancárias do devedor e de suas eventuais aplicações financeiras de qualquer modalidade, inclusive em fundos de investimento ou em bolsas de valores, emitidos pelas respectivas instituições financeiras;
8º) as certidões dos cartórios de protestos situados na comarca do domicílio ou sede do devedor e naquelas onde possui filial;
9º) a relação, subscrita pelo devedor, de todas as ações judiciais em que figure como parte, inclusive as de natureza trabalhista, com a estimativa dos respectivos valores demandados.
10º) o relatório detalhado do passivo fiscal;
11º) a relação de bens e direitos integrantes do ativo não circulante, incluídos aqueles não sujeitos à recuperação judicial, acompanhada dos negócios jurídicos celebrados com os credores de que trata o § 3º do art. 49 desta Lei

Fonte: art. 51, da Lei n. 11.101/2005.

Esquematizando os pressupostos da recuperação judicial especial para ME e EPP:

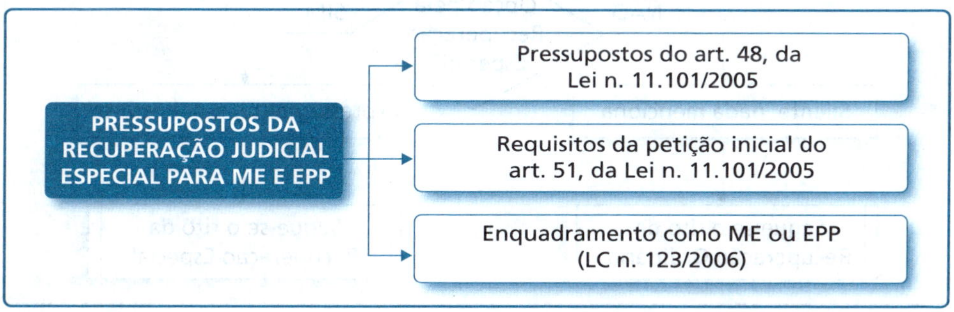

■ 26.2. PROCEDIMENTO OPTATIVO

A redação do art. 70, § 1º, da Lei n. 11.101/2005, deixa evidenciado que a recuperação judicial especial **é facultativa, alternativa**. Ao afirmar que **as ME e as EPP** "**poderão apresentar plano** especial de recuperação judicial, desde que afirmem sua intenção de fazê-lo na petição inicial", informa, a norma, que é do micro e do pequeno empresário a **decisão de afirmar ou não, na petição inicial**, sua intenção de submeter-se ao procedimento especial.

A **simples afirmação** de que pretende a recuperação especial **já enquadra o ME e a EPP no microrregime** dos arts. 70 a 72, da Lei n. 11.101/2005. Isso imporá o **procedimento especial**, submeterá diferentes credores ao processo de recuperação, suspenderá apenas algumas ações e execuções, entre outros efeitos práticos. Desse modo, caso o pequeno empresário **não afirme sua opção** pela recuperação especial, o juiz tratará o pedido como de **recuperação judicial ordinária**, o que implicará outras consequências. O **silêncio** do ME e da EPP pede recuperação judicial, importando, então, na **presunção** de que se pretende a recuperação judicial **ordinária**.

As **vantagens** da opção pelo plano de recuperação judicial **especial** são: a) **desnecessidade** de aprovação do plano em **assembleia geral** de credores (art. 70, da Lei n. 11.101/2005); b) imposição do **plano a todos** os credores; c) **menor possibilidade de convolação** em falência.

As **desvantagens** da opção pelo plano de recuperação judicial especial são: a) **impossibilidade** de apresentação de um **plano de recuperação judicial livre**; b) a **objeção da maioria** dos credores leva à **convolação** em falência, sem realização de assembleia geral de credores.

Esquematizando a **opção pela recuperação judicial** especial ou pela ordinária:

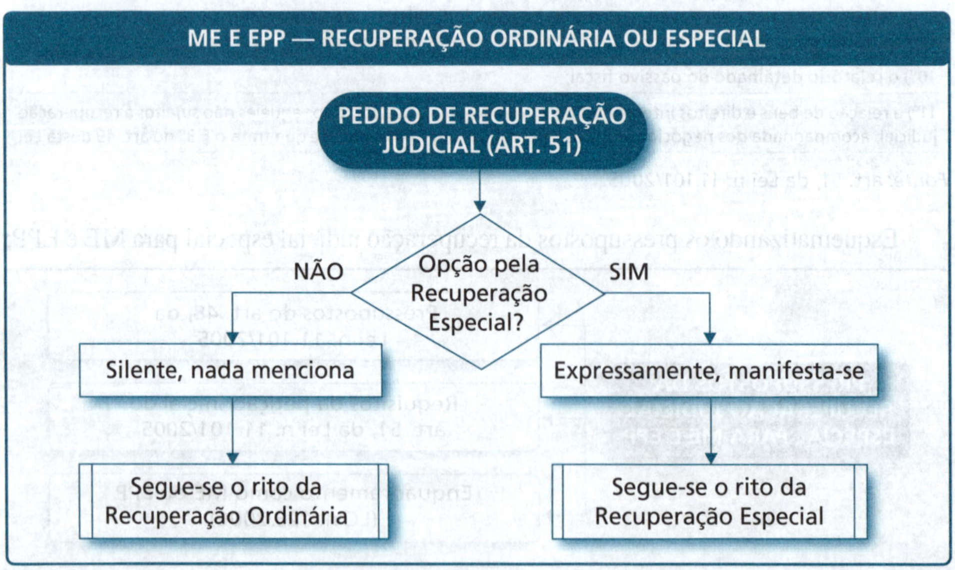

▪ 26.3. CREDORES SUBORDINADOS

A recuperação judicial especial alcançará **todos os créditos existentes na data do pedido, ainda que não vencidos**, excetuados os decorrentes de **repasse de recursos oficiais, os fiscais** e os previstos nos §§ 3º e 4º do art. 49, da Lei n. 11.101/2005. Entre eles, contudo, **não serão atingidos**:

- os créditos decorrentes de **repasses de recursos oficiais**;
- os saldos devedores de contratos de alienação fiduciária em garantia, compra e venda com reserva de domínio e arrendamento mercantil (*leasing*); e
- os créditos decorrentes do contrato de adiantamento de câmbio.

A **identificação dos credores atingidos** pela recuperação judicial especial encontra-se no art. 71, inc. I, da Lei n. 11.101/2005, com a redação dada pela Lei Complementar n. 147/2014, nos seguintes termos: "o plano especial de recuperação judicial será apresentado no prazo previsto no art. 53, desta Lei e limitar-se-á às seguintes condições: I — abrangerá todos os créditos existentes na data do pedido, ainda que não vencidos, excetuados os decorrentes de repasse de recursos oficiais, os fiscais e os previstos nos §§ 3º e 4º do art. 49, desta Lei".

Apesar de redundante, o legislador **excluiu todos os demais créditos** do alcance da recuperação judicial, seja para efeito de habilitação, seja para efeito de composição de quórum. É o que determina o § 2º, do art. 70, da Lei n. 11.101/2005: "os credores não atingidos pelo plano especial não terão seus créditos habilitados na recuperação judicial".

Esquematizando os credores atingidos pela recuperação judicial especial:

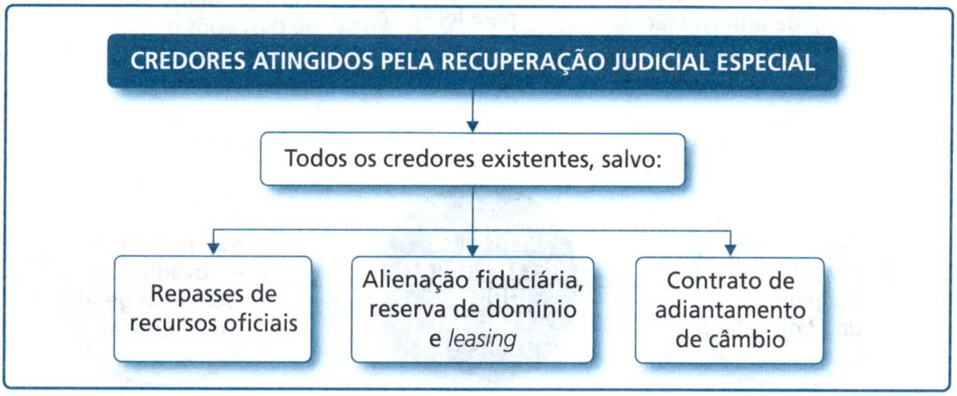

▪ 26.4. FÓRMULA PRÉVIA DE RECUPERAÇÃO JUDICIAL

A **principal desvantagem** do plano de recuperação judicial especial é a **impossibilidade de o devedor estabelecer, livremente, sua proposta** de planejamento da equalização das suas dívidas em proporção ao seu patrimônio. É que a **lei já estabelece** a fórmula de pagamento e o alcance do benefício. Isso porque a recuperação especial determina que o pagamento dar-se-á em **até 36 vezes**, com **carência de 180 dias** para o pagamento da primeira parcela, **com acréscimo da taxa SELIC**, podendo conter ainda a proposta de abatimento do valor das dívidas. Não há outra maleabilidade.

Apenas quanto ao número de parcelas e prazo de carência é que existe alguma discricionariedade, sempre para reduzi-los, ou seja, o devedor **poderá prever** parcelamento **inferior a 36 meses** e carência **inferior a 180 dias** para pagamento da 1ª parcela.

O art. 71, da Lei n. 11.101/2005, dispõe: "O **plano especial de recuperação judicial** será apresentado no prazo previsto no art. 53 desta Lei [60 dias da decisão que deferir o processamento da recuperação judicial] e limitar-se á às seguintes condições":

DISPOSIÇÕES OBRIGATÓRIAS DO PLANO DE RECUPERAÇÃO JUDICIAL ESPECIAL PARA MICROEMPRESAS E EMPRESAS DE PEQUENO PORTE
1º) abrangerá todos os créditos existentes na data do pedido, ainda que não vencidos, excetuados os decorrentes de repasse de recursos oficiais, os fiscais e os previstos nos §§ 3º e 4º do art. 49;
2º) preverá parcelamento em até 36 (trinta e seis) parcelas mensais, iguais e sucessivas, acrescidas de juros equivalentes à taxa Sistema Especial de Liquidação e de Custódia — SELIC, podendo conter ainda a proposta de abatimento do valor das dívidas;
3º) preverá o pagamento da 1ª (primeira) parcela no prazo máximo de 180 (cento e oitenta) dias, contado da distribuição do pedido de recuperação judicial;
4º) estabelecerá a necessidade de autorização do juiz, após ouvido o administrador judicial e o Comitê de Credores, para o devedor aumentar despesas ou contratar empregados.

Fonte: art. 71, da Lei n. 11.101/2005.

Esquematizando o plano de recuperação judicial especial:

26.5. PRESCRIÇÃO, AÇÕES E EXECUÇÕES

Diferente da recuperação judicial ordinária, em que a prescrição, as ações e as execuções contra o devedor empresário são suspensas em relação à maior parte dos créditos, na **recuperação especial** isso ocorre somente com os créditos por ela abrangidos. Desse modo, até agosto de 2014, **apenas os créditos quirografários** teriam a **prescrição** suspensa e, caso houvesse ação ou execução em andamento cobrando tais créditos, estas também **teriam seu curso suspenso**. Após a vigência da Lei Complementar n. 147/2014, todos os credores passaram a ser atingidos pela recuperação judicial especial, salvo os expressamente excluídos pelo texto legal, como já explicitado. Considerando que a **homologação** do plano de recuperação judicial especial promoverá a **novação** do crédito, isso levará à **extinção de todas as execuções** em curso, ante a extinção da obrigação.

A **continuidade da contagem da prescrição, bem como do curso das ações e das execuções** dos créditos não abrangidos pela recuperação judicial especial, está determinada no parágrafo único, do art. 71, da Lei n. 11.101/2005: "o pedido de recuperação judicial com base em plano especial não acarreta a suspensão do curso da prescrição nem das ações e execuções por créditos não abrangidos pelo plano".

26.6. CONDIÇÕES PARA A CONCESSÃO

Ao receber o pedido de recuperação judicial especial, o juiz:

- deverá verificar a presença dos **pressupostos do art. 48**, da Lei n. 11.101/2005;
- deverá verificar a presença dos **requisitos da petição inicial** (**art. 51**, da Lei n. 11.101/2005);
- **não precisará convocar assembleia** geral de credores para deliberar sobre o plano especial (art. 72, da Lei n. 11.101/2005);
- **concederá a recuperação judicial** especial se atendidas as demais exigências da referida lei;
- **convolará a recuperação** judicial especial em **falência**, se houver **objeções**, nos termos do art. 55 da Lei n. 11.101/2005, de credores titulares de mais da metade de qualquer uma das classes por ela atingidos.

Reunidas as condições dos quatro primeiros itens, a recuperação judicial especial torna-se **um direito subjetivo do devedor** empresário enquadrado como ME e EPP. Assim, a presença delas impõe a **concessão da mencionada recuperação judicial**.

A concessão não ocorrerá se houver a **objeção** de credores que sejam titulares de **mais de 50% de qualquer uma das classes atingidas pela recuperação judicial especial**, o que conduzirá à convolação em falência. Pode ocorrer, ainda, a **extinção do processo**, sem resolução de mérito, caso faltem pressupostos processuais ou condições da ação.

Esquematizando os possíveis desfechos da recuperação judicial especial:

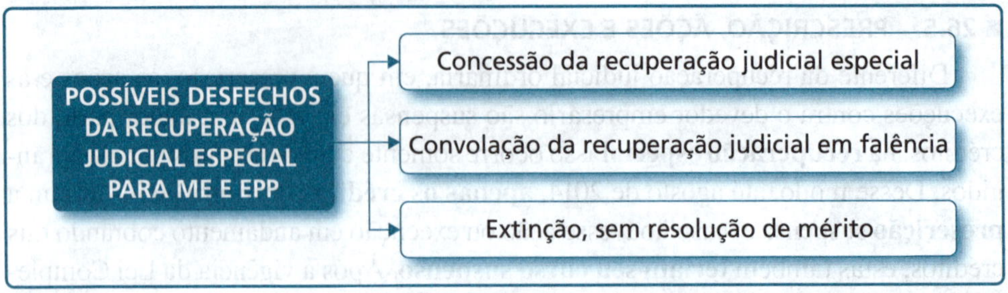

■ 26.7. CONVOLAÇÃO EM FALÊNCIA

As hipóteses de **convolação de recuperação judicial em falência** são as previstas no art. 73, da Lei n. 11.101/2005, conforme quadro a seguir:

HIPÓTESES DE CONVOLAÇÃO DE RECUPERAÇÃO JUDICIAL EM FALÊNCIA
I — por **deliberação da assembleia geral** de credores, na forma do art. 42, da Lei n. 11.101/2005;
II — pela **não apresentação**, pelo devedor, do **plano de recuperação** no prazo do art. 53, da referida lei;
III — quando houver sido **rejeitado o plano** de recuperação, nos termos do § 4º, do art. 56;
IV — por **descumprimento** de qualquer obrigação assumida no **plano de recuperação**, na forma do § 1º, do art. 61.

O parágrafo único, do art. 72, da Lei n. 11.101/2005, estabelece **mais uma hipótese de convolação da recuperação judicial em falência**, exclusiva para a forma **especial**, qual seja: "o juiz também julgará improcedente o pedido de recuperação judicial e decretará a falência do devedor se houver objeções, nos termos do art. 55, de credores titulares de mais da metade de qualquer uma das classes de créditos previstos no art. 83, computados na forma do art. 45, todos desta Lei." Desse modo, poderíamos acrescentar o seguinte quadro:

HIPÓTESE EXCLUSIVA DE CONVOLAÇÃO DE RECUPERAÇÃO JUDICIAL ESPECIAL EM FALÊNCIA
I — por objeções de credores titulares de mais da metade de qualquer uma das classes de créditos previstos no art. 83, computados na forma do art. 45, da Lei n. 11.101/2005.

Combinando as hipóteses do art. 73 com a do parágrafo único, da Lei n. 11.101/2005, **compatibilizando seus textos**, chega-se a **três hipóteses de convolação de recuperação judicial especial em falência**:

HIPÓTESES DE CONVOLAÇÃO DE RECUPERAÇÃO JUDICIAL ESPECIAL EM FALÊNCIA
I — por objeções de credores titulares de mais da metade de qualquer uma das classes de créditos previstos no art. 83, computados na forma do art. 45, da Lei n. 11.101/2005;
II — pela **não apresentação**, pelo devedor, do **plano de recuperação** no prazo do art. 53, da mesma lei, 60 dias após o deferimento do processamento da recuperação judicial;
III — por **descumprimento** de qualquer obrigação assumida no **plano de recuperação**, na forma do § 1º, do art. 61, da referida lei.

Desse modo, verificada **alguma das situações** do último quadro, a recuperação judicial especial será **convolada em falência**. No mais, a recuperação judicial para

ME e EPP adotará o mesmo procedimento da recuperação judicial ordinária.

Caso o devedor, durante o processo de **qualquer tipo de recuperação judicial**, enquadre-se em alguma situação prevista no **art. 94**, da Lei n. 11.101/2005, haverá a possibilidade de **requerimento e decretação da falência**, e não de convolação, mesmo que o plano de recuperação judicial esteja sendo cumprido. Em outras palavras, o disposto nestes últimos tópicos, relativos à recuperação judicial, **não impede a decretação da falência** por inadimplemento de obrigação ou por prática de ato previsto no inc. III, do *caput*, do art. 94, da Lei n. 11.101/2005, especialmente se considerarmos que outras obrigações serão assumidas durante a recuperação e poderão ser descumpridas.

Oportuno lembrar que a recuperação atinge as **obrigações contemporâneas** do pedido (arts. 49 e 59, da Lei n. 11.101/2005), sendo as **obrigações posteriores excluídas** de seus efeitos, podendo se constituir em **causas autônomas de decretação de falência**.

▪ 26.8. QUESTÕES SUBJETIVAS

▪ 26.8.1. Questão-homenagem

A recuperação judicial especial seria direito potestativo do devedor?

Resposta: Sim. A recuperação judicial especial tem regime jurídico disposto entre os arts. 70 e 72, da Lei n. 11.101/2005, devendo o microempresário ou sociedade de pequeno porte em crise financeira demonstrar o cumprimento das exigências legais, nesse particular, seus pressupostos (art. 48, da lei de regência; *item 24.2* estudado anteriormente), bem como os requisitos especiais da petição inicial (art. 51, da Lei n. 11.101/2005; matéria igualmente já estudada no *item 24.5.1* deste livro, para os quais remetemos o prezado leitor). Assim, verificados tais pressupostos, bem como os requisitos formais da petição inicial, os credores do devedor que se enquadre como microempresa ou empresa de pequeno porte não poderão se opor ao pedido dele. Assim, o microempresário tem direito potestativo à recuperação especial.

▪ 26.8.2. Questão-desafio

Na perspectiva de eventual decisão dos quirografários pela decretação da falência, poderá o microempresário requerer a convolação do seu pedido de recuperação especial em recuperação judicial, ante a perspectiva de submeter proposta de recuperação judicial ao universo dos credores, e não somente aos quirografários?

▪ 26.9. QUESTÕES OBJETIVAS

1. (CESPE — OAB/BR — 2007) O plano de recuperação judicial para microempresas e para empresas de pequeno porte

a) prevê parcelamento das dívidas em até 72 parcelas mensais, iguais e sucessivas, corrigidas monetariamente e acrescidas de juros de 6% a.a.
b) abrange toda e qualquer sorte de crédito.
c) estabelece a necessidade de autorização do juiz, após ouvidos o administrador judicial e o comitê de credores, para o devedor aumentar despesas ou contratar empregados.
d) prevê o pagamento da primeira parcela das dívidas no prazo máximo de 30 dias, contados da distribuição do pedido de recuperação judicial.

2. (OAB/MG — 2007 — adaptada) Nos termos da Lei n. 11.101/2005, marque a alternativa CORRETA.

a) A microempresa e a empresa de pequeno porte poderão, facultativamente, apresentar plano especial de recuperação judicial.
b) Na classificação dos créditos, os sócios e os administradores, sem vínculo empregatício, precedem as multas contratuais.

c) São exigíveis do devedor, na recuperação judicial ou na falência, as obrigações a título gratuito.
d) Os créditos trabalhistas cedidos a terceiros serão considerados subordinados.

3. (TJSC — Juiz — 2010) Segundo a Lei n. 11.101/2005, que trata da Falência e da Recuperação da Empresa, assinale a alternativa correta:

I. As microempresas e as empresas de pequeno porte, conforme definidas em lei, poderão apresentar plano especial de recuperação judicial, desde que afirmem sua intenção de fazê-lo na petição inicial e cujo plano não poderá prever parcelamento superior a 36 (trinta e seis) parcelas mensais, iguais e sucessivas, corrigidas monetariamente e acrescidas de juros de 12% a.a. (doze por cento ao ano).
II. O juiz fixará o valor e a forma de pagamento da remuneração do administrador judicial, observados a capacidade de pagamento do devedor, o grau de complexidade do trabalho e os valores praticados no mercado para o desempenho de atividades semelhantes. Deste valor será reservado 60% (sessenta por cento) do montante devido ao administrador judicial para pagamento após aprovadas as suas contas.
III. Após a distribuição do pedido de recuperação judicial, o devedor não poderá alienar ou onerar bens ou direitos de seu ativo permanente, salvo evidente utilidade reconhecida pelo juiz, depois de ouvido o Comitê, com exceção daqueles previamente relacionados no plano de recuperação judicial.
IV. São exigíveis do devedor, na recuperação judicial ou na falência, as despesas que os credores fizerem para tomar parte na recuperação judicial ou na falência, inclusive as custas judiciais decorrentes de litígio com o devedor.

a) Somente as proposições I e IV estão corretas.
b) Somente as proposições II, III e IV estão corretas.
c) Somente as proposições I, II e IV estão corretas.
d) Somente as proposições I e III estão corretas.
e) Todas as proposições estão corretas.

4. (FUNDATEC — BRDE — Analista de Projetos — Área Jurídica — 2015) Na recuperação econômica judicial especial, o plano de recuperação:

a) Abrangerá os créditos trabalhistas e fiscais existentes na data do pedido.
b) Abrangerá os créditos trabalhistas existentes na data do pedido, mas não envolverá os créditos fiscais.
c) Somente abrangerá os créditos quirografários.
d) Não envolverá os créditos bancários, desde que assegurados por garantias reais.
e) Não envolverá os créditos bancários, independentemente de serem assegurados por garantias reais.

5. (FGV — OAB — XX Exame Unificado — 2016) Mostardas, Tavares & Cia Ltda. EPP requereu sua recuperação judicial tendo o pedido sido despachado pelo juiz com a nomeação de Frederico Portela como administrador judicial. Em relação à remuneração do administrador judicial, será observada a seguinte regra:

a) a remuneração não excederá 5% (cinco por cento) do valor devido aos credores submetidos à recuperação judicial.
b) caberá ao devedor arcar com as despesas relativas à remuneração do administrador judicial e das pessoas eventualmente contratadas para auxiliá-lo.
c) a remuneração deverá ser paga até o final do encerramento da verificação dos créditos e publicação do quadro de credores.
d) será devida remuneração proporcional ao trabalho realizado quando o administrador judicial for destituído por descumprimento de deveres legais.

6. (CESPE — TJDFT — Titular de Serviços de Notas e de Registros — Provimento — 2019) À luz da Lei n. 11.101/2005, que regulamenta a recuperação judicial, a extrajudicial e a falência do empresário e de sociedade empresária, é correto afirmar que:

a) a decretação da falência suspende o curso de todas as ações e execuções em face do devedor, incluídas aquelas que demandam quantia ilíquida.

b) estão sujeitas à falência a empresa pública, a sociedade de economia mista e a instituição financeira pública ou privada.
c) os créditos tributários, de acordo com a classificação legal dos créditos concursais na falência, têm preferência sobre os demais.
d) devedor que exercer regularmente suas atividades há pelo menos um ano e não tiver obtido a concessão da recuperação judicial há menos de três anos poderá requerer o benefício.
e) as microempresas e as empresas de pequeno porte poderão apresentar plano especial de recuperação judicial, desde que afirmem essa intenção no pedido inicial de recuperação judicial.

7. (FCC — TJ-MS — Juiz Substituto — 2020) De acordo com a atual redação da Lei n. 11.101/2005, o pedido de recuperação judicial, com base em plano especial para microempresas e empresas de pequeno porte:
a) abrange exclusivamente os créditos quirografários.
b) é obrigatório para as microempresas e facultativo para as empresas de pequeno porte.
c) acarreta a suspensão das execuções movidas contra o devedor, ainda que fundadas em créditos não abrangidos pelo plano.
d) dispensa a convocação de assembleia-geral de credores para deliberar sobre o plano.
e) só será julgado procedente se houver a concordância expressa de mais da metade dos credores sujeitos ao plano.

■ GABARITO ■

1. "c" (cf. inc. IV, do art. 71, da Lei n. 11.101/2005).
2. "a" (cf. art. 70, § 1º, da Lei n. 11.101/2005).
3. "d". Item I, correto, pois em sintonia com o inc. II, do art. 71, da Lei n. 11.101/2005: "preverá parcelamento em até 36 (trinta e seis) parcelas mensais, iguais e sucessivas, corrigidas monetariamente e acrescidas de juros de 12% a.a. (doze por cento ao ano)"; item II, incorreto, pois, apesar de reproduzir o teor do art. 24, *caput*, da Lei n. 11.101/2005, trouxe informação errônea quanto ao percentual dos honorários a aguardar a prestação de contas, que é de 40% (art. 24, § 2º); item III, correto (cf. art. 66, da Lei n. 11.101/2005); item IV, incorreto (despesas inexigíveis; art. 5º, inc. II, da Lei n. 11.101/2005).
4. "b". Fundamento: "I — abrangerá todos os créditos existentes na data do pedido, ainda que não vencidos, excetuados os decorrentes de repasse de recursos oficiais, os fiscais e os previstos nos §§ 3º e 4º do art. 49;" (art. 71, da Lei n. 11.101/2005).
5. "b". Fundamento: art. 25, da Lei n. 11.101/2005. As demais alternativas estão em desacordo com os parágrafos do art. 24, também da Lei de Recuperação e Falência, sendo que o prezado leitor deve atentar para o princípio da isonomia substancial em relação às microempresas e às empresas de pequeno porte, pois ainda que obrigadas à remuneração do Administrador Judicial, o teto para tal obrigação foi reduzido de 5% para 2% "do valor devido aos credores submetidos à recuperação judicial", com o acréscimo do § 5º ao art. 24 da Lei n. 11.101/2005 pela LC n. 147/2014.
6. "e". De acordo com a literalidade do § 1º, do art. 70, da Lei n. 11.101/2005: "§ 1º As microempresas e as empresas de pequeno porte, conforme definidas em lei, poderão apresentar plano especial de recuperação judicial, desde que afirmem sua intenção de fazê-lo na petição inicial de que trata o art. 51 desta Lei".
7. "d". De acordo com a literalidade do art. 70 c/c art. 72, *caput*, ambos da Lei 11.101/2005: "Art. 70. As pessoas de que trata o art. 1º desta Lei e que se incluam nos conceitos de microempresa ou empresa de pequeno porte, nos termos da legislação vigente, sujeitam-se às normas deste Capítulo (...) Art. 72. Caso o devedor de que trata o art. 70 desta Lei opte pelo pedido de recuperação judicial com base no plano especial disciplinado nesta Seção, não será convocada assembleia-geral de credores para deliberar sobre o plano, e o juiz concederá a recuperação judicial se atendidas as demais exigências desta Lei".

27

RECUPERAÇÃO EXTRAJUDICIAL

A Lei n. 11.101/2005 permite que o devedor empresário em crise econômico-financeira **negocie diretamente** com seus credores acordo que lhe permita erguer-se no mercado, entabulando com eles **plano de recuperação extrajudicial**. A referida possibilidade exige do devedor especial conceito junto aos seus credores, além de prudente habilidade negocial.

Para possibilitar a recuperação extrajudicial, a negociação deverá levar a um **consenso em cada categoria** de credores, ou ao **convencimento da maioria** deles, no caso **mais de 3/5 (três quintos)**. Se não forem alcançados tais quóruns, restarão ao devedor as possibilidades de recuperação judicial ou de falência. Alcançada a **unanimidade** dos credores, haverá a recuperação **extrajudicial consensual**; alcançando-se apenas **mais de 3/5** (três quintos), a recuperação **extrajudicial majoritária**.

A lei, portanto, permite ao empresário em crise econômico-financeira uma **escala alternativa** de possibilidades de soerguer-se ou de encerrar suas atividades: 1º) buscar a recuperação **extrajudicial consensual**; 2º) buscar a recuperação **extrajudicial majoritária**; 3º) apresentar pedido de **recuperação judicial majoritária condicional** (eis que o ajuizamento poderá ocorrer com o quórum de 1/3), o qual deverá atingir mais da metade dos credores num prazo de 90 (noventa) dias (§ 7º, do art. 161, da Lei n. 11.101/2005, dispositivo acrescentado pela Lei n. 14.112/2020); 4º) não logrando êxito, pedir a **recuperação judicial**; 5º) não sendo possível, requerer **autofalência**; 6º) sem opções, aguardar que **alguém lhe peça a falência**.

Além de outras vantagens decorrentes da **recuperação extrajudicial**, é importante destacar que ela **não é óbice a eventual pedido de recuperação judicial** ordinária ou especial, isto é, a recuperação extrajudicial cumprida pode ser seguida, imediatamente, de uma recuperação judicial. A recíproca não é verdadeira, pois a **recuperação judicial impede** a homologação de uma **extrajudicial**, por **dois anos**. A extrajudicial impede, também, outra recuperação extrajudicial, por dois anos.

Regras aplicáveis à recuperação extrajudicial:

- O pedido de homologação do plano de recuperação extrajudicial **não acarretará suspensão de direitos, ações ou execuções**, nem a impossibilidade do pedido de decretação de falência pelos credores não sujeitos ao plano de recuperação extrajudicial (§ 4º, do art. 161, da Lei n. 11.101/2005).

- A **sentença de homologação** do plano de recuperação extrajudicial constituirá **título executivo judicial**, nos termos do art. 515, inc. III, do Código de Processo Civil (§ 6º, do art. 161, da Lei n. 11.101/2005).
- Se o plano de recuperação extrajudicial homologado envolver **alienação judicial de filiais ou de unidades produtivas isoladas** do devedor, o juiz ordenará a sua realização, observado, no que couber, o disposto no art. 142, da Lei n. 11.101/2005 (art. 166, da referida lei).
- Previsão legal de recuperação extrajudicial não implica impossibilidade de realização de **outras modalidades de acordo privado** entre o devedor e seus credores (art. 167, da Lei n. 11.101/2005).

Esquematizando a recuperação extrajudicial:

27.1. ISONOMIA DE TRATAMENTO

Considerando que a crise econômico-financeira do devedor, apesar da necessidade de preservação da empresa, não pode ser argumento para **frustrar credores**, nem para **coagi-los** a aceitar propostas ruinosas de solução dos débitos, o legislador determinou a **isonomia de tratamento entre todos os credores** do devedor empresário. Em razão disso, quanto à recuperação extrajudicial, estabeleceu que "o plano não poderá contemplar o pagamento antecipado de dívidas nem tratamento desfavorável aos credores que a ele não estejam sujeitos" (§ 2º, do art. 161, da Lei n. 11.101/2005).

Assim, **apesar da liberdade** que se confere ao devedor empresário no trato das negociações tendentes à recuperação extrajudicial, não pode ele estabelecer tratamento diferenciado entre os credores que não estejam submetidos ao plano de recuperação.

■ 27.2. PRESSUPOSTOS

Afirma o art. 161, da Lei n. 11.101/2005: "o devedor que **preencher os requisitos do art. 48** desta Lei poderá propor e negociar com credores plano de recuperação extrajudicial".

Os **pressupostos** da recuperação extrajudicial **são os mesmos** previstos para a recuperação judicial, no art. 48, da Lei n. 11.101/2005. A primeira análise que se deve fazer incide sobre a **legitimidade do requerente**. O art. 1º, da Lei n. 11.101/2005, estabelece que a referida lei se aplica somente aos **empresários e sociedades empresárias**. Desse modo, é preciso avaliar se o devedor que busca sua recuperação extrajudicial é empresário. Considerando que se trata de um **benefício legal**, o **registro** do empresário no Registro Público de Empresas Mercantis (art. 1.150, do CC, e Lei n. 8.934/94) **é indispensável** para o acesso aos favores da lei. No caso, além do registro regular, o empresário deverá estar em **atividade há mais de dois anos**.

Além da legitimidade ativa, a Lei n. 11.101/2005 exige **sete pressupostos**, sendo **um requisito** e **seis impedimentos**.

■ 27.2.1. Requisito único

O art. 48, *caput*, da Lei n. 11.101/2005, define o **único requisito** para o requerimento da recuperação extrajudicial: o devedor, no momento do pedido, deve **exercer regularmente** suas atividades **há mais de 2 (dois) anos**.

O único requisito para o pedido de recuperação extrajudicial é a **prova** de que, no momento do pedido, o devedor comprove o **exercício regular de atividade empresarial há mais de 2 anos**. A expressão **regular** diz respeito ao registro (formal) e ao exercício de fato da atividade empresarial (material). Destarte, esse único requisito possui **dois elementos**: a) **formal** — o **registro** no órgão competente há mais de 2 anos — Junta Comercial; b) **material** — o **exercício real** da atividade há mais de 2 anos.

O texto da lei e, por vezes, a Doutrina e a Jurisprudência denominam **requisitos** todos os pressupostos do art. 48. O que ocorre, de fato, é a exigência de **um requisito** apenas. Os incisos do referido artigo exigirão o não enquadramento do devedor nas situações ali descritas, isto é, a **incidência** do devedor em alguma das hipóteses delineadas **impedirá o deferimento** do processamento da recuperação extrajudicial e, consequentemente, sua concessão.

Assim, os incisos do art. 48 e o § 3º do art. 161, ambos da Lei n. 11.101/2005, delineiam **impedimentos** à homologação da recuperação extrajudicial a quem já ostenta o requisito que consta do referido *caput*. Ocorre que a negativa que consta de cada inciso **transforma o impedimento em requisito**, pois o impedimento "estar falido" é substituído pelo requisito "não estar falido".

Esquematizando os **pressupostos** (na modalidade **requisitos**) **da recuperação** extrajudicial:

27.2.2. Impedimentos

Os **impedimentos** ao deferimento da recuperação extrajudicial, então, constam dos incisos do art. 48 e do § 3º do art. 161, ambos da Lei n. 11.101/2005, e são:

- **estar falido**, salvo se já foram julgadas extintas as suas obrigações, nos termos do art. 158, da Lei n. 11.101/2005;
- ter obtido concessão de **recuperação judicial há menos de 2 (dois) anos**;
- ter obtido concessão de **recuperação judicial, com base no plano especial, nos últimos 5 (cinco) anos**;
- ter sido **condenado** ou ter, como administrador ou sócio controlador, pessoa condenada por qualquer dos crimes falimentares, salvo se já tiver ocorrido a reabilitação criminal, nos termos do art. 181, § 1º, da Lei n. 11.101/2005;
- estar **pendente pedido de recuperação judicial**;
- ter obtido concessão de **recuperação extrajudicial há menos de 2 (dois) anos**.

Esquematizando os **pressupostos** (na modalidade **impedimentos à homologação**) da recuperação extrajudicial:

Basta que ocorra **apenas um dos impedimentos** para que a recuperação extrajudicial já não possa ter seu processamento deferido pelo juiz. Por isso, os impedimentos aparecem como requisitos, determinando a norma que eles **não poderão existir**, por ocasião do **pedido** de recuperação extrajudicial.

■ 27.3. CREDORES ALCANÇADOS

É possível ao devedor empresário, nas negociações do plano de recuperação extrajudicial, obter **acordo que alcance todos** os credores de uma ou mais categorias. Considerando as ressalvas feitas pela própria Lei n. 11.101/2005, o legislador trouxe, no § 1º, do art. 163, a indicação dos **credores alcançados** pela recuperação extrajudicial. São eles:

- créditos **com garantia real** até o limite do valor do bem gravado (art. 83, inc. II, da Lei n. 11.101/2005);
- créditos **com privilégio especial**, a saber: a) os previstos no **art. 964 do CC**; b) os assim definidos em outras leis civis e comerciais, salvo disposição contrária da Lei n. 11.101/2005; c) aqueles a cujos titulares a lei confira o direito de retenção sobre a coisa dada em garantia; d) aqueles em favor dos microempreendedores individuais e das microempresas e empresas de pequeno porte de que trata a Lei Complementar n. 123, de 14 de dezembro de 2006. A **Lei n. 14.112/2020 ultimou por determinar a reunião dos eventuais créditos com privilégio especial ou geral com os quirografários** (§ 6º, do art. 83);
- créditos **com privilégio geral**, a saber: a) os previstos no **art. 965 do CC**; b) os previstos no parágrafo único, do art. 67, da Lei n. 11.101/2005; c) os assim definidos em outras leis civis e comerciais; de modo a manter a coordenação da Lei n. 11.101/2005 com o Código Civil , possível destacar os créditos com privilégio geral e especial da forma acima, porém, para fins concursais em sede de recuperação judicial ou extrajudicial e de falência, a **Lei n. 14.112/2020 ultimou por determinar a reunião dos eventuais créditos com privilégio especial ou geral com os quirografários** (§ 6º, do art. 83);
- **créditos quirografários**, a saber: a) aqueles não previstos nos demais incisos do art. 83, da Lei n. 11.101/2005; b) os saldos dos créditos não cobertos pelo produto da alienação dos bens vinculados ao seu pagamento; c) os saldos dos créditos derivados da legislação do trabalho que excederem o limite estabelecido no inc. I do *caput* do referido artigo (art. 83, inc. VI, da Lei n. 11.101/2005). A **Lei n. 14.112/2020 ultimou por determinar a reunião dos eventuais créditos com privilégio especial ou geral com os quirografários** (§ 6º, do art. 83);
- **créditos subordinados**, a saber: a) os assim previstos em lei ou em contrato; b) os créditos dos sócios e dos administradores sem vínculo empregatício (art. 83, inc. VIII, da Lei n. 11.101/2005);
- **grupo de credores** de mesma natureza e sujeito a semelhantes condições de pagamento.

A **Lei n. 14.112/2020 trouxe a possibilidade de sujeição dos "créditos de natureza trabalhista e por acidentes de trabalho" à eventual recuperação extra-**

judicial, desde que haja "negociação coletiva com o sindicato da respectiva categoria profissional" (parte final, do § 1º, do art. 161, da Lei n. 11.101/2005, alterada pela Lei n. 14.112/2020).

São três as **regras aplicáveis** aos credores submetidos à recuperação extrajudicial:

- uma vez homologado, o plano de recuperação extrajudicial **obriga a todos os credores** das espécies por ele abrangidas, exclusivamente em relação aos créditos constituídos até a data do pedido de homologação (§ 1º, do art. 163, da Lei n. 11.101/2005);
- uma alienação de bem objeto de **garantia real**, a supressão da garantia ou sua substituição somente serão admitidas mediante a **aprovação expressa do credor** titular da respectiva garantia (§ 4º, do art. 163, da Lei n. 11.101/2005);
- nos créditos em **moeda estrangeira**, a **variação cambial só poderá ser afastada se** o credor titular do respectivo crédito aprovar expressamente previsão diversa no plano de recuperação extrajudicial (§ 5º, do art. 163, da Lei n. 11.101/2005).

Esquematizando os **credores alcançados**:

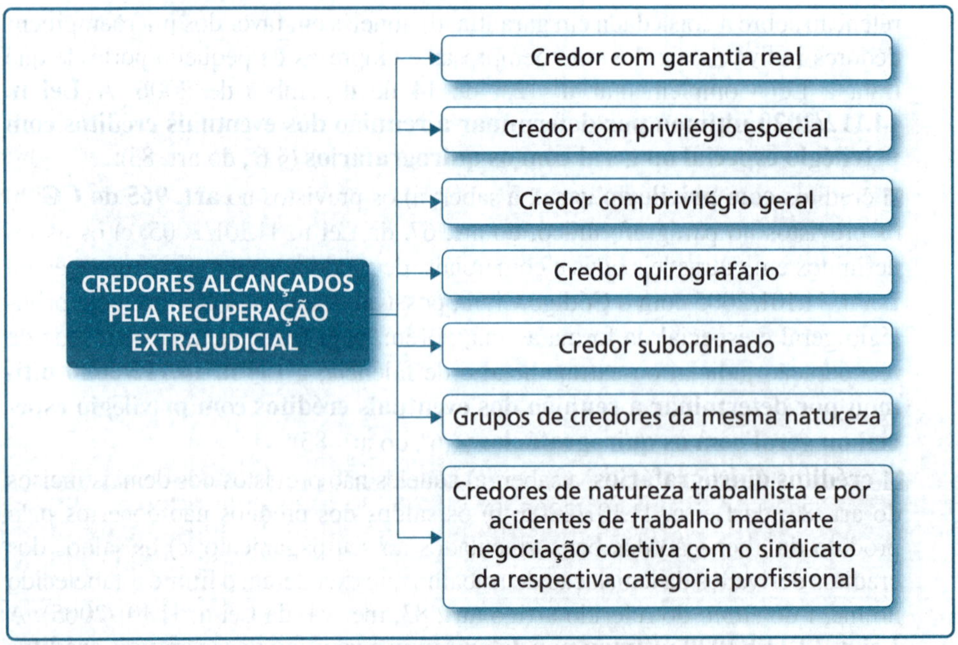

27.3.1. Credores não alcançados na recuperação extrajudicial

A recuperação extrajudicial alcançará **apenas os credores enumerados na lei**, aqueles cujo crédito se enquadre nos incisos II, IV, V, VI e VIII, do art. 83, da Lei n. 11.101/2005. Desse modo, **não serão atingidos**:

- créditos de natureza **tributária**;
- créditos derivados da legislação do **trabalho** ou decorrentes de **acidente de trabalho**;

- saldos devedores de contratos de alienação fiduciária em garantia, compra e venda com reserva de domínio e arrendamento mercantil (*leasing*); e os créditos decorrentes do contrato de adiantamento de câmbio.

A **identificação dos credores não atingidos** pela recuperação extrajudicial encontra-se no § 1º, do art. 161, da Lei n. 11.101/2005, nos seguintes termos: "Não se aplica o disposto neste Capítulo a titulares de créditos de natureza tributária, derivados da legislação do trabalho ou decorrentes de acidente de trabalho, assim como àqueles previstos nos arts. 49, § 3º, e 86, inc. II do *caput*, desta Lei".

Esquematizando os **credores não alcançados**:

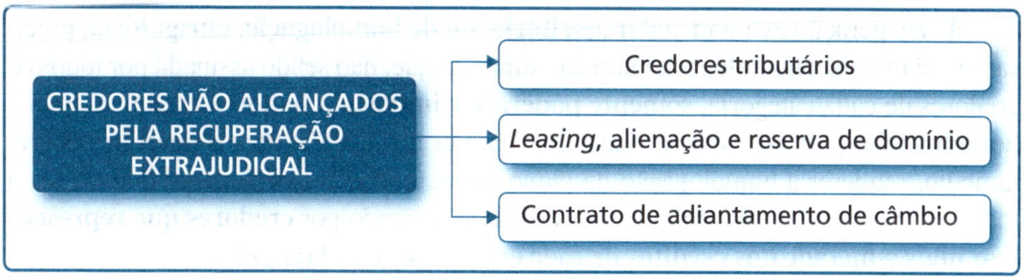

■ 27.4. CONCESSÃO DA RECUPERAÇÃO EXTRAJUDICIAL

A concessão da recuperação extrajudicial dependerá da **manifestação prévia** da vontade dos **credores atingidos**, o que se poderá dar de duas formas:

- **todos os credores** de uma categoria concordam com a proposta do devedor, ocasião em que assinam documento que contenha os termos e as condições do plano de recuperação extrajudicial. Trata-se aqui da recuperação extrajudicial **consensual**, também chamada de recuperação extrajudicial **de homologação facultativa**;
- **mais de 1/2** (metade) dos credores de uma categoria concordam com a proposta do devedor, ocasião em que assinam documento que contenha os termos e as condições do plano de recuperação extrajudicial. Trata-se aqui da recuperação extrajudicial **majoritária**, também chamada de recuperação extrajudicial de **homologação obrigatória**.

■ 27.4.1. Concordância de todos os credores

A recuperação extrajudicial **consensual, ou de homologação facultativa**, nem precisaria ser submetida à homologação judicial, uma vez que, assinada por todos os credores atingidos, já se torna simples **contrato privado, mas exequível**. Todavia, a **homologação** pelo juiz trará **duas consequências** que podem ser bastante úteis aos interessados: a) o plano de recuperação extrajudicial **torna-se título executivo judicial**; b) **permite-se a venda de bens** por meio de hasta pública judicial, por deliberação do plano.

Caracterizada a recuperação **extrajudicial consensual**, o devedor poderá requerer sua **homologação**, na forma prevista no art. 162, da Lei n. 11.101/2005, redigido assim: "o devedor poderá requerer a homologação em juízo do plano de recuperação extrajudicial, juntando sua justificativa e o documento que contenha seus termos e condições, com as assinaturas dos credores que a ele aderiram". Bastará uma **petição inicial** com:

a) a **justificativa escrita** do pedido de recuperação extrajudicial; e

b) o **documento que contenha seus termos e condições**, com as assinaturas dos credores que a ele aderiram.

27.4.2. Concordância de mais de 1/2 (metade) dos credores

A recuperação extrajudicial **majoritária, ou de homologação obrigatória**, precisa ser submetida à homologação judicial, uma vez que, não sendo assinada por todos os credores de cada categoria, **somente poderá ser imposta a todos os credores após a homologação** judicial. Dispõe o art. 163, da Lei n. 11.101/2005: "o devedor poderá, também, requerer a homologação de plano de recuperação extrajudicial que obriga a todos os credores por ele abrangidos, desde que assinado por **credores que representem mais a metade dos créditos** de cada espécie por ele abrangidos".

Em razão disso, o **pedido** desse tipo de recuperação extrajudicial é **mais complexo** e deve ser **mais bem documentado** que o da consensual. Para atender a essa necessidade, além daqueles dois requisitos para requerimento da consensual, o § 6º, do art. 163, da Lei n. 11.101/2005, estabelece mais três pressupostos. Confiram-se, então, os **cinco requisitos** da petição inicial da recuperação extrajudicial majoritária:

- **justificativa escrita** do pedido de recuperação extrajudicial;
- **documento que contenha seus termos e condições**, com as assinaturas dos credores que a ele aderiram;
- exposição da situação patrimonial do devedor;
- as **demonstrações contábeis relativas ao último exercício** social e as levantadas especialmente para instruir o pedido, na forma do inc. II, do *caput*, do art. 51, da Lei n. 11.101/2005;
- os **documentos que comprovem os poderes** dos subscritores para novar ou transigir, relação nominal completa dos credores, com a indicação do endereço de cada um, a natureza, a classificação e o valor atualizado do crédito, discriminando sua origem, o regime dos respectivos vencimentos e a indicação dos registros contábeis de cada transação pendente.

Para **aferição do quórum** e percentual de mais de 3/5 (três quintos) de todos os créditos abrangidos pelo plano de recuperação extrajudicial, deverão ser observadas **três regras**:

- **não serão considerados os créditos não incluídos** no plano de recuperação extrajudicial, os quais não poderão ter seu valor ou condições originais de pagamento alteradas;
- o crédito em moeda estrangeira será convertido para moeda nacional pelo câmbio da véspera da data de assinatura do plano; e

■ **não serão computados** os créditos detidos pelas **pessoas relacionadas no art. 43**, da Lei n. 11.101/2005, quais sejam: os sócios do devedor, bem como as sociedades coligadas, controladoras, controladas ou as que tenham sócio ou acionista com participação superior a 10% (dez por cento) do capital social do devedor ou em que o devedor ou algum de seus sócios detenham participação superior a 10% (dez por cento) do capital social.

Esquematizando os requisitos da petição inicial da recuperação extrajudicial majoritária:

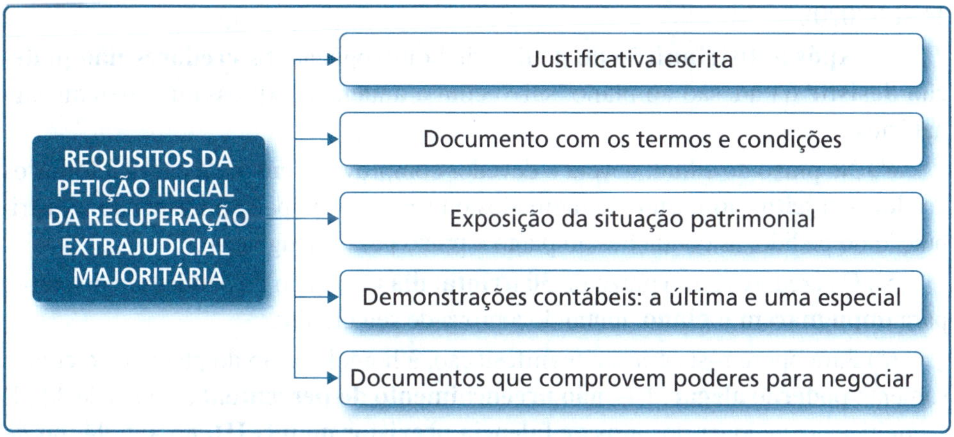

■ 27.4.3. Pedido e processamento da recuperação extrajudicial

A Lei n. 11.101/2005, nos arts. 161, 164 e 165, textualiza **cada etapa da recuperação extrajudicial**, podendo ser organizada assim a sequência das **fases processuais**:

1ª) Ajuizamento do **pedido de recuperação extrajudicial** com 2 requisitos (consensual) ou com 5 requisitos (majoritária).

2ª) **Recebido o pedido** de homologação do plano de recuperação extrajudicial previsto nos arts. 162 (consensual) e 163 (majoritária), Lei n. 11.101/2005, o juiz ordenará a **publicação de edital** no órgão oficial e em jornal de grande circulação nacional ou das localidades da sede e das filiais do devedor, convocando todos os credores do devedor para apresentação de suas impugnações ao plano de recuperação extrajudicial, observado o § 3º, do art. 164, da referida lei. A III Jornada de Direito Comercial[1] discutiu e aprovou a possibilidade de que **eventuais ações e execuções contra o devedor** intentadas pelos credores possivelmente sujeitos ao plano de recuperação extrajudicial também **venham a ser suspensas**. Trata-se de medida compatível com o procedimento já iniciado, justamente porque **os créditos objeto das**

1 ENUNCIADO 106 – O juízo da recuperação extrajudicial poderá determinar, no início do processo, a suspensão de ações ou execuções propostas por credores sujeitos ao plano de recuperação extrajudicial, com a finalidade de preservar a eficácia e a utilidade da decisão que vier a homologá-lo.

eventuais ações e execuções singulares em curso poderão ser novados, mas também porque, prospectivamente, eventual **constrição do patrimônio do devedor poderá agravar as dificuldades** com seu fluxo de caixa e as projeções de receitas necessárias para o plano de salvamento da empresa. A Lei n. 14.112/2020 encampou a orientação doutrinária e, expressamente, estabeleceu que a **suspensão referida no art. 6º da Lei n. 11.101/2005 também se aplica à Recuperação Extrajudicial**: "Aplica-se à recuperação extrajudicial, desde o respectivo pedido, a suspensão de que trata o art. 6º desta Lei, **exclusivamente em relação às espécies de crédito por ele abrangidas**" (§ 8º, do art. 163, acrescentado à Lei n. 11.101/2005 por meio da Lei n. 14.112/2020).

3ª) **Após a distribuição** do pedido de homologação, os **credores não poderão desistir** da adesão ao plano, salvo com a anuência expressa dos demais signatários.

4ª) No prazo do edital, deverá o devedor comprovar o **envio de carta a todos os credores sujeitos ao plano**, domiciliados ou sediados no país, informando a distribuição do pedido, as condições do plano e prazo para impugnação.

5ª) Os credores terão prazo de **30 (trinta) dias**, contado da publicação do edital, para **impugnarem o plano**, juntando a prova de seu crédito.

6ª) Para oporem-se, em sua manifestação, à homologação do plano, os credores somente **poderão alegar**: I — **não preenchimento do percentual** de mais de 3/5; II — prática de qualquer dos **atos de falência previstos no inc. III, do art. 94, ou de atos revogáveis** previstos no art. 130, ou **descumprimento de requisito** previsto na Lei n. 11.101/2005; III — **descumprimento de qualquer outra exigência** legal.

7ª) Sendo apresentada impugnação, será aberto **prazo de 5 dias para que o devedor** sobre ela se manifeste.

8ª) Decorrido o prazo de 5 dias para o devedor, os autos serão **conclusos imediatamente ao juiz** para apreciação de eventuais impugnações, devendo ele decidir, no prazo de 5 dias, acerca do plano de recuperação extrajudicial, **homologando-o por sentença** se entender que não implica prática de atos previstos no art. 130, da Lei n. 11.101/2005, e que não há outras irregularidades que **recomendem sua rejeição**.

9ª) A **sentença de homologação** do plano de recuperação extrajudicial constituiu **título executivo judicial**, nos termos do **art. 515, inc. III, do CPC**.

10ª) O plano de recuperação extrajudicial produz **efeitos após sua homologação** judicial.

11ª) É lícito, contudo, que o plano estabeleça a **produção de efeitos anteriores** à homologação, desde que exclusivamente em relação à **modificação do valor ou da forma** de pagamento dos credores signatários.

12ª) Na hipótese de previsão de produção de efeitos anteriores à homologação, caso o plano seja posteriormente rejeitado pelo juiz, **devolve-se aos credores signatários o direito de exigir seus créditos nas condições originais**, deduzidos os valores efetivamente pagos.

27.5. INDEFERIMENTO DA HOMOLOGAÇÃO

O juiz deverá julgar **improcedente o pedido** de recuperação extrajudicial caso encontre **prova de ilicitude** na formulação do documento que materializa a avença. O § 6º, do art. 164, da Lei n. 11.101/2005, determina: "havendo prova de simulação de créditos ou vício de representação dos credores que subscreverem o plano, a sua homologação será indeferida".

Aqui surge uma **divergência entre os doutrinadores**, pois alguns sugerem que seria esta **uma hipótese de convolação da recuperação em falência**. Ocorre que há dois bons argumentos contrários a tal conclusão: 1º) todas as vezes em que o legislador quis transformar a recuperação em falência, fê-lo expressamente, **deixando de prever a possibilidade de convolação na recuperação extrajudicial**; 2º) o princípio da preservação da empresa, base e corolário do direito empresarial, recomenda **interpretação restritiva quando lidamos com a possibilidade de encerramento** da atividade empresarial.

Assim, a melhor conclusão aponta para o **simples julgamento de improcedência** do pedido de recuperação extrajudicial, sem maiores consequências, nas hipóteses de irregularidades contratadas, pois atende ao silêncio eloquente do legislador e ao princípio da preservação da empresa.

Além disso, como veremos a seguir, o § 8º, do art. 164, da Lei n. 11.101/2005, permite a **renovação do pedido** de recuperação extrajudicial, caso cumpridas as formalidades legais.

27.6. RECURSO

A **sentença que homologa o plano** de recuperação extrajudicial **põe fim ao processo** judicial, de jurisdição voluntária, situação em que o juiz resolve o mérito da questão, atendendo ao pedido do devedor. Pode, ainda, julgá-lo improcedente. Em ambas as hipóteses, o recurso cabível será a **apelação**, que, por força de lei, terá **efeito apenas devolutivo**. Confira-se o teor do § 7º, do art. 164, da Lei n. 11.101/2005: "da sentença cabe apelação sem efeito suspensivo".

27.7. RENOVAÇÃO DO PEDIDO

A **sentença** que julga improcedente o pedido de recuperação extrajudicial **não faz coisa julgada material**. Como a finalidade da legislação recuperacional é **preservar a empresa**, permite-se, ao devedor empresário que não conseguiu a procedência do seu **pleito, renová-lo**, juntando o que for necessário ao seu intento, confeccionando adequadamente sua petição inicial e colhendo, na forma legal, as assinaturas dos credores que concordam com o plano. Nesse sentido, o § 8º, do art. 164, da Lei n. 11.101/2005, **renova as esperanças** dos devedores, nos seguintes termos: "Na hipótese de não homologação do plano o devedor poderá, cumpridas as formalidades, apresentar novo pedido de homologação de plano de recuperação extrajudicial".

■ 27.8. FLUXOGRAMA

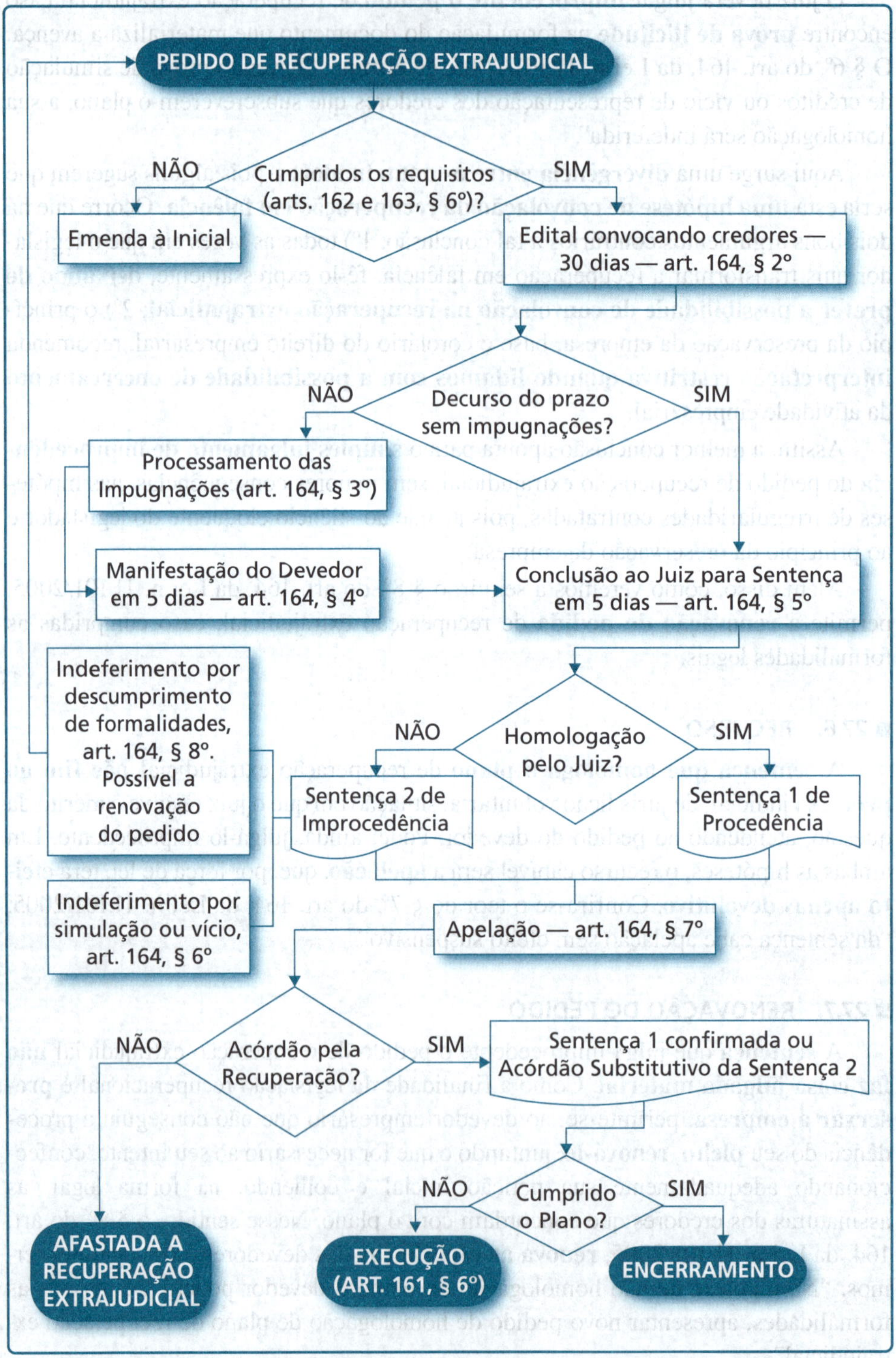

■ 27.9. QUESTÕES SUBJETIVAS

■ 27.9.1. Questão-homenagem

(BNDES — Advocacia — 2010) "Uma empresa propôs aos seus credores recuperação extrajudicial em 15 de janeiro de 2014, solicitando a homologação judicial 2 (dois) meses depois, com 2/3 (dois terços) das dívidas com credores trabalhistas e 2/3 (dois terços) das dívidas com credores quirografários. Esse pedido foi acompanhado do respectivo plano de recuperação, nos mesmos moldes do que havia sido concedido em dezembro de 2012 pelo mesmo Juízo. O procedimento adotado pela empresa teve como principal finalidade afastar qualquer possibilidade de pedido de falência, bem com priorizar o recebimento de créditos que estavam vencidos em detrimento dos vincendos, caso a falência fosse decretada. Considerando esses dados, emita sua opinião legal, de maneira fundamentada, com base no pedido formulado pela empresa, à luz do ordenamento jurídico em vigor."

Resposta: O pedido de recuperação extrajudicial, nos termos formulados, atendeu aos requisitos legais. Em primeiro lugar, de se pressupor o cumprimento do plano de recuperação judicial anterior, sendo respeitado o requisito objetivo referente ao interregno mínimo de 2 anos entre a homologação do plano da recuperação anterior e o novo pedido, dessa vez de recuperação extrajudicial (art. 161, § 3°, da Lei n. 11.101/2005). Por imposição legal, diante da concordância de mais de 3/5 de cada uma das classes de credores, o pedido obrigará a todos os credores. Perceba-se que a fração de 2/3 é inclusive superior a 3/5. Portanto, o pedido deve ser deferido com fundamento no art. 163, *caput*, da mesma lei. Saliente-se que o favor legal referente à recuperação extrajudicial, quando contextualizados seus requisitos, apesar de não impedir eventual pedido de falência por credor não sujeito ao plano de recuperação respectivo (art. 161, § 4°), é medida emergencial a ser prestigiada por todos os credores, tendo em vista o princípio da preservação da empresa (art. 47, também da Lei n. 11.101/2005).

■ 27.9.2. Questão-desafio

(Advocacia-Geral da União — Procurador da Fazenda Nacional — 2012) Disserte, detalhadamente, sobre a situação dos créditos tributários da União: a) perante a recuperação judicial e b) extrajudicial de empresas.

■ 27.10. QUESTÕES OBJETIVAS

1. (TJDFT — Juiz — 2005) Assinale a alternativa correta. De acordo com a Lei n. 11.101/2005, em relação à recuperação extrajudicial, pode-se afirmar que:

a) basta apenas o atendimento aos requisitos subjetivos, relacionado à pessoa do devedor;
b) o credor que aderiu ao plano de recuperação extrajudicial pode dele desistir a qualquer tempo, mesmo após a distribuição do pedido de homologação;
c) não pode estabelecer o afastamento da variação cambial nos créditos em moeda estrangeira sem anuência dos credores;
d) pode abranger os créditos constituídos após a data do pedido de homologação.

2. (TJDFT — Juiz — 2006) Analise as proposições abaixo e, após, assinale a assertiva correta:

I. A homologação do plano de recuperação extrajudicial pode ser obrigatória, desde que assinado por credores que representem mais de 4/5 de todos os créditos de cada espécie por ele abrangidos.
II. Os efeitos da homologação podem ser pretéritos, desde que digam respeito ao valor ou forma de pagamento de crédito titularizado por credor que assina o plano.
III. O prazo para impugnar o pedido de homologação de plano de recuperação extrajudicial é de 60 dias, contado da publicação do edital convocando os credores.
IV. Na homologação obrigatória do plano de recuperação extrajudicial, os créditos em moeda estrangeira devem ser convertidos para a moeda nacional, segundo a taxa de câmbio da data da assinatura do plano pelos credores aderentes.

a) Todas as proposições são verdadeiras.
b) Todas as proposições são falsas.
c) Apenas uma das proposições é verdadeira.
d) Apenas uma das proposições é falsa.

3. (MPT — Procurador do Trabalho/BR — 2008) A respeito da recuperação extrajudicial assinale a alternativa CORRETA:

a) os credores trabalhistas, tributários, titulares de posição de proprietário fiduciário de bens móveis ou imóveis, de arrendador mercantil, de proprietário ou promitente vendedor de imóveis cujos respectivos contratos contenham cláusula de irrevogabilidade ou irretratabilidade, e de proprietário em contrato de venda com reserva de domínio e o credor decorrente de adiantamento de contrato de câmbio para exportação, não serão atingidos pelo plano de recuperação extrajudicial;
b) para simplesmente procurar seus credores e tentar encontrar, junto com eles, uma saída negociada para a crise, o empresário ou sociedade empresária precisará atender aos requisitos da Lei para a recuperação extrajudicial;
c) não haverá qualquer requisito a ser preenchido pelo empresário e a sociedade empresária para requerer a homologação do acordo de recuperação extrajudicial;
d) a desistência da adesão ao plano por parte do credor poderá ocorrer a qualquer momento, independentemente da distribuição do pedido de homologação.

4. (TJGO — Juiz — 2007) Assinale a alternativa que especifica um dos requisitos objetivos para a homologação do plano de recuperação extrajudicial:

a) Existência de plano de reestruturação do capital, propiciando o ingresso de recursos.
b) Não pode ser previsto no plano o pagamento antecipado de nenhuma dívida.
c) Previsão de realização parcial do ativo para obtenção de recursos necessários ao plano de recuperação da empresa.
d) Previsão de equalização de encargos financeiros, com redução de direitos creditórios dos credores da empresa.

5. (FGV — OAB — XIV Exame Unificado — 2014) Passa Sete Serviços Médicos S/A apresentou a seus credores plano de recuperação extrajudicial, que obteve a aprovação de mais de quatro quintos dos créditos de todas as classes por ele abrangidas. O plano estabeleceu a produção de efeitos anteriores à homologação judicial, exclusivamente, em relação à forma de pagamento dos credores signatários que a ele aderiram, alterando o valor dos créditos com deságio de 30% (trinta por cento). A companhia consultou seu advogado, que se pronunciou corretamente sobre o caso, da seguinte forma:

a) o plano não pode estabelecer a produção de efeitos anteriores à homologação, devendo o juiz indeferir sua homologação, permitindo, contudo, novo pedido, desde que sanada a irregularidade.
b) o plano não pode estabelecer a produção de efeitos anteriores à homologação, devendo o juiz negar liminarmente sua homologação e decretar a falência.
c) é lícito que o plano estabeleça a produção de efeitos anteriores à homologação, desde que exclusivamente em relação à modificação do valor ou da forma de pagamento dos credores signatários.
d) é lícito que o plano estabeleça a produção de efeitos anteriores à homologação, desde que exclusivamente em relação à supressão da garantia ou sua substituição de bem objeto de garantia real.

6. (CONSULPLAN — TJ-MG — Titular de Serviços de Notas e Registro — Provimento — 2016) De acordo com a Lei n. 11.101/2005, não pode ser incluído no plano de recuperação extrajudicial o

a) trabalhista.
b) quirografário.
c) com garantia real.
d) subordinado.

7. (FGV — OAB — XXIII Exame Unificado — 2017) Você participou da elaboração, apresentação e negociação do plano de recuperação extrajudicial de devedor sociedade empresária. Tendo sido

o plano assinado por todos os credores por ele atingidos, seu cliente o contratou para requerer a homologação judicial. Assinale a opção que indica o juízo em que deverá ser apresentado o pedido de homologação do plano de recuperação extrajudicial.

a) O juízo da sede do devedor.
b) O juízo do principal estabelecimento do devedor.
c) O juízo da sede ou de qualquer filial do devedor.
d) O juízo do principal estabelecimento ou da sede do devedor.

8. (VUNESP — Titular de Serviços de Notas e de Registros — Provimento — TJSP — 2018) O devedor poderá requerer a homologação do plano de recuperação extrajudicial que obriga a todos os credores por ele abrangidos, desde que assinado por credores que representem mais de

a) 3/4 (três quartos) de todos os créditos de cada espécie por ele abrangidos.
b) 3/5 (três quintos) de todos os créditos de cada espécie por ele abrangidos.
c) metade de todos os créditos de cada espécie por ele abrangidos.
d) 2/3 (dois terços) de todos os créditos de cada espécie por ele abrangidos.

9. (VUNESP — Titular de Serviços de Notas e de Registros — Provimento — TJRS — 2019) Em relação aos institutos da recuperação judicial e extrajudicial das empresas, dispõe a Lei Falimentar:

a) O plano de recuperação extrajudicial não poderá contemplar o pagamento antecipado de dívidas nem tratamento desfavorável aos credores que a ele não estejam sujeitos, e, após a distribuição do pedido de homologação, os credores não poderão desistir da adesão ao plano, salvo se ainda não publicado o edital de convocação de todos os credores do devedor, para apresentação de suas impugnações ao plano de recuperação extrajudicial.
b) Na recuperação extrajudicial, no prazo do edital, deverá o devedor comprovar o envio de carta a todos os credores sujeitos ao plano, que terão prazo de 30 (trinta) dias, contado da publicação do edital de convocação dos credores do devedor, para impugnarem o plano, juntando a prova de seu crédito, cuja impugnação, uma vez apresentada, será aberto prazo de 5 (cinco) dias para que o devedor sobre ela se manifeste.
c) O plano de recuperação judicial não poderá prever prazo superior a 90 (noventa) dias para o pagamento, até o limite de 5 (cinco) salários-mínimos por trabalhador, dos créditos de natureza estritamente salarial vencidos nos 6 (seis) meses anteriores ao pedido de recuperação judicial.
d) No procedimento da recuperação judicial, havendo objeção de qualquer credor ao plano de recuperação judicial, o juiz convocará a assembleia geral de credores para deliberar sobre o plano de recuperação, cuja data não excederá 120 (cento e vinte) dias contados do deferimento do processamento da recuperação judicial, o qual será aprovado pelo comitê de credores.
e) Deferido o processamento da recuperação judicial, os credores poderão, no prazo de 30 (trinta) dias, requerer a convocação de assembleia geral para a constituição do Comitê de Credores ou substituição de seus membros, não podendo o devedor desistir do pedido de recuperação judicial após o deferimento de seu processamento, salvo se obtiver aprovação por unanimidade do Comitê de Credores.

■ GABARITO ■

1. "c", nos termos do § 5º, do art. 163, da Lei n. 11.101/2005: "Nos créditos em moeda estrangeira, a variação cambial só poderá ser afastada se o credor titular do respectivo crédito aprovar expressamente previsão diversa no plano de recuperação extrajudicial".

2. "c". Item I, incorreto, pois o quórum no caso corresponde a 3/5 (art. 163, da Lei n. 11.101/2005); III, incorreto, o prazo para impugnação é de 30 dias (art. 164, § 1º); IV, incorreto, pois a data da conversão será a da véspera da data da assinatura (art. 163, § 3º, inc. I). Assim, correto apenas o item II, pois reproduziu o texto de lei (inc. II, do § 1º, do art. 165).

3. "a", nos termos do § 3º, do art. 49, da Lei n. 11.101/2005: "Tratando-se de credor titular da posição de proprietário fiduciário de bens móveis ou imóveis, de arrendador mercantil, de proprietário ou promitente vendedor de imóvel cujos respectivos contratos contenham cláusula de irrevogabilidade ou irretratabilidade, inclusive em incorporações imobiliárias, ou de proprietário em contrato de venda com reserva de domínio, seu crédito não se submeterá aos efeitos da recuperação judicial e prevalecerão os direitos de propriedade sobre a coisa e as condições contratuais, observada a legislação respectiva, não se permitindo, contudo, durante o prazo de suspensão a que se refere o § 4º do art. 6º desta Lei, a venda ou a retirada do estabelecimento do devedor dos bens de capital essenciais a sua atividade empresarial".

4. "b", nos termos do § 2º, do art. 161, da Lei n. 11.101/2005: "O plano não poderá contemplar o pagamento antecipado de dívidas nem tratamento desfavorável aos credores que a ele não estejam sujeitos".

5. "c". Fundamento: art. 165, § 1º, da Lei n. 11.101/2005.

6. "a". Fundamento: art. 161, § 1º, da Lei n. 11.101/2005: "Não se aplica o disposto neste Capítulo a titulares de créditos de natureza tributária, derivados da legislação do trabalho ou decorrentes de acidente de trabalho, assim como àqueles previstos nos arts. 49, § 3º, e 86, inciso II do *caput*, desta Lei".

7. "b". Em sintonia com a literalidade do art. 3º, *caput*, da Lei n. 11.101/2005: "É competente para homologar o plano de recuperação extrajudicial, deferir a recuperação judicial ou decretar a falência o juízo do local do principal estabelecimento do devedor ou da filial de empresa que tenha sede fora do Brasil".

8. "b". Fundamento: art. 163, *caput*, da Lei n. 11.101/2005.

9. "b". De acordo com a literalidade dos §§ 1º, 2º e 4º, do art. 164, da Lei n. 11.101/2005: "§ 1º No prazo do edital, deverá o devedor comprovar o envio de carta a todos os credores sujeitos ao plano, domiciliados ou sediados no país, informando a distribuição do pedido, as condições do plano e prazo para impugnação.

§ 2º Os credores terão prazo de 30 (trinta) dias, contado da publicação do edital, para impugnarem o plano, juntando a prova de seu crédito.

(...) § 4º Sendo apresentada impugnação, será aberto prazo de 5 (cinco) dias para que o devedor sobre ela se manifeste."

28

DA INSOLVÊNCIA TRANSNACIONAL

■ 28.1. NOÇÕES PRELIMINARES

A atividade empresarial pode ser considerada espécie de direito difuso, constitucionalmente protegido, sendo inegável a **importância dos entes coletivos** que se lançam à produção de bens e serviços, do ponto de vista econômico e social.

Sociedades multinacionais e os arranjos intersocietários (grupos societários intercontinentais) têm revelado a presença de conglomerados econômicos internacionais, o que impõe o **diálogo entre os ordenamentos jurídicos** e entre jurisdições de países diferentes, em caso de recuperação judicial ou falência transnacional.

A Lei n. 14.112/2020 — ao atualizar a Lei n. 11.101/2005 — **cuidou de suprir a lacuna** sobre o tema ora em apreço.

Rememore-se que a doutrina e a jurisprudência, anteriormente às inovações estabelecidas pelos **arts. 167-A a 167-Y (Da Insolvência Transnacional)**, dividiam-se em **três correntes** principais.

A **primeira que não admitia os efeitos transnacionais** de procedimento recuperacional ou falimentar instaurado no Brasil, diante da limitação da eficácia da decisão de processamento da recuperação judicial ou do decreto falimentar em relação às sociedades coligadas, com sede e patrimônio no exterior.[1]

Uma **segunda corrente, por outro lado, admitia a possibilidade dos referidos efeitos transnacionais** por meio de uma interpretação lógico-sistemática do ordenamento pátrio — internamente —, portanto[2].

E havia, ainda, **uma terceira corrente que também entendia possíveis os efeitos transnacionais desde que conciliada a legislação pátria** com os princípios internacionais sobre insolvência[3], com destaque para a **Lei Modelo da UNCITRAL** (Comissão das Nações Unidas para o Direito Comercial Internacional).

---

1 TJRJ. AG 0064658-77.2013.8.19.0000, 4ª Câmara Cível, Relator Desembargador Reinaldo Pinto Alberto Filho, julgado em 27/11/2013.

2 STRENGER, Irineu. *Direito Internacional Privado*. 6. ed. São Paulo: LTr, 2003, p. 926.

3 SATIRO, Francisco; CAMPANA FILHO, Paulo Fernando. A Insolvência Transnacional: Para Além da Regulação Estatal e na Direção dos Acordos de Cooperação. In: Paulo Fernando Campos Salles de Toledo; Francisco Satiro (Org.). *Direito das Empresas em Crise:* problemas e soluções. São Paulo: Quartier Latin, 2012, p. 121-142.

Paralelamente, em sede acadêmica, ventilou-se a hipótese de que eventual **procedimento instaurado no exterior poderia gerar decisão a vincular o proponente de pedido de recuperação judicial no Brasil**, de modo a limitar os meios legais de promoção do soerguimento do empreendimento.

E, em caso de falência, se o procedimento estrangeiro instaurado por credor singular poderia engendrar **decisão a impedir a arrecadação** de determinados bens do devedor localizados em solo brasileiro.

O **reconhecimento ou a refutação dos reflexos** de tais procedimentos estrangeiros em relação a procedimentos de insolvência empresarial, nos termos da Lei n. 11.101/2005, ainda que indiretamente, **imbrica-se com a soberania nacional** e, por consequência, com a prevalência do **direito interno e das decisões dos Tribunais e Juízes locais** no que diz respeito à aplicação de nosso microssistema (repise-se, a Lei n. 11.101/2005).

■ 28.2. SISTEMAS PARA SUPERAÇÃO DE EVENTUAL CONFLITO DE JURISDIÇÃO

Desenvolveram-se para superação do prospectivo conflito de jurisdição também **três sistemas: territorialismo, universalismo e sistemas mistos.**

■ 28.2.1. Territorialismo

No sistema territorialista, os **efeitos da sentença de falência abarcarão tão somente os bens arrecadados nos limites das fronteiras do país**, onde **prolatada a decisão de quebra**, de modo que o rateio do produto da arrecadação, em princípio, **priorizará os credores do país da instauração** do correlato procedimento. Tal sistema **não reconhece** procedimento de **insolvência estrangeiro** paralelo. Em razão disso, haveria a necessidade de instauração de **múltiplos processos de insolvência**, para abranger todos os países em que o devedor insolvente venha a possuir bens.[4]

■ 28.2.2. Sistema universalista

No sistema universalista, por outro lado, seria **prestigiado um único processo de insolvência**, aplicando-se as **normas jurídicas do país onde deflagrado** o processo, para o qual deveriam acorrer **todos os credores, ainda que estrangeiros**. Alexandre Alves e Raphael Rocha destacam que no sistema universalista "parte-se do pressuposto de que as ***fronteiras dos países não devem oferecer obstáculos para liquidar ou recuperar*** a sociedade ou grupo societário em crise".[5]

■ 28.2.3. Sistema misto

Nos sistemas mistos, como esclarecem Jean Carlos Fernandes e Pedro Francisco da Silva Almeida, mesmo que se **reconheça a existência e a prevalência de um**

---

[4] ALVES, Alexandre Ferreira de Assumpção; ROCHA, Raphael Vieira da Fonseca. Insolvência transnacional e direito falimentar brasileiro (cross-border insolvency and brazilian bankruptcy law). *R. EMERJ*, Rio de Janeiro, v. 19, n. 74, p. 29, 2016. Endereço eletrônico: http://www.emerj.tjrj.jus.br/revistaemerj_online/edicoes/revista74/revista74-9.pdf. Acesso em 30/12/2020.

[5] Idem, pág. 20.

processo de insolvência dito principal, ainda que instaurado no estrangeiro, isso **não afastará a legislação de outros países**, a limitar certos efeitos da legislação do país onde instaurado o referido processo principal.

Se determinado **processo de falência fosse deflagrado no Brasil** e se decretada a falência do devedor, em princípio, a **ineficácia de determinado pagamento antecipado** seria assim considerada nos limites do termo legal, a ser definido pelo juiz da causa que não poderia "retrotraí-lo por mais de 90 (noventa) dias contados do pedido de falência" (art. 99, inc. II, c/c art. 129, inc. I, ambos da Lei n. 11.101/2005).

Contudo, como pontuaram Jean Carlos Fernandes e Pedro Francisco da Silva Almeida[6], a **declaração de ineficácia, nos termos da lei brasileira, poderia ser afastada por disposição mais favorável ao credor estrangeiro** beneficiado com o referido pagamento antecipado, fato que exemplificaria a concorrência e a possibilidade de excepcionar o microssistema brasileiro (Lei n. 11.101/2005) no que diz respeito à consideração do denominado período suspeito:

> "Cite-se, por exemplo, as **ações revocatórias e de ineficácia** disponíveis em face do devedor, cujos **prazos e condições variam sensivelmente de um país para o outro**. Enquanto o 'período suspeito' para anulação de transações que beneficiaram indevidamente determinados credores é de **90 dias nos Estados Unidos, o Reino Unido confere, como regra, 6 meses.**
>
> Diante disso, a **Lei Modelo da Uncitral** estabelece que tais **ações deverão observar a legislação sob a qual o negócio jurídico foi celebrado**, ainda que possam ser instauradas pelo administrador judicial nomeado no exterior. Na mesma linha, o **Regulamento de Insolvência Europeu** protege as **transações tidas como 'legais' sob o regime jurídico em que foram firmadas,** não obstante a regra geral de aplicação da lei vigente no foro de abertura do procedimento de insolvência principal."

Esquematicamente:

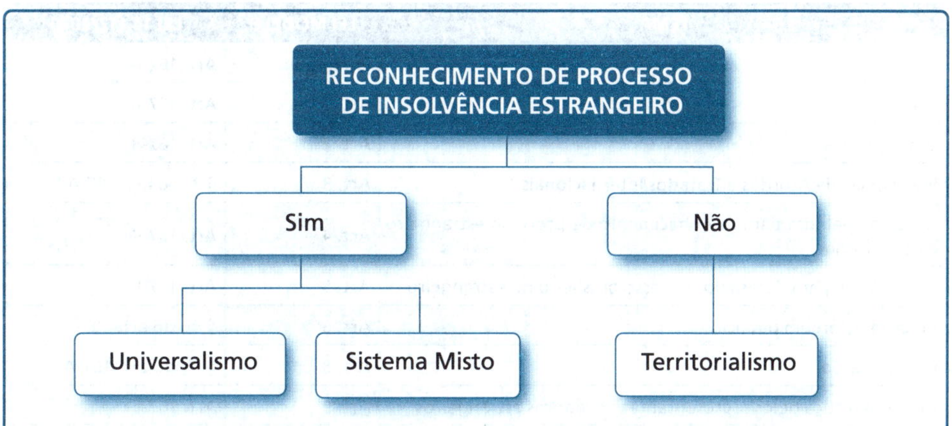

6 Insolvência Transfronteiriça e o papel da Lei Modelo da Uncitral. Revista da AJURIS — Porto Alegre, v. 45, n. 145, Dezembro, 2018.

Pela leitura dos arts. 167-A — 167-Y da Lei n. 14.112/2020 prevaleceu o entendimento defendido pelas **correntes permissivas no que diz respeito aos efeitos transnacionais** dos processos de Recuperação Judicial e Falência, nos termos da legislação brasileira, bem assim o **reconhecimento de eventual Processo de Insolvência Estrangeiro instaurado em outro país**, sendo que isso implicará, nos casos concretos vindouros, o desafio da **superação de eventuais conflitos de jurisdição**, bem assim da acomodação das medidas judiciais eventualmente deferidas pelos juízes nacionais (medidas de assistência) em prol de processos de insolvência principais já instaurados no estrangeiro, **sem desmerecimento das normas internas** em caso de processos concorrentes (processo estrangeiro e processo nacional a envolver um mesmo devedor), **elegendo-se como princípio de fixação da competência** do referido processo de insolvência principal, a concentrar, inibir ou excepcionar medidas de constrição de patrimônio do devedor o Juízo do local em que referido devedor "tenha o **centro de seus interesses principais**" (art. 167-B, inc. II).

A possibilidade de **processos de insolvência concorrentes**, nos termos da Lei 14.112/2020, permite o raciocínio de que o sistema adotado no Brasil quanto à Insolvência Transnacional foi **o misto**.

■ 28.3. RECEPÇÃO DA LEI MODELO DA UNCITRAL PELA LEI N. 14.112/2020

A **lei brasileira repetiu o teor das normas veiculadas pela Lei Modelo da UNCITRAL**, que adotou um sistema, nitidamente, **híbrido ou misto**, considerando a possibilidade de um **processo de insolvência principal** e, subsidiariamente, **processos paralelos**. O Brasil, assim, **ombreia-se com o Uruguai e o Chile**, países que recepcionaram a Lei Modelo, respectivamente, em 2008 e 2013.

Pelo quadro seguinte, observe-se a **correspondência dos temas** constantes da Lei Modelo, os quais foram aproveitados pelo legislador da Lei n. 14.112/2020:

TEMA	LEI MODELO	LEI 14.112/2020
Objetivos	Preâmbulo	Art. 167-A
Aplicação	Art. 1	Art. 167-C
Definições	Art. 2	Art. 167-B
Prevalência de Acordos e Tratados Internacionais	Art. 3	§ 3º do art. 167-A
Juízo competente para reconhecimento de processo estrangeiro e cooperação	Art. 4	Art. 167-D
Autorização para defesa do processo brasileiro no estrangeiro	Art. 5	Art. 167-E
Exceção de ordem pública	Art. 6	§ 4º, do art. 167-A
Interpretação	Art. 8	§ 1º, do art. 167-A
Acesso à Justiça pelos representantes e credores estrangeiros	Art. 9	Art. 167-F
Reconhecimento de processos estrangeiros	Art. 15	Art. 167-H
Medidas outorgáveis com o processamento do reconhecimento	Art. 19 e Art. 21	Art. 167-L e Art. 167-N
Efeitos do reconhecimento	Art. 20	Art. 167-M
Da cooperação das autoridades e representantes estrangeiros	Art. 25 - Art. 27	Art. 167-P — Art. 167-Q

Dos processos concorrentes	Art. 28 - Art. 30	Art. 167-R — Art. 167-T
Presunção de insolvabilidade decorrente de processo estrangeiro principal	Art. 31	Art. 167-U
Rateio na hipótese de processos concorrentes	Art. 32	Art. 167-W — Art. 167-Y

■ 28.3.1. Insolvência transnacional e objetivos

O **refinamento do diálogo de jurisdições** incentivado pela Lei Modelo (UNCITRAL) foi assim incorporado pela Lei n. 14.112/2020, sendo relevante enumerar os objetivos almejados pelo legislador pátrio em caso de insolvência transnacional:

- "a **cooperação entre juízes e outras autoridades** competentes do Brasil e de outros países em casos de insolvência transnacional;
- o **aumento da segurança jurídica** para a atividade econômica e para o investimento;
- a **administração justa e eficiente de processos de insolvência** transnacional, de modo a proteger os interesses de todos os credores e dos demais interessados, inclusive do devedor;
- a **proteção e a maximização do valor dos ativos** do devedor;
- a **promoção da recuperação de empresas** em crise econômico-financeira, com a proteção de investimentos e a preservação de empregos; e
- a **promoção da liquidação dos ativos** da empresa em crise econômico-financeira, com a preservação e a otimização da utilização produtiva dos bens, dos ativos e dos recursos produtivos da empresa, inclusive os intangíveis."

A **sobreposição de interesses conflitantes** em processos de recuperação judicial ou de falência recomenda a cooperação entre as partes, razão pela qual legítima a expectativa de que a **interação estratégica** — em caso de recuperação judicial — **promova a preservação do empreendimento, como fonte de postos de trabalhos, de renda e de tributos**. No caso de falência, igualmente razoável que haja a **liquidação dos ativos de modo a maximizar o produto da alienação e minimizar as perdas dos credores**. Tais diretrizes respectiva e expressamente referidas no rito recuperacional (art. 47) e no falimentar (art. 75) acabaram repisadas nas hipóteses de insolvência transnacional (inc. IV, V e VI), reafirmando-se também a necessidade de alcance da "**universalidade do concurso e a igualdade de tratamento dos credores**" (art. 126 e inc. III, do art. 167-A).

O debelar da crise econômico-financeira de determinado devedor empresário ou sociedade empresária (por meio da recuperação judicial) ou sua minimização por meio da falência — com efeitos transnacionais — ultimará por **fortalecer a atividade econômica** desenvolvida pelo devedor em crise e promover a **estabilidade do nicho de mercado** correspondente. Disso, a segurança jurídica para investimentos no referido nicho de mercado.

Nada mais razoável, portanto, que haja mecanismos eficazes de cooperação entre jurisdições diferentes, de modo a **homogeneizar os procedimentos** de insolvência transnacional e evitar decisões conflitantes.

■ 28.3.2. Aplicação

O art. 167-C delimitou **quatro hipóteses a caracterizar a insolvência transnacional**.

Primeiro, a **existência de processo estrangeiro em curso**, em relação ao qual a autoridade estrangeira ou um representante estrangeiro poderá solicitar a cooperação das autoridades brasileiras (art. 167-C, inc. I).

Segundo, a **cooperação de autoridades estrangeiras** em relação a processo em curso de acordo com a Lei n. 11.101/2005 (art. 167-C, inc. II).

Terceiro, a **constatação de processos concorrentes**, um no estrangeiro, outro no Brasil em relação ao **mesmo devedor** (art. 167-C, inc. III).

Quarto e último, iniciativa de **deflagração de processo de insolvência** contra empresário ou sociedade empresária, nos termos da Lei n. 11.101/2005, **por credores de outro país ou o ingresso dos mesmos em processo em curso** (art. 167-C, inc. IV). Nesta última hipótese, o acesso à Jurisdição Brasileira foi minudenciado no art. 167-F (para o representante estrangeiro) e no art. 167-G (para os credores estrangeiros).

■ 28.3.3. Definições

A **positivação do conceito de processo estrangeiro** (art. 167-B, inc. I) — de cunho judicial ou administrativo e mesmo cautelar — de modo a sujeitar o devedor à eventual **reorganização ou liquidação de seu patrimônio** por autoridade estrangeira reflete a necessidade de que haja a **devida cooperação entre as autoridades** que dirijam ou supervisionem o procedimento e os Juízes e Tribunais locais.

A definição de um **processo estrangeiro principal**, assim reconhecido se foi instaurado em país em que o devedor mantenha "o **centro de seus interesses principais**" (art. 167-B, inc. II) e, residualmente, de um ou mais **processos estrangeiros não principais** instaurados em outros países em que o devedor tenha organizado estabelecimentos (art. 167-B, inc. III), **propiciará e orientará a concentração de eventuais atos de reorganização** ou constrição e liquidação de patrimônio do devedor em local, prospectivamente, em que o devedor tenha **desenvolvido um maior número de negócios jurídicos** e, proporcionalmente por isso, mantenha um **maior número de credores**, sendo condizente com os objetivos do processo de reorganização ou execução coletiva que **se eleja um processo principal, de modo a evitar tratamento desigual** em relação a credores em situações semelhantes.

Quanto ao critério de **fixação do Juízo** responsável pelo processo principal de insolvência, apesar de a Lei Modelo (art. 2, alínea *b*) referir-se ao localizado no Estado onde o devedor "**tenha o centro de seus interesses principais**", tal documento não definiu o denominado "centro de interesses principais", sendo que o esclarecimento sobre o COMI (Center of Main Interests) — exemplo de **conceito jurídico indeterminado** — será imprescindível para afirmar ou infirmar a competência da Justiça Nacional, no que diz respeito à eleição de um **processo de insolvência principal**.

A literalidade do art. 3º, *caput*, da Lei n. 11.101/2005 jungiu o critério de fixação da competência para os processos de falência e insolvência, instaurados no Brasil, ao de **estabelecimento principal do devedor** ou ao de estabelecimento de **filial de empresa que tenha sede fora do nosso país**.

Tecnicamente, o conceito de "**estabelecimento principal**" (art. 1.142, do Código Civil por analogia) não coincide com o de "**centro de interesses principais**".

De acordo com Regulamento de Insolvência no âmbito da União Europeia (Regulamento 2015/845) estabeleceu-se a presunção relativa de que — em relação às **pessoas jurídicas** — o "centro de interesses principais" se **identifica com a sede**:

> "Os órgãos jurisdicionais do Estado-Membro em cujo território está situado o centro dos interesses principais do devedor são competentes para abrir o processo de insolvência ('processo principal de insolvência'). **O centro dos interesses principais é o local em que o devedor exerce habitualmente a administração dos seus interesses de forma habitual e cognoscível por terceiros.** No caso de sociedades e pessoas coletivas, **presume-se**, até prova em contrário, que o centro dos interesses principais é **o local da respectiva sede estatutária**. Esta presunção só é aplicável se a sede estatutária não tiver sido transferida para outro Estado-Membro nos três meses anteriores ao pedido de abertura do processo de insolvência. No caso de **pessoa singular** que exerça uma atividade comercial ou profissional independente, presume-se, até prova em contrário, que o centro dos interesses principais é **o local onde exerce a atividade principal**. Esta presunção só é aplicável se o local de atividade principal da pessoa singular não tiver sido transferido para outro Estado-Membro nos três meses anteriores ao pedido de abertura do processo de insolvência. No caso de qualquer outra pessoa singular, presume-se, até prova em contrário, que o centro dos interesses principais é **o lugar de residência habitual**. Esta presunção só é aplicável se a residência habitual não tiver sido transferida para outro Estado-Membro nos seis meses anteriores ao pedido de abertura do processo de insolvência."

No âmbito do **STJ**, a interpretação da locução "**estabelecimento principal" não coincide com a da sede**, pois para a exegese do denominado estabelecimento principal os Ministros do STJ têm entendido que deve ser considerada a **exteriorização do volume de negócios** com os seus eventuais credores, ainda que da sede emanem algumas das decisões sobre a administração do empreendimento.

Neste sentido, o acórdão seguinte:

> "CONFLITO DE COMPETÊNCIA. AGRAVO INTERNO. PROCESSAMENTO E JULGAMENTO DA RECUPERAÇÃO JUDICIAL. ART. 3º DA LEI N. 11.101/2005. 1. Nos termos do art. 3º da Lei n. 11.101/2005, o foro competente para o processamento da recuperação judicial e a decretação de falência é aquele onde se situe o principal estabelecimento da **sociedade, *assim considerado o local onde haja o maior volume de negócios*, ou seja, o local mais importante da atividade empresária** sob o ponto de vista econômico. Precedentes. 2. No caso, ante as evidências apuradas pelo Juízo de Direito do Foro Central de São Paulo, o principal estabelecimento da recuperanda encontra-se em Cabo de Santo Agostinho/PE, onde situados seu polo industrial e seu centro administrativo e operacional, máxime tendo em vista o parecer apresentado pelo Ministério Público, segundo o qual o fato de que o sócio responsável por parte das decisões da empresa atua, por vezes, na cidade de São Paulo, não se revela suficiente, diante de todos os outros elementos, para afirmar que o "centro vital" da empresa estaria localizado na capital paulista. 3. Agravo interno não provido." (STJ. AgInt no CC 147714/SP. Segunda Seção. Rel. Min. Luis Felipe Salomão, *DJe* 07/03/2017, grifou-se)

Pragmaticamente, percebe-se coerente a orientação do STJ, tendo em vista que o **local do maior volume de negócios jurídicos**, mesmo que circunstancialmente não coincida com a sede, tende a coincidir com a visibilidade do ente coletivo em relação a seus parceiros empresariais, credores em potencial, o que se aproxima de parte do conceito inscrito no Regulamento Europeu de Insolvência ao referir-se que o **local da habitualidade e da administração deve revelar-se cognoscível por terceiros**.

Logo, ainda que a **teoria da administração concentrada na sede** ("*nerve center*") se apresente de **contextualização objetiva** e tenha sido encampada pelo Regulamento Europeu, diante do registro da sede nos estatutos ou contratos sociais de determinado devedor, isso não afasta a força dos precedentes do STJ, pois, repise-se, o processo de organização coletiva ou de execução coletiva deverá **facilitar a participação do maior número possível de credores**, para que se incrementem as tratativas de negociação e de rateio efetivo dos recursos em caso de liquidação. Tais circunstâncias deverão ser **avaliadas caso a caso**, não se podendo permitir que o aspecto teleológico do processo de insolvência seja amesquinhado pelo critério meramente forma do registro da sede.

É importante verificar que de todo modo **restará preservada a jurisdição brasileira**, pois o art. 167-D da Lei n. 11.101/2005 definiu como **competente para reconhecimento** de processo estrangeiro de insolvência e para a cooperação com a autoridade estrangeira o "**Juízo do local do principal estabelecimento do devedor no Brasil**".

Neste particular, recomendável mesmo que o **Juízo Universal** da Recuperação Judicial ou da Falência (Justiça Comum Estadual ou do Distrito Federal) **concentre eventuais medidas de assistência**, apesar da possibilidade de que eventual processo de "homologação de sentenças estrangeiras e a concessão de exequatur às cartas rogatórias" (competência do STJ, nos termos do art. 105, I, *i*, da CF) ultime por engendrar cartas de sentença, **em caso de procedência dos pedidos correlatos, a Juízes Federais**, nos termos do art. 216-N e art. 216-V, do Regimento Interno do STJ. A **Lei n. 14.112/2020, expressamente, ressalvou a competência do STJ** (cf. § 6º, do art. 167-A).

A definição genérica de **representante estrangeiro identifica-o com o poder-dever de administração dos bens** do devedor em processo de insolvência no estrangeiro (art. 167-B, inc. IV). Tal representante poderá corresponder à "**pessoa ou órgão**", o que está a abranger as várias denominações para o ente que vier a exercer as **funções similares as do Administrador Judicial**, nos termos da lei brasileira, apesar das especificidades das leis de insolvência de outros países.

O conceito de **autoridade estrangeira** se lança à direção do processo de insolvência, seja no **âmbito judicial, seja no âmbito administrativo** (art. 167-B, inc. V).

O conceito de estabelecimento, nos termos do art. 167-B, inc. VI, em certa medida, coincide com o que consta do art. 1.142, o Código Civil, pois **salienta a concatenação dos fatores de produção, com destaque para a mão de obra, bens e serviços**, sendo que tal organização propiciará o exercício de determinada atividade econômica.

28.3.4. Prevalência de tratados e convenções internacionais e exceção de ordem pública

A aplicação das **normas sobre insolvência transnacional poderá ser ressalvada** se houver eventual **antinomia** entre os dispositivos referenciados nos arts. 167-A e 167-Y, da Lei n. 11.101/2005 e compromissos assumidos em **tratado ou convenção internacional**.

É importante destacar, porém, que no caso do Brasil e dos demais países integrantes do MERCOSUL, a realidade tem demonstrado a **preferência por tratados internacionais de livre comércio com países específicos, sem densidade normativa** para tratar de questões relacionadas ao tratamento da insolvência transnacional, o que, em princípio, afasta a possibilidade de contextualização da antinomia referenciada.[7]

Há a possibilidade também de que **não se apliquem as mesmas normas** incorporadas sobre insolvência transnacional se, no caso concreto, por exemplo, as decisões prolatadas no processo estrangeiro ou os pedidos de medidas de assistência à mercê do cumprimento das referidas decisões se revelem **manifestamente contrárias à ordem pública** (exceção de ordem pública, § 4º, do art. 167-A).

O alcance do entendimento do significado da locução "**ordem pública**", apesar de diversas linhas de abordagem, encontra explicação em eventual **incompatibilidade da providência almejada e o respeito a direitos constitucionalmente protegidos** — direitos fundamentais — com carga de positivação no texto da Constituição Federal (como no caso brasileiro), mas também previstos em tratados e convenções internacionais.

A internacionalização de direitos humanos poderá redundar na positivação de tais direitos nos textos constitucionais.

Um exemplo de tal afirmação ocorreu em relação ao denominado "**tempo razoável de duração do processo**", direito garantido na Convenção Interamericana de Direitos Humanos (art. 8º, I, Pacto de São José de Costa Rica, diploma internalizado pelo Direito pátrio por meio do Decreto n. 678/1992), mas **alçado a direito fundamental** com a edição da Emenda Constitucional n. 45/2004 (art. 5º, inc. LXXVIII, da CF).

Há assim direitos humanos consagrados, dentre os quais o do **contraditório e da ampla defesa**, cuja violação evidente poderá afastar a pretensão de aplicação das normas sobre a insolvência transnacional.

Saliente-se que tal **exceção de ordem pública** também foi prevista para os casos de **homologação de decisão estrangeira e da concessão de *exequatur***, nos termos, respectivamente, do art. 216-F e art. 216-P, do Regimento Interno do STJ.

Os precedentes seguintes tangenciam o **reconhecimento ou não da referida exceção** no âmbito do STJ:

---

[7] FLÓREZ, Gustavo Andrés Bermúdez. *A falência transnacional: diálogo entre o Direito Internacional e o Direito Brasileiro.* Monografia (Revalidação de Diploma Estrangeiro em Curso de Direito) — Faculdade de Direito, Universidade de Brasília. Distrito Federal, p. 58. 2018.

■ "SENTENÇA ESTRANGEIRA CONTESTADA. CONDENAÇÃO EM MONTANTE SUPERIOR A DEZOITO BILHÕES DE DÓLARES, SOB A ALEGAÇÃO DE DANOS AMBIENTAIS. AUSÊNCIA DE JURISDIÇÃO BRASILEIRA E DE INTERESSE DE AGIR. EXTINÇÃO DO PROCESSO SEM RESOLUÇÃO DO MÉRITO. 1. Não há dúvida quanto à existência de coisa julgada e, até mesmo, a interposição dos recursos ordinários e extraordinários possíveis, não constituindo óbice, para a configuração do trânsito em julgado, o ajuizamento da ação extraordinária de proteção no âmbito do direito equatoriano. 2. Tampouco se verificou qualquer irregularidade na representação para o ajuizamento da presente ação de homologação da sentença estrangeira. 3. Em conformidade com o princípio da efetividade, todo pedido de homologação de sentença alienígena, por apresentar elementos transfronteiriços, demanda a imprescindível existência de algum ponto de conexão entre o exercício da jurisdição pelo Estado brasileiro e o caso concreto a ele submetido. 4. Na hipótese em julgamento, é certa a ausência de jurisdição brasileira — questão que é pressuposto necessário de todo e qualquer processo —, haja vista que: a) a Chevron Corporation, empresa norte-americana contra a qual foi proferida a sentença estrangeira, não se encontra situada em território nacional; *b) a Chevron do Brasil, pessoa jurídica distinta da requerida e com patrimônio próprio, não integrou o polo passivo da lide originária*; e c) não há nenhuma conexão entre o processo equatoriano e o Estado brasileiro. 5. Sentença estrangeira não homologada." (SEC 8542/EX, Corte Especial, Rel. Min. Luis Felipe Salomão, *DJe* 15/03/2018, grifou-se)

■ "**AGRAVO INTERNO NA CARTA ROGATÓRIA.** ***EXEQUATUR. OFENSA À ORDEM PÚBLICA E À SOBERANIA NACIONAL. INEXISTÊNCIA***. COMPETÊNCIA RELATIVA. AGRAVO INTERNO DESPROVIDO. 1. A simples notificação da parte Interessada acerca de ação em curso na Justiça rogante não constitui ofensa à ordem pública ou à soberania nacional, pois se trata de mero ato de comunicação processual. 2. A hipótese dos autos trata de matéria de competência relativa, ou seja, de conhecimento concorrente entre a Jurisdição brasileira e a estrangeira. 3. Agravo interno desprovido."

(...)

Trecho do Voto

"[...] afasta-se a tese de incompetência da Justiça italiana para processar e julgar a ação de falência, na medida em que não se trata de competência exclusiva da Justiça brasileira. Em situação similar, esta Corte Especial [...] decidiu que 'não se insere nas hipóteses de competência absoluta da Justiça brasileira, mas nos casos cuja competência é concorrente, previstos no art. 88 do Código de Processo Civil' [...]. No mesmo sentido é o parecer do Ministério Público Federal, 'a diligência de simples citação, que permite à parte tomar conhecimento da ação que tramita no estrangeiro, não é ofensa à ordem pública. E a competência, no caso, é meramente relativa'[...]" (AgInt na CR 11891/EX, Corte Especial, Rel. Min. Laurita Vaz, *DJe* 01/03/2018, grifou-se).

Pela similitude do **reconhecimento da exceção de ordem pública**, em razão de processos estrangeiros, a delimitação do conceito de "ordem pública" já debatida no exercício da competência do STJ serve de parâmetro para eventual reconhecimento da exceção nos casos vindouros de insolvência transnacional.

28.3.5. Interpretação

Na aplicação das normas de insolvência internacional, o intérprete deverá atentar para a **efetividade da cooperação internacional**, sem descuidar da verificação de uma atuação dos interessados no processo, conforme a boa-fé (art. 167-A, § 1º).

28.3.6 Reconhecimento do processo estrangeiro

Procedimento prévio para definir os rumos da assistência ou coordenação das medidas de assistência (cooperação jurisdicional) tendentes a aperfeiçoar a efetividade de um processo de insolvência estrangeiro, com destaque para **eventual processo considerado principal**, racionalizando-se assim os esforços para reestruturação do empreendimento em crise e, em caso de falência, a arrecadação eficaz de ativos.

As medidas de assistência solicitadas poderão ser requeridas no **limiar do processo de reconhecimento — medidas urgentes em sede de tutela antecipada** (art. 167-L) no intuito de proteção da massa falida ou para operacionalizar a eficiência da administração.

Da **decisão de reconhecimento, em caso de procedência, cabe agravo de instrumento**. Além da possibilidade de eventual juízo de retratação em função do agravo, a "decisão de **reconhecimento do processo estrangeiro poderá ser modificada ou revogada, a qualquer momento**, a pedido de qualquer parte interessada, se houver elementos que comprovem que os **requisitos para o reconhecimento foram descumpridos, total ou parcialmente, ou deixaram de existir**" (art. 167-A, § 3º). Em caso de **indeferimento do reconhecimento, do *decisum* correlato caberá apelação** (art. 167-A, § 4º).

O art. 167-M elenca **três efeitos automáticos da decisão de reconhecimento**, a saber:

- a **suspensão do curso de quaisquer processos de execução ou de quaisquer outras medidas** individualmente tomadas por credores relativas ao patrimônio do devedor, respeitadas as demais disposições da Lei;
- a **suspensão do curso da prescrição de quaisquer execuções judiciais contra o devedor**, respeitadas as demais disposições da Lei;
- a **ineficácia de transferência, de oneração ou de qualquer forma de disposição de bens** do ativo não circulante do devedor realizadas sem prévia autorização judicial.

Já o art. 167-N, em rol exemplificativo, enumera **eventuais providências a serem deferidas pelo Juiz** prolator da decisão de reconhecimento, desde que haja **pedido expresso do representante** estrangeiro e tais medidas se justifiquem para proteção dos bens do devedor e no interesse dos credores:

- a **ineficácia de transferência, de oneração ou de qualquer forma de disposição de bens** do ativo não circulante do devedor realizadas sem prévia autorização judicial, caso não tenham decorrido automaticamente do reconhecimento previsto no art. 167-M desta Lei;

- a **oitiva de testemunhas, a colheita de provas ou o fornecimento de informações** relativas a bens, a direitos, a obrigações, à responsabilidade e à atividade do devedor;
- a **autorização do representante estrangeiro ou de outra pessoa para administrar e/ou realizar o ativo** do devedor, no todo ou em parte, localizado no Brasil;
- a conversão, em definitiva, de qualquer **medida de assistência provisória** concedida anteriormente.

Questão sensível e que denota resquício do denominado sistema territorialista diz respeito à **autorização condicional de destinação de ativos/bens do devedor**, "desde que os **interesses dos credores domiciliados ou estabelecidos no Brasil estejam adequadamente protegidos**" (§ 1º, do art. 167-N).

Uma forma de resguardar-se tal proteção seria a **reserva de crédito ou o rateio**, nos termos da legislação brasileira para os credores nacionais, e em caso de saldo remanescente, o montante correlato seria transferido para o processo principal.

28.3.7. Processos concorrentes

O art. 167-R, mesmo após eventual decisão de **um processo estrangeiro principal**, permite o **ajuizamento de recuperação judicial ou extrajudicial, bem assim de falência** secundárias, em princípio, restritas ao estabelecimento localizado **em solo brasileiro**.

O reconhecimento de processo estrangeiro principal no Brasil confere interesse de agir pelo simples fato de tal reconhecimento. Com base nele, poderá haver **pedido de falência secundária por credores aqui domiciliados**, nos termos do art. 167-U.

A lei também trouxe **mecanismos para a coordenação de eventuais processos simultâneos**, processos estrangeiros e processos instaurados de acordo o regime da Lei n.11.101/2005 (art. 167-S):

- se o **processo no Brasil já estiver em curso** quando o pedido de reconhecimento do processo estrangeiro tiver sido ajuizado, qualquer medida de assistência determinada pelo juiz nos termos dos arts. 167-L ou 167-N desta Lei deve ser **compatível com o processo brasileiro**, e o previsto no art. 167- M desta Lei não será aplicável se o processo estrangeiro for reconhecido como principal;
- se o **processo no Brasil for ajuizado após o reconhecimento** do processo estrangeiro ou após o ajuizamento do pedido de seu reconhecimento, todas as **medidas de assistência** concedidas nos termos dos arts. 167-L ou 167-N desta Lei **deverão ser revistas pelo juiz e modificadas ou revogadas se forem incompatíveis** com o processo no Brasil e, quando o processo estrangeiro for reconhecido como principal, os efeitos referidos nos incisos I, II e III do caput do art. 167-M serão modificados ou cessados, nos termos do § 1º do art. 167-M desta Lei, se incompatíveis com os demais dispositivos desta Lei;
- **qualquer medida de assistência a um processo estrangeiro não principal deverá restringir-se a bens e a estabelecimento** que, de acordo com o ordena-

mento jurídico brasileiro, devam ser submetidos à disciplina aplicável ao processo estrangeiro não principal, ou a informações nele exigidas.

▪ 28.3.8. A Teoria da Escolha Racional e os percalços do processo de reconhecimento no caso de falência

A incorporação da **Lei Modelo de Insolvência Transnacional da UNCITRAL** por meio da Lei n. 14.112/2020, diante dos resquícios do territorialismo, no intuito de resguardar os interesses dos credores nacionais, **poderá desencorajar a instauração do processo de reconhecimento** de execução coletiva estrangeira.

Para avaliarmos o **conflito multilateral massa falida estrangeira X devedor**, podemos pensar no processo de insolvência estrangeiro como um jogo, no qual é possível estimar como as partes — os jogadores — fazem suas escolhas em situações de interação estratégica. **Escolhas racionais e, às vezes, coincidentes, quando a condescendência, em vez da unilateralidade**, seja capaz de construir a **solução economicamente menos onerosa** e, igualmente, vantajosa aos envolvidos em determinada disputa.

Portanto, o **representante estrangeiro deverá avaliar se economicamente viável** a instauração do procedimento de reconhecimento, diante dos **custos de tal escolha** e o resultado econômico a favorecer o processo em que atua.

Além disso, **sem que haja reciprocidade de reconhecimento do processo estrangeiro em outros países**, em que o devedor igualmente possua patrimônio, prejudicada poderá remanescer a universalidade modificada do procedimento e a almejada isonomia entre os credores.

Diferentemente do procedimento estabelecido pela Lei Modelo da UNCITRAL, o **Regulamento Europeu de Insolvência**, automaticamente, reconhece e estende os efeitos do procedimento **aos países signatários do referido regulamento** e prestigia o **microssistema de insolvência do local** da abertura do procedimento (art. 7º):

> "Salvo disposição em contrário do presente regulamento, a lei aplicável ao processo de insolvência e aos seus efeitos é a lei do Estado-Membro em cujo território é aberto o processo («Estado de abertura do processo»). 2. A lei do Estado de abertura do processo determina as condições de abertura, tramitação e encerramento do processo de insolvência."

Do ponto de vista **estritamente econômico**, portanto, eventual pedido de reconhecimento do processo estrangeiro poderá, nos termos da Lei n. 14.112/2020, ao **invés de propiciar arrecadação positiva**, **incrementar o passivo** com a contextualização de **processos concorrentes**.

Uma derradeira observação relevante diz respeito à existência de uma Lei Modelo da UNCITRAL reservada à **insolvência transnacional de grupos econômicos**, que também poderia ter sido recepcionada pelo legislador pátrio, o que recomendará nova atualização do sistema recuperacional e falimentar brasileiro, inclusive porque a **Lei n. 14.112/2020 trouxe a possibilidade de Consolidação Processual e Consolidação Substancial** para devedores que componham Grupo Econômico (art. 69-G — art. 69-L).

■ 28.4. QUESTÕES SUBJETIVAS

■ 28.4.1. Questão-homenagem.

Qual é a diferença entre o sistema universal e o sistema misto no que diz respeito à caracterização da insolvência transnacional?

A insolvência transnacional será contextualizada quando a crise financeira de um mesmo devedor venha autorizar a instauração do processo reestruturação do empreendimento ou execução coletiva a envolver credores de vários países.

Assim, de modo a evitar eventual conflito normativo e de jurisdição relacionado aos procedimentos de insolvência e à operacionalização do patrimônio do devedor, eventualmente localizados em países diferentes, no sistema universalista tal impasse seria solucionado pelo reconhecimento e submissão dos credores a um único processo de insolvência.

Já no Sistema Misto, apesar da possibilidade do reconhecimento de um processo de insolvência principal, tal reconhecimento não afastará processos secundários. E este foi o sistema estabelecido na Lei Modelo da Uncitral, o qual ultimou recepcionado pela Lei n. 14.112/2020.

■ 28.4.2. Questão desafio

A locução "centro de interesses principais" (art. 167-B, inc. II, da Lei n. 11.101/2005) exemplifica conceito jurídico indeterminado? Explique.

■ 28.5. Questão objetiva

1. (TJ-RJ — CETRO — Titular de Serviços de Notas e de Registros — 2017) Ao se dirigir ao cartório para mais um dia de trabalho, o Notário depara-se com a seguinte notícia no celular: "Tribunal concede recuperação judicial a conglomerado econômico situado no Rio de Janeiro, inclusive para suas subsidiárias estrangeiras". Tomando-se por base o caso, marque V para verdadeiro ou F para falso e, em seguida, assinale a alternativa que apresenta a sequência correta.

( ) A recuperação judicial alcança tanto os bens e créditos existentes em território nacional quanto aqueles que estiverem em nome das empresas subsidiárias no exterior, desde que não haja ação em trâmite perante tribunal estrangeiro, de modo a evitar litispendência relacionada à questão falimentar.

( ) O processamento de recuperação judicial de grupo transnacional não consta da lei falimentar brasileira, devendo tal lacuna legislativa ser sanada por meio do uso da equidade.

( ) A recuperação judicial não pode alcançar subsidiárias que são constituídas para estruturar financiamento da controladora nacional, emissão de títulos e otimização de garantias na contratação de financiamento no exterior, dado que fogem da atividade principal da recuperanda.

a) V/F/V
b) V/V/F
c) F/F/V
d) V/F/F
e) F/V/F

■ GABARITO ■

1. "e" — O primeiro enunciado é genérico ao extremo, sendo que a lei brasileira excepciona, por exemplo, os créditos de que seja titular "proprietário fiduciário de bens móveis ou imóveis" dos efeitos de eventual recuperação judicial. Portanto, alternativa falsa, pois em contradição como § 3º, do art. 49, da Lei n. 11.101/2005.

— O segundo enunciado, mesmo com as alterações da Lei n. 14.112/2020, ainda se mantém verdadeiro, tendo em vista que referida lei incorporou a Lei Modelo da UNCITRAL, de 1997, considerando-se o devedor isoladamente. Veja-se, por outro lado, que em 2019, a mesma UNCITRAL também elaborou outra Lei Modelo, desta vez, para abarcar grupos de empresas (https://uncitral.un.org/sites/uncitral.un.org/files/media-documents/uncitral/es/mlegi_-_advance_pre-published_version_-_s.pdf), sendo, posteriormente, recomendável que o legislador brasileiro busque atualizar novamente o microssistema componente da Lei n. 11.101/2005, principalmente porque, internamente, possível a consolidação processual e substancial, justamente para permitir a recuperação judicial nacional de grupos de empresas.

— O terceiro enunciado apresenta-se falso, pois, ainda que não coincidentes os objetos sociais das subsidiárias e da controladora, hoje, até de ofício poderá ser reconhecida a consolidação substancial, quando contextualizados indícios de confusão patrimonial, como, por exemplo, "garantias cruzadas" e "relação de controle ou de dependência", nos termos do art. 69-J, da Lei n. 11.101/2005, como explanado no Capítulo 23. Como efeito de tal reconhecimento (consolidação substancial), "ativos e passivos de devedores serão tratados como se pertencessem a um único devedor", art. 69-K, sendo possível, em tese, alcançar o patrimônio das subsidiárias.

29

DISPOSIÇÕES PENAIS

29.1. A LEI N. 11.101/2005 COMO MICROSSISTEMA E OS CRIMES CONTRA A "ATIVIDADE EMPRESARIAL"

A Lei n. 11.101/2005 concentrou entre seus arts. 168 e 188 as **disposições penais** relacionadas aos fatos típicos que poderão ocorrer no **contexto do processo** falimentar e recuperacional.

Trata-se de legislação especial, **microssistema de direito** com fundamento, entre outros princípios, na preservação da atividade empresarial (art. 47, da Lei n. 11.101/2005). Assim, natural que, a par de normas relacionadas ao direito empresarial e processual civil, a lei falimentar e de recuperação de empresas trouxesse **regramento próprio** para as infrações penais.

Amador Paes de Almeida[1], ao lembrar o brocardo ***falliti sunt fraudatores*** ("os falidos são fraudadores"), observa que ainda é comum a ideia de que a insolvabilidade econômica do empresário falido (pessoa física ou pessoa jurídica) seja capaz de provocar a adjetivação do devedor em dificuldade como **fraudador, enganador**, o que, por si só, já sinalizaria para o leigo a perpetração de condutas criminosas. Isso, entretanto, nem sempre corresponderá à realidade. Basta lembrar que o próprio devedor em dificuldades poderá requerer sua autofalência, não se mostrando crível que se predisporia à **autoincriminação**, se o pedido de autofalência, uma vez acatado, paralelamente à execução coletiva, redundasse em instauração de processo criminal imediato.

E, ainda que haja a decretação da falência, a concessão da recuperação judicial ou a homologação da recuperação extrajudicial por sentença, a apuração de **eventuais figuras criminosas** dependerá de **indícios cabais de autoria e materialidade** que venham a se subsumir aos tipos penais elencados na Lei n. 11.101/2005. É possível que haja a falência ou a recuperação (e é o que razoavelmente se espera) sem a ocorrência de crimes contra a atividade empresarial.

Nesse particular, o aviso necessário é de que não há unanimidade na doutrina sobre a **natureza jurídica** dos "crimes falimentares". Para alguns, os tipos correspondentes se lançariam contra o **patrimônio**, para outros contra a **fé pública**, sendo talvez mais acertada a opinião de que se classificam como **pluriobjetivos ou pluri-**

---

1 ALMEIDA, Amador Paes de. *Curso de falência e recuperação de empresa*, p. 359.

lesivos, conforme o magistério de Rubens Requião. Dizer que os crimes falimentares são pluriofensivos realmente se alinha com a ideia de que se lançam contra a atividade empresarial, entendida como **interesse difuso**, pois seu desenvolvimento estará a englobar os interesses dos sujeitos de direito vocacionados ao fornecimento de bens e serviços (empresários individuais ou coletivos), de seus parceiros empresariais (fornecedores de insumos), de seus colaboradores subordinados e não subordinados (empregados ou profissionais autônomos que lhes prestem assistência, como um contador), seus consumidores e o próprio Estado-fisco. E, durante o processo falimentar ou recuperacional, os interesses dos credores se entrelaçam, podendo aos próprios **credores e a terceiros** (agentes estatais ou não) ser imputadas as condutas típicas constantes da Lei n. 11.101/2005.

Portanto, se os comandos proibitivos implícitos das normas incriminadoras em apreço se dirigem à proteção de bens jurídicos de titularidade variada, os quais se aproximam em função da atividade empresarial, razoável a conclusão de que, na visão do conjunto, componham instrumento de proteção de uma **objetividade complexa**.

Esquematizando a **natureza jurídica dos crimes falimentares** (posições doutrinárias):

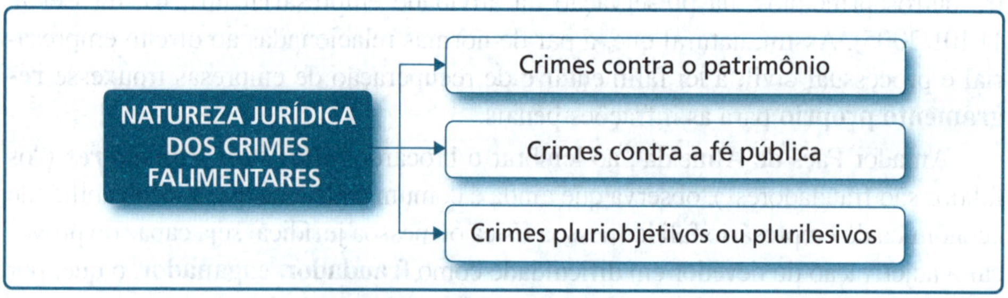

■ 29.2. DA TITULARIDADE DA AÇÃO PENAL E A SENTENÇA NO PROCESSO FALIMENTAR E RECUPERACIONAL COMO CONDIÇÃO OBJETIVA DE PUNIBILIDADE

A apuração de eventuais **infrações penais e o oferecimento de denúncia** correlata perpassará pelo crivo do dono da ação penal, o representante do **Ministério Público** (art. 184, da Lei n. 11.101/2005, c/c art. 129, inc. I, da CF/88), o qual, ao ser intimado da sentença de falência, poderá **oferecer denúncia**, requisitar a abertura de **inquérito policial** ou **aguardar o relatório circunstanciado** do Administrador Judicial nomeado, que poderá, após declinar as causas da falência, apontar a responsabilidade civil e penal dos envolvidos (art. 187, c/c art. 22, inc. III, alínea "e", ambos da Lei n. 11.101/2005). Logicamente, detém o representante do MP autonomia funcional para dispensar eventual inquérito, se não se apresentarem indícios suficientes da ocorrência de delitos, o que acarretará igualmente o **não oferecimento da denúncia**.

Eventual desídia do membro do Ministério Público, entretanto, poderá ser corrigida com a propositura de **ação penal subsidiária** por iniciativa de **qualquer dos credores** que se tenha habilitado ou do **Administrador Judicial**, nos termos do art. 184, parágrafo único, da Lei n. 11.101/2005. Afirma o referido dispositivo legal: "**Decorrido o prazo** a que se refere o art. 187, § 1º, **sem que o representante do Ministério Público ofereça denúncia**, qualquer **credor habilitado ou o administrador judicial** poderá oferecer **ação penal privada subsidiária da pública**, observado o prazo **decadencial de 6 (seis) meses**". O prazo para o oferecimento da denúncia, regulado pelo art. 46, do CPP, é de **5 dias**, se o réu estiver **preso**, e de **15 dias**, caso esteja **solto**, e contar-se-á da data da sentença, daquela em que o MP receber o inquérito policial, ou daquela em que receber o relatório circunstanciado do administrador judicial.

Esquematizando a legitimidade e o oferecimento da denúncia:

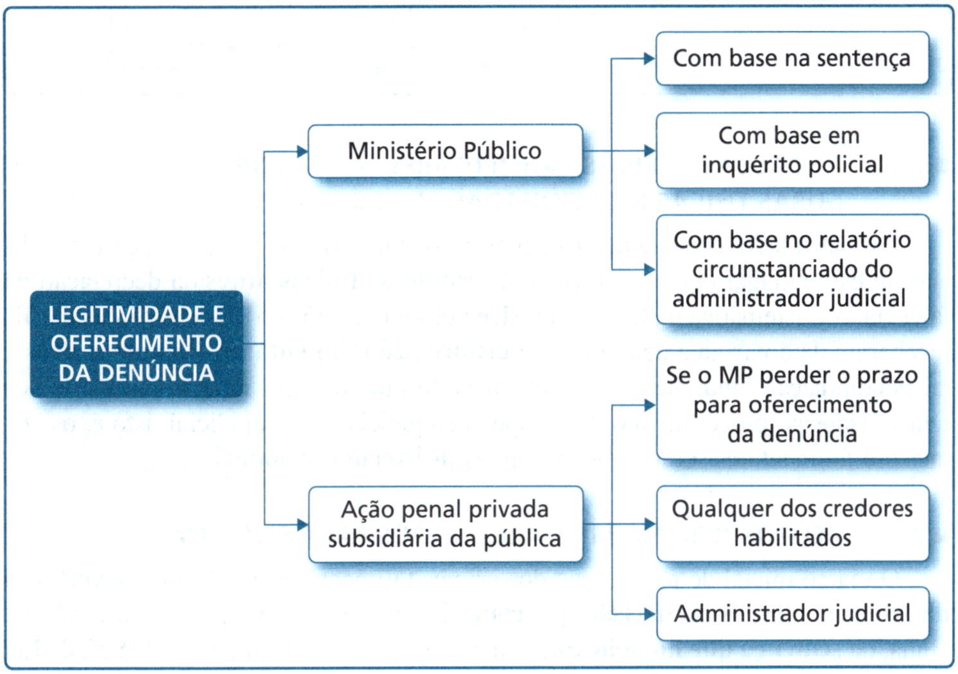

A sentença que decreta a falência ou concede a recuperação judicial ou extrajudicial é **condição objetiva de punibilidade** das infrações penais contidas na Lei n. 11.101/2005 (art. 180). À evidência, o referido *decisum* não atrairá automaticamente a tipicidade das mesmas condutas, nem a ilicitude delas. Como ensina Francisco Dirceu Barros[2], a condição objetiva de punibilidade "é a condição exterior à conduta delituosa, que, via de regra, está fora do tipo penal e do elemento subjetivo do agente, tornando-se uma condição para punir. É causa extrínseca ao fato delituoso (...) é anexo do tipo ou suplemento do tipo". A depender do procedimento de que se trate, possível a identificação dos **marcos iniciais** para a investigação das eventuais infrações penais, a partir da **decretação da falência** (art. 99), da **decisão que conceder a**

[2] BARROS, Francisco Dirceu. *Direito penal*, p. 938.

recuperação judicial (art. 58) e, ainda, da data da **sentença que homologar** a recuperação extrajudicial (art. 164, § 5º, da Lei n. 11.101/2005).

Esquematizando o **marco inicial da persecução** penal falimentar:

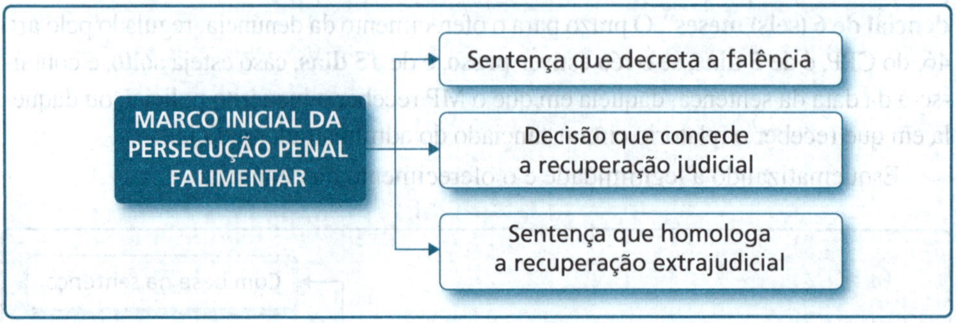

■ 29.3. A LOCUÇÃO "CRIMES FALIMENTARES" A ABRANGER TAMBÉM AS FIGURAS TÍPICAS RELACIONADAS AO PROCESSO RECUPERACIONAL

Por outro lado, de se notar que, apesar dos marcos referidos, recuperação judicial ou extrajudicial contextualizar-se-ão **condutas típicas antes** da decretação da falência. Na sistemática da lei anterior (Decreto-lei n. 7.661/45), tais infrações penais receberam da doutrina a denominação **crimes pré-falimentares**. Pela força do uso, tal denominação ainda se aproveitará, mas deverá abranger igualmente os delitos relacionados ao procedimento da recuperação judicial e extrajudicial, isto é, os crimes pré-falimentares serão também crimes **pré-recuperacionais**.

■ 29.4. DELITOS "PRÉ-FALIMENTARES" E "PÓS-FALIMENTARES"

O marco inicial de persecução dos crimes falimentares é a data da **decretação da falência** (art. 99), da **decisão que conceder a recuperação** judicial (art. 58) ou, ainda, da **sentença que homologar** a recuperação extrajudicial (art. 164, § 5º, da Lei n. 11.101/2005). O marco definirá a classificação dos crimes em **pré-falimentares ou pós-falimentares**, a depender de terem eles sido cometidos **antes ou depois** da referida data.

Importante frisar também que, entre os crimes em espécie catalogados na Lei n. 11.101/2005, existem aqueles imputáveis tão somente aos **dirigentes** da atividade ou empresa falida, bem como da atividade ou empresa com dificuldades financeiras, crimes próprios diante da condição específica dos sujeitos ativos das figuras típicas (por exemplo, favorecimento de credores, art. 172). Porém, diante do gravitar de interesses difusos e dos mais variados órgãos e agentes atuantes nos procedimentos especiais concernentes à falência e à recuperação judicial ou extrajudicial, há infrações penais que poderão ser perpetradas pelos **colaboradores** do devedor, pelos **credores**, pelo **juiz**, pelo **promotor de justiça**, por **oficial de justiça e demais serventuários**, o que permite classificar as condutas correlatas como crimes impróprios (por exemplo, habilitação ilegal de crédito, art. 175) e "pós-falimentares" (locução que deve ser entendida como gênero a agrupar não só as figuras penais no contexto da falência — repise-se —, mas também aquelas que vierem a ocorrer durante o processamento da recuperação judicial ou extrajudicial). Confira-se o **esquema** a seguir:

QUADRO COMPARATIVO DOS CRIMES CONTIDOS NA LEI DE FALÊNCIAS			
Classificação	**Conceito**	**Tipos em Espécie**	**Caso Concreto**
PRÓPRIOS	▪ Infrações penais perpetradas pelo próprio devedor, sócio administrador ou gerente.	▪ Arts. 168, 171, 172, 176, 177 e 178, da Lei n. 11.101/2005.	▪ Empresário que desativa faticamente o estabelecimento empresarial indiciariamente comete o crime do art. 168, da Lei n. 11.101/2005 (STJ, AgRg no AREsp 413.575/RS, *DJe* 18/12/2013).
IMPRÓPRIOS	▪ Infrações penais praticadas por terceiros que sejam interessados, ou que colaborem com o devedor principal, ou exerçam funções no procedimento da falência, recuperação judicial ou extrajudicial.	▪ Arts. 169, 170, 173, 174 e 175, da Lei n. 11.101/2005.	▪ Sócio colaborador sem poderes de administração ou colaborador não subordinado (o contador, por exemplo) não cometem crimes próprios; eventualmente, cometerão delitos impróprios (TJDFT, Acórdão 164.771, *DJe* 04/12/2002).
PRÉ-FALIMENTARES	▪ Infrações penais que sejam consumadas antes da decretação da falência, recuperação judicial ou extrajudicial.	▪ À exceção dos tipos listados a seguir como pós-falimentares, os demais são, ao mesmo tempo, também pré-falimentares[3].	▪ Distribuição de lucros não contabilizada e com prejuízo aos credores. Fato precedente à decretação da quebra (TJDFT, Acórdão 582.375, *DJe* 04/05/2012).
PÓS-FALIMENTARES	▪ Infrações penais que sejam consumadas depois da decretação da falência, concessão da recuperação judicial ou extrajudicial.	▪ Arts. 170, 173, 174, 175, 176 e 177, da Lei n. 11.101/2005.	▪ Desvio de bens pelo depositário de bens arrecadados pela massa. Imputação: art. 173, da Lei n. 11.101/2005 (TJSP, Conflito de Jurisdição 0230013-86.2009.8.26.0000, julgamento em 29/03/2010).

Importante destacar que o art. 179, da Lei n. 11.101/2005, **equipara ao devedor empresário e ao falido**, para todos os efeitos penais, as pessoas que elenca, quais sejam: "Na falência, na recuperação judicial e na recuperação extrajudicial de sociedades, os seus **sócios, diretores, gerentes, administradores e conselheiros**, de fato ou de direito, bem como o **administrador judicial**, equiparam-se ao devedor ou falido para todos os efeitos penais decorrentes desta Lei, na medida de sua culpabilidade". Desse modo, a depender do crime falimentar, o equiparado comete crime próprio.

Esquematizando a classificação dos crimes falimentares:

3 Assim, confiram-se os arts. 168, 169, 171 e 178, da LFRE.

■ 29.5. DO JUÍZO COMPETENTE

A literalidade do art. 183, da Lei n. 11.101/2005, faz perceber que os "crimes falimentares" serão processados e julgados pelo **juízo criminal, diverso**, em princípio, do juízo especializado que tenha **decretado a falência**, **concedido a recuperação judicial** ou **homologado o plano de recuperação extrajudicial**. Afirma o referido artigo que a competência para processar e julgar o crime falimentar será do juiz criminal da jurisdição onde tenha sido praticado um dos três atos mencionados. Em outras palavras, uma vez definido o juízo cível competente para o processo de falência ou de recuperação, define-se o juízo criminal daquele território como o competente para o processo criminal.

Apesar disso, a **Lei n. 3.947/83, do Estado de São Paulo**, estabeleceu como competência do juízo universal da falência, também, o processamento e julgamento dos crimes falimentares. A referida norma legal ultimou por ser **declarada constitucional pelo STF**, ao "argumento de que cabe ao Estado-membro a fixação das suas próprias e peculiares normas de organização judiciária", como rememorado por Guilherme de Souza Nucci[4], ao comentar as disposições da Lei n. 11.101/2005, ocasião em que fez alusão também ao disposto no art. 74, do CPP, que expressamente dispõe que "a competência pela natureza da infração será regulada pelas leis de organização judiciária".

Nucci defendeu uma **relativização do juízo universal** da falência, nesse particular, tendo em vista o distanciamento do juízo especializado (para ele, juízo cível) do contexto das modificações no campo penal.

Ainda que não se concorde, sem reservas, com tal orientação, diante da especialização inerente ao juízo falimentar e de recuperação de empresas, é necessário que se perceba, em prol da prevenção de eventual impedimento e da imparcialidade do juízo que venha a processar delito contra a atividade empresarial, ser **recomendável que tal juízo não coincida** com o falimentar ou recuperacional. Há, por assim dizer,

---

4 NUCCI, Guilherme de Souza. *Leis penais e processuais penais comentadas*, p. 580.

uma preocupação de que o juízo especializado (falimentar) não **seja inquinado de prejulgar** por indícios condutas reveladoras de infrações penais e que lhe sejam relatadas no transcurso do procedimento falimentar ou recuperacional.

Além disso, haverá a necessidade de que o **juízo falimentar se afaste** do julgamento dos crimes que eventualmente sejam perpetrados por seus auxiliares diretos, como o administrador judicial. As hipóteses aqui rememoradas merecem enquadramento entre os arts. 251 e 256, do CPP.

Assim, embora entenda acertada a relativização do juízo universal da falência, para lhe retirar a competência para julgar "crimes falimentares", nos termos do art. 183, da Lei n. 11.101/2005, no âmbito da Lei de Organização Judiciária do Distrito Federal, a **Lei Federal n. 11.697/2008** dispõe expressamente, em seu art. 33, inc. IV: "Compete ao Juiz da Vara de Falências (...) processar e julgar as causas relativas a crimes falimentares". Desse modo, detecta-se que o mesmo órgão da federação, no caso a União, que detém competência privativa para legislar sobre direito processual (art. 22, inc. I, da CF) não cuidou da matéria de maneira uniforme. Estabeleceu na Lei n. 11.101/2005 a **separação do juízo falimentar do criminal**, para depois, quando se trata da Justiça do DF e territórios que organiza e mantém (art. 21, inc. XIII, da CF), **reunir tais competências no mesmo Juízo**. Portanto, um conflito de normas jurídicas de mesma hierarquia, vencível, em nossa opinião, contudo, por uma especialização qualificada e revelada pela lei de organização judiciária do DF, o que encontra sintonia com a legislação paulista, já confirmada constitucional pelo STF.

Esquematizando o **juízo falimentar criminal** competente:

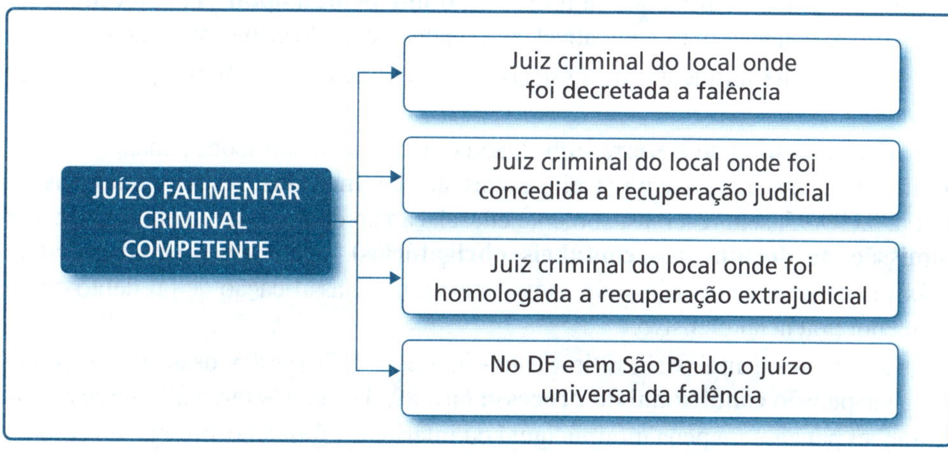

■ 29.6. DO RITO PROCESSUAL E DA POSSIBILIDADE DE APLICAÇÃO SUBSIDIÁRIA DA LEI N. 9.099/95

Por expressa disposição de lei, o rito a ser observado no processamento dos crimes contra a atividade empresarial será o **sumário**, mais especificamente o caminho legal traçado pelos arts. **531 a 540, do CPP**.

Em linhas gerais, **após a formalização da acusação** por meio da denúncia, seu recebimento, citação do acusado e prazo para apresentação de resposta escrita, seguir-se-á, de **forma concentrada**, a audiência de instrução de julgamento, quando se colherão os depoimentos das testemunhas e se efetivarão o interrogatório do acusado, os debates, a apresentação das alegações finais e o prolatar da sentença.

Observe-se que a eleição do rito sumário, em regra, tem como parâmetro o limite superior da sanção cominada, a qual não poderá exceder 4 (quatro anos), nos termos do art. 394, § 1º, inc. II, do CPP. Entretanto, tal critério foi excepcionado pela Lei n. 11.101/2005, quando impôs a adoção do referido **rito sumário para todos os tipos penais** que criou, ainda que os delitos correspondentes à fraude a credores (art. 168) e ao favorecimento de credores (art. 172) tenham para a pena cominada o máximo de 6 (seis) e 5 (cinco) anos de reclusão, respectivamente.

Ocorre que, **em 2005**, quando publicada a Lei n. 11.101, o rito ordinário distanciava-se em muito do rito sumário. Com o advento da **Lei n. 11.719/2008**, a chamada **reforma** do Código de Processo Penal, o **rito ordinário ganhou celeridade** próxima à do rito sumário, com a concentração da instrução e sentença na mesma audiência. Em nossa opinião, caso a reforma tivesse ocorrido antes da aprovação da Lei n. 11.101/2005, o **novo rito ordinário seria o definido** pelo legislador, para processamento do crime falimentar.

Desse modo, não se justifica uma infindável discussão doutrinária sobre a aplicação do rito sumário aos crimes falimentares, em razão da natureza da pena, reclusão, ou do seu *quantum*, superior a 4 anos, em alguns casos. Concordamos com Marlon Tomazette, quando afirma que "a nosso ver, o **juiz poderá optar** pelo procedimento ordinário se entender mais compatível com o julgamento do crime em questão"[5].

Quando juiz falimentar no Distrito Federal, o autor deste livro aplicava o rito ordinário.

Manoel Justino de Bezerra Filho[6], ao comentar as disposições penais da Lei n. 11.101/2005, destacou ser possível a aplicação **das medidas despenalizadoras** da Lei n. 9.099/95, sem reservas, somente em relação ao delito descrito em seu art. 178 **(omissão de documentos contábeis obrigatórios)**, tendo em vista o *quantum* máximo da pena cominada (dois anos) a permitir a classificação de tal delito como de menor potencial ofensivo.

Quanto aos demais delitos tipificados na Lei n. 11.101/2005, destacou ser possível a **suspensão condicional do processo** (art. 89, da Lei n. 9.099/95) em relação às infrações penais com pena mínima igual ou inferior a 1 (um) ano, ou seja, no caso do **exercício de atividade** para a qual o agente foi inabilitado (art. 176), ou de **omissão de documentos** contábeis obrigatórios (art. 178), ambos com penas mínimas cominadas fixadas em 1 (um) ano de reclusão.

---

5 *Curso de direito empresarial,* 2012, v. 3, p. 561.

6 BEZERRA FILHO, Manoel Justino de. *Nova lei de recuperação e falências comentada*, p. 168.

Para o direito projetado, isto é, nos termos do anteprojeto sobre o novo CPP[7], significativas alterações foram previstas. A primeira delas diz respeito ao limite superior da pena cominada, que foi aumentado para 8 (oito) anos. O rito sumário, nos termos do anteprojeto, será condicionado a alguns requisitos predominantemente dirigidos à **simplificação do procedimento** antes iniciado de acordo com as regras do rito ordinário, quando não houver negativa de autoria (em caso de confissão total ou parcial), com a possibilidade de dispensa das testemunhas e substituição da pena restritiva de liberdade; houve também a criação de uma causa geral de diminuição de pena (1/3), diante das condições pessoais do autor do delito e da constatação de menor gravidade de suas consequências.

Percebe-se, assim, que há a necessidade de compatibilização dos dispositivos da Lei n. 11.101/2005 com o atual projeto do novo CPP, pois, apesar de todos os delitos previstos na Lei n. 11.101/2005 trazerem pena máxima inferior ao limite requerido pelo novo CPP, os novos requisitos subjetivos, uma vez não cumpridos, afastarão a incidência do rito sumário. Portanto, tal antinomia aparente merece ser vencida por meio de emenda aditiva no próprio projeto do novo CPP.

Esquematizando o processo penal falimentar:

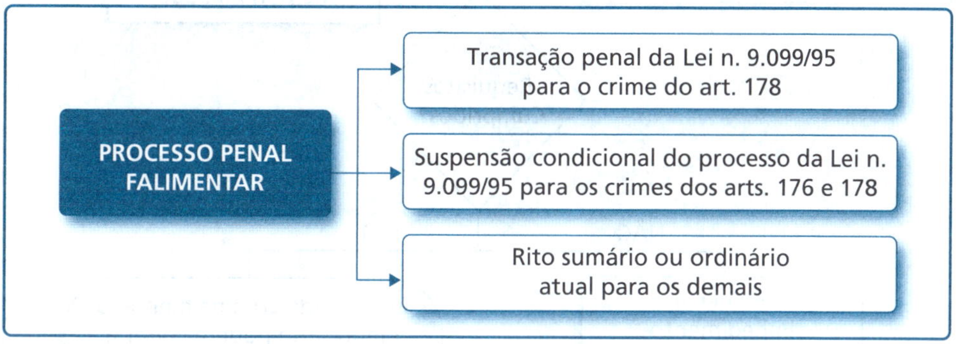

■ 29.7. DOS EFEITOS ACESSÓRIOS DA CONDENAÇÃO

O art. 181, da Lei n. 11.101/2005, elenca os **efeitos acessórios das condenações** por crimes falimentares. A primeira observação necessária é de que tais efeitos, verdadeiras sanções acessórias, **não são automáticos**, ou seja, dependerão do contexto e deverão ser **fundamentadamente motivados e declarados** na sentença condenatória.

O inc. I especifica como efeito da condenação a **inabilitação para o exercício de atividade empresarial**. Tal norma complementa e **amplia a proibição de exercício** da atividade empresarial para aquele declarado falido (art. 102, da Lei n. 11.101/2005), porque alcança as **demais pessoas** que venham a cometer crimes falimentares.

O exercício da atividade empresarial pressupõe posição de comando e direção. Assim, por coerência, também se delimitou como efeito da condenação por crime falimentar o **impedimento** do condenado para o **exercício de cargo de direção ou admi-**

7 PL 8.045/2010, em tramitação na Câmara dos Deputados.

nistração, ou na qualidade de procurador de terceiro. Na ausência de tal extensão, a proibição de exercício da atividade empresarial remanesceria como norma ineficaz.

O tema em apreço, quanto à proibição de exercício de atividade empresarial, foi bem analisado no tópico "**Inabilitação Criminal**", já estudado. Ali, foi elaborado o esquema a seguir sobre a reabilitação criminal:

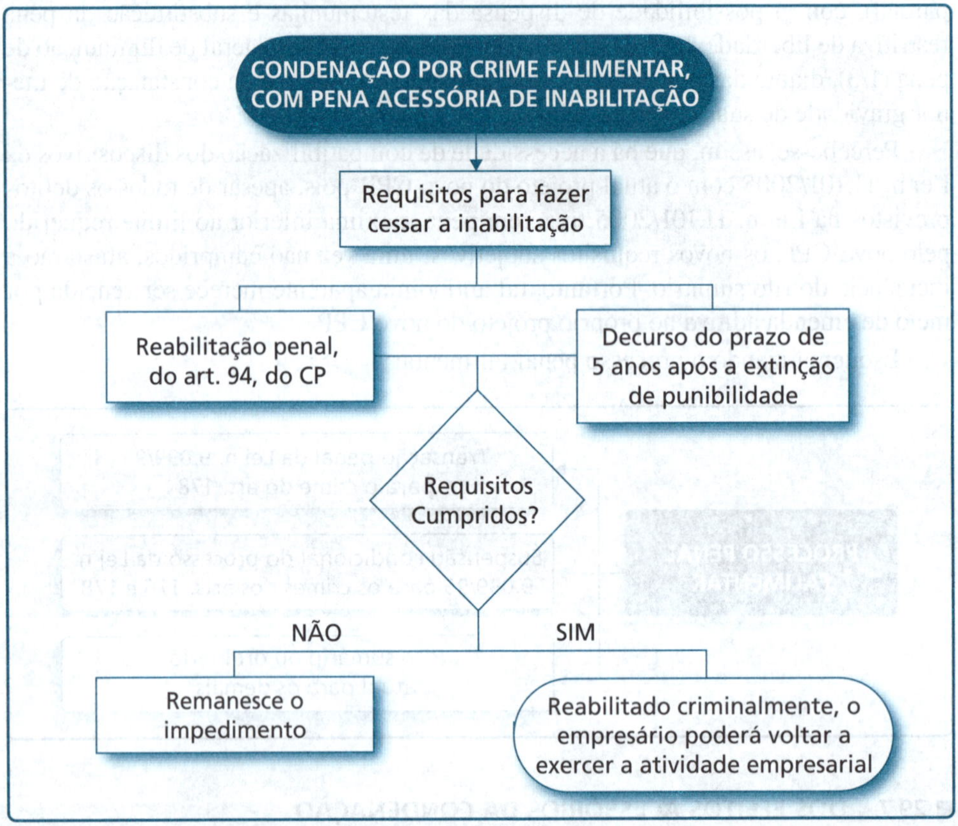

■ 29.8. DA PRESCRIÇÃO

De acordo com o art. 182 da Lei n. 11.101/2005, a prescrição dos "crimes falimentares" será **regida** pelas disposições do **Código Penal**. Assim, necessária a diferenciação entre a prescrição da **pretensão punitiva** (pena abstrata em seu limite superior) e a prescrição da **pretensão executória** (pena aplicada no caso concreto), cujos intervalos temporais, respectivamente, encontram-se especificados nos arts. 109 e 110, do Decreto-lei n. 2.848/40. O **termo *a quo*** para a deflagração da contagem dos prazos prescricionais corresponderá "ao dia da decretação da falência, da concessão da recuperação judicial ou da homologação do plano de recuperação extrajudicial" (art. 182, da Lei de Recuperação e Falência).

A **convolação da recuperação** judicial ou extrajudicial em falência é **causa de interrupção** da prescrição das infrações penais que se tenha iniciado quando da concessão da recuperação ou da homologação da recuperação extrajudicial, nos termos do parágrafo único, do art. 182, da Lei n. 11.101/2005. Por tal razão, **não existe mais prazo único de prescrição** do crime falimentar, como na legislação revogada, de modo que a prescrição penal seguirá os parâmetros do Código Penal, seja considerando a pena máxima, em abstrato, prevista para os crimes, seja pela pena aplicada em concreto.

29.9. DOS TIPOS EM ESPÉCIE

29.9.1. Fraude a credores

> Art. 168. Praticar, antes ou depois da sentença que decretar a falência, conceder a recuperação judicial ou homologar a recuperação extrajudicial, ato fraudulento de que resulte ou possa resultar prejuízo aos credores, com o fim de obter ou assegurar vantagem indevida para si ou para outrem.
>
> Pena — reclusão, de 3 (três) a 6 (seis) anos, e multa.

Esquematizando **esse tipo penal** falimentar:

FRAUDE A CREDORES	
EXPLICAÇÃO	▪ Trata-se de delito que tem como núcleo do tipo o verbo praticar. Consiste na prática de ato dirigido a enganar os credores, os quais efetiva ou potencialmente amargarão prejuízos, especificamente no contexto da falência ou da recuperação (judicial ou extrajudicial). Como bem observa Guilherme de Souza Nucci[8], o ato fraudulento se deverá correlacionar com a falência, recuperação judicial ou extrajudicial, antes ou depois da sentença que deflagre o procedimento falimentar ou recuperacional. ▪ As causas de aumento de pena descritas nos §§ 1º e 2º contextualizam a fraude por meio da contabilidade da atividade empresarial. Assim, diante da obrigatoriedade de escrituração, em regra, os registros contábeis que informam a movimentação financeira e patrimonial da empresa, se não condizentes com a realidade, poderão potencialmente indicar a perpetração de fraude contra os credores. Realmente, o pedido de recuperação judicial deve ser subsidiado por contabilidade regular e fidedigna (balanço patrimonial, demonstração de resultados acumulados, demonstração do resultado desde o último exercício social e relatório gerencial de fluxo de caixa e de sua projeção; art. 51, inc. II, alíneas "a" a "e", da Lei n. 11.101/2005). Do contrário, isto é, em caso de contabilidade inexistente, deficitária ou irregular, poderá — reitere-se — haver indício de fraude e meio escuso de se buscar o benefício legal da recuperação, em perspectiva contraproducente, pois comprometido ou irrealizável o plano de recuperação, uma vez que a projeção de continuação da atividade se baseou em contabilidade minimamente irregular. ▪ A falência, inclusive, poderá pautar-se na constatação de fraude pela perpetração de negócio simulado ou alienação de parte ou da totalidade de ativo a terceiro, credor ou não (art. 94, inc. III, alínea "b", da Lei n. 11.101/2005); a formalização dos registros contábeis em tais circunstâncias demonstrarão a fraude; o pedido de autofalência (art. 105, da Lei n. 11.101/2005) também deverá ser instruído com documentos contábeis regulares, podendo contabilidade não condizente com a realidade configurar fraude e prática criminosa. ▪ Por derradeiro, de se salientar que a homologação de plano de recuperação extrajudicial dependerá de contabilidade escorreita, nos termos do § 6º, do art. 163, da Lei n. 11.101/2005, o que permite a ilação de que a simulação ou ajuste fraudulento da contabilidade para cumprir os requisitos do pedido deverão, uma vez descobertos, contextualizar a ocorrência de crime.

[8] NUCCI, Guilherme de Souza. *Leis penais e processuais penais comentadas*, p. 557.

ELEMENTO SUBJETIVO DO TIPO	■ O dolo direto, consistente na vontade livre e consciente de ludibriar, acrescido da finalidade específica pertinente ao objetivo de alcançar vantagem indevida para si ou para terceiro.
BENS JURÍDICOS TUTELADOS	■ A administração da justiça e o patrimônio dos credores.
SUJEITO ATIVO	■ O próprio devedor ou quem detenha poderes de administração. De se salientar a norma de extensão do art. 1799, da Lei n. 11.101/2005. ■ Concurso de pessoas. O § 3º elenca rol exemplificativo de colaboradores (contadores, auditores etc.) que poderão ser considerados partícipes do devedor fraudador, incidindo nas mesmas penas a ele cominadas.
SUJEITOS PASSIVOS	■ A coletividade, pois desrespeitada a administração da justiça e, secundariamente, os credores eventualmente prejudicados.
CONSUMAÇÃO	■ Com a perpetração da fraude, independentemente da consecução da vantagem indevida.
CATEGORIZAÇÃO	■ Crime próprio, formal, doloso, comissivo, de perigo (basta a potencialidade do dano), simples (tipo penal único), pluriofensivo, "pré-falimentar" ou "pós-falimentar".
CAUSAS ESPECIAIS DE AUMENTO DE PENA	■ Art. 168, § 1º: aumento de 1/6 (um sexto) a 1/3 (um terço); os cinco incisos desse parágrafo concentram-se no revelar da fraude por meio de escrituração inexistente ou irregular; o § 2º, também causa de aumento de pena, pune mais severamente a contabilidade paralela, bem assim eventual movimentação de valores ou recursos à margem da contabilidade formal e, ainda, a distribuição de dividendos durante o processamento da recuperação judicial até a aprovação do respectivo plano[9]: aumento de 1/3 (um terço) até a metade.
REDUÇÃO OU SUBSTITUIÇÃO DA PENA (ART. 168, § 4º)	■ Causa especial de diminuição da pena. Denota discriminação positiva em relação aos fraudadores não habituais e que organizem sua atividade em torno de microempresas e empresas de pequeno porte. Possibilidade de substituição das penas restritivas de liberdade em função de tratamento diferenciado reservado ao micro e pequeno empreendedor ocasionalmente perpetrador de fraude.

■ 29.9.2. Violação de sigilo profissional[10]

Art. 169. Violar, explorar ou divulgar, sem justa causa, sigilo empresarial ou dados confidenciais sobre operações ou serviços, contribuindo para a condução do devedor a estado de inviabilidade econômica ou financeira:
Pena — reclusão, de 2 (dois) a 4 (quatro) anos, e multa.

[9] A proibição de distribuição de dividendos, para os empresários ou sócios de sociedades empresárias, em vias de recuperação judicial, a partir do deferimento do processamento da benesse legal até a aprovação do respectivo plano trata-se de vedação hábil a punir eventual comportamento contraditório dos empreendedores individuais ou sócios de empreendimentos em crise econômico-financeira, tendo em vista que, indiciariamente, o plano de recuperação judicial buscará reorganizar as finanças da entidade e entidade que antes do processamento, costumeiramente, apresenta balanço patrimonial deficitário, resultado negativo, o que, concretamente, deveria impedir a distribuição de dividendos. A vedação legal de distribuição de dividendos em tal hipótese pode ser classificada como efeito negativo do deferimento do processamento e foi introduzida pela Lei n. 14.112/2020. A inovação legislativa consta do art. 6º-A, da Lei n. 11.101/2005 nas letras seguintes: "Art. 6º-A. É vedado ao devedor, até a aprovação do plano de recuperação judicial, distribuir lucros ou dividendos a sócios e acionistas, sujeitando-se o infrator ao disposto no art. 168 desta Lei".

[10] "Art. 179. Na falência, na recuperação judicial e na recuperação extrajudicial de sociedades, os seus sócios, diretores, gerentes, administradores e conselheiros, de fato ou de direito, bem como o administrador judicial, equiparam-se ao devedor ou falido para todos os efeitos penais decorrentes desta Lei, na medida de sua culpabilidade."

Esquematizando **esse tipo penal** falimentar:

VIOLAÇÃO DE SIGILO PROFISSIONAL	
EXPLICAÇÃO	■ Trata-se de tipo correlacionado aos intangíveis de determinada atividade empresarial, mais precisamente da capacidade de organização e projeção de lucros futuros a contextualizar o denominado *goodwill*. A assimetria de informações no meio empresarial é algo comum a modular as estratégias de desenvolvimento do objeto social. A concorrência também se demonstra salutar nos mais variados nichos de mercado. Por isso, o sigilo profissional e a confidencialidade sobre as operações e serviços devem ser preservados, e o tipo penal em comento pune a violação deles, diante do efeito que tal violação potencialmente poderá vir a acarretar: inviabilidade econômica ou financeira.
ELEMENTO SUBJETIVO DO TIPO	■ O dolo direto consistente na vontade livre e consciente de violar, explorar ou divulgar informação que se insira como sigilo profissional de determinado empreendimento.
BENS JURÍDICOS TUTELADOS	■ A administração da justiça, o patrimônio do devedor em recuperação e o patrimônio dos credores.
SUJEITO ATIVO	■ Qualquer pessoa.
SUJEITOS PASSIVOS	■ O devedor, imediatamente; e, potencialmente, seus credores.
CONSUMAÇÃO	■ Com a violação do sigilo profissional.
CATEGORIZAÇÃO	■ Crime comum, formal, doloso, comissivo, de perigo (basta a potencialidade do dano), de conteúdo variado ou de ação múltipla, pluriofensivo, "pré-falimentar" ou "pós-falimentar".

■ 29.9.3. Divulgação de informações falsas

Art. 170. Divulgar ou propalar, por qualquer meio, informação falsa sobre devedor em recuperação judicial, com o fim de levá-lo à falência ou de obter vantagem:

Pena — reclusão, de 2 (dois) a 4 (quatro) anos, e multa.

Esquematizando **esse tipo penal** falimentar:

DIVULGAÇÃO DE INFORMAÇÕES FALSAS	
EXPLICAÇÃO	■ Trata-se também de delito que atenta contra os intangíveis da atividade negocial, comprometendo a preservação do empreendimento que se busca reerguer com o benefício legal da recuperação. Se, como visto, para os pedidos de recuperação judicial ou extrajudicial se deverão expor as "entranhas" financeiras do devedor em dificuldade, as informações contábeis informadas ao juízo poderão ser acobertadas pelo sigilo, tendo em vista que a publicização da crise financeira da recuperanda poderá afugentar eventuais fornecedores e investidores, frustrando ou inviabilizando os planos judicial ou extrajudicial de soerguimento do empreendimento. Nesse contexto, mais prejudicial ainda será a divulgação de informação não verídica com o propósito de frustrar a recuperação e levar a empresa em crise à falência, ou como meio de auferir vantagem, como a captação da clientela da recuperanda.
ELEMENTO SUBJETIVO DO TIPO	■ Informação inverídica, intencionalmente, quer dizer, dolosamente, e com o fito de causar a insolvabilidade do empreendimento, ou, ainda, com o objetivo de auferir vantagem.
BENS JURÍDICOS TUTELADOS	■ A administração da justiça, o patrimônio do devedor e o patrimônio dos credores.
SUJEITO ATIVO	■ Qualquer pessoa.

DIVULGAÇÃO DE INFORMAÇÕES FALSAS	
SUJEITOS PASSIVOS	■ Imediatamente, o devedor em recuperação; secundariamente, a coletividade, pois frustrada a administração da justiça, e também os credores que sejam eventualmente prejudicados.
CONSUMAÇÃO	■ Com a divulgação da informação falsa. Crime instantâneo que não admite, em princípio, a tentativa.
CATEGORIZAÇÃO	■ Crime comum, formal, doloso, comissivo, de perigo (basta a potencialidade do dano), de ação múltipla ou conteúdo variado, pluriofensivo, "pós-falimentar".

■ 29.9.4. Indução a erro

Art. 171. Sonegar ou omitir informações ou prestar informações falsas no processo de falência, de recuperação judicial ou de recuperação extrajudicial, com o fim de induzir a erro o juiz, o Ministério Público, os credores, a assembleia geral de credores, o Comitê ou o administrador judicial:

Pena — reclusão, de 2 (dois) a 4 (quatro) anos, e multa.

Esquematizando **esse tipo penal** falimentar:

INDUÇÃO A ERRO	
EXPLICAÇÃO	■ Trata-se de modelo penal que pretende preservar os deveres de probidade para com o Estado-Juiz e o Estado-MP, bem como o dever de lealdade processual para com os credores e o Administrador Judicial. Note-se que, especificamente em relação à recuperação judicial e extrajudicial, a jurisdição, se não puder ser classificada como voluntária, pelo menos poderá ser classificada como contenciosa em que se posterga o contraditório para as ações de habilitação e impugnação dos créditos. Dessa forma, não se mostra mesmo razoável que alguém requeira a administração de interesses particulares em juízo, predisponha-se à concessão dos benefícios legais, mas se valha, concomitantemente, da própria torpeza. E essa torpeza se revela pela indução dos órgãos da falência a erro, nos termos do tipo em análise.
ELEMENTO SUBJETIVO DO TIPO	■ Divulgar informação inverídica intencionalmente, quer dizer, dolosamente, e com o fito de causar a insolvabilidade do empreendimento, ou com o objetivo de auferir vantagem.
BENS JURÍDICOS TUTELADOS	■ A administração da justiça e o patrimônio dos credores.
SUJEITO ATIVO	■ O devedor.
SUJEITOS PASSIVOS	■ Os órgãos da falência, da recuperação judicial ou extrajudicial, bem como os credores.
CONSUMAÇÃO	■ Com a sonegação ou omissão de informações relevantes para o procedimento falimentar ou recuperacional ou com a divulgação de informação falsa.
CATEGORIZAÇÃO	■ Crime próprio, formal, doloso, comissivo, de perigo (basta a potencialidade do dano), de ação múltipla ou conteúdo variado, pluriofensivo, "pré ou pós-falimentar".

■ 29.9.5. Favorecimento de credores

Art. 172. Praticar, antes ou depois da sentença que decretar a falência, conceder a recuperação judicial ou homologar plano de recuperação extrajudicial, ato de disposição ou oneração patrimonial ou gerador de obrigação, destinado a favorecer um ou mais credores em prejuízo dos demais:

Pena — reclusão, de 2 (dois) a 5 (cinco) anos, e multa.

Esquematizando **esse tipo penal** falimentar:

FAVORECIMENTO DE CREDORES	
EXPLICAÇÃO	■ Trata-se de tipo penal que tem, nitidamente, o objetivo de resguardar o decantado princípio da *par conditio creditorum* ("paridade de tratamento entre credores"). Assim, credores da mesma classe, de acordo com a ordem e os critérios delimitados pela lei, deverão ser alcançados paritariamente, ainda que parcialmente (por rateio) e nas forças da massa. Dessa forma, o favorecimento de qualquer dos credores, seja pela preterição da ordem legal, seja pelo reconhecimento de crédito na verdade simulado, acarretará o descumprimento do referido princípio. Imagine-se um credor quirografário que tenha seu crédito satisfeito oficiosamente pelo devedor (que, por hipótese, tenha retido valores pertencentes à massa), em detrimento de credores trabalhistas ainda a aguardar a satisfação de seus créditos. A ordem legal de satisfação dos créditos, portanto, restaria violada. ■ E um indício de conluio, a incriminar também o credor favorecido, seria a apresentação de renúncia de crédito, a depender do contexto. Esta segunda hipótese se subsumiria ao disposto no parágrafo único do tipo em análise.
ELEMENTO SUBJETIVO DO TIPO	■ Praticar ato de disposição ou oneração patrimonial a favorecer determinado credor em detrimento dos demais.
BENS JURÍDICOS TUTELADOS	■ A administração da justiça e o patrimônio dos credores.
SUJEITO ATIVO	■ O devedor.
SUJEITOS PASSIVOS	■ A coletividade e os credores.
CONSUMAÇÃO	■ Com a prática do ato de disposição ou oneração.
CATEGORIZAÇÃO	■ Crime próprio, de conteúdo variado ou ação múltipla, de resultado, doloso, comissivo, pluriofensivo, "pré ou pós-falimentar".

■ 29.9.6. Desvio, ocultação ou apropriação de bens

Art. 173. Apropriar-se, desviar ou ocultar bens pertencentes ao devedor sob recuperação judicial ou à massa falida, inclusive por meio da aquisição por interposta pessoa:

Pena — reclusão, de 2 (dois) a 4 (quatro) anos, e multa.

Esquematizando **esse tipo penal** falimentar:

DESVIO, OCULTAÇÃO OU APROPRIAÇÃO DE BENS	
EXPLICAÇÃO	■ O patrimônio do devedor constitui a garantia ainda que parcial da satisfação das obrigações pendentes. Por isso, tal patrimônio merece ser preservado de investidas não autorizadas pelo juízo e em detrimento dos credores.
ELEMENTO SUBJETIVO DO TIPO	■ Apropriar-se, ocultar ou desviar bens pertencentes ao devedor em recuperação, ou os arrecadados pela massa, inclusive aquisição por interposta pessoa.
BENS JURÍDICOS TUTELADOS	■ A administração da justiça, o patrimônio do devedor em recuperação e o patrimônio dos credores.
SUJEITO ATIVO	■ Qualquer pessoa.
SUJEITOS PASSIVOS	■ A coletividade, o devedor em recuperação e os credores.
CONSUMAÇÃO	■ Com a apropriação, ocultação, desvio ou aquisição ilegais.
CATEGORIZAÇÃO	■ Crime comum, de conteúdo variado ou ação múltipla, de resultado, doloso, comissivo, pluriofensivo, "pós-falimentar".

29.9.7. Aquisição, recebimento ou uso ilegal de bens

Art. 174. Adquirir, receber, usar, ilicitamente, bem que sabe pertencer à massa falida ou influir para que terceiro, de boa-fé, o adquira, receba ou use:

Pena — reclusão, de 2 (dois) a 4 (quatro) anos, e multa.

Esquematizando **esse tipo penal** falimentar:

AQUISIÇÃO, RECEBIMENTO OU USO ILEGAL DE BENS	
EXPLICAÇÃO	■ A decretação da falência tem como efeito para o devedor a impossibilidade de administração de seu patrimônio, devendo o patrimônio positivo eventualmente existente ser arrecadado e comportar condomínio entre os credores até a correlata liquidação e rateio do seu produto, nos termos da ordem de concorrência dos créditos, conforme disciplinado na Lei n. 11.101/2005. Assim, por exemplo, não pode o devedor-falido continuar a receber aluguel de imóvel arrecadado pela massa, pois os numerários provenientes dos aluguéres também deverão compensar o passivo a descoberto. Portanto, a dissipação do patrimônio deve ser coibida com veemência, e o tipo em questão busca tal objetivo.
ELEMENTO SUBJETIVO DO TIPO	■ Adquirir, receber, usar de maneira não autorizada o patrimônio da massa falida.
BENS JURÍDICOS TUTELADOS	■ A administração da justiça e o patrimônio dos credores.
SUJEITO ATIVO	■ Qualquer pessoa.
SUJEITOS PASSIVOS	■ A coletividade e os credores.
CONSUMAÇÃO	■ Com a aquisição, recebimento ou uso ilícito de bem da massa e, ainda, com o influir para que terceiro (de boa-fé) se aproprie de patrimônio da massa, de forma anômala, pois sem relação com o procedimento prescrito no rito falimentar (publicização, leilão e praceamento).
CATEGORIZAÇÃO	■ Crime comum, de resultado, doloso, comissivo, pluriofensivo, "pós-falimentar".

29.9.8. Habilitação ilegal de crédito

Art. 175. Apresentar, em falência, recuperação judicial ou recuperação extrajudicial, relação de créditos, habilitação de créditos ou reclamação falsas, ou juntar a elas título falso ou simulado:

Pena — reclusão, de 2 (dois) a 4 (quatro) anos, e multa.

Esquematizando **esse tipo penal** falimentar:

HABILITAÇÃO ILEGAL DE CRÉDITO	
EXPLICAÇÃO	■ O tipo em apreço contextualiza fraude sofisticada e que, flagrantemente, atentará contra o princípio da paridade dos legítimos credores do falido ou do recuperando. O art. 9º, I, da Lei n. 11.101/2005 dispõe expressamente que o interessado em habilitar seu credito deverá instruir o pedido com os "documentos comprobatórios do crédito". Assim, a habilitação ilegal pressupõe a contrafação ou uso de documento que se sabe falso. A reparação do prejuízo econômico poderá ocorrer no transcurso do procedimento falimentar ou recuperacional por ação de retificação de quadro de credores, nos termos do art. 19, da Lei n. 11.101/2005.

HABILITAÇÃO ILEGAL DE CRÉDITO	
ELEMENTO SUBJETIVO DO TIPO	▪ Apresentar, habilitar ou reclamar de crédito que se sabe falso ou simulado em procedimento falimentar ou recuperacional.
BENS JURÍDICOS TUTELADOS	▪ A administração da justiça, a fé pública e o patrimônio dos credores.
SUJEITO ATIVO	▪ Qualquer pessoa.
SUJEITOS PASSIVOS	▪ A coletividade, o devedor e os credores legítimos.
CONSUMAÇÃO	▪ Com a apresentação, a habilitação ou reclamação subsidiada pelos documentos irregulares ou fraudulentos.
CATEGORIZAÇÃO	▪ Crime comum, formal, doloso, comissivo, pluriofensivo, "pós-falimentar".

▪ 29.9.9. Exercício ilegal de atividade

Art. 176. Exercer atividade para a qual foi inabilitado ou incapacitado por decisão judicial, nos termos desta Lei:

Pena — reclusão, de 1 (um) a 4 (quatro) anos, e multa.

Esquematizando **esse tipo penal** falimentar:

EXERCÍCIO ILEGAL DE ATIVIDADE	
EXPLICAÇÃO	▪ O tipo em questão prestigia a autoridade proveniente da decisão judicial de inabilitação ou incapacidade para o exercício de atividade empresarial e pretende obstaculizar, circunstancialmente, a continuação da atividade por aquele que ainda não se reabilitou. Atente-se para o disposto no art. 102, da Lei n. 11.101/2005, que declara que "o falido fica inabilitado para exercer qualquer atividade empresarial a partir da decretação da falência e até a sentença que extingue suas obrigações". ▪ Além da pessoa do falido, para os demais condenados em crimes falimentares, o tipo em comento criminaliza o descumprimento das penas acessórias que sejam motivadamente declaradas nas sentenças de condenação e relacionadas aos outros tipos constantes da Lei n. 11.101/2005 (art. 181 e §§).
ELEMENTO SUBJETIVO DO TIPO	▪ O exercício de fato ou de direito da atividade para a qual foi inabilitado.
BENS JURÍDICOS TUTELADOS	▪ A administração da justiça.
SUJEITO ATIVO	▪ O condenado, devedor inabilitado.
SUJEITOS PASSIVOS	▪ A coletividade.
CONSUMAÇÃO	▪ Com o desenvolvimento da atividade que lhe foi proibida.
CATEGORIZAÇÃO	▪ Crime próprio, formal, doloso, comissivo, pluriofensivo, "pós-falimentar".

▪ 29.9.10. Violação de impedimento

Art. 177. Adquirir o juiz, o representante do Ministério Público, o administrador judicial, o gestor judicial, o perito, o avaliador, o escrivão, o oficial de justiça ou o leiloeiro, por si ou por interposta pessoa, bens de massa falida ou de devedor em recuperação judicial, ou, em relação a estes, entrar em alguma especulação de lucro, quando tenham atuado nos respectivos processos:

Pena — reclusão, de 2 (dois) a 4 (quatro) anos, e multa.

Esquematizando **esse tipo penal** falimentar:

VIOLAÇÃO DE IMPEDIMENTO	
EXPLICAÇÃO	■ Trata-se de tipo relacionado ao princípio da moralidade administrativa. Os órgãos e agentes que atuam no procedimento falimentar e recuperacional não se poderão beneficiar das informações privilegiadas sobre a situação patrimonial dos bens arrecadados (no caso de falência), ou dos que constem no plano de recuperação (no caso de recuperação), para em proveito próprio, mesmo que por interposta pessoa, lucrarem com a especulação de referidos bens.
ELEMENTO SUBJETIVO DO TIPO	■ Especular ou lucrar com negócios que envolvam bens da massa ou que constem do plano de recuperação.
BENS JURÍDICOS TUTELADOS	■ A administração da justiça, imediatamente; e, potencialmente, o patrimônio dos credores.
SUJEITO ATIVO	■ Os órgãos, agentes e serventuários mencionados no *caput*.
SUJEITOS PASSIVOS	■ Imediatamente, a coletividade; secundariamente, os credores.
CONSUMAÇÃO	■ Com a realização do negócio a envolver o patrimônio da massa ou constante do plano de recuperação.
CATEGORIZAÇÃO	■ Crime próprio, formal, doloso, comissivo, pluriofensivo, "pós-falimentar".

■ 29.9.11. Omissão dos documentos contábeis obrigatórios

Art. 178. Deixar de elaborar, escriturar ou autenticar, antes ou depois da sentença que decretar a falência, conceder a recuperação judicial ou homologar o plano de recuperação extrajudicial, os documentos de escrituração contábil obrigatórios:

Pena — detenção, de 1 (um) a 2 (dois) anos, e multa, se o fato não constitui crime mais grave.

Esquematizando **esse tipo penal** falimentar:

OMISSÃO DOS DOCUMENTOS CONTÁBEIS OBRIGATÓRIOS	
EXPLICAÇÃO	■ Trata-se de delito que atenta contra a regularidade do procedimento falimentar ou recuperacional. No primeiro caso, a contabilidade regular contribuirá para a celeridade do procedimento, pois minudenciará o ativo e o passivo do negócio, a facilitar a arrecadação dos bens passíveis de liquidação e a feitura do quadro geral de credores (a concentrar as obrigações pendentes). No segundo caso, o julgador, ao deferir o processamento da recuperação, determinará ao devedor a "apresentação de contas demonstrativas mensais enquanto perdurar a recuperação judicial, sob pena de destituição de seus administradores" (art. 52, inc. IV). O tipo em análise, como se vê, previne o cumprimento daquela determinação judicial, eis que a omissão da escrituração regular impedirá a apresentação e o monitoramento das contas do devedor em recuperação.
ELEMENTO SUBJETIVO DO TIPO	■ Deixar de providenciar a regular e obrigatória escrituração; dolo direto.
BENS JURÍDICOS TUTELADOS	■ A administração da justiça, imediatamente; e, potencialmente, o patrimônio dos credores.

OMISSÃO DOS DOCUMENTOS CONTÁBEIS OBRIGATÓRIOS	
SUJEITO ATIVO	■ O devedor.
SUJEITOS PASSIVOS	■ Imediatamente, a coletividade; secundariamente, os credores.
CONSUMAÇÃO	■ Com a não realização da escrituração regular.
CATEGORIZAÇÃO	■ Crime próprio, de mera conduta, doloso, omissivo, pluriofensivo, "pré" ou "pós-falimentar", a depender do contexto.

■ 29.10. UNICIDADE DOS CRIMES FALIMENTARES

O **princípio da unicidade** dos crimes falimentares foi **desenvolvido pela doutrina**, que se debruçou sobre o **Decreto-lei n. 7.661/45**, a anterior Lei de Falências. Segundo o referido princípio, diante de **várias condutas criminosas**, o agente somente **responderia por uma delas**, a que tivesse **pena mais grave**, sem a possibilidade de aplicação do concurso de crimes. A ideia seria punir o devedor empresário que causou grave **lesão ao direito dos seus credores**, e cada conduta típica falimentar sozinha já atenderia tal finalidade. É como se cada tipo penal falimentar representasse várias facetas da mesma conduta, a de lesar a coletividade de credores.

Não se mostra mais cabível a aplicação de tal princípio, pois a falência tem, nos tempos modernos, outro enfoque econômico e jurídico. O princípio da unicidade é do tempo em que a própria **falência já era tida como um delito**, isto é, falir já era crime, tanto que se permitia a prisão imediata do falido. E, mais ainda, a Lei n. 11.101/2005 **não contemplou prazo prescricional único para todos os crimes** falimentares, como fazia a legislação revogada, municiando o argumento da unicidade. A nova lei também **não previu** qualquer hipótese de **exclusão de concurso de crimes**, além de determinar a aplicação subsidiária do Código Penal. Não se pode dizer, também, que os crimes falimentares têm por **bem jurídico tutelado** apenas os credores ou seus interesses.

Assim, apesar de existir doutrina e jurisprudência em sentido contrário (especialmente com base no antigo Decreto-lei n. 7.661/45), **incabível a aplicação do princípio da unicidade** dos crimes falimentares, nos termos da legislação atual, por **cinco motivos**:

- a Lei n. 11.101/2005 não previu qualquer hipótese de exclusão de concurso de crimes falimentares;
- a Lei n. 11.101/2005 **não contemplou prazo prescricional único** para todos os crimes falimentares, como fazia a legislação anterior;
- os crimes falimentares, hoje previstos em lei, têm por **bem jurídico tutelado**, além dos credores ou de seus interesses, a **administração da justiça, a fé pública e o próprio patrimônio do devedor em recuperação** (lembrando que esse instituto não existia na legislação anterior);
- a falência já **não é vista como um delito**, isto é, falir não é crime, e não se permite mais a prisão imediata do falido. A falência visa, hoje, a **preservação da empresa**, em lugar de punir o falido;

- a **contribuição doutrinária**, por meio de criação de ficção altamente questionável (STJ, HC 26.126/SP, 5ª Turma, Rel. Min. Laurita Vaz, *DJ* 15/12/2003), o **princípio da unicidade** do crime falimentar, **deve ceder ante a inovação legal que lhe contrarie**.

Em razão do exposto, a pessoa que vier a cometer **diversos crimes falimentares responderá por todos eles, em concurso de crimes**, não importando se pós ou pré-falimentares, nem se próprios ou impróprios. A jurisprudência do **STJ já desconfiava** da aplicação do princípio da unicidade dos crimes falimentares, vedando que fosse aplicado quando em concursos com crimes comuns. Agora, ante as expressas determinações da Lei n. 11.101/2005 e dos argumentos *supra*, chegou o momento de afastar a **antiga tese**. A propósito, dois acórdãos do STJ:

> **EMENTA: *HABEAS CORPUS*. PENAL. LEI DE FALÊNCIAS. CRIMES FALIMENTARES. PRESCRIÇÃO. ESTELIONATO E FORMAÇÃO DE QUADRILHA. CONCURSO MATERIAL DE CRIMES. INAPLICABILIDADE DO PRINCÍPIO DA UNICIDADE. DELITOS AUTÔNOMOS.** 1. A jurisprudência consagrada no âmbito deste Superior Tribunal de Justiça e no Supremo Tribunal Federal orienta que o prazo prescricional de 2 (dois) anos para os crimes falimentares deve correr a partir do trânsito em julgado da sentença que encerra a falência, ou da data em que esta deveria estar encerrada. Inteligência do art. 132, § 1º, do Decreto-lei n. 7.661/45, e da Súmula 147/STF. 2. Decretada a falência da empresa na data de 05.08.1999, a denúncia só foi oferecida em 21.03.2005, havendo o transcurso de mais de três anos e meio após a data em que deveria ter se encerrado a falência, razão pela qual torna-se imperioso o reconhecimento da prescrição da pretensão punitiva do Estado, no que tange ao crime falimentar imputado ao ora paciente. 3. O princípio da unicidade estabelece que, havendo o concurso de diversas condutas voltadas ao cometimento de fraudes aos credores da empresa em processo de falência, considera-se a prática de apenas um único tipo penal, para o qual deve ser aplicada a pena do mais grave deles. 4. Tal princípio não se aplica no caso de concurso de crimes falimentares e delitos comuns elencados no Código Penal brasileiro, que devem ser apurados e punidos separadamente, segundo as regras do concurso material de crimes, conforme previa expressamente o art. 192 do Decreto-lei n. 7.661/45, revogado pela nova Lei de Falências. 5. Ordem de *habeas corpus* parcialmente concedida, tão somente para declarar prescrita a pretensão punitiva do Estado com relação ao crime falimentar que se imputou ao ora paciente, devendo prosseguir a ação penal para a apuração dos outros delitos comuns pelos quais foi denunciado (STJ, HC 94.632/MG, 6ª Turma, Rel. Min. Og Fernandes, *DJe* 20/03/2013).

> **EMENTA: *HABEAS CORPUS*. CRIMES FALIMENTARES. CONCURSO MATERIAL. SUSPENSÃO CONDICIONAL DO PROCESSO. IMPOSSIBILIDADE. PRINCÍPIO DA UNICIDADE. INAPLICABILIDADE ANTES DA SENTENÇA. INCIDÊNCIA DA SÚMULA N. 243 DO STJ.** 1. Constitui óbice inarredável o fato de haver concurso material de crimes (arts. 186, inc. VI, e 188, inc. VIII, do Decreto-lei n. 7.661/45), cujas penas mínimas cominadas em abstrato são, respectivamente, de 6 (seis) meses e 1 (um) ano, perfazendo um somatório acima da restrição legal, que é de 1 (um) ano. Incidência do verbete sumular n. 243 desta Corte. 2. A unidade dos crimes falimentares, ressalte-se, fictícia, de criação doutrinária, e altamente questionável,

já caracterizaria uma benesse ao agente, aplicável somente ao final da instrução criminal, por ocasião da prolação da sentença. Não pode servir, também, para, contornando o comando legal (art. 89 da Lei n. 9.099/95), vencer uma restrição objetiva à suspensão condicional do processo, outro benefício instituído pela lei. 3. É improcedente o pedido alternativo de remessa dos autos ao Procurador-Geral de Justiça, porquanto a hipótese de aplicação analógica do disposto no art. 28 do Código de Processo Penal ocorre quando há divergência entre o Juiz e o Promotor de Justiça acerca do oferecimento do benefício, o que não é o caso dos autos. 4. Ordem denegada (STJ, HC 26.126/SP, 5ª Turma, Rel. Min. Laurita Vaz, *DJ* 15/12/2003, p. 332).

Esquematizando a **inaplicabilidade do princípio da unicidade** dos crimes falimentares:

▪ 29.11. DISPOSIÇÕES FINAIS E TRANSITÓRIAS

Sobre a **transição** das disposições do Decreto-lei n. 7.661/45 para as **inovações** da Lei n. 11.101/2005, A Lei n. 14.112/2020, que atualizou o regime recuperacional e falimentar, estabeleceu — **diversamente da regra geral no CPC (prazos em dias úteis**, art. 219, *caput*) — que para os procedimentos inscritos na Lei n. 11.101/2005 "os prazos (...) **serão contados em dias corridos**". Dos pronunciamentos judiciais com carga decisória poderão as **partes recorrer por meio de agravo de instrumento**, salvo recurso outro previsto expressamente na Lei de Recuperação e Falências. Em caso de **negócio processual (art. 190, do CPC), a vontade do devedor deverá ocorrer de forma expressa e a dos credores deverá externar-se pela maioria**. Os processos estabelecidos pela Lei n. 11.101/2005 terão prioridade na tramitação, salvo o habeas corpus e as prioridades estabelecidas em leis especiais, como, por exemplo, a prioridade estabelecida pelo Estatuto do Idoso (art. 71):

- Todas as vezes que a Lei n. 11.101/2005 se referir a devedor ou falido, compreender-se-á que a disposição também se aplica aos sócios ilimitadamente responsáveis.

- Ressalvadas as disposições específicas da Lei n. 11.101/2005, as **publicações desta Lei, as publicações ordenadas serão feitas em sítio eletrônico próprio, na internet**, dedicado à recuperação judicial e à falência, e as intimações serão realizadas **por notificação direta por meio de dispositivos móveis previamente cadastrados e autorizados** pelo interessado.
- As publicações ordenadas na Lei n. 11.101/2005 conterão a epígrafe "recuperação judicial de", "recuperação extrajudicial de" ou "falência de".
- A **Lei n. 11.101/2005 não se aplica aos processos de falência ou de concordata ajuizados anteriormente** ao início de sua vigência, que serão concluídos nos termos do **Decreto-lei n. 7.661/45**.
- Com a publicação da Lei n. 11.101/2005, **fica vedada a concessão de concordata suspensiva** nos processos de falência em curso, podendo ser promovida a alienação dos bens da massa falida assim que concluída sua arrecadação, independentemente da formação do quadro geral de credores e da conclusão do inquérito judicial.
- A existência de **pedido de concordata anterior** à vigência da Lei n. 11.101/2005 **não obsta o pedido de recuperação judicial** pelo devedor que não houver descumprido obrigação no âmbito da concordata, **vedado**, contudo, o pedido baseado no **plano especial** de recuperação judicial para microempresas e empresas de pequeno porte a que se refere a Seção V, do Capítulo III, da Lei n. 11.101/2005.
- Caso requerida e **deferido o processamento da recuperação** judicial, o processo de **concordata será extinto** e os créditos submetidos à concordata serão inscritos por seu valor original na recuperação judicial, deduzidas as parcelas pagas pelo concordatário.
- Os devedores proibidos de requerer concordata, nos termos da legislação específica em vigor na data da publicação da Lei n. 11.101/2005, também não podem requerer recuperação judicial ou extrajudicial nos termos da nova lei, salvo se o devedor empresário for do ramo de transporte aéreo (antes proibido de requerer concordata), pois expressamente autorizado pelo art. 199, da Lei n. 11.101/2005, a invocar os institutos da referida Lei Recuperacional.
- A Lei n. 11.101/2005 **aplica-se às falências decretadas em sua vigência** resultantes de convolação de concordatas ou de pedidos de falência anteriores, às quais se aplica, até a decretação, o **Decreto-lei n. 7.661/45**, observado, na decisão que decretar a falência, o disposto no art. 99, da Lei n. 11.101/2005, ou seja, a inclusão das 13 determinações, contidas nos 13 incisos daquele artigo, na sentença que decretar a falência.
- O **juiz poderá autorizar** a **locação ou arrendamento de bens imóveis ou móveis**, a fim de evitar a sua deterioração, e os resultados se reverterão em favor da massa.
- A decretação da **falência das concessionárias** de serviços públicos **implica extinção da concessão**, na forma da lei.
- Os **Registros Públicos de Empresas** em cooperação com os Tribunais de Justiça manterão **banco de dados público e gratuito**, disponível na rede mun-

dial de computadores (internet), contendo a **relação de todos os devedores falidos ou em recuperação judicial**. Os referidos registros deverão promover a integração de seus bancos de dados em âmbito nacional.

■ Enquanto **não forem aprovadas as respectivas leis específicas, essa lei se aplica subsidiariamente**, no que couber, aos regimes previstos no **Decreto-lei n. 73, de 21 de novembro de 1966**, na **Lei n. 6.024, de 13 de março de 1974**, no **Decreto-lei n. 2.321, de 25 de fevereiro de 1987**, e na **Lei n. 9.514, de 20 de novembro de 1997.** Todos esses regimes legais se aplicam às atividades empresariais que não se submetem à falência, previstas **no art. 2º, inc. II**, da Lei n. 11.101/2005, quais sejam: a) instituição financeira pública ou privada; b) cooperativa de crédito; c) consórcio; d) entidade de previdência complementar; e) sociedade operadora de plano de assistência à saúde; f) sociedade seguradora; e g) sociedade de capitalização.

Assim, todos os devedores empresários que desempenham as referidas atividades econômicas **submeter-se-ão à legislação própria de intervenção e liquidação extrajudicial**. Todavia, **enquanto não houver lei** específica determinando o que fazer com aquelas que não puderem ser liquidadas extrajudicialmente, **aplicar-se-á, subsidiariamente, a Lei n. 11.101/2005**.

■ 29.12. QUESTÕES SUBJETIVAS

■ 29.12.1. Questão-homenagem

O que se entende pelo princípio da unicidade dos crimes falimentares?

Resposta: Nos termos do *item 29.10*: O princípio da unicidade dos crimes falimentares foi desenvolvido pela doutrina, que se debruçou sobre o Decreto-lei n. 7.661/45, a anterior Lei de Falências. Segundo o referido princípio, diante de várias condutas criminosas, o agente somente responderia por uma delas, a que tivesse pena mais grave, sem a possibilidade de aplicação do concurso de crimes. A ideia seria punir o devedor empresário que causou grave lesão ao direito dos seus credores, e cada conduta típica falimentar sozinha já atenderia tal finalidade. É como se cada tipo penal falimentar representasse várias facetas da mesma conduta, a de lesar a coletividade de credores. Na opinião deste autor, não se mostra mais cabível a aplicação de tal princípio, pois a falência tem, nos tempos modernos, outro enfoque econômico e jurídico. O princípio da unicidade é do tempo em que a própria falência já era tida como um delito, isto é, falir já era crime, tanto que se permitia a prisão imediata do falido. E, mais ainda, a Lei n. 11.101/2005 não contemplou prazo prescricional único para todos os crimes falimentares, como fazia a legislação revogada, municiando o argumento da unicidade. A nova lei também não previu qualquer hipótese de exclusão de concurso de crimes, além de determinar a aplicação subsidiária do Código Penal. Não se pode dizer, também, que os crimes falimentares têm por bem jurídico tutelado apenas os credores ou seus interesses.

■ 29.12.2. Questão-desafio

No crime de omissão dos documentos contábeis obrigatórios (art. 178, da Lei n. 11.101/2005), cabível a aplicação da teoria da "cegueira deliberada"?

■ 29.13. QUESTÕES OBJETIVAS

1. (VUNESP — MPE-SP — Analista de Promotoria — 2010) De acordo com o texto expresso do art. 180 da Lei n. 11.101/2005, a natureza jurídica da sentença que decreta a falência, concede a recuperação judicial ou concede a recuperação extrajudicial no que pertine ao processo e julgamento dos crimes falimentares, é a de

a) requisito da ilicitude.
b) requisito da tipicidade.
c) requisito da culpabilidade.
d) condição de procedibilidade.
e) condição objetiva de punibilidade.

2. (Promotor de Justiça — MG — 2010) Analise as seguintes afirmativas sobre leis penais especiais e assinale com V as verdadeiras e com F as falsas.

I. Quem nega atendimento, em estabelecimento comercial aberto ao público, a um grupo de turistas pernambucanos, ao argumento de que os nordestinos formam uma sub-raça, responde por crime contra a honra, não se submetendo à lei que define crimes resultantes de preconceito de raça e de cor (Lei n. 7.716/89).
II. Nos crimes falimentares (Lei n. 11.101/2005), a declaração da falência é termo inicial da prescrição ou, conforme o caso, causa de sua interrupção.
III. Nos casos de violação de direitos de autor de programa de computador (Lei n. 9.609/98), se se tratar de reprodução parcial não autorizada, para fins de comércio, somente se procede mediante queixa, sem prejuízo de ação pública em relação a crimes contra a ordem tributária eventualmente conexos.
IV. A lei que dispõe sobre os crimes de *lavagem* de valores (Lei n. 9.613/98) prevê a responsabilidade penal das pessoas jurídicas que exerçam atividade de compra e venda de moeda estrangeira como instrumento cambial.

a) (V) (V) (F) (F)
b) (F) (V) (F) (F)
c) (V) (F) (V) (V)
d) (F) (F) (V) (V)

3. (TJMA — Titular de Serviços de Notas — 2011) É certo afirmar:

I. Os crimes falimentares além de previstos no Código Penal estão previstos na legislação especial.
II. Conforme prevê a Lei 9.099/95, a autoridade policial ao tomar conhecimento da ocorrência de um delito lavrará Termo Circunstanciado e encaminhará imediatamente ao Juizado, com o autor do fato e a vítima, providenciando-se as requisições dos exames periciais necessários, não havendo, portanto, indiciamento.
III. O procedimento especial dos crimes de responsabilidade dos funcionários públicos, de que trata o Código de Processo Penal, é voltado apenas aos crimes funcionais afiançáveis.
IV. Os crimes cometidos na recuperação extrajudicial assim não podem ser considerados, pois na verdade são contravenções penais.

Analisando as proposições, pode-se afirmar:
a) Somente as proposições I e IV estão corretas.
b) Somente as proposições II e IV estão corretas.
c) Somente as proposições II e III estão corretas.
d) Somente as proposições I e II estão corretas.

4. (Juiz Federal — TRF-1ª Região — 2013) Com relação ao Direito Processual Penal, analise os seguintes itens:

a) No processo criminal por crimes de calúnia e difamação praticados contra servidor público no exercício da função, após recebida a queixa, o juiz designará audiência de reconciliação e, se essa for frutífera, homologará, por sentença, a desistência do querelante.
b) No processo criminal por tráfico internacional de drogas, é competente a justiça federal, ressalvada a competência da justiça estadual excepcionalmente se o crime for praticado em município que não seja sede de vara federal.
c) Constitui efeito da condenação por crime falimentar a inabilitação do condenado para o exercício de atividade empresarial, salvo se lhe for outorgado mandato ou gestão de negócio por terceiro que, momentaneamente, não possa exercer a administração da empresa.
d) Estando o réu solto e decorrido o prazo para o MP oferecer a denúncia por crime falimentar, qualquer credor habilitado ou o administrador judicial poderá oferecer ação penal privada subsidiária da pública, observado o prazo decadencial de seis meses, salvo se o *parquet* decidir aguardar a apresentação, pelo administrador, da exposição circunstanciada do relatório da falência.

e) De acordo com o STJ, no processo por crime de responsabilidade de funcionário público, oferecida a denúncia com base em inquérito policial devidamente relatado pelo delegado de polícia, o juiz não poderá recebê-la nem citar o acusado sem antes notificá-lo para que apresente resposta escrita, sob pena de nulidade absoluta.

5. (OAB/SP — CESPE/UnB — 2008) Segundo a Lei n. 11.101/2005, a condenação por crime falimentar

a) impede o exercício de qualquer atividade empresarial pelo prazo de 5 anos, a contar do decreto da falência.
b) não impossibilita o falido de gerir empresa por mandato.
c) não impede exercício do cargo de gerência.
d) impede o falido de exercer cargo ou função em conselho de administração.

6. (FCC — SEFAZ-RJ — Auditor Fiscal da Receita Estadual — 2014) Em relação aos crimes falimentares, é correto afirmar:

a) Os crimes falimentares são de ação penal pública condicionada à representação.
b) Tão logo proferida a sentença penal condenatória falencial, notificar-se-á o Registro Público de Empresas para tomar de imediato as medidas necessárias para impedir novo registro em nome dos inabilitados atingidos pela condenação.
c) A sentença que decreta a falência ou concede a recuperação judicial é condição subjetiva de punibilidade das infrações penais falenciais.
d) Os efeitos de que trata a condenação por crime falimentar não são automáticos, devendo ser motivadamente declarados na sentença, perdurando até cinco anos após a extinção da punibilidade, podendo, porém, cessar antes pela reabilitação criminal.
e) A decretação da falência do devedor suspende a prescrição penal, cuja contagem tenha iniciado com a concessão da recuperação judicial ou com a homologação do plano de recuperação judicial.

7. (CONSULPLAN — TJMG — Titular de Serviços de Notas e de Registro — 2015) Quanto à legislação especial, assinale a alternativa INCORRETA:

a) Não se admite ação penal subsidiária da pública nos crimes falimentares previstos na Lei 11.101/2005.
b) Os crimes previstos no Estatuto do Idoso são de ação penal pública incondicionada.
c) As infrações penais eleitorais são de ação penal pública incondicionada.
d) Quanto aos atos processuais de competência dos Juizados Especiais Criminais (Lei 9.099/95), não se pronunciará qualquer nulidade sem que tenha havido prejuízo.

8. (IESES — TJ-RO — Titular de Serviços de Notas de Registros — Provimento — 2017) Acerca das infrações penais previstas na legislação extravagante, assinale a assertiva correta:

a) Os crimes contra as patentes previstos na Lei que regula direitos e obrigações relativos à propriedade industrial (Lei 9.279/96) caracterizam-se ainda que a violação não atinja todas as reivindicações da patente ou se restrinja à utilização de meios equivalentes ao objeto da patente.
b) Não há previsão expressa de crime culposo na Lei 8.137/90, a qual define crimes contra a ordem tributária, econômica e contra as relações de consumo, e dá outras providências.
c) Constitui Contravenção Penal a representação por ato de improbidade contra agente público ou terceiro beneficiário, quando o autor da denúncia o sabe inocente, conforme previsão constante na Lei de Improbidade Administrativa (Lei 8.429/92).
d) Conforme disposto na Lei 11.101/05, que regula a recuperação judicial, a extrajudicial e a falência do empresário e da sociedade empresária, a decretação da falência do devedor suspende a prescrição cuja contagem tenha iniciado com a concessão da recuperação judicial ou com a homologação do plano de recuperação extrajudicial.

9. (FCC — Procurador do Estado — TO — 2018). A Lei federal n. 11.101/2005, em seus últimos artigos, tipifica alguns crimes relacionados com fraudes a credores. O art. 168 da referida Lei tipifica o seguinte crime:

Art. 168. Praticar, antes ou depois da sentença que decretar a falência, conceder a recuperação judicial ou homologar a recuperação extrajudicial, ato fraudulento de que resulte ou possa resultar prejuízo aos credores, com o fim de obter ou assegurar vantagem indevida para si ou para outrem.

A pena para esse crime é de três a seis anos e multa.
De acordo com a mesma lei, essa pena será

a) reduzida de 1/6 até metade, a critério do juiz, tratando-se de falência de microempresa ou de empresa de pequeno porte, e não se constatando prática habitual de condutas fraudulentas por parte do falido.
b) reduzida de 1/6 a 1/3, se o agente omite, culposamente, na escrituração contábil ou no balanço, lançamento que deles deveria constar, ou altera escrituração ou balanço verdadeiros.
c) aumentada de 1/4 até metade, se o agente destrói, apaga ou corrompe dados contábeis ou negociais armazenados em computador ou sistema informatizado.
d) aumentada de 1/3 até metade, se o devedor manteve ou movimentou recursos ou valores paralelamente à contabilidade exigida pela legislação.
e) reduzida de 1/3 até metade, se o agente destrói, oculta ou inutiliza, total ou parcialmente, por erro ou ignorância escusáveis, os documentos de escrituração contábil obrigatórios, cujos dados podem ser recuperados por outro meios.

10. (Instituto Acesso — Delegado de Polícia — PC-ES — 2019) Delton é proprietário de uma empresa que presta serviços de limpeza de automóveis para a "Lyss United L.A. Brazil", que vende transportes executivos em todo o território nacional. No dia 20 de abril de 2019, é surpreendido por receber uma notificação de que fora homologado o "plano de recuperação extrajudicial" da Lyss United L.A. Brazil e se vê convicto de que algo está errado. Ao procurar identificar os credores da empresa que, assim como ele, tinham valores a receber, percebeu que havia a obrigação de que, aqueles que moravam na cidade de São Paulo, seriam os primeiros a receberem, o que muito o aborreceu, haja vista estar sediado em Curitiba. Certo de que havia algo errado, logo fora se informar sobre o que poderia ter ocorrido, em especial se algum crime fora cometido. Com a leitura da legislação especial, supôs de que a figura típica do "Favorecimento de Credores" era evidente, e começou a armazenar documentos e trocas de email já pensando em ser testemunha do processo criminal que apuraria tal fato, haja vista o Ministério Público também ter sido notificado no dia 20 de abril. Chega o dia 06 de junho e nenhuma ação penal fora deflagrada, assim como alguns dos credores de São Paulo já haviam começado a receber seus créditos. Com o sentimento de injustiça, Delton procura seus advogados para tentar agir de alguma maneira, visando a responsabilização penal daqueles que supostamente favoreceram outros credores. Sobre as possibilidades de Delton, credor habilitado, é correto afirmar que:

a) Delton pode ajuizar uma Ação Penal Privada subsidiária da Pública, já que superado o prazo de 15 dias, disposto no art. 187, § 1° da Lei 11.101/05, qualquer credor habilitado está apto para fazê-lo.
b) Delton pode ajuizar uma Ação Penal Privada, já que a discriminação causada pela obrigação supostamente fraudulenta, para além de gerar atraso no pagamento, causa danos a sua honra.
c) Delton pode ajuizar uma Ação Penal Privada subsidiária da Pública, já que superado o prazo de 45 dias, disposto no art. 187, § 1° da Lei 11.101/05, qualquer credor habilitado está apto para fazê-lo.
d) Delton poderá ajuizar uma Ação Penal Privada subsidiária da Pública após a superação do prazo de 120 dias disposto no art. 187, § 1°, já que qualquer credor habilitado ou administrador oficial está apto para fazê-lo.
e) Delton não pode ajuizar uma Ação Penal Privada subsidiária da Pública, já que apenas o Administrador Judicial é capaz de fazer isto na hipótese da superação do prazo disposto no art. 187, § 1° da Lei 11.101/05.

■ GABARITO ■

1. "e", nos termos do art. 180, da Lei n. 11.105/2005: "A sentença que decreta a falência, concede a recuperação judicial ou concede a recuperação extrajudicial de que trata o art. 163 desta Lei é condição objetiva de punibilidade das infrações penais descritas nesta Lei".

2. "b". Item II, correto, nos termos do art. 182, *caput*, e seu parágrafo único, da Lei n. 11.101/2005: "Art. 182. A prescrição dos crimes previstos nesta Lei reger-se-á pelas disposições do Decreto-lei n. 2.848, de 7 de dezembro de 1940 — Código Penal, começando a correr do dia da decretação da falência, da concessão da recuperação judicial ou da homologação do plano de recuperação extrajudicial. Parágrafo único. A decretação da falência do devedor interrompe a prescrição cuja contagem tenha iniciado com a concessão da recuperação judicial ou com a homologação do plano de recuperação extrajudicial". Itens I, III e IV, incorretos, respectivamente, porque em confronto com a legislação: art. 7°, da Lei n. 7.716/89 (a proposição descrita, em tese, configuraria tipo penal descrito na Lei contra o Racismo); inc. II, do § 3°, do art. 12, da Lei n. 9.609/98 (ação penal única e pública, nos termos da Lei do Programa de Computador); as pessoas jurídicas se sujeitaram a eventuais sanções administrativas, e não penais, nos termos da Lei contra a Lavagem de Dinheiro (arts. 10 e 11, da Lei n. 9.613/98).

3. "c". Itens I e IV incorretos. A Lei n. 11.101/2005, conforme estudado anteriormente, representa um microssistema de direito, a incorporar normas especiais de vários ramos do direito para o tratamento da crise financeira do fenômeno empresa. Assim, esse diploma legal especial estabeleceu crimes específicos no contexto da falência, recuperação judicial ou extrajudicial. Não há que se falar em crimes, muito menos em contravenções penais fora do texto da Lei n. 11.101/2005. Itens II e III, respectivamente, nos termos do art. 69, da Lei n. 9.099/95, e do art. 514, do CPP.

4. "d", nos termos do parágrafo único, do art. 184, da Lei n. 11.101/2005: "Art. 184. Os crimes previstos nesta Lei são de ação penal pública incondicionada. Parágrafo único. Decorrido o prazo a que se refere o art. 187, § 1°, sem que o representante do Ministério Público ofereça denúncia, qualquer credor habilitado ou o administrador judicial poderá oferecer ação penal privada subsidiária da pública, observado o prazo decadencial de 6 (seis) meses".

5. "d", nos termos do inc. II, do art. 181, da Lei n. 11.101/2005: "o impedimento para o exercício de cargo ou função em conselho de administração, diretoria ou gerência das sociedades sujeitas a esta Lei".

6. "d". Fundamento: § 1°, do art. 181, da Lei n. 11.101/2005, os "efeitos de que trata este artigo não são automáticos, devendo ser motivadamente declarados na sentença, e perdurarão até 5 (cinco) anos após a extinção da punibilidade, podendo, contudo, cessar antes pela reabilitação penal".

7. "a". Fundamento. Alternativa incorreta, pois em desacordo como o parágrafo único, do art. 184, da Lei n. 11.101/2005: "Decorrido o prazo a que se refere o art. 187, § 1°, sem que o representante do Ministério Público ofereça denúncia, qualquer credor habilitado ou o administrador judicial poderá oferecer ação penal privada subsidiária da pública, observado o prazo decadencial de 6 (seis) meses".

8. "d". Tal alternativa reproduziu a literalidade do parágrafo único, do art. 182, da Lei n. 11.101/2005: "A decretação da falência do devedor interrompe a prescrição cuja contagem tenha iniciado com a concessão da recuperação judicial ou com a homologação do plano de recuperação extrajudicial".

9. "d". Fundamento: literalidade do § 2°, do art. 168, da Lei n. 11.101/2005. De se destacar ainda que em relação ao referido tipo penal não há a previsão de causas de diminuição de pena.

10. "a". Em sintonia com o disposto no parágrafo único, do art. 184, da Lei n. 11.101/2005.

REFERÊNCIAS

ABRÃO, Nelson. *Direito bancário*. 13. ed. São Paulo: Saraiva, 2010.

ALMEIDA, Amador Paes de. *Curso de falência e recuperação de empresa*. São Paulo: Saraiva, 2006.

ALMEIDA, Amador Paes de. *Teoria e prática dos títulos de crédito*. 19. ed. São Paulo: Saraiva, 1999.

AMARAL, Luiz Otávio Oliveira. *Teoria geral do direito*. 2. ed. Rio de Janeiro: Forense, 2006.

ANTUNES, José Augusto Quelhas Lima Engrácia. *Liability corporate groups*: autonomy and control in parent-subsidiary relationship in US, German and EU law, a international and comparative perspective. Denver-Boston: Kluver Law and Taxation Publishers, 1994.

ANTUNES, José Augusto Quelhas Lima Engrácia. Contratos comerciais (noções fundamentais). *Direito e Justiça*, Revista da Universidade Católica Portuguesa, Lisboa, 2007.

AZEVEDO, Alvaro Vilaça de. *Teoria geral das obrigações*. São Paulo: Atlas, 2008.

BAGNOLI, Vicente. *Direito econômico*. 5. ed. São Paulo: Atlas, 2011.

BARCELLOS, Rodrigo. *O contrato de shopping center e os contratos atípicos interempresariais*. São Paulo: Atlas, 2009.

BARROS, Francisco Dirceu. *Direito penal* (Parte geral). Rio de Janeiro: Elsevier, 2006.

BDINE JR., Hamid Charaf. *Código Civil comentado*. 5. ed. São Paulo: Manole, 2011.

BERTOLDI, Marcelo M.; RIBEIRO, Márcia Carla Pereira. *Curso avançado de direito comercial*. 3. ed. São Paulo: RT, 2006.

BESSA, Leonardo Roscoe. *Manual de direito do consumidor*. 2. ed. São Paulo: RT, 2009.

BEZERRA FILHO, Manoel Justino de. *Nova lei de recuperação e falências comentada*. São Paulo: RT, 2005.

BORBA, José Edwaldo. *Parecer*. Brasil, 2005. Disponível em: <http://www.irtdpjbrasil.com.br/parecerborba.htm>. Acesso em: 10 maio 2014.

BOUZON, Emanuel. *Código de Hammurabi*. 10. ed. Petrópolis: Vozes, 2003.

CALHEIROS, Senador Renan. PLS 487 de 2013 — Proposta para criação de um novo Código Comercial. [Online] [Citado em: 5 de maio de 2014.]. Disponível em: <http://www.senado.gov.br/atividade/materia/getPDF.asp?t=141614&tp=1>.

CAMPINHO, Sergio. *Falência e recuperação de empresa*. Rio de Janeiro: Renovar, 2006.

CAMPINHO, Sergio. *O direito de empresa à luz do novo Código Civil*. 6. ed. Rio de Janeiro: Renovar, 2005.

CARVALHO, Doris de Queiroz. *Classificação decimal de direito*. Brasília: Publicação Oficial, 2002.

CAVALIERI FILHO, Sergio. *Programa de direito do consumidor*. São Paulo: Atlas, 2008.

COBLES, José Hurtado. *La doctrina del levantamiento del velo societário em España e Hispanoamérica*. Barcelona: Atelier, 2008.

COELHO, Fábio Ulhoa. A ação de dissolução parcial de sociedade. *Revista de Informação Legislativa*, Brasília, ano 48, n. 190, abr./jun. 2011.

COELHO, Fábio Ulhoa. *Curso de direito comercial* (Direito de empresa). 12. ed. São Paulo: Saraiva, 2011. v. 1.

COELHO, Fábio Ulhoa. *Curso de direito comercial*. 12. ed. São Paulo: Saraiva, 2008. v. 1.

COELHO, Fábio Ulhoa. *Curso de direito comercial*. São Paulo: Saraiva, 2011. v. 3.

COELHO, Fábio Ulhoa. *Manual de direito comercial*. 14. ed. São Paulo: Saraiva, 2003.

COMISSÃO DE VALORES MOBILIÁRIOS. Mercado de Balcão Organizado, *Cadernos CVM*. Comissão de Valores Mobiliários protegendo quem investe no futuro do Brasil. Disponível em: <www.cvm.gov.br/prot/protinv/caderno7-05.pdf>. Acesso em: 10 nov. 2014, às 16:00.

COMPARATO, Fábio Konder; SALOMÃO FILHO, Calixto. *O poder de controle na sociedade anônima*. 5. ed. Rio de Janeiro: Forense, 2008.

COOTER, Robert; ULEN, Thomas. *Direito e economia*. Porto Alegre: Bookman, 2010.

CORDEIRO, António Menezes. *Direito europeu das sociedades*. Coimbra: Almedina, 2005.

COSTA, Judith Martins. *A boa-fé no direito privado*. São Paulo: RT, 1998.

COSTA, Wille Duarte. *Títulos de crédito*. Belo Horizonte: Atlas, 2003.

CRETELLA JUNIOR, José. *Direito romano moderno*. 12. ed. São Paulo: Forense, 2006.

CRETELLA JUNIOR, José. *Direito romano moderno*. São Paulo: Forense Universitária, 2010.

DANTAS, Everson do Nascimento. *Comentários às questões objetivas do Exame de Ordem*. Salvador: JusPodivm, 2014 (no prelo).

DINIZ, Maria Helena. *Curso de direito civil* brasileiro (Teoria das obrigações contratuais e extracontratuais). 26. ed. São Paulo: Saraiva, 2010.

DINIZ, Maria Helena. *Curso de direito civil brasileiro* (Teoria das obrigações contratuais e extracontratuais). 23. ed. São Paulo: Saraiva, 2007.

DINIZ, Maria Helena. *Curso de direito civil brasileiro* (Teoria das obrigações contratuais e extracontratuais). 27. ed. Saraiva: São Paulo, 2012.

DINIZ, Maria Helena. *Curso de direito civil*. 25. ed. São Paulo: Saraiva, 2008.

DIXIT, Avinash K. *Lawlessness and economics:* alternative modes of economic governance. London: Gorman Lectures, University College, 2002.

DONNINI, Rogério Ferraz. *Responsabilidade pós-contratual*. São Paulo: Saraiva, 2004.

FARIAS, Cristiano Chaves de; ROSENVALD, Nelson. *Curso de direito civil* (contratos, teoria geral e contratos em espécie). 2. ed. Salvador: JusPodivm, 2012.

FAZZIO JÚNIOR, Waldo. *Manual de direito comercial*. 3. ed. São Paulo: Atlas, 2003.

FAZZIO JÚNIOR, Waldo. *Manual de direito comercial*. São Paulo: Atlas, 2000.

FERNANDES NETO, Guilherme. *O abuso do direito no Código de Defesa do Consumidor*. Brasília: Brasília Jurídica, 1999.

FERREIRA, Waldemar. *Tratado de direito comercial*. São Paulo: Saraiva, 1960. v. I.

FIANI, Ronaldo. *Teoria dos jogos:* com aplicações em economia, administração e ciências sociais. 3. ed. Rio de Janeiro: Elsevier, 2009.

GAGLIANO, Pablo Stolze; PAMPLONA FILHO, Rodolfo. *Novo curso de direito civil.* 8. ed. São Paulo: Saraiva, 2007. v. 1.

GAMA, Guilherme Calmon Nogueira da. Contrato de shopping center. *Revista da EMERJ*, v. 5, n. 18, 2002.

GARAPON, Antoine; PAPADOPOULOS, Ioannis. *Julgar nos Estados Unidos e na França* (cultura jurídica francesa e *common law* em uma perspectiva comparada). Tradução de Regina Vasconcelos. São Paulo: Lumen Juris, 2008.

GARCIA, Gustavo Filipe Barbosa. Desconsideração da personalidade jurídica no Código de Defesa do Consumidor e no Código Civil de 2002. *Revista dos Tribunais,* São Paulo, RT, v. 95, n. 846, abr. 2006.

GARCIA, Leonardo de Medeiros. *Direito do consumidor* (código comentado e jurisprudência*).* 6. ed. Niterói/RJ: Impetus, 2010.

GICO JUNIOR, Ivo T. Metodologia e epistemologia da análise econômica do direito. *Economic Analysis of Law Review,* v. 1, 2010. Disponível em: <http://portalrevistas.ucb.br/index.php/EARL/article/viewArticle/1460>. Acesso em: 20 ago. 2013, às 14:00.

GIL, Antonio Carlos. *Didática do ensino superior.* São Paulo: Atlas, 2007.

GODOY, Arnaldo. O critical legal studies movement de Roberto Mangabeira Unger. *Revista Jurídica,* Brasília, v. 8, n. 82, p. 49-63, 2007.

GOMES, Magno Federici; MAIA, Estefânia Lima. A teoria da desconsideração da personalidade jurídica no Código de Defesa do Consumidor: análise dos aspectos processuais. *Revista Magister de Direito Empresarial, Concorrencial e do Consumidor,* n. 21/34.

GONÇALVES NETO, Alfredo de Assis. *Direito de empresa.* 2. ed. São Paulo: RT, 2011.

GONÇALVES NETO, Alfredo de Assis. *Direito de empresa.* 4. ed. São Paulo: RT, 2013.

GONÇALVES, Carlos Roberto. *Direito civil 1 esquematizado* (Parte geral, obrigações e contratos). São Paulo: Saraiva, 2011.

GONÇALVES, Carlos Roberto. *Direito civil brasileiro.* 6. ed. São Paulo: Saraiva, 2008.

GONZAGA, Álvaro de Azevedo (Coord.). *Vade Mecum humanístico.* 3. ed. São Paulo: RT, 2012.

GRINOVER, Ada Pellegrini. *Da desconsideração da pessoa jurídica* (aspectos de direito material e processual). Rio de Janeiro: Forense, 2004.

GRINOVER, Ada Pellegrini. Da desconsideração da pessoa jurídica (aspectos de direito material e processual). *Revista Forense,* Rio de Janeiro, Forense, n. 371, p. 3-15, jan./fev. 2004.

HABERMAS, Jürgen. *Between facts and norms.* Londres: Polity Press, 1996.

HABERMAS, Jürgen. *La lógica de las ciencias sociales.* 3. ed. Madrid: Tecnos, 1996.

HIERRO, Liborio. Justicia, igualdad y eficiencia. *Isonomia*, n. 9, Oct./1998.

KATO, Jerry. *Curso de finanças empresariais.* São Paulo: M. Books, 2012.

KRIGER FILHO, Domingos Afonso. Aspectos da desconsideração de personalidade societária na lei do consumidor. *RDC* 13/83-84.

LENZA, Pedro. *Direito constitucional esquematizado.* 17. ed. São Paulo: Saraiva, 2013.

LIMA, Clarissa Costa de; BERTONCELLO, Karen Rick Danilevicz. *Superendividamento aplicado* (aspectos doutrinários e experiência no Poder Judiciário). Rio de Janeiro: GZ Editora, 2010.

LIMA, Weiss Martins de. *Proteção do consumidor brasileiro no comércio eletrônico internacional.* São Paulo: Atlas, 2006.

LOBO, Jorge. *Grupo de sociedades.* Rio de Janeiro: Forense, 1978.

LOUREIRO, Francisco Eduardo. In: PELUSO, Cezar. *Código Civil comentado*. 7. ed. São Paulo: Manole, 2013.

MALLOY, Robin Paul. *Law and economics*: a comparative approach to theory and practice. New York: West Publishing, 1990.

MAMEDE, Gladston. *Direito empresarial brasileiro:* direito societário — sociedades simples e empresárias. São Paulo: Atlas, 2004. v. 2.

MAMEDE, Gladston. *Direito empresarial brasileiro:* títulos de crédito. 2. ed. São Paulo: Atlas, 2005. v. 3.

MAMEDE, Gladston. *Direito societário:* sociedades simples e empresárias. 2. ed. São Paulo: Atlas, 2008.

MAMEDE, Gladston. *Manual de direito empresarial*. São Paulo: Atlas, 2008.

MANKIW, Gregory. *Introdução à economia*. Tradução de Allan Vidigal Hastings. São Paulo: Cengage Learning, 2005.

MARQUES, Cláudia Lima. *Comentários ao Código de Defesa do Consumidor*. 3. ed. RT: São Paulo, 2010.

MARQUES, Cláudia Lima. *Confiança no comércio eletrônico e proteção do consumidor* (um estudo dos negócios jurídicos de consumo e comércio eletrônico). São Paulo: RT, 2004.

MARQUES, Cláudia Lima. *Manual de direito do consumidor*. São Paulo: RT, 2007.

MARQUES, Cláudia Lima. *Manual do direito do consumidor*. 2. ed. São Paulo: RT, 2009.

MARTINS, Fran. *Curso de direito comercial*. 29. ed. Rio de Janeiro: Forense, 2005.

MAY, Yduan de Oliveira. EIRELI: o espírito do legislador brasileiro deturpado por sua própria escrita; e comparações com o modelo chileno. *Amicus Curiae*, v. 9, n. 9, 2012. ISSN 2237-7395. Disponível em: <http://periodicos.unesc.net/index.php/ amicus/article/viewFile/877/831>. Acesso em: 25 ago. 2013, às 08:00.

MAZZILLI, Hugo Nigro. *A defesa dos interesses difusos em juízo*. 21. ed. São Paulo: Saraiva, 2009.

MAZZILLI, Hugo Nigro; GARCIA, Wander. *Anotações ao Código Civil*. São Paulo: Saraiva, 2005.

MEDEIROS, João Bosco. *Redação científica*. 11. ed. São Paulo: Atlas, 2012.

MENDONÇA, José Xavier Carvalho de. *Tratado de direito comercial brasileiro*. São Paulo: Bookseller, 2000. v. I.

MERY NIETO, Rafael. Notas sobre análisis económico del derecho: uma mirada desde América Latina. *Revista Derecho y Humanidades*, n. 10, p. 121-140, 2004.

MICELI, Thomas J. *Economics of the law*. New York: Oxford, 1997.

MINDA, Gary. *Postmodern legal movements:* law and jurisprudence at century´s end. New York: New York University Press, 1995.

MIRAGEM, Bruno. *Direito do consumidor*. São Paulo: RT, 2008.

MONHOZ, Eduardo Secchi. *Empresa contemporânea e o direito societário*: poder de controle e grupos de sociedades. São Paulo: Juarez de Oliveira, 2002.

MONOBE, M. *Contribuição à mensuração e contabilização do goodwill não adquirido*. 57p. Tese (Doutorado). Universidade de São Paulo, São Paulo.

MONOBE, Massanori. *Contribuição à mensuração e contabilização do goodwill não adquirido*. São Paulo: s.n., 1986.

MORAES, Alexandre de. *Constituição do Brasil interpretada*. São Paulo: Atlas, 2006.

MORAES, Alexandre de. *Direito constitucional*. 29. ed. São Paulo: Atlas, 2013.

NADER, Paulo. *Curso de direito civil* (contratos). 6. ed. Rio de Janeiro: Forense, 2012.

NADER, Paulo. *Curso de direito civil*. Rio de Janeiro: Forense, 2006. v. 1: Parte geral.

NEGRÃO, Ricardo. *Manual de direito comercial & empresa* (Teoria geral da empresa e direito societário). 3. ed. São Paulo: Saraiva, 2012. v. 1.

NEGRÃO, Ricardo. *Manual de direito comercial & empresa* (Teoria geral da empresa e direito societário). 9. ed. São Paulo: Saraiva, 2012. v. 2.

NEGRÃO, Ricardo. *Manual de direito comercial e empresarial* (Títulos de crédito e contratos empresariais). São Paulo: Saraiva, 2010.

NORONHA, João Otávio de. I Jornada de Direito Comercial do CJF. [Online] [Citado em: 03 de abril de 2014.] Disponível em: <http://www.cjf.jus.br/cjf/CEJ-Coedi/jornadas-cej/LIVRETO%20-%20I%20JORNADA%20DE%20DIREITO%20COMERCIAL.pdf>.

NOVAES, Eduardo. *Capitalismo para principiantes* (a história dos privilégios econômicos). São Paulo: Ática, 2003.

NUCCI, Guilherme de Souza. *Leis penais e processuais penais comentadas*. São Paulo: RT, 2008.

NUNES, Rizzatto. *Curso de direito do consumidor*. 2. ed. São Paulo: Saraiva, 2005.

OLIVEIRA, James Eduardo de. *Código de Defesa do Consumidor (anotado e comentado)*. 4. ed. São Paulo: Atlas, 2009.

PACHECO, José Maria da Silva. *Tratado de direito empresarial, direitos negociais e contratuais*. São Paulo: Saraiva, 1979. v. I.

PARISI, Francesco. *Scuole e tendenze nella analisi economica del diritto*. Biblioteca della Libertà 33, 1998.

PEREIRA, Caio Mário da Silva. *Instituições de direito civil*. 16. ed. Rio de Janeiro: Forense, 2012. v. III.

PEREIRA, Caio Mário da Silva. *Instituições de direito civil*. Rio de Janeiro: Forense, 2001. v. 1.

PESSOA, Maiana Alves. *A função social da empresa como princípio do direito civil constitucional*. [Online] [Citado em: 5 de maio de 2014.]

PLATÃO. *O banquete*. [Online] [Citado em: 10 de maio de 2014.] Disponível em: <http://www.educ.fc.ul.pt/docentes/opombo/hfe/protagoras2/links/O_banquete.pdf>.

POSNER, Richard. *Para além do direito*. São Paulo: Martins Fontes, 2009.

PRADO, Viviane Muller. *Grupos societários:* análise do modelo da Lei 6.404/76. Disponível em: <http://bibliotecadigital.fgv.br/dspace/bitstream/handle/10438/9651/Viviane%20Muller%20Prado.pdf?sequence=1>. Acesso em: 08 maio 2013, às 10:00.

RAFFO, Francisco M. López. *El corrimiento del vel societario* (Alcances del art. 54, último párrafo, de la Ley de Sociedades Comerciales). Buenos Aires: Ad-Hoc, 2005.

RAMOS, André Luiz Santa Cruz. *Curso de direito empresarial*. 4. ed. Bahia: JusPodivm, 2010.

RÁO, Vicente. *O direito e a vida dos direitos*. 4. ed. São Paulo: RT, 1997.

REALE, Miguel. *A sociedade simples e empresária no Código Civil*. Disponível em: <www.miguelreale.com.br>. Acesso em: 14 nov. 2014, às 12:00.

REQUIÃO, Rubens. *Curso de direito comercial*. 26. ed. São Paulo: Saraiva, 2005. v. 1.

REQUIÃO, Rubens. *Curso de direito comercial*. 26. ed. São Paulo: Saraiva, 1998. v. 2.

REQUIÃO, Rubens. *Direito comercial*. 30. ed. São Paulo: Saraiva, 2011. v. 1.

RIBEIRO, Maria de Fátima. *A tutela dos credores da sociedade por quotas e a "desconsideração da personalidade jurídica"*. Coimbra: Almedina, 2009.

RIZZARDO, Arnaldo. *Contratos* (Lei n. 10.406, de 10.01.2012). 8. ed. Rio de Janeiro: Forense, 2008.

RIZZARDO, Arnaldo. *Contratos*. 10. ed. Rio de Janeiro: Forense, 2010.

RODA, Carmen Boldó. Levantamento del velo y persona jurídica em el derecho privado español. *Rev. Derecho de Sociedades*, s.l.: Aranzadi, 1997.

RODRIGUES, Silvio. *Direito civil*. Parte geral. 34. ed. São Paulo: Saraiva, 2005. v. 1.

ROEMER, Andres. *Introducción al análisis económico del derecho*. Tradução José Luiz Pérez Hernandez. México: Fondo de Cultura Económica, 1994.

ROSA JÚNIOR, Luiz Emygdio da. *Títulos de crédito*. 4. ed. Rio de Janeiro: Renovar, 2006.

ROSA JÚNIOR, Luiz Emygdio da. *Títulos de crédito*. Rio de Janeiro: Renovar, 2006.

ROSENVALD, Nelson. *Código Civil comentado (doutrina e jurisprudência)*. In: PELUSO, Cezar (Coord.). 5. ed. São Paulo: Manole, 2011.

ROSENVALD, Nelson. *Código Civil comentado*. In: PELUSO, Cezar (Coord.). 7. ed. São Paulo: Manole, 2013.

ROSENVALD, Nelson. *Direito das obrigações*. 3. ed. Rio de Janeiro: Impetus, 2004.

SALOMÃO FILHO, Calixto. *O novo direito societário*. São Paulo: Malheiros, 1998.

SANTOS JUNIOR, Ricardo. Tag along: mecanismo de proteção aos acionistas minoritários e de sustentação do mercado de capitais. *Revista de Informação Legislativa*, v. 41, n. 164, p. 331-345, out./dez. 2004.

SARLET, Ingo Wolfgang. *Eficácia dos direitos fundamentais*. 6. ed. Porto Alegre: Livraria do Advogado, 2006.

SERICK, Rolf. *Apariencia y realidad en las sociedades mercantiles* (El abuso de derecho por meio de la persona jurídica). Tradução de Jose Puig Brutau. Barcelona: Ariel, 1958.

SÉROUSSI, Roland. *Introdução do direito inglês e norte-americano*. Tradução de Renata Maria Parreira Cordeiro. São Paulo: Landy, 2006.

SHARP JUNIOR, Ronald. *Aulas de direito comercial e de empresa*. Niterói: Campus, 2006.

SOARES, Mário Lúcio Quintão. *Teoria do Estado*. 4. ed. São Paulo: Atlas, 2011.

SOUZA, Washington Peluso Albino de. *Primeiras linhas de direito econômico*. 5. ed. São Paulo: LTr, 2003.

SUNSTEIN, Cass. *Behavioral law and economics*. Cambridge, UK: Cambridge University Press, 2000.

SZTAJN, Raquel. *Teoria jurídica da empresa* (atividade empresária e mercados). São Paulo: Atlas, 2004.

TEIXEIRA, Sálvio de Figueiredo (Coord.). *Comentários ao novo Código Civil*, v. XIV, Livro II, do direito de empresa. Rio de Janeiro: Forense, 2005.

THEODORO JUNIOR, Humberto. *Direito precessual civil*. Rio de Janeiro: América Jurídica, 2003. v. 2 (Série Grandes pareceristas).

TOMAZETTE, Marlon. *Curso de direito empresarial* — Títulos de crédito. 3. ed. São Paulo: Atlas, 2012. v. 2.

TOMAZETTE, Marlon. *Curso de direito empresarial* — Falência e recuperação de empresas. 2. ed. São Paulo: Atlas, 2012. v. 3.

TOMAZETTE, Marlon. *Curso de direito empresarial* — Teoria geral e direito societário. 5. ed. São Paulo: Atlas, 2012. v. 1.

UNGER, Roberto Mangabeira. *The critical legal studies movement*. Cambridge: Harvard University Press, 1983.

VERÇOSA, Haroldo Malheiros Durclerc. *Curso de direito comercial*. São Paulo: Malheiros, 2010. v. 2.

WALD, Arnoldo. *Curso de direito civil brasileiro* (obrigações e contratos). São Paulo: RT, 1998.

WALD, Arnoldo. O empresário, a empresa e o Código Civil. In: FRANCIULLI NETTO, Domingos; MENDES, Gilmar Ferreira; MARTINS FILHO, Ives Gandra da Silva (Coord.). *O novo Código Civil (Homenagem ao prof. Miguel Reale)*. 2. ed. São Paulo: LTr, 2005.

WORMSER, Maurice. Piercing the Veil of Corporate Entity. *Columbia Law Review*, v. 12, n. 6, p. 496-518, 1912.

ZYLBERSZTAJN, Decio; SZTAJN, Raquel. Análise econômica do direito e das organizações. In: *Direito & economia*. São Paulo: Elsevier, 2005.

http://advalexandrers.files.wordpress.com
http://atualidadesdodireito.com.br
http://bibliotecadigital.fgv.br
http://bis.sebrae.com.br
http://caixa.gov.br
http://daleth.cjf.jus.br
http://ipea.gov.br
http://jus.uol.com.br
http://noticias.pgr.mpf.mp.br
http://periodicos.unesc.net
http://portal.mj.gov.br
http://portalrevistas.ucb.br
http://senado.gov.br
http://trt-16.jusbrasil.com.br
http://universodasfabulas.blogspot.com.br
http://www.bcb.gov.br
http://www.bibliotecadigital.unicamp.br
http://www.camara.gov.br
http://www.cielo.com.br
http://www.cjf.jus.br
http://www.codigocivilonline.com.ar
http://www.cultura.gov.br
http://www.dhnet.org.br
http://www.ead.fea.usp.br
http://www.educ.fc.ul.pt
http://www.empresometro.com.br/
http://www.fenacon.org.br
http://www.inpi.gov.br
http://www.irtdpjbrasil.com.br
http://www.legifrance.gouv.fr
http://www.mdic.gov.br
http://www.migalhas.com.br
http://www.oab-ba.com.br
http://www.oas.org
http://www.parlamento.gub.uy
http://www.planalto.gov.br
http://www.pnud.org.br
http://portal.anbima.com.br/pages/home.aspx
http://www.portaldoempreendedor.gov.br
http://www.portaldoinvestidor.gov.br
http://www.portaldoshopping.com.br
www.rcpj-rj.com.br
http://www.susep.gov.br
http://www.tjdf.jus.br
https://ww2.stj.jus.br/docs_internet/informativos/ramosdedireito/informativo_ramos_2016.pdf
https://ww2.stj.jus.br/docs_internet/informativos/ramosdedireito/informativo_ramos_2017.pdf